中华人民共和国地方志·福建省

厦门市思明区志

厦门市思明区地方志编纂委员会办公室　编

方志出版社
Publishing House of Local Records

中左千户所城图

明万历三十年绘

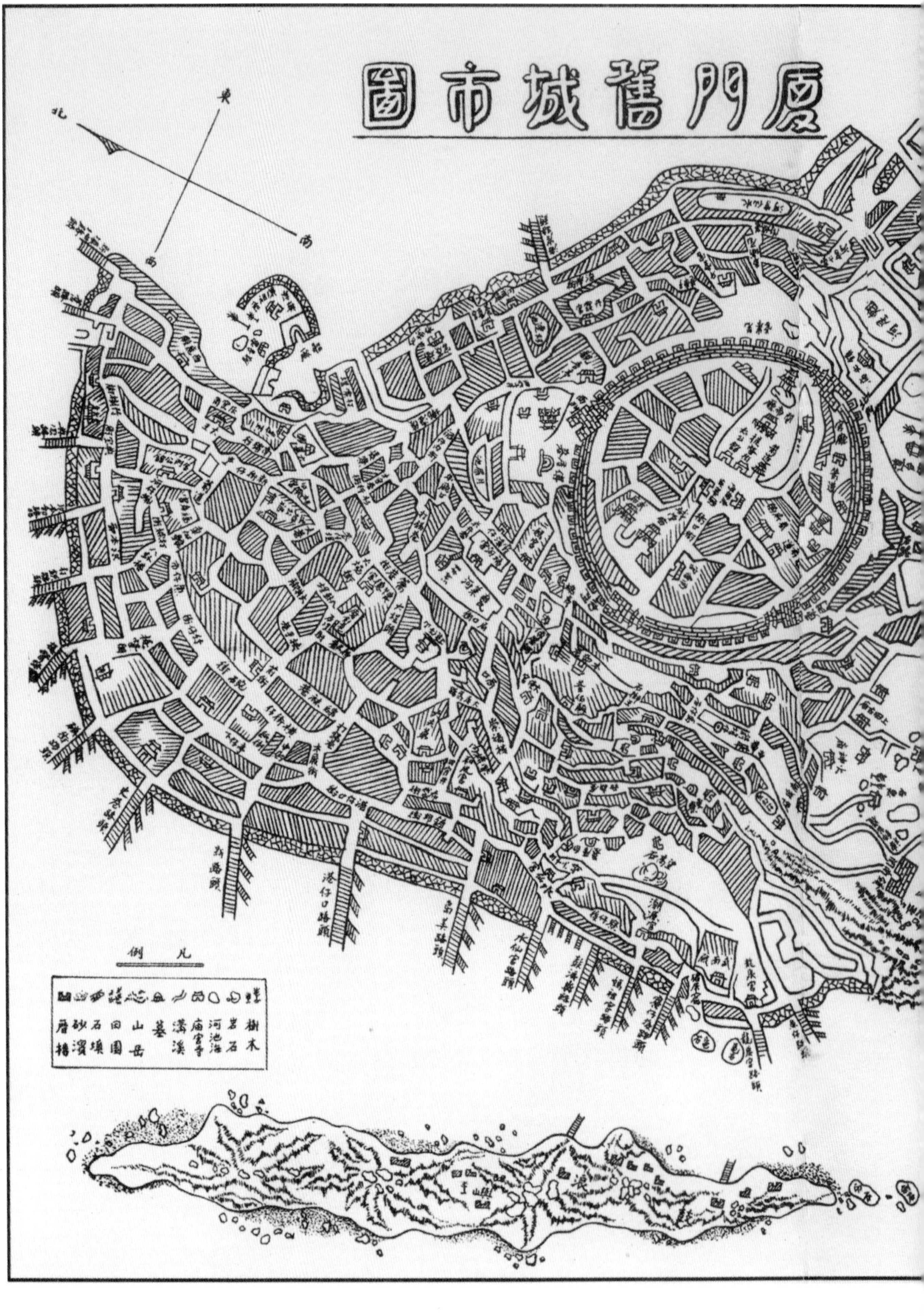

厦門舊城市圖
凡例
樹木
岩石
河池海
廟宮寺
溝溪
墓
山岳
田園
石墳
砂濱
層梯

清同治年间绘

鼓浪屿、开元、思明三区地图

本图资料截至2000年12月

思明区地图

思明区地图
海沧区
厦门西港
海沧大桥
东渡码头
火烧屿
大兔屿
小兔屿
白兔屿
同益码头
综合码头
鸟站礁
猴屿
大屿
客运码头
和平码头
轮渡码头
鹭江
燕尾山
内厝
龙头
鼓浪屿街道
别墅码头
鼓浪屿
观海园码头
湖
松柏山
仙洞山
仙岳山
213
仙岳公园
西郭
仙阁
屿后
仙岳
莲岳
屿后西
岳阳
松柏
长青
莲秀
金桥
筼筜街道
嘉莲街道
盈翠
厦门市
官任
振兴
湖光
湖莲兴
莲坂
莲西
筼筜内湖
筼筜外湖
白鹭洲公园
四里
一里
双涵
浦南
溪东
梧村街道
滨中
金祥
天湖
开元街道
湖滨
梧村
东坪
金榜山
厦门站
大厝山
文灶
小学
禾祥西
鹭江街道
西边
万寿北
梧村山
双莲池
阳台山
文屏
中华街道
霞溪
深田
坑内
万石植物园
仁安
文安
思南
虎溪
思明区
钟鼓隧道
西山水库
五老山
后厝山
东宅坑水库
上李水库
福海
巡司顶
蜂巢山
厦港街道
演武
大下澳
厦大水库
西宅水库
下东宅
上李
狮山
后厝
前厝
白城
曾厝垵
前田
西边
港口
滨海街道
曾厝垵
杯信石
厦门港
厦金航线18海里（33千米）
绊子礁
蝴蝶
东坪水
曾山
湖滨北路
嘉禾路
湖滨西路
湖滨南路
鹭江道
中山路
思明南路
思明东路
镇海路
公园南路
公园东路
文园路
万寿路
演武路
大学路
环岛路
莲岳路
松岳路
仙岳路
厦禾路
白鹭洲路
湖东路
图例
设区市行政中心
区政府驻地
街道办事处
居委会
自然村
区级行政区域界
街道界
铁路及车站
一级街道
二级街道
三级街道
码头
山峰
干出礁
绿地
航海线
河流 水库
审图号：闽S[2017]63号
比例尺1:44 000
（注：本图资料截止2007年12月，行政区域界线仅作参考，不作划界依据）

里
区
湖边水库
长礁
乌礁
塔礁
长尾礁
水考孙礁
东剥礁
剥礁
双礁
南坎礁
大尖礁
环
岛
东
路
虎仔山
塔埔
黄头
下保
岭兜新村
顶何
何厝
香山
下何
泥窟
石村
莲成
岭兜
前埔山
前村
莲花五村
华福
金尚路
成功北
谊爱路
龙山
东芳山
洪文
莲前街道
西
岭
莲前东路
侨福
前埔西路
前埔中路
前埔东路
前埔北
田厝
会展北路
会展路
会展南路
莲丰
潘宅
莲薇
莲翔
瑞景
西林
墩仔
莲恰
金鸡亭
莲云
云顶中路
云顶岩隧道
云顶岩
340
东山水库
大东山
前文兴东路
前埔南
前埔南路
前埔
古楼
店上
柯厝
岩前水库
洪脊山
高刘山
石胃头
观音山
东坪山
茂后水库
胜利水库
军民水库
新村
茂后
东排山
黄厝
鬼仔坑水库
云顶南路
黄厝南路
剑潭
日月潭
溪头下
土屿
三屿
厦门东侧水道
思明区在厦门市的位置
泉州市
漳州市
同安区
翔安区
集美区
厦门高崎国际机场
湖里区
海沧区
厦门市
思明区
九龙江口
厦门港
大嶝岛
金门岛
小金门岛
泉州市

思明区地势图
厦门市
思明区
海沧区
湖里区
厦门西港
厦门港
鹭江
海沧大桥
东渡码头
同益码头
综合码头
客运码头
和平码头
轮渡码头
别墅码头
观海园码头
火烧屿
大兔屿
小兔屿
白兔屿
猴屿
大屿
鸟站礁
杯信石
绊子礁
鼓浪屿
燕尾山
内厝
龙头
鼓浪屿街道
仙洞山
松柏山
仙岳山
213
仙岳公园
西郭
仙阁
屿后
屿后西
莲岳
仙岳
岳阳
松柏
长青
莲秀
莲花
金桥
筼筜街道
盈翠
嘉莲街道
湖滨
湖光
莲坂
官任
振兴
筼筜内湖
筼筜外湖
白鹭洲公园
四里
一里
双涵
浦南
溪东
金祥
滨中
梧村
梧村街道
天湖
开元街道
湖滨
金榜山
厦门站
东坪
大厝山
文灶
禾祥西
西边
万寿北
梧村山
小学
鹭江街道
双莲池
阳台山
文屏
中华街道
霞溪
深田
坑内
仁安
虎溪
文安
思南
万石植物园
西山水库
东坪水库
钟鼓隧道
五老山
后厝山
东宅坑水库
上李水库
福海
巡司顶
蜂巢山
厦港街道
演武
下澳
厦大水库
西宅水库
狮山
上李
曾厝垵
白城
蝴蝶湾
曾山
滨海街道
湖滨北路
湖滨南路
湖滨西路
湖滨东路
湖滨中路
湖东路
湖光路
仙岳路
莲岳路
嘉禾路
七星路
金桥路
体育路
育秀路
白鹭洲路
禾祥东路
禾祥西路
故宫路
厦禾路
鹭江道
西堤
中山路
思明南路
公园南路
公园东路
文园路
万寿路
厦门大学
大学路
环岛路
演武大桥
同文路
民族路
镇海路
南华路
龙虎山路
图例
设区市行政中心
区政府驻地
街道办事处
居委会
区级行政区域界
铁路及车站
一级街道
二级街道
三级街道
码头
山峰
干出礁
公园
航海线
河流 水库
高度表（米）
300
250
200
150
100
50
0
审图号：闽S[2017]63号
比例尺1:44 000
（注：本图资料截止2007年12月，行政区域界线仅作参考，不作划界依据）
厦金航线18海里（33千米）

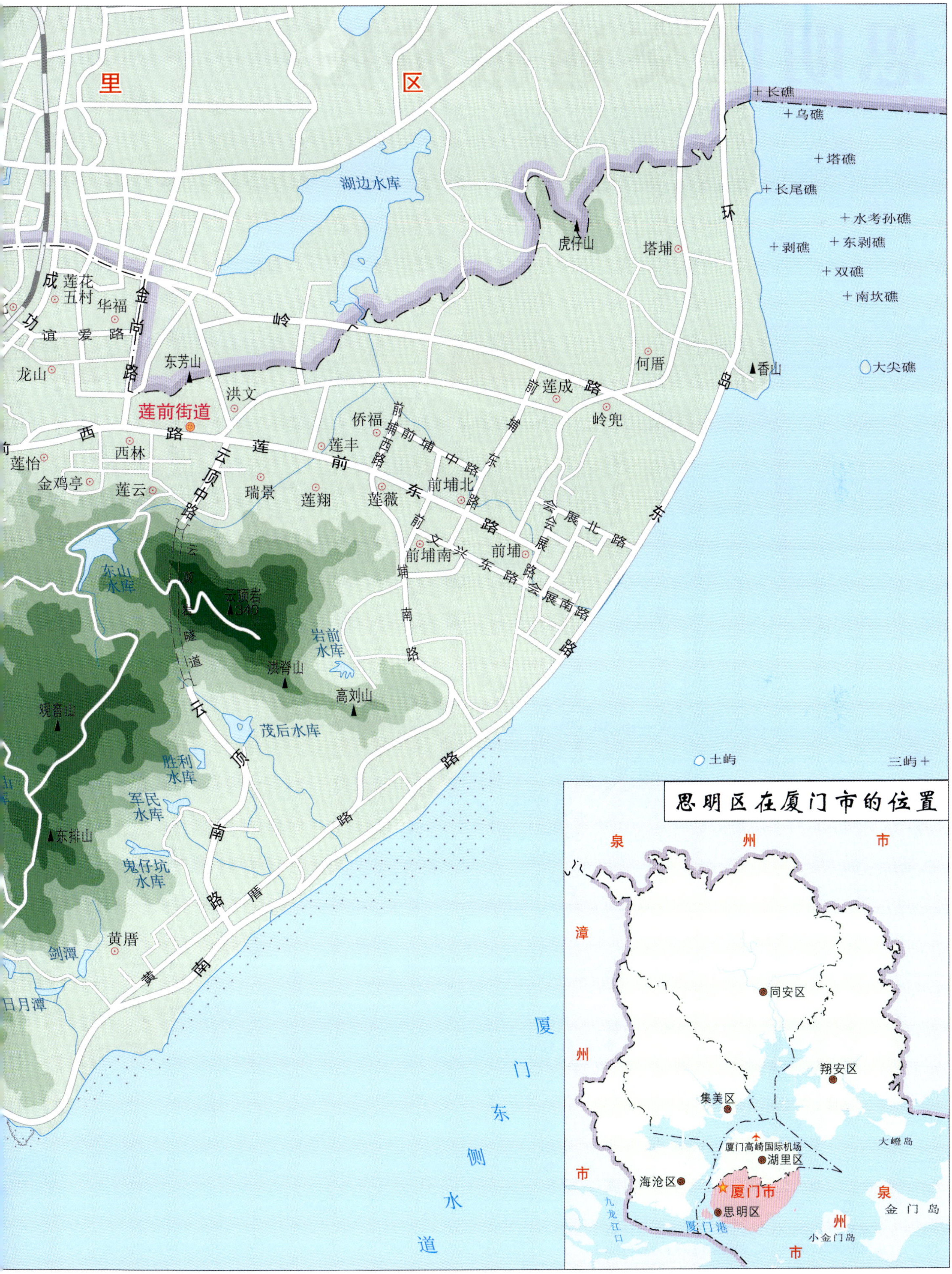
里
区
湖边水库
虎仔山
塔埔
环
岛
东
路
长礁
乌礁
塔礁
长尾礁
水考孙礁
剥礁
东剥礁
双礁
南坎礁
香山
大尖礁
何厝
岭兜
前埔
莲成
莲花
五村
成
功
谊
爱
路
华福
金
尚
路
岭
龙山
东芳山
洪文
莲前街道
西
路
莲
前
东
路
侨福
前
埔
西
路
前埔中路
莲丰
前埔东路
前埔北
会展北路
会
展
路
前埔南
文兴东路
会展南路
前埔南路
莲怡
西林
金鸡亭
莲云
瑞景
莲翔
莲薇
云顶中路
云顶岩隧道
东山
水库
云顶岩
340
岩前
水库
洪脊山
高刘山
观音山
茂后水库
胜利
水库
云
顶
南
路
军民
水库
东排山
鬼仔坑
水库
黄厝
剑潭
日月潭
环
岛
路
厝
黄
南
土屿
三屿
厦
门
东
侧
水
道
思明区在厦门市的位置
泉
州
市
漳
州
市
同安区
翔安区
集美区
厦门高崎国际机场
湖里区
海沧区
厦门市
思明区
大嶝岛
九龙江口
厦门港
泉
州
市
金门岛
小金门岛

中山路（1958 年）

中山路新貌（2006 年）

民国21年，中山公园游艺场竣工。日军侵占厦门岛时废

20世纪30年代，中山公园内的琵琶洲

中山公园（2006年）

海滨公园（2006年）

金榜公园（2002年）

南湖公园（2001 年）

白鹭洲公园（2002 年）

鸿山公园（2003 年）

菽庄花园全景（2006 年）

前埔北区（2005 年）

前埔南区（2004 年）

金鸡亭小区（2004 年）

莲花社区（2000 年）

体育东村（2002 年）

塔埔安置房小区（2007 年）

筼筜湖畔高楼群胜景（2006 年）

筼筜湖全景（2006 年）

筼筜湖水面夜色（2006年）

黄厝金沙滩（2002 年）

2003 年 3 月 30 日，在环岛路举行厦门首届国际马拉松赛

1998 年 9 月 8 日，环岛路建成《鼓浪屿之波》雕塑，2000 年 11 月，被列入吉尼斯世界纪录，为世界“最长的五线谱音乐雕塑”

环岛路（2005 年）

厦门人民会堂夜景（2007 年　董复东 / 摄）

厦门软件园二期工程全景（2003 年）

厦门国际会展中心夜景（2004 年）

演武大桥（2004 年）

成功大道（2007 年）

2004 年 9 月 9 日，科技部授予厦门“国家半导体照明工程产业化基地”，正式落户思明区

2003 年，“思明・高校院所・企业・投资机构科技项目”推介会

2006 年 3 月 31 日，思明区海外联谊会在厦会长扩大会暨青年委员会成立大会

2004 年 1 月 18 日，思明区获“2001—2002 年度全国科技进步先进城区”称号

厦门华侨博物馆（2003 年）

厦门一等邮局大楼（2006 年）

厦门体育中心（2005 年）

厦门国家会计学院（2006 年）

厦门大学（2006 年）

湖滨北路金融区（2005 年）

交通银行厦门分行大厦（2003 年）

中国工商银行厦门分行大厦（2003 年）

国际银行大厦（2005 年）

中国建设银行厦门分行大厦（2007 年）

中国银行厦门分行大厦（2003 年）

1998 年，厦门南乐团接待德国客人

1999 年，厦门南乐团接待荷兰女王

1998 年 1 月，厦门爱乐乐团在演出中

2001 年，厦门小白鹭民间歌舞团赴莫斯科演出

2002 年 5 月 19 日，鼓浪屿被中国音乐家协会授予“音乐之岛”称号

2002 年，中华民族儿童歌舞周颁奖现场

2002 年，中华民族儿童歌舞周暨厦门思明少儿艺术节现场

南音乐舞《长恨歌》于 2002 年被文化部评为第十届文华新节目奖

2004 年，厦门“思明杯”全国少年儿童音乐舞蹈邀请赛

2004 年 7 月，厦门小白鹭民间歌舞团在德国不莱梅国际奥林匹克合唱节期间举办《中国之夜》专场演出

2004 年 8 月，首届“海峡两岸歌仔戏艺术节”在厦门举行

2001 年 1 月 2 日，金门县长陈水在一行乘“太武”号客轮直航和平码头，为 1949 年后首航厦门的台湾客轮

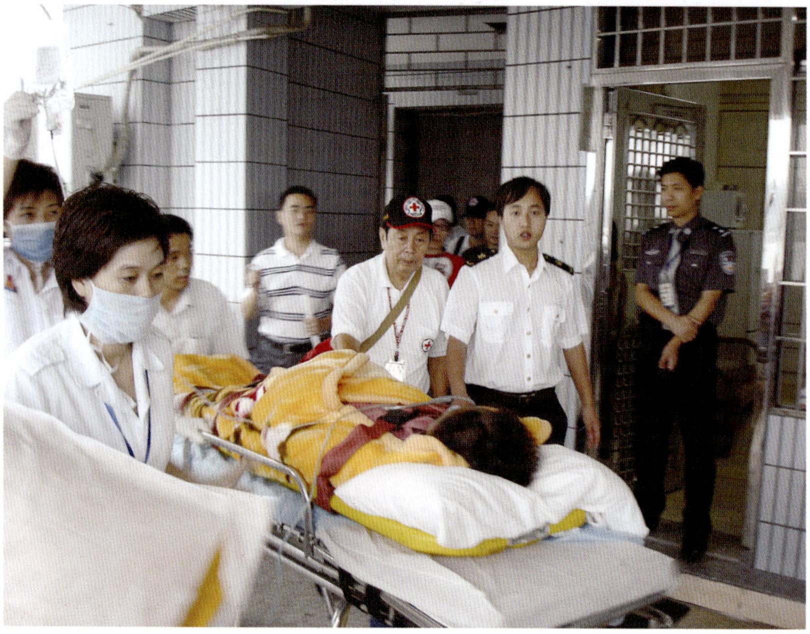

1995 年 10 月，红十字会在厦门与金门海域交界处的上屿岛建红十字救护站

2001 年 2 月 6 日，在闽金门籍同胞乘坐“鼓浪屿”号客轮直航金门料罗湾，为 1949 年后首航金门的大陆船舶

1980 年元旦，“鼓浪屿”号客轮首航香港

1997 年 4 月 19 日，从厦门港驶出的“盛达”号集装箱货轮首次直航台湾高雄港

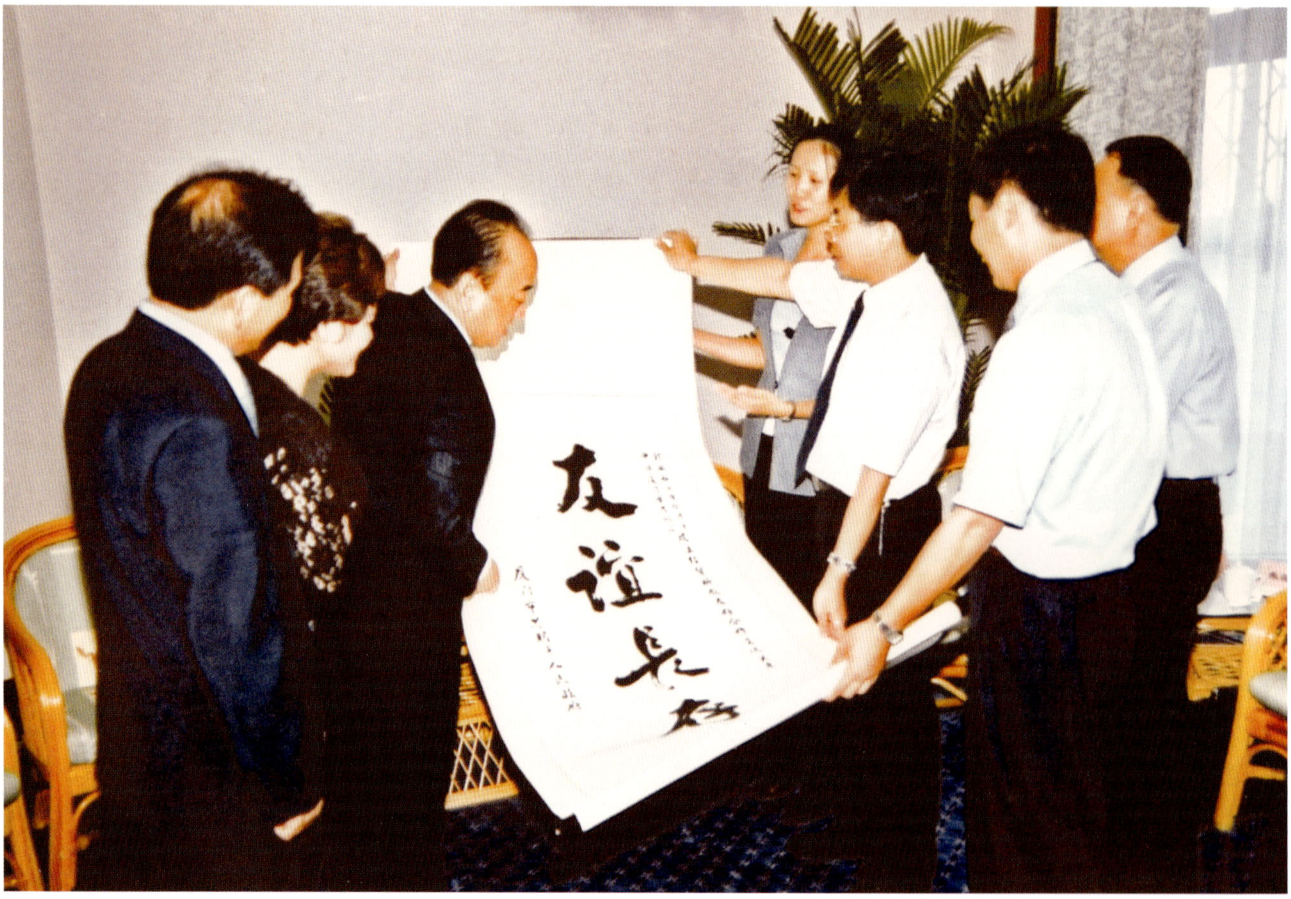

2003 年 7 月，思明区与韩国釜山市金井区建立友好城市

厦门市思明区地方志编纂委员会

主　任　夏长文

副主任　张剑鸣　黄碧珊　黄　峰　洪　亮　黄献利

委　员　许佳娜　张云鹏　王志强　傅春芳　徐　凌　张昆明　李春华　蒋晓健
申其晃　黄剑辉　涂伟彬　石世翔　戴丽珠　陈　鸿　张　兴　孙伏云
陈　政　廖晓东　曾梅芳　张钦茴　叶青芳　赵丽娟　洪　新　于兴宏
杨　力　张　越　刘晓文　张建海　曹丽萍　郭银芳　许珣煜　杨斯航
许文善　陈招冲　白少平　杨　平　丁　婕　杨丽清　张杰亮　徐墩煌
林敏霞　张晓红　苏枫红　何榆林　王雪梅　陈　勇　黄昌耀　白丽城
李传坚　侯　伟　张国强　王毅辉　熊衍轼　李巧云　陈胜发　李辉东
张鹭杰　叶经营　蒋国忠　徐火辉　林金宗　林　平

厦门市思明区地方志编纂委员会办公室

主　任　林慧君

成　员　罗　瑾　陈勤美

《厦门市思明区志》总编室

主　编　夏长文

副主编　洪　亮　黄献利　张建斌　傅春芳　林慧君（执行）

总　纂　黄剑岚

副总纂　黄启注

编　辑　黄剑岚　黄启注　林慧君　罗　瑾　陈勤美

参与部分专业志撰写和修改人员（按姓氏笔画顺序排列）

叶正中　纪亚木　许初水　吴肇庆　张日庆　周长楫　周益民　周三民
施景西　翁忠言　韩　真

2007年6月27日，成立思明区地方志编纂委员会

（厦思委办〔2007〕52号）

主　任　张灿民

副主任　曾毓琪　颜智伟　王伟文　陈李升　丘勇才

委　员　郭松萍　许佳娜　黄楷书　刘宇舜　谢石瑞　郭福山　叶加河　林燕莉

陈美卿　郝　平　任保国　陈天来　张建军　叶青芳　姚已钿　张泾水

薛宗辉　杨良模　陈金应　廖晓东　张泽夫　许丽娜　马洪岐　沈少坚

林惠美　叶章明　郑尤男　陈冰凌　刘　蓓　张　兴　宫鲁渝　高民强

赵正根　徐龙祥　王建平　白少平　杨　平　廖文治　汤淑琴　曾小铃

欧阳丽娟　谢丽贞　施　玲　周幼玉　王权辉　胡金誌　杨志勇　谢再福

柯友谊　杨丽清　黄美珍　谢水宗　郁小亮　雷化莹　陈超勇　汪振坤

丁丽贞　林晓旭　陈茵海　谢声远　陈镇浩　林金宗　黄　元

办公室

主　任　丘勇才（兼）

副主任　刘宇舜（兼）　黄　元（兼）

顾　问　（按姓氏笔画顺序排列）

卢志明　江林宣　杨友庭　吴剑隆　陈可强　洪卜仁　黄秋苇　龚　洁

彭一万

总编室

主　编　何东宁

副主编　杨立才　卢　彬

总　纂　刘宇舜

编　务　黄　元　施景西　陈勤美

《厦门市思明区志》初稿编写人员

（按姓氏笔画顺序排列）

马小勇　尤聪雅　方　惜　王　玫　王书标　王水裕　王立群　王庚申　王若君
王政权　王智灵　邓文华　邓海东　兰海军　史庆军　白少平　石世翔　龙　辉
任建民　伍加才　刘　旻　刘　军　刘　炜　刘计峰　刘宇舜　刘晓梅　吕妮玫
孙科序　孙辅仁　朱臻怡　江比泰　江丕森　江华达　池丽清　汤鸣文　纪珊珊
许天津　许丽娜　许国强　许建伟　何明全　何星辉　吴丽雪　吴进法　吴尚义
吴建宏　吴昌光　吴诗池　吴健娜　吴维欣　吴辉煌　吴慧玲　宋　雯　张元基
张志龙　张良平　张建斌　张杰铭　张金丽　张洁萍　张海燕　张维波　张惠铭
李　冰　李　尹　李元朋　李永东　李丽红　李启宇　李芳玲　李坤龙　李昇谦
李采虹　李锦顺　杜爱英　杨　乐　杨心宁　杨民政　杨永泰　杨铁军　苏　鸣
苏幸福　邱明霞　邵希环　邹家鹿　陆晓红　陈　婷　陈红秋　陈和敏　陈齐云
陈丽燕　陈寿基　陈明达　陈重艺　陈夏慧　陈晓晴　陈萌雅　陈雪娥　周庄智
周学良　周婉霞　林　伟　林　红　林小红　林艺伟　林红如　林志勇　林炳聪
林晋祥　林清语　林富福　罗宝琴　罗俊中　苑香兰　郁小亮　郑成敏　郑俊明
郑勇明　郑津河　郑海龙　郑高燕　姚扁明　娄建英　施环红　施美玲　施景西
柯文玲　洪　新　洪卜仁　洪军晖　洪阿娜　洪凯杰　洪建谷　洪锡龄　赵宏伟
倪春娟　徐　宁　徐争艳　徐常波　翁子清　郭　林　郭汉文　郭跃明　高令印
高捷达　梁黎虹　梅子红　黄　芳　黄天祥　黄文明　黄冬坚　黄诗波　黄庭榕
黄敏强　傅　铭　傅梅梅　曾庆光　曾淑慧　蒋尤娜　谢亚平　谢丽贞　谢余光
廖文治　蔡炳瑞　颜海聪

思明区委、区政府《厦门市思明区志》初稿审稿组

张灿民　颜智伟　陈建南　何东宁　杨立才　卢　彬

《厦门市思明区志》初稿审查人员

（按姓氏笔画顺序排列）

王一青　王权辉　王志和　邓承果　叶加河　刘　蓓　刘宇舜　毕年斌　吕天送　许佳娜
汤淑琴　朱荣声　李　冰　李昇谦　李保平　张　兴　张泽夫　张建军　张国强　张惠川
杨　玲　杨良模　杨志勇　杨丽清　汪荣南　汪振坤　陈小青　陈文华　陈天来　陈冰凌
陈秀枝　陈和敏　陈芳华　陈美卿　陈金应　陈超勇　陈茵海　陈瑞珍　林金宗　林福旺
林晓旭　林惠美　周幼玉　易　兵　孟　瑜　郁小亮　郑尤男　赵正根　施景西　胡金誌
姚玉萍　洪志坚　宫鲁瑜　徐龙祥　高民强　郭黄龙　郭福山　黄　元　黄　诚　黄正洪
黄楷书　黄美珍　龚　佶　谢水宗　谢石瑞　谢声远　谢丽贞　曾小铃　曾国荣　熊衍轼
廖晓东　谭坚勇　薛宗辉

思明区委、区政府《厦门市思明区志》审稿组

夏长文　黄碧珊　黄　峰　洪　亮　黄献利

厦门市人民政府地方志办公室《厦门市思明区志》审查验收组

李志宏　白延蜻　刘昌厚　林立光　李艳玲　林　靖

《厦门市思明区志》照片来源

申生才、陈铃、李开聪、林筌、卓壬癸、郑晓东、洪凯杰、洪樵甫、赵岗、龚万钟、董复东等。《福建革命史画册》《福建省革命遗址通览·厦门市》《图说厦门》《厦门旧影》（上海历史博物馆编），《厦门军事志》《思明区军事志》《厦门旧影》（洪卜仁主编），《厦门音乐名家》《先行的脚步（厦门篇）》《厦门金融志》《厦门粮食志》《厦门渔业志》《开元区经济社会年鉴（2003）》《思明区经济社会年鉴》（2004—2008），以及厦门市思明区档案局、《厦门市思明区志》初稿承编单位。

序

盛世修志，乃中华民族之优良传统；一为资政，二为教化，三为存史，乃利于当代、惠及后世之功德善事。《厦门市思明区志》成书出版了，可喜可贺!

区境唐代称嘉禾里；至清初郑成功改设思明州，自此有思明之名。思明自古是海疆要隘，通洋正口。清道光年间开埠后，商贸业兴起，促进农、渔、工各业发展。民国27年（1938年）5月至34年8月，区境被日本侵略军占据，受其掠夺。中华人民共和国成立后，区境经济文化建设全面恢复发展。改革开放后，特别是1984年区境融入厦门经济特区及2003年10月三区整合以来，中共思明区委、区人民政府带领广大干部群众发扬“争先创优永不止步，开拓进取永无止境”的思明精神，为思明区发展成为中国东南沿海经济强区做出了不懈的努力。2007年，思明区进入“中国中小城市综合实力百强”第十七位，成为全国最有区域带动力的城区之一，经济实力跃居福建省各县（区）最前列和全国十五个副省级城市中心城区上游位次。《厦门市思明区志》在全面、系统记述区情基础上，重点突出了时代特征、地方特色，为人们了解区情、鉴古知今提供宝贵的借鉴；也是进行爱国主义、社会主义教育的生动教材。

《厦门市思明区志》编纂历时10年，数易其稿，全面记载思明区自然、政治、经济、社会的历史与现状，对于传承中华文明、发掘历史智慧均有十分重要意义。

《厦门市思明区志》的编纂得到省、市地方志编纂委员会的精心指导，众多老前辈鼎力相助，各部门通力协作，经全体修志人员的苦心耕耘，得以成书。在此，谨向为编纂出版《厦门市思明区志》作出贡献的人员致以崇高敬意！

回眸历史，展望未来，我们有信心把思明区建成科学发展示范区、两岸交流合作先行区、文明和谐美好家园中心区！

中共厦门市思明区委书记 游文昌

厦门市思明区人民政府区长 吴世友

2017年6月30日

凡　　例

一、本志以马克思列宁主义、毛泽东思想、邓小平理论、“三个代表”重要思想和科学发展观为指导，贯彻落实习近平治国理政新理念、新思想、新战略，运用辩证唯物主义和历史唯物主义的立场、观点和方法，按照国务院《地方志工作条例》和中国地方志指导小组《地方志书质量规定》要求进行编纂，存真求实、全面系统地记述厦门市思明区自然、政治、经济、文化和社会的历史与现状。

二、本志上限不作统一规定，下限至2007年12月31日。

三、本志记述的地域以2007年12月思明区行政区域范围为准。记述1949年之前的今思明境域，称“区境”。1950年5月至2003年9月，同时记述鼓浪屿区、开元区、思明区，称“三区”，分区记述则冠以区名；“三区”时期，采用“宜融则融，宜分则分，融分相济、以融为主”的贯通记述方式。2003年10月至2007年12月，即整合后的思明区，记述时称“思明区”或“全区”。

四、本志采用现代规范汉语体文记述，有述、记、志、传、图、表、录，以志为主体。全志由总述、大事记、专志卷、人物卷、附录及索引组成。专志卷按自然、政治、经济、文化、社会顺序排列。卷下设章、节、目、子目层次。独立成卷者，卷名之下设序；合卷者，或卷名之下设序，或章名之下设序。

五、本志纪年，中华民国以前，采用朝代年号并用汉字书写，括注公元纪年（同一目中多次出现同一朝代年号只括注首次）；中华民国时期纪元，用阿拉伯字书写，只在每节首次记述时括注公元纪年；1949年10月1日起一律用公元纪年并用阿拉伯字书写。志中“解放前、后”，系指1949年10月17日思明区境解放前、后。

六、本志机构、文件、会议名称每卷第一次出现用全称，再次出现用简称。历史上的机构和职官名称沿用当时的规范称谓，但日本侵略者扶植的傀儡政权及其官职冠以“伪”字，其他各种非法组织加引号。外国的国名、地名、人名、党派、政权、机构、报刊等名称，均以新华社的译名或社会上公认的译名为准。国内地名均按今地名认定机构公布的地名记述；古地名与今不同者，每卷首次出现时括注今名。为简便记述，海峡两岸机械电子商品交易会暨厦门对台出口商品交易会，简称“台交会”；中国海峡项目成果交易会，简称“6·18”海交会；中国国际投资贸易洽谈会，简称“9·8”投洽会。

七、本志使用统计数据以国家统计部门公布的法定数据为准。统计部门缺的，采用经业务主管部门核实的统计数据。本志计量单位，采用国家法定的计量单位。数字用法执行中华人民共和国国家标准 GB/T 15835-2011《出版物上数字用法》，标点符号执行中华人民共和国国家标准 GB/T 15834-2011《标点符号用法》。

八、本志货币单位表示法，历史上的货币单位按当时单位名称记述。1949 年 10 月至 1955 年 3 月流通的以万元为单位的人民币，一律换算为新版人民币币值。记述人民币单位为元，外币以该国（地区）币值单位为准。

九、人物卷设人物传、人物事略、人物表，坚持“生不立传”原则。收录本籍人物为主，兼收长期在区境活动并作出贡献的客籍人物，以及本籍在外工作人物。人物传以逝世时间先后排序。

十、本志资料来源于历代正史、方志、统计部门、档案文献和各种图书、报刊。入志资料，一般不注明出处。

目　录

第二卷 人 口

第三卷 城区建设

第四卷　中国共产党地方组织

第五卷 地方人民政府

第六卷 人大地方组织

第七卷　政协地方组织

第八卷　民主党派

第九卷　中国国民党地方组织　民国地方政府

第十卷　社会团体

第十一卷　政　法

第十二卷 军 事

第十三卷 经济总情

第十四卷 农 业

第十五卷　工　业

第十六卷　交通运输　邮电

第十七卷　商业贸易　招商引资

第十八卷　建筑业　房地产业

第十九卷 旅游业

第二十卷　金融业

第二十一卷 财政 税务

第二十二卷　经济管理

第二十三卷　教　育

第二十四卷 科学技术

第二十五卷 文 化

第二十六卷　体　育

第二十七卷　医疗　卫生

第二十八卷 劳动 人事 民政

第二十九卷　侨务　外事

第三十卷 思明与台湾关系

第三十一卷 宗教 民间信仰

第三十二卷 民俗 方言

第三十三卷 人 物

附　录

总　述

“思明”，为震撼清王朝的“反清复明”、驱逐荷寇的英雄郑成功所命名；如今，民族英雄的命名延续为骄人的区名。

思明区，是举世闻名的厦门市发祥地；自古迄今，思明区境一直是厦门政治、经济、文化、社会活动的中心。

蜂巢山至曾厝垵一带在新石器时代晚期就有先人在此手持石锛、石戈、石镞等原始工具劳作，过着农耕、狩猎、捕捞生活。商周时代，先人在白石一带集聚过着村落式生活。人类繁衍发展，沙坡尾形成“帆影蔽津梁，桅尖拂苍旻”的渔港；四通八达的渔港促成沙坡尾与鹭江道一带城区的形成与繁华，一穴透气，连片皆活。如今，思明区成为厦门市最繁荣的中心腹地。

1949 年 10 月 17 日，思明人民翻身做主人。全国处于和平时期，过着静谧安详的生活。1958 年 8 月 23 日，炮击金门，震慑美帝，区境烽烟弥漫，令世界瞩目与震惊，厦门地处最前线，思明是最前沿阵地，成为当时全国人民最关注的前方。1979 年 1 月 1 日，全国人大常委会《告台湾同胞书》，海峡解冻，两岸共享和平。改革开放春风吹拂，思明迎来社会主义现代化建设热潮。

1980 年 8 月 26 日，中共中央、国务院批准厦门设置经济特区。1984 年 5 月 4 日，中共中央决定厦门经济特区扩大到全岛（含鼓浪屿及附近小岛），为区域发展、为中国东南沿海充满生命力的强区插上腾飞的翅膀。

2003 年 10 月，经国务院批准，鼓浪屿、开元、思明三区合一，形成一个强势政体，成为厦门市持续发展的龙头。

2007 年 9 月 22 日，思明区跻身“中国中小城市综合实力百强”第 17 位，为全国最有区域带动力的城区之一。同时，也是联合国认定的宜居城市厦门的核心区。全区经济实力跃居福建省各县、区最前列和全国 15 个副省级城市中心城区上游位次。

区位优越　历史璀璨

一、地理优势

思明区位于厦门岛南部，地处北纬 24°26′～24°28′，东经 118°03′～118°13′。东与小金门诸岛隔海相望，渡海峡之波抵台湾；西隔一泓海水与海沧台商投资区相连，西南为九龙江出海口；南与龙海市南太武山鼎屿、与漳州经济开发区一衣带水之隔；北与湖里区毗邻。气候属南亚热带海洋性季风气候。2007 年，全区陆地面积 76.46 平方公里，海域面积 275 平方公里。居民以汉族为多，有 35 个少数民族。全区总人口 880640 人，其中常住人口 580569 人，流动人口 300071 人。

区境有优越的不冻港口——厦门港。厦门港北距日本长崎 816 海里，距上海 564 海里；南距菲律宾马尼拉677海里，距广州381海里，距香港292海里；东距台湾高雄165海里，距基隆222海里，距台中136海里，距澎湖102海里。是中国与东南亚各国海上交通枢纽，为海疆要隘；在对外贸易和对台港澳经济、文化交流中，独具重要位置。

清康熙二十二年（1683年），清廷以开放海禁“于闽粤边海生民有益”为由，下令准许黎民出海贸易，闽海关就设在区境后路头。厦门港作为“通洋正口”，成为与东南亚各国贸易的主要出入口岸，商贸呈现一派繁荣景象，“港中舳舻罗列，多至万计”，商贾成集，梯航万里。

清道光二十二年七月（1842年8月），清廷被迫签订中英《南京条约》，厦门港为通商口岸后，成为“近城烟雨千家市，绕岸风樯百货居”的货物商品集散地，大同路、开元路一带分布着众多大型的外贸商行。

厦门港是中国沿海最佳的口岸之一，自古以来对厦门的繁荣，乃至东南沿海兴起与拓展发挥了不可替代的作用。

二、历史悠久

唐天宝十四年（755年），区境属南安县新城。唐贞元十九年（803年），析南安县西南四乡置大同场，区境属之。后唐长兴四年（933年），大同场升为同安县，区境属同安县嘉禾里。宋属同安嘉禾屿，嘉祐三年（1058年）在土地公社（今开元路口）设水寨。元至元五年（1268年），置嘉禾千户所。

明洪武二十七年（1394年），福建都指挥使谢柱在嘉禾屿设守御千户所，移永宁卫中、左千户所所兵驻守，修建所城，置中左所。清顺治十二年（明永历九年，1655年）三月，郑成功改中左所为思明州，区境历史上首次出现“思明”之名。清康熙二年（1663年）一月，郑成功之子郑经改思明州为思明县。康熙十九年，清廷惧“思明反清”之威力而废思明县，仍划归同安县。

民国元年（1912年）4月15日，复置思明县；9月12日，改思明县为思明府。翌年3月20日，复为思明县。民国34年10月，设厦港区、厦西区、厦南区、鼓浪屿区和禾山区。翌年6月1日，厦西区，厦南区合并为中心区。民国37年3月，中心区析设开元区；9月21日，中心区改称“思明区”。

1949年10月17日，区境解放。21日，区境辖鼓浪屿、开元、厦港、思明4个行政区及禾山区6个保。1950年5月2日，撤销厦港区建制。鼓浪屿区、开元区、思明区延续至2003年10月，三区整合为思明区，开创一个全新的历史发展时期。

三、厦门政治中心

明洪武二十七年（1394年），江夏侯周德兴在今新华路43号筑厦门城，思明区境开始成为厦门的政治中心。

思明州是明南朝下辖行政区　清顺治三年（1646年），清兵进逼福建，忠于明王朝的郑成功占据厦门、金门作为“复明”根据地。顺治十二年二月，郑成功改中左所为思明州，设知州事。顺治十四年，郑成功命忠振伯洪旭镇守思明州，在竹树脚（今洪本部街38-44号）设“本部堂衙门”。

思明县是郑军抗清复明据点　清康熙元年（1662年）五月，郑成功病逝于台湾，其子郑经自区境入台袭父职，清军乘虚攻占区境。翌年一月，郑经复据区境，改思明州为思明县，置县署，设知县。

清廷设厦门水师提督衙门　清康熙元年，清廷在曾厝垵驻水师提督。康熙二十二年，靖海将军施琅组建厦门水师进攻郑成功部，建水师衙门。康熙二十三年，移水师提督衙门于今新华路。康熙二十四年，施琅兴建福建水师提督衙门，从建立衙门至清光绪二十九年（1903年）裁撤福建水师时，历经218年，有47位提督在此办公。辛亥革命后，福建水师改为民国海军，水师提督衙门换上“海军漳厦警备司令部”牌子。

清廷设泉州府厦门海防分府同知署　清康熙二十五年，清廷在厦港鸿山寺之东设泉州府厦门海防分府，设厦防同知署，移泉州海防同知分防厦门。

清廷设兴泉永兵备道道署　清雍正五年（1727年），清廷在魁星岩（今公园南路）设兴泉永兵备道兼衔巡海，建道署。雍正九年，兴泉永兵备道改称分巡兴泉道。清乾隆三十二年（1767 年），称福建分巡兴泉永海防兵备道。

中共厦门市委、市人民政府驻地 1949 年 10 月，中共厦门市委、市人民政府在公园南路 2 号挂牌成立；1987 年迁湖滨北路 61 号办公。自中华人民共和国成立以来，区境一直是厦门市党政活动中心。

四、厦门中心功能区

1980 年 8 月 26 日，中共中央、国务院批准厦门设置经济特区。1984 年 5 月 4 日，思明区境融入厦门经济特区，从此进入发展快车道。区境是厦门中心功能区的主要载体，也是厦门经济特区造血功能最强的心脏区域。

思明区周围海域宽广，港阔水深，外航道水深 12～25 米，宽 1000 米以上，可通航 10 万吨级船舶；内航道水深 10 米以上，可通万吨级船舶。海岸线长 234 公里，其中深水岸线 43 公里。港外有大金门、小金门、大担、浯屿等一系列岛屿组成天然屏障。港内风浪小，可建 40 个万吨级泊位码头，最大泊位 10 万吨。有着优越的港口交通运输优势。在区境生长着国际生物学界公认有重要科研价值的文昌鱼和世界上濒危的一类海洋生物中华白海豚。水生生物 202 科、739 种。陆生野生动物 57 科、400 多种。生长着 30 多个科属、4000 多种植物。这一切为厦门经济特区中心区持续发展提供丰厚物质基础。

思明人在鹭江道一带建筑以厦门第一广场、国际银行中心、建行大厦等为代表的高层高端写字楼，吸引世界各地投资商蜂拥沓至。高集中、高密度、高效率的银行一条街成为东南沿海、闽粤赣的金融中心。全区有外商投资企业和港澳台企业共 637 家，其中港资企业 262 家，台资企业 157 家。在思明区境搭建的“台交会”、“6·18”海交会和“9·8”投洽会等大型经济贸易平台，发挥“近水楼台先得月”先机。2007 年，招引外资项目 248 项，投资额 6.33 亿美元，其中合同外资 3.92 亿美元，实际到资 1.83 亿美元；引进内联项目 4034 项，引资 142.6 亿元。

思明区贯彻中共厦门市委、市政府提出的迅速推动新一轮跨越式发展战略，发挥厦门经济特区中心城区的强势作用，立足区情，大力发展第三产业，提升综合服务功能，增强中心城区竞争力。

五、军事要地

思明为中国大陆之东南门户，海疆之要地。东与大、小金门诸岛隔海相望，西南与扼控九龙江出海口的鸡屿岛对峙，北与龙海市屿子尾炮台成犄角，为战略要地和军事重地。宋代至民国时期，区境驻千户所、水师提督、厦门镇守使署、海军闽厦要塞司令部、海军漳厦警备司令部、海军厦门要港司令部、东南长官公署厦门分署等军事机构。

郑成功复台基地

清顺治三年（1646 年），郑成功被南明隆武帝朱聿键封忠孝伯，赐尚方宝剑，挂招讨大将军印；招募郑芝龙旧属、隆武朝遗臣及闽浙沿海抗清壮士于麾下。顺治十二年，郑成功被南明永历帝朱由榔封威远侯，又晋封漳国公，拥有陆军 72 镇、水师 20 镇，总兵力 20 万人。顺治十五年春，郑成功选壮勇者 5000 人编为左右武卫、虎卫亲军，戴铁面、穿铁甲，传以《五梅花操法》，称“铁人军”。郑成功部控制闽粤浙沿海大部地区，威震东南。

郑成功在厦门港院东和澳仔岭之间开辟演武场，兴建行辕，并于演武场上筑楼台式演武亭。在东北角和西南角构建镇北关和镇南关。在鼓浪屿日光岩、升平路近处文圃山开辟操练水师水操台。鸿山、万石岩、箭道、古营路及北门外街先锋营一线，皆为郑成功训练部队和安营扎寨场所。

顺治十八年三月，郑成功率 13 镇官兵 2.5 万人从何厝观音山海域出发，思明民众踊跃加入郑成功部队，渡台大军扬帆出海，集结于金门料罗湾，经澎湖，袭取台湾鹿耳门，攻打赤嵌城。台湾人民协助郑军登陆。郑军和台湾人民并肩与荷兰军队进行殊死战斗。十二月，郑成功终于驱逐荷兰殖民者，将神圣领土台湾收归祖国版图。

抗击外敌的英雄热土

明天启二年（1622 年）至四年，区境军民奋起反击侵扰区境海疆的荷兰殖民者。

清道光二十年（1840 年）六月初三，英国侵华英军所谓的“东方远征军”总司令懿律、驻印舰队司令伯麦率舰队驶抵厦门港附近；初四日，区境军民击退闯入厦门港的“布朗底”号军舰。

民国 27 年 5 月 10 日，区境军民英勇抗击从何厝沿海及五通一带入侵的日军。至 13 日失守后，仍浴血奋战。民国 30 年 12 月，太平洋战争爆发，日军侵占鼓浪屿，但区境人民反日浪潮不断，直至民国 34 年 8 月 29 日日军在鼓浪屿海滨饭店受降。

闽南小刀会抗清指挥部

清道光三十年六月，陈庆真在旗杆脚五祖庙（今大中路旗杆巷）秘密组织小刀会。翌年，厦门小刀会被清廷镇压。清咸丰三年（1853 年）四月十一日，黄德美、黄位率闽南小刀会高举义旗，攻占区境，建立政权，在定安路二舍庙巷设指挥部与清廷抗争。风起云涌的闽南小刀会斗争，震撼了清王朝在闽南的统治根基。

经济百强　科技兴区

一、中国综合实力百强区

唐中叶，居民生产以种植业、捕捞业为主。明，厦门港得漳泉港口发展之优势，商业贸易和手工业兴起。明末清初，郑成功实行开放贸易、通商惠工的政策，手工业和商贸业一时兴盛。清康熙二十二年（1683 年），朝廷平定台湾后，在厦门设立海关，开放海禁，促进区境经济崛起。清雍正五年（1727 年），厦门港为东南沿海唯一合法的贸易口岸。自此，港口停泊进出口贸易船舶近千艘，成为东南沿海商业都会，对外贸易繁荣，航运交通、造船工业发展。

清道光二十三年（1843 年）厦门开埠至民国 27 年（1938 年），外国资本和华侨民族资本输入，国内外贸易、航运业、近代工业、城市建设、金融业获得长足发展，不断聚集各类人力、物力、财力，逐渐成为闽南的经济、金融、内外贸易中心和交通运输枢纽。

1980 年后，随着厦门经济特区建立，区境经济进入新的发展时期。1984 年，区境融入经济特区建设，经济发展更是突飞猛进。利用厦门富山展览城、厦门国际会展中心、中国国际投资贸易洽谈会等平台，引进先进技术和重点项目，发挥外商投资经济和个体私营经济的重要作用，经济总量和实力大幅度提升和增强。1980—2002 年，每年经济增长速度保持两位数。

2003 年 10 月三区整合后，中共思明区委、区政府实施建设“效益思明、活力思明、开放思明、和谐思明、生态思明、文化思明、绩效思明”战略方针，深化改革、扩大开放，从而促进经济年年取得跨越式发展。区境成为厦门市第三产业及商务楼宇经济最繁荣的区域。2007 年 9 月，思明区位列“中国中小城市综合实力百强”第 17 位。

2007 年，思明区经济运行持续呈现强势：

——GDP 和财政收入高位增长　生产总值 380. 51 亿元，比上年增速 20. 75%。人均 GDP6. 85 万元，比上年 5. 68 万元净增 1. 17 万元。财政总收入 71. 3 亿元，比上年增长 21. 3%。

——产业结构调整优化　三次产业比例为 0 : 19. 97 : 80. 03。第三产业比重突破 80%，其增加值 304. 52 亿元，拉动经济增长 16. 88 个百分点。人均服务业增加值 5. 49 万元。全年商业营业额 1364. 26 亿元，限额以上商贸企业 605 家，其中 18 家商贸企业营业额超过 10 亿元。全年房地产业销售额 172. 65 亿元，拉动经济增长 3. 61 个百分点。信息服务、居民服务、娱乐休闲及科教文卫等其他服务业营业收入 138. 03 亿元，其增加值 69. 02 亿元，拉动经济增长 4. 91 个百分点。商业零售业发展为历年最好水平，总额 214. 72 亿元，占全市 59. 3%。

——工业经济平稳发展　全区工业产值完成204.54亿元，其中规模以上工业产值184.35亿元。工业产销率97.56%。高新技术企业支撑工业经济发展，产值达57.21亿元，其中光电企业产值22.79亿元。同安工业集中区思明园成为区工业经济重要增长点，共有66家企业投产，投产率46%；110家企业入驻，入驻率77%。

——招商引资和项目投资稳步推进　引资总量和质量双丰收。全年批准外资项目248项，合同外资3.92亿美元，完成年计划105.97%；实际到资1.83亿美元，完成年计划107.5%。内资项目总引资额142.6亿元，完成年计划118.83%。全区49项重点项目完成投资48.4亿元，为年度计划99.65%。环东海域思明工业园顺利开工建设，观音山国际商务营运中心、中华城、第一广场、百脑汇科技大厦等重点项目取得实质性进展。全社会固定资产投资185.44亿元，比上年增长27%，为年度计划103.89%。

——商务楼宇经济强势壮大　有沿鹭江道、筼筜湖畔的滨海湖型写字楼；以商圈为依托的厦禾路、嘉禾路、湖滨南路写字楼；以鹭江街道、开元街道、中华街道为代表的传统市区写字楼。年税收超过1亿元的商务楼宇有亿力大厦、银行中心、国际银行大厦、鸿升大厦、国贸大厦、远洋大厦、中闽大厦、富兴大厦。全区68幢商务楼宇入驻企业3684家，年营业收入955亿元，总纳税额25.6亿元。

2007年，思明区综合实力凸显“五大领先优势”：

经济规模的领先优势——在全国同类型15个副省级城市中心城区中的经济排位靠前。

社会和谐的领先优势——实现区域协调发展，以及经济、社会与环境协调发展。

高新技术产业发展的领先优势——建成全国知名的光电产业基地，工业中高新技术产业增加值所占比重达58%。

城区服务集聚功能的领先优势——建成商贸服务、旅游会展和文化教育三大中心，增强城区的辐射力和集聚力。

公共管理体制建设的领先优势——建设绩效型政府。

二、东南沿海金融中心

明嘉靖二十六年（1547年），区境流通葡萄牙币。隆庆年间，流通荷兰银元。

明末清初，流通郑成功铸造的“漳州军饷”银币。

清道光二十三年（1843年），外国银行资本进入区境。英国德记、和记和德忌利士洋行先后作为英国渣打银行、有利银行在区境设代理；德国宝记洋行作为荷兰小公银行代理。清同治元年（1862年）三月，由洋人税务司专管的闽海关新关（又称洋关）设立。清光绪十五年（1889年），区境开始使用清廷铸造的银元。清宣统元年（1909年）十月，大清银行厦门分号在岛美街（今中山路西端）开业，这是首家设于区境的官办中央银行分支机构。宣统二年五月，首家商业银行——交通银行在海后路开业。宣统三年，中资金融机构62家，民信局20家。

民国9年后，区境进行大规模城市建设，促进金融业发展。民国20年，区境有3家外国银行、4家国内银行。中央银行、地方银行、商业银行和外资、侨资银行在中山路开设分行。1195米长的中山路，积聚31家银行分行，其中有知名的中南银行、中国实业银行等6家银行分号；近200米长的镇邦路，则有农业银行、厦门商业银行等9家银行分行；海后路有汇丰银行、中央银行等13家银行分行。民国20年，有民信局38家，至民国25年有84家。

1949年10月21日，中国人民银行厦门分行在海后路设立。1954年，中国人民银行厦门分行先后设鼓浪屿、厦禾、开元、中华、厦港、中山等分理处。同年，曾厝垵、黄厝、塔头、前埔、何厝、西林、莲坂、仙岳、梧村等地先后成立农村信用社、信用代办站。1979年后，区境银行业进入发展、改革新阶段。

2007年，思明区有各类金融机构131家，银行服务网点473家。有证券机构23家。专业保险公司46家，其中财产险保险公司10家、人身险保险公司11家、保险专业中介代理公司11家、保险专业中介经纪公司11家、保险专业中介公估公司3家，另有保险兼业代理商100余家。典当经营机构11家。

有期货公司2家、期货营业部4家。投资担保经营机构20家。总部设在思明区的上市公司8家。金融服务业完成营业额96.5亿元，实现增加值36.67亿元。区境为东南沿海金融机构密集区。

东南沿海金融中心的形成，有着诸多因素，又有诸多特点：

——外币流通时间早　明嘉靖二十六年（1547年），区境开始流行葡萄牙币。之后，流通外国银元：荷兰银元、西班牙银元、墨西哥银元、印度洋元、法国银元、荷兰马元、日本银元、美国洋元、安南元，以及秘鲁、玻利维亚、智利等国家银元。清光绪四年（1878年），英商香港上海汇丰银行厦门支行在区境设立分行，发行以西班牙本元为单位“银元钞票”。

——外商投资银行众多　民国13年（1924年）2月，在海后滩设立安达银行厦门分行。之后，相继设立福建美丰银行厦门分行、新加坡华侨银行厦门分行、美国建东银行厦门分行、英国标准渣打（麦加利）银行厦门分行、厦门国际银行、新加坡大华银行厦门分行、英国渣打银行有限责任公司厦门分行、国际商业信贷银行厦门代表处、法国东方汇理银行股份有限公司厦门分行、泰国盘谷银行厦门分行，由菲律宾联盟银行控股的厦门新联商业银行。还有非营业外资银行机构：美国花旗银行厦门代表处、美国首都银行厦门代表处、日本瑞穗实业银行厦门代表处、日本第一劝业银行厦门代表处、菲律宾联盟银行厦门代表处。

——港、台、侨资银行众多　清同治十二年（1873年），香港同胞在海后滩（今海后路）设立香港上海汇丰银行厦门分行，是区境第一家现代银行。此后，又设立香港集友银行厦门分行、香港嘉华银行厦门代表处、香港恒生银行厦门代表处、香港东亚银行厦门分行等。清光绪二十六年（1900年）一月，台湾人成立台湾银行厦门支行。民国14年8月19日，华侨李清泉、黄奕住与薛敏老、邱允衡等人在大史巷创办中兴银行厦门分行。

——兑换台湾新币量多便捷　1987年，中国人民银行指定由中国银行独家经营收兑新台币业务。地缘之便，区境流通与兑换新台币甚多。1990年，大陆全面开办新台币兑换业务。中行厦门分行在和平码头、中旅社及主要涉外宾馆、酒店等处设兑换新台币柜点。区境集友、国际、建东等外资银行也代理中国银行收兑新台币。

——金融行业种类齐全　清道光年间，英商和记洋行、太古洋行代办保险业务，是区境最早代理保险的洋行。清光绪八年（1882年），在崎头宫及和凤宫一带开设钱庄。民国2年，中华人寿保险普益团在大史巷成立，为区境最早成立的保险企业。

1986年11月，厦门叉车总厂发行职工内部股票，为区境证券业雏形。1988年4月12日，思明区文安街道办事处投资开办的厦门文安典当行正式开业，这是改革开放后厦门市开办的首家典当行。1993年，开设第一家期货经营机构。

跨入21世纪，区境金融活动保持十分活跃的势头。2004年，思明区出现第一家民营投资担保公司和第一家港资投资担保公司。同年，思明区金融产业竞争力在全国18个副省级以上城市中心区中排名第一。金融服务业融入海峡西岸经济圈，得到强势提升。

——中外银行布点多、量大面广　2007年，中外各银行厦门分行总部设在思明区26家，从业人员8759人。存款达2400亿元，其中企事业单位存款1200亿元、储蓄存款750亿元、其他存款450亿元；贷款2050亿元，其中短期贷款770亿元、中长期贷款1200亿元、其他贷款80亿元；票据融资50亿元，实现账面利润54亿元。与世界五大洲170余个国家和地区的1500家国外银行建立业务代理关系。

三、“科技兴区”发展战略

1984年6月始，鼓浪屿区、开元区、思明区开展“科技兴区”工作。1995年9月，三区发挥区位优势，实施“科技兴区”发展战略，分别制定《全面开展创建全国科技进步先进城区的决定》。鼓浪屿区引进万利达电子科技型企业，建设“鼓浪屿科技工业园”；率先导入ISO 14001国际标准，建设环境管理体系并通过认证，成为全国行政区和风景名胜区中首个国家级“ISO 14001示范区”。开元区引进三安电子高科技企业，组建高新技术研究开发基地，建设“开元科技园”。2000年，开元区科技进步对经济增长贡献率为50%。思明区与厦门大学共建“科技创业园”，与厦门大学和国家海洋三所共建“科技成果产业化平台”。1997—2000年，思明区、开元区多次被科技部授予“全国科技进步先进城区”称号。2002年1月，在全国科技工作会议上，开元区科技局被人事部和科技部授予“全国科技管理系统先进集体”称号。

2003年10月三区整合后，思明区政府实施《科技进步示范区建设与发展规划（2004—2008年）》，科技三项经费占财政决算2%，规模以上工业企业技术开发经费占产品销售收入4%。2004年，思明区被科技部定为“全国科普示范城区”“全国科技进步示范区”。在2005—2006年度全国科技进步考核中，连续第六次获“全国科技进步先进区”称号。

2007年，思明区投入科技研发资金4258万元，其中区级投入3397万元，重点扶持光电、软件项目15项。全年16家规模以上光电子企业实现产值23.99亿元，比上年增长24.7%；12家重点软件企业实现营业收入10.04亿元，增长18.9%。各类科技人员4766名；驻区省、部、市科研机构11家；厦门大学属下科研机构130家；高新技术企业95家，民营科技企业182家。科技系统引进500万元以上内资项目8家，引资额1亿元；引进合同外资项目400万美元。思明区在“思明·高校院所·企业·投资机构”科技项目推介会上签署“高功率高亮度LED发光体生产技术转让”“物流信息管理平台的研发”“智能化集成设计平台”等13项科技合作项目，签约总额5700万元（投产后产值可达2.43亿元）。软件园二期招商，通过入园资格审批151家企业。“思明科技孵化中心信息技术研发基地”签约挂牌。思明区被省科技厅列为“福建省可持续发展实验区”。

侨台特色　外事奇观

一、东南沿海著名侨区

明永乐三年（1405年）郑和下西洋，区境商船商民随往东西洋吕宋、苏禄、实叻、噶喇巴等30多个国家和地区经商，许多人在当地安居。明末清初，以海商起家的郑芝龙家族经营海外贸易。

清康熙二十三年（1684年），朝廷在区境置海关，为“通商正口”。随着海路畅通，思明人不断移居海外谋生。鸦片战争以后，西方殖民者从闽南沿海招“契约华工”到西方做苦工。清咸丰三年（1853年），清廷在区境成立出洋问讯处。

民国时期，华侨在区境创办厦门华侨公会。

区境最早的房地产业、金融业、电影放映事业、公共图书馆、报纸业、体育团体及华侨博物院均为华侨投资、捐资创办。清光绪元年（1875年）至民国38年（1949年）9月30日前，华侨在区境投资总金额占全省62.88%。华侨投资发展房地产业，促进市政建设发展。繁华饮誉于世的中山路、思明路、大同路、开元路、海后路，以及中西合璧的建筑群、厦门港大南新村和鼓浪屿别致华丽住宅楼房等都是华侨挥洒血汗的结晶。

1950年后，思明籍华侨分布从传统的东南亚向世界各地扩展。至1988年10月，思明籍华侨、华人遍布50多个国家和地区。

2007年，思明籍华侨华人117152人，创办及参与的海外社团328家，分布世界97个国家和地区。

在思明区历史发展过程中，处处留下华侨艰辛的创业身影：

——侨办商贸业　光绪元年，区境华侨创办的商业贸易行业20多种，至民国38年9月，开设商号300家。中华人民共和国成立至1955年12月，华侨投资107万元，占厦门市私营工商业总资产14%，对新生政权建设以强有力支持。1980年后，侨办商贸业发展快速。2007年，区境有侨资商店76家。

——侨办交通运输业　光绪元年，新加坡华侨邱忠波购置“漳福建”“漳海澄”号客轮航行于厦门与新加坡之间。民国时期，华侨林秉祥在区境开设新加坡和丰航运公司分公司，经营厦门、香港、新加坡、槟城、仰光等地客运业务。缅甸华侨林振宗创办协德轮船公司，菲律宾华侨吴云择创办福记轮船公司，华侨吴汇祝和吴安禄创办安记轮船公司，华侨蔡本油创办锦丰船务行。民国36年，菲律宾华侨吕仲文经营协顺公司，陈柏松开办厦门轮船公司。2007年，区境有华侨经营轮船公司8家。

——侨办房地产业　清末，越南华侨黄文华创建黄荣远堂。民国14年，实施开辟新区方案，从填蕹菜河辟地入手，民国15年春动工，辟地2.39万平方米。房地产公司进行楼群建筑，东南亚华侨大量投资，地皮供不应求。菲律宾华侨巨商李昭北、李昭以组建李民兴置业公司，在鹭江道中段和中山路、大同路等处集中投资。新加坡和缅甸华侨黄文德、许文麻等合资创办振祥房地产公司和宏益房地产公司，在浮屿角投资地产。民国35年7月，缅甸华侨林文炳组建华侨实业公司。民国38年4月，印尼泗水华商总会会长黄超龙、印尼爪哇万隆新义成公司总经理杨纯美、菲律宾夜总会总经理刘有士、马来亚福龙山树胶有限公司总经理苏汉瑞、新加坡欧罗亚百货公司经理陈焕其组建福建土地开发有限公司。

民国时期，华侨大户拥有区境房地产房屋758座，地产面积480094平方米，建筑面积173618平方米。

改革开放后，侨资投放于房地产开发甚多，金融商业中心标志建筑物大华银行大厦即由华侨与新加坡大华银行兴建的。2007年，区境有侨办房地产业59家。

——侨办金融业　清同治十年（1871年），郑顺荣在区境开办第一家批馆，至清宣统三年（1911年）增至20家。民国7年，印尼华侨黄奕住独资创办日兴钱庄。民国11年7月，黄奕住又创办中南银行思明分行。民国14年8月，华侨李清泉、黄奕住与薛敏老、邱允衡等人创办中兴银行厦门分行。侨资往来促进思明金融业发展。

——侨办工业　清光绪三十年（1904年），华侨陈日翔、林辂存创办华宝制瓷公司，为区境第一家侨办工厂。光绪三十三年夏，归侨杨格非创办淘化公司。民国10年，印尼华侨黄奕住和绅商黄世金创办自来水公司，后建上李蓄水池，此为全省首个由华侨投资建设的自来水工程。2007年，区境有侨办工业企业56家。

——侨办客店业、娱乐业　光绪年间，菲律宾华侨开设安岷栈。民国16年，归侨兴建思明戏院。民国17年，林氏兄弟成立和乐影业公司。民国19年，归侨陈渊源开办新世界游乐场。2007年，区境有侨办客店、娱乐企业共24家。

——侨办电子信息业　1981年起，创办侨办电子信息业。2007年，区境有侨办电子信息企业19家。

——侨办公益事业　民国17年，华侨林文庆、黄奕住创办中山医院。民国20年，华侨和地方人士捐资创办鼓浪屿医院。民国24年5月，林遵行和陈凌波为医院发展到仰光募捐；鼓浪屿医院改名平民医院，凡贫困者看病一律免费。1998年，澳大利亚籍华人胡友义捐建鼓浪屿钢琴博物馆，展出70台产自意大利、英国、法国、德国、美国、奥地利、澳大利亚等国家珍贵古钢琴。2007年，区海外华侨华人捐助各类公益事业款50.72万元。

二、台湾同胞活动前沿区

区境是台湾同胞主要祖籍地之一，历来是台湾同胞政治、经济和文化活动主要舞台。思明籍台胞在两岸海上通航、商业贸易、反抗外侵、亲情交融诸方面发挥着重要的历史作用。自古以来，区境与台湾海上通行便利，居民交往频繁。元明时期，区境与金门、澎湖、台湾船只时有往来。

郑成功驻境期间，鹭江道洪本部渡头、打铁路头、典宝路头是对台贸易的重要渡口，与台湾同胞来往频繁。

清康熙二十二年（1683年），朝廷统一台湾后，淡水、旧港、许厝港、后垄、大安港、涂葛堀、鹿港、北港、安平、打狗等港口，每天都有船只抵达区境。鹭江道竹寮巷口、水仙宫码头一带“寮仔后”，是台湾民众主要聚居地。清廷在区境设厦门口，与台湾鹿耳门对渡（其时两岸仅此航线单口对渡）。康熙三十四年，清廷又开辟厦门港—台湾鹿港—台北淡水港航线。此后100年间，厦门港是大陆与台湾交通联系唯一口岸。大陆戍台官兵、贸易商人及平民百姓都经由厦门港转入台湾。台湾商人从台湾收购稻米，集中到鹿耳门，由台防同知稽查运配；转运厦门港，由厦防同知稽查收仓，再由台商辗转销售内地。厦门港玉沙坡“文汛口”是盘验出入渡台商船的正口。台谷运厦日益增多，清中期在曾厝垵、美仁宫、后江埭、文灶等处有作坊10多家，月加工白米数千石。台湾商人与思明人组建商业组织“郊行”，支配着两岸贸易往来。台商经营的“台郊”（台湾郊）和经营鹿港贸易的“鹿郊”（鹿港郊），分布在洪本部渡头一带，进行繁忙交易。

清光绪二十一年（1895年）甲午战争后，台湾官员、士绅及义军将士内渡大陆，定居或暂避思明，组织各种爱国团体，开展抗日活动。

台湾同胞与思明人民在民族危难关头，并肩奋斗，抗击日本军国主义者，为中华民族的崛起英勇拼搏。

——台湾同胞在思明奋起抗日　甲午战争后，清廷被迫割让台湾给日本，思明成为台湾同胞抗日大后方。台湾抗日志士在思明组织以台胞为主体的爱国团体，开展抗日活动。

民国12年6月20日，台湾嘉义人李思祯创立台湾尚志社。次年1月30日，召开台湾学生大会，发表《宣言书》，控诉日本军国主义者和台湾总督府镇压台湾议会的罪行。4月25日，李思祯、翁泽生创立闽南台湾学生联合会；5月，成立共鸣社。民国14年4月，闽南台湾学生联合会与厦门中国台湾同志会发表宣言，呼吁大陆和台湾同胞一致奋斗，收回国土台湾。台湾革命党副主席张锡均在思明北路秘密从事抗日活动。民国20年6月，成立厦门反帝同盟台湾分盟。民国26年8月29日，台湾同胞宋重光召集台籍青年成立台湾同胞抗日复土总联盟。民国31年，台湾义军首领李友邦率领台湾义勇总队突袭日本经营的兴亚院、日本海军油库，沉重打击日本侵略者嚣张气焰。

——台湾同胞在思明兴业　清光绪二十一年，日本侵占台湾，大批台胞内渡思明，投资兴业。台湾人吴蕴甫在老叶街（今开元路）开设鼎美洋行。台湾人黄奎山在中华路开设紫云商号。光绪二十六年一月，台湾银行厦门支行设立。光绪三十三年，台商林尔嘉协助厦门商会成立电器通用公司。次年，林尔嘉设立厦门电话公司。民国17年，台湾人林木土创办丰南信托有限公司。民国27年，台湾人在厦门港经营10家鱼行。

三、思明与台湾交往新篇章

——履冰之举　1949年10月17日，思明与台湾往来中断，犹似寒冰之冻。1975年2月28日，台湾渔民曾贻煌“私回”思明探望离别30年的母亲吴结；翌日，中共思明区委书记张安常登门探访。开启1949年后首位思明籍台胞回思明探亲之门。1979年起，两岸关系恢复，台胞从台湾到思明探亲访友、旅游观光、寻根谒祖、投资办厂，定居思明人数不断增加。1982年6月，在厦门港沙坡尾设台湾渔轮停泊点，接受靠泊台轮，接待台胞。1991年8月31日，思明区台胞、金胞、台属联谊会成立时，有台胞220户472人、金胞102户213人。举办涉台联谊活动，组织台商子女夏令营等，不断推进思明区在经济、教育、医疗、文化艺术等方面对台交流合作。

——破冰之旅　2001年1月2日，金门县长陈水在率金门访问团乘“太武”号、“浯江”号客轮从金门直航厦门和平码头。参访后，又从和平码头直返金门；2月6日，福建省金胞联谊会会长许文辛率91位金胞返乡谒祖团乘“鼓浪屿”号客轮从和平码头直航金门。此后，厦金直航从“个案审批”“团进团出”，到“个案直航”“相对稳定航班”，再到天天有航班“通案化”。当年，台胞进出厦门港20835人次。至2002年1月28日，有52个航次各种团队10008位金门同胞在厦门口岸办理台湾居民往来大陆通行证；2月9日，区境181名持台胞证和金马专用单次出入境证的台商及其眷属在和平码头搭乘金门太武号客轮，经金门乘机直航台湾；2月27日，厦门国贸集团租用厦门轮船总公司中洲号货轮首次从同益码头直航金门料罗湾码头，开启厦金两地50余年来货运直航的先河。清明节期间，504名台商经和平码头直航金门返台扫墓祭祖。端午节期间，178名台商经和平码头直航金门返台与家人团聚。当年，进出港53371人次。2003年160303人次，2004年406346人次，2005年518453人次，2006

年607542人次，2007年677425人次。破冰之后，呈现逐年增加的良好势头。

2007年4月25日，思明区个体劳动者协会台商分会成立，是大陆首家个协台商分会。全区有台湾居民个体工商户93户，占全市台湾居民个体工商户总数57.4%。至年底，全区常驻台胞2056人，金胞1743人；个体台资工商户93家；台资企业159家，注册资本18865.1万美元。

四、清代驻鼓浪屿领事馆密度世界罕见

第一次鸦片战争后，英国于清道光二十三年（1843年）在鹿耳礁路设英国领事馆，这是近代西方列强在厦门最早的领事馆。翌年，美国在田尾路设大使馆。至清光绪年间，不到70年时间，在仅有1.91平方公里的鼓浪屿岛上，设立英国、美国、法国、西班牙、德国、荷兰、日本、菲律宾、挪威、奥地利、比利时、丹麦、葡萄牙、瑞典、意大利、墨西哥16家外国领事馆，平均不到0.12平方公里就有一家外国领事馆，其密度堪称世界奇观。

五、缔结国际友好城市

与韩国釜山市金井区建立友好城区

2003年7月16日，韩国釜山市金井区区长金文坤与思明区领导正式签订建立友好城区的协议，为福建省首个区级政府与外国区级政府签订经贸、科教友好合作交流关系的行政区。2005年6月，金井区区长金文坤再次率团访问思明区，双方就城市建设、经贸、旅游等方面进行交流。

与美国萨拉索塔市缔结友好城市

2006年5月，思明区与美国萨拉索塔市缔结友好城市，为福建省首个区级国际友好城市。2007年6月6日，双方签订缔结国际友好城市意向书，并就经贸、教育、文化等方面进行交流；10月9日，美中友协在萨市举行第二十一届年会，萨市市长宝陆安在开幕式致辞中高度评价该市与思明区交往成果，正式举行双方缔结友好城市签字仪式。

花园城市　宜居之区

一、海上花园城市

建立鼓浪屿—万石山风景名胜区，把鼓浪屿与厦门岛南部万石山及厦门海湾部分海域（共246平方公里）连片建成“城在海上的花园型”思明大景区，历经20余年精心打造，游人称之“海上花园”。

鼓浪屿面积1.91平方公里，海岸线长6.1公里，曲折蜿蜒，大自然的鬼斧神工造就11处形状各异小海湾、9个小半岛、7处陡岩峭壁的景观带。鼓浪屿沙滩长2.17公里，面积12.8万平方米。海湾、半岛、礁、石、岩、峭、沙滩构成鼓浪屿变化万千的海岛景观。鼓浪屿顶端雄踞一凌空磐石，称之日光岩，亦称之晃岩，登岩远眺，海天景色尽收眼底。

鼓浪屿是国家级重点风景名胜区，为福建省“十佳”风景区之首，也是全国35个王牌景点之一。素有“海上花园”“钢琴之岛”“音乐之岛”“万国建筑博览馆”美誉。鼓浪屿景观美——海有崖，山有岩，岩有洞，洞有泉，古树香花辉映，泼洒成一幅天然画卷。鼓浪屿灵魂美——民族英雄郑成功在此屯兵建寨，雄师旌旗蔽日，金戈铁马收复台湾。鼓浪屿音乐美——音乐之岛，鼓浪之音；近百年间，在万国建筑群里培育出世界著名钢琴家殷承宗、指挥家陈佐煌等200多名音乐大师，爱乐交响乐团享誉世界乐坛。

1984年，鼓浪屿融入厦门经济特区后，着力修建郑成功石雕巨像、皓月园、林巧稚纪念园——毓园、观海园、日光岩、郑成功纪念馆、水操台等景点；开发对台旅游优势，挖掘闽南文化旅游项目，不断拓展“鼓浪屿”品牌效应。精心组织元宵灯会、中秋博饼文化节、钢琴艺术节等活动，促进旅游业

快速发展，旅游内容丰富多彩。

鼓浪屿近邻金门岛，海外侨胞、台湾同胞、金门同胞对它情有独钟。1987 年，台湾开放台胞到大陆探亲，至 1993 年，共接待台湾游客 58.29 万人次。鼓浪屿区发挥旅游资源优势，加快旅游新项目开发建设，培植旅游经济新增长点，把鼓浪屿建成国际旅游度假区，成为文明旅游之岛、音乐艺术之岛。1999 年 12 月，鼓浪屿通过 ISO 14001 环境管理体系认证，为全国首家通过该标准的国家级风景名胜区。

2007 年 5 月 8 日，鼓浪屿以高分被国家旅游局评为 AAAAA 级景区；7 月，在日内瓦举行“2007 欧中旅游合作论坛”上，鼓浪屿被评为欧洲人最喜爱的中国十大景区之一。

万石山景区跨鹭江与鼓浪屿景区相连。其西、北是繁华城区，东、南为景区海域，峰巅巨石遍布，花岗岩山地景观独特。沟谷、溪涧蜿蜒，群峰起伏，峦黛树绿。旧时，厦门廿四景多在此景区，有“洪济观日”“阳台夕照”“万寿松声”“万石锁云”“中岩玉笏”等；当代，临海的环岛路上可尽情领略被各国运动员誉为“世界上最美的马拉松赛跑道”的秀丽景观。万石山景区以厦门园林植物园、虎溪鸿山、南普陀寺、胡里山炮台四部分景点为主。园林植物园于景区西北部，有太平山、中岩山、狮头山、半岭山及弥勒山；溪谷有樵溪、水磨坑溪，总汇于人工湖万石岩水库。园内栽培植物 3000 多种，分布在松杉园、棕榈园、引种驯化区、多肉植物园、兰花园等 20 多个专类园和种植区。南普陀寺是闽南著名古刹，有大雄宝殿、大悲殿、藏经阁等建筑物。胡里山系山地突出部，形成临海削崖之势。清代建炮台，北半部岩体筑堞楼，是历代海防要地。虎溪、鸿山在景区西部外清山。北支玉屏山有“虎溪夜月”胜景。每逢农历十五日夜，月照虎雕，投影石壁，影随光移，宛如活虎徘徊。南支鸿山，因两山夹峙，风雨回旋不定，雨丝交织，成“鸿山织雨”妙境。

鼓浪屿—万石山风景名胜区吸引国内外广大游客，游客由早期每年百万人次增至现今每年千万人次。2007 年，全区共接待游客 1467.5 万人次，其中国内游客 1394.75 万人次，境外游客 72.75 万人次。

二、宜居城市核心区

宜人的南亚热带海洋性季风气候，延绵的海岸，旖旎的风光，繁荣的经济，文明的社会，为思明区成为中国最美丽的海港风景城区提供优越的自然条件及和谐的人文条件，使思明区成为海峡西岸最为宜业宜居的区域。

思明区以创建全国首批文明城市为契机，着力提升文明程度和市民文明素质。商业街和繁华地段 LED 夜景工程建成亮灯，山地公园健身登山道建成，中山路等街巷阳台绿化工作有效推进。生活垃圾无害化处理率 100%，建成区绿化覆盖率 42.1%，绿地率 40.6%，人均公共绿地 16.3 平方米，空气质量达到国家一级标准。全面完成“村改居”工作，推进“金包金”项目建设，实现“居住社区化、资产股份化、务工非农化、保障社会化”新生活方式。

1980 年建立厦门经济特区后，区政府投入启动基金，建设标准化住宅小区。2004 年 12 月 24 日，建设部中国房地产及住宅研究会人居环境委员会授予“蓝湾国际”小区为中国人居环境金牌试点项目，也是国际城市人居典范。“蓝湾国际”采用“一庭两轴”空间结构，庭院提高，有叠泉、泳池、小型广场、绿化园林及小品、步道等。筼筜湖被治理成碧波荡漾、空气清新的休闲公园。居住标准、生活质量和人均寿命大幅度提高。2005 年，思明区居民生活质量竞争力在全国 18 个副省级城市中心区排名中，物质生活水平名列第一位，城镇居民人均住宅使用面积 24.51 平方米，排名第二位。2007 年，全区固定资产投资 185.44 亿元，其中房地产投资 117.32 亿元，占 63.27%。

2007 年，思明区境有各级学校 319 所，其中拥有知名高等学府厦门大学和普通高等院校 6 所，普通中等学校 36 所，小学 55 所，幼儿园 127 所，成人学校 94 所，特殊学校 1 所。高校及科研机构聚集，技术人才密集，科研力量雄厚。

思明区在全省率先将社会保障管理信息系统延伸到社区，在全国率先完成保障被征地人员基本养老保险工作。高标准推行大病保险统筹和基本医疗保险工作。三区整合至 2007 年，思明区城镇下岗失业人员实现再就业 16522 人，转移“村改居”社区富余劳动力 647 人，帮扶零就业家庭援助对象就业 230

人，兑现灵活就业社保补贴5043.8万元；为7392名农民工提供技能培训补助219.2万元。建成远程视频招聘系统，搭建多层次的企业招工服务平台。2007年，全区居民人均年可支配收入22502元。

思明区设立全区性“社区志愿者奉献日”“和谐邻里节”，创建推广“爱心超市”和“爱心网校”。设立安康基金，实施“安康计划”，全面推进养老、济困、助医、助学、助残工作。青少年维权服务岗、新市民文化沙龙、爱心妈妈帮教组、手拉手爱心网校、民意倾谈室、绿色家庭环保、情满空巢为老人服务7个特色项目入选厦门市社区建设“十佳创意”。被福建省民政厅推荐为“全国养老服务社会化示范区”，涌现一批“全国精神文明建设先进工作者”和“全国道德模范”。

思明区完善社会公共服务体系，形成完善的现代国民教育体系、科技和文化创新体系、全民健身和医疗卫生体系。思明区被评为“全国区域教育发展特色示范区”；被科技部确定为首批“全国科技进步示范区”，被中国科协评为“国家科普示范城区”。民生保障不断加强，被评为“全国老龄工作先进区”“全国社区残疾人工作示范区”。卫生工作力度加大，建成公共卫生体系，被评为“全国社区红十字会工作示范区”“全国社区卫生服务示范区”。

思明区以“事要办好、钱要花少、人民要满意”为核心，全面推进政府自身建设。开明政府，是保障宜居环境的基石。区政府首创公共部门绩效评估系统，并于2004年3月获第二届“中国地方政府创新奖”。成功举办“中国—欧盟公共部门绩效评估国际研讨会”，应邀参加联合国“第六届政府革新全球论坛”。提倡“绿色行政”和“质量行政”，在全省行政机关率先通过“ISO 14001环境管理体系”认证；10月4日，在肯尼亚首都内罗毕，厦门市获“联合国人居奖”。思明区在厦门市人居环境建设上的创新，尤其在关注弱势群体的居住条件等方面作出重大贡献。思明区达到联合国人居署要求的“让居民在健康的环境中拥有体面的家（住房）”的目标，为居民提供健康宜人的温馨家园。联合国人居奖的获得使厦门市成为宜居的国际化城市，也使思明区成为宜居的国际化城市厦门市的核心区。

思明精神——“争先创优、永不止步，开拓进取、永无止境”的奋斗精神永远激励思明人民奋然而前行！

思明远景——一个“科学发展示范区、两岸交流合作先行区、海峡西岸现代服务业聚集区、文明和谐美好家园中心区”的新思明即将屹立于海峡西岸！

大事记

唐

天宝十四年（755 年）
陈僖率家族从福清到金榜山一带居住。
大中十一年（857 年）
厦门岛设嘉禾里，隶属南安县。

宋

嘉祐三年（1058 年）
厦门岛设水寨，驻土地公社（今开元路口）。
祥兴二年（1279 年）
张世杰率部队护卫宋帝昺过金榜山。

元

至元十九年（1282 年）
厦门岛设嘉禾千户所。

明

洪武二十七年（1394 年）
厦门城（址今新华路 43 号）建成。设守御千户所。
正统十四年（1449 年）
海盗张秉彝率船 200 艘（满载盗众）围攻中左所。
嘉靖二十一年（1542 年）
五月十三日　夜，台风大作，厦门岛飞瓦拔木，百年未遇。
万历元年（1573 年）
泉州同知丁一中游日光岩，题刻“鼓浪洞天”。

万历初年（1573—1582 年）

鸿山南麓建鸿山寺。

万历二十一年

五月　区境试种陈振龙从菲律宾吕宋岛带来的甘薯藤。

万历四十六年

三月　大雨雹，崩城毁屋。

天启三年（1623 年）

秋　荷夷侵扰鼓浪屿、曾厝垵，被浯铜游把总王梦熊领官兵击溃，夺取 3 艘荷兰船。

天启六年

春　郑芝龙从台湾到区境海域招兵勒饷。

崇祯四年（1631 年）

菲律宾马尼拉天主教“多明我会”传教士高支入区境，开办“多明我会”教区。

崇祯六年

七月十三日　荷兰驻台殖民当局最高长官汉·普特斯曼联合海上武装集团刘香等人，率战船 8 艘进犯厦门港海域。郑芝龙会同闽、粤水师合力反击得胜。

清

顺治七年（1650 年）

八月　郑成功到厦门，杀郑彩、郑联，兼并其武装，区境成为郑成功部队驻守的主要区域。

顺治十二年

三月　郑成功改中左所为思明州。在顶澳仔（今演武小学一带）盖演武亭。

顺治十四年

七月初十　郑成功兴师北伐，命洪旭守思明州，设“本部堂衙门”于竹树脚（今洪本部街）。

顺治十八年

三月　郑成功率师渡海攻打台湾，令其子郑经领兵守思明。许多思明籍青壮年随军参战支前，就此迁居澎台。

康熙十九年（1680 年）

二月二十六日　郑经率守军千余人离厦退守台湾，厦门岛、鼓浪屿被清军占领。

康熙二十二年

清军统一台湾。清廷于翌年 12 月在钱炉灰埕（今文安小学校园）建闽海关，开放海禁，确定厦门港与台湾鹿耳门为两岸通航的对渡口岸。

康熙二十四年

户部郎中雅奇主持于玉屏山麓建集德堂，置学府。

水师提督施琅主持重建南普陀寺，修复厦门城墙。

康熙二十五年

泉州府海防同知移驻厦门，同知署设在鸿山寺东，负责办理台运、海防、海关等事务。

康熙三十四年

清廷开辟厦门港—台湾鹿港—台北淡水港航线。

康熙三十九年

在水仙宫设军工战船厂。

康熙五十六年

清廷下令禁止中国商船通行东南亚各国。

乾隆十六年（1751 年）

提督倪鸿范、道尹白瀛等创办玉屏书院（址今新华路 59 号）。

乾隆二十年

从泉州传入梨园戏，为当时区境主要剧种。

乾隆三十四年

薛起凤等纂修《鹭江志》，为厦门岛现存最早的地方志书。

雍正五年（1727 年）

清廷取消“禁止中国商船与东南亚各国通商”的禁令。同时，厦门港被定为福建出洋正口。

嘉庆八年（1806 年）

思明洪本部渡头一带有多家“台郊”“鹿郊”开展对台湾贸易。

道光十七年（1837 年）

夏　闽浙总督邓廷桢在区境查禁鸦片，令海关监督稽查船只，凡被查出鸦片者，一律严办。

道光二十年

六月初四　英国军舰“布朗底”号闯入厦门港，遭守军还击后逃遁。

道光二十二年

正月十六日　美国基督教归正教会传教士雅裨理、传教士文惠廉从香港乘英舰到鼓浪屿传教。

六月　美国教士布恩来在鼓浪屿组建“长老会”。

七月二十四日　清廷被迫与英国签订不平等的《南京条约》，厦门港成为通商口岸。

道光二十三年

九月十日　厦门开埠，厦门港有外国船只进入。

十一月二日　英国在鼓浪屿设英国领事事务所。

道光二十四年

七月　美国在鼓浪屿田尾路设交通邮政办事处，代行领事馆职权。

英国基督教会于鼓浪屿创办英华男校—福音小学。

道光二十五年

春　英国领事租赁厦门港水操台、南校场作为英商及其眷属的住地，称英租界。

六月　法国船只首次从厦门港运载 180 名华工往非洲留尼汪岛。

道光三十年

春　西班牙在鼓浪屿鹿耳礁设领事馆。

六月　陈庆真、王泉在旗杆脚五祖庙创立小刀会。

道光年间（1821—1850 年）

浙江提督杨帅倡建伊斯兰教清真寺，址在公园南路玉屏巷。

咸丰三年（1853 年）

四月十一日　黄德美、黄位率闽南小刀会占领厦门岛，建立政权。

十月十一日　清军收复厦门岛，闽南小刀会政权结束。

咸丰八年

美国人包义德受英国资金支持，在鹭江道开办厦门船坞有限公司，俗称“厦门大船坞”。是外商在福建省建立的首家工厂。

咸丰九年

10 月 30 日　美国牧师达马志耗费 1300 银元，在竹树脚（今开禾路口）兴建一座正式礼拜堂。

咸丰十年

法国在鼓浪屿田尾路46号设领事馆。

同治五年（1866年）

厦门海关设邮务办事处，始办公办邮政业务。

同治八年

奥地利在鼓浪屿设领事馆。

同治九年

德国在鼓浪屿鹿耳礁设领事馆。

同治十年

二月二十八日　丹麦大北电报公司铺设香港至上海水线，擅自将线端接入鼓浪屿，用以接收电报。福建当局派员交涉遭拒（直至同治十三年十一月鼓浪屿民众拔杆毁线才中止）。

八月初九　兴泉永道在鼓浪屿设通商公所。

是年　郑荣顺在区境开办批馆，为厦门最早的批馆。

同治十二年

汇丰银行在海后滩设代理处。

光绪元年（1875年）

新加坡华侨邱忠波办的万兴船务公司置客轮两艘，航行于厦门岛与新加坡之间，于厦门岛设分公司。

日本在鼓浪屿设领事馆。

光绪三年

私立闽南女子学校（为怀仁女学）在鼓浪屿永春路创办，为福建省最早的寄宿制女校。

是年　日兴信局在区境开办。

光绪四年

七月　英、德领事组织“鼓浪屿道路墓地基金委员会”，筹款修建鼓浪屿的道路和墓地。

光绪五年

局口街发生火灾，焚屋50余座，死50余人。

光绪六年

英国太古航业公司在鹭江道美路头建太古码头。

光绪七年

英国长老教马丽丝在竹树脚开办医馆。

光绪九年

美国归正教公会在竹树脚设保赤医院。

光绪十三年

十月初三　下午，厦门港碧山熟肉巷火药局爆炸起火，烧毁民房1300多间，死伤数十人，无家可归者数千人。

光绪十四年

新街礼拜堂在五崎顶（今定安路）创办“倍文斋”，应用先进印刷设备。

光绪十六年

春　菲律宾华侨廖芬记建芳茂茶庄，为区境首家侨资茶庄。

六月　荷兰、比利时在鼓浪屿设领事馆。

光绪二十一年

四月初　胡里山炮台竣工，占地1.2万平方米，安放德国制造的克虏伯大炮2尊。

冬　许多台湾士绅和义军将士因“反对台湾割给日本”而内渡大陆在区境定居。

光绪二十三年

正月十九日　设在海后滩的大清厦门邮务总局正式对外营业。

光绪二十四年

正月　英国人韦爱莉在鼓浪屿创办怀德幼稚园，为厦门市最早的幼儿园。

同月　英国伦敦公会在鼓浪屿创办中西学堂（后改称英华书院）。

二月　美国驻厦门领事巴·约翰生在鹭江道创办同文书院。民国 14 年（1925 年），改为同文中学。民国 30 年 12 月，被日本侵略军封闭。

闰二月初七　美国归正教创办的救世医院，从平和县移址鼓浪屿燕尾山。

光绪二十五年

外国人在鼓浪屿成立足球队，为福建省最早的足球队。

光绪二十六年

八月初六　英军舰“爱西斯”号派水兵 60 名在海后滩登陆。美、法、俄、德各国领事集会商议，不容日本独占鼓浪屿、厦门岛。日本被迫撤退已登岸的海军陆战队。

八月　鹭江道、鼓浪屿两岸渡船联合罢渡，反对英国驻厦领事馆按月向渡船抽捐，获胜。

是年　法国电报公司强行铺设电报水线至鼓浪屿，开局营业。

光绪二十七年

十二月初一　英、美、德、日等十国驻厦领事与清廷代表在鼓浪屿日本领事馆签订《厦门鼓浪屿公共地界章程》，鼓浪屿沦为外国公共租界。

光绪二十八年

四月初九　英国牧师山雅各和中国牧师周之祯、黄亮臣创办《鹭江报》（于光绪三十年底停刊）。

九月初二　上午 9 时，石埕街（今大元路）奇珍饼店起火，大火延烧今大同路、横竹路、大元路、人和路、镇邦路，大中路、升平路等一大片市区，历时 2 天，13 条街近千间店屋民房烧毁。时称“十三条街大火”。

冬　举人黄瀚（曾厝垵人）与施健庵等结三韭社，为区境首个文学社团。

光绪二十九年

三月十六日　鼓浪屿公共租界设立会审公堂。

四月初五　鼓浪屿租界由各国驻厦领事组成工部局，制定《鼓浪屿工部局律例》。

光绪三十年

春　归侨陈日翔、林辂存集资 12 万元创办华宝制瓷公司，为区境首家侨办工厂。

夏　日本台湾总督府派人架设厦门岛至鼓浪屿的电话线。

光绪三十一年

厦门劝学所设立，为岛内最早的教育行政机构。

光绪三十二年

春　区境办起最早的建材企业——乡信玻璃厂。

四月初四　玉屏书院改办为厦门中学堂。

九月　台湾籍民施范其等在区境发起筹办台湾公会（次年成立）。

光绪三十三年

六月七日　清廷在区境设厦门商埠初级审判厅、厦门商埠地方审判厅。

夏　归侨杨格非在区境创办淘化公司，制作酱料罐头。同期，缅甸华侨黄开仕在区境开办厦门泰兴行，经营五金。

十二月　居鼓浪屿台商林尔嘉集资设厦门电话公司，为全国最早的民营电话公司。

宣统元年（1909 年）

九月初二　大清银行厦门分号在岛美路开业。

宣统二年

六月七日　区境设厦门商埠地方检察厅。

九月二十八日　在鼓浪屿复兴路77号成立交涉署，负责与各国领事馆办理有关华人与洋人纠纷的案件。

宣统三年

九月二十五日　同盟会在寮仔后（今晨光路）天仙茶园集会，佩戴革命军起义标志的数千民众分4路进攻道署、炮台、警署及各衙门。革命军占领道台衙门、厦防分府衙门及胡里山炮台等。

中华民国

民国元年（1912年）

陈耀煌、黄世金在厦门港沙坡尾成立厦门电灯电力股份有限公司（址今民族路86号）。

民国2年

春　缅甸华侨张永福在区境开办张永福号米店（进口大米），并经营侨批业。

秋　林尔嘉在鼓浪屿建菽庄花园，占地2.02公顷。

秋　转初在南普陀寺创办旗檀学林，为区境佛化教育的兴起奠定基础。

民国3年

2月18日　鼓浪屿工部局印度巡捕在龙头街福恒发菜馆逮捕员工白岩耐等3人，激起公愤。印度巡捕开枪击伤市民4人、捕9人，鼓浪屿商界全体罢市抗议。

民国4年

厦门基督教青年会设体育部，开展篮球等体育运动，为区境民众现代体育项目活动之始。

民国5年

4月16日　工部局巡捕在鼓浪屿日光岩下一小巷内击毙1只华南虎。这只老虎从南太武山泅水渡海到鼓浪屿。后该巷被命名为虎巷。

11月　日本领事馆在梧桐埕7号擅设警察署，侵犯中国司法主权。厦门各界致电北京政府外交部要求严正交涉，日本被迫于翌年6月取消警署。

民国6年

首届闽南运动会在区境举办。

民国7年

夏　日本商人在镇邦路设立新高银行分行（总行在台湾）。

7月29日　英领事借口闽、粤军阀混战，派海军陆战队登陆“护侨”，在海后滩围墙筑门（经商界、教育界交涉，至10月5日，陆战队才撤回舰）。

8月　黄丽泉在鼓浪屿复兴路5号创办信合营造厂，为民国时期有记录的最早建筑企业。

民国8年

5月13日　思明县政府在南普陀寺前公开焚毁鸦片。

10月10日　菲侨马侨儒、林珠光在镇海路创办双十商业学校（民国13年，改名双十中学）。

11月3日　厦门各界公推教育会会长卢心启、总商会会长黄庆元为代表，往厦门道尹公署，要求向英驻厦领事提出海后滩案交涉。

是年，鼓浪屿工部局董事会华人董事林尔嘉领衔发起成立厦门市政会，开始大规模进行市政建设。

民国9年

春　华侨黄奕住出资在鼓浪屿轮渡码头附近填地筑房，建成日兴街；华侨李春秧出资在鼓浪屿中心区建锦祥街；华侨李昭北在鹭江道一带填海筑堤建路（今海滨公园至沙坡尾）。

9月20日　厦门图书馆对公众开放，馆址在文渊井。

是年　法国籍华人黄仲训捐款10万银元，建造鼓浪屿黄家渡码头。

民国10年

11月6日　民众抗议英国军舰闯入厦门港及水兵殴打中国工人的罪行。

11月25日　民众就英商太古洋行在海后滩筑桥，并派兵舰进厦门港示威一事进行抗议，要求太古洋行停建码头，拆毁堤脚，恢复原貌（12月17日，英军舰被迫撤出厦门港）。

民国11年

春　思明南田巷的中华茶园改为中华戏院，放映电影，为区境有电影院之始。

7月　华侨黄奕住在思明创办中南银行分行（总行在上海）。

10月21日　海后滩案交涉结束，由厦门交涉员与英领事签订《厦门海后滩善后办法》，中国收回海后滩主权。

11月20日　中央银行厦门分行成立并营业。

是年　在厦门港鱼行口钓槽王宫开办的弘农小学改为渔民小学，由中共党员欧阳志任校长。其间，渔民小学成为中共地下党活动联络点。

民国12年

6月20日　台湾人李思祯（厦门大学学生）在区境创立台湾尚志社，为台湾在厦门建立的首个爱国团体。

11月　厦门岛与鼓浪屿之间市内电话11对海底电缆铺设完成（翌年1月，投入使用）。

是年　厦门大学生物系美籍教授莱德发现“厦门文昌鱼”及其捕捞方法，撰写《厦门大学附近之文昌鱼渔业》一文，引起国际生物学界的瞩目。

民国13年

春　闽南佛化新青年会在鸿山寺成立。

3月1日　区境第一条马路——开元路修建竣工，从提督码头至浮屿，全长700米，宽9.1米，人行道2.4米，通行人力车。

4月　中国国民党福建临时党部筹备处在鼓浪屿成立。

7月　创办闽南佛学院（于南普院寺内），为福建省第一所佛教高校。

秋　归侨叶清泉、李汉青在鼓浪屿开设阅书报社。

10月　华侨黄奕住、绅士商黄世金共同筹资开建上李水库——厦门岛上水质优良的水源（民国15年11月供水）。

民国14年

春　新加坡华侨林庆年在区境开设林金泰茶庄。

6月8日　区境正式成立国民党福建省临时党部（址在美头路）。

11月10日　英籍犹太人韦士（鼓浪屿电灯公司经理）在鼓浪屿殴打中国学生叶清泉，厦鼓人民罢课罢工以示抗议。最终迫使韦士登报道歉离境。鼓浪屿电灯公司由中国商人接办。

是月　厦门警察队在万石岩击毙一只重200多公斤华南虎。

民国15年

2月　中国共产党厦门大学支部成立。

春　厦门双珠凤戏班改演歌仔戏，聘请台湾歌仔戏艺人戴水宝为师傅传授戏艺。

7月　华侨黄奕住等人集资建立的厦门自来水公司开始送水（该公司筹办于民国10年）。

7月　马来西亚华侨黄晴辉等人集资开办全禾汽车股份有限公司，创区境使用公共汽车之先例。公交车行驶美仁宫至江头等线路。

11月22日　区境国民党和共产党组织共同组建厦门工商学联合会，召开大会欢迎国民革命军入境。

民国 16 年

1 月 24 日　厦门总工会成立，址在土堆巷 68 号红楼。同月，国民党厦门市党部筹备处成立。

4 月 9 日　国民党厦门市党部筹备处右派发动反革命政变（称“四九政变”），新成立以李岳为首的国民党厦门市党部筹备处，逮捕厦门总工会领导人。

5 月 9 日　鼓浪屿各界群众举行国耻纪念集会游行。工部局派巡捕阻挠，拘捕林幸福等工人，开枪驱散群众。

8 月　区境成立国民党厦门市党部第三区党部、第四区党部和第二区党部（多数党小组在今湖里区）。

12 月 12 日　厦门消防钟楼在公园西路出米岩建成，高 30 米，为当时厦门最高的建筑物，用作火情瞭望台。

民国 17 年

7 月 8 日　竹仔街（今横竹路）失火，延烧 20 多家铺户。附寨保消防队长林清权因救火触电殉难。

8 月 26—27 日　中国共产党福建省第一次代表大会在鼓浪屿召开。

冬　厦门大学—莲坂村公路完工，全长 19 公里（该公路于民国 15 年动工）。

是年　中山公园建成（漳厦海军警备司令林国赓于上年委托周醒南修建），雕塑家黄燧弼完成公园南门“狮球”创作。

是年　厦禾路、思明东路、大同路、中山路、思明南路 5 条干线相继开工兴建（两三年完工）。

民国 18 年

1 月　漳厦海军警备司令部在曾厝垵建海军机场（民国 27 年 2 月裁撤）。

1 月 9 日　思明戏院（今为思明电影院）落成开演。

1 月 20 日　思明县市政局在中山公园焚烧一批查收到的鸦片、烟具。

5 月 12 日　陈文麟驾驶“厦门”号飞机从英国伦敦启程，飞抵曾厝垵机场。

6 月　区境至马尼拉、区境至香港的无线电报开通。

7 月　厦门市公共汽车公司成立，有客车 16 辆。

8 月　王逸云和黄燧弼在黄厝宫创办厦门美术专门学校，许多台湾人在此任职。

9 月 20 日　思明县当局在鼓浪屿“神州药房”查获鸦片 1000 公斤，拘捕烟商 1 人。

民国 19 年

2 月 15—20 日　中国共产党福建省第二次代表大会在鼓浪屿内厝澳 449 号曾家园召开，中共中央巡视员恽代英到会指导。

3 月 18 日　在中山公园秘密举行群众（有学生、工人、共产党人等）集会；厦门海军警备司令部派军警包围会场，会议主持人张耕陶及共青团省委书记陈柏生、中共厦门市委书记刘端生等人被捕。

4 月 9 日　工人、学生 200 多人在菜行口举行“四・九”惨案纪念会。会上悬挂罗扬才烈士遗像，散发 4 万多份传单。

4 月　在思明中华中学礼堂召开“厦门赤色工会总工会”成立大会，总工会办公地址在大同路麦子埕 40 号。

5 月 25 日　中共福建省委组织破狱行动，成功救出关押在思明监狱中的共青团福建省委书记陈柏生、中共厦门市委书记刘端生等 40 余名共产党员和革命群众。

5 月 28 日　厦门市禁烟委员、江声报社社长许卓然在大同路遇刺，翌日身亡。

7 月 25 日　中共福建省委和厦门市委组织 300 余名工农群众攻打盐税局，在民生路鱼行口一带与国民党军警激战，4 人牺牲，5 人被捕。

9 月 18 日　厦门当局正式收回海后滩英国租界。

10 月 4 日　福音堂、三一堂长执许春草、派茂堂会长执张圣才、溪岸堂会长执庄雪轩等在鼓浪屿组建“中国婢女救拔团”，为婢女人身自由、生活费用等提供援助。

是年　鼓浪屿“铺户自治会”改组，成立鼓浪屿区商会，会址设锦祥街7号。

是年　厦门亚美巧无线电行开业，为全省首个无线电企业。

民国20年

3月25日　设在鼓浪屿虎巷8号的中共福建省委机关遭国民党军警袭击，省委秘书长杨适、宣传部长李国珍及厦门市委宣传部长郑裕德等8人被捕。

7月17日　中共厦门中心市委在鼓浪屿成立。

7月27日　国民党思明县各区党部负责人集会议决，以县党部名义向海内外各级国民党党部发出反对日本侵略中国东北的通电。

8月29日　鼓浪屿工部局在鼓浪屿安装火电电灯照明，为区境电灯照明之始。

是年　中国考古学家、人类学家林惠祥教授在厦港蜂巢山考古作业中发现1件新石器时代晚期石锛。

民国21年

3月4日　在海后滩集会声讨日军侵华罪行的群众遭到国民党军警开枪袭击。

5月　由菲律宾归侨陈天恩向华侨、归侨募股创办的福建造纸股份有限公司建成投产，是当时福建省华侨兴办的第一家大规模纸厂。

12月18日　下午，位于思明南路的思明地方法院失火，整座楼宇几乎被烧尽，民、刑事案卷被焚毁。

民国22年

10月13日　上午，鼓浪屿黄家渡住户赖领家木屋失火，延烧至锦祥街，毁屋200余间，无家可归者千余人，损失100万元。鼓浪屿电灯公司发电厂房也被烧毁。

是年　位于台光街的新街礼拜堂扩建，中华基督教会全国总会认定此为中国第一座基督礼拜堂，扩建时赠予“中华第一圣堂”奠基石。

民国23年

11月26日　在海后路25号设立豫鄂皖赣四省农民银行厦门办事处（翌年4月1日，改称中国农民银行厦门办事处）。

民国24年

12月　中共厦门中心市委设在大同餐厅、琼州公署等处联络站全部遭到破坏。

是年　国民政府推行法币政策，禁止银元流通。

民国25年

8月5日　日本海军大将高桥三吉率日海军联合舰队舰艇76艘，官兵2.7万人，在区境海域举行演习。

是年　在鹭江道、鼓浪屿之间建轮渡码头。同时，建成鹭江道沿线至沙坡尾、后江埭和鼓浪屿等处码头22座。

民国26年

6月　在中华路（今中山路东段）成立厦门诗歌会，成员蒲风、童晴岚、马寒冰、童丹汀、曾逸梅、吴汝舟、许文辛等20余人。

7月　工部局颁布《鼓浪屿公共租界保甲条例》。

7月　厦门岛与鼓浪屿间轮渡通航。

7月28日　在中山公园通俗教育社成立厦门文化界抗敌后援会，成员主要是中共党员和进步知识分子。

8月30日　爱国台湾同胞在大中路6号成立台湾同胞抗日复土总同（联）盟。

9月3日　3艘日本军舰闯入厦门港海域，炮击屿仔尾、白石、胡里山炮台和曾厝垵海军机场。屿仔尾、胡里山炮台守军奋起还击，日舰“若竹”号中弹后逃至大担岛灯塔前沉没。另2艘日舰逃逸。

10月　鼓浪屿青年抗敌服务团成立。

民国27年

5月10日　凌晨，日军从凤头至泥金、何厝海滩登陆。厦门市区警察、保安队、壮丁队配合守军对敌苦战。5月11日凌晨，日军在飞机掩护下，围攻区境。5月12日，胡里山炮台失守。13日，厦门岛沦陷。

9月19日　建于文渊井21号的厦门图书馆失火，数万册藏书尽烧毁。

10月8日　晚，日伪政府在中山公园举行“庆祝中秋节”活动。抗日组织“血魂团”成员向主席台掷手榴弹2枚，日伪士兵死伤数人。

民国28年

2月8日　日本当局在区境设所谓“共荣会”“日华会馆”“华侨协会”及日语讲习所40余处；在鼓浪屿设台湾妓馆8处，以拉拢腐蚀归国华侨，培植汉奸。

3月　日伪当局发行伪纸币，强迫民众以法币换用，鼓浪屿许多商人拒绝使用。

5月11日　日伪厦门商会会长、汉奸洪立勋在鼓浪屿被刺身亡。日军宣布戒严，同时派海军陆战队登陆鼓浪屿，英、美、法等国随即于17日派兵进驻鼓浪屿。

9月3日　英、法海军陆战队因第二次世界大战爆发而撤离鼓浪屿。

10月17日　英、美、法等国领事在日本压力下，与日本达成“鼓浪屿租界协定”。

冬　区境人口减至88070人，比民国26年初121628人减少33558人，减幅为27.58%。

民国29年

1月8日　日伪厦门市“参议员”黄莲舫在鼓浪屿漳州路被枪杀。

4月28日　爱国志士在民国路（今新华路）击毙日本驻厦特务机关长田村丰藏。

民国30年

1月17日　日伪厦门地方法院“院长”黄仲康在鼓浪屿三丘田被刺。

4月1日　鹭江道226号中央大卖场开业，卖主有日本人3家，台湾人33家，大陆人（有思明人）24家。

8月　日军切断鼓浪屿、厦门岛与漳州、泉州之间的交通。原由鼓浪屿公共租界转运进出口物资的交通线被中断。

9月26日　日本兴亚院厦门特派员兼全闽新日报社社长泽重信在大中路喜乐咖啡馆门口被国民党特工汪鲲击毙。日军在全市戒严，伪军被缴械，13名无辜百姓惨遭杀害。

12月8日　太平洋战争爆发，日军侵占鼓浪屿，接管会审公堂，工部局由日本人操纵，美英侨民皆被拘留并集中看管。

民国31年

1月8日　国民党军队派遣小股兵力渡海突袭鼓浪屿，击毙日本巡捕长忠山贞夫。

5月18日　晚，鹭江戏院（今思明电影院）机房被炸起火，正在看电影的日军死伤60人。

民国32年

2月27日　伪国民政府“外交部长”褚民谊和日本外相重光葵签订《关于交还厦门鼓浪屿公共租界实施条款》。3月，汪伪政权在日本授意下，成立“厦门鼓浪屿租界接收委员会”。5月28日，日伪欺骗舆论，在鼓浪屿举行“鼓浪屿租界行政权移接仪式”，宣布废除工部局。

民国33年

3月29日　深夜，国民党军小分队渡海袭击鼓浪屿，擒获日伪巡捕多人。

民国34年

9月28日　驻厦日军受降仪式在鼓浪屿海滨旅社（今鹿礁路2号）举行。

9月　许集美、郑种植等人受中共闽中地委委派来厦门，在曾厝垵国立侨民师范学校成立厦门地下党支部。

10月3日　“中国政府厦门受降代表团”正副受降官、福建省保安纵队司令严泽元和厦门要港司令刘德浦，在思明西路柏原旅社接受日军投降。同日，接收鼓浪屿，结束鼓浪屿作为公共租界的历史。

10月　区境设立厦南区、厦西区、厦港区、鼓浪屿区、禾山区。

12月5日　台湾同乡会成立，址在大中路22号。该会发动捐资创办复华小学、新台报等。

民国35年

3月1日　菲律宾在鼓浪屿港仔后设领事馆。

4月1日　鼓浪屿商会成立（在泉州路73号），陈钦夫为理事长。

5月11日　在中山公园举行厦门市追悼抗日阵亡将士及殉难同胞大会。市长黄天爵主持。

民国36年

4月12日　区境粮价飞涨，每担米价高达法币15万元，公教人员无法维持最低生活，纷纷要求救济。

民国37年

1月19日　鼓浪屿英国领事馆大门上出现“收回香港”“收回九龙”的标语，抗议驻港英军警强迫拆迁九龙同胞的木屋。

8月19日　区境发行使用金圆券。

12月12日　厦港渔船在东碇海面捕鱼时，遇大风沉没，21人死亡，5人生还。

民国38年

5月9日　中共闽南地委特派员施耀在开禾路125号召开中共厦门临时市委成立大会。

9月19日　中国人民解放军第三野战军第十兵团发起漳厦战役。

中华人民共和国

1949年

10月16日　厦门警备司令毛森派军警枪杀被其关押在思明监狱的刘惜芬等17名中共党员和革命群众，炸毁厦港发电厂后，逃往台湾。

10月17日　上午9时，中国人民解放军第十兵团三十一军二七四团三营和二七五团一营将企图下海逃窜的国民党军包围在白石炮台一带，将其歼灭，区境解放。市军管会派员接管。

10月18日　中共思明区党支部成立，盛杰任书记。

10月21日　中国人民银行厦门市分行成立，址在海后路3号。开始发行使用第一套人民币。人民币成为市场流通的唯一合法货币。

10月22日　厦港、鼓浪屿、开元、思明区公所成立。

11月12日　下午5时，香港太古公司“兴永”号由香港驶抵厦门港。这是区境解放后第一艘进港轮船。

11月19日　思明公安分局破获抢劫、刺伤后海墘苏家父女案。12月14日，首犯李水桶、吴永福被依法处决。

11月　厦门中国旅行社开业，为中华人民共和国成立后厦门市首家为侨胞和国际友人提供住宿服务的专门机构。

11月25日　国民党军飞机轰炸区境，炸死市民4人。

1950年

1月　区境成立全市第一个国营商业机构——厦门市国营贸易公司。大量批售商品，促使物价回落。

1月　国营企业建立工会管理委员会管理企业；私营企业建立劳资协商会管理企业。

2月　区境组织600多名船工支前，建立运输队、担架队、服务队，投入解放沿海“白区”的战斗。

3月18日　“神州”号客轮在鼓浪屿海面遭国民党军飞机轰炸扫射，4人被炸死。

3月　区境废除保甲制度，建立街公所。

4月5日　中国人民保险公司厦门办事处成立，址在湖滨北路68号。

4月下旬　区境公安机关查处公开聚赌案件，共查获72件、243人次，并对参赌者进行集中教育。

5月2日　撤销厦港区，并入思明区。

5月　三区组建民兵自卫队，共24队900多人。

6月27日　国民党军飞机轰炸水仙路一带，民众死伤44人。

6月　三区开展镇压反革命运动。

10月　区境工人（及各界）开展抗美援朝和平签名活动。

11月23日　厦门市人民政府在中山公园焚毁收缴的鸦片烟具。

11月中旬　三区人民政府组织群众示威游行，控诉美国侵略朝鲜的罪行。

冬　厦门长途汽车站建成，址在鹭江道。

冬　区境基督教参与“三自革新”运动，与外国宗教机构割断关系，实行“自治、自养、自传”。

1951年

春　西郭村开展土地改革试点工作。

2月24日　厦门市公安局侦破隐藏在鼓浪屿的国民党保密局“厦门独立潜伏台”，逮捕“台长”陈功。

6月　三区工会筹备会掀起捐款购买飞机、大炮，支援抗美援朝的活动。

6月　开元区民主建政工作队成立，以思北街作为厦门市街道民主建政试点街，组建街政委员会。

8月1日　邮政与电讯机构合一，成立厦门市邮电局。

12月28日　开元区第一届各界人民代表会议第一次会议召开。

12月　三区政府开展“三反”（反贪污、反浪费、反官僚主义）运动，直至翌年8月结束。

冬　西郭村创办省级试点农业生产互助组。

1952年

1月　鼓浪屿区、开元区召开首次妇女代表大会，选举首届区妇女联合会成员。

1月　鼓浪屿区、开元区、思明区相继成立中国农工民主党支部。

1月　三区工商界开展“五反”（反行贿、反偷税漏税、反盗骗国家财产、反偷工减料、反盗窃国家经济情报）运动。

3月　三区政府成立爱国卫生运动委员会，发动群众扑灭鼠、蚊、蝇、蚤，以粉碎美国向中国发起的细菌战。

6月24日　思明区第一届各界人民代表会议第一次会议召开。次日，鼓浪屿区第一届各界人民代表会议第一次会议召开。

6月　思明区首次妇女代表大会召开。

7月21日　鼓浪屿、开元、思明、禾山公安分局撤销。在鼓浪屿、开元、思明3个区各街道设公安派出所或水上派出所，由市公安局直接领导。

8月13日　三区公安机关参与全市禁烟肃毒统一行动，逮捕烟毒犯，收缴鸦片。

10月　在厦港沙坡尾兴建国营厦门鱼肝油厂，为区境首个医药工业企业。

10月　区境天主教徒参加厦门市天主教徒反帝爱国学习会。

10月　万石岩小水库开建，汇樵溪、水磨坑溪两水系于一湖。1953年5月28日建成。

11月29日　三区撤销区公所，建立区人民政府。

11月　三区统一行动，查禁妓馆，收容妓女到生产教育所接受教育改造。

12月　12—15日，鼓浪屿区各界人代会第二届第一次会议召开；10—13日，开元区各界人代会第二届第一次会议召开；10—15日，思明区各界人代会第二届第一次会议召开。

1953年

春　厦港沙坡尾成立区境第一个渔业常年互助组，组长阮阿成。

3月　公安机关摧毁区境内“一贯道”和“同善社”两个反动会道门组织。

4月　印尼归侨杨绵全创办侨联工业社纺织厂，为当时区境最大的手工纺织厂。

6月　三区个体手工业者和私营工业主开始组建集体所有制企业。

6月　中共鼓浪屿区、开元区、思明区委员会成立。同月，三区新民主主义青年团工作委员会成立。

6月　三区掀起学习贯彻“总路线”的热潮。

夏　厦门市工商联鼓浪屿分会成立。

9月28日　开元区第一届人民代表大会第一次会议召开。

9月1—9日　天主教反帝爱国学习会和基督教“三自革新”筹委会联合举办“厦门反帝爱国展览会”，展出帝国主义利用天主教进行破坏活动的图片、枪支等。

秋　三区开始对私营商业进行社会主义改造，实行公私合营或小商贩合作化（至1956年底完成）。

11月　三区实行粮食（及食油）计划供应（即统销）。

12月17日　鼓浪屿区第一届人民代表大会第一次会议召开。

是年　以乡（镇）为单位设立信用合作社，以村为单位设立信用社。

冬　曾厝垵组建群星农业生产初级合作社。

1954年

1月24—26日　思明区第一届人民代表大会第一次会议召开。

3月8日　厦门电灯公司恢复对三区全日供电。

3月25日　区境私营粮店全部改为国营粮食代售点。

5月1日　厦港定置渔业初级社成立，为区境首个渔业生产合作社。

10月17日　位于虎园路的“厦门革命烈士纪念碑”举行揭幕典礼。纪念碑高24米，上镌陈毅题词“先烈雄风永镇海疆”。

10月　厦门耀华加工厂开业，为区境首家以生产塑料纽扣为主的私营小企业。

1955年

3月　区境农业耕作推广使用双轮双铧犁新式农机具。

9月1日　区境居民开始实行粮食定量供应。

12月　西郭村3个初级社联合组建西郭村农业生产高级社（1956年1月1日举行成立大会）。

是年　动员300多名待业居民迁往永安山区参加经济建设，并组织500多人参加鹰厦铁路和高崎集美海堤的建设。

1956年

春　此起各农村合作社对生活无依靠的老、幼、残人员实行“五保”（保吃、保住、保穿、保教、保医）。

1月　三区完成对手工业者的社会主义改造。

4月　莲坂村建和平水库，总库容12万立方米，灌溉面积150亩，为区境首个农用水库。

4月　区境群众参加全市万人审判大会。会上，依法宣布21名反革命分子罪行，从严判处其中6名。

5月　三区工会发动工人掀起推广先进技术的劳动竞赛活动。

6月20日　开元区第二届人民代表大会第一次会议召开。

7月　国家机关和事业单位人员第二次工资改革，取消“工资分”制度，实行货币工资制。

7 月 1 日　林尔嘉家属将鼓浪屿菽庄花园献给国家，并对公众开放。

8 月　农业合作社推广使用新式农机具——脚踩脱粒机。

9 月 26 日　思明区第二届人民代表大会第一次会议召开。

10 月 15 日　鼓浪屿区第二届人民代表大会第一次会议召开。

12 月　中国民主建国会在区境一些机关单位成立小组。

1957 年

1 月 1 日　鹰厦铁路及厦门火车站全部完工（1955 年 2 月动工）。

1 月 10 日　鼓浪屿、开元、思明消防中队相继成立，并开展消防宣传活动。

2 月 1 日　中国民主同盟大同中学支部成立，为区境第一个民盟基层组织。

3 月 23 日　厦鼓海底电缆铺设工程竣工，正式向鼓浪屿供电。

4 月 6 日　中共开元区第一次全体党员大会召开，参加大会的中共党员有 100 人。

4 月中旬　由厦门市建设局投资 50 万元，后江埭至文灶第一期围海造地填土工程开工（土方来源于工地附近塔厝社山坡）。

4 月 21 日　鹰厦铁路通车，三区群众在厦门火车站（址在梧村）广场参加通车仪式。

7 月　三区整风运动转为反右派斗争（但反右派斗争中被严重地扩大化了，三区知识分子被错划为“右派分子”的有 41 人，其中鼓浪屿区 6 人，开元区 20 人，思明区 15 人）。

11 月 24 日　驻厦前线高炮部队在虎头山上空击落、击伤国民党军飞机各 1 架。

1958 年

1 月 29 日　在蜂巢山建成厦门市第一座渔民宿舍。

4 月　20—23 日，开元区第三届人民代表大会第一次会议召开；22—25 日，鼓浪屿区第三届人民代表大会第一次会议召开；23—27 日，思明区第三届人民代表大会第一次会议召开。

5 月　三区掀起“全民大炼钢铁”运动。

6 月　三区成立红十字会组织机构。

8 月 23 日　解放军福建前线部队在区境东部前线与盘踞在大小金门的国民党军展开炮战。

8 月　大同中学高中部改制为厦门化工学校，为区境最早的公办中等职业学校。

9 月 6 日　驻金门国民党军炮击厦门大学及厦门第三中学，师生死伤 30 多人。厦门大学校长王亚南、厦门三中校长周行钊分别对国民党军队的暴行提出强烈抗议。

10 月　三区掀起人民公社化运动，街道和乡镇都改称人民公社。

10 月 25 日　莲坂电厂扩建工程完工发电，发电机组为 2500 千瓦。

是年　鼓浪屿人殷承宗在维也纳第七届世界青年联欢节上，获钢琴比赛第一名。

1959 年

春　创建华侨亚热带植物引种园，占地 0.89 公顷，址在鼓浪屿英雄山下。

3 月　厦门港沙坡尾 6 个渔业高级社和远航渔业合作社组合成立厦门海洋渔捞公社。

5 月 14 日　由陈嘉庚发起、爱国人士捐建的华侨博物院举行开院典礼（址在蜂巢山西侧，面积 4000 平方米）。这是中国唯一以华侨华人历史为主题的博物院。

5 月　前线人民公社民兵师受到国务院嘉奖。

是年　碧山派出所被公安部授予“爱民先进模范”称号。

8 月 23 日　区境遭特大台风正面袭击，10 多万平方米住宅倒塌，数百户居民受灾（灾后，市政府及时拨 50 万元在厦港建 21 幢平房安置灾民）。

1960 年

春　市民政局组织（采取以工代赈形式）建设莲坂到屿后海堤，堤长 1000 多米，使附近一带成为陆地，用以种植农作物。

6 月 1 日　在思明区防保站基础上建立思明区人民医院。

6月　开元农场成立，由文灶、梧村、浦南、双涵4个村组成。

9月28日　厦门海洋渔捞公社307号船捕获大鲨鱼1条，长6米，重896公斤。

冬　三区卫生部门开展计划生育技术指导。

1961年

3月2日　开元区人民医院成立。

8月　建工部部长到厦门视察，确定在万石岩建园林植物园。

9月　组建鼓浪屿区、开元区、思明区人民武装部。

10月1日　莲坂水厂建成投产供水，日供水能力5.5万立方米，为扩建前11倍。

10—11月　10月15日，开元区第四届人民代表大会第一次会议召开；11月3日，鼓浪屿区第四届人民代表大会第一次会议召开；11月7日，思明区第四届人民代表大会第一次会议召开。

1962年

2月1日　建于鼓浪屿的郑成功纪念馆举行开馆剪彩仪式，郭沫若为纪念馆题写馆名。

5月6日　在莫斯科举行的第二届柴可夫斯基国际音乐比赛会上，鼓浪屿人殷承宗获钢琴比赛第二名。

5月27日　在大生里枇杷山上发现新石器时代晚期的石戈、石锛、陶器等文物。

1963年

夏　三区共青团组织开展学习雷锋宣传教育活动。

4月25日　国民党军“金门两栖侦察队”13人潜入前埔村，刺探军事情报，被何厝边防哨所班长叶中央和前埔村民兵林大川开枪击之，伤敌2人，缴获卡宾枪1支；敌驾艇逃脱。

6月　24—27日，鼓浪屿区第五届人民代表大会第一次会议召开；11—13日，开元区第五届人民代表大会第一次会议召开；24—27日，思明区第五届人民代表大会第一次会议召开。

是年　三区贯彻中共中央提出的“调整、巩固、充实、提高”八字方针，压缩基本建设规模，调整工业结构，加强农业生产，遏制经济滑坡的趋势。

是年　三区分别设计划生育办公室，开展计划生育工作。

1964年

春　厦门海洋渔捞公社试验成功灯光围网捕鱼作业。该作业渔法在市内外推广。

4月下旬　三区宣传贯彻厦门市人委会《宣传晚婚和实行计划生育的几项规定（试行草案）》（是年4月13日颁布）。

8月11日　三区群众参加全市万人集会游行，反对美国侵略越南，声援越南人民的抗美斗争。

9月9日　三区干部群众、驻境部队在烈士陵园参加安业民烈士安葬仪式（安业民于1958年8月23日牺牲于解放军与金门国民党军炮战中）。

1965年

开元区率先在全市建立区长接待日制度。随后，思明区、鼓浪屿区也实行领导接访群众制度。

1966年

3月　22—26日，思明区第六届人民代表大会第一次会议召开；25—27日，开元区第六届人民代表大会第一次会议召开；26—28日，鼓浪屿区第六届人民代表大会第一次会议召开。

6月　区境各学校开展批判所谓“封资修”、揪斗所谓的“走资派”和“资产阶级反动学术权威”运动，一大批领导干部和教师遭到批判。

8月　中共开元区委更名中共东风区委，中共思明区委更名中共向阳区委，并成立“文化大革命”领导小组。

8月23日　以大、中学校学生为主的红卫兵上街开展“破四旧”（旧思想、旧文化、旧风俗、旧习惯）行动，将所谓有“封资修”色彩的政区和街道名称改名，并有抄家、批斗等过激行动。

9月5日　厦门大学和南下串联的红卫兵造反派组织，“炮打”位于深田路的中共厦门市委驻地。

11 月 12 日　“新厦大公社”等造反派组织非法封锁市委大楼，持续到 23 日。

1967 年

1 月　三区许多学生、职工分别加入对立的两大派——“厦门市革命造反派联合委员会”（简称“革联”）和“厦门市促进革命大联合委员会”（简称“促联”）。

2 月　三区人民委员会被造反派夺权，各级领导干部被批斗。

3 月 1 日　在驻厦部队主持下，经过两派协商，成立厦门市“三结合”筹委会。至 9 月 3 日“革联”“促联”两派赴京代表经过协商，在北京达成上缴武器、制止武斗等 8 条协议。

1968 年

9 月　鼓浪屿区革命委员会、东风区革命委员会和向阳区革命委员会成立，取代区委、区人委。

12 月，三区各成立“四个面向”办公室，大规模动员知识青年上山下乡。

1969 年

3 月 5 日　三区群众参加全市示威游行，抗议苏联军队入侵中国领土珍宝岛。

3 月 8 日　三区首批 1000 多名知青赴永定、上杭、武平三县农村插队劳动。

1970 年

2 月 11 日　三区开展“打击现行反革命活动，反贪污盗窃、反投机倒把、反铺张浪费运动”（即“一打三反”）运动（历经 1 年）。

12 月 27—29 日　中共向阳区第一次代表大会召开，选举产生中共向阳区第一届委员会。

12 月　三区掀起提倡晚婚和计划生育的宣传高潮，动员多子女的育龄夫妇落实计生措施（宣传活动至 1971 年 2 月）。

1971 年

5 月 15—18 日　中共鼓浪屿区第一次代表大会召开，选举产生中共鼓浪屿区第一届委员会。

6 月 30 日—7 月 1 日　中共东风区第一次代表大会召开，选举产生中共东风区第一届委员会。

9 月　筼筜海堤竣工（长 1700 米，顶宽 12 米）。海堤建成后，筼筜港变成湖泊（671.73 公顷），湖畔成住宅区。

1972 年

5 月 3 日　鼓浪屿区召开第一次共青团员代表大会，选举产生首届团委会。6 月 3 日，开元区召开第一次共青团员代表大会，选举产生首届团委会。

7 月 10 日 15 时　国民党军 L-19 型侦察机 1 架，低空窜入何厝村上空。驻厦某部高炮营将其击落，飞机坠入黄厝海域。

是年　三区对“文化大革命”中被立案审查的干部进行复审结案，解放一批被停职的干部。

1973 年

春　厦门海洋渔捞公社试验成功单拖底拖网作业。该作业法在市内外推广。

3 月　驻境执行“三支两军”（支左、支工、支农和军管、军训）任务的军队干部陆续撤离。

1974 年

2 月　三区开展所谓“批林批孔”运动。

1975 年

春　三区革命委员会执行中共中央指示，组织力量对工业企业、农业经济、商业外贸进行整顿。

2 月 28 日　思明籍台胞曾贻煌私回思明与母亲团圆。次日，思明区委书记张安常登门探访。此为 1949 年后区境去台人员返乡探亲之首例。

7 月　三区工业企业开展“工业学大庆”运动。

1976 年

1 月　三区群众自发举行悼念周恩来总理活动。

9 月 18 日　三区群众在中山公园集会，悼念毛泽东主席。

10月24日　三区军民冒雨游行，庆祝中共中央粉碎江青反革命集团的胜利。

1977年

8月20日　三区群众参加全市盛大游行活动，庆祝中共第十一次代表大会召开。

1978年

3月　三区科委相继成立，并各制定年度科技工作计划。

6月　三区开展关于真理标准问题的大讨论。

8月3日　思明区召开第一次共青团代表大会，选举产生首届团委会。

11月　16—18日，中共向阳区第二次代表大会召开，选举产生中共向阳区第二届委员会；中共鼓浪屿区第二次代表大会召开，选举产生中共鼓浪屿区第二届委员会；21—23日，中共东风区第二次代表大会召开，选举产生中共东风区第二届委员会。

12月　厦门第二电子仪器厂科技项目——电磁涡流检测仪获福建省科技大会成果奖。为区境获省政府科技奖的首例。

12月　19—21日，向阳区第七届人民代表大会第一次会议召开；21—23日，鼓浪屿区第七届人民代表大会第一次会议召开；25—27日，东风区第七届人民代表大会第一次会议召开。

冬　三区政府自此实行科技成果推荐评奖工作。

是年　三区企事业单位由市政府组织到上杭、武平、永定招工，部分上山下乡知青回城就业。

1979年

1月　思明区政府制定第一个科技发展长期计划。

1月　鼓浪屿区、东风区、向阳区撤销区革命委员会，恢复区人民政府。

3月　鼓浪屿区、思明区成立科学技术协会。

4月　鼓浪屿区成立区工会委员会。

5月　三区政府配合厦门市政府侨务办公室，开展清追被占用的侨房。

5月　三区检察院重建，恢复刑事检察，严厉打击刑事犯罪。

6月，开元区、思明区分别成立区工会委员会。

秋　鼓浪屿区试行儿童计划免疫（其经验于1982年推广至思明区和开元区）。

10月1日　三区在“文化大革命”中改名的政区、公社和地名一律复名或更名。

11月　三区妇联会开展创建“五好家庭”（尊老爱幼、男女平等、夫妻和睦、勤俭持家、邻里团结）活动。自此，年年评选“五好家庭”。

12月17日　“鼓浪屿”号客轮试航厦门至香港。这是中华人民共和国成立后厦门首航香港的海上客轮。翌年元旦，厦港正式通航。

冬　三区粮食部门开始粮食统销制度改革，以平价、议价“双轨”模式经营。

1980年

1月　中国农工民主党厦门第二中学小组成立，为区境最早的农工党基层组织。

春　三区党政机关组织学习《中共中央关于经济体制改革决定》，开始实行商业、旅游业、服务业、运输业、集市贸易等多种经营发展，改变过去偏重工业、忽视其他产业的格局。

5月1日　三区撤销区革命委员会，恢复区人民政府。

5月9—11日　开元区第八届人民代表大会第一次会议召开。

5月16日　中共中央、国务院、中央军委致电厦门电容器厂，表扬该厂生产的CLZ11型金属电容器为国家向太平洋海域成功发射运载火箭作出贡献。

5月　三区工会开展“双增双节”（增产、增值、节约成本、节约原材料）竞赛活动。

7月1日　位于湖滨中路的湖滨饭店竣工并营业，楼高14层，建筑面积12416平方米，为当时区境最高建筑物。

8月　三区执行国务院颁布的《革命烈士褒扬条例》，配合市政府开展烈士的评定与褒扬工作。

9月15日　新西兰国家总理罗伯特·马尔登一行20人抵厦参观区境，是国际政要人员参观区境之首例。

9月21日　晚，中山公园东门发生手榴弹爆炸案，死3人，伤17人，凶手李根洪亦死亡。

秋　区境农业经营管理推行包产到组、联产计酬等责任制。

10月30日—11月1日　思明区第八届人民代表大会第一次会议召开。

11月4—8日　鼓浪屿区第八届人民代表大会第一次会议召开。

1981年

春　区境渔业生产实行以船（组）“包干上交三金”等多种生产经营责任制。

5月　厦门医药站与北京医药总公司联合开办京厦医药联合公司，为区境第一家内联商业企业。

6月24日　晚7时30分，厦禾路至斗西路口发生公共汽车爆炸事件，死40人，伤84人。翌年11月该案告破。

8月　厦门逸仙业余学校创建（后改称中等职业学校）。

10月15日　鹭江职业大学创办，位于蜂巢山麓，为福建省第一所职业大学。

秋　三区相继开展“五讲四美”（讲文明、讲礼貌、讲卫生、讲秩序、讲道德，心灵美、语言美、行为美、环境美）社会公德教育活动。

冬　动工建设筼筜新区，总面积14平方公里（北临湖里区，南为湖滨南路，西接筼筜海堤，东临福厦公路）。

1982年

5月　福建省政府批准厦门港沙坡尾码头（及东渡港码头）作为台湾渔船停泊点。

12月24日　厦港金新街26号居民楼失火，死5人，伤2人，受灾波及8户34人。

1983年

2月　中国致公党鼓浪屿小组成立，为区境首个致公党基层组织。

6月　三区成立“五讲、四美、三热爱”活动办公室，开展“文明礼貌活动月”活动，评选“五好家庭”和“学雷锋，树新风”等精神文明建设先进人物。

6月　厦门市歌舞剧团白鹭苑音乐茶座开业，为区境第一家音乐茶座。

7月　三区区委、区政府建立领导干部与民主党派对口联系、情况通报会等制度。

8月　市服务业公司与香港威合·万隆有限公司合作创办厦港旅游公司，为区境首家厦港合作商业企业。

10月　鼓浪屿召开首届归国华侨代表大会，选举产生首届归国华侨联合会。

11月11日　全长581米的厦门至鼓浪屿渡海输水管道正式通水，结束了鼓浪屿靠船运水的历史。

12月　思明区召开首届归国华侨代表大会，选举首届归国华侨联合会。

是年　鼓浪屿籍音乐家许斐平获第四届鲁宾斯坦国际钢琴大赛金奖，这是继刘诗昆之后，20年来首位获此殊荣的华人钢琴家。

是年　厦门鲎试剂厂的鲎试剂研制获国家科委科技成果推广奖（甲等），为区境获国家科委科技奖之首例。

1984年

1月　三区建立区级财政。

2月7—10日　中共中央政治局常委、中央顾问委员会主任、中央军委主席邓小平到厦门视察。其间，他冒雨到万石植物园种下一株樟树。

3月　厦门华丰贸易有限公司在局口街建立综合商场，为厦门首家外商商业企业。

3月　开元区召开首届归国华侨代表大会，选举产生首届归国华侨联合会。

3月　区境各类企业试行劳动合同制（合同工）。

5月4日　中共中央决定：厦门经济特区扩大到全岛（包括鼓浪屿）。自此，区境台资工商企业逐渐增多。

5 月　思明区创办第一个中外合资企业——鹭城铝窗装潢有限公司。

5 月　在鼓浪屿复兴路建成纪念医学家、妇产科医师林巧稚的毓园。

8 月 4 日　何厝小学五（1）中队被命名为全国优秀少先队。

9 月 12—15 日　中共开元区第三次代表大会召开。

10 月　17—19 日，中共鼓浪屿区第三次代表大会召开；20—22 日，中共思明区第三次代表大会召开。

10 月 20 日　三区建乡工作结束，农村人民公社改为乡，大队改为村。

10 月　24—27 日，思明区第九届人民代表大会第一次会议召开；27—29 日，开元区第九届人民代表大会第一次会议召开；10 月 31 日—11 月 3 日，鼓浪屿区第九届人民代表大会第一次会议召开。

10 月　三区成立普查办公室，根据建设部和国家统计局布置，进行第一次全国城镇房屋普查。

10 月　三区推行使用液化石油气。

冬　开元区、思明区组织劳力开发东区（福厦公路以东，鹰厦铁路以西，紧临筼筜开发区，面积 2 平方公里）。

是年　三区国民经济计划从此缩少指令性计划，扩大指导性计划和市场调节。

是年　鼓浪屿被评为福建省十佳风景区之首。中央拨款 1200 万元建设鼓浪屿旅游区。

1985 年

1 月　鹭江宾馆正式营业，为福建省第一家厦门香港合资企业。

春　区境全面推行农业生产家庭联产承包责任制。

3 月 11 日　中山公园举行孙中山先生塑像揭幕典礼。

是月　三区取消各种副食品票证供应，结束 30 余年副食品凭票供应的历史。

4 月 19 日　开元区召开科协第一次会员代表大会，选举产生第一届科学技术协会。

5 月　三区调解工作执行“三级承包”责任制——调委会包面、调解小组包片、调解员包户，提高调解工作效率。

6 月　中华街道作为厦门市颁发居民身份证的试点，颁发第一代身份证。

7 月 20 日　筼筜湖污水处理工程——湖滨南路段大口径污水截流管道和箱涵工程竣工。

8 月 27 日　民族英雄郑成功大型雕像在鼓浪屿覆鼎岩落成。雕像高 15.7 米，重 1617 吨，由泉州白花岗岩精雕砌成。

11 月 20 日　开元路 196 号民房因精神病患者点燃蜡烛而引起火灾，死 6 人、伤 3 人。

1986 年

5 月 30 日　开元区少先队第一届代表大会召开。

6 月 22 日　福建省“十佳”风景区（点）评选揭晓，鼓浪屿名列榜首。

6 月，思明区第一届少先队代表大会召开。

7 月 1 日　钟鼓隧道正式通车，全长 1161 米，净宽 7 米，高 5 米。

7 月 18 日　中国民主促进会鼓浪屿区支部成立。

8 月　开元区创办电视大学教学班，首批入学 50 多人。

8 月 15 日　鼓浪屿天主教堂举行为世界和平祈祷大礼弥撒，黄子玉代理主教主礼。

9 月 19 日　受 17 号台风袭击，胡里山两段海堤出现严重崩塌，决口长 200 多米，数百名军民冒雨奋力抢修。

9 月　中山路、思明南路、思明北路、文园路实施厦门市政府禁鸣喇叭的决定，取得噪声强度减少 2 分贝的效果。

10 月　鼓浪屿区少先队第一届代表大会召开。

11 月 12 日　开元城市信用合作社成立，为福建省首家城市信用合作社。

冬　天济医院建立，为区境首家民营医院。

12月7日　中国天主教厦门教区黄子玉主教在鼓浪屿天主教堂就职，为厦门教区第一任中国主教。

1987年

1月6日　首家由专业银行设立的非银行金融机构——中国建设银行厦门信托投资公司在区境成立。

1月9日　鼓浪屿区召开科协第一次会员代表大会，选举产生第一届科学技术协会。

1月　三区实行“划分收支，核定基数，收支挂钩，增收分成，专项拨款，一年一定”的财政体制。

1月29日　晚7时30分，何厝、金门、大担三地同时燃放节日焰火。这是海峡两岸同胞首次同放焰火共庆新春。

1月　鼓浪屿音乐厅建成（位于晃岩路）。

2月6日　鼓浪屿—万石山风景名胜区被福建省人民政府批准为首批省级风景名胜区。24日，鼓浪屿风景旅游区通过厦门市人大常委会立法保护。

6月　九三学社国家海洋三所支社成立。

8月1日　4000多名军民参加横渡厦鼓海峡游泳活动。

9月　中山路东海大厦建成，建筑面积21540平方米，高10层。

9月23—28日　开元区第十届人民代表大会第一次会议召开。

10月　区境成立厦门商业集团华联商厦（后称华联百货），为全国华联商厦集团成员单位。

11月11日　首批经台湾红十字会签证回大陆探亲的43位台胞乘“鼓浪屿”号轮抵和平码头。

11月　11—14日，鼓浪屿区第十届人民代表大会第一次会议召开；12—15日，中共开元区第四次代表大会召开；16—21日，思明区第十届人民代表大会第一次会议召开；24—25日，中共鼓浪屿区第四次代表大会召开；26—27日，中共思明区第四次代表大会召开。

12月　思明区成立厦港劳务市场，为厦门市第一家劳务市场。

1988年

1月12日　区境羽毛球运动员林瑛、中国象棋运动员陈瑛获评“福建省十佳运动员”。

1月13日　位于湖滨南路的厦门长途汽车站竣工并通过验收，为福建省最大的综合性汽车客运大楼，占地2.4万平方米，建筑面积1万平方米，其中候车厅2000平方米。

1月25日　佳味虾面店、竹树脚饮食店、内厝澳理发店被公开拍卖，首开厦门市小型企业拍卖先例。

2月23日　位于公园南路2号的中共厦门市委和厦门市政府迁往湖滨北路新办公楼。

3月　中国致公党厦门市区综合支部改名为思明支部，并成立开元支部。

3月　三区政府相继把“特殊教育”纳入普及义务教育规划，当月，开元区开办开智学校。

3月　筼筜湖环湖绿化工程开始分段实施，绿化岸线11公里，绿化面积17.58万平方米。

4月12日　位于定安路的文安典当行开业，为厦门市首家典当行。

4月17日　由香港单车联合会和中华体育总会厦门分会联合举办的1988年万宝路自行车精英大赛（厦门站）在湖滨南路开赛。来自香港、澳门、北京、上海、山西、福建6个地区11个代表队的50余名自行车运动员参赛。

5月5日　位于鼓浪屿八卦楼的厦门市博物馆对外开放。

5月10日　中山路东海大厦3楼开设厦门台湾购物中心。

6月12日　全国最长的220千伏海底电缆工程——跨厦鼓双回路线路正式施工，全长7.22公里，其中跨海长度4.3公里。1990年1月10日投产运行。

6月　鹭江道海滨大厦建成，建筑面积2.43万平方米，高27层。同月，海光大厦建成，建筑面积4.12万平方米，高34层。

8 月　国务院批准鼓浪屿—万石山风景名胜区为国家级重点风景名胜区（1987 年 2 月 6 日，此景区被省政府批准为省级风景名胜区）。

11 月 10 日　台海武术界人士 10 余人到思明武术馆开展武术交流。

12 月 12 日　思明区召开红十字会第一次代表大会，选举产生第一届理事会。

1989 年

1 月 22 日　省基督教协会在鼓浪屿三一堂举行按立牧师典礼，这是中华人民共和国成立以来厦门首次举行的按立牧师典礼。

1 月 27 日　开元区莲前街道何厝村举行台胞金胞迎新春座谈会，30 多位台胞金胞代表参加。

2 月 4 日　鼓浪屿区在菽庄花园为林尔嘉铜像举行揭幕仪式。

2 月下旬　鼓浪屿区、开元区、思明区相继召开区政协第一届第一次会议。

5 月 3 日　由香港秀德基金会投资捐建的秀德幼儿园建成并举行落成典礼（址在同安路，建筑面积 2000 平方米）。

7 月　开元区召开首次台胞代表大会，选举产生首届台胞联谊会。

9 月 4 日　“海峡两岸图书展”在厦门对外图书交流中心开幕。图书展展出万余种图书，其中台港版图书 5000 种，大陆版图书 5500 种。

9 月 8 日　福建省外商投资贸易洽谈会在富山国际展览城隆重开幕，这是厦门经济特区成立以来规模最大的一次对外经济活动。

10 月 6 日　莲花新村获福建省住宅小区质量评比一等奖。

秋　由美仁后社旧房改建的美仁新村落成，北区、南区建筑面积共 11 万平方米。

是年　鼓浪屿环鼓路建成，全长 6 公里，由道路、隧道、曲桥组成。

是年　鼓浪屿区、开元区、思明区政协委员就落实侨房政策开展视察，征集建议上报。

1990 年

6 月　筼筜湖纳潮换水工程竣工，日可引入新鲜海水 60 万～80 万立方米。

7 月 15 日　鼓浪屿区获全国卫生先进单位称号。

8 月　思明区召开首次台湾同胞代表大会，选举产生首届台胞联谊会。

9 月 27 日　鼓浪屿皓月园建成，占地 2 万平方米。园中有郑成功巨型雕像和将士群雕。

10 月 11 日　区境中国象棋女棋手陈瑛在全国中国象棋锦标赛上被国家体委授予“中国象棋大师”称号，为厦门市首位获此称号的象棋运动员。

10 月　区境开始使用管道煤气。

11 月　13—16 日，中共思明区第五次代表大会召开；19—22 日，中共开元区第五次代表大会召开；21—23 日，中共鼓浪屿区第五次代表大会召开。

12 月 19—29 日　三区先后召开残疾人代表大会，选举产生区残疾人联合会。

1991 年

1 月　7—11 日，思明区政协第二届第一次会议召开；8—12 日，思明区第十一届人民代表大会第一次会议召开；21—25 日，鼓浪屿区、开元区政协第二届第一次会议召开；22—26 日，鼓浪屿区第十一届人民代表大会第一次会议召开；29 日—2 月 3 日，开元区第十一届人民代表大会第一次会议召开。

2 月 5 日　文园路车行高架桥竣工通车，全长 234 米，宽 9 米，是厦门市首座道路高架桥。

3 月　开元、思明交警大队相继成立并即开展交通安全管理各项工作。

10 月　思明区政协和福州市仓山区政协联合举办全国 21 个城区政协工作联系会第四次年会。

11 月 4 日　在黄厝、鳄鱼屿海域建立厦门文昌鱼自然保护区。

是年　三区政府分别制定科技发展规划，实施“科技兴区”战略。

是年　筼筜湖治理工程被建设部、国家环保局评为“全国城市环境综合整治优秀项目”。

1992 年

1 月 13 日　曾厝垵边防派出所、厦门武警边防支队会同思明区农村工作办公室在厦门港海面抓获走私人员 6 人，缴获走私香烟 90 箱。

3 月　三区贯彻国务院有关学校体育工作条例，把体育达标列入学校评估内容。

4 月　思明区少年宫飞鹭艺术团应邀前往日本佐世保市访问演出。

5 月 1 日　三区全面推行住房公积金制度。

5 月　中共思明区委成立关心下一代工作委员会。

6 月 5 日　在筼筜湖举办厦门市首次龙舟赛。

6 月 30 日　文安街道被解放军总政治部、民政部评为全国“双拥”先进单位。

6 月　开元区成立海外联谊会，通过《开元区海外联谊会章程》。

8 月　思明区、开元区群众为遭受重大水灾的闽东、闽北群众捐献 30135 元、衣服 14557 件、日用品 1 万多件。

8 月　开元区、鼓浪屿区相继成立老龄工作委员会。

10 月 14 日　大同路 194 号民房火灾。消防支队三中队战士傅田华在救火中被烧塌楼板压埋而牺牲。

10 月　思明区率先在思明街道成立诚信法律服务所，开展法律援助服务。

11 月 9 日　思明区成立老龄工作委员会。

是年，三区依法开展宗教活动场所登记，共 43 处。

1993 年

1 月 1 日　三区全面放开粮油购销价格，粮票停止使用。

1 月 7 日　开元区、思明区获“全国城市计划生育工作先进集体”称号。

2 月　思明区成立经贸系统企业改革协调领导小组，采取“一企一策”原则，开展企业改革。

2 月　沙坡尾台轮停泊点开展对台渔工劳务输出业务。

3 月 1 日　中央军委授予厦门警备区某部八连“鼓浪屿好八连”称号。4 月 30 日，“鼓浪屿好八连”命名大会隆重举行，国务委员、国防部长迟浩田代表军委向八连授旗。

3 月 8 日　开元区、思明区根据厦门市加快外引内联的政策，享有 1000 万美元以下的生产项目审批权。

4 月 1 日　思明区成立外资工作委员会，负责审批 1000 万美元以下的外商投资项目。

5 月 16 日　位于嘉禾路的宝龙中心奠基，为澳门在厦门市投资的最大项目。

5 月 18 日　莲坂嘉禾路人行天桥正式通行，为厦门市首座交通人行天桥。

7 月　三区政府提出“依靠科技进步振兴区街经济”的策略。

8 月 5—28 日　思明区少年宫飞鹭艺术团舞蹈队和泉州青少年宫侨乡少儿艺术团民乐队组成福建少儿艺术访问团，赴台湾交流演出。

9 月 1 日　三区淘汰人力三轮车，以微型货车代替。

9 月　鼓浪屿区召开第一次台胞台属代表大会，选举产生第一届台胞台属联谊会。

10 月 5 日　小白鹭民间舞团在鼓浪屿成立，为中国第一个专业民间舞艺术表演团体。

11 月 9—15 日　在富山国际展览城举办 1993 年亚洲地区妇女儿童精品博览会。泰国、日本、马来西亚等国家和中国 14 个省、市的 200 多个厂家参展。

11 月　22—25 日，中共思明区第六次代表大会召开；24—25 日，中共鼓浪屿区第六次代表大会召开；25—27 日，中共开元区第六次代表大会召开。

11 月 28 日—12 月 4 日　在富山国际展览城举办“第二届中国外商投资企业出口商品交易会”，有 42 个省、市、计划单列市组团参加，万余名海内外客商与会。

是年　筼筜湖综合治理工程被联合国环境开发署列为“东亚海域海洋污染预防与管理示范区”示

范工程（1991 年被建设部、国家环保局评为“全国城市环境综合整治优秀项目”）。

是年　文安街道文化站被评为“全国标准文化站”。

1994 年

1 月 1 日　三区财政实行分税财政管理体制，区级财政收入包括工商税、企业收入、农牧业收入、耕地占用税、罚没收入、行政收费、基金收入和其他收入。

同日　三区实行严禁燃放烟花爆竹和禁止无证养狗的规定。

1 月　17—20 日，鼓浪屿区、思明区政协第三届第一次会议召开；18—22 日，鼓浪屿区、思明区第十二届人民代表大会第一次会议召开；22—26 日，开元区政协第三届第一次会议召开；23—27 日，开元区第十二届人民代表大会第一次会议召开。

1 月 28 日　厦禾路最大的返迁安置房工程“城市花园”动工兴建。

3 月 25 日　城建监察支队思明区环岛路大队拆除厦大海滨浴场至黄厝一带违章搭盖 14 处、面积 2000 平方米。

3 月　根据市政府的部署，三区此起对部分国有企业在清产核资后进行转轨试点。

5 月 4 日　此起，三区在团员、青年中开展安全文明生产、优质服务竞赛活动。同日，三区开始执行《厦门市商品房预售管理规定》，商品房预售管理走上法制化。

5 月　三区海域海上垃圾打捞和卫生管理由市海上环境卫生管理站负责。

6 月 13 日　鼓浪屿区红十字会第一次代表大会召开，选举产生首届红十字会理事会。

6 月 28 日　思明区商会第一次会员代表大会召开，选举产生首届商会理事会。

7 月 1 日　厦禾路拓宽工程竣工通车，拓宽路幅为 44 米，拥有 6 个机动车道的新厦禾路横跨老城区，成为国家一级标准城市干道。

7 月　三区此起实行城市居民最低生活保障办法。

7 月　区境电话号码升为 7 位。

7 月　中共鼓浪屿区委成立关心下一代工作委员会。同年 8 月，中共开元区委成立关心下一代工作委员会。

9 月 6 日　鼓浪屿区青年联合会第一届代表大会召开。

9 月 15 日　开元区商会召开首次会员代表大会，选举产生首届商会理事会。

是年　厦港片区 40 万平方米和同文顶 20 万平方米旧城改造项目被厦门市政府定为思明区旧城改造示范片。

是年　龙山工业综合区工业厂房建成，厦门罐头厂调味品分厂、鼓浪屿食品厂、厦门亚东眼镜有限公司等 25 家企业相继入驻。

1995 年

1 月 1 日　三区劳动局实施《中华人民共和国劳动法》，开展劳动监察执法工作。

1 月 21 日　南湖公园建成开放。公园占地 10.5 公顷，是厦门市最大的综合性公园。

2 月　开元区、思明区成立“创建科技进步先进区领导小组”，深入开展科技创先工作。

2 月 28 日　菲律宾政府在莲花新村香江花园设总领事馆（后迁至莲花北路凌香里 2 号），这是中华人民共和国成立以来，外国在区境设立的首家领事馆。

3 月 22 日　思明区政协三届九次常委会通过《思明区政协提案工作实施办法》和《思明区政协关于评选政协优秀提案的意见》。

5 月 3 日　思明区青年联合会第一届代表大会召开。

5 月　三区成立“打假”领导小组，至年底，查处假冒伪劣商品制售案共 216 件。

5 月　鼓浪屿区政协为弘扬林尔嘉爱国爱乡精神，举办林尔嘉先生诞辰 120 周年纪念活动。

7 月 11 日　位于塔头村的台湾民俗村——景州乐园正式对游客开放，占地 36 公顷。

8 月 22 日　郑成功纪念馆、华侨博物馆被中共福建省委、省人民政府命名为首批省级爱国主义教育基地。

8月　南普陀寺举行祈祷世界和平会，纪念世界反法西斯战争和中国人民抗日战争胜利50周年。

8月　开元区红十字会投入11万元在上屿岛建立海上救护中心（距小金门2000米），用以救护转送金门病患同胞到厦门就医。

10月13日　开元区青年联合会第一届代表大会召开。

11月20日　开元区红十字会第一次代表大会召开，选举产生首届红十字会理事会。

1996年

1月10日　新加坡总领事馆在海景酒店设立。

1月　开元区委统战部指导成立“何厝乡亲联谊会”，加强与金门乡亲的联谊。

6月　三区劳动监察部门此起对各企事业单位实行按比例接收残疾人就业的规定。

7月　思明区、开元区实行农村村民最低生活保障办法。

8月　交通部确定厦门港为两岸船舶直航试点口岸，并定位为国内管理的特殊航线。

11月1日　郑成功纪念馆被国家教委等部门命名为全国中小学爱国主义教育基地。

11月　胡里山炮台被国务院列为全国重点文物保护单位。

是年　鼓浪屿、鹭江道、湖滨南路两侧、环筼筜湖等夜景工程和35座大楼、4座桥、2.5公里绿化带全部亮灯。

是年　中国人寿保险公司厦门分公司成立，址在厦禾路820号。

1997年

1月　台湾民主自治同盟鼓浪屿小组成立，为区境首个台盟基层组织。

3月　中国国民党革命委员会鼓浪屿区支部成立（年底，民革开元总支和民革思明总支成立）。

春　鼓浪屿区成立海外联谊会和商会。

4月8—13日　在富山展览城举办首届厦门对台出口商品交易会暨'97台胞回乡旅游购物节。

4月19日　厦门轮船总公司“盛达”号货轮首次试航台湾高雄港，结束海峡两岸48年不通航的历史。

5月27日　曾厝垵村民进行民主投票选举村主任，美国国际学会学者团和美国驻广州总领事馆官员6人到现场观摩。

6月25日　白鹭洲公园主体工程竣工、开放，占地面积15.9万平方米。公园下沉式音乐喷泉有1195个喷头，540盏彩灯，七层水塔的喷水高度15米以上。

7月1日　晚，白鹭洲举行大型文艺表演和万人踩街活动，喜庆香港回归祖国。

7月　厦门—金门海域旅游航线开通。

8月13日　鼓浪屿区工业园（位于湖里区境）竣工，占地面积1.2万平方米，建筑面积3.46万平方米。

是月　开元区在全市率先实现养老金发放社会化，采取委托厦门城市合作银行湖滨支行开设活期存款账户代发的方法，每月向退休人员发放养老金。

10月28日　仙岳山隧道工程动工，南接湖滨东路，北连湖里区华荣路。

11月2日　世界高力F1摩托艇锦标赛第八站决赛在筼筜湖举行。

11月9日　位于中山路的华辉广场一期工程竣工并投入营业，内设超级百货市场、餐饮、娱乐休闲等设施，投资1.8亿元。

11月18日　鼓浪屿区商会第一次会员代表大会召开，选举产生商会理事会。

12月11日　首届中华名小吃认定揭晓，黄则和花生汤、吴再添沙茶面、双全炒面线、好清香烧肉粽等获中华名小吃称号。

是年　中山路被中宣部列为全国100个创建文明城市示范点。

是年　开元区被定为全国妇幼保健社区服务试点区。

是年　莲前街道被评为全国先进体育示范单位。

1998 年

1 月 2 日　鼓浪屿区被团中央确定为“全国十大青年志愿者服务示范基地”，这是福建省唯一的青年志愿者服务示范基地。

1 月　鼓浪屿“海底世界”建成并开放，占地面积 17.5 公顷。

3 月 15 日　三区工商分局相继成立“12315 消费维权台”。

3 月　思明区被确定为省、市“质量立区”工作试点区。

8 月 24 日　国内首条彩色道路在环岛路黄厝段建成，长 3.4 公里，面积 12750 平方米，路面呈红色。

8 月　思明区通过“全国消灭无标生产工作试点区”的验收。翌年，国家质量技术监督局授予思明区“全国消灭无标生产县（市）”称号。

11 月 24—25 日　中共思明区第七次代表大会召开。

12 月　2—4 日，中共鼓浪屿区第七次代表大会召开；4—6 日，中共开元区第七次代表大会召开。

12 月　巴黎春天百货公司开业，为厦门市当时最高档、最时尚的连锁百货公司。其中，中山店总面积 2.66 万平方米，世贸店总面积 0.75 万平方米。

是年冬　在曾厝垵、黄厝等海域清理（禁止）海蛎吊养，共清理水面 103.27 公顷、吊缯 44 支。

1999 年

1 月　8—12 日，思明区政协第四届第一次会议召开；9—13 日，思明区第十三届人民代表大会第一次会议召开，开元区政协第四届第一次会议召开；10—15 日，开元区第十三届人民代表大会第一次会议召开；11—14 日，鼓浪屿区政协第四届第一次会议召开；12—16 日，鼓浪屿区第十三届人民代表大会第一次会议召开。

2 月　三区政府实行 90 岁以上老人老龄生活补贴，90～99 岁每人月补贴 50 元，100 岁以上每人月补贴 100 元。

4 月　思明区被定为“国家星火技术密集区（厦门）试验区”。

5 月 18 日　思明妇产医院正式开诊，此为厦门市第一家妇产专科医院。

6 月 5 日　白鹭洲公园“白鹭彩屏”正式开播。彩屏面积 25 平方米，可将大屿岛上的白鹭生活情况显示在屏幕上。这是全国首座在公共场所设立的环保宣传彩屏。

7 月 19 日　思明区关工委和驻厦海军水警区共同创办的厦门海军少年军校成立，为福建省第一所海军少年军校。

7 月　亿力大厦投入使用，建筑面积 4.5 万平方米，建筑高度 142.5 米。

9 月 1 日　思明区、开元区实施厦门市政府第八十号令，禁止岛外牌照摩托车在区境通行。

9 月　开元区率先在厦门市推行政府采购管理制度。

10 月 9 日　10 时，第 14 号强台风正面袭击区境，最大风力 14 级。

12 月　鼓浪屿区通过国务院、国家旅游局 ISO 14001 标准，成为全国首家环境管理体系达标的国家级风景名胜区。

12 月 17 日　思明区、开元区被国家科技部授予“1997—1998 年全国科教兴市先进区”称号。

12 月　思明区完成“一控双达标”（污染物总量控制、环境功能区达标、排放污染物浓度达标）工作。

是年　三区区级党政领导干部开展以“三讲”（讲学习、讲政治、讲正气）为主要内容的党员先进性教育。

2000 年

1 月 8 日　设于菽庄花园听涛轩内的鼓浪屿钢琴博物馆开馆，馆内收藏世界古钢琴 30 台（意大利等 7 个国家产品），全部为旅居澳大利亚的鼓浪屿人、钢琴收藏家胡友义个人收藏的珍品。

3 月 13 日　中山路和华联商厦、大陆商厦被评为全国百城万店无假货示范街、店。

3 月　开元区与厦门大学签约成立厦大—开元区高新技术研究开发基地，同时聘请香港特区政府工业署生物科技委员冯国荣博士、厦大现代分析科学教育部重点实验室主任王小如博士为开元区科技顾问。

4 月　鼓浪屿区被教育部定为全国社区教育实验区。

4 月 30 日　三区与市旅游局、贸发委联合举办的厦门旅游购物周开幕，这是厦门市第一个以旅游购物为主题的宣传促销活动。

7 月 15 日　民主建国会开元总支成立，为区境首个民建基层组织。

10 月 8 日　在筼筜湖举行“大宝杯”2000 年“炎黄”世界龙舟龙狮系列赛，来自 13 个国家和地区的选手参加比赛。

10 月　区境此起全面实行土地经营性使用权出让招标拍卖挂牌。

11 月 11 日　环岛路上《鼓浪屿之波》雕塑被列为吉尼斯世界纪录，雕塑长 247.59 米，宽 3.7 米，为目前世界上最长的五线谱音乐雕塑。

11 月 16 日　19 时，莲花新区一对母女遭抢劫，莲花广场物资回收店店员郑志强奋力追捕抢包歹徒，被刺中胸部牺牲。后，郑志强被厦门市政府追授“厦门市见义勇为勇士”“特区青年卫士”“特区建设青年突击手标兵”。

2001 年

1 月 2 日　厦金直航开始，金门县长陈水在率金厦通航参访团 194 人乘“太武”号和“浯江”号客轮，从料罗港直航厦门和平码头。

1 月 21 日　鼓浪屿区获“国家 AAAA 级旅游区”称号。

是月　开元区政府投资 1200 余万元建设开元科技园（是年 7 月投入使用）。

2 月　思明区政府和厦门大学合作建设思明区科技创业园（是年 7 月投入使用）。

2 月 6 日　91 位生活在福建的金门同胞从和平码头乘“鼓浪屿”号客轮直航金门料罗港，这是半个多世纪来，第一个从大陆直航金门的探亲团。

3 月　开元区开展社区建设（为福建省首批之一），建立社区成员代表大会和议事协商委员会。

3 月 23 日　狐尾山公园挂上首批 300 个鸟笼，启动厦门市“引鸟进城”工程。

5 月 1 日　在局口街开办厦门市第一条以经营女性用品为主要特色的女人街。

5 月 25 日　鼓浪屿 1 万伏高压架空供电线路缆化工程全面完成，全岛实现地下电缆供电。同时，具有现代化水平的鼓浪屿配电管理系统也如期建成。

5 月 29 日　英雄小八路纪念馆建成并开放，址在何厝小学内。

6 月 8 日　台湾“肖太傅大陆进香团”366 名信众乘坐“金门快轮”号客轮抵达和平码头，这是金厦直航开通后，第一艘由台湾经金门直航厦门的台湾客轮。

6 月 28 日　富山诚达百货商业广场开业，商场营业面积 2.8 万平方米，设“好又多”商业集团大型超市。

6 月　中山路商业街被国家工商总局评为“全国打假维权、消费者满意街”（是年春开始，思明区工商分局开展创建“消费者满意一条街”活动）。

8 月 18 日　厦门国际会展酒店（五星级酒店）建成开业，占地面积 10800 平方米，建筑面积 28000 平方米。同月，厦门宝龙大酒店（五星级酒店）建成开业，占地面积 7003 平方米，建筑面积 24550 平方米。

9 月 14 日　思明区人民法院在法庭庭审中首次启用“法槌”，开创中华人民共和国成立后全国各级人民法院审判法庭庭审规则之先例。

11 月 22 日　全国第一台沙滩保洁车在白城沙滩投入使用。

是年　思明区、开元区被国家科技部授予“1999—2000 年度全国科技进步先进城区”称号。思明区以全省区（县）第一名的成绩通过全国科技进步考核。

是年　厦港街道被国家体育总局授予“全国群众体育先进单位”称号。街道办事处主任汪荣南受到中共中央总书记江泽民接见。

2002 年

1 月　开元区科技局被人事部和科技部联合命名为“全国科技管理系统先进集体”，并在全国科技工作会议上表彰。

2 月 27 日，“中洲”号货轮从厦门港运载 1900 吨建材直航金门料罗湾码头，这是厦金两地 53 年来首次货运直航。

3 月 16 日　世贸商城（位于火车站）开业，为厦门市第一家投入运营的大型购物中心。营业面积 5.5 万平方米，设有沃尔玛超市、巴黎春天百货和 160 家单体店。

3 月 19 日　厦门融汇典当有限责任公司正式开业，这是国家对典当行业进行治理整顿后由国家经贸委、厦门市经发局批准成立的首家典当企业。

3 月 30 日　首批 126 名在闽台商乘坐“同安”号客轮，从和平码头取道金门直航台湾扫墓。

3 月　嘉莲街道实施莲坂旧城改造工程，这是区境规模最大的旧城改造项目。占地面积 39.63 万平方米，拆迁居民 1500 户。

4 月 25 日　在南普陀寺召开“全国反邪教协会第五次报告会暨学术讨论会”，全国宗教界代表 140 多人参加会议。

4 月　鼓浪屿日光岩景区被国家环保总局授予“ISO 14000 国家示范区”称号。

4 月　石胄头污水处理厂投入使用，日处理能力 10×10^4 立方米/天，服务面积 68.19 平方公里。

5 月 10—20 日　鼓浪屿区政府、中国音协在鼓浪屿联合举办第二届中国音乐“金钟奖”暨鼓浪屿（国际）钢琴艺术节。

7 月 30 日　在福建省庆祝中国人民解放军建军 75 周年暨双拥模范城（县）命名大会上，三区被中共福建省委、省政府、省军区命名为“双拥模范城（县）”。

7 月　思明区人民政府门户网站正式发布。

7 月　思明区人民法院获全国法院系统“人民满意的好法院”称号。

8 月 16 日　厦禾路 2002G01 地块在厦门市首批挂牌出让的国有土地中以 9220 万元成交，为福建省国有土地使用权公开出让以来楼面地价的最高成交价。

8 月 16—23 日　思明区首次举办“中华民族儿童歌舞周暨思明区少儿艺术节”。

8 月 28 日　莲坂旧城改造开发用地正式在网上公开向海内外投资商挂牌出让土地使用权，面积 16.64 万平方米，起始价 7.2 亿元，创下厦门市一次性土地挂牌出让面积最大、起始价最高的纪录。

9 月　开元区被国家民政部确定为首批“全国社区建设示范区”。

9 月　厦门园林植物园通过 ISO 14001 环境管理体系和 ISO 9001 质量管理体系认证，为中国首家获得“双证”的旅游风景区。是月，鼓浪屿—万石山风景区通过 ISO 14001 和 ISO 9001 认证，为福建省首个获得“双证”的旅游景区。

10 月 19 日　在富山销售中心举办“第十三届全国书市厦门分会场”书展，共展出图书、期刊、音像制品和电子出版物 8 万余种。

10 月 18—31 日　第四届柴可夫斯基国际青少年音乐比赛在厦门人民会堂举行，来自 20 多个国家的参赛选手分别参加钢琴、大提琴和小提琴的比赛。

12 月 29 日　思明区召开科协第一次会员代表大会，选举产生首届科协理事会。

2003 年

1 月 6 日　晚，槟榔小区 16 幢“平改坡”房屋的夜景工程试亮灯，为全市首批完成的住宅夜景工程。

1 月 21 日　云顶隧道动工兴建，隧道全长 4616 米，投资 3.9 亿元。2005 年 9 月 8 日通车。

2 月 17 日　莲坂旧城开始大规模拆迁。总占地面积 26 万平方米，总建筑面积 50 万平方米，拆迁企业 47 家，涉及居民 1248 户。是有史以来拆迁规模最大的一次。

2 月 28 日　思明区就业管理服务中心成立，首创由人民团体和政府部门及企业联手为困难职工和失业人员提供服务的运作模式。

3 月 8 日　思明区文联成立大会暨第一次代表大会召开，选举产生首届文联理事会。

3 月 30 日　在环岛路思明路段举行首届厦门国际马拉松赛暨 2003 年全国马拉松锦标赛。11998 名选手参加比赛，数十万市民走上街道为选手助威呐喊。

春　“非典”流行，三区开展防治工作。

4 月 26 日　经国务院批准，撤销鼓浪屿区和开元区，将其行政区域划归思明区管辖。

5 月 27 日　莲花虚拟社区正式运作，运用数字和网络技术对小区进行管理与服务，为全省第一个数字社区。

7 月 10 日　海峡两岸暨港澳佛教界在南普陀寺举行“降伏‘非典’国泰民安世界和平祈福大法会”。中国佛教协会会长一诚长老及来自祖国大陆和台港澳佛教界人士 5000 多人参加大法会。

7 月 16 日　思明区与韩国釜山市金井区结为友好区，为福建省第一个与外国城区建立经贸、科教友好合作交流关系的区级政府。

7 月 31 日　中共厦门市委下达《关于成立思明区筹委会、思明区筹委会党组的通知》，公布领导“三区整合”工作的机构成员：筹委会主任、党组书记裴金佳，筹委会副主任、党组副书记郑云峰，筹委会成员、党组成员王昆仑、江韵兰、倪超、李宏愿、陈炳良。

8 月 28 日　鼓浪屿区与厦门日报社联合举办首届中秋博饼文化节。其间，除组织各类博饼大赛外，还举办博饼文化论坛、中秋诗会、摄影比赛等系列活动。

8 月　鼓浪屿日光岩管理处与北京标旗文化有限公司联合摄制的《天风海涛鼓浪屿》获第九届中国电影华表奖优秀纪录片奖。

8 月　开元区眼科中心与民营企业欧华公司签订眼科中心股权转让合同。

9 月 8 日　演武大桥建成通车，总长 3457 米。

9 月 12 日　位于嘉禾路 323 号的汇腾天虹商场开业，建筑面积 3.6 万平方米，商场面积 2.2 万平方米。为当时厦门最大的零售商场。

9 月 24—27 日　中共思明区第八次代表大会召开，选举产生三区整合后的中共思明区委员会。

9 月 24 日 11 时 23 分　梧村街道派出所在凯旋广场 23 层解救 19 名青年女子，当场抓获拐卖妇女犯罪嫌疑人王丙森（黑龙江林甸县人）和罗时雄（湖南省连源市人）。

10 月　13—14 日，区政协第五届第一次会议召开；15—17 日，区第十四届人民代表大会第一次会议召开。

10 月　三区整合，按“精简、效能”的原则，党政机关及事业单位开展定机构、定人员编制、定职能的“三定”工作。

11 月　思明区举办第一次台商联谊会活动（并决定每年举办 1 次）。

12 月 5 日　思明区召开第六次工人代表大会，选举产生第六届区工会。

12 月 9 日　思明区召开第十一次妇女代表大会，选举产生第十一届妇女联合会。

12 月 11 日　思明区召开第九次共青团员代表大会，选举产生第九届团委会。

12 月 13 日　思明区召开红十字会第六次代表大会，选举产生第六届红十字会理事会。

12 月 26 日　思明区召开第二次科协代表大会，选举产生第二届科协理事会。

12 月　致公党思明区基层委员会成立，辖 9 个基层支部。

是年　区妇联获全国“维护妇女儿童合法权益先进集体”称号。

2004 年

1 月 4 日　中国农工民主党思明区总支部委员会成立，下辖 9 个基层支部。

1 月　思明区人民法院获“全国模范法院”称号。

1 月　鸿山公园建成“鸿山织雨”景观。

2 月　思明区关工委成立“五老”报告团（老干部、老军人、老专家、老教师、老模范），长年深入基层，在青少年中开展思想道德教育活动。

2 月　思明区建立由区政府及有关部门组成的处置突发公共卫生事件应急指挥体系。

2 月　建立区科普大学和 7 所科普大学分校。

3 月　民盟思明区总支部委员会成立，辖 11 个基层支部。

3 月 24 日　思明区政府开发并应用的公共部门绩效评估系统获第二届“中国地方政府创新奖”。

3 月　思明光电基地被国家科技部批准为首批国家半导体照明工程产业化基地。

3 月　区文明办启动“学雷锋树新风，争创文明城区”仪式暨广场文化教育活动。

3 月　嘉莲街道“银发安康”经验由中组部等五部委向全国推广。

4 月 1 日　思明区召开商会第四次会员代表大会，选举产生第四届商会理事会。

4 月 25 日　民进思明区总支部委员会成立，辖 11 个基层支部。

5 月 2 日　团区委在白鹭洲广场举行以“青春厦门、活力思明”为主题的“五四”运动 85 周年纪念表彰暨青年文化广场活动。

5 月 22 日　民建思明区总支部委员会成立，辖 21 个基层支部。

5 月　嘉莲街道在福建省率先创办第一家“爱心超市”，常年接收社会各界捐赠的爱心物品，集中陈列，让社区生活困难群众凭“爱心卡”领取所需物品。

6 月 20 日　鼓浪屿启动大面积拆迁工程，首期拆迁建筑面积 2. 16 万平方米，涉及 100 多户住户。

6 月　台盟思明区总支部委员会成立，辖 4 个基层支部。

6 月　九三学社思明区基层委员会成立，辖 9 个基层支社。

6 月　思明区与中国行政管理学会、中国行政管理杂志社联合举办“公共部门绩效管理（厦门—思明）学术研讨会”，有 50 个学术机构和 20 余个政府部门的 114 位代表出席会议。

6 月 23 日　思明区召开第三次台胞金胞台属代表大会，选举产生第三届台胞金胞台属联谊会。

6 月　思明区投入 1500 万元购置计生服务站设备，10 个街道卫生服务中心妇科门诊加挂“计划生育技术服务室”牌子，健全计生技术服务网络。

7 月 28 日　第二届鼓浪屿国际钢琴艺术节在鼓浪屿举办，至 8 月 12 日结束。

8 月 2—3 日　“思明杯”全国少年儿童舞蹈邀请赛在厦门艺术剧院举行。

8 月 21—24 日　区政府和中国音乐家协会联合举办第六届全国少儿小提琴演奏赛。来自全国各地的 709 名选手参赛。

8 月 25 日　强热带风暴“艾利”正面袭击区境，狂风骤雨 3 个多小时，瞬间最大风速为 32. 9 米/秒，风力 12 级。

8 月　区政府将筼筜湖湖心岛设为白鹭自然保护小区，占地面积 3. 52 公顷。

8 月　在鼓浪屿举办全国第五届刻字艺术展暨第八届国际刻字艺术交流展。

8 月　梧村街道创立“阳光爱心基金”，为特殊群体在生产、生活、就学、就医等方面发生困难时提供必要援助。

9 月 6 日　思明区海外联谊会成立。

10 月 10 日　泰国在厦门宾馆设领事办公室。

10 月 27 日　区商会主办首届全国城区友好商会年会，全国工商联、福建省工商联领导人和 16 个省、直辖市的 26 个城区商会代表参会。

11 月　中央政治局常委、全国人大常委会委员长吴邦国和中央政治局委员、全国人大常委会副委员长王兆国视察瑞景社区。

11 月　思明区对“村改居”社区居民实行医疗保险制度。

12月7日　“金门游”正式启动，首批55名福建居民从和平码头赴金门旅游。

12月21日　思明区召开青年联合会第三届代表大会，选举产生区青联会第三届委员会成员。

12月26日　区红十字会为印度洋遭地震引发海啸的难民开展赈灾募捐活动，捐赈灾款54.46万元。

12月　思明区政府制定突发事件应急预案，建立危险源监控制度。

12月　鹭江街道成立全国首家街道级科技孵化中心。

是年　思明区政府在福建省率先导入ISO 14001环境管理体系。

是年　区财政投入1500万元用于计生服务站购置设备，10个街道卫生服务中心妇科门诊部加挂“计划生育技术服务室”牌子，健全计生技术服务网络。

是年　思明区在全国第一次经济普查时，被国家科技部确定为“科技进步示范区”。

2005年

2月25日　思明区获“全国无障碍设施建设示范城市”称号。是月，又获“全国社区红十字服务示范市（区）”称号。

3月20日　思明区率先在全省为被征地农民办理养老社保，莲坂社区为全省第一个被征地农民参保的社区。

3月　全区行政机关实现公文收发、公文流转、领导活动安排、会议通知等无纸化办公。

春　成立区公务员体育协会，各街道、系统成立相应机构，将全民健身工作列入政府和各部门议事日程。

5月20日　下午5时，石鼓山立交桥发生重大交通事故，造成15人死亡、24人重伤的重大事故。

5月26日　区政府通过环境管理体系认证，正式获得“ISO 14001环境管理体系”证书。

5月27日　在梧村街道召开厦门市平安区（街、镇）建设现场会，与会人员听取梧村街道经验介绍，并参观东坪社区和浦南社区。

5月　民进思明总支部委员会、厦门青联会、鹭江街道和区海外联谊会举办海峡两岸青年“手拉手、心连心、两岸情”大型篝火晚会，各界青年500多人参加。

5月　厦门亚洲海湾大酒店（五星级酒店）建成开业，占地面积6万多平方米。同月，厦门索菲特大酒店（五星级酒店）建成开业。

5月　区政府、市文联联合举办全国第四届正书大展。

7月　区规模以上工业企业在全市率先使用统计数据网上直报系统，企业可自行上网报送统计数据。

8月5日　受台风“麦莎”影响，4个小时内气温上升8.5℃，达39℃，为区境有记录以来的最高气温。

8月12日　受第10号强热带风暴“珊瑚”外围环流影响，区境普降暴雨。

8月31日　受13号台风“泰利”影响，区境普降暴雨，最大过程雨量达251毫米。

9月8日　中山路LED半导体夜景工程正式亮灯，为中国首条运用LED半导体照明高新技术装饰夜景的商业街。

9月15日　同安工业集中区思明园举行开工典礼，规划面积12平方公里（2006年5月完成一期工程，7月启动二期工程）。

10月25日　区政府和国家行政学院、欧盟行政学院、厦门行政学院联合举办“中国—欧盟公共部门绩效评估国际研讨会”，中欧公共管理项目欧方主任哈里·李斯特和国家行政学院、省效能办有关领导与代表80多人参加研讨会。

10月　白鹭洲公园东侧建成全国首个摄影广场。

11月10日　同安工业集中区思明园仅用48天（9月15日动工）盖好第一幢2万平方米五层工字形通用厂房，创造了厦门建筑史上五层厂房单体建设的最快纪录。

11 月 20 日　东坪山梅海岭三角梅园正式向市民开放，为国内首个三角梅园。

11 月 21 日　中华片区改造拆迁工程启动，拆迁总建筑面积 8.4 万平方米，其中住宅建筑面积 7.15 万平方米，涉及 852 户 2500 多人。为厦门市首个老城区改造项目。

11 月　区地税局受理厦门市景达印刷器材有限公司 2 名香港籍员工社保费参保，这是国务院出台港澳台人士参保政策后厦门市受理的第一笔港澳台人士参保业务。

12 月 1 日　数字电视进入市民家庭，瑞景新村率先开通信号。

12 月 3 日　思明区通过教育部“全国区域教育发展特色示范区”评估验收（为全国第三个获此荣誉的单位）。

是年　思明区被国务院妇儿工委确定为 2005—2010 年全国首批实施“两纲”（《妇女发展纲要》《儿童发展纲要》）示范区，被全国老龄委评为老龄工作先进单位，被全国残联会评为创建全国首批无障碍示范城先进单位。

是年　思明区审计局被人事部、审计署评为“全国审计机关先进集体”。

是年　筼筜街道育秀社区、嘉莲街道莲花五村社区文化示范点被文化部、中央文明办授予“全国文化先进社区”称号。开元街道被国家计生委、中共中央宣传部授予“全国婚育新风进万家活动先进街道”称号。

是年　区政府投入 700 万元，改扩建鼓浪屿笔山小学和少年宫，作为区未成年人思想道德教育实践基地。

是年　区台办组织 10 位全国美协会员首次（在全国）以“小三通”形式，前往金门举办以“闽南风・两岸情”为主题的国画展，展出 250 幅作品。金门县李炷烽县长主持开幕式。

2006 年

1 月 11 日　区政府委托福州博智市场研究有限公司对 2005 年度公共部门进行绩效评估，这种引入专业市场机构对政府机关效能评估的做法在全国尚属首次。

1 月　思明区开始执行公务员制度，实施公务员登记。

1 月　嘉莲街道“爱心超市”获第三届“中国地方政府创新奖”。

1 月　区书法美术工作者协会举办“文化进社区”活动，并举办新春书法楹联笔会。

2 月　区政协与区文化局联合举办“海峡情——金门・思明书画作品展暨笔会”，40 多位书画家（金门 20 位）同场献艺。

3—6 月　举办思明区第九届运动会，设 12 个赛项，有 22 个代表团 5000 名运动员参加比赛。

4 月 18 日　中国国民党荣誉主席连战率团参观鼓浪屿、厦门台湾水果集散中心。

4 月 29 日　在何厝开工建设厦门市首个为失地农民增加经济收入的“金包金”工程。

4 月　思明区物业管理工作中心成立，负责执行物业管理的法律法规。

5 月 1 日　万石植物园引进建成的热带雨林区正式向游人开放，为福建省第一套“雾森系统”。

5 月　思明区启动首个“社区志愿者奉献日”，并规定，此后每年 5 月的最后一个星期日为“思明区社区志愿者奉献日”。

6 月　鼓浪屿近代建筑群、陈化成墓、厦门破狱斗争旧址和厦门大学（及集美学村）早期建筑被国务院公布为第六批全国重点文物保护单位。

7 月 4—7 日　中共思明区第九次代表大会召开。

7 月 15 日　在厦门国际会展中心举办第四届世界合唱比赛，来自 80 个国家和地区的 400 个合唱团约 2 万人参赛。

7 月 17 日　全市首个中国象棋俱乐部——晨鹰象棋俱乐部挂牌成立。

7 月 31 日　区政府和中国儿童歌舞学会联合举办 2006 年中华民族儿童歌舞周暨海峡两岸青少年艺术节（于 8 月 5 日结束）。同日，举办第三届鼓浪屿钢琴艺术节暨全国青少年钢琴比赛。

8 月 1 日　团区委、嘉莲街道、松柏中学联合创办“手拉手爱心网校”。

9月　东坪山公园向游人开放，占地157公顷。

9月4日　鼓浪屿、开元、鹭江、嘉莲、梧村、筼筜6个街道作为二期夜景工程全线亮灯，建设项目150幢，投资3000万元。

9月4日　曾厝垵海湾书法广场向游人开放。

9月　区人大常委会在10个街道建立人大代表联络工作室。

9月　成功大道高架桥建成通车，全长14.3公里，是第一条贯穿厦门岛南北的快速干道。

12月19日　好清香大酒楼、黄则和食品有限公司、陈有香调味品有限公司、南普陀寺实业社4家企业获商务部授予“中华老字号”称号。

12月23日　鼓浪屿—万石山景区被评为全国AAAAA级旅游风景区（鼓浪屿为全国首家通过ISO 14001认证的国家级风景名胜区）。

是年　内厝社区被评为全国百佳学习型社区，育秀社区被评为全国文化先进社区和全国学习型家庭创建示范社区。

是年　区政府和滨海街道、厦门市海洋渔业局对曾厝垵和黄厝两村250艘渔船进行清退。

2007年

1月14日　名汇广场开业，建筑面积10万平方米，为综合性大商场。

1月15日　区开展为期4个月的交通“三乱”（乱占道、乱破路、乱停车）整治。

2月1日　区启动“安康计划”，成立区安康服务中心和10个街道的安康服务站，设立社区安康服务网点127个，设立安康基金，开展养老、济困助学、医疗救助等服务。

2月　3—7日，区政协第六届第一次会议召开；4—9日，区第十五届人民代表大会第一次会议召开。

2月13日　厦禾路文灶段、火车站、吕岭路、莲前西路、环筼筜湖作为第三期夜景工程全线亮灯。建设项目68幢，长15公里，投资3000万元。同日，明发商业广场（位于莲前西路与嘉禾路交汇处）开业，占地面积16万平方米，建筑面积40多万平方米。

3月18日　环东海域思明工业园开工。

3月　思明电子地图启用，在国内率先构建区域数字化网上企业分布体系，实现统计数据资源共享。

4月4日　思明区地税局办税服务中心和思明区工商局注册管理科同时被授予全国“巾帼文明岗”称号。

5月1日　首届海峡两岸温馨之夜传灯祈福大法会在南普陀寺天王殿前广场举行，来自厦门、金门、澎湖三地的僧侣、信众6000余人参加。

6月6日　思明区与美国萨拉索塔市在悦华会展酒店签订缔结国际友好城市意向书。

6月30日　位于莲前东路288号的瑞景商业广场开业，营业面积6万平方米。

7月　在日内瓦“2007欧中旅游合作论坛”上，鼓浪屿旅游风景区被评为欧洲人最喜爱的中国十大景区之一。

7月　首轮《思明区志》编纂工作在全区范围展开。

7月　思明区在全省率先开通远程网络视频招聘系统。

8月　嘉莲街道举行“爱心助学工程”启动仪式。缔结百对助学对子，建立爱心助学基金，帮助百名学生完成学业，开展百个岗位助学活动，组织百场受助学生感恩回馈社会活动。

9月　位于岭兜的厦门软件园（二期）高新技术基地建成投入使用，用地103万平方米，是全国一流软件园之一。

9月14日　台湾第一尊肉身菩萨——慈航菩萨圣像在268位台湾佛教界人士护送下，经厦金航线抵厦。数千名两岸信众参加在南普陀寺慈航菩萨回归祖庭暨海峡两岸和平发展祈福大法会。

9月18日　全省首家台资中医诊所——文彬中医诊所在思明区开业。该诊所为痛风专科诊所，创办者是台湾中医专家张君逸。

9 月 21 日　由区红十字会协办的首届“海峡两岸红十字海上救护协同演练暨研讨会”在椰风寨近海举行。中国救生协会、澳大利亚和香港、台湾、金门水上救生专家及福建各地代表共 130 余人现场观摩救护演练。

9 月　塔埔安置小区建成并通过验收，用地面积 12. 3 万平方米，建筑面积 22 万平方米。

9 月 24 日　第三届中国中小城市科学发展测评结果揭晓，思明区名列全国中小城市综合实力百强榜第 17 位，在福建省 4 个上榜城市中名列第一。

9 月 24 日　曾厝垵片区改造工程启动。

9 月 25 日　厦禾路建成宽 10 米、高 9 米的高架桥，为城市快速公交系统（称 BRT 系统）线路。

9 月 29 日　位于鼓浪屿的厦门华侨亚热带植物引种园首度对社会公众开放。

10 月 9 日　区政府组团访问美国萨拉索塔市，思明区与美国萨拉索塔市正式签署缔结国际友好城市协议书。

11 月　思明区网上审批系统通过验收并开始试运行。

12 月 18 日　位于古城东路的厦门市第一农贸市场改建为“闽台特色食品街”。

12 月　思明区湖滨中学被中国红十字会总会、教育部授予“全国红十字模范校”称号。

12 月 28 日　思明区被福建省科技厅确定为省可持续发展实验区。

是年　区红十字会被全国红十字会总会评为红十字工作先进集体。

是年　思明区人口统计 580569 人，比 1950 年三区人口总计 138751 人增长 3. 18 倍。

是年　思明区区级财政收入 18. 11 亿元，比 2004 年增长 98. 6%，财政结余滚存 11967 万元。

第一卷　政区　环境

唐天宝十四年（755 年）至清顺治十一年（1654 年），区境历属南安县、同安县。清顺治十二年（南明永历九年，1655 年）三月，郑成功建置思明州，区境历史上首次出现“思明”之名。民国 34 年（1945 年）9 月抗日战争胜利后鼓浪屿设区，厦门岛设厦港区、厦西区、厦南区、禾山区。

民国 35 年 6 月，厦西区、厦南区合并为中心区。民国 37 年 3 月，中心区析出一部分建开元区；9 月 21 日，中心区改称思明区。

1949 年 10 月 17 日，区境解放；10 月 21 日，设鼓浪屿区、开元区、思明区、厦港区。1950 年 5 月 2 日，厦港区并入思明区。

“文化大革命”期间，思明区改称向阳区，开元区改称东风区；1979 年 10 月，恢复原名。

2003 年 10 月，鼓浪屿区、开元区、思明区三区整合为思明区。2004 年 8 月后，区政府对部分街道进行更名、整合。2007 年，思明区辖 10 个街道，设 95 个社区。

区境陆岛为丘陵、台地、平原及沙滩组成；海域广阔，海岸线长，浪嘻湾顺，岩礁争奇。海域划分为思明区西部海域和东侧海域。主要海岛 4 个：鼓浪屿、土屿、槟榔屿、烟屿。礁石大多分布在东部海域，主要有 58 个。海拔 200 米以上山峰 14 座，最高山峰为云顶岩，海拔 339.6 米。

区境属南亚热带海洋性季风气候，春暖多雨，夏长有台风，秋朗而燥，冬晴无严寒。陆生水生的野生动物种类繁多，有世界瞩目的文昌鱼与中华白海豚。政府加强环境保护，卓有成效地治理废水、废气、废物和噪声，净化筼筜湖。地理位置优越，海洋气候宜人，水生物产丰富，生活环境洁净。鼓浪屿—万石山风景名胜保护区获国家级风景名胜区称号并名闻世界。思明区于 2004 年在全省率先导入 ISO 14001 环境管理体系、2006 年制定《思明区“十一五”环境保护规划》，构建海峡西岸生态环境最佳的宜居城区。

第一章　建置　政区

第一节　区域　隶属

一、唐宋区境隶属

唐天宝十四年（755 年），区境属南安县新城。唐贞元十九年（803 年），析南安县西南四乡置大同场，区境属之。后唐长兴四年（933 年），大同场升为同安县，区境属同安县嘉禾里。

宋代，区境仍属同安县嘉禾里。

二、元明清区境隶属

元代，区境属同安县绥德乡嘉禾里，为二十二都及附城 4 个村辖地。

明代，区境仍属同安县。

清代，顺治十二年（南明永历九年，1655 年），郑成功置思明州。康熙二年（1663 年）一月，郑经改思明州为思明县。区境先后属思明州、思明县。康熙十九年，清廷废思明县，区境仍属同安县绥德乡嘉禾里二十二都及附城 4 个村辖地。

三、民国时期区境隶属

民国元年（1912 年）4 月 15 日，福建省政务院置思明县，9 月 12 日升格为思明府，翌年 3 月复为思明县。区境先后属思明县、府、县。

民国 22 年 11 月 20 日，发生“福建事变”，成立中华共和国人民革命政府，12 月 1 日，成立厦门市；10 日，升为厦门特别市。区境属之。次年 1 月，“福建事变”失败，厦门特别市撤销，区境仍属思明县。

民国 24 年 4 月 1 日，撤思明县，成立厦门市，区境属之。

民国 27 年 5 月，厦门岛被日本军侵占。民国 28 年 7 月 1 日，伪厦门市成立，区境属之。民国 30 年 1 月，伪厦门市改为伪厦门特别市。

民国 34 年 10 月，成立厦港区、厦西区、厦南区、鼓浪屿区和禾山区，其中前 4 个区和禾山区 6 个村为今区境，隶属厦门市。民国 35 年 6 月 1 日，厦西区、厦南区合并为中心区。民国 37 年 3 月，中心区析出开元区；9 月 21 日，中心区改称思明区。

民国 38 年 8 月，区境有鼓浪屿区、开元区、思明区、厦港区全境和禾山区 4 个保，隶属厦门市。

四、中华人民共和国成立后区境隶属

（一）三区区境隶属

1949 年 10 月 17 日，厦门岛、鼓浪屿解放，各区都建立人民政权机构，隶属于厦门市人民政府。

1950 年 5 月 2 日，厦港区撤销，并入思明区。三区整合前各区境隶属：

鼓浪屿区　北纬 24°26′，东经 118°04′。东临鹭江与厦门岛隔海相望，西与龙海市隔海鼎峙，南临厦门湾，北为九龙江出海口。陆地面积 1.91 平方公里。

开元区　北纬 24°27′～24°28′、东经 118°3′～118°5′。东与湖里区禾山吕厝接壤，西止鹭江道，南与思明区毗邻，北至湖里工业区。陆地面积 49.45 平方公里。

思明区　北纬 24°26′～24°27′、东经 118°4′～118°5′。东隔厦门东侧水道与小金门遥视，西南濒临鹭江与鼓浪屿隔海相望，北与开元区毗邻。陆地面积 20.48 平方公里。

三区合计面积 71.84 平方公里。皆隶属厦门市。

（二）三区整合后区境隶属

2003 年 10 月，鼓浪屿、开元、思明三区整合为思明区，仍隶属厦门市。

全区地处北纬 24°26′～24°28′，东经 118°03′～118°13′。北与湖里区接壤，西北与海沧区隔海相连，西与漳州经济开发区相呼应，东与大、小金门诸岛隔海相望。全区陆地面积 74.46 平方公里，海域面积 275 平方公里。

第二节　行政区划

一、民国时期区划

民国26年（1937年）7月，工部局颁布《鼓浪屿公共租界保甲条例》，实施保甲制度，全屿分为10个联保，每联保按地域大小和需要设2～4个保。

民国26年鼓浪屿联保界址表

表1-1-1

名　　称	所在地	界　　址
第一联保	港仔后	北界：西路、岩仔脚路、漳州路至海；东界、南界、西界：海
第二联保	鸡母山五个牌	北界：嵩屿路、内厝澳西路；东界：内厝澳西路、泉州路；南界：西路及海；西界：海
第三联保	内厝澳	北界、西界：海；东界：海、医院路、内厝澳路、笔架山路；南界：内厝澳西路、嵩屿路
第四联保	三丘田	北界：内厝澳路、医院路；东界：海、和记码头、和记路、中路；南界：内厝澳西路；西界：笔架山路
第五联保	龙头	北界：海；东界：黄家渡路；南界：泉州路；西界：中路、和记路至渡头
第六联保	龙头渡	北界：海；东界：西仔路头、西仔路、教堂路；南界：福建路、大埭路；西界：黄家渡路至渡头
第七联保	新路头	北界：西仔渡头、西仔路、教堂路；东界：海；南界：由海至升旗山、归正教路至鹿耳礁东路与鹿耳礁路之交叉、福建路；西界：福建路
第八联保	鹿耳礁	北界：由海至升旗山、归正教路至鹿耳礁东路与鹿耳路之交叉、福建路；东界：海；南界：漳州路至海；西界：洋墓口
第九联保	龙头中	北界：泉州路；东界：大埭路；南界：洋墓口；西界：中路
第十联保	岩仔脚	北界：泉州路；东界：中路；南界：岩仔脚路；西界：岩仔脚路、泉州路

民国34年10月，国民政府收回公共租界，恢复在鼓浪屿行使主权，设鼓浪屿区。同时，在厦门岛设厦西区、厦南区、厦港区和禾山区。民国35年6月1日，并厦西区、厦南区为中心区。区境所辖中心区33个保、厦港区14个保、鼓浪屿区18个保、禾山区的6个保。

民国35年区境行政区划一览表

表1-1-2

行政区	保数	保　　名
中心区	33	思东、思南、思西、思北、大同、升平、中山、中华、同文、水仙、户部、文渊、外清、霞溪、黄厝、同西、同仁、开禾、开营、开南、开洪、鹭江、厦禾、新西、斗西、双莲、美仁、溪岸、园东、靖山、浸田、将军、后江
厦港区	14	鸿山、碧山、大学、全新、澳水、福海、永福、义和、太平、民生、曾厝、胡里、前厝、水上
鼓浪屿区	18	龙头、龙美、市场、大埭、乌埭、上礁、下礁、日光岩、鸡山、笔山、东山、延平、安海、鹭江、澳西、澳东、澳南、澳北
禾山区（部分）	6	文灶、双涵、莲坂、何厝、仙岳、岭兜

民国36年1月，鼓浪屿区从18个保缩编为鸡山、笔山、鹿礁、延平、澳东、澳西、龙头、市场、大埭、乌埭10个保。中心区整编为25个保，又将养真保辖的双莲、故宫一带（原双莲保）与溪西保辖的斗西保合并为莲西保，增为26个保。厦港区将14个保缩编为7个保。

民国37年3月，中心区析出部分另设开元区。“以大同路分为上下两段，由海口起至思明南北路交界处仍属中心区，开元区自下段大同路起至观音亭进入佑福路、溪岸路、西滨社、将军祠、后江埭、美仁宫、厦禾路循筼筜港各地区扩至海口为终点。”10月，中心区改名思明区，区公所驻定安路79号。思明区辖南溪、中华、黄厝、外清、靖东、深田（浸田）、升平、思西、思东、大同、同文、水仙、户部、中山共14个保。至此，区境有开元区、思明区、厦港区和鼓浪屿区及禾山区4个保。

二、中华人民共和国成立后区划

（一）四区行政区划

1949年10月17日区境解放，仍辖鼓浪屿区、开元区、思明区、厦港区和禾山区4个保。

1949年10月至1950年5月区境行政区划一览表

表1-1-3

行政区	保数	保　　名
鼓浪屿	10	鸡山、笔山、鹿礁、延平、龙头、市场、澳东、澳西、乌埭、大埭
开　元	13	开洪、开禾、开营、开南、同西、鹭江、新禾、连西、溪岸、美仁、将江、养真、大同
思　明	13	思东、思西、升平、南溪、中华、黄厝、外清、靖东、同文、深田、水仙、户部、中山
厦　港	8	鸿山、福海、新生、太平、大澳、水上、曾溪、长塔
禾　山	4	莲坂、文灶、何厝、岭兜

（二）三区行政区划

1950年3月，开展民主建政，废除保甲制，调整区、街建置。此后，历经人民公社、革命委员会，政区多次调整。1980年，恢复区、街建制，街之下设社区。

鼓浪屿区　1950年3月民主建政时，10个保改为10个街。1954年，缩编为龙头、笔山、鹿礁、延平、内厝澳5个街。1955年3月，街改称街道，5个街合并为龙头、鹿礁、内厝澳3个街道。1958年，龙头、鹿礁、内厝澳街道合并为鼓浪屿公社。1980年，设2个街道，辖11个社区。其中，龙头街道辖龙头、市场、鹿礁、延平、旗山、大埭6个社区，内厝澳街道辖笔山、鸡山、福祥、内厝澳、四松5个社区。1981年，撤销龙头、内厝澳街道，11个社区直属鼓浪屿区管辖。2002年12月，鼓浪屿区11个社区整合为延平、旗山、龙头、内厝、福祥、鸡山6个社区。

开元区　1950年3月废除保甲制度，改设街。1954年，开元区辖公园、禾祥、溪岸、厦禾、开禾、大同、打铁、鹭江、思北9个街。1955年3月，街改称街道。1956年6月，开元区辖公园、厦禾、思北、溪岸、大同、鹭江6个街道。1958年12月，撤销街道，开元区设厦禾公社、鹭江公社、公园公社。1960年4月，前线（禾山）公社梧村大队划归开元区。1961年初，前线公社莲坂大队划地给开元区创办开元农场。1964年4月，取消公社建制，恢复街道。1966年，开元区改名东风区，公园、鹭江、厦禾街道分别改名红星公社、东风公社和延风公社。1979年10月1日，区和公社恢复原名。至1980年上半年，开元区辖公园、厦禾、鹭江、梧村4个街道、50个社区。1981年9月，以禾山公社上河、长岸、薛厝、徐厝、蔡厝、村里、湖里7个自然村组建湖里街道，隶属开元区管辖。其后，又将东渡、官任、塘边等大队划入湖里街道。1983年4月，开元区增设筼筜街道。1985年4月，禾山乡吕厝、乌林两村划归开元区。1987 年 8 月，开元区湖里街道改属新设置的湖里区。9 月，禾山乡管辖的何厝、前埔、洪文、西林、莲坂 5 个村划归开元区；10 月，成立莲前街道。1995 年 12 月，开元区辖 6 个街道、133 个社区、4 个村。2002 年 12 月，开元区辖 6 个街道、102 个社区、6 个村。

1995 年开元区街道、社区（村）一览表

表 1-1-4　　单位：个

街道	社区数	社区名	村数	村　名
鹭江	14	道平、营平、开元中段、大同、新路、横竹、开元上段、打铁、鹭江、洪本、海滨、担水、开禾、大井	—	—
厦禾	19	厦禾、厦禾上段、厦禾中段、角尾、滨西、思北、龙山、夹舨、开元下段、大同下段、双莲池、幸福、福茂、故宫、小学、西堤新村、湖西、禾祥西、白鹭苑	—	—
公园	28	靖山、袁厝、滨南、禾太、斗西、华新、园南、虎园、图强、深田、自强、二市、溪岸、美头山、美仁、后社、西边、塔厝、文滨、后江、湖滨、白鹤山、美仁新村、阳台山、滨南新村、育青、梅园、美湖	—	—
梧村	19	梧村、文灶、文园、文新、金榜山、铁路、后埭溪、滨东、滨中、滨东上段、双涵、浦南、万寿北、金祥、文屏、东坪、官都、浦东、铁路南	—	—
筼筜	41	二里南、三里南、二里北、官尾、石亭、三里北、西郭、四里南、四里北、槟榔东、槟榔中、湖明、白兰、红桑、风光、湖光、一里北、一里南、厦新、观音山、振兴、长明、莲岳东、莲岳西、丽亭、建兴、长青、湖中、岳阳、湖新、华星、屿后东、屿后西、嘉华、嘉滨、岳华、岳明、育秀、育莲、长兴、松柏	—	—
莲前	12	映碧里、玉荷里、盈翠里、观远里、玉亭里、和光里、龙山桥、莲坂、蓉芳、菡香、流芳里、香秀里	4	何厝、前埔、洪文、西林

2002 年开元区街道、社区（村）一览表

表 1-1-5　　单位：个

街道	社区数	社区名	村数	村　名
鹭江	13	营平、大同、新路、鹭江、厦禾、白鹭苑、思北、幸福、双莲池、小学路、西堤、湖西、禾祥西	—	—
公园	20	滨南、华新、园南、深田、溪岸、美头山、美仁、西边、塔厝、文滨、后江、湖滨、白鹤山、美仁新村、阳台山、希望、白鹭、虎溪、坑内、天湖	—	—
梧村	16	文灶、文园、金榜山、铁路、滨东、滨中、双涵、浦南、万寿北、金祥、文屏、官都、东坪、溪东、文汇、梧村	—	—
筼筜	25	湖光、石亭、西郭、四里、槟榔东、槟榔西、湖明、振兴、莲岳、建业、岳阳、屿后东、屿后西、岳明、岳星、育秀、仙阁、育星、屿浦、屿后、官任、侨岳、一里、仙岳、松岳	—	—
嘉莲	16	盈翠、莲坂、莲秀、莲西、宝龙、莲兴、怡祥、松柏、长青、莲明、华福、莲花一村、莲花二村、莲花三村、莲花四村、莲花五村	—	—
莲前	12	莲怡、莲顺、莲翔、莲云、莲薇、莲茂、莲丰、金鸡亭、龙山桥、东浦、侨福、瑞景	6	西林、洪文、前埔、何厝、塔埔、岭兜

思明区　1950年5月2日，撤销厦港区建制，将其鸿山、新生、太平、水上、福海和大澳保划入思明区，而将思明区靖东、深田保改隶开元区。民主建政时废除保甲制，改设街。是年底，辖中山、思明、泰平、文安、中华、民安、厦港、碧山、大学9个街。1955年3月，改称街道。1956年6月，9个街道合并为思明、泰平、文安、中华、厦港5个街道。1958年，街道改人民公社，辖中华公社、思明公社、文安公社和厦港公社。1964年4月，市区取消人民公社，恢复街道。1966年，思明区改名向阳区，思明街道、文安街道、厦港街道分别改为东方红公社、向东公社、前卫公社。1966年底，前线公社曾塔大队并入向阳区，升格为曾塔公社。1970年2月，将曾塔公社降为大队，仍隶于前线公社。1979年10月1日，上述改名全部恢复原名，公社改为街道。1980年，思明区辖文安、思明、中华、厦港4个街道、43个社区。1982年9月，思明区增设白城、南义和、大生里、苏厝4个社区，分别划入厦港、中华街道。1987年8月，禾山乡曾厝垵、黄厝2个村划归思明区。1991年，思明区新增寿彭、不见天、沙坡尾3个社区。1995年，思明区辖4个街道、56个社区2个村。2002年12月，思明区辖5个街道、31个社区、2个村。

1995年思明区街道、社区（村）一览表

表1-1-6　　单位：个

街道	社区数	社区名	村数	村　名
厦港	23	鸿山、永福、新村、福海、碧山、圆山、蜂巢山、巡司顶、民族、厦港、大学、顶澳、下澳、大桥头、南义和、大生里、寿彭、沙坡尾、不见天、北村、厦大、白城、海滨新村	2	曾厝垵、黄厝
思明	10	思明、升平、镇邦、大中、思西、局口、思中、南轿、思东、中山	—	—
中华	11	仁安、下井、镇海、石壁、桥亭、古城、中华、霞溪、新华、南田、苏厝	—	—
文安	12	思南、定安、泰山、水仙、晨光、同文、文渊井、金新河、石坊、马柱、虎头山、青石巷	—	—

2002年思明区街道、社区（村）一览表

表1-1-7　　单位：个

街道	社区数	社区名	村数	村　名
厦港	12	寿彭、鸿山、新村、顶澳、下澳、沙坡尾、大学路、蜂巢山、南义和、福海、巡司顶、南华	—	—
文安	5	水仙、定安、石坊、金新河、思南	—	—
中华	6	仁安、中华、霞溪、新华、镇海、石泉	—	—
思明	5	思东、中山、大中、思西、镇邦	—	—
滨海	3	演武、白城、上李	2	曾厝垵、黄厝

（三）三区整合后思明区行政区划

2003年4月26日，国务院批准调整厦门市行政区划。鼓浪屿区、开元区、思明区整合为新思明区。整合后的思明区辖鼓浪屿、鹭江、思明、文安、中华、厦港、滨海、莲前、梧村、嘉莲、筼筜、公园12个街道、97个社区（原8个村改为社区）。

2004年8月，撤销思明、文安街道，划归中华街道；把横跨文安、厦港街道的虎头山南片区划归中华街道；把厦港街道管辖的大学路595号的三栋楼划归滨海街道；公园街道更名开元街道，把文塔片区划归开元街道西边社区。

2005年9月，莲前街道增设莲成社区。

2006年3月，中华街道将10个社区整合为霞溪、仁安、中山、镇海、思南、文安6个社区。嘉莲街道增设龙山社区。

2007年，思明区辖鼓浪屿、鹭江、中华、厦港、滨海、莲前、梧村、嘉莲、筼筜、开元10个街道、95个社区。

2007年思明区区划一览表

表1-1-8　　　　单位：个

街　道	社区数	社区名
鼓浪屿	2	内厝、龙头
鹭　江	7	小学、双莲池、厦禾、大同、鹭江道、营平、禾祥西
中　华	6	文安、思南、霞溪、镇海、仁安、中山
厦　港	7	巡司顶、福海、南华、蜂巢山、沙波尾、鸿山、下沃
开　元	12	虎溪、深田、溪岸、阳台山、坑内、西边、后江、天湖、美仁、美湖、湖滨、希望
筼　筜	15	屿后西、岳阳、四里、仙岳、一里、湖光、仙阁、槟榔、官任、莲岳、西郭、金桥、屿后、育秀、振兴
梧　村	11	文灶、万寿北、金榜山、文屏、梧村、金祥、滨中、双涵、浦南、东坪、溪东
嘉　莲	11	盈翠、莲花北、莲坂、莲西、莲兴、莲花五村、长青、松柏、莲秀、华福、龙山
莲　前	19	前埔南、前埔北、莲成、何厝、岭兜、前埔、洪文、西林、侨福、塔埔、莲薇、莲翔、莲丰、瑞景、莲顺、莲云、金鸡亭、莲怡、龙山桥
滨　海	5	演武、白城、上李、曾厝垵、黄厝

第三节　街　道

一、鼓浪屿街道

位于厦门岛西南海域，与鹭江道隔海相望。2007年，全岛面积1.91平方公里。

1955年3月，分设龙头、鹿礁、内厝澳3个街道。1978年11月，改设龙头、内厝澳2个管理区。1979年10月，改称街道。1984年4月，撤销街道建制（11个社区全由区政府直管，2002年12月整合为6个社区）。

2003年10月，成立鼓浪屿街道，设龙头、内厝澳2个社区；至2007年，仍然。

二、鹭江街道

位于思明区西南部，东起斗西路、幸福路，南沿大同路直至海滨，西临鹭江道、龙船礁的滨海地带，北濒筼筜湖畔和同益码头。2007年，面积3.73平方公里。

1955 年 3 月，设鹭江街道，属开元区。1958 年 12 月，鹭江街道改为鹭江人民公社。1968 年 9 月，鹭江人民公社改为东风人民公社。1979 年 8 月 8 日，撤销人民公社，恢复为街道。1980 年 1 月 10 日，街道恢复原名。2000 年 12 月，厦禾街道并入鹭江街道。

2003 年 10 月，鹭江街道改属于整合后的思明区。2007 年，有 7 个社区。

三、中华街道

位于思明区西南部，东与开元街道相邻（以新华路为界）；西至鹭江道、轮渡码头，与鼓浪屿隔海相望；南靠鸿山公园，与厦港街道比邻；北接大同路，与鹭江街道交界。2007 年，面积 1.6 平方公里。

1950 年 3 月，中华地片隶属思明区时，设 11 个街。1952 年 1 月，合并为 6 个街。1955 年 2 月，合并为中华、思明、文安、泰平 4 个街道。

1958 年，撤销泰平街道，3 个社区划归思明街道，余下划归文安街道。1958 年 10 月，中华街道人民公社成立，思明、文安街道相继改为人民公社，社区改为人民公社分社。

1968 年 9 月，思明人民公社改名东方红人民公社，文安人民公社改名向东人民公社。

1979 年 8 月，撤销人民公社，恢复街道建制。1980 年 1 月，街道恢复原名。

2004 年 8 月，撤销思明、文安街道，将其划入中华街道；并把原先横跨文安、厦港街道的虎头山南片区划归中华街道。

2006 年 3 月，中华街道将 10 个社区整合为霞溪、仁安、中山、镇海、思南、文安 6 个社区；至 2007 年，仍然。

四、厦港街道

位于思明区西南侧，东靠五老峰，西临厦鼓海峡，北靠鸿山、碧山岩。2007 年，面积 1.76 平方公里。

1950 年 5 月，撤销厦港区，划归思明区。民主建政后，厦港地片分设厦港、大学、碧山 3 个街。1955 年 3 月，3 个街组合厦港街道建制。

1958 年 10 月，厦港街道改称厦港人民公社。1959 年 3 月，厦港地区 7 个渔业高级合作社组建为厦门海洋渔捞人民公社。一个地片、两个公社并存。1964 年 4 月，撤销人民公社，保留厦港街道。“文化大革命”期间，厦港街道改为前卫人民公社。

1979 年 8 月 8 日，撤销人民公社，恢复街道建制。1980 年 1 月 10 日，复名厦港街道。

1980 年，厦港街道设 13 个社区。1995 年，增至 23 个社区。2003 年，整合为 7 个社区；至 2007 年，仍然。

五、开元街道

位于思明区中部，东起湖中路、文园路、万寿山下，与梧村街道交界；西以斗西路、人民体育场西侧、新华路为界，分别与鹭江街道、中华街道毗邻；南与钟山、五老山、后厝山、西姑岭接壤；北濒筼筜湖南侧，与筼筜街道毗邻。2007 年，面积 5.6 平方公里。

1950 年，废除保甲制，建立禾泰、溪岸、深田、靖山、禾祥和新屯 6 个街。

1956 年，建立 6 个街道。1957 年，合并为 4 个街道。1958 年 10 月，整合为公园人民公社和溪岸人民公社。

1959 年，公园、溪岸人民公社合并为公园人民公社。

1964 年 4 月，公园人民公社改为公园街道。

“文化大革命”期间，公园街道改为红星人民公社，隶属东风区。

1979 年 8 月 8 日，撤销人民公社，恢复街道建制。1980 年 1 月 10 日，公园街道复名。

2003 年 10 月，开元街道改属于整合后的思明区。2004 年 9 月，公园街道更名开元街道，将靖山片区部分划归中华街道；梧村街道将其管辖的文塔片区部分划归开元街道。2007 年，有 12 个社区。

六、筼筜街道

位于思明区西北部，东以松柏路、莲岳路与嘉莲街道分界，西以筼筜湖入海口与鹭江街道接壤，南以湖滨南路与梧村街道、开元街道相邻，北靠仙岳山与湖里区毗邻。2007 年，面积 9.5 平方公里。

1971 年 9 月，筼筜港大部分海域填成陆地，水域面积缩减至 1.7 平方公里，筼筜港改称筼筜湖。1973 年，围堤后的环筼筜湖地区改为建设用地，辟为新区。环筼筜湖区域有埭头、莲坂、西郭、仙岳、佘厝、屿后、官任等自然村，分别隶属前线人民公社（1980 年 10 月更名禾山公社）后浦大队和莲坂大队管辖。

1983 年 4 月，设筼筜街道，隶属开元区。1995 年，筼筜街道辖 41 个社区。1998 年 7 月，湖里区湖里街道官任社区转隶属筼筜街道。

2000 年 12 月，筼筜街道长明、长青、嘉华、嘉滨、怡祥、松柏 6 个社区划归嘉莲街道，嘉禾公园和中山医院所处区域划归公园街道。是年，筼筜街道辖 40 个社区。

2003 年 10 月，筼筜街道改属于整合后的思明区，有 15 个社区；至 2007 年，仍然。

七、梧村街道

位于思明区中心地带，以火车站为中心，厦禾路为主线，东起东浦路、无尾塔山脚下，西至湖滨中路、文园路，南与东坪山、金榜山、万寿山相接，北以湖滨南路、莲前西路为界。2007 年，面积 6.2 平方公里。

中华人民共和国成立初期，梧村属禾山区管辖。1958 年 8 月，禾山区撤销。以其辖地为基础成立厦门前线人民公社，隶属厦门市郊区。1960 年 6 月，前线公社梧村大队文灶、梧村、西边、塔厝和莲坂大队浦南、双涵 6 个自然村划属开元区。西边、塔厝属公园公社，文灶、梧村、浦南和双涵 4 个自然村成立开元农场。

1971 年，开元农场改为红卫人民公社。红星人民公社西山生产队和蔬菜大队划归红卫人民公社。

1979 年 8 月 8 日，撤销红卫人民公社，改为梧村街道（同时为梧村人民公社，1980 年 10 月，撤销公社名称），下设双浦、铁路、文灶、梧村、金榜山 5 个社区。

2000 年，莲前街道所辖莲前西路以南、东浦路以西 0.041 平方公里的区域划归梧村街道。

2003 年 10 月，梧村街道改属于整合后的思明区。

2004 年 9 月，梧村街道文灶社区文塔片区划归公园街道西边社区。2007 年，有 11 个社区。

八、嘉莲街道

位于思明区北部，于金尚路以西，莲前大道、湖滨南路以北，湖明路、莲岳路以东，松柏路、吕岭路以南。2007 年，面积 4.48 平方公里。

农业合作化时期，成立莲坂农业合作社。1956 年，莲坂和梧村并入禾山区江头乡。1958 年 8 月，将禾山区、集美镇和灌口镇、海沧镇所属各乡合并成立厦门市郊区。莲坂一带成为厦门市郊区前线公社下属的大队。1987 年 7 月，厦门市行政区划调整，撤销郊区，莲坂一带改隶为开元区莲前街道。1985—2000 年，随着筼筜和东区等新城区的建成，街道原筼筜辖内成立长明、长青、嘉华、嘉滨、怡祥、松柏 6 个社区，原莲前辖内成立莲兴、龙昌里、龙华里、流芳里、和光里、香秀里、观远里、菡青里、玉亭里、盈翠里、映碧里、玉荷里、莲坂、莲东、莲西 15 个社区。2000 年 12 月，上述社区从原街道划出，成立嘉莲街道，隶属开元区。

2001 年 8 月，嘉莲街道 21 个社区整合为 14 个。2002 年 7 月，成立华福、莲明 2 个社区。2003 年 5 月，嘉莲街道 16 个社区整合为 10 个；10 月，嘉莲街道改属于整合后的思明区。2006 年 3 月，增设龙山社区。2007 年，有 11 个社区。

九、莲前街道

地处思明区东部的城乡接合部，东至环岛路，南倚厦门岛主峰，西邻厦门火车站，北接厦门高崎国际机场，与大小金门岛仅一水之隔。2007年，面积22.3平方公里。

1949年10月，禾山设区时，辖何厝、前埔、莲坂等13个乡，后合并为6个乡。1958年8月，禾山区撤销，划归郊区管辖，6个乡合并为3个乡，后成立前线人民公社，下设何厝、前埔等大队。1980年11月，前线人民公社改名禾山人民公社，辖何厝、前埔、洪文等22个大队。1984年10月，禾山公社撤销，成立禾山乡，隶属湖里区。1989年，禾山乡改为禾山镇。之后，何厝、前埔、洪文、西林等村从禾山乡划出，改属开元区。

1987年12月，开元区莲前街道成立，有观远里、玉亭里、和光里、盈翠里、玉荷里、映碧里6个社区和何厝、前埔、洪文、西林、莲坂5个村。2000年，莲前街道划出14个社区归属嘉莲街道。2003年10月，莲前街道改属于整合后的思明区。2007年，有19个社区（西林、洪文、何厝、前埔、岭兜、塔埔6个村均改为社区）。

莲前街道办公楼

十、滨海街道

位于思明区南部，东临海，与大小金门隔海相望；西与厦港街道毗邻；南临海，与漳州港一水之隔；北至东坪山，与莲前街道接壤。2007年，面积17.38平方公里。

1996年5月，设滨海街道，有北村、厦大、白城、海滨新村、龙虎南里5个社区和曾厝垵（辖曾厝垵社、仓里社、前田社、西边社、前后厝社、东宅社、上李社、胡里山社8个自然村）、黄厝（辖茂后、黄厝、新村、塔头、溪头下5个自然村和阳光海岸等3个新开发的居民小区）2个村。

2003年，思明区进行村改社区工作。滨海街道设演武社区（由北村、厦大和白城所辖部分整合而成）、白城社区（由白城、海滨新村、厦大东区整合而成）、上李社区（由龙虎南里更名而成）、曾厝垵社区（由曾厝垵村改社区）、黄厝社区（由黄厝村改社区）。2007年，有5个社区。

滨海街道办公楼

第二章　自然环境

第一节　地　质

一、厦门岛思明境地质

（一）地层

出露地层，以第四系分布面积最广，次为侏罗系。

1. 侏罗系

分布于岛内中部，主要分布于仙岳山，呈北东偏东方向带状展布。划分为侏罗系下统梨山组和上统南园组。

（1）侏罗系下统梨山组　岛上仅牛头山、虎山、香山及安兜局部出露，岩性以粉砂岩、细砂岩为主。受动力热变质作用，岩石普遍片理化、绢云母化。有的地段叠加后期的断裂作用，加强片理化或产生硅化岩石。

（2）侏罗系上统南园组　为一套陆相酸性、中酸性火山岩夹火山沉积岩，省内共划分为4个岩性段，厦门岛仅发育其中的第二、第三岩性段，呈北东向带状分布于狐尾山一带。侏罗系上统南园组第二段出露于狐尾山、仙洞山等处。主要岩性为灰白、浅灰色流纹质晶屑凝灰熔岩。狐尾山尚发育有深灰、灰黑、灰白色薄—中厚层状含炭质、硅质及粉砂质泥岩、沉凝灰岩、豆状凝灰岩等。泥岩受变质而具不同程度的片理化和角岩化。泥岩和粉砂质泥岩中含枝脉蕨等晚侏罗世植物碎片，保存较差。侏罗系上统南园组第三段出露于狐尾山至园山一线。主要岩性为深灰色流纹英安质晶屑凝灰熔岩，凝灰岩，夹深灰—灰黑色英安岩，熔结凝灰岩，灰白色流纹质晶屑凝灰熔岩，流纹（斑）岩，局部夹粉砂质泥岩等，喷发不整合于南园组第二段之上。岩石受动力和热变质作用，具不同程度的片理化、角岩化。

2. 第四系

分布于岛南半部低洼地带。

（1）残积层　分布于燕山晚期岩浆岩体和侏罗系沉积岩周围，上部为棕红色砂质黏土，中部为黏质砂土，下部为碎石、角砾及黏土，底部过渡为半风化基岩。厚度因地而异，一般5～10米。

（2）更新统冲洪积层　分布面积较广，除筼筜港埋层较深外，南侧多出露于山前沟谷，地貌上多构成Ⅱ级阶地。主要为灰白色泥质沙砾，局部夹砂质黏土、黏质砂，呈半固结状，厚度2～8米。

（3）全新统冲洪积层、海积层　全新统冲洪积层零星分布于莲坂、何厝等地，岩性为砂、黏质土，厚度一般3～15米；全新统海积层分布于岛缘及筼筜港等处。岩性为淤泥夹淤泥质砂、淤泥质黏土，其上有的盖以细、中粒海积砂。厚度各地变化较大，如筼筜港3～20米。

（4）人工堆积层　分布于老市区西端及筼筜港。

（二）岩浆活动及岩浆岩

岛内岩浆活动以燕山期占绝对优势，具先喷发后侵入的基本活动方式。

1. 火山岩

从火烧屿一带的侏罗系下统梨山组浅变质砂泥岩地层夹有流纹质凝灰岩看，岛附近于早侏罗世开始有火山活动；但岛上梨山组地层仅局部零星出露，而以晚侏罗世火山活动产物较具规模。岛上晚侏罗世火山活动，形成北东偏东的狐尾山—园山火山岩带，其中南园组第二段以一套酸性火山碎屑熔岩为主，间夹酸性凝灰岩等火山碎屑岩及粉砂质泥岩等细碎屑沉积。南园组第三段以中酸性火山碎屑熔岩为主，火山碎屑岩和粉砂质泥岩等细碎屑沉积夹层较少。

2. 次火山岩

晚侏罗世次二长花岗斑岩，岩体呈不规则支岔脉状，呈北东向线性展布，与南园组第二、第三段火山岩呈侵入或过渡接触。岩石呈浅灰、浅肉红色，斑状结构，斑晶占50%～55%，以斜长石为主，次为钾长石；少量的石英和黑云母。基质成分和斑晶相同。副矿物有锆石、磷灰石、磁铁矿，偶见榍帘石。

3. 岩浆岩

分布于岛南半侧，其次北西侧；侵入岩时代均为燕山晚期，以厦门岩体规模较大，除外尚有殿前岩体和仙岳山岩体。

（三）构造

厦门岛思明境位于“闽东火山断拗带”东缘、“闽东南沿海变质带”东南部。燕山运动后，形成北东和北西向两组断层分割的构造格局。

1. 褶皱

褶皱构造在岛内不是主要构造形式，岛西侧的火烧屿复式褶皱，发育于侏罗系下统梨山组地层中。褶皱延至岛上的牛头山、香山一线；但梨山组地层多被后期侵入体吞噬或断层破坏，保存较差。

2. 断层

（1）北东向断层

仙岳山断层组　出现于牛头山、仙岳山、园山一带，发育在梨山组和南园组地层中。总体产状为走向北东60°，倾向南东或北西60°～80°。由多条压性、压扭性断层组成，这些断层分岔复合，之间所夹的部分巨大透镜状岩块中，发育密集的舒缓波状压扭性断裂面，有的主裂面旁侧产生小褶曲和牵引现象。带内岸石普遍片理化，上盘岩石有的形成硅化带。与此断裂伴生的有走向北西的张性断裂和走向北东的压性断裂。

筼筜港断裂组　筼筜港区大部分为第四系覆盖，港区有断层通过。港区基底主要为燕山晚期花岗闪长岩、花岗岩。陡倾斜断裂面、破碎岩石、铁质渲染或断层泥充填、石英脉沿破碎裂隙穿插胶结、岩层片理化、沿裂隙绢云母化、绿泥石化蚀变等，这些断裂通过迹象，说明筼筜港区第四系覆盖层之下，有多条断层存在。

钟宅推测断层组　位于筼筜港断层组北东向延长线上，卫星照片线性影像色调较深，延续性好。但地表大部分被第四系所覆盖，仅个别地段见断层出露。乌石埔成带出露的压性、压扭性（局部张性）断层。薛岭见张性硅化破碎带。虎山见梨山组粉砂岩受挤压产生密集的压性的劈理带。说明钟宅湾海积层下存在走向北东的断层，并与走向北西的赤坡山断裂交汇，控制钟宅温泉的形成与分布。

东坪山断层组　龙山经无尾塔山、大厝山、东坪山至狮山，走向北东的断层断续分布，其产状总体走向北东25°，倾向北西或南东，倾角75°～87°。以发育密集的扭性、压扭性断层面及密集劈理和较多脉岩分布为特色。断面平直光滑或舒缓波状，岩石被切割成板状体或扁平透镜状岩块。走向北西的云顶岩断层、上李断层常与之构成共轭断层组。

曾厝垵断层组　位于观音山、曾厝垵一带断续出露，所见断层总体走向北东38°，倾向北西或东南，倾角70°直立。此组断裂为扭性、压扭性，主要由密集劈理组成，常有脉岩贯入，带内岩石成薄板状岩块；有的成构造透镜体。

虎仔山断裂组　断裂走向北东40°左右，倾向北西或东南，倾角75°～85°，呈舒缓波状或平直光滑的压扭性、扭性断层面，将岩石分割成透镜状或薄板状。

（2）北西向断层

濠头断层组　位于濠头至七星山一带，为仙岳山断层组的伴生断层。总体走向北西300°，倾向南西（局部北东），倾角 75°～85°。感光厂北西由数条张性断层组成，角砾岩带旁侧为裂隙密集的碎裂岩，局部可见 324°走向的压扭性裂隙。

赤坡山断层组　位于虎仔山、赤坡山。总体走向北西 315°，倾向南西或北东，倾角 54°～85°，由一条压扭性主断层和旁侧规模较小的断层组成。断层间岩石被压碎成透镜状岩块，有的地段具有硅质带。北西延长方向上地貌为沟谷。

云顶断层组　由东山水库向云顶岩西侧延伸。由一条压性主断层及旁侧规模较小的压性、压扭性断层和密集劈理带（局部包括石英脉带）组成，于云顶岩南西盘形成陡然耸立的地形反差。总体走向北西 319°，倾向北东或南西，倾角 66°～85°。断面间岩石呈透镜状，石英细脉、细粒花岗岩脉沿部分裂隙贯入形成脉带。

文灶—上李水库断层组　层通过处形成断裂谷。主断层总体走向北西 318°，倾向北东或南西，倾角 70°～直立。由一系列破碎带、压扭性密集劈理带组成，带内岩石呈透镜状岩块或不规则弧状块体。西侧的西姑岭断层走向 338°。带内岩石挤压破碎，有的地段形成糜棱岩化带，并且石英细脉、基性岩脉沿断层贯入。

（3）近南北向断层

发育于磨心山、高刘山一带。发育数条大致平行的张性断层，其产状为走向 350°～10°，倾向东或西，段角 70°～直立，表现为硅化、绢英岩化破碎带，石英网脉沿角砾间胶结。云顶岩东坡表现为压扭性劈理带。

3. 地壳稳定性

厦门岛四周，为几组不同方向断裂所围限，即四周被断裂所切割的断块岛屿。在构造应力场作用下，大部分应变能量可以通过四周断裂予以释放，岛上基岩整体性较好，宏观上可被视为较相对稳定地块。

（四）矿产及旅游地质资源

思明区境金属矿产贫乏，仅于金山的云英岩细脉见到铅矿化和园山的矽卡岩化围岩中见到钼矿化。可利用的主要资源为非金属、温泉、饮用天然矿泉水及旅游地质资源。

1. 石料

石料主要为花岗岩类和火山岩类。花岗岩类中以中粒花岗岩（厦门岛岩体主体）规模最大，其次为似斑状含黑云母二长花岗岩（属殿前岩体）。火山岩类泛指梨山组、南园组地层。中粒花岗岩结构均匀、致密、裂隙较少。主要节理裂隙走向为北东 20°～50°、倾向北西、倾角 80°～88°一组最为发育，其次为走向北西、向北东或南西陡倾的节理及近水平节理，其节理裂隙面间距一般多在 1～3 米为多，可制成各种规格建材，似斑状含黑云母二长花岗岩磨光后，色彩斑斓，可作为中档贴面装饰用材。火山岩及其他裂隙较发育的岩石，多数适宜作为混凝土骨料、碎石和基础石利用。

2. 砂料

砂料资源分布于岛的东南缘，由石胄头经曾厝垵至厦门大学，形成狭窄带状沙滩。其成因主要为海积，次为冲洪积。海积砂以石英为主，含少量长石及含贝屑而区分于冲洪积砂。冲洪积砂分布局限于临海滩的冲洪积扇及冲洪积平原中，砂源主要来自附近的花岗岩风化物，均经一定距离搬运分选均匀质纯。黄厝、曾厝垵、何厝等地储量丰富。

岩体中独居石等副矿物含量较丰，局部形成独居石型钍矿、砂矿及引起放射性异常。独居石砂矿包括滨海砂矿及冲洪积砂矿两种成因类型。黄厝独居石类型钍矿、砂矿，C+D 级储量 1988 吨（其中 C 级储量 1233 吨），伴生矿物：钛铁矿 2.63 万吨，磁铁矿 3132 吨，锆石英 205 吨，磷钇矿 67 吨。

3. 黏土

出露的花岗岩类、火山岩类岩石，均富含硅酸盐矿物，对经风化搬运、分选堆积形成近源沉积的黏土矿，形成前社（含后坑）、枋湖耐火黏土矿及前埔高岭土矿。

4. *矿泉水*

厦门岩体内构造裂隙发育，具有地下水深部循环条件，地下水循环过程溶解一定量矿物盐和微量元素，加上现岩体出露部位多为丘陵，地表污染较少，对形成饮用天然矿泉水有利，发现五老峰、大厝山（取名龙舌山）、黄厝（取名百胜）、半兰山、金鸡亭等处矿泉水。多以低钠、低矿化度，富含偏硅酸及锂、锌、钼等十多种微量元素为特征，口感纯正。

5. *旅游地质资源*

厦门岛思明区境自高潮线以上至最高的云顶岩的花岗岩类分布区，现代和古海蚀平台，海蚀穴、海蚀柱、海蚀洞等比比皆是。历经海水雕蚀，留下海蚀地貌有的如人坐立，有的如动物醒卧，有的似蘑菇成林（以云顶岩及曾厝垵至塔头较为集中），为不可多得的地质旅游资源。

二、鼓浪屿地质

（一）地层

鼓浪屿主体为花岗岩，边缘局部洼地有第四系沉积地层。

1. *海积层*

分布于工艺美术学校西侧凹地、港仔后海滨浴场及屿周围滩涂。岩性为淤泥夹淤泥质砂、淤泥质黏土，其上有的盖以细、中粒海积砂。港仔后即沉积以细、中粒海积砂为主，厚度各地变化较大。

2. *残积层*

分布于屿北东侧、北西侧、南西侧。岩性上部为棕红色砂质黏土，中部为黏质砂土，下部为碎石角砾。厚度因地而异，一般5～15米。

（二）岩浆岩

屿上基岩为中粒黑云母花岗岩，侵入年代为燕山晚期。脉岩以闪长玢岩较为发育。

1. *中粒黑云母花岗岩*

灰白色，中粒花岗结构，岩石由钾长石、斜长石、石英及少量黑云母、磁铁矿组成。热液矿物有白云母。斜长石含量20%左右，自形程度较高。钾长石含量5%左右，以条纹长石为主，个别为微斜长石。石英不规则粒状，含量25%～30%，充填于长石粒间。片状黑云母与磁铁矿零星分布，白云母多在长石粒间或晶体中进行交代。

2. *脉岩*

见闪长玢岩脉与石英脉两种，沿后期节理裂隙贯入花岗岩中。

闪长玢岩脉 出露于港仔后海滨浴场西侧岩滩、英雄山隧道，以及菽庄花园南侧岩滩。暗绿色，新鲜一半风化。沿走向325°～335°，陡倾和走向25°～45°，陡倾的两组节理所构成的追踪张裂隙充填，形成近南北走向脉带。单脉宽0.1～1米不等。脉壁局部平直，但大部分脉壁成锯齿状，较宽的岩脉中尚包裹有围岩残留体。

石英脉 多沿节理裂隙（成沿断层）后期贯入于花岗岩中。为梳状石英脉，个别也见晶簇产出。屿北侧胶木厂北岩滩见带宽2米石英脉带，沿走向47°，倾向南东，倾角85°节理裂隙贯入。脉较密集处0.9米，单脉宽0.5～3米，为白色梳状石英脉。笔架山隧道见一厚10厘米的透镜状石英脉沿北西断层贯入，而在骆驼山西侧断层中，即成晶簇状充填。

（三）构造

鼓浪屿的构造发育，以断层构造为主，包括北东、北西走向的两组断层。

1. *北东向压扭性断层*

比较明显的有港仔后海滨浴场（英雄山）断层与休养所东侧断层。港仔后海滨浴场断层产状：走向63°，倾南东，倾角85°，断层面平直，面上见斜擦痕，并附有厚几毫米的被压碎岩石碎片及绿色蚀变矿物。休养所东侧断层产状：走向48°，倾向北西，倾角84°，断层宽1.3米，与主裂面大致平行的舒缓波状裂面发育。两断层附近及二者之间的菽庄花园至升旗山一带，常发育有挤压带。其产状介二者间，一般为走向52°，倾向北西，倾角85°。

2. 北西向压性、压扭性断层

比较明显的有笔架山隧道压性断层与骆驼山西侧压扭性断层。笔架山隧道断层宽0.8米，由间距几厘米至几十厘米一条的压性断裂面组成，岩石被分割成扁平透镜状岩块、岩片。有的裂面上有厚0.5厘米断层泥，成分为高岭土和岩石碎砾；有的裂面上有垂直擦痕。骆驼山西侧压扭性断层：见于骆驼山南西侧海边。断层产状：走向350°，倾向北东，倾角68°。断层宽1.2米。沿走向断层面成舒缓波状延长，面上留有近水平擦痕。沿断裂有石英晶簇充填。

3. 地壳稳定性

鼓浪屿在构造应力场作用下，应变能量通过四周断裂予以释放，基岩整体性结构稳定。

（四）旅游地质资源

为花岗岩地貌景观，由于花岗岩节理发育，岩石球状风化，加以有利的剥蚀、冲刷条件，使未风化的岩石，形成别致的“石蛋”地形，奇石叠垒，如缓如穴，造成像古避暑洞那样上盖侧穴，以及日光岩顶那样孤石挺拔、巍然耸立的花岗岩地貌景观。

为海蚀地貌，现存的海蚀穴，连最高处的日光岩顶（包括被称为仙人脚桶的海蚀穴）均有所见，可以说整个屿上比比皆是，华侨亚热带植物引种场、菽庄花园、林巧稚花园等处的岩石露头，均有清晰的海蚀穴，而最典型者尚数屿西南侧的鼓浪石海蚀拱桥。

花岗岩地貌景观鼓浪石　　（龚万钟/摄）

第二节　地　貌

一、陆地

区境地貌形态有丘陵、台地、平原及滩涂等类型。钟宅—筼筜港断陷平原、海湾区，其地势低平，走向东北。以此为界，思明区的东南部，除沿海地区有小面积的台地、平原和滩涂分布外，地势较高，大多为高丘陵所盘踞，云顶岩（高339.6米）是岛上最高的山峰。

（一）丘陵

区境以高丘陵为主。高丘陵分布于山地边缘和河谷两侧地带，海拔高度200～339.6米，相对切割深度100～300米，地面坡度20～25度。海拔200米以上的高丘陵（山峰）14座；海拔100～200米丘陵27座。

海拔50～100米山峰34座：位于梧村街道地界者有蝙蝠洞山、金亭山、坂尾山、面前山、万寿山、长山、金榜山；位于厦港街道地界者有鸿山、不见天山、顶溪山、蜂巢山、石井山；位于莲前街道地界者有龙山、古楼山、东芳山、南山、赤坡山、观日山；位于滨海街道地界者有龙虎山、胡边山、营内山、胡里山；位于鼓浪屿街道地界者有日光岩、鸡母山、英雄山（旧称旗尾山）、笔架山、升旗山、骆驼山、燕尾山、兆和山；位于开元街道地界者有前埔山、白鹤岩、美头山；位于中华街道地界者有虎头山、麒麟山；位于筼筜街道地界者有七星山。

思明区主要山峰一览表

表 1-2-1　　单位：米

山名	海拔	主要位置	山名	海拔	主要位置
云顶岩	339.6	莲前、滨海街道	太平山	168	开元街道
御屏山	264	梧村街道	火烧麒麟山	165.5	梧村街道
观音山	251.7	莲前街道	后厝山	150.1	滨海街道
南山后山	237.2	梧村街道	上李山	147.7	滨海街道
东排山	231	滨海街道	狮山	145.8	滨海街道
东宅山	220.7	滨海街道	仙洞山	141.9	筼筜街道
鸡舌山	219.7	梧村街道	大厝山	140.2	梧村街道
龙舌山	215.5	梧村街道	中岩山	137.7	开元街道
仙岳山	212.7	筼筜街道	虎仔山	135.9	莲前街道
东坪山	211.7	梧村街道	钟山	132.6	开元街道
梧村山	208.9	梧村街道	狮头山	129.1	开元街道
碧岩山	207.8	莲前街道	外清山	127.6	开元街道
金山寨山	201.9	滨海街道	高刘山	126	莲前街道
虎山	201.3	开元街道	曹坑山	119.6	滨海街道
阳台山	192.8	开元街道	斑鸠山	119.3	梧村街道
马垵山	192.4	梧村街道	磨心山	118	莲前街道
五老山	184.7	滨海、厦港街道	半岭山	112.4	开元街道
洪脊山	181.3	滨海街道	鼓山	107.1	厦港街道
曾山	174.7	滨海街道	对高山	105	莲前街道
天尾塔山	172.2	莲前街道	乌龟山	101.9	厦港街道
西姑北山	170.4	梧村街道			

（二）台地

区境台地类型主要是海蚀台地，分布于海拔 50 米以下的山前地带、河谷两侧和沿海地区。

（三）平原

平原主要是海积平原，海拔高度 2～5 米，大多由淤泥、粉砂、贝壳碎屑组成，分布于海湾内部及河口附近地区。筼筜港南北岸为典型的海积平原。

二、海域、海岸、滩涂、岛礁

（一）海域

思明区西部海域　位于厦门岛西南部。北起同益码头，南至胡里山与青屿连线以西厦门辖属海域。包括厦门西港、九龙江口海域、厦门岛西南海域（外港）。

思明区东侧海域　位于厦门岛东岸海域。南起胡里山，北至五通角沿岸以东海域。

（二）海岸与滩涂

海岸　主要有基岩海岸和沙质海岸。基岩海岸呈零散分布，主要见于白石头、香山角等基岩岬角岸段。沙质海岸主要分布于厦门岛东南部、鼓浪屿南部等地。沿岸沙堤、沙坝和沙嘴等沙质地貌由堆积体发育。在黄厝和溪头一带沿岸沙堤发育，长数公里，宽10余米，高1～3米。

滩涂　滩涂有泥滩、沙滩、岩滩。泥滩面积3.13公顷，主要分布于区境西部海域内湾。沙滩面积82.03公顷，主要分布于东部和东南部海岸及鼓浪屿南岸和西岸。岩滩面积7.88公顷，分布零散，主要见于胡里山角、石胄头、白石头、鼓浪屿南岸。一般滩面宽度10余米，最宽者50米。

（三）岛屿

鼓浪屿　在厦门岛西南500米海中。处于长乐至诏安断裂带上，经长期裂蚀、剥蚀、风化作用形成。由中生代白垩纪花岗岩构成。海岸结构，东部多人工岸，西岸多沙滩，南、北部以岩石滩、岸为主。面积1.91平方公里，海岸线长7.6公里。

土屿　在思明区东部海中，距石胄头1.6公里。略呈矩形。东西长92.5米，宽85米。面积0.8万平方米。由花岗岩构成。

槟榔屿　在思明区东南海上，距厦门岛最近点3375米。呈椭圆形，海拔34.3米。

烟屿　在思明区东南海上，距厦门岛最近点3150米。呈长条形，高程7.6米。

（四）岩礁

雁煞礁　在塔埔社区东面，距岸750米。为干出礁，干出高程2.4米。

南坎礁　在塔埔社区东面，距岸575米。由两块礁石组成，为干出礁，干出高程分别为3米和2.5米。

双礁　在黄头（原名皇隅头）村东面，距岸700米。因两礁并排得名。为干出礁，干出高程3.4米。两礁石呈东西向排列。

剥礁　在黄头村东北方，距岸900米。为干出礁，干出高程3.8米。

东剥礁　在黄头村东北方，距岸1270米。为干出礁，干出高程0.6米。

水考孙礁　在黄头村东北方，距岸750米。为干出礁，干出高程2.9米。

大尖礁　在思明区东侧海上，距岸750米。原名笔礁。长75米，宽68米，高13.3米。为明礁。花岗岩构成。周围分布许多小礁。

鳗尾礁　距筼筜海堤1010米。形似鳗鱼尾，故名。为干出礁，干出高程0.7米。设灯桩。

薄只礁　距筼筜海堤南端西侧800米。“薄只”为方言中海鱼之名，礁因鱼形而得名。为干出礁，干出高程3.5米。

蚝酱礁　距筼筜海堤800米。为干出礁，干出高程2.9米。

鸟站礁　东距筼筜海堤500米。为干出礁，干出高程4米。礁为尖锥形，周围有4块礁石，构成礁群。

鸟粪礁　距燕尾山麓450米，礁石细小如鸟粪，故名。今礁石湮没沙土中。

鸟崎礁　在鼓浪屿北侧250米。三块礁石组成，退潮后连成一片。为干出礁。

红牛礁　在鼓浪屿东北侧，距岸250米。礁呈圆形。在水线基准面以下4.3米。为暗礁。

牛灶礁　在燕尾山东侧，距岸160米。俗称猪脚礁，干出高程2.7米。

水尺礁　在鼓浪屿东北侧，距岸120米。为干出礁。5块礁石组成，干出高程最高4.5米、最低1.9米。

面前礁　在鼓浪屿东北侧，距岸60米。俗称大肚钉。为干出礁。

将军礁　在鼓浪屿西北，距岸155米。为干出礁，干出高程2.5米。礁石设立标1座，顶高8.6米。

官柴礁　在鼓浪屿东北侧，距岸440米。形似棺材，转音官柴，故名。为暗礁。立灯桩，顶高8.7米。

江心礁　在鼓浪屿东侧，距岸最近点310米。位于鹭江的中心航道，故名。为干出礁。立灯桩。

章鱼礁　在鼓浪屿轮渡码头东北面，距岸143米。形似章鱼，故名。为干出礁，干出高程2米。长66米，宽39米。设灯桩，顶部高8.9米。

黑岩头　在石胄头东南375米海岸边。岩石颜色呈黑色而得名。为岬角。

蒸笼礁　在前埔村东南方，距岸1150米。以石形状得名。位于浅海滩涂的边缘外。为干出礁，干出高程0.2米。

旁石　在垃圾码头西北300米岸旁。为干出礁，两块礁石组成，干出高程分别为2米和1米。礁西侧为深水区域。

印斗石　在鼓浪屿东南海上，距岸285米。呈四方形，如印章，故名。为明礁，高程6.8米。

右眼石　在厦门大学南700米海中。有两块礁石呈圆形，犹如两只眼睛，故名。为暗礁。在水线基准面以下5.6米。东侧30米处有左眼石，亦为暗礁。

雷劈石　在黄厝村南偏西，距岸100米。为干出礁，干出高程4.8米。

大戥盘礁　在黄厝村东南，距岸100米。形如秤盘，故名。为干出礁。干出高程4.7米。

鸡罱礁　在鼓浪屿西侧，北距岸130米。形如鸡笼，故名。为干出礁，两块礁石组成，北大，南小。干出高程分别为2.1米和5.2米。

黄礁　在鼓浪屿东南，距岸最近点75米。因呈黄色而得名。为明礁。礁上设灯桩。

漳福建礁　在厦门岛西南，距岸440米。为暗礁。在水线基准面下3.5米。与东南侧外户碇礁及另一暗礁，构成长185米、宽115米的航行处危险海域。

中礁　在厦门市避风坞西侧175米。因介于内、外户碇礁之间，故名。在水线基准面下4.4米。为暗礁。

外户碇礁　在思明区西南，距岸370米。位于鹭江南部口外，闽南方言称外门槛，故名。为适淹礁。长90米，宽45米。礁东北、西北侧都布有暗礁，构成东西长185米、南北宽115米的航道危险区。东侧设红色浮标，西侧设黑色浮标。

内户碇礁　在思明区西南海上，距岸200米。为暗礁。长80米，宽28米。在水线基准面下2.4米。处于航道中心，为船只出入鹭江一大障碍。东西侧设红、黑色浮标。

鹿耳礁　在鼓浪屿东南海边。为明礁。

寿杯礁　在鼓浪屿东南，距岸300米。有两块礁石状如像寺庙内使用的神筊，故名。为干出礁。干出高程各为0.9米和0.2米。

沉底礁　在鼓浪屿东南，距岸200米。为干出礁，干出高程为3.9米。呈四边形。东西宽51米，长53米。

外剑礁　在鼓浪屿东南部，距岸40米。礁状似一把剑柄，故名。为明礁。呈椭圆形，高程24.2米。

狗头礁　在鼓浪屿轮渡码头西北30米处。以形得名。为干出礁。设灯桩，顶高7.6米。

牛蹄礁　在鼓浪屿自来水抽水码头南5米的海中。礁石裂开，形如牛蹄，故名。略呈圆形。为干出礁，干出高程5.7米。

船路礁　在黄厝正南方，距岸2250米。为干出礁，干出高程0.9米。

加北礁　在黄厝南偏西，距岸212米。礁周围有“加北鱼”，故名。为干出礁，干出高程2.7米。

和尚坩礁　在黄厝东南方，距岸235米。形同盛食物器皿，故名。为干出礁，干出高程4.2米。

墓前礁　在鼓浪屿西南，距旗仔尾1770米。为暗礁。在水线基准面下2米。设顶灯浮标。

旗仔尾　在鼓浪屿英雄山南麓临海处，为一山包突出部，呈圆弧形。岬角。高程25.2米。

旗仔沙咀　在鼓浪屿西南，东距英雄山338米。呈长条形，南北长340米，东西宽70米。在水线基准面下2.4～4.8米。沙咀南100米处设红色灯浮标。

内土尾沙咀　在鼓浪屿北侧，连接岛的北岸。呈三角形。三角顶部距岸930米，底边宽870米。在

水线基准面下0.2～5米。沙咀中有鸟粪礁、外线礁和鸟崎礁。

七星礁　在胡里山炮台西侧，距岸62.5米。7块礁石构成，故名。为干出礁，最大干出高程6.1米。礁石排列呈弧形。

大粗楠礁　在厦门海滨浴场西南，距岸825米。为明礁。

杯信石　在曾厝垵西南，距岸207米。状如寺庙中的神筊，故名。为明礁，高程7.6米。

石桥礁　在曾厝垵西面，距岸500米。礁石状如桥，故名。两块礁石组成。为干出礁，干出高程分别为1.7米和1.9米。

绊子礁　在曾厝垵南偏东。4块礁石组成。椭圆形，长径375米，扁径175米。干出高程分别为4.5米、1.4米、1.2米；西南边的礁石为适淹礁。

白石头　在曾厝垵东南1250米处。岩石颜色呈白色而得名。为岬角，由花岗岩构成。

墩仔石　在白石头南偏西275米处。形如石墩，故名。为干出礁，干出高程3.8米。

榄核石　在曾厝垵东南，距岸525米。形如橄榄核，故名。为干出礁，干出高程1.1米。

鸳鸯石　在曾厝垵东南，距岸250米。涨潮时浪打礁石，发出类似鸳鸯鸣叫声，故名。为干出礁，干出高程4.2米。

第三节　土壤　植被

一、土壤

（一）土壤分布

红壤　又名“赤红壤”。砖红壤性红壤为南亚热带季雨林气候条件下形成的地带性土壤，分布于海拔300米以下低丘台地和岛屿，范围广泛。酸性岩赤红壤分布于何厝、区境南部林区海拔200米以下低丘台地和鼓浪屿林地。侵蚀赤红壤分布于黄厝等海拔低于50米处。粗骨性砖红壤性红壤，是一种成土历史较短的幼年土壤，主要在万石山、曾山至上李水库西南侧丘陵、鼓浪屿英雄山顶部侵蚀残丘坡顶等处。赤土是由砖红壤性红壤经人工开垦、旱耕熟化而成旱作土壤，分布于前埔台地和鼓浪屿零星台地。

海滨盐土　属海积相土壤，分布于海岸带平原海岸、港湾和海岸草木带，分为滨海盐土和埭土两个亚类。前者主要集中在围垦地上，面积很小。后者分布在围垦脱盐及旱作熟化发育的滨海盐土，土体上层开始脱盐，只有咸土1个属。

风沙土　主要分布于海岛沿岸沙堤、沙丘及沙地，发育在岛屿迎风浪岸段，是一种非地带性新生土壤，主要分布于何厝村，折向东南至黄厝、曾厝垵一带，长数公里。生长以木麻黄为主、台湾相思混交其中的海岸防风沙防护林带。

水稻土　主要耕作土壤。分布于河谷冲积平原的洋田、滨海平原的埭田、低丘台地的台田、低丘谷地的冲田、丘陵坡地的梯田、山间盆谷的畈田及山地丘陵峡谷的垄田。渗育性水稻土主要分布于黄厝山前的冲洪积平原，零星分布于曾厝垵等地。潴育型水稻土主要分布于何厝、前埔、洪文、黄厝等地。盐类型水稻土在思明区东部海积平原上有少量分布。

（二）土壤带

丘陵土壤带　海拔200米以上高丘陵有粗骨性红壤，仅在云顶—西姑岭一带出现；大部分丘陵区为典型赤红壤和粗骨性赤红壤。耕作土壤有少量赤沙土和黄泥土田、灰泥田。

台地低丘土壤带　海拔大多在50米以下，地面呈坡状起伏，向海岸倾斜，土壤以粗骨性赤红壤为主。区境旱作和果园以赤土亚类为主；水田以渗育型水稻土为主，以黄泥沙田和红泥沙田居多。

滨海平原滩涂土壤带　区境平原面积小，为冲洪积—海积、风积—海积等多种作用形成，海积作用越近海越强。由于利用方向和潮间带围垦历史的不同，土壤熟化程度和滨海盐土脱盐化阶段的差异，有赤红壤熟化而成的赤土亚类，又有多种类型的水稻土。水稻土中盐渍型水稻土占一定比重。盐渍型水稻土随着围垦历史和利用方式的不同，土壤类型发育依次为海泥土—咸土—埭田。在台地平原冲洪积层、溪谷冲积阶地或河湖相沉积物上，有潮土类的沙土属分布。迎风浪岸段与海岸平行的风沙地，往往发育成滨海风沙土，呈带状，延展数公里。这两种隐域性土壤，在平面上呈斑块状或带状，镶嵌在其他土壤之中。

二、植被

（一）植被分布

区境植物以热带、亚热带植被为主。主要有茜草科、兰科、大戟科、桑科、樟科、木兰科、山茶科、桃金娘科、紫金牛科、壳斗科、杜英科、番荔枝科、梧桐科等。此外，有北温带阔叶林。

次生植被类型占优势，森林群落结构简单。植被类型多为各类次生林、灌丛、草丛、农田果园等次生植被类型，其中次生林（半天然林或人工林）主要分布于山地丘陵和沿海沙地。群落结构简单，层次分明。乔木常单独构成纯林，或2～3种乔木组成混交林。主要建群树种有马尾松、杉木、相思树、木麻黄等。灌丛和草丛主要分布于山地丘陵或抛荒地。灌丛主要种类有牡荆、山芝麻、桃金娘、马缨丹、黑面神、胡枝子、杜鹃等；草丛主要组成植物有茵陈蒿、白茅、芒萁骨等。农田果园广布于低丘、台地和平原。

海拔300～340米丘陵、台地和平原为人工植被分布区，有相思树林、马尾松林、木麻黄林等。在寺庙村落附近，还可见小片次生常绿阔叶林，有槠栲林、桉树林等。长期以来从国内外引进的热带、亚热带植物集中在区境驯化、栽培和推广。大量引种的植物使思明区市貌景观富有热带特色。天然植被的代表有重阳木、桃金娘、潺槁树、土密树、车桑子、山芝麻、岗松等。

1970年后，区境植被覆盖率逐年提高。至2007年，全区森林覆盖率43%，城区建成区绿化率40.7%。

（二）植物群落

区境主要有10个植被类型，47个植物群落。此外，水库、池塘有水生植物群落，在滨海的泥滩上有红树林和盐沼群落；滨海沙滩上除木麻黄、相思树等防护林外，还有沙生的灌木和草本群落。

2007年思明区植被类型及植物群落一览表

表1-2-2

植被类型	群落数	群落名
常绿针叶林	4	马尾松林；杉木林；黑松林；湿地松林
常绿阔叶林	4	木麻黄林；相思树林；柠檬桉林；榕树林
针阔叶混交林	3	马尾松与相思树林；木荷与杉木林；杉木与楠木林
竹林	2	毛竹林；杂竹林
红树林	3	白骨壤群落；桐花树白骨壤群落；秋茄群落
灌草丛	7	桃金娘、山芝麻、黑面神—芒萁群落；牡荆—刺芒野古草、纤毛鸭嘴草群落；马缨丹—三叶鬼针草、豨莶、胜红蓟群落；牡荆—茵陈蒿群落；药用黑面神—野艾蒿群落；杜鹃、乌饭树—野古草群落；檵木群落
草丛	4	茵陈蒿、白茅群落；芒萁骨群落；北美独行菜、马唐群落；丁葵草、蝙蝠草、疏花画眉草群落
盐生植被	9	盐地鼠尾群落；互花米草群落；中华补血草、海滨藜群落；双穗雀稗、苔草群落；二叶红薯群落；海边月见草群落；中华结缕草群落；刺群群落；露兜树群落
水生植被	4	凤眼莲—浮萍群落；莲群落；香蒲群落；空心莲子草—水蓼群落
木本栽培植被	7	木麻黄林；相思树林；油茶林；油桐林；橡胶林；果园茶园四旁绿化及庭院观赏；园艺植物群落

榕树群落 主要分布在南普陀寺西侧上坡和五老峰谷边。群落主要树种有榕树，上牡荆、潺槁木姜子，偶夹半枫荷、橄榄树、相思树。群落总盖度70%。灌木层常见有豹皮樟、小蜡、九节木、异叶紫弹、假连翘、黄栀子、柳叶石斑木、柞木、九里香、玉叶金花。藤本有鸡屎藤、爬山虎、洛石、羊角藤、木防已等。

马尾松群落 分布于低山丘陵红壤、赤红壤，多为人工栽培，有些已成为半自然林。群落一般分为乔、灌、草三层。乔木层以马尾松占优势，常构成纯林。马尾松平均高度6～8米，最高10米。林下灌木层常见的有桃金娘、山芝麻、黑面神、车桑子、牡荆、乌饭等，常有相思树、豺皮樟、赤楠、木荷、苦楝等阔叶树的苗木生长其间。草本层种类较多，常见为芒萁骨、刺芒野古草、疏花画眉草、地稔、野香茅、铁线蕨等。藤本植物有匍匐九节木、小叶羊角藤、南蛇藤、拔葜等。马尾松常与相思树、木荷等混生，组成针阔叶混交林。

马尾松、相思树群落 分布于厦门大学凌峰后山、乌龟山、西姑岭、鼓楼山、虎头山等山坡中下部，面积较大，海拔36～95米，群落总盖度为75%～80%。乔木层盖度75%，建群树种马尾松树高4～8米，相思树高5～8米。灌木层主要有桃金娘、黄栀子、车桑子、山芝麻、石板木、黑面神、冬绿、两面针、了哥王、野牡丹、马缨丹、牡荆等。伴生的乔木幼树有野漆树、亮叶猴耳环、柿、厚皮香、杨梅、貂皮樟等。层间植物有油南蛇藤、酸果藤、羊角藤、网络崖豆藤、雀梅藤等。草本层有芒萁、柳叶箬、双穗雀穗、马唐、地胆草等。

杉木林群落 分布在低山阴坡土层较深厚肥沃之地，基本是人工林。群落结构简单。乔木层以杉木为主；林下灌木常见的映山红、胡枝子等；草本层常以狗脊、乌毛蕨、淡竹叶等占优势；藤本植物有海金砂、木通、葛、拔葜等。

木麻黄林群落 分布在海岸沙地及农田四周，为人工营造的防风固沙林，有纯林，也有与相思树、马尾松等组成混交林。群落外貌较整齐，结构简单，乔木层盖度在60%～80%，平均高度在12～14米，胸径10.6～18厘米；林下灌木、草本种类较少，以沙生耐旱植物占优势，有枸杞、中华结缕草、地黍、牡荆、南岭荛花、小飞蓬、狗牙根、马唐等。

红树林群落 主要分布在海岸泥滩和静风的港湾，经常被海水淹没。涨潮时植株浸没水中或仅露出树冠，退潮时植株露在泥滩上，故又有海岸森林之称。20世纪60年代，红树林分布较广，鼓浪屿内厝澳、筼筜湖西堤码头外及何厝等处都有分布。其种类较多，有秋茄、木榄、桐花树、白骨壤、海漆、老鼠筋等。随着沿海海岸码头、围堤等工程建设及养殖业的发展，红树林分布面积大为减少，种类组成也少，主要为桐花树，偶见秋茄。一般高度在0.8～1.2米。目前，红树林存量已不多，亟待保护。

灌草丛群落 主要分布在丘陵和红土台地上，是荒山荒地的主要植物群落，也是森林被反复破坏后形成的次生植被类型。群落结构一般分两层，即灌木层和草本层。群落外貌呈青绿色，秋冬时草本层多枯黄。灌木层高度在0.6～1.2米，盖度在30%～60%。主要种类有桃金娘、黑面神、马缨丹、牡荆、车桑子、山芝麻等。草本层高度在0.4～0.7米，盖度20%～40%，以刺芒野古草、纤毛鸭嘴草、芒萁、疏花画眉草、马唐、三叶鬼针草、茵陈蒿等为常见。

草丛群落 多数是耕地撂荒后形成的次生群落，种类组成以多年生草本植物为主，群落的季相变化明显。草丛的高度一般在0.6～1米。盖度在50%以上。有茵陈蒿、白茅群落，丁葵草、蝙蝠草群落及北美独行菜、马唐群落等。有些地方还可见以常绿的蕨类植物、芒萁骨占优势的群落。

第四节 气 候

一、气候特征

区境气候属南亚热带海洋性季风气候。

春季，在海洋暖气团逐渐活跃的影响下，气温日趋上升，雨日较多，3—4 月是春雨季节，常有暴雨、强风出现；较强冷空气影响时，可出现寒潮和倒春寒天气。春夏之交为梅雨季节，降水集中，暴雨较多，易出现洪涝。

夏季，太阳辐射最强，并受海洋暖气团影响，气候晴热；但有海洋调节，少出现酷暑天气。台风影响或登陆多，台风雨为夏季降水主要来源。台风降水强度大而时空分布不均，常出现洪涝或夏旱。

秋季，大陆冷气团逐渐增强，海洋暖气团势力减退，气温日趋下降，多晴少雨，蒸发量大，气候较干燥，常发生秋旱。天高气爽少云，是本季气候特征。

冬季，太阳辐射最弱，为大陆冷气团所控制，气温下降，降水少。强冷空气南下时，可出现较强的降温和偏北大风；但有海洋调节，故冷而不寒。干晴少雨，为本季气候特征。

二、气候要素

（一）气温

1995—2007 年，12 年月平均气温情况：

1 月，最寒冷干燥，平均气温 13.2℃。

2 月，天气与 1 月相似，极端最低温度 2℃（1991 年 12 月 29 日极端最低气温为 1.5℃）；平均气温 13.4℃。

3 月，天气气温增高，平均气温 15.6℃。

4 月，东北季风后退并逐渐消失，东南季风开始出现并逐渐加强，地面急剧增温、增温幅度为一年中最大，平均气温 19.7℃，代表春季气温。

5 月，东南季风增强，是夏季的开始，气温持续升高，平均气温 23.3℃。

6 月，梅雨季节，平均气温 26.2℃。

7 月，太阳总辐射量最多，是一年中平均气温最高的一个月。7 月平均气温代表夏季气温，平均气温 28.1℃。

8 月，极端最高温度 39℃（2007 年 7 月 20 日）。平均气温 27.7℃。

9 月，东南季风后撤并终了，东北季风出现并增强。气温略有下降，平均气温 26.3℃。

10 月，季风盛行、气温下降幅度较大。10 月平均气温代表秋季气温。

11 月，平均气温 19.7℃。

12 月，气温继续下降，最低温度 13.5 度。平均气温 15.3℃。

区境年平均气温为 21.0℃。秋温高于春温，显示海洋性气候特征。气温年较差 14.90℃，比省内其他城市、地区、县都要小。

民国时期若干年份区境逐月平均气温一览表

表 1-2-3　　单位:℃

年份	1 月	2 月	3 月	4 月	5 月	6 月	7 月	8 月	9 月	10 月	11 月	12 月	全年平均
民国 8 年	14	12.7	18.1	20.1	23.9	28.1	29.3	29.4	27.1	23.1	19.1	14.7	21.63
民国 12 年	13.5	12.3	17	19.8	24.5	26.7	29.4	28.7	27.5	23.1	20.8	15.5	21.57
民国 14 年	12.1	11	15.5	15.8	23.4	27.3	29	29.1	27.9	22.8	19.7	14.8	20.7
民国 19 年	11.9	13.8	16.1	22	26.8	28.8	29.8	30.1	28.7	26	21.2	17.9	22.76
民国 24 年	15.3	15.8	17.4	19.2	23.9	27.9	28.4	28.4	26.7	25.8	21.7	15.6	22.18
民国 37 年	14	14.9	17.2	19.5	23.5	26.4	28.6	29.4	28.2	24.9	19.2	18.4	22.02

2003—2007 年思明区逐月平均气温一览表

表 1-2-4　　单位:℃

月份	平均气温	平均最低气温	极端最高气温	极端最低气温
1 月	13.8	11.3	22.4	6.1
2 月	15.4	12.5	26.5	7.2
3 月	16.4	13.8	28	7
4 月	18.5	15.7	29.4	9.6
5 月	24	21	33	17.5
6 月	26.6	24.6	33.9	22.3
7 月	29.6	26.7	39.2	25.6
8 月	27.9	25.4	37.1	23.3
9 月	27	24.5	33.1	21.6
10 月	24.2	21.8	33.2	17.8
11 月	19.4	16.8	26.7	10.7
12 月	16.8	14.3	24.9	9.3
全年	21.6	19	39.2	6.1

以气温划分四季，区境一年中只有春、夏、秋 3 季，属于无冬季的气候区。各季长短分别是：春季 84 天，夏季 178 天，秋季 103 天。

（二）雨量

降水地理分布　区境地形由西北向东南急剧倾斜，形成丘陵和带状平原，以丘陵为主。万石岩、云顶岩横跨中南部，逶迤向西南投入海中，复出于鼓浪屿之龙头山。降雨量从东南往西北递增，年平均降雨量 1450 毫米。其中，5—10 月降雨量 780～980 毫米，占全年雨量 78%～98%。

降雨量季节分配　民国时期，雨量历年平均为 1182.5 毫米。雨量之年变化，与降雨日成正比例。平均以 6 月为最多，8 月次之，5 月、4 月、7 月、9 月、3 月、2 月顺序减少。10 月至翌年 1 月，为雨量最稀少月份。夏季多雨之月，雨量超过冬季少雨之月 10 倍强。民国 37 年（1948 年），大旱。

民国时期若干年份区境逐月雨量一览表

表 1-2-5　　单位：毫米

年份	1 月	2 月	3 月	4 月	5 月	6 月	7 月	8 月	9 月	10 月	11 月	12 月	总计
民国 1 年	52.8	63.2	96.6	16.8	133.8	424.45	11.2	269.7	50.8	18.8	0.3	91.2	1229.65
民国 7 年	0.5	12.7	66	10.11	218.7	356.7	284.2	260.9	94.2	15.2	67.8	7.6	1394.61
民国 14 年	86.7	21.7	188.2	271.8	89.7	70.1	146.5	62.8	0.3	3	45.2	25.1	1011.1
民国 21 年	0	47	87.4	220.9	122	363	64.7	217.4	124.7	0.7	0	43.9	1291.7
民国 37 年	9.8	31	8.7	149.4	33.8	179.4	86.4	86.4	125.8	0	9.2	8	727.9

1996—2007 年，区境平均年降水量为 1390.5 毫米，比 1980—1995 年平均年降水 1143.2 毫米多 247.3 毫米。

1980—1995 年和 1996—2007 年区境各月平均降雨量一览表

表 1-2-6　　单位：毫米

月平均	1 月	2 月	3 月	4 月	5 月	6 月	7 月	8 月	9 月	10 月	11 月	12 月	全年
1980—1995 年	37.3	66.9	76.5	124	154.7	207.1	150.4	144	96.3	32.1	27.8	26.1	1143.2
1996—2007 年	35.8	76.3	98.9	125.3	187.3	211.6	143	257.8	131.2	59.3	19.8	34.6	1380.9

蒸发量和降雨量差值　区境年平均蒸发量 1489.3 毫米，7 月蒸发量最大，达 173.5 毫米；2 月蒸发量最少，仅 77.3 毫米。4 月、5 月、6 月最为潮湿，降雨量大于蒸发量。最干燥的是 10 月、11 月，蒸发量为降雨量 2～5 倍。

1995—2007 年区境各月蒸发量与降雨量的差值一览表

表 1-2-7　　单位：毫米

项　目	1 月	2 月	3 月	4 月	5 月	6 月	7 月	8 月	9 月	10 月	11 月	12 月	全年
蒸发量	84.3	77.3	89.2	109	123.8	130.7	173.5	149.7	155.3	165.7	129.3	101.5	1489.3
降雨量	35.8	76.3	98.9	125.3	187.3	221.2	143	157.8	131.2	59.3	19.8	34.6	1290.5
差　值	48.5	1	-9.7	-16.3	-63.5	-90.5	30.5	-8.1	24.1	106.4	109.5	66.9	198.8

雷暴　雷暴于 5—8 月最多，12 月、1 月、2 月为无雷暴期。雷暴的产生常造成暴雨。1995—2007 年，平均每年雷暴日数 37 天，最多的是 1997 年有 60 天；最少的 1995 年和 2003 年各 35 天。平均一年中各月份雷暴日最多是 8 月，为 7.8 天；依次为 6 月、7 月、9 月，各为 7.3 天、5.7 天、4.5 天；最少的是 11 月，为 0.09 天；1 月和 12 月都为 0.2 天；2 月为 0.8 天。

相对湿度　民国 8—37 年，年平均相对湿度 77%；一年各月中，相对湿度最大月份是 6 月，达 86%；最小 10 月和 11 月，均为 69%。

1980—1995 年和 1995—2007 年的平均相对湿度 6 月最大，为 86% 和 84%；10 月最小，为 69% 和 68%。

民国时期若干年份相对湿度月平均与年平均值一览表

表 1-2-8　　单位：%

年份	1 月	2 月	3 月	4 月	5 月	6 月	7 月	8 月	9 月	10 月	11 月	12 月	年平均
民国 10 年	67	64	71	73	84	80	70	75	73	73	72	69	72.58
民国 13 年	77	83	77	87	89	89	79	83	84	79	69	73	80.75
民国 19 年	90	89	93	87	83	82	81	81	74	69	77	80	82.15
民国 23 年	72	75	80	80	76	88	84	81	70	70	79	74	77.42
民国 37 年	74	80	78	81	78	81	80	75	75	65	62	76	75.41

1980—1995 年与 1996—2007 年区境年平均相对湿度一览表

表 1-2-9　　单位：%

年平均	1 月	2 月	3 月	4 月	5 月	6 月	7 月	8 月	9 月	10 月	11 月	12 月	全年
1980—1995 年	73	77	80	82	84	86	81	80	76	69	69	71	77.33
1996—2007 年	73	71.2	79	79.3	81.4	84	80	81.8	75.4	68	74.6	69.6	76.44

（三）风

风向与频率　区境海陆风特别明显，往往半夜至中午吹西北风，午后至半夜前吹南风或东南风，6月始，7月盛行，8月次之，平均2～3级。9月下旬至来年4月上旬为冬季风。风速以11月最大，一般为东北季风，平均风速3.7米/秒，气压升高，气温下降，降水少，季风方向稳定，频率全年最高，月平均15次。东南季风从4月持续到8月，其中以7月为典型。东南季风较弱，平均风速3.4米/秒。

1995—2007年，风向和频率稍有变动，风向以南风及东南偏东为主，静风平均值和常年相近。全年各月平均风速2.5米/秒，以秋季3个月为最大，分别为2.9米/秒、2.9米/秒和2.8米/秒；以雨季4月和5月为最小，都为2.2米/秒。

台风风速　区境大风最大值出现在1959年8月23日，蒲氏风级12级以上（每秒38米），其次是1973年7月3日出现的大风，风速每秒28.7米，蒲氏风级11级。大风中最小的是7级，每秒13.3米。

台风概率　1995—2007年，区境5—12月台风概率，5月，3.2%；6月，4.3%；7月，27%；8月，23%；9月，23%；10月，9.8%；11月，3%；12月，2.7%。

（四）日照和太阳辐射

日照　1996—2007年，区境平均年日照时数为1878.2小时。2004年日照时数最多，达2193.6小时。1997年日照时数最少，为1613.3小时。一年中日照天数以7—12月较多，7月最多达233.6小时；1—6月较少，2月最少，只有109.7小时。气温≥10℃的日照天数全年341天（2月11日至次年1月18日）。全年平均日照百分率为42.4%，7月最多，达56%；3月最少，只有28.7%。

1995—2007年区境各月平均日照时数一览表

表1-2-10　　单位：小时

项目	1月	2月	3月	4月	5月	6月	7月	8月	9月	10月	11月	12月	全年
日照时间	134.8	109.7	107.8	122.2	134.6	155.7	233.6	189.3	182	189.4	159	160.1	1878.2

1995—2007年区境月均日照时数百分率一览表

表1-2-11　　单位：%

项目	1月	2月	3月	4月	5月	6月	7月	8月	9月	10月	11月	12月	全年
百分率	40.4	34.5	28.7	31.3	33	38.4	56	47.2	49.5	52.9	49.2	47.8	42.4

太阳辐射　区境处在低纬度地带，太阳总辐射量大。1995—2007年平均年总辐射量121.1千卡/平方厘米。辐射以2月为最少，仅6.54千卡/平方厘米，7月成倍于2月。

1995—2007年区境太阳总辐射量平均数值一览表

表1-2-12　　单位：千卡/平方厘米

项目	1月	2月	3月	4月	5月	6月	7月	8月	9月	10月	11月	12月	全年
辐射量	7.503	6.541	8.29	9.53	10.51	11.273	14.885	13.789	12.089	10.37	8.321	8.013	121.1

（五）云量和雾日

云量　区境气候湿润，空气中水蒸气多，云天多。5月和6月平均云量最多，为7.9成；次多者3月和4月，分别是7.6成和7.8成；最少的10—12月，分别为5.5成、5.7成和5.2成。

1995—2007年，晴天以12月最多，为7.6天；6月最少，为0.9天（5月也很少，只1.4天）。区境阴天日数以1月最多，为29天；7月最少，为2天。

雾日 区境年平均雾日30.8天，最多53天，最少5天，常在3—4月出现，4月最多，有6.5天。

第五节 水 文

一、地表水

（一）溪流

清代，区境溪流有7条。清末民国初，有的溪流填没筑楼宇或兴建公园，有的成为公园的流水景点。民国38年（1949年9月30日止），区境溪流4条。

民国38年区境溪流一览表

表1-2-13

名称	所在地		曾用名	发源地
	街道	辖地		
双涵溪	梧村	双浦	—	东坪山5公里
后埭溪	梧村	金榜山	前后溪	御屏山、东坪山4公里
文灶溪	梧村	文灶	前后溪	御屏山、西姑北山3公里
东大沟	厦港	厦门大学	—	—

（二）人工湖和水库

筼筜湖 位于湖滨北路旁。原为海湾，原名筼筜港。1970年，填海造地时，筑起一条长1700米、顶宽12米的西堤，造成面积671.73公顷（其中水面200公顷）的内湖。1990年，水面扩至1.83平方公里，其中外湖0.94平方公里，内湖0.6平方公里，干渠0.29平方公里，湖中小岛劈为白鹭洲公园。

上李水库 位于曾厝垵一带。民国13年（1924年）动工，民国15年竣工，供给水厂原水。水库容积100万立方米，最顶面积15.6万平方米，汇水面积2.26平方公里。上李水库的原水，从水库铺设一条长4887米管道，输送至赤岭水厂，经过净化处理后，供给岛内生活、生产用水。正常降水年份每年可汇集经流90万立方米水量。1990年后，每年汇集的经流减至70万立方米。

万石岩水库 位于万石岩西侧。1952年竣工，占地1万平方米。坝高16米、长140米、底宽60米。为蓄水冲洗市区下水道和山下游泳池的专用水库。1980年，停用。

二、地下水

（一）地下水类型

区境主要有松散岩类孔隙水、基岩裂隙水二类。靠大气降水补给，经较短的径流即排泄入海，地下水动态具有明显季节性。从山区到海边，矿化度也由低到高。

1. 松散岩类孔隙水岩组

全新统海相地层沉积区 分布于厦门岛周围及筼筜港区。岩性为砂、砾和部分砂混淤泥。地下水的形成，主要有大气降水、基岩裂隙水及化残积孔隙裂隙水补给。该区域地势平坦，水力坡度小，地下水径流速度缓慢，Cl^-和Na^+含量相对较高。加上沿海岸线，海水对其影响，水质类型为Cl—Na型，矿化度大于1克/升，为半咸水。

全新统及更新统冲洪积相地层沉积区 主要分布于莲坂、黄厝、曾厝垵等处。岩性以砂砾为主，间以黏土层。地下水的主要补给是大气降水、地表水及周围其他含水层中的地下水。局部地段受海水影响，水质类型一般为 CI—Na · Ca 型，矿化度小于 1 克/升，为淡水。

2. 基岩裂隙水岩组

块状岩类脉状裂隙水其岩性泛指燕山期侵入的岩浆岩类及脉岩，包括以云顶岩为中心的和虎指山等处的中粒花岗岩以及殿前一带的似斑状含黑云母二长花岗岩等岩浆岩分布地区。裸露基岩完全接受大气降水补给，大气降水沿基岩裂隙下渗，汇集形成基岩裂隙水，有供水意义的是渗透性强、容量大，能起汇水作用的较大构造带中的脉状裂隙水，延伸至沟谷洼地构造带中的裂隙水，具承压性质，但受水面积有限，地下水很快排泄，水量贫乏。水质类型一般属 HCO_3 · CI—Ca 或 HCO_3—Ca 型水，矿化度 0.1～0.3 克/升，为淡水。

层状岩类层状裂隙水分布于狐尾山、香山等地。岩性包括梨山组陆相细碎屑岩夹火山岩、南岩组陆相酸性、中酸性火山岩夹火山沉积岩。大气降水入渗为其最主要补给源。因受水面积小，径流途径短，地层中保持地下水量少。狐尾山一带火山岩中 CaO 的含量相对较低，水质类型为 HCO_3 · SO_4—Na 型，一般为 HCO_3 · CI—Na 型水，矿化度 0.05～0.8 克/升，为淡水。

（二）地下水水质

区境地下水水质较好，绝大部分为无色、无味、透明、可饮用的淡水，水温一般为 21℃～24℃，化学成分与岩性有关，岩性不同地下水的离子成分也不同，个别地方受围岩蚀变作用或海水渗透影响，含有碳酸盐、氯化物等成分，水质变咸。海积层分布较大，筼筜等地地下水均为半咸水，不宜作生活用水、工业用水和农业灌溉。

（三）矿泉

区境饮用天然矿泉水出露于岩浆岩及火山岩。已发现五老峰、龙舌山、黄厝、金鸡亭等处有饮用矿泉水资源，均为花岗岩裂隙水，属偏硅酸型。

三、海水

（一）水温与盐度

水温　海域海水温度受台湾海峡和九龙江的影响，有明显的季节变化。年平均水温 21.3℃，与历年平均值持平；年最高表层水温低于历年最高水温 1.5℃；年最低表层水温高于历年最低水温 1.8℃；表层水温年极差 17.8℃。变化范围 13℃～33℃，2 月最低平均水温为 13.6℃；7 月最高，平均水温 20℃以上。冬季水温南部海区稍高于北部。

盐度　历年平均值低 26.9‰；最高盐度值 32.8‰；历年最低盐度值 4.3‰。全年海水盐度的变化范围 25.02‰～32.5‰，其中 9 月最高，平均 30.83‰，4 月最低为 26.01‰；夏秋两季受来自台湾海峡高温高盐水团的影响，盐度升高，春季和初夏因梅雨和九龙江径流的增强而盐度下降。

（二）潮汐与潮流

潮汐　海域潮汐类型属正规半日潮，潮汐周期 12～13 小时，平均潮差 3.98 米，平均最大潮差 4.95 米，平均最小潮差 2.85 米，实测最大潮差 6.92 米（民国 22 年 10 月 22 日），最大可能潮差 7.2 米。思明区海域为大潮差区，平均海平面黄零 3.33 米。

潮流　海域潮流属于半日潮流，潮水流速在港口和狭窄水道处明显，落潮流大于涨潮流，其中流速的垂直分布是 5 米，表层次之，低层最小。受九龙江径流和地形影响，厦门西港余流的一般趋势是从南向北，在九龙江丰水期，余流增强，影响可及西港北部。因此，落潮流速大于涨潮流速，有利于深水航道保持稳定。

（三）余流与波浪

余流　区境海域潮流上、下流向大体趋向一致，是较稳定的来复型潮流。涨潮时流向湾内，落潮时流向湾外。余流则表现出上、下层反向的“两层流”。表层余流由于受九龙江冲淡水的影响，顺流方向向东，而底层余流为外海水从海域下层流入湾内，逆流方向向西；西港海区表层余流紧贴西岸北上，而底层余流则沿主航道南下。

波浪　海域与台湾海峡相通，波浪系以风浪为主，风、涌浪频率比为 89∶11，且由于风区较短，波浪一般都较小。海域常浪向为东北，频率是 7.4%；次常浪向为东北东，频率是 6%；强浪向为东北北及北，最大的波高 1.3 米；次强浪向为东南南，最大的波高 1.2 米。思明区海域年平均波高 0.2 米，平均周期 3.4 秒，静浪频率占 57%，0～2 级浪出现最多，其频率高达 99.6%。因受地理限制，思明区海域有些波浪要素的季节变化不很明显，平均波高四季均为 0.2 米，平均周期除夏季为 3.3 秒，其余三季均为 3.4 秒。浪向除夏季多为偏南外，其余三季浪则多为东北北—东北东。

第六节　野生动物

一、陆生动物

区境分布各种陆生脊椎野生动物 400 多种，包括两栖纲、爬行纲、鸟纲、哺乳纲等。

（一）两栖纲

常见的有 4 科 8 种。主要有虎纹蛙（国家二级保护动物）、棘胸蛙（省重点保护动物）、泽蛙、沼蛙、中华蟾蜍、树蛙等。

（二）爬行纲

常见的有 8 科 19 种。蛇类主要有蟒蛇（国家一级保护动物）、眼镜蛇、眼镜王蛇、滑鼠蛇（以上为省重点保护动物）、金环蛇、银环蛇、乌梢蛇、王锦蛇、灰鼠蛇、三索锦蛇、黑眉锦蛇、竹叶青、翠青蛇等；蜥蜴类主要有大壁虎（国家二级保护动物）、壁虎、石龙子等；龟鳖类主要有平胸龟、中华花龟、乌龟、中华鳖等。

（三）鸟纲

常见的有 36 科 213 种。其中，国家重点保护和国际濒危物种主要有：鹳形目的黄嘴白鹭、黑脸琵鹭，雁形目的小天鹅，隼形目的鹗、普通鵟、黑翅鸢、黑鸢、蛇雕、红隼、燕隼，鸻形目的黑嘴鸥，鹃形目的褐翅鸦鹃、小鸦鹃，鸮形目的草鸮、领角鸮、斑头鸺鹠。最常见的鸟类有麻雀、家燕、喜鹊、八哥、猫头鹰、啄木鸟、斑鸠、白鹭、海鸡、海鸭等。

（四）哺乳纲

常见的有 9 科 16 种。主要有苏门羚、穿山甲（国家二级保护动物）、黄麂、野猪、狗獾、黄鼬、豪猪、短耳大蝠、果蝠、狐狸、獐、松鼠等。

二、水生动物

区境海域水生动物 171 种。其中，鱼类 99 种，分隶于 13 目，44 科，75 属；甲壳类 68 种；头足类 4 种。

（一）海水动物

无脊椎动物　环节动物：星虫。腔肠动物：海蜇、黄斑海蛇。软体动物：褶牡蛎、僧帽牡蛎、棘刺牡蛎、缢蛏、竹蛏、花蛤、文蛤、敦氏猿头蛤、黑乔麦蛤、花蛏、翡翠贻贝、魁蚶、墨鱼、章鱼、枪乌贼、鲛水、栉江珧、泥螺、锈凹螺、粒花冠小月螺。节肢动物：锯缘青蟹、小手相蟹、日本蟳、虾蛄、远洋梭子蟹、三疣梭子蟹、红星梭子蟹、中华管鞭虾、细蟹虾、短沟对虾、刀额新对虾、鹰爪虾、须赤虾、日本毛虾、沙栖新对虾、长毛对虾、斑节对虾、日本对虾、东方鳖、中国鲎。

脊椎动物　脊椎动物以鱼纲为主：海鳗、江鳐、斑鲷、鳓鱼、条纹斑竹鲨、豹纹鲨、中华青鳞、日本鳀鱼、香鱼、大黄鱼、斑点马鲛、蓝点马鲛、七丝鲚、公鱼、鲈鱼、黄鲷、尖头银鱼、长鳍银鱼、弹涂鱼、三斑海马、斑鰶、康氏小公鱼、中颌棱鳀、短吻鲾、眶棘双边鱼、中华小沙丁鱼、花鰶、赤鼻棱鳀、汉氏棱鳀、凤鲚、龙头鱼、长蛇鲻、鳗鲶、尖尾鳗、长体鳝、圆颚针鱼、乔氏吻鱵、粗吻海龙鱼、

棱鲮、四指马鲅、白氏银汉鱼、赤点石斑鱼、丽叶鲹、竹荚鱼、黄带绯鲤、带鱼、银鲳、蓝子鱼。

（二）淡水动物

软体动物　中国田螺、泥蚬、三角帆蚌、褶纹冠蚌、背角无齿蚌。

鱼纲　鲭鱼、鲤鱼、罗非鱼、青鱼、草鱼、鲢鱼、鳗鲡、花鳗、鲫鱼。

哺乳纲　水獭。

附：珍稀水生动物

（一）文昌鱼

世界上已知文昌鱼有12种，分布在热带、亚热带海域。中国大陆沿海文昌鱼有“短刀偏文昌鱼”和“厦门文昌鱼”2种。

民国12年（1923年），厦门大学生物系美籍教授莱德撰写《厦门大学附近之文昌鱼渔业》一文，引起国际上生物学界重视。文昌鱼没有脊椎，不能留下古远的化石遗迹，但却活到现在，被誉为“活化石”。

1989年，黄厝海区文昌鱼平均栖息密度为227尾/平方米，居全国之冠。1994年，黄厝海区生态环境受破坏，文昌鱼栖息密度骤降到7～8尾/平方米。

1991年，厦门文昌鱼自然保护区建立，总面积为63平方公里，包括黄厝、欧厝以南十八线、鳄鱼屿、小嶝4处。2000年4月，厦门文昌鱼自然保护区由市级提升为国家级。

（二）中华白海豚

中华白海豚俗称“妈祖鱼”“护港鱼”，是世界范围内最为濒危的一类海洋生物，被称为“海上大熊猫”。厦门海域的中华白海豚数量60头以上，其遗传性状与广西附近海域的白海豚有明显不同，属不同的保护单元；而且与一般认为白海豚繁殖季节在夏秋之际不同，区境海域白海豚繁殖季节较长，12个月都有繁殖能力。

中华白海豚

1997年，厦门中华白海豚保护区成立，2001年底升级为国家保护区。保护区实行非封闭式管理，界定为第一码头和嵩屿联线以北，高集海堤以南的西海域和钟宅、刘五店、澳头、五通四点联线的同安湾口海域。

第七节　自然灾害

一、台风暴雨

明嘉靖七年（1528年）八月初九日夜，大风，拔木废屋。至初十日晓，雨下如注，风乃止。

嘉靖二十一年五月十三日夜，台风大作，飞瓦拔木，榕树数抱者俱绝根而仆，百岁老人所未尝睹。

明万历三十一年（1603年）八月初五日，台风坏庐舍，溺人无数。

清康熙三十七年（1698年）四月二十八日晚，大雨如注，诸山多崩，水涨数丈，船挂树梢，桥梁冲毁，西门城崩，淹没民居数千家，死者千余人。

清乾隆十七年（1752 年）七月初七日夜，大风，初八日大水，各澳港舣泊大小船有冲至陆地者，连抱大木俱拔，毁坏庐舍无数。

清嘉庆四年（1799 年）四月初十日夜，大雨如注，起蛟鼠尾卷风，双溪水暴涨，几浸城关，至十一日巳刻水始退，坏庐舍，漂人畜无数，桥梁多坏，百岁老人所未尝睹。

民国 6 年（1917 年）7 月 26 日，台风暴雨狂袭，树多拔起，太古船沉没 2000 多艘，民房毁坏不计其数，厦门城东北楼倒塌，近千人丧生。

民国 23 年 9 月某日，强台风，大暴雨，作物多损失，树倒甚多。

民国 35 年 8 月某日，台风登陆，晨狂风骤雨巨浪，屋毁树倒，压死小孩。

民国 37 年 6 月 13—17 日，暴雨成灾；9 月，台风夹暴雨，造成船毁，屋塌，树倒，人伤，为历年罕见；12 月 12 日，厦门港渔船在东碇海面捕鱼时，遇大风沉没，死 21 人，5 人生还。

1949 年 10 月 4 日，台风在区境登陆，暴风雨成灾，房、树、船被毁甚多。

1956 年 9 月 18 日，台风在区境登陆，大风暴雨成灾。

1958 年 7 月 28 日，大暴雨，中山公园南门一带成泽国，用小舟抢险渡人。

1959 年 8 月 23 日，12 级以上台风正面袭击区境，三区人、财、物损失惨重。10 多万平方米住宅倒塌，数百户居民受灾。

1971 年 6 月 8 日，降雨 265.3 毫米，将军祠、文灶、梧村、双涵洪水泛滥，损失 7.5 万元，粮食 650 多万公斤。

1973 年 7 月 3 日，1 号台风在区境登陆，最大风力 11 级，伴有 60 米宽度的龙卷风，暴雨如注，山洪暴发，损失惨重；10 月 10 日，15 号台风在区境登陆，降雨 163.9 毫米，高压线断 29 条，损失 500 万元。

1980 年 5 月 22—24 日，受 4 号台风影响，降雨 144 毫米。

1984 年 3 月 31 日，受 11 号台风影响，中山公园一带涨水，深田路水电局办公楼水深 60 厘米。

1989 年 9 月 22—23 日，暴雨，降雨 255 毫米。

1990 年 6 月 22 日—7 月 2 日，受 5 号和 6 号台风袭击，普降暴雨，局部出现特大暴雨，山洪暴发，泛滥成灾。

1990 年 7 月 30 日—8 月 5 日，受第 9 号台风影响，持续 5 天连降暴雨。城乡受灾严重，交通受阻，供电一度中断。

1990 年 8 月 17—20 日，受 12 号台风影响，普降暴雨；9 月 5—9 日，受第 18 号台风影响，全区暴雨成灾，损失 175 万元。

1996 年 8 月 2 日午后，瞬间风力 10 级，过程雨量 234 毫米，出现严重的洪涝和风灾。

1999 年 10 月 9 日，第 14 号强台风袭击区境，最大风力 14 级，最大过程雨

1999 年 14 号台风，湖滨南路中段树倒水淹

量309毫米，造成破坏。

2000年6月17—19日，17日20时—18日20时降雨量高达315毫米；强降雨导致低洼地带湖滨南路最大积水深70厘米。暴雨持续44个小时。

2001年9月19—20日，受19号台风外围影响，普降暴雨到大暴雨，12小时最大过程雨量174毫米。

2002年8月3—10日，受12号“北冕”强热带风暴及其前后低压环流和低涡的连续影响，降雨时间长达8天，5—8日出现大暴雨，日降雨量411毫米，最大过程雨量640.5毫米。

2004年8月25日，第18号台风“艾利”袭击区境，狂风骤雨3个多小时，过程雨量115.9毫米，风力12级。

2005年8月31日，受13号台风“泰利”影响，普降暴雨，最大过雨量251毫米；10月2日，受第19号台风“龙王”影响，普降暴雨到大暴雨，过程雨量326毫米。

2006年5月，遭受17—18日、22—24日、27—29日3次暴雨袭击，降雨量532毫米（其中，17—18日，台风“珍珠”影响，松柏、黄厝等地过程雨量250毫米），多处主干道积水严重；7月14日，受台风“碧利斯”影响，出现阵风10级，过程雨量400毫米。

二、旱灾

明嘉靖十五—十六年（1536—1537年），久旱，大饥，民多饿殍。

明嘉靖二十三—二十四年，相继旱灾，民饥，死者载道，斗米300余钱。

明万历七年（1579年），大旱，蝗灾，饥荒。

清康熙二十年（1681年）秋，大旱，禾尽槁。

清同治三年（1864年），大旱，饥荒，斗米700文。

清光绪十七年（1891年）七八月，大旱，苗尽槁。

清宣统三年（1911年）夏，旱，泉涸，井干，庄稼无收成。

民国9年（1920年），秋连冬旱，4个月无雨。

民国26年4—5月，大旱，雨量仅为历年50%，区内水荒，旱情为历史罕见。

民国35年春，旱，沿海赤地千里，早稻不能下种，作物枯萎，秋季高温，晚稻禾苗三分之二焦枯。

民国37年春，旱，泉水干涸，农作物受灾惨重，为50年罕见。秋、冬又旱，年降雨量为历史上最少年份。

1954年11月14日—1955年2月10日，秋冬大旱89天，接春旱56天。

1957年7月上旬—10月中旬，连旱，沿海地区旱情特重。

1962年11月13日—1963年2月10日，秋冬旱90天，接着至5月1日春旱，为历史所罕见。

1969年8月12日—9月26日，夏特旱46天。

1977年2月11日—5月1日，春特旱80天；6月28日—7月20日夏小旱23天；9月4—24日，夏小旱21天；10月18日—12月10日，秋冬旱54天。

1979年5月25日—7月24日，受旱61天，旱情严重。

1982年8月21日起，连旱70多天，小（Ⅰ）型以下水库全部干涸。

1986年7月13日—8月20日，夏旱连秋旱39天，接9月3日—10月27日，计55天。农村地区60%秋收作物受灾。

1995年9月22日—1996年2月18日，连续150天秋冬特大旱。

1999年10月10日—12月16日，持续68天秋冬旱；12月20日—2000年1月23日又持续35天干旱；前后103天，持续秋冬大旱到特旱。

2002年2月11日—5月10日，发生春季特大干旱。

2003年6月28日—8月3日，出现37天高温少雨天气，降雨量仅3.3毫米；10月15日至2004年

2月9日，又出现连续117天少雨天气，发生严重的秋冬特旱。

2003年10月15日—2004年2月2日，降水异常少，发生秋冬季连旱。

2004年2月10日—5月4日，发生春季特旱，历经84天。

2004年9月23日—12月2日，持续70天秋季大旱。2004年12月5日—2005年2月6日，雨量8.7毫米，接连63天冬季大旱。

2005年10月4日—2006年1月16日，全区雨量仅16.3毫米，发生104天秋冬连旱气候。

三、地震

宋淳熙十二年（1185年），震中漳州，发生6.5级地震，距区境38公里，影响烈度Ⅵ～Ⅶ。

明正统十年（1445年），震中漳州，发生6级地震，距区境41公里，影响烈度Ⅵ。

明万历二十八年（1600年），震中广东南澳，发生7级地震，距区境133公里，影响烈度Ⅵ。

明万历三十二年十二月二十九日，震中泉州外海，发生8级地震，距区境163公里，影响烈度Ⅶ～Ⅷ。

清光绪三十二年（1906年）二月十三日，震中金门外海，发生6.1级地震，距区境56公里，影响烈度Ⅵ。

民国7年（1918年），震中广东南澳，发生7.3级地震，距区境133公里，余震烈度Ⅶ。受南澳余震影响，午后2时多，地震数次（包括余震），圣堂内钟楼及楼房学堂均有震损。

1986年，震中台湾花莲，发生7.6级地震，影响烈度Ⅵ。

1994年，震中台湾海峡南部，发生7.3级地震，距区境175公里，影响烈度Ⅵ。

1997年，震中福建永安小陶，发生5.3级地震，距区境180公里，影响烈度Ⅲ。

1999年，震中台湾南投，发生7.6级地震，距区境310公里，影响烈度Ⅳ。

2006年，震中台湾恒春海域，发生7.2级地震，距区境320公里，影响烈度Ⅲ。

四、赤潮

1980年后，区境海域网箱养殖密度加大，大量富含氮磷的有机物质排入海中，造成水体交换不良的海湾富营养化，出现赤潮。发生赤潮的地点主要为西海域，一般发生在春、夏季，4—6月为预发期。1986年6月，西海域出现赤潮，面积近20平方公里，赤潮生物裸甲藻细胞数最高达4.9×10^{10}个/升，造成牡蛎大量死亡，定置网渔获物大为减少。

五、雾灾

1956年3月，海雾6次。1973年2月，海雾7次；4月，海雾7次。皆大雾，能见度低，造成出海船只搁浅、迷失方向、撞船等事故。

2004年2月19日，受西南暖湿气流影响，区境出现特大海雾，对海上和陆地交通产生严重影响。浓雾持续一天，造成厦鼓轮渡停航1天，数千人滞留在鹭江两岸。

2005年2月15日夜至16日上午，台湾海峡及其西岸地区出现海雾。大雾致厦鼓轮船停航10个小时。

2006年1月12日夜至13日凌晨，大范围海雾致鼓浪屿海面能见度小于200米，其他海域能见度200～500米，严重影响船只航行。

第三章　环境保护

第一节　自然保护区

一、鼓浪屿—万石山风景名胜保护区

1988 年 8 月，国务院正式批准建立鼓浪屿—万石山风景名胜保护区，为中国目前唯一地处经济特区的国家级风景名胜区。由鼓浪屿和万石山两大 AAAA 级景区组成。总面积 238.78 平方公里。其中，鼓浪屿 1.91 平方公里，万石山 26 平方公里，海滨、沙滩、岛屿和海域 210.87 平方公里。系以海洋为主体、球状花岗岩为特点、山海交融、文化内涵丰富的风景名胜区。鼓浪屿海岸线迂回曲折，长 6.1 公里，沙滩呈半月形，沙质金黄。鼓浪屿绿化覆盖率为 39%，绿地率为 32%。

鼓浪屿主要观光景点有日光岩、百鸟园、菽庄花园、皓月园、环岛路、郑成功纪念馆、海底世界和天然海滨浴场等。鼓浪屿有“万国建筑博览”之称，岛上建筑物几乎囊括近代世界上风格各异的主要建筑样式。鼓浪屿被誉为“音乐之乡”“钢琴之岛”，岛上居民酷爱音乐，钢琴密度居全国之冠。2000 年 5 月，日光岩景区率先通过 ISO 14001 环境管理体系标准认证，成为全国首家实施 ISO 14001 标准的风景名胜区。2002 年 4 月，国家环保总局授予保护区“ISO 14000 国家示范区”称号。

2003 年 10 月 18 日，成立鼓浪屿—万石山风景名胜区管委会，实施 ISO 14001 环境管理体系，持久地保护旅游环境和风景名胜资源。2006 年，福建省与德国莱法州合作项目之一——鼓浪屿循环经济试验区全面启动。投资 1000 余万元的污水处理工程投入使用。

2007 年，安装在菜市场、清洁楼的 3 台微生物垃圾处理机投入使用，日处理有机生活垃圾 750 公斤。同时，改造 2 台太阳能电瓶车和一个太阳能宣传廊，在环鼓路安装 26 盏太阳能路灯；完成 800 多户居民家庭节水马桶安装工作，对 18 座公厕进行节水改造。

二、筼筜湖白鹭自然保护小区

2004 年 8 月，思明区人民政府设立筼筜湖白鹭自然保护小区。保护小区北靠湖滨北路，南临湖滨南路，西邻白鹭洲，包括筼筜湖湖心岛和东筼筜湖的湖心，占地面积 3.52 公顷。制定《筼筜湖白鹭自然保护小区管理办法》。

第二节　污染治理

一、废水治理

（一）工业废水治理

1981 年，市环境保护部门对区境废水排放重点企业进行监督。厦门制革厂投资 108 万元建成污水处理站，年处理高浓度有机废水 15 万吨，每年减少排放悬浮物 150 余吨、化学耗氧量 100 余吨、硫化物 2.3 吨。1988 年，厦门华侨啤酒厂投资 27 万元建立污水处理站，年处理污水 60 多万吨，减少排放五

日生化需氧量5600吨、硫化物270吨。厦门酿酒厂将建设糖蜜制酒精车间资金用于建设污水处理站。

1991年，对企业实施水污染物排污许可制度，对排放污水进行总量限制。各企业加大污染治理力度，普遍建立污水处理设施，控制工业废水对环境的污染。

2002年，环保开元分局对未办环评和违建项目、设施不全企业进行整顿，先后出动252人次，检查144家企业，查处环境违法案件58件，对5家企业责令改正。5月中旬，对湖边水库周边工厂展开全面调查，责令5家新办企业补办环评审批手续。10月，对湖边水库周边2家未办理环保审批手续企业各处以6000元罚款。属湖边水库水系的畜禽养殖场责令其搬迁。当年，湖边水库水系企业36家，用水量较大的永嘉工业有限公司、联邦家具城内工厂都纳入市政管网，进入废水处理厂处理。

2003年，环保思明分局根据国家六部委《关于开展清理整顿不法排污企业，保障群众健康环保行动的通知》，对洪文、何厝一带115家企业进行拉网式调查，对污染严重的6家企业勒令停止生产并处罚款；责令46家未办理环评审批手续的企业限期补办审批手续；责令7家企业补办竣工验收手续；对无照经营的29家小型加工企业移送工商部门处理。

2005年，思明区开展“整治不法排污企业保障群众身体健康”专项行动，对51套污废水处理设施进行检查。完善厦门大学至会展中心污水配套管网、污水泵站设施，提高环岛路及前埔、何厝一带工业废水接管率。

2007年，环保思明分局出动7286人次，检查1582家企业。

1995—2006年区境工业废水排放统计表

表1-3-1

年份	处理量（万吨）	达标排放量（万吨）	万元工业产值废水排放量（吨）	调查企业数（家）
1995	466	410	23	274
1996	1359	1414	65	252
1997	827	695	33	189
1998	907	874	—	203
1999	960	995	21	212
2000	476	597	11	194
2001	360	491	7	59
2002	—	407	4	60
2003	—	295	7	61
2004	—	232	6	47
2005	—	178	2	53
2006	79	139	4	44

（二）电镀行业废水治理

1985年，区境电镀行业进行首次废水治理。28家电镀厂调整为24家。1988年初，电镀行业进行第二次污染治理整顿。建污染治理设施的有市表牌喷漆厂、电控厂、粉末冶金厂、自行车厂、汽车修配厂、永红电子有限公司、厦大精密仪器厂、圆珠笔厂洪山柄电镀车间、曾厝垵青年电器维修队9家；对没有治理设施的向阳自行车零件厂、橡胶金属配件厂、金属制品厂、五金厂和第一分析仪器厂等12家电镀厂发出停产治理通知书。1995年，进行电镀行业申报登记，关闭一批小电镀厂。2007年，全区电镀行业22家均建设废水治理设施。

（三）造纸行业废水治理

1982年，区境对造纸行业进行整治，主要解决蒸煮制浆产生的严重污染和白水回收。厦门造纸厂取消蒸球，改用浆板和废纸生产，并对生产过程中产生的白水进行回收，每月减少污水排放6万吨，回收白水82万立方米，污水处理率提高到77.5%。厦门人造板厂采用新技术，对纤维板生产线和制板车间产生的废水进行治理，通过水的循环使用减少废水产生量；少量污水经一级处理后低浓度排放，水循环利用率90%，吨产品废水量由80吨降为26吨。在整改中，对于无力进行污水治理的厂家实行停产或转产。

（四）医疗污水治理

1981年，中国人民解放军174医院开展医疗废水治理试验，投资12万元，采用直接加氯消毒办法处理医疗废水，达到国家规定的排放标准。1985年，厦门市第一医院、第二医院、中医院等均建成污水处理设施，年处理医疗废水41.8万吨。1990年，厦门市中山医院、中国人民解放军海军鼓浪屿医院、中国人民解放军某部医院、厦门大学医院和铁道部疗养院陆续建成污水处理设施，采用直接加氯或电解氯化钠办法处理医疗废水，达标排放。1995年，三区各大医院都建成医疗废水处理设施。

（五）生活污水治理

1990年，在筼筜湖建设7座泵站，建成1座城市污水处理厂，日处理污水3万吨。1995年，筼筜湖第一污水处理厂日处理污水能力提高至10万吨；第二污水处理厂完成一级处理设施和深海排放管道1450米，日处理污水3万～4万吨，在筼筜湖建成污水截流系统。

1992年，三区城市污水处理率26.13%；1995年升至35.23%。

2004年4月，石胄头污水处理厂投入使用。2006年，日处理污水能力9万吨，服务面积68.19平方公里。全区污水处理率达71.42%。

（六）入海废水治理

厦门海域是水污染物的主要接纳水体。水污染物主要是入海河流，污染负荷占51.8%；城市生活污水，占22.6%；水产养殖污水，占14.1%；工业污水，占9.8%；农业污水，占1.1%；船舶等流动污染源污水占0.6%。水污染物年入海量为COD53777.3吨、石油类740.66吨、氮17911.1吨、磷698.6吨、氢化物0.6吨、汞0.3吨、镉1.64吨、六价铬2.3吨，铅40.5吨、砷0.53吨。

2000年起，三区海域的水质有所好转。主要污染因子、无机氮和活性磷的浓度有所下降。海滨浴场水质达到国家海水水质标准值（总大肠菌≤10000）的占66.5%，除厦门大学白城浴场的水质较差外，曾厝垵浴场、太阳湾浴场、黄厝海滨浴场和前埔浴场的海水质量符合国家质量标准；鼓浪屿美华浴场、鼓浪屿港仔后浴场、珍珠湾浴场等的海水水质也保持一般。

2006年，加强对东坪山、上李水库、环岛路海滨沙滩开发建设项目的管理。对东坪山一带餐饮店进行清查，关闭20多家无牌无证的餐饮店；对环岛路自厦门大学至会展中心沿线的海滨沙滩上13家餐饮店（摊）进行检查和排污监测；对44个主要入海排污口进行调查，严格控制污废水对海洋的污染。对污水入海的9家餐饮店责令其治理，拆除原有的入海排污口。

附：区境市属污水处理厂

（一）厦门市污水处理厂

位于筼筜湖南岸西南角滩地。又称筼筜湖南岸污水处理厂。1986年9月动工，一级处理设施于1988年5月完工，1989年2月投入试运行；二级处理工程于1989年5月完工，7月投入全负荷运行。工厂服务面积12平方公里，承接20余万人口的生活污水和200余家企业排放的工业废水截流处理。设计能力为一级处理13.4万吨/日、二级处理3.7万吨/日。设计进水水质晴天五日生化需氧量含量和硫化物含量均为250毫克/升，雨天五日生化需氧量含量为200毫克/升、硫化物含量为500毫克/升；二级处理后水质五日生化需氧量和硫化物含量均小于30毫克/升。

污水处理，一部分采用活性污泥生化处理工艺，对去除污水中的 BOD5 和 SS 有较好效果，但未能达到高标准除磷脱氧的要求；另一部分采用中温厌氧二级消化工艺，处理过程中污泥和产生沼气的比例可达 1∶6。产生的沼气，部分用于本厂生产，部分作为民用燃料；污泥被开发作为高尔夫球场、公园、苗圃等的草木肥料。

厦门市污水处理厂

厦门污水处理厂是福建省第一家大型污水处理厂，总投资 3315 万元，占地近 7 万平方米。建成 12 千米管道系统、4 座泵站，拥有各类大型设备 85 台和先进的分析仪器，并拥有自行设计、自行安装、自行调试的微机监控系统。从开始运行至 1995 年底，设备使用完好率、运转率 95%；污水一级处理量累计 1.5 亿万吨、二级处理量累计 6500 万吨。二级出水水质平均值五日生化需氧量含量为 11 毫克/升、硫化物含量为 8 毫克/升，pH 值 7.3，基本达到国家杂用水质标准。

2007 年，厦门污水处理厂停产。

（二）厦门市污水处理二厂

位于筼筜湖西堤西面南端。一期工程于 1992 年动工，至 1995 年底，完成一级处理设施和深海排放管道 1000 余米。2006 年 5 月，经 AO2 工艺改造，处理能力 30 万吨/天，实际处理能力 17 万吨/天。2007 年，作业 273 天，处理量 4641 万吨。

（三）石胄头污水处理厂

位于石胄头。1999 年始建，一期规模 10 万吨/天，占地面积 1383.2 平方米，工程规模为二级处理 1040 吨/天。厦门市水务集团有限公司对石胄头污水处理厂进行扩建，并于 2002 年 4 月投入运行。服务范围北至航空城，南至厦港与厦大，西至江头一带，东至东海岸线，服务面积 68.19 平方公里。

二、废气治理

（一）工业废气治理

1981 年，从吕厝至第一码头沿途有 40 家工厂，只有厦门罐头厂和木材加工厂的烟尘达到排放标准。市、区环境保护部门指导各工厂加强排放废气设施，至 1984 年初，有 18 家工厂的锅炉烟尘实现达标排放。其中，铸造厂、金属制品厂和五金厂通过改造窑炉解决烟尘污染问题；紫云蚊香厂、酱油厂、电池厂和糕点厂 4 家工厂采用旋风加冲击式水膜除尘措施；第六塑料厂、造船厂、豆品厂、油厂、帆布厂和塑胶联合有限公司 6 家工厂采用双级冲击式水浴除尘措施；食品厂、思明制药厂和棉织厂 3 家工厂采用布袋除尘措施；侨星化工厂采用多管旋风除尘措施。

1984 年 6 月，厦门市第一次消烟除尘工作会议提出 1985—1987 年市区实现无黑烟区的目标。1985 年，华厦食品有限公司、鱼肝油厂、皮鞋厂、制药厂、第二制药厂、第一医院、东方汽水厂、饮料食品厂、煤球厂、东风橡胶制品厂、玻璃厂等 22 个单位排放烟尘浓度为 200 毫克/立方米以下，林格曼黑度为一级以下。至 1986 年，三区 85% 企业基本实现无黑烟区的要求。

1987年4月，三区推行联合供气，节约能源，减少烟尘污染。

1989年9月，按照达到一类区（烟尘排放浓度不超过200毫克/立方米和林格曼黑度不超过一级）的标准组织验收，鼓浪屿区锅炉、窑炉达标率90%；开元区达标率92.96%；思明区达标率97.37%。三区均达到国务院1987年颁布的《城市烟尘控制区管理办法》规定的一类区标准。

1991—1995年，三区继续加强对锅炉、窑炉的改造，大力推广消烟除尘。开元区建成文灶供热锅炉改造和建设工程，并推广使用散装水泥和成品混凝土。1995年，散装水泥使用量比1991年增加233%，成品混凝土使用量增长166%。同时，加强建筑工地的管理，实行封闭式文明施工，有效地减轻水泥粉尘污染。1995年，三区烟尘控制区覆盖率达到89.70%。

1996—2000年，三区巩固和扩大烟尘控制区范围。电化厂、卷烟厂、塑料厂等一批国有工业重点污染源相继完成搬迁治理。5年间，工业锅炉总数由53台减少到23台，在用燃煤锅炉仅剩9台，烟尘浓度达标率100%。此后，进一步优化能源结构，开展禁止和限制使用高污染燃料、推广使用清洁能源的专项整治工作。

2005—2007年，思明区行政执法局及环保思明分局共同努力，大力减少烟尘、SO_2排放，全面禁止营业性餐饮业使用燃煤，减少工业锅炉，对烟尘、SO_2排放量进行控制（锅炉减为7台）。主要道路机械化清扫率达40%（470万平方米/日），减少人工清扫产生的粉尘。

2007年，思明区境空气质量优良率≥95%，其中优级率达37%。

（二）生活废气治理

1984年10月，三区开始推广使用液化气或煤气，减少生活燃煤。1990年，管道煤气亦开始推广使用。城市生活燃料气化率1992年72.7%，1995年提高到90.05%，民用型煤的普及率100%。是年，生活用煤排放的有害物质从1990年的16770.7吨减少到4998.3吨，减少70.2%。

2002年，三区综合治理餐饮业油烟污染，新办的餐饮店全部使用电、煤气等清洁燃料；使用燃油的餐饮店逐步改为使用液化石油气或管通煤气。严格执行饮食业的环境影响评价制度和建筑“三同时”制度。对新建、扩建、改建的饮食服务场所坚持实地勘察，在同意选址后方可建设。项目建设必须按“三同时”要求，落实污染防治设施，经环保部门验收合格后方能正式营业。其间，开元区以前埔南区为餐饮业整治示范区，对25家餐饮店的污染防治措施进行规范；对官任路12家污染严重、治理无望的餐饮店依法采取关停措施。

2004年，思明区将餐饮娱乐项目的环保前置审批法定化，工商、环保、城市管理行政执法等部门协同把关，从源头杜绝新污染源的产生。同时，规划建设餐饮娱乐集中区，划定“禁建区”，既解决餐饮娱乐业的污染扰民问题，又保障其健康有序发展。全年建成白鹭洲、世贸商城、嘉禾宝龙中心等7个餐饮娱乐业集中区，面积7万平方米。餐饮娱乐业一律禁用燃煤、燃油，大力推广使用清洁能源，安装符合要求的油烟净化设施。

2005年，思明区根据《厦门市整治违法排污企业保障群众健康环保专项行动实施意见》的要求，出动人员500多人次，检查300家工业企业和小型加工企业、700家餐饮娱乐企业，开展排污监测305场次。环保部门立案处罚41件，其中责令停产14家，处罚金额49.5万元，申请法院强制执行6件；受理工业废气污染投诉863件；关闭20多家无牌无证的餐饮店；对190多个在建建筑工地扬尘污染问题，督促施工单位落实控制措施。

三、废物治理

（一）放射性污染源管理

2004年，环保思明分局通过对企事业进行全面排查，确认使用和贮存放射源单位53家，产生实验室类废物的单位69家。排查后，即督促涉源单位落实环评制度和各项安全管理制度。同年，配合省辐射监督管理站对厦门外国语学校、厦门一中等5家废旧放射源实施强制收贮。

（二）危险废物处置

2002 年，三区一、二、三级医院医疗废物集中处理率 100%；门诊部、诊所、卫生所等医疗废物集中处理率为 48%。区境有 429 家医疗机构，其中 217 家医疗机构与厦门绿洲环保产业股份有限公司签订处理医疗废物协议，月处理量 138.19 吨。

2003 年，“非典”流行期间，根据国家环保总局、省环保局关于加强医疗废水、医疗废物监管通知，区环保部门对 8 家医院、38 家门诊部逐一进行现场检查，并向 159 家诊所寄送《关于加强“非典”防范期间医疗废水和医疗废物监督管理的通知》。2004 年下半年开始，思明区有关部门对 79 个单位的工业危险废物和实验室类废物，开始试行收集和处置。

2007 年，有 15 家医院、23 家门诊部、148 家诊所、79 家工业单位实行危险废物集中处置。绿洲公司平均每天收集的医疗垃圾量超过 3 吨，集中处置率 93% 以上。

（三）泔水废渣处置

2004 年 8 月，思明区调整和公布第三产业污水吨水当量数，对餐饮娱乐业的废油脂、泔水废渣治理达到要求的，按规定核减排污费。完成宝龙大酒店、舒友海鲜酒楼等第一批餐饮业泔水废渣（日处理量 10 吨）集中处置试点工作。同时，对泔水废渣进行资源利用。宝龙大酒店、牡丹大酒店、佳丽大酒店等 100 家餐饮业将其产生的泔水废渣交给厦门闽星环保有限公司处理，制成有机肥料，日处理量达 100 吨。当年底，思明区境有 400 多家餐饮企业实现废油脂集中处置，占废油脂产生总量的 65%。海关教育培训基地和厦新电子有限公司新安装的 3 台微生物处理机试运行成功并通过验收。

四、噪声治理

（一）工业噪声治理

1980—1983 年，市环境保护办公室对区境产生噪声严重的工厂进行消声处理。1984 年 11 月，对工业噪声进行普遍治理：降低噪声强度；调换陈旧的、声级大的设备；对治理难度较大的或位于居民稠密区的工厂进行搬迁。至 1985 年 12 月，工业噪声级比 1981 年下降 2 个分贝。

1990 年，工业噪声 65 分贝；1995 年为 56.9 分贝，比 1990 年减少 8.1 分贝。

1996—2005 年，按照《工业企业厂界噪声标准》严格控制企业的厂界噪声，对厂界噪声尚未达标的工业企业，限期采取治理措施。对新建项目采取必要的防治噪声措施。对分散在居民生活区和文教区内的工业噪声源，按照居民区、文教区的噪声控制标准加以控制。严格执行工业噪声源的申报管理制度，运用噪声污染现场实时监测分析技术，对工业企业进行污染跟踪监督。同时，有计划地搬迁噪声污染扰民严重而就地改造有困难的中小企业。

2006 年，区境环境噪声为 55.8 分贝，噪声达标区覆盖率 84.6%，属轻度污染。

2007 年，环保思明分局会同区工商分局、公安分局、区执法局组成联合执法组，对经营性娱乐场所、建筑工地机械加工和修理行业等扰民噪声源采取夜间巡查、定点监测、突击检查、督促申报、重罚严管等措施，强化环保执法，整治噪声污染扰民问题。在学生高考和中考期间，加大整治力度，为考生营造安静的学习、考试环境。是年，区域环境噪声平均值达到国家的规定标准。

（二）交通噪声治理

1986 年 9 月起，规定市区思明南路、思明北路、中山路（轮渡码头至中山公园南门）、文园路为禁鸣喇叭路段，噪声强度减少 2 分贝。1994 年 12 月，禁鸣喇叭扩大到 18 条主干道。1995 年 6 月起，实行全岛禁鸣喇叭，是全国第一个建成区内禁鸣喇叭扰民的城市。同时，禁止火车进入市区时鸣笛，开创全国先例。在巩固机动车禁鸣喇叭成果的基础上，大力扩展噪声达标区。1996 年，开元区城市交通噪声下降至 70.4 分贝，比 1995 年下降 0.5 分贝。1997 年，思明区城市交通噪声 69.7 分贝，比 1996 年下降 0.7 分贝。此后十年间，做到平均等效声级稳定达标。

2001—2005 年，区境道路交通噪声质量属较好，5 年均值降为 68.5 分贝。

2007 年，环保思明分局会同区工商局、公安局、区城管执法局组成联合执法组，开展专项整治，交通干线噪声平均值达到国家规定标准。

（三）招客娱乐噪声治理

1986年起，开元区、思明区对街路两侧商店使用大音量三用机或喇叭招徕顾客的行为进行整顿，要求降低音量，限制播放时间。鼓浪屿区则全面禁止沿街商店使用大音量三用机或喇叭招徕顾客。对违反《厦门市环境噪声管制办法》的单位，视超标情况征收排污费，情节严重的责令其登报检讨。

1993年9月，厦门市人民政府发布通告，从1993年12月1日起禁止在岛内（含鼓浪屿，下同）销售烟花、爆竹，从1994年1月1日起禁止在岛内燃放烟花、爆竹。这一通告的执行，对减轻噪声污染、维护环境卫生、保护民众生命财产安全起到重要作用。

2001—2007年，工商、环保、城市管理行政执法等部门协同审批娱乐业的开办，从源头杜绝新污染源的产生。加强娱乐集中区的规划和建设，并划定“禁建区”。同时，加大对典型案件查处力度，关停、搬迁一批扰民严重的娱乐企业。经整治，娱乐业噪声扰民之事基本不再发生。

（四）施工噪声治理

1990年起，环保部门加强对建筑施工噪声的监督。

1996年，开元区创建9.5平方公里的噪声达标区。同时，加强对施工噪声的管理和监督，使环境噪声下降至56.6分贝，环境噪声达标区覆盖率26.3%，比1995年增加8.7个百分点。

2000年起，思明区环保、公安、城市管理行政执法等部门协同加强对施工噪声的监督管理，实行封闭性施工，对噪声强度大施工项目，规定施工时间。

至2005年，思明区噪声达标区总面积32.33平方公里，其中鼓浪屿全岛达标。

五、专项治理

（一）筼筜湖治理

筼筜湖原为思明区西部的一个海湾，1971年建成筼筜海堤（西堤）后，与思明区西部海域的连接被割断，筼筜港变成封闭性的筼筜湖。城市污水排入筼筜湖经久不停，水体黑臭，蚊蝇孳生，鱼虾绝迹。往日曾是厦门八大景之一的“筼筜渔火”成为死湖臭水。1976年，厦门市政府及有关部门计划建立筼筜湖污水处理厂，获福建省计委批准立项。1982年，省政府将筼筜湖综合整治列入厦门经济特区配套工程之一。厦门市启动第一轮厦门市城市总体规划，提出将筼筜湖周围规划为新区。1983年10月，筼筜湖综合治理方案基本确定。1988年4月，市人大通过《关于加速筼筜湖治理的决议》，市政府把筼筜湖治理列为第二批全国污染限期治理项目，上报而得批准实施。

控制污染源　1980年，有113家企事业单位将废水排入筼筜湖，年排放废水总量630万吨。其中，排放量大的25家工厂年排放废水407万吨，占64.6%。1982年，对25家主要污染源进行限期治理。至1991年底，完成治理19家，转产、搬迁、停产6家。还有88家企事业单位的大部分医院、工厂也相继建成单位内部污水处理设施。新建、扩建、改建的企事业单位则严格按照“三同时”的要求施工，保证污水达标排放。

处理污水污泥　1984年始，在筼筜湖南、北岸分别建立两套污水处理系统。南岸污水处理系统由16公里截流管道、4个提升泵站和1个污水处理厂组成；北岸污水处理系统由19公里截流管道、3个提升泵站和1个污水处理厂组成。1984年11月，开始采用绞吸式挖泥船清挖湖中污泥。至1986年，筼筜内、外湖共清挖污泥200万立方米。不但解决湖水发臭变黑问题，且扩大水面50公顷，增加容量198万立方米。

纳潮换水　1989年6月，筼筜湖开始实施纳潮换水工程。其做法是：将原有4孔泄洪的闸门改造为1孔纳潮、3孔排水的结构方式，并设置微机自控闸门启闭系统。在筼筜湖北侧修建长2600米、宽50～60米导流渠，将潮水引至内湖湖东桥下，由内湖向外湖流动。1990年6月，工程竣工，投资450万元。每天引入新鲜海水60万～80万立方米，改善筼筜湖水质。筼筜湖综合治理工程于1990年12月完成，水质达到国家地面水四类标准，治理技术居国内领先水平。1991年，筼筜湖治理工程被建设部、国家环保局评为“全国城市环境综合整治优秀项目”。1993 年，被联合国环境开发署列为“东亚海域海洋污染预防与管理示范区”示范工程。

1996—2000 年筼筜湖污染物变化情况统计表

表 1-3-2

年份	溶解氧（毫克/升）		化学需氧量（毫克/升）		五日生化需氧量（毫克/升）		无机氮（毫克/升）		活性磷（毫克/升）		总大肠菌群（个/升）		氨 氮（毫克/升）	
	外湖	内湖	外湖	内湖	外湖	内湖	外湖	内湖	外湖	内湖	外湖	内湖	外湖	内湖
1996	7. 03	4. 35	3. 23	4. 24	8. 65	10	2. 4	2. 99	0. 115	0. 176	1.3×10^6	6.4×10^5	1. 92	2. 5
1997	5. 22	3. 72	2. 78	3. 9	8. 06	11. 2	1. 96	2. 49	0. 175	0. 363	1.7×10^5	2.39×10^5	1. 33	2. 05
1998	5. 4	4. 46	1. 97	2. 21	3. 34	6. 74	1. 79	1. 49	0. 169	0. 206	2.14×10^5	2.2×10^5	1. 39	1. 66
1999	5. 2	4. 34	1. 35	2. 16	3. 35	3. 83	1. 27	2. 18	0. 093	0. 144	1.84×10^5	2.2×10^5	0. 84	1. 89
2000	5. 95	5. 15	1. 37	1. 55	2. 69	2. 69	1. 16	1. 62	0. 084	0. 165	1.27×10^5	1.81×10^5	0. 74	1. 3

1999 年 8 月，筼筜湖“西水东调”工程竣工投产。采用搞活水体方式，每天将 10 万吨新鲜海水经过加压从 4 个排水口排入松柏内湖，以 10∶1 的比例对排入湖内 1 万吨/天的污水进行稀释。“西水东调”工程的投入运行，提高内湖净化能力。

2000 年，筼筜湖内外湖海水水质达到二类海水标准；“五日生化需氧量”年均值内、外湖都符合海水水质三类标准。

2001—2005 年，筼筜湖水体为劣四类海水。湖内主要污染物：无机氮、活性磷酸盐。此外，粪大肠菌群、溶解氧及石油类等出现不同程度超标现象。

2005—2006 年上半年，市政部门对筼筜湖实施清淤疏浚工程，清除淤泥 100 多万立方米。2006 年，筼筜湖仍为劣四类海水，超标污染物依然为无机氮、活性磷酸盐。与 2005 年同期相比，无机氮、活性磷酸盐及高锰酸盐指数的浓度略有降低。

（二）上李水库治理

位于曾厝垵一带。民国 13 年（1924 年）始建，是厦门岛一个水质优良的水源。1975 年前，厦门市的自来水以此水库水为源水，承担着厦门岛东南部自来水管网补充加压任务。上李水库汇水区域内受到牲畜养殖业影响，水质一度恶化。

2002 年，思明区对上李水库进行治理，禁养生猪，采取“堵、疏、导”相结合的做法。堵住岛外猪苗进岛销售；关停、搬迁岛内畜禽养殖场；积极解决畜禽养殖户实际困难，不断拓展畜禽养殖新路子，提高畜禽养殖综合效益，整治工作取得明显成效。至 2004 年 6 月，9 家生猪养殖场或关停或迁移，并拆除养殖场设施。水库汇水区域内所有污染源全部清除，水质恢复优良。

上李水库 （陈 铃/摄）

第三节　环境管理

一、环保执法

民国19年（1930年）6月，区境执行厦门市《清道队办事暂行细则》。民国25年，执行《厦门市管理户外清洁规则》。

1984年起，三区执行厦门市政府有关环境噪声管制、大气污染防治、水污染物排放控制等一系列环境保护管理办法和标准。

1994年—2001年5月，三区环保分局参与修订地方环保法规和标准30多项。为加强建设项目环境保护前置审批管理，在建设之前，把好“选址关”，避免“先污染、后治理”。对污染严重、效益低、能耗高、属国家淘汰工艺的项目一律不予审批。

2002年，环保开元分局审批165家企业项目（其中有工业企业51家，非工业企业114家，包括餐饮服务业55家），环境影响评价执行率100%。全年依法否决39项选址不当的餐饮娱乐项目和1项工业项目；责令58项未按规定执行环评审批手续的项目补办审批手续。是年，环保思明分局审批建设项目118项（其中工业项目30项，非工业项目88项）。依法否决28项选址不当的项目；依法责令82家企业补办环评审批手续；对污染严重、私自投入使用的10家企业，依法责令停止生产，并罚款4.7万元。

2004年，环保思明分局进行拉网式调查，出动318人次，现场检查150家工业企业、700家餐饮业、72家洗车场；关停8家选点不当、污染严重的企业；责令68家企业改正违法行为。

2007年，环保思明分局批准建设项目1287项。其中，工业项目24项，餐饮娱乐项目1221项，房地产及市政工程建设项目36项，医疗卫生项目6项。新建项目环境影响评价执行率达100%。推进华侨海景城、海湾公园、瑞景商业广场、观音山、原旧货市场、嘉盛豪园、外贸仓库等餐饮集中区新增面积5万平方米的建设。同时，对无证照餐饮店开展专项整治，对油烟、噪声扰民的餐饮店予以取缔。是年，强制拆除违法建设252起，拆除面积40365.51平方米；纠正油烟扰民952起，立案处理1起；取缔燃煤250起。

二、海域环境管理

1950年8月起，执行市政府《厦门市公共卫生违警暂行罚法》，对海域公共卫生实施管理。

1994年5月，市环卫处组建海上环境卫生管理站负责三区海域海上垃圾打捞和卫生管理。1995年10月，执行市政府《厦门市市容和环境卫生管理办法》。

2001年11月22日，思明区环卫处投入200余万元从德国购置专业沙滩保洁车，在白城沙滩投入使用，每小时清扫干沙地面积2万平方米，湿沙地面积1.2万平方米。

2003年，思明区厦鼓海域保洁作业任务9.5平方公里公开发包，并制定打捞保洁作业标准，实施质量监督检查。建立海域环境卫生巡查机制，加强对保洁公司作业质量的监控，加强岸线、海面的日常巡查。建造3艘海域机械化清扫船并投入使用，保洁海域面积增至30平方公里。

2007年，思明区参与九龙江流域垃圾整治活动，并与金门环保部门共同做好厦金海域环境卫生治理工作。

第二卷 人 口

新石器时代晚期，区境有古越族人活动。汉延康元年（220 年），中州汉族少量人口进入区境定居。晋太康三年（282 年）起，区境人口归同安县管理。明代至清初，厉行海禁、倭寇为害、战争频仍，人口急剧减少。清雍正元年至清道光八年（1723—1828 年），休养生息，人口增加。此后，社会经济发展缓慢，自然灾害频发，兵匪骚扰，疫病流行，人口减少。民国 3 年（1914 年），区境人口 104442 人。民国 9 年后，华侨在区境投资，兴起开发建设热潮，人口增多。民国 26 年，人口 121628 人。民国 27 年，厦门岛被日本侵略军霸占，人口大量流失，民国 28 年仅有 88070 人。抗日战争胜利后，人口逐渐增加，至民国 38 年 9 月为 140942 人。

中华人民共和国成立后，三区人口快速增长，至 1955 年为 160638 人，比 1950 年增长 15.77%。1963 年，三区设立计划生育机构。“文化大革命”初期，机构瘫痪，工作停顿。1972 年，机构重设。此后，提倡优生优育。1979 年 3 月 12 日，厦门水产学院 79 位教职员工联合向全国人民发出《为革命只生一个孩子的倡议书》，在城市人口中提倡一对夫妇只生育 1 个孩子。1982 年 7 月 15 日，厦门市人民政府颁布《关于计划生育几个具体问题的规定》，奖励独生子女户，限制计划外生育。1983 年，三区人口自然增长率 6.21‰。

1984 年，厦门经济特区（1980 年成立于湖里区）扩大到全岛（包括鼓浪屿）后，全国各地到区境办厂、经商、从事劳务的人口快速增加。三区政府加大教育、科技、文化、卫生等事业发展力度，引进人才，高文化素质人口增多。1990 年第四次全国人口普查，三区大学毕业及以上人口 21890 人，占总人口 5.97%，比 1982 年提高 2.22 个百分点。1993 年 1 月 7 日，开元区、思明区获“全国城市计划生育工作先进集体”称号。2000 年第五次全国人口普查，三区大学毕业及以上人口 53328 人，占总人口 7.8%。

2003 年 10 月三区整合，思明区加强计生服务机构和技术队伍建设，拓宽生殖保健服务领域，推进计生优质服务。

2007 年，进一步完善计生工作机制，人口自然增长率 6.25‰。全区总人口 880640 人，其中常住人口 187546 户 580569 人（男 291278 人、女 289291 人）；流动人口 300071 人。是年，思明区被评为全国计划生育优质服务先进区、全国婚育新风进万家活动先进集体；区计划生育协会被评为全国计划生育协会先进单位。

第一章　人口变动与总量

第一节　人口变动

一、机械变动

（一）迁入

汉延康元年（220 年），中州汉族人经过长期辗转迁徙，有少量人口进入区境定居。唐天宝十四年（755 年），漳州陈僖举族迁入。唐代还有陈黯率家族迁入区境。宋嘉祐三年（1058 年），区境开始设防，朝廷派兵驻扎。南宋末，元军攻占厦门，蒙古人进驻区境。明代，回族人因经商、从军等原因迁入。明末，有少量葡萄牙人、西班牙人和荷兰人因传教或经商寓居区境。清代初期，满族人随清军进驻区境。清道光二十三年（1843 年），厦门港成为五口通商重要口岸后，沿海各港口迁入区境的人口增多，其中也有香港人。清光绪二十年（1894 年），有台湾爱国人士和青年学生内渡，在区境居住或求学。清宣统二年（1910 年），居住鼓浪屿、厦门岛的外籍人口 507 人。宣统三年，外国籍人口 300 人。至民国 2 年（1913 年），迁入区境的台湾人 5660 人。民国 3 年，居住鼓浪屿、厦门岛的外国籍人口 685 人。民国 22 年，迁入区境的台湾人口 8700 人。民国 25 年，居住区境的外国籍人口增至 1767 人。至民国 37 年，居住区境的国内外省籍人口 8990 人、居住区境的外国籍人口减至 134 人。

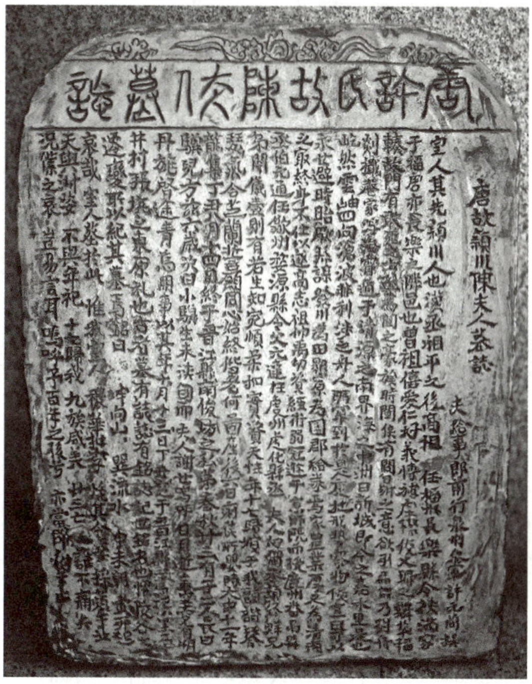

唐许氏故陈夫人墓志

中华人民共和国成立后，区境地处海防前线，对人口迁移控制严格，不再出现人口大进大出状况。同时，控制人口迁入鼓浪屿区。1956—1960 年，大量农村人口涌进区境。“文化大革命”初期，户籍管理处于无序状态。至 1983 年，三区迁入人口 7176 人。

1984 年后，随着开元区、思明区对劳动人口需求量增大，迁入人口不断增加。1985 年，迁入人口 10410 人。1990 年起，鼓浪屿区户口原则上“只准出，不准进”，对迁入鼓浪屿区的户口，即使符合国家有关规定，也从严控制。1997 年，三区共迁入 62547 人；2001 年，迁入 148120 人；2007 年，迁入 32016 人。

（二）迁出

明洪武二十年（1387 年），朝廷为防范倭寇，强迫沿海部分岛屿居民内迁。明天启四年（1624 年），郑芝龙、颜思齐从区境招募贫民前往台湾垦荒。明崇祯元年（1628 年），郑芝龙以朝廷名义招募区境贫民，“人给银三两，三人给牛一头”，用船运往台湾垦荒。清顺治十八年（1661 年），跟随郑成

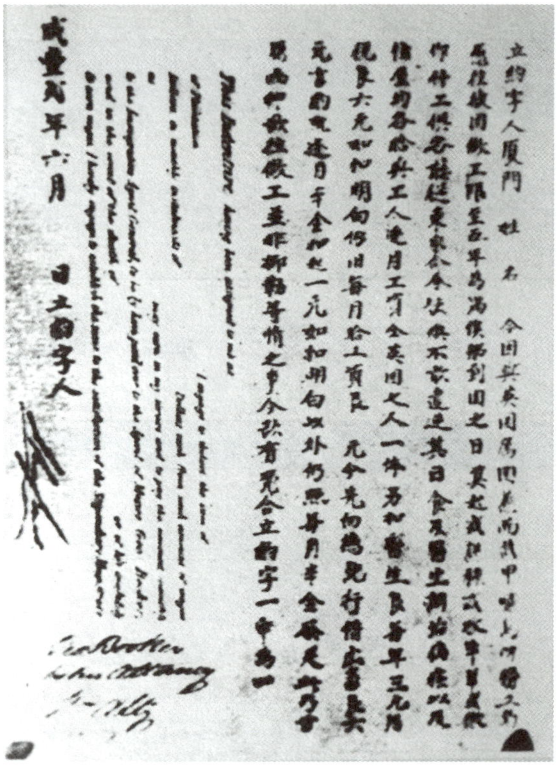
立约字人厦門　姓　名
咸豐貳年六月　日立約字人

外国侵略者从厦门港运往外国的“契约华工”卖身契

功东征的思明士官留居台湾。郑成功实行“散兵寓农”政策后，又有大批思明人迁至台湾。郑成功父子利用清廷“五省迁界”机会，用兵船护送思明人至台湾。清康熙二年（1663年），清军攻占嘉禾屿，拆毁厦门城，强令居民迁移内地。康熙二十二年，清廷统一台湾后，严格控制大陆向台湾移民，至清雍正十年（1732年），禁令解除后，人口迁往台湾又趋频繁。

清道光二十三年（1843年），厦门港作为通商口岸后，思明人迁徙香港。道光二十五年至咸丰三年（1853年），从厦门港被运往国外的“契约华工”共1.2万人。随着商业、航运业的发展，人口迁出规模逐渐扩大。清光绪元年（1875年），区境迁出人口1100人。清宣统三年（1911年），迁出人口13097人。民国9年（1920年），迁出人口15642人。民国16年，迁出人口36365人。民国27年，厦门岛沦陷，大量居民外迁，区境人口锐减。

1961—1964年，三区压缩城镇人口，动员城镇户籍居民下乡，精简企业职工到农村落户。4年中，鼓浪屿区、开元区、思明区分别组织1366人、2227人、6629人到省内国营农（林）场、同安果园公社及三明等地落户。

1963年8月至1966年春，三区初、高中毕业生赴三明、龙岩等地上山下乡1000余人。至1969年，三区“老三届”初、高中毕业生及社会青年、城镇居民到农村插队落户，共迁出21447人。其中，鼓浪屿区到永定县3822人，东风（开元）区到上杭县10591人，向阳（思明）区到武平县7034人。另有到邻县农村落户256人；回原籍落户2040人。

1983年，三区迁出人口4050人；1989年，三区迁出人口9007人；1997年，三区迁出人口55867人。

2007年，思明区迁出人口9176人。

若干年份三区人口迁入与迁出统计表

表2-1-1　　　　单位：人

年份	总计		鼓浪屿区		开元区		思明区	
	迁入	迁出	迁入	迁出	迁入	迁出	迁入	迁出
1983	7176	4050	459	251	3509	2027	3208	1772
1985	10410	3292	537	272	5017	1392	4856	1628
1989	3820	9007	222	291	1338	5898	2260	2818
1991	7602	3586	340	207	4016	1344	3246	2035
1993	9407	3580	321	169	5364	1546	3722	1865
1995	9540	3373	334	152	5320	1251	3886	1970
1997	62547	55867	1281	1774	46841	39570	14425	14523
1999	16320	3732	651	159	10643	1533	5026	2040

续表2-1-1

年份	总计		鼓浪屿区		开元区		思明区	
	迁入	迁出	迁入	迁出	迁入	迁出	迁入	迁出
2000	17968	6171	597	303	11800	3174	5571	2694
2001	148120	141180	1331	1377	139447	127289	7342	12514
2002	18031	4966	553	198	10245	2318	7233	2450

2003—2007 年思明区人口迁入与迁出统计表

表 2-1-2　　单位：人

年份	迁入	迁出	年份	迁入	迁出	年份	迁入	迁出
2003	26278	4285	2005	34716	6087	2007	32016	9176
2004	27482	5462	2006	34508	7741			

二、自然变动

（一）出生与死亡

清初至道光年间，区境人口增长较快。清光绪八年（1882 年）夏，马尼拉霍乱传入，又流行赤痢、天花，卫生条件恶劣，人口死亡多。清末，每年死亡率 40‰左右。民国 38 年（1949 年 9 月 30 日止）春、秋二季，鼠疫流行，人口死亡率高，人口总量比民国 26 年减少 23.5%。

中华人民共和国成立后，随着医疗卫生条件的改善和人民生活水平的提高，三区人口进入高出生率、低死亡率阶段。“文化大革命”初期，人口出生率升高。

1970 年，开元区出生 1780 人，死亡 676 人。1972 年后，人口出生率下降。1978 年，开元区出生 802 人，死亡 661 人。

1983 年，三区出生人口 3250 人，死亡人口 1584 人。其中，鼓浪屿区出生 277 人，死亡 142 人；开元区出生 1648 人，死亡 786 人；思明区出生 1325 人，死亡 656 人。

2002 年，三区出生人口 3978 人，死亡人口 2190 人。其中鼓浪屿区出生 114 人，死亡 125 人；开元区出生 3087 人，死亡 1479 人；思明区出生 777 人，死亡 586 人。

2003 年三区整合，全区出生人口 3973 人，死亡人口 2190 人。

2007 年，全区出生人口 6003 人，死亡人口 2453 人。

若干年份三区人口出生与死亡统计表

表 2-1-3　　单位：人

年份	总计		鼓浪屿区		开元区		思明区	
	出生	死亡	出生	死亡	出生	死亡	出生	死亡
1983	3250	1584	277	142	1648	786	1325	656
1985	3096	1665	241	169	1690	892	1165	604
1989	3921	1860	194	154	2386	1003	1241	703
1991	3575	2015	876	266	1796	1067	903	682
1993	3352	1852	185	147	2051	1096	1116	609
1995	3152	1669	148	131	2214	964	790	574

续表2-1-3

年份	总计		鼓浪屿区		开元区		思明区	
	出生	死亡	出生	死亡	出生	死亡	出生	死亡
1997	2701	1904	102	135	1969	1158	630	611
1999	3786	2743	174	167	2690	1602	922	974
2000	5012	3501	162	202	3802	2362	1048	937
2001	3943	1913	120	108	3033	1262	790	543
2002	3978	2190	114	125	3087	1479	777	586

2003—2007 年思明区人口出生与死亡统计表

表 2-1-4　　单位：人

年份	出生	死亡	年份	出生	死亡	年份	出生	死亡
2003	3973	2190	2005	4647	2363	2007	6003	2453
2004	4500	2320	2006	4917	2389			

（二）自然增长率

1983 年，三区人口自然增长率 6. 21‰，其中鼓浪屿区 5. 58‰、开元区 6. 37‰、思明区 6. 16‰。2002 年，三区人口自然增长率 4. 12‰，其中鼓浪屿区-0. 67‰、开元区 5. 18‰、思明区 1. 77‰。

2003 年三区整合，思明区人口自然增长率 4. 01‰。2007 年，人口自然增长率 6. 25‰。

若干年份三区人口出生率与死亡率及自然增长率统计表

表 2-1-5　　单位:‰

年份	总计			鼓浪屿区			开元区			思明区		
	出生率	死亡率	自然增长率	出生率	死亡率	自然增长率	出生率	死亡率	自然增长率	出生率	死亡率	自然增长率
1983	12. 12	5. 91	6. 21	11. 44	5. 86	5. 58	12. 18	5. 81	6. 37	12. 2	6. 04	6. 16
1985	10. 99	5. 8	4. 99	10. 1	7. 08	3. 02	11. 03	5. 82	5. 21	10. 59	5. 49	5. 10
1989	12. 18	5. 67	6. 4	12. 88	6. 74	6. 14	13. 01	5. 47	7. 54	10. 72	6. 07	4. 65
1991	10. 75	6. 06	4. 69	15. 02	4. 56	10. 46	9. 19	5. 46	3. 73	7. 88	5. 95	1. 93
1993	9. 72	5. 37	4. 35	8. 45	6. 72	1. 74	9. 81	5. 24	4. 57	9. 87	5. 36	4. 46
1995	8. 76	4. 64	4. 12	7. 18	6. 35	0. 82	9. 77	4. 25	5. 52	7. 03	5. 74	1. 92
1997	7. 24	5. 1	2. 14	5. 42	7. 18	-1. 76	7. 91	4. 65	3. 26	5. 78	5. 6	0. 18
1999	9. 72	7. 04	2. 68	10. 21	9. 8	0. 41	5. 04	3	2. 04	8. 74	9. 24	-0. 49
2000	12. 44	8. 69	3. 75	9. 74	12. 14	-2. 4	13. 51	8. 39	5. 12	10. 01	8. 95	1. 06
2001	9. 43	4. 58	4. 85	7. 34	6. 60	0. 74	10. 24	4. 26	4. 49	7. 49	5. 15	2. 34
2002	9. 16	5. 04	4. 12	6. 97	7. 64	-0. 67	9. 94	4. 76	5. 18	7. 21	5. 44	1. 77

2003—2007 年思明区人口出生率与死亡率及自然增长率统计表

表 2-1-6　　单位:‰

年份	出生率	死亡率	自然增长率	年份	出生率	死亡率	自然增长率	年份	出生率	死亡率	自然增长率
2003	8.72	4.71	4.01	2005	9.11	4.63	4.48	2007	10.57	4.32	6.25
2004	9.35	4.48	4.87	2006	9.09	4.42	4.67				

第二节　人口总量

一、常住人口总量

晋太康三年（282 年）起，区境人口归同安县管理。明代至清初，人口急剧减少。清雍正元年至清道光八年（1723—1828 年），人口增加。此后，兵匪骚扰，疫病流行，人口减少。民国 3 年（1914 年），区境人口 104442 人。民国 26 年初，区境人口 121628 人；民国 28 年，人口减至 88070 人。抗日战争胜利后，人口总量增加。民国 38 年 9 月，区境人口 140942 人。鼓浪屿区人口变化大，民国 23 年 52000 人；民国 25 年减至 30854 人；民国 29 年增至 43000 人；民国 35 年减至 24039 人。

1950 年，三区常住人口 138751 人，其中鼓浪屿区 21037 人、开元区 61610 人、思明区 56104 人。2002 年，三区常住人口 442644 人，其中鼓浪屿区 16361 人、开元区 317637 人、思明区 108646 人。

2003 年三区整合，全区常住人口 467400 人。2007 年，全区常住人口 580569 人。

若干年份三区常住人口总量统计表

表 2-1-7　　单位：人

年份	总量	鼓浪屿区	开元区	思明区	年份	总量	鼓浪屿区	开元区	思明区
1950	138751	21037	61610	56104	1989	324579	22589	186593	115397
1955	160638	20845	69362	70431	1991	335280	22476	198332	114472
1960	217015	23831	99281	93903	1993	347771	21394	213694	112683
1965	221299	23327	100581	97391	1995	362604	20172	231046	111386
1970	205718	20346	98625	86747	1997	376808	18804	248991	109013
1975	225369	22300	106460	96609	1999	395810	16902	273774	105134
1978	237337	22663	114618	100056	2001	426102	16330	303117	106655
1983	271305	24198	138380	108727	2002	442644	16361	317637	108646
1985	292664	23443	158620	110601					

2003—2007 年思明区常住人口总量统计表

表 2-1-8　　单位：人

年份	人口	年份	人口	年份	人口	年份	人口	年份	人口
2003	467400	2004	494177	2005	526460	2006	555489	2007	580569

二、历次普查人口总量

2006 年，思明区组织人员入户进行人口抽样调查

1953 年，第一次全国人口普查，三区（包括郊区禾山）家庭 43983 户、人口 193869 人。

1964 年，第二次全国人口普查，三区家庭 44676 户、人口 218449 人。其中，鼓浪屿区 5184 户、23905 人；开元区 20386 户、98463 人；思明区 19106 户、96081 人。

1982 年，第三次全国人口普查，三区家庭 62529 户、人口 267422 人。其中，鼓浪屿区 6351 户、24769 人；开元区 31065 户、132579 人；思明区 25113 户、110074 人。

1990 年，第四次全国人口普查，三区家庭 95927 户、人口 366449 人。其中，鼓浪屿区 6350 户、22834 人；开元区 59441 户、223460 人；思明区 30136 户、120155 人。

2000 年，第五次全国人口普查，三区家庭 242604 户、人口 683256 人。其中，鼓浪屿区 6517 户、19640 人；开元区 193921 户、527037 人；思明区 42166 户、136579 人。

第二章　人口分布与人口密度

第一节　人口分布

一、区人口分布

1950 年，鼓浪屿区 21037 人、开元区 61610 人、思明区 56104 人，分别占三区总人口 15.16%、44.4%、40.44%。1978 年，鼓浪屿区 22663 人、开元区 114618 人、思明区 100056 人，分别占三区总人口 9.55%、48.29%、42.16%。1991 年，开元区、思明区人口分别比 1978 年增加 83714 人、14416 人，鼓浪屿区人口比 1978 年减少 187 人，分别占三区总人口 59.15%、34.15%、6.7%。2002 年，鼓浪屿区 16361 人、开元区 317637 人、思明区 108646 人，分别占三区总人口 3.7%、71.76%、24.54%。

若干年份三区人口分布统计表

表 2-2-1

年 份	鼓浪屿区		开元区		思明区	
	人 口（人）	所占比例（%）	人 口（人）	所占比例（%）	人 口（人）	所占比例（%）
1950	21037	15. 16	61610	44. 4	56104	40. 44
1955	20845	12. 98	69362	43. 18	70431	43. 84
1960	23831	10. 98	99281	45. 75	93903	43. 27
1965	23327	10. 54	100581	45. 45	97391	44. 01
1970	20346	9. 89	98625	47. 94	86747	42. 17
1975	22300	9. 89	106460	47. 24	96609	42. 87
1978	22663	9. 55	114618	48. 29	100056	42. 16
1983	24198	8. 92	138380	51	108727	40. 08
1985	23443	8. 01	158620	54. 2	110601	37. 79
1989	22589	6. 96	186593	57. 49	115397	35. 55
1991	22476	6. 7	198332	59. 15	114472	34. 15
1993	21394	6. 15	213694	61. 45	112683	32. 4
1995	20172	5. 56	231046	63. 72	111386	30. 72
1997	18804	4. 99	248991	66. 08	109013	28. 93
1999	16902	4. 27	273774	69. 17	105134	26. 56
2000	16376	4	289159	70. 54	104356	25. 46
2001	16330	3. 87	303117	71. 14	106655	25. 03
2002	16361	3. 7	317637	71. 76	108646	24. 54

二、街道人口分布

1984 年，开元区鹭江、厦禾、公园、梧村、筼筜街道人口分别为 31170 人、29312 人、51384 人、17416 人、6065 人，分别占全区人口的 21. 09%、19. 83%、34. 77%、11. 78%、4. 1%。思明区文安、思明、中华、厦港街道人口分别为 20808 人、22633 人、20269 人、40766 人，分别占全区人口的 19. 03%、20. 64%、18. 53%、37. 27%。

1992 年，开元区鹭江、厦禾、公园、梧村、筼筜街道人口分别为 22517 人、28427 人、57248 人、27674 人、43766 人，分别占全区人口的 11. 01%、13. 9%、27. 9%、13. 53%、21. 4%。思明区文安、思明、中华、厦港街道人口分别为 17520 人、19145 人、18118 人、49809 人，分别占全区人口的 15. 28%、16. 69%、15. 8%、43. 43%。

2003 年 10 月三区整合时各街道人口：鹭江 15058 户、39081 人，公园 23088 户、62941 人，梧村 19655 户、52128 人，筼筜 29699 户、85778 人，嘉莲 17441 户、45778 人，莲前 21199 户、52075 人，思明 4410 户、11337 人，文安 4428 户、10903 人，中华 5226 户、15096 人，厦港 16348 户、66645 人，滨海 2584 户、9332 人，鼓浪屿 5681 户、16306 人。

2007 年，鼓浪屿、鹭江、中华、厦港、开元、筼筜、梧村、嘉莲、莲前、滨海街道人口分别为 16224 人、47037 人、35625 人、36469 人、70857 人、122754 人、66250 人、58352 人、72161 人、54840 人，分别占全区人口 2. 8%、8. 1%、6. 14%、6. 28%、12. 2%、21. 14%、11. 41%、10. 05%、12. 43%、9. 45%。

2004 年、2007 年思明区街道人口分布统计表

表 2-2-2　　单位：人

年份	项目	鼓浪屿街道	鹭江街道	中华街道	厦港街道	开元街道	筼筜街道	梧村街道	嘉莲街道	莲前街道	滨海街道
2004	户数	5677	15172	13544	13345	23769	31076	20802	18116	21876	6026
	人口	16328	41309	36264	38356	65038	94000	55861	48177	56379	42465
2007	户数	5455	16983	12980	12791	24913	35637	23839	21126	26756	7066
	人口	16224	47037	35625	36469	70857	122754	66250	58352	72161	54840

第二节　人口密度

一、区人口密度

1950 年，三区土地面积 73.04 平方公里（鼓浪屿区 1.91 平方公里、开元区 52.18 平方公里、思明区 18.95 平方公里），人口 138751 人，人口密度 1900 人/平方公里。1970 年，三区人口 205718 人，人口密度 2817 人/平方公里。2002 年，三区人口 442644 人，人口密度 6060 人/平方公里。

2003 年 10 月三区整合，思明区土地面积 74.46 平方公里。年底，全区人口 467400 人，人口密度 6277 人/平方公里。2004 年，全区人口 494177 人，人口密度 6637 人/平方公里。2005 年，全区人口 526460 人，人口密度 7070 人/平方公里。2006 年，全区人口 555489 人，人口密度 7460 人/平方公里。

2007 年，全区人口 580569 人，人口密度 7797 人/平方公里。

二、部分街道人口密度

1984 年，开元区鹭江、公园、梧村街道人口密度分别为 12224 人、9015 人、2800 人；思明区文安、思明、中华、厦港街道人口密度分别为 42004 人、67731 人、31288 人、29614 人。

1990 年，开元区鹭江、公园、梧村街道人口密度分别为 9735 人、10845 人、5093 人；思明区文安、思明、中华、厦港街道人口密度分别为 44272 人、87050 人、30252 人、23163 人。1995 年，开元区鹭江、公园、梧村街道人口密度分别为 7725 人、10185 人、5278 人；思明区文安、思明、中华、厦港街道的人口密度分别为 34870 人、56815 人、23373 人、29992 人。

2000 年，开元区鹭江、公园、梧村街道人口密度分别为 20822 人、10777 人、7508 人；思明区文安、思明、中华、厦港街道人口密度分别为 31243 人、57723 人、27472 人、26040 人。

2007 年，鼓浪屿、梧村、莲前街道人口密度分别为 8112 人、10651 人、3236 人。

2003—2007 年思明区部分街道人口密度统计表

表 2-2-3　　单位：人/平方公里

年份	鼓浪屿街道		梧村街道		莲前街道	
	1.91 平方公里		6.2 平方公里		22.3 平方公里	
	总人口	人口密度	总人口	人口密度	总人口	人口密度
2003	16303	8153	52128	8380	52075	2335
2004	16328	8164	55861	8980	56379	2528

续表2-2-3

年份	鼓浪屿街道		梧村街道		莲前街道	
	1.91 平方公里		6.2 平方公里		22.3 平方公里	
	总人口	人口密度	总人口	人口密度	总人口	人口密度
2005	16472	8236	58806	9454	62503	2802
2006	16594	8297	62835	10102	68604	3076
2007	16224	8112	66250	10651	72161	3236

第三章　人口构成

第一节　性别构成

一、总人口性别构成

1950 年，区境常住人口男女各占比例为 48.96 : 51.04。2002 年，常住人口男女各占比例为 50.95 : 49.05。

2007 年，思明区常住人口男女各占比例为 50.17 : 49.83；男性比例比 1950 年提高 1.21 个百分点，女性比例比 1950 年降低 1.21 个百分点。

若干年份三区总人口性别构成统计表

表 2-3-1

年份	男性（人）	女性（人）	男性比例（%）	年份	男性（人）	女性（人）	男性比例（%）
1950	67927	70824	95.91	1995	189114	173490	109.01
1955	80689	79949	100.93	1997	196200	180608	108.63
1983	141090	130215	108.35	1999	204537	191273	106.93
1985	153084	139580	109.67	2000	210321	199570	105.39
1989	168600	155979	108.09	2001	217659	208443	104.42
1991	174006	161274	107.89	2002	225534	217110	103.88
1993	180497	167274	107.9				

说明：人数为三区合计数

2003—2007 年思明区总人口性别构成统计表

表 2-3-2

年份	男性（人）	女性（人）	男性比例（%）	年份	男性（人）	女性（人）	男性比例（%）
2003	236752	230648	102.65	2006	279579	275910	101.33
2004	249415	244762	101.9	2007	291278	289291	100.69
2005	265327	261133	101.61				

二、三区人口性别构成

1950 年，三区男女人口性别比：鼓浪屿区 45.49 ∶ 54.51，开元区 50.55 ∶ 49.45，思明区 48.5 ∶ 51.5。

2002 年，三区男女人口性别比：鼓浪屿区 49.45 ∶ 50.55，开元区 50.75 ∶ 49.25，思明区 51.76 ∶ 48.24。

若干年份三区人口性别构成统计表

表 2-3-3

年份	鼓浪屿区			开元区			思明区		
	男性人口（人）	女性人口（人）	男性比例（%）	男性人口（人）	女性人口（人）	男性比例（%）	男性人口（人）	女性人口（人）	男性比例（%）
1950	9569	11468	83.44	31145	30465	102.23	27213	28891	94.19
1955	9617	11228	85.65	35384	33978	104.14	35688	34743	102.72
1959	11187	12616	88.67	48746	45263	107.7	46733	43067	108.51
1983	11913	12285	96.97	72213	66167	109.14	56964	51763	110.05
1985	11739	12004	97.79	82785	75835	109.16	58560	52041	112.53
1989	11192	11397	98.2	96417	90176	106.92	60991	54406	112.1
1991	11125	11351	98.01	102615	95717	107.21	60226	54206	111.11
1993	10627	10767	98.7	110567	103127	107.21	59303	53380	111.1
1995	10042	10130	99.13	120035	111011	108.13	59037	52349	112.78
1997	9345	9459	98.79	129163	119828	107.79	57692	51321	112.41
1999	8468	8434	100.4	140723	133051	105.77	55346	49788	111.16
2000	8172	8204	99.61	147680	141479	104.38	54469	49887	109.18
2001	8127	8203	99.07	154113	149004	103.43	55419	51236	108.16
2002	8090	8271	97.81	161214	156423	103.06	56230	52417	107.27

三、不同年龄组人口性别构成

1982 年，第三次全国人口普查，三区 0～14 岁人口 53571 人，男女性别比为 51.65 ∶ 48.35；65 岁及以上人口 14804 人，男女性别比为 33.46 ∶ 66.54。

1990 年，第四次全国人口普查，三区 0～14 岁人口 62802 人，男女性别比为 51.38 ∶ 48.62；65 岁及以上人口 22704 人，男女性别比为 37.39 ∶ 62.61。

2000 年，第五次全国人口普查，三区 0～14 岁人口 82618 人，男女性别比为 53 ∶ 47；65 岁及以上人口 38000 人，男女性别比为 44.63 ∶ 55.37。

1982 年三区各年龄组人口性别构成统计表

表 2-3-4

年龄组（岁）	男性（人）	女性（人）	男性比例（%）	年龄组（岁）	男性（人）	女性（人）	男性比例（%）	年龄组（岁）	男性（人）	女性（人）	男性比例（%）
0～4	7219	6775	106.55	35～39	8521	6891	123.65	70～74	1708	2756	61.97
5～9	8088	7587	106.6	40～44	8957	7483	119.7	75～79	800	1816	44.05
10～14	12360	11542	107.09	45～49	9397	7908	118.83	80～84	308	999	30.83
15～19	17274	15201	113.64	50～54	6789	7044	96.38	85～89	74	402	18.41
20～24	16350	14757	110.79	55～59	5266	5549	94.9	90～94	19	114	16.67
25～29	16158	13961	115.74	60～64	3665	4770	55.87	95～100	0	13	0
30～34	11531	10074	114.46	65～69	2043	3750	54.48	100 以上	2	—	—

1990 年三区各年龄组人口性别构成统计表

表 2-3-5

年龄组（岁）	男性（人）	性女（人）	男性比例（%）	年龄组（岁）	男性（人）	女性（人）	男性比例（%）	年龄组（岁）	男性（人）	女性（人）	男性比例（%）
0～4	11419	11015	103.67	35～39	17513	14708	119.07	70～74	2448	3962	61.79
5～9	11726	10842	108.15	40～44	12763	10850	117.63	75～79	1330	2638	50.42
10～14	9120	8680	105.07	45～49	9712	7977	121.75	80～84	623	1519	41.01
15～19	16776	14588	115	50～54	10429	8925	116.85	85～89	172	727	23.66
20～24	24668	19568	126.06	55～59	9041	7987	113.2	90～94	39	163	23.93
25～29	23926	19974	119.79	60～64	6736	6827	98.67	95～99	9	43	20.93
30～34	20303	17671	114.89	65～69	3869	5155	75.05	100 以上	0	7	0

2000 年三区各年龄组人口性别构成统计表

表 2-3-6

年龄组（岁）	男性（人）	女性（人）	男性比例（%）	年龄组（岁）	男性（人）	女性（人）	男性比例（%）	年龄组（岁）	男性（人）	女性（人）	男性比例（%）
0～4	13524	11628	116.31	35～39	36444	28938	125.94	70～74	5102	5792	88.09
5～9	14656	12737	115.07	40～44	25403	21049	120.69	75～79	2462	3864	63.72
10～14	15610	14463	107.93	45～49	21042	17761	118.47	80～84	1066	2209	48.26
15～19	30034	34061	88.18	50～54	14148	12974	109.05	85～89	372	1040	35.77
20～24	50209	48269	104.02	55～59	9896	9499	104.18	90～94	91	361	25.21
25～29	54594	46376	117.72	60～64	9888	9443	104.71	95～99	21	75	28
30～34	45040	37475	120.19	65～69	7846	7692	102	100 以上	0	7	0

附：分区不同年龄组人口性别构成

（一）1982 年第三次全国人口普查性别构成

鼓浪屿区 0～4 岁年龄组至 40～44 岁年龄组人口男女性别比在正常范围内波动，45～49 岁年龄组人口男女性别比为125.85：100。45～49岁年龄组之后，随着年龄增加，男性所占比例逐渐下降。

开元区低年龄组人口男女性别比处于正常范围；厦门经济特区成立，开元区经济发展，吸引许多外地男性来此做工，25～29岁年龄组至50～54岁年龄组人口男性占比较高。35～39岁年龄组人口男女性别比为129.04：100。35～39岁年龄组之后，随着年龄增加，男性占比逐渐下降。

思明区15～19岁年龄组至50～54岁年龄组人口男性占比偏高。35岁～39岁年龄组之后，随着年龄增加，男性占比逐渐下降。

（二）1990年第四次全国人口普查性别构成

鼓浪屿区0～4岁年龄组至55～59岁人口男女性别比在95：100～109：100之间波动。55～59岁年龄组后，男性占比逐渐下降。

开元区青年年龄组人口男女性别比在111：100～122：100之间波动。50岁～54岁年龄组至90～94岁年龄组人口中，男性占比逐渐下降。

思明区中青年年龄组人口男性占比较高，20～24岁年龄组人口男女性别比为151.06：100。55～59岁年龄组之后，男性占比逐渐下降。

（三）2000年第五次全国人口普查性别构成

鼓浪屿区新生儿和幼儿年龄组人口男性占比偏高。65～69岁年龄组至90～94岁年龄组人口中，男性占比逐渐下降。

开元区中青年组人口男女性别比在105：100～129：100之间波动。60～64岁年龄组至90～94岁年龄组人口中，男性占比逐渐下降。

思明区中青年组人口男女性别比在103：100～119：100之间波动。55～59岁年龄组之后，男性占比逐渐下降。

1982年三区不同年龄组人口性别构成统计表

表2-3-7

年龄组（岁）	鼓浪屿区			开元区			思明区		
	男性（人）	女性（人）	男性比例（%）	男性（人）	女性（人）	男性比例（%）	男性（人）	女性（人）	男性比例（%）
0～4	659	661	99.7	3731	3443	108.36	2829	2671	105.92
5～9	774	721	107.35	4006	3753	106.74	3308	3113	106.26
10～14	1128	1077	104.74	6316	5929	106.53	4916	4536	108.38
15～19	1273	1260	101.03	8185	7689	106.45	7816	6252	125.02
20～24	1312	1279	102.58	7700	7454	103.3	7338	6024	121.81
25～29	1381	1359	101.62	7793	6865	113.52	6984	5737	121.74
30～34	984	981	100.31	5701	4939	115.43	4846	4154	116.66
35～39	670	719	93.18	4457	3454	129.04	3394	2718	124.87
40～44	836	804	103.98	4694	3798	123.59	3427	2881	118.95
45～49	925	735	125.85	4837	4119	117.43	3614	3075	117.53
50～54	649	689	94.19	3967	3520	112.7	3073	2835	108.4
55～59	495	540	91.67	2611	2672	97.72	2160	2337	92.43
60～64	382	546	69.96	1741	2234	77.93	1542	1990	77.49
65～69	295	462	63.85	1227	1672	73.39	1121	1616	69.37

续表2-3-7

年龄组（岁）	鼓浪屿区			开元区			思明区		
	男性（人）	女性（人）	男性比例（%）	男性（人）	女性（人）	男性比例（%）	男性（人）	女性（人）	男性比例（%）
70～74	209	344	53.19	781	1231	63.44	718	1181	60.8
75～79	116	234	49.57	341	820	41.59	343	762	45.01
80～84	44	131	33.59	146	458	31.88	118	410	28.78
85～89	13	56	23.21	26	199	13.07	35	147	23.81
90～94	3	20	15	8	55	14.55	8	39	20.51
95～100	0	1	0	0	6	0	0	6	0
101～104	1	0	—	—	—	—	—	—	—
105～109	1	0	—	—	—	—	—	—	—

1990 年三区不同年龄组人口性别构成统计表

表 2-3-8

年龄组（岁）	鼓浪屿区			开元区			思明区		
	男性（人）	女性（人）	男性比例（%）	男性（人）	女性（人）	男性比例（%）	男性（人）	女性（人）	男性比例（%）
0～4	641	671	95.53	7378	7083	104.16	3400	3261	104.26
5～9	721	679	106.19	7484	6882	108.75	3521	3281	107.31
10～14	526	542	97.05	5798	5508	105.27	2796	2630	106.31
15～19	846	834	101.44	9781	8775	111.46	6149	4979	123.5
20～24	1108	1140	97.19	13442	11730	114.6	10118	6698	151.06
25～29	1100	1166	94.34	14750	12708	116.07	8076	6100	132.39
30～34	1188	1118	106.26	12347	11075	111.49	6768	5478	123.55
35～39	1081	996	108.53	10731	9208	116.54	5701	4504	126.58
40～44	805	786	102.42	7804	6829	114.28	4154	3235	128.41
45～49	613	567	108.11	6214	5078	122.37	2885	2332	123.71
50～54	700	638	109.72	6668	5488	121.5	3061	2799	109.36
55～59	595	562	105.87	5582	4811	116.03	2864	2614	109.56
60～64	474	527	89.94	4176	3888	107.41	2086	2412	86.48
65～69	321	460	69.78	2188	2814	77.75	1360	1881	72.3
70～74	232	395	58.73	1304	2129	61.25	912	1438	63.42
75～79	148	296	50	683	1367	49.96	499	975	51.18
80～84	75	162	46.3	324	824	39.32	224	533	42.03
85～89	23	67	34.33	96	384	25	53	276	19.2
90～94	4	16	25	20	88	22.73	15	69	21.74
95～99	2	8	25	4	15	26.67	3	11	27.27
100 以上	0	1	0	0	2	0	0	4	0

2000 年三区不同年龄组人口性别构成统计表

表 2-3-9

年龄组（岁）	鼓浪屿区			开元区			思明区		
	男（人）	女（人）	男性比例（%）	男（人）	女（人）	男性比例（%）	男（人）	女（人）	男性比例（%）
0	64	52	123.08	2753	2441	112.78	381	367	103.81
1～4	241	191	126.18	8565	7263	117.93	1520	1314	115.68
5～9	399	386	103.37	11687	10005	116.81	2570	2346	109.55
10～14	549	554	99.1	11938	10964	108.88	3123	2945	106.04
15～19	984	947	103.91	21225	24299	87.35	7825	8815	88.77
20～24	984	906	108.61	37433	37328	100.28	11792	10035	117.51
25～29	901	790	114.05	45340	38510	117.74	8353	7076	118.05
30～34	833	852	97.77	37328	30499	122.39	6879	6124	112.33
35～39	825	869	94.94	29247	22574	129.56	6372	5495	115.96
40～44	871	818	106.48	19276	15602	123.55	5256	4629	113.55
45～49	823	694	118.59	15684	13283	118.08	4535	3784	119.85
50～54	594	526	112.93	10383	9664	107.44	3171	2784	113.9
55～59	364	397	91.69	7379	7014	105.2	2153	2088	103.11
60～64	439	443	99.1	7296	6721	108.56	2248	2279	98.64
65～69	412	378	108.99	5538	5256	105.37	1896	2058	92.13
70～74	272	375	72.53	3534	3771	93.72	1296	1646	78.74
75～79	155	263	58.94	1614	2418	66.75	693	1183	58.58
80～84	96	196	48.98	657	1364	48.17	313	649	48.23
85～89	45	101	44.55	212	613	34.58	115	326	35.28
90～94	7	34	20.59	64	229	27.95	20	98	20.41
95～99	2	7	28.57	14	46	30.43	5	22	22.73
100 及以上	0	1	0	0	6	0	—	—	—

第二节 年龄构成

在 1982 年、1990 年、2000 年的三次全国人口普查中，三区年龄组人口数量最多及比例最高的，1982 年是 15～29 岁 3 组，人口分别为 32476 人、31107 人、30119 人，比例分别为 12.14%、11.63%、11.26%；1990 年是 20～34 岁 3 组，人口分别为 44236 人、43899 人、37974 人，比例分别为 12.07%、11.98%、10.36%；2000 年是 20～34 岁 3 组，人口分别为 98078 人、100970 人、82515 人，比例分别为 14.41%、14.78%、12.08%。

1982年三区人口年龄组构成统计表

表2-3-10

年龄组（岁）	三区合计		鼓浪屿区		开元区		思明区	
	人口（人）	比例（%）	人口（人）	比例（%）	人口（人）	比例（%）	人口（人）	比例（%）
0～4	13994	5.23	1320	5.33	7174	5.41	5500	5
5～9	15675	5.86	1495	6.04	7759	5.85	6421	5.83
10～14	23902	8.94	2205	8.9	12245	9.24	9452	8.59
15～19	32476	12.14	2533	10.23	15874	11.97	14068	12.78
20～24	31107	11.63	2591	10.46	15154	11.43	13362	12.14
25～29	30119	11.26	2740	11.06	14658	11.06	12721	11.56
30～34	21605	8.08	1965	7.93	10640	8.02	9000	8.18
35～39	15412	5.76	1389	5.61	7911	5.97	6112	5.55
40～44	16440	6.15	1640	6.62	8492	6.4	6308	5.73
45～49	17305	6.47	1660	6.70	8956	6.75	6689	6.08
50～54	14733	5.51	1338	5.4	7487	5.65	5908	5.37
55～59	10815	4.04	1035	4.18	5283	3.98	4497	4.09
60～64	8435	3.15	928	3.75	3975	3	3532	3.21
65～69	6393	2.39	757	3.06	2899	2.19	2737	2.49
70～74	4464	1.67	553	2.23	2012	1.52	1899	1.73
75～79	2616	0.98	350	1.41	1161	0.88	1105	1
80～84	1307	0.49	175	0.71	604	0.46	528	0.48
85～89	476	0.18	69	0.28	225	0.17	182	0.17
90～94	133	0.05	23	0.09	63	0.05	47	0.04
95～100	13	0.01	1	0	6	0	6	0.01
101～104	1	0	1	0	—	—	—	—
105～109	1	0	1	0	—	—	—	—

1990年三区人口年龄组构成统计表

表2-3-11

年龄组（岁）	三区合计		鼓浪屿区		开元区		思明区	
	人口（人）	比例（%）	人口（人）	比例（%）	人口（人）	比例（%）	人口（人）	比例（%）
0～4	22434	6.12	1312	5.75	14461	6.47	6661	5.54
5～9	22568	6.16	1400	6.13	14366	6.43	6802	5.66
10～14	17800	4.86	1068	4.68	11306	5.06	5426	4.52
15～19	31365	8.56	1680	7.36	18557	8.3	11128	9.26
20～24	44236	12.07	2248	9.84	25172	11.26	16816	14
25～29	43899	11.98	2266	9.92	27457	12.29	14176	11.8

续表2-3-11

年龄组（岁）	三区合计		鼓浪屿区		开元区		思明区	
	人口（人）	比例（%）	人口（人）	比例（%）	人口（人）	比例（%）	人口（人）	比例（%）
30～34	37974	10. 36	2306	10. 1	23422	10. 48	12246	10. 19
35～39	32221	8. 79	2077	9. 1	19939	8. 92	10205	8. 49
40～44	23613	6. 44	1591	6. 97	14633	6. 55	7389	6. 15
45～49	17689	4. 83	1180	5. 17	11292	5. 05	5217	4. 34
50～54	19354	5. 28	1338	5. 86	12156	5. 44	5860	4. 88
55～59	17028	4. 65	1157	5. 07	10393	4. 65	5478	4. 56
60～64	13563	3. 7	1001	4. 38	8064	3. 61	4498	3. 74
65～69	8564	2. 34	781	3. 42	5002	2. 24	3241	2. 7
70～74	6410	1. 75	627	2. 75	3433	1. 54	2350	1. 96
75～79	3968	1. 08	444	1. 94	2050	0. 92	1474	1. 23
80～84	2142	0. 59	237	1. 04	1148	0. 51	757	0. 63
85～89	899	0. 25	90	0. 39	480	0. 21	329	0. 27
90～94	212	0. 06	20	0. 09	108	0. 05	84	0. 07
95～99	43	0. 01	10	0. 04	19	0. 01	14	0. 01
100 及以上	7	0	1	0	2	0	4	0

2000 年三区人口年龄组构成统计表

表 2-3-12

年龄组（岁）	三区合计		鼓浪屿区		开元区		思明区	
	人口（人）	比例（%）	人口（人）	比例（%）	人口（人）	比例（%）	人口（人）	比例（%）
0	6058	0. 89	116	0. 59	5194	0. 99	748	0. 55
1～4	19094	2. 8	432	2. 2	15828	3	2834	2. 07
5～9	27393	4. 01	785	4	21692	4. 12	4916	3. 6
10～14	30073	4. 4	1103	5. 62	22902	4. 35	6068	4. 44
15～19	64109	9. 38	1932	9. 83	45540	8. 64	16637	12. 18
20～24	98078	14. 41	1890	9. 62	74761	14. 19	21827	15. 98
25～29	100970	14. 78	1691	8. 61	83850	15. 91	15429	11. 3
30～34	82515	12. 08	1685	8. 58	67827	12. 87	13003	9. 52
35～39	65382	9. 57	1694	8. 63	51821	9. 83	11867	8. 69
40～44	46452	6. 8	1689	8. 6	34878	6. 62	9885	7. 24
45～49	38803	5. 68	1517	7. 72	28967	5. 5	8319	6. 09
50～54	27112	5. 43	1120	5. 7	20047	3. 8	5955	4. 36
55～59	19395	2. 84	761	3. 87	14393	2. 73	4241	3. 11
60～64	19426	2. 84	882	4. 49	14017	2. 66	4527	3. 31
65～69	15538	2. 28	790	4. 02	10794	2. 05	3954	2. 9
70～74	10894	1. 6	647	3. 29	7305	1. 39	2942	2. 15

续表2-3-12

年龄组（岁）	三区合计		鼓浪屿区		开元区		思明区	
	人口（人）	比例（%）	人口（人）	比例（%）	人口（人）	比例（%）	人口（人）	比例（%）
75～79	6326	0.93	418	2.13	4032	0.77	1876	1.37
80～84	3275	0.48	292	1.49	2021	0.38	962	0.7
85～89	1412	0.21	146	0.74	825	0.16	441	0.32
90～94	452	0.07	41	0.21	293	0.06	118	0.09
95～99	96	0.02	9	0.05	6	0.01	27	0.02
100岁及以上	7	0	1	0.01	6	0	0	0

附：三区老年与少儿人口比例

（一）1982年全国人口普查老年与少儿人口比例

鼓浪屿区少儿人口占总人口20.27%，老年人口占总人口7.78%，老年人口与少儿人口比例为38.38%，处于老年型社会。

开元区少儿人口占总人口20.5%，老年人口占总人口5.27%，老年人口与少儿人口比例为25.71%，处于成年型社会。

思明区少儿人口占总人口19.42%，老年人口占总人口5.91%，老年人口与少儿人口比例为30.43%，处于老年型社会。

（二）1990年全国人口普查老年与少儿人口比例

鼓浪屿区少儿人口占总人口16.55%，老年人口占总人口9.68%，老年人口与少儿人口比例为58.47%，处于老年型社会。

开元区少儿人口占总人口17.96%，老年人口占总人口5.48%，老年人口与少儿人口比例为30.50%，处于老年型社会。

思明区少儿人口占总人口15.72%，老年人口占总人口6.87%，老年人口与少儿人口比例为43.69%，处于老年型社会。

（三）2000年全国人口普查老年与少儿人口比例

鼓浪屿区少儿人口占总人口12.41%，老年人口占总人口11.93%，老年人口与少儿人口比例为96.13%，处于老年型社会。

开元区少儿人口占总人口12.46%，老年人口占总人口4.82%，老年人口与少儿人口比例为38.68%，处于老年型社会。

思明区少儿人口占总人口10.66%，老年人口占总人口7.55%，老年人口与少儿人口比例为70.83%，处于老年型社会。

第三节　职业与文化构成

一、职业构成

明至清代，区境居民职业分为士、农、商、工，统称四民。清代末年，区境居民职业分为政府官员、儒生学士、工厂主、发货人、店员、土地所有者、手艺人、车夫、雇农、轿夫、剃头师等。民国时期，区境居民职业分为工业、商业、交通、佣役、娼妓等。工业中包括工厂主与工人，商业中包括店主、店员、银行家、银行职员等。

1982 年第三次全国人口普查，三区从业人口 156911 人。其中，鼓浪屿区 13904 人、开元区 80011 人、思明区 62996 人。三区从业人口中，各类专业技术人员 21391 人，占 13.63%；国家机关、党群组织、企事业单位负责人 7673 人，占 4.89%；办事人员和有关人员 10088 人，占 6.43%；商业服务性工作人员 21398 人，占 13.64%；农林牧渔劳动者 3085 人，占 1.97%；生产工人、运输工人和有关人员 92499 人，占 58.95%；其他劳动者 777 人，占 0.49%。

1990 年第四次全国人口普查，三区从业人口 216671 人。其中，鼓浪屿区 12747 人、开元区 136131 人、思明区 67793 人。三区从业人口中，各类专业技术人员 36712 人，占 16.94%；国家机关、党群组织、企事业单位负责人 10969 人，占 5.06%；办事人员和有关人员 17865 人，占 8.25%；商业服务性工作人员 45627 人，占 21.06%；农林牧渔劳动者 7233 人，占 3.34%；生产工人、运输工人和有关人员 97844 人，占 45.16%；其他劳动者 421 人，占 0.19%。

2007 年，思明区从业人口 192954 人，主要从事 18 种职业。

2007 年思明区从业人员职业构成统计表

表 2-3-13

行业	人数（人）	占比（%）	行业	人数（人）	占比（%）
采矿业	142	0.07	房地产业	10133	5.25
制造业	48017	24.88	租赁和商务服务业	6274	3.25
电力、燃气及水生产与供应	726	0.38	科研、技术服务和地质勘查	3915	2.03
建筑业	72114	37.37	水利、环境和公共设施管理	1537	0.8
交通运输、仓储和邮政业	3453	1.79	居民服务和其他服务	1780	0.92
信息传输计算机服务和软件	2042	1.06	教育	6832	3.54
批发与零售业	15742	8.16	卫生、社会保障和社会福利	1890	0.98
住宿与餐饮业	8800	4.56	文化、体育和娱乐业	1736	0.9
金融业	513	0.27	公共管理和社会组织	7308	3.79

二、文化构成

民国 18 年（1929 年），区境不识字者占总人口 2/3；学龄儿童 29307 人中，入学者 9414 人，入学率为 32.12%。民国 37 年，区境受高等教育者占总人口 1.1%，受中等教育者占总人口 8.74%，受初等教育者占总人口 16.62%，受私塾教育者占总人口 5.84%，文盲占总人口 53.2%。

中华人民共和国成立后，三区政府对原有学校进行全面整顿，创建新校。同时，广泛开展扫除文盲工作。

“文化大革命”期间，学校秩序失常，教育事业遭到挫折。1978 年 12 月中共十一届三中全会后，三区教育事业恢复发展。

1982 年第三次全国人口普查，三区大学毕业及以上文化程度人口 10017 人，占总人口 4%；高中文化程度人口 43293 人，占 17.29%；初中文化程度人口 73968 人，占 29.55%；文盲、半文盲人口 35318 人，占 24.1%。

1990 年第四次全国人口普查，三区大学毕业及以上文化程度人口 21890 人，占总人口 6.44%；高中文化程度人口 55962 人，占 16.47%；初中文化程度人口 98072 人，占 28.86%；文盲、半文盲人口

38780 人，占 11.41%。

1997 年，三区完成扫除青壮年文盲任务。1990—2000 年，三区专科、大学及以上文化程度人口的比例较快上升。

2000 年第五次全国人口普查，三区大学毕业及以上文化程度人口 53328 人，占总人口 8.17%；高中文化程度人口 105147 人，占 16.11%；初中文化程度人口 220135 人，占 33.73%；文盲、半文盲人口 27876 人，占 4.27%。

1982 年、1990 年、2000 年三区 6 岁及以上人口文化程度构成统计表

表 2-3-14　　单位：人

项目	三区合计			鼓浪屿区			开元区			思明区		
	1982	1990	2000	1982	1990	2000	1982	1990	2000	1982	1990	2000
6 岁及以上	250312	339785	652675	23149	21255	18965	123890	206263	501566	103273	112267	132144
大学毕业及以上	10017	21890	53328	1368	1113	1441	3042	7893	31143	5607	12884	20744
所占比例(%)	4	6.44	8.17	5.91	5.24	7.6	2.46	3.83	6.21	5.43	11.48	15.7
大学肄业及以上	4478	17402	53747	245	1371	1597	521	10570	40651	3712	5461	11499
所占比例(%)	1.79	5.12	8.23	1.06	6.45	8.42	0.42	5.12	8.1	3.59	4.86	8.7
中专	—	17021	52333	—	1497	1674	—	10537	42258	—	4987	8401
所占比例(%)	—	5	8.02	—	7.04	8.83	—	5.11	8.43	—	4.44	6.63
高中	43293	55962	105147	5886	4339	3340	20043	34452	82696	17364	17171	19111
所占比例(%)	17.29	16.47	16.11	25.42	20.41	17.61	16.18	16.7	16.49	16.81	15.3	14.46
初中	73968	98072	220135	6988	6215	5534	37592	61680	176492	29388	30177	38109
所占比例(%)	29.55	28.86	33.73	30.19	29.24	29.18	30.34	29.9	35.19	28.46	26.88	28.84
小学	83288	90658	140109	5940	4381	3994	45558	58418	108151	31790	27859	27964
所占比例(%)	33.27	26.8	21.47	25.66	20.61	21.06	36.77	28.32	21.56	30.78	24.81	21.16
文盲及半文盲	35318	38780	27876	2722	2339	1385	17134	22713	20175	15412	13728	6316
所占比例(%)	24.1	11.41	4.27	11.75	11.01	7.3	13.83	11.01	4.02	14.92	12.23	4.78

第四节　农业与非农业人口构成

1983 年，区境农业人口 3924 人，占总人口 1.45%；1993 年，增至 19836 人，占总人口 5.7%；2001 年，14686 人，占总人口 3.45%。2002 年冬，农业人口全部转为非农业人口。2003—2007 年，思明区人口均为非农业人口。

若干年份区境农业人口与非农人口构成统计表

表 2-3-15

年份	农业人口（人）	非农人口（人）	非农占比（%）
1983	3924	267381	98.55
1985	2901	289763	99.01

续表2-3-15

年份	农业人口（人）	非农人口（人）	非农占比（%）
1989	18365	306214	94. 34
1991	19209	316071	94. 27
1993	19836	327935	94. 3
1995	17502	345102	95. 17
1997	17357	359451	95. 39
1999	15911	379899	95. 98
2000	15705	394186	96. 17
2001	14686	411416	96. 55
2002	0	442644	100

若干年份三区农业人口与非农人口构成统计表

表 2-3-16

年份	鼓浪屿区			开元区			思明区		
	农业人口（人）	非农人口（人）	非农占比（%）	农业人口（人）	非农人口（人）	非农占比（%）	农业人口（人）	非农人口（人）	非农占比（%）
1983	98	24100	99. 6	1146	137234	99. 17	2680	106047	97. 54
1985	42	23401	99. 82	221	158399	99. 86	2638	107963	97. 61
1989	16	22573	99. 93	11093	175500	94. 05	7256	108141	93. 71
1991	186	22290	99. 17	11308	187024	94. 3	7715	106757	93. 26
1993	120	21274	99. 44	11736	201958	94. 51	7980	104703	92. 92
1995	60	20112	99. 7	12006	219040	94. 8	5436	105950	95. 12
1997	7	18797	99. 96	11985	237006	95. 19	5365	103648	95. 08
1999	3	16899	99. 98	10848	262926	96. 04	5060	100074	95. 19
2000	7	16369	99. 96	10610	278549	96. 33	5088	99268	95. 12
2001	7	16323	99. 96	10529	292588	96. 53	4150	102505	96. 11
2002	0	16361	100	0	317637	100	0	108646	100

第五节 民族构成

唐代，北方汉族人陆续迁入嘉禾屿，长期繁衍生息，成为岛上主要居民。

南宋末，元军攻占嘉禾屿后，蒙古人开始进驻区境。明代，因从军、经商等原因，回族人进驻区境。清代初期，满族人随清军进驻。清咸丰年间，回族人口500余人，清末增至1000余人。民国期间，回族人口迁出而减少。

1982年第三次全国人口普查，三区有汉族人口266195人，已确定少数民族名称16个共1210人，未确定少数民族名称的人数17人。少数民族人口中，回族占82.64%、满族占4.16%、壮族占3.02%、高山族占2.36%、畲族占1.96%、苗族占1.55%。

1990年第四次全国人口普查，三区有汉族人口362172人，少数民族25个共4275人。

2000年第五次全国人口普查，三区有汉族人口673255人，已确定少数民族名称35个共10003人，未确定少数民族名称的人数12人。少数民族人口中，回族占34.23%、畲族占21.11%、土家族占14.93%、苗族占7.75%、满族占5.75%、蒙古族占3.29%、壮族占3.26%、侗族占2.16%、朝鲜族占1.99%。

1982年三区人口民族构成统计表

表2-3-17　　单位：人

民族	合计	鼓浪屿区	开元区	思明区
汉族	266195	24713	131934	109548
蒙古族	6	—	4	2
回族	1014	51	521	442
苗族	19	—	13	6
彝族	1	—	—	1
壮族	37	—	27	10
布依族	9	2	6	1
朝鲜族	8	2	—	6
满族	51	—	27	24
侗族	4	—	4	—
土家族	1	—	1	—
畲族	24	1	14	9
高山族	29	—	17	12
纳西族	4	—	4	—
仫佬族	1	—	—	1
锡伯族	1	—	—	1
京族	1	—	1	—
其他民族	17	—	6	11
少数民族合计	1227	56	645	526

1990年三区人口民族构成统计表

表2-3-18　　单位：人

民族	合计	鼓浪屿区	开元区	思明区
汉族	362172	22663	220868	118641
蒙古族	53	—	16	37
回族	2704	117	1557	1030
藏族	4	—	—	4
维吾尔族	6	—	—	6
苗族	104	—	77	27

续表2-3-18

民族	合计	鼓浪屿区	开元区	思明区
彝族	3	—	—	3
壮族	114	6	67	41
布依族	27	3	20	4
朝鲜族	27	2	4	21
满族	238	6	144	88
侗族	29	—	27	2
瑶族	4	—	3	1
土家族	80	3	52	25
畲族	804	33	568	203
高山族	45	—	35	10
水族	1	—	—	1
纳西族	6	—	6	—
景颇族	2	—	2	—
仫佬族	3	—	2	1
羌族	1	—	1	—
毛南族	1	—	—	1
仡佬族	1	—	—	1
锡伯族	2	—	—	2
京族	4	—	4	—
少数民族小计	4275	171	2590	1514

2000 年三区人口民族构成统计表

表 2-3-19 单位：人

民族名称	合计	鼓浪屿区	开元区	思明区
汉族	673255	19470	519331	134454
蒙古族	329	7	230	92
回族	3428	75	2470	883
藏族	39	—	26	13
维吾尔族	44	—	42	2
苗族	776	13	634	129
彝族	47	—	39	8
壮族	326	3	253	70
布依族	84	—	60	24
朝鲜族	199	3	149	47
满族	576	17	407	152
侗族	216	4	183	29

续表2-3-19

民族名称	合计	鼓浪屿区	开元区	思明区
瑶族	47	1	28	18
白族	26	1	17	8
土家族	1499	8	1275	216
哈尼族	4	—	4	—
哈萨克族	1	—	1	—
傣族	16	—	14	2
黎族	14	3	9	2
佤族	16	—	4	12
畲族	2114	34	1698	382
高山族	33	—	27	6
拉祜族	1	—	1	—
水族	11	—	11	—
东乡族	7	—	7	—
纳西族	10	—	8	2
景颇族	1	—	—	1
土族	38	—	33	5
达尔族	7	—	5	2
仫佬族	16	—	14	2
羌族	6	—	4	2
撒拉族	1	—	1	—
仡佬族	50	2	42	6
锡伯族	17	—	12	5
京族	2	—	1	1
基诺族	2	—	1	1
其他民族	12	—	12	—
少数民族合计	10015	171	7722	2122

附：主要姓氏

（一）陈姓

金榜山一带陈氏 唐开元中，漳州陈邕与族人迁居金榜山。唐天宝十四年（755年），陈僖率家族300余人从福唐（今福清）到金榜山一带居住。之后，漳州南院“南陈”太傅派和来自漳州“北庙”圣王派的陈姓族人相继迁居金榜山一带。

岭兜陈氏 元朝，由泉州迁入。后，岭兜村拆迁，安置于莲成社岭兜一里、岭兜二里。

黄厝溪头下陈氏 清代，有姓陈者从漳州迁入溪头下社。

文兴陈氏 清代，有姓陈者从漳州迁入文兴社。后居洪文五里。

（二）林姓

泥窟林氏　宋代，有姓林者从晋江马坪迁塔头社；清代，部分再移居泥窟社。

前埔林氏　明初，同安潘涂十三世瑄（字存器）、彬（字存成），迁前埔、前村开基。兄弟分居，兄住溪北，即前村；弟住溪南，即前埔。

黄厝林氏　明代，黄厝社因黄姓聚居得名。后，塔头林姓迁入，黄姓陆续迁出，黄厝为林姓居住地。

黄厝塔头林氏　北宋，锦马七世林励徙居塔头。历三世，林起云守祖居地。

茂后林氏　明代，有姓林者迁入茂后社。

西林林氏　清代，有姓者从晋江迁入。

（三）黄姓

曾厝垵仓里黄氏　元代，黄守恭后裔八郎迁此。曾厝垵黄厝，又称东黄厝黄氏，系新厝边黄氏后裔。

塔埔黄氏　明正统年间，莆田后楼乡黄上石职授指押使，奉命镇守嘉禾里塔头寨，留居塔埔。同安金炳黄氏后裔黄石路分支塔埔。两黄于塔埔、下保、黄隅头三社繁衍至今。

鼓浪屿黄氏　元代初期，同安金炳黄清波迁居鼓浪屿，为开基祖。传至黄高生曾孙黄奕经之孙有22代。

文灶黄氏　清代，同安东孚云尾村埭头社黄景善分迁文灶社。溪底为长房；豪士官、海仔墘（今汇成大厦一带）为二房、四房；清末举人黄仲训属三房；西边社一带称小豪士官，为五房。

文兴黄氏　清代，有黄氏从莆田迁入文兴社。今被安置在洪文五里。

仁安黄氏　清代，有黄氏从莆田迁入仁安社。

（四）叶姓

莲坂叶氏　南宋绍兴年间，金兵南侵时，祖居北京河间府的叶文炳举家南迁，先居漳州府叶浦社。文炳生三子：颜、颐、髓。叶颐，移居莲坂，以“莲溪”为灯号，尊文炳为始祖，叶颐为开基祖。禾山前坑、后坑、县后叶姓，其后裔系莲坂分支，与屿后、仙乐、西郭、埭头叶姓同宗。

西林大东山叶氏　明初，有姓叶者从同安迁来，居东山社。

岭下叶氏　明洪武十七年（1384年），始祖叶永良从同安溪东迁入。分支后埔等7村。

（五）傅姓

傅厝巷傅氏　明天顺年间，傅珙（字质温，号禾江）之父兄居此。傅珙生子傅镇，傅镇登嘉靖十一年（1532年）进士，官至右副都御使、提督。傅珙为傅厝巷傅氏开基祖。

曾厝垵下东宅傅氏　清初，傅厝巷傅氏分衍，至清道光年间，蕹菜河尚属傅家，曾厝垵下东宅是傅家居宅。

东坪山傅氏　清代，有姓傅者从南安迁此。

西林东坪傅氏　明代，漳州傅氏迁入，居东坪山社。

（六）李姓

内厝澳李氏　明初，嵩屿李氏家族移居于此，称“李厝澳”，后演化为“内厝澳”。

（七）何姓

何厝何氏　唐昭宗年间，何氏鼻祖按抚入闽，到东澳何厝开基。后坑、高林、金尚、江村、后浦、村里等都有何姓居住。元代中期（约1298年），泉州清源山何添清（官至大理事评事）弃官携其六位弟弟及家眷乘桴由泉州浮海到东澳（今何厝社区东澳），择地顺济宫西侧而居。何氏开基，故名何厝。何厝分顶何社、下何社。

（八）曾姓

曾厝垵曾氏　宋末，龙山曾氏后裔十八世曾光绰（任枢密院使），由苏州常熟县携家随宋末皇帝入闽，景炎元年（1276年），择居高浦村，曾氏到此地安居，名曰曾厝垵（别号禾浦），志曰曾家澳。光绰为曾厝垵开基祖。曾厝垵曾氏后裔衍大房、二房、三房、四房。

（九）吴姓

梧村吴氏 元朝至正元年（1341 年）吴漾由北方迁居凤林（今莲坂埭头）。吴漾，字亨远，商人，为梧村吴氏开基祖。生五子：长子泮诚，居埭头；次子泮广，移居泉州永宁，其后有子嗣迁西潘、穆厝和蔡坑（故有三社合“三乡”之说）；三子泮永；四子泮临，居梧村；五子泮莅，居金榜山。

（十）洪姓

洪山柄洪氏 清代，有洪姓由翔安洪厝移居洪山柄。后洪山柄自然村拆迁，洪姓被安置在瑞景小区。

第四章　婚姻与家庭

第一节　婚　姻

一、配偶人口与离婚人口

唐至清代，男尊女卑、一夫多妻、早婚为福等封建婚姻陋习延续。民国时期，仍视妇女离婚及改嫁为不光彩之事。政府虽一度禁止纳妾，但没有严格实施。

1950 年《中华人民共和国婚姻法》颁布，实行一夫一妻制度，男女平等，婚姻自主，男 20 岁及以上、女 18 岁及以上准予登记结婚。禁止重婚、纳妾，禁止包办、买卖婚姻。

1982 年第三次全国人口普查，三区配偶人口 116994 人，其中男 59909 人，女 57085 人，比例 54.71%；丧偶人口 16000 人，其中男 2050 人，女 13950 人，比例 7.48%；离婚人口 1295 人，其中男 684 人，女 611 人，比例 0.6%。

1990 年第四次全国人口普查，三区配偶人口 192306 人，其中男 100555 人，女 91751 人，比例 63.33%；丧偶人口 19201 人，其中男 2713 人，女 16488 人，比例 6.32%；离婚人口 2309 人，其中男 1221 人，女 1088 人，比例 0.76%。

2000 年第五次全国人口普查，三区配偶人口 33071 人，其中男 16992 人，女 16079 人；丧偶人口 2005 人，其中男 326 人，女 1679 人；离婚人口 722 人，其中男 306 人，女 416 人。

二、晚婚人口

1964 年 4 月 13 日，厦门市人民委员会颁布《关于提倡晚婚和实行计划生育的几项规定（试行草案）》，三区居民初婚年龄定为男 23 周岁以上、女 21 周岁以上。1973 年 3 月 5 日，执行厦门市革命委员会批转市计划生育领导小组《关于计划生育若干具体政策问题的规定》，提倡城市人口男 28 周岁、女 25 周岁；农村人口男 25 周岁、女 23 周岁为初婚年龄。

1984 年，三区初婚人口 2088 人，其中晚婚人口 1940 人。1995 年，初婚人口 2035 人，其中晚婚人口 2017 人。2002 年，三区初婚人口 3907 人，其中晚婚人口 3798 人。

2007 年，思明区初婚人口 5827 人，其中晚婚 5309 人。

1984—2002 年三区晚婚人口统计表

表 2-4-1

年份	合计			鼓浪屿区			开元区			思明区		
	初婚（人）	其中：晚婚（人）	晚婚率（%）	初婚（人）	其中：晚婚（人）	晚婚率（%）	初婚	其中：晚婚（人）	晚婚率（%）	初婚（人）	其中：晚婚（人）	晚婚率（%）
1984	2088	1940	92. 91	144	135	93. 75	1307	1242	95. 03	637	563	88. 38
1985	3152	2822	89. 53	206	173	83. 98	2216	2002	90. 34	730	647	88. 63
1986	2486	2173	87. 41	166	142	85. 54	1765	1527	86. 52	555	504	90. 81
1987	3529	3004	85. 12	182	155	85. 16	2506	2084	83. 16	841	765	90. 96
1988	2446	2202	90. 02	131	118	90. 08	1681	1529	90. 96	634	555	87. 54
1989	2275	2134	93. 8	105	95	90. 48	1646	1571	95. 44	524	468	89. 31
1990	2152	2000	92. 94	107	82	76. 64	1575	1493	94. 79	470	425	90. 43
1991	1655	1571	94. 92	125	118	94. 4	1112	1068	96. 04	418	385	92. 11
1992	1748	1682	96. 22	124	120	96. 77	1200	1159	96. 58	424	403	95. 05
1993	1684	1624	96. 44	75	73	97. 33	1174	1135	96. 68	435	416	95. 63
1994	1780	1746	98. 09	101	100	99. 01	1155	1125	97. 4	524	521	99. 43
1995	2035	2017	99. 12	72	71	98. 61	1431	1416	98. 95	532	530	99. 62
1996	2482	2466	99. 36	96	96	100	1695	1681	99. 17	691	689	99. 71
1997	3140	3130	99. 68	135	135	100	2289	2280	99. 61	716	715	99. 86
1998	3160	3146	99. 56	179	179	100	2365	2351	99. 41	616	616	100
1999	3023	—	—	112	—	—	2334	—	—	577	—	—
2000	3653	—	—	139	—	—	2747	—	—	767	—	—
2001	3405	—	—	103	—	—	2718	—	—	584	—	—
2002	3907	3798	97. 21	89	83	93. 26	3317	3222	97. 14	501	493	98. 4

2003—2007 年思明区晚婚人口统计表

表 2-4-2

年份	初婚（人）	其中：晚婚（人）	晚婚率（%）	年份	初婚（人）	其中：晚婚（人）	晚婚率（%）
2003	3710	3574	96. 33	2006	5882	5367	91. 24
2004	5112	4586	89. 71	2007	5827	5309	91. 11
2005	4633	4098	88. 45				

第二节 家 庭

一、家庭户数

民国 16 年（1927 年），区境家庭有 24478 户。民国 36 年，家庭增至 31925 户。

1950 年冬，三区家庭共 31569 户，其中鼓浪屿区 4547 户、开元区 14053 户、思明区 12969 户。2002 年，三区家庭共 156442 户，其中鼓浪屿区 5682 户、开元区 118159 户、思明区 32601 户。

2007 年，思明区家庭 187546 户。

若干年份三区家庭户数统计表

表 2-4-3　　单位：户

年份	三区合计	鼓浪屿区	开元区	思明区	年份	三区合计	鼓浪屿区	开元区	思明区
1950	31569	4547	14053	12969	1995	112799	6517	73074	33208
1955	35747	4543	16168	15036	1997	122459	6404	82697	33358
1983	66002	6388	33754	25860	1999	137054	5945	97906	33203
1985	74267	6310	40951	27006	2000	143313	5705	104913	32695
1989	89138	6378	52337	30423	2001	150447	5670	111984	32823
1991	94830	6430	57510	30890	2002	156442	5682	118159	32601
1993	102560	6362	64380	31818					

2003—2007 年思明区家庭户数统计表

表 2-4-4　　单位：户

年份	户数	年份	户数	年份	户数	年份	户数	年份	户数
2003	165007	2004	169403	2005	175863	2006	182202	2007	187546

二、家庭规模

民国 16 年（1927 年），区境家庭户均人口 5.21 人，其中三代同堂者较多，也有四代同堂的。民国 36 年，家庭户均人口减为 4.39 人。

1950 年，三区常住人口家庭户均 4.41 人，其中鼓浪屿区户均 4.63 人，开元区户均 4.38 人，思明区户均 4.33 人。1976 年后，随着人们思想观念的转变、生活水平的提高、住房条件的改善及计划生育政策的控制，三、四代同堂者越来越少，一户二代者越来越多。2002 年，三区常住人口家庭户均 2.97 人；鼓浪屿区、开元区、思明区家庭户均人口分别为 2.88 人、2.69 人、3.33 人；分别比 1950 年减少 1.75 人、1.69 人、1 人。三口之家成为主要家庭模式。

2007 年，思明区常住人口家庭户均人口 3.1 人。

若干年份三区家庭户均人口统计表

表 2-4-5　　单位：人

年份	三区平均	鼓浪屿区	开元区	思明区	年份	三区平均	鼓浪屿区	开元区	思明区
1950	4.41	4.63	4.38	4.33	1995	3.2	3.1	3.16	3.35
1955	4.52	4.59	4.29	4.68	1997	3.07	2.94	3.01	3.27
1983	4.03	3.79	4.1	4.2	1999	2.84	2.84	2.8	3.17
1985	3.92	3.76	3.87	4.1	2000	2.94	2.87	2.76	3.19
1989	3.63	3.54	3.57	3.79	2001	2.95	2.88	2.71	3.25
1991	3.55	3.5	3.45	3.71	2002	2.97	2.88	2.69	3.33
1993	3.41	3.36	3.32	3.54					

2003—2007 年思明区家庭户均人口统计表

表 2-4-6　　单位：人

年份	户均人口	年份	户均人口	年份	户均人口	年份	户均人口	年份	户均人口
2003	2.84	2004	2.92	2005	2.99	2006	3.05	2007	3.1

第五章　人口控制

第一节　计生宣传

1956 年起，三区卫生部门在各基层单位开展避孕知识宣传活动。1964 年 4 月 13 日起，三区开展提倡晚婚和实行计划生育宣传活动。1970 年 12 月至 1971 年 2 月，三区动员多子女育龄夫妇落实计生措施。鼓浪屿区已婚育龄夫妇 1084 对，其中 1018 对夫妇落实计生措施，计生率 93.91%。1973 年，三区提倡婚育“晚、稀、少”，提倡优生优育。1980 年始，三区开展“人人为计生困难户送温暖”“三下乡”计生服务、“只有一个地球”宣传和婚育新风进万家活动。区、街道建立人口学校，定期为街道、社区（村）计生干部举办各种业务培训及科普知识讲座，开展“青春期、新婚期、孕产期、育儿期、更年期”卫生常识教育活动。街道计生干部深入工厂、企业、居民生活区，开办计生常识讲座。建立社区服务网点，设立服务项目，发展会员志愿者队伍，开展计生协会小组长进家入户访视活动。1996 年后，实施“民心工程”，走访新婚夫妇，送生育政策和婚育知识入户；走访孕产妇，送孕期、产褥期和新生儿保健知识入户；走访满月户，送避孕知识入户；走访重点户，送计生优质服务及帮扶信息入户。

2003 年起，在元宵节、政府服务月、科技活动周期间，举办“温馨厦门、魅力思明”全区性大型活动，以及开展重大节日的广场宣传、文艺演出等活动，并以有奖猜谜、抢答、游戏等形式进行计生宣传。每年投入 20 多万元制作计生应知应会宣传品，由居民小组长进家入户，送到群众手中。

2004 年 10 月，在《厦门广播电视报》开设“思明人口”专栏，定时刊出计生工作情况。2006 年，区政府制定《思明区 0～3 岁早期教育工作实施方案》，发动 1000 多名计生协会小组长和协会骨干会员为早教志愿者，走进社区和家庭，宣传政府免费婚检及优生检测等优惠政策。2006—2007 年，设立 26 个宣传计划生育路标和 52 幅绘有计生宣传画立式灯箱广告牌。设置 500 多平方米的大型户外计生宣传画栏。

2007 年，以《中共中央、国务院关于全面加强人口和计划生育工作统筹解决人口问题的决定》为内容，开展大型系列宣传教育活动 100 多场；组织计生干部、计生协会理事、协会小组长、单位员工培训会 120 场次；组织近万人次公职人员参加网上学习上述决定内容考试；印发宣传材料 20 万份，发放宣传品 18 万件，共有 10 万多人参与活动。在厦门电视台经济、交通频道及《海峡导报》开设“思明人口”专栏。设计图文并茂的计生宣传公益广告，喷绘在 10 辆公交车车身成为流动计生宣传车。举办 5 期“开启儿童成长智慧讲坛”系列活动，邀请专家作“赏识教育及正确看待孩子差异”“塑造生命良好开端，充分发挥婴幼儿潜能”等大型公益讲座；开展婴幼儿家庭大型亲子户外公益宣传活动。通过对计生知识的宣传和普及，干部知晓率 95%，群众知晓率 90%，有 72 对夫妇放弃再生育指标。是年，思明区被评为全国婚育新风进万家活动先进集体。

第二节　计生服务

一、服务机构与工作

（一）三区服务机构与工作

鼓浪屿区计划生育服务站　1990 年 7 月 2 日成立。1991—1997 年，计生技术服务依托厦门市第二医院进行。1997 年，厦门市第二医院增设区计划生育咨询门诊和避孕节育指导室。1999 年，为常住和流动人口提供免费双查服务。2000 年，免费为无业的常住育龄妇女进行妇科病普查。同年 2 月，服务站在区卫生院挂牌成立区计生服务站计划生育服务室，开展计生补救措施的术后随访、避孕药具副反应诊疗、乳腺疾病诊疗、生殖道感染治疗、优生优育咨询和避孕药具发放等服务。2003 年 5 月，为机关事业单位进行妇科病普查、治疗。

开元区计划生育服务站　1990 年 8 月 21 日成立。至 1998 年，技术服务由计生委（局）负责，服务站人员配置在各街道计生办。1999 年，开展避孕措施、病残儿鉴定和生殖保健系列优质服务，开展知情选择服务，走访育妇 2.5 万人次。2000 年，实行免费妇科病普查。2001 年，聘请共建医院及离退休医师定期或不定期参与咨询、义诊服务。

思明区计生服务站　1990 年 9 月 14 日成立。1992 年 1 月起，每年 4 次到基层进行放环取环、查环查孕、独生子女病残儿初审鉴定、优生优育咨询及诊疗服务。1993 年，开展宫内节育环型调查。1994 年，推广皮下埋植剂避孕法。1995 年"六一"儿童节，为全区 1235 名散居儿童（6 个月至学龄前）体检。1996 年，执行福建省关于禁止非医学需要鉴定胎儿性别规定，加强 B 超管理；4 月，对职工待业人群进行优生情况调查。1997 年，各街道设立计划生育咨询所，建档立卡。开展优生检测（弓形虫、风疹病毒、巨细胞病毒、单纯孢疹）新技术服务。1998 年，开展"生殖道感染干预、避孕措施知情选择、出生缺陷干预"活动，免费为独生子女病残儿做初审医学鉴定。为结婚多年未孕夫妻寻医问药，帮助 16 对夫妇进行检查治疗。2000 年，成立生殖保健综合服务队，深入黄厝、曾厝垵村为育妇服务。服务站经考评取得医疗机构执业许可证和计生服务执业许可证。2001 年，开通生殖保健 98168 声讯咨询热线服务，免费对无业的育妇进行妇科病普查普治，免费为 120 名贫困母亲进行妇科病普查普治。组织技术服务小组（60 多人次）携带仪器下基层为 150 名新婚妇女免费检测。建立技术质量管理小组、并发症抢救小组、病残儿鉴定小组。开设优生优育、中老年保健、不孕症、性病防治咨询门诊。2002 年，执行国家计生委《关于加强安全教育和质量管理，做好计生技术服务工作的通知》及《医疗事故处理条例》，加强医疗质量管理。2003 年，对社区计生干部进行抗击"非典"和计生知识培训；8 月，推广应用中国人口福利基金会提供的"出生缺陷与生殖道感染生物芯片诊断项目"。

（二）三区整合后思明区计划生育服务站

2003 年三区整合，三区计生服务站合并为思明区计划生育服务站。2004 年，投入 1500 万元，购置计生服务设备。同时，10 个街道社区卫生服务中心妇科门诊增设"计划生育技术服务室"，形成以区计生服务站为龙头，以街道社区卫生服务中心为补充的方便育龄夫妇的技术服务网络。对全区 95 名计生协会专职副会长、2702 名计生小组长的工作履行情况，进行量化考核，按"优秀、良好、一般"的等次给予适当补贴。当年，共发放计生工作补贴 187.95 万元。此后，区政府、街道将流动人口计生经费纳入同级财政预算，并逐年增加。区服务站指导各街道完善社区计生技术服务室，对村改居居民和城区享受低保符合政策怀孕妇女免费提供优生检测，为育龄群众提供生殖道感染预防知识咨询服务，建立妇科病普查档案。

2005 年，实行免费婚前医学检查，全程免费随访每例计生手术者。在妇科病普查项目中，增加血色素和血型测定。落实省关于禁止非医学需要鉴定胎儿性别和选择性别终止妊娠条例，规范 B 超管理，加强终止妊娠药品管理。

2006 年 3 月，为常住和流动人口中的育妇提供免费婚前医学检查、免费优生检测，并选派专人将检查结果及建议及时用信函发送。

2007 年 11 月，按照常住人口每 1500 人、流动人口每 1000 人各配 1 名计生工作人员的规定，为 95 个社区配备 865 名计生工作专职人员。是年，全区投入计生工作经费 3720 万元（比上年增加 552.6 万元）。落实长效计生措施慰问奖、独生子女死亡伤残扶助金和对基层计生工作人员奖励三项制度。

二、技术服务

1956 年，三区为一批多子女夫妇施行计划生育技术措施。1970 年冬，落实育龄夫妇计划生育技术措施，城区坚持推广综合技术措施，农村提倡长效技术措施。1971—1989 年，每年开展 3 次至 4 次活动，落实各项计生措施。

2003 年起，按照国家计生委《常用计划生育技术常规》《消毒技术规范》要求，开展计生服务工作。至 2007 年，无菌手术切口甲级愈合率 100%，无技术事故和并发症发生。是年，思明区被评为全国计划生育优质服务先进单位。

2004—2007 年思明区计生服务统计表

表 2-5-1

年份	双检人次	妇科病人普查人数	优生检测例数	婚检例数	门诊咨询人次	基层服务人次	培训班场次	培训人次	发放药具折款万元
2004	59801	21502	58	—	9631	9723	53	4946	—
2005	98162	39389	92	228	13107	11992	31	3240	62
2006	125885	31214	756	229	23641	26197	36	5100	75
2007	119550	33744	1201	396	5409	1134	25	4480	76.5

第三节 计生管理

一、人口计划

（一）一般生育率

1984—2003 年，鼓浪屿区一般生育率从 41.85‰下降至 18.8‰；开元区出现起伏现象，1984 年为 35.58‰，1989 年上升至 45.34‰，1993 年降至 29.28‰，2000 年之后出现小幅上升，2002—2003 年保持稳定；思明区从 39.53‰下降至 18.8‰。

2004—2007 年，全区一般生育率保持在 30‰～32‰。

（二）一孩率

1990 年起，三区政府与厦门市政府签订计划生育目标管理责任状，一孩率持续稳定在 95%，个别年份达到 99%。

2004—2007 年，全区一孩率稳定在 92%～95%。

（三）计划生育率

1. 三区计划生育率

鼓浪屿区计划生育率分别为 1995 年 99.34%、1996 年 100%、1999 年 97.53%、2000 年 98.1%、

2001 年 98.94%。

开元区计划生育率分别为 1995 年 99.64%、1996 年 99.67%、1999 年 96.68%、2000 年 99.03%、2001 年 99.34%。

思明区计划生育率分别为 1995 年 99.54%、1996 年 99.7%、1999 年 96.98%、2000 年 98.56%、2001 年 98.77%。

2. 整合后思明区计划生育率

2004 年 98.67%、2005 年 98.39%、2006 年 97.88%、2007 年 98.11%。

二、计生统计

1961 年，三区计划生育统计由卫生部门负责。1972 年，三区计划生育办公室配备专职统计干部。1973 年起，根据国家和省计划生育统计主管部门部署，三区在基层设置计划生育登记表、卡，规范登记表、卡和统计报表内容、统计口径及统计上报时限，完善计生统计管理制度。

1989 年 9 月 22 日起，三区执行《厦门市计划生育统计工作管理办法》《厦门市计划生育统计工作评比办法》，街道、社区建立健全计划生育统计台账，加强计生统计管理，层层建立统计质量检查制度。1991 年，街道计划生育办公室配备专职统计人员。社区、村由 1 名计划生育管理员负责统计工作。1999 年，建立计划生育统计工作网络，完成日常登记、定期统计和抽样调查工作，为预测人口发展、编制人口计划、考评计生工作提供重要依据。

三区整合后，全区进一步完善区、街道、社区三级统计工作网络。区、街道计生部门配备专职统计、微机人员 25 名，社区各配备 1～2 名负责计生统计管理人员。2003—2007 年，全区计生统计准确率均在 95% 以上。

三、流动人口计生管理

1980 年以来，区境流动人口不断增加。1985 年 9 月 24 日起，三区执行《厦门市外来人员计划生育管理实施办法》，在三区工作和暂住 3 个月以上已婚育龄夫妇，需持有生育情况证明书；对不具备计划生育证明书的外来人员，公安部门不予办理暂住户口手续，劳动部门不予安排工作，工商部门不予核发营业执照。1992 年起，三区执行国务院《流动人口计划生育管理办法》，防止流动人口政策外生育。根据厦门市《关于审检外来人员婚育节育证明书的通告》，三区对外来人员审检婚育节育证明书。审检对象怀孕者，须持户籍所在乡（镇）人民政府、街道办事处计划生育主管部门的婚育节育证明书和生育计划证；怀孕计划内二胎的必须持有县、区级计划生育主管部门批准证书，否则按计划外怀孕处理。

2003 年 10 月后，区计生部门利用重大节假日，对流动人口进行上门办证、流动办证。依托街道、社区，组建企业计生协会、行业计生协会、团体协会加强对高层楼宇中的小型贸易公司、流动人口公寓楼、私房出租户等流动人口密集区域的计生管理。2006 年，调研、抽查 32 个社区、6390 位流动人口；为流动人口免费提供婚检、优生检测。通过政府网站、新闻发布会，以及市广播电台、市广播电视报等媒体广泛宣传。同时，实行流动人口计划生育服务零收费。

2007 年，思明区被评为全国流动人口计划生育信息建设先进单位。

第三卷　城区建设

唐代中期，汉族人从北方迁漳泉而入厦门岛，在洪脊山下西北面与西南面建寮筑土屋聚族而居。南宋，岛上分布二三十个村庄。

明洪武二十七年（1394 年），筑厦门城（后成为思明城区建设中心）。明末，清军进攻厦门岛郑成功部队，城池毁于兵燹。清康熙二十四年（1685 年）重建厦门城，城内中心区即今思明区境的主体部分。清嘉庆年间（1796—1820 年），以厦门城为中心，设附城 4 社：福山社、和凤社、内街、外街。清道光年间（1821—1850 年），厦门城内及附近共有 30 多条街巷，房屋建筑面积近 20 万平方米。清光绪三十四年（1908 年），大街小巷增到 200 多条，房屋建筑面积 155 万平方米。

清宣统三年（1911 年），华侨陈祖琛等集资在厦港沙坡头创办电灯公司，为机关企事业单位供电照明。民国 8 年（1919 年），华侨黄奕住等人集资创办厦门自来水股份有限公司，厦门人始用自来水。是年，林尔嘉等组建厦门市政会，进行第一次有规划的大规模城区建设。至民国 26 年，完成道路“四纵七横”建设（详见第一章第三节附记）。

中华人民共和国成立后，接收厦门电灯公司、自来水公司，改造为国有企业，继续向社会供电供水。开元区削劈金榜山邻近山丘，填沟、填低洼地，扩展后江埭等，以建工厂；将筼筜港南岸填成陆地。同时，开展公共场所绿化、道路绿化。

1984 年区境融入经济特区后，开展全面的大规模的基本建设。新区拓展，主要有筼筜新区、东区、塔埔安置小区共 4.5 平方公里。旧城改造，主要有鹭江道、厦禾路、西堤棚户、美仁宫、莲坂、龙山、洪山柄、中华、曾厝垵等片区，共九大片。开山扩地，主要是开发观音山坡地，兴建观音山国际商务营运中心，开山用地 43.4 万平方米。修建道路，仅 2005 年至 2007 年新建、拓宽、维修道路共 151917 平方米，投资 4219 万元。供水工程，扩建莲坂水厂，日供水由 2 万立方米增加到 5 万立方米；1995 年引进九龙江淡水至区境（日取水 53 万立方米）；2005 年鼓浪屿建成双通道供水（日供 1.2 万吨满足需要）。供电设施，至 2005 年有 10 千伏配电线路 4403 公里，10 千伏配电容量 750 万千伏安，满足生产生活需要，还建成全区夜景灯光及多处“LED”夜景工程。造林绿化环境，20 世纪 80 年代以来常规化，实行专业造林与群众造林相结合。至 2007 年，全区营造园林绿地面积 1932 公顷，绿化覆盖率 42.13%。全区百年以上老树已知 173 株，各林片、公园、老树都建立保护措施。

在开展城区楼房、道路、供水、供电、绿化、美化等建设的同时，加强环境卫生整治与市容管理。2004—2007 年，思明区连续 4 年被评为厦门市城市市容环境卫生管理先进单位。

第一章　城区开发建设

第一节　开山填海

一、填海造地

明正统年间，吴仓（今梧村）社吴姓族人在凤屿一带填滩为田。明末，郑成功驻师厦门，岛之南部人口骤增，在筼筜港南岸进行小规模填土成陆，搭建房屋。厦门港沙坡头、沙坡尾（今民族路、大学路），原是沙滩。明末清初，逐渐形成渔村。

清初，厦门港一带海上对外贸易发展迅速，商业兴隆，市井繁华，在开发滨海地段的同时，不断向筼筜港南岸扩伸。清咸丰、同治年间，在今厦禾路西段填出大片土地，俗称“新填地”。在思明北路与厦禾路、开元路交界一带，原筼筜港的海面，有一小岛，似浮于海面。清末，围海填成陆地“浮屿角”。思明北路北端为浮屿，涨潮时海水将浮屿淹没，沿着思明北路经思明南路第九市场直入定安路。定安路市场留存船舶停泊抛锚的“塔仔”。故宫路西段有条海岸街，旧码头遗址犹存。厦禾路中段、思明北路北段和故宫路西段，原来都是海滩。

民国 10—17 年（1921—1928 年），修建厦禾公路，起于浮屿角，下筼筜港海滩直达豆仔尾、龙船河一带。小学路、角滨路和斗西路、豆仔尾等地均为填海而成。镇邦路原为港仔口，涨潮时海水淹至升平路、镇邦路，直达二十四崎码头。其后的文圃山，为郑成功训练水师的水操台。同文中学（今旅游职业中学）所在地的望高石原为海边，三十六崎为古码头。今思明区政府大楼一带，原叫打石字，也在海边。岛美渡头，在中山路、升平路口；水仙宫码头，在今水仙路；妈祖宫码头，在晨光路。鹭江道中段的海后路、升平路、镇邦路、水仙路、晨光路、同文路等，均由海滩填为陆地。

民国 13 年，在鼓浪屿龙头路至黄家渡一带，填海、填河新建房屋 130 多幢，大部分用作商业店铺。民国 15 年，两次填海造地，兴建黄家渡码头，码头堤岸线长 50 米。

民国 15 年，填蕹菜河（今第九市场一带），城垣与蕹菜河邻近，搬运方便，民国 16 年完成。辟地 2150 余丈，除马路用地外，市区房屋面积 1100 平方丈。

民国 16 年，削平虎头山临海岩崖，劈凿镇南关、鸿山山头和麒麟山，铲平山丘。填海扩地，填平七池、八河、十三溪和低洼地段，土地面积增加 130 多万平方

鼓浪屿龙头路（清末）

米。民国20年后，填洗布河开发土地1.6万平方米；填鹭江第一、第二、第三段堤岸造地8处，开发土地71.79万平方米；拆城墙填蕹菜河1处，开发土地2.39万平方米；填深田内水田1处，开发土地2.71万平方米；填深田外低洼地3处，开发土地3.25万平方米。

厦港民族路鹦哥楼　　（陈　铃/摄）

民国22年，在厦港沙坡尾筑岸填土，沙坡尾一带辟成新渔村。

1956年，福厦公路改道，为减少路程，从香江花园大厦附近建筑一条小海堤，直达乌石浦，使江头一带与筼筜港成为陆地。是年底，筼筜港南岸厦禾路北侧的工厂，利用厂区后面浅滩填土成陆地，扩大工厂范围，形成后江埭工业区。

1957年始分期分段投资，在筼筜港填土造地，以适应工业建厂的需求。4月中旬，投资50万元，实施第一期填土工程，范围自后江埭至文灶，土方来源于附近的塔厝社山坡。同时，在风屿路与罐头厂之间修筑海堤，围成面积1000多平方米地块，辟作盐场（为卤化厂提供生产化肥原料）。1960年，采取以工代赈形式，从莲坂修筑长1000多米的海堤到屿后，使仙岳路和台湾山庄一带成为陆地，用以种植农作物，建厦门罐头厂、粮食局畜牧场等。后，筼筜港盐场改为筼筜港农场。

1970年，三区响应厦门市革命委员会围垦筼筜港造田的号召，各区指定1人负责，从工厂、企业和街道抽调劳力共7.5万人，编成10个营、2个直属连，动用船只30艘。7月29日，围垦工程破土动工，所需土石大多从文灶、金榜山一带和厦港不见天挖取。次年9月竣工，建成长1700米，顶宽12米的堤坝，围垦面积671.73公顷（其中水面200公顷）。1973年，辟为新区，修建湖滨南路、禾祥东路、禾祥西路。

二、开山扩地

清代，区境通过开辟山地，扩大范围，至光绪三十四年（1908年），城区面积3.46平方公里。

民国初，区境遍布沟涵潭窟，住宅大多为平屋，商业中心的店铺大多是两层砖木楼屋，建筑简陋。

民国9年（1920年）春起，进行大规模城区建设。民国16年，在魁星河一带辟建中山公园。民国16—21年，区境出现土地开发高潮，在先锋营一带开发土地8.81万平方米；在麒麟山一带开发土地24.36万平方米；在福佑宫一带开发土地1.31万平方米。总计开发土地30处，面积116.22万平方米。城区土地面积扩展至4.1平方公里。

民国34年10月至38年春，厦禾路与斗西路口建一幢两层“房屋奖券”楼房，美头山建3座华侨楼房；厦门大学在厦港顶澳、下澳和东边社等地开拓荒杂地，扩建校舍（抗战时厦大外迁）。

1950年后，开元区削劈金榜山邻近山丘，填沟、填低洼地，扩展后江埭，建成罐头厂、酿酒厂、化工厂、橡胶厂、电池厂、电机厂等。

2003—2007年，开发观音山坡地，兴建观音山国际商务营运中心，用地43.4万平方米，建筑面积138.4万平方米。

第二节　城区拓展与改造

一、新区拓展

清嘉庆年间（1796—1820 年）以厦门城为中心，设附城 4 社。即：福山社—在靖山、白鹿洞包括今中山路北端；和凤社—今中山路西南一带；内街—近城的侨亭、局口街、塔仔街（安定路）等；外街—傍海的岛美路头街、和凤街、港仔口街（镇邦路）。民国时期建中山路，如一条线把内街、外街串在一起。

民国 37 年（1948 年），区境城区集中在岛西部 10 平方公里内。

中华人民共和国成立后至 1980 年，城区扩展到 13. 8 平方公里。1984—2007 年，坚持厦门市土地开发统一规划、分期实施、投资一片、建设一片、收益一片的原则，新区扩展采取政府投资、社会筹资、引进外资相结合的方式，开发建设振兴新村、槟榔新村、湖光、观音山等 18 个生活小区，以及莲花新村。城区建设从西部开发转向开发铁路以东的洪文、前埔、曾厝垵。

筼筜新区　1981 年始，开发建设面积 1. 4 平方公里，北临湖里，南为湖滨南路，西接筼筜港海堤和东渡西港区，东临福厦公路。改造后，筼筜湖东南部 1. 28 平方公里区域内建有松柏、长青、莲兴等社区。社区内高楼林立、生活区整洁、配套设施完善。

东区　1984 年始开发建设。位于福厦公路（今嘉禾路）以东，鹰厦铁路以西，紧临筼筜开发区，面积由 2 平方公里扩至 3 平方公里。至 2007 年 12 月，东区建有莲花新村（包括莲花一村、二村、三村、四村、五村）、龙山工业小区等 26 个住宅小区 66 幢多层住宅楼，以及 26 幢高层商务楼、商住楼。

塔埔安置小区　位于观音山片区中北部。2004 年 8 月开工，用地面积 12. 3 万平方米，建筑面积 22 万平方米，投资 4. 4 亿元。建有住宅 35 幢 17. 56 万平方米，安置黄头、下堡、塔埔 3 个自然村被征地拆迁村民 900 多户 2850 人。2007 年 9 月通过验收。

二、旧城改造

1980 年起，执行厦门市“控制规模、量力而行、配套建设、保持旧城风貌”基本方针和“先易后难、成片成线、就地安置”旧城改造原则。1988 年，市规划部门编制浮屿街区、美仁宫、百家村、玉屏城（原玉屏花园）、厦禾路等旧城改造规划。由“一环三线”（“一环”由湖滨南路、鹭江道、厦门岛快速路组成；“三线”指市府大道、厦禾路和思明南路、思明北路）组成大框架，配置辅助性道路，构成旧城区道路系统；以厦禾路、市府大道和鹭江道形成市区公共建筑系统。中山路、思明南路 2 条传统商业街改造既继承传统风貌，又符合现代生活要求。

1993 年始，进行厦禾路扩建旧城改造工程。自鹭江道起，经故宫路、斗西路，止于嘉禾路。并启动定安小区等改造工程。

2002 年，区境启动新一轮“城中村”改造，开元区在莲坂旧城改造中，投标引进跨国公司开发第三产业，在全省首次以招投标形式确定项目改造的融资银行（对拆除业务、安置房建设也进行公开招标，分别节省费用 50% 和 60%）。旧村改造创造“政府引导，市场运作，地价返还，自求平衡”的“村改居”模式。西林村成立村企业发展有限公司，把村集体固定资产和资金转为股权，村民转为股民。

2003 年 10 月三区整合后，思明区旧城改造、村改居及城乡结合部改造规模不断扩大。至 2007 年，完成莲坂、中华片区旧城改造和洪山柄、新潘宅旧村改造。

鹭江道改造　1984 年 8 月，对中山路北侧的破旧商住楼进行拆迁改造，至 1987 年 9 月建成高 10 层的东海大厦，其建筑面积 2. 15 万平方米。1988 年 3 月，对中山路南侧与鹭江道交会段大片破旧民宅进

鹭江道（民国时期）

行拆迁，至6月，建成高27层的海滨大厦，其建筑面积2.43万平方米。对海滨大厦以东、水仙路以西的4000多平方米旧街区进行拆迁，建成主楼高34层的海光大厦，其建筑面积4.12万平方米。

厦禾路改造

厦禾路起自鹭江道，经故宫路、斗西路，止于嘉禾路，呈东西走向。民国10年（1921年）开工。民国21年竣工，长4661米，宽9～18.5米，为海泥、沙石填筑之道。民国31年、1961年、1971年进行3次部分拓宽。1993年7月1日始，进行全面扩建，拓宽为44米。1994年7月1日竣工通车。厦禾路横跨老城区，拥有6个机动车道。

西堤棚户区改造 1985年，对筼筜西堤南端东侧（今禾祥西路与湖滨西路交会地段）棚户区进行改造、开发。1990年4月，建成由12幢多层建筑组成的嘉美花园公寓区，建筑面积2万平方米。

美仁宫旧城区改造 1987年起，对美仁后社一带破旧民宅和材料堆场进行改造。1989年，建成美仁新村。其北区有16幢多层住宅、1幢18层写字楼，配套3万平方米大型综合商场和2400平方米地下车场，建筑面积8万平方米；南区有4幢高层写字楼和2幢多层公寓，建筑面积3万多平方米。主要改造项目：1988年，沿旧城区西部边缘修建禾祥西路，许多内、外资企业投资于这一街区的旧城改造。规模较大的有：香港惠豪发展有限公司改造美仁新村（北区）东侧的破旧房舍和堆料场，1990年6月建成5幢多层商住楼、建筑面积2.6万平方米的美湖花园；厦门华强建设有限公司（台资企业）在美湖花园东侧改造旧库区，建成7幢多层公寓、建筑面积1.3万平方米的太湖新城；厦门建设发展公司改造嘉美花园东侧旧厂区，建成建筑面积3.2万平方米的白鹭苑商住小区；厦门国际建设实业有限公司与菲律宾光华电器公司合资改造美仁新村（南区）西侧的旧料场，建成高28层、建筑面积2.60万平方米的光华大厦；厦门华侨房屋建设投资有限公司改造太湖新城东侧棚户区，建成华鸿花园高级公寓，建筑面积2万多平方米。

洪山柄、新潘宅旧村改造 2001年起，对洪山柄、新潘宅进行旧村改造。其中，洪山柄农村城市化改造涉及面积27.7万平方米，一期拆迁从2001年7月至2002年1月完成；二期拆迁从2002年9月至2003年3月完成；新潘宅旧村拆迁改造涉及面积7.2万平方米，从2001年9月至2002年3月完成，建成商品房5.2万平方米。

龙山片区改造 2001年9月起，对龙山片区进行改造，除林德叉车厂不作调整外，其他地块全部改为住宅小区。2005年，完成成功大道嘉莲段近10万平方米征地拆迁任务，涉及工厂企业、个体经营户500多家，其中有超期临时建筑三通建材城（7万多平方米）。2006年，建成莲花六村安置房项目，用地面积27万多平方米，建筑面积59万平方米（其中住宅面积44万平方米，公建面积14万平方米）。

莲坂旧城改造 2002年3月起，对莲坂片区进行旧城改造。2003年2月17日，莲坂旧城开始大规模拆迁。总占地面积26万平方米，总建筑面积50万平方米，拆迁企业47家，涉及居民1248户，常住人口5000多人、外来人口3万多人。2007年，改造主体项目收尾。此项目催生以莲坂为中心、从火车站到SM商业城的“嘉禾路商业带”。

莲坂旧貌　　（申生才/摄）

中华片区改造　2005年11月21日起，对中华片区进行拆迁改造，为区境第一次通过商业方式运作的旧城成片改造项目。中华街区商业广场是中华片区改造先期推出的项目，拆迁涉及中山路、思明南路、台光街、周宝巷、丁仔巷等地段的商店、民居，拆迁建筑面积8.4万平方米，其中住宅建筑面积7.15万平方米，涉及拆迁户800余户2500余人。在改造中保留历史悠久的“中华第一圣堂”和“黄氏老宅”，延续传统的闽南建筑风格。项目用地面积3.6万平方米，建筑面积16万平方米（地上建筑面积8.35万平方米，地下建筑面积7.65万平方米）。建成集旅游、购物、餐饮娱乐、休闲、品读等功能为一体的景观型商业中心。

2005年11月21日，中华片区改造敲响第一锤　（郑晓东/摄）

曾厝垵片区改造　2007年9月24日起，对曾厝垵片区进行改造。片区西临厦门大学，东为黄厝风景旅游区，北接万石山、上李水库，南面临海。投资7.84亿元，用地面积44万平方米，拆迁面积22万平方米。涉及拆迁户782户2071人，采取就地安置原则进行安置。改造成厦门东南海滨文教区、疗养区、旅游区及居住区。其中，居住区集中在东宅社和前后厝社，配置幼儿园、超市等综合配套设施。

第三节　城区街路建设

清康熙年间，区境新建一些城区道路，较典型的是从提督衙门到城南门的街道，宽十余米，人称“衙口街”。清乾隆三十二年（1767年），有局口街、菜妈街、走马路街等。清末，有桥亭街、火烧街、碗街、磁街、中街、石埕街、纸街、木屐街、提督街、局口街、菜妈街、神前街、塔仔街、轿巷街、竹仔街、亭仔下街、新街仔、港仔口街、走马路街、桥仔头街、五崎顶街、关仔内街、岛美路头街、厦门港市仔街、关帝庙后街，共25条。

民国9年（1920年），华侨黄奕住在鼓浪屿轮渡码头附近填地筑房，建成日兴街；郭春秧在鼓浪屿中心区建成锦祥街。华侨李昭北在鹭江道一带填海筑堤、兴建道路，自今海滨公园至厦门港沙坡尾。同年12月，修筑区境第一条近代化马路——开元路，时称新马路，从提督路头至浮屿，长700米，车行道宽9.1米，两边骑楼式人行道各2.4米。民国13年3月1日，通人力车；民国15年，铺水泥路面。

民国15年，改铺为水泥路面的开元路

民国16年，进行城区厦禾路、大同路、思明东路至思明西路、中山路至中华路、思明南路至思明北路道路建设规划；下半年修竣民国路西段、思明东路、公园东路、公园南路；12月，修筑美仁宫至高崎的郊外路。民国17年，厦禾路、思明东路、大同路、中山路、中华路、思明南路相继开工。

民国17年5月始建中华路

民国18年，建成鹭江道一段堤岸路面、厦禾路西段、思明西路等7条马路。民国19年，建成中山路、海后路等13条马路。民国20年，建成鹭江道三段、四段、蜂巢山路、泰山路、镇邦路等25条马路。民国21年，建成嘉禾路等5条马路。至民国22年，区境修建道路50条，总长21.21公里。

民国27年，修建自虎园路至南普陀环山风景路（即水交路），长4662米。民国28年，改建美仁宫至江头路段长5300米，路面从11米扩建为22米。同时，新建寿山路，修建公园东路和鹭江道路面，铺砌邮政码头路基，建造前埔桥涵。

至民国35年，区境街路200多条，其中鼓浪屿64条。民族路、公园北路、大学路、南普陀路等路面部分为土路，部分为柏油、混凝土路。

附：民国时期区境“四纵七横”建设格局

民国9年（1920年）春，组建厦门市政会，林尔嘉为会长，黄奕住为副会长。至民国26年，街道建设为“四纵七横”。“四纵”1. 鹭江道；2. 典宝街—打铁街—竹仔街—庙横街—同文书院与“树庄路”相接；3. 堆颈巷—前街仔—土地公祖街，穿过思明西路，依二十九间至石坊街，与树庄路相接；4. 思明南路、思明北路。“七横”1. 开元路；2. 厦禾路西段；3. 大同路；4. 思明东西路；5. 树庄路，从司令部出南门，经桥亭、仁安巷、丁仔墓、普佑殿、黄氏祠堂、青墓，穿过蚊烟井街，依相公宫，直达渔仔路头海边；6. 从石路街、穿过民国路、靖山头街，接吴厝巷，横过壁边井街、猫仔石和义学口街，与思明南路相交；7. 从公园东路经靖山头街，与释仔街相交，直达鹭江。此次规划建设，奠定思明城区建设格局，开辟中山路（树庄路改名）。

1950—1952年，修复厦禾路、禾泰街、禾祥街、大同路、思明北路、定安路、思明南路、思明西路、开禾路、角尾路、小学路等路面32.32万平方米。1953年，新建霞溪路，长349米，宽9.6米，面积3141平方米；新建斗西路，沥青路面2008平方米。1953—1957年，翻建道路32.54万平方米。1958—1962年，新建道路1.2万米，面积14.37万平方米。1960—1963年，翻建路面13.09万平方米。1963—1965年，新建厦港华侨新村道路、石泉路等，面积共0.4万平方米；翻建幸福路、后河仔路、图强路、金榜路等，面积共2.12万平方米。

“文化大革命”期间，新建道路1.15万平方米，翻建道路18.05万平方米，拓宽道路2.12万平方米，维护道路55.58万平方米。

1977—1979年，翻建古城西路、轮渡广场、南普陀广场、厦门大学、万石植物园、思明北路等道路，面积共3.09万平方米。

1980年，新建胡里山路、东坪山路。1984年，新建斗西路北段、故宫路北段、湖滨南路7号支线。1985年，新建后埭溪路、后江埭路延伸段、美湖路，翻建道路面积4878平方米。1986年，新建演武路、文塔路。1987年，新建育青路，翻建先锋营路。1988年，翻建信义里路（沥青路面）、职业路（今美头山路，石砖路面）、幸福路（水泥路面）。1989年，翻建罗浮路、后江埭路、演武路（水泥路面）。

1990年，拓宽文园路，翻建东坪山路、大学路厦大段、厦禾路、电台山路、后江埭路。1991年，拓宽思明南路蜂巢山段，翻建同安里路、文屏支路、妙香路、厦港不见天路、大学路。1992年，翻修大学路、厦禾支路、兴华路、寿山路、民族路、励志路、同安路、思明西路、胡里山路、虎溪岩路、文屏路、同文路、晨光路、阳台山路、定安路、公园北路、大元路、打铁街。1993年，新建沙坡尾路；翻建、改建蓼花路、百家村路。1994年，拓宽、改建厦禾路、后埭溪路南段和金榜路南段，翻建、维修大学路、大同路、万寿路、升平路、文园路。1995年，拓宽公园南路，翻建白鹿路、故宫路、镇邦路。

2001年6月28日，鹭江道改造工程和仙岳路（仙岳村段）建成通车；9月8日，建成市府大道、吕岭路东段、洪前路。在鹭江道、市府大道、环湖里大道前埔北区段等人流量多的地段，建成人行过街地道、天桥8座。

2002年，区境有街路526条，其中鼓浪屿区34条，开元区312条，思明区180条。2003年10月三区整合后，城区道路统一规划、统一建设。至2004年，共投入200万元对部分街、巷进行维修。

2005—2007年，投资4219万元，新建、拓宽、改建、维修道路151917平方米。其中，2007年投资1255万元，修建道路43096平方米。

2005—2007 年思明区次（支）干道和街巷修建统计表

表 3-1-1

年份	道路名称	道路面积（平方米）	人行道面积（平方米）	排水沟长（米）	决算价（万元）
2005	寿彭路 1-11 号交接 1-14 号	618	—	103	18
	禾祥西路人行道	—	17937	2526	120
	中山路骑楼人行道	—	7920	1220	197
	莲花北路改造	13364	13364	1800	120
	升平路	1526	—	163	25
	前埔清洁楼至文兴路道路	1400	—	320	16
	曾厝垵上宫路	700	—	—	13
	湖光路中段	3993	4880	444	79
	古城西路	1710	—	570	38
	励志路	886	798	177	22
	水仙路	931	745	149	16
	筼筜路至湖滨北路	3854	5957	585	29
	文屏路石砖路段	2802	—	509	59
	旧莲岳里排污管沟及化粪池整治	—	—	—	53
	莲花一至四村道路及排水沟整治	—	—	—	210
	龙舟新村旁道路至文曾路旁道路	1500	—	200	20
	东埔路至浦南村道路（东浦支路）	1880	—	250	24
	国贸信隆城旁道路（西堤支路）	2520	—	560	41
	西堤 1 号路	3150	—	350	30
	启明寺前道路	1950	—	—	24
	安平路	2953	2677	412	40
	东明路	7140	6240	960	62
	不见天路	1040	—	261	19
	小计	53917	60518	11559	1012
2006	沙坡尾鱼肝油厂前道路	1761		329	28
	田厝路道路改造工程	2127	2079	217	59
	鹭江新城旁道路	6384	1089	259	44
	党校区间路（新建）	1552	438	378	34
	后埭溪（车行道/东侧人行道）	4389	1802	—	58
	禾祥东路人行道	—	5795	—	41
	霞溪路改造	2743	1073	—	62
	洪前路	35948	9363	1563	1363
	小计	54904	21639	2746	1689
2007	古城东路市场农改超周边道路改造工程	1410	—	—	16
	古城东路外墙装饰工程	—	—	—	2
	美仁市场农改超道路改造工程	881	—	—	18
	湖东市场农改超周边道路改造	935	—	—	14
	洪文路南段市政道路改造	12646	—	—	295
	曾厝垵南路（文曾路—滨海街道）	9837	—	—	336
	洪文路南段市政道路改造（莲前大道—洪前路）	12600	—	—	478
	侨福城与福满山庄区间道路改造	2886	—	—	53
	西林西路道路改造工程	1476	—	—	34
	上李水产集团前道路改造工程	425	—	—	9
	小计	43096	0	0	1255

附：主要街路简介

内厝澳路 在鼓浪屿康泰路至公平路。元末明初，嵩屿李氏渔民避风处，因名李厝澳，后称内厝澳。集美路、九层塔、大井脚、十八脚桶为其路段旧称。南北向。长3021.8米，宽1.2～4.9米。柏油、石砖路面。

龙头路 在鼓浪屿中华路至轮渡码头。电灯巷、日兴街、海后路、栋柑巷、大埭路、彩屏巷、麻雀街均为其路段旧称。1966年8月30日，更名红星路；1979年10月1日复名。东北—西南走向。长2275.5米，宽3～7米。柏油、石砖路面。

永春路 在鼓浪屿内厝澳路至晃岩路。以永春县名命名。岩仔脚为其路段旧称。西北—东南走向。长500.1米，宽1.5～3.8米。柏油路面。

晃岩路 在鼓浪屿福建路至港后路。在晃岩（日光岩）麓，故名。岩仔脚、石船顶、大宫口为其路段旧称。东西走向。长1037.3米，宽2～5.4米。柏油路面。

港后路 在鼓浪屿田尾路至晃岩路。山谷路、海墘路为其路段旧称。南北转东西向。长1086.6米，宽1.5～5.7米。柏油、砖石路面。

鹿礁路 在鼓浪屿龙头路至轮渡码头、福建路至漳州路。以附近海中鹿耳礁为名。博爱路、教堂路、新加坡路、下鹿耳礁为其路段旧称。东西转南北向。长800米，宽3米。柏油路面。

鼓新路 在鼓浪屿内厝澳路、三明路至福州路。原英商和记洋行建房于此，故称和记路，附近有斜坡，俗称和记崎。太平洋战争爆发后，日本占领时期称维新路，中华人民共和国成立后更为今名。南北向。长1305.8米，宽1.5～5.6米。柏油路面。

大学路 在民族路至演武路。民国21年建。路通厦门大学，因名。演武亭路为其路段旧称。南北走向。长2156米，宽8.3米。水泥、柏油路面。

中山路 在鹭江道海关码头至公园南路。民国17年建。为纪念孙中山先生命名。日伪时期更名大汉路，光复后复名。1966年8月30日，更名东方红路。1979年10月1日，将中华路并入并复名。东西走向。长1202米，宽14.7～15.5米。柏油路面。1980年10月1日，再将南寿巷并入。

镇海路 在同文路至同安路。由双十路更名。路名取自陈毅为厦门革命烈士纪念碑的“先烈雄风，永镇海疆”题词。东北—西南走向。长1150米，宽12米。水泥路面。

古城东路、古城西路 民国19年建。东路在新华路至中山路，长228.2米，宽2～5.6米，三合土路面。东西走向。为厦门环城墙小道东段，故名。东门外、东门兜、仙殿后等为其路段旧称。古城西路在思明东路至中山路。为厦门环城小道西侧，故名。长317.5米，宽5.7米。柏油路面。东西走向。

新华路 在大同路至镇海路。民国17年建。旧称民国路。1965年，更名新华路。街仔口、衙口、司令部口为其路段旧称。南北走向。长616米，宽8.6～10.6米。柏油路面。

小走马路 在定安路至武当分镇巷。原为郑成功驻军走马路一段，故名。民国16年重修建。南北走向。长156米。宽3.1米。水泥路面。

思明南路 在思明北路至厦大。位于干道中心思明戏院南向，故名。自思明北路起，越中山路、镇海路至厦门大学校门口。蕹菜河、后路头、米仔街、丝规内、后街仔、万盛后、武昭殿、镇南关、大生里、育婴堂、太师墓、思明县口、南普陀均为其路段旧称或俗称。1966年8月30日，更名红卫兵南路；1979年10月1日复名。南北走向。长2774.3米，宽6～15.5米。水泥、柏油路面。

思明北路 在湖滨西路至思明南路。位于思明戏院北向，故名。自思明南路起，越大同路、厦禾路至湖滨西路。后海滩、内海滩为其路段旧称。1966年8月30日，更名红卫兵北路；1979年10月1日复名。南北走向。长766米，宽8.6～13.5米。水泥路面。

镇邦路 在中山路至大同路。民国18年建成。取安邦定国之义，故名。岛美街（路头）、木屐街、港仔口（路头）均为其路段旧称。1966年8月30日，更名向阳北路；1979年10月1日复名。南北走

大同路（1956 年）

向。长 398.6 米，宽 7.7～8.9 米。水泥、柏油路面。

海后路　在鹭江道至开元路。民国 18 年建成。原为海后滩，于清末被英国霸占。经抗争收回，得胜街为其路段旧称。南北走向。长 650.4 米，宽 8.6～23 米。水泥路面。

大同路　在海后路至新华路。以孙中山“天下为公，世界大同”政治理想命名。神前澳、史巷路头、大史巷、通津亭、外武庙、庙前街、庙巷街、石埕街、佛手巷、磨针巷、怀德宫、凤仪宫、火烧街、关仔内、四孔井、潮源宫、朝天宫（上宫）、西门观音亭等均为其路段旧称或俗称。1966 年 8 月 30 日，更名人民路。1979 年 10 月 1 日复名。东西走向。长 1099 米，宽 8.7 米。水泥路面。

开元路　在鹭江道至厦禾路。民国 9 年建。为区境第一条新马路，故名。提督码头、千秋坛为其路段旧称。1966 年 8 月 30 日，更名解放路。1979 年 10 月 1 日复名。西南—东北走向。长 782 米，宽 8.8～10.3 米。水泥路面。

古营路　在开元路至河仔墘。明末郑成功所部营房设此，故名。车轱辘、鱼仔市为其路段旧称。民国 16 年重建。西北—东南走向。长 145 米，宽 7.3 米。水泥路面。

洪本部街　在开禾路至磁安路。郑成功部将洪旭设兵部衙门于此（门牌 38－44 号），故名。南北走向。长 230 米，宽 3.8 米。石块路面。

厦禾路　在鹭江道至莲坂。民国 10 年始建。由区境通向禾山郊区的干道，故名。船坞、大王冢山顶、大王灰窑角、大王前、雷音殿、浮屿、新世界、禾祥街等均为其路段旧称或俗称。1966 年 8 月 30 日，更名工农路。1979 年 10 月 1 日复名。东西走向。长 4661 米，原宽 9～18.5 米。1993 年改造，宽 50 米。柏油路面。

湖滨南路　在湖滨西路至莲坂。在筼筜湖南。1980 年 10 月 1 日命名。东西走向。长 4400 米，宽 42～44 米。柏油路面。

湖滨北路　在湖滨西路至莲岳路。在筼筜湖北。1980 年 10 月 1 日命名。东西走向。长 5300 米，宽 42～44 米。柏油路面。

金榜路　在厦禾路至金榜山东。1980 年 10 月 1 日命名。南北走向。长 1475 米，宽 5.6～7 米。水泥、柏油路面。

百家村路　在中兴路至文园路。民国 18 年辟建中山公园，拆迁民房移深田内另建新村，名百家村，路以村名。民国 24 年建成。南北走向。

湖滨南路

长1810米，宽8米。水泥路面。

文园路 在虎园路至厦禾路。1970年建。介于文灶社和烈士陵园之间，1980年10月1日命名。东西走向。长1876.3米，宽9.6米。水泥路面。

第四节 城区重点项目建设

一、2003年重点项目建设

2003年10月三区整合时，成立思明区重点工程办公室，整合后的重点建设项目共43项，即超高亮度发光二极管产业化基地、莲坂旧城改造、瑞华高科技电子工业园、塔埔社区、梧村汽车站改造、厦门华联电子公司工业厂房、胡里山旅游休闲中心、中华片区商业广场、鹭江道景观配套工程—卧岩滩项目、同集高科技园区、厦门国际游艇码头、开元工业园（福光工业园、全和综合楼、明发园）、丰盈工业园、牡丹大酒楼万鹏宾馆、区社区文体活动中心、区社区卫生综合服务中心、金榜公园大门及配套景观建设、洪山柄农村城市化改造、新潘宅旧村改造项目、LCD平面薄膜冷阴极背光源、百家村片区改造、华侨海景城、希尔顿大酒店、牡丹大酒店、职教办综合办公大楼、湖滨小学教学楼改建、前埔医院、黄厝H-1五星级酒店、思明科技工业园、思明科技创业园、鸿山公园大门改造、同文顶—新豪五星级大酒店、中南商业广场、厦门第一广场、黄厝宝龙五星级酒店、兴安工业园（聚锦纸品厂房、港豪塑胶厂房）、东方时代广场、国际花园酒店、枫悦大酒店、大厝山公园、嘉莲社区服务中心、区委党校、梧村保障中心综合楼。是年，全区完成固定资产投资21.48亿元，比上年增长2.6倍。金榜公园一期工程、鸿山公园大门改造完成并投入使用；环岛路香山至五通段全线贯通；鹭江道景观配套工程项目成功挂牌；万豪大酒店奠基开工。按照公开出让、地价返还、自求平衡、税收属地的市场化运作机制，莲坂旧城改造顺利进行，成为厦门市旧城改造工程的典范。运用招投标方式，推动环岛路三期等工程建设。莲坂旧城改造二期工程和政府旧办公楼通过拆除招标，收益220万元，创造厦门市房屋拆除“负报价”的先例。

二、2004年重点项目建设

2004年，区重点建设项目28项：百家村旧城改造、中华街区（商业广场）、卧岩滩、加州城市广场、塔埔社区、中南商业广场、明发广场、高新产业研发基地、信息产业基地、高纯河豚毒素供应基地、翔安工业区、安美光电、华联电子、思明软件大楼、环岛路旅游休闲区、磐基酒店、黄厝H-I五星级酒店、黄厝住宅小区、曾厝垵住宅小区、黄厝五星级酒店、万豪酒店、国际花园酒店、胡里山亲水乐园、西郭小学、公园小学、曾厝垵小学、莲前小学、区办公大楼。重点做好环岛路旅游休闲区、厦门高新技术研发与产业基地等一批项目的前期工作；推动中华街区和百家村旧城改造；做好营平片区、厦港片区等旧城改造项目的基础性工作；重点推动国际花园酒店、中南商业广场等一批项目开工建设；推进莲坂明发广场等续建项目建设。

全年重点项目投资总额141.86亿元。

三、2005年重点项目建设

2005年，区重点建设项目26项：和平里五星级酒店、磐基酒店、西林牡丹大酒店、国际网球中心、中南商业广场、名汇广场、加州城市广场、明发商业广场、厦门第一广场（一期）、卧岩滩、百脑汇科技大楼、亲水乐园安置房、莲坂新村安置房、塔埔社区安置房、浦南安置房、安美光电、高纯河豚毒素供应基地、华联电子（一期）、光莆电子、高新技术研发与产业基地（一期）、黄厝小学（一期）、莲前小学、莲花影剧院装修、区法院办公楼及审判庭、区检察院办公侦察综合楼、莲坂二期规划道路。

全年重点项目实际投资 18.39 亿元，完成率 75.7%。完成征地 500 万平方米，拆迁 428.3 万平方米。

四、2006 年重点项目建设

2006 年，区重点建设项目 33 项：香山国际游艇码头、卧岩滩、黄厝 H-1 五星酒店、观音山国际商务营运中心区、观音山市政道路施工、中华街区商业广场、莲坂二期（新景中心 3 号地块）、百脑汇科技大楼、何厝农村安置小区（金包金）、胡里山拆迁安置房、梧村大厦、和平里五星级酒店、磐基酒店（磐基国际中心）、西林牡丹大酒店、国际网球中心、中南商业广场、加州城市广场、同安工业集中区思明园、安美光电、华联电子、区法院办公楼及审判庭、嘉莲社区服务中心、金榜公园金榜山片区景观改造二期工程、明发商业广场、名汇广场、高纯河豚毒素供应基地、光莆电子、宏联科技、塔埔安置房、莲坂新村安置房、浦南安置小区、莲前小学、洪前路。

全年重点项目完成投资 39.53 亿元，完成率 98.5%。

五、2007 年重点项目建设

2007 年，区重点建设项目 49 项。

（一）新建工程项目

新建项目 23 项：帝元维多利亚大酒店、源昌国际酒店、胡里山休闲旅游中心、海峡明珠、环东海域思明二园、瑞华研发中心大楼、巨茂光电厂房、思明园自建区、观音山何厝安置房、福厦铁路安置房、东浦花园安置房、观音山中小学校、大同中学扩建、思明小学六幼迁扩建、思明区综合图书馆、天守营运中心、荣鑫盛营运中心、安踏营运中心、康利营运中心、鸿星尔克营运中心、九牧王营运中心、虎都营运中心、七匹狼营运中心。

（二）续建工程项目

1. 竣工项目 11 项：和平里五星酒店、西林牡丹大酒店、卧岩滩、公主园餐饮休闲娱乐项目、瑞景商业广场、何厝农村安置小区、胡里山拆迁安置房、帝元维多利亚市政配套道路、区法院办公楼、审判庭、嘉莲社区服务中心。

2. 在建项目 15 项：香山国际游艇俱乐部、国际网球中心、磐基酒店、观音山滨海旅游休闲中心、观音山国际商务营运中心启动区、中华城、百脑汇科技大楼、厦门第一广场（一期）、新景世纪城（3 号地块）、钻石海岸、世贸国际二期、同安工业集中区思明园、安美光电、东坪山庄、明溢花园。

全年重点项目完成投资 48.4 亿元，完成率 99.7%。

第二章 水电气供应与照明

第一节 供 电

清光绪二十八年（1902 年），外国人在鼓浪屿创办发电厂，供外国侨民用电。

清宣统三年（1911 年）二月，陈祖琛集资 15 万银元，由其子陈耀煌负责在厦门港沙坡头（面积 7760 平方米）筹建发电厂。商办厦门电灯电力股份公司（厦门电灯公司），办事处设于港仔口街（今镇邦路)。民国2年(1913年)11月20日,以2300伏发动机电压输出,经配电线路变压器降至220/110伏电压向洋行、大商店、娱乐场所、富户人家供电,总数1.5万盏。至民国9年,用电盏数2.5万盏。民国26年,每度电2角4分;电表需要租用,每个租用费5角大洋。

民国2年,商办厦门电灯电力股份有限公司成立,址在厦门港(今民族路)

民国2年1月6日,上海英商韦仁和工程师皮利到鼓浪屿与工部局订立安装电灯25年期限专利权契约,注册资本3.7万银元,创办韦仁电灯公司。公司办事处设今晃岩路18-20号,发电厂建在海后路中段(后称电灯巷),占地面积4987平方米。安装1台120千瓦柴油发电机组,8月29日试发电,9月10日供电营业。

民国16年,英商厦门“和记洋行”向汇丰银行购买鼓浪屿韦仁电灯公司,和记洋行经理史密斯兼任电灯公司经理。民国17年12月21日,厦门市政府收回英商经营的电灯公司,成立“鼓浪屿中华电气股份有限公司”。

民国23年,厦门电灯公司拥有装机容量3800千瓦,高压线路7条38公里,低压线路49公里。民国24年,厦门电灯公司发电量1025万千瓦时,最高负荷2518千瓦,平均负荷1170千瓦,用户5669户。同年,鼓浪屿中华电气股份有限公司发电机组增加到4台,总容量600千瓦,发电量36.8万千瓦时。民国31年,厦港发电厂3号1500千瓦机组被日本人拆卸。同年,虽铺设厦门至鼓浪屿海底电缆,但投产不到2年就无法使用。至民国34年,厦港发电厂停机7个月,仅有800千瓦机组勉强发电。

民国37年,厦门电灯公司恢复供电。

民国38年9月16日,国民党军队败退台湾前,将3800千瓦机组炸毁。

中华人民共和国成立后,厦门市政府接收厦门电灯公司并租用柴油发电机组发电。1955年1月,鼓浪屿中华电气公司并入厦门电灯公司,共有发电机组3台,容量450千瓦。1957年2月23日,重新铺设鹭江道—鼓浪屿海底电缆,厦、鼓两岛电力联网。1958—1963年,扩建厦港发电厂,新建莲坂电厂。1963年,莲坂电厂2500千瓦机组投产,将军祠变电站建成。

1966年2月,漳州至厦门输变电工程投入运行。1969年,建成双狮山至火烧屿至水头35万千瓦跨海架空线路,为第二条进岛电源。1973年,闽西南电网形成,区境用电由该电网供应。1976年,区境居民人均用电量196.8千瓦时,电压合格率80%。

1986年,在莲坂新建厦门燃气发电厂,装机容量7.44万千瓦。

1993—1995年,城市配电网络改造和建设加快,对湖滨一里至四里、石亭、白鹤路、美仁宫前、后社等片区近2万户进行“一户一表”改造。1997年,投资9200万元,对槟榔东区、槟榔西区、莲花一村、观音山小区等居民小区的进行“一户一表”改造,共14356户。当年,新建10千伏线路58公里(其中电缆线路33公里),改建10千伏线路71公里,新增公用配电变压器20台、区街变电站7座、开闭所14座,装机容量12099千伏安。至此,基本完成对旧市区居民片区配网规划改造。直供区投资8410.36万元,曾厝垵、前埔、何厝、黄厝等18个行政村按城市电网要求进行改造,全部实现直接供电到户。

1995年，110千伏莲坂、贞庵、华荣和叶厝等变电站建成投运；35千伏莲坂等5个变电站相继退出运行。1997年，由于110千伏鸿山变电站二期建成投运，35千伏将（将军祠）港（厦港）线升压为110千伏的将（将军祠）鸿（鸿山）线；35千伏厦港变电站退出运行。1998年7月，将军祠变电站升压为110千伏变电站，原35千伏设备退役；9月，龙山变电站、西郭变电站投产。2001年12月，曾厝垵变电站投产。2002年7月，前埔变电站（110千伏）投产。

2001年，区境进行配电网络改造，架空线采用铁塔双回路同杆架设，街道跨越改为电缆铺设。逐步将思明南路闹市区的10千伏架空导线改为电缆线路地下铺设。2003年，厦禾变电站至半兰山变电站的220千伏线路禾（厦禾）半（半兰山）线和厦禾变电站至将军祠变电站的110千伏线路禾（厦禾）将（将军祠）Ⅰ、Ⅲ回路，经过小学路、厦禾路、将军祠路、文园路和万寿路均为闹市区，全长2600余米，采用电缆共沟地下铺设。2004年，新建10千伏线路共70条116.48公里（其中电缆线路80公里），新增配电变压器67台、区街变电站23座、开闭所20座，装机容量46470千伏安。2005年，有10千伏配电线路4403公里（其中电缆、绝缘线路占60%），10千伏配电容量750万千伏安。

第二节　供　水

区境淡水资源紧缺，历史上居民大都饮用井水和山泉，滨海地带居民饮用水则靠漳州龙溪石码用船运送九龙江淡水供应，或从后江埭、水鸡腿、牛家村运送井水供应。民国时期，水质上等的“石泉水”“花园水”，每担0.1～0.15元，区境一般居民购买不起。大多饮用九龙江水，每担五六枚铜币（每吨水价格1.06～1.85元）。若遇风雨，水船阻航，即发生水荒。

民国9年（1920年），黄奕住及绅商黄世金共同募股筹资110万银元，成立福建省第一家由华侨投资（占70%）的商办厦门自来水股份有限公司。由德国西门子公司以92万银元中标承建，民国13年10月动工，民国15年11月营业供水。

民国19年，黄奕住等又投资90万银元建设鹭江道与鼓浪屿的放水、抽水码头，并在鼓浪屿梨仔园和日光岩山顶兴建低、高位蓄水池及抽水设施和配水管道。民国21年，在鼓浪屿建水塔，购置运载水船3艘、拖轮1艘，给鼓浪屿居民和海上轮船供水。民国26年，鼓浪屿居民用水每加仑自来水收费2分，租用水表每个月6角钱。

民国12年，黄奕住等创办“商办厦门自来水股份有限公司”，在鹭江道建造办事处

自来水公司创办后至解放前夕，年供水量最多94.45万立方米，日供水量2615吨。水库库容小，水源不足，遇到旱情即告“水荒”。民国38年，严重干旱，水库面临枯竭，区

境每天供水15分钟。供水设施规模小，水价昂贵，普及率很低。

1950年后，自来水公司改造为厦门市国有企业。

1956—1965年，投资1600万元用于水库扩建工程，蓄水能力提高45倍，水厂综合日供水能力增至5.5万立方米，供水管网108公里。1956年，建设莲坂水厂，1958年投产供水。

1977—1985年，投资4500多万元扩建莲坂水厂，日制水能力从2万立方米提高到5万立方米。1983年，建成穿越厦鼓海峡、管径400毫米无缝钢管海底管道，结束鼓浪屿居民吃水靠水船供应的历史。

1991—1995年，投资12亿多元建设特区供水工程，在九龙江北溪江东桥建日取水52万立方米的取水泵站，把九龙江淡水输送至区境。

1996年后，厦门市市政加强供水管网建设与维修，实现供水网络大并联，配合市政道路建设铺设大量给水管道。为保证鼓浪屿区供水安全性，实施鼓浪屿海底管道工程，提高供水管网整体安全高效、相互联通，供水普及率100%。至2002年11月，鼓浪屿只有一条400毫米管径过海钢管单向供水（供水规模7000吨/日），且过海管道老化严重。市自来水公司投资600多万元兴建鼓浪屿过海管道工程。管道起点设在鹭江道与中山路交界处，终点设在鼓浪屿三丘田码头北侧40米处。建设一条长749米、直径500毫米海峡过海供水管道，并对鼓浪屿各片区管网和漳州路泵房进行改造。2005年10月，竣工通水，鼓浪屿实现双通道供水，日供水1.2万吨。

2007年，区境水价：生活用水1.8～2.3元/吨；工业基建用水、商业用水、旅游业、餐饮业用水1.8元/吨；特种行业用水2.8元/吨。

附：区境自来水厂

（一）上李水厂

位于曾厝垵上李村（原名上里村）。民国9年（1920年），厦门自来水股份有限公司成立。翌年，聘请林全诚担任总工程师。林全诚邀请美国水利工程师卫根协助设计，探测水源。民国13年破土动工，由德国西门子公司承建，俄罗斯工程师华拉素当监工。坝形采用花岗岩堆砌拱形坝体，高5.5米，长108米，顶宽3.5米，占地面积18.87万平方米。可汇集径流90万立方米。沿思明南北路铺设德国产无缝钢管，为区境第一条供水管。民国15年7月，试供水成功。民国21年，在鼓浪屿建一水塔，将上李水厂水用送水船装上水塔，供应居民。鼓浪屿居民有600户用上自来水。民国15年至2003年2月，上李水厂一直是区境居民自来水重要水源。2003年3月，上李水厂停止供水。

（二）赤岭水厂

位于南华路。民国13年（1924年）10月，由德国西门子公司承建。水厂建慢性沙滤池3座、清水池1座。日制水能力5000吨。民国15年11月竣工投产。受制于水源，仅起补给供水作用。

（三）莲坂水厂

位于莲前西路145号。1956年建，1958年建成投产。水源来自坂头水库。设计能力日制水2万立方米，占地29460.38平方米，用地96659平方米，日供水能力5万吨，主要为厦门岛东部地区增加供水能力。1979年进行扩建，新建蓄水池等设施。1996年，经过技术更新和改扩建，5台机组实现自动化生产，日供水能力增加5万吨。

第三节 供 气

1983年4月，区境开始筹备使用瓶装液化气。经过调查研究、项目审批、立项、供应站选址、联系气源、购置设备等一系列工作，1984 年 10 月试供应，首批用户 415 户。1986 年 12 月，湖滨南路液化气供应站建成投入使用。1987 年 7 月，鼓浪屿区液化气供应站建成投入使用。实现旧市区和鼓浪屿区普遍供应瓶装液化气。

1983 年 9 月，进行管道燃气供应可行性研究。1990 年 10 月，管道煤气工程建成，设莲花管理站。1992 年 2 月，设湖滨管理站。1993 年 10 月 14 日，投产管道供气，槟榔小区、莲花新村率先使用管道煤气。此后，管道煤气使用普及区境。

1986—1992 年思明区境液化气供应站一览表

表 3-2-1　　单位：万户

供应站名称	成立时间	供应规模
湖滨南供应站	1986. 12. 8	3
鼓浪屿供应站	1987. 7. 11	0. 5
厦港供应站	1992. 12. 12	1. 5
文灶供应站	1992. 12. 20	1. 7

1990—1995 年思明区境管道煤气调压站基本情况表

表 3-2-2

站号	位置	供应区域	供应户数（户）	占地面积（平方米）	投产时间
10 号	嘉禾海山	莲花新村	3000	36	1990. 12
13 号	湖滨三里	湖滨三里、四里	2200	36	1991. 1
7 号	筼筜小区	筼筜小区	1500	36	1991. 1
20 号	双涵税务局	双涵、医药、税务、湖滨东路、南路	1500	36	1991. 5
9 号	江头九州	莲花新村	3000	36	1991. 5
12 号	火车站小区	火车站小区	1000	36	1991. 9
16 号	美仁新村	美仁新村干休所、美头山	3000	36	1991. 12
24 号	湖光路	湖滨一里、二里	1900	36	1992. 6
22 号	观音山小区	观音山小区	2000	36	1992. 7
11-1 号	槟榔小区	槟榔东、西区	2500	36	1992. 8
19 号	湖滨中路	湖滨中路	800	36	1992. 9
40 号	振兴新村	振兴新村	800	92. 4	1992. 12
14 号	莲坂小区	莲坂小区	2000	36	1992. 12
28-1 号	屿后南里	屿后南里、北里	800	36	1994. 9
39-1 号	岳阳西里	岳阳西里	1800	36	1994. 10
32-2 号	体育东村	体育东村	1100	36	1994. 10
31-2 号	莲岳里	莲岳里	800	36	1994. 10
36 号	莲岳里	莲岳里	1800	36	1995. 9

附：区境燃气公司简介

（一）厦门市燃气总公司

1983年4月成立。建成年灌瓶能力2.2万吨灌瓶站1座、年储液化气能力2.6万吨储配站1座、年平均日供气量7.02万标立方米/日（管道空混气）制气厂2座、年平均日供气量5.36万标立方米/日（管道液化气）制气厂2座、加气站1座、加气加油站2座、钢瓶检测维修站1座、燃气器具检测站1座、调压站34座、供应站（代销点）28个。铺设中低压燃气输配管网1014公里等燃气配套设施。

2005年，供应户数43.5万户，其中管道燃气用户21.2万户、瓶装液化气用户22.3万户。市场占有率80%。

（二）厦门中油鹭航油气有限公司

1989年1月成立。有液化气储灌站1座、供应站（代销点）21个。2005年，供应户数2.1万户。市场占有率3.82%。

（三）厦门华达石化工程有限公司

1989年10月成立。有液化气储灌站1座、供气站（代销点）8个。2005年，供应居民用户1.3万户、工商用户2500多户。市场占有率2.36%。

第四节　公共照明

一、路灯

清道光十年（1830年），厦防同知许原首倡夜间在石上点灯，为区境最早的路灯。

民国20年（1931年）8月29日起，鼓浪屿工部局在主要街道安装路灯。是年11月20日起，厦门岛上的大马路安装路灯。至民国28年，鼓浪屿安装路灯333盏。

中华人民共和国成立初期，区境安装路灯1000余盏，多为白炽灯。1981年5月，三区路灯共2188盏，线路长76公里，发光率70%。1984年后，采用高压钠灯、金属卤化灯等新型光源；埋设专用路灯电缆，安装专用变压器；启用光电自动控制开关及微机自动控制系统。1995年，区境路灯发光率98.81%。

2001年，区境新增路灯474盏，并改造湖滨北路路灯，增建夜景工程。

2001—2007年思明区境城市维护建设路灯专项统计表

表3-2-3　　单位：万元

年份	项目名称	总投资	主要建设项目
2001	湖滨北路路灯改造	560	湖滨北路524盏路灯发光及电缆变压器配套建设
2002	莲前大道西段路灯改造	18	更换配件、灯罩、金卤灯泡，变压器增容1台
	火车站到吕厝转盘段的嘉禾路路灯设施	180	立新杆89根双叉型、单叉型15根及灯具193套
	厦禾路路灯改造	40	更换配件，灯罩、灯泡及变压器增容三台
	思明南北路路灯改造	180	立9米白杆92根，16米高杆三套，变压器增容三台
	市府大道湖滨南至湖滨北段路灯改造	130	80根新杆，20盏庭院灯
	西滨路路灯增补	10	24盏

续表3-2-3

年份	项目名称	总投资	主要建设项目
2003	厦港巡司顶配合供电网改	10	灯杆38盏，电缆1330米
	鼓浪屿配合网改	57	立杆60杆，灯具120盏，电缆2400米
	厦禾路火车站到鹭江道路灯改造	525	立杆222根，灯具645套
	民族路路灯改造	40	立杆88根，灯具98套
	莲前东路路灯改造	15	—
	街巷路灯增补	45	150盏、灯罩更换1500个
	湖滨西路路灯改造	100	—
	金尚路路灯改造	360	—
	莲前西路路灯改造	115	—
	文兴东路路灯增设	35	12米单叉路灯31套
2004	湖滨东路路灯改建（火车站—仙岳路）	220	立12米双叉热镀锌静电喷塑白色101根等
	吕岭路西段路灯改建（福厦路—金尚路）	135	立10米双叉热镀锌静电喷塑灯杆88根等
	莲岳路路灯改建（嘉禾路—仙岳路）	130	立10米双叉热镀锌静电喷塑灯杆61根等
	公园西路路灯改建	25	立8米单叉灯杆20根等
	湖光路路灯改建（一里至凤屿路）	33	立8米单叉灯杆33根等
	凤屿路路灯改建（湖滨南路—厦禾路）	12	立10米单叉灯杆15根等
	印斗路路灯改建	44	立10米单叉灯杆49根等
	湖滨南路延伸段路灯改建	6	安装双叉灯臂9套，双光源灯具安装2×250W18套
	斗西路路灯改建（厦禾路—湖滨南路）	25	立10米双叉灯杆19根，8米单叉灯杆8根等
2005	鹭江道路灯及庭院灯改造	75	—
	莲前西路庭院灯安装	180	立4米2×150W火庭院灯180套
	嘉禾路路灯改建	350	立12米双叉热镀锌喷塑灯杆150根等
	禾祥东西路路灯改建	30	立10米灯杆120根等
2006	禾祥东西路路灯改建	120	—
2007	莲前路南侧等路灯建设	38	—
	洪莲路路灯安装	70	立静电喷塑10米灯杆20根等

二、夜景工程

（一）灯光夜景工程

湖滨南路夜景工程　1995年，在湖滨南路两侧行道树下安装250瓦金属卤化灯372盏，灯座及立柱用不锈钢材料制作，造型有“白鹭展翅”和“乘风破浪”两种。翌年，作为配套工程，在富山展览城街心花园建设夜景工程，安装250瓦金属卤化灯52盏、400瓦金属卤化灯20盏。

市人民会堂及会展中心夜景工程　2001年，在人民会堂周围共立28柱三角梅柱灯，柱体材料为镀锌钢板，安装红白两色三角梅8瓦节能灯7392盏，总投资280万元。会展中心周围共立43柱三角菱柱灯，柱体材料为镀锌钢板，安装8瓦乳白色菲力普圆形节能灯8127盏，总投资260万元。

（二）LED夜景工程

2005年4月，思明区在禾祥西路启动LED夜景工程建设，为全市首创。9月8日，在中山路建成LED夜景示范工程。建设范围包括重要景观地带、商务中心区、繁华商业街区，以及主要交通干道两侧的重要公共建筑。

2006年1月24日，首期夜景工程正式亮灯，有中山路延伸段、文化宫至中山公园南门段、禾祥西路延伸段、火车站至富山广场节点、莲花广场，总长8公里，共完成69幢建筑物和中山路商业街夜景工程建设，投资3700万元；根据不同地段和方位特征，把握“高效节能、提升档次”原则，展现“繁荣都市、温馨家园”风貌。9 月 4 日，第二期夜景工程全线亮灯，工程涉及鼓浪屿、开元、鹭江、嘉莲、梧村、筼筜街道，投资 3000 万元，形成四大 LED 夜景特色区：中山路片区—“百年老街流光溢彩”，鼓浪屿片区—“天风海涛温馨家园”，嘉禾路片区—“欣欣向荣白鹭腾飞”，筼筜湖片区—“华灯璀璨仙山琼阁”。

2007 年 2 月 13 日，第三期夜景工程全线亮灯。其区段为厦禾路文灶段、火车站、吕岭路、莲前西路、环筼筜湖；建设项目 68 幢，总长 15 公里，投资 3000 万元。工程重点是对厦禾路、湖滨南路、湖滨北路、禾祥西二路、嘉禾路、莲前路、吕岭路等重要干道“暗区”进行补强。新增 LED 夜景为龙江大厦、九州商社、福星商业中心、莲前街道办公大楼、厦门日报报业大厦、侨星大厦、中山医院、三江大厦、普利大厦、建筑设计院大楼、金榜大厦、文屏大厦、中厦大厦、华龙大厦、富兴大厦、白领公馆、水务大厦、官邸大厦、银河大厦、阳光百合、梧村街道办公大楼、筼筜街道办公大楼、山海筼筜、文体中心大楼、国盟大厦、国贸海景、源通广场、华侨海景城等。还有鼎炉天桥、文灶天桥、中山医院前天桥、闽南大厦天桥、国贸天桥、XO2 天桥、移动公司天桥、金鸡亭天桥 8 座人行天桥。

经过三期工程建设，全区共有 500 座高楼大厦装上 LED 灯。

第三章　城区绿化

第一节　造林绿化

一、公共空地绿化

（一）三区绿化

鼓浪屿区　1962 年起，发动居民利用路边街心空地种草种花绿化。至 1980 年，有街心小花园和小绿地 15 处、面积 15677 平方米。1985 年，增加到 24 处 1.82 公顷。较大的绿地有轮渡街心花坛 1918.8 平方米，西林绿地 2814.6 平方米，黄家渡绿地 1600 平方米，鹿礁绿地 1600 平方米。绿地上种植灌乔木 50 多种 1.9 万株，铺草 4097 平方米，盆花 4.8 万盆，种绿篱 2231 米。1986—1987 年，对内厝澳 320 米沿街绿地进行整治，建为小绿地、小花坛。1995—2002 年，开辟升

园林般的城市

旗山绿地 2724 平方米、鸡母山绿地 1977.5 平方米、美华绿地 1225.5 平方米，并建 1 间船型屋，投资 39.3 万元；开辟体育场绿地 7000 平方米，并建看台 1 座；开辟丽之岛绿地 68.58 平方米，投资 2 万元；开辟旅游公司绿地 683.2 平方米，种植乔木 6 株、灌木 173 株。绿篱 39 米，全部铺草皮，建碗形花池 1 座；开辟龙头路口绿地 1500.2 平方米，种植灌木 105 株、绿篱 161.5 米，建拥军碑 1 座（不锈钢）；开辟原英国领事馆绿地 610.9 平方米，种植乔木 19 株、灌木 52 株、绿篱 105 株；开辟鹿耳礁绿地 750.7 平方米，种植灌木 100 株、绿篱 95 米。

开元区　1965 年，有小绿地 7 处，面积 400 平方米。后，营造美仁宫游园绿地 1400 平方米，火车站绿地 5500 平方米。1987 年，建设文灶口游园，绿地 1500 平方米。1988 年，营造街边绿地 14 处，0.34 公顷。1995 年，新建小绿地 12 片，面积 0.5 公顷。

思明区　1965 年，小绿地 14 处，面积 600 平方米。后，多次营造，至 1984 年增到 24 处 1714 平方米。2002 年，加大街头绿地建设，完成二期绿化工程 3.8 公顷。

（二）三区整合后绿化

2003 年 10 月三区整合后，加大街边绿地建设力度。调整人民会堂东南角、湖滨中路白鹭洲两侧、湖滨西路与湖滨南路交叉口西南角等建设用地为绿化用地。同时，结合道路改造，拆除东渡路、湖滨中路筼筜湖周边的周转房、莲前西路等主次干道两侧临时建筑、违章建筑等，建设为街头绿地。

2004 年，完成 10 万个义务植树工日，新增 20 公顷园林绿地。当年，思明区获全省绿化模范区称号。

2007 年，全区园林绿地面积 1931.87 公顷，绿地率 40.63%，绿化覆盖率 42.13%，人均公共绿地面积 16.3 平方米，绿地指标居全省各县区前列。

附：主要绿化带

（一）筼筜湖环湖绿化带

筼筜湖岸长 12.5 公里，1988—1989 年，分 2 期进行绿化建设。绿化岸线 11 公里，绿化面积 17.58 万平方米。第一期完成 10.18 万平方米，第二期完成 7.4 万平方米。种植海枣 314 株、凤凰木 365 株、榕树 427 株、三角梅 668 株、鱼尾葵 598 株、散尾葵 118 株、双荚槐 11800 株、红桑 5703 株、扶桑 2460 株、黄槿 325 株、美人蕉 7293 株、夹竹桃 100 株。投资 500 万元。

（二）环岛路绿化带

环岛路内侧绿化宽度 50 米，全长 9 公里，面积 18 公顷。种植华棕、蒲葵、三角椰子、黄槿、小叶榕、羊蹄甲及少数凤凰木和木麻黄。花卉灌木类有七里香、三角梅篱笆和凤尾珍珠等。

（三）人民会堂绿化景观

2001 年 5 月 22 日，对厦门人民会堂 9 万平方米绿地进行改造，种植耐踩踏、四季常青的假俭草及南洋杉、大花乔木等植物。投资 450 万元。

（四）会展中心广场绿化带

2001 年，完成国际会展中心广场 3 万平方米绿地改造，种大树 3000 多株。至 2007 年，绿地面积 32.84 公顷。

二、道路绿化

民国 15—22 年（1926—1933 年），在中山公园南路、东路、西路种植凤凰木 100 多株；行道树 200 株。

1952 年，在厦禾路种植行道树 4000 株，厦港路种植 3250 株，中山公园东路、西路、北路种植 561 株，双十路种植 237 株，其他路种植 1679 株。共种植 9727 株，成活率 5%。

1959—1960 年，前线公社在其辖区公路种植树木 10 万株。此后，道路种树较少。

1990 年后，在厦禾路、金尚路、莲前路等主次干道种植大树、大苗，至 1999 年种植 4 万 ~5 万株。

2000 年起，城区道路绿化结构大变化，绿地比例提高，层次分明。在道路节点绿地改造中根据不同地理位置，运用不同观赏植物与水池、景石搭配，突出各节点的特色，营造街头景观，提高城市绿地品位。园林部门在易被践踏及新补植的道路绿化带上编织竹篱笆；在重大节日和重要活动期间，选择重要节点布置鲜花造型，烘托节日气氛。将适地适树和以乔木为主作为植物配置基本原则，注重常绿与落叶、花卉与草坪有机搭配，形成多层次、立体化的植物群落和四季常绿的道路绿线景观体系。

至 2007 年，全区主次干道绿化 115 条，总长 68.8 公里，道路附属绿地 4.78 公顷。城市道路绿化率 97%，新建主干道绿地率 25% 以上。

三、防护绿化带

1950 年起，区境在沿海滩地进行大面积绿化（从曾厝垵至高崎的沿海长 40 公里）。

1960—1964 年，前线公社配合部队植树 11 万株，成活率 60%。

1962—1963 年，鼓浪屿区组织 2000 多人次到大屿种植相思树和木麻黄树 15 万株。1964—1965 年，在火烧屿、猴屿、鸡屿、大屿种植相思树 30 万株。1973—1974 年，在大屿和火烧屿直播黑松松仔 30 万粒，成活率很低。1982 年，鼓浪屿区在猴屿、大屿、鸡屿、火烧屿植树 17 万株。

1982—1987 年，在曾厝垵至高崎沿海岸植树 19 万株，成活率 80% 以上。1988 年，绿化 7.73 公顷，成活 70 万株。在大屿种植相思树、木麻黄、黑松共 60 多万株，绿化覆盖率 90%。

1991—1999 年，对环岛路全长 43 公里分 3 期绿化。依据地貌、海滨沙滩，上下行分幅设计，中间和两侧各留 50～150 米景观分隔带和防风林带，种植 24 万平方米草地和植物，绿化率很高。2001 年春，在分车带上加种海枣 1206 株、华盛顿棕 353 株、三角椰子 182 株。

2004—2007 年，在狐尾山种植红梅、腊梅、竹子等 500 株；在金榜公园、鸿山公园门口种植大花乔木，完善景观效果。同期，清理鼓浪屿升旗山缠绕树木的猫爪藤，在皓月园及龙山洞口拆迁地种植凤凰木、垂榕、黄心榕、扶桑等 150 株。

2003—2007 年思明区义务植树及绿化成果统计表

表 3-3-1

年份	法定工日（日）	实际参加义务植树情况						新增园林绿地（公顷）
		植树、花、草		其它绿化劳动	以钱代劳		合计	
		株数（株）	工日（日）	工日（日）	金额（元）	工日（日）	工日（日）	
2003	73000	111200	37067	27000	128200	16025	80092	28.65
2004	81000	231600	77200	20400	81400	10175	107775	19.09
2005	95000	241600	80533	30900	60200	7525	118958	20.41
2006	95000	229345	76448	55501	22120	2765	134714	20.03
2007	95000	154426	51476	64430	15200	1900	117806	33.83

四、住宅单位绿化

（一）居住区绿化

区境在开发新住宅区时，执行建设项目配套绿化工程与主体工程同时设计的原则，建一区绿一方，保证居住区实现绿化指标。以植物造景为主，乔、灌、草、花搭配，以花架、亭廊、休闲坐凳、花坛、雕塑等建筑小品点缀，把居民日常生活与园林观赏、游憩相结合，把建筑、园林、文化艺术融为一体。

1986 年起，建商品房的同时绿化四周环境。是年，湖滨北路住宅群绿地面积 0.27 公顷。

1991 年，新增专用绿地：续建的莲花三村，占地 14.46 万平方米，其中绿地面积 4.28 万平方米，种植乔灌木 1102 株及草坪；观音山小区，占地 3.14 万平方米，其中绿地面积 1.12 万平方米，种植乔灌木 641 株及草坪。

1992 年，新增专用绿地：筼筜西小区，占地 2.93 万平方米，其中绿地面积 1.15 万平方米，种植乔灌木 540 株及草坪。

1993 年，新增专用绿地：莲坂西小区，占地 8.92 万平方米，其中绿地面积 3.68 万平方米，种植乔灌木 705 株及草坪。

1994 年，新增专用绿地：东芳山庄，占地 5.4 万平方米，其中绿地面积 1.89 万平方米；体育东村住宅区，占地 6.04 万平方米，其中绿地面积 1.09 万平方米，种植乔灌木 264 株及草坪；松柏 H 区，占地 7.87 万平方米，其中绿地面积 2.10 万平方米，种植乔灌木 631 株。

1995 年，新增专用绿地：松柏 KT 区，占地 10.43 万平方米，其中绿地面积 2.41 万平方米，种植乔灌木 575 株；仙岳花园，占地 8.53 万平方米，其中绿地面积 2.45 万平方米，种植乔灌木 418 株。

1996—2002 年，造林绿化工作部门根据老城区建筑密度大、道路狭窄，可用于绿化的土地极少等特点，在不影响交通的前提下，利用空地角隅，栽植攀缘植物，或设置假山水池、花架等。在旧城改造时，按照国家规定指标，预留绿化用地，提升居住区环境质量。同时，发展立体绿化，提高绿地率和绿化覆盖率，并逐步向园林式居住区过渡。

2003 年 10 月三区整合后，居住区绿化在全区普及，其养护管理纳入物业管理常规工作。新建居住区绿地率平均在 35% 以上，集自然风光、休闲活动场所于一体。

2004 年，全区完成居住区绿化 13.79 公顷，主要有东坪山庄、湖明丽景、仙岳里小区、明发园、阳光海岸别墅区、金丰山庄等。

2006 年 6 月起，在莲前街道福满山庄、筼筜街道莲滨里小区、梧村街道金庭花园和冠成大厦、开元街道佳韵园、厦港街道学府花园和演武花园、鹭江街道海韵园和慧景城、中华街道定安小区 10 个社区和公园南路—中山路—鹭江道一线开展阳台绿化试点。随后，推广到禾祥西路、思明南北路、莲花北路及条件较成熟的小区，共投入 10 余个花卉品种、3 万多盆花卉在阳台种植。中山路阳台绿化选择龙船花、彩叶扶桑、硬枝黄蝉、栀子花等花木品种，共 615 盆，在中山路西段骑楼廊柱上增加 195 种壁挂式观赏植物。

2007 年 6 月，瑞景新村、绿家园、福满山庄、金鸡亭小区、凤凰山庄、前埔南区等 58 个居住区被评为“厦门市花园式单位”。

（二）单位庭院绿化

1982 年起，三区逐步推进机关企事业单位绿化工作。1984 年，三区评出“花园式单位”100 多家。1986 年，三区被评为市级“花园式单位”72 家。

2003—2006 年，新增园林绿地 93 公顷。

至 2007 年，全区单位庭院绿地和居住区绿地面积 603 公顷，被评为市级以上“花园式单位”192 家，其中被评为省级花园式单位 82 家，厦门大学获“全国绿化模范单位”称号。

五、古树名木

2004 年 12 月，思明区政府发布《古树名木保护公告》，确定 371 株树木为古树名木。其中，由区管理 182 株；由鼓浪屿—万石山风景名胜区管理委员会管理 189 株。区园林绿化管理部门做好古树名木的普查建档、更新换牌、防治病虫、防腐修补、根系复植、加固支撑等保护管理工作。

2007 年，由区管理的古树名木 182 株，其中树龄最长的为 450 年，在筼筜街道屿后北里；400 年以上的古树有 5 株。

2007 年思明区古树名木一览表

表 3-3-2

编号	树名	树龄（年）	位置	所在街道
SM001	樟树	31	万石植物园	开元街道
SM002	南洋杉	24	万石植物园	开元街道
SM003	南洋杉	21	万石植物园	开元街道
SM004	南洋杉	21	万石植物园	开元街道
SM005	南洋杉	25	万石植物园	开元街道
SM006	南洋杉	25	万石植物园	开元街道
SM007	南洋杉	25	万石植物园	开元街道
SM008	南洋杉	25	万石植物园	开元街道
SM009	南洋杉	24	万石植物园	开元街道
SM010	薄姜木	200	万石植物园	开元街道
SM011	木棉	120	万石植物园	开元街道
SM012	榕树	360	虎溪岩寺	开元街道
SM013	榕树	110	厦门宾馆	开元街道
SM014	榕树	120	厦门宾馆	开元街道
SM015	榕树	110	厦门宾馆	开元街道
SM016	榕树	110	厦门宾馆	开元街道
SM017	木棉	150	厦门图书馆	开元街道
SM018	榕树	130	厦门图书馆	开元街道
SM019	榕树	240	厦门市委宿舍	开元街道
SM020	榕树	260	市委宿舍楼	开元街道
SM021	榕树	160	先锋营街 1 号	开元街道
SM022	榕树	190	中山公园	开元街道
SM023	榕树	200	中山公园	开元街道
SM024	榕树	130	中山公园	开元街道
SM025	榕树	340	市府大道公园段	开元街道
SM026	榕树	250	公园北路 2 号	开元街道
SM027	榕树	160	174 医院	开元街道
SM028	榕树	150	174 医院	开元街道
SM029	榕树	120	厦门宾馆	开元街道
SM030	榕树	130	厦门宾馆	开元街道
SM031	榕树	110	市府大道美仁段	开元街道
SM032	榕树	180	美仁前社 100 号	开元街道
SM033	榕树	110	美仁前社 100 号	开元街道
SM034	榕树	260	美仁后社 125 号	开元街道

续表3-3-2

编号	树名	树龄（年）	位置	所在街道
SM035	榕树	150	美仁前社 120-122 号	开元街道
SM036	榕树	170	市府大道袁厝小游园	开元街道
SM037	榕树	390	西边社	开元街道
SM038	榕树	150	西边社	开元街道
SM039	榕树	170	西边社	开元街道
SM040	榕树	190	西边社	开元街道
SM041	榕树	110	塔厝社	开元街道
SM042	木棉	150	思北小学	鹭江街道
SM043	榕树	280	思北小学	鹭江街道
SM044	榕树	270	文灶路口	梧村街道
SM045	榕树	300	火车站对面顶峰广场	梧村街道
SM046	樟树	180	金榜公园	梧村街道
SM047	芒果	150	金榜公园	梧村街道
SM048	榕树	150	开元浦南 5 组 28 号	梧村街道
SM049	榕树	140	清河别墅	梧村街道
SM050	榕树	130	清河别墅	梧村街道
SM051	榕树	130	清河别墅	梧村街道
SM052	榕树	130	清河别墅	梧村街道
SM053	榕树	110	清河别墅	梧村街道
SM054	榕树	110	清河别墅	梧村街道
SM055	榕树	120	清河别墅	梧村街道
SM056	榕树	280	凤凰山庄	筼筜街道
SM057	榕树	170	凤凰山庄	筼筜街道
SM058	榕树	380	凤凰山庄	筼筜街道
SM059	榕树	170	仙岳村	筼筜街道
SM060	榕树	250	仙岳村	筼筜街道
SM061	榕树	170	仙岳村	筼筜街道
SM062	榕树	110	仙岳里新村	筼筜街道
SM063	榕树	140	仙岳里新村	筼筜街道
SM064	榕树	390	西郭村	筼筜街道
SM065	榕树	300	武警指挥中心	筼筜街道
SM066	榕树	450	屿后北里	筼筜街道
SM067	榕树	270	屿后北里	筼筜街道
SM068	榕树	290	莲前西路水务集团	嘉莲街道
SM069	榕树	290	莲花南路 5 号	嘉莲街道

续表3-3-2

编号	树名	树龄（年）	位置	所在街道
SM070	榕树	410	玉亭里 43-45 号	嘉莲街道
SM071	榕树	310	嘉莲大厦	嘉莲街道
SM072	薄姜木	160	嘉莲大厦	嘉莲街道
SM073	朴树	180	莲花公园	嘉莲街道
SM074	榕树	150	嘉盛豪园	莲前街道
SM075	榕树	130	嘉盛豪园	莲前街道
SM076	榕树	320	嘉盛豪园	莲前街道
SM077	榕树	340	洪山柄石村路	莲前街道
SM078	榕树	260	洪山柄石村路	莲前街道
SM079	榕树	130	洪山柄石村路	莲前街道
SM080	榕树	120	洪山柄石村路	莲前街道
SM081	榕树	160	洪山柄石村路	莲前街道
SM082	榕树	230	岭兜二里	莲前街道
SM083	榕树	200	岭兜村宏济宫	莲前街道
SM084	榕树	170	何厝村	莲前街道
SM085	榕树	260	何厝村顺济宫	莲前街道
SM086	榕树	180	塔埔村	莲前街道
SM087	榕树	160	塔埔村	莲前街道
SM088	榕树	270	塔埔村	莲前街道
SM089	榕树	130	瑞景新村小学	莲前街道
SM090	榕树	250	前埔村前村 491 号	莲前街道
SM091	榕树	320	前埔村前村 338 号	莲前街道
SM092	榕树	160	前埔村前村 306 号	莲前街道
SM093	榕树	150	前埔村前村 338 号	莲前街道
SM094	榕树	140	前埔村前村 353 号	莲前街道
SM095	榕树	130	前埔村前村 369 号	莲前街道
SM096	榕树	150	前埔村前村 369 号	莲前街道
SM097	榕树	110	前埔村前村 353 号	莲前街道
SM098	榕树	150	前埔村前村 393 号	莲前街道
SM099	榕树	290	前埔村前村 246 号	莲前街道
SM100	榕树	320	前埔南区鼓楼南里 6 号	莲前街道
SM101	榕树	240	前埔南区店上兴隆宫	莲前街道
SM102	榕树	210	前埔南区店上西里 9 号	莲前街道
SM103	榕树	150	前埔店上兴隆宫	莲前街道
SM104	榕树	250	前埔店上兴隆宫	莲前街道

续表3-3-2

编号	树名	树龄（年）	位置	所在街道
SM105	榕树	160	前埔店上东里 59 号	莲前街道
SM106	榕树	340	工人文化宫	中华街道
SM107	榕树	180	市公安局	中华街道
SM108	榕树	190	市公安局警官俱乐部	中华街道
SM109	榕树	300	市法院	中华街道
SM110	榕树	110	市法院	中华街道
SM111	榕树	110	市法院	中华街道
SM112	榕树	140	盐溪街 44 号	中华街道
SM113	榕树	290	盐溪街 44 号	中华街道
SM114	榕树	140	吴厝巷 7 号	中华街道
SM115	榕树	120	上古街 58 号	中华街道
SM116	榕树	190	镇海路 34 号	中华街道
SM117	榕树	320	镇海路 56 号	中华街道
SM118	榕树	110	东浦路自然家园	梧村街道
SM119	榕树	210	文安小学	中华街道
SM120	榕树	260	文安小学	中华街道
SM121	榕树	110	定安广场	中华街道
SM122	榕树	250	定安小学	中华街道
SM123	榕树	140	打铁头刀街 27 号	中华街道
SM124	榕树	270	第六市场三十六崎 24 号	中华街道
SM125	榕树	200	鸿山寺	厦港街道
SM126	榕树	170	鸿山寺	厦港街道
SM127	榕树	150	水警区大院	厦港街道
SM128	榕树	110	水警区大院	厦港街道
SM129	榕树	250	水警区大院	厦港街道
SM130	榕树	120	水警区大院	厦港街道
SM131	榕树	130	水警区大院	厦港街道
SM132	榕树	190	巡司顶	厦港街道
SM133	榕树	110	巡司顶 8 号	厦港街道
SM134	榕树	110	巡司顶 8 号	厦港街道
SM135	榕树	180	下沃仔 32 号	厦港街道
SM136	榕树	170	厦大医学院	厦港街道
SM137	榕树	220	厦大医学院	厦港街道
SM138	榕树	120	厦大医学院	厦港街道
SM139	榕树	120	厦大医学院	厦港街道

续表3-3-2

编号	树名	树龄（年）	位置	所在街道
SM140	榕树	130	厦大医学院	厦港街道
SM141	榕树	180	厦大医学院	厦港街道
SM142	榕树	140	厦大医学院	厦港街道
SM143	榕树	120	厦大医学院	厦港街道
SM144	臭椿	140	南普陀	滨海街道
SM145	橄榄	140	南普陀	滨海街道
SM146	芒果	190	南普陀	滨海街道
SM147	菩提	110	南普陀	滨海街道
SM148	龙眼	170	南普陀	滨海街道
SM149	榕树	160	大学路 184 号海洋三所	滨海街道
SM150	榕树	230	厦门大学	滨海街道
SM151	榕树	130	厦门大学	滨海街道
SM152	榕树	280	厦门大学	滨海街道
SM153	榕树	200	厦门大学	滨海街道
SM154	榕树	140	胡里山炮台	滨海街道
SM155	榕树	120	胡里山炮台	滨海街道
SM156	榕树	170	胡里山炮台	滨海街道
SM157	榕树	120	胡里山炮台	滨海街道
SM158	榕树	130	胡里山炮台	滨海街道
SM159	榕树	110	胡里山炮台	滨海街道
SM160	榕树	110	胡里山炮台	滨海街道
SM161	榕树	290	胡里山炮台	滨海街道
SM162	榕树	140	胡里山炮台	滨海街道
SM163	榕树	150	胡里山社 6 号	滨海街道
SM164	榕树	120	胡里山社 6 号	滨海街道
SM165	榕树	130	曾厝垵珍珠湾花园	滨海街道
SM166	榕树	110	曾厝垵西边社	滨海街道
SM167	榕树	220	曾厝垵软件园	滨海街道
SM168	榕树	420	曾厝垵西边社 78 号	滨海街道
SM169	榕树	290	曾厝垵软件园	滨海街道
SM170	榕树	380	曾厝垵软件园	滨海街道
SM171	榕树	420	曾厝垵顶西边社 53 号	滨海街道
SM172	榕树	150	曾厝垵软件园	滨海街道
SM173	榕树	440	曾厝垵前田社 49 号	滨海街道
SM174	榕树	110	曾厝垵戏台对面山坡	滨海街道

续表3-3-2

编号	树名	树龄（年）	位置	所在街道
SM175	榕树	280	曾厝垵公主园	滨海街道
SM176	榕树	290	曾厝垵社 72 号	滨海街道
SM177	榕树	400	曾厝垵仓里社昭惠宫	滨海街道
SM178	榕树	310	曾厝垵仓里 41 号	滨海街道
SM179	榕树	370	曾厝垵社 1 号	滨海街道
SM180	榕树	360	曾厝垵社永福宫	滨海街道
SM181	榕树	160	景州乐园对面环岛路	滨海街道
SM182	榕树	140	黄厝	滨海街道

第二节　园林建设

民国 15 年（1926 年），建中山公园。公园东西宽 320 米，南北长 650 米，面积 20.8 万平方米，东联蓼花溪、妙释寺，西抱魁星河至草埔尾，北靠溪岸，南沿靖山麓接兴泉永道署（今公园南路 2 号）。

中华人民共和国成立后，着手修复旧有公园；同时，建设一批新公园。1958 年 2 月，贯彻国家第一次城市绿化会议精神，重点是发展苗圃，普遍植树。1960 年起，因建设资金减少，园林绿化发展受到影响。1978 年起，三区开展全民义务植树，园林建设得到迅速发展。1986 年后，区境新建嘉禾公园、莲花公园、鸿山公园、金榜公园等 9 个公园。

2005 年 7 月 9 日，根据建设部《城市绿地分类标准》，思明区公园绿地被定为一级的有 9 处、二级的有 7 处、三级的有 1 处。

2007 年，全区有公园 17 个，其中综合公园 6 个，专类公园 8 个，社区公园 3 个（含 1 个带状公园）。在全市创建“文明公园”评比活动中，评出植物园、南湖公园、菽庄花园、日光岩、中山公园等 6 个文明公园。在“星级公园”评定中，全区评出五星级公园 6 个、四星级 6 个、三星级 5 个。

2007 年思明区境公园定级分类一览表

表 3-3-3　　单位：公顷

序号	公园名称	占地面积	管理单位	隶属关系	等级	类别
1	植物园	227.2	园林植物园	市政园林局	一级	专类公园
2	海湾公园	20	水务集团	市政园林局	一级	综合公园
3	白鹭洲公园	10.5	白鹭洲建设开发公司	市政园林局	一级	综合公园
4	南湖公园	16.7	南湖公园管理处	市政园林局	一级	综合公园
5	中山公园	11.09	中山公园管理处	思明区旅游园林局	一级	专类公园
6	金榜公园	90	金榜公园建设管理处	思明区旅游园林局	一级	专类公园
7	鸿山公园	17	鸿山公园管理处	思明区旅游园林局	一级	专类公园
8	狐尾山公园	70.63	狐尾山公园筹建处	思明区旅游园林局	一级	综合公园

续表3-3-3

序号	公园名称	占地面积	管理单位	隶属关系	等级	类别
9	景州乐园	30.84	厦门景州乐园发展有限公司	市旅游局	一级	综合公园
10	日光岩	5.4	日光岩游览区管理处	鼓浪屿—万石山风景区管委会	二级	专类公园
11	菽庄花园	4.43	鼓浪屿园林管理所	鼓浪屿—万石山风景区管委会	二级	专类公园
12	皓月园	3	鼓浪屿皓月园管理所	鼓浪屿—万石山风景区管委会	二级	专类公园
13	华侨亚热带植物引种园	8.9	厦门华侨亚热带植物引种园	鼓浪屿—万石山风景区管委会	二级	专类公园
14	莲花公园	2.2	思明区园林旅游服务处	思明区旅游园林局	二级	社区公园
15	海滨公园	4	思明区园林旅游服务处	思明区旅游园林局	二级	带状公园
16	松柏公园	7.22	松柏公园管理处	市住宅建设总公司	二级	社区公园
17	嘉禾公园	1.8	思明区园林旅游服务处	思明区旅游园林局	三级	综合公园

第四章　管　理

第一节　房地产管理

一、房地产登记管理

民国18年（1929年）10月，区境土地由思明县整理土地办事处登记。至民国22年3月，发出图照7200张、证明书142张，土地登记占市区土地的1/3。是年11月，土地登记业务改由厦门市政筹备处办理。其后，申报登记机构多次变更。民国24年11月，将历次办理申报、登记图册资料移交市公安局保管。

民国27年6月25日，成立伪治安维持会房产保管委员会；7月15日，发布《厦门市家屋管理暂行规定》，对民国27年5月10日前建筑或正在建筑的民房造册登记。因多数业主未居住在城区，房产契证被带往外地，办理申报登记的人不多。翌年7月20日，伪厦门地方法院设登记处，颁布不动产登记规则，宣布"凡不登记者，一律充公"。区境被日伪政权强占房地产包括厦港沙坡尾、虎头山附近、大生里以西至海边一带、石路街、大悲阁、虎园路等处，总面积57.75公顷，其中房屋面积7.47公顷，土地面积50.28公顷。民国29年，日伪厦门特别市政府制定《土地陈报办法》，申报登记房地产1.8万起，未登记房地产7178起。在申请登记房地产业权中，发给土地所有权状1.1万起，未发给所有权状3569起，存在业权纠纷420起，未经审查3040起。

民国34年后，区境继续办理土地测量和土地登记工作，直至民国36年3月10日。

中华人民共和国成立后，区境房地产登记由市地政科办理。1951年3月，三区执行市政府厦门市房地产登记暂行办法，重申办理产权登记及换发新证；4月，接受私有房地产申请转移、变更、他项权登记；9 月，接受公有房地产登记，对公私房地产经审查符合条件的，换发所有权证。1951—1958 年，公告 12 批，自公告日起满 3 个月无业主提出异议的无人认可的房屋，执行“无主代管”，代管期满 3 个月者转为公产。1959—1980 年，房地产登记工作基本处于停顿状态。

1981 年 1 月，三区执行市政府《关于恢复房地产登记和私房买卖暂行规定的通告》，颁发房屋所有权和契税合一的厦门市人民政府房产契证。1987 年 7 月，城区房屋所有权证由市土地管理局办理，农村由镇农财所办理，国有土地使用权证和集体土地使用权证由市土地局办理；11 月 26 日，根据市政府《关于城镇房屋所有权、土地使用权登记暂行规定》，对区境土地使用权和房屋所有权进行登记。

1993 年，区境地籍调查及土地使用权申报登记工作全面铺开，随着《城镇国有土地使用权有偿出让转让条例》《中华人民共和国房地产管理法》实施，土地变更登记成为常规工作。

2007 年，按照《厦门市地籍管理“十一五”发展规划纲要》发展目标，思明区做好土地更新调查工作，在进行第三次土地详查基础上，建立市、区、街道三级联网土地利用现状调查数据库，实现土地数字化、信息化管理；应用新技术，推进土地房屋登记体系建设和地籍管理信息系统建设。

二、土地分等定级管理

民国 9 年，工务局根据市政建设、房地产交易、地段繁华程度进行土地分等定级与地价评估。至民国 25 年，区境各路段商业繁盛和人口稠密程度悬殊较大，地价高低不一。其中，中山路和大同路商业最繁盛，人口最稠密，是厦门市金融商业集中点，地价最高；开元路、开禾路、鹭江道等地次之；思明南路东段一带地价最低。民国 34 年，厦门市地籍处对土地进行分区评估定价，并公布级差地价区，作为申报地价的标准。民国 35 年，对第一至第六区段标准地价及建筑物进行调查。次年 6 月，完成地价重估，将地价分为 17 个等级。民国 38 年 7 月 3 日，市政府对区境地价重新估价，分为 16 个等级。中山路口和鹭江道为特等，思明戏院和中山路中段为一等，大同路中段为二等，大中路、太古码头为三等，思明南路为四等，思明北路为五等，六等以下依次为小走马路、公园南路、第一码头、古城西路、斗西路等。

1952 年，制定《厦门市市区地价等级范围表》，1953 年 1 月实施。将地价等级分为 25 级，最高一级为大同路中段，24 级为厦港蜂巢山顶和鼓浪屿的五个牌山，25 级为沿海的海滩地。

1980 年，厦门经济特区成立，特区经济建设和城市建设发展带动房地产业兴起。1988 年 6 月 30 日，三区土地使用权首次有偿出让，土地开始进入市场。1989 年，厦门市被列为国家土地估价试点城市。1990 年 7 月，三区开展城镇土地分等定级工作。区境土地划分为七级：一级主要分布在中山路、鹭江道口—文化宫、思明北路一带；二级主要分布围绕一级土地沿思明北路、公园南路、厦禾路向外延伸及湖滨南路与湖滨中路交汇处；三级主要沿厦禾路延伸，在火车站外，以及新城区市政府一带；四级主要集中在思明南路、文园路、湖滨北路西段；五级主要集中于湖滨北路东段和老城区的边缘地带及厦门大学等处；六、七级基本为规划区开发地带。其中，鼓浪屿土地划分为 4 个等级。

2005 年，城镇土地区域及级别划分 6 个区。

（一）A 区

鼓浪屿

A1：鼓新路—鼓山路—安海路—永春路—泉州路—鼓声路—环岛路—鼓新路（不含 A2 区）；

A2：环岛路外侧及内侧 100 米以内区域；

A3：除 A1—A2 区外的其他区域。

（二）B 区

厦禾路（延伸段）—鹭江道—湖滨西路—厦禾路—后埭溪路—铁路—东坪山路—东坪山、御屏山、东宅山、后厝山、狮山—厦大政法学院西侧—胡里山炮台停车场西侧—海岸线—厦禾路

B1：鹭江道东侧 100 米处—厦禾路—故宫路—新华路—镇海路—鹭江道东侧 100 米处；

B2：鹭江道东侧 100 米处—镇海路—海岸线—厦禾路—鹭江道东侧 100 米处；

B3：(1) 故宫路—厦禾路—后埭溪路—铁路—思明南路—钟鼓山隧道洞口—五老山以南—狮山—厦大政法学院西侧—环岛路段内侧200米处—大学路—民族路—镇海路—新华路—故宫路；(2) 鹭江道—湖滨西路—厦禾路—鹭江道；

B4：镇海路—民族路—大学路—环岛路内侧200米处—厦大政法学院西侧—胡里山炮台停车场西侧—海岸线—镇海路；

B5：除B1—B4以外的其他区域。

（三）C区

海沧大桥—仙岳路—思明区与湖里区交界线—嘉禾路—莲岳路—槟榔路—湖明路—湖滨南路—凤屿路—厦禾路—东坪山路—铁路—后埭溪路—厦禾路—湖滨西路—鹭江道—厦禾路（延伸段）—海岸线—海沧大桥

C1：湖滨南路—凤屿路—厦禾路—东坪山路—铁路—后埭溪路—厦禾路—湖滨西路—湖滨南路；

C2：思明区与湖里区交界线—狐尾山麓东南侧、观音山小区—体育路—湖滨东路—湖滨北路—莲岳路—槟榔路—湖明路—湖滨南路—鹭江道—厦禾路（延伸段）—海岸线—思明区与湖里区交界线；

C3：嘉禾路—莲岳路—湖滨北路—湖滨东路—体育路—观音山小区外侧—狐尾山麓东南侧—思明区与湖里区交界线—嘉禾路；

C4：除C1—C3以外的其他区域。

（四）D区

枋钟路—环岛路内侧800米处—国际会展中心区域以外—文兴东路延伸段—前埔南区外侧、古楼村、特教学校、柯厝村（含古楼村、特教学校、柯厝村）、洪脊山山麓（北）、云顶岩、云顶岩隧道口、东山水库、无尾塔山、大厝山、东坪山路—铁路—东坪山路—厦禾路—凤屿路—湖滨南路—湖明路—槟榔路—莲岳路—嘉禾路—乌石浦路—兴山路—仙岳路—铁路—金湖路—金尚路两侧100米范围内—枋钟路

D1：湖明路—槟榔路—莲岳路—嘉禾路—吕岭路—铁路—东坪山路—厦禾路—凤屿路—湖滨南路—湖明路；

D2：(1) 嘉禾路—乌石浦路—兴山路—仙岳路—铁路—吕岭路—嘉禾路；(2) 铁路—莲前西路北侧200米处—国际会展中心区西侧—文兴东路（延伸段）、前埔南区外侧—旧环岛路—莲前路南侧200米处—铁路；(3) 金尚路两侧100米范围内。

D3：(1) 铁路—莲前路南侧200米处—旧环岛路—古楼村、特教学校、柯厝、洪脊山、云顶山、云顶隧道口、东山水库（含水库）、无尾塔山—大厝山—东坪山路—铁路；(2) 铁路—仙岳路—金尚路—金昌路—金尚小区东侧道路（规划中的县黄路）—吕岭路—金尚路—莲前路北侧200米处—铁路（金尚路两侧100米范围内除外）；

D4：金尚路—枋湖北路（延伸段）—环岛路内侧800米处—仙岳路（延伸段）—下湖村、上湖村、洪塘村、古地石村（含下湖村、上湖村、洪塘村、古地石村）—吕岭路—国际会展中心区以外—莲前路北侧200米处—金尚路—吕岭路—金尚小区东侧道路（规划中的县黄路）—金昌路—金尚路—仙岳路—铁路—金湖路—金尚路（金尚路两侧100米范围内除外）；

D5：除D1—D4以外的其他区域。

（五）E区

海沧大桥—海岸线—枋钟路—金尚路—金湖路—铁路—仙岳路—兴山路—乌石浦路—嘉禾路—思明区与湖里区交界线—仙岳路—海沧大桥（金尚路两侧100米范围内除外）；

E1：湖里大道—长岸路—海天路—南山路—嘉禾路—乌石浦路—兴山路—仙岳路—铁路—火炬路（湖里大道）—湖里大道；

E2：(1) 湖里大道—火炬路（湖里大道）—铁路—火炬北路（规划路）—嘉禾路—兴湖路—长岸路—湖里大道；(2) 长岸路（东渡路）—海天路—南山路—嘉禾路—思明区与湖里区交界线—仙岳

路—东渡路（长岸路）；

E3：长岸路—铁路—殿前一路—嘉禾路—枋钟路—金尚路—金湖路—铁路—火炬北路（规划路）—嘉禾路—兴湖路—长岸路（金尚路两侧100米范围内除外）；

E4：长岸路—东渡路—海沧大桥—海岸线—象屿保税区北侧—长岸路；

E5：除E1—E4以外的其他区域。

（六）F区

胡里山炮台停车场西侧—厦大政法学院西侧—狮山、后厝山、东宅山、上李山、曾山、金山、东排山、军民水库、胜利水库、云顶岩隧道口、洪脊山—柯厝外侧—特教学校外侧—古楼村外侧—前埔南区外侧—文兴东路延伸段—国际会展中心片区—环岛路内侧800米处—县黄路与枋钟路交叉口—海岸线—胡里山炮台停车场西侧；

F1：胡里山炮台停车场西侧—厦大政法学院—狮山、后厝山、东宅山、上李山、曾山、金山—东排山、军民水库、胜利水库、云顶岩隧道口、洪脊山、柯厝外侧、特教学校外侧、古楼村外侧、前埔南区外侧—文兴东路延伸段—国际会展中心片区—吕岭路（延伸段）—海岸线—胡里山炮台停车场西侧；

F2：吕岭路延伸段—环岛路内侧800米处—县黄路与枋湖路交叉口—海岸线—吕岭路延伸段。

三、土地使用权审批

明清至民国时期，区境土地征用和公私建设用地的审批职权不清。建设用地需拆迁民房，大都采取向民间购房方式进行，并向土地行政管理机关和财税机关办理手续。

1950年后，区境土地使用重点是国防建设及建设鹰厦铁路和农村水利基础设施建设，文教卫生和市政建设用地较少。1957年10月，土地使用执行市直辖审批体制。

1960年，区境由市审批的公共设施用地主要有厦门烈士纪念碑、厦门火车站、厦门第一中学、市立第一医院、华侨博物院，以及后江埭工业区厦门酿酒厂、罐头厂、化工厂、橡胶厂、电池厂、电机厂、省四建水泥制品厂等。

1985年8月7日，三区执行市政府《关于厦门岛内土地征用统一由市规划局负责审批的通知》，用地统一由市规划局负责审批。1987年，由三区土地管理局审核，报市土地管理局审批。

1992年11月21日，私人改建住房的审批权下放给三区政府；重新划拨、征用、扩大用地的私房建设，须经市土地管理局、规划局审查同意，由三区政府审批发文。私人建房一律向区城建局提出申请。原属市规划局审批程序，改由区城建局调查核实、现场勘察后，征得市规划局、土地管理局同意，由区政府审批。

2005年8月5日，执行《厦门市城市规划条例》，由区建设局负责受理所辖区域规划建设用地范围内国有、集体用地私危房翻改建申请。其中，三层以下（含三层）建设项目由区建设局直接核发建设工程规划许可证；三层以上建设项目由区建设局提出审核意见，并报市规划局批准，由区建设局发放建设工程规划许可证，区政府负责组织编制建设规划。

四、土地使用权出让管理

1988年6月14日，厦门市（全国土地使用制度改革试点城市）颁布《厦门市国有土地有偿出让、转让办法》，规定国有土地使用权统一由市政府采取协议、招标、公开竞投等方式有偿出让；6月30日，厦门市第一次以公开竞投方式出让思明区湖滨影剧院南侧公用地（面积3194平方米）和富山国际展览城东侧公用地（面积8031平方米）2块国有土地使用权。竞投结果，由中航技厦门工贸中心和厦门建设工程公司以250万元和370万元获得。

至2007年12月8日，区境成交土地面积143万平方米，总价847亿元。

2005—2007 年思明区竞投国有土地使用权统计表

表 3-4-1

序号	地块编号	出让方式	成交时间	土地面积（平方米）	出让总价（万元）	用途	受让人
1	2005G01	挂牌	2005.7	22855	27000	居住、教育	厦门特区房地产开发公司
2	2005G02	挂牌	2005.6	12340	8900	居住	厦门大洲房地产有限公司
3	2005G05	挂牌	2005.8	701098	32390	码头、配套	南顺控股（香港）投资有限公司
4	2005P02	挂牌	2005.9	5689	3550	居住	潘水明
5	2005P06	挂牌	2005.1	40096	35100	居住、商业	厦门市鑫新景地房地产有限公司
6	2005G07	挂牌	2005.1	17998	33600	居住、商业	厦门福隆置业有限公司
7	2005G03	挂牌	2005.12	90341	24800	酒店	上海裕乾、劲邦国际有限公司
8	2005G08	挂牌	2005.12	27878	41600	居住、教育	厦门翔安新城投资开发有限公司
9	2005G11	挂牌	2005.12	21806	19100	居住、其他	厦门翔安新城投资开发有限公司
10	2005G12	挂牌	2005.12	8527	7250	居住、其他	厦门翔安新城投资开发有限公司
11	2005G13	挂牌	2005.12	8995	7610	居住、其他	福建亿力房地产股份有限公司
12	2005G10	挂牌	2005.12	91539	43900	办公、商业	厦门市开元国有投资有限公司
13	2006G04	挂牌	2006.4	112328	100000	居住、商业	联发集团、厦门建发股份有限公司
14	2006G07	挂牌	2006.4	22725	20400	办公、商业	柯希平
15	2006P01	拍卖	2006.4	25938	37000	居住、商业	厦门源昌房地产开发有限公司
16	2006G06	挂牌	2006.6	55657	66800	居住、商业	深圳万科房地产有限公司
17	2005P03	拍卖	2006.6	23921	58500	居住、商业	厦门市鑫新景地房地产有限公司 厦门永安盛房地产有限公司
18	2006G13	挂牌	2006.9	13463	21000	酒店	厦门源昌房地产开发有限公司
19	2006G10	挂牌	2006.1	6833	6700	酒店	厦门天城置业有限公司
20	2006G16	挂牌	2006.11	19206	2700	酒店	厦门大学国际会议管理有限公司
21	2006G17	挂牌	2006.12	22532	48700	居住	厦门住宅集团
22	2006G18	挂牌	2006.12	33930	98100	居住、教育	明发集团有限公司
23	2007G10	挂牌	2007.4	33930	81500	居住、教育	厦门市恒达昌房地产开发有限公司
24	2007G18	挂牌	2007.6	8191	20300	办公、商业	悦城（厦门）投资有限公司

五、土地监察

1992 年，开元区、思明区分别成立城市土地监察大队。1994 年 1 月，查处开元区前埔村民违法用地建房等案件；3 月 25 日，拆除厦门大学海滨浴场至黄厝一带违章搭盖 14 处、面积 2000 平方米。此后，经常性查处违法占地建房、搭盖事件。

2004 年 1 月，查处在曾厝垵村将企业用地非法用于安置房、集资房和商品房开发的案件 24 宗，占地面积 158203 平方米，建筑面积 332412 平方米。其中，对“曾厝垵农贸市场及生活配套设施”项目开发商未批先用行为，交由市国土房产局作出罚款处理。当年 2 月，成立思明区城市管理行政执法局。

2005 年 1 月 1 日起，思明区对新增建设用地进行拉网式清理排查；2006 年 4 月起，查处非法批地、未批先用、批少用多、非法低价出让国有土地使用权等案件。

第二节　环境卫生与市容管理

一、环卫设施

（一）环卫车辆

清末民国时期，区境环卫作业使用简单工具，如扫帚、铁锹、箩筐和板车。城区垃圾集运普遍采用肩挑或木车轮人力板车。民国 20 年（1931 年），购买 2 辆人力喷水车，后停用。

1952 年，环卫处购置 20 副橡胶轮胎，替换木车轮。1957 年，增置人力拖运小风轮粪车、垃圾车 40 辆。至 1959 年，胶轮车全面取代木轮车。1961 年，有人力拖运板车（胶轮车）150 辆。其中，水肥车 40 辆、垃圾车 110 辆，承担城区每年 2 万吨生活垃圾、2500 吨粪便清运。1964 年，配备 1 辆装运垃圾的汽车。

1995 年，三区财政加大对环卫经费投入，环卫专业队伍扩大，机动车大幅增加，组建车队及维修厂。

2007 年，思明区环卫处配备各类机动车 160 辆。

2007 年思明区环卫处机动车辆一览表

表 3-4-2　　单位：辆

车辆类型	数量	车辆类型	数量	车辆类型	数量
自卸垃圾转运车	70	压缩转运车	13	大货车	2
吊桶垃圾吊运车	3	洒水车	5	微型车	8
吊桶垃圾收集车	5	扫路车	8	侧三轮	11
小吊桶垃圾收集车	2	吸粪车	6	小货车	6
自卸垃圾收集车	2	清障车	1	叉车	3
垃圾收集车	10	高空作业车	1	通勤车	4

（二）垃圾中转场

民国 20 年，城区垃圾堆放于美头山下海滩、虎头山下海滩及厦港海滩，并在美头山附近海滩建垃圾中转场。承包商以垃圾堆放场作为垃圾中转场，将可利用的垃圾运出岛外销售。

1970 年，筼筜湖筑堤，中转场迁往角尾路海滩地。在厦港和鼓浪屿黄家渡设垃圾中转场。1980 年，有角尾路、梧村和厦港 3 个垃圾中转场，占地面积共 16110 平方米，储集和中转混合垃圾，日均储运量 413 吨。1987 年，鼓浪屿区日集垃圾量 26～30 吨，用船运往农村作农田、果林沤肥之用。1993 年，3 个露天垃圾中转场改建为大型清洁楼，对垃圾进行机械卸装、转运。

2007 年，全区有清洁楼 37 座、垃圾压缩中转站 1 座，做到垃圾收运密闭化、处理无害化。

（三）垃圾处理场

1983 年，建黄厝垃圾填埋场（3000 平方米）；1989 年，黄厝垃圾填埋场封场。

1987 年，投资 16 万元，在厦门岛西侧海湾滩地建面积 1 万平方米垃圾无害化填埋场，至 1990 年 3 月填满封场。1990 年 4 月，在填埋场毗邻择一海湾滩地，投资 207 万元，建 12 万平方米垃圾无害化填埋场。

1991 年，建前埔垃圾高温堆肥场，日处理垃圾 300 余吨。1994 年，扩建前埔垃圾高温堆肥场二期工程，日处理能力提高到600～700吨。两期建设投资1000万元，用地扩展至9.92万平方米。

2007年，区境生活垃圾处理经过清洁楼中转，转运至后坑压缩站。

二、卫生管理

（一）公共卫生管理

1. 公共场所卫生管理

民国25年，区境执行《厦门市管理户外清洁规则》，城区“凡在户外制造、贩卖或处理物品可就地产生污物时，贩卖人须自备适宜器具收集之”，并规定居民“不得在街巷或公共场所牧放牲畜；不得随地大小便溺；不得随地乱丢果皮杂物；不得当街劈柴、晒衣及任何有碍市容观瞻之物品；不得倾倒垃圾粪便等污物于公共沟渠内；不得在垃圾箱外倾倒垃圾。”

中华人民共和国成立初期，按照市军管会《清洁卫生守则》（1949年11月）、市政府《清洁守则》（1950年1月）规定，除类似上述内容外，还有“不得将粪便污水、燃烧物、已死动物及建筑废料等倒入垃圾箱内，不得在道路曝晒易于引集苍蝇之物品”。

1972年10月起，三区执行厦门市革委会《关于加强城市环境卫生管理的通告》，加强对“三废”（废渣、废气、废水）综合利用和净化处理，施工单位竣工3天后，周围环境未清扫干净的，由居委会组织劳力清理，施工单位支付清理费用。

1981年6月起，三区执行厦门市政府《关于城市市容卫生管理暂行规定》，“企事业单位的‘废渣’要按国家环保法规定自行处理，产生的垃圾要自行清运到垃圾场。清运有困难的，可与环卫处联系，按数量和里程付给清运费。”

1990年9月起，三区执行《厦门市市容环境卫生管理补充规定》，“严厉禁止任何单位和个人在一切公共场所（含水面、海域）随地吐痰、便溺、随地乱扔瓜果皮核、烟蒂、纸屑、食品包装物和其他废弃物、随地乱倒垃圾、粪便、污水、建筑废弃物”；“机关、团体、部队和企事业单位等应加强对本规定严厉禁止行为的管理，搞好‘门前三包’，对管理不善的单位责令限期改正，逾期不改正者，视情节轻重，处以300～500元罚款”。1994年4月，三区执行市政府《关于进一步加强城市市容环境卫生管理的通告》，单位和住户未落实门（院）前和责任区的卫生责任制，有损市容和环境卫生的，责令限期改正，处以责任人200～1000元罚款。

2005年7月起，执行《厦门市“门前三包”责任制管理办法》，对以前属于机关、团体、部队和企事业单位所属范围公共部分的环境卫生工作进行规定，成为各单位落实公共卫生管理的法规。

2007年，市、区共同制定《厦门市市容环境卫生管理条例（草案）》，对向水域倾倒垃圾、粪便和非法倾倒废弃物的；从事车辆清洗、修理及废品收购和废弃物收集、运输作业，不按照规定操作，致使污水外流或者废弃物向外散落的；餐饮业、单位食堂餐厨垃圾排入雨水、污水排水管道或者与其他垃圾混倒的；生活垃圾处理场站未按照规定对进场垃圾进行登记、统计和消毒工作等行为，除责令改正外，对单位处以5000元至5万元罚款，对个人处以200元以下罚款。及时检查监督，加大对环境卫生违法行为的处罚力度。

2. 生活垃圾管理

1972年10月，三区执行厦门市革委会《关于加强城市环境卫生管理的通告》，规定“凡运肥牛马车进入市区，必须随带清洁工具，随时打扫粪便和饲料。装运粪肥时，应及时冲洗厕所和被污染的路面”。1981年6月，三区执行厦门市政府《关于城市市容环境卫生管理暂行规定》：“进入城区装运垃圾、粪便、泥土、沙石、燃料和废渣等各种车辆，要严防溢漏，污染路面。”1990年，三区执行《厦门市市容环境卫生管理补充规定》：“装载运输生活、生产废弃物的车辆未采取防漏、防撒、防滴措施，污损路面的，责令清理、清洗污损的路面，并处以50～100元罚款，被污损的面积大的，按污损面积处以每平方米4～8元罚款。”1992年5月，三区执行市政府《关于加强市容卫生管理的通告》，规定“出入市区装运垃圾、粪便、泥土、沙石、燃料和废渣等各种车辆，应采取防溢漏措施。对漏、撒、滴而污损路面的，除责令其清理、清洗外，主干道每平方米罚款8元，次干道每平方米罚款6元。”1995年10月，三区执行《厦门市市容和环境卫生管理办法》：城区“客运车辆应自设卫生容器，车上废弃物应交车站或按有关规定处理，禁止随地抛撒、排放；运输液体、散装物体时，货运车辆应密封、包扎、覆盖，不得沿途泄漏、遗撒，污染城市路面，并逐步采用密闭式车辆运输”“各建筑工地出入口应设置车辆冲洗设施，进出工地的车辆禁止将沙土带出污染城市路面”“在厦门市辖区内海域行驶或停泊的各类船只应自备垃圾、粪便容器，严禁向海面倾倒、丢扔粪便、垃圾。船上废弃物应按照市环境卫生管理处指定的地点倾倒或委托环境卫生专业部门收集运输”“涉外船上的垃圾、粪便须按规定进行特殊消纳”。

2000年6月起，莲花五村、仙阁里、鼓浪屿区等地为垃圾分类收集的试点。2006年4月1日，开征城市生活垃圾处理费，用于垃圾收集、运输、中转及处理。居民常住户每户每月10元，暂住人口每人每月4元。

3. 环境卫生考评

1994年初，执行厦门市“谁主管、谁负责”的规定，推行卫生管理划片包干及“门前三包”责任制，开展卫生考评。是年，开元区厦禾路、思明区中山路等30多条主要街道及鼓浪屿区龙头路等26条步行街达标，达标面积227万平方米，占三区道路面积69.8%。筼筜西小区等2个生活住宅小区，国贸大厦等6个基建工地，霞溪市场等4个集贸市场，昌宏等6座清洁楼，顽石等5座公厕的责任单位，均获红旗竞赛优胜奖。

2004年1月，为加强市容考评工作，完善市容考评责任制，出台《思明区创卫生达标社区居委会考评办法》和《思明区街道辖区市容环境卫生工作目标责任书》。区城管办与各职能部门联合办公，以街道为考评基础单位，市政、园林、工商、教育、环卫、环保、爱卫办等相关部门以明查（占70%）和不定期暗访（占30%）相结合的形式进行考评。2005年，区政府与街道办事处签订城市管理工作责任书，向建设、环保、园林旅游、卫生等7个职能部门下达责任状；区城管办与企业单位东方旅游公司下属的环岛路沿线14个经营点签订责任书，并将铁路沿线管理、海域沙滩乞讨人员管理等列入市容环境卫生考评内容。

2006年，思明区将“门前三包”制度落实、背街小巷保洁清扫、环岛路沿线海域管理等列入考评内容。

2004—2007年，思明区连续4年在全市市容环境卫生考评中获总分第一，区执法局、区城管办连续4年获“厦门市城市市容环境卫生管理先进单位”称号。

2007年，市容环境考评增加治理乱扔垃圾、乱张贴，以及人行天桥、地下通道等专项内容，考评范围由主次干道向次干道、背街小巷和管理薄弱环节延伸。思明区市容环境卫生考评工作由原定向考评转为随机考评，暗访分数提高到50%。

（二）街路卫生管理

清宣统三年（1911年），商会组织清扫队（64人），每日打扫城区道路。

民国25年，区境环卫按照厦门市第二次市政会议通过的《厦门市管理户外清洁规则》进行管理。

1972年10月，市革命委员会下发《关于加强城市环境卫生管理的通知》，三区主要街道由城建部门设置果皮箱和痰盂，由居委会组织管理。1979年9月，市革委会下发《卫生联防工作细则》，大街小巷、公共场所由保洁员负责清扫保洁。

1981年6月，市人民政府颁布《关于城市市容环境卫生管理暂行规定》，街、巷由各居委会安排卫生保洁员划分地段打扫。1991年，根据《厦门市人民政府关于理顺市、区两级环卫体制实施方案的批复》，区环卫站组织环卫专业队伍对主、次干道（包括人行道）、公共场所、新开发区、新增道路及公共卫生设施的清扫和居民生活垃圾的收集。1995年，鼓浪屿区环卫站有清扫人员38人，清扫面积13.04万平方米，人均清扫面积3432平方米；开元区环卫处有清扫人员538人，清扫面积220.27万平方米，人均清扫面积4094平方米；思明区环卫处有清扫人员141人，清扫面积23.93万平方米，人均清扫面积1697平方米。2005年起，区环卫处推行一体化、专业化保洁模式，在新建小区首先试点由环卫专业队伍进行保洁。

2007 年，全区有环卫专业队伍 2500 人，清扫主次干道面积 700 万平方米。有 5 部洒水车在主干道洒水冲洗，冲洗面积 100 万平方米。

（三）公厕卫生管理

早期公厕为私人设置，以集粪营利，建造极其简陋。

民国 19 年 6 月，思明县公安局颁布：城区“公厕如有损坏破漏，由厕主修理之；厕内不得囤积垃圾、瓦砾、泥土及零碎物；厕内壁四周均应洁净，不存污秽，厕内每日应洗扫二次，厕外亦需打扫清洁。”民国 22 年 3 月，厦门市路政处指定民产公司筹建公厕，民产公司集合商股 20 余万元，新建、改建故宫路、第十市场、前阁宫、讲古脚、轮渡、麦仔埕、第四市场、石浔巷、第二市场、福茂宫、中正廊、外清宫、太古码头、布袋巷、大井脚、八卦埕、小学路、斗涵、国公府、墙顶巷、文渊井、第六市场、山仔顶、夹舨寮、小史巷、芬草巷、溪岸头共 27 座公厕。民国 25 年，警察局对公厕和民宅粪便的收集取运进行招标承包。承包者合股办民产公司，按月向警察局缴纳粪捐，粪捐作为清扫队的部分经费。

1950 年 1 月起，执行厦门市政府《清洁卫生守则》。1972 年 10 月，三区执行厦门市革委会《关于加强环境卫生管理的通告》。1990 年 10 月，三区执行《厦门市公共厕所管理办法》，公厕统一由环境卫生管理部门负责建设和管理。机场、车站、码头、商场、文化娱乐场所、游览风景区（点）、体育场（馆）、公园等公共场所的公厕，由经营、管理单位负责建设和管理，其他公厕由各产权所有单位负责建设和管理。环境卫生部门制定公厕类别等级，收取卫生管理费。1991 年，三区公厕由区环卫处（站）、各居民小区（新开发区）负责管理，推行承包责任制，按“公厕卫生打扫制度，优质服务，设施维护”三项指标进行考核，奖罚结合，提高公厕管理水平。1994 年起，把公厕考评列为市容专项考评，在创建国家卫生城市活动中，三区公厕项目考评均取得较好成绩。

2001 年起，开元区、思明区环卫处进行责任制承包管理试点，试行以厕养厕的管理模式，推行公厕市场化经营管理。

2007 年，完成环岛路音乐广场、玩月坡、黄厝浴场西段、黄厝浴场东段等旅游公厕的建设，并加强管理。

三、市容管理

（一）市容环卫管理体制

清光绪二十九年（1903 年），鼓浪屿工部局成立厦门市第一支清扫专业队伍。

民国元年（1912 年），厦门商会黄启荣出面在区境组建清扫队，共 64 人。民国初年，城区面积 3.46 平方公里，居住区 2.93 平方公里，主要集中在思明、鼓浪屿片区，12 万人口。这一时期，居民多采取自主清扫方式。由于土地狭小，人口稠密，居民垃圾没有定期清理，致使主要城区（如蕹菜河一带）垃圾堆积如山，蚊蝇滋生，霍乱等时疫流行。民国 10 年，填海筑路，建设排水系统，扩大城区，由市警察局接管清扫队。至民国 25 年，城区面积扩大到 4.09 平方公里，人口 21 万，新建马路 60 余条，清扫队伍增至百余人。垃圾、粪便得到及时清理，环境卫生状况明显改善。

中华人民共和国成立后，专业清洁人员逐年增多。

厦门经济特区建立后，区境由环卫专业队伍和社区保洁队伍共同清扫保洁，实行“门前三包”（包卫生、包绿化、包秩序）。建立以卫生城市考评标准为基准的保洁、清运、转运制度。开元区、思明区新建、改建水冲式现代公厕 72 座，全市首座清洁楼（石亭清洁楼）建成投入使用。通过招收合同工、临时工，扩大环卫队伍，至 1992 年底，有环卫人员 254 人。

1993 年 3 月，清运公司正式挂牌运营，承担沿街店面垃圾和单位垃圾代运等业务，环卫有偿服务模式开始运行。1994 年 4 月，思明区环卫处成立全市第一支市容监察中队。

2000 年起，梧村、莲前等街道试行保洁公司承包经营，由直接参与保洁向专业化机构管理转变。

2003年10月—2007年，思明区实行“三定”（定人、定岗、定任务）、岗位责任制、作业承包责任制、公厕管理与道路清扫内部承包制，并在经费、人事制度、分配制度等方面进行改革。

（二）城区道路整顿

1963年1月7日起，执行《厦门市市区道路管理暂行办法》，三区建管站负责城市道路管理等事务。

1972年10月1日，厦门市革委会发布《关于市区道路管理暂行规定》，加强城区管理。城市管理临时领导小组在城区开展大规模的拆除占道违法搭盖、整顿市容行动。1978年，出现海滨公园被占为港口接粮仓储用地，东风路被占为出口石料转运场，西海岸成为物资堆放场，商贩随处摆摊设点等现象。1979年3月，三区执行厦门市《关于违反城市管理规定的若干暂行处理办法》，开展整治活动，城区道路被乱占、乱挖现象得到遏制；10月起，执行厦门市《市区道路管理暂行规定的实施细则》，城区道路管理走上常规化。

1983年9月，三区执行厦门市《关于加强零售商业、服务行业个体（集体）营业中摆摊设点的管理通告》，整顿乱搭建违章行为，对于因特殊需要申请临时占用道路的，依据“六不”原则（不影响交通安全、不影响居民起居、不影响规划建设、不影响消防安全、不影响市政公用设施发挥正常功能、不影响市容观瞻和环境卫生）进行审批。在1990年、1992年、1995年全国城市市政设施考评和城市环境综合整治考评中，三区占道率均控制在2%内。

2005年7月1日—8月1日，开展湖东路脏、乱、差整治行动，拆除临时店面97间、面积8000平方米，重新铺设人行道地砖2852平方米，恢复围墙400多米，绿化面积2000多平方米；12月，启动中山路步行街市容整治工作，对步行街实行全时段定人定岗管理，重点整治第一市场、太平路口、定安市场、局口街、鹭江宾馆等路段的流动商贩、露天烧烤等占道经营现象，劝走流浪乞讨人员，拆除寿山路违章建筑14处，将局口街一带占道摆摊人员引导到定安夜市经营。

2006年6月，思明区将环岛路鹭江道到香山段列为城管“严管区”，招聘50名城管协管员，加强对环岛路沿线的管理。通过取缔无证烧烤和流动摊贩，规范曾厝垵渔市和何厝香山“顺济宫”渔市等自发市场；开展对贩卖假烟、无证租卖望远镜和无证照相等现象进行专项整治；开展对海滩经营点的污水乱排放现象进行专项整治；建立城管、交警、巡警、路政、工商、街道和民兵预备役等部门联合执勤机制，落实环岛路沿线作为“禁讨区”的各项管理规定。

2007年，整顿汽车乱停靠造成道路堵塞现象，禾祥路段有472个车位挂牌出让。同年9月，完成建业路、筼筜路临时停车场公共资源市场化管理。

（三）市容环境卫生责任区制度

民国25年，政府规定城区住家、店铺清扫保洁实行“各户门口街沿应于每晨自行打扫清洁，清道夫打扫后，发现污物应由两旁店户负责立即清扫，靠左者由左边店户负责，靠右者由右边店户负责”。同时，垃圾取运实行“各店户应自备适宜器具为贮存污物之用（容具应放置户内），应在垃圾车摇铃经过时，随时即倾倒于车内”。

中华人民共和国成立后，厦门市政府规定城区“各店户应自备盛具存贮污物，并须加盖，以防蝇类聚集或臭气外扬”。

1979年1月，三区执行厦门市革委会《关于整顿市容、卫生、交通秩序的通知》，规定“位于主干道两侧的单位、居民必须保持门前道路畅通无阻，清洁卫生，不准乱倒垃圾，乱扔果皮，乱泼污水”。

1991年1月—1995年3月，三区根据《厦门市“门前三包”责任制管理办法》，各机关、团体、部队、学校、企事业单位、个体工商户均与所在街道、居委会签订“门前三包”责任书，对成绩突出者给予表彰、奖励，对管理不善者给予惩处。

1997年10月，三区执行《厦门市城市市容和环境卫生管理办法》，规定“机关、团体、部队、企事业单位及个体经营者应按划分的卫生责任区域实行‘门前三包’（包卫生、包绿化、包秩序），负责清扫和保洁”。

2005年5月，思明区与2.8万店家签订“门前三包”责任状，为店家统一制作责任牌。增加1800名卫生保洁员加入文明劝导队，执行保洁、卫生督导、管理、文明劝导等职能。

2007年7月，在全区分发《致思明区全体店家的一封信》《致思明区全体居民的一封信》，发动群众参与“门前三包”责任落实，做好背街小巷清扫及生活垃圾收集转运工作；11月，“门前三包”责任制改为市容环境卫生责任区制度。

（四）城管执法

1. 禁煤专项整治

2001年始，城区大气污染综合平均指数年平均值不断上升。2003年9月，执行厦门市控制煤燃料污染规定，三区餐饮服务业、单位食堂、居家必须使用液化气、石油气等清洁能源，不得使用高污染的煤球、蜂窝煤和散煤等燃煤；所有厂、店、个人不得生产、加工、销售煤球、蜂窝煤和散煤。燃煤锅炉必须达到环境保护要求，才能投入使用。岛外成型煤不得进入区境。

2004年1月1日起，禁止工业企业以外的单位和个人使用燃煤；2月，开展禁煤专项整治，全面清理、取缔燃煤加工、销售点。

2005—2007年，全区取缔蜂窝煤炉5000多台。

2. 禁养生猪

2002年，三区拆除城乡结合部，特别是环岛路沿线猪圈20处。2004年6月24日，全区生猪禁养工作通过市级检查验收。

3. 拆除违法建筑物

2004年，清查洪文村洪山柄违法建筑物19处，拆除面积1.2万平方米；清查东坪山违法建筑物75处，拆除面积近1万平方米。

2005年，拆除湖滨一里公共绿地违法建筑物、冠成大厦屋顶违法建筑物、公园东路花鸟市场违法建筑物和阳台山违法建筑物等共382处；4月，清查大生里（民族路口）至吕岭路铁路沿线9公里路段14个点，拆除万寿北路、育青路、大生里、民族路口等铁路沿线违法建筑物17处1.9万平方米。

2006年1月，拆除东坪山违法建筑物13处660.19平方米；2月，拆除社区违法建筑物42处8300平方米；3月，随着观音山二期拆迁工作推进，何厝村顶何社出现违法抢建现象，拆除违法建筑物30处5875平方米；5月，拆除违法建筑物87处12573.36平方米。

2007年4月，拆除塔埔安置小区违法建筑物1万平方米，拆除何厝边防派出所东北侧违法建筑物60处26490平方米；7月，拆除前村社违法建筑物700平方米；9月，拆除莲景小区违法搭建5处192.5平方米；11月，拆除莲景小区违法建筑物27处862平方米；12月，拆除岭兜新村福厦安置房周边的违法建筑物7万平方米。

4. 强制拆迁

2006年，区政府根据《厦门市房屋拆迁行政裁决执行暂行办法》，对被执行人在裁决规定期限内未搬迁的，责成执法局实施强制拆迁。为保证中华片区改造、软件园建设、成功大道建设、观音山国际商务营运中心建设、福厦安置房建设等市、区重点工程建设顺利开工，完成九龙塘拆迁地清地、曾厝垵片区改造拆迁地清地和五十路高架桥建设用地清地等工作。区执法局执行行政强制拆迁27处。

2007年，行政强制拆迁9处。

第四卷　中国共产党地方组织

民国 15 年（1926 年）2 月，在中共中央和中共广东区委指导下，区境成立中共厦门大学支部委员会，是厦门地区第一个中共地方组织；5 月，又成立中共厦门特别支部。随后，共产党组织不断发展壮大，领导工农群众同国民党反动势力作斗争。民国 19 年 2 月，中共福建省第二次代表大会在鼓浪屿召开。日本侵华后，区境中共地方组织带领广大民众投入抗日救亡运动。民国 34 年抗日战争胜利后，中共厦门工委带领广大民众反抗国民党反动统治，为区境解放进行艰苦斗争。

中华人民共和国成立后，党组织领导基层政权建设，带领群众开展抗美援朝及“镇反”“土改”“三反”“五反”等运动；稳定社会秩序，恢复和发展生产。1953 年 6 月，中共鼓浪屿区、开元区和思明区委员会成立。领导开展对农业、手工业和资本主义工商业的社会主义改造。但自 1957 年开展反右派斗争，至 1976 年 10 月“文化大革命”运动结束，由于“左”倾错误，不仅使工农业生产遭受损失，也造成许多冤假错案。

1978 年 12 月中共十一届三中全会后，拨乱反正，三区区委在中共中央改革开放方针指引下，以经济建设为中心开展工作。1984 年 5 月，区境融入厦门经济特区，三区区委秉承特区“特事特办”精神，加快改革，扩大开放，实施“科技兴区”发展战略，以发展工业为主导，拓展商业、房地产业和旅游业，加快改造旧城区、建设新城区，社会主义物质文明和精神文明建设取得巨大成就。同时，三区党组织发展壮大，至 2003 年 9 月，建立基层党支部 539 个，有党员 13575 名。

2003 年 10 月，中共思明区委加强党组织建设，改善党的领导，团结各民主党派及人民团体，推进全区新一轮经济社会建设跨越式发展。

2007 年，中共思明区委下设工作机构 8 个；基层党委 7 个，党工委 12 个；党员 21194 人，其中女党员 8160 人。

第一章　组织机构

第一节　解放前组织机构

民国 15 年（1926 年）2 月，在厦门大学囊萤楼成立中共厦大支部委员会，罗扬才任支部书记；5 月，成立中共厦门特别支部，阮山任干事会书记。民国 16 年 1 月，特别支部改组，成立中共厦门市委员会，罗秋天任书记。市委设组织部、宣传部、工运部。

民国 17 年 8 月 26—27 日，中共福建省第一次代表大会在鼓浪屿召开；11 月，成立中共厦门区委员会，由中共福建省委常委谢汉秋兼任区委书记。区境建立基层党组织有中共厦门海员支部、码头工人支部、建筑工人支部、马路工人支部、裁缝支部、街道支部、新南支部、中华支部、中山支部、店员支部、厦大支部。

民国19年2月15—20日，中共福建省第二次代表大会在鼓浪屿内厝澳449号曾家园召开，中共中央巡视员恽代英到会指导。

1926年2月，在厦门大学囊萤楼成立中共厦门大学支部（龚万钟/摄）

1930年2月，中共福建省第二次代表大会在鼓浪屿曾家园召开

民国20年7月17日，在中共中央巡视员姚仲云指导下，中共厦门中心市委成立。市委机关设于武当巷21号，并在碧山路161号等处设联络站。

抗日战争前夕，在升平路7号成立中共厦门工作委员会，领导厦门地区抗日斗争。基层建4个党支部，党员35名。

民国34年9月抗战胜利后，中共闽中地委派许集美、郑种植等人在曾厝垵国立侨民师范学校成立地下党支部。翌年，成立中共闽中地下党厦门工作委员会，许集美任工委书记，工委机关设在励志路1号妙法林斋堂。是年3月，中共闽浙赣省委派王毅林等人，在厦门大学、鼓浪屿英华中学、厦门大学新生院和侨民师范学校建立党支部。

中共厦门工委（闽中）机关旧址——妙法林寺

民国36年7月，成立中共闽西南地下党厦门临时工委，下辖4个党支部，其中在区境的有厦门大学、侨民师范学校和厦门小教3个支部。厦门临时工委机关设在开禾路125号。

民国37年，中共厦门工委（城工部）在鼓浪屿成立，王毅林任书记。

民国38年5月9日，中共闽南地委特派员施耀在开禾路125号召开会议，成立中共厦门临时市委。

第二节 解放后组织机构

一、区委机构

（一）三区区委

1. 中共鼓浪屿区委员会

1953 年 6 月，中共鼓浪屿区委员会成立，区委由书记叶亚伟、副书记刘德鸿、常委 17 人组成。1968 年 9 月，成立鼓浪屿区革命委员会，取代区委、区人委。1970 年 9 月，成立区革委会党的核心小组，行使党委部分职能。

1971 年 5 月 15—18 日，召开中共鼓浪屿区第一次代表大会，选举产生中共鼓浪屿区第一届委员会（与区革命委员会合署办公）。区委书记王金龙，副书记周金才，常委 5 人、委员 11 人（1980 年 11 月，区革命委员会撤销）。

1978—1998 年，召开中共鼓浪屿区第二至第七次代表大会，选举产生第二至第七届区委。

第二届区委由书记周金才，副书记陈良志、陈绍桂，常委 8 人、委员 17 人组成。第三届区委由书记李东明，副书记吴瑞炳，常委 5 人、委员 11 人组成。第四届区委由书记李东明，副书记吴瑞炳、钟世泽，常委 5 人、委员 13 人组成。第五届区委由书记郭晓菱，副书记郑振生、徐学富，常委 6 人、委员 13 人组成。第六届区委由书记郑振生，副书记尤美婕、蔡垂强，常委 6 人、委员 17 人组成。第七届区委由书记郭恒明，副书记程建明、陈金标、江韵兰，常委 6 人、委员 17 人组成，直至 2003 年 9 月。

2. 中共开元区委员会

1953 年 6 月，中共开元区委员会成立，区委由书记张立生、副书记王绥、常委 12 人组成。1966 年 8 月，开元区委更名东风区委。1968 年 9 月，成立东风区革命委员会，取代区委、区人委。1970 年 9 月，成立区革委会党的核心小组。

1971 年 6 月 30 日至 7 月 1 日，召开中共东风区全体党员大会，选举产生中共东风区第一届委员会，书记赵莲塘，副书记姜德胜，常委 5 人、委员 15 人。区委与区革命委员会合署办公（1979 年 1 月，区革命委员会撤销）。

1978—1998 年，召开中共开元区第二至第七次党代会，选举产生第二至第七届区委。

第二届区委由书记王金水，副书记孙泉成、赵莲塘、王文为，常委 7 人、委员 21 人组成。第三届区委由书记张嘉种，副书记张清钳、洪获生，常委 7 人、委员 19 人组成。第四届区委由书记张清钳，副书记洪获生，常委 7 人、委员 21 人组成。第五届区委由书记张清钳，副书记洪获生、杨养生，常委 8 人、委员 23 人组成。第六届区委由书记洪获生，副书记杨玲、林建农，常委 9 人、委员 19 人组成。第七届区委由书记王昆仑，副书记裴金佳、方国实、杨益坚，常委 9 人、委员 23 人组成，直至 2003 年 9 月。

3. 中共思明区委员会

1953 年 6 月，中共思明区委员会成立。区委由书记孔旭明、副书记杨元海、常委 13 人组成。1966 年“文化大革命”开始后，思明区委更名向阳区委。1968 年 9 月，成立向阳区革命委员会，取代区委、区人委。1970 年 9 月，成立区革委会党的核心小组。

1970 年 12 月 27—29 日，召开中共向阳区全体党员大会，重新成立中共向阳区委（作为思明区第一届区委），书记郭庆德，副书记张安常、庄志诚、叶禧，常委 5 人、委员 15 人。区委与区革命委员会合署办公（1979 年 1 月，区革命委员会撤销；10 月，向阳区委复为思明区委）。

1978—1998 年，召开中共思明区第二至第七次代表大会，选举产生第二至第七届区委。

第二届区委由书记张安常，副书记李锡龄、叶禧，常委 7 人、委员 19 人组成。第三届区委由书记陈亚海，副书记薛竹、余基瑞，常委 7 人、委员 19 人组成。第四届区委由书记郭安民，副书记薛竹、蔡寿国，常委 7 人、委员 18 人组成。第五届区委由书记郭安民，副书记许雨川、吴瑞炳，常委 7 人、委员 19 人组成。第六届区委由书记詹少敏，副书记吴瑞炳、许雨川、陈宏镜，常委 10 人、委员 21 人组成。第七届区委由书记欧阳建，副书记王勇军、郑云峰，常委 8 人、委员 21 人组成，直至 2003 年 9 月。

（二）三区整合后中共思明区委员会

2003 年 9 月，中共思明区第八次代表大会召开，选举书记裴金佳，副书记郑云峰、倪超、陈福炎、李宏愿、曾毓琪，常委 11 人、委员 28 人，组成第八届中共思明区委员会。

2006 年 7 月，中共思明区第九次代表大会召开，选举书记裴金佳，副书记郑云峰、倪超、陈福炎、李宏愿、曾毓琪，常委 11 人、委员 32 人，组成第九届中共思明区委员会。

二、工作机构

（一）三区区委工作机构

1. 鼓浪屿区委工作机构

1953 年 6 月，鼓浪屿区委配备秘书和宣传干事。至 1962 年 1 月，设办公室、组织科、宣传科、工交财贸科和监察委员会。1967 年 1 月，区委工作机构瘫痪。1968 年 9 月，区革命委员会下设政治工作组取代区委工作机构。

1971 年 5 月，区委恢复（与区革命委员会合署办公），其部门工作机构与区革命委员会政治工作组合一。1978 年 4 月，区革命委员会及其工作机构撤销；区委工作机构设办公室、组织部、宣传部。11 月，设区委纪律检查委员会。1984 年 4 月，区委纪律检查委员会改设中共鼓浪屿区纪律检查委员会，不再列入区委工作机构。1990 年 6 月，设信访局，由区委办与区政府办双重管理。

1953 年 6 月—2003 年 8 月中共鼓浪屿区委工作机构一览表

表 4-1-1

时　间	名　称	编制时间	变化情况
1953. 6—1968. 9	办公室	1962. 1	区委成立后，与区政府秘书部门合署办公，只配备秘书和助理秘书
	组织科	1955. 12	—
	宣传科	1954. 1	—
	工交财贸科	1961. 1	1964 年 11 月撤销
	监察委员会	1954. 5	1964 年 4 月后为厦门市委驻鼓浪屿区委监察组
1968. 9—1978. 4	1968 年 9 月，鼓浪屿区革命委员会成立，区革委会下设政工组、办事组、生产指挥组		
1978. 4—1987. 11	办公室	1978. 4	1980 年 11 月前为党政合一的办公室，后分开。1984 年 9 月，区委、区政府办公室再次合设
	组织部	1978. 4	—
	宣传部	1978. 4	1981 年 10 月起配备正职领导人
	纪律检查委员会	1978. 11	1984 年 4 月后不再为区委工作机构，改为中共鼓浪屿区纪律检查委员会
	政法委员会	1981. 8	—
	统战部	1983. 9	1984 年 9 月起配备正职领导人
	“五讲四美三热爱”活动委员会办公室	1983. 6	1987. 4 月撤销
	精神文明建设办公室	1987. 4	—
	机关党委会	1982. 7	1982 年 7 月成立机关党总支委员会。1986 年 6 月，改为机关党委会

续表4-1-1

时　间	名　称	编制时间	变化情况
1987.11—2003.8	办公室	保留	—
	组织部	保留	—
	宣传部	保留	—
	统战部	保留	—
	政法委员会	保留	—
	机关党委会	保留	—
	精神文明建设办公室	保留	—
	编制委员会	1989.8	1996年10月，改称机构编制委员会
	台湾工作办公室	1991.3	—
	社会治安综合治理委员会办公室	1991.4	由区政法委管理
	老干部局	1996.10	由区委组织部管理
	机要局	1997.3	区委办公室加挂机要局牌子
	信访局	1990.6	信访局原由区政府办管理，后改由区政府办与区委办共同管理

2. 开元区委工作机构

1953年6月，开元区委设办公室、组织科、宣传科、区直属机关党支部。1962年2月，设监察委员会。1963年5月，撤销监察委员会，改设监察员，作为市委监察委派出人员驻开元区委。1968年9月，开元区革命委员会成立后，区委工作机构撤销。1971年6月，区委恢复，其部门工作机构与区革命委员会政治工作组合一。1978年3月，撤销区革委会政治工作组；4月，设区委办公室、组织部、宣传部；11月，设区委纪律检查委员会。1983年12月，区委纪律检查委员会改设中共开元区纪律检查委员会，不再列入区委工作机构。1990年6月，设区信访局；1996年7月，区信访局划归区政府办管理，后又改为与区委办双重管理。

1953年6月—2003年8月中共开元区委工作机构一览表

表4-1-2

时　间	名　称	编制时间	变化情况
1953.6—1968.9	办公室	1953.6	1954年底起与区政府合署办公
	组织科	1953.6	—
	宣传科	1953.6	—
	机关党支部	1953.6	—
	工业科	1959.9	1966年初撤销
	监察委员会	1962.2	市监察委驻开元区机构
1968.9—1978.4	1968年9月，东风区革命委员会成立，区革委会下设政工组、办事组、生产指挥组		
1978.4—1987.11（1979年10月前为中共东风区委员会）	办公室	1978.4	1984年4月前与区政府办合署办公
	组织部	1978.4	—
	宣传部	1978.4	—
	纪律检查委员会	1978.11	1983年12月后不再为区委工作机构，改称为中共开元区纪律检查委员会
	统战部	1983.12	—
	政法委员会	1983.12	—
	“五讲四美三热爱”活动委员会	1983.10	—
	机关党委会	1978.4	1980年8月前为机关党支部，8月改为机关党总支；1983年12月改为区直属机关党委
	对台工作办公室	1985.3	—
	社会治安综合治理小组办公室	1985.5	—

续表4-1-2

时　间	名　称	编制时间	变化情况
1987.11—2003.8	办公室	保留	—
	组织部	保留	—
	宣传部	保留	—
	统战部	保留	—
	政法委员会	保留	—
	机关党委会	保留	—
	台湾工作办公室	保留	1992 年 3 月，对台工作办公室改称台湾工作办公室
	社会治安综合治理办公室	保留	—
	精神文明建设办公室	1989.4	同月，“五讲四美三热爱”办公室撤销
	编制委员会	1989.8	1996 年 7 月，改称机构编制委员会
	信访局	1990.6	1996 年 7 月划归区政府办单独管理，后又改由区委办、政府办双重管理
	老干部局	1991.6	由区委组织部管理
	机要局	1997.3	区委办加挂机要局牌子

3. 思明区委工作机构

1953 年 6 月，思明区委设秘书室（党政合一的办公机构）。1963 年 12 月，设组织科、宣传科、财贸科、工业科、监察组、直属机关党支部。1968 年 9 月，区革命委员会取代区委，设政治工作组，政治工作组下设组织组、宣传组。1970 年 12 月，区委恢复，其部门工作机构与区革委会政治工作组合一。1978 年 4 月，撤销区革命委员会政治工作组。区委设办公室、组织部、宣传部；11 月，设区委纪律检查委员会。1983 年 12 月，区委纪律检查委员会改设中共思明区纪律检查委员会，不再列入区委工作机构。1990 年 7 月，设区信访局，由区委办与区政府办双重管理。

1953 年 6 月—2003 年 8 月中共思明区委工作机构一览表

表 4-1-3

时　间	名　称	编制时间	变化情况
1953.6—1968.9	秘书室	1953.6	1955 年 10 月前设秘书室，10 月起改与区政府办公室合设
	组织科	1953.10	—
	宣传科	1953.10	—
	工业科	1959.10	1962 年撤销
	监察组	1963.12	市监察委驻思明区机构
	财贸科	1955.12.	1958 年撤销
	直属机关党支部	1953.10	—
1968.9—1978.4	1968 年 9 月，向阳区革命委员会成立，区革委会下设政工组、办事组、生产指挥组。1973 年 5 月，政治工作组下设组织组。1975 年 1 月，政治工作组下设宣传组		
1978.4—1987.11 1979 年 10 月前为中共向阳区委会	直属机关党委	保留	1979 年 12 月前为机关党支部，12 月改为机关党总支，1984 年 11 月改为区直属机关党委
	办公室	1978.4	1984 年 4 月前为党政合一的办公室
	组织部	1978.4	1978 年 10 月前为组织科
	宣传部	1978.4	1980 年 10 月前为宣传科
	纪律检查委员会	1978.11	1983 年 12 月后不再为区委工作机构，改称为中共思明区纪律检查委员会
	统战部	1985.8	—
	政法委员会	1984.1	—
	对台工作办公室	1985.4	—

续表4-1-3

时　间	名　称	编制时间	变化情况
1978.4—1987.11 1979年10月前为中共向阳区委会	“五讲四美三热爱”办公室	1984.4	—
	社会治安综合治理小组办公室	1985.4	—
	编制委员会	1987.7	—
1987.11—2003.8	办公室	保留	—
	组织部	保留	—
	宣传部	保留	—
	统战部	保留	—
	政法委员会	保留	—
	机关党委会	保留	—
	机构编制委员会	保留	原编制委员会
	社会治安综合治理办公室	保留	—
	台湾工作办公室	保留	1992年3月，对台工作办公室改称台湾工作办公室
	精神文明建设办公室	1988.7	同月，“五讲四美三热爱”办公室撤销
	信访局	1990.7	1990年7月由区委办与区政府办双重管理。1996年9月由区政府办管理，后又改由区委办政府办双重管理
	老干部局	1991.3	由区委组织部管理
	机要局	1997.9	区委办公室加挂机要局牌子

（二）三区整合后中共思明区委工作机构

办公室　设综合科、信息督查科和机要保密科，编制12人。加挂区委机要局和保密局的牌子。

组织部　设综合科、干部科和组织科，编制20人，其中区老干局编制8人。

宣传部　设综合科和宣传科，编制12名（含区委文明办）。

统战部　编制6人。

政法委员会　设综合科和执法督查科，编制8名。社会治安综合治理委员会办公室，编制3名。合署办公。

台湾工作办公室　编制3人。

机构编制委员会办公室　编制3人。

区直机关工作委员会　编制4人。

三、党委、党工委

（一）党委

公安思明分局党委　2003年10月，三区公安分局党委整合成立公安思明分局党委，设总支部1个，支部26个，党员602人。

区建设局党委　2003年10月，鼓浪屿区建设旅游局总支、开元区建设局党委、思明区建设局党委整合成立思明区建设局党委，设总支部1个，支部7个，党员97人。

区卫生局党委　2003年10月，鼓浪屿区卫生局党支部、开元区卫生局党委、思明区卫生局党委整合成立思明区卫生局党委，设总支部1个，支部8个，党员169人。

区经贸局党委　2003年10月，鼓浪屿区经贸局党总支、开元区经贸局党委、思明区经贸局党委整合成立思明区经贸局党委，设总支部2个，支部15个，党员129人。

区工商局党委　2003年10月，鼓浪屿区工商局党支部、开元区工商局党总支、思明区工商局党总支整合成立思明区工商局党委，设支部15个，党员159人。

区城市管理行政执法局党委　2003 年 11 月，思明区城市管理行政执法局党委成立，设支部 12 个，党员 136 人。

区商会党委　2003 年 10 月，鼓浪屿区商会总支、开元区商会党委、思明区商会党委整合成立思明区商会党委，设支部 23 个，党员 279 人。

（二）党工委

区直机关党工委　2003 年 10 月，三区区直机关党工委整合成立思明区直机关党工委，设党群口、政府口、地税局、财政局、旅游局、文体局、离退休处、法院、检察院等党总支 11 个，党支部 63 个，党员 948 人。

区教育局党工委　2003 年 10 月，鼓浪屿区文教总支、开元区教育局党委、思明区教育局党委整合成立思明区教育局党委。2005 年 12 月，改为中共思明区教育局工作委员会。2006 年，设总支部 7 个，支部 78 个，党员 1417 人。

鼓浪屿街道党工委　中华人民共和国成立后，区委把街道和 3 个公安派出所党员合编为龙头、内厝澳、鹿礁 3 个党支部。1959 年 8 月，3 个党支部取消，成立鼓浪屿街道总支部。1960 年 8 月，取消街道党总支，设立龙头、内厝澳 2 个党总支；1961 年 5 月，改为党支部。“文化大革命”期间，党支部停止活动。1972 年 2 月，设立鼓浪屿区街道支部，1978 年 8 月撤销；11 月，设立龙头、内厝澳 2 个党支部；1984 年 9 月撤销，并入区民政局党总支。2003 年 10 月，成立中共鼓浪屿街道工作委员会，下设总支部 2 个，支部 15 个，党员 364 人。

鹭江街道党工委　1956 年 9 月，开元区鹭江街道支部成立。1957 年，大同街道党支部并入鹭江街道党支部。1958 年冬，改名鹭江人民公社党支部。“文化大革命”期间，改为东风人民公社党支部。1979 年 8 月，改为鹭江街道党支部。1980 年 8 月，党支部改为党总支。1988 年 4 月，街道党总支改为党委。2001 年 9 月，街道党委改为党工委。2003 年 10 月，中共鹭江街道工作委员会下设党委 3 个，总支部 5 个，支部 81 个，党员 1434 人。

中华街道党工委　1954 年 12 月，思明街道支部成立。1955 年 3 月，中华街道支部成立。1956 年 12 月，文安街道支部成立。1956—1957 年，文安街道与中华街道建立联合党支部。1958 年 8 月，思明、中华、文安街道党支部改为思明、中华、文安人民公社党支部。“文化大革命”期间，文安人民公社党支部改为向东人民公社党支部，思明人民公社党支部改为东方红人民公社党支部。1980 年 1 月，3 个人民公社党支部分别改为思明、文安、中华街道办事处党支部。1984 年 6 月，党支部改为党总支。1993 年 3 月，党总支改为党委。1996 年 12 月，党委改为党工委。2004 年 9 月，中华、思明、文安 3 个街道党工委合并，成立中共中华街道工作委员会，下设党委 1 个，总支部 6 个，支部 79 个，党员 1019 人。

厦港街道党工委　1956 年 12 月，厦港街道支部成立。1958 年 8 月，厦港街道党支部改为厦港人民公社党支部。“文化大革命”期间，厦港人民公社党支部改为前卫人民公社党支部。1980 年 1 月，改为厦港街道办事处党支部。1984 年 6 月，党支部改为党总支。1993 年 3 月，党总支改为党委。1996 年 12 月，党委改为党工委。2006 年 12 月，中共厦港街道工作委员会下设党委 2 个，总支部 6 个，支部 43 个，党员 1044 人。

开元街道党工委　1956 年 9 月，开元区公园街道支部成立。1958 年冬，街道党支部更名人民公社党支部。1959 年 2 月，溪岸人民公社党支部并入公园人民公社党支部。“文化大革命”期间，改为红星人民公社党支部。1979 年 8 月，改为公园街道党支部。1980 年 8 月，党支部改为党总支。1988 年 4 月，党总支改为党委。2001 年 9 月，党委改为党工委。2003 年 10 月，改为公园街道工作委员会。2004 年 9 月，中共开元街道工作委员会下设党委 5 个，总支部 8 个，支部 223 个，党员 2953 人。

筼筜街道党工委　1983 年 4 月，筼筜街道支部成立。1984 年 6 月，党支部改为党总支。1993 年 3 月，党总支改为党委。1996 年 12 月，党委改为党工委。2003 年 10 月，中共筼筜街道工作委员会下设党委 4 个，总支部 11 个，支部 149 个，党员 3113 人。

梧村街道党工委　1961 年 11 月，东风（开元）农场支部成立。1970 年 9 月，东风农场党支部改为红卫人民公社党支部。1979 年 8 月，改为梧村街道党支部。1984 年 6 月，党支部改为党总支。1988 年 8 月，党总支改为党委。2001 年 9 月，党委改为党工委。2003 年 10 月，中共梧村街道工作委员会下设党委 11 个，支部 155 个，党员 2599 人。

嘉莲街道党工委　2000 年 12 月，嘉莲街道委员会成立。2001 年 9 月，党委改为党工委。2003 年 10 月，中共嘉莲街道工作委员会下设党委 4 个，总支部 8 个，支部 126 个，党员 2189 人。

莲前街道党工委　1987 年 10 月，莲前街道委员会成立。2001 年 9 月，党委改为党工委。2003 年 10 月，中共莲前街道工作委员会下设党委 1 个，总支部 8 个，支部 112 个，党员 1964 人。

滨海街道党工委　1996 年 5 月，滨海街道委员会成立。2000 年 7 月，党委改为党工委。2007 年 12 月，中共滨海街道工作委员会下设党委 1 个，总支部 4 个，支部 57 个，党员 579 人。

第二章　党员大会和代表大会

第一节　党员大会

一、中共开元区党员大会

1957 年 4 月 6 日，中共开元区委召开首次全体党员大会，与会党员 100 人。会议贯彻中共八届二中全会和厦门市第一次党代会精神，总结 1956 年区委工作和安排 1957 年区委任务，动员全体党员密切联系、团结人民群众，为完成党的各项任务而共同奋斗。

1971 年 6 月 30 日至 7 月 1 日，中共东风（开元）区委召开全体党员大会，与会党员 215 人。赵莲塘代表区革命委员会领导小组，作《高举毛泽东思想伟大红旗，继续革命，乘胜前进》工作报告，号召全区党员遵照毛泽东主席关于党“进行一次思想和政治路线方面的教育”的指示，贯彻省、市党代会精神，开展批修整风运动。大会总结区革命委员会成立以来的工作，动员全区人民落实中共九大会议精神和九届二中全会提出的各项任务。大会选举产生中共东风（开元）区第一届委员会。

二、中共思明区党员大会

1970 年 12 月 27—29 日，中共向阳（思明）区委召开首次党员大会，与会党员 184 人。会议贯彻中共九大精神，总结区革命委员会成立以来的工作，郭庆德代表区革命委员会作工作报告。大会选举产生中共向阳（思明）区第一届委员会。

第二节　代表大会

一、三区代表大会

（一）中共鼓浪屿区代表大会

第一次代表大会　1971 年 5 月 15—18 日，中共鼓浪屿区第一次代表大会召开。大会听取和审议王法程代表区革命委员会领导小组作《高举毛泽东思想伟大红旗，为继续完成党的九大提出的各项战斗任务而奋斗》工作报告，选举产生中共鼓浪屿区第一届委员会组成人员。

第二次代表大会　1978年11月16—18日，中共鼓浪屿区第二次代表大会召开，与会代表56人。大会听取和审议周金才代表区委作《坚持党的十一大路线，加快区街建设，为实现新时期的总任务而努力奋斗》工作报告，选举产生中共鼓浪屿区第二届委员会组成人员，推选出席厦门市第五次党代会代表4人。

第三次代表大会　1984年10月17—19日，中共鼓浪屿区第三次代表大会召开，与会代表75人。大会听取和审议李东明代表区委作《团结起来，为开创鼓浪屿文明风景旅游区建设的新局面而奋斗》工作报告和林久来代表区纪律检查委员会作的工作报告，选举产生中共鼓浪屿区第三届委员会组成人员，推选出席厦门市第六次党代会代表4人。

第四次代表大会　1987年11月24—25日，中共鼓浪屿区第四次代表大会召开，与会代表84人。大会听取和审议李东明代表区委所作的工作报告和林久来代表区纪律检查委员会所作的工作报告，选举产生中共鼓浪屿区第四届委员会组成人员，表决通过《关于学习宣传贯彻党的十三大精神的决议》。

第五次代表大会　1990年11月21—23日，中共鼓浪屿区第五次代表大会召开，与会代表100人。大会听取和审议郭晓菱代表区委作《坚持四项基本原则，坚持改革开放，把鼓浪屿区文明风景旅游区建设提高到一个新的水平》工作报告和刘解车代表区纪律检查委员会作的工作报告，选举产生中共鼓浪屿区第五届委员会组成人员。

第六次代表大会　1993年11月24—26日，中共鼓浪屿区第六次代表大会召开，与会代表105人。大会听取和审议郑振生代表区委作《认真贯彻党的十四大精神，加快鼓浪屿风景旅游区建设步伐》工作报告和刘解车代表区纪律检查委员会作的工作报告，选举产生中共鼓浪屿区第六届委员会组成人员。

第七次代表大会　1998年12月2—4日，中共鼓浪屿区第七次代表大会召开，与会代表100人。大会听取和审议郭恒明代表区委作《高举邓小平理论伟大旗帜，为建设国际性文明风景旅游区而努力奋斗》工作报告和李宏愿代表区纪律检查委员会作的工作报告，选举产生中共鼓浪屿区第七届委员会组成人员。

（二）中共开元区代表大会

第一次代表大会　1971年6月30日至7月1日，中共东风（开元）区委召开党员大会。后经市委批准，这次党员大会作为中共开元区第一次代表大会。

第二次代表大会　1978年11月21—23日，中共东风（开元）区第二次代表大会召开，与会代表120人。大会听取和审议王金水代表区委作《高举毛主席的伟大旗帜，加强党的建设，紧跟华主席进行新的长征》工作报告，选举产生中共东风（开元）区第二届委员会组成人员，推选出席厦门市第五次党代会代表7人。

第三次代表大会　1984年9月12—15日，中共开元区第三次代表大会召开，与会代表150人。大会听取和审议张嘉种代表区委作的工作报告，听取和审议林细婴代表区纪律检查员委员会作的工作报告，选举产生中共开元区第三届委员会组成人员，推选出席厦门市第六次党代会代表。

第四次代表大会　1987年11月12—15日，中共开元区第四次代表大会召开，与会代表160人。大会听取和审议张清钳代表区委作《贯彻十三大精神，加快改革开放步伐，为振兴开元而努力奋斗》工作报告，听取和审议林细婴代表区纪律检查委员会作的工作报告，选举产生中共开元区第四届委员会组成人员。

第五次代表大会　1990年11月19—22日，中共开元区第五次代表大会召开，与会代表148人。大会听取和审议张清钳代表区委作《坚持党的基本路线，切实加强党的建设，带领全区人民夺取两个文明建设新胜利》工作报告，听取和审议林细婴代表区纪律检查委员会作的工作报告，选举产生中共开元区第五届委员会组成人员。

第六次代表大会　1993年11月25—27日，中共开元区第六次代表大会召开，与会代表118名。大会听取和审议洪荻生代表区委作《解放思想，真抓实干，锐意改革，艰苦创业，为我区两个文明建设跃上新台阶而努力奋斗》工作报告，听取和审议张振诚代表区纪律检查委员会作的工作报告，选举产生中共开元区第六届委员会组成人员。

第七次代表大会　1998年12月4—6日，中共开元区第七次代表大会召开，与会代表152名。大会听取和审议王昆仑代表区委作《抓住机遇，迎接挑战，艰苦创业把我区现代化建设事业推向二十一世纪》工作报告，听取和审议张振诚代表区纪律检查委员会作的工作报告，选举产生中共开元区第七届委员会组成人员。

（三）中共思明区代表大会

第一次代表大会　1970年12月27—29日，中共向阳（思明）区委召开首次党员大会，与会党员184人。后经市委批准，这次党员大会作为中共思明区第一次代表大会。

第二次代表大会　1978年11月16—18日，中共向阳（思明）区第二次代表大会召开，与会代表103人，区直各单位领导21人列席。大会听取和审议张安常代表第一届区委作的工作报告，选举产生中共向阳（思明）区第二届委员会组成人员，推选出席厦门市第五次党代会代表6人。

第三次代表大会　1984年10月20—22日，中共思明区第三次代表大会召开，与会代表151人。大会听取和审议陈亚海代表区委作的工作报告，听取和审议余基瑞代表区纪律检查委员会作的工作报告，选举产生中共思明区第三届委员会组成人员和新一届区纪律检查委员会组成人员，推选出席厦门市第六次代表大会代表8人。

第四次代表大会　1987年11月26—27日，中共思明区第四次代表大会召开，与会代表159名。大会听取和审议郭安民代表区委作《团结奋斗，深化改革，把我区建设成特区两个文明窗口》工作报告，听取和审议许雨川代表区纪律检查委员会作的工作报告，选举产生中共思明区第四届委员会组成人员。

第五次代表大会　1990年11月13—16日，中共思明区第五次代表大会召开，与会代表150名。大会听取和审议郭安民代表区委作《坚持党的基本路线，加强党的自身建设，努力把我区两个文明建设推向新的发展阶段》工作报告，听取和审议林久来代表区纪律检查委员会作的工作报告，选举产生中共思明区第五届委员会组成人员。

第六次代表大会　1993年11月22—25日，中共思明区第六次代表大会召开，与会代表116名。大会听取和审议詹少敏代表区委作《抓住机遇，加快发展，为把我区建设成具有现代化特色的新城区而努力奋斗》工作报告，听取和审议林久来代表区纪律检查委员会作的工作报告，选举产生中共思明区第六届委员会组成人员。

第七次代表大会　1998年11月24—27日，中共思明区第七次代表大会召开，与会代表125名。大会听取和审议欧阳建代表区委作《肩负历史重任，凝聚各方力量，全面开创思明区跨世纪发展的新局面》工作报告，听取和审议陈财文代表区纪律检查委员会作的工作报告，选举产生中共思明区第七届委员会组成人员。

2001年5月29日，中共思明区委七届七次全体会议

2001年6月7日，召开中共思明区党员代表会议——选举出席市第九次党代会代表

二、三区整合后中共思明区代表大会

第八次代表大会　2003年9月24—27日，中共思明区第八次代表大会召开，与会代表280名。这次代表大会是鼓浪屿区、开元区和思明区三区整合时召开的首次代表大会，大会不作工作报告。大会选举产生中共思明区第八届委员会组成人员。会议指出，思明区作为厦门市的中心城区，在厦门海湾型城市建设中，担负更多、更重的责任，要加强和改善党的领导，搞好党的自身建设，把区委建成政治坚定、求真务实、清正廉洁、联系群众和团结进取的领导集体。

第九次代表大会　2006年7月4—7日，中共思明区第九次代表大会召开，与会代表309名。大会听取和审议裴金佳代表区委作《立足新起点，实现新跨越，为建设全国强区而努力奋斗》工作报告，听取和审议李宏愿代表区纪律检查委员会作的工作报告，选举产生中共思明区第九届委员会组成人员，推选出席厦门市第十次党代会代表。

第三章　中心工作

第一节　民主革命时期

一、推动民主革命

民国15年（1926年）2月，中共厦大支部成立后，组织码头工人宣传员，在鹭江道一带开展革命宣传；创办“工人俱乐部”，组织码头工人到俱乐部学习革命理论；派共产党员到大同罐头厂、陶化罐头厂组建工会，开展工人运动，与国民党反动势力作斗争。

民国19年3月18日，共产党组织学生、工人在中山公园秘密举行“集会”，厦门海军警备司令部发现后，立即派军警包围会场，逮捕会议主席张耕陶、厦门大学学生陈汉乎、共青团福建省委书记陈柏生、中共厦门市委书记刘端生，关押在思明监狱；4月，中共厦门市委在思明中华中学礼堂召开成立“厦门赤色工会总工会”大会，总工会办公地址设于大同路麦子埕40号；5月25日，中共福建省委组织破狱行动，成功解救关押在思明监狱的陈柏生、刘端生等40余名共产党员和革命群众；7月25日，中共福建省委和厦门市委组织300余名工农群众攻打盐税局，在民生路鱼行口一带与国民党军警激战，4人牺牲，5人被捕。此后，区境党组织通过赤色工会，组织多次工人、学生运动，其中有厦门码头工人抗交会费、反对黄色工会的斗争，陶化、大同等工厂工人反对工头剥削的斗争，大同女工索薪罢工斗争，牛力车工人反对取消牛车的斗争等。

民国20年3月25日，设在鼓浪屿虎巷8号的中共福建省委机关遭国民党军警袭击，省委秘书长杨适、宣传部长李国珍及厦门市委宣传部长郑裕德等8人被捕；7月17日，中共厦门中心市委在鼓浪屿成立。

民国21年3月4日，国民党军警开枪镇压正在谴责侵华日军暴行的海后滩集会群众。翌日，在中共厦门中心市委领导下，区境党组织发动工人、学生和商人7000多人，包围国民党厦门公安局进行抗议。军警再次向抗议民众开枪，酿成骇人听闻的“三五惨案”。

民国38年6月，区境中共地下党组织大学、中学学生，揭露国民党军队破坏学校设施的阴谋，集会抗议，保护学校；7—8月，区境地下党组织翻印中国人民解放军“约法三章”和《告厦门人民书》，

在码头、车站、戏院等公共场所广为张贴，配合解放大军解放厦门。

二、组织抗日救亡运动

民国26年“七·七”卢沟桥事变后，中共厦门工委发动进步知识分子等，成立厦门文化界抗敌后援会；9月3日，在定安路保生堂成立厦门儿童救亡剧团，在鼓浪屿鹭江戏院首演戏剧《在炮火中》。随后，到胡里山抗敌前线慰问演出；10月，成立鼓浪屿青年抗敌服务团，在中共厦门工委指导下开展活动。该组织的“七七剧社”排练《收复金门》《晋江的洪流》等抗敌戏剧，在鹭江戏院公演，激发区境民众抗日激情。

民国27年5月10日，日军进攻厦门岛。当晚，中共厦门工委领导抗日团体撤至鼓浪屿，与鼓浪屿青年抗敌服务团骨干会合，成立厦门青年战时服务团，继续开展抗日活动；10月8日晚，日伪政府在中山公园举行“庆祝中秋节”活动；抗日组织“血魂团”成员向主席台掷手榴弹2枚，炸死炸伤日伪士兵数人。

民国28年5月11日，日伪厦门商会会长、汉奸洪立勋在鼓浪屿被抗日志士刺杀身亡。

民国29年1月8日，日伪厦门市“参议员”黄莲舫在鼓浪屿漳州路被抗日志士枪杀；4月28日，爱国志士在民国路（今新华路）击毙日本驻厦特务机关长田村丰藏。

保生堂——厦门各界抗敌后援会会址定安路71号　（陈　铃/摄）

第二节　社会主义过渡时期

一、进行社会主义改造

中华人民共和国成立初期，区境党组织开展接管旧政权、改造旧街政等民主建政工作，以及打击封建把头、改革封建陋规、废除封建婚姻的民主改革工作，建立新民主主义社会秩序，并在农村进行土地改革。

1953—1956年，三区党委贯彻中共中央提出的社会主义过渡时期总路线，派出工作组，深入农村开展农业社会主义改造，发动农民组织农业合作社，走集体化道路；派出工作组，对个体手工业、资本主义工商业进行社会主义改造；组织手工业生产合作社、公私合营工商企业、集体商业。至1956年底，社会主义改造任务基本完成。

二、开展政治运动

1950年，区境党组织发动群众开展镇压反革命运动（简称“镇反”运动），直至1955年10月，完成“镇反”第一阶段工作。1952—1956年，三区在党政机关和国营企业中开展反贪污、反浪费、反官僚主义的“三反”运动；在工商界中开展反行贿、反偷税漏税、反盗骗国家财产、反偷工减料、反盗窃国家经济情报的“五反”运动；在机关内部开展肃清暗藏反革命分子的斗争。

1957年初，三区区委部署开展整风运动，发动群众和各民主党派向党委提意见，帮助党组织整风；

7 月，运动转向反右派斗争，受“左”倾思潮影响，三区错划“右派分子”41 人。1959 年 7 月后，开展“反右倾”斗争、“反地方主义”斗争，一批知识分子、爱国人士和机关干部蒙受冤屈。

1961—1964 年，三区开展反商品“走后门”运动、“五反”（反对贪污盗窃、反对投机倒把、反对铺张浪费、反对分散主义、反对官僚主义）和“四清”（清思想、清政治、清组织、清经济）的社会主义教育运动。至 1965 年初，转向整“党内走资本主义道路当权派”的斗争，部分领导干部和基层干部遭受打击，造成许多冤假错案。

三、组织经济建设

中华人民共和国成立后，三区党委鼓励和组织广大农民、渔民开展互助合作、生产自救，发动街道创办集体性质的小型加工厂和副业组。鼓励妇女摆脱灶台，参加社会主义生产活动。1958 年，三区党委响应中共中央关于“大跃进”“大办工业”“大炼钢铁”等号召，领导各街道创办一批轻工、食品、机械为主的国有和集体工业企业，以及与大企业相配套的小企业和服务业。当年，还开展“人民公社化”运动。

1961—1965 年，三区党委贯彻中共中央关于“调整、巩固、充实、提高”的国民经济调整方针，动员群众开展增产节约运动，调整工业结构，精简城镇人口，使国民经济和工农业生产得到恢复和发展。三区党委、政府组织实施水、电、路等公共设施建设和文化、教育、卫生等公共事业建设。但由于区境地处海防前线，市政建设投入规模小，城乡建设发展缓慢。

第三节　“文化大革命”时期

1966 年 5 月 16 日，中共中央发出开展“文化革命”的《五·一六通知》；6 月 2 日，厦门大学学生在校内外张贴大字报，率先在厦门市发起“文化革命”运动；6 月 6—7 日，三区党委先后成立“文化革命”领导小组，在文化、教育、宣传部门开展批判“三家村”等活动；7 月，三区党委举办教师学习班，错误批判部分教师，组织学生、干部职工开展“破四旧”（旧思想、旧文化、旧风俗、旧习惯）运动；9 月，三区党委各派“文化革命”工作组进驻学校、工厂、农村搞“文化革命试点”，发动学生、群众开展“大鸣、大放、大字报、大辩论”；10 月，三区“文化革命试点”出现“造反派”批斗单位领导人，分派别进行争论、争斗，甚至赶走工作队，“自己闹革命”。这种纷乱局面很快波及三区。

1967 年 2 月 15—20 日，三区党委、人委办公场所被“造反派”占领，领导权被夺，领导人受批斗。在严重混乱中，中国人民解放军第三十一军部队受命执行“支左、支工、支农、军管军训”任务；6 月 19—20 日，三区相继成立军事管制委员会，取代三区党委。

1968 年 9 月 6—10 月，三区先后成立由军队代表、干部代表、群众代表三结合的革命委员会，取代党委和人委，实行“一元化”领导。随后，各区直部门单位、公社、居委会及工厂、学校、医院等单位陆续成立革命委员会。

1969 年 11 月起，三区开展“整党建党”“清理阶级队伍”“一打三反”运动。逐步恢复党的组织活动，并精简机构，下放干部。

1970 年 9 月，三区革委会成立党的核心小组，临时行使党委部分职能（三区党委重新成立时，核心小组消失）。

1970 年 12 月至 1971 年 6 月，三区党委开展整建党工作，逐步恢复基层各单位党组织活动。同时，开展“批陈整风”（批判陈伯达）。1971 年 10 月起，开展“批林整风”（批判林彪）。1972 年，开始对“文化大革命”中被立案审查的干部进行复审结案，“解放”一批被停职的干部，给予安排工作岗位。1973 年，执行“三支两军”的“军宣队”陆续撤离地方党政机构，回归部队。1973 年，三区党委领导开展农业学大寨、工业学大庆活动。1974 年 2 月，三区区委开展所谓的“批林批孔”运动。

1976 年 2 月，三区党委根据上级指示，开展所谓“批邓、反击右倾翻案风”运动，区领导干部中有些人又受到打击，各条战线刚出现好转局面又陷入混乱。

1976 年 10 月，江青反革命集团被粉碎，三区区委开展声讨与批判江青反革命集团罪行。1977 年 5 月，开展“揭、批、查”运动，清查与江青反革命集团有关的人和事。

第四节　社会主义现代化建设新时期

一、平反冤假错案

1979—1986 年，三区区委贯彻中共十一届三中全会精神，部署拨乱反正，落实党的各项政策，平反冤假错案，先后复查因反右派斗争和“反右倾”“四清”“文化大革命”等政治运动中造成的冤假错案。为被错杀的人平反昭雪，恢复名誉。三区区委组织各有关部门，分别落实党的统战、侨务、台胞和知识分子政策，对错划“右派分子”和国民党起义投诚人员，均按政策规定恢复应有的待遇。

二、提升工业化水平

1980 年起，三区区委贯彻《中共中央关于经济体制改革决定》，作出实行三大转变，加快发展工业的决定：从单一的区属经济向区办、民办、合资合作等多种经济成分并存转变，从封闭式的生产型、管理型企业向开放式的经营管理型、经营开拓型、外向型企业转变，从追求产量产值向以经济效益为核心、稳定提高产品质量、降低消耗方面转变。1984 年 3 月起，三区区委实施“内联外引，借助外力，发展自己”发展思路，加强同省内外开展经济联系和技术协作。

1992 年起，三区区委实施“工业外移”的发展战略，区属工业进行易地搬迁改造。1994 年，鼓浪屿区在湖里区的湖里工业区新建鼓浪屿工业园，采取减免税收、减免上缴管理费、财政贴息等措施，优先扶持重点项目和骨干企业。开元区在嘉莲街道建成龙山工业综合区，25 家企业相继入住；筼筜街道以筼筜工业区为基地，以投资入股形式，引进科技含量高、附加值高、抗风险能力强、环境污染轻的工业项目进驻工业区。思明区在区外建立龙山工业区、天安工业区，以高新技术为先导，根据市场需求，重点发展先进适用型工业，实施“星火技术密集区”战略。1996 年，滨海街道工业企业由 76 家增至 133 家，其中规模以上工业企业 21 家，“三资”企业 9 家，工业总产值 17557 万元（1998 年增至 40121 万元）。2001 年，思明区有 8 家星火技术先进型企业被审定，33 家民营科技企业通过厦门市科委认定，12 家科技型企业入驻思明科技创业园，2 项列入市级星火计划项目。

2003 年 10 月三区整合，思明区委制定以光电产业和软件产业为发展重点的产业发展规划。延伸产业链，培育产业集群，建设高新技术研发与产业基地，尤其是发展以光电子为主导的特色高新技术产业，促进厦门华联电子、厦门安美光电、巨茂光电（厦门）等光电企业在思明光电园投产。

2005 年 2 月，思明区委作出将原工业园规划的南片区建成思明区软件产业基地的决定，并确定光电产业为思明区软件产业主导产业；4 月，区委常委会议通过《厦门市思明区鼓励发展光电产业的若干规定》；8 月，审议通过《同安工业集中区思明园管理暂行规定》。2006 年，区委、区政府出台关于推动企业改制上市的意见，引导和支持发展股份制企业。

2007 年，思明区委加速实施项目带动战略，推进各工业园区开发建设。筼筜街道拥有各类工业企业 300 家，其中产值 500 万元以上企业 40 家，工业总产值 24.48 亿元。梧村街道拥有产值 500 万元以上企业 27 家，工业总产值由 2000 年的 4.66 亿元增长到 26 亿元。思明区全年完成工业总产值 204.5 亿元。

三、加快商贸服务业发展

1980年起，三区党委贯彻《中共中央关于经济体制改革决定》，作出多种经济成分共同发展的决策，放手发展国营、集体、个体和私营商业服务业。1984年，三区突出发展商贸、服务业，结合旧区改造和新区开发，不断扩大商贸、服务业网点。开元区的大同路成为厦门市第一个小商品批发市场，形成电器、五金灯饰特色经营一条街；开元路成为经营地方风味小吃的“饮食一条街”；人和路成为闻名全国的小商品市场和服装批发集散地。

1992年后，三区党委制定与实施“工业外移”计划，将外移工业的原厂房用地用于发展商业，增设和更新一批商业网点，开辟新市场和商业街。同时，结合旧城改造，开发商业新基地。鼓浪屿区提出“以旅游为龙头，商贸开路”的经济发展战略，岛上商业网点近400家，龙头路一带成为吃、住、行、游、娱、购多方面服务渐成体系的最繁华商业中心。开元区发挥地处厦门中心城区的区位优势，确立以“建设环筼筜湖商务经济带”为重点，打造“环筼筜湖休闲商务圈”。建成白鹭洲餐饮圈、滨北餐饮一条街、槟榔路酒吧一条街、筼筜路咖啡一条街等餐饮娱乐特色街。思明区发挥中山路地域优势，着力打造商业贸易中心，一批大型商场相继入驻。1997年，全区有36家企业商贸营业额超1000万元。

2003年10月三区整合后，思明区委提出“打造海峡西岸经济区最繁华的消费购物中心”的发展目标，编制区域商业发展规划、发展目标、发展特色和功能定位。重点打造三大商圈：加快中山路及其支路改造，推动中山路商业业态调整转型，挖掘中山路商圈文化底蕴；营造明发商业广场商业氛围，聚集火车站周边商业人气，提高富山商圈建设水平；推动观音山旅游休闲片区商业街、瑞景商业广场、加州商业广场等商业区发展壮大，繁荣会展商圈。出台外商到思明区投资办企业，可享受土地优惠、租金补贴、贷款担保、子女就学、中介奖励、纳税表彰、财政贴息等方面的优惠政策。出台《加快楼宇经济发展的意见》和《鼓励观音山国际商务营运中心发展的意见》，把楼宇经济作为重要的招商引资形式，打造海峡西岸经济区重要的“商务营运中心”。对新进驻企业采取相应的经济扶持和奖励。在鹭江街道建成20多座高级写字楼、星级酒店、旅游商品专卖市场，数十家国内外知名金融、家电企业入驻。在开元街道实施“扶持禾祥西路特色商业街”的优惠政策，建立名牌、名店扶持基金，先后引进“好又多”自选商场、鹭发美食城和一批名牌、名店。在滨海街道建有各类商贸企业500余家，个体经营户887户，商贸业营业额84776万元。在嘉莲街道有“家乐福”“百安居”等500强外资企业，注册资金在500万元以上企业266家。在梧村街道有大型零售卖场“沃尔码”“好又多”进驻世贸商城和富山展览城，形成集办公、酒店、购物、休闲、餐饮、娱乐等多功能于一体的火车站——富山商圈。在中华街道有注册资金25亿元的中化（福建）石油销售有限公司。在筼筜街道建成占地2万平方米的海峡小商品批发市场，为厦门市规模最大、业态最繁华的小商品批发市场。

2007年，思明区商贸服务业成为主要支柱产业，营业额1364.3亿元。

四、打造海滨风景旅游强区

1984年，三区党委把发展旅游业作为发展经济的重点产业，分别作出开发创新旅游景点、加快旅游服务设施建设的决策。鼓浪屿区党委提出“以发展旅游为主导、多轮并转，以游带商、以游引导房地产业开发”经济发展战略。开元区和思明区党委在制定“八五”“九五”计划中，提出拓展“新三块”（旅游业、房地产业、农村经济）的经济工作指导思想，把发展旅游业摆在突出位置。1984—1995年，三区陆续开辟一批特色浓郁、环境优美、服务优良新景点，包括占地5700平方米的毓园，占地2万平方米具有海滨园林特色的皓月园，占地3万平方米的琴园，具有厦门历史文化特色的万石山游览区，集名胜古迹、园林、游乐于一体占地13万平方米的鸿山公园等。

1998年，鼓浪屿区党委提出以国际风景旅游区标准建设为目标，利用岛上音乐文化和旅游资源的优势，加快文化艺术之岛的建设步伐。2000年，完成日光岩立体电影院建设，编制音乐旅游线路，通过国家旅游局AAAAA级旅游区考核验收。2001年，在轮渡广场设立游客服务中心；启动风貌建筑鹿礁游览片区修缮工作；在英国领事馆官邸开设钱币博物馆。

2003 年 10 月三区整合后，中共思明区委提出“旅游旺区”的发展战略和旅游业“三牌”“两节”（利用鼓浪屿、闽粤赣周边地区、金门游“三张牌”和元宵、中秋大型节庆活动）的构想，强化旅游与文化相结合，发挥各类博物馆、民俗馆和文化艺术中心等文化设施功能，丰富旅游文化娱乐项目。同时，将旅游与商贸活动、节庆活动相结合，使全区旅游业形成集观光、娱乐、度假、购物为一体和高品位的海上、陆上、地下、空中立体旅游业新格局。

五、推进城区改造开发

（一）旧城改造

1980 年起，鼓浪屿区党委提出对危旧建筑群进行改造。开元区党委先后提出对鹭江道、中山路、厦禾路、西堤棚户区、美仁宫旧区进行成片改造。思明区党委先后提出对中华街道、同文小区、厦港街道等进行成片改造。拓宽街路，其中厦禾路的 6 个社区沿街路面拓宽为 50 米。

2000 年，开元区党委提出“政府引导、市场运作”的旧村旧城改造开发机制，在全省首次以招投标形式确定项目改造的融资银行和拆迁公司，加快旧城区改造步伐。选定莲前街道的洪山柄、新潘宅 2 个村，进行农村城市化改造（面积 35 万平方米，动迁居民 216 户、企业 199 家）。安排商品房用地 19.94 万平方米，安置房及公建用地 6.97 万平方米。改造文灶至富山展览城一带，使之成为新的城市中心。2002 年，实施莲坂旧城区改造工程，项目占地面积 39.63 万平方米，拆除旧房面积 62.5 万平方米，拆迁住房 1520 户 5000 多人，安排外来人口 3 万多人，搬迁企事业单位 47 家，为厦门市最大规模的旧城改造工程。

2003 年 10 月三区整合，思明区党委提出建设功能完善、配套齐全、环境优美的宜居新区目标，加快旧城区改造步伐。厦港街道通过改造，建起海洋花园、鹭江海景、大学城、厦成海景、海滨商厦、山海花园、浪琴苑等公寓楼 227 幢，6779 户居民入住优美环境的新居。嘉莲街道进行龙山片区改造，拆迁面积 10 万平方米，新涉及的工厂企业、个体经营户 500 余户（从业人员 2500 多人）及 8 幢外口公寓（住户 1000 多人）。

2007 年，在嘉莲街道新建住宅小区 74 座，多层住宅楼 853 幢，高层商住楼 238 幢，总建筑面积 515.34 万平方米，配套建设各类学校 24 所。同时，开辟莲花公园、松柏公园等。

（二）新区开发

1981 年起，开元区党委、政府规划并实施筼筜新区开发建设，面积 14 平方公里。建成各类房屋总面积 68 万多平方米，新建湖滨一里至六里，槟榔小区、凤凰山庄、体育新村、振兴新村、松柏小区、观音山小区、官任小区、西堤别墅、仙阁里等居民片区，有 30 多条主干道贯通辖区，还建有白鹭洲公园、狐尾山公园、南湖公园和仙岳山森林公园等。1984 年起，规划实施东区开发建设，面积 3 平方公里。建成莲花一村至五村的 15 个住宅小区，以及中小学校、幼儿园、农贸市场、商场、影剧院、医院、体育场、游泳池和莲花公园等配套公共服务设施。建设 4 幢高层商住楼和 5 家宾馆酒店，形成盈翠、莲花北、莲秀等社区。1993 年后，实施龙山工业区厂房及配套建筑，面积 6.96 万平方米。建有定安小区、禹洲花园、天伦花园等 11 个住宅小区，形成华福、龙山社区。

2004—2006 年，思明区党委为解决被征地村民的生活出路，实施塔埔安置小区、何厝“金包金”等工程。塔埔安置小区建设安置住宅 35 幢 1636 套 17.56 万平方米，幼儿园 2 所、农贸市场综合楼 1 幢、社区居委会办公楼 1 幢，部分建筑底层设置用于农民经营店面 159 间 10349 平方米。何厝“金包金”工程建设公寓面积 46388 平方米，商场和店面面积 17751 平方米。

第四章　组织建设

第一节　党员发展与教育

一、党员发展

1949年12月，鼓浪屿区党员9人，开元区党员10人，思明区党员7人。1952年起，贯彻“积极慎重”发展党员方针，吸收先进分子入党。1955年，鼓浪屿区党员82人，开元区党员90人，思明区党员77人。1957年后，开展整风、“四清”、反右派等运动，控制发展党员。至1966年的10年，鼓浪屿区党员增加26人，开元区党员增加70人，思明区党员增加78人。

1969—1971年，贯彻“吐故纳新”方针，开展整建党工作。1971年，三区共有党员544人，其中鼓浪屿区107人、开元区214人、思明区223人。1972—1976年，三区增加党员252人。

1978年后，贯彻“积极慎重”方针和“成熟一个，发展一个”原则，重点发展生产一线工人和中青年知识分子入党。1978—1984年，鼓浪屿区发展党员35人，开元区发展党员84人，思明区发展党员84人。其中，生产一线骨干占52.3%，中青年知识分子、专业人员占27.3%。

1987年，贯彻“坚持标准、保证质量、改善结构、慎重发展”方针，加强对积极分子的培养、考察和教育工作，并重视发展生产一线的工人、农民和知识分子中的先进分子入党。1987—1990年，三区发展党员355人，其中鼓浪屿区41人，开元区180人，思明区134人。

1997—2002年，注重在妇女中发展党员，鼓浪屿区发展党员85人，其中女党员42人；开元区发展党员646人，其中女党员436人；思明区发展党员385人，其中女党员234人。

2007年，中共思明区开元街道非公有制企业第一次党员代表大会

2003年10月三区整合后，加快在非公经济单位和知识分子中发展党员。至2007年，全区非公经济单位中共产党员由2003年1472人增至4013人，其中一线工人由682人增至2535人，管理技术人员由790人增至1478人；大专以上学历的由4512人增至9793人；35岁及以下的由2374人增至5387人；女党员由5155人增至8160人。

2003—2007 年思明区共产党员统计表

表 4-4-1　　单位：人

项目		2003 年	2004 年	2005 年	2006 年	2007 年
总计		13575	15801	17020	19313	21194
其中：女党员		5155	6234	6636	7384	8160
年龄	35 岁以下	2374	3041	3280	4336	5387
	36～45 岁	1825	2384	2641	3222	3430
	46～54 岁	2228	2622	2766	3057	2882
	55～59 岁	1531	1681	1869	1930	1693
	60 岁以上	5617	6073	6464	6768	7802
学历	研究生	69	86	135	180	271
	大学本科	1915	2678	3377	4202	5401
	大学专科	2528	3169	3330	3962	4121
	中专及高中	4669	5166	5742	5548	5839
	初中及以下	4394	4702	4766	5419	5562
其中：非公经济单位	小计	1472	1424	1702	2019	4013
	工人	682	673	577	798	2535
	管理技术人员	790	751	1125	1221	1478

二、党员教育

中华人民共和国成立初，三区结合抗美援朝、镇压反革命运动，在党员中开展爱国主义教育。1952 年，开展“三反”“五反”运动教育。1954—1956 年，组织党员学习中共七届四中全会《关于增强党的团结的决议》，学习党在过渡时期的总路线。1958 年，三区党组织建立“三会一课”（党员大会、支部委员会、党小组会和党课）制度。每周召开一次党员小组会，汇报思想和工作情况，开展批评和自我批评。其间，组织党员学习中共八大文件、毛泽东《关于正确处理人民内部矛盾的问题》、刘少奇《论共产党员的修养》和陈云《怎样做一个共产党员》等著作，对党员进行党的基本知识教育，社会主义、共产主义前途教育，艰苦奋斗、群众路线教育，增强党员的党性修养。

“文化大革命”开始，党的组织生活停止，党员教育无法进行。1971 年，党员学习制度恢复，通过举办学习班、上党课、召开组织生活会等，组织党员学习毛主席著作，批判林彪反革命集团罪行。1973 年 9 月后，组织党员学习中共十大通过的《中国共产党章程》。

1976 年 10 月“文化大革命”结束后，特别是 1978 年 12 月中共十一届三中全会召开后，三区党组织健全“三会一课”制度，在党员中开展“实践是检验真理的唯一标准”的大讨论，开展学习毛主席著作，揭批江青反革命集团，从思想上、组织上拨乱反正，清除“左”倾错误影响，重新确立马克思主义思想路线、政治路线和组织路线。1984—1987 年，三区党组织举办党训班，组织党员学习《关于党内政治生活的若干准则》《关于建国以来党的若干历史问题的决议》《中国共产党章程》等。鼓浪屿区每年举办 1～2 次党员轮训班，每个党员集中 10～15 天学习。开元区 4 年举办 14 期党训班，组织全区党员参加轮训，集中学习《关于党内政治生活的若干准则》《中国共产党章程》《中共中央关于整党的决定》。思明区 4 年举办党训班、干训班 17 期，97.7% 党员参加培训。同时，三区开展“做合格党员”教育和评选优秀共产党员活动，开元区有 34 人被评为优秀党员，思明区有 46 人被评为优秀党员。

1989年起，三区每年开展民主评议党员活动，增强党员的党性观念。

1992—1995年，三区各级党组织以常年教育、专题教育和集中培训的方法，在党员中开展学习十四大报告和新党章、邓小平建设有中国特色社会主义理论和党的基本路线的教育活动。

1996—1998年，三区各级党组织继续开展学习建设有中国特色社会主义理论和党章的教育活动，各街道、系统党组织建立领导给党员讲课制度。1999年，三区区级党政领导干部开展以“三讲”（讲学习、讲政治、讲正气）为主要内容的党员先进性教育。2000年后，三区区委以江泽民“三个代表”重要思想和“三讲”为主要内容，全面开展党员教育。

2003年10月三区整合后，思明区委部署各级党组织继续开展邓小平理论、江泽民“三个代表”重要思想和中共十六大精神的学习教育活动。2005—2006年，在全区各级党组织中开展保持共产党员先进性教育，先后举办学习邓小平理论、“三个代表”重要思想和新党章的培训班、辅导讲课，全区99.85%党员参加学习。

2007年，全区各级党组织开展以“履行义务，强化党性，永葆先进”为主题的党员意识教育。对思明区党建网进行全新扩容改版，完善党员的网络学习教育平台。开展党员电化教育目标管理考评工作，评选140个区级电化教育示范点，规范党员电化教育工作。

第二节　领导班子建设

中华人民共和国成立初期，三区各级领导班子成员主要由随军南下干部和当地坚持革命斗争干部组成。1951—1954年，结合“镇反”“三反”“五反”等政治运动，整顿各级领导班子，清理个别不纯分子。1955—1957年，结合“审干”和“肃反”工作，对干部进行政治审查与教育。1958—1961年，三区下放部分干部，充实基层领导班子。“文化大革命”开始，部分领导干部“靠边站”，受到打击迫害。1972年，对“文化大革命”中被立案审查的干部进行复审，解放一批被停止工作的干部。

中共十一届三中全会后，三区开展平反冤假错案工作，为受打击迫害的领导干部恢复名誉，恢复职务。1983年，三区按照“四化”（革命化、年轻化、知识化、专业化）的要求，加强领导班子建设与教育。是年，鼓浪屿区委领导班子平均年龄由51.8岁下降为41.6岁，大专以上学历者由14.1%提高到40%。开元区委领导班子平均年龄42.4岁，降低11.9岁，大专以上学历者3人。思明区委领导班子平均年龄49.1岁，降低8岁，大专以上学历者占22.2%。

1984年后，三区区委建立青年后备干部制度，教育培养领导干部，实行助理制、聘任制、试用期制。三区从厦门经济特区建设需要出发，鼓励干部参加业余函授、自学考试等教育，并选送各级领导干部，分期分批进省、市党校培训学习，提高领导干部的文化素质和专业素质。

2003年，思明区“三讲”教育动员大会

1990—1996年，三区区委把思想作风建设作为加强领导班子建设的一项主要任务，建立健全各种廉政工作制度和自上而下的监督体系。1997—2001年，三区对领导干部开展以“讲学习、讲政治、讲正气”为主要内容的党性党风教育。先后选送处级干部参加省委党校学习，选送科级干部参加市委党校学习。

2003年10月三区整合后，思明区委对新任中层领导干部进行考核和任用，并规范干部选拔程序，推行干部考察预告、任前公示、公开选拔、任免票决等制度。2004—2007 年，先后选送处级以上干部 56 人参加省委党校学习，科级干部 115 人参加市委党校学习；建立处级后备干部 16 人，科级后备干部 72 人。区第八次党代会结束后，区委制定《中共思明区委常委关于加强自身建设的决定》《关于加强和改进党委中心组学习的实施意见》等，领导班子思想政治建设进一步强化。

2007 年，全区 156 名正处级以上干部中，女干部 40 人，占总数 25. 64%；研究生学历 15 人，占总数 9. 62%；大学本科学历 59 人，占总数 57. 82%；大学专科学历 49 人，占总数 31. 41%；高中、中专以下学历 33 人，占总数 21. 15%。31～35 岁 1 人，占 0. 64%；36～40 岁 10 人，占总数 6. 41%；41～45 岁 31 人，占总数 19. 87%；46～52 岁 27 人，占总数 17. 31%；51～54 岁 55 人，占总数 35. 26%；55 岁以上 32 人，占总数 20. 51%。

第五章 宣传教育

第一节 理论学习教育

中华人民共和国成立初期，三区于每周六晚上，组织干部学习毛泽东著作《新民主主义论》《论人民民主专政》和中国人民政治协商会议《共同纲领》，进行阶级教育、组织纪律教育、群众路线教育及形势教育。1954 年，三区党委于每周六晚上举办专题讲课，对干部进行《加强党的领导》等专题学习辅导。1957 年，组织干部学习毛泽东《关于正确处理人民内部矛盾的问题》，学习《辩证唯物主义和历史唯物主义》《再论无产阶级专政的历史经验》等文献。

1960 年，采用读书会和短训班的形式，组织干部学习毛泽东《实践论》《矛盾论》和《列宁主义万岁》等著作和关于社会主义经济建设问题的理论。同时，分 6 个专题学习《政治经济学》（社会主义部分）。1961—1963 年，组织干部学习《毛泽东选集》第四卷、《政治经济学》（资本主义部分）等文献。

1978 年，三区党委举办各种理论骨干培训班，结合学习马列主义关于实践与理论的有关论述，组织干部讨论“实践是检验真理的唯一标准”及“如何解放思想”等问题。1979 年，为适应党的中心工作转移到社会主义经济建设新形势的需要，组织干部学习毛泽东《论十大关系》、斯大林《苏联社会主义经济问题》、胡乔木《按照经济规律办事、加快实现四个现代化》文献。1981 年，组织干部学习中共十一届六中全会通过的《关于建国以来党的若干历史问题的决议》，正确认识毛泽东思想的科学体系和毛泽东的历史地位。1982 年，三区党委共举办 17 期干部读书班，1600 人参加学习《陈云同志文稿》《毛泽东同志经济建设理论选编》等。1983 年，组织全体干部学习《邓小平文选》。选派处级以上干部参加市委《邓小平文选》辅导班学习。

1984 年开始，贯彻中宣部《关于干部马列主义理论教育正规化的实施意见》，三区通过电视教学、办理论学习班、举行专题辅导等方法，组织干部分批参加马列主义理论学习。至 1989 年，完成在职干部学习政治经济学、哲学、辩证唯物主义和历史唯物主义、中国革命史 4 门课程的马列主义理论正规化教育任务。三区有 4000 多名在职干部完成 74 课时电视教学班学习，参加统一考试，领取单科结业证书。

1990—1995 年，三区区委在机关举办宣传理论骨干读书班、理论研讨班、干部读书班，组织学习《马克思主义哲学学习纲要》《社会主义若干问题学习纲要》，学习 1992 年邓小平南方谈话、《邓小平文选》第三卷等，95%基层党员和干部参加培训。在企业举办厂长、经理骨干培训班，学习社会主义市场经济理论，有1000多名企业骨干参加轮训。

1995年，三区区委先后下发《关于进一步健全党委学习中心组制度的通知》《关于加强和改进党委（党组）中心组学习的实施意见》和《关于开展基层党员教育五项系列活动的实施意见》等文件，把中心组学习和党员干部理论教育工作纳入规范化轨道。

1996—1998年，三区开展邓小平理论进机关、进学校、进农村、进社区、进企业教育活动。在机关举办各类学习报告会50多场，人数达6000人次；举办30期培训班，组织区中层领导干部和区街机关干部1000人参加培训；组织60场电教教育，有4000人次参加学习。在农村和社区举办40期下岗职工、村民的理论培训，有3400多人参加；组织200场电教教育，有2500人次参加。

1999年，三区区委根据《中共中央关于在全党深入学习邓小平理论的通知》，开展理论教育。组织干部学习《建设有中国特色的社会主义若干理论问题学习纲要》《毛泽东、邓小平、江泽民关于讲学习、讲政治、讲正气的重要论述》等文献和中共十五届三中全会文件。全年举办理论培训班40期，培训干部2000人。

2001年1月8日，思明区党建理论研讨会

2000年，三区党员干部学习中央规定的“三讲”教育必读篇目，全年举办30期在职干部理论培训班，2000多名干部参加培训。2001—2003年，三区区委共举办20期理论培训班，有2000多人参加培训。

2004—2005年，思明区委重新制定《关于加强和改进党委（党组、党工委、党总支）中心组学习的实施意见》，健全和完善各级党委中心组学习制度和在职干部理论学习考核制度。区委宣传部举办纪念邓小平诞辰100周年暨学习实践“三个代表”重要思想的理论研讨会，编印《2004年思明区理论学习论文集》。同时，抓好理论骨干队伍建设，举办理论培训班、研讨班，做好《理论热点18题》宣讲辅导工作。

2006年，组织干部学习《江泽民文选》，聘请专家、学者为区委中心组、全区副处级以上干部、社区党支部书记、街道讲师团成员开设专题辅导讲座。是年，全区建立市民教育中心10个、社区教学点95个，社区全部实现电化教育。

2007年，聘请专家、学者以物权法、科学发展观、和谐社会建设等为课题，为副处级以上干部、社区党支部书记、街道讲师团骨干授课。全年区委中心组集体学习25次，各党委、党工委举办专题讲座、专题座谈200场。2004—2007年，区委宣传部申报的理论调研课题，均获厦门市思想政治工作研究重点课题立项，有3个课题均获一等奖，有2篇论文分别获福建省思想政治研究课题一等奖和三等奖。

第二节 时事宣传

1950—1952年，三区开展“镇压反革命”“抗美援朝、保家卫国”“土地改革”和各项民主改革的宣传活动。1953—1958年，三区开展《中华人民共和国婚姻法》《中华人民共和国宪法（草案）》宣传活动。

1961—1965年，三区宣传贯彻中共中央提出的国民经济“调整、巩固、充实、提高”八字方针；同时，开展“工业学大庆”“农业学大寨”和“向雷锋同志学习”宣传活动，营造艰苦创业和助人为乐、争做好事的社会风气。

1976年10月“文化大革命”结束后，揭批江青反革命集团罪行。1978年12月起，宣传中共十一届三中全会精神，宣传党的工作重点转移到社会主义现代化建设上来的决策，并开展“实践是检验真理的唯一标准”的讨论。1981年下半年，着重宣传《关于建国以来党的若干历史问题的决议》。1983年，开展“五禁止”和“五讲、四美、三热爱”的宣传活动，提倡爱国家、爱集体、爱人民的新风尚。

1984—1985年，宣传创建厦门经济特区的重大意义、作用与前景，宣传改革开放和现代化建设。1986—1989年，三区举办中共十三大精神学习班共26期，1000多名党员、干部参加学习；开元区委与厦门警备区政治部联合组织一支30多人的“十三大精神宣讲队”，到农村宣讲。

1991—1992年，三区以江泽民总书记在庆祝厦门经济特区建设10周年大会上讲话和邓小平南方谈话为主要内容，宣传发动群众解放思想，大胆实践，奋力开拓，为厦门经济特区第二次创业作出贡献。1993—1995年，宣传厦门市加快实施自由港某些政策和全国人大常委会通过授予厦门经济特区立法权决定及其意义。1996年，三区举办各种形式庆祝活动，宣传厦门经济特区建设15周年巨大变化。

1997—1999年，三区围绕中共十五大、纪念中共十一届三中全会召开20周年、纪念“五四”运动80周年、庆祝中华人民共和国成立50周年、迎接香港和澳门回归等，进行爱国主义、集体主义、社会主义和艰苦奋斗的宣传教育。2000年，以“我为特区添光彩”为主题，开展“致富思源，富而思进”的教育活动。2001年，三区围绕厦门经济特区建立20周年，宣传创办经济特区的巨大成就，组织“特区建设者先进事迹报告团”巡回报告。

2003—2005年，着重宣传三区整合后思明区经济社会发展的指导思想、总体要求、主要目标和战略措施，宣传创建全国文明城市、创建“平安思明”、构建和谐社会的举措和成效。其间，做好第八届台交会、“9·8”投洽会、庆祝中华人民共和国成立55周年、纪念抗日战争暨世界反法西斯战争胜利60周年和长征70周年等重大活动的宣传工作。

2006年，区委宣传部举办各种报告会20场，通过“五专栏”（社区宣传栏、阅报栏、社区科普栏、社区法制栏、学习园地专栏）进行宣传，开展社会主义荣辱观宣传教育活动。

2007年，宣传贯彻中共十七大、全国“两会”、市第十次党代会和思明区第九次党代会的精神，并宣传思明区重点项目建设和新一轮创建全国文明城市、创建“平安思明、构建和谐社会”的新做法、新成效。其间，做好纪念香港回归10周年、中国人民解放军建军80周年和第十一届“9·8”投洽会等重大活动的宣传。

第三节 新闻与对外宣传

1986—1990年，三区财政局分别拨款为区委宣传部更新、购置摄像机、编辑机等拍摄制作设备，制作电视专题片对外宣传。1991年，中共思明区委宣传部制作《今日思明》《鸿山》《小巷变奏曲》三部电视专题片。1993年，中共开元区委宣传部制作电视专题片《开元之路》（第一集），编印反映开元区经济发展的画册《奋进》。1994年后，三区分别在《厦门日报》《鹭风报》和市广播电视台等媒体开辟专栏，介绍投资环境、招商引资项目等信息；编制《厦门开元区外向型经济巡礼》《鼓浪屿画册》《鼓浪屿史话》《南国的梦——关于鼓浪屿的散文》《鼓浪屿建筑艺术》《鼓浪屿音乐史话》《鼓浪屿文史资料》等书；制作电视专题片《硕果满园》，并协助厦门电视台拍摄录制风光片《海上花园——鼓浪屿》。

1996年，思明区在《厦门日报》《鹭风报》和厦门人民广播电台开辟专栏，在美国《侨报》、香港《大公报》编发专版，报道改革开放情况，并编印《思明画册》；开元区编印画册《创业》，拍摄制作电视专题片《今日开元》，举办"今日开元图片展"等，反映开元区改革开放的新成效、新面貌。1997年，思明区与中央电视台合作拍摄《异军突起的商贸旅游区——思明》（上下集）、《景州乐园》和《今日思明》等专题电视片；开元区举办迎香港回归书画摄影作品展和"今日开元"图片展览。1998年，开元区摄制党建电视专题片《晚霞满天》和招商宣传专题片《潮涌热土，同步开元》。翌年"9·8"投洽会期间，开元区举办改革开放成就图片展。2002年，思明区举办"古城春秋"摄影大赛，宣传思明区改革开放成就。鼓浪屿区拍摄反映勤俭廉政先进事迹的电视专题片。至2002年，三区有1.2万篇（幅）各类文章和摄影作品被中央、省、市主要媒体采用。

2005年，纪念中国人民抗日战争暨世界人民反法西斯战争胜利60周年

2003年10月，中共思明区委宣传部举办境内外新闻记者参加的联谊会。是年，思明区被中央、省、市和境外新闻单位采用的稿件共2000多篇（条）。

2004—2005年，思明区在《人民日报》《经济日报》《福建日报》《厦门日报》《香港大公报》《香港商报》和福建电视台等媒体，多次作专题宣传；在"新华网"开辟思明网站。拍摄制作《魅力思明》《建科技强区》《光电思明》等电视专题片，印制《魅力思明》画册、《思明投资指南》等对外宣传品。思明区被中央、省、市和境外新闻媒体采用稿件2500篇（条）。

2006年，思明区印发《中华民族儿童歌舞周》《2006年海峡两岸元宵民俗文化节》宣传册等对外宣传品，并在《香港商报》刊登专版。

2007年，区委宣传部与《海峡导报》联合举办"粉刷楼道·洁净家园"活动，累计报道14个版面，宣传思明区情。在《厦门日报》用4个版面，报道"2007年厦门市春节元宵灯会暨思明区海峡两岸元宵民俗文化节"盛况；并在《厦门日报》开辟"街道风采"专栏，反映思明区10个街道主动融入厦门市新一轮跨越式发展取得的成果。"9·8"投洽会期间，组织系列新闻报道92篇和18个专版，向海内外客商宣传思明区的发展成就、重点投资区域和投资环境。是年，在中央、省、市各类媒体刊播稿件4000多篇（次）。

第六章 统一战线

第一节 团结民主党派

中华人民共和国成立初期，三区党委广泛联系各阶层民主人士，分别召开座谈会，学习中国共产党路线、方针、政策，帮助培养积极分子、骨干，吸收他们参加土改工作队，参加抗美援朝的捐献和慰问活动。1955—1965 年，三区党委支持各民主党派发展成员，组织他们参加各项政治运动。“文化大革命”期间，民主党派组织受冲击而被迫停止活动。

中共十一届三中全会后，三区区委支持民主党派恢复组织活动。1981 年，各民主党派在三区建立健全基层组织。1983 年起，三区区委为各民主党派基层组织提供活动经费、场所、用车等。建立领导干部与民主党派负责人对口联系、情况通报会制度。区委领导人每半年邀请民主党派负责人、各界人士代表举行座谈会，就重大问题进行通报、征求意见。1983—1988 年，三区共推荐 224 名民主党派成员参选人大代表、政协委员、到政府部门担任副科级以上行政领导。

1989 年，中共中央《关于完善中国共产党领导的多党合作制度和民主协商制度》（下称中央 14 号文件）出台后，三区区委统战部组织民主党派成员学习，区委下达《关于学习贯彻中央 14 号文件的意见》，要求各基层组织关心和支持民主党派活动。1990 年，三区区委统战部召集民主党派成员，学习贯彻中共中央全国统战会议精神。1991 年，三区统战部门配合人大、政协换届，做好民主党派人士的人事安排，有 26 人进入区人大、政府、政协领导班子，93 人担任区人大代表、政协委员。召开民主党派座谈会，征求对区经济发展和“八五”计划纲要（草案）的意见。

1992—1994 年，三区统战部推荐 54 名民主党派人士担任特约检察员、特约审计员、特约廉政监督员、勤政巡视员，多次参加各区的“纠风”和反腐工作检查。中共开元区委统战部组织各民主党派负责人走访 4 所农村小学，调研教学情况，提出建设性意见；协助致公党开元支部和农工党开元支部做好换届工作，协助组建致公党华侨企业公会支部；协助农工党开元医院支部赴农村开展“助残日”义诊活动。

1997 年，三区统战部组织民主党派成员参加学习中共十五大精神、庆祝香港回归等活动。中共思明区委统战部协助组建民革思明总支。中共开元区委统战部配合区政府实施东部开发计划，组织民主党派负责人到东部考察，征求意见。

1999 年，三区统战部组织民主党派成员参加庆祝中华人民共和国成立五十周年和迎接澳门回归活动；学习《中国台湾问题》《邓小平：新时期统一战线理论学习纲要》等文章。

2000 年，三区区委统战部与宣传部联合下发《关于大力加强新时期统一战线宣传工作意见》，组织民主党派成员学习江泽民总书记在广东考察工作时的讲话。中共开元区委统战部协助成立民建开元工业总支、致公党开元总支。中共思明区委、区政府发挥民革、九三学社、农工党、致公党组织的作用，分别完成《思明区“十五”规划中经济发展方向的定位及若干对策》《群策群力，开拓我区招商引资新路子》《区属企业体制改革与科技创新》等调研课题，为区委、区政府献计献策。

2003 年 10 月三区整合后，中共思明区委统战部协助做好各民主党派基层组织的整合，并指导、协调各民主党派与街道“共建文明”，为基层做好参政议政、民主监督工作。至 2006 年，全区 10 个街道与 8 个民主党派、21 个社区与 26 个民主党派基层组织建立“共建文明”关系。街道、社区为民主党派

2002 年 5 月 16 日，思明区统战暨宗教工作会议

思明区统一战线为特区建设服务经验交流暨表彰会

活动提供支持，各民主党派发挥人才优势，对街道、社区生产建设的难点、热点开展课题调研，献计献策。

2005 年，区委统战部组织各民主党派完成 14 个课题调研，就全区发展循环经济、旅游产业、创意产业、促进非公经济发展、推进旧城改造、提升经济增长点等方面，提出 100 多条建设性意见。组织各民主党派领导成员，参加区委召开的“十一五”规划征求意见座谈会。区政府腾出一座 200 多平方米楼房，作为民主党派办公、活动场所，并拨款配备办公设施。

2006 年，区委统战部举办“新世纪新阶段统战知识竞答”“我为统战工作献计献策”和“思明区新一轮跨越发展”论坛等活动，邀请民主党派成员和各界人士共 1443 人参与活动，献策 130 多条。民主党派围绕思明区“十一五”期间经济社会发展的重大课题，完成调研文章 26 篇。

2007 年，区委统战部制定《关于聘请特约监督员的暂行办法》，聘请 20 多人分别担任区审计局、卫生局等部门的特约监督员。推荐民主党派 2 名科级干部到区政府部门挂职锻炼。同时，民主党派成员参与“我为统战工作献良策”和建设全国强区“金点子”等活动，围绕思明区新一轮跨越发展，完成调研课题 28 篇。

第二节　团结工商界人士

1994 年 6 月，开元、思明两区商会成立。中共开元、思明区委统战部协助区商会，解决会员在投资、税收、治安、生产场所等方面遇到的问题，在会员中开展“爱国、敬业、守法”活动。开元区有 8 家民营企业，被推荐为省、市重点企业。思明区政府出台《鼓励扶持民营企业发展若干意见》，有 10 多家民营企业被列入区经济“双十”重点促进和重点扶持项目，区政府拨给商会 40 万元作为扶持商会会员企业发展周转金。

1998—1999 年，中共鼓浪屿区委统战部协助区商会开展《鼓浪屿区非公经济现状和发展对策》的专题调研，为企业办理商务出国（境）手续32件。中共思明区委统战部多次召开民营企业家管理经验交流会，组织民营企业家53人次参加市委统战部举办的政策法规培训班和市总商会举办的新合同法培训班。2000年，中共鼓浪屿区委统战部组织商会会员参与“鼓浪屿商业中心”建设工作的考察、调研，为区委决策提供参政意见。2001年，中共开元区委统战部协助商会解决25件品牌确认、26件劳资纠纷，维护非公企业合法权益。2002年，中共开元区委统战部举办专题讲座，邀请专家为商会会员讲授《入世后民营企业的机遇与挑战及其对策》《民营企业常见的法律风险与防范》等知识。

2004—2005年，根据中共思明区委提出创建全国一流商会的目标，区委统战部加强对区商会的指导，举办首届全国（城区）友好商会联谊会，承办全省城区工商联工作会议及省非公经济专业技术职称评定座谈会。区委统战部协助区商会在嘉莲、中华、鹭江、梧村、开元街道成立街道商会，并成立区商会法律维权中心；与海峡人才交流市场联合，举办招聘会，为企业推荐人才；帮助做好非公企业专业技术职称评定，发挥技术人员作用。组织非公企业开展社会主义精神文明创建活动，2005年有62家企业获区文明单位称号，12家企业获市文明单位称号。

2006年，区委统战部举荐12人当选厦门市新一届政协委员，84人当选区人大代表和政协委员。支持区商会在莲前、筼筜、滨海、厦港街道成立街道商会。

2007年，区委统战部协助区商会开展“思商善举、爱心捐助、共建和谐”活动，全区企业家为思明区安康基金捐款335万元。组织会员企业4批85人次到欧洲和河南、宁夏等地进行经济考察。

第三节　海外联谊

1983年后，三区统战部贯彻执行党的海外统战方针政策，发挥民主党派、工商联、侨联与海外关系密切的优势，多渠道开展海外联谊工作。每年中秋、春节期间，邀请归侨、侨眷参加座谈会、联欢会，向海外侨界人士发贺卡、寄贺信。

1992年6月，成立开元区海外联谊会，聘请区领导和海外知名侨界人士担任名誉会长和顾问；通过《开元区海外联谊会章程》。在区委统战部协助下，海外联谊会做好回乡探亲、观光、贸易的侨胞、港澳同胞接待服务工作；走访联系区“三资”企业外方人士，帮助解决其子女就学、住房困难等问题。1996年，成立开元区外商投资企业联谊会，为外资企业沟通信息、反映情况提供服务。1998年，开元区海外联谊会举办骨干培训班，聘请专家作“邓小平关于新时期统战理论”“海外统战方针、对象、任务、方法”和“对外接待礼仪和纪律”等专题讲座。1999年，鼓浪屿区成立海外联谊会，聘请海内外32名代表性人士担任名誉会长和顾问。

2004年9月，思明区海外联谊会成立，海内外200名理事出席会议。会议聘请海（境）外代表人士61人任荣誉会长和名誉会长，通过《思明区海外联谊会章程》。2005年9月，思明区海外联谊会向全体海内外理事发出为思明区经济建设做贡献的“五个一”（介绍一个新朋友、引进一个项目、提供一条经贸信息、提一条合理化建议、做一项服务）倡议书。联谊会开通24小时服务热线，定期走访企业，组织企业家团队5批共120人次到美国、加拿大等国和山东、南京等地考察招商。全年由统战部牵线搭桥，参与引进内外资企业65家。

2006年3月，成立思明区海外联谊会青年委员会，汇集一批海内外青年，拓宽海外联谊渠道；9月，思明区海外联谊会向全体理事和海外乡亲发出“汇集海外力量，建设思明强区”倡议书。“9・8”投洽会期间，邀请英国、澳大利亚、南美等12个国家和地区的客商120人参加招商活动。组织企业界人士65人分3批赴南美、澳大利亚等国家，以及金门等地考察。至此，区海外联谊会同25个国家和地区的38个社团建立联系。是年，思明区海外联谊会被厦门市民间管理工作领导小组评为2004—2005年厦门市先进民间组织。

2007年9月6日，思明区海外联谊会第一届第四次理事大会召开，增补、充实海外联谊会理事，并成立海联会律师顾问团。大会表彰黄庆祝等13名招商引资先进个人。至此，区海联会有成员326人；为思明区引进外资项目43项、投资1367.95万美元，内资项目27项、投资67056万元。区海联会成员为区“安康基金”捐资227.3万元。在区政府召开的纳税大户表彰大会上，区海联会有13家企业受到表彰。在市、区人大、政协换届选举中，有19名区海联会会员当选区人大代表，30名当选区政协委员，3名当选市政协委员（其中2名为市政协常委）。

2007年9月6日，思明区海外联谊会召开第一届第四次理事大会

第七章　纪检　监察

第一节　机构设置

一、三区纪检机构

（一）鼓浪屿区机构

1954年5月25日，中共鼓浪屿区委纪律检查组成立，组长刘德鸿。1959年3月30日，改为中共鼓浪屿人民公社监察委员会。1960年8月5日，中共鼓浪屿区委监察委员会成立，书记骆根阵。1964年，改设中共厦门市委监察委员会驻鼓浪屿区监察组，组长张玉新。1968年撤销监察组。

1979年，中共鼓浪屿区委第二届委员会第一次会议选举产生中共鼓浪屿区委纪律检查委员会成员，书记陈绍桂。1983年8月，更名中共鼓浪屿区纪律检查委员会。1984年10月，中共鼓浪屿区第三次代表大会选举产生新一届中共鼓浪屿区纪律检查委员会成员，书记林久来。1987年11月，中共鼓浪屿区第四次代表大会选举产生新一届鼓浪屿区纪委成员，书记林久来。1989年，成立鼓浪屿区监察局。1990年11月，中共鼓浪屿区第五次代表大会选举产生新一届鼓浪屿区纪委成员，书记刘解车。1993年3月，鼓浪屿区纪委、区监察局合署办公；11月，中共鼓浪屿区第六次代表大会选举产生新一届鼓浪屿区纪委成员，书记刘解车。1998年12月，中共鼓浪屿区第七次代表大会选举产生新一届鼓浪屿区纪委成员，书记李宏愿。

（二）开元区机构

1953年，中共开元区委纪律检查委员会成立。1961年，中共开元区委监察委员会成立，书记雷尧玲。1963年，改设中共厦门市委监察委员会驻开元区监察组，组长廖开。1968年撤销监察组。

1978 年 11 月，中共东风区第二次代表大会选举产生东风区委纪律检查委员会成员，书记王文。1983 年 8 月，更名中共开元区纪律检查委员会，书记林细婴。1987 年，成立开元区监察局；是年 11 月，中共开元区第四次代表大会选举产生新一届中共开元区纪律检查委员会成员，书记林细婴。1990 年 11 月，中共开元区第五次代表大会选举产生新一届区纪律检查委员会成员，书记林细婴。1993 年 11 月，中共开元区第六次代表大会选举产生新一届区纪律检查委员会成员，书记张振诚。1998 年 12 月，中共开元区第七次代表大会选举产生新一届区纪律检查委员会成员，书记张振诚；2002 年，梁美丽接任书记。

（三）思明区机构

1953 年，中共思明区委纪律检查委员会成立。1956 年，中共思明区委监察委员会成立。1963 年，改设中共厦门市监察委员会驻思明区监察组，组长林源。1968 年撤销监察组。

1978 年 11 月，中共向阳区第二次代表大会选举产生向阳区委纪律检查委员会成员，书记余基瑞。1983 年 8 月，更名中共思明区纪律检查委员会。1984 年 10 月，中共思明区第三次代表大会选举产生新一届思明区纪律检查委员会成员，书记余基瑞。1987 年 11 月，中共思明区第四次代表大会选举产生新一届思明区纪律检查委员会成员，书记许雨川；12 月，成立思明区监察局。1990 年 11 月，中共思明区第五次代表大会选举产生新一届区纪律检查委员会成员，书记林久来。1993 年 3 月，思明区纪委、区监察局合署办公；11 月，中共思明区第六次代表大会选举产生新一届区纪律检查委员会成员，书记林久来。1998 年 11 月，中共思明区第七次代表大会选举产生新一届区纪律检查委员会成员，书记陈财文。

二、三区整合后思明区纪检机构

2003 年 9 月，中共思明区第八次代表大会选举产生新一届区纪律检查委员会成员，书记李宏愿。2006 年 7 月，中共思明区第九次代表大会选举产生新一届区纪律检查委员会成员，陈鸿任副书记。2007 年，陈李升任书记，薛钟寿兼任监察局局长。

第二节　党风党纪教育

1953—1957 年，三区纪委运用“三反”“五反”运动中查处违纪违法的典型案例，以通报、开大会等形式，教育党员、干部自觉遵守党的纪律和国家法律，维护和发扬党的优良作风。

1961—1965 年，三区纪委监委结合农村“四清”和城乡社会主义教育运动，对党员干部进行党纪党风教育。

1979 年，贯彻中共中央《关于党内政治生活的若干准则》，三区纪委制定端正党风的“约法三章”，公之于众，接受群众监督。开展“学《准则》，学《党章》，做一个合格的共产党员”等活动。

1980—1981 年，三区纪委转发市委办公室《关于加强出访人员纪律教育的通知》和市委纪委《关于共产党员、共青团员禁止收看台湾电视，禁止赌博，禁止封建迷信活动，禁止买卖婚姻，禁止婚丧喜庆大操大办的规定》，对党员进行外事纪律教育和端正党风教育。

1985—1987 年，三区开展整党活动，各级纪委组织党员举行“检查遵守党的政治纪律情况”的民主生活会，开展批评和自我批评。

1990 年，三区纪委组织党员、干部学习市纪委编印的《正气篇》等材料，观看中央纪委推荐的话剧《大潮中的漩涡》电视片。1991 年，思明区举办党纪教育宣讲比赛，组织党员干部参观革命传统圣地活动。

1992—1995 年，三区纪委围绕查处领导干部贪污受贿、以权谋私等问题开展党纪党风教育，组织党员学习市纪委编写的《走进坑壑的灵魂》《扬清激浊》等文章。思明区纪委与鼓浪屿区纪委联合举办反腐倡廉专场文艺演出，观众7000多人。

1996—2000年，三区组织党员学习《中国共产党党员领导干部廉洁从政若干准则（试行）》《中国共产党纪律处分条例（试行）》《中华人民共和国行政监察法》；组织参观省反腐败图片展，学习英雄、模范事迹。同时，在三区巡回播映党纪教育录像片，利用重大典型案例，开展警示教育。三区纪委举办领导干部培训班，学习中纪委会议文件、廉政准则等，发放党纪政纪教育材料600份。

2001—2002年，三区纪委以厦门特大走私案为反面教材，组织党员、干部旁听该案的庭审，参观“厦门打击走私、惩治腐败”的展览；向党员、干部传达中纪委《关于厦门特大走私案查处情况的通报》，增强党员遵纪守法和反腐倡廉的意识。

2003年10月三区整合后，思明区纪委宣传贯彻《中国共产党党内监督条例（试行）》和《中国共产党纪律处分条例》，向各级党组织分发两个《条例》及有关学习辅导材料3000多册、辅导讲座电教片50多片。是年11月，组织全区270余名领导干部前往同安监狱，接受警示教育。

2005年，区纪委在全区开展廉政文化“五进”（进社区、进校园、进机关、进企业、进家庭）活动。组织全区党员干部学习《领导干部作风建设知识问答》《反腐倡廉学习读本》《廉洁从政党纪政纪及相关法规手册》《〈行政机关公务员处分条例〉实用问答》等书籍。区纪委与区妇联协同开展家庭助廉“五个一”系列活动，召开全区家庭助廉教育工作座谈会；先后购买《方与圆》等廉政教育图书600册、编印《家庭成员党风党纪须知》手册1000本，发给全区副处级以上领导干部配偶。

2006年，区纪委组织党员学习胡锦涛总书记在福建、厦门视察时的重要讲话，开展“做党的忠诚卫士，当群众的贴心人”主题实践活动。在禾祥西社区筹建“廉政文化进社区”示范点，创建廉政公益广告一条街，并作为当年全省廉政文化现场会的一个观摩点。是年，区纪委出台《关于建立健全干部廉政谈话三项制度的有关规定》，结合领导干部调整，对9名新提拔的领导干部进行任前廉政谈话。

区纪委举办“清风沐思明——迎七一廉政歌咏比赛”

2007年7月，区纪委在鹭江街道召开全区廉政文化进社区现场会。当年，纪委人员同下级在任党政领导干部谈话103人次，同新任领导干部廉政谈话173人次；领导干部述职述廉358人次。

第三节 纠正不正之风

1979年，三区纪委在抓党风党纪教育中，开展纠正接待工作中请客送礼、铺张浪费，及以“试用”为名侵占企业产品等不正之风。

1980—1982 年，开展对接受华侨捐赠物资、出国出境违反规定接受礼品和购买海关重要管理物品等违规行为的专项清理。

1982—1984 年，清理和查处党员干部利用职权非法建私房、违反政策为亲属办“农转非”及在招生提干中“走后门”等不正之风。

1984—1986 年，三区纪委结合整党，纠正党政机关和干部经商办企业、滥发奖金实物、炒买炒卖外汇、倒卖钢材、违规购买小汽车、出国出境公费旅游、违反外事纪律等不正之风。经过清理，三区有 41 家企业与区党政机关脱钩。

1991 年，根据中纪委第二次全会制定的“十一不准”的廉洁自律规定，三区副处级以上领导干部在专题民主生活会上进行对照检查，自查自纠。其中，22 人自查并上缴在公务活动中收受礼品券等有价证券 2 万多元和贵重礼品；22 名在企业兼职的干部按“靠一头”的原则办理脱勾手续；用公款出国出境旅游的 80 个团组 576 人次，按规定收回服装费、交通费、伙食费、零用费共 31.52 万元。

1994—1995 年，鼓浪屿区 3 位副处级以上领导干部，按规定退返出境考察领取的服装费 2100 元。开元区政府对违反规定使用军警牌和外籍牌的 4 辆汽车予以处理。思明区领导干部退还占用企业的 7 部手提电话，调换 2 辆超标小汽车，上缴礼品、礼金 3.76 万元。

1996—1997 年，根据中纪委六次全会对领导干部提出政治纪律和廉洁自律方面的七条要求，鼓浪屿区领导干部拒收、退回各种礼金、礼券、礼品计 1.6 万元。思明区副处级以上领导干部 40 人次拒收礼金 3.76 万元，12 人次上缴礼品礼金 8510 元，21 人按规定补交住房超标款 46.69 万元；取消出国出境 3 批 6 人，节约费用 9 万元。

1998—2001 年，三区均未发现党政干部违规问题。

2002 年至 2003 年 9 月，开元区有 8 名处级干部向组织交代文凭、学历作弊问题，其中虚假文凭 2 人、高报学历 4 人、无效文凭 2 人。思明区有 6 名处级干部主动向组织交代文凭、学历作弊问题，其中虚假文凭 1 人、高报学历 2 人、无效文凭 3 人。

2003 年 10 月三区整合后，思明区纪委实行党风廉政建设责任制“巡查”制度，加强督促、检查、考核。全区各级党组织和党员领导干部严格遵守廉洁自律的有关规定。2004 年元旦、春节期间，有 25 人拒收“红包”7500 元；上交戏票、购物卡、各种实物折款 6960 元。是年，全区控制压缩公费出国（境）11 批 35 人次，节约经费 128.5 万元。遵照中央纪委、中央组织部《关于对党政领导干部在企业兼职进行清理的通知》要求，区纪委对全区副处级以上党政领导干部在企业兼职情况进行专项处理，有 7 名处级领导干部和 3 名科级领导干部按规定辞去企业职务。2006 年，全区召开处级领导干部民主生活会 25 场，对照廉洁自律各项规定进行自查自纠。当年元旦、春节期间，有 7 人拒收礼金、上缴“红包”3.35 万元；另有 11 人因违规违纪受到纪律处分。

2007 年，根据《中共中央纪委关于严格禁止利用职务上的便利谋取不正当利益的若干规定》，全区各级党组织和各单位开展对照检查，党员自查登记，未发现违反规定者。

第四节　查处违纪案件

1953—1956 年，三区在整党整风和“三反”“五反”等政治运动中，揭露贪污、腐化等违纪案件。

1956—1961 年，将一批党员错划为“右派分子”“中右分子”，造成冤假错案。1963—1964 年，在城乡社会主义教育运动中，三区有近 200 名党员受到党纪处分。

“文化大革命”期间，党的纪检工作遭到严重破坏，不少党员无辜受到处分，出现许多冤假错案。

中共十一届三中全会后，三区区委以“实事求是”和“有错必纠”的原则，对以前历次运动中的错案进行复查改正。

1980 年起，三区纪委贯彻中共中央《关于党内政治生活的若干准则》和中共中央、国务院《关于打击经济领域严重犯罪活动的决议》等文件。1987年后，三区纪委成立查处经济大要案领导小组，加大案件查处力度。1996—1998年，三区共立案69起，其中经济大要案占90%，给予党纪政纪处分74人。

1999—2002年，三区纪委与组织、人事、监察、审计部门建立经济责任审计联席会议制度，重点查处经济领域的违纪违法案件，立案96件，97人受党纪政纪处分。

2003年10月至2004年12月，中共思明区纪委立案24件24人，涉及党纪案件15件5人、政纪案件9件5人。其中，经济类案件10件11人，涉及处级干部4件4人。受党内警告处分5件5人，政纪处分的10件10人，不予党纪处分2件2人。通过办案，挽回经济损失79.1万元。

2005—2006年，区纪委审理52件52人，涉及党纪案件39件39人、政纪案件7件7人。其中，违反廉洁自律规定类案件6件6人，贪污贿赂类7件7人，破坏社会主义经济秩序类案件2件2人；违反财经纪律类案件5件5人；失职渎职案件4件4人；侵犯党员权利、公民权利案件6件6人；严重违反社会主义道德类2件2人。案件中涉及处级领导干部2件2人。受党纪处分39人、政纪处分8人，移送司法机关追究刑事责任7件7人。通过办案，挽回经济损失255.01万元。

2007年，区纪委查办商业贿赂、换届贿选、利用司法权谋取私利及严重损害群众利益的案件，至11月19日，新立案18件18人。其中，贿赂、受礼案件9件9人，失职渎职案件3件3人，违反社会管理案件5件5人，侵害公私财产案件1件1人。对3名严重违纪党员给予开除党籍处分，3人移送司法机关追究刑事责任。通过查处违纪违法案件，为国家和集体挽回经济损失15.67万元。

第八章　精神文明建设

第一节　道德教育

一、社会公德教育

1981年起，三区开展“五讲四美”（讲文明、讲礼貌、讲卫生、讲秩序、讲道德，心灵美、语言美、行为美、环境美）为主要内容的社会公德教育。1983年，教育内容增加“三热爱”（热爱祖国、热爱社会主义、热爱中国共产党），三区区委分别成立“五讲四美三热爱”活动委员会，指导教育活动。1988年，三区将“五讲四美三热爱”活动委员会改为精神文明建设领导小组。1988—1990年，三区开展学习《厦门市市民文明公约》、“学三明，建设文明特区百日竞赛”系列活动。

20世纪80年代，在中山路开展两个文明建设活动

1991年，三区贯彻市文明委制定的“八五”期间社会主义精神文明建设规划，开展“开明、守信、竞争、开拓、奉献”的特区精神宣传教育。1993年，三区开

展评选文明市民（村民）活动。

1997—2002 年，三区先后开展向抗洪英模学习和“讲文明，树新风”“向不文明行为告别”“倡导文明新风、共建美好家园”“诚实守信”“道德新风进万家”等主题活动，继续进行《厦门市市民文明公约》和“十不准”规定的宣传教育。表彰一批文明市民（标兵），为广大市民树立学习榜样。

2003 年 10 月三区整合后，思明区文明委结合第一个“公民道德宣传日”，在全区开展“改陋习、树新风，争当文明人”活动，号召群众摈弃乱吐痰、乱吐口香糖残渣、损坏公物等陋习。2004—2007 年，思明区文明委在第二个至第五个“公民道德宣传日”期间，分别开展“文明・关爱在行动”为主题的遵守公共交通规则教育，“洁净楼道美化家园”为主题的维护公共卫生教育，“真情暖人间，爱心献社会”为主题的志愿服务教育，以及道德模范评选、颁奖等活动，营造弘扬社会公德的氛围。

二、职业道德教育

1981 年起，三区在各行各业中进行“优质服务、优良秩序、优美环境”的宣传教育，开展门前卫生、绿化、秩序三项任务的“门前三包”活动。1991 年，围绕树立和发扬“开明、守信、竞争、开拓、奉献”的特区精神，发动各行业根据自身实际，制定“企业精神”“行业精神”“机关精神”等。1994 年，在党政机关中开展“勤政廉政”活动，在服务行业中开展“笑迎天下客，满意在鹭岛”活动。

1997—2002 年，围绕“诚实守信”的职业理念，在企业和商贸行业中开展“诚信经营”竞赛活动；在旅游、卫生、交通等服务行业中开展“诚信服务”竞赛活动；在行政机关、执法部门中开展“诚信为民”竞赛活动；在科技文化部门中开展“诚信育人”竞赛活动；在中介机构中开展“诚信公证”竞赛活动；在农村中开展“诚信致富”竞赛活动。

中共思明区委为四川灾区捐款

2003 年 10 月三区整合，思明区成立由宣传部、组织部、文明办、工会等部门组成“四比”协调小组，制定《开展“四比”教育活动的工作意见》。在非公企业中开展以比道德、比知识、比技术、比贡献为内容的“四比”教育实践活动，倡导“爱岗敬业，诚实守信，争当好建设者”。

三、未成年人思想道德教育

2003 年 10 月，思明区成立社区德育教育委员会，下设办公室，统一指导未成年人思想道德建设工作。在街道和社区，分别成立社区德育领导小组和工作小组。选派 144 名优秀在职、退休教师和优秀青年干部、团员担任社区德育工作指导员和志愿者，开展未成年人思想道德教育工作。

2004 年，各街道、社区构建学校、家庭、社会“三位一体”教育网络，建立和完善青少年活动场所，抓好中小学生心理健康教育，完善学校德育工作队伍评估办法和激励机制等。区委召开加强和改进未成年人思想道德建设工作会议，并在一些典型社区建立“三位一体”教育示范点。2006 年，区文明委成立“三位一体”教育示范点协调指导组，在鼓浪屿街道召开创建“三位一体”教育示范点工作现场会，确定 13 个区级“三位一体”教育示范点。召开“爱心网校”共建协议签订仪式暨未成年人思想道德建设工作联席会，推广嘉莲街道“爱心网校”的经验做法，在全区新建“爱心网校”11 所。

2007 年，区文明委启动未成年人德育队伍“十百千”工程（选聘十个社区教育专干下街道，招募百名兼职德育辅导员进社区，组建千支社区志愿者服务队)，加强对未成年人的思想道德教育，引导未成年人参加志愿服务，参与和谐社区、和谐家庭创建活动。

第二节　文明创建活动

一、创建文明城区

1984年起，三区围绕创建文明城区，从抓治理“脏乱差”（环境脏、秩序乱、服务差)，到以创“三优”（优美环境、优良秩序、优质服务）为目标，开展门前卫生、秩序、绿化三项任务的“门前三包”和门内达标的活动。

1990—1994年，三区组织开展创建“三优街”和卫生城市活动。龙头路、中山路被中共厦门市委、市政府授予“三优街”称号。

2003年10月三区整合后，思明区文明委、厦门晚报社联合举办“学雷锋树新风，争创文明城区”启动仪式和广场文化教育活动，拉开思明区争创全国文明城区序幕，并为10支青年志愿者服务队和8个服务点授旗、授牌，有1000多名党员、干部、群众在争创全国文明城市宣传横幅上签字。区委、区政府召开创建全国文明城区动员大会，部署创建文明城区和“平安思明”工作；表彰区委办公室等284个区级文明单位，授予龙头社区等34个社区为区级文明安全社区。

思明区“学雷锋树新风，争创文明城区”暨广场文化教育活动启动仪式

2005年5月，中共思明区委、区政府成立创建文明城市（区）工作领导小组办公室，把交通文明列为创建文明城区的重要内容，在全区开展“交通文明与我同行”主题活动；6月，区委、区政府启动机关干部“双休日文明交通督导”活动，由区五套班子领导带头到主要交通路口站岗，对不文明交通行为进行劝导；10月，思明区被中共厦门市委、市政府授予“厦门市创建全国文明城市工作重大突出贡献单位”称号；12月，区委、区政府召开创建全国文明城市工作表彰大会，区委办公室等92个单位被评为“思明区创建全国文明城市工作先进单位”，郝平等305人被评为该项工作先进个人。

2006年2月，区委、区政府召开创建福建省首届文明城区动员大会，提出“创一流，争首届”的创建目标。同时，成立思明区创建工作领导小组，制定《思明区迎接全省文明城区考评工作意见》，重新启动“9+1”综合执法队；6月，思明区被中共厦门市委、市政府授予“厦门市文明城区”称号；12月，思明区被中共福建省委、省政府授予“福建省首届文明城区”称号。

2007年1月，中共思明区委召开区文明委成员会暨新一轮创建全国文明城市动员会，组织开展“爱心联动在思明”系列活动，有“重点工程建设者爱心互动”“百份年夜饭送爱心”“为返乡务工人员送医药”等8项。为迎接厦门市第十一届投洽会和第六届园博会，全区开展“文明重在行动，喜迎盛会佳节”活动，包括“洁净家园在行动”“交通文明在行动”“社区文明在行动”和“行业文明在行动”4个系列活动。

二、创建文明行业

1984年，三区在城乡各行业中开展创建文明行业、文明单位活动。

1987年，围绕“学雷锋、树新风、送温暖、办实事”“创最优服务质量，创最佳经济效益，争当服务明星”和“创文明行业、建满意窗口”3个主题，开展“万家窗口优质服务竞赛”活动。

2001—2002年，三区分别制定《开展“诚实守信”竞赛活动实施方案》，发动各行各业投入竞赛活动。鼓浪屿区在龙头路，开元区在世贸商城，思明区在中山路、思明南路、思明北路分别开展创建“购物放心一条街（店）”和“打假维权消费者满意街”活动。2002年，“华联百货”和“大陆商厦”被定为全国创“百城万店无假货示范街”活动示范店，中山路被国家工商总局授予全国“百城万店无假货示范街”和首批全国“打假维权消费者满意街”称号。翌年，鼓浪屿区被中央文明办、建设部、国家旅游局评为第三批全国文明风景旅游区示范点。

2005年，由区委宣传部、文明办、区卫生局、厦门火车站牵头，在火车站设立专门为外来员工服务的献爱心专门窗口，区医院和莲花医院、金尚医院等15家民营医院及社区卫生服务中心参加此次活动。2006年，嘉莲街道吸纳10多家企业成立“爱心超市联谊会”。通过开展创建文明行业、文明单位评选活动，区委、区政府表彰文明行业、文明单位175个，文明学校69所。其中，莲花中学等7所学校被评为省级文明学校。

2007年，区文明办组织各行各业投入新一轮创建“文明企业”“文明经营户”评选活动。

三、创建文明社区

1984—1987年，三区在各街道、社区中开展创建和评选文明片区、文明村镇、文明街道活动。

1994年，三区贯彻《厦门市文明片区实施办法》。1998年，鼓浪屿区建立以居委会为主体的社区工作者队伍和以各种专业人才为主的社区志愿者队伍，参与社区建设，开展社区教育、社区服务、社区文化、社区卫生、社区治安、社区环境六大创建活动。下沃居委会、思西居委会在全市率先发起“十代三帮”（代送煤气上门、代看护小孩上学、代修家电、代买菜、代送丢垃圾、代找出租房、代送缴水电费、代报户口、代办理各种证件、代买取牛奶；帮看门户、帮找保姆、帮婚姻介绍）和“小事不出楼”服务方式，受到群众的好评。是年，鼓浪屿区被评为福建省第七届精神文明一级达标区（并被国家教委评为“全国社区教育实验区”）；思明区被民政部和福建省委分别定为“社区服务示范区”。1999年，开元区推行特色社区创建活动，确定10个社区为区级文明安全片区示范点，形成瑞景、莲秀社区的智能化，金鸡亭社区的大文化，振兴社区的联建共建，盈翠社区的社区服务，屿后西社区的扶贫助残，铁路社区的帮教，浦南社区的外口管理和虎溪社区的军民共建等各具特色的文明安全社区示范点。是年，厦港街道获“全国精神文明工作先进单位”称号，园南社区居委会连续11年保持市级文明单位称号。

2000—2002年，三区在各街道、社区中开展结对帮扶济困、排忧解难的共建活动。嘉莲街道将每年的五月定为“街道社区志愿者奉献日”。2002年，开元区被民政部确定为首批“全国社区建设示范区”。

2003年10月三区整合后，思明区委文明办重新下发《文明社区创建与管理实施办法》，布置开展创建文明安全社区和争创全国社区教育示范区活动。

2005年，区政府办、区委创建办联合下发《创“四无”社区、“四无”街道活动实施意见》的通知，各街道社区动员群众开展创“四无”（无卫生死角、无黑网吧影吧、无城市“牛皮癣”、无无证照经营餐饮店）活动。同时，开展“交通安全示范社区”创建活动。鼓浪屿街道、梧村社区等26个单位分别被区政府命名为首批“四无”“达标街道”和“示范社区”。

2006年5月，思明区启动首个“社区志愿者奉献日”（并将每年5月最后一个星期日定为“思明区社区志愿者奉献日”），厦港街道创建全市第一个“温馨家园”家庭教育义务咨询站。是年，全区有41个社区被评为市级文明安全社区；下沃社区等9个社区被评为省级文明社区；内厝澳社区被评为全国百佳学习型社区；育秀社区被评为全国文化先进社区和全国学习型家庭创建示范社区。

2007年，区委文明办、团区委、区城管办和海峡导报社、夏禾涂装公司联合，在阳台山社区启动“洁净楼道美化家园”主题活动，覆盖全区200个楼道。5月，以“爱老、敬老、助老”为内容，开展第二届“社区志愿者奉献日”活动；9月，开展第二届“邻里节”暨“和谐邻里日”活动。

第三节 表彰见义勇为

1980年起，三区重视弘扬见义勇为精神，表彰见义勇为人员。1988年3月，来自湖南的流窜犯赵某等3人潜入梧村黄某家行窃，被失主发现，夺门逃走。失主和附近群众追捕赵某等，其中蔡炳照猛扑欲擒赵犯，被赵犯开枪击中腹部受重伤，民警李俊民腿部中弹。3犯终被民警、民众制伏。1988年6月，中宣部、公安部联合授予蔡炳照“见义勇为先进分子”称号；9月，福建省人民政府授其“与犯罪分子作斗争先进分子”称号。1989年3月，歹徒许某等6人在南普陀寺后山设赌局诈骗，南普陀寺纠察队员曾燕安前往制止，被许犯刀刺重伤，经抢救无效牺牲。福建省人民政府于1990年3月追认曾燕安为革命烈士。1989年11月，来自安徽和山东的流窜犯冉某、马某把从部队仓库盗来的手榴弹30枚、子弹1000多发欲带上火车，抗拒检查，夺路逃跑，并引爆手榴弹1枚。筼筜街道纠察队员黄汉成、黄建发协同民警奋勇追捕，将两犯抓获。黄汉成、黄建发受到嘉奖。

1991年，思明区出台《思明区维护社会治安“见义勇为”有功人员奖励办法》。1995年，思明区筹集资金12.7万元建立“见义勇为奖励基金”。之后，思明区每年召开1次表彰大会，对见义勇为先进个人进行集中表彰，每人奖励1000元。每逢节假日，区领导带队上门慰问见义勇为人员，并为生活困难的见义勇为人员解决医疗费、子女生活和就学等实际困难。

2004年，中共思明区委、区政府表彰何友、严厚祥、赵建桃、陈涛、林亚玲、江显进、张金柱、邓长华、龚阿新、傅建州10位见义勇为先进分子。2005年，表彰吕志华、朱光燕、吴东亮、陈文勇、王克明、蔡跃平、林孝煊、孙坤地、杨志松、朱鹭东、王扬、许玉彬、蔡龙山13位见义勇为先进分子。2006年，表彰杨清华、田长波、潘志强、杨华林、田平山、陈建飞、王庆福、徐敏、叶伟敏、李旭通、杨景存11位见义勇为先进分子。2007年，表彰李忠、范春燕、占锋、林雷、洪两德、黎建新6位见义勇为先进分子。

第九章 其他党务

第一节 信 访

一、制度建设

1965年起，鼓浪屿区、开元区、思明区建立区长接待群众日制度。

1990 年，三区组建信访局，健全区领导接待群众制度。鼓浪屿区和开元区每月 20 日，思明区每月 25 日，为区党政领导接待民众来访日。三区成立区信访工作领导小组，由区委、区政府分管信访工作的领导和有关部门的领导组成，每季度至少召开一次工作例会，研究处理信访事项。

1992 年，三区领导接待日制度扩大到各部门、各街道，引导民众就地上访，就地解决问题，减少越级上访。同时，建立区、街信访工作网络制度和定期通报、公示和领导专报制度，以及处理重要疑难信访件制度、定期排查分析制度等。

2003 年 10 月三区整合后，思明区每月 20 日为区委、区政府领导接待群众日。建立区长双月信访工作会制度，处理重点、难点信访问题；发生集体上访事件，派区级领导现场处置。在年终岁首和敏感时期，区委、区政府均组织有关部门到 10 个街道和重点社区进行现场办公。街道和部门都配有分管信访工作的副职领导和兼职信访干部，严格按照“属地管理、分级负责，谁主管、谁负责”的原则处理信访事项。

2004 年，思明区建立处理信访突出问题及群体性事件的联席会议制度。并成立征地拆迁问题专项工作小组、企业改制遗留问题专项工作小组、涉法涉诉问题专项工作小组、企业军转干部问题专项工作小组等，分别负责处理相关信访事项。

2006 年，区委、区政府建立信访稳定工作季度分析制度；在区直各部门、各街道建立领导包案（六定五包）制度、信访工作信息员制度、信访工作失职责任追究制度等。

2007 年，思明区在福建省率先实行“信访稳定工作责任状”制度，将信访工作基本要求量化成指标，按照“全部责任、主要责任、同等责任和次要责任”进行计分，年终 90 分以上者全额兑现奖，通报表扬；80～89 分者差额兑现奖；60～79 分者不奖不罚；60 分以下者通报批评，效能告诫。

二、信访办理

中华人民共和国成立后，三区群众来信来访分别由区委办公室和区政府办公室受理。

“文化大革命”期间，信访工作受到冲击，处于瘫痪状态。

1976 年 10 月“文化大革命”结束，三区信访量猛增。主要是要求解决“文化大革命”期间的冤假错案和历史遗留问题，以及知识青年上山下乡返城就业等问题。受理信访件按“分级负责，归口办理”原则处理，基本做到件件有结果。

1990—2002 年，三区共受理群众信访件 5356 件（批），其中鼓浪屿区来信 645 件，来访 806 批 975 人次，办结率 100%；开元区来信 1455 件、来访 469 批 1451 人次，办结率 100%；思明区来信 1083 件、来访 898 批 2009 人次，办结率 100%。

2003 年 10 月三区整合后，区委常委会议和区长办公会议多次听取信访工作专题汇报，研究信访工作。区信访局增加编制，更新办公设备。2003—2004 年，共受理群众来信 481 件，来访 459 批 2053 人次。2004 年 4 月，开始运行市长专线电话专线接访新机制，当年受理来电信访件 876 件。2003 年和 2004 年，信访办结率均为 100%。思明区出现民众赴省进京上访，主要集中在农村征地拆迁、城镇房屋拆迁、企事业单位改制遗留、房地产和物业管理纠纷、低保救济、城管卫生、学生划片入学等问题上。

2005 年 5 月 1 日，新的《信访条例》颁布实施。思明区委制定《宣传、学习、贯彻〈信访条例〉工作方案》，组织各级领导和干部进行培训。2006 年，思明区制定《群众来信来访办理规则》《信访事项督查督办工作规则》《信访事项三级终结制》《重点、难点信访问题应急处理预案》《多元化化解社会矛盾的平台与规范》等，提高信访办理效率。2005—2007 年，全区共受理群众来信 890 件，来访 857 件批 1143 人次，来电 3414 件，办结率 100%。其中，2007 年受理群众来信 218 件，来访 176 批 489 人次，市长专线 1047 件，办结率 100%。

第二节 党 校

一、机构设置

（一）三区党校

鼓浪屿区委业余党校　1989 年 12 月，鼓浪屿区委业余党校成立，配备专职干部 1 人。

开元区委党校　1990 年 5 月 11 日，开元区委党校成立，配备专职干部 1 人。

思明区委党校　1989 年 11 月 24 日，思明区委业余党校成立，编制 3 人。2000 年 8 月 28 日，思明区委党校成立，编制 3 人，实际配备专职干部 1 人。2001 年，增配人员 1 人。

（二）三区整合后思明区委党校

2004 年 1 月 14 日，鼓浪屿区委业余党校、开元区委党校、思明区委党校整合为中共思明区委党校。编制 9 人，实际配备专职干部 4 人。2005 年 1 月 27 日，定为处级机构，内设综合科、培训科、教研室。编制 9 人（参照公务员管理人员 5 人、事业编制人员 4 人），实际配备专职干部 4 人。学历为硕士研究生 1 人、大学本科 2 人、大专 1 人。

2007 年 7 月 1 日，党校搬至前埔东路 20－22 号新校区，占地面积 8783.51 平方米，建筑面积 10495.65 平方米。

二、干部培训

2006 年，举办培训班 10 期，培训人数 2134 人。其中，中青年干部培训班 1 期 82 人，入党积极分子培训班 3 期 277 人，社区干部培训班 5 期 1727 人，新进公务员培训班 1 期 48 人。

2007 年，举办培训班 26 期，培训人数 3078 人。其中，科级干部培训班 1 期 70 人，入党积极分子培训班 4 期 560 人，社区干部培训班 18 期 2000 人，非公党支部书记培训班 3 期 448 人。

三、函授教育

2002 年 6 月，开元区委党校组织社区干部、优秀工作者 194 人参加“社会工作与管理”科目的大专自考，其中有 136 人大专毕业。

第三节 机要 保密

1997 年 7 月，中共开元区委设机要局，加挂保密局牌子，属区二级局，事业编制 2 名，其中领导职数 1 人；9 月，中共思明区委设机要局，加挂保密局牌子，属区二级局，事业编制 4 人，其中领导职数 1 人。1998 年 3 月，思明区成立区密码工作领导小组，加强对密码工作领导。

2004 年 5 月，中共思明区委办公室加挂区委机要局和区国家保密局牌子，由区委办副主任兼任区委机要局长、区国家保密局局长。

2007 年 12 月，制定区保密管理工作制度，加强与规范对机要保密工作的管理。

第五卷　地方人民政府

1949 年 10 月 17 日，厦门岛、鼓浪屿解放；10 月 22 日，厦港区、鼓浪屿区、开元区和思明区建立区公所（1950 年 5 月 2 日厦港区并入思明区），废除民国旧区公所及保甲制度。开展镇压反革命、特务及黑恶势力运动；开展“三反”“五反”运动。

1952 年 11 月 29 日，改区公所为区人民政府；1954 年 12 月至 1955 年 10 月，改区人民政府为区人民委员会。其间，在组织恢复各业生产经营过程中，掀起合作化运动。同时，贯彻新婚姻法，实行粮油统销。

1958 年，实行“人民公社化”“政社合一”。国民经济进行调整，努力发展工业、手工业。同时，发展文教事业。

“文化大革命”初期，“造反派”造反，三区人委会机构瘫痪。人民解放军奉命实施“三支两军”（支左支工支农，军管军训），组建由军队代表、干部代表、群众组织代表组成的“三结合”革命委员会取代区人委会。革命委员会抓革命、促生产、促工作、促战备；开展“斗私批修”“批林批孔”。1976 年 10 月，中共中央粉碎江青反革命集团后，三区开展拨乱反正，平反冤假错案。

1978 年 12 月中共十一届三中全会后，三区工作重心转移到社会主义现代化建设。1980 年 5 月，三区撤销革命委员会，建立人民政府。

1984 年 5 月 4 日，厦门经济特区扩大到全岛（含鼓浪屿）。三区政府致力于进行特区经济建设和社会事业发展，尤其 1992 年邓小平南方谈话发表后，三区政府制定并实施一系列深化改革、发展特区经济与事业的举措。

2003 年 10 月三区整合后，思明区政府全面凸显“1+1+1>3”的聚合效应，快速发展特区经济、社会各项事业。坚持“强三优二”的产业发展原则，全面实施项目带动战略，重点推进旅游、商贸和现代服务业等第三产业发展，经济运行质量、效益显著。在全国率先提出绩效型政府建设理念，努力推进政府管理创新，试行公共部门绩效评估系统，获 2003—2004 年第二届“中国地方政府创新奖”。

2005 年 5 月 26 日，思明区政府获“ISO 14001 环境管理体系”证书。

2007 年，思明区获“中国中小城市综合实力百强”称号（第 17 名），实现全国强区的目标。经济实力跃居全国 15 个副省级城市中心城区上游。

第一章　政府机构

第一节　领导机构

一、三区政府机构

（一）鼓浪屿区政府

1949 年 10 月 22 日，成立鼓浪屿区公所，设区长。1952 年 11 月，区公所改为区人民政府。翌月，区第二届各界人民代表会议选出区政府区长、副区长、委员。1953 年 12 月，区第一届人大会选出政府区长、副区长、委员。1955 年 10 月，区人民政府改为区人民委员会，原正副区长和委员连任。1956 年 10 月，区第二届人大会选出区人委会区长、副区长、委员。1958 年 4 月，区第三届人大会选出区人委会区长、副区长、委员；11 月，成立鼓浪屿人民公社，实行政社合一体制，与区人民委员会合署办公。1961 年 11 月，区第四届人大会选出区人委会区长、副区长、委员。1963 年 6 月，区第五届人大会选出区人委会区长、副区长、委员。1966 年 3 月，区第六届人大会选出区人委会区长、区副长、委员。

1966 年 8 月，区党政机关被"造反派"非法夺权。1967 年 2 月，中国人民解放军驻军奉命介入地方执行"三支两军"任务；7 月，厦门市军事管制委员会对全区实行军管。随即，区人民武装部成立"抓革命、促生产"领导小组，主持全区日常工作。1968 年 9 月，由军队代表、地方干部代表和群众组织代表成立"三结合"的区革命委员会，下设"四大组"（政治工作组、生产指挥组、人民保卫组、办事组）取代区党政机关及其工作机构的职能，实行党的"一元化"领导。

开元区政府办公楼（2001 年）

1978 年，恢复区人民代表大会制度；12 月，区第七届人大会选出区革委会主任。

1980 年 11 月，区第八届人大会宣布撤销区革委会，成立区人民政府，选出区长、副区长、委员。

1984 年 10 月，区第九届人大会选出区长、副区长、委员。1987 年 11 月，区第十届人大会选出区长、副区长、委员。1991 年 1 月，区第十一届人大会选出区长、副区长、委员。1994 年 1 月，区第十二届人大会选出区长、副区长、委员。1999 年 1 月，区第十三届人大会选出区长、副区长、委员。

2003 年 10 月，鼓浪屿区政府并入思明区政府。

（二）开元区政府

1949 年 10 月 22 日，成立开元区公所，设区长。1952 年 11 月，区公所改为区人民政府。翌月，区第二届各界人民代表会议选出区长、副区长、委员。1953

年，区第一届人大会选出区政府区长、副区长、委员。1955 年 10 月，区人民政府改为区人民委员会。1956 年 6 月，区第二届人大会选出区人委会区长、副区长、委员。1958 年 4 月，区第三届人大会选出区人委会区长、副区长、委员。1961 年 10 月，区第四届人大会选出区人委会区长、副区长、委员。1963 年 6 月，区第五届人大会选出区长、副区长、委员。1966 年 3 月，区第六届人大会选出区长、副区长、委员；同年 8 月，开元区改称东风区。

1968 年 9 月，由军队代表、地方干部代表和群众组织代表成立“三结合”的区革命委员会，取代区委、区人委领导职能，设革委会主任、副主任、委员。

1978 年，恢复区人民代表大会制度；12 月，区第七届人大会选出区革委会主任、副主任、委员。

1979 年 10 月，东风区复名开元区。

1980 年 5 月，区第八届人大会宣布撤销区革委会，成立区人民政府，选出区长、副区长、委员。1984 年 10 月，区第九届人大会选出区长、副区长、委员。1987 年 9 月，区第十届人大会选出区长、副区长、委员。1991 年 1 月，区第十一届人大会选出区长、副区长、委员。1994 年 1 月，区第十二届人大会选出区长、副区长、委员。1999 年 1 月，区第十三届人大会选举区长、副区长、委员。

2003 年 10 月，开元区政府并入思明区政府。

（三）思明区政府

1949 年 10 月 22 日，成立思明区公所，设区长、副区长。1952 年 11 月，区公所改为区人民政府。翌月，区第二届各界人民代表会议选出区长、副区长、委员。1954 年 1 月，区第一届人大会选出区长、副区长、委员。1955 年 10 月 29 日，区人民政府改为区人民委员会。1956 年 9 月，区第二届人大会选出区长、副区长、委员。1958 年 4 月，区第三届人大会选出区长、副区长、委员。1961 年 11 月，区第四届人大会选出区长、副区长、委员。1963 年 6 月，区第五届人大会选出区长、副区长、委员。1966 年 3 月，区第六届人大会选出区长、副区长、委员；8 月，思明区改称为向阳区。

1968 年 9 月，由军队代表、地方干部代表和群众组织代表成立“三结合”的区革命委员会，取代区委、区人委领导职能，设革委会主任、副主任、委员。

思明区政府办公楼（1996 年）

思明区政府办公楼（2007 年）

1978 年，恢复区人民代表大会制度；12 月，区第七届人大会选出区革委会主任、副主任、委员 23 人。1979 年 10 月，向阳区复名思明区。

1980 年 5 月，区第八届人大会宣布撤销区革委会，成立区人民政府，选出区长、副区长、委员。1984 年 10 月，区第九届人大会，选出区长、副区长、委员。1987 年 11 月，区第十届人大会选出区长、副区长、委员。1991 年 1 月，第十一届人大会选出区长、副区长、委员。1994 年 1 月，区第十二届人大会选出区长、副区长、委员。1999 年 1 月，区第十三届人大会选出区长、副区长、委员。

二、三区整合后思明区政府机构

2003 年 10 月三区整合后，召开思明区第十四届人大会，选出区长、副区长、委员，组成第十四届区人民政府。

2007 年 2 月，召开思明区第十五届人大会，选出区长、副区长、委员，组成第十五届区人民政府。

第二节　部门机构

一、三区人民政府、区人委会部门机构

（一）鼓浪屿区

1949 年 10 月 22 日，成立区公所。1952 年 11 月，撤销区公所，成立区人民政府。1955 年 10 月，改为区人民委员会。至 1966 年，所属部门机构 13 个：

办公室　1949 年 10 月，设秘书助理；1953 年 6 月，设秘书室；1955 年 10 月，改为办公室。

卫生股　1949 年 10 月，设卫生助理；1952 年 12 月，设卫生股。

民政股　1949 年 10 月，设民政助理；1952 年 12 月，设民政股。

文教股　1949 年 10 月，设文教助理；1953 年 6 月，设文教股。

建设股　1949 年 10 月，设建设助理；1959 年 2 月，设建设股。

财经股　1953 年 12 月设；1957 年 12 月撤销。

商业股　1957 年设；1959 年撤销。

生产股　1958 年设；1963 年 1 月改称生产办公室。

财务股　1958 年，成立财政局。1960 年 2 月，改称区财务股。1962 年 8 月撤销。

房地产管理股　1962 年 1 月设；1964 年撤销。

人委武装部　1957 年 1 月设；1958 年，区人委武装部改称人民公社武装部。

鼓浪屿公安分局　1949 年 10 月 17 日，市军管会公安部派刘峙峰等接管鼓浪屿区警察分局；10 月 31 日，成立厦门市公安局鼓浪屿分局。1952 年 7 月撤销，改设厦门市公安局鼓浪屿特派员，领导全区各派出所工作。1956 年 7 月，恢复市公安局鼓浪屿分局，下辖龙头、鹿礁、内厝澳派出所。

人民防空委员会办公室　1950 年，成立鼓浪屿区防空分会；1951 年改为区人民防空委员会。1953 年，设办公室。

（二）开元区

1949 年 10 月 22 日，成立区公所。1952 年 11 月，撤销区公所，成立区人民政府。1955 年 12 月，改为区人民委员会。至 1966 年，所属部门机构 18 个：

办公室　1949 年 10 月，设主任助理 1 人；1952 年初，设文书 1 人；1953 年 4 月，设秘书室；1955 年 12 月，改设办公室。

民政股　1949 年 10 月，设民政助理；1953 年 4 月，设民政股。

文教股　1949 年 10 月，设文教助理；1953 年 4 月，设文教股。

卫生股　1949 年 10 月，设卫生助理；1953 年 4 月，设卫生股。

城市建设股　1949 年 10 月，设建设助理；1953 年 4 月撤销。1959 年 9 月，设城市建设股；1962 年撤销。由区绿化办负责区城市建设业务。

粮食管理站　1949 年 10 月，设财粮助理；1953 年 11 月，设区粮食管理站，后改称区粮食股。1954 年 10 月，撤销粮食股，另设粮食助理。1955 年 9 月，复设区粮管站；至 1962 年 9 月又撤销。

工商行政管理股　1949 年 10 月，设工商助理；1954 年 5 月撤销。工商业务并入粮食股。1963 年 5 月，设工商行政管理股。

手工业股　1955 年 1 月设；1962 年撤销。

商业股　1956 年设；1959 年 10 月撤销。

工业经理部　1958 年 12 月设。

工业股　1959 年 9 月设。

劳动工资股　1959 年秋设，1962 年撤销。

机电股　1960 年 6 月设，1962 年撤销。

化工股　1960 年 6 月设，1962 年撤销。

轻工股　1960 年 6 月设，1962 年撤销。

生产计划股　1960 年 6 月设，1962 年撤销。

开元公安分局　1949 年 10 月，成立厦门市公安局开元分局；1954 年夏撤销，改设厦门市公安局开元特派员。1956 年夏，恢复开元公安分局。

人民防空指挥处办公室　1950 年成立开元区防空分会；1951 年 3 月，改设区人民防空指挥处，下设办公室。

（三）思明区

1949 年 10 月 22 日，成立区公所。1952 年 11 月，撤销区公所，成立区人民政府。1955 年 10 月 29 日，改为区人民委员会。至 1966 年，所属部门机构 17 个：

办公室　1949 年 10 月，设主任助理，后改设秘书和助理秘书。1955 年 12 月，改为办公室。

民政股　1949 年 10 月，设民政办事员；1950 年，改为民政助理。1953 年，设民政股；1960 年 11 月撤销。1962 年，设安置办公室；1964 年，改为劳动介绍所。1965 年，恢复民政股。

文教股　1949 年 10 月，设文教卫生办事员。1950 年，设文教助理。1953 年，设文教股。

卫生股　1950 年 4 月，设卫生助理。1953 年 6 月，设卫生股。

城市建设管理股　1951 年 12 月，设建设助理；1954 年 3 月撤销。1958 年，设基本建设组，后改为城市建设管理股。

房屋管理股　1960 年 12 月设；1962 年 6 月撤销。

财政股　1949 年 10 月，设财政办事员；1950 年 10 月，改为财政助理；1953 年 4 月，设财税股；1954 年，改为财经股；1956 年 5 月撤销；1958 年恢复；1960 年，改为财政股；1962 年又撤销。

计划统计股　1959 年 9 月设；1963 年 9 月撤销。

工业股（工交办公室）　1958 年，设工交办公室；1959 年，改为工业股；1963 年撤销。1966 年，重设工交办公室。

手工业管理股　1956 年设，1959 年与工业股合署办公，1962 年撤销。

劳动工资股　1958 年，在工交办内设劳动工资组，翌年设劳动工资股；1963 年，改为劳动介绍所。

粮食股　1953 年设；1955 年撤销。改设粮食管理站，归市统一管理。

工商行政管理股　1951 年，设工商行政助理；1954 年撤销。1963 年 5 月，重设工商行政管理股。

商业股　1956 年设；1960 年撤销。

科学技术研究所　1960 年 5 月设；1965 年 4 月，改为科技情报站。

思明公安分局　1949 年 10 月，思明区和厦港区均设公安分局。1950 年 5 月，厦港区公安分局撤销。1953 年 8 月，撤销思明公安分局，改设公安助理员；1954 年，改设厦门市公安局思明特派员。1956 年 7 月，恢复厦门市公安局思明分局。

人民防空委员会办公室　1950 年，成立思明区防空分会；1951 年，改为区人民防空委员会，设办公室。

二、三区革命委员会部门机构

（一）鼓浪屿区

1967 年 2 月，“造反派”非法夺权，区人民委员会各部门机构瘫痪。1968 年 9 月 24 日，成立区革命委员会，取代区人民委员会。区革委会下设政工组、办事组、人民保卫组和生产指挥组。1969 年 5 月 16 日，成立鼓浪屿区革命委员会核心领导小组。1972 年 4 月，人民保卫组撤销，成立厦门市革命委员会公安局鼓浪屿分局。1973 年 6 月，设鼓浪屿区人民防空领导小组办公室。1975 年 12 月，区革委会生产指挥组改为工业科。1976 年，设鼓浪屿区体育运动委员会和区计划生育办公室。至 1976 年 10 月“文化大革命”结束，区革命委员会部门机构共 6 个：

办事组　1968 年 9 月设，1978 年 3 月改为办事室。

政工组　1968 年 9 月设，1978 年 3 月改为政工室。

工业科　1968 年 9 月设生产指挥组，1975 年 12 月，改设工业科。

厦门市革委会公安局鼓浪屿分局　1968 年 9 月，设人民保卫组；1972 年 4 月，撤销革委会人民保卫组，成立公安分局。

人民公社武装部　前身是区人民委员会武装部。1958 年，设人民公社武装部（与人民委员会武装部合署办公）。“文化大革命”时期，取消人民委员会武装部，保留人民公社武装部。

人民防空领导小组办公室　1973 年 6 月设。

（二）开元区

1968 年 9 月 17 日，成立区革命委员会，下设办事组、政治工作组、生产指挥组、人民保卫组。至 1976 年 10 月，区革命委员会部门机构 5 个：

办事组　1968 年 9 月设。

政治工作组　1968 年 9 月设。

生产指挥组　1968 年 9 月设。

工商行政管理组　1972 年 8 月设。

公安分局　1968 年 9 月，设人民保卫组。1973 年 12 月，重设公安分局，取代人民保卫组。

（三）思明区

1968 年 9 月 27 日，成立区革命委员会，下设政治工作组、办事组和生产指挥组。政治工作组下设人民保卫组、组织组、宣传组、教改组、体育运动委员会。生产指挥组内设卫生组、计生组、人防组；10 月，成立区革委会“四面向”（面向农村，面向基层，面向边疆，面向山区）办公室。1972 年，区革委会市管办改为工商行政管理组。1973 年 12 月，恢复区公安分局。至 1976 年 10 月“文化大革命”结束，区革命委员会部门机构共 4 个：

办事组　1968 年 9 月设，有秘书、打字、勤杂、收发、总务、财会、“四面向”、“清查办”、市管办、城管办、民政等机构。

政治工作组　1968 年 9 月设，内设人民保卫组（1968 年设，1973 年撤销）、组织组（1973 年 5 月设）、宣传组（1975 年 1 月设）、教改组（1970 年 7 月设，1975 年 5 月改为文教科）、体育运动委员会（1968 年设）。

生产指挥组　1968 年设，内设人民防空办公室（1974 年 5 月设）、卫生组（1970 年 7 月设）、计划生育办公室（1973 年底成立计划生育领导小组，1976 年 1 月成立区计划生育办公室，与区卫生组合署办公）。

公安分局　1973 年 12 月，恢复区公安分局，撤销区革委会政工组人保组。思明公安分局下设秘书、保卫、刑侦、治安和预审 5 个股及 4 个派出所。

三、三区人民政府部门机构

（一）鼓浪屿区

1980 年 11 月，撤销区革命委员会，成立区人民政府。1983 年底机构改革，区人民政府所属部门机构有较大变动。至 2003 年 10 月三区整合前，鼓浪屿区人民政府部门机构共 17 个：

政府办公室　前身为区革委会办事组，1978 年 5 月设政府办公室。1996 年，组建机关事务管理局、保留信访局。保密委员会办公室并入政府办公室。政府办公室设外事办公室。

计划统计局　1986 年 5 月设。

经济贸易局　前身为区革委会工业科（1982 年 1 月设进出口贸易办公室）；1984 年 9 月改为企业管理局；1996 年改建区经济贸易局，又设外资局。

教育局　1975 年 9 月，设区革委会政工组教育组；1978 年 3 月，改为文教科；1987 年 2 月，改为文教局。1996 年，析分文教局，设教育局。

科学技术局　1978 年 5 月，设科学技术委员会。1996 年，更名科学技术局。

监察局　1988 年设。

民政局　前身为民劳科；1984 年 9 月成立民政科；1985 年 4 月，改为民政局。

司法局　1982 年 10 月设司法科；1985 年 4 月，改为司法局。

财政局　1984 年 9 月设。

人事劳动和社会保障局　前身为民劳科、人事科。1984 年 9 月改设劳动人事科。1986 年 6 月，改为劳动人事局，1996 年更名人事劳动局。是年，编制委员会办公室更名机构编制委员会办公室，与人事劳动局合署办公。安全生产委员会办公室并入人事劳动局，仍保留其牌子。2002 年，更名人事劳动和社会保障局。

建设局　1978 年 3 月，设城市建设科。1984 年 9 月，改为城市建设管理局；1996 年更名建设局。1996 年，人民防空办公室并入建设局，仍保留其牌子。1999 年，成立人防办。

文化局　1978 年 3 月，区革委会政工组教育组改为文教科；1987 年 2 月，改为文教局；1996 年析分文教局，设文化局。1976 年 10 月，设体育运动委员会；1996 年，并入文化局，仍保留其牌子。

卫生局　1978 年 3 月，设卫生科；1987 年 2 月改为卫生局。1996 年，爱国卫生运动委员会办公室并入卫生局，仍保留其牌子。

计划生育局　1976 年 10 月，设计划生育办公室；1984 年 9 月改为计划生育委员会；1996 年改为计划生育局。

审计局　1986 年 5 月设。

外事侨务办公室　1981 年 5 月设区侨务办公室；2002 年 10 月更名外事侨务办公室。

旅游局　1996 年，将经贸局旅游职能和建设局园林绿化职能析出，设旅游局。

（二）开元区

1980 年 5 月，撤销区革命委员会，成立区人民政府。1983 年、1996 年先后进行机构改革，区人民政府所属部门机构有较大变动。至 2003 年 10 月三区整合前，开元区人民政府部门机构共 18 个：

政府办公室　1980 年 5 月，设政府办公室。1990 年 10 月，内设法制科。1996 年，内设体制改革办公室、保密委员会办公室、机关事务管理局。

计划统计局　1983 年 12 月，设计划统计科。1985 年 1 月，改为计划统计局，内设计划科和统计科。

经济贸易局　1981 年，设对外经济工作办公室。1983 年，设企业管理局，1984 年 7 月改为经济委员会。1985 年 12 月，对外经济工作办公室和经济委员会合并为经济贸易委员会。1996 年，改为经济贸

易局，内设综合科、工贸科、外贸科。2002年12月，外贸科从经济贸易局析出，成立外商投资局。

教育局　1976年12月，设教育组；1978年3月，改设教育科。1983年12月，将教育科与文化科合并为文教局。1985年1月，析分文教局，设教育局。

科学技术局　1978年3月，设科学技术委员会。1985年1月，更名科学技术局。

监察局　1988年设。

民政局　1978年5月，设民政劳动科。1983年12月，改设民政科。1985年1月，改为民政局。

司法局　1982年10月，设司法科。1985年1月，改为司法局。

财政局　1983年12月，设财税局。1985年1月，改为财政局。1993年，资产管理委员会下设资产管理办公室，挂靠在区财政局。1996年，财政局加挂国有资产管理局牌子。

人事劳动和社会保障局　1981年4月，设人事科。1983年12月，改为人事劳动科。1985年1月，改为人事劳动局。1996年，安全生产委员会办公室并入人事劳动局。2002年，更名人事劳动和社会保障局。

文化局　1978年3月，设文化科。1983年12月，将教育科与文化科合并为文教局。1985年1月，析分文教局，设文化局。1978年3月，设体育运动委员会；1983年12月，体委并入文化局，保留体委牌子。

卫生局　1978年3月，设卫生科。1983年12月，改为卫生局，与爱国卫生委员会办公室合署办公。1996年，爱国卫生运动委员会并入卫生局，仍保留其牌子。

计划生育局　1978年3月，设计划生育办公室。1985年1月，改为计划生育委员会。1996年，更名计划生育局。

审计局　1985年1月设。

外事侨务办公室　1978年初，设侨务办公室。1983年12月，侨务办公室与区委统战部合署办公。2002年10月，更名外事侨务办公室。

建设局　1978年5月，设建设科；1983年12月，改称城市管理局。1984年9月，设城乡建设管理委员会。1996年，改为建设局。

城市建设管理监察大队　1981年6月，成立城市市容卫生纠察队。1993年，市城市建设管理监察综合中队下放区政府。同时，城市市容卫生纠察队并入。1994年，城市建设管理监察综合中队更名城市建设管理监察大队。

人民防空委员会办公室　1978年11月，设人民防空办公室。1985年1月，改设人民防空委员会，下设办公室。1989年，改为民防办公室。1999年，改为人民防空委员会办公室。

（三）思明区

1980年5月，撤销区革命委员会，成立区人民政府。1983年、1996年先后进行机构改革，区人民政府所属部门机构有较大变动。2003年10月三区整合前，政府部门机构18个：

政府办公室　1980年，设政府办公室。1996年，组建机关事务管理局。1999年成立人防办，皆由办公室统管。

计划统计局　1984年7月，设计划统计科。1985年3月，改为计划统计局。1996年，将物价委员会并入。

财政局　1984年4月设。

人事劳动和社会保障局　1984年4月，设劳动人事局。1998年，安全生产委员会办公室并入人事劳动局。2002年，更名人事劳动和社会保障局。

监察局　1988年5月设。

审计局　1984年7月，设审计科；1985年3月，改为审计局。

民政局　1984年4月，设民政科；1985年3月，改为民政局。

经济贸易局　1988年1月，企业局和进出口办公室合并为经济贸易委员会。1996年，更名经济贸易局。

对外经济合作局　1993 年 4 月，设外资工作委员会。1997 年，改设对外经济合作局。

建设局　1984 年 4 月，设城市建设管理局；1996 年，更名建设局。同时，将民防办并入建设局，保留民防办牌子。

教育局　1978 年 3 月，文教科分出教育部分设教育科。1984 年 4 月，改为教育局。

文化局　1978 年 3 月，文教科分出文化部分设文化科。1984 年 4 月，改为文化局。1996 年，将体育运动委员会办公室并入文化局，文化局加挂体委牌子。

卫生局　1984 年 4 月，设卫生局。1996 年，爱国卫生运动委员会办公室并入卫生局。

计划生育局　1983 年 6 月，设计划生育委员会办公室，同时撤销区计划生育领导小组。1996 年，更名计划生育局。

司法局　1981 年 1 月，设司法科。1985 年 3 月，改为司法局。

科学技术局　1980 年 10 月，设科学技术委员会。1996 年，更名科学技术局。

外事侨务办公室　1984 年 4 月，设华侨事务办公室。2002 年 10 月，更名外事侨务办公室。

旅游局　1997 年，成立园林旅游局。2002 年，更名旅游局。

四、三区整合后思明区人民政府部门机构

2003 年 10 月三区整合后，思明区政府部门机构进行调整，至 2007 年，设政府工作机构 24 个：

政府办公室　内设综合科、文秘科、督查科、法制科。行政编制 12 名，其中处级领导职数 3 名，科级领导职数 4 名。

发展和改革局　内设综合科、物价科。行政编制 6 名，其中处级领导职数 2 名。

经济贸易发展局　内设经济科、综合科。行政编制 6 名，其中处级领导职数 1 名，科级领导职数 2 名。

教育局　内设办公室、组织人事科、教育一科、教育二科、计财科。行政编制 15 名，其中处级领导职数 4 名，科级领导职数 4 名。

科学技术局　行政编制 4 名，其中处级领导职数 1 名。

监察局　内设办公室、纪检监察室、案件审理室（宣传教育室）、信访室、党风廉政建设室、执法监察室，另设机关效能投诉中心。区纪委、区监察局行政编制 20 名，其中处级领导职数 7 名。

民政局　内设双拥办、基层政权和社区建设科、社会事务科、婚姻登记室。行政编制 12 名，其中处级领导职数 1 名，科级领导职数 2 名。

司法局　内设综合科、法制宣传科（另设依法治区办公室）、基层工作科（另设区刑释放教人员安置帮教办公室）。行政编制 30 名，其中处级领导职数 2 名，科级领导职数 3 名。

财政局　内设预算科、综合科、行财科、资产科。行政编制 16 名，其中处级领导职数 3 名，科级领导职数 4 名。

审计局　内设综合科、审计科。行政编制 11 名，其中处级领导职数 2 名，科级领导职数 2 名。

人事劳动和社会保障局　内设人事科、劳动和社会保障科、综合科。行政编制 14 名，其中处级领导职数 2 名，科级领导职数 3 名。

人口与计划生育局　2003 年 11 月，计划生育局更名人口和计划生育局，内设综合科、计生管理科。行政编制 10 名，其中处级领导职数 2 名，科级领导职数 2 名。

卫生局　内设综合科、公共卫生科。行政编制 15 名，其中处级领导职数 2 名，科级领导职数 2 名。

建设局　内设综合科、建设工程管理科、民房管理科。行政编制 15 名，其中处级领导职数 3 名，科级领导职数 3 名。

文化体育局　内设市场产业科、群众体育科。行政编制 8 名，其中处级领导职数 2 名。

投资事务局　2003 年 11 月，对外经济合作局更名招商局。2007 年 7 月，又更名投资事务局。行政编制 7 名，其中处级领导职数 1 名。

外事侨务办公室　行政编制3名，其中处级领导职数1名。

城市管理行政执法局　由城监大队等整合而成，又设城市管理执法大队。内设办公室、综合科、监督检查科、政策法规科和12个行政执法中队。行政执法专项编制118名。其中处级领导职数4名，科级领导职数27名。

旅游园林局　2003年11月，旅游局更名旅游园林局。行政编制6名，其中处级领导职数1名。

统计局　2003年11月，计划统计局更名统计局，内设统计执法科、统计监测科。行政编制6名，其中处级领导职数1名，科级领导职数2名。

安全生产监督管理局　行政编制4名，其中处级领导1名。

工业园管理委员会　内设综合处、经济发展处、社会事务处。行政编制5名，其中处级领导职数4名。

人民防空办公室　行政编制2名，其中处级领导1名。

机关事务管理局　行政编制2名，其中处级领导职数1名。

第三节　派出机构

一、三区街道办事处

（一）鼓浪屿区街道办事处

1955年3月，龙头、笔山、鹿礁、延平、内厝澳5个街政委员会合并为龙头、鹿礁、内厝澳3个街道办事处。“人民公社化”时期，建立鼓浪屿区人民公社，实行政社合一体制。

1978年11月，成立龙头、内厝澳两个管理区，撤销街道办事处。1979年10月，改设龙头街道办事处和内厝澳街道办事处。龙头街道办事处有龙头、市场、鹿礁、延平、旗山、大埭6个居委会；内厝澳街道办事处有笔山、鸡山、福祥、内厝、四松5个居委会。1984年9月，撤销街道办事处，11个居委会直属区政府管辖。2002年12月，居委会整合为6个。

2003年10月，撤销鼓浪屿区人民政府；设鼓浪屿街道办事处（下辖龙头、内厝澳两个社区居委会），改隶属思明区政府。

（二）开元区街道办事处

1953年，全区9个街政委员会改称居民委员会。1955年3月，建立鹭江、大同、思北、厦禾、公园、溪岸6个街道办事处。1957年，整合为鹭江、厦禾、公园、溪岸4个街道办事处。1958年10月，撤销街道办事处，设4个人民公社。1959年2月，溪岸人民公社并入公园人民公社。

1968年9月，成立人民公社革委会。鹭江、厦禾、公园3个人民公社革委会分别改为东风、延风、红星人民公社革委会。1971年，开元农场改为红卫人民公社，设革委会。

1979年10月1日，东风、延风、红星人民公社复名鹭江、厦禾、公园街道办事处；红卫人民公社改名梧村街道办事处，辖双浦、铁路、文灶、梧村、金榜山5个居委会。

1981—1982年，撤销湖里、东渡生产大队建制，设湖里街道办事处。1983年4月，增设筼筜街道办事处。1987年8月，湖里街道办事处划出，隶属新成立的湖里区。9月，郊区的莲坂、西林、洪文、何厝、前埔5个村委会划归开元区，与梧村街道办事处的映碧里等7个居委会合并成立莲前街道办事处。

2000年12月，撤销厦禾街道办事处，划归鹭江街道办事处。同时，从筼筜街道办事处划出长青等6个居民委员会，从莲前街道办事处划出映碧里等9个居民委员会和华福等6个居民委员会整合，成立嘉莲街道办事处。

2002年12月，开元区有公园、鹭江、梧村、筼筜、莲前、嘉莲6个街道办事处，102个居委会，6

个村民委员会。

（三）思明区街道办事处

1955 年 3 月，全区 9 个街政委员会改建为中华、思明、泰平、文安、厦港 5 个街道办事处。1957 年，5 个街道办事处辖 39 个居委会。

1958 年，街道办事处改为公社，整合为中华、思明、文安、厦港 4 个公社。各居委会成为人民公社分社。1964 年 4 月，市区恢复街道办事处。

1966 年后，街道革委会取代街道办事处。1979 年 8 月，撤销革委会，恢复街道办事处。

1996 年 5 月，厦港街道办事处划出厦大、白城、北村、滨海 4 个居民委员会，与曾厝垵、黄厝 2 个村民委员会合并成立滨海街道办事处，撤销农村工作站。

2002 年 12 月，思明区有中华、思明、文安、厦港、海滨 5 个街道办事处，29 个居委会，2 个村委会。

二、三区整合后思明区街道办事处

2003 年 10 月三区整合，思明区政府辖鼓浪屿、鹭江、思明、文安、中华、厦港、公园、筼筜、梧村、嘉莲、莲前和滨海 12 个街道办事处。

2004 年 8 月，思明、文安街道办事处划归中华街道办事处管辖；横跨文安、厦港的虎头山南片区划归中华街道；属厦港街道管辖的大学路 595 号的三栋楼划归滨海街道；公园街道办事处更名开元街道办事处，文塔片区划归开元街道西边社区。

2007 年，思明区政府辖鼓浪屿、鹭江、中华、厦港、开元、筼筜、梧村、嘉莲、莲前、滨海 10 个街道办事处、95 个社区居委会。

第二章　政务会议

第一节　区政府常务会议

一、概况

思明区政府常务会议由区长、副区长、区政府办公室主任组成。会议由区长或者区长委托常务副区长召集。区人民政府常务会议一般每周召开 1 次，也视工作需要而召开。根据会议议题，邀请区委、区人大常委会、区政协、区纪委的有关领导及区政府有关部门负责人及有关人员列席会议。

2003 年 10 月至 2007 年 1 月，第十四届思明区政府召开 45 次常务会议；2007 年 2 月至 2007 年 12 月，第十五届区政府第一年召开常务会议 29 次。

二、会议选录

（一）政府〔2003〕19 号常务会

2003 年 11 月 3 日，第十四届区政府召开第 1 次政府常务会议，讨论研究 2003 年财政预算预计完成情况及 2004 年财政预算安排情况、2003 年区级重点工程建设进度及 2004 年区级重点建设项目计划安排、征兵工作、社区劳动保障工作站建设、新大楼建设、鸿山公园大门改造工程、国际旅游节筹备等事宜。选录4项主要工作。

1. 关于财政工作：会议听取区财政局局长陈培新关于2003年财政预算预计完成情况及2004年财政预算初步安排情况的汇报。1—10月，全区完成财政总收入13.77亿元，是年计划的97.05%，比增34.37%，其中地方级财政收入8.57亿元，是年计划的94.06%，比增24.65%。会议强调，财政工作要坚持集体领导、集体研究；要加强统筹、加强监督；要体现“新”和“强”。会议对财政工作提出七点要求：既要继续加大增收力度，确保完成年度任务，又要按进度安排支出；既要加大企业的服务力度，又要加大对街道的扶持力度；要认真考虑财政预算增幅问题；要继续搞好财政研究；要规范财务管理、核算工作；要加大投融资力度；财政部门要树立全局意识、服务意识，加强廉政工作。

2. 关于重点建设项目：听取区重点办主任张惠川关于今年重点项目建设进度情况汇报、区发展和改革局局长薛宗辉就2004年重点建设项目安排情况说明。会议要求，要定期召开重点工程调度会，以促进工程建设进度。要抓住重点，做好统筹。抓住与税源、长期发展有关的重中之重的项目。2004年的重点建设项目，同意上报15项市级项目，区级项目暂定18项。

3. 关于征兵工作：会议要求，要把宣传工作贯穿征兵全过程；体检、政审要一丝不苟，确保高素质的兵源；认真做好送兵工作。

4. 关于社区劳动保障工作站建设事宜：社区劳动保障工作站建设由人事劳动和社会保障局为主负责，民政局、各街道配合；工作站主任由社区主要领导兼任，工作人员由居委会管理、调度；严把录用关；办公场所由各街道、居委会统筹安排解决。

（二）政府〔2004〕1号常务会

2004年1月5日，第十四届区政府召开第4次政府常务会，研究贯彻市计生工作会议精神及做好三区整合后计生工作事宜。

会议对计生工作提出四点要求：1. 要树立全局意识。计生部门与各部门之间要加强协调与配合。2. 要认真负责。努力完成市政府下达的计生指标和任务，争创全国计生工作优质服务区。3. 要加强队伍建设。通过公开选拔、招考、招聘，引进优秀专业人才，保持队伍的精干高效。4. 要改革创新。发挥街道和计生协会作用，开展区、街两级联动，加强计生工作的科学管理，节约资源，提高效能。

关于区、街计生干部队伍的配备问题。区计生局干部配备可通过2004年秋季公务员考试招考2名计算机或法律、医学专业人员。按省、市责任书要求，街道计生办要确保配备1名行政人员，计生协会要配备一名行政或事业在编专职人员。

（三）政府〔2004〕11号常务会

2004年7月8日，第十四届区政府召开第14次政府常务会议。会议原则通过区科技局提出《厦门市思明区应用技术研究与开发资金管理暂行办法》《厦门市思明区科学技术进步奖励办法》《关于区直有关部门和各街道实行党政领导科技进步目标责任制的决定》。要求：区科技局根据会议研究意见，与区财政、经贸等相关部门协商，对上述三份文件进行规范文字，使之与区政府出台的促进经济发展优惠政策相配套。

会议强调：做好全国科技进步示范区工作，突出光电产业、政府与高校合作、现代服务业科技化、政府管理创新、社会事业科技化等方面的特色，加强并保持与国家科技部、省科技厅、市科技局沟通渠道；做好可持续发展示范区申报工作。

（四）政府〔2005〕1号常务会

2005年1月4日，第十四届区政府召开第22次政府常务会议，研究成立区慈善会和讨论《政府工作报告》《全区经济工作意见》，以及研究重点项目计划、为民办实事项目、区科技进步示范区建设与发展规划、物价检查管理工作、滨江房地产开发公司延期支付项目转让款、鼓浪屿投资公司收回被执行款、市就业再就业工作先进集体和个人区初选名单、市2001—2004年度纠风和效能建设先进单位、先进个人暨群众满意基层站所、群众满意服务窗口推荐名单等事宜。

关于成立区慈善会事宜：会议原则同意区民政局提出的《关于成立思明区慈善会的报告》，确定机构性质为社会团体；从区财政中拨出 80 万元作为慈善会垫底资金。

关于重点项目建设：原则同意区发改局等相关部门对区 2005 年 GDP、招商引资等各项经济指标预期奋斗目标的建议，区发改局要按照会议讨论意见整理重点项目安排表，并将《全区经济工作意见》上报区委常委会；区财政局要做好财政收支预算安排工作，考虑税制改革项目投融资等工作因素，加强协税护税工作。

关于为民办实事项目：指定区政府办公室按照会议讨论意见，再广泛征求意见，调整修订为民办实事项目，并上报区委常委会；区政府办公室要抓紧整理 2004 年 9 项为民办实事项目办理情况。

（五）政府〔2005〕8 号常务会

2005 年 8 月 12 日，第十四届区政府召开第 29 次政府常务会议，研究区财政性投融资建设工程项目概（估）算审核、鼓励“名牌名店”入住禾祥西路特色商业街、中山路改造业态转型优惠政策、鹭江道开发有限公司投资款清算回收、“质量立区”先进单位考评办法、调整颁发“质量立区”创中国名牌产品奖等奖项、软件园（二期）管理暂行规定、终止百事达《用地合同书》、厦门华联电子有限公司地价标准、2005 年对口帮扶资金安排、变更厦门市东南海滨投资开发有限公司名称注册资金经营范围、2005 年纠风工作实施意见、置换“源泉山庄”安置房项目用地、光电基地 6 万平方米通用厂房建设、同安工业集中区思明园邀请招标、校园周边娱乐场所审核等事宜。

会议原则同意区发改局提出的《区财政投融资建设项目概（估）算审核暂行办法》，要求修订完善，各相关部门要做好工程项目概（估）算工作的宣传，要与财政、建设、审计、监察等部门做好沟通协调工作，区建设局要尽快拿出区财政性投融资建设项目的统一建设方案意见，报区政府研究。

会议原则同意区财政局提出的《鼓励“名牌名店”入住禾祥西路特色商业街的若干规定》《中山路改造业态转型优惠政策的暂行规定》。要求广泛征求意见，修改完善；上报区委常委会；要结合实际，通过新闻媒体宣传两份文件的相关条款。

（六）政府〔2006〕2 号常务会

2006 年 3 月 24 日，第十四届区政府召开第 37 次政府常务会议，研究有关 2006 年基本建设预算安排及挖革改资金安排、主办中华儿童歌舞周、区防汛指挥中心项目建设方案、申报“全国残疾人社区康复示范区”、中山公司与厦门市森宇房地产开发有限公司合资成立项目公司、解决食品饮料厂的工商银行欠款遗留问题和嘉盛新村项目滞纳金、规范专职人民调解员管理等事项。

会议听取区财政局关于 2006 年基本建设预算安排及挖革改资金安排的汇报。认为区财政局提出的安排计划比较合理。会议确定：除鼓浪屿、中华、厦港街道外，其余街道应尽量安排资金用于购买观音山国际商务营运中心楼宇；社区居委会办公用房达标所需资金，应在各街道基建预算中尽量予以安排；区发改局、财政局、重点办要对建设资金使用情况进行跟踪督促，确保按计划完成。

会议听取区文体局关于与中国儿童歌舞学会共同举办 2006 年中华民族儿童歌舞周暨海峡两岸青少年艺术节的方案汇报，认为活动有利于促进两岸往来，打造思明文化品牌。会议成立由相关部门组成歌舞周活动领导小组，具体负责各项主办事宜。

会议听取区残联关于申报“全国残疾人社区康复示范区”情况汇报，原则同意区残联提出的申报方案，要求结合思明区爱心超市和社区卫生服务两项社会事业品牌，做好争创“全国残疾人社区康复示范区”工作。

（七）政府〔2006〕9 号常务会

2006 年 11 月 27 日，第十四届区政府召开第 44 次政府常务会议，研究区政府管理创新方案、重点工程进展情况及 2007 年重点建设项目安排、同安工业集中区思明园建设相关问题、原厦门天主堂被改建房产的产权赎回工作、扶持区重点民营企业发展意见、“农改超”工作进展情况等事宜，通报市监察局《关于对审计发现问题进行整改的通知》、区审计局《关于同安工业集中区思明园一期资金使用情况的专项审计调查报告》等事项。

会议听取区发改局关于制定《思明区政府管理创新方案》（讨论稿）工作汇报，认为方案基本涵盖当前基层地方政府管理的各方面工作。会议明确由陈李升副区长继续牵头，区政府办、发改局、人劳局和监察局等部门配合，抓好实施，要求修改调整方案内容，广泛征求专家学者、企业、基层群众意见，完善该方案；沟通联系中央和省、市有关部门，了解上级改革意图；注意吸纳港、台在社区管理、突发事件处理等方面经验，提升思明区公共管理水平。

会议听取全和公司关于同安工业集中区思明园建设相关问题汇报。强调尽快将深化思明园建设工作提上政府议事日程，发挥人力、财力和高校研究机构智力优势，将思明园建设成新一轮跨越式发展的典范工程。要求按照国家大学科技园建设标准，提升思明园建设水平；由傅建明副区长牵头，做好思明园建设领导协调工作；全和公司做好思明园管理服务中心的二次装修设计和施工，把服务中心建成园区管理中心、会议展示中心和职工活动中心。

会议通报市监察局《关于对审计发现问题进行整改的通知》和区审计局《关于同安工业集中区思明园一期资金使用情况的专项审计调查报告》，强调要高度重视审计中发现的问题，迅速整改。要求有关部门和区属各国有企业要吸取经验教训，加强内部管理，注意防微杜渐；区监察、审计、财政等部门要加强监督、指导和协调。

关于厦门天主堂被改建房产的产权赎回事宜，议定由黄嘉斌副区长牵头与厦门市天主教爱国会协商，确定相关房产赎回合同条件等事宜；对于全和公司在产权移交中承担的损失，由黄嘉斌副区长召集区财政、审计、经贸等部门协商处理意见，由区财政进行补偿。

（八）政府〔2007〕8号常务会

2007年4月23日，第十五届区政府召开第6次政府常务会议，研究环东海域思明工业园建设资金贷款担保、引进软件企业物业补贴、建设区老年门球场、申购安全监察专用车辆等事宜。

会议听取全和公司关于环东海域思明工业园建设进展情况和建设资金担保事项汇报。会议原则同意由开元国投公司为环东海域思明工业园贷款提供信用担保。要善于利用银行资金进行融资，开展竞争，确保贷款利率下浮10%，并争取企业所购工业厂房按揭获得相应利率优惠。对前期拟入驻环东海域思明工业园企业按5%比例预收定金，以缓解资金压力，增强招商工作实效。

会议原则同意以科技研发经费的形式，给予引进入驻软件园二期软件企业每月0.5元/平方米物业补贴。决定由潘少銮副区长牵头，区财政局、科技局、开元国投公司配合，对方案进行细化修改后，上报区政府。

会议强调建设区老年门球场是为老年人办的一件实事，要认真办好。会议强调设计方案必须符合相关体育专业规范，注重与周边环境协调配套，对停车场等配套设施建设进行推敲酌定。

（九）政府〔2007〕31号常务会

2007年12月27日，第十五届区政府召开第29次政府常务会议，研究区检察院办公大楼委托物业管理、灵活就业人员社保补贴经费、追加环卫处承包企业临时工工资、调整社区专职工作者工资福利待遇、非公党支部活动经费纳入街道财政预算、观音山海滨旅游休闲项目南段1号至7号楼工程基建增项资金、莲坂旧城改造项目资金和资产处置、兑现招商引资中介奖励等事宜。

会议听取区检察院关于新办公大楼拟委托物业管理的情况汇报。会议认为，行政资源和公共资源市场化是改革方向。原则同意新办公大楼委托物业管理；由区检察院委托区招标代理机构组织开展竞争性谈判，确定物业管理公司。

会议听取区人劳局就业管理服务中心关于灵活就业人员社保补贴情况汇报。认为对灵活就业人员实施社保补贴是构建和谐社会的重要举措，有利于零就业家庭的就业及社会稳定。区财政局按照“厦财社〔2007〕44号文件”精神，做好财政支出安排；区人劳局要加强对灵活就业人员资格审核的认定，确保客观公正。

会议听取区建设局关于追加环卫处承包企业临时工工资的汇报。会议原则同意追加环卫处承包企业临时工工资；区建设局要督促企业切实把追加的工资发到一线工人手中；在不增加人员编制情况下，环卫处内设科室加挂“市容110”牌子，采取分组交叉、定期与不定期相结合方式，开展检查督查。

会议听取区民政局关于调整社区专职工作者工资福利待遇情况汇报。会议认为，社区工作任务重、作用大，有必要适当提高社区专职工作者待遇。原则同意区民政局提出的调整方案，并将社区专职工作者住房公积金缴交比例提高到12%。

会议听取区委组织部关于将非公党支部活动经费纳入街道财政预算汇报。同意从非公党支部成立的第二年起，按照每名党员50元标准，将非公党支部活动经费纳入各街道年度财政预算。

会议听取开元国投关于观音山海滨旅游休闲项目南段1号至7号楼工程基建增项资金情况汇报。同意区招投标领导小组会议提出的意见，尊重区财政审核结果，对1号标段增资170.79万元，2号标段增资139.2万元予以确认。强调各有关单位和个人不得进行违规操作；做细做深工程前期工作，严格控制超概算现象；有关单位要加强工程管理，不得随意增项增资。

会议听取嘉莲街道关于莲坂旧城改造项目资金和资产处置的汇报。原则同意嘉莲街道提出的资产处置方案，确定由白玉渊常务副区长牵头，具体工作由何瑞福副区长负责协调。抓紧落实明发商业广场2000万元财政贴息问题。

第二节　区长办公会

一、概况

区长办公会由区长召集主持，副区长、政府办公室主任出席。区长办公会原则上每月召开1次，一般安排在当月的第一周举行，也视工作需要召开。同时，常安排区政府办公室副主任、有关部门负责人和其他有关人员列席会议。

2003年10月至2007年12月，区政府共召开区长办公会议67次。

二、会议选录

（一）区长〔2003〕14号办公会

2003年11月17日下午，第十四届区政府召开区长办公会议。会议讨论研究思明区机关统建房建设、2003年财政预算支出情况、中华街区改造贷款、公园小学建设、思明区工业园建设、减免同文顶酒店第三期地价款滞纳金等有关事宜。

关于思明区机关统建房建设——会议认为三区已经整合，原思明区机关统建房建设不宜投入太多资金。其围墙、道路与雨水管网工程建设要采用招投标方式；小区绿化工程招投标适当降低标准；购房户的建行按揭贷款由区财政局和区机关事务管理局负责办理。

关于2003年财政预算支出情况——会议强调确保年度预算安排的完成，特别要保证基建支出。确保公园小学建设、中华街旧城改造等一批重点工程进展顺利，区政府大楼基建支出可以适当控制；要保证企业挖潜改造支出，但需要监控；要加快科技三项费用支出进度；公检法司支出方面，可在确保基建支出条件下适当控制数额。

关于减免华远公司同文顶酒店第三期地价款滞纳金——会议认为对同文顶五星级酒店的建设工作应予支持，同意减免同文顶酒店第三期地价款滞纳金。

（二）区长〔2004〕2号办公会

2004年2月4日，第十四届区政府召开区长办公会，研究区政府2004年为民办实事项目、重点建设项目和国家科技部对思明区科技进步示范区考察调研等议题的有关事宜。

关于区政府2004年为民办实事项目事宜——会议讨论确定“新建曾厝垵教学楼”等8项为思明区2004年为民办实事项目。由区政府办与区财政局核对8个项目资金来源，征求区人大、政协意见后再修订。

关于区政府2004年重点建设项目事宜——会议原则同意区发改局提出的区2004年重点建设项目安排，在前期项目中增加“黄厝H-1五星级酒店”项目，由区政府副区长林国泰负责，责任部门为东部开发公司。

关于国家科技部对思明区“全国科技进步示范区”考察调研事宜——会议原则同意区科技局拟定的考察调研日程安排表，由区委办、政府办、科技局、科协、机关事务管理局组成专门筹备小组，由朱奖思副区长任组长，杨立才助理巡视员协助。

（三）区长〔2004〕10号办公会

2004年10月11日，第十四届区政府召开区长办公会，听取区财政预算调整、教育工作等汇报，研究百脑汇科技大厦改造拆迁补偿问题、推荐全省就业和再就业先进单位及个人、区软件产业发展恳谈会、区行政服务中心设置方案、与宁夏泾源县对口帮扶协议和区政府领导工作分工调整等事宜。

关于区财政预算调整事宜——会议对年度财政预算调整草案进行研究修订。提出：一要全力以赴抓好财税工作，不断增加财政收入；二要科学安排好预算支出进度；三要严肃和规范财政纪律。

关于区教育工作事宜——会议听取区教育局有关情况汇报。要求区教育局抓好：（1）加强班子建设。在班子成员调整基础上，坚持民主集中制原则；（2）强调区教育局、综治办要突出做好校园内部安全管理和防范工作，确保校园安全；（3）树立全局观念，切实发挥教育工作服务区中心工作的作用。

关于区行政服务中心设置事宜——会议同意建立区行政服务中心，以科学管理为内涵、电子政务平台为基础、三级服务网络格局的运作模式，增加区行政服务中心服务功能和效能。

（四）区长〔2005〕5号办公会

2005年3月22日，第十四届区政府召开区长办公会，研究落实市创建办创建全国文明城市第三次点评会意见事宜。

会议传达市创建办第三次点评会会议精神和郑立中书记、张昌平市长讲话精神，并就落实市容环境卫生、食品卫生、文化市场、城市“牛皮癣”四项工作进行讨论。会议要求：（1）加大食品卫生整治力度。以区卫生局为主，各街道、各社区积极参与，加大执法力度，限期整改无证经营的餐饮点，不符合条件的坚决予以取缔。（2）加大市容环境卫生整治力度。以“块”为主，切实加强市容卫生日常管理，街道深入检查，确保卫生死角得到及时发现和清理；建立考评制度，对于市创建办点评或区市容考评检查发现的问题，要严厉予以处罚，各街道也要建立对社区的考评检查制度；建立机关单位卫生管理制度，区文明办、城管办负责尽快划定辖区主要机关单位的卫生清扫责任区；强化城乡结合部、农贸市场这两个重点部位的卫生整治工作。

思明区开展创建卫生城市宣传活动

会议强调，各部门、各街道要做到“四个切实”：切实增强紧迫感，争创首批全国文明城市；切实树立公仆意识；切实做好工作，狠抓绩效考核；切实建立应急机制。

（五）区长〔2005〕8号办公会

2005年6月16日上午，第十四届区政府召开区长办公会，专题研究区计生工作。

会议听取区计生局关于2005年上半年区计生工作情况汇报，强调要高度重视计生工作，落实省计生工作会议精神和张昌平市长专题调研讲话精神，加大工作力度，力争计生工作取得新进展。

会议确定：（1）在紧抓常住人口计生管理前提下，高度重视抓好流动人口计生工作，对工作薄弱的社区实行单列管理；（2）按照闽委发〔2000〕14号文件规定，尤其对流动人口聚居的社区，配备计生管理员。区财政局要配合区计生局解决莲前街道配备计生管理员事宜；（3）由曾毓琪副书记和陈李升副区长牵头，修订完善基层计生协会小组长工作职责，发挥基层计生协会网络作用；（4）从计生工作实际需要出发，同意计生局配备一台手提电脑。

（六）区长〔2006〕6号办公会

2006年4月3日上午，第十四届区政府召开区长办公会，研究有关思明光电工业厂区征地拆迁和建设方案、办理思明工业园配套用房规划选址意见书、关于推荐人民防空先进单位的请示、推荐2005年度区人口和计划生育工作先进单位、先进工作者和优秀社区居委会的请示、2005年度城市管理责任状考核情况和召开2006年城市管理工作会议、思明区无证经营酒吧娱乐企业处理办法的请示等事宜。

关于思明光电工业厂区征地拆迁和建设方案事宜——会议决定：（1）由副区长陈李升、林国泰牵头，莲前街道、全和公司负责，抓紧研究征地拆迁具体事项，力争2006年6月份光电工业厂区开始动工建设；（2）推进规划工作，全和公司要抓紧与市规划局协调；（3）资金，由全和公司自筹，应把商业银行、国家开发银行贷款结合使用，由傅建明副区长牵头；（4）区招商局要抓紧推进招商工作，工业厂区的研发楼项目要加快落实。

关于2005年度城市管理责任状考核情况等事宜——会议强调：（1）对莲前街道部分地方出现大规模违法建设情况，要坚决整治，同时街道要制定整治方案，要做好群众思想工作；请城管、纪检、公安部门配合，对公然对抗执法的行为，要绳之以法；（2）同意按照规定兑现2005年度城管工作考核奖励金。

关于无证经营酒吧娱乐企业处理——会议要求：（1）各街道要与相关职能部门配合，做好无证经营酒吧娱乐企业整治工作；（2）采取“解”“堵”“疏”相结合办法，妥善解决历史遗留问题，利用公主园、胡里山亲水乐园、观音山海滨休闲娱乐区、街道旧厂房等，建设几个娱乐集中区。

（七）区长〔2006〕28号办公会

2006年12月4日上午，第十四届区政府召开区长办公会，各位副区长通报工作情况，研究区教育局相关事宜、解决七匹狼集团员工落户厦门问题、筹备2007年元宵民俗文化节大型灯会事宜、区推广“生鲜超市”工作、社会保障性住房工作、2006年创名牌工作及2007年政府工作报告等事宜。

会议听取区教育局关于“民办教师签订合同、依法缴纳社保基金”工作汇报，强调要高度重视该项工作。要求：（1）把解决好进城务工就业农民子女接受义务教育工作、规范民办学校办学、维护师生利益等工作紧密结合；（2）由区教育局负责，在民办学校中树立办学规范典型，进行正面宣传；（3）由何瑞福副区长牵头，区教育局、人劳局、工会组成工作组，定期研究解决相关问题。

会议研究七匹狼集团公司员工落户厦门问题，决定由倪超常务副区长牵头，区招商局、人劳局、财政局、经贸局等部门配合，具体制定该企业总部落户思明区相关政策，参照福建中烟工业公司总部迁入厦门的模式，形成报告再上报市政府。

（八）区长〔2007〕5号办公会

2007年3月5日上午，第十五届区政府召开区长办公会，研究黄厝H-1地块酒店西侧市政配套建设资金、福厦安置房项目设计费用、观音山海滨旅游休闲项目中段商业街采用预选方式招标、召开2007年度人口和计划生育工作会议等事宜，各位副区长通报相关工作情况。

会议研究区财政局关于落实黄厝H-1地块酒店西侧市政配套建设资金的请示，确定由林国泰副区长、黄嘉斌副区长牵头，区财政局、滨海街道和东部公司配合，将相关情况汇总呈报市政府。根据黄厝H-1地块拍卖溢价所得土地出让金市、区分成比例，按照收益与责任相一致原则，协调解决该地块相关事宜，争取黄厝 H-1 地块酒店配套市政道路建设资金由市级承担 85%、区级承担 15%。

会议研究全和公司关于福厦安置房项目设计费用问题，确定同意其计划选定的两家设计院要确保设计质量和现场配合，全和公司应与两家设计院在合同中明确上述具体事项。

会议研究开元国投关于观音山海滨旅游休闲项目中段商业街采用预选方式招标请示，同意采用预选方式招标，要求各相关单位要充分认识工程施工预选承包商招标试行工作重要性，加强协调，合力开展工作。

（九）区长〔2007〕9 号办公会

2007 年 10 月 17 日上午，第十五届区政府召开办公会，研究补贴安置房物业管理费、2007 年区科技研发资金、东坪花园安置房收购、湖滨小学安置房调配、推荐全国行政事业单位资产清查先进个人等事宜。

关于补贴安置房物业管理费事宜——会议听取莲前街道关于补贴洪山柄、新潘宅农村城市化改造项目安置房物业管理费等费用的请示。会议决定：（1）加强宣传教育工作，由区委宣传部、文明办等部门和街道、社区，互相配合；（2）社区居委会和物业管理公司要加强与居民的沟通，促进村改居的社区居民转变观念，主动缴纳物业管理费；（3）由莲前集团和村财按一定比例对上述安置房物业管理费用给予补贴，原则上以一年为期。

关于 2007 年区科技研发资金事宜——会议听取区科技局和区财政局关于 2007 年科技研发资金安排的汇报，原则同意安排方案。会议强调要发挥科技研发资金促进科技进步和提高区域自主创新能力的作用，与企业研发、重点项目建设结合起来，用好用足年度科技研发资金。

关于东坪花园安置房收购事宜——会议听取区重点办、区财政局关于东坪花园安置房收购工作的汇报。会议强调东坪山花园安置房收购系历史遗留问题，要积极稳妥地落实各项工作。鉴于白玉渊常务副区长已于 10 月 8 日就此事宜召开专题会议，原则上按其会议纪要继续推进工作；关于地下车库和店面收购事宜，会议研究不予收购，并由区重点办另行提出意见，报区委常委会研究。

第三节　专题会议

一、概况

区政府通过举行各种专题会，及时部署指导、检查督促经济、社会各方面大事要事的开展与落实。这种专题会，2003 年及以前，三区每年举行 100～200 次。三区整合后，2004 年举行 102 次，2005 年举行 132 次，2006 年举行 189 次，2007 年举行 178 次。

二、会议选录

（一）农村最低生活保障问题的专题会议纪要

2004 年 3 月 29 日，副区长林国泰召集相关部门领导人，就农村最低生活保障问题进行专题研究。

会议认为：根据厦府〔2003〕148 号文件第 11 条规定，“村改居”后，符合低保条件且失去集体土地承包权的居民列入所在区城镇最低生活保障对象；但目前执行有困难。（1）全区原 8 个行政村虽完成“村改居”挂牌，但仍存在诸多实质性问题亟待解决；（2）各行政村之间、同村村民之间土地征用程度不一；（3）村民虽不同程度地失去土地承包权，但仍以村集体资产形式存在并进行经营运作；（4）市政府相关配套政策和“土地换社保”政策尚未定稿。会议认为，应制定与“村改居”过渡期相适应的农村最低生活保障标准，并逐步过渡到城市最低生活保障标准。会议决定：（1）莲前街道农村最低生活保障标准保持不变，滨海街道农村最低生活保障标准提高到与莲前街道相同，即 1 人户月 268 元，2 人户月人均 250 元，3 人户（含 3 人以上）月人均 240 元；（2）滨海街道因提高低保标准而产生新增支出从新一轮区对街财政体制中予以解决，以确保农村最低生活保障资金到位；（3）新标准自2004年4月1日起执行。待市政府相关政策出台后，按市政府政策执行。

（二）台湾国联光电公司投资项目专题会议纪要

2004年4月7日，副区长傅建明主持召开会议，与台湾国联光电公司协调在厦门市高新技术研发及产业基地投资设立公司问题。与会者经友好协商，达成共识。

1. 税收政策问题——所得税地方收入部分按照从获利年度起“二免八减半”原则执行，即从获利年度起头二年免征、后八年减半征收；其他税收如关税、增值税等按照相关政策规定执行。

2. 用地问题——同意将厦门市高新技术研发及产业基地的适当面积的地块一次性报批给台湾国联光电公司，台湾国联光电公司必须提出详细的投资开发计划；地价款上缴市政府部分即110元/平方米，由台湾国联光电公司向市政府另行请示；缴交思明区部分即390元/平方米，思明区将在平衡全区地价的基础上酬情予以优惠。

3. 环保问题——双方同意投资项目必须通过有关部门环评，确保按照规定标准排放废汽、废水。

4. 中下游企业的引进、培养和扶持问题——台湾国联光电公司应提出详细计划方案，供思明区评估。

5. 引进技术的指标问题——必须达到相关的标准要求，具体数据由台湾国联光电公司提出，供思明区评估。

6. 投资总额及注册资本——首期投资额5100万美元，注册资本1700万美元，其他部分按照国家规定注入。

（三）同安工业集中区思明园指挥部第三次现场办公专题会议纪要

2005年10月28日上午，区长召集区政府办、经贸局、建设局、财政局等相关部门领导人，到同安工业集中区思明园建设指挥部现场办公。

会议听取思明园建设指挥部有关部门和建设单位关于近期工程建设工作情况汇报，研究分析目前存在的困难和问题。会议要求，各相关部门要齐心协力，在保证施工质量和安全前提下，确保第一标段（4幢厂房）于11月封顶，其中首幢厂房48天封顶（11月10日前），以实际行动为厦门市获全国首批文明城市献礼。

会议确定：（1）思明园二期建设由区经贸局牵头，区重点办配合，全和公司具体负责，主动沟通联系市有关部门，抓紧落实思明园二期90万平方米建设用地指标；（2）首幢厂房封顶有关事项，由全和公司策划并做好封顶仪式准备工作；（3）基础设施建设由思明园分指挥部负责，沟通市供电局等有关部门，协调高压线迁移；（4）由区建设局牵头，抓紧制订“质量、安全、文明、进度”等激励奖项的评比方案。

（四）国际游艇俱乐部项目市政配套工程建设的专题会议纪要

2005年12月15日上午，副区长傅建明主持召开国际游艇俱乐部项目市政配套工程建设的专题会议。

会议决定，区各有关部门和单位要按照市政府要求，抓紧香山国际游艇俱乐部市政配套工程项目建设：（1）莲前集团为该项目主体，具体建设事宜由莲前街道和莲前集团共同负责，根据国际游艇俱乐部整体项目进度适时配套进行；（2）莲前集团要尽快协调市建设局办理相关基建手续，联系委托设计单位制定项目供水供电方案，抓紧组织实施，并根据设计方案将工程费用预算报区财政局；（3）由区发改局和区财政局负责与市有关部门协调，落实项目配套专项资金；（4）区经贸局负责项目建设相关部门单位的协调工作，香港南顺控股公司要配合做好项目建设基础性工作；（5）各部门单位要紧密配合，促进工程尽快实施，区政府办要及时督查。

（五）福厦铁路思明段征地拆迁工作的专题会议纪要

2006年4月4日，副区长童在福主持召开福厦铁路思明段征地拆迁工作会议（邀请市国土房产局、市铁路建设办、市路桥总公司相关人员参加）。

会议强调，福厦铁路是国家、福建省的重点工程，各有关部门、街道要高度重视，全力以赴做好福厦铁路思明段的征地拆迁工作。

会议决定：1. 成立福厦铁路思明段征地拆迁工作领导小组，副区长童在福任组长，张惠川任副组长，嘉莲街道、梧村街道办事处主任及区监察局、区财政局、区发改局、区城管执法局、思明公安分局、区信访局等单位领导人为成员；领导小组每半月召开一次例会。嘉莲街道、梧村街道也要立即成立工作小组，街道办事处主任任组长，并抽调精干力量，抓紧开展具体工作。

2. 征地拆迁委托书——由嘉莲街道办事处下属的厦门莲坂旧城改造公司和梧村街道办事处下属的厦门市梧村旧城开发有限公司，于4月6日与市路桥总公司分别签订福厦铁路嘉莲段和梧村段的征地拆迁委托书，相关工作责任仍由区、街负责。

3. 福厦铁路线型调整——由市铁路建设办、市路桥总公司立即协调设计单位和相关部门领导，会同区重点办、嘉莲街道、梧村街道于4月7日前到现场勘察，并由市路桥总公司于4月7日前以书面形式确定征地拆迁范围，否则交地时间按拖延时间顺延。

（六）农改超工作的专题会议纪要

2006年12月22日上午，副区长黄嘉斌主持召开区“农改超”工作领导小组办公室成员会议，专题研究“农改超”工作事宜。

会议听取首批5个试点市场所在街道及区相关部门关于“农改超”工作进展的情况汇报，分析存在问题，部署工作。（1）要加大宣传力度。通过发放《告农贸市场经营者一封信》《致社区居民群众一封信》和悬挂红布条等，使市场经营者和居民群众自觉拥护“农改超”工作。（2）由区经贸局牵头，组织各相关街道、社区和部门人员，并邀请区人大代表、政协委员，前往福州市鼓楼区学习生鲜超市建设工作经验，回来进行广泛宣传。（3）各街道、各工商所要对市场进行全面调查，为全面改造工作做好充分准备，条件成熟一个改造一个。各相关街道要做细试点市场实施方案，明确改造费用测算、人员安置、工作进度、应急措施等事项。（4）区人劳社保局要尽快提出“农改超”清场退市人员的安置措施，通过同安工业集中区用工推荐、争取岛外尚未改造农贸市场空置摊位的临时安置等举措，为清场退市工作减轻阻力。（5）夏商集团要加紧项目对接，确定市场开发商和改造时间，以便清场工作开展。

（七）绩效评估工作的专题会议纪要

2007年1月18日，副区长陈李升主持召开2007年区政府绩效评估工作会议。

会议对2006年绩效评估思明区自评工作进行部署，明确各有关单位要做好指标数据收集工作，要收集2006年获得的市级以上奖状（复印件报送区效能办）。

会议通报2006年区对各街道、区直部门绩效评估方案修订情况，部署绩效评估工作。会议指出：各被评估单位要学习研究《2006年思明区各街道、区直部门绩效评估方案（初稿）》，并提出意见建议。各被评估单位要根据评估流程图，做好评估信息上报工作；各评估打分单位要根据被评估部门自评信息和平时掌握的情况，尊重事实、力求客观，认真负责地做好评估打分工作。

会议对绩效评估工作提出要求：（1）要高度重视。国务院明确指出开展绩效评估工作对加强政府建设、推进政府管理创新的重要性和必要性，各单位要切实将绩效评估视为改进工作作风、改善服务质量、提高办事效率的重要措施；（2）要加强管理。各单位要切实加强内部管理，抓好行风建设；（3）要及时总结改进。要根据绩效评估结果，及时总结得失，采取相应措施进行整改，提高单位绩效水平。

（八）闽台特色食品街开街活动协调会的专题会议纪要

2007年12月14日下午，副区长黄嘉斌主持召开古城东路“闽台特色食品街”开街暨首届闽台中华老字号特色食品展活动协调会，专题研究古城东路“闽台特色食品街”开街仪式准备工作及发展问题。

1. 关于开街仪式的准备工作：中华街道要落实街景、夜景、厕所、垃圾中转等配套工作。区卫生局、工商局要组织进行食品卫生专项检查，不合格商品要撤柜、调整，确保商品质量。区安监、消防等部门要提前做好现场演练，要确保安全，每个小木屋要配备灭火器，试营业期前两天要对所有的小木屋进行试通电。区委宣传部要加大对商业街宣传力度，集聚商业人气。区建设、城管执法、民政等部门要配合做好整治占道经营、维护市容环境卫生等工作。

2. 关于整条街发展问题：区经贸、文体、旅游部门要配合联动，挖掘文化底蕴，突出闽台特色，推动整条街繁荣发展。区经贸、卫生、工商、城管等部门要在业态、食品安全等方面进行常态监督指导，确保整条街经营安全有序，塑造品牌，推动中山商圈的整体繁荣。

第三章　施政纪略

第一节　政权建设

一、建立新政府

1949 年 10 月 17 日，区境解放；22 日，厦港、鼓浪屿、开元、思明区公所成立，各区区长任命到位，按照“各按系统，自上而下，原封不动，先接后分，坚持立场，逐渐改造”的原则全权负责接管工作；24 日，遗留的国民党市政机关旧人员和旧警察人员集中在思明戏院听取市长梁灵光作思想教育报告。10 月底，各区接管工作基本结束。

1950 年 3 月，进行废除旧保甲制度、建立街政权工作。废除旧保甲制后，鼓浪屿区建立 9 个街公所，开元区建立 15 个街公所（其中深田、靖山两街由思明区划归开元区管辖），思明区建立 16 个街公所；5 月，厦港区撤销，并入思明区。至此，三区新的政府机构建立完成。

1950 年 4—7 月，思明区对街道组织进行第一次民主改革，以巩固基层政权。

1951 年 6 月，中共厦门市委、市人民政府组成“开元区民主建政工作队”，进驻开元区，以思北街作为厦门市街道民主建政试点街，开展试点工作。10 月，三区根据“按阶层，分行业，照顾地区”的原则，划分选民小组，选举街人民代表，召开街各界人民代表会议，选举产生新的街政委员、正副街长，成立街政委员会。

1952 年 6 月，鼓浪屿区第一届各界人民代表会议第一次会议召开；同月，思明区召开第一届各界人民代表会议，听取、讨论区公所工作报告和党的工作任务报告；8 月，为贯彻“精简机构”精神，开元区设区工作委员会，统一领导全区党、政工作；11 月 29 日，撤销区公所，建立区人民政府；12 月，三区召开区第二届各界人民代表第一次会议，选举产生区人民政府正副区长，改区公所为区人民政府。

1953 年 2 月，开元区在思北街进行第二次街道民主建政试点工作，于 7 月中旬至 9 月中旬完成全区基层选举试点工作。当年 3 月，中央人民政府公布《中华人民共和国全国人民代表大会及地方各级人民代表大会选举法》。随后，三区各通过普选，召开区人民代表大会。

二、巩固政权

解放初期，潜伏的国民党军政人员和从金门偷渡入境的特务与地方黑恶势力勾结，策划反革命活动，企图破坏新生民主政权。1951 年 2 月，三区根据《中华人民共和国惩治反革命条例》，以“提高警惕，肃清一切特务分子，防止偏差，不冤枉一个好人”为方针，以“坦白从宽，抗拒从严，立功赎罪，立大功受奖”为政策，开展声势浩大的镇压反革命运动。

三区政府一面打击投机商人，一面指令贸易公司筹集物资，增加零售点，大量抛售大米、布匹等，以平抑物价。同时，组织城乡物资交流，丰富市场商品。

1950年11月，三区人民政府组织抗美援朝群众大会与示威游行，发动群众参加保卫和平的签名，组织集体单位和家庭签订爱国公约，发动各界捐款捐物支援前线，控诉美国侵略朝鲜的武力行为，进行爱国主义、国际主义教育。

1951年12月，三区在政府机关工作人员中开展“反贪污、反浪费、反官僚主义”的“三反”运动。1952年1月起，三区政府在工商界发动干部职工开展“反行贿、反偷税漏税、反盗骗国家财产、反偷工减料、反盗窃国家经济情报”的“五反”运动。

三、整顿社会秩序

1949年10月，各区公所成立后，组织力量整顿社会秩序。组织军、警、民协同清理战场及水陆交通线路；协同挖防空洞，以防敌机轰炸扫射。

1950年，各区先后向贫民发放救济款，粉碎敌特煽动破坏，稳定民心。思明区在泰山街、昇平街、鸿山街等处发放贫民救济粮2批，厦门港60多户渔民，因渔工支前都得到救济。1953年，开元区发放5次救济款，救济5222户，15208人。思明区发放5次救济款，共救济28889人。受救济者主要是老弱残废、失业居民、贫困归侨及侨眷，还有收入很少的散工和无资金的小贩。

1950—1953年，三区政府共收到人民来信1000余件，都及时处理。同时，密切配合法院及时处理民事、刑事案件，共900多件。妥善解决民间纠纷，加强民众团结。

1951—1953年，三区政府掀起宣传贯彻《中华人民共和国婚姻法》的热潮。以民主建政工作队为主，组织街政干部、积极分子1000多人，开展“婚姻法”大宣传活动，破除封建买卖婚姻陋俗，禁止纳妾、重婚、姘居、抱童养媳。建立新婚姻制度，提倡婚姻自由、男女平等，建立和睦新家庭。

1952年2月29日，美国向中国大陆施行细菌战，全国人民开展爱国卫生运动以粉碎细菌战争；3月，三区区公所建立爱国卫生运动委员会，开展扑灭鼠、蚊、蝇、蚤四害，确保民众安康生活。至年底，开元区组织1400多人分片分组进行广泛宣传，实施大规模的预防注射，鼠疫生苗注射41709人，四联疫苗注射（二次）共72163人。同时，做好摊贩卫生设备登记编组工作。思明区在爱国卫生运动中，清除垃圾867.25吨，疏通水沟72.41公里，挖出污泥631.65吨，填平洼地63处。是年，坚持做好保持经常性的防疫、保健工作。

1953年，三区政府开展整顿摊贩经营秩序。思明区在思明南路、思明东路、中山路等主要街路对摊贩经营活动进行规范。开元区在整顿摊贩经营活动中，发动全区736户摊贩统一行动交纳爱国税，共6520元。

第二节　对私改造与经济调整

一、社会主义改造

1951年起，三区对私营手工业产品（如米粉、成衣等）实行订货统购包销。

1953年6月，三区掀起学习贯彻“总路线”的热潮，开始进行“三大改造”。1953—1956年，针对许多私营商户相继申请实行公私合营的情况，厦门市人民政府组织人员开展调查研究，分别情况进行引导改造。私营批发商中，国营商业能取代而私商自愿改造的私方人员被安排到国营、合作商业单位；国营商业暂不能取代的则维持原状；对零售商则执行中共中央关于“采取尽量维持的方针，使大体走国家资本主义道路”的指示，在自愿的原则下，或组成联营店，或为国营公司经销代售，或维持原状。至1956年下半年，粮食代销店全面经营，继续贯彻“利用、限制、改造”的政策。国营粮店成立后，在提拔任用干部职工中，对原资方从业人员本着党的“量才录用”政策加以适当安排。开元区开展统购统销运动，先是实施粮食统购统销，尔后又实施油料、棉花、棉布的统购统销，取消资本主义自由市场。思明区政府将30家粮店改造为国营粮店。是年，思明区1530户摊贩集体打报告要求组织起来，区政府与市工作组人员统一进行调查，于7月底接收1276户，组成90多个经营小组，占摊贩总数83%。未改造的254户，经区商业股上报市人民委员会批准，于8月底撤销。

三区发动手工业者组建合作社（组），创建铁器、缝纫、米粉等生产合作社及文具、糖果合作小组。至1956年初，三区手工业基本实现合作化。其间，工作队深入农村、渔区，发动农渔民走合作化道路，由互助组逐步组成初级社而后升为高级社。开元区把将军祠等3个社分别组成2个农业合作社，入社农民125户577人。至1955年底，开元区、思明区农户全部入社，建立高级农业生产合作社。在对资本主义工商业的社会主义改造中，开元区22个行业，组成69个合作小组。1956年2月12日，厦门市人民委员会举行全市社会主义改造胜利完成庆祝大会，有4万多人参加。至此，三区社会主义生产资料公有制基本确立。

二、经济调整

1958年5月中共八大二次会议后，全国掀起“大跃进”运动。三区强调发展重工业，以钢为纲，组织全民“大炼钢铁”，由于技术不过关和盲目扩大生产，造成较大的浪费。其间，三区农业生产也出现大幅减产。

1961年1月后，贯彻中共八届九中全会通过国民经济“调整、巩固、充实、提高”方针。1962年1月，中共中央召开7000人参加的扩大工作会议，市人民委员会对工业、农业、商业等进行全面调整。1963年起，调整工作深入进行。除改善国民经济比例关系外，着重加强现有生产能力的“填平补齐”，更新设备，改善经营管理，提高经济效益。1965年，三区完成国民经济调整任务，并在综合平衡的基础上得到发展。

（一）压缩职工及城镇人口

1958年“大跃进”到1960年，职工队伍增加过多，城镇人口增长过猛，又逢国家三年困难时期。中央提出，必须减少职工和城镇人口，以维持国民经济健康发展。动员这部分人到农村去支援农业生产，以增加粮食、蔬菜、渔业产量，度过难关。

1961年，厦门市人委会采取措施压缩城市人口，一方面动员农村户籍的流动人口返回农村；另一方面精简企业职工，对原籍属农村的动员返回农村务农。鼓浪屿区1961年至1963年6月减少职工688人，动员城镇居民下乡678人，每月减少粮食储量10707公斤。开元区1961年至1964年动员521人到农场插队，并组织712人支援农业和参加工厂自办农业，动员一批职工回乡务农，全区精简职工751人。思明区组织城市居民、社会青年到农村人民公社、国营农林场务农。1962年，组织1552人参加农业生产；1963年，动员回乡下乡2644人。

（二）调整工业结构

1961年9月，中共中央工作会议作出《关于当前工业问题的指示》后，三区人委会缩短工业战线，压缩基建项目。对经济效益低、原料来源缺、社会不急需的企业，实行关、停、并、转。

1963年起，三区人委会组织力量整顿企业机构，继续精简职工。同时，结合贯彻中共中央《工业七十条》，整顿和健全企业管理机构和管理制度，推行领导、工人和技术员“三结合”的民主管理企业制度；推行党委领导下的厂长负责制及生产责任制。

鼓浪屿区人委会在缩短工业战线中，保留原材料及燃料消耗少、成本低、质量好、劳动生产率高的企业；对生产任务不足的企业分别采取停、关、缩、改的办法处理。1962年，该区将机电、食品、木器3个区办工厂划归市手工业联社；将皮革、塑料2个厂交给市轻工业局；对民政福利企业——棉麻加工厂和化学试剂厂进行改制。同时，把原修建工程队分解为市政建设工程队和集体所有制的建筑生产合作社。

开元区人委会将木器厂、竹器厂、开元铁厂和第二修理厂等11个工厂调整为手工业合作工厂。

1962 年，又将一些手工性质的工厂转为手工业合作社（组），同时调整社办企业。社办工厂经过调整，一部分划归手工业系统，一部分转为街道副业小组或福利工厂。

思明区人委会对所属公社工业厂场进行全面整顿。整顿后转化为合作社（组）18 家，交由手工业部门管理；并入市属工厂有 4 家，生产同类品种合并为一的有 4 家，停办 7 家，保留社办 6 家。1963 年，在社办企业中开展社会主义教育和增产节约运动，区属 6 家企业生产总值 154 万元，比 1962 年增长 11.87%。其中，思明纸箔厂和中华文具厂增长较多，加大出口量。

（三）抓好农渔业生产

三区政府加强对农渔业生产的领导，调整生产组织，全面实行“三包一奖”（包产量、包工分、包成本，超产奖励），以生产队自负盈亏。同时，三区政府组织人员深入农业大队指导抗旱。从而，促进农渔业增产。1963 年，鼓浪屿区蔬菜产量 23.79 万公斤，比 1961 年增长 25%；水产品产量 30.28 万公斤，比 1961 年增 56%。思明区农场 1963 年抗旱中，挖掘 6 口地下水井，挖深 5 口池塘和 200 多口井，安装 15 台抽水机，确保 400 多亩蔬菜用水，蔬菜年产量 336.73 万公斤，比上年增产 20%。

第三节　“三结合”“一抓三促”

一、建立革命委员会

1966 年 6 月 2 日，厦门大学学生在厦门大学、厦门日报社等处张贴大字报，拉开厦门市“文化大革命”的序幕；12 月，全市“造反派”在厦门市工人文化宫（今厦门市公安局）广场，举行“向资产阶级反动路线总攻击誓师大会”，会后“炮轰”市、区党政领导机关。1967 年 2 月，三区人民委员会被夺权，随之各工作机构及街道基层政权无法正常行使职权，区各级领导干部被批斗，区党政机关均陷于瘫痪状态；7 月，厦门市成立军事管制委员会，对各区实行军管。随后，三区人民武装部成立“抓革命、促生产”领导小组，主持各区日常工作。

1968 年 9 月，三区分别成立由军队代表、地方干部代表和群众组织代表组成的“三结合”革命委员会，下设办事组、政治工作组、生产指挥组和人民保卫组工作机构，取代原区党委、区人民委员会工作机构的职能。三区革委会在“无产阶级专政下继续革命”“以阶级斗争为纲”的“左”倾错误理论指导下，开展“清理阶级队伍”和“斗、批、改”工作。在学习宣传中，推行对毛泽东主席的“个人崇拜”，部署各机关、企事业单位大搞“三忠于”“早请示”“晚汇报”及唱“忠”字歌、跳“忠”字舞等活动。

二、抓革命促生产促工作促战备（简称“一抓三促”）

1969 年下半年，三区革委会组织干部、职工学习毛泽东著作，开展“斗私批修”运动。1970 年初，开展“打击现行反革命与反对贪污盗窃、投机倒把、铺张浪费”的“一打三反”运动，造成许多冤假错案。

1970 年，三区革委会贯彻“抓革命，促生产，促工作，促战备”方针，教育干部、职工和农民遵守工作制度、劳动纪律，逐步恢复各项工作和生产建设秩序。三区开展各行各业生产建设的整顿和“工业学大庆”“农业学大寨”运动。区革委会组织工作人员到农村、下工厂，抓农业、工业生产。从而，使国民经济有所好转。是年，开元区东风农场改造土壤、平整土地 6.67 公顷；开荒造田扩大农田面积 10.06 公顷；兴修水利，开挖大小井 19 口；修建鱼池 4 口，挖土 6.54 万立方米；修建抽水站 3 个，碾米厂 1 个，添置拖拉机 2 台。是年，开元区完成工业产值，生产电动机 10 台、交流接触器 1590 台、电位器 140 只、安全变压器 261 台、磁力启动器 48 台、工农布 5300 米。延风公社修建一座 350 平方米的钢筋水泥车间，再生布生产工序实现机械化和半机械化，提高工效近 10 倍，降低成本 20%。该区技术人员还研制出电子工业上比较缺少的电子元件——涤纶金属化电容器。东风电子厂工人试制成功IA电位器，适用于多种工业电子仪器设备调节电流。

1971年后，鼓浪屿区革委会依《鞍钢宪法》《工业三十条》要求，整顿企业经营管理。区街工业发展较快，能生产电子、机械、医药、塑料、纺织、建材、家具和日用金属品。

1973年下半年，江青反革命集团掀起“反右倾复辟”运动。运动波及三区，许多纠“左”的措施停止实行，生产建设项目再遭受挫折。

1975年邓小平主持中央日常工作期间，三区革委会执行中共中央指示，组织力量对工业企业、农业经济、商业外贸等进行整顿，国民经济有所回升。如，思明区革委会组织力量对领导不团结、班子不健全的工厂进行整顿，促进全区工业生产走向正常化，工业产品产量和质量不断趋于稳定。区属工厂能生产12大类435种产品，其中区整流器厂研制的高压硅整流设备，填补福建省的空白。同时，开展清产核资工作，全区共清查积压物资价值81.76万元。

1976年1月，江青反革命集团掀起的“批邓反击右倾翻案风”运动波及三区，正在好转的经济形势又遭破坏。三区广大干部和人民群众以不同形式，对“左”倾错误进行抵制，区街生产建设在艰难曲折中仍恢复发展。

第四节　拨乱反正

一、清除江青反革命集团流毒

1976年10月18日，中共中央粉碎江青反革命集团，并发出《关于王洪文、张春桥、江青、姚文元反党集团事件的通知》，三区革命委员会立即组织机关、企事业干部职工学习，开展批判，并联系实际清除“左”倾错误。三区在揭批江青反革命集团中，抽调骨干力量，对有牵连的人和事进行逐一审查，并开展“一批两打”（揭批江青反革命集团、打击阶级敌人的破坏活动、打击资本主义势力的进攻）运动，深挖其社会基础。1977年9月至1978年11月，三区对非法经济活动开展清查。鼓浪屿区揭露涉及贪污盗窃、投机倒把等非法经济活动115人，涉案金额24946元、粮食413公斤。开元区揭露贪污盗窃、投机倒把重点对象163人，涉案金额16万多元、粮食5000多公斤。思明区揭露贪污盗窃、投机倒把案件250件，涉案金额17万元、粮食5万余公斤。从此，社会经济秩序逐步好转。

1978年5月起，全国展开关于真理标准问题的大讨论。三区革委会组织各部门单位领导和广大干部职工学习，联系实际进行讨论。组织学习1978年6月2日邓小平在全军政治工作会议上的讲话，引导大家重温毛泽东关于实事求是的观点。这场学习讨论形成一次思想大解放的运动。广大干部职工在思想上正本清源，拨乱反正，抛弃“两个凡是”（凡是毛主席的指示都照办，凡是毛主席制定的政策都要执行），解放思想，实事求是。

二、平反冤假错案

三区对“文化大革命”中发生的案件进行全面复查，平反冤假错案。“文化大革命”中，鼓浪屿区立案审查的干部群众有232人，未立案审查有143人；开元区有420个案件；思明区立案审查和未立案审查的人员共545名。这些案件由各区革委会和政法部门进行复查纠正。

针对三区归侨和侨属多的特点，三区革委会把落实统战政策作为一项重要工作来抓，除纠正平反冤假错案外，全部退还归侨、侨属在“文化大革命”中被抄家冻结的存款，落实侨房政策，归还租用为街道办公用的华侨楼房。此外，经群众评议，三区对守法的“地、富、反、坏”分子予以摘帽；对“地富”分子的子女全部给予重新评定家庭身份；对知识分子、工商业者、小商小贩、小手工业劳动者、宗教人员、起义人员、侨眷、台属等，皆一一落实党的政策。

三、恢复发展各业生产

1978 年 12 月中共十一届三中全会后，三区革委会把工作重心转移到社会主义现代化建设上来。鼓浪屿区政府根据风景游览区的特点，把建在风景游览区的工厂搬迁到内厝工业区；在日光岩等景区增设茶室、照相、工艺品门市部等为游客服务的项目。1979 年，全区保留的电解、电容器、电表、电风扇等短线产品企业工业总产值 520 万元，超额完成年度计划 16.5%。1979—1980 年，先后创办饮食、缝纫、皮革、制鞋、修理、工艺、运输等服务店、服务组共 107 个。发展服务性行业，全区安置待业人员 1988 人。

1979 年，开元区政府根据机械行业比重过大、设备简陋的状况，压缩机械工业，发展轻工业。将自行车零件厂和阀门厂分别合并到橡胶制品厂和纸箔厂，把齿科材料厂并入制药厂，从而使其产品结构更符合区街工业的特点。1980 年，区工副业职工 10699 人，总收入 767.93 万元。是年，新办厦禾、鹭江、公园 3 家旅社，有 172 个床位；恢复纸箔、经衣纸的生产，年产值 206 万元。试制新产品 18 种，如制药厂的松节油、银耳；有机玻璃厂的五彩桌灯、花瓶、有机色板；搬运公司的柠檬茶、柠檬晶等。全区列入质量考核的 32 种主要工业产品，达到质量指标的有 30 种。

思明区政府重点抓轻工业、手工业与电子工业发展和出口生产。1979 年，轻工业、手工业产值 1744 万元；整流器、镇流器、医疗电子仪器在华东乃至全国同行业中享有较高声誉。1980 年，全区出口总值 324 万元，比 1978 年翻一番。对区属企业利润分成进行改革，即企业利润扣除税收后，上缴区主管部门由 85% 改为 20%，提高企业积极性。同时，做好待业青年安置工作，1979—1980 年安置待业人员 6728 人。

四、恢复发展文教事业

粉碎江青反革命集团后，三区政府在文化和科教领域恢复贯彻“双百方针”，解除“左”倾错误禁锢，发展文化教育事业，推动文艺团体活动和群众文化体育活动。

1976 年后，鼓浪屿区政府对各小学恢复实行校长责任制，组织教师进行教学研究和业务进修，提高教育质量。广泛开展“学雷锋，创三好”活动，恢复“科技画廊”，建立少年科技站。

1976—1986 年，开元区恢复 3 所小学；创办业余高小班 29 班、初中班 16 班、高中班 2 班；业余外语科技班 24 班；业余高考、中考班 4 班，共有学生 2600 多人。区职工文艺队和公社文艺队创作排练节目 40 多个，经常演出，有 6 个节目获奖。

思明区政府重视教育、文体和科技的同步发展。至 1979 年初，有公立小学 14 所，校校有文艺队、体育队。区有少年宫、少年业余体校；新建校舍 13112 平方米。各公社、学校和工厂经常组织人员创作和赶排文艺节目，深入厂矿、街头、医院、部队演出。1978 年，有 13 个节目获得市级奖项。区政府着力发展科技事业，1976—1979 年，全区重大革新 168 项，其中整流器厂 8 万伏静电吸尘器、自行车无氰电镀新工艺等获省科技部门好评。

第五节　社会主义现代化建设

一、经济建设

（一）三区经济建设

1. 鼓浪屿区

1980—1984 年，区政府贯彻国民经济“调整、改革、整顿、提高”的方针。工业调整产业结构，发展短线产品生产，改革企业分配等经营管理制度，整顿企业领导班子。将胶丸厂并入工艺美术厂，生产出口产品。派5名干部到无线电器材厂，帮助做好引进日本国铝电解电容器技术和设备，1983年冬季生产优质电解电容器258万只，创产值59万元，其生产线为当时全国先进水平。全区1983年工业总产值710万元，比上年增长5.4%；利润35万元，比上年增长40%。区政府明确建设鼓浪屿旅游岛的方向，建立日光岩管理所，整修日光岩，在游览干道两边造5片绿草地，加强旅游业基础设施建设，增加旅游业收入。1981年，成立区进出口办公室和对外贸易公司，开展对外商、港澳商的来料加工和贸易业务。发展内贸、服务业、饮食业等，1983年商贸服务业营业额500万元，比上年增长13%。将人防坑道整修（5500平方米）开辟为溜冰场、茶室、餐厅、摊点、修车店等，安置一批待业人员。

1985—1987年，区政府用于城市建设经费1900多万元。新建一条3888米长的环岛路；新建、扩建皓月园、毓园、鼓浪屿公园、笔架山公园；新增旅游设施7个项目；新建黄家渡农贸市场、内厝临时小市场和中华路小商品街。1987年，旅游业经济效益提高，全年接待游客180万人次，营业额125万元，实现利润23万元。大力发展为旅游业服务的商业、服务业，注重办好轻型、无污染的工业。引进国外先进技术设备，使无线电器材厂的产品成为北京、上海几家无线电名牌企业和福日公司的系列配套供应厂家，并远销香港。帮助企业开拓国际市场，增加产品出口创汇能力。区工艺绣品厂、镇流器厂和胶木厂的产品销往菲律宾、印尼等国外市场。1987年12月，区属工商企业70家，职工2579人。

1988—1990年，区政府推进风景旅游基础设施“三点二线一环”（3个旅游风景点，海上、陆上2条旅游线和1条环岛路）建设，完善配套设施，投资296万元，建成皓月园、郑成功铜像，完成翻建菽庄花园眉寿堂、三丘田至内厝人防通道等7项工程，修复路面37574平方米。成立区旅游公司，1990年旅游收入409万元，比1987年增3倍，创利39万元，增1.3倍。制定《鼓浪屿区关于鼓励“三来一补”若干规定》，区外贸公司经整顿提高经营能力，1990年对外贸易额1144万元，创汇60万美元。

1991—1993年，区政府加大旅游景区的环境和文化建设。筹集资金1000多万元，新建仿明园、盆景园、观海廊道等旅游景点。区政府实施企业经营机制转换，在调查研究基础上制定搞活区街企业的20项措施。工业企业建立和完善生产经营承包责任制，实行责、权、利相结合，优化劳动组合，强化企业内部管理，经济效益明显提高。1993年，工业企业实现税利104.6万元，比1992年增64.3%。3年中，新办“三资”企业4家，合同投资额1800万美元。新建中华路小商品市场，实现旅游业带动商贸业的发展战略。

1994—1998年，区政府把握“抓住机遇，深化改革，扩大开放，促进发展，保持稳定”工作大局。贯彻“以旅游为龙头，工贸为两翼”的经济发展战略，调整产业结构，突显旅游经济龙头作用，建立新的经济运行机制。1998年，服务业营业额6500万元，比1993年增212.95%，年递增25.63%；工业总产值1.1亿元，比1993年增302.78%，年递增32.13%。丰富老景点、开发新景点。在日光岩景区建成园灯、音响、多媒体导游、避雷和监控系统。新开发“海底世界”“旅游观光车”“海上娱乐”等。从经营观光旅游为主向集观光、娱乐、度假、休闲、购物为一体转化。工业调整结构和移动发展取得成效。筹资4500万元，历2年建成鼓浪屿工业园，无线电厂、高频厂顺利搬迁；新引进6家企业，高科技企业万利达、三圈益尔希等企业入园。举办’96鼓浪屿旅游休闲文化节、’97中国（厦门）旅游年——夏之梦游乐节、鼓浪屿钢琴艺术节，促进外经贸工作，5年引进外资2660万美元。加大城市建设投入，投资700万元，完成全区道路和驳岸检修、改造。加大园林绿化力度，新建、改建公共绿地面积5万多平方米。

1999—2002年，区政府实施“以旅游业为龙头，以现代服务业为重点”的发展方针，优化经济结构。1999年，举办’99鼓浪屿温馨之旅、’99鼓浪屿音乐旅游年活动。2000年，区政府制定《关于加强区属国有企业及集体企业管理的暂行规定》，建立区国有资产投资公司，确保“国资”安全。在全岛启动实施ISO 14001环境管理体系工作，年底，成为全国首家通过ISO 14001标准认证的国家级重点风景名胜区和行政区。2002年，全区GDP完成1.66亿元，比上年增0.2亿元；社会服务业收入1亿元，比1998年增3500万元，增长53.84%。实施1999年完成的《鼓浪屿旅游发展规划》（第三稿），完善景点内涵。完成日光岩音像馆建设与网架工程；整合日光岩、园林和皓月园3个管理处（所），成立厦门海上花园旅游有限公司，规范管理，提高服务质量。当年，举办第二届中国音乐“金钟奖”暨首届鼓浪屿（国际）钢琴艺术节海峡两岸少儿音乐舞蹈大联欢。支持民营企业办好“首届鼓浪屿三友旅游狂欢节”，30天累计数十万人参与，促进经济发展。工业进一步实行“域外发展的方针”，吸纳多种经济成份进入。

2. 开元区

1980—1984年，开元区政府贯彻国民经济“调整、改革、整顿、提高”的方针，抓企业整顿，进行经济体制改革，对扭亏无望的企业实行“关、停、并、转”；试行多种形式的承包责任制，提高经济效益。工业总产值从1979年2445万元增到1983年4019万元，年均递增13.2%；交通运输业收入从1979年177万元增到1983年247万元，年均递增8.8%；建安业从1980年347万元增到1983年463万元，年均递增10%；商业服务业发展快速，1983年营业总额1332万元；对外贸易从无到有，1980—1983年来料加工共创外汇200万港元。成立开元区对外贸易服务公司、工商企业发展总公司，开展外引内联。区工商企业发展总公司与新加坡大东方有限公司合办厦门大发有限公司、大华食品饮料有限公司、厦门新加坡大酒店等。

1985—1987年，区政府制定《经济承包制若干问题的暂行规定》，促进区街工业企业发展。全区独立核算工业企业由37家增至54家。以内联外引和横向联合等形式发展经济。内联企业飞达工业公司投入生产，外资新加坡酒店开始运营（2个项目引进内资785万元，外资160万美元）。3年创办8家“三资”企业、9家内联企业。开展创优活动，产品质量提高率84.3%。其中，实心胶轮、小二芯插口、耳塞机、骨架式非接触橡胶档圈等产品被评为省优。研究开发钢窗密封条、双灯头、复合衬纸铝箔灯等6项新产品，其中5项获省优产品称号和市科技成果奖。

1988—1990年，区政府全面推进经济体制改革，有92%区属企业、87%街办企业实行承包制、租赁制。从而促进生产，工农业总产值1990年12260万元，比1987年7074万元，年递增20.1%。致力于发展外向型经济，3年批办“三资项目”10家，总投资725万美元，其中外资占71%；建立长期来料加工定点企业5家。工业出口产品交货产值1434.6万元，比上年同期增长37.5%。；工贸出口创汇413万美元。创办开元，湖滨、莲前3家城市信用社，发展金融业；创办区房地产开发公司，两年多开发房屋竣工5946平方米。

1991—1993年，区政府进行经济结构调整，加快企业改造步伐。以“推进4个骨干企业上新台阶，帮助3个特困企业走出困境，统筹规划建设3个企业基地”为重点，带动全区经济结构调整和企业技改。1991年，实施冲剪机床厂设备更新，食品饮料厂兼并2家企业和改造厂区，开元印刷厂厂房改造和车间调整，第三包装厂厂房基建和瓦楞纸箱生产线设备安装调试，东风塑料厂新添设备恢复生产。指导各街道发挥区位优势发展骨干企业。有9家街办企业年产值超200万元，其中梧村街道开元制衣厂成为全区首家年产值超500万元的街办工厂。

1994—1998年，区政府实施《开元区关于促进经济发展优惠政策的暂行规定》和《关于鼓励、扶持区街属优势企业发展的若干（暂行）办法》，促进企业向集约化、规模化发展，提高经济效益。1997年春，成立东部开发领导小组，把开发东部作为工作重点。1998年，国内生产总值21.48亿元，比1993年增2.8倍，年均递增36%；工业总产值31.43亿元，同比增长2.8倍，年均递增30.6%；商业营业额42.5亿元，同比增长近1倍，年均递增14.6%；农民人均纯收入6300元，同比增长1.7倍，年均递增22.3%；引进外资1.17亿美元，同比增长1.6倍，年均递增21.4%。从重点抓区属企业转向推动多种经济成分企业全面发展；从对企业的直接管理转向间接管理并提供服务。在政策和资金上支持商贸、饮服、房地产、建筑、社区服务等第三产业的发展。努力推动外向型企业的创办，实行“大中小项目并举，港澳台侨外都欢迎”的方针。以每年“9·8”投洽会为契机招商，在欧美国家建招商点，聘海内外40名人士为招商顾问。5年中，引进外资353家。出台《关于改善投资环境鼓励招商引资的若干措施》《外商招资企业管理服务若干措施》；成立区招商服务中心、外商投资企业投诉中心。建立开元区第一个工业区（面积43万平方米），至1998年有35家企业进入。对区街企业实施清产核资、产权界定、资产重组等改革；一批企业实行公司制、股份制、股份合作制改革。

1999—2002 年，区政府实施《开元区关于加快发展第三产业的若干意见》（1999 年制定），以东部开发和村镇改造为契机，鼓励、引导各种经济成分参与房地产、旅游等第三产业项目的开发建设，促进经济快速发展。1999 年，制定《关于创“名牌”“名店”的实施意见》，以政策和资金扶持骨干企业。2002 年，国内生产总值 42.96 亿元，比 1998 年 21.47 亿元增加 1 倍。大力培植以光电技术为主导的高科技企业与规模经济。举办首届科技项目恳谈会。采取措施加快第三产业发展，至 2002 年第三产业增加值 20.62 亿元，占 GDP 比重 60.4%。建设开元工业园、兴安工业园、丰盈工业区；建成区企业服务中心，工商、税务等 10 多个部门“一站式”办公。修订《开元区信用担保管理暂行办法》。在莲坂旧城改造中，把经济发展与地块开发结合起来，引进 4 家国际连锁企业进驻经营。培育和发展规模以上工业企业 144 家，产值占全区工业总产值 74%；年营业额上亿元的商业企业 12 家，年创税收 500 万元以上企业 25 家。

3. 思明区

1980—1984 年，思明区政府在国家计划许可范围，按市场需求组织生产、发展经济，普遍实行经济责任制。区政府与区属企业的利润分成自 1981 年 1 月由“二八”改为“三七”（区属工业企业 19 家都完成或超额完成利润计划）。重视推广新技术，开拓产品市场，开展对外贸易，扩大对外来料加工业务。派区干部协助企业开展广告宣传、调查市场、协调工商关系；稳步进行经营管理改革，推广医疗电子仪器厂实行经济责任制的经验。抓产品创优创新，开拓国际、国内市场。同时，抓亏损企业的扭亏增盈，派干部到企业帮助整顿，使亏损两年的塑胶拉链厂、无线电厂等企业于 1983 和 1984 年都增盈。扶持集体和个体企业发展，5 年中，批准个体工商户 943 户，从业人员 1412 人。

1985—1987 年，区政府实施“内引外联”发展经济。区南湖酒馆与香港比菲有限公司合资兴办金城大酒店，投资 3700 多万元；区眼镜厂与菲律宾视力样式中心合资创办明丽眼镜有限公司，产品 1/3 外销；区第二医疗电子仪器厂与上海第二机床厂、厦门感光材料公司、省华福公司和外商分别创办厦门公信机床电器厂、华美材料包装公司、飞碟通用电器公司；区搪瓷厂与外商筹办鹭城铝窗装潢有限公司。“内引外联”企业 9 家，生产总值占全区工业总值的 1/4。3 年共使用外汇 50.42 万美元及人民币 413.59 万元，从国内外引进先进技术设备 72 台（套），开发新产品 111 项，其中 17 项获省、市级科技进步奖和优秀新产品奖。注重发展第三产业，增设商业服务网点。1987 年，商业服务营业额 6000 万元。推行“自筹资金，自愿组合，自主经营，自负盈亏，民主管理，按劳分配”的原则办民营企业，共办 35 家。同年底，个体工商户 1410 家，从业人员 1870 人。

1988—1990 年，区政府制定《1988—1990 年经济发展规划》，巩固“老三块”（区办企业、街民办企业和个体经济），拓展“新三块”（旅游业、房地产业、农村经济）。制定《保持街区经济持续稳定发展的十条意见》，促进区街经济发展。1988 年，成立区经济体制改革协调领导小组，制定《企业承包租赁条例与实施细则》等文件，在全区工商业中推行租赁、承包等多种形式的经营责任制。1990 年，工业总产值 1.12 亿元，商业服务业营业总额 3.05 亿元。

1991—1993 年，区政府实施“以第三产业为主导，以房地产业为龙头，集中精力开发建设商业、旅游业、房地产业”的经济发展战略。先后制定《搞活区属企业暂行规定》《关于集体企业股份制的意见》《关于完善企业用工、工资、社会劳动保险制度的意见》等 7 个配套规定。把应下放的权限放到区直部门、街道和企业。指导企业实行劳动、人事、工资和财务等制度的改革，使企业拥有自主权。对少数扭亏无望和市场前景不佳的企业，进行关、停、并、转；对潜力大并能扭亏增盈的企业，从资金、技术、信息上给予扶持，帮助其走出低谷；对效益好、有发展前途的企业，从政策上、资金上倾斜，促其向企业集团化发展。同时，逐步推行企业内部股份制、员工合同制。成立区外资委，加强“外引内联”工作。完成“同文小区旧城改造总体规划”“华厦神农大观园”“胡里山公园”“市场建设规划”等 16 项城区发展规划；启动“源益商贸广场”“镇海花园”“华辉广场”等 12 项房地产建设项目；抓好镇海路、大学路和曾厝垵 3 个综合性的市场建设。

1994—1998年，区政府实施“培植优化第一产业，调整拓展第二产业，积极发展第三产业”的经济发展方针和“改造旧城，工业外移，开发东部，振兴思明”的措施。开发观光旅游农业促农村城市化进程。5年增办95家工业企业，壮大电子、彩印、食品、服装、小家电5项支柱产业（工业外移开辟新工业区点7个，厂房23幢，建筑面积53万平方米，入驻企业31家）。大力发展第三产业，促进华辉百货等商货基地投入使用，思文电器城、佳丽餐厅等特色连锁店、旅游服务网点扩展。指导各街道按照各自特点发展经济，5个街道1998年工商总值比1993年增4.43倍。为非公有制企业提供发展平台，1998年全区“非公经济组织”3012家，比1993年增891家。对区属企业采取租赁承包、兼并联合、股份合作、托管经营等形式重组。5年中，区属工商企业改制54%，其经济总量及税收翻一番。制定外引内联的优惠政策，成立招商顾问团，建立引资奖励制度。5年审批“三资”企业60家，投资总额2.49亿美元；涉外税收从1993年604万元增到1998年7928万元。1997年春，区政府提出“开发东部，再造一个思明”的目标。组建东部开发建设领导小组，成立东部开发建设有限公司及东方海岸游乐有限公司。设园林旅游局，加强全区特别是东部园林、山体、沙滩行政管理及旅游服务业的规划。

思明区2001年经济工作会议

1999—2002年，区政府实施“经济发展重在求质、重在求实”的方针，克服亚洲金融危机带来的负面影响，保持全区经济继续增长。1999年，区属国内生产总值10.61亿元，比上年增16.55%；2000年比上年增15.03%；2001年比上年增15.14%；2002年比上年增16.18%。第一产业向第二、第三产业转化；第二产业稳中有进；第三产业强劲发展，其增加值9.32亿元，在三个产业中的比重为57.57%。区政府实施“质量立区”方案，促使全区工业产品质量合格率年年达100%。调优产品结构，增强市场竞争力，工业总产值年年提升，至2002年为21亿元。实施创建“星火技术密集区”方案，年年组织认定“星火技术”先进型企业。1999年，启动“生产力促进中心”，推动工业生产力向高新技术较快发展。建立招商引资联络员队伍，组织“9·8”投洽会、厦门（西安）展销会等活动，举办侨台专项招商恳谈会，促进外商投资。4年中，外商投资项目103项，总投资9157万美元，其中外资7970万美元。区属工商企业改革全面进行，国有和集体企业经清产核资后，全部委托区国投公司经营管理，实现政、企分开。2000年起，开展五大基建（思明科技工业园、黄厝旅游休闲服务中心、中山路步行街、同文和厦港片区改造、农村城市化基建），至2002年，基本完成。

（二）三区整合后思明区经济建设

2003—2006年，区政府坚持“强三优二”的产业发展原则，推进经济体制改革，优化产业结构，实施项目带动等发展经济决策，经济实力显著增强。地区生产总值由2003年167.5亿元增到2006年315.1亿元，年均增长率22.6%；累计引进合同外资9亿美元（实际到资4.6亿美元），引进内资总额304.5亿元。2006年三次产业结构从2003年的0.32∶39.34∶60.34调整为0.04∶21.87∶78.09。重点推进旅游、商贸和现代服务业等第三产业发展。举办元宵灯会等大型节庆会展活动取得较好的经济效益；创建一批高星级酒店和新兴旅游景点；建设中山、富山等商圈和禾祥西路等特色商业街，一些知名企业总部和营运结算中心纷纷入驻；大力推进光电、软件等高新技术产业发展（思明光电基地成为厦门国家半导体照明工程产业化基地的核心园区）。实施项目带动战略成效突出，完成全社会固定资产投资478亿元，不断培植新的经济增长点，每年均有30多项重点项目建成。创办“飞地工业”，拓展发展空间。实施区对街财政大力推进民营经济迅猛发展，蒙发利科技、鹭燕医药、佳丽海鲜等22家民营企业被列入市重点民营企业；规模以上工业企业258家，其中年产值上亿元企业34家。深入开展质量立区，实施名牌名店战略，形成三安电子、金鹭首饰、东南融通、育明机械等一批骨干名牌企业。

2007年，区政府坚持科学发展观，继续优化产业结构，推进经济又快又好发展。加大重点项目建设力度，建成观音山海滨旅游休闲区、西堤海湾公园等旅游景区；兴建环东海域思明工业园、观音山国际商务营运中心、同安工业集中区思明园等。配合推进区境福厦铁路、成功大道、环岛干道、环湖里大道、湖边水库整治工程、BRT等省、市级重点工程建设。开展滨海、莲前、筼筜街道“农村城市化和发展用地控制规划”修编工作。引进广宏光电、特步、众和、天福等一批具有带动力的企业。努力推动规模企业进入与发展，有22家规模以上企业产值突破50亿元。

2006—2007年思明区国民经济主要经济指标一览表

表5-3-1

项目	单位	2006年	2007年	比增
地区生产总值（GDP）	万元	3151006	3805066	20.8%
人均生产总值（按户籍人口计算）	元	59860	68499	14.4%
工业总产值	万元	1888931	2045388	13.6%
其中：规模以上工业产值	万元	1701042	1843547	14.9%
合同利用外资直接投资	万美元	39724	39210	完成市计划126.5%
实际利用外资直接投资	万美元	17659	18275	完成市计划126%
内资项目总引资额	万元	1056066	1079720	完成市计划102.8%
社会消费品零售总额	万元	1845979	2147157	16.3%
全社会固定资产投资总额	万元	1459827	1854370	27%
其中：房地产投资额	万元	885161	1173216	32.5%
城镇完成投资额	万元	574666	681154	18.5%
财政总收入（预算内）	万元	587657	713000	21.3%
地方级财政收入	万元	372577	453378	21.7%
其中：区级收入	万元	141175	172347	22.1%
财政支出	万元	177876	278094	21.7%

说明：表中各项数据、增幅均按可比口径计算。其中，工业总产值增幅基数不含外迁企业产值，财政支出增幅基数不含基建和专项支出

二、社会事业建设

（一）三区社会事业建设

1. 鼓浪屿区

1980—1984年，区政府投资恢复设立科技画廊，及时宣传科技知识；建立少年科技站，开展少年科技活动。在各学校开展“五爱”（爱国家、爱集体、爱劳动、爱科学、爱护公共财物）活动，开展学雷锋、创“三好”活动。年年举办群众性大型文体活动和比赛。如1983年组织43场大型文体活动，有足球、长跑、拔河、乒乓、游泳、桥牌等比赛。区政府于1980年始开展卫生巷、卫生街活动，建立

水井卫生管理制度。每年春、秋季发动干部、职工、学生、居民配合区市容卫生纠察队，开展清扫垃圾、植树造林、种花育草，净化绿化美化环境。全区盆花3万盆以上，绿化覆盖面积38.5%。

1985—1987年，区政府编制科技发展五年规划；实施“星火计划”；承办全国青少年地震科学夏令营，获福建省地震科普二等奖（1986年）。科技部门协助工厂开发新产品3年18项。制定“七五”期间教育规划；拨款122万元修建改造教学楼；送49名教师到各类学校进修；成立“家长学校”。举办食品卫生知识培训班共18期，参加者2000多人次；建立食品和饮食行业卫生检查评比制度，市场食品和饮食卫生大改善。3年举办“家庭音乐会”45场，并利用鼓浪屿音乐厅举办音乐会；人民小学音乐班3年演出22场，接待美国、瑞典、乌干达等艺术团体（180多人）。拨款修整体育场、游泳池、足球场；3年举办职工等体育比赛54次。1986年8月，成立老年体协并开展活动。

1988—1990年，区政府实施科普宣传与经济工作紧密结合，拨款、派人支持企业开展新技术推广、新产品开发；支持民办的兴华电机研究所的创建发展。与市教委合办音乐学校，改造教学楼；拨款建成区少年活动中心，建设3所小学的电教室，添置小学、少年宫图书、电灯等设施；拨款为全体教师进行体检。对区卫生院和防疫站进行改革，实施院长、站长负责制、承包合同责任制，卫生院增设化验等科室。1988年8月，举办鼓浪屿首届旅游艺术节，把音乐、艺术欣赏、体育竞技、旅游观光融为一体，历时5天，游客2万多人。组建棋类、桥牌、钓鱼和书法协会，组建合唱团、芗剧团。3年组织开展群众性体育比赛61场、文艺演出114场。

1991—1993年，区政府制定“加快新产品开发，增强企业后劲的计划”，把企业科技进步指标列入经济责任制要点。采取多种措施筹集45万元和6万美元作为企业新产品开发资金，共开发新产品25项，有工艺绣品厂的仿生植物系列等。投入20多万元用于美化各小学、幼儿园的环境及增加教学仪器、图书等，使之达到福建省教委规定指标。成立区教育基金会（政府出资10万元，侨胞集资10多万元）。1991年起，开展创建国家级卫生城区为中心的爱国卫生运动，结合搞好基础设施建设和绿化。经省、国家组织考核验收，基本达标。建立音乐等4个文艺学会和各社区文化组织，形成少儿、成年、老人文化活动网络。添置少体校设备，促进足球、田径、乒乓球的强项训练。

1994—1998年，5年中区政府投入科技三项费用总额比前5年增加3.5倍，为提高旅游景区和企业产品的科技含量提供资金。派科技人员协助日光岩开发“多媒体导游系统”。实施“应试教育”向“素质教育”转轨，改善小学、幼儿园的布局。1996年起，开展“体育节”“科技节”等学生课外活动，提高学生全面素质。1996年组建食品卫生自我管理协调理事会，创建食品卫生示范街。1997年，为民办实事项目——卫生院搬迁完工，改善医疗条件。同时，改造体育场各项设施，开办艺术幼儿园。完成3000多名老人健康基线调查和体检，建立老人健康档案。1998年，举办首届全区体育运动会。

1999—2002年，区政府为建立ISO 14001环境管理体系，组织科技人员提供技术支持，建数据库，与厦门大学合作开发智能化信息管理和决策系统。组织完成国家农业部指定的“中华白海豚人工驯养繁殖基地可行性研究”课题。完成《区域环境管理体系规范化研究》，获市科技进步三等奖。开展创建全国社区教育实验区工作，构建终身教育体系和学习型社区。发展社区卫生服务事业，制定考核细则；翻建区卫生院；加强疾病控制工作，区境被列为“全国慢性非传染性疾病社区综合防治示范点”。着眼“音乐之岛”建设，多次举办承办省少儿电子琴比赛、省音乐舞蹈节手风琴钢琴比赛；举办“鼓浪屿歌曲听评会”，拍摄《鼓浪屿》歌曲电视音乐；聘请著名音乐家创作《鼓浪屿钢琴协奏曲》。

2. 开元区

1980—1984年，区政府成立科学技术咨询服务中心，聘请科技顾问，开展科技研究与咨询活动，研制成功20多种新产品上市。从行政管理费拨出部份经费增加教育投入，轮训教师。进行教育行政管理体制改革和人事制度改革，采取聘任制，实行校长负责制。加强对文化市场的管理，惩处流氓犯罪分子20多人。增建街道文化站（室）9个。成立“区儿童少年基金会”，集资兴建“区儿童少年活动中心”。1984年春，举行区首届职工田径运动会、母子运动会。

1985—1987年，区政府制定“七五”科技规划；成立科技工作者协会和青少年科技辅导员协会

（1985年）。组织人员、提供资金支持企业开发新产品和创拳头产品，3年有452项研制成功。投资70万元改善学校设施，新建、扩建民办幼儿园、托儿所共9所；建立区电教中心；建立学校、社会、家庭三结合的教育网，全区办27所家长学校（成立家长委员会）。开展“以社会效益为第一准则”的医德教育和创建文明医院活动（鹭江卫生院被省厅评为1986年度文明单位）。3年间，拨款新建文化站（室）56所；组建1支舞龙队、4个业余芗剧团、1支京剧演唱队；组建“个体文化专业户协会”、区老人体育协会，开展体育活动。

1988—1990年，区政府加强科技工作，3年完成新产品研制36项，推广新技术8项，软科学研究2项（全区依靠科技进步新增产值占工业产值30%，比1987年增10个百分点）。开展10年教改成果汇报会活动（资料汇报、成果展览、教学观摩），全面总结，提出提高教学水平意见，组织制订规划，于1989年7月起实施。同时，加强学校督导评估。拨款给区医院购进眼科设备，进行“人工晶体植入术”，建立眼科医院（全省首家）。区政府拨款建成区文化馆（1989年建成），完善区文化馆、街道文化站、居委会文化室（共60个单位）的活动设施。

1991—1993年，区政府建立健全科技领导体系，各街道、企业都配备科技领导人；逐年增加科技投入（1991年比上年增80%，1992年又增23%，1993年再增30%），促进企业技术进步；组建科技发展公司，扶持民办科研机构（3年科技项目通过鉴定31项，其中国际水平2项）。在农村建立科技示范户和高产示范户。投资新建、扩建小学、幼儿园，建筑面积共1.61万平方米，添置教学设备；为200多名教师家庭提供新房；全面开展教育督导；被评为全国成人中专教育先进区。建立区级眼科医院，开展人工晶体植入术、角膜移植、近视眼矫正手术2293例（3年）。组织人力、财力建设厦禾文化带，推动社区、企业、校园文化体育活动普遍发展。

1994—1998年，区政府制定依靠科技进步振兴经济的优惠政策和科技发展规划，支持民营科研机构发展，开展科技攻关，促进科研成果产业化。1998年，科技进步对经济增长贡献率48.8%，被评为“全国科技工作先进单位”。5年中，新办6所小学和9所幼儿园；扩建、翻建校舍面积1.98万平方米；被评为全国基本实现九年义务教育和基本扫除文盲先进区、特殊教育工作先进区。将眼科医院建成厦门眼科中心，举办全国眼科学术交流活动。推动企业文化、农村文化、社区文化全面发展；建立社区体育活动网点，形成社区体育为龙头，竞技比赛为动力，家庭健身为基础的群众性体育新局面。1998年，获全国群众体育先进单位称号。

1999—2002年，区政府加强对企业技改的领导，增加科技经费投入，引入ISO 9000质量认证体系，开展消灭无标生产活动，2002年获“福建省消灭无标生产区”称号。组织开展“道德新风进万家”等群众性精神文明创业活动；加快教育信息化建设，完成“校校通”“园园通”工程。组织开展世界卫生日、爱国卫生月、城乡防病灭鼠活动，推进卫生工作。配合文化部率领区少年宫小白鹭艺术团代表中国少儿艺术团参加第24届国际儿童联欢节。组队参加第十二届全省运动会，取得各县区总分第一名。开展全民健身运动（梧村街道获全国全民健身工作先进单位）。2000年，举办全区第六届运动会暨第一届社区运动会。2001年，建成“英雄小八路”纪念馆，为全省青少年德育基地。2002年，举办首届农村文艺体育节。

3. 思明区

1980—1984年，区政府科技部门指导工厂研制新产品，有“功率因数自动补偿电力电容屏”等20多项获得成功。加强学校思想政治工作，检查教学质量；推进各学校“学雷锋、创三好”活动。组织各部门单位实行“条块结合建立卫生联防片”（共10多片），建立责任制，环境卫生水平逐年提高。实施开放露天电影，丰富民众文化生活。创办文艺小报《三角梅》，推动业余文艺创作。1982年，举办职工运动会、小学生运动会，历时各1个月，推进体育事业发展。

1985—1987年，区政府3年投入413万元和外汇50.42万美元，引进技术设备72台套，与厦门大学等15所大专院校、科研单位挂钩，推进企业技术进步，开发111项新产品。其中，17项获国家、省科技进步奖或优秀新产品奖，箔画和冷镇痛喷雾剂为全国首创，列为省“星火计划”项目。3年投入

119万元新建、翻建新华、延风和演武等小学及第四幼儿园；广泛开展尊师重教活动，设“新秀奖”表彰优秀教师，提供教师住房51套；开办电大、技校、业余中专幼师学校。3年投入135万元扩大医院用房3800平方米，建医疗大楼、康复医院、厦港卫生院、区防疫站、消毒站。建立街道文化站，配备活动器材；成立老人体协、书法协会、京剧小组、武术馆；举行群众性文体活动竞赛27次。

1988—1990年，思明区政府实施“科技兴业”，配备科技副区长，建立科技发展周转金；3年用于技改投资295万元，完成项目21项，其中6项产品获部、省优质产品奖，12项产品获部、省科技进步奖。加强教育督导，创办有特色的校园，被国家教委确定为“教育发展观察点（区）”，组织区医院、骨伤科医院、卫生院与省内外医疗卫生单位创办联合体，发挥各自专业优势；发动群众灭鼠，鼠密度从1988年4.83%下降到1990年1%以下，被市表彰为“灭鼠先进区”。举办“家家乐”“思企标吉它赛”等活动；举办“迎亚运”体育比赛系列活动；举办全区性田径、游泳等比赛22次，参加共16465人次。

1991—1993年，区政府制定《依靠科技进步，振兴区街经济发展规划》（1991年）；投入338万元实施45项科研，通过鉴定33项。与厦门大学、鹭江大学、海洋三所签订协议，推进科技工作。逐年加大教育投入，发动社会力量筹措教育基金100多万元。1992年起，开展“学两史、知国情、忆传统、学英雄、立志向、做主人、比进步”的主题活动。制定《1991—2000年人人享有卫生保健的实施规划》。开展创健卫生城市活动，改善环卫设施，清除道路“脏、乱、差”现象，提高食品卫生质量。建立区业余文艺演出队。3年举办文艺调演46次。成功举办第六届区体育运动会（1991年），23个代表队、3000多名运动员参加，有田径等10类比赛。

1994—1998年，区政府组建科技顾问团（1994年），开展科技咨询等活动，聘任街道科技副主任、企业科技副厂长；制定科技“九五”发展规划及科技进步奖制度；科技三项费用自1996年增为占财政预算支出2%（原为1%）。教育事业费5年支出8736万元，由1993年701万元增至1998年2453万元，建成20多项教学设施，优化美化绿化学校环境。九年义务教育主要指标年年达到或超过国家规定标准，被评为全国首批实现普及九年义务教育和扫除青壮年文盲的区（县）。卫生经费5年3895万元，由1993年256万元增到1998年1164万元。建成区人民医院综合大楼，人民医院提升为二等乙级医院。组建区群众艺术团，开展节日演出活动，5年中组织创作参加各类演出的节目98个。组织开展全区性文体比赛，每年15次以上。成功举办区第七届运动会。

1999—2002年，区政府实行“科技季谈会”制度，研究推广先进科技，实施“星火技术密集区”战略。制定《思明区扶持科技型企业发展基干规定》，成立厦门市创造发明学校飞鹭分校。投资建设各街道的社区卫生服务中心医疗用房。投资建成区人民医院门诊大楼。区财政出资设立区文艺创作基金，奖励文艺创作。每季举办一次全民健身活动。2002年，举办让“健康走入社区”为主题的全区第二届社区体育运动会。同年，厦港街道被评为全国群众体育先进单位。

（二）三区整合后思明区社会事业建设

2003—2006年，区政府不断完善现代国民教育体系、科技和文化创新体系、全民健身和医疗卫生体系。全面推动科技创新型城区建设，创建“省级可持续发展实验区”和“全国科技进步示范区”；坚持每年举办“思明·高校院所·企业·投资机构”科技项目推介会，有效组织“6·18”各项活动，密切产学研合作。主动承接市16所学校下放；落实外来人员子女就学、贫困人群助学等；巩固“双高普九”成果。加快卫生事业改革步伐，完成眼科中心改制；组建区疾病控制中心和区卫生监督所，建成区公共卫生综合服务大楼；建立覆盖全区的公共卫生网络，提高应对突发公共卫生事件的能力；开展“爱心超市”活动；统一社区卫生服务中心管理体制，拓宽服务渠道。建成区群众文化艺术中心，创建省级文化先进区；成功举办海峡两岸元宵民俗文化节、第九届区运动会和连续三届中华民族儿童歌舞周等大型文体活动；参与举办厦门国际马拉松赛、第四届世界合唱比赛等国内国际重大赛事活动。

2007年，区政府关注扶持高新技术企业的发展，组织人员协助研究解决经营上、技术上遇到的难题；年内又引进西本科技、玛司特电子等项目入住环东海域思明工业园。高新科技企业数占全市三分之一强。接收16886名进思明务工人员子女就读公办中小学；开通思明区教育城域网，逐步实现教育资源共享。在全市率先推行卫生监督分片管理、综合执法新模式。完成前埔北区老年门球场建设，开建区综合图书馆。广泛开展“思明之声”周末温馨广场大家唱、“温馨厦门·魅力思明”夏季周末广场文化等群众性文体活动。成功举办海峡两岸闽台文化交流活动、元宵灯会、中秋博饼文化节、鼓浪屿沙滩文化节、全区首届老年人运动会和首届社区工作者运动会。

思明区政府举办“欢庆十七大·思明新跨越”文艺演出活动

附：公共部门绩效管理

2001年，思明区政府提出建立绩效型政府的新理念，在中共中央有关部门指导下，开展公共部门绩效评估工作。2004年3月，获中共中央编译局颁发2003—2004年度第二届中国地方政府创新奖（公共绩效）。2004年，区政府与中国行政管理学会、《中国行政管理》杂志社联合举办公共部门绩效管理学术研讨会，数十个单位（高校和地方政府）100多名代表就建立公共部门绩效管理实践等问题进行讨论。

2004年4月起至2007年12月，思明区政府继续探索、提高和完善绩效管理。

（一）绩效评估试点

思明区公共部门绩效评估试点工作历经4年，分“四步走”：2001年，“抓调研、制软件、打基础”；2002年，“搞试点、求完善、树典型”；2003年，“勤总结、重绩效、求规范”；2004年，“促推广、树品牌、上水平”。

1. 前期准备

2001年，理论准备，对收集、掌握的资料，结合区境的实际情况，形成初步评估框架模型。试点准备，通过宣传发动，形成人人参与的局面，选择区计生局等5个单位作为第一轮试点评估对象。

2. 实地调研

课题组对试点单位进行2个月实地调研，通过多种形式获取评估对象3年以上传统考评的历史数据等第一手材料，进行梳理。对完成单位业绩的主要影响要素，进行分类和分析。

3. 体系建构

首先，根据评估准备各阶段形成的指标体系框架，按照三个维度、六种主体的研究思路，筛选和确定通用部分的评估指标，即基本建设、作机制维度中的大部分指标。其次，根据试点评估对象的不同职能和具体情况，设计其各自的业务实绩指标。业务实绩指标大多数是经过数学建模方法系统设计。

4. 试点评估

2002年，思明区下发《思明区公共部门绩效评估办法（试行）》和《思明区公共部门绩效评估实施细则（试行）》，就绩效评估的组织领导、范围和对象、评估主体、评估原则、方法和标准、评估步骤、评估责任、评估结果的运用等做出详细说明。同时，将评估指标结果，经过事先设定的指标权重转化为百分制的数值等分。根据这一计分原则，绘制绩效评估的执行表格，对5家试点评估单位进行评估和计分。

思明区公共部门绩效评估群众座谈会

5. 软件开发

课题组利用现代化的计算机手段协助评估工作，排除人为因素在绩效评估中的干扰。在软件开发过程中，对绩效评估理论转化为评估系统软件进行探索性研究，通过对评估模式的分析完成软件开发需求分析报告、数据库设计和原程序写作，并通过反复调试与验证最终完成评估系统软件的研制开发。同时，把绩效评估系统软件的相关内容制成演示动画、演示光盘和宣传材料。

（二）推广评估

2003年，评估组在试点评估的经验基础上，在区政府20个部门开展评估工作。工作结束后，共回收综合评估表140份、群众满意度调查表900份、直管领导评估表20份、评估对象报送的评估材料14份和业绩自评表18张。评估组经过整理，由计算机自动转化成相应分值，形成以百分制表示的最终结果。对总分前5位的部门颁发评估优胜奖，总分在6～10名的部门颁发鼓励奖，分别给予一定的物质奖励，授予荣誉称号，给单位主要领导记功授奖；对考核不合格单位领导实行诫勉。以此，真正发挥绩效评估在改善管理、奖优罚劣、持续提高绩效的重要作用。

2006年11月1日起，区政府委托福州博智市场研究有限公司对2005年度公共部门进行绩效评估。

第六卷　人大地方组织

1951 年初，三区分别成立区第一届各界人民代表会议筹备委员会，以协商、推举、聘请等方式产生各界人民代表，并分别召开各界人民代表会议。1951—1953 年，三区各召开 2 届各界人民代表会议。其中，第二届一次各界人民代表会议经省人民政府批准，代行区人民代表大会职权。区各界人民代表会议是区人民代表大会的过渡形式。

1953 年 7 月，三区分别成立选举委员会，主持区、乡（镇）两级人民代表大会代表选举工作；9 月 15 日，开元区作为厦门市基层选举的试点，选举出席区人民代表大会代表 120 名。1953 年 7 月至 1966 年 3 月，三区分别进行 6 次基层选举，分别等额选举第一至第六届区人民代表大会代表，共 2253 名。其中，鼓浪屿区 656 名，开元区 809 名，思明区 788 名。“文化大革命”期间，各区人民代表选举工作中断。1978 年，三区分别以协商方式推选第七届区人民代表大会代表，共 838 名。其中，鼓浪屿区 281 名，开元区 295 名，思明区 262 名。1980 年，三区人民代表大会分别设立区人大常委会，由区人大常委会主持区人民代表大会代表的选举。

1980 年—2003 年 2 月，三区各召开 6 届人民代表大会。2003 年 10 月三区整合至 2007 年，思明区召开 2 届人民代表大会，顺延三区时期思明区人大的届次，为第十四届、第十五届。

1980—2007 年，三区历届人民代表大会按照《中华人民共和国宪法》《中华人民共和国全国人民代表大会和地方各级人民代表大会选举法》规定，区、乡（镇）人民代表由选民直接选举产生。区人民代表大会选举产生区人民政府领导成员及区人民法院院长、区人民检察院检察长，并选举产生出席福建省和厦门市人民代表大会代表。区人大常委会围绕改革开放中的难点问题和人民群众关心的热点问题，有计划、有重点地开展监督工作，保证法律法规的有效实施；履行区政府、区“两院”组成人员的任免；支持、促进“一府两院”工作，推动全区政治、经济、文化建设顺利发展。

第一章　区各界人民代表会议

第一节　鼓浪屿区各界人民代表会议

一、第一届各界人民代表会议

第一次会议于 1952 年 6 月 25—28 日召开，出席代表 104 人，列席代表 31 人。会议听取《半年来区公所工作报告》，讨论开展爱国卫生运动、贯彻《中华人民共和国婚姻法》及开展“三反”（反贪污、反浪费、反官僚主义)、“五反”(反行贿、反偷税漏税、反盗骗国家财产、反偷工减料、反盗窃国家经济情报)运动等问题；通过开展防疫卫生工作的决议。

二、第二届各界人民代表会议

第一次会议于1952年12月12—15日召开，出席代表90人，列席代表27人。会议听取《区公所工作报告》《贯彻执行〈婚姻法〉的报告》《调整街政组织，修改〈居民委员会组织条例〉的报告》和《提案审查报告》；通过《鼓浪屿区各界人民代表会议组织条例（草案)》《鼓浪屿区人民政府组织条例（草案)》和《鼓浪屿区人民政府区长、委员和区各界人民代表会议协商委员会正、副主席、委员选举办法》。会议选举黄荣琨为区人民政府区长，委员10人；选举黄荣琨为区第二届各界人民代表会议协商委员会主席，李淑英为副主席，委员11人；会议决定撤销区公所，建立鼓浪屿区人民政府。

第二节　开元区各界人民代表会议

一、第一届各界人民代表会议

第一次会议于1951年12月28日召开，出席代表120人，列席代表35人。会议对民主建政试点工作经验进行总结。

二、第二届各界人民代表会议

第一次会议于1952年12月11—13日召开，出席代表120人，列席代表35人。会议听取《区公所工作报告》《继续贯彻〈婚姻法〉》《调整街政组织》《改建居民委员会》等专题报告，并作出决议。会议选举吴朝明为区人民政府区长，委员10人。选举吴朝明为各界人民代表会议协商委员会主席，苏锦联、林芙蓉为副主席，委员10人。

第三节　思明区各界人民代表会议

一、第一届各界人民代表会议

第一次会议于1952年6月24—28日召开，出席代表143人，列席代表83人。会议听取《半年来区公所工作报告》，并作出决议。与会代表就开展爱国卫生运动、粉碎美帝国主义细菌战、开展机关单位“三反”和“五反”运动，以及拥军优属、社会救济等工作进行讨论。选举杜金荣为区第一届各界人民代表会议协商委员会主席，委员19人。

二、第二届各界人民代表会议

第一次会议于1952年12月10—15日召开，出席代表105人，列席代表10人。会议听取《区公所工作报告》《关于调整街政组织，改进居民委员会的工作报告》《关于继续贯彻婚姻法宣传工作的报告》和《提案整理报告》，并作出决议。选举杜金荣为区第二届各界人民代表会议协商委员会主席，陈应龙、李春禄、潘亚华为副主席，委员19人；选举吴新民为区人民政府区长，杜金荣、杨元海为副区长。

第二章　区人大代表选举

第一节　三区人大代表选举

一、鼓浪屿区人大代表选举

区第八届人民代表大会代表选举工作于1980年7—9月进行。全区划分为49个选区，参选选民13624人，参选率98.1%。9月20日为全区统一选举日，选出区第八届人大代表102名。

区第九届人民代表大会代表选举工作于1984年5—10月进行。全区划分为47个选区。10月8日为全区统一选举日，选出区第九届人大代表97名。

区第十届人民代表大会代表选举工作于1987年8—10月进行。全区划分为46个选区。10月27日为全区统一选举日，选出区第十届人大代表89名。

区第十一届人民代表大会代表选举工作于1990年9—12月进行。全区划分为42个选区，参选选民13197人，参选率98.92%。12月20日为全区统一选举日，选出区第十一届人大代表90名。

区第十二届人民代表大会代表选举工作于1993年9—12月进行。全区划分为43个选区，参选选民12835人，参选率98.4%。12月16日为全区统一选举日，选出区第十二届人大代表98名。

区第十三届人民代表大会代表选举工作于1998年8—12月进行。全区划分为40个选区，参选选民11850人，参选率98.35%。选出区第十三届人大代表99名。

二、开元区人大代表选举

区第八届人民代表大会代表选举工作于1980年1月进行。选出区第八届人大代表249名。

区第九届人民代表大会代表选举工作于1984年7—10月进行。全区划分为172个选区，参选选民119924人；10月8日为全区统一选举日，选出区第九届人大代表280名。

区第十届人民代表大会代表选举工作分两批进行。第一批于1987年4月中旬至7月底进行，分为113个选区，参选选民136785人；7月28日为统一选举日，选出区第十届人大代表186名。第二批于同年8月中旬至9月17日进行，分为7个选区，参选选民8241人；9月15日为统一选举日，选出区第十届人大代表12名。

区第十一届人民代表大会代表选举工作于1990年6—12月进行。全区划分为118个选区，参选选民149247人；12月20日为全区统一选举日，选出区第十一届人大代表202名。

区第十二届人民代表大会代表选举工作于1993年7—12月进行。全区划分为134个选区，参选选民152436人；12月14日为全区统一选举日，选出区第十二届人大代表210名。

区第十三届人民代表大会代表选举工作于1998年8—12月进行。全区划分为84个选区，参选选民173453人；12月15日为全区统一选举日，选出区第十三届人大代表168名。

三、思明区人大代表选举

区第八届人民代表大会代表选举工作于1980年8—10月进行。选出区第八届人大代表243名。

区第九届人民代表大会代表选举工作于1984年5—8月进行。全区划分为1635个选民小组，参选选民53386人。选出区第九届人大代表214名。

区第十届人民代表大会代表选举工作于1987年4月中旬至10中旬进行。全区划分为120个选区，参选选民71568人。选出区第十届人大代表186名。

区第十一届人民代表大会代表选举工作于1990年5月至12月8日进行。全区划分为121个选区，参选选民71353人，参选率93.6%。12月8日为全区统一选举日，选出区第十一届人大代表180名。

区第十二届人民代表大会代表选举工作于1993年8—12月进行。全区划分为120个选区，参选选民76442人，参选率95.91%。12月16日为全区统一选举日，选出区第十二届人大代表179名。

区第十三届人民代表大会代表选举工作于1998年8—12月进行。全区划分为86个选区，参选选民72356人，参选率97.52%。12月10日为全区统一选举日，选出区第十三届人大代表141名。

第二节　三区整合后思明区人大代表选举

区第十四届人民代表大会代表选举工作于三区整合前夕的2003年6—9月进行，全区划分110个选区，参选选民300377人，参选率92%。2003年9月25日，为全区统一选举日，选出区第十四届人大代表251名。

区第十五届人民代表大会代表选举工作于2006年9—12月进行。全区划分97个选区，参选选民379151人。12月8日为全区统一选举日，选出区第十五届人大代表246名。

2006年，开元街道选举思明区第十五届人大代表工作会议

第三章　区人民代表大会

第一节　三区人民代表大会

一、鼓浪屿区人民代表大会

第一届人民代表大会　第一次会议于1953年12月17日召开，出席代表35人；选举刘德鸿为区人民政府区长，叶亚伟为副区长，委员8人。第二次会议于1954年4月7日召开，出席代表34人；选举出席厦门市第一届人大代表19名。第三次会议于1954年7月5日召开，出席代表34人。第四次会议于1955年2月9日召开，出席代表35人，列席代表14人。第五次会议于1955年10月28日召开，出

席代表32人，列席代表30人；选举叶亚伟为区人民委员会区长，林文松为副区长。

第二届人民代表大会 第一次会议于1956年10月15—18日召开，出席代表40人；选举叶亚伟为区人民委员会区长，朱昌科、戴朝贤为副区长，委员8人；选举出席厦门市第二届人大代表23名。第二次会议于1957年6月召开，出席代表40人；补选刘德鸿为区人民委员会区长。第三次会议于1957年10月17日召开，出席代表40人。

第三届人民代表大会 第一次会议于1958年4月22—25日召开，出席代表43人，列席代表10人，特邀市代表3人；选举刘德鸿为区人民委员会区长，朱昌科为副区长，委员9人；选举出席厦门市第三届人大代表25名及区人民陪审员18人。

第四届人民代表大会 第一次会议于1961年11月3—7日召开，出席代表57人，列席代表10人；选举刘德鸿为区人民委员会区长，张玉新、林仁祥为副区长，委员12人；选举出席厦门市第四届人大代表32名及区人民陪审员18人。第二次会议于1962年8月20—23日召开，出席代表55人。第三次会议于1963年12月召开，出席代表55人，选举区人民陪审员15人。

第五届人民代表大会 第一次会议于1963年6月24—27日召开，出席代表63人，列席代表17人；会议听取和审议人民委员会工作报告，选举曾政为区人民委员会区长，朱昌科为副区长，委员13人；选举出席厦门市第五届人大代表38名及区人民陪审员15人。

第六届人民代表大会 第一次会议于1966年3月26—28日召开，出席代表61人，列席代表30人；选举曾政为区人民委员会区长，朱昌科为副区长，委员13人。“文化大革命”期间，区人民代表大会制度中断。

第七届人民代表大会 第一次会议于1978年12月21—23日召开，出席代表160人；会议听取和审议周金才作的《鼓浪屿区革命委员会工作报告》，并作出决议；选举周金才为区革命委员会主任，陈良志、朱昌科、方秀梨为副主任，委员19人；选举出席厦门市第七届人大代表32名；选举陈连和为区人民法院院长，曲以祯为区人民检察院检察长。

第八届人民代表大会 第一次会议于1980年11月4—8日召开，出席代表102人；会议听取和审议区革委会主任周金才作的《区政府工作报告》，区人民法院院长陈连和作的《区法院工作报告》，区人民检察院检察长曲以祯作的《区检察院工作报告》，并作出决议；选举朱昌科为区第八届人大常委会主任，林仁祥、李芳洲、方秀梨为副主任，委员11人；选举李东明为区人民政府区长，刘芳为副区长，陈连和为区人民法院院长，曲以祯为区人民检察院检察长。第二次会议于1981年12月10—12日召开，出席代表102人；补选余丽卿、许意钦为区人大常委会委员。第三次会议于1983年1月6—8日召开，出席代表80人；补选汪存胜为区人大常委会委员，选举出席厦门市第八届人大代表30名。第四次会议于1984年1月9—11日召开，出席代表80人；补选吴瑞炳为区人民政府区长，李芳盛为区人大常委会委员。

第九届人民代表大会 第一次会议于1984年10月31日至11月3日召开，出席代表97人。会议听取和审议区人大常委会副主任林仁祥作的《区人大常委会工作报告》，区长吴瑞炳作的《区政府工作报告》，区人民法院院长陈连和作的《区法院工作报告》，区人民检察院检察长曲以祯作的《区检察院工作报告》，并作出决议；选举朱昌科为区第九届人大常委会主任，林仁祥、李芳洲、郭剑萍为副主任，委员11人；选举吴瑞炳为区人民政府区长，孙志裕、林大庆、周函为副区长，陈连和为区人民法院院长，曲以祯为区人民检察院检察长。第二次会议于1985年12月25—28日召开，出席代表93人。第三次会议于1986年12月23—25日召开，出席代表88人。

第十届人民代表大会 第一次会议于1987年11月11—14日召开，出席代表74人；会议听取和审议区人大常委会主任朱昌科作的《区人大常委会工作报告》，区长吴瑞炳作的《区政府工作报告》，区人民法院院长陈连和作的《区法院工作报告》，区人民检察院检察长曲以祯作的《区检察院工作报告》，并作出决议；选举周金才为区第十届人大常委会主任，郭剑萍、张金锁为副主任，委员10人；选举吴瑞炳为区人民政府区长，林大庆、颜惠庆为副区长，陈连和为区人民法院院长，孟鲁宁为区人民检察院检察长；选举出席厦门市第九届人大代表20名及区人民陪审员18人。第二次会议于1988年3月30—31日召开，出席代表87人。第三次会议于1989年2月22—24日召开，出席代表88人；补选黄锡琛为区人大常委会副主任。第四次会议于1990年2月26日至3月1日召开，出席代表84人。

第十一届人民代表大会 第一次会议于1991年1月22—26日召开，出席代表90人；会议听取和审议区人大常委会副主任郭剑萍作的《区人大常委会工作报告》，代区长郑振生作的《区政府工作报告》，区人民法院院长陈连和作的《区法院工作报告》，区人民检察院检察长孟鲁宁作的《区检察院工作报告》，区财政局局长石振成作的《关于1990年财政决算和1991年财政预算（草案）的报告》，并作出决议；选举郭晓菱为区第十一届人大常委会主任，郭松萍、洪振华、黄锡琛为副主任，委员11人；选举郑振生为区人民政府区长，林善淦、颜惠庆为副区长，陈连和为区人民法院院长，孟鲁宁为区人民检察院检察长；选举区人民陪审员17人。第二次会议于1992年2月19—22日召开，出席代表81人。第三次会议于1992年11月3日召开，出席代表84人，选举出席厦门市第十届人大代表19名。第四次会议于1993年2月24—26日召开，出席代表69人。

第十二届人民代表大会 第一次会议于1994年1月18—22日召开，出席代表98人，列席代表34人。会议听取和审议区人大常委会副主任洪振华作的《区人大常委会工作报告》，区长郑振生作的《区政府工作报告》，区人民法院院长陈连和作的《区法院工作报告》，区人民检察院代检察长王清祥作的《区检察院工作报告》，区财政局副局长陈宁生作的《关于1993年财政预算收支执行情况和1994年财政预算（草案）的报告》，并作出决议；选举徐学富为区第十二届人大常委会主任，洪振华、黄锡琛为副主任，委员12人；选举郑振生为区人民政府区长，钟哲聪、傅一民、郑惠生为副区长，林孝玉为区人民法院院长，王清祥为区人民检察院检察长；选举区人民陪审员16人。第二次会议于1995年2月14—17日召开，出席代表88人。第三次会议于1996年1月29日至2月2日召开，出席代表85人，选举郭恒明为区长。第四次会议于1997年1月21—24日召开，出席代表92人；补选陈文章为区第十二届人大常委会副主任。第五次会议于1997年10月24—25日召开，出席代表89人，选举出席厦门市第十一届人大代表18名。第六次会议于1998年2月17—20日召开，出席代表89人。

第十三届人民代表大会 第一次会议于1999年1月12—16日召开，出席代表95人。会议听取和审议区人大常委会主任徐学富作的《区人大常委会工作报告》，代区长程建明作的《区政府工作报告》，区人民法院院长林孝玉作的《区法院工作报告》，区人民检察院检察长王清祥作的《区检察院工作报告》，区财政局局长陈宁生作的《关于1998年财政预算执行情况和1999年财政预算（草案）的报告》，并作出决议；选举郭恒明为区第十三届人大常委会主任，钟哲聪、陈文章、王清祥、陈昭强为副主任，委员10名；选举程建明为区人民政府区长，陈金标、徐平东、郑惠生、游文昌为副区长，黄小民为区人民法院院长，夏梅芳为区人民检察院检察长；选举区人民陪审员10人。第二次会议于2000年1月11—14日召开，出席代表88人。第三次会议于2001年1月10—13日召开，出席代表87人。第四次会议于2002年1月16—18日召开，出席代表81人。第五次会议于2002年11月24—25日召开，出席代表87人；选举出席厦门市十二届人大代表17人。第六次会议于2003年1月15—17日召开，出席代表79人。

二、开元区人民代表大会

第一届人民代表大会 第一次会议于1953年9月28—30日召开，出席代表120人，列席代表35人；选举吴朝明为区人民政府区长，选举出席厦门市第一届人大代表63名。第二次会议于1954年4月6日召开，出席代表120人。第三次会议于1954年7月2日召开，出席代表150人。第四次会议于1955年5月20—21日召开，出席代表150人；补选出席厦门市第一届人大代表5名及区人民陪审员43人。第五次会议于1955年10月31日至11月1日召开，出席代表150人；选举陈仲党为区人民委员会区长，苏章溪为副区长，委员12人；补选厦门市人民代表3名。

第二届人民代表大会 第一次会议于1956年10月19—21日召开，出席代表90人；选举阮金沅为区人民委员会区长，雷尧玲、高秀英、吴清标为副区长，委员 17 人；选举出席厦门市第二届人大代表 72 名及区人民陪审员 73 人。第二次会议于 1957 年 4 月 25—27 日召开，出席代表 90 人，列席代表 12 人。第三次会议于 1957 年 12 月 12—14 日召开，出席代表 90 人。

第三届人民代表大会　第一次会议于 1958 年 4 月 20—23 日召开，出席代表 150 人；会议听取区长陈仲党作的《关于一年半来工作情况及今后任务报告》；选举陈仲党为区人民委员会区长，杨玉燕、吴清标为副区长，委员 12 人，贾文贵为区人民法院院长；选举出席厦门市第三届人大代表 78 名及区人民陪审员 127 人。第二次会议于 1959 年 9 月 15—16 日召开，出席代表 150 人。

第四届人民代表大会　第一次会议于 1961 年 11 月 1—4 日召开，出席代表 150 人；会议听取和审议区人民委员会 3 年工作报告和区人民法院工作报告；选举朱盈国为区人民委员会区长，刘元凯、杨思良为副区长，委员 12 人；选举贾文贵为区人民法院院长；选举出席厦门市第四届人大代表 94 名。第二次会议于 1962 年 8 月 15—16 日召开，出席代表 150 人，列席代表 28 人；会议补选出席厦门市第四届人大代表 3 名。第三次会议于 1963 年 2 月 18—19 日召开，出席代表 115 人。

第五届人民代表大会　第一次会议于 1963 年 6 月 11—13 日召开，出席代表 150 人，列席代表 28 人。会议听取区委副书记雷晓玲作形势报告，副区长杨思良代表人民委员会作的《政府工作报告》，区人民法院院长贾文贵作的《区法院工作报告》；选举雷晓玲为区人民委员会区长，杨思良、李东明为副区长，委员 19 人；选举出席厦门市第五届人大代表 92 名；选举贾文贵为区人民法院院长。第二次会议于 1963 年 9 月 9—10 日召开，出席代表 131 人，列席代表 103 人。第三次会议于 1964 年 5 月 25—26 日召开，出席代表 124 人。会议补选杨丕诚为出席厦门市第五届人大代表，并撤销叶振东的代表资格。第四次会议于 1964 年 12 月 28—30 日召开，出席代表 141 人。第五次会议于 1965 年 5 月 27 日召开，出席代表 143 人。第六次会议于 1966 年 1 月 13 日召开，出席代表 131 人。

第六届人民代表大会　第一次会议于 1966 年 3 月 25—27 日召开，出席代表 149 人；会议听取和审议《区人民委员会工作报告》和《区人民法院工作报告》；选举杨丕诚为区人民委员会区长，李东明为副区长，委员 17 人；选举伯金安为区人民法院院长。

第七届人民代表大会　第一次会议于 1978 年 12 月 25—27 日召开，出席代表 295 人。会议听取和审议区革命委员会主任孙泉成作的《加强团结，鼓足干劲，大干快上为争取早日实现新时期总任务而奋斗》工作报告，并作出决议；选举张嘉种为区革委会主任，林钧章为区人民法院院长，练达昆为区人民检察院检察长；选举出席厦门市第七届人大代表 178 名。

第八届人民代表大会　第一次会议于 1980 年 5 月 9—11 日召开，出席代表 243 人；会议听取和审议区长张嘉种作的《团结起来，同心同德，努力把我区的经济建设和各项工作搞上去》工作报告，区人民法院院长林钧章作的《加强法制，维护安定团结，保障四化建设顺利进行》报告，区人民检察院检察长练达昆作的《运用法律武器，打击敌人，保护人民》报告，并作出相应决议；选举廖开为区第八届人大常委会主任，张继增、康其炳、郑光昕为副主任，委员 11 人；选举张嘉种为区人民政府区长，何淑英、张森炎、吕良星为副区长，林钧章为区人民法院院长，练达昆为区人民检察院检察长；补选出席厦门市第八届人大代表 11 名。第二次会议于 1981 年 6 月 3—5 日召开，出席代表 243 人；增选黄淑端为区人大常委会副主任，补选张美璋为区人民法院院长。第三次会议于 1982 年 5 月 11—13 日召开，出席代表 250 人。第四次会议于 1983 年 1 月 10—13 日召开，出席代表 245 人；选举出席厦门市第八届人大代表 154 名。第五次会议于 1984 年 1 月 12 日召开，出席代表 249 人；补选张嘉种为区人大常委会主任，张森炎为副主任。

第九届人民代表大会　第一次会议于 1984 年 10 月 27—29 日召开，出席代表 280 人，列席代表 49 人。会议听取和审议区人大常委会副主任郑光昕作的《区人大常委会工作报告》，区长张清钳作的《锐意改革、开拓前进，更好地开创区街工作新局面》工作报告，区人民法院院长张美璋作的《区法院工作报告》，区人民检察院检察长练达昆作的《区检察院工作报告》，并作出决议；选举张嘉种为区第九届人大常委会主任，张继增、康其炳、林团体、黄淑端为副主任；选举张清钳为区人民政府区长，吕良星、王振玉、杨玲为副区长；张美璋为区人民法院院长，林文梅为区人民检察院检察长；选举区人民陪审员50名。第二次会议于1986年3月18—20日召开，出席代表271人；通过张嘉种辞去区第九届人大常委会主任、黄淑端辞去区人大常委会副主任、陈惠印辞去区人大常委会委员、张清钳辞去区人民政府区长职务的请求；补选张清钳为区人大常委会主任、吴沧海为区人大常委会副主任及阮美玉、张丽璧、梁坚为区人大常委会委员；补选洪获生为区人民政府区长，梁涵生为副区长。第三次会议于1987年2月11—14日召开，出席代表270人。

第十届人民代表大会 第一次会议于1987年9月23—28日召开，出席代表186人；会议听取和审议区人大常委会副主任康其炳作的《区人大常委会工作报告》，区长洪获生作的《坚持改革、开拓前进、振兴开元》工作报告，区人民法院院长张美璋作的《区法院工作报告》，区人民检察院检察长林文梅作的《区检察院工作报告》，并作出决议；选举康其炳为区第十届人大常委会主任，吴沧海、梁涵生、叶怡足为副主任，委员13人；选举洪获生为区人民政府区长，杨玲、王振玉、陈社明为副区长，张美璋为区人民法院院长，林文梅为区人民检察院检察长；选举出席厦门市第九届人大代表90名及区人民陪审员60名。第二次会议于1988年3月7—9日召开，出席代表198人；会议同意张益河辞去区人大常委会委员职务的请求。第三次会议于1989年2月22—25日召开，出席代表198人。第四次会议于1990年2月23—27日召开，出席代表198人。

第十一届人民代表大会 第一次会议于1991年1月29日至2月3日召开，出席代表202人；会议听取和审议区人大常委会主任康其炳作的《区人大常委会工作报告》，区长洪获生作的《坚定信心，积极进取，为夺取开元区两个文明建设新胜利做贡献》工作报告，区人民法院院长张美璋作的《区法院工作报告》，区人民检察院检察长林文梅作的《区检察院工作报告》，副区长兼财政局局长陈社明作的《关于1988至1990年财政预算执行情况和1991年财政预算（草案）的报告》，并作出决议；选举吴沧海为区第十一届人大常委会主任，王振玉、王家渊、黄兴佐为副主任，委员13人；选举洪获生为区人民政府区长，陈才文、陈社明、杨玲、梁涵生、傅文通为副区长，张美璋为区人民法院院长，方炎忠为区人民检察院检察长。第二次会议于1992年2月25—29日召开，出席代表202人；补选李芳玲为区人大常委会副主任。第三次会议于1992年10月31日至11月1日召开，出席代表201人；选举出席厦门市第十届人大代表86名。第四次会议于1993年2月16—19日召开，出席代表200人；补选杨玲为区人民政府区长。

第十二届人民代表大会 第一次会议于1994年1月23—28日召开，出席代表208人；会议听取和审议区人大常委会主任吴沧海作的《区人大常委会工作报告》，区长杨玲作的《区政府工作报告》，区人民法院院长张美璋作的《区法院工作报告》，区人民检察院检察长方炎忠作的《区检察院工作报告》，财政局局长裴金佳作的《关于1991—1993年财政预算执行情况和1994年财政预算（初步建议）的报告》，并作出决议；选举吴沧海为区第十二届人大常委会主任，李芳玲、傅文通、黄兴佐为副主任，委员11人；选举杨玲为区人民政府区长，陈社明、陈才文、林国铨、张瑛瑛、裴金佳为副区长，杨春粟为区人民法院院长，颜才毅为区人民检察院检察长。第二次会议于1995年2月14—18日召开，出席代表206人。第三次会议于1996年1月29日至2月2日召开，出席代表202人。第四次会议于1997年1月20—24日召开，出席代表199人；增选潘耀辉为区十二届人大常委会副主任。第五次会议于1997年10月21—22日召开，出席代表199人；选举出席厦门市十一届人大代表79名。第六次会议于1998年2月16—20日召开，出席代表162人。

第十三届人民代表大会 第一次会议于1999年1月10—15日召开，出席代表168人；会议听取和审议区人大常委会副主任李芳玲作的《区人大常委会工作报告》，区长杨玲作的《区政府工作报告》，区人民法院院长杨春粟作的《区法院工作报告》，区人民检察院检察长颜才毅作的《区检察院工作报告》，副区长兼财政局局长裴金佳作的《关于1998年财政预算执行情况和1999年财政预算（草案）的报告》，并作出相应决议；选举杨玲为区第十三届人大常委会主任，李芳玲、潘耀辉、杨春粟、苏宜尹为副主任，委员12人；选举裴金佳为区人民政府区长，杨益坚、童在福、皮卫平、蔡良涯、何冠中为副区长，韩静江为区人民法院院长，颜才毅为区人民检察院检察长。第二次会议于2000年1月11—14日召开，出席代表167人。第三次会议于2001年1月9—13日召开，出席代表165人；补选张尚清为区人民检察院检察长。第四次会议于2002年1月15—19日召开，出席代表168人；补选蔡太阳为区第十三届人大常委会委员。第五次会议于2002年11月召开，出席代表168人；选举出席厦门市第十二届人大代表76名。第六次会议于2003年2月26日至3月1日召开，出席代表162人。

三、思明区人民代表大会

第一届人民代表大会 第一次会议于1952年6月25—28日召开，出席代表143人，列席代表87人；选举孔旭明为区人民政府区长，杨元海为副区长；选举出席厦门市第一届人大代表12名。第二次会议于1954年3月30日召开，出席代表80人；选举出席厦门市第一届人大代表24名。第三次会议于1954年7月5—7日召开，出席代表80人。第四次会议于1955年5月21—23日召开，出席代表80人；补选杨元海为区人民政府区长；选举出席厦门市第一届人大代表4名及区人民陪审员26人。第五次会议于1955年10月27日召开；补选林源为区人民政府区长，委员12名；补选出席厦门市第一届人大代表11名；选举区人民陪审员11人。

第二届人民代表大会 第一次会议于1956年9月26—30日召开，出席代表101人，列席代表10人；会议听取林源区长作《关于两年半来区政府工作总结和今后工作任务》的报告；选举林源为区人民委员会区长，黄山火、何永盛、张嘉种为副区长，委员13人；选举出席厦门市第二届人大代表71名及区人民陪审员26人。第二次会议于1957年4月8—11日召开，出席代表113人，列席代表49人。第三次会议于1958年1月14日召开，出席代表101人，列席代表49人。第四次会议于1958年4月2日召开，出席代表93人。

第三届人民代表大会 第一次会议于1958年4月23—27日召开，出席代表87人，列席代表12人；会议听取林源区长作《区人民政府一年来的工作报告》；选举林源为区人民委员会区长，张嘉种、黄山火、何永盛为副区长，委员15人；选举尤麟趾为区人民法院院长；选举出席厦门市第三届人大代表79名及区人民陪审员80人。第二次会议于1958年9月29日召开，出席代表100人。第三次会议于1959年9月11日召开，出席代表100人。第四次会议于1960年2月28—29日召开，出席代表99人；补选林德明、郑景华为区人民委员会副区长，伯金安为区人民法院院长。

第四届人民代表大会 第一次会议于1961年11月7—11日召开，出席代表151人，列席代表15人；选举林源为区人民委员会区长，张嘉种、林德明、郑景华为副区长，委员15人；选举伯金安为人民法院院长；选举出席厦门市第四届人大代表99名。第二次会议于1962年8月20—22日召开，出席代表151人，列席代表15人。第三次会议于1963年3月11日召开，出席代表151人；补选邱永清为区人民委员会区长。

第五届人民代表大会 第一次会议于1963年6月24—27日召开，出席代表150人，列席代表31人；会议听取张嘉仲副区长作《关于第四届人民委员会工作总结及今后任务的报告》；选举邱永清为区人民委员会区长，林德明为副区长，伯金安为区人民法院院长；选举出席厦门市第五届人大代表73名及区人民陪审员28人。第二次会议于1963年9月7日召开，出席代表150人。第三次会议于1964年4月13日召开，出席代表150人，列席代表46人。第四次会议于1964年11月3日召开，出席代表150人。第五次会议于1965年5月24—26日召开，出席代表150人。第六次会议于1966年1月31日至2月1日召开，出席会议代表150人，列席代表57人；补选张嘉种为副区长，吴兹寿为区人民法院院长。

第六届人民代表大会 第一次会议于1966年3月22—26日召开，出席代表156人，列席代表32人；会议听取副区长林德明作《区人民委员会工作报告》和《选民意见处理情况报告》，听取区人民法院院长吴兹寿作《法院工作报告》和《代表资格审查报告》；选举邱永清为区人民委员会区长，林德明、张嘉种为副区长，委员16人；选举吴兹寿为区人民法院院长；选举区人民陪审员43人。因“文化大革命”开始，区第六届人民代表大会只举行1次会议。之后，人民代表大会制度中断。

第七届人民代表大会 第一次会议于1978年12月19—21日召开，出席代表262人，列席代表12人；会议听取和审议《区革命委员会的工作报告》，并作出决议；选举李锡龄为区革命委员会主任，陈仲植、杨云霞、叶禧为副主任，委员23人；选举江永龄为区人民法院院长、肖鸿龙为区人民检察院检察长；选举出席厦门市第七届人大代表129名。第二次会议于1979年7月26日召开，出席代表262人。

第八届人民代表大会 第一次会议于1980年10月30日至11月1日召开，出席代表236人；会议听取和审议区革命委员会主任李锡龄作的《区革命委员会工作报告》，区人民法院院长江永龄作的《区法院工作报告》，区人民检察院检察长肖鸿龙作的《区检察院工作报告》，并作出相应决议；选举叶禧为区第八届人大常委会主任，陈仲植、翁迺恭、谢家欣为副主任，委员13人；选举李锡龄为区人民政府区长，叶禧、陈仲植、林文彬、苏美英、杨云霞、陈淑元为副区长，江永龄为区人民法院院长，肖鸿龙为区人民检察院检察长。第二次会议于1981年12月24—26日召开，出席代表213人；补选佘亚好、王士豪为区人大常委会委员；增选苏美英为副区长。第三次会议于1983年1月11—14日召开，出席代表165人。第四次会议于1984年2月22—24日召开，出席代表230人；补选林文彬为区人大常委会主任，杨云霞为副主任；选举薛竹为区人民政府区长。

第九届人民代表大会 第一次会议于1984年10月24—27日召开，出席代表214人；会议听取和审议区人大常委会主任林文彬作的《区人大常委会工作报告》，区长薛竹作的《区政府工作报告》，听取副区长洪锡庚作的《关于1984年经济指标完成情况报告》，区人民法院院长江永龄作的《区法院工作报告》，区人民检察院检察长林金焜作的《区检察院工作报告》，区财政局副局长潘清霖作的《思明区1983年财政决算和1984年财政预算（草案）情况报告》，并作出决议；选举林文彬为区第九届人大常委会主任，杨云霞、翁道恭为副主任，委员12人；选举薛竹为区人民政府区长，苏美英、陈黄伟、林国安、洪锡庚为副区长，林必璋为区人民法院院长，林金焜为区人民检察院检察长。第二次会议于1985年12月25—27日召开，出席代表213人。第三次会议于1987年1月12—13日召开，出席代表213人。

第十届人民代表大会 第一次会议于1987年11月16—21日召开，出席代表186人；会议听取和审议区人大常委会主任林文彬作的《区人大常委会工作报告》，区长薛竹作的《区政府工作报告》，区人民法院院长肖木生作的《区法院工作报告》，区人民检察院检察长林金焜作的《区检察院工作报告》，区财政局副局长潘清霖作的《关于1986年财政预算执行情况和1987年财政预算（草案）的报告》，并作出决议；选举林文彬为区第十届人大常委会主任，杨云霞、苏美英、梁孙尧为副主任，委员13人；选举薛竹为区人民政府区长，陈黄伟、林国安、洪锡庚为副区长，肖木生为区人民法院院长，林金焜为区人民检察院检察长；选举出席厦门市第九届人大代表75名及区人民陪审员60人。第二次会议于1988年3月30日至4月1日召开，出席代表156人；补选出席厦门市第九届人大代表13名。第三次会议于1989年3月1—4日召开，出席代表180人；补选出席厦门市第九届人大代表4名。第四次会议于1990年3月8—10日召开，出席代表175人。

第十一届人民代表大会 第一次会议于1991年1月8—13日召开，出席代表179人；会议听取和审议区人大常委会主任林文彬作的《区人大常委会工作报告》，代区长吴瑞炳作的《区政府工作报告》，区人民法院院长肖木生作的《区法院工作报告》，区人民检察院检察长林金焜作的《区检察院工作报告》，区财政局副局长潘清霖作的《关于1990年财政预算执行情况和1991年财政预算（草案）的报告》，并作出相应决议；选举许雨川为区第十一届人大常委会主任，郭福年、苏美英、陈荣忠、辜瑞学为副主任，委员12人；选举吴瑞炳为区人民政府区长，林国安、施秀丽、洪锡庚、薛源官为副区长，肖木生为区人民法院院长，林金焜为区人民检察院检察长；通过《思明区经济社会发展“八五”计划纲要的决议》。第二次会议于1992年1月17—19日召开，出席代表174人。第三次会议于1992年11月2—3日召开，出席代表169人；选举出席厦门市第十届人大代表58名。第四次会议于1993年2月17—20日召开，出席代表167人。

第十二届人民代表大会　第一次会议于1994年1月18—22日召开，出席代表179人；会议听取和审议区人大常委会主任许雨川作的《区人大常委会工作报告》，区长吴瑞炳作的《区政府工作报告》，区人民法院院长肖木生作的《区法院工作报告》，区人民检察院检察长林金焜作的《区检察院工作报告》，区财政局局长潘清霖作的《关于1993年财政预算执行情况和1994年财政预算（草案）的报告》，并作出决议；会议选举许雨川为区第十二届人大常委会主任，陈荣忠、庄振典、辜瑞学为副主任，委员13人；选举吴瑞炳为区人民政府区长，王勇军、曾耀民、林国安、金章祥、施秀丽、薛源官为副区长，袁国良为区人民法院院长，孟鲁宁为区人民检察院检察长。第二次会议于1995年2月14—17日召开，出席代表179人。第三次会议于1996年1月29日至2月2日召开，出席代表165人；选举王勇军为区人民政府区长。第四次会议于1997年2月22—25日召开，出席代表179人。第五次会议于1997年10月29—30日召开，出席代表175人；选举出席厦门市第十一届人大代表51名。第六次会议于1998年2月17—20日召开，出席代表173人。

第十三届人民代表大会　第一次会议于1999年1月10—15日召开，出席代表141人；会议听取和审议区人大常委会主任许雨川作的《区人大常委会工作报告》，区长王勇军作的《区政府工作报告》，区人民法院院长袁国良作的《区法院工作报告》，区人民检察院检察长尤长兹作的《区检察院工作报告》，区财政局局长潘清霖作的《关于1998年财政预算执行情况和1999年财政预算（草案）的报告》，并作出决议；选举许雨川为区第十三届人大常委会主任，陈荣忠、程和水、庄振典、吴碧英为副主任，委员12人；选举王勇军为区人民政府区长，郑云峰、杨立才、朱奖思、何瑞福、阮耀国为副区长，陈国猛为区人民法院院长，尤长兹为区人民检察院检察长。第二次会议于2000年1月5—8日召开，出席代表141人。第三次会议于2001年1月15—18日召开，出席代表135人；补选黄强为区人民政府区长。第四次会议于2002年4月2—6日召开，出席代表136人；补选陈宏镜为区人大常委会主任。第五次会议于2002年11月9—10日召开，出席代表131人；选举出席厦门市第十二届人大代表37名。第六次会议于2003年2月13—16日召开，出席代表132人。

第二节　三区整合后思明区人民代表大会

第十四届人民代表大会　第一次会议于2003年10月15—17日召开，出席代表251人；选举王昆仑为区第十四届人大常委会主任，张振诚、程和水、李芳玲、何冠中、韩静江、蔡垂强为副主任，委员16人；选举郑云峰为区人民政府区长，倪超、童在福、朱奖思、何瑞福、傅建明、林国泰为副区长，丁丽贞为区人民法院院长，戴修俊为区人民检察院检察长。第二次会议于2004年2月24—26日召开，出席代表250人。第三次会议于2005年1月25—28日召开，出席代表246人。第四次会议于2006年1月17—20日召开，出席代表243人。

2006年1月17日，思明区十四届人大第四次会议开幕

第十五届人民代表大会 第一次会议于2007年2月4—9日召开，出席代表246人；会议听取和审议区人大常委会主任王昆仑作的《区人大常委会工作报告》，代区长张灿民作的《区政府工作报告》，区人民法院院长丁丽贞作的《区法院工作报告》，区人民检察院检察长戴修俊作的《区检察院工作报告》，并作出决议；选举陈福炎为区第十五届人大常委会主任，童在福、何冠中、韩静江、蔡垂强、林文良为副主任，委员17人；选举张灿民为区人民政府区长，白玉渊、陈李升、何瑞福、傅建明、林国泰、潘少銮、黄嘉斌为副区长，丁丽贞为区人民法院院长，戴修俊为区人民检察院检察长。

第四章 区人大常委会机构

第一节 领导机构

一、三区人大常委会

（一）鼓浪屿区人大常委会

第八届人大常委会 1980年11月8日设，主任朱昌科，副主任林仁祥、李芳洲、方秀梨，委员11人。1981年12月10日，增补委员2人。1983年1月6日，增补委员1人。1984年1月9日，增补委员1人。

第九届人大常委会 1984年11月3日设，主任朱昌科，副主任林仁祥、李芳洲、郭剑萍，委员11人。

第十届人大常委会 1987年11月14日设，主任周金才，副主任郭剑萍、张金锁，委员10人。1989年2月22日，增补黄锡琛为副主任。

第十一届人大常委会 1991年1月26日设，主任郭晓菱，副主任郭松萍、洪振华、黄锡琛，委员11人。

第十二届人大常委会 1994年1月22日设，主任徐学富，副主任洪振华、黄锡琛，委员12人。1997年1月21日，增补陈文章为副主任。

第十三届人大常委会 1999年1月16日设，主任郭恒明，副主任钟哲聪、陈文章、王清祥、陈昭强，委员10人。

（二）开元区人大常委会

第八届人大常委会 1980年5月11日设，主任廖开，副主任张继增、郑光昕、康其炳，委员11人。1981年6月5日，增补黄淑端为副主任。1984年1月12日，补选张嘉种为主任，张森炎为副主任。

第九届人大常委会 1984年10月29日设，主任张嘉种，副主任康其炳、张继增、黄淑端、林团体，委员13人。1986年3月20日，补选张清钳为主任，吴沧海为副主任，补选委员3人。黄淑端退休辞去副主任职务。

第十届人大常委会 1987年9月28日设，主任康其炳，副主任吴沧海、梁涵生、叶怡足，委员13人。1987年10月24日，下设代表资格审查委员会、法制工作委员会、财政经济工作委员会、科教文卫工作委员会、华侨工作委员会、城建工作委员会。

第十一届人大常委会 1991年2月3日设，主任吴沧海，副主任王振玉、王家渊、黄兴佐，委员

13 人。1992 年 2 月 29 日，补选李芳玲为副主任，王振玉辞去副主任职务。

第十二届人大常委会　1994 年 1 月 28 日设，主任吴沧海，副主任李芳玲、傅文通、黄兴佐，委员 11 人。1997 年 1 月 24 日，增选潘耀辉为副主任。

第十三届人大常委会　1999 年 1 月 15 日设，主任杨玲，副主任李芳玲、潘耀辉、杨春粟、苏宜尹，委员 12 人。

（三）思明区人大常委会

第八届人大常委会　1980 年 11 月 1 日设，主任叶禧，副主任陈仲植、翁迺恭、谢家欣，委员 13 人。1981 年 12 月 25 日，补选委员 2 人。1984 年 2 月 22 日，补选林文彬为主任，杨云霞为副主任。

第九届人大常委会　1984 年 10 月 27 日设，主任林文彬，副主任杨云霞、翁迺恭，委员 12 人。

第十届人大常委会　1987 年 11 月 21 日设，主任林文彬，副主任杨云霞、苏美英、梁孙尧，委员 13 人。

第十一届人大常委会　1991 年 1 月 13 日设，主任许雨川，副主任郭福年、苏美英、陈荣忠、辜瑞学，委员 12 人。

第十二届人大常委会　1994 年 1 月 22 日设，主任许雨川，副主任陈荣忠、庄振典、辜瑞学，委员 13 人。

第十三届人大常委会　1999 年 1 月 15 日设，主任许雨川，副主任陈荣忠、程和水、庄振典、吴碧英，委员 12 人。

二、三区整合后思明区人大常委会

第十四届人大常委会　2003 年 10 月 17 日设，主任王昆仑，副主任张振诚、程和水、李芳玲、何冠中、韩静江、蔡垂强，委员 16 人。

第十五届人大常委会　2007 年 2 月 9 日设，主任陈福炎，副主任童在福、何冠中、韩静江、蔡垂强、林文良，委员 17 人。

第二节　办事机构

一、常委会工作机构

（一）三区常委会工作机构

1. 鼓浪屿区

办公室　1980 年 11 月设；2003 年 10 月撤。

财政经济工作委员会　1985 年 6 月设；2003 年 10 月撤。

经济城建工作委员会　1985 年 6 月设城市建设环境资源工作委员会；1988 年，城市建设环境资源工作委员会与财经工委会合并为经济城建工作委员会；2003 年 10 月撤。

法制内司工作委员会　1985 年 2 月设；2003 年 10 月撤。

教科文卫侨工作委员会　1985 年 6 月，设科教文卫工作委员会和华侨工作委员会；1988 年，合并为教科文卫侨工作委员会；2003 年 10 月撤。

2. 开元区

办公室　1980 年 5 月设；2003 年 10 月撤。

财政经济工作委员会　1985 年 10 月设；2003 年 10 月撤。

城市建设环境资源工作委员会　1987 年 9 月设；2003 年 10 月撤。

法制内司工作委员会　1985 年 10 月设；2003 年 10 月撤。

教科文卫、华侨工作委员会　1985 年 10 月，设教科文卫工作委员会；1988 年 2 月，设华侨工作委员会；1994 年 2 月，改设教科文卫、华侨工作委员会；2003 年 10 月撤。

3. 思明区

办公室　1981 年 3 月设；2003 年 10 月撤。

财政经济工作委员会　1986 年 10 月设；2003 年 10 月撤。

城市建设环境资源工作委员会　1987 年 2 月设；2003 年 10 月撤。

法制内司工作委员会　1986 年 10 月设；2003 年 10 月撤。

教科文卫工作委员会　1986 年 10 月，设教育科学文化卫生工作委员会；2003 年 10 月撤。

华侨工作委员会　1988 年 5 月，设华侨工作委员会；2003 年 10 月撤。

（二）三区整合后常委会工作机构

2003 年 10 月三区整合后，区人大常委会工作机构设办公室、人事代表工作室、财政经济工作委员会、城市建设环境资源工作委员会、法制内司工作委员会、科教侨台工作委员会。2007 年，内设机构依然。

二、常委会派出机构

鼓浪屿街道人大代表联络工作室　2006 年 9 月设，配兼职主任、联络员各 1 名。2007 年底，设置及人员配备不变。

鹭江街道人大代表联络工作室　2006 年 9 月设，配兼职主任、联络员各 1 名。2007 年 2 月，配专职主任、联络员各 1 名；年底，设置及人员配备不变。

中华街道人大代表联络工作室　2006 年 9 月设立，配兼职主任、联络员各 1 名。2007 年 2 月，配专职主任、联络员各 1 名；年底，设置及人员配备不变。

厦港街道人民代表联络工作室　2006 年 9 月设立，配兼职主任 1 名、联络员 1 名。2007 年底，设置及人员配备不变。

开元街道人民代表联络工作室　2006 年 9 月设立，配兼职主任 1 名、联络员 1 名。2007 年 2 月，配专职主任、联络员各 1 名；年底，设置及人员配备不变。

筼筜街道人民代表联络工作室　2006 年 9 月设立，配兼职主任、联络员各 1 名。2007 年 2 月，配专职主任、联络员各 1 名；年底，设置及人员配备不变。

梧村街道人民代表联络工作室　2006 年 9 月设立，配兼职主任、联络员各 1 名。2007 年 2 月，配专职主任、联络员各 1 名；年底，设置及人员配备不变。

嘉莲街道人民代表联络工作室　2006 年 9 月设立，配专职主任、联络员各 1 名。2007 年底，设置及人员配备不变。

莲前街道人民代表联络工作室　2006 年 9 月设立，配兼职主任、联络员各 1 名。2007 年底，设置及人员配备不变。

滨海街道人民代表联络工作室　2006 年 9 月设立，配兼职主任、联络员各 1 名。2007 年 2 月，配专职主任、联络员各 1 名；年底，设置及人员配备不变。

第五章　人大常委会主要工作

第一节　依法监督

一、听取和审议“一府两院”工作报告

（一）三区人大听取和审议“一府两院”工作报告

1. 鼓浪屿区

1982年6月，区人大常委会听取区政府关于提案办理情况报告。之后，先后分别听取区政府开展第二个文明礼貌月活动，以及工业生产、农贸市场管理、城建绿化、市容卫生管理、卫生防疫、文化教育、打击走私活动、打击刑事犯罪活动、社会治安、侨务工作、“五讲四美三热爱”活动、清除精神污染、清退“三清”物资、殡葬改革情况报告。审议后作出《关于加强绿化管理工作的决定》《关于深入开展“五讲四美三热爱”活动的决定》《鼓浪屿区城市市容卫生管理暂行规定》《关于贯彻市殡葬管理办法补充办法的决定》。

1986年2月25日，听取和审议区政府关于鼓浪屿区城市管理暂行规定公布一年来的执行情况和关于绿化工作情况报告；4月25日，听取和审议区政府开展普法教育、实现社会风气根本好转议案、社会治安综合治理，以及区法院审理民事案件的工作报告；6月14日，听取和审议区政府防疫卫生工作报告；9月27日，听取和审议区政府做好文教工作、实现社会风气根本好转议案办理的补充意见；审议通过区政府关于调整部分区工业生产指标的提请报告；11月19日，听取和审议区政府进出口工作、审计工作和工商行政管理工作报告，并通过人民代表持证视察工作办法。1987年3月，听取和审议区政府执行《厦门市城市管理暂行规定》、依法治岛议案实施方案；8月，听取和审议区政府关于重点经济计划、双增双节工作、实施《治安管理处罚条例》情况报告，以及区法院关于《民法通则》实施情况报告。

1988年3月18日，区人大常委会听取和审议区政府有关改革、开放、经济发展规划报告，以及执行市人大常委会关于《加强鼓浪屿风景旅游区的保护、建设和管理决定》的情况和《依法治岛决议》情况报告；10月12日，听取和审议区政府实施《福建省未成年人保护条例》和依法治岛情况报告；12月27日，听取和审议区政府改革经济体制和治理经济环境、整顿经济秩序情况报告。1989年1月20日，听取和审议区政府关于1988年工作情况报告及加强春节市场管理意见；2月23日，听取和审议区政府实施九年义务教育规划报告，批准区政府此项报告；4月26日，听取和审议区政府关于1989年1—3月工业生产情况报告和“两公开一监督”试点工作情况报告；7月14日，听取和审议关于龙头至三丘田旧城区一期改造规划、内厝澳围海改造规划报告；9月27日，听取和审议区政府关于环境卫生整治工作情况报告；11月29日，听取和审议区政府实施依法治岛工作和实施《中华人民共和国义务教育法》，以及区检察院、区监察局贯彻区政府、区检察院、区法院联合《通告》情况报告。

1990年5月2日，听取和审议区政府关于第一季度区属工业、商贸业生产经营和鼓浪屿园林管理所与台商合资发展鼓浪屿海上陆上旅游事业情况报告；8月28日，听取和审议区政府实施《中华人民共和国义务教育法》情况报告。

1991年7月10日，区人大常委会听取和审议区政府制定的《鼓浪屿区国民经济和社会发展“八

五”计划纲要（草案）》；10月17日，听取区公安分局关于社会治安综合治理情况报告；12月11日，听取和审议区政府实施九年义务教育规划情况报告。1992年4月16日，听取和审议区政府实施《中华人民共和国环境保护法》《中华人民共和国城市居民委员会组织法》情况报告和关于文化市场管理情况报告；6月18日，听取和审议区政府关于城建、旅游工作报告和关于商贸工作报告；10月21日，听取和审议区政府关于执行《中华人民共和国归侨侨眷权益保护法》情况报告；12月26日，听取和审议区政府执行《中华人民共和国集体所有制企业条例》、第二个五年普法和依法治区情况报告。1993年4月9日，听取和审议区政府关于《城市绿化条例》《城市市容和环境卫生管理条例》执行情况报告；6月24日，听取区政府执行《中华人民共和国未成年人保护法》情况报告；10月15日，听取和审议区政府执行《治安管理处罚条例》情况报告。

1994年3月30日，听取和审议区政府关于《公证暂行条例》执行情况报告；6月28日，听取和审议区政府关于《中华人民共和国食品卫生法》《中华人民共和国药品管理法》执行情况报告和调整区工业结构调查报告；10月26日，听取和审议区政府贯彻《中华人民共和国归侨侨眷权益保护法》情况报告和《城乡个体工商户管理暂行条例》执行情况报告。1995年4月26日，听取和审议区政府“八五”计划执行情况报告和《风景名胜区管理暂行条例》执行情况报告；6月28日，听取和审议区政府廉政建设情况报告，区法院民事审判庭工作情况报告；10月18日，听取和审议区政府执行《中华人民共和国教师法》情况报告和《中华人民共和国消费者权益保护法》执行情况报告；12月19日，听取和审议区政府“九五”计划和2010年远景目标（草案）报告。1996年3月27日，听取和审议区政府关于“三五”普法、依法治岛五年规划报告，作出实施《“三五”普法及依法治岛五年规划》决议；并听取和审议执行《福建省计划生育条例》情况报告，作出《关于进一步贯彻执行〈福建省计划生育条例〉》的决定；5月7日，听取和审议区法院、检察院队伍建设情况报告；7月21日，听取和审议区政府关于工业企业发展情况报告和预算外资金管理情况报告；10月16日，听取和审议区政府执行《中华人民共和国劳动法》和机构改革方案情况报告。1997年3月14日，听取和审议区政府1996年“三五”普法、依法治区工作情况和1997年“三五”普法、依法治区实施意见报告；5月9日，听取和审议区政府执行《厦门市城市建设管理监察条例》报告和关于整顿会计工作秩序工作报告；6月20日，听取和审议区政府关于行政执法工作的探讨专题报告、社会主义精神文明建设情况报告、区公安分局关于区公安工作情况报告；10月17日，听取和审议区政府执行《中华人民共和国科技进步法》《中华人民共和国行政处罚法》情况报告。1998年3月4日，听取和审议区政府1997年“三五”普法、依法治区工作报告；4月29日，听取和审议区政府执行《中华人民共和国文物保护法》情况报告；6月26日，听取和审议区政府关于工业转机建制和以铝电解电容器为龙头，调整区工业结构议案办理情况报告和报请市政府制定《鼓浪屿风景名胜区管理条例》议案办理情况报告，以及《厦门市市容和环境卫生管理办法》贯彻执行情况报告；10月23日，听取和审议区公、检、法执行《中华人民共和国刑法》《中华人民共和国刑事诉讼法》情况报告。

1999年6月22日，听取和审议区政府关于执行《厦门市饮食食品卫生管理办法》情况报告；10月，听取和审议区政府依法治区、实行执法责任制情况报告，关于旧城改造详规和相关政策情况报告，区法院和检察院执法责任制情况报告。

2000年6月27日，听取和审议区政府实施《中华人民共和国教育法》、推进素质教育情况报告，关于加强国有资产管理情况报告；8月4日，听取和审议区政府关于旅游经济深度开发情况报告；10月19日，听取和审议区政府“三五”普法、依法行政情况报告，区检察院、区法院司法情况报告；12月，听取和审议区政府关于“九五”计划执行情况和“十五”计划草案的报告。2001年4月27日，听取和审议区政府关于首批历史风貌建筑保护情况报告；6月25日，听取和审议区政府关于鼓浪屿环鼓路工程建设情况报告，关于小学布局调整情况报告；8月23日，听取和审议区政府关于开展“四五”普法工作和依法治区的实施意见，并作出决议；10月26日，听取和审议区政府关于区旅游规划编制工作情况的报告，关于贯彻《中华人民共和国科技进步法》开展创建“全国科技工作先进城区”情况报告，关于整顿和规范市场经济秩序情况报告，2001 年普法、依法行政情况报告，区法院、区检察院司法情况报告。2002 年 7 月 9 日，听取和审议区政府关于旅游市场整治情况的报告，关于环鼓路软基段建设情况的报告；10 月 31 日，听取和审议区政府 2002 年依法治区和普法工作情况以及依法行政有关制度落实情况报告，关于《中华人民共和国归侨侨眷权益保护法》和《厦门市归侨侨眷权益保护条例》实施情况报告，关于《厦门市鼓浪屿历史风貌建筑保护条例》执行情况报告，关于鼓浪屿旅游发展规划编制情况报告，听取评议区“一府两院”部分工作人员述职报告。2003 年 4 月 24 日，听取和审议区政府关于拆迁整治工作情况报告，关于《中华人民共和国人口与计划生育法》和省《人口与计生条例》《流动人口计生工作管理办法》实施情况报告，关于鼓浪屿控制性详规编制情况的报告；6 月 27 日，听取和审议区政府关于计划生育法律法规执行情况报告，关于社区规模调整及社区居委会换届选举工作情况报告，关于禁毒工作情况报告；8 月 12 日，听取和审议区政府关于依法治区和普法工作情况报告。

2. 开元区

1982 年 2 月，区人大常委会听取和审议区政府重新修订《开元区社会主义道德公约》和抓好“全民文明礼貌月”情况报告。1982 年 5 月至 1983 年 1 月，听取和审议区“一府两院”关于抓好社会主义物质文明和精神文明建设、综合治理脏乱差，开展创“五好”家庭，居委会活动和实行经济责任制，以及打击经济领域犯罪活动情况报告。

1985 年 5 月，听取和审议区政府关于加强两个文明建设、执行《中华人民共和国经济合同法》情况报告；7 月，听取和审议区政府关于经济工作及企业改造情况报告；11 月 23 日，听取和审议区政府计划生育工作情况报告。1986 年 7 月 30 日，听取和审议区法院、区检察院上半年工作情况及加强干警队伍建设的报告；10 月 10 日，听取和审议区工商局实施《中华人民共和国经济合同法》情况、区审计局审计工作情况、区城管局实施经济承包责任制情况报告；11 月，听取和审议区政府关于华侨工作情况、知识分子政策贯彻落实情况报告。1987 年 3 月 17 日，听取和审议区政府普法工作意见报告。

1988 年 7 月 29 日，听取和审议区政府上半年经济工作报告、区法院执行《民法通则》情况报告、区检察院执行《中华人民共和国刑法》《中华人民共和国刑事诉讼法》情况报告；9 月 28 日，听取和审议区政府关于个体私营经济发展、贯彻《福建省计划生育条例》的报告；11 月 24 日，听取和审议区政府城管工作、科技工作报告。1989 年 4 月 12 日，听取和审议区政府监察工作、农村经济工作、实施九年义务教育的报告，并作出决议；6 月 13 日，听取和审议区政府“治理、整顿”工作、民政福利、生产发展的报告；8 月 18 日，听取和审议区法院、区检察院干警队伍建设、廉政建设情况的报告；10 月 12 日，听取和审议区政府为民办 12 件实事、侨务工作的报告；12 月 20 日，听取和审议区政府关于“一手抓扫黄除害，一手抓繁荣特区文化”报告和区检察院开展反贪污、贿赂斗争、区法院清理民事与经济执行案件报告。

1990 年 6 月 4 日，听取和审议区政府贯彻《中共中央关于改革和加强小学德育工作的通知》报告；8 月 8 日，听取和审议区法院告诉申诉信访工作、区检察院廉政建设工作报告。

1991 年 3 月 20 日，听取区公安分局抓好社会治安、开展“爱民月”活动报告；5 月 29 日，听取和审议区政府《经济发展“八五”计划纲要（草案）》的报告和区检察院严厉打击严重刑事犯罪工作报告；7 月 24 日，听取和审议关于居（村）委会换届选举工作报告；10 月 4 日，听取和审议区政府实施九年义务教育和试行门前“三包”，搞好环境卫生工作报告，以及区法院关于严肃执法解决“执行难”工作报告；12 月 4 日，听取和审议区政府贯彻《中华人民共和国归侨侨眷权益保护法》、贯彻国务院提出的“质量、品种、效益年”活动报告。

1992 年 3 月 14 日，听取和审议区法院关于“充分发挥经济审判的职能作用，为特区经济建议发展保驾护航”工作报告；5 月 12 日，听取和审议区政府关于流动人口计划生育工作、外经工作报告；7 月 13 日，听取和审议区政府实施“四三三”工程、发展第三产业工作报告，以及区检察院深入开展反贪污贿赂工作报告；9 月 5 日，听取和审议区政府实施环卫新体制报告；10 月 6 日，听取和审议区政府实施《中华人民共和国城镇集体所有制企业条例》报告；12 月 17 日，听取和审议区政府关于开创科技工作新局面和为民办十件实事进展情况报告。

1993 年 4 月 6 日，听取和审议区政府关于工商为发展经济、繁荣市场服务的报告，区法院关于配合有关部门贯彻执行《福建省计划生育条例》和《中华人民共和国归侨侨眷权益保护法》工作报告；6 月 10 日，听取和审议区政府关于教育经费使用情况、经济重点项目建设进展情况报告；10 月 9 日，听取和审议区政府开展反盗斗争、搞好社会治安综合治理工作报告。

1994 年 4 月 21 日，听取和审议区政府依法管理文化市场工作、区检察院反腐败斗争工作报告；6 月 21 日，听取和审议区政府关于在新形势下开展计生工作、区法院关于经济纠纷调解中心试行情况报告；8 月 19 日，听取和审议区政府关于 1994 年上半年国民经济计划执行情况报告；10 月 20 日，听取和审议区政府关于经济法律法规宣传、加强小学教师队伍建设的情况报告；12 月 19 日，听取和审议区政府为民办 10 件实事工作报告。

1995 年 4 月 7 日，听取和审议区政府“二五”普法教育工作、贯彻《中华人民共和国归侨侨眷权益保护法》工作报告；6 月 6 日，听取和审议区政府发展乡镇企业、区法院对刑事、经济犯罪案件审判工作的报告；8 月 10 日，听取和审议区政府企业体制改革、创建国家卫生城市工作报告；10 月 6 日，听取和审议区检察院对侦查、审判监督工作报告；12 月 5 日，听取和审议区政府贯彻《厦门市台湾同胞投资保障条例》《福建省社会治安综合治理条例》情况报告。

1996 年 6 月 19 日，听取和审议区政府执行《中华人民共和国食品卫生法》情况、区法院实施《中华人民共和国法官法》加强干警队伍建设工作报告；8 月 9 日，听取和审议区政府贯彻《中华人民共和国劳动法》情况、区检察院贯彻《中华人民共和国检察官法》情况报告；10 月 4 日，听取和审议区政府关于争创计划生育工作全国先进的报告；12 月 5 日，听取和审议区政府改善投资环境、培植经济新增长点和为民办 10 件实事工作报告。

1997 年 4 月 7 日，听取和审议区政府制定《开元区“九五”科学技术发展计划》的报告；6 月 5 日，听取和审议区政府开展群众性体育工作、区检察院实施《中华人民共和国刑事诉讼法》情况报告；8 月 6 日，听取和审议区政府实施《中华人民共和国教育法》、区法院实施《中华人民共和国刑事诉讼法》情况报告；10 月 5 日，听取和审议区政府整治城乡结合部环境卫生工作报告；12 月 8 日，听取和审议区政府贯彻《中华人民共和国行政处罚法》、推进区属企业改革和发展情况报告。

1998 年 4 月 10 日，听取和审议区政府实施依法治区、开展“三五”普法工作报告；6 月 5 日，听取和审议区政府贯彻《中华人民共和国老年人权益保障法》《福建省流动人口计生管理办法》情况和区政府驻地迁移议案的报告；8 月 7 日，听取和审议区政府加快东部开发、培植经济增长点工作和区法院与区检察院开展政法队伍教育整顿工作报告。

1999 年 5 月 14 日，听取和审议区政府关于外来人口子女入学情况报告；7 月 14 日，听取和审议区政府开展医德医风教育整顿工作和区检察院加强基层检察队伍建设工作报告；9 月 20 日，听取和审议区政府关于危房改造情况报告；11 月 23 日，听取和审议区政府关于集体企业改革情况和区法院开展“执行年”活动工作报告。

2000 年 4 月 27 日，听取和审议区政府关于城市道路布局调整方案报告，并作出决议；7 月 28 日，听取和审议区政府落实计划生育“三为主”工作报告；9 月 26 日，听取和审议区政府社会治安综合治理工作报告；11 月 30 日，听取和审议区政府开展消灭无标生产和创“名牌名店”战略计划情况报告，听取区法院民事审判方式改革情况报告。

2001 年 5 月 24 日，听取和审议“一府两院”实施《开元区人大常委会关于实施进一步加强依法治区的决议》情况报告；7 月 19 日，听取和审议区法院贯彻《中华人民共和国行政诉讼法》情况报告；9 月 14 日，听取和审议区政府实施“科技创新、科技兴区”情况报告；11 月 19 日，听取和审议区政府实施“四五”普法规划、开展重点工程建设和区检察院加强公诉队伍建设工作报告。

2002 年 3 月 19 日，听取和审议区政府重点建设项目安排、区法院改革、区检察院改革工作报告；7 月 18 日，听取和审议区政府“教育强区”实施方案报告；12 月 12 日，听取和审议区政府优化投资环境与加大招商引资力度、旧村旧城改造项目建设、办理“加强与加快社区示范区建设”议案的工作报告。

2003 年 3 月 20 日，听取和审议区政府重点建设项目安排的情况报告；5 月 23 日，听取和审议区政府推进计划生育综合改革工作报告；7 月 24 日，听取和审议区政府关于旧城旧村改造项目进展、事业单位改革工作报告。

3. 思明区

1986 年 3 月，区人大常委听取和审议区政府城市管理和建安工作报告；5 月，听取和审议区政府街道政权建设情况、法制宣传教育工作和区公安分局治安情况报告；7 月，听取和审议区政府两个文明建设工作报告和区法院、区检察院工作报告；9 月，听取和审议区政府教育、文化、卫生和计划生育工作报告。

1987 年 2 月，听取和审议区政府修订“七五”计划、筹建金城大酒店和制定当年工作计划的报告；4 月，听取和审议区政府贯彻全国人大常委会《关于加强法制教育维护安定团结的决定》和普法教育工作报告。

1988 年 5 月，听取和审议区政府深化企业改革、执行《中华人民共和国食品卫生法》、强化城市建设和管理工作报告；8 月 10—12 日，听取和审议区政府关于 52 个主要街工商企业推行经济承包责任制工作报告；9 月 23—24 日，听取和审议区政府农村工作、侨务工作、教育系统知识分子和科技人员管理情况的报告；11 月 23 日，听取区公安分局关于《治安管理处罚条例》执行情况报告。

1989 年 2 月 18 日，听取和审议区政府关于 1988 年经济计划完成情况和 1989 年经济计划安排意见的报告；3 月 31 日，听取和审议区政府实施九年制义务教育规划、整顿经济秩序情况和区工商局关于 1988 年度工作的报告；7 月 24—25 日，听取和审议区政府上半年国民经济计划执行情况、科技开发工作的报告；9 月 18 日，听取和审议区政府实施《中华人民共和国土地管理法》《中华人民共和国药品管理法》情况及普法工作、禾祥西路综合楼对外出租问题和质询案的报告；11 月 24 日，听取和审议区政府实施《福建省计划生育条例》情况、禾祥西路综合楼质询案补充问题答复情况、区法院与区检察院实施《关于严惩严重破坏经济的罪犯的决定》《惩治贪污罪、贿赂罪的补充规定》情况的报告。

1990 年 2 月 17 日，听取和审议区政府 1989 年经济工作情况和 1990 年经济工作意见的报告；4 月 27 日，听取区公安分局关于社会治安综合治理工作报告；5 月 29 日，听取和审议区政府进一步清理整顿公司和清理资产在建项目、压缩投资规模、调整投资结构情况、区监察局廉政建设工作的报告；7 月 24 日，听取和审议区政府上半年经济计划执行情况报告。

1991 年 4 月 4 日，听取和审议区政府第一个五年普法工作、第二个五年普法规划报告；5 月 17 日，听取和审议区政府文化市场管理、区企业实行第一轮承包租赁经营责任制情况及第二轮准备和实施意见报告；7 月 23 日，听取和审议区政府上半年国民经济计划执行情况、区法院严厉打击严重刑事犯罪活动和民事审判活动、区检察院严厉打击严重经济犯罪活动情况报告；9 月 23 日，听取和审议区政府科技人员管理、使用和作用发挥情况、民房审批和管理工作情况、实施《价格管理条例》情况报告；11 月 29 日，听取和审议区政府编制《思明区国民经济和社会发展第八个五年计划（草案）》、开展企业“质量、品种、效益年”活动、实施《中华人民共和国归侨、侨眷权益保护法》情况报告。

1992 年 1 月 24 日，听取和审议区政府执行《1991 年国民经济和社会发展计划》情况、制定《1992 年国民经济和社会发展计划（草案）》报告；5 月，听取和审议区政府执行全国人大常委会《关于加强社会治安综合治理的决定》和实施《审计条例》《流动人口计划生育管理办法》《福建省计划生育条例》情况报告；6 月 26 日，听取和审议区政府关于金信酒店、菜篮子公司、旅游公司、房屋开发公司项目及区属企业扭亏工作情况报告；7 月 29 日，听取和审议区政府执行上半年国民经济发展计划情况报告；9 月 24 日，听取和审议区政府实施《中华人民共和国食品卫生法》《中华人民共和国环境保护法》情况及区归侨侨眷兴办企业情况报告；11 月，听取和审议区政府贯彻《福建省保护消费者合法权益条例》和实施第二个五年普法规划、居民委员会组织法、村民委员会组织法情况报告。

1993年2月4日，听取和审议区政府执行《1992年国民经济和社会发展计划》、制定《1993年国民经济和社会发展计划（草案）》，以及“八五”计划修订情况报告；3月31日，听取区政府通报市政府在思明区召开现场办公会议精神和区政府今后工作计划的报告；5月26日，听取和审议区政府清理民间标会工作、实施《中华人民共和国未成年人保护法》情况报告；6月23日，听取和审议区政府实施《中华人民共和国企业法》《工业企业转换经营机制条例》、转变政府职能和转变企业经营机制情况报告；7月23日，听取和审议区政府执行上半年经济计划情况报告；12月，听取和审议区政府关于同文顶和厦港两片区旧城改造工作和工业用地的开发与建设情况报告。

1994年4月20日，听取和审议区政府实施《中华人民共和国科学技术进步法》情况和关于曾厝垵、黄厝村沿海线沙滩资源情况的报告；6月20日，听取和审议区政府深化区属企业改革（转换企业经营机制）、加快建立现代企业制度情况和关于“两片”（同文顶和厦港）旧城改造工作情况报告；7月28日，听取和审议区政府关于1994年国民经济计划上半年执行情况报告；9月28日，听取和审议区政府劳务工作、三资企业工作报告；11月29日，听取和审议区政府实施《中华人民共和国教师法》情况和依法治区方案的报告。

1995年5月，听取和审议区政府创建国家卫生城区、执行《药品管理法》情况报告；7月，听取和审议区政府执行1995年上半年经济计划情况报告；9月，听取和审议区政府执行《福建省台湾同胞保护法办法》《厦门市台湾同胞保护条例》和企业改制改组改造改善（建立现代企业制度）情况报告；11月，听取和审议区政府实施依法治区方案、执行《中华人民共和国劳动法》、机构改革情况报告。

1996年1月，听取和审议区政府执行《1995年国民经济和社会发展计划》、制定《1996年国民经济和社会发展计划（草案）》的报告。

1997年1月16日，听取和审议区政府编制思明区《国民经济和社会发展第九个五年计划和2010年远景目标》说明的报告；5月28日，听取和审议区政府执行《中华人民共和国食品卫生法》、加强社会治安综合治理工作情况报告；7月30日，听取和审议区政府执行《1997年上半年经济计划》情况报告；9月24日，听取和审议区政府执行《厦门市城市规划条例》、实施“二五”普法工作、办理筹建文安中心幼儿园议案情况报告；11月28日，听取和审议区政府执行《中华人民共和国科技进步法》《福建省鼓励归侨侨眷兴办企业的若干规定》、机构改革情况报告。

1998年3月25日，听取和审议区政府执行《厦门市市容和环境卫生管理办法》情况报告；5月28日，听取和审议区政府实施《中华人民共和国行政监察法》情况报告；6月23日，听取和审议区政府实施《思明区“九五”科技发展规划》情况报告；7月29日，听取和审议区政府实施1998年上半年经济计划情况报告；12月，听取和审议区政府执行《1998年国民经济和社会发展计划》、制定《1999年国民经济和社会发展计划（草案）》的报告。

1999年5月，听取和审议区政府实施《厦门市台湾同胞投资保障条例》情况报告；7月，听取和审议区政府实施1999年上半年经济计划情况报告；9月，听取和审议区政府执行《厦门市建筑条例》、实施区人大常委会关于依法治区决议情况、区法院实施区人大常委会关于依法治区决议情况、区检察院实施区人大常委会关于依法治区决议情况的报告；11月，听取和审议区政府执行《中华人民共和国食品卫生法》情况报告。

2000年4月，听取和审议区政府实施《中国妇女发展纲要和九十年代儿童发展规划纲要》情况报告；5月，听取和审议区“一府两院”关于进一步加强依法治区的实施方案，并作出决议；7月，听取和审议区政府执行2000年上半年经济计划情况报告，审议《思明区人民政府2000—2004年依法行政实施规则》，并作出决议；9月，听取和审议区政府执行《厦门市劳动管理条例》、推进重点建设工程项目情况报告；11月，听取和审议区政府编制《思明区国民经济和社会发展第十个五年计划（草案）》、实施《中华人民共和国教师法》和区“一府两院”实施区人大常委会进一步加强依法治区决议的情况报告。

2001年7月，听取和审议区政府执行2001年上半年经济计划、建设厦大学生公寓工程进展情况报告；9月，听取和审议区政府执行修改后的《中华人民共和国归侨侨眷权益保护法》情况报告；11月，听取和审议区政府的区属企业改制情况、2001 年依法治区工作情况、区法院和区检察院依法治区工作情况报告，通过《关于进一步开展第四个五年法制宣传教育规划》决议，决定批准《思明区科学技术发展“十五”规划》。

2002 年 1 月，听取和审议区政府执行《2001 年国民经济和社会发展计划》、制定《2002 年国民经济和社会发展计划（草案）》的报告；9 月，听取和审议区政府执行《福建省计划生育条例》情况报告；10 月，听取和审议区政府依法治区工作和区法院、区检察院依法治区工作情况报告。12 月 17 日，听取区政府实施《厦门市环境保护条例》情况报告。

2003 年 2 月，听取和审议区政府执行《2002 年国民经济和社会发展计划》、制定《2003 年国民经济和社会发展计划（草案）》、办理“开发思明区人民医院电脑管理系统”议案情况报告；7 月 29 日，听取和审议区政府执行 2003 年上半年经济计划情况报告。

（二）三区整合后思明区人大听取和审议“一府两院”工作报告

2003 年 11 月 27 日，区人大常委会听取和审议区政府区划调整后全区经济指标运行情况及为民办实事项目办理情况报告。

2004 年 3 月 30 日，听取和审议区政府完成 2003 年区重点项目、落实项目带动战略、制定 2004 年教育经费预算的情况报告；5 月 31 日，听取和审议区政府发展旅游经济规划措施情况、执行区人大常委会加强依法治区决议和“四五”普法工作情况报告；7 月 27 日，听取和审议区政府实施《中华人民共和国民办教育促进法》、促进民营经济发展、解决村改居后相关问题落实的情况报告；9 月 23 日，听取和审议区政府实施《厦门归侨侨眷权益保障条例》、区公安分局工作和区法院为民公正司法工作的情况报告；12 月 1 日，听取和审议区政府关于原市属三中、五中、槟榔、筼筜等 11 所中学事权下放管理后工作、2004 年就业再就业工作、区检察院试行侦查监督主办检察官办案责任制工作的情况报告。

2005 年 3 月 29 日，听取和审议区法院落实人民陪审员制度工作情况报告，审议决定批准区政府制定的《思明区科技进步示范区建设与发展规划》；5 月 31 日，听取和审议区政府市政道路建设与管理、禁毒工作、文化市场管理情况报告；8 月 2 日，听取和审议区政府执行国务院《突发公共卫生事件应急条例》《厦门市环境保护条例》《厦门市最低生活保障办法》、2005 年上半年政府采购、工程招投标和资金审核工作情况报告，决定批准区政府基础设施建设项目申请国家开发银行贷款议案；9 月 26 日，听取和审议区政府招商引资、培植新的经济增长点情况报告；11 月 28 日，听取和审议区政府执行“十一五”规划、办理创建禾祥西路特色商业街议案、改革环卫管理体制和区检察院控告申诉工作情况报告。

2006 年 3 月 29 日，听取和审议区政府对台经贸合作和交流工作、区检察院预防职务犯罪工作情况报告；5 月 30 日，听取和审议区法院实施人民陪审员制度工作情况报告；7 月 26 日，听取和审议区政府实施《厦门经济特区城市管理相对集中行使行政处罚权规定》《中华人民共和国行政许可法》和管理使用预算外资金情况报告。

2007 年 5 月 30 日，听取和审议区政府执行《厦门市人民政府关于发展我市社区卫生服务的实施意见》、制定“五五”普法工作方案情况报告，并作出决议；7 月 31 日，听取和审议区政府开展“推广生鲜超市，改造农贸市场”工作、坚持教育均衡发展、实施“村改居社区家园清洁行动”和区检察院开展民事行政检察工作情况报告；9 月 30 日，听取和审议区政府贯彻《福建省人民防空条例》、开展公安工作和区法院落实司法为民工作情况报告，讨论并通过修订《思明区人大常委会关于办理区人大代表建议、批评和意见暂行办法》；12 月 4 日，听取和审议区政府建设同安工业集中区思明园、观音山国际商务营运中心、环东海域思明园，及招商引资、创建“省级可持续发展实验区”情况报告。

二、视察调研和执法检查

（一）三区人大视察调研和执法检查

1. 鼓浪屿区

1980 年，区人大代表视察外贸引进、社会治安、城建绿化、市容卫生、文明礼貌月和“五讲四美三热爱”活动等情况。1982年5月，视察破除封建迷信、废除“普渡”陋习的情况。7月，视察市容卫生情况，深入延平、龙头、鸡山居委会，重点察看较好的卫生巷、文明楼院，检查薄弱点和卫生死角。1983年3月，视察、检查各单位贯彻区政府“关于开展第二个文明月活动”情况，并重点对龙头文明街进行调研；9月15日，组织人大代表听取园林管理所的汇报，视察日光岩、菽庄花园文明建设情况，对存在问题提出合理化建议。

1987年1月22日，组织部分人大代表对鼓浪屿山海、风景资源受破坏情况和执行《鼓浪屿区城市管理暂行规定》情况进行视察，听取龙头、内厝澳两个居委会汇报，视察部分违章建筑和内厝澳海边垃圾堆放情况。

1988年9月24日，视察小学、幼儿园、托儿所教学环境与校园管理、市场管理、环境卫生设施建设和管理情况；11月10日，组织人大代表视察旧菜市场、黄家渡、笔架山、内厝澳垃圾场情况，针对存在问题提出整改建议；12月27日，组织人大代表察看皓月园、菽庄花园，现场听取郑成功大型铜雕施工情况及港仔后与台商合资开发海上娱乐项目情况介绍；听取区城建局关于旅游业现状和今后发展规划汇报。

1991年4月4日，视察城市管理工作，听取区政府关于农贸市场管理工作汇报，并对龙头农贸市场和街心公园、黄家渡垃圾转运场和玻璃厂海边垃圾填埋场及内厝澳农贸市场进行视察，听取区政府关于垃圾处理近远期计划、城市管理维护制度化、经常化情况汇报，了解龙泽花园项目拆迁情况；5月、8月，察看45家食品企业卫生情况。1992年3月20日，视察文化市场11个点；4月2日，视察工厂和龙头商业街；9月9日，视察内厝澳菜市场、日光岩、延平公园、菽庄花园等处创建卫生城区工作。1993年1月15日春节前夕，视察龙头农贸市场和商业网点；6月24日，组织人大代表听取区创建国家级卫生城区进展情况汇报，视察旗山居委会、学校等；10月25日，组织人大代表视察老企业搬迁、风景区建设情况。

1994年3月23日，视察《中华人民共和国食品卫生法》执行情况，检查部分饮食餐厅（店）食品卫生、农贸市场卫生管理情况；4月22日，视察农贸市场、内厝澳垃圾填埋场、西苑公厕、环岛路、琴园等建设管理情况；7月4日，视察文化市场，检查部分文化娱乐场所。

1996年1月12日，组织人大代表视察“海底世界”工程、龙泽花园工程、东部海岸线整治工程、龙头路旧城改造、日光岩下小白楼翻建工程、日光岩索道修建等项目；12月20日，视察城市建设、市政管理、风景点开发、环境保护、精神文明建设等项的执法情况；视察“海底世界”工地、街心公园、旧菜市场和垃圾场；12月25日，视察高频无线电厂引进设备运转情况，同时视察工商管理、城市管理的行政执法情况，以及区属商贸业与工业发展、“海底世界”施工进展、夜景工程情况。

1999年，组织部分人大代表视察区政府贯彻《市饮食食品卫生管理办法》情况，视察区境供水、旧城改造、绿化、环岛路建设规划、文明安全片区实施、鼓浪屿风貌建筑保护、文化市场管理、文化馆建设、区商贸业、旧城改造商业布局。研讨延平公园管理范围和发展旅游项目、建设污水处理厂、无线电厂资产重组改制可行性。听取区“三五”普法、依法治区、执法责任制执行情况汇报。调研社区服务的经验、做法和人大如何加强公检法依法办案。

2000年，视察区政府实施《中华人民共和国教育法》、实施《鼓浪屿历史风貌建筑保护条例》、全区饮食食品卫生管理、历史风貌建筑一条街整治工作情况。

2002年第一季度，组织部分人大代表考察同安、集美、杏林经济发展、社会进步情况，视察区重点建设项目进展情况。第二季度，视察市政道路建设、文化管理、文艺活动场所、食品卫生管理、风景区治安管理、旅游开发、社区建设情况；听取区政府对非公有制企业发展和工贸如何应对“入世”的工作汇报。第三季度，组织部分人大代表到外地考察旅游发展、素质教育、文化艺术发展、工贸业发展情况；视察风貌建筑保护、环鼓路建设进展，检查区公安分局依法行政情况；研讨发展鼓浪屿民营经济。第四季度，检查区政府实施依法行政工作、开发旅游新项目情况。

2003年第一季度，组织部分人大代表视察环鼓路风貌建筑、绿化情况。第二季度，视察、检查拆迁整治工作情况；考察漳州旧城区示范社区、东山风景区、莲坂城区改造的经验；检查区政府贯彻《厦门市禁毒条例》和内厝澳社区对吸毒人员帮教情况；到机关企事业单位、社区检查防治“非典”情况。第三季度，视察创建旅游经济示范性社区、改革教育体制、改造景点等情况；探讨发展民营企业问题；考察海沧管委会民政司法处综合治理情况。

2. 开元区

1980 年 9—11 月，区人大常委会组织人大代表针对群众反映的热点难点问题，对整户上山下乡返城和干部下乡返城无房居住、火车站交通、社会治安、物价、自来水、食品和环境卫生等 19 个问题进行视察和检查，并提出解决意见。

1981 年 7 月 30 日，视察鹭江、厦禾、公园、梧村 4 个街道办事处宣传贯彻《厦门市卫生管理暂行规定》情况，发现存在不设垃圾点、公共厕所少、物件乱堆放、卫生设施不完善等问题，向区政府提出加强管理和兴建卫生设施及实行卫生包干责任制等建议。10—11 月，调查东风无线电厂实行经济责任制的情况，提出“加强企业整顿和管理，加强思想政治工作；摆正国家、企业、个人三者关系；合理制定先进定额、妥善处理员工之间的关系；加强企业民主管理，发挥职代会作用”建议。

1982 年 5 月至 1983 年 1 月，视察创建文明街道、卫生街道和文明市场等工作，以及区办厂、街办厂精神文明建设情况，并提出建议。

1983 年 5 月，检查区防疫站执行《中华人民共和国食品卫生法》情况；同时，视察区食品饮料厂、开元饭店、开元商场，视察居委会开办的饮食店、个体摊贩开办的 52 家工厂、店面、摊点经营情况。

1984 年 5 月，视察区政府贯彻教育方针、开辟第二课堂和落实知识分子政策情况。

1985 年 10 月，视察 107 家食品饮食店、个体摊贩和 3 个农贸市场，对认真执行《中华人民共和国食品卫生法》的 87 家给予表扬，对执行差的 20 家予以批评，其中有 11 家受到停业整顿和经济制裁的处罚。

1986 年 6 月，检查区政府上半年经济计划执行情况，视察 6 家内联企业、绿化工作规划落实、拆除违章搭盖情况；9 月，检查区政府贯彻《中华人民共和国合同法》情况；10 月，视察区环卫站管理体制改革、区建筑行业实行经济承包责任制情况。

1987 年 6 月，检查食品饮食店、个体饮食摊点、农贸市场，并责成政府部门对违法摊店予以处理；9 月，视察评议新建项目进度情况。

1988 年 2 月，组织近 200 名人大代表执证视察 14 个农贸市场，检查贯彻《福建省保护消费者合法权益条例》情况；3 月，视察和检查鹭江、厦禾、公园、梧村、筼筜 5 个街道办事处的文化站、室；4 月，视察经济工作，围绕大搞“三来一补”，发展区街工、副业提出建议。

1989 年 1 月，视察外经、外贸工作，建议有关部门发展外向型产品，扩大出口，加强外贸机构建设和财务管理；4 月，检查区政府落实省农村工作会议精神情况。

1990 年 6 月，检查执行《中华人民共和国审计条例》情况，建议区政府对审计中发现的问题要及时提出处理意见，并抓紧落实；8 月，视察区政府开展“学三明，创三优街”百日竞赛活动情况，建议继续推广“门前三包”责任制，加强依法治理，完善配套措施，做到整治一片，建设一片，巩固一片。

1991 年，视察和检查区政府落实为民办 10 件实事、落实“两公开、一监督”措施、实施《中华人民共和国义务教育法》五周年情况，确认开元区基本达到“厦门市实施九年义务教育评估验收主要指标”要求；检查公、检、法部门贯彻全国人大常委会《关于加强社会治安综合治理的决定》情况。同时，检查贯彻《中华人民共和国食品卫生法》《中华人民共和国归侨侨眷权益保护法》《中华人民共和国残疾人保障法》和贯彻福建省《计生条例》情况；并结合居（村）委会换届，检查实施《中华人民共和国居民委员会组织法》《中华人民共和国村民委员会组织法》和《福建省村民委员会选举办法》情况。

1992 年，视察鹭江道、厦禾路、第二市场等，提出迁移鹭江道水果批发市场，建立西堤水果交易场所，改变鹭江道“脏、乱、差”现象的建议。推动西堤水果批发市场建立、第二市场拆迁改造项目的实施。视察外来人口聚居地，提出制定流动人口计划生育管理实施细则、落实计生责任制的建议。

1993年，视察增设教育网点、增加教育投入、改造扩建校舍、改善办学条件、创办特色学校、稳定教师队伍、提高教育质量工作，并检查教育经费投入和使用情况。检查《中华人民共和国归侨侨眷权益保护法》落实情况，督促区政府、区法院重视维权工作。针对法院“执行难”问题，建议区法院充实队伍、协调机制，同时支持区法院成立经济纠纷调解中心、计划生育行政执法室，缓解“执行难”状况。

1994年，检查实施《中华人民共和国教师法》《厦门市台湾同胞投资保障条例》《婚姻登记管理条例》《城市市容和环境卫生管理条例》《福建省社会治安综合治理条例》情况，检查厦禾路改造时侨房拆迁安置情况，视察莲前街道4个村委会土地使用管理和企业用地开发情况；4月，视察莲前街道录相厅、电子游戏点和书店，针对经营非法出版物和淫秽现象突出情况，建议区政府尽快采取措施，加强整治和管理。

1995年，视察区创建国家卫生城市工作，重点视察浦南地块卫生死角，要求区政府采取有效措施予以整治。针对群众反映强烈的假冒伪劣商品和食品卫生问题，检查实施《中华人民共和国消费者权益保护法》《中华人民共和国食品卫生法》和《中华人民共和国药品管理法》情况；调查实施《中华人民共和国妇女权益保障法》《中华人民共和国劳动法》和《女职工劳动保护规定》情况，维护女职工合法权益。

1996年，检查执行《中华人民共和国食品卫生法》情况，重点视察食品生产、经营过程卫生状况和食品卫生管理情况。

1997年，视察西林、洪文、前埔、何厝4个村及西郭、屿后、仙岳等城乡结合部卫生整治、道路设施建设情况，检查龙山工业区、浦南生活小区环境整治（“创噪声达标区”）工作情况。调查莲前大道路段、农贸市场卫生状况。同时，调查贯彻《厦门园林绿化条例》情况。

1998年，检查实施《中华人民共和国老年人权益保障法》情况。

1999年，视察实施《厦门市饮食食品卫生管理办法》情况，察看古龙集团公司早餐工程、莲花农贸市场、莲花金城酒家。

2000年，调查实施《中华人民共和国食品卫生法》、加强豆制品加工行业管理工作情况，到东坪山等城乡结合部的偏僻地带的豆制品加工场进行明察暗访。同时，对莲花南路淫秽现象整治情况进行视察。

2001年，调查城市居民最低生活保障情况；视察西郭小学、东浦小学、东浦中学和外来员工子弟学校，向区政府提出关心外来员工子女入学建议。

2003年，视察人防工程和人防设施，对加强法律宣传教育、依法加强人防工程设施建设和管理等方面提出建议。

3. 思明区

1985年，区人大代表视察治安、卫生、城建等工作；检查贯彻中共中央《关于经济体制改革的决定》情况，并对亏损企业进行重点视察。

1986年，第一季度视察城市管理、市容卫生、食品卫生、市场管理等工作；第二季度视察街道办工商企业自负盈亏情况和街道基层政权建设、法制教育、社会治安综合治理情况；第三季度视察外引内联、来料加工、出口创汇和民办集体企业管理，以及思明小学、第六幼儿园教育、人民医院医疗工作；第四季度视察市容卫生、食品卫生、市场管理等情况。

1987年，第二季度视察民办幼儿园、托儿所及业余教育工作；专题调查民办商业、集市贸易发展状况；重点调查企业在深化改革、增产增收节支情况。第三季度调查工商企业试行租赁制、股份制、厂长（经理）任期目标制的情况；检查区政府为民办7件实事落实情况。

1988年，专题调查1987年3个区属商业企业实行租赁经营情况，并对“三来一补”情况进行调查。同时，调查企业推行各种形式的经营承包情况；检查曾厝垵和黄厝村工作情况。

1991 年 7 月 2—18 日，视察区上半年财政经济工作，调查区财政局、审计局、工商局、城建局、区整流器厂、鹭京针织厂、纸制品厂、灯具厂、区菜篮子公司（含太平贸易公司）、丽的贸易公司、中华街道和文安街道 12 个单位；11 月，视察区人民法院和 4 个街道实施《中华人民共和国归侨侨眷权益保护法》情况；12 月，检查区政府 1991 年度为民办 7 件实事、鸿山公园配套设施（嘉兴亭、织雨亭、儿童游乐园）建设、改造思明南路和镇海路的铁房子、开发新商业网点、厦港幼儿园的筹备扩建、区计生服务中心筹建、定安路市场、大学路市场建设情况。

1992 年 4 月 24 日，视察曾厝垵、黄厝村和厦港街道实施《流动人口计划生育管理办法》《福建省计划生育条例》情况；6 月 12 日，检查区体委和区文化局开展区街文体工作、区人民法院和区司法局贯彻《中华人民共和国民事诉讼法》情况；7 月 14 日，视察区财政局、区经贸局、区工商局、搪瓷厂、制药厂、纸箔厂、思明贸易公司、鸿运饭店、农村办及思明街道办事处上半年财政经济运行情况；8 月，视察华岩寺、碧山岩寺、启明寺、鸿山妙青寺、南普陀寺管理情况，视察大学路农贸市场、朝阳饮食店、丽兴酒家等 20 多家饮食店、酒家、食杂商店执行《中华人民共和国食品卫生法》情况；10 月 15 日，检查区政府本年度为民办 10 件实事情况；11 月，检查区教育系统加强师生德育工作情况。

1994 年，视察区人武部综合楼、群惠小学教学综合楼、农办综合楼、干部职工宿舍大楼、公厕清洁楼等建设情况，检查“办理居委会退养主任医疗 IC 卡”“思东横巷建立临时小商品市场”和“提高集体所有制幼儿园、所老师的工资”3 个议案办理情况；4 月 5 日，检查曾厝垵、黄厝村海岸土沙石被盗情况；7 月 21 日，检查 20 多家快餐店食品卫生情况；11 月 14 日，检查执行《中华人民共和国教师法》《中华人民共和国兵役法》情况和冬季征兵工作情况。

1999 年 5 月，视察区政府实施《厦门市台湾同胞投资保障条例》情况；8 月，视察区政府实施《厦门市建筑管理条例》情况。

2000 年 4 月，检查区政府为区环卫工人办理团体人身伤害保险议案落实情况；8—12 月，视察区经济和社会发展情况。

2001 年 8 月，检查区经济体制改革和机关改革情况；9 月，视察区政府执行《厦门市劳动管理条例》情况和区政府重点建设工程项目进展情况；12 月，检查区政府 2001 年为民办实事项目完成情况。

2002 年 6 月，视察市府大道、镇海路段至演武路、环岛路、海军码头和前埔工业园工程建设情况；7 月 16 日，视察危房改造工作情况；8 月 9 日，视察科技型企业，检查《厦门市科学技术进步条例》执行情况；12 月，检查区政府 2002 年度为民办实事项目完成情况。

（二）三区整合后思明区视察调研和执法检查

2004 年第一季度，视察村改居、农村养老、农民社保工作、黄家渡码头翻建、莲花五村“数字社区”社区服务中心建设情况；第二季度，视察区政府为民办实事项目实施、塔埔第一期安置房建设、龙山工业区改造工程建设、西郭小学办学情况；第三季度，视察市、区重点工程国家会计学院、环岛路香山路段、塔埔村征地拆迁、洪文新潘宅安置房等项目建设和黄家渡码头翻建情况；第四季度，视察创建文明城市、街道为民办实事项目落实、社区卫生事业建设情况。

2005 年 4 月 28 日，视察海后路、大同路、后埭路、厦禾路、霞溪路、禾祥东路、湖滨北路一带网吧经营及管理情况；5 月，检查区公安分局、教育局、卫生局、街道办事处、社区居委会办理议案建议情况；7 月，视察区侨情普查工作、鼓浪屿博物馆；9 月，调查区政府采购、工程招投标及资金审核基本情况；11 月，视察塔埔安置房、观音山国际商务营运中心、禾祥西路特色商业街建设进展情况，视察执行《中华人民共和国妇女权益保障法》《福建省企业女职工劳动保护条例》和司法所建设情况。

2006 年 3 月 21 日，考察环卫垃圾清洁楼使用和管理情况，并对主干道、主要广场、商业街等项目进行专项视察。视察鹭江道、湖滨南路、火车站、轮渡广场、禾祥西路、湖滨南路等处；并对大学路、演武路、曾厝垵、文屏路、禾祥西路等处的网吧经营管理情况进行调查。同月，检查区政府及相关单位办理人大代表建议的情况。专门检查推进禾祥西路特色商业建设、社区信息化建设、解决就医难等 19 件建议办理情况。察看豆仔尾周边餐饮店油烟、噪音治理情况；察看陈化成墓建设情况。此外，视察鼓浪屿街道社区闭路监控系统、社区残疾人康复指导站、街道市民学校的建设情况；8 月，视察执行《福建省终身教育条例》情况，察看市民学校和部分社区教育点，检查各单位终身教育开展情况。

2007 年 7 月，视察执行《厦门市人民政府关于发展我市社区卫生服务的实施意见》情况。

第二节　提案、议案和建议督办

一、三区人大提案、议案和建议督办

1. 鼓浪屿区

区第八届人大期间，代表共提出提案、议案 295 件，其中转市有关部门办理 62 件。第一次会议期间，代表提案 124 件，其中属本级政府职权范围承办的建议、批评和意见 98 件，转市有关部门办理 26 件。本级政府办理结果，代表表示满意和基本满意 96 件，满意率 98%。第二次会议期间，代表提案 42 件，属本级政府职权范围办理的 36 件，转市有关部门办理 6 件。本级政府办理结果，代表表示满意和基本满意 32 件，占 89%。第三次会议期间，代表提案 81 件，属本级政府职权范围办理的提案 51 件，转市有关部门办理 30 件。第四次会议期间，代表提出提案 47 件，议案 1 件。

区第九届人大期间，代表共提出建议、批评和意见 381 件，其中属城管城建 125 件，财政经济 60 件，教科文卫 56 件，民政工作 51 件，劳动 45 件，政法 4 件，其他 40 件。第一次会议期间，代表提出议案、建议、批评和意见共 192 件，其中属本级政府职权范围承办的批评、意见和建议 163 件，转市有关部门办理 29 件。建议中属于城市建设与管理 59 件，经济 25 件，教育卫生 25 件，民政工作 30 件，劳动 20 件，其他 33 件。办理结果，代表表示满意和基本满意 161 件，满意率 98.8%；尚未解决的 2 件占 1.2%。第二次会议期间，代表提出批评建议 114 条，其中城建及城管 34 件，经济 17 件，教育卫生 15 件，民政 20 件，其他 28 件。第三次会议期间，代表提出批评建议 75 件，其中城管 12 件，经济 10 件，教育卫生 15 件，民政 22 件，其他 16 件。

区第十届人大期间，代表共提出议案 2 件，建议、批评和意见 187 件。第一次会议期间，代表提出建议、批评和意见 98 件。第二次会议期间，代表提出议案 2 件，建议、批评和意见 23 件。2 件议案被列入常委会议程。第三次会议期间，代表提出建议、批评和意见 27 件。其中，财政经济 4 件，城建、城管 11 件，文教、卫生 7 件，民政 5 件。第四次会议期间，代表提出建议、批评和意见 39 件，其中属民政 3 件，城建城管 19 件，文教卫生 10 件，其他 7 件。

区第十一届人大期间，代表共提出议案 2 件，提出建议、批评和意见 115 件。其中，属城管城建 50 件，财政经济 11 件，教科文卫 10 件，民政工作 19 件，旅游 3 件、政法 4 件、制度建设 2 件，其他 16 件。第一次会议期间，代表提出议案 2 件，建议、批评和意见 47 件，其中属城市建设与管理 16 件，民政工作 5 件，教育卫生 7 件，经济 8 件，其他 11 件。第二次会议期间，代表提出建议、批评和意见 37 件，其中属城建城管 18 件，民政 5 件，旅游 3 件，科教文卫 3 件，制度建设 2 件，经济 3 件，其他 3 件。第四次会议期间，代表提出建议、批评和意见 31 件，其中属城建城管 16 件，政法 4 件，公共事业、民政 9 件，其他 2 件。办理结果，代表表示满意、基本满意 21 件，占 68%。

区第十二届人大期间，代表共提出议案 2 件，提出建议、批评和意见 209 件，其中属城管城建 106 件，财政经济 51 件，教科文卫 28 件，民政 9 件，其他 17 件。第一次会议期间，代表提出议案、建议、批评和意见 38 件，其中属本级政府职权范围承办议案 1 件，建议、批评和意见 37 件。第二次会议期间，代表提出属本级政府职权范围办理的议案、建议、批评和意见 44 件。第三次会议期间，代表提出议案 1 件，建议、批评和意见 31 件。第四次会议期间，代表提出建议、批评和意见 54 件。第六次会议期间，代表提出建议、批评和意见 43 件，其中属城建城管 19 件，旅游经济 8 件，科教文卫 6 件，民政工作 4 件，其他 6 件；办理结果，代表表示满意和基本满意的 43 件，满意率 100%。

区第十三届人大期间，代表提出议案1件（经大会主席团审议列为大会议案）；提出建议、批评和意见298件，其中属城管城建140件，旅游57件，财政经济6件，教科文卫35件，劳动5件，民政工作14件，其他42件。办理结果，代表表示满意和基本满意的278件，占93%。

2. 开元区

区第八届人大期间，代表共提出提案138件。第二次会议期间，代表提出提案74件，其中属工业、交通、劳动就业15件，城建11件，财政17件，教育文化卫生9件，政法民政及其他22件；会后交由有关部门办理。第三次会议期间，代表提出提案64件，其中属城建城管12件，卫生计生24件，经济4件，政法4件，民政8件，教育4件，其他8件；会后交由有关部门办理。

区第九届人大期间，代表共提出建议、批评、意见276件，其中属城市建设和管理117件，工商管理45件，经济工作7件，卫生计生工作12件，宣传教育科技15件，民政工作5件，社会治安12件，其他63件。上述建议、批评、意见基本解决的271件，占98.2%。

区第十届人大期间，代表共提出议案9件，其中经大会主席团决定转为建议5件，作为大会议案4件；提出建议、批评和意见534件（包括议案转建议的5件）。第一次会议期间，代表提出议案3件，建议134件，共137件，其中属城管城建61件，财政经济23件，教科文卫23件，民政18件，政法6件，其他6件。会后，转交区政府办理。第二次会议期间，代表提出议案和建议214件。第三次会议期间，代表提出议案6件，其中经大会主席团决定转为建议5件，作为大会议案1件；提出建议183件（包括议案转建议5件），人民来信3件。

区第十一届人大期间，代表共提出议案22件，其中经大会主席团决定转为建议21件，作为大会议案1件；提出建议、批评和意见（以下简称建议）315件（包括议案转建议21件），其中属城管城建125件，财政经贸23件，教科文卫70件，人大工作15件，其他82件。会后，把建议转交“一府两院”办理。办理结果，代表表示满意和基本满意的286件，占91%；表示不满意的29件，占9%。

区第十二届人大期间，代表共提出议案48件，其中经大会主席团决定转为建议47件，作为大会议案1件；提出建议、批评和意见276件（包括议案转建议的47件），其中属城管城建127件，财政经济16件，教科文卫58件，政法工作15件，民政工作41件，其他19件。会后，把建议转交“一府两院”办理。其中，代表对办理情况表示满意和基本满意的257件，占93.1%；表示不满意的19件，占6.9%。第四次会议期间丁国顺等10位代表联名提出“东山水库至云顶岩山脚下一带卫生亟待整治”议案，区政府对此十分重视，专门成立整治队伍，制定整治方案。经过4个月的工作，终使卫生面貌明显改观。

区第十三届人大期间，代表共提出议案21件，其中经大会主席团决定转为建议19件，作为大会议案2件；提出建议、批评和意见249件（包括议案建议的19件），其中属城管城建70件，财政经济30件，教科文卫38件，政法工作20件，民政工作74件，其他17件。会后，把建议转交区“一府两院”办理，其中代表表示满意和基本满意的244件，占98%；表示不满意的5件，占2%。代表陈泗溪建议在外国语学校与市府干道岔路口建公厕；区建设局专门与代表实地察看并协调有关单位，解决游人的如厕问题。代表黄秀惠提出《关于抓紧理顺区医院与眼科中心关系的建议》；区政府成立领导小组，开展调研工作，提出明确两院管理体制改革的原则，启动两院分开管理的方案。代表陈偶生提出整顿校园周边环境的建议；区政府召开8个部门有关领导的专题会议，研究综合整治方案，从而净化校园的周边环境。代表沈亚刚提出《关于加强莲板旧城改造的领导，深入调查研究，妥善解决居民的生活出路的建议》；区政府高度重视，提出一系列解决措施，使莲板旧城改造工作进展顺利。

3. 思明区

区第八届人大期间，代表共提出提案195件，涉及工交、财政29件，城管26件，工商市容21件，科教文工、计划生育40件，民政劳工、知青12件，人事、思想教育、落实政策37件，住房15件，社会治安和户口15件。

区第九届人大期间，代表共提出议案3件，建议、批评和意见196件，其中经大会主席团审议列为议案3件。分别交区政府各部门承办，代表满意或基本满意的188件，占96%；不满意和暂时不能解决的8件，占4%。

区第十届人大期间，代表共提出建议、批评和意见323件，“关于禾祥西路区综合楼的对外出租问题”的质询案1件，经人大主任会议研究，列入会议议题。324件中分别交区政府各部门承办的281件，由区人大直接答复的5件，转交市有关部门承办的38件。其中，第一次会议期间，代表提出建议、批评和意见172件；第三次会议期间，代表提出建议、批评和意见104件，属于本级范围66件，转市有关部门办理38件；第四次会议期间，代表提出建议、批评和意见48件，属于城建33件，财政经济3件，教科文卫6件，民政工作5件，其他1件。各次大会后，把建议转交“一府两院”办理，代表表示满意和基本满意的314件，占97%。

区第十一届人大期间，代表共提出建议、批评和意见324件，其中属城建96件、财政经济22件、教科文卫47件、政法工作33件、民政工作34件、公用事业23件、环境卫生3件、市场建设与管理6件、其他60件。办理结果，代表表示满意和基本满意的318件，占98%；表示不满意的6件，占2%。

区第十二届人大期间，代表共提出议案3件，建议、批评和意见145件，其中属于城建47件、财政经济16件、教科文卫10件、政法2件、民政9件、劳动人事3件、公用事业9件、工商管理5件、其他47件。会后，把建议转交“一府两院”办理，其中9件转交市政府办理。代表对办理结果表示满意和基本满意的135件，占97.1%；表示不满意的4件，占2.9%。

区第十三届人大期间，代表共提出建议、批评和意见98件；议案3件经大会主席团审议决定转为建议2件，作为大会议案1件。其中，属城管城建29件，财政经济11件，教科文卫10件，民政工作4件，其他47件；属于本级范围办理的53件，转市有关部门办理48件。办理结果，代表表示满意和基本满意的98件，占97%；表示不满意的3件，占3%。

二、三区整合后思明区人大提案、议案和建议督办

区第十四届人大期间，代表共提出议案13件，建议、批评和意见418件。经大会主席团研究决定，13件议案中2件作为大会议案，11件转为建议。429件建议中，交“一府两院”承办的366件，交区人大办理的8件，转交市有关部门承办的55件。其中，属城建134件、财政经济59件、教科文卫82件、法制民政社区67件、人大8件、交通30件、其他49件。属区办理的374件，办理结果，代表表示满意和基本满意的363件，占97%；表示不满意的11件，占3%。

区第十五届人大第一次会议期间，代表提出议案2件，建议、批评和意见142件。经大会主席团研究决定，将2件议案转为建议办理。这些建议属财经21件、城建城管环资36件、科教文卫侨台37件、法制民政社区26件、交通8件、公用事业5件、人大2件、法院1件、其他8件。144件建议中，属于本级职权范围的108件。会后，区人大常委会召开交办会，交区政府办理105件，区人大办理2件，区法院办理1件。转市有关部门办理32件，转其他职权部门办理4件。本级办理结果，代表表示满意和基本满意的107件，占99.11%；不满意的1件（经再次办理后代表表示满意）。

第三节　人事任免

一、三区人大人事任免

1. 鼓浪屿区

区第八届人大常委会依法任免本级国家机关工作人员34人次，其中任免区政府组成人员11人次、区法院干部9人次、区检察院干部12人次，任免区人大常委会各办事机构组成人员2人次。

区第九届人大常委会依法任免本级国家机关工作人员30人次，其中任免区人民政府组成人员20人

次、区法院干部 2 人次、区检察院干部 3 人次，任免区人大常委会各办事机构组成人员 5 人次。

区第十届人大常委会依法任免本级国家机关工作人员 32 人次，其中任免区人民政府组成人员 17 人次、区法院干部 6 人次、区检察院干部 4 人次，任免区人大常委会各办事机构组成人员 5 人次。

区第十一届人大常委会依法任免本级国家机关工作人员 51 人次，其中任免区人民政府组成人员 25 人次、区法院干部 10 人次、区检察院干部 9 人次，任免区人大常委会各办事机构组成人员 6 人次；接受辞去行政职务 1 人次。

区第十二届人大常委会依法任免本级国家机关工作人员 98 人次，其中任免区人民政府组成人员 40 人次、区法院干部 32 人次、区检察院干部 14 人次，任免区人大常委会各办事机构组成人员 8 人次；接受辞去行政职务 4 人次。

区第十三届人大常委会依法任免本级国家机关工作人员 62 人次，其中任免区人民政府组成人员 22 人次、区法院干部 19 人次、区检察院干部 4 人次，任免区人大常委会各办事机构组成人员 16 人次；接受辞去行政职务 1 人次。

2. 开元区

区第八届人大常委会依法任免本级国家机关工作人员 63 人次，其中任免区人民政府组成人员 33 人次、区法院干部 17 人次，区检察院干部 13 人次。

区第九届人大常委会依法任免本级国家机关工作人员 60 人次，其中任免区人民政府组成人员 22 人次、区法院干部 17 人次、区检察院干部 7 人次，任免区人大常委会各办事机构组成人员 12 人次；接受辞去行政职务 2 人次。

区第十届人大常委会依法任免本级国家机关工作人员 67 人次，其中任免区人民政府组成人员 18 人次、区法院干部 25 人次、区检察院干部 12 人次，任免区人大常委会各办事机构组成人员 12 人次。

区第十一届人大常委会依法任免本级国家机关工作人员 113 人次，其中任免区人民政府组成人员 27 人次、区法院干部 30 人次、区检察院干部 11 人次，任免区人大常委会各办事机构组成人员 44 人次；接受辞去行政职务 1 人。

区第十二届人大常委会依法任免本级国家机关工作人员 158 人次，其中任免区人民政府组成人员 42 人次、区法院干部 74 人次、区检察院干部 28 人次，任免区人大常委会各办事机构组成人员 9 人次；接受辞去行政职务 1 人次，撤销行政职务 4 人。

区第十三届人大常委会依法任免本级国家机关工作人员 184 人次，其中任免区人民政府组成人员 47 人次、区法院干部 50 人次、区检察院干部 34 人次，任命区人大常委会各办事机构组成人员 48 人次；接受辞去行政职务 2 人，撤销行政职务 3 人。

3. 思明区

区第八届人大常委会依法任免本级国家机关工作人员 89 人次，其中任免政府组成人员 30 人次，任免法院、检察院干部 38 人次，任免区人大常委会办事机构组成人员 21 人次。

区第九届人大常委会依法任免本级国家机关工作人员 61 人次。其中任免区人民政府组成人员 10 人次、区法院干部 26 人次、区检察院干部 5 人次，任免区人大常委会办事机构组成人员 20 人次。

区第十届人大常委会依法任免本级国家机关工作人员 46 人次，其中任免区人民政府组成人员 16 人次、区法院干部 13 人次、区检察院干部 5 人次，任免区人大常委会各办事机构组成人员 11 人次；接受辞去行政职务 1 人。

区第十一届人大常委会依法任免本级国家机关工作人员 52 人次，其中任免区人民政府组成人员 18 人次、区法院干部 8 人次、区检察院干部 8 人次，任免区人大常委会各办事机构组成人员 10 人次；接受辞去行政职务 1 人，撤销行政职务 7 人。

区第十二届人大常委会依法任免本级国家机关工作人员 54 人次，其中任免区人民政府组成人员 15 人次、区法院干部 23 人次、区检察院干部 14 人次，任免区人大常委会各办事机构组成人员 2 人次。

区第十三届人大常委会依法任免本级国家机关工作人员 138 人次，其中任免区人民政府组成人员

46 人次、区法院干部 44 人次、区检察院干部 30 人次，任免区人大常委会各办事机构组成人员 17 人次；接受辞去行政职务 1 人次。

二、三区整合后思明区人大人事任免

区第十四届人大常委会依法任免本级国家机关工作人员 274 人次，其中任免区人民政府组成人员 33 人次、区法院干部 100 人次、区检察院干部 127 人次，任免区人大常委会各办事机构组成人员 14 人次。

区第十五届人大一次会议以来，依法任免本级国家机关工作人员 68 人次，其中任免区人民政府组成人员 33 人次、区法院干部 19 人次、区检察院干部 9 人次，任免区人大常委会各办事机构组成人员 7 人次。

第四节　日常工作

一、组织人大代表活动

（一）三区人大代表活动

1. 鼓浪屿区

区第八届人大常委会按照“条块结合，便利开展活动”原则，以街道办事处、居委会和所属范围内省、市属单位，以及区直属单位为系统建立 3 个代表团，划分 13 个代表组，选出小组召集人 13 人。代表组制定活动制度，建立接见选民日，加强代表与人民群众联系。

区第九届人大常委会组织代表视察检查和开展活动 45 次。同时，修订《联系代表制度》，定期组织代表学习有关文件和视察活动，不定期召开组长会议和代表活动经验交流会，提高代表参政履职能力。通过这些活动，加强与代表的联系，及时妥善解决群众的意见和关注的问题。

区第十届人大常委会把代表编为 8 个大组，15 个代表组。各街道办事处有 1 名工作人员为兼职联络员。共组织人大代表视察、检查和开展活动 52 次。每年召开代表组长、联络员会议 4 次，交流经验。

区第十一届人大常委会以代表组为单位，把代表编为工业、文教、财经、城建代表组，各代表组有 1 名工作人员为兼职联络员。共组织代表视察、检查和开展活动 64 次。每年召开代表组长、联络员会议 4 次。

区第十二届人大常委会组织人大代表开展视察、检查和参与对“一府两院”工作的监督等活动 120 多次，代表参与率 89.9%。代表对区法院评议分为组织准备、抽查案件、评议、整改 4 个阶段进行。1995 年 2—5 月，区人大常委会组织代表深入区法院，以 1994 年度区法院民事审判庭办理的民事案件为重点，围绕办案质量、办案作风、办案效率和社会效果等方面进行评议。

区第十三届人大常委会组织代表视察、检查和开展活动 125 次。1999 年 12 月至 2000 年 2 月，区人大常委会组织代表评议区“一府两院”的 7 位工作人员。2000 年下半年，组织人大代表对区经贸局、旅游局的经济工作、党风廉政建设、依法行政等情况进行评议。2001 年 12 月 25 日，组织代表对区政府 3 位局长述职进行评议。

2. 开元区

区第八届人大常委会健全代表活动制度。按代表的工作性质、地区范围，采取条块结合、以条为主的原则，编成 22 个代表小组，区人大常委会委员分别编入各小组参加活动；活动周期 3 个月 1 次。1982 年 9 月，区人大常委会完善人大代表的活动制度，以梧村、公园、厦禾、鹭江 4 个街道办事处建立 4 个代表大组；颁发代表视察证；建立区人大常委会定期接见代表制度（每双月 1 次）；印制代表专用的信封信笺；把提案办理结果汇编成册发给代表。

区第九届人大常委会将280名代表组成6个代表大组、16个小组，每季度活动1次。1986年，改为4个代表大组，15个小组，建立健全活动制度，规定每季度活动1次。3年间，共组织人大代表开展视察、检查活动12次。

区第十届人大常委会组织代表开展视察、执法检查活动37次。在人大代表中开展履职“四个一”的活动，即每位代表每年至少提出一条意见和建议，每年为选民办一件实事，每年至少下选区联系选民一次，每季度至少参加一次代表组活动。1998年，参加小组活动的代表有900多人次，联系选民1604人次，收集群众意见275条，为民办实事107件。

区第十一届人大常委会以街道为单位将202名代表分为6个代表大组、13个代表小组。共组织人大代表开展视察活动20次，对近30个法律法规的实施情况进行执法检查。

区第十二届人大常委会组织代表视察、检查和开展活动145次，每年召开代表大组长、联络员会议2次。

区第十三届人大常委会组织人大代表视察、检查和开展活动18次。

3. 思明区

区第九届人大常委会以街道办事处为单位，把代表编为4个代表大组，各街道有1名工作人员为兼职联络员。组织人大代表开展视察、检查等活动156次，每年召开代表大组长、联络员会议4次。

区第十届人大常委会根据“条块结合，就地分散，方便活动”的原则，以街道办事处为单位，组成代表团，并按代表的居住地和工作系统编成11个代表小组。组织代表开展视察、检查等活动198次。

区第十一届人大常委会加强同代表的联系，指定专人负责，并制定《关于人民代表工作和联系代表的暂行办法》，明确代表小组的任务，规定逢双月15日为代表活动日。区人大常委会成员按照各自分管的工作范围，建立定向走访代表的办法，构成纵横联系人大代表的网络。3年间，人大各工作委员会组织代表开展活动60多次。

区第十二届人大常委会组织代表视察、检查和开展活动260多次。区人大常委会第二十二次会议表彰21位履职好的代表。

区第十三届人大常委会组织代表视察、检查和开展活动180次。

（二）三区整合后思明区人大代表活动

区第十四届人大常委会组织代表视察、检查和开展活动152次。2004年9月，组织区人大代表参加福建省人大常委会开展的纪念全国人大制度建立50周年和地方人大设立常委会25周年“地方人大前进的脚步”征文活动，获得组织奖；10月15日组织部分人大代表参加市人大组织的“人大制度宪法知识”智力挑战活动，获二等奖。

区第十五届人大常委会组织人大代表开展22次视察、调研、执法检查。其间，人大代表列席区人大常委会会议56人次。参加省、市、区有关部门召开的座谈会、听证会，旁听法院公开审理案件等，共720人次。

二、信访办理

（一）三区人大信访办理

1. 鼓浪屿区

区九届人大常委会受理人民群众来信69件、来访39人次。区十届人大常委会受理来信75件、来访321人次。区十一届人大常委会受理来信75件、来访321人次。区十三届人大常委会受理来信、来访304人次。

2. 开元区

区八届人大常委会受理人民群众来信93件、来访187人次。区九届人大常委会受理来信98件、来访153人次。区十届人大常委会受理来信253件、来访530人次。区十一届人大常委会受理来信196件、来访594人次。区十二届人大常委会受理来信284件、来访857人次。区十三届人大常委会受理来信134件、来访291人次。

3. 思明区

区九届人大常委会受理人民群众来信79件。区十届人大常委会受理来信134件、来访24人次。区十一届人大常委会受理来信71件、来访60人次。区十二届人大常委会受理来信130件、来访56人次。区十三届人大常委会受理来信268件、来访320人次。

（二）三区整合后思明区人大信访办理

思明区十四届人大常委会受理人民群众来信567件、来访216人次。思明区十五届人大常委会2007年受理人民群众来信、来访131件（人次）。

三、建章立制

（一）三区人大建章立制

1. 鼓浪屿区

1986年11月19日，区第九届人大常委会第十三次会议讨论并通过人民代表持证视察、检查工作制度。1987年，修订《鼓浪屿区人大常委会关于行使职权暂行规定》，建立人大常委会与“一府两院”联系制度；修订区人大机关工作岗位责任制。

1988年4月27日，区第十届人大常委会第四次会议通过鼓浪屿区第十届人大常委会的任期目标责任制；7月20日，第五次会议通过《关于鼓浪屿区第十届人大常委会议事暂行规定》《鼓浪屿区第十届人大常委会关于人事任免暂行规定》。1989年，区人大常委会制定鼓浪屿区人大常委会办公室岗位责任制、城建财经工作委员会岗位责任制、教科文卫工作委员会岗位责任制、法制工作委员会岗位责任制；2月，制定鼓浪屿区第十届人大常委会《议事暂行规定》和修订《人事任免暂行规定》。

1991年3月15日，区第十一届人大常委会第一次会议通过《鼓浪屿区人大常委会议事暂行规定》《鼓浪屿区人大常委会关于人事任免暂行规定》《鼓浪屿区关于人民代表活动的意见》。1994年2月16日，区第十二届人大常委会第一次会议通过区人大常委会《关于加强鼓浪屿区第十二届人大常委会思想作风建设的意见》《鼓浪屿区人大常委会议事规则》《关于贯彻执行〈福建省各级人民代表大会常务委员会监督工作条例〉的若干规定（试行）》《关于人事任免暂行规定》《关于区人民代表开展活动暂行规定》。1995年1月3日，区人大常委会党组通过《鼓浪屿区人大常委会党组自觉接受区委领导的若干规定》。1996年10月16日，第十九次会议通过《关于加强鼓浪屿区人大常委会机关信访工作暂行规定》。

2000年6月27日，区第十三届人大常委会第十一次会议修订《鼓浪屿区人大常委会议事规则》和《鼓浪屿区人大常委会关于贯彻执行〈厦门市各级人民代表大会常务委员会人事任免办法〉的若干规定》。

2. 开元区

1985年11月，区第九届人大常委会建立代表活动制度：实行区人大常委会主任定期接待代表（选民）制度，每季度最后一个月的十五日为接待日。同时，开展人民代表“每季度至少参加一次代表活动，每个月走访一部分选民，换届前召开一次选民座谈会，每季度为选民办一件实事”的“四个一”活动。

1987年10月24日，区第十届人大常委会第一次会议制定《开元区人大常委会关于人事任免暂行办法》。1988年4月23日，第四次会议通过《厦门市开元区第十届人大常委会任期目标》，制定任期目标的主要任务、目标和实施目标的措施。区人大常委会主任、副主任分别制定《任期目标责任制》；7月29—30日，第五次会议制定《开元区人大常委会会议议事规则》《开元区人大常委会组成人员分片联系代表责任制》；9月28日，第六次会议制定《开元区人大常委会关于审议重大事项范围的暂行规定》。

1991年2月25日，区第十一届人大常委会第一次会议修订《开元区人大常委会人事任免办法》，制定《开元区人大常委会与区人民政府、区人民法院、区人民检察院联系制度》；5 月 29 日，第四次会议制定《开元区人大常委会关于加强与区人大代表联系的试行办法》。1992 年 5 月 13 日，区十一届人大常委会第十二次会议制定《开元区人民代表大会常务委员会关于办理区人大代表建议、批评和意见的暂行办法》。

1994 年 2 月 21 日，区第十二届人大常委会第一次会议制定《开元区人大常委会组成人员守则》。1995 年 3 月 28 日，人大妇儿工作组全体会议通过《开元区人大常委会妇女儿童组工作制度》《开元区人大常委会妇女儿童工作组工作任务》。

1999 年 3 月 15 日，区第十三届人大常委会第一次会议补充修订《开元区人大常委会关于办理区人大代表建议、批评和意见的暂行办法》《开元区人大常委会与区人民政府、区人民法院、区人民检察院联系制度》《开元区人民代表大会常务委员会议事规则》《开元区人大常委会关于加强与区人大代表联系的办法》。

3. 思明区

1987 年 2 月 20 日，区第九届人大常委会第十次会议决定加强对“一府两院”法律监督和工作监督，建立三条原则：凡向区人大常委会例会报告工作，在召开会议前 6 天将书面报告材料送交人大办公室，以便发给委员事先审阅；凡临时要求提请区人大常委会决定的项目，必须在例会前 10 天写出书面报告；凡提请区人大常委会任免的干部，严格按照法律程序办理，提请部门应将提请任职人员的考核材料、呈报表，在召开例会前 10 天报送人大党组，未经区人大常委会讨论通过的不能到职。1987 年 8 月，区第九届人大常委会第十三次会议决定将每月 15 日定为区人大代表活动日。

1988 年 4 月 20 日，区第十届人大常委会第四次会议制定《思明区第十届人大常委会任期目标责任制》；8 月 12 日，第六次会议通过建立双月 15 日为区人大代表活动日制度，通过《区人大常委会议事规则》《区人大办公室和各工作委员会工作职责》《关于人事任免暂行办法》；9 月 24 日，第七次会议通过《关于人大代表工作和联系代表暂行办法》。

2000 年 9 月 29 日，区第十三届人大常委会第十六次会议通过实施《思明区人民代表大会常务委员会议事规则》。

（二）三区整合后思明区人大建章立制

2003 年 10 月 29—30 日，区第十四届人大常委会第一次会议通过《思明区人民代表大会常务委员会议事规则（试行）》；12 月 24 日，第三次会议通过《思明区人大常委会与区人民政府、区人民法院、区人民检察院联系制度》《思明区人大常委会关于办理区人大代表建议、批评和意见的暂行办法》《思明区人大常委会关于加强闭会期间代表工作的意见》。

2005 年 3 月 30 日，区第十四届人大常委会第十六次会议确定《开展对任命的干部述职评议工作的试行意见》，审议通过《关于代表列席人大常委会会议的试行办法（草案）》《关于公民旁听人大常委会会议的试行办法（草案）》。

2007 年 4 月 9 日，区第十五届人大常委会第一次会议制定、修订多项制度。主要有：《思明区人民代表大会常务委员会议事规则》《思明区人大常委会主任会议议事规则》《思明区人大常委会与“一府两院”联系制度》《思明区人大常委会关于公民旁听人大常委会会议的试行办法》《街道人大代表联络工作室工作职责》《区人大机关工作人员守则》《区人大机关各工委（办）工作职责》《人大机关学习制度》《关于加强与区人大代表联系的办法》《关于加强闭会期间代表工作的意见》《关于办理区人大代表建议、批评和意见的暂行办法》《关于代表列席人大常委会会议的试行办法》，以及办文、办事、办会规范，勤政、廉政等制度。

第七卷　政协地方组织

1988年11月，依据中共厦门市委《关于成立市各区政协委员会的工作意见和通知》，中共鼓浪屿区委、开元区委、思明区委相继成立区政协委员会筹备委员会。筹备委员会成员由党委、政府有关部门及各民主党派、群团组织负责人参加，按照“放宽视野、统筹兼顾、全面安排、平等协商”原则，商定第一届区政协委员人选。1989年2—3月，三区各成立政协第一届委员会。三区政协换届时效日与区人民代表大会同步进行。至2003年8月，均为区政协第四届委员会。

2003年10月三区整合，中共思明区筹委会成立区政协换届工作领导小组，下设鼓浪屿、开元、思明3个片区工作小组，进行换届工作；10月13日，召开政协思明区第五届委员会第一次会议。2007年2月，召开政协思明区第六届委员会第一次会议。

区政协委员会成立以来，贯彻《中国人民政治协商会议纲领》精神，在中共区委领导下，团结各民主党派、各人民团体、各界人士，为社会主义现代化建设献策献力。区政协积极开展参政议政活动，听取与评议政府、法院、检察院工作报告，围绕政治、经济、社会、民生大事实施协商。开展提案征集与办理，首届至第六届一次会议，共征集提案4389件，立案3463件，办复率100%，采纳率85%以上；不立案的均以委员来信等方式办理。组织委员深入实际调研视察，探讨改革开放中各行各业热点难点问题的解决办法，如企业改制、侨房归还、旧城改造、学校布局、就业再就业、环岛路建设等。实施民主监督，选派委员到公安、财政、教育、民政等部门单位任监督员（2007年有19名），随时检查、督促，及时做好各项工作。开展海内外联谊，如参与“9·8”投洽会活动，举办海峡两岸文化交流，接待来访人士等，增进台港澳侨胞及各地友人情谊，宣传区情，争取投资。收集整理历史资料，编辑出版《鼓浪屿文史资料》和《思明文史资料》（至2007年，共出版14辑），弘扬爱国爱乡精神。

第一章　组织机构

第一节　政协委员会

一、三区政协委员会

（一）政协鼓浪屿区委员会

鼓浪屿区第一届委员会（1989.2—1991.1）　有中共、民主党派、工会、共青团、妇联、科技、医卫、教育、宗教、少数民族、归侨侨眷、文艺、金台胞、体育、个体劳动者协会、渔民、军属、商贸、特邀，共19个界别77名委员。主席李东明，副主席陈孝镇、殷承典、李纯侨、林懋义（届中增补）。

鼓浪屿区第二届委员会（1991.1—1994.1）　有中共、民革、民盟、民建、民进、农工党、致公党、九三学社、台盟、工会、共青团、妇联、商会、新闻文艺、科协、教育、体育、医卫、少数民族、侨联、宗教、金台胞、军烈属、渔民、特邀，共25个界别79名委员。主席李东明，副主席陈孝镇、李纯侨、殷承典、林懋义。

鼓浪屿区第三届委员会（1994.1—1999.1）　有中共、民革、民盟、民建、民进、农工党、致公党、九三学社、台盟、商会、无党派、工会、共青团、妇联、经济、科技、教育、体育、文艺、医卫、少数民族、侨联、宗教、金台胞、社会福利、农林、港澳、特邀，共28个界别90名委员。主席林善淦，副主席颜惠庆、郭松萍、殷承典、吴松柏、周菡。

鼓浪屿区第四届委员会（1999.1—2003.8）　有中共、民革、民盟、民建、民进、农工党、致公党、九三学社、台盟、商会、无党派、工会、共青团、妇联、经济、科技、教育、体育、文艺、医卫、少数民族、侨联、宗教、金台胞、社会福利、农林、港澳、特邀，共28个界别91名委员。主席林善淦，副主席刘解车、郭松萍、林孝玉、周菡。

（二）政协开元区委员会

开元区第一届委员会（1989.2—1991.1）　有中共、民革、民盟、农工党、民建、致公党、民进、九三学社、台盟、工商联、工会、共青团、妇联、教育、医卫、文体、少数民族宗教、农渔、荣军烈属、特邀，共20个界别152名委员。主席张清钳，副主席郑德岁、林春土、谢集美。

开元区第二届委员会（1991.1—1994.1）　有中共、民革、民盟、农工党、民建、致公党、民进、九三学社、台盟、工商联、工会、共青团、妇联、教育、医卫、文体、少数民族宗教、农渔、荣军烈属、个体劳动者协会、经济、科技、三胞及眷属、侨联、特邀，共25个界别158名委员。主席郑德岁，副主席叶怡足、庄威、林春土、谢集美。

1991年1月21日，政协开元区第二届第一次会议

开元区第三届委员会（1994.1—1999.1）　有中共、民革、民盟、农工党、民建、致公党、民进、九三学社、台盟、工商联、工会、共青团、妇联、教育、医卫、农业、荣军烈属、个体劳动者协会、经济、科技、侨联、科协、台金联、文化艺术新闻和体育、宗教和少数民族、港澳、特邀，共27个界别159名委员。主席杨养生，副主席叶怡足、林春土、梁涵生、谢集美。

开元区第四届委员会（1999.1—2003.8）　有中共、民革、民盟、农工党、民建、致公党、民进、九三学社、台盟、工商联、工会、共青团、妇联、教育、医卫、农业、荣军烈属、个体劳动者协会、经济、科技、侨联、科协、台金联、文化艺术新闻和体育、宗教和少数民族、特邀，共26个界别159名委员。主席杨养生，副主席沈松宝、张振成、叶怡足、叶建成、林春土。

（三）政协思明区委员会

思明区第一届委员会（1989.3—1991.1）　有中共、民革、民盟、农工党、民建、致公党、民进、九三学社、台盟、工商联、共青团、工会、妇联、个体劳动者协会、科技、教育、医卫、文体、归侨、台金胞、“三资”企业、宗教、军烈属、农渔、街道、特邀，共26个界别128名委员。主席郭安民，副主席林章珍、郭福年、吕应焕、陈景辉、翁树林。

思明区第二届委员会（1991.1—1994.1）　有中共、民革、民盟、农工党、民建、致公党、民进、九三学社、台盟、工商联、共青团、工会、妇联、个体劳动者协会、科技、教育、医卫、文体、归侨、台金胞、“三资”企业、宗教、军烈属、农渔、街道、特邀，共26个界别135名委员。主席梁孙尧，副主席林章珍、吕应焕、陈景辉、翁树林。

思明区第三届委员会（1994.1—1999.1）　有中共、民革、民盟、农工党、民建、致公党、民进、九三学社、台盟、工商联、共青团、工会、妇联、科技、教育、医卫、文体、侨联、台金胞、宗教、农渔、经济、港澳、科协、特邀，共25个界别137名委员。主席林久来，副主席林章珍、陈秀枝、翁树林、吴碧英。

思明区第四届委员会（1999.1—2003.8）　有中共、民革、民盟、农工党、民建、致公党、民进、九三学社、台盟、共青团、工会、妇联、科技、教育、医卫、文体、侨联、台金胞、宗教、农渔、经济、特邀，共22个界别144名委员。主席陈宏镜（1999.1—2002.1）、江韵兰（2002.2—2003.8），副主席施秀丽、陈秀枝、袁国良、翁树林、杨丽玉（届中增补）。

二、三区整合后政协思明区委员会

思明区第五届委员会（2003.10—2007.2）　有中共、民主党派、无党派人士、工商联、工会、共青团、妇联、科协、台联、侨联、青联、经济、教育、科技、社科、文艺、医卫、体育、民宗、农业、特邀，共21个界别287名委员。换届工作与区划调整同步进行，新一届委员先安排275名，余12名在届中增补。主席江韵兰，副主席皮卫平、郭松萍、叶建成、苏宜尹、杨丽玉、朱健强。

思明区第六届委员会（2007.2—）　有中共、民主党派、无党派人士、工商联、工会、共青团、妇联、科协、台联、侨联、青联、经济、教育、科技、社科、文艺、医卫、民宗、特邀，共19个界别277名委员。主席江韵兰，副主席杨丽玉、苏宜尹、朱健强、曾清石、赖晓明。

第二节　常务委员会

一、三区政协常务委员会

（一）政协鼓浪屿区常务委员会

1989年2月21日至25日，召开政协鼓浪屿区第一届委员会第一次会议，选举产生第一届常务委员会成员14名，届中增补至15名。

1991年1月21日至25日，召开政协鼓浪屿区第二届委员会第一次会议，选举产生第二届常务委员会成员15名。

1994年1月17日至20日，召开政协鼓浪屿区第三届委员会第一次会议，选举产生第三届常务委员会成员17名。

1999年1月10日至14日，召开政协鼓浪屿区第四届委员会第一次会议，选举产生第四届常务委员会成员17名。

（二）政协开元区常务委员会

1989年2月21日至25日，召开政协开元区第一届委员会第一次会议，选举产生第一届常务委员会成员 27 名。

1991 年 1 月 21 日至 25 日，召开政协开元区第二届委员会第二次会议，选举产生第二届常务委员会成员 29 名。

1994 年 1 月 22 日至 26 日，召开政协开元区第三届委员会第三次会议，选举产生第三届常务委员会成员 30 名。

1999 年 1 月 9 日至 13 日，召开政协开元区第四届委员会第四次会议，选举产生第四届常务委员会成员 32 名。

2001 年 1 月 10 日，政协开元区第四届委员会第 13 次常委会

（三）政协思明区常务委员会

1989 年 2 月 28 日至 3 月 3 日，召开政协思明区第一届委员会第一次会议，选举产生第一届常务委员会成员 26 名。

1991 年 1 月 7 日至 11 日，召开政协思明区第二届委员会第二次会议，选举产生第二届常务委员会成员 27 名。

1994 年 1 月 16 日至 20 日，召开政协思明区第三届委员会第三次会议，选举产生第三届常务委员会成员 27 名，届中增补至 34 名。

1999 年 1 月 8 日至 12 日，召开政协思明区第四届委员会第四次会议，选举产生第四届常务委员会成员 27 名。

二、三区整合后政协思明区常务委员会

2003 年 10 月 13 日至 14 日，召开政协思明区第五届委员会第一次会议，选举产生第五届常务委员会成员 40 名。

2007 年 2 月 2 日至 6 日，召开政协思明区第六届委员会第一次会议，选举产生第六届常务委员会成员 41 名。

第三节 办事机构

一、三区政协办事机构

（一）政协鼓浪屿区办事机构

第一届设办公室、海内外联谊组、文化教育组、卫生组、城管组。第二届设办公室、三胞联谊组、旅游城建组、教科文卫组、经济法制组。第三届设办公室、专委会办公室（分管 5 个专委会）。第四届设办公室、专委会办公室（分管 5 个专委会）。

（二）政协开元区办事机构

第一届设办公室、三胞联谊组、财经组、教育组、卫生组、科技组、文体组、城管组。第二届设办

公室、财经委员会、教育委员会、医卫委员会、科技委员会、文化体育委员会、城建委员会、三胞联谊委员会。第三届设办公室、专委会办公室（分管8个专委会）。第四届设办公室、专委会办公室（分管8个专委会）。

（三）政协思明区办事机构

第一届设办公室、经济组、文化组、三胞组、综联组。第二届设办公室、经济组、科技组、教育组、文体组、医卫组、三胞联谊组、社会法制组、城建组。第三届设综合办公室、专委会办公室（分管经济、教育、科技、城建、三胞、法制、医卫、文体专委会）。第四届设办公室、专委会办公室（分管经济、教育、科技、城建、三胞、法制、医卫、文体专委会）。

二、三区整合后政协思明区办事机构

2003年10月14日，政协思明区第五届委员会第一次会议组建经济委员会、科技委员会、教育委员会、文体委员会、医卫委员会、社会法制委员会、城建城管委员会、台港澳侨联络委员会。

2004年2月23日，政协思明区第五届委员会第二次会议产生区政协提案委员会。

2007年12月，政协思明区第六届委员会设置办公室、专委会办公室、提案办公室、研究室。专委会办公室下设经济委员会、科技委员会、教育委员会、文体委员会、医卫委员会、社会法制委员会、城建城管委员会、台港澳侨联络委员会。

第二章　重要会议

第一节　全体委员会议

一、三区政协全体委员会议

（一）鼓浪屿区全体委员会议

1989年2月至2003年1月，政协鼓浪屿区委员会共召开全体委员会议15次。

1989—2003年政协鼓浪屿区委员会全体委员会议一览表

表7-2-1

届别	第次	时间	委员人数	主要议程
第一届	第一次	1989.2.21—25	77	审议《鼓浪屿区政协筹备委员会工作报告》；选举主席、副主席、秘书长和常务委员；会议通过《中国人民政治协商会议厦门市鼓浪屿区第一届委员会第一次会议决议》。列席区人大十届三次会议
	第二次	1990.2.24—28	76	听取并审议《区政协第一届委员会常务委员会1989年工作报告》，并作出决议；听取和审议区政协提案工作委员会《关于一届一次会议以来提案办理情况的报告》，并提出建议；列席区人大十届四次会议，听取、讨论《区政府1989年工作报告》《区财政1989年决算和1990年预算报告》，并提出建议；学习《中共中央关于坚持和完善中国共产党领导的多党合作和政治协商制度的意见》，并通过决议；增选政协副主席

续表7-2-1

届别	第次	时间	委员人数	主要议程
第二届	第一次	1991. 1. 21—25	79	听取和审议《政协厦门市鼓浪屿区第一届委员会常务委员会工作报告》《政协厦门市鼓浪屿区一届二次会议以来提案办理情况报告》《政协鼓浪屿区第二届委员会第一次会议筹备工作报告》；选举产生政协鼓浪屿区第二届委员会主席、副主席、秘书长和常务委员；列席区人大十一届一次会议，听取、讨论《第十一届政府工作报告》《1990 年区财政收支计划执行情况及 1991 年财政预算报告》；听取本届会议《关于提案审查情况报告》；通过大会决议
	第二次	1992. 2. 18—21	79	审议区政协提案委《关于 1991 年度提案工作情况报告》；审议、通过《第二届第二次会议提案审查情况报告》；列席区人大十一届二次会议，听取和讨论《区政府工作报告》《区 1991 年财政决算和 1992 年财政预算的报告》；听取区政府关于《鼓浪屿区国民经济和社会发展“八五”计划纲要（草案）报告》。会议审议、通过《关于常委会工作报告的决议》
	第三次	1993. 2. 23—26	79	审议《政协鼓浪屿区第二届委员会常务委员会工作报告》《提案委员会工作报告》；列席区人大十一届四次会议；会议通过《政治决议》
第三届	第一次	1994. 1. 17—20	90	听取《政协厦门市鼓浪屿区第二届委员会常务委员会工作报告》《政协鼓浪屿区第三届委员会第一次会议筹备工作报告》《政协鼓浪屿区第二届委员会提案委员关于鼓区政协第二届委员会提案工作的报告》；选举产生政协鼓浪屿区第三届委员会主席、副主席、秘书长和常务委员；列席区人大十二届一次会议，听取和讨论《区政府工作报告》《1993 年区财政决算和 1994 年财政预算报告》；审议政协鼓浪屿区第三届委员会第一次会议提案审查委员会《关于第一次会议提案审查情况报告》；审议、通过《政协鼓浪屿区第三届委员会第一次会议政治决议》
	第二次	1995. 2. 13—16	91	听取、审议《区政协第三届委员会常务委员会 1994 年工作报告》，并作出决议；听取、审议区政协提案工作委员会《关于三届一次会议以来提案办理情况的报告》，并提出建议；列席区人大十二届二次会议，听取、讨论《区政府 1994 年工作报告》《区财政 1994 年决算和 1995 年预算报告》，并提出建议；增选政协常委
	第三次	1996. 1. 28—31	91	听取并审议《政协常委会工作报告》；听取并审议提案委员会《关于三届二次会议以来提案办理情况的报告》；列席区人大十二届三次会议，听取并讨论《区政府工作报告》《区财政预决算报告》《区“九五”计划和 2010 年远景规划编制说明》；表彰政协工作先进集体、积极分子、优秀提案和先进承办单位；通过大会有关决议
	第四次	1997. 1. 20—23	91	听取并审议《政协常委会工作报告》；听取并审议提案委员会《关于三届三次会议以来提案办理情况的报告》；列席区人大十二届四次会议，听取并讨论《区政府工作报告》《财政预决算报告》；通过大会决议
	第五次	1998. 2. 16—19	91	听取并审议《政协常委会工作报告》；听取并审议提案委员会《关于三届四次会议以来提案办理情况的报告》；列席区人大十二届六次会议，听取并讨论《区政府工作报告》《区财政预决算报告》，通过大会决议；表彰 2 个政协工作先进集体、24 名积极分子、9 个优秀提案、2 个提案承办先进单位
第四届	第一次	1999. 1. 10—14	91	听取并审议《政协厦门市鼓浪屿区第三届委员会常务委员会工作报告》；听取并审议政协鼓浪屿区第三届委员会提案委员会《关于区政协第三届委员会提案工作的报告》；选举政协鼓浪屿区第四届委员会主席、副主席和常务委员；列席区人大十三届一次会议，听取并讨论《区政府工作报告》；审议通过政协鼓浪屿区第四届委员会第一次会议提案审查委员会《关于区政协四届一次会议提案审查情况报告》；审议通过政协鼓浪屿区第四届委员会第一次会议决议

续表7-2-1

届别	第次	时间	委员人数	主要议程
第四届	第二次	2000. 1. 10—13	91	听取并审议《政协常委会1999年工作报告》；听取并审议提案委员会《关于四届一次会议以来提案办理情况的报告》；列席区人大十三届二次会议，听取并讨论《区政府工作报告》《区财政预决算报告》；通过大会决议
	第三次	2001. 1. 9—12	92	听取并审议《政协常委会2000年工作报告》；听取并审议提案委员会《关于四届二次会议以来提案办理情况的报告》；列席区人大十三届三次会议，听取并讨论《区政府工作报告》《区财政预决算报告》《区“十五”计划报告》；表彰1个政协工作先进集体、12名积极分子、5个优秀提案和4个提案承办先进单位；通过大会决议
	第四次	2002. 1. 15—18	92	听取并审议《政协常委会2001年工作报告》；听取并审议提案委员会《关于四届三次会议以来提案办理情况的报告》；列席区人大十三届四次会议，听取并讨论《区政府工作报告》《区财政预决算报告》，听取区人大、区法院、区检察院工作报告；通过大会决议
	第五次	2003. 1. 14—17	91	听取并审议《政协鼓浪屿区第四届委员会常务委员会2002年工作报告》；听取并审议政协鼓浪屿区提案委员会《关于四届四次会议以来的提案工作报告》；列席区人大十三届六次会议，听取并讨论《区政府工作报告》《区财政预决算报告》；补选四届政协常务委员会委员；表彰区政协2001—2002年度工作先进集体、先进个人；通过大会决议

（二）开元区全体委员会议

1989年2月至2003年2月，政协开元区委员会共召开全体委员会议15次。

1989—2003年政协开元区委员会全体委员会议一览表

表7-2-2

届别	第次	时间	委员人数	主要议程
第一届	第一次	1989. 2. 21—25	152	筹备工作情况报告；选举主席、副主席、秘书长和常务委员。
	第二次	1990. 2. 23—26	155	听取并审议《常委会工作报告》；审议一届提案工作委员会《关于提案办理情况的报告》；列席区人大十届四次会议；通过会议决议
第二届	第一次	1991. 1. 21—25	158	筹备工作情况报告；选举主席、副主席、秘书长和常务委员
	第二次	1992. 2. 24—28	159	听取并审议《常委会工作报告》；列席区人大十一届二次会议；审议二届提案工作委员会《关于提案办理情况的报告》；审议蔡启明秘书长辞职报告，补选秘书长；通过会议决议
	第三次	1993. 2. 15—18	160	听取并审议《常委会工作报告》；列席区人大十一届四次会议；审议二届提案工作委员会《关于第三次会议提案情况的报告》；通过会议决议
第三届	第一次	1994. 1. 22—26	159	筹备工作情况报告；选举主席、副主席、秘书长和常务委员
	第二次	1995. 2. 14—17	159	听取、审议《常委会工作报告》；列席区人大十二届二次会议；审议三届提案委员会《关于提案办理情况的报告》；通过会议决议
	第三次	1996. 1. 29—2. 1	164	听取并审议《政协常委会工作报告》；列席区人大十二届三次会议；审议《三届委员会二次会议提案工作》；表彰先进专委会、优秀政协委员；通过大会决议
	第四次	1997. 1. 20—23	165	听取并审议《政协常委会工作报告》；审议《三届提案工作情况报告》；列席区人大十二届四次会议；表彰1995—1996年度优秀提案、提案先进承办单位和个人；通过会议决议

续表7-2-2

届别	第次	时间	委员人数	主要议程
第三届	第五次	1998. 2. 16—19	161	听取并审议《政协常委会工作报告》；审议《三届提案委员会提案工作情况报告》；列席区人大十二届六次会议；表彰1996—1997年度先进专门委员会、优秀政协委员、优秀民主监督员、优秀信息员和1997年度优秀提案；通过会议决议
第四届	第一次	1999. 1. 9—13	159	筹备工作情况报告；选举主席、副主席、秘书长和常务委员
	第二次	2000. 1. 10—14	163	听取并审议《常委会工作报告》；审议《提案工作情况报告》；列席区人大十三届二次会议；通过会议决议
	第三次	2001. 1. 9—12	163	听取并审议《常委会工作报告》；审议《提案工作情况报告》；列席区人大十三届三次会议；通过会议决议
	第四次	2002. 1. 15—18	165	听取并审议《政协常委会工作报告》；审议《提案工作情况报告》；列席区人大十三届四次会议；通过会议决议
	第五次	2003. 2. 25—31	166	听取并审议《常委会工作报告》；审议《提案工作情况报告》；列席区人大十三届六次会议；通过会议决议

（三）思明区全体委员会议

1989年2月至2003年2月，政协思明区委员会共召开全体委员会议15次。

1989—2003年政协思明区委员会全体委员会议一览表

表7-2-3

届别	第次	时间	委员人数	主要议程
第一届	第一次	1989. 2. 28—3. 3	128	选举产生政协思明区第一届委员会主席、副主席、秘书长、常务委员；列席思明区人大十届三次会议，听取《区政府工作报告》及其他报告；讨论并通过区政协一届一次会议主席团《关于区政协1989年的工作建议》；提案审查委员会作大会期间委员提案情况报告；通过大会决议
	第二次	1990. 3. 7—10	128	听取并审议《区政协第一届委员会常务委员会工作报告》；听取、审议提案委员会《关于一届一次会议以来提案工作情况报告》和《本次会议的提案审查意见报告》；列席区人大十届四次会议，听取并讨论《区政府工作报告》和《区财政局关于1989年财政决算和1990年财政预算草案的报告》，并提出建议
第二届	第一次	1991. 1. 7—11	135	听取并审议《区政协第一届委员会常委会工作报告》；听取和审议区政协提案委员会《关于一届二次会议以来的提案工作报告》；选举产生政协思明区第二届委员会主席、副主席、秘书长和常务委员；列席思明区人大十一届一次会议，听取和讨论《区政府工作报》和其他报告；听取《大会期间委员提案审查情况报告》；通过大会决议
	第二次	1992. 1. 16—19	135	听取并审议《区政协第二届委员会常务委员会工作报告》；听取和审议《区政协二届一次会议以来提案委员会提案工作报告》；列席思明区人大十一届二次会议，听取和讨论《区政府工作报告》和其他报告；听取《大会期间委员提案审查情况报告》；通过大会决议
	第三次	1993. 2. 17—20	135	听取并审议《政协思明区第二届委员会常务委员会工作报告》《提案委员会工作报告》；列席区人大十一届四次会议；听取《大会期间委员提案审查情况报告》；通过大会决议
第三届	第一次	1994. 1. 16—20	137	听取并审议《政协思明区第二届委员会常委会工作报告》《提案委员会提案工作报告》；选举产生政协思明区第三届委员会主席、副主席、秘书长和常务委员；列席思明区人大十二届一次会议，听取和讨论《思明区政府工作报告》和其他报告；听取《本次大会提案审查情况报告》；通过大会决议

续表7-2-3

届别	第次	时间	委员人数	主要议程
第三届	第二次	1995.2.13—17	139	听取和审议《区政协第三届委员会常务委员会工作报告》；听取、审议区政协第三届委员会提案委员会《关于第一次会议以来提案工作报告》；列席思明区人大十二届二次会议，听取和讨论《思明区政府工作报告》和其他报告；增选政协常委；听取《大会期间委员提案审查情况报告》；通过大会决议
	第三次	1996.1.28—2.1	146	听取并审议《区政协第三届委员会常务委员会工作报告》；听取并审议区政协第三届委员会提案委员会《关于第二次会议以来提案工作报告》；列席思明区人大十二届三次会议，听取和讨论《思明区政府工作报告》和其他报告；改选政协思明区第三届委员会秘书长；听取《大会期间委员提案审查情况报告》；表彰1994—1995年度区政协工作先进集体、参政议政积极分子、优秀提案、先进承办提案单位；通过大会决议
	第四次	1997.2.21—24	143	听取并审议《区政协第三届委员会常务委员会工作报告》；听取并审议区政协第三届委员会提案委员会《关于第三次会议以来提案工作报告》；列席思明区人大十二届四次会议，听取和讨论《思明区政府工作报告》和其他报告；增选政协思明区第三届委员会常务委员；听取《委员提案审查情况报告》；通过大会决议
	第五次	1998.2.16—20	144	听取并审议《区政协第三届委员会常务委员会工作报告》；听取并审议区政协第三届委员会提案委员会《关于第四次会议以来提案工作报告》；列席思明区人大十二届六次会议，听取和讨论《思明区政府工作报告》和其他报告；听取《委员提案审查情况报告》；通过大会决议
第四届	第一次	1999.1.8—12	144	筹备工作情况报告；选举主席、副主席秘书长和常务委员。
	第二次	2000.1.3—8	145	听取并审议《区政协第四届委员会常务委员会工作报告》；听取并审议区政协第四届委员会提案委员会《关于四届一次会议以来提案工作情况报告》；选举（增补）区政协四届委员会常务委员；列席区人大十三届二次会议，听取并讨论《区政府工作报告》《区财政预决算报告》；听取《委员提案审查报告》；通过大会决议
	第三次	2001.1.13—18	144	听取并审议《区政协常委会工作报告》；听取并审议《区政协四届二次会议以来提案工作情况报告》；列席区人大十三届三次会议，听取并讨论《区政府工作报告》；听取《区政协四届三次会议期间委员提案审查报告》；选举（增补）区政协四届委员会常务委员；通过大会决议
	第四次	2002.4.1—5	145	听取并审议《区政协第四届委员会常务委员会工作报告》；听取并审议《区政协四届三次会议以来提案工作情况报告》；列席区人大十三届四次会议；听取《委员提案审查报告》；通过大会决议
	第五次	2003.2.12—15	145	听取并审议《区政协第四届委员会常务委员会工作报告》；听取并审议《区政协四届常委会提案工作报告》；列席区人大十三届六次会议；听取《委员提案审查报告》；通过大会决议

二、三区整合后政协思明区全体委员会议

2003年10月至2007年2月，政协思明区委员会共召开全体委员会议5次。

2003—2007 年政协思明区委员会全体委员会议一览表

表 7-2-4

届别	第次	时间	委员人数	主要议程
第五届	第一次	2003. 10. 13—14	275	筹备工作情况报告；选举主席、副主席、秘书长和常务委员
	第二次	2004. 2. 23—26	274	听取并审议《常委会工作报告》；列席区人大十四届二次会议；审议、通过提案委成员名单；听取《二次会议期间提案审查报告》；通过会议决议
	第三次	2005. 1. 23—27	287	听取并审议《常委会工作报告》；听取并审议《五届二次会议以来提案工作报告》；列席区人大十四届三次会议；大会选举；听取《会议期间提案审查报告》
	第四次	2006. 1. 16—19	287	听取并审议《常委会工作报告》；听取并审议《提案委员会五届三次会议以来工作报告》；列席区人大十四届四次会议；听取《会议期间提案初审报告》；大会表彰先进集体与个人
第六届	第一次	2007. 2. 3—8	277	听取并审议《常委会工作报告》；听取并审议《提案委员会五届四次会议以来工作报告》；列席区人大十五届一次会议；听取《会议期间提案初审报告》；选举产生政协第六届思明区委员会主席、副主席、秘书长和常务委员；通过会议决议

第二节　常务委员会议

一、三区政协常务委员会议

（一）政协鼓浪屿区常务委员会议

1989 年 2 月至 1991 年 1 月，政协鼓浪屿区第一届常委会共召开 10 次会议。围绕改革开放和两个文明建设大局，进行政治协商。1989 年 3 月，区政协一届一次常委会召开，通过《政协鼓浪屿区委员会常委会工作规则》。1990 年 12 月 25 日，召开第一届委员会常委会第九次会议，修改通过常委会工作报告。1991 年 1 月 11 日，召开第一届常委会第十次会议，协商召开区政协二届一次会议议程。1991 年 1 月至 1994 年 1 月，政协鼓浪屿区第二届常委会共召开 16 次会议。就服务于经济建设中心，参与十年规划和“八五”计划讨论修改，对区旅游经济开放及老企业改造提建议。1993 年 12 月 21 日召开第二届常委会第十六次会议，修改通过第二届常委会工作报告。1994 年 1 月至 1999 年 1 月，政协鼓浪屿区第三届常委会每年组织委员听取政府部门通报全年工作和新一年打算；组织学习、贯彻中共十四大、十五大精神；围绕区经济建设重点项目，加强社会主义精神文明建设等重大问题，召开会议进行协商。1999 年 1 月至 2003 年 10 月，政协鼓浪屿区第四届常委会加强与区委、区政府联系与协调，共同做好决策前的民主协商工作。

（二）政协开元区常务委员会议

1989 年 2 月至 1991 年 1 月，政协开元区第一届常委会共召开 9 次会议。以经济建设为中心，围绕治理整顿、改革开放、经济建设、群众生活等重大问题开展协商监督活动。1989 年 3 月上旬，区政协一届一次常委会通过《1989 年政协工作要点》。1990 年 11 月，第九次常委会通过区政协换届筹备工作报告。1991 年 1 月至 1994 年 1 月，政协开元区第二届常委会抓住“两个文明”建设重大问题，对《开元区“八五”经济发展计划纲要（草案）》和《开元区“八五”期间加强社会主义精神文明建设的实施意见（草案）》的制定与实施进言献策。1994 年 1 月至 1999 年 1 月，政协开元区第三届常委会共召开 29 次会议。就区委、区政府制定的《开元区经济和社会发展“九五”计划》《开元区“九五”社会主义精神文明建设规划》《开元区“九五”人才工程计划》《开元区人民政府关于促进经济发展若干优惠政策的暂行规定》《开元区人民政府关于改善投资环境、鼓励招商引资的若干措施》等文件，组织协商讨论，听取、采纳委员的意见与建议。1999年1月至2003年10月，政协开元区第四届常委会围绕经济和社会发展中的重大问题，以及如何应对“入世”挑战等，开展议政活动。就《开元区经济和社会发展“十五”计划（草案）》《开元区“十五”社会主义精神文明建设规划（草案）》等，召开常委专题座谈会，进言献策。

（三）政协思明区常务委员会议

1989年2月至1991年1月，政协思明区第一届常委会共召开7次会议。1989年3月25日，召开一届一次常委会，通过《政协思明区委员会常委会工作规则》。1990年12月18—19日，召开一届七次常委会，商定政协思明区第二届委员会第一次会议议程。1991年1月至1994年1月，政协思明区第二届常委会共召开18次会议。1991年3月8日，召开二届一次常委会，讨论通过修订《政协思明区委员会常委会工作规则》。1993年10月28日召开二届十七次常委（扩大）会议，审议并通过政协思明区二届委员会“参政积极分子、优秀提案和承办提案先进单位”名单和表彰决定；12月22日，召开二届十八次常委（扩大）会议，审议通过政协换届工作有关事项。1994年1月至1999年1月，政协思明区第三届常委会共召开39次会议。1994年2月19日，召开三届一次常委会，讨论通过《政协思明区第三届委员会常委会工作规则》《政协思明区第三届委员会关于加强领导班子自身建设的意见》《政协思明区1994年工作要点》等文件；10月24日，召开三届四次常委（扩大）会议，同意增补港澳界等委员。1995年1月19日，三届六次常委（扩大）会议建议增补常委；3月22日，召开三届九次常委（扩大）会议，审议通过《政协思明区1995年工作要点》《政协思明区提案工作实施办法》《关于评选思明区政协工作先进集体和先进工作者、优秀提案和承办提案先进单位的意见》等文件；7月27日，召开三届十次常委（扩大）会议，审议通过增补委员。1996年1月12日，召开三届十三次常委（扩大）会议，讨论表彰1994—1995年度参政议政先进集体和积极分子、优秀提案和承办提案先进单位；8月14日，召开三届十九次常委会第二次会议，审议人事调整。1997年7月8日，召开三届二十五次常委会，讨论人选，听取区委许雨川副书记通报区机关机构改革实施情况。1998年1月15日，召开三届二十九次常委会，审议评选1996—1997年度参政议政先进集体、积极分子、优秀提案和承办提案先进单位。1999年1月至2003年8月，政协思明区第四届常委会共召开33次会议。就经济工作、党风廉政建设、为民办实事等组织专题协商，为区委、区政府决策进言献策。2002年11月，区政协四届二十六次常委（扩大）会议召开，评选2001—2002年度参政议政先进单位5个，先进个人22名，优秀提案8件，提案承办先进单位5个。

二、三区整合后政协思明区常务委员会议

（一）政协思明区第五届常务委员会议

2003年10月25日，政协思明区第五届第一次常委会召开，审议通过《常委会工作规则》《专门委员会组织通则》；12月7日，召开第二次常委会，审议通过《区政协常委会工作报告》，通过“政协委员街道联络组”划分原则。

2004年2月25日，政协思明区五届三次常委会召开，听取第二次全委会各组织讨论政府工作报告、提案初审情况汇报和听取大会秘书处关于常委会工作报告讨论情况、听取通过第二次全委会决议（草案）；3月24日，召开第四次常委（扩大）会议，邀请全国政协委员、市政协副主席庄威传达全国政协十届二次会议精神；6月16日，召开第五次常委会，听取区民政局局长张泽夫和区旅游园林局局长赵正根工作情况通报；8月10日，召开第六次常委会，听取区委副书记、区纪委书记李宏愿关于上半年思明区党风廉政建设和反腐败工作、区政府副区长朱奖思关于区政府办理政协委员提案情况通报；11月8日，召开第七次常委会，传达全国政协主席贾庆林在福建省调研的讲话精神和区委八届四次（扩大）会议精神。

2005年1月12日，政协思明区五届八次常委会召开，审议修改《常委会工作报告》《二次会议以来提案工作情况报告》，增补区政协委员16人；1月19日，召开第九次常委会，讨论增选区政协常委候选人建议名单；1月26日，召开第十次常委会，听取大会期间提案初审情况报告和审议通过选举办法、五届三次会议决议（草案）；3月21日，召开第十一次常委会，座谈全国人大通过的《反分裂国家法》；6月25日，召开第十二次常委会，审议通过撤销吴国三第五届政协委员资格的决定；7月13日，召开第十三次常委会，通报区政府上半年经济工作；8月23日，召开第十四次常委会，学习省委书记卢展工、市委书记何立峰、区委书记裴金佳等领导讲话，听取区政府常务副区长倪超关于招商引资情况通报；12月29日，召开第十五次常委会，研究召开区政协五届四次会议事宜，组织区政协常委到观音山国际商务营运中心区、软件园二期、同安工业区思明园视察。

2006年1月18日，召开第十六次常委（扩大）会议，听取大会期间提案初审情况报告，审议通过区政协五届四次会议决议（草案）；2月24日，召开第十七次常委会，学习中共中央总书记胡锦涛视察福建、厦门时的重要讲话，区政协主席江韵兰和副主席杨丽玉分别传达政协福建省九届四次会议和政协厦门市十届四次会议精神，会议审议通过区政协常委会2006年工作要点；4月4日，召开第十八次常委（扩大）会议，学习《中共中央关于加强人民政协工作的意见》，为区政协工作和政协机关建设献计献策；7月12日，召开第十九次常委会，江韵兰传达中共思明区委第九次党代会精神；8月11日，召开第二十次常委会，邀请区政府副区长通报上半年经济工作运转情况及招商引资情况；8月31日，召开第二十一次常委会，区政府副区长傅建明对办理政协五届四次会议提案情况进行通报。2007年1月9日，召开第二十二次常委会，协商通过思明区政协第六届委员会委员人选，审议修改《常委会工作报告》《提案工作报告》。2007年1月19日，召开第二十三次常委会，协商政协第六届思明区委员会第一次会议有关事项。

（二）政协思明区第六届常务委员会议

2007年3月8日，政协思明区第六届第一次常委会召开，协商通过《中国人民政治协商会议厦门市思明区委员会专门委员会组织通则》、政协第六届思明区委员会专门委员会设置、政协第六届思明区委员会提案委员会组成人员名单、委员街道联络组设置和联络组组长名单，研究通过关于专门委员会主任、副主任名单，研究常委会2007年工作要点；6月8日，召开第二次常委会，通过人事任免事项，听取区民政局关于思明区社会保障性住房工作情况通报；9月27日，召开第三次常委会，听取思明区反腐倡廉工作情况和区政协提案办理情况通报；11月15日，召开第四次常委（扩大）会议，听取中共厦门市委党校副校长彭心安作学习十七大精神辅导报告，讨论区政协常委会关于社会保障性住房重点课题的调研报告。

第三章　主要工作

第一节　参政议政

一、三区政协参政议政

1. 鼓浪屿区

1991年2月至1994年1月，鼓浪屿区政协利用人才优势，参与区十年规划和“八五”计划讨论修改，对旅游经济开发及老企业改造提出建议，被区政府采纳。

1994年2月至1999年1月，区政协组织委员对经济工作和城市建设重点项目进行视察；围绕政府工作重点、群众关心的热点，写出提案呈送区委、区政府参考。其中，《关于调整学校布局，提高办学效益》建议案，被区政府采纳。五年中，区政协和各专委会组织28次考察活动，开展20项课题调研，写出6万多字调研报告，为区委、区政府的民主化、科学化决策提供依据。

1999年2月至2003年10月，区政协围绕鼓浪屿发展规划所确定的总体目标和区委中心工作，加强调查研究，推进经常有序的政治协商。与区委、区政府共商各年经济建设计划方案；讨论政府半年工作通报、党风廉政建设通报和社会治安综合治理通报等。在广泛征求区委、区政府各有关部门意见的基础上，确定调研课题，开展调研和视察活动。通过走访、发放问卷调查、召开座谈会等，掌握第一手资料。组织视察海底世界、区科技开发项目，撰写呈阅件、编辑简报分送有关部门。

2. 开元区

1989年2月至1991年1月，开元区政协围绕治理整顿、改革开放、经济建设、群众生活等重大问题开展协商监督活动。参加区委、区政府召开的报告会、通报会、座谈会，就区街经济发展规划、教育科技改革、清除社会淫秽现象、社会治安等重大事项进行讨论协商；参与对干部违纪、违法建私房的核查；参与区委向党代会、区政府向人代会的“工作报告”初稿讨论和区党政领导班子人选协商。区政协组织委员开展专题视察、专题调查活动，促进区街各项工作顺利开展。

1991年2月至1994年1月，区政协抓住“两个文明”建设重大问题，组织委员就《开元区“八五”经济发展计划纲要（草案）》和《开元区“八五”期间加强社会主义精神文明建设的实施意见（草案）》进行协商。召开政协常委会委员、各界代表人士会议，就区委、区政府领导班子换届人事安排、年度工作报告、改革和建设举措出台之前，通报情况，讨论协商。对《中华人民共和国义务教育法》的实施，积极介入，实行监督。针对党政工作重点、社会生活难点、群众关心的热点问题，有针对性地开展调查，提出建议。三年间，开展调查视察活动70多次，写出调查、视察报告70多份，内容涉及经济、科技、教育、卫生、计生、文化、城管、社会治安等领域。

1994年2月至1999年1月，区政协利用每年年会组织委员讨论《政府工作报告》，组织专题讨论。通过常委会议、常委专题座谈会等形式，对经济发展、深化改革、社会事业进步等重大问题、重大决策开展协商，组织视察活动15次，开展调研6项。在区委、区政府制定《开元区经济和社会发展“九五”计划》《开元区“九五”社会主义精神文明建设规划》出台之前，《开元区“九五”人才工程计划》《开元区人民政府关于促进经济发展若干优惠政策的暂行规定》《开元区人民政府关于改善投资环境、鼓励招商引资的若干措施》出台之后，请区委、区政府领导通报情况，以常委会议、常委座谈会形式组织协商讨论。组织专委会开展视察、调研、座谈等活动109次，撰写调查、视察报告74份。

1999年2月至2003年10月，听取和讨论政府及“两院”工作报告，以不同界别、委员小组与区党政领导及部门负责人对话，围绕经济、科教文卫、社区建设、社会稳定及如何应对“入世”挑战等方面进言献策。针对《开元区经济和社会发展“十五”计划（草案）》、《开元区“十五”社会主义精神文明建设规划（草案）》，召开常委专题座谈会，提出意见。

3. 思明区

1989—1998年，思明区政协通过主席会议、常委会议和全委会议分别听取区政府每年的工作报告、财政预决算报告和其他重大问题的通报，参与全区经济和社会发展规划等重要事项协商。组织政协常委和民主党派基层组织负责人，就思明区“八五”“九五”“十五”规划及经济体制改革、社会保障、街道设立和区划调整等进行讨论和论证，提出建议。1995年4月28日，区政府邀请部分政协委员参加座谈会，委员们就农村城市化后街道名称、区划设置等问题进言献策。各专委会听取区政府相关部门工作通报，组织视察、调查和专题座谈，并就相关问题提出建议。就治理整顿经济秩序、深化经济体制改革、老企业改造和工业外移、东海岸风景资源保护、公费医疗制度改革、城建城管、行政执法、幼儿园与小学布局、加强素质教育、科教兴区、文化体育设施建设和文化市场管理等一系列问题，先组织委员听取有关职能部门通报，而后组织视察、专题调研。先后就塑胶拉链厂、第一医疗电子器械厂、鹭京针织厂和思明制药厂现状和出路、如何稳定企业科技队伍、胡里山浴场脏乱急需整顿、社会离婚率逐年上升及其影响和对策、“吸毒”情况及其社会危害、社会治安综合治理和行政执法中存在的问题及对策、区属企业两个根本性转变等进行专题调查。《必须打一场持久的“扫毒”人民战争——关于思明区“吸毒”情况调查》专题调查报告，向有关部门提供有价值的第一手资料和决策依据（1995 年 10 月《厦门日报》《厦门政协》《政协通讯》《厦门信息时刊》先后刊登或摘登该篇报告）。

1999 年 2 月至 2003 年 10 月，区政协就经济工作、党风廉政建设、为民办实事等专题，组织常委会、专委会开展对口协商。2001 年，区政协经济委委员参与区经贸局企业改制领导小组会议，讨论《思明区区属企业改制工作实施方案》。各专委会围绕中华片区旧城改造、整合学校资源、区科技创业园建设等课题深入视察和调研，撰写调研文章分送区委、区政府提供决策参考。

二、三区整合后思明区政协参政议政

2003 年 10 月至 2007 年 2 月，思明区政协组织调研项目 28 项，形成调研报告 24 份，组织视察 56 次，委员提出议案 533 件。

区政协根据区委、区政府提出的“调整经济结构，促进经济跨越式发展”战略部署，举办“推动思明经济新跨越”“现代商务区建设”“观音山商务营运中心建设与招商”等专题议政会，委员们就发展海洋经济、开发东部旅游资源、建设光电园区、壮大民营企业、激活中山路商圈、打造鹭江道商务区及观音山营运中心的定位、规划、推介招商、园区管理等提出建议。有些建议被誉为“金点子”列入全区发展战略。各专委会围绕区“十一五”总体规划和 13 项专项规划编制，提出建设性的意见，多被有关部门采纳。街道联络组为“关于营平片区的改造”“建设福津大街文化产业一条街”议题进言献策。

区政协组织经济界委员在区政府《关于大力促进民营企业经济发展的实施意见》出台之前做好决策前协商；科技界委员协助科技局对企业入驻思明光电大楼项目进行评审，参与安美光电、香山国际游艇码头等重点项目环评。围绕“打造教育强区”“拓展旅游资源，发展旅游事业”“做优‘二产’，做大‘三产’”等专题组织联组讨论。委员们对思明区经济社会各项事业发展，提出许多建议，得到肯定。开辟“政协论坛”作为委员们参政议政平台。政协常委会与鹭江街道办事处、区民政局等单位联合举办“建设厦门 CBD”“构建和谐社区”论坛，并在《思明政协》简讯“委员论坛”栏目刊登委员进言。三年中，“政协论坛”共收集调研进言文章 74 篇，编印《政协论坛》3 集。委员提出的“思明区在厦门海湾型城市建设中的思考”“把握实际，寻找优势，打造现代化服务业高地”“从外商投资结构变化，看我区产业结构调整”等建议被区“十一五”规划采用。区政协组织专家学者调研，形成《被征地拆迁农民的利益保护问题》《以人为本，重视事前准备和事后保障》调研文章，对“解决‘城中村’征地拆迁补偿纠纷”及“破解征地拆迁难”提出建议，在征地拆迁工作中发挥指导作用。鼓浪屿日光幼儿园拟异地搬迁，区政协即时组织调查，认为日光幼儿园前身是“怀德幼稚园”，已有百年历史，在海外有一定影响力，提出“外迁应慎重”的提议报送区政府；区政府即作出暂不搬迁的决定。

2007 年 2—12 月，区政协召开 5 次专题议政建言会，10 次对口协商通报会，15 次视察调研活动，26 次街道联络组活动和 35 次界别小组活动，提出经济发展、城市建设与管理、文化教育、科技进步、医疗卫生及社会事务等方面建议。其间，召开“山地公园建设”专题议政会，委员们就公园的主题、文化内涵、规划布局、生态保护、突出个性特色等问题提出建议，送政府有关部门参考。《厦门晚报》、厦门电视台“十分关注”栏目对此进行报道。社会法制专委会配合区民政局在《思明区和谐社区建设示范社区基本标准》文件出台前，对口协商，有 7 条建议被采纳。科技专委会配合科技局就创建“福建省可持续发展实验区”申报方案和《思明区应用技术研究与开发资金管理暂行办法》进行专题协商，11 条建议被采纳。

第二节　提案征集与办理

第一届区政协提案征集和办理

1989—1990年，鼓浪屿区政协征集提案59件，立案51件，办复率100%，采纳率71.4%。《旅游指示牌应有英文标示》提案被区政府采纳实施。开元区政协征集提案102件，立案77件，办复率100%，采纳率69.1%。《扩建华侨幼儿园，改善幼儿学习生活环境》提案得到市、区相关部门重视而立项。思明区政协征集提案120件，立案100件，办复率100%，采纳率91.1%。《兴建区人民医院医技大楼》提案被采纳，1992年动工兴建。

第二届区政协提案征集和办理

1991—1993年，鼓浪屿区政协征集提案185件，立案130件，办复率100%，采纳率80.3%。《弘扬严肃音乐，突出钢琴之岛特色》提案被区政府采纳。开元区政协征集提案324件，立案210件，办复率100%，采纳率68.54%。《东山水库和山林归属问题》提案经调查，确认其归属权，使水库建设和防汛工作得到落实。《增加居委会正副主任工资补贴》提案，经区财政局专题研究后，从1993年6月起，每位在编居委会正、副主任增加80元生活补贴。之后，提案委员会进行跟踪调查，各居委会均如数兑现。思明区政协征集提案216件，立案148件，办复率100%，采纳率86.3%。《引进胚胎工程高新技术，分三步发展我市奶牛业》提案，被厦门市农业局采纳。

第三届区政协提案征集和办理

1994—1998年，鼓浪屿区政协征集提案580件，立案441件，办复率100%，采纳率78.46%。开元区政协征集提案447件，立案367件，办复率100%，采纳率77.5%。《适应市场经济体制需要，积极创造条件，加快组建区商会组织》提案，被承办单位采纳。《开发外口公寓，加强外口管理的建议》提案，被列为区政府1998年为民办实事项目之一。思明区政协征集到提案366件，立案315件，办复率100%，采纳率88.4%。《区政府应该经常与辖区的银行等金融机构挂钩联系》提案，作为主席会议建议案，引起区政府重视并采纳，促进经济发展。

第四届区政协提案征集和办理

1999年至2003年10月，鼓浪屿区政协征集提案506件，立案462件，办复率100%，采纳率83.55%。开元区政协征集提案513件，立案402件，办复率100%，采纳率69.8%。1999年1月，《关于培植名牌产品的建议》提案引起区政府重视，被有关部门采纳实施。《关于加快社区卫生服务步伐，建好惠民“民心”工程》提案，得到区政府重视，并组织区卫生局、财政局深入区医院、街道、社区开展专题调查。思明区政协征集提案303件，立案251件，办复率100%，采纳率73.%。《关于环岛路开发综合服务行业的建议》提案，被区政府列入为民办实事项目之一。《关于加强二次供水管理》提案被区政府采纳，即成立二次供水专项治理领导小组，并配合市容考评委，对全区二次供水设施进行拉网式检查。《节假日开放中小学体育场馆》提案得到相关部门重视；2003年1月起，中小学部分体育设施于节假日免费为社区居民开放。

第五届区政协提案征集和办理

2003年10月至2007年2月，思明区政协五届一次全委会议选举区政协主席、秘书长和常务委员，没有开展提案征集工作；二次至四次会议共收到提案533件（其中委员提案506件，各民主党派、人民团体和政协专门委员会提案27件），立案402件，占提案总数75.4%；其余131件作为委员来信及反映社情民意等方式处理。有52家承办单位办理政协提案，办复率100%。

五届二次会议收到《关于发挥区位优势，构建厦门中央商务区》《关于建立区政府和区政协工作联系制度的意见》提案，被相关部门采纳。《关于加强校园周边综合治理力度》提案，得到区综治委重视，及时召开综治成员会议，对问题较集中的校园周边网吧、违规经营流动摊贩、无证发廊等开展为期

20 天的整治行动，为各学校配备 1 名综治副校长。

五届三次会议收到《建设循环经济型城区，确保思明可持续发展》提案，其中关于“推进企业小循环”“发展社区中循环”和“建设循环经济型生态城区”等建议，在编制全区环境保护专项规划中被采纳。《做好健身路径的管理和维护》提案得到区政府重视，即制定《思明区社区体育健身设施管理办法》，使室外健身路径得到有效管理。《提高婚检率的几点建议》被区政府采纳，即召开专题会议，决定实行免费婚检措施。

五届四次会议收到《关于制定“金包银”分配方案的建议》《关于流动儿童预防接种现状与对策》等提案，均被相关部门采纳。

第五届区政协提案征集、立案和办复统计表

表 7-3-1　　单位：件

提案项目		二次会议	三次会议	四次会议
征集提案	委员提案	179	165	162
	单位（党派、团体、专委会）提案	10	6	11
	合　计	189	171	173
分类立案	经济建设	34	25	23
	城建城管	24	20	25
	教科文卫体	43	39	38
	劳动人事、政法、统战等综合	55	42	34
	合计	156	126	120
	其中：重点提案	3	3	2
办理情况	办理答复	156	126	120
	办复率（%）	100	100	100

第六届一次会议区政协提案征集和办理

2007 年 2 月至 12 月，思明区政协共收到提案 135 件，立案 95 件（办结率 100%），占提案总数 70.4%。其中，经济建设方面的提案 21 件，占立案数 22.1%；教科文卫体 27 件，占 28.4%；政法、统战等方面 38 件，占 40%；城市建设与管理 9 件，占 9.5%。有 40 件未立案的提案作为委员来信送交有关部门研究处理。《关于举办闽台老字号精品博览会的建议》提案被确定为重点提案，区经贸局作为该提案的承办单位，依托中华街道，加强与委员们沟通联系，商讨举办博览会。同时，对古城东路进行改造，引进无油烟无污染的闽台传统特色食品，着力打造“闽台特色食品街”。

第三节　调研视察

1989 年，鼓浪屿区、开元区、思明区政协就落实侨房政策开展视察工作，征集建议汇总上报，得到三区政府重视。开元区政协社会法制城管专门工作小组委员就玉屏城旧城改造事项，走访公园街道办事处，将建议向有关部门转达。思明区政协经济技术工作小组委员多次到整流器厂、纸箱厂、文化用品厂调研，与区经贸委等有关部门共同探讨企业改制、职工队伍稳定、解决企业困难等问题。

1991 年，开元区政协医药卫生工作组就外来人员计生管理问题，组织委员对外来人口较集中的筼筜街道和建筑工地进行视察，将存在问题以简报形式向区计划生育管理部门反映。科学技术工作组就英玛电子有限公司产品转产定型问题开展视察活动，提出建设性建议，被公司采纳。思明区政协城建工作组就创建国家卫生城市，治理厦大滨海浴场“脏、乱、差”问题开展调研，完成专题调查报告。报告建议成立沙滩保洁队伍，被区政府采纳。

1992 年，开元区政协教育工作组就加快职工业余教育步伐问题，深入企业开展调查，并向主管部门提出解决问题的建议。

1993 年，鼓浪屿区政协把创建国家卫生城市作为重点调研视察内容，组织委员 125 人次对卫生死角进行调研，并提出改善环境卫生建议。区政协 4 个工作组就“调整我区小学布局，提高教学质量”“鼓浪屿旧市场的改造和开发”等 6 个课题进行调研，写出调查报告。开元区政协文体工作组委员就旧城改造拆迁“厦禾文化带”问题，多次组织专题调查视察。向区文化部门提出在新城区建设中重新布局“厦禾文化带”的建议，被区政府采纳。

1994 年，开元区政协经济委员会组织委员对五金城和家具城进行视察，委员们就电力配套行业规模化进行分析，提出建议，引起相关部门和企业的重视。区政协三胞委员会就落实侨房的难点进行调研，提出解决问题的对策，得到市政府肯定。

1995 年，开元区政协财经专委会和法制专委会针对企业实施《中华人民共和国劳动法》中遇到的问题，分别视察元龙包装厂等 10 家企业，写出《关于我区企业实施〈劳动法〉的情况反映》，建议尚未成立工会的企业创造条件成立工会，保护劳动者的合法权益。思明区政协社会法制委员会组织委员就清理“标会”情况开展调研，撰写《关于加紧清理部分群众参与标会的对策》，提出加强清理标会力量，做好群众工作，防止矛盾激化等建议。

1996 年，鼓浪屿区政协工作组选择“鼓浪屿旅游交通探讨”“鼓区园林绿化现状与对策”等调研课题，召开座谈会 18 场次，撰写 4 份有创意的调研报告。开元区政协经济委员会深入企业进行调查，完成《搞好对外贸易工作，促进区街经济发展》课题报告，提出树立“大外贸”思想，发挥特区窗口优势，建立以外贸企业为龙头、区街协作的经贸体系的建议。思明区政协三届常委会组织经济专委会、城建专委会等 20 多位委员对 9 公里环岛路示范段建设征地拆迁工作进行视察，提出司法机关和公证部门应同时介入等建议。

1997 年，鼓浪屿区政协常委会先后视察在建重点工程、食品卫生工作、体育场大门改造、交通情况和双拥工作。开元区政协就食品卫生、医疗机构和医药市场现状，组织委员开展视察，写出情况反映。思明区政协组织委员就实施再就业问题到街道、企业走访调查，撰写《下岗职工再就业情况的调查报告》，提出“政府要抓源头，介入企业改制，要为民作主”“社会要伸手帮，不能有年龄、文化歧视”“失业人员再就业观要切合实际”等建议。社会法制委委员就离婚率逐年上升趋势，开展社会调查，撰写《当前离异子女的现状及对策》调查报告，受到市、区两级关工委重视，收录于厦门市关工委刊物。

1998 年，鼓浪屿区政协视察延平、大埭文明安全片区、旅游环境、工业园运作与还贷、延平公园规划建设等 12 个项目。区政协常委会还对环鼓路规划建设、绿化规划、鼓浪屿商业中心设计和建设、社区卫生服务网络进行 11 次考察活动，完成《鼓区科技发展的基本情况和对策调研》《保护利用鼓浪屿历史风貌建筑的设想和建议》《鼓浪屿旧城改造现状及建议》等 7 项调研课题。开元区政协在创文明城区活动中，就市容环境状况开展调查，向区政府呈报《龙山工业区投资环境亟待进一步改善》《迅速整治西郭、仙岳一带卫生脏乱差问题》等建议案，得到市、区政府重视，采取措施整治市容市貌。

1999 年，开元区政协经济委员会就产业定位、产业升级、培养后续财源、壮大区街经济等问题视察个体私营企业，完成《开元区个体经济发展的现状问题与对策》课题调研，提出对策与建议。思明区政协就中山路商业街消防安全问题，组织城建专委会委员与中华街道、思明街道、文安街道政协委员联络组对沿街店面、楼房进行视察，撰写《中山路商业街消防隐患值得深虑》，受到市政协、区委、区政府重视。

2000 年，开元区政协科技专委会为探索科技园发展道路，深入区科技园视察，撰写《开元科技园运作机制的调研》，所提建议为区委、区政府采纳。在区机关后勤改革运作中，区政协调研组到上海、温州学习后，提出政府机关应提高绩效等建议，被区委、区政府采纳。思明区政协城建专委会委员视察曾厝垵、黄厝村，完成《曾、黄两村"村改居""农转非"城市化进程的思考》调研课题后，区委、区政府组织区经贸局、财政局、计统局、建设局、国投公司与课题组座谈，调研报告中所提建议大部分得到采纳。

2003 年 3 月，政协开元区科技委视察科技园

2001 年，鼓浪屿政协就实现老有所医专题进行调研，完成《力促改革，努力构建老年社区卫生服务体系》调研报告。区政协各专委确定《鼓区老年健康状况调查》《鼓区侨房两权分离的情况调查》《景点体制改革探讨》等 5 项调研课题，形成调研报告。开元区政协社会法制委员会就发挥社区功能专题进行调研，完成《科学合理地划分社区是充分发挥社区居委会服务功能的起点》调研报告。思明区政协课题组就社区建设撰写《浅议社区就业思路与措施》，提出灵活就业方式，加大政策扶持力度，推进社区服务产业化的建议；5 月，区政协委员视察向阳印刷厂，了解改制工作进程；9 月，区政协委员视察区政府为民办实事项目厦大学生公寓。

2002 年，鼓浪屿区政协视察鼓区路面监控系统、鼓浪屿商业中心，听取综治办关于禁毒工作情况通报，形成《我区路面监控系统的现状和"安定保"的使用情况及建议》《区政协听取禁毒工作情况通报并提出意见建议》专题报告。开元区政协组织委员对旧城改造进行视察，撰写《改造莲坂，建设厦门新商业中心》调查报告，区政府采纳建议。同时，区政协各专委会完成区委交托 8 项课题的调研任务。思明区政协三胞委就城乡社会稳定和精神文明建设等方面进行调研，完成《思明区民间信仰情况的调查与思考》调研课题；5 月，思明区政协组织委员视察文安街道老人福利服务中心。

2003 年 10 月三区整合后，思明区政协组织城建专委会和文体专委会委员就鸿山公园规划设计进行视察，对设计方案进言献策，得到区旅游园林局及设计单位重视。政协文体专委会就旧城改造中文物保护工作进行视察，向政府部门提出保护文物古迹的建议。

2004 年，思明区政协组织委员参加区安美光电、香山国际游艇码头建设项目立项前的环保评估听证会，展开全面调研。由区政协领导牵头，组织调研小组外出考察，并深入有关部门、街道、社区调查，请专家学者座谈，完成《推进中小学教育均衡优质发展的思路》《征地拆迁后，失地农民利益保护的调研报告》重点课题。各专委会结合界别特点，就调研课题开展对口交流。区政协调研涉及民营企业融资、科技扶持第三产业、社区文化和文化产业、计划免疫、民办非企业单位管理、民间信仰管理等专题，全年完成调研报告 9 篇。

2005 年，区政协常委会把构建和谐社区和破解征地拆迁难 2 项课题作为重点课题，政协主席会成员带头深入社区开展调研，掌握第一手材料，各专委会通过视察，进言献策，写出调研文章 34 篇。

2006 年，区政协医卫委视察社会医疗机构，提出"加强卫生立法工作""强化法规法律培训，提高卫生从业人员的依法执业意识""加强对社会医疗机构监管力度""加强综合执法"4 点建议。区政协组织法制委、经济委和莲前街道联络组委员视察何厝“金包金”项目，提出“抓好股份公司章程的制定”“提高村民素质，使投资者能达到保值、增值的目的”“抓规范化建设，使项目成为新风工程”等建议。

2007 年，区政协围绕“思明区夜景工程 LED 应用的探讨”“环岛路经济带的发展”“民营企业担保”“科技扶持三产”“民办非企业单位管理”等专题进行调研。其中，《加快环岛路经济带建设》《将环岛路建成闽南文化舞台》被思明区政府评为“金点子”特等奖。同时，完成“发展体育事业，促进全民健身”“推进‘城中村’市政环卫体系建设”“进城农民工子女义务教育的问题与建议”“设立精神卫生咨询服务机构”“构筑思明区医疗救助体系”等课题调研。

第四节　民主监督

区政协一届委员会期间，鼓浪屿区政协组织委员检查落实侨房归还工作。开元区政协教育组走访园南小学、大同小学等 10 余所小学，检查执行国家教委《关于减轻中小学课业负担过重的若干规定》情况。思明区政协文教卫生工作组参加区计生委工作通报会，参与检查曾厝垵、黄厝计生工作。

区政协二届委员会期间，开元区政协 20 余名委员被区法院、区监察局、工商局、卫生局和建委聘为廉政监督员，检查监督清理干部违章建私房、厦禾路旧城改造拆迁安置等工作。思明区政协检查监督实施《城镇集体所有制企业条例》情况，并组织委员对塑料拉链厂、第一医疗电子仪器厂、鹭京针织厂等区办企业改制进行协商监督。

区政协三届委员会期间，三区政协推荐政协委员担任政府及有关部门特邀监督员，使履行民主监督制度化、常态化。开元区政协派出的行风监督员，又是社情民意信息员，及时把行风监督工作通过《情况反映》反馈给有关部门。思明区政协有 18 位委员被区公安分局、监察局、工商分局、教育局等 7 个部门聘为行风监督员。每年年会前，鼓浪屿区、思明区政协常委会例行组织 1 次民主监督员座谈会，总结开展行风监督经验。

区政协四届委员会期间，三区政协向职能部门派 63 名监督员（鼓浪屿区派 10 名，开元区派 31 名，思明区派 22 名）。开元区政协制定《关于特约监督员开展民主监督工作的暂行办法》，思明区政协制定《关于委员受聘行风监督员工作的若干规定》，鼓浪屿区政协也出台相应规定。思明区政协 1999—2003 年出版《领导参阅件》16 期，开元区政协编辑《社情民意》专刊 45 期。同时，定期召开对口联系座谈会，反馈社情民意；表彰优秀监督员、信息员，互通情况，交流总结，提高民主监督工作的质量。

三区整合后，思明区政协五届委员会期间，区政协派 19 名委员担任 11 个部门、单位特邀监督员，开展民主监督活动。

第五节　海内外联谊

1989—1991 年，三区政协分别组织人员赴香港，推介投资环境，鼓励港商到三区投资办企业。鼓浪屿区政协接待“三胞”115 批 417 人次；开元区政协接待“三胞”131 批 350 人次；思明区政协接待“三胞”98 批 215 人次。三区政协逢年过节走访慰问在区境投资的台商、港商和侨商。每年“9·8”投洽会期间，接待参会的兄弟省、市、县、区的党政领导及经济界朋友，牵线搭桥，开展招商引资工作。

1991 年 2 月，思明区政协主办全市首次“六区一县”政协工作联系会。同年 10 月，区政协与福州市仓山区政协联合举办全国 21 个城区政协工作联系会第四次年会，交流工作经验，进行科技经济合作洽谈。

1991—1994 年，开元区政协机关、政协“三胞”联谊会和政协委员接待“三胞”483 批 1665 人次；出国出境探亲访友24人次；引进项目12项，投资人民币2800万元和1134万美元。

1995年9月，思明区政协书画家联谊会举办纪念抗日战争胜利50周年“海峡两岸书画家作品联展”，邀请台湾11名书画家作品参展。

1996年，开元区政协组织委员赴境外联络华人社团、海外知名人士，促进港澳台侨胞回乡投资兴业。

1999年，开元区政协接待美国、澳大利亚和菲律宾等经贸代表团，为其投资兴业牵线搭桥。鼓浪屿区政协举办“元宵晚会”和“迎中秋、庆国庆联欢会”活动。台港澳侨委走访岛上20余户澳胞眷属并召开座谈会，撰写《鼓区旅澳同胞基本情况调查报告》。1999—2003年，接待全国、省、市、县（区）政协到鼓浪屿考察、参观者90多批，1000多人次。

2003—2007年，思明区政协拓宽对台民间交往，邀请台商代表参加春节餐叙会，举办新华侨华人工作情况通报会、留学生家长座谈会，接待参加“9·8”投洽会的台、港、澳、侨胞。区政协举办2期以闽台节庆民俗、音乐文化为主题的传承闽南文化沙龙，邀请对闽南文化研究有造诣的台商参加。举办“思明·金门海峡情中秋笔会”，邀请金门12位书画界人士与思明区政协委员中书画爱好者泼墨挥毫。思明区政协书画室举办“纪念全国政协成立55周年‘金秋·思明’书画展”，与区老年大学共同举办纪念抗日战争胜利60周年书画笔会，组织政协书画室成员赴金门参加厦金书法展览。区政协与民革厦门市委会联合举办纪念孙中山先生诞辰100周年图片展。成立由40多名历届委员及知名人士组成的“政协之友联谊会”，为开展联谊活动搭建平台。组建全区10个委员（街道）联络组，加强与社区群众的联系并开展多种活动。

第六节 文史资料征集编印

1995年，鼓浪屿区政协成立文史资料编辑委员会，聘请张宗洽、洪卜仁担任主编。1995—2003年，编辑出版《鼓浪屿文史资料》10辑，刊登300篇文章。

1997年，思明区政协征集资料，编辑出版《思明名胜》，内部发行500册。

1999年，开元区、思明区政协为市政协编辑出版《厦门市摩崖石刻》一书，收集辖区历史名人摩崖石刻书法字迹，分别提供230幅、198幅。

2003年8月，思明区政协主编大型画册《岁月履痕》，由福建美术出版社出版；10月，思明区政协成立文史资料编辑小组。

三区整合后至2007年，编辑出版《思明文史资料》4辑。

第八卷　民主党派

区境于1952年成立农工民主党基层组织，1957年成立民主同盟基层组织。民主党派参与中共区委领导的政治运动，在各自岗位上为社会主义改造和社会主义建设发挥重要作用。“文化大革命”期间，民主党派被迫停止活动，部分成员受批斗。

1978年12月中共十一届三中全会后，拨乱反正，农工民主党、民主同盟组织恢复活动。1983—2000年，致公党、民主促进会、九三学社、国民党革命委员会、台湾民主自治同盟、民主建国会先后在三区建立基层组织。8个民主党派都有成员被选为人民代表大会代表、政治协商会议委员，都有成员受聘为人民政府有关部门的监督员，也有检察院特约检察员、法院陪审员。各民主党派通过社会课题调查、收集社情民意、参与社会监督、参加人民代表大会和政协委员会议，履行“参政议政、民主监督”职责。各民主党派参与社会活动，为民众办好事、献爱心，实施科技、医疗、教育等服务；广泛联系台港澳同胞、侨胞华人，开展联谊活动，协助招商引资引智；与街道办事处配合开展共建文明社区活动，为社区经济文化建设献智献力。

2003年11月至2004年6月，各民主党派实施三区组织整合，成立民主党派思明区总支委员会或思明区基层委员会。

2007年，全区8个民主党派，其中民革、民盟、民建、民进、台盟5个成立总支委员会，农工党、致公党、九三学社3个成立基层委员会，共82个支部（支社）和1个小组，党员（盟员、社员）2311人。

第一章　中国国民党革命委员会思明总支委员会

第一节　机构人员

一、机构

（一）三区机构

鼓浪屿区　1997年3月，中国国民党革命委员会（简称民革）鼓浪屿区支部成立。2000年，民革市委基层组织换届。换届后，鼓浪屿区仍设民革鼓浪屿支部。

开元区　1997年，民革开元总支成立。2000年，民革市委基层组织进行换届，换届后，开元区仍设民革开元总支，辖3个支部。

思明区　1997年，民革思明总支成立，辖3个支部。2000年，民革市委基层组织换届。换届后，民革思明总支仍辖3个支部。

（二）三区整合后机构

2003年10月，民革鼓浪屿区支部、开元区总支、思明区总支合并为民革思明区总支，下辖7个支部；12月，经民革厦门市委常委会批准，新一届民革思明区总支委员会成立。

2004年，民革开元一、二、三支部和鼓浪屿支部分别改编为民革思明总支第四、五、六、七支部，加上继续保留的思明总支第一、二、三支部，共有7个支部。

2006年4月，经民革厦门市委常委会批准，第二届民革思明区总支委员会成立。同时，民革厦门市委批准成立思明总支第八支部。

2007年12月，民革思明总支辖思明一支部、思明二支部、思明三支部、思明四支部、思明五支部、思明六支部、思明七支部、思明八支部。

二、党员

1997年，党员138人。2000年，党员161人。2004年，党员175人。2007年，党员218人。

第二节　代表大会

一、民革思明区总支第一届代表大会

2003年12月，民革思明区总支召开第一届代表大会，会议选举主委魏志成，副主委林星火，委员陈国强、陈更新、许本能、褚红樱、陈嘉焕，组成民革思明区第一届总支委员会。

二、民革思明区总支第二届代表大会

2006年4月，民革思明区总支召开第二届代表大会，会议选举主委林星火，副主委魏志成、霍文章、林尔静，委员许本能、陈嘉焕、吴建南、林日清，组成民革思明区第二届总支委员会。

第三节　主要活动

一、参政议政

1999年，鼓浪屿支部在区政协会议上提交《鼓区如何发展旅游产品的建议》提案；党员陈嘉焕提交有关放心肉的建议被市《政协快讯》采用。“两会”期间，2名委员提交提案6件。开元总支党员林贻金提交《关于培植我区名牌产品战略的思考与建议》和马明炬提交《缓解莲花新村火车笛声污染的建议与措施》，被区政协评为优秀提案。党员吴宝珍反映社情民意的《尽快清理整顿全市居民、商店门牌号码》被市有关部门采纳。党员反映社情民意共50多件。政协委员5人提交提案10件。思明总支党员何大汉反映社情民意《建议在我市设立图书银行》被市《政协快讯》采用。党员委员6人提交提案13件。吴小北在1998—2000年被市政府、市纠风办聘为市行风评议代表和市城监支队监督员。王定芳担任市特邀监督员、检察员、审计员、教育督导员。

2000年，开元总支开展课题调研《市住宅物业管理存在的问题及建议》作为市政协重点提案，为厦门市出台物业管理法规有重要参考作用。总支反映社情民意提案60多件。思明总支魏志成、张聪义《公共场所英译误急待纠正》被评为区政协优秀提案；陈宗岑的《关于加强对不见天路小贩占道经营的管理建议》被评为2001—2002年度优秀提案；陈砚撰写《发展滨海旅游，挖掘经济新增长点》课题，

为厦金“小三通”先期工程奠定基础。陈毅慧向区政协提交提案2件。

2001年，开元总支撰写提案《关于对开元区个体行医进行整顿的建议》《改造莲坂，建设厦门新商业中心》，分别在市政协和区政协大会上作重点发言，并成为2002年市、区政协重要提案。区人大代表张基伟提交《建议规范政府采购行为，提高透明度》《强化人才资源意识，加快人才引进力度，加速科技兴区步伐》建议案。

2002年，开元总支的《关于完善开元区招商引资工作的几点建议》在“9·8”投洽会之前作为呈阅件由区政协转送中共开元区委、区政府。《关于规范开元区政府采购工作的几点建议》获1999—2003年区政协优秀提案。《开元区侨房落实政策存在问题与对策》课题得到区政府相关部门的重视。林贻金《整治我市防排洪系统，确保经济持续发展和居住安全》被市政协评为优秀提案。总支《加强薄弱学校建设，办好义务教育》提案被区政协评为优秀提案。民革党员反映社情民意提案共80件。

2003年10月三区整合，第二支部提交提案13件，其中省政协提案4件、市政协提案9件。吴小北《关于建设乒乓球训练考馆的建议》被市委领导作重要批示。陈作良《建议关心厦门医学高等专科学校的校舍基建问题》被省政协采用。林尔静《优化所得税制，助推厦门经济社会发展》课题在市政协大会上发言，并转为提案。2004年，魏志成提案《建议规范鼓浪屿“街头艺人”的活动》被市政府采纳。是年，政协委员提案12件，反映社情民意12件。吴小北《关于制定“厦门市全民健身条例”》提案被列入市立法计划。

2005年，思明总支中的省、市政协委员提交9件提案，其中省政协委员陈作良教授提交2件，市政协委员吴小北提交4件，市政协委员陈毅慧提交2件。在区政协会议上，总支党员提交《发展循环经济要从规划做起》《修缮刘氏大宗祠为社区地方曲艺说唱点》《关于尽快组建思明区咨询服务中心的建议》《关于加快思明区事业单位体制改革的建议》等7件提案。总支反映的社情民意有《加强社区教育系统工程建设》《加强社区体育设施建设》《建议为和谐歌谱曲》《圆艺术家之梦，建艺术城》等，其中《建议对我区低保户做到应保尽保》被区政协评为优秀提案。《侨房退房的法律保护》建议被主办单位思明区法院采纳，改变侨房租金参照公房租金略高的状况，将侨房租金提高，参照市场价格认定，使华侨合法权益得到保护。

2006年，支部党员向区政协提交《关于制定思明区促进循环经济发展规划的规定》《维护我区商业街长期繁荣的建议》《城市医疗救助的几点建议》等提案13件。《增设厦门国际马拉松赛冠军雕像》《关于进一步推进思明区事业单位改革的建议》《国民收入分配中存在问题和建议》等建议得到市委领导批示和职能部门的重视。《将筼筜湖开辟为永久性龙舟赛池》《关于防止炒卖通用工业厂房的建议》等被《政协快讯》采用，调研文章《关注失地农民，构建和谐社会》在市政协会上作为专题发言。总支调研课题《关注房地产市场潜在风险，促进房地产行业长期稳定发展》获区统战部调研课题一等奖，《建议加快实施营平片区旧城改造》获二等奖，《做大做强物流业，为思明新一轮跨越式发展服务》获三等奖，并在“新一轮跨越式发展论坛”上发言。

2007年，在区政协会议上，总支党员提交《做大做强思明区物业的建议》《改造鼓浪屿LED工程，塑造厦门新名片》《打造特色旅游，塑造厦门名片》等提案7件。总支开展《弘扬闽南传统文化促进海西经济建设》《思明区节水现状及对策》《我市企业退休老同志退休待遇的调查》和《闽台跨海旅游经济圈构想》4项课题调研。年底，党员中有省政协委员1人，市政协委员5人，区人大代表1人，区政协委员8人，担任市级部门特约职务4人，担任区级部门特约职务4人。担任各级民革职务的总支党员有：民革省委副主委1人、民革省委委员3人；民革市委副主委2人、市委常委1人、市委专委会主任及副主任3人。

二、社会服务

1997—1998年，鼓浪屿支部、开元总支、思明总支参与中共厦门市委、市政府发起的“红十字救助大行动”。1997年，发动民革党员捐款数千元资助省委统战系统兴建的宁夏自治区德阳县草庙乡希望小学。1998年，长江流域发生特大洪水灾害时，民革组织向战斗在九江地区的31集团军官兵捐款近万元并到驻地慰问。1999年，开元总支一支部党员陈志委身患绝症，将自身节省的治疗费捐给长江、松花江等灾区人民。

市食品公司有4位民革党员担任部门负责人，公司副总经理陈安乐为解决“菜篮子”工程日夜奔忙。部门负责人陈立新、林进来为平抑物价，时常废寝忘食，走南闯北，组织调运，使副食品供应充足。市煤气公司副总工程师叶怡满为厦门煤气公司解决许多重大技术问题。微波站工程师叶娟娟多年来业余为开元区公园街道计生工作奔忙，1996年，获市计生协会模范称号。

工程厂退休高级经济师陈谷民操办的物业公司，引进上百万美元的外资。老会计师杨伯福在会计师事务所查账时，发现某企业漏税，即向有关部门举报，使国家减少60多万元税收损失。

1999—2005年，该支部每年捐700元资助同安后埔小学贫困生。《团结报》用半版的篇幅对党员吴宝珍、陈心如助人事迹进行报道。2000年起，党员李常达定期寄款给武平县田背小学学生助学（李常达曾为长江洪灾和邵武洪灾捐助3600元）。

2001—2003年，开元总支30名党员为贫困生捐款、衣物、书籍等。思明总支党员陈晓雯捐献8.2万元给抗“非典”勇士陈晓晴一家。党员鞠晓敏多年来坚持利用节假日到海岛上慰问驻岛官兵，义务教官兵演奏乐器。

2004年，党员林尔静资助纳雍县2名学生完成义务教育（坚持4年）。2005年，总支参与厦港街道签订共建协议；二支部与厦港街道下沃居委会携手共建，利用支部资源活跃社区文化生活。党员卢秀梅为社区居民义务作心理卫生讲座。暑期，总支请律师到下沃居委会给社区学生进行法律知识讲座。八支部与滨海街道办事处开展共建活动，提供社区服务。有多名律师党员主动承担厦门市法律援助148热线、福建省农民工维权厦门工作站和市总工会开展的义务法律咨询等义务工作。2006年，总支党员得知三明市一小孩患白血病无力支付医疗费用的消息后，捐款1100元。

2007年1月，中共福建省委组织部、宣传部和省广播影视集团联合举办“海峡西岸群英谱”演讲比赛，林星火代表民革总支参加比赛；陈小琮代表民革厦门市委参加比赛获一等奖，并代表民革福建省委参加民革全国演讲比赛。

三、台胞联谊

党员李常达发挥自身的条件优势，为台商来厦投资兴业牵线搭桥，提供服务。同时，与在台湾的大学同学通信联系，邀请他们来大陆参加校友会，为他们寻找亲人提供信息。党员翁腾敏、吕大民两位黄埔同学会会员推动民间交往，热情接待来厦门参访的台湾朋友，参与省黄埔同学会修复大湖抗日阵亡将士纪念塔提案。

第二章　中国民主同盟思明区总支委员会

第一节　机构人员

一、机构

（一）三区机构

鼓浪屿区　1957年，民盟二中支部在鼓浪屿区成立。1984年6月，民盟鼓浪屿区小教小组成立。

1989 年 11 月 11 日，民盟厦门市委将上述 2 个基层组织合并，成立民盟鼓浪屿支部。

开元区　1984 年 6 月，民盟开元区小教小组成立。2003 年 11 月，小教小组编入民盟思明区小教支部。

思明区　1957 年 2 月 1 日，民盟大同中学支部成立。同年，民盟小教支部成立。1983 年，民盟职教支部成立。1985 年 9 月，民盟九中支部成立。同年，民盟文化支部、民盟科技支部成立。1986 年 12 月 30 日，民盟华侨中学支部成立。1990 年，民盟十一中支部成立。1991 年 11 月 22 日，民盟经济支部成立。1999 年 1 月 9 日，民盟松柏中学支部成立。

（二）三区整合后机构

2003 年 11 月 22 日，民盟厦门市委召开民盟思明区总支成立筹备会议，会议决定成立民盟思明区总支筹备小组，叶必勇担任组长。会议决定 14 位盟员组成民盟思明区总支领导班子。整合后思明区民盟辖 11 个基层支部：民盟经济支部、文化支部、科技支部、鼓浪屿支部、职教支部、华侨中学支部、大同中学支部、九中支部、十一中支部、松柏中学支部、思明小教支部。

2004 年 3 月，民盟思明区总支部正式成立，辖 11 个基层支部。2005 年 7 月 2 日，民盟湖滨中学支部成立。

2007 年，民盟思明区总支部辖 12 个基层支部。

二、盟员

1957 年，盟员 54 人。1983 年，盟员 69 人。1985 年，盟员 195 人。1986 年，盟员 250 人。1990 年，盟员 263 人。1991 年，盟员 301 人。1999 年，盟员 316 人。2003 年，盟员 316 人。2005 年，盟员 332 人。2006 年，盟员 350 人。2007 年，盟员 393 人。

第二节　代表大会

一、民盟思明区总支第一届代表大会

2004 年 3 月 14 日，在思明区政协八楼会议厅召开民盟思明区总支第一届代表大会。盟员代表 191 人、列席代表 15 人。会议听取民盟市委秘书长王东良作《关于民盟思明区总支成立筹备情况》报告。民盟市委会陈昌生副主委宣读《民盟厦门市委关于成立民盟思明区总支和第一届总支领导班子分工组成的决议》。大会选举朱奖怀为主委，刘晓斌、黄圆为副主委，委员 16 人，组成第一届民盟思明区总支委员会。新任主委朱奖怀作工作报告。中共思明区委统战部副部长廖文治代表区委统战部向民盟思明区总支成立表示祝贺。民盟厦门市委副主委陈维加代表民盟市委讲话。中共厦门市委统战部、民盟市委、区政府、区委统战部部分领导参加会议。

二、民盟思明区总支第二届代表大会

2007 年 8 月 18 日，在思明区政府机关大楼会议室召开民盟思明区总支第二届代表大会。208 位盟员代表、18 位列席代表出席会议。民盟中央副主席、民盟厦门市委主委郑兰荪院士、中共思明区统战部长陈秀枝、民盟厦门市副主委陈维加、朱奖怀等莅临大会。各民主党派领导及对口联系单位领导参加会议。第一届总支主委朱奖怀向大会作《锐意进取扎实工作努力开创总支盟务工作新局面》工作报告。会议选举刘晓斌为主委，李明、杨毅、杨武双、陈希梅为副主委，委员 14 人，组成新一届总支委员会。刘晓斌代表新一届总支委员会作今后工作报告。民盟中央副主席、民盟厦门市委主委郑兰荪院士讲话。中共思明区委统战部副部长傅坚向新当选的委员表示祝贺。

第三节　主要活动

一、参政议政

中共十一届三中全会拨乱反正后，许多盟员被选为各级人大代表、政协委员，他们共商国家大事，以意见、建议、议案、提案等多种形式进行政治协商、民主监督、参政议政工作。苏宜尹当选开元区两届人大副主任。要焕年在担任七、八两届全国人大代表期间，参与提出议案、批评、建议126件。柯咏仙连续当选3届福建省人大代表、2届福建省政协委员。白碧云连续当选5届福建省人大代表。承木兰当选1届福建省政协委员。

1990年后，小教支部许偕祺和叶必勇研究课题《义务教育学制的研究》上报民盟中央，为义务教育改革与发展提供重要参考资料。经济支部林涛撰写《构建和谐社会，建设平安思明》、大同中学支部陈希梅撰写《无障碍设施问题》、小教支部黄圆等撰写《校园安全建设》《教师心理调查》、文化支部刘晓斌撰写《思明区党外知识分子情况调查》等调研文章获民盟厦门市委和中共思明区委统战部调研成果奖。政协厦门市第十届至十一届会议采纳民盟思明总支盟员提案45件。区政协第五、六届会议期间，思明总支盟员提案被编号立案23件，其中李桂娟的《依托社区教育学院搞好家庭教育促进孩子健康》提案获2005年度优秀提案奖。在思明区人大十五届一次会议期间，被采纳立案的有李波《建议立法制止小区部分业主违章改变套房结构格局现象》、王琼文《关于协助解决“中关委大厦”善后问题的建议》和《关于在屿后社区设立公办幼儿园的建议》等。

2005年，经济支部获民盟全国先进基层组织称号，其先进事迹和经验被收入民盟中央组织部《民盟基层组织建设先进经验材料汇编》，并在全市各民主党派组织建设经验交流会上作典型发言。

2007年，民盟思明区总支联合厦门大学总支举办议政活动，与梧村街道举办“禾祥东路及周边发展”专题讨论会，许多盟员提出真知灼见，信息得到思明区政府和街道的重视采纳，并得到实施。

盟员中有黄慧玲、李明、陈希梅等54人当选为民盟全国第十次代表大会、福建省第十二次代表大会、厦门市第十一次代表大会代表；李波、吴丽雪、王琼文等6人当选为市、区人大代表；朱奖怀、吴世安、刘晓斌等14人当选为市、区政协委员，区政协常委。

二、社会服务

1980年后，根据“多做好事、多办实事，为经济建设做贡献”要求，发挥盟内文教界人才密集、智力资源丰富的优势，参与民盟市委兴学助教、科技服务、文化服务等一系列面向社会服务的实践。1984年，科技支部科技专家为厦门大学陈嘉庚铜像工艺铸造提供技术设计和现场施工方案。1995年，经济支部组织全体盟员携带文教用品和款项，前往同安县莲花学区偏僻的山村学校西坑小学开展助教服务活动。1996—1998年，文化支部书画家分别前往厦门工程机械厂、莲前公安派出所及厦门海沧大桥建设工地举行笔会，慰问一线工人、公安干警和大桥建设者。2000年，正值厦门民盟成立50周年，文化支部全体书画家与市文化局联合举办“厦门中青年书画展”，教育专家在中山公园设点举办家庭教育、笔迹心理分析、学生教育心理等现场教育咨询活动。

2004年，总支与梧村街道建立共建关系。之后，经济支部与梧村社区居委会、文化支部和双涵社区居委会、科技支部与文灶社区居委会陆续建立共建关系。总支有7位专家应邀担任街道商会的经济顾问，有7位盟员应邀出任街道市民学校专任教师，其中九中支部陈仲杰应邀担任中华街道市民学校常务副校长。文化支部配合社区开展文化活动，以群众喜闻乐见的文艺形式在社区开展计划生育宣传。经济支部开展课题调研和法律咨询活动，将收集社情民意、协调社会关系引入共建活动，连续2年针对群众反映较为集中的物业管理问题进行调研。同时，组织盟员中人大代表、政协委员、行评代表、法学专家，会同政府职能部门负责人到社区参与基层调研。文博专家刘晓斌、赵宏伟义务为群众鉴定文物。盟员中文艺演员深入街道开展文化进社区活动。

2005 年，文化支部书画家参与思明区统战系统庆祝中华人民共和国成立 56 周年书画摄影展；经济支部组织全体盟员专程前往同安“同心慈善会”藏族孤儿之家，与藏族孤儿一起开展联谊活动，捐款 2000 余元。2006 年 4 月，黄碧芬应邀前往同安区举办小学教师心理讲座。

2007 年，洪卜仁在市图书馆开辟“个人工作室”，开展地方文献研究，培养地方志研究后备人才。当年 12 月，响应民盟中央倡议，组织文化支部书画家前往市劳教所举办书画笔会，开展慰问帮教活动。

三、海峡两岸联谊

1980 年，厦门经济特区成立，盟员们热情促进海外侨胞、港澳同胞和台湾同胞到厦门投资，主动帮助落实三胞政策，接待回乡探亲、旅游、讲学的三胞，为来投资或兴办公益事业的人穿针引线。洪卜仁致力于闽台历史研究，经常接待台湾学者来访，或义务帮助台胞修谱、寻根。方文图 3 次赴台参访宗教庙堂，对增进两岸宗教、民俗交流作出贡献。1999 年，9 位盟员书画家作品应邀参加“金门—同安书画交流展”，与金门书画家开展笔会交流。

2006 年 1 月，由民盟总支与市金门同胞联谊会、金门有关部门联合举办“厦门·金门·台湾书画艺术展”，盟员书画家提交 100 多幅精美作品参展，两岸书画界人士进行艺术交流。郑瑞勇举办“水墨浯江——郑瑞勇金门乡情国画展”。2007 年 5 月，郑瑞勇参加海峡两岸书画家笔会，与金门画家唐敏达、洪明灿合作创作《岁寒三友》画，金门县长李炷烽题字。

第三章　中国民主建国会思明总支委员会

第一节　机构人员

一、机构

（一）开元区、思明区机构

开元区　2000 年 7 月 15 日，民建开元总支部成立，辖工程厂支部、电机厂支部、烟厂支部、塑胶总厂支部、机化支部。

思明区　2002 年 6 月，民建思明总支部成立，辖机关支部、三资内联市区支部、百货支部。2003 年 7 月 26 日，嘉莲社区支部成立。

（二）三区整合后机构

2004 年 5 月 22 日，民建厦门市委会对民建思明总支和开元总支进行整合，并为思明总支部。2004 年 10 月，民建思明总支部内设文体工委会、企业工委会、参政议政工委会 3 个专门工作委员会，辖机关支部、机化支部、开元支部（原三资内联市区支部）、电力支部（原电机厂支部）、文化支部、金融支部、经协支部、经贸支部、嘉莲社区支部、百货支部、经济支部、城建支部、建工支部、外贸公司支部、外贸支部、工交支部、综合一支部、综合二支部、妇女支部、卷烟厂支部、工程厂支部。

2006 年 4 月至 2007 年 10 月，支部变动：卷烟厂支部于 2006 年 4 月并入海沧总支；工程厂支部于 2006 年 9 月并入集美总支；电力支部于 2007 年 10 月并入经济总支；金融支部于 2007 年 10 月并入经济总支；经协支部于2007年10月并入经济总支；经贸支部于2007年10月并入经济总支；经济支部于2007年10月并入经济总支；外贸公司支部于2007年10月并入经济总支；妇女支部于2007年10月并入经济总支。

2007年，民建思明总支部辖机关支部、机化支部、开元支部、嘉莲社区支部、城建支部、建工支部、百货支部、文化支部、外贸支部、工交支部、综合一支部、综合二支部，共12个支部。

二、会员

2000年，会员73人。2002年，会员95人。2003年，会员102人。2007年，会员292人。

第二节　会员大会、代表大会

一、开元区、思明区会员大会

（一）开元区

第一届会员大会　2000年7月15日，在思明西路政协8楼会议室召开开元总支第一届会员大会，73位会员出席，会议选举施匡为主任委员，陈慈生、黄鹤挺、张锦辉为副主任委员。

（二）思明区

第一届会员大会　2002年6月，民建思明总支部在海滨大厦召开第一届会员大会，67位会员出席，会议选举朱奖思为主任，杨东红、郑芬芳为副主任。

二、三区整合后代表大会

第二届代表大会　2004年5月22日，在思明西路原政协8楼会议室召开民建思明区第二届代表大会，128位会员代表出席。会议选举15名委员组成民建思明区第二届总支部委员会，推选朱奖思为主任，李小海、张锦辉、杨东红、黄鹤挺、邱芃茵为副主任。

第三届代表大会　2007年12月1日，在思明区政府2楼会议室召开民建思明区第三届代表大会，112位会员代表出席，会议选举18名委员组成民建思明区第三届总支部委员会，推选朱奖思为主任，李小海、张锦辉、杨东红、王春兰、陈冰、张家林为副主任。

第三节　主要活动

一、参政议政

2002年，会员吴建凡等人的“厦门利用环岛路进行马拉松比赛”的提议，得到中共厦门市委、市政府高度重视，并启动厦门马拉松前期工作。2003—2006年，民建思明区总支会员中人大代表、政协委员提交《打造鹭江道东段黄金商业圈》《完善城镇居民最低生活保障治理机制的建议》《打造“文化思明”扶持文化产业》等提案、议案19件。总支每年承担政府调研课题1～2项。完成《关于思明区非公经济发展问题》《思明区民营企业人才的流与留》等课题调研7项。2004年，民建思明区总支参与民建厦门市委《构建中央商务区、促进区域性金融中心建设的建议》提案；该提案得到区委书记裴金佳高度肯定，对思明区观音山总部开发建设起到推动作用。郭振家当选全国政协第十届委员会委员。黄建国当选政协福建省第九届委员会议委员。2007年，总支获“中国民建中央委员会全国先进支部”称号。

二、共建活动

民建思明总支在福建省民主党派中首先成立第一个社区型支部嘉莲社区支部，通过社区支部参与街道社区活动。2004 年 5 月，与嘉莲街道签订共建协议。2005 年 7 月，与开元街道签订共建协议。民建思明总支为思明区各民主党派与街道建立共建关系最早、最多的总支。总支与共建街道党工委举行联席会、座谈会，探讨共建工作新方法；参与嘉莲街道志愿者活动，到社区开展民生调研、举办座谈、讲座。总支会员担任开元街道特邀经济咨询员。

2007 年，嘉莲社区支部参与民建市委会重点课题《社区立体共建模式刍探》调研。年底，嘉莲社区支部被民建中央评为“为全面建设小康社会做贡献先进集体”。嘉莲社区支部《为社区建设添砖加瓦》一文被民建中央组织部收入《民建基层组织建设工作经验交流材料汇编》，向全国民建组织推介。

三、社会服务

民建思明总支与嘉莲社区共同开展思想教育与文化活动、科技培训与开发活动、社区服务活动（退管、低保、再就业、物业服务等），以及计划生育、扶贫帮困、植树造林等内容的共建文明社区活动。民建嘉莲社区支部在社区召开 3 场退休人员代表座谈会和 2 场社区低保工作干部座谈会，发放 2000 多份下岗失业人员调查问卷和 200 多份退休人员调查问卷，在此基础上形成《浅谈城市低保工作》《解读业主委员会、物业公司与社区居委会三者之间的关系》及《转变观念，立足自治，努力开创退管工作新局面》等课题调研文章。此外，会员参与社区“爱心超市”活动，捐物捐款帮助困难居民的孩子就学。2006 年，参与“海西春雨行动”，会员企业厦门碧丝特时装有限公司与同安新民镇梧侣村结对活动。嘉莲社区支部参与福建省第一个爱心超市——嘉莲爱心超市的发起和捐献。2007 年，开元支部林龙安创办并任董事长的禹洲集团，在集美大学第三届校董会上捐赠 300 万元，用于支持新校区建设；捐赠 200 万元用于建设中国华侨历史博物馆。

第四章　中国民主促进会思明区总支委员会

第一节　机构人员

一、机构

（一）三区机构

鼓浪屿区　1986 年 7 月 18 日，中国民主促进会（简称民进）鼓浪屿区支部成立（1987 年 5 月 27 日更名鼓浪屿小教支部）。1987 年 5 月 16 日，民进鼓浪屿中学支部成立。

开元区　1988 年 12 月 24 日，民进开元区支部成立（1998 年 5 月 27 日更名开元教育支部）。1997 年 7 月 27 日，民进松柏支部成立（2001 年 5 月 25 日更名松柏中学支部）。

2001 年 7 月 3 日，民进厦门师范附属第一小学支部成立（2002 年更名外国语学校附属小学支部）。

思明区　1987 年 6 月 13 日，民进思明区支部成立。1989 年 12 月 31 日，民进莲花支部成立（2004 年 3 月 31 日更名莲花中学支部）。1997 年 10 月 30 日，民进出版小组成立（2001 年 7 月 18 日更名文化出版支部）。

（二）三区整合后机构

2004年3月26日，民进思明经济支部成立（2007年4月20日分为思明经济第一支部、思明经济第二支部）；3月30日，民进厦门第二实验小学支部成立；4月11日，民进思明综合支部成立；思明区支部4月16日更名思明教育第二支部；鼓浪屿区支部更名思明教育第三支部。4月16日，民进开元区支部更名思明教育第一支部；4月25日，民进思明区总支委员会成立，总支下设思明经济支部、思明综合支部、文化出版支部、松柏中学支部、莲花中学支部、鼓浪屿中学支部、外国语学校附属小学支部、厦门第二实验小学支部、思明教育第一支部、思明教育第二支部、思明教育第三支部。

2007年11月11日，民进思明医疗卫生支部成立。至年底，民进思明区总支委员会下设思明经济第一支部、思明经济第二支部、思明综合支部、文化出版支部、医疗卫生支部、松柏中学支部、莲花中学支部、外国语学校附小支部、第二实验小学支部、思明教育第一支部、思明教育第二支部、思明教育第三支部、鼓浪屿中学支部，共13个支部。

二、会员

1986年，三区有民进会员6人。1987年，会员22人。1988年，会员37人。1997年，会员52人。2001年，会员73人。2002年，会员98人。2003年，会员123人。2004年，会员219人。2005年，会员239人。2006年，会员263人。2007年，会员288人。

第二节　代表大会

一、民进思明区总支第一次会员代表大会

2004年4月25日，民进思明区总支委员会在思明西路原政协七楼会议室召开第一次会员代表大会，参加会议代表41人。市政协副主席、民进厦门市委主委林仁川，中共思明区委常委、统战部长陈秀枝分别代表民进市委和中共思明区委对民进思明区总支的成立表示祝贺，并提出要求。会议选举产生民进思明区第一届总支委员会，推选何冬海为主任，洪维、林小鹭、张来生为副主任，委员12人。

二、民进思明区总支第二次会员代表大会

2007年11月17日，民进思明区总支委员会在思明区社会服务中心十三楼会议室召开第二次会员代表大会，参加会议代表51人。何冬海代表民进思明区第一届总支委员会作《群策群力，积极投入，履行职责，服务社会》工作报告。会议选举产生民进思明区第二届总支委员会，推选何冬海为主任，张来生、林小鹭、黄继义、张绍玲为副主任，委员14人。

第三节　主要活动

一、参政议政

1990—1999年，在市政协大会上市民进会代表共有10篇文章在大会发言，其中7篇由三区基层组织会员为主完成。这7篇文章分别为：1990年的《发展教育必须走全民办教育的群众路线》、1992年的《为特区幼儿创造良好的学前教育环境》、1993年的《对经济特区教育改革的几点意见》、1994年的《对“稳定教师队伍，提高教师队伍整体素质”的意见》、1996年的《重视、支持“社会力量”为“科教兴市”尽心出力》、1997年的《加强基层文化设施建设，推动群众性精神文明创建活动》、1998年的

《全面提高初中办学水平，推进我市素质教育》。1998年3月，《为特区幼儿创造良好的学前教育环境》《保护西海域红树林》等入选厦门市统战系统调研文集。同期，三区民主促进会组织提交市政协主要提案8件，分别为《关于尽快建成厦门外国语学校校舍的意见》《提高教师的社会、经济地位是稳定教师队伍，提高教师队伍整体素质的保证》《建议在市教委成立“科技教育委员会”》《对提高全民素质这一“大政”的几点建议》《建议成立“厦门市闽南文化研究中心”》《建议严格控制鼓浪屿区房地产项目审批》《建议我市在建和新建住宅应统一实行“三表出户”规范》《建议在岛内主要交通干线合理布局设置巡警执勤休息站点》。

2000年，民进实验小学支部庄锦法会员提出《加快我市基础教育发展的几点建议》，送市委、市政府主要领导参阅，并被刊登在中共厦门市委办公厅主办的《决策参考》（2000年第14期）上。在思明区政协四届三次会议上，民进提交《尽快实施思明区演武路改造工作》《进一步加强小学素质教育》《建议在胡里山炮台设立交通岗亭》3件提案。思明交警大队办理的《关于在胡里山环岛路段建立交通岗亭》提案，被评为思明区政协优秀提案。在开元区政协会上，开元教育支部《金榜公园的现状与建议》调研文章，转化为开元区政协大会提案，并提交《违章建筑屡禁不止，应追究有关领导的责任》《提高开元区知名度，增强开元区形象》等提案。在鼓浪屿区政协会议上，民进鼓浪屿工艺美术学校支部提交《鼓浪屿应遏制商品房建设》等提案。

2001—2003年，民进厦门市委提交5篇市政协大会发言稿，其中4篇由三区基层组织会员完成。民进厦门市委提交34件提案，其中22件由三区会员完成。《尽快建立并实施工程建设项目环境影响后验证制度》《以创建“最佳人居环境”为契机，建设节水型城市》《关于开辟厦门为海峡两岸金融合作实验区的建议》被市政协评为重点提案，《以创建“最佳人居环境”为契机，建设节水型城市》同时被评为优秀提案。开元教育支部、莲花支部连续三年承担区政协课题。开元教育支部的《充分挖掘社区资源，提高群众生活品位》作为开元区政协大会发言稿。

2003年，在开元区四届五次政协大会上，陈佩代表民进莲花支部作《开元区社会力量办学若干问题的调查和对策》发言，引起开元区各界和媒体关注。《关于尽快建立胡里山炮台地下通道的建议》被思明区政协评为优秀提案。当年3月，根据开元教育支部提案，市政协制作《新建少年宫选址为什么这么难?》专题片在政协视点栏目播出；4月，民进思明总支会员林汝辉等完成的《建立失地农民社会保障体系，推进城乡全面小康建设》得到温家宝、黄菊、曾培炎、回良玉等党和国家领导人的重要批示；梁明煅会员撰写的《非市场因素干扰着金融不良资产的处置》《设立国家会计监管机构专司会计执法遏制假账的建议》等多条信息受到民进中央的高度关注。

2003—2007年，民进思明总支向民进市委提交并被采用的调研报告38篇，提案42件，信息117条。如张来生会员在区政协提出的“思明区小学新生招生划片应向社会公开”提案，得到区教育局的认真办理。在中共思明区委、区政府、区委统战部召开的各种座谈会、征求意见会、情况通报会上，民进思明总支会员踊跃发言，积极提出建设性的意见和建议。民进思明总支有33人次担任市、区人大代表和政协委员。

2005年，民进思明经济支部与思明区发改局确立共建关系，合作开展“发展思明区文化创意产业”课题调研，调研过程与有关建议通过市电视台“十分关注”栏目播出。当年，总支4篇调研文章获得中共思明区委统战部嘉奖。

2006年，与区发改局、嘉莲街道联合开展“发展嘉禾商业圈”课题调研，获思明区2006年调研成果一等奖；《关于提请我市成立“阳光花木培植场”戒毒康复基地的建议》《大力推广中山医院机械式车库和海光大厦多层停车场的成功经验，解决我区停车难问题》《发挥思明区位优势，把落实海峡西岸经济区与争取台湾民心工作紧密结合》和《正确引导网络游戏发展，培育青少年健康网络行为》获调研成果二等奖；《非公党建的调查与思考》《关于修法规范征地拆迁工作的建议》《关于在思明区培育创意产业基地的建议》和《台资北移西进现状及海峡西岸应对措施》获调研成果三等奖。思明经济支部每年信息量在民进市委各支部中遥遥领先，连续三年被民进市委评为信息工作先进单位。思明总支被民进省委评为信息工作先进单位；民进思明教育第一支部被民进市委评为信息工作先进单位。2006、2007年思明区政协会议上，民进思明总支向大会提交4篇提案，其中《把嘉禾路建设成为厦门的名片》提案获思明区政协提案组好评。

2007年，总支承担《繁荣思明餐饮业》课题调研，并在思明区发改局发起的“我为思明规划出点子”活动中，有8条建议获奖，其中《关于将环岛路建成闽台文化展台的建议》和《重视拆迁前的沟通，降低拆迁的社会和心理成本》获特别奖。

二、社会服务

2003年起，民进思明教育第一支部、鼓浪屿中学支部资助翔安区莲河小学3名贫困生，连续5年直至他们小学毕业。

2004年3月25日，民进思明总支与思明区鹭江街道签订共建协议，双方就如何创建文明社区进行探讨，提出举办社区文艺活动、开展禁毒宣传、合作开展课题调研等内容。

2005年4月2日，民进思明总支与鹭江街道在鹭江道客运码头联合举行“人人出份力、共创文明城”为主题的文艺演出。国家一级演员、厦门歌舞剧院男高音歌唱家胡乃君，“梅花奖”获得者、金莲升高甲剧团艺术指导吴晶晶，以及漳州布袋木偶戏传人庄晏红等著名演员参加演出。6月25日，民进思明总支与鹭江街道联合主办“珍爱生命，拒绝毒品”大型广场文艺晚会，民进文艺界精英登台献演，晚会穿插有奖禁毒知识竞答。同时，向群众派送一万件配有禁毒宣传图案的精美工艺品。近千名群众观看演出并参加有奖竞答。

2006年5月2日，民进思明总支联合厦门青年联合会、思明区海外联谊会、思明区鹭江街道在五缘湾举办海峡两岸青年“手拉手、心连心、两岸情”大型篝火晚会，市台商协会、金门青商会、厦门大学台湾学生及民进各基层组织的青年会员共500余人参加，市政协副主席、民进市委主委林仁川，中共思明区委书记裴金佳等参加活动；6月20日，民进思明总支、鹭江街道党工委在鹭江街道开展禁毒工作专题座谈会，邀请市戒毒所领导、辖区派出所禁毒民警，以及戒毒人员、家属就如何禁毒进行座谈，呼吁关爱生命，远离毒品；6月26日，民进思明总支、鹭江街道党工委到市强制戒毒所开展赠书活动，将110册积极向上的名人传记、励志书籍送到戒毒人员手中；7月6日，民进思明总支、鹭江街道联合主办“我爱祖国海疆”夏令营活动，150名少年儿童参加。

2007年1月，民进思明总支向厦门市福利院捐赠价值5000元的生活用品；6月，民进思明总支联合鹭江街道走访部分戒毒归来的人员，给予生活、安置等方面的帮助；8月，思明总支与鹭江街道联合举办“手拉手心连心两岸情”厦金两地中小学生航海模型夏令营，促进厦金两地青少年学生交流。

第五章　中国农工民主党思明区基层委员会

第一节　机构人员

一、机构

（一）三区机构

鼓浪屿区　中华人民共和国成立初期，农工党在鼓浪屿区发展张开茅、张晓寒、张轨范、杨宝庆、黄奕树、陈德馨等党员。1980年，第二中学小组成立。1985年，第二中学小组升格为支部。1985年11

月7日，成立第二医院小组。1989年，第二医院小组升格为支部。1988年11月，英语中学小组成立。1989年，外国语学校支部成立。同年11月4日，鼓浪屿区总支部成立，辖第二中学支部、第二医院支部和外国语学校支部。1996年，音乐学校小组从外国语学校支部分出，成立支部，编入鼓浪屿区总支。同年，外国语学校支部迁出鼓浪屿。

开元区　中华人民共和国成立初期，农工党在开元区医卫界发展周席丰等党员。1982年2月20日，开元区人民医院支部成立。1992年11月7日，中山医院支部成立。

思明区　中华人民共和国成立初期，农工党在思明区医卫界发展翁乃恭、戴清禄、李子敏等党员。1953年，中学支部成立。1956年，中学支部分为一中、五中、双十3个支部。“文化大革命”后，一中、五中两个支部合并为中教支部（2003年4月更名为文教支部）；机关小组成立。1981年12月3日，思明区人民医院支部成立。1985年11月7日，第一医院支部从医院支部分出；同时，卫生学校支部成立。1998年，经济支部成立。

（二）三区整合后机构

2003年11月，思明区社区卫生支部成立。

2004年1月4日，第一届思明区总支部委员会成立，辖思明医院、开元医院、思明区社区卫生、第二中学、音乐学校、防保、文教、经济、农科9个支部。

2006年5月14日，思明区教育支部成立；5月21日，成立第二届思明区基层委员会，辖思明医院、思明区社区卫生、第二中学、音乐学校、防保、文教、经济、农科、第一医院、中山医院、思明区教育、卫生学校、海洋职业教育学院、联合、机关支部。

2007年12月，思明区基层委员会下辖15个支部。

二、党员

1980年，党员5人。1981年，党员13人。1982年，党员20人。1985年，党员34人。1988年，党员39人；1992年，党员65人。2000年，党员87人。2002年，党员97人。2003年，党员100人。2004年，党员216人。2005年，党员374人。2006年，党员374人。2007年，党员402人。

第二节　党员大会、代表大会

一、三区党员大会

（一）鼓浪屿区

第一次党员大会　1989年11月4日，农工民主党鼓浪屿区第一次党员大会在鼓浪屿区委大楼会议室召开，3个支部33名党员参加会议，选举柯贤彩为主任委员，黄奕卿为副主任委员。中共鼓浪屿区委副书记钟世泽、副区长颜惠庆、统战部部长陈栋梁、区政协副主席陈孝镇参加会议。区民盟代表应邀参加会议并讲话。柯贤彩汇报筹备情况和工作情况。农工党市委副主委庄大勇代表市委讲话。黄奕卿主持会议。

第二次党员大会　1992年12月30日，第二次党员大会召开，3个支部31名党员参加会议。选举叶君伟为主任委员，庄惠仁为副主任委员。

第三次党员大会　1997年4月26日，第三次党员大会召开，3个支部27名党员参加会议。选举叶君伟为主任委员，许吉成、庄惠仁为副主任委员。

第四次党员大会　2000年12月30日，第四次党员大会召开，3个支部35名党员参加会议。选举叶君伟为主任委员，庄惠仁、白天玺、郑炯扬为副主任委员。

第五次党员大会　2003年4月25日，第五次党员大会召开，3个支部38名党员参加会议。选举叶君伟为主任委员，郑炯扬、陈小苑为副主任委员。

（二）开元区

第一次党员大会 1982年2月20日，在思明西路64号民主大厦召开农工民主党开元区第一次党员大会，6名党员参加，6名发展对象应邀列席会议。中共厦门市委统战部、开元区委宣传部领导参加会议。农工党省委副主委汪盈科、市政协副主席兼农工党市委主委苏节到会讲话。选举产生第一届支部委员会，新当选主委周席丰介绍筹备情况，支委洪晓文提出今后工作任务。会议由农工党市委专职副主委庄大勇主持（次年，支部人员调整，洪晓文接任支部主委）。

第二次党员大会 1992年12月20日，召开第二次党员大会。选举纪宝华为主委，委员3人。

第三次党员大会 1997年5月24日，召开第三次党员大会。选举纪宝华为主委，委员3人。

第四次党员大会 2000年4月13日，召开第四次党员大会。选举童海玲为主委，委员5人。

第五次党员大会 2003年4月26日，召开第五次党员大会。选举童海玲为主委，委员5人。

（三）思明区

第一次党员大会 1981年12月3日，农工民主党思明区医院支部第一次党员大会在原市政协礼堂举行，8名党员参加。厦门市政协、市委统战部、农工党市委，市内农工党支部领导参加会议。选举产生第一届支部委员会，翁迺恭当选主任委员。会议由农工党市委专职副主委庄大勇主持。

第二次党员大会 1992年12月20日，召开第二次党员大会。选举郭腾辉为主委，委员5人。

第三次党员大会 1997年4月17日，召开第三次党员大会。选举郭腾辉为主委、杨宗淦为副主委，委员5人。

第四次党员大会 2000年5月16日，召开第四次党员大会。选举杨宗淦为主委，委员5人。

第五次党员大会 2003年4月19日，召开第五次党员大会。选举杨宗淦为主委，委员5人。

二、三区整合后代表大会

第一次党员代表大会 2004年1月4日，农工党思明区第一次党员代表大会在华都酒店召开，9个支部33名代表参加会议。厦门市人大副主任兼农工党市委主委苏文金、思明区政协主席江韵兰、中共厦门市委统战部副部长曾汉中、中共思明区委副书记陈福炎、思明区委统战部部长陈秀枝，以及农工党市委副主委陈珍霞、林成德等莅会指导。选举产生由12人组成的第一届思明区总支部委员会。首任主委林海南，副主委许吉成、黄格成。

第二次党员代表大会 2006年5月21日，农工党思明区第二次党员代表大会在湖滨北路中行大厦金海岸酒店召开，15个支部45名代表参加会议。思明区人大常委会主任王昆仑、思明区政协主席江韵兰、中共思明区委副书记陈福炎、中共思明区委常委统战部长陈秀枝、中共象屿保税区委员会副书记兼管委会副主任王军、中共厦门市委统战部党派知识分子处处长苏清臻、农工党市委领导莅会指导。总支主委林海南作工作报告。选举产生由19人组成的第二届思明区总支部委员会，主委林海南，副主委黄格成、许吉成、吴荣、闵凡锦。

第三节 主要活动

一、参政议政

（一）开展课题调研

1991年，农科支部开展《关于“菜篮子”工程初探》《关于厦门农业问题的调查》调研，课题成果被采用为市政协提案。之后，开展《厦门市蔬菜新品种引进推广》《厦门市蔬菜现有资源调查》等课题调研，为中共厦门市委、市政府建设“菜篮子”工程决策提供资料。1993年，思明区政协委员林成德对厦大海滨一条街进行调研，撰写《关于强化管理，抓好厦大海滨一条街两个文明建设》一文，被思明区政协评为优秀提案。

鼓浪屿区总支先后开展《鼓区在职干部健康状况调查》《建立鼓浪屿区老年健康保障体系》《鼓浪屿儿童饮食与健康情况调查》《鼓浪屿中老年人对社区卫生服务需求》《鼓浪屿卫生服务网络现状、存在问题与对策》等调研；在区政协会上，作《厦门市职工医疗保障体系运行过程中存在的问题与对策》《鼓浪屿社区卫生服务网络现状、存在问题与对策》《鼓浪屿中老年人对社区卫生服务需求》等专题发言，提交《建议在省内宣传媒体开办政协论坛》《加快鼓浪屿卫生院建设》《还道于民，清除占道行为》《提倡净菜入岛》《建议在本市全面推行医疗保险》《建议全省范围加快卫生改革》《成立海内外鼓浪屿乡亲联谊会》《充分利用有限电视发挥鼓区创卫宣传作用》等近百条提案；提交《关于轮渡公司大幅度提价的利弊》等数十条社情民意信息。

1995年，在开元区政协三届二次会议上，开元区医院支部联合医药卫生工作委员会提出《食品卫生创卫达标时间紧、任务重、难度大，建议区政府合理配置力量，加强食品卫生创卫力度》提案，被列为重要提案，得到区领导批示。在开元区政协三届五次、四届二次、四届三次会议上，开元区医院支部联合各民主党派基层组织提出《关于区各民主党派设立活动室的建议》《关于请求区财政拨专款支持民主党派开展课题调研的提案》等提案，其中《关于开元区政协组建政策研究会的建议》被列为重要提案。

思明区政协四届五次会议上，思明区医院支部提出《关于加强我区党外干部培养选拔工作的几点建议》。该支部中思明区人大代表、政协委员先后提出《改善交通和建设的建议》《尽快筹建中西医结合老年病院的建议》《关于在中山路建立休闲广场的建议》《组建海岸救护队，确保游泳者的安全》《加强治安管理，确保医护人员的人身安全和医院的正常工作秩序》等40多件建议、提案。

1999年，农工党员黄格成《关于尽快制定全国性的〈中国保税区管理条例〉，促进保税区快速规范发展的建议》调研报告，被作为农工党中央的提案提交全国政协九届四次会议，提案建议被海关总署、税务总局采纳，促使国家有关部门出台政策措施，支持和规范中国保税区建设发展。2001年，开元区医院支部开展厦门眼科中心实行股份制管理的可行性调查，课题成果《厦门眼科中心实行股份制管理的可行性调研报告》在开元区政协四届三次会议上发言，被评为开元区四届政协优秀提案。开元区政协四届四次、五次会议上，开元区医院支部分别提出《关于建立青少年近视眼防治健康教育基地的建议》和《建议建立前埔医院筹备领导小组》。2002年，《加大医保政策调整，扶持社区卫生服务》一文被评为市政协优秀提案。黄格成参加国家自然科学基金学部主任基金应急研究项目《中国保税区管理体制与管理机制研究》，作为第九子课题负责人，对保税区功能拓展和发展走向进行深入研究，提出保税区向自由贸易港区发展的对策，于2004年初向国务院提交研究报告。该报告成为国务院批准保税区进行区港联动试点的重要理论依据。

2005年，农工党中央主席蒋正华率调研组到福建调研"海峡西岸经济区港口建设"，黄格成将研究成果和建议向调研组汇报，其意见被吸收到农工党中央调研报告中，并提交国家领导，对国家实施厦门港资源整合战略发挥作用。当年，总支完成调研课题3项，其中林海南、洪军晖《思明区党外干部选拔培养使用机制思考》获思明区统战系统优秀课题一等奖，彭景元《思明区旅游文化因素培植建议》获二等奖。全年完成13项有关厦门市发展的调研课题，形成市政协提案8件。胡伟青《我市城区公共停车场建设与管理的建议》和吴达莘《关于建设海湾型城市食品安全与卫生问题的建议》获市政协优秀提案，吴达莘的调研报告在市统战系统民主党派团体优秀调研成果评选中获二等奖；林海南完成农工党省委关于《厦门市社区卫生服务中心的现状和思考对策》调研任务。农科支部配合农工党市委完成电视栏目"政协视点"《打破农艺花卉的技术壁垒》的拍摄。

2006年，基层委完成调研课题10多篇。其中，韩斯疆《关于福建省发展游艇经济的研究与建议》被农工党福建省委评为优秀调研报告一等奖；黄格成《发挥财政功能促进思明区新一轮跨越式发展》获思明区论坛二等奖；林海南《思明区推行社区首诊制可行性研究》获思明区优秀调研课题二等奖；唐国宝《关于家庭病床存在的问题及建议》获思明区优秀调研课题三等奖。《关于加快我市农村环境卫生综合治理长效机制建设的建议》《关于我市拓宽中小企业的融资渠道的建议》在市政协十届四次全会上作大会交流。

2007年，基层委完成16篇调研文章。杨军《关于农村旅游的问题与建议》和《关于开发厦门医疗保健旅游的建议》获农工党福建省委优秀调研论文优秀奖；彭景元《加强社区居委会建设，促进社会和谐》获思明区优秀调研课题三等奖。基层委以支部、人大代表、政协委员名义提交市、区人大、政协的建议、提案23件。其中，思明区医院支部提交《关于在前埔建立公立思明区医院的建议》提案，得到区政府高度重视。农工党市委提交市政协十一届一次全会的13个提案，有9个是思明区基层委党员的调研成果。此外，基层委党员在《厦门通讯》《厦门农工》刊物及网站上发表文章、信息100多篇次。俞娟《农村合作医疗农民得到实惠了吗》被评为福建省第十二届政协好新闻三等奖。参与制作《厦门如何抢占游艇经济发展的先机》《透视全民医保》《捐赠图书，传递爱心》等节目在厦门电视台“政协视点”“厦视新闻直播室”“公民道德论坛”上播出，将调研成果转化为可读、可视、可听的大众媒体新闻。

（二）反映社情民意

2005年，总支的人大代表、政协委员和支部委员踊跃参与市、区两级“十一五”规划（草案）和政府工作报告（草案）的讨论，提出的建议多被采纳。总支报送的信息被采用9条。

2006年，农工党思明区基层组织提交区政协提案3件，其中集体提案2件、个人提案1件。农工党市委提交市政协十届四次全会的18件提案中，有12件是思明区基层委党员的调研成果。黄格成《关于抓紧“安置土地”落实的建议》被市人大评为优秀建议。韩斯疆《关于修改〈国旗法〉和加强爱国主义教育的建议》和《关于厦门市政府在国庆期间免费发放国旗的建议》受到媒体关注。各支部上报农工党市委信息中，5条被中央、省、市有关部门采用。

2007年，防保支部郑幼卿《建议设立“医疗诈骗罪”》得到省政协主席梁绮萍批示；叶凌峰《建议对来自台湾地区的食品标签允许使用繁体字》被采用作全国人大代表建议。各支部上报信息228条，有97条被中央、省、市、区有关部门采用。

（三）民主监督

2005年12月，由许荣栋担任组长的市行评第三小组对厦门市市属医疗单位影像检查阳性率的调研，发现个别医师滥开检查单。检查组要求卫生部门对于滥检查问题进行整改。此后，滥检查的现象大为减少。

2006年，许荣栋接到反映——“双民花园”业主入住四五年却拿不到产权证。经过调查，主要是由于开发商与施工单位发生工程纠纷，导致业主合法权益受累。许荣栋全力斡旋，敦促相关部门积极作为，使问题得到解决。韩斯疆等对厦门市电子政务运行状况进行调查，针对网民反映的咨询问题须很长时间才得到回复，有的甚至得不到回复的情况，与有关部门进行沟通。

2007年，韩斯疆接到群众投诉在筼筜街道办事处办证大厅办事时遭遇“门难进、脸难看、话难听、事难办”，就和记者两次暗访。证实情况属实，立即将暗访情况向思明区监察局反馈。监察局高度重视，对相关责任人进行处理。市行评代表韩斯疆和许荣栋参与明察暗访行政机关、窗口服务单位等10多项监督行动，每月一个上午到厦门日报社执掌“5583333”市民热线电话，接受市民投诉，为民排忧解难。

2007年，农工党思明区党员担任特约监督人员有：厦门市行风评议代表、厦门市效能领导小组办公室特约人员、厦门市教育局特约人员、厦门市检察院特约检察员、厦门市公安局监督员、厦门市审计局特约审计员、厦门市地税局监督员、厦门市国土资源与房产管理局廉政行风效能监察员、厦门市劳动和社会保障局监督员和行风评议员、厦门市环保局特约监督员、厦门市卫生系统民主评议政风行风评议监督员、厦门市消防支队特约人员、思明区卫生局行风评议员，共16人。

二、参加社会活动

1982年，开元区医院支部党员周席丰撰写《为积极参与新宪法的讨论而自豪》学习文章，宣传

《中华人民共和国宪法修改草案》。1986 年，思明区医院支部盛国荣参加农工党厦门市委组织的“老人演讲团”，以亲身经历和感受，为党员宣讲爱国主义和社会主义精神。

2004 年，农工党思明区总支部开展学习《中国共产党章程》等知识竞赛活动。同年，80 多位党员组成合唱团参加思明区纪念中华人民共和国成立 55 周年“祖国在我心中”歌咏比赛，获三等奖。总支组织党员参与思明区“祖国在我心中”征文比赛，经济支部韩斯疆《伟大的灵魂》和社区卫生支部唐国宝《厦门的桥》获三等奖。2005 年，党员参与纪念农工党成立 75 周年活动，由思明区社区卫生支部唐国宝撰稿、经济支部张肃演讲的《两代主委的心声》，获农工党福建省委纪念农工党建党 75 周年“同心杯”演讲比赛二等奖。

2006 年，在纪念农工党厦门基层组织成立 55 周年演讲会上，唐国宝演讲《无悔的选择》获得与会者一致好评。

2007 年，基层委和各支部组织人大代表、政协委员学习中共十七大报告，闵凡锦副主委代表基层委在区委统战部召开的“统一战线学习贯彻十七大精神，推进思明建设全国强区座谈会”上发言，受到与会人员的关注。组织党员参加各种学习活动，部分支部主委参加农工党市委组织的古田、长汀、瑞金红色之旅，接受爱国主义和革命传统教育。韩斯疆撰写《和谐社会的建设与农工党的社会责任》，反映民主党派在新形势下“立党为公，参政为民”的历史使命感和责任意识。经济支部连续两年国庆节都募集资金购买 8000 面手持型国旗，开展“让国旗永远飘扬在我心中”活动，在白鹭洲公园和中山公园免费发放给市民。该活动被《厦门晚报》评为国庆期间“十大新闻”之一。思明区教育支部结合支部特点，开展学习讨论“师德的力量”“爱与责任——师德之魂”“没有爱就没有教育”“以新的视角审视教师职业道德”等师德教育理论文章。全年完成 6 篇理论调研课题，在《厦门通讯》《厦门农工》刊物及网站上发表文章、信息 100 多篇次。

三、社会服务

（一）弘扬卫生文化传统

1980 年后，思明区医院支部老党员翁乃恭悉心研究配制治疗糖尿病有效的“维甜美菊榄保健茶”；根据 150 年前“怀德居”秘制“青果豉”配方加以研究，配制健胃、止吐、生津、醒酒的“专橄榄晶冲剂”（此冲剂在香港市场颇为畅销）。1981 年，开元区医院老党员周席丰将其父周慕钦医师秘方“肚液散”献出，该方解放前就驰名海外，至今仍在思明区医院热销。

1983 年，由防保支部主委黄玉贞创办妇幼保健咨询服务站，每逢重大节假日，组织名医在工人文化宫等地开展医疗咨询服务；组织小分队深入市郊和同安 26 个边远贫困乡村、侨乡进行扶贫医疗及开展妇幼保健活动。1985 年 4 月，与开元区妇幼保健院签订合作协议，每周四全日在该院为群众服务；多次应邀到学校、幼儿园宣讲优生优育知识；深入学校、街道为学生、妇幼体检。

翁乃恭等十多位老中医轮流到农工党市委、开元区卫生局开办的安泰堂药局坐诊，接受病患者咨询，为三胞提供优质服务，名扬港澳和东南亚。1993 年 3 月，鼓浪屿区总支医务人员冒雨前往大嶝岛送医送药，还和大嶝医院就人员进修和专业培训建立长期合作关系。

张晓寒等著名国画家多次在港澳台地区，以及美国、加拿大举办画展。1993 年，党员台胞郑美仪引进台资 360 万美元，支援特区建设。不少党员利用出国探亲、讲学、考察、参加国际学术会议和接待“三胞”等渠道，做有利于祖国和平统一的工作。

（二）社区共建活动

2004 年 3 月，农工党思明区总支部与思明街道办事处召开社区统战共建专题研讨会，签定共建协议。总支为思明街道在义诊、医疗帮困等方面提供社区服务，在招商引资方面提供信息与宣传渠道，达到资源共享，互惠互利。在中华街道设立经常性社区义诊点，开展社区居民健康咨询、免费体检、健康教育和保健指导等；与中华街道 21 户特困居民结成卫生帮困对子，提供一系列医疗优惠，年入户免费体检 4 次，每户赠送药品价值 200 元；在创建文明城市活动中，与中华街道党工委、办事处在中山路举办一场以“人人出份力，共建文明城”为主题的大型宣传动员活动，为全民参与创建文明城市大造声势；在创建工作的冲刺阶段，社区卫生支部组织全体党员分三路，向街道干部职工送价值8000余元的解暑中药凉茶和急需药品。

2006年，基层委所属12个支部分别和中华街道等6个街道建立共建协议。“六一”节期间，经济支部为思明幼儿园捐款2000元，用于购买课桌椅。

2007年春节前夕，基层委组织人员走访慰问思南社区6户困难家庭；3月，思明区医院支部与霞溪社区举办“学雷锋服务”、庆“三八”国际妇女节、纪念“全国第八个爱耳日”服务活动。

（三）医疗咨询助学活动

2004年6月26日，开元区医院支部、思明区医院支部、思明区社区卫生支部的十多名专家、医生联合在华联举行大型义诊活动，为群众发放保健处方，量血压，验血型，受惠群众200余人次；7月，总支成立红十字志愿者服务团队，由社区卫生支部14名党员组成，每周2次到厦门市红十字会“爱心超市”为特困户义务坐诊，开展保健指导，并与20户特困户结对，进行卫生帮困活动。每户提供价值200元必需药品，受到新闻媒体和社会各界广泛关注。

2006年，基层委配合农工党市委对两家农村卫生院定点帮扶，派出卫生技术人员10余人次。经济支部与同安新民镇后宅村6名学生结成帮扶对子，捐助4000余元；并资助同安区莲美中学。

2007年，思明区医院支部在同安区新民镇西塘村开展第十九届“国际科学与和平周活动”；经济支部发起“为农村孩子捐助图书室”倡议。参与农工党市委在同安新民镇新星小学捐助“演达图书室”。思明区社区卫生支部到三峡移民点和许庄开展送医送药活动。

（四）参与中医药促进会活动

2006年，基层委参加厦门市中医药促进会，中山医院支部李国贤担任会长，有4名党员被聘为顾问，9名党员任理事。发挥农工党医卫界人才优势，开展海峡两岸及海内外学术交流与合作。参加海峡两岸吴真人文化学术研讨会，配合“保生慈济文化节”开展保生慈济义诊活动。前往马来西亚东方中医药进修学院、新加坡中西自然疗法医学院、马六甲古城传统中医研究会进行中医药学术交流和讲学，就开展中医药交流方式、方法、途径、内容等进行深入探讨，为建立经常性的互动机制进行有益的尝试。同时，组团赴金门开展学术交流活动。是年，农工党思明区基层委与中国中医药研究促进会、福建省中医药研究促进会联合举办“中国（福建）第七次海峡两岸中医药学术交流会”。

第六章　中国致公党思明区基层委员会

第一节　机构人员

一、机构

（一）三区机构

鼓浪屿区　1983年2月，中国致公党基层组织鼓浪屿小组成立。1985年2月2日，鼓浪屿支部成立。

开元区　1988年3月7日，致公党开元支部成立。1989年10月14日，感光支部成立。1993年2月27日，华企支部成立。1993年12月10日，开元教育支部成立。

2000 年 8 月，致公党开元总支成立，下设开元支部、福达感光材料有限公司支部、华侨企业支部和开元教育支部。后，依序更名为开元第一至第四支部。

思明区　1983 年，成立致公党市区综合、文教支部。1985 年 2 月 2 日，成立市区综合支部和市区文教支部、卫生支部。1988 年 3 月 7 日，市区综合支部更名思明支部。1989 年 6 月 20 日，成立双十中学支部、第一医院支部和中医院支部。1993 年 12 月 10 日，市区文教支部拆分为开元教育支部、思明教育支部。1999 年，撤销中医院支部，并入卫生支部。2000 年 7 月，卫生支部撤销，党员分别并入思明、开元区所属各支部。

（二）三区整合后机构

2003 年 12 月，致公党鼓浪屿区、开元区、思明区所属 9 个支部，合并为致公党思明区基层委员会，下设思明第一至第六支部，以及鼓浪屿支部、双十中学支部、第一医院支部。

2007 年，致公党思明区基层委员会下辖 9 个支部。

二、党员

1983 年，党员 31 人。1985 年，党员 96 人。1989 年，党员 148 人。2003 年，党员 294 人。2004 年，党员 313 人。2005 年，党员 326 人。2006 年，党员 337 人。2007 年，党员 358 人。

第二节　代表大会

一、致公党思明区第一届代表大会

2003 年 12 月 13 日，召开致公党思明区基层委员会第一届代表大会，郑业鹭作《致公党思明区基层委员会工作报告》。选举郑业鹭为主委，委员 9 名，组成致公党思明区第一届委员会。

二、致公党思明区第二届代表大会

2006 年 1 月 10 日，召开致公党思明区基层委员会第二届代表大会，徐频作《致公党思明区基层委员会工作报告》。选举徐频为主委，委员 14 名，组成致公党思明区第二届委员会。

第三节　主要活动

一、参政议政

（一）社会课题调研

致公党思明区基层委员会积极参政议政、关注民生。党员中的省、市、区三级人大代表、政协委员主动参与专题调研，就社会的热点、难点问题提出人大议案、政协提案及建议。

2003—2007 年，思明区基层委党员完成各类课题调研 53 件，是致公党市委完成课题最多的基层组织。主要课题：2004 年，徐频完成《如何引导非公有制经济人士做合格的社会主义事业建设者》课题；2006 年，连丽平完成《思明区城乡结合部社会治安状况问题与对策》（二等奖）、张清能完成《增强我区中小企业自主创新能力》（三等奖）、谢亚平完成《思明区文化产业发展的关键问题及对策》（三等奖）、黄海波完成《加强文体场所建设，构筑和谐思明》（三等奖）、史劲松完成《建立和健全思明区心理咨询和心理治疗的社会服务体系》（二等奖）、朱仕聪完成《建设“海西”：打造厦门软件产业“梦工厂”》（三等奖）、《拯救厦门“老字号”，繁荣中山街经济圈》（三等奖）、张维波完成《关于防止政府在经济建设决策失误的对策》（三等奖）；2007 年，连丽平完成《加强未成年人普法教育，预防减少未成年人犯罪》、邱俊完成《资源的循环利用》、顾涛完成《积极发展社会养老事业》（一等奖）、《构建老有所养、老有所乐的和谐社会》（一等奖）、张清能完成《以高新科技技术创新推动思明区产业优化升级》、洪瑾宜完成《关注我区自闭症儿童的生存与教育》（二等奖）、朱仕聪完成《打造思明创意设计产业》（三等奖）、《加快思明区服务外包产业发展》《关于加快思明区与台湾科技产业对接的建议》（三等奖）、《关于思明区搭建环球企业交流平台的建议》（三等奖）。

（二）反映社情民意

2003—2007 年，基层委向省、市、区有关部门反映社情民意 142 条，呈报信息 78 条。许多建议引起政府有关部门的重视，37 条获省、市、区有关领导的批示，61 篇被各类媒体和政协信息专报采用。

（三）参与社会监督

2003—2007 年，致公党思明区基层委员会党员被市机关聘为特约监督人员 11 名。即：厦门市政府市行风评议代表、厦门市政府机关效能办效能监督员、厦门市检察院特约检察员、厦门市公安局特约监督员、行风评议代表、厦门市消防支队行风评议代表、厦门市中级人民法院陪审员、市行风评议代表、厦门市国土资源和土地房产局特约监察员、厦门市劳动和社会保障局特约监督员、厦门市环保局特约监督员。

致公党思明区基层委员会党员当选政协福建省第一届委员会委员 1 人，政协福建省第九届委员会委员 1 人，厦门市人大代表 5 人，政协厦门市委员会委员 9 人。

二、社会服务

2004 年，基层委与筼筜街道办事处签署统战共建协议书。2005 年，基层委所辖 5 个支部分别与筼筜街道 5 个社区结为统战共建对子。2007 年，扩大到 7 个支部与 7 个社区结为统战共建对子。

发挥党员知识优势，开展各种科技文教服务，主动参与文明社区建设。每年在街道、社区开展文明宣传督导督查、法律咨询、上门义诊、医疗咨询、电脑服务活动，发放花果菜籽，引导居民开展垂直绿化。

基层委与区涉侨部门密切配合，协助做好侨情调查、慰问贫侨。党员自愿捐款捐物帮助贫困侨胞、助学侨生，把协助做好社区侨务工作作为共建的重要内容。许多青年党员踊跃参与慰问孤老等活动，并向贫困地区和灾区捐款捐物。党员唐岱山为家乡办学捐资 12 万元，捐赠扶贫 48 万元；党员林和平为社区居委会、华侨农场的修路和扶贫等捐资 40.8 万元；鼓浪屿支部和区侨联侨办联合创办儿童英语班，在读儿童 1366 人，已有 878 位学生毕业（英国访华文化旅游团专程到鼓浪屿进行采访）。鼓浪屿支部还与岳阳社区居委会结对子，捐助社区特困户 2780 元。在厦门市赈灾活动中，许多党员向所在单位和社区居委会捐款，共 165873 元。

三、海外及港澳台联谊

以侨务工作为平台，拓展民间外交工作渠道，密切党员与海外华侨华人、留学人员联系。接待美国、加拿大、英国、澳大利亚、印尼、新加坡等国友人，及台港澳地区亲朋好友，其人数、次数逐年增加。其中，党员陈福松接待华侨华人、台港澳同胞等亲友 300 多人次；党员胡庆斌出访南美，引进并投产马黛茶，协助胡仙博士将其先父胡文虎在国内遗产捐赠设立胡文虎基金会。许多党员利用亲情、乡情引导留学人员、海外侨胞、台港澳同胞为祖国建设引资引智、建言献策。

第七章　九三学社思明区基层委员会

第一节　机构人员

一、机构

（一）三区机构

鼓浪屿区　1994年1月，鼓浪屿区九三学社支社成立。

开元区　1990年7月，集美水产学校九三学社支社成立。1992年3月，湖滨工业支社成立。1993年9月，电子研究所支社成立。1998年4月，由湖滨工业支社、电子研究所支社、建筑设计院小组合并成立开元第一综合支社。1999年4月，感光公司成立开元第二综合支社。同年4月底，九三学社开元基层委员会成立，辖开元第一综合支社、开元第二综合支社。2001年5月，开元第一综合支社分拆为开元第一综合支社和开元第三综合支社。2003年4月，集美水产学校支社更名厦门海洋职业技术学院支社。

思明区　1986年7月，九三学社国家海洋三所支社成立。1987年7月，九三学社市建筑设计院小组成立；1988年11月，电子研究所小组成立；1989年4月，感光公司支社成立，以上3个单位划归开元区。1989年10月，第一医院支社和医务综合支社成立。1990年7月，机关小组成立。1992年1月，鹭江大学支社成立。1995年3月，电业局小组成立；12月，电业局支社成立。1995年7月，思明区综合支社成立。1996年7月，中医院支社成立。1999年6月，九三学社思明区基层委员会成立，辖海洋三所支社、第一医院支社、鹭江大学支社、思明区综合支社、中医院支社、机关小组。

（二）三区整合后机构

2004年6月，鼓浪屿、开元、思明三区九三学社组织整合为九三学社思明区基层委员会。开元区第一、二、三综合支社分别更名思明区开元支社、思明区工业综合支社、思明区科技建筑综合支社。思明信息综合支社成立。属于九三学社思明区基层委的第一医院支社、中医院支社归入九三学社厦门市医疗卫生基层委员会。同年6月20日，新成立的思明区基层委员会被九三学社厦门市委员会定为“思明区第一届委员会”，由思明区综合支社、思明区开元支社、思明区工业综合支社、思明区科技建筑综合支社、思明区信息综合支社、海洋三所支社、鹭江大学支社、厦门海洋职业技术学院支社、厦门电业局支社、机关小组组成；12月，鹭江大学支社更名厦门理工学院支社。是年，九三学社思明基层委员会下设9个支社和1个小组。

2007年11月，九三学社思明区基层委员会进行届中（思明区第一届委员会）调整选举。

二、社员

2004年，社员241人。2006年，社员241人。2007年，社员257人。

第二节　代表大会

九三学社第一届委员会代表大会　2004年6月20日，在团结大厦召开九三学社思明区基层委第一届代表大会，正式代表37人参加会议。会上，陈宗团作《行政区划调整之后九三学社思明区基层组织的建设报告》。选举陈宗团为主委，委员14名，组成九三学社思明区第一届委员会。

附：临时代表大会

2007年11月14日，九三学社思明区基层委员会在团结大厦召开临时代表大会，进行届中（思明区九三学社第一届委员会）调整选举，正式代表39名；陈宗团主委作《三年半以来的工作》报告。在九三学社厦门市委的主持下举行届中调整，选举产生委员15名，蒋冰兵任主委。

第三节 主要活动

一、参政议政

（一）民生问题建议

九三学社社员关心民生热点问题，至2007年，提交建议主要有：《关注困难群体，促进社会和谐》《农村留守儿童问题分析及对策》《采取措施提高低收入医保水平》《加强非传染性疾病的防治》《农村医疗保险单几点建议》《“医闹”不可乱打，仲裁可有作为》《关于加快厦门域外无公害蔬菜生产基地建设的建议》《加快推进异地养老的社会化管理进程》《落实和推广垃圾分类》《关于促进厦门二手房市场健康发展的几点建议》《规范厦门二手房买卖过程中中介公司的行为》《加快发展家庭服务新兴产业》《深入推进城市就业结构调整》《加强幼儿园内部安保机制势在必行》《规范居民小区办理“午托班”的经营行为》等。有关市政管理方面提交建议有：《关于促进和规范厦门市出租车行业的建议》《创新“时间储蓄”理念，推动中老年志愿者有偿服务高龄老人的活动》《重视和普及保险教育普及，为平安厦门和谐厦门奠定保障性基础》《拍卖筼筜湖经营权应高度重视生态及人文问题》《将旅游图作为城市名片来打造》《厦门市物业管理制度应该与时俱进》等。许多建议得到有关部门解决落实。《管理和服务城市流动人口和特殊人群的建议》针对厦门现有流动人口多、管理难度大、人员结构复杂的特点，对管理和服务流动人口及特殊人群提出建议，得到詹沧洲副市长批示。《提供公共服务，制订帮扶措施，鼓励和提速民企并购发展》提议，是针对现代经济的并购趋势，以及民企影响力的逐渐扩大，建议政府提供服务，鼓励和提速民企并购发展。《加快推进异地养老的社会化管理进程》提议，针对人口老年化趋势，提出尽快实现全国统一医疗IC卡等措施。这些提议被省政协信息采用。《第二代居民身份证制作更改提议》，建议把居民身份证有效信息集中在一面，得到采纳。

（二）城市、建设管理提案和建议

至2007年，九三学社社员就城市管理与发展的提议主要有：《厦门市工业设计产业发展纲要和政策研究》《厦漳泉大都市区同城化进程中的问题》《海沙滩科学管理及开发对策》《将EPA纳入员工福利，在厦门市企事业单位推广实施》《把厦门发展为中国东南重要私募基金中心刻不容缓》《大力扶持和发展厦门云计算服务》等。

《关于促进技术产权交易跨越式发展的建议》《发展现代服务业相关建议》《大力发展停车产业，破解停车难的问题》《推动在岸信息技术服务外包，加快我市信息技术服务业发展的对策》《实施中小企业上市培育工程，支持创新型中小企业改制上市》等作为市政协提案，得到有关部门高度重视。其中，《关于我市实施引进和培育领军型创业人才的建议》《政府对科技自主创新应实行差异化政策支持》的建议，在市“两会”上发言。

《循环经济发展》为厦门市政协重点提案，相关成果获中共思明区委统战部调研课题一等奖；《厦

门软件园应走差异化发展道路》获中共思明区委统战部调研课题二等奖。

（三）科技文化建设提案和建议

九三学社调研课题形成的成果，获省、市有关部门关注。《厦门 LBS 产业链资源整合研究报告及相关建议》，获厦门市科技局立项。《大力扶持福建云计算服务产业的建议》，得到福建省洪捷序副省长批示。卫星应用产业相关提案，得到厦门市政府高度重视，推动厦门市卫星产业发展，促进政府相关政策出台。

（四）参与监督

九三学社思明基层委社员担任厦门市特约监察员 1 人、市特邀教育督导员 1 人、市特邀审计员 1 人、市特约监察员 1 人。还有 10 人被有关部门聘为特约、特邀监督人员；当选福建省人大代表 2 人、政协福建省委员会委员 2 人；厦门市人大代表 7 人；政协厦门市委员会常委 7 人、委员 10 人。

二、社会宣传

在社庆 20 周年、祖国在我心中、五一口号、改革开放 30 年征文、歌咏比赛等各种活动中，获中共思明区统战部一等奖等多种奖项。社员潘爽和张蓓在思明区统战部组织的歌咏比赛中，获一等奖。在思明区统战部举办的“重温历史，同心同行”统一战线纪念中国共产党建立 90 周年征文活动中，《英雄的气概，和谐的内涵》和《让历史告诉未来》文章，分别获一等奖和三等奖。

《科技信用体系及信息平台建设》《厦门应大力扶持发展卫星产业》提案，在《厦门日报》等媒体报道。针对公众关心的出行难问题，撰写《利用先进的信息化手段，提升厦门交通管理和服务水平》调研课题；从宏观层面、行政管理层面、车载导航层面、公众终端层面、政策扶持层面、环境配套层面，提出相关建议，在市政协十一届 24 次常委会上发言，并被厦门电视台等媒体报道。

三、社会服务

2004 年，九三学社社员万峰在江西临川举办“牌匾书法中国行启动仪式暨走进临川笔会”。数百名书画爱好者莅临现场品鉴厦门书法家万峰创作的 100 余幅书法作品。之后，万峰带着 100 多幅书法作品走进上海、台湾、新疆等地展览，并为当地企业界题写商标品牌、店招匾额等，活动持续三年，得到社会良好反响。他在主办“海峡两岸千家书画进万户”活动之后，又在白鹭洲音乐广场策划全市少儿书画现场比赛活动。“八一”建军节，与消防官兵共同举办书画慰问笔会，签订《警民共建协议》，并到驻厦某部慰问。

2005 年，厦门理工学院支社发起对漳州山重小学助学活动。社员洪清泰捐助全新液晶电视、DVD 和机顶盒；支社成员集体捐款购买小学最急需的体育活动用品，并募集 600 多本课外辅导书，赠给山重小学希望活动室。2007 年，厦门理工学院支社还通过牵线搭桥，促成第一笔助学金项目，为寒门学子送去温暖，并与集美区政府就文化创意旅游产业展开合作，致力于“服务海西，服务厦门”，为闽台合作新招生项目“数字创意学院”“数理系”牵线高科技企业，建立实践基地。

第八章　台湾民主自治同盟思明总支委员会

第一节　机构人员

一、机构

（一）三区机构

鼓浪屿区　1997 年 1 月，台湾民主自治同盟（简称台盟）鼓浪屿区参政议政小组成立。

开元区　1998 年 2 月，台盟开元区参政议政小组成立。

思明区　1998 年 2 月，台盟思明区参政议政小组成立。

（二）三区整合后机构

2004 年 5 月，经台盟厦门市五届第二十五次主委会议研究，决定成立台盟思明总支委员会，将台盟企业支部和台盟综合支部划归台盟思明总支委员会；6 月，台盟思明区总支委员会成立。

2006 年 5 月换届，台盟思明总支下辖文教、医卫、综合、企业支部。

2007 年，台盟思明总支仍辖 4 个支部。

二、盟员

2004 年，盟员 83 人。2005 年，盟员 87 人。2006 年，盟员 93 人。2007 年，盟员 103 人。

第二节　盟员大会

一、第一届盟员大会

2004 年 6 月 4 日下午，在思明区政府会议室举行第一届盟员大会，总支盟员代表 40 人参加会议。选举张秀兰为主任，委员 6 人，组成第一届台盟思明区总支委员会。

二、第二届盟员大会

2006 年 4 月 27 日上午，在团结大厦一楼小会议室举行台盟思明区总支委员会换届会议，总支盟员 90 人参加会议。选举刘奇光为主任，翁丽丽、张锦辉、郭东辉、李清琴为副主任，委员 8 人，组成第二届台盟思明区总支委员会。

第三节　主要活动

一、参政议政

1997 年，台盟鼓浪屿参政议政小组提交《关于发展鼓浪屿旅游业的几点建议》议案。有 6 名盟员被评为“台盟福建省委参政议政为两个文明建设做贡献先进个人”。全国政协委员汪慕恒教授跟踪台资流向的研究成果，为思明区做好引资工作提供有益参考。

2001 年、2002 年，台盟开元区参政议政小组提交《开发我市筼筜湖周边旅游景点重现“筼筜渔火”的胜景》《旧城改造的开发建设机制与政策扶持的探讨》议案。

2002 年，深入同安区莲花镇军营村进行调研，发现莲花镇军营村虽拥有丰富自然资源，但因交通不便，影响招商引资工作，阻碍农村经济发展。2003 年市“两会”期间，就此事提交提案，请政府有关部门支持军营村道路建设。建议很快引起政府重视，有关部门召开协调会，组织实施。2003 年底，这条耗资 90 多万元的道路建成通车。

2005 年，台盟思明总支提交《思明区台胞、金胞生活现状的调查与思考》调研报告，在中共思明区委统战部 2005 年调研课题的评选中获三等奖。2006 年，提交《关于进一步激活鼓浪屿的思考和建议》议案，获中共思明区委举办的“思明区新一轮跨越式发展论坛”一等奖。

2007 年，提交《关于台胞个体工商户在我区发展情况的调研》议案，为思明区发展提供建设性的意见和建议，此议题获思明区统战系统调研报告一等奖。《关于进一步激活鼓浪屿涉台人文资源的建议》《文明礼仪教育应成为思明区精神文明建设的重要组成部分》提案，得到思明区政府采纳。《关于在思明区率先推行数字式道路交通信号灯》《关于进一步激活鼓浪屿爱国主义教育资源》等多条建言，被《思明区政协》等刊物登载。至年底，盟员中的各级人大代表和政协委员提出提案、批评、建议、意见共 40 件，有 45 篇学术论文在各级刊物发表。

二、民主监督

1997—2007 年，台盟思明总支盟员担任民主监督人员共 20 人：市监察局特约监察员、市政府特约监察员、市检察院特约监察员、市教育局特约教育督导员、市审计局特约审计员、市仙岳医院特约社会监督员、市土地房管局特约监察员、市中级人民法院党风廉政建设监督员、市勤政巡视员、市政府机关效能监督员、市行风评议员、市公安局行风监督员、市台办机关效能监督员、市计生委行风监督员、市公安局出入境管理处特约监督员、市物价局特约监督员、市国土资源与房产管理局思明分局廉政监督员、市邮政局社会监督员、市劳动和社会保障局廉政效能建设和行风评议监督员、市消防支队行评代表。曾雄在对公安系统监督中，顶住压力，诚心帮助整改。王观美在任市劳动和社会保障局廉政效能建设和行风评议监督员期间，不顾年事已高，奔波岛内外，帮助群众解决困难和问题。

三、社会服务

思明总支盟员年年参加社会服务活动：到挂钩帮扶村开展医疗咨询服务活动，到台盟市委结对子的同安区莲花镇上陵村上陵公仆希望小学开展帮扶活动，参与厦门市妇联开展的“中华巾帼志愿者”活动，到同安开展医疗咨询活动，为困难户捐衣捐物。盟员通过到台湾探亲和接待台湾亲友，宣传祖国和平统一政策，帮助投资台胞做好有关事务。1999 年，台湾发生“9·21”大地震时，盟员向受灾同胞积极捐款。

2003 年，林丽雪获全国商业服务业巾帼建功标兵称号。2004 年，曾雄被评为全盟智力扶贫先进工作者，黄安盛获“全国土地登记管理先进个人”称号。

2005 年 4 月，台盟思明总支委员会与鼓浪屿街道党工委签订共建协议，开展医疗帮困、禁毒宣传、创建社区绿色活动，围绕街道发展，提供意见和建议。当年，林丽雪获全国商业服务业“十佳店长”称号。

2006 年 4 月，在厦门市争创全国文明城市中，盟员中的医务人员联合鼓浪屿街道党工委，开展为社区居民及游客提供免费医疗咨询服务和为居民免费修理手表、换电池等活动；9 月 20 日，汪慕恒被中共中央统战部评为“各民主党派工商联无党派人士为全面建设小康社会做贡献先进个人”。

2007 年，台盟思明总支组织盟员到社区开展便民活动，为居民提供健康、医疗、法律、教育等义务咨询。

第九卷　中国国民党地方组织
民国地方政府

第一章　中国国民党地方组织

民国13年（1924年）3月，中国国民党员许卓然等在鼓浪屿筹建中国国民党福建临时省党部；4月，在厦门岛美头山路某处正式成立省党部筹备处。民国16年初，成立厦门市、思明县国民党组织机构。同年4月9日，厦门国民党右派发动反革命政变，成立以李岳为首的国民党厦门市党部。8月，各区党部相继成立；区境有第三区党部（思明浮屿）、第四区党部（鼓浪屿乌埭）、第二区党部（禾山）一部分。

区境国民党组织配合市（县）党部，推行蒋介石“清党、灭共”通令，破坏中国共产党厦门地方组织，捕杀共产党人。同时，开展破除迷信、查禁烟毒及一些公益事业活动。

民国26年7月“卢沟桥事变”发生后，国民党和共产党第二次合作抗日，区境国民党组织才停止公开反共；组建抗日义勇队，参与抗敌后援会工作，开展抗日活动。民国27年5月13日，日本侵略军占领厦门岛。国民党厦门市党部撤到海澄；区党部人员仍潜伏原地开展抗日活动，配合或从事特工人员刺杀敌伪要员，策动党员打入敌伪内线，侦查并传报敌伪活动资料等。民国34年8月，日军投降，国民党厦门市党部迁回厦门岛。

民国36年6月，国民党右派挑起反共反人民内战，区境国民党组织跟随之。破坏民众反内战示威游行，配合国民党特务机关捕杀共产党人，抵抗人民解放军解放厦门。

1949年10月17日，区境解放，国民党地方组织瓦解消失。

第一节　机　构

一、区党部

民国16年（1927年）8月，国民党厦门市党部各区党部相继成立，共设5个区党部，区境有第三区党部、第四区党部和第二区党部的一部分（另一部分在今湖里区）。

二、区分部

民国33年，区境设立的国民党厦门市党部区分部有第三区分部，址在浮屿角；第四区分部，址在鼓浪屿乌埭角；第二区分部（址在禾山）的一部分。

民国34年，国民党厦门市党部直属区分部领导较健全，区境的第三（浮屿）区分部，书记杨吉猜，组训委员庄瑞池，宣传委员邱国禧，候补委员黄金海、马梓赞；第四（乌埭）区分部，书记颜金条，组训委员林宝庆，宣传委员颜振泽，候补委员颜金泰、颜天豹；第二（禾山）区分部，书记纪国渊，组训委员许明辉，宣传委员李伟良，候补委员林永旺、庄明皓。

三、党小组

民国33年，第三区分部有10个党小组；第四区分部有7个党小组；第二区分部有8个党小组，其中，在区境有2个党小组。

民国34年，国民党厦门市党部直属区分部中，区境第三（浮屿）区分部有10个党小组，89名党员；第四（乌埭）区分部有7个党小组，53名党员；第二（禾山）区分部有2个党小组，19名党员。区境共有19个党小组，161名党员。

1949年10月17日，中国人民解放军解放区境，国民党地方组织消失。

民国34年冬区境国民党区分部党小组一览表

表9-1-1　　单位：人

区分部	党小组	地址	组长	党员数
第三（浮屿）区分部	一组	中山路保	丘来助	9
	二组	草仔垵保	丘来灏	9
	三组	思明路保	张翠琴	10
	四组	沙坡头保	林西通	9
	五组	大同保	丘秉东	8
	六组	圆通巷保	许鹏腾	9
	七组	水仙宫保	刘木已	9
	八组	开元路保	杨正体	9
	九组	挑水巷保	庄瑞池	8
	十组	竹树脚保	林席珍	9
第四（乌埭）区分部	一组	鼓浪龙头街保	颜金条	8
	二组	鼓浪三丘田保	颜金泰	7
	三组	鼓浪惠安路保	颜锦利	8
	四组	鼓浪乌埭角保	颜振泽	6
	五组	鼓浪内厝澳保	郑云钟	7
	六组	鼓浪鹿耳礁保	吴春美	10
	七组	鼓浪康泰垵保	林江水	7
第二（禾山）区分部	二组	洪山柄保	张汉波	10
	八组	曾厝垵保	陈昌盛	9

附一：中国国民党福建临时省党部

民国8年（1919年）10月，孙中山将中华革命党改组为中国国民党。翌年，派人到鼓浪屿动员原中华革命党党员许春草参加。民国10年，许春草到广州会见孙中山并加入国民党，回鼓浪屿后发展国民党员。

民国13年1月，中国国民党在广州召开第一次全国代表大会，确定“联俄、联共、扶助农工”三大政策，实现第一次国共合作。3月，老同盟会员许卓然、庄希泉等在鼓浪屿龙头路开办鼓浪屿图书馆为掩护，秘密办理国民党党务，重新登记许卓然、庄希泉、黄克绳、叶清泉、李岳（汉青）、秦望山、黄蕴山、张海山、杨挺秀等16人为国民党员。同时，国民党中央派江董琴到思明，会同许卓然等秘密筹建国民党福建省和厦门地方组织机构。3月29日，在布袋街蔡记二楼开会。4月，中国国民党福建临时省党部筹备处在思明美头山路成立。民国14年6月8日，正式成立临时省党部，江董琴为临时执行委员会主任委员，许卓然、苏郁文、富恩潭、黄蕴山、陈昌麟、余佩皋、杨挺秀、傅超、阎闻仙、庄希泉、秦望山、李觉民、罗扬才、叶清泉为执委，李岳、李维修、张海山为候补执委。临时省党部筹建厦门市临时党部筹备处，林仲馥为主任，王宗世为委员。

民国15年12月，临时省党部迁往福州。

附二：中国国民党厦门市党部、思明县党部

民国16年（1927年）1月，成立厦门市党部筹备处，李岳、王宗世、陈文山、陈荣芳、叶攀桂为筹备员。3月12日，省党部派罗扬才、黄哺树、杨世宁为厦门市党部筹备员；派洪学礼、宋明为思明县党部筹备员。4月9日，李岳等国民党右派人员与军警联合发动反革命政变，李岳、许春草分别接管省派员设立的厦门市和思明县党部筹备处；李岳任厦门市党部筹备处主任。8月，厦门市各区党部（区分部）相继成立。

民国17年2月，省党部令思明县和厦门市党部筹备处停止活动。至11月17日，省党务指导委员会公布厦门市党务指导委员会由沈可法、林成材、刘尊光、刘澄清、邹纯、黄振家、陈莲予、韦廷钧8人组成。同月22日，又公布思明县党务指导委员会由沈可法、邹纯、陈联芬、刘澄清、王耘农、林圃轩、林君山7人组成。同月24日，省党务指导委员会令取消厦门市党部及旧思明县党部。12月初，省党务指导委员会令只设思明县党务指导委员会，派陈联芬、邹纯、刘澄清、沈可法、林君山、王耘农、林圃轩、余文钧、张福溪、赖文清、康绍周为县党务指导员。同月12日，思明县党务指导委员会召开首次会议，推刘澄清为组织部长，沈可法为宣传部长，陈联芬为训练部长，林君山、林圃轩为民训委员，邹纯、王耘农为常委。14日，接收厦门市党部及旧思明县党部；16日，正式成立思明县党务执委会。24—26日，登记党员约100人。

民国19年6月20日，省党部派唐素豪等4人为思明特委。

民国20年5月1日，思明县党部分区召开党员大会，选举县党务指导委员会首届执行委员和监察委员，并呈报省党部圈定。6月12日，省党部公布思明县党部执委为高峰、唐素豪、黄强中、王铮民、刘尊光，候补执委陈式锐、陈云远、赖德三；监察委员詹汝嘉、江维三、曾根。7月3日，县党部执委会召开首次会议，推唐素豪为常务执委。8月14日，在县党部执委会第十四次会议上，撤唐素豪常务执委职务，推举王铮民为常务执委。

民国21年5月，省党务指导委员会改组思明县党部为整理委员会，派赖文清、马仁波、曾天民为委员，赖文清为常委。8月17日，整理委员会第十三次会议通过马仁波为代常委。随后，召开党员大会，选举马仁波、黄俊铭、曾天民、周冰心、罗风岐为思明县党务指导委员会第二届执委；王图宝、许幼芳、叶独醒为第二届监委。8月27日，县第二届执委会召开首次会议（谢心铭、王佐才列席），决定黄俊铭任常委。同时，二届监委会召开首次会议，决定许幼芳任常委。

民国23年1月，福建军事特派员公署政治部派陈笃祯、陈云远、黄锡璜为思明市党务整理委员。未几，福建省党务特派员办事处派曾天民、叶独醒、林幸福、叶清泉、郭祥其为思明县党务整理委员。市、县两党部党务整理委员会各立门户，时生争端。5月，省党部令撤思明市党务整理委员会，将其党

务合并于思明县党部，并先后派曾大方、林英、周廷洛、楼兴邦、刘澄清、王铮民为指导委员。翌年3月4日，省党部派姚钜元为思明县党务整委会常委。

民国24年3月，中央国民政府批准思明县改设厦门市。不久，思明县党部改为厦门市党部，陈联芬任党务指导员。此时，厦门市国民党设5个区党部、15个区分部。7月7日，党务指导员改为党务特派员。

民国27年5月，厦门岛沦陷。厦门市党部主要人员避往海澄县，即在海澄镇设厦门市党部，黄谦若任党务特派员。

民国33年，厦门市党部改设于漳州海澄县海沧（今厦门市海沧区），书记长谢联奎，秘书黄为霖，干事叶伯慭、阮玉田、许旗畴，助理干事龚金水、颜瑞宝、徐汉昌、周西治，录事龚金星、林婉卿。3月至11月，重新成立6个直属区分部和3个直属组。

民国34年10月3日，国民党漳厦党务督察专员黄谦若、厦门市党部书记长谢联奎带领厦门市党部工作人员回思明。此时，厦门市党部仍设直属区分部6个、直属组3个。

民国35年秋，谢联奎自杀，黄谦若兼任厦门市党部代书记长。民国36年上半年，国民党与三青团合并。9月1日，合并后的国民党厦门市党部正式成立，书记长王连元，副书记长林永年。

民国34年国民党厦门市直属区分部组织一览表

表9-1-2

区分部名称	地　址	党员（人）	组数（个）	书记	组训委员	宣传委员	候补委员
一区海沧	横街保	84	9	林荣甫	阮玉田	万善涂	李惠仁、颜瑞宝
二区禾山	湖里社	76	8	纪国渊	许明辉	李伟良	林永旺、庄明皓
三区浮屿	思明浮屿角	89	10	杨吉猜	庄瑞池	邱国禧	黄金海、马梓赞
四区乌埭	鼓浪乌埭角	53	7	颜金条	林宝庆	颜振泽	颜金泰、颜天豹
五区温厝	海沧温厝保	65	8	康披云	温红员	周胡将	林国典、林天祈
六区察东	同安角尾	75	9	吴廷玉	黄坤标	余汉星	周超海、林志评
直属一组	石码新杉路	10	—	陈镜辉（组长）	—	—	—
直属二组	石码天河路	10	—	黄武春（组长）	—	—	—
直属三组	石码西湖路	8	—	王连元（组长）	—	—	—

第二节　主要党务

一、参加国民革命

民国13年（1924年）春，许卓然、庄希泉等人在鼓浪屿以开办图书馆为掩护，开展党务活动；又在鼓浪屿创办光华小学，联络志士，宣传革命。是年4月，设在区境的国民党福建临时省党部筹备处，以《民钟报》为阵地，宣传孙中山主持制定的“联俄、联共、扶助农工”三大政策和新三民主义；在厦门大学、厦南女子中学等学校师生员工中发展党员。5月，应国民党黄埔陆军军官学校的要求，区境国民党组织先后选送60多名学生前往该校学习，培养国民革命军骨干力量。

民国14年3月12日，孙中山病逝的噩耗传来，区境国民党人十分悲痛，开展追悼活动，宣传孙中山的国民革命主张，投身革命运动。5月30日，上海“五卅惨案”发生。6月2日，厦门大学学生在国民党员、共产党员率领下，开展罢课、游行示威、募捐等活动，支援上海罢工工人，并发出声援“五卅惨案”运动斗争的通电。国民党福建临时省党部召集思明教育会等30多个团体及大中小学代表近百人开大会，成立厦门国民外交后援会，组织2万多人游行，声援上海工人；抵制英货、日货。7月1日，广州国民政府建立国民革命军总司令部，准备北伐。国民党福建临时省党部李觉民、罗扬才等深入区境工人、妇女、学生中开展宣传，并组建“福建反帝国主义大同盟”“工友联欢会”“农会”等。

民国15年7月1日，广州国民政府发表《北伐宣言》，分3路进军。其中，东路军由何应钦率领进军福建。罗扬才等人组织区境工人罢工罢海，紧密配合北伐军入闽。11月22日，区境国民党和共产党组织共同组建厦门工商学联合会，召开大会欢迎国民革命军入境。

二、反共活动

民国16年4月8日夜，漳厦海军警备司令部接福州谭曙卿代总指挥密电，对区境实行戒严。4月9日凌晨3时许，又接国民党福建全省政治会议和省党部急电，令“将厦门所有共产分子看管起来”。漳厦海军警备司令林国赓和国民党厦门市党部右派要员李汉青联合，全市戒严，区境布满军警；指使许春草所控制的建筑工会发起在浮屿角召开“厦门各界拥蒋护党大会”。之后，派出漳厦海军警备司令部侦察队长胡震、厦门警察厅侦缉队长陈尚志、思明县政府侦探队长林明，率百余人包围设在土堆巷的厦门总工会，封闭厦门学生联合会，逮捕总工会委员长罗扬才（中共党员）、副委员长杨世宁（中共党员）、学生联合会副主席黄晡树。先后逮捕共产党员、国民党左派人士27人。罗扬才、杨世宁被押解福州杀害。此后，国民党厦门市党部与漳厦海军警备司令部多次逮捕杀害共产党人和革命志士。

民国17年2月6日，反动派在打铁街、西庵宫等处搜捕共产党人和革命群众10多人。9月15日，破坏中共福建省委设在鼓浪屿的秘密交通站，逮捕5人。

民国18年11月7日，在思明南路追捕共产党人未果，而将年轻人陈守正作为嫌疑人逮捕；开枪伤及居民李生官致死。11月9日，逮捕嫌疑人巫玉山等2人。11月13日，在万泰昌烟店逮捕共产党干事谢心铭、谢仰堂和码头工会委员谢天鸿、谢汇川、陈宝兰、卢学珠，及店东曹泰利、店伙张作亭，还抓走集美学生10人。11月14日，在三安街逮捕集美学生2人。11月19日，逮捕厦门大学学生苏吉辉。12月30日晚，在新南旅社搜捕共产党人，抓走2名嫌疑人。

民国19年3月18日，抓捕在中山公园秘密领导群众大会的中共厦门市委书记刘端生和共青团福建省委书记陈柏生及大会主席张耕陶、厦门大学学生陈汉孚等。7月25日，镇压厦港渔行口示威群众，打死共产党员曾江河等4人，抓走民众傅有智等5人。

民国20年3月18日，逮捕中共厦门市委常委兼码头支部书记林树根。3月25日，破坏设在鼓浪屿的中共福建省委秘书处和宣传部，逮捕秘书长兼组织部长杨适、宣传部代部长李国珍、厦门市委常委郑裕德，以及工作人员梁惠贞等8人。4月30日夜，将李国珍、林树根、郑裕德、梁惠贞杀害；杨适被押解南京（后杀害）。5月，抓捕在厦门活动的中共福建临时省委成员董云阁，后杀害。

民国21年7月，抓捕中共厦门中心市委书记王海萍，后杀害。

民国22年2月15日，破坏中共厦门中心市委机关交通站“星洲咖啡馆”，逮捕宣传部长赖思明、组织部长胡大千和前共青团厦门市委书记王碧光等。

民国23年7—8月，逮捕中共党员及中共机关工作人员27人，其中叶炎煌等5人被押往省保安处杀害，其余22人于翌年初在禾山后坑被集体杀害。11月7日，逮捕中共厦门市委工作人员20多人。

民国24年10月13日，抓捕中共厦门市委书记周奕人。12月，破坏中共厦门中心市委设在大同餐厅、琼州公所等处的联络站。

民国35年6月26日，蒋介石公开撕毁停战协定和政协决议，发动反共反人民的内战。市党部行动组发展至110人（其中有区党部主要人员），分布于区境。民国36年2月，逮捕共产党交通员刘庆，继而搜捕共产党员吴学诚，并秘密杀之。民国38年，准备暗杀厦门大学教授王亚南、郭大力等，被张圣才（地下革命志士）获悉。张利用关系通知并派人护送他们到香港隐避。是年8月31日，国民党军警特务包围厦门大学，逮捕进步师生10多人，其中共产党员张逢明、学生修省、工友张炎千被杀害。9月，捕杀与共产党接洽起义的厦门要塞司令部参谋长周烈，致使起义流产。10月16日，将关押在厦港监狱中的共产党员周景茂、刘惜芬、陈绍裘等及革命民众40余人杀害于鸿山。

三、抗日活动

（一）宣传组织抗日

民国20年，日本侵略军入侵中国东北，区境民众闻讯掀起抗日运动。在民众运动推动下，国民党思明县党部于7月17日下午召开执行委员会议，定于22日上午召开各界反日宣传大会；各区党部主要人员参加大会并宣传抗日。24日，执委会议又议决令市总商会饬令各同业公会停止采办日货，令各级党部和人民团体转令所属，不得购用日货。各区党部派人到各商店，在民众中检查督促执行此项饬令。7月27日，各区党部负责人集会议决，以县党部执委会名义，向海内外各级党部发出快邮代电，通电反对日本侵略中国东北。10月，国民党思明县党部在各区党部配合下组织民众救国义勇军，于16日上午，在党部大礼堂召开成立大会，到会填写志愿书者有106人。但是，思明县党部执行蒋介石“攘外必先安内”方针，镇压群众抗日运动，搜捕领导抗日运动的中共党员。

（二）抗日后援工作

民国26年7月7日“卢沟桥事变”发生后，中共再次提出建立抗日民族统一战线，国民党和共产党实现第二次合作。市党部和各区党部协助市政府、区公所组建义勇队、壮丁队。8月16日，在市党部召开市妇女社训队成立大会。9月4日，市党部协助市政府建立防空委员会。12月2日，市党部在各区党部配合下召集50岁以上民众举行抗日宣传大会，散发抗战后援会印制的《敬望全省老人一致起来领导抗战》传单。12月12日，市党部陈联芬、一五七师陈柏麟联合邀请20多位文化界人士开座谈会，决定筹建文化界救亡协会，推举陈联芬、陈柏麟、黄绿萍、王连元等19人为筹备员。

厦门各界抗敌后援会会址

民国27年3月5日，市抗敌后援会召集各部团联席会议，主席陈联芬对粮食、交通、资源及调查等问题作详细说明与部署，各区党部配合执行。

（三）潜伏敌后活动

民国27年5月10日，日本侵略军在五通登陆，岛上军民奋力抗击，但力不及敌，至13日，厦门岛沦陷。国民党厦门市党部主要人员撤至海澄县，而第二、三、四区党部主要人员及多数党员潜伏在原地（厦禾、鼓浪屿一带）活动。

市党部于海澄县继续开展抗日宣传、慰问难民、揭露敌伪罪行活动，并派特工人员潜入鼓浪屿冒险宣传，刺杀敌伪要员。民国30年1月8日，特工行动组在原区党部潜伏人员配合下杀死鼓浪屿工部局日籍副总巡捕长忠山贞夫。1 月 17 日，行动组人员在鼓浪屿刺伤日伪“厦门地方法院”院长黄仲康。同年 11 月 21 日，市党部在海澄县海沧创办《前哨报》（发行人黄谦若，社长王哲亮）宣传抗日，报道在日本铁蹄下沦陷区人民的种种灾难。

民国 33 年，市党部《游击区党务夏季工作报告》记载：除第一、第五两区分布于龙溪、同安、海澄前线各重要据点外，第二、三、四等 3 个区秘密分布厦、禾、鼓各市区村庄重点等地推进内线工作；策动党员打入内线，共策动混入伪保卫团者有苏漂云、许邦汉 2 人，伪新运分会者邱永灏 1 人，伪青少年团者杨吉宝、黄友定 2 人；秘密建立厦禾鼓防奸工作网 3 个、敌伪资料调查网 2 个；共调查 2 次，第一次汇编敌伪军事动态 8 起，第二次 2 起。

厦门市党部 5 个区分部共建 18 个行动小组，共 90 人、60 支枪。其中，第一区分部 2 个组，10 人、3 支枪；第二区分部 9 个组，45 人、28 支枪；第三区分部 3 个组，15 人、15 支枪；第四区分部 3 个组，15 人、9 支枪；第五区分部 1 个组，5 人、5 支枪。市党部派遣潜伏沦陷区人员有陈西明、许邦汉、林永火、苏丕志、蔡嘉猷、黄国忠、苏漂云、纪国渊、任兆芬、洪春生、许培德、陈炳耀、许振耀、姚文彬、丘锡菲、林文艺。同年 7 月，市党部表彰特殊勋劳党员 3 名：纪国渊（38 岁，直属第二区分部书记），负责领导敌后锄奸、调查、组训，工作努力，卓有劳绩；任兆芬（32 岁，敌后宣传员），在敌后负责调查、宣传、锄奸，成绩优良（当时被敌拘禁未释）；邱来助（22 岁，第三区分部监察员、中宣部闽粤区厦门分处宣传员），民国 31 年破获沿海汉奸，特著勋劳。

四、破坏进步群众运动

（一）破坏抗日群众运动

民国 20 年“九一八”事变发生，区境民众对蒋介石“应予不抵抗，力避冲突”的训示十分愤怒。9 月 21 日，工人、学生等在中共组织发动下组成反日宣传队，上街宣传日本侵略者罪行，反对不抵抗政策。国民党思明县党部不得不同意召开一次民众反日宣传会。开会时，数百工人先入会场，情绪十分激昂。县党部及三区党部要员见之害怕至极，忽改变主意，宣布取消宣传会。群众不许，建筑工会代表上台高呼“我们要开会！”群众齐呼“打倒不抵抗主义！”“打倒日本帝国主义！”群众自行开会。县党部及三区党部要员溜出会场，联系军警到场，强行驱散群众。同年 10 月 19 日，县党部致函各学校，言“各种集会务于 3 日前通知本会”，以此控制群众抗日活动。群众自觉组建“救国会”，由临时主席许鸿昌呈报开会情形，请县党部备案。县党部却不予备案。

美、英、法、意等帝国主义者为自身利益，建议以锦州为“中立区”，要中国放弃东北。民众闻此更为愤怒。民国 20 年 11 月 16 日，美国艾迪博士到思明，市反帝大同盟组织群众数千人“欢迎”。当队伍走到市中心区时，“欢迎”旗帜换成抗日旗帜，成了抗日示威游行队伍，演讲日军侵略罪行。县党部、三区党部、公安局紧急调动大批军警到现场镇压，逮捕 2 名学生，驱散游行队伍。

民国 26 年 6 月 9 日，各中学学生组织“抵私赈灾运动促进会”，定于 12 日召开成立大会。国民党厦门市党部及其二、三区分部却出动人员加以制止。

（二）破坏反内战运动

民国 35 年，蒋介石发动反共反人民的内战，全国学生准备于 6 月 2 日统一举行反内战示威游行。5 月 30 日，市党部办的《中央日报》和军统办的《立人日报》发表《厦大各党派名单》，对进步师生施加压力；6 月 1 日凌晨，调动大批军警包围厦门大学，逮捕进步学生 7 人、助教 1 人，致使厦门“六二”反内战示威游行无法进行。

（三）破坏反对美国扶植日本运动

民国 37 年 5—6 月，全国人民掀起反对美国扶植日本的运动，厦门大学民主墙贴着“反对美国扶植日本”内容剪报，“五月社”组织学生外出宣传，并联合各中学致电美国政府，抗议其扶日政策。市党部、区党部对此大为恐慌，于 5 月 28 日上午召集各大、中学校校长和训导主任训话，要他们制止学生示威游行，否则，追究责任。

五、其他事务

（一）查禁烟毒

民国18年9月20日，思明县当局在鼓浪屿“神州药房”查获鸦片1000公斤，拘捕烟商1名。县党部与区党部经调查，认为厦门海关有舞弊嫌疑，呈文上告，建议将海关税务司负责人撤职查办（但财政部关务署认为指控证据不足，仅指示厦门海关对输运鸦片之类要严格查处）。民国20年6月25日，思明县党部向中央党部发出快邮代电，反对烟膏公卖，请示撤销公卖烟膏的所谓“禁烟处”。

（二）解决地方纠纷

民国20年6月初，国民党思明县第三区党部第一区分部向县党部呈送《关于改革霸占渡头恶习的呈文》，13日，思明县党部召开执委会议，决定改革办法，交厦门水上公安局公布实施。从而制止地方各派势力长期霸占渡头的恶习。7月初，厦门电灯公司停止送电；10日上午，县党部召集有关区党部和政法人员开会，决定由县、区党部派员调查停电原因及解决办法。次日，受派者到电灯公司协商，两天后恢复送电。

（三）革除陋俗

民国20年6月，思明县党部执委会发出《改革婚丧礼节告同胞书》，指出旧礼节之繁琐、迷信与铺张浪费。制定改革办法，推行节约简朴礼节，并召开各区党部主要人员及各界人士参加的会议宣传贯彻。8月7日，县党部召开第十次执委会议，议决破除迷信、废普渡。8月14日上午，在县党部礼堂召开各界破除迷信宣传大会，并呈请省党部令各县将每年8月第一周定为破除迷信宣传周。各区党部发动党员实施县党部革除陋俗、破除迷信的决定，改善社会风气。

第二章　民国地方政府

民国元年（1912年），以厦门、金门合设思明县；民国4年，金门独设县，思明县只管辖厦门岛。民国20年，思明县政府将厦门岛划分为第一至第八自治区；但因与警区不一，无法执行。直到民国34年9月抗日战争胜利后，厦门岛和鼓浪屿才正式分设行政区，设区公所。

民国期间，政府举办救济院堂，开展禁烟禁赌，组织兵员抗日出征；但与国民党一道镇压共产党人，强行抓丁、派款，强迫民众以金银换金圆券。社会不宁，民不聊生。

第一节　区公所

民国34年（1945年）10月3日，福建省政府委员兼厦门市市长黄天爵率部100余人，会同国民党厦门市党部、宪兵、军队接收敌伪各行政机关及事业单位，收回厦门全岛和“公共租界”鼓浪屿。接收后整编保甲，成立区公所，委派临时保甲长。区境设厦南区（17保）、厦西区（16保）、厦港区（14保）、鼓浪屿区（18保）和禾山区6个保。民国35年1月，甲长全部实行民选，保长亦于二月间选举。6月1日，将厦西区、厦南区合并改称中心区，成立中心区公所。

民国35年6月各区公所情况表

表9-2-1　　单位：个

区名	区长姓名	地　址	所辖保数	
			保	甲
中心区	施振华	定安路	33	843
厦港区	李承庄	厦门港	14	191
鼓浪屿区	庄肇昌	鼓浪屿岭顶	18	250
禾山区	张宗云	禾山江头	6	—

民国37年9月，撤销中心区，以大同路为界，分设思明区和开元区，分建区公所。

1949年10月，区境解放前夕，设思明区（13保）、开元区（13保）、鼓浪屿区（10保）、厦港区（8保）、禾山区（小部份，4保）。

区公所设区长、副区长各1人，指导、会计、事务、雇员等6人。区长综理全区事务，副区长协理区政事务，指导员、会计员分掌民政、财经、教文、建设、会计等事务，并设调解、建设委员会。

附一：思明县政府

民国元年（1912年）4月18日，厦门军政府参事会派代表向福建都督府请愿获准，厦门岛、金门岛脱离同安县辖而成立思明县。思明县建立之初，城区实行警区制，不分设行政区，郊区禾山实行保甲制。是年9月18日，思明县升格为思明府。民国2年3月30日，废府仍恢复思明县。民国4年元月，大小金门岛从思明县划出单独设置金门县，思明县仅辖厦门本岛。此时鼓浪屿仍为外国公共租界，其行政管理权属外国人组织的工部局。

民国20年6月，思明县政府召开各保联席会议，讨论通过以联保区域范围作为设区范围，19保划分6个区（张后、和后、和前、福山4个村合1个区；怀德、岐西、福寨3个村合1个区；张前、连溪、黄厝、外清4个村合1个区；新和、连西、大中3个村合1个区；溪岸、城内、吴厝3个村合1个区；下港、院屿2个村合1个区）。10月，改成立8个自治区（以数字排列）。因自治区与警区职权境域理不清，自治区无法执行，实际上只有警区行事。至民国22年2月，思明县历任县知事和县长共13人（因驻扎在厦门的漳厦海军警备司令部介入地方行政事务，思明县政务实际上由漳厦海军警备司令部操纵）。思明县政府于民国22年2月中旬由厦门市政筹备处接管，至民国24年厦门市设立时撤废。

民国22年2月中旬，成立厦门市政筹备处，许友超任处长，下设一、二、三科及秘书室。福建省政府提出改称思明市政筹备处，由许友超兼任县长。是年8月，思明市政筹备处接管思明县政府，下设秘书室、公安局、财政局、工务局和社会科、教育科、土地科等工作机构。民国22年11月，"福建事变"发生，思明市政筹备处暂告停工。是年12月，厦门成立厦门特别市政府，委许友超任市长。翌年1月，改任十九路军参谋长黄强为市长，下设机构不变。民国23年，"福建事变"失败，厦门特别市政府随之解体，并恢复思明市政筹备处，刘光谦任处长，王国盘代理思明县长。

附二：厦门市政府

民国24年4月1日，撤销思明县，成立厦门市政府，其地域管辖范围在区境之一部，为将军祠以西、厦门大学以北、湖滨南路以南，10平方公里。即以时厦门警区管辖为限，警区以外的禾山成立省直辖的禾山特别区，不属厦门市管理。市政府下设秘书室、公安局、财政局、工务局和第一、二科。王国盘为市长兼市公安局长。民国26年3月，禾山特别区改设禾山特别区署，划归同安县政府管辖。是年9月，工务局改为建设科。

民国26年至27年5月13日（日本侵占厦门岛），厦门市区设91保、1584甲；禾山区设87保、893甲。

民国27年5月13日至34年8月，厦门被日本侵略军占领期间，设日伪厦门市政府。

民国34年9月抗日战争胜利，国民政府委派黄天爵兼任厦门市市长，先驻漳州部署接收厦门一切事宜。民国34年10月，恢复厦门市政府建制。管辖范围包括厦门全岛和鼓浪屿。厦门市政府下设警察、财政、工务、教育、卫生5局，民政、社会、军事、地政4科，秘书、人事、会计、统计4室（民国35年6月，增设户政科。民国38年夏，厦门市政府共设民政、财政、建设、军事、社会、地政、户政7科，秘书、人事、会计、统计4室，警察、教育、卫生3局，以及税捐稽征处、民训指导团、民众自卫总团）。全市分设厦南区（辖17保）、厦西区（辖16保）、厦港区（辖14保）、鼓浪屿区（辖18保）和禾山区（辖30保），共95保、1334甲。

第二节　主要政务

一、创办救济院堂

民国元年（1912年），由区境热心慈善事业的地方官绅周殿薰、柯绅荣为正副董事，对以前的慈善机构加以改良扩充。民国5年，由董事请思明县呈请道尹，函聘评议董事洪鸿儒等12人，组织评议会，议决将育婴堂、恤抚堂、义仓、义廒合并，改名同善堂。民国16年，同善堂改组，更名厦门同善堂管理委员会，由思明县党部筹备处、县政府、县商会各派一名代表协同管理。嗣后乃建救济院（初时称养老院）于吴村，收养六旬以上老人。民国17年，救济院购地25亩，除建筑养老院1座，尚余19亩，作为老人闲暇种植之所。院中分办公室、职员宿舍各3间，修养室22间，讲演室、礼堂各1间，习艺室2间，厨房、厕所设备俱周。凡年届六旬乏人奉养者不论男女，均可申请入院。民国27年5月，厦门岛沦陷，该院被敌伪据为隔离医院。民国34年10月收复，厦门市政府派史淑德临时主持，办理慈善事业。民国37年6月，院长余建华调离，刘炳林接任。院内分安老、育幼、妇女、习艺、残废5组，加办"感化所"，收容小偷160人施以训勉。

二、搜捕共产党人

民国16年4月9日，思明县政府派出保警队配合漳厦海军警备司令部侦探队、厦门警察厅侦缉队包围厦门总工会，将总工会正副委员长、中共党员罗扬才、杨世宁等人逮捕（详见第一章）。

民国18年11月9日，思明县政府规定，凡民房店屋租金在10元以上者，应捐募一个月租金充"剿共"公债，并派员催供反共活动经费。思明县《警政年刊》载：从民国19年7月至民国20年6月，当局先后破坏中共福建省委机关2处、中共厦门市委机关2处、兵运机关1处，办理镇压中共党员案件17件44人。

民国38年春，解放大军逼近厦门，国民党守军负隅顽抗，利用海峡为天然屏障，在鼓浪屿岛上构筑防御工事。厦门市政府三令五申宣布：严禁收听共产党广播，不准"通共"；晚上实行灯光管制，严禁向海面和大陆方向照射手电光；岛内居民每5户一联保，互相监视，如有一户"不轨"，其他保户要立即举报，否则一起"连坐"受罚，严重者格杀勿论。区境内不只参加地下党组织的共产党员要冒坐牢杀头的危险，凡是同共产党有牵连、支援解放军渡海登陆作战的革命群众一经发现，区警察分局即行拘捕，也有生命危险。民国38年8月，毛森就任厦门警备司令，上任仅1月余，在各区警察分局的配合下，对在区境内活动的共产党员和进步人士进行五次大搜捕，共捕40多人。

三、组织抗日将士出征

民国26年9月，厦门驻军157师师长黄涛，联邀厦门市长李时霖、公安局长沈觐康、鼓浪屿名士许春草等，在区境发动组织厦门义勇常备大队，分3个中队，共300余人。民国27年4月1日，厦门市百名常备队（第三中队）壮士参加出征，先赴省受编保安第六团第九中队，后分散到前后方各部队。5月10日拂晓，日本侵略军三面围攻禾山、高崎至胡里山一带。义勇常备大队第一中队驻守胡里山、曾厝垵一带，第二中队驻守禾山一带，配合驻军奋起抵抗。第一中队死守抵抗后退至市区仅余40多人，由大队长程超凡选拔敢死队40人，向侵犯莲坂之日军反攻，肉搏整昼夜，生还无几。12日，第二中队渡海集中嵩屿后，仅余60多人，编入保安特务大队第四中队，又转入各作战正规军，参加各战场作战，其中有8人参加长沙一、二、三次大会战。双十中学学生黄笃灶等参加远征军，赴印度、缅甸抗日。

民国27年5月10日，日军侵犯禾山，为保卫乡土，前埔社义勇队长林能隐等英勇牺牲。同年秋，潜伏人员欧阳彩云就义。之后，区境又有热血青年张弩等奋起秘密组织复土血魂团，奋勇战斗，壮烈牺牲20人。民国29年夏，国民党军事当局组成便衣混成队、厦门奋勇队，以各种方法潜入厦门鼓浪屿的官兵有70余名，民国30年冬先后被日军处死63人。是年秋，国民党军事潜伏机关设于鼓浪屿兆和厂，被日寇探悉，就义10人。

抗日战争结束查点，100名出征壮士仅生还10人，200多名守岛常备队壮士仅生存33人，壮烈牺牲（已无法查其姓名）无名英雄近200名。

民国34年10月起，三区区公所遵照厦门市复员委员会的饬令，对抗日捐躯英烈，殉难事迹展开调查；但未能全部查清。市档案馆存民国34年11月29日厦门市复员委员会调查组致鼓浪屿区公所函，函称："送上人民抗战英烈事迹调查表600张，即希转发详报，汇集送会办理。"民国35年1月15日，鼓浪屿区公所复函已"经饬各保查填在案"，"以人民抗战殉难多系单身，间有家属亦皆移居内地"，故无从查询其事迹，以至遗漏者不少。所幸当时有驰骋抗日疆场的复员代表，抗日殉难者亲属主动提供这方面确切信息，主要有：鼓浪屿内厝澳翁吉人，函请省政府主席刘建绪表彰其为国捐躯的两子；鼓浪屿黄家渡郭吴氏因其子从事抗日工作被杀，函请厦门市长黄天爵予以体恤；复员代表鼓浪屿内厝澳林狮、双十中学学生黄笃灶等人，向市长黄天爵呈报《抗战忠勇事迹》《厦门市出征百名壮士及常备队复员暨阵亡征属请领慰问品清册》。

四、强行抓丁

民国35年初，国民党当局采取高压政策，在区境城乡强行征丁勒粮，补充兵员。征兵量大，人民不堪重负，更由于发动内战不得人心，抗征之事时有发生。当局采取抓、拉、捆绑等办法，将壮丁强行送往部队。因本地适龄壮丁不足，连到区境内做工或走亲戚的外地人也被抓，民无宁日。民国35年下半年至民国37年上半年，区境及周边被抓壮丁达661人；但至民国38年1月初，区境征兵配额猛增到1250人。市政府遂令各区公所会同宪兵队，于1月9日午夜武装出动，进入各住户检查户口，抓捕适龄壮丁二三百人。区境居民陷于惊恐之中。为此，厦门名士许春草以厦门建筑总工会名义制发传单，抗议政府强抓壮丁。许多青年农民组织抗征队，进行抗争。

五、发行金圆券

民国37年8月19日，随"币制改革"，区境发行金圆券。按金融管理条例规定，私人所有黄金、外币，限3个月内向中央银行兑换。9月，厦门市政府与各区区公所通气后成立金融管制委员会，下设文书、宣传、取缔等组，组织5个检查队（开元、思明、鼓浪屿区警察分局局长和刑警队长分任队长），抽调大批警员为队员。检查人员随时进入各金店、钱庄、商号甚至私宅进行严查，弄得人心惶惶。

三区在严厉执行金融管制之后，正当商人和市民都不敢违犯；但不法奸商却私设电台，暗中与香港、上海等地联络，交流经济情况，以便其开设的“地下钱庄”继续进行黄金、外币及外汇的买卖活动。区境30多家“地下钱庄”，每日派出大批流氓在中山路、镇邦路交叉路口一带秘密交易；地下电台每日将所收到香港、上海方面交易“行情”密传“地下钱庄”，以便收取电报费。市金融管制委员会以市警察局督察长王福清、行政科长吴月秋、思明区警察分局长安尚志等5人为组长，成立检查组，取缔茂华、捷胜等5家“地下钱庄”，逮捕洪炳煌等7人。其他“地下钱庄”闻讯即停业，区境的黄金、外币和外汇买卖暂时敛迹。在市、区政府高压下，民众不得不将黄金、外币，转向中央银行兑换金圆券。中央银行即大量印刷金圆券，用以换取大量民间的金、银和外币。由此，引发通货膨胀风暴。0.5公斤白米售价高达法币60万元，是民国35年的4407倍，民国34年的31950倍和民国26年的6726316倍。民国38年后，金圆券贬值加剧，几同废纸，出现一担钞票换不回一担米的现象。

附：金圆券贬值民众受害实例

金圆券贬值，导致工厂停工、倒闭。马来西亚华侨黄重吉投巨资创办的12家工厂，于民国38年3月被迫停产。民国36年7月新加坡华侨集资、胡文虎任董事长兼总经理的福建经济建设股份有限公司，总资本50亿元法币，至民国38年，50亿元法币买不到10斤大米，公司宣告破产。

政府公务人员全月收入不敷个人半月伙食费，他们当中的许多人，典当卖绝，妻啼子哭，愿为救济难民，亦不可得。即使大富翁家族也陷入生活困顿。鼓浪屿大富翁黄高升，于清光绪十七年（1891年）建成鼓浪屿历史上最早、占地面积最大（1.44万平方米）的号称“九十九间”的大院宅。在物价狂涨时期，生活也陷入困境，不得不拆下房屋的木料出售，以度难关。民国38年夏，家住鼓浪屿福州路90号的林忠、王鸿老夫妻，妻身染沉疴，乏钱就医，夫每日贩卖玻璃瓶以营生。一日，见其妻僵毙病榻，解下腰带自缢。

六、禁烟禁赌

区境被日本侵略军侵占7年间，鸦片烟馆、赌场不断增多，至民国37年，有鸦片烟馆165家，营业性赌场22家。鸦片与赌博成为两大祸害。思明区警察分局管辖范围内赌场最多，规模较大的赌场内设有“牌九”“番摊”“麻将”和“扑克”等赌具，每日聚赌者数十人。输赢以黄金、美钞、港币计算。烟馆、赌场与各警察分局或警察分驻所多有利害关系，也多与特务、流氓相勾结，受他们庇护。民国36年、37年间，思明区警察分局长安尚志，每月从各赌场抽取“津贴”，因而对这些赌场格外“关照”。厦门市警察局恐烟赌泛滥引起地方秩序不宁，下令取缔。各分局仅抓烟犯送市警察局处理，被取缔的赌场却极少。民国37年冬，在市警察局严令下，思明区警察分局才不得已封掉4家大赌场。随后，各分局亦陆续取缔不少赌场。区境赌风由半公开转为隐蔽。

第十卷　社会团体

民国时期，区境有全市性工人、妇女等群众团体。这些团体在进步人士或共产党人带领或推动下，参加反帝反封建的国民革命与抗日运动，并为维护工人、妇女合法权益进行斗争。这些团体在国民党右派篡夺领导权后，有的成了国民党反共的工具。

中华人民共和国成立初期，区境工人、青少年、妇女、红十字等群众团体纷纷建立。各群众团体在中共区委领导下，组织各界群众维护社会秩序、恢复生产经营，并投入抗美援朝、镇压反革命、土地改革运动，继而投入“三反”“五反”运动，进行社会主义改造与社会主义建设。

“文化大革命”始，各群众团体受“造反派”冲击而基本瘫痪。1972—1973 年，逐步恢复群众团体组织活动，开展工业学大庆、农业学大寨运动，开展劳动竞赛。“文化大革命”结束，工人、青少年、妇女、红十字等群众团体先后健全组织机构及代表会议制度。

1979—1983 年，科技、归侨群众团体相继建立。各群众团体贯彻中共中央实事求是思想路线，执行改革、开放方针政策，围绕社会主义现代化和经济特区建设，开展各项活动。随着开放不断扩大，与台湾往来愈加频繁，1989 年成立台胞金胞台属联谊会。同年，成立工商联。台联、工商联与归国华侨联合会一道，协助区党委、区政府广泛地联络海内外同胞，招商引资，促进区域经济跨越式发展。

1990 年后，在构建和谐文明社会氛围中，残联、老龄委、关心下一代工委、文联等群众团体先后建立。这些团体努力发展老、少、残社会公益和文化事业，促进特区经济文化繁荣与社会和谐文明发展。

2003 年 10 月三区整合后，全区 12 个系列群众团体组织进一步加强，活动内容与形式更丰富多彩。区工商联于 2003 年和 2007 年被福建省人事厅、工商联评为先进集体。2003 年 11 月，思明区被中国残疾人联合会评为全国社区残疾人工作示范区。2005 年 2 月，思明区被建设部、民政部、国家老龄委、国家残联评为创建全国首批无障碍先进区；被中国红十字会总会、民政部评为全国社区红十字会服务示范区。2005 年 4 月，思明区被国家老龄委评为全国老龄工作先进区。区红十字会于 2003 年和 2007 年被中国红十字会评为红十字工作先进集体。

第一章　工　会

第一节　代表大会

一、三区工会会员代表大会

（一）鼓浪屿区工会会员代表大会

第一次会员代表大会　1979年4月召开，选举产生区工会第一届委员会委员，陈寿源任副主席。

第二次会员代表大会　1984年6月26日召开，选举产生区工会第二届委员会委员11人，陈寿源任副主席（1987年9月任主席）。

第三次会员代表大会　1990年10月22—23日召开，到会代表78人。选举产生区工会第三届委员会委员13人，蔡敏任副主席。

第四次会员代表大会　1993年10月22—23日召开，到会代表83人。选举产生区工会第四届委员会委员15人，蔡敏任副主席。

第五次会员代表大会　1998年11月12日召开，到会代表80人。选举产生区工会第五届委员会委员13人，蔡敏任主席。

（二）开元区工会会员代表大会

第一次会员代表大会　1979年6月29日召开，选举产生区工会第一届委员会委员13人。张森炎任主席。1981年2月，补选黄建章为区工会委员，并任主席。

第二次会员代表大会　1983年12月12日召开，选举产生区工会第二届委员会委员12人。吴沧海任主席。1987年12月，补选林清币为工会委员，并任主席。

第三次会员代表大会　1988年5月召开，选举产生区工会第三届委员会委员13人，林清币任主席。

第四次会员代表大会　1993年5月20日召开，到会代表207人。选举产生区工会第四届委员会委员13人，林清币任主席。1997年7月4日，补选吴慧玲为区工会委员，并任主席。

第五次会员代表大会　1998年5月19日召开，到会代表205人。区委副书记方国实作《以党的十五大精神为动力，努力开创我区工会新局面》讲话，选举产生区工会第五届委员会委员15人，吴慧玲任主席。2003年5月，改选易兵任副主席。

（三）思明区工会会员代表大会

第一次会员代表大会　1979年6月召开，选举产生区工会第一届委员会委员9人，陈烟瑞任主席。1981年11月，补选佘亚好（女）为区工会委员，并任主席。

第二次会员代表大会　1984年6月13日召开，到会代表154人。选举产生区工会第二届委员会委员13人，许金英（女）任副主席。

第三次会员代表大会　1989年6月23日召开，到会代表173人。选举产生区工会第三届委员会委员17人，沈开宗任主席。

第四次会员代表大会　1993年10月召开，到会代表189人。沈开宗作题为《务实求是，开拓进取，把我区工会工作推向新台阶》工作报告。选举产生区工会第四届委员会委员17人，沈开宗任主席。1997 年 7 月 4 日，区工会四届九次会议，补选邵嘉鹏为区工会委员，并任主席。

第五次会员代表大会　1998 年 9 月 22 日召开，到会代表 162 人。邵嘉鹏作题为《同心同德，开拓进取，为推进我区新一轮创业建功立业》工作报告。选举产生区工会第五届委员会委员 13 人，邵嘉鹏任主席。

二、三区整合后思明区工会会员代表大会

第六次会员代表大会　2003 年 12 月 5 日召开，到会代表 217 人。区委书记裴金佳作《以“三个代表”重要思想为指导，努力开创我区工会工作新局面》讲话。选举产生区工会第六届委员会委员 22 人，曾毓琪任主席，邵嘉鹏任常务副主席。2007 年 5 月 13 日，补选吴惠琼为区工会委员，并任常务副主席。

第二节　组织机构

一、三区工会组织

（一）鼓浪屿区工会

1954—1955 年，厦门市总工会在鼓浪屿区建立组联会。

1979 年 4 月，鼓浪屿区成立工会委员会，内设评模办公室、女工委、双增双节劳动竞赛领导小组和百家商业优质服务竞赛领导小组，并在各工厂建立基层工会。1993 年 10 月，区工会增设工会经费审查委员会。

2003 年 10 月三区整合，并入思明区工会。

（二）开元区工会

1959—1962 年，厦门市总工会向开元区派出联络员，负责联系区属企事业单位的工会工作。

1979 年 6 月，开元区成立工会委员会，内设评模办公室、女工委、双增双节劳动竞赛领导小组和百家窗口优质服务竞赛领导小组。在区属各工厂、医院建立基层工会。1993 年 6 月，区工会增设工会经费审查委员会。

2001 年，随着厦门特区建设的发展，组建私营、个体、社区等基层工会。

2003 年 10 月三区整合，并入思明区工会。

（三）思明区工会

1959—1962 年，厦门市总工会向思明区派出联络员，负责联系区属企事业单位的工会工作。

1979 年 6 月，思明区成立工会委员会，内设评模办公室、女工委、双增双节劳动竞赛领导小组和百家窗口优质服务竞赛领导小组。在区属各企事业单位建立基层工会。1993 年 10 月，区工会增设工会经费审查委员会。

2001 年，随着特区建设的发展，组建私营、个体、社区等基层工会。

二、三区整合后思明区工会组织

2003 年 10 月，三区工会整合为思明区工会。12 月，增设常委会机构。2007 年，区总工会有工作人员 5 人，址在禾祥东路 168 号。

第三节　主要活动

一、反帝反封建反压迫斗争

鸦片战争后，世界资本主义列强入侵区境，开设工厂，掠夺原料，随之诞生一批近代产业工人。清光绪六年（1880年）后，有航海、船坞、码头、机器、电器、电报、电话、建筑、商店和手工业等行业工人约2万人。民国元年（1912年）后，工人渐有组织活动。民国14年11月10日，英籍鼓浪屿电灯公司经理韦士，在鼓浪屿殴打中国学生叶清泉。为此，厦门工人、学生罢工罢课以示抗议；终使韦士登报道歉，并离境。鼓浪屿电灯公司由中国商人接办。

厦门总工会旧址　　（龚万钟/摄）

"五四"运动后，工人阶级走上政治舞台，反帝、反封建、反压迫剥削抗争频繁。其中，较有影响的是收回海后滩的斗争、反对日本在厦门设立警察署的斗争和"五卅"反帝罢工活动等。民国16年（1927年）1月，在中共厦门市委领导下，正式成立厦门总工会。4月9日，厦门国民党右派发动反革命政变，逮捕并杀害厦门总工会正、副委员长罗扬才、杨世宁，工会组织遭受摧残。厦门工人阶级在白色恐怖下，于民国19年5月成立厦门赤色总工会，在共产党领导下顽强斗争。

民国20年"九一八"事变后及抗日战争中，区境广大工人参加各种抗日救国活动，为赢得抗日战争胜利作出贡献。此后，工人们在共产党（中共地下组织）领导下，同国民党反动统治进行反内战、反饥饿、反迫害的斗争。1949年10月17日，工人群众配合人民解放军解放厦门岛和鼓浪屿。

二、参与巩固人民政权的斗争

1950年，区境工人开展抗美援朝和平签名和捐献慰问金的活动。海关职工带头捐献70余元。机关工商联"工筹会"19名职工捐出一日所得共39元。进出口公司、大同酱油厂、纱布店等行业职工也纷纷捐款。1951年6月，各基层"工筹会"掀起献款购买飞机大炮活动。店员"工筹会"20个基层单位，有18个提前超额完成献款任务。冰厂、机器厂、中原烟厂职工收齐献款，列队前往银行缴纳。

1951年3月起，广大职工响应政府号召，投入"镇反运动"。对参加反动党团、特务分子进行劝说、检举。出现儿子检举特务父亲、父亲说服儿子自首的事例。码头工人在反霸斗争中，斗倒长期压榨工人的封建把头、流氓头子，摧毁反动势力。

1952年1月，三区各行业工人根据市总工会统一部署，投身"三反""五反"运动中。至1953年1月，检举奸商漏税、行贿等案件共2000余件；查出10多名大盗窃犯、大漏税犯。

三、开展劳动竞赛

1950年5月起，区境广大职工响应市总工会号召，开展以恢复和发展生产为中心的爱国增产节约竞赛活动。华恳火柴厂工人争取资方投资，制订劳动纪律，改革绞车机，装置划底机，产量提高6倍半。建成绸布商场职工主动减低工资，说服资方改变经营方向，从上海购进大批群众需要的纱布，增加营业收入。自来水公司工人将700多只旧式“摇摆式水表”改成“活塞式水表”，为国家增创财富。厦电工人提出110项建议和技术革新项目，试验成功燃烧无烟煤，既解决原料供应困难，又节省费用；采用“挺直锅炉水管方法”，提高工效20倍；配电电压由110伏全部改成220伏。采石工人采用“多炮眼”取代“单炮眼”爆破，每次得石由1.2立方米增至近100立方米，并试验成功“大壶形炮眼”大爆破，每次得石5000立方米以上。电话公司话务员冯淑云在操作中的应答时限与接线次数实绩，分别超过邮电部规定标准154%和125%，创出市内话务员新的生产定额。皮革厂刘铭火突破“刨皮”纪录，从每日13张提高到20张，先进技术得到推广。印刷厂、酒厂、机器厂、粮食加工厂等工人也创佳绩。

1956年5月，区境工人掀起推广先进技术经验活动，同产业工厂之间开展竞赛。1958年，罐头厂工人制成“青豆分级机”“包菜穿心机”“番茄自动输送塔”“电动叠箱机”等65部机器，提高工效4倍～60倍，使全厂机械化程度由11%提到37%。和平码头安装吊杆，运输改成轨道化、车子化，提高工效又节约劳力。通用机器厂唐加容小组5个月革新96项，制造土设备11台，使磨、锉、铣、滚片、攻牙等工序实现机械化，工效提高最少1倍、最多达750倍。

1961年起，各条战线职工在支援农业的同时，掀起劳动技术竞赛热潮。组织职工参加市总工会举办的岗位技术练兵，开展“一帮一，一对红”活动。这种竞赛与练兵活动直到“文化大革命”开始才停止。

1973年，市总工会恢复工作后，区境基层工会结合整建工作，贯彻“抓革命、促生产”方针，组织职工开展“工业学大庆”、增产节约竞赛运动。

1980年5月起，三区工会围绕厦门经济特区建设总目标，年年开展“双增双节”（增加产量、产值，节约成本、材料）、合理化建议、岗位练兵、技术比武、技术革新、发明创造、技术协作或创红旗班组等活动。

1984—2002年，开元区工会“双增双节”增收总值9970.54万元；职工提合理化建议21458条，被采纳9523条，实施7526条，创价值4653.62万元，受到厦门市总工会奖励。同时，组织建筑、机械等行业技术工人参加全市技术比武大会，多名工人获技术能手称号或技师职称。1984—2002年，思明区工会组织9个系统、32个单位、万名职工参加“双增双节”竞赛活动，全区增收9952.12万元；提合理化建议17236条，被采纳8253条，实施6432条，创价值3408.75万元。其间，区人民医院开展医护技术练兵；建筑公司开展砌墙体、绑钢筋练兵；机关文印室进行油印技术比赛。区工会经常性组织技术工人参加全市岗位技术比武活动，103人被评为技术能手，10人获技师职称。

2003年10月三区整合，区工会发动广大职工开展岗位技术练兵，组团参加厦门市第九届职工技术比赛。2004年，组织76家非公经济企业职工，参加厦门市第十届职工技术比赛。同时，举办区第一届职工技术技能比武，236位选手参加美容美发、时装模特、艺术插花、厨艺雕刻、调酒、污水处理等10项技能比赛。2005年，举办区第二届职工技术技能比武。设车工、电脑基础知识、电脑录入、医疗护理与基础知识、客房布置、物业管理等10项比赛。上百家非公经济企业的1万多名职工参赛。组织100名职工参加市第十一届职工技术比赛。2006年，举办区第三届职工技术技能比武。近百家非公经济企业的1万多名职工参加，设车工、电脑基础知识、急诊抢救操作等20多个项目竞赛。同时，组织200多名职工参加市第十二届职工技术比赛，区工会获优秀组织奖。区工会和相关部门联合开展厦门市第四届群众性优秀发明创造、技术改进革新、合理化建议、能工巧匠评选活动。评选项目39项上报市评委会，其中6项获奖。

2007年，举办区第四届职工技能比武活动，参与者1万多人。举办首届区机关后勤人员汽车驾驶、中式烹饪、会议服务、文档速录和电工维修等5项技能竞赛。选送38项技术创新项目参加省“6·18”海峡两岸职工技术创新成果展，有9项获二等奖。

四、安全生产宣传监督

1980年，区工会在“安全活动月”中，开展以安全生产为主题的多种形式宣传教育活动。鼓浪屿区在龙头轮渡码头，思明区在华联商厦、好又多商场，开元区在火车站、中山公园等地设点，张挂宣传图片，发放宣传资料，接受群众咨询。发动区属企事业单位利用墙报、板报开展安全生产宣传，提高广大职工安全意识，增强防范事故能力。此后，年年开展类似的安全生产宣传活动。

1985年4月，三区贯彻全国总工会劳动保护监督检查“三个条例”。鼓浪屿区工会在高频设备厂、胶本厂等企业工会中成立安全生产劳动保护监督小组；开元区工会在东风无线电厂、东风机床厂、文化用品厂等企业工会中成立监督小组；思明区工会在整流器厂、向阳印刷厂、搪瓷厂等企业工会中成立监督小组，在班组设安全监督检查员，形成多层次的群众劳动保护监督机制。区工会和区安委会联合组织人员深入企事业单位进行安全生产与劳动保护的检查，发现问题，及时整改。对滨海制鞋厂有害气体排放不达标，黄厝养殖厂高炉生产存在危险因素，均责令限期整改。

2005年，区工会强化非公经济企业劳动保护工作，组织230家企业821个班组28842人，参加厦门市第七届“安康杯”竞赛活动。区工会配合安监部门和街道在市区12个繁华地段设立活动咨询点，开展“安全生产万人签名”活动，发放宣传材料4万份，出版板报300期，安全知识测试700多份。2006年，组织239家企事业单位876个车间（班组）42330人参加市第八届“安康杯”竞赛活动，区工会获优秀组织奖。对劳动保护薄弱、伤亡事故多的非公经济企业，进行专项检查，督促整改。开展“关爱农民工生命安全与健康特别行动”，通过企业自查、相关部门联合检查等措施，对存在隐患及时整改。

2007年，区工会组织280家企业40339人参加福建省“安康杯”竞赛活动，并与劳动保障部门联合对100多家企事业单位安全情况进行专项检查。参与建设局、安监局对9起重大安全事故进行调查，为职工家属理赔250万元。

五、维护职工合法权益

1950年1月，区境各基层工会执行厦门市总工会保障职工合法权益和保护女职工合法权益的规定，各行业基层工会相应建立维护职工合法权益规章制度。1951年，执行《中华人民共和国劳动保险条例》。自此，广大职工工作与生活的基本权益得到法律保障。

1966年5月“文化大革命”开始后，各单位工会组织瘫痪。

1979年4—6月，三区组建工会后，即开展维护职工权益工作。组织调查区属企事业在改革中出现的新问题，向区政府汇报，并参与制定改革、调整措施，特别注意维护女职工权益。1982年—1985年初，思明区工会深入基层了解女职工生活和工作情况，先后共组织1417名女职工体检，有10个单位建置女工冲洗室，有6个基层工会从青岛购入多功能洁身器。

1995年后，劳动关系矛盾逐渐显现，劳动争议案件增多，突发性事件时有发生。区工会参与区劳动仲裁委员会工作，在区属企事业工会组建调解委员会。1996—2003年，开元区工会主席参加区仲裁委仲裁案件362件；思明区工会副主席参与区仲裁委仲裁案件200多件。

2004—2006年，区工会参与区经贸、建设、卫生、园林和环卫等企事业单位改革改制工作。在区属企事业改制、职工身份置换、解除劳动关系和落实职工经济补偿等重大事项方面，区工会向有关部门反映职工意见和要求，帮助解决实际困难。区工会女工委开展以帮扶困难女职工为主旨的“爱心帮扶”活动和“你的冷暖我知道”慰问单亲特困女职工活动。同时，开展女职工保健创达标活动。

2007年，区工会开展创建和谐劳动关系活动，各街道由工会、劳动保障部门、商会组成劳动纠纷解决机构，参与3起仲裁庭审理，均公正维护职工合法权益。

六、参与民主管理

1950年1月，公营企业建立工厂管理委员会，成员中有职工代表，实行民主管理。私营企事业，建立劳资协商会，双方派代表处理经营管理等问题。1956 年起，实施党委领导下的职工代表大会制度。职代会对重大问题进行讨论和决定，实现工人群众参与企业管理。“文化大革命”10 年间，职工代表大会制度被废。

1979 年三区组建工会委员会后，基层工会普遍恢复建立职工代表大会制度。职代会“听取审议权、审查同意或否决权、审查决定权、评议监督权、民主选举权”5 项职权得到落实。企业普遍建立工厂、车间、班组三级管理网络。班组每月一次班务会；车间每季度一次班组长及车间职工代表会议（对车间的生产、管理等发表意见与建议）；企业每年一次职代会（通报企业的生产、经营等情况，反映职工的意见与建议，评议企业领导干部）。

至 1989 年 12 月，三区所属企事业单位有 95% 建立健全职工代表大会制度。是年，开元和思明区工会被厦门市总工会评为民主管理工作优秀工会。两区的区长均被评为重视和支持民主管理工作的领导人。思明区龙舟集团被评为民主管理先进企业。

1990 年起，部分区属企业单位实行厂务、政务公开制，企业召开党政工联席会议，工会主席汇报工会工作，党政领导人将党政工作向工会通报，并张榜公布。

1998 年 5 月，三区工会与区委、区政府建立党政工联席会议制度，区工会向区委、区政府汇报企事业单位体制改革工作情况、存在问题及区工会将要开展的工作，取得区委、区政府的支持。2004 年，在区工会与区委、区政府联席会议上，区政府强调维护工会在改革改制中的法律地位和参与权。

2005 年，推行社区党政工联席会议制度，先在梧村街道文灶社区实施，随后在各街道推行，促进街道办事处普遍提升民主管理水平。其做法在全市推广。2006 年、2007 年，在社区设立工会工作站，增强基层工会组织活力。

七、福利与济困

1950 年后，各基层工会在市总工会指导下相继设立福利委员会。集资开办消费合作社，减轻职工生活负担；举办职工互助储备会，开展互帮互助；发动“捐献一日所得”，救济失业工人。

1953 年，基层工会有建立医疗室，创办托儿所、幼儿园。

1958 年，组织职工发展自给性副食品生产，建立生活管委会，办好职工食堂。

“文化大革命”开始，上述各项职工福利事业大部分被取消。1973 年后，有些工厂渐渐恢复职工福利事业。

1979 年，三区工会成立后，职工福利事业全面恢复。鼓浪屿区有 9 个单位，开元区有 94 个单位，思明区有 115 个单位重建互助储备会，帮助职工解决暂时困难。对生活很困难的职工，工会给予定期或临时补助；对职工的生老病死，工会给予慰问。同时，为离退休老职工进入风景点游玩办理优惠证。企事业工会为职工庆贺生日；春节慰问困难职工家庭。

1990 年后，随着改革深化，许多企业关、停、并、转，职工分流，下岗失业。区工会和基层工会关心困难职工，广泛开展帮困活动。1993—1996 年，思明区工会扶持下岗职工兴办第三产业 13 家（餐饮店、商店、小型工厂）。区工会收取管理费，部分捐给市总慈善基金会，部分下拨基层工会，部分用于慰问困难职工。区纸制品厂利用店面开办照相馆，安排困难职工家属工作。1990—2002 年，开元区工会慰问困难企事业单位 23 家（次）的特困职工家庭 485 户（次），发放慰问金 71 万多元。思明区工会慰问困难企事业单位 31 家（次）的特困职工家庭 643 户次（1918 人次），发放慰问款 75.91 万元。同时，对无力支付子女学费的困难职工情况，即时向区政府反映，区财政核拨助学款。1998 年起，每年 8 月为接到大学录取通知的特困家庭子女送助学金。

2004—2006 年，区工会实施“春雨行动”，组织下岗职工 137 人参加电力维护、汽车维修等专项培训和考核，建立“春雨电力维修站”“春雨花行”等创业项目。区工会与新华人寿保险公司合作，组织下岗职工进行技能培训，提供就业岗位。开展“情系重点工程建设者”服务活动，向重点工程建设者集体赠送电视、DVD 机、洗衣机等。同时，开展“送温暖”和“扶困助学”活动，慰问特困户 551

户，发帮困扶贫款22.8万元；资助20多名特困职工子女上大学，发助学金2万元。

2007年，区工会指导10个街道工会建立职工特种重病医疗互助保障机制，全区有40多家企事业单位、2000多名职工参保。6月，区工会向同安工业集中区思明园“职工之家”赠送台球桌等文体活动设施。10月，在思明工业园区举办“欢庆十七大，思明新跨越”专场文艺晚会。是年，在元旦、春节期间，走访特困职工家庭180多户，发放慰问金10万元。在“扶困助学”活动中，慰问困难职工子女35人（应届大学生32人，应届高中生3人）、单亲家庭5户、农民工家庭7户，共发放助学金75万元。

八、创建职工之家

1984年9月，三区工会在区属企事业工会开展创建“职工之家”活动，至1987年组织验收，基层工会“职工之家”95%以上合格。1990年，思明区工会、搪瓷厂工会、开元区工会、冲剪机床厂工会，被市总工会评为先进“职工之家”。至2002年，开元区基层工会建“职工之家”132家，思明区37家基层工会建“职工之家”30家。

2003年后，区工会在创建“职工之家”工作中推行“五簿一册”和“六个有”（有班子、有牌印、有制度、有场地、有队伍、有经费），促进“职工之家”的创建。至2006年，对“职工之家”进行考核验收，合格者668家。

2007年，开展创建“职工之家”和“双爱双评”（职工爱企业、企业爱员工；评选爱企业的先进员工，评选关爱员工的企业领导）活动。4月25日，在思明区庆祝“五一”国际劳动节大会上，表彰先进“职工之家”24家，“双爱双评”活动先进单位5家。被评为厦门市先进“职工之家”有20家。

九、评模范树先进

1979年秋，三区工会筹办“评模树先”活动。1980年起，评选劳模工作走上正常化、制度化轨道。

1981年6月10日，开元区工会召开工会先进工作者表彰大会，表彰工会工作先进单位5个、工会工作积极分子135人。此后，每1～2年召开一次表彰大会。

1984年6月，思明区召开工会工作表彰大会，表彰工会工作先进集体5个、先进基层工会6个、先进班组9个、工会积极分子123名。此后，1～2年召开一次表彰大会。

1990年后，三区工会设立历届劳模档案，加强管理。关心劳模的生活和工作状况，对有经济困难者给予补助；重大节日上门慰问；组织劳模分期分批外出旅游休养。

2004年，区医院获福建省第一届“十佳”先进单位称号和“省五一劳动奖状”；舒友大酒楼有限公司董事长和工会主席分别被全国商会授予“爱职工的优秀董事长”“爱企业的优秀员工”称号。是年，思明区为42名退休的全国、省、市劳模发放荣誉津贴及生活补贴共67283元。是年至2007年，还开展多种活动，如组织省、市劳模体检；组织劳模参加市、区座谈会、联欢会及“海上观金门”活动；协助市评模委和新闻媒体宣传劳模的先进事迹。

2007年，区工会在庆祝“五一”劳动节大会上，表彰2004年以来学习型组织标兵单位15个，知识型职工标兵11人、职工创新能手7人。区环卫处获福建省“女职工标兵岗”，区医院急诊室获厦门市“女职工标兵岗”称号。

附：民国时期区境工会组织

（一）厦门建筑总工会

址设厦禾路。民国7年（1918年）始建，称厦门建筑公会，是建筑工头与工人的混合组织，会长许春草；会训是“有公愤，无私仇”。民国11年，许春草根据孙中山提议，将建筑公会改为厦门建筑总工会，有工友3300人。该工会参加反帝反封建斗争，在“五四”运动、“五卅”运动、支援北伐战争和抗日救亡活动中，都作出贡献。同时，在改善工友生活条件和服务社会方面做了有益工作，开设工人夜校、建立义务消防队等。但是，在厦门国民党右派策划“四九”反革命政变时，参与发起、召开“拥蒋护党”大会，通过惩办厦门“捣乱分子”等五项决议，迫使大批工运骨干转入地下活动，轰轰烈烈的工人革命斗争受到严重挫折。国民党右派篡夺领导权后，企图将建筑总工会划为官办总工会所管辖，遭到会长许春草的拒绝。厦门解放前夕，工会主要负责人被毛森逮捕，工会组织停止活动。

（二）厦门益同人公会

址设旗杆巷。民国10年成立，前身是理货工人自发组织的“公帮”，经厦门商会会长洪晓春发动其他行业人员参加，成为参加者争取切身利益、为社会服务的工人群众社会团体。公会宗旨是“互助主义，服务社会。”公会聘请洪晓春为名誉会长，林启成为会长。厦门岛沦陷时，自行解散。抗战胜利后，恢复活动，至厦门解放前夕停止活动。

益同人公会向民众卖平价大米

益同人公会在反帝反封建斗争中作出贡献，尤其在反对英国侵略、保全海后滩主权的斗争中起重要作用。公会做了许多社会公益工作，春节设点施粥、夏天街头奉茶，组织消防救火和各种赈济活动等，得到社会人士及海外侨胞的称赞和经济援助。

（三）厦门总工会暨赤色总工会

民国14年6月，厦门工运领导人罗杨才、柯子鸿举办工人夜校，建立工人俱乐部。后，俱乐部成为大革命初期厦门工运指挥部。其间，罗杨才发动海员群众协助中共广东区委派来的人，组建厦门地区最早的产业工会——中华海员工业联合总会厦门分会，址设草仔垵，会员1000多人。

民国15年12月，建立厦门总工会筹备处。翌年1月24日，厦门总工会在土堆巷红楼成立。罗杨才为委员长，杨世宁为副委员长。总工会下辖基层工会30多家，会员2万多人。同时，建立一支300人的工人武装纠察队。4月9日，国民党反动派出动武装队伍包围厦门总工会，逮捕罗杨才和杨世宁，并于6月2日在福州将他们秘密杀害，总工会其他负责人也遭迫害。随后，厦门总工会被工贼刘哲民强行接管，改为官办工会。其间，厦门市的工人阶级在中共领导下转入地下斗争，秘密筹建赤色工会。

厦门赤色工会旧址

民国17年2月24日，在中共厦门市委组织领导下，召开厦门工人代表大会，选出执委粘文华、柯子鸿等7人，组建厦门工代会执行委员会。5月4日，厦门赤色总工会成立，委员长粘文华，副委员长柯子鸿。民国20年3月25日起，赤色总工会暂停活动。7月，中共厦门中心市委以幸存的总工会执委为基础，建立职工运动委员会。翌年2月，厦门市相继建立40家基层赤色工会。中共厦门中心市委决定再次组建厦门赤色总工会，负责人为柯子鸿。民国33年后，厦门赤色总工会停止活动。

民国35年7月20日，重新成立厦门市总工会，龚金水任理事长，会址在海后路11号。总工会由封建把头、地痞流氓把持会务。民国38年7月，《江声报》连续刊登文章，披露该工会勾结封建把头，豢养地痞流氓压榨工人的黑幕，激起社会各界的愤怒和抗议，迫使国民党当局先后拘捕克扣工人工资的有关人犯17名；并于8月10日下令将厦门市总工会解散。

第二章　共青团　青联会　少先队

第一节　代表大会

一、共青团代表大会

（一）三区共青团代表大会

1. 鼓浪屿区共青团代表大会

第一次团员代表大会　1972年5月3日召开，到会代表132人。大会回顾“整团建团”工作情况，提出工作意见。选举产生第一届委员会委员11人，周金才任书记（兼）。

第二次团员代表大会　1978年8月召开，到会代表88人。翁金珠作《动员全区青年，为实现新时期总任务贡献青春》工作报告。选举产生第二届委员会委员9人，翁金珠任副书记。

第三次团员代表大会　1981年9月24日召开，到会代表90人。翁金珠作《全区团员青年行动起来，为建设社会主义现代化强国贡献青春》工作报告。选举产生第三届委员会委员13人，翁金珠任副书记。

第四次团员代表大会　1984年7月召开，到会代表80人。倪超作《为四化奋斗，做改革先锋》工作报告。选举产生第四届委员会委员9人，倪超任副书记。大会选举出席厦门市第十一次团代会代表4人。

第五次团员代表大会　1987年7月31日召开，到会代表62人。倪超作《团结带领全区青年奋发进取，在伟大的改革实践中建功育人》工作报告。选举产生第五届委员会委员11人，倪超任书记。大会选举出席市第十二次团代会代表5人。

第六次团员代表大会　1990年11月2日召开，到会代表56人。洪赋洋作《团结奋斗跟党走，为鼓浪屿文明旅游风景区建设贡献青春》工作报告。大会通过《关于深化“学三明创三优”活动，建设文明旅游区》决议。选举产生第六届委员会委员13人，洪赋洋任副书记。

第七次团员代表大会　1993年10月28日召开，到会代表57人。薛芬作《振奋精神，务实创新，为鼓浪屿风景旅游区建设再立新功》工作报告。选举产生第七届委员会委员11人，薛芬任副书记。

第八次团员代表大会　1996年10月23日召开，到会代表54人。程静作《开拓进取，团结奋进，为实现党的跨世纪奋斗目标而奉献青春》工作报告。选举产生第八届委员会委员11人，程静任副书记。

第九次团员代表大会 2000年8月29日召开，到会代表59人。颜文聪作《高举伟大旗帜，肩负光荣使命，为实现鼓浪屿新世纪奋斗目标贡献青春》工作报告。选举产生第九届委员会委员9人，颜文聪为副书记。

2. 开元区共青团代表大会

第一次团员代表大会 1972年6月3日召开，选举产生第一届委员会，林源任书记。

第二次团员代表大会 1975年8月召开，选举产生第二届委员会。

第三次团员代表大会 1978年8月召开，选举产生第三届委员会，郑清泉任书记。

第四次团员代表大会 1981年8月召开，选举产生第四届委员会，陈惠印任书记。

第五次团员代表大会 1984年8月召开，选举产生第五届委员会委员7人，陈惠印任书记。

第六次团员代表大会 1987年8月5日召开，到会代表99人。徐爱聪作《在党的领导下，带领团员青年投身两个文明建设》工作报告，选举产生第六届委员会委员13人，徐爱聪任副书记。

第七次团员代表大会 1990年8月召开，到会代表140人。徐爱聪作《跟党走，建功业，努力开创我区共青团工作新局面》工作报告，选举产生第七届委员会委员17人，徐爱聪任副书记。

第八次团员代表大会 1993年8月20日召开，到会代表75人。郑国钦作《高举建设有中国特色社会主义旗帜，积极投身改革开放为振兴开元再立新功》工作报告，选举产生第八届委员会委员11人，郑国钦任副书记。

第九次团员代表大会 1996年9月19日召开，到会代表93人。柯友谊作《开拓进取，扎实工作，为实现区委跨世纪的宏伟目标而努力奋斗》工作报告。选举产生第九届委员会委员13人，柯友谊任副书记。

第十次团员代表大会 1999年11月30日召开，到会代表80人。柯友谊作《抓住机遇，迎接挑战，把我区共青团事业全面推向二十一世纪》工作报告，选举产生第十届委员会委员13人，柯友谊任副书记。

第十一次团员代表大会 2002年11月28日召开，到会代表80人。欧阳丽娟作《与时俱进，求实创新，努力开创开元区共青团工作新局面》工作报告。选举产生第十一届委员会委员13人，欧阳丽娟任副书记。

3. 思明区共青团代表大会

第一次团员代表大会 1978年8月3日召开，到会代表210人。江韵兰作《充分调动青年的社会主义积极性，为实现新时期总任务而奋斗》工作报告，选举产生第一届委员会委员13人，江韵兰任副书记。

第二次团员代表大会 1981年9月17日召开，到会代表147人。江韵兰作《总结经验、振奋精神，开创共青团工作新局面》工作报告，选举产生第二届委员会委员13人，江韵兰、王嘉鹏任副书记。

第三次团员代表大会 1984年8月28日召开，到会代表146人。郭恒明作《团结奋斗跟党走，改革创新献青春》工作报告，选举产生第三届委员会委员13人，郭恒明任书记。

第四次团员代表大会 1987年7月1日召开，到会代表140人。郭恒明作《团结全区青年，在党的领导下奋发进取、建功立业》工作报告，选举产生第四届委员会委员16人，郭恒明任书记。大会表彰先进团支部10个，优秀团干部15人，优秀团员15人，新长征突击队10个，新长征突击手15人。

第五次团员代表大会 1990年6月召开，到会代表120人。黄娇灵作《高举团旗跟党走，艰苦奋斗建功业》工作报告，选举产生第五届委员会委员15人，黄娇灵任书记。

第六次团员代表大会 1993年10月7日召开，到会代表112人。黄娇灵作《总结过去，展望未来，努力开创我区共青团工作的新局面》工作报告，选举产生第六届委员会委员15人，黄娇灵任书记。

第七次团员代表大会 1997年9月17日召开，到会代表80人。廖晓东作《高举伟大旗帜，以优异的成绩迈向二十一世纪》工作报告，选举产生第七届委员会委员15人，廖晓东任副书记。

第八次团员代表大会　2001年2月15日召开，到会代表80人。王雪敏作《抓住机遇，迎接挑战，把我区共青团事业全面推向二十一世纪》工作报告，选举产生第八届委员会委员15人，王雪敏任书记。

（二）三区整合后思明区共青团代表大会

第九次团员代表大会　2003年12月11日召开，到会代表155人。选举产生第九届委员会委员19人，欧阳丽娟任副书记。

第十次团员代表大会　2007年5月10日召开，到会代表180人。欧阳丽娟作《凝聚力量，服务大局，构建和谐思明建设全国强区》工作报告，选举产生第十届委员会委员23人，欧阳丽娟任书记。

二、青年联合会代表大会

（一）三区青年联合会代表大会

1. 鼓浪屿区青年联合会代表大会

第一届青年联合会代表大会　1994年9月6日召开，到会代表53人。薛芬作《团结各界青年，开拓进取，为鼓浪屿风景旅游区建设奉献青春》工作报告，选举产生区青联会第一届委员会委员66人，薛芬任主席。

第二届青年联合会代表大会　1997年9月12日召开，到会代表62人。程静作《开拓进取，团结奋斗，为鼓浪屿风景旅游区建设奉献青春》工作报告，选举产生区青联会第二届委员会委员62人，程静任主席。

第三届青年联合会代表大会　2001年11月召开，到会代表150人。颜文聪作《团结奋斗，锐意进取，为我区新一轮创业奉献青春》工作报告，选举产生区青联会第三届委员会委员65人，颜文聪任主席。

2. 开元区青年联合会代表大会

第一届青年联合会代表大会　1995年10月13日召开，到会代表100余人。郑国钦作《团结各界青年，发挥优势，锐意进取，为我区两个文明建设立新功》工作报告，选举产生区青联会第一届委员会委员83人，郑国钦任主席。

第二届青年联合会代表大会　2000年12月召开，到会代表80余人。选举产生区青联会第二届委员会委员80人，柯友谊任主席。

3. 思明区青年联合会代表大会

第一届青年联合会代表大会　1995年5月3日召开，到会代表70人。许毅青作工作报告，选举产生区青联会第一届委员会委员24人，许毅青任主席。

第二届青年联合会代表大会　1998年11月5日召开，选举产生区青联会第二届委员会委员102人，王雪敏任主席。

（二）三区整合后思明区青年联合会代表大会

2004年12月21日，区青联会第三届代表大会召开，到会代表166人。欧阳丽娟作工作报告，选举产生区青联会第三届委员会委员144人，欧阳丽娟任主席。

三、少年先锋队代表大会

（一）三区少先队代表大会

1. 鼓浪屿区少先队代表大会

第一届少先队代表大会　1986年10月召开。选举倪超兼任区少工委主任，郑荣熙为区少先队总辅导员。

第二届少先队代表大会　1994年10月召开。

第三届少先队代表大会　2001 年 10 月召开。

2. 开元区少先队代表大会

第一届少先队代表大会　1986 年 5 月 30 日召开，到会代表400 余人。选举陈惠印兼任少工委主任，沈松宝为区少先队总辅导员。

第二届少先队代表大会　1994 年 5 月 27 日召开，郑国钦作《迎接新挑战，做特区建设的合格接班人》工作报告，选举郑国钦为区少工委主任。

第三届少先队代表大会　2001 年 5 月 20 日召开，柯友谊作工作报告，选举柯友谊为区少工委主任。

3. 思明区少先队代表大会

第一届少先队代表大会　1986 年 6 月召开，选举郭恒明兼任少工委主任，高民强为区少先队总辅导员。

第二届少先队代表大会　1997 年 10 月召开，选举廖晓东为少工委主任。

第三届少先队代表大会　2000 年 12 月召开，选举陈自平为少工委主任。

（二）三区整合后少年先锋队代表大会

第四届少先队代表大会　2007 年 5 月召开，选举欧阳丽娟兼任少工委主任，张运红为区少先队总辅导员。

第二节　组织机构

一、共青团区委会

（一）三区共青团区委会

共青团鼓浪屿区委会　1953 年 6 月，中国新民主主义青年团鼓浪屿区工作委员会成立。1957 年 5 月，改称中国共产主义青年团鼓浪屿区委员会。团区委书记先后由方秀梨、骆根阵担任。1966 年“文化大革命”开始，团区委陷于瘫痪。1972 年 5 月，恢复共青团区委组织。至 1979 年 10 月，鼓浪屿区有团员 320 人。1990 年，鼓浪屿区第六次团代会后，团区委书记不再常设。团区委副书记主持日常工作。2003 年 10 月三区整合，并入共青团思明区委。

共青团开元区委会　1953 年 6 月，中国新民主主义青年团开元区工作委员会成立。1957 年，改称中国共产主义青年团开元区委员会，纪木树担任团区委书记。1966 年“文化大革命”开始，团区委组织陷于瘫痪。1972 年 6 月，恢复共青团区委会。1987 年，团区委书记不再常设，团区委副书记主持工作。2003 年 10 月三区整合，并入共青团思明区委。

共青团思明区委会　1953 年 1 月，中国新民主主义青年团思明区临时总支成立，1954 年 2 月，中国新民主主义青年团思明区工作委员会成立，林明立任书记。团思明区工委下辖中华街等 11 个团支部，团员 178 人。1957 年 5 月，改称中国共产主义青年团思明区委员会，团区委未配备书记，历任副书记为陈启辉、林檎、陈慕昭、陈婉畴。1966 年“文化大革命”开始，团区委陷于瘫痪。1972 年 4 月，恢复共青团区委会，书记由周清南兼任。1978 年 8 月 3 日，团区委副书记主持工作。

（二）三区整合后共青团思明区委会

2003 年 10 月三区整合，成立共青团思明区委会。2007 年，共青团思明区委会有工作人员 5 人，址在禾祥东路 168 号。

二、青年联合会

（一）三区青年联合会

鼓浪屿区青年联合会　1994年7月成立，分设共青团组、民主党派（及侨台、宗教）组、经济组。2003年10月，并入思明区青联会。

开元区青年联合会　1995年10月13日成立，分设共青团组、民主党派（及侨台、宗教）组、经济组。2003年10月，并入思明区青联会。

思明区青年联合会　1995年5月3日成立，分设共青团组、民主党派（及侨台、宗教）组、经济组。

（二）三区整合后思明区青年联合会

2003年10月三区整合，成立思明区青年联合会。与团区委合署办公。

三、少年先锋队区工委

（一）三区少先队工作委员会

鼓浪屿区少先队工作委员会　1986年10月成立。2003年10月，并入思明区少工委。

开元区少先队工作委员会　1986年5月成立。2003年10月，并入思明区少工委。

思明区少先队工作委员会　1986年6月成立。

（二）三区整合后少年先锋队思明区工委

2003年10月三区整合，成立思明区少工委，址在禾祥东路168号。少先队总辅导员先后由黄元、张运红、魏毓毅担任。

2007年，全区少先队组织有62个大队、1162个中队、4301个小队，共有队员49165人；少先队辅导员1685人。

第三节　主要活动

一、思想教育

1953年，三区团组织在广大青年中开展党的过渡时期总路线的宣传、学习和教育。翌年，针对“美蒋共同防御条约”，开展形势宣传教育，组织青年投入“反空袭”防空保卫等对敌斗争。

1956—1957年，三区团委协助党委开展社会主义改造宣传，教育从事手工业生产与小商贩的青年带头走社会主义合作化道路。

1963年夏，开展学雷锋的宣传教育，举办多期团训班。7月，在各学校开展学习雷锋、学习张高谦的活动。此起，学习雷锋活动长期开展。

1977年，三区团委会多次举办团干部和青年学习班，建立“学雷锋小分队”“为人民服务小分队”“拥军优属小分队”等共575个，经常活跃在商店、旅社、车站等场所。这种“小分队”活动开展多年，涌现大量“学雷锋、见行动”的新人新事。

1980年起，开展“五讲四美三热爱”教育与实践活动（讲学习、讲团结、讲文明、讲诚信、讲礼貌；思想美、行为美、语言美、环境美；热爱祖国、热爱社会主义，热爱中国共产党），涌现许多好人好事。

1985年8月起，团区委多次组织团员青年听取英模报告团的录音报告，掀起“学英雄，树理想，比贡献”热潮，培养“四有”新人（有理想、有道德、有文化、有纪律）。举行以“学英雄，坚定崇高理想信念”为主题的读书、演讲比赛。同时，针对社会上青少年犯罪率逐渐增高的情况，配合区普法办公室举行普及法律知识教育。

1990年起，团鼓浪屿区委将“学习好八连”同深化“学雷锋”活动相结合，发挥广大青年在文明旅游区建设中的突击队作用。1991年2月，鼓浪屿区团委被共青团福建省委评为“福建省学雷锋活动先进集体”。4月起，贯彻江泽民总书记关于加强“二史一情”（党史、革命史、国情）教育的指示，三区团委广泛开展“二史一情”教育月活动。

1994年，纪念中华人民共和国成立45周年，团区委举办“心中的祖国”青年卡拉OK业余歌手赛，开展祖国建设成就大宣传等活动。通过活动，广泛进行爱国主义教育。

1997年2月21日，团区委召开各界青年座谈会，缅怀邓小平功绩。

2001—2003年，三区全面实施青少年阳光工程，建立青少年法制教育基地。多次举办“党旗下的青春风采”演讲比赛。邀请市委党校教授开设“树立正确人生观、世界观、价值观”讲座。开展以“寻先辈足迹，扬爱国精神”为主题的爱国主义教育，参观陈化成故居、厦门监狱遗址、刘惜芬纪念馆、抗敌后援会等爱国主义教育基地。邀请厦门大学教授为团员青年作“新形势、新青年”报告。

2004年5月2日，在白鹭洲广场举办以“青春厦门、活力思明”为主题的纪念“五四运动85周年暨表彰青年文化广场活动”，表彰思明区20个优秀团组织、10个特色团组织、40名优秀共青团员和20名优秀共青团干部。

2005年3月23日下午，举办以“平凡岗位党先锋，我伴思明共成长”为主题的区直机关青年党员干部读书演讲比赛。4月2日，举行政府系统青年党员干部保持共产党员先进性教育座谈会。10月20日，团区委主办、鹭江街道团工委承办“学理论，知团情，促发展”大型专题教育报告会，邀请团市委组织部卢秀萍部长给100多名团员和团干部上团课。

2006年4月27日，举办纪念“五四运动”87周年暨“当先锋，争上游”青年英才报告会（在区政府一楼会议室召开）。同日，思明区青年工作委员会、思明区直机关团工委联合举办以“践行荣辱观、树立新风尚”为主题的硬笔书法邀请赛，宣传胡锦涛总书记关于社会主义荣辱观的重要论述。6月12日，与区教育局、福建移动通信有限责任公司厦门分公司联合举办以“知荣明耻　树立新风”为主题的公益FLASH制作大赛正式启动。该活动历时三个月，通过电视、报纸等媒体向全市青少年宣传“八荣八耻”社会主义荣辱观。

2007年4月13日，团区委、区青年工作委员会、区青年联合会联合举办“思明区青年学习沙龙启动仪式暨首场活动”，在区政府一楼会议室举行。厦门大学陈振明教授为沙龙成员作《公共服务提供机制创新》的专题讲座。此起，至当年10月30日，举行青年学习沙龙的教育培训活动共14期，增强“三个意识”及树立“八个良好作风”的讨论；《发挥财政杠杆作用，服务跨越式发展》的讲座；针对沙龙学分制、网站建设的讨论；“企业成长与政府服务”为主题的座谈会；到安溪龙门志闽旅游区开展素质拓展训练；“继承优良传统，争做时代先锋”的讨论；学习胡锦涛总书记5月4日《致中国青年群英会的信》和6月25日在中央党校发表的重要讲话；“浅谈义务教育阶段学生的培养目标”的讨论；“关注重点工程，慰问一线工人”的实践活动；“文明礼仪、人文思明”讲座；“缓解工作压力，增强团队精神”为主题的活动；“规范行政程序，促进依法治区”的观摩与讨论；“规范城管执法，深化文明创建”的讨论并参与夜间市容整治活动；“用爱和法架起成长的阶梯”的学习教育。

二、劳动竞赛

1960年，三区团委在生产领域树标兵，开展高出勤、高工效、高效益劳动竞赛活动。各支部开展每月一查、每季一评、年终总评，表扬奖励“破定额、超计划”的尖兵和集体。此竞赛活动坚持到1965年底。

1979年，三区团委围绕经济建设开展争当“新长征突击手”活动。鼓浪屿团区委授予5个单位“新长征突击队”、5名“新长征突击手”、52名“新长征积极分子”称号。此起，“新长征突击手”竞赛评选活动常年进行。2001年，鼓浪屿区义务导游队获“福建省新长征突击队”称号。

1990年，团开元区委以“双增双节”为主要内容配合相关部门开展社会主义劳动竞赛活动。此起，三区团委在企事业团组织中长期开展“双增双节”竞赛。

1995年5月，团鼓浪屿区委开展“跨世纪青年人才工程”活动，鼓励广大青年岗位成才，评选翁仁新等10人为“优秀青年岗位能手”。此后，三区团委常年举行“岗位能手”评选活动。2003年7月，鼓浪屿区团委与区委办、政府办共同举办机关驾驶员技能比赛，5名驾驶员被授予“青年岗位能手”称号。

2007年5月，厦门市舒友海鲜大酒楼有限公司楼面副经理、团总支书记石金春被评为第五届全国优秀进城务工青年。厦门市开元国有资产投资有限公司党总支书记苏玉荣被共青团福建省委、福建省青年联合会授予第四届“福建青年五四奖章”。

三、青年志愿者行动

1994年2月，开元区成立青年志愿者环卫突击队，围绕城市管理、环境卫生、社区服务等开展志愿服务活动。1995年4月，思明区成立农村青年志愿者服务总队。7月，成立厦门市青年志愿者协会思明区分会。同年，开元区成立青年志愿者文化市场监督队，营造有利于青少年健康成长的“青年文化园”。1997年，鼓浪屿区成立“青年志愿者义务导游队”，开展义务导游，并为民众生产生活服务。

三区青年志愿者行动不断发展，定期表彰“优秀青年志愿者”。1998年1月2日，共青团中央委员会授予鼓浪屿区“全国十大青年志愿者服务示范基地”称号。

1999年4月，鼓浪屿区成立青年爱心献血队，开展献血活动。10月10—13日，三区青年志愿者数百人开展抗击14号台风的“抗灾自救、重建家园”的活动。

2003年3月，三区团员青年为厦门国际马拉松赛提供志愿服务，维护社会治安，营造良好的社会环境。同时，开展“志愿奉献月”活动，组织1200多名志愿者进社区开展扶贫助困、环境卫生、法律宣传、医疗保健等活动。5月，开展“健康导航”活动，组织6支青年志愿者服务队，举办10场防治非典的科普宣传，编印防治非典宣传资料，发出防治“非典”倡议书10000份，为200人免费体检。11月23日，组织近千名青年志愿者参与国际旅游节服务。

2004年1月9日，开展青年志愿者与春运同行活动，组织千名志愿者到火车站维持秩序，维护环境卫生，为旅客提供饮水、问讯等服务。1月18日，举行青年志愿者“筑城运动”，组织数万人到火车站、汽车站和中山路、轮渡等地带巡逻，维护社会治安。3月27日，组织青年志愿者服务国际马拉松比赛活动，全区各街道和大中专学校共27个单位10950名志愿者参加。12月4日，在金鸡亭小学开展“社区德育教育志愿者与未成年人手拉手”启动仪式，首批来自区直机关及各街道团工委的144名志愿者分赴67个社区担任德育教育义务工作者。

2005年3月5日，团区委成立禾祥西路志愿者服务站、厦港工商所志愿者服务站，组建10支“爱心志愿者服务队”，以“爱心超市”为依托，开展志愿服务。3月26日，组织街道及大中专院校共17个单位12500名志愿者服务第三届国际马拉松比赛。

2006年1月1—2日，组织200名青年志愿者协助台湾慈济慈善事业基金会发放冬令物资，运送物品给“低保户”。2—3月，组织2000名青年志愿者开展交通运输、文化市场、卫生清洁的督导活动，为创建全省首批文明城区助力。2月26日，与区文体局、区教育局联合成立9个文化市场志愿者督导队，分赴各街道开展文化市场督导。3月14日，与团市委宣传部联合开展志愿服务活动，进厦门软件园二期重点工程，为工人理发、治病等。3月25日，组织各街道及大中专院校27个单位共10120名志愿者，服务2006年国际马拉松比赛。5月12日，开展“为城市美容，为厦门增光”青年志愿者统一行动，成立区环卫处青年创卫突击队，组建门前三包志愿者督导队、市容环境卫生志愿者督导队、健康教育志愿者宣传队、食品卫生志愿者督导队、清除四害志愿者行动队，开展活动，迎接全国卫生城市省级复查。5月28日，组织海洋学院、厦门商校、城市大学、厦门卫校以及麦当劳、林德叉车等单位共300名青年志愿者，参加首个“社区志愿者奉献日”活动，以“爱我社区、美化厦门”为主题，清理脏乱、洁净家园。8 月 1—4 日，团区委、区教育局团委联合组织百名青年志愿者为承办“2006 年中华民族儿童歌舞周暨海峡两岸青少年艺术节”提供后勤服务与保障。9 月 2 日，组织 100 多名厦门商校青年志愿者，参加全区环境卫生整治，迎接“9·8”投洽会。9 月 26 日，组织青年志愿者在下沃社区开展敬老服务，扶元堂团委的青年志愿者在现场开展健康常识咨询，并为社区居民提供义诊。

2007 年 1 月 6 日，团区委、海峡导报社、区文明办、区城管办联办的“洗刷刷过大年”活动启动，技工学校百名青年志愿者进阳台山社区，与 100 多户居民一起粉刷楼道。2 月 24 日至 3 月 7 日，组织 300 多名青年志愿者为 2007 年春节、元宵白鹭洲灯会提供服务。其中，有 40 名志愿者搀扶优抚户、低保户及托老院的老人代表参观元宵灯会。3 月 31 日，31 个单位的 10985 名志愿者为 2007 年厦门国际马拉松赛服务。6 月 22 日至 7 月 15 日，举办“大手拉小手”爱心夏令营活动，65 名青年志愿者与 630 名小营员共度一个安全、健康、愉快的假期。9 月 27 日，团区委联合开元国投党总支等单位开展党团员青年志愿者服务观音山重点工程广场活动，为建设者提供义务诊疗、法律咨询，还举行有奖趣味游戏。12 月 2 日，团区委、区青年志愿者协会召开思明区第二届“星级志愿者”表彰大会，表彰 98 名“星级青年志愿者”。

思明区青年志愿者在行动

四、青年文明号创建

1994 年 5 月 4 日起，三区在团员青年中开展安全文明生产、优质服务达标竞赛活动。当年，苗开发等 10 人获鼓浪屿区团委授予“鼓浪屿区优秀青年”称号。开元区眼科医院等 7 个单位获开元区委宣传部、区文明办、区团委授予“青年文明号”称号。

1995 年 4 月，共青团开元区委授予开元交警大队福联岗亭“青年文明号”称号。1996 年 4 月，授予开元区人民法院“青年文明号”称号。

1998 年 9 月，鼓浪屿区团委授予丽之岛酒店等 6 个青年集体“青年文明号”称号。是年 5 月，开元区团委授予区人民检察院起诉科等 5 个青年集体“1997 年度区级青年文明号”称号。

1999 年 5 月，思明区团委授予厦禾派出所等 5 个单位“青年文明号”称号。

2001 年 5 月 10 日，开元区团委举行第四批区级“青年文明号”命名仪式。

2004 年 10 月 28 日、29 日，团区委举办“创建区级‘青年文明号’单位”培训班，邀请国家级、省级和市级“青年文明号”单位负责人介绍经验，参观各级青年文明号单位，进行实地培训。

2005 年 3 月 15—28 日，团区委对 19 个青年文明号创建单位进行考核，授予区务实采购有限公司等 15 个单位为“区级青年文明号”。8 月，商业银行开元支行、松柏中学历史科研组、金鸡亭小学、东浦幼儿园 4 家被评为厦门市青年文明号单位。

2007 年，全区被评为市级以上青年文明号单位 5 家。

五、辅导少先队活动

1956 年起，三区团区委领导少先队工作，组织辅导员进行业务与政治学习，结合各项中心任务开展少先队活动。

1958年“八·二三”厦金炮战期间，位于观音山的禾山第四中心小学（后改名何厝小学）的13名少先队员组成“前线少年支前活动大队”。他们在团组织及辅导员的指导下，边学习边支前，表现英勇。9月，团市委授予他们“英雄小八路”称号。1960年，“英雄小八路”的事迹被拍摄成同名影片在全国公映。电影《英雄小八路》的主题歌《我们是共产主义接班人》被团中央定为中国少年先锋队队歌。

1963年，贯彻解放军总政和共青团中央发出的《关于在全国青少年中广泛开展“学习雷锋”的教育活动的通知》，三区少年儿童学雷锋活动广泛深入开展。各学校涌现许多好人好事，少先队扫马路、冲厕所、掏阴沟，成为日常行动。同时，指导少先队开展“革命万岁”活动，举行图片展览、听报告、参观访问等。组织少年儿童参加由团市委、市教育局联合举行的社会主义革命歌咏比赛，进行爱国、爱社会主义教育。

1984年8月4日，何厝小学少先队五（1）中队被授予“全国优秀少先队”称号。

1986年10月，开元区少工委以革命烈士姓名为开元小学等5个少先队中队命名，进行革命传统教育。同年，鼓浪屿区与开元区、上海虹口区联合举办“小主人行动”夏令营（小营员共200人），辅导实践“自己的事情自己做，自己的活动自己搞，自己的目标自己争”。

1987年3月，三区小学团委引导各小学开展“节约与创造每分钱，为青少年宫建设添砖加瓦”的活动。

1988年庆“六一”期间，三区团委引导少先队开展“小白鹭在腾飞”主题活动，培养少先队员爱人民、爱集体、爱劳动的精神。

1993年5月，开元区团委表彰在“学雷锋、学赖宁”活动中表现优秀的大同小学余芳磊等10名少先队员，授予“十佳少先队员”称号。6月，三区组织少先队参与由市少工委举行的“手拉手”助失学伙伴——百个中队签约仪式（全市7个区县100个少先队中队为“希望工程——百万爱心行动”捐款），救助贫困失学少年儿童重返校园。

1994年“六一”儿童节，三区团委引导少先队开展“雏鹰行动”。当年，厦门市被省委、省政府评为“儿童少年工作先进市”，思明区被评为“儿童少年工作先进区”。自此，“雏鹰行动”活动常年开展。

1997年起，开元区团委每年举办一届“学英雄小八路”夏令营，进行革命传统教育，鼓励少先队员做好拥军工作。并实施“小公民”道德建设计划，举办问卷调查、夏令营等活动，引导少年儿童从小培养高尚品德。

2000年庆“八一”期间，开元区举行“开元区少年军校”落成典礼，同时开展国防军事夏令营活动。

2004年9月26日，区团委组织开展“少先队员走访老革命、老英雄、老模范、老建设者”活动，向“四老”敬献鲜花和月饼，听“四老”讲爱国故事。10月12日，在少先队队歌的诞生地何厝小学举行“庆祝少先队建队55周年‘队歌精神代代传’的主题队会”活动，同时成立福建省首个社区少工委。

2005年3月5日，福建省首家以少先队创建的“爱心超市”授牌成立，3月22日，举行“红领巾爱心超市”启动暨首批物品发放仪式。区教育局关工委、区退教协会决定长期支援“红领巾爱心超市”的工作。

2005年10月13日，在鼓浪屿创建的“厦门市思明区未成年人思想道德建设实践基地”正式启动，作为少先队员专用场所，开展德育实践体验活动。

2006年庆“六一”前夕，区教育局、区团委、区少工委表彰15个少先队工作红旗大队、9个少先队优质教育基地、134个先进班集体、219名优秀班队干部、955名三好学生、958名学雷锋积极分子、1070名优秀少先队员。

2007 年 2 月 27 日，团区委、区少工委联合发出《关于开展学雷锋青年志愿者服务活动的通知》，动员全区团员青年、少先队员以志愿服务活动践行雷锋精神。8 月 13—15 日，团区委、区教育局、区少工委在思明区委党校联合举办“2007 年思明区少先队辅导员培训班”，培训 60 多位中小学少先队总辅导员。

六、青联会活动

1996 年 5 月，鼓浪屿区青年联合会为希望工程捐赠“希望书库”一套及人民币 3000 元。

1999 年 12 月 31 日，鼓浪屿区与市青年联合会联合主办“青春、携手、跨世纪”联欢活动。

2003 年 9 月 12 日，思明区举办庆中秋青年联合会委员联欢活动。

2005 年 5 月 28 日下午，区青年联合会在鼓浪屿开展“阳光牵手‘六一’亲子营”活动，100 名青联委员与小朋友一起参观“海底世界”并进行联欢。9 月，区青联与市青年企业家协会共同举办以“谈创业、谋发展”为主题的交流活动。

2006 年 1 月 14 日，区青年联合会、区体育总会在万石植物园共同举办“阳光牵手”亲子趣味体育活动，有 100 多名青联委员与结对亲子参加。10 月 21 日，区青年联合会在厦门喜来登酒店举办“联情·联谊·联志”中秋联欢活动，有 160 多名青联委员参加。团市委书记许毅青，区委副书记、常务副区长倪超，区委副书记、区青联顾问曾毓琪等领导参加联欢活动。

2007 年 9 月 29 日，思明区第三届青年联合会“迎中秋庆国庆”座谈会在白鹭洲大酒店举行，有 100 多名青联委员参加。

第三章　妇女联合会

第一节　代表大会

一、三区妇女代表大会

（一）鼓浪屿区妇女代表大会

第一次区妇女代表大会　1952 年 1 月召开，选举产生区第一届民主妇女联合会，苏佩芬任主席。

第二次区妇女代表大会　1956 年 11 月召开，选举产生区第二届民主妇女联合会，谭碧云任主席。

第三次区妇女代表大会　1960 年 2 月召开，选举产生区第三届妇女联合会，谢锦銮任副主任。

第四次区妇女代表大会　1964 年 3 月召开，选举产生区第四届妇女联合会，谢锦銮任副主任。

第五次区妇女代表大会　1973 年 5 月召开，选举产生区第五届妇女联合会，谢锦銮任主任。

第六次区妇女代表大会　1976 年 10 月召开，选举产生区第六届妇女联合会，洪如萍任主任。

第七次区妇女代表大会　1981 年 5 月召开，选举产生区第七届妇女联合会，谭碧云任副主任。

第八次区妇女代表大会　1984 年 10 月召开，选举产生区第八届妇女联合会，谭碧云任主任。

第九次区妇女代表大会　1986 年 4 月召开，选举区第九届妇女联合会委员 13 名，常委 5 名，周丽贞任主任。

第十次区妇女代表大会　1991 年 12 月 27—28 日召开，林淑玲作工作报告，选举区第十届妇女联合会执行委员 15 名，常委 5 名，林淑玲任主任。

第十一次区妇女代表大会　1996年12月13—14日召开，代表120人，倪蔓娜作工作报告，选举区第十一届妇女联合会委员15名，常委5名，倪蔓娜任副主席。

第十二次区妇女代表大会　2003年4月7日召开，代表100人，苏少兰作工作报告，选举区第十二届妇女联合会委员16名，常委5名，苏枫红任副主席。

（二）开元区妇女代表大会

第一次区妇女代表大会　1952年1月召开，选举产生区首届民主妇女联合会，许淑贤任主席（1953年10月，郭秀治接任主席；1954年12月，何淑英接任主席；1956年3月，杨玉燕接任主席）。

第二次区妇女代表大会　1956年6月召开，选举产生区第二届妇女联合会，欧阳琅儿任主席。

第三次区妇女代表大会　1960年3月召开，选举产生区第三届妇女联合会，许碧凤任主任（1961年11月，杨玉燕接任主任）。

第四次区妇女代表大会　1964年1月召开，选举产生区第四届妇女联合会，杨玉燕任主任。

第五次区妇女代表大会　1978年10月召开，选举产生区第五届妇女联合会，杨玉燕任主任。

第六次区妇女代表大会　1982年8月召开，选举产生区第六届妇女联合会，杨玉燕任主任。

第七次区妇女代表大会　1985年8月召开，选举产生区第七届妇女联合会，张珍珍任主任。

第八次区妇女代表大会　1988年8月19—20日召开，代表200人，谢爱珠代表第七届执委会作工作报告，选举区第八届妇女联合会委员15名，谢爱珠任副主任。

第九次区妇女代表大会　1993年8月19—20日召开，代表250人，谢爱珠代表第八届执委会作工作报告，选举区第九届妇女联合会委员15名，谢爱珠任副主任。

第十次区妇女代表大会　1998年10月22—23日召开，代表260人，吴淑英代表第九届执委会作工作报告，选举区第十届妇女联合会执行委员17名，吴淑英任副主席。

第十一次区妇女代表大会　2002年8月召开，选举产生区第十一届妇女联合会，吴健娜任主席。

（三）思明区妇女代表大会

第一次区妇女代表大会　1952年1月召开，选举产生区第一届民主妇女联合会，朱启永任主席。

第二次区妇女代表大会　1956年4月召开，选举产生区第二届民主妇女联合会，潘亚华任主席。

第三次区妇女代表大会　1960年2月召开，选举产生区第三届妇女联合会，陈秀宝任主任。

第四次区妇女代表大会　1964年4月召开，选举产生区第四届妇女联合会，陈秀宝任主任。

第五次向阳区妇女代表大会　1970年2月召开，选举产生区第五届妇女联合会，蒋雪清任主任。

第六次向阳区妇女代表大会　1978年9月22—23日召开，代表250人，王淑爱作工作报告，选举区第六届妇女联合会委员15名，常委5名，王淑爱任主任。

第七次区妇女代表大会　1982年3月4—5日召开，代表240人，庄心颐作工作报告，选举区第七届妇女联合会委员15名，常委5名，庄心颐任主任。

第八次区妇女代表大会　1987年6月29—30日召开，代表150人，佘亚好作工作报告，选举区第八届妇女联合会委员15名，常委5名，佘亚好任副主任。

第九次区妇女代表大会　1992年8月28—29日召开，代表164人，杨丽玉代表第八届执委会作工作报告，选举区第九届妇女联合会执行委员15名。8月31日，第一次执委会议选出常委5名，杨丽玉任主任。

第十次区妇女代表大会　1998年10月15—16日召开，代表130名，出席124名，梁宜珍代表第九届执委会作工作报告，选举区第十届妇女联合会执行委员14名。15日下午，第一次执委会议选出常委5名，梁宜珍任主席。

二、三区整合后思明区妇女代表大会

第十一次区妇女代表大会　2003年12月9日召开，与会代表232名，选举区第十一届妇女联合会执行委员31名。9日下午，第一次执委会议选出常委5名，梁宜珍任主席。

第二节 组织机构

1950 年 1 月，三区成立民主妇女联合会（为厦门市妇联的派出机构）。各街道也建立妇联，居民委员会和农村建立妇代会。

1958 年 10 月，民主妇女联合会改称妇女联合会。

1966 年 5 月“文化大革命”开始，三区妇联组织陷入瘫痪状态。

1973 年 6 月 16 日，厦门市第八次妇女代表大会召开后，三区妇联恢复工作。

1993 年 9 月 6 日，妇联主任改称妇联主席。

2003 年 10 月三区整合，鼓浪屿区、开元区妇联并入思明区妇联。

2007 年，区妇联有工作人员 2 人。址在禾祥东路 168 号。

第三节 主要活动

一、培训基层妇女干部

1950 年三区妇联建立后，注重培养积极分子并经常对基层妇女干部进行政治和业务培训，不断提高基层妇女干部思想觉悟和办事能力。

1961 年，贯彻邓小平关于妇联要“议大事、管本行”的指示，区妇联开展调查，分类培训妇女干部，进一步端正妇联工作指导思想。

1963 年，贯彻全国妇联《城市、农村基层妇代会工作条例》，分期分批对妇代会干部进行培训，进一步明确妇代会的性质、任务、职责，并全面建立妇代会工作制度。

1965 年，结合社会主义教育“四清”运动，妇联组织进行整顿，把一批经过社会主义教育运动锻炼、出身成分好、阶级觉悟高、热爱社会主义的女积极分子充实到妇代会组织，有的还被选进各级党政领导班子。妇代会组织通过整顿，普遍健全学习、工作、会议制度。

1973 年，三区妇联恢复工作，随即培训妇女干部，开展学大庆、学大寨的宣传教育，发动广大妇女群众投入“工业学大庆”“农业学大寨”运动。

1976 年 10 月，粉碎江青反革命集团，三区妇联全面组织妇女干部开展“实践是检验真理的唯一标准”的理论学习，同时学习党的实事求是思想路线、妇女运动史，进一步明确妇联工作方针。

1986 年，三区分批对街道、居（村）委会妇女干部进行培训，以提高工作能力。之后，区妇联成立女知识分子联谊会、个体协会妇委会、家庭教育研究会，加强妇女中的知识分子、个体劳动者、家庭教育方面工作。

1987 年，三区个体劳动者妇女委员会分别召开个体劳动者妇女代表大会。随后，对妇女个体劳动者分期分批进行法制培训，参训者 2000 多人次。同时，在 8 个民主党派和工商联及台联、台胞联谊会中都建立妇委会，健全工作通报制度，组织各妇委会开展社会调查，呼吁社会关心妇女、儿童事业。

1993 年起，区妇联实行每月召开一次街道妇联主任会议制度，组织学习与交流工作经验。各街道妇联也建立学习汇报制度。同时，为适应市场经济体制的建立和农村产业结构的调整，除在行政村建立妇代会外，还在新经济组织和乡镇企业、“三资”企业、集贸市场、个体协会中建立妇委会。组织企业女干部学政治、政策，提高维护女职工权益的能力。

1995 年，区妇联开展基层组织建设工作经验交流活动，探讨妇联组织如何为社会主义市场经济发挥作用。区妇联为促进妇女人才健康成长，建立妇女人才档案，并完成《为培养选拔妇女干部创造良好的社会环境》课题调研，参加福建省妇女干部专题研讨班交流。

2002年，区妇联组织干部学习江泽民总书记5月31日重要讲话，要求结合妇女工作实际，努力探索区、街妇联工作的新机制，在工作方法上做到“变指令型为指导型，变行政型为服务型，变封闭型为开放型，变务虚型为务实型”。《中华人民共和国全国人民代表大会和地方各级人民代表大会选举法》公布后，区妇联组织妇女干部与群众学习。妇女积极参加选民审查和投票选举。三区妇女参加选举率达95%，有777人被选为居民代表，18人被输送到政府有关部门工作。

2003年10月后，调整充实区妇联执委会成员。定期举办妇联干部培训班，召开妇女领导干部座谈会，开展保持女共产党员先进性教育活动。建立“执委联系制度”，每位执委联系若干名妇女代表，街道有联系点，区有联系站，形成“执委—联系点—联系站”互动联系工作网。

区妇联贯彻“党建带妇建”的指导思想，主动把基层妇联组织建设纳入党的基层组织建设的统一规划，将基层妇联换届工作纳入社区换届工作，同步部署、实施，使妇联基层组织网络更健全。2005年，区妇联获省“优秀妇女组织”称号。

2007年，区妇联培养基层妇女干部工作被区委组织部纳入干部培养规划。

二、参与政治和社会活动

1950年12月，厦门市人民政府公布郊区土地改革的命令。区妇联领导贫雇农妇女站在阶级斗争前列，成为土改运动的坚强力量。劳动妇女主动参加农会，有的被选为土改小组长。广大妇女分得土地后，在“不受二茬罪，永保翻身果”的口号下，积极投入抗美援朝和镇压反革命运动。

1951年，区妇联领导广大妇女投身抗美援朝、保家卫国运动，为前线战士赶制布鞋3000余双；开展“死钱变活宝”，将金器卖给国家，捐款购买飞机、大炮抗美援朝。

1952年，区妇联领导广大妇女投身“三反”“五反”运动。召开工商户家属座谈会共120余次（出席3000余人次）；组织多个工作组对工商户家属进行教育。广大职工家属通过学习，提高认识，规劝亲人（职工）站稳工人阶级立场，检举违法行为。不少工商户家属明确政策后，积极规劝亲人坦白不法行为。有的家属主动检举丈夫做假账（对公家一本，对股东一本，对自己一本）。丈夫不肯交出账本，她就冒着危险将账本偷出来交给政府，积极配合有关部门的清查。

1953年，何厝、黄厝村妇女积极参加民兵组织，开展对台宣传，扎风筝、做纸球及竹筒，向金门岛空飘、水漂宣传品；帮助解放军擦炮、送弹药、送水、送饭、洗衣。

1955年，三区发动工商户家属支持工商业公私合营；发动宗教界妇女参加“三自”爱国运动，宣传宗教政策，进行爱国主义教育。

1958年8月23日，厦金炮战中，区境前沿妇女不怕苦、不怕死，在炮火中支援解放军，涌现何厝村“前沿十姐妹”“七大娘”“前线八勇女”“赵一曼班”“穆桂英班”，前埔村“战地五姑娘”，洪文村“刘胡兰小组”等英雄集体。“穆桂英班”被省、市妇联授予“三八”红旗集体（电影《英雄岛》就是以“穆桂英班”为原型拍摄的）。

1960年后，三区妇女开展学习毛泽东思想和解放军活动，参加阶级斗争、生产斗争、科学实验三大革命运动。同时，开展学雷锋、王杰、麦贤得等英雄人物，学大庆人、大寨人艰苦奋斗等活动。成立500多个毛泽东著作学习小组，开展讲革命故事、唱革命歌曲，讲家史、党史，回忆对比等，进行移风易俗，破旧立新；批判“多子多福”“养儿防老”“重男轻女”的旧思想，提倡晚婚、计划生育。

1976—1979年，区妇联组织妇女揭批江青反革命集团罪行；开展“实践是检验真理的唯一标准”的讨论，学习十一届三中全会精神，树立解放思想、实事求是的思想路线，发动妇女投入社会主义现代化建设。

1980年9月，新的《中华人民共和国婚姻法》颁布，三区妇联印发万册新《中华人民共和国婚姻法》，出动十几部宣传车，开展多种形式的宣传。翌年，区妇联掀起“五讲四美三热爱”活动热潮，开展创建“五好”文明家庭活动。1982年9月后，区妇联广泛宣传中共十二大精神，发动广大妇女为实现新时期总任务发挥“半边天”的作用。1984 年，发动妇女投入经济改革大潮。其间，树立一批勇于改革的先进妇女典型，以榜样激励妇女为改革开放贡献智慧和力量。

1985—1990 年，在“三五”普法教育中，组织妇女干部和群众学习《中华人民共和国宪法》《中华人民共和国婚姻法》《中华人民共和国继承法》《中华人民共和国刑事诉讼法》《中华人民共和国妇女权益保障法》等法律、法规，妇女接受普法教育率达 95%。同时，广泛组织学习“社会主义初级阶段理论”“社会主义市场经济理论”。1989 年，发生在北京的政治风波期间，三区妇女组织及时传达党中央的指示，做好大学生及家长的思想工作。发动家长以谈心、写信的形式，引导子女珍惜安定的局面。同时，督促回乡的大学生按时返校复课。

1991—2000 年，组织妇女干部和群众学习深入改革、扩大开放的方针政策，积极参与建立市场经济体制。1995 年 5 月，开展庆祝“第四次世界妇女大会”召开的专题活动，宣传世界妇女大会的有关知识，宣传《内罗毕战略》《中国妇女状况》及《北京宣言》《行动纲领》，号召妇女创新成绩迎接世界妇女大会的召开。1996 年，各街道组建家庭伦理道德教育领导小组，组织居民开展“婚姻与家庭”大讨论，召开“五好”家庭、好夫妻、好婆媳、好邻里座谈会与现场交流会共 100 场，印发各种宣传资料 2000 多份，出板报、专栏各二期共 300 多版。此起，年年举行友好邻里评选及交流会。

2001 年，开展“家庭主妇议新闻”活动，从小型向大型发展，共举办 408 次，6250 人参加。同时，结合纪念中国共产党建立 80 周年，召开由优秀女党员、三八红旗手、优秀妇女干部参加的“党在我心中”专题座谈会，举办“真情献给亲爱的党”家庭音乐会。是年，区妇联开展抵制邪教“法轮功”的宣传，1000 多户“五好文明家庭”代表在横幅上签名，坚决抵制邪教“法轮功”。区妇联还召开“法轮功”痴迷者家属座谈会，帮助她们在思想上与邪教“法轮功”决裂。“家庭主妇看新闻、议国事”活动自此年年开展。2002 年，参加活动的社区妇女群众 1.8 万人（次）。在中共十六大召开期间，各社区以知识抢答、游园等形式组织全区妇女学习、宣传、贯彻十六大的精神。思明区妇联开展的“千户家庭访谈活动”获省第一届“妇女工作创新奖”。

2004 年，区妇联根据中共中央提出的“创造新业绩，树立新风尚，争做时代新女性”的要求和全国妇联九大确定的目标任务，开展“我在海湾型城市中创造新岗位，创造新业绩，创造新生活”的活动。同时，开展“家庭网上行”和“妇女儿童网页制作竞赛”，该项活动获福建省第二届“妇女工作创新奖”。

2006 年，区妇联贯彻胡锦涛总书记“八荣八耻”的重要指示，开展“知荣辱，讲礼仪，树新风，从身边事做起”的活动。举办“五个百”活动：百场“倡导文明新风，共建美好家园”送知识进家庭行动；百场“家帮家、邻帮邻”互助结对活动；百场“创建文明城市你我同行”群言谈；百场“为国教子、以德育人”家教会；百场“我是家庭好主妇”经验交流会。该活动获“厦门市妇女工作创新奖”。

2007 年 3 月，与开元国投公司联合开展“十佳巾帼建功积极分子”评选活动。

三、劳动竞赛

1950 年，区妇联动员妇女走出家门，参加社会生产劳动。城镇妇女有的进工厂、机关和财贸金融部门就业；有的参加合作社，从事缝纫、纸箔、竹器等手工加工。农村妇女下地耕作、养鸡、养鸭、养猪。1952 年，动员 400 多名妇女参加市政建设。1954 年，动员 300 多名妇女参加高崎海堤、鹰厦铁路建设。同时，开展劳动竞赛。

1956 年，发动妇女走合作化道路，有 90% 农村妇女参加高级农业合作社；市区广大女手工业者由互助组转办手工业生产合作社。合作社开展劳动竞赛，涌现不少女劳动模范、技术能手。

1959 年，掀起人人学技术、个个搞创造的“红色巧姐妹运动”。思明区有女工 1669 人，其中 603 人革新技术 547 项。

1961 年，区妇联组织妇女开展以“红、巧、勤、俭”为内容的大办农业、大办粮食竞赛活动；组织街道妇女发展制鞋、打草垫、刺绣、缝纫等家庭副业；组织工交财贸系统女职工送货、送物下乡支援农业。1962年，三区评出20多名女技术能手和400多名女先进生产者。

1964年后，以大寨“铁姑娘”、大庆王进喜为榜样，农村妇女组织耕山队、造林队，开坡劈壤、治山治水。黄厝大队组织100多名妇女成立突击队，改良土壤，挖坡平地，扩大耕种面积。工厂女职工开展“比、学、赶、帮、超”的五好班组竞赛，举行各种技术比赛。

1976年后，发动妇女投入“工业学大庆”“农业学大寨”运动，掀起“比、学、赶、帮、超”的生产热潮。曾厝垵两村有1300名妇女参赛，占妇女劳动力总数78.8%。开展饲养家禽、养殖水产品、种瓜、种果的劳动竞赛，涌现一批勤劳致富典型户。

1978年，开展“三八”红旗竞赛活动。在农村引导妇女实行联产承包责任制，实行科学种田，发展多种经营；城市妇女立足本职岗位，以一流成绩实现“七五”计划。思明区2000多名女职工围绕“双增双节”，参与企业改革、民主管理和技术革新；商业、服务行业女职工积极参加“百家窗口优质服务”竞赛。

1989年，开展“学文化、学技术、比成绩、比贡献”竞赛活动。开展争当“女能手”竞赛及“巾帼建功活动”。自此，“双学双比”“巾帼建功”竞赛活动常年进行。1991—1993年，三区共有45名妇女受到全国、省、市各系统表彰。思明区参加各类岗位练兵活动的女职工2238人，其中420人提出合理化建议554条，被采纳389条，实施224条，增产价值45.75万元。1993年，该区有1名被省妇联评为优秀干部，有2名被省妇联评为巾帼建功个人，有6名被评为全国、省劳模（或五一劳动奖章获得者），有10名被评为全国、省“三八红旗手”。

1995年，三区女职工中有2329人参加岗位练兵，提合理化建议1110条，被采纳715条，增效益507.37万元。在“双增双节”竞赛中增收278.14万元，节支96万元，改革、发明、创造47项，创效益272万元。

1999年，区妇联动员农村妇女发展海滨旅游服务业。黄厝、曾厝垵村创办3家由妇女经营的公司。组织女职工开展“我为企业创效益”竞赛活动。其间，262人提合理化建议162条，被采用101条，增效益5万元。

2007年，思明区工商行政管理局获“全国巾帼文明岗”称号

2002年以来，开展创评“巾帼文明岗”活动，各街道、各系统积极参与。文安街道计生办、厦港托老所、下沃社区居委会、演武社区居委会等单位先后被评为市级“巾帼文明岗”。

2007年，思明区工商行政管理局获“全国巾帼文明岗”称号。思明区人民医院创建省级“巾帼文明岗”并通过验收。

四、“五好文明家庭”创建

1979年11月起，三区开展创建“五好家庭”活动（“五好”为遵纪守法好；完成生产、工作任务好；计划生育、勤俭持家好；移风易俗、清洁卫生好；尊老爱幼、邻里团结好）。区委宣传部、妇联、各有关部门配合，把“五好家庭”创建活动列入精神文明建设的总体规划。在具体实施中，三区各具特色。思明区妇联开展“五赞”（赞好公公、赞好婆婆、赞好儿子、赞好儿媳、赞好夫妻）活动。厦港街道妇联组织350多位退休职工和家庭妇女，分成160多个学雷锋服务组，开展“五代”（为邻居代开炉门、烧开水、煮饭；代买米、买菜；代收水电费、保洁费；代领各种票证；代看管孩子、门户）活动。农村开展婚事新办、丧事简办、乔迁省办、神事不办的移风易俗活动。1987年，市妇联和“五四三”办公室联合召开“五好家庭”活动研讨会。其间，三区评出“五好家庭”4540户。“五好家庭”由街道覆盖到工厂、企事业、机关、学校、部队。

1990年后，开展以家庭文化建设为重点的“五好家庭”创建活动，举办“夸媳妇、颂妯娌”座谈会、家庭趣味运动会、家庭联欢会；评选表彰模范丈夫、金婚佳侣、好婆媳、好妯娌等。1993年，三区评出“五好家庭”2000多户。

1994年，思明区有2户分别被市妇联评为“十佳美好家庭”“美好家庭”。

1997年，三区妇联与区委宣传部、文明办、公安局、司法局、文化局等13部门，联合成立创建“五好文明家庭”活动领导小组。各街道也成立领导小组。自此，常年开展“五好文明家庭”创建与评先。2001年，在“五好文明家庭”建设中实施“一二三”计划（每个家庭有一个书橱、二百本书、三种刊物）。2002年，开展争创林巧稚式家庭、争做巾帼义务工作者等活动，有600多人次参与各项为民服务活动。该活动被厦门市评为第二届“妇女工作创新奖”。

2004年10月初，福建省妇联在鼓浪屿街道召开家庭文化建设暨宣传工作现场会。

2005年春，区妇联推出“妇女与和谐思明”主题活动。全区妇女围绕“倡导文明新风、共建美好家园”“家帮家、邻帮邻互助结对”“创建文明城市你我同行”“为国教子、以德育人”和“我是家庭好主妇”5个专题，积极践行社会公德、职业道德、家庭美德。其间，张凤章等3户家庭被评为省级“五好文明家庭”。是年，区妇联还开展“不让毒品进我家”“无毒社区”“无毒家庭”创建活动，对涉毒人员和家庭进行帮教。在全省率先启动“家庭网上行”活动，省、市妇联在思明区召开“家庭网上行”现场经验交流会。

2006年，区妇联与区纪委联合开展“家庭助廉活动”。在鹭江道客运码头广场举办以“树清廉家风，创幸福家庭”为主题的廉政文化进社区的文艺演出。

2007年，开展“依法治家”“法进家庭”等主题活动。在上述各种活动中，不断涌现学习型家庭、创业型家庭。是年底，评选区级五好文明家庭30629户。

五、妇女儿童维权

1950年《中华人民共和国婚姻法》公布，三区妇联运用讲座、学习班、印发宣传品等开展“婚姻法”的宣传，反对包办买卖婚姻，提倡婚姻自主，解救被虐待的妇女，改善童养媳、婢女、养女的生活待遇，打击违法犯罪行为。受旧婚姻制度迫害的妇女们学习《中华人民共和国婚姻法》后，纷纷要求保障自己在家庭中的合法权利。群众举报某资本家虐待婢女的案件，区妇联将这起严重违法事件在报刊上曝光，引起强烈的反响。在有关部门帮助及群众的支持下，区妇联解救了这名婢女并给她安排工作。

1980年9月10日，新《中华人民共和国婚姻法》公布，区妇联以多种形式进行宣传、教育，并配合公安部门打击侵害妇女的犯罪行为。

1983年，省妇联下发《关于乡镇企业女职工保健工作暂行办法》，区妇联组织宣传、实施与督查，使妇女“五期”（经期、婚期、怀孕期、产期、哺乳期）保护得到落实。自此，妇女“五期”保护工作常年实施。

1984年，贯彻全国妇联《切实维护妇女儿童合法权益的通知》和《福建省保护妇女儿童合法权益的若干规定》精神，三区成立维护妇女儿童合法权益委员会。6月，三区开展维护妇女儿童合法权益宣传月活动。其间，查出侵犯妇女儿童合法权益的人和事120多件，责成有关部门逐一查处，敦促单位建立保护妇女儿童的规章制度。

1986—1990年，把保护妇女儿童合法权益的法律、法规的宣传、教育纳入普法教育中。向全社会宣传马克思主义妇女观、男女平等，保护妇女儿童法律法规；组织妇女学习《中华人民共和国宪法》《中华人民共和国婚姻法》《中华人民共和国继承法》等，提高妇女依法保护自身权益的能力。1988年，贯彻国务院颁布《女职工劳动保护规定》，区妇联与区人劳局、区工会、区卫生局开展女职工劳动保护检查和调研，加强妇科病普查普治和“五期”保护。

1992年，《中华人民共和国妇女权益保障法》颁布，区妇联开展宣传，发动各部门贯彻实施。至1997年，区妇联受理来访2754人，来信461件，结案率96%。男女评房不平等、妇女责任田及土地征用安置费不落实、离婚妇女财产应有份额不给足、外来妹劳动保护被忽视等问题，得到纠正。

1999—2000年，三区相继建立“妇女法律援助站”，在妇代会中成立妇女法律援助点。

2002年，区妇联专门召开妇女儿童维权联席会议，征集妇女代表对《中华人民共和国妇女权益保障法》的意见和论文。其间，有16篇有关妇女儿童维权的论文获全国、省、市的奖励。2003年，思明区妇联获全国“维护妇女儿童合法权益先进集体”称号。

2004—2007年，区妇联在公园街道设立“就业和再就业专项资金”，为下岗女职工的技能培训提供经济保障。在区政协会上提出“婚前医学检查政府买单”等议案，受到区政府和有关部门重视，于2007年“三八”妇女节时兑现。

区妇联成立人民调解委员会，为妇女儿童维权。区妇联干部担任人民陪审员，参与涉及妇女儿童权益的案件审判，保护妇女儿童合法权益。

六、少儿福利事业

1950年后，三区在城乡宣传、普及妇幼卫生常识。动员家长按时对儿童接种牛痘，进行天花、白喉等儿童传染疾病的防治。区妇联每个月定期举办幼儿医疗保健讲座，邀请医师讲解幼儿常见疾病及保健常识。

1957年后，三区妇女组织创办简易的托儿组。至1979年，实现公社、大队、街道托幼“一片红”。

1981年起，妇联把抚育、培养、教育儿童少年作为工作重点，协调各部门为儿童少年的健康成长创造良好社会环境，办许多实事、好事。区妇联创办托儿所、儿童乐园，定期到青少年宫开展兴趣爱好培训班，有乐器班、绘画班、音乐班、舞蹈班等。创办各种类型家长学校28所，成立儿童少年工作协调委员会、少年儿童福利基金会。在厦门六中开设职业幼师高中班。采取“两条腿走路”方式支持民办园所，解决入托入园难等问题。在托幼人员中举办中专幼师班，组织参加省、市业务培训，提高教师的素质。三区设立家庭教育研究会，在街道设立家教辅导站，形成区、街道、居委会三级家教工作网络。依照幼教法规和托儿所工作条例，开展特色教育，抓好园所建章立制、规范管理，培训园（所）长和保教人员，使园所管理标准化。振兴幼儿园通过省教委标准园验收。华侨托儿所被省卫生厅评为省级示范托儿所。

1993—2000年，三区妇联参与教育局筹办的区儿童艺术节活动，设有影展、画展、书法与歌咏比赛等。联合计生委等部门举办庆祝“六一”国际儿童节《金色童年》系列活动，有现场作画竞赛、少儿美术、书法、摄影、幼儿文艺汇演比赛等10多项。节日期间，与民政局联合慰问弱智儿童与孤儿，8年累计慰问800多名；与计生委、卫生局联合表彰健美儿童，8年累计表彰健美儿童3600余名。发动华侨捐款捐物，筹资240多万元、50多万港元，用于发展少儿事业。其中，郑忠益把思明北路一栋1700多平方米大楼捐作市少年儿童图书馆；鼓浪屿侨属苏百猜动员海外亲属捐出10万元和10架钢琴给鼓浪屿少年儿童音乐中心；旅居菲律宾华侨陈永栽捐款50万元；1997年，区侨联庄娜玲捐款1万元给托儿所；香港陈君实捐资20万元港币修建思明区青少年宫综合楼。

2001年以来，每年暑假期间，区妇联联合关工委、团委为特殊家庭孩子举办手牵手暑期夏令营。还举办“我在社会关爱中成长”征文比赛、“春蕾女童”与资助单位座谈会等活动，在全社会掀起资助困难孩子读书的热潮。

2005年，国务院妇儿工委确定思明区为2005—2010年全国首批实施“两纲”（“中国妇女发展纲要”“中国儿童发展纲要”）示范区。

2006年1月，区妇联与区教育局联合召开0～3岁早教启动仪式。自此，逐步推广“早教”。

2007年，区妇联开展“爱心助成长，留守不孤单”关爱留守儿童慰问活动，免费赠送宣传材料，放映电影。到区重点工程建设工地开展“我家孩子最棒”的评选活动。是年，区妇联成立“三优”（优生、优育、优教）服务站。服务站举办各类家长学校（新婚夫妇学校、孕妇学校、妈妈学校、爷爷奶奶学校、农村广播家长学校），共授课1400余场次，参加学习的家长20多万人次。

附：民国时期区境妇女组织

（一）厦门妇女解放协会

民国14年（1925年），国民党左派知识妇女洪兰生、林秀华等发起，成立厦门妇女解放协会。是全省第一个妇女解放协会。吴翠月（又名吴温其）任协会第一届主席。该会提倡男女平等、同工同酬、反帝反封建；带头剪短发，破除缠足陋习；进行反对日本侵略的示威游行和抵制日货；解救被压迫的婢女；促进妇女参加社会活动等，成绩卓著。

（二）厦门妇女救国会

民国21年3月19日，成立厦门妇女救国会，是中国共产党组织领导下的妇女组织。救国会专门救济被敌人逮捕或有特殊困难的革命群众。设4个分会，主要由学校女师生、家庭妇女和女工组成（内有共产党员、共青团员、互济会员）。创办刊物，举办训练班，培养骨干分子，吸收她们加入互济会或党团组织。救国会募捐支持上海十九路军和罢工失业的工人，到街道、工厂发动女工参加革命斗争。

（三）中国妇女慰劳前方抗敌将士总会厦门分会

民国26年7月，抗日战争全面爆发。是年8月19日，中国妇女慰劳前方抗敌将士总会厦门分会成立。分会领导权由中共厦门工委妇女支部掌握，妇女运动进入高潮。

民国27年，区境沦陷，进步妇女组织遭破坏。

第四章　工商联

第一节　代表大会

一、三区会员代表大会

（一）鼓浪屿区商会会员代表大会

第一次会员代表大会　1997年11月18日召开，到会代表90人。翁金珠作《鼓浪屿区商会筹备工作报告》。大会通过《鼓浪屿区商会章程》，选举第一届理事会成员33人，王清伟任会长。

第二次会员代表大会　2001年11月18日召开，到会代表90人。王清伟作《1997—2001年鼓浪屿区商会工作报告》，大会通过新修改的《鼓浪屿区商会章程》，选举第二届理事会成员36人，王清伟任会长。

（二）开元区商会会员代表大会

第一次会员代表大会　1994年9月15日召开，到会代表116人。大会通过《开元区商会章程》，选举第一届理事会成员59人，吴国荣任会长。

第二次会员代表大会　1997年12月26日召开，到会代表109人。吴国荣作《求真务实，开拓进取，努力开创商会工作新局面》工作报告，选举第二届理事会成员49人，吴国荣任会长。

第三次会员代表大会　2002年6月6日召开，到会代表224人。陈有鹏作《与时俱进，努力开拓商会工作新局面，为开元经济发展作更大贡献》工作报告。大会通过《开元区商会章程（修改草案）》，选举第三届理事会成员50人，陈铁铭任会长。

（三）思明区商会会员代表大会

第一次会员代表大会　1994年6月28日召开，到会代表139人。吕应焕作《思明区商会筹建工作回顾》报告。大会通过《思明区商会章程》，选举第一届理事会成员38人，杨东红任会长。

第二次会员代表大会　1997年9月18日召开，到会代表183人。杨东红作《把握机遇，找准位置，求真务实，为实现商会工作新跨越而努力》工作报告，选举第二届理事会成员45人，杨东红任会长。

第三次会员代表大会　2001年2月3日召开，到会代表230人。杨东红作《抓住机遇，开拓进取，扎实工作，以新的业绩迈向新世纪》工作报告，选举第三届理事会成员59人，杨东红任会长。

二、三区整合后思明区会员代表大会

第四次会员代表大会　2004年4月1日召开，到会代表200人。大会通过新的《思明区工商联（商会）章程》，选举第四届执委（理事）会成员102人和监事会成员12人，陈铁铭任会长，杨东红任监事长。大会发出“争当优秀的社会主义事业建设者”倡议书，聘请一批名誉会长、高级顾问和顾问。

第五次会员代表大会　2007年12月30日召开，到会代表200人。陈铁铭作《立足新起点，实现新跨越，努力开创我区工商联（商会）工作新局面》工作报告。选举第五届执委（理事）会成员113人和监事会成员17人，黄焕明任会长，陈铁铭任监事长。大会表彰2004—2007年度优秀会员企业，并通过《以十七大精神为动力，加快民营经济发展》倡议书，聘请一批名誉会长、高级顾问和顾问。

第二节　组织机构

一、三区工商联

（一）鼓浪屿区工商联

1953年夏，厦门市工商联鼓浪屿分会正式成立。1966年“文化大革命”开始，该分会停止活动。

1997年11月，成立鼓浪屿区商会。2003年10月三区整合，并入思明区工商联（商会）。

（二）开元区工商联

1994年9月，成立开元区商会。2003年10月三区整合，并入思明区工商联（商会）。

（三）思明区工商联

1994年6月，成立思明区商会。

二、三区整合后思明区工商联

2003年10月，三区工商联整合为思明区工商联。2004年4月，换届选举产生第四届执委（理事）会，并成立商会监事会。2007年，行政编制2人。址在永福宫16号。

2005 年，思明区工商联（商会）鹭江街道商会成立

2006 年，思明区筼筜街道商会成立

附：民国时期商会

民国 19 年（1930 年），商人组织“铺户自治会”改组为鼓浪屿区商会，执委 11 人。首届主席方天锡，后由李家麟接任。会址设锦祥街 7 号。民国 27—35 年初，鼓浪屿区商会委员会主席由潘汉光、邓沦池接任。民国 35 年 4 月 1 日，重新成立鼓浪屿区商会，通过《鼓浪屿区商会章程》，选举陈钦夫为理事长，有理事、监事共 16 人。会址改设泉州路 73 号。民国 38 年 2 月，重组理事、监事会，选举理事、监事共 18 人，陈钦夫连任理事长。

第三节　主要活动

一、服务经济建设

1994 年以来，区商会先后聘请党政、金融、税务等部门领导担任名誉会长、顾问，及时沟通经济建设情况。并推荐民营企业家作为区领导的联系对象，建立区政府与企业家的恳谈会制度。

1995 年起，区商会常务理事会成员年年参加区经济工作会议，及时把会议精神宣传贯彻到会员企业中。1995 年、1999 年先后组织参与政府“九五”“十五”规划的调研，参与经济情况普查。1998 年，区商会广征意见，代区政府起草《思明区鼓励非公有制经济组织发展的若干规定》。同年，成立“促进民营企业发展领导小组”。区工商联协助政府招商引资；组织企业主参与政府有关项目的推介、参观考察等活动。2005 年，福建省“6·18”项目成果交易会举办以来，区商会有 28 家企业 30 多个项目参加科技项目成果对接，4 家企业 12 个项目参加科技需求对接。区商会连续两年邀请数十名闽籍企业家参与区政府的春节闽商座谈会；发动企业参加同安工业集中区思明园、环东海域思明工业园、软件园和观音山国际商务营运中心等项目的建设与招商工作。2005 年，区商会报备招商引资项目 17 项，合同外资 4210 万美元，内资 16908 万元，完成合同外资 1760 万美元，内资 5900 万元，完成增资 1480 万美元。

区工商联（商会）组建信息员队伍，及时收集宣传各类信息资料，通过网站和月刊、季刊向企业传播党的政策和经济信息，并把企业动态及时上报政府部门。2005—2007 年，上报信息 200 多条，被采用近百条。

区商会设立会员咨询专线，24小时服务，受理会员咨询及投诉，为企业排忧解难。2005—2007年，开展非公企业专业技术任职资格评价工作，经评审确认初级职称41人、中级职称37人、高级职称53人。2006年，成立区商会法律维权服务中心，依托会员单位福建天胜联盟律师事务所，受理会员企业在法律方面的求助，为企业申请商标、劳动用工、卫生防疫等服务，为会员企业开办多场法律讲座。配合有关部门做好企业人才招聘，并多次组织企业参加人才招聘、用工对接和举办劳工职业培训。

二、参政议政

区商会常年举荐企业家代表人士担任市、区两级人大代表、政协委员，参政议政；参加区政府五年计划和年度工作意见征询会，为政府决策献言献策。区商会对新的社会阶层的基本特征及工作对策进行调查。2004年以来，区商会完成《建立和完善我区中小企业担保机构，缓解私营中小企业融资难问题》等多项调研。这些涉及非公有制经济发展的调研，向区委、区政府提供了企业家在经营过程中遇到的实际困难和真实思想，促进有关部门在民营企业投融资、入驻工业园等方面出台扶持政策。同时，通过调研形成议案或提案，由会员中的人大代表、政协委员在市、区“两会”上提交。2005年，根据大部分餐饮、娱乐企业反映的关于《银行刷卡消费收取手续费，而手续费又需交税》的问题，进一步开展调研，形成文字材料，向市“两会”提交要求解决的议案提案，获得采纳，维护了企业权益。通过提案议案形式，区商会争取到内资私营企业年检免审的推荐权。

三、海内外联谊

1995年3月，区商会组团赴美国洛杉矶等6个城市对8种不同类型的市场及在美国设立办事处可行性进行考察。1996年、1997年、1998年3次组团赴台湾进行经贸考察。经常性组织会员到全国各地与友好商会举办经贸合作联谊洽谈会，并组织会员赴美国、欧洲、澳大利亚、加拿大等国家和地区进行经贸考察活动，与当地商会进行交流。期间，与加拿大中华总商会缔结友好，与菲律宾福建总商会纳卯市分会缔结友好。同时，邀请数十个兄弟商会和海外同仁到思明区考察交流。

2006年8月26日，思明区商会开展友好经贸之旅活动

2004年10月27日，区商会成功主办第一届全国城区友好商会年会，有13个省和3个直辖市的26个城区商会代表赴会；全国工商联和福建省工商联领导莅会。2005年5月11日，区商会承办福建省城区工商联工作会议和全省非公有制企业专业技术职称评价座谈会，受到福建省工商联和人事厅的肯定。至2007年，思明区商会与全国41个城区商会建立友好关系。

四、慈善捐助

区商会引导会员企业致富不忘回报社会，倡导扶危济困。1994年，组织会员企业赴兰州玉屏县资助贫困儿童就学，创办“厦门班”。1997年，发动会员为宁夏西海固干旱地区援建窖井，捐款76400元。2004年以来，区商会会员企业每年资助特困老人、特困学生100名，金额50万元。每年“六一”

节，组织企业家看望受商会资助的30名特困学生，赠送学习用品。

区商会于2004年设立“扶贫济困”基金，会员企业家热烈响应，至2007年共收到72.27万元。会员企业经常援灾助困，如，捐赠爱心超市17.56万元，捐助山海协作对口武平县助学款5万元、长汀救灾款30万元。

2005年夏，在厦门市创建全国文明城市的热潮中，公安干警冒酷暑战斗在第一线。区商会企业家深受感动，9家会员企业出资万元购饮料慰问干警。2006年中秋期间，会员企业举行“思商善举，慈善义拍”活动，捐出物品义卖，所得14.8万元捐给爱心超市及西北贫困地区。同时，会员企业先后捐款70多万元支持区政府举办的元宵灯会、中华民族儿童歌舞周、“温馨厦门，魅力思明”摄影等活动。东南亚海啸大灾难发生，有70家企业捐赠37.24万元。

区工商联于2003年、2007年被省人事厅、工商联评为“先进集体”。

第五章　老龄工作委员会

第一节　组织机构

一、三区老龄工作委员会

（一）鼓浪屿区老龄工作委员会

1992年8月，成立区老龄工作委员会。

（二）开元区老龄工作委员会

1992年8月，成立区老龄工作委员会。

（三）思明区老龄工作委员会

1992年11月9日，成立区老龄工作委员会，主任由区长吴瑞炳兼任，副主任郭秀华。1997年7月30日，许雨川任主任，黄美珍任副主任。1998年9月，周幼玉任主任。2002年，郑云峰任主任，吴文裕任副主任。

二、三区整合后思明区老龄工作委员会

2003年10月，鼓浪屿区、开元区老龄委并入思明区老龄委。区政府即时调整充实老龄委成员，由区长担任老龄委主任，一名副区长任第一副主任，配备专职常务副主任和3名工作人员。办公地址在故宫路66号。全区10个街道办事处都成立老龄工作委员会，由街道办事处安排干部兼职老龄工作；各社区居委会指定专人负责老年人工作。

区老龄工作委员会成员单位有27家：区委组织部、宣传部、区直机关党工委、政府办、民政局、财政局、发改局、人劳社保局、教育局、司法局、文体局、卫生局、经贸局、建设局、区机关事务管理局、区工会、区妇联及10个街道办事处。

2005年4月，思明区被全国老龄委评为“全国老龄工作先进区”。

第二节　保障与管理

一、经费保障

1994 年，鼓浪屿区政府拨 10 万元作为老年基金，每年以 6000 元利息款作为老龄事业经费。区老龄委开办鼓浪屿老人综合经营服务公司，一些退休老人合资兴办“大成贸易公司”等，以筹集老年活动经费。

1998 年，开元区采取“三个一点”（政府、社会和个人各出一点）的办法筹措 300 多万元，建立老年基金。区机关离退休职工联合会筹集老年基金 86 万元，并开办“永兴工贸公司”等老年人经济实体。

1999 年，思明区政府拨款 100 万元设立老年基金，以利息提供老年人活动设施建设和福利支出。区政府还在政策上支持老龄委兴办老年经济发展公司等企业。

2000 年，根据中央关于行政单位不准办企业的指示，对以上公司予以清理、停办。

2004 年起，区财政按每位 60 岁以上老人每年 3 元的标准向各社区居委会下拨老年人活动经费，还下拨教育、慰问、文体设施等经费。2007 年，老年人活动经费标准增到每人 13 元。各街道每年也把老龄经费纳入财政预算。

2004—2007 年思明区老龄事业经费一览表

表 10-5-1　　单位：元

项　目	2004 年	2005 年	2006 年	2007 年
活动经费	190500	190500	190500	710080
教育经费	—	17000	7000	26000
慰问经费	108200	140000	129400	135000
文体经费	26000	56000	80000	12000
合计	324700	403500	406900	883080

二、管理体系

1992 年起，三区老龄委协调各部门开展对老年人活动的服务管理工作。

1994 年 5 月，市老龄委在同安县西柯镇潘涂村召开第一次全市基层老龄工作现场会后，三区老龄委积极指导各居（村）委会建立老年协会和老年体协。至 2007 年，思明区各社区居委会建立老年协会 95 个，老年体协 190 个。这些社团经常组织社区老人开展文体活动，提供良好的服务。

2001 年起，实施企业退休人员社会化管理（离退休人员与企业分离）。至 2007 年，思明区共接收企业退休人员 5.9 万人。区老龄委配合有关部门指导社区老年协会做好企业退休人员社会化管理工作。协助组建由区退管中心、10 个街道劳动保障事务所、95 个社区劳动保障工作站、企业退休人员片（小组）组成的 4 个层次的退管工作服务网络。形成由区老龄委、老干局、退管中心、老年大学、老体协和老年协会组成的服务管理体系，为全区老年人服务。

2007 年，全区 60 岁及以上老人有 7.1 万人，占全区户籍人口 12.2%。其中，90 岁以上高龄老人 1104 人（百岁老人 32 人）。区内有敬老院、老年公寓共 15 所，床位 780 床，寄住老人 600 余人。

第三节　主要活动

一、维护老年人合法权益

协调有关部门落实老年人优待政策，在医院、公交、公园等社会服务窗口和场所设老年人优先优待的标志与设施。1995 年，区老龄委协助市公交公司为离休干部和 70 岁以上老人办理免费乘车证。1996 年 10 月第九个老年节，向 60 岁以上老人发放“敬老优待证”。区、街道、居委会三级及时处理老年人来信来访，帮助老年人解决生活困难问题，帮助被侵权老年人维权。

1999 年 2 月起，实行老人高龄补贴。百岁老人高龄补贴费由市财政拨款每人每月 100 元，老年节慰问每人 150 元；90～99 周岁高龄补贴每人每月 50 元，由区、街财政拨款各 50%。

2000 年 6 月 21 日起，贯彻《厦门市职工基本养老保险条例》，协助累计缴保险费满 15 年、已到退休年龄的职工，办理退休手续，按月发给基本养老金。

2003 年 10 月后，区老龄委对无亲人赡养及特困老人协助实施供养和救助，符合最低生活保障条件的老人实施应保尽保；90 岁以上每人每年享有 600 元高龄水果补贴；60 岁以上老人每人每月享有 50～200 元不等的生活补贴。

2005 年，区老龄委与区司法局共同建立社区老年人法律援助中心站，加强老年人的法律咨询工作，法院及时审结涉及老年人权益的各类案件。区老龄委以各种方式开展《中华人民共和国老年人权益保障法》宣传。在社区居委会中开展争创“敬老模范居委会”活动，弘扬敬老爱老美德，谴责损害老年人权益的行为，营造维护老年人合法权益的良好氛围。

二、助老爱老

1992 年起，三区每年召开“尊老敬老、老有所为”先进集体和积极分子表彰大会，表彰尊敬长辈的好儿女、好媳妇、好女婿。

1997 年起，思明区社区服务志愿者对孤老实行“三定”（定人、定点、定任务）“五包”（包衣、包食、包住、包行、包医）服务。1998 年，开元区开展贯彻《老龄工作五年发展规划》情况大检查。1999 年，三区老龄委发动社区群众参与厦门市的“助养百名特困老人行动”。

2001 年 1 月 19 日，三区老龄委积极参与市开通“98365 夕阳红热线”工作，推行多元化、综合性的社区服务管理。3 月，由市老龄委主办，开元区协办，市老年学会下属两个专业委员会承办，开通“温馨夕阳——老年谈心专线”，为老年人提供精神慰藉，每天通话 4 小时。专线主持人为老年志愿者。是年，鼓浪屿日光岩、菽庄花园、皓月园 3 个主要景点为离退休干部免费开放。开元区为老年人免费安装“社区在线”家庭呼叫器，组织老年人参加市“夕阳红”旅游专列，赴大西南、越南和港澳地区观光旅游。是年，开元区金鸡亭社区的助老服务经验在全省城市社区老龄工作会议上交流。

2002 年 3 月，启动“复明工程”，老龄委配合医疗单位，为无医疗保险老人开展白内障摘除手术和药物治疗。是年，思明区下沃社区居委会、鼓浪屿福祥社区居委会、开元区何厝村被评为福建省首批敬老模范村（居）。

2003 年 10 月三区整合后，区老龄委牵头开展“情暖空巢”活动，帮扶“空巢”老人；在青少年中开展“老人与法”“敬老好儿女”和“老少同乐”等活动。区、街道、居委会坚持节日组织慰问困难老人和高寿老人。每逢老年节，省政府和市政府向每位百岁老人送 500 元和 150 元的慰问金，市财政拨款给每位 90～99 岁的老人 150 元慰问金。各街道开展各具特色的敬老活动。如，嘉莲街道开展“银发安康计划”，落实移交社区的离退休人员的医疗服务；厦港街道开展“十代三帮”活动（代买菜、代看门户、代找保姆、代看小孩、代照顾老人、代请家教、代找工作、代维修家电、代找出租房、代办各类证件；帮扶青少年、帮忙医疗服务、帮助介绍婚姻）。同时，各街道逐步为老年人安装“平安铃”。

2004 年 3 月起，区老龄委配合开展“读敬老书，做敬老事，写敬老文”的主题教育活动。此后，该项活动每 2 年举办一次。

2005 年，莲前街道前埔北社区居委会、嘉莲街道长青社区居委会被评为省级第二批敬老模范村（居）。

2003 年，厦港街道开展“十代三帮”活动

三、文体活动

1983 年，鼓浪屿区对内厝澳“长寿园”进行扩建改造，建成 360 平方米的老人活动场所。1984 年，开元区在故宫路 104 号建“益寿园”老人活动中心。1985 年，思明区政府拨款 160 万元，在鸿山公园修建“益寿园”老人活动场所。1987 年 2 月，三区老体协都组队参加市老体协举办的厦门首届老年人运动会。此后，老年人运动会每 3 年举办一届。

1990 年后，鼓浪屿区政府拨专款修缮“长寿园”，并开设录像室、棋牌室等老年人活动场所。在日光岩山下修建老人门球场，在街心公园建老人活动室，还将内厝澳二分厂的厂房改造为集健身、娱乐、医疗保健为一体的区老人活动中心。开元区在天界寺开辟老人活动休闲场所，在金榜山建老人门球场，并将故宫路 66 号原区政府两栋办公大楼改建为区老人活动中心。在 6 个街道和 4 个行政村建立老人活动中心。1995 年 11 月，三区老龄委组队参加市老龄委举办的厦门首届老年人文艺调演。此后，这项活动每 2 年一次（2003 年后改为每 3 年一次）。2000 年，思明区政府将原厦港街道办事处办公楼（福海宫）改建为老人活动中心。

2003 年 10 月后，区建成金尚老人公寓，建筑面积 3000 平方米，按社会化、市场化进行经营管理。至 2007 年，全区建老人活动场所 110 处，面积 28488 平方米。其中，区级老人活动中心 3500 平方米，分为故宫、福海两个区域。中心内设乒乓球室、图书室、多功能厅、练功房、健身房等，有事业编制管理人员 8 人，临时工 3 人。10 个街道都设立老年活动中心、老人学校，社区有老人活动室或活动点。

区、街道、居委会设立老年体协，经常组织开展老年门球、气排球、太极拳、太极剑、乒乓球、登山、羽毛球、棋牌、游泳、柔力球等 40 多项健身活动，并组建 5 个健身俱乐部。

2005—2007 年，在厦门市老年人运动会的比赛中，思明区获 12 个单项第一名。期间，思明区老年人男子排球队参加全国老年排球赛，连续 3 年获第二名。2006 年，区老体协被福建省老体协评为“福建省老年体育先进单位”。

区、街道、居委会组建舞蹈、歌咏等 10 多支老年人文艺队伍，不定期开展文艺排练，并参加省、市汇演。区老年文艺队《看戏》《灯》和《外婆的澎湖湾》3 个舞蹈节目代表厦门市老年艺术团参加全国群英奖节目的评选，《灯》舞获福建省舞蹈类老年组金奖。

2006 年敬老节，思明区老年艺术团成立。2007 年，区老龄委组织区老年文艺队与市老年艺术团赴金门参加民间老年文艺交流。

四、老年志愿者活动

1994 年以来，退休“五老”参加关心下一代工作，许多身体健康、思想觉悟高的老年人到街道、居委会兼职。同时，开展“银发督导万人行”活动。组建老年人义务调解员队伍，化解民间纠纷，被群众称为“不穿警服的人民警察”。

区老龄委组织开展“老年志愿者”活动，许多老人受聘为各类老年志愿者队伍成员，在社区担负卫生检查、计划生育、治安、调解、法律法规义务宣传等工作。区关工委系统组织中，“五老”1741人为主要骨干。

2004年11月，市、区有关部门首次举办“银色年华”离退休人才专场交流会。此后，每年举办1次，不少有专长的老年人参加招聘。至2007年，全区各类老人志愿者服务队279支，共6000多人。

五、老年教育

1990年，厦门老年大学分设鼓浪屿、开元、思明分校。1997年，又开办松柏、仙阁里和莲花二村老年学校。1998年，思明区5个街道成立厦门老年大学分校，街道书记任分校校长。学校开设时事政治、文学艺术、卫生保健、体育健身、实用技术5个门类，教学内容以适应老年人精神文化需求为主。

2004年，上述各老年大学分校合并为思明区老年大学，总校在故宫路66号，分校设于厦港福海、文安社区、前埔南社区。教学区建筑面积1400平方米，配有电脑、钢琴、多功能教学设备。区老龄委推进三级老年教育网络建设。街道开办老年学校，条件成熟的社区成立社区老年分校。至2007年，有6所街道老年学校、50所社区老年分校，学员3000多人。其中，有8所老年学校达到“区级老年学校示范校”标准。区老年大学于2007年被评为省级示范学校。

区老年大学教师在课堂上授课

第六章 关心下一代工作委员会

第一节 组织机构

一、三区关心下一代工作委员会

1994年7月，鼓浪屿区委关心下一代工作委员会成立。

1994年8月，开元区委关心下一代工作委员会成立。

1992年5月，思明区委关心下一代工作委员会成立。

二、三区整合后思明区关心下一代工作委员会

2003年10月三区整合后，鼓浪屿区、开元区关工委并入思明区关工委。杨玲任执行主任，黄惠玲任常务副主任。2007年，廖文治任常务副主任。工作人员2人。址在故宫路66号。

第二节　队伍建设

三区关工委成立后，挑选老干部、老战士、老专家、老教师、老模范分别组建宣传教育、组织指导、科技教育、法制、军地共建5个专门工作委员会。同时，指导各街道、系统、社区、学校创建“五好”达标关工委，加强基层建设。

2002年5月，在厦门市委、市政府表彰关心下一代工作先进集体、先进工作者中，鼓浪屿区、开元区关工委被评为指导基层工作先进集体；鼓浪屿区教育局、旗山社区、人民小学，开元区教育局、莲前街道、筼筜街道育秀社区，思明区教育系统、厦港街道下沃社区关工委被评为创五好工作先进集体；三区有32位关工委成员被评为先进工作者；开元区裴金佳和鼓浪屿区程建明获关心下一代事业荣誉奖。2003年，鼓浪屿区关工委被评为福建省关心下一代先进集体。

2004—2005年，思明区关工委开展第一批“五好”（领导班子建设好、骨干队伍作用好、制度健全执行好、活动经常效果好、积极探索创新好）基层关工委达标考核评估，全区有90个基层关工委达标。2006—2007年，开展第二批达标考核评估，87个基层关工委达标。

2007年，全区有关工委基层组织194个。各级关工委都有同级党政领导兼主任，配齐常务班子，主持日常工作，协调抓好未成年人的思想道德教育与实践活动。全区参与关心下一代工作的老年人6000余人，其中“五老”（老干部、老战士、老专家、老教师、老模范）3941人。他们活跃在各街道、社区、学校、机关和企事业单位，为未成年人思想道德建设做了大量工作，尽力当好革命传统报告员、文化市场督导员、思想道德辅导员、失足青年帮教员、青少年技能指导员。

2007年1月，思明区关工委被厦门市委、市政府评为厦门市关心下一代工作先进集体，杨玲等3人被评为先进工作者。12月，金鸡亭、屿后西等16个社区受到厦门市文明办、团市委、市关工委的表彰，被评为老少共建和谐社区的先进组织。

第三节　主要活动

一、思想道德教育

1992年以来，区关工委配合学校、社区和家庭，对广大青少年开展以爱国主义为核心的思想道德教育，引导青少年树立正确的世界观、人生观、价值观。先后开展“学习邓小平理论，树立共同理想”“不忘国耻，振兴中华”“忆历史、讲传统、学英雄、树正气”“迎接新世纪，做21世纪强者”“回顾党的历史，展望21世纪”“学习贯彻《公民道德建设实施纲要》”“做合格小公民”“树立社会主义荣辱观”等教育活动。

区关工委搜集素材，撰写、编印大量供青少年阅读的资料，发到各街道、社区、学校。主要有《热爱祖国，振兴中华，为建设有中国特色社会主义而努力奋斗》《迎接香港、澳门回归》《鼓浪屿爱国主义教育材料选编》《丰碑长存，激励永远》《永远的歌》《抗日战争是中华民族从衰败走向振兴的转折点》《抗日战争资料选编》等。

1998年4月，思明区关工委与驻厦海军水警区联合创办厦门海军少年军校，为福建省第一所海军

少年军校。

2004年2月，区关工委成立由“五老”组成的报告团。他们长年深入基层开展思想道德、爱国主义、科学文化、法制纪律、军事国防、交通秩序、环境保护和荣辱观等方面的教育，引导青少年争当“五好”小公民。2004—2007年，全区开展宣传教育1800多场次，受教育的青少年31万多人次。报告团被推荐参加福建省关工委报告团经验交流会。同时，区关工委组织老干部对教育实践基地进行调查研究，将基地的资料整理汇编成册，印发给基层单位，以便组织参观学习。

2005年，区政府投入700万元，改扩建鼓浪屿笔山小学和少年宫，作为思明区未成年人思想道德教育实践基地。

二、科普教育

三区关工委科技教育工委会自成立后，每年利用寒暑假和“六一”“七一”“八一”“十一”等节日，指导各学校、街道组织学生开展科普活动。每年暑假，举办融教育性、实践性、趣味性为一体的各类夏令营，有军地共办夏令营、小法官夏令营、海军少年军校夏令营、少儿书画夏令营、“大手牵小手”爱心夏令营及众多学科的科技夏令营。区关工委与水警区关工委共同创办的海军少年军校，先后举办17期夏令营，有25所小学组织学生参加夏令营的军事训练与海洋知识教育。

小学生科普教育

2004年，区关工委科技教育工委会收集区内被国家、省、市命名的科普教育基地24处材料，汇编成册，为各中小学开展科普教育提供资料，并在东坪山雪兰谷生态园建立区青少年科普教育基地。其间，200多位老专家长期带领中小学生到科普教育基地进行实践和参观学习，辅导中小学生进行科技创新发明。为中小学生举办《地球科学科普夏令营》《生物科技夏令营》等多学科的“夏令营”。到社区、学校开讲《学科学有所创造有所发明》《发明就在我身边》《计算机知识》《海洋知识》等科普讲座。他们的传授和引导，激发了青少年学生对科技的浓厚兴趣。他们中不少人被科普教育基地聘请为科技辅导员。

三、关爱活动

2003年11月起，区、街道、居委会三级关工委联手，与有关单位协商签订关爱青少年、为开展青少年教育与实践提供服务的协议。市轮渡公司、海底世界（中外合资企业）为未成年人参观提供方便，在乘船、参观时予以减免费。建立这种协议的还有市民教育活动中心、社区教学点、法制教育基地、科技工作室、图书室和社区绿色网吧。

2004年，区关工委通过“大手牵小手”“一帮一”“结对子”等形式，开展奉献爱心助成长，帮难解困做好事的活动。“六一”节，区关工委组织人员到开智、培智学校进行慰问，关心残疾儿童成长情况。区教育局关工委在1200名退休教师中开展每人每月捐款1元钱的活动，用于资助贫困家庭学生完成学业，至2007年，捐款45930元。全区10个街道先后成立“爱心超市”“爱心基金”“青少年爱心服务队”“济困助学基金”，一批老干部职工担任“爱心妈妈”。在街道创建“阳光社区”“社区志愿者队伍”网站，真情关爱、助学，慰问特困家庭、下岗职工家庭子女以及残疾儿童。

2007 年，区关工委贯彻市关工委等 8 单位联合下发《关于建立厦门关爱工程的实施方案（试行)》，为青少年在学习、成长、就业等各个环节解困排忧，办要事 954 件；募集助学金 1543179 元，资助贫困生 3538 人；捐赠书籍 32124 册，捐赠衣物 24057 件。

四、文化市场督导

2004 年，区关工委成立 1 支由 20 位老干部职工组成的文化市场督导队，配合区文体局加强文化市场管理。深入校园周边网吧、书报刊和音像销售点、城乡结合部的网吧，明察暗访，发现不健康的文化活动则及时指出并指导改进，同时向区文体局反馈。

五、课题调研

2004—2005 年，区关工委到基层开展调研，完成《我区基层关工委现状与建议》《发挥离退休老同志作用，加强青少年思想道德建设》《我区科普教育基地的现状与分析》《关于未成年人违法犯罪情况的调查报告》和《军地共建关心下一代工作现状与思考》等；并向党委、政府提出许多有益的建议。

2006 年，区关工委用 5 个月时间对鼓浪屿内厝社区开展学校、家庭、社会“三位一体”教育的情况进行调研，形成《社区是“三位一体”教育最有效的平台》调研报告。

2007 年，区关工委组织 3 个课题组，完成《关于建立关心下一代工作长效机制的调查报告》《未成年人违法犯罪情况调查》《未成人思想道德教育与实践相结合的调查》等。区委常委会专题听取与讨论调查报告后，转发《思明区关工委关于建立健全关心下一代工作长效机制的意见》。

第七章　科学技术协会

第一节　代表大会

一、三区科协会员代表大会

（一）鼓浪屿区科协会员代表大会

第一次会员代表大会　1987 年 1 月 9 日召开，到会代表 35 人。大会选举协会第一届委员 7 人，庄垂针任主席。

第二次会员代表大会　1993 年 10 月 15 日召开，到会代表 81 人。陈海影作《团结科技人员，为海上花园献智出力》工作报告，大会选举协会第二届委员 9 人，郑惠生任主席，陈海影任副主席。

（二）开元区科协会员代表大会

第一次会员代表大会　1985 年 4 月 19 日召开，到会代表 135 人。大会选举协会第一届委员 11 人，杨玲任主席，魏国维任副主席。

第二次会员代表大会　1989 年 11 月 7 日召开，到会代表 150 人。傅文通作《团结奋斗，为我区两个文明建设贡献才智》工作报告，大会选举协会第二届委员 13 人，傅文通任主席，林炽然、郑清源、魏国维任副主席。

第三次会员代表大会　1999 年 11 月 25 日召开，到会代表 180 人。何冠中作《为实施科教兴区和提高我区人民科学文化素质的战略方针而努力奋斗》工作报告，大会选举协会第三届委员 18 人，何冠中任主席，洪锡庚、王风志、丘勇才任副主席。

（三）思明区科协会员代表大会

第一次会员代表大会　2002 年 12 月 29 日召开，到会代表 98 人。施玲作《凝聚力量，为建设科技强区而奋斗》工作报告，大会选举协会第一届委员 22 人，常委 7 人，何瑞福任主席，施玲任副主席。

二、三区整合后思明区科协会员代表大会

第二次会员代表大会　2003 年 12 月 26 日召开，到会代表 230 人。大会选举协会第二届委员 60 人，陈永工任主席，施玲、林昌健、蔡建春、林志坚、王风志、蓝斌任副主席。

第二节　组织机构

一、三区科学技术协会

（一）鼓浪屿区科学技术协会

址在永春路 59 号。1979 年 3 月成立，与鼓浪屿区科委合署办公，主席由区科委主任郑淑珠兼任。

2003 年 10 月三区整合，并入思明区科协。

（二）开元区科学技术协会

址在禾祥东路 168 号。1985 年 4 月 11 日成立，与开元区科委合署办公。2002 年，主席由区科技局局长李伟兼任。

2003 年 10 月三区整合，并入思明区科协。

（三）思明区科学技术协会

址在定安路 79 号。1979 年 3 月成立，与思明区科委合署办公。叶伯樵任副主席，主持工作。1993 年起，由郑淑娇副主席主持工作。

二、三区整合后思明区科学技术协会

2003 年 10 月三区整合后，思明区科协办公地址在禾祥东路 168 号。2007 年 5 月，曾国荣任科协主席，行政编制 2 人。科协内设专业协（学）会 6 个。下设街道科协 10 个，社区科普工作领导小组 95 个。

第三节　主要活动

一、科普教育基地

2004 年，创立区科普大学。之后，建立 5 所青少年科学工作室，5 所社区心理咨询室，4 所科普活动中心，7 所科普大学分校，及 95 所社区科普学校（每个社区 1 所）。

至 2007 年，全区有 23 个科普教育基地，5 所社区青少年科学工作室，5 所社区心理咨询室，4 所科普活动中心；社区科普大学 1 所，分校 7 所。

（一）思明区社区青少年科学工作室

前埔北社区青少年科学工作室（前埔二里 192 号之四，2005 年建）、文屏社区青少年科学工作室

（文屏路171号，2006年建）、华福社区青少年科学工作室（龙山南路267号，2006年建）、深田社区青少年科学工作室（图强路1号之一，2007年建）、思明区青少年科技活动中心（思明南路256号，2006年建）。

（二）思明区社区心理咨询室

深田社区心理咨询室（深田路43号）、华福社区心理咨询室（龙山南路267号）、上李社区心理咨询室（龙虎南里4号楼）、内厝社区心理咨询室（内厝沃路149号）、蜂巢山社区心理咨询室（大学路42号）。都建于2006年。

（三）思明区科普活动中心

青少年科普实验基地（海坛路59号，2006年建）、青少年科技活动中心（思明南路256号，2004年建）、科普活动中心（1）（龙虎山路30-101号，2006年建）、科普活动中心（2）（莲前西路859号，2007年建）。

（四）思明区社区科普大学分校

莲花五村分校（龙华里52号）、龙山桥分校（东埔三里545号）、浦南分校（厦禾路1128号富兴大厦3楼）、上李分校（龙虎山路40号）、中山分校（梧桐埕巷8号）、下沃分校（下沃仔14号101室）、槟榔分校（槟榔西里197号）。都建于2007年。

附：驻区省市科普教育基地

厦门市园林植物园（虎园路25号）、厦门海底世界（鼓浪屿龙头路2号）、厦门消防教育馆（厦禾路776号）、厦门市地球科学普及教育基地（石泉路9号）、厦门市图书馆（公园南路2号）、厦门百鸟园（鼓浪屿日光岩景区内）、厦门市农业科学研究所（莲前西路702号）、厦门市少年儿童图书馆（后埭溪路140号）、厦门污水处理厂（湖滨南路17号）、厦大固体表面物理化学国家重点实验室（厦门大学内）、厦大生命科学院动物标本馆（厦门大学内）、厦大人类博物馆（厦门大学内）、厦大科学分析现代实验室（厦门大学内）、海洋三所海洋药源生物标本室（大学路178号）、厦门华侨亚热带植物引种园（鼓声路4号）、厦门华侨博物馆（思明南路493号）、厦门市青少年天文气象馆（东渡狐尾山厦门气象台内）、景州乐园（环岛路35号台湾民俗村内）、花卉盆景科普教育基地（大学路176号12号）、厦门科技馆（体育路95号）、厦门动漫艺术馆（厦门软件园二期望海路10号）、移动信息化体验厅（莲前西路233号）、厦门奥林匹克博物馆（吕岭路2017号）。

二、科普志愿者队伍

区科协成立以来，不断组建与完善区、街道、社区居委会三级科普志愿者网络组织。至2007年，全区建立120多支科普志愿队、宣讲团，拥有3000多名科协会员（含多位著名专家），从事科普宣传工作。同时，组建数十支由2000多名中小学生组成的小小科普志愿者团队，开展“小小科普志愿者社区行动”等活动。

三、宣传设施

科普画廊　科协建立初期，在街道、社区设立科普宣传栏，并不断增加数量，提高质量。至2007年，全区设科普画廊（宣传栏，固定）108个，其中达市级标准的66个。每个画廊皆根据节令、中心任务而及时出版。每个科普画廊一般每年出版10～12期。

《思明科协》刊物　1998年1月创办，双月刊，用以传播科学知识，反映区、街道、社区及科普基地科技活动情况，反映各级科协活动及工作部署，交流经验等。至2007年，共办52期，每期印发300份（是年，改为季刊）。

海峡科技网站　2004年3月15日创办，内设“《科学素质纲要》工作”“科协动态”“阵地建设”“思明科普”等栏目，利用先进科技手段宣传科技知识。

科技电子显示屏　利用设在禾祥西路和中山路口2处各26平方米的电子显示屏，于晚间播放《科普大篷车》专题电视节目。

四、科普示范点

2005年12月起，区科协按照“组织健全，活动经常，工作扎实，档案完备”的标准，开展科普示范街道、示范社区创建活动。至2007年，达到市级标准的示范街道9个，其中6个被评为省级科普先进街道。有81个社区达到市级示范标准，其中达省级标准的46个。嘉莲街道于2005—2006年拨出132万元，在莲花五村建设小区局域网，创建全市第一个数字化社区，率先启动“家庭网上行”活动，方便居民在网上学习电脑操作、科学知识。

附：省科协命名的科普示范点

第一批（2003年）：厦港街道、梧村街道；下沃社区（厦港）、文屏社区（梧村）、金榜山社区（梧村）、浦南社区（梧村）、金鸡亭社区（莲前）、龙头社区（鼓浪屿）、仙阁社区（筼筜）。共2个街道和7个社区。

第二批（2004年）：鹭江街道、莲前街道、嘉莲街道、筼筜街道；鸿山社区（厦港）、思南社区（中华）、禾祥社区（鹭江）、小学社区（鹭江）、金祥社区（梧村）、滨中社区（梧村）、瑞景社区（莲前）、莲丰社区（莲前）、前埔北社区（莲前）、莲花五村社区（嘉莲）、莲西社区（嘉莲）、莲兴社区（嘉莲）、长青社区（嘉莲）、盈翠社区（嘉莲）、振兴社区（筼筜）、屿后西社区（筼筜）、育秀社区（筼筜）。共4个街道和17个社区。

五、科普宣传活动

三区科协自1979年先后建立以来，每年举办一次科技活动周和一次全国科普日宣传活动。围绕健康、安全、文明、创新、和谐、落实科学发展观等主题，开展科普进社区、科普游园、科普讲座、科普演讲比赛、科普板报比赛、科技成果展示等。

2002年6月29日《中华人民共和国科普法》颁布，三区科协即在各级领导干部和工作人员中广泛宣传。

2005年1月22日，区科协与滨海街道联合开展科技下乡活动，地点在曾厝垵上李社区。展出挂图《拒绝毒品，剿灭毒魔》《实现健康老年化》《科学在我们身边——养生健身篇》《科学文明的生活方式》4套40版；并分发科普资料，现场组织村民群众答题（有奖）。活动进行1天，参观群众近1000人次。

同年5月14日，在白鹭洲公园广场举行科技活动周开幕式。以“科学、和谐、发展”为主题，把“科学发展观、消防安全知识、创建全国文明城市、青少年科普”作为宣传重点。30个科技活动周组委会成员单位、16个区境科普教育基地，都参加活动，项目共103项。宣传科普法、科学发展观、环境保护、消防安全、卫生保健、食品卫生、电脑网络、计划生育、反邪教、禁毒、气象与地震等常识。宣传形式有科普广场、游园、讲座、志愿者服务、影视放映、电子显示屏演播、版报专栏并评比、挂图展、知识竞赛、机器人竞赛、网页制作比赛、航模比赛、演练观摩、参观科教基地等。参加开幕式者1500人，厦门市科协、思明区委、区人大、区政府、区政协领导人参加，区委书记曾毓琪宣布科技周活动启动。在白鹭洲公园音乐喷泉两侧的广场，由全区10个街道及区科协、科技局、安监局等31个单位组成的科普广场及游园，同时进行活动。市消防车灭火演示、厦门大学化学小魔术、科技幼儿园亲子科技小制作等宣传效果好。科技周期间，梧村、开元、鼓浪屿、嘉莲、莲前、中华等街道在各自的区境开展广场活动；各科普教育基地也各自开展宣传活动。此次科技周活动，全区共举行107场132个项目，科普讲座204场（70356人听讲），挂图展394次（7万多人参观），科技知识竞赛54场（35760人参赛），更新科普画廊176期726版，科技进社区138场（569名科技人员参加），接受宣传（或服务）者23536人，参观科普教育基地者22173人，科普志愿者义务活动679场次（志愿者7111人次，受服务者2万多人）。

2006年2月，《全民科学素质纲要》颁布。区科协制作《科学素质纲要》展板巡回宣传展出，组织干部群众万人参加知识竞赛，开展“崇尚科学，反对邪教”系列科普宣传，利用节庆假日开展科教进社区活动。区科协逐步建立健全区、局、校三级科技教育网络和科技辅导员协会。组织科技工作者采用科技讲座等形式进校园传播科技知识并指导科技活动。每年分批组织学生参加“青少年电脑机器人”编程培训，组织专家教授讲课与辅导，选派优秀学生参加全国全省比赛。每年由区科协、团委、教育局联合举办青少年科技夏令营，学科技并开展实践活动。

至2007年12月底，科普宣传活动累计1087场。全区青少年获省级科技二等奖以上共246项，其中全国金奖71项。

六、科教进社区

2000年以来，逐步广泛开展“科教进社区”活动，建立社区科普活动阵地，组建科普工作队伍，组织居民学科技知识。如滨中社区，地处梧村街道文灶中心繁华地带，常住人口2356户6410人，流动人口560户3802人，企事业单位、沿街店面592家，为民房与商贸共驻共建的新型社区。2004年，获省级“科普示范社区”称号。其经验于2005年4月省科协举办的基层科普干部培训班上进行推广。“科技进社区”内容如下：

2005年，中华街道举办文化科普进社区文艺演出活动

建设科普活动阵地 利用居住小区广场、花园、社区阅览室、单位活动室等，开辟为科普活动场所；建立科普学校并配齐师资，定期举办科普讲座，组织居民观看科教片。科普投入加大，在社区主要交通路口设1座不锈钢科普宣传画廊，在科普楼院银龙广场设10套健身器材。在小区设4处流动科普书柜，由科普志愿者任图书管理员，接待居民阅读。通过社区内3座科普宣传画廊和3座宣传栏（健康教育、计划生育、安全文明），宣传多种科学知识，各栏每年出刊12期以上。创办《滨中科普之窗》小报。

建立科普网络队伍 有科普宣传员、志愿者、辅导员、积极分子共149人。

开展经常性科普活动 以居民楼及小区划分12个科普活动小组，在社区科普领导小组指导下开展活动，有科普文艺演出、游园、知识讲座、图片展览、猜谜；有专长的志愿者还为居民义诊、义修等。社区科普学校每年举办12次以上培训、讲座。此外，根据不同人员举办不同讲座，有老人保健知识讲座、青少年法制宣传讲座、青少年心理教育讲座、育龄妇女生殖保健讲座、居民防火知识讲座。还采取“请大家告诉大家”的方式，扩大科技宣传。

开展青少年科普教育 区科普领导小组与关工委联合组织青少年参加有益身心的科普活动。有68名志愿者组成“小小科普志愿者队伍”，协助管理图书、发资料；学习与制作科普墙报，开展竞赛；设科普园地、宣传栏、《科技之窗》专刊作为学生创作平台；组织青少年到地震局、消防大队、气象台等单位参观相关科技基地，举办科技讲座；开展青少年“变废为宝”竞赛，培养创造能力。

七、青少年科学工作室

2005年8月17日，思明区第一个青少年科学工作室——前埔北社区青少年科学工作室成立。由中国科协、省市区科协共同出资7万元创建；成立后的活动经费由街道、社区负责。工作室分为“机器人工作室”和“万能机床工作室”，配有机器人创意套装3套，有可供16组学生同时搭建不同式样的游乐场、智能房、智能车等主题模型的器材，有专用机床18套（锯、磨、锣、钻、刨、车、铣俱全）及木棒等耗材。区教育局、青少年宫及相关单位派科教人员担任该工作室辅导员，协助组织青少年开展科技创新、机器人电脑设计培训，及长期教学活动。区科技局生产力中心协助调借给3台电脑，为电脑机器人项目的教学与实践提供条件。莲前街道领导人多次到工作室指导活动。社区派1名科普工作人员管理工作室，负责日常活动安排。该工作室开办以来，每年有3000多人次（青少年）参加活动。

八、科技夏令营

2004年7月6日至7月11日，举行区小学生“科技乐”夏令营活动，由区教育局、科协和关工委联合主办，区青少年宫承办。7月6日上午，在园林植物园举行开营式，区关工委主任杨玲授营旗。参加夏令营活动的学生是各校对无线电测向或创新发明有一定基础的学生，共68名。夏令营采取读书、讲座、外出活动与实践相结合的方式，开展科技活动。丰富学生暑假生活，组织参加全国青少年无线电测向（分赛区）和中国国际发明展览会，培养校园无线电测向、创新发明的科技骨干，推进素质教育。

第八章 文学艺术界联合会

第一节 代表大会

一、思明区文联第一次代表大会

2003年3月8日，思明区文联成立大会暨第一次代表大会召开，到会代表93人。市文联主席毛振亚、市委宣传部副部长林书春、市文化局领导及区四套班子领导出席会议。区委常委、宣传部长黄娇灵作区文联筹备工作情况及今后五年的工作报告。大会审议通过《思明区文学艺术界联合会章程》，选举产生第一届文联委员会委员16人，黄娇灵当选主席，聘请毛振亚、谢澄光为顾问。

二、思明区文联第二次代表大会

2005年12月28日，思明区文联第二次代表大会召开，到会代表107人。市文联党组书记张萍、市文联主席毛振亚、市委宣传部文艺处领导、区四套班子领导、市各区宣传部长及书法家谢澄光、作家朱水涌、谢春池、闽南语歌曲作曲家张金挺等出席大会。区文体局局长洪纯吉作《思明区文联第一届委员会工作报告暨第二次代表大会筹备情况》报告。大会选举产生区文联第二届委员会委员30名，区委常委、宣传部长颜智伟当选区文联第二届委员会主席，选出各协会会长如下：音乐舞蹈家协会会长杨镇，摄影家协会会长林世泽，作家协会会长林丹娅，戏剧曲艺工作者协会会长程艺芬，书法美术工作者协会会长林锻炼。

第二节　组织机构

2002年5月，思明区委宣传部筹建区文学艺术界联合会并指导成立各专业协会：作家协会，会员18人；书画家协会，会员29人；摄影家协会，会员14人；音乐舞蹈家协会，会员19人。2003年1月10日，思明区文学艺术界联合会成立，委员16人。

2007年，思明区文学艺术界联合会下辖音乐舞蹈协会、摄影家协会、作家协会、戏剧曲艺工作者协会、书法美术工作者协会。工作人员2人。办公地址在民族路33号。

第三节　主要活动

一、音乐舞蹈家和戏曲工作者协会活动

2003年以来，区音乐舞蹈家协会、戏剧曲艺工作者协会参与每年举办的海峡两岸元宵民俗文化节活动；参与两年一次的中华民族儿童歌舞周暨海峡两岸青少年艺术节活动；参与2006年首届海峡两岸医学界文化交流活动和第四届世界合唱比赛组织工作，承办“友好音乐会”的21场演出活动；参加市第三届群众文化艺术节各门类的比赛及主办思明区舞蹈专场比赛。组织参加市第十届南音比赛，为闽台文化交流搭建平台，提升城区文化品位。同时，两个协会常联合开展节庆和纪念性文化活动：每年组织参加“温馨厦门、魅力思明”广场演出；开展“四进社区”曲艺专场演出；开展走进街道“激情欢歌大家乐”社区文艺演出；2006年3月，参与思明区第九届运动会开幕式大型团体操的策划创编工作；2006年11月，组织第三届厦门市群众文化艺术节思明专场文艺演出。2003—2007年，音乐舞蹈家和戏曲工作者协会编创节目主要有：音乐剧《爱心无价》，歌舞《和谐中国》《海峡西岸正春风》《又见西柏坡》、快板《文明信访建和谐》《廉政风采颂》和小品《谁对谁错》《儿女为媒》等。其中，《灯》于2006年被选送全国《红叶风采》老年艺术节演出，获福建省社区文化艺术节铜奖；《欢乐鹭岛》获市第三届群众艺术节铜奖。戏剧曲艺协会组队参加市第十届南乐唱腔比赛，获1金、4银、4铜奖牌。

二、摄影家协会活动

2002年8月16日至23日，文化部中外文化交流中心等单位在思明区举办中华民族儿童歌舞周，区摄影家协会组织全市性的摄影比赛，发动会员参与拍摄，并选派5名摄影师进行全程跟踪拍摄。应邀对在莲花影剧院演出的台湾新竹艺术团进行拍摄，推动闽台文化交流。2006年12月，该协会与厦门日报社联合承办“海西建设竞风采”系列摄影大赛，创作一批反映海峡西岸经济区建设的摄影艺术作品。2006年、2007年，组织摄影家深入水警区拍摄反映驻厦海军生活、展现军人风貌的作品。摄影家们还与辖区街道办事处合作，抢救性拍摄反映老城区人文建筑风貌、老艺人生活等照片。

三、书法美术工作者协会活动

区书法美术工作者协会于2006年1月举办“文化进社区”活动，为居民义务写春联。同时，举办

"爱心超市献爱心"——思明区第十四届书法名家新春联笔会。7 月，在市图书馆展厅举办"为党旗争辉·为思明争光"——思明区纪念中国共产党建立 85 周年书法美术作品展。11 月，组织会员作品参加市第三届群众文化艺术节书画比赛，获 1 银 1 铜奖。12 月，在市图书馆展厅举办林锻炼、廖文治、朱金镑书法作品联展；又组织书法作品参加福建省文化系统书、画、影比赛，获 1 银 1 铜奖。2007 年 2 月，组织书法家开展"文化进社区"活动，为居民义务写春联，在前埔南社区举办思明区第十五届书法名家新春联笔会。5 月，组织书、画、影作者采风活动，在明发商业城举办纪念毛泽东"5·23"《讲话》暨"鹭岛社区美"书、画、影作品巡回展。6—7 月，举办庆祝建党 86 周年暨香港回归十周年"香港知多少"图片巡回展。7 月，在东埔民办学校开展艺术扶贫，举办"爱在第二故乡"剪纸、篆刻夏令营，免费为农民工子女办培训班。9 月，牵头策划与金门县、福州仓山区联合举办"中秋月·骨肉情"两岸三地书、画作品展。

四、作家协会活动

2007 年，区作家协会参与策划、编辑出版以弘扬"英雄小八路"精神为主题的《虎仔飞歌》一书。

第九章　台胞金胞台属联谊会

第一节　代表大会

一、三区台胞金胞台属代表大会

（一）鼓浪屿区台胞金胞台属代表大会

第一次台胞金胞台属代表大会　1993 年 9 月召开，到会代表 61 人，选举产生第一届理事会成员 19 人，刘剑学任会长。

第二次台胞金胞台属代表大会　1996 年 9 月召开，到会代表 67 人，选举产生第二届理事会成员 23 人，陈碧玉任会长。

（二）开元区台胞金胞台属代表大会

台湾同胞代表大会　1989 年 7 月召开，到会代表 60 人，选举产生台湾同胞联谊会理事 15 人，陈荣华任会长。

第一次台胞金胞台属代表大会　1992 年 10 月召开，到会代表 105 人，选举产生第一届理事会成员 21 人，陈昭毅任会长。

第二次台胞金胞台属代表大会　1997 年 7 月召开，到会代表 110 人，选举产生第二届理事会成员 29 人，陈昭毅任会长。

（三）思明区台胞金胞台属代表大会

台湾同胞代表大会　1990 年 8 月召开，到会代表 60 人，选举产生台湾同胞联谊会理事 15 人，李菁华任会长。

第一次台胞金胞台属代表大会　1994 年 8 月召开，到会代表 125 人，选举产生第一届理事会成员 25 人，陈秀枝任会长。

第二次台胞金胞台属代表大会 2000年8月召开，到会代表110人，选举产生第二届理事会成员34人，陈秀枝任会长。

二、三区整合后思明区台胞金胞台属代表大会

第三次台胞金胞台属代表大会 2004年6月23日召开，到会代表200人。张建军作《思明区台胞金胞台属第三次代表大会筹备工作报告》，选举产生第三届理事会成员60人，陈永东任会长。

第二节 组织机构

一、三区台胞金胞台属联谊会

（一）鼓浪屿区台胞金胞台属联谊会

1993年9月，成立鼓浪屿区台胞金胞台属联谊会。2003年10月三区整合，并入思明区台胞金胞台属联谊会。

（二）开元区台胞台属金胞联谊会

1989年7月，成立开元区台湾同胞联谊会。1992年10月，更名台胞台属金胞联谊会。2003年10月三区整合，并入思明区台胞金胞台属联谊会。

（三）思明区台胞金胞台属联谊会

1990年8月，成立思明区台湾同胞联谊会。1994年8月，为扩大台湾同胞联谊会工作范围，重新成立台胞金胞台属联谊会。

二、三区整合后思明区台胞金胞台属联谊会

2003年10月，三区台胞金胞台属联谊会整合为思明区台胞金胞台属联谊会。址在禾祥东路168号。

第三节 主要活动

一、组织参观

2004年，召开台胞金胞台属迎新春座谈会、迎中秋联欢会，组织老台胞金胞台属到同安北辰山郊游，欢度重阳节。2006年，组织台胞、金胞、台属40多人参观考察泉州中国闽台缘博物馆和惠安崇武古城。

二、文体活动

2004年，组队参加区统战系统以“祖国在我心中”为主题的“歌唱祖国”大合唱歌咏比赛。组织台胞、金胞、台属参加区统战系统庆祝中华人民共和国成立55周年征文竞赛，有19人撰写24篇文章参评。

2005年3月，思明区台胞金胞台属联谊会协助区台办组织10位全国美协会员以小三通形式前往金门，举办以“闽南风·两岸情”为主题的国画展，展出250幅作品，金门县县长李炷烽主持开幕式。9月，组织台胞、金胞、台属参与区统战系统庆祝中华人民共和国成立56周年书画摄影展和文艺会演。收到书画摄影作品23幅，其中13幅作品参加展览。2006年春，配合厦门市台联举办“厦台交往百年

掠影”图片展，展出120多幅各个历史时期的珍贵照片，展现厦门与台湾密不可分的地缘、亲缘、文缘和商缘。

三、招商引资

2004—2007年，思明区台胞金胞台属联谊会和广大台胞、金胞、台属发挥优势，为引进台资牵线搭桥，协助引进的台资项目12项，协议金额2450万美元。其间，引进玛斯特电子、广宏光电等企业，成为思明区纳税大户。

四、推荐代表

2005年，协助厦门市台联做好换届选举工作，推荐参加厦门市第六次台湾同胞代表大会代表70名、理事候选人22名。

2006年，协助厦门市金门同胞联谊会做好换届选举工作，推荐参加厦门市金门同胞第五次代表大会代表68名，理事候选人25名。协助厦门市台属联谊会做好换届选举工作，推荐参加厦门市第五次台属代表大会代表70名，理事候选人11名。

第十章　归国华侨联合会

第一节　代表大会

一、三区归国华侨代表大会

（一）鼓浪屿区归国华侨代表大会

第一次归国华侨代表大会　1983年10月召开，到会代表83人。审议通过《落实党的侨务政策，调动归侨侨眷的积极性，为建设四化做贡献》工作报告。选举常委5人、委员14人，洪如萍为主任。

第二次归国华侨代表大会　1986年11月召开，到会代表93人。审议通过《落实党的侨务政策，调动归侨侨眷的积极性，为建设四化做贡献》工作报告。选举常委9人、委员21人，洪如萍为主任。

第三次归国华侨代表大会　1989年12月召开，到会代表80人。审议通过《发挥侨的优势，为祖国和平统一服务》工作报告。选举常委9人、委员21人，陈定为主任。

第四次归国华侨代表大会　1994年12月召开，到会代表80人。审议通过《以经济建设为中心，团结、鼓劲、求实、奋进，为社会主义现代化建设服务》工作报告。选举常委9人、委员21人，傅孙卿为主任。

第五次归国华侨代表大会　2000年1月召开，到会代表80人。审议通过《凝聚侨心，发挥侨力，开创我区侨联工作的新局面》工作报告。选举常委9人、委员21人，黄家梅为主任。

（二）开元区归国华侨代表大会

第一次归国华侨代表大会　1984年3月召开，到会代表211人。审议通过《总结几年来侨务工作》报告。选举常委15人、委员33人，蔡丽玉为主任。

第二次归国华侨代表大会　1986年5月召开，到会代表211人。审议通过《第一届区侨联工作》报告。选举常委16人、委员31人，蔡丽玉为主任。

第三次归国华侨代表大会　1989年5月召开，到会代表143人。审议通过《第二届区侨联工作》报告。选举常委17人、委员31人，蔡丽玉为主任。

第四次归国华侨代表大会　1992年9月召开，到会代表120人。审议通过《第三届区侨联工作》报告。选举常委15人、委员25人，蔡丽玉为主任。

第五次归国华侨代表大会　1998年5月召开，到会代表112人。审议通过《迎接新世纪挑战，努力开创侨联工作新局面》工作报告。选举常委26人、委员38人，韦玛琍为主任。

（三）思明区归国华侨代表大会

第一次归国华侨代表大会　1983年12月召开，到会代表98人。审议通过《思明区归国华侨工作》报告。选举常委13人、委员26人，谢家钦为主任。

第二次归国华侨代表大会　1987年4月召开，到会代表94人。审议通过《依靠广大归侨侨眷，围绕着两个文明建设做贡献》工作报告。选举常委11人、委员21人，谢家钦为主任。

第三次归国华侨代表大会　1991年6月召开，到会代表96人。审议通过《第二届区侨联工作》报告。选举常委13人、委员23人，林章珍为主任。

第四次归国华侨代表大会　1997年10月召开，到会代表100人。审议通过《第三届区侨联工作》报告。选举常委13人、委员22人，林章珍为主任。

第五次归国华侨代表大会　2003年4月16日召开，到会代表113人。审议通过《第四届区侨联工作》报告。选举常委19人、委员40人，陈亚玲为主任。

二、三区整合后思明区归国华侨代表大会

第六次归国华侨代表大会　2004年1月8日召开，到会代表260人。审议通过《整合前三区侨联工作》报告。选举常委35人、委员83人，何冠中为主任。

第二节　组织机构

一、三区归国华侨联合会

（一）鼓浪屿区归国华侨联合会

1983年10月，鼓浪屿区归国华侨联合会成立。历经1986年11月第二届、1989年12月第三届、1994年12月第四届、2000年1月第五届。

2003年10月三区整合，并入思明区侨联。

（二）开元区归国华侨联合会

1984年3月，开元区归国华侨联合会成立。历经1986年5月第二届、1989年5月第三届、1992年9月第四届、1998年5月第五届。

2003年10月三区整合，并入思明区侨联。

（三）思明区归国华侨联合会

1983年12月，思明区归国华侨联合会成立。历经1987年4月第二届、1991年6月第三届、1997年10月第四届、2003年4月第五届。

二、三区整合后思明区归国华侨联合会

2003年10月，三区侨联整合为思明区侨联。2004年1月，选举产生第六届思明区侨联。2007年5月，因人事变动，区侨联第六届第九次全体委员会会议选举周幼玉为驻会常务副主席。有工作人员4人，址在禾祥东路168号。

2007 年思明区基层侨联一览表

表 10-10-1

名　称	成立时间	主　　席
莲前街道侨联	2002. 1. 4	黄文科、周玉娥（2002—2004 年）
嘉莲街道侨联	2002. 6. 27	唐岱山
开元街道侨联	2002. 10. 31	林鲁民
梧村街道侨联	2002. 12. 19	李淑萍
鹭江街道侨联	2002. 12. 25	余逸尘
筼筜街道侨联	2003. 3. 20	施载伦
鼓浪屿街道侨联	2004. 4. 12	蔡　敏
滨海街道侨联	2004. 5. 26	陈有理、洪春凤（2004—2005 年）
厦港街道侨联	2004. 6. 8	林桂英
区侨联青委会	2005. 9. 14	张和辉（会长）
中华街道侨联	2005. 12. 8	陈垂康

附：民国时期侨联机构

民国 23 年（1934 年），鼓浪屿华侨联欢社成立，址在鼓浪屿，会员 46 人。民国 36 年 12 月，厦门市侨务局和缅甸、菲律宾、南京等 8 个华侨团体组成厦门市华侨团体联谊会。

第三节　主要活动

一、服务经济建设

区侨联组织归侨侨眷引进投资项目、资金、技术、设备。鼓浪屿区侨联自成立至 2003 年，引进和牵线搭桥的外商投资项目 13 项，金额 2100 多万元和 2600 多万美元。开元区侨联成立后，先后组织归侨廖子美、陈思达、韦千楷、陈开诚等调查开元路、大同路华侨房屋及业主现状，走访业主第三代，鼓励海外华侨华人回乡投资创业。开元区侨联参与引进侨资企业，至 2003 年共 16 家，金额 1.2 亿元，帮助归侨侨眷创办企业 6 家。思明区归侨林继贤引进来料加工油画；侨眷黄嫩珍引进台资 40 万美元的闭路电视项目和 20 万美元的服装厂；侨眷李应麟引进港资 58 万元创办瑞安贸易公司。

每年“9·8”投洽会期间，区侨联配合区委、区政府做好前来参加投洽会的华侨华人、境外华商和知名人士的接待工作。2005 年第九届中国投资贸易洽谈会期间，区侨联邀请美国、加拿大及中国香港等地客商 10 人，为其考察提供周到服务。2006 年，促成应邀来厦参加市第十四次归侨侨眷代表大会的海外顾问们参观观音山国际商务运营中心和软件园二期项目工地，得到区委、区政府的高度重视。

2007 年，接待美国、英国、泰国及中国台湾等 5 个团组，全程参与市邀请的 VIP 客人。同时，做好融侨集团董事会主席林文镜一行的接待工作。

二、兴办公益事业

（一）建归侨侨眷活动会所

1994 年 12 月，鼓浪屿区侨联将印尼华侨蔡清冷捐出的两栋私房，转换为占地 114 平方米的房地产。经多方努力，集资 53 万元。其中，15 万元为香港理泉（中国）有限公司捐献。兴建鼓浪屿侨联楼，该楼成为归侨侨眷活动场所。

2006 年 12 月 20 日，思明区侨联将故宫路 102 号底层重新装修，建成区侨联活动中心。面积 250 平方米，内设办公室、会议室、接待室、活动大厅，配备卡拉 OK 设备和多种图书报刊，年接待能力 5000 多人次。

（二）关心归侨侨眷生活

区侨联每年组织走访贫困归侨侨眷，发放救济金和物资。2004—2007 年，共走访慰问 300 多户，送去慰问金 8 万元。

区侨联开展“侨帮侨”活动，帮助贫困归侨学子交纳学费，发动归侨侨眷与贫困归侨子女结成帮扶对子。明发集团、太川工业有限公司等外资企业，为 75 名下岗归侨职工提供重新就业的岗位。区侨联对 2007 年涉侨贫困大学生的现状进行调查，做好申报世界青年福建青年联会基金的申请救助工作。

（三）引导捐助文教事业

1984—2003 年，开元区侨联引导华侨及港澳同胞捐资近百万元举办公益事业。主要建岭兜图书馆、幼儿园、老幼综合楼。成立教育基金会和老人基金会。印尼华侨、厦门市荣誉市民黄仲咸先生创立教育基金，多次扶助贫困学生，奖学奖教。1994 年，开元区侨联将拟庆祝其成立十周年经费 5000 元捐赠给“开元连紫云”（开元区对口扶贫贵州省紫云县）希望工程。

1984—2003 年，鼓浪屿区侨联引导侨胞捐款折合人民币 320 万元，用于教育、救灾和扶贫；捐赠钢琴、汽车等实物用于教育事业。1992 年，澳门宝龙集团许健康先生两次捐赠给鼓浪屿音乐学校 50 万港元；香港陈德美先生为音乐学校捐赠两辆汽车。

思明区侨联积极引导归侨侨眷为贫困地区、灾区、残疾人、希望工程捐款。如，支援创办西安市周至县“侨心小学”；荷兰归侨郑自治老人捐 40 余万元（荷兰币），用于扶贫助学、助残救济等。区侨联还发动归侨侨眷为中国华侨历史博物馆捐款。

三、参政议政

1984 年以来，每年区“两会”期间，区侨联委员中的人大代表和政协委员积极提交议案和提案，为区政府的决策提供参考。

1998 年，开元区侨联到厦门侨星实业公司进行调研，由李锦顺撰写《厦门侨星实业总公司现状调查》报告。2000 年，他跟踪调研写出《现状，再次将他们摆上台面》报告，引起省、市有关领导和部门的重视，促使市有关部门安排 130 多套微利房，解决该公司以越南侨民为主的弱势群体居住问题。2002 年，开元区侨联配合政协“三胞委”、开元致公党支部完成《清退侨房工作存在问题和对策》一文，为党委、政府提供决策依据，对加快落实侨房使用权起到积极作用。

2004 年“两会”期间，区侨联委员提出议案 3 件、提案 7 件。2007 年，思明区有 18 名归侨、侨眷担任各级人大代表和政协委员。

2004 年，由区侨联副主席吕韶风负责组织撰写的《关于开展华文教育的几点思考》调研文章，为市、区有关部门开展华文教育工作提供参考依据。

2006 年，区两会期间，侨界人大代表、政协委员提交议案 3 件、提案 22 件。《关于建立区侨联活动中心》提案在区领导关心下得到解决，区侨联活动中心为辖区归侨侨眷提供学习、交流、活动的平台。区侨联界别提出《关于保护和发展闽南本土中草药的建议》提案，得到区政协重视，在《思明政协》刊物上全文登载，并以人民来信形式转给市卫生局处理。

2007 年，区人大、政协换届，侨联界推荐人大代表 4 名、政协委员 12 名。区“两会”期间，侨界政协委员提出《更好地发挥侨、台优势的建议》《加大对贫困归侨侨眷的扶助力度，推进社会的稳定与和谐》等提案，起到良好的社会效应。

四、维护侨胞港澳同胞权益

区侨联成立后，努力为华侨、归侨、侨眷落实房屋产权归属等权益问题。1984 年，思明区侨联协助有关单位，为 57 名归侨、侨眷（归侨 21 人，侨眷 30 人，旅外华侨 6 人）落实处理房产、经济、家庭、邻里纠纷等案件 65 件。其中，涉及政历案 10 件，“文化大革命”抄家案 6 件，房屋归属案 14 件，其他案 35 件。1985 年，思明区接待来访的归侨侨眷、海外侨胞 80 余人次，多为要求归还房屋。当年，区侨联协助解决归还房屋使用权 5 户，返还产权 22 户。侨眷黄礼匣于 1950 年被列为镇压对象后，30 多年不断申诉。1985 年，区侨联配合有关部门查清确属冤案，为他平反，恢复名誉，使他及其亲友大感欣慰。87 岁的黄礼匣说：“我死可瞑目了。”

1994 年，三区侨联帮助印尼的受难华侨华人共 80 多人回厦门购房安家，与教育部门联系为其子女入学提供方便，使他们得到妥善安置。

2002 年，开元街道等街道侨联先后成立“街道侨联法律工作室”，组建“阳光服务队”“法律早市”、社区“悄悄话室”和“法律援助室”等，为归侨、侨眷提供全方位的法律援助和服务。

2004 年，《中华人民共和国归侨侨眷权益保护法实施办法》一颁布，区侨联立即翻印 1 万册分发到归侨侨眷手中，组织各街道侨联委员和社区侨务干部学习、讨论，有效推进侨务法制建设。

2007 年，区侨联开展“侨法宣传月”活动，按照“三个一”（召开一次座谈会、出一期侨法宣传板报、为归侨侨眷做一件实事）要求进行部署。开元街道探索开展侨法宣传的新途径，与街道司法所联合，利用“法律早市”在归侨侨眷集中居住区开展侨法咨询活动。街道侨联主席林鲁民参加司法所组织的“阳光服务队”，到社区进行侨法宣传。

五、联谊活动

（一）文体活动

区侨联于每年春节（或元宵）、国庆（或中秋）、重阳节，举行联欢会、慰问会、外出参观、趣味运动会等联谊活动。与在厦门的印尼、缅甸、菲律宾、泰国、越南、柬埔寨、老挝等归侨联谊会开展联谊活动，在活动中收集各联谊会的意见和建议，提高为侨服务的水平。

2002—2003 年，鼓浪屿区侨联先后组织 100 多位小学生参加第三届、第四届世界华人小学生作文比赛。2005 年 5 月，区侨联举办题为《我与华文》的征文比赛，邀请境内外 6～15 岁的华侨华人学生参加。其间，收到新加坡、菲律宾、印尼、日本、美国、加拿大、马来西亚、韩国及中国香港等地参赛作文近 200 篇，评出一等奖 1 名（菲律宾侨中学院施子豪）；二等奖 2 名（厦门市人民小学的加拿大籍学生郑苏颖和新加坡毅道中学王晓亚）；三等奖 3 名（中国香港、新加坡、日本学生）；鼓励奖 12 名（新加坡、印尼、韩国、菲律宾等国学生）。

2006 年 4 月，区侨联与滨海街道联合举办区首届归侨侨眷趣味运动会，10 个街道办事处、致公党思明区基层委员会及嘉英房地产有限公司等 12 支代表队 150 多名运动员参加。是年“9·8”投洽会期间，区侨联举办“闽南印象”摄影展，展出由归侨、侨眷拍摄的作品 100 幅。作品内容有反映华侨华人归国寻根谒祖、工作生活的情况，有反映闽南与侨、台人文情缘关系历史等。

2007 年 12 月 15 日，思明区第二届归侨侨眷趣味运动会在厦门市成功学校举办。

（二）夏令营活动

每年暑假期间，区侨联与有关单位组织归侨侨眷子女举行夏令营活动。如，2007 年与区侨办、区少工委联办“2007 年思明区侨蕊”夏令营，被厦门市委文明办与市少工委联合授予厦门市“迎奥运、讲文明、树新风、促和谐”百场夏令营活动“优秀夏令营”称号。是年 10 月，区侨联、区海外联谊会和泰国庄甲盛大学联合主办泰国大学生“认知中国”夏令营，庄甲盛大学35名师生参加活动，泰国总领事馆副总领事招转芳等出席开营仪式并致词。

（三）接待与出访

区侨联每年接待回国观光探亲访友和参加“9·8”投洽会的侨胞数百人，在接待中结识许多海外朋友，增进友谊。2007年9月7日，印尼归侨、著名企业家融侨集团董事会主席林文镜到厦门参加第十一届中国国际投资贸易洽谈会，区侨联领导到酒店拜会他，并征询促进侨联工作发展的意见。

2004—2007年，区侨联领导人先后应邀出访南美、欧洲、澳洲等地，拜访当地华侨华人社团和知名人士，举行招商推介会、座谈会，宣传思明区发展情况。

（四）节庆活动

每年春节，给侨界知名人士和旅居海外对思明区经济作出贡献的华侨华人以及重点人士寄发新年贺卡。海外侨团举行庆典活动，则发出贺信、贺电或组团前往庆贺。鼓浪屿街道侨联成立留学生家属联谊组，加强与留学生的联系。

第十一章　残疾人联合会

第一节　代表大会

一、三区残疾人代表大会

（一）鼓浪屿区残疾人代表大会

第一次残疾人代表大会　1990年12月19日召开，代表78名，其中残疾人54名，占70%；健全人24名，占30%。大会选举区政府副区长颜惠庆为第一届区残联主席。

第二次残疾人代表大会　1995年6月23日召开，代表79名，其中残疾人54名，占70%；健全人25名，占30%。大会选举区政府副区长傅一民为第二届区残联主席。

第三次残疾人代表大会　2000年12月29日召开，代表76名，其中残疾人及亲友53名，占70%；健全人23名，占30%。大会选举区政府副区长游文昌为第三届区残联主席。

（二）开元区残疾人代表大会

第一次残疾人代表大会　1990年12月25日召开，代表287名，其中残疾人201名，占70%；健全人86名，占30%。大会选举区政府副区长杨玲为第一届区残联主席。

第二次残疾人代表大会　1995年4月26日召开，代表285名，其中残疾人199名，占70%；健全人86名，占30%。大会选举区政府副区长杨玲为第二届区残联主席。

第三次残疾人代表大会　2000年10月19日召开，代表275名，其中残疾人190名，占69%；健全人85名，占31%。大会选举区政府副区长蔡顺驰为第三届区残联主席。

（三）思明区残疾人代表大会

第一次残疾人代表大会　1990年12月29日召开，代表132名，其中残疾人95名，占71%；健全人37名，占29%。大会选举区政府副区长林国安为第一届区残联主席。

第二次残疾人代表大会　1995年5月26日召开，代表89名，其中残疾人60名，占67%；健全人29名，占33%。大会选举区政府副区长林国安为第二届区残联主席。

第三次残疾人代表大会　2000年12月7日召开，代表99名，其中残疾人及亲友59名，占60%；健全人40名，占40%。大会选举区政府副区长杨立才为第三届区残联主席。

二、三区整合后思明区残疾人代表大会

第四次残疾人代表大会　2003年12月19日召开，代表136名，其中残疾人97人，占71%；健全人39人，占29%。大会选举区政府副区长林国泰为第四届区残联主席。

第二节　组织机构

一、三区残联及其下属机构

（一）鼓浪屿区残联及其下属机构

区残联　1990年12月，鼓浪屿区残联成立，副科级，事业编制1人，由区民政局代管。2003年10月，并入思明区残联。

社区残疾人协会　区残联成立时下设11个社区残疾人协会；2000年12月整合为6个；至2003年整合为2个。协会领导成员由社区居委会干部和优秀残疾人组成。

专门协会　1991—1995年，先后成立区聋人协会、区盲人协会、区肢残人协会、区智力精神残疾人及亲友协会。

（二）开元区残联及其下属机构

区残联　1990年12月，开元区残联成立，副科级，事业编制2人，由区民政局代管。2003年3月，开元区残联升格为处级，人员编制不变。2003年10月，并入思明区残联。

区残疾人劳动服务站　1995年5月成立，为区残联直属股级全民事业单位，编制3人，经费自收自支，址设塔厝社；2001年迁址开元区社区服务中心大楼。

街道残疾人联合会　1991年5—11月，开元区6个街道先后成立残联。由街道办事处领导，接受区残联指导。

社区残疾人协会　有社区残疾人协会58个。协会领导成员由社区居委会干部和优秀残疾人组成。

专门协会　1991—1995年，先后成立区盲人协会、区肢残人协会。

（三）思明区残联及其下属机构

区残联　1990年12月，思明区残联成立，副科级，人员编制2人，由区民政局代管，接受市残联指导，经费由区财政事业费开支。1999年，区残联升格为副处级；2003年，升格为正处级。

区残疾人就业服务管理中心　1993年6月成立，为区残联直属全民事业单位，编制2人。

街道残疾人联合会　1991年5—11月，思明区5个街道先后成立残联。

社区残疾人协会　有社区残疾人协会5个，残疾人代表小组58个。

二、三区整合后思明区残联及其下属机构

区残联　2003年10月，三区残联整合成立思明区残联，工作人员2人，址在禾祥东路168号。

区残疾人就业管理中心　2003年12月，成立思明区残疾人劳动服务管理站，址在龙山东二路27-30号，编制6人，经费由区财政定额补助。2004年4月，更名思明区残疾人就业管理中心。2005年，经费改由财政全额拨款。

街道残疾人联合会　2003年12月，三区街道残疾人联合会整合，成立思明区各街道残疾人联合会。2007年，全区有鼓浪屿、鹭江、中华、厦港、开元、筼筜、嘉莲、梧村、莲前、滨海10个街道残疾人联合会。

社区残疾人协会　2003 年 12 月，三区社区残疾人协会整合，成立思明区各社区残疾人协会。至 2007 年 12 月，全区 95 个社区皆建立社区残疾人协会。全区办证残疾人 5376 人。

区盲人协会　2007 年 6 月 17 日成立。

第三节　主要活动

一、康复服务

三区残联成立后，探索残疾人康复工作的有效模式，形成政府主导、部门配合、社会参与、资源共享、协同推进的残疾人社区康复工作格局。建立三大网络：组织管理网络，成立区、街、居三级康复工作领导小组；技术指导网络，依托市、区医疗机构和专业康复机构，共成立 6 个康复技术指导中心，负责康复技术指导和培训；训练服务网络，以 6 个康复技术指导中心为龙头、各街道卫生服务中心为枢纽、各社区康复站为基础，开展残疾人康复训练服务。还有以专家指导小组为中心、社区康复医生为骨干、社区康复协调员为基础的专业化康复服务队伍。同时，建立健全经费投入保障机制，通过财政预算、社会捐助等多渠道筹措资金，完善基础设施建设，开展残疾人康复服务。

2004 年，投入资金 400 万元，把无障碍设施建设与市政建设有机结合，对全区无障碍设施进行改造，通过“创建全国首批无障碍示范城市”验收评比。2006 年上半年，全区圆满完成第二次全国残疾人抽样调查工作，并经省、市质量核查达到合格标准。2006 年 12 月，思明区被授予福建省“十五”残疾人工作先进县（市、区）称号。同时，被确定为全国残疾人社区康复示范区培育活动试点单位之一。为全面加强基层组织建设，首批选聘的 25 名社区残疾人联络员经培训全部走上社区工作岗位。是年，思明区被评为全国第二次残疾人抽样调查先进区。2007 年，完成“全国残疾人社区康复示范区”培育工作，做到“康复进社区、服务进家庭”，使残疾人“人人享有康复服务”。

2005—2007 年，投入 1300 多万元，建立 10 个中心康复指导站、95 个社区康复活动室，已有 3500 多名残疾人得到不同程度的康复服务。共有 485 名老年人接受白内障筛查，有 173 名白内障患者接受免费手术，基本做到“发现一例，手术一例”。区残联指导残疾人开展以家庭为基础的康复训练，每月定期开展健康教育，普及康复知识；开展残疾预防，实行儿童残疾发生报告制度，做到“早期发现、早期诊断、早期干预”。

“十五”期间，全区全面开展肢残人功能、智残人能力、盲人行走导向、聋儿听力语言、助视器配用、精神病防治康复等训练与服务。其间，完成肢残人功能训练 1200 例，智残人能力训练 1141 例；智残儿童康复训练率 92%；精神残疾患者监护率 100%；并为有需求的低视力者配用助视器。同时，区残联利用区内特教学校的条件，巩固、完善聋儿康复网络，对聋儿进行听力语言训练。

二、教育与培训

区政府将残疾儿童少年的特殊教育纳入普及义务教育的规划。“八五”计划期间，有 163 位视力、听力、言语和智力残疾的儿童接受特殊教育，其中有 112 人到培智和开智学校学习。残疾儿童义务教育入学率 70% 左右。

“九五”至“十五”期间，残疾人职业教育与培训得到发展。区残联利用远程教育手段和高校教师到点讲课培养残疾人教学骨干；多渠道、多层次、多种形式开展残疾人职业教育与培训，提升残疾人中等职业教育和高等职业教育的质量。2007 年，将“建立区残联就业、培训综合服务中心”列入思明区为民办实事项目之一。开展盲人定向行走培训，选择盲人相对集中的莲成社区进行无障碍设施改造，作为区盲人定向行走的专门培训基地；并扶助迦南自闭症教育中心进行残疾儿童培训。

三、就业服务

1993 年起，区残疾人劳动服务站协助政府有关部门开展残疾人待业调查、就业登记、能力评估、职业培训、就业介绍等工作；组织残疾人开办集体企业或从事个体经营，帮助残疾人到工商行政管理部门办理营业执照，落实扶持措施。至 1995 年，兴办 12 家区属福利企业。集中安排就业；并扶助数十名残疾人个体开业。

1996 年 6 月起，依照省政府颁布的关于保障残疾人就业的指示，区劳动监察部门对各企事业单位实行残疾人按比例就业工作，多次组织残疾人就业招聘会，向未吸收残疾人就业单位征收残疾人就业保障金。至 2005 年底，收取残疾人就业保障金 5336 万元。同时，区残联和区税务等部门制定扶持残疾人个体办业的优惠政策。许多残疾人创办服装店、饮食店等，涌现以洪尼为代表的一批残疾人自立自强模范人物。区残联启用残疾人就业保障金，资助 560 户贫困残疾人自谋职业；安置 2176 名残疾人就业。2005 年，残疾人就业率 85%。

区残联针对登记求职残疾人的特点，进行用工岗位分析，组织残疾人进行定向职业培训。1996—2007 年，全区举办残疾人劳动技能培训 178 场，培训内容涉及插花、电脑、缝纫、物业管理、修理自行车等，使残疾人能较快地适应工作岗位的需求。2006 年，区残联举行残疾人职业技能选拔赛，从中挑选一批优秀选手参加第二届全国残疾人职业技能大赛，获一等奖 1 人、二等奖 1 人、三等奖 3 人。

四、维护残疾人权益

“八五”计划期间，思明区残联制定《思明区残疾人保障办法》，将残疾人保障工作纳入区“二五”普法规划。区司法所和民事调解组织及时掌握残疾人权益保障的落实情况，为残疾人提供优先、优质、优惠的法律服务，调解纠纷，维护残疾人合法权益。区残联与各个街道、残疾人协会、交警支队、代步车安全组等单位建立工作网络。2004—2007 年，处理残疾人申诉、就业、教育、救济、康复、婚姻、住房拆迁、摊位拆除等纠纷案件 1568 起，来访 14363 人次，处理率 100%。

区法律援助中心设立残疾人法律援助工作站。2004—2007 年，为 2870 多名残疾人提供法律咨询，为 198 名残疾人提供法律援助。同时，协助实施最低生活保障应保尽保政策，每月享受低保金的残疾人 3100 人，补助总金额 134 万元；38 户无房特困残疾人享受廉租房。

2004 年，思明区投入 400 多万元对主次干道、学校、机关和居住小区进行无障碍设施的改造，努力创建全国无障碍示范城。2005 年，思明区被中国残联评为“创建全国首批无障碍示范城”先进单位。

五、宣传与文体活动

（一）宣传

1991 年以来，每年重大节日，社区居民委员会和社区残疾人协会开展各种有关助残的活动。开展“全国助残日”“国际残疾人日”“志愿者助残”“红领巾助残”及义演、义卖、康复咨询等宣传与助残活动。区残联配备专职信息员，通过创办励志刊物，在 968180 信息台设立残疾人就业网等宣传阵地，弘扬残疾人自强自立精神，营造扶残助残的社会氛围。

（二）文体活动

区各街道和社区设有残疾人活动站，市图书馆为盲人提供盲文及盲人有声读物借阅。区文体活动中心经常组织残疾人参加卡拉 OK、群众书画、棋类等比赛，普及自娱性社区文艺活动。

1992 年，思明区举办首届残疾人运动会，设田径、乒乓球、羽毛球等项目。2001 年，建立思明区残疾人运动员培训基地，组建残疾人足球队、篮球队、舞蹈队。残疾人运动会定期举行。2001 年和 2005 年，在厦门市第一和第二届残运会上，思明区残疾人运动员共夺得 7 枚金牌、4 枚银牌、1 枚铜牌，于第二届获团体总分第二名。残疾人运动员侯斌在残奥会上连续三届获得跳高金牌。

第十二章 红十字会

第一节 代表大会

一、三区红十字会会员代表大会

（一）鼓浪屿区会员代表大会

第一次会员代表大会 1994 年 6 月 13 日召开，选举新一届理事会成员，傅一民为会长。

第二次会员代表大会 1997 年 6 月召开，选举新一届理事会成员，徐平东为会长。

第三次会员代表大会 1999 年 6 月召开，选举新一届理事会成员，游文昌为会长。

（二）开元区会员代表大会

第一次会员代表大会 1995 年 11 月 20 日召开，到会代表 146 人，选举新一届理事会成员，杨玲为会长。

第二次会员代表大会 1998 年 6 月 17 日召开，选举新一届理事会成员，聘请区长杨玲为名誉会长，沈松宝为会长。

第三次会员代表大会 1999 年 4 月 6 日召开，到会代表 149 人，选举新一届理事会成员，聘请区长裴金佳为名誉会长，皮卫平为会长。

（三）思明区会员代表大会

第一次会员代表大会 1988 年 12 月 12 日召开，到会代表 86 人，选举新一届理事会成员，穆蓉贞为会长。

第二次会员代表大会 1989 年 11 月 25 日召开，到会代表 92 人，选举新一届理事会成员，穆蓉贞为会长。

第三次会员代表大会 1991 年 5 月 3 日召开，到会代表 96 人，选举新一届理事会成员，施秀丽为会长。

第四次会员代表大会 1994 年 4 月 20 日召开，到会代表 94 人，选举新一届理事会成员，施秀丽为会长。

第五次会员代表大会 1996 年 6 月 24 日召开，到会代表 97 人，选举新一届理事会成员，施秀丽为会长。

二、三区整合后思明区红十字会会员代表大会

第六次会员代表大会 2003 年 12 月 13 日召开。大会通过《思明区红十字会章程》，选举新一届理事会理事 56 人，其中常务理事 29 人；聘请区委书记裴金佳和区长郑云峰为名誉会长，选举区政府副区长何瑞福为会长。

第二节 组织机构

一、三区红十字会

（一）鼓浪屿区红十字会

1958 年 6 月，鼓浪屿区成立红十字会，在基层建立红十字组织、红十字卫生站和红十字老人督导

队。1966 年“文化大革命”开始，红十字会停止活动。1969 年，区红十字会恢复活动并与区卫生科（局）合署办公。1995 年，区编委下达区红十字会编制 1 名。历届理事会会长由副区长兼任，常务副会长由区卫生科（局）长兼任，由专人负责日常工作。会员代表大会之前，历任会长有方秀梨、刘芳、林大庆、周菡、颜惠庆等。2002 年，基层红十字组织 28 个，含团体会员单位 5 个；会员 2074 人，其中学生会员 517 人。

2003 年 10 月三区整合，并入思明区红十字会。

（二）开元区红十字会

1958 年 6 月，开元区成立红十字会，并在基层建立红十字组织和红十字卫生站。“文化大革命”期间，红十字会组织停止活动。1981 年恢复组织活动，区红十字会理事会与区卫生科（局）合署办公。全区有 144 个基层组织，会员 6225 人，其中青少年会员 2243 人。1994 年，基层红十字组织调整为 42 个，其中团体会员单位 9 个；会员 11327 人，其中青少年会员 6974 人。1995 年 12 月，区编委下达区红十字会编制 2 名。历届会长由副区长兼任，常务副会长由区卫生科（局）长兼任，委派专人担任秘书长负责日常事务。会员代表大会前，历任会长何淑英等。会址在故宫路 66 号，1997 年迁入禾祥东路 168 号。

2003 年 10 月三区整合，并入思明区红十字会。

（三）思明区红十字会

1958 年 6 月，思明区建立红十字会，并在基层建立红十字组织和红十字卫生站。“文化大革命”期间，区红十字会停止活动，至 1979 年恢复。1980 年 11 月，成立思明区红十字会理事会，与区卫生科（局）机关合署办公。1995 年 3 月，区编委下达区红十字会编制 1 名。全区有 89 个基层组织，会员 15217 人。会长由副区长兼任，常务副会长由区卫生科（局）长兼任，秘书长负责日常工作。会员代表大会前，历任会长有苏美英、陈黄伟等。

二、三区整合后思明区红十字会

2003 年 10 月，三区红十字会整合为思明区红十字会，行政编制 2 人，其中正处级 1 人。址设禾祥东路 168 号。全区红十字会基层组织 166 个，其中团体会员单位 12 家；会员 37553 人，其中青少年会员 34044 人。2007 年，会长由区政府副区长何瑞福兼任，常务副会长由区卫生局局长张国强兼任，吴慧玲调研员负责日常工作。

第三节 主要活动

一、万人献爱心活动

1999 年，区委、区政府办公室转发区红十字会《关于开展“万人献爱心”活动实施意见》，并发出通知，号召党政领导和各级干部带头推动，社会各界共襄善举。区红十字会共组织会员 205 人次在社区开展义诊、义修、义卖、义捐等献爱心集善款的系列活动，将服务所得全部捐献。先后募集“万人献爱心”善款 909.63 万元，赈灾捐款 284.49 万元，其他捐款 67.53 万元。善款皆用于公益事业和赈灾。

2007 年春，区红十字会在莲花影剧院召开万人献爱心活动动员暨思明区万人献爱心活动歌咏比赛，有街道、机关、学校共 12 队 600 多人参加活动。“五四”青年节在中山路开展大型的青年志愿者奉献活动，为开禾小学患白血病的杨富文小朋友发动募捐。参加活动的张灿民区长、曾毓琪副书记等区五套班子领导人带头捐款，为杨富文捐救助款 15000 元；还为松柏中学患红斑狼疮的学生柯莎丽捐助 10000 元。为帮助更多的重症青少年，区团委号召全区团员以特殊团费方式开展捐助活动，一个月里募捐

54309.8元。在各级领导的重视下，区内各街道、企事业单位及居民群众踊跃参与献爱心集善款活动，至11月全区各界群众募捐款共82.84万元。

二、济助贫困

区红十字会依托街道、社区及有关单位开展救助行动，帮助遭受意外灾难和有特殊困难者渡过难关。年年开展“红十字博爱送千家”活动，组织会员在元旦、春节期间，走访慰问孤寡残困难户。1988—2002年，思明区红十字会共资助患有急、危、重症的困难户146户（人），用款37.12万元；为591户困难户送慰问款10.72万元、大米217袋、食油297瓶、毛毯和新衣608件。鼓浪屿区红十字会开展“爱心慈善周送温暖”活动，慰问下岗困难户、孤寡残疾人共134人，慰问金2.29万元。开元区红十字会资助患有急、危、重症的困难户150多人，发放救助款35万元；走访慰问孤寡残困难户及下岗职工1550多户，发放慰问款50多万元。

2004—2007年，救助患有大病及急重症困难户593户（人），帮助24名失明贫困老人实施复明手术，共用款141.57万元。开展“爱心服务进社区”和“温暖您的冬日”活动，走访慰问困难群众共9190户，用款133.93万元，并为750户（人）孤寡贫困户发放价值22.5万元的红十字惠民门诊“助医卡”，每人每年获300～500元免费门诊医疗资助。

2007年，救助患有大病及急重症困难户162名，共用款43.17万元。进一步规范区“三无靠”人员的惠民门诊服务。全区享受惠民门诊人员近300人，每人受助门诊额提高到500元，为特困老人办实事。为1000户低保困难户送去（每户200元）款物，同时重点慰问68名因病致贫的重大疾病患者和13名贫困大学生，总慰问款28.91万元。在“政府服务月”深入250户红十字“三定一包户”慰问，慰问金共2.19万元。

三、赈济灾区

区红十字会获知外地区遭受严重灾害时，即发动社会各界发扬“一方有难，八方支援”的奉献精神，向灾区捐款捐物。如，1988年，思明区红十字会向非洲灾区捐款20.57万元，捐衣被等物资价值20多万元。1991年，开元区红十字会为华东水灾区捐款11.93万元、粮1.25万公斤、衣1224件。1996年“生命救助大行动”中，鼓浪屿区捐款7.07万元，开元区捐款23.47万元，思明区捐款18.26万元。1998年，思明区红十字会为闽北灾区捐款0.79万元，为長江灾区捐款4.83万元；开元区红十字会赈济长江灾区144.3万元、食品与衣被25.56万件。

1999年，思明区为台湾地震灾区捐款14.69万元。2000年，新疆、内蒙发生特大雪灾，开元区捐献衣被1万多件；思明区捐献衣被1.5万件。

2004年12月26日，印度洋发生海啸灾难。思明区各级红十字会迅速开展赈灾募捐活动。一个月募集赈灾款54.46万元寄往灾区。

2007年10月，思明区红十字会同厦门市红十字会组团前往（思明区对口帮扶的）宁夏泾源县进行捐助：厦门信和达电子有限公司捐资25万元，建希望小学1所；市红十字会向该县医院捐赠价值12.5万元的眼科诊疗设备；区红十字会向该县困难户捐助价值22.5万元物资。

区境遭受自然灾害时，红十字会皆及时开展抢险救灾活动。1999年，遭受14号台风袭击，思明区红十字会深入厦港、文安、滨海街道和曾厝垵、黄厝村等地，为65户受重灾困难户送去救助款和大米、毛衣等共值3万元；开元区红十字会深入沿海乡村，看望重灾户69户，发放赈灾款7万余元、大米320公斤、毛衣32件。

四、卫生医疗服务

区红十字会以“保护人的生命和健康”为主题，经常组织医疗卫生团体会员单位，深入社区开展服务和健康教育；以老年人和弱势人群为重点，开展“慢病”防治。2002年，鼓浪屿红十字志愿者开展免费医疗保健服务 2790 人次；为 4309 户 12042 人建立家庭健康档案，建档率 90% 以上；为 2251 位老年人、精神病人、残疾人建立专档，对其中 1985 人进行系统监测管理。该区红十字会还组织社区卫生服务中心与 12 户困难户结对，发给医疗助困卡；又发动捐资，为区境每户居民赠送用以装家庭成员健康资料的红十字卫生箱。鼓浪屿每天游人量大，区红十字会协同区卫生局组织医疗单位、驻军疗养院成立急救小组，并在港仔后等海滨游泳区设红十字救护站。解放军鼓浪屿疗养院红十字会救护组，近 4 年中成功救护海上溺水者 14 人、轻生者 5 人、突发心梗 4 人、中暑 8 人；进行创口缝合、骨折固定等 200 余人，其中外国游客 10 多人。该院红十字会多次被评为厦门市红十字会工作先进单位，省、市双拥共建先进单位。对于鼓浪屿的海上救护工作，中国红十字会总会和国际红十字联合会的代表经现场考察，均予以高度评价。开元区红十字会在街道、居（村）委会和学校普遍建立红十字卫生站，每年下拨专款用于添置简便医疗器具和常用药品。至 2003 年，为居民义务治疗小伤小病 13569 人次；为孤寡残疾困难户送医送药 12538 人次。思明区由 3238 名红十字会员和志愿者组成 93 个送温暖服务组、57 个敬老助残服务队、255 个学雷锋小组，分片包干，常年为 106 位孤寡老人、382 位残疾人、196 位烈军属开展生活与医疗服务。仅 2003 年各基层红十字卫生站义务为民治疗小伤小病 6528 人次、护送病人 821 人次。

2004—2007 年，区红十字会推进“爱心服务进万家”活动，为群众处理小伤小病 7809 人次，帮孤寡残及独生子女免费体检 21023 人次，救护、护送病人上医院 473 人次。全区 485 支社区红十字志愿服务队（组），定向服务孤寡残 424 户，累计慰问孤寡残特困户、救助急重病困难户计 10060 户（人次），用款 260. 1 万元。

五、红十字青少年活动

1980 年起，开展学校红十字活动。各校贯彻中国红十字会总会与教育部制定的《学校红十字会工作规则》等文件精神，建立红十字卫生站，做到“四个有”（每校有一间红十字活动室，每周有一堂红十字卫生课，每班有红十字卫生员，每个少先队中队有一支红十字“学雷锋”敬老助残小组）。各校在校园设置红十字宣传栏；开展红十字主题班会；举办红十字讲座，倡导人道、博爱、奉献精神。人民小学、鹿礁小学、笔山小学等，发动红十字青少年参加“五个一”活动：每日一检查、每日一登记、每周一公布、每月一评比、每学期一表彰。各校组织红十字青少年参与学校红十字卫生站服务活动，治疗小伤小病，协助学校保健老师做好视力保护和防病工作；组织卫生劝导队、学雷锋送温暖服务队，引导青少年会员参与社区服务活动。西郭小学红十字会敬老助残服务小队，利用节假日到福利院做好事，从不间断。每年寒暑假，三区和各校层层举办红十字夏（冬）令营，举办救护演练，培训卫生救护骨干，开展全区红十字青少年三角巾救护包扎比赛等。区红十字青少年工委还发动全区师生会员参加教育扶贫活动，为贵州紫云县希望小学捐款 22 万元。鼓浪屿区红十字会副会长林金铭于 1985 年被中国红十字会授予全国红十字会荣誉会员。1989 年，区红十字会被评为福建省“援非活动”先进集体，区红十字会会长颜惠庆、鼓浪屿人民小学红十字会会长叶灿云被中国红十字会总会授予全国先进会员（模范志愿工作者）。开元区红十字会有区卫协会等 4 个会员单位于 1987 年被授予福建省“援非”募捐先进单位；颜美雅等 7 人被授予福建省红十字会荣誉会员称号和证书。开元区卫协会于 1989 年被中国红十字会总会授予全国先进集体。1992 年，区红十字会会长杨玲被授予全国先进会员（模范志愿工作者）。1995 年，区红十字会被授予福建省最佳红十字会。思明区红十字会于 1987 年被授予福建省“援非”募捐先进单位；王茂琪等 7 人被授予福建省红十字会荣誉会员。区红十字会会长穆蓉贞、副会长王茂琪分别于 1989 年、1995 年被中国红十字会总会授予全国先进会员（模范志愿工作者）。

1994 年以来，区红十字会学校工委组织红十字青少年参加全国《中华人民共和国红十字会法》知识大赛、“全国无偿献血知识竞赛”和献血标语征集活动，以及全国性儿童画展、“我与红十字”征文比赛。民立小学有 2 名学生的作品获全国儿童画展三等奖和入选奖。滨东小学、大同小学、曾厝垵小学共有 4 人获全国《中华人民共和国红十字会法》知识竞赛纪念奖；区少年宫 2 人、渔民小学 2 人、民立小学1人分获厦门市“我心中的红十字”绘画征文竞赛二、三等奖。在厦门市无偿献血演讲比赛中，大同、思北、民立小学学生分别获得一、二、三等奖。

1995年，红十字国际委员会代表到民立小学考察后，称赞该校是他经历世界各地所见到的红十字青少年活动中搞得最好的学校。民立小学于1994年被授予“福建省红十字模范校”称号。同年，开元区红十字会被授予福建省最佳红十字会。1996年，开元区红十字会常务副会长陈振谒被授予全国先进会员（模范志愿工作者）。2001年，思明小学、大同小学被授予“福建省红十字青少年模范校”。2003年12月，湖滨中学被授予“福建省红十字青少年模范校”。同时，民立、思明、大同小学再次被授予“福建省红十字青少年模范校”。2004年，区红十字会被授予福建省社区红十字服务示范区。2005年2月，被授予全国社区红十字服务示範区。2006年，大同中学、第九中学、群惠小学、松柏二小、前埔南区小学被授予福建省红十字模范校。2007年，湖滨中学被中国红十字会总会、教育部授予“全国红十字模范校”。松柏中学、金鸡亭中学被授予“市红十字模范校”称号。

六、无偿献血

1997年，区红十字会宣传《厦门市无偿献血条例》《中华人民共和国献血法》，推动无偿献血工作。举办讲座，张挂标语，刊宣传栏，分发材料，使广大群众认识到“捐血救人，利民利己”，掀起无偿献血热潮。是年，思明区机关、学校、企事业干部职工和社区居民共2369人次参加无偿献血，计47.38万毫升。1997—1998年，开元区有4587人献血计91.74万毫升。至2002年8月，该区有1万多人（次）献血200多万毫升。区直机关、筼筜个协分会被厦门市政府授予无偿献血先进单位。

2003年10月至2007年12月，思明区有12369人次无偿献血，计247.38万毫升。区红十字会开展“捐献造血干细胞，关爱生命”宣传活动，发动志愿者加入捐献造血干细胞队伍。2007年，全区有4239人次参加无偿献血，计81.84万毫升，获省政府授予“2007年全省无偿献血先进区”称号。

七、救护培训

1990年起，三区着手“城乡自救互救网和自助互助网”建设，组织开展救护培训。至2003年10月，共培训师资661人（次）、街道红十字骨干2584人（次）、学校红十字卫生员255人，并在各基层红十字卫生站组建以红十字卫生员和退休医务人员为骨干的卫生救护队。思明区在区卫生局、思明交警大队的支持下，联手成立“区红十字会机动车驾驶员工作委员会”，并建立培训基地。该基地分期分批办班222期，培训行业红十字救护员36037人次，全区机动车驾驶员全部持有急救员合格证。开元区对6个街道105个居（村）委会红十字会干部130人进行多次多项培训，举办急救四项技术及心肺复苏术培训125场；分期分批对基层红十字骨干、志愿者进行轮训；与开元交警大队合作，开展机动车驾驶员卫生救护培训，共举办230期。经培训者都成为红十字急救员。

2004年，思明区对街道、社区红十字会骨干进行9期业务及救护培训，共883人次。

2005年，“5·8”世界红十字日及“9·10”世界急救日期间，举办2场由各街道、社区红十字会干部300人参加的救护技能竞赛。同期，各社区以“自救互救——红十字在行动”为主题，组织院前救护、居家护理、卫生保健、家庭安全知识、红十字业务等方面的培训，共举办588期，参加者30132人。

2006年，举办2场由各街道、社区红十字会干部300人参加的救护技能演练与溺水救护培训。各社区先后组织红十字业务培训，共497期，参加者20334人。

八、创建全国示范区

2003年11月起，区红十字会以创建全国社区红十字服务示范区为目标，推进社区红十字服务。以鹭江街道7个社区为试点，集中社区红十字骨干进行培训。组织各街道社区红十字会干部到厦港街道下澳社区观摩学习。经不断实践，完善工作机制，效果显著。通过检查验收，全区95个社区都达到总会、民政部制订的各项标准；抽样调查群众满意度为99.1%。

全区各社区建立红十字服务站，培训由会员和社区骨干组成的红十字志愿服务队人员（共5000人），常年开展“红十字博爱送万家”活动。为低保户送慰问款物；兴办惠民门诊医疗点，发放“惠民门诊医疗卡”，向孤寡老人每年提供定额500元的免费医疗服务；为白内障贫困老人进行复明手术；资助贫困“先心”患儿进行手术治疗等。社区红十字服务站配备保健箱、添置体温计、血压计、听诊器、轮椅等简易医疗器具和常用药品。

各街道、社区设置多个红十字宣传栏，常年宣传红十字知识和各种防病知识。在世界红十字日、献血日、世界卫生日、预防艾滋病宣传日、《中华人民共和国红十字会法》颁布实施周年庆等期间，社区红十字骨干和医务人员到社区举办宣传讲座（至2007年共295场，受教育群众2.5万人次）。同时，开展义诊、健康咨询、量血压、验血等服务。

2004年，思明区被评为福建省首个社区红十字服务示范区。2005年2月，中国红十字会总会和国家民政部表彰思明区为首批“全国社区红十字服务示范区”。2007年，区红十字会被中国红十字会总会评为红十字工作先进集体。

九、对台事务

1988—2003年，三区红十字会服务中心共接待台胞台属1705人次，办理寻人信件112宗，为两岸同胞找到亲人46人，参与处理有关事项129宗，协助办理死亡事件10宗，其他事件6宗。

1995年10月，开元区红十字会投入11万元，在厦门与金门海域交界处的上屿岛建红十字救护站。1996年，引资40多万元将其扩建为海上救护中心，组织医务人员轮流上岛，为两岸往来的渔船民治伤病；为两岸红十字组织履行《金门协议》，实施遣返交接作业提供平台。1998年7月，金门红十字人士3人上岛参访，建议将此岛作为金厦两地携手进行医疗合作的“中继站”。此救护站的设立，受到全国人大“红十字会法”检查团、中国红十字会总会、红十字国际委员会代表的肯定，将有关录像资料送达红十字国际委员会瑞士日内瓦总部。

三区整合后，区红十字会协同有关部门，在金门红十字组织参与下，妥善解决何厝、塔埔和黄厝村民的海上“越界”养殖问题。2006年初，区红十字会首次组织街道、学校红十字骨干会同闽南三角区红十字联谊会代表赴金门交流考察，促进友好往来。

十、交流交往

1985年以来，区红十字会接待7批国外友人：国际红十字会与红新月会联合会代表、红十字国际委员会驻东亚地区香港办事处代表团、联合会亚太寻人局代表、国际联合会亚洲地区卫生代表、美国红十字会代表、日本红十字会血液事业代表团、日本红十字会代表团。同期，还接待了台湾和金门红十字代表团、香港红十字会代表团、香港红十字义工团、全国人大《中华人民共和国红十字会法》执法检查团、中国红十字会总会领导暨全国会议代表，以及江苏、安徽、湖南、南京、广州、杭州、沈阳、珠海、天津津南区、江西景德镇、宜春、湖南娄底、新疆昌吉州、内蒙包头、乌海、河北保定等地红十字团组。区红十字会多次派代表出席全国中心城市、省市红十字会工作研讨会、东南九省交流会、闽南红十字联谊会工作会，参加研讨和交流。组织部分优秀示范社区及街道的红十字骨干前往外地考察红十字志愿服务、募捐管理、救护培训等经验。选派代表参加由市红十字会组织的红十字会干部夏令营，赴金门、南宁、江西等地交流经验。

2007年9月21日，在举行“世界急救日”活动中，区红十字会协助省、市红十字会和相关单位在厦门市举行“海峡两岸红十字海上救生救护协同演练暨研讨会”。此次活动，邀请中国救生协会、澳大利亚和中国台湾、香港、金门的水上救生专家及福建省各地市的代表，共130人参加演练观摩及研讨。

第十一卷　政　法

清光绪三十二年（1906年）十二月至宣统二年（1910年）六月，区境先后设立兴泉永道巡警总局、厦门商埠初级审判厅、厦门商埠地方审判厅、厦门商埠地方检察厅。民国时期，区境设公安警察局、地方检察厅（处）、地方审判厅（法院）。

1949年10月17日区境解放，废除民国政府警察、司法机构，建立人民民主专政的公安、司法机关。鼓浪屿区、开元区和思明区公安、司法部门开展肃特、清匪、镇压反革命分子和取缔反动会道门等斗争，以及打击各种刑事犯罪活动，加强社会治安管理。1959年，碧山派出所被公安部授予“爱民先进模范”称号。“文化大革命”初期，公安、司法机构受到冲击而瘫痪。1972年起，公安、司法机构与工作逐渐恢复正常。

中共十一届三中全会后，三区不断加强公安、司法队伍建设，提高法治水平。贯彻《中华人民共和国治安管理处罚条例》《中华人民共和国刑法》《中华人民共和国刑事诉讼法》《中华人民共和国民事诉讼法》《中华人民共和国经济合同法》等一系列法律法规，打击各种刑事犯罪和经济犯罪活动。1983—2003年，三区公安、司法部门集中力量，发动群众，开展3次严厉打击杀人、抢劫、绑架、强奸等严重刑事犯罪活动，依法逮捕犯罪分子。1984—2007年，开展12次“专项整治”，社会秩序明显好转。1986—2007年，接连5次开展五年普及法律常识教育活动，组织干部群众学习《中华人民共和国宪法》《中华人民共和国刑法》《中华人民共和国民法通则》《中华人民共和国专利法》等100多个法律法规，提高全民懂法、守法、用法的自觉性。其间，三区成立社会治安综合治理领导机构，建立警民联合的治安防控体系，广泛开展社会治安综合治理和创建“平安思明”活动。2004—2007年，思明区依法逮捕各种犯罪分子4832人，摧毁犯罪团伙130个；查办贪污、贿赂、挪用公款等经济犯罪案件61件66人，为国家挽回直接经济损失1828.98万元。营造团结和谐的政治环境、安定稳定的社会环境和安居乐业的生活环境。2005年和2007年，思明区先后通过省级首批平安区验收和平安区复核。

第一章　公　安

第一节　公安警察机构

一、清与民国时期公安警察机构

清光绪三十二年（1906年）十二月，区境设兴泉永道巡警总局。

民国元年（1912 年），区境设厦门警务局。民国 3 年，经北洋政府批准，厦门警务局改为厦门警察厅。民国 16 年 5 月 3 日，厦门警察厅改称厦门公安局。民国 23 年，厦门公安局改称思明县公安局。民国 35 年，区境设思明、浮屿、厦港 3 个公安警察分局。民国 37 年，浮屿分局改称开元分局。

1949 年 10 月 17 日，区境解放，民国政府公安警察机构消亡。

附：厦门治安维持会

民国 27 年 6 月 20 日，区境成立日伪厦门治安维持会，内设警务科和水警处；下设东区、南区、西区、北区、鼓浪屿、禾山警察署，浯屿、金门行政公署警务科和 18 个分驻所。民国 28 年，日伪厦门治安维持会改称警察局，下设水警处和东区、南区、西区、北区、鼓浪屿、禾山、浯屿、金门 8 个警察分局及 18 个分驻所。日本投降后，日伪警察局消亡。

二、中华人民共和国成立后公安机构

（一）三区公安机构

厦港公安分局　1949 年 10 月成立，下设厦门港、石码、浯屿水上派出所。1950 年 5 月，厦港区并入思明区，厦港公安分局划归思明公安分局。

鼓浪屿公安分局　1949 年 10 月成立，下设龙头、鹿礁、内厝、延平、笔山公安派出所。1952 年 8 月，撤销鼓浪屿公安分局，设公安助理员，1954 年改设区公安特派员。特派员辖区设鹿礁、内厝、延平、笔山 4 个公安派出所。1955 年 8 月，各派出所合并为内厝派出所。1956 年 7 月，复建鼓浪屿公安分局。1968 年 9 月，区公安机关改为区人民保卫组，派出所改为人民公社人民保卫组。1971 年 11 月，人民公社人民保卫组复称公安派出所。1972 年 4 月，复称鼓浪屿公安分局。2002 年，公安分局内设办公室、政治处、纪检监察室、后勤科、法制科、户政科、通信网安科；下辖国保大队、治安大队、刑警大队；下设内厝澳、龙头、日光岩派出所。2003 年 10 月，鼓浪屿公安分局并归思明公安分局。

开元公安分局　1949 年 10 月成立，下设开元、鹭江、美仁公安派出所。1952 年 8 月，撤销开元公安分局，设公安助理员，1954 年改设区公安特派员。特派员辖区设鹭江、大同、思北、开禾、打铁、禾祥、溪岸、公园、厦禾 9 个公安派出所。1955 年 8 月，9 个派出所合并为大同、鹭江、溪岸、鹿礁 4 个派出所。1956 年 7 月，复建开元公安分局。1968 年 9 月，区公安机关改为区人民保卫组，派出所改为人民公社人民保卫组。1971 年 11 月，人民公社人民保卫组复称公安派出所。1973 年 12 月，恢复开元公安分局。2002 年，公安分局内设办公室、政治处、纪检监察室、后勤科、法制科、信息通信科、网安科、户政科；下辖国保大队、治安大队、刑警大队、经侦大队、禁毒大队；下设鹭江、公园、厦禾、梧村、筼筜、滨北、莲花、松柏、洪文派出所。2003 年 5 月，撤销松柏派出所，洪文派出所更名莲前派出所；10 月，开元公安分局并归思明公安分局。

思明公安分局　1949 年 10 月成立，下设思明、升平、中华公安派出所。1952 年 8 月，撤销思明公安分局，设公安助理员，1954 年改设区公安特派员。特派员辖区设思明、中山、泰平、文安、中华、民安、碧山、大学、厦港 9 个公安派出所。1955 年 8 月，9 个派出所合并为思明、碧山、中华、文安 4 个派出所。1956 年 7 月，复建思明公安分局。1968 年 9 月，区公安机关改为区人民保卫组，派出所改为人民公社人民保卫组。1971 年 11 月，人民公社人民保卫组复称公安派出所。1973 年 12 月，恢复思明公安分局。2002 年，公安分局内设办公室、政治处、纪检监察室、后勤科、法制科、信息通信科、网安科、户政科；下辖国保大队、治安大队、刑警大队、经侦大队、禁毒大队；下设思明、中华、碧山、文安、中山、滨海派出所。是年 3 月，被评为“全国公安机关三项教育活动先进单位”。2003 年 5 月，撤销中山派出所。

（二）三区整合后公安机构

2003 年 10 月，3 个区公安分局整合为思明公安分局。2007 年，内设办公室、政治处、监察室、后勤科、户政科、法制科、信通科、网安科；下辖刑事侦查大队、经济犯罪侦查大队、禁毒大队、治安大队、国内安全保卫大队、厦门市公安局特巡警支队巡警思明大队和嘉莲、筼筜、梧村、开元、莲前、中华、滨海、何厝、鹭江、曾厝垵、滨北、碧山、鼓浪屿 13 个派出所，以及 96 个警务室。

2007 年思明区公安派出所管辖社区警务室一览表

表 11-1-1　　单位：个

所　别	警务室	警务室名称
嘉莲派出所	11	长青、松柏、莲西、莲兴、莲花北、盈翠、莲秀、华福、莲花五村、龙山、明发商业广场
筼筜派出所	11	一里、四里、湖光、槟榔、育秀、莲岳、屿后西、屿后、仙岳、仙阁、西郭
梧村派出所	11	金祥、万寿北、东坪、文灶、溪东、文屏、双涵、梧村、滨中、浦南、金榜山
开元派出所	12	虎溪、深田、溪岸、阳台山、坑内、西边、后江、希望、湖滨、美湖、美仁、天湖
莲前派出所	15	前埔南、万景、前埔北、莲薇、洪文、莲丰、侨福城、莲翔、莲云、莲顺、瑞景、金鸡亭、龙山桥、西林、莲怡
中华派出所	6	中山、文安、思南、仁安、镇海、霞溪
滨海派出所	3	黄厝社区、演武社区、白城社区（附加学生社区）
何厝派出所	5	前埔、岭兜、莲成、何厝、塔埔
鹭江派出所	7	鹭江道、大同、营平、双莲池、小学、厦禾、禾祥西
曾厝垵派出所	2	前田、上李
滨北派出所	4	官任、岳阳、振兴、金桥
碧山派出所	7	鸿山、福海、巡司顶、南华、蜂巢山、沙坡尾、下沃
鼓浪屿派出所	2	龙头、内厝

第二节　打击反动势力

一、肃清特务

1949 年 10 月区境解放，但反动势力仍十分嚣张，台湾、金门派遣特务入境搜集情报和进行暗杀活动；残留反动军官与流氓、恶霸等组成反革命组织，妄图配合台湾所谓“反攻大陆”，制定颠覆人民政权和杀害共产党干部计划。厦港、鼓浪屿、开元、思明四区人民公安机构集中力量开展肃清特务的斗争。1949 年冬，捕获原毛森所属警备司令部军法室主任、特务分子魏某。随后捕获警备司令部稽查处侦讯科长、特务分子沈某和反共救国军闽南暂编队少将副司令兼长泰县长连某。1950 年夏，捕获一批潜伏在区境的反共救国军武装特务。1950 年 11 月，破获“闽粤边区游击指挥部第九纵队”指导员陈某；同月，侦查“中美合作所”特务庄某一伙抢劫与扰乱金融的重大案件，捕获团伙成员 32 人。1951 年 2 月 24 日，厦门市公安局破获隐藏在鼓浪屿的国民党保密局“厦门独立潜伏台”台长陈功。是年，公安机关破获武装特务组织“反共救国军鹭江纵队”“厦鼓行动队”及“三五反共救国工作团”等。

1954 年 2 月，开展打击台湾派遣特务的“闽南战役”。三区公安机关破获特务案件 24 件，逮捕特务分子 38 人。1956 年 12 月，公安机关破获受台湾国民党情报局派遣由香港潜入搜集情报和进行爆破活动蔡某案。1959 年 11 月，捕获经台湾特务机关派遣由金门偷渡潜入的特务曾某。1962 年 10 月，破获阴谋破坏火车站、和平码头和粮食仓库等要害部位的台湾国民党特务林某案件。

1968 年 9 月和 1969 年 2 月，先后捕获由金门偷渡潜入的特务分子曾某、余某。1970 年 3 月，捕获从香港潜入的国民党情报局特务分子郑某。1983 年 12 月，破获国民党“大陆工作会”派遣特务案件。

1985 年后，特务间谍案件划归市国家安全局负责。

二、镇压反革命分子

1950 年，厦港、鼓浪屿、开元、思明公安分局在镇压反革命运动中，严打匪首、惯匪、恶霸、反动党团骨干等，依法判处一批罪大恶极的反革命分子死刑。1951 年，三区群众揭发反革命分子罪行的电话 100 多次、信件 100 余封。1952 年，集中打击隐蔽、潜逃的反革命分子和现行反革命破坏活动。1953 年，彻底摧毁危害社会的“草仔垵派”“城内派”“关隘内派”“厦港派”“大王派”“二王派”“鼓浪屿派”“美仁宫派”“寮子后派”等流氓帮派。

1956 年 4 月，三区分别召开万人大会，依法审判披着宗教外衣进行造谣破坏、挑唆教徒与人民政府为敌的反革命集团 21 名成员。在破获反革命案件中，群众提供揭发材料 1 万多件，协助破案占破案总数 47%。在镇反运动中，党政机关和企事业单位查出隐藏的反革命分子和坏分子占内部工作人员总数 3%。

1958 年 4 月至次年夏，三区公安机关清查一批隐藏较深的反革命分子，收缴长短枪 1615 支。1959 年 10 月，三区分别开展敦促反革命分子投案自首的政治攻势，并召开大会宣布特赦一批罪犯。1961 年 7 月，破获以陈某为首的反革命集团。

三、取缔反动会道门

中华人民共和国成立初，厦门“一贯道”（又名“中华道德慈善会”）利用迷信活动，煽动群众攻击新生人民政权。天主教神职人员西班牙人茅某、吴某受南京天主教会黎培里指使，在鼓浪屿天主教堂秘密成立“圣母军”（又称“圣母慈爱祈祷会宗教之友支会”），监视爱国教徒，破坏“三自革新”运动。1953 年 3 月，公安机关摧毁“一贯道”反动会道门，一批罪恶重大的道首受到严惩，其中严某、张某被依法处以死刑；9 月，公安机关取缔“圣母军”，强制 19 名“圣母军”分子履行登记，将茅某、吴某驱逐出境。

1983 年 7 月，三区公安分局取缔隐藏在基督教会中的“呼喊派”反动组织。

1994 年，台湾邪教“观音法门”派遣张王某入境进行非法组织活动。三区公安分局取缔其聚会点，没收非法书刊传单，对其骨干分子进行传唤审查，勒令张王某离境。

1999 年 1 月 28 日，查获台湾“一贯道”和“义隆佛堂”设于禾祥东路的“义隆佛堂”，对“一贯道”骨干人员张某、黄某进行处理，责令 300 余名信徒办理退道手续；7 月，中共中央作出打击处理和解散“法轮功”邪教组织决策后，三区对邪教“法轮功”痴迷者进行清查登记，取缔 4 处练习点，收缴邪教“法轮功”书籍 118 本、录像带 20 盒、录音带 116 盒、VCD9 片、印刷宣传品 46 份，依法处理违法人员 9 人。2002 年 4 月 12 日，在区境抓获公安部网上追逃的江苏省南京市在逃邪教“法轮功”顽固分子陈某。2003 年 12 月，公安机关查获厦门华星大厦邪教“法轮功”宣传品制作窝点，抓获 3 名犯罪嫌疑人。2005 年，破获邪教案件 28 起。

第三节　刑事侦察

区境刚解放时，抢劫、凶杀、诈骗等刑事犯罪案件不断发生。厦港、鼓浪屿、开元、思明公安分局抓紧对刑事犯罪案件的侦破。

1949 年 11 月，后海墘居民苏某被抢劫案在 8 小时内侦破，主犯李某、吴某于当年 12 月 14 日被处决。同年 11 月 30 日，破获杀害中山路叶某医师父子的重大案件，案犯吴某、林某等 6 人落网。1950 年 4 月，破获抢劫黄某家案件，案犯陈某（反共救国军指导员）、廖某、黄某等 12 人先后落网。

1957 年 9 月，公安机关破获惯犯蔡某诈骗归侨庄某夫妇财物价值 1.65 万元的案件。1959 年 1 月，破获厦门市玻璃厂价值 5 万元白金坩埚被盗案，案犯李某被判处死缓刑。1960 年 4 月，破获在公园、纪念碑一带奸淫、侮辱妇女 15 人的潘某等 3 人流氓团伙，主犯潘某被判处死刑。1963 年 1 月，破获以吴某为首的强奸、轮奸 8 名妇女的犯罪团伙；5 月，破获在厦门及上海等地奸淫 17 名妇女的唐某等 7 人团伙。1964 年 12 月，破获以林某等为首的轮奸、奸淫妇女 10 人、玩弄妇女 7 人的犯罪团伙。各团伙主犯被依法判处死刑、有期徒刑。

1971 年 3 月，破获盗用民兵步枪击伤张某并打死张某之妻子女 3 人的罪犯张某，判处死刑。1972 年 9 月，抓获冒充烈士后代、高干子弟等多种身份，在南平、厦门等地作案 10 多起的诈骗犯李某，判处 18 年徒刑。1973 年 10 月，在押犯蔡某越狱逃跑后继续盗窃、强奸、杀人，次年被抓获归案，判处死刑。1974 年 5 月，抓获强奸妇女、抢劫罪犯曾某，当年处决。1975 年 12 月，侦破在福州、莆田、同安等地盗窃 6 辆货车及货物的罪犯毛某等人，判处死刑。

1979 年 2 月后，三区公安机关贯彻执行《中华人民共和国逮捕拘留条例》《中华人民共和国刑法》《中华人民共和国刑事诉讼法》等，加大打击刑事犯罪力度。1979—1982 年，三区公安机关共查处各类刑事犯罪案件 1546 起 5733 人，依法逮捕 616 人。1983 年 1 月，破获柳州流窜至莲坂水库的强奸抢劫犯梁某、覃某，两犯被依法处以死刑；7 月，思明公安分局抓获化名黄云龙的上海市通缉杀人抢劫犯朱某，交由上海市公安局押回处理。1984—1994 年，三区公安机关共破获各类刑事犯罪案件 6315 起 27825 人，依法逮捕 3353 人。其中，1987 年，抓捕三明市公安局追捕的杀人犯邱某，抓捕北京市公安局通缉的抢劫杀人犯王某；1989 年，侦破来自辽宁的流窜犯胡某、王某等人于 1987 年 3 月 24 日杀害出租汽车司机林文展后抛尸筼筜湖案件；1989 年，破获来自新疆和广东的流窜犯马某、范某等人结伙盗窃台胞财物总值近 4 万元的案件，马犯被判处死刑，范犯被判处无期徒刑。1990 年，侦破叶某等人 6 次盗窃感光公司银泥 550 公斤价值 10 万多元案件，依法判处叶某死刑。1990 年 5 月，侦破孙某等 3 人蒙面闯入嘉美花园台商李某家中抢劫金饰价值 16 万元案件，主犯孙某被处死刑。1993 年，思明区开展以“打暴力、反盗窃、挖团伙、抓流窜、追逃犯”为重点的专项斗争。破获各类刑案 244 起，其中重特大案件 153 起，依法逮捕 119 名犯罪分子，摧毁团伙 36 个 124 人。

1995 年，三区公安机关开展“严打治乱”“反黑打毒”“追捕逃犯”“春季严打攻势”及 14 次统一搜捕行动等，破获刑事案件 223 起，破案率 74.3%。其中，重特大案件 199 起，破获 135 起，破案率 67.83%。

1996—2002 年，三区公安机关共破获各类刑事犯罪案件 12043 起 35595 人，依法逮捕 5552 人。其中，1997 年，开元刑警大队配合珠海市公安局，抓获在珠海市造成一死二伤、抢劫 8 万多元的抢劫杀人犯杨某（江西上饶县人）。1998 年，开元刑警大队侦破 1997 年 6 月 2 日在厦门市冠城广场偷盗、贩卖婴儿案，抓获罪犯周某（贵州人），解救 1 名 2 岁男婴。2000 年 11 月，开元刑警大队、公园派出所配合新疆乌鲁木齐市公安局，在万寿路万龙公寓抓获乌鲁木齐市“2000.10.14”特大抢劫杀人犯陈某、张某夫妇（黑龙江省人）。同年，开元刑警大队与鹭江派出所破获拐卖儿童案件 1 件，解救 1 名 2 个月男婴；侦破诱骗贩卖妇女案 1 件，解救 2 名未满 16 岁少女。

2003 年 10 月三区整合后，思明区公安机关重点侦察杀人、绑架、抢劫、涉枪、爆炸等 8 类案件。2005 年 9 月 19 日，一代佳人娱乐城发生故意杀人案件。思明刑侦大队快速侦破，擒获杨某、张某、邱某 3 名罪犯（台湾人）。2006 年 5 月，思明刑侦大队破获 1994 年 5 月 21 日发生在仙岳村故意杀人案，抓获化名“黄珠宝”潜逃 12 年案犯李某。2007 年 1 月 14 日下午 17 时，某出国留学服务有限公司总经理林某被绑架到湖南省长沙市，筼筜派出所与思明刑侦大队配合作战三天两夜，抓获罪犯李某、黄某、孟某、郭某（均为湖南长沙人）等 7 人，安全解救林某。2004—2007 年，公安机关侦破刑事案件 16817

起，依法逮捕各种犯罪分子4832人，摧毁犯罪团伙130个。

第四节 户籍管理

一、常住人口管理

1949年10月17日，彻底废除旧户口管理制度，建立新户口管理制度，由市人民公安机关统一管理户籍；10月27日，厦港、鼓浪屿、开元、思明四区公所和公安分局举行户政移交大会。

1950年2月，厦港、鼓浪屿、开元、思明公安分局根据《厦门市初步整理户籍暂行办法》，进行户籍整理工作。按旧保甲范围，以旧户籍为基础，以区为单位，逐保逐甲逐户核对旧户卡及旧国民身份证。在户籍整理完成后即按新编街组编排户口次序，在旧国民身份证加盖印章暂准使用，初步建立户口管理制度。同时，厦港、鼓浪屿、开元、思明四区执行《厦门市户口异动登记暂行办法》，实施居民迁入、迁出、出生、死亡的户口申报登记制度。

1951年3月，区境使用华东区制定的户口迁移证，并启用户口专用章；11月，执行市公安局《厦门市户口管理实施办法》。1952年，执行公安部《城市户口管理暂行条例》，统一使用公安部制定的户口迁移证和户口专用章，并换发新居民户口簿。

1953年6月，根据国务院、省公安厅和厦门市公安局关于制止农民盲目进入城市的指示，区境对农村人口迁入城市实行控制。1955年，区境执行《厦门市公共户口管理试行办法》，对“公共户口”包括机关、学校、企业及部队非军籍人员进行登记，以一个单位为一户。1957年8月，执行市公安局《关于执行人口卡管理制度的暂行规定》。1958年1月9日，《中华人民共和国户口登记条例》颁布，三区完善户口登记制度。贯彻公安部和省公安厅文件精神，推广碧山派出所业务建设办法，对年满16岁以上常住户口逐人登记，建立户口资料档案。

1975年10月1日起，三区对迁入辖区的“农转非”（农业人口转为非农业人口）户口使用“准迁证”（二联式），由市公安局审批。1978年，执行公安部规定的“农转非”户口控制比例。1980年7月1日起，统一使用公安部制定的“准迁证”（三联式）。1984年3月起，执行市政府《关于严格控制厦门城市人口机械增长的暂行规定》，“农转非”户口迁入由市公安局户政科统一审批。1988年，三区公安分局应用计算机管理人口信息，建立基本信息管理制度。1992年，三区公安分局推行户口协管员制度。1994年，三区19个派出所全部建成计算机管理系统并推向前台办公。

2003年春起，三区规范常住户口准入条件、投资落户准入条件、驻厦办事机构落户准入条件、购房落户准入条件、投靠和收养落户准入条件、“蓝印户口”转为常住户口准入条件、小城镇户落户准入条件、对区境有突出贡献的外来人员准入条件。同时，对外来投资者的户口迁移和吸引人才进来的户口迁移，实行优惠政策；对本籍迁出的离退休人员要求回来落户者，加以放宽。是年8月1日起，取消“蓝印户口”；取消“农业”与“非农业”二元户口管理体制，建立城乡统一户口登记管理制度，统一登记为居民户口。此起，户口迁入辖区的以准入条件取代人口控制指标，户口迁入实行核准制，取消审批制；居民迁移户口以具有合法固定住所、职业、经济来源等主要生活基础为依据，优化人口结构。

2004年11月，简化户口迁移程序。2005—2007年，区公安分局发挥网络管理优势，推行《暂住人口》《人员信息、活体指纹采集》等计算机管理，实现信息共享。

二、暂住人口管理

1959年，三区公安分局在各户口段设立“警民联系箱”。“文化大革命”始，“警民联系箱”停用。1969—1972年，多次清理流入区境无户口人员，动员其回乡。1973年，实行“暂住人员登记单”办法。

1984 年 8 月起，三区公安分局执行厦门市公安局《关于加强外来暂住人口管理工作的请示报告》规定。1985 年 9 月始，执行公安部《关于城镇暂住人口管理的暂行规定》。1988 年 9 月起，区境根据市公安局和市劳动局联合规定，实行使用外地劳动力、农村劳动力暂住户口的申报办法。

1991 年，三区公安分局开展以私房出租户为重点的户口管理整顿，颁发私房出租安全许可证 4165 户。是年，三区在暂住人口中查获流窜犯 1056 名，占全年查获刑事犯罪分子 47.48%。1993 年，开展户口执法月活动，并结合冬防做好外来人口管理，重新颁发私房出租安全许可证。当年 6 月 1 日起，实施厦门市政府《关于办理“蓝印户口”的暂行规定》和《厦门市收取城市增容费暂行办法》，至 1994 年，三区办理蓝印户口 6689 人（占全市办理蓝印户口总数 66.6%）。1994 年 7 月，区公安机关执行市政府《厦门市暂住人口登记管理规定》，集中警力开展清理整顿工作，按照职业和流动状况，将暂住人口进行分类管理；创造条件使 2.4 万名外来劳力住宿“外口公寓”，统一住宿，统一管理；为 8000 多名暂住人口办理“蓝印户口”。在管理机构方面，规范申报站，统一站牌，健全制度，培训户口协管员。

2002 年 3 月 29 日，执行《厦门市暂住人口登记管理规定》；4 月 16 日，执行《厦门市房屋租赁管理规定》。

2007 年，全年登记办理流动人口 19.6 万人，其中外国和台港澳籍人员 2010 人。全区出租房 37094 户，落实管理措施占 95%。

三、颁发居民身份证

1985 年 6 月起，对年满 16 周岁以上常住居民，颁发居民身份证。至 1988 年底，三区完成发证任务。1989 年 5 月 1 日起，三区公安分局分别进行居民身份证查验与补发。1990 年，三区共发居民身份证 866549 件。

1993 年，三区各公安派出所实现人口信息计算机管理，居民身份证的制作由手工填卡改为计算机打印底卡。同时，面向社会开设接待窗口，缩短办证时间。

2004 年 6—12 月，市公安局将中华、文安、思明 3 个街道作为换发第二代居民身份证的试点，建立一套适合换证工作的管理体系和制度，为福建省全面换发第二代居民身份证提供经验。2006 年，思明区完成集中换发第二代居民身份证工作。2007 年，换发第二代居民身份证工作转入规范化、常态化管理。

第五节　治安管理

一、清除社会公害

（一）禁毒

清道光十七年（1837 年）夏，闽浙总督郑廷桢在区境查禁鸦片，令海关监督稽查船只，凡被查出鸦片者，一律严办。

民国 8 年（1919 年）5 月 13 日，思明县政府在南普陀寺前公开焚毁查到的鸦片。但，吸毒者和烟馆越来越多，民国 38 年秋，区境鸦片烟馆 165 家，居民长期深受鸦片毒害。

1949 年 10 月 17 日区境解放后，人民政府厉行查禁烟毒，烟馆全部停业。1950 年 2 月，执行政务院《关于严禁鸦片烟毒通令》，收缴、烧毁鸦片和烟具。是年 11 月 23 日，厦门市政府在中山公园焚毁收缴的鸦片烟具。1952 年 7 月下旬，根据福建省统一部署开展肃毒运动，三区抽调干部和积极分子集中培训，开展调查；8 月 13 日，参与全市统一行动，逮捕烟毒犯，责令吸毒人员履行登记。其间，缴获鸦片 6433.64 两、鸦片副品 235.63 两、吗啡 105.5 两、制膏机 5 部、制吗啡机 2 部和各种烟具 1480

件。收缴的鸦片等全部焚烧。同时，处决大烟毒犯陈雨水、曾作宾。自此，区境烟毒基本消除。

1980 年后，区境出现贩毒吸毒者。1987—1990 年，三区公安机关侦破贩毒案 36 起，抓获案犯 92 人，缴获鸦片 41700 克、海洛因 7200 克。案犯都被判处有期徒刑。1990 年后，贩毒案件逐年上升，毒品数量增大。三区公安机关不断加大禁毒、缉毒力度。1991 年 4 月，开元公安分局与昆明市公安局联合破获台湾贩毒分子陈某、吴某贩毒案，缴获海洛因 5404 克。1992 年 5 月，查获来自台湾的贩毒分子陈某、陈某贩毒案，缴获海洛因 6075 克。1993 年 12 月，查获苏某、石某贩毒案，缴获海洛因 332 克。1994 年 2 月和 8 月，思明公安分局先后查获谢某、戴某由云南带来海洛因共 822.99 克。同时，捕获从广州偷运海洛因的台湾贩毒分子周某，缴获海洛因 208 克。1995 年 6 月，开元公安分局刑警大队破获以张某为首的 6 名贩毒犯，缴获海洛因 7830 克。

1996 年，三区举办贩毒人员和吸毒人员的法制学习班 14 期，对 164 名违法嫌疑人员进行强制教育；做好违法嫌疑人员家属思想工作，促使 2 名在逃人员投案自首。1997 年，思明区查处吸贩毒人员 207 人。建立戒毒帮教小组，分批举办戒毒学习班。1998 年，思明区破获贩毒案 33 起，缴获海洛因 244 克、冰毒 6610 克；查处吸毒案件 149 起、吸贩毒违法犯罪人员 235 人次。开元刑警大队与梧村派出所在湖东静心园内，抓获 2 名贩卖毒品犯何某（云南人）、江某（四川人），当场缴获海洛因 1750 克及作案工具手提电话 1 部。

1999 年，三区建立区、街、社区毒情档案。思明区禁毒办公室开发一套涉毒人员档案管理软件，将历年发现的吸毒者录入软件，实行电脑管理。

2000 年 3 月，开元公安刑警大队、市公安局技侦四大队摧毁一个以台湾籍人为主的走私贩卖枪支、毒品的黑社会团伙，抓获犯罪嫌疑人 12 人；缴获摇头丸 1.4 万粒、氯胺酮（K 粉）1100 克、各类制式冲锋枪、手枪 24 支及子弹近 700 发、凌志轿车、吉普车各 1 辆、电脑 3 台、电子秤 1 台、监控设备 1 套等。

2002 年 2 月至 2003 年 9 月，三区开展 5 场禁毒专项严打整治斗争：整治歌舞娱乐场所吸贩毒违法专项行动、集中收戒吸毒人员专项行动、打击制贩冰毒及“摇头丸”等化学合成毒品犯罪专项行动、打击走私贩卖毒品犯罪专项行动、整治毒品问题严重的社区专项行动。开元公安分局梧村、公园、鹭江 3 个派出所加大对歌舞厅、夜总会和私房出租户、中小旅社的查处力度。

2004 年 9 月，中共思明区委、区政府召开禁毒专项整治工作动员大会，成立区禁毒工作委员会，全区 11 个公安派出所和 2 个边防所各增配 1 名禁毒专职警察，在重点街道和社区增设 36 名禁毒专职工作人员。全年破获贩毒案件 294 起，缴获大批毒品，处理吸贩毒人员 602 名。警方、学校和社区联手行动，举办以禁毒为主题的图片展示、漫画比赛、T 恤衫签名、文艺专场演出等宣传活动。社区建立由居委会干部、热心居民、片警、关工委成员组成的帮教小组，对吸毒者进行“一对一”的帮教。筼筜街道一里社区组织“爱心妈妈”帮教队，劝导吸毒者戒毒。

2005 年，思明区完善区、街、社区三级禁毒网络，举办禁毒戒教班 30 期，313 名吸毒人员接受教育。有 55 个社区居委会设立禁毒专委，专司打击吸贩毒和对吸毒人员帮教、转化、监控工作。全年破获毒品案件 303 起，其中重特大毒品案件 34 起；摧毁贩毒团伙 10 个，缴获各种毒品 2161 克。全年查处各类吸贩毒人员 1152 人（比 2004 年增加 91.36%），其中收戒在册吸毒人员 793 人。2006 年，全区破获毒品案件 257 起，打击处理各类吸毒人员 626 名，其中收戒在册吸毒人员 403 人。同时，开办美沙酮替代治疗点，收治吸毒人员 157 人。至 6 月，全区通过帮教摆脱毒瘾的吸毒人员 320 余名。

2007 年，推广美沙酮替代疗法，长康治疗站接收 578 名吸毒人员进行治疗，维持治疗率 80%，有效遏制吸毒人数攀升的势头。

（二）禁赌

民国时期，反动官僚、流氓头子在区境公开经营赌场，挂牌营业性赌场 22 家。

区境解放，政府即令赌场关闭。有些不务正业者伺机在路旁设摊聚赌，诈骗钱财。1950 年 2 月，厦门市警备司令部和公安局发出“严禁赌博”布告，组织军警巡查；至 4 月底，在厦港、鼓浪屿、开元、思明区查处公开聚赌案件72件（参赌人员243人次）。此后至1952年，少数经营地下赌场的流氓头子陆续受到严惩。1953年，赌博活动绝迹。

1957年，秘密聚赌行为在社会上回潮。三区公安分局根据《中华人民共和国治安管理处罚条例》，查处赌博案件，全年查处204件，对为首者进行处罚。1965年1月，结合社会主义教育运动，公安机关对聚众赌博进行全面取缔。“文化大革命”开始，公安机关受到冲击，赌博活动一度泛滥。1973年底，公安机关加强查禁赌博，使之有所收敛。

1980年起，赌博行为在社会上又逐渐蔓延。1982年1月，三区执行省政府《严禁赌博》通告，加强查禁赌博工作。是年，三区公安分局查处赌博案件357件（参赌人员1700多人次）。1983年1月，市公安局发出《坚决取缔、制止赌博活动的通知》，三区公安机关加大重点地块、场所的禁赌力度，严厉打击赌头、赌棍和设局“抽头”的犯罪分子。

1986年2月，各区公安机关贯彻《福建省禁止赌博条例》，对从事赌博或从中牟利但尚不够刑事处罚的违法人员，分别给予劳教或行政拘留处分，并处罚金。对明知本单位内有赌博活动而不予禁止的，追究其主管人员的责任；5月，开展查禁赌博统一行动，逮捕判刑12人，劳动教养44人，行政拘留6人。

1990年，公安部门结合打击刑事犯罪专项斗争，进行禁赌行动。1992年，思明区查处赌博案件20余起，抓获赌徒100余人。

2003年起，公安机关开展打击聚众赌博、“六合彩”赌博和网络赌博的禁赌专项治理。至2007年，共查获983起赌博案件，依法处理赌博人员3394人。

（三）禁娼

民国时期及以前，区境有些贫穷妇女沦为娼妓，其中大多数卖身于鸨头。1949年上半年，有妓馆几十家，妓女数百人。

1952年11月，三区执行市二届一次各界人民代表会议决议，全面查禁娼妓。各区抽调民政、公安、卫生、妇联等部门人员组成收容妓女工作委员会。把收容的妓女送“妇女生产教育所”。教育结束后，对有家可归、生活有着落者，或有对象可结婚者，由区政府出具证明，先行离所；无家可归或生活无着落者，则暂留所参加劳动生产。从而，使沦为娼妓的妇女获得新生。

1961年6月，三区公安机关发现暗娼19人，立即给予查禁处理。“文化大革命”期间，区境出现诱骗妇女卖淫的窝点。1978年9月，思明区公安机关端掉3个卖淫窝点（查暗娼18人）。

1980年，暗娼活动沉渣泛起，三区查处境外人员嫖娼案件8起11人。1981年，摧毁卖淫窝点8个，收容审查暗娼60名，查处嫖客和介绍卖淫者72名。公安、民政、妇联、卫生等部门配合，集中暗娼33名，举办“法制教育班”。1988年，三区公安机关加强对舞厅、咖啡室、发廊、宾馆、路边店等场所治安管理，成立专门机构，把禁娼列为打击社会丑恶现象的一项重要工作，查处卖淫嫖娼案58件。1990—1992年，思明区查处有色情活动嫌疑的发廊41家、暗娼21人，责令15家发廊停业整顿，取缔无证经营发廊8家。

2001年始，公安机关采取定岗盯梢执勤与检查整治相结合，强化对重点地段、重点场所的监控力度。是年，对思明北路、华辉商厦沿线进行清理，查获暗娼嫌疑人员18人，铲除中山路一卖淫窝点，查获违法人员9人。2003—2007年，全区依法处理卖淫嫖娼人员62人。

（四）严禁淫秽物品

1980年起，三区公安机关发现贩卖、制作淫秽书刊、物品及音像制品的行为，即进行取缔和打击。1985年7月，执行国务院《关于严禁淫秽物品的规定》，三区依法查处一批违法犯罪案件，取缔淫秽录像放映点28处。1989年9—12月，三区查获贩卖、传播淫秽物品团伙9个、92人，缴获淫秽书刊588本、淫秽图像扑克484副、非法录像带8639盒，对违法犯罪分子予以逮捕或劳教。

2005年5月，区公安部门对散发淫秽小卡片行为开展专项整治，查处案件68起，缴获淫秽小卡片6000余张，依法处理68名嫌疑人。2006年1月，区综治办协调公安、城管、工商、文化等部门，组建整治小组，对无证发廊、发放淫秽小卡片、制假贩假、无证网吧等，开展10场专项整治行动。

2007 年，全区启动联合执法机制，采取便衣伏击与着装巡逻相结合、定岗盯梢执勤与正式检查整治相结合、重点检查与常规检查相结合的办法，强化重点地段、重点时段巡控力度。

二、特种行业管理

（一）旅店业管理

1950 年 4 月，厦港、鼓浪屿、开元、思明公安分局执行市公安局《旅店业违警暂行罚法》，登记旅店 100 多家。1951 年 8 月，根据公安部《城市旅栈暂行管理规则》，对旅店业实施管理，对窝藏放走匪特、隐藏和私卖枪支及代客招妓等违法行为者依法惩罚。

1953 年 7 月，旅店业换领特营许可证。1956 年，对私改造、公私合营后，旅栈数量减少。1962 年 1 月，区境有旅社 20 家、床位 2800 个。公安机关对旅店实施民警每天查店制度、旅客住宿登记制度、财物保管制度。1962 年，由旅社发现线索报公安机关侦查而破获的反革命案件 5 件、盗窃案 45 件、诈骗案 16 件，抓获流窜犯 57 名、在逃犯 20 名。

1970 年后，旅社行业不断发展。1979 年，区境有国有、集体、个体开办旅社 55 家、床位 8200 个。1989 年，区境旅社有 358 家。其中，国有 132 家，中外合资 13 家，集体 141 家，个体 72 家，共 2.8 万个床位。

1989 年 11 月以来，区公安部门根据《治安管理处罚法》《旅馆业治安管理办法》和《福建省特种行业和公共场所治安管理办法》，不断加强对宾馆、旅社治安管理和责任监管力度。

2003—2007 年，公安部门在区境宾馆、旅社抓获流窜逃犯近 100 名。

（二）旧货业管理

1950 年 12 月起，三区公安分局执行市公安局《管理旧货业暂行规则》，对旧货业开展经常性的检查监管，控制盗窃分子销赃去路。

1986 年，对废品旧货收购行业进行整顿，经审查符合条件者发给营业许可证，三区发证的国有企业 3 家（50 人）、集体企业 13 家（121 人）、个体 122 户（150 人）。1989 年 11 月，执行厦门市政府《厦门市旧货业治安管理暂行规定》，三区公安机关从控制销赃途径入手，加强旧货业管理，保护合法经营。1990 年 6 月，取缔 4 家无证旧货收购站。

2003—2007 年，根据《福建省特种行业和公共场所治安管理办法》《再生资源回收管理办法》要求，区公安机关查处、取缔非法废旧收购店 169 家。2007 年，全区有废旧金属收购店 239 家，旧手机交易店 312 家，机动车修理店 105 家。

（三）印铸刻字业管理

民国 37 年（1948 年），区境有经营印铸刻字店 38 家。

1950 年起，厦港、鼓浪屿、开元、思明公安分局执行市公安局《管理铸造、刻字、印刷、照相业暂行规则》，建立查验监督制度。1951 年，三区公安机关根据公安部《印铸刻字业暂行管理规则》，对印铸刻字业进行调查，加强管理。1954 年 10 月，区境有出版社 6 家（制电版 1 家、石印版 5 家），印刷厂 16 家（其中 6 家兼制石印、橡皮印版），铸字店 2 家，刻字店 11 家，刻字摊 8 家。1956 年，刻字业合作化后，合作社内逐步建立治安保卫组织，推行安全责任制。

1980 年后，三区政府规定凡刻印保密文件、资料、图纸、证件、有价票证、证券及其他重要票证、袖章、符号等，须持上级主管部门批准文件和介绍信，经市公安机关审定，开具准印证到指定的印刷企业承印。1989 年 12 月，三区执行市公安局重新作出的严密管理刻制公章规定。2000 年，三区公安机关组织力量查处社会上流窜制贩假证（章）违法行为。

2003—2007 年，区公安机关破获制贩假证（章）案件 129 起，摧毁制贩假证（章）犯罪团伙 7 个，查处 163 人，缴获假证（章）5 万余本（枚）。2005 年 5 月 18 日，思明治安大队破获厦门市历史上最大制贩假证（章）案，缴获假身份证、毕业证等各种假证 300 余种 1.61 万余本，假印章 1900 余枚，以及大量印坯、钢印膜品等全套制假设备。

2007年，区境有印刷厂63家、复印店70家、刻字店11家。

三、公共场所管理

民国38年9月，区境有戏院7家、咖啡厅18家、茶室54家、酒家54家、球室1家、讲书场2家、舞厅3家。

1951年8月起，三区公安分局依据公安部《公共娱乐场所管理暂行规则》，对公共娱乐场所进行管理。1953年7月，三区公安分局对公共娱乐场所进行清理登记。是年，共有电影院2家、戏院5家、舞厅1家、茶室20家、咖啡厅2家、清唱社3家、讲书场11家、酒楼饭店28家，大部分集中在海后路一带。

1977年1月，三区各成立整顿铁路和城乡治安秩序领导小组及办公室，组织治安纠察队进行巡逻，整顿铁路主干道、公共场所秩序。1979年12月，中共中央下达整顿城市社会治安的指示，三区各成立整顿社会治安领导小组，组织人员整顿风景区、市场、戏院、车站、码头、宾馆旅社及交通要道等公共场所秩序。1980年上半年，开元、思明2个区组织7个治安联防片，转入经常性的防范工作，公共场所秩序好转。

1981年，三区公安分局执行厦门市公安局《加强公共娱乐场所安全措施的通知》和《营业性录相放映管理意见》，建立公共娱乐场所从业人员规章制度。1987年7月，执行省人民政府《公共场所治安管理办法》。1988年，处理一批在舞厅、卡拉OK店、酒吧、市场因酗酒、争摊位等引起打架斗殴的案件；在汽车上和海滨公园、南普陀、鼓浪屿等风景区抓获诈赌人员216人次。1989年11月，执行市公安局《厦门市餐饮业治安管理暂行规定》和《厦门市桑拿按摩业治安管理暂行规定》，封闭8家按摩院，责令29家餐饮店停业整顿，吊销14家餐饮店营业执照。1990年，对36家酒吧和咖啡室、14家发廊、1家卡拉OK店、46家路边饮食店进行取缔或责令停业整顿。

2007年，全区有各类公共场所425家。其中，歌舞娱乐场所95家，桑拿足浴场所142家，美容美发136家，游戏游艺7家，网吧45家。

四、收缴非法武器

1949年12月起，厦港、鼓浪屿、开元、思明4区公安部门执行厦门市军事管制委员会《收缴非法武器电台办法》。至翌年2月，收缴各类枪支499支、子弹9804发。在“镇压反革命”运动中，收缴一批非法武器，多数是流氓派系、封建把头、旧保甲长所密存的。1951年，对反动党、团、特人员登记时，鼓浪屿、开元、思明区收缴枪支96支、子弹9600发。

1957年12月，三区执行公安部《爆炸物品管理规则》。1962年12月和1965年10月，根据市公安局部署，对各种武器弹药进行清理。

“文化大革命”始，公安机关被迫中断工作，枪支弹药、爆炸物品的管理失控。“文化大革命”中群众组织夺枪武斗，许多武器弹药流散到社会上。1973年，公安机关恢复工作后，逐步恢复枪支弹药及危险物品的管理。1975年7月，执行厦门市公安局《关于收缴散存武器弹药、凶器和军用器材通告》。是年，三区共收缴步枪2支、短枪9支、火药枪2支、手榴弹24枚、各类子弹1616发、炸药2公斤、雷管20个及其他武器300多件。

1981年4月，公安部发布《中华人民共和国枪支管理办法》，三区加紧收缴武器弹药工作。是年，收缴枪支5支、子弹29037发、手榴弹430枚、雷管3223个、导火线4312米、炸药2502公斤、其他凶器456件。

1989年9月，思明公安分局配合市公安局，破获台湾犯罪分子与大陆不法分子相勾结走私贩运枪支弹药案，缴获手枪600支、子弹1.05万发，抓捕涉案台湾人员6人、大陆人员14人。这是1949年以来，厦门市查获的最大一起枪支弹药走私案件。

1999年5月24日，莲前派出所与驻所刑侦中队在槟榔东里破获涉枪涉爆案件，抓获3名罪犯，缴获德国制式手枪1支、子弹31发、硝胺炸药20条、雷管9根、导火线8条及液体炸弹装置。9月3日，思明刑警大队在绿晶酒店抓获3名贵州籍案犯，缴获仿“五四”式手枪1支、子弹2发、仿“六四”式手枪2支、子弹17发。2000年6月14日，莲前责任区刑警大队与洪林派出所联手，破获西林西里一室私藏弹药案，缴获军用67式手榴弹2枚、步枪子弹4发。

2003—2007年，全区破获涉枪案件52起，处理犯罪人员140人；收缴各类枪支109支、子弹4946发、管制刀具608把、炮弹7枚、黑火药1公斤和烟花爆竹5万余盒（包）。其中，2007年4月15日，思明公安分局破获特大制贩枪支案，抓获4名犯罪嫌疑人，缴获仿六四式手枪9把、子弹87发。

五、治安联防

区境解放初期，社会秩序混乱。公安机关发动街道、工厂、企事业单位，建立义务纠察队，加强“防下海投敌、防偷袭击、防盗、防火”工作，维护社会治安。

1951年8月，三区建立治安保卫委员会。年底，建立10个治保会、42个治保小组。1952年，三区公安分局集中治保骨干进行2期的政治、业务训练。此后，公安机关每年对治保组织进行一次训练、整顿。基层治保会协助派出所维护社会治安，夜间巡逻；对管制分子实行监督。

“文化大革命”期间，公安人员受到批斗、迫害。粉碎江青反革命集团后，治保组织恢复，受迫害的治保人员得到平反。1980年，各街道整顿、充实治安保卫委员会。随着城乡经济的发展变化，有些治保会成员忙于从事经济活动，有名无实。1986年，三区执行公安部《关于新形势下加强城乡治保会工作意见》和市公安局规定，每个治保会补充退休人员和个体劳动者，并建立巡逻队、护村队、大楼安全员，在繁华地段、贸易市场建立专业性治保会，以及个体经营者的治保组织。同年，鼓浪屿、开元、思明公安分局先后设立治安联防队，协助公安部门进行治安巡逻，维护社会秩序。1987年，思明区在海滨公园、南普陀后山、胡里山海滨浴场和中山路闹市，设立岗亭执勤报警点6个，组织联防队员24人，保安员36人；每个点由1名民警带队。

1998年7月30日，厦门海上110报警指挥中心成立并在鹭江巡航

军民联手共创平安思明

1992年起，三区开展创建优秀治保会和安全楼院活动。

2002年，三区公安分局在各社区建立社区警务室。2003年6月，思明区在治安联防队基础上成立思明协警大队；大队部配备3名管理人员，并新招70名队员，培训后上岗。

2005年5月27日，厦门市平安区（街、镇）建设现场会在梧村街道召开。与会人员参观东坪社区、浦南社区，听取梧村街道经验介绍。2006年3月，进行警务改革，思明区招聘100名保安人员和各派出所原有70名巡逻警察组成“特种队伍”，承担区境巡逻任务。

2007年，全区建成96个社区警务室。同时，形成以社区为单位的群防群治防范网络，以特种行业、个体摊店从业人员和社区创安志愿人员组成治安巡逻网络。

六、保安服务

1997年，开元、思明区分别成立开元、思明保安服务公司，人员各20名，其业务分别由开元、思明公安分局直管。2003年，开元、思明保安服务公司人员共60名。6月，驻梧村派出所保安员在官都铁通口协助警方抓获2名持枪抢劫嫌疑犯，缴获土枪2把、火药4包、弹珠21粒、作案工具等，两犯均被刑事拘留。2004年4月，派驻KK娱乐城内执勤的保安员协助民警抓获犯罪嫌疑人9名，缴获56式冲锋枪1把、子弹25发，避免一场流血事件。同月，KK娱乐城门口发生一起枪案，持枪歹徒陈某等5名涉案人员被11名保安人员制服。2006年5月，在湖滨东路心灵宫殿聚点酒吧内，发现一男子非法持有五六式手枪1支，驻筼筜所保安员协同巡警迅速赶到现场，将其抓获。2007年9月27日凌晨，思明保安公司派驻唐妆娱乐有限公司（YOYO迪厅）保安员值班时发现嫌疑人，立即向队长报告，并稳住嫌疑人。在增援人员配合下，抓获嫌疑人，移送嘉莲派出所。犯罪嫌疑人潘某（永春县人）塑料袋内装有手枪1支、弹夹1个和子弹3枚及数枚疑似爆炸物。

2003—2007年，保安人员协助公安机关破获刑事案件526件，查处案件273件，抓获各类违法犯罪分子1123名。思明保安服务公司2次被省公安厅、省总工会、团省委授予“省先进保安服务公司”和“省优秀保安组织”称号。保安人员王清发被评为第二届全国十佳保安员、第三届省杰出优秀青年，授予二等功；钟增祥被评为第三届全国先进保安员、省优秀保安员，授予二等功。

2007年，全区有保安人员692名。

第六节　“严打”与专项整治

一、“严打”

（一）第一次“严打”

1983年8月至1987年1月，三区均开展第一次严厉打击刑事犯罪活动，共破获各类案件459件，收捕各种违法犯罪分子678人。

第一战役重点打击横行社会的流氓团伙。严打横行于水仙路、晨光路、海后路一带以曾某、韩某为首的7人流氓团伙；严打横行于大同路至鹭江道一带以钟某为首的14人流氓团伙；严打横行于鼓浪屿街头以陈某等3人为首的流氓团伙。同时，侦破一批现行犯罪案件：惯扒林某宋某洪某结伙行凶案、人口贩子王某拐卖并强奸拐卖妇女案、男青年周某勒死女青年吴某某案、杀人犯叶某投毒致人死亡案。审结案件87件174人。

第二战役重点打击流窜、抢盗团伙。破获一批流窜犯罪案件：流窜犯郭某抢劫盗窃案、上海流窜犯王某等持刀抢劫轮奸案、湖南流窜犯吴某等抢劫击伤出租车司机案。同时，侦破一批重大案件，如林某等入室行窃并杀人案等。审结案件84件108人。

第三战役继续打击流窜犯罪团伙。破获流窜犯郁某团伙杀人抢劫案、莲坂个体饮食店叶某杀人抢劫案、北京流窜犯唐某等杀人抢劫案。查获湖南常德通报查缉的女诈骗犯彭某。审结案件288件396人。

（二）第二次“严打”

1996年4月至1997年2月，三区重点打击杀人、抢劫、强奸等严重刑事犯罪。三区破获刑事案件286件450人。其中，故意杀人案件2件2人，抢劫案件86件160人，强奸案件12件14人，流氓案件14件40人，毒品案件170件232人，涉枪案件2件2人

（三）第三次“严打”

2001年4月至2003年4月，三区重点打击有组织犯罪、带黑社会性质团伙犯罪和流氓恶势力犯罪，以及爆炸、绑架等严重影响群众安全的多发性三类犯罪。开元区共依法批捕杀人、抢劫、故意伤害等恶性暴力犯罪案件172件238人，起诉191件278人；批捕盗窃、抢夺等多发性案件292件421人，起诉274件366人。思明区共批捕杀人、绑架、抢劫等严重暴力犯罪嫌疑人21人，起诉29人；批捕抢夺、盗窃、贩毒等多发性犯罪嫌疑人89人，起诉83人。

二、专项整治

1984—1985年，三区对旅社、宾馆进行专项整治。1984年，三区在旅社服务行业中成立管理中心。思明区在9家旅社发现9起案件线索，涉及14名犯罪嫌疑人，并协助公安机关破获7起案件，抓获流窜犯罪分子12人。

1986年，三区抽调公安、工商、城管、文化、卫生等部门人员开展专项整治。思明区重点整治海滨公园、胡里山海滨浴场、南普陀寺后山、中山路、厦大一条街的盗、扒、抢等问题；思明西路、局口街的拎扒、淫秽、电子游戏室赌博等问题；思明东路劳务市场的诈骗、环岛路砸车盗窃、沙滩旅游景点违章经营、环境污染问题；校园周边黑网吧、清钱等问题。开元区整治火车站广场、第二市场、金榜公园、浦南和12号排洪沟三角地带、大同路和思明北路十字路口自发劳务市场，以及西郭、仙岳、西堤、莲花等地违章搭盖等问题。鼓浪屿区整治无证导游和贩卖假冒伪劣商品等问题，严惩无证导游头目和不法商家，改善鼓浪屿旅游环境。

1987年，三区综治委组织公安、工商、文化等部门开展文化市场整顿。组织10次检查，从20多个报刊书画摊点（店）中查获非法出版物52种1.25万件，在8家录像播放点查获禁播录像51片；收审违法人员10人。1988年，思明区对人流量大、治安问题较多的海滨公园进行重点整治，查处违法犯罪案件57起86人。

1989年下半年，三区政法委、综治委配合公安部门清查社会公害。查获违法人员157人，其中暗娼27人，嫖客12人，“皮条客”18人，播放淫秽录像1人。摧毁卖淫窝点6个，查处卖淫团伙2伙12人。查获走私贩毒犯罪分子6人。查获赌博17人、设赌诈骗6人，摧毁赌博窝点3个，缴获赌款2.17万元。查获淫秽录像带93盒、裸体扑克12副及各种违禁刊物4000余本。

1990年，思明区对海滨公园、南普陀后山、胡里山海滨浴场、中山路进行反盗、抢、扒专项整治，查获各类违法人员200多人。1994年，对159家发廊全面整治，其中取缔无证经营2家，停业整顿105家，摧毁9个卖淫窝点，查处嫖娼、卖淫人员115人。

1996年，思明区组建4个专项整治小组，对校园周边治安、交通、市容、文化市场进行整治。全年突击检查28次，收缴非法出版物650本、淫秽录像带1370盒。查获2起走私香烟案，案值700多万元。查处贩私案件41起，案值261万元。

2000年，思明区开展为期5个月（夏秋）的东部整治专项行动，清理黄厝、曾厝垵村外来无业闲杂人员、“三陪女”介绍人及窝点。在环东海一线破获砸汽车玻璃等偷、扒刑事案件31件，破案率55.3%。在沙滩环境整治中，拆除违章建筑50多间店面、100多个蒙古包。在椰风寨划出7.6万平方米用地，设黄厝旅游服务中心，安排黄厝、曾厝垵村被征地农民劳力转向经营旅游服务业。

2002年，三区开展流动人口专项整治。对进入辖区的流动人口及时登记，联网管理。通过“七日核查”措施，发现案件线索152条，破获刑事、治安案件245件，捣毁犯罪窝点4处、犯罪团伙6个，

抓获犯罪人员195人。

2003年，对校园周边、火车站、会展中心、厦大一条街和鼓浪屿旅游市场等治安秩序进行整治。查处“清钱”“清物”“殴打师生”等案件21起；检查校园周边64家歌舞娱乐厅室，限期整顿；清理违章占道经营游商、摊贩35起。

2005—2006年，集中整治“站街招嫖”、散发淫秽小卡片、无证发廊、无证网吧等，处理违法犯罪人员1000多人次，缴获各类假证章300余枚、假证书1.8万本。

2007年，通过重点整治，鼓浪屿岛上无证导游等现象得到遏制；禾祥商业街刑事案件大幅下降，福津大街淫秽现象基本清除，人流密集的火车站广场实现刑事案件“零发案”。

第七节　消防管理

一、消防队伍

民国元年（1912年），区境有民间组建的益同人、岐西、前园、大中、福养、厦港、鼓浪屿等群众性义务消防队。厦门岛沦陷期间，消防队人员离散，器材散失。抗战胜利后，民间消防队多数恢复，人数900人，并添置器材。

1950年1月，市公安局警卫营消防队厦港分队成立。同年3月，各街道、工厂、学校组织纠察队、消防队、救护队等群众性队伍。益同人、岐西、前园、大中、福养、鼓浪屿6支民间消防队向人民政府申报备案，人数639人。

1957年1月10日，成立鼓浪屿、开元、思明消防中队，由厦门市消防大队统管。1961年4月17日，调整消防建制，设后江埭、海滨、杏林3支消防分队（隶厦门市公安局消防大队辖），消防分队经费由驻地的相关实业单位承担。随着公安消防力量逐渐增强，民间消防队随之减少，至“文化大革命”中期消失。1966年8月1日，公安消防民警改为义务兵役制。区境有市公安局消防大队下设的厦禾中队和厦港消防队。1970年3月，厦港消防队改为厦门市公安一中队。1983年1月起，消防民警改为武警部队建制，区境成立武警厦门支队消防大队、鼓浪屿公安消防队、思明公安消防大队。

2003年10月，设思明消防大队，下设6支消防中队：一中队、三中队、四中队、六中队、九中队、十四中队，辖厦港、浮屿、厦禾、鼓浪屿、湖滨北、会展中心6个消防站。有官兵152人，其中士官78人（含干部20人），义务兵53人，合同制人员21人。

二、装备

1950年，区境消防机构有电力救火机3架、人力救火机7架、帆布管510米、吸水管50米、出水龙头22个、灭火机弹筒19个、抽水机1台。1955年，添置3.5吨水箱消防车1部。1974年，有各式消防车14辆、拖泵4部、手抬泵20台。1980年后，消防装备陆续更新。1991年，思明公安消防大队建成灭火救援训练塔。1996年后，思明公安消防大队引进高新抢险救援车辆和器材装备，完善“119”指挥中心建设，购进一批登高、抢险、防毒、防化等具有国际水平的器材和装备。2001年，建成适应“灭大火、打恶仗、抢大险、救大灾”要求的消防装备体系。

2007年，思明消防大队拥有25米和32米高度的高喷消防车、云梯消防车，以及多功能抢险车、多功能化学救援车、排烟车、照明车等特殊车辆24辆；拥有防化服、防毒衣、隔热服、抢险服、防蜂服等先进防护装备，以及防化、抢险、诊检、警戒、破拆、输传等几十种特殊器材。一线官兵空气呼吸器配备率100%，个人防护装备投入人均3.5万元。

三、设施

民国16年12月12日，在中山公园西路出米岩建成警察消防钟楼，高30米，为当时厦门最高建筑物。发现火警，敲钟为号。按4个区分别敲1～4声。抗战胜利后，火警信号改为日间挂三角旗，夜间开红色灯。

1949年11月19日，在钟楼顶用防空警报器施放火警信号：连续鸣5次，每次半分钟。同时，在楼顶通报地区信号，白天悬旗，按思明、开元、鼓浪屿、厦港、禾山5个区顺序悬旗1～5面，夜间则挂灯1～5盏。后这些信号被停用，公安消防队装置报警电话“09”。1978年，改用直拨火警电话“119”。1982年6月，公安部拨给厦门市50门火警调度总机和30门纵横自动交换机。归武警建制后，消防支队拥有C412手持台、GCX3000U车载台、30/90JZX—2A型60门电话交换机、中继线、火警受理专线、调度电话等现代化通讯设施。1981年，三区将解放前遗留的地下式消防栓全部改造为地上式消火栓。2001年，三区有公共消火栓859个。

2005年，鹭江街道筹资6万元，在30多家外口公寓、出租户安装简易喷淋装置。厦港街道针对旧房电线老化问题，长期聘请2名专职电工巡查更新维修。中华街道在中山路安装简易喷淋装置，筹资6万元安装第2批消防喷淋装置，为居民户添置800支灭火器。区安全生产监督管理局给这3个街道各拨2万元安全改造补助款，帮助创建安全生产合格街道。

2006年6月，区政府拨40.8万元专款，为中华、开元、鹭江、厦港、梧村街道548家居民户改造旧城区电线线路，更换电线48949米、插座886个、开关671个，提升老城区抗御火灾的能力。

2007年，全区有公共消火栓1504个。

四、消防宣传教育

1950—1974年，消防队根据各个时期具体条件和特点，坚持业务训练。同时，在民众中开展防火宣传教育。1974年后，新入伍的消防民警均先参加集训。1980—1990年，三区采用广播、图片展、培训等消防宣传形式，使群众提高消防意识。1994年1月1日，厦门市作出“在市区燃放烟花爆竹者将受到处罚”的规定，三区开展“禁止燃放烟花爆竹”宣传活动。2001年，思明消防大队开展人员密集场所从业人员消防安全教育培训。同时，建立士官岗位现代化专业化管理模式；抓好人员、车辆、训练、灭火救援、营区安全措施的落实；强化岗位练兵，提高实战能力。

2002年4月，思明区投资100多万元，在部队营房建成全省首个集消防常识宣传和模拟演示于一体的消防教育馆。以展览、模拟、亲身体验等方式，在群众中开展消防知识宣传教育。同时，开展“校园平安行”“平安思明”等一系列的消防宣传活动。

2005年，筼筜街道举办第一届消防技能竞赛活动

2004年6月16日，梧村街道与思明消防大队在阳鸿新城召开社区消防安全管理大会，推广小区物业管理单位在消防安全管理中的先进经验，200多人参加。2005年，鹭江街道在中山路组建一支由各商家组成的义务消防队伍，实施安全与经营两不误。区安委办发文推广老城区防火工作经验，促进各街道在安全生产工作中做到“认识、责任、措施”三到位。

2006年，莲前派出所消防管理实现审批流程规范化，考核考评计算机化，其消防工作经验在全省推广。是年，思明区举办“消防宣传文艺巡演”活动3场，举办各类消防安全培训班30期（次）。

2007年春节期间，思明消防大队印发《致思明区居民的一封信》，发放消防宣传资料13万份，张贴消防宣传标语600余幅。

五、消防监管

1950年后，公安部门经常组织检查居民住处、粮食仓库、重点工厂的防火情况，及时发现、排除不安全因素。1974年10月18日，消防监督部门按国家《建筑设计防火规范》要求，开始负责建筑设计消防安全审核，受理防火审核报告。

1981年10月起，三区执行重点单位消防安全标准。1982年8月，公安消防部门制定加强消防重点单位保卫工作方案，在企业、机关、学校确定一批重点单位；12月8日，执行国家经委和公安部《高层民用建筑设计防火规范》，三区分别进行防火大检查。1990年，对通讯枢纽、电力设施等部门进行全面检查、整改，加强对生产、运输、使用、销售化学危险物品单位的控制和监督。1990年后，三区坚持“群防群治，综合治理”“谁主管、谁负责”原则，与各单位签订责任书。对重点单位、“三资”企业、高层建筑进行专项治理检查。做好重大节日活动的消防安全保卫工作，开展“创建平安区”活动。

2004年，区政府出台《关于开展创建安全生产合格街道活动的实施意见》，总结、推广梧村街道“创建安全生产合格街道”的经验，开展春季防火大检查、小型经营场所及外口公寓专项治理、高层民用建筑消防设施专项检测、人员密集场所消防安全专项治理及火灾隐患排查整治等活动。整治30人以上出租户203家、6人以上出租户124家。整治期间，分发《单位火灾隐患自查整改承诺书》2500份，各单位自查火灾隐患3649条、整改火灾隐患3619条，检查经营场所5560处、外口公寓205处，发出整改通知书400余份，行政处罚30余起。被市安委会挂牌督办的3项重大火灾隐患基本消除，全年未发生重大火灾事故。

2005年4月，执行公安部等11个部委局联合颁发的《关于开展公众聚集场所消防安全专项治理的实施意见》，开展以防止群体性伤亡的火灾事故发生为目标的消防安全专项治理工作。区政府出台《关于集中开展商场市场消防安全专项整治》《关于开展居民住宅楼疏散通道专项治理的方案》《思明区火灾隐患专项整治工作方案》等文件，开展对宾馆、夜总会、商场等人员密集场所进行消防安全专项整治。4月6日凌晨，中山路发生重大火灾事故。事后，区安委会即在事故地点召开现场会，并开展拉网式的安全大检查。7—8月，开展居民住宅楼疏散通道专项治理，打通疏散通道1856处。2006年，区安委办对中华、鹭江、厦港、开元、鼓浪屿等街道的公、私房及出租户用电用火用气等消防安全及楼房安全状况进行排查。

2007年，思明区确定防火一级重点单位87家、二级重点单位492家，加强消防监管。

六、灭火救援

中华人民共和国成立后，消防队及时参与、快速扑灭各次火灾。1980—1990年，扑灭厦门中药厂、厦门外贸轻工百货仓库、厦港金新街26号居民楼、火车站油罐车、市工人业余大学、开元路196号民房、鼓浪屿龙头路87-89号盛泉食杂商店、鹭江道110-112号燕山工贸公司经营部、中山路光明贸易公司（市第二印刷厂所属）、大同路105-107号大同商场等多起火灾，抢救被困人员，减少经济损失。

1991—2003年，扑灭厦门九州得益工贸公司海绵厂、莲前西林乡个体沙发加工场、太平路28号民房、大同路194号民房、鼓浪屿龙头号路21号龙文餐厅、太平路28号民宅、前埔村古楼店1号厦门健美织品有限公司、角尾路18-20号港龙装修工程有限公司、思明南路412号凡人居茶坊、仙岳路仙岳仓库等多起火灾。

2004—2007年，思明区消防大队参与扑灭中山路272号二楼、横竹路11-13号一幢居民楼、莲前街道洪文石村社南片区27号居民楼、香港广场脚手架、安井实业等多次火灾，救出被困人员7人。还参与寿山路山体滑坡和抗击“9914号台风”等意外灾害的抢险救灾工作。思明区消防大队被公安部消防局评为“全国消防部队执勤岗位练兵先进大队”，2 名官兵获一等功臣、基层优秀警官称号。

附：重大火灾纪要

清光绪五年（1879 年），局口街发生火灾，焚店屋 50 多间，死 50 多人，灾民游离失所。

清光绪十三年十月初三日下午，位于厦门港碧山熟肉巷的火药局爆炸起火，烧毁民房 1300 多间，死伤数十人，无家可归者数千人，游离四方求乞者数百人。

清光绪二十八年九月初二日上午，石埕路（今大同路大井脚巷口）奇珍饼店炸芋酥起火，祸及鞭炮店，延烧大同路、大元路、横竹路、人和路、镇邦路、大中路、升平路等 13 条街路，烧毁 1000 多间店屋民房，损失惨重。

民国 17 年（1928 年）7 月 8 日，竹仔街（今横竹路）失火，延烧 20 多家铺户。附寨保消防队长林清权救火时触电殉难。

民国 21 年 12 月 18 日下午，设在思明南路的思明地方法院失火，民刑事案卷被焚毁。

民国 22 年 10 月 13 日上午，鼓浪屿黄家渡大屋住户赖领家失火，由黄家渡延烧到锦祥街，烧毁楼房 700 多座，无家可归者 1000 多人，损失 100 万元。鼓浪屿电灯公司发电厂房也烧毁。

民国 27 年 9 月 19 日，设在文渊井 21 号的厦门市立图书馆失火，数万册藏书尽烧毁。

1982 年 12 月 24 日，厦港金新街 26 号居民楼失火，死 5 人，伤 2 人。

1985 年 11 月 20 日，开元路 196 号民房因精神病人点燃蜡烛而引起火灾，死 6 人、伤 3 人。

1992 年 10 月 14 日，大同路 194 号民房火灾。消防支队三中队战士傅田华在扑火中被烧塌的楼板压埋牺牲。

第八节　道路交通管理

一、管理机构

解放初期，区境交通管理由市公安局治安行政科内设交通保卫组负责，执勤交通警察分布于各区派出所。1951 年，三区有交通民警（包括警长）80 人。

1991 年，市交警支队开元、思明大队相继成立，下设中队。2003 年 10 月三区整合，交警开元大队划归交警思明大队。

2007 年，交警思明大队设综合科、车驾管理科，下辖中山、公园、筼筜、滨北、梧村、莲前、黄厝、思南 8 个中队，共 97 人（其中各交警中队民警 73 人）。

2007 年思明交警大队各中队民警及其辖区范围一览表

表 11-1-2

交警中队名称	民警人数	管辖范围
中山	12	演武路、钟鼓山隧道、轮渡、中山路、文化宫等
公园	12	公园南路、文园路、湖滨南路、禾祥西路、公园东路等
筼筜	7	湖滨南路至富山转盘，湖滨中路、湖滨东路、白鹭洲路、禾祥东路等
滨北	8	湖滨北路、湖滨东路、湖滨中路、体育路、仙岳路等

续表11-1-2

交警中队名称	民警人数	管辖范围
梧村	9	火车站、富山转盘、莲花五村等
莲前	8	莲前东西路至会展中心、金尚路等
黄厝	8	环岛路至钟宅等
思南	9	负责机动性、突击性事件及交通专项整治

二、岗亭、装备

（一）岗亭

解放初，开元、思明区有溪岸（美仁宫）、厦禾（开元路口）、思北（浮屿）、大同（交思明北路口）、打铁、思明（思明东、西、南、北路交汇处）、水仙、中山（交思明南路）、轮渡（今中山路口）、中华（今工人文化宫前）、桥亭、公园12个岗亭。因警力不足，实际只使用溪岸、厦禾、思北、思明、中山、中华、公园7个岗。1971年，增设镇海岗（镇海路交思明南路），撤销思北岗。

1994年，开元、思明区设公园、中华、镇海、中山、思明、浮屿、故宫、斗西、自行车厂、北堤头10个交叉路口交通岗亭。

1995年，公安机关推出向科技要警力、走出岗亭的勤务改革，开展学习“济南交警”“漳州110”活动，撤销部分交通岗亭，采取高峰站点、低峰巡线的勤务模式，发挥科技监控指挥交通作用。开元、思明区保留公园岗，作为新警训练基地，创建全国“青年文明号”示范岗。

2007年，全区只有公园岗亭1个。

（二）装备

解放初期，交警通讯靠有线电话。民警中队传达室、内勤室和岗亭各配备一部电话。每班配1部电台。1971年，交通民警中队有7个岗亭，配备14辆自行车、4辆幸福牌二轮摩托车、3辆长江牌三轮摩托车。之后，民警站岗佩戴54式手枪。添置6辆白色本田400C二轮摩托车。1980年后，陆续配置一批通讯、仪器设备。1985年，交警大队配有吉普车1辆。2007年，交警思明大队配备警用摩托车97辆、汽车21辆、饮酒检测仪10台、雷达测速仪10台、对讲机人手一台、1套110监控系统。

三、交通安全宣传教育

1991—2003年，交警开元、思明大队结合中心任务或专项工作，运用宣传栏、标语、报刊、广播、电视等多种形式进行交通法规宣传教育。交警部门经常为电台、电视台撰写稿件，宣传交通常识。每年印发《中小学生交通安全知识》《交通安全应知应会知识》《创建平安畅通县区交通安全读本》《春运宣传标语》等材料，并在中小学、客运企业开设交通安全课。每年高考、中考期间，交警各中队民警到挂钩学校以“做文明人、行文明路”为主题给学生上交通安全课。

2004—2005年，思明交警开展道路交通安全法制宣传，走访街道办、居委会，开展民警挂片社区的宣传工作。黄厝中队与滨海街道上李社区结合司法活动，通过宣传版面及现场电视播放，进行“关爱生命、安全出行”交通安全知识宣传、咨询。

2007年1月，在莲花中学举办“文明交通从我做起”宣传教育活动，50多所中小学近2000名师生代表参加，思明交警向中小学校发放10万份卡通版《交通安全应知应会》宣传小册子。莲花中学学生在民警指导下，到人流密集的嘉禾路、莲花路口分发宣传资料，规范文明交通行为。

四、道路交通管理

1951年，三区根据政务院《陆上交通规则》《汽车管理暂行办法》和公安部《城市陆上交通管理暂行规则》，进行城乡交通管理。1955 年 8 月，执行国务院《城市交通规则》，管理城区交通。1960 年 8 月 27 日，执行交通部《公路交通规则》。1962 年，执行公安部、交通部《公路城市交通规则》，加强路检。1972 年，根据公安部、交通部《城市公路交通管理规则》，执行“以防为主”方针，加强公路交通管理。

1980 年 4 月起，实施“严禁闯红灯”规定。1982 年，交通民警实行定人、定点、定时间、定任务整顿中山路交通秩序。1984 年，在主干道沿街商店设立劝导员，负责治安、交通、卫生门前三包劝导工作，实行交通管理社会化。1985 年 4 月 26 日，执行市公安局《关于市区实行交通分流的通告》，在闹市区中山路、思明南路、思明北路采用人、车分离和沿人行道设隔离护栏；其他主要道路采用机动车与非机动车设隔离护栏，各行其道。实行交通分流，12 条宽 12 米以上的道路定为双向车道，其余宽 12 米以下的道路为单向车道。

1988 年 3 月，执行国务院《道路交通管理条例》。1990 年后，区境全面淘汰人力三轮车。1991 年上半年，思明区纠正违章搭盖及占道营业点 170 多处，取缔无证摊点 670 摊，处理大批无证或违章停放非机动车辆。1992 年，执行国务院《道路交通事故处理办法》，交通警察实行巡警制度，开展文明路示范段管理。开展反盗车斗争和打击车匪路霸统一行动。1994 年，中山路和思明南、北路按单双日实行单双车号行驶，缓解交通滞流现象。1999 年，执行市政府令，限制摩托车挂牌，逐步淘汰摩托车和人力车；岛内禁止摩托车通行，取缔人力三轮车。

2000 年 5 月，交警思明大队加大对中山路和环岛路两条“严管街”交通秩序整治力度，实施各具特色的整治方案，使环岛路违章率由“畅通工程”启动前 47% 下降到 11%；中山路行人与非机动车遵章率由过去 45% 提高到 70%。

2001 年 7 月，交警思明大队从下岗失业人员中招收 44 名交通协管员，分布在中山路、鹭江道及演武路到白城一带行人众多的斑马线路口，纠正行人或非机动车驾驶人员违章或闯红灯行为。

2003 年起，交警思明大队对货运车辆在部分路段的通行时间加以限制，为特殊需要的运输车辆办理通行证，按指定时间、路线通行。启用道路交通监控系统，在主要路段安装 12 个探头，进行 24 小时动态监控。把警力集中到环岛路、中山路等重点路段。在巡逻车上安装“巡逻式测速监控雷达”，加强对车辆违章超速的监控。

2004 年 4 月 28 日，国务院颁布《道路交通安全法实施条例》，交警思明大队依法加强路检路查工作；12 月，开展为期 21 天的“摩托车行走秩序、公交车站点秩序、静态停车秩序、行人与非机动车秩序”4 个专项整治行动，使无牌无证摩托车上路行驶和驾乘两轮摩托车不戴安全帽等现象得到遏制。

2006 年 1 月 1 日，执行市公安局、交通管理局《关于市区部分道路限制电动车行驶》通告，规定湖滨南路、文园路等道路禁止电动自行车通行。交警思明大队集中警力，整治在禁行区内行驶的电动自行车和两轮摩托车，纠正违法行为 2000 起；1 月 25 日起，长 650 米的中山路西段（从鹭江宾馆到思明南路交叉口路段）设为夜间步行街，时间为每天晚上 6 时至 10 时；9 月 8 日起，中山路夜间步行街改为全日步行街，每日上午 8 时至晚上 11 时禁止车辆通行。是年，交警思明大队联合区教育局、区安监局等部门开展校车安全管理专项整治，落实公安部关于校园周边治安交通措施，维护学生安全。

2007 年，交警思明大队开展“奋战 70 天、压事故、促畅通、保平安”专项行动，纠正长途客运车、出租汽车违反交通法规行为。同时，重点整治酒后驾驶、无证驾驶、夜间不按规定使用灯光及违规摩托车上路等行为。查纠酒后驾驶 10 起、无证驾驶 4 起，查扣违规摩托车 6 辆。

五、驾驶员管理

1950 年后，区境机动车驾驶员须经车辆管理机关考核合格，持有驾驶执照，方准驾车上路。对因肇事被吊扣驾驶证，需继续驾车的发给临时“待理证”。1982 年 3 月，“待理证”改用全省统一编号的新证。1985 年，三区成立 199 个驾驶员安全学习小组，每月 1～2 次对企事业单位驾驶员进行交通法规知识的宣传教育。

1986年起，实施驾驶员考核、违章记分管理制度，建立驾驶员档案。1987年3月，开始使用IPM-PC微机管理驾驶员档案。1992年，简化驾驶员培训手续和国外（境外）驾驶执照换证手续，试行学时制培训方法。1994年，驾驶员档案实现计算机全市联网。

2003年12月，交警思明大队警官为全区民办学校的办学者及驾驶员作交通文明安全专题讲座。2004年5月1日，举办驾驶员学习班，学习新《中华人民共和国道路交通安全法》，并进行测试。2006年，实行警校挂钩，强化校车驾驶员管理。

2007年4月1日起，执行《机动车驾驶证申领和使用规定》，对机动车驾驶证申请人考试合格的，核发机动车驾驶证时限由5个工作日缩短为2个工作日。

六、交通事故处理

1950年后，区境交通事故由公安部门和交通监理部门配合处理。1987年10月起，执行市政府《厦门市道路交通事故处理暂行规定》，交通事故由市交警支队处理。1991年9月，执行国务院《道路交通事故处理办法》。2004年，思明区发生重大交通事故31起，死亡32人，比2003年减少2人。死者中有13位行人、10位骑自行车者。因违反交通规则引发交通事故致死占70%。

2006年6月1日，交警部门对交通事故处理程序进行改革，车损额度由0.5万元提高到1万元，采取自行协商或交警当场认定快速处理办法。2007年8月，交警部门全面升级和推进交通事故快速处理办法，鼓励简易事故双方自行协商解决。交警在各大队设置处理纠纷机构，专人负责现场处理后遗的纠纷。是年，交通事故当事人自行协商解决的占一半，其中多数为民警到场主持双方达成协议。

2007年，思明区发生交通事故93起，死亡22人，比2003年减少12人；受伤107人，经济损失37.5万元。

2003—2007年思明区交通事故统计表

表11-1-3

年份	事故（起）	死亡人数（人）	受伤人数（人）	经济损失（万元）
2003	1602	34	515	243.0
2004	521	32	423	449.0
2005	839	19	686	292.0
2006	215	26	237	21.4
2007	93	22	107	37.5

第九节　海防管理

一、渔船民教育

1949年10月至1978年，台湾国民党军队封锁厦门港通往外海航道，袭击大陆渔船和运输船，轰炸、扫射和炮击何厝、前埔、黄厝、曾厝垵一带村庄，残杀、抓捕无辜渔民、村民。三区政府开展反偷袭、反派遣特务、反下海投敌的斗争。1956年，在厦港、美仁宫和鼓浪屿3个渔民居住区成立治安保卫委员会，发动群众订立爱国公约，采取各种策略与国民党特务进行斗争，形成“渔船民海上防线、军民联合海岸防线、各行各业群众组成沿海陆地防线、公安机关专门工作隐蔽斗争防线”4道海防斗争防线。1957年，思明公安分局配合水上公安机关和有关单位对渔船民进行海防教育，建立警民联防制度，加强反派遣特务、反小股袭击和反下海投敌的沿海防范工作。1973年2月，执行周恩来总理关于加强边防教育的指示，恢复“文化大革命”前行之有效的各项海防工作制度。

1987年3月，三区均建立军警民联防指挥部，执行《厦门市军警民联防方案》，加强渔船民教育。1989年11月起，执行边海防检查制度，加强沿海各游泳场管理，以及对旅社、饭店过往旅客的检查验证工作，防止敌对分子和不法分子内潜外逃。

1991年，实施《厦门市海防管理工作暂行规定》，做好以渔船民教育为重点的防内潜外逃工作，防止人员、物资非法越境越界，保护海防设施等。1992年上半年，开元、思明区分别成立海防管理委员会及办公室。1994年，贯彻全国第一次边防工作会议精神，组织和协调海防管理部门，发动群众深入开展反情报、反渗透、反分裂、反走私、反偷渡的斗争，防范和打击海上各种违法犯罪活动。

2001年，三区开展海防干部和渔船民的法律法规教育培训工作，举办沿海镇、村干部“应知应会”法律法规培训班，受训人员200余人。根据市海防办《关于加强海上信息人员队伍建设的意见》，开元区海防办会同市台办在何厝村举办台海形势专题讲座，揭露台湾当局搞“台独”的本质，把广大干部群众的思想统一到中共中央对台方针政策上来，统一到维护稳定大局上来。2002年，三区在开展海上民间贸易活动中，加强对渔船民的教育，严防走私、贩毒、偷渡等违法犯罪活动发生。同时，进行《中华人民共和国军事设施保护法》《中华人民共和国保守国家秘密法》的宣传教育。10月，开元、思明区海防办组织宣讲小组深入沿海村、港澳口渔船民中，开展新时期海防安全稳定和“应知应会”法律法规的宣传教育。

2003年，开展海上治安专项整治，加强渔船民在海上作业的安全检查和管理，遏制违规“越线”作业等行为。利用休渔期和船舶年审，对渔船民进行“应知应会”的法律法规宣传教育；结合“两节”（元旦、春节）和“两会”（全国人大、政协会议）期间的安全保卫工作，组织渔船民学习有关法律法规。2004年6月，思明区重新成立海防管理委员会及办公室。是年，组织信息员、船管员、渔船民700余人参加市海防办培训班。

2005年，开展海上社会治安综合治理、创建“平安思明”和“平安海域”活动，对渔船民进行普法宣传教育，集中学习2场共1000余人。

2006—2007年，每年举办海上信息员培训班3次，召开渔船民大型教育会议7场。

二、船舶管理

民国26年（1937年），国民党警备司令部驻厦门第二大队在第五码头海面设固定查验站，派驻1个加强分队登记检查出入船只。抗战期间，第二大队办理战时水上保甲（将船只按“段”编列保甲），调查船户，征收船捐。抗战胜利后，第二大队将水上保甲归厦门区分所管理。大队部在第七码头海面设查验站，登记检查出入船只。在第一、第五、第八码头（包括水警码头）等处设岗哨。民国38年9月，厦门警备司令部在中山路中南银行三楼设船舶管理处，所有船舶必须向其登记，领取登记证，方准航行。

1949年11—12月，厦港、鼓浪屿、开元、思明区执行厦门市军管会颁布的厦门港《战时机动船管理暂行办法》。1953年8月，执行市公安局《厦门市船舶户口初步管理办法（草案）》，进行船舶管理。

1957年，公安机关配合有关部门划分船舶停泊区域，除厦鼓渡船、内海机动船和木帆船外，其他船舶均离岸浮水停泊。外海机动船在大屿海面停泊，外海木帆船在第一至第五码头海面停泊。

1960年，三区执行交通部、农业部、农垦部、公安部《关于加强运输船、渡口船、渔船安全管理的规定》。1963年8月，三区全面整顿船舶管理，设申报站统一颁发证件。“文化大革命”初，船舶管理制度松懈。1972年9月，三区执行市革委会《厦门港口（地区）船舶管理暂行规定》，恢复管理工作。

1979年1月，全国人大常委会《告台湾同胞书》发表后，台湾渔船民到区境沿海洽谈贸易、避风修船、探亲访友、参观游览、求医买药的日益增多；7月，执行省台办、公安局、水产局和省军区《关于接待台湾渔民工作的暂行规定》。1982 年，设沙坡尾台轮停靠点；9 月，执行公安部、交通部、农牧渔业部《关于加强沿海船舶、港口治安管理若干问题的规定》。1983 年 9 月，执行省公安厅《关于对台湾省船舶停靠我省港岸实施边防检查、监护和接待的规定》。1987 年，省政府批准沙坡尾、东渡为台湾渔船停泊点，并在停泊点设立边防工作站。1989 年，沿海地区私渡、偷渡现象较为突出，区境边防部门重点加强对出海船只监管力度。

2002 年，在春节、“五一”节、国庆节旅游旺季及“9·8”投洽会期间，三区海防办配合公安边防支队、水上公安分局、海事局、水运处、旅游局、渔监局等，加强客运船舶海上安全检查。

2003 年，思明区开展渔船民上岸转岗工作，上岸转岗者，市、区政府给予适量补贴。2003—2005 年，塔埔、曾厝垵等有 400 多条渔船进行拆解。2005 年，组织参与“海上游”的船运公司及职能部门进行座谈，制定海上旅游船舶的管理制度和措施。海防委还与海事、港务、边检、海关、检验检疫、边防、海警、水陆公安、海洋渔业等部门及厦门警备区、厦门水警区配合，各负其责，确保厦金航线安全畅通。

至 2007 年，参与转岗的各类船舶有 469 艘，渔船民 1680 人。

三、查缉违法活动

1981 年，执行福州军区、福建省人民政府关于海上联合打击走私行为的部署，三区公安机关掌握违法犯罪分子落脚点动态，海上查，陆上打，查缉走私贩私。1980 年 10 月至 1981 年 5 月，查获走私船 27 艘、走私货总值 1172 万元，其中 100 万元以上大案 3 起。1992 年 1 月 13 日，思明区农村工作办公室配合边防支队边管科、曾厝垵边防派出所在厦门港海面抓获一走私香烟船（走私人员 6 人），缴获手持对讲机 3 台、“健”牌及“希尔顿”牌香烟 90 箱（价值 10 万元）；4 月 23 日，沙坡尾边防派出所干警魏洪利等人在胡里山炮台抓获走私分子洪某，缴获海洛因 2037 克、五四式手枪 6 支、子弹 121 发，并查出以经商为名停靠在沙坡尾港准备接应走私物品的龙祥号台轮，抓获同案犯 5 人。

2000 年 1 月 10 日，边防支队查获一艘涉嫌走私的新顺盛号货船，查扣“红油”50 吨；1 月 27 日，边防支队在鼓浪屿海域查获贩卖“红油”船舶两艘，查扣进口“红油”30 吨。2001 年 2 月 12 日，边防支队在莲富大厦 18 楼破获一起境内外不法分子相勾结的特大贩毒案，查获冰毒 50 公斤。2002 年 7 月 15 日，边防支队在长青路查获一起特大毒品案，抓获犯罪嫌疑人陈某，缴获冰毒 20 公斤。2004 年 6 月 18 日，边防支队破获一起 23 公斤氯胺酮的特大毒品走私案。

2006—2007 年，抓获即欲私渡金门的外地游客 8 人。

第二章　检　察

第一节　检察机构

一、清与民国时期检察机构

清宣统二年（1910 年）六月七日，区境设厦门商埠地方检察厅，配检察长 1 人及检察官、主簿、录事、司法警察、检验吏等。宣统三年十月，辛亥革命爆发，厦门商埠地方检察厅解体。

民国 6 年（1917 年）7 月，北洋政府设思明区地方检察厅。民国 16 年 9 月，思明区地方检察厅改称思明地方法院检察处。民国24年4月，厦门设特别市，思明地方法院检察处改称厦门地方法院检察处。民国27年5月，日军侵占厦门岛，厦门地方法院检察处停办。民国34年10月，厦门地方法院检察处恢复，至1949年10月区境解放时消亡。

附：厦门高等法院检察署

民国30年8月，日伪设立厦门高等法院检察署，址在思明南路60号。民国32年6月，日伪厦门高等法院检察署改为汪伪厦门高等检察署，直属南京汪伪政府司法行政部，审、检分立，至民国34年8月日本投降时消亡。

二、中华人民共和国成立后检察机构

（一）三区检察机构

鼓浪屿区人民检察院　1961年1月成立。1963年撤销，划归思明区人民检察院。1979年4月，区人民检察院重建，设办公室、刑事检察科、经济检察科和法纪检察科。1990年10月，增设民事行政检察科。1995年，设刑事赔偿工作机构。2003年10月，鼓浪屿区人民检察院划归思明区人民检察院。

开元区人民检察院　1958年5月成立。1968年9月，区革命委员会成立人民保卫组，代行检察院职能。1979年5月，区人民检察院重建，设办公室、刑事检察科、经济检察科和法纪检察科。1986年11月，增设控告申诉检察科。1988年，增设民事行政检察科。1990年，增设政工科、研究室。1995年，设刑事赔偿工作机构。2003年10月，开元区人民检察院划归思明区人民检察院。

思明区人民检察院　1958年5月成立。1968年9月，区革命委员会成立人民保卫组，代行检察院职能。1979年4月，区人民检察院重建，设办公室、刑事检察科、经济检察科和法纪检察科。1986年，增设控告申诉检察科。1990年10月，增设民事行政检察科。1995年，设刑事赔偿工作机构。

（二）三区整合后检察机构

2003年10月，三区检察院整合为思明区人民检察院，内设办公室、政治处、侦查监督科、公诉科、反贪污贿赂局、渎职侵权检察科、民事行政检察科、控告申诉检察科、职务犯罪预防科、行政装备科、检察技术科、监察科、法警大队。2006年4月，渎职侵权检察科更名反渎职侵权局。至2007年，内设机构不变。

2004年10月，思明区人民检察院被最高人民检察院评为“全国检察机关信息化先进单位”；2006年9月，被共青团中央、中央综治办、最高人民检察院等13个单位联合授予全国优秀“青少年维权岗”称号。

第二节　刑事检察

开元区、思明区人民检察院自1958年5月成立后，工作重点是打击反革命和刑事犯罪活动。至1959年底，开元区人民检察院受理公安机关提请批捕案84件，经审查批捕72件，占受理数85.7%；不批捕5件，退回和公安自动撤回7件；受理审结起诉案71件，经审查决定起诉59件，占总数83%；不起诉8件，退回补充4件；自行侦查2件作起诉处理。出庭支持公诉42件，占起诉案件总数75.9%。1959年，思明区人民检察院受理公安机关提请逮捕人犯42人，经审查批捕32人；受理审查起诉案犯39人，决定起诉39人。

1960—1962年，三区检察机关配合公安机关重点打击反革命活动和其他刑事犯罪。思明区人民检察院受理公安机关提请逮捕人犯125人，审查批捕89人；受理审查起诉案犯102人，决定起诉98人。

1962 年，检察机关纠正“重批捕，轻起诉”错误倾向，审查起诉和出庭公诉与审查批捕同步进行。1963 年，思明区人民检察院受理公安机关提请批捕 60 件 65 人，除 5 件证据不足退回补充侦查外，批捕人犯 38 人，占 58.4%；受理移送审查起诉人犯 58 人，决定起诉 54 人，占受理数 71.3%。“文化大革命”始，检察机关受到冲击，刑事检察工作中断。

1979 年 4—5 月，三区人民检察院重建，恢复刑事检察工作，严厉打击刑事犯罪。至 1980 年底，开元区人民检察院受理公安机关提请批捕案件 42 件 55 人，经审查批捕 46 人，占 83.6%；受理公安机关移送审查起诉案件 38 件 44 人，决定起诉 32 件 36 人，占 84.2%。1982 年，鼓浪屿区人民检察院受理批捕 11 件 20 人，审查批捕 9 件 18 人，占 85%，不批捕 2 件 2 人；受理起诉案 10 件 18 人，提起公诉 7 件 14 人，免于起诉 3 件 4 人；出庭支持公诉 5 件 10 人，发表公诉词 5 篇。

1983 年 8 月至 1987 年 1 月，开展以打击流氓团伙等 7 类严重刑事犯罪分子为重点的“严打”斗争。鼓浪屿区人民检察院受理公安机关批捕 22 件 44 人，审查批捕 21 件 43 人，不批捕 1 件 1 人；受理公安机关移送起诉 21 件 43 人；提起公诉 18 件 39 人，其中 3 件 22 人报送市检察院起诉。经二审核准，判处死刑 8 人（其中 2 人缓期二年执行），判处无期徒刑 2 名，送边疆改造 8 名，免于起诉 2 件 3 人。开元区人民检察院受理公安机关提请批捕案件 245 件 335 人，经审查批捕 223 件 301 人，不批捕 9 件 13 人，退回补充侦查 6 件 8 人，公安机关撤回 7 件 13 人，结案率 100%。受理起诉案件 235 件 315 人，审结起诉 218 件 292 人，免于起诉 8 件 9 人，不起诉 1 人，公安机关撤诉 2 件 3 人，未结 7 件 10 人，审结率 97%；出庭支持公诉 191 件 252 人。思明区人民检察院批准公安机关提请逮捕的人犯 172 人，决定起诉 157 人。

1991—1993 年，从重从快审查起诉凶杀、重伤、重大抢劫等 7 类严重刑事犯罪分子。思明区人民检察院受理公安机关提捕 387 人，经审查批捕 337 人。鼓浪屿区人民检察院受理公安机关提捕案件 49 件 56 人。开元区人民检察院批捕 917 人，并全部提起公诉。

1996 年 4 月至 1997 年 2 月，坚持“严打”方针，加强批捕、起诉工作。鼓浪屿区人民检察院受理公安机关与本院自侦部门提请批捕案件 63 件 87 人，经审查批捕 60 件 84 人，退回补充侦查 1 件，公安机关撤回 2 件；受理移送审查起诉 68 件 102 人，提起公诉 64 件 97 人，免诉 1 件，移送市院审查起诉 2 件，退回经检撤案 1 件。开元区人民检察院受理公安机关提请批捕 2106 件 2820 人，经审查批捕 1984 件 2645 人；受理移送审查起诉 2129 件 2940 人，经审查提起公诉 1916 件 2638 人。思明区人民检察院受理思明、水上两个公安分局提请批捕 1021 件 1093 人，审查批捕 992 件 1016 人；受理公安机关移送审查起诉案件 787 件 802 人，依法提起公诉 707 件 753 人。

1999—2002 年，鼓浪屿区人民检察院受理公安机关提请批捕案件 55 件 67 人，审查批捕 51 件 62 人，不批捕 4 件 5 人；受理公安机关移送审查起诉案件 73 件 82 人，经审查，向区法院提起公诉 68 件 85 人；受理院自侦部门移送审查逮捕案件 7 件 7 人，决定逮捕 7 件 7 人；移送市院审查起诉 7 件 10 人。开元区人民检察院受理公安机关提请批捕案件 2169 件 2944 人，审查批捕 2083 件 2775 人，不批捕 45 件 71 人；受理公安机关移送审查起诉刑事案件 2498 件 3540 人，提起公诉 2056 件 2771 人。1999—2003 年，思明区人民检察院受理提请批捕案件 4621 件 5445 人，审查批捕 4218 件 4632 人。

2004—2007 年，思明区人民检察院批捕 3215 件 3538 人，提起公诉 3325 件 3828 人。其中，2007 年批捕刑事案件 871 件 1278 人。

第三节　经济检察

1958—1966 年，开元区、思明区人民检察院受理各种经济犯罪案件。同时，办理一批国家工作人员贪污、盗窃、侵占公共财产案件。

1979 年起，三区人民检察院均设经济检察科，查处贪污、贿赂、偷税、抗税、滥伐森林、假冒商标和挪用救灾救济款物，以及重大责任事故案。1981—1984 年，开元区检察院受理经济案件 47 件 67 人，立案侦查 43 件 61 人，侦查终结起诉 23 件 30 人，决定免于起诉 18 件 27 人。1982—1984 年，思明区人民检察院立案侦查贪污受贿、投机诈骗等经济犯罪案件 58 件 80 人，追回经济损失 8.6 万元。1983—1987 年，鼓浪屿区人民检察院立案侦查经济案件 8 件 10 人，办结 3 件 5 人，提起公诉 1 件 1 人，免于起诉 5 人，移送劳教 1 人，行政处理 1 件 1 人。

1988 年，鼓浪屿区、开元区人民检察院重点查办金融系统工作人员在发放贷款中受贿和挪用公款的犯罪行为。鼓浪屿区人民检察院立案侦查 34 件 36 人，其中万元以上大案 13 件 14 人，追回赃物赃款 40 多万元，挽回经济损失 100 多万元。1990 年 6 月，最高人民检察院授予鼓浪屿区人民检察院“全国检察系统反贪污、反贿赂先进集体”称号。1988—1990 年，开元区人民检察院受理初查经济犯罪案件 62 件，经审查立案侦查 51 件 54 人，其中贪污案 16 件占 31.4%，贿赂案 22 件占 43%，重特大案件 21 件占 41%；提请公诉 32 件 37 人，免予起诉 13 件 17 人，追缴赃款人民币 127 万元、港币 1.47 万元及部分美金和外汇兑换券。其间，开元区检察院经查证决定不立案，交由单位处理 36 件；配合外地检察院查证处理 31 件，协助追回赃款 30 多万元。思明区人民检察院立案侦查经济犯罪案逐年增加，其中 1988 年 3 件 5 人，1989 年 12 件 14 人（大案要案 6 件 8 人），1990 年 17 件 18 人（大案要案 4 件 5 人）。

1991—1993 年，检察机关重点查办贪污、贿赂和挪用公款等职务犯罪案件。鼓浪屿区人民检察院立案侦查贪污贿赂案件 13 件 13 人，免于起诉 2 件 2 人，撤销案件 3 件 3 人，起诉 8 件 8 人，挽回经济损失 104.5 万元。开元区人民检察院受理初查经济犯罪案件 109 件，立案侦查 55 件，其中贪污案 22 件，贿赂案 26 件，挪用公款案 7 件；重特大案 32 件；追缴赃物赃款 428 万元。思明区人民检察院立案侦查贪污、贿赂、挪用公款罪案 30 件，其中重特大案件 17 件，占 55%。侦查终结后移送审查起诉 15 件 25 人，移送免诉 11 件 11 人，作其他处理 4 件 4 人。

1994—1998 年，鼓浪屿区人民检察院立案 8 件 8 人，向法院提起公诉 5 件 5 人，撤销案件 3 件 3 人，挽回经济损失 108 万元。开元区人民检察院立案侦查经济犯罪案件 91 件，其中贪污案 38 件，贿赂案 48 件，其他案件 5 件，挽回损失 1268 万元。思明区人民检察院立案侦查职务犯罪案件 25 件 26 人，追缴赃物赃款 940.06 万元，挽回经济损失 1151.78 万元。

1999—2002 年，开元区人民检察院立案侦查贪污贿赂等职务犯罪案件 38 件 46 人（大要案 11 件 13 人），其中受贿案件 20 件 22 人，贪污案件 13 件 15 人，挽回经济损失 4461 万元。1999—2003 年，思明区人民检察院立案查办贪污、贿赂、挪用公款等犯罪案件 93 件 106 人，其中大案要案 72 件 76 人，处级干部以上要案 9 件 12 人；挽回经济损失 5400 余万元。2000—2002 年，鼓浪屿区人民检察院立案侦查贪污、受贿等经济犯罪案件 12 件 12 人。

2004—2006 年，区人民检察院立案侦查贪污、贿赂、挪用公款等犯罪案件 47 件 49 人，涉案金额 1665.97 万元，其中大案要案 31 件 33 人，副处级干部以上要案 13 件 13 人。查办行业性贪污贿赂“窝串”案中，医药卫生系统 8 件 8 人，建筑行业 6 件 6 人，教育文化领域 4 件 6 人，征地拆迁环节 4 件 4 人。

2007 年，思明区人民检察院查办贪污贿赂犯罪案 14 件 17 人，挽回经济损失 163.01 万元。

第四节　法纪检察

1958 年 5 月起，开元区、思明区人民检察院采取立案侦查和一般调查相结合的办法开展法纪检察工作；鼓浪屿区人民检察院于 1961 年 2 月开展此项工作。“文化大革命”始，法纪检察工作中断。

1979—1983 年，开元区人民检察院受理初查法纪案件 8 件 9 人，立案侦查 8 件 9 人，全部审结。其中，查办市区邮电支局投递员刘某伙同其弟大量私拆、隐匿国内信件（搜查出信件 108 封），冒领、侵吞款物 1000 多元，判处有期徒刑。审理刘案时，组织邮电职工 600 多人旁听，增强邮电职工守法观念。

1983年9月13日，思明区人民检察院查办厦门大学派出所民警陈某刑讯逼供殴打体罚8名民工的执法犯法案。

1985—1987年，开元区人民检察院受理初查法纪案件20件24人，立案侦查4件5人，其中侦结起诉3件3人，免予起诉1件2人；查清后交由单位作其他处理16件19人。1988年，开元区人民检察院对“7·14”厦门水泥厂爆破造成2死1伤重大责任事故案和“8·27”大同商场特大火灾造成146万元经济损失的玩忽职守案，及时处理。

1991—1993年，检察机关以查处侵权渎职和重大责任事故等案件为重点，做好案件的初查工作。开元区人民检察院受理初查各类法纪案件58件，立案侦查14件14人，其中玩忽职守案3件3人，非法拘禁案3件3人，重大责任事故案8件8人。思明区人民检察院受理初查法纪案件17件，立案侦查3件3人。同时，发出检察建议4份，协助有关部门和发案单位加强管理。

1994—1998年，鼓浪屿区人民检察院受理初查法纪案件5件。开元区人民检察院立案侦查法纪检察案件14件14人，其中徇私舞弊案1件1人，玩忽职守案5件5人，非法拘禁案3件3人，其他5件5人；挽回经济损失1268万元。思明区人民检察院立案侦查徇私舞弊、玩忽职守、非法拘禁和重大责任事故等案件8件10人。

1999—2002年，检察机关根据最高人民检察院部署，查办国家机关工作人员渎职侵权犯罪案件。鼓浪屿区人民检察院立案侦查1件1人；开元区人民检察院受理初查法纪案件41件；思明区人民检察院立案查办司法和行政执法机关工作人员滥用职权犯罪案件3件3人，徇私舞弊不征、少征税款案件2件2人。

2003—2007年，思明区人民检察院立案侦查滥用职权、玩忽职守、徇私舞弊等渎职犯罪案件8件8人，其中2007年1件1人。

第五节　民事行政检察

1958年5月至1988年，三区检察机关受理民众来信来访案件中，有关民事、行政申诉案件以转办或建议形式交由法院处理。

1989年，开元区人民检察院作为厦门市人民检察院试点，开展民事、行政检察，摸索民事行政检察工作经验。1990—1993年，鼓浪屿区人民检察院接待民事、行政纠纷来访7件7人，受理案件1件1人；思明区人民检察院受理审查13件民事申诉案件，均作出不予抗诉决定。1991—1993年，开元区人民检察院受理民事、行政申诉案件58件，立案审查49件，提请或建议提请抗诉15件。

1994—1998年，鼓浪屿区人民检察院受理不服法院判决、裁定的申诉29件，立案审查10件，提请抗诉2件，建议提请抗诉2件，协助执行和解1件，向法院提出检察建议4件。开元区人民检察院受理不服法院生效民事、行政判决、裁定的申诉案件73件，审结62件。其中，立案审查20件，向市检察院提请抗诉或建议提请抗诉18件。思明区人民检察院审查办理合同纠纷申诉案件1件，当事人向院送锦旗表示感谢。

1999—2002年，鼓浪屿区人民检察院受理民事行政申诉案件37件，经审查后立案13件，提请抗诉2件，建议提请抗诉10件，息诉13件。发出检察建议书3件。开元区人民检察院受理民事、行政申诉案325件，立案审查98件，提请或建议上级院提请抗诉48件，区法院再审并改判15件，发出检察意见书1份。思明区人民检察院受理民事申诉案件82件，立案审查民事行政申诉案件34件，依法提请抗诉31件，建议提请抗诉7件，发出检察意见书3件，执行和解1件，法院再审改判1件。

2003—2007年，思明区人民检察院受理民事行政申诉案件179件，立案155件，提请抗诉24件，法院改判10件，息诉139件。

第六节　控告申诉检察

1958 年，开元区、思明区人民检察院执行 1951 年中央人民政府政务院《关于处理人民来信和接待人民来访工作的决定》，受理群众控告申诉。“文化大革命”期间中断控告申诉检察。

1979 年起，三区人民检察院受理群众控告申诉。1986—1989 年，鼓浪屿区人民检察院受理群众控告申诉 78 件；开元区人民检察院受理群众控告申诉 365 件；思明区人民检察院受理群众控告申诉 263 件。1990—2002 年，鼓浪屿区人民检察院受理群众控告检举 177 件；开元区人民检察院受理群众控告检举 2803 件，思明区人民检察院受理群众控告检举 1081 件。

2003—2007 年，思明区人民检察院受理群众控告 130 件、举报 468 件、申诉 318 件。其中，2007 年受理群众控告 28 件、举报 34 件、申诉 82 件。其间，思明区人民检察院控申部门连续两届被最高人民检察院授予“全国文明接待室”称号。

第三章　审　判

第一节　审判机构

一、清与民国时期审判机构

清光绪三十四年（1908 年）六月七日，清廷在区境设厦门商埠初级审判厅、厦门商埠地方审判厅，受理诉讼案件。辛亥革命爆发后，两审判厅停办。民国 3 年（1914 年）4 月，北洋政府恢复厦门商埠地方审判厅。

民国 6 年 11 月，厦门商埠地方审判厅易名思明地方审判厅。民国 16 年，思明地方审判厅更名思明地方法院。民国 24 年 4 月，废思明县，改设厦门特别市。思明地方法院更名厦门地方法院。民国 27 年 5 月，日军侵占厦门岛，厦门地方法院歇办。抗日战争胜利后，厦门地方法院于民国 34 年 10 月 6 日恢复，至 1949 年 10 月 17 日，区境解放即消亡。

附：“厦门高等法院”“厦门地方法院”

民国 28 年 7 月 1 日，日伪在区境设立“厦门高等法院”“厦门地方法院”，归日伪“厦门特别市”管辖。民国 32 年 6 月，“厦门高等法院”和“厦门地方法院”直属南京汪伪国民政府司法行政部。民国 34 年 9 月，日本无条件投降，“厦门特别市”及其司法机关随之消亡。

二、中华人民共和国成立后审判机构

（一）三区审判机构

鼓浪屿区人民法院　1957 年 11 月，建立鼓浪屿人民法庭，归属思明区人民法院。1960 年 8 月，思

明区人民法院鼓浪屿人民法庭改建为鼓浪屿区人民法院，设专职人员审理刑事、民事诉讼案件。1963年夏，鼓浪屿区人民法院撤销，鼓浪屿区的诉讼案件划归思明区人民法院管辖。1972年11月10日，鼓浪屿区人民法院恢复，设办公室和刑事、民事审判庭。此后，法院内设机构多次增减。2002年，设政治处，办公室，刑事、民事、经济、行政、告诉申诉审判庭，执行庭和法警大队。2003年10月，鼓浪屿区人民法院划归思明区人民法院。

开元区人民法院　1957年11月1日，厦门市人民法院开元区人民法庭改建为开元区人民法院，设办公室和民事、刑事审判庭；下辖禾山、灌口人民法庭。“文化大革命”始，法院撤销。1972年11月，东风区（开元区）人民法院恢复。1979年8月，复名开元区人民法院，设办公室和民事、刑事审判庭，以及禾山、灌口派驻人民法庭。此后，法院内设机构和下辖法庭多次增减。2002年，设政治处，办公室，刑事审判第一庭，刑事审判第二庭，民事、经济、行政、告诉申诉审判庭，执行庭，研究室和法警大队；下辖莲前派驻人民法庭。2003年10月，开元区人民法院划归思明区人民法院。

思明区人民法院　1957年11月1日，厦门市人民法院思明区人民法庭改建为思明区人民法院，并管辖鼓浪屿人民法庭，设办公室和刑事、民事审判庭。“文化大革命”始，法院撤销。1972年11月10日，向阳区（原思明区）人民法院恢复。1979年8月，复名思明区人民法院。此后，法院内设机构和下辖法庭多次增减。2001年9月14日，思明区人民法院在庭审中首次启用“法槌”，开创中华人民共和国成立后全国各级人民法院审判法庭规则之先例。2002年7月，思明区人民法院获全国法院系统“人民满意的好法院”称号；翌年，获“全国模范法院”称号。

（二）三区整合后审判机构

2003年10月三区整合，成立思明区人民法院，内设机构重新调整设置。至2007年，设立案庭、刑事审判第一庭、刑事审判第二庭、民事审判第一庭、民事审判第二庭、行政审判庭、执行庭、审判监督庭、政治处、研究室、办公室、监察室和司法警察大队，下辖莲前、滨海、鼓浪屿派出人民法庭。

第二节　立　案

1957年11月起，区人民法院实行立、审合一的审查立案制度。法院办公室下设接待室，收集民众举报案件，处理民众来信来访，了解民众对法院及审判人员的意见，并及时向法院领导汇报以上各项情况。同时，对民众检举不法分子的材料负责调查落实。“文化大革命”期间，信访接待工作一度停止。1978年，复设信访接待室。1985年2月，信访接待室划归审判监督庭管理。

1990年，执行福建省高级人民法院《关于基层人民法院告申庭统一承担立案工作的意见》和《关于加强行政案件立案审查工作的通知》，实行立、审分立。开元区、思明区人民法院分别在法院告诉申诉审判庭下设接待室，建立民事、经济、行政、刑事自诉及申请执行等案件的审查、立案等制度。1994—1998年，开元区人民法院告诉申诉庭处理群众来信1427件、接待群众来访2.8万人次，调处纠纷285件。1994—2000年，思明区人民法院告诉申诉庭处理群众来信7769件、接待群众来访2.43万人次，受理诉前保全50余件。1996—1998年，鼓浪屿人民法院审查立案593件，处理群众来信320余件，接待群众来访930人次。

2000年4月，三区法院告诉申诉审判庭取消，设立案庭。信访接待室属于立案庭内部机构。思明区法院立案庭负责民商事案件、行政案件、刑事案件的起诉及申请强制执行的审查并立案，处理来信来访。

2003年10月三区整合后至2007年，思明区人民法院立案庭受理来信来访1295件。其中，2007年受理来信来访365件。

第三节 刑事审判

1957 年起，区人民法院依法审判各种刑事犯罪案件，特别加强对破坏社会治安秩序的凶杀、抢劫、强奸、盗窃等犯罪案件的审判。1958—1960 年，开元区人民法院审结各类刑事案件 662 件，其中盗窃 27 件、强奸 11 件。1958—1966 年，思明区人民法院审结各类刑事案件 659 件，其中盗窃 87 件、强奸 5 件。1962 年，鼓浪屿人民法院审结各类刑事案件 6 件，其中盗窃 2 件。

1966—1972 年，三区革命委员会人民保卫组包揽侦查、起诉、审判职权。1973—1976 年，鼓浪屿区人民法院审判各类刑事案件 15 件。1974—1976 年，开元区人民法院审判各类刑事案件 79 件。

1978 年，根据中共中央关于复查纠正“文化大革命”期间发生错捕错判案件精神，鼓浪屿区人民法院复查 1966—1976 年 11 件 12 人反革命案件均予改判，其中减轻处罚 2 人，免予刑事处分 3 人，改判无罪 7 人。同时，复查 21 件普通刑事案件，其中维持原判 18 件，改判 3 件 3 人。思明区人民法院复查 1966—1976 年判处反革命案 20 件 22 人，平反纠正 16 件 17 人。同时，平反纠正普通刑事案件 8 件 13 人，其中宣告无罪及无罪释放 2 件 2 人，改变刑期 2 件 2 人，纠正性质 1 件 5 人，纠正刑期计算 3 件 3 人。

1983 年 8 月至 1987 年 1 月，三区法院惩处杀人、放火、强奸、抢动等严重危害人身安全与社会秩序的刑事犯罪分子，共判刑 384 人。

1993 年，三区法院设少年刑事审判庭，寓教于审，惩教结合，帮助未成年人刑事犯罪人改过自新。

三区法院刑事审判案件，鼓浪屿区人民法院自 1973 年至 2002 年审结刑事审判案件 159 件；开元区人民法院自 1957 年至 2002 年审结刑事审判案件 4243 件；思明区人民法院自 1957 年至 2002 年审结刑事审判案件 3040 件。

2003—2007 年，思明区人民法院审结各类刑事案件 4517 件。其中，杀人案 2 件，抢劫案 309 件，强奸案 46 件，放火案 3 件。

2003—2007 年思明区人民法院审结各类刑事案件统计表

表 11-3-1

年份	案件总数/人数	其中			
		杀人案数/人数	抢劫案数/人数	强奸案数/人数	放火案数/人数
2003	672/944	—	—	—	—
2004	1044/1336	1/1	81/121	9/10	—
2005	974/1334	1/1	83/169	13/14	1/1
2006	873/1163	—	78/141	14/14	—
2007	954/1381	—	67/133	10/15	2/2
合计	4517/6158	2/2	309/564	46/53	3/3

第四节 民事、商事审判

1957 年 11 月起，三区人民法院执行最高人民法院《关于民事审判工作若干问题的意见（修正稿)》，受理民事（婚姻、家庭、土地、房产、工商业、债务、劳资等）纠纷案件。贯彻“依靠群众，调查研究，着重调解，就地解决”的方针，逐步健全公开审判、回避、陪审、辩论等民事诉讼程序。“文化大革命”期间，除少数涉外民事案件由区革委会人保组的外案组受理外，婚姻家庭案件由区民政部门处理，其余民事纠纷案件主要依靠街道、村组织和民间自行调解。

1981 年初，开元区和思明区人民法院相继设经济审判庭；1988 年 4 月，鼓浪屿区人民法院成立经济审判庭。专门受理和审判经济纠纷案件。

1982 年 3 月 8 日，《中华人民共和国民事诉讼法（试行)》公布，区人民法院开展民事（含商事）案件的审判。

1992—1993 年，三区法院先后增设经济纠纷调解中心、房地产审判庭。1993 年，开元区人民法院推行“诉辩式”（即“直接开庭”）的民事审判方式改革试点，提高办案效率和办案质量。1994 年上半年，开元区人民法院受理民事案件 551 件，审结 315 件，其中“直接开庭”审理 300 件，占审结案件 95.24%。1999 年 4 月 23 日，开元区人民法院成立厦门市首个维护军人、军属合法权益合议庭。1992—2002 年，鼓浪屿区人民法院审结民事案 1476 件、经济纠纷案 1337 件，共 2813 件。开元区人民法院审结民事案 13434 件、商事纠纷案 14105 件，共 27539 件。思明区人民法院审结民事案 8552 件、经济纠纷案 3283 件，共 11835 件。

2003—2007 年，思明区人民法院审结各类民、商事案件 34379 件。其中，2003 年 5961 件，2004 年 6903 件，2005 年 7788 件，2006 年 6760 件，2007 年 6967 件。

第五节　行政审判

1982 年 3 月 8 日，《中华人民共和国民事诉讼法（试行)》公布后，按规定行政诉讼案件由民事审判庭兼理。1987 年，开元区、思明区人民法院设行政审判庭。1989 年 4 月 4 日，《中华人民共和国行政诉讼法》公布，同年 9 月，开元区人民法院被福建省高级人民法院列为贯彻实施《中华人民共和国行政诉讼法》试点单位。1990 年 5 月，鼓浪屿区人民法院设行政审判庭。三区行政审判庭不断总结行政诉讼案件的庭审方式、被告举证和执行审限制度，行政审判工作逐步走上正轨。

1990—2002 年，鼓浪屿区人民法院审结各类行政诉讼案 15 件；开元区人民法院审结各类行政诉讼案 207 件（含 14 件非诉行政强制执行案件)；思明区人民法院审结各类行政诉讼案 177 件。

2003—2007 年，思明区人民法院审结行政诉讼案 547 件（此外，还完成 827 件行政非诉执行案件和 160 件非诉行政审查案件)。其中，2003 年执行 78 件，2004 年执行 109 件，2005 年执行 133 件，2006 年执行 108 件，2007 年执行 119 件。

第六节　执行与监督

一、案件执行

1957—1986 年，人民法院采取“审执合一”制度。1987 年起，实行“审执分离”，改变“自审自执”做法。

至 2002 年，鼓浪屿区人民法院执结各类案件 835 件；开元区人民法院执结各类案件 16059 件；思明区人民法院执结各类案件 8574 件。

2003—2007 年，思明区人民法院执结各类案件 16776 件。其中，2003 年 4441 件，2004 年 3343 件，2005 年 3143 件，2006 年 3204 件，2007 年 2645 件。

二、审判监督

1990 年后，三区人民法院执行福建省高级人民法院“立审分立”规定。1994—1998 年，开元区人民法院告诉申诉庭审结再审案件 19 件；思明区人民法院告诉申诉庭受理各类申诉案件 106 件，审理各类再审案件 75 件。

2003—2007 年，思明区人民法院审判监督庭审结再审案件 71 件。其中，2003 年 10 件，2004 年 27 件，2005 年 7 件，2006 年 14 件，2007 年 13 件。

第四章　司法行政

第一节　司法行政机构

一、三区司法局

（一）鼓浪屿区司法局

1981 年 4 月，鼓浪屿区人民政府设司法科。1985 年 4 月 18 日，司法科改为司法局。1997 年，鼓浪屿区司法局内设法制宣传科；公证律师管理科撤销，并入综合科。2002 年，设综合科、宣传教育科、基层工作科。2003 年 10 月，鼓浪屿区司法局并入思明区司法局。

（二）开元区司法局

1981 年 6 月，开元区人民政府设司法科。1985 年 1 月，司法科改为司法局。1989 年 10 月，开元区司法局内设办公室、宣传科、基层工作科。1997 年，内设综合科、法制宣传科、基层工作科、公证律师管理科。2003 年 9 月，内设综合科、法制宣传科（加挂普法依法治区办公室）、基层工作科（加挂区刑释解教人员安置帮教办公室牌子）、法律服务管理科。2003 年 10 月，开元区司法局并入思明区司法局。

（三）思明区司法局

1980 年 12 月，思明区人民政府设司法科。1985 年，司法科改为司法局。1989 年 5 月，思明区司法局内设人秘科、基层工作科。1997 年，内设综合科、法制宣传科、基层工作科、律师公证管理科。2003 年 1 月，内设综合科、法制宣传科、基层工作科，撤销律师公证管理科。

二、三区整合后思明区司法局

2003 年 10 月，三区司法行政机关整合为思明区司法局。2004 年 9 月，思明区司法局在全区 10 个街道建立正科级司法所。2005 年 9 月，区司法局被司法部评为“全国司法行政基层建设工作先进单位”；12 月，被中共中央社会综合治理委员会评为“全国预防青少年违法犯罪工作先进集体”。2006 年 12 月，区司法局被人事部、司法部评为“全国司法行政系统先进集体”。

2007 年 12 月，思明区司法局内设综合科、法制宣传科、基层工作科，有工作人员 41 人。

第二节　普法教育

1981—1985年，三区在机关、街道、社区（村）、企事业单位设置固定的法制宣传栏、订阅法制报刊，并利用有线广播开展法制宣传。同时，以调解组织为中心，配备法制宣传员，每月由2～3名调解员向居民群众开展经常性法制宣传。继而组成宣讲中心组、宣讲员、宣传员三级法制宣传网。1986—2007年，开展5次五年普及法律常识教育。

一、“一五”普法

1986—1990年，三区开展第一个五年普及法律常识教育活动。宣传普及《中华人民共和国宪法》《中华人民共和国刑法》《中华人民共和国民法通则》《中华人民共和国婚姻法》《中华人民共和国经济合同法》《中华人民共和国继承法》《中华人民共和国刑事诉讼法》《中华人民共和国民事诉讼法》《中华人民共和国兵役法》《中华人民共和国森林法》和《中华人民共和国治安管理处罚条例》等法律法规知识。

鼓浪屿区有88个单位4020人领取普法结业证书，普及面96.02%，被评为全国、省、市普法先进单位。鼓浪屿区领导多次出席全省召开的经验交流会，参加全国普法先进单位座谈会、普法试点单位汇报会。鼓浪屿区司法局局长洪振佑被评为全国普法先进工作者。思明区出版法制宣传栏、宣传墙报、板报4313版，张贴宣传标语8587张，组建5个普法宣讲团，设立14个广播站，编发普法宣传材料30多万份，举办各种培训会、专题讲座、法制课等7139场。全区普法对象学法普及率95%以上，获全国、省、市表彰的共有7个先进集体和34名先进个人。

二、“二五”普法

1991年3月至1995年，三区开展第二个五年普及法律常识教育活动。宣传普及《中华人民共和国宪法》《中华人民共和国行政诉讼法》《中华人民共和国国旗法》《中华人民共和国集会游行示威法》等24个法律法规，以及《中华人民共和国审计法》《中华人民共和国专利法》《中华人民共和国技术合同法》等112个专业法律法规知识。

鼓浪屿区举办各种法制培训班260期，培训1.5万人次。同时，举办各种法律咨询100多次，法律知识竞赛50场；出版法制宣传板报10次300多版。思明区召开各种培训会、讲座19881场，参加人数612158人次；出版各种宣传板报9229版，订购普法材料295174份，编印《致居民群众公开信》79万份；组织普法考试1995场，举办两届“法在我心中”演讲比赛及其他法律演讲赛25场，法律知识竞赛91场次。全区普法对象35323人，参加普法学习32101人，占90.88%；参加普法考试30801人，占87.2%；考试合格率98.9%。思明区普法办被福建省司法厅评为“二五”普法工作先进单位。

三、“三五”普法

1996—2000年，三区开展第三个五年全区普法活动。宣传普及《中华人民共和国宪法（修正案）》和《中华人民共和国合同法》《中华人民共和国国家赔偿法》《中华人民共和国行政复议法》等20个全民共学法律和近50个专业法律法规知识。

开元区运用多种形式宣传《中华人民共和国宪法》《中华人民共和国刑法》《中华人民共和国民法通则》等法律法规，干部接受教育率100%，青少年100%，职工91%，群众87%。思明区机关干部普及率100%，企事业普及率91.2%，居民群众普及率85.3%；全区13所小学8216名学生参加“学生带法回家”活动。此外，完成暂住3个月以上的1．3万名外来人口的普法考试工作，发证率98%。

四、“四五”普法

2001—2005 年，三区开展第四个五年法制宣传教育。宣传普及《中华人民共和国产品质量法》《中华人民共和国婚姻法》《中华人民共和国人口与计划生育法》《知识产权法律知识》《厦门市城市房屋拆迁管理规定》《中华人民共和国传染病防治法》等法律法规的知识。

鼓浪屿区推广龙头社区“法律进社区”试点经验，在全区举办“法律进社区”法律咨询活动。通过有线电视台“法制天地”栏目，播出群众熟悉的案例和“共学法”。分发书籍 10625 份，举办讲座 31 场次，制作宣传板报 155 期，发放普法试卷 1500 份。结合每周一次的学习日，抓好社区基层干部学法，培训机关、企事业单位和社区基层干部 300 人次，发放书籍和试卷 1200 份，考试合格率 100%。

思明区创立社区公民“学法登记”台账、设立以居民户为单位的普法教育档案等颇具特色的普法举措。全区 97 个社区 17.46 万户居民建立学法登记卡，社区居民普法覆盖率 100%。建立机关工作人员“普法教育培训手册”登记管理制度，干部普法覆盖率 100%。设立外来人口流动法制宣传站。组建厦门市第一支面向社区的法制文艺宣传队。建立青年志愿者“法制电影放映队”，法制宣传教育志愿者队伍 99 支 706 人。全面开展“学生带法回家”活动；推行“主课堂法制渗透教育”，组织编写《思明区小学生带法回家读本》《思明区中学生法制教育读本》，强化青少年法制教育。

五、“五五”普法

2006 年，思明区开始第五个五年（2006—2010 年）法制宣传教育。开展“法律进机关、进单位、进学校、进社区、进企业”五进活动。抓好领导干部、公务员、青少年、企业经营管理人员和外来务工人员 5 类重点普法对象法制宣传教育工作。在松柏第一小学、东浦学校、逸夫中学创建青少年法制教育基地。同时，以区政府网站和“思明司法行政网站”为平台，开展网络普法宣传。自主开发普法考试软件，实行公职人员法律知识网上考试制度。全区 199 个行政事业单位 0.6 万人每季度参加一次网上普法考试，参考率 93%，合格率 99.9%，优秀率 84%。

2007 年，思明区司法局围绕各季度中心工作和宣传主题，开展以物权法、劳动合同法、宗教事务条例、科普法规等为主要内容的法制宣传活动。编写《社区居民法律知识读本》和《虎娃识法记》连环画等法制宣传材料共印发 44.25 万份，组织法律进社区活动 154 场，举办法制夏令营 20 多场，制作法制宣传栏板 3199 期。是年，思明区在福建省青少年法制宣传教育现场会上作典型经验介绍。与会代表实地参观松柏小学、东浦学校两个青少年法制教育基地。

第三节 人民调解

一、调解组织

（一）三区调解组织

鼓浪屿区调解组织　1981 年，鼓浪屿区建立街道、居委会两级调委会 12 个，成员 60 人。1982 年，在 154 个居民组增设调解员，区属企事业单位全部建立调解组织；调解组织增至 33 个，调解员增至 296 人。1985 年，11 个居委会设调委会，成员 69 人；居民组调解员 167 人，工厂调委会 8 个；形成由调解工作领导小组、调委会、居民调解员组成的三级调解网。1988 年 4 月，长寿园老人民间纠纷调解（中心）委员会成立，由鼓浪屿海军疗养院、鼓浪屿区离退休干部和教师医护人员 13 人组成。1989 年，居民组、企业车间、个协行会组各设调解信息员 1～3 人。1999 年，全区有调委会 12 个，成员 85 人，纠纷信息员 182 人。2000—2003 年，全区 11 个居委会调整为 6 个居委会，调委会领导改由居委会主任或副主任兼任。2003 年，区成立矛盾纠纷排查工作领导小组，制定《鼓浪屿区人民调解委员会工作制度》。

开元区调解组织　1981年，开元区有调委会152个，调解员700人，纠纷信息员3000人。1985年，有调委会87个，调解员559人。2003年6月，调委会调整为65个。

思明区调解组织　1981年，思明区以居委会为单位建立调委会，部分企业也建立调委会。调委会由2～9人组成。全区有调委会43个，调解员232人。1987年，调解组织整顿充实，有调委会50个，调解员293人。2000年，有调委会58个，调解员增至1092人，信息员23人。

（二）三区整合后调解组织

2003年10月三区整合后，思明区成立街道调委会11个，街道社区中心调解室5个，社区调委会97个。每个社区调委会配备9～12个调解员，主任由社区居委会主任兼任。是年，思明区在全省率先建立人民调解员培训基地，由区综治委牵头，区法院提供培训力量和场所，区司法局配合实施。在莲前法庭组织部分居委会综治专委跟班办案，培训第一批社区调解员。中华街道中心调解室多次得到司法部、省司法厅及市委、市政府的肯定，成为厦门市规范化调委会建设的示范单位。2006年，全区10个司法所各配备2名专职调解员。社区调委会做到“组织、制度、工作、报酬”四落实，达到有调委会标识、有调解工作场所、有调委会印章、有调解回访记录簿和统计台账。

2007年，区司法局与区财政局联合制定《思明区人民调解员队伍建设管理暂行办法》，开展创建人民调解示范单位活动。年底，全区有调委会112个，其中街道10个，社区95个，行业7个。有调委会委员670人，调解组长、调解信息员等4500多人。

二、调解工作

1985年，三区调解组织坚持“可疏不可堵，可散不可激，可解不可结”的调解原则，化解矛盾，维护社会稳定。执行“调委会包面、调解小组包片、调解员包户”的三级承包责任制。做到简易纠纷不出组，一般纠纷不出片，疑难纠纷不出调委会。1985年，思明区调解矛盾纠纷348起，成功率96.6%。防止10起非正常死亡，制止14起可能转化为刑事案件的纠纷发生，避免33人走上犯罪道路，使17对反目夫妻重新和好。1986年，鼓浪屿区以鹿礁居委会为试点，开展调查，掌握矛盾纠纷重点对象，坚持每季度定期排查，做好纠纷防范工作。

1991年，三区司法局贯彻“调防结合，以防为主，多种手段，协同作战”的方针，减少和防止矛盾激化，为维护社会稳定筑起第一道防线。1995年，三区司法局制定创建规范化调委会基本标准。1998年9月，鼓浪屿区12个调委会（其中11个社区调委会）全部达到规范化标准。1999年，鼓浪屿区制定“人民调解委员会岗位目标责任书”，对各调委会实行岗位目标管理，涌现一批热心调解工作先进个人，鸡山社区叶清才被誉为“调解纠纷能手”，内厝社区调解员黄于和黄慈宽被誉为“调解姐妹”等。1991—2000年，思明区调解民间纠纷1500件，调解率98%，成功率96%。中华街道仁安社区连续保持20年矛盾纠纷不出社区，调解率和调解成功率均100%。

2002年9月，三区司法局建立区、街、社区（村）三级培训制度，在民事审判庭及莲前法庭设“人民调解培训基地”。是年，厦港街道沙坡尾调委会主持调解的一份调解协议，为最高人民法院出台《关于审理涉及人民调解协议的民事案件的若干规定》后，厦门市首例被法院依法确认具有法律效力的人民调解协议。开元区司法局及时调处各类民间纠纷，实现“无民转刑案件、无非正常死亡、无群众性械斗、无纠纷积案”的四无区。厦港街道下沃社区调委会主任郑如娟，被司法部评为全国“十岗千优”优秀人民调解员。

2003年6月，厦门市政法委在思明区中华街道仁安居委会召开现场会，推广仁安居委会纠纷不出社区、无民转刑案件、无越级上访、无群体性上访事件发生的调解工作经验。是年，鼓浪屿区长寿园调委会被评为福建省人民调解工作先进单位；鹿礁社区调委会主任王挺坂被评为福建省人民调解工作先进个人。

2005年10月，思明区司法局根据地处厦门市中心城区的区情和特点，深入开展多元化纠纷解决机制的试点工作。在10个街道设立"多元化纠纷解决服务中心"，并成立由分管综治副书记任组长、各职能部门负责人组成的多元化纠纷解决服务中心领导小组，下设办公室，由司法所所长任主任。制定《多元化纠纷解决服务中心工作方案》《处置过激性、群体性、突发性纠纷应急预案》和《多元化纠纷解决服务中心工作流程》，建立工作联席会制度、学习例会制度、案情通报制度、工作人员分片下点责任制等，形成"统一受理、集中梳理、归口管理、依法办理、限期处理"的纠纷解决运作机制。2006年10月，思明区司法局将基层司法所"人民调解与诉讼调解、行政调解互相衔接、有机互动的纠纷解决模式"的经验在全省人民调解工作交流会推广。

2006—2007年，开元司法所与区法院滨海法庭联合建立"庭前劝导调解制度""委托调解工作制度"，开创福建省以人民调解方式解决法院判决诉讼纠纷之先河。梧村司法所与梧村派出所开展通联互动，派出专职调解员到派出所驻点，分流调解"110"接警中民事纠纷案。梧村街道多元化纠纷解决服务中心共排查各类矛盾纠纷388起，成功调处368起，其中处置较大影响的群体性纠纷13起，涉及铁路、物业管理企业、房地产业等部门，有的涉及省、部委直属单位，不少纠纷是历史难题。

2003—2007年，思明区调处各类纠纷件数：2003年623件，2004年561件、2005年669件、2006年1216件、2007年1811件。

第四节　法律援助服务

一、法律服务

1992年10月，思明区司法局在思明街道成立诚信法律服务所。1993年，在厦港街道成立厦港法律服务所。1995年3月，在文安街道成立方圆法律服务所。基层法律服务所利用接近群众的优势，开展各项法律服务业务。至2003年，3个基层法律服务所代理各类案件近100起，为50家企事业单位担任法律顾问。

1993年5月，开元区莲前法律服务所成立。1996—2003年，莲前法律服务所协办公证186件，担任28家企事业单位法律顾问，代理各类案件76件；其业务收入15.1万元，为企事业单位挽回经济损失600余万元。

1999年，根据司法部《关于在各地开设法律服务专用电话的通知》要求，三区司法局先后成立"148"协调指挥中心，开通法律服务专线。2000年，鼓浪屿区妇联、科技局、老干局、律师所、公证处及12个社区建立"148"专线内外联动机制。2003年初，三区"148"法律服务专线并入区法律援助中心。至2003年9月，鼓浪屿区"148"法律服务专线接听来电法律咨询971件，接待来访76人次；开元区接听群众来电4160件，接待来访639人次，应急处置31件，解决纠纷100起；思明区"148"专线解答来电法律咨询8962件，接待群众来访1394人次，应急处置100多件。

2007年，思明区"148"法律服务热线接待来访2472人次，接听来电法律咨询1765件，应急处置68件。

二、法律援助

2000年2月，开元区妇女法律援助站成立；10月，开元区老年人法律援助站成立。2002年5月，思明区法律援助中心成立。2003年1月，开元区法律援助中心成立；10月，并入思明区法律援助中心。

思明区法律援助中心实行律师接访制度和重大涉法、敏感咨询约见制度；在凤屿路设法律服务大厅。各街道司法所设法律援助站。2006年，区法律援助中心被团省委授予福建省优秀"青少年维权岗"称号。

至2007年，思明区法律援助中心办理法律援助案件1021件，解答"148"来电法律咨询7500多起，接待群众来访8400多件，维护社会弱势群体合法权益。是年，区法律援助中心主任马思远被司法部评为第三届全国法律援助先进个人。

附：清理民间标会

1990年，非法集资活动——标会在区境盛行，参加人数众多。1992年10月起，标会活动出现“恶标”倒会现象，使许多标民蒙受损失。三区综治委及时组织力量对因标会可能引发的治安问题开展调查。采取措施，控制局势，引导、督促标会自行清理，减少群体性纠纷事件的发生。1993年，三区组建清理标会领导小组，下设办公室。工作人员按照“政府指导、民间自理、依法清理、打击犯罪”原则，发挥人民信访、司法调解、法律服务和法律援助作用，进行调查清理。是年，思明区理清欠款人数818人，被欠款人数5992人，金额18128.2万元。至1995年，鼓浪屿区、思明区理清欠款人数和金额，经过调解，清除三角债务，促使会头理清账务，标民未出现过激行为。同时，三区对一批利用标会活动非法集资、诈骗投机的犯罪嫌疑人进行大量的调查取证，为打击犯罪提供有力的证据。思明区督促842个会头、4384个会民，理出8987笔共2亿多元债务，清除三角债务1亿多元，自行还款结账174笔370多万元，促使430个会头理清或理平账务。1997年，开元区指导38名会民与会头双方签订还款协议，金额107万元，处理标会款27笔，收回会民欠款票据25张，还款金额97.2万元。接待来访及投诉的会民1246人次。2007年10月，全区清理民间标会工作结束。

第五节　安置帮教与社区矫正

一、机构

（一）三区帮教机构

鼓浪屿区安置帮教组织　1998年3月，鼓浪屿区成立刑满释放、解除劳教人员、吸毒人员帮教工作协调小组，下设办公室在区司法局，具体工作由区司法局基层工作科承担。随后，各居委会建立帮教小组。是年，全区帮教小组工作人员52人，帮教小组设立面100%，初步建立帮教工作二级网络。1999年，全区帮教小组50个，帮教工作人员105人。2003年9月，全区建立区、街、社区三级安置帮教网络，帮教小组近100个。

开元区安置帮教组织　1998年2月，开元区成立刑释解教人员安置帮教工作办公室，6个街道均成立协调小组，社区（村）建立帮教工作小组624个，帮教小组设立面100%，帮教工作人员1398人，负责全区624名刑释解教人员的帮教工作。2003年9月，全区有帮教小组108个，形成一支由司法助理员、公安民警、社区（村）干部、人民调解员、群团组织人员、社会志愿人员组成的帮教队伍，构成区、街道、社区（村）三级安置帮教网络。

思明区安置帮教组织　1998年，思明区成立刑释解教人员安置帮教工作协调小组，下设办公室在区司法局。2003年9月，全区各街道成立帮教机构，社区（村）建立由司法助理员、社区干部、人民调解员、社会志愿人员组成的帮教工作小组，形成区、街、社区（村）三级安置帮教工作网络。

（二）三区整合后帮教机构

2003年10月，三区帮教机构整合，共有帮教小组199个，帮教工作人员597人。2004年5月，区委、区政府成立区刑释解教人员安置帮教工作领导小组及办公室。各街道成立由办事处主任担任组长、分管领导具体负责的帮教工作领导小组。各社区建立由地段民警、社区调解委员、治保委员、居民组长组成的帮教小组，形成覆盖全区的安置帮教网络体系。帮教小组设立面100%。2007年，全区有帮教小组448个，帮教工作人员3136人，负责对448名刑释解教人员开展帮教工作。

二、主要工作

（一）安置帮教

1998年，鼓浪屿区司法局摸清在1996—1998年间31名刑释解教人员、24名吸毒人员的基本情况。建立刑释解教人员"月排查，季排查，年排查"制度。区司法局协助公安部门将多名人户分离的帮教对象迁到户口所在地，并通过建立统计报表、簿册登记、定期上门帮教，以及表彰奖励、例会学习等形式，使帮教工作逐步规范化。以旗山居委会为试点，建立一套较为规范的帮教工作制度和簿册登记制度。2000年，鼓浪屿区总结帮教试点经验，其"结对子"帮教措施在全区推广。组织帮教小组工作人员定期走访刑释解教人员，争取家属配合，掌握帮教对象思想动态、经济状况、工作情况等变化，提高帮教效果。

三区司法局协调民政部门做好符合最低生活保障条件刑释解教人员的申请工作。对年老体弱、符合"低保"条件刑释解教人员落实最低生活保障；对一些不符合"低保"条件而生活有困难的，在社区（村）、社团中，发动捐资捐物帮其解决困难。2002年，鼓浪屿区福祥社区帮教小组及时为1名劳改回归人员申请低保并提供过渡性住房。各区司法局与劳动部门协调，把刑释解教人员纳入再就业培训范畴。此外，做好就业指导工作，鼓励他们自谋职业，并将回归后表现好者向劳务公司推荐就业。开元区1998—2003年，共接茬刑释解教人员857人，安置686人，改造好670多人，安置率80%；重新犯罪率2%以内。

2003年10月后，思明区委政法委把刑释解教人员安置帮教工作纳入全区社会治安综合治理的重要内容。按照"帮教社会化、就业市场化、工作规范化、管理信息化"要求，抓好刑释解教人员日常接茬、帮教、安置工作。思明区自主开发安置帮教工作计算机管理软件，将每阶段工作情况及时录入计算机，在区、街实现资源共享，提高工作效率。建立"刑释解教人员回归中心"，开展过渡性安置。

2005年，思明区司法局被福建省人事厅、省综治办评为"福建省刑释解教人员安置帮教工作先进集体"。至2007年，全区接收刑释解教人员1700多人，帮教率100%；指导安置就业1400多人，安置率82. 35%；重新犯罪率3%以内。

（二）社区矫正

2006年，按照中央司法体制改革部署，思明区被确定为福建省先行开展社区矫正试点的3个区之一。12月，成立区社区矫正领导小组，下设办公室在区司法局，并依托基层司法所设立社区矫正工作站。社区矫正试点工作，列为街道年度综治考核内容。

社区矫正工作分阶段、分层次组织开展技能、实务等多内容、多形式的人员培训，保证社区矫正队伍的职业化、专业化、社会化。建立一套规范管理流程，在接收—建档—监管—考核工作环节上规范对服刑人员的日常监管。规范社区矫正宣告、入矫谈话、发放《矫正对象须知》手册、建立矫正方案等程序。实行每周一联系制度，采取专门机关与群众相结合、司法所专职工作人员与社区矫正志愿者相结合的工作方法，进行日常跟踪监管。社区矫正领导小组办公室先后与79个单位签订公益劳动协议书。

至2007年，全区接收、管理服刑人员167人，其中被宣告缓刑107人，暂予监外执行19人，被裁定假释29人，被剥夺政治权利并在社会服刑8人，被判处管制4人。已有30人解矫。脱管漏管率3%以内。

第六节　律师事务

一、机构

鼓浪屿区律师事务所　位于安海路59号。1989年5月成立，专职律师3人，隶属鼓浪屿区司法局，经费由区财政统收统支。实行律师事务所主任选举制和主任负责制。1993 年，鼓浪屿区律师事务所更名厦门市三和律师事务所，迁大中路 50 号，在原址设厦门市三和律师事务所鼓浪屿业务部。1996 年 5 月 1 日起，三和律师事务所转为合伙制律师事务所，与区司法局脱离关系。2001 年，划归市司法局管理。

开元区律师事务所　位于大同路 398 号。1991 年 5 月成立，11 月更名厦门大同律师事务所。1997 年 3 月，改为全民所有制事业单位，专职律师 3 人。2000 年 6 月，大同律师事务所转为合伙制律师事务所，更名厦门杰信律师事务所。2001 年 6 月，再更名福建开元大同律师事务所，改制后与区司法局脱离关系，划归市司法局管理。

思明区律师事务所　位于黄厝巷 11-13 号。1990 年 8 月成立，专职律师 3 人，行政编制。1993 年 5 月，更名中山律师事务所。1997 年，改制为自收自支事业单位，编制 6 人；有专职律师 6 人，兼职律师 3～5 人。2000 年 8 月，中山律师事务所转为合伙制律师事务所，更名光大中山律师事务所，与区司法局脱离关系，划归市司法局管理。

二、业务

三区律师事务所成立后，为区属国有企业的改组、改制和环岛路拆迁等重点工程建设项目提供法律服务；担任政府法律顾问，为政府机构提供法律咨询或建议，帮助草拟、审查法律文件，参与重大经济项目谈判，并代理参加诉讼、仲裁活动；配合政府信访部门处理信访事务，利用法律手段疏导纷争，引导当事人通过法律途径解决纠纷。1990—2000 年，思明区律师事务所代理各类案件 2200 件，担任法律顾问 310 家，提供法律咨询与服务 2000 多人次，业务收费 720 万元。1991—2001 年，鼓浪屿区律师事务所代理各类案件 2700 件，业务收费 767.9 万元。1991—2003 年，开元区大同律师事务所办理各类案件 4025 件，担任法律顾问 238 家，法律咨询 1000 余人次，业务收费 535 万元。

第七节　公证事务

一、机构

（一）三区公证机构

鼓浪屿区公证处　位于永春路 89 号。1986 年 2 月，鼓浪屿区司法局设公证处，配助理公证员。1988 年，配公证员 2 人。1989 年，试行“自收自支”经费管理。1993 年，实行经费包干的财务管理方式。2003 年 10 月，鼓浪屿区公证处并入思明区公证处。

开元区公证处　位于海岸街 66 号。1987 年 9 月成立，配公证员 3 人。2000 年 5 月，根据司法部《关于深化公证工作改革的方案》要求，开元区公证处转为事业单位。2003 年 10 月，开元区公证处并入思明区公证处。

思明区公证处　位于定安路 79 号。1987 年 6 月成立，配公证员和公证员助理共 3 人，行政编制。2001 年 3 月，根据司法部《关于深化公证工作改革的方案》要求，思明区公证处转为事业单位，编制 8 人，并面向全省公开招聘 5 名公证员。

（二）三区整合后公证机构

2003 年 10 月，三区公证机构整合为思明区公证处。2004 年 1 月，确定为全民所有制事业单位，编制 10 人。2007 年，有公证员 8 人，公证辅助人员 2 人。

二、业务

1986—1987 年，三区公证处办理区境收养、遗嘱、继承、委托、赠与、遗赠扶养协议、婚姻状况、出生、专业技术职称等民事公证业务，以及财产租赁合同、购销合同、劳务合同、授权委托证书、资信证书、担保书、提存、证据保全等经济公证业务。1993 年，鼓浪屿区公证处开始办理申报涉外公证业务。1996 年，三区公证处拓宽公证服务领域，介入房屋权属变更、买卖、继承、赠与、析产等不动产公证，以及建设工程招投标、企业资产重组、产权界定等公证事项。思明区公证处为环岛路建设工程、曾厝垵文联大厦、演武花园等项目办理公证；为鸿运饭店、向阳印刷厂、奥斯卡灯具有限公司等企业下岗职工办理安置协议公证；为区属厦宜电缆厂、思明贸易公司等国有企业资产转让办理协议公证；并于 1997 年 12 月开始办理涉外公证业务。开元区公证处在原有赠与、继承、委托等民事公证业务基础上，开拓金融、房地产、企业改制、政府采购等领域的公证；承办厦禾路拆迁和莲前、前埔、洪文、西林土地征用等大型改建项目及有关危房的证据保全公证；并涉足涉外公证业务。

至 2003 年，鼓浪屿区公证处办理各类公证 1474 件，业务收费 53.06 万元；开元区公证处办理各类公证 1.9 万件，业务收费 1000 多万元；思明区公证处办理各类公证 1.06 万件，业务收费 800 万元。

2004—2007 年，思明区公证处先后介入百脑汇科技大厦、中华街区商业广场、莲坂、塔埔、观音山、成功大道等征地拆迁和重点工程项目，以及企业改制、房地产、金融、担保、知识产权等经济领域。至 2007 年 12 月，办理各类公证 27037 件，其中经济类公证 8172 件、民事类公证 8957 件、涉外公证 9908 件，业务收费 1210 万元。

第五章　社会治安综合治理

第一节　综治机构

一、政法委员会

中共鼓浪屿区政法委员会　1981 年 8 月建立；2003 年 10 月三区整合时，并入思明区政法委员会。

中共开元区政法委员会　1983 年 12 月建立；2003 年 10 月三区整合时，并入思明区政法委员会。

中共思明区政法委员会　1994 年 1 月建立；2003 年 10 月，与中共鼓浪屿区政法委、中共开元区政法委合并。

2003 年 10 月三区整合后，中共思明区政法委员会内设综合科、执法督查科，编制 8 人。

二、社会治安综合治理委员会办公室

中共鼓浪屿区综治办公室　1991 年 4 月建立；2003 年 10 月三区整合时，并入思明区综治办公室。

中共开元区综治办公室　1985 年 5 月建立；2003 年 10 月三区整合时，并入思明区综治办公室。

中共思明区综治办公室　1985 年 4 月建立；2003 年 10 月，与中共鼓浪屿区综治办公室、中共开元区综治办公室合并。

2003 年 10 月三区整合后，中共思明区社会治安综合治理委员会办公室有编制 3 人，与中共思明区政法委员会合署办公。

第二节　防控网络建设

1986 年，三区各组建街道办、派出所、居委会治保会、地段民警“四位一体”的防范体系，完善居民区点、线、面防控网络。思明区在居（村）委会和企业单位中建立治保会 53 个，联防共建单位 48 家，有治保委员及老人督导队员 350 人。全区安全保卫责任制推行率 97.5%，无发案率 91.2%，被福建省公安厅评为推行安全保卫责任制先进单位。1987 年，开元区治保会、治保小组 1004 个，人员 4707 人，组建警民治安联防巡逻队 166 支，人员 1010 人，4 个村委会和莲坂西郭成立护村队。思明区组建旅社服务行业管理中心；中山路、思明南北路商业闹市建立治安管理中心，由派出所、街道办、饮食公司、个协等 15 家单位各派 1 人参加，按地段划分 5 片，每片设若干管理小组，建立经常性的巡查、检查、督导、宣传、通报制度，使治安秩序日趋好转。1995 年，思明区治保会人员增至 969 人，巡逻队伍 98 支 523 人，专业联防队 9 支、专业保安组织 11 个，联防、保安队员 234 人；楼院管理委员会 336 个、专管员 719 人。

1997 年 3 月，开元区在莲花派出所的菡香地段开展警务改革试点，对警务工作和辖区治安管理进行规范化改革。思明区在 48 个居委会和 2 个村委会中设置治保会，成立由 81 人组成的专业治安纠察大队，并在区、街道建立治安纠察指挥部（经费由市、区财政各负担 50%）。1999 年，鼓浪屿区组建区纠察指挥部，成立由 20 人组成的专业治安纠察队；配备 11 名治安专管员到各居委会，专职负责综治工作。

2002 年 1 月 23 日，思明区政法工作会议

2000 年，三区基层综治组织完成“11211”工程建设，即每个居委会成立综治领导小组 1 组，警务室 1 室；治保会、调解会（2 会）；流动人口协管部门 1 个，群防群治队伍 1 支。2002 年，三区专业治安纠察队改为协警队。2003 年，开元区投入 89 万元，用于社区建立 8 个示范性警务室、43 个标准警务室；投资 110 万元，在振兴社区、前埔北社区建设电子闭路监控系统；组建一支 280 人的协警员队伍。

2004 年，思明区综治委选拔 5 名政法干警到街道担任街道综治副主任，选拔 80 名政法干警担任辖区中小学综治副校长。全区形成以社区党支部为核心，以责任区民警、协警队、综治专委为第一层次，以外来人口协管员和辖区单位物业、保安、值班门岗为第二层次，以各种社区治安志愿者队伍为第三层次的“三级防范网络”和信息网络。

2005 年，全区投入 300 万元，增建 5 个社区电子监控网络，安上 24 小时电子眼；公安部门在一线巡逻车安装 CDMA 路面巡逻卫星定位系统。在案件高发的 1 月和控案关键的 6—8 月，调集 110 名民兵预备役人员和 100 名武警现役官兵组成“军警民巡逻队”。区老龄委、民政局开展“守望社区”活动，运用巡查积分奖励办法，组织低保户、离退休老人巡查队。团区委、教育局开展青年志愿者“筑城行动”及“我为社区护一天”活动，组织青年志愿者巡查队。在机关干部居住区组织机关干部巡逻队，共同参与路面与社区巡逻。全区10个街道配齐综治副书记、综治专委、禁毒专委，80所中小学配齐综治副校长，95个社区配齐标准的社区警务室、调解室。全区13个派出所配备禁毒专职民警。

2006年，全区95个社区组建专职协警巡查队，队员520人；治保会95个，成员2963人；巡逻队107支，1647人；企事业单位保安人员2982人，义务巡逻队135队，成员2240人；筑城志愿者881人；物业管理人员2155人；治安中心户长3067名。是年，完成48个社区电子监控系统建设。

2007年，全区10个街道综治分管领导由政法干警挂职改为实职，任命为街道副主任。平安中心户长及“五老队伍”、青年志愿者、低保志愿者主动参与社区治安巡防。

第三节 “平安思明”建设

一、“平安社区”建设

1987年，三区开展建设安全社区活动。思明区在旅游景点、商业闹市等重点地段设治安管理中心，还在公寓楼、单位宿舍设17个楼群安全防范管理中心，主管单位建立值班、巡逻制度。是年，鼓浪屿区、开元区“无发案、无重大事故、无内部人员违纪违法”的“三无”安全面90%。思明区“三无”安全面91%。下沃居委会连续3年无发生重大刑事案件，为厦门市唯一被评为全国综治优胜单位的居委会。

1992年4月，思明区把保险机制引入社会治安综合治理范畴。思明区综合保险投保户18868户，占全区总户数53.93%，总保额1.8亿元。出险率万分之一点五，及时得到保险公司理赔；8月，思明区综治委召开公寓楼管理经验现场交流会，各街道、企事业单位落实公寓楼、宿舍区、民房集中区的人防、物防、技防“三防”措施。年底，思明区在公寓楼、宿舍区设立门岗69个（值班人员142人），楼院管理组织242个（成员1354人），巡逻队130个（专兼职人员501人），人防辐射面达429幢大楼（13261户），全区公寓式、门卫式管理辐射面86.5%。物防形成封闭式管理76片，安装铁门、铁窗、铁栅“三铁”3011组。技术防范设施安装4套，报警电话250部，基本形成一套治安防控网络。1995年，增设治安执勤岗5个、关照点32处，增加巡逻人员64人，新增楼院安全员180人。物防新安装铁门窗1271扇、铁栏栅89个，改造不安全隐患415处。在6幢公寓楼安装电子自动门锁等技防系统。1996年后，思明区每年进行年度考评，考评小区的管理机构、规章制度、防范措施、治安秩序、道德水准、法制观念、自然环境和人文环境。连续两年不合格的给予“一票否决”，推进建设安全文明小区活动。

1997年起，三区把创建安全文明小区与公安机关建设安全社区活动相结合，用3年时间，使80%小区实现创安达标。2000年，鼓浪屿区综治委组织考评验收，17个单位和11个社区达标，达标率93%，其中5个社区达到优秀文明小区水平。思明区着重抓好市级安全社区申报工作，有22个社区进入市级达标行列。2001年，开元区96个居委会达到安全社区标准，占社区总数91.3%。

2002年1月，开元公安分局户政科与莲前街道在瑞景社区开展建设安全示范社区试点工作，制定《社区自治章程》《社区居民公约》，建立新型社区管理模式，实现社区管理智能化。试点经验在全区各社区居委会推广。

2004年，梧村街道及东坪社区、金枫园小区等单位创建平安社区经验被全市创“平安区（镇）”现场会推广。2005年，区街拨出1000余万元改善基层单位办公场所，全区各个社区办公场所均达到500平方米配齐的标准社区警务室、调解室。印发《思明区平安社区考评验收办法（试行）》，明确考评标准及验收，奖惩办法。推行社区警务战略，以社区民警为核心，有机整合各种群防群治力量开展社区安全防范工作，建设一批创安效果好的“平安社区”。

2006年，思明区推进“平安温馨小区”建设，采取“评比机制”，即每季度由物业管理单位对履行治安防范责任情况进行自查自评，后由警务区、社区居委会进行初评，再由街道综治办和派出所组织考评。一年内两次未达标者，报物业管理部门，记入物业年审档案。2006—2007年，全区有571家物业小区参与安全竞赛，通过责任状、黄牌警示、季考评奖励等办法，形成条块结合、上下联动、立体运作格局。

至2007年，思明区95个社区均获“平安社区”称号。

鼓浪屿街道开展创建平安社区活动

二、“平安校园”建设

2003年，思明区开展6个月专项整治——清理校园周边“三厅一室”（歌厅、舞厅、录像厅、游戏机室）和网吧。查处违法经营电子游戏点9处，收缴各类赌博机34台，没收有色情内容电路板100余套。针对中小学生常有被“清钱”（被人搜身夺钱）事件发生，在上学、放学时段，多派便衣警察在学校周边巡查，发现案件立即查处。半年间，破获刑事案件及治安案件27起，抓获犯罪嫌疑人16人。

2004年，思明区学校及周边治安秩序整治领导小组成立，由区委常委、政法委书记任组长，分管副区长为副组长，区政法委、综治办、公安、教育等部门领导为成员。同时，成立街道校园周边治安整治领导小组，由综治副主任、执法单位、学校领导及各居委会主任等组成。各学校成立校园综治工作领导小组。政法干警到各中小学担任综治副校长。区关工委组成巡逻队，加强对校园周边网吧、录像厅等敏感场所巡查。交警部门在校园周围设置警示标志、斑马线、自助式红绿灯。各中、小学校实行外出申报、登记制度，做到定责任人、定带队教师、定安全措施。校园内部，聘请专业保安员，强化值班门岗；校园外部，建立校园治安特别管护区。各学校利用版报、广播站、早会、队会对学生进行安全教育，发动师生参与平安校园建设。同时，组织小交警中队、法制宣传队、少年法庭、法制夏令营等活动。2005年，有莲花中学、槟榔中学、外国语附属小学等17所中小学获平安学校称号。

2006年，思明区召开校园周边综合治理工作会议。在全区中小学生开展“我为‘平安校园’进一言”活动，举办综治、安全知识竞答和寓教于乐的文艺演出。至2007年，思明区共有80所中小学，其中36所获平安学校称号。

三、“平安家庭”建设

2006年9月，思明区在前埔北社区举行“平安家庭”建设示范点启动仪式。区综治委结合“五好文明家庭”建设活动，把无吸毒、无贩毒、无家庭暴力列入建设平安家庭评比基本条件。开展“爱我楼群爱我家”“争做合格家长、培养合格人才”活动，评选“为国教子、以德育人”双合格家庭。结合“三八”维权周、“6·26”国际禁毒日、综治宣传周活动，举办“不让毒品进我家”演讲会、妇女维权知识讲座、“远离毒品”签名承诺。同时，开展“家家议，点评家庭新鲜事”活动，建立“美德榜”“孝心榜”。开展“法律进家庭”宣传和“零家庭暴力社区”建设活动。

2007年，有鼓浪屿、开元、厦港、嘉莲、中华5个街道被评为思明区“平安家庭”示范街道。有大同、营平、文安、中山等20个社区被评为思明区“平安家庭”示范社区。全区有131825户获“平安家庭”称号。

第十二卷 军 事

区境为中国大陆东南门户，海疆要地。东与大、小金门诸岛隔海相望，西南与扼控九龙江出海口的鸡屿岛相对，北与屿子尾炮台成犄角，为军事重地。

宋代，区境设水寨，驻土地公社（今开元路口）。

元代，设嘉禾千户所。

明代，建城堡、设水寨、备战船，形成严密的海防体系。明天启二年（1622年）至四年，荷兰殖民者不断侵扰区境海疆。天启六年，郑芝龙从台湾到厦门岛及附近各地招兵、勒饷，以抗荷。

清顺治三年（1646年），郑成功武装队伍移屯鼓浪屿，以区境为中心基地，多次击败入闽清军，控制闽粤浙沿海大部地区。顺治十八年三月，郑成功率2.5万兵渡海出征，十二月驱逐荷兰殖民者，收复台湾。清康熙二十二年（1683年），闽浙总督姚启圣驻镇厦门，福建水师提督衙门设于区境新华路。

清道光二十一年（1841年）七月初九日，英国军舰入侵厦门港

清道光二十年（1840年）六月初四，英国“东方远征军”入侵厦门港，被守军击走。道光二十一年七月初九日，英国军舰再次入侵厦门港。道光二十二年七月二十四日，不平等《南京条约》签订，区境被允许英国通商。

道光三十年六月，陈庆真在旗杆脚五祖庙（今大中路旗杆巷）秘密组织小刀会。翌年，清廷镇压厦门小刀会。清咸丰三年（1853年）四月十一日，黄德美、黄位率闽南小刀会攻占区境，建立政权。

民国16年（1927年）至抗日战争爆发，区境基本为国民党海军控制。

民国27年5月10日，日军从何厝沿海及五通一带进攻登陆；军民抗击日军，于13日失守，日军侵占厦门岛。民国30年12月，太平洋战争爆发，日军强占鼓浪屿。民国34年8月29日，日本投降，在鼓浪屿海滨饭店举行受降仪式。

民国38年9月19日，中国人民解放军第十兵团发起漳厦金战役。

1949年10月17日，区境解放。但台、澎、金、马等岛屿的国民党军不断从海上、空中进行骚扰破坏。驻境解放军部队英勇守护；三区组建民兵自卫队，配合解放军保卫区境。1954年，台湾当局与美国签订《共同防御条约》。驻何厝、曾厝垵等地解放军奉命对金门国民党军实施惩罚性炮击。国民党军出动飞机数百架次进行报复性轰炸、扫射。

1958 年 8 月 23 日，区境驻军与金门国民党军展开炮战。三区民兵、群众踊跃支前，奋勇参战，涌现“英雄小八路”“前沿十姐妹”等一批英雄集体。何厝乡被授予“战斗的乡村，英雄的人民”称号。

三区适龄青年踊跃参军，入伍新兵素质逐年提高。三区民兵组织结构逐步优化，战备设施不断完善。军爱民，民拥军，区境“双佣”活动年年有新发展。

1988 年 8 月，思明区文安街道被民政部、解放军总政治部和海军政治部评为“全国拥军优属先进单位”。1992 年，文安街道又被解放军总政治部、民政部评为“全国双拥先进单位”。1993 年 2 月 19 日，厦门警备区某部八连被中共中央军委授予“鼓浪屿好八连”称号。同年，再度被评为“硬骨头六连式连队”。区境先后创建英雄小八路纪念馆、厦门国防教育展览馆、革命烈士纪念碑、破狱斗争遗址、胡里山炮台等国防教育基地。2002 年 7 月 30 日，三区同时被中共福建省委、省政府、省军区命名为“双拥模范城”。

2007 年，思明区被福建省国防动员委员会评为“全省人民防空工作先进单位”。

第一章　要地　设施

第一节　军事要地

一、云顶岩

洪脊山主峰云顶岩，海拔 339.6 米，耸立在鹭岛东南，为厦门岛最高点，俯瞰全岛和金厦海峡，便于观察、指挥和隐蔽。以云顶岩为主峰的丘陵地，是防御的主要支撑，也是实施反击的主要依托。

二、鼓浪屿

地扼厦门港航道和九龙江出海口。与鹭江道隔海相距 0.5 公里，东南距大担 10 公里。日光岩位于岛西南部，海拔 92.68 米，是鼓浪屿的制高点。明末清初，郑成功筑操练水师台。清末，设炮台。

环岛海岸多礁石，水深，登陆艇可直接抢滩。濒海陆地紧靠山脚，上陆后不便向纵深发展，不易于机动车辆和技术兵器运动。对外交通有轮渡、三丘田等 10 座码头，均不受潮汐影响。

三、厦门港

位于厦门岛西南部。海岸线长 234 公里，其中 12 米以上深水岸线 43 公里。东距台湾高雄港 160 海里，北距上海吴淞港 561 海里，南距广东黄埔港 389 海里，为吴淞港与黄埔港之间重要港口。港域分内外港，内港水域开阔，周围多山，避风良港，常年不冻，舰艇进出港不受潮水限制。外港涌浪小，有大小金门、浯屿诸岛组成一道天然屏障。厦门港为海军舰艇驻泊、集结、疏散地。

第二节　军事设施

一、城堡

厦门城　位于新华路43号。明洪武二十一年（1388年），江夏侯周德兴在东南沿海筑所城。洪武二十七年厦门城建成，移永宁卫之中、左所驻防。明永乐十五年（1417年），都指挥谷祥将城墙增高1米，4城门增设月城。明正统八年（1443年），都指挥刘亮督千户韩添在城门增筑敌楼4座。清康熙二十年（1681年），闽浙总督李率泰下令毁城。康熙二十二年，水师提督施琅复建，城周长扩大至1920米。清乾隆十七年（1752年），同安知县张元芝再次修葺城垣。清嘉庆十一年（1806年），闽浙总督温成惠、巡抚汪志伊在4城门各置铁炮2门，每炮重1000公斤。清道光时，厦门城周长1360米、高6米，设窝铺22个，城门4座。清咸丰三年（1853年）五月，闽南小刀会攻占区境。七月，清军反击，小刀会败退，厦门城墙遭到严重毁坏。民国8年（1919年），厦门城被拆除。

二、寨

龙头山寨　位于鼓浪屿日光岩。清顺治四年（1647年），郑成功为抗清、复台建立的屯兵山寨。建石寨门，墙由花岗岩石依山所砌而成。

嘉兴寨　位于鸿山山顶处。明末清初，为郑成功抗清、复台的屯兵山寨。寨墙由粗大花岗岩条石依山顺势砌成。

龙头山寨

嘉兴寨

三、场、池

演武场　位于厦门港院东和澳仔岭之间。东北和西南为镇南关和镇北关。清顺治十五年（1658年）三月，郑成功命工官冯澄世筑演武亭于演武场上。

演武池　位于澳仔社。明末清初，为郑成功操练水师战船之处。演武池及其周围陆地为一处延伸至厦门港沙坡尾并通往外海的广阔深水港湾。演武池面积1.37万平方米，池四周为花岗岩堤岸。池水经由地下涵道与厦门海域相通。

四、炮台

清道光三年（1823年），朝廷在区境南端及沿海要口筑城堡、战壕和炮台，构成大型海防设施，巩固“东抗台澎、北通两浙、南连百粤”地理优势，使区境成为中国东南部海防要塞。

鸦片战争爆发前，由闽浙总督邓廷桢主持修建圭屿（今鸡屿）、屿仔尾、鼓浪屿3座炮台，架设大炮286门。

胡里山炮台 位于曾厝垵。清光绪十二年（1886年），提督彭楚汉会同总督倡建，光绪二十一年四月竣工，占地面积1.2万平方米。配置两尊28生克虏伯大炮。置炮兵140名。民国3年（1914年），置炮兵120名。炮台由营房、隧道、指挥楼、观哨台、弹药库、护城壕及2座分炮台组成。

盘石炮台 位于厦门大学南村东侧海滨。处演武亭之南，前建鸟空园炮台，后改名盘石炮台。清光绪十二年（1886年）始建。1990年，建干休所时拆除。

香山炮台 位于香山。民国26年建。修筑钢筋水泥炮台，安装20厘米口径美国式大炮。

白石炮台 位于曾厝垵白石头。清光绪二年（1876年）筑炮台。1995年，建环岛路拆除。

洪济山炮台 位于洪济山观日台。民国27年建。厦门岛沦陷，日军移置香山炮台大炮于此。日本投降后，归要塞司令部士兵守卫。

五、机场

位于曾厝垵。民国18年1月，漳厦海军警备司令部设海军航空处，修建机场。面积19.6万平方米。机场由厦门堤工处测量，上海同记建筑公司承造，民国19年4月竣工。机场西建厂所一座，内设可容10架小型飞机的机库，以及办公室、修理厂、动力厂、发电所、无线电房、测绘室、保存库、下水码头等。主要用于飞行训练，训练3届21名学员。民国27年2月6日，航空处被裁撤，机场遂废置。

厦门海军航空处建于曾厝垵的飞机场

第二章　驻军与军事机构

第一节　驻　军

一、宋至清驻军

宋嘉祐三年（1058年），水寨兵驻扎土地公社（今开元路口）一带。

元至元十九年（1282年），驻军嘉禾千户所。大德元年（1297年），嘉禾千户所所兵仍驻扎区境。

明洪武二十年（1387 年），设塔头巡检司，有九品巡检 1 员、司吏 1 员、弓兵 100 名。明洪武二十一年，江夏侯周德兴筑城于水澳为永宁卫，领左、右、中、前、后 5 个千户所。复设守御千户所，筑厦门城，移永宁卫中、左 2 个千户所兵戍守，为中左所，驻兵 1240 名。仍设塔头巡检司。明嘉靖三十年（1551 年），在南路参将戍防汛地曾厝垵置靖海馆，下辖安边馆。嘉靖四十二年，改靖海馆为海防馆，设海防同知。明万历二十一年（1593 年），海防馆改为督饷馆。

清顺治四年（1647 年）初，郑成功为明招讨大将军，设指挥部于中左所，下设左先锋、右先锋、左护卫、右护卫、亲丁、楼船 6 个镇，驻军 7000 余人。翌年五月，郑成功部驻水师于鼓浪屿。顺治七年八月，郑成功整编中军、左军、右军、前军、后军 5 个军，军下设镇，拥兵 4 万之众。顺治十二年，郑成功再次整编部队，陆军 72 个镇、水师 20 个镇，总兵力近 20 万人，一部军队驻扎于区境。顺治十八年三月，郑成功率 13 个镇官兵 2.5 万人，离开思明境，移驻台湾。

清康熙元年（1662 年），置水师提督，辖兵员 1 万人。康熙十九年，万正色将岳州兵 3000 名编为提标中营、左营、右营 3 个营，由总兵官杨嘉瑞镇守，一部驻区境。康熙二十二年，靖海将军施琅组建厦门水师，进攻郑成功部。其水师衙门设于曾厝垵。康熙二十三年，领水师提标中、左、右、前、后 5 营，主要驻扎右、前、后营 3 个镇营。右营游击驻防双莲池，分巡内外洋，守备驻防打锡箔巷，计 863 人，战船 9 艘。前营游击驻防万寿宫，分巡内外洋；守备驻防厦门港，计 864 人，战船 10 艘。后营游击驻防关仔内，分巡内外洋，守备驻防局口街，计 864 人，战船 11 艘。共计驻军 3 个镇营 2591 人，战船 30 艘。时，移水师提督衙门于新华路。清咸丰三年（1853 年）四月，黄德美、黄位在定安路二舍庙巷设元帅府，驻闽南小刀会起义军。

鸦片战争爆发前，闽浙总督邓廷桢主持修建圭屿（今鸡屿）、屿仔尾、鼓浪屿 3 座炮台，士兵 1600 名、乡勇 1000 余名及半数的福建水师兵力扼守。

清光绪十年（1884 年）夏，福建新水师辖兵轮 9 艘、运输船 2 艘，舰员 1202 人，一部驻区境。光绪二十二年二月，胡里山炮台驻炮兵 140 名。

清末，先后驻有绿营和以湘军为主的勇营和少量新水师。

二、民国驻军

北洋军　民国 2 年（1913 年）10 月，区境驻扎厦门要塞司令部，黄培松任司令。民国 3 年，李厚基第 4 师第 7 旅第 5 团团长唐国谟率官兵 1610 人，一部驻区境。民国 7 年 12 月，皖系第 14 混成旅（后改为闽军第二师）臧致平（任厦门镇守使、漳厦护军使）部的部分兵力驻扎区境。民国 13 年，闽系海军（海军练习舰队司令杨树庄）入厦，臧军退出；区境大部驻海军陆战队、要塞炮兵等。

国民革命军　民国 16 年 12 月，海军闽厦警备司令部改组，分设漳厦警备司令部，林国赓任司令，辖厦门要塞和 2 个护台营。同年，海军闽厦警备司令部卫队营扩编成海军陆战队第一补充团。民国 26 年 6 月，驻厦门要港司令部官兵 74 人，并配置特务排。厦门要塞总台部官兵 20 人，胡里山炮台官兵 133 人，盘石炮台 46 人，白石炮台官兵 24 人。在厦门成立海军部海岸巡防处。民国 27 年 1 月，高宪申继林国赓任厦门要港司令，要塞驻兵 2 个守备中队。民国 26 年抗战爆发，陆军第 157 师驻防漳厦。翌年，由第 75 师接防，第 223 旅一部驻区境，与海军要塞炮兵、地方武装抵抗日军进攻。民国 34 年 9 月，日军投降，恢复厦门要港司令部（驻民国路）、厦门要塞司令部、海军厦门造船所。至民国 38 年（1949 年 9 月 30 日止），区境设闽厦警备司令部、漳厦警备司令部、厦门要港司令部，以及海军船坞造船所、航空处、电台、医院、海军学校等机构。国民党军逃台前，设厦门警备司令部。司令刘汝明将总部设在曾厝垵，率第八兵团 2 个军 8 个师。国民党军东南长官公署副长官汤恩伯兼任厦门分署主任，公馆设在曾厝垵胡里山社。民国 38 年 9 月，被人民解放军击溃的华东战场国民党残军，主要有第 8 兵团第 55 军第 29、74、181 师和第 5 军第 166 师及由漳州败退的第 68、96 军残部等入驻区境。

三、中华人民共和国驻军

1949 年 10 月至 1950 年 12 月，中国人民解放军第十兵团第 29 军军部及第 85、86 师部分兵力入驻。

1950年后，有炮兵第3师、第9师、第6师、第15师、福建军区炮2团，以及若干高射炮兵部队一度入驻。

1951年初，第31军军部辖第91、92、93师部分兵力驻扎。

1969年，江西军区独立师改称福州军区守备第4师后接替第93师防务。翌年，该师与厦门军分区合编为福州军区厦门守备区。1980年，复改为福州军区守备第4师。1985年，又与厦门市人武部合并为厦门警备区，归福建省军区建制。

区境还驻有中国人民武装警察部队厦门市支队、厦门市边防支队、水电第8支队。

第二节　区军事机构

1954年10月，组建鼓浪屿区人武部、开元区人武部、思明区人武部。1958年4月，三区人武部撤销并入市兵役局。1961年9月，重新组建鼓浪屿区、开元区、思明区人武部。1966年9月，开元区更名东风区、思明区更名向阳区，其人武部也分别更名为东风区人武部、向阳区人武部。1979年9月，随地方行政区恢复原名而复名。1986年1月，人武部归地方建制。1996年4月，收归部队建制。

2003年10月三区整合后，鼓浪屿区、开元区人武部与思明区人武部合并。2004年4月14日，整合后的思明区人武部正式运作，设党委会、纪律检查委员会、经济委员会、机关党支部。

第三章　兵　役

第一节　机　构

一、民国兵役机构

民国初年，福建无专设兵役机构。民国26年（1937年）6月，省民政厅增设第三科主管兵役工作；之后，成立军、师、团三级管区。区境属晋江团管区管辖。民国30年10月，改属泉安师管区管辖。民国36年，改属龙溪团管区管辖。

二、中华人民共和国兵役机构

中华人民共和国成立后，征兵开始，鼓浪屿区、开元区、思明区人民政府即成立征兵领导小组，区长任组长，人民武装部部长任副组长。

2007年9月，思明区征兵工作领导小组成立思明区人民政府征兵办公室。办公地点设在区人武部。办公室主任由区人武部副部长担任，副主任由区政府办副主任、区人武部军事科参谋担任。下设征集组、宣传组、政审组、体检保障组4个工作组。

第二节 兵役制

一、募兵制

宋嘉祐三年（1058年），募水军，置宝林、水澳、法石3寨。元至清时期，实行世兵制，但时而进行募兵，特别在各朝代末期，世袭之兵多腐败不堪作战，经常募兵补充兵员。清末编练的新军，其兵员补充亦依靠募兵。

民国16—26年（1927—1937年），国民党政府军补兵仍通过临时招募。驻境军队为扩充实力，均直接就地自行招募，或责成地方当局代募，征集既无系统，兵额又无限制。民国26年6月，晋江团管区成立，数月间，在所属地区（区境属之）代募兵24693名。

二、征兵制

民国22年（1933年）6月，国民政府颁布《兵役法》，民国25年3月1日施行，年满18～45岁男子均有服兵役义务。兵役分为常备兵役和国民兵役两种，至民国35年增加补充兵役，共3种。常备兵役分为现役、正役和续役3种。民国37年，厦门市征兵配额589名（含区境），至12月15日仅征376名，至翌年2月下旬尚缺115名。民国38年，全市征兵配额猛增至1250人，上年缺额今补，市政府遂令各区公所总动员会同宪兵武装，于1月9日午夜出动，进入区境各住户检查户口、抓捕适龄壮丁。

三、志愿兵役制

抗日战争胜利后，国民党发动内战，需要大量兵员补充，除逐年增加征兵配额甚至采取抓壮丁外，也招募志愿兵。民国28年5—7月，国民党厦门要塞司令部在区境及周边招募志愿兵422人，其中厦门总台及所属各大台共258名，独立守备大队37名。

中华人民共和国成立初期，实行志愿兵役制。1951年，三区青年踊跃报名参军。

1955年实行义务兵役制后，一部分超服现役年限的老兵，根据部队需要和本人自愿，留在部队超期服兵役。1984年颁布第二部《中华人民共和国兵役法》，实行以义务兵役制为主体的义务兵与志愿兵相结合、民兵与预备役相结合的兵役制度。区境入伍服役的老兵中，有部分人员留在部队超期服役，另有部分人员改为志愿兵继续在部队服务。

四、义务兵役制

1955年7月30日，第一届全国人民代表大会第二次会议通过并公布《中华人民共和国兵役法》，实施以义务兵役制代替志愿兵役制。

至1977年，适龄青年一般能自觉应征入伍。1978年后，农村实行联产承包责任制，城市在改革开放中创造许多就业机会，出现“征兵难”现象。三区人民政府加强国防教育和兵役法的宣传工作。同时，根据社会经济发展水平，改善军属优待工作和退伍安置工作，形成服兵役光荣的社会风气。开元区自1977年到1987年连续11年保质保量完成征兵任务，共向部队输送1000多名合格兵员。1987年10月21日，获国防部授予“征兵工作先进单位”称号。

1992年，厦门市公布新修订《军人抚恤优待条例实施办法》。1994年，将城镇义务兵家属优待金标准由每人每年800元提高到1000元。至1995年，区境城乡平均义务兵家属优待金标准基本达到全市城乡人均收入水平。同时，按照自愿原则，普遍实行义务养老保险。每年适龄青年报名参军人数均达到适龄青年总数89%以上。

2004年6月，思明区义务兵优待标准按照《厦门市义务兵家属优待金管理办法的通知》执行。

至2007年，思明区征兵连续26年27次无退兵，新兵文化素质提高，党团员比例逐年上升。

第四章　民　兵

第一节　组织建设

一、明至民国民兵组建

（一）明代民兵组建

明代，实行世兵制，将不隶军籍的地方武装统称民兵。“简民间武勇，编成队伍，以时操练，有事用以征战，无事复还为民，号为民兵，景泰中号机兵。”至嘉靖末叶，倭患严重，沿海百姓纷纷结社，练乡兵、筑碉堡，抗击入侵倭寇。

（二）清代民兵组建

清代，民兵不常设，根据需要临时招募训练乡兵，事后解散归农。鸦片战争后，清廷在沿海要地编练乡兵，以加强海防。清道光二十年（1840年）六月，英军侵扰区境，乡勇奋起参加保卫家乡防务，在区境与周边地区编练水勇、乡勇9000余名。道光二十一年七月，义勇队配合清军打击入侵的英侵略军，10天打死打伤英军200多人。

（三）民国民兵组建

民国初期，设立民团，由地主豪绅、商会会长抽捐自办，受当地政府监督调遣。民国24年（1935年），厦门市社训总队进行壮丁训练。国民党市、县党部和教育、卫生等有关部门组织社训促进会，受训期满人员，组成各保义勇壮丁队。义勇壮丁队中抽选若干人，组成义勇壮丁常备队。战争期间，为防守需要，从壮丁队和童子军中抽人，组成壮丁童军防护团。民国25年6月，区境及周边地区设立4个区队、11个联队、154个小队，有队丁17771人。

抗日战争爆发后，厦门成立国民抗敌自卫团，隶闽南师管区永春团管区司令部。民国35年，着手组训民众自卫队。民国36年，区境及周边地区国民兵自卫队编为4个区队、57个保队、1086个甲班，共21533人。

二、中华人民共和国民兵组建

（一）民兵组成

1950年5月，三区组建24队民兵自卫队，900多人，长短枪400多支。1951年3月，组织工人纠察队4个大队589人，担负护卫工厂、仓库、码头等任务。其中，店员及手工业工人组成纠察队1个大队、3个中队、9个分队，共124人。1953年后，按《民兵组织暂行条例》规定，主要在农村组建民兵队伍，城市工厂、商店、公私企业单位均不组建民兵。1958年，响应“全民皆兵”号召，三区各自以区为单位组编民兵师，人民公社组编民兵团，大队组编民兵营（连）。以工厂、企业、学校、机关、街道为单位，采取自愿报名、领导审批的办法，民兵队伍迅速扩大。1962年，执行《民兵工作条例》，三区人民公社、工厂、机关、学校、企业和事业单位都建立民兵组织。1982年后，保持基干民兵组建面，民兵组织走上控制数量、合理构成、协调发展轨道。1986年，厦门警备区针对个体企业发展快、从业人员多、与社会接触广等特点，与思明区人武部在中华工商行政管理所辖区个体户中组建福建省第一支个体户民兵连。

1989 年，实施《厦门市民兵预备役工作试行规定》，思明区拓宽民兵组建新路，在个体经营者协会和部分“三资”企业中组建民兵队。1991 年，厦门乐合丝绸有限公司、厦门工程机械股份有限公司和厦门运输发展总公司等“三资”企业被评为省级“企业民兵预备役工作先进单位”。

2000 年后，针对一些国有企业民兵老化和企业兼并、倒闭、解体等情况，适当调整、压缩规模，减少数量，并向高新技术企业和条件成熟的国有企业拓展。同时，根据军事斗争需要、城市民兵担负任务和企事业单位发展变化，不断优化民兵组织。主要任务：扩大专业技术分队，控制应急分队，减少步兵分队。2006 年，思明区专业技术兵占基干民兵总数 89.5%，其中对口专业分队人数占技术兵总数 54.9%，高技术专业分队所占比例有所上升。

（二）民兵编组

1950 年初，基层民兵组织编组不统一。1953 年，实行普遍民兵制。1956 年 9 月，按《中华人民共和国兵役法》规定，实行民兵与预备役合编。把年满 18～30 岁服一类预备役的退伍军人和 18～25 岁符合基干民兵条件服一类预备役人员，编为基干民兵；把 31～40 岁服二类预备役的退伍军人，26～40 岁服二类预备役和 18～25 岁不符合基干民兵条件者，编为普通民兵。从此，基干民兵和普通民兵均按班、排、连、营、团、师的建制序列编组。

1958 年 8 月，中共中央政治局和中央军事委员会根据毛泽东主席指示分别作出加强民兵工作的决议，取消不在工矿企业、商店、大中城市市区建立民兵组织的规定，无论城市、农村，无论学校、企业、机关、街道，除地、富、反、坏、右和残疾人，凡年满 16～50 岁，能拿武器的男女公民，必须逐步做到人人接受军事训练。大队为连，公社为营，一县为一团，一州为一师，实行全民皆兵。区境民兵数扩大 2 倍。

1981 年，取消民兵师编制。

（三）民兵整顿

1952 年 12 月，《中华人民共和国民兵组织暂行条例》颁布，区境在基层民兵组织中建立出队、入队制度。之后，在历次民兵组织整顿中，又把调整、补充基层民兵干部，建立健全各项制度等，作为民兵整组内容，同民兵出队、入队工作一道进行。1961 年 2 月，中央军委要求抓住整风整社机会，彻底整顿民兵组织。1962 年，贯彻《民兵工作条例》，将一年一度整组工作定为制度。“文化大革命”初期，民兵整组工作停顿。

1969 年，贯彻福建省军区《关于整顿民兵组织工作的指示》，恢复民兵整组工作。1980 年，根据国家经济政策和农村实行新的生产责任制后出现的新情况，三区对基层民兵组织进行整顿。2005 年后，思明区进行民兵整组。

第二节　军事训练

一、群众性练武

1951 年冬，三区贯彻中央军委《关于加强民兵建设的指示》，普遍开展小规模练武活动。此后，每年都对民兵进行为期 7 天训练。训练内容主要是轻武器使用、基础战术和哨位联络方法等基本军事常识。

1955 年前后，三区民兵广泛开展群众性练武。训练对象有基干民兵，并有相当数量普通民兵；训练内容主要是学习步枪、手榴弹的使用，利用地形地物，站岗放哨等基本军事常识。训练以部队带训为主，利用农渔闲季节，采取小型、就地、分散的方法进行。

1958 年“大办民兵师”，三区掀起群众性练兵热潮。1960 年，三区民兵结合各自业务，大搞技术兵训练。1964 年后，贯彻总参谋部《关于在民兵中开展神枪手活动的通知》和组织民兵参加全军比武的决定，调动民兵积极性，把群众性练武活动推向高潮。训练对象以民兵干部和基干民兵为重点；训练内容除步兵共同课目外，还针对民兵担负各项具体任务，有所侧重。三区在开展群众性练武活动中，得到驻军帮助和支持。

二、重点训练

1969 年 3 月，“珍宝岛事件”发生，三区民兵加强防空作战训练。民兵组织发展为有高炮、通信等多兵种组成的队伍，并多次举行大规模防空演习。1971 年 1 月 4—24 日，组织工人、学生民兵 531 人开展行程 230 公里野营拉练，锻炼民兵适应野战生活环境，提高实战技能。1973 年起，贯彻解放军总参谋部《1973—1975 年民兵军事训练纲要》，民兵训练以射击、投弹、爆破（打坦克）、利用地形地物为主，基干民兵训练不少于 10～15 天，并重点突出民兵干部、哨所执勤兵和武装基干民兵训练。《1977—1980 年民兵军事训练纲要》颁发后，民兵训练实行分级训练制，突出重点，提高质量。厦门军分区教导队主要负责培训专职武装干部；三区人武部主要负责民兵营长、连长训练；公社、工厂等基层单位负责训练基干民兵。1979 年，改进民兵训练方法，城市主要根据生产任务，采取短期、小量、多批的轮训办法；农村采取由公社统一部署训练任务，适时集中训练办法。其间，三区武装基干民兵参加实弹射击 1.5 万人，完成练习项目 74%。

民兵在海岸线上巡逻　　（李开聪/摄）

此后，民兵军事训练进入有计划、有重点训练的阶段，以适应现代战争需要。

三、训练调整改革

1980 年后，三区民兵根据解放军总参谋部关于调整改革民兵军事训练指示进行军事训练，从缩小范围、减少人数、缩短周期、压缩时间、精简内容、突出重点、改进方法、提高质量等方面，进行调整改革。1987 年，开元区由部队带训的炮兵 3 项课目，经省军区考核获全省第一名。1988 年，将民兵干部、人武干部、专职武装干部的训练集中在训练基地进行。1990 年，厦门橡胶厂侦察班参加省阅兵表演，获省政府、省军区颁发“技术过硬、表演出色”锦旗。开元区被省军区评为民兵规范化训练先进单位。1993 年，三区民兵参加全市组训，完成年度训练任务 101.26%，经考核验收合格率 100%。三区组织应急分队复训 700 多人。开元区组织哨所民兵复训 30 人，组织民兵 37 高炮连（六门制）训练，并参加省军区组织的实弹射击考核验收合格。2001 年，思明区民兵预备役高炮连代表市参加全省高炮分队实弹射击考核取得第一名。同时，被南京军区评为“武器装备管理先进单位”。

2002年，思明区民兵在省军区组织的民兵高炮分队实弹射击考核竞赛中击中航模拖靶，获第一名；在警备区组织的民兵应急分队考核竞赛中，获团体总分第二名。

2003年，思明区人武部按照《人武部训练大纲》，组织民兵按纲施训。2005年7月，区人武部组织100名民兵进行为期15天集中训练，在警备区组织的全市民兵比武中，获总分第一和3个单项第一；10—11月，组织高炮营演练历时近2个月；在解放军总参谋部组织的军事活动中，两次打下拖靶，高炮8连被选为夜间射击单位。

2006年5月，区人武部组织4个街道居民进行应急疏散演练，受到上级好评；9月，厦门海监支队开展以轻武器训练为主的民兵岗位大练兵，在参加全国海监岗位练兵大比武中获得第一名。

2007年9月，思明区民兵高炮分队获将军山实弹射击考核第一名；11月，思明区人武部完成解放军总参谋部组织的海上民兵侦察分队试点工作。

2002年，何厝民兵哨所参加警备区比武大赛获第一名

2007年11月，思明区海上民兵侦察分队动员使用试点集训

第三节 政治工作

一、政治教育

1950年，三区利用夜校（民校）、俱乐部等场所，组织民兵集中学习政治，学习民兵性质、任务、《民兵入伍誓词》和《民兵守则》等。1950—1953年，结合土改运动、抗美援朝、巩固海防等任务，对民兵进行形势、战备和阶级教育，激发民兵保卫新生政权、保家卫国的革命热情，在各项工作中起骨干带头作用。三区有9000多人报名参加纠察队、救护队、架桥队、消防队、运输队等组织，担负护厂、护店、护仓、维护社会治安和支前参战任务。有32名工人民兵被评为“生产模范和支前防空功臣”。1953年，三区农、渔业战线90%以上民兵办起互助组，成为走互助合作道路的带头人。

1960年后，三区根据福建省军区《民兵俱乐部工作指示》，民兵基层单位创办各种形式俱乐部和夜校。1962年，以《民兵工作条例》为基本教材，对民兵进行教育。1964年，以总政治部《怎样当个好民兵》《学习中国人民解放军光荣传统》为基本教材，有计划地对民兵进行形势、任务和光荣传统教育。1970年后，贯彻《民兵训练纲要》，民兵政治学习改在军事训练中结合进行。

1980年后，三区民兵政治学习主要坚持三项制度，基干民兵每月上一堂政治课；从民兵年度训练中安排10%时间进行政治教育；结合征兵、民兵整组和重大节日，每年组织普通民兵进行4～5次学习。1984年，为适应国民经济建设新形势，改革民兵政治教育体制，实行目标管理。1986年后，改

“一月一课”为“一年四课”，普遍推广刊授、函授教育，采取集中教育，疏导思想与规范行为相结合的方法，保证民兵政治学习“三项制度”落实。鼓浪屿区人武部不断深化以刊授教育为主要形式的国防教育活动，1989 年，订刊 404 份，基干民兵人手一册，被总政治部群工部、解放军报社评为“订刊用刊先进单位”，获一等奖。

2000 年后，基干民兵每年政治教育不少于 16 课时，集中教育不少于 4 次；民兵干部、专业技术分队为 3 天；民兵应急分队和专业分队、步兵分队新入队的民兵为 2 天；对口专业分队为半天；普通民兵每年不少于 2 次，每次不少于 4 个课时。把民兵政治教育纳入全民教育轨道，集中教育时突出“兵”的内容。选准教育时机，利用征兵、整组等时机或结合民兵执行任务和开展活动时，组织集中授课。拓宽教育渠道，利用《中国民兵》等杂志的刊授，举行知识竞赛、组织读书演讲等形式搞好配合教育。抓好民兵营、连“青年民兵之家”教育阵地，开展文化活动。2002 年，开展学习和实践“三个代表”重要思想，坚定理想信念教育和党员先进性教育。2003 年，开展学习中共十六大文件，为全面建设小康社会作贡献专题教育。2006 年，开展以社会主义核心价值体系和“八荣八耻”为内容的教育。2007 年，组织开展“赞颂新成就，迎接十七大”主题教育。

二、争创先进

1950 年后，三区在土改、镇反和海防斗争中，发动民兵开展立功创模活动，调动民兵保卫祖国、建设祖国积极性。炮击金门战斗，民兵在炮战中有 21 人立二等功，179 人立三等功，30 个单位被评为支前模范单位。1959 年 5 月，前线公社受到国务院嘉奖。1960 年，区境支前模范民兵代表出席全国民兵代表会议。1962 年，思明区开展创建民兵工作“三落实”先进单位和先进民兵活动。1963 年 4 月 5 日晨，金门国民党武装特务 13 人，从前埔登陆偷袭，企图抓捕民兵。何厝边防所中士班长叶中央带领何厝村民兵与特务搏斗，击伤 2 名特务，缴获卡宾枪 1 支，子弹 30 发。公安部通令嘉奖，并给叶中央记一等功。

1965 年，贯彻省军区开展争创先进活动指示，评选一批民兵工作“三落实”先进单位和先进个人。1969 年 11 月 27 日，三区民兵先进代表出席厦门市民兵工作先进集体和积极分子代表会议。1972 年 6 月，三区民兵工作“三落实”先进单位和先进个人代表出席厦门市纪念“三落实”指示发表 10 周年表彰会议。1975 年，三区召开庆功会，表彰一批守卫海防、维护社会治安先进单位和积极分子。1981 年后，民兵“创先”活动同地方评比竞赛结合，和年终总结结合，综合衡量民兵先进单位和先进个人。

2005 年 5 月，按照省军区《人武部工作细则》标准，投资 30 万元，完善区人武部战备设施，基层战备规范化建设全部落实。

2006 年，思明区人武部开展人武系统规范化建设试点工作，分人武部机关、基层人武部、民兵营（连）部和民兵哨所 4 个层次，投入资金 20 万元强化软硬件设施建设。帮助 5 个老城区基层人武部建设规范化标准，完善民兵营（连）战备设施；8 月，中共思明区委组织部和区人武部对各街道武装部组成及人员配备情况、专武干部履行职责情况和在新形势下民兵预备役工作遇到的矛盾和问题等进行调研，围绕政治素养、理论水平、工作态度、工作能力、工作业绩和道德品行内容，对 10 个街道、所属企事业单位专武干部进行全面考核和重新任命。修订完善《专武干部管理规定》，对专武干部学习训练、请销假、交流考核、奖惩等方面进行规范。

第四节　参战支前

中华人民共和国成立后，区境民兵开展参战支前活动。

1958 年“八二三”炮战（与金门岛国民党军）中，何厝乡党总支（由何厝、前埔、后坑 3 个乡建立党总支）发动村民投入支前保卫工作，提出“解放军要人有人，要物有物”“一切为了支援解放军，狠狠打击敌人的嚣张气焰”“保卫家乡，巩固海防”等口号。群众一手拿锄头搞农业生产，与旱灾作斗争；一手持枪和人民解放军并肩作战，站岗放哨、捉拿特务、抢修公路工事。

战斗中，涌现13个著名的英雄群体：英雄小八路、前沿十姐妹、七大娘、前线十民兵、穆桂英班、十八好汉、战地五姑娘、前线突击班、岭兜八战友（岭兜社）、前线八勇女（下何社）、赵一曼班（小何社）、刘胡兰小组（洪文村庄厝社）、董存瑞班（潘宅社）。

附：部分英雄群体主要事迹

英雄小八路 在何厝村何厝小学。1958年5月，何厝小学三至六年级160多名学生组成厦门前线少年支前活动大队。8月上旬，老百姓被转移到后方。何厝小学13名学生（最大16岁，最小仅12岁），当敌人打炮时，就在防空洞里读书写作业；敌人没打炮时，就出洞开展支前活动。争扛石头，加固炮阵地。查线接线，确保前线指挥所电话畅通。解放军前线指挥部特制“小英雄志气高，巩固海防成英豪”锦旗嘉奖。1958年9月10日，共青团厦门市委授予“英雄小八路”称号。1958年，在全国建设社会主义积极分子代表大会上，授予“全国建设社会主义积极分子先进集体”称号。1960年，以小英雄为原型创造话剧剧本，并改编为电影剧本。10月，由上海电影制片厂拍成电影，主题曲《我们是共产主义接班人》在1978年共青团十大一次会议上被定为中国少年先锋队队歌。

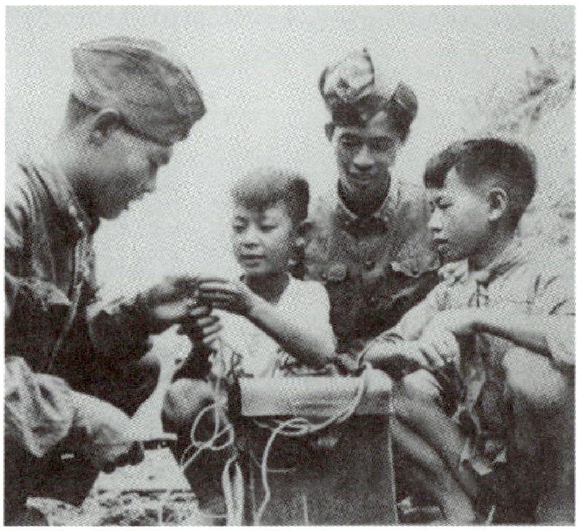
1958年，“英雄小八路”在前线学习接电线

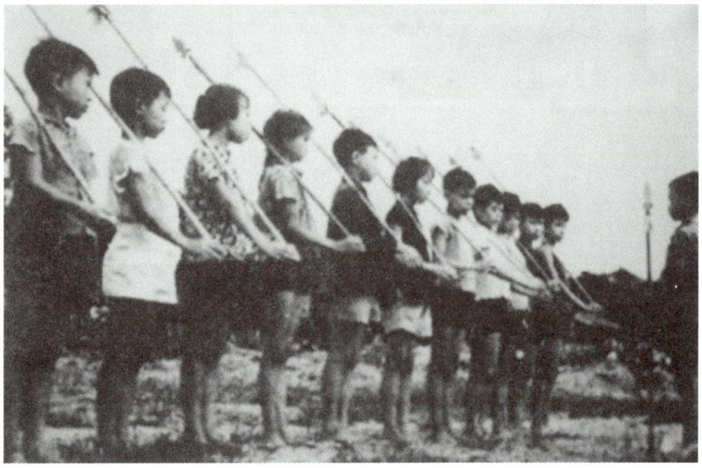
1958年，“英雄小八路”在训练

前沿十姐妹 在何厝村上何社。炮战前夕，前沿老弱妇孺撤向后方，何厝村十姑娘向党组织表示：“要在炮火中经受考验，争取入党入团”。姑娘们按年龄排行，共青团员何惠琴23岁，年龄最大当大姐，何金针15岁，年龄最小为十妹，其他依次为：何菜治、何琼玲、何雪珍、何雪花、何素华、何网池、何阿腰、张仙锦。炮战开始后，何惠琴带领姐妹们日夜战斗在炮火纷飞的前沿。

1958年，民兵组织“前沿十姐妹”在训练

参与站岗、放哨、搬石头、修工事，挑泥土、修公路。因大批劳动力向后方转移，村里留下200多头猪需要喂养，十姐妹自告奋勇，承担起喂猪任务。在炮战最激烈时，姐妹们与解放军并肩作战，亲手开炮打敌人。炮战结束后，在战斗中接受考验的何惠琴等人入党、入团。她们的英雄事迹得到部队的赞扬，拍成电影纪录片《前沿十姐妹》，传遍全国。

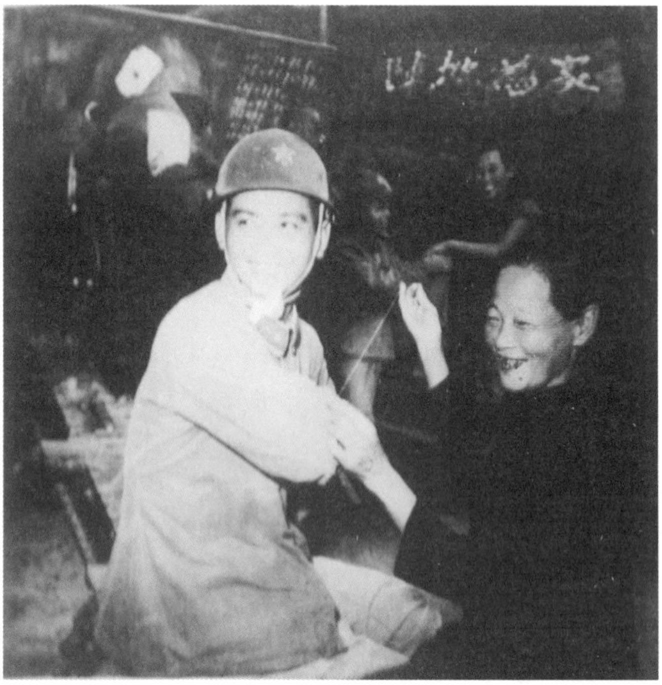

1958年，民兵组织“七大娘”为解放军战士修补衣裳

七大娘 在何厝村塔埔社。炮战开始时，群众转移后方，可林沙央、吴明珠、方越、黄蓬莲、傅富治、陈环治、何向7位大娘怎么动员也不转移，裹过小脚的黄蓬莲大娘说“我也是民兵呀”，归国华侨林沙央大娘说“解放台湾金门人人有责”。她们坚持在炮火中为解放军洗衣、做饭、扫地、送饭送水，做好后勤工作。

前线十民兵 在何厝村塔埔社。炮战期间，前线十民兵黄永国、黄勇君、郑德勇、黄建利、黄加祝、黄亚狮、黄清辉、黄天气、黄保护、黄炳土（最大37岁，最小22岁）。有7位是民兵排长和班长。他们在海边据守一个地堡，观察和警戒，抓获一名从金门派来的特务。经常深夜驾渔船，到仅距一里的敌占岛散发宣传品。1958年9月17日，有13个防空洞被国民党军炮火炸毁，解放军部队转移到安兜休整。十民兵与留守战士一起发誓：“人在阵地在！”坚守阵地。

1958年，民兵组织“穆桂英班”冒着战火为前线运送蔬菜

穆桂英班 在何厝村岭兜社。1958年，岭兜社10位年纪在15～18岁农家小姑娘，眼看家园被敌人打得支离破碎，相约要与前沿阵地同生共死。共同的志向使她们“结义”：10位姑娘都姓陈，其中3位名字带“玉”字。10人就以“玉”字排行：陈玉桂、陈玉燕、陈玉敏、陈玉玲、陈玉娟、陈玉慧、陈玉梅、陈玉琴、陈玉花、陈玉兰。战士们称“前沿十玉姑娘”。8月23日到10月26日，姑娘们筹集185件衣服给部队战士穿，为部队战士洗衣1万多件（次），补衣550多件（次），洗被950多条（次），缝被450多床（次）。1958年底，解放军总政治部文工团慰问队获知“十玉姑娘”故事，直叫“穆桂英”，并为10姐妹创作歌曲传唱，市妇联送锦旗表彰。1959年、1960年，穆桂英班在福建省对敌斗争表彰会、全国首届民兵会上受表彰。

十八好汉 在前埔村前埔社。十八好汉林忠进、林忠安、林忠德、林忠智、林清泉、林金德、林火连、林水生、林安镇、林仁生、林忠利、林天福、林乐成、林进顺、林玉彩（女）、林明彩（女）、林明理（女）、林也好（女），年龄最大32岁，最小17岁。在部队需要人力整修工事时，他们立即投入，连续7个昼夜没有休息。当接到“某部炮兵急需500立方米石块加固工事，天明就要完成”的任务时，他们振奋精神，挖的挖、运的运，圆满完成任务。林明理等6人被评为“功臣”。十八好汉集体被授予“支前先锋”称号。

战地五姑娘 在前埔村。炮战时，前沿阵地上活跃着林含笑、林柚柑、吴烛春、林碧琼、许和治战地五姑娘的身影。她们坚持生产，主动参与支前活动。帮炮兵炊事班烧开水、做饭。林碧琼刚去挑水，炸弹在距她1米处爆炸；刚离开水井，水井旁落下炮弹！开水送到阵地上，战士们说：“今天的开水叫做‘军民团结水’，来得不容易！”

前线突击班 1958年8月25日，前线人民公社成立“十一人突击班”：林清海、林亚育、陈文尚、黄恢原、孙镇国、陈锡煌、林泰山、林志在、林长海、林添财、黄天赏。为了建炮台，他们到山坡上搬石头，一百斤的两人扛，二、三百斤的三人扛，从傍晚扛到深夜二时多。部队车来运石，一块紧接一块搬石上车。山坡石头运完，再把猪舍石块送上，又到海滩捞石。部队首长想让他们休息一会儿，故意让车迟点去运，但突击班却直接把石头扛到阵地；部队指战员深受感动。

第五节 军民联防

区境解放初期，沿海一线实行军民联防。在以部队守备为主的地区，民兵按建制编入战斗序列，海防任务由驻军统一安排；在以民兵为主防守的地区，部队定期联系，具体帮助，遇有敌情，部队驰援，并统一指挥作战。此外，民兵日夜站岗放哨，防敌特入境，监视恶霸地主活动，协助公安机关侦破反革命案件，捕捉反革命分子，保卫新生人民政权，维护社会治安。

1956年后，贯彻中共福建省委第四次海防会议提出的“建立海上防线，改进陆地前沿防线，加强纵深防线”的海防斗争方针。至1958年，建立“四道防线”：第一道是海上防线，以渔民为基础，配合海军艇队、海上武工队和护航炮兵，组织海上巡逻队，加强近海海面控制；第二道是海岸防线，以守备部队为骨干，民兵为主体，群众为基础，严守海防；第三道是陆地防线，民兵监视反革命分子和坏分子，加强以“四护”（护桥、护路、护电线、护仓库）、“五防”（防特、防炮、防毒、防火、防盗）为内容的治安保卫工作；第四道是隐蔽斗争防线，以公安机关为主，专门机关与群众相结合，加强侦察情报工作，及时打击敌特活动。1958年，何厝民兵哨所建立，是开展军民联防的重点单位。1973年后，驻境军队、公安机关、各级人武部和民兵把“防上防下”作为经常性战备的一项重要内容，前沿社队普遍建立军民联防小组，实行统一指挥；人武部重新勘察调整民兵岗哨，并在鼓浪屿增设“潮水哨”（退潮前后二小时派出的流动哨）；海军厦门水警区、厦门守备区和公安机关划分海域，分片包干，加强海上警戒巡逻，逐步建立起以部队为骨干、民兵为主体、人民群众为基础的海防体系，把紧沿海“口子”。

1975年，区境有214个企业事业单位组织1513个民兵执勤小分队，捕获流窜案犯65名和行凶、偷盗等犯罪分子88名。废品回收行业民兵在一年中向公安机关和有关部门提供可疑线索258条，协助破获大小案件170起，抓到盗窃分子68人，缴获罪证、赃物723件。

1950—1980年，区境民兵配合厦门市军警捕获金门派遣特务25起36人；1984年4月下旬，全军军民共建工作座谈会在驻厦某部召开，与会代表参观某守备一连与何厝村共建点。总政治部副主任黄玉昆到会指导。1988年9月前，黄隅头社、下堡社男民兵排担任战备执勤任务；1988年10月，调整为女民兵执勤。开元区依托哨所深入开展经常性的军民联防活动，组织民兵昼夜轮流观察值班，定期到海边巡逻、警戒，协助边防派出所和驻军防范打击内潜外逃活动，协助公安机关维护社会治安和搞好船只管理。

1958—2006 年，何厝民兵哨所先后被南京军区、省委省政府、市委市政府、警备区、区委区政府、区人大表彰 20 多次。2007 年，何厝民兵哨所加大规范化建设力度，促进军民联防工作进一步发展。

第五章　国防教育

第一节　教育基地

区境有许多革命历史遗迹、纪念馆（园），都是爱国主义和革命英雄主义的国防教育基地。位于万石植物园的厦门国防教育展览馆、革命烈士纪念碑；位于思明南路的厦门破狱斗争遗址；位于滨海街道的胡里山炮台；位于厦港街道的厦门华侨博物馆（2001 年 6 月 10 日，被列为全国第二批百个爱国主义教育示范基地）；位于鼓浪屿的民族英雄郑成功水操台、纪念馆、塑像；位于草埔巷的抗英名将陈化成故居。位于何厝小学内的“英雄小八路”纪念馆（2001 年 5 月 29 日正式开放。总面积 1000 平方米，主体面积 400 多平方米），展示 140 多幅小八路支援前线的图片资料。

第二节　教育活动

1989 年起，根据中共十三大关于“应当加强国防教育，提高人民的国防观念”要求，将普及全民国防教育“纳入全民宣传教育轨道，纳入拥军优抚工作，纳入学校教育内容，纳入人武工作职责，纳入军民共建活动”。

1994 年 11 月，思明区在全市率先成立以武委会成员为主体的国防教育委员会，区所属各企事业单位、街道、居委会都组建相应办事机构。随后，鼓浪屿区、开元区设立国防教育委员会。委员会主任由区委书记或区长担任。委员会在区人武部设立办公室，办公室主任由人武部领导担任。此后，每年 7 月 15 日至 8 月 15 日为国防教育活动月。三区把国防教育列入各级党政部门议事日程，确定“以干部为重点，以青年为主体，从儿童抓起，面向全社会”指导原则，开辟“后备力量建设”“兵役法讲座”“国防精神与国家利益”等专题讲座，建立目标责任制和领导议军、领导上课、骨干培训、过“国防日”等制度。同时，利用各级各类学校，把国防教育内容纳入教学计划并渗透到学校教学中，形成基本教育阵地。利用广播、电视、报纸等现代传媒工具开展国防教育，利用影视娱乐工具播放军事题材的影视片，形成舆论教育阵地。加强基层“青年民兵之家”建设，形成活动教育阵地。发挥军民共建点的作用，在共建活动中强化国防观念，形成示范教育阵地。

1995 年，三区教育系统组织中小学生参加军事夏令营。利用节假日、纪念日组织军事体育比赛，寓国防教育于娱乐之中，增强全民国防意识。是年 5 月，开元区教育局、少工委、人武部与警备区某团成立少年军校总校，在各学校建少年分校 22 所。1998 年，在前埔成立厦门市少年军校，为市青少年宫与驻地部队国防教育组织。1999 年 7 月 19 日，思明区关工委和水警区关工委创办全省第一所海军少年军校——厦门海军少年军校，利用每学年寒暑假，分期分批组织辖区小学生参加军校训练；学习海洋、航海等知识，进行爱国主义和国防观念教育。

2001 年，三区党政军机关、企事业单位、社会团体和大中小院校参加中共厦门市委宣传部、警备区政治部联合主办的“国防教育一日行”活动，组织干部、职工、学生参观厦门国防教育展览馆、大嶝“英雄三岛”战地观光园和何厝“英雄小八路”纪念馆。

2005 年，思明区在大、中、小学校和街道社区等单位设 303 个国防教育宣传广告牌。2006 年，结合纪念红军长征胜利 70 周年和第六个全民国防教育日，开展以“弘扬长征精神，共建钢铁长城”为主题的系列活动。

2007 年，思明区健全国防教育组织机构，发挥街道、社区居委会作用，在辖区主要路段举办国防教育图片展览。

第六章　拥政爱民

第一节　支援地方政府

一、巩固政权

解放初期，驻区解放军部队派出干部战士参加组建人民政权、保护新生政权；参与土地改革运动和维护社会秩序。同时，驻区野战军抽调部分兵力，在地方武装和民兵的配合下，开展剿匪斗争，巩固新生政权。

二、“三支两军”

1968 年 10 月 4 日，解放军某部炮兵第 39 团在执行“三支两军”（支左、支工、支农、军管、军训）任务时，分派官兵进驻三区，深入“造反派”组织，开展谈心活动，消除两大派组织的对抗情绪，促进团结，其事迹受到毛泽东主席的赞扬，指示通报全军。

三、服务经济建设

1979 年 10 月 19 日，第 31 军会同地方政府为解决区境居民饮水大事，派出 3900 多名官兵，携带机械 100 多台、汽车 35 辆，参加九龙江北溪引水工程建设。至 1980 年 3 月 27 日，挖填土石 68.8 万立方米，砌涵洞长 762 米，扩建总干渠长 1200 米。

1980—1990 年，驻区部队调整让出营区面积 125 万平方米，搬迁营房 100 余座 7000 多平方米，先后将胡里山炮台、虎溪岩、白鹿洞、大德记等风景点交由地方政府管理。1991 年，驻区部队为地方经济建设需要，服从国务院、中央军委命令，重新对军事禁区和军事管理区进行调整划定。

驻区部队把创建国家卫生城市、全国文明城市工作纳入军民共建的重要内容，主动承担整治区境筼筜湖及两条排洪沟严重污染问题。1990 年 2 月 3 日，警备区派出 2500 多名官兵参加筼筜湖湖心岛围堤劳动，完成挖土围堤 6000 立方米任务。官兵们不怕脏臭，在齐腰深污水中清除淤泥和垃圾 2 万多立方米，并筑护坡，使排洪沟流水清澈，筼筜湖重现鱼虾。该工程被联合国开发署列为“东南海域海洋污染预防与管理示范区”示范工程。1994 年 12 月，警备区被南京军区记集体二等功。

至 1997 年，驻区部队抽调技术骨干和车辆机械，参加地方大规模环境整治工程共 30 多次，投入 145 万个劳动日、机械车辆 31 万台次。高标准完成 6 个小区基础工程，建立 3 个不同类型文明示范小区，被国家建设部评为示范小区。在中山路共建文明商业街、示范工程，成为各行业、各部门、各区域的样板，在群众性创建活动中发挥龙头作用。

1981—2007 年，驻区部队参加厦门火车站、金鸡亭小区、莲前大道、环岛路等 60 多项重点工程建设，共投入 300 多万个劳动日，出动机械和车辆 48 万台次。

第二节　抢险救灾

1958 年 7 月 15—19 日，区境遭受强台风和大暴雨袭击，解放军第 31 军派出指战员参加抢险救灾。1959 年 8 月 23 日和 30 日，2 次强台风正面袭击区境，损失严重。驻区部队派出大批指战员奋力抢救受灾居民，并担负为鼓浪屿居民运送淡水任务。1981 年 12 月 8 日，黄厝北侧森林失火，守备第 4 师官兵 200 多名赶往火场扑灭大火；21 日，曾山森林失火，过火面积 2.5 万平方米，守备第 4 师官兵 250 名赶往火场，经 1 个多小时奋战将大火扑灭。1984 年 3 月 18 日，海军舰艇部队冒浓雾出航，营救被浓雾困于火烧屿上的 900 多名学生。1986 年 7 月 11 日，受 7 号台风影响，厦鼓轮渡船进港避风，滞留鼓浪屿和鹭江道码头 1000 多名旅客焦急待渡。海军厦门水警区和厦门警备区派出船艇冒风雨抢渡旅客；9 月 19 日，受 17 号台风袭击，胡里山炮台 2 个地段出现严重崩塌，决口长 200 余米，驻区部队派官兵抢修。1987 年 10 月 17 日，何厝西侧山上，小学生野炊失火，火势蔓延，厦门警备区迅速出动 100 余名官兵扑灭大火。

1990 年 8 月 1—4 日，区境遭第 9 号热带风暴袭击，警备区出动 1500 人次、汽车 22 辆参加抢险救灾，抢救人员 100 人，清理路障 12 公里，搬运物资 245 吨，清拭机器 170 台。1995 年 12 月 24 日，仙岳山火灾，过火面积 675 亩（为区境有史以来最大的一次山林大火）。军警及时赶到，与 3000 多位市民共同扑救，快速把大火扑灭。1999 年 10 月 9 日，14 号台风袭击区境，驻区部队出动 750 多人次抢险救灾，并参与路面及绿化带清障工作。

1999 年 10 月 9 日，军民携手抗击 14 号台风

2000 年春节刚过，曾厝垵一带连续发生多起山林火灾，驻区部队每次都迅速组织兵力赶赴火场，及时扑灭大火。

第三节　护　航

1974 年，经国务院、中央军委批准，海军和交通部在台湾海峡领海线附近金门以东开辟一条航线，驻区海军部队昼夜为航行于台湾海峡的区境民用船只保驾护航。

1979 年，厦门与香港通航前夕，靠近金门的青屿至南碇的航道急需开辟，水警区在技术资料缺乏、海上作业器具不足情况下，毅然接受任务，专门分派一位领导负责，攻克技术难关，对航道进行测量和全面探扫，按时开通安全航线。12 月 14 日，鼓浪屿号客货轮首航香港，海军厦门水警区组织 11 艘护卫艇、2 个海岸炮兵营和 2 个观通站担负掩护任务。

1984 年底，停泊在浯屿岛的一艘百吨位渔轮突然失火，船上装有相当 500 磅梯恩梯炸药威力的空气压缩瓶和 12 吨柴油，一旦着火爆炸，周围 100 多艘船只俱毁。情势危急，警备区驻浯屿官兵火速赶到现场，跳入寒冷的海水中游向随时可能爆炸的着火渔轮，扑灭大火。

1989 年 3 月 4 日，闽厦渔 0173 号轮在台湾海峡东南海域捕鱼时爆炸沉没，37 名渔民失踪。时，海上刮着 8 级大风，水警区迅速派出两艘猎潜艇奔赴出事海域营救渔民。

第四节　共建精神文明

1977 年 3 月起，驻区部队基层连队组建 376 个拥政爱民小组和 200 多个学雷锋小组，活跃在工厂、街道、居民小区。每年都开展 2～3 次大规模的学雷锋活动，为群众献爱心、送温暖。

1982 年 7 月，厦门大学副校长、著名化学家蔡启瑞教授突然脾脏出血，急需大量 O 型血，血库一时供应不上。在紧急关头，水警区 10 名官兵奔往医院踊跃献血 1000 毫升，使老教授转危为安。1985 年起，鼓浪屿八连官兵救起投海轻生男女青年 30 多人，拾金不昧 170 多起。1990 年 6 月，八连休假战士在码头遇到香港残疾人旅游团游览鼓浪屿，便主动帮助推轮椅，搀扶和背残疾同胞上日光岩。香港同胞深受感动，称赞“鼓浪屿的风光美，解放军的心灵更美”。驻区解放军 174 医院热情为群众看病治病，1988 年以来，为群众接诊 8 万多人次，收治地方病人 0.5 万多人次。驻区部队经常组织医疗队走上街头，深入居委会和乡村，义务为群众诊治疾患，并与 22 家企事业单位挂钩，提供医疗保健服务。

1988 年 12 月 25 日，一位军人向市委书记王建双写信，反映在乘车时遭到女售票员讽刺挖苦。王书记当即批示，责成其单位严肃批评那位女售票员，并抓住此事进行热爱军队、尊重军人的教育；12 月 27 日，《厦门日报》在头版以《尊重共和国的保卫者》为标题作报道，并发表《爱护军队是公民的美德》短评，维护军政军民团结。

1991 年，水警区勤务船中队配合市轮渡公司开展争当“文明站务员”、争创“先进班组”活动，公司出现“一切为了服务，人人为他人服务”好风气。警备区司令部直属队在与长途汽车站共建中，针对车站部分服务员对旅客态度冷淡问题，开展“客来有迎声，客问有回声，客离有送声”和“创优在岗位，奉献在车站，服务在社会”活动，使车站展现崭新风貌。一次，有位年逾古稀的菲律宾华侨在办理入境手续时，向厦门边检站边检员吴萍萍诉说身世，打听失散多年的亲人。小吴主动帮助寻找，利用休息时间，先后查询 9 个单位，才寻找到下落。亲人团聚时，老华侨流着眼泪一再向小吴道谢。

思明区文安街道拥军服务队由街道、社区、企业干部及积极分子组成，每次有 60～70 人参加，逢年过节到驻区部队为官兵做好事。这个街道的烈军属服务站热情为烈军属排忧解难。1991 年，帮助烈军属安置就业 44 人，维修房屋 13 起，办建房手续 6 起，安装水电 10 起。

1991—1993 年，“鼓浪屿好八连”派出官兵为地方干部群众作先进事迹报告 130 多场次，与共建单位开展军民联欢、便民服务、思想政治工作交流等联谊活动 180 多场次，派出官兵为挂钩单位上课、作报告 250 多场次，接待到军营开展活动的地方干部职工 350 多批次 5.3 万人次。部队借助共建优势开辟第二课堂，组织 3000 多名官兵到挂钩单位参观，学习特区人民的好思想、好作风。3 年间，各级报刊、电台、电视台刊用、播放反映驻区警备部队开展挂钩共建活动新闻稿件 1200 多篇（条）。警备区录制的《鼓浪屿的兵》《我们的小岛》《特区军人之窗》等反映部队生活专题片播放后，在特区社会各界产生巨大反响。

1993 年 9 月 4 日午夜，鼓浪屿龙头路珠宝店一名老职工遭歹徒袭击，失血过多，生命垂危，急需输 AB 型血抢救。医院因血库存量不足，向鼓浪屿好八连求援。连队得知后，立即叫醒已熟睡的 5 名同血型战士赶到医院，为老职工献血600毫升，使其脱离危险。

1999年7月19日，驻区海军水警区与思明区关工委创办厦门海军少年军校；8月，水警区医院为思明区优抚对象制作医疗优惠卡，建立健康档案，抽调力量组成优抚对象接诊室。

1980—2007年，驻区部队派出医疗队700余次，为群众治病40万人次。解放军第174医院长期为市民治病解难。同时，为区境企业家建立健康档案，并定期体检。

第七章　人民防空

第一节　机　构

一、三区人防机构

（一）防空分会

1949年11月，厦港、鼓浪屿、开元、思明区分别成立防空分会，或称防空委员会。厦港区防空委员会由区长兼主任委员，鼓浪屿区防空分会以警备区负责人为主任委员，开元区防空分会由区公安局长为主任委员，思明区防空委员会由区长兼主任委员。

（二）人民防空委员会

1951年3月15日，鼓浪屿区、开元区、思明区防空分会相继改为区人民防空委员会，延续到1969年。1984—1985年，三区恢复人民防空委员会。鼓浪屿区人民防空委员会主任吴瑞炳（区长），开元区人民防空委员会主任洪荻生（区长），思明区人民防空委员会主任薛竹（区长）。1987年5月，撤销区人民防空委员会。1989年4月13日，人民防空委员会恢复。

（三）人民防空领导小组

1969年11月，鼓浪屿区、开元区、思明区相继成立人民防空领导小组。鼓浪屿区人民防空领导小组由周金才任组长，开元区人民防空领导小组由王文任组长，思明区人民防空领导小组由李锡龄任组长。

（四）人民防空办公室

1979年，鼓浪屿、开元、思明三区人民防空领导小组同时改为区人民防空办公室。1982年6月，三区人民防空办公室定为同级政府主管人民防空战备工作的常设机构。1989年8月，三区人民防空办公室同时简称为“区民防办公室”，为二级局，隶属区政府办公室直管，是政府的议事协调机构。1999年起，三区“民防办公室”复名“区人民防空办公室”，为一级局。

二、三区整合后思明区人防机构

2003年10月三区整合，成立思明区人民防空办公室，为一级局，至2007年12月不变。

第二节　防空宣传教育

民国25年（1936年）11月，中国青年会全国协会发起的全国防空巡回展览在厦门岛上展出，观众万余人。翌年，共产党员主持的《抗日导报》《抗战画报》广泛宣传防空意义，开展防空捐献和防空救援工作。是年10月，在区境散发厦门市防空委员会《国民防空防毒常识》《灯火管制、警报办法》宣传册。同时，通过说书场、电影院、街头张贴及演出进行防空宣传。

1950年3月19日，《厦门日报》授权发布防空口号12条，区境广泛开展反轰炸斗争；21—27日，市广播电台、厦门日报社、各家电影院、各机关、学校、人民团体运用各种形式宣传厦门警备司令部《防空规则》《防空须知》和厦门市《反轰炸破坏宣传提要》。市民主妇联动员全市妇女堆沙蓄水，糊窗纸；市总工会发动工人筑壕挖洞、防奸细；中等以上学校普遍进行防空常识教育，小学课程也采取以防空为中心的大单元教学。

1951—1958年，三区举办不同类型防空报告会、演讲会、防空讲座和防空展览会，规模较大的有10余次，参加人数4万余人。

1960年起，区境中等学校开展防核、防化学、防生物武器的“三防”普及教育。每学期安排4～8小时，结合军训和物理、化学、生物等相关学科的教学内容进行。1961年，“三防”教育对象扩大到城市民兵，教育形式主要结合野营拉练进行。

1969年，宣传毛泽东主席“深挖洞，广积粮，不称霸”指示。1978年，宣传贯彻“长期准备，重点建设”“全面规划、突出重点、平战结合、质量第一”人防战备建设方针。

1980年后，开展“人防建设与城市建设相结合，与城市规划相结合，与人防平战相结合”，为社会创造效益等内容的宣传。

1987年6月24日，在双十中学、同文中学初二年段11个班级进行“三防”教育试点，成立“三防”教育协调小组，每年安排16节“三防”教育课。

2003年8月，依据《中华人民共和国人民防空法》和《福建省人民防空条例》开展人民防空宣传。之后，各街道结合每年“5·10”防空警报试鸣、社区居民疏散演练、“七一”党建日、普法宣传周进行“人防法”宣传活动。

2004年4月，在金榜公园举办“人防法”进社区的大型户外宣传活动；7月1日，在厦门大学一条街开展“服务社区，为民奉献”的以党员奉献为主题的社区“人防法”宣传活动。

2005年，对18所中学（含8所市属重点中学）进行初级中学人防教育，发放7800多册人防教育教材。同时，将《中国人民防空杂志》赠送给开展人防教育的学校。

2007年4月28日，区人防办与莲前街道、莲前司法所在莲前加州广场举办“人防与我同行”户外宣传活动，举办社区人防宣传板报评比活动。利用“5·10”社区应急疏散演练的契机，全区展出人防宣传板报80多块，入户发放《市民防空减灾手册》16万余册。滨海街道上李社区卫生服务站医生利用人体模型，在演练现场向社区居民传授应急医疗救助知识。同年，思明区人防办被评为“福建省人民防空宣传教育工作先进单位”。

第三节　防空设施

一、简易工事

民国26年（1937年），区境构筑防空洞、防空壕、避难所共322处，可容1.92万人。

民国34年11月15日，市政府工务局致警察局函：“各地防空壕、洞之砖石、木铁等材料，本局早有妥筹利用，以节省费用。”前由民众献材修建的工事，几被拆光。

1949年10月17日区境解放后，执行防空工作“有备无患”方针，民众构筑应急简易工事。至1951年12月，市区挖防空壕414条、防空洞3030个、地下室720个、避弹墙面，大部设在区境。1952—1954年，修建大批简易工事。1954年秋，炮战频繁，防空防炮工程建设实行统一领导、统一指挥。1958 年，三区及周边地区新建各种防空防炮洞 3408 个、防空沟 76 条、避难室 1618 间。

1969 年，三区响应毛泽东主席发出“要准备打仗”的号召。三区人民防空领导小组根据“立足于大打、早打、打全面战争”指导思想，采取群众自发参与挖掘坑地道办法。至 1972 年，在区境闹市区挖地道面积 3 万多平方米。

二、专门工程

1969—1979 年，三区人防办在群众开挖地洞基础上，逐步转向专业队施工，完成一批防空工程构筑任务。1986 年 11 月 9 日，南京军区人防委员会授予鸿山工程、笔架山工程、钟鼓地下公路隧道为“平战结合优秀人防工程”称号。至 2003 年 9 月，鼓浪屿区民防工程面积 24107 平方米，开元区民防工程面积 138117 平方米，思明区民防工程面积 104877 平方米。

三区整合后，思明区继续修建民防工程，至 2007 年，思明区民防工程总面积 107.7 万平方米，其中早期民防工程面积 26.7 万平方米，构建地下室工程面积 81 万平方米，按照战时留住人员计算，人均超过 1 平方米，初步达到能藏能机动作战的状态。

三、工程维护

1985 年前，区境民防工程进行分类管理。主要工程实施加固改造，使战备功能提高。对尚能保留利用的工事，实施出入口改建、伪装和修复。

1986 年后，继续扩大平时使用面积，拓展有偿使用范围。同时，对已开发利用的人防工程，与使用单位签订合同，由使用单位维护管理。1996 年，市政府颁发《厦门市民防工程管理规定》，使各种渠道投资的民防工程管理纳入有序的管理轨道，提高人防工程完好率。

1997—2007 年，区人防机构按照“数据准确，责任落实，制度健全，宣传到位”管理目标，对重点人防工程中，容易引起火灾的电线线路设备、易燃易爆物品、通风排水设备进行检查，督促早期人防工事的管理单位、使用单位、承租单位落实安全管理责任；对容易遭到雨水侵袭威胁的人防地下工事采取加固措施，对部分工事漏水、裂缝进行封堵、排水、维修；对无开发价值且存在安全隐患的，予以报废。对鼓浪屿街道辖区内的党校、艺校、浪荡山、幼儿园等 12 处早期人防工事口部进行封堵；对“营平片区”旧城改造项目，组织力量对人防工程位置、数量进行调查，并向建设单位提出建议；完善工程内部设施，制定平战结合转换方案；对美仁隧道被占道经营问题进行整治，使隧道畅通。

四、工程开发利用

1987 年 12 月，人防工程改造成鼓浪屿英雄山鼓声洞隧道，作为环岛路组成路段。1988 年 6 月，利用龙山洞人防工事，铺设鼓浪屿三丘田至内厝澳自来水管道，解决居民长期缺水问题。同年，将晃岩人防工程改造成晃岩地下餐厅、鼓浪屿笔架山历险宫、实弹射击场和“兵马俑”艺术馆等商业、文化娱乐场所。

1988 年，开元区出租地道 2750 平方米，收取租金 2.8 万元。地处城市边沿的轻工局中岩山人防工事，作为各类仓库出租，年收入 20 余万元。思明区投资 1.2 万元维修工事 1500 平方米出租，年收取租金 2.2 万元。1999 年，思明区利用同文俱乐部搞平战结合，年创效益 10 多万元。

2000—2007 年，相继利用、出租同文洞坑道、美仁山洞口房等人防工程，取得较好的经济效益。

五、建立防空疏散基地

2000 年 12 月，福建省人民政府批准将泉州市安溪县、漳州市长泰县作为开元区、思明区防空疏散地域。2001 年，开元区、思明区领导和人防部门人员多次走访长泰、安溪，签订协议，制定街、镇（乡）对口安置方案。2003 年，思明区防空疏散地域重新确定为泉州市安溪县，各街道防空疏散地域作出相应调整。

2004—2006 年，区领导组织各街道分管防空工作领导到疏散基地进行对接，并就基地建设问题进行磋商。莲前街道在安溪湖头镇投入 40 多万元，完成 300 多平方米疏散指挥部的建设。梧村街道在安溪长坑乡投入 100 多万元，用于疏散基地基础建设。

2007 年 8 月 31 日，区人防办协调厦港街道、滨海街道到安溪与对口的剑斗镇、感德镇举办结对子仪式。至年底，全区 10 个街道与安溪疏散基地的 10 个乡镇全部对接。

第四节　防空警情与通信

一、防空情报

民国 35 年（1946 年）5 月，区境防空情报接收主要依靠防空监视队观察哨和上级下发的空情信息。

1950 年 12 月起，防空情报来源依靠驻区境解放军第 93 师接收上级和“驻军联合对空观察哨”通报信息。1956 年，区防空情报接收主要从市人民防空指挥部和空军高炮 103 师下发空情信息。同时，设鼓浪屿、五通、虎头山对空监视哨。1957 年起，区防空情报接收主要从市人民防空指挥部下发信息。1970 年起，区防空情报接收从上级警报信号或以专线接收市人民防空办公室防空信息。

2003 年 10 月后，区接收防空情报，主要来源是上级警报信号、可视电话、卫星电话、无线电话、有线电话和无线电台等。

二、防空警报

区境防空警报由警察局消防队负责，电力警笛一架，警报范围 1.61 公里。

1949 年底，在中山公园西路钟楼上安置全市第一台电动警报器，功率 2.8 千瓦。1950 年 5 月，在鼓浪屿、鹭江道安装两台手摇警报器。1955 年，在虎头山、鸿山安装电动警报器。1957 年初，在中山路工商联、后江埭、开元路边检站、公园西路钟楼、鼓浪屿市场、美仁宫、开明戏院、思明电影院、火车站、厦港水产局安装 10 台警报器。“文化大革命”初期，上述 10 台警报器除火车站一台外，均遭破坏；1970 年修复。1984 年 8 月，在厦港水产大楼、鼓浪屿人防办公楼、长途汽车旧站、海后邮电支局、公园西路钟楼、镇海人防宿舍楼、火车站安装 7 台警报器组成防空警报网，音响覆盖率 80%。1988 年 8 月 6 日，在鸿山建成厦门第一台竖井升降式警报台。至 2003 年 8 月，鼓浪屿区有防空警报器 4 台，开元区有防空警报器 38 台，思明区有防空警报器 9 台。

2007 年，思明区人防办管理的防空警报器有 51 台，警报管理员 51 人，无线电台 1 台，音响覆盖率 94%。

三、防空通信

1949 年 10 月至 1951 年初，区境防空通信由上级部门保障。1951 年 3 月，虎头山、鼓浪屿两处警报器和大中路的对空观察哨由警备司令部人防总机负责。警备司令部人防总机作为电话公司的中继联络，配备通信警报人员 23 人，三区也配置人员。1953 年，人防办事机构列入公安系统建制，人防总机迁出警备司令部，兼作为公安局业务总机。1969 年，市人防总机兼市革命委员会总机。1979 年，归人防系统单独使用。1989 年起，防空通讯改装程控设备，主要线路改铺设地缆，增强抗毁能力。

1990 年后，防空通信发展较为快速。至 2007 年，无线电台 1 台、可视电话系统 1 套、防空值班室电话 1 台、单位固定电话 5 台。

第五节　防空演习

2004年，根据厦门市人民政府办公厅、厦门警备区司令部《关于修订城市防空袭预案》，重新修订《思明区防空袭预案》。区组织有关部门及各街道办事处进行防空袭预案及各种保障计划的专项培训，并组织各街道办事处分管领导到安溪调查摸底，落实疏散基地建设任务及疏散地点。用3个月完成防空袭预案基本案和保障案、街道防空袭预案、职能部门遇袭应急预案的制定。同时，组建人防专业队。2004年7月，思明区政府完成对所有预案的审定工作。

2005年，再次组织街道办事处制定《社区的应急行动方案及紧急疏散预案》，将防空袭预案细化到全区所有社区。

2006年，协助梧村、莲前街道组织领导、基层人防干部100多人，按照《思明区莲前、梧村街道防空袭疏散、隐蔽方案》实行小规模疏散演练，落实街道异地疏散隐蔽方案，让街道干部、社区人防干部熟悉异地疏散路线，检验街道疏散体系，理顺街道、社区与疏散基地的对口职能。5月13—27日，思明区组织10个街道89个社区进行居民应急疏散演练，街道、社区依据《防空袭人员疏散（隐蔽）方案》和《社区防空袭行动计划》制定疏散演练方案。参加演练人数7万多人，占常住人口22.7%，涉及社会各个层面，以社区居民为主，机关干部、工人、学生为辅；参演人员年龄结构跨度大，最大87岁，最小6个月婴儿；疏散地点具有多样性，利用交通隧道、早期人防工事、防空地下室、高层建筑物、空旷地、山坡地等进行疏散隐蔽。组织严密，整个演练未发生任何事故。

2007年5月10日下午，结合全市试鸣防空警报，举行声势浩大的社区居民应急疏散演练。全区10个街道、95个社区5万余人参与演练。此次演练创造防空疏散的成功经验，全区有4个街道6个社区被授予“先进单位”、11人被评为“先进个人”。

是年，思明区被福建省国防动员委员会评为“全省人民防空工作先进单位”。

第八章　重要兵事

第一节　古代兵事

一、抗击荷兰殖民者

明天启二年（1622年）五月，荷兰东印度公司司令官高文律率兵2000名，进犯中左所，烧毁船只六七十艘，掠走渔船600余艘，抓走壮丁1500余人。十月，福建总兵徐一鸣率军进驻中左所，攻剿荷兰殖民者。助阵者有朱一马、赵纾，义士配合官兵进行抗荷斗争。陈则赓散家财招募敢死壮士，装扮“通商代表”，携带施毒酒菜犒荷兵，随即返舟师，火攻荷舰，俘斩荷兵数十人。

明天启三年秋，荷兰舰船进犯鼓浪屿，火烧晃园。浯铜把总王梦熊带领官兵迎击，夺荷船3艘。王梦熊以数十艘小艇伪装渔船袭击迳入内港的荷舰，藏火具，乘风纵火，继以大舰实施攻击，“焚甲板船10余艘，生擒大酋牛文来律钦等，夷脱于火者，尽溺于水”。十月下旬至十一月，荷舰两次侵犯浯屿。福建总兵谢隆仪于夜间实施海上突击，烧毁入侵荷舰，俘其头领及部属60余人。天启四年秋，福建巡抚南居益领军近万人、兵船200艘，兵分三路往澎湖征讨荷兰殖民军，被多层围困的荷军司令宋克遂下令撤离澎湖。此后，荷兰殖民者不敢再窥内地数年。

明崇祯三年（1630年），荷兰殖民者进犯中左所。游击郑芝龙招募龙溪人郭任功带领10余人，乘夜潜海到荷舰艉，焚烧3艘舰船，其余舰逃遁。崇祯六年，荷兰舰队先侵闽东沿海，并趁明军北上增援之机，舰队突入中左所，焚烧明军船只，残害军民。福建巡抚邹维琏一面命漳、泉等地募兵抗荷；一面令诸将水陆并进，会攻荷军。郑芝龙从福宁（今霞浦）海面率舟师奋战，杀伤不少荷兵。随后，诸将协力作战，以小舟出奇制敌，荷舰大败，转犯石湾、海澄等地。邹维琏召集舟师于东山岛海面阻击，与荷寇苦战8昼夜，烧其舰船，毁其器械，生擒首领等数十人。九月二十日，荷兰巨舰9艘联合海盗刘香老海船50余艘进犯金门料罗湾。邹维琏以郑芝龙为先锋，率舟师进攻荷兰舰队。郑芝龙统领战船105艘，列队冲击荷兰舰队，纵火焚烧，登荷舰与敌短兵搏斗，夺得荷舰1艘，斩获首级20颗，生俘百余人。荷兰舰队败逃。此后，荷兰殖民者不敢再犯中左所一带。

二、郑成功抗清和收复台湾

清顺治三年（1646年），南明隆武帝朱聿键封郑成功为忠孝伯，挂招讨大将军印，镇守闽赣界上大定、大安等关。十一月，郑成功于安平誓师抗清。

顺治四年初，郑成功至广东南澳募兵数千人，郑芝龙旧属、隆武朝遗臣及闽浙沿海抗清之士纷集郑成功麾下。郑成功设立左右先锋、左右护卫、亲丁、楼船六镇。

顺治五年秋，郑成功被永历帝朱由榔封为威远侯，后又晋封漳国公。顺治七年八月，郑成功由粤东挥师返闽，从郑联兄弟手中夺占厦门、金门。郑成功在厦门整编军队，分中、左、右、前、后五军，军下设镇，每镇辖兵1200人。十一月，郑成功奉旨南下勤王。顺治八年三月，清福建巡抚张学圣与泉州总兵马得功、漳州总兵王邦俊，统兵袭击区境。守将郑芝莞不战而逃，清军抢掠财帛米粟而去。四月，郑成功增筑炮台，劲旅防守，重振军威。顺治八年至十二年，郑成功与清军展开拉锯战。顺治十二年，郑成功再次整编军队，编陆军为72镇，水师为20镇。同时，健全政权机构，改厦门为思明州。在澳仔（今演武小学一带）筑演武亭，创新操法，操练水陆诸军，并以大规模海上贸易养兵自给。顺治十三年，郑成功击退清军三路进攻，进而攻福州、罗源、宁德等城。同时，清廷先后4次与郑成功和谈，遭郑拒绝。顺治十四年至十六年，郑成功改变取漳、泉为基业的方针，倾全力北伐南京。福建总督李率泰乘虚占领郑军要地闽安镇（今属福州）。郑成功急下回救，闽安已失，便抵厦门。顺治十五年春，郑成功调各提镇舟师回厦门，训练营伍，并选壮勇者5000人编入左右武卫、虎卫亲军，戴铁面、穿铁甲，专于阵前砍敌马足，号称“铁人军”，由左虎卫陈魁统率；五月十三日，郑成功留黄廷、洪旭、郑泰守厦门，自统甘辉等北征，有战船数千艘，甲士17万人、铁人0.8万人，扬帆北上；六月，克浙江平阳、瑞安，进围温州，全浙震动。郑成功命周全斌、黄昭守镇江；遣张煌言、袁起震招抚江南、江北，入芜湖吸引清军；七月四日亲自督师，直取南京，初七日，军至观音门，分兵围困南京。清顺治帝以内大臣达素为安南将军，同索洪、赖塔等增援江南；由云贵凯旋的梅勒章京噶褚哈部，从荆州（今湖北江陵）直抵江宁（今南京）；城内清军亦加紧备战；七月二十三日，南京城内清军突然向郑军进攻。郑军力战不敌，遂弃瓜洲、镇江出海；八月，郑成功率余部转攻崇明不下，回师浙闽；九月初回至厦门。十七年，清廷封洛托为安南将军，偕尚书车克、内大臣达素、都统索浑同往。洛托与靖南王耿继茂合师进攻区境与金门等地，郑成功在区境与周边地区的抗清基地受到威胁。

顺治十八年正月，郑成功决心进取台湾，以作为新的抗清基地。时台湾被荷兰殖民者占领。三月至十二月，经激战，郑成功占领台湾。

第二节 近代兵事

一、抗击英军

清道光二十年（1840 年）六月初四日，英国“东方远征军”舰长包诅率装配 44 门大炮的“布朗底”号军舰闯入思明东海域，强行进港，以递送《巴麦尊子爵致中国皇帝钦命宰相书》副本为名，要求上岸，遭到拒绝。次日，英舰遂换旗开炮，守军当即还击，哨船及岸上弁兵枪炮联络，毙伤英军多人。英军退却后，守军加强原有炮台，并于曾厝垵、何厝、鼓浪屿等处增筑炮台，沿海安设大小炮 279 门，驻水陆防兵 2800 人，并有 9000 余名水勇、乡勇可供调遣。

道光二十一年七月初九晚，英舰自广东驶至青屿附近碇泊集结，随即向福建水师提督窦振彪发出限期献出厦门的最后通牒。当时，窦振彪“以广东和局甫成，现当无事”，正率水师出巡外洋。闽浙总督颜伯焘传令清军据守各要隘，准备抗击英军。初十晨，英军先以火轮数艘对鼓浪屿和沿海炮台实施火力侦察，接着大队兵船闯入。白石头、鼓浪屿、屿仔尾等炮台守军以猛烈炮火三面还击，击沉英军火轮 2 艘、兵船 1 艘。英军集中七八艘舰的二三百门炮对各炮台逐个猛轰。下午 1 时，英军一部乘舢板首先攻占鼓浪屿。区境东部炮台遭到英军攻击，守军坚决抵抗，总兵江继芸、副将凌志、游击张然等先后壮烈牺牲，守兵伤亡数百人。下午 4 时，白石头及以西各炮台被英军火力击毁，英军登陆。清廷急调 2000 名江西兵援闽，严令颜伯焘收复。二十一日晨，英军以军舰 3 艘、运输船 3 艘，及陆兵 400 名占据鼓浪屿，其余舰船全部北驶。

二、闽南小刀会起义

清道光三十年（1850 年）六月，创建厦门小刀会，会首是同安店前村华侨陈庆真。遭清兵镇压后，小刀会转移龙溪、海澄、同安三县交界一带继续活动，会众发展到上万人，活动范围遍及闽南。清咸丰元年（1851 年），陈庆真、王泉等 50 名骨干先后被捕牺牲，组织受到严重破坏。是年，太平军在广西起义，福建海澄一带小刀会顺势发展闽南小刀会两三千人，准备起义。事机不密，领导人江源、陈正成等为清廷捕杀，会务遂由黄位主持。咸丰三年四月初七，黄位与黄德美等率会众在海澄起义。初十攻克漳州，击毙清总兵曹三祝、汀漳龙道文秀等。十一日占领同安、厦门。起义军在厦门建立政权，黄德美、黄位领导闽南小刀会起义军在定安路二舍庙巷设元帅府。黄位以“汉大明统兵大元帅”发布文告，指斥清朝黑暗统治，号召人民进行革命，在其占领区内免除苛捐杂税，并派人赴天京与太平天国联系，未成。清廷调重兵反扑厦门，黄位等率起义军顽强抵抗，多次击退清军及团练进攻。终因粮尽援绝，于十月十一日退出厦门。黄位率余部游弋于海上，继续进行反清斗争。后联合广东澄海黄兴顺抗清船队，袭击厦门和台湾淡水、鸡笼等地，直到咸丰八年，才在海上失败。黄德美退至龙溪乌屿桥备舟准备出洋，因黄伦等告发，被捕肢解就义。

清咸丰三年（1853 年）四月，闽南小刀会在定安路二舍庙设指挥部

三、抗击日军

民国 26 年（1937 年）

9 月 3 日，3 艘日舰闯入厦门湾海面，炮击屿仔尾炮台和胡里山、白石炮台、曾厝垵海军飞机场。在厦门湾海面逞威的“若竹”号驱逐舰被炮台守军击伤后溃逃沉于大担岛灯塔前。这是中国军队于抗日战争中首次击沉日舰；10 月 23 日，日军突袭屿仔尾炮台，占领金门后不断派飞机、舰艇轰炸和炮击区境。

民国 27 年 5 月厦门岛沦陷后，全副武装的日军和巡逻车横行区境

民国 27 年 5 月 10 日凌晨，11 艘日舰掩护数十艘汽艇由大、小金门水道厦门海面驶进，3 时许，日军飞机和舰炮对区境及周边地区进行轮番轰击。守军第 75 师 223 旅 445 团、师属炮兵营一部及海军厦门要塞守备队 2 个中队，在香山、霞边两炮台守军开炮还击，日军炮火猛烈，香山炮位被毁，霞边炮台守军牺牲惨重，只剩一人。4 时 30 分，日军近 2000 人分别从凤头至泥金、何厝海滩登陆。守军奋起抗击，在日军强大火力下伤亡较大，逐次后退。6 时，登陆日军攻占前埔后转向金鸡亭方向进逼。守军预备队 1 个连乘车增援前沿，途中遭到日机轰炸，伤亡过半。随后，守军退至云顶岩、金山、江头一线组织防御，与日军苦战，伤亡惨重，忍痛后撤。15 时，日军入侵莲坂、梧村等地，进入厦门港口，控制港区。11 日凌晨，守军利用夜晚日机无法起飞，组织向莲坂反击，夺回部分阵地。拂晓，日军 1000 余人在飞机掩护下，从江头、金鸡亭方向向莲坂合击，守军退守美仁宫。9 时 30 分，日军占领美仁宫，逼近市区。同时，日机集中轰炸厦门东部前沿阵地，一部日军又由黄厝、塔头登陆，围攻白石炮台，另有驱逐舰 3 艘、炮舰 2 艘向炮台正面猛烈攻击。守军奋勇应战。10 时 30 分，胡里山、盘石、白石炮台均被日军围攻，官兵死守，敌机数十架狂炸。守军弹尽援绝，伤亡惨重，炮台相继失守，遂退入厦门大学、南普陀和虎头山、镇南关一带，据险固守。16 时，日军 90 余人乘坐水上飞机降落筼筜港，从浮屿角登陆，与厦门港、美仁宫的日军相策应，攻击区境。壮丁、义勇、常备大队、武装警察与日军拼死战。黄昏，厦门岛沦陷。是夜，守军向集美、排头、嵩屿、鼓浪屿撤退，未能撤走的继续在南普陀、虎头山顽强抗击，直至 12 日弹尽，全部殉难。13 日，日军将搜捕到的抗战士兵、壮丁、警察集中在轮渡码头枪杀，推尸入海，惨不忍睹。是役，击毙日军 280 人，击落日机 1 架。守军及民众 7000 多人遭到日军杀害。

第三节　当代兵事

一、解放思明区境

1949 年 9 月，解放军第十兵团筹划漳厦战役。在石码、同安、南安、晋江沿海一带征集木船 630

余艘、船工1600余人，制作大量简便救生漂浮器材。广大指战员冒着国民党军飞机、火炮的袭击，不顾晕船呕吐，夜以继日苦练海上战术，掌握渡海作战要领。各部实施越海侦察。中共厦门工委向解放军提供国民党守军驻防情报，为解放厦门岛、鼓浪屿战斗部署提供重要依据。

国民党守军以北半岛为防御重点，将第74师配置在西北部的东渡至钟宅一带；第181师布防于东北部的坂美至何厝一线；以29师和要塞守备总队防守鼓浪屿和思明境内；以166师和68军残部位于东南之石胄头、胡里山一带。岛的沿岸筑有以永备工事为骨干并与野战工事和障碍物相结合的防御阵地，还有大口径火炮、坦克和海空军火力支援，构成环形立体防御体系。10月8日，蒋介石率国民党军政要员莅临巡视，汤恩伯等人吹嘘军事防御“固若金汤”。

10月13日，解放军第十兵团根据敌情作出进攻部署：以31军在鼓浪屿至石湖山地段登陆突破，以29军主力在石湖山东侧至五通地段突击登陆，首歼北半岛和鼓浪屿之敌，尔后南北夹击歼灭南半岛之敌；以28军1个师又1个团驻于莲河、菊江一带，监视并以少量炮火牵制金门之国民党军。

10月15日，31军91师271、272团各两个营分别由海沧和海澄两路对鼓浪屿发起攻击。15时40分，开始实施炮火准备。第一梯队271、277团各2个营的船队，从海沧和沙坛起渡，向鼓浪屿西南部进发。风向突变，风力加大，许多船只未能按计划登陆。21时30分，少数突击船只零星抵滩，遭到国民党军前沿火力点疯狂扫射，遭受重大损失，仅少数部队突入国民党军前沿阵地。271团7个排登陆后，排除鹿砦、铁丝网障碍，夺占滩头地堡，继而向纵深攻击。91师炮营二连指导员赵世堂所在的船中弹后，两门火炮坠入海中，率10名战士强行登陆，突破前沿阵地后直插日光岩西侧制高点，最后剩下他一人，坚持战斗。271团团长王兴芳冒着弹雨，带领指挥船抵滩指挥部队登陆，中弹牺牲。23时，91师组织第二梯队起渡，风浪太大而未能登陆。

鼓浪屿战斗打响后，从厦门岛北面攻击的解放军5个突击团分乘数百只木船，对北半部发起偷袭。突击部队乘胜向纵深猛插，后续部队源源不断地从各突破口登陆。16日午后，推进到岛腰部的仙洞山、松柏山、园山和薛岭山一带高地，控制整个北半部，并以此为依托向南半部推进。

国民党军调集机动部队向北反扑。解放军第十兵团司令员叶飞命令已上岛的部队，迅速抢占岛腰部一线高地，抗击国民党军的反扑。在解放军猛烈阻击下，16日黄昏，国民党军向北反扑的计划彻底失败，纷纷向岛南黄厝、曾厝垵一线海滨溃退。国民党东南长官公署厦门分署主任汤恩伯急呼台湾派舰接应。解放军第十兵团立即命令登岛各部队猛插南面海滨，围歼企图撤逃的国民党军。至17日上午俘虏国民党官兵5000余人，包括国民党军74师师长李益智。接着，猛插海边沙滩，俘获南逃国民党军官兵3000余人。

在厦门岛北线登陆部队勇猛向南追击的同时，91师273团再次强攻鼓浪屿，将来不及逃跑的1400余名国民党军官兵全部俘虏。

17日9时，解放军将企图下海逃窜的残存国民党军压缩在白石炮台附近，将其歼灭。10兵团登岛部队经两昼夜奋战，共歼国民党军2.7万余人，其中俘虏2.5万余人。仅汤恩伯、刘汝明等国民党高级将领及166师残部4000余人逃往金门。至此，厦门岛、鼓浪屿全境解放。

二、抗击入侵国民党军飞机

1949年10月17日，国民党军逃踞台湾、澎湖及东南沿海一些岛屿后，依仗其暂时的空中优势，对区境实施侦察、扫射、轰炸等。

1954年9月4—30日，国民党空军出动飞机331批779架次，日夜连续轰炸扫射区境及周边地区港湾、炮艇、沿海城镇、炮兵阵地等，投弹1000余枚。解放军高炮部队对空作战77次，击落国民党军飞机12架，击伤33架。海军巡逻艇大队抗击国民党军飞机18架次轰炸扫射，击落敌机1架，击伤3架。

1955年1月19日14时，8架国民党军飞机袭击从厦门港出航的颖海号拖轮及拖带木船，船上140多名工人、妇女、儿童，被炸死62人、炸伤19人。同日，国民党空军出动F—84型飞机窜入鼓浪屿投弹扫射；解放军高炮部队抗击，击落飞机1架。

1958 年 9 月 16 日至 10 月 4 日，解放军高炮部队对国民党军 C—46 型空投飞机开炮射击 23 次，射弹 331 发，威慑国民党军飞机空投活动。

1972 年 7 月 10 日 15 时，国民党军 L—19 型侦察机 1 架低空飞进区境；解放军第 31 军高炮营集中火力射击将其击落，飞机坠于区境海域，飞行员死于座舱内。

附：台湾国民党军飞机侵入区境炸死民众纪略

区境解放初期，台湾国民党军飞机多次飞进区境轰炸扫射，炸死炸伤民众主要如下：

1949 年 11 月 25 日，国民党军飞机炸死区境市民 4 人。

1950 年 3 月 18 日，“神州号”客轮在鼓浪屿海面遭国民党军飞机轰炸扫射，死 4 人。

1950 年 6 月 27 日，国民党军飞机轰炸水仙路一带，民众死伤 44 人。

1955 年 1 月 19 日，国民党军飞机轰炸厦门港口颖海号拖轮及拖带木船，炸死 62 人，炸伤 19 人。

1955 年 1 月，国民党军飞机在鼓浪屿投弹 2 枚，炸伤居民 5 人。

1958 年 9 月 6 日，金门国民党军炮击厦门大学及厦门第三中学，师生死伤 30 多人。厦门大学校长王亚南、厦门三中校长周行钊分别对国民党军队的暴行提出强烈抗议。

第十三卷 经济总情

唐中叶，漳州、泉州一带农渔民陆续到厦门岛开发定居，以种植业、捕捞业为主。宋元时期，商业贸易和手工业兴起。明初，朝廷在区境建城，驻扎军队，严禁百姓出海，地方经济凋零。明嘉靖年间，漳州月港成为对外贸易港口，区境商人与葡萄牙人进行丝绸、瓷器贸易。明末清初，郑成功踞守厦门岛，成立思明州，实行开放贸易、通商惠工政策，手工业和商贸业一时兴盛。清康熙二十二年（1683年），清廷平定台湾后，在厦门岛设立海关，开放海禁，促进经济发展。清雍正五年（1727年）起，厦门港为东南沿海唯一合法的贸易口岸，区境成为东南沿海商业都会。

清道光二十三年（1843年）后，英美等外商资本进入厦门。清同治十二年（1873年），英国汇丰银行厦门分行成立。清光绪元年（1875年）后，华侨投资创办船舶与机器修造、陶瓷、自来水、电话、火电、食品加工、服装加工、制革业等厂场公司。港口、航运业随之迅速发展。钱庄、当铺、民信局等民间金融机构经营活动活跃。光绪二十七年十二月初一，鼓浪屿被帝国主义列强胁迫辟为公共租界；海后路、局口街、竹仔街、水仙宫一带和鼓浪屿，集聚洋行。挂洋商牌号340家，其中挂英籍牌53家，挂美国籍牌10家，挂日本籍牌239家，挂其他国籍牌38家。

民国27年5月，日军侵占厦门岛，经济发展全面停滞。抗日战争胜利后，区境经济有所恢复。接着内战爆发，通货膨胀、市场萎缩，民国38年初，经济全面崩溃。

中华人民共和国成立至1978年，国民经济艰难曲折发展。解放初，海峡两岸军事对峙，海上交通中断，内外贸易困难。人民政府采取措施，稳定市场，改善人民生活。1952—1956年，对私营工商业实行社会主义改造，建立一批国营、集体工商业骨干企业。同时，开拓交通运输业，为经济发展创造有利条件。1957年，区境国民收入比1952年增长81.5%，工农业总产值增长91.8%，社会商品零售总额增长120%，预算内财政收入增长79.6%。但是，反右派斗争、“大跃进”运动及国家三年困难时期影响，导致国民经济陷入困境。1961—1962年经济滑坡，工农业总产值每年递减29.4%，财政收入每年递减21%。1963—1965年，贯彻执行中共中央“调整、巩固、充实、提高”八字方针，经济好转。工农业总产值年递增15.7%，1965年国民收入比1963年增长81.9%。“文化大革命”期间，经济建设又受到严重干扰，发展速度缓慢。

改革开放以来，经济全面持续发展。1980年8月26日，厦门经济特区成立。1984年5月4日起，厦门经济特区扩大到全岛（包括鼓浪屿）。1992年，邓小平南方谈话发表，确立社会主义市场经济地位。区境经济步入快速发展轨道。同时，利用在厦门富山展览城、厦门国际会展中心举办的中国国际投资贸易洽谈会等平台，引入先进技术和重点项目，促进外商投资经济和个体私营经济在经济建设中发挥作用，经济总量和实力大幅度提升和增强。1980—2002年，每年经济增长速度保持两位数。

2003年10月三区整合，思明区人民政府提出建设“效益思明、活力思明、开放思明、和谐思明、生态思明、文化思明、绩效思明”方针，深化改革，扩大开放，经济取得跨越性发展。

2007年，全区地区生产总值380.51亿元，财政总收入71.3亿元（其中区级财政收入18.11亿元）。

第一章　经济发展

第一节　经济发展概况

一、唐至开埠前

唐中叶，迁入厦门岛的居民进行开发，半渔半耕。种植业主要种植水稻，渔业以海洋捕捞为主。唐宋时期，区境处于农业经济社会，农渔民大都是生产自给，除外还出卖部分农渔产品以换取其他生活必需品。

元明时期，泉州的后渚港和漳州的月港成为对外贸易港口，促进区境经济发展。明朝廷厉行海禁政策，严禁百姓出海与诸番互市，禁用番香、番货。为禁海，朝廷下令沿海岛屿居民迁徙内地。鼓浪屿等地居民被列入内迁范围。海禁政策使众多靠海生活的百姓陷于困境，地方经济凋敝。同时，导致走私盛行。明正德十年（1515 年），葡萄牙人在区境附近与漳泉商人进行交易。随后，西班牙人在厦门与马尼拉之间经营丝绸、瓷器等土产生意。17 世纪初，荷兰人侵占台湾后，进入区境及漳泉进行贸易。明末清初，郑成功在区境建立抗清基地，实行开放贸易政策。

清康熙二十二年（1683 年），清廷平定台湾，宣布取消海禁，在厦门设立闽海关正口，海上贸易发展。区境的国内贸易“北至宁波、上海、天津、锦州，南至粤东，对渡台湾，一岁往来数次”。同时，与日本、英国、东南亚诸国的贸易十分频繁。康熙五十六年，清廷下令禁止中国商船与东南亚各国通商。清雍正五年（1727 年）取消上述禁令，但规定外国轮船只能在厦门口出入，“其余各口俱不准其收泊”。厦门港成为唯一合法面对各国的贸易口岸，对外贸易繁荣昌盛。外贸发展，促进航运、造船等行业的兴起。清乾隆中叶，街市呈现繁华景象。其时，大部分居民仍是“近山者种蕃薯，近海者耕兼渔”。农民在墟期把油、菜、杂果、地瓜、猪仔等产品集中到墟集上，售给小商贩，再转卖给市民。

清乾隆四十九年（1784 年），增开福建沿海与台湾对渡港口，厦门港对台通航的优势削弱，航运业也不振。清嘉庆二十二年（1817 年），清廷禁止内地茶叶从厦门出口，对台贸易逐渐衰退。而外国殖民者的鸦片贸易日益猖獗，用武装商船把鸦片运到厦门岛贩卖。

二、开埠至民国时期

清道光二十年（1840 年）五月，鸦片战争爆发。道光二十二年七月，中英签订不平等的《南京条约》，次年九月十日，厦门正式开埠。厦门开埠，成为外国人倾销商品的市场，白银黄金大量外流。区境人民赖以生存的农渔业、手工业、航运业在西方殖民者排挤、打击下，日益衰退。同时，鸦片大量进入区境，直至民国 3 年（1914 年）第一次世界大战爆发为止。

（一）商业

厦门开埠后，外国货物大量涌入，闽西南土特产品经区境出口量随之增加。至清咸丰二年（1852 年），对英国贸易进口增加 4.2 倍，出口增加 3.6 倍。对英贸易占对外贸易额的 2/3。清咸丰十年至民国 2 年，平均每年从厦门港口岸进出口总值 1000 万海关两（银元）。民国 10 年升至 1494 万海关两。至民国 17 年，进出口总值 2212 万海关两。民国 18—25 年，进出口总值 5000 万～9000 万元（法币）。

日本发动侵华战争之前，区境对外贸易总体呈缓慢上升趋势。清同治四年（1865 年），洋行从开埠初5家增至11家，另有2家船具商行。区境每年商业经营额2000万～2500万两银元。清光绪六年（1880年），洋行增到24家。其间，有183家中国商人经营批发商行。商人开辟区境与泉州、漳州地区5条贸易通道，构成商业网络。在商业贸易中，华侨资本雄厚者有300多家，经营20多个行业。

（二）航运业

吨位　清同治三年（1864年），厦门海关进出口船只总吨位21万吨。清光绪二十五年（1899年），突破200万吨。民国10年，超300万吨。民国15年，超500万吨。至民国24年，厦门海关进出船只总吨位占全省各口岸进出船只总吨位64%～77%。

轮船　进出厦门港的船只由以帆船为主，逐渐变为以轮船为主。清同治六年，轮船占各类船舶总吨位55.6%，首次超过帆船总吨位数。同治十三年，轮船总数亦超过帆船总数。清光绪十二年（1886年），轮船在各类船舶总吨位中所占比重达93%，基本取代帆船。

（三）工业

清咸丰八年（1858年），美国人在厦门港沙坡尾创办厦门船坞公司，除修理帆船、轮船外，还建造小轮船，经营船舶出租和内港拖船业务。清光绪十八年（1892年），该公司由德记、和记、太古3家大洋行合资经营，改称厦门新船坞公司。公司办起机器厂、冶炼厂、锅炉房、铁工厂等15家附属工厂。

民国20年，区境工厂76家。其中，食品业21家、化学工业16家、铁器制造业16家、纺织业12家、造船业6家、公用事业3家、其他轻工业2家。在民族工业中，华侨资本占80%～90%。

（四）金融业

民信局　旅外侨民将钱财寄回国内，由民间汇兑机构中转，促进以侨汇为支柱的民间金融业发展。清光绪十八年（1892年），区境有33家钱庄。清宣统三年（1911年），增到42家。民国20年，多达88家。至民国25年，区境大小民信局、侨批馆近100家。规模较大的民信局年经营侨汇1000万～1500万元。年进入侨汇总额1.03亿美元。此后，银行机构增加，钱庄数量逐年减少。厦门岛沦陷时为40家，抗日战争胜利后恢复到50余家。

银行　区境现代金融机构银行业发展亦得益于侨汇。清同治十二年（1873年），汇丰银行在海后滩设代理处。此后，有5家外国银行到厦门通过洋行设立代理处。清末，有台湾银行、大清银行和交通银行在区境设立分支机构（但后两家银行不久便歇业）。其时，银行业基本由外国人经营。民国9年，开办4家民族资本的银行。民国25年，区境外国、本国银行共20家。厦门岛沦陷期间，银行业萎缩，仅有3家日资银行、4家中资银行。抗日战争胜利后，大量侨汇进入区境，银行业迅速复苏。

民国38年9月，区境有银行16家（中资、侨资）。

（五）城建

民国8年，鼓浪屿工部局董事会的华人董事林尔嘉领衔发起成立厦门市政会，开始大规模市政建设。民国9—25年，中心城区共修筑马路78条；建成中山、虎溪、延平3个公园；新建、重修码头19座；兴建菜市场9个，共有店面470间；开发住宅地30处，新增市区面积116.2万平方米；建成公共交通、邮电、医院、学校、供水、供电和公共卫生等配套设施，拓宽街巷、整洁市容，奠定作为近代中心城区基础。整个城建工程耗资1330多万元（银元），其中华侨投资占60%～70%。民国16—26年，区境有30余家房地产公司，总投资3000余万元（法币），其中华侨办21家公司投资额占70%。

附：区境洋行兴衰录

（一）英商洋行占据优势时期

清道光二十五年（1845年），英商在区境开办德记、和记两家洋行。随后，陆续开设汇丰、裕丰、振记、怡记（义和）、宝顺、水陆、协隆、台湾记、广顺、德建、新钦兴、利记、丰记、福昌、成记、麦南美、福士特、嘉士、查士、约翰斯顿、利伯恩、威尔逊与厦门船坞等20多家，还办龙头酒店及屈臣氏、主利两家药房。同时，英属印度商人设立裕记、安记、庆记、英印4家轮船公司。

道光三十年，德国先后设立宝记、新利记两家洋行和一家铁锅厂。继之，美国开设旗昌、美时两家；西班牙开设瑞记及天仙茶园；丹麦开办大北电报局。各国商人在区境开设洋行共30多家，其中英国占三分之二强。这些洋行大部分在海后滩（今海后路的滨海之处），毗连一片，被称为“番仔街”。

清同治元年（1862年）起，列强控制了厦门海关。

清光绪元年（1875年），成立外国商会，董事5人，其中英商3人、美商1人、德商1人。由英商德记洋行、和记洋行的大班勿汝士、高微担任商会会长。此后二三十年间，英商增设太古洋行（经营航运）、亚细亚石油公司等。英商洋行30家，在洋人的经济社团中占多数，保持优势。

民国时期，日本洋行迅速增加，英国洋行减少。民国26年（1937年），英国洋行只剩德记、和记和太古等11家。

（二）日商洋行跃居首位时期

清光绪二十六年（1900年），日本人成立台湾银行厦门支行。光绪二十七年，设立三井物产株式会社厦门出张所，专营进出口贸易；设大阪商船株式会社厦门出张所，专营海上运输。以上3家是日本人在区境施行大规模掠夺国民血汗的基地。

民国3年（1914年），第一次世界大战爆发，日本乘西方列强无暇东顾之机，策动大批日籍台湾浪人涌入厦门进行种种间谍破坏活动，并以台湾银行为中心，由台湾公会组织厦门金融组合，吸收日籍华人和台湾商人参加，以控制市场。继三井、大阪株式会社之后，增设柏原、广贯堂、日龙、志信、菊元、久光等30多家商店，以及“御料理”等。日本成药仁丹、眼药等遍销内地，穷乡僻壤的墙壁上都贴有日本药广告。

民国20年5月出版的《厦门指南》，有一篇《外商营业一览》，是英商洋行与日商洋行转换位置的最好说明：“厦门因接近台湾，侨居厦门的日本人和日籍台湾人甚多，设有学校、报馆、医院等事业。在贸易场中，势力尤大，除华商及该国籍民采配日货销售外，日本人自营之商店，亦属不少，其次则为英、荷、美3国。”

民国22年6月2日的厦门《江声报》也有一篇报道说：“厦门有洋行40家，其中日商15家、英商11家、美商5家、荷兰商3家、法商2家、印度商2家，德商、葡萄牙各一家。”这期间的日商洋行已取代英商洋行跃居首位。

民国23—24年，日货进入区境市场价值仍在千万元以上。民国26年8月下旬，日本在区境洋行全部撤走，日本侨民398人和日籍台湾人近万人相继离开。民国27年5月，日军侵占厦门岛，撤离的日本人及三井等洋行卷土重来。西方洋行都移设于鼓浪屿营业。民国30年12月太平洋战争爆发，西方洋行除挂中立国葡萄牙的杜记洋行等三四家外，英、美、荷兰在区境财产全被日军作为敌产处理。日本成立各种经济统制组织，形成独霸的局面。日本洋行除倾销日货外，还从东北、华北及上海等地采办大批土产，经区境转销于闽南等地；输往日本的仅限于平和烟叶、金门磁土和乌龙茶。

厦门岛沦陷至民国34年8月（日本无条件投降前夕），除移到鼓浪屿的英、美、荷兰等国洋行外，区境规模较大的49家洋行几乎全受日本控制。

（三）区境洋行走向衰微时期

日本投降后，英、美等国部分洋行，如英国的汇丰、太古、亚细亚、卜内门、和记等和美国的三达（美孚）、德士古两家石油公司，相继复业。新增的洋行有美商的国泰太平洋航空公司、环亚航空公司（两家航空公司与中国的中央、中国航空公司联票，开辟厦门经香港至菲律宾航线）。美商还有两家远洋轮船公司，黎拉喃吗轮船公司、埌里拉船务行。此外，有挪威的和兴船务公司。

三、中华人民共和国成立至“文化大革命”

中华人民共和国成立初期，海峡两岸军事对峙，帝国主义国家对新中国进行封锁，区境工厂停产、进出口贸易瘫痪、商业萧条。人民政府依靠工人阶级，团结广大农民、渔民、知识分子，争取民族资产阶级及海外华侨合作，首先从沟通侨汇打开局面，发动工商界人士恢复交通与商贸业。

1950年3月，市场物价暴涨，有18种主要商品批发价比1月上涨119.2%。政府严厉打击不法投机分子，组织贸易公司筹集物资，大量抛售，回笼货币，促使物价回落，稳定市场。1951年9月至1952年1月，三区开展土地改革，促进农副产品生产，繁荣农村市场。在打破封锁、平稳物价基础上，政府执行“发展生产、繁荣经济、公私兼顾，劳资两利、城乡互助、内外交流”经济政策，调整工商业结构，淘汰投机性行业，鼓励和扶持工商业恢复和发展。在私营工商业者中，经过“反行贿、反偷税漏税、反盗骗国家财产、反偷工减料、反盗窃国家经济情报”的五反斗争，不法资本家受到惩处，私营工商业者受到一次依法经营、依法纳税的深刻教育。1951年9月至1952年12月，以举行物资交流大会形式，促稳定与发展。1952年，三区工农业总产值，比1950年增长29.1%；国民收入比1950年增长37.5%；预算内财政收入比1950年增长70.4%。

1953—1956年，开展国家对农业、手工业和资本主义工商业社会主义改造。1954年，实现粮、油、棉统购统销；一批私营企业实行公私合营。1956年上半年，三区基本完成对资本主义工商业的社会主义改造，农业、渔业、手工业全面实现合作化。公私合营后，分散的工业企业生产规模扩大并逐步集中，形成后江埭、文灶、沙坡尾3处工业区，拥有糖果饼干厂、烟厂、罐头厂、橡胶厂、电池厂、机器厂、针织厂、肥皂厂、酱油厂、皮革厂、照相纸厂、鱼肝油厂等一批具有一定生产规模的骨干企业。同时，区境交通状况发生根本性变化，为经济发展创造有利条件。1957年，三区国民收入比1952年增长81.5%，工农业总产值增长91.8%；社会商品零售总额增长120%；预算内财政收入增长79.6%。

1958—1960年，基本建设投资年平均递增96.8%，工农业总产值年平均递增39.6%。但是，受“大跃进”影响，生产瞎指挥、“共产风”盛行，使农业生产力受到严重破坏。同时，在所谓“多快好省”路线指引下，工业冒进，加上“全民炼钢”和过快、过大的投资，导致国民经济比例严重失调，投资效益降低。1961—1962年，出现经济滑坡，基本建设投资每年递减63.6%，工农业总产值每年递减29.4%，财政收入每年递减21%。粮食和农副产品供应极为紧张。1961年，集市贸易价格总指数达375.9%，粮食类物价指数高达1471.2%，肉禽蛋类高达509.5%，蔬菜、水产品、水果类物价指数320%～465%。

1963—1965年，贯彻执行中共中央提出的“调整、巩固、充实、提高”八字方针，压缩基建规模，调整工业结构，加强农业生产，遏制经济滑坡趋势。三区工农业总产值年递增15.7%，其中工业总产值递增16.3%，农业总产值递增14.2%。国民经济得到全面恢复和发展。1965年，国民收入比1963年增长81.9%；工农业总产值增长109.9%，其中工业总产值增长186.5%；社会商品零售总额增长44.8%；预算内财政收入增长109.7%。

“文化大革命”初期，工农业生产受到严重干扰。人民生活必需品和主要消费品，大部分凭票证供应或限量供应。1967年，工业总产值比上年下降15.9%；1968年又比1967年下降50.4%。在1966—1975年的第三、第四个五年计划期间，工业总产值年平均增长率分别为9%、8%。开元区工业严重萎缩，1970年，只剩东风机床厂、东风无线电厂等企业。“文化大革命”期间，社会商品零售总额年平均递增仅4.1%。农业生产徘徊不前。1975年，国家对经济进行全面整顿充实，区境组建竹制品、塑料、医疗器械、橡胶、自行车零配件、文化用品、齿科材料、棉织、汽车修配企业。开元区有14家区属企业和4家社办厂，职工3345人，工业产品50多种，工业总产值1127.26万元，完成利税141.65万元。思明区工业年产值2000万元，上缴利润近百万元。

1975年，农民人均年纯收入120元，比1965年增加28元，年平均递增2.7%；城镇居民生活基本停留在1965年水平，城镇全民所有制职工1975年人均年收入仅574元，与1965年持平。

四、改革开放时期

1978年12月，中共十一届三中全会制定把工作重点转移到社会主义现代化建设上来的战略决策后，1979年起，三区开展各方面改革与开放工作，调整轻、重工业比例、长短线产品比例和产品结构，发展出口产品，为国民经济合理调整与发展创造条件。1984年5月4日，中共中央、国务院发出《关于转发〈沿海部分城市座谈会纪要〉的通知》，厦门经济特区扩大到全岛（包括鼓浪屿）。三区纳入厦门经济特区，进一步扩大对外开放，积极招商引资，加强各种基础设施建设，发展外向型经济。

1988年9月，中共十三届三中全会提出治理环境、整顿经济秩序、全面深化改革方针。三区区委、区政府压缩固定资产投资规模，压缩社会集团购买力，控制消费基金过快增长，开展财务、税收、物价、信贷大检查，整顿流通领域秩序，清理党政机关经商办企业，以及稳定市场等工作。1992年，邓小平南巡讲话发表，加强社会主义市场经济地位。三区根据中共中央关于经济体制改革决定，加快改革步伐，外向型经济成为区、街道经济主力军。随着农村城市化发展进程，农业经济比例逐年下降，第二、第三产业发展成为支柱产业。1995年，鼓浪屿区工业产值0.42亿元、商业营业额0.52亿元、旅游总收入0.22亿元；开元区工业产值14.9亿元、商业营业额9.39亿元、财政收入1.62亿元；思明区工业产值6.57亿元、商业营业额20.24亿元、财政收入1.1亿元。

1996—2000年，“九五”国民经济计划实施时期，三区政府贯彻经济规划纲要，把握“抓住机遇、深化改革、扩大开放、促进发展、保持稳定”大局，推动经济体制改革和经济增长方式转变，国民经济持续、健康、快速发展。

2001年起，在改革公有制经济的同时，大力发展非公有制经济，促进“三资”企业、个体私营经济继续发展。2002年，鼓浪屿区实现国内生产总值1.69亿元，工业总产值1.35亿元，商贸营业额1.9亿元，社会服务业收入1.18亿元，财政收入4975万元。开元区实现国内生产总值42.96亿元，财政收入8.39亿元；引进外资项目总投资1.36亿元，实际到资1.05亿元；内联项目总投资额19.6亿元；完成固定资产投资3.77亿元。思明区国内生产总值16.18亿元，财政收入3.51亿元，商贸服务业营业额突破50亿元；工业总产值21亿元，其中“三资”企业完成5.45亿元。

2003年10月三区整合后，思明区按照中共十七大提出的着力构建充满活力、富有效率、更加开放、有利于科学发展体制要求，深化区街管理体制改革，激发区街经济发展活力。商品市场、生产资料市场和劳动力市场、产权、技术等要素市场发展壮大，资源的市场配置能力和市场化水平提升；统一、透明、稳定、公平、可预见的政策环境，公开、公平、廉洁、高效的行政环境，安全、和谐、有序、诚信的社会环境逐步形成。国有企业改制深入推进，民营经济迅速发展。思明区根据市委、市政府的“以发展现代工业为重点，通过工业快速发展，壮大第三产业”的要求，提出项目带动、楼宇经济、区域经济、发展品牌4大战略，努力发展“飞地”经济、总部经济、特色经济。当年，全区地区生产总值76.12亿元，比2002年的60.73亿元（三区合计数）增长25.34%；财政总收入15.96亿元，其中地方级财政收入9.79亿元。2004—2005年，思明区融入海峡西岸经济圈，经济发展大跨越。2004年，全区生产总值201.46亿元，比2003年增长1.65倍。2005年全区实现生产总值261.9亿元，财政收入45.05亿元；全社会固定资产投资累计406亿元；实际利用外资累计3.58亿元。

2007年，全区实现地区生产总值380.51亿元；财政总收入71.3亿元（地方级收入45.34亿元，其中区级财政收入18.11亿元）。财政收入、固定资产投资、内外资招商引资综合考核评分连续4年位居全市第一；财政收入连续4年位居全省各县区第一；经济实力位居全国18个副省级城市中心区前列。2007年9月24日，第三届中国中小城市科学发展测评结果揭晓，思明区名列全国中小城市综合实力百强榜第17位，在福建4个上榜城市中名列第一。

第二节 经济增长速度

一、三区经济增长速度

中华人民共和国成立后，鼓浪屿区着力发展商贸业、服务业。开元区、思明区着力发展商贸业、服务业、金融、交通、邮电、房地产业及小型工业。1984 年 5 月，三区融入厦门经济特区，利用中央、省、市优惠政策，采取科学发展措施，经济实现跨越性发展。1992 年，社会主义市场经济确立后，各种经济组织发展迅猛（尤其外商投资经济和个体私营经济）。经济总量大幅度提升，每年经济增长速度保持两位数，财政收入增长较快。1992 年地区生产总值：开元区 32710 万元、思明区 17918 万元。1993 年地区生产总值分别增加 40.95%、69.55%。三区利用地处厦门岛中心区及旅游风景区优势，发展金融业、商业服务业、房地产业、旅游业。同时，推进工业体制改革，调整企业结构，引进外资和重点项目。

进入 21 世纪，注重发展楼宇经济和总部经济，发展"飞地"工业，引进国内、国际著名品牌企业，经济规模和总量不断扩大和提升。区、街地区生产总值及财政总收入均以两位数速度增长。2002 年，三区地区生产总值合计 60.83 亿元，比上年增长 19.32%，增速比全市的 12.84% 高出 5.48 个百分点。

1998—2002 年，思明区国内生产总值平均递增 12.2%，其中第一产业递减 5.77%、第二产业递增 9.05%，第三产业递增 15.11%；工业总产值（不变价）递增 10.80%；建筑业总产值递增 10.55%；交通运输业递增 0.34%；商贸业营业总收入递增 11.25%，其中商品零售额递增 29.61%；固定资产总投资递增 99.38%；财政收入递增 12.79%，其中本级财政收入递增 11.5%；外商投资递减 3.39%。鼓浪屿区、开元区经济也保持良好的发展趋势。

1993—2002 年鼓浪屿区主要经济指标统计表

表 13-1-1　　单位：万元

项目	1993 年	1994 年	1995 年	1996 年	1997 年	1998 年	1999 年	2000 年	2001 年	2002 年
地区生产总值	—	—	—	—	—	12384	15175	14649	15097	16865
第一产业	—	—	—	—	—	—	—	—	—	—
第二产业	—	—	—	—	—	4459	5131	3314	3895	4039
第三产业	—	—	—	—	—	7925	10044	11335	11202	12826
工业产值（不变价）	36710	34493	41833	58350	6903	12695	18480	11777	14806	14776
工业产值（现价）	—	28624	37705	54270	6569	12333	17618	10913	13506	13536
建筑业总产值	6257	29905	24310	20701	4328	6320	10041	13268	3565	6155
旅游业总收入	2076	2051	2126	2927	3754	7006	7299	7393	9506	11133
商贸业总收入	16377	6158	7112	9600	10284	11804	15577	20653	19141	19004
其中：商品零售额	—	—	—	—	—	—	6893	9567	10258	11041
固定资产投资额	610	1061	409	6072	4932	5427	4575	4790	3821	5980
财政收入	902	1130	1709	2578	3520	4629	5948	5932	7254	6023
其中：区级收入	—	—	1029	1230	1720	2040	2650	2869	4219	2978
外商投资额	—	—	—	—	—	—	2189	2835	2838	3218

1993—2002 年开元区主要经济指标统计表

表 13-1-2　　单位：万元

项目	1993 年	1994 年	1995 年	1996 年	1997 年	1998 年	1999 年	2000 年	2001 年	2002 年
地区生产总值	46108	73938	111258	133697	172330	214802	256121	302391	354175	429633
第一产业	944	2215	2439	2786	3973	3263	2052	1725	1725	1564
第二产业	27504	42243	55149	70439	91473	111388	125421	136228	146205	168701

续表13-1-2

项目	1993 年	1994 年	1995 年	1996 年	1997 年	1998 年	1999 年	2000 年	2001 年	2002 年
第三产业	17660	29480	53670	60472	76892	100151	128648	164438	206245	259368
工业总产值(不变价)	82620	122081	142624	205520	264629	315003	356547	392600	423319	486953
工业总产值（现价）	82346	122156	154350	205521	264630	315004	—	—	—	—
建筑业总产值	9240	10803	12167	16890	20141	24251	32002	33195	33458	40260
运输业总产值	5406	6840	9415	12472	13587	16161	15321	15391	16633	21179
商贸业营业额	214779	225681	297960	309265	370155	450885	366019	373294	647646	958552
其中：商品零售额	15483	32732	93621	113410	77808	83540	116363	147522	182452	207470
农业产值	2888	1757	3934	4494	6406	5264	3310	4679	4636	4210
固定资产投资额	7462	11635	18102	11499	8927	7693	108037	166212	191960	228892
财政收入	10416	9705	13664	18922	27673	33840	35840	54137	69407	83870
其中：区级财政	—	6868	11226	14957	17063	20186	26119	37830	43160	53833
外商投资（万美元）	—	—	—	—	—	11013	13615	5379	13631	13636

1993—2002 年思明区主要经济指标统计表

表 13-1-3　　单位：万元

项目	1993 年	1994 年	1995 年	1996 年	1997 年	1998 年	1999 年	2000 年	2001 年	2002 年
地区生产总值	30381	40937	50548	59500	74000	90996	106060	121980	140500	161838
第一产业	675	660	700	700	800	700	560	560	706	520
第二产业	13313	17691	23351	27639	36192	44223	53100	59890	64900	68186
第三产业	16393	22586	26497	31160	37008	46073	52400	61530	74894	93132
工业总产值(不变价)	38716	54477	71812	83674	104205	130960	149959	171905	191465	218722
工业总产值（现价）	39362	55445	73407	82783	104615	125474	145051	167727	185314	207891
建筑业总产值	5200	11834	14540	14042	17210	18792	19836	24941	26717	31023
运输业总产值	2405	3024	2392	2584	3890.9	2717	2599	2503	2343	2763
商贸业总产值	151792	181273	202368	224408	260633	293611	320611	351374	399650	500312
其中：商品零售额	6338	7241	15288	20318	27110	28848	34964	47439	71226	105509
农业总产值	1315	1395	1935	2329	2308	2024	1535	1458	2100	3084
固定资产投资额	2294	7008	16527	22200	27223	16649	235654	25702	28856	33194
财政收入	5045	7206	11007	12910	16531	19538	21037	25753	31751	35672
其中:区级财政收入	—	—	—	—	—	14179	17783	20017	25798	24432
外商投资（万美元）	—	—	—	—	—	3354	1717	709	2918	2823

二、三区整合后思明区经济增长速度

2003 年，思明区地区生产总值 76.12 亿元，比上年的三区合计数增长 25.14%（全国国内生产总值 135823 亿元，同比增长 12.8%；全省地区生产总值 4984 亿元，同比增长 11.5%；全市地区生产总值 760 亿元，同比增长 17.2%）。当年，街道地区生产总值 47.7 亿元，占全区 62.6%。

2004 年，区、街道发挥各自优势，增强招商引资和发展民营经济力度，区、街经济总量迅速壮大。全区地区生产总值 201.5 亿元，比上年增长 1.65 倍，经济增长速度创历史最高（全国增 16.1%，全省增 15.8%，全市增 16.6%）。

2005 年，全区地区生产总值比上年增长 30%（全国增 15%，全省增 14%，厦门市增长 12.8%）。

2006 年，全区地区生产总值 315.10 亿元，比上年增长 20.31%。当年，有 6 个街道地区生产总值都超过 15 亿元（其中 5 个街道超过 25 亿元）；有 5 个街道财政收入超过 5 亿元。

2007 年，全区地区生产总值 380.51 亿元，比上年增 20.75%。当年，有 7 个街道地区生产总值超过 15 亿元（其中 5 个街道超过 30 亿元）；有 5 个街道财政收入超过 6 亿元（其中 2 个街道超过 7 亿元）。筼筜街道地区生产总值和财政总收入连续 5 年以 30% 以上涨幅增长；嘉莲街道地区生产总值和财政收入总量连续 3 年居全区首位。

2003—2007 年思明区主要经济指标统计表

表 13-1-4　　单位：万元

项目	2003 年	2004 年	2005 年	2006 年	2007 年
地区生产总值	761238	2014667	2619062	3151006	3805066
第一产业	2428	1299	1269	1200	0
第二产业	299499	638325	762165	689263	759884
第三产业	459311	1375043	1855629	24605432	3045182
工业总产值	831179	1366269	1618685	1888932	2045388
规模以上工业产值	579098	—	—	1701042	1843547
建筑业总产值	108254	617415	870203	1024936	1371744
交通运输业营业额	27633	38223	34282	74081	83348
交通运输仓储邮电通讯业	—	—	106459	232036	290385
金融业	—	—	277383	290791	366696
合同利用外资直接投资（万美元）	37882	38839	40632	39923	39210
实际利用外资直接投资（万美元）	12600	9368	13529	17679	18275
内资项目总注册资本	315600	560865	66000	976000	1079720
商贸业营业总额	1814808	6108695	8253172	10860036	13642597
餐饮业营业额	184534	219679	232529	310854	353655
房地产销售额	596646	1386243	1232571	1319945	—
全社会固定资产投资总额	626716	1098327	1255880	1459827	1854370
房地产投资额	434917	621950	700503	885161	1173216
城镇完成投资额	191799	476422	555273	574666	681154
财政收入（预算内）	159557	379000	450478	587657	713000
地方级财政收入	97860	234834	278100	372577	453378
其中：区级收入	—	—	—	—	181123
财政支出	89223	131178	143525	177876	278094
服务业营业额	199438	201733	196746	552588	690158

2004—2007 年思明区各街道生产总值、财政收入统计表

表 13-1-5　　单位：亿元

街道	2004 年		2005 年		2006 年		2007 年	
	生产总值	财政收入	生产总值	财政收入	生产总值	财政收入	生产总值	财政收入
厦港	—	0.93	6.53	1.16	8.69	1.86	10.73	2.8
中华	8.67	2.14	14.29	2.52	14.7	3.04	17.5	4.6
滨海	11.79	1.01	4.22	1.22	7.53	1.62	9.29	2.12
鹭江	—	1.52	8.57	2.1	15.52	3.5	19.15	5.84
开元	—	2.74	21.35	4.18	25.88	5.35	32.03	6.45
梧村	—	3.23	14.4	4.4	25.96	5.4	32.21	6.8
筼筜	6.96	2.79	15.87	3.7	25.09	5.33	32	7.87
莲前	15.6	3.5	20.8	4.5	26.99	5.5	34.15	7.05
嘉莲	17.38	3.13	23	4.05	27.72	5.62	34.84	8.99
鼓浪屿	—	0.11	—	0.14	0.97	0.21	1.08	0.39

第三节　经济发展质量

一、三区经济发展质量

1950—1978 年，三区工农业生产处于粗放型状态。1979—1991 年，改革开放初期，大部分经济组织仍然是劳力密集型、科技含量不高的企业。1992 年，社会主义市场经济确立后，三区以经济建设为中心，实施经济体制改革，发展民营经济、港澳台外商投资经济，引进高新技术产业和先进技术、设备、科技人才与现代化的管理办法，从而促进企业升级。1991 年后，三区经济建设进入新的发展时期，经济发展质量较快地提升。

1. 鼓浪屿区

1991 年，鼓浪屿区政府制定科技发展规划。1992 年，与外资合作引进科研项目，拓展旅游设施，开发旅游产品，加强旅游业软件建设。全年旅游营业收入比上年增 72.86%。至 1995 年，全区科技成果获奖 10 项。其中，快速极谱仪 75-3A 获全国科技奖，铝电解电容器、高频介质感应加热设备、船用酸度计分别获省、市科技成果奖和优秀产品奖。铝电解电容器和高频介质感应加热设备均达到世界同类先进水平。

1996—2002 年，贯彻全国科技创新大会精神，开展创建快捷城区课题研究；扶持旅游产业，有重点、有计划扶持民营、高新技术企业，用好科技三项经费。

2. 开元区

1991 年，开元区政府制定科技发展规划，实施“科技兴区”战略，注重高新技术发展和科技成果转化，科技水平迅速提高。1992 年，全年创新科技项目 23 项，通过鉴定 12 项，其中属国际水平 2 项，属国内首创 2 项，属省内首创 2 项。新产品新增产值占全区独立核算企业新增产值 23.65%。至 1995 年，区属企业专业技术人员 1424 人，科研机构 127 家，科技进步贡献率 48.84%。安排科技开发项目 76 项，高新技术产业产值占工业总产值 10.86%，开发新产品产值率 23.1%，有多项科研开发成果获国家、省、市表彰。

1996—2000年“九五”时期，发挥科技在产业结构调整中作用。区生产力促进中心进入全省重点“中心”行列；中小型科技企业服务体系建立。2000年，新签约高科技项目9项，比上年增长2倍；引进DVD光盘和列入国家“863”计划的超高亮度发光二极管等高科技项目。

2001—2002年，建成科技园，为高新技术产业、科技招商重要基地，被纳入厦门火炬高新区“一区多园”管理。2001年，有34家民营企业被认定为市民营科技企业，2家被认定为市高新技术企业。2002年，科技园被确定为“厦门高新技术创业中心开元分中心”和“国家高新技术创业服务中心”。园区有25家民营企业被认定为市级科技型民营科技企业，有8项进入生产阶段，一批科技项目分别获得国家和厦门市科技型创新基金无偿资助和科技贷款。以光电技术为主导的高新技术产业投产，产品质量在全国同行业中处于领先地位。

3. 思明区

1991年，思明区政府制定科技发展规划。以科技为先导，以发展第三产业为重点。1992年，全年安排科技三项经费20.2万元，比上年增长1.97倍，提高高新技术产品及技术进步因素在经济增长中的比重。建立区人才交流中心，引进人才，发挥民办科研所作用，加强科技横向联营，加快科技成果向生产力转化。全年开发高级电器配具系列等13项；实施技术改造项目3项，总投资160万元；有5项科技成果受市级表彰，其中“人工晶体”列入国家级星火计划。至1995年，全区科技三项费用及科技事业费以每年20%～30%速度递增。实施各类科技项目85项。其中，国内首创7项，国内先进水平12项；“冷却塔”“微型电动调速开关”获全国民营科技成果博览会金奖。全区科技对经济贡献率54.2%。1995年，开发新产品新增产值5712万元。

1996年后，区政府投入科技项目经费占财政支出比例提升。全区工业产品质量监督检查合格率100%；实施创建“星火技术密集区”方案，奖励星火技术先进型企业。1999年，开发新产品、新技术14项，技术改造项目2项，科技成果推广8项；“新型电感镇流器”“高压静电除尘用脉冲电源发生装置”被列入国家级星火计划。

2002年，召开科技进步大会，奖励科技进步项目。同时，举办科技项目招商推介会，推介126个项目，并与厦门大学、国家海洋三所签订共建科技成果产业化平台意向书。实行会计顾问团成员和科技型企业经营者参加的科技季谈会。以发展高新技术成员和培育民营科技企业为重点，全年安排科技经费450万元。促进科技成果转化，完成新产品开发、新技术推广应用项目27项，创办各类软件区域13家。当年，被评为“全国科技进步先进城区”。

二、三区整合后思明区经济发展质量

2003—2004年，思明区以光电为龙头的高新技术产业发展迅速，一批技术创新、技术改造和“产学研”项目取得成效。2003年、2004年，区财政对科技三项费用投入分别为1838万元、2552万元，占当年本级财政决算支出比例分别为2.04%、1.96%，年增长率分别为26.48%、38.85%。2003年、2004年，全区规模以上工业企业技术开发经费投入占产品销售收入比例分别为3.84%和4%。

2004年，思明区经认定市级民营科技企业132家，高新技术企业60家。有34家科技型企业入驻开元科技园，20家入驻思明区科技园；引进安美光电项目，创办全国唯一的国家国民经济动员信息化产业基地、高新技术研发产业基地。“现代电力物流信息系统”“短消息防伪系统”和雅讯网络股份有限公司的“车载GPS”项目分别列入国家火炬计划、科技成果重点推广计划。鹭江街道成立全国首家街道级科技孵化中心。区生产力促进中心、科技孵化中心分别入选省重点生产力促进中心和省重点科技企业孵化器行列。亿力科技、东南融通等一批软件企业发展加快。包括民营科技企业在内的14个单位组织产品或作品参加第十四届全国发明展览会，获得光华奖金奖4项、银奖3项和铜奖5项。

2005年，思明区以光电产业、软件产业为主导的特色高新技术产业增加值占工业增加值比重48%。超高亮度发光二极管项目投入生产，在全国同行业中处于领先地位；厦门国家半导体照明工程产业化基地在思明区揭牌，成为全国光电产业四大基地之一。LED芯片生产产量位居全国第一。通讯设备、计算机及其它电子设备制造业完成产值20.79亿元，比上年增长19.9%。全区光电产业完成税收101.29亿元，增长57.6%。全区工业产销率99.22%；工业增加值45.11亿元，增长24.3%；规模以上工业增加值39.9亿元，增长36.9%；出口交货值35.5亿元，增长51.1%。

2006年，思明区政府提出在“十一五”期间，培植一批年纳税额超5000万元企业，年产值超5亿元工业企业，年营业额超10亿元商贸企业，引进和培植一批具有较强辐射力的营运中心。当年，区财政对科技三项费用投入3489万元，比2005年2822万元，增长23.64%。全区纳税超千万元企业68家，超亿元企业3家；工业产值上亿元企业34家，比上年增加8家。全区培植一批创新型高新技术企业。思明区光电基地成为厦门国家半导体照明工程产业化基地核心园区。

2007年，思明区重点发展通讯设备、计算机及电子设备等行业。全区22家高新技术产业完成产值57.21亿元，比上年增24.4%；光电产业实现产值22.79亿元，比上年增25.3%。玛司特电子、西本科技等项目落户环东海域思明工业园；台湾西基、奇域科技等知名企业入驻厦门软件园。东南融通公司成为首家在美国纽约证交所上市的中国软件企业。当年，全区工业实现总产值204.54亿元，产销率97.8%；完成财政收入71.3亿元，比上年增长21.3%，是2003年财政收入15.96亿元的3.78倍。规模企业对地方经济贡献日益突出，年创税收超500万元企业209家，纳税额41.95亿元，占财政收入58.8%，其中税收超1000万元企业111家，纳税额35.24亿元，占财政收入49.4%；年产值超亿元工业企业33家，完成产值137.2亿元，比上年增长17.6%。

第二章　经济结构

第一节　所有制结构

一、国有、集体经济

民国时期及以前，区境有政府投资企业，其分量小。解放后，人民政府通过没收民国政府投资的企业及官僚资本归国家所有，采取“利用、限制、改造”的政策改造民族资本，并由国家投资建立社会主义国有经济。

1953年后，按照过渡时期总路线，三区逐步实现对农业、手工业和资本主义工商业的社会主义改造。1954年，三区成立对资改造办公室。对私营批发商改造采取逐步由国营商业代替的方式。至1954年底，区境棉布、百货、新药、肥皂、烟草、柴炭、纸业7个行业的私营批发商被国营商业替代。对私营零售商则采取经销、代销、公私合营等形式进行改造。

1955年，区境纱布业14户私营企业者，向市政府申请实行全行业公私合营。年底，供电、自来水、机器、制革、印刷、食品、电池、制冰8个行业的私营工业企业实行公私合营。至1955年7月，商业系统先后和国营公司建立经销和代销关系的有纱布、百货、文具、新药、木材、电料、茶叶、柴炭等行业。至1956年，私营工商业全部实行公私合营，个体手工业者和小商贩也全部实现合作化，基本完成对私营工商业的社会主义改造。形成以国有经济为主体的所有制结构。1956年，批发流转额中，国营商业比重由1952年的15%上升到85%。

1957年春，农村基本实现高级社形式的集体化。同时，农村开办以社会主义全民所有制为特征的国营农场。农村所有制结构由个体农民私有制转为集体所有制和农业全民所有制。1957年，在工业总产值中，全民所有制工业占80%，集体所有制工业占19.9%，其他所有制工业产值占0.1%。

1958年后，农业实行人民公社化体制，工业、商业强调发展全民及集体所有制经济，取消或限制私营和个体工商业。

“文化大革命”期间，个体经济、社员家庭副业、自留地和集市贸易，都被当作“资本主义尾巴”割掉。手工联社被迫停止活动，职工集资入股被退还，集体经济基本特征被否定。一大批集体企业转为国营企业。1976年，三区工业总产值中全民所有制工业产值占80%，集体所有制工业产值占20%；商业零售总额中国营商业占70%，供销合作社、合作商店及小组占30%。

改革开放后，三区政府在坚持和壮大公有制经济的同时，大力发展外商投资企业、私营企业和个体经济等非公有制经济及混合型经济，形成以公有制为基础，多种经济成分并存的所有制结构。

厦门经济特区创立后，三区政府扩大利用外资规模，把握外资投向，使之与产业结构的调整和经济发展的目标相一致。经济结构发生重大变化，“三资”、个体、私营经济迅速崛起，逐步提升在所有制结构中所占比重。三区通过在国有、集体企业中实行股份改制、企业兼并和小企业拍卖等措施，调整所有制结构，形成以公有制为基础，多种经济成分并存和共同发展的新格局。1992年，开元区拥有全民企业2家、集体企业800多家、个体私营企业4200多家、内联企业15家；思明区个体私营企业2085家。区属公有制经济所占比重出现下降态势。1995年，国有工业所占比重由1980年的80%下降为15%，集体工业所占比重由20%下降为5%，个体工业经济所占比重则逐年增加，“三资”企业不断壮大。国有商业机构和从业人员的比重也逐年下降。

2003—2007年，国有、集体经济在全区经济总量中所占的比重为10%左右。

二、个体私营经济

1953年前，区境以个体私营经济为主。1953年，开始对资本主义工商业进行社会主义改造。到1956年底，三区基本完成对资本主义工商业的社会主义改造，实现公私合营和合作化。1958—1976年，区境非公有制经济组织被削弱，受限制。

“文化大革命”结束后，三区陆续有居民申请个体经商。至1978年，从事个体经营人数550人。中共十一届三中全会后，实行国营、集体和个体、“三资”、内联企业一起上的政策，个体私营经济蓬勃发展。1983年，鼓浪屿区、开元区、思明区个体工商户分别为343户、3243户、1237户，比1978年初增长10多倍。经营范围由集贸市场零售、餐饮、修理、手工加工等低层次服务业逐渐扩大到交通运输等领域。1985年后，随着个体经济的发展，陆续出现一批雇工超7人的私营企业。1988年6月实施《中华人民共和国私营企业暂行条例》后，私营企业快速发展。创业初期的民营经济，以追求产量、实行粗放式经营和家族式生产管理模式为主要特征，许多民营企业在此时完成资本原始积累。

1991年，鼓浪屿区有个体工商户438户、从业人员771人；开元区有个体工商户3710户，从业人员6531人；思明区有个体工商户1681户，从业人员2959人。是年，开元区有私营企业155家，比1987年增长49%；思明区有私营企业99家，从业人员894人，产值3108万元，比1987年增长4.1倍。

1992年，邓小平南方谈话发表后，三区掀起新一轮改革开放浪潮。至2000年，三区个体工商户由5829户增至11756户，从业人员由8927人增至16286人。开元区、思明区个体工商业产值由1942万元增至39580万元。2000年，开元区、思明区共有私营企业505家，从业人员4758人，产值49750万元。

2001年起，三区民营企业全面进入制度创新、管理创新、技术创新和提升竞争力的新时期。2004年9月30日，区委、区政府出台《关于大力促进民营经济发展的意见》，落实经营领域的开放，实施科技兴企、品牌兴企的战略，为全区民营企业的发展营造良好的氛围。

2005年，思明区地税局管辖的企业入库地方税收前30名中，有29家民营企业。排名前十名的9家民营企业入库地方税收共14503.37万元。税收额超1000万元的民营企业26家，税收额超100万元的民营企业45家。

2007年，思明区个体工商户由2001年（三区合计，下同）14110家增至29748家；私营企业由

2001年1006家增至20856家，从业人员由2001年9457人增至10.3万人。个私经济户数占全区各类经济户总数91.3%。个私经济实现增加值200多亿元，占全区经济增加值总量90%。

三、港澳台、侨、外资经济

清道光二十三年（1843年）至民国38年（1949年9月30日止）夏，区境港澳台资、侨资、外资企业多，涉及工业、农业、交通运输、商业、金融业、房地产业、文化娱乐业等。

1949—1978年，港澳台商、侨商、外商中止在区境投资。改革开放后，国有、集体企业开始利用“三来一补”方式与港澳台商、侨商、外商合作。1981年，开始创办中外合资、合作及外商独资企业。至1992年，开元区有“三资”企业84家、思明区37家。1992年后，外资经济增长较快。1995年，三区港澳台、侨、外商投资企业达1047家，其中鼓浪屿区7家、开元区846家、思明区194家。1993—1995年，三区“三资”企业完成工业产值15.10亿元，占工业总产值36.25%。

1998—2002年，港澳台、侨、外商投资经济在区境国民经济中的比重逐年增加。其投资完成率与增幅率位居全市第一。

三区整合后，思明区利用各类招商引资平台，逐步提升港澳台、侨、外商投资比重。至2007年，港澳台、侨、外商投资项目总额63.98亿元，合同利用外资30.43亿元，实际到资19.47亿元；投资企业637家，其中合资企业149家、合作企业35家、独资企业419家、其他企业34家；当年总产值88.40亿元，占地区生产总值380.51亿元的23.2%。

第二节　产业结构

一、三区产业结构

清代及以前，以农业经济为主。民国时期，农业经济份量逐渐减弱，而工业、建筑业等第二产业和金融业、房地产业、交通运输服务业、商贸餐饮服务业、旅游业等第三产业比重增大。1950年后，直至1978年，仍然维持这种局面。改革开放后，尤其是1992年后，以现代金融服务业、交通运输服务业、商贸餐饮服务业、旅游服务业等第三产业迅速发展，在国民经济中的比重越来越大。

（一）鼓浪屿区产业结构

鼓浪屿区域经济以商贸、旅游服务为主。1991—1995年“八五”期间，完成商贸业营业额44130万元，完成计划158%；旅游服务业收入完成8218万元，完成计划199%；建筑业完成4415万元，完成计划230%。

1996年后，鼓浪屿区执行“九五”期间产业发展的基本方针：大力发展以旅游业为主的第三产业，在岛外调整、巩固、发展第二产业，探索开辟新的特色行业。实现以旅游经济为龙头，以工业和商贸业为两翼，辅以新兴行业的产业调整。产业发展的重点是旅游服务业、先进技术型工业和商贸业、建筑房地产业。1999年，完成工业总产值1.76亿元，比上年增长44.2%；实现社会服务总收入7300万元，比上年增长5.4%；商贸业营业额1.71亿元，比上年增长45.35%；二、三产业结构得到进一步优化。

2001年，鼓浪屿区确定“十五”期间产业按“三、二”顺序发展，实行“以旅游为龙头、现代服务业为重点”产业发展方针，加强产业结构调整，发展第三产业，逐步形成与国际性文明风景旅游区发展目标相适应的产业体系。至2002年，完成社会服务业总收入1.18亿元，比上年增长11.7%；商贸营业额1.9亿元，与上年持平；工业总产值1.35亿元，与上年持平。

（二）开元区产业结构

1986年，开元区提出五年产业发展方向：以工业为主，积极发展商业和服务业，努力开拓旅游业、房地产业等第三产业。1988年，房地产业起步，成立开元房地产开发公司。

1991年，开元区提出“八五”期间的产业方向：依靠科技进步，强化经营管理，积极发展工业，稳定农业，大力发展商业，加速房地产开发，促进金融业、旅游服务业、运输仓储业等第三产业全面发展。1992年，结合城区改造，发展第三产业。区政府出台《厦门市开元区关于发展第三产业若干问题的暂行办法》及《开元区“八五”期间第三产业发展规划纲要》。1993年，再次调整产业发展排序，优化产业结构。调整优化第二产业，稳定提高第一产业，制定《开元区人民政府关于加快经济结构调整步伐的若干意见》及《“八五”期间第三产业发展纲要实施意见》，实现“三、二、一”产业发展新格局。1995年，开元区实施“跳出街巷，工业东移，腾出空间，发展第三产业”的战略部署，当年底，全区产业结构比例为1.4∶50.0∶48.6。

1996年，开元区确定“九五”期间发展方向：以市场为导向，从区位特点出发，积极引进先进技术，合理安排经济布局，积极发展第三产业，拓展优化第二产业，适度调整第一产业，推进产业结构的优化合理化。确定工业、商贸业、旅游业、房地产业和社区服务业为重点发展产业。

1999年，区政府出台《关于加快发展第三产业的若干意见》，继续调整产业结构。至2000年，全区三次产业结构比例为0.6∶44.5∶54.9。第三产业比重进一步提高，比上年增长29.1%，拉动经济增长14.6个百分点。在二、三产业中，非公有制经济占比都大大超过公有制。其中，三资工业企业产值，占规模以上工业产值80%。

2001年，开元区政府在“十五”期间加大产业结构调整力度：加强与同安区土地资源的合作开发，建立新的工业基地，完善岛内工业区建设，提高土地利用率；岛内大力发展第三产业，抓住东部区域开发的有利条件，优先发展房地产、商贸、餐饮、社区服务、旅游、信息咨询等第三产业；全面推进企业资产重组，壮大优势企业规模，建立产业链，逐步形成支柱行业突出、关联性密切的区域产业体系，优化产业的组织结构；以市场需求为导向，努力创立“名牌、名店”，推动产品的升级换代，优化产业的产品结构；积极营造各类企业公平竞争的环境和良好运作的条件，优化产业的所有制结构。是年，三次产业结构比例为0.5∶41.3∶58.2。

2002年，开元区实现第三产业增加值20.62亿元，占地区生产总值60.4%，拉动经济增长14.5%，成为经济增长的主要推动力。

（三）思明区产业结构

1991年，思明区在制订与实施“八五”计划中，以工业为主，加快发展第三产业。在巩固“老三块”（区办企业、街办企业和个体经济）的同时，开拓“旅游业、房地产业和农村经济”“新三块”，把发展商业、房地产业和旅游业摆在突出的位置。1992年，区政府实施工业厂房外移，建立工业小区，将搬迁后的厂区迹地用于发展商业和房地产业。当年，增办第三产业184家。

1996—2000年，思明区以工业为经济发展的重点和支柱，依靠工业快速发展推动全区经济增长。同时，把第三产业作为经济增长的主导产业。1999年，完成工业总产值14.32亿元，比上年增15.83%；商贸服务业营业额32.27亿元，比上年增9.9%。2000年，三次产业比例为0.76∶52.52∶46.72。产业发展方向：优化第一产业，调整拓展第二产业，发展第三产业。产业发展重点：先进技术型的轻型加工业、商品贸易业、房地产业、旅游服务业和建安业。

2001年，思明区实施“十五”计划，按“三、二、一”顺序和有利于经济发展的原则继续进行经济结构的优化调整。大力发展第三产业，努力提升第二产业，积极优化第一产业。实施“小城区大商贸”策略，继续发展和繁荣商贸业、餐饮服务业，加大旧城区房地产业开发力度。东部区域开发以旅游业、高科技产业发展为重心，加快开发与建设。区域外工业园区以高新技术化为先导，以市场需求为导向。当年，第三产业增加值完成7.5亿元，比上年增长22%；第二产业增加值6.49亿元，比上年增长8.3%；第一产业完成0.06亿元，与上年持平。三次产业结构比例为0.5∶41.3∶58.2。2002年，全区第三产业增加值完成9.32亿元，同比增长41%；商贸服务业营业额首跨50亿元大关，同比增长25.19%；工业总产值21亿元（其中“三资”企业完成5.45亿元），同比增长15.6%；建筑业总产值3.12亿元，同比增长17%。

二、三区整合后思明区产业结构

2003 年三区整合后，思明区以旅游业、商贸业、现代服务业和房地产业为主导的第三产业增速加快。全年第二产业、第三产业分别增长 17.7%、30.6%；三次产业结构比例为 0.32：39.34：60.34。

2004 年，思明区产业结构实现由“二、三、一”向“三、二、一”转变，结构更优化、合理。三次结构比例为 0.07：31.68：68.25。第三产业增加值 137.5 亿元，比上年提高近 8 个百分点，拉动经济增长 15.2%。全区规模工业企业技术含量高的电子通讯设备制造业在整个制造业中居首位，占工业总产值 14.03%. 其中电子器件、电子元件生产总产值占 67.7%。

2005 年，思明区调整、优化产业结构，大力发展旅游、商贸业、金融、房地产业和光电产业、软件产业，努力培植经济增长点。三次产业结构比例为 0.05：29.1：70.85。以旅游、商贸业、金融等现代服务业与房地产为主导的第三产业增加值 185.6 亿元，拉动地区生产增加值 22.2 个百分点。商贸餐饮业增加值 57.32 亿元，金融增加值 27.7 亿元，分别占地区增加值的 33.7% 和 32.9%。思明区的产业竞争力，在全国 18 个副省级城市中心区中得分 62.57 分，名列第八位。在全国 18 个副省级城市中心区中，思明区第三产业的金融业、房地产业分别得分 69.44、76.39，位居第一名；交通运输得分 45.12，位居第二名；居民服务和其它服务业得分 46.75，位居第三名。面对产业结构调整，思明区不断优化工业技术结构和服务业结构，转变经济增长方式，进一步做优第二产业，扩大第三产业比重。

2005 年思明区产业竞争力在全国 18 个副省级城市中心区排名表

表 13-2-1

指标	单位	权重	指标值	得分	排名
产业竞争力	—	1	—	62.57	八
产出增长	—	0.12	—	58.01	八
二产增长率	%	0.06	19.4	60.77	七
三产增长率	%	0.06	14	55.25	九
产出效率	—	0.45	—	66.34	八
二产生产率	千元/人	0.17	37.16	54.65	十一
三产生产率	千元/人	0.28	93.19	73.35	五
产出结构	—	0.43	—	59.95	十
三产从业人员占比	%	0.17	62.71	48.44	十二
三产增加值占 GDP 比	%	0.28	80.05	66.86	九

说明：权重是指该指标在整体评价中的相对重要程度

2006 年，思明区实施“强三、优二”的发展原则，重点发展以旅游、商贸、房地产和现代服务业为支柱的第三产业，打造商贸服务中心区和旅游会展中心区；以光电产业和软件产业为延伸产业链，培育产业集群，建设高新技术研发与产业基地和区域外创办工业园区；发挥区位和资源优势，营造良好软硬环境，大力发展商务营运中心和楼宇经济，建设服务功能好、辐射能力强的商务区。是年，商贸餐饮业、金融业、房地产业增加值分别完成 78.19 亿元、29.08 亿元、40.92 亿元，分别占地区增加值的 24.8%、9.2%、13%。第三产业在区域经济中的比重比上年提高近 2 个百分点。三次产业结构比例为 0.04：21.87：78.09。

2007 年，思明区以旅游业、现代服务业、商品流通业、房地产业、先进制造业、传统工业 6 个领域、31 个行业 246 类作为重点发展的产业。同时，出台《思明区人民政府关于加快高端服务业发展的若干意见》，促进产业结构优化，提升质量。是年，三次产业结构比例为0.00∶19.97∶80.03。第三产业占地区生产总值比重突破80%，占全区地区生产总值的比重提高近2个百分点；实现增加值304.52亿元。中心城区商贸业发展优势更加突出，商业营业额1364.3亿元，比上年增27.2%。商贸餐饮业、房地产业和金融业的支柱作用明显，全年分别完成增加值121.45亿元、48.34亿元和36.67亿元，占全区地区生产总值的比重分别达31.9%、12.7%和9.6%。2003—2007年，第三产业年平均增长近4个百分点。

2003—2007年思明区三次产业结构比例一览表

表13-2-2　　单位：%

年　份	第一产业	第二产业	第三产业
2003	0.32	39.34	60.34
2004	0.07	31.68	68.25
2005	0.05	29.1	70.85
2006	0.04	21.87	78.09
2007	0	19.97	80.03

第三节　投资结构

一、三区投资结构

区境解放初期，海防前线不宜建设，固定资产投资结构单一，规模偏小；基建资金来源也单一由国家拨款。1958—1962年期间，基础建设投资比“一五”时期增长3.7倍，占同期财政收入70%。1963—1965年国民经济调整，执行“调整、巩固、充实、提高”的方针，各方面的投资比例较协调。“文化大革命”期间，三区基建投资效果很差，新增固定资产交付使用率从1965年的87%下降到1975年33.6%。1976—1978年，基建投资总额年平均递增26.6%。1981年前，区境固定资产投资只有国有单位和集体单位两个投资主体，其中国有单位占全社会投资比重达77.12%；私营、股份制、合资、外资等投资主体基本上空白。

厦门经济特区建立后，区境建设资金来源多元化的特点极为显著。1995年，三区全社会固定资产投资资金来源：国家预算内资金占2%，国内贷款占20.5%，利用外资占20.3%，自筹资金及其他资金占57.2%。形成国内贷款、利用外资、自筹资金、国家预算、其他资金共同推动固定资产投资的新格局。投资方式由单一的基本建设投资发展到基本建设投资、更新改造投资、房地产开发投资一齐推进新格局。“八五”时期在固定资产投资比重中，基本建设投资占40%，更新改造投资占11%，房地产开发占33%。

基础设施建设方面，先后完成石鼓山立交桥及厦禾路多条城市主干道拓宽改造。引进万门程控电话和微波通信工程，对邮电通信进行多次扩容，并发展移动电话、无线寻呼、市内无线市话等通信业务。房地产业形成全民、集体、外资共同参与的格局，改变以往城市住房统建统配，国家独家经营的局面，建成100多幢高层建筑，建成莲花、槟榔、松柏、金鸡亭、金尚、前埔等20多个住宅小区。

1. 鼓浪屿区

1988年，全区完成固定资产投资311.05万元，新增固定资产261.65万元。1989年，进一步加强城市公用设施建设，全年投资275.9万元，完成风景旅游点配套设施建设和群众生活基础设施建设等项目，新增固定资产142.5万元。1990年，投资140.2万元，其中用于建筑工程116万元。房屋施工面积21960.8平方米。

1991年，完成街心公园改造、菽庄驳岸加固等项目，完成投资159万元。资金来源多元化，上年结余资金占17.73%，国家预算内资金占21.28，自筹及其他资金占60.99%。1992年，完成广场改造等项目，投资222.51万元。1993年，固定资产投资有较大增长，达610.73万元。上年结余资金占资金来源4.59%，自筹资金占86.58%，其他资金来源占8.83%。1994年，固定资产投资1061.5万元。1996年，鼓浪屿工业园及海底世界2个单项工程建设的固定资产投资6072万元。1998年，固定资产投资5426万元，其中汇景园投资2360万元，占固定资产投资43.49%。

2000年，固定资产投资4575万元，其中基本建设投资完成936万元，房地产投资3454万元，其他投资185万元。2001年，投资3821万元，其中毓园修缮工程等投资2488万元，房地产投资943万元，其他投资390万元。2002年，龙头路环境整治工程和街心公园改造项目完成，环鼓路全线贯通。全年固定资产投资5980万元。

2. 开元区

1986年，全区完成固定资产投资1037万元；新增固定资产913万元。1987年，固定资产投资989万元，其中自筹资金417万元，占38.68%；利用外资176万元，占16.33%。1988年，房地产业起步，成立开元房地产开发公司。固定资产投资增至1327万元。其中，自筹资金1170万元，所占比例79.81%；利用外资50万元，占3.41%。1989年，清理固定资产投资在建项目，严控投资规模。是年，完成投资976万元，新增固定资产649万元。

1990年，投资1227万元，其中自筹资金815万元。1993年，市计委下放审批权限，在开元区行政管辖范围内，凡不涉及市财政投资，不涉及发行股票和债券，自筹资金和自行平衡生产建设条件的2亿元以下内资（含内联）生产性建设投资项目，外商投资1000万美元以下的生产性基建项目，自筹资金50万元以下的零星基建项目（含非生产性），由区政府自行审批。1995年，进行全区在建、新建基建项目的摸底与分类。1996年、1997年，开元区根据"九五"计划确定的17个重点项目进行分类，其中1996年完成固定资产投资14664万元，1997年完成19965万元。2002年，完成固定资产投资3.77亿元，比上年增长38.9%。

3. 思明区

1985年，全区基本建设投资611万元；新增固定资产641万元。基建资金来源中贷款347万元，占全部投资56.79%；自筹资金264万元，占43.21%。1986年，固定资产投资1096万元，其中79.11%用于生产性建设投资。1987年，固定资产投资仅395万元。生产性项目投资由上年的867万元降为125.4万元。1988年，生产性项目投资428万元，非生产性项目投资464.53万元，共投资892.53万元。1989年，完成固定资产投资883.6万元。1990年，固定资产投资仅267.6万元。"七五"期间，基本建设和技术改造取得新进展，5年基本建设投资3534.73万元，竣工面积41909平方米；新增固定资产1280万元，大大增强经济发展后劲。

1991年，固定资产投资额465万元，新增固定资产90万元。1992年，随着金信酒店项目投资额（763万元）加大，完成固定资产投资1210.5万元。1993年始，思明区房地产业大规模发展。是年，完成固定资产投资2294万元，比上年增长89.59%。1994年，报批项目50个（含报市计委审批项目），建筑面积491302平方米，总投资额6.16亿元。随着房地产业的发展，当年房地产开发投资4410万元。1995年，报批基建项目21项，建筑面积22.68万平方米，投资金额3.86亿元（其中转市计委审批13项，20.79万平方米，投资总额3.71亿元）。资金来源以自筹为主。外资投资项目11项，引进外资3009万美元。

1996年，报批项目34项，建筑面积454999平方米，投资额8.06亿元。1997年，完成建设项目10项，建筑面积113590平方米，投资额1.38亿元。1998年，完成11项建设项目，建筑面积297800平方米，投资额2.13亿元。1999年，固定资产投资项目7项，主要项目有渔民小学教学楼改造、联合小学部分校舍翻修和天安工业园用房等，合计投资额2.25亿元。2000年，完成固定资产投资项目21项，投资金额4.91亿元，建筑面积14.86万平方米。

2001年，完成项目17项，投资额5420万元。2002年，完成项目39项，建筑面积24.75万平方米；固定资产投资额3.32亿元，比上年增长15.56%。

二、三区整合后思明区投资结构

2003年10月三区整合后，全区加快旧城旧村改造步伐。当年43项重点项目进展顺利，投资21.42亿元。全年固定资产投资82.88亿元，比上年增长24.6%。其中，房地产投资48.59亿元，比上年增长21.5%；城镇固定资产投资34.29亿元。

2004年，全区固定资产投入109.83亿元，比上年增18.5%。其中，房地产投资62.2亿元，基本建设投资24.94亿元，更新改造投资22.69亿元。

2005年，全区固定资产投资125.58亿元，比上年增长14.3%。其中，房地产投资70.05亿元，增长12.6%；城镇固定资产投资55.53亿元，下降7.9%。

2006年，全区固定资产投资145.98亿元，比上年增长16.25%。其中，房地产投资88.52亿元，增长26.36%；城镇固定资产投资57.46亿元，增长3.49%。

2007年，全区固定资产投资185.44亿元，比上年增长27%。其中，房地产投资117.32亿元，增长32.5%；城镇固定资产投资68.12亿元，增长18.5%。

第三章 居民生活

第一节 收入水平

清末及民国时期，区境部分市民生活靠打工及侨汇收入；农村大部分家庭生活靠耕作、打长工、短工的收入。民国元年（1912年），长工年工资收入78元。民国24年，长工年工资103元，短工农忙时每日工资0.9元，农闲时每日工资0.5元。民国35年，长工年工资4万元（法币，下同），短工每日工资农忙5000元、农闲3000元。

中华人民共和国成立后，金融稳定，商业复苏，市民收入水平提高。1953年，职工年人均工资400余元，实际收入比解放前增加两倍左右。1957年，职工年人均工资比1953年提高近9%；农民人均纯收入为92元，比1950年增长50.82%，平均每年增长6.05%。1958—1976年，受“左”倾思潮和“文化大革命”影响，城市经济萧条，居民收入停滞不前；农村经济发展缓慢，农民生活维持在低水平状况。1966—1975年，职工人均工资年递增率仅0.3%。1978年，职工年人均工资近600元，比1957年增加21%；农民人均年纯收入为168元，比1958年增长73.2%，平均每年增长2.78%。

中共十一届三中全会后，区境人民收入水平逐年提高。“三资”企业和私营企业的发展，城乡居民就业门路拓宽。居民就业机会和从事第二职业机会增多，收入向多元化、多渠道发展。1985年，全民和集体所有制职工年平均工资收入1094元。1988年，全民所有制企业职工年人均工资2201元，集体所有制企业职工年人均工资为2047元；多种经济成分联营企业职工年人均工资为2109元；“三资”企业职工年人均工资为2892元；农民人均年纯收入为905元。1995年，全民所有制职工年均工资8314元；集体所有制职工年人均工资6939元；多种经济成分联营企业职工年人均工资7128元；“三资”企业职工年人均工资8996元；农民人均年纯收入3869元。分别为1988年的3.78倍、3.39倍、3.38倍、3.11倍和4.28倍。其间，经济发展过热，引发通货膨胀，居民生活受到一定影响。

1996年，经过宏观调控，区境经济基本恢复平衡，城乡居民收入水平有所提高。此后，加快城市体制改革，通过工资改革，职工工资收入增加。但是，随着公有制企业改制、转制，部分职工下岗转业、待业，其收入有所下降。

2001年，“十五”计划第一年，区境经济保持强劲发展，民众生活水平提高。城市居民收入持续增长主要原因是政府对行政事业单位职工及离退休人员进行增资补资，拉动可支配收入增长1.92个百分点。农民人均年纯收入达5688元，比上年增加935元，增幅9.8%。

2002年，区境城市人均年工薪收入8549元，比上年增长1.8%；人均转移性收入3708元，比上年增长53.4%；人均经营净收入、财产性收入分别为488元、74元，分别比上年下降14.9%和32.5%。转移性收入大幅增长，主要是受国有企业改革政策性因素影响，国企改制的辞退金收入人均达896元，拉动可支配收入增长4.7个百分点。随着经济活动的活跃，居民收入来源多样化。在200户调查户中，2002年房屋出售金额13万元，人均203元，拉动可支配收入增长1.8个百分点；提取住房公积金、证券投资、保险收入、捐赠收入等其他转移性收入成为新的收入来源。是年，农民人均年纯收入6146元，比上年增加458元，增长8.1%。农民人均可支配收入4645元，增长7.5%。农民人均工资性收入2036元，增长4.1%，占纯收入总体比重的43.1%，比上年下降1.1个百分点。农民家庭经营纯收入人均1969元，比上年增加52元，增长2.7%，占纯收入总体比重的41.7%，比上年下降1.6个百分点（其中第一产业纯收入1170元，下降4.9%，第二、三产业纯收入798元，增长16.4%，分别占家庭经营纯收入的比重为59.5%和40.5%）。农民财产性、转移性纯收入人均717元，比上年增长29.9%，其中租金收入556元，增加126元，增长29.3%，土地征用补偿收入116元，增长7.9倍。

2003年10月三区整合后，思明区加强劳动就业工作，实现“4050”（指女性40岁、男性50岁）人员再就业5630人，劳动力市场就业6850人，增加居民工资收入。单位从业人员年人均劳动报酬13471元。国有经济单位在岗职工年人均工资19151元；城镇集体单位在岗职工年人均工资10263元；其他经济类型单位在岗职工年均工资11810元。从国民经济分类的20个工业行业看，人均工资较高的行业是金属制品业，其从业人员在岗职工年人均劳动报酬25000元，高出全区人均工资11529元。其他服务业在岗职工年人均劳动报酬22400元。年人均劳动报酬较低的行业是仪器仪表及文化、办公用机械制造业，其在岗职工年人均工资仅5656元，比全区在岗职工年人均工资低7815元。

2004年，全区发放单位从业人员劳动报酬23.45亿元，其中在岗职工工资总额19.51亿元，其他人员生活费3.94亿元。在岗职工人年均报酬18653元，离岗仍保留关系的职工生活费人年均5135元。国有控股单位从业人员在岗职工人年均20415元，离职仍保留关系职工人年均生活费8174元。其他单位从业人员在岗职工人年均18156元，离职仍保留关系职工年人均生活费9323元。2004年，城镇居民年人均可支配收入14443元，比上年增长11.8%。

2005年，全区加大调节收入分配力度，引导企业合理确定职工工资水平，逐步建立现代企业制度相适应的收入分配制度。全区发放从业人员劳动报酬32.69亿元，比上年增加9.24亿元。不同行业人员工资水平继续拉大。最高的金融业人均年工资52455元，次是计算机服务软件业人均年41844元；最低的是采矿业年人均13167元。全区年人均可支配收入17165元，比上年增长11.9%，比全市的11768元高出5397元，收入水平居全省各县（市、区）首位。在全国18个城市中心区中列第7位，比平均水平14453元高出3000多元。

2006年，全区在岗职工年人均工资25115元，比上年增加2967元，增长13.14%。其中，国有经济类型单位在岗职工年人均工资38764元（月人均3230元）、集体单位年人均工资23923元（月人均1994元）、其他单位年人均工资21390元（月人均1783元），增长幅度分别为14.84%、10.31%和13.31%。在全区19个大类行业中，金融业月人均工资6238元，居首位；信息传输、计算机服务和软件业月人均工资4797元，居第二位；公共管理和社会组织月人均工资4660元，居第三位。在国民经济各行业中，月人均工资水平最高的3个小类行业是：烟草制品业（月人均工资10281元）、其他金融活动行业（月人均工资7438元）、银行业（月人均工资6729元），其工资水平分别是全区在岗职工月人均工资的4.83倍、3.49倍和3.16倍。

2007年，全区安排城镇下岗就业16522人。农村全部实现“村改居”，农民不再从事农业生产，转入第二、三产业。当年，共转移“村改居”社区富余劳动力647人。帮扶零就业家庭就业230人，消除零就业家庭。全区各单位从业人员19.3万人，其中在岗职工17.1万人。全年共发放城镇单位从业人员劳动报酬49.6亿元，比上年增加4.8亿元，增长10.7%。其中在岗职工工资总额45.5亿元，比上年增加4.31亿元，增长10.55%。单位从业人员年人均劳动报酬2.6万元，比上年增加798元。其中，国有经济单位从业人员年人均工资3.8万元，增加0.6万元，增长17.1%；集体经济单位从业人员年人均劳动报酬1.9万元，减少0.4万元，下降16.8%；其它经济单位从业人员年人均劳动报酬2.2万元，增加660元，增长3.1%。思明区在岗职工年平均工资27204元（月人均2267元）。

第二节　生活质量

一、农村居民生活质量

民国时期及以前，区境农村多数人生活困苦，少数人家生活宽裕。

中华人民共和国成立后，经过土地改革，废除封建土地制度，广大农民基本生活有保障。1957年，农民生活消费人均85元，比1950年增长44.07%，平均每年增长5.35%。

1958年后，农村经济发展缓慢，农民生活一直维持较低水平状况。1978年，农民生活消费年人均145元，比1958年增长54.26%，平均每年增长2.19%。

改革开放后，农村全面推行家庭联产承包责任制，经济发展迅速，农民收入连年增加，生活消费日趋多样化。1995年，农民年人均纯收入达2665元，比1978年增加14.86倍；生活消费年人均2475元，比1978年增加16.07倍。其中，人均食品支出1230元，占社会消费品支出49.7%；人均衣着支出119元；人均居住支出385元，占生活消费支出15.56%；人均家庭设备及用品支出141元；人均交通与通讯支出143元，占生活消费支出5.78%；人均文教娱乐用品及服务支出233元（含医疗保健服务支出101元）。多数农民逐步改变传统消费观念，各种生活物品消费均表现出较为明显的优质化、高档化趋向。广大农民摆脱温饱模式，开始进入小康式的现代化生活。

1995—2000年，三区加强农村经济工作，扶持农民劳动致富奔小康。

2001年，农民人均生活消费总支出3282元，比上年增加242元，增长8%。在农民生活消费8大指标中，交通通讯、居住、文教娱乐用品及服务、食品等支出比重呈增长趋势，衣着、医疗保健、家庭设备用品及服务、其他商品和服务等支出比重呈下降趋势。农民用于交通通讯消费支出增长迅猛，人均达357元，比上年增长40.7%。与之相应的维护与修理费用也明显提高，人均支出16元，比上年增长23%。农民购买交通工具支出人均138元，增长1.6倍。每百户农村居民家庭拥有摩托车108辆，比上年增加26辆；汽车（生活用）0.47辆。随着电信业发展和农民对外界联系日益密切，农户电话普及率大为提高。农户电话普及率达134部/百户，其中移动电话34.7部/百户，人均话费支出148元，比上年增长10.8%，每百户农民家庭比上年新增电话19部。年人均居住消费804元，比上年增加167元，增长26.2%。农民人均居住面积达40.2平方米，同比增加3.82平方米，其中楼房面积27.48平方米，占居住面积的68.4%。随着农户居住面积的增加，大部分家庭居室宽敞，陈设一新。家庭燃气化、电气化程度逐年提高。2001年，拥有卫生设备和使用安全饮用水农户占78.6%和56.4%，液化气普及率达38.6%，人均用于电费、水费支出为121元和29元，分别比上年增长25.1%和9.4%。农村经济的稳定发展和农民收入的不断增加，电视、家庭影院、电脑、影碟机等文化教育娱乐机电产品不断进入农民家庭，带动农村文化娱乐消费。2001 年，此项目人均消费 321 元，增长 7.4%，成为农民消费新热点。

2002 年，区境农民人均生活消费总支出 3568 元，比上年增长 8.7%。其中，商品及服务、家庭设备用品及服务、衣着、居住、食品、医疗保健，增长幅度分别为 67.6%、35%、26.2%、18.8%、4.3% 和 4.3%；交通通讯、文教娱乐分别下降 8.2% 和 10.9%。农民人均用于基本生活消费支出 1577 元，比上年 1490 元增长 5.8%，占生活消费总支出 44.2%，比上年减少 1.22 个百分点。其中，食品支出 1445 元，增长 4.3%，恩格尔系数为 0.41。平均每百户农村居民家庭拥有彩色电视机 100.4 台、电冰箱 44.56 台、空调机 15.6 台、微波炉 5.2 台、热水器 39.43 台、电风扇 215.77 台、洗衣机 18.93 台、电话 144.41 部（其中移动电话 41.81 部），电气化程度逐年上升。文教娱乐用品及服务支出 286 元，下降 10.9%。至 2002 年底，每百户农村居民家庭拥有摄像机 1.41 台、组合音响 25.67 台、照相机 7.6 架、家用电脑 6.17 台、中高档乐器 0.47 件。除乐器外，分别比上年增加 1 台、8.57 台、3.81 台和 2.86 台。交通通讯支出 327 元，下降 8.2%。每百户农村居民家庭拥有电话 102.33 台、手机 41.81 部，分别增长 2.9% 和 20.5%。通讯消费正成为农户继建房后的又一个新热点。医疗保健支出 85 元，增长 4.3%。其中，卫生保健用品支出 15 元，下降 37%；医疗保健服务及其他支出 69 元，增长 22.1%。农村推行合作医疗保险，有 90% 以上的农户参加合作医疗。

二、城市居民生活质量

清中叶至民国期间，区境滨海地带为海员、码头工人、造船工人的居住地，居民大都以出卖劳力为生。其住房简易搭建，一遇台风便毁坏，无家可归。老城区中山路、思明南路一带是主要商业区。其居民中经商者生活较有保障；而大多数市民生活仍处于低水平。鼓浪屿是公共租界，大多数居民依靠侨汇为生。民国 27 年（1938 年）5 月，日本侵略军占领厦门岛后，大多数商民处于破产和半破产境地。珍珠港战争爆发后，区境商业几乎瘫痪，商民陷入困境。抗日战争胜利后，区境商业复苏。但不久便发生通货膨胀，严重的金融危机导致许多商家破产，民困日滋，生活质量急剧下降。

中华人民共和国成立后至 1953 年，国家实行计划调控，生活和生产物资实行计划供应。1958 年，片面强调“大炼钢铁”“大办工业”，开展“大跃进”，损伤经济元气，影响人民生活水平的提高。1960—1962 年，人民生活处于低谷时期，出现“低标准，瓜菜代”的状况。经过 1963—1965 年经济调整，人民生活水平基本恢复到 1957 年水平，年人均工资比 1957 年提高 4%。“文化大革命”时期，副食品和大部分日用品均按票证供应，物资匮乏，人民生活的改善受到制约。

改革开放后，社会主义市场经济逐步发展，城市居民的生活水平逐步提高。1980 年，三区城市居民人均消费支出 453 元，到 1995 年达 5663 元。人民在满足吃、穿、用等基本生活需求后，消费向多领域方向拓展，生活质量提高。

1995 年，城市居民食品支出占消费支出 55.1%，比 1980 年下降 6.63 个百分点；高档名牌、时兴舒适、成衣化成为居民衣着消费的主流；高级真皮或红木家具、空调、影碟机、家用电脑等开始进入百姓家庭。平均百户城市家庭拥有彩色电视机 101 台、洗衣机 88 台、电冰箱 99 台、组合音响 21 套。居民开始向娱乐文教及服务投资。对子女，除了正常的学习费用外，家长舍得在请家教、学琴、绘画、体育、舞蹈等方面进行智力投资。多数居民职工主动参加各种增长知识、提高技能的学习活动，各种各样的业余娱乐更是居民自我调节生活的主要形式，并已成为一种时尚。当年，城市居民人均用于教育文化娱乐支出为 300 元，比 1980 年增加 17.4 倍；居民人均娱乐文教及服务消费占生活消费支出 6.86%，比 1990 年增加 2.22 个百分点。

进入 21 世纪，经济迅速发展，城市居民生活领域拓宽，生活质量提高。2001 年，厦门市被评为“全国十佳人居城市”，厦门城市中心区的思明区，居民生活质量普遍较高。根据 200 户居民家庭调查，人均消费性支出 8490.24 元，比上年增长 6.5%，其中用于食品支出人均 3509.76 元，下降 0.7%，占消费性支出比重（恩格尔系数）41.3%，下降 3 个百分点；衣着支出、医疗保健支出、杂项商品和服务人均消费分别下降1%、2.6%、1.1%。家庭设备、用品及服务、交通和通讯、娱乐文教服务、居住人均消费分别增长2.7%、12.9%、8.9%、44.5%。除家庭设备、用品及服务消费外，其他3项消费占消费性支出比重上升，分别由上年的9.2%、9.6%、10.8%上升至9.8%、9.8%、14.6%，位居八大类商品消费的第2～4位。消费结构进一步优化，基本改变以吃、穿为主的单一格局，呈现生存消费比重下降，发展型和享受型消费比重提高。

2002年后，城市居民消费持续追求高品质，讲究智能化、个性化的消费模式；家庭设备不断更新升级，通讯方式全新。消费总体从重视生活水平的提高向重视生活质量的提高转变。2002年城市居民基本生活资料消费支出占消费性支出比重与2001年相比无明显变化，恩格尔系数（食品支出比重）为0.41，在联合国粮农组织定义0.4～0.49小康范围。教育文化娱乐服务、医疗保健、交通和通讯等发展型和服务型消费不断增长，占消费性支出比重呈上升趋势，比2001年分别提高3.7个、0.5个、0.2个百分点；居住、杂项商品和服务占消费性支出分别为11.4%、2.9%，比2001年下降3.5个和0.7个百分点。

2003年10月后，思明区加强城市建设和环境保护力度，城市居民生活质量随着提高。同时，加快“村改居”步伐，实现农村与城市一体化，农村劳动力转移到第二、三产业。工资性收入及财产性收入成为新农村居民主要收入来源，与城市居民一样，生活质量迅速提高（部分农村居民居住面积比城市居民要大）。思明区境所有居民，对生活质量和环境满意度日益提升。

2005年，全区拥有各类便民利民服务网点1.5万家、服务项目130多项，居民随时能得到帮助。是年，思明区社区服务中心被评为“全国优秀社区服务中心”，鼓浪屿街道被评为“全国和谐邻里建设示范街道”。思明区推广“爱心超市”，实施安康计划，建立安康基金，推进社会化养老工作，人居环境不断改善。区政府加强社会保障，快速完成被征地人员基本养老保险工作，实现农村与城市最低生活保障一体化，对“村改居”的居民子女实行免费义务教育。当年，思明区居民生活质量在全国18个副省级城市中心区中位列第六名。其中，物质生活水平得分80.43，名列第一位。恩格尔系数为36.28%，高于平均水平（35.75%），排名12位，基本消费占家庭消费比重仍然较大。

2005年思明区居民生活质量在18个城市中心区排名表

表13-3-1

指标	单位	权重	指标值	得分	排名
居民生活质量竞争力		1	—	79.61	六
人均年可支配收入	元	0.3	17165	74.94	七
消费结构		0.3	—	51.27	十三
城镇居民家庭恩格尔系数	%	0.15	36.28	53.61	十二
居民文教娱乐支出占家庭消费支出比重	%	0.15	13.15	48.92	十四
物质生活	—	0.4	—	80.43	一
城镇居民人均住宅使用面积	平方米	0.1	24.51	95.3	二
每百户拥有影碟机	台/百户	0.1	89	48.05	五
每百户拥有照相机	台/百户	0.1	68	54.05	十三
每百户拥有洗衣机	台/百户	0.1	106	88.25	四

2006年，思明区政府实施“低保户就业”政策，受到国家、省、市有关部门的肯定和推广；创办“爱心超市”，全社会参与助困行动；实施“安康计划”，开展社区服务活动。全区文明程度和市民文明素质明显提高。生活垃圾无害化处理率达100%；建成区绿化覆盖率42.1%，人均公共绿地16.3平方

米；空气质量达国家一级标准；人居环境持续优化。农村城市化率100%；基本实现“居住社区化、资产股份化、务工非农化、保障社会化”。全年安排农村居民转岗新增42689人，实现再就业24248人。同年，思明区以总分第一获“全省首批文明城区”称号。

2003—2007年，思明区先后获“全国和谐社区建设自主创新先进单位”“全国家庭教育先进集体”“中国地方政府创新奖（爱心超市）”“全国社区卫生服务示范区”“全国优秀社区服务项目奖”（“安康计划”）。2007年，全区居民人均年可支配收入22502元，在厦门市6个区中居首位。全区有5个街道（中华、开元、嘉莲、梧村、鼓浪屿）获“全国和谐邻里示范街道”称号；6个社区（内厝、双涵等）获“全国和谐邻里示范社区”称号。社会公共服务体系全面建立，形成较为完善的国民教育体系、科技和文化创新体系、全民健身和医疗卫生体系。

第十四卷　农　业

新石器时代晚期，区境始种植粟、稷；商周时代有饲养马、牛、猪。

唐代，中原地区农业生产技术传入，稻、麦、菜种植逐步普及；海岸垂钓和沿海捕鱼开始发展。

宋代，太平兴国年间（976—984 年），鹭岛出现“一茎数穗”水稻，故又被称为嘉禾屿。元代，邻近地区渔民迁入，带进内海捕捞渔业技术。李氏渔民从嵩屿移居鼓浪屿，开拓李厝澳村（今内厝澳村），使用船网具在内海捕捞。

明、清两代，农业生产种类增加，农作物种植品种 110 多种。明万历年间（1573—1619 年），大面积引种菲律宾番薯；畜禽饲养有马、驴、骡、牛、羊、猪、鸡、鸭、兔、鹅、鸽等；淡水养殖有鲤、鲻、鲫等；海水养殖有牡蛎、泥蚶、缢蛏等。

民国初期，种植业在推广良种、改进耕作制度（提高复种指数）、使用化学肥料等方面有明显长进；畜禽饲养量增加；渔业捕捞渔场拓展到澎湖、台湾海区；何厝建立植石养蛎区，筼筜港建立筑堤养蚶区。民国 27 年（1938 年）5 月，日本侵略军占据厦门岛，农业生产遭受严重破坏。抗战胜利后，国民党反动派挑起内战，农业生产再次遭殃，尤其渔业受到重创。其时，有 20 多艘钓艚的 600 多名渔民忍受不了多种剥削压迫而逃往香港、新加坡等地谋生；有 29 艘渔船和 320 名渔民被国民党军劫往台湾。

中华人民共和国成立后，开展土地改革和反渔霸斗争，结束了封建土地私有制。组织生产互助组，兴办初级合作社、高级合作社，建立集体生产经营公有制。此时期，农渔民生产积极性步步提升，农业生产较快恢复并有所发展。

1958 年夏，掀起人民公社化运动，搞“大跃进”，刮“共产风”“浮夸风”，加上国家三年困难时期，导致连续 3 年农业生产滑坡。1961 年，开始纠正“左”的错误，实行公社、大队、生产队“三级所有，队为基础”，贯彻按劳取酬分配政策。经 1963 年至 1965 年国民经济调整，农业生产得到恢复并发展。1966 年 5 月开始的“文化大革命”，重犯“左”的错误，搞“政治挂帅”“以粮为纲”“割资本主义尾巴”，农业生产又陷入低谷。1976 年 10 月“文化大革命”结束后，农业生产较快恢复。

1979 年起，农渔业生产经营逐步推行承包到组、到户、到船等责任制。1984 年 10 月，公社、大队体制改为乡镇、村体制后，全面实行家庭（或生产单位船）联产承包责任制，农渔民有了生产自主权，积极性很高。生产结构根据经济特区建设的需要，稳定粮食，发展多种经营，大力开发水果、水产和蔬菜产业。因地制宜推广水稻、甘薯、龙眼、花生等良种及高产栽培技术；推广鸡、鸭、猪良种及先进饲养技术；推广河鳗、牡蛎、对虾养殖技术和灯光围网、礁边底拖网捕捞技术。同时，发展创汇农业，实行农业产业化，以规模企业为龙头，带动种植业、畜禽业、渔业的全面发展。1997 年，区境农业总产值 8714 万元，为有史以来最多，比 1992 年增长 1.84 倍。

此后，经济特区各类建设迅速拓展，耕地大量征作他用，沿海养殖区与捕捞区因航道清理、拓宽而撤除，农村劳力大量向第二、三产业转移，农渔业生产规模不断缩小。2003 年 10 月三区整合后，加快农村城市化进程；至 2006 年，全区农村实现城市化，农业总产值仅 2000 万元，在全区“三次产业”结构中只占 0.04%（第二产业 21.87%，第三产业 78.09%）。2007 年，农业在全区“三次产业”结构中，比重为零。

第一章 种植业

第一节 生产条件

一、耕地

区境耕地历史上分布在莲坂、埭头（今属嘉莲街道）、何厝、前埔、洪文、西林（今属莲前街道）、曾厝垵、黄厝（今属滨海街道）、顶澳、下澳、东边社、西边社（今属厦港街道）、梧村、文灶、西边、塔厝、浦南、双涵、西山（今属梧村街道）、仙岳、余厝、屿后、西郭、官任（今属筼筜街道）等村。1950年，有耕地14200多亩；1972年，有耕地13995亩；1978年末，有耕地13387亩。此后，经济特区建设需要，耕地不断被征用。1988年末，区境有耕地9836亩（水田4308亩，旱地5528亩）。1997年首次全国农业普查时，区境耕地面积8802.4亩（其中水田2203.8亩，旱田6598.6亩）；另有园地面积3476亩（其中果园2802.4亩，其他673.6亩）。此后逐年减少，1998年末，耕地4188亩（思明区1348亩，开元区2840亩）；2002年末，耕地3646.7亩（思明区1076.7亩，开元区2570亩）。2007年第二次全国农业普查时，区境仅有农业设施耕地大棚面积123亩、中小棚面积73亩、温室面积71亩。

1978年区境农业耕地统计表

表14-1-1　　单位：亩

生产大队名称	年初面积	年末面积	其中		其中：自留地	附：1972年耕地	
			水田	旱地		总数	其中水田
何厝	3234	3220	1375	1845	299	3330	1267
前埔	1965	1955	647	1308	92	2026	794
洪文	1901	1881	713	1168	109	1901	713
莲坂	888	840	747	93	60	905	812
西林	613	613	300	313	56	882	482
西郭	873	958	567	391	44	935	507
前哨	1458	1458	862	596	85	1554	878
黄厝	1952	1952	772	1180	—	1952	772
梧村	510	510	60	450	—	510	60
合计	13394	13387	6043	7344	745	13995	6285

说明：厦港范围耕地1959年划归厦门大学办厦大农场（共305亩，其中水田69亩，旱地236亩）。后，逐步改为学校建设用地

1996 年区境农业用地统计表

表 14-1-2　　单位：亩

单位名称	耕地面积	其中			园地面积	其中	
		水田	旱田			果园面积	其他面积
			总数	其中：水浇地			
曾厝垵村	806.8	580	226.8	0	204.4	124	80.4
黄厝村	1429.5	531.1	898.4	80.4	1654.2	1416.2	238
莲前所在地	93.6	9.8	83.8	0	0	0	0
西林村	391.8	184.9	206.9	0	619.5	619.5	0
洪文村	1000.3	256.6	743.7	194.6	183.3	83.8	99.5
前埔村	1449.5	466	983.5	287.8	334.3	334.3	0
何厝村	3370.1	167.3	3202.8	1556.1	366.3	183	183.3
市农科所	260.8	8.1	252.7	80.7	114	41.6	72.4
合计	8802.4	2203.8	6598.6	2199.6	3476	2802.4	673.6

二、农作物种类

粮食作物　水稻、甘薯、小麦、大麦、大豆、蚕豆、豌豆、绿豆、粟、高粱和玉米等。

油料作物　花生、油菜、芝麻等。

糖料作物　甘蔗。

纤维作物　黄麻、红麻、洋麻、剑麻。

蔬菜作物　甘蓝类、叶菜类、根菜类、瓜类、茄果类、豆类、葱蒜类、薯芋类、芥菜类、菰藻类、水生类等 11 个大类 100 多种。

绿肥作物　紫云英、红萍、金光菊等。

果树　龙眼、荔枝、柑橘、枇杷、橄榄、杨桃、葡萄、柚、李、桃、梨、柿、菠萝、香蕉、番石榴、芒果、杨梅、黄梅、芭蕉、草莓、石榴等。

三、农民与农业劳动力

区境农户历史上分布在莲坂、何厝、前埔、洪文、西林、黄厝、曾厝垵、下澳、梧村、西郭等地。1972 年，共有农业户 3070 户、农业人口 16113 人、农业劳力 7225 人。1978 年，农业户 3450 户、农业人口 16676 人、农业劳力 8094 人。进行经济特区建设以来，人口“农转非”，劳力进城务工或就地改行于第二、三产业，农业人口和农业劳力较快减少。开元区 1995 年从事农渔牧劳力 2546 人；至 2001 年为 2010 人，占农村总劳力 31%。思明区 2002 年从事农渔牧劳力 740 人，占农村总劳力 24%。2003 年 10 月三区整合后，农渔牧劳力迅速转移到第二、第三产业。2007 年第二次全国农业普查时，从事农业人员 2276 人，多为外来人员。

1978 年区境农户、人口、劳力统计表

表 14-1-3

生产大队名称	生产队数（个）	农村总户数（户）		农村总人口（人）		农村总劳动力（人）	劳力中从事农林牧渔业者（人）
		合计	其中：农业户	合计	其中：农业人口		
何厝	15	871	856	4523	4474	2270	2182
前埔	12	396	387	1985	1972	753	738
洪文	9	426	402	1868	1789	783	742
莲坂	7	448	366	1888	1571	807	781
西林	3	158	151	804	778	446	425
西郭	6	259	243	1230	1178	616	585
前哨	10	517	496	2408	2373	1288	1252
黄厝	7	329	324	1476	1467	895	877
梧村	7	215	215	1074	1074	512	512
合计	76	3619	3450	17256	16676	8370	8094

1988 年和 1998 年区境农村基本情况统计表

表 14-1-4

项目	单位	1988 年			1998 年		
		开元区	思明区	合计	开元区	思明区	合计
村委会	个	4	2	6	4	2	6
村民小组	个	44	20	64	52	20	72
总户数	户	2262	1173	3435	3187	1745	4932
农业户	户	2182	1094	3276	—	—	—
总人口	人	10645	4551	15196	12381	5664	18045
农业人口	人	10529	4432	14961	—	—	—
总劳力	人	5391	2827	8218	5808	2994	8802
男劳力	人	2673	1416	4089	3025	1582	4607
女劳力	人	2718	1411	4129	2783	1412	4195
农业劳力	人	2656	1617	4273	2157	1276	3433
种植业劳力	人	1942	962	2904	—	—	—
畜牧业劳力	人	250	487	737	—	—	—
渔业劳力	人	464	168	632	—	—	—
外来人口劳力	人	—	—	—	8250	5061	13311
外出务工劳力	人	974	391	1365	—	—	—

四、农业畜力

汉代，区境有黄牛和水牛用于耕作，也用于拖牛车运输农具、肥料、农产品。1956 年合作化后，

耕牛逐步增加。1972年，有耕牛1882头（其中可役1127头）。此后，用牛耕地有所减少（改拖拉机耕地），耕牛数量平稳。1978年，有耕牛1828头。1988年，有耕牛1652头（开元区1150头、思明区502头）。1996年，有耕牛1256头（开元区863头、思明区393头）。此后，耕地减少，耕牛改为菜牛饲养、宰售，1998年，减到905头。2002年，仅曾厝垵和黄厝有耕牛67头。2007年，区境无耕牛。

清末，区境农民用水牛耕田

五、农具农机

（一）传统农具

主要有锄头、草锄、犁、草耙、钉耙、铡刀、水车、龙车、戽桶、水桶、水喷桶、木杆吊桶、粪桶、畚箕、粪篮、竹插、镰刀、连架、木楻、晒席、箕斗、风车、牛车、马车、手推车。

（二）现代农机具

清末，农民脚踏水车灌田

耕作机具　1955年3月起，区境推广使用双轮双铧犁；随后，推广使用铁步犁。1960年起，推广使用手扶拖拉机及其配套的铁铧犁。1970—1979年，手扶拖拉机及配套铁铧犁较快推广使用，机耕面积约占耕地面积50%。1980年起，推行农户联产承包，分散耕作，机耕面积逐步减少。

排灌机具　1958年始，推广使用农用水泵，至1970年普遍应用。1974年起，推广电喷灌机并逐步增加。

植保机具　1958年起，推广使用手摇喷粉器、圆筒式压缩喷雾器。1961年始，推广应用背负式手摇喷粉器、喷雾器。1978年始，推广应用工农18型或电动喷雾喷粉器。

收获机具　1956年始，在农业合作社推广使用脚踩脱粒机。1968年，推广使用动力脱粒机。

运输机具　1958年始，在农村公社生产大队中推广使用载重拖拉机和农用汽车。1975—1980年，使用载重拖拉机、农用汽车较为普遍。1980年起，手扶拖拉机、自行车、摩托车大量应用于农业运输。

1978年，区境主要农业机械拥有量：混合拖拉机37台936马力、手扶拖拉机102台1043马力、柴油机14台1013马力、电动机338台1757千瓦、潜水电泵88台231千瓦、农用水泵274台、机动脱粒机22台64马力、农用汽车15辆1210马力。

此后至1991年，以上现代农机具能适应家庭联产承包经营的，则逐步增加。1991年，开元区4个村共有农业机械总动力16392千瓦，其中小型和手扶拖拉机311台、2875千瓦，柴油机179台、788千瓦，电动机97台、503千瓦，农用汽车116辆、11084千瓦。

六、水库

区境民国时期及以前，农村分布许多小池塘、坑沟，靠降雨积水用于农业灌溉。1952年10月，开建万石植物园里的万石岩小水库，汇集园内椎溪、水磨石溪的水系于一库。1953年5月28日建成，库容仅6万立方米。1956年起，在政府倡导与资助下，依靠集体力量，多处建设山塘、水库，保障农业灌溉。至1978年，区境山塘、水库共20多处，其中库容10万立方米以上的水库15处，总库容475万立方米，灌溉面积6040亩。此后，无新建；原建者时有维修（曾厝垵于民国15年建上李水库，为自来水设施的蓄水池）。1998年后，农业生产逐年收缩，水库也先后被填为平地用于房屋、道路建设。至2007年，15处水库都无存。

1956—1978年区境开建库容10万立方米以上水库一览表

表14-1-5

水库名称	所在村名	集雨面积（平方公里）	堤高（米）	坝长（米）	总库容（万立方米）	渠道（条）	渠道长（公里）	灌溉面积（亩）	保灌面积（亩）	建设年月	投资（万元）
和平	莲坂	1	8.5	45	12	2	1	150	50	1956.4	0.86
东山	西林	1.7	20	114	105	2	5	2200	1500	1958.12	7.59
鬼子坑	黄厝	0.5	12	60	17	1	1.5	560	250	1961.4	1.2
茂沧	黄厝	0.8	15	240	70	2	1.7	600	400	1960.12	3.5
岩前	前埔	0.6	12.5	200	25	1	2	400	200	1970.5	4.88
塔头	黄厝	0.4	12	77	24	1	0.5	300	150	1968.4	3.5
新村	黄厝	0.6	11	117	13	1	1.5	300	200	1971.3	2.5
下珩溪	前埔	6.06	6	200	10.2	—	—	200	100	1976.4	5.12
溪头下	黄厝	0.4	14	200	16.3	—	—	150	100	1977.5	3.4
大北溪	前埔	1.5	8	220	10.4	—	—	400	200	1978.1	3.25
观音山	何厝	0.3	9	210	120	—	—	150	50	1978.2	2.7
胜利	黄厝	0.46	12	210	10.3	1	1.5	80	80	1978.5	2.96
东坪山	西林	0.6	13	68	10.3	—	—	150	65	1978.12	3.25
东宅坑	前哨	0.5	14	180	21	—	—	300	200	1976.6	4.88
飞机场	前哨	0.3	9.5	230	10.5	—	—	100	50	1978.1	3.25
合计	15		—	—	475	—	—	6040	3595	—	—

第二节 生产经营体制

一、封建土地私有制

区境有史至民国时期，农业耕地皆属私有制为主，分别称官田（占6%～7%）、屯田（占25%～

30%)、民田(占61%~66%)、寺田(占2%~3%)。民田集中于地主富农手中；广大贫雇农无地或少地，靠租佃耕地，或当长工、短工生活。

民国时期的土地租佃关系有永佃(世袭)、定期佃(10年以上)和不定期佃(最长3年)。田租：以实物计租的，每亩谷租25公斤~50公斤；以钱计租的，水田上等田每亩国币为80元以上、中等田为40~48元，下等田为19~26元；旱田，上等田29~35元，中等田18~20元，下等田9~11元。实行实物分成制的，有“四六”分(佃四、主六)和“对半”分，极个别优质田有“二八”分。

地主、富农雇长工，一般1年以上；雇短工，一般于农忙季节。财主放高利贷，钱贷的年利率一般3%或5%，有高达8%的；实物贷的年利率一般3%、4%，也有高达6%。

二、农民土地私有制

(一)土地改革

1950年，区境各级党委、政府发动广大农民群众开展反霸、减租减息的斗争，同时组织农民协会。是年冬，广泛宣传《中华人民共和国土地改革法》。

1951年春，在西郭村(时属禾山乡，今属筼筜街道)等进行土地改革试点。试点结束后，农村全面开展“土改”。由农民协会依照政策规定，评定地主、富农、小土地出租者、中农、贫农、雇农等阶级成份，三榜定案；没收地主多余土地，征收富农多余土地和封建公田，分给无地或少地的贫农、雇农。1952年6月，土地改革基本结束，废除了封建土地私有制。广大农民有了自己的土地，开展农民土地私有制的生产经营。

(二)农业生产互助合作

1951年冬，西郭村在省市工作组指导下，率先办起省级试点农业生产互助组。随后，各地在结束土地改革后，即推广农业生产互助合作。1952年冬，组织建立农业互助组。

区境农业互助组：有临时性互助组(多者10户，最少4户)，以解决劳力、耕畜、农具缺乏，或农忙突击抢收抢种，一般以工换工，以人工换牛工，农忙与重要农事互助，平时各户单干，收获归各户私有；有常年互助组(多者16户，最少6户)，有简单的生产计划，对各户农活进行统筹安排，生产费用各户自付，产品随耕地归各户所有，劳动评工记分，各户的“受助分”和“出助分”定期结算，等价交换(有的组进行副业生产，评工记分，按工分分红，有的组还进行垦荒拓地、开渠打井)。

(三)农业生产初级合作社

1953年冬，曾厝垵组建群星农业生产初级社(时属禾山乡，今属滨海街道)，下有曾溪、五联、西星生产队；西郭村的互助组也联合组建初级社。随后，区境农村逐步推广组建农业生产初级社。

初级社在私有制基础上实行土地入股，统一经营，收益按土地股份和劳动工分及入股的耕畜、农具(皆评分)比例分红。由社员大会民主选举产生管理委员会，设社长、副社长、计划员、会计员、出纳员、保管员、检查员等职。成立土地评产委员会，对入股土地进行调查，社员自报产量，评委会评审公布，再由社员民主评议，二榜定案。确定土地、劳力的报酬比例，实物除留足种子、饲料、公粮外，一般30%为土地分红，70%按人口分配；经济总收入，扣除成本费用后，一般按土地分红占45%，劳动工分和耕牛农具折工分分红占55%。初级社民主讨论制定生产计划，安排各季农活任务，建立生产责任制。每个劳力都有劳动手册，定期检查评比，实行奖惩，男女同工同酬。

三、社会主义集体所有制

(一)农业生产高级合作社

1955年12月，西郭村3个初级社联合组建西郭村农业生产高级社，1956年1月1日举行成立大会。1956年春，曾厝垵、黄厝成立2个高级社；何厝、前埔、洪文等村成立3个高级社；莲坂、埭头组建莲坂农业高级社；顶澳、下澳、东边社、西边社等村联合组建农业生产高级社。

农业生产高级社建立了社会主义集体公有制。实行耕地集体所有，不再评产分红；各户耕牛、大农具折价归社，其价款抵交入社股份基金，有余者分期还清，欠者补交。劳力按强弱评定劳动底分以摊交股份基金。其规模150多户至200多户。高级社由社员大会或社员代表大会民主选举产生管理委员会，配社长、副社长和监察委员等职，报经乡镇政府批准。社委会内设计划、财务、劳动管理等股。社下属单位设中队（生产队），配中队长、副中队长、会计员、保管员、出纳员、记工员。中队之下设分队（生产组），配分队长、副分队长、记工员。高级社实行计划管理，由社委会按照上级下达的生产任务，根据本社实际，提出各项生产指标和措施；再以中队为单位讨论协商，提出本队的生产指标和措施；而后由社委会审定，确定全社计划；最后再交各中队讨论认可。实行"勤俭办社、民主办社"方针，在制定生产计划的基础上，制定财务收支计划、财务管理制度和分配计划，经社员大会或社员代表大会讨论通过。实行劳动定额管理，评定每个劳力的级分，死分活评，规定每月出勤天数，实行农活定额工分与计件工分相结合；有的农活实行包工，验收记分；男女同工同酬。实行"三包一奖惩"的生产责任制（包工、包产、包成本，多奖少赔）。社委会统一财务核算，中队为"三包"单位，中队将土地、劳力、畜力、大农具"四固定"到分队，分队具体执行"三包一奖惩"规定的任务。一般超产部分以65%～70%作为执行"三包"单位的奖励；30%～35%上缴社委会作为生产基金和干部奖励。减产部分由执行"三包"单位赔偿60%～70%。高级社收益分配强调国家、集体、个人三者利益兼顾，国家征购任务和税收皆按时完成或超额；集体提留公积金、公益金和管理费（一般分别占总收入的5%、3%和1%）；社员分配部分占总收入60%以上。

组建高级社过程中，区、乡政府派出大批干部到基层宣传政策，指导建立各种规章制度，培训合作社干部和财务人员。但是，在合作化高潮中，出现操之过急和强迫命令，有的初级社刚办四五个月就转入高级社，有的单干户、互助组直接进入高级社。1957年春，有极少数社员退社又成为单干农户。多数农业高级社办得好。

（二）农村人民公社

1958年夏，掀起人民公社化运动，成立前线农村人民公社，何厝、前埔、西林、洪文等高级社分别组建该公社的生产大队；莲坂、埭头的高级社组建为该公社的莲坂生产大队；梧村、文灶、西边、塔厝的高级社组建为该公社的梧村生产大队。

曾厝垵、黄厝、顶澳、下澳、东边社、西边社的高级社于1958年组建厦门大学农场；1959年曾厝垵、黄厝划出另办思明地方国营农场。1964年，撤销思明农场，曾厝垵、黄厝组建为前线人民公社的生产大队。下澳、东边社组建为东澳农场。

1960年，前线人民公社梧村大队的梧村、文灶、西边、塔厝生产队和莲坂大队的浦南、双涵生产队划属开元区后，其中的西边、塔厝划属公园人民公社；文灶、梧村、浦南、双涵于当年6月组建开元地方国营农场。1971年，撤销上述农场，成立红卫人民公社，而西山生产队和蔬菜大队划归红星人民公社（1971年成立）。

人民公社是基层政权组织，也是生产经营管理组织，实行"工农商学兵一体""生产生活一起抓"。

公社化初期，生产组织军事化，公社为团，生产大队为营，其下为连、排。生活和劳动报酬实行半供给制和工资制相结合，办起全民大食堂，包吃、包用、包上学、包医病等几包；劳力分等级，每月领工资。宣扬公社"一大二公"，刮起"共产风"，搞"一平二调"，无偿平调劳力、财物搞"大协作"。1958年夏收夏种中，出现瞎指挥、大跃进、浮夸风，如晚稻亩产计划由300公斤提到1500公斤，晚番薯亩产计划由1500公斤提到2万公斤。有些社队干部和社员稍有抵制"共产风""浮夸风"的言行，则受到严厉批评、大会批斗、开除职务等处分。广大社员生产积极性受挫伤，加上国家三年困难时期影响，违背科学规律，连年减产减收。

1960年，开始纠正"共产风""浮夸风"。普遍停办全民公共食堂；恢复大队、生产队建制，实行劳动生产"三包一奖惩"、劳动定额、评工记分、口粮口豆及劳动报配按政策分配，废除半供给制和工资制。1961年春，处理"一平二调"的遗留问题，退赔1958年与1959年向社员平调的木材、石料、金银首饰及其他财物。多数生产大队将基本核算单位下放到生产队；并恢复社员自留地，允许个人少量开荒种植。1962 年，确定实行公社、大队、生产队“三级所有，队为基础”的生产经营体制。

“文化大革命”开始，强调学大寨“突出政治”，批判“三包一奖”“定额计酬”，推行“政治评分”；片面实行“以粮为纲”“两条道路斗争为纲”，限制多种经营，割“资本主义尾巴”，限制社员经营自留地和家庭副业；提倡大队核算，重犯平均主义错误。至 1976 年的 10 年间，农业经济发展缓慢，加之人口增长迅速，农村人民公社社员生活难以改善。经济收入最好的红卫公社（种菜为主），至 1977 年全年平均每个劳力分红款仅 512 元；平均每个人口全年分红款仅 245 元。

（三）家庭联产承包责任制

1979 年，三区宣传贯彻中共十一届三中全会精神，有个别生产队实行包产到组、到户，但被认为是“单干”“倒退”。1980 年秋末，贯彻中共中央《关于进一步加强和完善农业生产责任制的几个问题》，广大社队干部、社员解除疑虑，公开推行包产到组、专业承包、联产计酬等责任制。1981 年秋末，推行包干到户责任制。1984 年 10 月，公社体制改为乡镇体制。

1985 年春，全面推行家庭联产承包责任制，将集体耕地，以户为单位，按人口分包到户经营，承包期最长 15 年，最短 3 年。同时，将生产队的仓库、农具、耕牛、牛舍等固定财产折价归农民所有（或保值保本卖给农民）。大队、生产队的果园、茶园、养猪场等也承包到户经营，农业税和公共积累分摊到各户缴纳。同时，生产大队改制为行政村，建立村民委员会；生产队改制为村民小组。村委会引导农民搞好家庭联产承包责任制，加强承包合同管理，推广新技术，以发展生产。从而，促进生产较快发展，农民生活改善。

1996 年，延长土地承包期为 30 年，家庭联产承包责任制长期不变。

2000—2006 年，由于经济特区建设需要，农业耕地逐步被征用，联产承包也终止。农民被安排于第二、第三产业就业，农业人口改为城镇人口，农村村民委员会改为城镇居民委员会。

第三节　农作物

一、粮食作物

（一）分布

粮食作物主要是水稻，分布在黄厝、曾厝垵、何厝、前埔、西林、洪文、莲坂等地；甘薯次之，分布在黄厝、莲坂等地；麦居三，分布在黄厝、莲坂等地；还有高粱、玉米、小米等杂粮，均少量散布于各村。

（二）面积产量

民国时期，区境种植粮食作物面积 12000 亩，单产 180～200 公斤。1950 年后，播种面积不断增加，农业技术改进，品种改良，产量也逐步增加。1978 年，粮食作物播种面积 18419 亩，产量 3979.55 吨，单产平均 220 公斤。其中，水稻单产平均 310 公斤；小麦平均单产 100 公斤。建立经济特区后，耕地逐年被征为他用，粮食作物播种面积和总产量随之减少。1998 年为 4155 亩、总产 1271 吨；2002 年为 249 亩，总产 81.2 吨。

（三）高产纪录

水稻　1978 年，黄厝溪头下早稻杂交水稻 6 亩，总产 3060 公斤、单产 510 公斤。黄厝茂后一队后壁溪晚稻杂交水稻 14 亩，总产 7850 公斤，单产 560 公斤。莲坂第四队乌林埭田晚稻 1.8 亩，总产 1100 公斤，单产 610 公斤。

甘薯　1978 年，黄厝溪头下菜仔园晚甘薯 10 亩，总产 6950 公斤，单产平均 595 公斤。

小麦　1978 年，黄厝农科组试验田 2.5 亩，总产 670 公斤，平均单产 270 公斤。莲坂第二队溪上试验田 1.5 亩，总产 470 公斤，平均单产 310 公斤。

二、油料作物

（一）分布

油料作物主要是花生，分布在何厝、前埔、洪文、黄厝等村；芝麻少量，主要分布在西郭等村。

（二）面积产量

民国时期，区境种植花生面积1300多亩，单产80～100公斤。1950年后，花生播种面积扩大，品种改良，种植技术改进，产量随之增加。1978年，区境油料作物播种面积2265亩，产量261.5吨。其中，花生2258亩，产量261.15吨，平均单产120公斤；芝麻7亩，产量0.35吨。1990年后，耕地逐步改为他用，播种面积与产量随之减少。1998年，区境花生种植面积1268亩，产量166吨；2002年为62亩，产8.3吨；至2006年无种植。

（三）高产纪录

1978年，黄厝溪头下生产队菜仔园种植春花生粤油551品种（留种）4.5亩，花生总产1150公斤，平均单产260公斤。黄厝塔头一队后埔仔种植春花生粤油551品种（留种）12亩，花生总产3300公斤，平均单产280公斤。

三、糖料作物

（一）分布

区境糖料作物为糖蔗，主要分布在何厝、前埔、洪文、黄厝等村，西林、西郭次之。

（二）面积产量

民国时期，区境种植糖蔗作物面积500多亩，年产量1500吨左右。1978年，种植762亩，产量2849.95吨，平均亩产3740公斤。此后，种植面积与产量逐步减少，1987年后，无糖蔗种植。

（三）高产纪录

1978年，黄厝茂后第二队潭仔墘播种粤蔗57/423品种3亩，糖蔗总产24650公斤，平均单产8220公斤。

四、蔬菜作物

（一）分布

区境农村各地皆有种植蔬菜，种类繁多。商品菜产地主要是曾厝垵、莲坂、黄厝、梧村、西郭等村。历史上栽培的主要菜类：春夏季以黄瓜、冬瓜、苦瓜、四季豆、小白菜、小葱、空心菜、豇豆、蕃茄、白萝卜、槟榔芋等为主；秋冬季以花椰菜、洋葱、包心芥菜、白菜、大蒜、胡萝卜、马铃薯、包心白菜、天津白菜、甘蓝、球茎甘蓝等为主。随着科学技术的进步，蔬菜反季节栽培普遍推广。1985年后，原春夏季在露天栽培的许多瓜菜，也在秋季塑料大棚里栽培成品。

（二）面积产量

民国时期，区境种植蔬菜作物面积4000多亩，单产约1吨。1950年后，种植面积逐年增加。1961年，粮食欠缺，政府发动群众利用一切可利用的边角地、山坡地大种蔬菜（及粮食）。1978年蔬菜播种面积7236亩，总产12575吨，平均单产1.74吨。蔬菜生产量1985年后逐年减少，1988年为6602亩、产量11197吨；1998年为3973亩、产量7289吨。2000年后，大批耕地被征为他用，“农改非”“村改居”，蔬菜种植面积骤减。2002年，种植1088亩、产量1912.7吨。至2006年末，区境仅有温室与棚栽蔬菜198亩和大棚食用菌种植50亩（大部分是外来人种植）。

1988 年和 1998 年区境农作物面积产量统计表

表 14-1-6

项目	单位	1988 年			1998 年		
		开元区	思明区	合计	开元区	思明区	合计
总种植面积	亩	13423	7181	20604	5376	4020	9396
复种指数	%	186.9	250	205	189.3	258	224
粮食面积	亩	7380	3329	10709	2150	2005	4155
总产	吨	1899.9	933	2832.9	615	656	1271
早稻面积	亩	2303	1173	3376	—	373	—
总产	吨	821.6	422.15	1243.75	—	140	—
单产	公斤	373	360	368	—	375	—
晚稻面积	亩	1685	812	2497	—	592	—
总产	吨	508.7	224	732.7	—	210	—
单产	公斤	302	280	290	—	355	—
早番薯面积	亩	555	83	638	—	180	—
总产	吨	80.9	14.55	95.45	—	98	—
单产	公斤	146	175	150	—	544	—
晚番薯面积	亩	2458	929	3387	—	498	—
总产	吨	405.7	183.22	588.92	—	197	—
单产	公斤	165	200	174	—	396	—
豆麦杂粮面积	亩	479	332	811	—	362	—
总产	吨	83	89.08	172.08	—	11	—
单产	公斤	173	268	212	—	30.4	—
油料面积	亩	2433	860	3293	811	457	1268
总产	吨	188.7	71.17	259.87	113	53	166
单产	公斤	78	80	79	139	116	255
春花生面积	亩	2262	712	2974		369	—
总产	吨	168.8	62.6	231.4	—	42	—
单产	公斤	75	90	78	—	114	—
秋花生面积	亩	171	148	319	—	88	—
总产	吨	19.9	8.57	28.47	—	11	—
单产	公斤	116	60	89	—	125	—
菜西瓜等面积	亩	3610	2992	6602	2415	1558	3973
总产	吨	7065	4132	11197	4995	2294	7289
蔬菜类面积	亩	3152	2499	5651	—	1436	—
总产	吨	6969	3881	10850	—	2156	—
单产	公斤	2211	1553	1920	—	1497	—
西瓜面积	亩	55	208	263	—	122	—
总产	吨	96	251	347	—	144	—
单产	公斤	1736	1210	1319	—	1180	—
饲料面积	亩	403	285	688	—	—	—

说明：1998 年开元区无分稻、薯、花生、蔬菜、西瓜等项目统计

五、水果作物

（一）分布

区境水果种植主要分布于黄厝、前埔，次西郭和曾厝垵，其他农村为分散种植。果树种类主要有龙眼、荔枝、葡萄，还有桃、李、梨、蕉、柿、杨梅、番石榴、枇杷、枣、橄榄、柑橘、柚、余甘、芒果、石榴等20多种。黄厝村种植龙眼、荔枝为主，杂果也多；西林村种植葡萄、枇杷为主；前埔村种植龙眼、荔枝为主；何厝村种植葡萄为主；曾厝垵村种植葡萄、荔枝为主；西郭村种植荔枝为主，杂果也多；洪文村种植葡萄为主；莲坂村果树很少。

（二）面积产量

民国时期，区境种植果树面积400多亩，年产量30～40吨。1950年后，果树种植面积与水果产量渐有增加，至1978年为1212亩、产量178.8吨。随着经济特区民众对水果的需求日益增长，水果生产发展较快。1988年，果园面积2036.5亩、水果产量216.35吨。1996年，开元区4村果园625亩（1978年377亩），年水果产量174吨（1978年33.3吨）。1998年，区境果园面积3155亩、水果产量295.1吨。2002年，思明区的曾厝垵、黄厝果园水果产量261.5吨（1978年为658亩、132.6吨）。之后，果园多数被征作他用。至2006年，除曾厝垵一带设观光休闲果园外，其他村仅有零散的果树。

1988年和1998年区境水果生产统计表

表14-1-7

项目	单位	1988年			1998年		
		开元区	思明区	合计	开元区	思明区	合计
总面积	亩	780	1256.5	2036.5	1687	1468	3155
当年采摘面积	亩	181	—	—	85	—	—
总产量	吨	106.65	109.7	216.35	44	251.1	295.1
龙眼面积	亩	425	491	916	—	1223	—
产量	吨	3.75	40.8	44.55	—	174	—
荔枝面积	亩	52	236	288	—	205	—
产量	吨	—	2.5	2.5	—	65	—
葡萄面积	亩	141	134	275	—	10	—
产量	吨	95.7	57.35	153.05	—	5	—
香蕉面积	亩	20	14	34	—	—	—
产量	吨	6.15	3.5	9.65	—	—	—
枇杷面积	亩	2	2	4	—	8	—
产量	吨	0.3	0.25	0.55	—	1.6	—
桃李面积	亩	82	158	240	—	12	—
产量	吨	—	4.75	4.75	—	4	—
柑桔面积	亩	43	130	173	—	—	—
产量	吨	0.75	—	0.75	—	—	—
杂果面积	亩	15	91.5	106.5	—	10	—
产量	吨	—	0.55	0.55	—	1.5	—

第四节 耕作栽培

一、耕作制度

明、清代，区境农田耕作普遍为一年一茬制，也有少量一年两茬。民国时期，一年两茬制、两年五茬制陆续出现，以两年三茬制为多；同时，以旱作轮作制和水田稻稻连作制为主，而旱、水轮作制很少。

1956年起，建水库、山塘，逐步改善水利灌溉条件，促进耕作制度变革。多数水田单茬制改为双茬制；旱作轮作改为水旱（粮油或稻薯）轮作。复种指数提高，产量增加。1963年起，开展旱地改水田、砂地客土、土田施沙等改土工程，农旱地由旱作轮作改为：春花生→晚稻→豌豆，或麦→早稻→晚薯；水田由稻作连轮作冬闲改为：早稻→晚稻→麦或豌豆，绿肥→春花生→晚稻。1984年农村体制和经济政策改革后，农民积极扩种花生、蔬菜等经济作物，使耕作制度出现较大变革。其类型主要有：

早稻→晚稻→春花生→晚稻→冬蔬菜（或马铃薯）轮作，两年五熟。

春花生→晚稻→春花生→晚稻→冬种蔬菜→早稻→晚薯，三年七熟。

春花生→晚稻→蔬菜（或马铃薯）→甘蔗并套种大豆，二年五熟。

春花生（或春大豆）→晚薯→蔬菜→秋大豆→蔬菜，二年五熟。

二、作物品种

（一）水稻品种

明代，区境水稻品种有占城稻、青脚；清代有大冬、大青、乌壳尖；民国时期多沿用老品种。1950—1958年，引种同安县老农培育的云头种、鬼斗脚墨。1958—1978年，推广厦门市农科所、良种场培育的良种，如红410、厦革4号、珍红17、凤选4号、佳禾早占。同时，从市外引进新品种，早稻有南特号、矮脚南特、汕矮早、珍珠矮、窄叶青、二九青、南京11号、陆财号；晚稻有矮脚唐竹、广包、晋南晚；粳稻有农村16号、秋光；糯稻有珍选术、窄叶青术。1975年后，引种杂优，有四优二号、威优30、汕优二号、汕优89号、泉农3号等。

（二）甘薯品种

明万历二十一年（1593年）五月，福建巡抚金学曾下令试种陈振龙从菲律宾吕宋岛买来的甘薯藤（装载运甘薯藤之船在厦门港停靠卸货）。自此，该薯种在区境沿用。1960年后，引种同安县良种场培育的白沙九号、同薯8号、同薯9号。又从市外引种番英哥、禺北白、广东黄、台湾种、潮薯一号、竹山红、永春五齿、新种花、漳浦一号、福薯26、安溪竖等。

（三）花生品种

民国时期及以前，花生种植品种均为本地老品种。1956年后，从晋江引种泉花10号，从山东、广东等地引种山东半爬藤、粤油551、粤选58、粤油187、汕油27。1984年后，从台湾引种接红、狮头企；从外国引种缅甸种、勾鼻生、中璃球、小璃球。

（四）蔬菜品种

1956年以来，区境引进蔬菜品种100多个，其中扎根发展的名特优良种18个。如：甘蓝类的日本青花菜、台湾青花菜和包菜京花一号；茄果类的福州茄子、袖珍番茄、美国NS2002杂交番茄和20TX北早杂交蕃茄；豆类的浙江之豇28；瓜类的黄瓜早青一号、夏青二号；根菜类的“五寸人参”红萝卜、大白花身萝卜和美国洋葱；白菜类的鲁白1-3号和早生2号结球白菜。

三、土壤改良

砂土田改良　区境有砂土田，保水保肥能力差。1960年后，采用增施泥肥和有机肥，稿秆回田，绿肥压青等办法，改变土壤物理结构，提高肥力。同时，实行水旱轮作。

红土田与黄泥田改良　有红土田、黄泥田，土壤粘着性强，通气差。1960年后，采用增施客砂和有机肥，逐步改成“七成泥、三成砂”的比例，同时，耕作层加深3～6厘米，冬翻晒白，春多犁耙；冬种绿肥，以提高土壤肥力。

咸土田改良　滨海多有咸土田，氯化物含量高，毒害作物根系。1960年后，采用开深沟排水，降低地下水位，使盐份不会上升到地面；同时，深耕洗盐，下层土翻上来，灌淡水浸土，使盐溶于水而排出，再灌淡水。此类田多种植耐咸作物（如甘蔗、水生蔬菜、绿肥等）。1978年，前线公社农科站“红壤改良”的科技成果得到推广。

四、肥料施用

（一）肥类

清代及其以前，区境农作物施用的肥料都是农家肥。民国时期，绿肥开始应用并逐渐扩大范围；少数富裕农家开始在水稻、甘薯等作物中施用石灰氮、氯化铵、过磷酸钙、尿素。1956年农业合作化高潮中，农业合作社推广使用化学肥料；1970年起，化肥成为最广泛使用、最主要肥料。

（二）施肥方法

1950年后，推广水稻蘸秧根和钩头肥插秧（也称钩粪插），及甘薯夹边肥。1960年后，水稻合理密植，推广水稻全层施肥插秧和粒肥深施、拉钩深施追肥。1970年后，推广作物根外追肥和球肥深施。1980年后，应用土壤普查成果，推广因土、因长势合理配方施肥，水稻“氮调”施肥。1988年，区境化肥施用量879.65吨，其中氨肥517.5吨、磷肥232.25吨、钾肥35.3吨、复合肥94.6吨。1990年后，继续推广合理配方施肥，并推广蔬菜专用肥、微量元素根外追肥；同时推广“沃土计划”，使用农家肥、绿肥。

五、植物保护

（一）主要病虫害

水稻病虫害　三化螟、稻飞虱（田跳蚤）、稻纵卷叶螟、稻瘟病、纹枯病、白叶枯病、细菌性条斑病。

甘薯病虫害　疮痂病、甘薯瘟、小象鼻虫、甘薯麦蛾。

麦类病虫害　小麦锈病、小麦赤霉病、小麦白粉病、大麦坚黑穗病、麦蚜虫。

花生病虫害　花生枯萎病、花生锈病、花生蚜。

大豆病虫害　大豆二十八星瓢虫、大豆蚜虫。

蔬菜病虫害　菜青虫（为害甘兰、花菜、大头菜为主）、小菜蛾（吊丝虫）、菜螟（为害秋种萝卜、大头菜为主）、豆野螟（主要为害豆类蔬菜）、黄守瓜虫（瓜类害虫）、四季豆锈病（红枯病）、番茄青枯病（细菌性病害）、瓜类枯萎病（真菌性病害）、瓜类白绢病、瓜类炭疽病、黄瓜霜霉病（火龙病，并能为害冬瓜、丝瓜、南瓜等）。

果树病虫害　柑橘溃疡病、柑橘疮痂病、龙眼霜霉病、龙眼丛枝病、香蕉枯萎病、荔枝蛀虫、柑橘潜叶蛾、柑橘天牛、柑橘蜘蛛、柑橘介壳虫、荔枝春蟓。

（二）病虫测报与防治服务

1954—1961年，三区农技站各确定一名农技员负责病虫测报。开展田间调查和虫期剥查，实行短期预报。1962年，区建立病虫测报站，搞田间定点调查和室外诱虫。开展一些害虫的室内生活史观察，进行中、长期预测预报。1965年起，区、公社、大队建立三级病虫测报网，开展群众性预测预防。区测报站及时编写《病虫情报》印发各社、队，并通过有线广播迅速传播到各农户。区农业部门组织力量开展新农药、新技术防治病虫害的试验、示范和推广。区植保站配专职检疫技术员对农作物种籽实行检疫。

1981 年，区植保站配合公社农技站，创办植保服务公司，为农户开展植物病虫害防治的承包业务。至 1986 年，由于大多数农户基本学会主要植保技术，植保公司就解散。

（三）防治技术措施

农业措施防治　消灭越冬虫源与病源，冬闲田翻晒，铲除田边杂草，烧毁病叶、病谷、病苗、病果。春季提早翻耕、溶田和整畦。推广抗病虫性状较好的良种，并采用石灰水或盐水选种、浸种。蛾蝶类害虫产卵期，采卵块以烧之，拔除螟害枯心团、白穗团并烧毁之。防止偏施氮肥，而增施磷钾肥。适时烤田，减轻病虫害程度。

化学药剂防治　1954 年起，区境农业社队开始推广西力生、赛力散药剂溶液浸稻秧、浸种籽；采用喷施“六六六”粉和“滴滴涕”防治虫害。1970 年后，浸种苗多采用乐果、敌百虫、敌敌畏、稻瘟净、托布津、多菌灵；喷洒防治病虫害用氯丹、甲安磷、呋喃丹、杀螟杆菌、青虫菌、退菌特、克瘟散、敌克粉、井岗霉素、链霉素等 30 多种农药。1980 年起，逐步推广高效而低残留的有机磷和生物性农药，淘汰剧毒而多残留的有机砷、有机氯农药。

物理措施防治　1960 年，推广点灯诱蛾，特别 1970—1978 年在三化螟蛾盛发时，各生产队出动劳力制作诱槽、诱盘、诱灯，于傍晚点灯诱蛾，至次日早晨收回。条件较好的生产队采用绿光灯诱蛾。

生物防治　1960 年，实行放鸭入田吃虫；1961 年后，利用青蛙吃虫；1975 年后，化学农药施用量多，鸭不宜进田，青蛙等天敌大量减少，生物防治削弱。

第二章　渔　业

第一节　生产条件

一、渔场

（一）内海渔场

大担—青岛渔场　西起胡里山海区，东至九节礁，水深 10～30 米。历史上是大黄鱼、鳓鱼、真鲷、石斑鱼的产卵场。其中，胡里山至大担门是大黄鱼、鳓鱼流刺网的优良渔场，1950 年后，春汛捕捞量 150～200 吨；九节礁是大黄鱼延绳钓的优良渔场，俗称“黄瓜窝”。1960 年后，敲舫作业发展，大黄鱼资源受破坏而形不成渔汛；但鳓鱼等仍有大量渔获。

胡里山—南太武渔场　在胡里山至南太武山之间海区，水深 10～20 米。历史上盛产哈氏仿对虾和多种小型鱼类，是大型定置网（网艚）和虾拖网的主要渔场。1970 年后，航运业发展，大型定置网全淘汰，仍是小型定置网（虎网、七星网）和虾拖网的主要渔场。1990 年后，此渔场由于从九龙江口移来鳗鲡苗资源，又成为捕鳗鲡苗的渔场（年产量 500～1000 公斤，折合 300 万～600 万尾）。

鸡屿渔场　九龙江入海处至鼓浪屿后的海区，水深 10～15 米。盛产哈氏仿对虾、青蟹、鲈鱼、鲻鱼。历史上春秋两汛哈氏仿对虾产量高达 50 吨。1990 年后，对虾资源衰退，而鳗鲡苗资源增加。

（二）外海渔场

即闽南—台湾浅滩渔场，于台湾海峡南部、东海与南海的交汇区。主要作业渔场：

东淀渔场　于东淀南海区，包括头、二、三沟，水深 30～40 米。冬春汛盛产带鱼、大黄鱼、鲨鱼；春汛末盛产蓝圆鲹；夏汛盛产乌鲳、中国枪乌贼；秋汛盛产真鲷；冬汛初，大黄鱼与白带鱼同进场。

1964 年后，灯光围网作业发展，沟尾一带成为夏汛中上层鱼类的中心渔场。1970 年后，拖网作业发展，又成为夏秋汛二长棘鲷、带鱼、白姑鱼的重要作业渔场。

辣粗渔场　于北淀南海区，水深 30～40 米。历史上，以二尖塔粗为中心，形成秋冬汛真鲷中心渔场，被誉为“聚宝盆”。1970 年后，资源衰退；而夏汛盛产二长棘鲷，是延绳钓的重要渔场。

埕南—埕北渔场　于东淀东南海区，包括埕南埠、埕北埠、顶仔垅、中埕，水深 30～50 米。原是春汛带鱼中心渔场，顶仔垅有“带鱼厝”之称。1980 年后，自北向南洄游的鱼群减少，资源衰退。

三坑岭渔场　于东淀东北海区，包括头、二、三坑岭和内、外接盒格仔，水深 20～60 米。盛产中国枪乌贼、二长棘鲷。夏汛末，枪乌贼群集，为鱿鱼钓作业的中心渔场。

花猫粗渔场　于台湾浅滩东北至花猫屿东南海区，海底高低不平，多岩礁，水深 25～50 米。历史上，夏汛盛产真鲷、红鳍笛鲷。1965 年后，花猫粗南北成为春汛末期蓝圆鲹、大甲鲹和枪乌贼的中心渔场。

富粗渔场　于兄弟岛东南海区，海底多礁石，水深 25～45 米，盛产真鲷、二长棘鲷。历史上是“钓粗”作业的主要渔场。底拖网作业发展后，为夏秋汛礁边拖网的主要渔场。

台湾堆渔场　于台湾浅滩西南，水深 30～45 米，盛产中国枪乌贼、真鲷、红鳍笛鲷、鲨鱼。1954 年起，一直是灯光围网捕中上层鱼类的中心渔场之一；1990 年起，成为底拖网的重要渔场。

外斜渔场　于广东省甲子直（东南）至东山直（东南），水深 40～100 米，盛产蓝圆鲹、金色小沙丁鱼、中国枪乌贼、长枪乌贼。是灯光围网重要渔场。1990 年后，在外斜水深 50～100 米处，开发为底拖网渔场。

二、养殖区

（一）海水养殖区

东南部养殖区　何厝至曾厝垵一带。风浪较大，滩涂以沙泥底质为主，历史上形成以牡蛎为主的养殖区。1958 年后，沿海浅海（曾厝垵、黄厝）发展海带养殖。何厝除继续养殖牡蛎外，利用垦区开发对虾养殖。

西部沿海养殖区　筼筜港及其港口以南一带。滩涂底质以泥沙为主，风浪较小。筼筜港内历史上形成泥蚶、海兔养殖区。1955 年以来，筼筜港海陆工程频繁，成为城市新区，养殖区缩小，泥蚶、海兔养殖区消失。而珠宝屿浅滩形成花蛤养殖区。并开发对虾养殖与网箱养鱼。

九龙江口养殖区　主要属龙海市管理；属厦门市管理的范围分布在鸡屿、青礁、后井沿岸，有浅海 1.4 万亩、滩涂 5000 亩。因有淡水灌注，形成近江牡蛎和缢蛏养殖区。

（二）淡水养殖区

历史上只有池塘、山塘，分布在村旁田边。池塘底质较肥沃，利养鱼。但，这些池塘、山塘主要用于蓄水灌溉农作物，因而养殖发展缓慢。1956—1978 年，区境建许多水库，其中库容 10 万立方米以上的 15 处，多有养殖淡水鱼类。而村旁之池塘，随着各种建设的拓展，几乎都被填没。

三、渔港

厦港沙坡尾渔港在厦门岛东南，距市中心区 3 公里。该渔港于清中叶期间形成，岸线长 2000 米，锚地面积 47.5 万平方米，水深 12～18 米。主要设施：

避风坞　修建于清中叶。1950 年后，几次疏浚，尚未能适应海洋捕捞发展的需要。1969 年，以民办公助方式扩建，总面积 2.8 万平方米（原 2.1 万平方米），坞口黄海标高 -2.2 米，坞底黄海标高 -1.2 米，退潮时干露，满潮时水深 5 米，可停泊 100 吨位渔船 120 艘。1980 年后，又经 2 次整修，四周加石砌驳岸，有宽 3.5 米的环坞通道，有系桩、环等设施。坞口南侧建 40 米长防浪堤，堤顶设灯标一盏。

充冰补给码头　1978—1979 年，在岸线西北侧（冷冻厂附近）修建充冰、补给码头 1 座，供渔船停靠补给生产、生活资料。

驳岸码头　历史上渔船返港，分散停泊在沙坡尾沙滩、避风坞，抛锚卸鱼。1987 年，由国家投资在沙坡尾建驳岸码头，长 167 米，设 50 吨级泊位 4 个。

交易场　历史上水产品交易场设在避风坞附近。1951 年，在其东南侧建水产品交易场 1800 平方米。1989 年，由国家投资在沙坡尾驳岸码头内侧再建 2500 平方米交易场。

渔港周边有为渔业服务的水产造船厂、水产冷冻厂、水产加工厂、海洋仪器厂等工厂。

四、水生生物资源

（一）海水生物资源

海水鱼类　沿岸和近海鱼类经鉴定的有 420 种，分隶 28 目、125 科、259 属。其中，常见 100 多种。产量较多、经济价值较高的有：蓝圆鲹、金色小沙丁鱼、脂眼鲱、鲐鱼、颌圆鲹、竹荚鱼、羽鳃鲐、大甲鲹、带鱼、大黄鱼、二长棘鲷、真鲷、乌鲳、鳓鱼、短尾大眼鲷、远尖犁头鳐、长条蛇鲻、鲻鱼、鲈鱼、黄鳍鲷、鲨鱼、白姑鱼、银鲳、石斑鱼、文昌鱼等。暖水性种类占 81%，暖温性种类占 18.7%。底层和近底层鱼类占 76.8%，中上层鱼类占 15.8%，岛礁鱼类占 7.4%。海洋捕捞量 60%～70% 是中上层鱼类。

虾蟹类　沿岸和近海虾蟹类 76 种，分隶 14 科 38 属。其中，虾类有长毛对虾、哈氏仿对虾、鹰爪虾、须赤虾、中华管鞭虾，还有日本对虾、刀额新对虾、周氏新对虾等。蟹类有三疣梭子蟹、远海梭子蟹、锯缘青蟹等。

软体动物　77 种，分隶 29 科。有中国枪乌贼、长枪乌贼、日本无针乌贼、近江牡蛎、僧帽牡蛎、缢蛏、菲律宾蛤仔、翡翠贻贝、文蛤、竹蛏、环沟格特蛤、寻氏肌蛤、海龟等。

海藻　139 种，分隶 4 门 23 科。有坛紫菜、海带、真江蓠、礁膜、浒苔、石莼、羊栖菜、鹧鸪菜、海萝、马尾藻、石花菜、红毛藻等。

其他　主要有革囊星虫（土笋）、中国鲎、沙蚕、红树林等。

（二）淡水生物资源

淡水鱼类　常见的有 27 种，分属 11 科。其中，经济价值较高的有青鱼、草鱼、鳙鱼、鲢鱼、鲫鱼、鲤鱼、罗非鱼、香鱼、鳗鲡，还有 20 世纪 80 年代引进的团头鲂、日本大板鲫、高背鲫、露斯塔野鲮、建鲤、尼罗罗非鱼。

淡水蟹类　中华绒毛蟹等。

五、渔民与渔业劳力

唐代，区境专业渔民是本岛古闽越族后裔。宋、元代，邻近地区渔民迁入，如李氏渔家从嵩屿迁入鼓浪屿开建李厝澳村。明清时期，金门、龙溪、海澄、漳浦等县渔民迁入；九龙江流域以船为家、以渔为业的“水居之民”迁入（现渔民中占多数的张、阮、欧、黄四姓多来自九龙江沿岸数县）；从泉州属县迁入（现渔民中王、洪、郭、郑四姓多来自惠安县，擅长网渔业与造船）；潮汕沿海闽南语系渔民（苏、陈二姓）及东南沿海疍民（蔡、林二姓）迁入。渔民中大多数属汉族，少数属回族（郭、骆二姓，从晋江陈埭和惠安白奇迁入），还有个别属畲族（钟姓）。

民国 24 年（1935 年），思明县有渔船 404 艘，从事渔业的人口 3036 人。民国 26 年，渔业人口 5189 人（其中下海 2490 人）。民国 27 年 5 月 13 日日本侵略军攻占厦门岛时，烧毁沙坡尾渔民居住区 105 间小船厝，拆毁民族路渔民居住区数十间铁板厝，枪杀渔民不计其数，烧毁厦门港 64 艘钓艚。民国 36 年《厦门大观》载：“在厦港一隅渔民，战前悉赖海而生活者五千余人之众。二十七年，厦门为敌盘占。至民国三十年，摸索于茫茫大海之间而半饥不饱之渔民，仅剩战前之半。”民国 30 年，渔业人口 2982 人（其中下海 1452 人）。

抗战胜利后，国民党政府、资本家和恶势力对渔业生产设立重重关卡，形成“七大剥削”：鱼税、警捐、码头款、鱼牙行剥削、大船主剥削、高利贷、地头蛇盘剥。厦门港渔民悲惨难言，民国37年至38年8月，先后有20多艘一级钓艚的600多名渔民忍受不了剥削压迫而逃往香港、新加坡等地谋生。1949年10月，国民党军队溃逃台湾时，劫走渔船29艘，毁坏39艘，抓去渔民320人。其时，渔业破败不堪。

区境解放后，人民政府安抚渔民，组织劳力，多方扶持，重振渔业。1956年，在蜂巢山开建渔民宿舍（至1958年1月29日建成入住）。是年冬，厦港渔民组织6个渔业生产高级合作社，有渔户620多户、人口3200多人、劳力1620多人；鼓浪屿渔民组织2个渔业高级社，有渔户110户、人口550多人、劳力210多人；美仁宫渔民组织1个渔业高级社，有渔户60多户、人口280多人、劳力90多人。以上以海洋捕捞为主（兼有养殖）的渔业组织共790多户、人口4030多人、劳力1920多人。此外，何厝、曾厝垵等沿海各村，也有一些专业捕捞或养殖的渔户，并有农渔兼业户。

随着渔业生产发展，渔民和渔业劳力不断增加。至1996年，厦门第二海洋渔业公司（前身是厦港6个渔业高级社）有渔民及公司职工共3000多人；厦门市鼓浪屿渔业公司（前身是鼓浪屿2个渔业高级社）有渔民及公司职工共400多人；何厝村有渔户489户（村总户数1311户），渔业人口1314人（村总人口5769人），渔业劳力1172人（村总劳力3009人），其中渔业专业劳力547人，余为渔农兼业。曾厝垵、黄厝、前埔等村也有渔业专业户和农渔兼业户。

1997年后，渔农兼业户和渔民陆续“农（渔）转非”而逐渐减少。2003年，开展渔船民转岗工作，至2007年共转岗1000多人，基本不再有渔户及渔业劳力。

若干年份区境渔民年均收入统计表

表14-2-1　　单位：元

年份	劳均收入	人均收入	年份	劳均收入	人均收入
1956	537	119	1980	1835	330
1959	644	143	1985	5809	1392
1973	755	224	1990	7421	2310

六、渔船

新石器时代晚期，岛上有古闽越族人“刳木为舟，剡木为楫”。唐代，有渔船在岛之沿海捕鱼。此后，船型逐步发展。至清康熙间，渔船型按作业分为艋艚、描揽、虎艚、十三股艚、汉洋钓、草乌船等。较大的渔船梁头一丈。清中叶后，岛上渔船的建造出现三支桅母子式钓艚船。其特点：呈U字形（渔民称关帝鞋），有较强抗风性能；甲板宽阔，可放置竹排、舢舨，开展母子式延绳钓作业；改篾帆为布帆，航海能力增强。还有网艚、夫妻船、石艚溪、劈鲒仔、舢板等。

1959年，钓艚船安装机械动力，推广之；到1963年实现钓艚机动化。1975年，市水产造船厂设计7501型灯光围网船建造成功，接着又设计建造底拖网渔船，这两种船也定型生产而推广。1981年起，建造使用钢质渔轮。

1978年，区境渔船156艘、164吨位。其中，何厝121艘、119吨位，前埔21艘、21吨位，西郭1艘、1吨位，曾厝垵8艘、16吨位，黄厝5艘、7吨位（厦港、鼓浪屿渔业归市属）。1988年，区境机动渔船155艘、243吨位，木帆船55艘、134吨位。2003年，开展渔民转岗及渔船拆解工作，政府给予一定补贴，至2007年无渔船。

钓艚　分为一级钓艚（30吨～60吨位）、二级钓艚（20吨～25吨位）、三级钓艚（15吨位）。其基本特征是：龙骨短，首、尾斜出，中宽，舷外倾、舷樯高，有活动舷门；稳性好，抗风力强；可带竹排、舢舨。一级钓艚的技术规格为：总长20.41米，满载水线长13.2米，船宽5.68米，满载水线宽

5.4米，型深1.54米，吃水1.3米，干舷0.24米，排水量60.4吨，三桅三帆。安装动力后，把船尾改成浅坠洞型，并在甲板后部设睡舱。1964年，因进行灯光围网试验，在甲板上加设网台，安装立式绞网机，使之向钓网兼作转变。1971—1974年，把船尾部又改为电船尾（机轮型），原之深插舵板也改为不平衡舵，甲板上设船员舱和操舵桥楼。

网艚 属内海作业定置网渔船，特点是：呈折角型，甲板与舷樯间设有排水沟，舱口小，抗风抗浪力强。其技术规格：总长10.87米，满载水线长8.4米，船宽2.84米，满载水线宽2.78米，型深0.81米，型吃水0.6米，干舷0.21米，排水量9.92吨，一桅一帆。网艚主要作业渔场是胡里山—南太武渔场。随着航运业的发展，此船于1975年后基本淘汰。

夫妻船 清代就有，主要停泊在鼓浪屿澳。其特征：船即家，生产生活两用，两桅两帆，划桨推进。其主要技术规格：总长8.92米，满载水线长6.58米，船宽2.94米，满载水线宽2.7米，型深0.88米，型吃水0.56米，干舷0.32米，排水量6.94吨。1951年起，政府逐步帮助夫妻船之渔民定居陆地，并发展较先进的渔船作业，夫妻船于1975年全淘汰。

大围缯船 1960年后从福州引进。其特点：首尾窄，中宽，阻力小；干舷低，便于放收网；船底平宽，回转性能好，利于围捕鱼群。其主要技术规格：总长22.5米，满载水线长16.2米，船宽4.58米，满载水线宽4.25米，型深1.34米，型吃水1米，干舷0.34米，排水量49吨。二桅二帆，安装动力设备。1990年后，因主捕鱼类（大黄鱼、带鱼）资源衰退，大部分改装为底拖网船。

灯光围网船 原以钓艚船改装（尚不能适应灯光围网作业技术的进步）。1975年，市水产造船厂设计生产“7501型”灯光围网船，推广之。其主要技术规格：船总长27.5米，满载吃水线长23.6米，甲板宽6.04米，满载吃水线宽5.8米，型吃水1.8米，排水量134.6吨，主机185马力。网船带灯艇3艘，舢舨1艘，母子式作业。其特点：横摇角度较小，较安全；选用小的方形系数（0.533），减少阻力，提高航速。

对拖及单拖渔船 1972年，市水产造船厂设计制造。对拖渔船的主要技术规格：总长29.09米，满载吃水线长25.2米，甲板宽6.72米，满载水线宽6.61米，型深2.33米，吃水2.1米，排水量191吨，主机185马力。基本特点：适应闽南渔场地形底质复杂的需要，能在礁边作业。单拖渔船的基本结构与对拖渔船相似。1990年后，渔船主尺度和主机马力增大，总长30～32米，排水量200吨，主机400马力。

钢质拖网渔轮 1981年，东渡渔港建成，省调拨600马力由灯光围网船改装的拖网渔轮5艘（后淘汰3艘）及1对400马力的钢质拖网渔轮。1988年，市第二海洋渔业公司购置1对400马力钢质拖网渔轮。

七、渔机及辅助设备

1950年起，渔船逐步推广应用收音机（收听气象预报）、水温计、盐度计（测之，以辅助判断鱼群洄游动态）。1960年后，渔船逐步推广安装发电机组和立式绞纲机。1970年后，逐步推广探鱼仪、吸鱼泵、冷海水保鲜装置，建立无线电通讯网络。1980年后，全面推广舷侧滚筒起网机、半自动罗兰A定位仪、彩色鱼探仪、雷达、卫星导航仪、单边带电台等。

立式绞纲机 1964年，市水产造船厂研制，推广使用。该机既可绞收灯光围网的钢索，又可用于绞收底拖网的曳纲。由离合器、传动系统和绞盘体组成，拉力1000公斤，转速65～70RPM。1990年后，机械传动改为液压传动。

舷侧滚筒式起网机 1980年，省水产研究所设计，市水产造船厂制造。在灯光围网船上全面推广使用。其主要技术规格：滚筒2节，长4250毫米，直径240毫米，转速30转/分，液压系统工作压力100公斤/平方厘米，最高压力110公斤/平方厘米，原动机配备功率24马力。

吸鱼泵 1972年，市海洋仪器厂研制。该泵由鱼泵体、鱼水分离器、吸鱼管和动力等组成，其流量为180吨/小时，总扬程8.5米，转速790转/分。

冷海水保鲜装置　1975年，市水产技术推广站研制，在灯光围网船上推广使用。该装置由制冷机、冷却器、鱼舱冷排管及制冷管路、水泵、过滤器等组成。具有操作简单，节约用冰，减少鱼体挤压等优点。

东方红—3探鱼仪　1980年，市海洋仪器厂研制，由电讯、记录架、换能器组成。于多种作业船上推广使用。

第二节　海洋捕捞

一、捕捞作业

（一）传统作业

带鱼延绳钓　钓具有干绳、支绳、钓钩、绳索及属具（浮筒、浮标、浮子、沉石、钓筐）。由母子式钓艚作业。船到渔场，舢舨、竹排横流将装有钓钩饵料的鉤线顺序放下海（4筐），片刻，返航首放处又顺序收线取鱼。如此反复。

鲨鱼延绳钓　钓具配置与上略同（规格不同），渔法与上略同。

鲷鱼延绳钓　钓具配置与上略同（规格不同），渔法与上略同。

草席诱捕乌鲻敷网　网具有底网（分3段，全长39.27米）、身网（6段，全长9.86米）、囊网（全长2.75米）、三角网（辅助网衣）、纲索及属具草席、浮子等。船到渔场，由竹排把草席放入海中，沉深10～12米，乌鲻喜阴影而聚集草席下。母船卸竹排及敷设网具，网口顶流由4只竹排拖曳前进。诱集鲻鱼的竹排拖带草席引导鱼群入网，收挂曳纲，吊网衣上母船，取鱼。

文昌鱼铲　渔具有锄头、水筒、木盘、浮架（竹制）、竹筐等。人站船头，用锄头向海底挖出“沙混鱼”，放入有浮架的木盘，舀海水淘洗，取鱼。

（二）新兴作业

灯光围网　单船双囊双翼围网。网具有网衣（由主网衣、三角网和缘网构成）、纲索（浮子纲、上主纲、上缘纲、下缘纲、下主纲、沉子纲、侧纲、跑纲、括纲）及属具（浮子、沉子、底环）。此作业多在夜间进行。发现鱼群，放下灯艇，集鱼。放下舢舨、网头绳，网船缓进，网具下水，完成放网，上纲形成包围圈时，快收绞括纲，封闭下纲网底，底环吊上船甲板，收网，取鱼。

底拖网　双船底拖网网具有网衣（袖网、盖网、身网和囊网）、纲索（浮子纲、中沉纲、边沉纲、下缘纲、上空纲、下空纲、力纲、囊底纲、囊网束纲、燕尾纲、夹棕曳纲、钢丝曳纲、囊网引纲）及属具（浮子、沉子等）。船到渔场，放网具入海，慢速前进，带网船在与副船相距15～20米时，将夹棕曳纲引绳传给副船，两船中速前进（并分向成角30度），放完夹棕曳纲相距约150米，快速放钢丝曳纲，至钢丝曳纲受力时开快船拖曳捕鱼（两船间距150～200米）。起网时，两船靠拢，网船收回引纲，收绞曳纲起网，取鱼。

二、捕捞产量

民国25年（1936年），有渔船500艘，渔筏2000只，年海洋捕捞（下同）水产品总产量18955吨。民国26年，渔船597艘（其中一级钓艚25艘），年水产品产量14500吨。日军占据厦门岛时，杀害渔民，击毁渔船，渔业受破坏严重。时，渔船仅剩70艘，年水产品产量仅2900吨。民国30年，水产品产量6180吨。民国35年，渔船252艘（水产品产量缺统计）。

中华人民共和国成立后，海洋捕捞业逐步恢复。渔业合作化中增船增网，逐年增产。1958—1960年间，受“共产风”、瞎指挥和国家三年困难时期影响，产量下降。1961年后，纠正部分“左”的错误，生产恢复并有所发展。“文化大革命”期间，时起时落。1978年，区境海捕产量214.9吨，其中何

民国时期沙坡尾渔港

厝 74.25 吨、曾厝垵 136.45 吨、黄厝 4.2 吨（厦港、鼓浪屿渔业已归市属）。1979 年起，逐步推行以船核算等改革，推广先进技术，捕捞产量逐年增长。如，市第二海洋渔业公司（前身厦港 6 个渔业高级社）1982 年水产品产量 2.2 万吨，1985 年为 2.75 万吨，1987 年 3.25 万吨，1990 年 3.5 万吨。市鼓浪屿渔业公司（前身为鼓浪屿 2 个渔业高级社）1989 年水产品产量 5760 吨，1990 年 6272 吨。开元区（何厝为主）1987 年水产品产量 570.65 吨，1988 年 581 吨，1989 年 689 吨，1990 年 701 吨，1991 年 732 吨，1992 年 746.5 吨，1993 年 750 吨，1994 年 762 吨，1995 年 772 吨，1996 年 786 吨，1998 年 794 吨。思明区（曾厝垵、黄厝）1988 年水产品产量 405 吨，1998 年 255 吨。随着农村城市化的进程发展及航道清理，区境海捕渔业逐步缩减，1998 年，开元区、思明区海洋捕捞水产品共 1049 吨。至 2006 年，基本无区属海洋捕捞业。

第三节　养　殖

一、养殖种类

海水养殖种类　历史上主要是牡蛎、泥蚶、海兔、缢蛏、鲻鱼、鲈鱼、黄鳍鲷、紫菜、花蛤、对虾、青蟹等。何厝的浅海投条石养牡蛎（僧帽牡蛎为主）规模大、产量高、质量好；还有浅海垒石养牡蛎、滩涂条石养牡蛎。筼筜港筑埕养泥蚶混养海兔，历史上富有盛名；还有滩涂养殖泥蚶、海兔。海兔种类为兰斑海兔（产品是海兔卵带，称海粉）。1958 年后，引进养殖海带。1970 年后，推广筏架紫菜养殖。1980 年后，推广虾池对虾养殖（长毛对虾为主）、牡蛎垂下式养殖、青蟹建池养殖、网箱养鱼（石斑鱼、真鲷、黑鲷、黄鳍鲷、鰤鱼）。以上种类中，牡蛎养殖量最多，次为对虾（长毛对虾为主）。

淡水养殖种类　历史上有草鱼、鳙鱼、鲢鱼、青鱼、鲤鱼、鲫鱼等。1958 年，推广养殖非洲鲫。1979 年后，推广养殖河鳗、雄性罗非鱼、牛蛙、丰鲤、露斯塔野鲮、革胡子鲶、团头鲂、罗氏沼虾、斑节对虾、中华绒毛蟹等。

二、面积产量

海水养殖于宋代就有一定规模，最普遍的是牡蛎，其次缢蛏和泥蚶。清代，贝类养殖已精耕细作，场地称埕田，清中叶至民国时期牡蛎养殖成为区境沿海乡村重要产业。《福建通史》载：“厦湾产数千担，思明之厦港产二三千担。”淡水养殖虽于唐代就有；但不如海水养殖条件好，且池塘蓄水主要用于灌溉，故发展慢、规模小，民国时期，区境淡水产品产量 100～200 吨。

中华人民共和国成立初期，海、淡水养殖皆有较快发展。1958 年起，渔业实行“以捕为主”的方针，养殖面积、产量平稳增长。1978 年，海淡水养殖面积共 1375 亩，产量 225.05 吨（其中海水养殖 1164 亩、产量 219.5 吨）。1986 年起，渔业实行“以养为主”的方针，养殖发展步伐加快。1996 年，养殖面积 2955 亩，其中思明区曾厝垵、黄厝共 731 亩；开元区西林、洪文、前埔、何厝共 2224 亩、产量 219 吨。1998 年，开元区 2358 亩，产量 486 吨。是年冬，在曾厝垵、黄厝等海域禁止海蛎吊养，共清理水面 1549 亩、吊缯 44 支。此后，渔民逐渐改为城市居民并改行于第二、第三产业，加上航道清理，水产养殖面积与产量逐年减少。

1978 年区境水产养殖面积产量统计表

表 14-2-2

社队名称	养殖产量（吨）			养殖面积（亩）			附：养殖用木帆船
	合计	海水鱼养殖	淡水鱼养殖	合计	海水养殖面积	淡水养殖面积	
何厝	163.55	163.1	0.45	977	963	14	121/119
前埔	48.5	48.5	—	241	181	60	21/21
西林	1.75	—	1.75	9	—	9	—
西郭	2.2	—	2.2	53	—	53	1/1
前哨	1	—	1	25	—	25	8/16
黄厝	8.05	7.55	0.5	70	20	50	5/7
合计	225.05	219.15	5.9	1375	1164	211	156/164

若干年份开元区水产养殖统计表

表 14-2-3

项目	单位	1987 年	1988 年	1989 年	1991 年	1992 年	1993 年	1994 年	1995 年	1996 年	1998 年
产量	吨	119.35	120	130	124.7	182.9	198	218	230	219	486
其中：海养	吨	113.05	111.25	—	103.2	166.5	175	192	201	198	465
淡养	吨	6.3	8.75	8	11.5	16.4	23	26	29	21	21
面积	亩	1231	1241	1924	2006	2084	2212	2203	2203	2224	2358
其中：海养	亩	1163	1163	1849	1843	1937	1992	2071	2071	2092	2192
淡养	亩	68	78	75	163	147	220	132	132	132	166

附：若干年份开元和思明区水产品总产量（不含市属渔业公司）

1978 年，水产品总产量 439.95 吨，其中何厝 237.8 吨、前埔 48.5 吨、西林 1.75 吨、西郭 2.2 吨、曾厝垵 137.45 吨、黄厝 12.25 吨。

1987 年，水产品总产量 927 吨，其中思明 237 吨、开元 690 吨。

1988 年，水产品总产量 1157.25 吨，其中思明 456.25 吨、开元 701 吨（总量中海产品 1137.25 吨、淡水产品 20 吨）。

1991 年，水产品总产量 1652.7 吨，其中思明 746 吨、开元 906.7 吨（总量中海产品 1565.2 吨、淡水产品 87.5 吨）。

1992年，水产品总产量1676吨，其中思明747吨、开元929吨（总量中海产品1582.6吨、淡水产品93.4吨）。

1993年，水产品总产量1082吨，其中思明134吨、开元948吨。

1998年，水产品总产量1620吨，其中思明340吨、开元1280吨。

第四节　生产体制

一、封建私有制

唐至民国时期，区境渔业皆为封建私有制，生产资料私人占有；多为单家独户生产经营，或封建地主、渔业资本家雇工生产。民国时期，按生产资料占有情况，有5种生产经营形式：由渔业封建剥削者利用其占有的渔业用地（浅海、滩涂）和渔船，雇工生产经营；由渔业资本家利用其购置的渔船与资本，雇工生产经营；渔民中富有者利用其占有的渔业用地和渔船，雇工生产经营；中渔民经营自己的渔业用地和渔船，忙季也雇工；贫渔民独家生产（讨小海），或与他人合伙租用渔业用地或渔船进行生产经营。当时，广大渔民受多种剥削。船主的剥削，主要是从春汛渔获中取57%，夏汛渔获中取72%；鱼牙行的剥削，主要是通过佣金、压重、压价、假账进行榨取；渔业用地和渔船出租者的剥削，主要是不断提高租金；还有警捐、渔霸敲诈勒索、鱼捐鱼税等。

二、渔民私有制与互助合作

（一）渔民私有制

1951年的土地改革，把从封建剥削者没收的渔业用地和渔船分给贫渔、渔工，实行渔民私有制经营。把富渔民当作“一般渔民”看待，只调整劳资关系，原劳资分益6∶4，调为6.5∶3.5。

（二）渔业生产互助组

1953年春，厦港沙坡尾渔港成立第一个常年互助组，组长阮阿成。随后，各渔村相继组建渔业互助组。互助组经营体制有3种：一称初级互助组——渔船（或渔业用地）共同租用，渔具私有，劳力互助，各获所得。二称中级互助组——渔船（或渔业用地）共同租用或集资购置，渔具折价入股，劳力与渔具评“份”，按“份”分红。三称高级互助组——渔船渔具由组员集资（或由组贷款）购置，统一安排劳动生产，渔业收入在扣除成本费用和公积金后，按劳分红。

（三）初级渔业生产合作社

1954年5月1日，厦港定置渔业初级社率先成立，由3个常年性网艚互助组联合组建。同时，吸收一些个体渔户参加；11月，厦港成立钓艚渔业初级社（前锋渔业生产合作社），由7个互助组联合组建，有钓艚7艘，渔民101户，劳力141人。初级社比互助组优越，生产发展，收入增加。到1955年，沙坡尾渔港渔民参加初级社者占渔民总户数50%。初级社为半社会主义性质，渔船渔具折价入股，劳力常年结合，统一调配工具和劳力，统一筹集生产资金，统一收益分配，统留公积金、公益金。1955年秋冬汛，前锋渔业初级社有两艘渔船捕获真鲷5500公斤，为同期全市个体生产10多艘捕真鲷的渔船产量总和。其经验推动了互组合作运动进入高潮。

三、集体所有制

（一）高级渔业生产合作社

1956年初，沙坡尾渔港组建6个渔业高级社，鼓浪屿渔民组建前进、金星两个渔业高级社，美仁宫组建1个渔业高级社。高级社分设若干生产队，生产队分设若干作业组。

高级社实行平股平权（股份不分红）；私有生产资料折价归社公有，超过应交股金的折价款由合作社分期还清；统一经营管理，统一按劳分配。沙坡尾渔港的高级社，采取社、船两级核算，以渔船为基本核算单位，平时按产值预分35%，并提取公积金和公益金，年终结算。结算时，盈余部分50%上缴合作社，30%归本船增加社员分配，20%作为全社社员互助金；亏本的渔船一般自负50%，另50%由合作社负责。合作社开展比产量、比技术、比勤俭、比团结、比生产安全的爱国增产节约运动。在开展技术改革中，对传统的延绳钓作业进行改革。1958年4月，前锋高级社第二队在船上安装柴油机（80马力），推动全社渔船机帆化。1958年11月，全社组织多艘钓艚转到海南岛渔场捕鱼，获大丰收。

1956年春汛间，渔业领导部门决定在厦港几个重点合作社实行“工资制”（每个劳力每月领工资30元），要取消原定的按船按产值比例分红的办法。渔民不满，上街游行请愿。市委及时派干部解决，恢复原分配办法。许多派驻合作社干部没有认真贯彻民主办社方针，瞎指挥，造成经营管理混乱。部分社干部依赖国家扶植办社，甚至铺张浪费，成本费用高，资不抵债。针对上述问题，1957年和1958年，渔业合作社进行整顿，贯彻民主办社、勤俭办社方针，推行定船、定劳力、定财产折旧、定公积金、定公益金的“五定”办法，纠正平均分配，实行按船核算，正确处理国家、集体、个人三者关系，促进生产发展，1958年水产品产量大增。

（二）渔业人民公社

1959年初，厦港6个渔业高级社和远帆渔业合作社联合组成厦门市海洋渔捞人民公社，下设5个生产大队。鼓浪屿、美仁宫的渔业高级社则分别组成渔业生产大队、生产队。上述渔业公社和渔业生产大队纯属生产组织，不作为基层政权组织。生产大队不作为基本核算单位，仅履行对生产队的管理职能。独立建制的生产大队或生产队实行以大队或生产队为基本核算单位。直接组织生产的生产队（或渔船）则与公社或独立建制大队实行两级核算。海洋渔捞公社属企业性质，经营管理较好。至1969年水产品产量1.65万吨，比1959年增加3.58倍，社员增收1.62倍，集体提留增加8.27倍。

1969年，开展“渔区整顿”，推行“文化大革命”“左”的政策，清理阶级队伍，复查、补划渔民阶级成份；推行平均主义分配。海洋渔捞公社实行固定工资加“三包半”（每个劳力月工资45元，全包口粮、安葬费和子女学杂费，半包医疗费）。社员生产积极性受到挫伤，生产倒退。1973年水产品产量0.815万吨，比1969年减产50.6%，社员分配减少27.8%，集体无提留积累而且亏损75万元。

1973年下半年起，渔业社队重新宣传贯彻《农村人民公社工作条例》和中共中央《关于农村人民公社分配问题的指示》，调整渔业生产体制和分配办法。纯渔业社队实行“三定”（定产量产值、定成本费用、定预分比例），下达生产队。分配比例，一般在扣除税收、公积金、公益金、储备金、成本费用后，社员分配部分占总收入30%～33%。海洋渔捞公社和鼓浪屿渔业大队实行按渔汛、按航次、按产值（收入）比例预分（春汛预分23%，夏汛预分22%，冬汛预分30%），年终结算，即在全年总收入扣除“三金”、成本和预分后，以结余部分的50%作为弥补亏损船或增加公积金，30%全社（大队）统一互助分配，20%归本生产队社员再分配。社员工分参考政治表现、劳动态度、劳动强度、技术高低、责任轻重、贡献大小，按渔汛由生产队社员民主评定，大队管委会审批。工分10分制，最高12分，男女同工同酬。生产成本低于年初预定的，结余部分以20%奖励生产队，超用部份由生产队赔偿10%。实行以上办法后，渔业生产得到恢复与发展。

（三）联产承包经营责任制

1981年起，渔业实行多种形式责任制。以生产队、船、作业组向公社、大队“大包干”上缴“三金”；实行几定与奖赔，按比例分成；内海小型流钓等作业，允许几个人集资经营；集体海涂养殖实行包到组、包到户、包到劳力的责任制；荒滩荒涂由社队统一安排，划给社员开发，十年不变；池塘养殖包到户、劳力，水库、港道养殖实行专业队、组承包。当年，渔捞公社通过生产大队对渔船实行联产承包、利润分成，对渔船实行定产量产值、定成本费用、定产品销售量，超产、节约奖励，无完成交售任务、超支成本者赔偿；保留工分制，从收入中提取18%～20%预分给社员，年终结算。各船全年总收入扣除成本费用、税金、预分和“三金”后，盈余部分的45%为公积金（其中公社15%、大队85%），

20%为互助金（由大队统一分配），20%归本船社员分配，15%为全社工作人员综合奖。实行这些办法后，调动了社员积极性，生产发展。1982年，水产品产量增到24051吨。

（四）公司制企业化规模经营

1984年，在海洋渔捞公社基础上组建市第二海洋渔业公司。公司所属单位的财产均属公司集体所有，渔业生产的经营权、分配权归渔船，以船核算，自负盈亏。承包者执行公司制定的各项制度，服从公司统一管理，每年上交发展基金3.5万元；每年提留维修基金，船存船用；每年提留互济金，公司统筹使用；每个渔民每年缴纳福利费、管理费共650元，作为公司福利基金和管理人员工资（管理费用）。公司制定财务管理、资金管理、劳力管理制度，以保证各单位承包责任制的贯彻执行。公司实行综合经营，创办渔船修造厂、机修厂、网厂、冷库、加工厂，兴办内联和中外合资商业、服务业。公司形成以渔业为主，渔、工、商综合经营的大型企业。

附：区境市属渔业企业

（一）厦门市第二海洋渔业公司

位于厦港蜂巢山路3号。集体所有制企业。前身是1959年3月由6个渔业高级社和公私合营海洋渔业公司（远帆渔业生产合作社）联合组建的厦门市海洋渔捞人民公社。

1959年8月23日（农历七月二十日），遭特大台风袭击，该公社3艘钓艚和9艘网艚沉没，渔民死58人；损失51.18万元，占建社资产50%强。灾后，利用国家救灾款加速钓艚机帆化，组织渔船“南征北战”，渔业生产稳步恢复发展（1960年9月28日，该公社307号船捕获大鲨鱼1条，长6米、重896公斤）。1965年，资产370万元。“文化大革命”期间，管理混乱，加上1969年开展“渔区整顿”，搞“清理阶级队伍”，挫伤了大部分渔民积极性。又盲目在马銮湾兴办“五·七农场”，耗资60万元，集体经济陷入困境。1977年10月，市水产局派工作组进驻该公社，进行第二次整顿，取消重划、补划的阶级成分，安排名舵手和生产能手负责渔船生产；建立三级管理、两级核算的经营体制。由此，集体经济得到巩固与发展。

1984年冬，改革经营体制：把统一经营、统一核算改为统一管理、以船核算，建立船承包责任制。将船、网、机等生产资料作价归承包单位（船），并连带应负担的贷款债务，各单位船的全体成员集体承包。按规定上缴公司“两费五金”（财产折旧费、管理费、福利基金、社会活动基金、维修基金、发展基金、互济金），自负盈亏。各承包单位在还清公司财产折旧费和银行贷款后，其承包的财产属承包单位全体成员共有。此改革，调动了渔民的生产积极性。

1986—1989年，全公司各承包单位集资1150万元，改造渔船34艘，渔船吨位最少为130吨，主机最少185马力（高者500马力）；建造500马力钢质渔船2艘。普遍推广应用探鱼仪、定位仪、对讲机、电台、雷达，有的船还使用彩色探鱼仪、单边带电台；进行渔网具改革，推广“寻鱼定位法”“灯艇抛锚诱鱼法”等先进技术。1987年，全公司水产品总产量3.25万吨，产值4200万元，被

厦门市第二海洋渔业公司船队

评为全国渔业生产先进单位。

同期，公司建成可造140吨位机帆渔船的造船厂、可承担机械安装与维修的机修厂、可编织围拖网的网具厂、面积2267平方米的综合加工楼（内设蚝油生产线、烤鱼片生产线、罐头生产线）及冷冻库。

同期，开展“外引内联”。与福建九洲集团合办福建九洲渔业联合开发公司，建立对虾河鳗养殖基地；与兴厦有限公司联合加工水产品出口；与云霄陈岱镇联合创建养殖、加工基地；在东海水产研究所支持下，创办干网厂；与南京机械厂联办服装厂；与专业户合营海光工艺厂；与市有利投资贸易公司、市水产供销公司联营台湾渔需品；与兴业银行合资兴建海味大厦；与港台商合资兴建鹭台大饭店；与10多个城市旅游部门挂勾，设立鹭岛旅游公司。

1989年，公司共有渔民和职工3000多人，设5个生产大队；公司本部设12个科室；有渔船80艘（共1.2万吨位、2.6万马力），年产水产品3.5万吨（占全市水产品总产量50%）。灯光围网作业单船平均年产量500～600吨，居全国首位；底拖网作业单产居省内先进水平。1989年，出口创汇215万美元。

（二）鼓浪屿渔业公司

位于鼓浪屿鹿礁路51号。集体所有制企业。

1953年，长期在鼓浪屿海区捕捞的84只夫妻船的船民户口从祖籍（龙海等地）迁入厦门，为“水上户口”。1956年，组建前进、金星两个渔业高级社。1959年，两社联合组建鼓浪屿捕捞大队。

1959年8月23日特大台风，鼓浪屿捕捞大队渔船被毁30艘，渔民死31人。灾后，利用政府救灾款，改造夫妻船，发展较安全、先进的作业，并在政府帮助下陆续于陆地定居。生产迅速发展，生活改善。

20世纪60年代，鼓浪屿新渔村

1984年，组建为厦门市鼓浪屿渔业公司。该公司进行经营体制改革，把原统一经营、两级核算改为统一管理、以船核算。将生产资料作价归船（生产单位），随带应分摊的债务，以“船老大”为主承包，进行劳力组合。各承包船向公司上缴公积金、公益金、互济金、管理费，及大修理基金和退休基金。

1989年，公司有渔民、职工421人，机帆渔船12艘（1616吨位、6102马力），水产品产量5760吨，渔民人均年收入11372元；被评为省、市先进单位。1990年，水产品产量6272吨，产值1116.43万元。“水上居民”全部定居陆地后，新建8幢渔民公寓（89套，建筑面积5170平方米），渔民生活大为改善。

（三）厦门市茂洋水产贸易公司

位于营平路32-38号。集体所有制企业。经营水产品零售业务。1956年，鱼摊鱼贩898人集资入股组成10家水产合作商店和25个合作小组，由各区政府管理。1959年5月，合作小组并入合作商店，从业人员共530人。同时，按区整合为鼓浪屿、开元、思明3家水产合作商店，下设6个水产分店和1

家蚝蚝加工厂、1个运输队。1966年，又改设中华、公园、厦港、厦禾、鼓浪屿、文安、思明、鹭江、定安水产合作商店和蚝蚝厂、运输队。1985年4月，在合作商店的基础上，组建厦门市茂洋水产贸易公司。1990年，公司本部管理人员10人，下属11个合作商店，有集体所有制职工378人。

第三章　畜禽饲养业

第一节　畜禽饲养

一、家畜

（一）猪

1. 品种

民国时期，区境猪品种主要是本地黑猪。

1950年以来，先后引进长白、约克夏、美国杜洛克等品种的公猪，在社队养猪场饲养，与本地母猪杂交，繁育杂交后代。

2000年后，主要饲养的猪品种为美国杜洛克瘦肉型公猪与杂交母猪的杂交后代。

2. 生猪生产量

汉代，区境有养猪记载。明代，养猪者颇多。民国时期，农户普遍养猪，市镇居民中也有一些户养猪。其时，区境年养猪3000～4000头。

中华人民共和国成立后，政府颁布生猪“私养、私有、公助”的政策；1955年起，实行生猪派购；1956年，提高生猪收购价格，银行发放养猪贷款。这一系列措施，促进生猪生产发展。1958年人民公社化，把社员私家猪都集中到社队办集体养猪场，办不好，生猪产量下降。1962年后，各公社、大队总结经验教训，推行“私养为主，公私并举”方针，给养猪户留饲料地、饲料粮，生猪生产逐步恢复、发展。1978年，全年养猪15886头，其中出栏肥猪6486头、毛重542.35吨（含集体343头、毛重29.2吨），年末存栏9311头（母猪503头）。1980年起，推行多种生产责任制，给家庭养猪业的发展带来机遇，逐步出现“养猪专业户”。1985年起，政府实施“菜篮子”工程，倡导商品化、规模化生产，生猪产量较快上升。1996年，生猪出栏16400头，其中曾厝垵6676头、黄厝1564头、何厝3404头、前埔2400头、洪文1603头、西林753头；年末存栏9351头，其中曾厝垵3765头、黄厝403头、何厝2435头、前埔1971头、洪文465头、西林312头。猪饲养量持续上升。1998年，生猪出栏20828头，年末存栏10702头。此后，农村城市化建设展开，养猪业渐废。2002年，思明区曾厝垵、黄厝2村全年生猪出栏56243头，比上年大为增加；年末存栏4016头，比上年减少；开元区无生猪生产统计数。2003年10月三区整合后，农村城市化建设步伐加快，养猪量骤降。

3. 养猪专业户

1981年起，区境逐步出现养猪专业户。1996年，主要有风凰猪场和5位养猪专业户。

1996 年第三季度区境养猪专业大户统计表

表 14-3-1

专业户名	地址	场规模（平方米）			存栏头数（头）	其中		季度出栏（头）			
		占地面积	猪舍面积	生产能力		母猪（头）	商品猪（头）	商品猪		仔猪	
								本季	累计	本季	累计
凤凰猪场	黄厝	（缺）	（缺）	（缺）	58	18	40	30	150	—	100
叶金水	洪文	3000	2400	600	250	—	250	50	350	—	—
林建成	洪文	1400	575	600	70	—	70	40	80	—	—
黄万坤	何厝	5500	2000	3000	260	12	248	310	640	—	—
何生财	前埔	600	350	500	200	—	200	170	360	—	—
林亚珠	前埔	600	350	800	216	6	210	180	380	—	—

（二）牛

1. 耕牛

黄牛和水牛，主要用于农业耕作（详见本篇第一章第一节第四目农业畜力）。

2. 乳牛

1973 年，引进荷兰乳牛饲养。1978 年，西林、洪文等地共养 16 头，生产牛奶上市；1985 年后逐步淘汰。1988 年，仅思明区曾厝垵一户养 2 头，年牛奶产量 3.5 吨；1990 年淘汰。

（三）羊

1. 品种

历史上农民养的为戴云山羊。1980 年后，从省外引进瑞士奶山羊、西农奶山羊、南江黄羊、马头羊。

2. 饲养量

汉代，区境就有养山羊者，供食用。民国时期，年养羊七八百头。农业合作化时期，山羊饲养量有所增加，年养 2000 头。1966 年后，羊饲养量逐步减少。1978 年为 978 头，其中集体 221 头（西林）。1981 年起，曾厝垵等地有养奶羊者。1983 年，养奶羊 60 头、奶产量 4.9 吨；1993 年，养 75 头，奶产量 7 吨（有史最多）。1996 年，羊存栏 355 头，其中曾厝垵 73 头、黄厝 50 头、何厝 232 头。1998 年，羊存栏 408 头。2003 年后，饲养量逐年减少。

二、家禽

（一）品种

民国时期，区境养的鸡鸭是本地传统品种。1955 年起，先后引进美国樱桃谷鸭、日本来杭蛋鸡 S220、法国红布罗种鸡、罗斯父母代蛋用种鸡等。

（二）饲养量

区境在汉代有养鸡鸭鹅鸽等的记载；明代有所发展，农户家家养之。民国时期，区境年养家禽万只左右。土地改革至 1957 年，农户养鸡鸭日益增加；1958 年后，逐年下降。1978 年，养禽 19466 只，其中集体 565 只。1980 年起，家禽饲养迅速发展，出现许多规模养殖的专业户。1988 年，鸡鸭出栏 4.2 万只，比 1978 年增 1.16 倍。2002 年，思明区曾厝垵、黄厝共出栏 172145 只，年末存栏 67190 只；蛋品产量 107 吨。此后，“农改非”“村改居”步伐加快，家禽饲养量骤减。

1988 年、1998 年区境畜禽生产统计表

表 14-3-2　　单位：头、吨

项目	1988 年			1998 年		
	开元	思明	合计	开元	思明	合计
牛，年末存栏	1150	504	1654	500	405	905
其中：能繁殖母牛	402	168	570	—	—	—
乳牛	—	2	2	—	—	—
牛奶产量	—	3.5	3.5	—	—	—
羊，年末存栏	301	168	469	270	138	408
其中：乳羊	—	50	50	—	40	40
出售和自宰	101	51	152	80	10	90
羊奶产量	—	4.65	4.65	—	4	4
猪，年末存栏	5442	3167	8609	6502	4200	10702
其中：母猪	117	89	206	183	90	273
出售和自宰	7395	3307	10702	12428	8400	20828
兔，年末存栏	1380	208	1588	800	210	1010
出售和自宰	500	233	733	664	360	1024
家禽，年末存栏	20020	5098	25118	23020	8450	31470
出售和自宰	32600	9430	42030	24261	11440	35701
蛋品产量	8.64	10.3	18.94	9.8	12.4	22.2

第二节　畜禽疫病防治

一、畜禽疫病

区境常见的畜禽疫病有：猪瘟、猪肺疫、猪丹毒、炭疽病、猪副伤寒、猪气喘，牛瘟，鸡瘟、家禽霍乱，牲畜五号病、布氏杆菌传染病。

二、防治措施

民国及其以前，区境民间有两三位兽医，医治畜禽一般疾病。但，畜禽瘟疫发生时，都无法控制，死亡率极高。

1951 年起，区境农业工作机构配兽医人员，贯彻“保护现有牲畜，大力开展群众性防疫”的兽医工作方针，购置一批防疫药品和器械，组织民间兽医人员，开展畜禽疫病的预防注射。经连续数年努力，至 1958 年，基本控制了牛血吸虫病、牛瘟、猪气喘的流行。

1960 年起，每年春秋两季，全面开展畜禽疫病的预防注射，为必行之制度。春季有猪瘟、猪丹毒、猪肺疫注射；秋季有牛气肿疽、牛炭疽注射；春秋皆有鸭瘟、鸡瘟预防注射。对上市的仔猪、仔牛进行疫苗注射，对屠宰场的牲畜进行检疫检验。至 1966 年，各种畜禽疫病发病率逐年下降。

1967—1973 年，“文化大革命“中，兽医机构被撤销，人员下放。畜禽疫病防治工作无法开展，鸡瘟、猪瘟发病率回升。

1974 年起，重建兽医机构，组织兽医人员，恢复正常的畜禽疫病预防注射工作。经数年努力，至 1980 年猪瘟有所控制；但猪五号病（口蹄疫）发生严重。其时，区政府及有关部门，成立牲畜五号病防治指挥部及防疫工作小组。组织技术人员，开展疫情普查，封锁疫区，清栏消毒，隔离病畜医治，处理深埋死畜；活畜普遍进行疫苗注射。至 1983 年下半年，该疫病得到控制。

1985 年起，民间兽医药机构逐渐出现，区农业部门兽医机构不断加强，配合开展防疫注射、疫病治疗。坚持采用生物技术和物理技术相结合的防治措施；恢复对上市的畜禽和屠宰场牲畜的检疫检验。1990 年后，牲畜和家禽的养殖场，无重大疫病发生；分散饲养畜禽发病率降到历史最低水平。

第四章　农业产值与管理

第一节　农业产值

一、总产值

1957 年，实现农业高级合作化，生产发展，当年区境农业总产值数百万元。1958 年，实行公社化，刮“共产风”“浮夸风”。接着，1959—1961 年国家三年困难时期，农业生产遭到严重影响。1962 年后，通过纠正“一平二调”等“左”的错误，调整农村政策，促进生产恢复与发展。

“文化大革命”期间，推行“政治评分”等“左”的政策，农业生产徘徊不前。

1978 年后，推行各种生产责任制，发展多种经营。

1984 年 10 月，撤销人民公社及生产大队，实行乡镇村行政建制。此后，农业生产推行家庭联产承包责任制，赋予农民生产自主权，取消“以粮为纲”，发展水果、水产、蔬菜、畜禽生产，农业产值持续增长。1988 年，区境农业总产值（当年价，下同）2013.38 万元，其中种植业 806.91 万元、畜牧业 450.65 万元、渔业 755.82 万元（总值中鼓浪屿区无农业，开元区 1042.69 万元，思明区 970.69 万元）。1992 年，区境农业总产值 3071 万元（其中开元区 1855 万元，思明区 1216 万元）；1994 年，农业总产值 4699 万元（其中开元区 3303 万元、思明区 1396 万元）；1997 年，农业总产值 8714 万元（其中开元区 6406 万元、思明区 2308 万元），为有史以来最多。此后，农业耕地多被征用，农村实行城市化，农业生产收缩。2000 年，农业总产值 6137 万元（其中开元区 4679 万元、思明区 1458 万元）；2002 年，农业总产值降为 5084 万元。

2003 年 10 月三区整合后，思明区加快农村城市化进程，农业生产迅速收缩。全区农业总产值，2003 年为 3796 万元；2004 年为 2130 万元；2005 年为 2080 万元；2006 年为 2000 万元。

二、总产值占“三次产业比重”

区境国民经济“三次产业”结构中，一次产业所占比重一向极少（也只有农业，无采矿业）。2003 年，一次产业占“三次产业”的比重仅 0.32%（二次产业占 39.34%，三次产业占 60.34%）。农业在“三次产业”结构中的比重连年下降，2006 年降为 0.04%（二次产业为 21.87%，三次产业为 78.09%）。2007 年，一次产业占“三次产业”比重为 0，二次产业为 19.97%，三次产业为 80.03%。

附：2007年全国农业普查思明区境数据

农业生产经营户1385户，农业生产经营单位44个，农业从业人员2276人；大中型拖拉机2辆，小型拖拉机1辆；喷灌面积17.7亩，温室面积71亩，大棚面积123亩，中小棚面积73亩（以上面积中，蔬菜198亩，食用菌50亩，水果1亩，园艺苗木275亩）。以上经营户和从业人口多数为外来者。

第二节 管 理

一、农业生产管理

1953年起，国家实行粮食、油料、生猪统派购，口粮、食油统销；区政府对农业生产实行统一的指令性计划管理，贯彻执行“以粮为纲”的方针政策。

1964—1966年，实行“以粮为纲，多种经营”方针，继续执行指令性计划管理。但是，“文化大革命”期间，批判“金钱挂帅”，割“资本主义尾巴”，农业生产的多种经营逐渐萎缩。

1980—1984年，农业各领域推广家庭联产承包责任制、专业生产承包责任制，逐渐扩大农民生产自主权，实施指导性计划与市场调节相结合，多种经营得到发展。

1985年，区境取消粮食、油料统派购，政府财政拨款补贴；全部农副产品价格放开，实行市场调节。区境执行市委、市政府“稳粮扩经，大上两水（水产水果），狠抓畜牧业，主攻乡镇企业”农业生产经营方针。自此，农业生产管理上指令性计划管理基本取消，完全赋予农民生产自主权，引导农民根据市场需求和经济特区建设需要开展多种经营，扶持产业化、规模化、高新科技的项目，扶持深加工出口创汇企业，带动农业多种经营的发展。

二、农村劳动力转移管理

1984年10月，撤销农村人民公社、生产大队。同时，进行农村经济结构调整，农村富余劳动力不断增加。三区政府根据经济特区建设的需求，对农村劳动力转移实行统一筹划与管理。逐步建立健全区、街道、行政村（居委会）三级农村劳动力转移服务中心；建立帮困创业就业基金。“中心”对准备转到第二和第三产业的农民进行职业技能培训（推广定向岗位培训）。每年皆办培训班，分别有电工、电脑、建筑、财务、食品加工、商务、驾车、保安等专业。自2003年10月至2007年12月，共办培训班40期。“中心”组织未能继续升学的初中、高中毕业生，进入中等以上职业技术学校就读2～3年，系统掌握专业技术知识与技能。“中心”年年举办企事业用工招聘会，组织企事业单位招工人员与农村富余劳力见面协议招、受聘。“中心”还举办“1+1群”自主创业的培训，鼓励青年农民创业并带动一群农村劳力转移。通过与有关部门协调，实施税收减免、贷款扶持、创业推介工程（开通青年创业“直通车”）等。2003年10月至2007年12月，全区农民转移到工业、交通运输、商贸服务业就业者24895人（其中渔船民1680人，船拆解469艘）。

三、“农改非”“村改居”

1980年起，顶澳、下澳、东边社、西边社耕地陆续被征用于厦门大学的扩建及乡镇企业建设，被征地的农户劳力安排于厦门大学范围内的服务业及厦港街道企业，农业户口转为非农业户口，至1985年行政村改为城市社区。

1988年，莲坂、埭头、梧村、文灶、西边、塔厝、西郭等村和筼筜围垦区，先后实施“农改非”

“村改居”。

2003 年 10 月三区整合后，加速“村改居”进程，何厝、前埔、西林、洪文、曾厝垵、黄厝等村，先后整体“村改居”。2005 年 2 月 25 日起，思明区为被征地农民办理养老社会保险，莲坂社区首先办理，为福建省之先例。至 2006 年，全部“农改非”并办理养老社会保险，农村皆撤销村民委员会，建立社区居民委员会，实施城市化管理。

在实施农村城市化过程中，对在工业区（和开发区）周边需要保留的村庄，经统一规划，给当地农民人均 15 平方米用地，建设第三产业的设施（建于村庄外围），为工业区（开发区）提供服务。为被征地农民户各提供一套自住房、一套出租公寓、一份店面股份。同时，对村庄进行旧村改造。实现就地农村城市化，并确保农民有稳定的经济收入来源又改善居住条件和环境，被称为“金包金”。首个“金包金”工程于 2006 年 4 月 29 日在何厝村开工，至 2007 年底，竣工并投入使用。

2006 年 4 月 29 日，何厝“金包金”工程开工仪式

四、集体经济转为股份合作

在“村改居”的同时，各村对原集体经济实体进行清产核资；并引导被征地的农民把集体土地补偿款和自有资金，经量化入股，合资建设通用厂房、公寓、综合市场等物业项目。使集体与个人资金转为资本，集体经济转为股份合作经济，村民变为“股民”。

第十五卷 工 业

区境最早的工业企业是清康熙年间绍兴人钱启太创办的万全堂（生产国光药酒）食品工业企业。清咸丰八年（1858 年），中英商民合资在开元路夹舨寮建立造船厂，为区境最早机械工业企业。清光绪二年（1876 年），设于鼓浪屿内厝澳的厦门造船厂是区境最早的机械造船企业。此后，各种工业企业陆续建立。清同治十年（1871 年）到民国 38 年（1949 年 9 月 30 日止），华侨在区境投资创办企业累计 200 多家。

中华人民共和国成立后，接收官僚资本工业企业，建立国营工业企业。1954 年 6 月起，后江埭到文灶一带新建、扩建罐头厂、工程机械厂、电机厂、化工厂等，形成后江埭"工业区"。同时，在厦港沙坡尾新建鱼肝油厂、造船厂等一批骨干企业。1957 年底，工农业结构出现新变化，工业比重大增加，成为国民经济主导产业。1958—1978 年，工业经历兴衰曲折发展过程。改革开放后，三区工业经过调整产业结构，内联外引，成片开发，加快企业改造，进入快速发展时期。1988 年，三区工业总产值 2.1 亿元，占社会生产总值 19.4%。1992 年，三区工业产值 4.4 亿元，占社会生产总值 33.9%。

1996—2002 年，三区以发展工业为主导方向，不断加大招商引资力度，大力发展生产型、技术先进型和出口创汇型工业，发展壮大优势产业，改造提升传统产业，培育新兴产业，工业经济实现跨越式发展。1996 年，三区工业总产值 29.4 亿元（当年价）。2002 年，三区工业总产值 70.81 亿元，比 1996 年增加 41.4 亿元，增长 140.8%。

2003 年 10 月三区整合，建设同安工业集中区思明园和环东海域思明工业园两个工业园区，发展光电等高新技术产业，大力培植骨干企业，工业产值逐年增长。

2003—2005 年，思明区工业经济在土地使用制度、产权制度改革和经营制度改革的前提下，走集聚集约发展之路，掀起开发建设工业园区的热潮。至 2007 年，思明区建有 6 个工业园区，其中作为"飞地工业"园区的同安工业集中区思明园和环东海域思明工业园颇具规模，入园企业年产值 16.88 亿元，出口增长成为拉动工业经济增长的一个重要因素，规模以上工业企业出口交货值 45.68 亿元。

2007 年，全区规模以上工业企业有 225 家，完成工业总产值 184.4 亿元，占全区工业总产值 90.1%，规模以上工业增速 14.9%，高出全区工业增速 1.3 个百分点；产值上亿元工业企业从 2003 年 10 家增至 31 家，5000 万元以上工业企业 57 家，完成工业总产值 153.1 亿元，占规模以上工业总产值 83%。工业总产值 204.54 亿元，比 2003 年增长 1 倍多，比 2006 年增长 13.6%。全年完成工业增加值 52.7 亿元，占全区生产总值 13.8%。

第一章 企业所有制与改革

第一节 企业所有制

一、私有企业

清康熙年间，钱启太万全堂（生产药酒）创办，为区境最早的私有手工业企业。此后，私有工业企业逐步增加。鸦片战争后，厦门通商口岸对外贸易兴起，促进区境手工业的发展，华侨创办厦门馥香堂蚊香厂、淘化罐头食品厂等企业。民国初期，民营私有企业进入一个发展时期，道光制革厂、南洋有限公司花砖厂、老太昌号裁缝店、商办自来水有限公司、厦门华星火柴厂等私营企业相继创办。民国27年（1938年）后，日军侵占厦门岛，手工业生产受到严重影响。抗战胜利后，国民党发动全面内战，区境私营工业仍无法恢复元气。至民国38年9月，区境私营工业仅存少数缝纫、木器等作坊。

中华人民共和国成立初期，个体手工业和私营工业步入复苏阶段。1953年7月，中共厦门市委成立手工业工作组，加强发展个体手工业。三区采取加工订货、统购包销、代销等初级形式改造手工业和私营工业，逐步对私营工业进行公私合营。“文化大革命”期间，取消或限制私有工业企业。

中共十一届三中全会后，特别是1992年后，私有制工业经济迅速发展，个体、私营工业企业逐年增加。

2007年，思明区有私营工业企业1317家；完成工业产值47.47亿元，占全区工业总产值23.21%。规模以上工业企业中的私营工业企业上缴税收2799.9万元，占全区工业企业税收21%。私有个体工业户（非企业）工业产值0.44亿元，占工业总产值0.22%。

二、集体企业

1953年6月，个体手工业者和私营工业主，走合作化道路，组成集体所有制企业。1958年，在“左”倾路线影响下，盲目实行“一大二公”，刚刚建立不久的手工业生产合作社（组），有的升格为“地方国营”，有的被无偿并入其他工业部门，有的被下放到各街道副业组。

1959年8月5日，中共中央颁发《关于迅速恢复和进一步发展手工业生产的指示》。1961年6月19日，中共中央颁发《关于城乡手工业若干政策问题的规定（试行草案）》。三区政府贯彻“调整、巩固、充实、提高”的方针，对集体工业进行整顿、调整、合并、归口、充实。1962年8月2日，厦门纸箔厂隶属厦门市手工业管理局；10月12日，鹭江公社凉粉社、绳缆厂、塑料厂3家社办企业及服务业公司所属的缝纫、自行车修理、白铁、小五金、鞋业、利器、补锅、蒸笼8个行业划归市手工业管理局管理。1963年1月1日起，同英服装部、厦港服装部、公园服装部、思南服装部等14家转化为集体所有制企业；5月3日，纸箔厂附属打锡箔车间转化为合作社；7月1日，思明化工厂转为集体所有制企业，隶属厦门市手工业管理局。

1964年1月22日，区境社办企业划归厦门市手工业管理局管理的有：思明区纸箔厂、跃进制药厂、思明染纸厂、文安包装厂、中华文具厂；开元区鹭江鞋帽厂、鹭江罗斗厂、公园鞭炮厂、公园五金厂、公园印金厂、厦禾纸箔加工小组；鼓浪屿区工艺厂等。

“文化大革命”期间，三区集体工业经济受到冲击。1967—1968年，集体经济管理机构处于瘫痪或半瘫痪状态。在“割资本主义尾巴”的影响下，社员股金被迫退还，劳动分红被迫取消，职工（社员）的生产积极性受到打击，工业产值大幅下降。1969—1970年，企业效益逐步回升。1971年始，三区重点抓好企业的转轨、合并、调整工作。

中共十一届三中全会后，三区集体工业进入大发展时期。1995年，三区集体工业企业有工艺美术、服装鞋帽、日用五金、塑胶制品、日用化工、家具日用杂品、家用电器、造纸工业、包装印刷工业、电子产品工业等多个行业。

2007年，思明区集体工业企业114家；完成工业产值3.76亿元，占全区工业总产值1.84%。规模以上工业企业中的集体工业企业上缴税收7.1万元，占全区工业企业税收0.05%。

三、国有企业

1951年，区境有国营工业企业7家。1952年，厦门市人民政府把私营的自来水公司、电灯公司等企业改造为国有工业企业。1953年，实施第一个五年计划时，在后江埭至文灶一带，新建、扩建罐头厂、工程机械厂、电机厂、化工厂等一批国营工业企业，形成后江埭工业区；在厦港沙坡尾新建鱼肝油厂、水产造船厂等一批国营骨干企业。1954年7月7日，精华、建福、新月、永光等5家私营电池厂，合并为厦门电池厂，随后改为国营厦门电池厂；12月27日，在淘化大同罐头有限公司基础上，由政府筹款复办厦门罐头厂。1955年12月31日，有11个行业、21家私营工厂合并成立12家国营工厂。1956年1月2日，针织、肥皂业和民华针织厂等17家工厂，实行公私合营，合并成厦门针织厂等7家国营工业企业。1957年4—12月，一批组织起来的生产合作社，分期分批升格，转化为国营工业企业。

1958—1962年，三区扩建、新建一批国有工业企业，扩建5000千瓦的厦门莲坂电厂和莲坂水厂，新建厦门电机厂、厦门铸造厂、厦门瓷厂等，后江埭至文灶一带工业区有新发展。但是，在“大跃进”瞎指挥、浮夸风的影响下，也盲目办新厂或私营改为国营厂。1961年12月19日起，重新调整工业布局，对一批企业实行“合并、转化、暂停、撤销”。地方国营厦门开元第二化工厂等34家国营企业转化为集体所有制工业企业，有22家国营工业企业实行暂停或撤销。

1963—1965年，经过调整，国民经济逐步恢复和发展。1966—1968年，国营工业企业因“文化大革命”运动而受到严重挫折，企业生产基本处于瘫痪状态。1969年始，逐步恢复正常生产，此后几年有所回升。

1984年5月23日，厦门市人民政府发布《进一步扩大国有工业企业自主权的暂行规定》。三区实行“放权让利，扩大企业的经营自主权”，推行承包经营责任制，在全国率先推行税利分流，税后还贷。1993年6月，试点建立首家厦门市国有资产投资公司，将工业企业国有资产分期分批委托运营。

1994年6月，根据中共中央《关于建立社会主义市场经济体制若干问题的决定》，厦门市政府出台《厦门市转换国有企业经营机制建立现代企业制度的试行方案》。三区对部分国有工业企业进行清产核资；充实、完善国有资产投资公司的组织和运作。同时，进行“债权变股权”和“贷改投”试点。

2007年，思明区有国有工业企业4家；完成工业产值43.81亿元，占全区工业总产值21.42%。规模以上工业企业中的国有工业企业上缴税收58.3万元，占全区工业企业税收0.4%。

四、责任、股份与联营企业

1990年后，区境逐渐出现内资创办的有限责任公司、股份有限公司、联营企业及其他内资企业。至2007年，全区有限责任公司工业产值29.03亿元，股份有限公司工业产值5.8亿元，联营企业工业产值4.15亿元，其他联合企业工业产值0.18亿元。以上企业工业产值共39.16亿元，占全区工业总产值19.14%。

五、港澳台商投资企业

清末，区境始有香港、澳门、台湾同胞投资的工业企业，至民国时期有50多家。1990年以来，区境港澳台商投资的工业企业及产值不断增加。至2007年，港澳台商投资企业工业产值29.16亿元，占全区工业总产值14.25%。其中，港澳台商独资企业工业产值22.67亿元，港澳台与内资合资经营企业工业产值5.9亿元，港澳台与内资合作经营企业工业产值0.59亿元。

六、外商投资企业

清代，区境始有外商投资工业企业，多为东南亚各国的华侨创办。至民国38年夏，区境外商投资工业企业20多家。1990年以来，外商投资工业企业快速发展，工业产值不断增加。至2007年，全区外商投资企业工业产值40.74亿元，占全区工业总产值19.92%。其中，外资独资企业工业产值15.76亿元，中外合资经营企业工业产值12.73亿元，中外合作经营企业工业产值12.25亿元。

第二节　企业改制

一、三区企业改制

1983年，区境实行两步“利改税”的改革，规范政府、企业和个人之间分配关系，为特区内各类企业创造税负平等竞争环境，促进政企分开和两权分离，推动经济体制的改革。

1984年，中共十二届三中全会通过《关于经济体制改革的决定》，区境国有企业实行所有权和经营权适当分离。同时，鼓励发展“三资”企业和私营个体工业企业。1987年，中共中央提出“有计划的商品经济体制”，国有企业内部加大改革力度；外部实行政府与企业外汇分成比例；实行税利分流，税后还贷，国有企业与“三资企业”同样征缴15%所得税。同时，企业从劳动、人才、工资进行改革。1992年9月，国家出台《全民所有制工业企业法》和《全民所有制工业企业转换经营机制条例》，三区国有企业转变国营经营机制，政府减少干预，实行经营自主权，试行租赁制和股份制度等多种改革形式，解决阻碍生产力发展的体制问题。1993年11月起，三区宣传贯彻中共十四届三中全会《关于建立社会主义市场经济体制若干问题的决定》。

1994年初，建立国有企业转换经营机制，三区经贸主管部门先后对81家企业（不包括下属单位）进行改制，涉及职工3056人，其中原固定工解除劳动关系1742人，实行内养1314人；安置费用（包括解除劳动合同补偿、内养费用、补缴社会统筹金、医保、补发生活费等）8471.55万元，其中企业自筹4886.35万元，区财政借款3359.61万元，国投公司垫资225.59万元。此后，三区企业改制情况分别如下：

鼓浪屿区企业改革　2000年，对工贸企业所有制结构进行改革：关闭因旧城改造不能继续经营的龙光等两家企业，转变为民营经济实体；出台《鼓浪屿区促进外资、民营企业发展的服务措施》，优化非公有制企业投资环境；完善国有资产管理营运体系，制定区国有资产投资公司组建方案，出台《关于加强区属国有企业及集体企业管理的暂行规定》，强化监管力度。同时，加大财政周转金清理力度，清理金额557万元；完成工业园产权证的办理，明晰产权关系，为业主扎根兴业创造条件。

2001年，对高频厂、工贸公司、海浪商店3家工贸企业（职工180人）进行改制。同时，推行财政预算管理改革，实行部门零基综合预算，增大财政可调控资金规模；加大处理历史遗留问题力度，全年清收财政周转金529.3万元。至此，鼓浪屿区在厦门市率先完成区属工业企业改制。

开元区企业改革　2000年，制定区属企业改制工作总体方案，成立企业改革协调领导小组。一批企业通过改制、租赁经营、职工竞争上岗、资产重组等形式，转换经营机制，焕发新的活力。其间，清理整顿停产、亏损企业，理清债权债务，妥善安置、分流职工。采取有力措施，解决财政信用资金、美仁宫大厦等历史遗留问题。完成区对街道的财政分税制改革，进行财政预算管理改革，全面执行预算外资金收支两条线管理，出台委派区属重点企业财务总监的暂行办法和实施细则，加强对企业经济活动的监督。落实改革配套措施，出台《区属企业下岗职工基本生活保障和再就业工作的若干意见》。

2001 年，设立区属企业改制与清理准备金（1000 万元），12 家企业通过股权转让、职工持股、清理整顿等方式完成改革工作，突出全和公司和投资公司的龙头地位。其间，冲剪机床厂、东风制药厂、开元家电厂等一批区属骨干企业通过股权转让方式转为台资企业和民营企业后，扩大规模，成为纳税大户。光荣工业园、丰盈工业园、实业总公司浦南基地等一批工业厂房由全和公司托管，提高盈利水平，加快区财政资金偿还速度。凯元印刷厂、凯元盛纸业有限公司、大开元物业公司等企业平稳运行，收益稳定。相当部分员工改制后被企业返聘，收入有所提高。

2002 年，按照“一企一策”的原则，通过股权转让、股份合作制等形式，基本完成区属 42 家企业的改革工作。其中，16 家改制成内部职工持股的有限责任公司或股份合作制企业，2 家进行整体或国有产权转让，4 家进行内部整合委托管理，20 家进行清理解散。累计分流安置职工 1300 多人，发放安置费 3000 多万元。其中，动用政府准备金 1440 万元，实现政企分开，国有资产有序退出。

思明区企业改革　区经贸系统企业改革协调领导小组，负责区属企业改制工作。坚持“一企一策”的原则，开展企业清产核资，依法对企业资产进行处理。每家企业改制一开始，将企业所有印章统一收缴管理，清查现金和银行账户存款。剩余资产及时变现，厂房、场地等不动产收归思明国有资产投资公司。对于没有资产的企业，原固定工统一进入区再就业服务中心托管两年。其间，服务中心发放生活费及缴交社会统筹和医保，并提供再就业培训和就业机会。期满后，自行解除劳动合同，不再另行补偿。塑料拉链厂等 2 家企业，缺乏市场竞争力，给予关闭；厦门搪瓷厂实行股份制改造，以龙舟实业（集团）股份有限公司名义上市（后改为雄震公司）；区建发总公司二部等 4 家企业实行企业内部股份合作制；思明纸箱厂、医疗电子仪器厂和灯具厂 3 家实行资产重组和企业改组；霓虹电灯公司和思明第二建筑工程公司 2 家企业实行租赁经营；向阳印刷厂实行托管经营；厦宜电线电缆厂实行厂牌租赁、人员安置；思明制药厂实行股份合作制改造；玻璃钢制品厂实行经营者个人风险抵押承包经营；宏华公司和思明第三建筑工程公司 2 家按《中华人民共和国公司法》改制为有限责任公司（另，思明贸易公司和思明供销公司 2 家企业实行国有集体产权转让）。

至 2003 年 9 月，全区完成 36 家区属企业的改制，分流安置职工 1579 人，安置费用 4244 万元。

二、三区整合后思明区企业改革

2003 年 10 月三区整合后，思明区继续做好区属企业改制工作：办理宏华大厦和鹭京综合楼的产权，与外商协调，做好宏华大厦产权办理工作，维护中方合法利益；妥善应对经济纠纷案件司法诉讼，力争把损失降到最低限度；加强企业房产的物业管理，提高收益。深化开元轻工公司、东风塑料厂等企业的改制工作。解决鼓浪屿区企业改制遗留问题，组织力量对隶属区管理的企业资产进行彻底清查，回收资产；联合财政、审计、监察等部门，清理企业与区财政、科技、经贸等部门的往来款项。

2005 年，思明区按照“一企一策、因地制宜”的原则，完成思明建总等区属建安企业改制，解决区属企业遗留问题。

2006—2007 年，思明区印发《思明区人民政府关于推动企业改制上市的若干意见》。建立上市后备企业资源库，对符合条件的企业进行跟踪管理。

第二章 工业总量与分布

第一节 工业总量

明清时期，区境手工业已经比较发达。近代，华侨陆续回国创办工业企业。至民国 38 年（1949 年 9 月 30 日止）初，区境工业企业 100 多家。

中华人民共和国成立后，政府在区境创办一批工业企业，并鼓励华侨投资工业企业，使工业企业总量迅速增加。1955 年，三区投资创建电灯、电话、自来水 3 个公司资金总额中，侨资占 33%。

改革开放后，工业进入快速发展时期，工业总量不断增加。区境成为经济特区后，形成多层次的全面开放格局。调整产业结构，开展外引内联，实行成片开发，调整工业布局，加快老企业技术改造，加强工贸结合和支持大中型骨干企业，鼓励兼并、扶持乡镇工业。实行这一系列特殊政策和灵活措施，开元、思明两区的工业迅猛发展。1985 年，思明区有 160 家区街工业厂场，工业总产值 5970 万元，比 1980 年增长 2. 17 倍；开元区有区街工业厂场 50 家，工业总产值 5040 万元。1988 年，三区工业总产值 2. 1 亿元。1992 年，进一步解放思想，着力发展工业经济，思明区完成工业总产值 1. 93 亿元；开元区完成工业总产值 5. 54 亿元。至 1995 年，三区工业企业 25 家，工业总产值 24. 7 亿元。

1996—2002 年，加大招商力度，发展技术先进型、出口创汇型工业企业，改造提升传统产业，培育新兴产业，工业总量不断增加。出现新兴工业与传统工业相结合，高科技产品与传统优势产品相结合的工业经济体系，技术层次、管理水平、经济效益都有较大提高。1996 年，三区工业总产值 29. 4 亿元（当年价，下同）。2002 年，三区工业总产值 70. 81 亿元，比 1996 年增加 41. 4 亿元，增长 140. 8%。

2003 年 10 月三区整合后，快速建设同安工业集中区思明园和环东海域思明工业园两个工业园区，发展光电等高新技术产业，大力培植骨干企业。是年，全区工业总产值 83. 12 亿元，比上年增长 17. 38%。全区规模以上工业企业 224 家，完成工业产值 57. 9 亿元，占全区工业经济比重 69. 7%（同比增幅 20. 8%）。年产值 5000 万元以上的工业企业 28 家，完成工业总产值 28. 8 亿元，占规模以上工业总产值 49. 7%，比上年增长 32. 3%。其中年产值超亿元的工业企业 10 家，共完成工业总产值 16. 8 亿元，比上年增长 53. 1%，对全区规模以上工业增长的贡献率为 58%，拉动全区规模以上工业增长 12. 1 个百分点。

2004 年，完成工业总产值 136. 63 亿元，比上年增长 64. 37%；工业产销率为 100%。全区产值超亿元的工业企业 24 家，完成产值 57. 02 亿元，占全区的比重达 41. 7%。工业企业出口一直保持稳步增长态势，规模以上工业企业出口交货值达 35. 02 亿元，比上年增长 26. 1%。

2005 年后，企业利用高新技术改造，提升传统工业技术等级和市场竞争力，发展光电产业，打造面向海内外的光电基地。同安工业集中区思明园一期 43. 5 万平方米厂房全部交付企业进驻，二期开工过半并快速推进；思明光电基地安美、华联、光莆、宏联、高纯河豚素等项目建设有序推进。在新一轮跨越式发展中，思明区调整三次产业之间的市场需求结构，工业由劳动密集型向资本密集型和技术密集型转移，经济发展总量和质量都明显提升。

2006 年，规模以上工业企业 258 家，其中年产值上亿元企业 34 家。工业企业出口保持稳步增长，规模以上工业企业产值 170. 1 亿元，占全区工业总产值 90. 1%，比上年增长 20. 45%；规模以上工业企业出口交货值 43. 47 亿元，增长 21. 5%，出口增长成为拉动工业经济增长的一个重要因素。

2007年，工业总量继续保持增长势头，全区规模以上工业企业225家。产值上亿元的工业企业33家，完成总产值137.2亿元，增长17.6%，对全区规模以上工业增长的贡献率为86.1%，拉动全区规模以上工业增长12.8个百分点。全区实现工业总产值204.54亿元，比三区整合初期增长一倍，比上年增长13.6%。全年完成工业增加值52.7亿元，占全区生产总值13.8%，拉动经济增长2.01个百分点。规模以上工业企业工业总产值184.4亿元，占全区工业总产值90.1%，规模以上工业增速14.9%，高出全区工业增速1.3个百分点。蒙发利科技（集团）公司工业产值2.4亿元，比增55.24%。

若干年份区境工业产值统计表

表15-2-1　　单位：亿元

年份	总产值		规模企业产值		规模以下企业产值		工业增加值	
	金额（当年价）	当年价比上年+%	金额（当年价）	比上年+%	金额（当年价）	比上年+%	当年价	比上年+%
1995	24.7	31.2	—	—	—	—	—	—
1998	45.28	20.4	—	—	—	—	14.1	24.4
2000	57.1	10	—	—	—	—	18.3	24.4
2001	62.2	8.93	—	—	—	—	19.3	5.46
2002	70.81	13.84	—	—	—	—	21.6	11.92
2003	83.12	17.38	57.91	20.8	25.21	7.4	26.8	24.07
2004	136.63	64.38	116.2	100.66	23.4	-7.14	41	52.99
2005	161.87	18.47	142.4	22.55	19.5	-16.67	45.8	11.71
2006	188.89	16.69	170.1	19.45	18.8	-3.6	50.1	9.39
2007	204.54	8.29	184.4	8.41	20.14	7.13	52.7	5.19

说明：2003年前的数字为鼓浪屿区、开元区、思明区合计数

第二节　工业分布

一、三区工业分布

1. 鼓浪屿区

清光绪二年（1876年），设于内厝澳的厦门造船厂是鼓浪屿最早的工业企业。光绪二十八年，爱尔兰人在鼓浪屿燕仔尾山创办厦门机器公司。民国初年，位于黄家渡附近电灯巷的英商韦仁洋行的发电厂开始发电照明。侨商黄奕住的厦门自来水公司也在岛供应自来水。同时，淘化、兆和食品罐头厂、康泰酱油厂、启新印字厂、育新铸字厂、南洲花砖厂等一批小型工厂陆续设立，均为手工业。

清光绪二十八年（1902年）爱尔兰人在鼓浪屿燕仔尾山创办厦门机器公司

1950—1960年，鼓浪屿区先后建成机械修造、食品加工、鞋面加工等作坊式的小厂。1961年，鼓浪屿区兴办无线电厂、胶木厂等骨干企业，形成一定经济规模。主要产品产值、质量在全省同行业中名列前茅。之后，玻璃厂、灯泡厂、塑料厂等工厂转为地方国营企业，而食品厂、鞋面厂、机修厂等一些较小型的工厂则转为区办集体企业。1970年后，鼓浪屿区工业较快发展，新建、扩建胶木厂、胶木二分厂、塑料厂、胶丸厂等企业近10家。1980年，区属工业总产值789万元。此后，随着改革开放的深入，鼓浪屿区工业的弱点逐步显现：工业资源贫乏；地处旅游景区，环保要求严，生产成本高；工业产品大部分是劳动和资源密集型的初级加工产品，档次低，附加值少。因此，区境工业开始走下坡路。1990年后，鼓浪屿区委、区政府提出“以旅游为龙头，商贸开路，开发岛外工业，改造旧城区”的经济发展战略，区属工业面临外迁发展的调整期。

1993年4月27日，厦门市政府调整“天安工业邨”，划拨国有土地12416.76平方米，作为区属工业企业易地搬迁建设用地。当年6月16日，鼓浪屿银河电子元件厂提前终止联营合同，并有偿转让。1995年12月21日，鼓浪屿区关闭厦门声乐电子有限公司。同年，在厦门市湖里工业区兴建鼓浪屿工业园，为鼓浪屿区工业的移位发展创造条件。同时，开始对岛上15家市、区属工业企业进行关停或改造：关闭9家企业，另6家企业陆续搬到工业园。1996年1月8日，鼓浪屿无线电器材厂补充引进、扩建铝电解电容器生产线全部到位。总投资362.36万元（其中，国外引进设备用汇39.6万美元，国内配套设备32.36万元）。9月19日，鼓浪屿胶木电器厂由集体所有制转为股份合作制。1997年4月25日，鼓浪屿纸箱厂关闭；8月7日，鼓浪屿区天安工业园竣工；11月2日，首家迁入天安工业园区的鼓浪屿无线电器材厂正式投产；12月15日，关闭鼓浪屿螺丝厂。至2000年3月，鼓浪屿区工业企业搬迁工作结束。2002年，全区工业总产值仅1.35亿元。

鼓浪屿区天安工业园区

2. 开元区

明清时期，区境有许多食品加工和针织、织布等手工业作坊。鸦片战争后，英国商人在厦门设立船舶修造厂。清咸丰八年（1858年），美国人包义德受英国资金支持，在鹭江街道开办厦门船坞有限公司，建造大海船可远航南洋诸国。清同治元年（1862年），中英商民合办厦门造船厂，从英国进口全套加工设备，为开元区最早的造船机械工业企业。清光绪十八年（1892年），英商厦门船坞公司在香港注册并改称厦门新船坞公司，资本6.75万银元，常年雇佣工人200人左右。

民国21年（1932年），晋江籍华侨陈华登在后江埭建华南制革厂，引进先进设备和技术；民国23年，华南制革厂从日本引进较先进的制革设备，同时聘请日本技工协助安装和传授操作技艺，原皮来自澳洲，化工辅料则从英、美等国进口。

民国37年秋，厦禾路与鹭江道交汇处投建华康烟厂，有4台卷烟机，职工145名，翌年4月3日投产。

民国38年5月，林梦飞创办“飞达”家庭工业社。

中华人民共和国成立后，在故宫路紧邻厦禾路的原“新世界”游乐场旧址，开办飞达照相纸厂。

区境在国民经济恢复和对私改造时期，组织副业组加工生产鸡毛掸、草席、竹器等。开展手工业合作化运动，建立木屐、木桶、漆篮、被枕、裁缝、小五金、金银首饰加工等18个行业手工合作社（组）。至1962年，区街工业有工艺、铁工、明胶、制药、五金、喷镀、皮件、鞋帽、二机修、鞭炮、纸板、绳缆、竹器、耐火砖、酱油等工厂企业，并在杏林兴办炼铁厂。其间，厦门市政府将纸箔、蚊香、糖果、蜜饯、织布、棉纺、木器、火柴8个地方国营企业下放给开元区政府管理。至此，全区拥有工业企业35家。区成立工业经理部，协调全区的工业产品产供销。

1963—1965年国民经济调整时期，有16家地方国营工厂和15家集体手工业归口厦门市管理。区街以副业生产形式组建制药、塑料、日用品、铁工、化肥、织布、橡胶杂品等小企业。1967年7月，开元区创办东风文化用品厂。“文化大革命”期间，开元区工业严重萎缩，到1970年，全区只剩东风机床、东风无线电厂等10家工业企业。1975年，组建消防、竹制品、塑料、医疗器械、橡胶、自行车零配件、文化用品、齿科材料、棉纺、汽车修配10家企业。1976年，全区有14家区属企业和4家社办厂，工业产品50多种，工业总产值1127.26万元，利税141.65万元，职工3345人。

中共十一届三中全会后，新组建和创办有机玻璃、食品饮料、纸箔、印刷、钢木家具厂等企业。工业企业规模逐渐扩大，产业延伸到机械加工、医药化工、电子等领域。1980年6月16日，厦门市东风机床厂改名厦门市冲剪机床厂；1982年11月11日，成立厦门市开元印刷厂。1983年，区属企业增到18家，街办厂场增到24家，居委会办小厂场139家，全区工业总产值4019.29万元。其中，街办厂982.5万元，居委会办厂489.83万元。1984年4月29日，成立厦门市开元医药化学工业公司。至1986年，开元区有独立核算工业企业53家。其中，区属工厂企业21家，职工4779人，工厂建筑面积8.64万平方米，固定资产1742.23万元，年产值5615.6万元，利税495万元。其间，企业生产的小二芯插口、四维米麸、实心轮胎、非接触式轴承挡圈、小耳塞机5种产品分别获得部优、省优产品称号。来料加工、来件装配、来样定货和补偿贸易的企业迅速成长壮大，先后创办塑胶、线圈、服装、雨伞、鞋、家具、工艺品等加工企业。随后，机电、光学仪器、马具、厨具、医药、化工、石材、服装、现代家具等“三资”企业大量涌现，成为区内生产经营能力较强、规模较大的骨干企业。扶持一批区属骨干企业上新台阶，逐步形成以印刷包装、服装鞋帽、食品饮料、五金机械、家具寝具为骨干行业的工业发展格局。1988年1月30日，成立厦门市开元实业开发公司。

1991年3月7日，开元区工业经理部更名厦门市开元区工业贸易公司；4月20日，成立厦门市开元洪文工业开发联合公司；5月30日，开元区经济技术开发公司更名厦门市开元经济技术开发公司；6月3日，成立开元玩具厂；10月18日，厦门市食品饮料厂兼并厦门市开元钢木家具厂。10月24日，恢复厦门市第三包装厂；10月30日，成立厦门市东风化学油品加工厂（为开元医药化学工业公司所属的分支机构）；11月19日，成立厦门市开元区新源包装厂。

1992年6月，成立厦门开元展销中心；7月8日，成立厦门市开元石油化工公司；8月8日，组建厦门市开元塑料工业公司、厦门市开元轻工联合公司；10月15日，组建厦门市开元橡塑制品工业公司；12月22日，开元电声器材厂歇业。

1993年6月7日，开元区企业发展公司兼并东风文化用品厂；7月14日，厦门市开元实业开发公司更名厦门市开元实业总公司，下设开元实业商贸公司、开元实业工业公司；10月4日，成立厦门市开元明发家具装饰有限公司。年底，全区工业总产值4.8亿元；年产值上千万元的企业19家。形成印刷包装、服装鞋帽、食品饮料、五金机械、家具寝具为骨干行业的工业格局。

1994年3月7日，成立厦门市开元化工厂。1995年1月12日，厦门市开元化学油品加工厂更名厦门特种油品厂；10月6日，成立厦门天日实业有限公司。

1995年，开元区有集体工业企业124家，内联工业企业3家，私营工业企业35家，“三资”工业企业115家。全区工业总产值14.9亿元。1996年1月10日，“天安工业园”奠基。4月10日，成立开元区工业品经营部；18日，开元对外贸易公司兼并开元塑料工业公司。是日，万宝贸易总公司、开元工业贸易公司、新城贸易公司、开元饭店4家企业合并组建为厦门市万宝贸易发展公司。1997年2月

20 日，组建开元外贸公司。下属的东风塑料厂、开元区铝箔包装厂等 12 家企业分别作为集团的紧密层、半紧密层和松散型企业；7 月 29 日，开元实业总公司分离出开元实业商贸公司，分别为 2 个独立法人企业。1998 年 2 月 20 日，开元医药化学工业有限公司与厦门益源昌房地产开发有限公司合资，共同创办厦门富兴房地产开发有限公司，对医化公司双涵工业用地进行开发建设；3 月 2 日，开元迅达电梯服务中心改制为股份合作制企业。

2000 年，开元区共有工业厂场 781 家，工业总产值 39.3 亿元，其中鹭江街道有 70 多家。2002 年，全区规模工业企业 144 家；全区实现工业总产值 48.69 亿元，其中规模工业企业产值占全区工业总产值 74%。

3. 思明区

民国初期，思明区陆续有爱国华侨创建工业企业。民国 21 年，陈华登在后江埭创办华南制革厂。

民国 21 年，原经营“活源信局”的陈华登在后江埭创办华南制革厂，亦称活源制革厂

中华人民共和国成立初期，人民政府鼓励和支持创办集体性质的工厂。

1958 年，思明区有区、街道、居委会工业厂场 167 家，年产值 1580 万元，上缴利润 54 万元。

1960 年后，根据上级关于“城市公社一般不办企业”的指示精神，区街道工业大都下马，企业交由厦门市手工业部门归口管理。

1962 年 8 月 2 日，厦门市思明皮革制品厂改为厦门市皮革制品厂。厦门市思明塑料制品厂改为厦门市塑料制品厂，并调归市轻化工业局管理。10 月 12 日，厦门市鹭江公社凉粉社、绳缆厂、塑料厂划归市手工业管理局，为集体所有制企业。

1963 年 4 月 11 日，厦门市皮革制品厂、厦门市皮件制品厂、厦门市鼓浪屿皮革厂合并为厦门皮革制品厂（仍可分散生产）。是年 7 月 1 日起，厦门市思明化工厂转化为集体所有制企业，并归口市手工业管理局。

1964 年 1 月 22 日，思明纸箱厂、跃进制药厂、思明染纸厂、文安包装厂、中华文具厂、鹭江鞋帽厂、鹭江罗斗厂、公园鞭炮厂、公园五金厂、公园印金厂、厦禾纸箔加工小组、鼓浪屿工艺厂等社办企业划归厦门市手工业局管理。4 月 17 日，厦门皮革厂划归轻工业公司。厦门第一塑料厂、厦门第二塑料厂、厦门第三塑料厂、厦门思明化工厂划归厦门化学工业公司。

1966 年 6—7 月，思明区创办思明制药厂、向阳印刷厂。1975 年，思明街道有纸制品厂、纸盒厂、搪瓷厂、橡胶厂，以及为大厂配套加工的鞋面厂、硫化鞋面厂、针织厂等。中华街道有胶木厂、五金厂、塑胶厂、弹簧厂等。文安街道有无线电厂、纸盒厂、皮塑厂、印刷厂等。此外，各居委会还组织多种副业组、合作社（五金社、木作社、皮鞋社、缝纫社、电镀社等）。

1980 年后，全区逐渐形成以轻工业为主兼有机械电子、医药等行业的区街工业，并逐步转向开放性、开拓型、外向型经济，涌现一批品牌产品。思明纸箔厂生产的纸箔，文安工业美术厂生产的木雕、佛雕、工艺美术品，中华玩具厂生产的木制玩具、信杯等都畅销东南亚等地。

1985年，思明区有集体所有制工厂366家。其中，独立核算的区街道工业企业160家，职工1.11万人；固定资产原值5041万元；工业总产值5970万元，利润338万元，分别比1980年增长217%和174%。主要产品500多种，其中国家、部省、市创优产品10多种，医疗电子仪器“电力恒温培养箱”获国家银质奖。主要出口产品有珠绣衣、机织毛衣、手工织毛衣、纸箱、灯具、皮塑制品、电子元件、工艺品、手工艺品和保健饮料等。期间，思明区外引内联经济得到发展，与湖北省红旗电缆厂合营成立厦宜电线电缆有限公司，与北京针织工业公司合办鹭京针织厂。是年，全区来料加工值200多万港元，出口创汇210万美元。1988年，思明、中华、文安3个街道工业总产值为1414万元。

1993年5月15日，思明区关闭厦门市塑料拉链厂。此后，大力推进体制改革，调整产业结构，改善经营管理，发展“轻型、外向、高新”工业。形成电子电器、灯具灯饰、彩印包装、食品加工、电线电缆、中西成药、针织服装、塑胶制品八大类主导产业，工业产品近千种。区政府集中力量开发天安、龙山、曾厝垵、黄厝、蒲南、东孚等7个工业区，重点发展高起点、高技术的生产项目和企业集团，形成规模效益。1994年，龙山工业综合区工业厂房建成，厦门罐头厂调味品分厂、鼓浪屿食品厂、厦门亚东眼镜有限公司等25家企业相继入驻。1995年，工业总产值6.57亿元，工业销售总额6.39亿元。

此后，思明区重点发展电子电器、成衣服装、食品饮料、电线电缆、精细包装等无污染、无噪音的轻型制造业，工业总量逐年增长。2001年，全区工业总产值18.41亿元，比上年增长11.62%。

2002年，思明区有工业厂场580家，工业总产值20.77亿元。

二、三区整合后思明区工业分布

2003年10月三区整合后，思明区陆续拓展区外工业园，以适应高新科技产业不断发展和岛内工业企业搬迁（改造）要求。2004年后，区街每年引进一批外资内资工业企业进驻天安、兴安、观音山、软件园、同安工业集中区、环东海域工业园。如，2006—2007年，鼓浪屿街道引进深圳康利石材有限公司和福建匹克集团公司入驻观音山启动区，利用同安工业集中区思明园等“飞地工业”资源，加强招商引资。中华街道引进外资项目5项，投资总额2156万美元，合同外资1656万美元，其中入驻观音山启动区项目2项；引进内资项目10项，入驻环东海域工业园项目3项，入驻软件园二期2项，入驻同安工业集中区思明园2项。厦港街道引进11项，其中入驻观音山启动区3项、环东海域项目4项。滨海街道引进外资项目2个、内资项目7个，进入同安工业集中区思明园、环东海域思明园、软件园二期、观音山启动区。鹭江街道引进4家企业落户环东海域思明工业区、3家企业入驻观音山启动园、14家企业入驻厦门软件园、38家企业入驻同安工业区思明园。开元街道引进工业企业8家入驻同安工业区思明园、1家企业入驻环东海域思明园、6家企业入驻软件园二期。梧村街道引进13家企业入驻同安工业区思明园和环东海域思明园。筼筜街道引进9家企业入驻观音山启动区、13家企业入驻同安工业区思明园、9家企业入驻思明软件园二期和环东海域思明园。莲前街道引进3

工业企业入驻同安工业区思明园

家企业入驻同安工业区思明园、3 家企业入驻软件园二期、2 家企业进入观音山启动区。嘉莲街道引进 5 家企业入驻同安工业区思明园、3 家企业入驻观音山启动区、10 家企业入驻软件园二期、8 家企业入驻环东海域思明区工业园。

2007 年，全区工业总产值 2045387 万元。其中，区属工业企业产值 70871 万元；街道工业企业产值 1256483 万元；市属下放工业企业产值 718033 万元。

2007 年思明区街道工业产值一览表

表 15-2-2 单位：万元

街道	工业产值	街道	工业产值
鼓浪屿	21343	筼筜	245514
鹭江	72981	梧村	259708
中华	98460	嘉莲	138458
厦港	61168	莲前	279026
开元	49534	滨海	30291

第三节 “飞地”工业开发区建设

一、同安工业集中区思明园

位于同安区内（同集路边），东至纵二路，西至纵三路，南至新 324 国道，北至瑶路，梧侣路从园区中间穿过。思明园在同安（城南）工业集中区的二、三地块内，总面积 272 万平方米，可开发建设用地 185.7 万平方米，其中规划工业用地 128 万平方米，配套公寓用地 46 万平方米，商业用地 11.7 万平方米。园区开发采用通用厂房出让和土地出让相结合的运作方式，分期建设。

思明园的功能定位主要有：LED 超高亮度发光二极管外延片、芯片的封装及控制应用等光电企业；软件外包等软件企业；电子、生物医药企业；原岛内辖区企业外移安置；其他符合环保、规划要求的企业等。入驻企业主要有光电、电子、轻工业等类型企业，包括世界 500 强企业日本积水公司和安踏、建霖卫浴、蒙发利等实力品牌企业。

2005 年 9 月 15 日，思明园动工建设，首期建设用地 38 万平方米，建筑面积 57 万平方米，厂房建筑面积 53 万平方米。开工建设仅用 48 天时间，就盖好第一幢总建筑面积为 2 万平方米的 5 层工字形通用厂房。2006 年 5 月，一期工程竣工；7 月，二期工程动工，用地 64 万平方米，建筑面积 97 万平方米。

2007 年 6 月 31 日，同安工业集中区思明园管理委员会成立，“职工之家”同时成立。按照谁招商、谁负责企业入驻的原则，管委会督促各街道和各招商部门帮助企业制定装修、入驻方案，了解企业开工、生产情况，解决企业入驻存在的问题，协助做好园区企业工商登记、税收缴纳、产值统计等服务工作；了解掌握园区所属企业生产、经营等情况，及时反映并协助解决企业生产、经营中遇到的困难和问题。

思明区为企业提供贷款担保、财政贴息、研发资助、融资担保、子女就学等优惠政策。配设“招商中心、企业服务中心、重点工程服务中心”3 支服务队伍，为企业提供优质服务。

至 2007 年，该园入驻企业 64 家，其中开业生产的 47 家，工业产值 16.9 亿元，比上年增长 30.9%。

二、环东海域思明工业园

2006年底，环东海域思明工业园（位于同安区）前期工作全面铺开。区政府组织专业人员赴天津、上海、广东、宁波、福州等沿海地区，考察学习开发建设工业园区和厂房的经验。

2007年3月18日，环东海域思明工业园开工建设。占地175万平方米，分两期开发建设；总投资11亿元，区财政投入1.2亿元，作为项目的启动资金，其余资金由企业自行融资。采用建设通用厂房出让的运作方式，思明区集中优势资源，业主单位全和开发公司调集公司财力，经过运作，顺利融资。

环东海域思明工业园管委会大楼

一期工程位于同安西柯片区，规划西福三路以南、美溪路以东、西柯南路以北，占地55万平方米，建设用地面积36.73万平方米，总建筑面积75.55万平方米，建筑总用地面积13.86万平方米，绿地率16%。该期工程于2007年“9·8”贸洽会前全部开工。

区政府对环东海域思明工业园提出高起点规划、高标准建设的要求，在确保质量、安全、文明施工的前提下，承建单位加快建设进度。从开工到首幢2.5万平方米厂房封顶，仅用54天；从首幢厂房封顶到70多万平方米厂房全面封顶只用9个月。其中将近一半的订单式厂房根据入驻企业的需求进行“量身订制”。如台企厦门玛斯特电子工业有限公司6.2万平方米的订单式厂房，2007年9月开工，到封顶仅4个月。环东海域思明园以订单式厂房开发为模式，实行按企业工艺需求，在保证土地利用率前提下，根据企业所提出的设计要求进行设计建设。引进电子信息、LED光电、轻工产业、机械制造、印刷包装等符合园区产业发展规划及环保要求的企业，引进具备“高科技，高税收，高附加值”“低污染，低能耗”的“三高两低”企业。

2007年4月中旬，推出一期厂房招商，至年底有54家企业签意向书，认购面积62万平方米。在已购厂房中，有15家企业采用订单式开发模式，订购面积20万平方米。其中，玛斯特电子投资1亿美元，购买厂房6.2万平方米。

第三章　工业门类

第一节　机械工业

区境机械工业始于清咸丰八年（1858年）兴办的造船厂。该厂为中英商民合办，址在开元路夹舨寮。清同治元年（1862 年），该厂从英国进口全套设备，可承修 2000 吨位船舶。

清光绪二年（1876 年）鼓浪屿内厝澳办起厦门造船厂。

清咸丰八年（1858 年），英国人创办厦门新船坞有限公司

民国 13 年（1924 年），郭福创办福记铁工厂，主要生产锅、农具。民国 18 年，迁到厦禾路扩大规模，主要铸造机器零件。民国 35 年，从台湾购置机床和大批机器零件，制造小型机器零件。民国 35 年，永春人黄重吉在区境创办电池、制酒、饼干、榨油、酱油、机器 6 家工厂（开业）。

1950 年后，区境机械工业较快发展。1951 年 11 月，厦门机械修造厂成立，1952 年正式开业，有 6 台金属切削机床，职工 26 人。是年 5 月，并入公私合营厦门轮船公司，为轮船公司的轮机修配厂。1952 年，厦门重吉机器厂与新生、新中、义兴、进明、建福等铁器厂进行联营，沿用重吉机器厂厂名，厂址设在厦禾路 228 号，企业以修配为主，制造为辅。

1953 年 1 月，轮机修配厂脱离轮船公司，改属地方国营厦门机器厂，职工 46 人，拥有工作母机和动力机 14 台，固定资产 5.3 万元。主要承担机械维修、装配业务，亦能小批量生产锯木机、启闭机和部分机器零件。其营业额占全市机器行业营业额 10%。

1955 年，国营厦门机器厂和私营重吉机器厂、福记铁工厂、四联铁工厂 4 家企业合并建成公私合营厦门机器厂，厂址迁至厦禾路 115 号，拥有机械设备 31 台，管理人员 28 人，工人 113 人。

1956 年 1 月，根据《厦门市私营机器业全行业实行改造方案》，区境的市属 29 家私营厂全部进行公私合营，其中进明机器厂、建兴机器厂、五距机器厂并入公私合营厦门机器厂，同时成立厦门第一机修厂、第二机修厂和汽车修配厂。

1957 年，厦门铁工厂成立，有职工 18 人，固定资产 7.5 万元，生产铸件、锅炉、卷扬机、皮带运输机、汽车配件，改装长途客车等。11 月，厦门机器厂分离出的电工小组单独组建厦门电机厂。翌年，厦门电机厂又有公私合营厦门第二机器修配厂的部分人员并入，厂址在厦禾路中段。

1958 年，厦门机器厂改名为地方国营厦门通用机器厂，厂址迁至厦禾路 668 号，职工总数 1520 人，固定资产增至 188.37 万元。由原公私合营厦门第一机器修配厂、厦门铸造厂、度量衡厂及金属修造合作社 4 家合并成立第一机器厂，职工总数 930 人，固定资产 29.73 万元（1960 年 5 月厂名改为厦门锻压设备厂）。由白铁、拉丝、铁钉 3 家手工业合作小组合并组成的厦门金属制品厂，改建为厦门轴承厂。是年，厦门鼓浪屿机电修造厂开始研制生产显微镜。

1959 年，厦门电线厂、厦门电器修造厂、厦门无线电厂 3 家合并为厦门电工器材修造厂；1960 年改名为厦门电器控制设备厂。

1961 年，厦门通用机器厂归口中央第一机械工业部，改为厦门工程机械厂，开始承担机械工业部下达的自卸式和拖式铲运机及履带式推土机等工程机械产品的试制和制造任务（1963 年成为第一机械工业部直属厂）。

1963—1966 年，厦门锻压设备厂的磅秤车间、铸造车间和粉末车间先后分出，分别成立衡器厂、铸造厂和粉末冶金厂。厦门电器装修生产合作社开始试产581光电比色计，并改称厦门市分析仪器厂。此外，还新组建厦门仪器厂。鼓浪屿机电修造厂改称厦门光学仪器厂。

1970年下半年，厦门工程机械厂被列入福建省生产建设兵团建制。12月，改称中国人民解放军福州军区福建生产建设兵团第一师矿山机械厂。1972年5月，该厂脱离兵团，恢复厦门工程机械厂厂名。

1972年，厦门电控厂的一个车间划出，成立厦门水声仪器厂；1974年，更名厦门电子仪器厂。

1974年，厦门锻压设备厂6.3吨压力机产品首次打入国际市场，创汇8万美元，并改名厦门锻压机床厂。

1979年，厦门自行车厂投产。

1980年，厦门铁工厂更名厦门叉车厂，成为巨鲸牌叉车生产专业厂家。1986年1月，厦门叉车厂与厦门车辆厂合并，更名厦门叉车总厂。

1986年，厦门锻压机床厂正式与厦门运输机械厂合并，成立厦门锻压机床总厂。厦门工程机械厂完成机械工业部牵头成捆引进美国卡特彼勒装载机技术的可行性研究和谈判、签约工作。厦门电控厂与丹麦LK公司签订合同，来料组装具有国际先进水平的同系列熔断器开关。

1987年4月，厦门叉车总厂与美国卡斯卡特公司合资创办厦门—卡斯卡特有限公司，生产具有世界先进水平的叉车属具。同时，与美国客商签订首批出口21台叉车合同，跻身于国际市场。

1992年，厦门电控厂与莲坂联营，组建莲坂喷漆厂；与市电子工业公司和富丽电子厂组建厦门祥安开关联合厂；与厦门一中组建厦门育新电控开关厂；与厦门宏声电器公司组建厦门联宏电器联合公司。此外，还组建厦门鹭宇开关厂。

1993年，厦门工程机械厂经批准改制，为股份制企业，向社会发行股票并在上海证券交易所挂牌上市。

2007年，区境有规模以上电气机械及器材制造业工业企业15家。主要产品有电器元件、锻压机床、电动机、电焊条、轴承、水表、集装箱、船舶、摩托车、自行车等。

第二节　化学工业

区境最早的化学工业企业是清光绪三十一年（1905年）谢宗求创办的馥香堂蚊香厂，工场在深田路一号，门市部设于定安路。民国5年（1916年），改用双龙伴塔商标，产品出口50多个国家。

民国17年，印尼华侨蔡迈投资1万银元建立厦门永明皂文厂。民国21年，区境有肥皂厂9家。民国22年，区境福建火柴厂建成投产。抗战胜利后，区境化学工业厂家有中华火柴厂、大同肥皂厂、泉记宝华肥皂厂、厦门国货化学号、光明工业社等。民国35年10月，马来亚华侨黄重吉在厦门设办事处，筹建12家工厂，包括重吉橡胶厂和重吉肥皂厂（由于当局腐败、官吏阻挠，未能投产）。民国35—37年，海外华侨投资建立大道肥皂厂、华中火柴厂、华通碾制化工厂、南成化学工业社、厦门肥皂厂、亿兴化学工业社、民生肥皂厂等（区境解放前夕均处于停产、半停产状态）。

1950年后，区境化学工业逐步恢复。马来亚华侨黄重吉筹建重吉橡胶厂，1956年1月实行公私合营，改名鹭光橡胶厂。1956年，在区境创建厦门第一塑料厂（1958年迁至杏林）。是年，厦门感光厂在区境创建，1957年改造成半机械化生产。1958年3月，马来亚归侨王明园、王庆辉、吴信义集资5000元创办五三化工社，生产酱油、味精，后又由华侨增资8000元，改名侨星化工厂，批量生产味精。1958年5月，电化厂建成投产，是全省首家烧碱生产厂。

1983年5月，鱼肝油厂的星鲨牌乳白鱼肝油在全国评比中获第一名。1987年12月，由鹭光橡胶厂改名的厦门橡胶厂产值突破亿元（至1992年10月，被国家六部委列为大型企业）。1989年5月，电化厂年产1000吨氯化法钛白粉中试研究项目获化工部科技进步二等奖；同年冬，获国家科技进步二等奖。

1989年1月，厦门福达彩色感光材料厂（由厦门感光厂与美国柯达公司签订引进彩色感光材料生产线合同）正式试车；12 月，通过国家验收。同时，彩色感光材料厂建设安装工程获得全国建筑工程质量最高奖——鲁班奖。1990 年 8 月，福达感光公司成为全国轻工行业重点骨干企业。1992 年 8 月，福达牌彩色胶卷被指定为第二十五届奥运会中国体育代表团的惟一指定胶卷。

2007 年，区境有规模以上的化学原料及化学制品制造业企业 10 家，完成工业总产值 47896.7 万元（占全区规模以上工业企业总产值 3%）。

第三节　医药工业

民国时期，区境只有个别药店以作坊式生产自销中成药。

1952 年 10 月，在厦港街道沙坡尾由国家投资兴建福建省水产公司厦门鱼肝油厂，职工数十名，1953 年初投入生产（投产第一年产值 11 万元）。

1956 年，厦门药材公司成立，即把正和药丸行和怀德居老药铺两家合并，成立公私合营正和怀德居联合制药厂，恢复传统的中成药生产。1957 年，厦门医药公司在升平路建立制药厂。翌年 6 月，公私合营正和怀德居联合制药厂与医药公司制药厂合并，成立地方国营厦门制药厂，厂址设在镇邦路 38 号，车间设在镇邦路 26-32 号，这是区境第一家专业制药厂。

1958 年，三区陆续办起小药厂。1962 年，将中华制药厂、开元化学制药厂等小药厂并入厦门制药厂。1963 年 9 月，厦门制药厂移交轻化工业局领导。1965 年，厦门制药厂中成药车间分出，建成厦门中药厂。1976 年，厦门制药厂分出原料车间，并建成厦门第二制药厂。

1985 年，境内制药专业厂有厦门鱼肝油厂、厦门制药厂、厦门第二制药厂、厦门第三制药厂、厦门中药厂、厦门第二中药厂、厦门东风制药厂、厦门思明制药厂 8 家，工业产值 6897 万元（1980 年不变价），创税利 1999 万元，拥有固定资产 1979 万元。职工 2966 人。

1987 年，厦门鱼肝油厂与东北制药总厂及厦门福利基金会联合成立东厦医药化工联营有限公司，后又与中国医药工业公司、中联磺胺联合公司及志达（香港）贸易公司联合成立中外合资中联兴达医药实业公司。

1992 年 6 月，厦门鱼肝油厂改制为厦门星鲨实业总公司，在厦门市工业企业中率先组建集科工贸于一体的国有企业集团。

1993 年，厦门制药厂改制为厦门绿岛实业总公司。是年，成立以厦门中药厂为核心企业，集科、工、贸于一体的厦门鼎炉实业总公司，下设厦门中药厂、华厦国药联合开发公司、鼎炉工贸公司、正和贸易公司和华鼎动物保健品有限公司等子公司。是年，台胞独资的以生产灵芝胶囊为主产品的天安制药（厦门）有限公司正式投产。

1995 年，厦门绿岛实业总公司成立兽药分厂和以药品零售经营为主的怀德居药行有限公司连锁药店。

2007 年，区境有医药工业规模以上企业 4 家，总产值 4.3 亿元。

第四节　电子和家电器工业

民国 19 年（1930 年），厦门市亚美巧无线电行在区境开业，是全省第一家私营的无线电企业。民国 36 年 2 月，在思明南路 387 号创办雷达无线电行，主要修配收音机、扩音器，兼营无线电器材；4 月，在升平路开办雷音无线电行；9 月，搬至鼓浪屿维新路（现鼓新路）27 号，主要经营收音机零件。是年 7 月，厦门市华星无线电社在思明路开业（后移到中山路），主要修配无线电设备。

1949 年 10 月区境解放后，无线电工业获得新的生机。1951 年 4 月，厦门市第一家国营无线电企业

——厦门市人民广播电台服务部在中华路21号开业。

1956年6月，区境对私营工商业进行社会主义改造时，一批私营无线电行、社、店改造为公私合营无线电装修社，归厦门五交化公司管理。

1958年，以公私合营无线电装修社为基础，在大同路原南太店建成国营厦门无线电厂，划归厦门市政府工业部门管理。

1965年12月，厦门喷镀厂内建立一个半导体车间，对外称厦门电子元件厂。

1966—1969年，相继成立厦门整流器厂、厦门半导体器件二厂、厦门鼓浪屿无线电器材厂、厦门海洋仪器厂、厦门半导体器件厂、厦门东风无线电厂、厦门半导体器件四厂等电子工业企业。

1970年后，相继创办厦门电容器厂、厦门南华电器厂、厦门兴华无线电厂、电子仪器厂、电子手表厂、电子计算机厂等一批电子工业企业。

1981年8月，厦门市电子工业公司与香港新利贸易有限公司合资，在区境体育路创办厦门厦新电子有限公司，总投资2000万美元，占地面积6.48万平方米。主要生产录、放像机、摄像机和彩电等。

1983年，厦门电子工业公司与电子部甘肃749厂合资成立厦门永红电子公司。生产半导体与集成电路塑封引线框架。

1986年1月，厦门宏泰发展有限公司成立。专门生产以通讯设备为主的电子产品，生产品种4大类12种。其中，电话机年产量2000部。

1993年，厦门电容器厂改制为厦门法拉发展总公司。

2007年底，区境有通讯设备、计算机及电子设备制造业企业23家，总产值35.54亿元。

第五节　食品工业

清康熙年间，浙江绍兴人钱启太在区境创设万全堂，研制国光药酒。以沉香、砂仁等30多种名贵药材，碾末浸入高粱酒，百日后制成。人们视国光药酒为补品。清道光年间，永春县仙夹乡人郭信春创设春生堂，配制以狮球为商标的风伤药酒；晋江林口村人翁朝言医师在厦港民生路开设松筠堂，精心配制药酒，取名松筠堂药酒。道光二十二年（1842年），漳州人黄金香在区境创办家庭肉类加工作坊，生产肉松、肉脯、肉干及肉酱，后增加以鱼类为原料制品。清光绪十年（1884年），区境开办瑞记栈，生产水果罐头。光绪三十三年7月，陈天恩、黄廷元、廖中和、章永顺等人成立淘化公司。

民国2年（1913年），华侨陈嘉庚和友人杨格非在虎头山下淘化公司对面创办大同有限公司。是年，黄奕住集资创办鼓浪屿兆和罐头厂，与淘化、大同3个厂形成鼎足之势，产品竞争剧烈。

民国16年，淘化罐头食品厂、大同酱油厂两厂达成合并协议，更名厦门淘化大同股份有限公司。合并后的淘化大同公司资金雄厚，从美国引进切铁机、自动冲床机和6头封口机等设备，进口马口铁，生产富有乡土风味的小菜、水果、水产、肉禽等罐头近20种，成为福建

民国2年，大同酱油厂创办，址在虎头山下

省规模最大的罐头厂。

民国19年（1930年），区境酒业界人士合股组织一家初具规模的陶泉酒厂，聘请天津酿制高粱酒老师傅传授生产技艺和操作方法，后因资金和管理跟不上而歇业。

民国20年，侨商盛氏在鼓浪屿创办东方汽水厂，生产非酒精饮料，品种有橘汁、菠萝、沙司等果味汽水，年产量数百吨。民国25年，以庆兰饼家为特色的前店后厂的糕饼加工坊点遍布市区；米粉、面粉加工亦较发达。

民国26年厦门岛沦陷前夕，淘化大同罐头厂迁往香港，后移至新加坡。日军入侵后，食品工业日渐衰败，一蹶不振。

中华人民共和国成立后，区境食品工业得到恢复、发展。1954年，市政府在关闭16年的淘化大同罐头厂废址上创办公私合营厦门罐头厂，职工246名。是年底开始试产柑橘罐头，翌年1月投入批量生产。

1956年，山海、东方、厦海3家汽水厂先后恢复生产，合并组建为公私合营厦门冰厂。酿酒行业的晋源、美泉、鼎和、元大、大安、万全和、三联、三堂、建泉、福华、福隆泰11家酒厂和远记、大安2家曲厂组建公私合营厦门酿酒厂。是年，创办鼓浪屿食品厂，主要生产糕点、面包。

1957年，创办厦门市中式糖果厂和厦门市米粉厂。厦门市罐头厂选址后滨路中段，迁厂扩建，年生产能力5000吨。

1958年，创建厦门市豆制品厂、厦门冷冻厂。厦门冷冻厂为厦门市首家冷冻食品企业。是年，创建厦门麦子制品厂，生产的各类麦子制品销往闽南及东南亚等地。1963年，厦门市中式糖果厂更名为厦门食品厂。

至1977年，区境的食品工业先后研制、开发奶油、味精、食品油等产品，为全市食品工业企业提供原料。

1983年6月，厦门饮料厂与美国可口可乐公司中国有限公司签订10年合作协议，由美方无偿提供日本三菱、美国FMC、英国APV配套价值120万美元的灌装线1条。10年后，设备所有权归中方。

1984年，厦门华侨啤酒厂投产。是年，厦门饮料厂投入生产。1985年4月，厦门饮料厂从厦门蜜饯厂脱钩成为一个独立核算企业。

1985年，厦门冷冻厂筹建啤酒车间。1986—1987年，厦门市水产饲料公司和厦门食品饮料厂等一批区街食品工业企业相继创建。

1987年，厦门饮料厂与中国茶叶总公司厦门茶叶支公司、日本高砂香料株式会社合资生产乌龙茶浓缩液。1988年，厦门酿酒厂的丹凤啤酒投产。

1991—1992年，创办厦门东方食品有限公司、厦门华顺冷冻调理食品有限公司、厦门华厦食品工业有限公司等一批“三资”企业，成为厦门食品工业中异军崛起的新兴力量。厦门岳口、龙舌山、天第、鹭燕、百胜等品牌的矿泉水先后开发投产。

1993年，厦门食品厂与大中华食品厂合并。以生产可口可乐、雪碧、芬达、鹭芬等软饮料驰名的厦门饮料厂和厦门蜜饯厂合并成立厦门绿泉实业总公司。

1993—1994年，厦门食品厂、厦门大中华食品厂、厦门鼓浪屿食品厂和厦门食品原料厂、厦门食品包装厂，以及6家中外合资糖果食品企业合并为厦门为天实业总公司。

2007年，区境有规模以上食品加工企业3家、食品制造业8家。

第六节　印刷与包装品工业

清光绪十四年（1888年），新街礼拜堂在五崎顶（今定安路）创设“倍文斋”，购置较先进印刷设备，除承印闽南圣教书局的书籍外，还承接社团、学校、企业的印件。

清末，区境传统木版印刷逐渐被手摇石版机所代替。设备先进的万盛印务馆包揽中国银行、汇丰银行、安达银行、台湾银行、德忌利士等大商号的印件，并引进石版彩印机，承印“淘化大同”的罐头商标。开设在六仙公巷的吴宝文印务所主要加工中式账簿，嗣后购置4开彩印石印电机等时新印刷机器。印刷厂还有倍文斋、萃经堂印务馆、南乔巷的大新、和凤街的恒德源、二十四崎脚的采香、二十四崎顶的华洋、外校场的美真、墙顶巷的施旭初印务、菜妈街的赵文记、赖厝埕的振名，以及文化印书馆、厦门印务馆、新宏发等。

民国8年（1919年），倍文斋称倍文斋印书馆后，添置机器和铅字，翻印孙中山先生所著《三民主义》《建国大纲》等；又从英国购进一架大型印刷机，创办《思明日报》。原厦门海关职员陈德禄，出面招股集资，开办福建印书馆，拥有多种印刷机器，仿照上海商务印书馆体制，设立各科室，延聘编辑，准备出版读物。是一家规模庞大，设备完善的私营印刷厂家；但开业不到两年就宣告歇业。

民国9年（1920年）后，印刷业竞争渐趋剧烈。育源、焕新、振华、风行、新民智、明明、启新、南方、联友、平民、华山等印务馆相继创办。新宏发、艺新、天宝、粉竹斋、新时代、通美、通胜等商号也兼营印刷；还有一批个体手工业印刷者。

包装业是在区境成为通商口岸后，随着对外贸易的发展而逐步发展的。但当时的包装物品大部分简易、粗糙、极不讲究，许多商品采用简易包装。通常的包装物品有麻袋、麻索、稻草索以及藤、竹、木制成的笼、筐、箱。

中华人民共和国成立后，区境印刷与包装业得到恢复和发展。1953年，厦门市联合印刷厂成立。1956年，联合印刷厂又与国营新华印刷厂合并，成立公私合营厦门印刷厂。原单一的生产方式，逐渐转为纵向联合的生产方式，形成从铸字、制版到印刷、裁切、成品装订等生产流程。至1958年，厦门印刷厂经再度分合后，建立厦门第一印刷厂。1964年，厦门第一印刷厂分为以彩印为主的第一印刷厂和以铅印为主的厦门第二印刷厂。至1965年，厦门市主要印刷厂有厦门第一印刷厂、厦门第二印刷厂、厦门第三印刷厂，以及厦门日报印刷厂。

这一时期，厦门市包装工业所用的包装物品主要是木箱、纸箱及玻璃容器包装物。生产制造包装物品的企业有轻工系统的纸箱厂、玻璃厂、包装厂（后改为厦门包装总厂）；手工业系统的木箱厂（后改为厦门第六塑料厂）、木箱综合厂、第一纸箱厂、篾套包装社，以及区街木箱厂等。

1966年7月和1976年7月，先后创办思明区向阳印刷厂和开元区东风文化用品厂。1970年，区境内印刷工业年产值100多万元。1975年，印刷业工业总产值比1970年有所增长。木箱厂转产塑料板材；一些生产塑料日用品的企业，增加生产包装品。厦门第五塑料厂增加塑料包装提桶系列产品。生产木包装制品、纸包装制品、铁皮包装制品的企业不断增加，生产规模不断扩大。

1976年夏，从事包装产品制造业的有7家，包装制品有木质、玻璃、陶瓷、铁质、塑料、藤草袋等。

1976年秋至1995年底，向阳印刷厂、开元印刷厂、第一纸箱厂等区、街办的小型企业，分别在新区重建新厂房，扩大生产规模。一批企业积极与内地技术力量雄厚的大工业或商贸企业联营，或“嫁接”外资，壮大经济实力。厦门市第一纸箱厂先后与中国粮油食品进出口总公司、福建省粮油食品进出口分公司、厦门市粮油食品进出口支公司、四川宜宾造纸机械厂、航天工业部所属的首都机械厂、中国包装进出口总公司福建分公司等单位联营，合资创办厦门厦戎联合造纸厂、厦门厦戎联合造纸厂同安分厂、厦门宇联纸制品包装有限公司、厦门市环厦纸制品联合厂，形成造纸、纸包装制品生产一条龙的格局。

2007年，区境有规模以上印刷工业企业22家，造纸及纸制品工业企业8家，工业总产值73422.6万元。

第七节　塑料橡胶制品业

1954年，区境的厦门岛第一家以生产塑料纽扣为主的私营小企业——厦门耀华加工厂开业，依靠进口原材料，采用手压注塑机，小批量生产纽扣。1957年，成立国营厦门橡胶厂，当年生产塑料制品氨基塑料产量0.15吨，自行车外胎0.34万条，胶鞋15.44万双。1958年，厦门橡胶厂生产胶鞋年产量385.46万双；手推车内外胎、自行车内外胎也成为主要产品。此后，陆续创办一些国营和集体的塑料工业企业。

1968年，塑料制品的年产量由1965年的358.62吨，下降至60.36吨，锐减83.17%；橡胶制品的年产量也大幅度下降。与1965年比较，胶鞋下降77.13%；自行车内外胎分别下降74.28%和76.4%。1969年后，逐步有所回升。

1971—1975年，三区陆续创办一批小型的塑料制品和再生橡胶制品企业。

1976—1985年，厦门市藤竹包装厂改行生产塑料薄膜，后改名厦门市塑料包装厂；厦门市绳缆社改行生产玻璃钢氨气瓶、塑料编织袋，后改名厦门市第七塑料厂；厦门市第二铸造厂改行生产塑料发泡拖鞋、地毡板；厦门市联合塑料厂生产胶粘剂。一批区街道塑胶工业应运而生，区境塑胶工业生产规模扩大，企业增加、品种增多。1985年，区境有塑胶制品业企业43家。其中，塑料制品业32家（塑料薄膜制造业3家，塑料板、管、棒材制造业3家，塑料丝、绳及编织制造业3家，泡沫塑料制造业、塑料零件制造业、塑料包装箱及容器制造业各2家，塑料鞋制造业和人造革、合成革制造业各1家，日用塑料杂品制造业和其他塑料制品制造业各6家）；橡胶制造业11家（力车胎制造业2家，橡胶零件制造业4家，日用橡胶制造业3家，橡胶制品修理业和轮胎修理业各1家）。

1986—1995年，创办厦门齐鲁塑料板材厂、厦门齐鲁塑料包装材料厂等内联企业和厦门中望塑胶工业有限公司、厦门豪盛塑胶工业有限公司等"三资"企业。圆珠笔厂改为塑胶总厂，后又引进外资，生产塑料百叶窗。

2007年，区境有规模以上塑胶工业企业26家（其中塑料制品工业企业21家，橡胶制品工业企业5家）。

第八节　建材工业

清光绪三十二年（1906年），创办乡信玻璃厂，是区境最早的建材企业。光绪三十四年，创办广建玻璃厂。

民国8年（1919年），印尼华侨陈森炎集资14万银元，在鼓浪屿康泰路12号创办南洲有限公司花砖厂，经理陈石励，设有手工、电动两大成型车间，有辅助生产车间、陈列室、办公室，民国10年投产（民国23年变更经营，改名新南洲有限公司花砖厂；抗战前停产）。

民国9年，创建同升玻璃厂。民国9年后，斗涵、豆仔尾一带创办数个壳灰厂，出现经营红砖的商号。

民国13年，华侨杜纪真创办福建洋灰瓦厂。从德国购进2台制瓦机，钢模1000块，在鼓浪屿内厝澳开设工场。后在鼓浪屿康泰路购地3000平方米，扩大营业，由厦门造船厂仿制德国进口的瓦机2台，年产水泥瓦30万片，瓦背印有"三圈"商标。福建洋灰瓦厂后改为福建砖瓦公司。此后，先后创办振兴砖瓦厂、中南瓦厂和国建制瓦厂。

民国21年夏，谢金楚在厦门古城西路创办金记商店（后迁址厦禾路），自产水泥花格栏杆、落水管、水泥瓦、卫生洁具等。为当时水泥制品品种较多的手工作坊。

民国22—26年，厦门石料馆（亦称石料作坊）有六七十家，大多设在海防路头、靖山路、双莲池及厦港打石字、沙坡尾一带，石工大部分是惠安人。

民国27年5月，厦门岛沦陷，建材企业纷纷倒闭。抗战胜利后，建筑业复苏，私营石灰石厂家及其他土石营业日见兴旺。壳灰业、红砖业复兴，水泥制品生产有所发展。民国36年，区境经营壳灰的商号有16家，经营红砖兼营水泥制品、壳灰的商号有16家，经营水泥制品的大多是前门开店、店后工场的手工作坊。石料馆亦有10多家。

中华人民共和国成立初，基本建设投资少，建材业发展较慢。1955年，爱白、吉成、涌泉、泉和、自强、合利、同发、联发、合成、泉成、建发、合发12家商号和主要设备39条灰窑与5家水泥制品业组成壳灰砖瓦生产合作社，社址在斗西码头附近。1956年，按行业分设水泥制品生产合作社、壳灰生产合作社。1958年，壳灰生产合作社转为地方国营壳灰厂，灰窑迁往海沧排头村；水泥制品生产合作社迁址沙坡尾，转为地方国营厦门水泥制品厂。

1958—1963年，区境石料厂有：厦门建筑工程公司石料厂（省四建石料厂）、地方国营开元石料厂、厦门建筑工程公司杏林石料厂、厦门市政石料厂、厦门市建筑生产合作联社石料一社、二社等石料厂。水泥制品厂、混凝土钢筋加工厂迁回市区后江埭，改名省四建公司水泥预制件厂。

1970年后，煤渣砖出现供不应求现象，促进煤渣砖生产规模不断扩大。除省四建公司继续扩大生产外，市建筑工程局在将军祠建灰沙砖厂。东风区红卫公社（今梧村街道办事处）在梧村双涵建煤渣砖厂。厦门房管局在后江埭、厦港博物馆后面建2个车间。厦门五中、厦门罐头厂创办煤渣砖生产车间。

1980年后的12年间，是区境地方建材工业发展最快的时期。1984年，成立中外合资厦门鹭路塑料异型材有限公司。是国内较大规模生产塑钢门窗和各种塑料异型材的专业厂家。经济特区扩大到思明区境后，原有水泥制品厂纷纷转为外向型企业。水泥制品企业属劳动密集型，逐步转为乡镇企业。

1992年后，随着港口旅游风景城市的规划调整，建材工业企业逐年退出区境，建材工业企业数迅速减少。

2007年，区境有建材工业企业1家。

2007年思明区工业主要产品产量一览表

表15-3-1

产品名称	单位	产量	产品名称	单位	产量
自来水	万立方米	53384	液压元件	件	21000
糕点	吨	1207	弹簧	吨	867
饼干	吨	70	铲土运输机械	台	39
饮料酒	千升	15149	高压开关板	面	1997
服装	万件	1749	低压开关板	面	35
家具	件	600955	电力电缆	千米	25000
纸制品	吨	6853	电热水器	台	45184
多色印刷	对开色令	132443	电话单机	台	213408
光盘复制品	万张	53700	手机	台	69205
塑料（初级）	吨	1181	半导体分立器件	万只	33405
合成橡胶	吨	871	集成电路	万块	5753
香精香料	吨	495	光电子器件	万只	1363116
中成药	吨	432	电子元件	万只	297804
塑料制品	吨	17713	印制电路板	万块	55499
商品混凝土	立方米	580083	录放音机	台	1081422
花岗石板材	立方米	112987	自动化仪表及系统	台	278290
钢化玻璃	立方米	130084	眼镜	万副	2047

第四章　企业与产品选介

第一节　企业选介

一、厦门市冲剪机床厂

位于万寿路29号。1969年10月创建，系区级集体所有制企业。前身是由市东风机修厂、市红星机修厂、市东风铁工厂合并而成的厦门市东风机床厂。办厂初期，厂房简易，设备简陋，职工近百名。生产J25-4吨、J25-12吨、J25-16吨压力机及B690牛头刨床、台钻等产品。1976年，市东风模具厂并入，增加生产压片机、五官科椅、立式高压消毒器等医疗器械产品，并试产剪板机，1977年投产。1979年，市东风阀门厂歇业，部分人员并入东风机床厂。东风机床厂更名厦门市冲剪机床厂。

2003年，厦门冲剪机床厂改制为厦门劲龙工程机械有限公司，易地搬迁至海沧区。

二、厦门市开元区冷作厂

位于浦南社区。1977年创建，系街道办集体所有制企业。前身是由两个街道副业组合并而成厦门市红卫农械厂。1979年，承接厦门市工程机械厂装载机冷作件加工任务，生产获得稳定发展。1980年，更名厦门市开元区冷作厂。1983年，在梧村街道浦南新建厂房。

1999年，改制为民营企业，更名厦门开源冷作有限公司，迁钟宅金中源工业区。

三、厦门市开元区西郭机修厂

位于仙岳路筼筜工业区2号厂房。1970年创建，属区级集体企业。业务为农机修理、粮食加工、铸造，并兼营果林队、养猪场、蘑菇场等。1984年底，征用西郭土地，工厂成为筼筜街道集体所有制企业。1979年，承揽厦门工程机械厂油管的加工业务。1989年，增加装载机椅座加工业务。

四、厦门思明制药有限公司

位于下沃仔13号。1966年6月创建，前身为思明制药厂，为区属集体所有制企业，生产经营“五老峰”牌各类西药和中成药制剂。主要产品滴眼剂、滴鼻剂、滴耳剂、混悬剂、颗粒剂、溶液剂、糖浆剂、茶剂、气雾剂、栓剂、酊剂及散剂等多种剂型50多个品种。其中，“五老峰”牌维甜糖茶1983年获国家经委优秀新产品奖；1984年获福建省优质产品称号及福建省新产品开发先进奖、厦门市创优质产品奖；1985年获轻工业部全国轻工业优秀新产品证书、厦门市科技进步成果二等奖；1989年获福建省首届消费者信得过产品称号；1990年获“七五”全国星火计划成果博览会银牌奖。其“冷镇痛气雾剂”属国内首创镇痛新药，获国家级重大科技成果奖；1985—1988年获福建省二轻科技成果三等奖。其“维甜美降糖茶”“清热明目茶”“降压茶”等茶剂药品出口东南亚、日本等国家并销往港澳地区。

1998年11月10日，思明制药厂改制，成立思明制药有限公司，注册资金2000万元，由佳益集团承包经营。由于经营不善，企业亏损。2004年，该公司进入停产清算阶段。

五、厦门东风药业有限公司

位于前埔工业园。1972年创建，前身为厦门东风制药厂，原是区属集体企业。生产碘酊、过氧化氢溶液、利凡诺溶液等产品。化工产品氯化锌获省优质产品称号。1981年、1986年、1990年先后3次通过省市联合验收，并取得“药品生产企业合格证”和“药品生产企业许可证”。

1993年，东风制药厂与台商开始内部合作。2003年8月，被台资企业湖北李时珍医药集团收购。在改制过程中，原东风制药厂老职工95%在新企业中就业，成为厦门市第一家集体制药企业成功改制的企业。

厦门东风药业有限公司新厂区占地面积1.4万平方米，有4条生产线。2004年，企业生产总值由改制前年100多万元上升至8500万元，年利税1200万元。员工人数由建厂时60余人增至2800人。生产的“酸痛喷雾剂”销售量位列全国骨伤类药销售额前列。

六、厦门市搪瓷厂

位于厦港巡司顶6号，后迁湖里区悦华路159号。1976年成立。区属集体所有制企业。生产搪瓷制品。1983年，开发生产龙舟牌家用电热水器。获国家七五星火计划项目成果展览会金奖，被国家质量技术监督局授予采用国际标准产品标志证书。1994年，企业改制，更名厦门龙舟电气有限公司。

七、厦门市第二医疗电子仪器厂

位于顶沃仔2号。1978年8月创建，由中华五金弹簧厂和前卫金属线材厂组建。生产电动牙钻车、水浴锅、电子交流稳压器及120、135胶卷暗盒等产品。1981年1月，该厂与厦门试验机厂、中国机械进出口总公司联合，与香港华沅企业有限公司合资创办三立（厦门）汽车配件有限公司，生产、加工和销售各种汽车发动机、起动机及其他配件。与厦门半导体器件厂、厦门第二电子仪器厂、机电部52所厦门分所联合，与香港华沅企业有限公司合资创办厦门必可电子有限公司，生产开关电源、32位、16位微型计算机系统各种微机接口卡、计算机系统及其配套部件等，产品以外销为主。

1983年，从日本引进配件，组装电子数字显示血压脉搏仪和电子天平。1985年11月，与上海高血压研究所合作研制成功动物血压脉搏仪和电脑控制标准压力发生器。是年8月，与上海第二机床电器厂合资经营厦门公信机床电器厂，生产晶体管时间续电器。1986年10月，同香港华沅企业有限公司合资经营厦门市飞碟电子元件厂，从事晶体二极管的筛选和交换器、变压器、电感器及电脑延迟线等生产。1987年1月，与厦门感光材料公司、福建投资公司合资兴办厦门华美感光包装品公司，专门生产胶卷包装暗盒、胶卷轴芯和外壳及旅游杯等。与丹东调谐器总厂联合创办厦门厦丹电子工贸有限公司，专门生产经营高频头、电子调谐器。

2002年6月，该厂亏损停产。思明区国有资产投资公司对该厂33名固定工和7名合同制职工进行一次性安置；对31名内部退养人员交由职工托管中心托管；剩余资产划归思明区国有资产投资公司托管。

八、厦门永红电子公司

位于七星路80号。1983年，由天水永红器材厂与厦门华夏集团联营创建。属街道企业。被列入国家“六五”“七五”“八五”重点技术改造项目。“六五”期间，被列入国家550项重点事业技术发行项目，投入980万元，从美国、日本、荷兰、瑞士等国家和香港地区引进关键设备。“七五”期间，投入800万元扩大一倍生产能力。“八五”期间，被列入“全国录像机专项”技改项目，总投资4850万元（含外汇350万美元），从美、英、德、日、瑞士等国家引进先进水平的关键设备仪器。“十五”期间，投资1500万元，新增三条电镀生产线（其中从香港购入2条属世界一流水平的电镀线，从国外购入10台属国际先进水平的高速冲床），具备年生产精密模具120副及各类引线框架20亿件能力。2001

年7月，成立厦门永红电子有限公司。

2006年，“永红”品牌被中国电子商会评选为“中国电子企业最具潜力品牌”。形成分立器件系列、DIP系列、SOP系列、SSOP系列、QFP系列、SOT系列等150个品种，成为国内集成电路引线框架生产的龙头企业，具有年生产各类引线框架100亿件/块的能力。

九、厦门市东风无线电厂

位于担水巷51号。1966年创建。属区级企业。生产直径2.5毫米和3.5毫米微型耳塞机、直径2.5毫米和3.5毫米插口、立体声耳机、AM线圈、电感线圈、双灯头插座、电源变压器以及20、14、10、6线A型插座、开关等电子产品。其中CKX2小二芯插口获1986年标准计量奖；电声QC小组获1986年省电子工业优秀质量管理小组三等奖；插口QC小组于1986年和1987年两次获省优质产品奖；微型耳塞机产品获省1986年度优质产品证书，1987年获部优产品证书。

1991年，企业经营亏损。1993年，全面停产。2001年10月，进行清理，分流安置职工。至2007年，剩余资产划归厦门市全和开发有限公司管理。

十、厦门神鹭稳不落电器有限公司

位于浦南二路16号。1990年创建。属街道企业。公司注册资本258万元，系集产品研发、注塑加工和生产、销售于一体的具有独立进出口经营权的专业低压电器适配器具生产商。

公司与台湾梵辅路有限公司合作生产世界首创的具有50余国专利荣誉的Wonpro（稳不落）高级欧式家用开关、插座、万用旅游转换器、工业插座等，以及礼赠品用的旅游转换插座、LED环保手电筒、烟灰缸系列等系列产品。产品严格依照ISO 9001：2000质量管理体系要求生产制造。其Wonpro产品获欧洲CE、中国3C认证、中国建材工业协会IEC884、IEC669国际电工认证、ISO 9001：2000质量体系认证证书、国际标准产品标志证书。

十一、厦门市奥斯卡灯具实业总公司

位于湖滨南路18号之四。1995年1月创建。属区级企业。由厦门市中华五金厂、厦门市灯具厂、向阳自行车零件厂（武汉大厦）、医疗电子仪器厂、嘉明工贸公司、思明纸箔厂、明丽灯饰玻璃厂、装璜工程有限公司等独立法人单位组建，并拥有光明灯具商店、鹭光灯饰商场、中华五交经营部等，总资产5000万元。自有营业场所与厂房面积2万平方米。职工700余人，工程技术人员50人。

引进国外先进设备和技术工艺，拥有玻璃彩印、异形生产工艺与设备，是一家专业生产各类中、高档豪华玻璃灯饰及灯饰玻璃、工程灯具的实业总公司。产品有吸顶灯、吊灯、壁灯、工艺美术台灯等10大类灯具。此外，公司还生产医疗器械、自行车零件以及金银纸箔。1999年，其产品电热恒温培养箱获国家银质奖，MTI台灯被评为省优产品。

2001年10月，该厂停产。思明区国有资产投资公司对该厂124名固定工和29名合同制职工进行一次性安置，69名内部退养人员由区职工托管中心托管。企业剩余资产由思明区国有资产投资公司托管。

十二、厦门蒙发利科技（集团）股份有限公司

位于前埔路168号。1996年8月创建。街道企业，是国内按摩器具行业目前最大的企业之一。系一家集研发、生产、销售于一体的国家级高新技术企业，分别在香港、深圳、福建漳州及厦门等地设立9家子公司。各子公司根据不同的产品特点从事按摩保健品的研发、生产及销售，开发生产1000多个品种产品，涵盖保健按摩产品大部分门类，95%以上产品外销，客户分布在几十个国家或地区。集团先后获得“福建省最佳信用企业”“厦门市文明单位”“厦门企业100强”“厦门市重点民营企业”“守合同重信用企业”“福建省著名商标”等荣誉。

十三、巨茂光电（厦门）有限公司

位于岭兜西路627号。2001年成立。街道企业。拥有一批在太阳能模组及太阳能应用领域具备丰富经验的管理和技术人员，研发高精尖产品广泛应用于通信、广播电视、交通、石油、照明等行业，参与承建西部光明工程项目和2008年北京绿色奥运工程。是厦门市重点高新技术企业，也是外商投资先进技术企业。

十四、厦门华联电子有限公司

位于厦门市火炬园开发区、思明区前埔工业园。1984年8月创立。区属企业。是厦门联合发展（集团）有限公司与电子部746厂共同投资的内联工业企业。拥有2.4万平方米面积自建工业厂房。是一家专业生产半导体光电器件、半导体照明及其应用产品和微电脑控制器的专业生产企业。产品有超高亮度发光二级管、普通亮度发光二级管、贴片发光二级管、LED数码显示器等。是厦门市首批“高新技术企业”“技术先导型企业”之一。是福建省电子行业20家重点企业、厦门市百家重点企业之一，省、市技术开发先进单位。

第二节　产品选介

一、中国驰名商标产品

2007年，国家工商部门认定厦门帝尔特企业有限公司“爱得利IVORY”、厦门市金鹭首饰有限公司“图形/金鹭”为中国驰名商标。国家司法部门认定厦门市黑眼睛服饰有限公司“黑眼睛”、厦门市万杰隆工贸有限公司“万杰隆及图”为中国驰名商标。

2007年思明区境中国驰名商标产品名表

表15-4-1

注册企业	商标名称	认定产品	认定单位
厦门帝尔特企业有限公司	爱得利IVORY	奶嘴、奶瓶等	2007年工商部门认定
厦门市黑眼睛服饰有限公司	黑眼睛	背包、旅行包、手提包	2007年司法部门认定
厦门市万杰隆工贸有限公司	万杰隆及图	衣服、衣物	2007年司法部门认定
厦门市金鹭首饰有限公司	图形/金鹭	首饰等	2007年工商部门认定

附：中国驰名商标产品简介

“爱得利”奶瓶、奶嘴　1975年，创始人郭廷梓在台湾新竹创立帝尔特企业有限公司，注册“爱得利IVORY”商标。1988年，投资大陆设立厦门帝尔特企业有限公司，主要产品有奶瓶、奶嘴等婴幼儿用品，包含玻璃奶瓶系列、硅胶奶嘴及液体硅胶奶嘴系列、安抚奶嘴系列、婴儿礼盒系列等。于2007年获得中国驰名商标。

“黑眼睛”休闲包　黑眼睛服饰有限公司创立于1998年，“黑眼睛”为公司旗下之事业品牌。以休闲包为主体产品，配套发展服装、鞋帽、围巾、手套等系列。先后获“中国驰名商标”“厦门市十佳服装服饰品牌”“福建省名牌产品”等称号。

“万杰隆”运动休闲服饰 2002年，厦门市万杰隆工贸有限公司成立，有“万杰隆”品牌专卖店、专柜千余处，基本覆盖全国一、二、三类市场。主要产品为运动休闲服饰，获“中国驰名商标”“厦门市十大服装服饰品牌”“中国十大最具发展潜力体育品牌”“闽南十佳美誉度服装品牌”等称号。

“金鹭”首饰 厦门市金鹭首饰有限公司始创于1996年，是一家专门从事金银首饰生产、加工、批发、零售的企业。企业注册资金6399万元，实利用资金50931.21万元（含连锁公司及连锁专柜）。金鹭首饰中山银楼开创具有国际水准和现代化的首饰展示空间。3000平方米营业面积的金鹭首饰莲花珠宝金店展示一站式丰富的购物金店。通过ISO 9001：2000质量体系认证，获“中国驰名商标”“福建省金牌老字号”“中国珠宝首饰业驰名品牌”等称号。

二、福建省著名商标产品

1998—2002年，区境评为福建省著名商标共13项。2003年10月三区整合后至2006年，评为福建省著名商标共27项。2007年，评为省著名商标4项。

1998—2006年区境福建省著名商标产品名表

表15-4-2

企业名称	商标名称	认定产品	认定时间
厦门华顺食品工业有限公司	安井	香肠、牛肉片	1998年
厦门中药厂	鼎炉	中成药	1998年
厦门星鲨实业总公司	星鲨	中药成药、新摇成药	1999年
厦门海燕实业有限公司	海燕	轮胎	1999年
厦门三圈日化有限公司	三圈	干电池	1999年
厦门三圈日化有限公司	青蛙	蚊香	2000年
亚洲酿酒（厦门）有限公司	丹凤	酒	2000年
厦门罐头厂	古龙	水果罐头	2000年
厦门茶叶进出口有限公司	海堤	乌龙茶	2001年
厦门市优佳丽服饰有限公司	黎姿 LAIPOSE	服装	2001年
厦门市金鹭首饰有限公司	图形	首饰	2001年
厦门明发集团有限公司	明发及图	非金属建筑材料	2002年
厦门法拉电子股份有限公司	鹭岛牌及图	电容器	2002年
厦门三圈日化有限公司	青蛙图形	杀虫剂，蚊香	2003年
厦门大洲房地产开发有限公司	图形	非金属建筑物	2003年
福建厦门土产畜产进出口有限公司	雄鸡牌及图	蚊香	2004年
厦门蒙发利科技有限公司	轻松伴侣及图	按摩器械	2004年
厦门市黑眼睛服饰有限公司	黑眼睛	帆布背包、手提包双肩包	2004年
厦门龙舟电气有限公司	龙舟及图	热水器	2004年
厦门安德鲁森食品有限公司	安德鲁森	面包、糕点	2004年
厦门帝尔特企业有限公司	爱得利 IVORY	奶瓶、奶嘴	2004年
厦门圣达威服饰有限公司	圣达威 STDAWEE 及图	服装	2005年
厦门市双丹马实业发展有限公司	燕之屋	食用鸟窝、冰糖燕窝	2005年
厦门市明腾工贸有限公司	图	茶	2005年

续表15-4-2

企业名称	商标名称	认定产品	认定时间
厦门市育明工程机械有限公司	YUMING　育明及图	挖掘机(机械)专用配件,装载机的专用配件	2005 年
厦门市南普陀寺实业社	南普陀	馅饼	2005 年
厦门向阳坊食品有限公司	向阳坊及图	面包、蛋糕、水果馅饼	2005 年
厦门市黄则和食品有限公司	黄则和及图	餐馆、糕点、馅饼（点心）	2005 年
厦门市奇奇保健食品有限公司	凯悦及图	糖果、糕点、面粉制品	2005 年
慈光食品（厦门）有限公司	B. B.	沙司、酱油、辣椒酱	2005 年
厦门华视眼镜有限公司	华视 HUASHI 及图	眼镜行服务、验光；配制眼镜	2005 年
厦门市惟艺漆线雕艺术有限公司	Bo Hua Cai 及图	瓷器装饰品、瓷、赤陶或玻璃塑像,瓷器,陶器等	2005 年
千信和金属（厦门）有限公司	JACO	硅、工业硅、结晶硅	2006 年
厦门汇大化工有限公司	汇大	未加工的环氧树脂、合成树脂、人造树脂	2006 年
厦门立洲五金弹簧有限公司	立洲及图	弹簧（金属制品）	2006 年
诚益光学（厦门）有限公司	PARIM	眼镜	2006 年
厦门鑫五洲国际贸易有限公司	DFC	非贵重金属制家用或厨房用容器，家庭用陶瓷制品，瓷、赤陶或玻璃艺术品	2006 年
黄勇明（厦门福禄源实业有限公司）	福禄源及图	肉干、肉脯、肉松	2006 年
厦门市陈有香调味品有限公司	陈有香	调味粉、调味露、酱	2006 年
中绿食品集团有限公司	中绿及图	新鲜蔬菜、鲜水果	2006 年

三、福建名牌产品

1995—1998 年，评为福建名牌产品共 8 项。2003 年 10 月至 2007 年，评为福建名牌产品共 20 项。

1995—2007 年区境福建名牌产品名表

表 15-4-3

企业名称	商标名称	认定产品	评定时间
厦门市法拉发展总公司	鹭岛牌	CL CBB 系列薄膜电容器	1995 年
厦门鱼肝油厂	星鲨牌	鱼肝油	1995 年
福建厦门茶叶进出口公司	海堤牌	福建乌龙茶	1995 年
厦门三圈日化企业有限公司	三圈牌	纸板电池、铁壳电池	1995 年
厦门市家具厂	美家牌	家具	1996 年
厦门中药厂	鼎炉牌	中成药（新癀片等）	1996 年
厦门海燕实业总公司	海燕牌	轮胎	1996 年
厦门罐头厂	古龙牌	香菇肉酱罐头、香菇猪脚腿罐头、红烧猪肉罐头、香焖花生罐头	1998 年
厦门罐头厂	古龙牌	红烧肉罐头	2003 年
亚洲酿酒（厦门）有限公司	丹凤牌	白酒	2003 年
厦门市金鹭首饰有限公司	金鹭牌	首饰	2004 年
厦门市思明区黎明冶金机械厂	黎明牌	冷弯辊压成型机	2004 年

续表15-4-3

企业名称	商标名称	认定产品	评定时间
厦门蒙发利科技有限公司	轻松伴侣牌	按摩器材	2004 年
厦门市育明工程机械有限公司	育明牌	装载机驾驶室	2005 年
厦门圣达威服饰有限公司	圣达威+图形牌	男西服套装	2005 年
厦门升汇华纶纺织工业有限公司	厦纺牌	纱线	2005 年
厦门市黑眼睛服饰有限公司	黑眼睛牌	城市休闲包	2005 年
厦门恒好进出口有限公司	“PicnicSource” 牌	野餐包	2006 年
厦门优佳丽服饰有限公司	“黎姿 LAIPOSE” 牌	女装	2006 年
诚益光学（厦门）有限公司	“派丽蒙+PARIM” 牌	眼镜	2006 年
厦门黄金香食品有限公司	“黄金香+HUANGJINXIANG+图” 牌	无公害猪肉	2006 年
厦门法拉电子股份有限公司	鹭岛及图形牌	CL、CBB、MKP、SMD 系列薄膜电容器	2007 年
厦门市浪漫宣言制衣有限公司	浪漫宣言牌	女装	2007 年
厦门蒙发利科技（集团）有限公司	轻松伴侣及图形牌	按摩器材	2007 年
中绿食品集团有限公司	中绿图形牌	甜玉米（农产品）	2007 年
厦门中药厂有限公司	鼎炉及图形牌	新癀片	2007 年
厦门帝尔特企业有限公司	爱得利 IVORY 牌	奶瓶（嘴）	2007 年
厦门茶叶进出口有限公司	海堤及图形牌	福建乌龙茶	2007 年

第五章　工业管理与服务

第一节　管理机构

一、三区管理机构

（一）鼓浪屿区管理机构

1958 年，设区生产股。1963 年 1 月，区生产股改为生产办公室。1968 年 9 月，设立生产指挥组。1975 年 12 月，改为工业科。

1984 年 4 月 16 日，鼓浪屿区成立企业整顿办公室；8 月 1 日，撤销鼓浪屿区工业科，成立鼓浪屿区企业管理局（1991 年 4 月 10 日，鼓浪屿区工业公司并入区经理部）。

1996 年 10 月 4 日，撤销鼓浪屿区企业管理局和进出口办公室，组建鼓浪屿区经济贸易局，分管工业企业；对外加挂外资局牌子。2003 年 10 月三区整合，此机构撤并。

（二）开元区管理机构

1955 年 1 月，设区手工业股。1958 年 12 月，设区工业经理部。1959 年 9 月，成立工业科。1960 年 6 月，设区机电股、化工股、轻工股、区生产计划股，1962 年撤销。至 1966 年“文化大革命”前夕，由于区辖工业企业上调，区工业科因没有管理任务而消失。

1968年9月，成立区革委会生产指挥组，领导全区工业和副业生产。1978年3月，撤销生产指挥组，设区工业科；1980年，改称生产生活服务管理科；1981年5月27日，复名为工业科。

1982年12月17日，成立开元区企业管理局，与外经办合署办公。1984年7月，撤销企业管理局，成立区工商企业发展总公司（经济实体）和经济委员会。1985年12月9日，撤销工商企业发展总公司，将经济委员会和对外经济贸易办公室合并，成立开元区经济贸易局，分管工业与经济贸易事宜。2003年10月三区整合，此机构撤并。

（三）思明区管理机构

1956年，设区手工业管理股。1958年，设区工交办公室；1959年春，改称工业股。1959年夏，手工业管理股与工业股合署办公。是年10月，增设区委工业科。1962年区街企业上调或下马后，工业科随之撤销。

1961年1月，设立区委工交财贸科。1962年，区手工业管理股和工业股撤销。1964年11月，区委工交财贸科撤销。

1968年，设生产指挥组。1976年10月，设区工业科。1980年，改称生产生活服务管理科。

1982年10月25日，思明区生产生活服务管理科改为思明区工业科。

1984年4月7日，成立区企业管理局。

1988年1月16日，思明区企业管理局和思明区进出口办公室合并，成立思明区经济贸易委员会，对外仍保留“思明区进出口办公室”牌子。

1997年6月12日，思明区经贸委改为思明区经贸局。

二、三区整合后思明区管理机构

2003年10月，思明区、鼓浪屿区、开元区经济贸易局合并称思明区经济贸易发展局。内设综合科、经济科，下属事业单位思明区中小企业促进中心。编制10人，在编9人，其中行政编制6人。

第二节　立项招商与扶持

改革开放后，三区贯彻执行中央、省、市的优惠政策，鼓励企业更新、改造，嫁接外资，引进先进技术和管理经验，提高市场竞争力。1992年，邓小平南方谈话发表后，区政府加紧实施工业发展计划和科技发展工程计划。当年，三区在香港成立招商机构。同时，执行厦门市政府下放外资企业审批权“实施细则”。1993年后，三区继续利用厦门市政府下放外资企业审批权限政策，抓紧招商引资立项，扶持辖区企业多渠道招商引资。2001年，开元区出台招商引资考核办法，首次将内联预期目标作为招商引资任务之一下达街道和有关部门。思明区也首次将招商引资任务作为经济目标责任制的考核内容。每季度召开一次形势分析会，成功举办思明区高等院校所科技项目推介会，对引进外资企业的中介人员兑现奖励；同时，改善投资环境。

2003—2004年，思明区经贸局组织人员走访福建知名民营企业，宣传区优惠政策，吸引企业来思明设总部。走访上海、苏州等地，吸取经验。同时，继续实行委托和代理招商。搜集制作和更新招商引资项目库，收集和更新区域空闲土地、厂房、店面、写字楼等信息，为招商引资提供资源。利用“9·8”投洽会，组织漳州永大、省亿力集团等规模较大的项目。收集项目资料，制作招商目录13项。邀请国内外客商40多人、组团5个。继续实行“一条龙”无偿为企业服务，并制定跟踪服务责任制，及时为新引进企业提供各种服务，积极为省亿力公司、三安电子、蒙发利、绿洲弹簧、聚锦纸业等重点项目和企业解决工商登记或生产中遇到的困难。协调安美光电、华联电子新区等69个项目的开工建设，促进福建光盘DVD、瑞华电子等6个项目完工投产。协调办理光蒲电子、朗星光电等7个项目的前期

2001 年 7 月 27 日，厦门三安电子有限公司超高亮度发光二极管产业化基地奠基仪式

审批手续。组织搜集市、区有关扶持企业优惠政策 40 多份，编印成册，并召开全区近 400 家企业负责人参加的优惠政策宣讲说明会。组织民营企业参加市经发局和市建行联合举行“组织推荐优良中小企业申请建行贷款”活动，有 20 家申请贷款获得批准。2004 年，实施《思明区重点建设项目绩效考评办法》，建立重点工作项目库。通过单位责任制、季度通报制、例会跟踪制等措施展开重点项目建设，保证问题及时解决，使大部分重点项目顺利开展。为新引进的 53 家企业无偿提供开办前的系列服务；协助 10 多个项目办理前期服务；帮助有关重点项目解决开办启动遇到的问题。思明区政府出台《关于促进民营经济发展的实施意见》，在制度环境、鼓励政策、服务措施方面为各种民营经济发展提供良好的条件。

2005—2007 年，区政府进一步利用各届“台交会”招商，配合“9·8”投洽会招商，并举办海峡两岸（厦门思明）民俗文化节、海峡两岸（厦门思明）亲情联谊会等活动结合招商。采用“面、线、点”新方法全方位招商引资。一是建立全国范围网络招商机制。区招商局与全国 70 多家闽籍商会保持联系，建立良好关系，做好各省闽商到厦门活动的联络合作，形成招商资源主渠道。二是以行业为主线的专项招商。采取“走出去，请进来”的模式，光电行业主要是深圳、北京、大连、上海、台湾等；软件行业主要是北京、上海、杭州、成都等。同时，加强与美国、日本、印度等光电、软件行业强国的业界联系。三是重点项目重点突击。按照“招商局在谈项目跟踪方案”，筛选一批新的重点招商项目，进一步充实、完善项目信息库。通过“以商引商”，引进“七匹狼”总部，由此又引入省内外多家全国名牌企业到思明区落户。广开信息资源渠道，了解最新的政策及项目情况。从而，促进招商引资出现良好效果。2006 年和 2007 年，合同利用外资直接投资分别为 39724 万美元和 39210 万美元；实际利用外资直接投资分别为 17659 万美元和 18295 万美元。内资项目总引资额 2006 年为 105.61 亿元，2007 年为 107.97 亿元。

第三节　工业园区建设服务

1999 年起，开元区加快工业园区建设，利用区内存量空间，特别是第三产业空间进行二次招商，提高空间利用率。利用中央、省、市各项优惠政策制定鼓励办法和措施，区委、区政府出台《开元区加快招商引资促进经济发展的服务措施》，全区 22 个部门以承诺制形式提出服务企业措施，发挥侨联、台联、商会等作用，以工业园为载体，吸纳多种经济单位进入工业园。2001 年，开元区鼓励和扶持企业增资扩产，工业园建成一批标准厂房，形成一定规模。2002 年，建成开元工业园区变电站，完成兴安工业园基础设施建设。

2003 年，思明区开展服务企业年活动，在全市率先建立区级服务中心。同年，做好市政府批准的位于开元工业园北面用地 62 万平方米的区高科技研发基地的前期规划工作，完成该研发基地第一期

29.8 万平方米土地的选址、预审、立项。着手进行“思明工业园”二期 1.3 万平方米征地拆迁工作，成立区拆迁建设领导小组和审核小组，做好华联电子项目的用地前期工作。进行“思明科技创业园”用地的前期工作。拟定“岛内工业园区管理办法”，规定入驻条件，确保优质企业入园。做好工业园区的区域环境评估的前期工作。完成开元工业园 2 万千伏安开关站供电设施建设。完成同安兴安工业园“三通一平”、基础设施建设。

思明区企业服务中心

2004 年，思明区严格土地征用报批审查，加快工业园区基础设施建设，促进 3.2 平方公里的思明（翔安）工业基地框架正式签订。争取高新技术的开发与产业基地用地 128.9 万平方米，完成第一期 28.93 万平方米征地；完成思明工业园近 8 万平方米的征地拆迁和“三通一平”工作，并将用地交付使用。

2006 年，完成工业园区新增用电户的摸底工作，保障需求企业有序用电。跟踪协调重点投资项目进展，协助瑞华高科办理二期研发大楼的前期申报手续，协助朗星光电办理前期批文及红线批复，协助巨茂光电办理开工批文，及时解决一元生物等施工项目的园区配套问题，确保工业经济平稳发展。

2007 年，开通同安工业区思明园区循环公交线路；引进厦门市专业餐饮配送企业入驻园区提供餐饮服务。成立同安工业区思明园“职工之家”，棋牌室、健身房、电子阅览室等均对外免费开放。

2007 年思明区工业园建设情况统计表

表 15-5-1

工业园名称	规划面积（万平方米）	已开发面积（万平方米）	标准厂房面积（万平方米）	入园企业数（个）
同安工业集中区思明园	250	102	118	122
环东海域思明工业园	55	55	68	0
思明光电园	—	69	—	28
合计	—	226	—	150

第四节　质量管理

一、质量立区

1991 年，思明区政府实施“质量立区”方案。至年底，全区产品质量监督检查合格率 100%。之后，连续实施名牌、名店战略；引进亿力科技、汇创科技一批具有规模品牌效应的企业。组织企业人员参加海内外科技经贸会、科技成果投资会，为企业创品牌产品提供合作平台。

1998 年 3 月，思明区被确定为福建省质量立区工作试点区。是月，成立思明区质量立区领导小组，由分管工业副区长郑云峰任组长，成员由经贸局、科技局、财政局等16个单位负责人组成；6月出台《厦门市思明区质量立区实施方案》，提出主要目标和分期目标。在国家质检总局和省、市质量技术监督局的指导下，把质量立区作为全区经济发展的战略工作，摆在重要位置常抓不懈。做到机构不撤、人员不减、经费保证、运作有序。是年8月，思明区通过“全国消灭无标生产工作试点区”的验收。翌年，国家质量技术监督局授予思明区“全国消灭无标生产县（市）”称号。

2001年10月，国家质量监督检验检疫总局授予思明区“全国质量兴市先进市县（区）”称号。

2003年6月，国家质量监督检验检疫总局党组书记李传卿到思明区考察，对质量立区工作给予高度评价，要求质量立区方针不能变、旗帜不能倒、工作不能松；8月，思明区再次获国家质检总局“全国质量兴市先进市县（区）”称号。

2003年10月三区整合，为确保质量立区工作的连续性，区政府于12月调整质量立区工作领导小组成员。由区长任组长，成员从原20个单位分管工业领导扩大到由27个相关部门、单位和街道的第一把手组成。

2005年6月，思明区政府正式获得ISO 14001环境管理体系证书，成为全省第一个在行政机关中导入ISO 14001环境管理体系的行政区。自1998年至2005年，共有100家（次）单位获得质量立区先进单位称号，26家（次）单位获得文明服务示范窗口先进单位称号，70人次获得先进工作者称号，129家（次）企业获得质量专项奖。区政府累计发出奖励金576万元。

2006年6月，思明区召开“2004—2005年度质量立区表彰大会”，表彰质量立区先进单位、文明服务示范窗口以及先进工作者，颁发2005年度质量专项奖。区财政安排283.1万元，重奖2005年4项争创省优工程项目和获得省、市名牌产品、著名商标19个；表彰2004—2005年度质量立区先进单位33家、文明服务示范窗口先进单位8家、先进工作者20人。同年9月，思明区第三次获“全国质量兴市先进市县（区）”称号。

2007年，区经贸局及时调整制定2007年思明区企业实施名牌发展战略培育计划表；深入同安工业区思明园举办实施名牌战略专题讲座，进一步挖掘有潜质的企业；召开质量立区工作表彰大会，给厦门恒好进出口有限公司等29家企业发放质量专项奖金101.9万元。当年，思明区新增福建省名牌产品企业7家、福建省著名商标企业14家、厦门市著名商标企业23家、首批厦门市优质品牌企业10家；“金鹭首饰”“爱得利”“黑眼睛”“万杰隆”获“中国驰名商标”称号。

二、技术改造

1978—2002年，三区原有国营及集体工业企业，逐步加强技术改造。2003年以后，区经贸局积极引导与帮助企业开展技术革新、技术改造，引进新设备、新技术、新工艺、新材料、新型产品，提升企业级类及其产品质量；倡导实行生产企业、科研单位和大专院校的“产、研、教”三结合进行技术改造创新。

2007年，全区工业企业开展包括技术改造、引进“五新”的科技活动。接受调查的219家工业企业有科技人员1473人，科技经费支出超过2.3亿元，技术开发项目654项，申请专利60件（其中发明专利15件，拥有发明专利20件）。

三、质量体系管理

1999年中国加入世界贸易组织后，三区许多工业企业面对“入世”后进口国可能采取的各种进口标准“关口”，在实施技改和规范化管理的同时，引进ISO 9000体系和HACCP体系进行原料及成品质量控制。区经贸局等有关单位引导企业尤其外向型企业开展ISO 9000体系和HACCP体系认证管理，对企业负责人和管理人员进行业务培训，协助企业做好认证工作。至2007年，全区有109家企业通过上述质量体系认证。其中，双获（ISO 9000和HACCP）认证企业2家、单获ISO 9000体系认证企业87家、单获HACCP体系认证企业20家。此外，获“QS”认证的企业35家。

第十六卷　交通运输　邮电

区境为厦门中心城区，厦门岛交通运输、邮电业均发端于此。古代商旅往返和货物长途贩运，多赖舟楫水运，航运业得以发展。古道有溪岸头至将军祠驿道，还有五通至江头的官道进入区境，均要乘船过渡。

清康熙二十三年（1684年），设海关于鹭江道。清雍正五年（1727年），厦门港被定为福建出洋正口。至清嘉庆元年（1796年），荷兰、英国、德国、日本等外国轮船公司相继在区境经营并包揽进出口海运业务，与30多个国家和地区建立海运往来关系。同时，外国殖民者在区境设海关邮务办事处，施行西方邮政、电信管理模式。

清光绪四年（1878年）七月，英、德领事馆组织“鼓浪屿道路墓地基金委员会”，筹款修建鼓浪屿道路。清宣统二年（1910年），漳厦铁路嵩屿至江东桥路段通车。民国11年（1922年）至25年底，有鹭江道至高崎、莲坂至前埔、何厝公路通车。

19世纪末，清廷在区境开办招商局轮船公司，在海后路设大清邮局。20世纪初，华商航运企业相继开办，冲破西方对航运业的垄断。与此同时，华侨也在区境创办汽车公司，建设老城区道路。至民国25年，区境有大小街路200多条，其中鼓浪屿64条；厦门岛老城区主要道路50多条，总长16公里。公共汽车、客货汽车运输相继开业。近代交通、邮电业在区境崛起。

日军侵占厦门岛后，汽车客货运输受挫，航运业萧条，邮政、电信机构为日军控制，交通运输、邮电事业萎缩。抗日战争胜利后，交通运输、邮电业陆续恢复。至1949年9月，厦门岛内的交通运输、邮电业务机构大多设在区境，公共交通线路和远程客货运输业多从区境始发。

中华人民共和国成立后，人民政府接管旧交通运输、邮电业机构，建立国营交通运输及邮电机构，创办国营、集体运输企业。1956年，完成对个体私营水、陆运输企业的社会主义改造，实行公私合营和合作化。1957年，鹰厦铁路开通，在区境设火车站，居民出行更加便捷。

改革开放后，实行交通体制改革。厦门港扩建后，可泊靠5000吨级货轮及6400吨级客轮；并成为改革开放后大陆首个实现直航台湾的海上运输中心。

2004年，思明区交通运输仓储及邮政业与信息传输、计算机软件业在全市产业规模中位居第二名。2005年，思明区交通运输仓储邮电通信业营业额10.61亿元；2006年为23.2亿元；2007年，增加到29.04亿元，比上年增长11.1%。

2007年，思明区有道路526条，组成厦门中心区道路立体交通网。厦门火车站、松柏长途汽车客运中心、湖滨南路长途汽车站、梧村汽车站等陆路枢纽均设在区境；在公路运输方面，汇集厦禾路、湖滨南北路、市府大道等传统主干道，以及环岛路、莲前大道等重要交通干线。中国邮政在区境设有51家营业网点，136个邮政便民服务站。电信机构有中国电信、移动、联通等7家，开展互联网、政务网、电子商务等业务。

第一章 陆路交通

第一节 古 道

古代，区境有自溪岸头至将军祠驿道。明清时期，岛上交通依靠老城区—莲坂—安兜—高崎和老城区—金鸡亭—蛟塘—五通两条古道，并与漳州陆地对渡。清道光十八年（1838 年），有村民出钱买石铺路，以方便居民行走。

第二节 桥 梁

民国时期，区境有桥梁 12 座，均为公路桥。其中，文灶、双涵各 1 座，建于民国 12 年（1923 年）；镇北关至曾厝垵 7 座，建于民国 16 年；洪山柄至前埔 2 座，建于民国 17 年；民国 28 年，建成前埔桥梁 1 座。

1950—1979 年，主要对原有桥梁进行维修和改建。1980 年后，区境扩大，新建许多桥梁。区境公路桥由厦门市交通部门统一规划建设。主要公路桥如下：

文园路高架桥 位于文园路厦门一中校门口转弯段，是厦门第一座城市道路高架桥。主桥长 130 米，有 6 孔桥孔，其中孔径 30 米的 1 孔、孔径 20 米的 5 孔，两端引桥 105 米，桥面宽 9 米。1990 年 5 月建，1991 年 2 月初竣工，投资 300 万元。

演武大桥 位于环岛路厦大白城至海军码头段。桥梁离海平面最低为 5.5 米，与岸线基本齐平。桥梁长 3457 米，其中海上桥梁长 2857 米，桥面为双向车道，南段为 6 车道、东南段为 4 车道。行车时速 60 公里，匝道时速 30 公里，为城市一级主干道，是世界上桥位最低的海湾桥梁。2003 年 9 月 8 日，全线建成通车，投资 9 亿元。

滨北立交桥 位于疏港路与湖滨北路交叉口，是疏港路高架桥的一部分。主线桥上跨湖滨北路，路线长 600 米（含引道 204 米），双向四车道，设三匝道，长 1217 米。立交桥匝道，左转车辆可避开原来设置在桥下的红绿灯，通过匝道桥实现交通转换，其余方向车辆通过地层设置的信号灯通行。路口通行能力由 4.1 千辆/小时提高到 8.8 千辆/小时。

仙岳路高架桥 桥分 3 段：湖滨东路口跨线桥，从七星西路口起桥跨越湖滨东路至东岳二路口，长 911.06 米。桥梁为 6 联 19 孔 685 米，引道长 226.06 米，其中路口为一联长 115 米钢箱梁；莲岳路口跨线桥，从育秀东路口起桥跨越莲岳路口至屿后路口西侧，长 434.31 米，桥梁为 1 联 5 孔 185 米，引道长 249.31 米，梁部均为钢箱梁；福厦路口跨线桥，从西浦路口起桥跨福厦路及台湾街路口至鹰厦铁路西侧，长 1284.81 米，其中桥梁为 8 联 29 孔 1080.01 米（其中跨福厦路及台湾街路口主跨段均为钢箱梁，长 252 米，其余 828 米为混凝土桥）。2007 年 2 月，仙岳路西段从海沧大桥东引桥至鹰厦铁路西侧高架桥全线贯通，全长 6 公里，宽 25 米，双向 6 车道。

吕厝跨线桥 在嘉禾路中分带上架设 1 座跨越吕厝路口跨线桥。跨线桥为 9 孔单幅桥，双向 4 车道，加上两端引线全长 490 米，桥梁宽 18～19.8 米，主桥长 280 米，净高 5 米，限速 60 公里/小时。跨线桥为局部钢梁吊装，吕厝路口 4 个方向的地面层道路进行渠化改造，与桥梁共同组成立体交通。

2007 年 9 月建成通车。

成功大道高架桥 建有穿山隧道，隧道长 7.8 公里。与厦门岛东西向道路相交叉的都建立交桥，有仙岳路立交桥、吕岭路半互通立交桥、莲前路立交桥、文曾路立交桥、万石钟鼓山隧道立交桥、环岛南路立交桥等 11 座。

快速公交高架桥 BRT1 号线起于第一码头，通过高架桥沿厦禾路、莲前西路至东芳山庄，折转县黄路至环岛北路，至机场站落地。BRT3 号线，起于第一码头，通过高架桥沿厦禾路、莲前西路至东芳山庄，再经莲前东路，至前埔站落地。BRT 岛内高架桥，全长 32.4 公里，宽 10 米，高 9 米。全程无红绿灯。2007 年 9 月 25 日建成通车。

思明区小公路桥及人行天桥一览表

表 16-1-1

道路名称	地点	长度（米）	宽度（米）	面积（平方米）
湖滨南路桥	湖滨南路 17 号排洪沟	32.1	33	1246.9
莲坂桥	福厦路莲坂 18 排洪沟	14	60	840
双涵桥	福厦路双涵 17 号排洪沟	12	60	720
吕岭路铁路立交桥	吕岭路下穿鹰厦铁路	8.25	36	258
湖中路桥	湖中路过筼筜湖	92.08	27	2486
湖中路小桥	湖中路过筼筜湖	20.48	40	868
湖滨东路桥	湖滨东路过筼筜湖	90	26	2337
湖滨西路桥	湖滨西路、筼筜湖出口	2.32	31.2	665
金鸡桥	莲前路过 18 号排洪沟	29.2	42	1226
潘宅桥	莲前路潘宅	22	42	924
莲岳路北桥闸	莲岳路（湖滨北路以北）	19	51.1	971
莲岳路南桥	莲岳路（湖滨北路以南）	8	40	320
湖滨北路桥	湖滨北路东段	22.5	40	900
莲前路铁路立交桥	莲前路下穿鹰厦铁路	13	38	494
市府大道南路桥	市府大道过筼筜湖	103.5	38	3931
市府大道北路桥	市府大道过筼筜湖	103.5	38	3931
双涵铁路立交桥	东坪山路下穿铁路	13.74	6.5	90
松柏小区 2 号桥	松柏路西段	13.3	24	319
松柏小区 3 号桥	仙岳路	9	60	540
松柏小区 4 号桥	长青路	24.92	24	598
松柏小区 5 号桥	松柏路东段	24.92	24	598
松柏小区 6 号桥	松柏小区 4 号路	9.3	18	167
五金厂前桥	跨 18 号排洪沟	32.1	6	192.6
槟榔东明路桥	东明路跨 17 号排洪沟	32.1	11	353
湖光路桥	湖光路跨 12 号排洪沟	13	20	278.2
三里西桥	湖滨三里西侧跨 12 号排洪沟	13	14	182
商校桥	18 号排洪沟	8.5	7	59.5
安全局桥	18 号排洪沟	9	10.5	94.9

续表16-1-1

道路名称	地点	长度（米）	宽度（米）	面积（平方米）
龙山桥	18 号排洪沟	12	5.5	66
钟鼓引道天桥	钟鼓隧道南引道	16	3.8	60.8
水泥厂桥		5.7	11	62.7
大学路桥	厦大水库东大沟	6.4	13	83.2
海洋三所桥	厦大水库东大沟	6.8	13.8	93.8
松柏小区 F 地块人行天桥	松柏公园内	20	3	60
蓝天白鹭人行天桥	莲坂转盘北侧	55.6	4.2	360
鼎炉人行天桥	福厦路厦门中药厂	55	4	300
厦航天桥	湖滨南路闽南大厦	41	4	240
嘉禾大桥	湖滨南路嘉禾园	41	4	240
疏港路人行天桥 A	疏港路东段	41	4	250
疏港路天桥 B	疏港路濠头	41	4	250
疏港路天桥 C	疏港路湖里	41	4	250
疏港路人行天桥 D	疏港路海天路口	41	4	250
湖滨中路人行天桥	湖滨中路湖滨饭店	41	4	164
富山人行天桥	厦禾路富山展览城	55	4	220
松柏小区 7 号桥	仙岳路	6	60	360
槟榔路西桥	槟榔路跨 17 号排洪沟	32.1	11	353
槟榔路东路	槟榔路跨 18 号排洪沟	32.1	11	353

第三节 隧道

一、车行隧道

钟鼓隧道 在区境东南部。东南—西北走向，北起万石山植物园旁钟山北坡，南至南普陀寺鼓山南坡。两洞口分别位于钟山与鼓山，俗称钟鼓山洞，为车行隧道。1969 年始建，1978 年停建，翌年下半年复建。1983 年，打通隧洞。1984 年 10 月 1 日试通车；1986 年 7 月 1 日正式通车。全长 1161 米，净宽 7 米、净高 5 米，为单行道。车流量增大，又在隧洞西北侧再建一条并行隧道，1994 年 7 月 8 日动工，1995 年 4 月 20 日通车。2005 年，封闭扩建改造，拓宽为双向 4 车道，洞宽 7 米。从植物园方向进洞 800 米有一条隧道 B 匝道下转到钟鼓山下的万石山隧道，由此上成功大道，通往机场；有一条隧道 A 匝道向下转到万石山隧道，上成功大道往机场；从机场走万石山隧道 C 匝道路到钟鼓山 A 洞直接去一中、百家村，形成 7 条隧道，构成洞内立交。整个隧道群长共 5852.38 米，其中钟鼓隧道洞长 1101.91 米，洞全长 1227.57 米；万石山隧道左洞长 1300.5 米，右洞长 1255 米。

仙岳山隧道 南起仙岳路的湖滨东路口，北连湖里华荣路穿洞过仙岳山至南山路。东洞全长 1093.78 米；西洞全长 1095.89 米。洞宽 9.25 米，高 6.7 米。1997 年 10 月 28 日动工；1999 年 2 月竣工通车。

云顶山隧道 起于莲前西路洪文，穿过云顶岩至黄厝环岛路。全长 4616 米。隧道南洞口设 12 米长白色架式混凝土遮阳蓬，一侧为竖向上斜拉杆箱式，一侧为横向圆弧形。隧道投资 3.9 亿元。2003 年 1 月 21 日动工；2005 年 9 月 8 日竣工通车。

莲前—梧村隧道 吕岭路—谊爱路—莲前西路，为双层复式隧道，与莲前西路形成立交，通往莲前西路有两条匝道，其主线隧道与浦南下穿隧道相连。为成功大道组成部分。2007 年，动工建设。

二、人行隧道

笔山隧道 位于鼓浪屿笔山下。东口接安海路，西口接内厝澳路，隧道长 204 米，净宽 3.5 米，内壁喷浆支护，保持开挖原状。1974 年动工；1975 年 12 月建成通行。长 204 米、宽 35 米，洞内设有服务设施。为人行隧洞。

龙山隧道 位于鼓浪屿北部。东口接三丘田，西口接内厝澳路。洞呈西北—东南走向。1977 年动工；1991 年 2 月 8 日竣工。全长（含堑道）486.24 米，宽 5～8 米，高 4.5～5 米。为人行隧洞。

鼓声隧洞 位于鼓浪屿西南港仔后海滨、英雄山西南麓。洞口分别连接鼓声路和港后路，呈南北走向。1987 年 6 月 5 日始建；12 月 23 日竣工。长 111 米，两边堑道 38 米，净宽 42 米，净高 35 米。为人行隧洞。

美仁山隧道 北口为美湖路与禾祥西路交叉口；南口通职业路。全长 208 米，宽 5 米，高 4 米。1992 年建成通行。非机动车及人行隧道。

厦门大学人行隧道 进口位于厦门大学芙蓉学生食堂，向东穿过 1015 米隧道，出口在西坑水库南侧与曾厝垵学生公寓连接。2006 年建成通行，全长 1455 米。

第四节　公路　车站

一、公路建设

民国 15 年（1926 年），华侨在区境修成开元路。至民国 25 年底，主要有鹭江道至高崎公路，莲坂至前埔、何厝公路。至民国 38 年 9 月，国民党军队败退大陆时，区境许多公路被破坏。

中华人民共和国成立后，公路重修恢复通车。1955 年，区境可通过集美海堤与全省公路连接。1981—1985 年，加大公路基础设施建设，建成国道 324 线、319 线厦门路段、省道 205 线厦门路段思明段、石鼓山立交桥、疏港路、环岛路一期工程等，区境道路可转 324 线、319 线和 205 线及漳厦高速公路到达省内外各地。

环岛公路（思明段） 民国 15 年兴建，民国 17 年冬完工。从厦门大学，经曾厝垵、黄厝、古楼、洪山柄、金鸡亭至莲坂村，全线长 19 公里。1979 年，全线按四级公路标准改建，1982 年铺设柏油路面。1997 年起，全线扩建改造，白城到黄厝路段于 2 月动工，翌年 9 月 8 日竣工，其中 8 月 24 日完成彩色道路，长 3.4 公里、面积 12750 平方米。黄厝到前埔路段于 1999 年 9 月 8 日竣工。会展中心至香山路段于 1999 年 9 月动工，2000 年 9 月竣工。2001 年 5 月至 2002 年 12 月，开通香山至五通段；2005 年开通五通至高崎机场段。东部环岛路段正对小金门、大担、二担诸岛，兼有交通和旅游两大功能。

成功大道（思明段） 起于思明演武桥站，至湖里枋钟路。全长 14.3 公里。投资 22.2 亿元。2006 年 2 月 1 日建成通车。是第一条贯穿厦门岛南北全程无红绿灯快速干道。

二、汽车站

厦门长途汽车站 原址在鹭江道。1950 年建。1958 年 4 月，厦禾路美仁宫美头山下龙船河河滩地兴建新站。1987 年，在湖滨南路豆仔尾路口再建新站，占地面积 2.4 万平方米、建筑面积 1 万平方米，其中候车厅面积 2000 平方米。1989 年 1 月投入营运。为福厦公路厦门路段终始站，日发送 200 班次，接纳旅客流量1.2万人次。辟有通往广东、江西、浙江及省内各地的长途客运线76条。

厦门汽车站

梧村汽车站　位于厦禾路923号。2004年建，一级长途汽车客运站，建筑面积87810平方米，同时发20班次。开通直达漳州、龙海、长泰和泉州、石狮、福州等地快运班车线路。是厦门市道路运输最大的旅客集散地。

松柏汽车站　位于莲岳路221号。2004年8月1日投入使用。占地面积17711平方米，建筑面积4486平方米。开通省内各县市和11个省市及香港特别行政区近百条客运路线。

湖滨南路汽车站　位于湖滨南路筼筜湖旁。1986年始建；1988年1月13日完工。为省一级汽车客运站。占地面积16024平方米。站内可停放车辆60多辆。日发送500班次。经营150多条线路，覆盖全省各县、市及广东、广西、四川、贵州、江西、湖南、湖北、重庆、香港、澳门等地区。提供团体包车、行包、快件运输及航空、铁路售票等业务。

第五节　公交线路与车辆

民国15年（1926年），市区第一条可行驶汽车的开元路竣工。马来亚（今马来西亚）华侨黄晴辉与冯开让、薛煜添、方炳坤等8人集资1万多元（银元），购买2辆小型客车，开辟从美仁宫至江头的第一条营运线路。同年冬，民办全禾汽车股份有限公司成立，购买美国“芝罗力”“福特”牌汽车10辆，每辆载客定员25人。后又添置汽车10辆，开辟5条通往市郊线路。

民国18年，厦门公共汽车公司成立

民国18年7月，洪晓春、张镇世等人在区境组建厦门公共汽车公司，区境始行驶公共汽车。开办市区内公共汽车业务，有客车16辆，主要营运美仁宫至南普陀、开元路至中山公园等4条线路。不久，全禾汽车股份有限公司与厦门市公共汽车公司合并，成立民办厦禾汽车股份有限公司，集资30万元，添置“芝罗力”牌汽车16辆。增辟岛美路头（今中山路海关码头）至南普陀寺等2条线路。营业时间为每日6—23时，各线每10分钟发车1次。除公共汽车外，陆续开设21家经营出租业务的汽车公司和汽车行，营运线路覆盖区境主要街道。

民国27年5月，厦禾汽车公司由日伪政权接管，有汽车14辆，其中客车5辆，货车6辆，小车3辆。后，引进日产丰田牌汽车数辆。客车车厢均由货车改装而成；有南普陀线等5条营运线路，其中江头线每天有一辆过夜车，隔天早上由江头开往区境起始站。同时，还有出租小车。

民国36年，厦禾汽车公司复办，有汽车5辆，其中大客车3辆（载客定员30人）、小车2辆（载客定员10人）。厦门解放前夕，民办汽车行部分车辆被劫走，部分机件损坏，汽车数量锐减。

1950年，区境只有公共汽车2辆，营运线路15公里，年客运量5.8万人次；同年12月，厦禾汽车公司恢复五通线通车。1957年1月，市公交公司成立，区境有营运车6辆。1958年，有营运车15辆，挂车80辆。

1959—1965年，增加解放型上海牌客车7辆，每辆车载客定员60人；挂车增加5辆。公交保养场于1960年1月装配第一辆鹭雄牌公共汽车，载客定员40人。此时，区境有营运车辆23辆，挂车13辆。

“文化大革命”期间，增加解放型上海牌和榕城牌客车共46辆，每辆载客定员60人；改装铰接式客车2辆，载客定员160人；挂车被淘汰。至1975年，区境有营运车辆单车68辆、铰接式车2辆。

1976—1977年，增加解放FZ644型汽车5辆，每辆载客定员60人；解放SK644铰接式车5辆。1979—1981年，每年增加“解放”牌铰接式车4辆。1982年起，区境公交事业迅速发展。

2007年，普通公交线路83条，快速公交线路3条，快速公交链接线9条。

附：公交线路

（一）普通公交线路

2007年思明区普通公交线路一览表

表16-1-2

公交线路名	起点	终点	站数
1路	厦大	火车站	11站
3路	莲花三村（总站）	轮渡	19站
4路	文屏	海滨大厦	14站
5路	火车站	何厝下堡	21站
6路	火车站	五缘湾运动馆	20站
7路	火车站	五缘湾商业街	21站
7路（高峰线）	火车站	五缘湾商业街	19站
8路	松柏汇成共	轮渡	22站
9路	湖里公交场站共	火车站	16站
10路	乌石浦油画村	轮渡	24站
11路	火炬园	轮渡	27站
12路	东渡（总站）	轮渡	17站

续表16-1-2

公交线路名	起点	终点	站数
13 路	吉家家世界	文化艺术中心（体育路）	18 站
15 路	岳阳小区	厦大	19 站
16 路	芙蓉苑	万寿	31 站
19 路（经前埔村）	会展中心	轮渡	28 站
19 路（经前埔南区）	会展中心	轮渡	31 站
21 路	厦大	火车站	12 站
22 路	胡里山（总站）	麦德龙	27 站
23 路	莲花五村	轮渡	25 站
26 路	怡景花园	石村车站	32 站
27 路	轮渡	县后枢纽站	29 站
28 路	岭兜小区	火车站	23 站
29 路	软件园二期	厦大	27 站
31 路	松柏汇成	轮渡	21 站
32 路	松柏汇成	轮渡	20 站
33 路	麦德龙	火车站	17 站
37 路	火车站	县后枢纽站	26 站
39 路	芙蓉苑	软件园二期	26 站
40 路	莲花	二村保税区	26 站
42 路	穆厝村	文屏	23 站
43 路	保税区	火车站	21 站
44 路	高崎新村	火车站	15 站
45 路	金尚车站	厦大	28 站
46 路	金尚车站	火车站	12 站
47 路	软件园二期	厦大	29 站
48 路	胡里山（总站）	火车站	20 站
68 路	金尚车站	观音山商业街	16 站
80 路	保税区	火车站	16 站
86 路	胡里山	松柏长途车站	26 站
87 路	东渡	上李	21 站
91 路	会展中心	候机楼	32 站
96 路	吉家家世界	胡里山	41 站
97 路	吉家家世界	海滨大厦	34 站
98 路	会展中心	高林居住区	18 站
99 路	金山小区	第一医院	32 站
101 路	会展中心	和旭路	29 站
102 路	和旭路	火车站	19 站

续表16-1-2

公交线路名	起点	终点	站数
108 路	湖里公交场站	会展中心	29 站
501 路	珍珠湾	东浦路口	27 站
503 路	轮渡	石村车站	31 站
504 路	麦德龙	轮渡（邮局）	28 站
505 路	海滨大厦	莲花五村	22 站
506 路	后埔村	海滨大厦	27 站
509 路	医专学校	轮渡	30 站
511 路	下店	火车站（凤屿）	20 站
512 路	泥金	火车站	24 站
513 路	钟宅	火车站（凤屿）	18 站
515 路	火车站（凤屿）	高殿公寓	21 站
517 路	前埔停车场	第一医院	31 站
518 路	前埔停车场	第一医院	32 站
519 路	火车站（凤屿）	钟宅	21 站
520 路	怡景花园	厦大学生公寓	28 站
521 路	火车站	丽轩酒店	23 站
524 路	泥金	火车站（凤屿）	20 站
525 路	特区纪念馆	前埔停车场	26 站
526 路	上湖	轮渡	31 站
528 路	钟宅（五缘湾）	海滨大厦	33 站
529 路	何厝（观音山商务营运中心）	轮渡	31 站
531 路	上李	轮渡	15 站
533 路	文屏山庄	和通里	27 站
805 路	同益码头	台湾民俗村	43 站
806 路	海滨大厦	湖里东方家园	31 站
812 路	SM 城市广场（总站）	台湾民俗村	33 站
813 路	文屏山庄	寨上	23 站
思 2 线	石泉干休所	东浦路	17 站
厦 2 线	胡里山（总站）	SM 城市广场	31 站
厦 20 线	厦大学生公寓	SM 城市广场	32 站
厦 30 线（经前埔村）	会展中心	轮渡	26 站
厦 30 线（经前埔南区）	会展中心	轮渡	29 站
厦 36 线	会展中心	东渡	31 站
厦 38 线	高林居住区	火车站	26 站
厦 49 线	国家会计学院	五通码头	21 站

（二）快速公交（BRT）线路

快1线　上行：始于第一码头，讫于华侨大学，共20站。下行：始于华侨大学，讫于第一码头，共20站。

快2线　上行：始于第一码头，讫于西柯枢纽站，共20站。下行：始于西柯枢纽站，讫于第一码头，共20站。

快3线　上行：始于第一码头，讫于前埔国贸新城（前埔北），共13站。下行：始于华林花园（前埔南），讫于第一码头，共13站。

（三）快速公交（BRT）链接线

L1线　（第一码头站链接线）单向行驶：始于第一码头，讫于第一码头，共13站。

L5线　（二市站链接线）上行：始于二市，讫于东渡（总站），共9站。下行：始于东渡（总站），讫于二市，共8站。

L7线　（金榜公园站链接线）单向行驶：始于金榜公园，讫于金榜公园，共6站。

L8线　（金榜公园站链接线）上行：始于金榜公园，讫于文屏，共6站。下行：始于文屏，讫于金榜公园，共6站。

L9线　（东埔路链接线）上行：始于火车站，讫于龙山桥，共8站。下行：始于龙山桥，讫于火车站，共8站。

L11线　（卧龙晓城站链接线）上行：始于卧龙晓城，讫于莲花五村，共7站。下行：始于莲花五村，讫于卧龙晓城，共6站。

L26线　（前埔站链接线）上行：始于前埔旧货城，讫于软件园二期西门，共9站。下行：始于软件园二期西门，讫于前埔旧货城，共9站。

L27线　（前埔站链接线）上行：始于软件园二期，讫于华林花园，共8站。下行：始于华林花园，讫于软件园二期，共7站。

L30线　（前埔站链接线）单向行驶：始于华林花园，讫于华林花园，共12站。

第六节　铁路　车站

一、鹰厦铁路思明段

1955年2月，动工兴建鹰厦铁路。北起江西鹰潭，南至厦门岛梧村，全长694公里，1956年12月19日全线完工。1957年，完成大生里隧道工程，铁路由梧村火车站延伸至虎头山下海军码头。

二、厦门火车站

1957年1月1日，在梧村路段建成厦门火车站，占地面积800平方米，其中候车室400平方米。1980年5月，扩建厦门新站房，1983年5月1日竣工。新站房主体为3层建筑，局部4层，建筑面积8575平方米。一楼大厅两翼东为行包房，西为售票厅；二楼有3个候车厅，中部为软席候车区，两翼各为候车厅（配有母婴候车厅），可同时容纳1500人。

1993年12月，鹰厦铁路实现电气化。1999年9月10日，为客运一等站。2004年5月9日，直属南昌铁路局管辖。达省内福州、三明、漳州、龙岩等22个市、县。出鹰潭可达武汉、重庆、西安、上海、杭州、南昌、合肥、南京、北京等地。成为闽南和广东潮汕地区旅客、货物及全国各省市经由厦门港进出口物资、海内外旅客的集散地。年货运量500万吨以上，旅客年进出口站300万人次。

至2007年，厦门火车站开通计算机联网售票系统、图文LED导向显示系统、旅客问讯语音系统、行车安全微机管理系统及多媒体办公自动化局域网等。用户登录网站，即可查询各类铁路客运和车站信息，并办理网上团体订票、时刻票价查询等部分业务。

厦门火车站

第二章　水路交通

第一节　港　区

区境海岸线位于厦门港的中心地段。明代中叶，始与葡萄牙、西班牙、荷兰、英国等国商人贸易。清康熙二十三年（1684 年），在鹭江道设海关；嘉庆元年（1796 年），已与 30 多个国家和地区建立贸易往来关系，成为交通贸易中心。厦门港岸线长 154 公里，其中可用于建港的深水岸线 30 公里，联检锚地 14 平方公里，港口水域面积 340 平方公里，陆地面积 7 平方公里。厦门岛和鼓浪屿之间开辟鹭江道港区，同治六年（1867 年）建成太古码头。

近代，厦门港进出轮船众多，码头泊位有限，装卸方式以驳运为主，实行锚泊作业

民国 19 年（1930 年）后，鹭江道港区进入兴盛时期。民国 27 年，厦门岛沦陷，航运船只多数被炸毁，只有少数机帆船和小型汽船，港区被

日军控制，交通甚为不便。抗日战争胜利后，港区进出船舶航运逐渐恢复。外海有济南号、万福士号、芝巴士号、思典号等轮船航行至香港、汕头、菲律宾、新加坡及上海、天津、宁波等地；内河有汽艇、帆船穿行于同安、南太武、金门、石码、海澄、浮宫、白水、漳州等地；还有轮渡汽艇、小舢舨与鼓浪屿对开，每20分钟1趟。

1949年10月，国民党军队从厦门港撤往台湾时，大肆破坏港区设施，除太古码头外，鹭江道沿岸码头均被毁坏。在港区被封锁期间，水路交通只能靠小机帆船。1951年9月，香港及侨商船只、外轮相继开辟至厦门的航线。1955—1957年，区境物资主要通过集美海堤、鹰厦铁路进行陆路运输，水上运输则由驳船转运。

1958年8月后，两岸局势紧张，港区运输几乎停滞，海运主要靠小船夜进夜出。1973年后，港区逐渐恢复直达进出口运输。

1980年，恢复厦门至香港定期客班轮，鼓浪屿号和集美号轮船航行厦门至香港一线。长柳号、紫罗兰号客货轮相继投入广州经厦门至上海的运输。1981年起，为适应经济建设和对外开放的需要，对鹭江道港区进行改造。1990年后，公路和航空业快速发展，而水运客源大量减少，外洋客运停航。1998年，根据《厦门港总布局规划》，思明岸线的和平作业区成为厦门客运港区的中心作业区。

2006年1月1日，厦门湾实行一湾一港管理体制，开发最早的和平港区与厦门港国际旅游客运码头组成客运港区，范围28公顷。

2007年，客运港区发展国际客运和对台“三通”（通邮、通商、通航）、海湾滚装运输。

第二节 码 头

区境自明末清初始开发建设码头。

民国24年（1935年），太古新码头竣工，厦门港有了同时能靠泊两艘4000吨级轮船的码头。

中华人民共和国成立后，部分码头经改建，可靠泊大中型客货轮。1970年，筼筜港填海筑堤，浮屿角至美仁宫一带老码头均被填没。改革开放后，多数码头得以改造修建。

2007年，区境有码头27座。

第一码头 位于鹭江道北端，民国17年建成时名厦禾码头，俗称担水路头。1959年8月23日，被强台风摧毁。同年，在码头西侧50米处，建临时码头。1964年，改建为钢筋水泥结构斜坡式码头，长22米，宽2.65米，靠泊能力10～15吨。1966年，在改建后码头左侧堤岸15米处建造50吨级码头，称第一码头。

第二码头 位于厦禾路西端，又称龙船礁码头。民国9年建成单向水泥结构踏步式码头，长13.2米，宽2.73米，靠泊能力15吨。民国29年被毁。1985年，在码头左侧10米处建双引桥趸船式水陆联运码头。

第三码头 民国19年兴建，为水泥结构踏步式。停泊能力10～100吨。1959年，改建为单引桥趸船式码头。

第四码头 位于典宝路头。民国时期兴建，由典宝路头填海延伸后所建，为水泥结构，长23.8米，宽2.6米，靠泊能力4～15吨。

第五码头 位于洪本部路头。民国时期兴建，由洪本部路头填海延伸后所建，长75米，宽3米，靠泊能力10～70吨。1981年，将航空码头至第五码头拓建为港口装卸作业的混合式码头。

第六码头 位于打铁路头。民国29年兴建，由打铁路头延伸后所建。1952年9月，改建成石砌斜坡式，长75米，宽5.2米，靠泊能力5～50吨。

第七码头 位于鹭江道与开元路西端交接处。旧称提督路头。建成堤岸踏步式码头，长23米，宽1.9米，靠泊能力5～25吨。1972年，由福建省航运管理局将厦门客运站改建为混凝土高桩透空栈桥式轻型码头，长35米，宽3.5米，两个泊位，靠泊能力各50吨位。现为内河客运码头。

第八码头 位于磁街路头。民国时期兴建，由磁街路头填海延伸后建成，为双向水泥踏步式码头，连接海滩坡道，长23米，宽1.9米，靠泊能力10～50吨。

第九码头 位于史巷路头。民国22年兴建，由史巷路头延伸后所建。因靠近邮政局，又称邮政码头。长16米，宽7米，靠泊能力100～200吨。为港务局作业船停靠码头。

黄家渡码头 位于鼓浪屿轮渡码头北侧。清光绪二十八年（1902年），鼓浪屿沦为“公共地界”。这里为通商局前海滩，用木材架设简易码头，故称通商码头（俗称柴楼梯）。民国9年（1920年），越南华侨黄仲训填平大片海滩，拆除简易码头，新建一座码头，名“黄家渡”码头。高潮时水深4.9米，可靠泊500吨级船。1957年，码头重新修建，以条石加固。

三丘田旅游码头 位于鼓浪屿东北岸、三明路东端。为小舢舨码头，后为旅游专用。1985年1月28日，由市轮渡公司改建并称旅游码头；1986年1月启用。建筑面积4885平方米，由候船室、驳岸和两个码头组成。大码头为钢筋混凝土框架结构固定引桥，平台连接钢引桥、趸船，靠泊能力150～200吨；小码头为浆砌条石结构斜坡式和踏步式码头，长19.5米，宽3米。

中谦码头 位于鼓浪屿三丘田码头西侧。民国时期，菲律宾华侨林玉中与洪子谦合股开设“中谦行”，并建此码头而名中谦码头。

鼓浪屿轮渡码头 位于鼓浪屿东部中段、龙头路口。早年为英美人口贩子贩运华工出国所用，谓“猪仔码头”。后改为英商运煤的“义和码头”；又改作永明肥皂厂货运专用的“雪文码头”（雪文为英语“soap”的译音）；再改建为客运码头，供厦门至集美汽轮使用。民国26年10月通航。民国35年，改作轮渡码头。1970年扩建，为铁浮桥式双引桥与方舟连接码头，长16米、宽6米，可泊200吨位船只。码头外深7.2米、低潮时2.1米。岸上筑有钢琴式样候船室，可容纳500人。

鼓浪屿轮渡码头

总巡码头 位于燕尾山麓，又称“海关码头”。民国时期兴建。因外国海关人员别墅建在此处山坡上，人称“总巡公馆”，码头由此得名。

饷馆码头 因位于清朝饷馆旧址而得名。民国时期兴建。后，兆和罐头厂在此建设，改名兆和码头；也用旧称。

中山路头码头 位于岛美路头。由岛美路头填海延伸后所建。原建有水泥踏步式码头，可泊小艇。民国26年9月，改建为单引桥连接趸船的专用码头。1975年，重建铁浮桥式码头，长16米，宽6米，可靠泊200吨级船舶。作为海关交通船停泊码头。

和平码头（2005年）

和平码头 位于鹭江道堤岸东侧，原名太古码头。鸦片战争后，英商太古洋行强租岛美路头至新路头周边土地。

清同治六年（1867年），英国人又强行扩租，在此设洋行，建仓库。清光绪六年（1880年），太古公司在海后滩岛美路头（今东海大厦附近）修建浮桥和趸船。民国10年，建成两艘钢质趸船和引桥，驳岸1865米，方便趸船与海后滩之间的货物运转。港区可泊3000吨级货轮，仓库建筑面积7464平方米，容量1.53万立方米。民国19年，英国人撤出码头、飞桥，交还海后滩全部租地，码头移至现在位置重建，民国22年建成。1957年，鹰厦铁路一条支线直达码头货场，使码头成为铁路、公路、水路货物转运码头。1958年，太古码头改名和平码头。码头占用岸线200米。码头前沿水深7米，可停泊5000～6400吨级客轮。1980年，在2号泊位安装1艘长100米、宽11米、深2.05米的趸船，作为客轮专用码头。仓库二层改建为候船室。是鼓浪屿号客轮、集美号客轮、闽南号客轮航行香港的始发处。1988年1月，1号泊位由64米趸船更换为100米趸船，增建撑杆墩1座；12月，3号泊位新建工程完成，建成钢筋混凝土平台4个，长118米、宽23米，面积2460.5平方米；新建栈桥1座，长22米、宽7米；新安装钢质趸船1艘，长120米；完成37根灌注桩。自此，和平码头成为万吨级客货运码头。2001年1月2日，太武号客轮、浯江号客轮从金门抵达和平码头，厦金航线正式开通。2007年，和平码头仍是海峡两岸“小三通”直达码头。

沙坡尾码头 位于沙坡尾。民国20年建造。海后滩第四段筑堤填滩工程竣工后，在厦门发电厂南岸的沙坡尾一带沿海沙坡筑成码头，作为小货船靠泊卸货用。

东方码头 位于厦鼓轮渡码头北部。东方制冰厂专用码头，故名。近邻厦门酒店，又称酒店码头。东方码头为石质斜坡式，可停泊20吨级船只。

厦门轮渡码头 位于鹭江道西侧、海滨公园南端。旧称大同码头，后为海关专用码头。1975年，建成新的轮渡码头。原码头为钢筋混凝土踏步式，长18米、宽2.5米，靠泊能力200～500吨。1975年，改建成铁浮桥式引桥与方舟相连，长16米，宽6米；码头前沿高潮水深12米，低潮水深6.7米，可泊200吨级船只。可容纳500名乘客。每天凌晨5点10分开航，至午夜12点30分停航。

轮渡码头（1950年）

虎头山码头 位于民族路西侧、虎头山西麓濒海处。旧称大同煤码头。原有水泥踏步式码头，抗战期间倒塌。1950年初，修复为木质简易码头。1959年，改建为钢筋混凝土高桩透空轻型码头，两泊位，长8米，靠泊能力50吨，为煤炭装卸专用码头。

水仙码头 位于鹭江道南段、厦门国际银行正前方海滨。近处原有供奉水神的水仙宫，因而得名。为钢筋混凝土双向踏步式码头，长6米，宽4.3米，靠泊能力200～500吨。1950年后，为厦门岛至鼓浪屿的客、货舢舨船专用码头。

妈祖宫码头 位于鹭江道南段。附近原有妈祖宫，因而得名。原为简易码头。民国16年，延伸拓建为浆砌条石重力式驳岸，水泥单向踏步式码头，长6.8米，宽4.5米，驳岸长50米，泊位一个，靠泊能力300吨。为杂件散货码头。

海关码头 位于中山路西端与鹭江道交接处。原称岛美码头，后改称中正码头。民国26年，进行填海延伸为厦门轮渡码头。1975年，新建轮渡码头时，将其交给厦门海关作舰艇停靠之用，故名。

海滨码头 位于禾祥东路168号西、鹭江道西侧，介于厦门客运站与第九码头之间。原称东风码头，1980年改称海滨码头。为混凝土栈桥式码头，长36米，宽3.5米。

同益码头 位于筼筜港海堤北部。1984年11月动工兴建，1988年7月竣工。投资200万元。占地面积3710平方米，建筑面积116平方米，堆场2594平方米。可停泊2艘3000吨级货、油轮。首期工程建4个200吨级泊位，长158米。

筼筜港油轮靠泊码头 位于筼筜海堤北端，紧靠筼筜海堤，故名。1986年8月动工，1987年3月投入使用。石质引桥长63米，宽5米；海中桥长119米，宽5米；油库可贮油30吨，配有成套输油、供水设备，为国内外船舶加油、加水。

附：思明区境废弃码头

清咸丰二年（1852年），英商义和洋行在鼓浪屿建义和码头，为贩运煤炭的码头（英商德记洋行还作为贩运华工专用码头）；后废弃。从此起，至2007年，思明区境废弃码头共11座。

思明区境废弃码头一览表

表16-2-1　　单位：吨

名称	地点	建成时间	结构	靠泊能力	说明
义和码头	鼓浪屿	清咸丰二年			为英商德记洋行贩运华工的码头，故被辱称“猪仔码头”
和记码头	鼓浪屿		斜坡式石板结构	25	为英国和记洋行贩运华工专用码头
后江埭码头	厦禾路东段	民国17年	石砌踏步式	3	原有3座，民国27年废弃
打石字码头	打石字路头	民国19年	水泥踏步式	20～50	又名碧山码头
浮屿码头	浮屿角至鬼仔潭	民国20年	石砌斜坡式	3～7.5	原有3座，1958年填没2座；第3座在1969年建筼筜海堤时填没
新填地码头	鹭江道	民国时期	石砌踏步式	2～5	1958年扩建厦门造船厂时填没
斗西码头	斗涵堤岸至豆仔尾北岸	民国20年	石砌踏步式	5	1969年建筼筜海堤时填没
美仁码头	美头山至石崎尾	民国时期			1969年建筼筜海堤时填没
鱼仔码头		民国时期	水泥踏步式	35～100	又称鱼行口码头、鱼货码头。1950年初，因影响船舶进出而废弃
寿山码头	寿山路对面	民国时期	水泥踏步式	20～50	日本侵略军进攻厦门岛时毁坏
海滨公园码头	海滨公园	1975年	石砌直立式	500	1983年东渡一期码头竣工后废之

第三节　避风坞　海堤

一、避风坞

厦港避风坞 位于厦门港沙坡尾、大学路西侧。为渔业船舶停泊避风专用。1958年，在坞外筑防沙堤。1969年扩建，1970年初启用。面积2.8万平方米，四周石砌驳岸，坞口南侧新建40米长的防浪堤，堤端设灯标。坞口航道深度为黄海标高-2米，坞内平均深度为黄海标高-1.2米，供120艘大型渔船避风停靠。驳岸四周留宽3.5米环坞通道，长8～21米专用场地。埋置坞界牌，并埋设系缆桩、环。

鼓浪屿避风坞　位于鼓浪屿东南部、轮渡码头东南侧。原为海滩，1976年建为避风坞。长54.5～82.5米，宽51.3～59.6米。

清末的厦门港

二、海堤

筼筜海堤　位于筼筜港海湾，又称湾东港。1970年7月29日动工兴建；1971年9月完工。堤长1.7公里，堤身黄海标高5.3米，最深处-8米，堤顶宽1.2米。海堤建成后，形成湖面；堤内裸露陆地建有工商企业用房和居民生活区，形成闹市。

第四节　航道　水道　锚地

一、航道

鹭江航道　位于鹭江道和鼓浪屿之间。水域长2海里，宽160～300米，水深7.2米。潮流流速2～3节。有进港航标。

二、水道

青屿水道　位于青屿岛和五担岛之间。鼓浪屿以西水域，长14公里，最大宽度3公里多，最窄为1.2公里。水深12～25米，5万吨级以下船舶不受潮水限制，随时可通过。

浯屿水道　位于青屿水道西侧。水深10米以上，与青屿水道平行走向，长14公里。

嵩鼓水道　位于鼓浪屿与嵩屿之间。是进出厦门内港主航道，经鼓浪屿和嵩屿中间水域可达东渡港区和老港区。嵩鼓水道除猴屿南有1公里为人工挖槽以外，其余均属自然航道。

厦门东侧水道　位于思明区境与列屿（小金门岛）之间水域。长17公里，深水区水道宽400～2000米，最深处32米。

三、锚地

厦门港引航锚地　位于鼓浪屿与龙海市屿仔尾之间水域。可供2万吨级船舶装卸、避风。锚地面积620万平方米。港内有作业锚地，分布在猴屿至虎头山一带水域；两边堤岸有白色锚位标志17处。

第三章 运 输

第一节 陆路运输

清代及以前，陆路运输以肩挑背负为主，人畜力车运输为辅。清光绪九年（1883 年），鼓浪屿设马车店，不久停业；后，以轿为运输工具。

光绪三十四年十月，南普陀寺前辟一马路至演武场，马车为运输工具。至民国 5 年（1916 年），仍以轿、马为运输工具。

民国 7 年，使用人力推车进行货物运输。后逐渐用大板车运货。

民国 10 年，始有汽车运输。华侨在区境创办汽车公司，进口汽车，开展客、货运输。民国 15 年，有汽车 47 辆、人力车 1300 辆。至民国 18 年，汽车增到 289 辆。民国 27 年 5 月，日军侵占厦门岛，市区公路几乎全毁，客、货运输多用人力车、三轮车。民国 29 年，鼓浪屿工部局投入人力车 20 辆，后停业。

抗日战争胜利后，汽车运输业得到恢复。民国 35 年，交通工具有公共汽车和人力车、脚踏车（自行车）。民国 36 年，有人力车馆 32 家，大多集中在禾祥街、厦禾路一带，共有车辆 500 辆。同年 4 月，政府明令禁止使用人力车。由华侨集资从新加坡购进脚踏三轮车 100 余辆，组织营运。民国 38 年 9 月，人力车、三轮车运输仍是区境客货运输主要工具。

中华人民共和国成立初期，区境由人力车店组建三轮车合作社，下设 3 个中队，每个中队由 20～25 人组成，分为 6 个分队。主要分布在浮屿段——包括第一码头至第八码头、大同路、开元路、横竹路十字路口、思明北路、美仁宫；思明南路段——包括公园、轮渡码头、大生里、厦门大学、下禾山一带。1956 年，对私营运输企业进行社会主义改造，三区 43 个运输小组（队）及个体散车，组成 6 个运输合作社。1959 年后，有些企事业单位组建车队，经营汽车运输。1963 年，6 个合作社合并为运输联社。区境有省汽车运输总公司厦门分公司、厦门市汽车运输公司、厦门市运输起重公司、厦门市交通运输公司 4 家、180 辆汽车，除部分国产东风牌汽车外，其余均为解放、福建、南京、松花江牌和苏联嘎斯等汽车，吨位小、油耗大、营运率低。

1969 年和 1970 年，开元区、思明区分别成立搬运公司。

1980 年后，区境相继成立厦门市客车服务公司、厦门市友谊交通公司、厦盛小巴士公司、白鹤客车出租公司、三联汽车服务公司、厦港旅游公司、福建旅游巴士有限公司、安达客运公司等运输企业，还有机关企事业单位专业车队及宾馆、酒店所属车队等，汽车运力发展较快。

1985 年，区境有区、街集体交通运输企业 11 家。其中，开元区 7 家，有各类汽车 43 辆、234.35 吨位（年货运量 17.09 万吨，货物周转量 628.44 万吨公里，全年营运收入 477.15 万元，比 1984 年增长 35.2%）；思明区 4 家。鼓浪屿区限制车辆进入，不发展运输企业。

1992 年起，道路交通发展迅速。1993 年 9 月，区境淘汰一般三轮车。1994 年 9 月，淘汰特殊用途三轮车。

1995 年，开元区拥有各类交通运输企业 20 家（不包括市属企业），其中区属企业 2 家、街道属企业 13 家、个体私营企业 5 家；共有汽车 760 辆，其中货车 324 辆、1261.4 吨位，客车 426 辆、2302 吨位，起重车 10 辆、130 吨位；年货运量 160.4 万吨，货物周转量 4400.5 万吨，客运量 929.9 万人。全年营运收入9415.3万元，比1994年增长37.6%。是年，思明区运输营业额2392.1万元，比1992年1514.9万元增长57.9%%，比1993年2405.8万元减少5.7%。开元、思明区境共有公交车线路63条、站点960多个。

1997年，开元区交通运输企业完成营业额13587万元；思明区完成营业额3890.9万元，比1995年增长62.66%。1998年，开元区交通运输业营业额16161.5万元，比1995年增长71.6%；思明区运输营业额2717万元，比1995年减少3.2%。

1999年1月，区境限制摩托车运营；9月1日起，区境禁止岛外牌照摩托车通行。

随着城市建设发展，交通运输业水平和总量提升。2002年，区境主要运输企业营业额24805.4万元，其中区属企业456万元、街道企业20972.4万元、个体私营企业3377万元。

2003年三区整合，全区交通运输年营业额200万元以上企业16家，其中厦门市联友汽车运输有限公司年营业额4489.3万元，厦门莲前运输有限公司年营业额3409.1万元。集体企业完成营业额20591.9万元，比增18.9%；有限责任公司完成营业额4172.7万元，比增14.6%；私营企业完成营业额2232万元，比减31.5%；个体企业完成营业额636万元，比减0.2%。全区运输业名列前三名企业为联友汽车运输公司、莲前运输公司、厦门新鸿客运公司，都以客运为主。是年，思明区完成交通运输业营业额27632.6万元，比上年增11.4%。

2004年、2005年、2006年，全区完成交通运输营业额分别为38223.2万元、34281.9万元、74081.2万元。

2007年，思明区运输企业29家，营业额共83348.4万元，为2002年的2.3倍。其中，区属运输企业营业额456万元、街道属80024.4万元、私营个体2868万元。

2007年思明区公路运输企业一览表

表16-3-1

企业名称	街道	经济性质	企业名称	街道	经济性质
交通服务公司	鹭江	集体	莲前运输公司	莲前	集体
厦禾汽车运输站	鹭江	集体	联友汽车运输公司	莲前	集体
康福出租汽车有限公司	鹭江	中外合资	鑫鹭玮汽车发展有限公司	莲前	私营责任公司
公园运输站	开元	集体	西林车队	莲前	其他责任公司
鹭发达储运有限公司	梧村	有限责任公司	南成汽车运输公司	莲前	股份有限公司
莲东装卸起重队	梧村	集体	厦门盈华运输有限公司	莲前	私营责任公司
五联交通服务有限公司	梧村	私营	厦门公益公交有限公司	莲前	私营
厦门大宏工贸有限公司	梧村	私营	厦门联亿汽车运输有限公司	莲前	私营责任公司
厦门运输发展总公司	梧村	国有	厦门新鸿客运公司	莲前	私营
市华达特运输有限公司	梧村	私营	厦门永联兴运输有限公司	滨海	私营
市筼筜运输有限公司	筼筜	股份有限公司	厦门永达信运输有限公司	滨海	私营
德利汽车运输有限公司	筼筜	责任公司	思明区友来运输装卸队	中华	集体
闽南快运股份有限公司	筼筜	集体	厦门弘信创业股份有限公司	中华	股份有限公司
丰安达运输有限公司	筼筜	集体	新华达运输有限公司	中华	股份合作公司
思明运输队	厦港	集体			

第二节　水路运输

明代中期，漳州月港逐步取代泉州港交通贸易地位，厦门港成为月港的天然门户，出洋商船在水仙港经盘验后，停泊曾厝垵附近海域，候风出洋。

明万历三年（1575 年），外国商人从海上到区境贸易，也有中国帆船往来于厦门与东南亚之间，经营丝、瓷器和土产。

清顺治七年（1650 年），郑成功进驻厦门，在区境设“郊”进行海外贸易。清廷为切断其物资供应源，于顺治十三年实行海禁，强迫沿海人民内迁。清康熙二十二年（1683 年），清廷开放厦门港与台湾鹿耳门港为对渡口岸；翌年在区境设海关，开放海禁，区境成为福建海外贸易中心。开往南洋的洋船，大都从区境码头启航。清雍正年间（1723—1735 年），清廷令所有从福建出航洋船必须由厦门港出入口并装船。厦门港国内主要航线 3 条：一称“横洋船”，对渡台湾鹿耳门；二称“南艚”，贩货至漳州、南澳、广东各处；三称“北艚”，往返温州、宁波、上海、天津、登州、莱州、锦州等地。国外主要航线 4 条：东洋线，通今朝鲜、日本等地；东南洋线，通今菲律宾、文莱、东帝汶、印度尼西亚等地；南洋线，通今越南、泰国、马来西亚、柬埔寨等地；西南洋线，通今荷兰、英国、法国、西班牙等地。

清道光十七年（1837 年），荷兰渣华公司、英国太古公司轮船开通厦门航线。光绪元年（1875 年），华侨邱忠坡开辟厦门至新加坡航线，在区境设代理处；华侨林秉祥建航运公司，在区境设厦门分公司，开辟厦门至香港、槟城、仰光等航线。清光绪十六年起，厦门“海关口”（今厦门海关大楼前）常停泊来自多个港口的多种船舶。

清光绪十六年（1890 年），停泊在厦门“海关口”的船舶

民国时期，华侨在区境投资创办多家航运公司。其船舶航行于东南沿海，以及东南亚一带。经营区境与外海航运的轮船公司还有招商局厦门分局、英国太古轮船公司、荷兰轮船公司、英商德意利士火轮公司和日本大阪商船株式会社等 20 多家。民国 34 年（1945 年），锦昌船务行成立（由经营者林水昌及其父林锦中名字各取一字命名），办事处设海后路 82 号。锦昌船务行“中和轮”航行厦门、同安；“中美轮”航行塘厝港。后，有新轮“中兴号”，开辟厦门—安海航线。在区境内海营运的轮船公司以锦昌船务行和泉厦船务行、闽通轮船公司 3 家规模较大。

抗战胜利后，区境海航线：至晋江县东石、安海；至石码、漳州。其中，至东石线有泉厦船务行和建通船务公司。民国 36 年 2 月 28 日，“中兴轮”由安海驶向厦门时，在大嶝海面翻船沉没，船上旅客 176 人淹死。事发后，锦昌船务行被政府勒令停业。民国 36 年底，内海有 19 家航运公司，客货木帆船、汽船 40 余艘。航行线路北至同安，南至南太武，东至金门岛，西至漳州。

民国 38 年 11 月 12 日，太古公司“兴永轮”由香港进厦港。1950 年 2 月，区境成立舢舨生产委员会，承担厦门岛至鼓浪屿客货渡运，开辟两条航线：一条从妈祖宫码头至鼓浪屿新路头码头；一条从水仙宫码头至鼓浪屿龙头渡头。同时，成立民船协会，分设舢舨、大船和木帆船（即内河）3个组；主要从区境航行至云霄、诏安、东山、旧镇及汕头、上海、福州、温州等地。1952年1月，区境成立厦门轮船公司。主要经营至鼓浪屿、集美、嵩屿、海沧、浮宫、白水、海澄、石码等内海航线，直到1978年。1979年，厦门轮船公司闽海“244轮”安全穿越台湾海峡，开辟厦门至平潭航线；12月17日，“鼓浪屿号”客轮试航香港。1980年1月1日，厦门—香港客运航线正式通航。

1988年9月28日，由厦门鹭岛船务企业有限公司开辟的厦门—那霸航线、日本那霸—基隆航线连结而成的厦门—那霸—基隆海上航线首航成功，百名台胞抵达和平码头。

1992年，厦门水上运输公司全部淘汰木帆船、水泥船、小舢舨。1993年，与香港星海船务公司组建厦门鹭兴船务有限公司；与厦门外贸报关行、香港华闽船务有限公司组建厦门鹭盛船务有限公司。主要经营香港、澳门及国内各口岸集装箱运输业务。1993年1月起，福建省轮船总公司厦门公司开辟区境至泉州、福州、沙埕、温州、宁波、上海、葫芦岛、秦皇岛、大连等航线，增辟至长江沿岸张家港、南京、芜湖、贵池、安庆、九江、武汉等地航线货物运输。后，区境至日本、韩国、中国香港、新加坡、泰国等航线陆续开通。

1997年4月19日，厦门轮船总公司“盛达号”首航台湾高雄港，结束48年海峡两岸不能直接通航的历史。2001年2月6日，福建金门籍同胞90余人乘坐“鼓浪屿号”客轮从和平码头直航金门。2002年2月27日，“中洲轮”运载1900吨建筑材料直航金门，促成53年来两岸首次海上货物直接运输。2005年底，厦门轮船总公司购置豪华客船“捷安号”投入厦金航线客运。

2007年，区境从事外海航运的运输企业主要有厦门轮船总公司、厦门经济特区船务有限公司、厦门同益码头有限公司、厦门远洋运输公司等。从事内海航运的运输企业主要有厦门水上运输公司、厦门轮渡公司等。开通4条定期沿海航线和7条沿河航线，与40多个国家和地区60多个港口有运输往来。

附：民国时期区境至内河航线

厦门—泉州线 每日可往返。到泉者，泊碇于泉州湾秀涂（属惠安县）。航路分为二：西至泉州南门、北达惠安洛阳。

厦门—安海线 每日可往返。由安至厦，泊碇于市外运河。船到时如逢干潮，则投锚于离岸2公里附近。船欲至安海，当于午前满潮时，路经石井、东石港。

厦门—金门线 每日可往返。金门泊锚地在西南后浦港。

厦门—同安线 每日可往返。同安泊碇地在同安溪河口，或离石浔海岸2.5公里附近。

厦门—内安线 每日可往返。与马巷交通由此线往返。

厦门—鼎尾线 每日可往返。为同安、角美各村与厦门的交通线。

厦门—石美线 每日可往返。为厦门与角尾、东尾及附近村落交通线。角尾在石美之北，约2公里，由运河通小舟。

厦门—石码线 每日可往返。为厦门与漳州要冲，乘客较多。由石码可发动机船至漳州。

厦门—白水营线 每日可往返。是厦门至漳浦水路必经之道。

厦门—刘五店线 每日往返1次。

第四章　邮　政

第一节　邮政机构

一、民信局（批馆、批信局）

清同治十年（1871 年），区境开办郑荣顺批馆，为厦门最早的批馆。清光绪三年（1877 年），黄日兴批馆开办。光绪二十四年，在中山路开设的天一信局分局规模最大，其总局设在今龙海市流传村，国内外有 24 个收汇和承转局。光绪三十四年，在区境设立的民信局有 76 家。民国 23 年，凡承办侨汇并兼办往来批信的信局均予保留。

民国 27 年 5 月 13 日，厦门岛沦陷，民信局大多迁往鼓浪屿公共租界。民国 38 年初，区境有 117 家民信局。

中华人民共和国成立后，民信局重新办理申请登记。1952 年，华侨居住国的政府对侨汇实施限制政策，民信局业务受到影响。1957 年起，中国银行统收侨批业务，民信局逐渐消失。

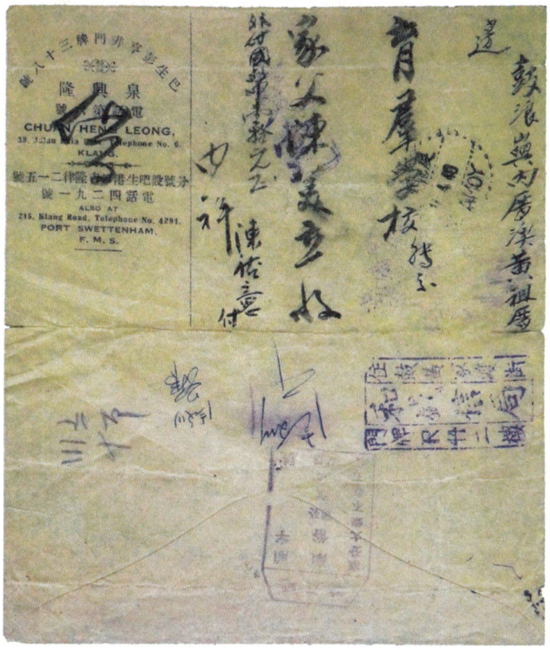

民国时期，寄鼓浪屿内厝澳黄祖厝的侨批封

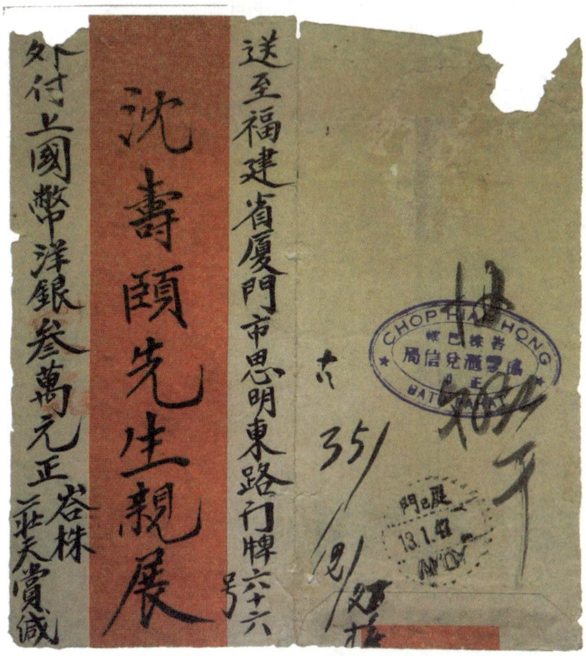

民国 36 年 1 月 13 日，寄思明东路 66 号的侨批封

二、邮局、邮政局

（一）大清厦门邮务总局

清同治五年（1866 年），厦门海关设立邮务办事处。同治九年一月，海关办公新楼在海后滩建成并

启用，大楼两侧平房分设报关检查窗口和海关邮政业务。清光绪二十二年（1896 年），大清厦门邮政局筹备处设立于此。光绪二十三年春，清廷开办大清厦门邮务总局，二月初二日开始营业。

（二）厦门一等邮局

清宣统三年四月初三日（1911 年 5 月 1 日），厦门邮务总局从海关分立出来，成为独立机构，并迁入海后滩新址（今海后路），改称厦门一等邮局，是福建省唯一的“一等甲级邮局”。邮区管辖范围除厦门外，还有漳州、泉州、龙岩、永安等地。

民国时期，邮务日趋发达。厦门一等邮局，下设第一支局于鼓浪屿，第二支局于思明北路。民国 7 年（1918 年）5 月 1 日起，厦门一等邮局成为国际邮件互换局，发往东南亚和香港等地的邮件，均直封由轮船载运。民国 9 年后，在岛内增设桥亭、民生路（今民族路）、思明南路、泰安街等支局，还设胡里山等代办所及溪岸街邮亭。民国 20 年 4 月，厦门一等邮局改称思明一等邮局。民国 23 年，思明一等甲级邮局成为福建、广东两省各地邮局的汇票互换局。民国 25 年 4 月，复称厦门一等邮局。

民国 27 年 5 月厦门岛沦陷后，厦门一等邮局营业部迁往鼓浪屿，在福民学校（今笔山小学）礼堂设临时办事处，办理进出口邮件。思明北路支局、民生路支局和各邮亭均停止营业。

民国 38 年 7 月，增设民国路（今新华路）第三支局、南普陀支局、仓里社支局、镇邦路支局、厦门大学支局。不久，民国路、南普陀和仓里社 3 个支局停办。

1949 年 10 月 18 日，人民政府接管厦门一等甲级邮局，成立厦门市邮政局。鼓浪屿支局、思明北路支局、厦大支局随之并入。

（三）邮电局、邮政局

1951 年 8 月 1 日起，实行邮电合一，成立邮电局。

1969 年 12 月 1 日，邮电分家。1973 年 3 月 1 日起，改称邮政局。1973 年 10 月，邮电再度合一；1998 年 4 月，再度分离。

2007 年，中国邮政在区境设有邮政营业网点 51 家；下设邮政便民服务站 136 个。

2007 年思明区邮政网点一览表

表 16-4-1

名称	地址	名称	地址
邮政营业厅	凌香路附近	松柏邮政支局	仙岳路 458 号
邮政营业厅	湖滨南路附近	厦门市邮政局	仙岳路 458 号
鹭江道邮政支局	湖滨南路附近	湖西邮政支局	湖滨西路 6 号
莲前西路邮政支局	莲前西路 989 号	邮政礼仪营业厅	湖滨南路附近
莲前东路邮政支局	莲前东路 891 号	全球邮政特快专递	顶澳仔路附近
莲花邮政支局	玉亭里 43 号	厦禾邮政支局	厦禾路 415 号
中山路邮政支局	中山路 1 号	邮政大厦营业厅	湖滨南路 6 号
海后路邮局	海后路 58 号	新华路邮政支局	新华路 50-58 号
厦门邮政报刊发行局	仙岳路 458 号	新华路邮政储蓄所	新华路
大学后勤集团邮政服务中心	思明南路 422 号	展城新村邮政支局	前浦东路 572 号
鼓浪屿邮政支局	龙头路 102 号	岳阳西里邮政支局	岳阳西里
鼓浪屿邮政储蓄所	龙头路	厦门邮政报刊发行局	湖滨南路 6 号附楼
集邮报藏品交易中心	虎园路 6 号	龙盛里邮政支局	龙华路 14-16 号
厦禾路邮政支局	厦禾路 423 号	邮储银行莲前东路支行	莲前东路 891 号

续表16-4-1

名称	地址	名称	地址
文园邮政支局	文园路 63 号	邮储银行曾厝垵支行	曾厝垵仓里 5 号
梧村邮政储蓄	厦禾路 870 号	厦大邮政储蓄所	顶澳仔路 12 号
邮政培训中心	仓里路 5-6 号	仙阁里邮政支局	仙阁里 8 号
厦禾路邮政支局	厦禾路	常青路邮政支局	常青路 11 号
梧村邮政支局	火车站广场	厦港邮政支局	大学路 25 号
国贸大厦邮政支局	湖滨南路 388 号	特快专递营业厅	湖滨南路 6 号
何厝邮政支局	何厝村	曾厝垵邮政支局	龙虎山路 9 号
美仁宫邮政支局	后江埭 37 号	海关邮政办事处	湖滨南路邮政局内
海后路邮局	海后路 58 号	槟榔邮政支局	湖明路
金榜路邮政支局	湖滨南路	帝豪邮政支局	厦禾路帝豪大厦
湖滨北邮政支局	金桥路 9 号	金鸡亭邮政支局	莲前西路 233 号
东浦路邮政支局	东浦路 153 号		

第二节　邮　路

一、步班邮路

清光绪二十六年（1900 年），开辟区境至漳州邮路干线，其中从鹭江道码头至石码是水上邮路，由石码到漳州城区是步班邮路。清宣统三年（1911 年）五月二十四日，江东桥—嵩屿铁路建成，区境至漳州的邮件，先从鹭江道码头走水路到海澄县的嵩屿（今属厦门市海沧区），再从嵩屿走铁路达江东桥，然后至漳州城区走步班邮路。民国 18 年（1929 年），区境与禾山往来邮件开始由步班改为汽车带运。民国 25 年 11 月，出岛邮件多由汽车运输，步班邮路逐步被汽车邮路所代替。

民国 27 年 5 月厦门岛沦陷后，内地公路破坏，区境邮件由“交通船”运至时为海澄县管辖的海沧，再由海沧经角尾交邮差运至漳州和泉州，转运各地。抗日战争胜利后至福厦公路修复前，区境邮件仍然由轮船或内海汽船运至晋江安海，取道旱班邮路至福州。之后，各邮线相继恢复，步班邮路再次被汽车邮路所取代。

二、自行车邮路

（一）老城区自行车邮路

民国 22 年，邮政部门开辟老城区自行车邮路，至厦门岛沦陷期间停办。抗日战争胜利后，此邮路恢复。先后在区境设 3 条邮路：海后路邮局—厦港—厦大；邮局—美仁宫；邮局—市政府—虎园路。1952—1969 年，自行车邮路从美仁宫扩至梧村火车站，厦大线扩至曾厝垵。此后到 1985 年，自行车邮路基本不变。

1986 年，自行车邮路增至 5 条，即海后路邮电局—轮渡，海后路邮电局—码头，鼓浪屿邮电局—码头，开信箱一线，开信箱二线；单程总长 37.7 公里。每日邮运 12 个班次，日均邮运行程 81 公里。

1988 年，增加开信箱三线邮路，单程长度 20 公里。加上原有邮路，总数 6 条，单程总长度 57.7 公里。每日邮运共 19 个班次，日均邮运行程 141.6 公里。1993 年，海后路至轮渡、客运码头、开信箱

1～3 线，合计里程 58.7 公里。中心区自行车邮路保持至 1996 年取消。

（二）新城区自行车邮路

1973 年起，区境有新城区自行车邮路 6 条。即：

城区—曾厝垵，里程 40 公里，沿途经前哨、黄厝、何厝、前埔。

城区—五通，里程 38 公里，沿途经莲坂、西林、洪文、蔡塘、后埔、后坑、五通、高林。

城区—湖里，里程 21.1 公里，沿途经东渡、湖里、高殿、立新、西郭、塘边。

城区—钟宅，里程 30.5 公里，沿途经县后、钟宅。

城区—江头，里程 19.3 公里，沿途经江头、枋湖。

城区—山头，里程 17.3 公里，沿途经梧村、红卫山头。

1988 年，增加投递邮路 2 条：江头至莲花一村，12 公里；江头至莲花二村，13 公里。

1989 年，原设江头至莲花一村及莲花二村的邮路改为江头至莲花三村。1990—2007 年，自行车邮路不变。

三、汽车邮路

（一）委办汽车邮路

民国 18 年（1929 年），区境至禾山、澳头、五通的往来邮件由步班改为汽车承运。民国 24 年，思明至晋江汽车邮路延至洛阳桥，开办泉、漳、厦汽车代运邮件。民国 25 年，区境至福州邮路，全线邮件由汽车运输公司承运。厦门岛沦陷期间，区境仅余至海沧和泉州 2 条外地邮路，先经水运再由汽车转运。

1959 年起，区境先后开辟至永春、漳州、汕头、南安、安溪、坂头、东孚等地的委办汽车邮路。1971 年，委办汽车邮路停办。

（二）自办汽车邮路

1949 年 12 月，开辟区境至福州不定期邮车班转运邮件。1950 年 6 月 1 日，福建邮政管理局开辟福州至厦门自办汽车邮路。此后，自办汽车邮路进展缓慢，只有衔接漳州、泉州、福州等地的省内邮路。1980 年，市邮电局有自办汽车邮路单程 268 公里，其中区境邮路 22 公里。

1985 年，增开区境邮政枢纽大楼到火车站、机场、厦大、湖里的邮路；同年，增开区境至晋江、泉州加班邮路。

1986 年，汽车邮路调整为 7 条：从邮政枢纽大楼至火车站 2 条，枢纽大楼至湖里 3 条，枢纽大楼至厦大和机场各 1 条；单程长度均为 13 公里。同年 4 月 15 日，开通广州直达区境 8 吨位邮车线，由广州市邮局派押，增加邮件转运量，加速区境与广东、广西及香港地区邮件转运速度。

1987 年，增加区境邮政枢纽大楼到湖里和厦大的邮路各 1 条。1990 年，区境有 9 条自办汽车邮路：邮政枢纽大楼至火车站（6 班，直线邮路 5 公里），枢纽大楼转趟 6 条（逐日班环形邮路 145 公里），枢纽大楼至火车站（逐日班直线邮路 5 公里），枢纽大楼至机场（周 28 班，直线邮路 5 公里）；合计单程邮路 169 公里，日均总邮运行程 327 公里。

1993—1995 年，增加区境邮政枢纽大楼至杏林汽车站、至后溪、至海沧汽车邮路。

四、水道邮路

清光绪二十六年（1900 年），开辟鹭江道码头至龙溪县石码的水上邮路。光绪三十一年，水道邮路为木船走 375 公里、小火轮走 300 公里。民国 7 年（1918 年）5 月 1 日，厦门一等邮局成为国际邮件互换局，寄往香港及东南亚等地的邮件均直封由轮船载运。邮局借华侨银行汽轮运送邮件到各地。厦门岛沦陷，沪、港等地仍有外国轮船行驶厦门，带运区境进出口邮件。民国 27 年，开辟区境至海沧的水上邮路。民国 28 年 3 月 11 日，外轮进口邮件至石码，隔日往返 1 次。因水路遥远，3 月 16 日，改辟鼓浪屿至海沧帆船邮路，全长 17.3 公里，当日往返，邮件到海沧后经角美交邮差运至龙溪和晋江。民国 34

年，漳厦水运邮路恢复。民国36年，漳嵩公路修复，邮件改为汽车转运；水上邮路撤销。

民国35年后，内外海轮相继停驶，邮件用舢舨水运至嵩屿，交由设在嵩屿的邮运站转运，每日1次往返。

中华人民共和国成立初期，只有至石码、海澄、浯屿、海沧等地的水道邮路。1958—1993年，陆续增开厦门岛至龙海白水营、至浮宫及至鼓浪屿的水道邮路。1994—2007年，只有鹭江道码头至鼓浪屿的水道邮路。

第三节 邮件投递

清光绪二十七年至三十一年（1901—1905年），区境邮件投递分为城区内滨海商业区段、内街居民区段和鼓浪屿公共租界3个片区，每片区每天投递两班次。此后，商业区段每天投递班次逐渐增加，最多时达6班次；居民区段每天3班次；鼓浪屿每天10班次，最多时每小时1班次。星期六各片区3次。到鼓浪屿的邮件经常临时出班投递。商业区段，如果轮船到港，其运转的邮件晚间到局在21时前分拣结束的，于当晚投递。挂号邮件和快递邮件原先分开投递，至民国7年（1918年）后，实行平、挂合投，快件专投。民国35年，航空邮件到达当天投递；如果飞机晚点，便于翌晨首班投递。其他各类信函、明信片和新闻纸，城区上午收寄的，下午投递；下午收寄的，下午出班，最迟翌晨投递。民国37年，投递每日出班4次。

1950—1959年，邮件每天投递2次。1958—1959年，邮政部门开展“服务全满意”活动，增加投递班次。1961—1962年，投递班次有所调整，上午10时以前投入市内信箱（筒）的本地信函，当天投递。1973年，又改为城区每天投递2～3次。

1979年后，对楼房住宅的邮件、报刊投递，增加设置信报箱：在楼房第一层楼梯口安装与住宅号数相同的信报箱，便于投递同一个门牌号内有多家机关单位的邮件。邮政局根据用户自愿原则，提供登楼投递或分户投送服务，并收取相应的服务费。

1985年，区境邮电局、海后路支局、鼓浪屿支局、新华支局、湖滨南路支局、厦门大学支局等投递共有46段。

1986年，上午5时前到城区的信函，下午投递；下午4时以后到的信函，次日上午投递。本地互寄的信函，属市区范围内的分局、所的箱、筒，上午11点以前收寄的，下午投递；印刷品、包裹和期刊投递时限相应延长。快件中午12点以前到局的，下午投递；市内互寄的快件，上午11时前收寄的，当天投递。

1990年起，城区扩大，单位增多，交往频繁，邮件量激增，邮件投递频次有的保持每天2次，有的增到3次。2003年，实现岛内报刊分拣封发直接送达。2004年，城区每日平均投递2.89次，农村每周平均投递6次。

2005年，投递频次全区每日平均2.34次。

2007年，全区投递每日3次。

第四节 邮政业务

区境设立邮政机构初期，开办信函、明信片、贸易契约、印刷品和货样传递。清光绪二十三年（1897年）至清宣统元年（1909年），陆续开办广州、厦门、宁波、上海、天津5个通商口岸间及国内大中商埠汇兑、快件、保值包裹等业务。光绪二十五年，区境一批殷实铺商被选为代办邮政部分业务的代办所，由厦门邮务总局发给执照，可以发售邮票，收寄各项信件、包裹等。

民国元年（1912 年）7 月 15 日起，邮政业务增加保险信函，并增设邮线班期。翌年 6 月增加代售印花税票。民国 6 年 4 月起，代办邮转电报。民国 7 年 5 月，开辟国际邮件互换；7 月，参加国际邮联交换国际回信券。民国 8 年，开办缄封明信片。翌年，开办邮政储金并互开国际汇票。民国 13 年起，邮政机构与英国互换保险箱匣及代收货价包裹，与菲律宾、南洋群岛、荷属东印度互换包裹，与德国互换代收货价包裹。民国 14 年，与加拿大互换保险包裹。民国 22 年，开办电汇业务，同时开办沪、温、榕、汕、穗各线航空邮件。民国 23 年，开办普通快递邮件。民国 24 年，开办代购书籍业务和存证信函并试办国内小包邮件。民国 25 年，各邮政代办所开始收寄国内小包邮件业务，并举办定期储金、儿童储金、礼券业务，还开办简易人寿保险。

厦门岛沦陷期间，区境邮政业务量减少。民国 34 年 10 月，恢复正常业务。民国 35 年，开办侨汇业务。邮政业务主要收寄和投递国内航空、国际航空邮件，收寄范围扩至美国、印度；水陆平常邮件、挂号、快递邮件、包裹及国内小包邮件、国内图书小包邮件；保价信函、保价包裹、代收货价包件、邮件、邮件认知证、国内保值挂号邮件、储金、汇兑、回信邮票券等。

1949 年 10 月 26 日，区境邮政机构恢复办理平信、包裹、小包邮件、图书小包、重件、保价信函、保价包裹、保价小包邮件、快递邮件等业务。1950 年 1 月 1 日起，开办存证信函业务；2 月 2 日，恢复收寄国际航空信件；4 月 1 日，承办报刊发行、代销印花；9 月 11 日，恢复收寄航空邮件；10 月 16 日，开办代销商务印书馆图书杂志；12 月 8 日，增办高额汇票、办理商业汇兑、开办存局候领邮件，恢复收寄挂号邮件等业务。1956 年 3 月 17 日，区境开办集邮门市部。1957 年 4 月 1 日起，接办机要文件；9 月 1 日起，收寄解放军特种邮件。1958 年 1 月 1 日起，开办国内保价印刷品业务。1953—1961 年，停办委办侨汇、装钞、保价信函、代理银行储蓄、代售印花税票、代购及征询等业务。

1962—1978 年，除“文化大革命”期间增加免费挂号邮寄毛泽东著作，以及停办代售印花税等业务之外，邮政业务变化不大。

1978 年后，邮政业务增加新项目。1981 年 7 月 1 日，恢复办理国内邮政回执业务，开办邮联范围内发行新的国际回信券。1985 年 3 月，开办特快专递。1986 年 1 月 1 日，增办异地存取业务；7 月，开办邮政快件。1987 年 11 月 1 日，在商包业务基础上新办大件包裹业务。1988 年 12 月 1 日，直通香港，缩短往返时限。1990 年 8 月 20 日，开设特快专递国际交换站；每日航班直接交换出口特快专递总包，加快出口特快专递邮件传递。

1993 年 6 月 11 日，开始收寄台湾挂号邮件；1994 年 9 月 1 日，增加特快电汇业务。

1999 年，开办与泉州、漳州等地及岛内限时递业务。

2002 年 1 月 13 日，开通邮政电子汇兑业务。普通汇款、电汇、特快汇款业务同时取消。邮政电子汇兑业务全面取代邮政传统汇款业务。在新华、海后等支局可办理电子汇款业务；梧村、文灶、金鸡亭、槟榔等邮电支局受理电子汇兑的普通汇款业务。同时，速递业务推出网上礼仪业务；开办全国大中城市特快限时递业务。

2004 年，速递业务实施“全夜航”（全国 136 个大中城市实现“次日递”）；9 月，启动闽东南区域快递业务，开通从上海经转到日本东京及大阪两条新邮路，推出至日本特快专递邮件“次日递”业务；开办闽东南区域快递业务。

2005 年 7 月 20 日，开办跨区域“次晨达”速递业务。

2007 年，区境邮政营业机构除储蓄专柜办理储蓄、汇兑业务外，其邮政营业厅均办理上述各种邮政业务。

第五章 电　信

第一节 电信机构

一、清、民国时期电信机构

清同治八年（1869 年），丹麦人在鼓浪屿设大北电报公司。后，在田尾路建电报房，铺设鼓浪屿至上海、鼓浪屿至香港的海底电缆。同治十三年，开始收发电报，至民国 30 年（1941 年）太平洋战争爆发，公司被日军封闭。

清光绪二十六年（1900 年），法国电报公司铺设电报水线至鼓浪屿，开局营业。

民国 11 年，华侨黄奕住收购德律风公司，至民国 18 年 6 月，区境至马尼拉、区境至香港的无线电报开通。

清同治八年（1869 年），丹麦人在鼓浪屿设立大北电报公司

二、中华人民共和国成立后电信机构

1951 年 8 月 1 日，邮政局加电信业务称邮电局。1961 年 12 月 1 日，电信业务分出独设电信局。1973 年 10 月，电信又与邮政合并。

至 1998 年 4 月电信与邮政又分离。区境成立中国电信思明支局、中国电信开元支局、中国电信鼓浪屿支局。2000 年 10 月，电信体制改革，设中国电信、中国移动、中国联通、中国铁通、中国长宽、中国卫通等 6 家电信营运机构。

2007 年思明区部分电信营业网点一览表

表 16-5-1

营业厅名称	地址	营业厅名称	地址
中国电信湖滨北路营业厅	湖滨北路 135 号	中国移动丰联达营业厅	莲花南路 30 号
中国电信顶澳仔演武厅营业厅	顶澳仔	中国移动禾祥西路营业厅	禾祥西路 41 号
中国电信鑫龙网指定营业点	禾祥西路 35 号	中国移动禾祥东营业厅	禾祥东路 25 号
中国电信明发营业厅	莲前西路 9 号	中国移动 24 小时自助服务厅	禾祥东路 25 号
中国电信阳鸿营业厅	文园路 63 号	中国移动大学城营业厅	演武路 41 号
中国移动客户体验厅	莲前西路 233 号	中国移动江头同亨营业厅	吕岭路 8 号

续表16-5-1

营业厅名称	地址	营业厅名称	地址
中国移动24小时自助服务厅	湖滨南路232号	江头同亨24小时自助服务厅	吕岭路8号
中国移动华侨海景营业厅	湖滨西路23号	中国移动万寿路营业厅	万寿路93号
中国移动滨北营业厅	建业路1号	中国移动沟通厅	卧龙西路
滨北24小时自助服务厅	建业路3号	沟通厅24小时自助服务厅	卧龙西路
中国移动24小时自助服务厅	嘉禾路62号	中国移动龙头路24小时服务厅	鼓浪屿龙头路2号
中国移动莲前营业厅	莲前西路233号	中国联通鸿祥营业厅	湖滨南路258号
中国移动明发营业厅	莲前西路37号	中国联通长青营业厅	湖滨北路169号
中国移动明发24小时自助服务厅	莲前西路37号	中国联通文灶营业厅	文园路22号

第二节 电信业务

一、电报

1951年起，电信部门电报业务内容有天气、水情、公益、普通和公电（主要是电力方面的电报）。由于电报传送的信息可以作为文件证据，因此在气象、政府、部队等特别领域，电报业务继续使用。

2002年起，取消加急电报业务。2005年10月起，取消鲜花、礼仪电报业务。

2004—2005年，随着网络技术发展，电报业务加速萎缩。宽带从无到有并持续提速，普遍带宽达到1M以上。中国联通在各类业务均有不同程度增长的同时，将有关业务运用于公安、医疗卫生、教育、交通运输、餐饮等行业，取得良好的经济和社会效益。其中，公路规费管理系统、电子警察—路面交通违章监控无线数据传输项目、便民自助终端系统等行业运用项目被相关单位作为示范项目加以推广。卫通实施业务结构战略调整，逐步形成卫星通信广播、地面网络通信、卫星导航定位综合信息服务三大业务板块，通过特色服务、精细化服务满足客户需求。

2007年，区境电报业务尚未完全取消，但普通居民已很少使用，大部分营业厅已取消电报专柜。新华、莲花2个电信代办营业厅，平均每月办理电报业务只有1980年的千分之一。

二、电话

清光绪三十年（1904年），日本台湾总督府派人架设厦门岛至鼓浪屿电话线。光绪三十二年十二月，林尔嘉集资8万元创办的电话公司开通。民国元年（1912年），日商在鼓浪屿大宫前（今中华路12号）创办川北电话公司。民国12年，华侨黄奕住收购川北电话公司设备，创办电话股份有限公司。民国13年1月1日，开通厦门岛至鼓浪屿电话线。民国20年5月31日，城区市话容量从1200门扩充到1500门。民国22年10月，增到2000门，其中鼓浪屿400门。民国26年，电话号码为两位数，每户月租金8元。

1949—1978年，区境电话基本使用民国时期旧设备。1979年后，电信部门逐步更新设备，电话业务量逐年增长。1985年1月20日零点，开通万门FETEX-150全数字程控电话交换系统；市区—鼓浪屿2.5公里间也开通全数字程控电话。单一的电话通信网向既可通电话，又可通数据、图像、传真、电视综合业务数字网提供服务。新增业务有热线电话、转移呼叫、遇忙回叫、缩位拨号、三方通话、叫醒服务、呼叫等待、免干扰服务及呼叫限制等。

1986年4月10日，第一部投币式公用电话机在新华支局营业厅投入使用。后，陆续在主要街道安装10座无人管理公话亭和10部投币式电话机。至9月，公话亭达62座，其中自办13座、代办49座；投币式电话机400多部。1988年，因公话亭投币式话机破损严重，公话改为以有人管理代办为主。1989年，再次投放投币式电话机。1991年9月，市话营业收费微机系统正式投入使用，先后在鼓浪屿、博物馆、育青路、虎园路、美仁新村、将军祠等处公开放号。区境居民住宅62%安装电话。

1995年前，电信业务相对单一，以电话、电报为主。1996—1998年，邮电系统体制改革，相继成立联通、网通等电信运营机构。2000年，中国电信与移动、联通、新网通、铁通等电信运营商实现互联互通。2001年，开通固定电话“家加e”固网短信，电信小灵通业务成为通信市场消费热点，“17909”直拨IP电话成为长途电话市场主流业务。

2004年底，小灵通用户实现全国短信互发、小灵通与手机短信互发。

2004—2005年，区境电信业务呈现小灵通、宽带、号码百事通、商务领航、ICT等现代综合信息业务蓬勃增长的局面，满足社会各种通信需求。电话安装实现网上选号、预约装机、立即装机一条龙服务。小灵通具有短信、彩铃、上网、定位等功能，固网彩铃、移机不改号等功能也实现；普遍宽带达到1M以上。声讯、IDC、呼叫中心等增值业务快速发展。

2005年，思明区初步建成一个覆盖全区、以数字光缆传输为主、卫星和数字微波为辅的现代化公众宽带多媒体通信网络，实现全区与全市传输光缆和双路由，并直接链接途经福建省的国家一级干线光缆。电话普及率85%，平均每5人拥有4部电话。大力推进光纤进大楼、进小区，开通宽带城域网，以多种技术满足各单位和个人对大容量、高速率的通信方式的需求。家加e、声讯服务、七彩铃声、游戏、无线上网等增值服务使电话网从简单的语音通讯功能，转型为以语音功能为主、多种增值功能兼顾的通信服务。

2007年，思明区有中国电信、中国移动、中国联通、中国网通、中国铁通、中国长宽、中国卫通7家运营企业。

第三节 信息化建设

一、互联网

1995年8月，中国互联网在厦门、福州、泉州各设1个节点，成网状连接，中继速率为64千比特/秒。1996年4月，区境使用中国互联网进行分组网络建设。2001年1月，开始宽带城域网建设，数据网络迈进IP时代。区境宽带市场出现电信、长宽、网通、联通、铁通、广电和电通7家运营商。

2002年，电信系统启动“宽带极速之旅”活动。电信宽带城域网在“9·8”投洽会、“台交会”等大型商贸活动中发挥重要作用。

2003年10月后，全区基础数据网络用户呈逐年减少趋势，宽带城域网用户呈爆炸式增长趋势。2004年，进行MPLS VPN网络建设，率先为本地广大客户提供VPN网络服务，全网设备20台。2005年，电信城域网由交换型城域网转变为路由型城域网，交换机开始下沉到接入网。电信城域网形成完整的核心网及接入网。在核心网中核心层及汇接层均由路由器组成，共有9台大型路由器。全网含宽带接入服务器22台。

二、政务网

（一）政务内网（金宏网）

2001年底，三区党政机关办公业务建立政务内网（简称“金宏网”）。2003年10月三区整合，至2007年，思明区政务内网主要业务子系统有：办公OA系统、公务员电子邮件系统、公文交换系统、综合统计信息系统、中经信息导播系统、电子刊物报编系统、VOD系统、信息报送系统、信息网站镜像等。建立市民基础数据库和市民服务信息系统、法人基础数据库系统，实现金宏网与“数字福建”联网。通过金宏网，各级党政机关可以访问省委、省政府、省直机关各部门，以及各地市100多个站点，共享全省各地政务、经济社会发展信息。区工商、国土资源等部门利用金宏网实现与市级、省级部门纵向业务协同办公和信息共享。

（二）政务外网

2007年，思明区政务外网平台设一级外网和二级外网。一级外网连接市直各部门、各区政府网络，是政务外网基础架构。二级外网构建直接连接社区、街道等基层单位网络。政务外网系统规划许可审批系统、实施监督系统、档案资料管理系统、医药科技查询系统、公共卫生信息系统、城域网信息管理系统、执法综合信息系统、机关事业人事管理系统、毕业生就业服务系统、国土资源与房产测绘档案管理系统、社区卫生信息系统、卫生决策支持系统、干部保健信息系统、内外资个体户登记系统、案件审批系统、经济户口管理系统、网上审批系统、信用体系建设系统、在境内的企业报备系统、房地产预警预报系统、地下网管系统、科技人才数据系统、招投标系统、城建档案系统、图书自动化管理系统、市民基础数据库、法人数据库系统、网上审批平台、政府部门网站托管平台、区委、区人大、区政府、区政协和区纪委的OA系统、法院审判流程管理系统、旅游目的地营销系统、旅游服务网等。

（三）政务信息化

电子政务办公信息化　电子政务采用J2EE三层架构、市场工作流系统、集中数据管理和数据交换。2005年3月，全区行政机关实现公文收发、公文流转、领导活动安排、会议通知等电子化。4月，区委办、区政府办印发《关于全面推行网上办公的通知》，规定非涉密文件、会议通知必须通过该系统技术传输。各部门指定公文收发员，每天通过OA系统公文交换平台收发电子公文。电子公文等同纸质文件。2007年，全区技术用户数1200多户，各部门、单位通过电子政务办公平台实现收发文115681条、发出会议通知1101条、短信通知4928条、通知通告531条、各类刊物及信息7000余期（条）。

网上审批系统信息化　2004年底，思明区开始建设数据直报系统，2005年7月启用。为全区涉及房地产、建筑、餐饮业、服务业、运输业等5000多家企业提供网上数据直报服务。企业摆脱单一纸质报表，在网上填报时，系统还会自动完成数据校验。2007年11月，思明区网上审批系统通过验收并开始试运行，集成电子政务办公平台，建立区政府与企业、社会公众之间网上办事通道，实现网上咨询、查询、申请、审批、投诉、监督等业务功能。同时，具备电子监察功能，能全程跟踪网上审批事项办理流程，对逾期和异常项目进行监督，定期形成监察报表，实现网上审批电子监察。是年，全区有14个政府成员单位、49项行政审批实现全程网上预审，199人次审批事项通过网上审批系统获得办理。

防汛抗灾应急指挥系统信息化　2006年10月，思明区防汛抗灾指挥系统正式运行。依托区电子政务平台，实现值班安排、数据统计、信息报送、信息发布、基于软件解决方案视频会议系统、电子政务平台短信通知等功能。改变以往区级防汛抗旱工作模式，实现自动、实时办公。

社会保障信息化（金保工程）　思明区形成以社会保险管理信息系统和就业管理信息系统两大业务系统为主、以OA系统和网上审批系统为辅的劳动保障信息管理体系，强化“统一规划、统一管理、统一机房、统一网络、统一数据中心”管理体制。遵循国家“金保工程”规划，建立“以人为本、动态管理”模式。劳动保障信息系统划分为办公网、业务专网、公众服务网三大功能。至2007年，专网覆盖所有社区，并和劳动保障部、省劳动保障厅以及市财政、地税、银行等单位联网，实现信息共享和业务联动。专网业务系统包括社会保险管理信息系统、就业管理信息系统、劳动保障网站平台、短信平台、电子化发放平台、12333劳动保障电话咨询中心及社会保障卡等。

教育信息化　2007年，思明区各级各类学校大力普及计算机配备，达到中等发达国家水平。教师每人配置1台备课电脑，平均每8名学生拥有1台。城区中小学所有教室均配备液晶投影机、实物展台等多媒体设备，其他小学多媒体教室普及率50%以上；城区中小学（含中等职业学校）全部建成校园网。

社区服务信息化　2003—2007年，在街区电子政务建设中，利用市区两级交换平台、政务外网、市民服务系统、企业信息交换系统等设备，依托“市民服务信息系统”建设街区综合服务平台，对接业务部门应用系统，为市民提供便捷的信息服务。2007 年，全区 95 个社区在推进社区信息化建设时，以街道为建设主体，在嘉莲街道和社区开展试点工作，推广 OA 办公自动化系统、“数字街道”、综合业务系统。

旅游信息化 2000 年后，区境旅游业开展网上服务，满足游客进行旅游风景名胜区咨询和住宿预订的需求，景点知名度不断提高。旅游咨询服务网于 2002 年建成并对外开通。2007 年，旅游营销系统依托国家旅游局信息中心“金旅工程”平台，推出简体中文版、繁体中文版、英文版旅游信息，满足消费者资讯需求，增加游客访问量，方便旅游交易，提供旅游服务和增加旅游业收入。

卫生信息化 2000—2007 年，开通社区卫生、卫生监督、疾病控制、妇幼保健、远程医疗等信息系统。居民可以进入卫生信息网、医药科研情报检索系统、医疗资源管理信息系统、市民健康信息系统、疾病预防控制中心传染病疫情网络直报系统、卫生监督信息平台、医疗急救指挥信息系统、中心血站管理信息系统。大部分中小型医院信息系统以财务核算为中心的管理信息系统“MIS”，部分医院建立以医生工作站为核心临床信息系统“CIS”。2007 年，思明区重点实施社区卫生管理信息系统，系统建设以家庭和居民健康档案为基础，以慢性病患者、残疾人等为重点，涵盖公民基本资料、预防免疫、就诊记录、健康检查、妇女保健、儿童保健、计划生育、基线调查等方面健康档案信息，形成“多档合一”社区卫生服务信息化系统。

（四）网站建设

2000 年，三区政府网站先后开通，为区人民政府门户网站。网站提供简体中文、繁体中文和英文 3 种版本，网站平台汇集政府部门、事业单位网站群，并建立党政机关连通国际互联网接入平台。网站功能逐步实现从简单信息发布和对外宣传窗口到政务公开、公共服务与公众参与的政务门户的转变。2003 年三区政府合并后，区政府网站建设进一步加强。

2004 年 10 月，区政府门户网站进行全面改版，成为政务信息公开、宣传政策法规、收集市民意见和建议、为市民提供咨询、网上审批服务、数据直报、网上评议政府等方面互动平台。

2005 年 1 月，区委办、政府办印发《信息发布管理办法》和《政务网安全管理制度》。2006 年 7 月，区政府召开电子政务工作会议，确定各街道以政务公开和便民利民为宗旨建立街道门户网站。2007 年，拥有 52 个一级栏目，250 个二级栏目，1.3 万多条文字信息，超过 1G 数据量。区行政服务中心和社会事务服务中心 2 座办公大楼，以及驻外部门和 10 个街道办事处均通过光纤实现联网。共有 1600 台电脑接入思明政务网中，由政务信息中心统一对接入政务网计算机进行 IP 地址绑定管理。安装有网络安全审计系统、双机热备的防火墙、流量管理、网页防篡改系统构筑网站安全体系。全区政务网覆盖率 100%。

三、电子商务

（一）网络企业

居民通过互联网查询企业开店网站销售产品，企业选取部分或全部商品，通过网站进行售卖，有天虹、国美、戴尔等，销售过程在网络上完成。

单纯网上购物，这类企业不具有店面、营业场所等实体，单纯依靠网络展示、销售产品，有 3e 购物网、白马 v 网、中商网等。

（二）网络模式

社区在线公司采用“电子商务+物流配送+连锁经营”三位一体模式，通过“一个网络平台”“多种信息通道”“众多服务实体”建设与运营，形成统一的全天候服务热线“96365”社区网络服务体系。该平台不只提供购物服务，还将政府政策法规及办事流程，劳动就业和社会保险、公交线路等咨询服务信息都集中于“96365”网络。

四、信息资源开发

（一）新闻网站

2000 年起，互联网新闻事业蓬勃发展。至 2007 年，建立一批内容丰富、知名度高、影响力强的综合性新闻网站，拥有在省内外乃至全国具有一定影响力的新闻栏目和特色频道。市民上网便可以查到海峡网、台海网、厦视在线网站。

（二）市民基础数据库

2003 年 12 月，完成市民基础数据库系统一期工程建设，2004 年 3 月通过初步验收；2006 年 7 月通过总体验收。2007 年，建成区级数据交换平台，实现区公安局、人事劳动与社会保障局、住房公积金管理中心、计生委、民政局、卫生局、人事局 7 个部门业务系统接入，实时连接市民基础数据库，10 多个部门使用该数据库。参与数据交换部门业务系统：公安户籍管理系统、社会保障管理系统、劳动就业管理系统、计生服务系统、公积金业务管理系统、人事管理系统、民政服务系统（婚姻登记、低保）等。

第十七卷　商业贸易　招商引资

明代，区境有定期“圩集”和专事“贩洋”贸易商。清康熙年间，“商贾咸集，梯航万里”，是福建省重要的商品集散地。至清嘉庆元年（1796 年），发展为远近闻名的“贸易之都会”。

清道光二十三年（1843 年），外国侵略者掌握厦门海关大权，把持商业、运输业和金融业。辛亥革命后，华侨资本大量涌入，商业市场逐渐繁荣。民国 9—26 年（1920—1937 年），为商贸发展鼎盛时期。民国 27—34 年，日军占领厦门岛时期，日本商人及日籍台湾商人开商社和洋行百余家，借势操纵，致使地方商店倒闭。抗战胜利后，市场仍被帝国主义和官僚资本控制，通货膨胀加剧。民国 38 年夏，有 54 个行业，商店 2000 多家，固定摊贩和流动摊贩 3000 多户。

中华人民共和国成立后，三区执行市政府“发展生产，繁荣经济，公私兼顾，劳资两利，城乡互助，内外交流”方针，扶持有利于国计民生的私营工商业经济。同时，培育国营商业。1953—1956 年，三区对资本主义工商业进行社会主义改造，实现公私合营和小商贩合作化，形成以国营商业为主体，有计划的、统一的社会主义商业体制。1958 年起，棉布类商品及猪肉、香烟、肥皂、食糖、火柴、粮、油及粮食复制品等，实行凭票定量或限量供应；集市贸易受限制。

1961 年起，贯彻中共中央“调整、巩固、充实、提高”方针，恢复国营商业、供销合作社、集贸市场并举流通渠道。“文化大革命”期间，集贸市场又受到限制。

中共十一届三中全会后，商业体制改革，逐步形成以公有制为主体，多种经济成分、多条流通渠道、多种经营方式并存，实行少环节、开放式的商品流通体制。1985 年 3 月，三区取消各种副食品票证供应；统购派购改为合同定购和实行有指导的议购议销、市场调节。改革商业管理体制，给商业企业应有的经营管理自主权，促进企业参与市场竞争，跨地区、跨行业发展。人和路成为闻名全国的小商品市场和服装批发集散地。1998 年 3 月 15 日，三区成立“12315 消费维权台”，督促公平交易。2000 年 3 月 13 日，中山路和华联商厦、大陆商厦被评为全国百城万店无假货示范街、店。

2003 年，全区社会商品销售总额 181.48 亿元。2004 年后，进一步发挥中心城区的区位优势，坚持实施项目带动战略，大力推动商务楼宇招商。当年，商业营业总额 610.87 亿元。

2007 年，全区有批发零售贸易法人机构 4900 家，网点 5800 个，从业人员 69000 人。全年商业营业总额 1364.26 亿元，其中零售额 155.86 亿元。餐饮业实现营业额 35.37 亿元。全区 68 幢商务楼宇入驻企业 3684 家，年营业收入 955 亿元，纳税总额 25.6 亿元。全区有外商投资企业和港澳台企业 637 家，其中港澳资企业 262 家、台资企业 157 家。

第一章 商业体制

第一节 个体私营商业

明清时期，区境有许多肩挑手提、沿街叫卖小商贩，有零售粮油杂货的小商店。清嘉庆八年（1803年）前在区境出现“商业公会”类的特殊商业组织“洋郊”“北郊”“鹿郊”“台郊”等，从事区境与外地贸易。

民国时期，区境个体私营商业发展，民国21年（1932年）有78种行业、4004家；民国26年，发展到80多种行业、5344家。

日军侵占厦门岛后，区境个体私营商业发展受阻。民国30年4月1日，鹭江道226号中央大卖场开业，卖主有日本人3家、台湾人33家、大陆人24家（主要为思明人），而日本人、台湾人商店快速发展。抗战胜利后，洋货涌入，商业畸形发展，特别是为官僚买办、上层人士及海外宾客提供消费性服务的行业较发达。

中华人民共和国成立后，三区政府在建立国营商业企业的同时，扶持个体、私营商业的恢复和发展。当时，私营零售商多为布匹、百货等行业，夫妻店多，劳资店少，流动摊贩多于坐商。

1953年起，三区对个体私营商业进行社会主义改造。在自愿的原则下组织联营并店，实行公私合营，组建合作社、合作小组。1954年12月，基本完成对棉布、百货、新药、肥皂、烟杂、柴炭、纸业7种行业私营批发商的社会主义改造。1955年7月，先后与国营公司建立经销代销关系的有纱布、百货、文具、京果、新药、木材、茶叶、柴炭等主要行业407户，占全市私营商业户数40.3%。至1956年，对私营商业基本实现公私合营和小商贩合作化。

1966年后，城乡集市被强行关闭，个体摊贩大量减少。1978年，个体摊贩仅300多户。

1978年12月中共十一届三中全会后，实行“改革、开放、搞活”及“多种经营方式、多种经济成分、多种流通渠道”和“国家、集体、个人一起上”等政策。1993年11月，执行《厦门市加快个体私营经济发展的暂行规定》。个体私营商业快速发展，推动零售额增长，搞活城乡流通。

2004年，全区有各类私营商业企业3574家，从业人员40736人，实现营业额4482813.5万元，占商业营业总额73.38%。个体商业遍布城区各地，实现营业额14亿元。

2007年，全区有个体私营商户30341家（其中私营商业企业4005家），批发零售贸易实现营业额1036.69亿元，占全区商业营业总额的75.99%。

第二节 集体商业

1953—1956年，区境饮食、服务、食品、蔬菜、百货等私营商业实行社会主义改造，相继成立合作商店、合作小组共500多家，由商业各专业国营公司设立行政管理股归口管理。至1956年年底，有97%的摊贩、小商贩加入行业集体组织。

1958年，合作商店、合作小组逐渐“升级”为国营企业或全民所有制集体企业。当年底，区境集体商业100多家合作商店、200多家合作小组。集体商业从业人员4000多人。

1966 年，区境 26 家合作商店 231 人转入国营企业。至 1976 年，集体商业网点明显减少，其中食品杂货行业减少一半以上。

1978 年后，区境出现许多街道办的集体商业。

1990 年后，集体商业企业继续发展，集体商业消费品零售总额逐年上升，但其占社会消费品零售总额比重逐年下降。1995 年后，大量集体企业改制重组，其营业额占商业总营业额的比重越来越小。

2004 年，全区有集体商业企业 126 家，从业人员 1096 人，营业额 23.08 亿元，占全区商业营业总额的 3.78%。

2007 年，全区有集体商业企业 388 家，营业额 43.2 亿元，占全区商业营业总额的 3.17%。

第三节　国有商业

1950 年 1 月，成立全市首家国营商业机构厦门市国营贸易公司，以批发为主，零售为辅，经营粮油、糖、石油、染料、化工原料、日用百货、棉布及针纺织品等。1952 年起，百货部从市国营贸易公司分离，独立为百货公司。1953 年 4 月，厦门市国营贸易公司所属企业有百货站、民用器材站、花纱布公司（后分为针纺织品公司和纺织品公司）、文化用品公司、百货公司、食品公司、干菜果品公司、专卖公司、石油公司、医药公司、木材公司、农资公司、柴炭公司、土产公司、信托商店。

1954 年，绝大部分工业产品为国家加工、订货、统购包销，其中烟、酒、电池、火柴等为国营商业统购包销。1954 年以后，国营商业机构继续增扩。至 1955 年，区境有内外贸专业公司 17 家。

1956 年底，区境国营专业公司发展到 18 家。国营商业零售额占纯商业机构商品零售额比重由 1950 年 3.5% 迅速增加到 85.8%，占据市场主体地位。到 1957 年，区境无私营批发商贸企业。

1962 年，国营商业系统精简机构。“文化大革命”期间，国营商业机构基本不变。

1978 年后，三区根据市政府部署，在商业流通领域进行改革。一些小型国营商业企业或实行承包经营，或转变为集体企业和合伙企业，或转化为私营企业，国营商业在社会商品零售总额中所占比重逐年下降。

1990—2003 年，随着消费品市场的逐步放开和国有企业的战略性结构调整，国有商贸企业在商贸流通业中的比重逐渐下降，但大型国有商业企业在三区商贸业中仍占重要位置。

2004 年，全区有国有商业企业 182 家，从业人员 6855 人，营业额 112.4 亿元，占全区商业营业总额的 18.4%。

2007 年，全区有国有商业企业 284 家，营业额 195.5 亿元，占全区商业营业总额的 14.33%。

第四节　港澳台、外商及联营商业

一、港澳台、外商投资商业

1984 年 4 月 10 日，厦门华丰贸易有限公司注册成立，为区境首家中外合资商业企业。总投资 100 万美元，其中中方投资 65 万美元，外方投资 35 万美元。

此后，区境相继创办厦门市购物中心、厦门华夏摄影美容厅、东海大厦酒店等一批规模较大的中外合资（合作）企业和港澳台商、外商独资企业。1993 年，创办首家厦门麦当劳食品有限公司。

1995 年后，中外合资（合作）商业和港澳台商业持续增长。中外合资、港澳台合作商业的市场份额不断上升。

2004 年，全区有中外合资、合作商业和港澳台商业 69 家，从业人员 1514 人，营业额 90781.1 万元，占全区商业营业总额的1.49%。

2007年，全区有中外合资、合作商业和港澳台商业207家，营业额39.43亿元，占全区商业营业总额的2.89%。

二、联营（合营）商业

1981年，京厦医药联合公司在区境开办，为首家商业系统内联企业。此后，联营商业逐渐发展，

1995年后，国内许多大型商贸企业在区境设立联营公司或分支机构及连锁店，促进联营（合营）商业发展。

2004年，全区有联营商业企业182家，从业人员6855人，营业额18.03亿元，占全区商业营业总额的2.95%。

2007年，全区联营商业企业营业额49.44亿元，占全区商业营业总额的3.62%。

2002—2007年思明区按经济类型商业营业额统计表

表17-1-1　　单位：万元

经济类型	2002年	2003年	2004年	2005年	2006年	2007年
内资企业	1114459.3	16421176	5877913.5	7923479.9	10292264.7	13108253.7
港澳台投资企业	3015.6	3876.7	24577	43048.7	130106.1	190622.6
外商投资企业	32748.5	30867.3	66204.1	146643.4	297664.7	203720.2
个体商业	107418.9	137946	140000	140000	140000	140000
合　计	1257642.3	1814807.6	6108694.6	8253172.3	10860035.5	13642596.5

注：2002年为三区合计数

第五节　商业流通体制改革

一、粮食流通体制改革

1979年，城镇粮食统销制度开始改革，粮食部门以平、议价“双轨”经营，平价部分的供应办法、制度依旧，国营粮店兼营议价粮油。1980年起，粮食部门实行双轨经营体制，平议兼营，扩大经营范围，粮店设置前店后坊，改称粮油食品店，形成产销结合的服务网点。粮油票证逐渐取消，粮油流通进入多渠道市场贸易。

1983年起，粮、油经营多渠道，城镇居民既保持定量供应，也可向市场自由购买。1983—1991年，三区先后在湖滨南路及槟榔、莲花居民区和鼓浪屿居民点修建较大型粮油食品商店、商场。

1993年1月，粮油价格全部放开，除军粮按国家统一定价供应外，流通领域全方位自由购销。国有粮食部门坚持“粮油为主、多种经营”，发挥国营企业的主导作用。

至2007年，粮油食品经营除国有粮食部门外，个体私营商店遍布大街小巷。

二、物资流通体制改革

1984年10月起，执行国务院《关于改进计划体制的若干暂行规定》，统配物资由256种减到60种。1987年，再次减少物资统配权限，归国家计委平衡、分配的统配物资仅24种。

1992年，三区根据市政府有关重要生产资料计划管理的规定，将33种统配物资的计划分配按3个层次进行管理。第一，保留少量指令性计划分配指标。铝材、汽车等4种物资及柴油中的农渔业专项，煤炭中的代用煤，钢材中的农业、轻工市场、机械制造专项等3种物资的指定专项继续保留指令性计划分配。第二，改指令性计划分配为指导性计划分配。对煤炭中的工业用煤、水泥、钢材（不含指令性计划分配专项），由市计委下达指导性计划，供应单位按照“保量不保价”原则，与用户签订计划合同，明确双方权责。对不签订计划合同的用户，视同自动放弃指标，允许供应单位自行解决。第三，改计划分配为供需合同订购。对生铁、铜等25种物资，实行定向、定点、定量的供需合同订购，稳定长期供需关系，按照“保量不保价”的原则，由各物资生产企业和供应单位签订计划合同，明确双方权责。

1995年后，成品油（汽油、柴油、燃料油）由市计委下达配置计划，省石油公司厦门分公司和市石油公司为主经营，其余物资均由市场调节供应。

2007年，生产资料（除成品油外）都通过国有、集体和个体私营企业在市场自由经营。

第二章　商贸市场

第一节　集贸市场

清代中期，区境除固定的圩集市场外，围绕城门内外商业活动也相当活跃。人烟稠密，百货齐集，形成碗街、纸街、炭街、布袋街等20多条商业街市。清道光二十二年（1842年）至清末，圩集市场多集中在沿海岸和内武庙一带（今海岸街与海岸路），有蔬菜圩、油圩、果圩、猪仔圩、牛圩等，鸡鸭圩市则设在各农贸市场。各个渡口也是商品贸易的中心点，并形成一大片商业区和居住区；沿海岸还有许多流动商贩，贩卖各种杂粮、蔬菜和土特产。

民国17年（1928年）在古城东路建成厦门第一市场。民国20年，在溪岸路建成厦门第二市场，在厦港碧山路建成厦门第三市场。

民国17年7月，建成厦门第一市场，位于古城东路

中华人民共和国成立初期，市场投机活动猖獗，不法商人囤积居奇，哄抬物价。政府组织开展城乡物资贸易交流，使市场逐渐畅旺，物价平稳。

1955年，市场成立农民服务部，扩大交易场所，集市贸易有所发展。1956年，私营工商业社会主义改造结束后，一切商品都纳入计划，限制集市贸易。1958年后，农村取消社员自留地、家庭副业，许多集市贸易市场被关闭。

1961年，三区贯彻执行国民经济“调整、巩固、充实、提高”八字方针，商品流通渠道、农村集市贸易恢复。至12月，集市贸易全年成交额900多万元。

1962年9月起，集市贸易又有所限制，不论社队或个人，都只允许出售自家生产的产品，购买自己需要的用品，不许转手买卖。至1965年，集贸市场仅剩2处，品种锐减。

“文化大革命”期间，割除“资本主义尾巴”，农贸市场被关闭。

1978年起，第一市场、第二市场、第七市场、第八市场、鼓浪屿龙头市场及文灶村养老院附近、定安路、厦港碧山路（原第三市场）、厦门大学集市贸易市场先后开放。

民国20年，建成厦门第二市场，位于溪岸路

民国20年，建成厦门第三市场，位于厦港碧山路

1981年后，采用多渠道集资办法，新建、改建、扩建一批农贸市场，集贸市场成为国营、集体商业的重要补充和农产品交易的主要场所。

1992年，思明区有6个集贸市场、5个菜市场，成交额达11.8亿元。开元区有6个集贸市场，新建西堤水果批发市场，开辟9个临时市场，新增市场面积6400平方米。鼓浪屿区集贸市场被评为国家级文明市场。三区小商品市场日趋活跃，其中霞溪、人和、镇邦集贸市场颇具规模。

1995年起，对不合格市场进行清理整顿，市场数有所减少，但成交额仍大量增长。是年，三区市场成交额25亿多元，比上年增长90%。

2000年后，关闭经营环境差、不符合城市规划建设的小规模市场，发展大型商品交易市场，专业市场建设初见成效。至2006年底，全区有集贸市场58个，占厦门岛内集贸市场总数74%，占全市集贸市场总数45%。

2007年1月，根据“成熟一家改造一家”的原则，推进“农改超”工作。参加第一批“农改超”的5个农贸市场在元宵节前后陆续清场退市。3月，第二批15个农贸市场完成“农改超”任务，关闭东浦市场、嘉禾市场、定安市场、湖东市场和碧山市场；直接改造为生鲜超市有龙盛里市场、希望大厦市场、仙阁里市场、上李市场、洪山柄市场、溪东市场、新潘宅市场、岭兜市场、龙头市场。

至2007年，全区42个集贸市场基本完成“农改超”工作。

第二节　贸易网点　商业圈

一、贸易网点

明万历二十一年（1593 年）起，随着内外贸易逐步兴旺，大批商贾移居区境，至清嘉庆元年（1796 年），有洋行和商行 40 多家。

民国 20 年（1931 年），陆续建成海滨堤岸等新主干道，各类商店遍布各条主干道及街巷。民国 26 年初，区境有船行 35 家、洋行 105 家、洋郊 148 家、港沪商帮 47 家、南北郊 30 家；比较繁华的地段为大同路、中山路、开元路、思明东西路、思明南北路、鹭江道和海后路一带。

厦门岛被日军占领期间，市场萧条，大量商店倒闭。民国 37 年，大商业网点 10 多个，小商业网点 1000 多个，流动摊贩 1500 多个。这些商店与摊点主要分布在大同路、开元路、鹭江道、中山路、思明东西路、思明南北路及厦门港、鼓浪屿龙头路等地，其中鹭江道的外国商行较多。

中华人民共和国成立后，根据“便利人民购买，符合社会主义企业的管理，符合城市建设的统一规划而不妨碍市容，尽量利用原有设备，减少新的基建投资”原则，对商业市场进行整顿。“文化大革命”期间，商业网点发展受阻。到 1976 年，固定商店仅有 200 多家。

1981 年起，城市建设步伐加快，莲花、莲前、白鹭洲、禾祥西路等新区商业网点迅速发展。网点大多分布在中山路、思明南北路、厦禾路、莲前大道等。规模较大的有明发商业广场、瑞景商业广场、世贸商城、好又多购物广场、沃尔玛购物广场、巴黎春天百货、来雅百货、天虹商场、华联百货等；鼓浪屿以龙头路一带较繁华。此外，中华城、香港时代广场、百脑汇资讯科技广场、观音山商业街及罗宾森广场、加州城市广场、大润发购物广场等大型商业设施相继建成。

此外，还有分布在社区直接为居民提供服务的社区商业网点，人口规模 3 万～5 万人，服务半径 200～500 米的居住区，一般以 1～2 个中型超市为主，辅以理发、洗衣、杂货、餐饮、便利店等。

2004 年起，政府设置新型社区购物中心或综合性社区商业服务中心、社区小型折扣店、便利店、超市、餐饮网点、菜市场等，为居民生活提供方便。

2007 年，全区有批发零售贸易法人机构 4900 家，网点 5800 个，从业人员 6.9 万人。

二、商业圈

（一）中山路商业圈

地处老城区，是厦门商业发源地和传统商业中心。以中山路和思明南北路为中轴，向四周辐射。范围从禾祥西路、公园东路一带延伸至厦港片区，包括中山路步行街、古城西路、开元路等商业街，两头衔接禾祥西路和厦门大学两个小商圈。面积 5 平方公里。

中山路商圈的核心是中山路，为厦门老牌商业街，厦门市唯一国家级“百城万店无假货”示范街，密集分布着大型百货和各类中小商家，以商品零售业为主，其中服装零售占较大比重。华联百货、来雅百货、巴黎春天百货等大型企业入驻其中。从中山路辐射出的大同路、开元路、思明东西路、思明南北路、大中路、局口街、升平路、镇邦路、太平路、泰山路、水仙路、海后路等周边支路，扩大商业区域，有的支路逐步形成专业特色街。中山路商圈实施旧城改造，新建成的项目有中华城、南中广场、香港时代广场等。

1987—2007 年，共投资 60 亿元，以中山路为龙头，开发建设十大项目，总建筑面积 100 万平方米。

华联百货　1987 年成立，是福建省唯一的国有百货零售企业，集现代百货、专业店、品牌店、连锁超市等新型多业态模式于一体。拥有多家门店，总经营面积 3 万平方米。其中，中山店位于中山路繁华商业中心；梧村店位于富山—火车站商圈轴线的中心位置。先后获“全国百城万店无假货示范店”“中国商业名牌企业”“全国商业诚信企业”“全国重点大商场百强企业”“福建省第三产业300大企业”“福建省放心店”“福建省‘创文明行业、建满意窗口’示范店”，以及厦门市诚信单位、文明单位、“价格、计量信得过”单位和“重合同、守信用”单位等称号。

巴黎春天百货　1998年12月成立，是一家高档的连锁百货公司。主要经营中高档服饰、珠宝、皮具、化妆品等，拥有BOSS、PORTS、JESSICA、都澎、登喜路、杰尼亚等国际知名品牌。中山店位于中山路，商场面积为2.66万平方米，汇集许多国内外一流品牌；世贸店位于厦门火车站，营业面积7500平方米。

名汇广场　2007年1月14日开业。是厦门第一个以街区进行规划的综合性大型商业广场，南接中山路，西临霞溪路，北面思明东路，东为古城西路。广场地下2层至地上4层，建筑面积10万平方米。外观延续骑楼建筑风格，内街采用国际流行的“哑铃形”建筑格局。集购物、餐饮、娱乐、休闲、旅游、商务等多种功能，为复合型一站式购物中心。

老虎城流行购物中心　位于思明南路。2007年9月5日竣工落成。营业面积1.6万平方米，400个店面，餐饮面积占1/3。定位为厦门流行购物中心，也是中山路经营流行商品面积最大的购物中心。

（二）富山商业圈

位于莲坂—火车站之间，面积3.5平方公里。辐射范围向北延伸至SM商业城，向西伸展至文灶，涵盖厦禾路东段、嘉禾路、湖滨东路、禾祥东路、湖滨南路5条繁华街路，包含嘉禾路商业带、梧村火车站等小商圈。呈东北至西南走向，主轴长5公里。占地面积80.65万平方米，建筑面积335.22万平方米。其中，商务楼宇占地面积20.6万平方米，建筑面积137.91万平方米，商务面积95.94万平方米，商业面积82.1万平方米。大型商业设施大多分布在厦禾路—嘉禾路上的文灶、火车站、莲坂、吕厝、SM城市广场等节点上。

富山商业圈由世贸商城、巴黎春天世贸店、华联百货梧村店、富山诚达购物广场和明发商业广场等组成，经营面积2万平方米，每天有20万～30万人次客流量，其中轴线厦禾路至嘉禾路为交通主干线。凭借其交通优势及区域内密集分布的大型商业网点和商务楼宇，集商务、购物、娱乐、休闲、餐饮等多功能于一体。

富山国际展览城于1993年11月9—15日举办1993年亚洲地区妇女儿童精品博览会，泰国、日本、马来西亚等国和中国14个省（市）及台湾200多个厂家参展；11月28日至12月4日，举办“第二届中国外商投资企业出口商品交易会”，有42个省、市、计划单列市组团参加，万余名海内外客商与会；1997年4月8—13日，举办首届厦门对台出口商品交易会暨’97台胞回乡旅游购物节。

2002年10月19日在富山销售中心举办“第十三届全国书市厦门分会场”书展，共展出图书、期刊、音像制品和电子出版物8万余种。

富山诚达百货商业广场　位于湖滨南路398号富山展览城。2001年6月28日开业。为好又多投资的大型连锁超市。

富山商圈（1993年摄）

商场采取独特的“超市+百货”经营方式，开创境域商业经营新模式。营业面积2.8万平方米，经营商品2万种。2002年11月30日，好又多海景店在思明南路开业，营业面积1.3万平方米。2003年6月8日，好又多聚祥店在禾祥西路聚祥广场开业，营业面积8000平方米。2005年，好又多瑞景分店开业，营业面积2万平方米；好又多东方时代广场分店开业，营业面积1.4万平方米。

世贸商城　位于厦门火车站东侧。2002年3月16日开业，营业面积5.5万平方米，有沃尔玛、巴黎春天百货、金鹰电影院、美食广场和160家单体店进驻，为顾客提供吃喝玩乐购“一站式”服务。

2002年3月16日，世贸商城开业

天虹商场　汇腾天虹商场位于嘉禾路323号汇腾大厦，为投入2亿元购置的自有物业。2003年9月12日开业。建筑面积3.6万平方米，商场面积2.2万平方米。大西洋天虹百货位于厦禾路与湖滨西路交汇处的大西洋海景城1～5层。营业面积2万平方米。

厦门海峡小商品批发市场　位于湖光路中段101号。占地面积1.6万平方米，建筑面积3万平方米。由夏商集团所属夏商物产有限公司负责运营。市场设置精品饰品区、小百货区、针织品区、箱包皮具区、文具玩具区、服饰鞋帽区6个批发交易区，汇集和经营数万种商品。店面招商率100%，共有各地批发商户200家进驻。

明发商业广场　位于莲前西路与嘉禾路交汇处。占地面积16万平方米。建筑面积40多万平方米。有11家主力店，街区商铺总数2500家，停车位2000多个。采用中国传统步行街和西方室内购物中心相结合的模式，以购物、旅游、休闲、娱乐为主导，涵盖超市、百货、家具、餐饮、娱乐、酒店等多种经营业态。2007年2月13日开业。

2007年2月13日，明发商业广场开业　　（申生才/摄）

（三）会展中心商业圈

2004年后，随着前埔、瑞景、金鸡亭、侨福城、岭兜等社区建立，厦门东部生活中心逐渐成熟，会展中心商业圈应运而生。会展中心总面积10平方公里，东面临海，西接瑞景住宅区，南至广播山，北邻鸡山。包括以加州城市广场和瑞景商业广场为核心的小商圈，以观音山滨海旅游休闲中心商业街为核心的小商圈。以会展中心为依托，形成以商务会展、海上游艇、休闲度假、餐饮购物为主的特色商务商业区域。

2006年，思明区提出"合理布局、提升业态、错位发展、功能集聚"商贸业战略调整原则，人口聚集的东部成为建设商贸服务中心区的首选。是年9月，东部首个集休闲运动娱乐购物于一体的大型购物商业中心——加州城市广场封顶。2007年，洪文一带商业设施面积30多万平方米。

瑞景商业广场　位于莲前东路288号。2007年6月30日开业。建筑面积8.7万平方米，营业面积6万平方米，是集休闲、购物、餐饮、娱乐、酒店公寓、商务办公于一体的大型购物商业中心。包括居家休闲、名仕国际精品、流行生活精品三大业态。是年，来雅百货、巴黎春天百货、好又多、肯德基、必胜客、欢唱KTV、屈臣氏、耐克、阿迪达斯等213家国内外知名商业企业入驻瑞景商业广场。

观音山商业街　位于观音山旅游海滨休闲度假区。2007年动工建设。用地面积5.14公顷，沿南北向布置16栋2~3层建筑，营造闽南传统聚落商街。全长600米，建筑面积2.6万平方米。入驻商业街的商户多为知名品牌企业，经营类别以服装、餐饮、工艺特产、休闲等为主。

三、专业商业街

（一）厦门电子数码街

位于湖滨南路。东起白鹭洲路，西至豆仔尾路，北至天湖路。全长450米。1996年，创建第一家电子城。后，逐渐成为厦门市规模最大、产品最齐全、品牌最集中的专业电子数码街。自东向西有大正电脑城、厦门电子城、假日电子城、诚森电脑城、君立数码广场等商家，经营面积2.94万平方米，经营户600多家，从业人员3100多人，年营业额17亿元以上。汇集IBM、索尼、东芝、惠普、宏基、联想、方正等品牌电子数码产品及各类零配件。产品50%销往泉州、漳州、龙岩及其他地区。2005年10月29日，被厦门市有关部门认定为厦门首条市级电子数码专业街。

（二）禾祥西路特色专业街

位于湖滨南路和厦禾路两条城市主干道之间。东起湖滨中路，西至鹭江道。全长2949米。沿街分布着40多幢高楼大厦，常住人口5万多人，入驻商家有970家，多数为名牌名店、专卖店、专业店、精品店。禾祥西路连接中山商圈、富山商圈两大商业节点，构成两"点"一"线"的城市一级商业中心，形成以服饰、家居、餐饮、精品、休闲5类商品经营聚集的特色专业街。

2005年，思明区政府召开禾祥西路商业街环境规划评审会

（三）筼筜路咖啡文化街

位于西堤路与建业路之间。长300米。由10多家咖

2007 年，筼筜路咖啡文化一条街

啡店形成一条小规模的咖啡街。2007 年底，筼筜街道投资 200 多万元，将其改造成以“自然、人文、格调”为主题的咖啡文化街。

（四）国际美食街

位于禾祥西二路。2006 年，沿街两边散布小商店、茶叶店、餐饮店约 20 家。2007 年 9 月，国际美食街餐饮企业发展到近 50 家，包括泰国、日本、韩国、印尼、意大利、墨西哥等 10 多个国家和中国港台地区特色风味美食。

附一：区属主要商贸企业

（一）厦门开元购物中心

位于中山路 119–121 号。1984 年 8 月 15 日成立，注册资金 300 万元。属租赁和商务服务业。进口批发零售与经营国内的针纺织品、服装、五金交电、日用百货、文化用品、玩具、食品、家具。同时，零售金银首饰、烟酒。

（二）厦门龙舟实业股份有限公司

位于厦港巡司顶 6 号（后迁湖里区悦华路 159 号）。公司前身为厦门市电气设备厂，是 1975 年由几个街道企业合并而成的集体所有制企业，主要生产电热水器、不锈钢厨具。1992 年 12 月，设立厦门市龙舟实业股份有限公司。1994 年，企业改制，更名厦门龙舟电气有限公司。1995 年 1 月，厦门市经济体制改革委员会批复厦门市龙舟实业股份有限公司组建厦门市龙舟实业（集团）股份有限公司，并为龙舟集团的核心企业。龙舟集团 15 家全资企业为紧密层，1 家参股企业为松散层。

附二：省、市驻区主要商贸企业

（一）厦门中宝汽车有限公司

位于湖滨北路 44 号种子大厦。是新加坡德国汽车集团旗下子公司，外商独资。创建于 1994 年 4 月 1 日。注册资金 4680 万元。拥有 8 家宝马品牌店、6 家 MINI 品牌店，是华晨宝马汽车有限公司与德国宝马汽车集团合资在厦门市特许“宝马”汽车经销商，业务范围包括 BMY 汽车及其配件的进口、批发与零售，以及售后服务、保养、改装服务。

（二）厦门鑫东森集团有限公司

位于湖滨北路 78 号兴业银行大厦。2003 年 5 月创建，注册资金 5 亿元。业务涵盖供应链服务、物业管理及服务、金融暨产业投资等领域。2005 年，获“全国民营外贸百强企业”称号。2006 年，获“福建省百强企业”称号。2007 年，获“中国服务业 500 强”称号。连续 6 年位居厦门市进出口百强企业、厦门市百强企业之列。业务范围涉及进出口贸易、物流、物业等多个行业，是一家综合性作业集团公司。

（三）厦门市金鹭首饰有限公司

位于中山路81-89号。1996年创建，注册资金6399万元，实际利用资金50931万元。在福建省拥有5家连锁店，金鹭首饰一条街由“金鹭首饰白金店”“金鹭首饰黄金店”“金鹭首饰钻石店”组成。是一家专门从事金银首饰生产、加工、批发、零售的大型首饰连锁企业。1998年，金鹭首饰与世界黄金协会合作，推出具有中国文化内涵的黄金系列产品。2000年，在中山路与思明南路口创办“金鹭首饰思明珠宝金店”。金鹭首饰先后获中国驰名品牌、省著名品牌、购物十大信誉品牌等称号。2006年，其质量通过ISO 9001：2000质量体系认证。

（四）厦门永乐思文家电有限公司

位于厦禾路1118号假日商城。1987年成立思文公司，是一家经营电器及家电边缘产品的民营企业，拥有9家电器城和1家专业化的售后保修技术服务公司，从业人员近2000人，经营面积2万平方米。2002年，率先推行“送货、安装、保修、上门一条龙”服务。

2004年，销售额突破6亿元，在全国家电行业排名第15位。2005年9月，和上海永乐家用电器有限公司共同组建厦门永乐思文家电有限公司。

第三章　商品经营

第一节　粮食油料经营

清乾隆至道光年间，区境逐步形成粮油市场，以海滨渡口为航泊码头交易点，粮店环城而设，另有肩挑贩卖的小贩。航泊经营点分外海航泊交易点和内河近海交易点。外海交易点在岛美渡（今海关轮渡码头内侧和旧路头渡）洪本部附近。前者经营洋米、台米；后者除经营洋米、台米外，还有芜湖米和东北大豆、杂粮。内河近海交易点有五处：一在新路头渡（今打铁街附近），贩卖石码、海澄等地的米谷和面粉；二在太史巷渡，交易来自云霄、漳浦的大米；三在提督路头（今开元路口），交易来自同安、惠安、南安等地的杂粮；四在打石字路头（今厦门港打石字一带），经营来自厦门港对面大径、卓崎、店地、石后等地的杂粮，主要以番薯为主；五在寮仔后路（今水仙码头、妈祖宫码头），来自岛美等地的内海船运入鱼鲜换取粮食。当时，米商、米铺有130家，遍布旧城并辐射到先锋营、玉屏书院（今第五中学）、薤菜河（今思明南路一带）、美仁宫、厦港市仔街和鼓浪屿石码巷（今市场路）等菜市场及人口密集处。油市场在海岸街、内武庙一带。

民国1—26年（1912—1937年），区境粮食网点密集。除兼营粮食的洋行9家外，有大小粮商383家，主要集中在鹭江道、洪本部、打铁街、典宝街一带。厦门岛沦陷期间，粮行大都迁到鼓浪屿，有3家“粮碾”（店面卖米，店后开碾米厂）和32家零售店分布于鹭江道、开元路、关仔内、后路头、美仁宫。民国30年12月8日，日军占领鼓浪屿，粮市沉寂。民国32年后，海道不通，区境内粮食供应紧张，日伪当局实行粮食定量供应，并指定27家米店为供应点。抗日战争胜利后，粮市复趋繁荣。民国36年，粮行、米店239家。民国37年，粮源紧缺，粮价暴涨，粮行、米店鋭减至150家。

1949年11月，人民政府在兴安路18号设粮油供应处，是区境第一家国营粮店；12月，在海关码头设一家供应站，称第二粮店，1950年，在鼓浪屿区、开元区、思明区开辟代销点13处。政府以国营为主，组织城乡物资交流，允许粮油自由贸易。1953年11月起，实行粮食计划供应，“定人、定量、定点”。1954 年，区境有国有粮油门市部 2 家、集体合作门市部 7 家、代销店 28 家，月供应粮食分别为 429.4 吨、187.7 吨、1781.1 吨。

1955 年，执行国务院《市镇粮食定量供应暂行办法》和省人委实施细则，实行以人分等、定量供应。区境居民按户发证，附发粮票，凭票定点购买，强化粮食统销管理。1956 年，粮店开展“执行政策、服务质量、业务制度、安全卫生、经济核算、团结学习”的检查活动。其时，代烈军属和缺乏劳力的居民送粮上门，帮群众扎袋、扶米上肩等蔚然成风。厦港粮店为适应渔民赶潮出海，经常供应到深夜；中华粮店用货郎担和手推车，下街售粮。

1959 年 3 月，粮店开展“政治思想好、执行政策好、支援生产好、管理食堂好、勤俭节约和安全卫生好”活动。鼓浪屿粮店主任黄敬道带职工深入各居委会，征求群众意见，晚上带着粮食业余芗剧组上街宣传计划用粮。该粮店获省粮食局授予“沿山式粮店”称号。该店继任主任李治组织“十姐妹学雷锋小组”，建立一本“跑遍全岛摸需要，找出规律搞供应，服务上门送温暖”的“供应账”，按不同对象和要求，做到供应对路、服务对口。鼓浪屿粮店被群众称为“贴心粮店”，先后 20 多次受到区、局、市、省的表彰。1978 年，李治赴京出席全国财贸“双学”大会。

1979 年起，改革城镇粮食统销制度，粮食部门平、议价“双轨”经营（平价供应办法依旧），国营粮店兼营议价粮油。1980 年起，粮店设置前店后坊，改称粮油食品店，形成产销结合的服务网点。粮油票证逐渐取消，粮油流通才进入多渠道市场贸易。

1983 年起，城镇居民既保持定量供应，也可以向市场自由购买。1983—1991 年，先后在湖滨南路及槟榔、莲花居民社区和鼓浪屿居民点等地修建较大型粮油食品商店、商场。粮油食品店，一业为主，多种经营，加工各种大众化食品，设置代客复碾精米，早市、夜市蓬勃开展。所得利润按三、三、四（国家 30%，集体 30%，职工 40%）或四、三、三比例分配。开展优质服务，出现“一大”（业务范围扩大）、“二好”（服务态度好、经济效益好）、“三多”（经营数量多、花色品种多、经营网点多）的新局面。

至 2007 年，粮油食品店经营品种多样化，价格随市场变化浮动。

第二节　副食品经营

一、肉类

（一）猪肉

民国时期及以前，区境生猪货源主要来自龙溪、海澄、莆田、同安等县，岛内郊区也有一些。由个体商贩走村串乡自行选购、宰、销。

1954 年，成立国营食品公司，在郊区建生猪养殖基地。1956 年起，实行派购，由国营食品公司经营，城镇居民凭证定时、定点、定量供应猪肉。1959—1961 年，除军需、特供按定量供应外，居民只有春节才凭票供应。1964 年后，居民每人每月供应 0.25 公斤，春节 0.5 公斤。1966 年后，居民每人每月供应猪肉 0.5～1 公斤。区境猪肉货源除本市、区派购外，缺口由省按城市供应计划调进。

1978 年 9 月起，实行“购一留一”和“购半留半”的两把刀经营方式——食品公司收购 1 头猪发给养猪者 1 头猪的准宰证，此办法实行至 1984 年。1985 年 5 月起，生猪取消派购，实行有计划的议购议销，并取消凭票供应制。国营、集体、个体商贩和农民都可自由贩卖，不受行政区域和经营层次限制。国营食品公司通过合同形式与生产者签订议购合同。1987 年 2 月起，实行以粮换购，猪肉供应紧张，再次使用供应票证。1991 年起，改为基地生猪实行代金补贴办法，每头猪补贴 10～20 元。为保障市场供应，平抑物价，国有食品公司加强生产基地建设，发挥国有主渠道作用。

2001 年，继续完善市级、区级、乡镇 3 个层次的定点屠宰网络。“放心肉”覆盖率 95%。全年抽检816批次，其中76批次呈阳性，销毁497头含“瘦肉精”生猪，生猪“瘦肉精”检出率下降到3%以下。

2005年，根据《厦门市生鲜食品安全监督管理办法》，结合《厦门市牲畜屠宰行业发展规划》，思明区加强“瘦肉精”检测监控工作，推动“放心肉”流通体系建设。8月15日，厦门黄金香食品有限公司投资开发的无公害肉品质量（信用）公示查询系统投入使用。2007年，区境内有凯旋、小学路、湖景、博物馆、金尚、金鸡亭6家黄金香公司专卖店。

（二）牛肉

1950—1956年，区境牛肉经营店10多家（其中鼓浪屿3家）。宰牛场设在小学路5号及鼓浪屿燕尾山屠宰场。货源主要来自市郊、龙溪、海澄、漳浦、诏安、云霄等地。经营方式为自购、自宰、自销。1956年，组织经营牛肉商贩进入合作小组。1958年，对牛贩实行改造后，由国营食品公司统一经营。

1985年后，集贸市场的肉类贸易区，多有个体牛肉摊点。

二、禽蛋

1956年以前，区境禽蛋经营主要是个体商贩，有10多家；此外，有许多自产自销的农户。

1956—1972年，区境农村禁养、限养禽类，蛋品来源多到龙海、漳浦等地采购。1972年后，由食品公司组建蛋禽生产基地。1985年后，禽蛋经营全面放开，国有食品公司发挥主渠道作用，集体、个体经营日益活跃。

2000年后，通过基地建设、科技投入、签订产销合同、建设批发市场、平衡供求等措施，区境国有副食品企业发挥主渠道作用，特别在“淡季”和节日期间，在货源、价格、质量、服务等方面提供充分保障。2001—2007年，区境国有副食品企业投放市场的蛋品占有率64%；各集贸市场均有个体私营工商户经营禽蛋副食品。

三、蔬果

清嘉庆年间，区境出现蔬菜圩，址设东门外三宫前。在鹭江道、海后路尚有很多没有固定圩集的商贩经营蔬果。蔬菜经营都是由农户自己运到城里分散、流动销售。清宣统二年（1910年）后，出现益泰、永福、德记、协泰、盛华等20多家果菜行，经营水果，兼营蔬菜。专营鲜菜者有2家。当时，成立水果公会。经营果菜的商号多开设在提督街（今开元路）、打铁街、磁街（今人和路）一带。以代销为主，农民7天或10天结算1次，按销售额收取5%～10%手续费。马铃薯、洋葱、芋头、蒜头等不易变质的品种多采用商户自营方式。

民国22年，全行业迁往宏汉路（今镇海路）虎头山下一带，几年后，又搬至卢山路营业。帆礁是区境最热闹的菜市场，早晨5—8时为批发时间，零售则全天候。

民国26年，因填海建设需要，蔬菜行又迁回镇海路。蔬菜水果业增到200多家。民国27年5月，厦门岛沦陷，经营果菜的商号或内迁龙溪角尾（今属龙海市），或放弃经营，继续经营的只有寥寥几家。日伪政府在鹭江道设立“中央大卖市场”，强迫上市蔬菜先运到市场里，以拍卖方式让买主唱价争购，收取5%“交易费”。民国34年抗战胜利后，幸存的菜行从镇海路再度迁回帆礁经营，有康兴、顺发、新顺和、瑞泰、瑞丰、良成等50多家。

中华人民共和国成立后，果菜行业进入兴盛时期。1954年，对私改造初期，成立合作小组，后转为合作商店；对私改造后期，菜市场小商贩合并，以市场为单位组成商店。

1957年上半年，区境蔬菜产销脱节，价格不稳定。下半年，将前线公社亚热带试验场及思明区、开元区所属农村建为基地，蔬菜生产和供应逐渐好转。

1959年，发挥国营公司主渠道作用和集体商店助手作用，把蔬菜商贩组成合作商店，设立供应网点。1959—1961年，粮食减产，实行“瓜菜代”，蔬菜供不应求，以居委会为单位，居民蔬菜供应凭购买证每人每日250克。

1966年后，部分蔬菜基地被改为农田，部分菜地被挤到“四边”（田边、房边、河边、山边），产量减少，蔬菜供应紧张。

1978年，农贸市场开放，产品自由上市。区境对20种蔬菜下达年季购销价。是年12月1日，蔬菜公司把统购包销改为合同定购和代销，批零环节实行选购和分配相结合，保留商店一定比例的自行采购权，按质论价，早市早价，晚市晚价。1980年后，经营蔬菜的个体小商贩增加。1984年起，蔬菜公司改革产销体制，对集体蔬菜商店放权松绑。蔬菜基地交售办法由原来的按面积“吃回销粮”改为与蔬菜上市量挂钩，蔬菜商店相继拆分，划小核算单位。

1985年，蔬菜公司主攻油菜、白菜、空心菜、白萝卜、冬瓜、包菜6个骨干品种，实行合同生产、合同收购。思明区有蔬菜基地73.33公顷、开元区93.33公顷，主要以种植短期水叶菜和精细菜为主。价格实行放管结合，对六大品种坚持保价收购、定价销售。蔬菜价格基本稳定。

1991年起，改变按指令性计划布置生产、统购包销的生产模式，调整品种结构，增加优细特菜和反季节菜生产。

1994年，西堤滨海蔬菜农副产品批发交易市场动工建设，1995年7月交付使用。同时，增加零售网点，加强对农贸市场国有摊点经营的管理，提高国有企业在零售环节的经营比重；改变零售商店单一卖菜的做法，开办连锁自选商场。

1995—2002年，三区政府投入1.7亿元，企业自筹2.89亿元，建成各类生鲜食品批发市场10个，总占地面积25万平方米，其中蔬菜批发市场5个；新建、改建、扩建160多个城乡集贸市场、生鲜大卖场、生鲜连锁超市等多业态流通设施。西堤蔬菜批发市场、闽南果蔬批发市场被列入国家级定点批发市场，沃尔玛、好又多等大型超市进驻区境，形成以批发市场为中心，集贸市场、大卖场、超市、零售网点为纽带的生鲜食品供应链。

2001年，对批发市场和中心集贸市场销售的蔬菜进行农药残留检测，从销售渠道上禁止有毒蔬菜进入城区市场，让消费者吃上“放心菜”。

2003—2007年，全区各个集贸市场和超市每日均有新鲜蔬菜供应，满足消费者需求。

四、糖烟酒

明朝末年，区境有“大字酒巷”因酒而命名。清初，出现第一家酒坊“万全堂”，酒名“国光”，商标“双龙牌”，畅销海内外。此后，春生堂、松筠堂相继成立，三堂的药酒畅销闽南沿海，并远销东南亚各地。

1952年，区境成立国营糖烟酒专卖公司。1956年7月，市糖业糕点公司统一经营全市食糖、糖果、糖精、蜜饯、糕点等业务。

1959年下半年起，凭商品购买证、粮证、供应票、侨汇券、产妇供应票、介绍信、批条及渔民、海员、托儿所、幼儿园、学校、单位食堂、工厂保健食品的供应卡，按计划安排供应。1965年1月，红糖（包括刁糖、板糖、赤沙糖等）取消凭证，实行定量平价敞开供应食糖，议价糖、各色糖果敞开供应；吸烟者每人每月供应1包乙级烟，每户供应2包。省外名酒32个品种，不限量供应。2月，黄砂糖以平价敞开供应。3月，地产烟丰收、三九、金锚、华工、采茶灯和上海全禄共6个品种平价敞开供应。同时，城镇居民白糖供应凭粮证不限量供应，农村不凭证也不限量，部队用糖可凭介绍信不限量供应。同年7月，取消白糖凭粮证供应的办法，实行不凭证、不限量平价敞开供应。

“文化大革命”期间，糖烟酒供应紧张。

1982年，糖烟酒归口的集体商业（合作商店）实行多渠道经营，兼营行业可搞批发业务，打破专业界线，自4月1日起，除计划供应商品外，其余品种由代销形式恢复为经销形式。

1985年后，推进商业改革，国营商业、集体商业、私营商业、联营商业等形成庞大的糖烟酒副食品市场，零售市场多渠道、多网点，批发企业也很多。

1990年起，糖烟酒副食品经营多元化，大部分商品敞开供应，少部分商品由主营公司实行计划收购、调拨、储备，市场竞争更加激烈。

卷烟货源主要有地产的厦门、鹭岛、海堤、特牌、沉香、友谊、五福及华美卷烟厂生产的金桥、骆驼等。外地卷烟有中华、牡丹、凤凰、前门、双喜、大重九、云烟、阿诗玛、红塔山、红梅、茶花、石林等，还有万宝路、健牌、七星、希尔顿、三五等走私烟。

酒类货源主要有地产的厦华啤酒（原厦门啤酒）、鹭江啤酒、银城啤酒、丹凤啤酒、丹凤高粱酒、30度米烧酒、40度高粱酒、鼓浪春、红高粱、松筠堂、春生堂、固本药酒、史国公酒、十全大补酒、人参酒、药酒、贵人香、双补酒等品种。

2000—2007年，全区酒类消费结构逐渐由普通酒向优质酒转变，由蒸馏酒向酿造酒转变，由粮食酒向果子酒转变。市场经营品种除国产酒外，有法国、德国、美国、澳大利亚、加拿大、新加坡、比利时、意大利、日本、南非等国的高档酒。

第三节　日用工业品经营

一、百货

清末，区境经营百货者多是杂货摊和货郎担；百货店、商铺集中在横竹路、港仔口、木屐街、亭仔下（今镇邦路段），都以零售地产的日用针织品、鞋帽等为主。

民国9年（1920年）后，随着中山路、大同路、思明南北路开发建设，有许多百货店开业。百货商品从地产杂货扩展到苏杭、上海、广州等地百货。主要分布在开元路、大同路、亭仔下、竹仔街，以及镇邦路、中山路、思明南路一带。民国27年后，百货业凋零。民国34年抗战胜利，百货业逐渐复苏，多经营外国货。

1950年，区境成立市国营贸易公司，下设百货部，以批发为主，零售为辅。1955年起，商业网点调整，合并为南泰成、永康成、民泰、新新、永新、美源等百货联营店，并同百货公司订立经销代销关系；批发业务转由国营公司独营。1956年起，全行业公私合营，由原纱布、百货、文化用品、鞋帽4个专业合并为“百货行业”。其时，百货公司下辖单位除各自的国营百货门市部外，还辖有百货业公私合营户、夫妻店、小摊贩等162户。

民国时期，中山路与思明南路交汇的十字街头，是区境最繁华的商业街

1978年后，百货业出现个体、私营商店，形成国有百货为主体，多种经营方式共存的局面。1981年，国有百货业推行经营责任制。

1990年，百货零售网点有华联商厦、市第一百货商店等综合性商场，也有华成琴行、慎时、慎昌钟表眼镜店等专业性商店。华联、一百等大中型商场还设立自选商场，开架经营。个体、私营百货商店占有一定比例。

1991年后，国营大商场不断增加，并出现多种所有制形式的中小百货商店及闽客隆、厦客隆仓储式商场和各种专业商品专卖店等。1995 年后，百货业成为推动社会消费品零售总额增长的主要行业。

2003 年 10 月三区整合后，百货业规模不断扩大，并朝品牌化、高档化、专业化发展。2007 年，华联、来雅、巴黎春天、天虹、新世界等大型百货企业实现营业额 13.2 亿元。

二、针纺织品

清末，区境开设 10 多家洋行经营针纺织品，思明西路一带出现以货栈形式经营，以赊销、折扣等方式推销商品。

第一次世界大战后，洋行纷纷撤离回国，外布销售量减少。国产棉布输入增长，以江浙一带丝绸为主及南通、无锡生产的色布和同安马巷生产的彩格布等。民国 19 年，随着市政建设的发展，针纺织品业随之繁荣，零售布店主要分布在妙仔街、袜路街、石浔街一带，天府、庙前西等地以批发布行为主。

厦门岛沦陷后，棉布业营业额直线下降。徐和记、第一针织厂等老字号相继关门。抗战胜利后，针织行业未见起色，棉布业复苏较快，本地布商以经营传统丝绸或四川、湖南产夏布为主。同时，市场走私之风盛行，外布泛滥市场，美国货取代了日本货。纺织业批发业务，除供应本地零售外，大部分销往全省各地和广东省。

中华人民共和国成立后，区境除国营公司批发纺织品外，零售经营纺织品的有国营花纱布公司及私营同英、怡美等 45 家，集中在大同路和思明南北路。1954 年，调整私营零售网点，原有 13 户专业店合并为 10 户，在厦门港、美仁宫分设机构。1956 年公私合营后，针纺织品业经营状况明显改善。

“文化大革命”期间，布店全部称为百货店，零售商店均归百货公司管理。针纺织品的批发业务，随着纺织站和百货站的分合自行隶属经营。“文化大革命”结束时，针纺织品商店仅剩 2 家。

1978 年后，个体、私营针纺织品商店发展迅速。至 1990 年，有针纺织品零售商店 60 多家，从业人员 800 多人。

1994 年后，各种个体、私营布店、服装店、鞋店快速增加。华联商厦、第一百货商店、友谊商场、大丰商厦等国有大商场也增设针纺织品专柜和服装商场。

2003 年三区整合后，思明区限额以上纺织品、服装和鞋帽批发业企业实现商品销售收入 17.7 亿元；纺织、服装及日用品专门零售业企业实现商品销售收入 0.28 亿元。

2007 年，全区限额以上纺织品、服装和鞋帽批发业企业实现商品销售收入 417.36 亿元；纺织、服装及日用品专门零售业企业实现商品销售收入 3.55 亿元。

三、五金交电化工商品

鸦片战争后，区境涌入外国五交化商品。烧碱、纯碱、白蜡、凡士林等化工原料均来自英美；椰油则从新加坡进口；铅片、铅线、白铁、铁钉等五金类商品大都是英、美、日所出；汽车轮胎、电池及其附属零件来自美、英、加拿大、日本；颜料中除白粉（漆料）等少量商品为国产外，其余大部分来自美、德、瑞典等国。较早的五交化商店是清光绪二十六年（1900 年），创办于大同路的新合美商行，进口经营五金、钢铁、颜料、漆油、汽车材料。清宣统元年（1909 年），创办于泰山路的唐记五金行，经营进口五金、漆油。

第一次世界大战后，区境五交化行业有很大发展。至民国 21 年，有铁业、电力、电器、化工颜料及灯具、汽车配件商店（行）140 家，并有锅鼎、铜茶钴、白铁、铅桶和锡器等专营店 33 家。厦门岛沦陷期间，五交化行业关闭多家。抗战胜利后也难以恢复，1949 年 9 月，五交化商店 40 多家。

1950 年，成立国营贸易公司，经营五交化商品。1955 年，区境有五交化商店 60 多家。1956 年下半年，完成对私改造，私有资本经重新估算后纳入国有，形成统一的五交化商品经营市场。

“文化大革命”期间，区境兼营五交化商品的商店有国营商店 6 家。1978 年，化工公司经营品种有化工类 280 种，染料类 290 种，油漆类 180 种，颜料类 92 种。其中，船舶漆、氧化铁颜料、柠檬酸、氧化钠、硬脂盐酸类、苛性钠等是市场紧缺的商品。

1982年，五交化商店20多家。此后，对电视机、录像机、电冰箱、电风扇、空调机等家电产品需求不断增加。各种成分、不同行业开办的家电专营店、连锁店不断涌现，较知名的有育兴家电商场、思文电器城和市第一百货家电商场等。1992年，区境专营五交化商品的商店有190多家。

2003年10月三区整合后，全区限额以上的机械设备、五金交电及电子产品批发业企业实现商品销售收入27.43亿元；汽车、摩托车、燃料及零配件零售业企业实现商品销售收入11.31亿元，家用电器及电子产品零售业企业实现商品销售收入6.06亿元，五金、家具及室内装修材料零售业企业实现商品销售收入676.7万元。

2007年，全区限额以上的机械设备、五金交电及电子产品批发业企业实现商品销售收入133.17亿元；汽车、摩托车、燃料及零配件零售业企业实现商品销售收入34.59亿元，家用电器及电子产品零售业企业实现商品销售收入14.86亿元，五金、家具及室内装修材料零售业企业实现商品销售收入0.7亿元。

第四节　生产资料供应

民国时期，生产资料基本是自由市场经营。

中华人民共和国成立后，生产资料由政府统一管理经营。1954年，区境被省计委列入主要物资申请范围，三区计委向市计委申请物资后再根据区情进行分配。

1958年9月，国务院下放物资分配权限，实行全国统一计划下、以地区管理和地区平衡为主的物资调拨制度。1961年1月，执行中央《关于调整管理体制的若干暂行规定》，将物资分配权限上收。区计划物资纳入市计划，市计划物资基本上纳入国家统一计划分配。1963年，由国家统配的物资有256种。1984年10月，国家统配物资由256种减到60种。1987年，国家再次减少对物资统配权限，归国家计委平衡、分配的统配物资仅24种。

1992年，三区政府根据国务院对重要生产资料计划管理的要求，将统配物资分为3个层次进行管理。对生铁、铜等25种物资，实行定向、定点、定量的供需合同订购，稳定长期供需关系，按照“保量不保价”的原则，由各物资生产企业和供应单位签订计划合同。

1995年后，区境成品油（汽油、柴油、燃料油）由市计委下达配置计划。

2007年，全部生产资料均可通过国有、集体和个体私营企业在市场自由经营。

第四章　饮食业

第一节　发展概况

明清时期，区境有饮食业小商贩。

清光绪二十七年（1901年），鼓浪屿龙头路的“苑香居”，是厦门最早的闽菜馆。主营上顾客家承办酒席业务。

民国时期，区境有各类菜馆、咖啡馆、茶馆。菜馆以闽南菜、福州菜和广东菜为主。遍布大街小巷的点心小吃式样繁多，主要有虾面、肉粽、鱼丸、馄饨、伊面、薄饼、五香、鸡蓉面等。

中华人民共和国成立初期，食品供应紧张，餐饮业经营困难。1956 年 2 月起，对私改造后，饮食行业普遍改进经营管理。1958 年后，饮食店合并，网点减少。1959—1961 年，粮食、肉、水产品等原料供应紧张，饮食业实行“瓜菜代”，用海苔、蔬菜、海藻等做馒头、菜包等代食品和小点，粮食制品实行凭票供应。1962 年，市场供应逐渐好转。黄则和花生汤、陈汉益五香、好清香肉粽、吴再添小吃等恢复经营。

“文化大革命”期间，餐饮业传统技艺经营特色被诬为“封资修”而取缔。

1981 年起，饮食业公司推行承包经营责任制。同时，恢复传统名牌老店，大众饮食店和红阳饮食店分别复名老字号吴再添小吃店和黄则和花生汤店。采取“自筹资金，自主经营，超收自留，欠收自补”的方式放开经营。

2004 年，全区餐饮业实现营业额 21.97 亿元，比上年增长 10.2%，其中限额以上餐饮业企业 50 家，产业活动单位 170 家，从业人员 7848 人，实现营业额 9.7 亿元。

2005 年，开展“十佳餐饮名店评比”“美食节”“名菜排行榜”等活动，组织企业参加“2005 年中国餐饮业博览会”成就展、中国厨师节和中国美食节。舒友海鲜大酒楼有限公司和牡丹大酒楼有限公司成为中国餐饮百强（分别列第 33 和第 81 位）。

2007 年，全区有餐饮业企业 175 家，网点 316 个，从业人员 10434 人。个体餐饮店遍布大街小巷和居民住宅小区，满足人们外出就餐需求。餐饮企业、个体餐饮业实现营业额 35.37 亿元，比上年增长 15.3%。其中，限额以上餐饮业 50 家，实现营业额 16.7 亿元，占全区餐饮业营业额 47.2%。

2007 年思明区餐饮业营业额统计表

表 17-4-1

项　目	2007 年（万元）	2006 年（万元）	比 2006 年增长（%）
合　计	353654.9	306720.4	15.3
内资企业	242170.4	207016	17
港澳台商投资企业	33647	29942.6	12.4
外商投资企业	42837.5	34761.8	23.2
个体	35000	35000	0

第二节　特色菜肴

一、海鲜佳肴

海鲜佳肴主要用料是鱼、蟹、虾、贝等，闽南风味为主，兼台湾、潮汕风味，在闽菜传承基础上，博采各菜系之长，摒弃粗糙油腻，撷取清鲜香醇，用蒸、炒、煎、炸、焖、炖、熘等技法，注重色、香、味、形、质五要素，具备鲜、淡、嫩、醇、微辣的特色。用厦港所产石斑鱼、黄鱼、红蟹和鱿鱼烹制海鲜菜肴，早在清代就被视为正宗名菜。海鲜菜用料讲究新鲜，即买即煮为佳。旅客可在餐馆海鲜池中选定海鲜，交与厨师烹制。此外，海瓜子、海蛎煎、海螺、海蟹也是佳品。厦门煎菜蟹、煎膏蟹、煎鱼也非常香美。

二、南普陀素菜

南普陀素菜运用闽南地区丰富的山野作物资源，采取独特调味法，融宫廷素菜精细、民间素菜天然和寺院素菜纯正于一体。素菜摒弃传统以豆制品作鸡、鱼、肚、脚等象形食品做法，坚持素菜素料、素做、素名，菜肴质地纯美，色香味形俱佳，取名雅致，品尝素菜不仅调节胃口，也是艺术享受。名素菜有“南海金莲”“香泥藏珍”“古越莼菜”“彩花迎宾”“莲中圣果”“白璧青云”，以及郭沫若取名的“半月沉江”等。

三、仿古药膳

仿古药膳以海味山珍搭配名贵补药，精烹细作，别具特色。如“药膳鸡锅”“药膳土龙汤”“枸杞开边虾”“当归烧河鳗”等经典药膳，让人回味无穷。台湾风味的“姜母鸭”是仿古药膳代表之一。鹭江宾馆、药膳鸡锅、食养坊、曾氏养生食府等均设仿古药膳，久负盛名。美籍华人陈香梅在鹭江宾馆品尝美味佳肴后，题词道：“鹭江宾馆美食尝，地北天南望故乡。万里千年家国事，同心协力你我当。”

第三节　风味小吃

炒面线　选上等线面放在七成热油锅炸至赤黄色，捞上盘后用开水烫去油腻待用，以瘦肉、冬笋、香菇、蒜苗为配料，切成丝炒过，和鳊鱼、虾沥，酌加绍兴酒，然后与炒过的面线拌配料再炒即成。炒面线刚出锅，色香俱佳，柔韧有弹性，以沙茶酱、红辣酱为佐料，口感极佳，别有风味。双全酒家炒面线称著。

土笋冻　土笋又名沙虫，从海滩沙子中逮出，先放养一天，吐清杂物后下锅熬煮，将其胶质溶入水中，冷却后即凝成土笋冻。浇上花生酱、香醋、酱油、厦门甜辣酱、芥末等调料，洒上芫荽和腌过的酸甜白萝卜片，鲜美嫩滑。中山公园西门的“西门土笋冻”著称70多年。

虾面　取瘦肉片和小虾肉煮熟；虾壳、虾头剁碎后和猪骨熬制成面汤。取适量水面煮熟，切韭菜段装碗，加入虾仁、猪肉、蒜泥，淋上特制虾面汤即可食用。吴再添虾面味道很特别，在1998—1999年被评为福建名小吃、中国名点。人和路51号“新厦虾面”也很有名气。

鸭肉粥　先把杀净后的鸭肉、鸭心、鸭肝、鸭腱加香料文火慢卤，卤好后将汤加入煮好稀饭中，再将卤鸭切成小块，即可根据食客所需加料配成鸭肉粥。“大同鸭肉粥”最著名，备有猪大肠、鱿鱼须、猪血、牡蛎等配料。

沙茶面　将猪脊肉剔净筋、膜、油后切片煮熟；将特制沙茶酱放入大骨汤中加入盐、冰糖和花生酱熬成沙茶汤。取适量水面在沙茶汤中煮熟装碗，自选各种配料在沙茶汤中煮熟，扣于水面上，淋上热腾腾的沙茶汤即可食用。位于镇邦路的“月华沙茶面”和获“中华名小吃”称号的吴再添沙茶面均在坊间有名。

烧肉粽　以香菇、虾米、栗子、猪肉、糯米等为原料。待锅里开水滚沸，放生粽下锅后熬炖3小时。食用时，可配沙茶酱、蒜蓉、红辣酱、调味酱油、芫荽、甜辣酱等，若再配上一碗扁食汤或鱼丸汤更好。位于中山路的烧肉粽小吃店和吴再添小吃店口碑载道。

芋包　将槟榔芋削皮洗净捣成生芋泥，和上少量淀粉、精盐、搅拌均匀成芋蓉，在碗内壁涂上一层油，放入五花肉、虾仁、香菇、冬笋、荸荠等片丝馅料，再盖上一层芋泥，轻轻倒扣取出放在蒸笼里蒸炊即可。

花生汤　花生米先剔去疵粒，用开水浸泡后去膜，加水置砂锅内以文火熬煮，等花生熟后才能放糖，续水熬至花生熟透为止。食用时，配甜咸点心，如油条、炸枣、韭菜盒、肉包、甜包、糯米炸等均为上品。百年老字号黄则和花生汤店甚为有名。

油葱粿 将肉丝、荸荠丁、炸过碾碎的鳊鱼或虾皮、米酱、白糖、地瓜粉、葱白、五香粉、食盐制成团状，放进碗里的米浆蒸煮。食用时，可添加沙茶酱、茄汁、蒜泥、萝卜酸、芫荽等，口感柔韧细腻，芳香可口。

蚵仔煎 又叫海蛎煎，选用海蛎上品“珠蚝”为主要原料，把鸡蛋、地瓜粉和切碎的大蒜调匀，然后用适量猪油在锅内煎至两面酥黄。摊成饼样上桌，食用时蘸甜辣酱风味尤佳。

蚵碟炸 原料与蚵仔煎相同，只是把原料摊在一种特制的小碟状铁勺上，加上几只小鲜蚵，放入滚热的油锅里炸熟，脱勺装盘，佐以调料，比蚵仔煎更香脆。

面线糊 将大骨汤烧沸，加入虾、蚝、蛏、淡菜等熬汤，与面线煮透成糊。此外，熬面线糊时还可加鸭血、猪血或猪大肠等，使油脂融入其中，大肠也烂熟。撒入芹菜珠、葱头油、胡椒末，气味更浓烈鲜香。

扁食 亦称馄饨。扁食皮用特级精面粉手工擀制，又白又韧又薄；扁食馅采用当天新鲜猪腿肉精工细作，原汁原味，口感纯正。扁食用新鲜猪骨汤煮熟，加少许盐、冬菜、撒上葱珠、香油、胡椒粉。扁食还可油炸，一出炸锅就淋上酸辣勾芡，既濡湿酸辣，又酥脆清香，不失为另一番滋味。

炸五香 将瘦肉配上青葱、鳊鱼、荸荠、鸭蛋、上等酱油、白糖、五香粉等，搅拌均匀用豆皮卷成长条状，合口处沾些蛋液或土豆泥，入油锅炸成金黄色，取出切成小段装盘即可。可配沙茶酱、红辣酱、芥辣、萝卜酸、芫荽、甜酱等佐料，趁热食用。

春卷 又名春饼、薄饼。皮子选用很薄很软的面粉皮，将猪肉、豆干、虾仁、豌豆，冬笋、香菇等切丝切粒炒过，再放在锅里一起熬，熬要恰到好处。食用时，可配辣椒酱、虎苔、芫荽、葱等。

贡糖夹饼、肉夹馍 将烘烤空心北仔饼，切开不切断，往里面夹入炒香的花生末、酸萝卜丝、罐头茄汁沙丁鱼、蒜茸、辣酱，最后在开口处夹一块贡糖，再塞入几条芫荽既能点缀又能提香，酸辣香甜五味俱全。

豆包粿 又称豆包仔粿，以糯米粉和绿豆为主料。将煮沸白糖水冲入糯米粉，加绿菜豆汁拌匀成豆包皮，也有不加菜汁的。绿豆煮熟研细加白糖成甜绿豆蓉，包成豆包粿后，底部垫青棕叶或芦苇叶，旺火上蒸笼蒸十分钟即可食用。配花生汤或稀饭、豆浆，颇为爽口，冷热均可食用。

茯苓糕 原叫“复明糕”，意“反清复明”。随着清政权巩固，反清复明组织渐渐解散，后叫“茯苓糕”。将茯苓与大米，磨成粉调和，加糖蒸成。蒸熟的茯苓糕没有药味，有一种清甜，既能当零食又能果腹，还能清火利水、祛湿健脾。

馅饼 馅饼分甜咸两种。甜饼以绿豆沙为馅，取上等绿豆蒸熟去壳，研精细，饼皮和饼酥下足油量，揉得恰到好处，烘制时注意掌握火候，做到内熟外赤不走油，饼皮香酥油润，鲜馅冰凉清甜。咸饼以肉丁为馅，加猪油白糖所制。馅饼以庆兰斋、鼓浪屿馅饼最著名。南普陀馅饼，有绿豆、香芋、南瓜等口味。

麻糍 取糯米糍粑，裹入花生碎、黑白芝麻碎和糖粉混合成的馅料再揉成团，滚上一层黑芝麻粉，一份“麻糍”至此完成。麻糍味道甜而不腻，糯而不粘。鼓浪屿龙头路“叶氏麻糍”最著名。

第四节　中华名小吃店

新南轩酒家 清宣统三年（1911 年），李伍海创办，原名南轩酒家，址在水仙宫码头附近。民国 26 年（1937 年），迁思明东路（今横巷），再迁蕹菜河（今思明南路）。民国 38 年，李逃亡国外，大厨师黄慧柳等人继续开办，改为新南轩酒家。1956 年公私合营时，新南轩酒家成为地方国营企业。“文化大革命”初期，改名妙香酒家。1979 年，恢复新南轩酒家店号。1994 年，被认定为厦门首批“中华老字号”餐饮企业。2001 年，被授予“中华餐饮名店”“福建餐饮名店”称号。其名菜点在全国、省、市烹饪大赛中获得金、银、铜牌奖；代表性菜肴、小吃、点心等 10 多个品种被认定为“中国名菜”

“中国名点”“中华名小吃”“福建名菜”“福建名小吃”。2003 年，歇业，进行商标转让。2004 年 3 月，厦门华远建设集团与美国胜腾酒店集团建成“和平里国际大酒店”。

好清香酒楼

好清香酒楼 位于外厝埕（今大元路）。民国 29 年，王朝基创办。卖面线糊、芋包等小吃，以烧肉粽最为驰名。1956 年公私合营，后转为国营，并增加卤豆干、炸五香、小炒等品种。“文化大革命”期间，改为前进饮食店。1976 年翻建楼房，1979 年开业。1985 年 1 月，实行租赁经营。租赁后，开发传统名点名菜，提高档次，“烧肉粽”成批销往香港。1986 年，在省饮食服务行业评比中获名牌奖。多次应邀赴新加坡表演烧肉粽等厦门风味小吃和特色菜肴，轰动狮城。1990 年，实现营业额 263.4 万元。1995 年，创办新加坡好清香大酒楼，成为全省第一家跨出国门的饮食企业。至 2007 年，先后有 27 道特色菜肴和小吃、点心被认定为“中国名菜”“中国名点”“中华名小吃”“福建名小吃”。多次应邀前往新加坡、菲律宾、香港等地举办美食节。

黄则和花生汤店

黄则和花生汤店 位于中山路 22-24 号。黄则和创办。1950 年 8 月，黄则和典买中山路 22 号店面，经营花生汤等。1956 年，公私合营，后转为国营。“文化大革命”期间，黄则和招牌先后被改为红阳、津园等。1981 年，恢复原店名。1985 年初，兼营具有地方风味的炸枣、韭菜盒、豆包仔、麻花炸、油条、蛋糕、面包、月饼等 30 多个品种。1994 年，被授予“中华餐饮名店”称号。1997 年，花生汤被评为“中华名小吃”。黄则和月饼获“中国优质月饼”称号。黄则和馅饼、豆包等 8 种小吃、小点分别被认定为“中国名点”“中华名小吃”“福建名小吃”。2004 年通过ISO 9001:2000 质量管理体系认证。2005 年，获厦门市《商业诚信企业》；2006 年，获首批“中华老字号”称号、福建省著名商标称号。同年，在同安食品工业园区建黄则和工业园，2007 年 8 月投入使用。

吴再添小吃店 位于大同路 49 号。民国 37 年，吴再添在局口街和中山路交接处摆小吃摊，经营虾面。解放后，创办吴再添小吃店。1956 年，并入厦门饮食服务有限公司，多次改名“吴再添饮食店”“味中香”“红卫饮食店”等。1981 年，恢复原店名，并创制炖缸类、蒸烹类、清汤类、油炸类等 40 多种风味小吃小点上市。1987 年后，沙茶面、土笋冻、油葱粿、冬粉鸭、芋包、虾面等 8 种小吃小点被认定为“中国名点”“中华名小吃”“福建名小吃”。2004 年 7 月，改制，交由私人经营，更名为佳味再添小吃店。

第五章　服务业

第一节　酒店旅馆

一、发展概况

清宣统三年（1911 年），有胜利、瞰海两家旅馆。民国 8 年（1919 年），在爱国华侨和乡绅倡导下，旅馆业迅速发展。民国 38 年，有饭店、酒楼、客栈 300 多家。

1950 年，区境有客栈、酒店 110 多家。1956 年，对私改造后，国有、集体旅社酒店仅有 10 多家。1959 年，华侨大厦建成，专门用于接待探亲归国华侨。1972 年，区境大小旅社 10 家，分布在火车站、码头、闹市等地，有床位 1000 多张，平均日接待旅客七八百人。1985 年 1 月，全省第一家中外合资企业——鹭江宾馆正式营业。此后，酒店、旅馆业迅速发展。

2007 年，区境有星级酒店 49 家，其中五星级 4 家、四星级 14 家、三星级 17 家、二星级 14 家。未评定等级的酒店、宾馆、招待所共 71 家。旅馆业营业额 2.46 亿元，比上年增 12.8%。其中，星级营业收入 1.26 亿元。

二、酒店、旅馆选介

（一）五星级酒店

厦门宝龙大酒店　位于筼筜湖畔。2001 年 8 月开业，占地面积 0.7 公顷，建筑面积 2.45 万平方米，共有 189 间（套）各式豪华客房（含总统套房）。配有中餐酒楼、西餐厅、阳光吧咖啡廊、大型歌舞剧院、夜总会、KTV、DISCO 舞厅、俱乐部、酒吧、健身中心、桑拿中心、美容中心及恒温游泳池等。

厦门亚洲海湾大酒店　位于东海岸环岛路中段。2005 年 5 月开业，占地面积 6 公顷，由 4 幢主楼及 26 幢别墅组成。拥有客房 366 间、容纳 100～800 人多功能会议室 9 间等，是集休闲度假、旅游观光、商务会议于一体的花园式全海景度假酒店。

厦门国际会展酒店　位于环岛路。与金门岛隔海相距 4.6 公里。2001 年 8 月 18 日正式开业。占地面积 1.1 公顷，建筑面积 2.8 万平方米。酒店以玻璃连廊与国际会展中心衔接，造型如一艘海上游轮，全长 325 米。拥有 208 间客房（其中 131 间海景房面积均超 40 平方米）。所有海景房均配全景观海台。配有 10 处设施完备会议场所。与国际会展中心共享 28 间宴会会议场所，包括可容纳 2000 人的多功能厅。酒店配有 2000 多平方米的天心阁健康俱乐部，是厦门最大的足浴城。2004 年 1 月，加入世界金钥匙酒店联盟。2005 年 6 月，获中国酒店金钥匙服务最高奖——金钥匙钻石奖。被评为 2005 年、2006 年“中国酒店金枕头奖——中国十大最受欢迎度假酒店”。

厦门索菲特大酒店　位于湖滨北路 19 号。2005 年开业，为厦门市第一家国际化五星级酒店。楼高 29 层，有 393 间豪华客房和套房。拥有餐厅、酒吧、雪茄吧、SPA 馆、健身中心、室外游泳池及会议厅、多功能厅等。

（二）四星级酒店

厦门宾馆　位于虎园路16号。1956年6月建。原为厦门市高干招待所，1979年10月改今名。占地面积3.6公顷，建筑面积4.5万平方米，绿地覆盖率90%，是庭园式豪华酒店。拥有客房400间，另有7间为泰国领事常驻居所。2004年7月，重修8号楼，设商务中心、商场、美容美发厅、劳拉夜总会、仙池足浴等娱乐设施。

厦门希尔福酒店　位于思明南路495号。2005年12月19日开业，是希尔福酒店管理有限公司旗下花园公寓式旅游商务酒店。占地面积1公顷，建筑面积5000平方米。酒店以园林形式分区的三座建筑主体，拥有165间（套）客房和中餐厅、咖啡厅、多功能会议厅、希尔福健康水会等。

厦门假日皇冠海景大酒店　位于镇海路12号。1992年1月，试营业。1993年1月，晋升为皇冠级假日酒店。占地面积1公顷，建筑面积3.4万平方米。拥有各类客房367间、床位557张。设咖啡座、龙苑中餐厅、老四川餐厅、大堂酒吧、迪斯科舞厅、KTV、游泳池、桑拿商务中心等。

华侨大酒店　位于新华路70-74号。1949年11月开业。1982年改建。占地面积1.3公顷，建筑面积2.54万平方米。大厦楼高60米，拥有248间客房和套房。设健身房、美容室、独立酒吧、卡拉OK、梦幻夜总会、水晶宫快餐厅、演艺厅等服务设施。

鹭江宾馆　位于鹭江道54号。1960年落成。前身是国际旅行社、厦门市政府第二招待所、鹭江大厦。1983年，与港商合作改造装修，更名鹭江宾馆。1984年10月试营业。主体楼按华侨领袖陈嘉庚意图设计，占地面积0.2公顷，建筑面积1.42万平方米。2004年，重新装修，有客房153间。

海上花园酒店　位于鼓浪屿岛田尾路27号。2001年5月18日开业。占地面积2.1公顷，建筑面积1.5万平方米。有88间格调幽雅客房和套房、风格迥异的会议室，配有5频道同声传译及先进的电教设备。海关总署和厦门海关共建。欧陆式建筑。

厦门宏都大饭店　位于白鹭洲路201号。1999年9月开业。占地面积0.9公顷，建筑面积31416平方米。饭店高33层。拥有套房及总统套房366间，是一家豪华商务饭店，

厦门航空金雁酒店　位于湖滨南路99号。2001年开业。占地面积0.4公顷，建筑面积3.1万平方米。由28层主楼及4层裙楼组成。设318间商务客房和餐厅、多功能厅、航空售票中心、商务中心、国际会议中心，为商务度假型酒店，

厦门闽南大酒店　位于湖滨南路一里26号。1996年开业。2002年，重新装修，占地面积1.3公顷，建筑面积1.5万平方米。主楼高151米，为当年厦门十大标志性建筑之一。22层以上设有198间豪华套房和商务套房，并于34层设厦门唯一旋转餐厅，可鸟瞰厦门全景。

厦门京闽中心酒店　位于屿后南里158号。1997年8月试营业。占地面积0.7公顷，建筑面积5.1万平方米。酒店高30层，拥有客房490间（套）。设西餐厅、中餐厅、日本料理、酒吧、咖啡厅、多功能厅、豪华会议室，以及商务中心、航空售票、银行、书屋、中式保健推拿、健身房、室内游泳池。

厦门庐山大酒店　位于嘉禾路102号。1993年5月开业。占地面积0.3公顷，建筑面积2.2万平方米。拥有中、高档客房296间套，设商务中心、福记餐厅、会议中心、桑拿、足浴保健、KTV等。

厦门马哥孛罗东方大酒店　位于建业路8号。1996年11月开业。占地面积1.1公顷，建筑面积3.3万平方米。有350间格调优雅客房。行政贵宾楼层设于酒店顶楼，共52间客房，其中包括45间豪华房及3套马哥孛罗套房等超豪华套房。1999年4月，被评定为四星级涉外酒店。

厦门天鹅大酒店　位于白鹭洲东路11号。2004年5月开业。占地面积0.3公顷，建筑面积1.3万平方米。有161间（套）客房，包括皇家、欧式、日式、明清、情侣及豪华、普通七种风格。

厦门华美达长升大酒店　位于长青路430-437号。2001年7月开业。占地面积0.3公顷，建筑面积2.1万平方米。有225间（套）客房，配有会议室、多功能厅、健身房、足浴、影剧厅、日式酒吧等。

（三）三星级与二星级酒店

2007年，区境有三星级酒店17家、二星级14家。

2007年区境三星与二星级酒店一览表

表 17-5-1

饭店名称	星级	地址	占地面积（平方米）	建筑面积（平方米）	客房（间）	床位（床）	套房（间）	开业时间
东海大厦酒店	3	中山路1号	20000	9760	111	215	26	1988.1
航空宾馆	3	莲花南路5号	3753	8158	102	171	2	1988
碧宫酒店	3	湖滨中路24号	1900	9700	124	230	2	1989
福联大饭店	3	湖滨南路469号	2143	21012	270	450	20	1990.8
新油酒店	3	莲花南路16号	2789	5850	86	125	4	1993.8
华夏大酒店	3	厦禾路935号	4352.8	12387	143	256	7	1997.9
新中林大酒店	3	莲花南路18号	7700	22000	184	380	7	1997.11
龙都大酒店	3	厦禾路878号	2600	12000	142	249	6	1997
京华大酒店	3	厦禾路1130号	6489	11300	147	275	29	1998.7
邮电纵横宾馆	3	白鹤路2号	900	5678.8	104	191	4	1998.12
金帝酒店	3	仙岳路西段189号	778	6281	98	175	4	1999.5
鑫安宾馆	3	厦禾路867号	1600	21110.9	235	418	12	1999.7
明发大酒店	3	莲前东路413号	2673	12000	115	204	25	2000.12
驿缘酒店	3	龙虎山路9号	11173	10958	92	170	4	2002.1
云鹤酒店	3	嘉禾路343号	2556	15300	106	182	14	2003.3
新南方饭店	3	厦禾路982号	2300	4700	104	193	3	2003.7
故宫酒店	3	故宫路120号	2160	7260	90	177	6	2006.4
湖滨饭店	2	湖滨中路59号	12416	13560	218	386	0	1980.7
白兰饭店	2	故宫路90-92号	1130	3306	110	184	2	1988.1
北方宾馆	2	莲花南路6号	3410	5600	77	144	5	1991.2
宏雅酒店	2	溪岸路106号	1066	3050	70	133	5	1992.2
华闽酒店	2	湖滨东路9号	1200	9412	164	297	7	1992
音乐岛宾馆	2	湖滨南路19号	6865	6102	95	180	9	1993.1
新迎泽酒店	2	厦禾路859号	473	4600	80	110	2	1994.9
嘉沅酒店	2	思明南路433号	1068	3500	76	158	2	1994.12
美海酒店	2	湖滨四里59号	1300	3698	77	161	3	1996.3
绿晶酒店	2	顶沃仔14号	1100	5000	90	171	3	1997.9
厦新酒店	2	湖滨东路311号	1128.8	4100	81	164	2	1998.3
琴岛酒店	2	鼓浪屿鹿礁路8号	932	1992	42	76	2	1998.5
春天大酒店	2	后滨路12号	2100	3800	71	138	3	1999.9
科技宾馆	2	虎园路2号	800	4000	78	140	2	2001.7

（四）其他类型酒店

经济型酒店　1984年起，区境扩宽经济型酒店客源市场。2004年10月，如家快捷酒店、怡庭湖景酒店相继开业。2007年，国际青年旅舍、速8、锦江之星等经济型、连锁型酒店开业。

酒店式公寓　青年阳光公寓是厦门最早的酒店式公寓。2007年，有时代雅居、厦门之家等10家酒店式公寓。

第二节　照相业

民国元年（1912 年），位于大走马路的天然照相馆开业，是区境最早的照相馆。之后，有火烧街的华真、维新和真真等照相馆相继开业。鼓浪屿有中华、美璋等照相馆。鹭江道有一家快速摄影个体摆摊户。民国 21 年，区境有照相馆 22 家。抗战胜利后，有晨光、俊明等 47 家，其中坐商 32 户，大多集中在中山路、思明路和鼓浪屿。

中华人民共和国成立初期，照相业所需原材料短缺，南北经营不太景气。1956 年对私改造后，区境有国营、集体合作照相馆 21 家。1958 年，驻区境人员增多，照相业务随之增多。至 1962 年，照相业营业额 30 多万元，较 1957 年翻一番。

“文化大革命”期间，照相业生意冷清。

1978 年后，各种经济成分的照相馆纷纷成立，在传统黑白照基础上，拓展彩色摄影系列服务项目。

1990 年后，出现中外合资、合作的专业婚纱摄影企业，拍摄高档次的婚纱艺术照，满足不同层次的消费需求。1991 年，区境摄影业经营机构 115 家，从业人员 297 人。

2000 年后，个性化、专业化摄影产品越来越多，如个性婚纱照、艺术照、个人写真集、儿童成长照、全家福、会议摄影、大型团体照、广告摄影、电子相册制作等。

2007 年，全区有摄影扩印服务业企业 25 家、网点 36 个（不含数十家小照相馆店），从业人员 271 人，营业收入 1.06 亿元。

2007 年思明区婚纱摄影店一览表

表 17-5-2

店　　名	地　　址	店　　名	地　　址
钟爱一生	思明南路 184 号	经典婚纱	湖滨中路白鹭洲商业城
新世纪婚纱	新华路 40 号	爱丝宝纱（韩国）	筼筜路 3-1 别墅
富都婚纱	莲花南路 41-1 号	天长地久	中山路 25 号
伊莎贝尔	湖滨南路福津大街 132 号	情融丽舍	鼓浪屿观海园 13 号楼
启明星	溪岸路 105 号	娜娃摄影	思明南路 297 号
依依婚纱	思明西路 14 号	简·印象摄影视觉机构	瑞景新村 134 号
爱琴海（原金色阳光）	莲前西路 201 号	玩美视觉摄影工作室	湖滨南路 811 号富山女人街
小薇	禾祥西路 609 号	F2 视觉摄影工作室	前埔店上东里 96-102 号
玫瑰新娘	湖滨北路 243 号	纽约·纽约	湖滨南路 811 号富山女人街
薇薇新娘	仙岳路 443 号	缀爱	后埭溪路 98 号
白雪公主	厦禾路 509 号		

第三节　理发美容业

清光绪后期，位于大元路 2 号的景华轩理发店为区境最早的理发店。随后，理发店逐渐增加，多为外地人所办（以福州人居多）。民国 21 年（1932 年），有福州帮理发店 66 家、广东帮理发店 16 家、兴化帮理发店4家。此外，理发摊担走营大街小巷。兴化帮专剪男界；广东帮和福州帮则男女兼剪，其中广东帮的巴西、巴黎、丽华等理发店另聘有女匠，专剪女界。其时，区境有理发店100家左右，较知名的有中山路中央理发厅、中美理发厅，思明南路大华理发厅、开元路紫罗兰理发厅等。

中华人民共和国成立初期，理发业组织联营。1956年，理发厅（店）实行公私合营。1963年，理发业组成4个区店，开展学政治、学业务和社会主义教育及“比、学、赶、帮”运动。

“文化大革命”期间，传统的烫发、吹发、修脸等被列入禁区，理发业业务锐减。

1978年后，理发业实行多渠道经营，发展迅速。1990年后，多种经济成分美容院、理容院、发廊、发屋相继崛起，理发业呈现高级美容厅与大众化理发店（摊）并存的新格局。

2000年后，个体美容美发店遍布大街小巷。个性化、时尚化、多样化的美容院、美发店，以及集商务、娱乐、保健功能于一体的休闲会所等，逐渐成为理发及美容保健业的市场主流。

2007年，全区有理发及美容保健业企业83家，网点104个，从业人员1578人，营业收入0.31亿元。

2007年思明区主要理发美容企业一览表

表17-5-3

企业名称	企业地址	服务项目
红人美容美体保健有限公司	湖滨三里107-110号	美容美发（批发、零售相关产品及保健健身产品）
代代新美容美发有限公司	湖滨南路289-297号	美容美发（销售美容美发用品）
京都薇薇专业美容美体有限公司	湖滨北路243号	美容美体
圣玛瑜伽美容有限公司	禾祥东路30号	美容美体
美丽经典美容美发健身有限公司	前埔南区不夜城	美容、美发、美体、健身
维美有约塑身美容有限公司	湖滨南路619号	美容等
水云涧美容美体有限公司	吕岭路凯悦丽池花园	美容、美体
一代丽人美容美体俱乐部有限公司	香莲里35号	美容、美体、美发
远锦美容有限公司	嘉莲里8号	美容、器械健身
莉雅美容美发服务部	大学路91号	美容、美发
贝施专业瘦身美容有限公司	禾祥西路425-429号	健美、运动瘦身、美容美体(销售减肥器材、护肤用品)
袋鼠文化休闲有限公司美容护肤莲花分店	丰联达大厦	美容、美发；专业形象设计
百媚生美容店	禾祥西路8-10号	美容
菲丝巴迪仕女美容店	松柏路7号	美容
华琳高科美容院莲花分院	莲花南路冶金大厦	美容、美发（化妆品零售）
莲莲美容店	故宫路99号	脸部美容、理发
仙居美容美发厅	仙岳路607-1号	美容美发
新姿也创意美发厅	嘉禾路宝龙中心	美发
康丝曼美容有限公司思明分公司	禾祥西路464号	美容
联吉生发美容有限公司	禾祥西路456号	美发
联吉生发美容有限公司	莲花北路33号	美发
东方女人美容美发厅	厦禾路844号	美容美发（零售化妆品等）
雅柏美发厅	东浦一里33之5号	理发

第四节 洗染业

民国初期，区境有洗染店 10 多家，多开设在中山路一带，有洋洗店和家洗店两种。民国 25 年(1936 年)，有 80 家洗染业。抗战期间，不少洗染店关闭。抗战胜利后，洗染业逐渐恢复。

1955 年对私改造前，洗染业 70 多户。对私改造时，将有劳资关系的干洗店进行公私合营。家庭夫妻店，则组成合作小组。对私改造后，洗染业经营逐渐好转。

1957 年鹰厦铁路通车后，归国观光华侨、外埠采购人员及游览访亲人员骤增，穿呢绒哔叽的人士增加，洗染业务增多。

1959 年，洗染业合作小组全部加入国营商店。1962 年，洗染业重新恢复合作组织和传统的经营特色。洗染店下乡巡回为农民服务，还面向工厂服务，并为华侨服务社、帽织厂、皮革厂、橡胶厂等加工生产用品。“文化大革命”期间，洗染业营业量减少。

1978 年后，开展印染加工业务，上门服务。1982 年，重点开拓洗染工场向有关工厂承包布料加工缩水业务，向皮革厂承包人造皮革的大批件缩水加工等业务。

1984 年，不少国营洗染店转行。是年 11 月至 1985 年，位于中山路的全市最大洗染店——常新洗染店改为常新综合商场，位于大同路的 2 家门市部改为家电经营部，顺兴洗染店改为顺兴百货经营部，新春洗染店改为红双喜酒廊，新新洗染店改为新新百货商店，协兴洗染店改为协兴百货经营部。

1992 年后，有些酒楼饭店附设干洗部，如东南亚大酒店干洗部、福联饭店干洗部等；街道和个人亦开办干洗店。2000 年后，区境上规模、上档次新型干洗店较快发展。

2007 年，全区专业洗染服务企业 12 家，从业人员 342 人，年营业收入 346.1 万元。

2007 年思明区主要洗染企业一览表

表 17-5-4

企业名称	企业地址	服务项目
百生洗涤有限公司	香莲里 32 号莲花广场	服装水洗、干洗、熨烫、整理、织补；布草租赁及洗涤用品销售
福奈特洗涤有限公司	仙岳路 454 号	洗涤服装、家政服务（不含中介）；洗涤设备及其用品的批发、零售
金大哥大洗涤有限公司	曾厝垵 9 号	服装、床上用品、酒店用品干水洗，皮革制品上光上色，室内地毯清洗，生产洗涤用品（批发零售日用百货）
格林现代洗涤有限公司	通奉第 26 号	服装床上用品洗涤；皮革制品维修保养护理；室内地毯清洗；洗涤用品洗涤设备销售（批发销售日用百货）
凯萨洗涤有限公司	禾祥东路 13 号	洗涤服务、洗涤培训服务；洗涤设备、熨烫设备、缝纫设备、酒店用品的零售、维修；零售洗涤原料
假日生活洗涤有限公司	湖明路 24 号	干洗、水洗服务
格林现代洗涤有限公司禾祥东干洗店	禾祥东路 23 号	服装、床上用品、酒店用品洗涤；皮革制品维修、保养、护理；室内地毯清洗
格林现代洗涤有限公司禾祥西干洗店	禾祥西路 15 号	服装、床上用品、酒店用品洗涤；皮革制品维修、保养、护理；室内地毯清洗
绿之岛时尚洗衣店	莲前东路 963 号	服装干洗、水洗、单烫；皮衣干洗与保养
瑞洁仕服装干洗店	厦禾路 305 号	服装干洗

续表17-5-4

企业名称	企业地址	服务项目
依儿净洗涤店	前埔北区一里212号	服装洗涤
正章干洗店	思明南路298号	服装干洗、湿洗

2007年思明区服务业营业额统计表

表17-5-5

项　　目	2007年（万元）	2006年（万元）	比2006年增长（%）
合　　计	302995.6	245700.1	23.3
内资企业	259798.6	202710.3	28.2
集体	164068	107206.5	53
有限责任公司	1200	1260	-4.8
其他有限责任公司	1200	1260	-4.8
私营企业	94530.6	94243.8	0.3
#私营独资	85717.8	85621.8	0.1
私营有限责任公司	6487.4	6730.7	-3.6
港澳台商投资企业	1657	1529.8	8.3
外商投资	1940	1860	4.3
中外合资经营	1450	1350	7.4
外资企业	490	510	-3.9
个体	39600	39600	0

第六章　对外贸易

第一节　外经贸机构

一、管理机构

（一）三区管理机构

鼓浪屿区经济贸易局　1982年1月，成立鼓浪屿区进出口贸易办公室。1996年撤销，成立区经济贸易局，内设外资科，对外加挂鼓浪屿区外资局牌子。2003年10月三区整合后撤销。

开元区经济贸易局　1981年8月，成立开元区对外经济贸易办公室。后，设区企业管理局；1984年7月，改为区经济委员会。1985年12月，区对外经济贸易办公室和区经济委员会合并为区经济贸易委员会。1996 年，改称区经济贸易局，内设外贸科等。2002 年 12 月，外贸科从区经济贸易局析出，成立开元区外商投资局。行政编制 2 人，事业编制 1 人，其中处级领导职数 1 人。2003 年 10 月三区整合后撤销。

思明区对外经济合作局　1988 年 1 月，思明区进出口办公室与区企业管理局合并，成立区经济贸易委员会，对外保留“思明区进出口办公室”牌子。1993 年 4 月，成立外资工作委员会，负责审批 1000 万美元以下的外商投资项目。1997 年，成立思明区对外经济合作局。2003 年 10 月三区整合后撤销。

（二）三区整合后管理机构

思明区投资事务局　2003 年 10 月，鼓浪屿区经济贸易局、开元区经济贸易局和思明区对外经济合作局合并为思明区招商局。2007 年 7 月，思明区招商局更名思明区投资事务局。行政编制 7 人，其中处级领导职数 1 人。

二、服务机构

（一）开元区、思明区服务机构

开元区招商服务中心　1995 年 8 月成立，隶属于区经贸委，人员由经贸委内部调整，经费由区财政核拨。2003 年 10 月三区整合后撤销。

思明区招商服务中心　2001 年 6 月成立，为全民所有制事业单位，经费由区财政核拨，人员编制 10 人。2003 年 10 月三区整合后撤销。

（二）三区整合后服务机构

思明区招商服务中心　2003 年 10 月成立，隶属于思明区招商局，人员编制 8 人。

第二节　进出口贸易

一、出口贸易

明嘉靖年间，外国海商到区境沿海进行掠夺式的走私贸易，大肆收购生丝、茶叶、瓷器。明末清初，出口以生丝、茶叶、瓷器为主，品种数十种。清道光二十三年（1843 年）后，闽西南土特产由太古码头港口输出。清光绪元年（1875 年），大批乌龙茶出口欧美各国。茶叶出口权多操纵在英、美手中。光绪三十四年，出口水仙花 300 万颗，其中 200 多万颗直接运销美国。清宣统二年（1910 年），出口红糖 7.09 万担，值 55.32 万海关两（银）。清末及民国期间，出口货物以茶、糖、纸为大宗。还有药材、干鲜果、神香、蔬菜等。

中华人民共和国成立初期，海峡两岸军事对峙，以美国为首的西方国家对中国实行全面禁运和冻结外汇，外贸困难。1950 年，区境出口总值 100 万美元。

1953 年，区境外贸采用“以出为主，以进带出”的做法，出口总额突破 200 万美元。1960 年，执行收购主要农副土特产品奖售和“按质论奖，好货多奖，次货少奖和名贵出口商品重奖”政策。各专业公司创办出口商品基地。1963 年起，出口商品金额上升。

“文化大革命”期间，对外贸易处于波动状态。1977 年后，出口总额大幅度增长。主要出口产品有珠绣衣、机织毛衣、手工织毛衣、纸箱、灯具、皮塑制品、电子元件、工艺品、手工艺品和保健饮料等。1985 年，开元区对外贸易进出口公司直接开展进出口业务，工业产品出口产值 940 万元。出口产品有纸箔、蜡烛、蜡笔、双灯头、书写纸、朱古力、手织毛衣、皮鞋等。

1990 年后，三区对外贸易继续高比率增长。1992 年，开元区创汇产品 47 项，全年出口创汇 929 万美元，比上年增长 86.9%；思明区工业产品出口产值 1888 万元，出口创汇 199 万美元。1994 年，进行金融、财税、投资、外贸等一系列重大改革，促进对外贸易快速发展。1995 年，出口商品品种增到 1000 多种。

2006 年，全区工业出口交货值 43.47 亿元。

2007 年，全区规模以上工业出口交货值 45.68 亿元，其中高新技术产业出口交货值 22.1 亿元，占工业企业出口交货值的 48.3%。主要出口物品有服装、鞋帽、米面制品、食用油、糕点糖果、糖、肉禽蛋、水产品、饮料、茶叶、种子饲料、厨房卫生间洁具、中西药、纺织品、化妆品、石油制品、五金交电、化工产品、机械设备、电子产品、建筑材料、金属及金属矿、非金属矿及制品、煤炭及制品、汽车摩托车及配件、音像制品及电子出版物、首饰、工艺品及收藏品等。

二、进口贸易

明清时期，外国商人携带国外的珍宝、香料进入区境贸易。洋货一部分就地销售，一部分转运闽南等地销售。清道光二十年（1840 年），英国的德记、和记，印度的安记、裕记等洋行竞相输入鸦片。清光绪十五年（1889 年），美商运煤油到区境销售。光绪十八年，俄国及爪哇的煤油亦相继输入，为进口大宗商品，转售内地。外国洋货以英国、日本最多，美国、德国等国家次之。其品种：英国有鸦片、纱布、呢羽哔吱、石油、肥田粉、烧碱、香烟、西药、奶粉、水泥、五金器材、机器等；日本有纱布、成药、咸鱼、水产加工品、肥田粉、味之素、啤酒、火柴、香烟、人参、高丽参、儿童玩具、机器及零件等；美国有面粉、石油、药品、化妆品、塑胶制品、汽车及零件等；德国有颜料、布匹、药品、水泥、烧碱、钟表、油漆、肥田粉、机器及零件等。此外，还有法国的化妆品、荷兰的爪哇白糖、瑞士的钟表、瑞典的火柴等。

民国 25 年（1936 年），南洋兄弟烟草公司生产“白金龙”香烟到区境推销，厦门市商会在销货证明书签注“白金龙”质量较“老刀牌”为优。为此，遭英美烟草公司强烈抗议，打击“白金龙”销路。南洋兄弟烟草公司资本单薄，无法与洋行抗衡。英美烟草公司每月进口香烟 3000 箱左右。

1949 年 10 月至 1978 年，区境进口业务由中央和省属的外贸专业公司经营。区外贸主管部门只能经营出口业务，没有进口经营权。

1979—2007 年，随着改革开放、外贸体制改革的逐步深入，进口贸易发展迅猛，进口值在进出口总值中的比重逐步增加。外商投资企业增加，其生产原料及生产设备进口也增加。历年来，进口的生产资料主要有五金钢材、机电设备及配件、汽车、汽油、化学肥料、化工原料、医疗器械和纺织原料等；进口的生活资料主要有粮食、植物油、纺织品、药品、食品、化妆品、家用电器等。进口市场逐步扩大，进口货物来自亚洲、西欧、北美、南美、中近东、苏联、东欧等 50 多个国家和地区。

第三节 “三来一补”

1984 年，三区始有对外的来料加工、来件装配、来样生产和补偿贸易。是年，思明区引进数控自动显示血压计配件组装线和塑料拉链设备，开展“三来一补”业务。1985 年，来料加工达 200 多万港元，出口创汇 210 万美元。同年，开元区“三来一补”企业迅速发展壮大，先后创办塑胶、线圈、服装、雨伞、鞋、家具、工艺品等加工企业，“三来一补”业务创汇 200 万美元。

1999 年前，加工贸易业务由厦门市外资局负责审批。1999 年起，根据外商投资企业加工贸易业务审批权限下放的有关规定，三区负责对区境内从事加工贸易的企业进行查验并签发《加工贸易企业生产能力证明》，以及对外资企业加工贸易业务合同的审核、批准或转报、发证及到期合同的核销工作，并协助市外资局与海关对其进行业务管理。

2001 年，三区审批加工贸易企业 93 家，进出口总值 1.68 亿美元。2002 年，审批加工贸易企业 87 家，进出口总值 1.83 亿美元。2003 年，审批加工贸易企业 120 家，进出口总值 2.05 亿美元。2004 年，审批加工贸易企业 76 家，进出口总值 2.31 亿美元。2005 年，审批加工贸易企业 61 家，进出口总值 2.21 亿美元。2006 年，审批加工贸易企业 47 家，进出口总值 3 亿美元。2007 年，审批加工贸易企业 44 家，进出口总值 3.5 亿美元。

2007 年，区境有近 100 家企业从事加工贸易业务。其中，12 家企业年销售收入上亿元；10 家为市百家重点外资企业。

第七章　招商引资

第一节　招商政策与措施

一、优惠政策

1980 年起，根据中央“加快改革，扩大开放”的指导思想，以及中央和省政府给予的特殊政策，三区政府结合实际，制定招商引资规划，实施多种优惠政策，改善投资环境，鼓励外商投资兴业，引进外资发展第二、第三产业。外商投资企业除享受国家规定的优惠政策外，还享受《厦门市鼓励外商投资暂行办法》《厦门市鼓励外商投资农业暂行办法》《厦门市鼓励外商投资建设经营港口码头暂行办法》《厦门市外商投资企业员工办理本市户口的试行办法》等优惠政策。

2003—2007 年，思明区相继出台《思明区促进经济发展优惠政策》《关于加快高端服务业发展的若干意见》《关于加快楼宇经济发展的若干意见》等优惠政策。

二、招商措施

（一）完善招商机制与环境

1984 年，鼓浪屿区政府建立招商引资项目库，做好市场预测、项目前期调研和可行性研究，利用旅游区位优势，开展招商引资，为外商投资办理有关手续和服务工作。组织企业参加“台交会”“中国投资贸易洽谈会”，帮助企业拓展国内外市场。

1990 年起，开元区政府指导各街道开展区情街情调查，制定区域经济规划；就对外招商项目和空间资源进行重新调查，共理出对外招商项目 10 项，可供招商空间资源 80 万平方米，纳入全区对外招商项目渠道。

1995 年，思明区政府健全和完善《思明区招商引资项目管理办法》和项目跟踪责任制度，健全重大招商项目快速反应和综合协调服务机制。建立在谈招商项目动态反应机制，强化在谈项目跟踪服务，形成项目报备、跟踪、服务和确认机制。同时，完善招商引资考核和奖励制度，实行“谁招商、谁负责、谁受益”的激励机制。

2002 年，三区结合机关效能建设，推行行政审批制度改革，减少审批事项，向社会做出 12 项承诺，还出台为企业免费办理各项注册登记手续的政策。为提高办事效率，成立“企业服务中心”，推行一个窗口对外、一站式服务和一条龙办理的新型运作方式。

2003 年 10 月后，思明区建立健全招商队伍，在全国各地建立招商网络，实施委托招商、协议招商。通过“海峡招商网”，宣传区招商政策和投资环境，向咨询者提供方便快捷的网络咨询服务。加强与市、区各职能部门的沟通，利用“台交会”“6・18”海交会、“9・8”投洽会等平台，形成外商投

2006年2月10日，思明区商务集中区通报会

资审批“一条龙”服务、企业建设过程全方位服务、企业开工后经常性服务的3个服务体系，树立亲商、重商、护商意识，营造服务高效、招商氛围浓厚的投资软环境。在第七届“9·8”投洽会上，接待客商近300名，签约项目41项。

2007年，思明区根据区域产业发展规划和可招商资源，突出“名牌、名店”战略，把招商重点放在第三产业项目和技术含量高的工业项目上。新引进较大规模的三产项目有“新豪大酒店”“六洲大酒店”“加州商业广场”“卧岩滩景观工程”“胡里山休闲中心”等旅游商贸项目，以及“百安居”“家乐福”跨国大型业态超市等；二产项目重点加大对光电产业链核心技术的引进力度，与美国CORE公司合作的“安美光电”项目获商务部批准。是年，区投资事务局按照《在谈项目跟踪方案》，对在谈项目实行专人负责，督促协调各责任单位实施重点项目专人跟踪，并落实重点项目和“9·8”投洽会签约项目。

（二）拓宽招商渠道

1997年，鼓浪屿区成立海外联谊会和区商会，聘请一批经济顾问，加强与港、澳、台同胞及海外华人、华侨联系，争取投资项目顺利立项。拓展横向经济联合，加强与福建将乐、云南石林等友好县区联系。采取以资引资、横向联合的方式，通过参股企业金雄公司，成立仙雀、新金祥公司。1998年，通过协助举办元宵晚会、家庭文化艺术节、旅游文化建设10周年回顾展等活动，扩大对外影响。

2000年，开元区采取与社会中介法人契约式的有偿招商模式，推动招商引资市场化。2001年，梧村街道与世侨海外中心签订委托招商协议。2003年，嘉莲街道与海外中介机构签订委托招商合同。与嘉莲街道签订委托招商协议的马来西亚益马集团组织商务代表团参加“9·8”投洽会，并商谈有关项目的合作开发建设。是年，区政府先后组团赴美国、欧洲、东南亚及日本等地招商。

2003年10月后，思明区政府利用“9·8”投洽会，举办多种招商活动。举行项目签约仪式和重点项目开工仪式；举行招待酒会，

1999年，思明区和三明市宁化县招商恳谈会

邀请来自美国、西班牙、日本、韩国、马来西亚、北爱尔兰、加拿大、法国、瑞典等国家和台湾、香港、澳门地区的签约代表参加。先后接待加拿大总商会、美国休士顿首都银行、英国阿特金斯顾问公司、泰国正大集团、马来西亚宝卡集团、世界第二大制药企业美国葛莱素制药公司等重要团组。

2004 年，思明区成立海外联谊会，开展海外联谊交友、招商推介、贴心服务等工作。向海内外理事发出为思明区经济建设做贡献的“五个一”（介绍一个新朋友、引进一个项目、提供一条经贸信息、提一条合理化建议、做一项服务）倡议书。召开 1000 多人参加的“9・6”区海外联谊会理事大会，进行招商推介。组织海内外理事企业和政府团队赴美国、加拿大等国家考察招商，组织非公企业理事赴东莞、湖南、宁夏、郑州等地招商推介。开通 24 小时服务热线。定期走访企业，帮助解决实际困难。

2007 年，区海外联谊会与 25 个国家和地区的 48 个社团建立联系，协助区政府引进内外资项目近 200 项，为客商排忧解难 200 余件。

2007 年思明区各街道招商引资统计表

表 17-7-1

项　　目	合同利用外资（万美元）	实际利用外资（万美元）	内联项目总注册资本（亿元）（500 万元以上项目）
合　　计	27902.3	15432.4	100.4
厦港街道	3028.9	897.1	4.4
中华街道	1914.2	2678.4	5.2
滨海街道	2580.8	1180	4.7
鹭江街道	2530	1121.7	8.1
开元街道	2523.6	1125	12.8
梧村街道	3765.3	2352.7	18.1
筼筜街道	3428.6	1903	17.2
莲前街道	4087.9	2466.9	12.4
嘉莲街道	3524.2	1480.9	16.6
鼓浪屿街道	518.8	226.7	0.9

第二节　项目引进

1984 年 6 月，思明区创办第一家厦门与港商合资企业——鹭城铝窗装潢有限公司，双方各投资 25 万美元。此后，陆续引进外资项目：装修装潢、眼镜制造、机械电子、服装加工等；投资商从中国台湾、香港、澳门地区扩展到菲律宾、美国等；引进的技术和设备档次从普通的加工装配生产线发展到美国的人工晶体制造技术等。

1986 年，开元区东风塑料厂与港商合办的厦门兴鹏塑料有限公司为开元区第一家合资企业。随后，相继引进机电、光学仪器、厨具、医药、化工、石材、服装、现代家具等外资企业。

1990 年起，市政府向三区下放审批外资项目权限。1993 年 4 月 1 日，思明区成立外资工作委员会，负责审批 1000 万美元以下的外商投资项目。至 1995 年，共审批外商投资项目 59 项，投资总额 7956 万美元，分别是前 9 年的 1.79 倍和 3.18 倍。投资规模在 500 万美元以上的企业有 7 家，投资行业有电话机、烤鳗和房地产等。是年，开元区有“三资”工业企业 115 家，工业产值 8.5 亿元（全区工业总产值 14.9 亿元）。

1997 年，思明区成立招商顾问团，首批聘请有影响力的客商和知名人士共 18 人为招商顾问。是年，批准成立外资企业 9 家，投资总额 8207 万美元；“三资”企业完成工业产值 4.13 亿元，增长 53.84%，占全区工业总产值的 42.49%。

1995—2000 年，开元区新批外商投资企业 215 家，投资总额 52841.43 万美元，协议外资 44435.85 万美元。2001 年，新批项目 72 项，投资总额 13631.56 万美元，协议外资 12493.64 万美元，实际到资 8535 万美元；同年，引进内联项目 159 项，内联注册资本总额 144045 万元（其中注册资本 1000 万元以上的项目 27 项，总注册资本 103100 万元）。2002 年，新批项目 70 项，投资总额 13635.5 万美元，协议外资 11158.7 万美元，实际到资 10575 万美元。同年，引进内联项目 396 项，内联注册资本总额 196121 万元（其中注册资本 500 万元以上的项目 104 项，总注册资本 141485 万元）。2003 年，区政府把招商引资的重点放在第三产业和技术含量高的工业项目。高新技术产业重点加大对光电产业项目的引进力度，如 LCD 平面薄膜冷阴极背光源等进驻开元工业园；同时引进元诚企管咨询、恒得胜经济咨询等适应“入世”需求的中介咨询、投资管理等现代服务贸易项目。

2003 年，思明区引进外资项目 151 项，投资总额 3.79 亿美元，其中合同外资 3.12 亿美元，实际到资 1.26 亿美元，完成市下达指标的 107%。招商引资综合考评名列全市各区、各部门第一名。引进内联项目 200 多项，注册资本总额 44 亿元，其中注册资本超 500 万元以上的项目 187 项，吸引 15 家大企业到区内设立总部。

2004—2006 年，思明区注重引进规模企业、品牌名牌企业。同安工业集中区思明园重点发展高技术、高资金密集、高产值的“三高”产业；软件园二期注重引进行业龙头企业，有西基等一批纳税大户的软件企业。引进合同外资 9 亿美元，实际到资 4.6 亿美元；引进内资总额 304.5 亿元。内资及外资招商指标综合评分连续 3 年获全市第一名。

2007 年，思明区重点引进现代服务业、光电、软件、生物与新医药等高新技术产业，吸引国内外企业设立生产基地、营销中心、研发中心、销售中心和展示中心。是年，发挥“台交会”、“6·18”海交会、“9·8”投洽会等平台的作用，引进广宏光电、特步、众和、天福等一批具有带动力的企业。至年底，批准外资项目 248 项，投资总额 6.33 亿美元，其中合同外资 3.92 亿美元，实际到资 1.83 亿美元；引进内联项目 4034 项，总引资额 142.6 亿元，其中 500 万元以上内资项目 456 项，引资额 125.9 亿元。

2004—2007 年“9·8”投洽会思明区签约项目统计表

表 17-7-2

届 别	签 约	开工或开业项目
第八届（2004 年）	签约项目 55 项。其中，外资项目 20 项，投资额 2.5 亿美元；内资项目 35 项，投资额 30.27 亿元	安美光电、华联电子、奥林匹克网球中心等动工或奠基
第九届（2005 年）	签约项目 152 项，投资额 102.25 亿元。其中，外资签约项目 35 项，投资额 4.85 亿美元；内资签约项目 117 项，投资额 62.09 亿元	开工、开业项目 13 项，其中香山游艇俱乐部奠基、中山路 LED 夜景工程举行亮灯仪式、厦门软件园二期开工、同安工业集中区思明园开工；福建凯西钢铁集团揭牌、巴黎春天百货思明店开幕等
第十届（2006 年）	签约项目 315 项，投资额 152 亿元。其中，外资项目 58 项，投资额 6.03 亿美元，协议外资 3.45 亿美元；内资项目 257 项，投资额 102.22 亿元	开工、开业项目 45 项，其中 21 个重点项目，包括中华城项目、第一广场、新世界百货、海峡明珠商务楼、加州城市广场在投洽会期间动工、封顶和开业仪式。一批为民办实事、促进社会和谐发展的项目在投洽会期间启动，包括鼓浪屿景观工程、东坪山公园、何厝“金包金”工程等。同安工业集中区思明园二期、蒙发利高科技开发楼等 24 个项目于投洽会期间开工或开业

续表17-7-2

届别	签约	开工或开业项目
第十一届（2007年）	签约项目320项，内外资签约投资额155亿元。其中，外资项目52项，投资额4.72亿美元；内资项目268项，投资额119.53亿元	开工、入驻、投产项目58项。其中，软件园二期有4家企业举行揭牌仪式；环东海域思明园中厦门玛司特电子工业厂房举行开工仪式，是该园区首家开工企业；同安工业集中区思明园有38家企业入驻、开工、投产。重点企业蓝海悦诚（观音山B02地块）、何厝“金包金”项目工程、大拇哥动漫等企业举行开工、竣工仪式

第三节 外资及港澳台资来源与投向

一、外资及港澳台资来源

清末至民国时期，外资来源主要是新加坡、马来西亚、菲律宾、印尼等东南亚国家的华侨投资。此外，还有英国、德国的企业家建造船厂、铁锅厂。

1950—1976年，到区境投资的外商大多是华侨，投资规模较小。

1980年厦门设立经济特区后，实施优惠政策，吸引许多港、澳、台企业家及外商到区境投资兴业。

1996—2002年，到开元区投资的主要是中国香港、台湾、澳门地区和马来西亚、新加坡、印度尼西亚、菲律宾等国家的企业家，占投资总额86.05%。其间，日韩年平均投资额为21.59万美元；2001年直接投资额为73.8万美元，2002年增至430.32万美元。欧美国家和地区（欧盟、美国、加拿大等）的投资额所占比例偏低，仅占投资总额6.32%。2002年，太平洋群岛国家和地区（英属维尔京群岛、萨摩亚、开曼群岛、纽埃）投资比例明显增加，直接投资额2121.82万美元，占当年外资投资额21.86%。

2003—2007年，思明区累计引进合同外资13亿美元，实际到资6.5亿美元；引进内资总额447亿元。其中，2003年引进合同外资9536万美元，实际到资4984万美元；内资总额42亿元。2007年引进合同外资3.92亿美元，累计实际到资1.83亿美元；引进内资总额108亿元。这些资金大多来自亚洲、北美洲、拉丁美洲、欧洲和大洋洲等国家和地区的投资者。

至2007年，外商和中国港澳台商在思明区投资兴办企业637家，合同投资34亿美元（其中含内资合作）。这些投资者以中国香港、台湾地区居多，投资项目、投资总额均占80%左右；其次为亚洲国家；再次为欧美国家和地区。

2007年外商和中国港澳台商在思明区投资统计表

表17-7-3

国家或地区	企业数（家）	注册资本（万美元）	合同投资总额（万美元）
一、亚洲合计	514	208608.7	300092.6
中国香港	262	154324.6	223929.6
中国澳门	10	3765.2	4973.9
中国台湾	157	18865.1	27585.3
印度尼西亚	3	80.2	91.8
日本	12	368.2	464.7

续表17-7-3

国家或地区	企业数（家）	注册资本（万美元）	合同投资总额（万美元）
马来西亚	4	1156.5	2699
菲律宾	13	5576.7	5584.7
新加坡	39	14547.7	24800.1
韩国	5	354.4	358.4
泰国	1	4111.8	4111.8
其他亚洲国家	8	5458.3	5493.3
二、欧洲合计	27	6994.9	5967.9
比利时	2	75	75
丹麦	2	64	70
英国	3	2631	1493
德国	6	325	385
法国	3	1191	1191
意大利	3	1590	1635
荷兰	2	652.4	652.4
西班牙	2	20	20
瑞士	2	430	430
其他欧洲国家	2	16.5	16.5
三、北美洲国家合计	39	6050.3	6975.2
加拿大	6	219	228
美国	33	5831.3	6747.2
四、大洋洲国家合计	23	7385	10226.2
澳大利亚	8	827	860.2
新西兰	1	1200	3125
其他大洋洲国家	14	5358	6241
五、非洲国家	3	161.6	161.6
六、拉丁美洲国家	31	10950.7	16682.7
总合计	637	240151.2	340106.2

二、资金投向

清末，区境利用外资投资兴业办厂有7家；民国25年（1936年）106家；厦门岛沦陷期间5家；1949年56家。按投资行业分：工业34家、农业1家、交通运输业3家、商业57家、金融业47家、房地产业20家、公用事业3家、文化娱乐及其他9家。资金投向以工业、商业、金融业为主。其中，工业涉及化学工业、机械五金制造业、建材工业、纺织工业、食品及卷烟加工业、电力工业等；商业涉及茶叶、棉布、五金、医药、粮食、百货等；金融以侨汇业占多数（占金融企业总数的四分之三）。各个时期的资金投向因受当时政治、经济形势的影响，侧重点各有不同。20 世纪 20—30 年代，以房地产企业较多。抗战胜利后，海外华侨大量汇款接济国内亲属，此时金融侨汇业迅速兴起。

1949—1979 年，区境基本停止利用外资。

1980 年后，实行改革开放政策，引进外资及港澳合资增多，行业结构趋向多元化。1984 年 4 月，区境创办首家中外合资商业企业——厦门华丰贸易有限公司，投资 100 万美元，在局口街设综合商场。随后，厦门大兴贸易公司、厦门开元购物中心、厦门金谷商场有限公司等港澳台资及外资或中外合作企业相继建立。同时，开办一批港澳台资及外资酒店、宾馆。

1984 年 6 月，区境创办首家中外合资轻工企业——鹭城铝窗装潢有限公司。随后，外资及港澳台资的装修、装潢、眼镜制造、机械、电子、服务加工等企业相继出现。逐步形成电子、彩印、食品加工、小型家电、服装、包装等为主的轻工企业群。

1990 年后，区境实施"工业外移"，发展商业、房地产业。先后引进百安居、家乐福、大润发、百脑汇、沃尔玛、新世界百货等高端商业企业入驻。同时，引进香山国际游艇俱乐部、磐基酒店等一批高端旅游酒店。

1993 年，区境成立 8 家房地产开发企业——第一广场、镇海花园、华辉广场等。到 2007 年，有外商独资、合资（含港澳台）房地产企业 139 家。其中，宝龙集团、巴黎春天房地产公司的合同外资分别为 640 万美元、600 万美元。

2007 年，外商及中国港澳台商在区境投资企业总数 637 家，注册资金 240151.2 万美元，合同投资 340106.2 万美元。

2007 年外商及中国港澳台商在思明区投资行业统计表

表 17-7-4

行业	企业数（家）	注册资本（万美元）	合同投资总额（万美元）
农林牧渔业	5	843.8	1488.8
制造业	180	24068.7	29905
电力、煤气及水的生产和供应业	4	16684	35096.6
建筑业	14	1244.1	1244.1
交通运输、仓储及邮电通讯业	11	1394.4	1437.4
信息传输、计算机服务和软件业	31	5333.2	5521.7
批发和零售业	94	16355.6	21430.7
住宿和餐饮业	54	23961.8	42219
金融业	14	49367.8	48218.2
房地产业	139	86888	134976.9
租赁和商务服务业	32	1909.7	2445.3
科学研究、技术服务和地质勘查	17	768.4	780.9
水利、环境和公共设施管理业	5	1062	1752
居民服务和其他服务业	16	875.3	987.3
教育	7	118.6	124.6
卫生、社会保障和社会福利业	2	52	70
文化、体育和娱乐业	12	9223.8	12407.7
合计	637	240151.2	340106.2

2007 年外商及中国港澳台商投资企业生产经营统计表

表 17-7-5

项目	单位	合计	合资企业	合作企业	独资企业	其他企业
企业数	个	637	149	35	419	34
注册资本	万美元	240151.2	79414.1	27563	109227.8	23946.3
#外方	万美元	200829.4	45169.9	22485.4	109227.8	23946.3
合同投资总额	万美元	340106.2	124833.8	40770	151685.7	22816.7
#外方	万美元	275333.4	68525.2	32305.8	151685.7	22816.7
总产值（现价）	万元	883899.5	550144.6	5276.5	328478.4	—
销售（营业）收入	万元	2376264.2	890203.7	60950	926069.2	499041.3
#出口销售收入	万美元	58790.3	22337.4	—	36452.9	—
实交税金及附加费	万元	97066.6	31752.4	5690.4	44479.1	15144.7
#关税	万元	2424.3	804.9	47.2	1572.2	—
利润总额	万元	202213.5	-37050.6	10309.5	83889.6	145065

第四节　商务楼宇经济

一、商务楼设置

区境是厦门市第三产业发展最繁荣的区域。2003 年以来，思明区发挥中心城区的区位优势，推动商务楼宇经济全面发展。把楼宇经济作为招商引资的重要形式，打造海峡西岸经济区重要的“商务营运中心”。2004 年，区政府出台《加快楼宇经济发展的意见》和《鼓励观音山国际商务营运中心区发展的意见》，对新进驻企业进行经济扶持和奖励。区发改局开通楼宇经济信息管理系统。各街道推出特色举措：筼筜街道“一楼一员，信息奖励”，梧村街道“网络管理，每周必访”，嘉莲街道“全员参与、引优引特”，开元街道“靠前服务、完善配套”，鹭江街道“宣传引路，全程服务”，中华街道“动态跟踪、‘一站’服务”等。各社区提供信息，牵线搭桥，主动服务；楼宇物业配合调查，改善环境，优化服务，吸引企业，留住企业。是年，全区建成商务写字楼 46 幢。至 2006 年，全区有商务楼宇 70 幢。

2007 年，列入区重点建设项目的商务楼宇有 13 项，占项目总数 26.5%，商务楼宇增至 75 幢。其中，投入使用的商务楼宇 68 幢。楼宇经济呈现多种类型，有沿鹭江道、筼筜湖畔的滨海湖型写字楼，有以商圈为依托的厦禾路、嘉禾路、湖滨南路写字楼，有以鹭江街道、开元街道、中华街道为代表的传统市区写字楼等。是年，税收超过 1 亿元的楼宇有亿力大厦、银行中心、国际银行大厦、鸿升大厦、国贸大厦、远洋大厦、中闽大厦、富兴大厦。全区 68 幢商务楼宇入驻企业数 3684 家。海峡西岸规模最大的商务营运中心区——观音山国际商务营运中心区已具雏形，有 10 幢写字楼主体竣工。

亿力大厦　位于湖滨西路和厦禾路交汇点。2000 年建成。为多功能纯写字楼，建筑面积 4.5 万平方米。地上 37 层，地下 2 层停车场。有太平洋保险公司、华能香港公司、福建和盛集团、福建源力集团、亿力房地产股份有限公司、天虹商场有限公司、日本 ykk 拉链、日泉贸易公司、法国家乐福中国公司等企业入驻。2007 年，入驻企业 101 家，企业纳税总额超亿元。

银行中心　位于湖滨西路与厦禾路交汇处。2001 年建成。建筑面积 63747 平方米。地上 36 层写字楼，地下3层停车场，配备国际五星级会所。有200多家国际、国内公司入驻，其中有通用电气、索尼、松下、丸红、壳牌、汇丰银行、平安保险、中石油、华航、莱茵、美孚、地中海、泛亚班拿等多家世界五百强企业。2007年，入驻企业纳税总额超亿元。

国际银行大厦 位于鹭江道与中山路交汇处。2004年建成。占地面积3353平方米，建筑面积5.6万平方米，是一幢集银行、办公、商贸为一体的综合性、智能化、全海景写字楼。有马士基、达飞轮船、信基置业、南中投资、福康经济、天安财保、固克科技等企业入驻。2007年，入驻企业103家，企业纳税总额超亿元。

鸿升大厦 位于湖滨西路、禾祥西路、厦禾路交汇处。占地面积3000平方米，地上有26层。有厦门轮船总公司、厦门古龙集团、厦门福有企业管理顾问有限公司、港务管理站、长通电讯、厦门鸿翔地产开发有限公司、富春东方房地产开发有限公司等企业入驻。2007年，入驻企业139家，企业纳税总额超亿元。

国贸大厦 位于湖滨南路388号。1995年建成。占地面积4237平方米，建筑面积6万平方米。主楼45层，是一座高级纯写字楼。有国贸集团、大洲房地产集团、辉宏达、万盛基业、亿宾乐进出口、福建天衡律所等企业入驻。2007年，入驻企业143家，企业纳税总额超亿元。

远洋大厦 位于鹭江道与湖滨南路、禾祥西路、厦禾路交汇处。2005年建成。有中远集团下属企业厦门远洋运输公司、厦门国贸控股有限公司等企业入驻。2007年，入驻企业46家，企业纳税总额超亿元。

中闽大厦 位于湖滨北路。2005年建成。建筑面积7万平方米。47层智能甲级写字楼，地上44层，有办公、金融、休闲等多种商务功能；地下3层，拥有200个车位。该大厦是建设部第一幢智能示范大厦，2006年获全国百项建筑智能化经典项目奖，位居“厦门十佳LED夜景”榜首。2007年，有百江集团、翔安新城、大成工程、中闽钜豪等58家企业入驻，企业纳税总额超亿元。

富兴大厦 位于厦门火车站与富山商圈之间。占地面积1680平方米，建筑面积6636平方米。地上15层，地下停车场车位60位。2007年，有源昌集团、务实采购等企业入驻，企业纳税总额超亿元。

二、入驻企业

2004年，思明区投入使用的商务楼宇入驻企业2914家；2005年2965家；2006年3116家；2007年3684家。

至2007年，国际银行大厦、滕王阁SOHO大厦、国贸大厦、皇达大厦、莲富大厦、亿力大厦、鸿升大厦、银行中心等商务楼宇各幢入驻企业均超过100家，其中银行中心226家。

三、经济效益

（一）营业收入

2004年，全区商务楼宇入驻企业总营业收入519.3亿元；2005年收入651.2亿元，比2004年增加131.9亿元，同比增长25.4%。2006年收入684.3亿元，比2005年增加33.1亿元，同比增长5.08%。2007年收入955亿元，比2006年增加270.7亿元，同比增长39.56%。营业收入年均递增22.5%。

2007年，营业收入超过10亿元的商务楼宇有25幢。

（二）纳税总额

2004年，全区商务楼宇入驻企业纳税总额8.6亿元；2005年纳税总额11.71亿元，比2004年增加3.11亿元，同比增长36.16%；2006年纳税总额15.96亿元，比2005年增加4.25亿元，同比增长36.29%；2007年纳税总额25.6亿元，比2006年增加9.64亿元，同比增长60.4%。纳税额年均递增43.8%。

2007年，楼宇企业纳税额归属思明区的有23.26亿元，比2006年的12.79亿元增加10.47亿元，比增81.86%，占全区财政总收入71.3亿元的32.6%。

（三）质量水平

2004年，全区商务楼宇中企业纳税超亿元的楼宇为零。2005年，商务楼宇中企业纳税超亿元的楼宇有银行中心和亿力大厦。2006年，纳税超亿元的商务楼宇新增国际银行大厦和鸿升大厦。

2007年，全区纳税超过亿元的商务楼宇有8幢，税收总额11.38亿，占全区楼宇经济总量44.4%。与2006年相比，新增国贸大厦、远洋大厦、中闽大厦、富兴大厦。是年，全区纳税在亿元以下、5000万元以上的商务楼宇有10幢，共有42幢商务楼宇纳税超过1000万元，占在用的68幢商务楼宇数61.76%。

第八章　管　理

第一节　网点规划建设

1992年，开元区、思明区将受场地限制发展的工业企业搬迁到区外，其地片改用于发展商贸业和房地产业，增设和更新商业网点，开辟新市场和商业街。鼓浪屿区为繁荣旅游购物，在沿街兴建店面，增设网点，先后投资兴建黄家渡、鹿礁路等沿街店面23间。三区新开办商业企业34家，个体商户51家，注册资金2881万元。

1999年，思明区加快重点项目建设，与市延陵永辉公司合作建设浦南农贸市场综合楼；与南成公司合作开发金城花园。2002年，开元区探索旧城改造开发机制和运行模式，把经济发展与地块开发结合起来，引进4家国际连锁商业企业进驻经营。

2003年10月三区整合后，制定全区“商业网点布局思路”“建设中山路步行街方案”等规划。开展中山路商家普查，召开专题研讨和征求意见会，拟定中山路步行街初步方案，并聘请专家修改完善。提出商业网点布局和汽车、建材、花卉等专业市场建设的意见。对42家农贸市场进行调查，提出“农改超”试点的改造意见。

2004年，根据厦门市商业网点总体规划要求，制订《思明区商业现代服务业发展及网点布局的规划》工作方案；开展“十一五”规划编制工作；结合长期网点规划，委托专业规划部门完成方案稿。

2007年，思明区编制《中山路商圈繁荣推广策划报告》，完成《厦门市富山商业圈发展研究报告》，明确中山商业圈、富山商业圈和会展商业圈的功能定位，推动三大商业圈的建设。

第二节　查处非法经营

2003年，全年出动执法人员1万多人次，检查市场4000次，检查单位15000家次，查处违法违纪案件700件，总案值344万元，罚没总值150万元。

2004年，经贸系统开展治理餐桌污染，建设放心食品工程；整治学校及周边餐饮业；开展酒类与化妆品专项检查；举办保护知识产权宣传周；加大对特种设备全面检查和执法监管；加强节日期间市场监管工作。

2005—2006年，开展“打假维权、消费者满意一条街”系列联合行动。

2007年，全年出动执法人员1600人次，出车600辆次，检查各类工商企业及个体工商户2600多家，查获涉案货值20万元。全区完成20个农贸市场清场、关闭和改造。其中，完成和兴市场等5个市场改造为生鲜超市；第一市场等3个农贸市场转型；湖东市场等5个市场关闭。

第三节 创建交易平台

2004年，思明区在各种节庆活动期间，组织企业开展多种形式的商贸交易活动，繁荣商业经济。参与第八届“9·8”投洽会，促进安美光电、华联电子、奥林匹克网球中心等建设工程的奠基与开工。

2005年，参与第九届“9·8”投洽会，促进软件园二期4家企业揭牌、环东海域思明园中厦门玛司特电子工业厂房动工、同安工业集中区思明园企业入驻，以及蓝海悦诚企业、何厝“金包金”工程、大拇哥动漫企业等建设工程举行开工、竣工仪式。

2006年，举办“欢天喜地幸福年”思明元宵旅游购物节；配合第十届台交会举办2006海峡（厦门思明）美食暨民俗文化节；利用世界合唱比赛契机，举办“唱响世界，唱响厦门”2006厦门思明旅游购物节；配合“9·8”投洽会，举办“海峡两岸亲情联谊会—第十届投洽会（厦门思明）闽台闽俗文化节”，在明发商业广场、中山路、观音山海滨旅游休闲区3个地点分别举办2006海峡（厦门思明）休闲美食展、思明区中山路第二届旅游购物文化节、“酒吧畅饮”狂欢节三大主题系列活动。同时，促进两岸经贸文化交流。组织7个项目参加福建商贸洽谈会，4家企业17个项目参加“6·18”福建省科技项目成果交易会。完成2006年厦门体育用品博览会的招展工作，组织10多家企业共34个展位的数十种产品参展。发动企业参加在上海举办的“全国消费品交易会”及厦门商品武汉博览会。

2007年，在“台交会”、“6·18”海交会、“9·8”投洽会等活动期间，引进广宏光电、特步、众和、天福等企业。

第十八卷　建筑业　房地产业

第一章　建筑业

明清时期，区境建筑工程设计、施工均由业主招募民间匠人完成。民国 9 年（1920 年）起，近代化城市建设兴起。至民国 19 年，区境有 24 家建筑工程承包商。抗日战争胜利后，建筑设计、施工单位称营造厂。至民国 37 年，区境登记的营造厂有 31 家，其中最早创建的是清光绪二十一年（1895 年）一月始营业的龙记营造厂。

1952 年 11 月，区境成立首家国营建筑企业厦门市建筑公司。1956 年，组建建筑生产合作社。1962 年 10 月，三区建筑职工社员参加市手工业生产联合社建筑专业联社。1984 年，区境为厦门经济特区中心区，建筑队伍迅速扩大。建筑公司有开元建筑工程公司、开元区第二建筑公司、思明建筑工程总公司、思明区第二建筑公司。因城市建设发展需要，外地建筑企业大量涌入，其中有全民建筑企业，也有县以上集体建筑企业。

思明区建筑群主要有两块：厦门岛南部的沿海高层建筑群、鼓浪屿建筑群。鼓浪屿岛上建造 1000 多幢别墅住宅，有的独具 19 世纪欧陆建筑风采，有的融东西方建筑文化于一体，有的依然采用中国建筑传统工艺，众多独特的建筑风格荟集于一个小岛上，使鼓浪屿享有“万国建筑博览”称号。

2007 年，思明区建筑业总产值 137.17 亿元，比 2002 年的 7.45 亿元增长 17.41 倍。

2007 年，同安工业集中区思明园首栋厂房封顶

第一节 建筑企业

一、民国及之前建筑企业

明清时期，区境建筑施工作业均由官署或私人招募民间匠人，组成临时施工队伍。工程完工后，队伍即散。匠人中技术好、组织能力强的，被大家举为“掌尺”。清代后期，“掌尺”大部分转为包工商、包工头。

民国9年（1920年）起，进行近代化城市建设，建筑业兴起。民国19年，区境有大成、五万金、南洋、集成、同泰、新大陆、竞新、大兴、协兴、志和、兆祥、许养、阮镜清、和兴、蔡康、再兴、和利、又和、鑫吕、南兴、崇鑫、方园、原兴、信合24家包工商；后称营造厂。至民国37年，区境登记的营造厂有31家。其中，最早创建的是清光绪二十一年（1895年）一月成立的龙记营造厂。工匠依然临时招用，有的匠人还兼营农业、渔业或其他职业。至民国38年9月，营造厂无自设施工队。

民国37年区境营造厂一览表

表18-1-1

厂名	负责人	厂址	创立年份	登记年份
龙记营造厂	翁文龙	妙香路10号	1895.1	1946.10
信合营造厂	黄丽泉	鼓浪屿复兴路5号	1918.8	1945.11
和源营造厂	黄清松	水仙路22路	1931.1	1946
明记营造厂	许再明	厦禾路147号	1923.1	1946
其富营造厂	陈其富	鼓浪屿鸡山路美华中学	1931	1946.11
水源土木作坊	杨水源	碧山路85路	1941.10	1946.12
林耀腾营造厂	林耀腾	通奉第巷4号	1931.5	1946.7
坤泰营造厂	张坤生	鼓浪屿笔架山18号	1932.2	1947.8
华生营造厂	张道生	大同路248路		1948.1
协生营造厂	李德佛	上古街1号	1931	1946.10
大陆营造厂	彭国希	思明南路387号		1948.2
复厦营造厂	吴世界	故宫路106号	1946.1	1948.10
南华营造厂	郑玉珊	厦禾路354号	1946.1	1948.10
连城营造厂	洪火明	大同路梧桐埕18号	1946.2	1948.10
民记营造厂	汪天赏	小学路52路	1927	1948.5
安裕集营造厂	苏文重	开元路24号	1930.2	1948.10
振兴营造厂	李　柔	鼓浪屿永春路36号	1932.6	1948.10
建成营造厂	黄秋来	鼓浪屿内厝澳28号	1930	1946
秀轩营造厂	苏丹墀	厦禾路147号	1929	1948.10
旋侨兴业建筑公司	郭景村	开元路151号		1946
正太建筑公司	陈庆植	中山路316号	1931	1946
新森营造厂	孙彦程			

续表18-1-1

厂名	负责人	厂址	创立年份	登记年份
耀华营造厂	张耀英			1948
工大营造厂	张　浩	公园南路园南里3号		1947.10
黄胜合营造厂	黄胜合			1948
坤记营造厂	番坤记	上海街		1948
朝记土木作坊	胡亚朝	民国路		1947
裕大建筑公司	陈清池	古城西路133号		1947
杉行营造厂	吴金吉	厦禾路		1948
林连朝营造厂	林连朝	思明南路		1948
美记营造厂	苏法美	厦禾路235号	1946.10	1946.10

二、中华人民共和国成立后建筑企业

1952年11月，区境成立首家国营建筑企业厦门市建筑公司，职工221人。1956年，区境组建建筑生产合作社，同年11月，组建建筑公司，吸收建筑生产合作社全部社员，并调入集美海堤建筑工人及省四建工人。1962年10月，区境参加市手工业生产联合社建筑专业联社的建筑职工有873人；至年底，有1057人，加上当年省四建职工2024人，共有建筑职工3081人。

1984年后，区境建筑队伍迅速扩大。有开元建筑工程公司、开元区第二建筑公司、思明建筑工程总公司、思明区第二建筑公司。同时，也有许多外地建筑企业涌入。

2002年，三区建筑企业26家，建筑业产值74483.8万元。2003年10月三区整合后，建筑企业26家，建筑业产值108253.8万元。

2003年思明区主要建筑企业一览表

表18-1-2

单位名称	主管部门	登记注册类型	行业代码	主要业务	企业地址
思明区建筑工程总公司	滨海街道	集体	4710	工业与民用建筑	龙虎南二里20号
思明区第三建筑工程有限公司	滨海街道	股份合作	4710	房屋建筑	龙虎山路501号
中林建筑工程有限公司	莲前街道	其他有限责任	4710	建筑施工总承包	莲前东路828号
华林建设发展有限公司	莲前街道	其他有限责任	4710	空调总承包	莲前东路828号
正亚工程设备安装有限公司	莲前街道	私营有限责任	4800	空调、电气安装	洪文村
兴廊建筑工程维修有限公司	莲前街道	集体	5090	其他建筑业	洪文村
润江建筑工程有限公司	公园街道	其他有限责任	4710	房屋建筑	阳台山17号
开建建设工程公司	公园街道	其他有限责任	4710	土木工程建筑	将军祠113号
公园建筑维修队	公园街道	集体	4900	房屋修缮	公园
厦门鹭大设计装修公司	厦港街道	国有	4900	装修装饰	思明南路394号
新建南建筑装饰有限公司	厦港街道	股份合作	4900	建筑装饰	思明南路302号
思明区第一建筑工程公司	鹭江街道	集体	4710	工业与民用建筑	禾祥西路23号

续表18-1-2

单位名称	主管部门	登记注册类型	行业代码	主要业务	企业地址
新德辉装修设计工程有限公司	鹭江街道	私营有限责任	4900	装修装饰	禾祥西路4号
厦门三恒消防工程有限公司	鹭江街道	其他有限责任	4800	消防工程安装	厦禾路839号
天韵建筑装饰工程有限公司	鼓浪屿街道	其他联营	4900	装修装饰小型工程	康太路2号
厦门市鼓浪屿区园艺建筑公司	鼓浪屿街道	集体	4710	土木建筑	福州路131号
厦门市鼓浪屿区建筑工程公司	鼓浪屿街道	集体	4710	房屋建筑业	三明路7号
厦门市港龙装修工程有限公司	梧村街道	私营有限责任	4900	建筑装饰工程施工	厦禾路844号
厦门建利设计装修有限公司	梧村街道	私营有限责任	4900	设计装修	后埭西路126号
泽宇装饰设计工程有限公司	筼筜街道	私营有限责任	4900	室内装修设计	浪琴苑
筼筜市政工程有限公司	筼筜街道	集体	4721	市政工程	莲岳路北侧
筼筜建筑工程队	筼筜街道	集体	4710	房屋建筑	莲岳路北侧
开联装饰工程有限公司	筼筜街道	股份合作	4900	内外装饰	湖滨北路10号
雅艺设计装饰工程有限公司	中华街道	私营有限责任	4900	装饰工程设计施工	新华路47号
腾达设计装饰工程有限公司	嘉莲街道	私营有限责任	4900	室内装饰工程	湖滨南路819号

2004年，建筑企业猛增到163家，建筑工程产值617415万元；建筑人员48043人，其中工程技术人员9240人。2005年，建筑企业171家，建筑工程产值870203万元；建筑人员46956人，其中工程技术人员8798人。2006年，建筑企业176家，建筑工程产值1024936万元；建筑人员72477人，其中工程技术人员10158人。

2007年，建筑企业177家，建筑工程产值185236.9万元，安装工程产值145037.3万元，其他产值41470.1万元，合计总产值1371744.3万元，比2006年1024936万元增长33.8%。建筑人员88188人，其中工程技术人员10720人，一级建造师621人。

2007年思明区建筑业产值统计表

表18-1-3

项目	单位（家）	建筑业总值（万元）	总产值其中数（万元）			人数（人）	工程技术员（人）	一级建造师（人）
			建筑工程产值	安装工程产值	其他产值			
合计	177	1371744.3	185236.9	145037.3	41470.1	88188	10720	621
内资企业	171	1340794	159975.8	139348.1	41470.1	86360	10529	603
国有企业	9	244500.1	230360	11151	2989.1	8609	991	78
集体企业	11	36273.4	35625.4	—	648	4826	460	18
股份合作企业	1	221	—	221	—	25	24	2
联营企业	6	5689.2	988	4419.7	281.5	464	276	6
国有联营企业	1	1997.3	—	1997.3	—	37	24	3
国有与集体联营	2	2476	81	2395		269	165	3
其他联营企业	3	1215.9	907	27.4	281.5	158	87	—
有限责任公司	54	496350.7	428350.8	48929.9	19070	28702	4216	281

续表18-1-3

项　　目	单位（家）	建筑业总值（万元）	总产值其中数（万元）			人数（人）	工程技术员（人）	一级建造师（人）
			建筑工程产　值	安装工程产　值	其他产值			
国有独资公司	1	21176.5	21176.5	—	—	655	72	8
其他有限责任公司	53	475174.2	407174.3	48929.9	19070	28047	4144	273
股份有限公司	12	293632.4	262037.2	28638.1	2957.1	11041	1559	79
私营企业	75	261453.8	202614.4	44396.1	14443.3	32569	2925	136
♯私营独资企业	1	2815.5	2815.5	—	—	421	30	1
私营合伙	1	107	107	—	—	15	5	1
私营有限责任公司	68	250741	191932.3	44365.4	14443.3	30901	2814	1
私营股份有限公司	5	7790.3	7759.6	30.7	—	1232	76	130
其他企业	3	2673.4	—	1592.3	1081.1	124	78	4
港、澳、台商投资企业	6	30950.3	25261.1	5689.2	—	1828	191	3
♯与港澳台商合资	4	28183.1	25261.1	2992	—	1312	146	18
港澳台商独资	2	2767.2	—	2767.2	—	516	45	—

附：思明区建筑企业总公司

1992 年 6 月成立。2000 年 11 月，通过 ISO 9002 质量体系认证。2003 年 9 月，通过 ISO 9001 质量管理体系换版审核。2004 年 12 月，在厦门市率先通过 GB/T 19001-2000、GB/T 24001-1996、GB/T 28001-2001 质量、环境和职业健康安全一体化体系认证。2005 年 6 月，企业改制为有限责任公司，注册资金 6000 万元，为房屋建筑工程一级总承包企业。1992—2007 年，创市优工程 135 项，省级优质住宅工程（闽江杯）18 项，工程交验合格率 100%；并获建设部颁发的鲁班奖、金屋奖和建筑安全奖。2007 年，完成建安产值 11 亿元，纳税 2600 万元。

第二节　建筑风格

一、明、清住宅建筑

明代，住宅普遍属于土木结构庭院式平房。地基用条石、块石或碎杂石砌成。墙体砌筑主要方式：以块石或条石迭砌，采用石灰、黏土细沙和乌糖混合成的三合土筑砌；部分住宅上半截墙体采用土坯迭砌。房屋梁柱、桷枝、门窗、屏垛、房间隔板多为木制，屋顶多采用坡形双倒水斜面或坡形单倒水斜面，屋脊两侧覆盖长方形厚砖或四方形厚砖，屋檐覆盖花纹方瓦，屋脊两端塑造“龙凤须”，并绘图或塑造彩色饰物。明中叶，有砖木结构住宅建筑。

清代，房屋质地、格式、布局基本沿袭明代。房屋布局有单庭院的一厅四房或一厅二房，厅分前厅和后厅，多数庭院前厅两侧建东西厢，为庭院辅助用房，庭院中间为露天石铺或砖铺空地，俗称“天井”或“浸井”。天井内通常凿有一口水井，供生活用水，也有在天井内植花木、造假山、凿池、建榭

清代住宅建筑释仔街王厝

等景观。这类庭院多为小生产者或小型家族所建。富豪官宦人家的庭院，有二合庭院、三合庭院、四合庭院，甚至有七合庭院的复合式建筑。复合庭院中每一庭院的格局基本与单独庭院相仿，差别在于建筑、装饰材料的优劣和做工上的考究程度。建于明末清初、坐落于今思明南路445号的蒋家七落大厝，是现存明清时代庭院建筑的典型，占地6667平方米，已有300多年历史，较完整的四落大厝仍由蒋家后裔管理和使用。清代住宅建筑，有释仔街42号“顶王府”、99号“下王府”、石壁街“中王府”，其中以“下王府”规模最大，建筑物最多。遗存明清时代古老住宅，尚有旗杆巷洪府、溪岸街54号杨家宅、西滨社6号洪大川家园、厦门港围仔内巷5号卢屋等。

二、近、现代住宅建筑

鸦片战争后，西方列强入侵，并在鼓浪屿及厦门岛建造西方式样结构的楼房。同时，南洋各地华侨有回厦门建造房屋者，引入南洋骑楼风格建筑式样。清末民国初期，原有土木结构、砖木结构住宅建筑布局与构造逐渐简化。一种是多重式院落，每重由三开间或五开间组成，前后房间平行，两侧建围墙形成独立院落；另一种为单层三合院、四合院，主房三开间、五开间，前部连东西厢房，组成院落。这时期，住宅建筑有4种主要类型：

清末，红砖民宅

红砖民居　传统特色民居，以乡村燕尾脊平屋和城市街巷2～3层小楼为主。通过砖砌工艺和出砖入石的巧妙组合，可以看到三合院、四合院、“目形院”与护厝间的日月井、龙虎井，千姿百态的悬鱼饰，鎏金、贴金、饰金的各类木雕、挂落、神龛、斗拱、雀替、梁枋、月板、罩，用手工细镌的石雕工艺，台基、墙裙的柜台脚，托起整座红砖民居。

骑楼建筑　民国9年（1920年），厦门市政会在规划建设新城区时，以骑楼作为街市主要形式。骑楼为既具有南洋风格又具有闽南特色的风貌建筑。开禾路123号尧阳茶行、暗迷路6号林泗安堂、道平路4号大楼、十一间5号大楼等骑楼建筑构成区境街道建设的最早模式。后来大同路、思明路、中山路等相继仿效。临街商家、营业店面连着骑楼，楼上住人，家用、商用、公用合而为一。

欧陆建筑 鼓浪屿荣远堂是一幢以罗马柱支撑、欧式风格为主的精品别墅，三楼又有中国建筑思维，与高雅的花园和谐相配，十分耐看。其对面“海天堂构”，5幢别墅各显其姿，中楼是传统歇山顶，主体是欧式风格，中西结合得颇有特色，两侧则属巴洛克和中国古典艺术相结合的装饰。林尔嘉住的八角楼，具有巴洛克韵味的南欧建筑。升旗山麓的李清泉别墅，楼宇豪华，花园宽敞。

海天堂构 （赵 岗/摄）

鼓浪屿西式建筑群

嘉庚风格建筑 陈嘉庚创造性地把闽南的燕尾脊、马鞍脊和中国传统的歇山顶，嫁接在西洋建筑屋上，同时结合南洋建筑的拼花、细作、线脚等，这就是“穿西装，戴斗笠”的嘉庚风格建筑，体现了中西方建筑文化的融合。主要聚集在厦门大学和集美。利用厦门彩色花岗岩，发挥古老的出砖入石工艺，墙角有墙角的搭配，柱面有柱面的拼接，墙面有墙面的花式，表现出花岗岩的美观。

中华人民共和国成立后至20世纪80年代，区境个人住房建设不多，结构依旧；新建一些集体住房，结构简单。

1990—2007年，高楼大厦建筑快速兴起。楼低者10多层，高者40多层，楼占地面积少者1000多平方米，多者2万平方米；楼建筑面积少者1万平方米，多者10万平方米。高楼之结构类型，以框筒、框剪结构为主，还有框架、剪刀墙和无黏结预应力等结构；所建皆为钢筋混凝土建筑。

国贸综合大厦 钢筋混凝土框筒结构，主楼高168米，地上45层，地下2层。

厦门海关大厦 外框内筒结构，主楼高99.95米，地上35层，地下1层，建筑面积4.11平方米。为厦门市首幢采用无黏接预应力结构体系的高层建筑。

香江花园 钢筋混凝土框筒结构，楼高118.8米，地上35层，地下3层。建筑面积100426平方米，占地10232平方米，商住楼。

恒通花园 钢筋混凝土框筒结构，楼高99.1米，地上28层。建筑面积65281平方米，占地6677平方米，住宅。

武夷花园 钢筋混凝土框剪结构，楼高80米，地上28层。建筑面积68543平方米，占地12000平方米，住宅。

宝福大厦 钢筋混凝土框架结构，楼高111米，地上31层。建筑面积23600平方米，占地2900平方米，住宅。

凌云大厦 钢筋混凝土剪刀墙结构，楼高71米，地上24层。建筑面积22334平方米，占地2526平方米，住宅。

第三节 建筑技术

一、基础

明清两代的“掌尺”、工匠沿用庭院式的闽南传统建筑模式建造瓦木平房。房屋建在坚实的地基上，基础采用承载负荷轻的条形浅基，即石基础或三合土基础，以白灰、沙、土、砖、石为基础材料。民国9年（1920年）后，临街两侧房屋，有的基础置于淤泥顶部结实的土层上，开始采用钢筋混凝土条形基础、钢筋混凝土筏式基础和环梁基础，其整体性、强度、刚度胜于砖石基础，有利荷载力的均衡传递和均衡沉降。1950—1989年，房屋建设采用钢筋混凝土条形基础、松木桩基（鹭江大厦）、砖石基础、砂基础各种形式。房地产业迅速发展，对土地开发利用与出租投标竞争剧烈，房屋建造已从旧市区向山地和海滩填地发展，尤其是筼筜港海堤建成后，新建城区几乎都在海滩淤泥上。厦门大学、思明、公园、文灶一带的4个古海湾淤积层为“软弱层”。这种软弱层地基，每平方米承载力3～5吨，含水量60%～90%，提高软弱层承载力是建筑多层、高层房屋的先决条件，对“软弱层”地基进行高科技技术处理。

1991—2007年区境软弱地基处理办法一览表

表18-1-4

处理技术	操作方法	建筑物代表
砂垫层（条形或片筏基础下砂垫层）	在局部海滩地上回填粗中沙，然后采用灌水或震动器震实，密实度最大容量1.6～1.65克/厘米面沙垫层厚>2米	市中药厂车间
人工回填土	淤泥层上用人工回土，土厚1.5～3米，用重锤（1.5～2.5吨）夯实	已建7万多平方米房屋
人工螺旋桩	人工螺旋桩空后灌入150号以上混凝土，桩头插入构造钢筋	水泥制管厂制管车间
钢筋混凝土预制桩	打桩基入地层	湖滨南路建设银行大厦
小直径沉管灌注	采用冲击打桩机打桩，泥浆护壁回转打桩机打桩；全套管护壁打桩机打桩；潜水电钻打桩机打桩及人工挖孔桩	东海大厦、湖光大厦、振兴大厦、福联大厦、京华饭店、人行综合办公大楼
沙井施载加固软土地基	原地面用水冲法施打直径20厘米砂井，井深8米，梅花形布置，砂井间距1.2米。灌入粗沙；铺填60厘米厚透水沙层，设置排水盲沟及集中井；设沉降观没标志，分层压实回填层至室内设计标高下15厘米；做片筏基础的肋及板的地模，然后以素混凝土封底，片筏基础布筋及浇捣	湖滨南路6-7号下水道口之间的实验楼
深埋箱基	土方挖开时预留60厘米厚底垫层为混凝土垫层或浆砌块石。采用分片法，挖清一片封底一片，不宜使基底长期暴露，基坑边坡采用台阶式调坡或抗壁，边坡局部用砂包加固，箱基底板70厘米，顶板40厘米，外墙50厘米，内隔厚30～35厘米，从箱长达82厘米（如金桥大酒店）邻近有建筑物的边坡，采用大口径冲口桩维护（如人行综合大楼）。施工中，设渗水井，潜水泵排水。施工程序：底板—地下室外墙—地下室内墙—地下室顶板	工商行综合大楼
大口径人工挖孔桩	人工挖掘，随开挖掘深，逐段浇捣混凝土护壁	莲花文化中心演出厅
小口径振动或锤击套管成孔灌注桩	采用锤击（或振动加压）钻管打桩机施工。一般与摩擦承端桩相结合	普通应用于海滩地的民房

二、结构

明清两代新建房屋，基本采用砖木结构。随着水泥、钢材的使用，房屋结构改为钢筋混凝土结构或钢筋混凝土和砖木结合的混合结构。清末，民宅以砖木结构为主；领事馆、教堂采用钢筋混凝土结构。民国时期，所建骑楼，50%属钢筋混凝土框架结构或混合结构。

1950年后，采用混合结构与钢筋混凝土结构各半。1960年后，沿用多种结构形式，一度以预应力空心板建楼板或屋面板，玻璃纤维混凝土板和砖拱楼板结构及石结构。1980年后，发展为多层装配式钢筋混凝土结构或配装式与现浇钢筋砼向结合的结构。2000年后，盛行高大建筑物，承受更大荷载，整体性好，抗震性强。

第四节　典型建筑物

一、鼓浪屿典型建筑物

《南京条约》签订后，西方列强涌入鼓浪屿，抢占风景最佳处建造别墅公馆。民国9—24年（1920—1935年），许多爱国华侨回乡创业，在鼓浪屿建造1000多幢别墅住宅。这众多别墅，有的独具19世纪欧陆建筑风采；有的融东西方建筑文化于一体，展示中西结合的古典美；有的依然采用中国建筑传统工艺。多彩独特的建筑风格汇集于一个弹丸小岛上，鼓浪屿就此享有“万国建筑博览”之美称。

（一）民宅别墅

大夫第　位于海坛路58号。清嘉庆间，同安石浔人黄旭斋建（黄氏又在大夫第右侧建四落大厝和一座燕尾双曲屋面住宅）。大夫第为闽南二落燕尾式四合院民居建筑，在鼓浪屿众多的西洋建筑楼群中显得十分特异。其主房为四合院，两侧有护厝，左右拼接。建筑立面处理丰富，用实心砖或空斗砖砌成图案，朴实无华，建筑屋脊为燕尾式，内部透雕花饰秀美，绚丽多彩，体现闽南民居建筑的传统艺术。

教会姑娘楼　位于鸡山路和海滨一带。18世纪40年代建，为外国女传教士居住的英式建筑。橙黄色外墙，美观的线脚，夸张的圆拱及双回的进门石阶，维多利亚时代建筑特征相当程度地保留着。

林语堂故居　位于漳州路44号。19世纪50年代建，是一座U形别墅，为鼓浪屿最古老的别墅之一。别墅为英式，拱券回廊，前部为两房夹一厅，两层坡顶。后部中间为小花圃，两旁为二层小楼，连着前面的主房，后花园里有鱼池。别墅线脚重叠绚丽。

白家别墅　清光绪二十八年（1902年），白登弼在升旗山西麓建造一幢欧式别墅，谓之南楼。10年后，又在北端建起相似的北楼。两幢别墅均为拱券宽廊，二楼的廊外拱券里特设柳条拱窗，以挡避炎阳。线脚整齐流畅，四坡顶边加装女儿墙，有中国传统的美感。柳条隔扇中有柳条小门，通透荫凉。宽廊的天花板用柳条隔成。

八卦楼　清光绪三十三年（1907年）建，建筑面积4623平方米，楼高26.6米，圆顶高10米。8道棱线，置于八边形平台上。顶窗呈四面八方二十四向，是区境近代建筑的代表。八卦楼主人为台湾板桥林鹤寿。鼓浪屿救世医院院长美籍荷兰人郁约翰设计。郁氏借鉴巴勒斯坦、希腊、意大利和中国一些经典建筑风格，设计融东西方建筑文化于一体的独特的仿古建筑。红色圆顶是直接摹仿世界最古老的伊斯兰建筑巴勒斯坦阿克萨清真寺石头房圆顶；82根大圆柱是参照5世纪建造的古希腊海拉女神庙大石柱；柱间平托的石梁和线条，可从希腊雅典广场的赫夫衣斯神庙看到：十字形通道源于希腊，后用于罗马教堂；古希腊陶立克式和爱奥尼克式柱头装饰和压条下的青斗石花瓶，展示中西结合古典美。八卦楼以其建筑艺术精美，成为标志性建筑。

杨家园　位于鼓新路27-29号、安海路4-8号。民国2年建，有4幢欧式别墅，以鼓新路忠权楼最有气派，以安海路别墅最为漂亮。忠权楼为英式别墅，凹槽廊柱挺拔秀美，拱窗有半圆的、尖拱的，窗

民国2年，杨忠权在鼓浪屿和记路建“杨家园”

柱的雕塑装饰、花瓶设计，一窗一式。各楼顶层和底层均设有水池以蓄积雨水，院内挖掘水井，配手压抽水机。

八角楼　位于鹿礁路15号。民国4年建，属法式建筑。甲午战争后，台湾垦抚大臣林维源先买下一幢英国人别墅大楼，再建一座小楼，后失火烧毁。用大小楼之地建5层别墅，立面呈多个八边形，称“八角楼”，增设连廊将三幢楼宇连在一起。为塔式建筑，造型雍容华贵又古朴严谨。正门方柱拱券，双旋台阶，门楣、窗楣均塑缠枝蔷薇、飞翔白鸽，颇具法兰西风韵。

西林·瞰青别墅　位于永春路73号楼房。主楼为西林别墅，陪楼为瞰青别墅（永春路71号），均系越南华侨黄仲训于民国7—17年建。主楼坐西南朝东北，包括地下室共4层，为典型中西合璧风格砖石结构建筑，建筑面积1360平方米。别墅前有半圆形外廊，一至二层采用通式科林斯圆柱。一至三层正立面的阳台、门窗和檐口、外廊的装饰性强，显出端庄稳重和华丽的效果。陪楼坐东南朝西北，为二层砖木结构建筑，建筑面积500平方米。别墅正立面为附有方形门厅的柱廊，屋顶部分和建筑物平面布局具有中式传统风格，且糅合西洋建筑特征。

黄家花园中楼　位于晃岩路25号。民国8年，南安金淘人黄奕住在印尼经营糖业发家后，回国定居鼓浪屿。民国10年，建成黄家花园南北楼后，拆除“中德记”旧红砖楼，延请中外工程师精心设计，由上海裕泰营造公司承建“中楼”别墅。中楼注重欧陆风格，室内楼梯、栏杆，一楼及前后大走廊和户外台阶均用意大利抛光白玉大理石建造。中楼内精雕的博古架、青铜镂花壁炉、名匠细琢的廊柱，处处显示中西结合的古典美。既具文艺复兴时期西欧建筑风采，又有18世纪德国贵族家庭的华丽装饰，并兼有许多中国传统装饰技艺，是一座中西结合的以欧式风格为主的别墅，时称“中国第一”。

船屋　位于鼓新路48号。民国9年建。宅基呈长三角形，别墅建其上，如海轮甲板上的船舱，故名。美籍荷兰人郁约翰设计。利用地块形状把别墅设计成待航的轮船，匠心独具。使用传统建筑手法，以中轴线为基准，左右展开，严谨对称。

金瓜楼　位于泉州路99号。民国11年建。民国13年旅菲华侨黄赐敏买作住宅。三层建筑，平面为中轴对称，部分墙面为清水红砖，廊柱是方形西洋柱式，外墙精饰花卉吉兽，红瓦坡顶，两端书房设拜占庭式穹隆顶，状如“金瓜”。典型的折中式建筑风格。其柱式、拱券、檐口、门窗、穹顶、壁炉、烟囱均吸收欧式，而门楼、栏杆、外墙及屋顶花草装饰又具有中国传统风格，有的还是闽南民间装饰。是鼓浪屿别墅建筑中中西合璧的代表作。

殷雪圃别墅　位于鸡山路。民国14年建，为西欧田园式别墅。由主人长子殷祖泽设计。别墅原有一旧厝，利用旧厝基础和开采的花岗石为墙，粗犷稳重，颇有闽南风味。红砖与花岗石配成和谐的色调，立面设计和室内装饰及欧式花园，组成法国乡村别墅韵味。是鼓浪屿别墅中比较秀美的一幢。

海天堂构中楼　位于福建路42号。民国9年后，晋江旅菲华侨黄秀烺与同乡黄念忆盖的5幢欧式别墅。别墅采用中国建筑传统的对称格局，以中楼为主，向两侧展开，中心建一广场，有气势而又稳重脱俗。是一幢仿古大屋顶宫殿式建筑，采用重檐歇山顶。屋顶下装饰2个藻井，井壁上绘中国花鸟画，外形又颇像亭子。走廊外沿装修斗拱挂落，花篮垂柱，把中楼装点得十分民族化。2002年4月起，全面整修，并开辟咖啡馆、南音馆和木偶演艺中心。主楼开发为鼓浪屿建筑艺术馆（2007 年开放）。

亦足山庄　位于笔山路 9 号。民国 10 年，为同安籍越南华侨许汉所建。是一幢个性突出、艺术性强的欧式建筑。有鼓浪屿最大最美的门楼和石阶，外观雄伟挺拔。有一个欧式花园，高处有八角亭，曲径相通。

黄荣远堂　位于福建路。民国 9 年建。大厅前一个半圆形门廊，高达二层，以四根通高罗马大圆柱作迎宾柱，气派雄伟。四周围以单柱、双柱花岗岩廊柱，敦厚壮实，大小高矮对比强烈，加上巴洛克式的窗套、窗花、栏杆，精巧别致，颇富韵律感。三层基本是中式，呈十字形锯齿状缩进，廊柱十分精美。水池假山、亭榭云墙，把别墅衬托得美不胜收，是一幢近代建筑艺术中的精品。

李清泉别墅　位于升旗山麓。民国 15 年，晋江籍旅菲华侨李清泉建。为中西合璧的三层别墅。平面为中轴对称，门廊为四根通高罗马大圆柱，白色廊柱与红色清水砖墙对比强烈，立面处理颇有特色。别墅前为颇有规模的欧式花园，以多色花岗岩卵石铺成小径，形成彩色图案。中心配置欧式喷水池，加上假山亭榭。楼中观景亭居高临下。

林屋　位于泉州路 82 号。民国 16 年竣工。由林全诚设计。屋顶使用北欧风格的坡折屋面，突出美观；立面不一刀切，突出收进和谐自如，与屋面配合协调。整座建筑如鹤立群楼中，显得稳重绚丽。

观彩楼　位于笔架山顶。民国 20 年建。欧式别墅风格独特，楼上可观赏落日彩霞，故称“观彩楼”。由荷兰工程师设计，许春草营造公司承建。形体和装饰受欧洲文艺复兴文化思潮的影响，颇为古朴，又结合许多现代化建筑手法，显得新颖流畅。屋顶别致，为背弧形，由棱线分割，既是外墙又是女儿墙，立体感特强，颇有北欧风格。门柱为绞绳状，有西班牙风韵。窗楣系整块石材雕成，借用中国乡村民居的铺首形式，雕刻成欧洲剑客（火枪手）的脸庞，手法简洁。

林巧稚故居　位于晃岩路 47 号。民国初年建。具有法国韵味民居，拱券大小相间，线条均匀整齐。二楼设一尖形拱门，门楣上有飞翔白鸽，门框上塑有缠枝花卉，有特色的欧式民居。

陈国辉别墅　位于福建路。民国 20 年后，陈国辉建造一座 3 层欧式风格别墅。正面为圆拱宽廊，室内为镂空雕花天花板，清水红砖外墙。别墅三楼有前后阳台。有 3 条直通别墅二楼卧室、客厅的楼梯。

（二）教堂

安献堂　位于鸡山路 18 号。清光绪三十二年（1906 年），美国基督教安息日会牧师安礼逊到鼓浪屿传教。民国 23 年，安礼逊兴建安献楼。坐北朝南，为花岗岩条石建成的全石结构建筑，共 3 层，建筑面积 1005.6 平方米，平面为封闭式内廊布局，建筑沿中轴左右对称，中心部位入口处以四根圆柱、三角形山花和台阶为装饰。屋顶为平顶式，四周设 1 米高石砌女儿墙。为美国建筑师设计，受欧洲新建筑影响。

天主教堂　位于鹿礁路 34 号。民国 6 年建。为哥特式建筑。拱、门、窗、塔及女儿墙镂空装饰均呈尖形和典型大玫瑰窗。窗户都装配着彩色玻璃。大玫瑰窗嵌在大门之上，大门和窗户都呈尖拱形。室内天花为彩蓝色珠网结构，繁褥华丽。为西方建筑艺术风格的典型之一，也是区境仅有的一座哥特式教堂。

三一堂　位于安海路 69 号。英国长老会派下厦门港礼拜堂、美国归正教会派下新街礼拜堂和竹树脚礼拜堂在鼓浪屿联合兴建教堂。民国 23 年，教堂动工兴建。民国 25 年底建成。为典型的欧式教堂建筑，为留学德国的中国建筑师和荷兰工程师共同设计。教堂坐西朝东，建筑面积 886 平方米，砖混结构。平面布局呈十字形，外观严谨对称。建筑以红白两色为主色调，勒脚下为花岗岩条石砌墙，勒脚上为清水红砖墙。四面山墙装饰 4 个三角形山花。屋顶为三角形钢梁屋架，屋顶正中建八角形钟塔。钟塔平面呈八角形，穹隆顶。

（三）领事馆

日本领事馆　位于鹿礁路 24 号。清光绪二十四年（1897 年）建。为英式建筑，地下有隔潮层，使用西洋双柱桁架，具有维多利亚时代的某些建筑特征。女墙和廊下采用闽南土陶花瓶装饰。建筑式样以厚墙狭长窗框为特征。

美国领事馆　位于三明路26号。民国19年建。为二屋美式红砖楼房，设有地下室和楼顶夹层，形体秀美。以红白两色为基调，山墙用5个大三角装点，特设观景天台。廊柱柱头使用科林斯柱式装饰，塑以夸张的百合花叶片，托起整座建筑。

（四）园林式建筑

菽庄花园　民国2年，林尔嘉在鼓浪屿金带水之湄、草仔山之下仿照其台北板桥别墅，建“菽庄”花园。内设置眉寿堂、壬秋阁、真率亭、四十四桥、听浪阁、顽石山房、十二洞天、亦爱吾庐、听潮楼、小兰亭10景。“藏海”特点，一路走来不见海，到花园大门仍不见海，因为一堵高墙挡住视线，待到转出月洞门，绕过竹林，蓦地“海阔天空”。“巧借”特点，把临海的坡面、礁石、海水全部利用起来，围地砌阶，造桥建亭，使小海湾变成涵纳大海、视野宽广的海上花园。“动与静”独到处理特点，坡面一片假山，按地支分列为“十二洞天”，洞洞相连；坡边建有小亭小阁，休憩观景。菽庄花园的眉寿堂、王秋阁等景点采用重檐歇山顶，飞檐翘角、琉璃粉墙的风格，与海色、山色、天色浑然一体，组成风格统一的中国传统园林建筑群体。

（五）其他建筑

理船厅公所　位于鼓新路60号。为近代西方列强操纵的理船厅总巡的公馆。同治元年（1862年），列强强迫清廷制定旨在侵夺厦门港口管理权的《厦门口理船厅章程》，成立理船厅公所。坐南朝东，系三层英式砖混结构建筑，占地面积667平方米。主体建筑部分的东南、东北两面均附建宽敞的走廊、门斗，建筑艺术采用典型的英国式风格。

汇丰银行办公楼　位于鼓新路57号。建于阜岩壁上的英式单层砖石结构建筑物。原系光绪二年（1876年）英商埃尔斯洋行。占地面积384.6平方米，高8.55米。屋顶部分铺砌砖瓦，并附有壁炉式红砖水泥烟囱。楼房东南侧原附有外柱廊，各外墙立面以附有大面积玻璃窗为显著特征。柱头以水泥塑作花瓣状，柱身以特制弧形红砖砌成，柱基用花岗石块拼砌，柱间栏杆采用陶瓶装饰。整体建筑形式体现西洋建筑艺术融合闽南建筑风格特点。

钢琴博物馆　位于菽庄花园听涛轩。2005年8月建。琴廊沿围墙蜿蜒而上，依地势上升，为一条10米长、3米宽，安装有落地玻璃的封闭式长廊。

二、厦门岛思明境典型建筑物

（一）寺院教堂

南普陀寺　五代始建，初称泗洲院（清康熙二十二年改为现称）。历经宋、元、明、清诸朝重修扩建，至民国初年，构成三殿七堂俱全的禅院格局。坐北朝南，依山面海。中轴线主体建筑，依次为天王殿、大雄宝殿、大悲殿、藏经阁。殿阁依山层层升高，层次分明，俯仰相应。东西两侧依次升高的回廊，回护三殿两侧，使之成为一个整体。大殿顶梁和柱子，将杉木全部换成缅甸上等柚木。屋顶上由各种颜色瓷片贴成人物、花草堆塑、雕画等不仅恢复原样，屋脊色泽鲜艳的飞龙形象更是栩栩如生。大殿增雕3个金碧辉煌的藻井，藻井中央有盛开的莲花图案。殿外墙四周刷金佛教典故字画。

清真寺　位于公园南路南侧玉屏城旁。清道光三年（1823年），由回民集资始建。至同治年间拓建前楼。清光绪二十二年（1896年），福建水师提督杨岐珍置屋四栋作为寺宇基业。民国13年，山东邹县唐柯三募银修旧寺、建新殿，并购房屋2间。3殿2廊建筑，至1949年破旧不堪。1955年，厦门市人民政府拨款维修。1982—1987年，市政府分两期进行全面翻建。首期工程主要包括后殿和中殿2座平屋建筑。后殿仍保留中国宫殿式。后殿与中殿之间两侧走廊，加砌围墙，隔成2间长方形的厢房。1988年6月，二期工程竣工。全寺占地面积522平方米。前殿（门楼）由汉族民居改为仿阿拉伯寺院建筑3层楼层，显出庄严肃穆特色。1993年7月，由主体1层、局部3层改建为6层，建筑面积由900多平方米增至2400.59平方米。

竹树脚基督教礼拜堂　清咸丰九年（1859年），基督教在竹树脚新建一座欧式教堂。清光绪二十九年（1903年），教堂被焚毁。翌年，由美国人重新设计建造。新教堂建筑面积2751平方米，砖木结构。同时，新建牧师楼和传道楼各一幢。民国24年，改建为钢筋水泥两层楼房，购外国造大钟置于钟楼。新教堂有哥特式元素，正面地下呈拱券，两旁为对向双旋台阶，走上平台直入教堂一楼大厅。平台台基由花岗岩砌成。正立面四根白色墙柱，分夹五个拱形门窗，二楼正中钟楼以长形气孔装饰。白色尖顶上耸立红色十字。

（二）宾馆酒店

厦门华侨大厦（大酒店）　位于新华路70-74号。1949年11月建成。1982年改建。占地面积1.3万平方米，建筑面积2.54万平方米，楼高60米，地上13层，地下1层。拥有248间国际标准客房和套房。

湖滨饭店大厦　位于湖中路南段、列湖中路59号。1975年动工，1980年秋竣工。大楼高12层，地下2层，建筑面积12416平方米。

东海大厦　位于中山路1号。1987年建成。占地1000平方米，建筑面积21540平方米。高10层，分为宾馆与商场两部分。宾馆部分称东海大厦酒店，有大型餐厅及夜总会和108间客房。1～4层称华联商厦，经营百货。

厦门国际会展酒店　位于环岛路风景区。按国际五星级标准建造的集会议、休闲、度假于一体的酒店。2001年8月18日开业，占地面积10800平方米，建筑面积28000平方米。建筑由加拿大著名建筑设计院设计，以玻璃连廊与著名的国际会展中心衔接，全长325米。酒店拥有208间客房，其中131间海景客房，每间面积超过40平方米。所有海景客房均配有观海露台。拥有10余处设施完备的会议场所，其中有可容纳400多人的阶梯形国际报告厅和面积800平方米、可容纳500多人的鼓浪宴会厅。酒店与厦门国际会展中心相邻，可共享28间宴会会议场所，其中包括可容纳2000人的多功能厅。酒店所拥有的2000多平方米的天心阁健康俱乐部，是厦门最大的足浴城，提供足浴、桑拿、蒸气浴、美容美体及KTV、棋牌、台球等娱乐休闲服务。

厦门索菲特大酒店　位于湖滨北路19号。2005年开业，为五星级酒店。楼高29层，有393间各具特色豪华客房和套房。拥有餐厅、酒吧、雪茄吧、SPA馆、健身中心、室外游泳池；有900平方米会议场所及6间多功能厅，可容纳20～300人，每间会议厅都配有高速无线上网线路。

厦门亚洲海湾大酒店　位于环岛路中段。2005年5月开业。是五星级标准的集休闲度假、旅游观光、商务会议于一体豪华大酒店。酒店分南北两个园区，占地面积6万多平方米，由4栋主楼及26栋新颖别致的高级别墅组成，是全海景度假酒店。有各式客房366间，免费宽带上网；容纳800人大型多功能会议厅3间，容纳100～150人多种规格会议室6间；5000平方米高档豪华海湾会，包含个性化KTV包厢、怀旧品新影视厅、专业桑拿按摩、健身中心、水疗推拿、海景水晶泳池、国际标准网球场，还有独具特色的雪茄吧。

（三）园林场馆

中山公园　位于公园东路。民国16年始建，占地面积13万平方米，耗资百余万银元。是区境最早的公园。1983年以来，政府多次拨款重建和修整。分设东、南、西、北4个门楼。南门为花岗岩三连圈三牌楼式，高14米，宽20米。南门东侧有水池，池中浮起一座巨型地球仪，球上踞怒吼状雄狮，球下部装饰4只和平鸽。东门、西门均为牌坊三川门。东门内广场有孙中山纪念碑，高20米，上书“天下为公”。北门为华表式长方形三门楼，石雕基座以龙的九子之一作吉祥物。2002年，东门被拆。西部有魁星河，西南部有魁星山。魁星山屹立着一块数丈高的石头，峻峭挺拔，形似魁星。山巅较平坦处有一座六角形钢筋混凝土凉亭，与魁星石遥相对峙。山上还有清代石刻。园内蓼花溪萦回贯穿，其上有彩虹、晓春、九曲、鼎足等12桥。园中有逸趣园、游乐园、动物园、花展馆。桥亭水榭，花木茂盛。2007年，区政府对公园部分设施、景点进行改造和维修。

景州乐园（台湾民俗村）　位于黄厝金山寨山东麓。占地36万平方米。融文化、艺术、游乐、度假、体训于一体的多元化、大型游乐园。设置欧式园林景观、20个游乐项目、体能训练场和动物表演场地。欧式园林景观种植大量奇花异草，庭园内配置维也纳室外音乐厅、瑞士鸽楼、荷兰风车等为衬托。主要场所：台湾山地歌舞、闽台茶艺文化馆、台湾蝴蝶馆、世界昆虫馆、中华奇石馆、华夏根艺馆；有山水集胜园、蝴蝶生态园、十二生肖园、阿里山姐妹亭、日月亭、台湾四合院。

厦门国际会议展览中心　位于会展北路。2000 年 9 月建成投入使用。首期工程占地 47 万平方米，建筑面积 16 万平方米。其中，室内展区面积 4.7 万平方米，设 2200 个国际标准展位；室外展区面积 5.6 万平方米，配套 20 余间高档会议室，及会展广场、四星级酒店、餐饮中心等。四周有 30 万平方米的现代化海滨绿色广场。集展览、会议、酒店为一体，并配套餐饮、广告、贸易、仓储等服务设施。

厦门市中心体育场　位于筼筜湖仙岳山南侧。面积 21 公顷。有可容纳 3 万名观众的中心体育场，篮球、排球训练馆，羽毛球训练馆和 24 块训练场地的国家羽毛球训练基地，中心网球馆及网球场，乒乓球训练馆，保龄球馆，室外篮球场、篮球训练场及其附属服务设施等。中心体育场建筑面积 2.9 万平方米，以椭圆形的赛场为中心，四周围以马鞍形的看台，外侧有圆环形的交通道和绿化人行平台及附属用房。外围直径 270 米，弧线形的建筑外檐高 10～20 多米。体育场核心部分有 400 米长标准跑道、全天候塑胶跑道，中心为标准足球场，并有多种田径比赛场地。采用单层式一坡到顶成渐变的马鞍形，共 30 个观众出入口。主席台在西看台中央，有 100 个首长席及 1116 个来宾席，一侧有实况转播评论员和记者席 40 个。西看台上空有长 100 米、宽 27 米的悬挑式大罩棚。场内有扩音、通讯、新闻、广播电视、电子服务、保安、计时记分、消防控制、灯光照明等设施。比赛场四角耸立照明灯柱 4 根，高 48 米，安装 156 盏灯。

奥林匹克国际网球中心　位于吕岭路 1999 号。2007 年 11 月 23 日落成，占地 12.5 万平方米。由可容纳 5000 名观众的综合馆及拥有 3 片球场的网球馆和 16 片室外网球场组成。是中国最好的网球中心之一，可举办国际、国内不同等级的网球赛事。综合馆可举办网球、篮球、排球、拳击等赛事和演唱会。网球中心所建的厦门奥林匹克博物馆是中国第一家奥林匹克博物馆。馆内两层，展出奥运火炬、吉祥物、钱币、徽章等展品 500 余件。

（四）写字楼

厦门国贸大厦　位于湖滨南路 334 号。厦门国际贸易信托（集团）股份有限公司投资兴建。1994 年 4 月动工，1995 年 12 月竣工。楼高 46 层，通高 168 米，建筑面积 60264 平方米。1～6 层为大型商场，面积 16000 平方米；7 层以上为写字楼、公寓楼、购物中心、康乐场所和展览厅，最高一层设直升机停机坪。楼宇外层采用高级铝合金挂板装饰，间以宝石蓝玻璃幕墙嵌镶。底层中庭装饰豪华。

中闽大厦　位于湖滨北路。建筑面积 7 万平方米，为 47 层智能甲级写字楼。地下 3 层，拥有 200 个车位。地上 44 层，集办公、金融、休闲等多种商务功能于一身。是建设部第一幢智能示范大厦，2006 年获全国百项建筑智能化经典项目奖。2007 年，有百江集团、翔安新城、大成工程、中闽钜豪等 58 家企业入驻，企业总纳税额超亿元。

银行中心　位于湖滨西路与厦禾路交汇处。建筑面积 63747 平方米，建筑高度 139 米，地上 36 层写字楼，地下 3 层停车场，配备国际五星级会所。大厦吸引 200 多家国际、国内一流公司入驻，其中有通用电气、索尼、松下、丸红、壳牌、汇丰银行、平安保险、中石油、华航、莱茵、美孚、地中海、泛亚班拿等多家世界五百强企业。2007 年，入驻企业总纳税额超亿元。

闽南大厦　位于湖滨一里 26－34 号。中国农业银行厦门市分行于 1985 年投资兴建。占地面积 20001 平方米，建筑面积 64000 平方米，由一幢主楼和两座公寓组成。分主楼、裙楼两部分，投资 9000 万元。主楼建筑高度 161.2 米。主梁为无粘结预应力框筒结构，裙楼采用斜交钢筋混凝土框架结构。基础采用沉管桩和人工挖孔桩加内圈梁支撑围护体系。主楼三向立面均采用翠绿色玻璃幕墙及白色铝扣板装饰外墙，三角处设室外观景电梯，顶部为厦门市唯一的圆形旋转餐厅。尖顶上为全玻璃墙瞭望塔。标准层楼板采用无粘结预应力钢筋混凝土。大厦为厦门市标志性建筑。

厦门国际金融大厦　位于湖滨北路 40 号。中国银行厦门市分行投资兴建并作为分行的总部大楼。1985 年 11 月动工。1990 年夏竣工。占地面积 20000 平方米，建筑面积 38335 平方米，楼高 24 层。楼体作八角形框架结构：用八根高70米、厚1米、宽4米钢筋水泥柱吊住整幢大楼，在境域众多大厦中独树一格。

大华银行　位于湖滨北路西段北侧。特异风格的三角造型设计、墙面的虚实对比及色彩的选择有其独到之处。占地4845平方米，高134.7米，地上29层，地下2层，建筑面积3.6万平方米。大厦采用美国敦汉布什空调系统，集中消防系统，进口OTIS高速电梯，康明斯发电设备。

（五）其他建筑

曾厝垵红砖古厝　红砖古厝系福建四大民居之一，体现精湛的闽南建筑艺术，为“闽南瑰宝”。曾厝垵仓里社红砖古厝，清光绪十六年（1890年）前后建，是一座闽南四合院，讲究中轴对称和空间高低大小的主次顺序，结构上采用抬梁及穿斗为主的屋顶举架样式。以红砖为墙，红瓦为顶，美轮美奂的燕尾脊、马鞍脊。大院墙上红砖成八角形（代表吉祥）、棱形（代表长寿）、双环金钱形（代表富有）等图案。门厅、木窗、屋檐有木石的透雕、镂雕、浮雕图饰和精美砖雕、木雕等特色工艺。

江夏堂　位于钱炉灰埕2号。清光绪六年（1880年），南安县仁宅乡武举黄培松中庚辰科殿试第一名，钦点状元及第。朝廷钦赐建状元府和江夏堂代宗祠。清宣统元年（1909年），闽海关迁往鹭江道，江夏堂建在闽海关故地。宣统二年（1910年）始建，民国7年竣工。原建筑群由紫云屏、拜庭、宗贤堂、祖堂、后花园、望海亭、宗亲友会馆、江夏小学堂等组成，占地1万多平方米。今仅存祖堂200多平方米。祭祖厅堂中央有圆形藻井悬于屋顶，藻井是由一层层的斗拱按八卦状排列并叠盖而成。藻井柱头、垂柱、斗拱等构件都雕有飞天、花卉、祥禽等精美的图案，贴以金箔。

商勋别墅　位于大同路145号。庭院绿树成荫，奇石花木掩映其中，为两层欧式红砖楼房。二楼走廊拱形花窗用进口彩色玻璃装饰，厅堂用尺八红砖铺地，正中整堵墙面雕花楠木髹漆，窗前一对镶嵌螺钿漆木花台在厦门甚为少见。后厅接着回廊环绕的天井，空间递进变化合理，是老市区独树一帜的清末别墅。

厦门大学　位于思明南路422号。民国10年，陈嘉庚创办。背倚五老峰，面临大海，楼房采用富有民族风格的飞檐屋顶，饰以碧黄色琉璃瓦，墙体拱门用花岗岩石料砌成，内长廊采用纹石面板铺设。1949年，学校用地81公顷，建筑面积2.56万平方米。至2007年，校园用地333.5公顷，建筑面积130多公顷。

光华大厦　位于禾祥西路与豆仔尾交叉路口。占地面积2000平方米，建筑面积2.73万平方米，地上29层，地下2层。在设计上采用多线条细化处理手法，丰富外墙立面，强化整个建筑的古典美。一、二楼架空设计，大厦与周边环境丝毫不显拥挤感，是旧市区高容积率建筑，经济效率、社会效益和环境效益相统一的典范。大厦在厦门市首次采用泰柏板新型建材墙体、UPVC给排水管道，在外墙装饰上首次在高层建筑外墙采用丁挂砖，一改过去普通涂料或马赛克饰面。

观音山海滨休闲区　位于塔埔社区，南起香山，北到思明湖里交界处。全长2.1公里，占地面积37.5公顷，建筑面积7万平方米。停车位1000个。投资3亿元。2007年动工，完成4个滨海休闲区建设。南段为餐饮休闲区，建筑面积5628.45平方米。围绕“山海相嵌、海天交融”设计主旨，从北到南依次建设“日、月、星、云”4个主题区。中段为商业休闲区，建筑面积26252平方米，沿南北向布置16栋2～3层建筑，集小型购物、特色餐饮、休闲娱乐、旅游和文化消费于一体。东面为泳场休闲区，在长2.8公里海岸线，建一个滩间宽150米、滩面400米的国家级人造沙滩，为福建省最大的沙滩。岸上1万平方米海水游泳池，具备游泳、理疗、冲浪等功能；整体海岸线上布置外延木栈道和木平台；海滨沿岸引入天然海滨浴场，并在适合游泳的区域布设夜间探照设备和LED显示屏、闭路监控系统、安全广播等海滨设施。北段为会所休闲区，建筑面积1.8万平方米，建有高级会所、会所型酒店。

维多利俱乐部　位于白鹭洲公园东南。用地面积9769平方米，建筑面积2万平方米。高度22.4米。总平面采用南北并置东西穿插布局。N楼南立面一、二层有骑楼架空，为公共活动空间。主入口设于南面中段，车库设于北面。立面设计采用西方古典建筑风格与现代建筑风格相结合，白色喷涂和绿色玻璃幕墙装饰外墙墙面，并用古典建筑装饰线条和露明网架构件点缀。主题建筑顶部为绿色玻璃球体。

附：区境大楼简况

区境1991至2005年建成20层以上楼房共179幢，其中20～25层61幢、26～29层54幢、30层以上64幢，最多43层。30层以上名录于下：

香江花园（35层）、宝福大厦（31层）、闽南大厦（37层）、莲富大厦（33层）、宝达大厦（34层）、玉屏城（35层）、国泰大厦（32层）、阿里山大厦（34层）、百乐门广场（32层）、福祥中心（33层）、南湖九洲花园（31层）、中信广场（33层）、城市花园A（31层）、城市花园B（31层）、嘉莲大厦（30层）、莲花广场（36层）、凯旋广场（33层）、镇海大厦（33层）、武汉大厦（30层）、文屏大厦（31层）、滨南大厦（30层）、天湖苑（31层）、太平洋广场（31层）、建设大厦（30层）、宏华大厦（30层）、厦门银行中心（34层）、光明大厦（37层）、天鹭大厦（33层）、祥和广场（30层）、厦融宾馆（32层）、普利大厦（33层）、香港大厦（34层）、国际银行大厦（32层）、中信惠扬大厦（36层）、必利达大厦（31层）、育秀中心（33层）、南阳大厦（30层）、湖北大厦（31层）、潇湘大厦（31层）、佳境豪苑（31层）、普达广场（35层）、嘉盛海景（30层）、东方时代广场（32层）、嘉英大厦（33层）、慧景城1号（32层）、南湖明珠（31层）、怡祥大厦（33层）、国际科技商场（35层）、枫丹雅苑（30层）、碧湖花园（32层）、鹏源中心（31层）、仙岳花园（30层）、胜骏广场（35层）、莲花大厦（33层）、华侨海景城（33层）、港澳中心（33层）、立信广场（31层）、华龙大厦（30层）、嘉益大厦（30层）、建行大厦（43层）、玉滨城（二）（34层）、大西洋海景城A座（37层）、C座（32层）、海湾新城（一）（33层）。

第五节　建筑业管理

一、招标、投标管理

1984年起，依据《厦门市建筑安装工程招标投标暂行办法》，凡属政府投资、国有企业投资、集体企业投资的项目，三区均实行招标投标制度。自有形建筑市场建立后，凡建设工程交易活动，均进入有形建设市场集中公开交易，公证机构依法对招标投标全过程进行公证。工程招标投标形成由业主发包招标，第三方招标中介服务机构组织招标，承包方参加投标，专家评标，业主定标，公证机构依法公证的运行机制。

2002年，嘉莲街道莲坂旧城改造时，经过竞标程序后，挂牌出让价比协议价多出6500万元。莲坂一期旧城原容积率1.7，而新建商城容积率只有1.3，中标的开发商提出增加0.1容积率，可多付9000万元土地款，也因无投标被拒绝。

2004年3月，思明区执行市政府《关于进一步规范我市经营性土地招标拍卖挂牌带出让工作的通知》，项目土地招标拍卖挂牌出让条件设置遵循“公平、公开、公正”原则，进入土地市场交易项目达到“熟地”出让标准。

二、施工管理

1980年，三区建设工程实行工程施工许可证制度。施工许可由区建设行政主管部门负责审批。建设单位向发证机关领取建筑工程施工许可证申请表。发证机关在收到建筑工程施工许可证申请表和所附证明文件后，对符合条件的，自收到申请之日起15日内颁发施工许可证；证明文件不齐全或者失效的，限期补正，审批时间自证明文件补正齐全后作相应顺延；不符合条件的，自收到申请之日起15日内书面通知建设单位。此制度至2007年依然实行。

2004—2007年思明区办理商品房施工许可证一览表

表18-1-5

名称	开发单位	类　型	地址	交易性质
帝标海景	厦门嘉英房地产	住宅	厦禾路13号	预售
中闽大厦	厦门中闽房地产	写字楼	建兴路西侧	预售
山木清华	亳利房地产开发有限公司	住宅	莲前西路	预售
裕发广场	联发集团	住宅	富山展览城后	预售
联发新天地	联发集团	住宅	金尚路	预售
宏益大厦	联发/裕发	住宅	湖滨北路	预售
湖明丽景	省四建	店面	湖明路西侧	预售
富山花园	厦门滕王阁地产	商场	湖滨南路	预售
优山美地	厦门国际建设股份有限公司	住宅	仙岳山南侧	预售
绿家园	建发集团	住宅	湖滨南路	预售
亿力花园	亿力集团	住宅	厦禾路	预售
特房G01	特房集团	住宅	厦禾路	预售
龙门天下	大洲房地产	住宅、商场	嘉禾路	预售
南湖中祥大厦	大洲房地产	住宅	湖滨东路	预售
东方时代广场	厦门富春东方房地产	住宅、商场	湖滨西路	预售
东方明珠广场三期	厦门福隆置业	住宅、商场	莲花路口	预售
明发商业广场	明发集团	商场	莲坂	预售
华天花园	厦门延铭地产	住宅	嘉禾路	预售
国贸金海岸	华溢房地产	住宅	鹭江道	预售
英皇湖畔二期	英皇地产	商住	湖滨北路179号	预售
香港广场	丽新房地产	商住	厦禾路	预售
鸿图嘉园	惠扬集团	住宅	镇海路	预售

三、工程质量管理

（一）施工企业质量保证体系

1950—1960年，三区建筑施工质量实行企业内部自控管理。1970年后，质量保证体系实行总工程师负责制，工程施工技术管理与质量管理分工负责。1980年后，工程施工实行项目经理负责制。工程质量由项目经理负责，并推行全面质量管理。

1990年，施工企业引入国际质量保证和质量管理模式，即ISO 9000质量管理标准，形成从公司至基层“一条龙”质量管理体系。公司质量管理由总经理领导，总工程师负责，各职能人员按规定职责挂牌上岗，相互制约。工程的质量保证从合同生效之日起至工程竣工后，均处于质量控制状态。按照ISO 9002的19项质量保证要素要求，分配至各职能部室，定责、定标准、定期限、定指标，各负其责，使质量管理、检查、问题解决真正落实到各施工工程。

2004年4月8日，厦门市建筑工程监督站开元分站和思明区建设工程质量监督站整合成思明区建设工程安全质量监督站，负责建设工程质量安全监督工作、受理工程质量监督申报、开工备案管理、工程竣工验收质量监督、建筑市场安全文明施工检查，以及配合区政府组织的工伤事故调查处理等工作。2005年，在总结重点工程质量监督经验的基础上，提出"零耗时、八同步、十不准"工作模式。此工作模式，至2007年依然实行。

（二）质量监督单位

1984年4月起，三区范围内所有新建、改建和扩建的各类型工业与民用建筑安装工程、市政公用工程、中小型交通建设项目、地下工程、大型土石方工程及建设前期的基础设施等工程，由厦门市建筑工程质量监督站（后更名厦门市建设工程质量监督站）负责质量监督。

1991年，开元区和思明区分别设立区质监站，负责建设项目的工程质量监督管理。区质监站的资质级别按照建设部、省建委有关规定审核确认。鼓浪屿区因建筑工程项目较少，质量监督由市质监站负责。

2003年11月，开元区质监站、思明区质监站合并为思明区质监站。

（三）建设工程质量监督申报

1984年6月，执行《厦门市建筑工程质量监督实施细则》，投资在100万元以上、9层以上民用建筑和道路、桥梁、码头等工程（包括外资建设工程）及地方建筑材料生产，在施工、生产过程中均由市建筑工程质量监督站进行工程质量监督。工程开工前，建设单位（业主）须向市质监站申请专项工程质量监督；开工的建设工程，按规定办理监督申报手续。

1989年11月，执行市建委《关于统一办理质量监督手续和开工执照的通知》，三区所有新开工工程，均实行质量监督，并由建设单位（业主）统一向市质监站办理申报质量监督登记手续和质量监督申报委托手续。

1993年4月，根据市质监站《关于质量监督任务范围的划分通知》，由各区建设行政主管部门审批立项的建设工程，均在工程所在区质监站办理质量监督申报委托手续。

2004年1月起，思明区质监站在收到监督申报材料后，对符合条件、资料齐全、费用交讫的单位，在收到申请当日办完手续；对不符合条件的，在收到申请当日通知建设单位，并说明理由。至2007年，此制度依然。

四、建筑劳力管理

1978年以来，区境施工企业队伍由区劳动局核准人数。根据《中华人民共和国劳动法》和省、市有关法律法规，施工企业队伍参加全市社会劳动保险统筹和工伤等保险。此外，临时性、季节性用工，由用工企业与劳力输出单位（即建工公司）签订劳力合同，并与劳动者签订劳动合同。对劳务队伍的带队实行准入制度，经培训考核后，发给劳动管理岗位合格证，凭证与用人企业签订合同。劳务队伍的全体人员，在上岗前由劳力输出单位组织培训，考试合格后，发给上岗证，凭证务工，每年年检1次。

区劳动局定期检查工地用工手续，做好劳力的岗前培训及技术培训。

2005年5月23日起，执行市建设局关于改善和加强建筑劳务管理和监督的有关规定，规范人员聘用；足额地将工资支付给建筑民工；对未持有职业技能资格证书的所有建筑工人进行培训，经培训考试合格者，发放建筑工人上岗证书。严禁将工程发包给无资质的劳务队伍或个人。规范劳务分包合同的签订，禁止违法竞争劳务分包业务。同时，加强工程监理活动，合理解决劳务分包合同纠纷。强化基础监督，对全部自行组织施工的项目实行严格重点监控，实行劳务分包的合同必须备案，并进行建安信用监管。

五、工程造价管理

1950—1970年，区境工程造价管理主要是计划经济模式的定额管理，并由专业银行统一决算、拨款。

1980年后，工程造价管理逐步采取以市场经济为取向的动态管理，计价依据每3～5年修编1次，实行价格指数调整。1981年，成立厦门市建设工程造价管理站，三区工程造价直属市工程造价管理站管理。

随着计划经济机制向市场经济机制的转变，造价管理机制也从全指令性管理转向指导性与指令性相结合的管理。三区执行《厦门市建设工程施工招标管理办法》《厦门市建筑条例》等地方性法规，以及《厦门市建筑工程造价管理规定》《厦门市建设工程造价管理补充规定》等。

1984年后，部分建筑材料供应市场和价格放开，建筑材料价格管理转入半动态管理。

1988年，建筑材料市场引入竞争机制，价格随之放开，建筑材料价格进入动态管理。每月在《厦门建材信息》发布材料动态信息，建立厦门市建设工程造价信息网。1989年，发布每季度建筑工程直接费价格指数，对人工费、材料费、机械费等适时进行调整。

2003年后，思明区建设工程造价改变“量价合一”计价模式，为适应市场经济发展的“工程量清单计价”模式，参考“香港计价模式”，把“定额管理”“发布指令性价格指数”重心转移到“及时收集、测算、分析市场计价资料，发布参考指标、信息”，指导市场计价。改变标底、合同价、预算送造价管理部门“审核制”为“备案制”，将工程造价咨询服务等交由专业咨询机构完成。

2007年，思明区核发建筑工程许可证63件，建筑面积89万平方米，工程总造价8.08亿元；核准建设工程竣工备案证明书15起，建筑面积6.6万平方米，工程造价7260万元。

第二章　房地产业

明清时期，区境民间房地产买卖均由中间人引介，写成契据，交易程序简单。民国初年，出现以房地产买卖为职业的中间经纪人。

民国时期，房地产经纪人按成交价收取报酬。民国14年（1925年），区境实施开辟新区方案，从填蕹菜河（今思明南路、妙香路一带）辟地入手，翌年春动工，除思明南路西段、妙香路等马路用地外，加上用城基（今古城东路、古城西路）建马路后所剩余地，共得土地售款30万元。蕹菜河填河辟地工程完工后，投资者获得厚利，引起东南亚华侨的注目。至民国27年，地产市场由此兴起，经营房地产公司100余家，以华侨投资兴办的居多。

抗日战争期间，厦门岛沦陷，房地产交易停顿。民国34年8月日本投降后，区境房地产市场仍难恢复，至民国38年春，投资房地产者仅3家。

中华人民共和国成立初期，区境房地产交易市场供过于求，房价下跌。1956年，国家对私营工商业进行社会主义改造，区境工商业者为逃避资金，贱价抛售房屋，出卖的房屋价格仅时价40%。1958年，国家宣布城市土地收归国有，禁止私自交易，地产市场随之消失。1959—1960年，交易所恢复私房买卖。

“文化大革命”期间，房屋产权登记和房产交易业务均停办；民间私下房屋买卖仍在进行。

中共十一届三中全会后，区境贯彻执行市政府《关于恢复房产登记和私房买卖暂行规定的通告》。1986年，《中华人民共和国土地管理法》颁布，把“土地所有权”与“土地使用权”分开。1988年12月，全国人民代表大会规定土地使用权依照法律规定转让，为地产市场开绿灯。其时三区基本建立运转正常的地产市场体系。1991年，区境工业区、生活区及旧城区开发、改造兴起。2000年10月起，经营性土地使用权出让全面实行招标拍卖挂牌。

2001—2002年，区境房地产业开发进入高潮，商品房市场价格平稳上升，质优价廉。2003年，思明区城市化进程加快，居民买房人群中有一部分是以投资为目的。2004 年 11 月，在全国 35 个大中城市房地产市场需求潜力指数排名中，厦门位居第四位，思明是需求潜力很大的区。2004—2005 年，思明区商品房每平方米销售均价由 4000 元迅速超过 6000 元。2005 年 10 月，思明区商品住宅均价为 6227 元/平方米，环比上升 1.78%。

2007 年，思明区完成房地产销售收入 172.65 亿元，比 2006 年 132 亿元增长 30.8%；实现增加值 48.34 亿元，拉动经济增长 3.6 个百分点。全区商品房二级市场销售 1.3 万套，销售面积 231.8 万平方米，住宅商品房向高品质发展，成为全市房地产市场的主战场。

第一节　房地产市场与地价

一、房地产市场

（一）明至民国房地产市场

明清时期，区境民间房地产买卖均依中间人引介，经双方商议确定价钱后，将土地四至界址和房屋结构等，委托代书人写成契据，买方卖方分别在契据上签名盖章或画押加盖指纹，并由 1～2 位亲友或邻居充当中介人；然后由卖方将卖据交给买方为凭（俗称“白契”），买卖完结。清末至民国初年，出现一些以介绍房地产买卖为职业的中间人，逐步发展为职业经纪人。

民国时期，房地产经纪人按成交价向卖方收取 2%、向买方收取 3% 作为报酬，俗称“卖二买三”。有些房屋买卖虽是双方自行协议成交的，但在立契时都补请中介人签字，日后出现纠纷时有公证人。房地产买卖契，由出卖人立书后连同契证交承买人，承买人于收契接产之日，按契上卖价付清给出卖人，交易手续完毕。承买人按官府规定的申报期限，向税务部门缴纳契税，官府在其买契左边粘贴验契税纸并盖上骑缝的大红印章，称此契据为“红契”。承买人未按照限期内向政府契税部门申报缴纳税务的称为“白契”。

民国 9 年（1920 年）春，厦门市政会成立，提出“开辟新区，扩地卖地”建议，筹组经营地产公司。驻守厦门闽军总司令部财政处大刮地皮、滥卖公地，在区境组建经营地产的兴兴公司。兴兴公司的公地包括竹仔河（今九竹巷一带）、镇南关（今思明南路鸿山寺一带）至海蜃寺（今思明区政府大楼一带），以及张后保、黄厝保（今新街礼拜堂周围一带）等一大片土地。

民国 14 年，实施开辟新区方案，从填蕹菜河（今思明南路、妙香路一带）辟地入手，拆除厦门城墙，利用城墙土石填河。民国 15 年春动工，翌年完成，辟地 2.39 万平方米，除思明南路西段、妙香路等马路用地外，可供建筑楼房用地面积 12.22 万平方米，出售地皮得款 27 万余元；加上用城基（今古城东路、古城西路）建马路后所剩余地，共得土地售款 30 万元。房地产公司或个人买到土地后，即进行楼群建筑。民国 17 年，楼屋还未竣工，就有人争相买楼租屋，房租骤增 2～3 倍，地价从每平方丈 200 余元涨至近 1000 元。蕹菜河填河辟地工程完工后，由于投资者获得厚利，引起地产商尤其东南亚华侨的注目。

民国 15—22 年，蕹菜河填河辟地出卖获得厚利，开辟新区（40 多处），总面积 1.47 平方公里。在新区开辟未竣工之前，就先发售。有些地产商自愿贷款给政府，以争取购买地皮的优先权。对多数人争购的地段，采用投标拍卖方式。在深田路、蓼花溪、美仁宫、虎园路、同文路、碧山路一带，实施投标拍卖承购权。华侨大量投资，地皮供不应求。

菲律宾华侨巨商李昭北、李昭以组建李民兴置业公司，投资 300 万银元，在鹭江道中段和中山路、大同路等处集中投资。以每平方丈 3500 元价格，中标外关帝庙（今大同路、镇邦路、横竹路十字路口）一带新区土地，投入 12 万银元，兴建 6 座 3～4 层钢筋水泥店铺。店铺楼房刚完工，就有华侨房地产商愿出价 20 万元承买。填海造堤辟地的鹭江道中段，地产商愿以原价增 50% 地价承买部分地皮。房地产大户龙群公司和荣昌公司，分别投资150万银元和80万银元。龙群公司投资薤菜河房地产后，又投资鹭江道、虎头山、白鹤岭等新区。荣昌公司柯清源投资深田路一带，建70幢楼房。新加坡和缅甸华侨黄文德、许文麻等合资创办振祥房地产公司和宏益房地产公司，在浮屿角（今厦禾路、小学路）买浅海滩填地兴建楼房二三十幢。

侨资房地产公司、本地商户房地产公司向政府承购新地皮，兴建楼房后立即脱手，获取厚利。利润大多50%以上，甚至1～2倍。

抗日战争期间，厦门岛沦陷，房地产交易停顿。民国34年9月日本投降，厦门光复，区境房地产市场仍一蹶不振，投资房地产者3家。民国35年7月，组建华侨实业公司，址设古营路6号，代表人缅甸华侨林文炳，资本总额国币5000万元。民国38年4月10日，国民党福建省党部主任委员陈联芬、省政府委员兼建设厅厅长黄金涛、市政府地籍整理处处长苏宗文等邀集印尼泗水华商总会会长黄超龙、印尼爪哇万隆新义成公司总经理杨纯美、菲律宾夜总会总经理刘有士、马来亚福龙山树胶有限公司总经理苏汉瑞、新加坡欧罗亚百货公司经理陈焕其等14人在区境组建福建土地开发有限公司，以苏宗文为筹备处主任，投入资本金圆券400亿元（折合100万美元）。安溪籍印尼华侨陈丙丁等投资在美头山开拓坡地，兴建华侨新村，只建3幢楼房即中止。

民国时期华侨大户拥有区境房地产情况表

表18-2-1

投资人	房屋数（座）	地产面积（平方米）	建筑面积（平方米）	投资人	房屋数（座）	地产面积（平方米）	建筑面积（平方米）
黄奕住	160	151508	41457.7	李颜氏勒	8	6919	4638
龙群公司	79	74611	18190.7	柯清源	24	29844	13786.5
曾仰望	45	10199	13381.4	蔡源润	37	8123	6706.7
胜隆公司	52	14654	13699.2	李民兴行	23	5167	3133
黄荣远堂	54	140786	17943.3	陈琼林	47	2649	3243.6
李成业	36	4977	8780.9	如华公司	18	4532	3074
李丕树	27	5317	8121.4	正业地产公司	53	1689	3062.5
陈松涛	95	19119	14399.1				

（二）中华人民共和国成立后房地产市场

中华人民共和国成立初期，政府允许私人进行房地产交易。区境地处海峡两岸对峙前线，房地产交易市场供过于求，房价下跌。特别是“三反”“五反”运动后期，一部分工商业者为退赔偷漏税款项，竞相抛售房屋，房价暴跌。偏僻住宅区砖木、土木结构房屋，每平方米0.35元；靠近市中心住宅区，混合结构房屋，每平方米为10～20元；市中心繁华区商场店铺楼屋，水泥木结构每平方米18元，最高25～26元。1952年7月17日，根据《厦门市房地产交易监证暂行办法》规定，凡公私房地产买卖、典当、抵押、交换、赠与、分析等行为，均应委托厦门市房地产信托公司办理，并须经公司审批后在本地报刊上公告，无人异议后，方可立契成交，并为其办理交易监证手续。1953年6月1日，重新修订《厦门市房地产交易监证暂行办法》，将交易组改为房地产交易所。交易所成立后，整顿经纪人队伍，对经纪人进行教育和改造。要求房地产经纪人限期登记，申请登记43人，经审查符合条件批准录用37人。

1956年，国家对私营工商业进行社会主义改造，区境工商业者为逃避资金，贱价抛售房屋，出卖的房屋价格，仅时价40%。1957年11月16日，执行《厦门市房地产交易管理办法》，削价抛售房产风基本刹住。

1958年，国家宣布城市土地收归国有，禁止私自交易，地产市场随之消失，私有房地产交易改为私有房屋交易。1959—1960年，政府对居民房主和华侨房主超“起点”出租的私房进行社会主义改造，一些未被改造的私房及留给业主居住的自用房，出现买卖情况。交易所恢复引接私房买卖。

“文化大革命”期间，房屋产权登记和房产交易业务均停办；但民间私下房屋买卖仍在进行。

1978年11月5日起，执行国家基本建设委员会《关于城市私有房屋若干问题的意见》，私人房屋允许买卖，但禁止自由交易。区境贯彻执行市政府《关于恢复房产登记和私房买卖暂行规定的通告》，已私自进行买卖的房屋，限3个月内到市房地产公司申报，一次性补办买卖手续，补交契税、登记费和手续费等，确认交易权利。1986年《中华人民共和国土地管理法》颁布，把“土地所有权”与“土地使用权”分开。1988年12月，全国人民代表大会对1982年《中华人民共和国宪法》中有关土地条款进行修改，规定土地使用权依照法律规定转让，为地产市场开绿灯。

1988年，三区基本建立运转正常的地产市场体系。区政府通过土地行政部门举行公开拍卖、招标和土地使用权转让，扩大市场规模，有计划地向市场投放土地，控制地价，使土地价格的涨幅控制在一定的程度内。同时，采取措施鼓励外商投资房地产业，允许外商用外汇结算，采用外汇调剂价换算，并给通过拍卖或公开招标形式取得土地使用权的外商以进口材料的税收优惠，以提高地产市场开放度，活跃涉外房地产市场。

1991年，区境工业区、生活区及旧城区开发、改造兴起。2000年9月，三区执行《厦门市土地管理若干规定》，除经济适用房以外的经营性房地产项目用地使用权必须采用公开拍卖、招标的方式出让。10月起，经营性土地使用权出让全面实行招标拍卖挂牌。

2001—2002年，区境房地产业开发进入高潮，商品房市场价格平稳上升，质优价廉。商品房价格年均上涨仅为42元/平方米。商品房价格基本保持每年10%上升幅度。

2003年后，思明区城市化进程加快，房贷政策优惠，买房人群迅速增加，其中有一部分以投资为目的。区境气候、地理、人文条件的优越，对周边市县及其他地区有较强的吸引力。因而，房价不断上升。

2004—2005年，思明区商品房每平方米销售均价由4000元迅速超过6000元。2005年10月，思明区商品住宅均价为6227元/平方米。

2007年上半年，成交楼盘每平方米均在万元以上。时尚国际367套，均价11117元/平方米；万科·金域蓝湾355套，均价13185元/平方米；新景世纪城424套，均价9151元/平方米；源昌新天地185套，均价19088元/平方米。上半年车位月销售量1.2万平方米，销售均价18000元/平方米。是年，批准销售的住宅主要集中在火车站附近、滨北区域、厦禾路、莲前路一带，有万科·金域蓝湾、百源双玺、禹州·世贸国际、鲁能·陶然北岸、新景世纪城等。

1984—2007年区境普通商品房市场均价一览表

表18-2-2　　单位：元/平方米

年份	平均价格	年份	平均价格
1984	200	1989	1200
1985	300	1990	1200
1986	500	1991	1500
1987	600	1992	2000
1988	1000	1993	3000

续表18-2-2

年份	平均价格	年份	平均价格
1994	3000	2001	3500
1995	2800	2002	3597
1996	2875	2003	4200
1997	2910	2004	5200
1998	3080	2005	6600
1999	3270	2006	6700
2000	3420	2007	13000

二、地价

（一）民国时期地价

民国15年，区境首条马路开元路建成，继而拆古城、筑堤岸、建公园、辟新区，商业兴盛，人口剧增，对土地的需求日见迫切，地价随之暴涨，有的市价超过政府评定价格的2～3倍。厦门籍华侨与金融业在房地产方面投资金额8000万银元，促进房地产业发展。

民国27年5月，日本侵占厦门岛。翌年，伪法院张贴布告，通知业主交验契书，登记房产，由于许多业主逃难海外或回内地故乡，前去呈验登记者寥寥无几。沦陷期间，房地产成交额少，地价一直滑坡。

抗日战争胜利后，在区境进行土地评估定价，公布级差地价区，作为申报地价标准。地价分为20个等级，最高一级为特级，地价每亩国币2281万元，折每平方米3.42万元，最低一级为19级，地价每亩12万元，折每平方米180元。

民国36年秋，执行省政府《土地法施行法》累进起点地价的规定；10月，省政府批令厦门市政府。区境执行市政府制定的累进起点地价等级，分为20个等级，最高一级为特级，累进起点地价每亩国币6840万元，折每平方米10.26万元，最低一级为19级，累进起点地价每亩为36万元，折每平方米540元。高低相差190倍。

民国37年5月，厦门市政府依照《土地法》规定，重估和公布各等级地价标准表："特级，中山路口至鹭江道，每市亩国币54.72亿元，比原估计增加150倍；中间的9级10级，古城东路、桥亭、斗西路和厦港太平街，每市亩是4.2亿元和2.88亿元，比原估计也增加100倍"。民国38年7月7日，重估地价，规定："中山路口到鹭江道为特等，每亩价值1.47万元；思明戏院至中山路为一等，价值1.2万元；大同路中段为二等，价值9600元；大中路中段太古码头为三等，价值6000元；思明南路为四等，价值4800元；思明北路为五等，价值3400元；小走马路为六等，价值2400元；公园南路、第一码头为七等，价值1700元；古城西路为八等，价值1200元；古城东路、桥亭为九等，价值960元；斗西路、厦港太平街等为十等，价值720元。十一至十六等地段为佑福路、厦港配料馆、后江埭、后河仔、东边社和曾厝垵等，价值从略"。

民国 17—19 年区境地价一览表

表 18-2-3　　　　单位：元/平方丈

路名	调查价格	评定价格	路名	调查价格	评定价格
第一区					
思明东路（傅厝墓一段）	450	300	公园西路（北门城边一段）	200	150
思明东路（月眉池口一段）	300	300	古城东路（东门城边一段）	200	160
思明东路（霞溪仔口一段）	700	400	古城东路（仙殿后一段）	180	150
民国路（西庵宫一段）	300	220	靖山路	90	70
民国路（街仔口一段）	300	220	同安路	90	70
民国路（司令部中府后一段）	450	220	古城西路（直街一段）	180	150
民国路（仙殿后一段）	380	160	古城西路（雨伞王一段）	140	120
民国路（石路街口一段）	350	160	先锋营街	160	90
民国路（靖山头口一段）	260	240	第七市场	300	200
公园南路（马房口一段）	300	240	思明东路横巷	350	240
公园南路（北门马路一段）	300	240	百家村	90	50
公园南路（道台衙一段）	250	220	模范村	90	50
公园南路（同安路口一段）	250	220	蓼花路	100	60
公园东路（蓼花溪尾一段）	220	170	虎园路	100	80
公园东路（妙释寺街一段）	180	140	第二市场	110	80
公园东路（角仔境一段）	180	140	溪岸路	110	80
公园北路（东岳前一段）	160	120	妙香路	300	300
公园西路（东岳街一段）	180	150	第五市场	300	300
公园西路（西应殿一段）	180	150	中华路（衙口街一段）	450	350
中华路（古城边一段）	450	400	仙园新区	70	40
中华路（桥亭街一段）	450	420	仙园路	70	40
第一市场	450	400	白鹤岭新区	50	40
南寿巷	180	150	水磨坑新区	60	40
第二区					
外海滩新区	70	60	鹭江道（第二段）	1400	1300
内海滩新区	70	70	鹭江道（第三段）	1000	1000～200
开禾路（开禾路一段）	310	300	故宫路	220	170
开禾路（典宝街一段）	420	350	龙头礁巷	400	400
开禾路（竹树脚一段）	350	300	芦山路	400	400
开平路（前街仔一段）	220	200	海滨路	400	400
开平路（堆头巷一段）	220	200	营平路	350	300
开平路（大王前一段）	350	200	第八市场	420	400
开平路（八卦埕一段）	150	150	古营路	350	300

续表18-2-3

路名	调查价格	评定价格	路名	调查价格	评定价格
开平路（小打铁一段）	300	120	道平路（箭道）	220	180
外王路（外王路一段）	150	100	道平路（八卦埕）	150	140
外王路（大王后一段）	160	100	厦禾路（担水巷至竹树脚口一段）	500	350
鹭江道（第一段）	450	280	思明北路（北烘炉埕一段）	340	280
厦禾路（竹树脚口至大王十五岐一段）	300	280	开元路（开平路口至浮屿一段）	400	300
厦禾路(大王十五岐尾起至佑福宫尾一段)	400	250	开元路(开禾路口至开平路口一段)	560	350
思明北路（蕹菜河一段）	500	450	开元路（开元路头至开禾路一段）	800	500
思明北路（关仔内一段）	400	400			
第三区					
中山路（桥亭街口一段）	450	450	大同路（石埕街口一段）	1300～900	500
中山路（仁安街口一段）	700	600	大同路（关帝庙一段）	1300	600
中山路（黄厝河口一段）	700	600	大同路（外厝埕口一段）	1300	600
中山路（田仔兜口一段）	700	600	大同路（庙前街口一段）	1000	700
中山路（局口街口一段）	700	600	大同路（太史巷口一段）	1500	1200
中山路（十九get一段）	800	900	思明南路（蕹菜河一段）	500	450
中山路（大走马路一段）	900	900	思明南路（二舍庙一段）	380	320
中山路（崎头宫一段）	900	900	思明南路（青墓口一段）	300	200
中山路（和凤宫一段）	1000	1000	思明西路（局口中一段）	900	700
中山路（岛美街一段）	1400	1000	思明西路（山仔顶一段）	700	600
中山路（岛美街头一段）	2000	1300	思明西路（山仔顶一段）	850	750
大同路（观音亭一段）	350	250	第六市场	320	400
大同路（朝天宫一段）	350	250	水仙路	400	500
大同路（关仔内一段）	500	400	晨光路	400	400
大同路（凤仪宫一段）	500	450	宏汉路	100	100
大同路（火烧街一段）	800	500	南义和路	100	50
太平路	170	150	横竹路	800	600
二舍庙巷	150	130	第四市场	350	300
大中路	800	700	永安巷	320	250
升平路	1200	1000	大元路	800	500
镇邦路	1200	800	海后路	1400	800
第四区					
思明南路（面线埕口一段）	300	200	碧山路	100	100
思明南路（竹仔河口一段）	300	180	民生路	110	80
思明南路（鸿山寺一段）	240	150	大学路	80	50
思明南路（镇南关到大生里一段）	240	150	虎头山新区	150	80

续表18-2-3

路名	调查价格	评定价格	路名	调查价格	评定价格
思明南路（太师墓一段）	200	150	洗布山新区	80	50
思明南路（思明县前一段）	180	120	麒麟山新区	80	40
思明南路（蜂巢山一段）	150	60	大南新区	30	16
同义路（虎头山脚一段）	500	250	第三市场	85	80
同义路（上帝宫一段）	500	250	东边社	30	15
同义路（同文脚一段）	600	300	民族路	240	100
同义路（寮仔后一段）	550	360	寿碧路	100	80
虎头山路	260	100	镇北关	35	15
寿山路	100	80	南普陀路	60	30
第五区（鼓浪屿）					
龙头路	700	200	田尾	130	100
中路	330	220	工部局口	120	100
乌埭中	150	120	港仔后	105	95
岩仔脚	150	120	内厝澳	80	40
乌埭角	150	120			

民国19—23年区境地价一览表

表18-2-4

年份	等级	各地类价格			
		商业地	宅基地	园圃地	农　地
民国19年	上（元/亩）	104508.28	5781.02	6937.22	9018.38
	中（元/亩）	48560.53	2890.51	3468.61	6242.5
	下（元/亩）	6937.22	1849.93	1942.42	1734.3
	平均价（元/亩）	53335.34	3507.15	4116.08	5665.39
	指数（%）	100	100	100	100
民国20年	上（元/亩）	104508.29	5781.02	6937.22	9018.38
	中（元/亩）	48560.53	2890.51	2468.61	6242.5
	下（元/亩）	6937.22	1849.93	1942.42	1734.3
	平均价（元/亩）	53335.24	3507.15	4116.08	5665.4
	指数（%）	100	100	100	100
民国21年	上（元/亩）	100058.36	5781.02	6937.22	9018.38
	中（元/亩）	48560.53	2890.51	3468.61	6242.5
	下（元/亩）	6927.22	1849.93	1942.42	1734.2
	平均价（元/亩）	53185.35	3507.15	4116.08	5665.4
	指数（%）	99.72	100	100	100

续表18-2-4

年份	等级	各地类价格			
		商业地	宅基地	园圃地	农　地
民国22年	上（元/亩）	69272.18	3468.61	5202.91	6242.5
	中（元/亩）	34686.09	2196.79	3121.75	5202.91
	下（元/亩）	6937.22	1387.4	2196.79	1040.58
	平均价（元/亩）	36998.5	2350.75	3507.15	4162.22
	指数（%）	69.37	67.03	85.21	73.47
民国23年	上（元/亩）	69372.18	3237.37	4856.05	5549.77
	中（元/亩）	34686.09	2081.17	2774.89	4509.19
	下（元/亩）	6937.22	1214.01	1387.44	832.45
	平均价（元/亩）	36998.5	2177.52	3006.13	3630.48
	指数（%）	69.27	62.09	73.03	64.08

民国19—23年区境乡村地价一览表

表18-2-5

年份	等级	各地类价格			
		水田地	旱　地	山林地	池荡地
民国19年	上（元/亩）	115.62	52.03	20.81	265.93
	中（元/亩）	69.37	34.69	13.87	
	下（元/亩）	34.69	15.03	11.56	
	平均价（元/亩）	73.23	33.92	15.41	
	指数（%）	100	100	100	
民国20年	上（元/亩）	115.62	52.03	20.81	265.93
	中（元/亩）	69.37	34.69	13.87	
	下（元/亩）	34.69	15.03	11.56	
	平均价（元/亩）	73.23	33.92	15.41	
	指数（%）	100	100	100	
民国21年	上（元/亩）	115.62	52.03	20.81	265.93
	中（元/亩）	69.37	34.69	13.87	
	下（元/亩）	34.69	15.03	11.56	
	平均价（元/亩）	73.23	33.92	15.41	
	指数（%）	100	100	100	
民国22年	上（元/亩）	92.5	46.25	20.81	184.92
	中（元/亩）	57.81	23.12	11.56	
	下（元/亩）	23.12	11.56	9.26	
	平均价（元/亩）	57.81	26.98	13.88	
	指数（%）	78.95	79.55	69.54	

续表18-2-5

年份	等级	各地类价格			
		水田地	旱　地	山林地	池荡地
民国23年	上（元/亩）	90.18	43.94	19.66	173.43
	中（元/亩）	54.34	20.81	10.41	
	下（元/亩）	20.81	10.41	6.94	
	平均价（元/亩）	55.11	25.05	12.4	
	指数（%）	75	13.86	65.22	

民国37年区境重估各等级地价标准一览表

表18-2-6　单位：亿元/亩

等级	所　属　区　域	地价	等级	所　属　区　域	地价
特	中山路口至鹭江道等	54.72	9	古城东路、桥亭等	4.2
1	思明戏院至中山路等	41.66	10	斗西路、厦港太平街等	2.88
2	大同路中段	31.2	11	佑福路等	1.82
3	大中路中段、太古码头等	23.52	12	厦港配料馆等	1.15
4	思明南路等	16.55	13	后江埭等	0.72
5	思明北路等	12.67	14	后河仔等	0.36
6	小走马路等	9.07	15	东边社等	0.18
7	公园南路、第一码头等	6.88	16	曾厝垵社等	0.12
8	古城西路等	5.76			

（二）中华人民共和国成立后地价

1950年1—4月，区境按段别、地号、坐落、面积、业户姓名、住址、建筑物种类、层次、占地面积等，逐一造册计算。1952年，对民国36年国民政府制定的市区地价等级进行复查、修订和换算。1953年1月，根据《厦门市市区地价等级范围表》，区境地价共25级。

1982—1985年，市房地产公司开发湖滨一里至湖滨四里，征地48万平方米，每平方米开发费60元。中外合作兴建的嘉美花园，征地8400平方米，每平方米开发费41.19元。中外合作兴建的海滨大厦，每平方米开发费360元。旧市区每平方米收100～360元；鼓浪屿区每平方米收360～500元。

1985年10月1日，根据市政府《特区土地使用费征收办法》，缴纳土地使用费的对象为外商独资、中外合资、中外合作的企业及其常驻代表机构和内联企业使用土地者。以土地折价入股或作为条件进行合资、合作的土地使用费由提供土地的一方缴纳。租用公房、私房的企业，土地使用费由房屋所有权人缴纳。

1988年，区境土地有偿出让（拍卖）平均地价为969.57元/平方米，1989年为2463.48元/平方米，1990年为1997.63元/平方米，1991年为2699.77元/平方米，1992年为3509.87元/平方米。1993年厦禾路改造，沿线3幅土地的使用权平均地价12396元/平方米，是1988年的12.7倍。

2004年，思明区总用地面积44204.53平方米，位于会展南区、编号为“2004G04”地块（建发爱琴海），楼面地价以4800元/平方米成交；10月，鑫新景地竞得的莲坂二期旧城改造项目（2004G10），总面积成交价5.05亿元。

2005年，房地产投资增长较快，主要是土地购置费的增长拉动房地产投资快速增长，其中有鑫新景地的地价 2.9 亿元和源昌地价 3.64 亿元。

2007 年，思明区房地产企业购置土地面积 63.4 万平方米，土地成交价款 72.2 亿元，平均每平方米为 11436 元。其中，购置思明区地块面积 4.2 万平方米，土地成交价款 10.2 亿元。

1952 年区境地价等级范围一览表

表 18-2-7

单位：元/亩

等级	地价	土地坐落范围
1	200	大同路（人和路口大同药店至大井脚口）
2	160	海后路（全线）、大同路（大千旅社起至人和路口大同药店右边）、升平路（镇邦路口至海后路口）
2	160	鹭江道中段（升平路总工会左边至水仙路口）、中山路（轮渡码头起至太平路口）、思明南路（思明戏院起至中山路口）
3	120	鹭江道中段（第五码头起至第八码头运输公司）、横竹路（全线）、镇邦路（中山路口至升平路口）
3	120	中山路（太平路口起至思明南路口）、思明北路（思明东路横巷口起至大同路口）
4	100	打铁街（新路：开元路口至磁安路口）、开元路（横竹路口起至鹭江道口）、人和路（大路）
4	100	镇邦路（大同路口起至升平路口）、大中路（全线）、大同路（大井脚口至思明北路口）
5	80	中山路（思明南路口新广益起至中华戏院）、思明西路（全线）、升平路（镇邦路口起至大中路交界线）
5	80	镇邦路（北段）、鹭江道（升平路口起至人和路口）
6	70	思明东路（福河街口起至第七市场口）、第七市场、大同路（思明北路十字路口起至养真宫巷口）、开元路（横竹路口起至古营路口）
7	60	公园南路（市政府门口起至虎园路广播电台脚）、中山路（中华路交接界起至南田巷口）、思明南路（中山路口起至二舍庙口）、定安路（思明南路口起至太平路口）、太平路（中山路口起至定安路口）、水仙路（全线）、鹭江道（水仙路口起至宏汉路口）、升平路（海后路口至大中路口）、大元路（全线）、开禾路（开元路口起至营平路口）、营平路（全线）、思明北路（大同路口起至厦禾路口）
8	50	泰山路（全线）、钓仔路（全线）、鹭江道尾段（第五码头起至厦禾路口）
8	50	鼓浪屿龙头路（东由人民银行起至中心区及西南畔闹市区）
9	40	公园东路（共和路口起至公园南路口）、公园南路（市政府门口起至出米岩口）、公园西路（北门外街口起至公园南路口）、中华路（全线）、第六市场、棉袜巷（全线）、开禾路（营平路口起至厦禾路口）、开平路（营平路口起至开元路口）、第八市场、开元路（古营路口起至厦禾路口）、第四市场、厦禾路（开元路口起至糖油公会门口）、鼓浪屿龙头路（中心区东北畔北至中华路口、西至泉州路口）、海坛路前半段（与龙头路交接界的半段）、市场路前半段（与龙头路交接界的半段）
10	35	公园南路（出米岩口起至中华路口）、民国路（中华路口起至大同路口）、大同路（民国路口起至养真宫巷口）、人和路（旧路小巷部分）、新路街（全线）、惠通巷（全线）、定安路（中山路口起至太平路口）
11	30	厦禾路（开元路口玉华宫左边起至鹭江道）、龙船礁、罗浮路、卢山路、磁安路、兴安街、打铁街、古营路（营平路口起至河仔墘街口）、晨光路（水仙路口起至华侨招待所门口）、思明东路（民国路口至第七市场口）、思明南路（二舍庙口起至周宝巷口）、同安路、同安里、兴华里、虎园路（广播电台起至邮电局托儿所）、蓼花路、共和路、深田路（公园东路口起至市委会）、妙释寺路（公园东路起至市委会后面）、公园东路（共和路起至公园北路口）
11	30	鼓浪屿福建路、晃岩路（至永春路口）、中华路（泉州路口起至大宫口）、海坛路（至永春路口）
11	30	鼓浪屿泉州路（龙头路交接线起至中段安海路口附近）
12	25	忠孝里、信义里、兴华里、古城西路、新霞溪路、周厝巷、卖鸡巷、三条巷、厦禾路（糖油公会门口起至故宫路口）
12	25	鼓浪屿龙头路（轮渡码头至人民银行）、博爱路（龙头路口起至复兴路口）

续表18-2-7

等级	地价	土地坐落范围
13	20	第二市场、溪岸路（禾祥街口起至溪岸街转弯处）、复兴路、公园西路（溪岸路口起至北门外街口）、民国路（十字路口起至双十路口）、古城东路、第一市场、南田巷（中华戏院后街）、第五市场、妙香路、思明东路横巷、仁和宫巷、曾姑娘巷（西面）、南（轿）巷、山仔顶、天一楼、小走马路、同文路、晨光路（同文路交接界起至晨光路华侨招待所）、和凤街、旗杆巷、布袋街、涂崎巷、大井脚、暗迷巷、外较场、太史巷、打铁街（旧横路）、石浔巷、磁巷、洪本部、担水巷
13	20	鼓浪屿漳州路（中华路交接界起至自来水公司）、复兴路（福建路口起至自来水公司）、安海路（泉州路口起至维新路再转至龙头路口）、中华路（龙头路口起至安海路口）、乌埭路
14	18	虞朝巷、桥亭街、仁安巷、黄厝巷、台光街、二舍庙、太平路内段、钱炉灰埕、大字酒、通奉第、南砖仔埕、广仔井、典宝街、角尾路、养真宫
15	16	禾祥街（第四中心小学左边至溪岸街口）、禾泰街（大路）、小学路（屠宰场后起至大同小学）、外王路、大王后街、小打铁街、九条巷、十一橺、河仔墘、八卦埕、道平路、开平路（古营路口至小打铁街口）、南猪行、夹舨寮、永安街、后厅衙、二王街、土地公祖巷、大井脚、土堆巷、麦仔埕、光彩街、长寮巷、东面曾姑娘巷、后岸、打锡箔、旧霞溪路、月眉池、内武庙、傅厝巷、顶井巷、福河街、中岸街、南土地公巷、南田巷（小巷）、十六橺、南大沟墘、普佑街、双十路（上古街口起至思明南路口）、思明南路（周宝巷口起至鸿山寺口止）厦港永安街、大学路北段（民生路交界起至中埔头、大埔头交界路口）
15	16	鼓浪屿日兴街起至龙头路转福州路至和记码头、锦祥街、黄家渡、安海路（乌埭路交界起至笔山路英华中学附近）、笔山路（区公所至英华中学附近）、永春路、晃岩路西半段（岩仔山脚附近）、复兴路（东半段）
16	14	石路街、玉屏巷、北砖仔埕、靖山路（北段）、本部巷、草埔埕巷、丁仔墓、广平巷、宏汉路、民族路、鼓浪屿晃岩路（中山图书馆附近）、泉州路（最尾段）、港仔后路、田尾路（西畔）、旗尾山路
17	12	禾泰街（小路）、后河仔、溪岸路（公园东路口起至斗西路及禾泰街大路）、斗西路、厦禾路（斗西路口起至故宫路口）、佑福路（大路）、故宫路、双莲池、丹霞宫、双十路（民国路口至上古街口）、厦港太平桥街、福海宫口附近、鼓浪屿鸡山路和内厝澳礼拜堂附近、西林附近、升旗山路、大德记沿海线至田尾路东畔
18	10	虎园路（虎溪岩脚至邮电局托儿所口）、励志里、励志路、百家村中心区、美仁宫口附近、北门外街、出米岩、中府巷、南寿宫巷、城隍庙巷、墙顶巷、顶井巷、大埕巷、西庵宫、瓮王巷、泰安街、大沟墘、福茂宫、打索埕
18	10	国公府巷、李厝巷、养元宫巷、石坊巷、东砖仔埕、文渊井、青墓石灼巷、思明南路（鸿山寺至碧山路口）、玄妙宫巷、北烘炉埕、斗涵巷、厦港寿山路、大生里附近。鼓浪屿市立第二医院、三丘田、三和路至内厝澳交界线四枞松、维新路与三和路交界线附近、内厝澳中心区、鼓浪屿公平路西半段
19	8	草埔尾巷、莱妈街、佑福路小巷、海岸街、海岸后街、厦禾路、市立中学、白鹿洞新区、三官宫巷、靖山路、吴厝巷、盐溪街、苏厝街、外清巷、石壁街、四仙街、释仔街、马箭巷、石顶巷、石照巷、刺皮巷、下井巷、石圣王巷、周宝巷、广平巷、三十六崎、马柱巷、打剃头刀街、九竹巷、面线埕、思明南路（碧山路起至蜂巢山脚）、碧山路、第三市场、民生路、大学路南段（大埔头、中埔头交界线起至山海冰厂）
20	6	禾祥街（第四中心小学右边起至将军祠口）、三民街、溪岸街、兜仔尾、大路边、太平妈、手车巷、先锋营、铳局巷、武当分镇、白厝墓、大连兴馆、泉州街、讲古脚、水流巷、水流横巷、崎宫巷、北市仔街、鱼仔路头、灵应殿、金新河、六仙宫巷、虎头山新区、旧鱼行口、大人宫、南打棕街、料船头、配料馆、民族路（电灯厂对面）、鼓浪屿四枞松起至内厝澳、康泰路、笔山路北半段、鸡山路北半段
21	5	后江埭（华侨火柴厂附近）、袁厝社、美仁后社中段、美仁前社中段、华侨新村、西应殿、新填地、旧路头、厦港打石市街、福海宫、福海后街、围仔内、南菜园角、马墓、待教巷、铳局巷、石榴井、南义和街、水牛埕、圆山宫、南大埕、配料馆后段、南溪仔墘、蜂巢山路、厦港鱼市场、沙坡尾
22	4	百家村白鹤岩脚、麒麟山新区、永福宫、熟肉巷、巡司顶、中埔头、小埔头、鼓浪屿鼓声路、鸡山路西南段至海
23	3	后江埭水鸡腿附近、美仁前社海墘、美仁后社海墘、厦港不见天、大浦头、鼓浪屿兴化路、康泰垵（兆和公司附近即北面靠海地区）

续表18-2-7

等级	地价	土地坐落范围
24	2	厦港蜂巢山顶、鼓浪屿五个牌山、鸡母山顶
25	1	沿海（海滩）

第二节　房屋建设

明洪武二十七年（1394 年），在区境建成厦门城。清康熙三十六年至四十八年（1697—1709 年），开山填池，新建民房 1415 间，房屋建设以私有住房为主。清雍正八年至清道光十一年（1730—1831 年），陆续新建民房 2722 间。鸦片战争后，厦门成为“五口通商”口岸之一，西方列强到鼓浪屿抢地建造别墅公馆。15 年内，建造 1000 多幢别墅住宅。清末，区境各类房屋建筑面积 155 万平方米。

民国 9 年（1920 年）后，区境出现城市建设热潮，商贸鼎盛，房屋建设也发展较快。民国 17—21 年，新建民房 5349 间，建筑面积 343. 8 万平方米，建房资金主要来自华侨。抗日战争期间，许多民房被日伪政权拆毁，断墙残壁。

“九一八”事变后至抗日战争胜利，区境市政建设停滞。民国 34—38 年，除翻修部分旧房外，仅斗西路新建 1 幢两层楼的“首期社会新村”及美头山建 3 幢华侨楼房。

1953 年 1 月，厦门市总工会在宏汉路（今镇海路）新建 7 幢砖木结构两层住宅楼，安排先进工人和数百户居住条件最差的工人居住。当年底，市房管局投资 17 万元，在区境新建住宅 5670 平方米。厦门大学在五老峰南麓新建部分教职工住宅。

1956—1962 年，三区政府统一规划，成立华侨新村筹建委员会和华侨新村建筑队，在公园西路建设由 2～3 层带小花园、独院式住宅组成的华侨新村。嗣后，在赤岭南麓建设第二个华侨新村，至 1980 年，建成房屋 96 幢（2. 6 万平方米）。

1959 年 8 月 23 日，区境遭特大台风袭击，城区有 10 余万平方米住宅倒塌，市政府紧急拨款 50 万元，在厦港一带建造平房 21 幢，安排受灾户居住。此外，还在青墓石山后和斗西路一带建造宿舍，解决灾民急需。市房管局在小学路部分楼房平台，以及第一、二、五、七市场屋顶加建一层，安排 100 多户困难户居住。

1969—1976 年，在大生里和厦禾路一带兴建一批 4～5 层砖混结构单元式公寓住宅。1972—1978 年，在厦港“不见天”一带改造旧平屋群，建成新住宅区，面积 10. 75 万平方米。1980 年，区境人均居住面积 4. 1 平方米。

1980 年后，住宅建设管理体制由单纯依靠政府或单位投资（拨款）的统一建设、统一分配、统一管理的计划经济体制，逐步向住宅建设市场化、管理社会化转变，住宅建设进入大规模发展时期。商品房建设用地由开发商通过有偿转让（竞投或议标）取得。销售对象主要是外商、华侨、企业高级管理人员及其他阶层人士。

1984 年，兴建嘉美花园、美仁新村、凤凰山庄、西堤别墅、莲坂小区、官任小区等商品房。

1986 年 12 月，三区分别成立土地管理所。1988 年 6 月 30 日，厦门市成功举行首场国有土地使用权拍卖，推动三区房屋买卖交易市场形成并发展。

1994 年 1 月 28 日，厦禾路最大的返迁安置房工程“城市花园”动工兴建。是年，实施安居工程建设，开发建设金鸡亭小区、松柏小区、莲岳小区、吕岭小区、莲花五村、金尚小区等一批配套齐全的优秀生活小区。

1996—1999 年，区境房地产开发以多层经济适用房为主导，商品房建设进程中，凸显大型居住小区在配套的完整性、实用性方面的优势。瑞景新村应运而生。2000—2001 年，房地产开发改为以高层单体楼为主导。2002 年起，出现成片开发大盘的房地产建设局面。

2005 年 9 月，建设“金包金”工程，为村民转化为居民而建设“底层店面，上部公寓”商业用房。

2007 年，思明区全面完成“村改居”工作，村民改为居民，住房建设实现社区化。

附：经济适用房、商品房建设

（一）经济适用房建设

1991—1998 年，区境统建解困房阶段，取消单位自建房，实行政府统一集中建设。用于解决机关企事业单位干部、教师的住房问题，一部分面向人均居住面积低于 4 平方米住房困难户。主要建设体育东村、松柏小区、仙岳东村统建解困房。

1998—2005 年，建设经济适用房阶段，以社会公开配售为主，对象为人均居住面积 8 平方米以下的困难户，逐步减少直至取消面向机关事业单位的分房。主要建设前埔南区、前埔北区、瑞景新村等经济适用房小区。

2006—2007 年，发展社会保障性住房阶段，扩大保障覆盖面，政府通过廉租房、社会保障性租赁房、经济适用房和社会保障性商品房对居民实施分类保障，建立多层次住房保障体系。

2007 年，思明区投入 1.63 亿元用于经济适用房建设。

莲花五村 位于龙山片区。1994 年开工建设，1996 年竣工。用地面积 12.33 万平方米，建筑面积 17.88 万平方米，住宅 1875 套。

金鸡亭小区 位于莲前西路南侧西林村。1994 年 11 月开工建设，1996 年 5 月竣工。用地面积 20.46 万平方米，建筑面积 26.98 万平方米，住宅 3326 套。配套中学 1 所、小学 1 所、幼儿园 2 所。获国家安居工程优秀小区、全国城市物业管理优秀示范住宅小区称号。

瑞景新村 位于洪文一里。1996 年 9 月开工，1998 年 11 月竣工。用地面积 16 万平方米，建筑面积 18.84 万平方米，容积率 1.31，绿地率 42%，其中住宅 52 幢，1742 套。配套小学、幼儿园、娱乐中心、农贸市场、商业网点、清洁楼、停车场等。是建设部全国第四批城市住宅建设试点小区之一，也是福建省第一个国家级试点小区。

前埔南区 位于莲前大道南侧。1997 年 5 月动工建设，2001 年竣工。用地面积 44 万平方米，建筑面积 55.43 万平方米，住宅 6454 套。配套中学 1 所、小学 2 所、幼儿园 3 所和农贸市场等。

前埔北区 位于莲前大道北侧。1998 年开工，2001 年竣工。用地面积 20.33 万平方米，建筑面积 31.99 万平方米，住宅 3044 套。

（二）商品房竣工面积

2004 年，思明区商品房竣工面积为 221.83 万平方米；2005 年为 179.94 万平方米。

1996—2005 年商品房竣工面积统计表

表 18-2-8 单位：万平方米

年份	鼓浪屿区	开元区	思明区	年份	鼓浪屿区	开元区	思明区
1996	0.34	49.45	3.15	2001	1.67	151.45	21.37
1997	0.64	108.48	6.07	2002	1.99	92.91	15.27
1998	0.57	93.67	4.62	2003	5.3	157.98	8.96
1999	0.93	135.23	16.52	合计	12.33	973.37	87.39
2000	0.89	184.2	11.43				

（三）商品房销售、空置面积

2007年，商品房销售面积197.2万平方米，比上年增长2%；销售总额172.7亿元，比上年增长30.8%。当年，商品房空置面积45.3万平方米，比上年下降26.9%；空置1～3年商品房面积30.8万平方米，下降33%；空置3年以上商品房面积9.1万平方米，下降43.1%。

第三节 征地拆迁与安置

一、拆迁补偿

民国9年（1920年），兴建开元路时，路线内有外国籍民房屋10余家。外国领事馆以保护籍民利益为由，抗拒征用。市政当局只得提高收买价格，作为额外补偿，始得解决。

民国17年，堤工处和路政处对区境马路与新区进行规划和分工，却遭外籍居民百般阻挠，市政当局对抗拒拆迁的外国籍民房屋采取先强制执行后办理交涉。民国18年初，由路政警察督工，从寮仔后（今晨光路）开始，将有碍路线的店房全部拆除，工程得以推进。是年，市政当局发出通知书，限期拆除大同路相关店屋。日本领事派出日警，对大同路范围内的日本籍民店铺巡视保护。路政处再次贴出“限期拆卸，如逾期不拆，即派工代拆”告示。日方仍无行动；逾期，由漳厦海军警备司令部派出海军陆战队，封锁大同路交通，由数百名工人予以拆除，并给补偿。

民国37年初，海军厦门造船厂扩建，征用厦禾路、鹭江道交叉处的帆礁（今第一码头附近）中国银行仓库及附近民房、民地，面积2.85万平方米。以“补偿地价”方式征用。

中华人民共和国成立，实行土地国有制，对建设需用土地依法征用。1950年6月，《中华人民共和国土地改革法》实施。厦门大学扩建校舍，依法征购大南、顶澳、下澳和东边社部分民房、民地。厦门第一中学建新校舍，征购洞仔内山坡地农民菜园、杂地1.49万平方米。第一医院建大楼，征购民房和果农菜园526平方米，地面农作物，按3年产果、菜的时价补偿。国防建设，征购1.66平方公里。建鹰厦铁路，征购沿线和金榜山、梧村一带土地。

1972年，执行厦门市革命委员会《贯彻执行国务院征用土地条例的实施办法（修订）》，规定只给土地补偿，不给安排劳动就业。

1984年至1987年8月，东区开发公司征用三区土地1.74平方公里，补偿费3497.93万元。

1992年，执行《厦门市城市房屋拆迁管理办法》，拆迁补偿价格标准按房屋及其附属物类别、等级、项目和标准，由征地拆迁办公室按有关规定办理。

1994年起，三区执行市政府《关于制止利用征地拆迁抢种、抢养、抢建、强行承包工程、强卖地材的通告》《关于国家建设征用土地对果树、果苗、园林苗圃及地上物补偿标准》和《厦门市城市房屋拆迁补偿和安置计价标准》等文件。

2007年，思明区执行《中华人民共和国物权法》。

附：大规模拆迁补偿纪要

（一）莲坂旧城改造拆迁补偿

2002年3月，嘉莲街道莲坂改造拆迁补偿时，在不违背法律的前提下，政府出台政策给予合理补偿。此前拆迁房每平方米补偿1800元，而莲坂每平方米补偿2960元，店面每平方米加2200元。对人均不足30平方米的，按30平方米计算补偿。居民签订拆迁协议后，补偿金随即足额发放。在“拆迁面积最大、安置人口最多、工作难度最大”情况下，创造“费时最短、拆迁最彻底、群众最满意”拆迁纪录。政府在莲坂拆迁改造项目支出赔偿安置费共14.5亿元，而获得土地挂牌出让金13.5亿元，“倒贴”1亿元。

（二）成功大道（嘉莲段）拆迁补偿

2006年1月，思明区启动成功大道嘉莲段2公里住户拆迁工作，征地面积10万平方米，涉及工厂企业与个体经营户共300余家（从业人员2500多人）及8幢公寓楼1000余住户（包括7万平方米的不赔偿超期临时建筑物——三通建材市场）。对集中300多家商家和企业、8幢公寓楼513个租住户和1500名外来租住人员这一超期临时建筑，按照相关法规，应由业主无偿自行拆除。嘉莲街道在三通建材城内设“拆迁工作服务站”，解决300多户商家及1500名租住人员去向问题，税务、司法等部门在1个月内帮助80多位建材商家从业主手中要回押金和租金。这些商户深受感动，联名发出倡议书支持拆迁。仅用3个月，嘉莲街道就顺利完成拆迁任务，创下厦门市“最大面积临时建筑由业主自行拆除”（不补偿）新纪录。

（三）成功大道（厦港段）拆迁补偿

2006年6月6日，成功大道厦港段建设拆迁进入实施阶段，厦港片区旧城改造正式启动。厦港片区房屋多是建设年代久远的低层住宅及部分废旧厂房。成功大道厦港段拆迁占地面积3.9万平方米，拆迁房屋建筑面积7万多平方米。被拆迁住宅户891户，其中低保户和低收入户186户，占20.9%。街道领导人对拆迁地段进行分片包干，采取入户访谈方式。2006年11月15日，民族路以东至金新街的首块土地交付使用；12月31日，成功大道厦港段所有建筑物拆迁完毕。

（四）福厦铁路（思明段）拆迁补偿

福厦铁路嘉莲段和梧村段沿线拆迁范围4公里，总拆迁面积5.3万平方米，涉及209户789人和35家企事业单位。拆迁范围包括浦南官都里、坂尾路、流芳里、和光里和莲花南路。2006年9月11日，思明区拆迁指挥部和嘉莲、梧村街道坚持依法拆迁，且照顾被拆迁户合理要求，制定激励措施。拆迁公告发布1个月，住宅部分拆迁补偿协议签订率100%。拆迁公告发布40天，搬迁率97.6%。11月20日，思明区与东南沿海铁路福建责任有限公司签订《福厦铁路（思明段）建设用地交接单》，正式交付。福厦铁路思明段征地拆迁工作全线提前3个月完成。

（五）湖边水库综合整治（思明辖区）拆迁补偿

2007年11月15日，区政府启动湖边水库征地拆迁工作。湖边水库位于吕岭路和环湖里大道的交叉口西北侧，面积22万平方米，其中3万平方米作为社会保障性住房用地，其余为市政府储备用地。湖边水库思明区内建筑绝大多数是无手续违法建设，按照政策，无给予赔偿。地块内有企业380多家，思明区为其到集美、同安、翔安、海沧等地联系新搬迁地点。在搬迁过程中，有些路段是大货车白天禁行，则协调办理通行证，加快搬迁进度。

二、拆迁安置

民国16年，兴建中山公园拆迁124户本地居民房子时，先在百家村建造平屋安置，征地拆房进展顺利。

中华人民共和国成立后，国家建设需要征用农民土地，除给予土地、青苗补偿外，还由用地单位安置劳动就业。征用市区居民房屋，除折价补偿外，还安置其租用公房。

1966年后，征用农民田地，征用后人均尚有1亩以上的，不予安置就业；人均0.5～1亩的，安置1人就业；人均在0.5亩以下的，安置2人就业。年龄限定16～35岁（男、女）。

2005年，在洪山柄、新潘宅、莲坂等重点改造工程安置房建设时，照顾群众“故土难离”情感，就地建设；安置房建设以厦门市中档商品房为标准。在原址兴建的莲坂新村安置房23幢1431套，最高为18层，有玻璃幕墙，绿地率40%，周边预留学校用地。是年，思明区政府出台《重点工程建设中解决居民生活出路的若干措施》《妥善解决重点工程建设中拆迁户子女继续就读小学的意见》。实行“以土地换社保”和集体资产股份化经营管理模式。通过改善居民福利、拓宽就业渠道、扶持弱势群体、鼓励投资创业、完善社会保障体系等工作，使群众无后顾之忧。在新改造的洪文社区，区政府以成本价卖给居委会1个农贸市场和70多间店面，其中拆迁户占80%股份。

居民办理保障性住房申请手续

2006年4月，在成功大道厦港段征地拆迁中，首创返迁安置模式，部分拆迁户安置到鸿山新村。厦港路段拆迁从巡司顶起，到冷冻厂，全长830米，拆迁923户（2926人），拆迁总面积77319平方米。用于拆迁安置房源12处，包括就近安置鸿山新村及11个异地安置小区龙山小区、东盛花园、岭兜小区等。在拆迁安置中，保障85户经济困难家庭有基本住房面积。厦港街道对安置房地段价格进行评估，最高为鸿山新村，评估价为每平方米4816元；最低为枋湖新村，评估价每平方米3103元。其余为：仙岳东村3448元/平方米，岳阳小区3563元/平方米，益辉花园3631元/平方米，江头苑3264元/平方米，金山小区3833元/平方米，梅阳花园3493元/平方米，龙山二期3884元/平方米，东盛二期3915元/平方米，达嘉馨园3851元/平方米，岭兜小区3613元/平方米。

2006年4月，莲前街道启动何厝“金包金”工程；2007年10月6日竣工。该工程位于厦门软件园二期东侧，紧临五石路，用地面积4.22万平方米，建筑面积6.45万平方米，主要为厦门软件园二期配套永久性公寓、商场及美食街临时性店面。思明信用社对愿意入股又一时难以凑齐入股资金的居民提供“存单质押”和“保证担保”两种配套优惠贷款业务，贷款利率享受基准利率下浮10%优惠。2006年8月至2007年10月，支持156户农户累计发放贷款817万元，并将贷款缴入厦门何厝均富股份有限公司。公司以软件园二期房屋租赁为主，回报率每年10%～15%，实现居委会、村民、信用社三方共赢。

2006年9月，启动福厦铁路思明段征地拆迁。安置房地点增至3处，即莲坂新村43套、绿景花园2套、厦福安置房180套，共225套。其中，厦福安置小区占地3万多平方米，建筑面积10万平方米，配套幼儿园、农贸市场及商场等，由厦门建发房地产集团代建。

2007年，曾厝垵片区改造安置房开工典礼

2007年，思明区完成征地160.32万平方米，拆迁679户，拆迁面积40.64万平方米。其间，曾厝垵片区改造正式启动。同时，推进福厦铁路、成功大道、环岛干道、湖边水库整治工程、BRT等省、市级重点工程项目的征地拆迁工作。

2004—2007 年思明区征地拆迁统计表

表 18-2-9

年份	征地面积（公顷）	其中：耕地面积（公顷）	征地补偿金额（万元）	拆迁面积（公顷）	拆迁户数（户）	安置面积（公顷）	拆迁货币补偿金额（万元）
2004	48.81	—	12493.26	4.3	—	—	6808.3
2005	394.99	—	164756.44	61.73	—	16.1	167901.8
2006	114.66	28.57	10084.49	37.61	2240	13.54	69107.175
2007	160.32	24.31	7404.382	40.64	679	6.37	17363.774
合计	718.78	52.88	194738.572	144.28	2919	36.01	261181.049

第四节 房地产市场管理

一、商品房预售

1994 年 5 月 4 日，市政府颁布《厦门市商品房预售管理规定》，三区商品房预售管理开始走上法制化轨道。2002 年以后，房地产开发进入高速发展阶段，《厦门市商品房预售管理规定》的不完善逐步显现。商品房预售制度成为开发商囤积居奇、推动房价上涨的推手。为此，2007 年 4 月 25 日至 7 月 10 日，区建设局协助市国土房产局在全区开展商品房预售暨房地产中介专项执法检查。截至 6 月底，共检查 383 家房地产企业，发出《责令停止违法行为通知书》11 份。

二、物业管理

1990 年后，区境出现业主委员会雏形，基本仿效香港管理模式，称业主管理委员会或小区管理委员会。

1992—1993 年，物业公司开始进入房地产市场，主要从事介绍房屋买卖、租赁，少数兼代理开发商出售商品房及进行楼宇管理。物业公司只要到工商局领取营业执照即可开业。1999 年 1 月 1 日，区境实施厦门市人大颁发的《厦门市住宅区物业管理条例》。

2004 年 1 月 1 日起，根据市委、市政府《关于调整部分事权与财政体制的通知》及《厦门市住宅区物业管理条例实施细则》，物业管理事权下放思明区建设局，负责业主委员会登记备案工作。区建设局、街道办事处履行物业管理的指导、监督、协调和投诉受理等相关职责，并督促业主委员会按照实施细则第二十三条规定，建立业主及使用人的投诉受理制度，完善投诉受理机制。

2006 年 4 月，思明区物业管理工作中心成立，负责贯彻执行物业管理法律法规，对业主委员会进行工作指导，协助街道调处物业管理纠纷。至 2007 年底，全区正式登记备案的物业管理企业 278 家。

三、房地产拍卖

1991 年 10 月 28 日，厦门市房地产交易所受新加坡大华银行厦门分行委托，成功拍卖莲花新村观远里 4 号 1~3 层 6 套公寓，为区境第一例房产公开拍卖。1992 年 11 月 28 日，厦门市房地产交易所公开拍卖莲岳路 28 号等 12 套店铺。1994 年 4 月 26 日，厦门市房地产市场管理处受开元区法院委托，与厦门市经济特区拍卖行合作，成功拍卖嘉美花园山秀苑 5A、福河街 4 号第 2 层。同年，又拍卖思明南路 298 号 A 座 102 单元（思明苑）。此后，房地产拍卖成为常规业务，拍卖行不断增加。

至2007年，区境从事拍卖的企业主要有16家。

2007年思明区境拍卖企业一览表

表18-2-10

企业名称	地　址
福建省鹏翰拍卖有限公司	厦禾路820号帝豪大厦
福建省贸易信托拍卖行厦门分行	湖滨南路57号金源大厦
福建省一鼎拍卖有限公司	嘉禾路392号国泰大厦
厦门会丰拍卖有限责任公司	湖滨南路6号
厦门市易方达拍卖行有限公司	莲花北路8号
福建省嘉泉拍卖有限公司	后埭溪路28号皇达大厦
厦门特拍拍卖有限公司	斗西北路9号电控大厦
厦门敬业拍卖有限公司	湖滨北路108号振业大厦
福建承信拍卖行有限公司	仙岳路456号永升汽联中心
福建省丰盛拍卖行有限公司	莲前西路2号莲富大厦
厦门中胜拍卖行有限公司	湖滨北路265号
厦门市定佳拍卖有限公司	吕岭路75-77号长安大厦
厦门新立嘉拍卖有限公司	厦禾路837号汇成商业中心
福建省中新拍卖行有限公司	厦禾路820号帝豪大厦
福建省顶信拍卖有限公司	厦禾路878号铁道大厦
厦门中正拍卖有限公司	湖滨北路78号

四、私房管理

（一）产权登记

明清时期，区境民间商肆铺房、宅基、空地和农村住宅继承、买卖、析产、合建、合并、赠送和阄分、典当、抵押等，均先由当事人各方协商议妥，由家族长辈或外界中间人商议说合，延请他人代书契据或合约书，由当事人及其关系人或代书人等，在契据或合约书上签字押号，以示行为完结。契据或合约书，在官府规定限期内申报投税，经验契官员审核属实，通知申请人缴纳契税，然后在其缴验的契据或合约书左边缘上粘贴契尾税单，在骑缝加盖县令印章，即为民间俗称的房地产业权“红契”。既是房屋买卖或典押契据，又是缴纳库税凭证。

民国时期，基本沿用清代契税验印制度。房地产契据税单所加盖的官府印章，有“福建国税厅筹备处”“福建国税厅”“福建省政府财政厅”“福建省财政厅”“闽军财政总局”“厦门市政督办公署”等。同时，思明地方审判厅登记处亦开办“不动产登记的申请领证业务”，规定民建的各种不动产（包括房地产）业权设定及其典当行为，亦可申报领取不动产登记证。

民国27年（1938年）5月厦门岛沦陷，日伪当局发布《厦门市房屋管理暂行规定》，对民国27年5月10日前建筑或正在建筑民房实行全面管理。宣布“凡不登记者一律充为公产”。当时，房地产业主出逃者多（没按时登记），日本人、日籍台湾人则争造伪契，冒认房地产。

民国34年10月3日，厦门市政府财政局组成两个接收小组，一组接收企业，一组接管有关公产清册及日伪地图契。民国36年，市地籍整理办事处辖下的土地登记处承办房地产总登记业务。

中华人民共和国成立后，厦门市人民政府财政局地政科承接原地籍整理办事处的产权登记案卷，进行清理。1950 年 5 月 22 日，区境开展尚未登记房产的补办登记工作；9 月，对旧登记案件进行复核。1951 年 3 月，依照市人民政府《厦门市房地产登记暂行办法》，重申办理产权登记及换发新证；4 月，接受私有房地产申请移转、变更等各项登记。1958 年至 1980 年 9 月，房地产登记工作陷于半停顿状态。

1980 年 10 月，执行市人民政府《关于恢复房产登记和私房买卖暂行规定的通告》。1981 年 1 月，三区续办产权登记工作。1987 年 11 月起，执行市人民政府《关于城镇房屋所有权、土地使用权登记的暂行规定》，开展发证工作。房地产登记、发证工作从此走上常规，至 2007 年仍然。

（二）房屋租赁

民国 9 年后，区境房屋租赁兴起，国内富商和华侨投资房地产业者日益增多，地价骤涨，房租逐年提高。民国 21 年，受世界经济危机影响，房屋租赁衰退，一度掀起减租风潮，持续数月。思明市政筹备处协同公安局长、工务局长、思明县长、国民党思明县党部及商会代表组成“处理房租争议事件委员会”处理租赁纠纷。民国 22 年 3 月 5 日后，委员会仲裁 119 户，减租 54 户，照原租者 65 户。5 月 13 日，委员会撤销。民国 27 年 5 月，厦门岛沦陷，租赁业凋敝不堪。抗日战争胜利后，情况有所好转，但因权籍混乱，致纠纷不断。

1953 年 1 月，三区执行《厦门市房地产管理租赁暂行条例》。1961 年 1 月，执行《厦门市公房租金暂行计算标准》。1966 年 9 月，执行修订的《厦门市公管住宅租金标准》。1971 年 7 月 1 日，执行厦门市城市建设局《关于公管住宅重新修订的租金标准》。历次公布的公房租金标准，对区境私有房屋租金议定，有参照依据。遇有私房租金纠纷，以私房租金可略高于公房租金（不超过 25% ～30%）为原则解决。

1980 年后，国内外客商纷纷到区境投资办厂或设立办事处，公房无法满足需求，以高价租赁私房，租金上涨，私房租赁市场管理混乱。1986 年下半年起，市税务局贯彻全国统一规定的房产税新税法，对高价出租私房业主，按不同房屋类型和租金额，以累计税率征收。

1995 年 1 月 1 日，《中华人民共和国城市房地产管理法》正式施行；5 月，市政府发布房屋租赁登记通告，规定全市各类出租房屋必须在 1995 年 12 月底之前到厦门市房管局办理租赁登记手续。区境出租户到租赁科登记备案。房屋租金由出租户与承租户根据市场行情商定，政府一般不予干预。1998 年，执行《厦门市房屋租赁管理规定》，厦门市土地房产管理部门委托房地产交易中心、房屋管理所等负责有关房屋租赁管理的具体工作。有关部门在管理上逐渐放开，许多私房出租人并未持有房屋租赁许可证。房屋租赁业得以发展，房屋租赁中介逐渐兴起。至 2007 年，全区有房屋租赁中介机构 70 多家。

（三）代管与信托

1．代管

中华人民共和国成立初期，区境有 40 处为旧政府党政军人员、日伪汉奸、反革命分子、恶霸、官僚买办等出走遗弃的房产，均由厦门市军管会和人民政府代管。其中，一部分代管房屋通过法律手续，转为没收归公。

1950 年 5 月，区境进行房地产登记，将房主不在区境又无合法代理人或产权不明、无人管理、逾期不办理产权登记的房屋，定为“无主代管”。

1964 年，对一部分严重破损而业主无力维修的房屋，由房管部门垫款，进行代修代管。

1981 年起，由市统战部会同房管部门，查清业主的情况，根据爱国不分先后精神及具体政策，逐步对不同性质的代管房屋作出退还产权的处理。三区整合后，因为析产、变更、退管等因素，至 2007 年，区境尚有代管房 1573 户，面积 7.2 万平方米；退管 36 户，面积 1538 平方米。

2003—2007年思明区代管房统计表

表18-2-11

指标名称	单位	2003年	2004年	2005年	2006年	2007年
代管户数合计	户	1875	1830	1714	1671	1573
其中：住宅	户	1708	1667	1563	1523	1458
非住宅	户	167	163	151	148	115
代管面积合计	万平方米	10.59	9.99	8.25	7.8	7.2
其中：住宅	万平方米	9.14	8.72	7.08	6.72	6.41
非住宅	万平方米	1.45	1.27	1.17	1.08	0.79
退管户数合计	户	21	15	48	34	36
其中：住宅	户	21	15	40	33	36
非住宅	户	0	0	8	1	0
退管面积合计	平方米	2100	838	1158	2111	1538
其中：住宅	平方米	2100	838	93	1331	1538
非住宅	平方米	0	0	1065	780	0

2. 信托

日军侵占厦门岛期间，区境不少华侨、侨眷将其房屋委托亲友代管，或处于失管状态。有的业权被盗卖，有的被无偿占用，有的被转租、转借，无法收回产权和使用权。抗日战争胜利后，产权纠纷频繁。

1952年7月，区境信托管理费按实收租金额6%提取。烈军属房主信托代管的，只收取管理费5%。房屋保养则由授托人自选处置。1957年，市房地产信托公司受托房屋，为信托户收租金，每月实收租金为应收租额80%。在信托期内，及时进行房屋维修和保养。至年底，没有发生信托房屋倒毁事故。

1958年12月4日，厦门市公布《厦门市房地产公司办理房屋信托经租业务章程》，原信托办法同时废止。1960年11月起，对华侨私人出租房屋进行社会主义改造。1961年春，侨房改造后，又对留房部分实行信托。

1970年起，办理申请退托工作，清理结算信托租金收付账目；联系业主或代理人进行现场勘察，决定维修项目。

2003—2007年，共退托52户，面积2952平方米。根据厦门市政府2005年12月《关于解决我市涉侨房屋历史遗留问题的实施意见》，市国土房产局继续按《关于办理代管、信托房取消代管退还使用权的通知》办理，即侨房业主只要交验相关所有权有效证件，产权无纠纷，可取消侨房代管，退还其使用权。

2007年12月，全区信托房仍有322户，面积1.61万平方米。

2003—2007年思明区信托房统计表

表18-2-12

项　　目	单位	2003年	2004年	2005年	2006年	2007年
信托户数	户	378	372	367	353	322
其中：住宅	户	362	358	353	338	309

续表18-2-12

项　　目	单位	2003 年	2004 年	2005 年	2006 年	2007 年
非住宅	户	16	14	14	15	13
信托面积	万平方米	2.07	1.98	1.91	1.86	1.61
其中：住宅	万平方米	1.79	1.72	1.66	1.61	1.5
非住宅	万平方米	0.28	0.26	0.25	0.25	0.11
退托户数	户	5	3	13	24	7
退托面积	平方米	540	212	435	1468	297

（四）私房改造

1958 年，区境私有房屋除业主自住自用外，有一半以上是出租的。此后，在私房改造中，受“左”倾错误影响，私房改造工作走了弯路（包括部分侨房）。落实私房工作涉及面广、政策性强，拨乱反正后，三区政府实事求是地解决存在的遗留问题，分期分批逐户落实政策。

1986 年，根据省建设厅《关于私房改造中若干遗留问题的处理意见》，三区在“文化大革命”中接管的属于当时符合改造条件的私有出租房屋（包括缓改、漏改房），原则上补办改造手续。

1990 年以来，采取鼓励使用人对老房子进行翻修、维修的政策。

2006 年 1 月 17 日，思明区政府下发《思明区私有危房翻改建审批管理工作实施细则》，由区建设局危房翻改建办公室代行职责。

2007 年，全区私有危房、疑似危房共 952 幢，面积 144676.11 平方米。全年受理翻改建审批 36 件，上网公示并审批 36 件，批准开工 36 件。

2007 年思明区危房、疑似危房统计表

表 18-2-13

街道	总幢数（幢）	面积（平方米）	经鉴定危房（幢）					疑似危房（幢）					居住情况	
			整幢危房（幢）	局部危房（幢）	危险点房（幢）	小计（幢）	面积（平方米）	整幢危房（幢）	局部危房（幢）	危险点房（幢）	小计（幢）	面积（平方米）	户数（户）	人数（人）
鹭江	160	20924	5	48	1	54	8316	4	93	9	106	12608	236	706
开元	66	8765	1	10	—	11	890	—	55	—	55	7875	130	410
梧村	9	1294	—	2	—	2	242	—	7	—	7	1052	12	40
中华	187	31557.43	11	40	—	51	9763.27	8	113	15	136	21844.15	374	800
厦港	83	14647.16	2	17	1	20	5297.44	5	53	5	63	9349.72	144	433
滨海	95	17271.93	—	—	—	—	—	13	77	5	95	17271.93	102	513
莲前	349	49626.6	4	5	—	9	1698.16	82	234	24	340	47928.44	242	1261
筼筜	3	540	1	1	—	2	500	—	1	—	1	40	0	0
合计	952	144626.12	24	123	2	149	26706.87	112	633	58	803	117969.24	1240	4163

第十九卷　旅游业

旅游经济是思明区第三产业的重要支柱。

区境有诸多闻名世界的自然景观与人文景观，旅游资源融山海风景、侨乡风情、闽南习俗、海滨美食、异国建筑为一体。有国家重点风景名胜区鼓浪屿—万石山风景区、古军事要塞胡里山炮台、千年古刹南普陀寺、南方名校厦门大学、民族英雄郑成功演武场遗址，以及诸多名人故居、摩崖石刻等。厦门岛虎头山和鼓浪屿龙头山对峙，构成“龙虎把水口”之宏伟胜景。

1978 年以前，区境风景区于节假日有零散游客，但旅游业不被重视。改革开放后，旅游业开始起步。1987—1993 年，接待台湾游客 58.29 万人次（年均 8 万多人次）。1996 年后，加强旅游与商贸活动的互相配合、共同发展。“9·8”投洽会等大型会展活动，吸引大批商务旅游人士。国际马拉松赛等活动，为旅游业发展增添新动力。

2003 年 10 月三区整合后，加强自然景观和文化景观的整体性规划与保护，做好风景名胜区、文化娱乐场所、城市绿地和公园等旅游区（点）专项规划建设。形成鼓浪屿、万石山、南普陀—胡里山及环岛路 4 个游览景区和 1 条海上观光线。

2006 年，鼓浪屿—万石山景区被评为全国 AAAAA 级旅游区。

2007 年，全区有旅行社 82 家（其中国际旅行社 18 家），注册导游员 1600 名；接待旅客 1467.5 万人次，旅游业总收入 188.62 亿元。

第一章　旅游资源

第一节　鼓浪屿景区

鼓浪屿自然、人文景观丰富，是全国最具魅力的海岛景区之一。它位居福建“十佳”风景区之首，是全国 35 个王牌景点之一，享有“音乐之岛”“万国建筑博览”美誉。全岛面积 1.91 平方公里，海岸线长 6.1 公里，曲折蜿蜒，形成 11 个形状各异的小海滨、9 个小半岛、7 处峭壁带。港湾风光分外妖娆，海有崖，山有岩，岩有洞，洞有泉，绘成一幅美丽画卷。沙滩长 2.17 公里，占地 12.8 公顷，已开放的有大德记、港仔后、美华浴场，加上礁石群，由海湾、半岛、礁、峭构成鼓浪屿独特海岛景观。

鼓浪屿有升旗山、笔架山、覆鼎山、鸡母山、燕尾山、骆驼山和英雄山等山峦，最高峰龙头山与虎头山隔岸对峙，一龙一虎共扼厦门港。忽高忽低楼宇依山而筑，曲折盘旋。岛内无机动车辆。南亚热带海洋性气候，有植物 30 多个科属、4000 多种，绿化覆盖率 40%，人均绿地 5.1 平方米，岛上树木繁茂、空气清新、四季竞花、环境幽雅。1999 年 12 月，鼓浪屿成为全国首家通过 ISO 14001 的国家级风景名胜区。2006 年 12 月 23 日，鼓浪屿高分通过国家旅游局 AAAAA 级景区验收考评组验收。2007 年 7 月，在日内瓦举行“2007 欧中旅游合作论坛”，鼓浪屿旅游名胜区被评为欧洲人最喜爱的中国十大景区之一。

一、日光岩

位于鼓浪屿中部偏南的龙头山顶端，海拔 92.68 米，为鼓浪屿最高峰，由一块直径 40 多米完整花岗岩巨石构成，岩顶筑圆台，凭栏远眺，鹭岛风光及大担、二担、青屿诸岛尽收眼底。清顺治四年(1647 年)，郑成功登晃岩，感觉景色胜过日本日光山，便将“晃岩”改称“日光岩”。

日光岩，又称晃岩，是鼓浪屿最高峰，为厦门“八大景”之一

二、菽庄花园

位于日光岩下港仔后，占地 2.03 公顷，其中建筑面积 2451 平方米。系林尔嘉于民国 2 年依海修筑，海藏园中，傍山为洞，垒石补山，与远处山水映衬、浑然一体。1956 年，林氏家族将其献给国家改为公园。花园分藏海园、补山园两部分。藏海园有眉寿堂、壬秋阁、真率亭、四十四桥、招凉亭五景。补山园有顽石山房、十二洞天、亦爱吾庐、听潮楼、小兰亭五景。陆续建小板桥，渡月亭、千波亭、熙春亭、茅亭、扇亭等。其中，“四十四桥”是全园游览主线。

三、皓月园

位于鼓浪屿东部覆鼎岩海滨，占地 2 公顷。1990 年 9 月 27 日，“郑成功收复台湾纪念园”竣工，并以《延平二王集》中“思君寝不寐，皓月透素帏”取名。仿明代建筑风格，园内石门、石阶、石柱、石埕、石栏等与海滨沙滩、树木、山色相互交映，充满海滨园林特有韵味。1985 年 8 月，覆鼎岩上落成郑成功巨型花岗岩雕像，雕像高 15.7 米，重 1617 吨；由 23 层、625 块“泉州白”花岗岩石精雕组合而成，时为中国历史人物雕像之最。郑成功雕塑为鼓浪屿重要标志。

四、毓园

位于鼓浪屿复兴路，占地 0.57 公顷。1984 年 5 月，为纪念人民医学家、著名妇产科大夫林巧稚所建。园内塑立林巧稚汉白玉雕像，雕像旁有全国政协主席邓颖超亲手种植南洋杉。园内设有林巧稚生平事迹展览室。

五、琴园

位于日光岩西南英雄山（1949 年 10 月 17 日鼓浪屿解放，将旗尾山改名英雄山），占地 3 公顷，建筑面积 600 平方米。1992 年建。园内建有百鸟园、音像馆、艺术画廊和缅怀先烈的英雄颂园，另有旋律广场、琴思广场、流音小筑、听涛崖等。

六、华侨亚热带植物引种园

东起英雄山，北经鸡母山、面包山，西至浪洞山，三面环山，南面朝海，成马蹄形。1959 年建园，占地 14 公顷，从海外引进热带、亚热带经济植物良种和花卉居多。1999 年，拥有 1500 多种优良植物品种。园内不仅有全国仅有的大果红心木和胸径 1.5 米百年印度紫檀，还有珍稀的面包果、星苹果、爪哇风果、西印度樱桃等亚热带果树和观赏植物。园内设有引种苗圃、试验苗圃和花圃、展览温室、栽培温室、阴棚、热带植物标本园和热带植物标本馆。2007 年 9 月 29 日起，对社会公众开放。

七、鼓浪屿环鼓路

位于鼓浪屿海滨。1989 年建成。利用天然地形，依势筑路，临海架桥，凭岩造景，穿山连洞，有带状公园之誉。全长 6 公里，始于轮渡广场，经皓月园、大德记浴场、观海园、菽庄花园等景点，抵港仔后海滨浴场，穿百米山洞隧道，达五个牌海边，再绕鼓浪别墅、华侨亚热带植物引种园、福建工艺美术学校，抵内厝澳，绕经燕尾山，可见三丘田旅游码头和鼓浪公园。

八、鼓浪屿海滨浴场

鼓浪屿海岸线曲折蜿蜒，形成 11 个大小不一、各具形态的小海湾，海湾沙质洁净匀细。

大德记浴场 位于皓月园西南面。浴场两侧礁石障浪，沙滩背倚山谷，沙厚而坡缓，海水澄碧清澈，波平浪静，最宜新手习泳。沙滩自山麓谷地延伸，干沙带较宽，除海浴外，亦可日光浴、沙浴。浴场背面高高突起的风化石，被称为“亚当苹果人头石”。

港仔后浴场 位于菽庄花园西面。港仔后宽阔沙滩上，砂质细软、坡缓浪平、海水流速小，海水温度在 20℃以上一年间长达 5 个半月。

美华海滨浴场 位于五个牌海边。是鼓浪屿最早有人烟的一处地方，外围是康泰垵。为天然海滨浴场，坡缓沙细，环境清净优美，水质好。

九、郑成功纪念馆

位于日光岩北麓。1962 年 2 月，为纪念郑成功收复台湾 300 周年而建。占地 1.3 公顷。郭沫若题匾、撰联。纪念馆分 7 个部分，藏品 365 件，其中一级品 22 件。陈列郑成功画像、笔迹、玉带、袍服、墓志铭及郑氏族谱，还有郑成功军队的关防、藤盔、藤牌、铁甲、战袍、大炮等。是海内外规模最大的郑成功文物、文献收藏中心和研究基地。

十、万国建筑物

分布全岛。《南京条约》签订后，西方列强蜂拥鼓浪屿，抢占风景最美地块建别墅、公馆。民国 9 年后，许多华侨回乡创业，在鼓浪屿建别墅、住宅。至民国 24 年，累计建成 1000 多幢。主要有英国领事馆、美国领事馆、日本领事馆、八卦楼、金瓜楼、观彩楼、林语堂故居、杨家园、林屋、船屋、殷宅、李清泉别墅、海天堂构、大夫第、三一堂、天主教堂、八角楼、番婆楼、观海别墅等，可饱览“万国建筑”之美。

十一、海底世界

位于轮渡码头西面。1998 年 1 月建成海洋馆、企鹅和淡水鱼馆，并对外开放。占地面积 17.5 公顷，建筑面积 7500 平方米。展示海洋、淡水鱼 350 多种，近万尾。新加坡华侨与鼓浪屿风景区建设开发公司合作投资 1000 万美元兴建。入口处伫立高 6 米、跨径 11.2 米章鱼铜雕，是海底世界标志性建筑。

第二节　万石山景区

一、厦门园林植物园

位于中山公园东南方，狮山和五老峰北面。1960年建成。占地面积2600公顷，占万石山景区3296公顷的79%，其中植物园区2.27公顷，草坪1.5公顷，绿地213.6公顷。全园有乔灌木180万余株，俗称万石植物园，是一座具有南亚热带独特风光的名园。植物园各园区环绕万石湖周边，按照中式园林布局装饰。园区有29个专类植物区，栽培3000多种热带、亚热带植物。有一级保护植物金茶花、树蕨、竹中珍品崖竹、台湾莲雾黑金刚，以及加拿大海枣、大王椰子、砂糖椰子等棕榈类植物70多种。1984年，邓小平、彭真、万里、王震视察时种植"云南香樟"。还有日本佐世保、英国加的夫、美国巴尔的摩、菲律宾宿务等友好城市代表团视察时种植"南洋松"纪念树。1992年，以此景点为主的万石山景区被定为"中国友好观光年"首批入选84个景区之一。

2002年9月，通过ISO 14001环境管理体系和ISO 9001质量管理体系认证，为中国首家获得"双证"的旅游风景区。

百花厅　位于荷花池。环绕圆形荷花池有5个展室，廻廊、曲桥、水榭串联其间。每年举办荷花、兰花、郁金香等花展。

松杉园　位于万石湖西边。园中一水池，池边有松鹤亭。园内遍植松杉柏类植物，尤以水杉、银杏最为珍贵。有中国金钱松、日本金松、南洋杉、意大利柱柏世界四大观赏树，有云南元江苏铁、拳叶苏铁、台湾苏铁、越南篦齿苏铁等。松杉园后有美国总统尼克松访华所赠红杉及智利南洋杉。

棕榈岛　位于万石湖东侧湖心半岛。数百种棕榈科植物遍布于水限、坡上。有六七十种外来乔木，其中有"林中美人"柠檬桉、鱼尾葵、蒲葵、意大利棕、西印度箬棕、大王椰子、"世界油王"油棕、印尼糖棕等。

多肉植物园圃　位于紫云岩左上侧。巨型透明螺壳造型。有盆栽仙人掌、仙人柱、仙人球、仙人鞭等，其中"金球刺虢"仙人球，生长30多年，直径0.9米，是"仙人球之王"。露天仙人掌展区拥有仙人掌科植物500多种，冠居全国。

二、万石岩

位于五老峰北麓，万石岩水库以东。唐代，始建万石莲寺。清康熙年间扩建。民国时重修。1984年，新加坡佛教界人士宏船法师捐资重修。万石岩处处是石，连绵延亘，嶙峥入云，有"万笏朝天""石浪排空"之景。"象鼻峰"，酷似大象朝天伸鼻。一石镌"锁云"，意谓万石耸天，可遏流云。大殿左边入洞门，有会泉法师纪念堂、"听飒石""一粒巢"。清嘉庆年间，兴泉永道倪琇题"石林"。

唐代，始建万石莲寺，有"万笏朝天"胜景，为厦门"小八景"之一

三、万石湖

位于万石植物园中。1952 年 10 月建成。汇樵溪、水磨坑溪之水于一湖。围绕万石湖有松杉园、竹林径、棕榈岛、蔷薇园、驯化区、百花厅、兰花圃、新碑林和南洋杉广场等众多专类园区和游览点。汇聚热带、亚热带珍稀植物品种，有旅人蕉、第伦桃、猫尾木、蝴蝶果、黑美人、十字架等名贵品种及一级保护植物金茶花、树蕨、竹中珍品崖竹、台湾莲雾黑金刚等，更有苏铁和奇特的异国花木。

四、中岩

位于万石岩和太平岩之间。中岩树木多栖鹧鸪，又名鹧鸪岩。其下万石岩，称下岩。其太平岩，称上岩。清代王步蟾有诗“中岩地介两岩中，山经紫纡一线通。行到寺门欢喜地，当前玉笏石凌空”。中岩有天竺寺，清顺治四年（1647 年）秋，郑联在殿前硕大孤石上刻“玉笏”。清乾隆年间，台湾诗人李凌霄咏玉笏石：“勾住闲云伴岫巅，干霄玉笏自朝天。嶙峋瘦骨棱层立，半类枯禅半类仙。”寺后有玉泉洞，直入山腰。玉泉洞后有巨石，上题“佛国”。中岩有清“澎湖阵亡将士之灵碑”及“将士亭”，系为纪念清康熙十二年（1673 年）随施琅出征澎湖阵亡将士所建。亭已废，碑犹存。

五、太平岩

位于狮山主峰。嶙石四起，洞穴隐伏，林木幽美，流水潺潺。走近山门，便是著名的“太平石笑”，状如巨石开口大笑。石壁刻联“石为迎宾笑口开，山能作主乐天成”。台湾新竹人郑云鹏诗“石不能言开口笑，读书深处有莓苔。草鸡莫问当年事，鲲海骑鲸去不回。”太平岩寺始建于唐朝，时兴时废。寺中保存“棋盘回向”阁楼，正殿前楼阁称蟾宫，辟为茶人之家。左为世尊殿，殿前有海云洞。八角亭掩于绿树间，为“郑延平郡王读书处”遗址。

六、醉仙岩

位于万石湖南面山上。山势如仙人醉卧。顶峰大岩石，形似下蹲骆驼，称“骆驼峰”，有醴泉洞、天界寺、黄亭、长啸洞、旷怡台 5 个景点。醴泉洞内供奉九位神仙。天界寺为清初月松和尚募化兴建，寺内同时供奉观音和仙翁，国内罕见，是佛与道融合之典型。大殿楹联“遍布慈云求大士，回生妙术托仙翁”。僧众每天拂晓撞钟 108 下，以解“一百零八烦恼之梦”，是为“天界晓钟”，系厦门小八景之一。黄亭遗址，系天界寺住持月松和尚纪念在此攻读的厦门名士黄日纪而建，巨大岩壁刻“荔崖黄先生读书处”。施德政等抗倭诸将登临醉仙岩，慷慨作诗，命人刻于石壁。

醉仙岩，开创于明代，岩上有天界寺，为厦门“小八景”之一

七、紫云岩

位于醉仙岩东面。建于明代。旧名达中庵，祀五文昌，改今名。中为大殿，两旁翼以禅室四间，殿前旧有亭。岩下有石洞，广可容十余人，洞内水极清冽。石泉岩合三派为一，乍隐乍现，兼得阴阳之气，称鹭岛第一泉。岩旁有果岩及碧莲寺，仅存遗址。清嘉庆年间，郑光沂修山路，上刻“紫云得

路”，遂成景外景之一。民国 19 年（1930 年），陈家渝提倡重建紫云岩。解放初，驻防用地。除主殿外，其他多改建他用。1999 年，遭 14 号台风袭击，主殿大部倾毁，但寺院格局仍依稀可辨。2006 年 5 月 1 日，植物园热带雨林区向游人开放。内有樵溪古桥、高读琴洞和将军墓等景点。有宽大板状根、茎上开花、附生等雨林植物特点。雨林世界内有福建省第一个人工拟态雨林。

八、虎溪岩

位于醉仙岩石附近。占地面积 11 公顷。昔有虎，谷内石洞为虎穴。洞中有清泉，流淌成溪，称虎溪。溪上架弓形石桥，即渡虎桥，又称仙人桥。虎溪岩寺，处于玉屏山，又称玉屏寺；寺右有夜月洞，亦名伏虎洞，洞顶刻“啸云”。洞中泥塑老虎双目炯炯有神，八月中秋月光直射洞中，老虎栩栩如生，是为“虎溪夜月”胜景，系厦门大八景之一。明万历年间，厦门人林懋时爱石成癖，见虎溪岩巨石峥嵘，出资在虎口形巨石底部挖大石洞，取名棱层石室，洞楣镌刻“棱层”。后人在虎口边装上石栏杆，状如虎牙，又叫“虎牙洞”。厦门名绅池显方出资在伏虎洞旁建东林寺，又名玉屏寺，为虎溪禅寺前身。清康熙年间，元飞和尚应福建水师提督吴英之邀任住持，重新募建大雄宝殿，增建垂云楼、大悲殿、一啸亭、伏虎洞。厦门海防同知李璋增筑准提阁、弥勒楼、供佛泉、飞鲸石、渡虎桥等景点。

九、新碑林

位于太平山西北坡百花厅旁。占地面积 2 公顷。1982—1988 年，完成 400 多幅墨宝刻石。新碑林包含方毅、张爱萍、赵朴初、虞愚、刘海粟等名人及书法家诗词，还有日本、新加坡等国家，以及香港、澳门等地区书法家、学者佳作。

十、东坪山公园

位于东坪山麓。2006 年 9 月，对游人开放。从云顶岩路转入东山路，与东山水库相邻公园入口，有两块巨石夹道而立，刻“东坪山公园”“桃源胜地”。沿线有登山步游道连接东坪山、梧村山、坂尾山、大厝山、龙舌山、无尾塔山。沿路有龟石山观景台、一山观两门等景观。前者有孤石如老龟晒日兀立山巅，后者向北鸟瞰，鹭岛美景尽收眼底，向南则可远眺大小金门。

十一、梅海岭

位于文曾路东侧东坪山，又称市花园。占地面积 20 公顷。2005 年 10 月开放。一期开发 4 万平方米，栽种三角梅 1 万多株，50 多个品种，有樱桃色、鸳鸯樱花、斑叶塔式、柠檬黄、金叶紫花等三角梅，为国内首个三角梅园。2005 年 5 月，命名“梅海岭”。“梅海”，三角梅来自南美洲、非洲、东南亚等广阔地域。“梅海岭”，包含“木、水、山”，不仅汇聚厦门自然景观最独特元素，还可眺望大海及大、小金门岛屿。

十二、怪坡

位于文曾路。文曾路系环岛路与厦禾路间一条南北走向公路。2003 年 2 月 21 日，在文曾路发现“怪坡”，长 70 米。“坡底”实际比“坡顶”高 1.395 米，坡度为 2%。系周边参照物造成的一种视觉错觉。一奇石镌“怪坡”，另一石刻“非常道”。怪坡原地为排洪沟，开辟为梅花园，名“花溪”；道路两旁岩壁，仿佛天成；怪石、奇木、异花排列有致，成带状公园。

第三节　南普陀—胡里山景区

一、南普陀寺

位于思明区东部、厦门大学正门西侧。五代始建，称泗洲院。北宋，僧人文翠改建称无尽岩。宋治平年间，改称普照寺。元废。明初复建，仍名普照寺。明末，寺僧觉光和尚迁建于山前，殿堂院舍齐备，住僧百余众。清初，废于兵祸。清康熙二十二年（1683年），靖海侯施琅收复台湾后驻镇厦门，捐资修复，增建大悲阁奉观音菩萨，更名南普陀寺。此后，经历代主持景峰、省己、喜参诸和尚多次重修扩建。至民国初年，构成三殿七堂禅寺格局，为近代闽南最具规模名刹。

天王殿　位于寺院中轴线最前端。歇山式重檐飞脊，轩昂宏伟。殿前为入寺正中大门，一对石狮雄踞门廊东西两侧。跨门进殿，两侧四大天王怒目环视。正中弥勒菩萨坦腹露胸，笑口常开，殿后韦陀菩萨覆掌按杵而立。

大雄宝殿　位于寺院主体中心。殿前石庭平舒宽展，正中宝鼎香炉巍立，两侧白石宝塔高矗。大殿两侧罗汉堂朝拱主殿，主殿正中供奉三世尊佛高大塑像，殿后供奉西方三圣。大殿是寺院僧众早晚课诵和法会朝拜参修殿堂，是佛门钟磬长鸣、法灯不灭中心。

大悲殿　位于寺院主殿。称大悲阁，奉千手观音。立于大雄宝殿后石砌多角形高台上，中隔两段石阶近30级。主殿呈八角形三重飞檐，中间藻井由斗拱层层迭架而成，造型巧妙，结构严密，俗称蜘蛛结网。闽南信众崇奉观音菩萨，香火鼎盛。

藏经阁　位于中轴主体建筑最高层。歇山重檐式双层楼阁。上层玉佛宝殿，藏有缅甸玉佛28尊，中外佛典数万卷及众多佛教文物；下层法堂，为讲经说法处。阁楼三面台廊回护，圈以白石雕栏，倚栏前望，三殿景色尽收眼底。

闽南佛学院　位于南普陀寺内。以培养"德、慧"兼备现代僧伽为主。至民国26年（1937年）培养学僧200多人。学僧遍布海内外，著名的有台湾印顺导师、已故马来西亚竺摩法师、新加坡佛教联合总会会长宏船长老等。民国26年，抗战爆发，停办。1985年，复办。学院分设男女两个院部。女院设在金榜山紫竹林寺。两部各设预科、本科两个班级，在院男女学僧250多名。至1992年，有3届本科生毕业，男女学僧194名。2002年3月，受中国佛教协会委托，承办"佛教在21世纪的使命"大型演讲比赛，全国各地佛教界优秀人士近100人参赛。女众部学僧果彻和男众部学僧正满分获第一名、第八名。

五老峰，有"五老凌霄"胜景，为厦门"八大景"之一

二、五老峰

位于南普陀寺后，古名五老山。5个挺拔山头凌空崛起于厦门港，气势非凡。绿树岩石间有碧泉、净业洞等古迹，为厦门八大景之一。明抗倭名将俞大猷、抗荷将军沈有容等人有摩崖题刻。清光绪三十一年（1905年），振慧书"佛"字，高

4米多，宽3米多，乃闽南寺院内最大字。“佛”字左侧，系景峰和尚与喜参和尚墓塔。穿过左边石径是转逢和尚墓塔，塔下石洞是早期普照寺遗址。洞外书“息心断臂”，洞壁刻“飞泉”。山腰上有一兜率陀院，为寺中退休和尚与高僧大德之静养处。大醒法师为纪念太虚法师，在此成立慈崇学会，旁有太虚大师之塔及纪念亭。

三、华侨博物馆

位于厦门港蜂巢山西麓。1956年，陈嘉庚发起倡办，由31位海内外知名侨界人士集资兴建，1958年底建成，1959年5月开放。建筑面积9723平方米，系中西合璧宫殿式建筑。主体3层，正面6层，高23米。是中国唯一系统收集、陈列、研究华侨华人历史和业绩的文博单位。博物馆分3个展览大厅，展出图片、资料1200件，珍贵文物近2000件，各种珍禽、走兽、水产标本1000多件。1995年，成为首批省级爱国主义教育基地。

四、鲁迅纪念馆

位于厦门大学集美楼。1952年10月建。建筑面积527平方米，其中展室面积377平方米。展出鲁迅在厦大任教期间生活片段和生平事迹。纪念馆有5个展室，一室为鲁迅故居，展出鲁迅在厦门大学教书时居室及使用过实物；二室介绍鲁迅教学、科研、著述、编译、日记、讲演和社会交往等；其他展室分别介绍鲁迅生平及其在绍兴、北京、广州、上海等地事迹。

五、胡里山炮台

位于鹭岛南部胡里山海滨。清光绪二十年（1894年）开建，光绪二十二年竣工，耗资86950两白银。炮台与屿仔尾炮台、龙角尾炮台互为犄角，控扼厦门港。炮台由东西两门主炮、两门护炮组成（其中一门购自德国克虏伯兵工厂的巨炮，于2000年8月以“现存最大的海岸炮”获上海大世界吉尼斯纪录最佳项目奖）。1984年，炮台对游人开放。1986年，炮台前沿建望归亭、盼归台，游客可以通过望远镜瞭望金门、大担、二担诸岛。1997年9月，设荣光宝藏博物院，分“世界奇石陈列馆”“世界古代战炮陈列馆”“世界古代宝剑陈列馆”“世界古代火枪陈列馆”和“古树化石展示区”展区，展品4305件。展出13世纪以来各国炮筒、枪支、名贵宝剑和武士甲盾455件，及色泽鲜艳、纹理清晰、形象逼真的天然奇石3850件。2007年10月1日，炮台硅像馆开馆，再现光绪二十二年福建水师提督杨岐珍听汇报、查敌情、布置指挥等场景。

六、厦门大学人类博物馆

位于厦门大学内。1952年建。1953年3月开放。建筑面积2483平方米。有30个展室，展出1000多件展品，有文物4575号，专用图书7110号。三大展区：人类起源和发展展区，陈列从猿到人发展路线全景；文化起源和发展展区，陈列台湾新石器和福建新石器印纹陶及甲骨、铜器、明器、货币、瓷器、字画、武器、宗教品、雕塑品等，还有泉州大海船模型、福建古瓷和古伊斯兰教石刻及东南亚出土的新石器等；中外民族文物展区，陈列华北、西南少数民族和畲族、高山族，以及南洋、印度、澳大利亚的民族文物。

第四节 环岛路景区

一、路景

厦门环岛路是集旅游、观光和休闲娱乐于一体的海滨绿色长廊，被誉为全世界最美的滨海马拉松赛道。配有宽 9 米快车道、10.5 米慢车道，24 公顷草地和五彩缤纷植物，绿化率为全市最高。临海一侧由进口无色沥青和粉碎红色石子铺成步行道。沿海边沙滩设“海韵台”“玩月坡”“数星园”和“椰风寨”4 个景点。

从演武路至白城段，与岸同高，是一条呈 S 形流线型路段，长 1.2 公里，为双向 4 车道。桥梁造型为鱼腹式，桥墩为椭圆形，形成观海长廊。

环岛路白城路段绿化带上的五线谱雕塑，长 247.59 米，宽 3.7 米，于 2000 年 11 月以“最长的五线谱”入选吉尼斯世界纪录。沿线有象征“回归”的“盼归”石雕，有马拉松“永不止步”雕塑，还有《大海冥想曲》《大榕的诉说》《海花情》《生机》《海上升明月》等雕塑。

二、音乐家广场

由环岛路白石广场改造而成。占地 4 公顷。建有“李焕之纪念雕塑”“鼓浪之子”和“音乐的海洋”3 组雕塑。2005 年 9 月，对外开放。为纪念 2006 年第四届世界合唱比赛成功举办，合唱比赛组委会在音乐家广场建一座文化墙，巧妙地再现赛事盛况。文化墙以 7 名合唱队员面向大海放歌的抽象化造型组合而成。第四届世界合唱比赛结束后，每支合唱队的名字、获奖名单和重要来宾题词都雕刻其上，留做永久纪念。

李焕之纪念雕塑 李焕之，祖籍福建晋江。代表作有《春节组曲》《社会主义好》等。其交响乐《英雄海岛》歌颂地处前线的厦门岛上军民英勇保卫海疆的精神。

鼓浪之子 塑造 5 位从鼓浪屿走出去的音乐家：中国现代第一位专业声乐教育家、合唱女指挥家、女作曲家周淑安；歌唱家、声乐家、嗓音科学家林俊卿；钢琴协奏曲《黄河》主创者之一、钢琴家殷承宗；世界级浪漫派钢琴家许斐平；中国第一个获博士学位的指挥家陈佐煌。

郑小瑛雕塑 女指挥家郑小瑛，祖籍福建永定。是中华人民共和国成立后第一位女指挥家。6 岁学钢琴，14 岁登台演出。任中央歌剧院首席指挥、中央音乐学院指挥系主任。1998 年，应邀组建厦门爱乐交响乐团，担任艺术总监和指挥。

三、书法广场

位于曾厝垵海湾。2006 年 9 月，向游人开放。占地 3 公顷。广场分为三大片、8 个景观区。场地呈凹字形沿海岸线展开，以“书鹭岛胸怀，展大海豪情”为主题，采用“以天为纸、以海为墨”为设计理念，融入自然景观。海岸线东侧建 400 米长笔架廊，俄罗斯白松天然材质加上毛笔嵌成的梁架，体现自然、淳朴风格。有甲骨文、隶书、楷书、行书、草书及文房四宝等石雕。王羲之名作《兰亭序》坐落其中。

四、金山松石

位于台湾民俗村内。明末清初，为郑成功驻屯训练水师，称金山山寨。高 201.9 米。景区里有 20 多个景点，多以石为主，奇岩怪石，形成石世界。中有 6 块巨石顶立，形成“六合洞”，可容数十人聚合。登上松石亭，俯瞰日月潭、白鹭潭、蝴蝶潭如三面明镜。远眺厦金海峡，海阔天空，小金门、大担、二担和青屿、浯屿，在雾中时隐时现，渔船逐浪穿梭而行。

五、观音山海滨休闲区

位于区境东部环岛路。南起香山，北至思明、湖里两区交界处，全长 2.1 公里。投资 3 亿元。占地面积 37.5 公顷，建筑面积 7 万平方米，绿地 22.4 公顷，停车位 1000 位。2007 年，建有餐饮休闲区、商业休闲区、泳场休闲区、会所休闲区等。

第五节 公园景区

一、中山公园

位于中山路之北。民国16年（1927年）建。占地13.8公顷。1969年毁坏。1983年重修。1997年9月重建“醒狮球”。园中部屹立孙中山铜像，其孙女孙穗芳在像座题词。园南部正中建假山水池，西侧依山建逸趣园，东侧建竹亭，亭前坐落“读书少女”雕塑。北部为游乐场所，东侧有花展馆、动物园；中为儿童乐园；西侧为花圃。园内有人工溪，溪水面积2.48公顷，设游艇，建桥多座。公园以南门的门楼最壮观。2007年，开辟花展馆。

二、嘉禾园

位于湖滨南路北侧、湖中路西侧交叉处。1984年始建，1987年底建成。投资197万元。占地面积1.65公顷。设南、东二门，南门为门楼式建筑。原属市园林局，为雕塑音乐喷泉的园林建筑。园北部以泉州白花岗岩石雕“嘉禾女”为主体，高7.2米，矗立在彩色音乐中心石座上。园南部有汉白玉雕“白鹭女”，高3.2米，坐落于水池巨石上。园中部有三拱门，中拱门高5.5米，跨度4米，两侧拱门各高5.25米，跨度3.5米，组成集合团。广场和道路铺石砖面积0.43公顷。两水池面积0.07公顷。绿化0.9公顷。东、南、西围墙200米。有延伸于筼筜湖中的曲桥和凉亭。

三、海滨公园

位于海后路西侧，厦鼓轮渡码头北侧。1956年10月动工，翌年5月建成。占地面积0.91公顷。1974年，作为粮食转运仓库。1983年5月重建，7月完工。设有花坛、园灯、石桌椅。种植灌乔木，摆设花盆，并种植0.4万平方米草坪。有雷锋塑像及“海之恋”等景。1985年与外商合资建“厦门市海滨娱乐中心”，面积为1866平方米。1988年11月，投资2.4万元建6个鼎式花台，铺地坪600平方米。

四、鸿山公园

位于思明南路中段鸿山。建于明万历年间。占地面积17.4公顷，其中绿地16.7公顷。布局以园中园为主，有嘉兴园、延平郡王园。嘉兴园在鸿山顶，建筑物如古城堡，波浪星围墙，园内建亭榭、水池和单、双柱花棚，山巅有石砦遗址，岩壁刻“嘉兴寨”三字，为郑成功手迹。南部延平郡王园，建观海亭、石岩迷路和石林区。巨岩刻“延平郡王”。园内山路由两环三叉径组成，相互沟通。山麓鸿山寺始建于五代。明天启二年（1622年），福建都督徐一鸣等攻剿红夷题写石刻。有明太师太傅（系郑成功同宗兄弟郑广英、郑海英）墓。2004年1月，重造“鸿山织雨”景观，由风雨廊、问雨楼、阅雨桥和3个大型瀑布及溪流组成，以“风雨、听雨、阅雨、织雨”演绎“鸿山织雨”。

五、延平公园

位于龙头山南麓、菽庄花园西北侧。公园南部临港仔后海滨浴场。为纪念明末清初民族英雄郑成功，以郑氏封延平王，故名。原占地面积5.87公顷，包括日光岩和菽庄花园。后独立设点，占地近1公顷。整草坪0.6万平方米。辟花圃，有“国姓井”，建浴场更衣冲水室、音乐喷泉和儿童乐园。

六、南湖公园

位于筼筜湖畔，东靠湖滨东路，南接湖光路，北临筼筜湖。1971年，筼筜港西堤建成，大部分改造为市区，水面称筼筜湖。1990年建公园，1995年1月21日投入使用。占地面积16.1公顷，其中水域2.8公顷，绿地7.2公顷。园内分为管理区、老人活动区、青少年活动区、水上活动区、山林区。有筼筜渔火、坐石临流、筼筜春晓、曲水荷香四景。

七、金榜公园

位于梧村火车站西南端。1991年破土动工，1995年投入使用。占地面积86公顷。西起金榜山，东至梧村山，北邻厦禾路，南至金亭山和面前山。唐文士陈黯在金榜山筑石室读书著述，卒后葬于观音山腰，其墓及生前所居石室今存。宋朱熹游览金榜山留下巨幅石刻《金榜山记》。宋帝昺掬泉而饮，赐号“圣泉”。明书法家陈献章题写“海滨邹鲁”。清抗英名将陈化成陵墓坐落于此。设有海滨邹鲁、石簇迷雾、翠谷浮香、古道春荫4个景区。海滨邹鲁景区恢复钓鱼矶，新建钓隐亭。整修隐居石室，竖立陈黯半身雕像。重建迎仙楼，楼前巨石光洁如玉笏，为金榜山标志。2006年，与文曾路、怪坡、环岛路、梅海岭、植物园等旅游休闲景点连接。

八、莲花公园

位于莲花新村二区西侧。1989年10月建成。占地面积2.2公顷。绿化面积1.6公顷，树木花卉近万株，有槟榔10株成丛，种植白玉兰、榕树、木棉、凤凰木、扶桑、竹等。为莲花新村居民住宅区配套公园。

九、白鹭洲公园

位于湖滨中路北段。1995年10月建成开放。占地面积15.9公顷。西与市府大道相连，沿着筼筜湖修建而成。园内建有书画院、美术馆、字画廊、水晶礼品、神龙木雕、百龄宠物盆景世界，以及保龄球馆、足球俱乐部、夜总会等娱乐场所。设有中央公园和西公园，中央公园有白鹭女神雕塑立于园南游艇码头，雕像高13.6米，是厦门标志性雕塑。西公园有回归石、生肖石柱、音乐喷泉广场和音乐露天广场。1999年6月5日，公园“白鹭彩屏”正式开播，彩屏面积25平方米，将大屿岛上白鹭生活情况显示在屏幕上，是全国首座在公共场所设立的环保宣传彩屏。

十、海湾公园

位于湖滨西路西侧。占地面积20.01公顷。公园南部引入首座湿地公园，面积3公顷，种植各种水生植物。公园设天园、地园、林园、草园、水花园、滨海风光和星光大道七大景点。其中，星光大道长300米、宽40米，中间布设2076盏LED地砖灯。

第二章　旅游设施

第一节　景区建设与保护

一、景区建设

（一）鼓浪屿景区建设

1956年7月1日，林尔嘉后人将菽庄花园赠予国家，辟为公园开放。1979年，成立日光岩景区管理所（1994年更名厦门市日光岩游览区管理处）。1981年，菽庄花园划归鼓浪屿区，成立鼓浪屿园林管理所。1984年，鼓浪屿荣登全省十佳风景区榜首；国家拨款1200万元建设鼓浪屿旅游区。1988年，成立皓月园管理处。至此，鼓浪屿日光岩、菽庄花园、皓月园三大核心景区成型。同年，鼓浪屿—万石山获批国家级重点风景名胜区。至1994年，英雄山琴园、鸡母山公园、笔山公园蒙古民俗村和美华海滨娱乐项目等新景点建成，初步形成旅游规模从陆上向海上、地下、天空扩展。

1998年，厦门海底世界水族馆建成开放，景点被定为国家级青少年科技教育基地。2002年，环鼓路全线贯通，为游客提供电瓶车环岛游业务，使鼓浪屿游览范围扩大到全岛。建成鼓浪屿钢琴博物馆、厦门市博物馆、郑成功博物馆等一批高品质文化项目。利用鼓浪屿区位优势，开展"海上游金门"等富有特色旅游项目。同年，鼓浪屿日光岩景区被国家环保总局评为ISO 14000国家示范区。2005年，鼓浪屿被授予"全国创建文明风景旅游区工作先进单位"；被中国国家地理杂志社评为"中国最美城区"。

（二）万石景区建设

1950年前为荒山秃岭，山石裸露，水土流失严重。1952年，建成万石岩水库。1953年后，开展4次群众性营造风景林活动。1959年，建成300平方米植物栽培温室和万石岩标本楼，翌年开辟树木园。1960年后，经建工部确定建设植物园。"文化大革命"期间停建，1976年续建。1977年，茅盾题写园名。1984年，新加坡宏船法师捐资重修万石莲寺。同年，市佛教协会海外募资100万元重建玉屏寺及附属设施。1986年，市园林局出资修建虎溪公园，重建登山道路，维修和新建二层圆亭各1座。1987年，市佛教协会海外募捐重建万石莲寺（赵朴初题写寺匾），修建天界寺。同时，市建委出资修建太平岩古庙。至1985年，共引种植物4000余种。至1987年，共植树3477.45万株。1988年，被评为国家级重点风景名胜区。1993年，编制《鼓浪屿——万石山风景名胜区总体规划》。2000年1月，《风景名胜区规划规范》正式实施。

（三）南普陀—胡里山游览区建设

1958年，佛教寺院合并，各寺僧众集居南普陀寺，繁荣初现。"文化大革命"期间，寺中宗教设施破坏严重，住僧遭受猛烈冲击，纷纷离散。1980年后，落实宗教政策，南普陀寺再次兴盛。1982年，南普陀寺成立管理委员会，妙湛和尚任管委会主任兼寺务监院。1988年，被公推为第八任方丈。妙湛升座后，妥善安置流散归僧，重整禅林法规，翻修扩建寺宇，复办闽南佛学院。1989年后，由政府拨款和海外佛教界捐资，对南普陀寺进行翻修扩建和新建。

胡里山炮台始建于清光绪二十年（1894年）三月初八，是中国洋务运动产物，历称"八闽门户，天南锁钥"。1982年3月，克虏伯大炮被确认为第二批市级文物保护单位。1983年，驻军将炮台移交旅游局，成立胡里山炮台管理处。1985年10月，正式定名"胡里山炮台"。经历次翻修，建成胡里山炮台景区。

（四）环岛路景区建设

2006年1月，以环岛路为中心，推动海滨旅游项目和道路内侧旅游度假区开发建设，形成东部海岸旅游带。首期建成9公里长磨心山、狐尾山公园登山步行道；建成金榜山公园西大门景区、鸿山公园林荫道、中山公园动物园、狐尾山公园大门；建成环岛路厦门书法广场、音乐家广场、环岛路休闲木栈道。2007年，继续完善磨心公园，狐尾山公园、金榜公园休闲配套设施建设。

二、美化环境

鼓浪屿实施拆迁整治美化工程，拆除环岛路及旅游主干道上与风景名胜区不相协调、无历史风貌保护价值的建筑，还原鼓浪屿原有自然历史景观。2004年6月，在三明路、兆和山、鼓声路、旅游主干道4大片区实施拆迁，拆迁建筑面积2.15万平方米，拆迁户143户，其中货币补偿99户，产权调换44户，补偿额4211.6万元，安置房建筑面积0.34万平方米。

根据规划、拆迁、绿化美化三同步原则，拆除建筑后立即进行绿化美化，绿化面积0.86万平方米。其中，体育场青年宫、小浪荡山旧民房片区、兆禾路仓库3地块，分别建成马约翰广场、小浪荡山公园、沁园旅游购物一条街。2006 年，加强公园风景点园林设施修缮及环岛路沿线沙滩、绿地养护管理和卫生保洁力度，确保海岸线旅游环境整洁优美。

2007 年，建成狐尾山公园彩化道路 800 米。完成紫竹林寺—铁路跨桥沿线绿化、美化及路灯改造工程建设。

三、风貌建筑保护

1999 年，制定《鼓浪屿历史风貌建筑保护规划》，列入保护范围的风貌建筑 308 幢，其中一级保护 82 幢，二级保护 125 幢，三级保护 101 幢。

2000 年 4 月 1 日，《厦门市鼓浪屿历史风貌建筑保护条例》正式实施；11 月 21 日，公布第一届鼓浪屿历史风貌建筑保护委员会名单，下设鼓浪屿历史风貌建筑保护委员会办公室。2001 年，首批 40 幢历史风貌建筑通过认定并立标志牌。2007 年底，基本完成 308 幢历史风貌建筑测绘工作。

2005—2007 年，思明区修缮保护风貌建筑 88 幢，其中一级保护 30 幢，二级保护 32 幢，三级保护 26 幢。加强风貌建筑保护与利用，有 29 处 34 幢风貌建筑开发为展馆、会所、工作室、旅游休闲场所等。

附：旅游规划

（一）思明区旅游业发展规划

2004 年 4 月，编制《思明区“十一五”旅游业发展规划》。2006 年 1 月，将《思明区“十一五”旅游业发展规划》列入区“十一五”总体规划，并经区十三届人大常务委员会审议通过。以“生态旅游型滨海旅游城区”为目标，以“温馨厦门，魅力思明”为主题，以城市国际化、现代化的发展为依托，发挥思明区龙头作用，着力构建观光、休闲、商务、会展、购物、娱乐的旅游中心区；以可持续发展观点指导规划建设，优化思明区总体景观环境，通过旅游塑造思明乃至厦门城市形象；巩固并优化旅游业在城市服务业中优势地位，发挥旅游产业聚集和拉动功能，带动思明区及全市社会、经济和环境的全面发展。

以鼓浪屿—万石山风景区为中心，开辟鹭江两岸、东海滨海休闲观光度假区为代表的观光旅游产品；以城市特色建筑文化，名人、史迹文化和博物馆文化等为代表的都市文化旅游产品；以中山路、明发广场、禾祥东西路、老番街、环岛路旅游集中区和国际会展中心等代表的商贸、购物旅游产品；以环筼筜湖景区、文曾路东坪山休闲度假区等为代表的休闲旅游产品；以“海上看金门”“厦门—金门游”“夜游鹭江”“海岛探索游”等为代表的海上旅游产品；以人们急切渴望两岸统一的心情，在与大小金门游一水之隔的思明东海岸，开发闽南和台湾民俗文化展示中心项目。

（二）鼓浪屿—万石山景区旅游规划

1956 年，鼓浪屿编制规划规定“不要搬进与鼓浪屿风景旅游无关的单位”。1982 年，编制《厦门市城市总体规划》，将鼓浪屿调整为风景旅游区，不再设立与风景旅游无关的任何单位，原有工厂要创造条件迁出，逐步增加绿地面积，争取达到 50 %，并调整规划布局。

1983 年，市规划局编制《鼓浪屿总体规划》。12 月，获市政府批准。鼓浪屿规划布局为“四环一片”：岛的南面碧海相接，沙滩蜿蜒，有日光岩、延平公园、菽庄花园和海滨浴场，已成为著名景点，是鼓浪屿风景区中的核心。逐步往东（观海园、毓园一片）和往西（英雄山、美华、鸡母山一带）延伸，形成更具规模的游览胜地。岛的中部地势平坦，环境幽静，作为行政中心和居住区。岛的东部龙头路一带，是鼓浪屿的门户，人流密集，商业繁荣，是全岛的商业购物中心。岛北部的一些工厂，将逐步调整用地性质，将原有工厂有计划地迁出，增加和扩大绿化、旅游和娱乐用地。

1988 年，鼓浪屿获批国家级风景名胜区。1993 年 9 月，编制完成《鼓浪屿—万石山风景名胜区总体规划》；10 月底获市政府批复。1994 年初，编制《鼓浪屿控制性详细规划》。1995 年 3 月 23 日，《鼓浪屿—万石山风景名胜区总体规划》获批复，规定鼓浪屿保持步行岛、音乐岛、蓝天碧海、绿树、红瓦、粉墙的特色，扩大绿化面积，绿地率大于50％，居住人口减至1.5万人，降低建筑密度，将岛上20家工厂搬迁或转变成为风景名胜服务的第三产业。鼓浪屿建筑“宜小不宜大、宜低不宜高、宜疏不宜密”。不能建设缆车和环岛列车，以发展海上交通等方式改善交通状况。同年11月，完成规划编制，鼓浪屿的性质和功能得到肯定。

2003年10月三区整合，鼓浪屿旅游整体规划更加被重视。2004年10月，编制《鼓浪屿—万石山风景名胜区总体规划》（修编）通过专家评审。把鼓浪屿定为国家级风景名胜区，规划范围1.89平方公里（包括可利用滩涂），远期常住人口控制在1.2万～1.5万人。总体风景旅游结构规划：观海园旅游度假区和海陆军休疗养度假区；东部沿鹭江旅游商业购物休闲带和西部现代海滨娱乐带；环岛路游览线和海上环岛游览线及日光岩中心景区。规划有特色建筑、自然海滨风景、旅游商业、广场绿地、文化艺术、现代海滨娱乐、别墅度假村7处风貌分区，使鼓浪屿成为集旅游、观光、度假、购物、游乐于一体的风景名胜区。

第二节　旅游交通通讯设施

一、交通设施

（一）区内交通

公交汽车为区内主要旅游交通工具，每天穿行于各旅游交通站点；小型公交车在非固定站、点及禁区以外地方随处接载乘客；计程车数量较多，从喧闹商业区到僻静住宅小区，随处可见。鼓浪屿岛上以步行为主，但也有少量电瓶车在固定线路上供游客乘坐。厦鼓之间有来往渡轮，游客还可乘摩托快艇。

厦鼓轮渡　民国26年（1937年）7月通航。有轮渡公共码头和三丘田、鼓浪别墅、观海园3个旅游码头，以及黄家渡生活码头，开辟厦门—鼓浪屿、厦门—三丘田、厦门—鼓浪别墅和环岛游览等专线。1976年，轮渡码头扩建为客渡码头。厦鼓专线渡轮每隔5～15分钟往返于厦门、鼓浪屿码头之间。三丘田旅游码头于1985年启用，由市轮渡公司经营环鼓浪屿海上游、鹭江夜游、金厦海域游等海上旅游项目。2001年，轮渡公司与民营企业合作成立海上旅游有限公司经营海上旅游项目。2003年10月，厦门市行政区划调整，鼓浪屿从行政区向风景名胜区转变。2004年6月25日，轮渡公司改隶厦门市鼓浪屿—万石山风景名胜区管委会。

鼓浪屿环岛电瓶车　观光电瓶车从轮渡广场出发，沿鼓浪屿环岛路，经各主要园景后，完成绕岛一周游览。1996年10月，成立中外合作企业厦门永顺观光车有限公司，经营观光电瓶车业务。2005年，接待29万人次，上缴税收130万元。2007年，接待35万人次，上缴税收151万元。

旅游观光巴士线　2007年2月15日，文曾路旅游观光巴士2线开通，半小时一班，从书法广场至金榜公园西门，全程7公里。停靠金榜公园、文屏山庄、植物园东门、上李、书法广场。游客可先乘坐1号线环岛旅游观光巴士游览至书法广场，再换乘2号线至金榜公园，两条旅游观光线路相互对接。

鹭江广场交通　轮渡广场是厦门重要水陆交通枢纽，开通往返岛内外的公交线路。海路连接客运码头、轮渡码头、第一码头、同益码头等，近抵鼓浪屿、龙海、漳州，远可达港、澳、台。鹭江道与中山路、大同路、开元路、厦禾路、湖滨南北路相连。

（二）区外交通

区境公路连接国道324线、319线和省道205线厦门段，通过福厦公路、漳厦公路通往省内各地及粤赣浙沪等省市。铁路运输四通八达，省内可达福州、三明、漳州、龙岩等各市县；省外可直达上海、杭州、南昌、合肥、南京等城市。厦门港与美国、澳大利亚、加拿大、新加坡、日本等40多个国家和香港、台湾地区近100个港口有海运往来。除每天数十班次客轮通往漳州市及周边地区外，还有鼓浪屿号、集美号、同安号客轮每天4个航次往返金门与厦门。公交车直达厦门机场。航运可直达国内和世界各地。

二、通讯设施

1950—1960年，有线电话、电报是区内旅行社、旅社、饭店和交通客运企业的主要通信手段。1985年，一、二类旅行社、星级宾馆等单位均安装国际直拨电话和电传机、传真机。涉外饭店从1986年开始普遍设立商务中心，为住店客人提供打字、复印、传真、代办长途电话、邮件等商务服务。

1994年，区境电话号码升为7位。长途电话交换容量1.2万路，开通5000条长途电话，长途电话直拨率99.78%，直拨世界五大洲211个国家和地区，以及国内2100多个城市。同时，开办数字数据专线（DDN）、电子数据交换（EDI）等多项业务，形成一个立体全方位电信通信网。随着特区经济的发展，区境加快邮政、电信设施建设步伐，新建福建省第一个邮政枢纽工程，安装微机控制、邮政机械设备，开通国内和170多个国家和地区特快专递。邮政、电信机构网点遍布区境。

2007年，使用航空、铁路、公路运邮每日47班次，直达马尼拉等国家，以及香港、内陆各大中城市发运航空邮件，平均日行程2658公里，邮件运递时限得到有效保证。同时，随着互联网快速发展，旅游服务单位提供快捷便利的网络设施，为国内外游客提供通讯往来和网络视频服务。

第三章　旅游市场开发

第一节　旅游种类与线路

一、旅游种类

（一）陆上旅游

观光旅游　以鼓浪屿—万石山风景区为中心，以鹭江两岸、东部滨海休闲观光度假区为代表的观光旅游。

都市文化旅游　以城市特色建筑文化、名人、史迹文化和博物馆文化等为代表的都市文化旅游。

商贸、购物旅游　以中山路、明发商业城、禾祥东西路、老番街、环岛路旅游集中区和国际会展中心等为代表的商贸旅游。

休闲度假旅游　以环筼筜湖景区、文曾路东坪山休闲度假区等为代表的休闲度假旅游。

闽台文化旅游　以盼望两岸和平统一为主题，开发闽台民俗风情文化旅游。通过闽台山地歌舞、游客参与游戏等方式，让游客了解闽台历史、建筑风格、民情风俗等。2006年，抓住厦金旅游手续简化和两岸直航包机等契机，主打“海峡旅游”品牌，利用厦金海上直航衔接两岸空中航线，吸引更多台湾游客来区境旅游。成功接待首次大规模以旅游方式来闽的台湾妈祖联谊会暨大甲镇澜宫进香团4300多人。是年，共有61万人次经厦金航线往返祖国大陆和台湾，其中接待过境台胞31万人次。“海上看金门”项目接待游客超100万人次，成为外地游客观光旅游的首选。2007年，来闽台胞70.3万人次，其中组织281家民间团体2480人进入区境观光、交流、演出。举办“妈祖之光·相约东南”大型电视晚会，现场吸引观众5万多人。

（二）海上旅游

1997 年 7 月，厦门市轮渡公司开通金厦海域游航线，主要项目是“海上看金门”“厦门—金门游”“夜游鹭江”和“海岛探索游”。2001 年，组建海上旅游有限公司，成为厦门市海上旅游特别是金厦海域游的龙头企业。游船从厦门轮渡码头出发，前往观看台湾当局控制的军事岛屿大担岛，近观金门列岛，沿途观赏鼓浪屿、胡里山炮台、厦门大学、环岛路、青屿等景点，整个航程 90 分钟。船上设有贵宾厅、多功能厅、观景台、露天表演台等设施，提供闽南木偶戏表演。2004 年 12 月 7 日，“金门游”正式启动，首批 55 名福建居民从和平码头乘轮船到金门旅游。

二、旅游线路

（一）厦门岛内旅游线路

万石山旅游线　园林植物园—天界寺—虎溪月夜景观台。

南普陀景区旅游线　华侨博物院—南普陀寺—普照楼—厦大鲁迅纪念馆—厦大人类博物馆。

环岛路旅游线　胡里山炮台—台湾民俗村—环岛路—国际会议展览中心。

（二）鼓浪屿全岛旅游线路

鼓浪屿全岛旅游线　皓月园—毓园—菽庄花园（钢琴博物馆、光复博物馆）—港仔后沙滩—鼓浪石—日光岩景区（含郑成功纪念馆、琴园、百鸟园、立体电影院、英雄园）—鼓浪屿风琴博物馆（八卦楼）—海底世界—龙头路商业街—三友假日购物中心。

（三）鼓浪屿专线旅游线路

音乐岛文化旅游专线　轮渡码头—鼓浪屿风琴博物馆—三一堂—许斐平故居—殷承宗工作室—卢戆章塑像—菽庄花园（刻字艺术馆、十二洞天、四十四桥、钢琴博物馆、观复古典艺术博物馆）—毓园—林语堂故居—大宫井—音乐厅。

万国建筑文化旅游专线　轮渡码头—英国领事馆旧址—日本领事馆旧址—天主教堂—四十四号别墅—黄荣远堂—海天堂构—小桃源—日光岩（鼓浪洞天、日光岩寺、水操台、郑成功纪念馆）—金瓜楼—番婆楼—杨家园—轮渡码头。

宗教文化旅游专线　轮渡码头—天主教堂—复兴堂—福音堂—日光岩寺—保生大帝庙—轮渡码头。

侨乡文化旅游专线　轮渡码头—黄家花园—观海别墅—瞰青别墅—容谷—黄荣远堂—番婆楼—时钟楼—金瓜楼—亦足山庄。

领事馆文化旅游专线　轮渡码头—英国领事馆旧址—日本领事馆旧址—西班牙领事馆旧址—荷兰领事馆旧址—美国领事馆旧址—轮渡码头。

名人故居旅游专线　轮渡码头—林文庆别墅—许斐平故居—殷承宗宅—了闲别墅—林巧稚故居—中华第一别墅—林语堂故居—立人斋—小桃园—林尔嘉故居—轮渡码头。

生态文化旅游专线　轮渡码头—海底世界—滨海观白海豚站—百鸟园—亚热带植物引种园—轮渡码头。

海洋文化旅游专线　轮渡码头—海底世界—皓月园沙滩—大德记浴场—港仔后浴场—美华浴场—轮渡码头。

（四）厦金旅游线路

厦金海域 A 航线

厦金海景、望小金门、二担岛航线：鹭江水道—鼓浪屿—厦门大学—胡里山炮台—望小金门、二担岛。

厦金海域 B 航线

海上游览及望大金门航线：厦门—大嶝岛—白哈岛上望大金门。

第二节　旅游宣传与促销

一、旅游宣传

2000年4月30日，鼓浪屿区、思明区与市旅游局、市贸发委联合举办厦门旅游购物周开幕，为厦门市第一次以旅游购物为主题的宣传促销活动。

2003年10—11月，思明区编印旅游指南手册《海之旅》《中山路——梦幻老街》。《海之旅》以图文并茂方式，全面介绍区境旅游资源和旅游景点。《中山路——梦幻老街》用实景、实物图片展示百年老街历史和风土人情。同年，参与策划与组织厦门“国际旅游节”，与中央电视台、上海东方卫视、福建东南卫视及海外知名新闻媒体合作开辟思明专题旅游节目，拍摄《天风海涛鼓浪屿》纪录片，在国内外放映。

2004年，协助中央电视台拍摄《鼓浪屿风味小吃》宣传片，与福建东南卫视合作拍摄《天地英雄》宣传片。同时，在省内和粤、苏、浙、京、沪等一级目标市场开展旅游宣传活动，并组团到温、甬、杭等城市进行旅游宣传推介。

2006年9月，鼓浪屿景区被选为中国与奥地利联合发行“古琴与钢琴”特种邮票。同年，发行“鼓浪屿”特种邮票及多枚以鼓浪屿钢琴节和博饼节为题材的纪念邮票和明信片；制作鼓浪屿导游图、路标等；参与各类旅游博览会特刊宣传；协助福建画报社拍摄并搜集资料、制作有关鼓浪屿旅游宣传画册；配合LED工程和世界合唱比赛的宣传，制作有针对性的旅游图册分发各宾馆酒店。联合有关单位和周边城市作好旅游遍全国的宣传工作，开展各类主题问卷活动。全年共策划、制作不同类型宣传画册1万多册。

2007年，与市旅游局联合邀请30多家国际和国内旅行社、旅游相关企业及新闻媒体，举办提高旅游服务质量研讨会。

二、旅游促销

（一）国内旅游交易会

1993—2007年，组织旅游服务单位参加国家旅游局连续举办国内旅游交易会共14届，促进思明旅游业发展，拓展国内旅游资源市场。

（二）国际旅游交易会

2001年后，每年参加由中国国际旅游交易会轮流在上海与云南主办的国际旅游交易会，宣传区境旅游资源与旅游政策。

（三）海峡旅游博览会

每年9月6—11日组织区境酒店和旅行社参加国家旅游局和福建省人民政府主办、福建省旅游局和厦门市人民政府承办，台湾、香港、澳门旅游机构联合协办

2007年，中山路第一届旅游休闲购物节开幕式

的海峡旅游博览会。博览会与中国国际投资贸易洽谈会联办，同期同馆举行，实行独立招商招展，是中国以海峡两岸及香港、澳门旅游交流合作为主要特色，辐射东南亚、日韩、欧美等国家的旅游盛会。

（四）鼓浪屿旅游促销

鼓浪屿逐步由观光旅游过渡到休假旅游，并借助互联网及现代传媒技术，开展立体营销，全方位促销景区产品，实现鼓浪屿旅游品牌提升。同时，组织具有鼓浪屿特色的音乐文化、民俗风情展，前往周边省市和北京、上海、香港等地开展促销活动；参与市旅游局组织赴东京、首尔举办的“厦门观光说明会”，打造鼓浪屿旅游名片。2005 年，鼓浪屿景区与建发国旅联合在上海举办旅游促销会。同时，参加温州市旅游景点评比活动，鼓浪屿获“温州人喜爱的十大景点”称号。

第三节　特色旅游活动

一、中秋博饼文化节

鼓浪屿是民俗文化传统中秋博饼节的发源地。2003 年始，思明区人民政府与鼓浪屿管委会、市旅游局、厦门日报社联合举办中秋博饼文化节，并延续至今。2007 年，举行博饼规则研讨会、博饼节明信片首发式、中秋短信祝福语征集、家庭博饼团圆会、博饼节摄影比赛、博饼文化与产业发展论坛等活动。

二、花车巡游

2003 年始，每年举办花车巡游活动，全方位展现城市发展、民俗特色、景区风光，促进思明旅游业发展。2006 年第四届厦门大型花车巡游活动，有 40 万市民和中外游客参观欣赏花车和表演。思明区“绚丽观音山”花车获最佳金奖。

2006 年，思明区大型花车巡游

三、元宵灯会

2005 年 2 月，在中山公园举办“红红火火吉祥年”元宵灯会。灯会由 24 组数千盏灯组成，应用“声、光、电、动、形”的形式，采用特殊工艺，以恢宏气势、夸张造型及流动光影，全面营造元宵节日氛围。其中，由 2 万多个乒乓球做成的“千锤百炼”，被列入吉尼斯世界纪录。观灯群众 10 天内突破百万人次。2006 年元宵灯会，尤以《七彩迷光》灯组最具代表性。由近 3 万盆菊花构成的长 30 米、高 6 米、直径 2. 8 米巨龙灯组，放置于中山公园展出。10 天内观灯群众 130 万人次。2007 年，白鹭洲元宵灯会历时 18 天，参观群众 150 万人次。

四、“海之韵”旅游文化节

2000 年 8 月 26—27 日，思明区政府与市旅游局联合举办“海之韵”旅游文化节活动，组织大型模特精英大奖赛、水上摩托艇及豪华快艇编队表演、空中滑翔机表演、热气球表演等。

五、春节系列节庆

2003 年开始举办，主要有元宵灯会、两岸同庆元宵晚会、海峡两岸同放焰火节。每年吸引大量海内外游客驻足欣赏，提升旅游人气。

第四章　旅游服务

第一节　旅行社

一、旅行社总数

民国期间，区境仅有 3 家官商合办的小型华侨服务机构。民国 20 年（1931 年）后，在中山路开办天仙旅社。

1949 年 11 月，在华侨服务社基础上，成立地方国营厦门华侨服务社，12 月开始营业。1974 年 2 月，更名厦门中国旅行社。区境地处海防前线，极少接待外国友人。改革开放后，中国国际旅行总社把旅游业务引入区境，鼓浪屿等景点成为游客首选目的地。1979 年 11 月，中国国际旅行社厦门分社挂牌。同时，成立台湾同胞旅行社和金门同胞旅行社。1983 年 2 月 23 日，厦港旅游公司成立，为厦门市首家合资的旅游业企业。1983 年夏，成立厦门中国国际旅行社。1984 年，成立厦门中国青年旅行社。1986 年 6 月，鼓浪屿旅游公司成立。1989 年，分别成立思明区、开元区旅游公司。2003 年 10 月，上述 3 家旅游公司整合为思明区旅游公司。此后，多个旅行社（多种经济体制）相继成立开业。

2007 年，区境有旅行社 82 家，注册导游员 1600 名。其中，国际旅行社 18 家，有 1 家拥有办理出境组团和赴金门、澎湖游资格。有 25 家获市级旅游诚信单位称号。

民国 20 年后开办的天仙旅社，为厦门当时最大的旅社

二、主要旅行社

厦门中国旅行社　位于新华路 78 号。1949 年 11 月创建，系中华人民共和国成立后厦门市第一家为海内外侨胞、港澳台同胞和国际友人提供服务的专门机构。是一家集行、宿、食、游、购、娱等多种服务为一体综合性旅游企业。营业面积 2 万多平方米。拥有 6 家全资子公司，4 家投资联营公司，注册

资金 3303 万元。1995 年，拥有职工数 799 人，外语翻译导游员 18 人，普通话、方言导游员 82 人。为全省七连冠的“中国国内旅游百强旅行社”。

厦门中国青年旅行社 位于同安路 1 号。1984 年创建，是厦门市最早的国际旅行社之一。下设 15 个业务部及 4 个门市部，拥有一支英、日、德、俄、韩、葡等语种的导游队伍。1995 年，被评为“全国百强旅行社”。全资下属企业有宏雅假日酒店、厦青旅游贸易公司等；合资合作企业有厦门温泉娱乐中心等。境外合作企业有香港龙交旅游有限公司、荷兰欧洲商务旅行社有限公司等。

厦门旅游集团国际旅行社有限公司 位于厦禾路 1118 号。1998 年 5 月成立，是市政府直接投资的综合性集团化企业，是国家首批特许经营出国旅游的组团社。注册资本 0.8 亿元，总资本近 5 亿元。集团下辖全资、参控股企业 30 家。被评为全国国际旅行社百强企业，并获“中国旅游知名品牌”称号。

厦门航空国际旅行社 位于湖滨南路 99 号。1988 年 4 月成立，隶属厦门航空旅游集团，系中国旅行社协会、福建及厦门旅行社协会会员单位。2002 年 7 月，获准为具有中国公民出国旅游业务经营资格的组团社。

厦门光大国际旅游有限公司 位于莲前西路 708 号。1997 年 10 月成立，是获准的国际旅行社及出国旅游组团社。公司有自己专门的酒店和旅游车队，导游翻译语种齐全，包括英、日、法、德、粤、闽南等语种。

厦门大学国际旅行社 位于厦门大学群益楼。1998 年 2 月成立，隶属建南集团。是全省唯一高校国际旅行社。以高校强大人力、财力为依托，立足旅游，多元发展。拥有配套的涉外宾馆、车队、餐厅、票务中心及一支多语种、高素质的稳定导游队伍。

厦门建发国际旅行社 位于鹭江道 52 号。1994 年 4 月成立，全资国有旅游服务企业，隶属厦门建发集团。依托集团雄厚实力和高素质经营团队，辅之以训练有素的英、日、韩、印等多语种导游员队伍；组织接待境外、国内旅游，代办中国公民出境旅游等业务，在全国各主要旅游城市建立完整的业务网络。

港中旅（厦门）国贸国际旅行社有限公司 位于湖滨南路国贸大厦。1989 年 9 月成立，由港中旅国际旅行社有限公司与厦门国贸集团出资成立，港中旅国际旅行社有限公司控股。公司依托香港中旅集团的全球营销网络，借助厦门国贸集团优势，提供专业、热忱的旅游服务。

厦门特茂国际旅行社有限公司 位于斗西路 178 号。1998 年 1 月成立，为厦门市首家通过 ISO 9002 质量体系认证旅游企业。下设入境旅游中心等 7 个部门，拥有一大批高素质业务人员和英、日、韩、泰等语种优秀导游员。

2007 年思明区境旅行社一览表

表 19-4-1

序号	旅行社	类别	地　址	开办时间
1	厦门中国旅行社	国际	新华路 78 号华建大厦	1949.11
2	厦门中国青年旅行社	国际	白鹿路 7-13 号	1984.5
3	厦门铁路旅行社	国内	火车站	1985.10
4	厦门航空国际旅行社	国际	湖滨南路 99 号金雁酒店	1988.4
5	厦门中侨旅行社有限公司	国内	后埭溪路皇达大厦	1988.8
6	港中旅（厦门）国贸国际旅行社有限公司	国际	湖滨南路国贸大厦	1989.9
7	厦门育青旅行社	国内	厦禾路 1126 号富兴大厦	1991.7
8	厦门经典假期旅行社	国内	斗西路 140 号	1991.7
9	厦门市华夏旅行社	国内	金榜路 67 号	1991
10	厦门港务集团南方旅行社有限公司	国内	鹭江道 3 号	1992.6

续表19-4-1

序号	旅行社	类别	地　址	开办时间
11	厦门教育旅行社	国内	中兴路28-30号	1993.6
12	厦门东方旅游公司	国内	新华路78号华建大厦	1993.6
13	厦门春辉国际旅行社有限公司	国际	湖滨南路90号立信广场	1993.7
14	厦门建发国际旅行社有限公司	国际	海光大厦	1994.4
15	厦门中旅假日旅行社	国内	新华路78号华建大厦	1994.5
16	厦门青旅东南旅行社有限公司	国内	湖滨南路819号宝福大厦	1994.7
17	厦门友好旅行社	国内	新华路78号华建大厦	1994.7
18	厦门特运旅行社	国内	湖滨南路57号金源大厦	1995.1
19	厦门外贸旅行社有限公司	国内	湖滨北路15号	1996.6
20	厦门兴良友旅行社	国内	金榜路67号凯旋广场	1997.4
21	厦门光大国际旅游有限公司	国际	莲前西路708号光大商务酒店	1997.10
22	厦门鼓浪石旅行社有限公司	国内	虎园路2号交流中心	1998.1
23	厦门特茂国际旅行社有限公司	国际	斗西路178号	1998.1
24	厦门中星国际旅行社有限公司	国际	湖滨南路国贸大厦	1998.1
25	厦门大学国际旅行社	国际	厦门大学群益楼	1998.2
26	厦门旅游集团国际旅行社有限公司	国际	厦禾路1118号假日商城	1998.5
27	厦门中远旅行社	国内	湖滨北七星路金星大厦	1999.1
28	厦门海峡旅行社有限公司	国内	禾祥西路37-41号毕升综合楼	1999.6
29	厦门兴华东旅行社	国内	万寿路18号万寿宾馆	1999.8
30	厦门康建旅行社	国内	后埭溪路皇达大厦	1999.9
31	厦门市太平洋旅行社有限公司	国内	厦禾路244号	1999.10
32	神州旅行社有限公司	国内	湖滨南路79号天湖苑	2000.2
33	观光旅行社有限公司	国内	禾祥东路108号鸿运大厦	2000.2
34	厦门高捷达旅行社	国内	湖滨北路建业大厦	2000.7
35	厦门鹭佳旅行社	国内	湖滨南路819号宝福大厦	2000.7
36	厦门嘉南旅行社	国内	厦禾路668号	2000.10
37	厦门金厦假日旅行社	国内	金榜路63号	2000.10
38	厦门假期旅行社	国内	白鹭洲199号普利花园大厦	2000.11
39	厦门市龙游天下旅行社	国内	嘉禾路295号侨旺大厦	2000.12
40	厦门康泰旅行社	国内	厦禾路1222号国骏大厦	2000
41	厦门沧海旅行社有限公司	国内	莲前东路409号联丰大厦	2001.1
42	厦门康辉旅行社有限公司	国内	厦禾路1228号聚泰商业城	2001.1
43	厦门温馨天天游旅行社有限公司	国内	鼓浪屿鹿礁路6号	2001.2
44	厦门新世纪旅行社	国内	文园路65号阳鸿新城	2001.4
45	厦门洋洋旅行社	国内	禾祥西路195号	2001.4
46	厦门欢乐假期旅行社	国内	长青北里112号	2001.5

续表19-4-1

序号	旅行社	类别	地　　址	开办时间
47	厦门音乐岛旅行社	国内	湖滨南路 19 号	2002. 4
48	厦门沪春秋旅行社	国内	新华路 78 号华建大厦	2002. 4
49	闽鹭旅行社	国内	厦禾路 415 号光明大厦	2002
50	福建海峡国际旅行社	国际	湖滨南路 388 号国贸大厦	2002
51	厦门纵横集团旅行社有限公司	国内	白鹤路 2 号	2003. 9
52	厦门新中林旅行社有限公司	国内	莲花南路 18 号新中林酒店	2003. 9
53	厦门全安旅行社有限公司	国内	湖滨北路 101 号滨北汽车城	2003. 9
54	厦门风情旅行社有限公司	国内	台湾街 108 号明发豪庭	2003. 9
55	厦门新大都旅行社有限公司	国内	吕岭路莲秀里 185 号必利达大厦	2003. 9
56	厦门市闽之旅旅行社有限公司	国内	万禾广场	2003. 9
57	厦门天乘旅行社有限公司	国内	公园南路 13 号	2003. 9
58	厦门鹭友旅行社有限公司	国内	湖滨西路 7 号大西洋海景城	2003. 9
59	福建省中国旅行社厦门分社	国际	新华路 78 号华建大厦	2003. 9
60	福建省康辉国际旅行社股份有限公司厦门分社	国际	同安路 1 号华菲大厦	2003. 9
61	福建省旅游公司厦门分公司	国际	新华路 78 号华建大厦	2003. 9
62	福建世纪神舟国际旅行社有限公司厦门分公司	国际	湖滨南路 388 号国贸大厦	2003. 9
63	厦门汇景旅行社有限公司	国内	禾祥西路 68 号光华大厦	2004. 6
64	厦门海之旅旅行社	国内	厦禾路汇成商务大厦	2004. 6
65	厦门汇友旅行社	国内	筼筜路 58 号 7 号商场	2004. 6
66	厦门天天假期旅行社	国内	禾祥西路 8 号联邦礼品城	2004. 6
67	厦门涌华旅行社	国内	后江埭路 170 号乔康大厦	2004. 10
68	厦门方圆旅行社	国内	厦禾路 988 号银河大厦	2004. 10
69	厦门万里行旅行社	国内	湖滨南路 819 号宝福大厦	2004. 10
70	厦门阳光风采旅行社	国内	湖滨南路 258 号鸿翔大厦	2004. 12
71	厦门广通旅行社	国内	湖滨南路 819 号宝福大厦	2004. 12
72	厦门鹭缘旅行社有限公司	国内	湖滨东路 11 号邮电广通大厦	2005. 5
73	厦门旺海旅行社	国内	万寿路 12 号太子大厦	2005. 7
74	厦门乐透旅行社	国内	厦禾路 844 号中厦国际大厦	2005. 7
75	厦门海外环球国际旅行社有限公司	国际	镇海路 37 号民盛大厦	2006. 6
76	厦门市中之青旅行社有限公司	国内	嘉禾路 265 号武汉大厦	2006. 9
77	厦门海岛假期旅行社有限公司	国内	文园路 86 号	2006. 9
78	厦门报业旅行社有限公司	国内	深田路 46 号	2006. 9
79	厦门美好时光旅行社有限公司	国内	莲前东路 409 号联丰大厦	2006. 11
80	厦门携程旅行社有限公司	国内	湖滨南路 388 号国贸大厦	2006. 11
81	厦门新闻旅行社有限公司	国内	厦禾路 1222 号国骏大厦	2006. 12
82	中国国旅（厦门）国际旅行社有限公司	国际	后埭溪路皇达大厦	2007. 6

第二节　旅游购物

一、购物场所

中山路步行街　位于中山路。为国家级“百城万店无假货”示范街，被评为中华十大名街之一。有华联、来雅、巴黎春天等大型知名企业先后入驻。其骑楼建筑是欧陆建筑与东南亚地域特点相结合的一种建筑形式，给旅客带来遮阳避雨等诸多便利。

局口女人街　位于中山路西段路口。有数十家女士用品专卖店。除时尚女装外，街口建有仿古屏风，上刻古代民间艺人踩高跷、打城戏等内容。屏风旁立3块石碑，刻有高甲戏、答嘴鼓、布袋戏和讲古等闽南戏剧形式，以及南音和局口街等介绍。

世贸商城　位于火车站—富山商圈核心地带。2001年开业，五层楼高的世贸商城就是5条重叠的一字型步行街，日均客流量6万多人次。商城包含沃尔玛、巴黎春天百货和160家个体店，并有面积近万平方米的卡乐美食广场，是融吃喝玩乐购及服务于一体的城市综合体。

明发商业广场　位于莲坂富山商圈中心地带。占地16.64万平方米，建筑面积40万平方米，2006年建成，2007年2月开业。涵盖购物、娱乐、休闲、餐饮、旅游、文化等多功能，是目前国内市中心最大的购物场所，有家乐福、百安居、时代华纳、新世界百货、苏宁电器、金逸电影院等大型商户进驻。

厦门特汇旅游购物广场　位于湖滨南路。2006年7月开业。面积0.8万平方米。经营厦门、台湾、漳州、泉州、福州等地旅游纪念品、工艺品、土特产品、礼品及名优旅游产品。购物场所与文化、景点相结合，一楼建有贝壳世界，展出世界各种海域贝壳500多种；二楼是厦门馆；三楼为台湾金门馆。

二、手工艺品

厦门彩塑　以塑造现代人物为主，兼创作一些动物形象和传统题材彩塑。在现代人物塑造中，以中国少数民族和世界各国人民形象为主，风格粗犷，简练含蓄，服装色彩协调，神态惟妙惟肖；造型上采用艺术夸张手法，大胆地突出主要部位，使形象更含蓄、神态更可爱，尤受儿童喜爱。

漆线雕　是厦门历史最悠久的民间工艺品，远销东南亚各国。用细如发丝的特制漆线，以盘、绕、堆、雕等各种纯手工技法，以民间传统，雕刻龙凤、麒麟、云水、缠枝莲等题材。作品线条疏密有致，精巧细致，色彩缤纷。不仅能装饰木器、漆篮和戏剧道具，也能装饰瓷器、玻璃等，表层贴96%的真金，工艺精微，尽显闽南民间工艺独特意韵。

厦门珠绣　具有独特艺术风格的装饰性工艺品，已有100多年历史。产品有珠拖鞋、珠挂图、珠绣包等100多种。采用五彩缤纷的玻璃珠子，运用凸绣、串绣、乱针绣等传统工艺手法绣制出浅浮雕式图案。全珠图案构图严谨、密不容针；半珠图案优雅秀美，清新悦目。珠绣挂图构图清新，色彩柔和，景物逼真，层次分明。

第三节　旅游业收入

1979年前，区境游客零星少量。1984年区境融入经济特区后，逐步增强和提升旅游业接待力度和服务质量。特别是鼓浪屿得天独厚的旅游资源开发建设，为中外游客打造优美、整洁、安全、文明的旅游环境。

2000年，鼓浪屿区、开元区、思明区共接待境外游客55.88万人次，比上年增长11.69%；过夜境外游客47.49万人次，同比增长17%；一日游海外游客8.39万人次，同比下降13.95%。接待国内游客735.04万人次，比上年增长15.1%；过夜国内游客629.02万人次，同比增长15.22%；一日游国内游客106.02万人次，同比增长14.43%。旅游创汇3亿美元，比上年增长14.5%；实现旅游业收入114.25亿元，同比增长6.32%。旅游饭店全年平均出租率53.6%，同比增长6.5个百分点。其中，五星级饭店出租率增长6.2个百分点；3家四星级饭店平均出租率72.55%，与上年持平；12家三星级饭店平均出租率58.76%，增长4.36个百分点。旅游饭店营业总收入比上年增长6.79%。旅行社入境组团10.74万人次，比上年增长56.11%；国内旅游组团过夜人数8.82万人次，同比增长18.23%。

2005年，全区共接待游客1248.07万人次，其中国内游客1174.5万人次、国际游客73.57万人次；实现旅游业总收入159.56亿元。2006年，全区共接待游客1260.46万人次，占全市接待量72.8%，其中国内游客1197.6万人次，境外游客62.86万人次；实现旅游业总收入167.41亿元，占全市旅游业总收入69%，同比增长9.8%。2007年，全区共接待游客1467.5万人次，实现旅游业总收入188.62亿元。

2004—2007年思明区接待游客一览表

表19-4-2

年份	接待游客总数（万人次）	国内游客（万人次）	境外游客（万人次）	旅游总收入（亿元）	国内旅游收入（亿元）	境外旅游收入（亿元）
2004	1177.22	1117.57	59.65	145.94	123.81	22.13
2005	1248.07	1174.5	73.57	159.56	130.78	28.78
2006	1260.46	1197.6	62.86	167.41	137.95	29.46
2007	1467.5	1389.25	78.25	188.62	157.26	31.36

第五章　旅游管理

第一节　管理机构

一、行政机构

（一）三区行政机构

鼓浪屿区旅游局　1997年，鼓浪屿区园林旅游局成立，编制2人。2002年，更名鼓浪屿区旅游局。

开元区经贸局　开元区未设立专门部门，其旅游工作归口经贸局。

思明区旅游局　1997年，思明区园林局成立，定编2人。2002年，思明区园林局拆分为思明区旅游局和思明区市政园林局2个机构。

（二）三区整合后行政机构

思明区旅游园林局　2003年10月三区整合，思明区旅游园林局成立，定编6人，设局长与副局长各1名，统一行使旅游和园林管理职能。

二、事业机构

思明区旅游质量监督管理所　2004年1月14日成立，为全民事业单位，编制4人，在编3人。

第二节　安全与质量管理

一、安全管理

1990 年 4 月 1 日起，旅行社接待海外旅游者在华旅游期间，统一办理旅游意外保险。1991 年起，鼓浪屿区、开元区、思明区旅游管理部门落实《旅游安全管理暂行办法》等文件精神，建立安全管理工作责任制，定期进行安全检查。同时，各旅行社对旅游线路、行程、时间进行合理安排，消除安全隐患。与保险部门配合，做好游客和司陪人员的人身保险工作，严查违规不办理境外游客投保手续现象。

1994 年，严格检查、落实游客办理人身保险，境外游客投保率达到 100%。

1999 年，市旅游局开展导游员、检查员培训及行政执法人员培训。2001 年，市旅游局组织 AAAA 景区检查员培训。2003 年 10 月三区整合后，思明区加大安全监管力度，加强组织培训。2004 年，由市旅游局组织星级酒店检查员培训。2006 年，组织旅游安全生产专管员培训，规范安全管理工作。2007 年，区旅游园林局被评为 2006—2007 年度厦门市旅游安全先进单位。

二、单位质量管理

2005 年 12 月起，根据市旅游饭店星级评定委员会有关要求，思明区组织对 1999 年度评定的星级饭店进行星级复评，对其他年度评定的星级饭店进行星级复核。由市星级评定委员会复评复核的三星级及区属二星级以下饭店共 32 家，有 31 家通过复评复核，1 家被暂缓通过复核。2006 年，思明区旅游园林局获 2005 年度福建省旅游行业管理先进单位；有 9 家旅行社被评为“双十强旅行社”。在全国旅游行业“双百强旅行社”评比中，福建省有 6 家获选，思明区占 3 家。

2007 年，思明区旅游饭店星级评定委员会组织复核和复评工作，15 家接受质量检查的二星级酒店中有 14 家通过复核、1 家通过复评，通过率 100%。

第三节　旅游市场管理

1991—1992 年，根据省、市旅游局有关旅游市场管理工作要求，向社会公布旅游投诉电话，并做到有投诉、有处理、有答复。1993 年，开展旅游业抽查，海外游客对导游员满意率 73%、饭店服务满意率 80%、餐饮服务满意率 78%。

1995 年，三区执行《厦门市旅游资源保护和开发管理暂行规定》，旅游市场管理逐步走向规范化。根据《福建省旅游市场管理暂行办法》，对旅游区、旅行社、旅游饭店、旅游涉外定点单位、导游员进行全面检查整顿。对个别旅行社超范围经营等违规行为，给予暂缓年检、限期整改等处分。

2006 年，思明区开展“旅行社非法转让经营权或部分经营权”和“零负团费”等专项整治行动，杜绝旅游经营过程中的违规行为。全年，分发旅游宣传材料 0.5 万份；受理旅游质量投诉 26 件；驱逐鹭江道沿线非法导游 300 余人次，没收假导游证 32 本。对影响较大的金山松石景点、顺济宫“烧高香”欺诈游客等现象进行暗访摸查与公开整治。金山松石算命假和尚撤离；何厝顺济宫烧香实行明码标价。针对环岛路旅游观光道收费和服务态度被投诉事宜，督促东方海岸游乐公司加强对从业人员的管理，提高旅游服务质量。是年底，区旅游质量监督管理所被评为“省十家达标旅游质量监督管理所”。

2007 年，首次启动“十一”黄金周旅游服务志愿者活动，保证每天有 25 名志愿者在鹭江道轮渡广场—第一码头—客运码头沿线开展旅游市场整治。国庆假期，出动 168 人次，制止无证导游拉客、揽客 326 人次；没收假导游证 5 本、劣质地图 35 张；查处各种违规行为 23 起。

第二十卷　金融业

清乾隆年间始有典当业。鸦片战争后，区境成为中国东南沿海对外贸易港口，也是闽西南、粤东、赣南金融中心。外国银行资本进入区境。英国德记、和记、德忌利士洋行先后作为英国渣打银行、有利银行在区境设代理处。清同治十二年（1873 年），英国汇丰银行在区境设代理处。清光绪八年（1882 年），区境钱庄有较大发展。厦门港是华侨进出境的主要港口，除发送和接受来自海外的信件之外还兼办海外汇兑的民信局，有 8 家。清宣统元年（1909 年）十月，大清银行厦门分号开业，是厦门首家官办银行。宣统二年五月，首家商业银行——交通银行开业。至宣统三年，驻区境中国金融机构 62 家。至民国 20 年（1931 年），区境各类金融机构 151 家。现代银行具备较强竞争力，致旧式钱庄大量倒闭。民国 26 年，旧式钱庄仅剩 19 家，处境艰难。日军侵占区境后，伪政权滥发钞票，市场游资横溢，金融业衰败。抗战胜利后，通货膨胀愈演愈烈。民国 37 年 8 月 19 日，国民政府发行金圆券替代崩溃的法币；11 月，中央银行在区境强制办理黄金收兑。

1949 年 10 月 21 日，中国人民银行厦门分行在海后路 3 号设立，人民币为市场流通的唯一合法货币，银元、外币一律由人民银行收兑，禁止在市面上流通；11 月，新加坡华侨银行、中南银行、实业银行、通商银行、集友银行 5 家商业银行恢复开办；12 月，国华银行、华侨银行复业。1953 年，区境 86 家侨批局经批准重新开业。

1979 年后，金融业进入发展、改革新阶段。资金市场、外汇市场在区境兴起。厦门经济特区扩大到全岛后，外资金融机构在区境开办，中外合资及企业投资金融机构相继成立，开办典当业。2000 年后，区境金融活动十分活跃。

2003 年 10 月后，区境金融业进入全面发展阶段。

2007 年，区境有各类金融机构 146 家。其中，中资银行 14 家，港、外资银行 12 家，非营业外资银行代表处 6 家，信用合作社 13 家，证券机构 23 家，保险机构 21 家，专业保险中介公司 24 家，期货经营机构 6 家，典当经营机构 11 家，投资担保经营机构 16 家。全区金融机构营业网点 473 家。思明区成为东南沿海地区金融机构密集区。

第一章　货　币

第一节　金属币

明代中叶之前，区境流通的主要货币有制钱、白银、黄金等。明隆庆年间，漳州月港对外贸易兴起，葡萄牙、荷兰等国银元流入区境。明末清初，郑成功铸造“漳州军饷”银币，也在区境流通。

清光绪十五年（1889年），开始使用清廷铸造的银元，其他金属币有合金币、镍币等，作为辅币流通。

民国24年（1935年），国民政府推行法币政策，禁止银元流通。民国25年，流通镍质辅币。厦门岛沦陷后，日伪当局发行纸辅币代替镍辅币。民国31年后，市面镍币绝迹。抗日战争胜利后，恶性通货膨胀，市面一度恢复银元流通。民国38年8月，一度恢复使用镍辅币，其比值与银辅币等同，但流通甚少。

1949年10月17日区境解放，始流通中国人民银行发行的合金币。1957年12月，发行铝合金附币。1980年4月15日，流通铜合金币。1984年10月1日，流通“纪念中华人民共和国成立35周年”纪念币，1套3枚，面值均为1元。至2007年，共有64套95枚（张）金属币流通（其中2000年11月28日《迎接新世纪》纪念钞采用塑料币材，其他流通纪念币均以普通金属为币材）。

附：区境流通的外国金属币

明嘉靖二十六年（1547年），葡萄牙人到厦门港外浯屿进行贸易。随后，日本人、荷兰人、西班牙人、英国人相继到来，外国银元流入区境。

清道光年间至同治末年，市面流通外国银元：荷兰银元、西班牙银元、墨西哥银元（又称鹰洋）、印度洋（又称杖洋）、法国银元（大者称双鹰，半者称搭里，小者称钫）。

荷兰马剑为区境早期流通较广的外国金属币，种类较多。印度尼西亚、菲律宾等国家、部落则以金、银币为主要货币，用红铜铸为辅币。图案为虎者，称为“镭”。

光绪初年，流通区境的主要外国金属币有墨西哥、日本银元；清末，有美国洋、安南洋和秘鲁、玻利维亚、智利等国家及香港地区的银元。

第二节　纸　币

明代，区境通行“大明宝钞”官票。

清咸丰年间，流行户部发行纸币：官票、大清宝钞。咸丰三年（1853年），流通永丰官钱局发行纸币：官钞，又称银票，以银两为单位；官钱票，又称钱票，以制钱为单位，咸丰九年停止流通。清光绪二十六年（1900年），流通福建官钱局发行的大洋票和小洋票，次年小洋票停止流通。

民国24年（1935年）11月4日，国民政府禁止银元流通，以中央、中国、交通3家银行（后增加中国农民银行）所发行的纸币为法币，不予兑换，并禁止其他商业银行纸币流通，至民国31年只有中央银行发行法币。民国27年，厦门岛沦陷，法币在区境市场仍流通。民国31年，日伪当局宣布禁止法币流通，限期兑换南京汪伪政府中央储备银行纸币。抗日战争胜利后，民国政府禁止汪伪中储券流通，限定时间向银行兑换法币。

民国35年下半年，法币发行面额不断增大，导致通货恶性膨胀。民国37年8月，市面拒收大面额法币，码头工人、三轮车工人工钱多收港币、美金、菲币。市郊乡间小商、肩挑小贩也拒收法币。民国37年8月19日，民国政府实施币制改革，取消法币；8月23日，金圆券在区境发行。以金圆券1元折合法币300万元收兑，并强制收兑民间金银、外币。黄金每市两兑换金圆券200元，白银每市两兑换金圆券3元，银元每元兑换金圆券2元，美钞每元兑换金圆券4元。但金圆券立即贬值，物价再飞涨，批发物价上涨超过120万倍。民众拒用金圆券，政府部门也拒收金圆券。邮电费、公用事业费，甚至税收都改收“税元”，等于收黄金；海关收“关元”，等于收美钞。金圆券几乎成废纸。民国38年7月2日，流通民国政府发行的银圆兑换券（简称银圆券），但仅一个月，因市民拒用即消失。

1949年10月21日，流通第一套人民币。市场上美钞、银元、人民币混用，非法货币占市场流通量80%。至1950年12月，区境居民使用人民币人数占97.7%，使用银元占1.1%，使用外钞占1.2%。

1955年3月1日，流通中国人民银行发行的新人民币，收回旧人民币，新币值1元等于旧币1万元。

1962年4月20日，流通中国人民银行发行的第三套人民币。1987年4月27日，流通中国人民银行发行的第四套人民币，与第三套人民币混合使用。1998年6月1日，开始兑换第二套人民币，至12月31日结束。1999年1月1日，第二套人民币停止在市场流通（纸、硬分币除外）。

1999年10月1日，流通第五套人民币。2000年1月1日至6月30日，兑换回收第三套人民币，2000年7月1日起，第三套人民币停止流通。后，兑付时间延长至2000年12月31日。2005年8月31日，流通第五套人民币。

2007年，思明区流通第四套和第五套人民币。

附一：区境流通外商银行纸币

清光绪四年（1878年），英商香港上海汇丰银行厦门支行在区境设立分行，发行以西班牙本洋为单位"银元钞票"，面额1元、5元、10元、25元、100元5种。

光绪三十年，日资台湾银行厦门分行在区境发行银本位钞票，面额1元、5元、10元、50元4种。

民国4年（1915年），爆发反对袁世凯和日本签订"二十一条"不平等条约的爱国运动，台湾银行出现挤兑风潮。中美合资美丰银行厦门分行在区境发行票面印"福州"纸币，面额1元、10元。

附二：区境流通台湾新台币

1987年，中国人民银行指定由中国银行独家经营收兑新台币业务。中行厦门分行在和平码头、中旅社及主要涉外宾馆、酒店等处设置兑换柜点。在集友、国际、建东等外资银行代理中国银行收兑新台币。

中国银行总行对新台币牌价不公开挂牌，只是通过电传，内部掌握。大陆对10元面值以下纸币、硬币不收兑，只收兑面额50元以上纸币。新台币兑换价依据美元对人民币比价，同时参照英镑、日元等货币确定。

两岸尚未直接设通汇，大陆收兑新台币只能运到香港通过银行出售，让台胞带回台湾，或在香港转换外汇存入银行。新台币现钞价比汇价低5%。

第三节　银行卡

1987年10月15日，中国银行发行长城卡，为金融行业发行的第一种"塑料货币"。此后，各大银行相继推出各种银行卡。区境通行的银行卡有借记卡和贷记卡两种。

1988年以来，先后在区境发行银行卡的有中国银行、中国工商银行、中国建设银行、中国农业银行、交通银行、兴业银行、招商银行、中国光大银行、中信银行、邮政汇储局的支行，以及厦门市商业银行，共11家，涵盖ATM、POS、公共支付业务。

1997年，居民通过厦门市金卡工程有限公司开办"缴费一卡通"，一卡在手，即可在发卡行缴交水、电、煤气、电话等费用。还可以在ATM上跨行取款、转账，在商户刷卡消费，并享有发卡行提供的其他各种服务。与中国银联建立商务关系的任何一家外国银行发行的银行卡，可以在区境中国银联成员柜台或存取款机使用。

2007年，“银联一卡通”开通水费、电费、住宅电话费、手机话费、小灵通话费、电信宽带网费、网通、铁通、联通宽带费、联通长途193、邮电纵横卡、个体工商税费、公房房租费、保险费、社保项目、有线电视、长城宽带等缴费项目。区境居民只要持有联网银行的任何一张有效银行卡及身份证件，并提供代扣缴费项目用户号，到发卡银行的任一营业网点即可办理。若需撤销用户委托，用户携带身份证和银行卡（或委托书）到原委托银行任一营业网点办理即可。

第二章 民间金融机构

第一节 侨批局

清同治十年（1871年），区境开办郑顺荣批馆。清光绪三年（1877年），开办日兴信局。光绪二十四年，开办天一信局分号。区境有8家批馆，经营马来西亚、新加坡、泰国、西贡、马尼拉等口岸侨批。至清宣统三年（1911年），批馆增至20家。

民国20年（1931年），专营侨批汇兑信局38家，稍具规模客栈也附设批局，专营、非专营批局达100家。民国25年，登记营业的头盘、二盘承转信局84家，加上三盘、四盘的批局，总数100家以上。民国22—27年，厦门市平均每年侨汇总额10326.67万美元，大部分通过区境侨批业进入。

民国27年5月，厦门岛沦陷，批局或迁鼓浪屿，或撤内地。民国31年，受太平洋战争影响，侨汇濒临断绝，批局处境维艰。

抗战胜利后，批局复苏。国民政府通过成立银信公会、允许银行办理侨汇，加强对侨批业控制。至1949年9月，区境各类民信局近100家。

1949年11月，厦门中国银行办理民间侨汇业临时登记。是年冬，召开中国银行全省重点侨区会议，提出对侨汇业采取“团结与管理相结合”政策；12月底，根据华东区外汇管理暂行办法规定，侨汇业所收外汇一律缴售国家银行。1950年1月15日，福建省人民政府公布《福建省侨汇暂行管理办法》《福建省管理侨汇业暂行办法》；3月，区境登记侨汇业97家，其中核准营业86家，实际营业81家。1950年冬，重新核准营业91家，实际营业71家。

1951年9月，由区境源兴、正大、崇成、远裕、南通和记、全裕、侨通、侨源等侨汇业组成厦门市侨汇业安溪第一派送联营处（简称安联）。1952年1月，由崇成、德盛、侨通、正大、南通和记等侨汇业组成厦门市侨汇业晋属第一派送联营处（简称晋联）。1955年10月，安联撤销，由晋联接转委解侨汇。1957年1月，厦门三盘机构改造为集体所有制企业，成立厦门侨汇联合派送处（简称厦联）。原晋联与泉州、南安三盘机构组成泉联，总处设在泉州，在厦门设办事处。区境侨汇业在内地的特约和临时信差，从1953年开始陆续整顿妥善安排。1975年1月，由中国银行接办侨汇业务。

第二节 典当行

一、发展简况

清乾隆年间，区境始有典当业，典期为40个月；清末改为39个月；民国初为20个月，后改为12个月。

民国20年（1931年），稍具规模的当铺10家：得春当铺，址设内武庙；得隆当铺，址设崎头宫；悦和当铺，址设大同路；黄建盛当铺，址设思明南路；义源当铺，址设养巷；生生当铺，址设大同路；聚泰当铺，址设虞朝巷；瑞丰当铺，址设涂崎；谦亨当铺，址设打棕巷；宏济当铺，址设卖鸡巷。

民国26年，侨居区境的日籍台民凭借其特殊地位，以洋行名义经营小典业务，所收质押物大多为不正当赃物，从中大获其利。正规经营的当铺则处境艰难。聚泰、义源、生生、宏济尚惨淡经营，余者均停业。后，新开张当铺11家：源成当铺，址设思明西路39号；振源当铺，址设定安路83号；同美当铺，址设桥亭街18号；瑞源当铺，址设打石市街21号；同丰当铺，址设开元路24号；万镒当铺，址设开元路98号；惠通当铺，址设大同路118号；华源当铺，址设大元路33号；振和当铺，址设内武庙4号；德源当铺，址设厦禾路119号；万益当铺，址设开元路122号。此外，尚有48家小规模典当，大多数为日籍台民开办的洋行。

抗日战争胜利后，当铺陆续复业。民国37年，通货膨胀，当铺或倒闭或停业。

1949年10月至1988年3月，区境无典当业。

1988年4月12日，思明区文安街道办事处投资开办的厦门文安典当行正式开业，是改革开放后厦门市首家典当行。2002年，国家对典当行业进行清理整顿后，区境新开办数家典当行。2007年，区境典当行11家。

二、典当行简介

厦门市文安典当行　址在水仙路36号。1988年4月12日，正式开业。集体所有制。由思明区文安街道办事处投资17万元，并向机关、企事业单位和居民集资兴办。1993年，经清理整顿充实资金，实收股金500万元，其中集体股375万元，个人股125万元。至1995年，发放质押贷款19992笔，金额3935万元。因缺乏专业人员，经营状况欠佳。至2001年6月，被拖欠资金400余万元，停止营业。

厦门融汇典当有限责任公司　址在槟榔路9号联谊广场。2002年3月19日，正式开业。公司注册资金1000万元。是国家对典当行业进行治理整顿后由国家经贸委、厦门市经济发展局批准成立的首家典当企业。

厦门诚功典当有限责任公司　址在厦禾路839号汇成商业中心。2002年4月16日成立。注册资金1000万元。从事动产质押典当业务、财产权利质押典当业务、房地产抵押典当业务、限额内绝当物品的变卖和鉴定评估及咨询业务。

厦门博融典当有限责任公司　址在湖滨南路263号。2002年9月28日，经国家商务部核准，厦门市经济发展局批准成立。10月21日开业。厦门市担保投资有限公司和七匹狼集团公司等股东出资设立。注册资金2000万元。从事金银珠宝、衣服、百货用品、汽车、房产、有价证券等典当业务。

厦门福邦典当有限责任公司　址在鹭江道252号之一。2003年5月23日，经国家经贸委批准成立，7月10日开业。注册资金1000万元。为企事业单位、团体、个人提供典当服务。

厦门琦祥典当有限公司　址在建业路31之18号、19号。2005年8月5日，经国家商务部批准成立。9月9日开业。公司注册资金2000万元。从事房地产、机动车、有价证券、黄金、珠宝、钻石、名手表等抵押、质押的融资服务。

厦门金恒生典当有限公司　址在嘉禾路511号。2006年3月6日成立，9月4日营业。从事动产质押典当业务、财产权利质押典当业务、房地产抵押典当业务、限额内绝当物品的变卖和鉴定评估及咨询业务。

厦门丰润典当有限公司　址在莲岳路96号。2006年3月20日成立，9月4日营业。从事动产、财产、房地产等质押典当业务。

厦门泰龙典当有限公司　址在湖滨南路57号金源大厦。2006年12月21日成立。从事动产质押典当业务、财产权利质押典当业务、房地产抵押典当业务、限额内绝当物品的变卖和鉴定评估及咨询业务。

厦门立融典当有限公司 址在莲花南路9号冶金大厦。2006年12月28日，经国家商务部、厦门市经济发展局、厦门市公安局批准成立。从事对法人、自然人提供质押、抵押、典当、贷款、融资及相关业务。

厦门万福汇典当有限公司 址在仙岳路482号。2007年2月2日成立。从事动产质押典当业务、财产权利质押典当业务、房地产抵押典当业务、限额内绝当物品的变卖和鉴定评估及咨询业务。

第三节 钱庄 票号

一、钱庄

清康熙二十三年（1684年），在区境设立闽海关，外国银元开始大量流入，制钱的兑换量激增，市场上出现专营制钱兑换店，发展为银号。最早的银号为闽海关的银号，总部设在福州，设在区境的分号专门征收海关关税。

清光绪八年（1882年），区境较大钱庄有江昌、厚诚钱庄和源通银号。光绪八年至十七年，先后办32家钱庄，其中有14家钱庄倒闭，尚在营业的18家。钱庄大都开设在崎头宫及和凤宫一带，办理上海、福州、香港等地的汇票、货币兑换、存款、贷款等。存款利率视钱庄经营状况而定，较好的利率为6%～8%；较差的则通过高利率吸引存款，利率12%以上。光绪十八年，钱庄增至33家，后有11家倒闭。至光绪二十七年有22家。

清宣统三年（1911年），有钱庄42家，其中规模较大的有炳记、建兴、建源、建祥、泰兴、捷顺、心记7家。钱庄存款利率为6%～9.6%，贷款利率为10.8%～14.4%。

民国7年（1918年），华侨创办日兴钱庄。民国10年，有钱庄45家。民国20年，钱庄增至88家，集中开设在水仙宫—中山路港仔口—洪本部一带。多系侨商开设，经理由庄东自兼，业务经营较为灵活，只要有利可图，均可兼办。资本多者100万元以上，少者10余万元。

民国20年，升平路建成，不少钱庄开设于此

民国21年后，世界经济不景气，侨汇锐减，加上多家现代银行先后在厦门设立分支机构，钱庄在竞争中纷纷倒闭。至民国26年，钱庄40家。厦门岛沦陷后，钱庄老板大都逃离，只剩10多家钱庄。抗日战争胜利后，钱庄陆续恢复。至1949年，钱庄50多家。

1950年，一些钱庄从事买卖外币、套购外汇及买卖黄金等非法活动而被取缔，其余的钱庄在国家加强金融市场管理的过程中停业或转业。

二、票号

清光绪年间，区境有蔚忠厚、蔚长厚、蔚泰厚、新泰厚、源丰润、协和信、协同庆等山西票号的分号。山西票号雇员一般为山西乡亲。雇员在受雇期间不领薪水，一切开支及家属赡养均由票号负责。雇佣期满后视业绩增长状况一次性获取报酬，业绩差者不但没有报酬，还会被追究责任。山西票号因其特殊的经营范围及雇员制度，享有“最安全的财富储藏所”称誉。光绪末年，山西票号的分号停业。

第三章　银行业

第一节　发展概况

清同治十二年（1873 年），英国在海后路成立汇丰银行厦门银行。清光绪元年（1875 年）五月，发行钞票。光绪二十六年九月，日本在海后路设立台湾银行厦门分行。光绪三十三年，开办新高银行，于民国 9 年（1920 年）改组为商工银行，民国 16 年反日运动中停办。清道光二十三年（1843 年），英国德记、和记和德忌利士洋行作为英国渣打银行、有利银行代理。清宣统元年（1909 年）九月，大清银行厦门分号开业，址在岛美街（今中山路西端），是区境首家官办中央银行。宣统二年五月，交通银行在海后路开业。宣统三年，中资金融机构 62 家，其中银行有大清银行、交通银行和信用银行 3 家。

民国元年（1912 年），华侨汇款进入区境有 19100 万元（国币），民国 10 年达 44000 万元，民国 15 年增至 66000 万元。民国 12 年，荷兰人在海后路设立安达银行厦门银行。民国 20 年，有日本人在海后路办台湾银行，在港仔口办农工银行。英国人在海后路办汇丰银行。荷兰人在海后路办小公银行和安达银行。当时，共 5 家外国银行、4 家中资银行。民国 25 年，银行增至 20 家，其中中央及外埠银行及办事处 14 家，省银行分行 1 家，港澳台与外商投资银行 5 家。民国 27 年 5 月 13 日，厦门岛沦陷，除鼓浪屿的银行外，其余大都关闭。翌年，伪中央储备银行市立劝业银行成立，发行伪钞。民国 30 年，太平洋战争爆发，鼓浪屿的中、外银行，除日本银行之外全部关闭。随后，有 4 家银行被允许开业，但所办业务受到严格控制。区境金融业掌握在日资的劝业银行、储备银行和台湾银行手中。

抗日战争胜利后，银行业出现短暂的复兴。民国 34 年，中外银行 20 余家。中资银行业务量以中央银行最多，其次分别是中国银行、交通银行、农民银行厦门分行。

1949 年 10 月 21 日，中国人民银行厦门分行在海后路 3 号成立。11 月，新加坡华侨银行、中南银行、实业银行、通商银行、集友银行 5 家商业银行恢复开办。12 月，国华银行、华侨银行复业。1950 年，有 5 家私人商业银行与 1 家侨资银行合营。1953 年，商业银行联营，改组为公私合营银行厦门分行。1955 年，公私合营银行并入中国人民银行厦门分行。

1954 年，在区境成立隶属于国家财政部的建设银行，只办理基本建设资金拨款和建筑企业流动资金贷款。中国农业银行则几度开办，几度撤销。中国人民银行厦门分行先后设立鼓浪屿、厦禾、开元、中华、厦港、中山等分理处。同年，曾厝垵、黄厝、塔头、前埔、何厝、西林、莲坂、仙岳、梧村等地先后成立农村信用社、信用代办站。

1955—1978 年，区境只有中国人民银行厦门分行办理各项银行业务。1950 年唯一保留的外资银行新加坡华侨银行厦门分行除经营少量侨汇之外，主要业务是代理中国人民银行厦门分行的业务。

1979 年后，区境银行业进入发展、改革新阶段。1992 年，邓小平南方谈话后，确立社会主义市场经济，促进银行业发展。

2004年，在思明区的银行业有法人单位26家，其中中资银行14家，港资及外商投资银行12家。全区有银行营业网点456家。当年底，全区银行存款余额1200亿元，其中企事业存款600亿元，储蓄存款500亿元，其他存款100亿元；贷款余额1040亿元，其中短期贷款460亿元、中长期贷款500亿元、票据融资50亿元、其他贷款30亿元；实现账面利润17亿元。2006年，增加1家中资银行机构，达15家，有银行网点459个。当年底，银行存款余额2000亿元，贷款余额1600亿元，实现账面利润30亿元。

2007年，各银行厦门分行总部设立在思明区境的共26家：中资银行有中国人民银行厦门分行、中国建设银行厦门市分行、中国工商银行厦门市分行、中国银行厦门市分行、交通银行厦门分行、兴业银行厦门分行、中国光大银行厦门分行、中信实业银行厦门支行、中国民生银行厦门分行、中国农业银行厦门分行、中国农业发展银行、招商银行股份有限公司厦门分行、厦门商业银行和厦门市农村信用合作联社，共14家；港资及外商投资银行有香港上海汇丰银行有限公司厦门分行、香港东亚银行有限公司厦门分行、香港集友银行厦门分行、厦门国际银行、泰国盘谷银行（大众有限公司）厦门分行、法国里昂信贷银行厦门分行、新加坡大华银行厦门分行、美国建东银行厦门分行、英国标准渣打（麦加利）银行厦门分行、英国渣打银行厦门分行、新加坡华侨银行厦门分行、菲律宾新联商业银行，共12家。另有国家开发银行厦门代表处、香港恒生银行厦门代表处、菲律宾联盟银行厦门代表处、美国花旗银行厦门代表处、日本瑞穗实业银行厦门代表处、美国首都银行厦门代表处6家非营业银行代表处。区境有银行服务营业网点473个、从业人员8759人。是年底，全区银行存款余额达2400亿元。其中，企事业单位存款1200亿元、储蓄存款750亿元、其他存款450亿元；贷款余额2100亿元，其中短期贷款770亿元、中长期贷款1200亿元、票据融资50亿元、其他贷款80亿元，实现账面利润54亿元。

2004—2007年思明区境银行业统计表

表20-3-1

项目	单位	2004年	2005年	2006年	2007年
银行机构	家	26	26	26	26
中资银行	家	14	14	15	14
港、外资银行	家	12	12	12	12
非营业银行代表处	家	6	6	6	6
营业网点	个	456	449	459	473
年底存款余额	亿元	1200	1600	2000	2400
企事业存款	亿元	600	750	950	1200
储蓄存款	亿元	500	620	700	750
其他存款	亿元	100	230	350	450
年底贷款余额	亿元	1040	1160	1600	2100
短期贷款	亿元	460	480	600	770
中长期贷款	亿元	500	600	900	1200
其他贷款	亿元	30	30	30	80
票据融资	亿元	50	50	70	50
从业人员	人	—	—	—	8759
年底实现账面利润	亿元	17	26	30	54

第二节　中资银行

一、中央银行

大清银行厦门分号　址在岛美街（今中山路西端）。清宣统元年（1909年）九月，大清银行厦门分号开业，隶属于福州分行。该行有发行钞票权，经营存款、放款、汇兑和期票贴现、买卖生金生银、保管重要物品等。宣统三年（1911年）停业。

中央银行厦门分行　址在海后路42号。民国21年（1932年）11月20日，中央银行厦门分行成立。民国22年11月20日，发生“闽变”，该行被“闽变”中成立的中华共和国福建革命政府财政部接管。次年1月“闽变”失败，被南京国民政府收回重新营业。民国24年6月1日，改为一等分行，管辖漳州、永春、泉州3个行（处）。民国26年9月1日，迁至鼓浪屿营业。次年5月13日，厦门岛沦陷，撤往香港。民国28年2月14日，设立中央银行鼓浪屿办事处。是年12月6日，划归广州分行管辖。民国29年2月19日，办事处改为三等支行。太平洋战争爆发后，宣告停业。抗战胜利后，中央银行漳州办事处移设厦门，于民国34年10月22日在海后路旧址营业，对外统称厦门中央银行。民国35年6月1日，中央银行厦门分行正式复业，漳州办事处结束。该行仍为一等分行，在海关设驻厦门海关税收处。民国36年1月4日起，开始办理厦门市各银行票据交换及转账事宜。民国38年2月15日，上海总行发行局从广州运106吨金银库存于鼓浪屿，不久转移台湾。民国38年9月，厦门分行撤往台湾。

民国21年11月20日，中央银行厦门分行成立

中国人民银行厦门市分行　址在海后路20号。1949年10月21日，中国人民银行厦门市分行成立。1950年5月19日，市人行改为甲等支行，更名中国人民银行厦门市支行。1951年1月，按照支行编制改科室为股。1970年1月，厦门市人行改属市财政局。1972年8月5日，市人行改由市政府直属。1979年4月，中国银行厦门市分行与市人行分设。1984年4月11日，市人行改为市分行。12月，国家外汇管理局厦门分局改归市人行领导，合署办公。1985年1月18日，中国人民银行厦门分行升格为副厅级分行，自1月起，不兼司外汇局职能。至2005年底，各项存款余额134.28亿元，各项贷款余额90.38亿元。

二、政策性银行

中国农业发展银行厦门分行　址在禾祥路9号。1996年12月17日成立。2005年1月起不再实行计划单列，机构规格不变，各项工作归中国农业发展银行福建省分行管理。2007年底，各项存款余额35169万元，各项贷款余额113627万元；实现账面利润2765万元。资产总额117528万元。

三、国家及国家控股商业银行

中国银行厦门分号　原址港仔口街（今镇邦路），后移水仙路。民国4年5月20日，中国银行在厦

民国4年5月20日，中国银行在厦门设立分号（民国10年10月，改称厦门分行）

门设立分号。民国10年10月1日，改为厦门分行，属福建省级行，简称闽行。次年11月12日，在鼓浪屿分设办事处。民国24年7月3日，增设储蓄部。通过海外收汇机构争取华侨存款。民国26年9月1日，迁移鼓浪屿营业。民国30年太平洋战争爆发，鼓浪屿办事处停业，人员内迁龙岩闽行办公。民国34年11月1日，闽行由龙岩迁回厦门原址复业，鼓浪屿办事处同时恢复营业。民国38年6月，金圆券崩溃，各项业务停顿。

中国农民银行厦门支行 址在海后路25号。民国23年11月26日，豫、鄂、皖、赣四省农民银行在区境设办事处，并设储蓄部。民国24年4月1日，改称中国农民银行厦门办事处。民国26年1月18日，改为三等支行，称中国农民银行厦门支行，管辖漳州、泉州两办事处。9月1日，迁至鼓浪屿交通银行及三丘田351号，分两处营业。民国27年5月16日，迁粤，与粤行合并办公。抗日战争胜利，中国农民银行厦门支行于民国34年11月1日迁回原址复业。次年恢复办理农贷，后2年续办渔贷，并开办进出口业务。民国38年8月31日停业，遣散全部员工。所有账册文卷档案，移往广州农行总管理处。

中国工商银行厦门分行 址在海后路32号。1984年12月29日成立，前身中国工商银行厦门市分行。1992年，迁至湖滨北路新建工行大厦。区境设美仁宫、思明、鼓浪屿等支行、办事处、分理处和储蓄所，共有分支机构49个。增设信托公司，1995年12月撤销。增设城市办事处，1992年改为支行。增设鹭江支行及营业部。2005年，中国工商银行完成股份制改造，更名中国工商银行股份有限公司。中国工商银行股份有限公司厦门市分行是中国工商银行股份有限公司直属分行。2007年，在思明区设分行营业部和33个支行，营业网点34个，计算机电子化网点覆盖率100%，ATM设备200多台，24小时自助银行50处，为客户提供包括资产、负债、中间业务等200多种产品和服务。资产总额381.13亿元。

2007年思明区境中国工商银行厦门分行属下支行分布一览表

表20-3-2

名　称	成立时间	地　址	名　称	成立时间	地　址
海滨支行	1984.9.28	鹭江道8号	华侨支行	1995.12.5	新华路70-74号
美仁宫支行	1984.9.28	后滨路41-43号	东区支行	1995.12.29	莲前西路507号
思明支行	1984.9.28	思明南路384-390号	思北支行	1996.3.19	厦禾路274号
梧村支行	1984.9.28	禾祥东路108号	电子城支行	1997.10.10	天湖路38号
文灶支行	1987.2.26	文园路44号	松柏支行	1998.8.28	体育路219号
鹭江支行	1990.8.22	海后路32号	报业支行	2001.5.23	吕岭路122号
市分行营业部	1991.5.31	湖滨北路17号	鼓浪屿支行	2001.5.23	鼓浪屿龙头路11-18号
美禾支行	1991.11.11	厦禾路624-626号	集友支行	2001.5.23	海后路27号

续表20-3-2

名　称	成立时间	地　址	名　称	成立时间	地　址
三家村支行	1992. 10. 19	厦门大学芙蓉五	前埔支行	2001. 5. 23	莲前东路 626-628 号
嘉华里支行	1992. 11. 10	长青路 277 号	文园支行	2001. 5. 23	文园路 82-88 号
湖滨南支行	1993. 10. 26	湖滨南路 248 号	银龙支行	2001. 5. 23	后埭溪路 143 号
珍珠湾支行	1993. 11. 23	龙虎山路 490 号	公园支行	2003. 6. 19	公园南路 3 号
福津支行	1993. 12. 23	湖光路 46 号	湖滨北支行	2003. 7. 4	湖滨北路 108 号
禾祥西支行	1994. 2. 4	禾祥西路 51 号	开元支行	2003. 7. 4	禾祥西路 12 号
镇海支行	1994. 7. 26	镇海路 35 号	莲秀支行	2003. 7. 4	莲花北路 124 号
城建支行	1995. 1. 25	鹭江道 268 号	厦大支行	2003. 7. 4	顶沃仔 14 号
香江支行	1995. 4. 20	嘉禾路 104-108 号	中山支行	2003. 7. 4	中山路 210 号

中国农业银行厦门分行　址在嘉禾路 98 号。1963 年 12 月 28 日，中国农业银行厦门市分行成立市支行，1965 年 10 月 1 日与市人行合并。1980 年 1 月，从市人行分出独立设支行。1984 年 9 月改称市分行。2007 年，在思明区设分行营业部和 14 家支行、12 个分理处、1 个储蓄所。开办个人信用贷款、个人综合授信贷款、基金定投、第三方存管、新股申购理财产品、本利丰等特色业务。

2007 年思明区境中国农业银行厦门分行网点一览表

表 20-3-3

名　称	成立时间	地　址	名　称	成立时间	地　址
市分行营业部	1980	嘉禾路 98 号	联邦分理处	1995	禾祥西路 8 号
大同储蓄所	1984	大同路 69 号	松柏支行	1995	莲岳路 162 号
厦港支行	1985	蜂巢山路 11-13 号	新村支行	1996	湖滨一里 26 号
湖滨支行	1985	湖滨东路 62-64 号	非矿支行	1996	湖滨南路 91 号
海滨支行	1986	鹭江道 52 号	莲坂支行	1996	厦禾路 1226 号
厦禾分理处	1987	厦禾路 447 号	湖东支行	1998	湖滨东路 51 号
宏业分理处	1988	湖滨北路 201 号	金鸡亭分理处	1998	莲前西路 358 号
东浦分理处	1989	东坪二里 5 号	禾祥分理处	1999	禾祥西路 425 号
思明支行	1990	同安路 2 号	莲花支行	2000	莲前西路 41 号
槟榔分理处	1990	湖明路中段武警水电大楼	莲前支行	2001	莲前西路 283 号
莲岳分理处	1992	莲岳里 162 号	瑞景分理处	2001	莲前东路瑞景新村
梧村支行	1992	厦禾路 879 号	长青分理处	2001	长青路 191 号
滨北支行	1992	湖滨北路 108 号	福满分理处	2005	莲前东路福满山庄
东区支行	1994	嘉禾路 188-196 号	岳阳分理处	2006	仙岳路 243 号

农行厦门市分行在思明区设 41 处 ATM 机：闽南大厦、分行营业部、厦港鹭大、厦港厦大学生公寓、海滨支行中医院、SM 莱雅、闽燃超市、妇幼保健医院、海洋学院（2 处）、金山大厦、电子城、天地美食城、武夷工贸、亚洲海湾大酒店、湖滨支行、湖东储蓄所、梧村分理处、莲坂分理处（2 处）、滨北分理处、东渡分理处、莲前支行、福满分理处、金鸡亭、瑞景储蓄所、莲花支行、东区分理处、长青分理处（2 处）、槟榔分理处、槟西分理处、中孚分理处、松柏支行（2 处）、荣滨分理处、圆山分理

处（2 处）、体育东村分理处、宏业分理处（2 处）。

中国银行厦门分行 民国 4 年，中国银行在厦门设立分号。原址在中山路 4-10 号，1994 年 9 月迁址湖滨北路中国银行大厦。1949 年 10 月 24 日，中国银行厦门市分行成立。1950 年 1 月 1 日，市分行改为支行；1951 年 1 月 1 日恢复为分行。1957 年 3 月与市人行合并，成为市人行的国外业务部，对外仍沿用中国银行厦门分行名称。1979 年 4 月，从市人行分出。1984 年 10 月，为副厅级。2005 年，中国银行实行股份制改革，改名中国银行股份有限公司厦门分行。2007 年，在思明区设分行营业部和 17 个支行。从办理单一汇兑业务的分号，发展至和世界五大洲 170 余个国家和地区的 1500 家国外银行建立业务代理关系。

2007 年思明区境中国银行厦门支行分布一览表

表 20-3-4

名 称	成立时间	地 址	名 称	成立时间	地 址
市分行营业部		湖滨北路 40 号	莲花北路支行	1996. 8. 6	香莲里 28 号
鼓浪屿支行	1988. 5. 5	鼓浪屿海坛路 2 号	开元支行	1996. 8. 12	湖滨南路 396 号
湖滨北路支行	1989. 9. 3	湖滨北路 98 号特贸大厦	长青路支行	1998. 7. 28	长青路 89 号
莲花支行	1990. 3. 8	嘉禾路 102 号庐山大厦	厦禾支行	1999. 10. 28	厦禾路 189 号银行中心
公园支行	1990. 5. 4	公园南路 18-20 号 公园西路 2 号	松柏支行	2002. 2. 8	松柏路 1 号
湖滨南路支行	1991. 8. 8	湖滨南路 393-395 号	厦大支行	2002. 8. 6	思明南路 408 号
文灶支行	1991. 12. 26	厦禾路 837 号汇成商业中心	前埔支行	2004. 2. 10	前埔东路 7 号
思明支行	1994. 9. 12	中山路 4-10 号	三家村支行	2006. 2. 22	思明南路 422 号厦门大学校园内南光 8 号
禾祥支行	1996. 5. 15	禾祥西路 267 号	莲前支行	2006. 8. 15	云顶中路 412-418 号

中国建设银行厦门分行 原址升平路 15 号。1954 年 10 月 10 日，中国人民建设银行厦门支行成立。1958 年，并入市财政局，对外保留建设银行牌子。1962 年 10 月，恢复建行。1966 年 4 月，再次并入市财政局，对外仍挂建设银行牌子。1970 年 6 月，又从市财政局分出，并入市人民银行。1972 年 8 月，再次恢复建设银行，址迁海后路，实行地区和上级业务主管部门双重领导。1979 年，改名中国人民建设银行厦门市中心支行，址迁中山路 287 号。1984 年 12 月，改名中国人民建设银行厦门市分行。1989 年 10 月，迁址湖滨南路 8 号。1995 年，拥有 10 个支行、1 个营业部、54 个营业网点。2004 年，实行股份制改革，改名中国建设银行股份有限公司厦门分行。2007 年，建行厦门分行在区境设分行营业部和 4 个支行，营业网点 32 个，计算机电子化网点覆盖率 100%，ATM 设备 192 台，网点一般性年末存款余额 298 亿元（存款余额占厦门建行 52%）；个人存款余额 158 亿元；年末贷款余额 194 亿元。

2007 年思明区境中国建设银行厦门支行分布一览表

表 20-3-5

名 称	成立时间	地 址	名 称	成立时间	地 址
分行营业部	2000. 7	湖滨西路 81 号中信银行大厦	白鹭支行	2004. 9	湖滨南路 79 号天湖苑
莲前支行	2000. 11	云顶中路 411 号、413 号、415 号嘉盛新村	松柏支行	2007. 5	仙岳路 485-489 号仙岳嘉园
富山支行	2001. 4	厦禾路 1222 号国骏大厦			

中国投资银行厦门市分行 址在中山路287号。1985年3月，中国投资银行设厦门市分行，隶属中国投资银行福建省分行，与市建行合署办公。1991年1月，厦门市分行成为总行计划单列市分行。1995年11月，中国投资银行总行按照构建紧密型、区域性商业银行的要求，在福建省分行和厦门市分行的基础上调整组建中国投资银行福州分行，厦门市分行隶属于福州分行。

邮政储金汇业局厦门办事处 址在镇邦路140号。民国19年，邮政储金汇业局成立，总部设南京，属国民政府交通部。民国35年2月，在区境设办事处，4月25日开业；9月，在厦门大学设营业组。1949年12月21日，由厦门市邮政局接管。

四、地方商业银行

福建银行厦门分行 址在港仔口（今镇邦路）。民国7年6月，福建银行厦门分行设立。北洋军阀李厚基驻闽时，发行福建军需公债数百万元，以福建盐税作抵押品。民国11年，李厚基倒台，发生挤兑风潮，福州总行倒闭，厦门分行随之关闭。

福建省银行厦门分行 原址海后路20号。民国24年12月5日，福建省银行厦门分行设立。民国26年9月，移往鼓浪屿营业，次年5月12日撤出，并入漳州办事处。民国34年11月15日复业，行址海后路3号。12月15日，设鼓浪屿办事处。厦门分行为省内首屈一指的一等分行。办理闽台通汇事宜，为台湾省际间唯一的代理行。设储蓄部，办理储蓄业务，会计独立。设小仓库一座，办理货物的储押保管业务。此外，代理保险业务。1949年10月停业。

厦门市银行 址在升平路15号。民国34年10月，厦门市政府派员组建厦门市银行；12月，以厦门市银行筹备处名义经营业务，设立鼓浪屿办事处。民国35年4月15日，正式开业；4月，代理市公库收解。为股份有限公司。1949年10月停业，12月27日由市人行和市财政局接收。

广东省银行驻厦通汇处 址在镇邦路124号。民国36年10月15日，在区境设立通汇处。汇兑业务、汇款以广东、上海较多。民国38年6月17日停业。

福建兴业银行厦门分行 址在湖滨中路文滨花园88号。前身为福建福兴财务公司厦门办事处。1989年5月，在原基础上组建福建兴业银行厦门办事处。1991年4月升格为分行，在区境设有海口、公园、厦港3家办事处。2006年3月，兴业银行与思明区人民政府签订银政合作协议。2007年，兴业银行厦门分行在思明区境设分行营业部和12个支行。

2007年思明区境兴业银行厦门支行分布一览表

表20-3-6

名称	成立时间	地址	名称	成立时间	地址
分行营业部	1991.4	湖滨北路78号	厦禾支行	1996.7	厦禾路323号
鹭江支行	1991.6	水仙路33号	莲富支行	1996.7	莲前西路2号
公园支行	1991.6	公园南路17号	文滨支行	1997.5	湖滨中路88号
思明支行	1991.6	思明南路481号	莲花支行	1997.8	莲花北路126号
禾祥西支行	1993.11	禾祥西路68号	松柏支行	1997.9	屿后南里158号
东芳支行	1994.11	莲前西路366号	东区支行	1999.5	莲前东路930号
梧村支行	1995.7	厦禾路874号			

厦门商业银行 址在湖滨北路101号。1996年11月30日成立，为地方股份制商业银行。开办银行回购式信托产品理财、代征车辆公路规费、E通卡、公务卡、U利卡、96210数字化停车系统等，开发96319电话银行客服系统，加入银联网上支付系统。2007年，在思明区境设总行营业部和17家支行。

2007 年思明区境厦门商业银行支行分布一览表

表 20-3-7

名　称	成立时间	地　址	名　称	成立时间	地　址
总行营业部	1996. 11. 26	湖滨北路 101 号	思明支行	2000. 1. 20	大学路 213 号
开元支行	1997. 1. 16	凤屿路 17 号	洪文支行	2000. 1. 20	洪莲里 27 号
银隆支行	1997. 1. 16	厦禾路 857 号	前埔支行	2000. 1. 20	莲前东路 1129 号
湖滨支行	1997. 1. 16	湖滨南路 98 号	中华支行	2000. 1. 20	中山路 356、358 号
莲前支行	1997. 1. 16	莲前西路 687-3 号、4 号	仙岳支行	2000. 1. 20	仙岳路 569 号
鹭通支行	1997. 1. 16	香莲里 33 号	金榜支行	2000. 1. 20	禾祥东路 25 号
五一支行	1997. 1. 16	禾祥西二路 58 号	莲坂支行	2000. 1. 20	湖明路 95 号
松柏支行	1997. 1. 16	长青路 490-492 号	故宫支行	2000. 1. 20	故宫路 88 号
富山支行	1997. 1. 16	厦禾路 1130 号	吕岭支行	2000. 1. 20	吕岭路 262 号

五、全国性股份制商业银行

交通银行厦门分行　址在海后路 30 号。清宣统二年（1910 年）五月开办，民国 2 年（1913 年）2 月停办。民国 23 年 10 月 15 日复业，属三等分行。民国 24 年 6 月 10 日，分设办事处于鼓浪屿晃岩路。民国 27 年，改为独立办事处。厦门岛沦陷时，分行移往香港，鼓浪屿办事处照常营业。太平洋战争爆发，鼓浪屿办事处停业。民国 34 年 11 月 1 日，在海后路原行址复业，鼓浪屿办事处同时复业。民国 38 年 9 月停业。1993 年 12 月 18 日，交通银行厦门支行试营业，址设升平路 40 号。1994 年 12 月，正式开业，隶属于广州分行。1995 年 3 月 14 日，升格为分行，直属交通银行总行。1995 年，在区境设莲花、公园、厦港、中山 4 个分理处。2007 年，在思明区设分行营业部和 11 个支行。

清宣统二年（1910 年）五月，交通银行厦门分行开办（民国时期照片）

2007 年思明区境交通银行厦门支行分布一览表

表 20-3-8

支行名称	成立时间	地址	支行名称	成立时间	地址
禾祥支行	1994. 10. 19	禾祥西路 599 号	思北支行	1997. 10. 21	湖滨西路 10 号
分行营业部	1994. 12. 19	湖滨中路 9 号交通银行大厦	滨南支行	1998. 3. 6	湖滨南路 629 号
中山支行	1995. 1. 17	中山路 193-215 号	厦大支行	1998. 5. 14	思明南路 599 号
长青支行	1995. 11. 24	仙岳路 463-467 号	滨北支行	1998. 5. 14	湖滨北路 33 号
升平支行	1996. 9. 13	海后路 29 号	莲花支行	2001. 9. 30	莲花北路 7 号
开元支行	1996. 11. 20	禾祥东路 57-59 号	前埔支行	2002. 2. 10	前埔南区鼓楼广场一层

中国光大银行厦门分行　址在湖滨南路81号。1998年5月22日设立，率先推出国内国际保理业务、福费廷业务、出口应收账款质押、仓单质押、保兑仓等业务。同时，成立“阳光理财中心”，率先推出阳光理财A、B计划；独家推出全国“一柜通”业务和“网上一柜通”结算工具。在厦大、莲花设支行，并设立多家24小时自助银行，在区境布设自动提款机（ATM）、自助存取款机（CRS）、多媒体自助查询机。2003年，资产38.76亿元，本外币存款35.44亿元，实现账面利润8280万元。2007年，光大银行厦门分行在思明区设分行营业部和4个支行。

2007年思明区境光大银行厦门支行分布一览表

表20-3-9

名　称	成立时间	地　址	名　称	成立时间	地　址
分行营业部	1998.5	湖滨南路81号	思明支行	2007.10	湖滨西路23号
江头支行	2001.12	嘉禾路305号	前埔支行	2008.7	莲前东路632号
厦大支行	2003.5	演武路51号			

招商银行厦门分行　址在厦禾路862号。2002年11月成立，12月9日对外营业。是招商银行在闽南地区的分行级经营管理机构。2004年10月，获厦门市纳税信誉等级A级企业称号。2005年，“网上企业银行”开户数376户，交易40659笔，交易额55.97亿元，比上年增长26.77亿元。至2007年，在思明区设1个分行营业部和4个支行。

2007年思明区境招商银行厦门支行分布一览表

表20-3-10

名　称	成立时间	地　址	名　称	成立时间	地　址
分行营业部	2002.11.26	厦禾路862号	滨北支行	2006.6.29	建业路10-12号
鹭江支行	2005.4.15	厦禾路19号	莲前支行	2007.1.18	莲前东路113、115号
嘉禾支行	2005.9.27	嘉禾路188号			

中信银行厦门分行　址在湖滨西路81号。1994年4月，中信实业银行厦门分行开业，为中信实业银行的一级区域性分行。2005年11月，中信实业银行更名“中信银行”，厦门分行相应更名中信银行厦门分行。

2007年思明区境中信银行厦门支行分布一览表

表20-3-11

名称	成立时间	地　址	名　称	成立时间	地　址
分行营业部	2000.7	湖滨西路81号中信银行大厦	白鹭支行	2004.9	湖滨南路79号天湖苑
莲前支行	2000.11	云顶中路411号、413号、415号	松柏支行	2007.5	仙岳路485-489号仙岳嘉园
富山支行	2001.4	厦禾路1222号国骏大厦			

中国民生银行厦门分行　址在湖滨南路90号。2006年7月28日开业。提供机场贵宾通道、医疗健康通道、高尔夫俱乐部等3+N增值服务。2007年7月28日，创办国内首家银行会所中国民生银行厦门分行“民生精英会”在立信广场二楼成立。8月14日，推出国内第一个区域性理财产品——民生鼓浪

屿1号理财产品。

六、其他中资银行

厦门中华汇理银行 清光绪十七年（1891年），广东富商潘士成创办。

厦门商业银行 址原在镇邦路2号，后移海后路52号。民国9年6月1日成立，次年5月9日经国民政府核准注册，为股份有限公司。民国24年1月12日停业，11月28日，经厦门市法院审理核准宣告破产，清理工作至1950年11月结束。

中南银行厦门分行 址原设港仔口街（今镇邦路）3号，后移中山路。民国11年7月成立。民国24年7月，设鼓浪屿办事处。厦门岛沦陷时，迁往鼓浪屿营业。抗战胜利后，由鼓浪屿迁回厦门岛。1949年11月复业。1953年1月，与新华银行厦门分行合并为公私合营银行厦门分行。

集友银行总行 址在海后路27号。民国32年10月，陈嘉庚和陈六使、李光前等在永安创办集友银行总行。民国34年12月1日，正式营业。后迁厦门。民国38年5月，暂停营业。1949年11月，增资复业。1972年，停业。

中国通商银行厦门分行 原址在海后路60号。民国23年6月14日，中国通商银行厦门分行成立。民国26年9月1日，迁往鼓浪屿中南银行内营业。民国33年7月31日，停止营业。民国38年5月2日复业，但因金圆券币值日贬，无业可营，未正式开展业务。1949年11月11日复业，1950年5月6日，停业。

民国23年6月，中国通商银行厦门分行成立

新华信托储蓄银行厦门分行 址在升平路。民国23年8月15日成立。内设信托、储蓄两部。吸收南洋侨汇较多。抗日战争期间，迁移鼓浪屿。民国34年10月22日，迁回原址。1950年1月5日复业，指定办理侨汇银行之一。1953年1月1日，同中南银行厦门分行合并成立公私合营银行厦门分行。

中国实业银行厦门分行 原址在中山路127号。民国23年7月5日成立，9月设鼓浪屿办事处。民国25年7月31日，停业。民国36年4月1日复业，址在升平路44号。民国38年8月31日，歇业。

国华银行厦门分行 址设海后路56号。民国21年8月25日，成立国华银行厦门办事处，民国23年改为分行。抗战时期，迁鼓浪屿继续营业。抗战胜利后迁回原址，不久停业。

辛泰银行厦门分行 址在升平路54号。民国25年9月10日成立。民国26年8月1日，停业。

农商银行厦门支行 址在升平路。民国24年12月20日成立。民国37年12月，停业清理。

中国工矿银行厦门分行 址在海后路28号。民国35年5月10日成立。民国37年12月13日，停业清理。

亿中银行厦门分行 址在海后路1号。民国38年1月24日成立，8月25日停业。

农工银行 址在港仔口（今镇邦路）致祥洋货铺楼。民国10年5月14日成立，为时任思明县知事来玉林征集5万元资本所办。名为银行，实按钱庄的方式经营。民国11年，来玉林被驻厦门军阀臧致平拘禁后停业。

厦门市工商贷款银团 民国36年2月成立，由厦门市福建省银行、新华、国华、集友、中国工矿、中兴、中南7家银行组成。以扶植生产事业及复兴出口商业为主旨。其贷款对象必须是从事生产事业者及出口商，并须保证该项贷款完全为该债务人工商正当需要，绝无移作他用。押汇贷款，其押汇货物必须是民生日用必需品、当地特产的出口物资。1949年10月17日，自行消失。

厦门市银行业联合放款处 1950年5月28日，由厦门市人行牵头发动新华、实业、中南、国华、集友、华侨6家私营银行协商成立。1953年6月，停业。

公私合营银行厦门分行 址设升平路40号。1953年1月1日，厦门中南、新华两家私营银行合并为公私合营银行厦门分行，1月3日正式营业。1955年2月1日，改组为公私合营银行厦门支行，与中国人民银行厦门支行储蓄部为一套人员、两个牌子。1955年7月1日，转化为国家银行的组成部分。

第三节 港、台、侨资银行

一、港资银行

香港上海汇丰银行厦门分行 原址在海后滩（今海后路）。清同治十二年（1873年）成立，是区境第一家现代银行。民国27年（1938年）5月，迁鼓浪屿营业。民国30年12月，停业。民国36年1月4日复业，址设中山路369号。为外汇指定银行，同外商德士古、亚细亚、美孚及卜内门等公司往来频繁，结售外汇较多，并承办吉隆坡、槟城、新加坡等地联行委托，直接以国币解付侨汇业务。早期发行以西班牙银元为单位的“银元钞票”，约六七十万元。

清同治十二年（1873年），厦门汇丰银行成立

1950年1月，结束在厦业务。1984年5月23日，香港上海汇丰银行在区境设立厦门代表处，1986年1月9日升格为分行，9月30日正式开业。址在新华路中段华侨大厦。2007年4月2日，总行通过本地法人注册后正式由香港上海汇丰银行有限公司更名汇丰银行（中国）有限公司。年底，在思明区设立1个分行营业部和2个支行。

2007年思明区境香港上海汇丰银行厦门支行分布一览表

表20-3-12

名　称	成立时间	地　址
分行营业部	2007. 3. 29	厦禾路189号
嘉禾支行	2007. 3. 29	嘉禾路386-2号
滨北支行	2007. 8. 31	建业路7号

香港集友银行厦门分行 址先后设在新华路35号、中山路444号、厦禾路859号。1970年，香港集友银行正式加入中银集团。1984年4月，在区境设厦门代表处，1985年11月升格为分行。集友银行为台湾商人提供押汇、楼宇分期付款服务，是厦门首家提供楼宇按揭的外资银行。1988年，获准试办部分人民币业务。1992年，获准在厦门有限度经营人民币业务。2001年10月，成为中国银行（香港）有限公司附属机构。2006年5月，获准经营机构和境外个人的人民币业务，12月起可吸收中国境内公民每笔不少于100万元人民币的定期存款。

香港嘉华银行厦门代表处 址在厦门华侨大厦。1985年1月成立，5月6日正式开业。1988年3月5日，其总部与中银集团合并，代表处自行关闭。

香港恒生银行厦门代表处 址在鹭江宾馆。1985年11月15日成立，1986年8月20日正式开业。2007年，开展洽谈、联络、咨询、服务等非营利性的活动。

香港东亚银行厦门分行 址在厦禾路汇成商业中心。1990年11月30日设立。1991年5月31日正式开业。2002年6月19日，获准为内地居民和内资企业开展外币业务。2004年12月，获准向机构和境外个人开办人民币业务。2007年，获准全面开办人民币业务。

二、台资银行

台湾银行厦门支行 清光绪二十六年（1900年）正月设立。发行银本位钞票，称“银券”，流通于福建省沿海各地。民国8年“五四”运动后，区境反日爱国运动日见高涨，群众持该行“银券”争相兑换现银，银行其他业务也受到抵制。民国16年4月19日宣告倒闭。后改组复业。民国26年8月，结束在厦业务。民国27年6月6日复业，并代理日本银行代收海关关税。民国34年10月，由南京国民政府接管。总行设在台湾新高银行，民国7年在镇邦路设立分行。民国16年关闭。

清光绪二十六年（1900年），台湾银行厦门支行成立

三、侨资银行

中兴银行厦门分行 址原在大史巷，后移中山路361号。民国14年8月19日成立。中兴银行系由华侨李清泉、黄奕住与薛敏老、邱允衡等人创办，总行设在菲律宾马尼拉。厦门岛沦陷，迁鼓浪屿营业，抗战胜利后迁回中山路。民国38年8月26日，办理结束。

第四节 外商投资银行

一、营业外资机构

安达银行厦门分行 原址在海后滩。民国13年（1924年）2月成立。民国30年12月，太平洋战争爆发后停业。抗战胜利后复业，址设海后路26号。民国38年8月16日停业。

福建美丰银行厦门分行 址在海后路。民国13年9月成立。属美商银行，专营商业银行业务，发行钞票。民国19年，福建美丰银行亏损倒闭，厦门分行宣告停业。

新加坡华侨银行厦门分行 原址镇邦路，后迁中山路。民国14年3月成立，总行设在新加坡。抗战期间，迁往鼓浪屿福建路62号营业。民国36年3月，迁至中山路新址。1949年12月复业。1991年5月，成为外汇指定银行之一。2001年9月，迁入鹭江道8号23楼。2007年8月1日，改制为华侨银行（中国）有限公司厦门分行。华侨银行中国总部设在上海。

美国建东银行厦门分行 原址在华侨大厦。1983年11月21日，美国建东银行获准在厦门设立代表处。1984年3月17日，正式开业。1986年1月，升格为分行。1992年8月，迁至湖里兴盛路25号。2005年，迁至白鹭洲路499号。主要服务对象是美国及东南亚各地华商华侨。

英国标准渣打（麦加利）银行厦门分行 址在鹭江宾馆。1985年7月5日，标准渣打（麦加利）银行在厦设立代表处，11月4日正式开业。1986年10月28日，升格为分行。

厦门国际银行 1985年8月2日成立。是中国首家中外合资银行，注册资本10.69亿元，股东包括中国工商银行、福建投资企业集团公司、厦门建发集团有限公司、闽信集团有限公司、亚洲开发银行、日本新生银行及美国赛诺金融集团有限公司。获全国“外商投资双优企业”及福建省“纳税大户”“利税300强”等称号。在厦门市国税局和地税局首次联合评审的纳税信用等级中，获得最高等级“A级企业”称号。2007年，在思明区设2个支行。

2007年厦门国际银行在思明区境机构一览表

表20-3-13

名　称	成立时间	地　址
厦门国际银行股份有限公司	1985.8.2	鹭江道8-10号国际银行大厦
厦门国际银行股份有限公司厦门直属支行	2004.12.22	鹭江道8-10号国际银行大厦
厦门国际银行股份有限公司嘉禾支行	2006.6.22	嘉禾路188号莲花大厦

新加坡大华银行厦门分行 原址鹭江宾馆，后迁至湖滨北路大华银行大厦。1985年9月14日成立。1986年11月1日，正式开业。2003年12月15日，更名新加坡大华银行有限公司厦门分行。2004年12月，获准经营部分人民币业务。2007年4月，获准全面经营人民币业务，享受与中资银行一样的待遇。

英国渣打银行有限责任公司厦门分行 原址在湖滨北路中国银行大厦。原名渣打银行厦门分行，1986年成立。2004年1月19日，更名英国渣打银行有限责任公司厦门分行。2005年5月，迁至鹭江道98号建行大厦36层。2005年，首批获银监会批准经营人民币业务。2007年3月，启动个人银行业务。

国际商业信贷银行厦门代表处 址在鹭江宾馆。1987年11月16日成立，1988年3月11日开业。1991年9月17日，国际商业信贷银行总部发生信用危机，代表处被中国人民银行厦门市分行依法撤销。

法国东方汇理银行股份有限公司厦门分行 原址湖里工业区国际信息大厦，后迁至湖滨南路鸿翔大厦。原名法国里昂信贷银行厦门分行，1989年6月28日成立，7月10日正式开业。2004年9月21日，更名法国东方汇理银行股份有限公司厦门分行，址在厦禾路189号银行中心。

厦门新联商业银行 原址在厦禾路汇成商业中心，后迁厦禾路189号银行中心大厦三层。厦门新联商业银行是厦门首家外商独资银行，由菲律宾联盟银行（Allied Banking Corp）控股。1993年7月26日成立，10月6日开业。2004年12月，获准经营部分人民币业务。2007年4月，获准全面经营人民币业务，享受与中资银行一样的待遇。

泰国盘谷银行厦门分行 址在湖滨北路28号建业大厦。1997年6月成立。2005年8月，获准经营人民币业务。2006年9月27日，与中国银联达成协议，赴泰国旅游的银联卡持卡人，可在盘谷银行的商户处刷卡，并开通ATM机服务。

二、非营业外资机构

美国花旗银行有限公司厦门代表处 址在镇海路12号海景千禧大酒店。1991年3月成立。主要从事花旗银行在厦门业务的咨询和联络工作。

美国首都银行股份有限公司厦门代表处 址在鹭江道8号国际银行大厦。2006年7月14日，经中国银行业监督管理委员会批准设立，9月19日获得厦门市工商行政管理局颁发的登记证。代表处不涉及经营，仅从事派驻银行在厦门相关业务的咨询与联络。

日本瑞穗实业银行厦门代表处 址在厦禾路189号银行中心。1991年12月成立，前身是日本第一劝业银行厦门代表处。2002年，日本瑞穗实业银行与日本富士银行、日本兴业银行合并，仍名日本瑞穗实业银行厦门代表处。

区境还有非营业外资机构：菲律宾联盟银行厦门代表处。

第五节 信用合作社

一、农村信用合作社

区境解放初期，曾厝垵、黄厝、塔头、前埔、何厝、西郭、莲坂、西林、洪山柄等乡村组建信用合作组织。1953年，以乡（镇）为单位设信用合作社，以村为单位设信用站。66%农户参加信用社。1958年夏季，将信用社并入农业社，随即并入人民公社，改称信用部。

1978年后，农村信用社的各项业务迅速发展。1983年下半年起，开始贯彻农业银行总行“关于信用社管理体制改革”的试行草案，通过清股落实股权，发放多年提留的股息，进行扩股，召开社员代表大会选举产生理、监事会、下放“三权”（人事管理权、业务经营权、机构设置权），建立“责、权、利”经营责任制，信用社由“官办”改为“民办”。1985年初，区境农村信用社参加郊区农村信用合作联社。1992年7月1日，成立厦门市农村信用联社。

1996年6月14日，区境农村信用社等8家信用（联）社（企业法人）合并为具有独立法人资格的股份合作制厦门市农村信用合作联社，标志着厦门市农联社作为全国首家实施地市级统一法人改革试点单位的改革取得阶段性成果。

2005年，厦门市农信社参与政府“为民办实事”行动，以信贷资金支持失地村民缴纳养老保险金，通过发放贷款的方式直接支持思明区失地农民加入社会保险。并向何厝、前埔、岭兜、西林、曾厝垵等社区发放社保贷款4288万元，支持3699人加入社保。2007年，区境有厦门市农村信用合作联社和1家区级信用社及11家街道级信用社。

2007年思明区信用合作社一览表

表20-3-14

名　称	地　　址	创办年份
思明区信用社	莲前西路358号	1951
嘉禾信用社	湖滨南路419号	1995
仙岳信用社	仙岳路462号	1998
黄厝信用社	黄厝村塔头社	2002

续表20-3-14

名　称	地　址	创办年份
滨海信用社	曾厝垵村 379 号	2002
滨西信用社	湖滨西路 9 号	2003
莲前信用社	洪莲里 33 号联丰商城	2004
前埔信用社	莲前东路 1188 号	2004
何厝信用社	何厝顶何 28 号	2004
宝福信用社	湖滨南路 819 号	2004
厦门市农村信用合作联社	湖滨西路 9 号	2006
思明信用社	莲前西路 358 号	2006
龙山信用社	龙山中路 267-269 号	2007

二、城市信用合作社

1986 年 11 月 12 日，由中国人民银行福建省分行批准，成立开元城市信用合作社。址在故宫路 102 号。为福建省首家城市信用合作社。1987 年 10 月，思明区成立城市信用社。

1992 年 11 月，经中国人民银行总行批准成立厦门市城市信用合作社联合社。址设湖滨南路 84 号。至 1995 年，有开元、思明、莲前、湖滨等城市信用社，实行独立核算、自主经营、自负盈亏、单独纳税，具有法人地位的经济实体。

1996 年，城市信用合作社进行停业整顿。11 月 30 日，经人行总行批准，在联合社基础上，由地方财政、企业单位和个人共同参股，组建厦门城市合作银行。取消城市信用合作社。1998 年 11 月 30 日，厦门城市合作银行更名厦门市商业银行。

1994 年区境城市信用合作社统计表

表 20-3-15

单位名称	成立时间	社址	职工人数（人）	资本金（万元）	存款余额（万元）	贷款余额（万元）
开元城市信用社	1986. 11. 12	故宫路 102 号	38	959	15000	10125
思明城市信用社	1987. 10	思明西路 16-18 号	33	805	11494	6872
莲前城市信用社	1988. 7	莲坂路	27	170	11000	6000
湖滨城市信用社	1988. 10. 20	湖滨南路 84 号	31	726	20411	12787
银隆城市信用社	1988. 11. 8	厦禾路 857 号	81	819	26000	17000
鹭通城市信用社	1992. 4. 22	湖滨东路湖光大厦	33	495	7879	4982
南强城市信用社	1993. 1. 16	思明南路 298 号	20	237	4545	3090
五一城市信用社	1993. 4	大同路 9 号	14	100	2767	1446
科源城市信用社	1993. 9	湖滨南路 288-290 号	39	440	7200	4651
银升城市信用社	1993. 10. 18	禾祥西路 204 号	20	347	7481	4578
万达城市信用社	1994. 4. 1	京华大酒店	30	300	11008	8982

附：厦门岛沦陷时区境日伪银行

中央储备银行厦门办事处 址在海后路26号。民国31年11月16日，正式开业。主要业务发行“中储券”。该处直属总行业务局。抗战胜利后，由民国厦门市政府接管。

厦门劝业银行 址在中山路365号。民国29年2月16日，开业。在鼓浪屿、金门、厦港设办事处。民国30年，迁大汉路。抗战胜利后，由民国厦门市政府接管。

厦门金融组合 民国9年6月，由日本驻厦门领事琢本发起组织，事务所设在厦门台湾公会内。民国26年8月停业。民国30年3月复业，址在镇邦路50号，后迁中山路。经营各种贷款、存款、汇兑及战时保险业务。与台湾、中央储备、劝业等银行均有金融往来，营业状况须报日本领事馆、兴亚院及台湾总督府等鉴核。抗战胜利后，由民国厦门市政府接管。

第四章 保险业

第一节 发展概况

清道光年间，外国保险公司在区境的商行设代理处。英商和记洋行和太古洋行是区境最早代理保险的洋行。清光绪十七年（1891年）后，英国英杰华集团所属保险公司在厦门设立代理处。设在海后滩的日商三井洋行从光绪二十八年开始代理保险业务，至民国20年（1931年），日商三井洋行代理的保险公司有东京火险公司、明治火险公司、共同火险公司、日本火险公司、横滨火险公司、千代田火险公司、大阪火险公司、大正海面保险公司和东京海面保险公司，是区境规模最大的保险代理商。

民国2年，中华人寿保险普益团成立，址设在大史巷，后迁往赖厝埕，为区境最早成立的保险企业。

民国8年，美国商人史带在上海创办美亚保险公司，通过洋行在区境办理保险业务。民国10年，改办友邦人寿保险公司，在海后路设分公司，在鼓浪屿设分理处。

民国17年，鹭锦乡内地保险公司在海后路成立，由龙溪、海澄、石码一带经营豆仔、豆饼商户联合创办。民国23年后，银行开始代理各自主办或合办的保险业务。先后设立或代理保险业务的有英商旗昌保险公司、中国天一保险股份有限公司厦门代理处、华安合群保寿公司厦门分公司、泰山保险公司闽南总经理处、宁绍人寿保险公司厦门分公司、永吉保寿储蓄会、福明保寿储蓄有限公司厦门分公司7家。厦门邮政局于民国25年7月开始办理简易寿险。

厦门岛沦陷期间，保险业由日本商人控制。抗日战争胜利后，中国银行率先投资保险业。中央信托局开办保险部；中国银行开办中国保险公司；交通银行开办太平洋保险公司；中国农民银行办理农业保险业务。新华银行代理太平保险公司，还投资开办新丰保险公司；中南银行代理太平保险公司业务。邮政局恢复简易人寿险和邮包险。抗日战争期间由侨资设立的南侨保险公司从南平迁区境。美亚保险公司、中华物产保险公司、宝丰保险公司等均在区境设代理处。民国38年，恶性通货膨胀，美亚公司率先结束业务，各银行经营的保险相继停业。

1950年4月5日，人寿保险开业。1959年后，停办国内保险。1979年后，随着社会主义市场经济体制的确立，保险业得到复苏并迅速发展，保险业不断扩大辐射范围，成为区境金融体系的重要组成部分。

2007 年，区境有专业保险公司 46 家，其中财产保险公司 10 家、人身保险公司 11 家、保险专业中介代理公司 11 家、保险专业中介经纪公司 11 家、保险专业中介公估公司 3 家；另有保险兼业代理商 100 余家。

第二节　保险机构

一、财产保险机构

中国人民财产保险股份有限公司厦门市分公司　址在湖滨北路 68 号。1950 年 4 月 5 日，成立中国人民保险公司厦门办事处，属市人民银行管理。是年 10 月升格为支公司，划归福建省保险分公司管辖，迁址在中山路 324 号。保险业务有私商火险、国营企业财产保险、水陆货物运输保险、旅客意外险、团体人身险、简易人身险、耕牛保险等。1959 年，停办国内保险业务，由市中行兼办进出口货物运输保险业务，对外仍挂中国人民保险公司厦门支公司牌子。1979 年 4 月 7 日，正式恢复，址设海后路 27 号。1980 年 6 月 1 日起恢复国内保险业务，办理企业财产险、汽车险。1984 年升格为分公司。1992 年 10 月 26 日，迁湖滨中路 10 号汇成商业中心。2007 年，下辖 9 个支公司。其中，设在思明区有思明支公司。经营范围：机动车辆保险、企业财产保险、家庭财产保险、货物运输保险、责任保险、意外伤害保险、短期健康保险、船舶保险、保证保险等，和人民币及外币保险业务；与上述业务相关的再保险业务；国家法律法规允许的投资和资金运用业务。

天安保险股份有限公司厦门分公司　址在鹭江道 8 号国际银行大厦。1994 年 10 月成立，主要经营财产保险、责任保险、信用保险、水险、短期人身意外伤害保险、短期健康保险、金融服务保险、再保险、法定保险和资金运用等业务。

中国平安财产保险股份有限公司厦门分公司　址在厦禾路 189 号银行中心。1995 年 8 月 15 日，成立中国平安保险公司厦门办事处（原址在厦禾路 108 号香江花园商场 530 号、429 号）。主要经营财产保险、人身保险、责任保险、信用保险等和人行批准的其他业务。

中国太平洋财产保险股份有限公司厦门分公司　址在湖滨西路 9 号大西洋中心。2000 年，在中国太平洋保险公司厦门分公司的基础上，实行产、寿险分业经营后组建的，为总公司直属的一级分公司。经营机动车辆保险、企财险（建工险）、家财险、货运险、责任险、意外险、保证保险 7 大类 422 个险种。

中国出口信用保险公司厦门分公司　址在鹭江道 8 号国际银行大厦。2001 年 12 月 18 日成立，是中国唯一承办出口信用保险业务的政策性保险公司。

安邦财产保险股份有限公司厦门分公司　址在湖滨南路 20 号基金大厦。2004 年 6 月 9 日筹建，9 月 30 日开业。主要经营财产保险、意外伤害保险和短期健康险等业务。

大众保险股份有限公司厦门营销服务部　址在长青路劳动力大厦。2004 年 7 月，成立大众保险福州分公司厦门营销服务部（原址在湖滨东路 11 号邮电广通大厦 5 楼，2006 年 6 月 2 日迁址）。主要经营各类财产保险业务、再保险业务和资金运用业务等。

中国大地财产保险股份有限公司厦门分公司　址在湖滨北路建业大厦。2005 年 2 月 4 日，成立中国大地财产保险股份有限公司厦门中心支公司。2007 年 11 月 23 日，改建为分公司。主要经营各类财产保险业务、经中国保监会核定的人身意外险和短期健康保险业务、上述保险业务的再保险业务及资金运用业务等。

中华联合财产保险公司厦门中心支公司　址在湖滨中路 9 号。2005 年 7 月筹建，翌年 3 月 3 日营业。险种涉及机动车辆保险、企业财产险、货运险、工程保险、人身意外险和各类责任保险等。

都邦财产保险股份有限公司厦门分公司 址在湖光路66-67号鑫诚大厦。2006年11月28日开业。主要经营财产损失险、责任保险、信用保险和保证保险、短期健康保险和意外伤害保险、上述业务的再保险业务、国家法律法规允许的保险资金运用业务、经保监会批准的其他业务等。

二、人身保险机构

中国人寿保险股份有限公司厦门分公司 址在厦禾路820号帝豪大厦。1996年成立。主要经营人寿保险、健康保险、意外伤害保险等各类人身保险业务。

民生人寿保险股份有限公司福建分公司厦门中心支公司 址在厦禾路840号金榜大厦。主要经营个人和团体意外伤害保险、两全保险、定期寿险、终身寿险、年金保险、短期健康保险及长期健康保险等。

中国太平洋人寿保险股份有限公司厦门分公司 址在湖滨西路9号大西洋中心。1991年成立，开办人寿保险、年金保险、健康保险、意外伤害保险等150多种险种。

中国平安人寿保险股份有限公司厦门分公司 址在厦禾路189号银行中心。1995年8月15日，设立办事处。1996年5月，开办寿险业务。1997年12月23日，更名中国平安保险股份有限公司厦门分公司。

新华人寿保险股份有限公司厦门分公司 址在湖滨北路68号。1996年8月成立，是一家国际化大型股份制专业寿险公司。经营范围包括各类人寿保险、健康保险和人身意外伤害保险业务等。

泰康人寿保险股份有限公司厦门分公司 址在湖滨东路11号邮电广通大厦。2003年3月18日筹建，8月1日开业。经营健康险、养老险、分红险、万能险、意外险、家庭综合保障计划、企业年金保险、企业员工福利计划、银行保险等险种。

中英人寿保险有限公司厦门营销服务部 址在湖滨中路9号之一。2006年4月30日成立，为厦门首家外资寿险公司。

太平人寿保险有限公司厦门分公司 址在湖滨北路72号中闽大厦。2006年下半年筹建，2007年1月18日营业。经营个人寿险业务、银行保险业务及团体保险业务。

平安养老保险股份有限公司厦门分公司 址在厦禾路189号银行中心。2007年4月8日开业。是平安养老保险股份有限公司在厦门的省级分公司，为厦门市唯一专业养老保险机构。主要经营企业年金及针对团体的寿险产品。

生命人寿保险股份有限公司厦门中心支公司 址在湖滨南路299-309号闽南大厦。2007年10月开业。

国泰人寿保险有限责任公司福建分公司厦门营销服务部 址在湖滨南路90号立信大厦。2007年12月14日成立，经营个人保险、团体保险、银行保险产品等六大类共50余种。为在厦台胞提供可在两岸同等理赔的“国泰卓越团体医疗保障计划”。2007年，设在思明区的保险代理公司16家、保险经纪公司11家、保险公估公司3家。

第三节 专业保险中介机构

一、保险代理公司

2001年，在区境成立厦门金富安保险代理有限公司。至2007年，共成立11家。

2007 年思明区境保险代理公司一览表

表 20-4-1

公司名称	成立年份	地　址	公司名称	成立年份	地　址
厦门金富安保险代理有限公司	2001	湖滨南路 81 号	厦门廉承保险代理有限公司	2005	厦禾路 915 号
厦门安宁保险代理有限公司	2003	后埭溪路 143 号	厦门天地安保险代理有限公司	2005	禾祥西路 4 号
厦门南强同科保险代理有限公司	2003	虎园路 2 号	厦门天地泰保险代理有限公司	2007	莲前西路 2 号
厦门东方伟业保险代理有限公司	2003	湖滨南路 4 号	厦门市华夏联合保险代理有限公司	2007	豆仔尾路 179 号
厦门惠晟保险代理有限公司	2004	湖滨中路 6 号	厦门宝顺行保险代理有限公司	2007	莲秀里 185 号
厦门依健保险代理有限公司	2005	鹭江道 268 号			

二、保险经纪公司

2005 年，在区境成立北京世纪保险经纪公司福建分公司和富邦国际（厦门）保险经纪有限公司 2 家。2006 年，成立北京联合保险经纪有限公司厦门分公司等 5 家。2007 年，成立福建建科保险经纪有限公司厦门分公司等 3 家。2007 年，区境共有 10 家保险经纪公司。

2007 年思明区境保险经纪公司一览表

表 20-4-2

公司名称	成立年份	地　址
北京世纪保险经纪公司福建分公司	2005	禾祥西路 68 号
富邦国际（厦门）保险经纪有限公司	2005	湖滨南路 81 号
北京联合保险经纪有限公司厦门分公司	2006	思明东路 7 号
北京金诚国际保险经纪有限公司厦门分公司	2006	厦禾路 797 号
厦门市泰宇保险经纪有限公司	2006	湖滨西路 9 号
江泰保险经纪有限公司厦门分公司	2006	莲花香秀里 62 号
华泰保险经纪厦门分公司	2006	鹭江道 8 号
福建建科保险经纪有限公司厦门分公司	2007	斗西路 209 号
九州联合（北京）保险经纪有限公司厦门分公司	2007	后埭溪路 28 号
厦门裕欣保险经纪有限公司	2007	湖滨南路 20 号

三、保险公估公司

2003 年，在区境成立第一家公估公司——厦门通达保险公估有限公司。至 2007 年共 3 家。

2007 年思明区境内保险公估公司一览表

表 20-4-3

公司名称	成立年份	地　址
厦门通达保险公估有限公司	2003	鹭江道 8 号
厦门金富源保险公估有限公司	2003	湖滨南路 8 号
厦门正达兴保险公估有限公司	2006	湖滨北路 68 号

第五章 证券与期货业

第一节 证 券

一、证券业经营单位

1986 年 11 月，厦门叉车总厂发行职工内部股票 100 万元，为区境证券业的雏形。1988 年 7 月 30 日，设在区境的厦门证券公司、厦门企业证券评级所正式开业，标志厦门证券业进入市场。居民经厦门证券公司进行证券交易。1992 年 6 月 21 日，居民争相认购首批股票，股票成为居民重要的投资手段之一。2007 年，思明区境有厦门证券公司 1 家、厦门及外地证券公司开设的证券营业部 22 家。这些证券经营机构经营国内证券市场流通的所有 A 股、B 股股票和债券、基金，并开通网络、电话服务，股民足不出户就可以完成交易。

2007 年思明区境厦门证券公司营业部一览表

表 20-5-1

营业部名称	地 址	营业部名称	地 址
厦门证券公司莲前西路营业部	莲前西路 2 号	广发证券股份有限公司湖滨南路证券营业部	湖滨南路 388 号
厦门证券公司湖滨西路营业部	湖滨西路 15 号	国泰君安证券股份有限公司嘉禾路证券营业部	嘉禾路 166 号
厦门证券公司东明路营业部	东明路 112 号	中国科技证券有限公司厦门证券营业部	湖滨北路 108 号
兴业证券股份有限公司厦禾路证券营业部	厦禾路 986 号	中国银河证券有限公司美湖路证券营业部	美湖路 75-87 号
齐鲁证券有限公司蜂巢山路证券营业部	蜂巢山路 1 号	中国银河证券有限公司嘉禾路证券营业部	嘉禾路 108 号
齐鲁天同证券有限公司厦禾路证券营业部	厦禾路 837 号	中国银河证券有限公司虎园路证券营业部	虎园路 6 号
齐鲁天同证券有限公司松柏路证券营业部	松柏路 1 号	中信建投证券有限公司大同路证券营业部	大同路 292-296 号
爱建证券厦门湖滨一里证券营业部	湖滨一里 26-34 号	申银万国证券股份有限公司厦禾路证券营业部	厦禾路 842 号
长江证券有限公司湖滨东路证券营业部	湖滨东路 150 号	新疆证券有限公司厦禾路证券营业部	厦禾路 820 号
长江证券有限公司鹭江道证券营业部	中山路 52-54 号	联合证券有限责任公司湖滨南路证券营业部	湖滨南路 90 号
广发华福证券有限公司湖滨南路证券营业部	湖滨南路 258 号	国信证券有限责任公司湖滨北路证券营业部	湖滨北路 25 号

二、证券投资咨询机构

1988 年，创办厦门首家证券投资咨询机构。2007 年，思明区境有证券投资咨询机构 4 家。

2007 年思明区境证券投资咨询机构一览表

表 20-5-2

公司名称	地　址
新汇通投资咨询有限公司	湖滨南路 81 号
鑫鼎盛投资咨询服务有限公司	湖滨北路长青北里 112 号
高能投资咨询有限公司（原“正达信”）	厦禾路 189 号
世纪金龙投资咨询有限公司	厦禾路 874 号

三、证券中介机构

2007 年，区境有证券中介机构 4 家。

2007 年思明区境证券中介机构一览表

表 20-5-3

公司名称	地　址
天健华证中洲（北京）会计师事务所有限公司厦门分公司	湖滨南路 57 号
福建立信闽都会计师事务所有限公司厦门分公司	湖滨南路 81 号
中审会计师事务所有限公司厦门分公司	湖滨南路 20 号
厦门市大学资产评估有限公司	金榜路 63 号

四、上市公司

1991 年 7 月，厦门市人民政府发布《厦门市组建股份有限公司试点办法》。1992 年 6 月 19 日，区境的厦门汽车股份有限公司、厦门国贸泰达股份有限公司等向社会颁发招股说明书。就此区境诞生首批上市公司。此后，上市公司逐步增加。

2007 年，总部设在区境的上市公司增至 8 家。

2007 年思明区境上市公司一览表

表 20-5-4　　单位：万元

名称	地址	成立年份	上市时间	注册资本
厦门金龙汽车集团股份有限公司	厦禾路 820 号	1988. 6	1993. 11	3208. 7
厦门国贸集团股份有限公司	湖滨南路 388 号	1980. 12	1996	500
厦门雄震集团股份有限公司	湖滨南路 388 号	1992. 9	1996. 5	14050
夏新电子股份有限公司	体育路 45 号	1981. 8	1997. 6	42984
厦门建发股份有限公司	鹭江道 52 号	1998. 6	1998. 6	18500
创兴科技股份有限公司	建业路 18 号	1990	1999	2000
厦门钨业股份有限公司	湖滨南路 619 号	1997. 12	2002. 11	18716
厦门法拉电子股份有限公司	金桥路 101 号	1998. 12	2002. 12	22500

第二节 期 货

一、期货公司

瑞达期货经纪有限公司 址在湖滨西路9号大西洋海景城。1993年3月，经国家工商总局核准成立。是福建省首家获金融期货经纪业务资格的期货公司。2007年7月26日，成为全国第三家获金融期货经纪业务资格的公司。代理客户从事铜、铝、天胶、小麦、大豆、豆粕、棉花、燃料油等商品的期货交易。

厦门国贸期货经纪有限公司 址在湖滨南路388号国贸大厦。1996年成立，为厦门国贸集团下属全资子公司。2007年，获中国证监会颁发的金融期货经纪业务资格和结算业务资格。

二、期货营业部

中国国际期货经纪有限公司厦门营业部 址在湖滨南路81号光大银行大厦。2002年8月14日开业。从事期货经纪业务、期货信息咨询、培训业务。

华证期货经纪有限公司厦门营业部 址在嘉禾路321号汇腾大厦。经中国证监会批准成立，2005年1月18日开业。

吉粮期货经纪有限公司厦门营业部 址在湖滨南路鸿翔大厦。经中国证券监督管理委员会核准，2006年12月12日成立。为周边的粮油现货企业提供良好的套期保值服务。

鑫国联期货经纪有限公司厦门营业部 址在湖滨北路68号厦门人民保险大厦。2007年9月24日，获准开业。

第六章 信托 担保

第一节 信托投资

一、国家信托投资机构

厦门联合信托投资有限责任公司 址在湖滨南路闽南大厦。1988年成立。原为中国农业银行厦门市信托投资公司，1997年改制为厦门联合信托投资有限责任公司。2002年2月9日，重新登记，更名中泰信托投资有限责任公司，地址迁上海浦东大道720号国际航运金融大厦。

中国农村发展信托投资公司厦门代表处 址在湖滨南路。1992年6月成立。代理总公司开展贷款、租赁、投资、证券、拆借等业务。1998年2月24日，中农信公司解散，代表处同时撤销。

二、企业信托投资机构

厦门建发信托投资公司 址在鹭江道海滨大厦。1988年5月13日设立。经营人民币资金和财产委托、代理资产保管、金融租赁、投资、咨询业务、代理发行各种有价证券，自营或代理证券买卖、代理支付和代收证券本息、红利、证券的鉴证、登记过户、证券代保管、证券投资咨询及人民银行批准的其他业务。2002 年 2 月，与厦门国际信托投资公司重组厦门国际信托投资有限公司。

厦门国际信托有限公司 址在湖滨北路 68 号税保大厦。2002 年 2 月，由厦门国际信托投资公司和厦门建发信托投资公司合并重组而成，公司股东由辖区内的大型企业厦门建发集团有限公司（投资比例 51%）和厦门港务控股有限公司（投资比例 49%）组成。注册资本 8.796 亿元，其中外汇资本 1500 万美元。至 2006 年，资产总额 68.64 亿元，其中自有资产 10.72 亿元、信托资产 57.92 亿元。

第二节 投资担保

一、机构

（一）区属投资担保公司

思明区投资担保公司 址在民族路 33 号。2001 年成立，为思明区人民政府投资的国有控股公司。三区整合后，仍为思明区投资担保公司。

厦门市思明科技投资担保有限公司 址在厦禾路 1128 号富兴大厦。2001 年成立，原为开元投资担保有限公司。三区整合后，为思明区人民政府投资的国有控股公司。主要为中小企业提供融资担保服务。

厦门市育成科技担保有限公司 址在何厝岭兜开元科技园。2003 年 4 月 21 日成立，由思明区生产力促进中心、区国有资产投资有限公司及各街道投资公司共同出资，注册资金 2000 万元。公司与厦门市商业银行和招商银行厦门市分行合作，按照“利益共享、风险共担”原则，共同开展贷款担保业务，贷款额度按保证金的 5～10 倍放大，代偿还风险按 75% 比 25% 分担。公司以科技企业的产值为指标，根据不同的产值给予不同额度的担保。对获得国家级资助的项目担保贷款额度上浮 10%～40%，对偿还贷款及时、项目发展较好、严格履行担保合同的企业给予贷款贴息扶持。

（二）市属投资担保公司

厦门市投资担保有限公司 址在槟榔路 1 号联谊广场。2000 年 9 月创办，注册资金 1 亿元。从事中小企业融资担保。原为厦门市政府授权市财政局设立的厦门市投资担保公司。2004 年 12 月，市财政局将股权划转厦门国际信托有限公司。2007 年 11 月，厦门国际信托有限公司将股权转让给厦门港务控股集团有限公司。

厦门市融泰投资担保有限公司 址在湖滨南路 388 号国贸大厦。2004 年成立，注册资金 1 亿元，是厦门市第一家民营投资担保企业，集投资、担保和多元化风险释放于一体的投资担保机构。

福建汇圆信用担保有限公司 址在厦禾路 859 号。2004 年 3 月成立，注册资本 600 万美元，为厦门市首家港资独资设立的担保公司。经营信用担保、企业贷款担保、经济合同担保、高新技术企业、民营企业、中小企业投融资担保、个人住房、信贷消费贷款担保、涉外担保、联保和分保业务、代办抵押物登记手续、经济信息和企业资信咨询等业务。

厦门九可投资担保有限公司 址在厦禾路 668 号。2004 年 6 月成立，注册资金 5000 万元。经营汽车消费贷款担保、个人住房贷款担保、诉讼保全担保等项目及个人投资理财等投资担保衍生业务。

厦门金原担保投资有限公司 址在湖滨北路 78 号兴业银行大厦。2004 年 7 月成立，由联发集团有限公司、厦门建发股份有限公司合办，注册资本 1 亿元。经营企业融资担保、个人融资担保、履约担保、金融业务担保等业务。

厦门合信担保投资有限公司 址在厦禾路 189 号银行中心。2004 年 12 月成立，注册资金 8000 万元，经营各类担保业务。

福建财利达担保投资有限公司 址在湖滨南路 328 号亿宝大厦。2005 年 7 月成立，注册资金 3000

万元。经营委托贷款、代客理财、定制资金运作方案等业务。

福建省源昌投资担保有限公司　址在七星西路166号。2005年8月成立，注册资本1.1亿元，为厦门市首家获得从事工程担保资格的担保公司。经营工程投标担保、履约担保、工程款支付担保、工程预付款担保、低价风险担保、工程维修担保，兼营诉讼保全担保和企业融资担保等业务。

厦门东成嘉华投资担保有限公司　址在湖滨西路9号大西洋海景城。2006年4月成立，注册资金3000万元。经营工业、商业、房地产及二手汽车市场投资，并为中小企业提供信用担保业务。

福建省中科智担保投资有限公司　址在鹭江道8号国际银行大厦。2006年9月成立，注册资金2500万美元。经营企业流动资金贷款担保、企业固定资产投资贷款担保、授信额度贷款担保等业务。

厦门世邦投资担保有限公司　址在后江埭路朝九中心。又称久久世邦投资担保有限公司。2006年9月成立，注册资金5000万元。经营各类房产置业、担保、投资等业务。

福建友邦担保有限公司　址在湖滨南路388号国贸大厦。2007年1月成立，注册资本9000万元。经营个人融资担保、企业融资担保、建设工程履约担保等业务。

厦门恒融信投资担保有限公司　址在湖滨西路7号大西洋海景城。2007年7月成立，注册资本5000万元。经营工程担保、融资担保、财产保全担保、个人消费信贷担保等业务。

二、业务

2005年，思明区40多家科技企业，通过信用担保向银行贷款5亿多元。

2007年，区属担保公司注册资金由4423万元增至9000万元，累计为131家纳税大户、科技型企业和发展型企业提供贷款担保，担保金额2.12亿元。

第二十一卷　财政　税务

区境解放后，区政府无设税务、财政机构。各项税收由厦门市税务部门收取上缴；三区各项预算支出由厦门市财政拨款，实报实销，执行预算内“收支两条线”财政管理体制。

1958 年 8 月，开元、思明两区设区财政局。1959 年下半年，两区财政局撤销。

1984 年，三区政府成立财政局，建立区一级财政。1985 年，执行市政府“划分收支，核定基数，定额上缴，超收全留”财政体制。1987 年，执行市政府“划分收支，核实基数，收支挂钩，增收分成，一定三年；专项拨款，一年一定”财政体制。1991 年，三区财政由市政府下调收入分成比例。1994 年 1 月 1 日起，实行分税制财政管理体制，保持 1993 年三区的税收利益，扩大区级财政收支范围。

1995 年 9 月，三区成立地方税务局。财政收支较有自主权。财政支出仍执行“适度从紧”的财政政策，财政状况以“吃饭型”财政为主。1999 年后，三区财政向“吃饭与建设并重型”转变，逐步加大对基础设施和工业基地建设投入，实行“科技兴区”战略，加大对科教文卫事业投入。区财政拨专款建立生产发展基金，培植名牌，促进生产发展。区级财政收入不断增加。

2003 年 10 月三区整合后，思明区经济规模扩大，区财税收入增长迅速，财力增强。区财政资金在保证人员经费、机关运转所需、教育科技支农需要、社保支出等项目的基础上，满足城区重点建设项目及区政府为民办实事项目资金的需要。为构建和谐社会，区政府将财政资金向社会事业发展的重要领域和薄弱环节倾斜，解决群众关注的问题。2007 年，区教育投入 7.2 亿元，文化体育经费投入 3596 万元，社会保障、就业、医疗卫生等方面投入 38654 万元，落实为民办实事项目支出 5980 万元，安排社区用房构建经费 2235 万元。

2007 年，全区国税收入 244969 万元、地税收入 260721 万元；区级财政收入 181123 万元，区级财政支出 280697 万元。是年，财政结余滚存 11967 万元。

第一章　财税机构与体制

第一节　财税机构

一、财政行政机构

（一）三区财政行政机构

鼓浪屿区财政局　1984 年 10 月成立，址在永春路 89 号。内设预算科、行财科、资产科和综合科，人员编制5人。2003年6月，编制9人。

开元区财政局　1958年8月成立；1959年6月，复实行市财政统一管理的体制，区财政局撤销。1983年12月，开元区财税局成立。1985年1月，开元区财税局撤销，成立开元区财政局，址在故宫路66号。内设预算科、行财科、资产科和综合科。2003年6月，编制23人。

思明区财政局　1958年8月成立；1959年6月，复实行市财政统一管理的体制，区财政局撤销。1984年5月，思明区财政局复设，址在定安路78号。内设预算科、行财科、资产科和综合科。2003年6月，行政编制7人，事业编制2人。

（二）三区整合后财政行政机构

思明区财政局　2003年10月三区整合成立思明区财政局，址在民族路33号。内设综合科、预算科、行财科和资产科。人员编制16人。2007年，内设预算科、国库科、行财科、资产科和综合科，干部职工91人。

二、财政事业机构

中华会计函授学校思明分校　址在故宫路96号。1993年，厦门市中华会计函授学校思明、开元函授站相继成立。2003年10月，思明、开元函授站合并成立厦门市中华会计函授学校思明分校。2007年，编制5人。

思明区信用担保管理中心　址在厦禾路1128号。2001年7月18日成立，前身为开元区信用担保管理中心。2003年10月，更名思明区信用担保管理中心。2007年，编制5人。

厦门务实采购有限公司　址在厦禾路1128号。2001年9月成立，系专业的政府采购招标代理机构，股东为厦门市开元国有资产投资有限公司和厦门八龙进出口贸易有限公司，持股比例分别为51%和49%，注册资本600万元。设招标部、评标部、综合部，员工均具有大专以上学历，中高级职称人员占总人数60%以上。2003年7月，获厦门市政府采购代理资质；2006年6月，获中华人民共和国政府采购代理机构乙级资格证书；2007年12月，获中华人民共和国政府采购代理机构甲级资格。2007年，内设招标部、评标部、综合部、财务部、信息部，编制16人。

思明科技投资担保有限公司　2001年12月成立，址在厦禾路1128号。厦门市第一家政策性的专业担保公司。至2007年，注册资本9900万元，其中区财政出资5510万元，9个街道出资1580万元，区生产力促进中心出资2810万元。2007年，编制11人。

厦门市中实采购招标有限公司　址在湖滨南路57号。2002年5月成立，注册资本500万元。设招标一部、招标二部、招标三部、综合部和财务部。2003年7月，为厦门市政府采购代理机构。2006年6月，获国家政府采购代理机构乙级资格；11月，获国家政府采购代理机构甲级资格。2007年，内设招标一部、招标二部、招标三部、综合部、财务部，编制18人。

思明区企业服务中心　址在湖滨东路54号。2002年11月成立，为厦门市第一家免费为各类新设立企业办理证照提供服务的全额财政拨款事业单位。2007年，编制11人。

思明区财政资金审核管理所　址在厦禾路1128号。2003年10月，由鼓浪屿区工程审核所、开元区财政资金审核管理所、思明区工程预决算审核所合并成立，为全额财政拨款事业单位。2007年，编制21人。

思明区国库支付中心　址在民族路33号。2006年9月成立，为思明区国库集中支付的具体执行机构。2007年，与思明区财政财务服务中心合并，仍称国库支付中心，编制42人。

三、地方税务机构

（一）三区地方税务机构

鼓浪屿区地方税务局　址在龙头路82号之三。1995年9月成立，设办公室、计划财务科、税政管理科、征管一科、征管二科和稽查队；编制9人。1999年，设综合科、征收管理科、管理一科、稽查局。2001 年 7 月，设综合科、管理科、稽查局。2003 年 10 月三区整合，并入思明区地方税务局。

开元区地方税务局　址在厦禾路 862 号。1995 年 9 月成立，设办公室、人事监察科、计划财务科、税政管理科，下辖直征税务所、鹭江税务所、厦禾税务所、公园税务所、梧村税务所、筼筜税务所、莲前税务所和稽查队。编制 44 人。1999 年，设莲前分局、开禾分局、公园分局、梧村分局、筼筜分局和办公室、人事教育科、监察室、税政法制科、计划财务科、征收管理科、直属分局、稽查局，均为正科级单位。2001 年 7 月，设办公室、税政科（社保科）、征管法规科、计划财务科、信息技术科、人事教育科、监察室、直属分局、稽查局、莲前管理分局、嘉莲管理分局、开禾管理分局、公园管理分局、梧村管理分局、筼筜管理分局，为科级单位。2003 年 10 月三区整合，并入思明区地方税务局。

思明区地方税务局　址在同安路 2 号。1995 年 9 月成立，设办公室、人事监察科、计划财务科、税政管理科，下辖直征税务所、厦港税务所、思明税务所、文安税务所、中华税务所、曾厝垵税务所和稽查队。编制 39 人。1999 年，内设办公室、人事教育科、监察室、税政法制科、计划财务科、征收管理科、直属分局、思中分局、文港分局、滨海税务所、稽查局，科级单位。2001 年 5 月 10 日，成立滨海分局；7 月，设办公室、税政科（社保科）、征管法规科、信息技术科、计划财务科、人事教育科、监察室、直属分局、稽查局、思中管理分局、文港管理分局、滨海管理分局，为科级单位。

（二）三区整合后地方税务机构

思明区地方税务局　址在湖滨南路 8 号。2003 年 12 月，三区地税局合并，成立思明区地方税务局，内设办公室、人事教育科、党总支、税政管理科、计划财务科、征收管理与法规科、社会保险费征收管理科、信息技术科、监察室；下辖滨海、厦港、鼓浪屿、中华、开禾、开元、筼筜、梧村、莲前、嘉莲分局。2007 年，有干部职工 145 人，其中一线税管员 101 人，人均管户 501 户。

四、国家税务机构

（一）三区国家税务机构

鼓浪屿区国家税务局　址在延平路 35 号。2002 年 12 月成立，设鼓浪屿分局，编制 3 人。2003 年 12 月，并入思明区国家税务局。

开元区国家税务局　址在湖滨北路 70 号。2002 年 12 月成立，设办公室、人事监察科、税政征管科、管理一科、管理二科、管理三科、检查一科、检查二科、开元分局、信息中心（事业单位），为正科级机构。编制 82 人。2003 年 12 月，并入思明区国家税务局。

思明区国家税务局　址在镇海路 56-58 号。2002 年 12 月成立，设思明分局，编制 40 人。2003 年 12 月，并入思明区国家税务局。

（二）三区整合后国家税务机构

思明区国家税务局　址在镇海路 56-58 号。2003 年 12 月成立，设办公室、人事监察科、税政科、办税服务科、管理一科、管理二科、管理三科、管理四科、管理五科、检查一科、检查二科；设鼓浪屿税务分局，为派出机构；设信息中心，为事业单位。内设机构为正科级，有干部职工 125 人。2005 年 12 月，内设机构调整为办公室、人事教育科、监察室、税政管理科、计划征收科、税源管理一科、税源管理二科、税源管理三科、税源管理四科；设嘉莲税务分局、鼓浪屿税务分局，为派出机构；设稽查局，为直属机构；设信息中心，为事业单位。其中，鼓浪屿税务分局为副处级，其余内设和派出机构为正科级。2007 年 3 月，有干部职工 152 人。

第二节　财税体制

一、区级财税体制

民国时期，税收分直接税和间接税。直接税含财产税（土地税、土地改良税）和收益税；间接税含关税、消费税（货物统税、矿产税、土烟酒税、屠宰税）、营业税（筵席和娱乐税、交易税）、行为税（印花税、契税、牌照税）、房捐、特产捐和地方税捐附加。民国 17 年，国民政府将关税、盐税、印花税、烟酒税等划为国家税，田赋、厘金、牙税、当税、契税、屠宰税划为省税。其时，区境无独立税源，只靠田赋、契税、屠宰税附加及各项杂捐为地方财政收入。民国 23 年，国家财政收支分中央、省、县三级。民国 30 年，国家税为土地税、所得税、遗产税、非常时期过分利得税、营业税、特种营业收益税、特种营业行为税、印花税、关税、盐税、矿税、货物出厂税、货物取缔税、使用牌照税、行为取缔税（后改称筵席税及娱乐税）、土地税、遗产税、营业税、印花税。民国 35 年 7 月起，恢复三级财政体制，属于省级工商税收入只有营业税一项，其他为土地税 20% 和契税附加。区境工商税主要有土地税 50%、营业税 50%、契税、遗产税 30%、土地改良物税（房捐）、屠宰税、营业牌照税、使用牌照税、筵席及娱乐税、特别课税。此体制沿袭到民国 38 年 9 月。

中华人民共和国成立后，遵照《福建财经工作接管方案》“一般照旧，个别废除；税区不变，机构保留”的接收与征税原则，区境开征货物税、地方税、印花税等，由福建省税务局厦门分局、厦门市地方税征收处分别征收。1950 年 1 月，政务院颁布《关于统一全国税政的决定》和《全国税政实施要则》，规定全国开征 14 种税；3 月始，执行政务院《关于 1951 年财政收支系统划分的规定》，实行三级财政管理体制。1953 年，执行政务院财经委员会修正税制。1958 年，税制改革，将货物税、营业税、印花税、商品流通税合并为工商统一税。

1958 年 8 月，根据厦门市财政局《关于区成立一级财政的方案》要求，开元、思明两区建立区级财政体制。地方税收管理权限部分下放给区一级，并扩大地方财政管理部分权限。1959 年，执行福建省人民委员会《关于财政管理体制的规定》：“收支下放，计划包干，总额分成，超额提奖，一年一变”。是年 6 月，取消两区区级财政体制。

1960 年始，三区执行福建省对市（县）实行“收支下放，计划包干，地区调剂，总额分成，超收分成，一年一变”的财税体制。1961 年 2 月始，改为“收支下放，地区调剂，总额分成，一年一变”的财政管理体制。1962 年，开征集市交易税。1962—1963 年，执行福建省对县（市）实行“总额分成，加一部分固定收入，一年一变”的财政体制，实际仍以支定收。1973 年，进行第三次税制改革，简化工商税制。开征工商税、工商所得税、城市房地产税、车船使用牌照税、屠宰税、工商统一税和集市交易税等。对国营企业征收工商税，集体企业征收工商税和工商所得税，对个人和少数单位征收城市房地产税、车船使用牌照税、屠宰税。1974 年 4 月始，执行福建省革命委员会税收管理体制，区级财税管理增加部分权限。1977 年始，执行厦门地区“定收定支，收支挂钩，差额上缴，超收分成，一年一变”的财税体制。1977—1983 年，三区实行区级对市财政报账制。

1980 年 9 月始，执行国家对中外合资企业、外资企业和个人征收工商统一税、城市房地产税和车船使用牌照税的规定，开征烧油特别税。1984 年始，实施“利改税”和工商税制改革，征收国营企业所得税、调节税、产品税、增值税、营业税、盐税、资源税等。

1984 年，三区建立区一级财政，执行“划分收支、核定基数、固定缴补、超收全留”的财政体制。1985 年始，先后开征集体企业所得税、私营企业所得税、个体工商业户所得税、个人收入调节税、城市维护建设税、国营企业奖金税、集体企业奖金税、事业单位奖金税、国营企业工资调节税、固定资产投资方向调节税、房产税、车船使用税、城镇土地使用税、印花税、筵席税及特别消费税。

1987年，实行“划分收支，核定基数，收支挂钩，增收分成，一定三年；专项拨款，一年一定”的体制。区办、街办和区属中外合资企业及内联企业的各项税收及工商、检察院、法院的罚没收入等其他收入，划归区财政，计入分成收入总额。区属机关事业单位文教科学卫生事业费、城市维护正常经费、其他部门事业费、行政管理费、公检法支出、民兵事业、武装部经费由区财政包干；区属基本建设、城市维护专项经费、科技三项费用、小学修建、托幼经费、抚恤和社会救济费由市统筹安排，专项拨款，一年一定。1989年4月，在市财政计划单列方案实施前，三区财政体制延续至1990年；凡由区政府出面联系、洽谈、提供主要条件而创办的外商独资企业，税收归区财政。

1991年1月，开元、思明两区实行“实额缴补，超收分成”的财税体制，收入基数超收部分，市分成30%，区分成70%；鼓浪屿区实行“固定缴补，超出全留”财税体制。8月，根据市财政局《关于调整县、区财政体制的意见》，三区超收分成比例调整：市分成开元区由35%降为27%；思明区由35%降为25%；鼓浪屿区由10%改为超收全留，并由市财政每年专项补助45万元。1991年，将中外合资企业所得税与外国企业所得税合并为外商投资企业和外国企业所得税。1992年4月，执行对流转税、所得税、涉外税收政策适度调整的税收政策。

1994年1月1日，贯彻国务院关于实行分税制财政管理体制的决定，增值税中央分享75%，地方分享25%；资源税按不同品种划分，大部分资源税作为地方收入；证券交易印花税中央50%，地方50%。1994年后，税收返还额在1993年基础上递增，递增率按各地增值税和消费税平均增长率的1∶0.3系数确定。1997年1月1日，证券印花税分享比例调整为中央80%、地方20%；1998年6月改为中央88%、地方12%，并将证券（股票）交易印花税由原来对买卖双方各征3‰调高到各征收5‰。2000年，证券交易印花税分享比例由中央88%、地方12%，分3年调整到中央97%、地方3%。

2001年，区级财政体制微调，以2000年为基数，超收分成比例上解由30%提高到40%，多上解的10%主要用于转移支付岛外行政区发展。2002年，证券交易印花税调整为中央97%，地方3%。同年起，所得税实行中央和地方“五五分成”共享制，所得税收入50%上划中央，中央按1999年、2000年两年平均增长率计算基数，给予返还补助。2002—2003年，三区以2001年确定的市区财政体制为基础，对事权财权进行微调。

2004年，执行厦门市“人随事走、财随事转”“转变职能、统筹发展”“责权利统一”规定，理顺市、区财政分配关系，以2002年区级分成份额占属地共享收入比例，增加负责由市级承担的社区卫生服务配套支出、农村合作医疗补助支出和计生补助经费等支出基数；上解比例提高到63%；维持原有体制缴补数，取消原有的超收分成办法，上划中央两税增量1∶0.3，返还部分仍按结算办法返还区级。2005年1月1日，中央与地方出口退税分担比例调整为92.5∶7.5，出口退税改由中央统一退库，取消中央对地方的出口退税基数返还，地方负担部分年终转向上解。2006年，区财政承担实施免费优生检测财政补贴经费、义务巡逻队和护村队人员人身伤害保险经费基数。2007年，区级财税体制基本不变。

二、街道财税体制

1987年，开元区在公园街道试点建立街道财政。翌年，在6个街道建立财政科（所），实行“划分收支，核定基数，收支挂钩，超收分成，结余留用，一定两年；专项拨款，一年一定”财政体制。街道财政收入范围：街道所属企业的产品税、营业税、集体企业所得税（其中集市交易税和个人商贩税按20%计算）、工商统一税、中外合资企业所得税、农业特产税、契税、城市房地产税、屠宰税的20%。支出范围：街道所属的行政管理费、司法经费、文教卫生事业费、总预备费。街道财政收入以1987年财政收入决算数为基数；财政支出以1987年财政支出决算数为基础，经过调整核定。收支对抵，定额缴补；超基数收入的30%留归街道，70%上缴区财政。

1988年，开元区、思明区建立街道财政，按照“统一领导、分级管理”原则，调动街道当家理财的积极性。后，两区相继对街道财税体制进行3次改革、6次调整。1990年，思明区实行与开元区类似的财税管理体制，但在收支范围和超收分成规定方面有所区别。是年，对4个街道和1个农村实行“划分收支、核实基数、收支挂钩、增收分成、一定两年；专项拨款，一年一定”财税管理体制。1991 年，思明区扩大街道财政收支范围，收入方面将集体、“三资”、个体、私营经济的税收合并计算街道收入，在原体制基础上增加个人所得税、个人收入调节税、外国企业所得税、滞纳补税收入、罚没收入、耕地占用税等；支出方面将文化、体育、计生、其他文教、城市维护经费由原来的专项，划为街道支出基数范围，并相应增加支援农村生产支出、农林水气事业费、其他部门事业费、民兵事业费、公检法支出、其他支出。

1992 年，思明区街道财税体制修改为：“划分收支，核定基数，增收分档分成，一定两年；专款拨款，一定一年；协税超收，分档分成。”收入税种为产品税、增值税、营业税、所得税；支出范围包括行政管理费（含居委会补贴）、文教卫生事业费、计生经费、支援农业生产支出、农林水气等部门事业费和其他部门事业费、司法支出、退养主任补贴、村干部补贴及区委、区政府布置的各项工作所需经费。思明区街道财政收入基数以 1990 年、1991 年实际入库数的平均数为基数，超过收入基数部分，10 万元以下，区街按30：70 分成；10 万～20 万元，区街按 35：65 分成；20 万元以上，区街按 40：60 分成。同时规定街道协助征收集市贸易税、个体工商税、个人房产税及个人收入调节税。超上年收入部分，10 万元以下，区街按 20：80 分成；10 万～20 万元，区街按 25：75 分成；20 万元以上，区街按 30：70 分成。支出基数以 1990 年、1991 年区财政实际拨款数的平均数作为基数。收入基数大于支出基数的部分作为固定上交数。1992 年，开元区规定街道财政可从每年结余资金中提取 60% 用于建立财政信用资金，扶持街道生产发展；20% 用于弥补行政事业经费，10% 用于建立福利基金，5% 用于奖励基金。是年，全区有 4 个街道财政收入超过 500 万元，1 个街道超过 1000 万元；6 个街道滚存结余资金共 677.57 万元。

1994 年，按照分税制财政体制，街道实行“划分收支，核定基数，定额上缴，超收分成，结余留用”财税体制，“包干地方税收，滚动核定基数，增收分档分成，体制一定两年”。街道财政收入范围包括街属及以下单位和个人缴纳增值税的 25%、营业税、房产税、企业所得税、个人所得税和其他收入等；财政支出范围包括街属行政管理费、司法支出、文教卫生事业费支出、城市维护费支出等。街道财政收入以 1993 年实际收入为基础核定；财政支出以 1993 年财政支出决算数中当年预算数按新体制支出范围调整核定。是年，开元、思明区财政调整街道财政收支范围。在收入方面，按税种划分收入范围，在前一轮体制确认税种基础上，将街属及以下单位和个人缴纳增值税的 25%、房产税、筵席税、农业“四税”等下放给街道。支出范围基本不变。同时，以 1993 年财政收支决算数测算体制基数，街道基数内定额上缴，超收部分扣除上缴市财政 30% 后，余下 40%～70% 归街道财政，30%～60% 归区财政。

1996 年，街道财政收入范围增加税收的连带征收部分——农业特产税、私企和个体户缴纳的税收、股份制企业和无主管企业税收；财政支出范围增加所属民办幼儿园、托儿所经费及退休教师退休金，2% 科技三项经费和 3% 预备费。财政收入基数以 1994 和 1995 年实际收入的平均数；财政支出基数按区财政局规定的有关项目和标准确定，凡超收部分列支的费用均不列入支出基数。收入基数扣除支出基数后为固定上缴数。超收部分街道分成 28%，上缴区财政 42%、市财政 30%。1996—1999 年，三区对街道财政实行“放水养鱼”政策，采取减免税收和财政贴息等措施，实行“税收目标责任制”和“资金跟踪反馈责任制度”，先后建立扶持街办、民办、个体私营企业、科技、房地产等 8 项生产发展基金。1999 年，思明区增加文安、中华、思明、滨海、厦港街道的支出基数，分别为 43 万元、43 万元、30 万元、40 万元、46 万元。

2000 年，开元、思明区实施“划分收支，核定基数，定额上缴，结余留用，一定两年；专项拨款，一定一年”分税制财政管理体制。财政收入范围为街属及其以下单位和个人（包括投资开发和引进的“三资”企业）缴纳的增值税 25%、营业税 40%、企业所得税 70%、个人所得税（包括辖区内申报点征收的个人所得税）70%、筵席税、辖区内耕地占用税的 73%、农业税、契税（农村部分）；支出范围在原有基础上新增下放企业挖潜改造支出、科技三项费用（按可用财力 2% 安排）、卫生事业费（卫生院经费及街政人员的医保）、抚恤和社会救济费（最低生活保障经费、社会抚恤及高龄老人补贴等）、行政管理费（居委会主任医保、退养、特岗津贴）、其他支出（综治协管员和治安纠察队员经费）、总预备费（按支出基数总额的2%）。2001年，开元区调整鹭江街道超收分成上解比例为40%，嘉莲街道为45%，其他街道保持不变。

2003年1—9月，三区进一步调整街道收支基数及超收上解比例。新下放的支出基数为科学事业费（科普经费）、文体广播事业费（妇联系统托幼园所经费、流动人口计生管理经费、计生协会、常住人口计生经费）、其他支出（治安纠察队新增部分、对村委会的超收奖励）。对街道超收比例重新调整，除鹭江街道超收分成上解比例为45%，其他街道统一为50%。

2003年10月三区整合后，思明区财政局按照“财权与事权相统一”“统一政策与分级管理相结合”思路，适度集中重点税源企业，作为区级单列企业。以区域经济发展关联度高、增长稳定的税种为区、街共享税种，其中包括：营业税、增值税、企业所得税、个人所得税、房产税、城建税等扣除中央和市级分成部分后的区级收入。将适合区级集中征收，且主要用于区级配套支出的印花税、土地使用税、罚没收入、行政性收费、区级国有资产经营收入、其他收入、其他基金收入等作为区级固定收入。耕地占用税也作为区级固定收入；街道征收的耕地占用税，年终按收入30%通过专项补助用于村改居建设。

2004年1月1日起，跨街道经营的房地产、建安企业投资3000万元以上新建设项目和跨街道经营且营业额3000万元以上的餐饮、娱乐、酒店及大型商业连锁企业，其缴纳的流转税及附加归属项目所在地，所得税归属注册地所在街道。街道新引入思明工业园的企业所产生的税收，区、街按4∶6分成。街道从思明区以外新引进跨街道注册的，内资注册资本1000万元、外资注册资本100万美元以上的项目，税收的分成比例由街道之间协商确定，街道无法确定的项目税收，引进街道与企业落户街道按5∶5比例分成。街道新引进注册资本5000万元以上、预计年创税收总额超1000万元或地方级税收超200万元的高新技术企业、企业总部、企业集团、旅游景区项目、五星级酒店、大型业态超市和专卖场、世界500强企业（不含房地产），在区、街分成比例的基础上，增加引进街道10%的共享分成。

2007年，思明区再次下放财权与事权，将各工业集中区企业（除区国投、全和、中山、东部公司及其控股企业和区级公共税源外）下放给所属街道。新下放企业属区国税局、地税局征管的，直接调整划分到各街道分局或征管科室；属地税直征局和地税外税分局征管的企业，按下达的企业名单进行收入划分确认。是年，各街道共享分成比例：嘉莲、筼筜、梧村、开元街道23%；莲前、鹭江街道25%；中华、厦港、滨海街道30%。原有街道滚存结余继续保留，取消原体制规定的所有体制缴补、所得税税基返还，增值税1∶0.3增量返归区本级财政。

附：三区整合后鼓浪屿街道财税体制

2003年10月三区整合后，思明区成立鼓浪屿街道，鼓浪屿内企业隶属“鼓浪屿—万石山”风景名胜区管理委员会，鼓浪屿外企业隶属思明区。区财政对鼓浪屿街道实行特殊的财税管理体制：天安工业园内的三区工业园隶属鼓浪屿街道，工业园区内企业税收及街道新引进入驻工业园区内企业产生的税收全部划归鼓浪屿街道。同时，区财政重新核定收支基数，支出基数减收入基数差额作为体制补助数。区对街道收入按2∶8分成，新增支出从街道增收分成财力中安排。鼓浪屿街道新引进的跨街道注册项目（内资注册资本1000万元、外资注册资本100万美元以上），税收按资源共享原则进行分成。区财政对街道核定收支基数，其中支出基数只核定街道经常性支出；建设性支出从街道超收分成财力中安排。减收入基数差额部分作为体制补助基数；超收入基数部分按2∶8分成；完不成收入基数同比例扣减体制补助数。

第二章　税费征收

第一节　农业各税征收

一、农业税

清代之前，征收钱粮。清代摊丁入亩，改称田赋（亦曰地丁）。民国期间，田赋制度沿袭清代，征收货币单位改银两为银元。

中华人民共和国成立后，初期规定以户为单位，以常年应产量为标准，按农业人口每人每年平均农业收入累进计征农业税，执行“收入多的多交，收入少的少交，无收入的免交”方针，采用“自报公议，民主评定”的方法交纳。1950 年 6 月始，执行《中华人民共和国农业税条例》，区境税率在 10% 左右。1952 年，农业税征收改为 24 级，从 7% 至 30%。

1956 年，农业税制从按户累进税制，改为按每一高级社平均税率计算。1958 年 6 月，废除累进税，实行地区差别比例税率。农业税平均税率为常年产量 15% 左右。1959—1960 年，农业歉收，农业税平均税率从 13.97% 调低为 10%。分配给社员的自留地免征农业税，取消农业税附加（1963 年农业生产形势好转后恢复）。中共十一届三中全会后，农村逐步推行联产承包责任制，根据各户承包耕地数量，将合作组织应缴纳的农业税额，如数分解到户，按“先征后购”的办法，先扣交公粮款，再结算统购、加价、议价粮款，由户缴纳。征收农业税地方附加的同时，按规定实行农业税减负。1985 年，取消粮食统购，实行合同定购。执行《关于农业税征收改为“倒三七”比例折征代金的通知》，30% 按原统购价、70% 按原超购价折征代金。1988—2001 年，开元、思明区分别征收农业税 78 万元、70 万元，鼓浪屿区无征收。2003—2007 年，思明区无征收农业税。

二、农业特产税

中华人民共和国成立初期，农业税中含农林特产税，对蚝、蛏、淡水鱼、水果等少数品种定产征收。1954 年，执行《福建省农林特产税暂行办法》，特产税从农业税中分离，规定海蚝、海蛏、池鱼、水果等 10 种产品，以户为单位，按实折价后以人民币计征。随着征收范围扩大，品种增多，特产税收入日益增加。1961 年，调整后的税率为养殖鱼 6%，海埕物（蛏、蚝、蛤）6%，桂圆干 12%，果蔗 15%，其他水果 15%。1965 年，水果改征农业税，只征代金，税率 4%。1967 年，特产税附加收入留区 10%，解省 5%。1983 年 9 月，农林特产税改由财政部门征管，实行区、街道（公社）分成。1986 年，新开征特产税 8 种，同时调整部分品种税率，水果从 5% 调高为 6%。1989 年，执行《福建省农林特产税税目税率表》，龙眼、荔枝、淡水鱼每 50 公斤提高 20 元。1988—2001 年，开元区征收农业特产税 2164 万元，思明区征收 1405 万元，鼓浪屿区征收 142 万元。2003 年，停征农业特产税。

三、耕地占用税

1987 年 4 月，执行市政府《关于耕地占用税若干问题的规定》，向占用耕地者征收耕地占用税每平方米 9 元。耕地占用税收入纳入区级财政预算管理，其中 50% 上缴中央财政，50% 留给地方；按省 17%、市 10%、区 23% 比例分成，作为农业发展专项基金。1988 年，提取 5% 为业务经费，其中上缴中央、市各1%，区自留3%。1991年11月，执行财政部规定，中外合资、合作经营企业中，中方以土地作价入股，由中方出面征地或占地的，应照章纳税。1992年12月，开征港澳台胞、海外侨胞及外籍华人捐款建设的耕地占用税。

1989—2001年，开元区征收耕地占用税2237万元，思明区征收1411万元，鼓浪屿区无耕地占用税。2003—2007年，思明区征收耕地占用税3550万元。

四、契税

清代开征契税，按卖价每两课银3分。民国初年，卖契照产价征收4%，典契照契面价征收2%。国民政府时期，契税划为省税，按典契三卖六征收。抗战胜利后，契税划为县（市）收入。

中华人民共和国成立初期，契税沿用税种继续征收，买卖税率按卖价6%，典当按典价3%，赠予按市价6%征收。1967年9月停征。1979年9月恢复征收。1982年3月，执行厦门市侨乡政策，以侨汇款购买房屋的，免征契税。1988年7月，执行厦门市《关于城镇职工购买公有住房契税问题的通知》，家住城镇有正式城镇户口的职工，第一次购买公有住房，免交契税。1989年9月，开征持外汇（币）买卖房屋契税，按买价6%缴纳。1991年7月，开征个人购买商品房契税，税率6%。8月，侨汇、外汇购买房屋契税减半征收。1990—2003年，开元区契税收入71万元，思明区219万元。2003—2007年，思明区契税收入913万元。

第二节　工商各税征收

一、增值税

1984年10月开征。执行《中华人民共和国增值税暂行条例》，征收对象为销售货物、提供加工和修配的单位及进口货物的单位和个人，并由价内税改为价外税。纳税人分为一般纳税人和小规模纳税人。一般纳税人适用税率分别为17%和13%，出口货物税率为零；小规模纳税人按销售货物金额、提供加工和修配劳务所得全额的6%和4%征收。1984年—2003年9月，鼓浪屿区增值税收入1115万元，开元区45517万元，思明区21269万元。2001—2007年，思明国税局征收增值税78.88亿元，其中2007年征收13.57亿元。

二、营业税

民国20年（1931年），区境对物品贩卖业、包装业、运送业、电气业、租赁物品业、浴室理发业、照相业、镶牙业、印刷出版及书籍文具教育用品业、制造业、货栈业、钱庄业、保险业、代理介绍业、旅馆茶室业、中西餐馆业、娱乐业开征营业税。课税标准：钱庄、制造业、货栈业和印刷业按经营资本额计算，税率5‰～15‰；其他按总营业收入额计算，税率3‰～10‰。资本不满500元或营业总收入不满1000元者免征。民国时期，区境营业税收入占税收总收入第二位。

1950—1958年，开征工商业税中的营业税。1958年后，营业税并入工商统一税。1973年改为工商税。1984年10月，根据《中华人民共和国营业税条例（草案）》，将营业税恢复为独立税种。营业税的税目有商品零售、商品批发、交通运输、建筑安装、金融保险、邮政电信、出版事业、公用事业、娱乐业、服务业和临时经营11项。税率按经营业务不同分别确定，有3%～15%4档。商业零售、建筑安装、运输装卸、公用事业、修理、修配、一般饮食业等为3%；金融保险、旅店、租赁、广告、西餐及包办筵席的中餐馆等为5%；舞场、弹子房、代购代销、代理服务等为10%；铁道部直属铁路局营运业务、石油、天然气及其他管道运输业务为15%。厦门市还规定对临时经营贩卖农、林、牧、水产品、花卉、供观赏的鸟、鱼等税率为5%；经营贩卖工业品、手工业品和从事交通运输、建筑安装、饮食、服务行业等税率 8%；经营《营业税税目税率表》中业务项目的税率为 10%，临时经营税率以 10% 计税。

1997—2000 年，金融保险业税率由 5% 调为 8%，其中 5% 部分由地税征收，3% 部分由国税征收。2001—2003 年 1 月，先后调整为 7%、6% 和 5%，超过 5% 的部分由国税征收。2003 年 2 月始，按 5% 由地税征收。农村信用社实行照顾税率，1999—2002 年按 6% 征收，附加税按 5% 征收；2003 年起为 5%，超过 5% 部分由国税征收。1984—2003 年，鼓浪屿区营业税收入 5201 万元，占总收入 21.08%；开元区 157092 万元，占总收入 47.28%；思明区 90819 万元，占总收入 50.78%。2004—2007 年，思明区营业税收入 271518 万元，占总收入 52.39%，其中 2007 年征收 137192 万元，占总收入 52.62%。

三、消费税

1994 年 1 月 1 日，执行《中华人民共和国消费税暂行条例》，对从事生产、委托加工和进口应税消费的单位和个人开征消费税。当年，区境征收消费税的货物有烟、酒及酒精、鞭炮和焰火、化妆品、护肤护发品、汽油、柴油、贵重首饰、珠宝玉石、汽车轮胎、摩托车、小汽车等。对甲类卷烟暂减按 40% 税率征收消费税，香皂、金银首饰暂减按 5% 税率征收。1995 年 1 月 1 日起，金银首饰消费税由生产环节征收改为零售环节征收。2006 年 4 月，取消护肤护发品税目，消费税采用比例税率、定额税率及从量税率和从价税率复合征收三种形式。2001—2007 年，区国税局征收消费税 30.55 亿元，年均 4.36 亿元，其中 2007 年征收 0.53 亿元。

四、企业所得税

1950 年起，区境开征工商业税中的所得税。1958 年，全国税制改革，将原工商业税中的所得税改为工商所得税。1983 年、1984 年先后开征国营企业所得税、国营企业调节税。随着税制改革深入发展，1985—1988 年，相继开征集体企业所得税、城乡个体工商业户所得税和私营企业所得税。1994 年 1 月始，企业所得税税率为 33%，实行两档照顾税率：年应纳税额 3 万元以下（含 3 万元）的企业，为 18%；年应纳税额 10 万元（含 10 万元）以下至 3 万元的企业按 27% 税率征收。2002 年 1 月 1 日起，企业、其他行政管理部门登记的事业单位、社会团体、律师事务所、医院、学校等及铁路运输、邮政、银行、海洋石油天然气等企业的所得税，由国家税务局征收。

1984—2003 年，鼓浪屿区企业所得税收入 4957 万元，开元区 45370 万元，思明区 24847 万元。

2001—2007 年，区境国税征收企业所得税 19.69 亿元，年均 2.81 亿元，其中 2007 年征收 6.16 亿元。2003—2007 年，思明区地税局征收企业所得税 16.63 亿元，年均 3.33 亿元，其中 2007 年征收 4.58 亿元。

五、外商投资企业和外国企业所得税

1984 年 3 月，区境征收中外合资经营企业所得税，税率 15%。中外合资企业的合营者将分得的利润再投资于本企业或区境其他外商投资企业，投资期限不少于 5 年的，可退还再投资部分已纳所得税税款 40%；再投资未达到 5 年期限而收回再投资的资金者，应补缴已减免的所得税税款。1991 年 7 月 1 日，执行《中华人民共和国外商投资企业和外国企业所得税法》，中外合资企业所得税停止征收。1994 年国税、地税分设，该税种由国税局征管。2000 年 1 月 1 日起，按 10% 税率征收企业所得税。2001—2007 年，区境征收外商投资企业和外国企业所得税 12.89 亿元。同时，实行出口退税政策。2004—2007 年，思明区实行免抵退税的生产企业出口额由 27419 万元增长至 50693 万元；办理出口退税额由 2004 年 8433 万元增长至 2007 年 29007 万元。

六、个人所得税

民国 26 年（1937 年），区境开征薪给报酬所得税。

1980年9月，三区开征个人所得税，包括工薪所得税、生产经营所得税、劳务报酬所得税和稿酬所得税。工薪所得税按工资、薪金所得扣除800元后征收，实行九级累进税率5%～45%；生产经营所得税税率5%～35%；劳务报酬所得税税率20%，实行加成征收，税率为20%、30%、40%；稿酬所得税税率20%，并按应纳税额减征30%，实际征收14%。特许权使用费所得、财产租赁所得、财产转让所得和利息、股息、红利所得，偶然所得和其他所得均按20%税率。1994年1月1日，工资薪金个人所得税税前费用扣除标准为每月每人1100元；1997年4月1日起为1200元；1999年7月1日起为1300元；2003年7月1日起为1500元；2006年1月1日起为1600元。1987—2003年，鼓浪屿区个人所得税收入1158万元，开元区31504万元，思明区13244万元。2004—2007年，思明区征收个人所得税102486万元，其中2007年征收35995万元。

七、储蓄存款利息个人所得税

民国时期，区境开征证券存款利息所得税。

1999年10月，开征储蓄存款利息个人所得税，税率20%。按国家或省级地方政府规定的比例缴付的住房公积金、医疗保险金、基本养老保险金、失业保险基金存入银行个人账户所取得的利息收入，免征个人所得税。2001—2007年，区国税局征收储蓄利息个人所得税2.95亿元，其中2007年征收57万元。

八、城镇土地使用税

1988年11月开征。城镇一等土地年税额每平方米1～3元，二等0.8～2元，三等0.5～1.5元。2003—2007年，思明区征收城镇土地使用税4640万元（区地税），其中2007年征收1813万元。

九、土地增值税

1994年1月开征。增值额未超过扣除项目金额50%的，税率30%；超过50%，未超过100%的部分，税率40%；超过100%，未超过200%的部分，税率50%；超过200%的部分，税率60%。2003—2007年，思明区征收土地增值税12255万元（区地税），其中2007年征收9484万元。

十、房产税

清康熙二十八年（1689年），区境征收城市房地产税、房产税、房铺捐。按地亩或按房间征地税，拨入兵饷。清末，开征房铺捐。民国初期沿袭清制，仍开征铺屋税，为地方收入重要来源。民国31年（1942年），房铺税改为房捐。民国32年，财产税收入中又开征遗产税。

中华人民共和国成立初期，遗产税停征，仅征收房捐。1950年6月，改房捐为征城市房地产税。1973年，工商税制简化后，属于企业的房地产税并入工商税内征收，对城市房管部门和个人及华侨房地产税仍继续征收。中外合资经营企业、中外合作经营企业、外商独资企业按规定交纳工商统一税的，仍应缴纳城市房地产税。1986年10月起，恢复征收房产税，用于经营的房屋按房产原值减除25%后余值的1.2%征收，出租房屋按房产租金12%征收。同时，停止征收城市房地产税，但涉外企业仍按城市房地产税规定征收。1984—2003年，鼓浪屿区房产税收入589万元；开元区14427万元；思明区6530万元。2003—2007年，思明区征收房产税25678万元，其中2007年征收8362万元（区地税）。

十一、车船使用税

民国初期沿袭清制，仍开征车船捐，为地方收入重要来源。

中华人民共和国成立初期，征收车船牌照使用税。1973年，工商税制简化后，车船使用牌照税并入工商税内征收。1987年1月1日始，执行《福建省车船使用税实施细则》，开征车船使用税。对象为客运汽车、货运汽车、拖拉机、摩托车等。2003—2007年，思明区征收车船使用税25678万元，年均

5135.6 万元。

十二、印花税

民国初年，区境开征印花税。

中华人民共和国成立初期，续征印花税。1958 年停征。1988 年恢复征收。税率万分之五的有加工承揽合同、建设工程勘察设计合同、货物运输合同、产权转移书据、记载资金账簿；万分之三的有购销合同、技术合同、建筑安装工程承包合同；万分之零点五的有借款合同；千分之一的有仓储保管合同、财产租赁合同、财产保险合同；权利、许可证照和其他账簿每件 5 元。2006 年，征收印花税 4320 万元，比上年增长 57.89%。2007 年，征收印花税 6232.75 万元，比上年增长 144.27%。

十三、屠宰税

民国 3 年，区境开征屠宰税。

1950 年，续征屠宰税。1987—1993 年，开元区屠宰税收入 40 万元；思明区未征屠宰税。1993 年，停征屠宰税。

十四、城市维护建设税

1985 年 4 月，执行国务院《城市维护建设税暂行条例》，开征城市维护建设税。城市维护建设税以纳税人实际缴纳的增值税、营业税、消费税为计税依据，纳税人所在地是境域内的税率 5%，在境外的 1%。1994 年，税率统一为 5%。1994—2003 年，鼓浪屿区征收城市维护建设税收入 349 万元；开元区 16333 万元；思明区 6917 万元。2004—2007 年，思明区征收城市维护建设税 23903 万元，年均 5975.75 万元，其中 2007 年征收 15810 万元（区地税）。

十五、货物税

民国 20 年，开征统税。抗战胜利后，改名货物税。民国 35 年 8 月，执行国民政府《货物税暂行条例》，征收货物税。品目有卷烟、洋酒、啤酒、火柴、糖类、棉纱、麦粉、水泥、茶叶、皮毛、锡箔及迷信用纸、饮料品、化妆品、熏烟叶 14 项。另有国产烟酒税和矿产税 2 项，设 2.5%～100% 共 14 级税率；最低麦粉税率 2.5%，最高卷烟、啤酒税率 100%。

中华人民共和国成立初期，沿用征收货物税。1950 年，在工商税收中所占比重为 39.4%，在恢复时期比重占 32.1%。货物税征收品目由原来 1136 项并为 358 项。分为烟酒、鞭炮及迷信品、化妆品、饮食品、纤维皮毛、日用品、工业品、矿产品及竹木 8 大类。评价核税日期由原 5 天改为 10 天；物价涨落中途调整幅度，由 15% 改为 10%。

1953 年，开征商品流通税后，大部分应征货物税产品改征商品流通税。货物税在工商税收入中所占比重逐渐下降，1957 年占 28.7%。货物税税率调整，最高税率为雪茄烟、焚化品，税率 50%；最低税率为粮食，税率 2%。应税货物一律按国营公司批发牌价核税，加工、订货、包销者同。国营公司无批发牌价者，采用当地市场批发价格核税。1958 年 9 月 13 日，依照国务院《中华人民共和国工商统一税条例（草案）》，将货物税并入工商统一税。

2004—2007 年思明区国税分局税收入库统计表

表 21-2-1

单位：万元

年　份	2004 年	2005 年	2006 年	2007 年
合　计	144186	162304	201650	244969
消费税	3629	4196	4976	5317

续表21-2-1

年　份	2004 年	2005 年	2006 年	2007 年
增值税	103468	104180	122114	135700
内资企业所得税	17689	29025	33964	61571
外资企业所得税	19351	24816	40461	42324
存款利息个人所得税	49	87	135	57

2004—2007 年思明区地税局税收入库统计表

表 21-2-2　单位：万元

年　　份	2004 年	2005 年	2006 年	2007 年
合　计	116360	138080	194232	260668
营业税	54449	70314	95556	137192
个人所得税	16715	21038	28738	35995
城建税	7871	9435	12207	15810
房产税	4533	4994	5873	8362
土地使用税	400	610	1406	1813
印花税	2143	2736	4320	6233
土地增值税	—	—	2754	9484
企业所得税	30245	28951	43377	45779
资源税	4	2	1	—

第三节　其他各费征收

一、教育费附加

1986 年 7 月起，三区开征教育费附加。按实际缴纳产品税、增值税、营业税总额 1% 计征。1994 年 8 月 1 日，附加率调整为 2%。2005 年 10 月 1 日，附加率调整为 3%。2007 年，征收教育费附加 6782 万元（区地税）。

二、地方教育费附加

1985 年，三区开征地方教育费附加。以不低于本市、县农村人均收入总额 1% 计征。1986 年，对企业、个体工商户及各种土特产税、农业税按其税额计征，征收率 10%；建筑施工单位按工程总造价计征，征收率 3‰。2002 年 3 月 1 日，开征缴纳增值税、消费税、营业税的地方企事业单位和个人的地方教育费附加，税率为税额 1%。2007 年，征收地方教育费附加 2275 万元（区地税）。

三、基础设施建设附加费

1994 年 10 月 1 日，三区开征基础设施建设附加费。征收单位和个人缴纳增值税、营业税总税额

5%和消费税总税额2.5%。1996年6月1日起，征收营业税、增值税税额3.5%和消费税税额1.75%。2004年上半年征收23万元。后停征。

四、社会事业发展费

1997年1月1日，开征社会事业发展费，从事生产、经营活动的企业和个人按实现增值税税额3%、消费税税额2%、营业税税额4%征收。2000年1月1日起，新办外商投资企业免征；其他企业减半征收。2002年1月1日，外商企业停征。2004年上半年征收32万元；后停征。

五、文化事业建设费

1997年1月1日，开征文化事业建设费，缴纳娱乐业、广告业营业税的单位和个人按其营业收入或广告收入3%缴纳。1999年1月1日起，执行国家税务总局《关于文化事业建设费征收管理暂行办法》。2007年，征收文化事业建设费1441万元。

2004—2007年思明区教育费附加等费收入统计表表

表21-2-3　　单位：万元

年份	教育费附加	文化事业建设费	地方教育费附加	基础设施建设附加费	社会事业发展费
2004	3303	611	1093	23	32
2005	4008	758	1353	—	—
2006	5231	1047	1742	—	—
2007	6782	1441	2275	—	—

六、社会保险费

1994年10月起，执行《厦门市职工工伤保险暂行规定》，收缴工伤保险费。1999年1月，开征养老保险费，参保单位按在职职工缴费工资6%～14%缴纳；本地职工个人按本人缴费工资8%缴纳；外来员工以市政府公布的当年最低工资为缴费工资基数，按8%费率缴纳；独立个人可选择上年全市职工月平均工资60%～300%7个档次以20%费率缴纳；被征地人员选择以全市职工平均工资60%～100%标准为基数以20%费率一次性缴费。开征医疗保险费的参保单位，按在职职工工资总额4%～8%缴纳，个人按本人缴费工资或上年“社平”工资2%～10%缴纳。

2003年7月1日，开征生育保险费，用人单位以本单位职工上年度月平均工资为缴费基数，按0.8%比例缴纳。12月2日，开征失业保险费，参保单位按在职职工工资总额2%缴纳，个人按本人缴费工资1%缴纳。

2005年1月起，执行《厦门市实施〈工伤保险条例〉规定》。思明区为莲坂社区304名失地农民办理1145万元社会养老保险，为全省第一个被征地农民参保社区。是年，全区10个社区6100位被征地农民纳入社会保障体系，缴纳养老保险费共2.23亿元。区地税局首次受理港澳台人士参保业务，为厦门市景达印刷器材有限公司2名香港籍员工办理社保费参保。2006年，区地税局为6715户企业办理年度申报，新增参保人数1.7万人；接受残疾人就业保障金征收任务，入库残疾人就业保障金1032万元。

2007年，全区办理参保人员累计20.2万人，比上年增加2.8万人；入库社保费9.47亿元，比上年增加2.66亿元。全区参加医保人员6.4万人，缴纳全民医保费700万元。开展社保费欠费清理工作，全年清收社保费1500万元，占总欠费98%。征收残疾人就业保障金2032万元。有8200家参保单位完成社保缴费基数年度申报，申报人数12.3万人，占应申报人数96%。2004—2007年，思明区地税局代征社会保险费27.45亿元，其中2007年征收94783万元。

2004—2007 年思明区社会保险费缴纳统计表

表 21-2-4　单位：万元

年份	社会保险费合计	其中				
		养老保险	医疗保险	失业保险	工伤保险	生育保险
2004	36752	20626	13002	2120	625	379
2005	74801	51728	18679	3110	793	491
2006	68143	40664	21039	4355	1452	633
2007	94783	53395	31849	5948	2341	1250

第三章　财政收支

第一节　财政收入

一、区财政收入体制与总量

1984 年前，三区财政收入上缴市财政。财政收入有企业收入、工商税收、农业税、专项收入及其他收入。1984 年，建立区级财政，收入主要是区属企业收入、个税收入及行政性收费。1994 年 1 月 1 日，市对区实行分税财政管理体制，区级财政收入有工商税、企业收入、农牧业收入、耕地占用税、罚没收入、行政性收费、专项收入、基金收入和其他收入等。是年，三区财政总收入 11896 万元。至 2003 年，财政总收入 97861 万元，为 1994 年的 8.23 倍。

2003 年 10 月三区整合后，区财政收入范围调整为：①市区共享收入——营业税（不含金融、保险营业税）、增值税地方分成部分、企业所得税地方分成部分、个人所得税地方分成部分、城建税、房产税、印花税、城镇土地使用税；②区级固定收入——资源税、耕地占用税及暂缓征收的农业税、农业税附加；③其他各项收入——国有企业经营收益、罚没收入、行政事业性收费和其他基金收入。2004 年，区财政收入 9.12 亿元，2005 年 10.48 亿元，2006 年 14.12 亿元，2007 年 18.11 亿元（比 2004 年增长 98.64%）。

二、各项收入

（一）税收

1984 年，三区税收主要是工商税收、农业税收。1994 年，实行分税制，税收主要是工商税收、耕地占用税（鼓浪屿区没有耕地占用税收）。是年，三区税收 8545 万元，其中鼓浪屿区 427 万元、开元区 5014 万元、思明区 3104 万元。开元区于 2002 年、思明区于 2003 年无耕地占用税收。2003 年 1—9 月，三区税收 8.41 亿元，其中鼓浪屿区 2022 万元、开元区 5.56 亿元、思明区 2.65 亿元。2003 年 10 月三区整合后，税收主要有营业税、增值税、企业所得税、个人所得税、城建税、房产税、印花税、城镇土地使用税、资源税、耕地占用税、契税。2004 年，全区税收 17.77 亿元；2007 年，增至 35.91 亿元，比 2004 年增加 18.14 亿元，增长 1.02 倍。

（二）企业收入

1983—1984年，国营企业实行第一步和第二步利改税。1983年后，区属企业所得税、调节税收入逐步取代企业上缴利润在收入中的地位。1985年后，除个别年份外，上缴利润均为负数。1994年实行分税制后，三区企业收入有所增加。1995年，三区企业收入3305万元，其中鼓浪屿区276万元、开元区1898万元、思明区1131万元。2003年，三区企业收入10224万元，其中鼓浪屿区356万元、开元区6600万元、思明区3268万元。2004—2007年，区属企业盈利所得作为企业发展基金未上缴区财政；区属企业因规模小，经营相对困难，区财政没有向其收取基本折旧基金。

（三）农牧业收入

1994年，实行分税制。1995年，三区农牧业收入122万元，其中鼓浪屿区8万元、开元区27万元、思明区87万元。2003年，三区农牧业收入394万元，其中鼓浪屿区2万元、开元区341万元、思明区51万元。三区整合后，区财政收入范围、项目有所调整。2004—2007年，思明区没有农牧业收入。

（四）罚没收入

1980年后，区境罚没收入范围扩大，罚没收入呈上升趋势。1990年前，罚没收入中工商罚没收入所占比重最大。1984—2003年，三区罚没收入11334万元，其中鼓浪屿区568万元、开元区5178万元、思明区5588万元。1994年，三区罚没收入419万元，其中鼓浪屿区16万元、开元区182万元、思明区221万元。2001年，三区罚没收入863万元，其中鼓浪屿区130万元、开元区650万元、思明区83万元。三区整合后，2004年，罚没收入2301万元。之后，逐年下降，2007年仅298万元。

（五）行政性收费收入

1984—2003年，三区行政性收费收入452万元，其中鼓浪屿区23万元、开元区299万元、思明区130万元。2000年，开元区、思明区行政性收费收入分别为59万元、38万元。2002年，三区行政性收费收入293万元，其中鼓浪屿区22万元、开元区232万元、思明区39万元。2004年，行政性收费收入1500万元。之后，逐年下降，2007年仅13万元，为2004年0.86%。

（六）专项收入

1980年后，区境征集排污费、国家能源交通重点建设基金、国家预算调节基金、教育附加等专项收入。1994年，三区专项收入225万元，其中鼓浪屿区10万元、开元区138万元、思明区77万元。2002年，三区专项收入1321万元，其中鼓浪屿区57万元、开元区770万元、思明区494万元。1994—2003年，三区专项收入9570万元，其中鼓浪屿区390万元、开元区6670万元、思明区2510万元。2004年起，财政无专项收入。

（七）基金收入

1997—2001年，开元区基金收入141万元，平均每年23.5万元。鼓浪屿区、思明区基金收入情况不详。2004年，思明区基金收入557万元，之后逐年下降；2005年，基金收入312万元；2006年为208万元；2007年为96万元。

（八）国有资产经营收益

2003年10月三区整合，2004年，思明区国有资产经营收益913万元；2005年，734万元；2006年，1844万元；2007年，2801万元。

（九）其他收入

主要有公产收入、规费（民政规费、公安规费、司法规费、工商规费、卫生规费、公用规费、工务规费、地政规费和契纸工本费9大类）收入和其他杂项收入。1994年7月1日，执行国家财政部、省财政厅《关于行政性收费实行"收支两条线"管理的实施办法》，预算内规费收入增加。1984—2003年，三区规费收入452万元，其中鼓浪屿区23万元、开元区299万元、思明区130万元。2004—2007年，思明区规费收入2738万元，其中2007年3万元。

1984—2003年，三区规费外收入816万元，其中鼓浪屿区38万元、开元区328万元、思明区450

万元。2004—2007 年，思明区规费外收入 732 万元。

1994—2003 年三区财政收入统计表

表 21-3-1　　　　单位：万元

项目		1994 年	1995 年	1996 年	1997 年	1998 年	1999 年	2000 年	2001 年	2002 年	2003 年
财政总收入	鼓浪屿区	453	1029	1230	1720	2040	2650	2869	4219	2978	2434
	开元区	6868	11227	14957	17350	20189	26119	37829	51066	53833	64971
	思明区	4575	6805	8769	10469	14162	17766	20005	25786	24420	30456
	合计	11896	19061	24956	29539	36391	46535	60703	81071	81231	97861
其中:工商税	鼓浪屿区	427	711	930	1067	1801	2011	2186	2144	2357	2022
	开元区	4731	8780	10948	12694	16289	22288	30574	38812	47557	55647
	思明区	3053	4979	5867	7835	11621	13984	15819	19194	20222	26465
	合计	8211	14470	17745	21596	29711	38283	48579	60150	70136	84134
企业收入	鼓浪屿区	—	276	187	509	118	541	595	1655	367	356
	开元区	1507	1898	2659	2758	2053	2478	5561	9917	5506	6600
	思明区	1086	1131	1160	1242	1704	2463	2986	5920	2356	3268
	合计	2593	3305	4006	4509	3875	5482	9142	17492	8229	10224
农牧业收入	鼓浪屿区	—	8	13	33	21	21	15	16	13	2
	开元区	27	57	332	327	294	317	258	286	—	341
	思明区	87	252	244	270	180	167	147	124	117	51
	合计	114	317	589	630	495	505	420	426	130	394
耕地占用税	鼓浪屿区	—	—	—	—	—	—	—	—	—	—
	开元区	283	12	105	671	729	204	25	110	—	—
	思明区	51	56	63	106	156	134	56	88	627	—
	合计	334	68	168	777	885	338	81	198	627	—
罚没收入	鼓浪屿区	16	15	72	73	44	25	19	130	—	—
	开元区	182	265	683	613	436	226	440	650	—	—
	思明区	221	254	1177	871	296	749	602	83	146	—
	合计	419	534	1932	1557	776	1000	1061	863	146	—
行政性收费收入	鼓浪屿区	—	—	—	—	—	—	—	1	22	—
	开元区	—	—	—	—	—	—	59	232	232	8
	思明区	—	—	—	—	—	—	38	39	39	-8
	合计	—	—	—	—	—	—	97	272	293	0
专项收入	鼓浪屿区	10	19	28	38	56	52	54	49	57	47
	开元区	138	212	230	265	365	584	852	1013	770	2241
	思明区	77	—	144	—	193	259	350	328	494	665
	合计	225	231	402	303	614	895	1256	1390	1321	2953

续表21-3-1

项目		1994年	1995年	1996年	1997年	1998年	1999年	2000年	2001年	2002年	2003年
基金收入	鼓浪屿区	—	—	—	—	—	—	—	—	—	—
	开元区	—	—	—	22	21	22	18	22		36
	思明区	—	—	—	—	—	—	—	—	—	—
	合计	—	—	—	22	21	22	18	22		36
其他收入	鼓浪屿区	—	—	—	—	—	—	—	224	162	7
	开元区	—	3	—	—	—	—	42	24		98
	思明区	—	133	114	145	12	10	7	10	397	15
	合计	—	136	114	145	12	10	49	258	559	120

2004—2007年思明区财政收入统计表

表21-3-2　　　　单位：万元

年份	2004年	2005年	2006年	2007年
财政收入	91183	104799	141175	181123
其中：增值税	8779	9632	10863	13084
营业税	45801	55737	73442	96538
企业所得税	12025	14608	21889	27698
个人所得税	5983	7991	9437	10957
资源税	4	2	1	1
城市维护建设税	4330	5208	6183	8182
房产税	5501	5972	6501	7704
印花税	1448	1794	2619	3707
城镇土地使用税	568	785	1459	1565
土地增值税	—	52	3508	8572
耕地占用税	1212		2338	—
契税	913	—	—	—
国有资产经营收益		734	1844	2801
行政性收费收入	1500	1135	90	13
罚没收入	2301	618	544	298
其它收入	261	219	249	3
其他部门基金收入	557	312	208	—

第二节 财政支出

一、区财政支出体制与总量

1984 年，三区区级财政体制建立，区财政支出主要为经济建设费、文教卫生科学事业费、抚恤和社会救济费、行政管理支出和其他支出五大类。1988—2003 年，鼓浪屿区财政支出 40265 万元，其中经济建设费类占 4. 16%，文教卫生科学事业费类占 24. 82%，行政管理费类占 29. 1%，抚恤和社会救济费类占 15. 65%，其他支出类占 26. 27%；开元区财政支出 304608 万元，其中经济建设费类占 28. 98%，文教卫生科学事业费类占 28. 77%，行政管理费类占 15. 28%，抚恤和社会救济费类占 4. 94%，其他支出类占 22. 03%；思明区财政支出 160077 万元，其中经济建设费类占 17. 94%，文教卫生科学事业费类占 26. 77%，行政管理费类占 16. 14%，抚恤和社会救济费类占 10. 27%，其他支出类占 28. 88%。

2003 年，三区财政支出合计 89223 万元。2004 年，区财政支出 13. 02 亿元，为预算的 99. 7%。其中，建设性支出 4. 23 亿元；经常性支出 8. 79 亿元，为预算的 99. 6%。用于基本建设支出 1. 10 亿元，城市维护支出 0. 50 亿元，科教文卫体事业支出 3. 83 亿元（占全区财政支出 29. 4%），社会保障支出 2. 21 亿元，行政管理支出 1. 41 亿元。

2005 年，区财政支出 14. 25 亿元，比 2004 年增加 1. 23 亿元，增长 9. 44%。其中，建设性支出 5. 56 亿元，比 2004 年增长 31. 1%；经常性支出 8. 69 亿元，比 2004 年增长 2. 5%；用于基本建设支出 1 亿元，城市维护支出 0. 29 亿元，行政管理支出 1. 41 亿元，科教文卫体事业支出 4. 41 亿元（占财政总支出 31%，比 2004 年增长 15. 8%）。

2006 年，区财政支出 17. 79 亿元，比 2005 年增加 3. 31 亿元，增长 24. 8%。其中，建设性支出 6. 03 亿元，比 2005 年增长 28. 4%；经常性支出 11. 76 亿元，比 2005 年增长 18. 6%。用于基本建设支出 0. 7 亿元，城市维护支出 1. 02 亿元，行政管理支出 1. 79 亿元，科教文卫体事业支出 4. 96 亿元（占财政总支出 28. 2%，比 2005 年增长 29. 5%）。

2007 年，区财政支出 28. 07 亿元，用于基本建设支出 1. 03 亿元，城市维护支出 8. 06 亿元，科教文卫体事业支出 8. 95 亿元（占财政总支出 31. 88%）。

二、各项支出

（一）经济建设费支出

基本建设支出　1984 年 5 月，区境列入经济特区范围，基本建设发展较快。1984 年至 2003 年 9 月，鼓浪屿区财政安排基建支出 0. 09 亿元，平均每年 0. 005 亿元，占同期总支出 2. 26%；开元区财政安排基建支出 3. 92 亿元，平均每年 0. 2 亿元，占同期总支出 12. 87%；思明区财政安排基建支出 2. 03 亿元，平均每年 0. 12 亿元，占同期总支出 12. 68%。2004—2007 年，全区财政基本建设支出 3. 83 亿元，平均每年 0. 96 亿元，占同期支出 5. 24%，其中 2007 年 10298 万元，比 2004 年减少 6. 07%。

企业挖潜改造资金支出　1982 年起，实行财政“大包干”体制，企业挖潜改造资金列入财政支出范围。1988—2003 年，鼓浪屿区企业挖潜改造资金支出 201 万元，开元区 43971 万元，思明区 5592 万元。2004—2007 年，全区企业挖潜改造资金支出 124290 万元。

科学技术“三项”费用支出　1984—2003 年，鼓浪屿区科学技术“三项”费用支出 563 万元，开元区 5134 万元，思明区 2823 万元。2004—2007 年，全区科学技术“三项”费用支出 13454 万元。其中，2004 年为 2552 万元，2005 年 2822 万元，2006 年 3489 万元，2007 年 4591 万元。

城市维护费支出　1988—2003 年，鼓浪屿区城市维护费支出 0. 2 亿元，开元区 1. 15 亿元，思明区 1. 12 亿元。2004—2007 年，全区城市维护费支出 10. 69 亿元，其中 2007 年 80596 万元，比 2004 年增加 1378.01%。

（二）文教卫生事业费支出

文体广播事业费支出 1994 年，三区文体广播事业费支出 491 万元，其中鼓浪屿区 121 万元、开元区 255 万元、思明区 115 万元。2002 年，三区文体广播事业费支出 2072 万元，其中鼓浪屿区 210 万元、开元区 1290 万元、思明区 572 万元。2004—2007 年，全区文化事业费支出 4111 万元（其中，文艺表演团体 1329 万元，占 32.32%；图书馆 960 万元，占 23.35%；文化馆 385 万元，占 9.36%）；体育事业费支出 1266 万元。

教育事业费支出 中华人民共和国成立后，教育事业费支出逐年增加。1994 年，三区教育事业费支出 2407 万元，其中鼓浪屿区 233 万元、开元区 1297 万元、思明区 877 万元。2002 年，三区的教育事业费支出 13189 万元，其中鼓浪屿区 825 万元、开元区 9150 万元、思明区 3214 万元。2004 年，区政府对学校布局、教育资源进行调整。是年，教育事业费支出 7.32 亿元，占同期财政总支出 29.13%，其中用于教学楼危房改造及改善学校办学条件、购置教学设备等支出 7.1 亿元。之后，区教育事业费支出逐年增加。2007 年，支出 7.23 亿元，占同期财政总支出 27.86%。中、小学平均每生预算内教育经费分别为 7347.55 元和 5607.8 元，分别比 2006 年增长 28.18% 和 29.76%。中、小学每生预算内教育公用经费分别为 1962.27 元和 1634.83 元，分别比 2006 年增长 2.6% 和 12%。

卫生事业费支出 1984 年建立区级财政后，卫生事业费逐年增加。1984—2003 年 9 月，鼓浪屿区卫生事业费支出 1899 万元，开元区 16546 万元，思明区 10787 万元。2004—2007 年，全区卫生事业费支出 25018 万元，其中用于医疗卫生设施基本建设费用 9727 万元。2007 年，列入区财政支出的卫生机构 17 个。其中，社区卫生院 10 所、妇幼保健机构 1 个、防治防疫机构 1 个。是年，卫生事业费支出 8634 万元，比 2004 年增加 86.56%。

（三）抚恤与社会福利救济费支出

1984 年建立区级财政后，三区财政支出有抚恤事业费、社会福利救济事业费、自然灾害救济事业费等项目。1988—2003 年，鼓浪屿区抚恤与社会福利救济费支出 1310 万元，开元区 9185 万元，思明区 4841 万元。2004—2007 年，全区抚恤与社会福利救济费支出 18236 万元，占同期财政支出总数 2.49%，平均每年 4559 万元。

（四）行政经费支出

中华人民共和国成立后，行政经费支出实行定员定额管理。

1984 年建立区级财政后，主要支出项目：人大机关经费、政府机关经费，以及地方财政负担的社会团体、共产党机关、公检法司机关经费和人民武装部经费。1984—2003 年，鼓浪屿区行政经费支出 12046 万元，年均 602 万元；开元区 47732 万元，年均 2237 万元。1987—2003 年，思明区行政经费支出 26399 万元，年均 1553 万元。2004—2007 年，全区行政经费支出 70554 万元，年均 17639 万元；占预算总支出 12.68%。

1994—2003 年鼓浪屿区财政支出统计表

表 21-3-3　　单位：万元

项目	1994 年	1995 年	1996 年	1997 年	1998 年	1999 年	2000 年	2001 年	2002 年	2003 年
基本建设支出	140	70	131	95	86	62	50	—	—	—
企业挖潜改造资金	—	—	15	—	—	118	10	—	28	—
科技三项费用	10	14	22	25	50	65	83	88	100	79
城市维护费	51	35	26	119	837	151	156	151	141	140
工业交通等部门事业费	165	264	302	492	520	572	622	689	703	542

续表21-3-3

项 目	1994 年	1995 年	1996 年	1997 年	1998 年	1999 年	2000 年	2001 年	2002 年	2003 年
文体广播事业费	121	449	442	81	62	270	80	135	210	125
教育事业费	233	—	—	495	568	688	495	610	825	649
科学事业费	1	2	2	5	6	7	11	8	18	9
卫生经费	17	155	155	178	161	183	155	208	245	213
其他部门的事业费	—	72	56	110	81	140	49	164	320	188
抚恤和社会福利救济费	89	188	57	42	49	368	71	69	93	80
行政事业离退休经费	—	—	111	130	136	145	761	859	940	917
社会保障补助支出	—	—	—	15	179	211	170	160	94	145
国防支出	1	1	18	29	33	35	36	43	49	47
行政管理费	345	587	647	779	861	998	865	1011	1113	958
公检法司支出	108	122	166	212	230	259	274	319	357	261
支援不发达地区支出	—	—	—	—	—	30	—	—	—	—
海域开发建设等支出	—	—	—	—	—	—	—	—	5	—
专项支出	8	19	28	32	46	42	54	47	57	—
其他支出	249	232	155	97	69	59	118	154	-35	172
基金支出	—	—	—	—	—	—	—	—	—	2
合计	1538	2210	2333	2936	3974	4403	4060	4715	5263	4527

1994—2003 年开元区财政支出统计表

表 21-3-4 单位：万元

项 目	1994 年	1995 年	1996 年	1997 年	1998 年	1999 年	2000 年	2001 年	2002 年	2003 年
基本建设支出	1025	1820	2534	2568	2208	2775	4018	4285	6599	9509
企业挖潜改造资金	940	701	1080	1235	1170	2967	4610	8001	9984	10375
科技三项费用	71	90	200	250	282	480	618	719	983	1263
城市维护费	370	623	695	645	731	951	1284	1307	1592	2080
支援农村生产支出	122	63	103	86	106	90	95	140	199	150
农林水气象支出	32	32	21	18	1	1	1	10	6	—
工业交通等部门事业费	670	1183	1218	1653	1743	2076	2346	2569	2833	2847
文体广播事业费	255	333	331	—	500	620	784	1110	1290	1909
教育事业费	1297	2363	2675	3712	3600	4386	6071	7957	9150	10252
科学事业费	17	13	14	18	26	40	96	81	120	378
卫生经费	472	924	1122	1403	1248	1370	1526	1909	2399	2777
其他部门的事业费	169	222	293	366	441	514	797	1816	1587	2339
抚恤和社会福利救济费	234	406	261	318	544	1426	960	1339	1345	2017
行政事业离退休经费	—	—	144	166	177	—	486	588	850	1611

续表21-3-4

项　　目	1994 年	1995 年	1996 年	1997 年	1998 年	1999 年	2000 年	2001 年	2002 年	2003 年
社会保障补助支出	—	—	—	—	132	91	115	316	378	777
国防支出	21	25	41	56	60	113	137	175	193	285
行政管理费	992	1527	2062	2543	2890	3059	3479	4629	5151	6667
外交外事支出	—	—	—	—	—	—	—	—	—	4
公检法司支出	277	448	803	734	852	984	1064	1315	1734	1948
支援不发达地区支出	10	—	—	—	26	35	42	—	—	20
海域开发建设等支出	—	—	—	—	—	—	—	—	5	—
专项支出	113	252	230	—	365	606	750	1018	870	2639
其他支出	1692	484	1373	1616	1786	2300	2065	3452	3563	2724
合计	8779	11509	15200	17387	18888	24884	31344	42736	50831	62571

1994—2003 年思明区财政支出统计表

表 21-3-5　　单位：万元

项　　目	1994 年	1995 年	1996 年	1997 年	1998 年	1999 年	2000 年	2001 年	2002 年	2003 年
基本建设支出	685	996	1293	1335	1699	1549	2555	2822	3227	3530
企业挖潜改造资金	358	360	400	408	546	1034	1266	334	590	251
科技三项费用	38	50	175	209	260	351	311	390	447	496
城市维护费	172	427	478	528	657	870	862	1237	2811	2486
支援农村生产支出	50	78	106	120	85	100	135	59	84	78
农林水气象支出	7	9	40	45	33	40	45	50	59	42
工业交通等部门事业费	411	686	811	987	1100	1170	1137	1512	302	246
文体广播事业费	115	126	102	213	234	361	416	403	572	418
教育事业费	877	1586	1780	2082	2453	2898	2282	3162	3214	2650
科学事业费	10	17	20	30	35	54	60	223	333	144
卫生经费	366	659	767	939	1174	1178	964	1200	1430	1052
其他部门的事业费	241	263	432	574	836	1653	877	1090	1633	1634
抚恤和社会福利救济费	180	364	209	227	349	759	528	575	632	692
行政事业离退休经费	—	—	194	181	207	230	1963	2453	2728	2635
社会保障补助支出	—	—	—	—	74	68	113	153	246	334
国防支出	4	3	27	36	47	67	96	15	120	122
行政管理费	682	1119	1277	1548	1298	1541	1348	1739	1840	1818
外交外事支出	—	—	—	—	40	29	17	46	33	39
公检法司支出	295	421	756	993	870	960	933	1186	1321	1255
支援不发达地区支出	—	—	—	—	22	30	38	91	53	13
海域开发建设等支出	—	—	—	—	—	—	—	—	20	—

续表21-3-5

项 目	1994 年	1995 年	1996 年	1997 年	1998 年	1999 年	2000 年	2001 年	2002 年	2003 年
专项支出	71	132	123	—	180	220	230	320	450	314
其他支出	805	517	238	347	925	1150	1123	1552	3120	1876
合计	5267	7813	9228	10802	13124	16312	17299	20612	24535	22125

第四章 财税管理

第一节 财政管理

一、预决算管理

（一）预算编制

1983—1987 年，预算管理工作根据“统一领导，分级管理，集中核算，分户包干”原则，执行“定编定员，核定基数，包干使用，结余留用”和“定编定员，收入分成，支出包干，结余留用”，按系统组织预算管理。1988—1990 年，三区实行“放水养鱼”方针，采取减免税收和财政贴息等措施，实行“税收目标责任制”和“资金跟踪反馈责任制度”。1991—1993 年，支出安排坚持“保重点、促生产、办实事”和“量入为出，不打赤字”原则，保证人员经费和重点建设资金需要；增加对教育、科技投入和政法部门业务建设投入。1994—1996 年，预算安排坚持“保吃饭，促生产，办实事”原则，保证正常经费和区委、区政府中心工作、重点建设项目的资金需要，各项支出在上年基础上略有增长。1997—1998 年，预算编制继续实行适度从紧政策，坚持量入为出，控制支出总量，优化支出结构，保证重点需要。1999 年后，逐步加大对基础设施和工业基地的建设，财政由“吃饭型”向“吃饭与建设并重型”转变。同时，推动部门综合预算改革，加强财政监管职能。2000 年，开元区政府制定《开元区财政预算管理改革方案》，提出部门预算、综合财政预算、零基预算、早编细编预算、标准周期预算等预算改革设想，实现预算管理公开、公平、公正、高效。2001 年，完善经费包干和财务目标管理办法，建立公共财政基本框架。2002 年，按照“比重适当，集散有度，收支合理，使用得当”要求，确定与经济增长和社会事业发展相适应的财政收支增长幅度。2003 年，推行以综合预算、零基预算和细化预算为主要内容的部门预算改革，取得阶段性成效。2004—2007 年，区财政预算编制向推进经济结构调整和经济发展方式转变，培育可持续发展财源，提高财政收入增长质量；调整和优化支出结构，控制行政成本和其他一般性支出，保障重点项目和民生需要；强化财政监督管理。

（二）决算

1984—1986 年，实行区财政预决算。开元区实现财政支出 1474 万元，思明区财政支出也有较大增长。1986—1990 年，三区工商税收增加，财政收入增长较快。鼓浪屿区财政收入 1413 万元，财政支出 1769 万元；开元区财政收入 8904 万元，财政支出 5839 万元；思明区财政收入 5082 万元，财政支出 3733 万元。1991—1995 年，执行中央“适度从紧”宏观调控政策，鼓浪屿区财政收入 2858 万元，财政支出 5986 万元；开元区财政收入 35920 万元，财政支出 34161 万元；思明区财政收入 21938 万元，财政支出21577万元。1996—2000年，强化收入管理，坚持量入为出的原则，鼓浪屿区财政收入10509万元，财政支出17706万元；开元区财政收入116442万元，财政支出107703万元；思明区财政收入71171万元，财政支出66765万元。2001—2003年，推进财税改革，科学运筹资金，调整和优化支出结构。鼓浪屿区财政收入9631万元，财政支出14505万元；开元区财政收入169870万元，财政支出156138万元；思明区财政收入80662万元，财政支出68002万元。至2003年10月三区整合，区财政结余滚存共7399万元。2004—2007年，全区经济建设快速发展，实现区财政收入518280万元，完成预算的103.1%，补助收入223564万元，财政支出731276万元，占预算支出的99.2%。2007年，思明区财政结余滚存11967万元。

二、财务管理

（一）行政事业单位财务管理

1950—1953年，三区行政、事业单位实行“财政核定预算，实报实销，年终结余收回财政”管理办法。1954年起，对全额预算管理单位推行多种形式的“费用包干，结余留用，超支不补”办法，对医院财务实行以收抵支，差额补助管理办法。1962年起，建立行政、事业单位财务互审制度。1969年，行政、事业单位开展房屋、财产清理。1974年起，三区财政在行政事业单位全面实行预算包干：支出包干，节余留用，超支不补。预算包干经费包括人员工资、福利费、医药费、公务费、修缮费、设备购置费和业务费等。支出指标1年一定。1979年，三区财政对医疗机构费用实行全额管理、定额包干的“定任务、定床位、定编制、定业务技术指标、定经费补助”办法。1980年起，继续对文教、科学、卫生、体育和行政单位实行“预算包干”。1982年，扩大预算包干范围，调整预算包干指标。在结余资金中，按预算包干人数，每人每年在平均不超过60元范围内可提取奖金。年终没有结余或少结余资金的单位，不提取或少提取奖金。结余资金不得用于增加人员编制、提高工资、扩大补贴范围和请客送礼等开支。1984年至2003年9月，三区行政事业单位财务管理按照市级管理办法执行。

2003年10月三区整合后，思明区加强对行政事业单位财务管理。2005年，出台《思明区财政资金使用管理规定》，对区财政全额拨款的机关事业单位（含街道办事处）及社会团体的财务收支，包括预算内、预算外资金，以及政府性基金实行国库集中支付。同年，出台《思明区街道财政财务管理规定》，对街道的财政预算执行、非税收入管理、专项资金管理、财务管理、银行账户管理、债务管理等进行规范。加强单位预算管理，坚持“量入为出、收支平衡”的原则编制预算，对政府投资规模较大的项目进行绩效综合考评，提高财政资源配置效率。

（二）区属企业财务管理

1984年后，三区加强区属企业财务管理和清产核资等工作。开元区制定《区属集体所有制工业企业财务管理制度和会计核算制度》。1986年，区属企业开展清产核资工作，对区工商企业资金总量结构、组成、分布和利用效果进行分析；宣传、推广任期目标承包责任制、股份合作制和租赁制。制定《区街集体工业企业财务管理暂行制度》《区街集体商业企业财务管理暂行制度》《区街集体工业企业会计制度》等规定。1988—1990年，开元区制定《超储积压物资清理责任制》和《往来款项清理责任制》，促进各企业清仓挖潜工作。1991年，制定《开元区外贸公司财务体制》，开展“质量、品种、效益年”活动。1993年，三区开展资产清查，摸清企业资产存量。1994年，深化经济体制改革，推进区属企业转机建制工作。开元区基本完成区属企业和街属骨干企业资金划定工作，思明区完成26家区属工商企业清产核资工作，核实区属企业资本金资产2560.89万元，颁发国有资产授权占用证书。1998年，开元区对区集体企业进行清产核资，核实资产7.24亿元。组织对区属重点企业的各项经济指标进行测定，制定《开元区区属企业资产保值增值考核（试行）办法》。1999年，推进公司改制，制定企业内、外部审计制度，搞好资产监管，修订《区属企业对外投资管理办法》。2000—2003年，开元区先后制定《开元区人民政府关于委派区属重点企业财务总监试行办法》《开元区委派区属重点企业财务总监实施细则》；修订《开元区委派区属重点企业财务总监实施细则》。2003年10月三区整合后，修订

《思明区国有企业财务总监管理暂行规定》，向4家区属企业派驻财务总监；修定《绩效考核办法》，建立企业年薪制度，区政府主管部门、财政部门对4家区属企业下达全年各项工作任务、主要经济指标，并组织考核。2007年，修定《思明区国有企业资产管理暂行办法》《思明区国有企业负责人经营业绩考核暂行办法》，强化国有出资人权益，健全国有资本收益上缴与返拨制度，规范收入分配秩序。

三、预算外资金管理

1953年起，将公房租金、度量衡检定、小学学杂费、园林管理、屠宰检验、市场管理费、环境卫生、水利工程灌溉等预算外特种资金收支纳入市财政集中管理，采取专款专用、以收抵支、收入上交、支出下拨方法，进行计划管理。

1958年起，城市公用事业附加作为地方自筹经费，列入预算外资金管理。预算外资金项目和范围有所扩大。1960年，将1958年和1959年所列预算外企业全部列入预算内收支决算有关科目。1963年10月至1965年5月，开展清理“小家当”“小钱柜”“小仓库”工作。1971年起，调剂企业折旧基金、甲种育林基金、地区盐业余款、县（区）办“五小”企业利润提成、渔业税附加均由市财政列入预算外集中管理。

1984—1985年，执行市政府《关于加强预算外资金管理的通知》《关于清理预算外企业资金的通知》，三区财政提出预算外资金管理实施办法，对预算外企业财务收支及专项收入进行清理。

1985—1989年，三区各制定《预算外资金管理暂行规定》，运用行政手段适度集中部分行政事业单位预算外资金，以平衡财政收支缺口，扩大财政理财范围，开辟新的财源渠道，改变预算外资金失控状况。把不纳入预算内管理的资金逐步纳入预算外资金管理轨道。

1990—1992年，对预算外资金模拟预算内资金进行管理，采用“核定基数，超收分成”“总额分成”“分档分成”等办法，灵活运用和调度各项间歇资金。按照“分档分成管理办法”做好摸底和基数测算工作。1992年，采取“计划管理，适度集中”办法，加强预算外资金管理，确保区财力综合平衡。是年，开元区财政集中预算外资金294.76万元。鼓浪屿区、思明区财政也集中一定数额的预算外资金。

1993年起，三区财政编制实施预算外收支计划。1994—1998年，坚持预算外资金“所有权归国家，调控权归政府，管理权归财政”原则，对有预算外资金收入的单位逐步实行收入上缴同级财政专户，收支两条线管理的办法，集中管理的预算外资金有较大幅度的增长。开元、思明区出台《预算外资金管理暂行办法》，对政府系统行政事业单位实行“专户存储”，对有预算外收支的行政事业单位实行“财务目标管理”。成立“两清检查办公室”，负责对预算外资金监督检查。

1999年后，落实中央、省、市关于加强预算外资金管理的指示，出台《区预算外资金管理办法》，推行“年初编制预算，收入上缴财政专户，支出按预算拨付，年终编报决算”管理模式。执行预算外资金收支两条线管理办法，委派区属重点企业财务总监，加强对企业经济活动监督。2001年，鼓浪屿区推行财政预算管理改革，实行部门零基综合预算，增强预算透明度和约束力，增大财政可调控资金规模；加大处理历史遗留问题的力度，清理收回财政周转金529.3万元。

2003年，重新修订预算外资金上缴比例和结余分配比例，在保证上缴金额不变基础上，改变结余分配方式，实行以收支结余的一定比例提取事业发展基金、福利奖励基金的管理办法。同时，将预算外资金纳入综合财政预算范畴，实行预算内外资金统一管理，捆绑使用，提高资金使用效益，减轻财政支出压力，规范资金分配秩序。

2004—2007年，思明区规定预算外资金包括各项预算外收入、押金等待结算资金，将绿地占用费、劳动仲裁费等预算外收入纳入预算管理；加强预算外资金管理的透明度，将预算外资金纳入部门预算，实行预算内、外综合预算。各部门编制预算外资金收支计划表报区政府批准后执行，严格按预算拨款。同时，探索预算外创收新模式，允许旅游、园林、卫生等系统提取创收奖励，激励各单位创收。

四、国有及集体资产管理

1986年，开元区试行区办企业资金追踪反馈责任制，制定区街集体工业企业财务管理暂行办法，统一规范财务管理和会计核算。选择公园街道2家街办企业进行股份制和租赁制改革，对区属工业企业实行定额流动资金管理。1988年、1989年，开元、思明区财政局内设资产管理科，制定《区资产管理暂行办法》《区街集体所有制企业资产评估实施细则》《区集体所有制企业资产界定实施细则》。对区属企业进行资产评估试点，组织企业开展清仓利库、清产核资，挖掘内部潜力。同时，制定《超储积压物资清理责任制》《往来款项清理责任制》，在企业内部建立健全成本管理制度。开始涉足行政事业资产管理，对故宫新村、清逸园、文灶街心花园等区有资产实行建档立账管理。1992年，开元区资产管理委员会成立，下设区有资产管理办公室，负责区有资产管理。

1994年，开元区开展行政事业单位清产核资，下发《关于加强行政事业单位的财产管理的通知》《关于出售区属公有住房的暂行规定》。1995—1997年，思明区对街道、农村和城建系统全面开展清产核资工作。开元、思明区推进区有资产委托营运、监管步伐，落实企业厂长经理任期目标责任制。开元区对老企业的经营状况、财务管理、亏损原因、存在问题进行全面清查，采用兼并、托管、改组等形式清理改制，促进区有资产合理流动和优化重组。区财政局做好亏损、停产企业的清产核资，制定《亏损、停产企业清产核资方案》，对部分停止生产经营企业进行清算，有效遏制区有资产流失，并实施《资产经营目标责任制管理办法》。1998年后，国有资产逐步从竞争性经济领域有序退出，向区域经济发展空间和社会事业聚集，管理方式也转变为以产权管理为主。

2000年，鼓浪屿区完善国有资产管理营运体系，制定区国有资产投资公司组建方案。区政府制定《关于加强区属国有企业及集体企业管理的暂行规定》。2001年后，开元区财政局向区属企业派驻财务总监，以国有资产产权代表的身份对企业进行监督。

2005年，制定《思明区行政事业单位固定资产管理》。2006年，组织区直机关、街道办事处和区、街属企事业单位开展清产核资工作，共清查297个单位。至2006年4月30日，全区资产总额账面数772989万元，清查数768367万元；负债总额账面数376905万元，清查数373645万元；净资产总额账面数396084万元，清查数394722万元。2007年，继续在区直机关、街道办事处和区、街属事业单位中开展清产核资工作，共清查224个单位。全区各行政事业单位资产总额账面数255946万元，清查数255869万元；负债总额账面数24789万元，清查数24712万元；净资产总额账面数231157万元，清查数231157万元。

五、政府采购管理

1999年9月，开元区在全市率先推行政府采购管理制度，成立区财政资金审核管理所，制订《开元区政府采购管理暂行办法》。成立厦门务实采购有限公司，将审核、监督与组织操作相分离，建立新型政府采购管理体制。在全市创下政府采购管理4个第一：第一个推行机关事业单位汽车定点维修与保险、车辆用油招标；第一个推行环卫片区保洁经费招标；第一个推行旧城改造拆迁项目招标；第一个推行银行贷款利率招标。2000年，思明区实行政府采购制度，全年节约财政资金45.5万元。成立工程预决算审核所，全年核减工程款222万元。

1999年9月至2007年12月，三区和整合后思明区（修订《思明区政府采购管理规定》《思明区建设工程招投标管理规定》和《思明区建设性资金审核管理规定》）完成政府采购、基建招标2974批次，预算资金17.3亿元，节约资金3.76亿元，节约率21.73%；完成各类基建工程审核、控制价审核6300项，送审资金总计64.72亿元，核减资金6.88亿元，核减率10.64%；完成零星采购审核1504项，预算资金4860.6万元，核减248.3万元，核减率5.11%。累计节约资金10.67亿元。

六、会计管理

（一）会计证办理

1985年始，三区对会计人员实行持证上岗制度，取得会计证者，正式从事财务会计工作。会计证实行市区两级审批制，区财政局负责会计从业资格申请、变更、调转的初审。1986—1998年，三区各进行3次全区性换证工作（1998年，三区换证1万多人）。2005年12月至2006年，区财政局换发新证近2万人，占全市会计人员半数以上。2007年7月起，试行会计从业资格网上申报、审批。2003—2007年，办理会计从业资格证书1.2万份。

（二）会计证年检

1998年始，三区执行国家财政部关于会计证持有者必须参加后续教育和年检规定，组织会计人员参加《会计基础规范化》《中华人民共和国会计法》《企业会计制度》《内部会计控制制度》《小企业会计制度》等继续教育学习。1998年、2000年、2002年、2004年、2006年对会计人员进行两年一次的年检。

（三）会计培训

1984年，三区组织4期“商业会计”借贷记账法培训班，共203人参加培训。1986年，组织109名会计人员参加全市会计原理考试，合格97人；154人参加珠算考试，合格84人。1987年，举办为期3个月的“财务会计制度”培训班，共537人参加；举办110人参加“个体经济会计短训班”。1988—1990年，开元区会计公司组织各种财会培训，300多人参加。1991年，实施《财会人员考核办法》，组织60名会计专业技术人员进行考核。1995年，组织区属企业300多名会计参加会计证及会计证年检培训；组织13所学校的会计进行培训。1996年，举办会计证年检培训班，对248名持有会计证的财会人员进行所得税、增值税、会计两则、会计证等法规培训。1998年，开元函授部组建财会电算化培训基地，配备26台计算机，全年各项培训人数5000多人。2000年，组织4000多人参加新会计法培训。2001年，组织行政事业单位财务工作者近200名参加会计法规、内审存在问题、电算化等的培训。2002年，举办新会计法、电算化及会计初级职称培训，参加人数5000多人。2003—2007年，组织财会人员3.29万人次参加培训。其中，初级会计人员后续教育培训2.78万人次。

（四）会计职称评审

1986年2月，执行国务院《关于实行专业技术职称聘任制度的规定》，将职称评定改为专业技术工作岗位任职条件评审。1989年，三区成立区、街会计专业初级职务任职资格评审领导小组，先后对200多名会计人员进行会计职务资格评审和确认。1992年，财政部、人事部颁发《会计专业技术资格考试暂行规定》。1993年始，对会计专业中级、初级资格实行“以考代评”制度。1997年，执行《会计人员任职资格审核管理办法》，加强会计人员任职资格评审和管理。至2007年，全区取得会计专业技术高级职称7人，中级职称55人。

七、财政监督

1981年12月，三区执行《国务院关于开展企业财务大检查》《中共中央关于打击经济领域中严重犯罪活动的通知》，重点检查国有企业，加强财政监督。1987年，三区财政局联合税务、审计、物价等部门，以自查和重点检查相结合，查出偷漏税款8.2万元，转移截留利润和其他收入4.58万元，违反物价政策、变相加价32.99万元。

1988—1990年，三区分别制订《关于严格执行各项费用开支和各种补贴、津贴的通知》，对社会集团购买力采取控制措施。在实行企事业单位“会计轮查终审制”和物价日常监督制度财务大检查中，查出违纪金额256.62万元。

2003年10月后，先后制定《思明区人民政府关于做好三区整合有关财政财务衔接工作的通知》《思明区财政局关于三区整合期间财务管理若干问题的通知》《思明区财政局关于银行账户有关问题的请示》，对全区行政单位实行统一会计核算、统一工资发放、统一货币化补贴、统一领导话费补贴等；对事业单位实行收支两条线的管理，加强财政监管；对资金使用量大的教育、卫生、城建实行分级管理，设立核算专员；对区属国有企业委派财务总监，强化国有资产管理。

2005—2007年，出台《思明区政府采购管理办法》《思明区基本建设招标管理办法》《思明区基本建设审核管理办法》《思明区财政资金使用管理规定》《思明区行政事业单位固定资产管理办法》《思明区街道财政经费使用管理办法》《思明区行政事业单位财务报账管理办法》，加强财政监督。同时，对挪用公款为个人购买商业保险和党政领导干部拖欠公款等违反财政纪律行为进行清理。

第二节　税务管理

一、税务登记

1950年始，区境工商业户在开业、歇业、转业前30天内按规定向税务部门登记。1951年3月，规定屠商或肉贩一律要向税务局登记领取营业牌照，否则不得营业，至4月20日，思明区登记屠户营业牌照99户，肉贩营业执照77户。1953年，执行厦门市税务局《稽管工作规则》，工商户开业后，需携带工商管理机关许可证件到税务机关办理税务登记；对分设在异地的分支机构，报经当地工商局批准登记后，到本地办理总分机构税务登记。

1982年9月，贯彻税务总局《关于办理税务登记的通告》，重新办理税务登记手续，发给"税务登记证"。

1986年9月《税收征收管理条例》颁布后，税务登记证每年验证一次。次年7月，换发新税务登记证。1988年，进行税务登记普查，基层税务所与工商部门联合把好税务登记关。1993年8月，重新换发全国统一式样的税务登记证。

1994年，税务体制改革，国税和地税分设征管机构，按照其管征对象，分别进行税务登记。对小规模纳税人及个体工商户，分期分批换发全国统一的税务登记证副本。1995年，对增值税一般纳税人进行重审。对经年审继续认定的纳税人，及时在税务登记副本加盖年审验章；对经年审取消一般纳税人资格的纳税户，及时收回税务登记副本，重新核发。

2003年7月，执行国家税务总局和工商总局《关于工商登记信息和税务登记信息交换与共享问题的通知》，将工商、国税、地税、海关、技术监督、外汇管理等部门掌握的企业基础信息列为互换范围，通过信息交换平台实现跨部门共享。同年，执行《福建省地税局关于加强行政事业单位、社会团体和民办非企业单位地方税征缴管理工作的通知》，加强行政事业单位、社会团体和民办非企业单位的税务登记，对拒不办理税务登记的单位，依征管法给予相应处罚。

2004年8月2日，区国税局、地税局实施联合办证新办法，凡国税局、地税局共管的个体工商户，只要在国税局办税服务科或地税局办税服务中心的任何一个税务登记窗口，一次性提交所需资料，缴纳一次工本费，就能同时取得国、地税共用的税务登记证。这一举措，既加强国税局、地税局之间的联系，提高信息共享程度，又减轻纳税人负担。仅此一项，每年为全区纳税人减少办理税务登记证费用47万元。至2006年12月31日，区地税局组织国税、地税联合换发税务登记证工作，完成换证登记25134户，换证率87.98%。其中，已换证的单位纳税户18916户，换证率91.6%；个体纳税户6218户，换证率78.53%。2007年，区国税、地税部门共新办理税务登记证6292份。

二、征收管理

税费征收根据不同税种，采取自报查账、民主评议、定期定额、查定征收、委托征收、代扣代缴等方式征收。1953年，对国营、集体、私营企业实行查账征收，个体户按组互评，由纳税小组长备款缴纳入库。1957年对私改造基本完成后，取消民主评议征收方法。1958年，推行"三自纳税"；1960年3月停止试行。营业税和所得税采取自报自查账，民主评议，定期定额征收方法。1963年2月起，对个体工商业所得税实行14级超额累进税率征收。

1978年后，税务部门对个体户实行定额征收、超额照补、逐年调整、区别对待办法。对部分业户采取定额加发票的计税方法。对集体企业采取定率征收。对国营、大集体、"三资"企业等账证健全的单位采取按实征收。1988 年 7 月 1 日起，执行《福建省税收征收管理实施办法》，试行管理、征收、检查分离的征管制度。

1994 年税务体制改革后，建立新的“申报、代理、稽查”征管制度。国税和地税部门各自开展税征管理。1995 年 10 月，国税、地税联合申报大厅投入运转，方便纳税人申报纳税。

1999 年，税务部门征管系统上线，将征收、管理、稽查纳入计算机管理。利用计算机广域网络及电子化办税系统的科技管理优势，进行征收和加强重点税源管理。2000 年，执行《厦门市房产税征收管理办法》，全面加强税收信息化建设，进行纳税户税务税种登记、定额核实、发票管理等审核录入，全系统实现广域联网运行。2001 年 5 月起，税务部门执行《中华人民共和国税收征收管理法》，同年 7 月 1 日，金税工程全面开通，区国税局所辖增值税一般纳税人全部纳入防伪税控系统管理，实现对增值税一般纳税人纳税申报数据的监控，提高纳税申报率和申报真实性，促进国税收入增长和经济健康发展。

2003 年始，执行国家税务总局《关于加强货物运输业税收征收管理的通知》。2005 年起，推行个税全员全额管理。2006 年，执行《境外企业或个人提供劳务税收管理暂行办法》，加强税源、档案管理，完善非居民税收管理。2007 年，贯彻全民医保的政策，区地税局做好辖区全民医保申报、缴费工作，至 12 月底，有 8200 家参保单位完成申报，申报人数 12.3 万人，占应申报人数 96%。通过完善发票管理、开展纳税评估、夯实基础户籍管理、加强欠税管理、组织所得税汇算清缴、打击涉税违法行为等措施，加强税收征收管理。2007 年，思明区实现地税收入 260721 万元（区地税），比 2004 年增长 124.06%；国税收入 244969 万元。

三、税务稽查

1951 年 4 月，厦门市税务部门对中山路、开元路、大同路的 3692 户营业户进行纳税情况普查，查获违章 362 起，其中货物税 169 起、工商税 111 起、印花税 82 起，补罚税款 2.1 万元。翌年，纳税检查工作定为一旬一核，通过检查，帮助粮贸、肥料杂货、纱布 3 个主要行业的自报查账户健全统一会计制度。1954 年 11 月，税务部门对重点行业开展反偷漏税斗争，对一般行业进行纳税教育，发动工商联组织自查补报。

1981 年 5 月，执行国家税务总局《关于清理偷漏欠税通告》，三区税务部门开展纳税宣传和大检查。1988 年，结合纳税大检查，查处偷、漏、抗税案件。

1994 年，国税、地税分设后，分别成立税收稽查职能机构，开展税收稽查或专项检查，查补税款。1999 年，执行国家税务总局《关于在地税部门开展反避税工作的通知》，三区地税局和涉外主管部门确立“深入调查，个案突破，打好基础，逐步推进，力求精品”的工作思路，制定工作方案，深入开展反避税工作。2000 年，以点带面，先后对房地产、货代业、租赁业等实施反避税调查。按照“收缩战线，集中力量，打击少数，体现成效”的方针，对大案、要案的查处抓早、抓好、抓落实；注重与纳税评估等征管方式有机结合，组织开展税务稽查。

2006 年 1 月 1 日，思明区国税局稽查局成立。该局运用欠税管理系统，查询清理历史欠税数据，清理异常数据 3 万多条，冲账 3200 多份，完成认定欠税记录 36468 条。同时，采取税收保全、强制执行、阻止出境等措施，全年清欠入库税款 5427 万元。加强私房出租税收委托代征管理，纳入管征的私房出租户 22089 户，比上年增加 3250 户，征收入库私房出租税收 5404.17 万元，同比增收 498.26 万元。2006—2007 年，区国税局稽查局共检查各类案件 722 起，查补各类税收 4337 万元，滞纳金 93 万元，罚款 136 万元；向公安经侦部门移送立案 32 件，至 2007 年判结 12 件。

2007 年，区国税局开展对房地产等行业专项检查，并完成金税协查系统的升级；区地税局清理欠税 3525 万元，依法对厦门福联有限公司部分不动产以公开竞价的形式拍卖，将拍卖所得的 3150 万元用于抵缴 2001—2007 年公司所欠税费及滞纳金等 2815.25 万元，拍卖余款 330 万元用于解决 75 名职工被长期拖欠的工资和安置补偿款。

2004—2007 年思明区国税稽查统计表

表 21-4-1

年份	总查处案件（件）	查补总额（万元）	其中			
			税款（万元）	加收滞纳金(万元)	罚款（万元）	入库总额(万元)
2003	923	133	100	—	33	133
2004	917	176	109	43	24	176
2005	797	176	145	15	16	176
2006	381	2968	2858	21	89	2968
2007	341	1598	1479	72	47	1598

四、网上办税

1995 年 10 月，三区国税、地税部门联合申报大厅投入运转。同时，加速计算机在税收征管上的应用。2001 年 7 月 1 日，金税工程全面开通。2004 年，区地税局组织相关单位进行税收征管和行政管理模块培训，完成各项推广任务；建立“信息化服务小分队”，促进征管模块的推广使用。“信息化服务小分队”被市地税局提升为“信息化推广应用小分队”，并在全系统推广。思明区地税局信息化推广应用经验在全省地税信息化建设工作会议上作交流汇报。

2005 年，区国税局完成综合征管软件、增值税发票管理系统、出口退税审核系统“三大主体”应用数据整合。2006 年 5 月 1 日，实现 CTAIS2. 0 税收征管系统的上线；同年，国税“12366”纳税服务中心正式启用。同时，完善网上 12366 信息平台，实现网上咨询。

2007 年 4 月 1 日，纳税人报送财务会计报表软件在国税系统推广使用，纳税人可以利用网上电子数据的采集，向税务机关报送会计报表；至 12 月，地税网站新增 24 项功能，包括个税自行申报、全民医保、车船税申报、土地使用税清算补税、社保系统升级改造、网上审批公开等。是年，地税网站访问量 460 万次，累计访问量超 2600 万次；在国家税务总局对 68 个省级（含计划单列市）税务网站开展的评估中，位居第二。

五、个税全员全额管理

2005 年 4 月，地方税务系统开发的“个税管理信息系统”成功上线，对个人收入监测、准确掌握纳税人完整的收入信息取得突破性进展。执行《厦门市地方税务局关于做好个人所得税全员全额管理明细申报工作的通知》，实施委托邮政部门开具、邮递完税证明的工作方案。

2007 年，全区企业户全部纳入全员全额管理，入库个人所得税 35995 万元，比上年增长 25. 25% 。

第二十二卷　经济管理

清光绪二十年（1894 年），厦门港成为对外通商重要口岸，海关由外国殖民者控制，经济活动始从西方引入统计管理法。物价仍袭旧制，主要物资粮食通过平粜、平籴，积贮稻谷，调节供求，控制价格。清光绪二十八年，鼓浪屿被辟为公共租界，翌年设工部局管理工商业商务活动。民国时期，区境无专门经济管理机构。

中华人民共和国成立初期，根据中国人民解放军厦门市军事管制委员会颁布的法令，对区境经济活动实行严格的军事管制。1950 年，实施“公私兼顾、劳资两利、城乡互助、内外交流、发展生产、繁荣经济”政策。1953 年，对粮食、棉布等物资进行计划分配供应。1956 年，完成对农业、手工业、资本主义工商业的社会主义改造后，生产资料和生活资料的供应全面进入高度集中的计划经济时期。1958—1960 年，受“左”倾错误影响，经济倒退，物资匮乏。工商行政管理主要是打击投机倒把和“黑市”交易。三区实行国家高度集中的计划经济，所有生产资料和生活必需品都要凭票供应，人民生活进入困难时期。1962—1965 年，实行“调整、巩固、充实、提高”八字方针，经济开始有所好转。1966 年“文化大革命”开始，造成社会和经济管理混乱。1972 年，三区成立工商行政管理组，重点抓取缔和限制集市贸易。

1976 年 10 月粉碎江青反革命集团后，国家实行拨乱反正政策，经济建设和各项社会事业逐步恢复正常秩序。1980 年，三区开始编制国民经济五年计划。1982 年，三区成立工商行政管理局，执行“放宽政策、搞活经济”的政策，逐步引导民营经济发展。计划管理缩小指令性计划，扩大指导性计划和市场调节，引导区经济逐步向社会主义市场经济方向发展。此后，经济管理各种机构相继建立健全，强化经济领域的监察执法，加强物价管理、统计管理、质量监督、安全生产管理和审计监督等工作。

1984 年 7 月至 2007 年 12 月，共审计 761 个单位（项目），查处违规违纪金额 44839 万元，上缴财政金额 9188 万元；查处管理不规范金额 14090 万元，应调账处理金额 1357 万元。2003—2007 年，思明区政府连续 5 年在全市安全生产目标管理责任制考核中以优秀等级居榜首，被确定为福建省质量立区工作试点区。

2007 年，全区内资企业登记总数 22955 家，个体工商户 29748 户，私营企业 1.9 万家（注册资本 691548 万元，从业人员 10.3 万人）。有 213 家企业被评为厦门市“守合同，重信用”企业；有 6 家企业获得中国驰名商标称号，58 家企业获得福建省著名商标称号，78 家企业获得厦门市著名商标称号，120 家企业通过 ISO 9001 质量管理体系认证。

第一章　计划管理

第一节　管理机构

一、三区管理机构

鼓浪屿区　1986 年 5 月，成立区计划统计局。

开元区　1983 年 12 月，成立区计划统计科。1985 年 1 月，改为区计划统计局。

思明区　1959 年 9 月，成立区计划统计股，1963 年 9 月撤销。1984 年 7 月，成立区计划统计科；1985 年 3 月，改为区计划统计局。

二、三区整合后思明区管理机构

2003 年 10 月，成立思明区发展和改革局；三区计划统计局撤销，其计划管理职能归发展和改革局，统计职能由统计局承担。内设综合规划科、项目投资科。下设直属行政机构思明区物价检查所，行政编制 17 人。

2004 年 1 月 14 日，原开元区、思明区信息中心整合更名思明区重点工程建设前期办公室，为区发改局下属的全民事业单位。

第二节　计划体制

第一个五年计划（简称“一五”计划）时期，三区经济和文化建设纳入全市统一指令性计划，经过综合平衡后纳入全省统一计划，成为全国统一计划的一部分。

“二五”计划期间，计划体制变化较大。前 3 年在“大跃进”形势下，中央下放权限较多，后 2 年进行经济调整，把权限集中到中央。1961 年 1 月，中央提出调整管理体制的若干规定，强调集中统一，缩小市级管理权限。

1963 年，三区按照“统一计划，分级管理”原则，国家直接管理对国民经济具有关键性作用的计划指标。1964 年起，国家对地方经济管理权限放宽，扩大地方对物资、财政、投资等方面的机动权。

“三五”和“四五”计划时期，仍执行高度集中的指令性计划管理模式。受“文化大革命”冲击，执行时起伏变动较大。国家对农业、工业、基本建设投资、国家统配物资的分配及职工人数、工资总额等指标管理较为严格。区计划纳入市计划，市计划上报省计委，由省统一平衡，批准下达。

“文化大革命”结束后，区计划经济主管部门制定计划时，实行产品按行业归口统一管理的办法，改变过去工业主管部门只管直属工厂的做法，把工业产品按行业归口管理；归口的企业现行所有制、隶属关系不变。

1984 年，三区根据市政府“加强宏观调控、搞活微观”的要求，逐步进行计划体制改革。在计划管理体制上，缩小指令性计划，扩大指导性计划及市场调节。

1989 年，三区健全和完善计划、统计管理网络。按所有制隶属关系，按行业分类对各企业实行计划、统计的宏观控制。

1991年，各项经济指标计划下达后，三区计统局推行计划目标跟踪管理，及时掌握情况，控制全局。坚持“抓两头，带中间”（抓好骨干企业和特困企业，带动其他企业）的工作方法，帮助和督促企业落实各项经济指标的完成。1992年，下达各企业单位的经济计划为指导性计划。

1992年后，围绕中共十四大提出的目标要求，根据市计委提出的“管好大事情、研究大战略、提出大思路、制定大政策、组织大平衡、培育大市场、抓好大项目”转变计划职能的方针，对计划体制进行改革。

1993年，三区增加反映各区经济发展综合指标：国民生产总值、社会总产值、工业和商业经济效益等指标作为总体的宏观考核。下达计划改变以往直接下达到各企业的做法，而是下达到各系统、街道和大公司，发挥各主管部门、街道及大公司的积极性。下达的计划均为指导性计划。抓宏观经济规划，做好基建项目和重点建设项目的跟踪工作，搞好经济形势的分析，预测经济走向。

1994年起，三区贯彻《中共中央关于建立社会主义市场经济体制若干问题的决定》。1995—2003年，三区计统局根据国家、省、市制定的国民经济计划提出的任务和原则，结合区情，编制计划，报区政府并经区人大通过后分解下达，将年度计划，以指导性计划为主下达到各主管部门、街道。

2003年10月三区整合后，区发展和改革局贯彻执行国家、省、市关于国民经济和社会发展的方针、政策；研究提出全区国民经济和社会发展战略、中长期规划和年度发展计划，研究提出总量平衡、发展速度和结构调整等宏观调控目标及政策措施，衔接、平衡各主要行业的发展规划。

第三节　计划编制与执行

一、五年计划

（一）“六五”计划（1981—1985年）

开元区　“六五”期间，开元区工业总产值年均增长9.5%；到1985年达5040万元，比1980年3205万元增长57.3%。商业、饮食和服务业营业额1985年完成11904万元，比1980年374.14万元增长3.1倍。建安工作量1985年完成1095.82万元，比1980年347.28万元增长2.1倍，年平均递增25.8%；利润总额1985年448.13万元，比1980年229.6万元增长95.2%，年平均递增14.3%。

思明区　“六五”期间，思明区工业总产值年均增长15.7%；到1985年达4720.49万元，比1980年增长2.07倍。加强企业管理，各项经济指标有所增长。1985年全员劳动率为9100元/人，比1980年增长74%；产品销售税利678.6万元，增长114%；商业服务业迅猛发展，市场繁荣，1980年营业额仅45万元，1985年达5424.37万元，增长119倍。1985年建安工作量450万元；运输总值130.65万元。

（二）“七五”计划（1986—1990年）

开元区　“七五”期间，开元区主要经济指标逐年增长。1990年，全区工农业总产值12262.4万元（1980年不变价），比1985年增长1.43倍，年递增19.5%。其中，工业总产值11873.2万元，比1985年增长1.36倍，年递增18.7%；农业总产值389.2万元，年递增8.2%。商业、服务业营业额48086万元，比1985年增长3倍，年递增32.2%；建安工作量1806万元，比1985年增长76.4%，年递增12%；运输收入1149万元，比1985年增长2.7倍，年递增29.7%。1990年财政收入2916万元，比1985年增长近3倍，年递增36.9%。

思明区　“七五”期间，思明区主要经济指标实现情况：1990年全区工业总产值11258万元，比1985年增长1.39倍，年均增长18.99%；农业总产值190万元（1980年不变价），年均增长4.6%；商业、服务业营业总额30519万元，比1985年增长5.63倍，年均增长41.27%；建安工作量1530万元，比1985年增长2.33倍，年均增长27.23%；区财政收入1684万元，比1985年增长2.2倍，年均增长26.16%。

（三）“八五”计划（1991—1995年）

鼓浪屿区　1991—1995年，鼓浪屿区工业（不变价）总产值累计17847万元，完成“八五”计划109.7%，其中1995年4183万元，比上年增长21.3%。商贸业营业总额累计44130万元，完成“八五”计划的158%，其中1995年7112万元，比上年增长15%。旅游服务业收入累计8218万元，完成“八五”计划的199%，其中1995年2126万元，比上年增长10%。建安工作量累计4415万元，完成“八五”计划的230%，其中1995年1380万元，比上年下降13.8%。财政收入累计2864万元，完成“八五”计划126%，其中1995年1029万元，比上年增长227%。

开元区　“八五”时期开元区发展很快、成效显著，区街综合经济实力大为增强。1995年，国民生产总值10.42亿元，比1990年增长6.5倍，年均递增49.6%；财政收入1.62亿元，年均递增41.1%。5年引进外资2.115亿美元，开办外商投资企业202家，其中台资企业73家。1995年，农民年人均纯收入3689元，比1990增长2.18倍。

思明区　1995年，思明区工业总产值20000万元，比1990年增长77.65%，年均增长12.18%；工业产品出口值3500万元，比1990年增长249.3%，年均增长28.42%。出口创汇240万元美元，比1990年增长61.07%，年均增长10%。财政收入3200万元，比1990年增长90.02%，年均增长7.64%。国内生产总值50548万元，比1990年增长321.23%，年递增33.32%；工业总产值71813万元，比1990年增长449.78%；商贸服务业营业总额202368万元，比1990年增长563.08%，年递增45.99%；建安工作量14540万元，年递增55.11%；预算内财政收入11007万元，比1990年增长553.5%，年递增45.56%。

（四）“九五”计划（1996—2000年）

鼓浪屿区　“九五”期间，鼓浪屿区贯彻“以旅游为龙头、工贸为两翼”的发展战略，经济实力大大增强。2000年，国内生产总值1.44亿元，年均递增17.24%；工业总产值1亿元，平均年递增20%；旅游服务业营业收入7766万元，平均年递增29.56%；区本级财政收入2900万元，平均年递增23.03%。产业比例从1995年的0：33：67调整为2000年的0：24：76，全区产业结构进一步优化。

开元区　“九五”计划期间，开元区经济持续快速增长。2000年，国内生产总值32.1亿元，年均递增23.4%；财政收入5.44亿元，年均递增27.4%；三次产业结构为0.6：44.5：54.9；工业总产值39亿元，形成一批产值上千万元至上亿元的骨干企业。第三产业比重超过第二产业，成为区经济发展的龙头。经济外向度进一步提高，引进外资总投资额4.98亿美元，三资企业工业产值占全区规模以上工业总产值的80%左右。个体和私营经济迅速崛起，经济总量占全区比重三分之一。各种经济类型共同发展的新格局形成。

思明区　“九五”期间，思明区国民经济持续快速健康发展。2000年，国内生产总值12.2亿元，年平均增长19.29%；财政收入2.53亿元，年均增长18.13%，其中本级财政1.99亿元，年均增长23.96%；产业结构优化升级，三次产业比例由1995年的1.38：46.2：52.42调整为2000年的0.49：49.10：50.41。“九五”期间引进外资总额0.85亿美元，三资企业工业产值占全区的36.19%。个体私营经济总量占全区的70%，形成经济多元化格局。

（五）“十五”计划（2001—2005年）

鼓浪屿区　2001年1月，鼓浪屿区审议通过“十五”计划发展目标：（区属）国内生产总值年均增长10%，2005年达2.3亿元；旅游服务业年均增长20%，2005年达2亿元；工业总产值年均增长15%，2005年达2亿元；贸易营业额年均增长9%，2005年达3亿元；本级财政收入年均增长8%，2005年达4261万元。

开元区　2001年1月，开元区审议通过“十五”计划发展目标：国内生产总值年均递增15%，2005年达60.8亿元（可比价），三次产业结构由2000年0.6：44.5：54.9调整为2005年0.1：39.9：60；财政总收入年均增长10%，2005年达8.76亿元；引进外资总投资额五年累计达4亿美元。

思明区 2001年1月，思明区审议通过“十五”计划发展目标：区属国内生产总值年均增长15.05%，2005年达24.6亿元；三次产业结构比例调整为0.24：48.38：51.38；财政总收入年均增长15.38%，2005年达5.11亿元；引进外资总额五年累计达1.2亿美元。

2003年10月三区整合后，三区各自编制的“十五”计划纳入思明区统一执行。“十五”期末，思明区生产总值达261.9亿元（区监测数），财政总收入达45.05亿元。其中，2001—2003年，按照区属统计口径，生产总值和财政收入的年均增长率分别为20.1%和22.9%；2004—2005年，按照在地统计口径，此两项年均增长率分别为25.1%和20.1%。“十五”期间社会固定资产投资累计406亿元；实际利用外资累计达3.58亿美元。“十五”末年三次产业结构调整为0.05：29.1：70.85。

（六）“十一五”计划（2006—2010年）

2006年1月20日，思明区第十四届人大会第四次会议通过《思明区国民经济和社会发展第十一个五年总体规划纲要》。此前，为增加规划编制的民众参与度，区发改局运用政府网站平台，开通“我为思明规划建设出点子”网页，向社会直接征集“金点子”202条，并将部分优秀点子纳入“十一五”规划中。规划纲要配套编制“思明区产业布局图”和“思明区社会事业布局图”。该规划提出，到2010年，思明区要凸显海峡西岸重要中心城市的中心城区功能，具有城市集聚辐射功能和政府绩效建设领先优势。

规划执行结果：2006年，全区经济建设持续快速发展，经济实力跃居福建省各县（区）最前列和全国15个副省级城市中心城区上游位次。全年完成地区生产总值315.1亿元，比上年增长20.3%；财政总收入58.8亿元，同比增长30.5%。其中，区级收入14.1亿元，同比增长34.7%。全社会固定资产投资累计完成146亿元，同比增长16.2%；在经济快速发展过程中，思明区坚持“强化第三产业，优化第二产业”的产业发展原则。当年，三次产业结构调整为0.04：21.87：78.09。

2007年，思明区生产总值380.51亿元，完成全年计划100.7%，占全市1374亿元的27.7%。全年财政收入71.3亿元，占GDP的比重达18.7%，同比增长21.3%。其中，区级财政收入18.11亿元，同比增长22.1%。招商引资和项目投资稳步推进，全年共批准外资项目248个，合同外资3.92亿美元，完成年计划的105.97%；实际到资1.83亿美元，完成年计划的107.5%；内资项目总引资额108亿元。三次产业比例0：19.97：80.03；社会消费品零售总额首次突破200亿元；工业总产值首次突破200亿元。获2007年度“全国中小城市综合实力百强”称号。

二、专项规划

根据国家、省、市《关于加强国民经济和社会发展规划编制工作的若干意见》，结合区情，由区发改局牵头组织，从2004年3月31日起，至2006年7月，完成对14项专项规划的编制，并取得实施成果。

（一）产业发展规划

提出通过产业结构调整和产业规模扩展，形成特色明显、布局合理、辐射周边、富有竞争力的又快又好持续发展的产业体系。到2010年生产总值达650亿元，年均增长20%以上；工业产值达400亿元，年均增长21.3%以上；产业结构更加优化合理，三次产业比例为0：25：75。

之后，思明区相继出台相关政策，加大对高端服务业和企业上市的扶持力度，第三产业优势更加明显，2007年实现增加值304.5亿元；三次产业比例优化为0：19.97：80.03。商业营业总额达1364.3亿元，同比增长27.2%；房地产销售额达172.7亿元，比增30.8%；接待旅客数、旅游总收入分别占全市的72%、65%。高新技术产业不断发展，其中22家规模以上企业产值突破50亿元。光电产业继续壮大，实现产值24亿元。

（二）旅游发展规划

提出2010年达到旅游基础设施和城市功能完善，旅游业的品牌化、信息化、集约化经营基本完善，保持国内领先水平。增建10家高星级酒店，其中五星级5家，四星级5家。创建品牌旅游景区（点）3

个；完成10个旅游重点项目的建设；实现年游客接待总量1878万人次，年旅游总收入250亿元。

思明区2007年接待国内外游客1467.5万人次，旅游收入188.62亿元。星级饭店50家，其中五星级2家、四星级15家、三星级18家。全区87家旅行社，占全市的91.6%。鼓浪屿为福建省两家国家AAAAA级景区之一，万石山为国家AAAA级景区。

（三）商贸业发展规划

提出从业态形式、业态布局、业态功能三大方面推进思明区商贸业的战略性调整，使商贸业成为思明区国民经济和社会发展的先导产业。发展目标：社会消费品零售总额年均增长15%，2010年达350亿元；商贸营业额保持21%的增长率，2010年达2300亿元。

"十一五"以来，思明区一方面实施"高端"战略，大力提升商贸业的规模、层级和竞争力，另一方面打好"特色"牌，保持商贸业发展的新鲜与活力，有力地推动商贸业良好发展。2007年，完成社会消费品零售总额214.7亿元，比上年增16.3%；完成商贸业营业额1364.3亿元，同比增长27.2%。

（四）现代服务业发展规划

提出大力发展现代服务业，形成由信息咨询、中介服务、会展业、房地产业、软件业、金融保险业等组成的较完善的现代服务业体系；吸引更多的国际国内具领先优势的服务业跨国公司、采购中心，以及商务中心、旅游中心等综合性服务组织进入，提升行业服务水平。

2007年，思明区金融服务业完成营业额96.5亿元，比上年增12.8%，实现增加值36.67亿元，拉动经济增长1.32个百分点。其他担保、风险投资、基金管理等非银行类金融机构也有所发展。厦门软件园通过入园资格审批的软件企业196家，已入驻企业64家，企业员工6116人。全区年销售收入超过百万元的软件企业有22家；年销售收入超过千万元的软件企业有5家。

（五）科技事业发展规划

提出充分发挥科教区位优势，全面提升综合科技实力和技术创新能力，争取五年内把思明区建成福建省依靠科技进步推动经济和社会全面发展的强区。到2010年，全区财政科技拨款占当年本级财政支出2.1%，全区高技术产业增加值占工业增加值达58%。

思明区科技投入逐年增加。2007年，财政科技拨款4639.33万元。其中，科技三项费用4347万元，占当年本级财政决算支出2.01%，年增长24.59%。高技术产业增加值232630万元，占工业增加值46.81%。有94家经市级认定的高新技术企业，工业园区建设稳步推进。

（六）教育事业发展规划

提出以创建全国先进教育工作区和福建省首批教育强区为总目标，按照"理念先进，管理科学，布局合理，设施完备，德育为先，质量为本，多元发展"的要求，建立与社会主义市场经济体制和教育内在规律相适应，各级各类教育协调发展、充满活力的教育体系。

思明区把发展教育做到优先统筹规划、优先确保投入。开通思明区教育城域网，积极推进素质教育，扎实开展"师德建设年"等主题教育，重视学前教育和终身教育，教育质量整体水平稳步提升。2007年，区财政对教育投入6.3亿元，比上年增长26.22%；被评为福建省首批教育先进区。

（七）文体事业发展规划

提出以基层社区为重点，以社区文化体育建设为基础，抓阵地、抓设施、抓队伍、抓活动、抓发展、抓管理，与时俱进，深化改革，使全区文化体育事业在"十一五"期间整体推进。努力实现创建全国、省级文化先进区和争创全国体育先进区的目标。

思明区加大文体活动投入，连续组织"中华民族儿童歌舞周暨海峡两岸青少年艺术节"、全国沙滩排球锦标赛、国际风筝节、第四届鼓浪屿钢琴节等全国性赛事和活动。成功申报3个市级和2个省级非物质文化遗产项目。2007年，思明区被确认为第三批省级文化先进区。

（八）卫生事业发展规划

提出坚持"预防为主"的卫生工作方针，以提高人民群众健康水平为目的，做好疾病预防控制、医疗救治、卫生监督执法、社区卫生服务等各项工作，推进行业精神文明建设，力争在提高卫生服务水平、疾病预防能力和辖区群众的医疗卫生可及性等方面有新的突破。

思明区不断完善公共卫生体系建设，基本形成覆盖全区的疾病预防控制体系，建立以传染病个案报告为基础的疫情网络直报系统，2007 年传染病报告率达 96.88%。妇幼保健工作稳步发展，婴儿死亡率 3.92‰，孕产妇死亡率 18.68/10 万，均维持在较低水平。全面免除就诊挂号费，药品加成率比规定降低 5%。

（九）社区建设发展规划

提出紧抓社区自治的实现形式及运行机制和社区建设持续发展，以管理智能化、队伍专业化、服务系列化、建设特色化、指导科学化为目标，向高标准的社区建设示范区迈进。

思明区不断改善社区基础设施，至 2007 年基本实现全区每个社区办公活动场所达 500 平方米；提高社区工作人员待遇，加强绩效考核与管理培训。制定《思明区和谐社区建设标准》，青少年维权服务岗、新市民文化沙龙、爱心妈妈帮教组、手拉手爱心网校、民意倾谈室、绿色家庭环保、情满空巢为老人服务 7 个特色项目入选 2007 年全市社区建设“十佳创意”。

（十）人口和计生工作发展规划

提出推进人口与计划生育和谐发展，提高人口与计划生育科学决策、社会管理、公共服务水平，促进人口与经济社会资源环境协调发展和可持续发展。

思明区连年保持全国计划生育优质服务先进单位水平。在全市率先启动独生子女死亡伤残扶助制度和对落实长效节育措施育龄妇女的奖励制度，拓展“幸福工程”项目。开展流动人口“生育关怀”活动，实现流动人口计划生育市民化服务，被评为“全国流动人口计划生育信息建设先进单位”。2007 年，出生人口政策符合率 97.5%；常住人口自然增长率 6.3‰。

（十一）环境保护规划

提出以提升城市品位和人民生活环境质量为主线，全面推行 ISO 14001 环境管理体系，全面提升污染防治水平，环境质量持续改善，突出人居环境优势。

思明区 ISO 14001 环境体系运行顺利，节能减排工作稳定推进。2007 年，全区环境保护投资指数 2.18%，环境保护投入与经济增长基本同步。城市污水接纳率 85%；生活污水处理率 92.4%。每年新增各类园林绿地面积 20 公顷以上，建成区绿化覆盖率 42.1%。

（十二）劳动和社会保障事业发展规划

遵循“积极探索、稳步推进”原则，以促进社会就业为中心，以完善社保体系为目标，确保全区劳动和社会保障事业在“十一五”期间得到稳妥发展。

思明区在全区 10 个街道办和 95 个社区居委会分别建立“劳动保障事务所”和“劳动保障工作站”，基本形成区、街道、社区三级劳动保障服务网络，构建社区调解、网络监察、阳光仲裁三级劳动维权网络。2007 年，城镇下岗失业人员实现再就业 16522 人（其中“4050”人员 5823 人）。转移“村改居”社区富余劳动力 647 人，实现“零就业家庭”动态归零。各险种参保人数均居全市第一，基本实现应保尽保。发放低保金 1638 万元。完成首批社会保障性住房审核报批，有 275 户入住。

（十三）精神文明建设规划

提出促进“三个文明”建设协调发展，逐步把思明区建成具有经济规模、社会和谐、高新技术产业发展、城区服务集聚功能、公共管理体制建设 5 个领先优势的现代中心城区。

2006 年 12 月，思明区以全省最高分的成绩被省委、省政府授予“全省文明城区”称号。全区有国家级文明单位 3 个、省市级文明单位 55 个、市级文明学校 23 所、五好文明家庭 5.4 万户。

（十四）人才发展规划

提出到 2010 年，高效开发现有人才资源，逐步实施高素质化人才开发战略，努力把思明区建设成“环境优美、机制灵活、素质一流、产出高效”的人才集聚区，实现人才强区。

“十一五”规划以来，思明区按照人才工作专项规划确定的目标和措施，加强人才政策体系研究，全面实施人才素质提升的四大工程，创新人才引进和培养方法。人才工作取得新进展，队伍不断壮大，素质明显提高，结构逐步优化，各类人才在经济社会发展中作用日益凸显。

第四节 项目管理

一、三区项目管理

（一）鼓浪屿区

1994—2001 年，鼓浪屿区建立项目立项报批程序，对立项的项目进行全方位追踪，强化项目资金管理和开工后的协调、服务、管理工作。2002 年，对项目的招标、投标加强监督，完成环鼓路软基段工程、龙头路环境整治工程和街心公园等改造项目的监督。

（二）开元区

1988 年，开元区房地产业起步，成立开元房地产开发公司。1989 年，开元区制定基建项目管理规定。对新建项目严格审批制度，保护涉外项目，支持符合产业政策的技改项目和支农项目，控制非生产性项目，严禁计划外贷款搞基本建设。1990 年，区计统局贯彻中央“治理、整顿”精神，加强对基建项目的管理，帮助解决困难，控制计划外基建项目的产生。1991 年，区计统局协助何厝海堤等基建项目的前期工作；上报市计委项目 21 项，区计统局直接批准立项 5 项。

1992 年，区计统局负责申报基建项目 42 项。

1995 年，进行全区在建、新建基建项目的摸底分类，清理 1993 年 4 月市计委下放基建项目审批权后审批的基建项目办理情况和土地利用情况的调查，加强基建项目审批管理。

1996—1997 年，对“九五”计划确定的 17 项重点项目进展情况进行分类，建立跟踪网络和定期召开联系人会议制度。1997 年，区政府出台《开元区建设工程项目管理办法》，并开展基建项目执法大检查，促进基建工作健康有序发展。

2000 年，按照审批权限，组织符合条件的建设项目向上级计划部门申报审批；指导、协调和监督行政区域内的招、投标工作，依法查处招、投标中的违法行为。2002 年，出台《开元区重点建设项目管理试行办法》，按照基建项目立项的要求，把好立项关，并定期了解项目进度，跟踪服务。

（三）思明区

1993 年始，思明区房地产业大规模发展。市委、市政府把思明区作为全市旧城改造示范区，赋予参与旧城改造的拆迁安置审批和实施等特权，并把厦港和同文顶两个片区 1.2 平方公里作为旧城改造示范点。

1994 年起，思明区按照市政府下放权限的规定和市计委的要求审批固定资产投资项目，对项目的设置、规模和资金的投放实行有效管理。1994 年，审批项目 50 项（含报市计委审批项目）。1997 年，报批项目 10 项。1999 年，审批区属固定资产投资项目 7 项。2000 年，审批固定资产投资项目 21 项。2001 年，审批项目 17 项。2002 年，转报、审批项目 39 项。

二、三区整合后思明区项目管理

（一）项目引进

区发改局组织中国海峡项目成果交易会的参会参展工作。2004—2005 年，申报项目 97 项。其中，对接项目 70 项、技术需求项目 27 项。签约项目 7 项，总投资额 3.77 亿元。申报和参展的项目及总投资额均列全市各区之首。2006 年“6·18”海交会期间共申报项目 107 项。其中，对接项目 85 项、技术需求项目 22 项，总投资 13.18 亿元。有 9 项在会上签约，被市政府评为第四届“6·18”海交会工作先进单位。2007 年，继续抓好“6·18”海交会工作，全区共有 138 人参会，征集项目 127 项，投资 9.2 亿元。有 4 个技术对接项目签约，4 家高新技术企业举办优秀成果图片展，9 家企业及科研机构的产品列柜展示。围绕项目促进招商引资，发挥“台交会”（海峡两岸机械电子商品交易会暨厦门对台出口商品交易会）、“6·18”海交会和“9·8”投洽会等平台的作用，引进广宏光电、特步、众和、天福等一批具有带动力的企业。2007年，合同利用外资和实际利用外资均超额完成市、区确定的任务。

（二）项目策划

2003年后，区发改局承担向国家开发银行申请中长期贷款的前期项目研究工作，从储备库中筛选出符合条件的拟贷项目，组织项目责任单位报送项目建议书及立项申请报告。开展首批“高新技术研发与产业基地公共基础设施及配套项目”“环岛路旅游区公共基础设施配套项目”的策划及可行性研究工作，并组织召开可行性研究专家论证会。区发改局开展浦南“城中村”片区开发、环岛路观音山商务营运中心区储备用地等项目前期策划。其间，与梧村街道联合举办思明区浦南片区改造策划咨询研讨会；会同厦港街道组织、策划、召开“思明区创意产业发展论坛”；参加“营平小区”“东坪山开发”“航空城”等项目论证会等。2006年，编制厦门软件园二期、观音山片区社会事业配套方案和布局图。2007年，开展滨海、莲前、筼筜街道“农村城市化和发展用地控制规划”修编工作。

（三）项目审批

2003—2007年，区发改局共办理基建项目立项审批171项，核准9项，备案59项，涉及金额282.76亿元；受理财政投融资项目概（估）算审核29项，送审投资额7.12亿元，审定投资5.8亿元，核减1.32亿元，核减率18.54%。制定《关于办理企业投资项目核准和备案事项的意见》，规范项目审批，推进投资体制改革。2007年，思明区规范财政投融资项目概估算审核，建立区概估算审核专家库，推行定额管理，制定建设等级标准，加强财政投融资项目的投资管理。

（四）项目储备

2004年，区发改局在全市各区中率先建立建设项目库，构建项目储备库。开发“思明区建设项目储备库信息系统”，实现“数据网上直报，进度图形描述，填报公示监督”。至2006年，思明区共有储备项目340项，项目总投资1449.5亿元，出库项目166项，促成120项落地投建。投建项目总体呈现空间载体潜力大、科技项目比重高、以房地产项目为主的第三产业占主导等特点。2007年，按照“打造精品项目库”工作要求，制定《关于进一步完善思明区项目库建设的意见》，对建设项目储备库进行升级。

（五）项目带动

2003年冬，思明区成立重点项目协调机构，指导统筹全区项目带动战略的实施。实行重点项目建设责任制。43项重点项目进展顺利。按照公开出让、地价返还、自求平衡、税收属地的市场化运作机制，莲坂旧城改造顺利进行，成为厦门旧城改造的典范。莲坂旧城改造二期工程和政府旧办公楼通过拆除招标，获益220万元，开创厦门市房屋拆除“负报价”的先例。

2005年，思明区继续实施项目带动战略，房地产投资平稳增长成为全区投资持续增长的主要带动因素。安美光电等3项市级重点项目稳步推进，26项区级重点项目进展顺利。

2006年，思明区项目带动战略成效突出。同安工业集中区思明园、观音山国际商务营运中心区等集中区建设快速推进，福厦铁路（思明段）、成功大道（思明段）、中华城等项目较好地完成征地拆迁，重点项目建设取得新的进展。

2007年，思明区49项重点项目完成投资48.4亿元，完成年度投资计划99.7%。着力破解征地拆迁难题，全年完成征地162万平方米，拆迁687户，拆迁面积41.4万平方米。观音山海滨旅游休闲区、西堤海湾公园等旅游景区建成并投入使用。与此同时，曾厝垵片区改造启动，环东海域思明工业园建设顺利，观音山国际商务营运中心、同安工业集中区思明园等集中区建设积极推进，配套不断完善。磐基酒店、中华城、百脑汇科技大厦等重点项目进展顺利。思明区配合推进辖区内福厦铁路、成功大道、环岛干道、环湖里大道、湖边水库整治工程、BRT等省、市级重点工程建设。

第二章　统计管理

第一节　管理机构

一、三区管理机构

鼓浪屿区统计局　1983 年，成立区计划统计科；1985 年，改为区计划统计局，编制 4 人。1993 年，下设区信息中心，编制 3 人，为股级全民所有制事业单位。

开元区统计局　1983 年，成立区计划统计科；1985 年，改为区计划统计局。1993 年，下设区信息中心。1997 年，区计划统计局内设计划科、统计科，编制 7 人。

思明区统计局　1983 年，成立区计划统计科；1985 年，改为区计划统计局。1993 年，下设区信息中心。1997 年 9 月，区计划统计局内设统计科、计划科，行政编制 6 人，事业编制 2 人。

二、三区整合后思明区管理机构

2003 年 10 月，整合为思明区统计局，内设统计执法科和统计监测科，编制 6 人；下设区统计普查中心，编制 15 人。2006 年，区统计普查中心加挂思明区统计执法队牌子（二个机构一套班子）。2007 年，区统计普查中心更名区统计综合调查队。

第二节　统计体制

一、综合核算

1985 年，三区计划统计局均以“生产法”为核算方法，以区属企业为统计对象，建立国内生产总值统计报表制度。

1987 年，三区计划统计局首次进行净要素收入的试算工作，使国内生产总值统计顺利过渡到国民生产总值统计。1989 年，三区始用“支出法”计算国内生产总值，并完善“计算表”中的指标设置。

2004 年，全国第一次经济普查后，思明区获得各行业翔实的第一手数据。

2005 年，在地统计开始试行，思明区完善核算方法，完整统计对象，依据各专业的数据对工业、商业、建筑业、房地产业等行业的增加值进行核算。

二、农业统计

1976 年，三区工业科（经贸局前身）统计农业总产值和渔业捕捞总值。

1983 年，三区开始执行国家报表制度，对耕地面积、农作物面积、产量和水果种植、面积、产量等进行统计。

1994 年，三区农业统计报表体系有农业生产统计、农村经济综合统计、县（市）农村社会经济卡片 3 部分。

2004 年，随着城市化进程的不断发展，农业基本退出思明区的生产领域，随之停止日常报表统计。

三、工业统计

1966 年，三区的生产指挥组开始统计区工业总产值。

1975 年，三区工业科负责区属工业统计工作，按轻工业和重工业统计产值，并开始统计主要产品产量。

1992 年，三区执行国家新的工业统计定期报表制度，建立一套包括产品销售、利润、税金、固定资产、职工人数、工资总额、总产值、净产值等 28 项经济指标的月报制度，并将工业产品销售率、资金利税率、成本利润率、全员劳动生产率、流动资金周转次及净产值率 6 项，按全国统一规定的标准值加权平均计算综合经济效益指标，按月统计。新增主要工业产品销售、库存实物量季报。

1993 年，三区的工业统计年报和 1994 年工业定期统计报表开始实施新的国家统计报表制度，实行“七加一”（7 个专业统计年报加固定资产投资年报）一套表。

1994 年，三区开始使用《SARP》通用统计报表处理软件，在微机上完成统计报表的数据录入、编辑、汇总、制表等项工作。

1998 年，三区将独立核算工业企业统计制度划分为规模以上工业企业定期报表制度和规模以下工业企业抽样调查制度两个部分。

2002 年，三区开始使用统计报表处理软件，在微机上完成统计报表的数据录入、编辑、汇总、制表等工作。

2004 年 5 月，实施所在地统计原则，51 家市属工业企业统计权限划归思明区。

2005 年 7 月，思明区规模以上工业企业在全市率先使用统计数据网上直报系统。至 2007 年，由企业自行在网上无纸化上报统计数据，大大提高工业统计工作效率。

四、商贸业统计

1976 年，三区工业科开始统计区属商业经营产值。

1985 年，三区计划统计局开始执行国家报表制度，对商业、服务业进行统计，同期开始对外来料加工统计。

1986 年，三区计划统计局建立商业、服务业（旅馆业）、饮食业横向经济联合组织主要指标统计报表。

1990 年，三区的涉外经济统计在“三来一补”工缴费收入统计基础上，增加“出口创汇”和中外合资合作企业基本情况。

1993—1994 年，新的国家统计报表制度建立，实行统一规范化的基层一套表。

1999 年，三区执行福建省对外经济统计报表制度，包括年报表 1 种，定期报表 6 种。

2004 年实施“在地统计”后，思明区商贸企业 414 家，餐饮企业 71 家。全区执行国家批发零售业、住宿和餐饮业统计报表制度，基层统计报表包括年报表 11 种，定期报表 7 种。

2007 年，国家将成品油纳入商贸业统计，在全国范围推行成品油批发和零售统计报表制度，其中基层报表包括年报表 2 种，定期报表 2 种。

五、固定资产投资与建筑业统计

1976 年，三区工业科开始统计区属建安工程产值。

1985 年，三区计划统计局开始执行建筑业统计报表制度。统计范围：县区及以上集体所有制建筑安装企业生产情况、企业职工分类和技术装备情况。

1986 年，三区计划统计局开始执行固定资产投资统计报表制度，按行业统计各区固定资产投资完成情况。

1987 年，三区计划统计局执行全国统一报表微机汇总程序。

1994 年，增加国有建筑业生产情况季报、主要财务指标季报等，建筑业统计更为完善。

2003 年 10 月后，思明区固定资产投资领域统计报表：建筑业——月报 C202 生产情况表、C202 续表省外驻厦、C204 建筑房屋完成情况表、季报 C203 建筑财务状况指标表等；房地产——X202 房地产开发投资完成情况表；城镇固定资产投资：H201 固定资产投资统计基层标准表。除外，建筑业、房地产和城镇固定资产投资等专业都有专门的年报，形成月报、季报和年报相互结合、相互补充的科学统计报表体系。

2005 年，思明区境房地产企业和省内建筑业企业月报和季报实行网上直报。2007 年，思明区有 22 家企业纳入国家统计局 5000 家企业联网直报系统。

六、劳动工资统计

1985 年以前，三区劳动工资由各区劳动部门负责统计。

1985 年，三区劳动工资年报 13 种，其中全民所有制单位报表 8 种（张）、合营单位表 2 种（张）、城镇集体单位表 4 种（张）。后，增加待业人员安置情况表，共 14 张。

1999 年，三区劳动统计报表分为年报和季报，主要指标有职工人数与工资、职工增减变动、职工分类、工资总额构成等。

2003 年 10 月三区整合，机关、企事业单位统一向思明区统计局上报劳动工资报表，上报单位 526 家。

2004 年，思明区劳动工资报表单位增到 2251 家。国家统计局在劳动情况季报中做较大变动，其中离开本单位仍保留劳动关系的职工季末人数、单位从业人员平均人数及其在岗职工人数等指标统计口径有调整。此外，增加单位从业人员变动情况和上季末单位从业人员人数等指标。

2005 年，劳动报表新增单位从业人员参保情况系列指标，包括参加基本养老保险职工人数、交纳基本养老保险费、参加医疗保险职工人数等 10 项指标。

2006 年，劳动情况年报增加使用农村劳动力年平均人数这一指标。

七、社会统计

1985 年，三区陆续开展社会统计工作。社会统计范围：人口、文化、教育、体育、卫生和民政等领域。各区的社会统计主要依靠计划生育局、文化局、教育局、卫生局和民政局等部门完成。

2000 年，三区对规模以上工业和高新技术企业进行科技统计调查。其统计内容：科技活动人员、科技活动经费筹集、科技活动经费支出、研究与试验发展（R&D）、科技成果、科技项目（课题）、科技活动机构、高新技术企业产品等情况。至 2007 年，思明区有 219 家规模以上工业企业纳入科技统计调查。

2002 年，贯彻国务院《鼓励软件产业和集成电路产业发展的若干政策》，软件及相关产业综合统计制度从科技统计年报制度中独立出来。思明区对软件开发的相关单位实施《软件开发单位科技活动情况》的年度调查。至 2007 年，思明区有 141 家企业纳入软件开发单位科技统计调查。

2004 年 12 月，区统计局负责组织区教育、卫生、文化（含市政园林）、体育等部门开展主要社会产业调查工作，以季报方式报送市统计局。至 2007 年，区属基层单位填报 4 种报表，即《教育事业发展情况调查表》《卫生事业发展情况调查表》《文化（新闻出版）事业发展情况调查表》和《体育事业发展情况调查表》。

至 2007 年底，思明区文化服务业单位 357 家，体育服务业单位 58 家，教育服务业单位 299 家，卫生服务业单位 371 家。

第三节　统计调查

一、普查

（一）工业普查

中华人民共和国成立至2007年，区境开展过3次工业普查。其中，第一次（1950年）工业普查由市统计局负责。第二次（1985年12月）工业普查由各区计划统计局负责。三区工业普查办公室组织实施第二次全国工业普查。区属工业企业普查表8种，包括企业基本情况、生产、销售、库存、工业设备、能源消费、生产能力、财务成本。开元区工业普查办公室被评为“全国第二次工业普查先进单位”，2位基层普查员被评为“全国第二次工业普查先进个人”。根据普查结果，开元区工业普查办公室编印《厦门市开元区第二次全国工业普查资料》。

1995年，三区开展全国第三次工业普查。鼓浪屿区成立区工业普查领导小组和普查办公室，于1996年底完成普查任务。开元区对600家工业企业基本情况进行调查，清查项目包括所有制结构、行业分布、资产情况、产品生产能力、设备及人员工资等。思明区工业普查统计，区境工业企业462家（其中街道办及区级以上工业113家，年销售收入100万元以上企业51家），工业总产值45064万元，工业增加值3934万元，年末从业人员7406人。思明区被评为“福建省工业普查先进集体”。

（二）人口普查

1953年、1964年、1982年、1990年和2000年开展5次人口普查。从第三次人口普查开始，由各区承担辖区内人口普查任务。

1982年，三区开展第三次人口普查。普查项目包括姓名、性别、年龄、住址等19项。普查结果显示：鼓浪屿区总户数6351户，总人口24769人；开元区31065户，132579人；思明区25113户，110074人。

1990年，三区开展第四次人口普查。普查项目比上次增加户口性质、迁移状况及原因，共21项。普查结果显示：鼓浪屿区总人口22834人，开元区223460人，思明区120155人。

2000年，三区开展第五次人口普查。普查项目包括姓名、与户主关系、性别、年龄、民族、户口登记地状况等26项。普查结果显示：鼓浪屿区总人口19641人，开元区527053人，思明区136576人。

（三）基本单位普查

1996年，三区开展第一次全国基本单位普查。普查结果显示：鼓浪屿区有法人单位231家，产业活动单位8家；开元区有法人单位5282家，产业活动单位595家（包括三资企业和乡镇企业）；思明区有法人单位1471家，产业活动单位110家（包括三资企业和乡镇企业）。初步建立企业（单位）名录库。思明区被评为“国家级基本单位普查先进集体”。

2001年，三区开展第二次全国基本单位普查。普查结果显示：鼓浪屿区有法人单位226家，产业活动单位287家；开元区有法人单位8971家，产业活动单位10705家；思明区有法人单位1687家，产业活动单位2136家。开元区被评为国家级基本单位普查先进集体，被评为国家级先进集体1个、省级先进集体5个；国家级先进个人6人、省级先进个人14人。

2005年，完成全国第一次经济普查后的新增基本单位普查。思明区建立基本单位名录数据库，全区有14759个单位，其中法人单位11467家，产业单位3292家。每年两次的新增基本单位普查，均采用网络版的数据处理。

2006年，在经济普查数据库的基础上，思明区每隔半年进行一次新增基本单位统计。

2007年，全区基本单位数20336家，其中法人单位16216家，产业单位4120家。

（四）农业普查

1997年，开元区和思明区开展第一次全国农业普查。成立农业普查领导小组，下设办公室，制定普查实施方案，招聘、培训普查员。普查结果显示：开元区有农业生产经营单位1655家，从业人员4759人；农业用地5542亩，其中耕地面积3427亩。思明区有农业生产经营单位975家，从业人员2484人；农业用地3397亩，其中耕地面积1536亩。

2006年，思明区统计执法队、统计站授牌暨农业普查责任状签定仪式

2006年，思明区开展第二次全国农业普查。成立区农业普查领导小组，选聘普查员100名。区政府与开展农业普查的滨海、莲前、厦港街道签订责任状。普查结果显示，全区农业生产经营户1399户。是年，思明区被评为福建省全国第二次农业普查先进集体；1人被评为全国农业普查先进个人、1人被评为省级农业普查先进个人。

（五）经济普查

2004年，思明区成立第一次全国经济普查领导小组，组建一支由530人组成的普查指导员、普查员队伍。印发《经济普查方案》，开展普查。普查结果：全区有法人单位11516家，产业活动单位4815家，个体经营户25242家。其中，有资质的建筑业企业241家、房地产开发企业449家、规模以上工业企业357家，限额以上商贸业企业1296家，限额以上餐饮业企业250家。思明区获全国经济普查先进单位称号，5人获全国经济普查先进个人称号，一批普查单位和普查人员获省、市经济普查先进集体和先进个人称号。

2004年，厦门市领导人检查思明区经济普查工作

二、抽样调查

（一）人口抽样调查

1987年，区境开展1%人口抽样调查。1993年起，人口抽样调查纳入各区每年的日常工作。主要调查项目：姓名、性别、年龄、文化程度、初婚年月、妇女生育及存活子女、出生、死亡等12项。

2003 年 10 月后，每年人口抽样调查报表制度改为每半年报 1 次。

2005 年，省统计局决定扩大人口变动情况抽样调查的样本范围。思明区被抽中 10 个街道、42 个社区居委会、42 个调查小区作为调查的样本单位，调查人数为 1.05 万人。

2006 年 8 月，进行人口抽样调查前期准备，按照新的调查小区规模建立抽样框，人口抽样调查小区规模缩小，由每小区 100 户、常住人口 250 人改为每小区 30 户、常住人口 100 人。当年，思明区被抽中 8 个街道，22 个社区居委会，调查人数 4400 人。调查项目减少住房情况、兄弟姐妹情况、身体健康状况、收入状况等，其余与 2005 年一致。增加外出人口和暂住人口的调查（填入常住人口表后的续表）。是年，思明区获“福建省全国 1% 人口抽样调查先进单位”称号。

（二）部分服务业抽样调查

2005 年前，部分服务业抽样调查由市调查队承担。2005 年 6 月起，根据“在地统计”原则，部分服务业抽样调查在区范围内试行。

2006 年 6 月，根据国家部分服务业调查制度规定，部分服务业调查为半年报。思明区开展服务业个体户入户调查，被抽中 3 个社区、80 多家个体户。报表指标有从业人员平均人数、营业面积、固定资产原价、资产总计、营业支出和营业额 6 项。12 月，随着样本量的增加，市调查队将部分服务业调查年报的单位按属地原则下放给区统计局。此次年报涉及 185 家企业、77 家个体工商户。

2007 年 2 月，部分服务业报表报送时间调整为半年报。同年 6 月，省统计局在原有样本基础上，调换已撤销的企业样本，新增 16 家企业样本。思明区上半年的半年报抽中样本企业 195 家、个体户 77 家。报表内容与上年一致。

第四节　统计服务

一、统计人员培训

1988 年，三区先后成立统计专业初级职务评审委员会。

1991 年，开元区对统计岗位人员进行培训。1995 年，鼓浪屿区开展统计人员上岗资格考核工作。1996 年底，思明区首次举办统计人员培训班；46 名统计员取得上岗证。评定统计专业技术职称，14 人获中、初级技术职称。

2005 年，依国务院《统计从业资格认定办法》，区统计局有办理统计从业资格证初审权。对取得统计从业资格的人员，核发统计从业资格证。此前的统计证统一更换为统计从业资格证。

2003—2007 年，思明区参加统计上岗培训 1591 人次；继续教育培训 1893 人次。

二、统计分析服务

1980 年起，三区编写简单的统计分析（含少量专题分析）。1985 年后，三区统计分析报告数量逐年增加，内容丰富翔实。

2002 年，开元区印制《开元区经济社会发展“十五”计划汇编》，刊载多篇“十五”发展前景的调研文章。

2003—2004 年，定期编辑出版《思明区统计监测与动态》，刊载《上半年我区经济保持快速增长》《四大支柱行业带动我区经济发展》和《非典对我区工商企业的影响分析与工作建议》等调研文章。统计专题报告《思明区与若干县区的比较初探》在市级刊物发表。

2005 年，根据第一次全国经济普查成果，组织撰写《思明区经济比较优势研究》《现代服务业必须成为中心城区经济发展的新引擎》《思明区工业园区发展状况研究》《思明区地区分布与区域经济分析》等 20 多篇论文。由思明区经济普查课题组撰写的《厦门市思明区综合经济实力比较分析》获全省经济普查论文评比第一名。

2006年，组织课题组开展区域经济学和竞争力理论研究，以城区竞争力为主线，以副省级城市中心城区为分析对象，认清思明区在全国副省级以上城市中心区的竞争地位，完成《厦门市思明区城区竞争力问题研究——基于全国副省级以上城市中心城区的综合比较分析》调研报告。

三、办理统计登记证

1994年，思明区首次发放统计登记证，至1998年共发放833个单位。于每年11月进行年度审核。

1996年起，鼓浪屿区开展统计登记工作，定期督查单位办理统计登记、变更、补证、注销手续和年检。

2000年，开元区制定《办理统计登记证的程序与承诺》，办理统计登记单位1245个。

2002年，根据《厦门市统计局关于开展2002年〈统计证〉审验工作的通知》，三区计统局开展《统计证》审验工作，摸清辖区内单位统计人员持证上岗、行业分布和配备情况。

2004年，思明区统计登记证办理在区企业服务中心开设服务窗口。企业在办理工商营业执照、法人代码证后，一并办理统计登记证。全年为1037家新企业办理统计登记证；为675家企业办理统计登记证变更；为863家企业办理统计登记证年审。

2007年，开展集中换证工作，分两批将1589份统计证更换为统计从业资格证书。

四、编印统计资料汇编

1980年，思明区编印出版《思明区统计月报》。至2003年，共288本。

1985年，开元区编印出版《厦门市开元区统计年鉴1970—1983年》。至2003年，共19本。

1985—2003年，思明区逐年定期编印出版《厦门市思明区统计年鉴》。

1988年，鼓浪屿区编印出版《厦门市鼓浪屿区1980—1987年统计资料》；1989年起，逐年编印出版《厦门市鼓浪屿区统计年鉴》。至2003年，共16本。

2004—2007年，思明区逐年编印出版《思明区经济社会年鉴》，共4本。

第五节　统计执法

一、法制宣传

2003年，思明区以《中华人民共和国统计法》颁布20周年为契机，组织《中华人民共和国统计法》知识竞赛，发放统计普法宣传资料，全面开展统计法制宣传。

2004年，编制《统计法律法规宣传材料》《统计执法规范程序文本》，加强法制宣传，规范执法程序。2005年，编印《中华人民共和国统计法》《统计法实施细则》《统计法导读》等材料，发给统计对象单位。进一步提高企业领导干部为重点的全民统计法律意识，全面推进法治。2006年，编印简明统计法律学习材料，采取海报、座谈会、专题讲座等形式，扩大统计宣传范围，统计法制宣传进社区、进企业、进机关。

2007年，深入同安工业园区思明园等基层单位，加大统计法宣传力度，推进统计行政执法责任制。

二、执法检查

1989年，鼓浪屿区、开元区、思明区开展统计执法检查，此后，年年例行检查。1994年6月，思明区统计执法大检查中，对辖区780个基层单位开展数据质量检查，查处迟报、拒报统计数据50起，未持证上岗人员760人。

1997年，鼓浪屿区开展《中华人民共和国统计法》学习宣传活动。是年，开元区有1045个单位参加自查，自查率达97%。思明区抽查737个单位，发现未持证上岗统计人员564人。之后，普法与执法相结合，每年6—7月，三区开展统计法规大检查。

2003年12月，对部分有代表性的企事业单位进行重点检查，查处统计违法案件1起，罚款8000元。

2004年，对79个单位和筼筜街道办事处开展监督检查，对统计违法的18个企业予以行政处罚。2005年，以经济普查为重点，检查117个单位，有12家统计违法受到查处，特别查处1家拒报单位，通过新闻媒体予以曝光。2006年，检查162个单位，其中有10家统计违法。

2007年，以提高统计数据质量为重点开展执法检查，检查107个单位，查处25家统计违法企业。其中，5家予以罚款，多家在《厦门日报》《厦门商报》做公开检讨。

第三章　工商行政管理

第一节　管理机构

一、清及民国管理机构

清同治十年（1871年）八月初九日，兴泉永道在鼓浪屿设通商公所。清光绪二十九年（1903年），鼓浪屿公共租界设工部局，管理工商事务。清宣统二年（1910年）九月二十八日，在鼓浪屿今复兴路77号成立交涉署，负责与各国领事馆办理有关华人与洋人工商及其他事纠纷案件。

民国时期，由建设科兼管工商业事宜。

二、三区管理机构

（一）鼓浪屿区

1951年4月，区设工商行政管理股；1954年5月撤销。1956年1月，区设商业股，兼理工商行政管理业务。1963年6月，区重设工商行政管理股。

1968年9月，区工商行政管理工作由区革委会生产指挥组负责。12月，区革委会成立市场管理办公室。1972年8月，改为区革委会工商行政管理组。

1978年5月，区革委会工商行政管理组改为科。1979年12月，科下设派出机构（事业编制）——鼓浪屿工商行政管理所。

1982年，区工商行政管理科改为局，受区人民政府和市工商局双重领导，与区打击走私办公室合署办公。1986年，全局有干部职工19人。

1988年6月，区工商局设人秘股、市场管理股、企业登记管理股、个体登记管理股。

1990年8月，局内设办公室、市场管理科、企业登记管理科、个体登记管理科、经济检查科5个科（室）；年底，有干部职工22人。

1994年2月，区工商局升格为正处级，工商所升格为正科级。10月，区工商局改为市工商局派出机构，改称厦门市工商行政管理局鼓浪屿分局。挂靠在区工商局的个体劳动者协会、私营企业协会、消费者委员会等社会团体及经济实体的关系一并转移。

1995 年 2 月，分局设市场科、个体科、企业管理科、办公室 4 个科室，有干部职工 20 人。

1996 年 6 月，分局与所开办市场实行“办、管分离”，原有所属全民职工和集体工人分流到厦门市市场开发建设服务中心鼓浪屿站，人员 3 人。

1997 年 7 月，企业管理科改为企业注册科；财务科改为财务统计科。

1998 年 3 月 15 日，工商分局成立“96315”消费者投诉台。2000 年 3 月，改为“12315”；5 月，经济检查科改为公平交易科。

2001 年 10 月，分局公平交易科（“12315”投诉台）与区消委会合署办公。

2003 年 1 月，财务科职能并入办公室；个体私营经济管理科与企业注册科合并，成立注册管理科。人事秘书科更名办公室；市场管理科更名市场合同监督管理科。

（二）开元区

1951 年 4 月，区设工商行政管理股，1954 年 5 月撤销。1956 年 1 月，区设商业股，兼理工商行政管理业务。1963 年 6 月，区重设工商行政管理股。

1968 年 9 月，区工商行政管理工作由区革委会生产指挥组负责。12 月，区革委会成立市场管理办公室。1972 年 8 月，改为区革委会工商行政管理组。

1978 年 3 月，区革委会工商行政管理组改为科。1979 年 12 月，科下设派出机构（事业编制）——鹭江、公园工商行政管理所。

1982 年，区工商行政管理科改为局，受区人民政府和市工商局双重领导，与区打击走私办公室合署办公。

1984 年 8 月，增设厦禾、梧村、筼筜、湖里工商行政管理所。1986 年，全局有干部职工 76 人。

1988 年 9 月，区工商局设业务科（股级）、人事秘书科、财务科、企业登记管理科、经济合同管理科、市场管理科、私营经济管理科、区个体劳动者协会。厦禾工商行政管理所并入公园工商行政管理所。

1990 年 8 月，局内设办公室、人事教育科、财务科、市场管理科、企业登记管理科、个体登记管理科、经济检查科 7 个科（室）。年底，有干部职工 83 人。1991 年 7 月，增设莲前工商行政管理所。

1993 年 6 月，增设外资企业登记管理科（股级），定员 3 人。公园工商所分设厦禾工商所。

1994 年 2 月，区工商局升格为正处级，工商所升格为正科级。10 月，区工商局改为市工商局的派出机构，改称厦门市工商行政管理局开元分局。挂靠在区工商局的个体劳动者协会、私营企业协会、消费者委员会等社会团体及经济实体的关系一并转移。

1995 年 7 月，分局增设法制科，编制 2 人。是年，分局干部职工 87 人。

1996 年 6 月，分局与所开办市场实行“办、管分离”，原有所属全民职工和集体工人分流到厦门市市场开发建设服务中心开元站，人员 23 人。

1997 年 7 月，分局增设洪文工商所。企业登记管理科改为企业注册科，财务科改为财务统计科。

1998 年 3 月 15 日，分局成立“96315”消费者投诉台。2000 年 3 月，改为“12315”。5 月，经济检查科改为公平交易科。

2001 年 10 月，分局公平交易科（“12315”投诉台）与区消委会合署办公。

2003 年 1 月，新设法制科、商标广告监督管理科。财务科职能并入办公室。个体私营经济管理科与企业注册科合并，成立注册管理科。人事教育科更名政工科。增设石亭工商所。撤销厦禾工商所，其职能、辖区并入鹭江工商所。莲前工商所更名嘉莲工商所；洪文工商所更名莲前工商所。

（三）思明区

1951 年 4 月，区设工商行政管理股，1954 年 5 月撤销。1956 年 1 月，区设商业股，兼理工商行政管理业务。1963 年 6 月，区重设工商行政管理股。

1968 年 9 月，区工商行政管理工作由区革委会生产指挥组负责。12 月，区革委会成立市场管理办公室。1972 年 8 月，改为区革委会工商行政管理组。

1976 年 10 月，区革委会工商行政管理组改为科。1979 年 12 月，区工商行政管理科下设派出机构

（事业编制）——思明、文安工商行政管理所。

1982 年，区工商行政管理科改为局，受区人民政府和市工商局双重领导，与区打击走私办公室合署办公。

1984 年 7 月，增设中华、厦港工商行政管理所。1986 年，全局有干部职工 54 人。

1988 年 6 月，区工商局设人秘股、市场管理股、企业登记管理股、经济合同管理股、经济检查股、个体登记管理股、区个体劳动者协会。

1990 年 8 月，局内设办公室、人事教育科、财务科、市场管理科、企业登记管理科、个体登记管理科、经济检查科 7 个科（室）。11 月，增设曾厝垵工商行政管理所。年底，有干部职工 64 人。

1993 年 6 月，增设外资企业登记管理科（股级），定员 3 人。

1994 年 2 月，区工商局升格为正处级，工商所升格为正科级。10 月，区工商局改为市工商局的派出机构，改称厦门市工商行政管理局思明分局。挂靠在区工商局的个体劳动者协会、私营企业协会、消费者委员会等社会团体及经济实体的关系一并转移。

1995 年 7 月，增设法制科，编制 2 人。是年，分局有干部职工 61 人。

1996 年 6 月，分局与所开办市场实行“办、管分离”，原有所属全民职工和集体工人分流到厦门市市场开发建设服务中心思明站，人员 12 人。

1997 年 7 月，曾厝垵工商所改为滨海工商所。企业登记管理科改为企业注册科；财务科改为财务统计科。

1998 年 3 月 15 日，分局成立“96315”消费者投诉台。2000 年 3 月，改为“12315”。5 月，经济检查科改称公平交易科。

2001 年 10 月，分局公平交易科（“12315”投诉台）与区消委会合署办公。

2003 年 1 月，新设法制科、商标广告监督管理科。财务科职能并入办公室。个体私营经济管理科与企业注册科合并，成立注册管理科。人事教育科更名政工科。

三、三区整合后思明区管理机构

2003 年 10 月三区整合，撤销鼓浪屿分局，设立鼓浪屿—万石山风景名胜区工商行政管理处，为市工商行政管理局直属行政机构。撤销开元分局，并入思明分局。新组建的思明分局设办公室、政工科、法制科、公平交易科、企业注册监督管理科、市场合同监管科、商标广告监管科、“12315”投诉台 8 个科（室）。

2004 年 2 月和 7 月，文安、思明工商所先后并入中华工商所。是年 3 月起，鼓浪屿—万石山风景名胜区工商行政管理处配备 1 名副处长兼任思明分局党组成员；鼓浪屿工商所划归思明分局，实行“一套人马、两块牌子”。6 月，市工商行政管理局思明分局更名市思明区工商行政管理局。10 月，公园工商所更名开元工商所。

2005 年，“12315”投诉台正式纳入工商行政管理

2007 年，首批物业“12315”服务网点授牌

机关编制，正科级。

2007年，思明区工商行政管理局设办公室、政工科、法制科、公平交易科、企业注册监督管理科、市场合同监管科、商标广告监管科、“12315”投诉台。在编公务员161人，其中事业编制工勤人员6人。

第二节 市场监督管理

1950—1952年，根据省政府《加强市场管理，取缔、打击投机商业的暂行管理办法》和《福建省加强市场管理，取缔投机暂行办法》，三区政府加强市场管理，平抑物价。

1953—1956年，三区工商管理股参与对资本主义工商业的利用、限制和改造，打击投机倒把、走私贩私活动。三区政府各派1人参加厦门市市场摊贩管理委员会，对市场和摊贩进行整顿，开展行商换证工作，限制投机行商，适当保留城乡肩挑行商。1954年，不法奸商一度出现哄抬物价现象。市场管理部门迅速处理一批违法户，其中鼓浪屿3户、开元12户、思明17户。组织工商界自行拟定爱国公约，自行议价和自行检查，使市场保持稳定。1956年，配合新人民币发行，加强市场检查，保证新币发行期间市场稳定。

1957年后，三区商业股加强对进入市场交易的物资及商贩管理。将按人凭票供应的猪肉纳入市场管理重点。1959年，由于“左”倾错误影响，市场管理主要任务仍是打击投机倒把，过多限制市场贸易。根据“打击重点、教育多数、整顿处理和安置就业相结合”的原则，对市场中的无照商贩进行清理整顿。三区共有无照商贩1489名，对严重违法予以逮捕、劳动教养、强迫内迁。同时，安排291人就业，组织劳动生产694人，准予继续经营182人。是年，开元、思明对区境9个菜市场进行整治，各市场成立民主管理委员会和行业小商贩分会。

1960年，三区举办“小五金、小百货、小日杂、小农具”商品比质比价展览会，配产品质量监督员。1961年，按照《厦门市场管理暂行办法》，加强对粮、油、棉收购和交易监管。是年1月，开元区人和路集贸市场恢复。1963年，加强对夏粮和花生统购期间的市场管理，包括对被国家列入统一收购的烟叶的监管，严禁生产大队或生产队把完成统购任务后的剩余粮食、烟叶上市自行交易。1964年7月，思明区在厦港后港仔，开元区在斗西码头，鼓浪屿区在黄家渡各设柴草交易所。是年，统一征收市场管理费；同时，禁止生产、销售、印刷迷信品。

“文化大革命”初，区境中心区取消集市贸易，仅保留郊区集贸市场；个体商贩、摊贩因“割资本主义尾巴”而大减少（移民山区）。1973年，在商业、物资、交通、航管系统中建立群众性市场协管组织。1974年，三区核发集贸市场中个体营业许可证488本、季节性临时营业许可证278本。“文化大革命”结束后，开始清理整顿有证商贩，回收旧证，经审查后换发新证。

中共十一届三中全会后，区境集市贸易迅速恢复和发展，被关闭的13个集贸市场重新开张。1982年，根据国务院《城乡集贸市场管理办法》，三区工商局严厉打击食糖、木材及木制品交易投机倒把和非法私购布票的活动。同时，加强对废旧物资回收、水产品、生猪等市场的管理，组织国营商业店、粮站、供销社和集体企业在市场上摆摊设点巡回服务。规范商品经纪中介服务市场，督促市场摊贩实行国家法定计量单位，全面更换市制尺和秤，改用米尺和千克秤。市场监管按照“活而不乱，管而不死”的原则，实行“定岗定责”“分片包干”及“五定、五包”（定人员、定地点、定时间、定任务、定措施，包宣传、包服务、包管理、包收费、包卫生）等岗位责任制。以解决“脏、乱、差”为重点，开展“文明管理、文明经商”的创文明市场活动。霞溪市场成为全市最大的农贸及小商品交易市场。

1983年后，开展以文明经商、优质服务为中心的“信得过”竞赛活动，全面提升文明管理和文明经商水平。1986年4月，国务院副总理田纪云视察霞溪农贸市场，对市场管理给予充分肯定。1988年，开元区工商局在第二市场、第八市场单独设立市场管理所，加强管理。

1990 年冬，市场监管从单纯集贸市场管理，扩展到生产资料、房地产开发、劳务等市场的监管。

1992 年，集贸市场实行“文明经营考核登记卡”“经营者文明经营考核记分标准”和“商品信誉卡”。霞溪市场、镇邦路市场、第三市场、人和路商场、营平农贸市场、鼓浪屿市场（黄家渡市场）被评为市级和省级“文明集贸市场”；霞溪市场、人和商场和黄家渡市场连续两次被评为全国文明集贸市场。当年，鼓浪屿区有集贸市场 3 个，市场成交额 2012.73 万元；开元区有农贸市场 12 个，市场成交额 17360 万元；思明区有集贸市场 13 个，市场成交额 18193 万元。与 1982 年相比，鼓浪屿、开元区、思明区市场成交额分别增长 22 倍、127 倍和 142 倍。

1993 年，国家工商局发布《商品市场登记管理暂行办法》。市场监管延伸至生产资料、房地产开发、金融、保险、劳务等市场。区工商局以开展清理无照经营、打击走私贩私、加强粮食市场监管等专项治理为重点，扩建市场，净化经营环境，维护市场经济秩序。鼓浪屿区工商局投入 190 万元，建成内厝澳综合市场并投入使用。开元区工商局投入 114 万元，购买西堤水果批发市场，扩建湖东小商品市场和石亭、槟榔农贸市场，建成岛内最大的松柏农贸市场（室内）。思明区工商局投入 87 万元，完成定安、大学路、霞溪等市场的改造和维修。

1994 年，思明区工商局投入 32 万元，配合第三市场的改建，增建 1 个 1500 平方米的临时市场，完成霞溪小商品市场经营改行工作。1995 年，投入 56.7 万元，兴建不见天市场和大学路市场二期工程装修；投入 22.8 万元，维修和改造 6 个旧市场。集贸市场的扩建和改造升级，成交额以年平均 40% 的速度增长。为落实市政府关于“让国有企业进驻农贸市场，发挥主渠道作用”的决定，在 5 家大型集贸市场设国有企业农副产品直销区。1993—1995 年，三区开展市场“创卫”活动，拆除市场内铁皮房，疏通下水道，更换顶篷等，改善市场设施和环境。

1996 年，贯彻执行《厦门市生猪定点屠宰管理暂行规定》，组织专项行动组，采取定期和不定期检查，规范肉贩经营行为。6 月，各分局与所办农贸市场“办管分离”，工商部门不再参与农贸市场管理，改从市场开办单位、经营主体资格、商品质量、交易行为 4 个方面依法监管。1997 年，思明区政府投资 30 余万元，改造古城东路市场路面和柜台。区境内有集贸市场 15 个，临时集贸市场 11 个。三区政府投资 100 万元，对营平、新民、莲花、一里等市场进行改造扩建。给市场内的经营户，办理个体户执照。各区工商局成立市场督巡队，工商所成立市场巡查组，督促市场开办单位执行各项制度，打击欺行霸市、短斤少两、经销假冒伪劣商品等违章违法行为。开展“无假冒伪劣商品和计量信得过市场”活动，倡导公平交易。建立粮食市场巡查制度及房地产市场分阶段检查制度。1996—1997 年，各工商分局筹集资金，对一批老市场进行整修。

1998 年，开展争创“十佳”“十优”文明市场活动，3 个分局有 5 个集贸市场在“双十佳”文明市场考评中通过福建省工商局达标验收。

2001 年，开展创建“消费者满意一条街”“放心购物一条街”活动。6 月，中山路商业街被国家工商总局评为“全国打假维权、消费者满意街”。

2002 年，开展“绿色消费”先进摊店评选活动，3 个分局评出“绿色消费”先进摊店 292 个。执行《厦门市商品交易市场管理办法》，三区清理取缔占道经营 445 摊；对早餐工程市场进行规范管理；对学校周边经营活动进行专项清理。开展“放心食品工程”建设和“餐桌污染”专项整治，工商所配备市场检测仪和药品检测包，定期对集贸市场的水叶菜、水产品检测，查获大批农药残留超标蔬菜、污染水产品、变质大米等；开元分局查获 500 多公斤剧毒河豚。

2003 年，思明区实行巡查、检测、索证公示等 15 项市场管理制度，加强市场开办单位监管力度。4 月，市局在凯旋农贸市场召开现场会，在全系统开展经营企业索证索票、商品查验、商品退出制度“三落实”和规范企业“食品四账”（食品进货验收、索证、销货、安全退出台账）活动。其间，各分局在所有农贸市场及超市建立检测室，分局配备 2 部检测车，每天对蔬菜和水产品进行样品抽检。年底，区境有集贸市场 63 个（其中 3 个为临时市场），占全市集贸市场的 50%。思明区工商分局围绕流通领域食品安全和全国性市场突发事件，加强市场监管，开展持续专项整治。在“非典型肺炎”发生期间，区分局运用市场监管职能，查处打击以防“非典”名义，哄抬物价、制售假冒伪劣商品等违法行为。配合区卫生部门开展餐饮、野生动物等专项整治。市场督（巡）查队（组）巡查市场17317场次，检查商家3651家、学校食堂37个。立案查处哄抬白醋价格等违法行为14起；查获假冒医用劣质口罩3.8万个；查获和销毁农药残留超标蔬菜126公斤和污染变质水产品476.16公斤。

2004年，思明区先后开展治理“餐桌污染”、苏丹红、劣质奶粉、龙口粉丝、黄金搭档、“百惠牌”花生奶、“老蒋牌”榨菜、假冒洋酒、定型包装食品、假冒台湾水果、节日食品、中秋月饼市场、猪肉市场、旅游市场食品等63次专项检查整治行动。建立处置市场突发事件应急预案和应急组织，应对禽流感、猪链球菌、水产品霍乱等重大动物疫病发生。建立肉禽类产品挂牌经营制度。对59个市场，从主体资格、商品质量、卫生设施、市容环境和制度健全5个方面进行规范整顿，引导餐饮企业成立“拒绝使用地沟油”的自律组织。鼓浪屿馅饼生产经营企业、水产干货制品批发商、餐馆酒家联合成立“守法经营、诚实信用联盟”。

2005年，思明区市场检查、检测扩大到肉类及干货，并将抽检结果通过报纸予以公示。建立和完善食品安全快速反应机制。建立健全以食品市场主体准入、食品安全信息公示、食品企业信用分类监管等制度。投入资金10多万元，开发《生鲜食品安全多方监管平台》，依托互联网平台，构建生鲜食品网络监管网，杜绝不合格食品流入市场，为全国首创，这套软件在全市工商系统中推广使用。是年，11个集贸市场被评为市文明市场。

2006年，响应福建省政府创建10条诚信街的号召，区工商局开展以禾祥西路为重点，推进中山路和龙头路的创建活动。是年，中山路被评为百城万店诚信一条街，松柏市场被福建省工商局授予“共建规范市场先进单位”称号，中山路创建领导小组被评为全国创建“百城万店无假货”活动先进单位。

2007年，区工商局推出全市首家社区食品安全示范店——前埔南区“金锦华”超市。运用“欢喜购”品牌效益，帮助食品经营企业提高诚信度和竞争力。工商部门上门指导和帮助食品市场、超市建立进货索证索票制度及街道、社区食杂店建立食品进货台账制度。至11月底，取缔无照食品经营户67家，捣毁制假窝点2家，查获私宰及“问题”牛羊猪肉2265公斤，查扣运载“问题肉”汽车3辆，立案查处违法经营食品6起。

第三节　企业登记管理

一、企业注册登记

（一）国有、集体、股份、合伙联营企业注册登记

1950年，执行市政府《工商业营业登记暂行办法》，三区对工商业户进行登记。1952年，区境有工商业户3000余家。社会主义改造基本完成后，开展“三反”运动，企业登记处于停滞状态。

1959年9月，进行工商企业普查和调整。1963年，开展工商业登记工作。1966—1978年，受“文化大革命”影响，工商企业登记停止。

1979—1983年，工商企业登记逐步恢复。各区工商行政管理科开展工业企业普查登记，对特种行业、招待所、消防器材生产厂、民办集体企业、小卖部（服务部）、区办工商企业进行登记管理。至1983年底，三区登记发照企业1040户。1984—1987年，依照厦门市《关于进一步放宽集体工业企业若干政策问题的规定》（1984年）、《厦门经济特区企业登记管理规定》（1985年）、《厦门市租赁企业登记管理试行办法》（1987年）等规定，开展街道办企业、交通运输业联户和专业户、企业租赁、承包变更等登记工作。是年，街道办企业数和第三产业数分别占区属企业总户数80%和98%。1988年，除汽油、拖拉机、农药、计划化肥外，其他生产资料和消费品都放开经营。

1989年，三区换证发照企业1585家。

1990—1995 年，加强科技开发企业登记管理。取消企业注册登记许可证制度；企业登记向重点扶持区街企业发展；简化手续、提高效率，企业办照时间从 30 天缩短为 10 天。

1996 年，开元、思明工商分局均设立企业注册大厅，实行“一审一核”直接登记制和受理、审查、登记、发照、公告“一条龙”登记管理服务。按照“管理电脑化、档案储存光盘化”要求，使用电脑和网络，将企业登记注册信息录入存档。

1997—1999 年，各分局对集体企业进行清产核资和经济性质甄别，支持区属企业转机建制、盘活资金和资产重组，对企业投资主体重新界定，规范股份合作制企业，注销一批名存实亡的公司。各分局在注册大厅公开办照程序、收费标准、服务承诺内容，印发各种类型企业办照须知，配备多媒体触摸电脑查询系统等便民服务设施。

2000 年 1 月，实施《个人独资企业登记管理办法》，并受理注册登记。依照《福建省内资企业登记管理暂行办法》，市局和区分局委托工商所做好办执照前勘查企业址所，办执照后回访企业的工作。

2001 年，各分局开展营业执照复核工作，为一批前置审批不规范的企业办理变更手续，注销一批未补办手续的企业。2002 年，开元区创办企业服务中心，以工商企业注册管理科为主，卫生、环保、安全等 7 个部门进入，采用“一个窗口受理、一条龙服务、一次性发照”的注册登记模式；思明分局在注册大厅设当日值班人员岗位和“A、B”角顶岗制。

2003 年，各分局在注册大厅推出导办服务、延时服务、绿色通道服务等 15 项免费服务。免费提供：设立表格下载、名称自助查询、法律法规查询等网上服务项目。

2006 年，依照新《中华人民共和国公司法》《厦门经济特区公司登记管理条例》，重新印制各种类型企业登记表格。至 2007 年底，全区国有、股份、合伙企业登记总数 21325 家。其中，国有企业 769 家、股份有限公司 20408 家、合伙企业 148 家。

（二）三资外资企业注册登记

1981 年起，香港、澳门、台湾同胞和海外侨胞华人陆续返乡投资办企业，由市工商局登记管理。“三资”外资企业（含中外合资、中外合作）逐年增多，思明、开元区工商局受市工商局委托，对港、澳、台、外商投资企业负责登记注册，市工商局负责复核发照。1993 年，两区登记港澳台、外商企业 21 家。1998 年，经思明分局登记的港澳台、外资企业 65 家；开元分局登记的 91 家。当年底，开元、思明分局外商投资企业登记管理科撤销，市工商局收回委托权。

（三）个体工商户登记

1950 年，省政府颁布《厦门市管理摊贩及登记暂行办法》。1951 年，各区公所配备工商办事员，负责个体工商户的登记审查，后由市工商管理部门批准发给营业执照。1953 年，区政府对第七、第八市场进行整治，规范旧衣、旧货、土特产、烟果等行业摊贩经营，引导成立行业联合小组。

1954 年起，开展私营商业社会主义改造。至 1958 年，三区 6150 户、7018 人小商小贩，除一部分劳力支持工农业生产外，组建 14 个国营商店，104 个合作商店，212 个合作小组。1959 年，个体经营者仅 182 人。

1963—1965 年，根据《厦门市小商小贩管理暂行办法》和《厦门市药业小商小贩管理暂行办法》，各区工商行政管理股陆续对小商贩进行整顿，一批无证个体照相户等被取缔。组织小商小贩参加市工商局举办的政治学习班，开展“五好”红旗竞赛活动。

“文化大革命”期间，个体工商户被视为“资本主义尾巴”，受到取缔。1974 年，经过市工商局、市商业局联合整顿，三区核发个体营业许可证 488 本，季节性临时营业许可证 278 本，并对个体户按行业重新编组。

1976 年，三区收回个体商贩旧证，重新审查，换发新证，个体经营者 550 人。

1979 年，根据商业部《关于个体商贩的组织管理问题的批复》，各区工商行政管理科配合有关业务主管公司，分行业举办个体有证商贩学习班，进行党的路线、政策和守法教育。此后，个私经济得以恢复，成为国民经济发展的重要补充。开展个体服务业、修理业、手工业、小商贩、药业、特种行业等登记发证。个体工商户迅速增加。1983 年底，三区个体工商户 4423 户。

1984 年，各区工商局为个体商贩换发全国统一营业执照共 3840 本，其中鼓浪屿区 206 户、开元区 2808 户、思明区 826 户。1985—1991 年，对交通运输业的个体、联户、专业户办理工商登记手续，个体经营范围扩大。对违反计划生育政策者，不予核发营业执照。1991 年，鼓浪屿区有个体工商户 438 户，从业人员 771 人；开元区有 3710 户，从业人员 6531 人；思明区有 1681 户，从业人员 2959 人。

1992—1994 年，开元区、思明区因旧城改造，使厦禾路、镇邦路一带个体工商户受到影响。开元工商分局投资 100 多万元，建成 120 多间周转店面，安置因修建厦禾路被拆迁的个体户。思明区有 537 家个体户歇业，思明工商分局帮助寻找新的营业场地，延长年检时间。

1995 年，开元、思明工商分局采取旧市区以规范引导为主，农村以发展与规范相结合的方针，对个体户进行分类管理。打击小街小巷无证商贩，督促有证户亮照经营。1996 年，鼓浪屿区有个体工商户 507 户，开元区有 5763 户，思明区有 2638 户。

1997 年，规范个体户收费制度，推行委托银行代收个体管理费，杜绝多收、少收、漏收及“人情费”。1998 年，开辟“下岗职工绿色通道”，提供优惠条件，举办培训班，扶持下岗职工开店经商。是年，三区工商分局共为 619 名国有企业下岗职工办理执照。此后，通过“绿色通道”继续扶持下岗职工再就业，免收管理费 100 万元以上。

1999 年，各区下调个体工商户管理费 20%，促进个体户发展。2000 年，实施《个人独资企业登记管理办法》，区境有执照的个体工商户全部换发新版营业执照。

2004 年，防治禽流感期间，思明区工商局帮助从事鸡禽养殖、销售的个体工商户渡过难关，免收 3 个月管理费 20 多万元。

2005 年，根据国家工商总局通知，香港、澳门永久性居民中的中国公民可以在内地各省、自治区、直辖市设立个体工商户。是年，有 9 家港澳个体工商户落户思明。市、区两级政府实施“金包银”“金包金”项目，为区境失地农民再就业提供帮助，以优惠政策为 459 名失地农民和港、澳居民办理个体执照，免收工商管理费 36.73 万元。8—10 月，11 个工商所新登记注册个体工商户 9548 家。至此，全区个体工商户总数 29920 户，创下历史最高水平。

2006 年，参照港澳居民申办个体户的规定，登记台湾居民个体工商户。年底，共登记注册 75 家台湾居民个体户。

2007 年 10 月，全区有个体工商户 29748 户，注册资金 30069 万元。其中，港澳台个体工商户 146 户，占全市港澳台居民个体户总数 54.68%。

（四）私营企业登记

1985 年后，陆续出现雇工的私营企业。1987 年，私营企业迅速发展，开元区、思明区共登记注册 399 家。1988 年 6 月，《中华人民共和国私营企业暂行条例》颁布实施，各区引导一些有实力的个体工商户向私企发展。1991 年，鼓浪屿区有私营企业 22 户，开元区有 559 户，思明区有 99 户。开元区私营企业增长速度居福建省之首。

1993 年，根据《厦门市加快个体私营经济发展的暂行规定》，各区工商局缩短办照时间，并帮助私企融资。1996 年，停止收取私营企业管理费。

2001 年，市工商局将注册资本 100 万元以下私营企业登记受理权下放到分局，开元、思明工商分局将个体工商户审核、发照委托各工商所负责。是年，三区私营企业 1037 家。2002 年，三区接收市工商局移交 100 万元以下私营企业 5138 户，至年底私营企业共 7487 户。

2003 年 10 月后，实行网上名称预先核准、网上年检、远程办照等服务；对重点联系企业设置专门服务窗口；对规模大、信用好、无违法经营记录的重点企业和重点联系企业实行免年检。是年，全区私营企业 10052 家，占企业总数 67.4%。2005 年为 13352 户，占企业总数 82.7%。

2007 年，全区私营企业 1.9 万多家，注册资本 691548 万元，从业人员 10.3 万人。

二、企业监管

（一）企业年检

1988年起，年检工作逐渐走上正轨，每年一次，运用年检规范企业登记和档案管理。1993年，依照《厦门市企业年度检验暂行办法》，对企业年检增加核查企业实际投资金项目，查处擅自变更经营范围或经营场所，打击抽逃资金等违法行为，并实行企业监管情况记录卡制度。每年均有一批超期未年检企业受到处罚或注（吊）销执照。

1994—1998年，鼓浪屿分局注销未年检企业34家、吊销15家，共罚款3.6万多元；开元分局注销83家、吊销178家，共罚款13万多元；思明分局注销201家、处罚超期年检企业97家，共罚款11.6万元。

2002年后，“守合同、重信用”“诚信单位”等企业可优先办理年检；2003年起，享受年检材料免审待遇，全区年检违规企业数量大幅下降。

2006年，实行网上企业年检。

2007年，区工商局网上年检企业12382户，占实际年检总数70.3%。其间，处罚超期年检企业33户，罚款12.05万元。监管各类企业2.1万家，其中代省、市工商局监管的企业有5700家。

（二）清理整顿

1985年，根据中共中央、国务院《关于严禁党政机关和党政干部经商办企业的决定》，各区工商局配合纪委部门对党政机关经商办企业进行清理。思明区清理机关单位主办企业4家，2名干部回原单位，7名事业编制人员转为企业编制，机关与企业人财物脱钩；企业实行独立核算、自负盈亏。鼓浪屿区、开元区共清理8家企业，使之与区机关脱钩。1989年，鼓浪屿区有21家公司列入清理整顿名单。整顿结果：保留11家，降级4家，撤销3家，理顺为私营企业1家，待处理2家。1990年，思明区列入清理整顿的各类公司（中心）241家，挂靠企业212家。整顿结果：保留公司（中心）168家，集体企业134家，变更或撤并150家，吊销13家。1993年，开元区、思明区共清理党政机关办的企业13家，均给予办理脱钩和吊销处理。1994—1998年，三区清理一批“假集体”及“三无”企业。1998年，开元分局企业登记管理科被福建省工商局评为“福建省企业登记管理工作优胜单位”。1999年，清理整顿政法部门、武警部队所办的企业及挂靠公司。2000年，开元区清理整顿公司（中心）152家，挂靠企业132家。整顿结果：保留公司（中心）82家，集体企业61家，变更或合并113家，吊销4家，待处理5家。2001年，完成企业前置审批的清理工作。此后，属前置审批问题企业不单独列出，也不再清理整顿。

三、教育与服务

1984年，各区工商局引导成立区个体劳动者组织（后称协会）。在个体户中开展普法教育和文明经商活动，提高个体户自律水平。1986年，区境有3700名个体工商户参加普法教育，占总户数77%。1987年，依厦门市工商局《关于清理、取缔无照经营行动的通告》，对个体工商户进行整顿，三区取缔无照个体户370家，注销经营不善个体户1000余家。

1988年，《中华人民共和国私营企业暂行条例》颁布，三区工商局相继设立专门负责个体户和私营企业管理的业务股（科），加强对私营企业的管理。

1989—1992年，区工商局引导有条件的个体户转型、转行，做大做强，促进产业结构合理调整。举办培训班，对个体户和私营企业人员进行法律法规和职业道德教育。清理整顿批发商，取消资质不够的私营企业和个体户批发经营范围，扭转商业批发混乱的局面。清理整顿美容行业，引导其健康发展。1993年，利用年检，对长期空挂的个体户和私营企业进行清理。1998年，开元分局注销长期未年检的个体户3334户、私营企业30户。

2002—2003年，依照《厦门经济特区查处无照经营办法》和《中华人民共和国无照经营查处取缔

2007 年，思明区工商行政人员主动到工商企业指导业务

办法》，区分局开展对无照经营的餐饮、娱乐、杂货和网吧业专项整治。

2004 年，区工商局强化对私营企业的服务，完善经济户口管理系统，创新对个体经济的监管和服务。开发个体工商管理费“阳光收费”系统，推广使用。举办“识别假冒、伪劣化妆品”“新办企业管理培训班”“网上年检实用操作”等 15 期培训班，开通非公经济网，为个体户和私营企业服务，提高其经营能力，帮助非公有企业向省外、国外发展。

2005 年，区工商局实施“人性化监管，零距离服务”，帮助个体户和私营企业解决经营过程中遇到的困难，建立短信群发和群呼通讯网，加强与管理对象的双向联系与交流。

2006—2007 年，在对个体私营企业监管服务中，区工商局重视指导个、私协会发挥作用。组织协会会员参加精神文明建设、为公益事业献爱心，开展诚信经营活动等，提高其社会地位和文明程度。

第四节　经济合同监管

一、宣传与培训

区境解放初期，个体私营企业沿用契约之类的合同。1956 年，完成社会主义改造后，国有、集体企业逐步重视经济合同。“文化大革命”时期，经济合同流于形式。1980 年，国家工商总局公布《关于工商、农商企业经济合同基本条款的试行决定》。1981 年，各区工商部门宣传签订经济合同的重要性。1982 年，《中华人民共和国经济合同法》颁布，鼓浪屿工商部门即举办经济合同法宣传培训班，参训人员 20 人。1983 年，《中华人民共和国经济合同仲裁条例》颁布，各区工商部门管理人员深入企业和有关单位进行宣传和指导。

1988 年 6 月，三区工商局设经济合同管理股，成立经济合同仲裁委员会，专门负责合同监管。1989 年，区工商局合同监管人员深入企业，检查合同签订和履行情况，帮助企业建立健全合同管理制度，培训和督促企业配备专（兼）职合同管理人员。1991 年，鼓浪屿区有 11 家企业配合同管理人员 57 人；开元区有 29 家企业配合同管理人员 143 人；思明区有 20 家企业配合同管理人员 106 人。有的企业建立合同领导小组。

2002 年，三区工商部门举办《经济合同仲裁条例》《经济合同示范文本》《中华人民共和国合同法》等培训班 29 期，培训 1853 人。

2003 年后，大规模的合同宣传逐渐减少，主要是开展行政指导，帮助企业把好合同签订关，拟制公平的行业合同等。

1982—2007 年，各区工商局举办经济合同宣传培训班共 54 期，参训 5373 人次，发放宣传材料 7967 份。

二、合同鉴证

1982 年，鼓浪屿区工商分局鉴证经济合同 5 份，合同金额 65 万元。开元区、思明区无合同鉴证。

1984—1985 年，鼓浪屿、思明区工商部门分别鉴证合同 7 份、78 份，合同金额分别为 378 万元、175.66 万元。1992 年，建设工程施工合同示范文本正式使用。当年，鼓浪屿、思明区工商部门鉴证合同分别为 55 份、67 份，合同金额分别为 152 万元、1374.64 万元。1997 年，开元区工商部门鉴证合同 202 份，合同金额 67785 万元。

1982—2002 年，三区鉴证经济合同 891 份，合同金额 261631.42 万元。2003 年后，思明区停止办理合同鉴证。

三、调解仲裁

改革开放后，企业之间签订购销合同，发生纠纷由工商部门负责处理。1984 年，思明区工商分局调解仲裁经济合同案件 14 件。1988 年，调解仲裁经济合同案件 24 件，争议金额 537 万元，为企业追回欠款 197.12 万元。1993 年，开元、思明区工商部门分别调解仲裁经济合同案件 5 件、4 件，争议金额分别为 55.4 万元、169 万元，为企业追回欠款分别为 170 万元、3.2 万元。1995 年 9 月 1 日，《中华人民共和国仲裁法》正式施行，厦门市成立社团性质的合同仲裁组织，三区工商局停止对合同纠纷的行政仲裁，而只是实施调解。1984—2002 年，开元区、思明区工商分局调解和仲裁经济合同案件分别是 35 件、220 件，争议金额分别为 345.9 万元、2279.62 万元；为企业收回欠款 701.22 万元、挽回经济损失 722.03 万元。

2003—2007 年，思明区调解合同纠纷 95 件。其中，2007 年案件 26 件，争议金额 1.1 万元，为企业挽回经济损失 0.7 万元。

四、监督检查

1984 年，三区开始对经济合同实施监督检查。1988 年，开元区、思明区工商部门检查经济合同分别为 73 份、340 份。1991 年，鼓浪屿区检查经济合同 75 份，合同金额 509 万元；思明区检查经济合同 1560 份，合同金额 9345.2 万元。1992 年后，每年侧重检查一个行业，开展建设工程施工合同示范文本、家装格式合同、汽配零件合同等专项合同检查。

2001 年，三区工商局合同监管进入软件系统，增强合同监管力度。是年，针对群众对职业中介机构投诉增多的情况，区工商局集中查处一批房屋租赁、加工、承揽合同欺诈违法行为。

1982—2002 年，三区工商局共检查经济合同 8740 份，合同金额 37141.36 万元，确认无效合同 45 份。其中，1992 年三区工商局共检查 144 家建筑企业合同 331 份，纠正不合格经济合同 131 份，发现 11 份合同被骗金额 99.73 万元，监督当事人履行合同 17 份，协助 3 份合同当事人履行经济合同。

2003 年，查处各类违规经济合同 57 份，调解合同纠纷 14 起，立案查处 1 起无照经营和利用合同进行商品房买卖欺诈案，涉案金额 21.6 万元，处罚 3 万元。

1984—2007 年，检查经济合同 8955 件、合同金额 39546.2 万元。其中，2007 年，查处合同违法案 26 件（房地产开发企业案 2 件，房屋中介机构案 2 件）。

五、开展“守合同、重信用”活动

1985 年，鼓浪屿区与市工商局联合在企业开展“重合同、守信用”评选活动试点，首次评选 4 个先进单位。1986 年，在全市推广。三区工商局每年按规定推荐一批企业参评。2002 年，改为两年评比 1 次。1990—2002 年，三区有 128 家企业被评为厦门市“重合同，守信用”单位。2003 年，“重合同、守信用”评选活动改为“守合同，重信用”评选活动。

2007 年，思明区有 83 家企业被评为厦门市“守合同，重信用”企业。

第五节　商标广告监管

一、商标管理

（一）商标核转注册登记

1950年，商标注册以自愿为原则，由市工商局负责发表、备案。是年11月，开元区华侨卷烟厂卷烟商品注册“金叶”“前驱”商标，是中华人民共和国成立后厦门市最早的注册商标。1958年5月，思明区怀德居制药厂（公私合营）中成药注册“怀德居”商标，周慕卿制药厂西成药注册“周慕卿个人肖像”商标，是中华人民共和国成立后厦门市最早将商号及个人肖像作为商标注册的企业。

1965年10月，区工商行政管理股协助市工商局，对企业在1963年5月1日以前注册的218个商标进行清理，为允许继续使用的商标换发商标注册证。1966年6月，区境厦门织布厂“飞鹭”商标，是厦门市工商局核准注册的第一个商标。

“文化大革命”开始，三区企业停止对产品商标申请登记注册。

1979年，恢复商标统一注册。11月1日，国家工商总局商标局统一办理全国商标注册，福建省企业申请商标注册，实行两级核转。1984年，商标注册实行一级核转。1987年，厦门市商标注册恢复两级核转制度。1990年10月，经国家工商总局商标局批准，厦门市商标实行一级核转，向福建省工商局备案。1993年9月，厦门市商标事务所成立，为厦门第一家商标代理公司。

2007年，思明区有4家商标注册代理公司。是年，全区有4869个注册商标继续使用。

（二）宣传服务

1963年4月，三区工商局贯彻《中华人民共和国商标法》，印发宣传材料3.4万份，办《商标法》宣传栏、墙报443期。1982—2000年，三区工商局自办或参加各种学习班共87期、515人次；大规模开展商标宣传咨询活动13次，派出咨询者1.2万人次。

1987年，三区工商局组织8万多人参观厦门市政府举办的“打击假冒行为，保护名优产品展览”。1989年和1991年，组织80家广告公司和商标印制企业，参与市工商局与市广协、新华社厦门支社联合举办“厦门市首届商标广告展示艺术周”系列活动和“厦门商标节”。

2003年，三区工商局指导企业建立以商标为核心的企业经营管理机制，运用商标使用许可等措施，提高知识产权的运用水平，增强市场竞争力。

2007年，区政府印发《关于推进实施商标品牌战略的工作意见》，以推进商标品牌战略实施。开展“保护知识产权宣传周”活动，通过制作宣传幻灯片，悬挂宣传标语和分发宣传材料等形式，在中山路等主要商业街开展保护知识产权的宣传。

（三）清理整顿

1962年起，根据市工商局《关于加强商标印刷、设计管理的几项规定》，三区加强商标印刷和设计管理，督促企业按规定使用商标或载明厂名。1973年起，根据市工商局《关于开展商标管理的意见》，加强对商标的清理整顿，并在工业、商业部门设置商标义务管理员。

1978—1984年，三区工商局开展对药品包装商标、混同商标等的清理整顿共27次。每次均清除一批不合格商标。1990年，根据市工商局《关于在我市建立商标广告印制审查员制度的通知》，查处非法印制商标及从事商标标识买卖等违法行为。

2000—2007年，商标监管延伸到基层工商所，结合片区巡查和整治无照经营进行商标检查，重点检查印制企业证照和资质是否齐全、合格。

（四）商标保护

中华人民共和国成立初期，工商部门负责登记商标并核发注册证，保护商标使用权。1963年，工商管理部门查处厦门某五金厂盗用市第二铝器生产合作社“元合”注册商标，这是中华人民共和国成立后厦门市首例商标侵权案。“文化大革命”期间，国家取消保护商标专用权。1982 年，国家颁布《中华人民共和国商标法》，工商管理部门恢复对商标专用权的保护工作。

1983—2002 年，各分局每年开展 2～3 次专项行动，严厉打击商标侵权、非法印制商标标识、假冒知名商品名称的违法行为。三区工商局共查处商标侵权及假冒产品案 230 件。

2003—2007 年，查处商标侵权案 68 件，没收非法所得 16. 91 万元，责令侵权人赔偿被侵权人经济损失 22. 7 万元，没收侵权标识 6. 15 万张，销毁侵权及假冒伪劣商品 2 万多件。

（五）驰名、著名商标

1979 年，国家工商局下发《关于贯彻执行〈中华人民共和国优质产品奖励条例〉的通知》，区境企业开始参与国家、省和市开展评比认定驰名、著名商标活动。

1980 年，区境厦门罐头厂、厦门酿酒厂等 6 家企业注册商标被评为福建省著名商标称号。11 月，厦门罐头厂在获得国家银质奖产品上使用的“水仙花”注册商标，被国家工商总局授予驰名商标称号，为厦门市第一个驰名商标。

1989 年，三区 4 家企业使用的海燕、丹凤、雄鸡注册商标，被福建省工商局评为福建省著名商标。

1998 年，区境厦门中药厂和厦门华顺食品工业有限公司等企业的鼎炉、安井商标被评为福建省著名商标。1999 年，厦门星鲨实业总公司、厦门淘化大同实业公司和厦门工程机械股份有限公司等企业分别使用星鲨、海堤和厦工 3 个商标，被评为福建省著名商标。

2000—2002 年，开元区有省著名商标 6 个（丹凤、海堤、黎姿、思文、明发、舒友）、市著名商标 10 个。思明区创省著名商标 2 个（金鹭、建发），创市著名商标 7 个。2002 年底，开元、思明区共有福建省著名商标 25 个、厦门市著名商标 17 个。

2003 年 10 月，区政府决定每年拨专款 50 万元设立名牌商品扶持资金，用于扶持和奖励企业争创驰名、著名商标。

2007 年，思明区有“爱得利 IVORY”“黑眼睛”“万杰隆及图”“图形/金鹭”4 个中国驰名商标，44 个福建省著名商标，73 个厦门市著名商标。

二、广告管理

（一）广告监督

中华人民共和国成立初期，广告多以配合政治宣传为内容。“文化大革命”期间，各种户外广告被政治标语和口号代替，报纸、电台也不刊播广告。中共十一届三中全会以后，广告业逐步恢复和发展。三区工商局对广告管理始于 1982 年。

1983 年，根据国务院办公厅《关于加强广告宣传管理的通知》和市工商局《关于禁止烟、酒广告的通知》，查处虚假广告和非法经营广告，禁止卷烟及烈性酒做广告，加强对各种奖券广告的管理。

1986 年，依照国家工商局《关于清理广告宣传，整顿广告经营单位的几点意见》，查处一批承接“三证”（注册商标印制证明、注册商标印制委托书和广告印制许可证）不全的印刷业企业。依照国家工商局和卫生部联合发布的《食品广告管理办法》，清查非法印制食品印刷广告。三区工商局收缴非法印刷广告 1. 8 万份。依照国家工商局《关于整顿广告经营秩序，加强广告宣传管理的通知》，清理查处虚假、违章广告及非法经营广告，取消不具备条件的单位广告经营权，拆除违法设立户外广告牌 1282 块。依照市工商局《关于加强有奖销售广告管理的通知》，整治有奖销售广告中非法行为。三区工商局立案查处 7 起违法案，查收非法印制的广告品 2. 4 万份。

2000 年 7 月，重点对户外广告、违法散发印刷品广告、超越经营范围承揽制做广告业务等进行清理整治。三区共收缴违法印刷品广告 1. 8 万份，拆除虚假、夸大等违法户外广告 2750 块。

2001 年，清理整顿保健食品、药品、房地产业、餐饮娱乐业、医疗服务等方面的虚假广告。开元工商局拆除违规广告 745 块，收缴非法宣传品 0. 8 万张，查扣擅自使用中国驰名商标“雕牌”牙膏 413

支，查处非法制售“假金门高粱酒”案，罚款15万元。

2002年，重点检查主要商业街、农贸市场、专业市场、大型超市、旅游购物场所的商品标识、商品广告。三区工商局拆除违规广告牌573块，收缴违法印刷品广告1.5万份。

2003年，三区工商局设商标广告监督管理科，建立湖滨北路和禾祥西路2条广告示范街。2003—2007年，围绕“9·8”投洽会、厦门国际马拉松赛、创建全国文明城区、诚信一条街创建、防抗台风、重大节日等，开展12次专项整治，全区强制拆除违规广告3013块，补办手续351块，查处非法经营广告企业153家。

（二）发布与审批

1985年，根据市工商局《关于禁止烟、酒广告的通知》，从7月1日起，禁止卷烟及40度以上（含40度）烈性酒做广告。1986年，重新审核商标广告印制企业资质，三区有11家印刷企业资质审核未过关。1988年，执行国家工商局《广告管理条例施行细则》，户外广告设置前，由区工商局对设置地点协助勘察；对不符合有关规定的不予批准。1991年，实行商标广告印制审查员制度。1989年，市工商局与市广协联合举办“厦门市首届商标广告展示艺术周”系列活动。1992年，中山路霓虹一条街工程，区境广告企业制作60多座霓虹灯和灯箱广告。

1995年，《中华人民共和国广告法》颁布。市工商局将部分广告监管权下放到工商所，实行户外广告三级管理制。三区分局选送27人参加国家局、省、市局业务培训班。2002年，市局授权工商所负责辖区店面建筑物控制地带以核准登记的企业名称或经营范围为主要内容的50平方米以下店招、小型灯箱登记申请的受理、审批及核发户外广告登记证。2004年起，工商所负责对区境橱窗、彩旗、条幅等形式设置的户外广告进行备案。

2007年，区工商局根据《厦门市工商系统工商行政管理所监管店招广告实施办法》，广告监督扩大到依附于店面的墙体、屋顶上的户外广告申请、审批和发证等。

第六节　查处经济违法行为

一、打击投机倒把和走私贩私

抗美援朝期间，不法工商业者在加工订货中偷工减料，在市场粮油布供应上，大肆囤积居奇。三区政府和市工商局查处一批投机倒把工商户。1951年10月，市政府颁布《厦门市加强市场管理、取缔投机商业暂行办法》，三区政府进一步打击投机倒把，取缔一批投机商行，执行全市统一的销盐价格。1953年，为限制投机商行的发展，配合市工商局完成商行换证工作。

1962年10月，三区从公安、工商、税务、海关、市管等部门抽调干部，组成打击投机倒把办公室，开展打击倒卖国家统购统销物资和工农业生产资料等行为。

“文化大革命”开始后，工商管理部门无法正常工作。1975年6月5日，市“市管会”提出依靠群众打击投机倒把，恢复对经济领域违法行为的打击。1976年，组织干部、军人和街道骨干，在车站、码头、水陆交通要道，开展打击投机倒把的行动。重点打击套购倒卖粮、油、化肥、木材等国家统购统销物资和工农业生产资料及伪造与倒卖票证等违法行为；取缔“地下”工厂、“地下”商店、“地下”建筑队和黑屠户。

1980年4月厦门市对外开放，厦门至香港客轮开通后，大量电视机、收录机、电子计算器、手表等物品从境外流入，进入黑市交易。三区工商部门配合海关、公安等部门加强市场管理，严厉打击走私、倒卖进口物品的违法行为。

1981年，根据国务院《加强市场管理，打击投机倒把活动》和市政府《关于开展打击走私投机倒把工作的通知》要求，三区工商行政管理科配合市工商局开展打击投机倒把行动。开元、思明区工商局于1983年分别组建陆上缉私队。1984年，思明区工商局陆上缉私队查获走私手表650只、三用机4台、进口日用品1199件，上缴罚没款6万多元。

1982—1986年，三区工商局共查处各类投机倒把、走私贩私案件2364件，总案值204.91万元。其中，鼓浪屿区查处127件，罚没67.3万元；开元区查处1242件，案值87.2万元；思明区查处992件，罚没50.41万元。

1987年9月，根据国务院颁发的《投机倒把行政处罚暂行条例》，三区组建执法队伍，从清查、取缔无证经营入手，打击走私贩私、投机倒把活动，整顿市场秩序。

1989年7月起，贯彻中共十三届三中全会“治理经济环境，整顿经济秩序”精神，重点打击进口旧服装、非法出版音像制品和收缴禁书。三区共收缴、烧毁进口旧服装2.57万件、非法出版音像制品近4万盒、禁书15572本。

1992年，三区检查、打击贩卖非法录像带和免税进口电器等。开元区工商局查获一起倒卖外汇案，案值140万元。

1994年，贯彻“全国打击走私会议”精神，开展打假、扫除淫秽现象、取缔私货市场和切断私货流通渠道等行动。思明区工商局查获走私港币824910元、美元107461元、外汇券41675元，向公安机关移送倒卖外汇违法人员2人。

1987—2002年，鼓浪屿工商局查处走私贩私、投机倒把违法案件206件，总案值41.94万元，罚没款40万元。思明区工商局查处走私贩私、投机倒把违法案2698件，总案值100.2万元，罚没款942.25万元。开元区工商局查处走私贩私、投机倒把违法案件3424件，总案值130.3万元，罚没款1233.24万元。

2003年，区工商局查处的走私贩私和投机倒把案件仅9件，占全年查办各种案件总数3%（此后不再单独统计）。

二、打击制售假冒伪劣商品行为

1982年，鼓浪屿区工商局查处假冒伪劣商品案107件，价值5.25万元。1985年，思明区工商局查处贩卖假冒伪劣产品案17件。

1990年后，假冒伪劣案件大幅增加。1995年5月，三区工商分局各成立“打假”领导小组。鼓浪屿区查处假冒、伪劣案件50件，价值2.75万元。开元区查处假冒伪劣商品制售案件113件，查扣假烟1937条，假酒5900瓶，盗版录像带10800盒，CD、LD激光唱片918盒，变质饮料18520瓶，冒牌茶叶300公斤，冒牌方便面53箱及大量“三无”食品，价值100万元，罚没金额9.8万元。思明区查处假冒伪劣案件53件。

1998—2002年，鼓浪屿区查处假冒伪劣商品案561起，总案值112.94万元，罚没款100万元，没收并销毁各种假冒伪劣商品总价值40万元。开元区查处假冒伪劣商品案427起，总案值630万元，罚没款63.7万元，没收并销毁各种假冒伪劣商品总价值200万元。思明区查处假冒伪劣商品案472件，总案值454.94万元，罚没款159.98万元，没收并销毁各种假冒伪劣商品总价值120万元。三区分局查获假冒伪劣及三无商品有烟、酒、牙膏、槟榔、服装、皮具、进口手表、化妆品、洗发水、制冷氟剂、盗版图书、派克笔及笔芯、各类变质食品、旧电脑、摩托车等近百种。共检查酒类企业876家，查获盗版案件19件、假冒案件98件，查获盗版电脑光盘12466片、过期饮料及罐头458件。总案值96万元，罚没总金额15.58万元。其中，2000年，三区工商局配合全市“万人打假大行动”活动，重点打击假冒伪劣、走私贩私、合同欺诈、商标侵权、虚假广告、制黄贩黄、非法出版物等。7月，成立娱乐服务场所专项治理领导小组，组织公安、工商、消防等部门，联合对歌厅、舞厅、卡拉OK厅、美容美发、酒吧、网吧、茶馆等娱乐服务场馆进行检查。三区查处制售劣质或侵权香烟、冰棒、“高露洁”牙膏、洗洁剂、地沟油等窝点13家。开元分局发出整改通知书491份，取缔无证照64家，吊销证照17家；思明区内414家娱乐服务行业场馆，确认308家、不确认106家。2001年，开展以旅游消费品为内容的专项整治，重点打击食品饮料、粮食市场、茶馆、酒吧和文化娱乐场所中的非法行为。思明区查处制售假冒伪劣商品案50件，查获违法物资案值25万元，罚没款18.41万元。

2006年，鹭江工商人员捣毁制假售假窝点并销毁假货

2003年，在抗击“非典”期间，区工商局检查食品加工经营企业、餐饮业、娱乐场所等6328户次、校园食堂47个，对违法违章企业发出整改通知书342份，立案查处35件。是年，共查处各类经济违法违章案295件，案值1121万元，罚没入库117.75万元。查获假冒名牌香烟、品牌服装、品牌箱包、“三星”手机、翻新手机等假冒或无合法来源的商品1639件（箱）。

2004—2007年，区工商局先后开展打击黑网吧、红盾行动、反盗版百日行动、节假日食品市场专项整治、保护注册商标专用权、整治危险化学品、规范碘盐市场等52项整治。其中，大规模专项行动22次，出动执法人员4.78万人次，车辆1.65万台次，检查商家104478家，发现违法违章行为的商家（店）7059家，责令改正4995家。捣毁制假窝点18个，查获旧服装8842件，假冒香烟6.82万条、假冒洋酒12159瓶、黑心棉被（芯）150床、假冒品牌皮包皮带1400件。分3批销毁价值2101万元的假冒、伪劣商品。其中，2004年2月，销毁假冒“万宝路”“中华”“熊猫”“555”“七匹狼”等10多种品牌10多万条卷烟和1102公斤劣质烟丝和滤嘴棒、盘纸等制烟原料，案值2000多万元。立案查处办结各类经济违法案1480件，总案值2287.72万元，罚没款1069.35万元。

三、查处不正当经营

（一）查处不正当竞争

1993年，三区工商局经济监督管理中心转移到保护社会主义市场经济秩序上来，以查获大案为突破口，打击不公平竞争行为。1994年，区分局开展行政执法大检查，重点检查《中华人民共和国反不正当竞争法》《中华人民共和国消费者权益保护法》《中华人民共和国公司法》及《公司登记管理条例》《厦门市户外广告管理规定》等法律、法规的贯彻执行情况。

1996年，开元分局查处不正当竞争案件3件，其中百万元以上特大案件1件。思明工商管理分局查处违反《中华人民共和国反不正当竞争法》案件8件，罚没款2万元。1997—2002年，三区分局共查处不正当竞争案件44件，罚没23.25万元。

2003—2004年，区工商局共检查5000多家企业，整改不公平竞争问题38项。

2006年，根据国家工商总局关于打击商业贿赂的通知精神，区工商局以旅游行业为突破口，集中整治商业贿赂行动。是年5月，查处全市第一起导游带客购物的商业贿赂案件。全年办结商业贿赂案件13件，罚没款29.68万元，案件类型包括代销机票、导游带客购物、医药采购、广告招标、工程招标、汽车销售、肉制品经销的回扣等。

2007 年 7—8 月，查处办结 2 起旅游商业贿赂案。第一起为某酒店管理有限公司霞溪路分店通过账外暗中给导游回扣拉客源，被罚款 1.2 万元；第二起为北京某保健食品有限公司厦门分公司，采用给导游回扣手段促销产品，涉案金额 12.8 万元，被处没收 3.3 万元违法所得，罚款 2 万元。

（二）打击传销活动

1997 年，国家工商总局颁布《传销管理办法》，三区工商分局将传销纳入打击的重点。开元分局取缔广东中山理科虫草公司“理科虫草王”传销培训活动。思明分局取缔日本仙尼蕾德非法传销活动和先成高科技有限公司净水器非法传销活动。2002 年，开元分局查获首起以签订产品购买合同为名的变相传销案件，涉案值 170 万元，发展人员 60 多人，监督违法当事人退清非法收取的购货款。

2003 年，思明区工商局查处 2 起变相传销案件，其中一起为“京谊防辐射衣”变相传销；另一起为沈阳皓安集团厦门分公司变相传销案（该公司以传销方式销售产品，刚做成 8 单 3 万多元货款生意，就被查获并取缔）。2004 年，取缔“武汉瓜拿纳集团第四期业务指导训练营”（变相传销违法行为）。2005 年 5 月，区工商局与公安部门联手，取缔一起以交费加入“日新书吧”看图书作幌子，发展下线提取奖金的传销案件。从交钱入会、发展会员、领取奖金，全过程都通过互联网进行，是发生在思明区首例网络非法传销案。2006 年 11 月，取缔“月月爱”卫生巾传销讲座，当场遣散人员 700 余人，查扣用于传销的“月月爱”卫生巾 30 盒、注射器 2 箱 1000 支、宣传支架 12 套，以及大批入会授权书、申请表、宣传光碟、杂志和会标等物品。

四、维护消费者权益

（一）受理投诉

1998 年 3 月 15 日，市工商局“12315”指挥中心正式成立，三区工商管理分局也成立“12315”消费维权台，消费维权工作规范化。工商部门在华联商厦、来雅百货等 15 个商场建立“12315”投诉点。

1998—2002 年，鼓浪屿区 12315 投诉台受理消费者投诉 456 件（年平均办结率 99.8%），为消费者挽回损失 5.51 万元，接待咨询 385 人次；开元区 12315 投诉台受理消费者投诉 5916 件（年平均办结率 98.2%），为消费者挽回损失 375.68 万元，接待咨询 2974 人次；思明区“12315”投诉台受理消费者投诉 4341 件（年平均办结率 98.5%），为消费者挽回损失 202.4 万元，接待咨询 1910 人次。

2003 年，“12315”维权网向社区延伸。区工商局“12315”投诉台年受理消费者咨询、申诉 6000 多件。2004 年，区“12315”维权服务点处理投诉 1200 件。

2005 年，深田、思南、槟榔、文灶 4 个社区建立消费维权站。2006 年，扩大消费维权网络，在商场、集贸市场、旅游景点和社区设立投诉网点。至年底，区境“12315”消费维权服务站点 373 家，其中街道设服务站 10 个、社区居委会设服务点 95 个、商场超市设服务点 51 个、物业设服务点 40 个、学校设服务点 15 个、旅游景点设服务点 10 个、集贸市场设服务点 44 个、其他行业（酒店、餐饮、商贸、美容美发行业，家装及连锁企业等）设服务点 108 个。是年，思明区“12315”共调解处理消费者投诉 5847 件。

1998—2007 年，区境共受理消费者投诉 38559 件，挽回经济损失 1510.27 万元，其中 2003—2007 年，受理消费者申诉 26571 件，办结 26199 件（办结率 98.6%），咨询 2.86 万件，挽回消费者损失 1479.19 万元；消费者委员会受理投诉 1275 件，挽回经济损失 31.08 万元。

（二）查处案件

1998—2002 年，三区工商部门投诉台查处违法经营案件 421 件，没收并销毁假冒伪劣商品总值 40 万元。

2003 年“非典”期间，思明分局“12315”投诉台根据群众举报，查处假冒医用劣质口罩 3 万个，对有关企业处罚款 2 万多元。

2007 年，开展专项整治 86 次，检查超市、商场、宾馆、酒家和娱乐场所 1691 家（次），查处违法案件 12 件，查获假冒伪劣商品 1.24 万件，总案值 406.14 万元。

第四章　物价管理

第一节　管理机构

一、三区管理机构

鼓浪屿区物价检查所　1985年5月成立，编制3人（2003年9月仍然）。

开元区物价检查所　1985年5月成立，编制6人（2003年9月仍然）。

思明区物价检查所　1985年5月成立。同时，成立区物价委员会，实行“两个牌子一套班子”管理体制，编制5人。1997年3月，区物价委员会撤销；9月，撤销区物价检查所，物价检查职能由区计统局计划科负责。

二、三区整合后思明区管理机构

2004年1月14日，整合成立思明区物价监督检查所，行政隶属思明区发展和改革局，为全民事业单位，编制11人。2005年1月10日，区物价监督检查所加挂“思明区价格监测中心”牌子，增编制3人。2007年，思明区物价监督检查所人员，实有15人。

第二节　价格监督监测

一、物价督查

1949—1955年，三区工商部门负责对市场物价的日常检查，对象主要是私营工商业，检查重点是金银、粮食、棉布等。

1956—1965年，价格督查的重点逐步转向统购统销价格的审价和监督，对象包括国营企业、合作社等。实施督查的主体是市物价委员会和区各业务主管部门，查出问题以责令纠正价格错误为主。

1966—1978年，物价处于冻结状态，价格督查时断时续，物价管理部门的主要工作是“维持冻结价格”。1979—1984年，冻结多年的价格开始松动，并逐步调整与放开。多种价格形式与平价转议价、双轨价等过渡性价格形式出现，促进经济改革和价格改革的发展。

1985年5月，三区成立区物价检查所。价格检查采取专职检查结合社会监督、日常检查结合突击检查、专项重点检查结合年终大检查的方式。

2004年1月，区物检所贯彻国家发改委实施诚信价格的指示，开展专项检查。在元旦、春节、“五一”劳动节、国庆节和国际旅游节、第二届国际马拉松比赛、“9·8”投洽会等节假日和重大活动期间，对区境商家进行明码标价检查，规范价格行为。开展涉农公示和农资价格、医疗收费、药品价格、教育收费专项检查及防治高致病禽流感市场监管。是年，区物检所处罚价格违规单位83家，罚款109410元，没收款3223285元，退还消费者123972元；受理投诉举报件115件，结案110件，罚款8900元，没收74088元，退还消费者9241元。

2005 年，区物检所查处价格违法案件 95 件，罚款 130496 元，没收款 854089 元，退还消费者 489752 元。其间，查处价格欺诈案件 5 件，罚款 64696 元，没收 2106 元，退还消费者 11252 元。“12358”投诉台受理法律法规、政策咨询 81 件，价格举报投诉 101 件，立案处理 20 件，罚款 55100 元，没收 7115 元，退还消费者 8730 元。

2006 年，区物检所开展对教育、医疗、通讯行业、旅游景点、节日期间购物市场收费的专项检查。全年查处价格违法案件 69 件，罚没款 50.12 万元（上缴区财政）。“12358”投诉台受理法律法规、政策咨询 121 件，价格举报投诉 132 件，立案处理 11 件，罚款 9660 元，没收 7474 元，退还消费者 14711 元，结案率 100%。

2007 年，区物检所开展教育收费、医疗收费及婚纱摄影、航空票务代理、物业公维金收费等专项检查。查处价格违法案件 30 件，退还消费者 64042 元，没收 326095 元，罚款 20630 元；受理投诉举报件 70 件，其中立案查处 12 件，退还消费者 18110 元，没收 697 元，罚款 2500 元，上缴区财政 348619 元。

1994—2003 年三区物价督查处理统计表

表 22-4-1

年份	案件数（件）			退款（元）			没收（元）			罚款（元）		
	鼓浪屿	开元	思明	鼓浪屿	开元	思明	鼓浪屿	开元	思明	鼓浪屿	开元	思明
1994	18	84	158	1000	83000	—	—	—	7500	1940	—	5800
1995	90	—	23	2540	—	900	46600	—	37000	41000	—	5700
1996	40	80	4	750	691354	7000	—	301997	65000	120800	191800	1200
1997	55	35	19	2100	447319	200	6300	20558	—	24300	158786	10700
1998	40	76	13	2600	558076	31100	48300	37796	—	17700	104184	135600
1999	45	64	5	17400	251800	24300	65400	197500	8000	5800	29600	—
2000	28	87	18	78400	750200	223800	53500	216100	92400	9380	84000	—
2001	30	59	34	5970	237662	59700	17430	475299	18300	1100	44500	—
2002	35	29	—	5749	135300	—	36105	125500	—	4000	19100	—
2003	13	75	—	1838	—	—	126447	—	—	400	—	—

二、行政事业收费管理

1987 年，根据《福建省行政事业性收费管理规定》，三区物价检查所承担区境福建省行政事业性收费许可证的发放。

1992 年，经省物价委员会授权，三区物价检查所承担区境福建省经营性收费许可证的发放。

1993 年始，根据福建省人民政府办公厅《关于转发〈福建省行政事业性收费许可证管理办法〉的通知》，三区对行政事业性收费单位进行年度清查审核，规范管理。

2000 年，根据厦门市《关于规范社会力量办学收费的通知》，三区物价检查所对区境民办中小学、幼儿园和培训班实行收费报备制度。2001 年，根据厦门市《关于饭店客房价格实行市场调节价管理的通知》，三区对区境二星级以下饭店、宾馆、酒店、旅社、招待所、培训中心等实行备案管理制度。

2004 年，区物检所召开“思明区义务教育阶段学校‘一费制’杂费标准调整听证会”（为全市首例）。区物检所严格依照《政府价格决策听证办法》程序进行，获得市物价局和区政府的好评。

2005 年 8 月 10 日，区政府召开“思明区调整公办幼儿园收费标准论证会”；8 月 29 日，市物价局、市财政局、市教育局联合发文，决定适当调整思明区公办幼儿园收费标准。是年，区物检所对223家行政事业性收费单位进行年审，换证208本。

2006年，区物检所采取自查与抽查、集中年审与个别审验相结合的方式，对214家行政事业性收费单位进行年审。

2007年，区物检所采取自查与抽查、集中年审与上门年审相结合，个别单位个别审验的方式，对99家区属行政事业性收费单位进行年审。

三、价格监测

2005年1月，区价格监测中心开始对与居民生活密切相关的商品价格进行监测。

2006年，区物检所设立黑色金属、水泥、玻璃等建材的价格监测采价点，全面、及时地采集境域主要建筑用材装饰安装及其他监测品种的价格信息，并于每月5日、15日、25日上报市价格监测中心。

2007年8月，区物检所开展价格监测进生鲜超市的工作。以3家生鲜超市为采价点，按规定内容提供真实可靠的旬报数据，对食用油、副食品、肉禽蛋、水产品、蔬菜、水果6类48种食品价格变动情况进行跟踪、采集、分析、预测，并在“968180社区服务网”公布。是年，区物检所监测中心不定期地对监测点进行市场巡视、数据核查和检查指导。建立原始台账和档案，实现价格监测工作的制度化、规范化和科学化管理。

第三节　宣传与服务

一、宣传价格政策法规

1985年起，三区物价检查所结合价格改革的实施，以发放法律宣传材料、举办讲座和开设咨询服务电话等形式，深入基层、社区，开展物价政策宣传服务活动。1995年起，三区物检所利用每年“3·15”消费者维权日，配合消协、工商等部门，接受市民关于价格、收费方面咨询和投诉。1998年，实施《中华人民共和国价格法》后，每年5月8日为物价宣传日，均开展宣传活动。

2003—2007年，区物检所加强价格法制宣传，在每次处理价格案件过程中，做到既保护群众合法权益，又宣讲政策法规，提高群众抵制价格违法行为的能力。结合“价格服务进万家”活动，向社会各界宣传价格法律法规知识。

二、价格服务

2005年起，区物检所贯彻《福建省物价局关于福建省价格服务进万家工作意见通知》，根据区情，开展以价格服务进社区、进校园、进医院、进企业、进景区、进商场的“价格服务进万家”活动。厦禾社区率先开展“价格监督进社区”试点工作。借助社区“968180”服务网站，将水、电、燃气等价格和教育、医疗卫生、物业服务及相关行业性收费政策，向全社会公示。在“968180价格服务”网页上设立“企业风采”栏目，定期上门征求企业对价格服务的需求。

2006年2月，区物检所和市物价局联合开展“价格服务进名街”试点。打造中山路“价格诚信一条街”，对沿街商家员工进行价格法律法规培训，规范其价格行为。

2007年，区物检所与开元街道联合在禾祥西路（开元段）开展“价格服务进名街”活动，为沿街800多家商店提供价格法律法规服务。区物检所分别在鼓浪屿和胡里山炮台开展“价格服务进景区”工作。与鼓浪屿景区21家餐饮企业经营者签订行业守则责任书，并建立景区价格服务回访制度。在区属各中学、小学、公办幼儿园开展“价格服务进校园、教育收费讲诚信”活动，建立健全校园收费公示制度。在思明区医院开展“价格服务进医院”试点活动，协助医院建立健全药品和医疗服务价格管理制度、医药价格公示查询制度、收费一日清单和出院病人医药费用签字认可制度、医院内部价格检查制度等。同年，区物检所在“968180价格服务”网页上开设“价格信息服务平台、问题反馈平台、企业交流平台、价格投诉快速处理平台”，帮助企业健全内部价格管理制度，完善消费价格投诉的受理机制。同时，开展以“增强价格自律意识、彰显良好经营道德”为主题的价格诚信A级单位评选活动。其间，授予122家单位为思明区“价格诚信A级示范单位”。

第五章　质量技术监督管理

第一节　管理机构

一、开元、思明区管理机构

开元区技术监督所　1988年，成立区计量检定站，编制3人。1992年，成立区技术监督所，编制5人。

思明区技术监督所　1988年，成立区计量检定站，编制3人。1992年，成立区技术监督所，编制6人。

二、三区整合后思明区管理机构

思明区质量技术监督所　2004年1月，开元区、思明区技术监督所整合为思明区质量技术监督所，加挂“思明区计量检定站”牌子，编制11人。2006年，加挂“思明区酒类管理站”牌子。2007年，工作人员7人，其中工程师3人、助理工程师2人、合同工2人。

第二节　计量管理

1949年10月以前，区境计量所用度量衡器主要有木杆秤、竹木直尺、量提等。1950年后，度量衡检定由市场管理委员会负责管理。1962年，成立厦门市计量标准管理站，负责区境所有计量管理事务。

1984年2月27日，国务院发布《关于在我国统一实行法定计量单位的命令》，区境推行国家法定计量单位，废除市制、限制英制计量单位。1985年9月6日，《中华人民共和国计量法》颁布，市计量标准管理站组织宣传、执行。1988年，开元、思明区计量检定站开展一系列检定、抽检和计量监督工作，确保工商企业及小商贩计量器具的准确性，保证消费者权益不受伤害。开元区计量检定站于1989年7月和1994年5月分别建立“精密压力表标准装置”和“四等砝码标准装置”两项社会公用计量标准器具，推广使用。

1994—1995年，开元区计量检定站对直接使用衡器类计量器具的单位、个人，实行强制备案的制度。其中，商场、超市、商店、酒楼、药店等商家登记备案经营户170家，农贸市场12个，案秤、台秤、电子秤、戥秤等计量器具共1800多台（件），建立动态管理数据库，对企业计量器具的公平性进行有效地监督管理。

1998年，思明区技术监督所对商业企业经销的冷冻食品、大米、方便面、茶叶、饮料等定量包装商品154批次进行抽查。其中，国有企业抽查18批次，合格率72%；集体企业抽查77批次，合格率74%；个体私营企业抽查59批次，合格率72.9%。

1999年，对商业企业经销的定量包装商品进行计量监督抽查164批次。其中，国有企业抽查10批次，合格率90%；集体企业抽查47批次，合格率89.4%；个体私营企业抽查107批次，合格率56.1%。

1999—2002年，三区技术监督所对列入国家强检目录的计量衡器、压力表等计量器具进行检定，共检定15764台（件）。

2003年后，思明区质监所对区境企业被列入国家强检目录的计量衡器和压力表进行检定。至2007年，共检定3880台（件）。

第三节　标准化管理

1979年9月，市成立标准局，三区企业标准化生产由其负责管理，企业单位配备标准化生产管理人员。

1992年，开元、思明区技术监督所加强对企业标准化生产管理。1997年，思明区被确定为福建省第三批“消灭无标生产”试点区。思明区成立消灭无标生产工作领导小组，下设办公室。区质监所严格按照《全国消灭无标生产试点县实施方案》开展工作，产品标准覆盖率由试点前69.8%提高到98.6%；产品监督抽查合格率由试点前90.4%提高到95.33%，符合国家“消灭无标生产”试点区验收要求。1998年8月，思明区通过“全国消灭无标生产试点区”的验收。

1999年，思明区被国家质量技术监督局授予“全国‘消灭无标生产’县（市）”称号；被厦门市技术监督局授予“企业标准化先进集体”称号。至2001年，思明区举办贯彻《中华人民共和国产品质量法》《厦门市产品质量监督管理条例》《中华人民共和国标准化法》《中华人民共和国计量法》等学习班、培训班、讲座29场，参加者8315人次。三区政府举办经济管理培训班，对公务员、企业厂长经理、商会副会长、民营企业家进行质量管理培训。每年“世界标准化日”“世界计量日”“质量月”等活动日，举办知识问答、猜谜、假货识别、现场咨询等活动，广泛开展《中华人民共和国产品质量法》《中华人民共和国标准化法》《特种设备安全监察条例》等法律法规宣传服务。

2003年10月三区整合后，思明区质量技术监督所指导企业加大技术进步力度，消灭“无标生产”，严格执行国家强制性标准。至2005年底，全区通过质量体系认证并获得名牌产品称号的企业总数154家，企业产品标准覆盖率95%。

2007年，继续推进标准化工作，指导企业采用国际标准进行生产，扶持培育争创名牌，颁发年度质量专项奖。

第四节　质量管理

一、查处劣质产品

1950—1994年，区境一些重点化工产品和工厂投产前的新产品送市工业局中心化验室进行质量鉴定。1995年11月1日起，执行《厦门市产品质量监督管理条例》，开元、思明区质量技术监督所行使对区境产品质量监督权。

1997年，区质监所对218家经营易燃易爆、有毒有害的化学危险品和“三无”汽车配件的商家进行查处。查处案件货值46.4万元。

2001 年，区质监所对有质量问题的商品进行专项质量监督，捣毁 2 处售假窝点，查获假烟货值 3 万余元，并发现售假存贮仓库，其中假冒阿诗玛、恭贺新禧、红双喜、牡丹牌香烟 307 条。

2004 年，区质监所加大对食品质量安全的执法力度，开展保护知识产权、酒类与化妆品生产许可证及学校周边餐饮监管等专项整治。全年办理行政案件 85 件，罚没款 39.86 万元；销毁侵犯知识产权等假冒、伪劣产品 3316 件，货值 7.46 万元。

2005 年，区质监所查处违法案件 5 件，销毁污染食品 1500 公斤。对区境食品添加剂生产企业进行专项检查，调查 4 家无生产许可证的企业，总案值 22 万元，处罚没款 14 万元。11 月 7 日，商务部颁布《酒类流通管理办法》，翌年 1 月 1 日正式实施。此起，思明区酒类管理站为酒类经营商家免费办理厦门市酒类商品零售登记证，建立动态管理数据库。

2007 年，在中山路步行街开展以“关注酒类商品质量，就是关注您的生命和健康”为主题的《酒类流通管理办法》实施一周年暨中外名优酒展示宣传活动。组织五粮液、茅台、金门高粱等酒类经销商参与活动，帮助市民鉴别假酒。酒类经营单位签订“诚实守信”承诺书。是年，区质监所结合“3·15”国际消费者权益日、社会治安综合治理宣传月等活动，制作、印发酒类管理宣传资料 0.5 万份；并接受和处理投诉，传授识假辨假知识，进行法律宣传咨询。2006—2007 年，查处假冒伪劣酒类商品，罚没总值 20 万元。

1993—2007 年，质监部门办理行政案件 3096 件（其中大案要案 5 起），罚没款 575.88 万元。

二、创优质品牌

1996 年 12 月起，三区贯彻国务院《质量振兴纲要》，鼓励工业企业提高产品质量，生产优质名牌产品，赶超国际先进水平。

1998 年 3 月，思明区被确定为福建省“质量立区”试点区，成立以分管副区长为组长，由经贸局、科技局、财政局等 16 个单位组成区质量立区领导小组；6 月，思明区政府出台《质量立区实施方案》，明确质量立区主要目标和分期目标。1999 年，三区对企业进行登记摸底，建立企业产品质量档案，为区政府掌握企业产品质量，进行宏观决策打基础。

2001 年，思明区技术监督所筛选一批企业作为创中国名牌产品、中国驰名商标重点培育对象，并邀请市工商局和市质量技术监督局领导和专家指导创名牌工作。

2003 年 10 月三区整合后，区政府及时调整质量立区领导小组，由区长任组长，成员扩大到 27 个单位一把手组成。

2005 年初，区政府召开“实施名牌发展战略专题讲座”，全区有关职能部门、街道分管领导及区培育名牌计划重点扶持企业负责人 50 多人参加，提高企业品牌意识和创名牌热情。

2007 年 7 月，区政府召开 2005—2006 年度思明区质量立区工作表彰大会，对获得 2006 年名牌产品、著名商标等称号的企业进行表彰。其中，厦门优佳丽服饰有限公司代表名牌产品获奖企业，厦门市奇奇保健食品有限公司代表著名商标获奖企业分别作典型经验介绍。当月，实施品牌战略专题讲座（30 多人参加）首次在同安工业集中区思明园举办，邀请市工商管理局商标处、市质量技监局质量处等专家授课。分析品牌发展前景；研究品牌经营现状；提出实施品牌发展战略的路径及举措。

至 2007 年，全区有 2 家企业产品获中国名牌，6 家企业产品获中国驰名商标，29 家企业产品获福建省名牌，58 家企业产品获福建省著名商标，78 家企业产品获厦门市著名商标；120 家企业通过 ISO 9001质量管理体系认证。思明区连续 3 次被国家质检总局授予“全国质量兴市先进县（市、区）”称号。

第六章 安全生产监督管理

第一节 管理机构

2002年12月至2003年1月，鼓浪屿区、开元区、思明区按照省、市政府要求，相继成立区安全生产监督管理局。

2003年10月三区整合，成立思明区安全生产监督管理局，与区经济发展局合署办公。正处级单位，编制10人。设综合科、监察一科、监察二科。2004年1月，成立思明区安全生产监察大队，为全民事业单位，隶属区安监局。2005年3月3日，滨海街道安全生产监督管理站成立；年底，全区10个街道均成立安监站，每个安监站配3人以上安全生产监管员。各社区居委会至少配1名安全员。2006年10月，区安全生产监察大队更名思明区安全生产执法大队。2007年，区安监局编制13人。

第二节 宣传教育

中华人民共和国成立初期，区境企业普遍存在重生产、轻安全的现象。1950年12月起，三区劳动部门通过事故检查，教育工人和企业负责人，安全工作逐渐得到重视。1952年，贯彻第二次全国劳动保护会议提出的“安全生产”方针。是年8月，三区有100人参加市级培训班，培训第一批企业安全工作骨干。1954年，根据劳动部《关于进一步加强安全技术教育的决定》，对新招工人进行安全教育，考试合格方准独立操作；对从事危险性工作者，进行特殊安全操作培训。

1963年，贯彻国务院《关于加强企业生产中安全工作的几项规定》，企业在组织各种业务技术学习训练时，将安全技术列为必修课程，并建立经常性考试制度，坚持每周一次（或半月一次）的“安全活动日”制度。对从事电气、起重、锅炉、受压容器、焊接、车辆驾驶、爆破、瓦斯检验等特种作业工人，进行专门的安全操作技术训练。

1966年“文化大革命”开始，安全生产管理和教育制度被废除。1970年，中共中央发出《关于加强安全生产的通知》，由于安全管理机构被撤销，中央精神得不到落实。1975年，三区革委会分别成立安委会或安全领导小组，恢复开展安全生产宣传教育活动。

1980—1984年，每年5月，三区均开展以“消除隐患、遵章守纪、安全生产、文明生产”为主要内容的“安全月”活动，增强职工的安全意识。

1987年6月，三区组织企事业单位职工参加安全知识竞赛。

1991年，三区执行安全生产目标管理责任制36项目标。此起，每年5月中旬，均开展以“安全第一、预防为主、遵章守纪、勿忘安全、不伤害他人、不伤害自己、反违章、压事故、保障安全”为主题的“安全生产周”活动。

2000年后，三区以“安全生产月”“119消防日”“交通安全日”等为载体，开展学安全法、唱安全歌、做安全事、当安全人的活动。加强安全生产教育培训，落实持证上岗制度；组织企业负责人及一线管理人员参加安全培训，开展安全生产知识技能竞赛，提高安全生产管理能力。

2004年5月，以“以人为本，安全第一”为主题，组织企业、社区、学校等开展宣传教育活动。

举办首届区消防运动会，全区机关、企事业单位52个代表队346名干部职工参加消防技能运动比赛。

2005年，以“遵章守法、关爱生命”为主题，开展第四个安全生产月活动。在白鹭洲举行安全文化宣传演出；组织482名机关干部、企事业人员观看安全教育片《隐患在你身边》《危情血夜》；与区司法局联合组织900名机关干部参加安全生产法律法规试卷问答；组织青年志愿者200人上街督导交通安全。

2006年，区安委会牵头开展以“安全发展，国泰民安”为主题的安全生产宣传10项活动。6月7日，召开2006年安全生产月活动暨安全进社区动员部署会，安监、消防、交警等部门对安全进社区工作做具体部署，下澳、金祥社区介绍工作经验；区安监局、文体局、宣传部等在白鹭洲广场举办专场文艺演出，向街道和企业赠送安全知识读本；制作20个宣传版在各机关和街道轮流展出。是年11月8日，举办区第三届消防运动会。全区8个系统、10个街道和11个公安（边防）派出所共29支代表队150名运动员参加比赛。

2007年，以“综合治理，保障平安”为主题，开展安全生产宣传教育活动。召开“安全进企业培训动员部署会”，邀请消防专家授课；在中山路步行街开展大型安全生产文艺宣传和安全生产咨询活动；组织市民观看《警钟长鸣》《人命关天》等安全教育片；组织安全生产法律法规和安全知识网上考试；组织事故应急救援演练，组织居民、员工到消防教育馆参观学习。

第三节　安全生产管理

中华人民共和国成立后，三区劳动管理部门制定安全规章制度，开展安全教育活动。1958年“大跃进”开始，区街工业“遍地开花”，安全管理被削弱，企业安全技术机构被撤并。1960年起，三区以降低和消灭伤亡事故为中心，开展安全教育、安全检查，加强企业安全管理，健全安全机构和规章制度。

1961—1963年，三区职工伤亡事故大幅度下降。1963年，贯彻国务院《关于加强企业生产中安全工作的几项规定》，进一步加强企业安全管理。

“文化大革命”期间，企业安全生产规章制度被砸烂，安全管理陷于瘫痪。

1978年，三区贯彻中共中央《关于认真做好劳动保护工作的通知》。1982年6月，根据国务院《加强安全生产劳动安全监察工作的报告》要求，三区在企业中普遍实行安全生产责任制。有关部门均配备专职安全技术人员。

1984年后，城区建筑队伍迅速扩大，事故频发。三区劳动主管部门配合市劳动局、监察部门加强施工现场安全监督及施工队伍的安全管理，抑制事故发生。

1992年，三区对生产企业进行安全大检查，提高企业安全管理水平。开元区推行两种以上安全管理项目的企业22家（是市劳动局下达考核指标5家的4.4倍）；对36家生产建筑企业进行现场监察（是市劳动局下达考核指标20家的1.8倍）；对全区企业进行安全检查341个厂次，查出事故隐患365条，整改247条，整改率67%。

1994年，三区加强生产企业现场监察，对危险较大、隐患较多的单位下达整改通知书，限期整改。同时，配合防疫站对35家企业进行卫生检测。开元区对57家企业进行劳动安全生产检查，发出隐患整改通知书400份，督促整改226条，整改率61.5%。处理工伤事故7起（死亡3名、重伤3名、轻伤1名）。在企业中推行“工业安全卫生检查表”等现代化管理方法，预防事故发生。与重点企业签订安全生产责任书，每月检查2～3家企业安全消防工作，发现问题立即整改。

1995—2002年，三区劳动管理部门贯彻全国安全生产工作会议精神，联合区安委办，重点抓好《福建省劳动安全卫生条例》宣传贯彻，强化劳动安全监察。贯彻《福建省职业病防治条例》，联合区卫生局，对各种经济类型企业进行职业卫生监测。

2003 年 11 月，制定《思明区安全生产职责暂行规定》。2004 年 3 月，制定《开展创建安全生产合格街道活动的实施意见》。2004 年 12 月，制定《思明区安全隐患督查转办制度》。区政府每年向各街道各部门下达安全生产目标管理责任书。

2005 年，各街道安全生产监督站对存在事故隐患的生产经营单位，逐一提出整改意见。

2006 年，区政府在元旦、春节、劳动节、国庆节、国际马拉松比赛、“9·8”投洽会等重大节庆和大型活动期间，加强安全生产监督，排查整改事故隐患，遏制重特大事故发生。

2007 年 7 月，区政府在重点行业中开展安全生产隐患排查治理专项行动，督促生产经营单位完善应急预案并开展演练。其间，督促厦门安井实业公司对制冰设备进行更换改造；责令中山路第一市场广告业主单位拆除广告牌排除隐患；开元街道加强对百脑汇工地和民房的安全监测，做到每日一报；筼筜街道对仙岳村私房出租户消防隐患进行大规模综合治理；嘉莲、梧村街道将区境消防隐患记录在案并反馈给相关部门督促整改。是年，全区有 2 个工业区、21 个在建工地、354 家企业、45 家商场、66 所学校、58 个市场开展自查自纠，自查隐患 573 条，整改 527 条，整改率 92%。同时，区安监局、街道安监站和责任部门联合检查公共聚集场所等重点单位 183 家，发出整改执法文书 147 份，复查执法文书 83 份，责成生产经营企业建立健全各项安全生产管理制度。

第四节　执法监督

一、监控治理

2003 年 12 月，成立区安全生产领导机构，制定《思明区安全生产职责暂行规定》《思明区安全生产委员会议事规则》等规章制度。制定《思明区重特大安全事故应急预案》《思明区危险化学品事故应急救援预案》等生产安全突发事件应急处置预案，建立危险源及隐患动态监控制度，配备专职安全员，建成区、街二级安全管理网络，完善安全生产责任制。

2004—2006 年，区安委会、安监局制定《思明区危险化学品安全专项整治工作方案》，成立“重大危险源监管工作领导小组”和“安全生产技术指导小组”，聘请 6 名专家担任技术顾问。分 3 个阶段对生产经营危化品企业进行整治，检查 155 家危化品企业，督其整改安全隐患。对通过安全评价的经营单位进行登记管理；对具备条件的危化品企业进行预审把关，做好危险化学品安全隐患排查治理，指导街道安监站对危险化学品经营店的日常检查、执法。通过整治，全区有 90% 以上危化品生产储存企业完成安全评价，取得经营许可证。把好危化品申办企业初审关，对隐患问题整改不到位的企业不予发证。对非煤矿山企业基本情况进行摸底，开展安全生产专项整治，完成 3 家矿泉水生产企业申报安全生产许可证的初审报批。

2007 年，全区涉及生产、经营、储存危险化学品企业 270 家，经营备案企业 33 家。建立监控重大危险源企业 15 家（其中加油站 10 家、储存企业 1 家、使用企业 4 家）。区安监局对非煤矿山企业进行安全生产专项整治，制定《思明区非煤矿山事故应急预案》，完成新一轮换证审查工作，对照安全标准化规范，进行自查自改。规范企业生产行为，建立企业安全生产管理制度。

二、查处违法行为

2004 年，全区发生交通事故 521 起，火灾事故 233 起，企业工伤事故 3 起。是年 4 月 22 日，卧龙晓城 18 号楼工地安装升降机时发生事故，造成 1 人死亡。经区安监局调查取证，明确事故原因是施工单位管理不到位，员工违章操作；依法处罚 2 万元，建议有关部门吊销直接责任人特种作业资格证，追究法律责任，对公司管理安全工作的负责人予以行政警告处分。

2005 年，全区发生交通事故 713 起，火灾事故 144 起，企业工伤事故 1 起。区安监局对违反法律法规经营的5家企业进行立案查处，行政处罚7万元；配合工商局对2家违法经营危险化学品单位实施行政处罚11万元；与市安监局联合查处“黑气”经营点6处，对区境的厦门淘化大同调味品有限公司9月23日发生1名拆迁工人坠落身亡事故，经立案调查认定为责任事故，责任人受到责任追究，对责任单位处罚2万元。

2006年，全区发生交通事故215起，火灾事故109起，企业工伤事故2起。对“1·4”“3·5”伤亡事故责任方厦门华翊实业公司、厦门白鸽家政服务公司立案查处，对各责任单位处罚2万元。同时，协助市有关部门调查“4·23”海上事故。加大对生产经营单位违反安全生产法行为的调查处理力度，发出书面整改指令书23份，对13家企业实施行政处罚，处罚款7.39万元。

2007年，全区发生交通事故93起，企业工伤事故2起，火灾事故155起。是年1月22日和4月17日，厦门笕筜运输有限公司和厦门龙都大酒店有限公司发生2起生产安全事故，经调查认定为生产安全责任事故，区安监局对2家责任单位分别处罚2万元、3万元。

2004—2007年思明区生产事故统计表

表22-6-1

年份	道路交通事故				火灾事故				企业工伤事故	
	起数（起）	死亡数（人）	受伤数（人）	经济损失（万元）	起数（起）	死亡数（人）	受伤数（人）	经济损失（万元）	起数（起）	死亡数（人）
2004	521	32	423	448	233	1	2	40	3	3
2005	715	16	681	276	144	4	2	86.8	1	1
2006	215	26	237	21.4	109	3	8	84.4	2	2
2007	93	22	107	37.5	155	0	0	68.1	2	2

第七章　审计监督

第一节　机　构

一、三区机构

鼓浪屿区审计局　1985年6月成立区审计局。1993年7月，成立区审计办事处，隶属区审计局，人员3人（由审计局工作人员兼）。1995年3月，区审计办事处撤销。2003年9月，区审计局编制4人，实有3人。

开元区审计局　1985年3月成立区审计局。1991年初，在开元会计公司审计部基础上，成立开元审计师事务所，人员8人。1999年，事务所完成脱钩、改制。2003年9月，区审计局编制10人，实有9人。

思明区审计局　1984年7月成立区审计局。1992年5月，区审计局创办思明审计师事务所，人员6人。1999年1月，事务所完成脱钩、改制；8月，在工商注销。2003年9月，区审计局编制6人，实有6人。

二、三区整合后思明区机构

思明区审计局 2003 年 10 月，三区审计局整合为思明区审计局，设综合科、审计科。2004 年 7 月，设区经济责任审计工作联席会议办公室，为全民事业单位，隶属区审计局；2006 年 4 月，更名思明区审计工作信息中心。2007 年，区审计局编制 12 人，实有 10 人。

第二节 审计业务

1984 年 7 月至 2007 年 12 月，共审计单位（项目）761 个，查出违规违纪金额 56581.72 万元，上缴财政金额 10645.65 万元。向司法机关、纪检监察部门移送案件 21 起 27 人，向工商、物价及主管部门移送案件 7 件。

一、预算执行审计

（一）1995—1997 年阶段

学习《中华人民共和国审计法》和省市有关地方预算执行情况审计监督试行办法。通过培训掌握同级预算执行审计的方法、步骤，对区财政局进行预算执行情况审计，延伸对地税局、教育局、科技局、卫生局、建设局、政府办、法院等部门预算执行审计。同时，对财政预算外资金、财政周转金进行重点审计。

（二）1998—1999 年阶段

实行“账户入手、下审一级”审计方法，既审预算内资金，又审预算外资金，促使财政部门逐年细化预算外资金收支计划，主动接受政府和人大监督。在对区建设局、卫生局等一级预算单位审计时，延伸审计其下属环卫处、城监大队、防疫站、卫生院、消毒站等单位。审计发现的主要问题：支出预算指标未足额下达、部门预算未细化、项目资金重复或超额拨款、科技三项费用到期未收回、专项资金滞留基层、专项资金被挤占挪用等。

（三）2000—2002 年阶段

审计区本级预算收入的完成情况；审计税收收入真实性，审计金库履行监管职责情况，审计财政部门的预算批复情况。审计发现的主要问题：追加预算没有办理批复手续，采购资金结余未及时清理上缴，预算外资金收支未编制预算，国有资产收益没有纳入预算管理或被拖欠，地税部门应缴税款延期缴纳审批不规范，部分科技三项费用安排不合理、到期未收回，行政性收费等未及时上缴；预算外资金未实行“收支两条线”管理等。

（四）2003—2007 年阶段

贯彻《审计署 2003 年至 2007 年审计工作发展规划》，财政收支审计逐步注重效益性审计。重点对公共财政预算、部门预算、综合预算、细化预算、财政转移支付、政府采购、工程招投标等制度的执行情况进行审计监督。审计发现的主要问题：未编制预算外资金收支计划，国有资产转让收入及地价款和行政性收费未缴区金库，预算外资金收入挂往来、拆迁补偿费收入未实行“收支两条线”管理，财政周转金未清理收回，专项资金重复预提，销户资金收入挂账，个别单位超标发放加班工资，城市绿化赔偿费和绿地临时使用费及卫生监测费未纳入预算管理等。

1995—2003 年，查出违纪违规金额 8952 万元，促进增收节支 502 万元。2004—2007 年，查出违规金额 2770 万元（全缴财政）、管理不规范金额 3775 万元。

二、经济责任审计

1987 年，三区审计局开展经济责任审计工作。根据区政府制定的“会计轮查终审制度”和“厂长经理经济责任审计”两个制度，对区属企业建立年度审计制度和厂长经理离任或承包经营终结审计。1987—1995年，三区审计局对15家企业开展厂长经理经济责任审计。

1996年11月，厦门市审计局、厦门市委组织部制定《领导干部离任审计暂行规定》后，经济责任审计对象扩大到党政领导干部。2000年12月，三区建立区经济责任审计工作联席会议制度，确立由区纪委牵头，区审计、纪检监察、组织人事等部门组成经济责任审计联席会议，规定联席会议职责和成员单位工作职责，经济责任审计项目普遍开展。1996—2000年，三区审计局共审计22家机关和企业领导的经济责任。

2001年，三区审计局共审计16个区直部门、街道办、区属企事业单位领导干部的经济责任。同年，鼓浪屿区审计局配合区委组织部对区机关处级干部进行届中考核，由区经济责任审计工作联席会议成员单位共同负责对区党政机关负有经济责任的处级领导干部所在部门、单位财政、财务收支进行经济责任检查，共检查33家、处级领导干部27名。

2002年，三区审计局结合区机构改革和企业改制实际，对18名党政领导干部和企业领导开展任期经济责任审计，对10名党政领导干部开展任期经济责任检查。

2003—2004年，审计局完成经济责任审计20项。经济责任审计以党政领导干部离任审计为主，查出违规金额1385万元、管理不规范金额2839万元，上缴财政金额399万元，移交区纪检监察机关案件线索2起。

2005—2007年，审计工作由单纯“离任审计”向“任中审计”为主、“离任审计”为辅转变。完成经济责任审计28项，其中任中审计22项，共查出违规金额161万元、管理不规范金额3522万元，移送纪检监察部门案件1起。

三、行政事业单位审计

1984年7月至1986年，三区审计局对行政事业单位审计采取财务大检查方式，会同财政部门，对行政事业单位制发服装、评发奖金、发放补贴和实物、预算外财务收支、购买“购物券、礼品券”等进行检查，核实收支，建章立制。

1987—1988年，三区审计局对行政事业单位审计主要是财经法纪或专案审计。1989年，推行行政事业单位定期审计制度，重点审查放在行政事业费多、预算外资金多的单位。1991年，重点审查执法部门和预算外收入多的单位。1992—1995年，三区继续完善行政事业单位审计监督制度，开展专项资金审计和专项审计调查。

1995—2000年，部分常规定期审计项目被纳入“同级审”项目。三区行政事业审计监督重点由化预算内为预算外、违反现金或控办管理规定等，转变为对国家宏观财经政策和财税改革措施落实情况的跟踪监督。

2001—2003年，三区审计局选择预算资金多、预算外收入多、专项资金多、群众反映问题多的行政事业单位作为财政财务收支的重点审计对象。同时，延伸审计下属二、三级单位。

2003年12月至2004年1月，思明区审计局会同区纪委、组织部、监察局、人劳局、财政局联合组织财务检查组，对三区撤销合并的174家行政事业单位2003年度经费收支、资产管理、债权债务进行全面检查。查出7个单位未及时上缴财政资金935万元，29个单位往来款项未及时清理金额4576万元，21个单位固定资产漏记账金额118万元，2个单位预算外资金未实行“收支两条线”管理金额9万元，5个单位已完工程未结算金额738万元。思明区委、区政府对查出问题在全区范围进行通报，责成有关部门对存在问题限期改正。

2004—2007年，应纳入审计的行政事业单位210家，完成50项审计，查出管理不规范金额8429万元、违规行为金额2049万元，其中应缴已缴财政金额907万元。

四、企业审计

三区审计局成立之初（1985—1987年），主要对企业单位开展财务大检查，进行财务调查。企业财务收支审计始于1988年。

1988—1996年，审计项目多为租赁、承包终结审计，共审计企业120家次。发现违规行为主要：违规出借资金或担保，盲目投资，三角债严重，账外经营，虚盈实亏。对企业内控制度、领导人员执行政策等作出评价，完善承包经营责任制。

1997年至2003年9月，三区审计局重点做好改制企业审计，包括资产负债审计及法人代表任期经济责任审计，共审计企业21家次。在核实资产负债基础上，对改制中安置补偿金分配、资产处置、债权债务清理、留守机构职责履行等进行监督，确保改制工作顺利进行。

2003年10月三区整合后，区审计局每2年对代行政府职能、使用财政资金量大的4家区属国有企业（全和公司、开元国投、东部开发公司、中山房地产公司）进行一次资产负债损益审计。

2004—2007年，完成企业审计12项，审计对象为4家区属国有企业及莲前集团、思明房屋公司等。共查处违规行为金额4198万元、管理不规范金额2483万元、损失浪费金额130万元，应缴已缴财政3467万元。审计发现主要问题：企业欠缴工业园厂房集资款未入账，拆迁安置房成本核算不实，代建管理费及赞助费挤占代建工程成本，代收科技三项费用未上缴，代收土地出让金未上缴财政专户，截留拆迁补偿款，违规购买职工商业保险，超标缴交社保等统筹费用。

五、固定资产投资审计

固定资产投资审计分两个阶段：1987—1993年，对企业用地翻建职工宿舍、市场建设、公园景点建设等，开展自筹基建资金定期审计和开工前审计。1993—1998年，开展政府投融资建设项目的在建工程或竣工决算后的财务收支审计。1998年，对停、缓建固定资产投资项目进行跟踪审计。

1999年起，财政、审计部门职责分工调整，财政部门成立负责政府工程投资资金预决算审核的财政资金审核所。2000年，思明区审计局开展建设项目专项审计，抽查3项投资额50万元以上建设工程，发现有的工程审批手续不全，有的超计划投资。如老年活动中心建设项目比原预算超出金额59.52万元。区审计局向区政府提交审计建议，要求有关部门加强工程造价管理、工程建设管理和隐蔽工程签证管理。因财政、审计部门职责分工调整，2001—2007年，开工前审计和竣工后财务决算审计未再单独立项。

六、专项审计与审计调查

1986年起，三区审计局对与国家财政收支有关的特定事项开展专项审计或审计调查。主要项目：1986—1987年自筹基建资金；1990年工商局罚没款物、企业消费基金增长情况；1991年行政经费开支、财政周转金、林业“两金一费”；1992年库存现金；1994年农村办三块预留地；1995年消费基金增长情况、财政有偿使用资金；1996年预算外资金、养老保险金和失业保险金、1—9月消费基金增长情况；1997年医疗制度改革、7家区属企业财政信用资金、科技三项经费、地块合作开发收益；1998年水利资金、公园建设资金、预算外资金、交警收费罚没款、财政周转金，以及为民办实事项目的资金使用、街道股份合作制企业的财政收支；1999年对住房资金、普教经费、计划外生育费、环卫处代运费、科技三项经费、居委会卫生费、街道办事处下属6个生产联社的财政收支；2000年区政府负债、行政事业性收费和政府性基金、科技三项经费、地价款及承包费；2001年区属小学幼儿园财务收支、街道发放财政超收奖励、帮困解困资金、政府采购资金、提退代征代扣税收手续费、国有资产收益上缴；2002年环岛路征地拆迁补偿款、前埔等6个村改居财务收支、鼓浪屿钢琴艺术节收支。

2003年，思明区审计局开展城市最低生活保障线资金专项调查。分民政对象、非民政对象（市区属企业职工），一类人员每月享受标准为315元/1人户、580元/2人户、795元/3人户及以上。二类、三类人员按差额补足。市财政局负担25%。审计发现个别低保对象家庭人口、收入状况调查报告（或证明材料）缺或不全、部分申请（审批）表填写不规范、个别申请人审批前没有公示。审计建议区民政局组织各居委会学习低保政策、法规，做好审批前调查核实工作。

2004 年，思明区审计局根据市审计局通知，对区境 1987—2003 年福利彩票、1990—2003 年体育彩票公益金收支进行审计调查。审计范围涉及财政局、民政局、文体局、教育局、街道、社区、学校等 40 多个单位，资金总量 2700 多万元，受资助项目 80 多项。审计结果，提出 6 条关于加强资金、资产管理的审计建议。

2005 年，区审计局对区委、区政府 2004 年为民办实事项目资金使用效益和管理情况进行审计调查。在“煤改气”项目审计中发现专项资金 3.82 万元滞留各街道；在“新建一批社区文体活动场所”项目中，发现购买体育器材 39.08 万元未纳入固定资产管理。区审计局在审计过程中，对发现的问题进行纠正，并提出加快政府投资公益性建设项目“代建制”步伐的建议。

2006 年，区审计局对 2005 年 8 月至 2006 年 9 月同安工业集中区思明园一期资金管理使用情况开展专项调查。结果表明，区财政局合理筹资，有力保障建设资金，并加强资金使用监管；全和公司遵守基建程序，实行招投标制度，建立相关财务管理制度，工程进度款支付符合程序，报销审批手续比较完善。提出单独建账核算、明确划分建设成本和代建管理费使用范围、严格审阅合同条款 3 条审计建议。

2007 年，区审计局对 2006 年部分教育经费投入使用进行专项审计。审计槟榔小学、演武小学、滨北小学、松柏第二小学、前埔南区小学、民立幼儿园、海城幼儿园、莲龙幼儿园、青少年宫 9 个单位。审计结果，区教育局制定经费报销审核制度、报账员制度等财务制度比较健全，报销审批手续比较完善，能严格执行政府采购制度和财政性资金审核规定，会计信息基本真实、完整地体现经济活动。对部分固定资产未入账、部分场地使用收入未上缴财政专户进行纠正，要求重视校舍房地产权属登记管理。

第二十三卷　教　育

区境古代教育组织形式有书院、社学、义学、私塾等。清道光二十四年（1844 年）始有小学。清光绪二十四年（1898 年）始有幼稚园。光绪三十二年，厦门劝学所设立，始有中学。民国初期学校教育逐步发展；但因时局动荡，许多学校时办时停。民国 25 年（1936 年），区境有大学 1 所、中学 11 所、职业学校 4 所、小学 40 多所、幼稚园 6 所。抗日战争期间，厦门大学、双十中学、大同中学等内迁；多数学校停办。日伪政府接办中小学、简易学校共 20 多所。抗日战争胜利后，内徙的学校迁回原址；停办的学校多复办；同时新办一些国民学校。民国 38 年，有大学 1 所、中学 12 所、小学 50 多所、幼稚园 4 所。

1949 年 10 月后，人民政府鼓励、支持原有学校继续办学，并采取接管、改造的方针，边整顿边发展。在各学校逐步建立中国共产党支部，对教职工进行政治思想教育，提高学校教学水平。

“文化大革命”开始后，学校秩序混乱，广大教师横遭打击，造成教育事业重大损失。“文化大革命”后期，新办一些中小学，填补学校布局空白，解决就近入学问题。

中共十一届三中全会以来，三区政府大力发展各级各类教育，逐年加大教育经费投入，教育事业持续发展。至 1997 年，三区皆完成扫除青壮年文盲任务。1990—1999 年，新办民办小学 10 所，满足了外来工子女入学的需求。2003 年，三区皆被评为福建省首批“双高普九”先进区。同年 4 月，思明区被教育部评为全国幼儿教育先进区。

2003 年 10 月三区整合后，思明区坚持教育优先发展战略，主动承接市 16 所中小学校下放，整合教育资源布局，加大教育投入；落实外来人员子女就学、贫困人群助学等政策，努力实现教育公平；巩固“双高普九”成果，深化课程改革，扶持特色教育，努力创建优质示范学校，推进教育均衡发展。2004 年，成立思明区社区教育中心，承担成人教育学历工作；同年，思明区以全省最高分通过“省对县（区）教育督导”。2005 年 12 月 3 日，思明区通过由教育部、中央教科所组织的“全国区域教育发展特色示范区”评估验收团的验收，为第三个获此荣誉的单位。

2007 年，思明区有区属幼儿园 115 所、在园幼儿 21716 人；小学 53 所，在校生 46658 人；中学 16 所，在校生 23035 人；民办中等职业学校 2 所；特殊教育学校 1 所；成人中等、高等教育及社区教育全面发展。福建省政府于 2006 年冬授予思明区“福建省 2005 年度教育工作先进区”。

第一章　书院　社学　塾学

第一节　书　院

一、玉屏书院

址在玉屏山麓（今厦门五中校园内）。清康熙二十四年（1685 年），将军吴英建文昌殿、萃文亭。户部郎中雅奇主持增建集德堂，置学府，为士子课文场所。

清乾隆十六年（1751 年），水师提督倪鸿范与兴泉永道白瀛、厦防同知许逢元，会同地方绅士共同募捐，在文昌殿右侧辟地盖讲堂 1 所、斋庑 8 间，作为学舍。聘进士蓝应元任山长。嗣因生员骤增，绅士黄日纪等捐银 3000 余两，以年息资备膏火，买文昌殿右侧瓦屋 20 余间，建崇德堂、芝兰室、漱芳斋以充学舍。乾隆五十三年，新任兴泉永道胡世铨购置“经、史、子、集”和“九通”等书万余册，存贮院内，供学子阅览。并饬厦防同知黄奠邦清查书院经费开支，重订章程，录朱熹《白鹿洞学规》、陈桂林《学约》十则，与章程并刊成帙，教育学子。

清道光十一年（1831 年），兴泉永道周凯聘地方绅士 10 余位为书院董事，延请山长，每月课题，为学子作文。课题皆四书章句，教材以经文为主，教学语言文白异读并用。兴泉永道、厦防分府每月亦参加课题、评定、发榜，奖金由官厅、绅士募捐。

清光绪七年（1881 年），曾兆鳌编《玉屏书院课艺》，作为书院学子教材，内容主要来源于《大学》《中庸》《论语》《孟子》等儒家经典，以适应科举考试。

光绪三十二年，该书院改制为厦门中学。

二、紫阳书院

址在西门外朝天宫后（今思北小学右后）。清康熙年间，厦防同知范廷谟将其移于厦门港。清雍正二年（1724 年），厦防同知冯鉴扩大规模，于大门两旁厢房建筑山店两间，月收租金备学习津贴之用。管理乏人，生徒日少，遂被外人占用，后成为养马之所。

三、寻源书院

址在鼓浪屿东山顶。清光绪六年（1880 年），外国教会创办寻源斋，经费由菲律宾华侨资助。翌年改名寻源书院。

清光绪七年（1881 年），寻源斋改名寻源书院

四、同文书院

址在同文顶寮仔后。清光绪二十四年（1898 年），菲律宾华侨叶清池等 6 人发起创办。华侨黄秀烺、黄奕住、叶清池各捐建教学楼一座。民国 15 年（1926 年），改为同文中学。1980 年改建为厦门旅游职业中学。

五、旭瀛书院

址在民国路（今新华路）。在释仔街和鼓浪屿和记崎（今三丘田）两处设分院。清宣统二年（1910 年），厦门台湾公会创办，建筑费及基本资金 20 万元。办初等教育及实业实习教育。在厦门城内释仔街的校舍于民国 6 年 11 月 10 日落成。至民国 24 年（1935 年），有 500 余名学生毕业。民国 25 年停办。

清光绪二十四年（1898 年）二月，创办同文书院

民国 6 年，建成旭瀛书院校舍

第二节　社学　塾学

一、社学

清雍正二年（1724 年），区境创办社学。于每乡置社学 1 所，选择文与行优秀者任教师，12 岁以上者可入学。学习内容有《孝经》《御制大诰》及农桑知识等。

清中叶后，社学废。

二、塾学

（一）义塾

清乾隆十八年（1753 年）建立，《玉屏书院碑纪》记载："旧有义学，立于玉屏山麓。"义学亦称义塾。以宗族地租收入和私人捐资为办学经费，以祠堂寺庙等为校舍，入学对象多为贫寒子弟。乾隆《鹭江志》载："衡文书院，去紫阳祠二百余步，祀梓潼神像，原为义学。同知李章曾延师设教，今归紫阳书院。"道光年间，改为养正义塾。

（二）普通私塾

一般设在房屋的厢房或祠堂宫庙的厅房，学生自备桌椅。入学年龄 7～16 岁不等。初读《三字经》，后读《大学》《中庸》《论语》《孟子》《幼学琼林》《声律启蒙》，或加尺牍。受聘于私塾的教师，有束脩金，一切用品由东家供应（包括食宿）。逢重阳节，东家备酒席宴请教师并送下一年聘约（不送聘约者，则不续聘）。

清代，区境普通私塾甚多，主要如下：

李鼎臣书塾　址在霞溪畔。清道光二十年（1840年）开办，清宣统二年（1910年）撤销。自行创立注音字母，教学生注音，易读易晓。讲解课文，不专背诵。

余焕章书塾　址在菜妈街。清光绪六年（1880年）开办，民国7年（1918年）撤销。教学见长于古典文学讲解，附有攻读《秋水轩尺牍》《幼学琼林》等。

杨式左书塾　址在溪仔墘。清光绪二十六年（1900年）开办，民国30年撤销。教法循循善诱，重视学生品行。

（三）高级私塾

高级私塾以培养应试科举为目的，学生都是青年或童生、秀才。教材皆为八股文，加诗词歌赋。

王步蟾高级书塾　址在田仔墘。清咸丰十年（1860年）开办，清光绪三十年（1904年）撤销。教学以八股文见长，学生有中举人、进士的。王步蟾后为紫阳书院山长。晚年被侨商王蔼堂聘为家教。

吕澄高级书塾　址在石皮仔。清咸丰十年（1860年）开办，清光绪三十三年（1907年）撤销。吕澄曾任玉屏书院山长。晚年被富绅林时甫聘为家教。

民国时期，私塾渐减。中华人民共和国成立初期，私塾先后停办。

第二章　幼儿教育

第一节　园班设置

清光绪二十四年（1898年），鼓浪屿英国基督教长老公会韦玉振牧师的夫人韦爱莉创办怀德幼稚园。址在鼓新路35号牧师楼。后迁至内厝澳西路（今永春路83号）。主要招收4～6岁基督教徒子女。光绪二十七年，英国基督教长老公会在该园附设幼稚师范学校，为闽南各地培养师资。怀德幼稚园创办后，区境各外国教会相继在竹树脚、泰山、新街等地办起幼稚园。

民国35年（1946年），区境始建公立幼儿园，即国立第一侨民师范学校附小幼儿园。址在中山公园榭亭内，创办时2个班、100名幼儿、3名教工。

中华人民共和国成立后，政府对私立幼儿园进行改造。1949年11月，原侨师附小幼儿园改名第一幼儿园。原教会办的幼稚园分别改名为第二、第三、第四、第五和定安幼儿园。1952年，怀德幼稚园和怀德幼稚师范学校合并于侨民第一师范学校附小幼儿园，改名为厦门师范附属幼儿园。1957年，厦门师范幼师科撤销，附属幼儿园改隶属鼓浪屿区教育科，改名厦门市鼓浪屿日光幼儿园。至此，所有幼儿园皆为公办。1958年后，民办幼儿园陆续开办。“文化大革命”期间，公立幼儿园全部停办。1979年，公办第一幼儿园复办，鼓浪屿日光幼儿园等公办幼儿园也陆续复办。1982年，政府提倡依靠社会力量、多渠道办学，街道、乡村、企业、事业单位开办幼儿园或小学学前班。1989年5月3日，第一所民办公助幼儿园秀德幼儿园落成，其建筑面积2000平方米，位于同安路，由香港秀德基金会举行落成典礼。此后，大地幼儿园、汉伟幼儿园、乐苗学园、树人幼儿园等一批合作办、民办幼儿园陆续开办。

2004年1月，第一幼儿园、厦门市实验幼儿园（1986—2000年名为厦门师范附属幼儿园）划归思明区管理。2004 年 9 月，厦门市实验幼儿园在莲花三村开办分园。2005 年，第一幼儿园、第九幼儿园、思明实验幼儿园分别在前埔南区、前埔北区、岭兜开办分园。2006 年，鼓浪屿艺术幼儿园因生源萎缩，迁新址湖明丽景（槟榔东里 281 号）。2007 年，日光幼儿园在洪文六里开办分园。

2007 年底，全区幼儿园 115 所，教职工 420 人，在园幼儿 21716 人。其中：

公办幼儿园 24 所：第一幼儿园、市实验幼儿园、日光幼儿园、鼓浪屿艺术幼儿园、思明艺术幼儿园、第六幼儿园、第四幼儿园、东埔幼儿园、莲龙幼儿园、华侨幼儿园、思明实验幼儿园、民立幼儿园、海城幼儿园、第十幼儿园、科技幼儿园、篔筜幼儿园、第八幼儿园、第九幼儿园、莲花幼儿园、西林幼儿园、金鸡亭幼儿园、松柏第二幼儿园、仙岳幼儿园、仙阁幼儿园。

合作办、街道办、部门办幼儿园 15 所：厦大幼儿园、振兴幼儿园、华侨托儿所、厦警幼儿园、73 部队幼儿园、海燕幼儿园、厦工幼儿园、文灶幼儿园、南乔幼儿园、厦禾幼儿园、鹭江幼儿园、思明幼儿园、厦港幼儿园、黄厝幼儿园、贻林幼儿园。

民办幼儿园 76 所：育德幼儿园、阳光幼儿园、怡祥幼儿园、快乐宝贝幼儿园、星贝幼儿园、鹭江新城幼儿园、甜甜幼儿园、嘉裕曾厝幼儿园、月明小金星园、浦南幼儿园、龙虎南里幼儿园、蓓蕾幼儿园、曾厝美岭幼儿园、康桥双语幼儿园、童星幼儿园、蓝天幼儿园、成冠幼儿园、仙岳汇育幼儿园、洪文幼儿园、晨阳幼儿园、怡富童心幼儿园、群意幼儿园、万芳大地美语幼儿园、海关幼儿园、启蒙幼儿园、乐苗学园、禾祥槟榔分园、启明星幼儿园、长青幼儿园、艾迪儿双语幼儿园、前埔汇育幼儿园、爱华双语幼儿园、阳光宝贝幼儿园、育华幼儿园、鼓浪屿汉伟幼儿园、文屏幼儿园、彩虹幼儿园、东浦嘉裕英语幼儿园、迪斯耐幼儿园、禾祥幼儿园、嘉华里大地幼儿园、泛宝幼儿园、馨香幼儿园、松柏大地幼儿园、禹洲幼儿园、闽华幼儿园、文屏大地幼儿园、联丰绿色幼儿园、龙山居幼儿园、瑞景大地幼儿园、大拇指幼儿园、晨星幼儿园、湖明大地幼儿园、侨艺双语幼儿园、何厝幼儿园、前埔汉伟双语幼儿园、小世界幼儿园、贝贝幼儿园、侨福城小金星幼儿园、美仁新村幼儿园、育新幼儿园、何厝汇育幼儿园、岭兜务本幼儿园、毅南幼儿园、树人幼儿园、前埔和心幼儿园、万寿幼儿园、欣欣幼儿园、前埔村办幼儿园、丛苗幼儿园、宇航托儿所、鼓汉伟幼儿园、真音托儿所、贝乐托儿所、博艺托儿所、爱乐英语幼儿园。

2007 年思明区幼儿园统计表

表 23-2-1　　单位：人

分年龄段	幼儿园班数		新入园幼儿数		在园幼儿数		学前三年入园率（%）
	总计	其中：公办园	总计	其中：公办园	总计	其中：公办园	
大　班	211	72	990	325	6995	2664	88
中　班	217	74	953	302	6589	2510	98.7
小　班	225	80	4668	2464	6244	2492	99.9
托儿班	105	11	1287	283	1888	283	—
合　计	758	237	7898	3374	21716	7949	—

第二节　学制与课程

清末、民国时期，外国教会办的幼稚园入园幼儿为 4～6 岁，按年龄分班。教育内容和形式，怀德幼稚园采用福禄培尔和蒙台梭利的教育模式，学习数学、自然科学、语言文学、绘画、手工、唱歌及宗教知识等（游戏、“恩物”占主要），教材、教具大部分从英国运来。国立侨师附小幼儿园招收4～6岁幼儿入园，课程有音乐、故事、儿歌、游戏、社会和自然等，教材自选自定。

中华人民共和国成立后，各幼儿园按照规定招收3～7岁（后改为3～6岁）的幼儿。1980年后，个别幼儿园幼儿入园年龄改为3岁半起。

1950—1965年，幼儿园一般开设语言、计算、音乐、体操、图画、手工等课程。每周大班13节，中班12节，小班6节。1976年后，使用省编教材，课程统一为语言、常识、计算、音乐、体育、美术。活动有娱乐、游戏、观察、劳动等。每周大班12节，中班10节，小班6节。每班两位教师，分科任教。1980年，各幼儿园借鉴陈鹤琴“整个教学法”（又称单元教学），进行课程改革尝试，改分科教学，进行综合主题教育。1983年起，使用教育部统编教材。国家教委于1989年9月颁布《幼儿园管理条例》、1996年3月颁布《幼儿园工作规程》，区境幼教工作者依据条例和规程，进行课程结构改革，探索符合幼儿认知发展、社会发展和个性发展的教学模式，较普遍地进行“综合教育课程”“活动教育课程”“隐性课程”“一日活动课程”“游戏课程”等多种模式的实验。课程内容由6科改为容量大、综合性强又具时代感的五大领域：健康、社会、科学、艺术、语言。课程设置增设活动性、社会性、保健自助、创造性游戏等内容。部分公办幼儿园还把“环保教育”“英语口语教育”纳入课程。2003年起，各幼儿园在使用省编教材的同时，还参考选用北京、上海、南京等地编写的教材。

第三节　保健与教学

1950年，幼儿园实行以教为主，教养并重，注意对幼儿进行“体智德美”全面发展的教育。各园均把体育放在第一位，突出保护健康、预防疾病、增加营养等卫生保健制度。

1958年，各幼儿园开展“热爱孩子赛妈妈”活动，对幼儿入园采取随到随收的办法，允许临时寄托，延长幼儿在园时间，部分幼儿园还为幼儿提供午餐，安排午休，并增办混合班，实行不放寒暑假等制度。不少幼儿园老师学做“多面手”，为幼儿理发、洗澡、裁衣、缝纫和护理一般疾病等。

“文化大革命”期间，大部分幼儿园停办，个别勉强维持的幼儿园，保教工作亦放松。

1980年后，执行教育部颁布的《幼儿园教育指导纲要》，把“体智德美”全面发展作为幼儿教育的目标。体育方面，注重保健工作，每日入园晨检，开展户外活动和锻炼。鼓浪屿日光幼儿园结合自然条件和季节、气候特点，对幼儿进行“三浴”（日光浴、冷水浴、空气浴）锻炼，对增强体质防病有明显效果。智育方面，注重通过观察、参观、实验、动手操作和感官训练等手段发展幼儿智力。语言教学注意通过讲故事、看图讲述、编故事结尾、造句等形式，加强语言训练，启迪幼儿思维。常识教学注重让幼儿在大自然中实地观察，动手操作，活跃幼儿思维。计算教学加强计算能力的训练。德育方面，进行爱家乡、爱祖国的教育，把德育贯穿于活动中。美育方面，通过美化环境，绿化校园，使幼儿在优美的环境中得到美的熏陶。

1991年9月，三区组建区幼教教研室，在各幼儿园成立教研组。此起，有计划地开展形式多样的教学与教研活动，至2007年，教研活动坚持不懈，促进保教质量大为提高。

第四节　幼儿园选介

一、厦门市第一幼儿园

其前身为创办于民国35年（1946年）的国立侨师附小幼儿园，1949年底改为现名。原址中山公园榭亭内。1960年，迁公园东路20号。为全日制完全幼儿园。2000年，市政府投资2000多万元，在

2000 年，第一幼儿园在公园北路 1 号建新址

公园北路 1 号建新址。用地面积 4705 平方米，建筑面积 5228 平方米。2005 年，在前埔南区开办分园，用地面积 4150 平方米，建筑面积 2494.26 平方米。2007 年，有 21 个班，700 多名幼儿，92 名教职员工。是厦门市唯一被授予“福建省优质实验幼儿园”称号的省、市课改基地园；是全国第一所导入 ISO 14001 环境管理体系的幼儿园。

以培养幼儿“学会生活、学会做人、学会学习”为立足点，致力于“为幼儿成功的一生奠定良好的素质基础”的办园宗旨，形成“爱生、严谨、求实、开拓”的教师作风。坚持“实施‘规程’一贯化、园务管理科学化、目标管理网络化、园容园貌优质化、教育科研同步化”，不断深化教育教学改革，把环境创设与环境育人结合起来，形成独特的办园特色及优势。多年来被评为“全国优秀家长学校”，全国、省、市绿色学校，全国、省、市“巾帼文明岗”，省教育系统先进单位，市、区课改先进单位等。全园教职工有 80 多人次分别被评为全国、省、市、区的劳动模范、优秀教师、三八红旗手、优秀校长、青年突击手、优秀共产党员等。

二、厦门市实验幼儿园

址在厦门市莲花南路。1986 年创办，称厦门师范附属幼儿园，2000 年更为现名。2004 年改属思明区。2005 年 9 月，开办分园思明区鹭江新城幼儿园。2007 年，全园 9 个班、305 名幼儿、31 名教职工。

融“乐园、学园”为一体，教职员工用“爱心”和“智慧”共同创造一个“关爱、信任、平等、快乐”的研究型集体，在厦门市幼教改革中发挥辐射与示范作用。该园历时 13 年的“主题探究活动课程的实验研究”，获厦门市基础教育课程改革成功项目一等奖。该项目成果为厦门市乃至福建省幼儿园的课程开发提供品牌原型、品牌示范。

1993 年，被评为福建省先进幼儿园。2004 年，被评为福建省课程改革先进集体、省绿色学校。2006 年，获厦门市文明学校称号。2007 年，被确定为中国特色教育项目学校。同时，被定为福建省语言文字示范学校。

三、厦门市华侨幼儿园

址在溪岸路。1955 年 8 月，由市侨联筹集侨资创办，为开元区属实验幼儿园。1957 年，归侨李流芳、叶秀治筹资建造园舍。1992 年，市政府投资 300 万元翻建，园舍建筑面积 2750 平方米。2003 年 10 月，隶属思明区。2007 年，有教师 22 人，11 个教学班，专职保健医生 1 人。教师中 80% 为幼儿高级教师。

是“全国优秀双语教育”实验示范基地、福建省语言课题实验基地、厦门市课程改革语言专项基地园；是国家“幼儿早期阅读教育”重点课题实验基地。致力于语言领域探索，以艺术表现为载体、“三语”（闽南语、英语、汉语）浸润教学模式融入幼儿的每日学习生活中，促进幼儿多元智能开发，使课程更具现代化、本土化、特色化。

该园获省、市、区“先进幼儿园”“全国德育管理科研先进学校”“市花园式幼儿园”“市托幼先进集体”“市卫生红旗单位”等称号。2000 年，被评为“福建省优质实验幼儿园”。

四、厦门市第四幼儿园

址在台光街29号。前身为鹭江幼稚园。民国3年，由基督教会新街礼拜堂牧师黄植庭创办。1956年转为公办，改名厦门市第四幼儿园，隶属思明区。1976年8月，迁至同文山下。2004年7月，与前埔幼儿园整合，迁至前埔南区文兴东二里12-16号。室内活动面积2500平方米，户外活动面积3500平方米。2007年，有教职员工54人（省市区骨干教师8人），11个班，405名幼儿。

该园有多媒体教室、幼儿电脑室、游戏、体操等专用活动室，每班教室均有电视机、VCD机、录像机、钢琴、空调及卫生消毒设备。着力于“幼儿艺术体操”特色教育，运用现代化技术手段，促进保教水平提高。1997年5月，被评为“福建省优质实验幼儿园”。2003年9月，被确认为省课程改革基地园。

五、厦门市日光幼儿园

址在鼓浪屿永春路。清光绪二十四年（1898年）创办。原名怀德幼稚园。有中华第一园之称。1952年转为公办，改名厦门师范附属幼儿园。1957年，隶属鼓浪屿区，改名为厦门市鼓浪屿日光幼儿园。2003年改为今名。占地面积2258平方米，建筑面积1950平方米。2007年，有教职工41人，10个班，302名幼儿。

从教师素质结构、幼儿园基础优势、社区环境等方面探索教育教学改革，有效地提高保教质量。被评为福建省先进幼儿园、福建省优质实验幼儿园、厦门市文明学校、花园式单位、绿色学校；是福建省幼儿教育课程改革试点园、厦门市基础教育课程改革综合基地园和厦门市陈鹤琴教育思想科研基地。2003年10月起，隶属思明区。2007年9月，该园在洪文六里开办分园，占地面积3312平方米，建筑面积3350平方米。

六、厦门市第九幼儿园

址在湖滨三里。1987年创建。总园毗邻风景优美的南湖公园，占地面积4130平方米，建筑面积2780平方米。幼儿400人。分园位于前埔北一里中心公园内，建筑面积2636平方米。幼儿210人，教职工共81人（其中特级教师1人，中学高级教师2人，幼儿园高级教师18人）。该园开展“幼儿闽南民间艺术教育”课题研究，获中国学前教育研究会“十五”优秀课题成果奖、厦门市课改优秀成功项目一等奖。其《幼儿闽南本土文化课程的探索》为中国学前教育研究会“十一五”立项课题。编写《闽南本土文化幼儿活动实例》一书，由福建人民出版社出版发行。2007年，成功承办和参与“厦门市六年课改阶段总结交流会”，向海峡两岸的幼教同行开放，接待泰国、菲律宾等地的同行参观。连年获先进幼儿园、文明单位等称号。是福建省优质幼儿园、福建省幼教课改试点园和厦门市综合课改基地园。

第三章 小学教育

第一节 学校设置

一、公办小学

清末，区境始有公办小学，规模小、生员少，一般只设2个班级。至民国25年（1936年）5月，区境有第一至第六小学、普育、大同、崇本小学，及几所简易小学。民国27年5月，日军侵占厦门岛后，有些小学停办。抗日战争胜利后，学校教学恢复正常。至1949年10月，有公办小学9所。

1950年后，政府逐步将私立小学改造为公办，至1956年改造结束。1957年，三区共有公办小学35所。1984年后，政府加大对教育的投入，新办滨东小学、松柏小学、故宫小学、莲花小学、仙岳小学、嘉滨小学。至1995年，开元区有区属小学24所，386个班级，学生15604人；思明区有区属小学14所，215个班级，学生8471人；鼓浪屿区有区属小学4所，106个班级，学生4325人。此后，政府对教育投入进一步加大。又新办松柏第二小学、鹭江新城小学、莲龙小学、金鸡亭小学、瑞景小学、湖明小学、前埔南区小学、前埔北区小学、莲前小学9所，并翻建曾厝垵小学（后改名演武第二小学）、黄厝小学（后改名滨海小学）。2003年10月三区整合后，思明区对公办小学实行资源重组，经撤并调整，至2007年，全区有公办小学40所，在校生37874人，教职工2013人。

二、民办小学

华侨办小学 民国7年，何厝华侨集资创办崇本小学，址在何厝宗祠崇本堂内。校董事会理事何月标为校务负责人。全校教员10人，设置国文、算术、地理、历史、自然、体育、音乐、美术等科目，为六年制小学。民国19年，华侨何永镠筹集资建小礼堂和8间教室，并置篮球场及体育器械。后又在上何增设崇本第二小学。抗日战争胜利后，崇本小学改名何厝国民学校。其间，华侨还先后创办普育（在鼓浪屿）、思明、双十商业、云梯（在前埔村）等小学。双十商业小学（后改为双十中学）由菲律宾、马来西亚华侨捐助创办。

教会办小学 清道光二十四年（1844年），英国基督教会于鼓浪屿创办英华男校。翌年，美国归正教会在寮仔后开办第一日校。后又开办毓德女子小学、养元小学。美国安息日会开办育粹小学（后改为美华小学）、美华女校；英国伦敦工会开办福音小学（后与民立小学合并为福民小学）。这些学校都设于鼓浪屿“公共租界”内，学校行政权掌握在外国人和教会上层人士手中，教育经费由教会补助，自编教科书，规定必修圣经。民国14年，厦门教育局规定，凡私立学校包括教会学校均须登记注册立案，报省核准后方为合格。各教会学校才陆续向政府登记立案，接受厦门教育主管部门管理。

社会各界办小学 清同治九年（1870年），民间社会团体和社会知名人士创办私立雅化小学（今思明小学）。清光绪三年（1877年），在鼓浪屿永春路创办私立闽南女子学校，为福建省最早的寄宿制女校（后改为怀仁女学）。光绪三十二年，黄廷元等创办“大同两等小学堂”，规模大。光绪三十三年，在凤仪宫创办民立小学堂（今民立小学）。民国时期宗族办的学校主要有颍川小学（址设陈氏颍川堂）、明德小学、故宫小学、延陵小学、世德小学、鳌岗小学（今思北小学）、鼎玉小学、妙光小学、弘农小学、龙山小学（址设曾氏宗祠）、清和小学、荣康小学、培英小学等。同乡会办的学校有奥侨小学（址设广东会馆）、桃源小学（址设永春同乡会）、清溪小学（址设安溪同乡会）、厦光小学（址设安溪同乡会）、复华小学（址设台湾公会）、开封宝国民学校、群惠女校等。行业办的学校有厦门面粉公会开办的面粉子弟学校，后改名全民小学（今园南小学）。民国11年，在厦门港鱼行口钓艚王宫开办的弘农小学改为渔民小学，由中共党员欧阳志任校长。该小学成为中共地下党活动联系点。民国18年，南普陀寺养正院创办养正义务小学（今演武小学）。私立学校由董事会聘请校长管理。民国38年，私立小学47所。

解放后，政府接管私立小学，进行撤并改造，至1956年全部转为公办。

1985年5月，《中共中央关于教育体制改革的决定》发布后，思明区将西林、西郭、前埔、开禾、文安等公立小学改制为公办民助小学，专门接收外来员工子女。根据《中华人民共和国民办教育促进法》，至2007年，区教育局审批的民办小学13所，在校生8784人，教职员524人。这些民办小学分布在外来流动人口较为集中的区域。

2007年思明区公办小学统计表

表23-3-1 单位：人

学校名称	班级（班）	在校学生	持减免卡农民工子女	教职工	学校名称	班级（班）	在校学生	持减免卡农民工子女	教职工
外国语中学附属小学	26	1408	—	76	仙岳小学	14	674	132	34
市第二实验小学	24	1284	7	74	松柏小学	25	1347	10	68
槟榔小学	33	1696	53	91	松柏二小学	31	1588	72	81
人民小学	15	564	167	42	金鸡亭小学	24	1183	132	65
民立小学	23	1056	36	64	瑞景小学	19	883	380	47
思明小学	23	1059	316	65	前埔南小学	26	1327	31	67
群惠小学	25	1210	130	65	何厝小学	17	704	368	39
文安小学	11	475	389	12	前埔北小学	20	916	215	47
定安小学	11	462	217	32	莲前小学	18	791	493	38
演武小学	28	1444	44	82	西郭小学	12	566	466	2
演武二小学	14	598	260	33	前埔小学	13	689	596	4
滨海小学	11	436	293	22	思明二实小	7	297	81	19
大同小学	36	1669	65	96	湖明小学	21	1002	99	51
开禾小学	13	557	437	5	滨北小学	22	1106	67	58
故宫小学	15	665	171	37	鹭江新城小学	18	801	222	45
思北小学	19	847	109	51	嘉滨小学	15	696	120	37
园南小学	18	798	93	44	莲花小学	19	895	209	43
公园小学	19	875	175	50	莲龙小学	18	828	107	39
湖滨小学	13	568	127	33	滨东小学	26	1309	26	73
后江小学	23	987	207	56	合计40所	800	37874	7304	2013
梧村小学	35	1614	182	89					

2007年思明区民办小学统计表

表23-3-2 单位：人

学校名称	班级（班）	在校学生	持减免卡农民工子女	教职工	学校名称	班级（班）	在校学生	持减免卡农民工子女	教职工
金鸣小学	19	881	619	29	成功小学	12	539	368	19
向科小学	23	875	653	36	龙山小学	14	748	478	22
东浦小学	28	1289	911	44	莲岳小学	15	815	702	24
曙光小学	16	956	767	25	联友小学	16	836	627	25
育星小学	10	519	371	16	树英小学	6	114	48	10
新时代小学	10	455	328	16	世平小学	13	601	309	21
康桥小学	7	156	—	11	合计13所	189	8784	6181	298

第二节　学制与课程

一、学制

清光绪二十九年（1903 年），执行清廷颁布的《奏定学堂章程》，初等小学 5 年，高等小学 4 年。区境以五年制初小为主。

民国元年（1912 年），政府颁布《小学校令》，学制改为初小 4 年，高小 3 年。民国 4 年，学制为初小 4 年，高小 2 年。

1952 年，初、高级国民学校改称小学，秋季入学的一年级新生实行“五年一贯制”，其余各年级仍实行四、二分段。1981 年 8 月，小学由五年制改为六年制。

二、课程

清末，小学课程设修身、读经讲经、国文、算术、历史、地理、格致、图画、手工、体操、音乐。其中，读经讲经与修身合而为一。在教会学校或条件较好的高等小学堂，开设英文课。

民国初期，小学课程主要科目：国语、算术、公民、卫生、历史、地理、自然、艺术、音乐、体育。民国 18 年后，增设“三民主义”课，后改为“党义课”，继而扩充为“公民训练”和“童子军团训练”，“艺术”一度分解为“劳作”和“美术”。为适应华侨子弟毕业后出国经商的需要，经福建省教育厅批准，从民国 37 年起，小学增设英文课。

1949 年 10 月后，各小学设国语、算术、体育（低年级为唱歌、游戏），高、中年级增设政治常识。每节课 30 分钟或 45 分钟。

1952 年起，执行教育部颁发的教学计划，课程设语文、算术、自然、历史、地理、体育、音乐、图画，其中自然、历史、地理为五、六年级开设。1955 年，增设手工劳动课。1964 年，增设农业常识课。每周课时，一至四年级为 24 课时，五、六年级为 29 课时。1962—1963 年，少数条件较好的小学五年级开设外语课，每周 3 课时。

1977 年，各小学课程设置调整：政治（后改为思想品德）、语文、数学、外语、常识（或自然常识）、体育、音乐、美术、学工学农学军等。1982 年，各年级每周总课时由原 36 课时调为一年级 30 课时，二、三年级 31 课时，四、五年级 33 课时。

1984 年起，根据教育部《关于全日制小学教育计划的安排意见》，各小学开设课程：思想品德、语文、数学、外语、自然、历史、地理、体育、音乐、美术、劳动等。其中，外语、历史、地理为五、六年级开设，劳动为三至六年级开设。每周总课时：一至四年级 25 课时，五、六年级 26 课时。

2001 年，各小学根据教育部《义务教育课程设置实验方案》及福建省《实施计划（试行）》精神，构筑符合素质教育要求的新的基础教育课程体系。课程设置：小学一、二年级开设思想品德（品德与生活）、语文、数学、外语、自然、体育、音乐、美术等。小学三至六年级开设思想品德（品德与社会）、语文、数学、外语、科学（自然）社会、体育、音乐、美术等。课程改革实验学校还开设综合实践活动课及校本课程。其间，区教育局制定《思明区关于开发地方课程和校本课程的工作意见和实施方案》，依据学校特点和资源，开发以人文、社会、科学、地方等方面的 8 大类校本课程，形成三级课程管理的基本框架。每周课时总数：一年级 27 课时，二年级 28 课时，三、四年级 30 课时，五、六年级 31 课时。其中，综合实践活动课（社区服务、社会实践）每学期安排 1 周时间，地方校本课程每周 1 课时。

第三节 小学选介

一、大同小学

址在厦禾路。2007年，占地面积16091平方米，建筑面积12131平方米。

清光绪三十二年（1906年）二月，黄廷元、洪晓春、杨景文等人发起建立“大同两等小学堂”，推举洪晓春为校董会董事长，聘杨景文为校长。校址设赖厝埕（今大元路鹭江剧场所在地）。校舍是向华侨租用的庭院式两层民房，仅有6间不合规格的教室。民国元年（1912年），更名公立大同小学。

民国21年元旦，伍远资校长和华侨及社会人士集资，在小学路兴建校舍。秋，新校舍投入使用，旧校舍改为分校和幼儿园。民国25年，师生员工近1000人，为区境规模最大的小学。

民国34年11月，改名厦西区第一中心国民学校。

中华人民共和国成立后，定为中心小学，带领学区内7所小学。

“文化大革命”期间，该校更名人民小学。

1979年，大同小学复名，被定为厦门市重点小学。1980年，被定为福建省第二批重点小学。

1996年12月，通过省教委复查，确认为“福建省示范小学”。1997年底，被教育部确认为首批“全国中小学现代教育技术实验学校”。至2007年，先后被评为“省先进教育单位”“省文明单位”“省文明学校”“全国优秀（示范）家长学校”“全国青少年活动先进集体”“全国中小学勤工俭学先进集体”“省电化教育先进单位”“省红十字青少年工作模范学校”“福建省实施素质教育工作先进学校”“省绿化学校”等。

2007年，有教学班36班，学生1669人，教职工96人。

二、人民小学

址在鼓浪屿永春路。前身是私立闽南女子学校，创办于清光绪三年（1877年），后更名怀仁女校。1951年，以怀仁和毓德两校为基础创建厦门师范附属小学，多次更名，1967年改今名，是区属省级示范小学。占地面积5760平方米，建筑面积4125平方米。2007年，有教学班15班，学生564人，教师45人。

1980年后，提出创建愉快教育，提高全面素质的“学园、乐园、花园”办学构想，并在实践中总结“三园式”的办学经验，获省、市教育部门推广。1984年，学校创办音乐实验班，经6年试验，培养一批有才华的艺术幼苗，受到中外音乐专家的赞扬。市教育部门在该校音乐实验班的基础上办起音乐学校。学校先后获得“全国优秀家长学校”“全国‘红读’优秀组织奖”“省文明单位”“省文明学校”“省学校音乐周活动先进单位”“省实施素质教育工作先进校”和“市双拥先进单位”等称号，被确定为“市课改综合基地校”“省级示范小学”。

三、演武小学

址在顶沃仔2号。建于民国18年12月，原名养正义务小学。中华人民共和国成立后，与厦门大学附小合并为东澳小学。1985年，改名演武小学，为区属省级示范小学。占地面积15310平方米，建筑面积8000平方米。2007年，有教学班28班，学生1400多人，教职工83人。

学校开展以电教为突破口的教学改革，成为省、市电教窗口学校。1991年，全省电教会议上推广其“发展电教，深化改革，提高质量”的经验。学校先后被确认为“全国中小学现代教育技术实验学校”“全国学科‘四结合’实验学校”“全国启发式教学实验基地学校”“中小学英语动态真实原则推广性实验学校”“问题解决实验研究基地学校”。先后获“全国少先队红旗大队”“省文明学校”“省素质教育工作先进学校”等称号。

四、民立小学

址在升平路1号。清光绪三十三年（1907年）创建。占地面积3875平方米，建筑面积6015平方米。2007年，有教学班23班，学生1056人，教师64人。是区属省级示范小学。

1959年，被评为“全国拥军优属先进单位”“全国教育先进单位”。1962年，全国人大常委会副委员长郭沫若为学校题写校名。

学校将红十字青少年活动与素质教育相结合，形成鲜明的办学特色。1994年，获“省红十字青少年工作模范校”称号。1996年后，学校先后获“省级文明学校”“全国红领巾红旗大队”“全国红领巾手拉手助残先进单位”“省实施素质教育工作先进校”“市基础教育课程改革实验先进单位”等称号。

五、何厝小学

址在何厝村。民国7年，由何厝村华侨集资创办，原名崇本小学。占地面积10346平方米，建筑面积5075平方米。2007年，有教学班17班，学生704人，教职工39人。

在海峡两岸对峙期间，该校少先队员在炮火硝烟中涌现出“英雄小八路”群体。影片《英雄小八路》就是取材于该校少先队员的事迹，其主题歌《我们是共产主义接班人》被团中央定为中国少年先锋队队歌。1983年3月，建立“英雄小八路展馆”，2001年扩建为新的展览馆。全国人大常委会副委员长叶飞为纪念馆题写馆名。该校坚持不懈地开展爱国主义教育系列活动，在继承传统与创新发展方面总结出许多新经验。在新世纪，该校为两岸交流作出有益的探索，先后被评为省、市儿童少年工作先进集体及“省文明学校”“省精神文明建设先进单位”“双拥先进单位”，被树为福建省教育战线十面红旗之一。其少先队获“全国优秀少先队大队”“全国红旗大队”称号。1993年12月，该校被确认为省首批农村示范小学。“英雄小八路纪念馆”被定为福建省青少年德育教育基地。

第四章　中学教育

第一节　学校设置

一、公办中学

清光绪三十二年（1906年）四月初四日，玉屏书院改为厦门中学堂。

民国11年（1922年），新加坡华侨庄希泉、余佩皋（夫妇）回思明，创办厦南女子中学。至民国20年，厦鼓两岛有厦门中学、双十中学、英华中学、毓德女中、同文中学、中华中学、大同中学、慈勤女中、厦大附中、怀仁女中、厦南女中11所中学；教职工266人，学生2466人。民国35年，有省立中学、市立中学、私立大同、英华、毓德、怀仁、中华、双十8所中学，连同国立侨师、怀德幼师，计有学生3561人。区境有中学14所，教职工452人，学生4450人。

解放后，政府接管所有中学，对私立和教会办的中学进行改造，至1956年全为公办。1966年，区境有公办中学19所，教职工1519人，学生19767人。

2003年12月，华侨中学、大同中学、第九中学、第十一中学、湖滨中学、莲花中学、槟榔中学、

清光绪二十四年（1898 年）二月，英国教会在鼓浪屿创办英华书院，初名“中西学”。图为民国 13 年，改名英华中学

松柏中学、金鸡亭中学、逸夫中学、前埔中学 11 所中学由市教育局管理下放思明区教育局管理。

2004 年，思明区政府管辖的公办中学 11 所。其中，完全中学 4 所：华侨中学、湖滨中学、松柏中学、前埔中学；职业中学兼办初中学校 4 所：第九中学（财经职业学校）、第十一中学（交通职业中学）、槟榔中学（女子职业学校）、大同中学（综合高中）；初级中学 3 所：莲花中学、金鸡亭中学、逸夫中学。

2006 年，大同中学和前埔中学整合为完全中学，沿用大同中学校名。全区共有区属公办中学 10 所。

根据省教育厅确认的办学层次，一级达标学校有湖滨中学（2007 年确认）、松柏中学（2007 年确认）；二级达标学校有华侨中学（2006 年确认）；省级初中示范校有大同中学（2004 年确认）、第九中学（2004 年确认）、第十一中学（2004 年确认）、莲花中学（2004 年确认）、槟榔中学（2004 年确认）。

区境还有 7 所市直属中学：厦门第一中学、厦门第六中学、厦门双十中学、厦门外国语学校、厦门科技中学、厦门第二中学、厦门第五中学。

二、民办中学

思明区民办中学于 2000 年再现，主要提供外来员工子女入学。这些学校实行九年一贯制，包括小学和初级中学，个别学校（如成功学校）招收高中学生。民办学校实行董事会领导下的校长负责制。各学校的环境、教育教学设施设备和配套生活设施基本能满足学生的学习和生活需要。

2007 年，全区有区属民办中学 5 所：东浦学校（2000 年创办），莲岳学校（2004 年创办），成功学校（2004 年创办），玉秀中学（2005 年创办），世平学校（2006 年创办）；以及逸仙中专学校普通高中部。此外，区境还有市属民办校 2 所：康桥中学和外来员工子弟学校。

2007 年思明区属中学统计表

表 23-4-1

公办或民办	学校名称	初、高中合计		初中		高中		教职（人）
		班数（班）	总生数（人）	班数（班）	总生数（人）	班数（班）	总生数（人）	
公办中学	华侨中学	46	2267	18	915	28	1352	190
	大同中学	63	2981	39	1915	24	1066	237
	第九中学	30	1447	30	1447	—	—	105
	第十一中学	24	1133	24	1133	—	—	147
	湖滨中学	58	2779	24	1170	34	1609	210
	槟榔中学	34	1644	34	1644	—	—	112

续表23-4-1

公办或民办	学校名称	初、高中合计		初中		高中		教职（人）
		班数（班）	总生数（人）	班数（班）	总生数（人）	班数（班）	总生数（人）	
公办中学	松柏中学	72	3471	36	1819	36	1652	259
	莲花中学	30	1484	30	1484	—	—	111
	金鸡亭中学	28	1405	28	1405	—	—	104
	逸夫中学	36	1752	36	1752	—	—	116
	小计 10 所	421	20363	299	14684	122	5679	1591
民办中学	东浦学校	15	715	15	715	—	—	24
	成功学校	18	819	12	523	6	296	28
	莲岳学校	8	344	8	344	—	—	12
	玉秀中学	10	478	10	478	—	—	16
	世平学校	6	261	6	261	—	—	10
	逸仙中专普高	3	55	—	—	3	55	5
	小计 6 所	60	2672	51	2321	9	351	95
合计	16 所	481	23035	350	17005	131	6030	1686

第二节　学制与课程

一、学制

民国时期，区境初中、高中均为 3 年学制。

1950—1970 年，区境初中、高中仍都实行 3 年学制。1971 年秋，实行初中 2 年、高中 2 年学制；至 1974 年秋改为初、高中合为“五年一贯制”。1978 年秋起，实行初中 3 年、高中 2 年的“三二制”。至 1980 年秋，恢复初中 3 年、高中 3 年的“三三制”（至 2007 年依然）。

二、课程

民国时期，区境初级中学设国文、英语、算学（算术、代数、平面几何、三角）、公民、体育及童子军、物理、化学、植物、动物、历史、生理卫生、劳作、图画、音乐。每周教学 32 节。

1950 年起，区境中学课程经历 1950、1952、1956、1958、1963 年的几次调整。1964 年秋季起，执行教育部《关于调整和精简中小学课程的通知》，初中设政治、语文、外国语、数学、物理（初二、初三）、化学（初三）、生物（初一、初二）、历史（初二、初三）、地理（初一）、生产知识（初三）、体育、图画（初一、初二）；高中设政治、语文、外国语、数学、物理、化学、生物（高二）、历史（高三）、地理（高一）、体育。

1966 年 6 月至 1968 年 7 月，受“文化大革命”影响，课程打乱并任意减少。1968 年秋，“复课闹革命”，政治、历史和地理课被废，改设毛泽东思想课；动物、植物课改为农业基础知识课；物理、化学课改为工业基础知识课；体育课改为军事体育课；音乐和美术课改为革命文艺课。至 1973 年秋，恢复政治课、历史课和地理课；1975 年秋，恢复体育课、音乐课、美术课。

1980年秋季起，恢复1966年前的课程设置。同时，根据社会发展需要，对课程设置和教材逐步有重大改革。1995年，课程设置扩展为必修课、选修课、活动课。初中必修课有语文、数学（代数、三角、几何）、外语（英语为主）、政治、物理（初二、初三）、化学（初三）、生物、历史、地理、体育、音乐、美术等；高中必修课与初中大体相同。选修课、活动课由学校自定。计算机等现代科技为内容的课程成为学校选修的热门，教材均采用国家统编教材。

2001年，初级中学整体进入教育部制定的课程改革实验，开设语文、数学、英语、政治、物理、化学、地理、历史、生物、体育、音乐、美术、信息技术13门课程及各校自编的校本课程。高中于2006年进入新课程改革实验，开设必修课程和选修课程，选修课程又包括必选课程和任选课程。必修课程：语文、外语、数学、思想政治、历史、地理、物理、化学、生物、技术（含信息技术和通用技术），艺术或音乐、美术，体育与健康，研究性学习活动，社区服务，社会实践。选修课程则根据地方经济社会发展需要，结合学校实际，尊重学生主体性（个性化发展）的需要，为完成高中毕业所需的学分而开设课程供学生选修。

第三节　中学选介

一、华侨中学

址在厦港新村5号。1958年，由厦门市侨联主席颜西岳倡办。“文化大革命”期间，先后易名前线中学、第七中学总校、第三中学。1983年，恢复华侨中学校名，兼办中等职业教育（开设港口机械、物业管理等专业）。2000年，中等职业教育停止招生。2007年，占地面积27274平方米，建筑面积17775平方米。有初、高中共46班，学生2267人，教职员工190人。

恢复高考制度以来，考生多次夺得市“状元”和省、市单科第一名，在全国、省、市举办的学科及科技竞赛中，多次取得好成绩。2006—2007年，高考录取率85%以上，高中会考合格率99%以上，中考优秀率50%以上。

2000年，学校被国家体育总局授予“全国航天（航空）模型活动重点校”称号。2005年，被福建省教育厅确认为省二级达标学校。

二、大同中学

址在兴华路2号。民国13年（1924年），由黄廷元（同盟会会员）、杨景文、曹允泽、彭丙卯、许鸿图等爱国华侨和社会贤达创办。开办初期，暂借宝善小学为校舍，聘杨景文为首任校长。学校以“发扬踔厉，振我民族”为办学宗旨，以“诚信勤朴”为校训（后改为“励勤毅诚”）。

民国18年，建新校舍“一字楼”于靖头山。随后，为增办高中，向海内外募捐，捐助巨款的爱国华侨有曹允泽、胡文虎、许文鼎等。增建允泽楼、文虎楼、文鼎楼、越棠楼，形成一组四合院建筑群。

抗日战争爆发，初迁海澄。继迁南靖。经常组织师生开展抗日救国宣传活动。民国31年秋，学生增至300多人，教职工30多人。抗日战争胜利后，学校迁回原址。民国37年，全校高中3班，初中6班，在校生576人。

中华人民共和国成立初期，粤侨中学、道立中学相继并入大同中学。1953年，私立大同中学改为公办并易名厦门市第四中学。1958—1960年，高中部改制为厦门化工学校（即今福建化工学校）；1960年，化工学校迁到杏林独立办学。1963年，厦门四中复办高中。1966年6月，改名厦门东方红中学。

1980年，学校高中部再度改制为职业高中部，先后易名为厦门市电子职业中学、福建省厦门电子职业学校、福建省厦门电子职业中专学校。经十几年努力，职业高中发展成为国家教委认定的国家级重点职业高级中学，并成为厦门电子职教集团中心校。1985年，复名厦门市大同中学。2000年，职业高中迁往原厦门师范校址独立办学。2002 年 2 月，校友施能业捐资 10 万元设“菲律宾施能业奖教奖学基金”；8 月，复办高中。当年，被评为厦门市文明学校。

2003 年 10 月，由市属改为思明区属。当年，获市“初中教学质量优质奖”。2004 年，获福建省“普通初中示范校”称号。2005 年，获“全国中小学信息技术道德教育示范校”称号。

2006 年，大同中学和前埔中学整合，仍称大同中学（完全中学），并按照“一校两区”的模式进行管理。获“福建省文明学校”称号。2007 年 1 月，获省“红十字青少年工作模范校”称号。

2007 年，全校占地面积 5.4 公顷；有教学班 63 班，学生 2981 人，教职工 237 人。

三、湖滨中学

址在湖滨三里 1 号，1985 年创办。占地面积 34119 平方米，建筑面积 22663 平方米。有实验室、微机室、多媒体教室、心理辅导功能室、电子阅览室、图书馆及校园网。校舍整齐敞亮，体育设施齐全，环境优雅。

1985—2000 年，为完全中学兼办职业高中（开设文秘、服装、幼师等专业）。先后获全国红十字模范校、市文明单位、区基础教育课程改革先进单位等称号和区教学质量优秀奖。是省重点体育足球传统校，在省传统校联赛中多次获冠、亚军。2000 年，停止职业高中招生。

2007 年，有教学班 58 班，学生 2779 人，教职工 210 人（其中高级教师 56 人，一级教师 82 人）。学校承担各级教育科研课题 12 项。当年，被确认为省一级达标校。

四、松柏中学

址在长青北里 1 号，1995 年创办。校园占地面积 40802 平方米。2007 年，有教学班 72 班，学生 3471 人，教职工 259 人（其中高级职称 70 人，一级 93 人，硕士研究生 14 人）。

秉持“诚明高远”的校训和“科学、务实、民主、和谐”的教风，以科技创新教育为切入点推进素质教育。学生在全国、省、市组织的青少年科技创新比赛中获市级以上奖项 222 项，申请专利 11 项。科技教育成为该校办学的主要特色。

2002 年，通过省二级达标校验收。2007 年，被确认为省一级达标学校，并成为福建省高中课改样本校和厦门市课改综合基地校。

五、厦门第九中学

址在厦禾路 848 号。1973 年春创办。校园占地面积 34450 平方米，建筑面积 1.8 万平方米。原是普通完全中学，1981 年兼办职业高中。1993 年 3 月，经厦门市政府批准，高中部正式命名厦门财经职业学校，专办中等职业技术教育。

2000 年 4 月，厦门财经职业学校被省政府确定为省级重点职业高级中学。同年，获市教育局颁发的初中教学质量进步奖。2002 年 8 月至 2003 年 12 月，原厦门铁路职工子弟中学及附属小学划归第九中学管理，为其分校。2004 年，在厦门市中等职业教育整合中，财经职业学校并入厦门商业学校；第九中学成为初级中学。同年，被确认为省级初中示范校。

学校重视体育、美育和劳动教育。2002 年，获厦门市职教运动会总分第一；2003 年，在全市中学生足球联赛中，学生足球队获 U15 组和 U18 组的第 2 名和第 3 名。

2007 年，有教学班 30 班，学生 1447 人，教职员工 105 人（其中硕士学历 7 人，本科学历 90 人；高、中级职称 79 人）。

附：市属中学选介

（一）厦门双十中学

民国8年（1919年）10月，菲律宾华侨马侨儒、林珠光等和厦门商界人士在霞溪仔街创办新学。为纪念辛亥革命，命名“厦门双十乙种商业学校”。学校设商业、新闻两科，林珠光任校董会董事长，马侨儒任校长。创办初，租用民房为校舍，师生员工几十名。民国13年，迁址鸿山北麓“外清箭场仔”（现址），改称厦门私立双十商业中学。民国14年，扩为六年制高、初中普通中学，定名厦门私立双十中学。

1956年，学校由政府接办，为公立，名“厦门双十中学”。1959年，被评为“红旗中学”，为省重点中学。1960年，在全国文教群英大会上，被授予全国“教育先进单位”。

2005年，高考本科上线率100%，其中理科重点批上线率86%。是年，囊括数学、物理、化学奥赛的全省第一名，同时包揽化学奥赛全省前7名，11人获数学奥赛省一等奖，占全省奥赛奖牌总数三分之一强。

在金尚路东侧、县黄路以西、枋湖东路北侧建高中部。占地11万平方米。2005年9月，建成投入使用。2006年，有教学班60班，学生3000人。新校区与澳大利亚圣詹姆士学院合作开办“中澳双学历高中课程实验班”。

（二）厦门第一中学

址在文园路93号和75号。清光绪三十二年（1906年）创建，称厦门中学堂。民国元年（1912年）改名思明中学。1951年2月，改称厦门第一中学。1953年，定为省重点中学，并选定白鹤岭南坡建新校舍。校区占地面积12万平方米。

1997—2007年，在各类科技竞赛中，获省级以上奖牌的学生177人次。该校生物与环境科学活动基地设施齐全，取得省级以上奖励300多项，国家级奖励32项（其中一等奖12项），曾获得国际大赛集体奖和杰出教师奖第一名。为“福建省青少年科技教育基地”和“厦门市环境教育基地”。历年高考成绩多项名列全省前茅。2007年高考中，应涵理科总分695分，名列全市第一；投档分715分，名列全省第一；范予泽、吴诗卉作文满分；黄若飞、缪慧凌数学满分。同年，中考成绩位居全市前三名，获“厦门市初中教学质量优秀奖”。

该校是体育传统校，连续多年获厦门市中小学田径运动会团体总分冠军。2006年、2007年，获厦门市学校体育竞赛总锦标冠军。

2007年，有教学班83班（高中58班），学生4000多人。特级教师9名，奥赛国家级金牌教练12人，市级以上骨干教师50余名。

（三）厦门第六中学

址在厦禾路344号。1953年创办，称厦门私立中级文化补习学校；1955年更名厦门私立思明中学。1956年，改为公办，称厦门第六中学。

2003年，该校与东渡中学合并，分厦禾、东渡两校区，前者为初中部，后者为高中部。合并后，扩建高中部校舍。占地面积97648平方米，建筑面积近8万平方米。2004年，通过示范性高中的市级验收。学校以“构建创造性人才培养教育模式为重点”进行教育整体改革。学生的小发明获2项国际金奖，60项国家级奖励，有29项获国家专利。黄国宏获全国发明创造项目一等奖，被授予“中国少年科学院小院士”称号，是福建省第一位获此殊荣的学生。周哲夫等7位同学获“明天小小科学家”称号，杨毅祯等5位同学获“福建小小发明家”称号，吴施佳等4位同学获“福建省小科学家”称号，庄凯获第二届中国青少年科技创新奖（福建省唯一）。

2005—2007年，高考上线率皆100%。该校年年获市初中教学优质奖。

2007年，有教学班86班，学生3952名，教职工335名，其中特级教师5人。

（四）厦门外国语学校

原址在鼓浪屿。1981年12月创办。原名英语中学，是福建省第一所侧重于外语教学的普通中学。1990年7月，更为现名。1994年，迁湖滨北路88号。校舍和设备全部由市政府投资建置。

该校为福建省一级达标中学，享有20%应届毕业生保送全国重点外国语大学或综合大学外语系资格。获福建省教育厅、省政府对外办公室、省公安厅联合授权，享有接受外国学生资格。初中部位于湖滨北路88号，高中部和海外部位于厦门市海沧区。

学校开设英语、日语、法语和德语等专业课程。

1999—2005年，6次夺得高考市状元，其中林惠斌获2000年高考省“状元”。2004年高考，理科总分平均580分（超过重点线45分）为全省第一。2005年高考，理科平均总分再获全省第一，林巧璐参加全国港澳台高考中以672分，获全国状元，并获北大优秀学生特等奖学金；是年，有31位学生被保送到北大等名牌大学深造，有12位学生被清华、北大录取。2006年，有25位学生被清华、北大等高校录取，有4位学生获新加坡国立大学等国外知名院校全额奖学金留学，3位学生获加拿大伦敦国际学院奖学金项目。该校申请国家发明专利26项、已成功转让5项。其中，周倩倩、黄晨琦、王奕祺、余婧等同学分获第十三届、第十四届、第十五届全国发明展览会金奖。

2007年，有教学班62班、学生3100多名，教职工240名（其中硕士研究生27人，研究生课程班毕业69人，共占专任教师总数43%），常年聘请外籍教师任教。

第五章　中等职业教育

第一节　公办中等职业教育

1958年8月，大同中学高中部改为厦门化工学校，1960年迁到杏林区单独办学，不久改为福建化工学校（省属）。大同中学高中部又于1980年开办电子、计算机、现代信息技术等专业，1984年命名电子职业学校，至2000年又迁出独立办学。2002年，大同中学又开办综合高中，至2006年整合前埔中学而停止职业教育招生。

1981年，第九中学高中部兼办化工、美术、会计、金融、经贸等专业教育（1993年，该高中部命名厦门财经职业学校。2004年，该职校并入厦门商业学校）。

1983年，华侨中学开办中等职业教育（设港口机械、物业管理专业）。至2000年，停止中职教育招生。

1983年，第十一中学成立交通职业学校，有交通管理、汽车维修、机械电工等专业（2004年，该职校和厦门旅游职业学校、厦门商业学校合并，在集美区新校址创立厦门市工商旅游职业学校）。

1985年，湖滨中学开办文秘、幼师、服装等专业，2000年停止中职教育招生。

1997年，槟榔中学合并女子职业学校，开办美容、幼师、服装等专业。至2005年，停止中职教育招生。

2007年，思明区无区属中等职业教育学校。

区境市属中等专业学校有6所：福建工艺美术学校、厦门商业学校、厦门卫生学校、厦门体育运动学校、厦门戏曲舞蹈学校、厦门音乐学校。市属中等职业学校有4所：厦门旅游职业中专学校、厦门技术学校、厦门市机械技工学校、厦门市建筑工程技术学校。

第二节　民办中等职业教育

1981 年 8 月，民革厦门市委创办厦门逸仙业余学习班。1994 年改为成人中专学校。2002 年再改为中等职业学校。2002 年 8 月，厦门朗纳集团投资创建厦门市中等专业学校。

厦门逸仙中等职业学校　位于思明南路 394 号。学校有中专部、综合高中两大部分。中专部开设涉外会计、国际商务、建筑装饰、计算机信息管理、电子商务、旅游英语等专业。综合高中部为普通高中。

厦门市朗纳中等专科学校　原位于黄厝村。培养应用型、技术型人才。开设 6 个专业班：机械、电子、计算机、商贸旅游、美术服装和企业定向班。学校和企业联系密切。2006 年，迁址集美区。

第六章　成人教育

第一节　扫盲教育

民国时期，民众教育馆、民众夜校组织成人文盲、半文盲读书识字。

中华人民共和国成立后，三区进一步办好成人文盲、半文盲夜校，共 10 多所。1952 年，三区进行扫除文盲试点工作。1953 年起，在职工、农民和市民中全面展开扫盲，分“巩固班”“分段突击班”“突击班”等形式。经 13 年努力，青壮年文盲率大为减少。“文化大革命”期间，扫盲工作停止，青壮年文盲率回升。

1978 年，三区逐步恢复扫盲教育。1980 年起，三区在业余中学总校办扫盲识字班，在各街道办分校，开展扫盲。1990 年全国第四次人口普查时，三区青壮年非文盲率 97% 以上。到 1997 年，鼓浪屿、开元和思明区的青壮年（15～47 周岁）非文盲率分别为 98.5%、99.7% 和 98.9%；12 个街道、150 个居委会、6 个行政村扫盲工作全部达标。至此，区境率先在全省、全市完成扫除青壮年文盲的任务。

第二节　初、中等教育

一、成人初等教育

1952 年，三区每个街道皆办 1 所民校以上。思明区办 9 所，共 54 个班，学员 2700 多人。1953 年，街道业余小学班由区统一管理，摘掉文盲帽子的青壮年随即进入高小班就读。同时，成立区业余中学。

1954—1965 年，每年都有一批学员于高小班毕业。“文化大革命”期间，三区“高小班”停办。1980 年，三区“高小班”复办。1982—1996 年，开元区业余高小毕业生 4000 多人；思明区业余高小班毕业生 2800 多人。1998 年，开元、思明两区成人高小学生 130 人，于 2000 年毕业。此后，无办成人小学班。

二、成人中等教育

1961年起，三区都创办干部职工业余中学。“文化大革命”期间停办。1978年复办。

1981年起，三区对“文化大革命”以来入厂的青壮年职工开展“双补”（文化和技术补课）教育。业余高中文化课的补习内容有语文、代数、几何、物理、化学、地理等，学制三年，安排晚上或周日进行。每周授课8～10课时，每学期20周。毕业考由市统一出卷，统一评卷，毕业证书由学校颁发，市备案。1982年，三区参加业余中学学习的学员5000多人。1978—1995年，开元区中等成人教育的毕业学员4103人，其中高中毕业565人、初中毕业3538人；思明区中等成人教育毕业生1170人，其中高中毕业432人、初中毕业738人。

1995年，思明区和开元区复办“成人中等专科学校”，开办电大中专班和普通中专班（全日制）。1998年起，开元区开办4班电视大学中专班、学员200多人，2班成人普通班、学员100多人；思明区开办成人中专3班、学员150人，成人普通班2班、学员100多人。2000年，开元区、思明区各创办一期幼师班，招收未达到幼师毕业水平的幼儿园教师为学员，共80人，经过学习，均获得福建省教育厅颁发的幼师毕业证书。

2001年后，成人中等教育停办（转办高等）。

第三节　高等教育和培训教育

一、电视大学高等教育

1986年8月，开元区成立厦门市电视大学开元区电大教学班，办1班，50人。1988年，升格为厦门市电视大学开元区工作站。到1995年，累计培养大专生763人。1995年，思明区成立厦门市电视大学思明区工作站，次年招生，办财会大专1班、40人。1997—1999年，招收电视大学大专注册视听生900多人。

2004年，思明、开元电大工作站合并，名为厦门市电视大学思明电大学习点，为电大学员提供全新的学习环境、场所、设施；各专业课程的学习软件齐全，并开通与因特网相连的千兆光纤网络系统。学习点聘请的辅导教师多是掌握现代远程开放教育技术和信息的厦门电大教师，所有教学环节和考试都在厦门电大的直接指导下进行，学生历年的考试及格率较高。

电大成人教育分为成人高考大专班和“开放教育”班。成人高考大专班于1988年开办，设会计、市场营销、房地产经营管理、工商管理、法律等专业，学生400多人。学员毕业后由厦门市城市职业学院颁发大学专科毕业证书。“开放教育”班于2000年开办，有专科班和本科班。专科班有金融、会计、电子商务、物流管理等专业；本科班有金融、会计、工商管理等专业。大专和本科学生共580人，毕业证书由中央广播电视大学颁发。

二、华东师范大学网络教育中心

华东师范大学网络教育中心（联办）为2006年新引进的项目，主要从事思明区内中小学、幼儿园在职教师学历的再教育。专科班设“学前教育”；本科班设“学前教育”“汉语言”“行政管理”等。

2007年，春季第一次招生70人。毕业证书由华东师范大学网络教育学院颁发。

三、成人培训教育

三区的业余中学和成人中专、电大工作站根据市场需求开办各类短期职业技术、技能培训班和补习班，每年有几百乃至上千人参加学习。1993—1995年，思明区开办12期不同类型培训班，参训人员400多人。

培训班开设的课程有钢琴、书法、美容、礼仪、保健、文秘、演讲、日语、英语、电脑、缝纫等。上课时间有白天、晚上，也有节假日；班期长4～5个月，短者1～2周；有理论课，也有实践课，边教、边学、边练。对达到要求的学员发给结业证书。

2004年起，思明区社区教育中心为就业人员开设会计电算化、计算机等专业培训，并与相关部门合作举办市场营销（2期100人）、电气安全作业（3期160人）、建筑安全施工（1期45人）、国家级育婴师资格（2期200人）、保育员（5期500人）等市场急需的职业培训。2007年3月，该中心被命名为厦门市人才培训基地。

第四节　社区教育实验

一、鼓浪屿区全国社区教育实验区

2000年4月，教育部发文《关于在部分地区开展社区教育实验工作的通知》，确定在全国八个地区开展社区教育实验工作，鼓浪屿区是其中之一。5月8日，鼓浪屿区政府成立鼓浪屿区社区教育指导委员会，出台《厦门市鼓浪屿区开展社区教育实验工作方案（2001—2003年）》。2001年1月，鼓浪屿区全国社区教育实验区工作正式启动。区政府和市教育局共投入社区教育专项经费100多万元。

2001—2003年，鼓浪屿区加大社区教育宣传力度。每年3月初，在轮渡广场举行鼓浪屿全国社区教育实验区大型广场活动，推动全区社区教育工作的开展。2001年12月29日，鼓浪屿《社区教育简报》创刊，每月1期。2002年3月8日，鼓浪屿有线电视台开播《社区教育》栏目，每周1档节目。全区各部门、各单位、各社区的宣传活动和培训活动普遍展开。

在培育“学习型组织”典型活动中，涌现一大批“学习型家庭”“学习型楼院”“学习型团体”“学习型单位”等。

全区各机关、企事业单位、学校和社区教育工作者主动加强社区教育理论学习，开展社区教育课题的研究，编辑出版2期《鼓浪屿社区教育征文汇编》。市社区教育课题组在市、区教育局的指导下，以鼓浪屿为实验基地开展科研工作，完成教育部“十五”重点课题《推进我国社区教育发展的实验研究》子课题《社区教育管理体制和运行机制研究》的报告。鼓浪屿社区教育实验区的管理体制和运行机制成为全国实验区中3种模式之一，即“驻区组织共同行动模式”的典型，成为全国6个各具特色的“社区教育品牌”之一。2003年4月，将区业余学校、青年宫、少年宫整合成立“鼓浪屿社区教育中心”。

二、思明区全国社区教育实验区

2003年10月三区整合后，思明区贯彻国务院批转教育部《面向二十一世纪教育振兴行动计划》《中共厦门市委办公室、厦门市人民政府办公室转发市教育局、市文明办〈关于大力推进社区教育工作的意见〉的通知》，扩大社区教育实验范围。

2004年1月14日，思明区社区教育办公室成立。2月25日，思明区社区教育指导委员会成立。3月6日，在原市工人文化宫广场举行启动社区教育实验工作仪式。5月28日，教育部职业教育与成人教育司同意思明区继承鼓浪屿区为全国社区教育实验区。思明区根据“点上深化，面上拓展”方针，发挥鼓浪屿社区教育中心原有优势，推进社区教育工作全面开展。是年3月16日，《思明社区教育》简报创刊，每月1期。

2005年6月6日，思明社区教育网站开通。通过教育简报、教育网站、宣传专栏、广场活动和新闻媒体等开展宣传、报道，全民学习、终身学习的理念走进千家万户。9月28日，《福建省终身教育促进条例》颁布后，思明区终身教育、终身学习活动规模越来越大。从活动日发展成2006年的“思明区首届全民终身学习活动周”；又从活动周发展成2007年的“思明区第二届全民终身学习活动月”。建立“政府统筹领导，教育部门主管，有关部门配合，社会积极支持，社区自主活动，群众广泛参与”的社区教育管理模式和运行机制。其间，区建立社区教育联系会议制度、管理制度、督导评估检查制度、考核奖励制度；制定并印发《关于全面推进社区教育实验工作的意见》《厦门市思明区推进社区教育工作方案》《关于创建全国社区教育示范区实施意见》《关于印发〈厦门市思明区关于文化、教育资源向社区开放的实施意见〉的通知》。还整合教育资源，建立以区社区教育中心为龙头，街道市民学校、社区居委会教学点为骨干，各类学习型组织为基础，区境各类培训机构和社会力量办学机构共同参与的社区教育培训网络。2005年，区委、区政府把建立滨海、鼓浪屿、嘉莲、莲前、梧村5个街道“市民学校示范点”作为为民办实事项目之一。通过示范点的辐射，带动全区市民教育培训活动深入开展。2007年5月，编印《思明区市民学校课程选编》，推动各市民学校、各种培训机构开发市民喜爱的优秀课程。

区社区教育工作队伍由管理者、教师、志愿者和理论研究人员4支队伍组成。各街道市民学校建立师资队伍和志愿者队伍档案。2005年6月，出台《关于中小学教育资源向社区开放的实施意见》；7月1日起首批30所中小学校向社区居民开放；9月，区教育局向每个街道派驻1名社区教育专职干部，推动社区教育向纵深发展。区社区教育指导委员会办公室广泛发动机关、企事业单位、学校、社区及市民群众撰文。2004年，汇编《社区教育理论与实践》两册。2005年，汇编《思明社区教育文集》。2006年，在“思明区首届全民终身学习活动周”中，面向全市开展“影响我一生的一本书”征文活动，汇编征文优秀作品集。区社区教育指导委员会于2007年10月授予松柏中学等10所中小学为学校教育资源向社区开放的示范校。

2007年，全区有学习型家庭14719户、学习型企业44家、学习型机关单位91个、学习型社区45个。

第七章 特殊教育

第一节 特教组织管理

1988年春开始，三区政府把特殊教育纳入普及义务教育规划。三区教育局和残联联合组织残疾人的调查，共查有163名视力、听力、言语和智力残疾的儿童，都组织其接受教育，其中112人到特教学校，轻度弱智儿童在小学“随班就读”。残疾儿童入学率80%。1994年，开元区、思明区获省特殊教育先进区称号。1996年获全国特殊教育先进区称号。

“九五”“十五”计划期间，残疾人职业教育与培训得到发展。区残联利用远程教育手段，请高校教师到点集中授课，培养残疾人教育骨干；并多渠道、多层次、多形式地开展残疾人职业教育与培训，提升残疾人中等职业教育和高等职业教育质量。同时，实行残疾儿童入学“零拒绝”制。区政府投入资金100万元设立特殊教育基金；拨专款40万元改善特殊教育硬软件；启用18万元残疾人就业保障金，资助110名残疾学生及贫困残疾人子女入学（其中大中专62名），全区“三残”儿童入学率100%。2005年，全区实行残疾学生免费上学，并提高在校残疾儿童补助标准。随班就读每人每年补助200元；在聋哑学校就读的每人每年补助由400元增为1000元；在盲校就读的补助由800元增为1500元。

第二节 特教学校

一、鼓浪屿区育智班

1991年9月，鼓浪屿区育智班开办。学生13名（其中女生5名），智障轻度6人，中度4人，重度3人。教师3人。教学依全日制弱智学校教学计划，开设9个学科。

根据学生智商、年龄、受教育的年限、能力，采用个体教学和不同试卷评分方法，开展形式多样的活动，加强日常行为规范教育。重视做好弱智儿童的心理和生理缺陷的补偿工作，以爱心消除学生的心理障碍。对心理扭曲的学生，教师充分发掘其闪光点，树立其自信心。

1993年，该班被厦门市残联评为先进单位。教师中，获市、区先进教育工作者、优秀辅导员称号和“师德奖”“奉爱奖”“创优奖”及“三八”红旗手称号的共11人次。

2005年7月，育智班并入思明区特殊教育学校。

二、开元区开智学校

原址设后厅衙。前身为开元小学，1988年3月创办，占地面积1654平方米。招收弱智学生，办3班。教育科研、文体活动成果喜人，跃入全国特殊教育先进行列。1990年，在亚太地区特奥会上获3金6银4铜。1992年3月，中国残联理事长邓朴方到校视察，题词“团结、互助、友爱、和谐，共创二十一世纪的新生活”。1996年，命名开元区开智学校。2003年，获福建省残联颁发的2002—2003年“残疾人文体工作先进集体”称号。2004年，搬迁至霞溪小学，占地面积近3000平方米。2005年7月，该校并入思明区特殊教育学校。

三、思明区培智学校

原址设李厝3号。1989年创办。教师7人，弱智学生2班21人。1997年，迁大埔头菜市场二楼，后又迁大字酒巷7号。2001年6月至2003年6月，被列为“科学教育——感知运动，脑体并用，协同发展研究实验单位”。2001—2004年，承担国家级课题《感觉综合训练能促进弱智儿童的脑体康复》研究。课程设置语文、数学和体育等基本学科，按班级上课，学生分不同兴趣小组进行活动。2005年，有教师17人，学生6个班共65人。是年7月，该校并入思明区特殊教育学校。

四、思明区特殊教育学校

2005年7月，三区特殊教育学校合并为思明区特殊教育学校，址分设大字酒巷7号和小走马巷12号。共占地面积4374平方米。为智障儿童九年制义务教育学校。9月，有教学班12班、学生90人，教职工40人。

该校实施“三维”教育理念，实行“教育、康复、训练、适应”四位一体的教学模式，开展行为、文化、康复、职业培训等教育。本着以科研促教研、促教学，以科研促提高学生生存能力的意愿，开展以人为本、协调发展的理念引导课程改革。完成科研课题有国家级的《感觉统合》《语文套件．校本课程开发》，市级的《生存发展》等。

第八章　教师与教研

第一节　资格与任用

元至清末，区境书院延师掌教，称山长。学堂兴起后，设监督、监学，亦兼任教师。山长、监督多为地方知名学者出任。

民国初期，小学教师多为师范学校或高中、初中毕业生；中学教师多为大专院校毕业生或高中毕业生。民国20年（1931年）5月，公布《厦门市小学教员登记办法》，小学教员分为小学正教员、初级小学正教员、小学专科教员、初级小学专科教员4种。具有高级中学师范科或师范学校本科者为正教员，师范简历科2年以上毕业者为初级小学正教员，中学以上学校毕业，适于某科目教员之职者或对某科目具有特殊研究成绩者为小学或初级小学专科教员。民国24年7月，厦门市政府颁布幼稚园教员登记办法，分为正教员、助教教员。幼稚园师范学校或师范学校幼稚园专修科毕业生为幼稚园正教员，师范学校或高中师范毕业生为幼稚园助教教员，其他低学历者另有任教相应规定。公立学校校长由政府或教育行政部门委任，教员由校长聘用；私立学校校长由校董事会聘任，教员由校董会或校长选聘。

中华人民共和国成立后，区境原有教员绝大部分留用；同时吸收一批基本具备教师条件的知识分子，经过培训，到中小学校任教。选派小学教师及社会优秀青年到师范大学学习，毕业后到中学任教。随着教育事业的发展，国家对教师队伍的管理逐渐规范化，依学校类别、规模，核定教职员工编制数。并强调教师队伍的学历要求：小学教师为中专（含高中），初中教师为大学专科，高中教师为大学本科。思明区中小学教师队伍的来源主要是师范院校毕业生，少量是非师范院校毕业生。在小学任教的有一部分是高中（初中）毕业的民办或代课教师。

1970年，部分教师被下放农村劳动；1972年起，陆续调回。“文化大革命”期间，大中专院校（含师范院校）停止招生5年，中断师范毕业生的培养。三区采用“以工代教”的形式安排200多名初中毕业生到小学、幼儿园任教；安排90余名上山下乡的退休教工子女以“补员”形式充实教师队伍。1979年起，停止新招民办教师，以考试考核形式，整顿民办教师队伍，辞退一部分不合格的民办教师。同时，每年通过考试，分期分批将符合条件的民办教师转为公办教师。“以工代干”（原称“以工代教”）人员于1984年全部处理完毕，合格者转为正式教师（干部编制），不合格者安排到工人岗位。1995年，转公办和辞退民办教师工作全部完成。此后，只有合格学历者才能调入学校任教。对教师学历提出具体要求，高中、初中、小学教师学历应分别达大学本科、专科和中专毕业水平，小学教师队伍中逐步提高大专学历比例；初中教师队伍中提高本科学历比例；高中教师中已有13位研究生学历人员。

1987年起，开展教师职称评聘。中学教师确定为中学高级、一级、二级、三级教师；小学与幼儿园确定为小学高级、一级、二级教师。取得任聘资格共有4094人，已聘4089人。1995年，正式实行教师资格制度，按权限对1994年1月1日已在各级各类学校任教的教师进行资格认定，并颁发资格证书。至2007年，全区共认定各级各类学校4514位教师的教师资格。其中，幼儿教师740人，小学教师2137人，初、高中教师1489人，其他148人。

第二节 进修与培训

中华人民共和国成立后，三区教育局设教师进修学校，承担在职教师各种学历、非学历培训、骨干教师培训、教学研究及教师继续教育工作。在职小学教师、幼儿园教师参加厦门教育学院举办的脱产大专班，开办函授大专班，“专升本”函授辅导班。

1991 年起，每年举办中小学新教师见习期培训，凡分配到学校教学岗位的毕业生都要参加中小学教师见习期培训。分两段：第一段为脱产培训，集中 1 周时间进行形势教育、职业道德教育、教育教学常规教育；第二段为 1 学年在岗的分散业务培训。通过培训，使新上岗的大中专毕业生适应中小学教育教学要求。担任中小学校长的先培训，再任命。至 1995 年，三区中小学校长都持证上岗。同年，厦门教育学院、厦门进修学校组织小学教师大专自学考试辅导工作，三区共有 550 名小学教师参加（为期 3 年半、共 13 门课程的辅导、考试）。当年，又聘请外籍教师培训中小学英语教师，着重英语口语的强化训练。此外，每年选派教师参加市教育局举办的学科骨干教师（特别是中青年骨干教师）培训班。

2005—2007 年，思明区中小学教师继续教育经费支出 534 万元。由思明区教师进修学校，配合市教育学院开展教师继续教育和各种培训。经过培训，全区中小学教师学历均有提高。小学专任教师大专以上学历占 76.38%，初中专任教师本科以上学历占 85.84%，都高出指标要求。同时，定期选派骨干教师出国考察学习，2004 年以来有 20 多位教师到英国和加拿大参加国家级、省市级培训，到北京、上海等教育先进地区参观学习，分期分批组织校长到北京、上海名校挂职锻炼（2004 年以来有 20 多人）。

第三节 教学教研

2001 年 4 月起，厦门市被教育部列为全国基础教育课程改革实验区之一，思明区参与这项工作，至 2007 年 7 月，完成幼儿园 6 年、小学一轮、初中二轮的课改实验。2006 年 9 月，启动高中课改工作。

区政府成立基础教育课程改革领导小组（下设办公室）统筹规划全区课改实验工作，制定政策，安排经费加大现代教育信息技术建设投入，协调社会各方面参与课改实验。区教育局实施六大课题科研：课程标准与实验教材的研究；地方课程与学校课程的管理与开发；信息技术与课程教学整合的研究；有关学校、教师、学生的评价研究；自主、合作探究学习方法的研究；新教材实施的研究。制定了《思明区教育科研课题管理暂行办法》及其“操作流程”。颁布第一批、第二批《思明区“十五”教育科研课题指南》和《思明区“十一五”教育科研课题指南》。5 所学校参与全国“十五”重点课题《新课程与学习方法》的研究；11 所学校参与北师大何克抗教授《基于网络环境下基础教育跨越式探索试验》课题研究。

6 年课改，立课题 200 多项，校校有课题，教师人人参与。大多数学校完成课题研究，并申报“十一五”课题研究，推进了课程改革实验。组建课程实施、课程评价、校本课程、现代信息技术与学科课程整合、综合课程、幼教课改实验 6 个专业工作队。各实验基地发挥示范、攻关、辐射作用。全区中学、小学、幼儿园共有省、市、区级综合实验基地校 19 所、市级学科实验基地校 48 所、省级高中新课程实验样本校 1 所。各实验基地校发挥了新课程实验工作的攻关、示范、辐射的作用。建立以校为本的教育制度，重建学校文化（建立开放、民主、批判的学校新文化），拓宽研讨渠道，建立反思机制，开展专题调研并及时总结和推广经验。开放校园，让家长与课改同行，实行“教学开放日”。同时，扶持与促进民办学校课改工作。组织民办学校教师参加课改培训班；拨给专项课改经费；在民办学校开展创优课评选活动；选择公办中小学校与民办学校结对予以帮助；组织学科带头人到民办学校授课；加强民办学校教学指导与管理。

课改实验取得收获：课堂教学目标把过程、方法视为重要环节，让学生通过自己的阅读、理解、探索、体验等过程而获得知识，教学活起来了，课堂活动开放了，学生素质提高了，师资队伍在实验中锤炼成长。课改难点获得新突破，校本课程得到开发，课程评价促进学生发展、教师提高和改进教学的功能，设计、推行《学生成长记录袋》《学生素质发展报告单》，实行《小学毕业生综合素质评价方案》，《初中学生综合素质评价实施意见》改革学生学习成绩的评定方式，推进以培养创新能力为核心的素质教育。

2007 年夏季，举办思明区基础教育 6 年课改总结汇报活动。以专题研讨、课堂教学创新大赛、校长论坛、总结汇报会、课改成果图片展等形式，全面展示基础教育课程改革的成果与经验。

第九章　经费与设施

第一节　教育经费

一、政府拨款办学

民国时期，公立学校经费由市政府财政承担，教育局（科）具体统筹。政府给私立学校一定的财政补助费。

中华人民共和国成立初期，市政府在经济十分困难的情况下，承担起公立学校全部经费。1951 年 7 月，市财政拨出 1 万多元补助私立中学；两次发放私立小学补助费。1952 年 10 月，市财政发放私立小学补助费 1.8 万元，补助大同小学等 18 所学校。

1953 年起，区属学校教育经费由区政府承担。

1980 年起，三区政府教育拨款逐年增加，其增长率高于财政经常性收入增长率，学生人均教育费用逐步增长。

2003 年 10 月三区整合后，思明区以建设全国教育强区为目标，把“确保教育经费法定增长，保障教育发展需要”作为创建全国教育强区的重要措施，以更多的财力发展教育。

2005 年，思明区财政对教育投入 39465 万元（含街道安排教育支出 55 万元，不含教育费附加），比上年增长 14.47%，高于区财政经常性收入的增长。普通小学生均预算内教育事业费支出为 4156 元，比上年 3243 元增长 28.13%；普通小学生均预算内公用经费支出 1457 元，比上年 1410 元增长 3.35%。普通中学生均预算内教育事业费支出 4955 元，比上年 4944 元增长 0.23%；普通中学生均预算内公用经费支出 1900 元，比上年 1856 元增长 2.36%。区财政对教育增加投入，学校校舍得到翻新、扩建，办学规模扩大，教学条件改善，教师工资按时足额发放，贫困生接受九年义务教育得到保证。

2002—2005 年，区政府共拨出专项经费 439 万元，扶持 15 所民办中、小学校。其间，区属公办学校还为 9 所民办校捐赠 2000 多套课桌椅及许多电脑、办公设备。

二、教育捐税与教育费附加

民国时期，教育税收是学校经费的来源之一。但由于经济不景气等缘故，实际征收额甚少，难以维持学校教育经费需求。

1956 年起，政府统包教育经费，不征收教育捐税。

1985年5月，《中共中央关于教育体制改革的决定》提出“地方可以征收教育费附加”。从1986年7月起，三区开征城市教育费附加，按特产、增值、营业税1%计征；1989年7月改按“三税”2%计征。农村教育费附加从1987年7月开始计征，按农业人口人均收入的1%下达任务数。三区整合后，区教育费附加应征收额：2004年3815万元，2005年4877万元，2006年6515万元，2007年9152万元，每年都足额完成征收任务。全额用于校舍改建、维修及添置教学设备。

三、勤工俭学

1969年开始，部分中、小学兴办企业，开辟学农、学工基地，为学生提供生产劳动基地，微薄收入用于改善办学条件。

1980年以来，各学校纷纷建立勤工俭学基地。区教育局成立勤工俭学管理站、教育服务公司、教育劳动服务站等机构，负责管理学校的勤工俭学。其间，三区所有学校都兴办校办企业。大同小学机修厂获“全国中、小学勤工俭学先进集体”称号。1980—2001年，三区中、小学校勤工俭学的纯收入累计1250万元。勤工俭学收入60%用于改善办学条件和教职工福利。2001年起，规定机关、事业单位不能办企业。校办企业与学校脱钩。

四、社会集资办学

中华人民共和国成立初期，城市民众集资办民校、夜校。1960年后，农村集资办耕读学校、简易小学。1990年以来，社会集资办学热情高涨。1992年，大同小学校友李尚大捐10万元建大同小学游泳馆。1994年，梧村小学校友周清水捐40多万元兴建“清水办公楼”。1993年6月，香港知名人士陈君实捐赠34万元用于改造群惠小学校门及学校周边店面。厦门源昌集团董事长侯昌财捐资520万元在大同小学兴建“昌财教学楼”。2004年，福建省黄仲咸教育基金会捐资7万元建鹭江新城小学新校门。2004—2007年，“达意”“五龙”房地产有限公司每年出资2.5万元资助40名贫困学生。高尔夫慈善机构每年出资5万元开展助学活动。1990—2007年，全区筹集社会助学资金近2亿元，主要用于改善区属学校的办学条件。

五、教育基金

1990年起，三区政府先后拨款建立教育基金。同时，校级教育基金也纷纷成立。中、小学、幼儿园设立的教育基金：群惠小学奖教奖学基金（香港陈君实捐资120万元）；大同小学奖教奖学基金（香港王新选捐资15万元港币）；后江小学奖教奖学基金（厦门钨品厂捐资17万元）；金鸡亭小学教育发展基金（莲前街道捐资20万元及莲前建筑工程队捐资80万元）；第八幼儿园奖教奖学基金（建设银行捐资30万元）。至2002年，全区中学、小学、幼儿园共有教育基金会15个，基金总额300多万元。主要用于添置学校教学设备、奖教奖学等。

六、学杂费

民国时期，学杂费是中小学教育经费的重要来源之一，含学费、书籍费、校服费、杂费（卫生费、体育费、住宿费）等。

中华人民共和国成立后，中、小学一直是低学杂费。师范院校免收学杂费，中专学校基本不收学费。1980年后，随着教育改革的深入，学费收缴发生变化。小学与初中属于九年义务教育阶段，学生免交学费；高中学费提高，职业学校、中专学校从自费生过渡到“并轨”收费上学。学费收入主要用于学校改善办学条件。中、小学杂费收缴的项目和款数由教育、物价等部门制定，并全部用于学生。2001年以来，政府为扶持贫困、残疾、外来少年儿童就学，建立助学制度，实行“两免一补”（免除学杂费，免费发放教科书和寄宿生生活补助）。

七、建立助学制度

2004年起，实施《思明区资助特困家庭子女就学暂行办法》《思明区关于流动儿童少年贫困生助学工作意见》《思明区关于贯彻执行〈厦门市人民政府关于建议义务教育阶段贫困学生基本学习费用保障制度的通知〉的通知》等文件。建立健全中、小学助学金制度。区财政每年按标准（小学生均5元，初中生均16元，高中生均4元）拨助学金。2004年，拨款41.59万元；2005年拨款43.13万元。同时，对本市户籍城乡贫困生初中毕业后就读厦门市各类中等职业学校的，实行培养费减免制度。至2005年，全区共资助低保家庭子女就学1158人，金额103.3万元；资助区境民办小学贫困生70万元。并为8个村改居社区的1815名学龄儿童减免学杂费28.61万元。区政府对特殊教育学校采取优惠政策，对所有在校生的学杂费、书籍费、午餐费、点心费等实行财政补助；每名特教学生每年享受150元的交通补助。

2004年，思明区嘉莲街道“爱心助学工程”启动仪式

2005年，外来务工子女办理免收寄读费手续

对城镇困难家庭子女接受义务教育实行“两免一补”。仅2005年，区财政安排预算资金46万元用于免交学杂费、教科书费和寄宿生生活补助。同时，保障进城务工农民子女就学，对经统筹安排进入公办学校就读的农民工子女也实行免收“寄读费”。

第二节　教育设施

一、校舍校园

民国时期，区境中、小学校舍绝大多数很简陋，有的租用民房上课，有的在宗族祠堂办学。

1950—1976年，学校建设发展缓慢。

1980年后，三区政府把校舍改造和建设项目纳入区建设规划，校舍设施逐步改善。至1995年，三区区属小学人均校园用地、校舍建筑面积分别为7.24平方米、4.17平方米；幼儿园人均校园用地、校舍建筑面积分别为4.65平方米、4.88平方米。与国家教委等部门规定还有差距。1995年8月，厦门市人大常委会通过《厦门市校园用地保护规定》，对中、小学和幼儿园的布局、生均用地面积、校园用地配套建设和保护作出规定。三区政府贯彻这个“规定”，加强中、小学、幼儿园校园用地设置、校舍建设与保护。

2003—2005 年，思明区投入资金 7521 万元，分别对曾厝垵等 9 所小学危房进行异地迁建、翻建和加固。2004—2007 年，维修校舍及购置教学设备 796 个项目，涉及 194 个单位，共投入资金 13169.96 万元。其间，撤并 6 所基础差、规模小、质量低的学校，新建 8 所起点高、规模大的新学校。其中，2005 年，政府投入 700 万元改扩建鼓浪屿笔架山小学和少年宫，作为未成年人思想道德教育实践基地。

至 2005 年，区属公办中、小学、幼儿园生均校园用地、校舍建筑面积分别为：普通高级中学 13.45 平方米、9.33 平方米；中等职业学校 12.4 平方米、12.11 平方米；初级中学 14.75 平方米、9.26 平方米；小学 10.26 平方米、7.38 平方米；幼儿园 13.26 平方米、6.2 平方米；特殊教育学校生均校舍面积 50.86 平方米。

各中学、小学、幼儿园的校园运动场所和校园绿化用地面积均符合国家要求，生均绿化面积超过指标规定。全区中学、小学、公办幼儿园按照标准设置卫生保健室，配备器材药品。成立创建“平安校园”示范区领导小组，聘请综治副校长，加强校园环境的管理，使校园景观优美、安全有序。

二、仪器设备

民国时期，大同中学、大同小学、竞存小学等校添置实验、艺术活动的仪器设备，而大多数学校无力添置。

中华人民共和国成立后，区属中、小学陆续添置仪器设备。1991—1995 年，所有学校配置现代化仪器设备，并把外语教学、计算机教学和音频、视频等现代化教育技术的装备列为必备的硬件建设。1993 年，三区都成为实验教学普及区，仪器配备和实验场所都达标。区属小学全做到“三机一幕”（电视机、收录机、投影仪和屏幕）进教室，所有中学都有实验楼（科学馆）、艺术馆、体育馆、图书馆。中、小学均配备电脑并建立电脑室（计算机室），部分小学建体育馆、艺术馆、科技馆。

2004 年，区政府投入 5395 万元，为 31 所学校添置教学设备和图书。至 2005 年，全区中、小学教学实验设施均按部颁标准配置，仪器设备均达Ⅱ类以上标准。体育、音乐、美术、劳作课的器材均按相应要求配备，并按各校特色和课改要求，建立实践基地。学校图书馆生均藏书数分别为：中学生均 31.24 册；小学生均 29.34 册；幼儿园生均 7.79 册。区特殊教育学校仪器设备均按标准配置。公办幼儿园教学设施、设备均达省定一类标准；民办幼儿园均以三类（合格）标准配置。先后通过“学校图书馆建设达标区”和“普通教育实验教学普及区”的省级验收。

2004—2007 年，区政府投入教育信息化建设经费 8259 万元，成立区教育信息技术中心，建立资源检索平台、信息资源库，实现公办学校教育信息化的 4 个 100%（学校有校园网，教师配办公电脑并通过信息技术培训，教室配备多媒体教学平台，学校建立多媒体教室）。部分学校还建有语音室、电子阅览室。学校信息技术的配置达到或超过省级指标要求，2003 年在全省率先通过“信息技术装备达标区”的省级验收，现代技术装备水平位于全省之首。同时，区政府制定《思明区教育城域网建设方案》，投入近千万元高标准建设区教育城域网，实现教育资源信息化。建立健全学校校园网管理办法、网络信息安全管理办法、学校信息化工作管理规程，保证校园网络的安全。

第十章　教育管理

第一节　管理体制

民国时期及以前，区境公立学校分为国立、省立、市（县）立3种。经费投入、校长任用、教师调配、办学规模等均相应由教育部、省教育厅、市教育局（科）统筹管理。私立学校分为华侨办学、教会办学、宗族办学、同乡会办学、行业办学等，由主办单位设立校董事会管理（教会办的学校由教会派员直接管理，民国14年后均成立以华人为主的董事会），聘请校长具体负责。市（县）教育行政部门对私立学校实行办学立案、学生会考、教师考核及教育经费补贴。

1950年起，区境中等专业学校分属省厅、市局管理。其中，卫生学校和技工学校分属市教育局、卫生局、劳动局管理。工人业余大学属市总工会管理；成人中专、业余中小学、各区进修学校、干部学校分属市、区有关部门管理。全部中学及实验小学、第一幼儿园属市教育局管理，其他小学、幼儿园则属所在区管理。

“文化大革命”初期，管理体制混乱。1972年后，恢复原管理体制。

1985—2004年，执行1985年5月《中共中央关于教育体制改革的决定》和1993年2月《中国教育改革和发展纲要》，区境市属、区属各类学校的办学管理体制进行改革。职业中学与行业、企业、事业单位和社会有关方面确立联办关系，主要是解决专业教师、学生实习、毕业生录用等问题。中、小学、幼儿园管理体制实行“三级办学，两级管理”的体制。

2003年12月18日，市教育局与思明区政府签订学校移交议定书，将第九中学（含分校）、第十一中学、华侨中学、大同中学、前埔中学、槟榔中学、松柏中学、莲花中学、金鸡亭中学、逸夫中学、湖滨中学、第二实验小学（原二附小）、外国语学校附属小学（原一附小）、槟榔小学、市第一幼儿园、实验幼儿园16所市教育局直属中小学、幼儿园管理权限下放给思明区教育局。下放后，教育投入不减，教师待遇不变。思明区境内的各类中等成人专业学校分属市、区有关部门管理；成人文化补习学校、行业、企业、事业单位内部的职工培训机构分别归属有关部门和各主办单位

2003年12月18日，厦门市属学校下放归思明区管理，图为学校交接仪式

管理。经济特区创办以来的私立学校由董事会负责管理。

第二节　学校内部管理

民国时期，公立学校由校长主持学校的人事、财务、教育教学等管理工作。私立学校由校长在董事会领导和监督下进行学校管理，定期向董事会汇报。学校一般设校长1人，配备教务、总务人员。

中华人民共和国成立初期，学校由思想进步的教职员代表组成校务委员会实施管理。

1952年，教育部颁发《中（小）学暂行规定（草案）》。此起，根据规定实行校长负责制。学校的一切重大问题，校长有最后决定权。1958年起，执行中共中央、国务院《关于教育工作的指示》，学校采用党委（总支、支部）领导下的校长负责制或校务委员会制。校长是行政负责人，学校党支部对学校行政负有领导和监督的责任和权利。1963年，执行教育部《全日制中、小学暂行工作条例（草案）》，校长是学校行政负责人，在当地党委和主管教育行政部门领导下，负责领导学校的工作。学校党支部对学校行政负有保证和监督的责任。

“文化大革命”时期，先是工宣队、军宣队、贫管会进驻管理学校，后又实行革委会管理体制，取消校长，学校内部管理混乱。

1978年起，执行教育部《全日制中（小）学暂行工作条例（试行草案）》，全日制中、小学实行党支部领导下的校长分工负责制，学校的一切重大问题必须经过党支部讨论决定。1985年后，根据《中共中央关于教育体制改革的决定》，三区推行校长负责制。中等学校除中共基层机构外，行政方面普遍设办公室、教务处、政教处、总务处等办事机构，有的中学还设教研室（教科室），有的中学兼办职业高中的还设职教处。小学除成立学校党支部外，一般由任课教师兼任学校的教导、总务、少先队辅导员等工作；后来设立教研室、德育处。

2003年10月后，区教育局推进学校内部管理体制改革。重新核定教职工编制，规范学校机构设置和领导职数配备，建立公开选拔竞争上岗、择优聘任的校（园）长任用机制，健全校长考核、培训、监督、流动等制度；改革学校内部分配制度，完善激励和约束机制，建立健全校长职、权、利和教职工责、权、益统一的保证机制。

第三节　教育督导

一、组织机构

1991年2月，三区教育局内设教育督导室，鼓浪屿区、开元区、思明区编制分别核定3人、5人、4人。

2003年10月后，区教育督导室有专职督学12人。2006年9月，区政府正式任命主任督学、副主任督学、专职督学，并颁发督学证。

二、素质教育督导评估

教育督导室围绕建设“教育强区”总体目标，坚持“督政”与“督学”相结合，依法进行监督、检查、评估、指导。

组织对所属中小学校“三年一轮”的“文明学校暨素质教育先进校”督导评估。组织对区属民办中小学校教育教学工作进行专项督导。建立每学期不少于两次的随机督导制度，组织对学期初督导巡查。

至2007年，有12所中小学被确认为省级素质教育先进校，7所学校获省级文明学校，33所学校获市级文明学校称号。

三、教育工作督导评估

2004年1月17日，国务院办公厅转发教育部《关于建立对县级人民政府教育工作进行督导评估制度意见的通知》，实施“对县督导”制度，福建省政府规定“对县督导”实行县级每年一次自评、市级两年一次复查、省级分批进行评估的制度。

为此，区政府印发《思明区人民政府关于开展“对县督导”及“对党政领导考核”年度自评工作的通知》。区成立“对县督导”领导机构，召开全区自评工作动员会议和5场工作部署会议。边查边改，发挥自评的促进发展功能，集中全区力量在规定时间内完成“对县督导”自评任务，形成《自评报告》等六大要件。

2006年10月30日至11月3日，思明区教育工作接受市级复查。区督导室针对复查发现的问题，提出“按项目实行工作组条条负责制，分街道实行条块结合分片包干制度，推行责任单位联络员工作制度，选派志愿者进驻社区攻坚克难”的工作建议。形成《“对县督导”市级复查存在问题及需要整改的问题》等整改方案，召开13场会议动员部署，组织全区力量进行整改。区主要领导亲自抓，教育局组织力量抓整改攻坚，各公安派出所、街道办事处及居委会和区境各级各类学校通力协作，选派百名志愿者进驻社区，帮助社区建立文化户口册，做好就学取证工作。同时，全面组织残疾对象入学、动员辍学生返校就读，整改攻坚取得突出成效。11月27日至12月1日，思明区教育工作接受省级督导评估。省督导评估组经过核查认为：思明区委、区政府高度重视教育，围绕争创福建省教育强区、全国教育工作先进区的奋斗目标，在巩固“双高普九”的基础上，继续确立教育在全面建设小康社会中的重要地位，保持教育适度超前发展。区委、区政府认真履行教育管理职责，在确实增加教育投入，积极、稳妥实施学校布局调整，优化教育资源配置，加强学校领导班子和教师队伍建设，继续深化课程改革实验，扎实推进素质教育等方面取得突出的成绩。区政府2005年度教育工作通过省级督导评估，获总分969.5分，各项A级指标得分率95%以上，达到一类地区优秀等次。

附：驻区高等院校

区境最早的高等院校是华侨领袖陈嘉庚于民国10年（1921年）创办的厦门大学。1980年后，陆续创办高等院校。至2007年，有全日制高校6所。其中，公办有厦门大学、厦门国家会计学院、厦门理工学院、厦门城市职业学院；民办有厦门华夏学院、厦门南洋职业学院。共有学生77764人，专任教师6408人。

（一）厦门大学

位于思明南路422号。民国10年4月陈嘉庚创办，始为私立，民国26年改为国立。抗日战争期间，校本部迁往长汀；抗战胜利后迁回。占地面积1平方公里，建筑面积40多万平方米。2007年，扩建漳州校区，占地面积171.2公顷。

2007年底，有学生36410人，其中本科生20824人，硕士生13349人（含专业硕士），博士生2237人。另有外国留学生及港、澳、台学生2000余人。有专任教师2337人。其中，教授、副教授1319人，有博士学位1103人，有两院院士20人（其中双聘院士11人）。

学校设研究生院和22个学院（含58个系）和9个研究院，有14个博士学位授权一级学科，17个硕士学位授权一级学科，134个专业招收培养博士研究生，219个专业招收培养硕士研究生，79个专业招收本科生；有5个一级学科和9个二级学科的国家级重点学科（涵盖38个二级国家重点学科），15个博士后流动站，9个国家人才培养基地。11个学科项目列入国家“十五”“211工程”建设，11个创新平台和基地被列入国家“985工程”二期建设。

学校设有130多个研究机构，其中国家重点实验室2个，国家工程技术研究中心1个，教育部重点实验室4个，教育部工程技术中心2个，教育部文科重点研究基地5个，福建省重点实验室、中心6个，福建省高校重点实验室、文科基地20个，厦门市工程技术研究中心4个，另有1个国家大学科技园。该校人文社会学科研究实力雄厚，台湾研究、南洋研究、经济研究、会计研究等领域居国内高校前列。2007年，有19项成果获第四届中国高校人文社会科学研究优秀成果奖，居全国高校第三。

学校与美、英等国家和港澳台地区的100多所高校建立合作关系，与美国华盛顿大学等高校签订"全球八校联盟"合作协议。已成为台湾研究和两岸学术交流的重要高校。

（二）厦门国家会计学院

位于云顶南路。2002年1月成立，是国务院批准成立的财政部直属事业单位。占地33.53公顷，有教学楼、学术报告厅、图书信息中心、各类公寓和活动中心等设施，可满足高层次教学、科研、国际交流的要求，可同时容纳1000人在校学习。学院实行董事会领导下的院长负责制，董事会成员单位由财政部、中央组织部、国家发展和改革委员会、国务院国有资产监督管理委员会等20多个单位组成，董事会主席由财政部部长担任。是一所具有国际水平的现代智能化、园林化高校。2004年11月，学院正式投入运行，开展以会计审计、财政税收、经济管理为主的高层次在职专业培训。2005年，经国务院学位办批准，与厦门大学合作开展中国首批会计硕士专业学位（MPAcc）研究生教育。

（三）厦门理工学院

1981年10月，市政府创办厦门鹭江职业大学，为全省第一所职业大学。以市属工业、财贸、水产、农业、外语、卫生、建筑、师专地理8个大专班为基础，突出"地方性、职业性、适应性"的办学特色，培养"外向型、应用型、技艺型、复合型"建设人才。2004年5月，经教育部批准升本并更名为厦门理工学院。

学院开设28个本科专业，全部对接厦门和海西经济区的支柱产业。其中，会展经济与管理、文化产业与管理、商务策划管理、光电子、空间信息与数字技术是省内高校中率先设置的专业；车辆工程、光电工程、服装设计与工程被列为省级重点学科。物流管理与工程对应临港型城市的需要；土建类专业与城市建设相对接；国际商务、电子商务、商务英语、日语、财务管理等专业顺应高端商务与服务业的需求。

学院与企业联办专业，实行订单式培养。

学院与香港理工大学、加拿大里贾纳大学、英国赫尔大学、日本高知工科大学、日本佐世保高专、新西兰理工学院、韩国釜山东义科学大学、首尔仁德大学、台湾铭传大学、台北教育大学、开南大学等签署教育合作协议。1999年起，选派学生到加拿大、新西兰、日本及中国香港等地攻读本科或硕士课程；也招收少量外国留学生。

2007年底，在校学生（学员）1.4万人。其中，全日制本、专科生（含留学生）1.1万人，成人教育学员0.3万人。教职工近800人，其中硕、博士学历的教师占专任教师75.8%。

学院有思明和集美两个校区。思明校区位于区境内蜂巢山麓，毗邻南普陀、厦门大学。

（四）厦门城市职业学院

位于前埔南路1263号，占地面积20公顷；建筑面积11.4万平方米。

2005年5月，市政府将厦门工人业余大学、厦门教育学院和厦门广播电视大学的师资、教学设施组建整合而成。为专科层次的普通高等职业学校，以全日制高等专科教育为主，同时开展各种形式的非学历教育。

2007年底，有高职专科在校生2212人，成人教育本专科在校生4192人，开放教育本专科在册生7900人；教职工234人，其中专任教师165人（内有高级职称50人）。高职专科开设会计电算化、金融保险、文秘、商务英语、学前教育、法律事务、计算机应用技术、电子信息工程技术、音像技术、涉外旅游、会展策划与管理、电子商务、市场营销、国际贸易实务、通信技术、艺术设计等专业。远程开放教育和成人教育开设财会、国际贸易、市场营销等10多个专业。

（五）厦门华厦职业学院

位于曾厝垵北路1号。占地7.33公顷，建筑面积37656平方米。该学院由厦门市政协领导人及知名人士于1993年倡办，为全市首家民办高校。1997年被民办高教委授予全国民办高校先进单位，首任院长常勋教授获民办高等教育创业奖。2001年正式建制为专科层次普通高等职业学院，更名厦门华厦职业学院，是厦门市第一所列入全国统一招生的民办学校。

学院设工科、财经、语言文学三大类，专业有电子商务、国际商务、计算机应用技术、会计电算化、商务英语、金融保险、应用电子技术、网络系统管理、工商企业管理、文秘、通信技术、保险实务、文化市场经营与管理、汽车检测与维修技术、物流管理15个专业。2005年，省自考办批准该校为秘书、电子商务、计算机网络、英语4个专业自考主考院校。

2005年，该校和美国伊利洛伊中心学院签订合作办学协议。至2007年，学院发展为集教学、研发、职教培训于一体，有在校生4050人，专兼职教职工272人（高级职称占15%）。

（六）厦门南洋职业学院

2000年9月，由海内外15位中青年博士、教授、企业家发起创办。分仙岳、金尚、吕岭和翔安4个校区。设88个专业。部分专业与西北工业大学、厦门大学等联办。在校生0.9万人。专兼职教职工600余人，并从海内外特聘专家、学者、企业家到校授课。

学院培训中心是厦门市劳动局定点国家职业技能鉴定站之一，每位学生至少要持有一本职业资格证书。勤工助学中心对学生勤工助学活动进行组织和提供服务，毕业生有丰富的实践经验。国内外200多家大中型企业与该学院达成学生就业协议，福建省最大的劳务输出机构——厦门中厦公司将其列为劳务输出人才培养基地，每年有1000多个国外就业名额优先供学生选择。2003—2007届毕业生就业率99%。

2004年，被中国教育家协会评为“全国民办教育百强学校”。2005年，被中央教科所评为“中国十大优秀民办大学”“中国十大名牌民办高校”，被教育部全国高校学生就业指导中心评为“全国学生就业实力十强民办高校”。

第二十四卷 科学技术

唐至清代中期，区境农渔业传统科技沿袭推行。清道光二十二年（1842 年）厦门港辟为对外通商口岸后，西方科技传入。从英国进口工业生产设备，学其技术，发展工业；西医科技也传入应用。同时，思明人出国学习，回乡从业。但当时厦门是半封建半殖民地的商业性城市，政府不重视科技事业，无科技机构，专业科技人员仅医界数名。民国 35 年（1946 年），厦门大学建立中国海洋研究所，为区境首个自然科学研究机构。

中华人民共和国成立后，政府重视科技事业。1956 年，三区响应中共中央“向科学进军”的号召，掀起技术革新、技术革命、科学实验、科学种田的群众运动。

“文化大革命”期间，各级科技行政机构、学术团体及科研机构被撤销，科技工作处于半瘫痪状态。

1978 年 8 月起，恢复与新建一批科研机构，清理并奖励一批科技成果，落实知识分子政策。三区相继成立科学技术委员会，加强对科技工作的指导，实施科技五年规划；完善科技管理、成果登记制度；开办技术市场，开展技术革新、科普宣传活动；实施计量管理和标准化升级。1986 年，思明区创“四新”产品 40 余项，其中 10 项获市级以上优质产品称号，思明区科委被厦门市政府评为“1969—1985 年厦门市科技进步先进集体”。1989 年，该区科委被评为“1988 年度福建省科委系统先进单位”。

1991 年起，贯彻中共厦门市委七届三次会议《依靠科技进步振兴厦门经济的决定》。当年，开元区科委获省科委系统先进集体称号。1992 年，思明区厦港街道被评为福建省科技示范街道（为厦门市首个获此荣誉的街道）。此期间，大力培育民营科技型企业和科研机构。至 1994 年，开元区成立民营科技型企业和科研机构 17 家（专业人员占从业人员 80%）；思明区成立 30 家。

1995 年 9 月，厦门市科学技术大会召开，市委、市政府提出“科教兴市”战略。开元区、思明区立足各自区位优势，根据各自区情实际，相继提出并实施“科教兴区”“科技兴区”发展战略。“九五（1991—1995）”期间，三区加快科技事业发展，区政府配备科技副区长，制定《全面开展创建全国科技进步先进城区的决定》，科技三项经费投入增长。鼓浪屿区引进万利达电子等科技型企业，建设“鼓浪屿科技工业园”；率先导入 ISO 14001 国际标准，建设全区环境管理体系并通过认证，成为全国行政区和风景名胜区中首家国家级“ISO 14001 示范区”。开元区扶持技术含量高的企业，引进三安电子等高科技企业，组建高新技术研究开发基地，建设“开元科技园”。2000 年，该区科技进步对经济增长贡献率为 50%。思明区与厦门大学共建“科技创业园”，与厦大和国家海洋三所共建“科技成果产业化平台”。1997—2000 年，开元区、思明区多次被科技部授予“全国科技进步先进城区”称号。2002 年 1 月，开元区科技局被人事部和科技部联合授予“全国科技管理系统先进集体”（在全国科技工作会议上表彰）。

2003 年 10 月三区整合后，思明区每年科技三项经费占本级财政决算支出皆为 2%，鼓励创办科技型民营企业和引进创办高新科技企业。在政府资金引导下，企业普遍加大科技投入，规模以上工业企业技术开发经费投入占产品销售收入 4% 左右。年年举办科技推介会，促进校所银企合作。区政府实施《科技进步示范区建设与发展规划（2004—2008 年）》，2004 年，经考核，被科技部授予“全国科技进步示范区”，并获“全国科普示范城区”称号。

1978—2007年，科技成果获区政府表彰200项、市厅级表彰70项、省部级表彰36项。

2007年，区属单位各类科技人员4766名。驻区省、部、市科研机构11家；厦门大学属下科研机构130多家；高新技术企业95家；民营科技企业182家。在全国科技进步考核中，思明区连续6次被评为全国科技进步先进区。

第一章　科技机构与队伍

第一节　科技机构

一、生产力促进中心

1997年12月15日和1998年9月8日，开元区和思明区生产力促进中心先后成立，为全民所有制自收自支事业单位。开元区生产力促进中心负责建设并管理区政府投建的开元科技园。2001年11月，市政府批准该园纳入厦门火炬高新区“一区多园”管理，享受火炬高新区政策辐射区相关优惠政策。开元区、思明区生产力促进中心开展企业孵化、创业服务、资本运营、科技培训、科技咨询等工作。2002年6月29日，江泽民签署第69号主席令，公布《中华人民共和国中小企业促进法》，自2003年1月1日起施行。两区生产力促进中心为中小企业产品研制、技术开发提供服务，促进科技成果转化，实现企业技术、产品升级。2003年10月，两“中心”整合，为思明区生产力促进中心。

2004年4月7日，区生产力促进中心通过中国方圆标志认证中心ISO 9001：2000质量管理体系认证。8月25日，省科技厅确认思明区生产力中心为第三批省级重点生产力促进中心。同时，确认思明区科技孵化中心为第一批省级重点科技企业孵化器。至2007年底，中心在孵企业27家，虚拟入园企业43家，已毕业企业65家。

二、技术开发中心

2000年以来，经国家和省、市科技行政主管部门批准，区境高校院所设立工程技术研究中心和企业技术中心，二者构成技术开发群体。至2007年，技术开发单位44家（工程技术研究中心23家、企业技术中心21家），其中国家级4家，省级10家，市级30家。

2007年思明区境工程技术研究中心名表

表24-1-1

中心名称	依托单位	级别
国家传染病诊断试剂与疫苗工程技术研究中心	厦门大学生命科学学院	国家级
福建混凝土工程技术研究中心	厦门市建筑科学研究院有限责任公司	省级
厦门大学集成电路设计工程技术研究中心	厦门大学信息工程学院	省级
福建省医学分子病毒学研究中心	厦门大学生命科学学院	省级

续表24-1-1

中心名称	依托单位	级别
福建省海洋生物工程技术研究中心	国家海洋局第三海洋研究所	省级
厦门市 MEMS 工程技术研究中心	厦门大学	市级
厦门市生物工程技术研究中心	厦门北大之路生物工程有限公司	市级
厦门市光电工程技术研究中心	福建光盘有限公司	市级
厦门市城市空间信息工程技术研究中心	厦门信息港建设发展有限公司	市级
厦门市药物制剂工程技术研究中心	厦门建发制药有限公司	市级
厦门市数字城市工程技术研究中心	思明软件开发投资有限公司	市级
厦门市现代科学仪器工程技术研究中心	厦门欧达科仪发展有限公司	市级
厦门市生物药物工程技术研究中心	厦门大学生命科学学院	市级
厦门市海洋微生物新药工程技术研究中心	厦门大学生命科学学院	市级
厦门市生物医学工程技术研究中心	厦门大学医学院	市级
厦门市信息安全工程技术研究中心	厦门市美亚柏科资讯科技有限公司	市级
厦门市建设领域信息工程技术研究中心	厦门市海迈科技有限公司	市级
厦门市光电信息材料与器件工程技术研究中心	厦门大学物理与机电工程学院	市级
厦门市 LED 封装工程技术研究中心	厦门市观光莆电子有限公司	市级
厦门市林产工程技术研究中心	厦门涌泉科技有限公司	市级
厦门市海洋防腐工程技术研究中心	中船重工集团公司 725 研究所	市级
厦门市医疗保健信息化工程技术研究中心	实达科技福建软件系统集团有限公司	市级
厦门市车辆远程信息服务系统工程技术研究中心	亚讯网络股份有限公司	市级

2007 年思明区境企业技术中心名表

表 24-1-2

中心名称	级别	中心名称	级别
厦门厦工集团有限公司技术中心	国家级	厦门鱼肝油厂有限公司技术中心	市级
厦门涌泉集团有限公司技术中心	国家级	厦门中药厂有限公司技术中心	市级
夏新电子有限公司技术中心	国家级	厦门星鲨制药有限公司技术中心	市级
厦门法拉电子股份有限公司技术中心	省级	厦门金达威维生素有限公司技术中心	市级
厦门华联电子有限公司技术中心	省级	厦门歌乐电子有限公司技术中心	市级
厦门船舶重工有限公司技术中心	省级	厦门东南融通系统工程有限公司技术中心	市级
厦门三安电子有限公司技术中心	省级	厦门三圈日化有限公司技术中心	市级
厦门星鲨药业集团有限公司技术中心	省级	厦门 ABB 低压电器设备有限公司技术中心	市级
厦门宏发电声有限公司技术中心	省级	厦门威迪亚建材工业有限公司技术中心	市级
厦门绿泉实业总公司技术中心	市级	厦门通士达照明有限公司技术中心	市级
厦门卷烟有限公司技术中心	市级		

第二节 科技队伍

中华人民共和国成立后，区境科技人员逐步增加。1979 年，鼓浪屿区和思明区分别成立科学技术协会。1985 年，开元区成立科学技术协会。

2003 年 10 月三区整合，区科学技术协会下属 6 个专业协（学）会，共有科技人员 3037 人。其中，工程技术人员 137 人（高级 8 人、中级 51 人），农业技术人员 1 人（中级），卫生技术人员 540 人（高级 26 人、中级 100 人），教学人员 2229 人（高级 9 人、中级 1398 人），经济技术人员 4 人（中级 2 人），会计人员 50 人（中级 13 人），统计人员 4 人（中级 1 人），图书档案文博 1 人，律师公证 7 人（中级 2 人），工艺美术 1 人（中级），其他专业人员 63 人（高级 3 人、中级 22 人）。此后，各类科技人员不断增加。

至 2007 年底，全区各类科技人员共 4762 人。其中，工程技术人员 135 人（高级 9 人、中级 59 人），农业技术人员 13 人（高级 2 人、中级 7 人），卫生技术人员 438 人（高级 77 人、中级 178 人），教学教研人员 3900 人（高级 345 人、中级 1715 人），经济技术人员 75 人（高级 4 人、中级 46 人），会计人员 115 人（高级 2 人、中级 57 人），统计人员 7 人（中级 4 人），翻译 1 人（中级），图书档案文博 21 人（高级 1 人，中级 4 人），新闻出版人员 1 人（中级），律师公证人员 8 人（中级 5 人），工艺美术人员 4 人（中级 2 人），艺术人员 6 人（中级 2 人），政工人员 6 人（中级 2 人），其他专业人员 32 人（高级 4 人、中级 16 人）。分布在区属各事业、企业单位，从事各专业科研（教学）、科普宣传、科技成果推广应用和生产实践。

附：国家、省、市驻区科研机构

民国时期，区境有 2 家科研机构，即创办于民国 15 年（1926 年）的“厦大国学研究院”和创办于民国 35 年的“中国海洋研究所”（今厦大亚热带海洋研究所和海洋与环境学院的前身）。中国海洋研究所下设动植物、矿物、地学、医药等 14 个研究组。

中华人民共和国成立后，驻区科研机构逐步增加，至 1978 年有 17 家，其中国家部委、省属 5 家，厦门市属 5 家，厦门大学属下独立自然科学研究所 7 家。

至 2007 年，有驻区省、部属科研机构 4 家，市属 7 家，大专院校属下自然科学研究机构 130 多家。

（一）国家、省属科研机构

国家海洋局第三海洋研究所　址设大学路 178 号。1959 年 11 月创建，隶属国家海洋局，为公益类非营利性综合海洋研究机构。1997 年，国家海洋局与厦门市政府以海洋三所为基础共建“厦门海洋研究开发院”。从事海洋生物技术应用基础研究；海洋自然生态和实验生态研究；海洋地质环境研究；海洋环境评价与海岸带管理技术研究；海洋工程勘察设计等等。1996 年以来，该所承担“厦门市海洋环境监测”“厦门市海域功能区划编制”“厦门海沧大桥建设工程环境影响评价”“厦门环岛路演武路——白城段海域使用可行性论证”等地方政府、部门和企业委托的 600 多项科研。还承担国家各类计划项目近 400 项，其中“中国海洋浮游介形类”“厦门港主航道的沉积速率及泥沙来源研究”等 30 项研究成果获省部级科技成果奖。该所重视科技成果的转化与产业化。先后完成中国南极中山站污水处理系统、厦门银城啤酒厂污水处理工程、厦门绿泉实业总公司饮料生产废水处理工程等近百项废水处理工程项目。基于 PCR 检测技术成果的对虾病毒检测试剂在沿海省市县得到广泛推广使用。持有的深海鱼油提取技术与中国国投节能有限公司合作建立鱼油乙酯生产线，生产“蓝力宝”系列鱼油保健品。利用高纯河豚毒素提取技术与厦门一元生物工程有限公司合作建立年产 200 克（产值 2 亿元）高纯河豚毒素供给基地，该项目被国家发改委批准为“国家高技术产业化示范工程”“高纯无钠钾葡糖胺硫酸盐中试工艺”成果达国际先进水平，转让给厦门蓝湾科技有限公司进行产业化生产。2007年，该所有科研实验与办公用房1.6万平方米，在建科研业务大楼面积1.2万平方米；仪器设备总价值6800多万元；馆藏中外科技书刊8万多册。在职人员285人，其中中国工程院院士1人，正高级科技人员56人，副高级科技人员47人。

中国船舶工业总公司第七研究院第七二五研究所厦门分部 址设鼓浪屿鼓新路58号。前身为1958年创建的上海船舶科学研究所材料工艺研究室海港试验站，1987年改为今名。隶属中国船舶工业总公司第七研究院、福建省国防工业办公室。下设防污、防锈、测试3个专业研究组。科研方向以军用为主，配合国内新型舰船发展，研制涂料。随着改革开放，科研任务逐步从以军品课题为主转向民品开发，承揽各种大型海洋工程防腐设计，提供长效防腐材料。

厦门大学抗癌研究中心 址设大学路182号。1983年创办。福建省科委和厦门大学合办，委托厦门大学领导，定编60人。总面积1250平方米。下设癌基因、肿瘤细胞、肿瘤生化、肿瘤免疫、药物药理、激光医学5个研究室，并设临床部（床位20张），属于事业费包干类的医学科研所，经费由省科委和厦门大学分担。下属经济实体为厦门生物医学科技公司。该中心的科研手段以细胞工程技术、光学电子学技术和免疫及分子生物学技术为主，科研方向是恶性肿瘤的早期诊断、选择性杀伤和肿瘤宿主的免疫调节。

厦大科研机构 厦门大学属下各类科研机构130多个。其中，国家重点实验室2个（固体表面物理化学、近海海洋环境科学）；国家工程技术研究中心1个（传染病诊断试剂与疫苗）；教育部重点实验室5个（海洋环境科学、现代分析科学、细胞生物学与肿瘤细胞工程、水声通讯与海洋信息技术、亚热带湿地生态）；教育部工程研究中心2个（电化学技术、微纳光电子材料与器件）；教育部文科重点研究基地5个（东南亚研究中心、高等教育发展研究中心、会计发展研究中心、台湾研究中心、宏观经济研究中心）；省重点实验室3个（化学生物学、特种先进材料、半导体材料及应用）；省工程实验室1个（药物工程）；省产业技术开发基地1个（新能源）；省工程技术研究中心1个（集成电路设计）；福建省高校重点实验室、文科研究基地20个；厦门市重点实验室2个。2003—2007年，厦大科研机构中的理工类共承担各类纵向科研项目2400余项；横向项目2500余项。总经费7.7亿元。获国家和省部级各类科技奖63项。有效专利421项，其中发明专利279项，被国际三大检索系统（美国科学研究引文索引SCI\美国工程索引EI\美国科技会议录索引ISTP）收录。论文发表2660篇，出版科技专著40部。

（二）市属科研机构

厦门市水产研究所 址设蜂巢山路39号综合楼，1956年成立。开展养殖、捕捞、加工等水产技术的应用研究与推广。加挂“厦门市海洋与渔业环境监测站”“厦门市渔业质量监测站”两牌子。2005年，在管理关系上与市科技局脱钩，划归厦门市海洋与渔业局管辖。至2007年，该所有职工29人，其中高级职称2人，中级职称12人。

厦门市医药研究所 址设同安路2号。为非营利性社会公益类科研机构，财政全额拨款事业单位。下设药物研究开发中心、生理研究室、微生物室、细胞遗传室、生化免疫室、临床研究室、医保门诊部(2000年定为厦门市医疗保险定点机构)、医学信息研究室，《厦门医药》编辑部，有合格实验动物室和省药监局批准的制剂室。开展天然药物、保健食品研究开发和消化生理等临床医学应用基础研究；拓展医药信息查新检索服务，编辑出版《厦门医药》杂志；办好IC卡医疗门诊部，为市民提供专科、专病、专药等医疗保健服务。2007年，职工31人，其中高级职称9人，中级职称14人，享受国务院特殊津贴专家2人。

厦门市华侨亚热带植物研究所 址设鼓浪屿鼓声路4号。1961年建，原称厦门市植物研究所。1984年，划归市科委及市侨办双重领导，改今名。下设亚热带植物引种场（对外称厦门华侨亚热带植物引种场）。通过“三胞”（台湾同胞、港澳同胞、海外侨胞）民间渠道从国外引进热带、亚热带植物良种并进行栽培、驯化、繁殖、推广。用地面积8.9万平方米。内设引种驯化研究室、植物检疫研究室、办公室。主要承担引种与检疫及相关的科研项目，开展科研成果推广、科技合作交流与科普教育等工作。其下属经济实体为厦门华侨园艺技术开发公司。

厦门市农业科学研究所 址设莲前西路702号。1965年成立。占地面积35公顷。1984年起隶属市农委，并在农科所基础上成立厦门市蔬菜研究所。该研究所下设开发部及蔬菜、西瓜、果树、花卉、食用菌、组织培养、设施栽培等课题组。1985年6月，福建省政府确定以该所为基地成立厦门农业技术引进开发中心，作为全省农业技术引进基地。其下属有试验农场。

厦门市科学技术情报研究所 址设公园南路2号。1973年成立。隶属厦门市科学技术局。1992年7月，增设市科技信息中心。从事文献阅览、情报研究、信息咨询发布、文献检索、国外产品样本及样品引进、外文翻译、科技声像播放、书刊出版印刷、业务培训、技术转让中介等工作。2005年12月，增设“厦门市科技发展研究中心”，成立“厦门市社会科技与科普促进中心”（属民办非企业单位）。下设信息技术部、检索咨询部、调研编辑部、办公室等。2007年，工作人员22人，其中高级职称5人，中级职称8人。科技发展研究中心还外聘20余名特约研究员。

厦门市建筑科学研究所 址设美湖路62号。1980年1月成立。1995年前，设岩土、地基、结构、建材4个研究检测室和建筑幕墙与门窗检测中心。从事建筑工程和建筑材料科研课题与技术开发、技术咨询、技术服务和技术培训等工作。2004年4月9日，改制为科技企业，更名厦门市建筑科学研究院有限责任公司，并建立股份制企业集团。下设地基基础、工程结构、建筑材料、建筑物理设备4个专业研究所和杏林、集美、海沧、同安、翔安、湖里6个检测站。2006年，下设建筑工程检测中心站、科之杰科技发展有限公司、工程技术有限公司、建筑工程技术有限公司4个子公司。

厦门大学新技术开发研究所 址设厦门大学科学楼。1986年4月成立。又称厦门经济特区新技术开发研究所。由厦门大学与厦门经济特区管委会合办，下设微机应用技术、电子应用技术、激光技术3个研究室和新技术服务中心。1994年，成立厦门三泉计算机系统工程咨询公司和厦门南强新技术服务中心。科研方向是微机、电子、激光与光电子技术及光、机、电一体化产品的研究开发等高技术领域。2006年，撤销。

厦门市地震遥测中心 址设石泉路9号。1997年3月成立，担负厦门市地震监测任务。隶属厦门市地震局。全额拨款事业单位。

第二章 科技活动

第一节 科技“创先”

一、“科技进步先进区”创建

1995年2月，开元区、思明区分别成立“创建科技进步先进区领导小组”。制定并实施“工作方案”，做到领导到位（党政第一把手亲自抓，分管领导具体抓）、任务到位（各项指标分解到具体单位和个人）、人员到位（配齐具体操作的科技人员）、经费到位（科技三项经费占财政支出2%左右）。1997年，思明区通过考核验收，获1995—1996年度全国科技工作先进区称号。

1997年，开元区、思明区调整充实“创先领导小组”，修订工作方案，提出更高要求。1999年4

月，思明区被定为“国家星火技术密集区（厦门）试验区”。至1999年7月，通过考核验收，两区皆获1997—1998年度全国科技工作先进区称号。10月，开元区莲前街道被评为省级科技工作先进街道。

1999年秋，三区区委、区政府分别制定《关于贯彻中共中央、国务院〈关于加强技术创新，实现产业化的决定〉的实施意见》，加强科技领导力量，充实科技局人员，增加科技投入。鼓浪屿区导入国际ISO 14000体系，建立环境管理体系。2000年，正式申报创建全国科技工作先进区，配博士学位副区长（分管科技），引进一名博士毕业生增加科技局力量。是年3月，开元区与厦门大学签约成立厦大—开元区高新技术研究开发基地。同时，聘请香港特区政府工伙署生物科技委员冯国荣博士、厦大现代分析科学教育部重点实验室主任王小如博士为开元区科技顾问。翌年，通过考核验收，三区皆被评为1999—2000年度全国科技工作先进区。鼓浪屿区成为全国首家通过环境管理体系认证的行政区和风景名胜区。

2001年，三区分别编制实施《科学技术发展“十五”规划》。思明区制定《关于扶持科技型企业发展的若干规定》《区委、区政府关于区直有关部门和各街道实行党政领导科技进步目标责任制的决定》。2003年10月三区整合，思明区成立科技进步考核小组，召开各部门、街道及有关单位负责人参加的科技工作会议，从领导与管理、特色与突出成效、政策法规执行、基础科技工作等方面进行检查，布置任务，推进工作；整理汇编33项指标的考核资料。12月，经考核验收，获2001—2002年度全国科技工作先进区称号。

2005年10月，思明区科技工作经科技部专家组考核验收，获2003—2004年度全国科技进步先进区称号。

2007年，思明区以落实党政主要领导科技进步目标责任制为核心，继续推行领导、任务、人员、经费“四到位”经验，促进科技进步与创新。连续第六次被确认为2005—2006年度全国科技进步先进区。

二、“科技进步示范区”创建

2003年11月，思明区制定《2004—2008年科技进步示范区建设与发展规划》和《思明区科技园发展五年规划》。“示范区规划”被省科技厅列为候选单位报送科技部。是月25日获通知入选，并展开示范区有关工作。

2004年1月，区委、区政府编制《厦门市思明区创建全国科技进步示范区汇报资料》和“科技政策文件汇编”“部分科技机构及科技企业介绍材料”，制作专题片《建科技强区》。副区长率队到省科技厅汇报。同年2月10—12日，科技部考察组莅临思明区。通过召开情况汇报会，到企业考察，到生产力促进中心检查，召开企业家座谈会，考察组在反馈座谈会上对科技示范区工作给予高度评价并提出完善意见。科技部于3月23日下发文件，确定思明区为全国科技进步示范区。

2005年，思明区修订完善“示范区建设与发展规划”，在区第14届人大常委会第16次会议上通过，并付诸实施。

2007年，科技部对科技示范区工作进行中期评估。思明区自2004年创建示范区以来的工作成效，通过科技部专家组的评审。

三、“可持续发展实验区”创建

2004年，思明区成立创建可持续发展实验区领导小组，制定《厦门市思明区可持续发展实验区建设与发展规划（初稿）》，征求各方意见。同时，修订科技规范性文件，如“应用技术研究与开发资金管理办法”“科学技术进步奖励办法”“区直有关部门和各街道实行党政领导科技进步目标责任制的决定”等。

2005年，修订完善《福建省厦门市思明区可持续发展实验区建设与发展规划（2005—2010年）》。2006年，完善科技发展“十一五”规划。同年8月24日，区长带队赴省科技厅申报。2007年10月，省科技厅召开部分县区可持续发展实验区建设与发展规划的专家论证会。思明区的“规划”获高度评价而一致通过。认为其总体构想、基本原则、发展目标、重点领域、保障措施、优先项目等皆有较强的科学性与可操作性。12 月 21 日，省专家组到思明考察；12 月 26 日，省科技厅确定思明区为福建省可持续发展实验区。

第二节　科技交流

一、出国考察交流

在厦门市科技局（科委）组织出国进行科技考察、科技展会、科技招商、科技交流、科技培训活动中，三区多次派员参加。1999 年 3 月，赴俄罗斯进行科技项目考察。2001 年，赴日本进行 2001 年度 JICA 渠道集体项目研修；赴澳大利亚参加国际仪器博览会；赴英国、西班牙考察信息产业科技。

2006 年，赴美国、加拿大考察集成电路设计平台建设及 IC 产业发展与合作；赴意大利参加“中意海洋环境保护培训研讨会”；赴日本参加“动漫产业管理培训班”学习；赴澳大利亚、新西兰开展科技中介交流与合作考察。

2007 年，赴俄罗斯、波兰、匈牙利、古巴、巴西、加拿大开展科技交流合作考察。

二、组织会展交流

1990 年以来，三区多次组织企业单位及高新科技产品参加各地各级科技成果（产品）会、交易会、展销会。2003 年，思明区组织企业家参加中国（福州）海峡科技成果交易与经贸洽谈会；组织厦门市海特科技工贸有限公司参加 9 月 12 日深圳国际高新技术成果交易会（第五届）；组织 14 个单位的产品（作品）参加第 14 届全国发明展览会，获 3 项光华奖、4 项金奖、3 项银奖、5 项铜奖。

2005—2007 年，组织光电企业参加历届福建省“6・18”科技项目成果交易会，促使朗星光电的“三基色半导体照明大功率发光管”项目、炬嘉光电的“照明用大功率 LED 器件和应用产品产业化”项目，分别与日本 CREVERSE 有限公司、上海金桥大晨光电科技有限公司对接成功。组织企业参加深圳国际高新科技产品交易会，有 3 项产品在会上亮相，颇受青睐。同期，思明区参加历届厦门“9・8”投洽会，促成 2 家企业签约在思明落户；协办“台交会”（突出光电特色示范区、论坛交流、项目洽谈）；参加历届福建省“6・18”成果交易会。仅 2005 年，思明区参加的企业就有 12 家、申报项目 3 项，会上签约 3 项。

三、与台港澳科技交流

1990 年以来，三区科技部门不断加强对台湾、香港、澳门地区的科技交流，通过组团考察、接待来访、举办论坛、成果展会等活动，交流洽谈促成合作，许多台港澳科技型企业落户区境。

2000 年，开元区发挥科技顾问团作用，组建厦门大学—开元区高新技术研究开发基地。接待台北县电脑公司、高雄市电子同业公会、台湾创业投资机构、香港万年网公司、美国制药公司等科技人员的来访，交流技术，促成后来的许多合作。

2001 年，思明区派员参与市组团到澳门参加“第六届澳门国际贸易投资展览会”。此后，思明区政府联合厦门大学每年举办思明・高校院所・企业・投资机构项目推介会。参会人员来自区内外高等院校、科研院所、科技企业、金融投资机构，与会人员 300 人。至 2007 年，七届推介会累计发布项目 58 项，签约项目 62 项，推介项目 962 项。

四、建“三库一网”

1999 年，开元区、思明区在生产力促进中心建立技术需求库、科技成果库、专门人才库、技术协作网。翌年，鼓浪屿区也建立“三库一网”。每年，三区“三库一网”都根据实际调整完善，成为开展科技交流的重要基础设施，使科技交流有针对性、有实效地开展。

2001年始，“三库一网”中介功能逐步被面对面直接双向交流的“12·8思明区、高校院所、金融投资机构、企业科技项目推介会”取代。至2007年，思明区“三库一网”收集的科技需求、成果转让、专业人才等各类有效科技信息突破1000条。

第三节　科技培训

一、党政干部科技培训

1995年以来，三区区委宣传部每年举办科技报告会，请专家、教授作报告，听者主要是区级领导班子成员和各街道党政领导班子成员。组织学习《中华人民共和国科学技术进步法》、中共中央和国务院科技工作文件、省和市党政科技工作文件，以及听取本区各时期科技规划的报告等。使领导干部不断提高对科技工作的认识和领导水平。2000年，开元区党校举办两期处级干部参加的科普讲座。

1995年以来，三区区委组织部、人事劳动局、党校把各级干部科技素质培训列入每年公务员培训和入党积极分子培训的必修课。在公务员和入党积极分子队伍中开展新科技、新管理知识的学习，不断提高适应现代化建设的工作能力。

二、专业人员培训

1980年以来，三区科技局（科委）根据年度科技工作重点的需要，每年组织科技人员进行专业知识培训。

1999年，思明区生产力促进中心成立科技培训中心，举办星火技术密集区培训班和专利法培训班，共6期，培训620多人（次）。推进“星火技术密集区”战略的实施和专利项目的申报。

2000年，鼓浪屿区举办知识产权保护大型讲座和培训班，参加学习者共230多人（次）。

至2007年，思明区每年组织全区机关和事业单位在编专业技术人员参加继续教育培训，更新知识、提升技能。参训率100%。

第三章　科技成果

第一节　省部级奖成果

1978年冬起，三区政府开展科技成果报送评奖工作。

1978—2007年，区属企事业单位获省部级各类奖励的科技成果36项。其中，国家科委奖1项，省政府奖34项，国家轻工业部奖1项。

1978—2007 年思明区（三区）获省部级奖科技成果一览表

表 24-3-1

项目名称	获奖单位	奖励名称/等级	颁奖单位/年度
电磁涡流检测仪	第二电子仪器厂	省科学大会成果奖	省政府/1978
封口密封胶	开元乳胶厂	省科技进步奖/四等奖	省政府/1982
鲎试剂研制	厦门鲎试剂厂	科技成果推广奖/甲等奖	国家科委/1983
星鲨肝油丸	厦门鱼肝油厂	科技进步奖/三等奖	省政府/1986
箔画	鹭江工艺美术厂	科技进步奖/三等奖	省政府/1986
F21 型钢球涡流自动分选仪	第二电子仪器厂	科技进步奖/三等奖	省政府/1983
TM-128 电脑金属分选探伤系统	第二电子仪器厂	科技进步奖/三等奖	省政府/1988
电脑控制彩色显示屏	厦门电器设备厂	科技进步金龙腾飞奖	轻工业部/1988
BL-90 型钢桶用密封胶	开元区乳胶厂	优秀新产品奖	省政府/1991
行输出变压器	厦门电器设备厂	优秀新产品奖	省政府/1991
AM-874 涂料	开元区防水涂料厂	星火技术三等奖	省政府/1991
激光在耳鼻喉科治疗中的应用	开元区医院	省科技进步奖/三等奖	省政府/1991
人工晶体植入技术应用研究	开元区医院	省科技进步奖/三等奖	省政府/1991
电热水器系列产品技术开发	厦门电器设备厂	省科技进步奖/三等奖	省政府/1991
超声乳化白内障手术临床应用	厦门眼科中心	省科技进步奖/三等奖	省政府/2000
CL23B 型金属化塑料外壳聚酯膜介质直流叠片式固定电容器	厦门法拉电子股份有限公司	省科技进步奖/三等奖	省政府/2000
MKT61 金属化聚酯膜介质抑制电磁干扰和电源网络用固定电容器	厦门法拉电子股份有限公司	省科技进步奖/三等奖	省政府/2000
JZC-32F 超小型大功率电磁继电器	厦门市宏发电声有限公司	省科技进步奖/三等奖	省政府/2000
鼓浪屿“百鸟园”和“日光岩索道”改造工程	鼓浪屿景区管委会	省“金桥工程”奖	省政府/2000
眼表面重建手术临床应用系列研究	厦门眼科中心	省科技进步奖/三等奖	省政府/2001
电容器用铝金属化聚酯薄膜、电容器用铝金属化聚丙烯薄膜	厦门法拉电子股份有限公司	省科技进步奖/三等奖	省政府/2001
分布式房地产涉权事务综合管理信息系统	厦门市中汇华知识运营有限公司	省科技进步奖/三等奖	省政府/2001
微控制器（CM2000）系列产品开发及应用	厦门联创微电子股份有限公司	省科技进步奖/三等奖	省政府/2002
国民经济动员管理信息系统专用平台（1.0 版）	厦门精图信息技术有限公司	省科技进步奖/三等奖	省政府/2003
中央指纹门禁控制系统	宝利铭科技发展有限公司	省科技进步奖/三等奖	省政府/2003
厦门电业局国产化 GIS 示范工程	厦门电业局、亿力吉奥信息科技有限公司	省科技进步奖/三等奖	省政府/2004
小灵通业务支持系统	厦门纵横集团科技股份有限公司	省科技进步奖/二等奖	省政府/2004
GPRS 无线上网卡	厦门雅迅网络股份有限公司	省科技进步奖/三等奖	省政府/2004
高性能膨胀型钢结构防火涂料研制	厦门大平工贸有限公司	省科技进步奖/三等奖	省政府/2004
超高亮 LED	厦门华联电子有限公司	省科技进步奖/三等奖	省政府/2005
外汇会计网络系统	厦门东南融通系统工程公司	省科技进步奖/三等奖	省政府/2005

续表24-3-1

项目名称	获奖单位	奖励名称/等级	颁奖单位/年度
JQX-68F 小型直流电磁继电器	厦门宏发电声有限公司	省科技进步奖/三等奖	省政府/2005
ATM 功能拓展和系统监控	厦门东南融通系统工程公司	省科技进步奖/三等奖	省政府/2006
COSMO 冰箱微电脑控制器	厦门华联电子有限公司	省科技进步奖/三等奖	省政府/2006
严重糖尿病性视网膜病变治疗	厦门眼科中心	省科技进步奖/三等奖	省政府/2007
精图 WebGIS 开发平台-KingMap IS V1.0	厦门精图信息技术有限公司	省科技进步奖/三等奖	省政府/2007

第二节　市厅级奖成果

1978—2007 年，区属企事业单位获市厅级奖励科技成果 70 项，其中市政府奖 64 项，省科技厅奖 6 项。

1978—2007 年思明区（三区）获厦门市级奖励科技成果一览表

表 24-3-2

项目名称	获奖单位/个人	奖励名称/等级	颁奖单位/年度
积雪草治疗新旧伤痛	向阳（思明）区人民医院	市科学大会科技成果奖	市政府/1978
磁穴疗法研究应用	东风（开元）区人民医院	市科学大会科技成果奖	市政府/1978
反吸式布袋除尘器改进推广	思明制药厂/王俊雄等 2 人	市科技进步奖/三等奖	市政府/1979—1985
珍珠果	大中华食品厂	市科技进步奖/三等奖	市政府/1979—1985
无级调光白炽灯企业标准	厦门市灯具厂/柯明思等 4 人	市科技进步奖/三等奖	市政府/1979—1985
GHX-1 型冷原子吸收测汞仪设计生产定型及推广应用	厦门市南华电器厂	市科技进步奖/三等奖	市政府/1979—1985
BBP-1 型半导体冰瓶	厦门市南华电器厂	市科技进步奖/三等奖	市政府/1979—1985
ELE 型全自动交流稳压器	厦门市第二电子仪器厂	市科技进步奖/三等奖	市政府/1979—1985
反吸式布袋除尘器改进和推广	思明制药厂	市科技进步奖/三等奖	市政府/1979—1985
星鲨肝油丸	厦门鱼肝油厂	市科技进步奖/三等奖	市政府/1979—1985
铈钴磁疗法治疗儿童蛔虫病	开元区医院	市科技进步奖/三等奖	市政府/1986—1987
8710 型耐油钢桶密封胶	开元区乳胶厂	市科技进步奖/三等奖	市政府/1988
电热水器系列产品技术开发	厦门电器设备厂	市科技进步奖/二等奖	市政府/1990
人工晶体植入技术应用研究	开元区医院	市科技进步奖/二等奖	市政府/1979—1985
CD110 型电解电容器	鼓浪屿无线电器材厂	市科技进步奖/三等奖	市政府/1979—1985
AM-874 内墙涂料	开元防水涂料厂	市科技进步奖/三等奖	市政府/1979—1985
BCK-80-F08 开关电源变压器	厦门明通磁性器材厂	市科技进步奖/三等奖	市政府/1990
专用新型日光灯镇流器	思明区光明无线电厂	市科技进步奖/三等奖	市政府/1990
莲前区域经济社会发展规划研究	开元区技术开发服务部	市科技进步奖/三等奖	市政府/1990

续表24-3-2

项目名称	获奖单位/个人	奖励名称/等级	颁奖单位/年度
激光在耳鼻喉科的治疗应用	开元区医院	市科技进步奖/三等奖	市政府/1991
CD11XT 型铝电解小体积电容器	鼓浪屿无线电器材厂	市科技进步奖/三等奖	市政府/1992
86 型 PVC 热收缩薄膜彩标油墨	开元区光华油墨包装厂	市科技进步奖/三等奖	市政府/1992
鱼油烯康胶丸多抗甲素口服液	厦门鱼肝油厂	市科技进步奖/三等奖	市政府/1993
角膜移植手术临床应用研究	开元区眼科医院	市科技进步奖/二等奖	市政府/1994
必康胶囊	厦门鱼肝油厂	市科技进步奖/三等奖	市政府/1994
克炎肿片	厦门鱼肝油厂	市科技进步奖/三等奖	市政府/1994
工程装饰灯具（系列）YG35 新型日光灯	奥斯卡灯具实业总公司	市科技进步奖/三等奖	市政府/1994
鲎试剂研制	厦门鲎试剂厂	科技进步综合奖/一等奖	省科技/1978—1995
维甜美降糖茶、双玫菊茶	思明制药厂	科技进步综合奖/二等奖	省科技/1978—1995
电子自动售粮器	鼓浪屿粮店	科技进步综合奖/三等奖	省科技/1978—1995
液体氯化锌	东风制药厂	科技进步综合奖/三等奖	省科技/1978—1995
XS-817 系列水溶性建筑涂料	思明建筑涂料厂	科技进步综合奖/三等奖	省科技/1978—1995
多维宝宝乐	思明制药厂	科学进步综合奖/三等奖	省科技/1978—1995
电容器用铝金属化聚酯薄膜、电容器用铝金属化聚丙烯薄膜	厦门法拉电子股份有限公司	市科技进步奖/三等奖	市政府/1998
眼表面重建手术临床应用系列研究	厦门眼科中心/洪荣照等 5 人	市科技进步奖/三等奖	市政府/1999
超声乳化白内障手术临床应用研究	厦门眼科中心/洪荣照	市科技重大贡献奖	市政府/2000
5～17 岁儿童少年与眼镜架相关的头—眼部人类学测量	厦门眼科中心	市科技进步奖/三等奖	市政府/2000
区域性环境管理体系规范化研究——ISO 14001 环境管理体系文件电子化和信息管理系统	鼓浪屿区 ISO 办 厦大环境科学研究中心 厦门环境体系认证中心	市科技进步奖/三等奖	市政府/2000
JQX-115F 小型大功率继电器	厦门宏发电声有限公司	市科技进步奖/二等奖	市政府/2002
ASTAR-IR200 红外三波数测油仪	厦门欧达科仪发展有限公司	市科技进步奖/二等奖	市政府/2002
King MAP 地理信息系统软件平台 1.0 版	厦门精图信息技术有限公司	市科技进步奖/三等奖	市政府/2002
JZC-33F 超小型中功率继电器	厦门宏发电声有限公司	市科技进步奖/三等奖	市政府/2002
国民经济动员管理信息系统专用平台 1.0 版	厦门精图信息技术有限公司	市科技进步奖/一等奖	市政府/2003
抗艾滋病药物原料“迈克 1 号”研制	厦门迈克生化股份有限公司、厦门迈克制药有限公司	市科技进步奖/二等奖	市政府/2003
PR-202 系列农药残毒检测仪	厦门欧达科仪发展有限公司	市科技进步奖/三等奖	市政府/2003
OnLineNIC 国际域名实施注册系统 V1.0	厦门精通科技实业有限公司	市科技进步奖/三等奖	市政府/2003
儿童近视发生发展中各屈光成分发育规律及其环境因素	厦门眼科中心	市科技进步奖/三等奖	市政府/2003
国民经济动员管理信息系统	厦门精图信息技术有限公司	市科技进步奖/三等奖	市政府/2003
中央指纹门禁控制系统	宝利铭科技发展有限公司	市科技进步奖/三等奖	市政府/2003

续表24-3-2

项目名称	获奖单位/个人	奖励名称/等级	颁奖单位/年度
全色系超高亮度发光二极管芯片产业化	厦门三安电子有限公司	市科技进步奖/二等奖	市政府/2004
外汇会计网络系统	厦门东南融通系统工程有限公司	市科技进步奖/三等奖	市政府/2004
GPRS 无线上网卡	厦门雅迅网络股份有限公司	市科技进步奖/三等奖	市政府/2004
9/12VESTEL 中央屏空调微电脑控制器	厦门华联电子有限公司	市科技进步奖/三等奖	市政府/2004
智能邮箱	厦门三五互联科技有限公司	市科技进步奖/三等奖	市政府/2004
ATM 功能拓展和系统监控	东南融通系统工程有限公司	市科技进步奖/二等奖	市政府/2005
蓝光激发高亮度照明白光 LED 灯用 YAG 荧光粉	厦门通士达照明有限公司	市科技进步奖/三等奖	市政府/2005
便携式自动充气水上安全带(游泳安全带)	厦门神手科技有限公司	市科技进步奖/三等奖	市政府/2005
JQC-68 小型大功率电磁继电器	厦门宏发电声有限公司	市科技进步奖/三等奖	市政府/2005
特种显示器	厦门华联电子有限公司	市科技进步奖奖/三等奖	市政府/2005
氮化镓基发光二极管外延片及芯片的研制及产业化	厦门三安电子有限公司	市科技进步奖/二等奖	市政府/2006
Intelliflow 工作流管理系统	厦门东南融通系统工程公司	市科技进步奖/二等奖	市政府/2006
固体继电器综合参数检测设备	厦门市宏发电声有限公司	市科技进步奖/三等奖	市政府/2006
JZC-32F 超小型大功率电磁继电器	厦门市宏发电声有限公司	市科技进步奖/三等奖	市政府/2006
Freight. net 综合物流中间件应用平台	厦门吉联科技有限公司	市科技进步奖/三等奖	市政府/2006
1W 聚光型白光功率半导体发光二极管	厦门华联电子有限公司	市科技进步奖/三等奖	市政府/2006
城市综合地下管线管理信息系统	厦门精图信息技术有限公司	市科技进步奖/三等奖	市政府/2006
功率型高亮度 LED 芯片及倒装技术	厦门三安电子有限公司	市科技进步奖/二等奖	市政府/2007
新型通讯继电器 HFD-27	厦门市宏发电声有限公司	市科技进步奖/二等奖	市政府/2007
显微玻璃体视网膜手术在严重眼外伤中的救治	厦门眼科中心	市科技进步奖/三等奖	市政府/2007
IntelliWeb 应用快速开发平台	厦门东南融通系统工程公司	市科技进步奖/三等奖	市政府/2007

第三节 区级奖成果

1986 年起，开元区、思明区开始收集评比科技成果，进行表彰奖励。至 2003 年 10 月，开元区共召开 4 届科技进步表彰大会，奖励 117 项。至 2007 年底，思明区共召开 5 届科技进步表彰大会，奖励 83 项。

1986—2003 年开元区政府科技进步奖项目一览表

表 24-3-3

届别	项目名称	获奖单位/个人	奖励等级
第一届（1986—1990 年）	BL-90 型钢桶用密封胶	开元区乳胶厂/傅文通等 5 人	一等
	人工晶体植入技术应用研究	开元区医院/洪荣照等 5 人	一等
	“四维健脾米麸”等婴儿食用米粉系列	厦门市食品饮料厂/林弼浩等 5 人	一等
	AM-874 内墙除料	开元区防水除料厂/吴宝合等 5 人	一等
	BSC 系列回扫变压器	英码电子有限公司/戴熙功等 5 人	二等
	皮粉	东丰有机化工厂/洪建兴等 4 人	二等
	激光在耳鼻喉科治疗上的应用	开元区医院/张立中、杨栋	二等
	莲前区域经济社会发展规划	区技术开发服务部/傅文通等 5 人	二等
	PP 电热元件热敷器	区三联电热器件厂/潘柏璋、吴凤玉	二等
	清栓酶治疗脑血栓的临床观察	开元区医院/郑清远等 4 人	二等
	液体氯化锌	厦门市东风制药厂/陈铎凤等 5 人	三等
	HA688P/TS 双制式十存储多功能电话机	厦门市富丽电子厂/许尼等 3 人	三等
	索道橡胶压托轮衬	厦门东风橡胶制品厂/史习信等 5 人	三等
	“通”法论治男科病临证举隅	开元区医院/吴锦发	三等
	论阶梯化治疗原则	开元区医院/廖丛衡	三等
	MY2/MY4 手提 1211 灭火器	厦门红星消防器材厂/苏新庆等 5 人	三等
	气胀法生产洗衣粉工艺	厦门市长风化工厂/陈炳南、陈瑞景	三等
	何厝对虾养殖基地开发	莲前农业技术推广站/洪成等 3 人	三等
	光明合剂配合耳针治疗中心性浆液性视网膜脉络炎	开元区医院/陈瑞明、洪荣照	三等
	聚碳酸酯防爆盾牌成型工艺	捷达摩托车用品厂/刘天幸等 4 人	表扬奖
	“乐口福”等麦乳精系列饮料	厦门市食品饮料厂/林弼浩等 7 人	表扬奖
	油水分离勺	开元区实用技术研究所/邓景福	表扬奖
	危重新生儿抢救体会	区卫生局/江志永	表扬奖
	快干型淀粉黏合剂	区技术开发服务部/林月华等 3 人	表扬奖
	厦门 24241 名高中生视力调查	开元区医院/叶梅等 3 人	表扬奖
	皮革水解蛋白粉	东丰有机化工厂/林伯祥等 5 人	表扬奖
	莲前水土保持示范点	莲前农业技术推广站/谢进益等 3 人	表扬奖
	科技进步少年项目共 8 项	区属滨北、大同、海滨、鹭江、西林小学	一、二、三等和表扬各 2 项

续表24-3-3

届别	项目名称	获奖单位/个人	奖励等级
第二届（1991—1993年）	高级石制品抛光盘	东南石材加工技术研究所/吴建明	一等
	放射状角膜切开治疗近视临床研究	开元眼科医院/洪荣照等5人	一等
	JA-3300T/P兼容电话测试仪	开元捷胜电子厂/翁旭、杨西禄	一等
	86型PVC热收缩薄膜彩标油墨	开元光华油墨包装厂/陈惠玲等3人	二等
	增强水泥石膏圆孔内墙隔板	京元新型建材公司/洪加添等5人	二等
	欧拜克自行车接头系列	洪文自行车接头厂/蔡清河等4人	二等
	角膜移植手术的临床应用研究	开元眼科医院/洪荣照等5人	二等
	杂交水稻“汕优63”示范推广	莲前农技推广站/谢进益等5人	二等
	WJ60-1600-2轻型五层瓦楞纸板生产线改造及消化吸收	厦门市第三包装厂/赖淑金等3人	二等
	“蕾妮牌”高级弹簧床垫	厦门东亚寝具有限公司/陈紫贡	二等
	特种润滑油系列产品	开元化学油品加工厂/何碰狮等5人	三等
	CQ-6235马鞍型车床	开元机床制造厂/沈嘉辉等3人	三等
	高级石制品金刚石研磨盘	东南石材加工技术研究所/吴建明等3人	三等
	MFZT-35型推车式干粉灭火器	红星消防器材厂/蔡金龙等5人	三等
	静电粉末喷涂工艺	莲坂喷镀厂/叶亚民等3人	三等
	LRT-1型楼宇多功能对讲系统	宏达机械电子厂/张开良、兆建辉	三等
	区属中小学幼儿园教师职业性喉病调查及防治	开元眼科医院/陈水治等5人	三等
	野生果汁饮料	厦门市食品饮料厂/刘继兰等5人	三等
	配底流水线引进及工艺改进	开元区东风皮鞋厂/许德明	三等
	“鹭燕”牌天然矿泉水	厦门市食品饮料厂/林弼浩等5人	三等
	年产2400台动臂生产能力配套技术改造	厦门市冲剪机床厂郑木顺等4人	三等
	“DAGLO”牛皮系列办公椅	太川工业有限公司/吴瑞福等3人	三等
	608例人工晶体植入术后屈光状态分析	开元眼科医院/吴国基等5人	表扬奖
	程控电话交换机	开元捷胜电子厂/翁旭、杨西禄	表扬奖
	德国海得堡102F对开五色胶印机引进吸收	开元印刷厂/陈文琦等3人	表扬奖
	硅二极管系列产品	鹭园无线电器件厂/李高山等3人	表扬奖
	豪华（防盗）门系列	开元区西林卷闸门厂/叶锦和等5人	表扬奖
	出口腈纶地毯	雅舒室内装饰用品厂/陈吉成等2人	表扬奖
	消防器材发展趋势调研	红星消防器材厂/蔡金龙、苏新庆	表扬奖
	厦门市部分旅社业三年来卫生质量检测结果及分析评价	区卫生防疫站/聂素文等3人	表扬奖
	“DAGLO”多功能组合式办公桌	太川工业有限公司/董克义等4人	表扬奖
	少年科技奖	西林小学一等奖、区少年宫二等奖	一、二等各1项

续表24-3-3

届别	项目名称	获奖单位/个人	奖励等级
第三届（1994—1997 年）	人类免疫缺陷病毒 HIV-1/2 抗体酶联诊断试剂盒	新创科技有限公司/邱子欣等 5 人	一等
	显微玻璃体视网膜手术临床应用系列研究	厦门眼科中心/洪荣照等 5 人	一等
	金属浸塑制品	宏辉实业有限公司/杨思华等 5 人	一等
	酸痛灵（舒肋药水）	厦门东风药厂/姚亮等 3 人	二等
	KB-LG4 砂带磨边机	厦门永嘉餐具公司/高强等 4 人	二等
	超声乳化白内障吸除及折叠式人工晶体植入术	厦门眼科中心/洪荣照等 5 人	二等
	气压式升降器	太川工业有限公司/吴星弟等 4 人	二等
	莲前东部区域供电问题研究	区政协/臧志英等 5 人	三等
	三苯废气治理	开元延风皮制品厂/曾凤阳、洪瑞福	三等
	角膜炎移植联合穿透性角膜移植术	厦门眼科中心/洪荣照等 5 人	三等
	CO_2 气体保护焊丝	宏大发特种焊丝厂/郑振星等 5 人	三等
	针刀技术对颈肩腰腿痛的临床应用	开元区筼当卫生院/程亚才	三等
	船用汽缸油	七星石油化工公司/陈述海等 3 人	三等
	高级石制品系列磨具	东南石材加工技术所/吴建明等 2 人	三等
	公共广播系统用扬声器	三立电子有限公司/马成禹、孙红	三等
	翻转式剪板自动叠料装置	厦门永嘉餐具公司/鲍正义等 2 人	三等
	补偿式自动调压器	开元区空气净化电器厂/陈德春	三等
	摩托车彩条罩光	嘉瑞塑胶有限公司/刘天星、郑萍	三等
	BNL-HKJ 型系列烘烤柜	莲恒焊割设备公司/江敦林等 5 人	三等
	麻醉下手法推拿一次性治愈肩周炎	区医院外科/林连成等 4 人	表扬
	何氏骨科治疗老年股骨颈骨折	开元区骨科门诊部/李澄清	表扬
	少年科技奖	滨北小学 3 乡、故宫小学 1 项	表扬
第四届（1998—2002 年）	抗艾滋病药物原料“迈克 1 号”的研制	厦门迈克生化股份有限公司/靳立人等 5 人	特等
	全色系超高亮度发光二极管芯片产业化	厦门三安电子有限公司/何晓光等 5 人	一等
	OnlineNIC 国际域名实时注册系统 V1.0	厦门精通科技实业有限公司/黄柏林	一等
	福建电力信息广域网研究	福建亿力电力科技有限公司等 2 家/蔡振才等 5 人	一等
	En588 高档智能按摩椅	厦门蒙发利科技/吴为民等 5 人	二等
	儿童近视发生发展中各屈光成分发育规律及其环境因素	厦门眼科中心/洪荣照等 5 人	二等
	信息化物业综合管理系统	万安实业公司等 2 家/邵晓燕等 5 人	二等
	E6760 办公按摩椅	厦门蒙发利科技/吴为民等 5 人	三等
	眼表面重建手术临床应用系列研究	厦门眼科中心/洪荣照等 5 人	三等
	固定电话网中文信息电话终端	裕通电子有限公司/陈跃坤等 4 人	三等
	掌上 3.15 短消息防伪系统	仙丽科技有限公司/江忠庆等 5 人	三等
	Reterm 民航商务数据网络应用平台	柏事特信息科技有限公司/陈京鹭	三等

续表24-3-3

届别	项目名称	获奖单位/个人	奖励等级
第四届（1998—2002 年）	食品中甲醛快速检测试剂盒	斯坦道生物科技公司/汤新华等 3 人	三等
	E2926 加热按摩垫	厦门蒙发利科技/黄文伟等 5 人	鼓励
	搏动性眼血流临床应用研究	厦门眼科中心/洪荣照等 5 人	鼓励
	E9100 按摩棒（即 En621）	厦门蒙发利科技/黄文伟等 5 人	鼓励
	正维社区保健管理系统	正维科技有限公司/魏威等 5 人	鼓励
	全面计划管理系统	厦门电业局等 2 家/李超英等 5 人	鼓励
	多银行联网实时代收系统	福建亿力电力科技公司/黄文捷	鼓励
	现代物流信息系统	亿力电力科技等 2 家/丘智建等 5 人	鼓励
	KBLG/4 磨边机	永嘉（厦门）工业公司/王海等 3 人	鼓励
	冲床自动喂料机械手	永嘉（厦门）工业/王凤志、高强	鼓励
	光调制解调模块	协创光电有限公司/蔡胜敏等 5 人	鼓励
	汽机车、船舶用雨刮片	雄顺交通器材(厦门)有限公司/郑森雄等 5 人	鼓励
	12 米车厢侧顶蒙皮液压成型专机	厦门逸超汽车配件有限公司/刘莆四、吴学忠	鼓励
	精密阀、精密泵	厦门科际电子有限公司/张坤林	鼓励
	R02 型交直流电磁继电器	厦门华瑞电子/肖晓华等 3 人	鼓励
	NF（萘系）高效减水剂复合技术及应用研究	仁祥投资有限公司/张曙光等 4 人	鼓励
	磨细矿渣在混凝土中应用技术研究	仁祥投资有限公司/张曙光等 4 人	鼓励
	高纯河豚毒素（TTX）开发中试研究	国家海洋三所、厦门一元生物工程有限公司/易瑞灶等 5 人	鼓励
	多焦折叠人工晶体临床应用	厦门眼科中心/洪荣照等 5 人	鼓励
	关于建设开元区信息服务网络的可行性建议	区政协、九三学社开元区委/陈俊杰等 5 人	鼓励
	关于创办区科技创业服务中心的调研与建议	区政协科技委/戴国俊等 5 人	鼓励
	开元科技园运作机制调研	区政协科技委/戴国俊等 5 人	鼓励
	少年科技奖	区属滨北、故宫、松柏、嘉滨小学、开元区少年宫	一等 1 项 二等 2 项 三等 4 项

1986—2005 年思明区政府科技进步奖项目一览表

表 24-3-4

届别	项目名称	获奖单位/个人	奖励等级
第一届（1986—1990 年）	电热水器系列产品技术开发	电器设备厂/吴守洁等 5 人	二等
	搪烧电炉烘箱节能技术	电器设备厂/卓建文等 2 人	二等
	专用新型日光灯镇流器	光明无线电厂/郑超林等人	二等
	盛国荣冠心病电脑诊疗系统	区人民医院/陈国源等 5 人	二等
	环氧粉末静电喷塑	电器设备厂/吴守洁等 5 人	三等
	磺胺嘧啶混悬剂	思明制药厂/姚笃卿等 5 人	三等
	单面瓦楞纸板生产线	纸制品厂/陈厦生等 3 人	三等

续表24-3-4

届别	项目名称	获奖单位/个人	奖励等级
第一届（1986—1990年）	PH系列中央系统储水式自动电热水器	电器设备厂/林永坚等5人	三等
	DR系列不锈钢全自动电开水器	电器设备厂/高树涛等5人	三等
	航盛牌家用煤气灶系列产品	航盛燃气用具制造厂/柯金全等5人	三等
	绞股蓝甘茶	思明制药厂/姚笃卿等5人	表扬
	DZL电子镇流器	厦门市灯具厂/叶怡蔚等3人	表扬
	电脑（数字）延迟线	第二医疗电子仪器厂/连霏霏等2人	表扬
	工矿灯具	厦门市灯具厂/叶怡蔚等2人	表扬
	CTY解模式无级调压开关	厦门市灯具厂/叶怡蔚等3人	表扬
第二届（1991—1994年）	威灵杀虫剂	思明区卫生消毒站/吴鹏朗	二等
	FAM-A-P钢制防盗安全门	龙舟实业股份有限公司/吴守洁等6人	二等
	眼内人工晶状体	视明人工晶体有限公司/高金榜等4人	二等
	TDSGC2J接触调压器	龙舟实业股份有限公司/蔡金宁等5人	三等
	活动旧总义齿复制方法研究	思明区人民医院/许振威等3人	三等
	DZKE系列电动工具微型无级电子调速开关	厦门先锋电器厂/顾文伟等3人	三等
	有填料插入式保险丝管	思明区光明无线电厂/陈达谋等5人	三等
	麦芽在肝病治疗中的应用（科研论文）	思明区人民医院/陈国源	三等
	YT3-900饮水机	龙舟实业股份有限公司/高树涛等4人	表扬
	羟苄唑滴眼液	思明制药厂/黄婉琼等5人	表扬
	思明区海岸环境保护和开发研究	思明区环境保护局/蔡爱智等3人	表扬
	血液流变学、磁极化光亮子血氧疗法	思明区人民医院/庄群丰	表扬
	爱婴医院创办	思明区人民医院/妇产科	表扬
	不锈钢清流剂和抛光剂	宏华科学技术研究所/林育沈等2人	表扬
	方氏育灵汤对女子不育症临床观察	思明区中医妇科门诊部/方惠玲	表扬
第三届（1995—1997年）	眼内单一人工晶体	视明人工晶体有限公司/陈维民等3人	一等
	吕岭花园（建筑工程）L6	思明区建筑工程总公司/康辉阳等5人	二等
	多用途单项插座、转换器（系列）	思明区神鹭胶木电器厂/施雨祥等5人	二等
	食品包装容器用聚氯乙烯（PVC）粒料	思明区光明纸塑包装厂	二等
	彩色桌面出版系统电脑高端联网	新佳艺电脑分色有限公司/张云川等3人	三等
	烤弯玻璃生产线技术改造	厦门奥斯卡灯具实业总公司/苏平汀等3人	三等
	OETL系列小型空气隔离负荷开关	先锋电器厂/顾文伟等2人	三等
	玻璃彩绘豪华灯具系列	厦门奥斯卡灯具实业总公司/苏平汀等4人	表扬
	草莓遮阳网育苗技术研究	思明区科协、南莱瓜果研究会/杨育赐、郑淑娇等3人	表扬
	卫生系统专业论文奖（7篇）	思明区人民医院	一、二等各1项，三等4项，表扬1项
	教育系统专业论文（12篇） 科研课题（11项）	区属小学、幼儿园、少年宫	一、二、三等及表扬

续表24-3-4

届别	项目名称	获奖单位/个人	奖励等级
第四届（1998—2001年）	AD9800型火灾报警控制器	厦门安德电子设备有限公司/许志彬等5人	一等
	多媒体技术在小学教育中的应用	思明小学/黄爱珍等25人	一等
	国际通用标准字符点阵LCD模块	厦门高卓立光电有限公司/钟建新等4人	二等
	全国学科“四结合”教学改革实验研究	演武小学/方勇才等15人	二等
	原发性骨质疏松症诊治新方法	思明区人民医院/叶藜藜、翁松年	二等
	T系列高压静电除尘用微机控制设备	厦门市天源兴静电设备厂/魏文深、张莲英	三等
	小精灵A-1 Hi-Fi音箱	原点音响（厦门）有限公司/方书哲、赵海杰、王立铭	三等
	PMMA后房型小切口人工晶体	厦门视明人工晶体有限公司/陈国强、陈维民	三等
	面神经末梢多节段切断术治疗半面痉挛	思明区人民医院/陈仲胜	三等
	自体表皮移植同服烟酸片治疗白癜风疗效研究	思明社区卫生服务中心/陈大昆	三等
	基础教育课程改革试点研究	民立小学/吴慈辉等11人	三等
	现代教育技术在幼儿教育中的应用	厦门市第六幼儿园/林远龄等8人	三等
第五届（2002—2005年）	氮化镓基发光二极管外延片和器件的研制及产业化	厦门三安电子有限公司	特等
	intelliFlow工作流管理系统	厦门东南融通系统工程有限公司	一等
	砼抗氯离子渗透增强剂的研制开发	厦门市建筑科学研究院有限公司、福建科之杰科技有限公司	一等
	福建省电力有限公司数据中心平台开发研究	福建亿力电力科技股份有限公司	二等
	35智能邮件系统V1.0	厦门三五互联科技有限公司	二等
	地理信息系统开发平台KingMap 2.0	厦门精图信息技术有限公司	三等
	大蒜素肠溶胶丸	厦门鱼肝油厂	三等
	跨行业跨地域小额支付（e通卡）系统	厦门易通卡运营有限责任公司	三等
	Point可再分散聚合物粉末的研制及性能研究	厦门市建筑科学研究院有限公司	三等
	厦门岛城市工程地质信息智能系统	厦门市建筑科学研究院有限公司、厦门地质工程勘察院	一等
	厦门市“医疗急救动员中心”指挥信息系统V1.0	厦门精图信息技术有限公司	一等
	社区GIS管理系统	厦门信息港建设发展股份有限公司	二等
	厦门市科技计划信用管理体系研究及信息平台建设	厦门索骥软件技术有限公司、九三学社厦门市委员会	二等
	厦门市中小学及幼儿园在役建筑抗震性能调查、评价及加固分析	厦门市建筑设计院有限公司	三等
	厦门市太阳能热利用与建筑一体化实施方案的研究	厦门市建筑设计院有限公司	三等
	厦门市生鲜食品安全多方监管平台	思明区工商行政管理局	三等
	CM2102高清晰度显示器控制芯片	厦门联创微电子股份有限公司	鼓励
	贴片超亮纯白色半导体发光灯	厦门市光莆电子有限公司	鼓励

续表24-3-4

届别	项目名称	获奖单位/个人	奖励等级
第五届（2002—2005年）	WEB-MIS通用信息管理系统开发平台	厦门市网航科技有限公司	鼓励
	荆艺海洋水文气象资料管理及信息展示系统V1.0	厦门荆艺软件有限公司	鼓励
	高性能增强材料加固砌体结构技术的研究与应用	厦门市建筑科学研究院有限公司	鼓励
	旋喷注浆技术在多孤石花岗岩残积土地基处理中的应用研究	厦门市建筑科学研究院有限公司	鼓励
	新型水泥基EPS屋面保温材料的研制	厦门市建筑科学研究院有限公司	鼓励
	高性能砂浆的研制与开发	厦门市建筑科学研究院有限公司	鼓励
	螺旋推入器在经皮椎体成形术中的临床应用	厦门市思明区医院	鼓励
	准分子激光原位角膜磨镶术矫正屈光不正的临床研究	厦门眼科中心	鼓励
	厦门港船舶压舱水和沉积物中携带的赤潮藻类及其潜在入侵威胁的研究	厦门市槟榔中学	鼓励
	急转弯公路汽车安全交会“声光”警示装置	厦门市思明区青少年宫	鼓励
	太阳能应急灯	厦门市思明区青少年宫	鼓励
	头戴式消噪耳机	厦门市松柏中学	鼓励

第四章　产学研合作和科技企业

第一节　校所银企合作

1986年，思明区科委组织区属企业与省内外12家高等院校、科研院所签订技术转让合同9项。1990年，合作方式由技术转让转为合作开发，企业与高校院所签约开发6项新产品。

1993年7月，《中华人民共和国科学技术进步法》颁布实施。三区政府皆提出“依靠科技进步振兴区街经济，走科技兴区新路子”的发展经济策略。开元区、思明区分别与厦门大学、国家海洋三所、鹭江职业大学签订科技合作协议书；同时，在区科委属下注资（各100万元）成立“开元区科技发展公司”和“思明区科技开发总公司”，统管区内所有高新技术产品开发，指导所属经济实

思明区·高校院所科技项目招商推介会

体技术业务。至 1993 年 12 月，两公司皆转制为一般科技型企业。

2000 年 3 月，开元区与厦门大学签约成立厦大—开元区高新技术研究开发基地，聘请香港特区政府工业署生物科技委员冯国荣、厦大现代分析科学教育部重点实验室主任王小如为开元区科技顾问。基地开展中医药检测服务，并通过中医药示范实验室研发实力及成果展示，吸引国内外、港澳台商家投资开发中医药产业，形成规模。该基地由厦大现代分析科学教育部重点实验室和区科技局及下属生产力中心承担日常工作。

2001 年始，思明区政府联合厦门大学每年举办思明·高校院所·企业·投资机构项目推介会。参会人员来自区内外高等院校、科研院所、科技企业、金融投资机构，300 人左右。至 2007 年，七届推介会累计发布项目 58 项、签约项目 62 项、推介项目 962 项。政府、高等院校、科研院所、金融投资机构和生产企业共同推动科技成果向现实生产力转化。

若干年份思明区（三区）企业与高校院所银行合作项目一览表

表 24-4-1

年份	项目名称	企业名称	校所银行名称	推介会届别
1990 年	二氧化碳培养箱	医疗电子仪器厂	省机械研究院	
	远红外报警器	搪瓷厂	四川 29 所	
	贴胶机	塑胶拉链厂	海洋三所	
	纸箔机械化生产线联合设计	纸箔厂	鹭江大学	
	整流器半自动化生产线联合设计	无线电厂	鹭江大学	
	盛国荣教授冠心病诊断电脑系统	思明区人民医院	厦门大学人工智能研究所	
2001 年	超薄显示遥测多道心电监护仪	第二医疗电子仪器厂	厦门大学	第一届
	辣椒碱药用开发	思明制药有限公司	厦门大学	
	智能式自动电源切换开关	新二开电控设备有限公司	厦门大学	
	新型微生物饲料	永兴盛生物科技有限公司	海洋三所	
	星洲鱼养殖技术	大洋股份发展公司	海洋三所	
	快洁和功能食品开发	华顺食品工业有限公司	集美大学	
	船载自动识别系统	新三泰公司	集美大学	
2003 年	共建科技项目产业化平台	思明区政府	集美大学	第三届
	投资集大至善科技管理顾问公司	思明生产力中心	集美大学	
	校企合作协议	大平工贸有限公司	厦大化工学院	
	联合开发无氰镀银新工艺协议	广和源工贸有限公司	先宇微电子	
	贷款担保合作协议	厦门市商业银行	思明区育成科技担保公司	
		招商银行厦门分行	思明区育成科技担保公司	
2004 年	疾病因子检测试剂盒标准化研究	福建泰普生物科学公司	北大医学部	第四届
	光电探测器芯片	建南应用技术有限公司	厦大物理系	
	LED 系列产品研制	炬嘉光电科技有限公司	厦大物理系	
	共建塑料改性实验室	港光塑胶有限公司	厦大材料系	
	洁净节能型煤及延伸系列产品	嘉申能源技术有限公司	省煤炭科学所	
	软件人才培养及教学科研合作	精图信息技术有限公司	集美大学计算机工程学院	
		柏事特信息科技有限公司	集美大学计算机工程学院	
	智能停车管理系统	厦门晟阳科技有限公司	泉州黎明大学	

续表24-4-1

年份	项目名称	企业名称	校所银行名称	推介会届别
2005年	基于互联网的商务咨询系统	厦门博兴商务咨询公司	厦大计算机与信息工程学院	第五届
	氨基葡萄胺硫酸盐原料生产技术	厦门蓝湾科技有限公司	国家海洋三所	
	多媒体技术研究中心	迦博数码（厦门）公司	厦门理工学院	
	软件保理贷款3000万元	东南融通系统工程公司	招商银行厦门分行	
	“114企业黄页”项目担保贷款	中资源网络服务有限公司	招商银行厦门分行	
	计算机产品销售和服务担保贷款	威特计算机系统工程公司	厦门商业银行	
	城市照明科技研发中心	鹭江街道科技孵化分中心	深圳名家汇	
2006年	H5N1高致病型禽流感病毒诊断试剂	养生堂生物技术有限公司	厦大资产经营有限公司	第六届
	4H-SiC雪崩光电探测芯片及其制备方法	三优光机电开发公司	厦大物理与机电工程学院	
	燃油节能洁净剂	维环节油技术有限公司	厦门大学科技园有限公司	
	中国主页金牌企业VIP运营中心	先图软件科技有限公司	厦大管理学院	
	高光泽耐热聚丙烯材料开发	优尔电器有限公司公司	福州大学化工	
	新型四球摩擦试验机研发	天机自动化有限公司	厦门理工学院磨具开发中心	
	新一代可视化产品开发与加工工艺	康拓科技有限公司	厦门理工学院磨具开发中心	
	膜技术产品开发应用	凯茂水处理科技有限公司	浙江大学	
	茶香自动识别系统	搏傲科技有限公司	福建农林大学	
	OnlineNIC商务平台科技贷款担保	三五互联科技有限公司	厦门育成科技担保有限公司	
	114企业黄页系统平台	中资源网络服务有限公司	厦门育成科技担保有限公司	
2007年七届推介会签约项目	武汉大学博士后厦门科研工作站	大拇哥动漫有限公司	武汉大学	第七届
	无线技术研发中心	信息港建设发展有限公司	厦门大学	
	数字媒体艺术开放实验室	信息港建设发展有限公司	厦门大学	
	厦门市涉密信息技术重点实验室	柏事特信息科技有限公司	集美大学	

注：第二届推介会资料缺失。

第二节　民营科技型企业

1987年6月30日，厦门市颁布《民办科研和技术服务机构管理暂行办法》，鼓励创办民营科技型企业，开元区和思明区科委开始批准成立民办科技型企业。1993年12月，市政府再颁布《民营科技型企业管理规定》。据此，开元区、思明区分别制定一系列优惠政策，鼓励退休教师和专业技术人员兴办民营科技型企业。如厦门大学退休教授发起创办厦门纽斯达化工研究所，采用现代科技生产洗涤用品，成为闽南地区著名品牌。至1994年，仅思明区就有180多名退休科技人员参与创办企业。1995年9月，思明区获省“发展民营科技企业先进单位”。

2002年，开元区有民营科技企业51家，思明区有63家。随着科技体制改革深入开展和鼓励创业政策逐年放宽，民营科技型企业成立无需科技部门审批。

至2007年底，经市民营科技企业协会推荐、市科技局认定授牌，思明区共有民营科技型企业182家。

1987—2007 年思明区（三区）民营科技型企业名表

表 24-4-2

企业名称	企业名称
厦门求实智能网络设备有限公司	厦门市京级际诚科技咨询有限公司
厦门海峡信息系统工程有限公司	厦门金润通科技有限公司
厦门华普高新技术产业有限公司	厦门达川科技有限公司
厦门市雅宝电脑有限公司	开元金利业汽车制动系统科技开发部
厦门威特计算机系统工程有限公司	厦门市世纪慧点信息科技有限公司
厦门新三泰科技有限公司	厦门市大博科技工程有限公司
厦门新长新科技发展有限公司	厦门华瀚讯科技有限公司
厦门市金利系统集成有限公司	厦门唐人科技信息技术有限公司
厦门兴普华工程技术有限公司	厦门康士达科技发展有限公司
厦门市金利得电子科技有限公司	厦门天宇恒通信息科技有限公司
厦门市兴华机电研究所	厦门银聚数据科技有限公司
厦门陆海科技工程有限公司	厦门市鹏力清环保科技发展有限公司
厦门市绿茵环保科技有限公司	厦门市精科电子有限公司
厦门市忆思得科技有限公司	厦门加州林业有限公司
厦门新威新科技发展有限公司	格瑞光电（厦门）有限公司
厦门蒙发利制品有限公司	厦门度卡软件科技有限公司
厦门索骥软件技术有限公司	厦门向阳华电子有限公司
厦门市中连结构胶有限公司	厦门智能大众数码科技工程有限公司
厦门市桃李软件有限公司	厦门宝龙信息产业发展有限公司
厦门新二开电控设备有限公司	厦门住安智能网络开发有限公司
厦门市柳塘计算机软件有限公司	奇奥科技（厦门）有限公司
厦门尚网科技有限公司	福建省普集网络科技有限公司
厦门市天源兴静电设备厂	厦门昌海数字科技有限公司
厦门市国济口腔医学科学研究所	厦门中恒信净化工程有限公司
厦门市中西医结合糖尿病研究所	厦门市靖山五金工业有限公司
厦门飞华环保器材有限公司	厦门德安润电子有限公司
厦门三优光机电科技开发有限公司	厦门弘信创业股份有限公司
厦门科安技术开发有限公司	厦门科之杰科技发展有限公司
厦门神速信息通讯技术有限公司	厦门红豆杉科技开发有限公司
厦门市小太阳凉伞有限公司	厦门市威能科技发展有限公司
厦门柏事特信息科技有限公司	厦门视野图像技术有限公司
厦门京湘特种工程有限公司	厦门卡德科技有限公司
厦门市海特科技工贸有限公司	厦门昌虹环保科技有限公司
厦门东和生物科技有限公司	厦门君立科技有限公司

续表24-4-2

企业名称	企业名称
厦门翼航汽车发展有限公司	厦门浩添科技有限公司
厦门欧达科仪发展有限公司	厦门泛德科技开发有限公司
厦门厦大祺丰激光科技有限公司	厦门精码电子系统有限公司
厦门宝利铭科技发展有限公司	厦门普罗特电子设备有限公司
厦门市银路网络信息服务有限公司	厦门迪尔康科技有限公司
厦门智诚通科技开发有限公司	厦门德永源香精香料有限公司
厦门市波生生物技术有限公司	厦门欧化实业有限公司
厦门市劲神参茸制品有限公司	厦门骏汇科技有限公司
厦门高联科技工贸有限公司	厦门凯茂水处理科技有限公司
厦门住安建材开发有限公司	厦门市恒坤工贸有限公司
厦门高士达科技实业有限公司	佳晶光电（厦门）有限公司
厦门市精化科技有限公司	厦门泉舜生物科技有限公司
厦门动力软件有限公司	福建省社区在线网络有限公司
厦门维思信息产业有限公司	厦门市三家乐工程机械有限公司
厦门一元生物工程有限公司	厦门君合科技有限公司
厦门一元科技发展有限公司井盖厂	厦门市大金岛科技开发有限公司
厦门琥珀香料有限公司	厦门矿通科技有限公司
厦门市正信华科技有限公司	厦门市信仪科技有限公司
厦门和盛源食品有限公司	厦门三五互联科技有限公司
厦门市铁民海洋科技有限公司	厦门金伟电子器材有限公司
厦门市泽宇装饰设计工程有限公司	厦门奥斯卡金属制品有限公司
厦门震旦工贸有限公司	厦门市中资源网络服务有限公司
厦门裕通电子有限公司	厦门海实科技有限公司
厦门邦泰电子有限公司	厦门海盟科技有限公司
厦门恒进自动化仪表有限公司	厦门利德新能源科技有限公司
厦门恒远智能科技有限公司	厦门木林森电子有限公司
厦门市极速纵横网络工程有限公司	厦门恒坤精密工业有限公司
厦门大博资讯有限公司	厦门晟世科技有限公司
厦门市思明区三荣电子厂	厦门弘信创业租箱有限公司
优软（厦门）软件开发有限公司	厦门蓝芒科技有限公司
厦门顶科电子有限公司	厦门市显通科技开发有限公司
厦门如意农业高科技有限公司	厦门华润德生物工程技术有限公司
厦门市思明区天虹彩印厂	厦门普罗太克科技有限公司
厦门永琛科技有限公司	厦门一泰消防科技开发有限公司
厦门康拓科技有限公司	厦门锐思捷科学仪器有限公司
厦门建宏电机有限公司	厦门市松竹精密科技有限公司

续表24-4-2

企业名称	企业名称
厦门振坤工贸有限公司	厦门科莱弗信息技术有限公司
厦门科发技贸有限公司	厦门长康生物科技有限公司
厦门致力金刚石工具有限公司	厦门交趾工艺品有限公司
厦门倍尔思生化科技有限公司	厦门点阵信息技术有限公司
厦门市思德普科技发展有限公司	厦门正豪科技工程有限公司
厦门市大平工贸有限公司	厦门锐传科技有限公司
厦门桑荣科技有限公司	厦门先图软件科技有限公司
厦门奥泰科自动化科技有限公司	厦门早发科技发展有限公司
厦门市闽长鹭科技发展有限公司	厦门市南方科宇科技有限公司
厦门英克尔标码有限公司	厦门市莱胜科技有限公司
厦门顺天堂生物技术有限公司	厦门市宇捷包装机械有限公司
厦门联动科技有限公司	厦门东涛科技有限公司
厦门仙丽科技有限公司	厦门康浩科技有限公司
厦门科飞技术开发有限公司	厦门中营科技有限公司
厦门市网控科技开发有限公司	厦门彼尔纤维制品有限公司
厦门市神手水上保护用品有限公司	厦门立业卫浴工业有限公司
厦门慧而远发展有限公司	厦门市弘雁生物科技有限公司
厦门福创科技开发有限公司	厦门福司特电子科技有限公司
豪德（厦门）石材有限公司	厦门中兰通电梯工程有限公司
厦门新世通科技有限公司	风云动画科技（厦门）有限公司
厦门市林扁工贸有限公司	厦门市海维科技有限公司

第三节　高新技术产业

一、高新技术企业

“九五”计划期间，开元区、思明区开始引进创办光电子类高新技术企业，如三安电子有限公司等。

2003 年 10 月三区整合后，中共思明区委、区政府注重发展以光电子为主导的特色高新技术产业。其间，继三安电子之后，厦门华联电子有限公司、厦门安美光电有限公司、厦门光莆电子有限公司、厦门宏联科技有限公司、巨茂光电（厦门）有限公司和厦门朗星光电有限公司等光电子企业在思明光电园投产。光电子产业成为思明区的新兴产业。

至 2007 年，思明区有高新技术企业 95 家，占全市 30.1%，位居全市各区之首。其中，22 家规模以上企业年产值突破 50 亿元。东南融通公司成为首家在美国纽约证交所上市的中国软件企业。初步形成以三安电子、华联电子、安美光电为代表的光电企业群体，以东南融通、亿力科技、精通科技、精图信息和雅迅网络为代表的软件企业群体，以波生生物、迈克生化为代表的生物医药企业群体，以弘信创业为代表的现代物流和中科智为代表的风险投资等现代服务业企业群体。

1993—2007 年思明区（三区）高新技术企业名表

表 24-4-3

企业名称	企业名称
厦门华联电子有限公司（电子信息）	厦门安妮纸业有限公司（新材料及应用）
厦门宏发电声有限公司（电子信息）	实达科技（福建）软件系统有限公司（电子信息）
厦门永红电子公司（电子信息）	厦门科际电子有限公司（光机电一体）
夏新电子有限公司（电子信息）	厦门高士达科技实业有限公司（电子信息）
厦门 ABB 开关有限公司（光机电一体）	厦门裕通电子有限公司（电子信息）
厦门 ABB 电器控制设备有限公司（光机电一体）	厦门迈克制药有限公司（生物医药）
厦门冠华镭射标饰制品有限公司（电子信息）	聚祥（厦门）淀粉有限公司（现代农林）
厦门海峡信息系统工程有限公司（电子信息）	厦门市振威安全技术发展有限公司（电子信息）
厦门宏泰发展有限公司（电子信息）	厦门普凯电子有限公司（新材料）
厦门市鲎试剂实验厂有限公司（生物技术）	厦门歌乐电子企业有限公司（电子信息）
厦门市万安实业有限公司（光机电一体化）	厦门市中资源网络服务有限公司（电子信息）
厦门法拉电子股份有限公司（电子信息）	厦门市长城宽带网络服务有限公司（电子信息）
厦门市光莆电子有限公司（电子与信息）	厦门琥珀香料有限公司（新材料）
厦门东南融通系统工程有限公司（电子信息）	厦门亿力吉奥信息科技有限公司（电子信息）
夏新电子股份有限公司（电子信息）	厦门精图信息技术有限公司（电子信息）
厦门实达电子信息有限公司（电子信息）	厦门中药厂有限公司（生物医药）
厦门市智业软件工程有限公司（电子信息）	厦门厦工协华机械有限公司（先进制造技术）
厦门通士达照明有限公司（高效节能技术）	厦门龙净环保科技有限公司（环境保护技术）
厦门新三泰科技有限公司（电子信息）	厦门吉联科技有限公司（电子信息）
厦门裕丰冷冻工程有限公司（光机电一体化）	厦门柏事特信息科技有限公司（电子信息）
厦门星鲨动物保健品厂（新材料）	巨茂光电（厦门）有限公司（新能源与节能）
厦门信息港建设发展股份有限公司（电子信息）	厦门市恒坤工贸有限公司（新材料）
厦门精通科技实业有限公司（电子信息）	厦门伊网通数码科技有限公司（电子信息）
厦门联创微电子股份有限公司（电子信息）	厦门朗星光电有限公司（光电）
厦门牡丹香化实业有限公司（新材料）	钛积光电（厦门）有限公司（电子信息）
林德—厦门叉车有限公司（光机电一体化）	厦门金龙汽车车身有限公司（制造技术）
厦门宏联科技开发有限公司（电子信息）	厦门市建筑科学研究院有限公司（新工艺）
厦门宝利铭科技发展有限公司（电子信息）	厦门冠兰彩印有限公司（新技术新工艺）
厦门高卓立光电有限公司（电子信息）	厦门双瑞船舶涂料有限公司（新材料）
厦门三安电子有限公司（电子信息）	福建科之杰新材料有限公司（新材料）
雅马哈发动机（厦门）信息系统公司（电子信息）	厦门三五互联科技有限公司（电子信息）
厦门鱼肝油厂（生物医药）	厦门市亨达海天计算机网络有限公司（电子信息）
元点音响（厦门）有限公司（电子信息）	厦门恒坤精密工业有限公司（新工艺新技术）
厦门闽光电气实业有限公司（光机电一体）	厦门瑞维自动化工程有限公司（电子信息）
厦门大洋通信有限公司（电子信息）	厦门海莱照明有限公司（高效节能技术）
厦门维思信息产业有限公司（电子信息）	厦门桑荣科技有限公司（电子信息）

续表24-4-3

企业名称	企业名称
厦门华日食品有限公司（现代农林）	厦门市英富地理信息技术有限公司（电子信息）
福建亿力电力科技股份有限公司（电子信息）	鼎盛（厦门）电脑系统有限公司（电子信息）
厦门威迪亚建材工业有限公司	厦门新荆艺系统集成有限公司（电子信息）
厦门电子商务中心股份有限公司（电子信息）	厦门华业新电热电器有限公司（光机电一体化）
厦门纵横集团通信实业开发有限公司	厦门厦大海通自控有限公司（电子信息）
厦门华新茂包装容器有限公司（新材料）	厦门建霖工业有限公司（新技术新工艺）
厦门电力成套设备有限公司（制造技术）	厦门精卫模具有限公司（制造技术）
厦门纵横集团科技股份有限公司（电子信息）	福建和盛高科技产业有限公司（电子信息）
厦门天同系统集成有限公司（电子信息）	厦门冠宇科技有限公司（电子信息）
厦门卫星定位应用有限公司（电子信息）	厦门一泰消防科技开发有限公司（新材料）
厦门蒙发利科技有限公司（制造技术）	厦门广群复材科技有限公司（新工艺）
厦门安美光电有限公司	

二、高新技术基地

（一）思明光电基地

位于何厝岭兜。初期规划占地面积90公顷。2004年3月，被科技部批准为首批“国家半导体照明工程产业化基地”。至2007年，开发69公顷，投产和即将投产企业28家，引进三安电子、安美光电、华联电子、宏联科技、巨茂光电、瑞华高科、光莆电子等一批知名企业，形成以光电产业为龙头的LED超高亮度发光二极管光电产业集群。年产值20多亿元，税收近亿元。至2005年7月，该地块主体规划调整，改为厦门软件园（二期）建设用地。

（二）厦门软件园（二期）

位于厦门岛东部。周边有山（虎仔山）、城（岭兜小区、前埔北区、会展中心）、湖（湖边水库）、海（东海之滨），地理位置十分优越。2005年9月6日开建，2007年9月投入使用，是全国一流的软件园区之一。规划用地103万平方米，已用97.58万平方米。

园区内建筑物主要由软件研发区、动漫游园区、信息技术服务区、管理服务区及酒店式公寓等组成。并同步建设软件研发企业所需的网络技术平台、软件测试平台等技术服务设施。

思明区依托厦门软件园（二期），加大软件企业的招商力度。至2007年有台湾西基、奇域科技、大拇哥动漫、风云动画等162家（含动漫、游戏、教育、嵌入式软件等领域）企业入驻。其中，购房入驻140家，租房入驻22家。

2005年9月6日，厦门软件园二期工程全面开工暨誓师大会

2005—2007 年购房入驻厦门软件园二期的思明区软件企业名表

表 24-4-4

企业名称	企业名称
福建电信有限公司厦门市分公司	厦门市三友软件有限公司
厦门柏事特信息科技有限公司	北京宇信鸿泰科技发展有限公司
厦门市领航科技有限公司	泉州市华鹰计算机开发有限公司
厦门奇域互动科技有限公司	成都川大科鸿新技术研究所
厦门市四美达科技发展有限公司	北京噢噢电子商务有限公司
厦门易帕通高科技发展有限公司	泰伟电子股份有限公司（Astro Gaming Ltd.）
厦门新荆艺系统集成有限公司	厦门源龙帝科技有限公司
厦门万安实业有限公司	厦门御风行数码科技有限公司
厦门维思信息产业有限公司	厦门信烨动漫科技开发有限公司
厦门尚为科技有限公司	厦门市突破数码科技有限公司
厦门网路科技有限公司	Surrex Solutions Corporation
厦门市立达信科技有限公司	厦门市亨达海天计算机网络有限公司
绿源（厦门）软件开发有限公司	厦门世纪众星科技有限公司
厦门新中大软件有限公司	酷虎科技（厦门）有限公司
厦门市正信华科技有限公司	厦门东南置业传媒有限公司
厦门拓尔通信息技术有限公司	厦门市金网络科技服务有限公司
厦门捷欧汽车电子有限公司	厦门迪傲软件开发有限公司
厦门天众达科技股份有限公司	厦门维涛信息技术有限公司
厦门丰富软件有限公司	厦门大拇哥动漫股份有限公司
绍兴市万众网络传媒有限公司	厦门日辰科技有限公司
厦门亿力吉奥信息科技有限公司	厦门动力软件有限公司
厦门高新电子技术工程有限公司	厦门仙丽科技有限公司
中国铁通集团有限公司厦门分公司	厦门嘉影卡通影视有限公司
厦门桑荣科技有限公司	厦门泽特软件有限公司
厦门晟展资源有限公司	厦门百罗软件有限公司
厦门通联网工贸有限公司	福建创新建设科技有限公司
厦门博众网络有限公司	万世通（厦门）科技有限公司
厦门凯天龙科技有限公司	泉州商博科技有限公司
厦门纵横集团科技股份有限公司	南昌市先索信息产业有限公司
厦门申讯网络技术有限公司	风云动画科技（厦门）有限公司
厦门市大博科技工程有限公司	江西华邦经济发展有限公司
泉州市丰泽华软信息系统集成有限公司	上海和强软件有限公司
厦门广角网络集成有限公司	锐信科技发展有限公司
厦门市中软科技有限公司	福州闽邮吉星数码科技有限公司

续表24-4-4

企业名称	企业名称
厦门翔通信息科技有限公司	厦门聚智科技有限公司
厦门特力通科技有限公司	福建新星媒体传播有限公司
厦门市冠兰网络科技有限公司	北京天阳宏业软件技术有限公司
厦门市纵达计算机有限公司	厦门计通网络科技有限公司
福州大学厦门工艺美术学院	厦门华友世纪软件有限公司
厦门集美大学资产经营有限公司	厦门威尔软件有限公司
厦门书生文化传播有限公司	厦门亿吉尔科技有限公司
福建移动通信有限责任公司厦门分公司	厦门市凌瑞科技发展有限公司
厦门创一软件有限公司	泉州市智达软件有限公司
厦门网盈网络信息有限公司	台湾灵通电脑股份有限公司
中国网通厦门市分公司	厦门亿星软件有限公司
汇钰系统科技（厦门）有限公司	厦门优网科技有限公司
厦门浩一网络科技有限公司	厦门唐人科技信息技术有限公司
厦门光联科技有限公司	厦门博鼎智文传媒科技有限公司
厦门创思信息技术有限公司	万拓信息服务（厦门）有限公司
厦门早发科技发展有限公司	福建希望文化传播有限公司
厦门信息港建设发展股份有限公司	福州恒兴联合文化传播有限公司
厦门市信息投资有限公司	上海派来蒙动画有限公司
文典软件信息（厦门）有限公司	宽大（厦门）通讯技术有限公司
厦门中资源网络服务有限公司	厦门金智软件科技有限公司
厦门精通科技实业有限公司	北京易周时代科技有限公司
厦门高士达科技实业有限公司	异联信息技术（上海）有限公司
西基动画（厦门）有限公司	泉州市锐思网络系统工程有限公司
厦门网航科技有限公司	芯群集成电路（厦门）有限公司
厦门市琦璞信息技术有限公司	厦门大学
福建中邮普泰移动通信设备有限公司	建行研发中心
厦门房网信息技术有限公司	厦门正航软件科技有限公司
厦门新航太计算机系统工程有限公司	厦门泽宇科技工程有限公司
厦门市极速纵横网络工程有限公司	亿勒钢构科技（厦门）有限公司
厦门锋利科技开发有限公司	厦门东炜科技有限公司
厦门市英富地理信息技术有限公司	厦门开维喜科技有限公司
德国飞扬厦门远程网络营运中心	厦门弘慧网络科技有限公司
厦门市经贸信息中心	厦门劲潮科技有限公司
厦门永华隆科技发展有限公司	杭州百事达计算机科技有限公司
厦门大雅传奇文化传播有限公司	香港宏安科技有限公司
漳州华智科技开发有限公司	厦门市百特科技开发有限公司

2005—2007年租房入驻厦门软件园二期的思明区软件企业名表

表24-4-5

企业名称	企业名称
厦门中联环环保工程有限公司	厦门先图软件科技有限公司
厦门冠宇科技有限公司	龙岩市万维信息科技有限公司
厦门指针科技开发有限公司	厦门市云科视像科技有限公司
厦门研控科技有限公司	厦门绿岸文化传媒有限公司
厦门引力科技开发有限公司	厦门双伟科技有限公司
厦门东炜科技有限公司	厦门冰讯数码动画有限公司
厦门蓝源科技有限公司	厦门冠林保全科技有限公司
厦门市威能科技发展有限公司	厦门双联科技有限公司
厦门市华众网络科技有限公司	厦门思拓科技有限公司
厦门优朋科技有限公司	厦门都市网科技有限公司
福建省晋江市芙莱茵信息技术有限公司	漳州海商文化传播有限公司

第四节　科技企业孵化器

一、思明光电大楼

2001年1月，开元区政府投资1200万元建开元科技园，1月奠基，7月投入使用。园区位于前埔工业区55号，占地面积2400平方米，建筑面积4830平方米。2004年4月，开元科技园更名“思明光电大楼”，由综合性科技园区转为专业性光电园区。至2007年，该园区入驻企业51家。

2001—2007年思明光电大楼企业入驻名表

表24-4-6

企业名称	企业名称
厦门华瑞电子有限公司	厦门斯坦道生物科技有限公司
福建格瑞科技有限公司	厦门桑荣科技有限公司
厦门显能光电技术有限公司	厦门阳光盒子科技有限公司
厦门群智科技发展有限公司	厦门德安润电子有限公司
厦门波生生物技术有限公司	厦门唯恒电子有限公司
厦门同埗科技有限公司	福建亿力吉奥有限公司
厦门达川农业科技有限公司	厦门美之荟生物科技有限公司
厦门顶科电子有限公司	福建泰普生物科技有限公司
厦门索骥软件有限公司	厦门农圣农业科技开发有限公司
闽长鹭科技发展有限公司	福建风力发电有限公司
厦门福创科技有限公司	厦门峰光辉光电科技有限公司
厦门通联网科技有限公司	厦门德富勤照明科技有限公司

续表24-4-6

企业名称	企业名称
巨茂光电（厦门）有限公司	艾迪森（厦门）光电科技有限公司
厦门思德普科技有限公司	厦门和电科技有限公司
厦门洁力新型杀菌材料有限公司	厦门博傲科技有限公司
厦门绿茵环保科技有限公司	厦门浩添冷链科技有限公司
厦门宏联科技有限公司	厦门开维喜科技有限公司
厦门苏曼思生物技术有限公司	厦门凯茂水处理科技有限公司
福建风力发电有限公司	厦门福司特电子科技有限公司
厦门奥泰科自动化科技有限公司	厦门朗星光电有限公司
厦门信仪科技有限公司	厦门瑞星达光电有限公司
厦门大学—开元区高新技术基地	厦门靓星光电有限公司
厦门海特科科技工贸有限公司	厦门先图软件有限公司
厦门倍尔思生化科技有限公司	厦门矿通科技有限公司
厦门福益特科技发展有限公司	厦门归真堂生物科技有限公司
厦门英格尔科技开发有限公司	

二、思明区科技创业园

2001 年 2 月，思明区政府和厦门大学合作创建“思明区科技创业园”。址在演武路 4 号。7 月投入使用。园区由厦门纸制品厂 2 号厂房改建而成，孵化面积 1500 平方米。2003 年 5 月，园区迁往顶澳仔 2 号——厦门第二医疗电子仪器厂厂房，孵化面积 1200 平方米。2004 年 12 月，鹭江街道成立全国首家街道级科技孵化中心。2005 年 6 月，因演武小学扩建需要，园区再迁往霞溪路 50 号（霞溪小学旧址），面积 1000 平方米。至 2007 年，入驻企业 37 家。

2001—2007 年思明区科技创业园入驻企业名表

表 24-4-7

企业名称	企业名称
厦大祺丰激光科技有限公司	先宇微电子表面技术有限公司
欧达科仪发展有限公司	华幼网（厦门）数码科技有限公司
桃李厦大软件有限公司	厦门天机自动化有限公司
柳塘计算机软件有限公司	厦门天佐自动化有限公司
尚网科技有限公司	厦门康浩科技有限公司
厦大信息技术有限公司	厦门晟阳科技有限公司
高联科技工贸有限公司	厦门捷时代科技有限公司
厦门华普高科技产业有限公司	厦门拓思科技有限公司
厦门迅通光纤有限公司	厦门强海科技有限公司
厦门精化科技有限公司	厦门纳精技术开发有限公司

续表24-4-7

企业名称	企业名称
厦门优软软件有限公司	厦门中媒资讯科技有限公司
厦门世纪龙网络有限公司	厦门渊云商贸有限公司
厦门劲神参茸有限公司	厦门宏拓科技有限公司
鹏力清环保科技发展有限公司	厦门同光科技有限公司
迦博数码科技（厦门）有限公司	厦门迈迪尔科技有限公司
厦门迦华保险公估有限公司	厦门桑雷光电有限公司
厦门京际诚科技咨询有限公司	厦门卓越人科技有限公司
厦门视明人工晶体有限公司	北京先进数通信息技术厦门分公司
厦门格瑞光电有限公司	

第五章　科技管理

第一节　计划管理

一、中长期规划

1979年，思明区政府制定第一个科技发展长期规划，区属企业的工程塑料拉链、远红外线干燥箱、四通道心脏监护显示仪、三参数两通道超声自动诊断仪等6项产品列入计划。

1990年，思明区政府制定《依靠科技进步振兴区街经济发展规划》《星火技术先进区建设规划》。

1999年4月，市科技局确定思明区为“国家星火技术密集区（厦门）试验区”，区政府相应制定《星火技术密集区规划（1999—2003年)》。规划提出到2003年的奋斗目标：重点扶持发展电子、电器、食品、服装、彩印5项主导产业，实施国家、省、市星火技术项目60项；加大投入促使星火技术向高新技术发展，培育高新技术企业15家，高新企业产值占全区工业总产值超20%，科技进步对经济增长的贡献率年增一个百分点；建立完善区街企业与高校院所合作网络，共同开发60项科技项目，推广应用40项成果，新增产值5亿元，科技成果转化率超60%。

2001年9—10月，三区分别制定《科学技术发展“十五”（2001—2005年）规划》，均由区人大常委会审议批准，而后颁布实施。“规划”提出“十五”期间各区科技发展的指导思想、发展思路、重点任务、主要措施和发展目标。开元区到2005年的目标是科技进步对经济增长的贡献率由50%升到55%，高新技术企业由1家增到5～10家，发展民营科技型企业80家，确保每年财政对科技投入增幅高于财政支出增幅，引导一般企业、骨干企业和高新技术企业的年研发投入分别达年销售额1.5%、3%和6%。思明区到2005年的目标是政府投资引导累计100项高新技术及其产品研发和推广；科技型企业总数达120家（其中高新技术企业10家、民营科技企业50家、星火技术先进型企业60家）；主要产业总体技术水平达20世纪90年代中后期国际先进水平；科技进步对经济增长的贡献率60%以上，高新技术产品产值占全区工业总产值35%以上；研发经费占全区生产总值（GDP）2%以上，区级财政对科技投入占区财政支出3.5%（其中科技三项费用支出高于2%）；形成占地面积0.8万～1万平方米、建筑面积1.2万～1.5万平方米的科技创业园区，孵化科技企业50家，销售收入上亿元。

2004—2005年，思明区政府先后制定《思明区可持续发展实验区建设与发展规划（2005—2010年）》《思明区科技进步示范区建设与发展规划（2004—2008年）》《思明区“十一五”（2006—2010年）科技事业发展规划》，并经区十四届人大常委会审议通过，颁布实施。

《思明区可持续发展实验区建设与发展规划（2005—2010年）》到2010年的目标：形成经济规模、社会和谐、高新技术产业发展（占工业增加值比重58%）、服务集聚功能和公共管理体制五大领先优势。实现10个具体指标——全区GDP650亿元（年均增长20%）；财政总收入100亿元（年均增长17%）；科技支出占区财政支出2.1%；人口自然增长率8‰以下；每万人大专以上文化程度2000人；万人有医护人员115人；登记失业率4%以内；万元工业产值能源消耗小于0.11吨标准煤；城区绿化覆盖率40%；生活污水集中处理率90%。

《思明区科技进步示范区建设与发展规划（2004—2008年）》提出的目标：到2008年，全区财政科技拨款达财政支出2.1%，其中区级研发资金3100万元，占当年财政决算支出的2%；引导规模以上工业企业技术开发投入7亿元，占销售收入4.2%；技术创新体系、知识创新体系和科技中介服务体系，申请专利1658件，授权专利1200件，年技术合同成交额27000万元；形成科技企业群体，高技术产业增加值38亿元，占工业增加值55%；保持九年义务教育普及率100%；全区专业技术人员14.3万人，万人拥有专业技术人员1866人。

《思明区“十一五”（2006—2010年）科技事业发展规划》提出的目标：到2010年，全区高技术产业增加值占工业增加值58%；区财政对科技拨款占当年本级财政支出2.1%，其中本级研发资金达3420万元，本级研发资金占当年本级财政决算支出2%，人均科普经费达1.5元，科学事业费每年递增不低于财政支出的增幅；企业加大科技投入，规模以上工业企业技术开发经费占产品销售收入4.28%；基本形成“结构优化、布局合理、精干高效、纵深配置”的区域创新体系；重点建成高新技术生产研发基地、对台交流合作基地及航运物流中心、金融商贸中心、旅游会展中心、文化教育中心，促物流、人流、资金流、信息流畅通无阻。

二、年度计划

1978年3月起，三区科委先后成立，各制定年度科技工作计划，并付诸实施。开展科普活动、科学试验和区街企业技术革新等工作。

1985年起，区科委除按年度制定与实施区本级科技计划项目外，同时承担国家、省、市级计划项目。科技计划项目有技术开发、“四新（新技术、新材料、新工艺、新产品）”推广、星火技术、外引内联等。1986年，思明区承担“冷阵痛气雾剂”和“箔画”2项省星火计划项目。1990年，开元区安排25个项目，推广“人工晶体植入术”“乌骨鸡提纯”“庭院牛蛙养殖”3项新技术，首次开展软科学研究《小区域（莲前片区）经济社会发展规划》。

2000年后，承担的科技计划项目层级提升。如，开元区区属企业厦门三安电子有限公司承担国家发改委光电子和新型元器件项目“全色系超高亮度发光二极管芯片产业化”，迈克生化股份有限公司承担抗艾滋病药物原料“迈克1号”研制；思明区区属企业厦门欧达科仪发展有限公司承担国家“863计划”引导项目“ASTAR IR—200红外三波数测油仪”研制（该产品通过鉴定，被列入2002年国家重点新产品推广计划）。

2004年始，区科技计划进行重大改革。财政预算科技三项经费更名为应用技术研发资金，资助金额与申报企业上年度纳税额挂钩，资助方式由立项资助一种变更为无偿资助、贷款贴息、贷款担保三种。至2007年，累计安排研发资金超1亿元，受助项目50余项。

第二节　成果管理

一、成果鉴定与登记

1978 年前，区境科技成果主要以国家部委、省、市所属高等院校、科研院所和大中型工业企业为主上报，按各自隶属关系归口管理。其间，由于区、街企业规模较小，科技成果大多以合理化建议和技术革新的形式散见于各单位，未统一管理。

1978 年后，以区科委为主负责科技成果管理。

1987 年 7 月 2 日起，执行市政府《厦门市科技成果管理暂行办法》，科技成果实行分级管理和登记制，鉴定在先，申报随后，相同成果先申报者获得登记，不重复登记；未经登记的成果不得申报奖励。科技成果组织鉴定权和登记权都在市科技局。区科技局（科委）对申请鉴定或报奖成果进行初审并签署推荐或不推荐意见。成果鉴定后，20 天内报主管部门审查，符合市级以上成果报奖条件的，10 天内报市科技局（科委）登记。

1989 年起，执行《厦门市关于执行国家科委科学技术成果鉴定办法的〈实施细则〉（试行）的通知》，成果鉴定工作逐步完善。

1990 年后，三区科技局（科委）对区属单位向市科技局申请鉴定或登记的科技成果进行初审，在申报表上签署意见并盖章。2004 年起，科技成果鉴定权和登记权上收归市科技局，由成果完成单位直接向市科技局申报办理。

二、成果奖励办法

1978 年 11 月 25 日，市召开科学大会，首次进行科技成果表彰奖励。1979 年起，三区实行科技成果推荐评奖。

1985 年，思明区政府颁布《关于对改进设计、技术改造及提合理化建议的奖励试行办法》。

1987 年起，执行市政府《厦门市科学技术进步奖励条例》，按授奖项目的科学技术水平、经济效益、社会效益和对科学技术进步作用大小，分市级、区级；并扩大奖励范围，完善报批程序。

1991 年 1 月，开元区政府颁布《开元区科学技术进步奖励若干规定》，将区科技进步奖分为 4 个等级：一等奖为国内首创成果；二等奖为省内首创成果；三等奖为市内首创成果；及表扬奖。《思明区科学技术进步奖励暂行规定》也同时颁发。

1996 年 3 月，思明区政府颁布《思明区科学技术进步奖励规定》。规定分总则、奖励范围、奖励标准和登记、奖金分配、附则共 36 条；奖金分 4 等：特等奖 8 万元、一等奖 3 万元、二等奖 2 万元、三等奖 1 万元、表扬奖发证书。

2001 年，思明区政府颁布《思明区科学技术进步奖励办法》，突出技术发明类项目，并提高各等级奖金额。技术发明类特等奖 20 万元、一等奖 12 万元、二等奖 8 万元、三等奖 4 万元；研究开发及应用推广类特等奖 12 万元、一等奖 6 万元、二等奖 4 万元、三等奖 2 万元；社会科技事业类特等奖 6 万元、一等奖 3 万元、二等奖 2 万元、三等奖 1 万元；软科学类特等奖 5 万元、一等奖 2 万元、二等奖 1 万元、三等奖 0.5 万元。

2003 年 2 月，开元区政府颁发《开元区科学技术奖励实施方案》。奖项设置：一等奖国内领先，二等奖国内先进，三等奖省内领先，鼓励奖。

2004 年 8 月，思明区政府颁布《科学技术进步奖励办法》，将纳税关系或行政隶属关系在思明区的企业、事业法人或自然人获得第一完成人登记的科技成果，分为技术发明、研究开发及应用推广、社会科技事业、软科学四大类；分设特、一、二、三等奖。规定每三年评审一次；各类各等奖金的具体数额在每次实施方案中确定。

2006 年 11 月，思明区政府颁发第五届（2002—2005 年）科技进步奖，研究开发及应用推广类特等奖 1 项、一等奖 2 项、二等奖 2 项、三等奖 4 项；社会科技事业和软科学类一等奖 2 项、二等奖 2 项、三等奖 3 项；另有 14 个鼓励奖，奖金最高 8 万元，最低 0.2 万元。

第三节　项目经费管理

一、三区项目经费管理

（一）鼓浪屿区项目经费管理

鼓浪屿区财力较弱，科技经费主要投入旅游环境优化及企业技术进步。“九五”期间，引进虹创科技、金丰田工贸、凯立微生物、宇光电子等先进型企业，在湖里区建立鼓浪屿科技工业园。科技开发立项 7 个，科技三项经费共投入 245 万元，由 1996 年 14 万元增至 2000 年的 83 万元（为当年财政预算支出的 2%）。2001 年科技立项 7 个，投入 85 万元。2002 年科技立项 5 个，投入 100 万元。2003 年，仅用于宇光电子企业技术成果转化 1 项就投入 78.5 万元。

（二）开元区项目经费管理

开元区科技三项经费资助项目，自 1991 年试行科技局、财政局和项目承担者三方共同签署追踪反馈责任书制度。1996 年 11 月，制定《科技三项费用管理暂行办法》，实行分类管理，除公益性 A 类项目无偿资助外，其余项目根据开发周期长短、风险大小和市场回报高低，确定 B、C、D 三类分别回收资助经费的 60%、80%、100%。当年底，应回收的科技三项费 58 万元，有 2/3 被拖欠。1998 年，审计科技三项费使用情况，发现个别企业无法提供会计资料，有的自行改变用款项目，有的技术力量跟不上项目进程而导致资金不到位。审计 1999 年情况，发现有些单位截留、转移项目经费，有的自身投入经费不足。

2000 年，又制定《科技三项费用作为资本金投入的管理暂行办法》，提出区级科技三项费可作为新引进新创办高科技企业资本金投入，五年内通过依法转让股权方式退出。依此规定，2001—2002 年，该区向三安电子注入资本金 700 万元，向显能光电、华瑞电子、一元生物等 14 家企业共注入资本金 208.2 万元。但部分项目承担单位存在挤占挪用、无会计账册、虚购设备冲账套现等严重违规行为。2002 年 12 月，区政府修订《科技三项费用管理暂行办法》，除无偿资助、贷款贴息两种常规方式外，创造性地提出合作经营项目、资本金投入和科技信用担保三种新方式。2003 年 4 月，区政府颁发《开元区科技信用担保管理暂行规定》，担保对象为纳税在开元区、年产值（营业额）500 万元及以上的科技型企业，视年产值规模分别给予 100 万～500 万元额度担保贷款。该《暂行规定》于 10 月三区整合后停止执行。1991—2003 年，区科技三项费财政预算投入 3917 万元，支持区级科技计划项目 175 项。科技产业化项目占 93.5%。科技三项费占财政支出比例年均 1.51%，最高年份 1.96%。

（三）思明区项目经费管理

思明区科委自 1986 年尝试科技三项费用由无偿拨付改为有偿使用。除区本级财政预算支出外，还从省二轻厅、市科委、省星火计划为区属企业争取经费 32 万元。1989 年，省、市下达 103.9 万元，用于医疗电子仪器厂、灯具厂、制药厂、无线电厂、印刷厂等 8 家企业开发 14 种新产品。区级财政科技投入逐年增加，1990—1994 年分别为 6 万元、6.8 万元、20.2 万元、30.5 万元、38 万元。

1995 年初，区政府制定科技三项费用《管理办法》，区科技局与获得科技三项费资助的项目承担者签署专项合同，实行有偿资助。但应收回资金逾期未收回甚多，至 2000 年底累计 400.55 万元，逾期率高达 76.22%。

2001 年 8 月，思明区政府制定《思明区科技创新资金管理暂行规定》《留学生创业资助资金管理办法》，对符合条件的留学生归国创办企业一次性无偿资助不超过 12 万元。当年，欧达科仪发展有限公司获 8 万元资助。

至 2002 年，思明区 8 家区属企业承担 11 个项目共拖欠应回收科技三项费 124 万元，拖欠时间最长的一笔达 6 年；另纳税关系在思明区的 17 家企业承担 23 项共拖欠应回收科技三项费 148 万元，拖欠时间最长的一笔 8 年。

1986—2003 年，思明区科技三项经费投入累计 4488 万元，扶持项目计 196 项。科技三项费用占本级财政一般预算支出的比例 2003 年最高，为 2.04%。

二、三区整合后思明区项目经费管理

2004 年 8 月，思明区政府颁发《应用技术研究与开发资金管理暂行办法》，应用技术研发资金主要支持科技成果转化、中小企业技术创新和产学研合作，提高成果转化和技术创新能力。支持方式确定为无偿资助、贷款贴息、贷款担保 3 种。该办法将财政投入的科技资金由“事先评审拨付”改为“事后报销”。此举消除“拨款制”带来的回收款久拖不还、费力费时甚至要通过司法程序追讨的弊端。2004 年，全区科技研发资金预算 2552 万元，占本级财政一般预算支出的 1.96%。

2007 年，全区科技研发资金预算 4259 万元，占本级财政一般预算支出的 2.37%。

第四节　专利管理

1984 年 3 月 12 日，《中华人民共和国专利法》颁布实施。1985 年 5 月，厦门市专利管理处成立，三区确定科技部门负责专利管理工作。此起，逐步深入广泛地宣传《中华人民共和国专利法》《中华人民共和国商标法》《中华人民共和国著作权法》等法律和省、市政府制定实施条例、实施细则、保护条例、保护规定等行政法规；开展专利知识产权咨询服务及专利知识入校、进厂、下乡活动；举办专利讲座和培训，帮助企业完善专利管理制度，制定和运用专利战略、培养专利人才，保护专利和知识产权，促进企业技术创新。

台资企业中台胞的专利意识普遍较强，在技术开发立项和完成新产品研制前首先考虑的是专利检索，开发项目完成后即申请专利。市、区知识产权局特别注重做好台资企业的专利服务工作。

全区专利申请量和授权量呈现递增态势，1999 年为 489 件和 641 件，至 2007 年为 7151 件和 5017 件。

1999—2007 年思明区（含三区）专利申请量和授权量统计表

表 24-5-1　　单位：件

年度	专利申请量				专利授权量			
	合计	发明	实用新型	外观设计	合计	发明	实用新型	外观设计
1999	489	—	—	—	441	—	—	—
2000	636	—	—	—	548	—	—	—
2001	412	—	—	—	318	—	—	—
2002	538	—	—	—	374	—	—	—
2003	933	—	—	—	578	—	—	—
2004	922	130	241	551	703	45	217	441
2005	854	186	307	361	539	53	223	263
2006	1142	253	402	487	677	89	323	265
2007	1224	351	406	467	839	74	411	354
合计	7150	—	—	—	5017	—	—	—

第二十五卷　文　化

商周时代，区境有人类活动。唐末，文士陈黯隐居著作，始有文化活动记载。其后至明代，文学、书画、戏曲渐见发展。明末清初，抗击倭寇、“红夷”及郑成功驻思明反清与驱荷复台，各类文化艺术多有军事特征。并留下诸多文物古迹，如戚继光摩崖石刻、郑成功龙头山寨等。

清康熙至乾隆年间，文化颇兴。出现许多诗文书画优秀作者与作品，建立诗文社团。梨园戏、高甲戏、南音、锦歌传入，建立戏曲社团。具有闽南民俗特色的文学、音乐、舞蹈等活动兴起。

清道光二十二年（1842 年），区境成为厦门通商口岸中心，西方帝国势力蜂拥而至，西方的教会诗文、音乐舞蹈、建筑雕饰等也相继传入。尤其是鼓浪屿，逐渐成为西方文化流传的集中地。帝国主义的侵略、清末洋务运动、民众反帝反封建斗争，形成古今文化、中外文化并存与发展的多元文化。并留下许多文物古迹，有基督教新街礼拜堂、胡里山炮台等。

民国 8 年（1919 年）“五四”运动，区境各界士众掀起新文化运动，与民主革命运动融合，发展革命文化。鲁迅在厦门大学的演讲、授课、著作等活动，起着重要的推进作用。此时期，现代语言的文学、歌曲、话剧、歌剧、书画、篆刻等作品大量涌现，并注入革命内容，唤醒广大民众投身反帝反封建与反对镇压共产党人及革命群众的斗争。抗日战争前夕，区境士众掀起抗日救亡文化活动。各家报刊纷纷发表以抗日救亡为主题的诗歌、杂文；文艺团体编演抗日救亡的话剧、歌剧；文化团体、学校组织开展抗日救亡的宣传。影响较大的团体有“厦门诗歌会”“厦门儿童抗日救亡剧团”等。抗日救亡文化活动遍及各学校、社团、街道、乡村。新文化运动和抗日文化运动为现代文化的迅速普及奠定基础，并留下许多革命的与抗日的文物古迹，有“厦门地区第一个共产党支部诞生地”“破狱斗争旧址”“各界抗敌后援会会址”等。

中华人民共和国成立后，文化部门贯彻毛泽东《在延安文艺座谈会上的讲话》精神。重视工农兵文艺队伍建设；组织文艺工作者深入工厂、农村、部队体验生活，创作工农兵题材的文学作品，演唱工农兵题材的戏剧、歌曲。同时，挖掘整理民族舞蹈、戏曲。群众性文化活动配合各个时期政治运动而开展，节庆文化活动十分活跃。政府对文艺团体建设给予支持，修建电影院、剧院、俱乐部（室），经常举办各种文化艺术展览、观摩和赛会等。出现许多优秀作品、作者和先进文艺团体。

“文化大革命”期间，区境歌仔戏、南音等许多传统文化被视为“封、资、修”产物而受到批判、禁锢；许多文艺团体被解散。各部门普遍组织毛泽东思想文艺宣传队，开展唱毛主席语录歌、革命歌，演革命样板戏等活动。

1979 年改革开放以来，在经济特区建设进程中，古今中外多元文化百花齐放。民间故事、歌谣、谚语得到系统整理传承；当代诗歌、小说、散文优秀作品不断涌现。流传于海峡两岸的闽南传统戏剧、歌舞发扬创新；西方钢琴音乐、友谊舞等流传普遍。中国书画在老壮青少儿中广泛习练；西方油画也渐渐兴起。群众性文化交流日益频繁。文娱市场场所星罗棋布。2005—2007 年，区文化馆获“省十佳文化馆”称号；公园文化站获“省级标准文化站”称号；区少年宫艺术团被评为“省十佳少儿艺术团”；鼓浪屿被命名为“音乐之岛”。各类文化作品（含表演）获国家部委及国家级协会奖励的共 35 项（1995—2007 年）。文化活动构成完善网络，区有文体局、文化馆、图书馆，全区 10 个街道皆有文化站与文化活动中心，95 个社区皆有文化活动室。管理有序，文化市场健康运作与发展。全区 62 处文物单位（国级 5 处、省级 13 处、市级 44 处）皆有专人管理。非物质文化遗产审批 15 项（其中省级 11 项）。

2007 年，思明区获福建省先进文化区称号。

第一章 文 学

第一节 文学创作

一、古代文学创作

唐末，陈黯多次赴试落第，隐居金榜山潜心著述，著《裨正书》《颍川先生集》。

宋代，熙宁年间，同安县尉张翥诗作《金榜山》；绍兴二十三年至二十六年（1153—1156 年），同安县主簿朱熹诗作《金榜山》，腾翔诗作《五老山》。

明正统十三年（1448 年），进士叶普亮（莲坂人）为洪济山留云洞作楹联“两阶苔雨三春湿；半岭松风六月寒”。明嘉靖四十四年（1565 年），进士池浴德（中左所人）著《浴德诗集》《空臆录》《怀绰集》《居室篇》等。明万历四十四年（1616 年），进士林宗载（塔头人）著《观海楼平平编》。明天启四年（1624 年），举人、著名诗人池显方（居玉屏山）著《晃岩集》《南参集》《澹远诗集》《李杜诗选》《东山法语》《直夫偶钞》。明末夕阳寮（今水仙路一带）文士阮旻锡著《啸草》《击筑集》《夕阳寮文稿》《唐人雅音集》《唐七言律式》《杜诗三评》《清源会诗篇》《燕山纪游》《同和东坡韵诗》《夕阳寮诗稿》《夕阳寮词》《慧庵倡和韵选》《轮山诗稿》《梦庵长短句》《幔亭游稿》《诗论》《诗韵》《涉江诗钞》《谈道录》《阮畴生诗》。

清康熙二十九年（1690 年），曾源昌（曾厝垵人）著《百花诗》《澎游草》《台湾杂咏》《逢斋诗集》。清乾隆十年（1745 年），进士林翼池（塔头人）著《鹭洲拾草》《远游闲居草》《知以集》。乾隆十六年，进士廖飞鹏（霞溪人）著《石村集》。厦城人蔡德辉著《鸣秋草》《蠡测文集》。双连池人张锡麟著《池上草》《唱和诗》《史论》。碧山人莫凤翔著《鹭门草》《碧山草堂诗钞》。

清乾隆三十年（1765 年）后数十年间，举人薛起凤（走马路人）著《梧山草》。许温其（外清人）著《箬渔近草》《如雨居稿》《琴香书屋稿》。桥仔头人吴廷绶著《荷庵主悼亡诗百首》《棣萼楼诗》。厦港人李正华著《问云山房》诗文集。著名诗人黄日纪（张厝保人）著《奚囊集》《内史集》《中枢集》《龙江集》《鹪栖琐缀》《榕林偶吹倡和集》《榕林汇吟》《菜根清谭》《归田集》《荔崖诗钞》《嘉禾名胜记》，其中作品《全闽诗隽》《诗集汇咏》介绍闽省诗人诗作，为较早的诗作评论专著。黄名香（霞溪人）、林遇青等，也有诗文著作传世。区境出现 2 位女诗人，许温其之妻陈龙寿，常与许温其相唱和为乐；章淑云（外清人）著《镜花楼诗稿》，兴泉永道道台倪琇为其作序。

二、近现代文学创作

（一）文学作品

清道光二十年（1840 年）鸦片战争后，区境文学具有反帝反封建内容。清同治十二年（1873 年），解元方兆福（美头社人）著《篔筜渔隐集》。清光绪五年（1879 年），举人王步蟾著《小兰雪堂集》。光绪八年，举人林鹤年著《福雅堂诗抄》。光绪十九年，举人吕瀓著《青筠堂集》《默庵诗稿》。光绪二十八年，举人黄鸿翔著《幼学》《台游》《燕游》《东游》《粤游》《菲游》《杜诗、白诗研究》等。

民国8年（1919年），开展“五四”新文化运动，提倡白话文创作。主要作品有：思明修志局局长周殿薰著《诗经汇事纂编》《棣华吟馆诗文集》。李僖著《紫燕金鱼室笔记》《梦梅花馆诗抄》。鼓浪屿菽庄花园主林尔嘉与诸名流唱和，出资将唱和编印成诗册，有《虞美人诗录》。辑刊有《菽庄丛书》6种（《古今文字通译》《闽中金石录》《寄傲山馆词稿》《顽石山房笔记》《壶天吟》《鹭江名胜诗钞》）。民国20年，与陈佩真、谢云声合作编辑出版《厦门指南》一书。童晴岚、蒲风、林林、穆木天、王亚平等作家于抗日战争时期组织厦门诗歌会，著诗集《南中国的歌》、长诗《狼》（新诗歌丛书）、童话长诗《不会飞的小蜗牛》等。民国20年，高云览创作中篇小说《前夜》，描写党的地下工作者的艰苦斗争；翌年参加中国左翼作家联盟和中国新诗歌会，发表大量抗日救亡文学作品。

（二）文学社团

云洲诗社　清乾隆年间成立。成员黄日纪、薛起凤、黄莲士、张承禄、莫凤翔、张庭仪、林明璟、张锡麟，被称为“云洲八子”。

三韭社　清光绪二十八年（1902年）冬，举人黄瀚（曾厝垵人）与施健庵、蔡澍村、林枫丹结“三韭社”。

菽庄吟社　民国2年，菽庄花园建成，园主林尔嘉发起组织菽庄吟社。区境内文学界名流多参与诗社活动。漳、泉各县，湖南、江苏、浙江等省，也有多人寄诗应和。后，所唱和作品均由林尔嘉编辑成集，分类印册。今存于厦门市图书馆的有编印于民国3年、5年、11年和13年的《虞美人诗录》《黄牡丹菊诗录》《壬戌之秋七月既望鹭江泛舟月赋选》和《菽庄梦中得句唱和集》，以及《菽庄小兰亭征文录》等10多种。

海天吟社　民国3年成立，址在亭子下万全堂。由钱文显发起，施士洁主持。主要成员有陈桂琛、许廷慈、陈熙堂、陈健堂、李诗熙等。办社2年间，创作古体诗500多首，从中选出100余首编印《厦门海天吟社诗存》。

星社　民国3年，胡巽创办。址在仁和宫律师事务所内。成员有李绣伊、欧阳少椿、贺仙舫、陈丹初、施子怿等。刊印《星社月刊》。

鹭江梅社　民国9年1月成立。诗社设甲组、乙组、丙组。甲组成员孙渔隐、李实秋、黄静仙、高尚志等；乙组成员陈维垣、洪孝怡、陈作舟、陈逢春、陈材骐、陈国器、王慕韩、徐狱、张济川、陈辅、陈鼎川、纪镜潭、郑连仙、纪瑞金等；丙组成员不详。诗社每月活动一次，每次均编印作品集，称“梅社合刊”。厦门市图书馆藏有乙组诗抄9册和《鹭江梅社丙组课抄》一册。

莲社　民国9年创办。发起人柯硕甫；成员李轩甫、陈佩真、苏警予、谢云声、柯伯耀等。民国13年并入东社。

鹭江吟社　址在文渊井图书馆。发起人陈海梅、钱秋澄；成员吕懒禅、林崖声、钱定国、傅开山等。民国13年并入东社。

东社　民国13年创办，址在广平巷。由海天吟社、鹭江梅社、莲社、鹭江吟社的成员组成，并吸收惠安、龙溪等地诗文作者，共数百人。在《江声日报》副刊辟有“东社特刊”，发表社员作品。

文学社　民国10年，厦门图书馆馆长周殿熏创办。址在厦门图书馆内。主要成员余雨农、唐绩庭、李绣伊、柯伯行等。

瞰潮社　民国17年，同文中学学生会主席黄君发起组织，有很多学生参加。常聚集在望高石山顶，俯瞰海景谈人生，定名瞰潮社。出版期刊《瞰潮》多期，主要作者有杨竹人、萍之、一炉、童晴岚、方安格等。民国19年，主要社员毕业离校，该社解散。

实艺研究社　民国25年春创办。负责人有曾逸梅、鲁默、郑书祥、牛何之。借用《星光日报》副刊，出版《实艺》周刊，宣传抗日救国，讨论社会问题。刊登政论杂文、诗歌、散文等作品。厦门岛沦陷，该社终止活动。

天竹文艺社　民国25年初创办。马寒冰、赵家欣、童晴岚等发起。借用《华侨日报》副刊，出版

《天竹周报》，发表诗歌、小说、散文、杂文、评论等。出版《文艺动静》半月刊多期。民国26年秋，主要负责人马寒冰离开后，该社解散。

厦门诗歌会　民国26年6月成立。址在中华路（今中山路东段）一刻印店楼上。成员有蒲风、童晴岚、马寒冰、赵家欣、陈胜子、陈俊麟、李青鸟、连城、童丹汀、曾逸梅、吴汝舟、许文辛等20余人。提倡诗歌大众化，主张以诗歌鼓舞人民，打击敌人。举办多场诗歌座谈会和朗诵会；创办《厦门诗歌》期刊；编印《厦门诗歌丛书》。在第二次诗歌座谈会上，蒲风作《五四到现在之诗界潮流》专题发言，共同讨论诗歌运动发展趋势。后两个多月中，举行4次座谈会，探讨"诗歌与现实""诗歌大众化""诗歌与生活""诗歌与音乐相结合"等问题。蒲风的《钢铁军歌》、童晴岚的《厦门之歌》，由李焕之谱曲，在群众中传唱。先后出版《南中国的歌》《中华轰炸机》《大地的火》等诗集和《打铁歌》小册子。民国26年12月起，借用《华侨日报》，出版诗歌《前哨》多期。厦门岛沦陷，会员离散各地，该会消失。

筼筜吟社　民国35年创办。发起人有厦门市市长黄天爵、中国国民党厦门市党部书记长黄谦若。址在中山公园。主要成员有李绣伊、洪晓春、柯伯行、曾沧浪、吴春熙、虞愚、陈醒民、赵复纾、高梦熊、陈隘清、王谷青、叶国庆、曾一平、张国辉、翁吉人、梁泽辅等。每月活动一次，多以厦门风景名胜为诗文主题。

三、当代文学创作

（一）主要作品

1949—1966年，文学创作以工农兵题材为主。当时最有影响的作品是高云览的长篇小说《小城春秋》。作品取材于民国19年发生在区境的"大劫狱"事件。此书多次再版，被翻译成多国文字，被改编为电影。其他较有影响的作品还有：库仑发表于《文艺月报》《解放军文艺》的特写《警报声声》和报告文学《海上战斗》；王尚政发表于《人民文学》的短篇小说《在远远的深海上》，发表于《上海文学》的短篇小说《中秋夜》《海上遭遇记》，发表于《诗刊》的《旅店搬家》《红旗》；由福建人民出版社出版的童晴岚诗集《海堤诗草》等。碧沛、傅子玖的诗歌、散文也有一定影响。碧沛的组诗《渔乡》获得福建省文学佳作奖。

"文化大革命"期间，许多文学工作者受到迫害；许多好作品被打成"封、资、修"作品。一批上山下乡知识青年开始文学创作。陈志铭的诗歌在刚刚复苏的福建诗坛占有一定地位；龚佩瑜（笔名舒婷）开始"朦胧诗"创作。

1978年至2007年主要文学作品：

舒婷诗歌《致橡树》《暴风过去之后》和《祖国呵，我亲爱的祖国》（获1980年全国中青年优秀诗歌作品奖）；诗集《双桅船》（获全国首届新诗优秀诗集奖）、《会唱歌的鸢尾花》《始祖鸟》；散文集《心烟》《秋天的情绪》《硬骨凌霄》《露珠里的"诗想"》《舒婷文集》《老房子的前世今生》（获2006年度人民文学奖）。

陈慧瑛散文集《无名的星》（获1989年全国优秀散文集大奖）《一花一世界》《展翅的白鹭》《月是故乡明》《厦门人》《南方的曼陀林》《生命的田园》《芳草天涯》《神奇的绿岛》《春水伊人寄相思》《此情此心》《竹叶三君》《随缘》《归来的啼鹃》《陈慧瑛散文选》等。

陈元麟散文集《我们看海去》《爱的祈祷》《陈元麟散文自选》；散文诗集《白鹭与相思树》（合作）；评论集《寻找自己》；报告文学《草原2号》（获1988年中国潮全国报告文学征文二等奖）；歌舞剧本《双连杯》（合作，公演；获全国少数民族戏剧创作团结奖）。

谢春池长篇报告文学《才溪世纪梦》《崛起的圣地》《那条江和那个城》和《白鹭之旅》（获福建省第十一届优秀文学奖佳作奖）；报告文学集《惠东女人》；散文随笔集《岁月的隐秘》和《寻找那棵橡树》《我知道，我是一个永远的知青》；中篇小说集《喷薄欲出》（其中《中国，1929年的故事》获福建省第七届优秀文学奖一等奖、《解放军文艺》获优秀作品奖、福建省首届百花奖三等奖；《东征之旅》获福建省第八届优秀文学奖一等奖）。

洪永宏长篇小说《海囚》、电影文学剧本《海囚》（已拍摄发行）；电视连续剧剧本《陈嘉庚》（获全国侨联“月是故乡明”征文优秀作品奖）、《传奇夫人》（10集，已录制播出）；长篇传记文学《出洋记》《归来记》；专著《厦门大学校史》等。

徐苹小说集《淡绿色月亮》；通讯小说集《徐苹 VS 须一瓜》（2003年度获“华语文学传媒大奖·最具潜力新人奖”）；中篇小说集《穿过欲望的洒水车》；中篇小说《鸽子飞翔在眼睛深处》（入选中国作家协会创研部编的《2004年中国中篇小说精选》）；短篇小说集《海瓜子，薄壳儿的海瓜子》（其中短篇小说《毛毛雨飘在没有记忆的地方》入选人民文学杂志社编的《2004年文学精品短篇小说卷》）。

还有一批优秀文学作品：陈照寰的《论形象思维》，陈耕的电影文学剧本《血与火的洗礼》，陈仲义的《诗的哗变》，阎欣宁的《枪族》，吴福兴的《假日》，杨钧炜的《厦门情愫》，徐常波的《厦门风》，林培堂的《悠悠鹭江情》，陈志铭的《春梦有痕》，王伟伟的《厦门岛上走西口》，洪泓的《碧血金戈》，鲁萍的《德彪西的月亮》，王者诚的《诗魂·海恋》，黄碧沛的《海夜》，黄秋苇的《蝴蝶诗笺》，沈世豪的《亚细亚的太阳》，刘溪杰的《春花集》，王尚政的《绿窗随笔》，陈垂康的《海风铃集》，洪荔生的中短篇小说集《沉重的画笔》，庄维明的《庄维明中长篇小说集》。

（二）文学社团

蜂巢文学社　1983年11月，鹭江职业大学团委会、学生会创办。1984年1月，在校刊出版文学副刊《蜂巢》。

海燕文学社　1984年12月，厦门橡胶厂职工文学爱好者创办。社刊《海燕》出版12期；《新岸》出版8期，其中一些作品被省、市级刊物选载。《生活·创造》月刊在该社举办厦门市职工文学创作笔谈会；《厦门特区工人报》报刊在该社举办评报会。

星锚文学社　1985年10月，厦门港务局青年职工文学爱好者创办。至1995年底，在《厦门港报》副刊《星锚》出版100期，发表100多位作者700多篇文学作品，近50万字，并举办征文评奖。社员在全国各地报刊发表文学作品几十万字。《中国海员》《中国交通报》《生活·创造》《厦门日报》等报刊先后介绍过星锚文学社。承办过《中国海员》杂志社1991年厦门地区笔会和1994年福建海员工会鼓浪笔会。成立10周年时，编辑出版《星锚文集》，汇集50名作者120篇作品，共20万字。

第二节　民间文学

一、民间故事

区境民间故事主要有鹭江、鼓浪屿、望高山、洪济山、六个礁、七星石、金鸡亭、白鹿洞、虎溪岩、白鹤岩的地理故事；社会人文故事；通商口岸的商埠逸闻；鲎、文昌鱼等物产的传说。最早记述区境民间传说的古籍是清道光版《厦门志》卷十六《旧事志·丛谈》，其中年代最早的传说为南北朝时期的逸闻。

1980年以来，区境作者搜集整理出版民间文学作品：

《郑成功的故事》　张宗洽搜集整理。1982年发表于《天风海涛》第4、5辑，共20篇。厦门人民广播电台编辑出版。

《白鹭的传说》　洪泓、李文章、鲍周义搜集整理。收录《白鹭的传说》《双莲池》《望夫灯》《石泉水》《赖厝埕》等故事25篇。1983年由福建人民出版社出版。

《中国民间故事集成·福建卷·厦门市分卷》　1987年，三区文化馆向社会征集民间文学资料，由徐常波、杨钧炜从征集的653篇中选150篇，整理出版。

《厦门掌故》　叶时荣编。收录民间故事、传说等180篇。1993年，鹭江出版社出版。

二、民间歌谣

古代民间歌谣带有浓厚的农村生活气息。区境成为通商口岸后，民间歌谣反映码头工人生活、商埠市井生活、侨眷生活及反侵略、反压迫的社会真实状况。不少民间歌谣与歌仔戏的流行唱段相互影响、互为补充。歌谣中的童谣尤为生动多彩。

民间文学工作者收集整理出版的民间歌谣专集：

《闽南歌谣》 陈郑煊收集整理，收入108首。1985年厦门群众艺术馆编印。

《中国民间歌谣集成·福建卷·厦门市分卷》 1987年由陈郑煊、吴福兴、吴慈院、苏朝润等人协助搜集。1992年由厦门市民间文学三套集成办公室杨钧炜、徐常波从征集的数百首中选204首编印成书。

《厦门歌谣》 彭永叔、陈丽贞、林佳卿搜集整理，收录352首。1993年12月鹭江出版社出版。

《日光岩边小金菊》 吴福兴收集整理。分近代歌谣、传说歌谣两篇。近代歌谣篇主要反映通商口岸劳动人民的生活与斗争；传说歌谣多为故事说唱。1993年12月鹭江出版社出版。

2007年，思明区闽南童谣被福建省公布为非物质文化遗产保护项目。

三、民间谚语

民间谚语，内容涉及各行各业。民国《厦门市志》辑录流行民间谚语，有“歹话当做好话听”“打折嘴齿含血吞”“齿痛方知齿痛人”“打虎拿贼，着亲兄弟”等。

民间谚语研究人员姚景良从1958年搜集民间谚语，在报刊发表多篇专文。1987年，他将搜集的3000条民间谚语献出，供编纂厦门市民间文学三套集成选用。1992年，杨钧炜、徐常波从搜集6000条民间谚语中选1550条，由市民间文学三套集成办公室编印出版《中国民间谚语集成·福建卷·厦门市分卷》。

第二章 艺 术

第一节 戏 剧

一、梨园戏

清乾隆二十年（1755年）从泉州传入。为清末至民国初流传的主要剧种。在涂崎（今开元路中段）有“双珠凤”梨园戏班。1960年，市文化部门委托泉州梨园戏社团代为培训梨园戏学员。1961年，首批梨园戏学员公演传统剧目《陈三五娘》。但所有学员又被安排到福建省梨园戏剧团。此后，区境未有梨园戏团体。

二、高甲戏

又称戈甲戏、九角戏，戏班则称大班、鼓班。唱腔以南音为主，兼用民间小调；以武打和丑角表演见长。于清代中后期传入。1951年，泉州金莲升高甲戏班落户区境，始有专业高甲戏团体。1969年高甲戏艺人被遣散。1978年恢复高甲戏演出。

2006 年，思明区高甲戏被福建省公布为非物质文化遗产保护项目。2007 年，被列为国家级非物质文化遗产保护项目。

2007 年，区境有市属的厦门市金莲升高甲戏剧团。

三、歌仔戏

民国 14 年（1925 年），设在涂崎的梨园戏“双珠凤”戏班聘请台湾艺人戴水宝传授歌仔戏。翌年，“双珠凤”改演歌仔戏。歌仔戏自此风行于区境。厦门岛沦陷时，歌仔戏被禁演。歌仔戏艺人邵江海、林文祥等将歌仔戏改称为“改良戏”偷偷演出，或躲进偏僻山区演出。

1954 年，华东地区首届戏曲观摩会演。歌仔戏参加演出，因剧种流行于漳州芗江流域，定名“芗剧”。随后，芗剧在区境流行，成立思明芗剧社。厦禾、公园、大同、鹭江、溪岸等街道也有业余芗剧团，配合中心工作开展活动。“文化大革命”中，芗剧被禁演，芗剧团被解散。1977 年底，芗剧解禁。1980 年，恢复“歌仔戏”名称。歌仔戏重新成为区境最受欢迎的剧种。1991 年初，何厝、厦禾、鹭江、美仁相继成立业余歌仔戏剧团。2007 年，区境有厦禾、开元和梧村街道 3 个歌仔戏业余剧团。

2006 年，思明区歌仔戏被福建省公布为非物质文化遗产保护项目。2007 年列为国家级非物质文化遗产保护项目。

2007 年，区境有市属的厦门市歌仔戏剧团。

四、京剧

民国初期，京剧传入区境。主要流传在中上层社会，京剧爱好者以票友组织的形式开展活动。有思明北路海陆春的怡怡票房、小走马路基督教青年会的艺余票房、古城路的通俗教育社京剧部、旗杆巷的益同人公会京剧部、和凤宫的落海公会京剧部、歧西保的歧山票房、赖厝埕的励群票房等。厦门岛沦陷期间，这些票房组织均停止活动。民国 29 年，一些在日伪机构中任职的京剧票友成立京剧票房艺林社和鹭声国剧社。抗日战争胜利后，通俗教育社京剧部改称通俗教育社评剧团，恢复正常活动。其余票房也先后恢复活动。

1950 年后，一些企业、街道组织业余京剧团自娱自乐，无公演。

“文化大革命”期间，京剧“革命样板戏”《红灯记》《沙家浜》《智取威虎山》《奇袭白虎团》《海港》受到推崇。《龙江颂》则成为革命现代京剧，广泛演出。街道、机关、企事业单位成立毛泽东思想文艺宣传队，演唱“革命样板戏”，京剧得到普及。1977 年年底，恢复地方剧种后，京剧演出逐渐消退。至 2007 年底，区境无京剧团体。

五、话剧

民国初，话剧传入区境，也称新戏、文明戏。很快在知识界、学生界普及。民国 10 年后，省立第十三中学（今厦门第一中学）、双十中学、中华中学、同文中学、英华中学、通俗教育社、益同人公会、基督教青年会及厦门大学，均开展话剧活动，宣传反封建、反压迫的民主思想。其中，通俗教育社戏剧股、省立第十三中学戏剧研究会及厦大剧社较经常开展活动。主要剧目有《徐锡麟刺杀巡抚恩铭》《秋瑾起义》《拒毒》《烟祸》《五卅运动》等。民国 11 年，厦大剧社根据郑江涛编写的剧本排演《孔雀东南飞》。民国 19 年，通俗教育社根据婢女红花遭迫害致死的事实，编演话剧《孰非人子》，引起社会各界对解救婢女的重视，推进妇女解放运动。

抗日战争爆发后，话剧成为社会各界宣传抗日救亡活动的主要形式之一。抗敌后援会宣传团、文化界抗敌后援会、厦门儿童救亡剧团、蓝天剧社、鸽翼剧社、青年剧社，以及鼓浪屿大众救亡剧团等话剧团体，在剧场、街头上演《卢沟桥的灯火》《警号》《咆哮的河北》《父子兄弟》《在炮火中》《张家店》《逃出了金门》《最后一弹》等抗日救亡剧目。民国 26 年 9 月 3 日，厦门儿童救亡剧团成立，成员以鸽翼剧社部分小演员和中华小学绿苗文艺社为主。团部设在定安路保生堂。全团 30 多人，最小七岁，最大十七岁。团长兼导演洪凌是中共党员。剧团在鼓浪屿鹭江戏院演出《在炮火中》；又在思明南星戏院公演《古庙钟声》《小英雄》《小瘪三》等剧；走上街头、深入阵地演出。民国27年5月后，剧团到海澄、同安、漳浦、平和等地演出。后到南洋各地演出募捐，用以支援抗日部队。

抗日战争胜利后，区境话剧团体有厦门艺术宣传队、厦门青年剧社、方生剧社、鹭风艺术研究社等。大同中学、省立厦门中学（今厦门第一中学）、英华中学、双十中学等活动频繁。演出剧目有俄国莫里哀的《钦差大臣》《求婚》、郭沫若的《孔雀胆》、曹禺的《雷雨》《日出》、陈白尘的《升官图》《结婚进行曲》，以及自编自演的《火烛小心》《警魂之歌》《野玫瑰》《黄金迷》等剧目。

1950年后，区境成立群众戏剧协会、海鸥业余话剧团、职工业余话剧团、厦门市话剧社等职工业余话剧团。演出《抓壮丁》《祝你健康》《收租院》《年轻的一代》和《于无声处》等剧目。

1980年以来，话剧小品受到观众欢迎。程艺芬主演的小品《进香》，参加1997年开元杯厦门市第六届小品征文比赛暨开元杯福建省第三届小戏小品展演，获一等奖；被选送参加华东小品比赛，也获一等奖。2005年1月，思明区文化馆在厦门艺术剧院举办程艺芬导演、表演的小品专场晚会。2006年，小品《见面礼》获第三届厦门文学艺术奖荣誉奖。小品《儿女为媒》获第二届厦门市老年文化节、第六届老年文艺调演优秀创作奖。小品《爸爸》获福建省第三届人口和计划生育文艺会演金奖。2007年，小品《今生是亲人》获福建省第十四届群星奖选拔赛金奖；小品《牵手》获福建省第三届人口和计划生育文艺会演铜奖；小品《谁对谁错》获福建省“水仙花杯”小品、小戏、小剧场大赛导演银奖；小品《等》获福建省第三届人口和计划生育文艺会演金奖。

六、越剧

1954年，浙江省文艺越剧团到区境演出。1956年，正式在区境落户，改名厦门越剧团。1969年被撤销，1978年11月恢复。因越剧观众较少，剧团于1985年3月撤销。部分演员自发成立开元区越剧团。演出活动两年，1987年解散。1988年，开元区文化馆与厦门华侨企业公司合作，以厦门越剧团离退休演员为骨干，从浙江招收新演员，成立新星越剧团，为自负盈亏的职业艺术表演团体。华侨企业公司每年以广告形式为剧团提供赞助，剧团则义务为企业宣传产品。大部分时间在外地演出。2006年，部分骨干组织区境越剧爱好者成立业余越剧团，参加区文化馆举办的社区文化活动和广场文艺演出。

七、皮影戏

又称纸影戏、影戏。历史上区境的纸影戏班大都来自漳、泉各县。抗日战争期间，民间艺术家陈郑煊利用纸影戏进行抗日救亡宣传。1985年，陈郑煊在碧山小学开办纸影艺术兴趣班，向小学生传授纸影戏的制作和表演艺术。1994年，在市群众艺术馆举行陈郑煊皮影艺术展，展出《西游记》《白蛇传》《林则徐巡视海防》《八仙人物》等影偶30多幅，是福建省仅存的纸影艺术收藏。

2007年，思明区皮影戏被福建省公布为非物质文化遗产保护项目。

八、布袋戏

又称掌上木偶，明末清初传入区境。民国初年，有“是耶非”“金琅环”“金华轩”“岂其然”“莫非我”“大鹏园”等布袋戏班。分为漳、泉两派。常年在鹭江海滨码头一带进行地摊式演出。漳州派唱念用京剧皮黄腔，说白用闽南腔；泉州派唱念、说白均用闽南腔。主要剧目有《目莲救母》等，均由艺人口口相传。1953年，大鹏园木偶戏班改为掌艺班。址设打铁街一临时搭盖房。演出剧目有《李闯王》《岳飞传》《水浒传》等。在文艺工作者吴慈帮助下，掌艺班编演《拔萝卜》之类儿童剧目，到学校演出。1958年，掌艺班划归厦门工艺美术学校，改称厦门工艺美术学校实验木偶剧团。其间，进行提线木偶、人与木偶同台演出的实验。1959年，实验木偶剧团独立建团，改称鹭艺木偶剧团，址设思明南路局口横巷。1960年，剧团解散。此后，区境无布袋戏团体。

九、歌剧、舞剧

解放初期，区境部队文工团上演歌剧《白毛女》《赤叶河》，厦门文工团上演方言歌剧《王贵与李香香》，新歌剧兴盛一时。1961 年，厦门艺术学校与厦门歌舞剧团联合创作上演大型舞剧《白鹭》，为舞剧在区境的首演。“文化大革命”时期，“舞剧革命样板戏”《白毛女》《红色娘子军》成为各专业、业余文艺团体竞相模仿的“样板”。此后，专业文艺团体相继推出大型歌舞剧《双连杯》、乐舞剧《南音魂》、大歌舞《飞向新世纪》等。由于歌剧、舞剧对演员、伴奏、舞台美术等要求较高，一般只有专业文艺团体排演。

2007 年，区境仅有市属的厦门市歌舞剧团。

第二节　音乐　舞蹈

一、南音

（一）南音活动

又称南乐、南管、弦管。使用乐器洞箫（尺八）、二弦、琵琶（南琶）、三弦、响盏、叫锣、四宝、双铃。乐声舒缓、缠绵。其代表作有《梅花操》《八骏马》《三更人》《感谢公主》等，被称为“音乐活化石”。

南音由晋江传入区境，鹭江金华阁成立于清道光十年（1830 年），为区境最早的南音团体，后改名金华阁南乐社。

清咸丰年间，出生于商家的林祥玉（字荆璧）酷爱南音，弃商从艺，潜心研究南音；先后在东阳阁、集安堂南乐社任乐师；清末，应邀到台湾开设曲馆传授南音。许启章、林霁秋、陈万舍、黄韫山、陈江渠等南音名家均出其门下。民国 3 年（1914 年），林祥玉将毕生积累之南音资料编印成《南音指谱》，将“古本讹传翻新校正”，成为南音传承的重要著作。其后，林鸿历数十年细加考证，编著《泉南指谱重编》《南曲》两部巨作。民国初，纪经亩师从许启章，精研《泉南指谱》《泉南指谱重编》等典籍，其琵琶技艺精湛；民国 10—20 年，与吴深根、吴萍水、洪金水、薛金枝、万舍、黄蕴山等乐坛高手，为英国“兴登堡”等公司灌录 30 多张唱片，留下珍贵资料。民国 19 年，纪经亩发起组织鹭江南乐研究社，成为南音研究和人才培养的重要基地；他屡赴台湾和东南亚各国传播南音，被誉为“南乐泰斗”“琵琶国手”。

1986 年，中山路南音踩街活动

抗日战争胜利后，南音极盛。大同路、鹭江道一带开办清玉堂、金凤、同仁、江滨、竹林等多家南音茶座。

1950 年起，每逢节庆，区境街道、企事业单位的南音社团都排练新曲目，参加全市性的演出。

“文化大革命”期间，南音活动被迫中断。1980 年起，南音专业团体恢复活动并有所发展，在南音创作、表演、学术研究及培养人才等方面取得丰硕成果。金华阁、集安堂、锦华阁等南乐社团每周都开展演唱活动，培养南音接班人。

思明区文化馆每年举办一次“南音弦友会思明”欣赏会。南音新创作有《腾飞》《思明好地方》《骨肉神情难割断》《我们的社区》《赞和谐社会》《赏读厦门》等曲目。2003 年，金榜南音社琵琶弹唱《思明好地方》和琵琶弹奏《鹭岛新韵》获厦门市第三届群众文化艺术节比赛银奖和优秀奖。

（二）南音社团

金华阁南乐社　清道光十年（1830 年）成立，鼎盛时期办有多家分馆。抗日战争胜利后，设在中华路南寿宫。1950 年后，配合“增产节约”“除四害”“新婚姻法”等宣传活动进行演出。1980 年以来，全体弦友怀着“弘扬民族传统文化，重塑金华阁南乐社”信念，充实设备，改善设施。多次参加省、市比赛，均名列前茅。其中，1988 年获福建省广播大赛第三名，1993 年获“厦门市元宵南曲邀请赛”一等奖，1995 年举行成立 165 周年庆祝活动。2007 年，有社员 40 余人，每周活动一次。

集安堂南乐社　原址在望高石，后迁至山仔顶。清光绪八年（1883 年）成立。光绪三十年，中国同盟会闽南部副部长黄韫山加入集安堂（秘密组织中华侠团）。清宣统二年（1910 年），移址南田巷，民国 9 年，在河仔墘添置场所。成员多为工商界、知识界和侨眷人士。林祥玉、林霁秋、纪经亩先后任曲师或主管，灌制唱片、出国演奏、各地交流、应聘海外教授等，驰誉中外。1950 年起，活动蓬勃开展。多次参加全国、华东地区和全省会演调演；录制唱片发行国内外；整理、编纂多部曲指谱和教材。1980 年，参加厦门南乐大会唱、特区文艺调演、唱腔曲艺邀请赛等。举办纪经亩从艺 75 周年和建社 110 周年庆典活动。出版特刊专辑。挖掘整理南曲 300 多首，创作一批新曲目，出版南音磁带。3 位艺人到省、市艺校和湖滨小学执教南乐，入选省、市曲艺家协会理事会理事。多次出访香港、新加坡、菲律宾等地，与新加坡传统南音社缔结为姐妹社。2007 年，有社员 30 余人，每周活动两次。

锦华阁南乐社　清光绪三十年（1904 年），金华阁部分弦友离社，在大王巷组织锦华阁，后迁至曾姑娘巷。并先后在皇帝殿（今深田路）、美仁宫、后路头等地设分阁。1978 年，锦华阁南乐社复馆后，注重培养南音新人。1985 年，在霞溪小学开设南音兴趣班，先后培养 3 批 100 余位南音新苗，并在全市会演中获奖。与台湾地区及东南亚国家弦友进行交流，多次参加海内外南音会唱。2007 年，有社员 30 余人，每周二、四、六晚开展活动。

同华阁南音社　址在洪本部 158 号昭惠宫。清道光二十三年（1843 年）成立。2005 年春复馆。有社员 50 多人，每周三为固定活动日。

此外，南音社团还有美仁南音社、金榜南音社、松柏南音社、阳台山南音社、厦港街道南音小组等。

2006 年，思明区南音被福建省公布为非物质文化遗产保护项目。2007 年，列为国家级非物质文化遗产保护项目。

二、锦歌

为区境较流行的民间传统音乐。除说唱外，还有一些器乐曲，如《八板头》《清夜游》《西湖柳》等；使用的乐器有琵琶、月琴、二弦、三弦、洞箫等；打击乐器有木鱼、小叫、双铃、盅盘等。2003 年 5 月，由思明区文化馆负责创排的锦歌说唱《优教才能出好苗》参加福建省计生文艺调演。

三、现代音乐

（一）现代音乐活动

清道光二十四年（1844 年），英国自由教会传教士施约翰在寮仔后创办福音学校，设音乐课。此后，新办学校均设音乐课。

民国 25 年 12 月，上海救国总会派人到区境开展救亡歌咏运动，基督教青年会在中山公园发起民众救亡歌咏大会，有 1000 多人参加。随后，各行业均组建抗日救亡歌咏队。影响较大的有厦门大学铁声歌咏团、大家唱歌咏队、海音歌咏队、啄木鸟歌咏队、铁流歌咏队等。《义勇军进行曲》《大刀进行曲》《松花江上》《枪口对外齐步前进》《团结就是力量》等歌曲颇为流行。其间，音乐工作者创作方言歌曲《厦门，你是我的老母》《滚滚滚》《大家起来固厦门》等，广为传唱。

1950年后，群众性音乐活动更加普及。各街道、各单位普遍开展“革命歌曲大家唱”活动。音乐工作者先后创作《台湾组曲》《海堤联唱》《人民炮兵打得好》《前线大合唱》《民兵支前大合唱》等作品。流行最广的有《我爱我的台湾》《厦门颂》和电影《英雄小八路》主题歌《我们是共产主义接班人》等。

“文化大革命”期间，所有的抒情歌曲被打成“靡靡之音”；中外名曲被打成“封资修”作品；只能唱“毛主席语录歌”等红色歌曲。

1979年后，音乐作为宣传、教育方式的同时，恢复愉心、抒志功能，活动广泛多样。开元区每年举办一届“青春之歌”音乐会和学校音乐周合唱比赛。鼓浪屿区、思明区每年举办一次专题歌咏晚会（如鹭江歌潮献给党等）。1983年6月，厦门市第一家音乐茶座—厦门市歌舞剧团白鹭苑音乐茶座开业。

2003年三区整合后，学校音乐周合唱比赛成为传统盛会。在元旦、春节、“五一”劳动节、“七一”建党纪念日、“八一”建军节、国庆节等重大节庆举办歌咏晚会、广场歌会、社区和企业专题歌会，成为定例。东坪山公园有一支由30多位市民自发组成的歌唱队，每天早晨都进行晨练与歌唱。这一活动被区文体局推广为全区性的群众歌咏活动。2007年12月，全区启动“激情广场大家唱”活动。

思明区音乐作品在各级会演中主要奖项：音乐小品《爱恨交响曲》、电子琴《儿童狂欢节》获全国第十三届“群星奖”福建选拔赛银奖；音乐剧《社区英语班》获全国第四届“四进社区文艺展演”铜奖；音乐剧《爱心无价》获厦门市第三届群众文化艺术节金奖；声乐《爱的天地》获省首届社区文化艺术节银奖；歌曲《你从春风中走来》获第六届全国文化之春中国民歌演创精品铜奖。

（二）主要音乐团体

厦门鼓浪屿合唱团 1952年成立。1980年后，在厦门市历届合唱比赛中取得“八连冠”佳绩。2000年，参加第五届中国国际合唱节，获银奖。2001年，男声合唱《出发》获福建省文艺调演金奖。2003年，参加贝多芬《第九（合唱）交响曲》在厦门的首演。2004年，承担厦门爱乐乐团合唱诗篇《山河回响》试唱。2005年，参加纪念中国人民抗日战争暨世界反法西斯战争胜利60周年全国合唱展演，获金奖。

晨光无伴奏合唱队 1999年成立。挂靠思明区文化馆。由区办企业赞助活动经费。每周开展两次活动。2000年停止活动。

在区境的市属音乐团体有厦门星海合唱团、厦门老战士合唱团、厦门市青少年宫青少年合唱团、厦门市少儿广播电视合唱团、厦门侨友合唱团、厦门老教师艺术团、厦门爱乐乐团、厦门老年大学合唱团。

（三）音乐岛鼓浪屿

清道光二十八年（1848年），基督教美国归正教会在新街仔（今台光街）建成新街礼拜堂。将基督教唱诗班的艺术带入，有独唱、男声合唱、女声合唱、男女声合唱等，所唱均以方言谱曲，风琴或钢琴伴奏。

清咸丰十年（1860年）后，外国领事馆和洋行、银行的总部设在鼓浪屿，基督教的传教士们在鼓浪屿建造教堂，开设教会学校和教会医院。中日甲午海战后，台湾被日本占领。林尔嘉等台湾富商撤离台湾，定居鼓浪屿。民国时期，一批在海外接受过西方教育的归国华侨在鼓浪屿安家。以上众多家庭拥有钢琴，并能娴熟弹奏。独特的经济、文化和地理环境，使鼓浪屿成为西洋音乐的发祥地，被人们称为“钢琴之岛”。

民国20—25年，国民党军委军乐队在岛上举行音乐会。福建音专教授、小提琴演奏家尼哥罗夫和男高音陈玄等在此举办音乐会。俄罗斯籍钢琴家武多仁夫人到此教授钢琴。其间，岛上每季度均举办一次钢琴独奏音乐会。民国27年2月，武多仁夫人应厦门基督教团体国难救济联合会邀请，在鼓浪屿怀仁女学堂举办师生钢琴演奏会，将售票所得140余元捐出，救助伤兵难民。鼓浪屿居民每逢周末或节假日，亲友相互邀集、相互观摩、共赏音乐。在音乐会上，夫妻、兄弟、姐妹、父子、爷孙联袂登台。民国37年7月，林克恭在鼓浪屿创办厦门艺术协会。后每半个月在家里举办一次音乐会，开创鼓浪屿家庭音乐会先河。此后，大提琴手廖永廉、钢琴手阮鸣凤、手风琴手李未明、小提琴手储耀武、男高音温绍杰等，都在家里举行音乐会。1980年以来，鼓浪屿家庭音乐会活动越来越频繁，并向较大型发展。1990年，以杨炳维和谢旭两家成员为演职人员的家庭音乐会在鼓浪屿音乐厅举行。鼓浪屿音乐厅举办的家庭音乐会曾接待过斯里兰卡总统等贵宾。

1950—2007年，鼓浪屿举办各类大、中、小型钢琴节、艺术节、音乐比赛、演唱会等各类音乐活动4000场以上。有殷承宗、许斐平、许斐星、许兴艾、朗朗等钢琴演奏家的演奏会；有菲律宾著名钢琴家卡明达·雷格拉、美国著名钢琴家乔治·帕帕斯塔夫、迈克·庞提、牙买加著名钢琴家格雷丝·鲍泰利，以及台湾著名钢琴家衬淑丽等人的演奏会。厦门爱乐乐团常年在岛上举办音乐会。鼓浪屿成为中外音乐家交流艺术、结交朋友的艺术宝地。

1981年2月7日，著名钢琴家殷承宗举办钢琴独奏音乐会

1987年1月，鼓浪屿音乐厅建成。占地面积4200平方米，建筑面积3069平方米。观众厅有714座位。具备国内一流音响设备。鼓浪屿有厦门音乐学校、厦门爱乐乐团（在鼓浪屿音乐厅）。菽庄花园建成全国唯一的钢琴博物馆，收藏旅澳洲华侨胡友义捐献的40多架古钢琴。鼓浪屿音乐岛孕育出许多知名音乐家：钢琴教育家李嘉禄、大提琴演奏家陈鼎臣、中央音乐学院教授吴天球、钢琴演奏家殷承宗、许斐平、许斐星、指挥家陈佐湟、厦门大学音乐系教授吴培文、李未明、庄德昆和小提琴演奏家储耀武、男中音歌唱家殷承基、萨斯管演奏家殷承惠、女高音歌唱家殷彩惠、小提琴教授吴佩如等。1997—2007年，涌现出音乐新秀有钢琴演奏家许兴艾、中央音乐学院附中钢琴系主任弘欣宁、中提琴演奏家杨璟、手风琴演奏家卓贤、中央音乐学院钢琴教师弘志纬、林晓如。

四、舞蹈

（一）舞蹈活动

区境最早流行的民间舞蹈，源自周边各县的舞龙、舞狮等。一般在宗教节日或重大喜庆活动时进行表演。成为厦门通商口岸中心区后，交谊舞（国际舞）传入，在外国人举办的聚会或家庭舞会中流行，并逐步传开。民国初年，海后路、中山路、思明南路、鹭江道等主要街道开始出现营业性舞厅。水仙路、海后路等处开设舞蹈学校，传授西洋舞蹈。

1950年后，区境普遍推广北方秧歌舞、腰鼓舞，国际舞与“找朋友”集体舞也在基层单位中广泛流行。同时，舞蹈工作者发掘、整理《拍胸舞》《采茶扑蝶》《车鼓舞》《摇钱树》《串灯》《冬生娘》《钱鼓舞》《闹元宵》和《戏灯》等一批民间舞蹈，经常排练演出。1958年起，苏联、朝鲜和东南亚各国舞蹈及新疆等少数民族舞蹈也在区境盛行。

“文化大革命”初期，中外舞蹈全被禁演。所有的毛泽东思想文艺宣传队盛行“忠字舞”。《红色娘子军》《白毛女》等“革命样板戏”上演后，舞台上盛行此类芭蕾舞剧的片段。

1980年起，中外舞蹈恢复习练、演出。舞厅重新开放。海滨公园、中山公园等公共场所每日早、晚均有老年人在跳舞；迪斯科等劲舞在年轻人中流行。少儿舞蹈得到较快发展，思明区被文化部定为少儿舞蹈基地。思明区少年宫创作、排演的舞蹈多次在全国会演中获奖。1984年，开元区少年宫创作的舞蹈《红黄蓝》《眼睛》《大家都来学五线谱》获全国首届少儿音乐舞蹈录像评比二等奖；1989年，创作舞蹈《赛灯》获全国第二届少儿音乐舞蹈录像评比演出奖。

1993年起，区文化馆、群众文化机构和工会利用节假日组织舞会，年年举办秧歌舞、腰鼓舞、交谊舞等专场比赛。

2002年，思明区文化馆选送的拉丁舞《风云彩》参加第二届CCTV电视舞蹈大赛决赛，获优秀奖。思明区少年宫飞鹭艺术团的舞蹈《戏灯》《嬉舞学堂》获“2002年中华民族儿童歌舞周”创作金奖、表演金奖；《戏娃娃》获表演金奖。2003年，现代舞《洄》获全国第十三届“群星奖”福建选拔赛金奖；少儿歌舞《蚝仔煎》、舞蹈《灯》被选拔参加全国“红叶风采”老年艺术节；少儿舞蹈《当我戴上红领巾》《天黑黑》获全国城区少年宫舞蹈展演大赛金奖。

（二）舞蹈团体

思明区艺术团　1995年10月成立，成员20名。由舞蹈爱好者自愿组成，形成独具特色、富有创意的社会舞蹈团体。思明区音乐、舞蹈协会副会长黄秀珍担任艺术总监、总编导。

思明区少年宫飞鹭艺术团　1980年初成立，为区少年宫下属业余少儿文艺团体。多次代表厦门市出访马来西亚、日本、新加坡等国家和台湾地区，被誉为“友谊的小天使”。1998年，获福建省“十佳艺术团”称号。2002年，获中国儿童歌舞学会思明活动基地称号。编演的舞蹈节目在全国全省比赛中多次获奖。

民间舞蹈业余团体：何厝女子舞龙队、何厝舞狮队、神州武术馆舞狮队、区戏曲协会旱船、贡球、花篮队、筼筜街道下岗工人大鼓队。

附：市属舞蹈团体

（一）厦门小白鹭民间舞团

址在曾厝垵华夏度假村，1993年10月成立。市属专业文艺团体。前身是厦门经济特区与北京舞蹈学院合作创办的北京舞蹈学院中国民间舞专业厦门实验班。舞团以民族民间舞蹈的浓郁表演风格和独特的闽南地方特色著称。1993—2007年，多次在全省、全国舞蹈比赛中获奖，多次应邀参加文化部和中央电视台的春节、元宵歌舞晚会表演，获全国文化工作先进集体称号。

（二）厦门老朋友艺术团

1995年6月成立，为市老龄工作委员会主管的业余老年文艺团体。1995—2007年，编排、积累音乐、舞蹈、小品节目近百个，先后有6个节目在全国、省、市大赛中获奖。1998年，出访新加坡。经常深入工厂、农村、高山、海岛，演出100多场次。

第三节　曲　艺

一、说书

俗称“讲古”。清中期，区境始有说书，采用闽南方言。艺人手持书本，坐在特制高椅上开讲，其声调变化、手势比画和插科吸引观众。庭院树下、庙前皆可为场所，说汉唐以来故事，众人环听，敛钱为馈。这一曲艺形式在道光年间已相当普及。

清末民国初，较有名气的“讲古仙”有黄贻模、潘大舍、陈江河、林昆玉等；民国20年（1931年）前后，有林金生、郭奇山、陈吉、吴福、邱安等；抗日战争胜利后，有叶基、庄芬生、卢家渺、吴善德、林雪绥等。海后路、磁街、洪本部、东岳庙口（中山公园东门）、溪岸、灵惠宫（中山公园西门）、开元路暗迷巷口、二舍庙（钱炉灰埕）、寮仔后（晨光路）、大王（厦禾路）、兜仔尾（禾祥街）、美仁宫、养元宫和厦港的鱼行口、福海宫及鼓浪屿内厝澳种德宫、芦竹仔脚（石码路）、大宫口（体育场对面）等处均有讲古场。讲古书目有《西厢记》《聊斋志异》《红楼梦》《今古奇观》《警世通言》《拍案惊奇》《水浒传》《三国演义》《封神榜》《列国传》《七侠五义》等。一般讲古场设午、晚两场，每场有两位“讲古仙”轮替。

1950年，区境成立说书艺人联谊会，要求说书艺人不说封建迷信的旧书，在讲古前先讲当天报上刊登的时事，在工人中培养新一代说书者，组建业余说书故事队。此起，普遍开讲新书目，有《王贵与李香香》《淮海大战》《二万五千里长征》《吕梁英雄传》等。1957年后，《七侠五义》等剑侠小说受到批判，取而代之的是《铁道游击队》《平原烈火》《苦菜花》《红旗谱》《保卫延安》《小城春秋》等新小说。吴慈院、吴福兴、陈蕃茨、张顺安、纪绵绵、陈松茂等说书人还自编自讲《伟大的战士雷锋》《四颗金星》《水蛙记》《红花姨养猪》等新书目。

“文化大革命”时期，讲古被当作“四旧”清除。1978年后，溪岸街道、公园文化站和搬运工人俱乐部的说书场相继恢复。1985年，在街道文化活动中偶见老艺人林雪绥讲古的节目，后逐渐冷落。

1991年，应听众要求，厦门人民广播电台原副台长范寿春在该台开辟“讲古角”。每周一次，每次十分钟，主要讲述闽南掌故和名人故事。中央、福建省的广播电台和海峡之声电台为其录音并播出。2001年8月，应市民建议，在金榜山、人和路、二王街3处开辟讲古场。11月起，每周五下午3点，72岁的范寿春在金榜公园老人之家“讲古”一个小时，吸引不少听众。2004年12月，“金榜讲古场”搬到金榜山社区活动室。

2007年，思明区方言讲古被福建省公布为非物质文化遗产保护项目。

二、说唱

（一）歌仔说唱

明末清初传入区境。初时为走唱艺人的“歌仔念”，后发展为民间弦歌游艺场所的说唱。有说有唱和弹奏。其音乐多从漳州传入，或闽南民歌、民谣、小戏、小调及南曲等。记录唱词的印刷品称为“歌仔册”“歌仔簿”。清道光十六年（1836年），二十四崎脚（今大中路、升平路交界处一带）有专门印制、出售“歌仔册”的文德堂、会文堂等书坊。稍后，又有博文斋、林国清书局、鸿文堂等书坊。其印制的“歌仔册”数百种。

清光绪末年，王雅忠在后岸（今后海墘一带）开设后岸歌仔馆。民国期间，歌仔馆增至10余家。其中，较有名气的是和鸣社、新艺友、亦乐轩等。著名的歌仔唱艺人有王雅忠、白水仙、洪道、纪清标、邵江海、纪芋如等。抗日战争期间，邵江海创造杂碎仔调，成为各歌仔馆普遍选用的曲目。

歌仔唱传统曲目有《英台山伯》《孟姜女》《雪梅思君》《安童买菜》《娶某歌》《病子歌》等。民国初年，德国兴登堡唱片公司为王雅忠录制《彩楼配》唱片，美国物多克唱片公司为王雅忠及其徒弟王财喜、孙乌镇录制《闹葱葱》《审英台》《益春留伞》《死某歌》等唱片。

1954年，白水仙演唱《李亚仙过五更》《海堤之歌》，被广播电台录音播出。1957年，《海堤之歌》参加全国职工优秀节目会演获优秀节目奖。1958年8月，苏朝润说唱《破监记》赴京参加第一届全国曲艺会演。1958年，吴福兴作词、吴慈院配曲演唱的《天堂在人间》，参加厦门市群众业余文艺会演，获创作和演出一等奖。歌词在《红旗》杂志刊登。1959年苏中寿创作、苏朝润演唱《海防前线的建筑工人》，参加福建省职工曲艺调演。1962年吴福兴创作的《碧海丹心》参加福建省职工曲艺调演，获优秀作品奖。1963 年陈树硕创作的《美仁山牧歌》和张群芳创作的《六尸七命》，参加福建省群众业余文艺创作评奖。1974 年陈清平改编、林赐福演唱的《飞兵奇袭沙家浜》，参加福建省农村文艺会演。1976 年苏朝润演唱的《智取炮楼》参加福建省曲艺调演，改坐唱为表演唱，受到曲艺界关注。他演唱的《破监记》《智取炮楼》均被广播电台录音播出。

1976 年后，曲艺工作者创作的《码头工人怀念毛主席》《骨肉情深》《梅园翠柏》《愿望》《当归》《乡情》《团圆》《唐山台湾根连根》等，成为保留曲目。新创作《陈毅拜访陈嘉庚》《花言巧语白骨精》《娶媳妇》等曲目。1990 年后，老艺人相继去世，歌仔说唱后继乏人，少有活动。

2007 年，思明区歌仔说唱被厦门市公布为非物质文化遗产保护项目。

（二）大广弦说唱

用歌仔戏乐器大广弦和歌仔调演唱。主要曲调有卖药调、七字仔等。有单人自拉自唱、两人拉弹对唱和三人拉弹坐唱等形式（亦有月琴、三弦伴奏）。这种说唱始于民国初年，艺人摆地摊推销药品的自拉自唱。唱词大都是传统戏唱段。1950 年后，这一表演形式在参加文艺会演时定名为大广弦说唱。《送油饭》《山伯病相思》等曲目在省、市调演中获奖。较有影响的名手有吴慈院、吴福兴、苏朝润、陈令督等。2000 年后，大广弦说唱渐衰。

（三）荷叶说唱

1956 年，养真宫人苏朝润在参加全国工人曲艺会演时得到启发，将四川清音表演形式与芗曲说唱结合起来，成为曲艺表演新形式。表演时，左手拇指挂一竖板，食指裹一薄钹，下垂长彩带；右手执竹筷，自开介头，自打节奏。后台有壳弦、二胡、大广弦、二弦、三弦、箫笛等乐器伴奏。因表演者手持一钹，形如荷叶，被定名为荷叶说唱。初期为一人独演，后发展为数人同演的“荷叶群”。1958 年，纪芋如自弹自唱的《司各脱自叹》获全国群众业余文艺会演一等奖。同年，苏朝润演唱的《两张烟纸》获全国职工文艺会演优秀奖。1963 年，林赐福演唱的《海上轻骑兵》获福建省群众文艺汇演优秀奖。1992 年，福建省举办农村文艺调演，陈令督创作、杨友德演唱的《追踪》，获创作二等奖、表演一等奖。此后，荷叶说唱活动渐衰。

三、答嘴鼓

又名拍嘴鼓、触嘴古、答嘴歌。以闽南方言韵语对话为主要形式。起源于“念四句”。如结婚仪式上媒人的“念四句”：“双脚踏入来，交椅两边排，新娘是天使，囡婿状元才”。后来发展为长篇四句。民国 29 年（1940 年）后，台湾蓝波里将“念四句”与北方的相声艺术结合，创造出风趣、幽默的长篇四句联、方言故事诗，颇具影响。1965 年，厦门人民广播电台邀请蓝波里，运用这一形式演播《鳖在追飞机》等闽南方言节目，颇受听众欢迎。1970 年起，思明曲艺工作者林鹏翔在蓝波里指导下，将这一文艺形式逐步完善，定名答嘴鼓。1978 年后，林鹏翔编写论著《漫谈答嘴鼓艺术》，并创作《庆新春》《唐山过台湾》《台北来的新娘》《吴真人》等作品。中央人民广播电台等各级广播电台多次播放林鹏翔的作品。中国唱片总公司上海公司和厦门音像出版社出版发行《林鹏翔答嘴鼓选集》。2001 年后，答嘴鼓作为一个新曲艺形式，先后载入《中国大百科全书·戏曲曲艺卷》《中国戏曲曲艺词典》《普通话闽南方言词典》等，在海内外产生较大影响。

2006 年，思明区答嘴鼓被福建省公布为非物质文化遗产保护项目。2007 年，被列为国家级非物质文化遗产保护项目。

第四节 绘 画

一、水墨画

清道光《厦门志》载，区境最早的水墨画家为清乾隆年间溪仔墘人蒋国梁。清乾隆版《鹭江志》

所收《八景图诗》中的八景图即蒋国梁所绘。

稍后的水墨画家：庄渔（万石岩人），善画山水禽兽；陈克虎（外清人），善作山水人物；吴纪勋（厦港人），善画山水；吴荫棠（外清人），善画水，晚年专画竹；叶化成（靖山人），擅长山水画，其子来临、来昌均能书画。

清代较有名气的水墨画家还有周凯、郭尚先、林必瑞、杨凤来、吴大经、康注、赖绍南、章澥、彭楚汉、苏元、林亦宗、许筠、林汉章、陈邦选等及西边社女画家林氏娥。

民国20年（1931年）前后，著名国画家有鼓浪屿的龚植、郑煦、林世烈，丹霞宫的吴芾、文渊井的孙绍光、天一楼的卓兰斋、厦港的赵素、港仔口的郭韫珊、高井栏的翁兆全、内关帝庙的黄羲、洪本部的姚维祯、二王街的陈淮、吊灯巷的萧百川、中华路的王云峰等。民国30年前后，水墨画家有顾一尘、石延陵、林子白、黄敏、叶永年、张人希等。

解放后，画坛涌现杨夏林、许霏、张云松、孔继昭、肖百亮、李其铮、王仲谋、林英仪等一批中、青年画家。顾一尘的《燕子》、杨夏林的《鹭江渔火》、张云松的《春到前沿》、王仲谋的《采石》均入选全国美展。

“文化大革命”时期，以画领袖肖像为主，盛行“忠字画”，还盛行体现工农兵的画作。1980年后，张晓寒、张人希、林岑等老国画家焕发艺术青春，作品多次参加国内外重要展览并获奖；白磊、韦江琼、曹耀明等中青年国画家在画坛上崭露头角。1987年，人民美术出版社出版的《厦门中国画选》、鹭江出版社出版的由张晓寒主编的《厦门书画》均收入他们多幅作品。2001年，二王街业余画家刘荣奎创作的中国画《驰骋千里山色中》入选“世纪之辰·情系奥运中华书画艺术大展”，获优秀奖，在中国美术馆和莫斯科中央美术家之家展出。其《共识同宗》入选“第四届王子杯·海峡两岸书画大展”并获创新奖。至2005年，刘荣奎创作200多幅画，其中有20多幅入选各级画展并获奖。

二、油画

民国6年，王逸云在黄厝宫创办厦门绘画院，作油画；后移到后路头。民国18年停办。民国7年，黄燧弼在迎祥宫（即黄厝宫）创办真庐画室，作油画。民国12年，创办厦门美术学校。

此后，区境油画界人才辈出。在世界画坛上颇具影响力的有鼓浪屿人周廷旭和周碧初等，还有民国路的杨赓堂、砖仔埕的林学大、梧桐埕的水永清、出米岩的吴英鹤、黄厝宫的林邦翰、草仔垵的王云清、顶释仔的陈载书、刣狗墓的陈真正、草埔埕的陈小鹏、亭仔墓的叶近勇、民国路的杨德仁。油画家谢葛民则旅居法国。

1950—1980年，油画创作停顿。1980年后，厦门大学、工艺美术学院引进一批油画人才。许多油画家的作品入选全国美展、全国油画展，有些作品获奖，或被中国美术馆收藏。

2003年，厦门油画学会会长徐里与《特区时报》厦门记者站站长李忆敏发起组织“中国三代油画家鼓浪屿印象”的油画创作活动。邀请载入《中国美术史》油画卷的画家到鼓浪屿写生。至2005年底，共有67位画家分批应邀前来，为鼓浪屿留下112幅佳作。这场创作活动在中国油画界引发巨大反响。

2007年，思明区内以油画为主的中国美术家协会会员有魏传义、洪瑞生、秦长安、莫也、杨浩石、陈腾光、袁敏、唐绍云、陈金华、杨大鲁等。

三、水彩水粉等画种

民国初年，厦门绘画院和厦门美术学校均设水彩画课程。由林俊德、林学大、钟鸣世教授水彩画。

1986年9月，在鼓浪屿成立厦门市水彩画水粉画研究会，社会影响逐渐扩大。研究会每年举办一次以上学术研究活动或画展。不少会员作品入选各级画展并获奖。2007年，较有影响的水彩水粉画画家有郑起妙、黄金德等。

区境内的漫画、宣传画等画种、画家与作品在省内外也有一定影响。吴伟程的漫画《可以理解的感情》、颜敏生的漫画《墟场》和宣传画《危机》，入选全国美展。

四、版画

（一）木刻版画

清道光年间，文德堂等书局印制的歌仔册配有雕版图画。清末民国初，报纸、杂志配发木刻作品。民国26年，厦门美术学校设木刻科。胡一川授课并发起成立木刻研究会，举办木刻展览。抗日战争期间，木刻版画成为宣传抗日的重要形式之一。民国期间，胡一川的鲁迅头像版画、吴中翰的毛泽东头像版画，以及许霏、朱一雄等人的木刻版画，都有一定知名度。

1950年后，厦门鹭潮美术学校设木刻版画课，促进版画艺术发展。出现许多风格鲜明的版画家与作品，其中影响较大的有胡贻孙、李金森等。

（二）石刻版画

1960年起，鼓浪屿厦门工艺美术学校版画家孙煌开创石刻版画品种。首批作品用寿山石刻制，8幅《鹭江小景》、4幅花卉小品。其作品多次入选全国版画展，并在《福建日报》《大公报》刊登。此后，孙煌致力石刻版画实践，其艺术日臻完善。

（三）砖刻版画

1960年后，鼓浪屿工艺美术学校陈武星以普通火焙砖为材料进行版画创作，发明版画艺术新品种。其《郑成功》《大海的女儿》等多幅作品入选国家级美术展览。

第五节　雕塑　摄影

一、雕塑

民国初，黄燧弼到菲律宾大学学习雕塑。回国后在厦门美术学校开设雕塑科，传授西洋现代雕塑艺术。民国17年（1928年）冬，黄燧弼创作置于中山公园南门内的“狮球”完工，为区境首座雕塑。雕塑由4只展翅雄鹰托起地球，地球顶端立昂首怒吼雄狮。1952年，雄鹰改为和平鸽。“文化大革命”期间雕塑被毁，雄狮移置动物园入口处。1998年，在原址新建“狮球”。

1980年后，雕塑成为提升城市建设品位的重要手段。有石雕、泥雕等。1985年，“鼓浪屿之波”音乐雕塑，由李辉解设计；厦门路桥工程公司施工完成。铺在环岛路绿色隔离带上，由两张高3.5米、宽4米多花岗岩曲谱和五线谱组成的，共有247.59米长，是目前世界上“最长的五线谱音乐雕塑”，被列入吉尼斯世界之最，是厦门著名旅游景点之一。

2005年8月，在永春路14号建立“鼓浪屿中国雕塑艺术港暨中国雕塑家创作研究基地”。

2006年，城市雕塑被纳入市规划局的管理程序。至2007年，市有关部门在思明区先后承办第十届全国美术作品展览雕塑展、中国厦门“大海音乐”雕塑展，参展作品大部分安放在海湾公园、中山公园和环岛路；还承办厦门风俗民情雕塑展，参展作品安放在中山路商业步行街，成为中山路一大亮点。

中山公园“狮球”

1979—2007 年思明区境主要雕塑作品一览表

表 25-2-1

作品名称	材质	创作时间	安置地点	作者或单位
夏	汉白玉	1979 年	中山公园南门	王则坚
林尔嘉	铸铜	1980 年	菽庄花园	王则坚
白鹭女神	白水泥	1982 年	鼓浪屿工艺美院	王则坚
郑成功	花岗岩	1983 年	鼓浪屿覆鼎岩	时宜　李维祀等
鲁迅	花岗岩	1983 年	厦门大学	李维祀
陈嘉庚	青铜	1983 年	厦门大学	孙锡麟
林巧稚	汉白玉	1984 年	鼓浪屿毓园	焦耀明
嘉禾女神	花岗岩	1985 年	嘉禾公园	王则坚
出水芙蓉	汉白玉	1986 年	莲花公园	王则坚
王亚南	青铜	1986 年	厦门大学	李维祀
罗扬才	青铜（浮雕部分）	1986 年	厦门大学	孙锡麟
孙中山	铸铜	1986 年	中山公园	潘鹤　程永贤
闽海雄风	铸铜	1988 年	鼓浪屿皓月园	王则坚
郑成功部将们	铸铜	1991 年	鼓浪屿日光岩	王则坚
萨本栋	黄铜	1991 年	厦门大学	李维祀
陈化成	花岗岩	1992 年	陈化成墓园	李维祀
白鹭女神	花岗岩	1995 年	白鹭洲公园	王则坚
鼓浪屿之波	花岗岩	1998 年	胡里山炮台	李辉解
海上升明月	花岗岩	2004 年	厦门国际会展中心	朱力南
李焕之	铜	2004 年	环岛路音乐广场	李维祀
雨后春笋	花岗岩	2005 年	文曾路厦禾路交会处	厦门宏旭达园艺有限公司
海马喷泉	玻璃钢	2005 年	湖中路湖光路交会处	厦门宏旭达园艺有限公司
水的韵律	花岗岩	2005 年	鹭江道	厦门宏旭达园艺有限公司
蜗牛	玻璃钢	2005 年	文曾路	厦门宏旭达园艺有限公司
小螺号	花岗岩	2005 年	前埔北区南侧	厦门宏旭达园艺有限公司
鹬蚌相戏	铜、石材	2005 年	莲前路东浦路口	厦门都市环境设计工程有限公司
逐春	铜	2005 年	卧龙晓城广场	林艺平
展望之门	石材	2005 年	西堤路中段	厦门建南环境艺术有限公司
水乡童话	石材	2005 年	虎园路口	林学钦
美	铜	2005 年	人民会场东侧	厦门厦生园林绿化工程有限公司
阶梯	石材	2005 年	思明南路演武路交会处	厦门厦生园林绿化工程有限公司
三足鼎立	石材	2005 年	白鹭洲路厦禾路交会处	厦门厦生园林绿化工程有限公司
源远流长	铜	2005 年	达意商业城	厦门厦生园林绿化工程有限公司
竖琴	石材	2005 年	鼓浪屿轮渡广场	厦门厦生园林绿化工程有限公司

二、摄影

清末，区境始有照相馆。民国期间，开元路有中国照相馆、真真照相馆、华侨照相馆；思明南路有新中国照相馆、华真照相馆；中山路有美的照相馆、东山照相馆；鼓浪屿有华容照相馆、英明照相馆、美璋照相馆；大走马路有天然照相馆；大同路有永昌照相馆；五崎顶有宜真照相馆；打铁路头有俊明照相馆；禾祥街有放春照相馆；公园南路有美美照相馆；思明东路有罗耶照相馆；中山公园、南普陀寺、鼓浪屿等风景区都有照相摊点。摄影师有杨元通、常明治、陈先进、吴世杰、杨梅魂、郭水生、林家栋、欧阳璜和周宝珠等。《江声日报》《警务月刊》等报刊登载新闻照片。民国24年8月，位于小走马路的厦门基督教青年会举办区境历史上首次摄影展览。是年，《厦门名胜摄影大观》出版，为首部摄影作品集。

中华人民共和国成立后，区境社会活动主要由《厦门日报》专职摄影记者倪海、李开聪等摄影，作品以配合形势宣传为主。“文化大革命”中，侧身照、逆光照等艺术摄影被当作“小资产阶级情调”遭到批判，摄影艺术创作活动停顿。

1980年后，摄影从一般照片提升为艺术创作的一个门类。李开聪、谢添水、欧阳咸、黄炎生、李世雄、李世平、朱庆福等的摄影作品先后入选全国摄影大展。李世平的《演员的思索》获全国第六届人像展银牌奖；陈伟凯的《划龙舟》获全国第二届体育摄影二等奖；朱庆福的《中华男儿》获全国第十八届摄影艺术展览金奖。李世雄、李世平、朱庆福获“全国摄影十杰”称号。1990年后，区境文化、旅游部门和摄影家协会等单位常举办摄影作品展览，其中影响较大的有日本川上绿樱白鹭摄影展、中华人民共和国成立45周年厦门摄影艺术作品展、厦门摄影艺术作品展览等。随着居民生活水平的提高，摄影爱好者队伍迅速扩大，1999年，开元区、思明区分别成立摄影家协会。2000年，数码相机推广，促进摄影艺术普及。2002年，思明区摄影家协会和厦门日报社联合举办以“古城春秋”为主题的全市性摄影大赛。2003年8月，鼓浪屿日光岩管理处与北京标旗文化有限公司联合摄制的《天风海涛鼓浪屿》获第九届中国电影华表奖。同年冬起，区文化馆配合区教委和老龄委，开展少年儿童、老年人摄影培训活动，利用中山路步行街开展摄影展览活动。2005年，在白鹭洲公园东侧建成全国首个摄影广场，举办摄影作品展览，也是摄影艺术培训基地。2006年12月至2007年1月，区政府和厦门日报社联合举办观音山杯“海西建设竞风采”摄影大赛，反映观音山国际商务营运中心和同安工业集中区思明园等33项重点建设工程的建设特色和建设者情怀，展示厦门市新一轮跨越式发展的亮点。

2007年，区境的中国摄影家协会会员有李世平、李世雄、朱庆福、王鹭佳、梁伟、姚凡、邹振冈等。

第六节　书法篆刻

一、书法

清代，区境书法名家：张厝保人黄国楷、黄树德（字小修），曾厝垵人曾朝英（兼精篆刻），厦门人康凤声，外清人王维宇，连西保人吴麟，厦门人林汉峰（字湘青），关仔内人林必烜（尤工刻石），还有黄鸣冈、徐宏音及由金门迁居思明的吕世宜。或工小楷，或工草书（或兼精篆刻）。

民国时期，区境书法名家：石皮仔人柯荣试，厦门人郑亨、欧阳弼、杨凤来，本部巷人欧阳桢，还有庄序易、龚植、施乾、蔡穀仁、李僖、陈桂琛、谢云声、虞愚、许宗嶽、陈耀淮、谭梅庵、廖翰、黄朗山、罗丹、刘铁庵、林子白、梁果斋、高怀等。

1950年后，区境书法界以罗丹的“罗丹体”和虞愚的“虞体”书法最具特色。“罗丹体”风靡东南亚。虞愚多次赴日本与日本名家交流书道。

1976年后，《许霏书法篆刻选集》《高怀墨迹》《余纲书法》《谢澄光书法选》等书法专集相继问世。书法家谢荣仁隶书、陈胜凯草书分别在第五届、第八届全国书法篆刻展览中获奖。

1985年以来，区境群众性书法活动十分活跃，书坛新人辈出。区文化馆经常举办迎春书画活动、少儿书画活动。

1996年，开元区政府、厦门鋈源集团有限公司与厦门市文化局、厦门市文联、厦门市书法协会共同承办厦门鋈源杯“金榜题名”中国书法大赛。这是区境内首次举办的全国性书法大赛。

2004年，思明区文化馆组织书法爱好者参加福建省第六届“群星奖”书法比赛，17件作品入选，2件作品获成人书法铜奖，1件作品获少年书法铜奖。是年，区文化馆书法家林锻炼出版个人书法专集《林锻炼书法集》。

2005年6月，区政府和厦门市文联共同主办全国第四届正书大展。12月20日，思明区书法美术协会成立。林锻炼、蔡劲松、萧峻等27名书画家当选为理事会成员，林锻炼为会长。1992—2007年，思明区每年举办书法名家新春联笔会，连续举办15届。至2007年底，书法家林锻炼、朱镑等人的书法作品分别获文化部社图司主办的中国国际科技文化成果博览会金奖、全国计划生育书法展三等奖、全国首届职工书画影展优秀奖、福建省第二届社区文化艺术节书法铜奖、福建省文化馆系统书画影大赛银奖、优秀奖。

继罗丹、虞愚之后，高怀、谢澄光、陈秀卿先后当选中国书法家协会理事。

二、篆刻

民国时期，区境篆刻家有周铁庵、张一军等。

1983年，陈秀卿把篆刻作品的边款提升为独立的艺术作品，首创汉字石刻艺术。1984年10月，国际安阳（河南省）殷墟笔会展出陈秀卿刻字作品。此后，陈秀卿以鼓浪屿工艺美术学院为基地，致力于刻字艺术的研究，发起或参与举办刻字艺术讲习班、研究会、展览会，为刻字艺术的推广和提高做大量工作。该学院的邱超平、洪顺章、蔡劲松成为刻字艺术家。1998年9月，鼓浪屿区政府承办全国第二届刻字艺术理论研讨会（厦门）。此后，年年举办刻字艺术展览、刻字艺术培训或学术活动。

在历届全国刻字艺术展中，陈秀卿均任评委。邱超平在全国第二、三届刻字艺术展览中获优秀奖。洪顺章在第四届展览中获全国奖。

2004年8月，全国第五届刻字艺术展暨第八届国际刻字艺术交流展在鼓浪屿举行。思明区有25人作品入选。蔡劲松、洪顺章的作品获全国奖。郑建松、李诗斌的作品获提名奖。其间，举行国际刻字理论研讨会。展会结束后，鼓浪屿—万石山风景名胜管委会将展厅辟为鼓浪屿国际刻字艺术馆。

第七节　工艺美术

一、漆画

清代，区境制作家具时有上漆和用色漆绘制图案的传统。1952年，私立鹭潮美术学校创办于鼓浪屿；1958年，更名为厦门工艺美术学校（中专）；1960年，更名为厦门工艺美术学院（中专）。该校教师致力于漆画的研究和创作，使漆画成为区境画苑的一大特色。1984年第六届全国美展中，有17幅漆画入选，其中郑力为的《拉网》获银奖。1989年，郑力为的漆画《下海》获全国第七届美展铜奖。1994年，陈金华的《远音》、吴嘉诠的《回响》获全国第八届美展优秀作品奖。陈文灿、吴景希、王明照为人民大会堂福建厅创作巨幅漆画《武夷之春》，成为漆画的代表作。1999年，苏国伟《花季》获第九届全国美术漆画金奖。

2005年11月，厦门2005（中国）漆画展在思明举行。吴嘉诠的《高原红》、苏国伟的《轻舞飞扬》获银奖，陈叶英的《秋瑟》获铜奖，方旭辉的《正午》获优秀奖。

二、漆线雕

明清时期，艺人用大漆调和的坚韧而富有弹力的“漆线”装饰佛像身的璎珞、饰品或服装花纹，称“漆线妆佛”。1956 年，区境成立以擅长“漆线装佛”的蔡氏家族成员为骨干的厦门市雕塑合作社，后改为厦门市工艺美术厂。“文化大革命”初期停办，1972 年复办。蔡氏家族的第 12 代传人蔡水况把漆线雕工艺用于制作瓷瓶、瓷盘等工艺品。1973 年，蔡水况首创的漆线雕龙盘、瓷瓶在“广交会”上亮相。厦门唯艺漆线雕（思明蔡氏漆线雕）联合福州大学工艺美术学院的专业人员，致力于这一传统工艺美术的传承和创造。其漆线雕产品多次获省百花优质奖，1994 年，《还我河山》等 2 件作品被中国工艺美术馆收藏。

1999—2003 年，其产品在全国专业精品展上获金奖 6 个，银奖 6 个，被选为国宾礼品。在 2007 年“百花杯第八届中国工艺美术大师作品暨工艺美术精品博览会”上，“蔡氏漆线雕”的《白鹭女神》获金奖；《霓裳》获银奖；《鱼》获优秀奖。

2006 年，思明区蔡氏漆线雕被福建省公布为非物质文化遗产保护项目。2007 年，被列入国家级非物质文化遗产保护项目。

第三章　群众文化

第一节　机构设施

民国期间，区境群众文化活动由厦门市通俗教育馆负责。1949—1978 年，群众文化活动由市文化馆、市群众艺术馆负责。1978 年后，成立区级文化馆，组织指导群众文化活动。同时，建立区文化宫、文体活动中心、街道文化站、社区文化室、文化示范点，形成文化活动网络。

一、区文化馆

鼓浪屿区文化馆　原位于东方红小学校内。1980 年 7 月成立，编制 2 人。1987 年 5 月，迁至鼓浪屿电影院二、三、四层，活动面积 556 平方米。举办鼓浪屿旅游艺术节、鼓浪之旅歌舞晚会和家庭音乐会等。2003 年 10 月三区整合后撤销，并入思明区文化馆。

开元区文化馆　1978 年 7 月成立（时称东风区文化馆），编制 6 人。1986 年，在全省文化馆评比中被评为“优胜单位”。1989 年 10 月，迁故宫路 95 号，占地面积 500 多平方米，有小舞台、演出灯光和音响、展览橱窗等设施。1993 年，被文化部定为全国文化馆改革试点单位。1996—2002 年，连续 7 年被评为省级文明单位。1979 年起，每年举办一届“青春之歌”音乐会。1982 年起，每年与区少年宫联合举办一届开元区学校音乐周小学生合唱比赛。1992 年 8 月，牵头创建“厦禾文化带”，被省文化厅确定为福建省“芳草计划”区街文化示范馆。举办大型活动“蓥源杯”中国书法大赛、全国三十二城区群众文化工作理论研讨会；“开元杯”福建省小品大赛。2000 年 3 月，成立开元区社区学校，培训社区文化活动指导员 92 名。2003 年 3 月，成立开元区文化馆培训中心。馆内设文艺部、美工部、办公室。2003 年 10 月三区整合后撤销，并入思明区文化馆。

思明区文化馆　1978 年成立（时称向阳区文化馆），编制 2 人。1993 年，在省、市文化馆考评时定为三级馆。创办霞溪小学少儿南音班、碧山小学皮影戏活动小组和民立小学舞龙舞狮表演队，举办中华民族儿童歌舞周。

2003年10月，三区文化馆整合。址设前埔东路28号，区文体活动中心内。面积2667平方米，有现代化的演出灯光和音响设备及一辆工作车。经费由财政单独列支。全馆人员11人（正式编制9人），其中副高专业职称1人、中级专业职称3人。馆内设文艺活动部、培训指导部和办公室。文化馆开展“厦禾文化带、社区文化示范点”创建工作，建立三级文化管理网络；开展社区文体指导员队伍培训、校园文艺培训、社区文艺队伍培训。同时，发挥馆内外人才资源作用，繁荣文艺创作，不少文艺作品在全国、省、市各类演、展、赛中获奖。组织重大节假日庆典活动，策划、举办许多在全国、全省有较大影响的大型文艺活动，如“柴可夫斯基国际（少儿）钢琴节”，全国少儿小提琴邀请赛，全国少儿舞蹈邀请赛，以及“漳州·厦门名家书法笔会”。还参与组织“全国第四届正书大赛”，“海峡情”思明·金门书法联展暨笔会，“美丽社区·温馨的家”书画影大展，出版精致画册等。1996—2007年，连续保持省级文化先进单位称号。2005年，被评为福建省“十佳”文化馆。2006年，获“全国公共文化设施管理先进单位”和福建省“艺术扶贫工程先进单位”称号。

二、文化宫与艺术中心

鼓浪屿区少年宫 原位于人民小学校内。1984年成立。时称鼓浪屿青少年活动中心。1989年，由市、区政府拨款和华侨捐资，在海坛路59号建成包括艺术楼和科技楼的少年宫，活动面积1600平方米。艺术楼有演出厅、舞蹈练功厅、键盘乐器专用教室、音乐室；科技楼有电脑室、实验室、语音实验室、少年邮电城、红领巾卫星地面站、船模水池及制作室。该宫的童谣活动及与厦门市音乐学校联合组建的鼓浪屿少年艺术团表演颇具特色。艺术团多次为中央首长及外国宾客演出；应邀赴香港和日本佐世保市等地访问。2003年2月，并入鼓浪屿区社区教育中心。

鼓浪屿区青年宫 位于中华路6号原大宫寺庙旧址。1964年，建成鼓浪屿区青少年宫。1985年重建后，改称鼓浪屿区青年宫，活动面积1100平方米。有音乐舞蹈室、图书阅览室、棋牌室、科技培训室、电子游戏室、乒乓球室、健身室、哈哈镜室。1993年，开办歌舞厅、卡拉OK厅。特色项目有交谊舞、桥牌、乒乓球。2003年2月，并入鼓浪屿区社区教育中心。

开元区少年宫 位于公园东路。1973年成立。活动面积2000余平方米。有演出厅、排练厅、器乐室、电子琴室、书法美术室和航模室。创办小白鹭艺术团，致力于少儿艺术人才的培养。1984年以来，艺术团在全国和国际艺术比赛中获数十个奖项；在省、市文艺竞赛会演中获百余个奖项；多次为中央首长和外宾演出；曾应邀赴台湾省和日本佐世保市等地访问。成立后向中央音乐学院和省、市艺术院校、剧团输送人才数十名。

思明区少年宫 位于思明南路256号。1974年3月成立。活动面积1800平方米。有演出厅、排练厅、器乐室、音乐室、陈列室、棋艺室、美术室、摄影室、灯谜室、图书室、阅览室、无线电室、微电脑室、电动玩具游艺室。创办厦门市少儿舞蹈试验班、飞鹭艺术团，创作舞蹈、声乐、曲艺、器乐节目百余个。1992年4月，飞鹭艺术团应邀前往日本佐世保市访问演出，历时10多天。2003年10月，更名思明区青少年宫。

思明区青少年宫 位于思明南路256号。2003年10月，由鼓浪屿区社区教育中心、开元区少年宫、思明区少年宫整合而成。下辖鼓浪屿青少年宫、开元少年宫两个分部。2003年以来，活动内容新增爱心超市、录音棚、管乐团、青少年艺术学校等。2006年8月，举办中华民族儿童歌舞周暨海峡两岸青少年艺术节，推动海峡两岸青少年艺术交流合作。其古筝代表团在全国青少年艺术节选拔赛中获金奖；航模代表团在全国青少年航模锦标赛中获团体冠军；在全省青少年无线电测向锦标赛中获四项第一名。

思明区文体活动中心 位于前埔东路28号，2005年5月18日建成，隶属区文体局。综合楼建筑面积9847平方米，总投资1500万元。开展乒乓球、台球、动感单车、韵律操、肚皮舞、跆拳道、太极、武术、瑜伽、普拉缇等健身运动；举办国标舞、拉丁舞、摩登舞、踢踏舞、现代舞、少儿舞蹈、古筝、珠心算等各类培训。综合楼旁，建一幢四季恒温游泳馆，建筑面积906平方米。

附：区境市属文艺单位

（一）厦门市群众艺术馆

1950 年，市政府接办通俗教育社，组建厦门市文化馆。1981 年 3 月，更名为厦门市群众艺术馆。馆址先后设在中山公园原通俗教育社、新华路工人文化宫、新华路原新华影剧院（今厦门市公安局）、同安里 2 号。2004 年，馆址在湖滨南路二里。是组织、辅导区境群众文化活动的主要单位。

（二）厦门市工人文化宫

址在新华路 47 号，是区境职工开展业余文艺活动的主要场所。1957 年春筹建，1958 年春节投入使用，占地面积 1.39 万平方米，建筑面积 1.19 万平方米。设康乐球室、乒乓球室、弈棋室、游艺室、台球室、联谊舞厅、展览室、文艺排练厅、图书阅览室、影剧场、露天灯光球场、儿童游乐场、综合服务部。

（三）厦门市青少年宫

址在育青路 10 号，是区境青少年活动重要场所之一。1984 年创办，后屡有扩建。占地 11000 平方米，建筑面积 7000 平方米。由教学活动主楼、科技体育楼、辅助楼（含办公室、招待所、宿舍）等组成。有室内健康休闲娱乐中心、儿童城、商业街。设文学艺术部、科技体育部、事业发展部、少年军校、研究室。是开展校外教育的重要单位。

（四）厦门市文化艺术中心

址在体育路 95 号。2005 年筹建，2007 年 3 月 16 日开馆。有图书馆、博物馆、美术馆、文化馆、科技馆，建筑面积 13 万平方米，投资 4.5 亿元。可举办大型文化艺术活动。图书馆有自然科学、社会科学、闽台图书、古籍等阅览室；有高端配置的 IT 体验区；博物馆有厦门历史、闽台民俗、闽台古石雕大观等文物陈列；文化馆有 3 个小型剧场；有各类排练厅、活动室、教室共 23 间；美术馆有平面艺术展厅、精品展厅、多媒体展厅等 8 个展厅；科技馆配套建成省内第一座 4D 动感电影院。同时，建成国际同声传译报告厅和 6 个会议报告中心。

三、街道社区文化站室

1953 年，中华街道、厦禾街道、公园街道、大同街道、鹭江街道、溪岸街道、鼓浪屿和何厝村、曾厝垵村均办起业余剧团或文艺宣传队。“文化大革命”期间，基层群众业余文艺组织被迫解散，后成立以唱革命歌曲、演革命样板戏为主的毛泽东思想文艺宣传队。“文化大革命”结束后，街道和居委会开始建立文化站、文化活动室。

1978 年，思明区文化馆下设中华、思明、文安、厦港 4 个街道文化站。1993 年，经省、市考评，皆从二级站升为一级站；文安街道文化站被文化部评为“全国标准文化站”，并于 1994 年被评为福建省“百强文化站”。开元区文化馆下设鹭江、厦禾、公园、梧村、筼筜、莲前 6 个街道文化站。鼓浪屿区文化馆下设内厝、龙头 2 个街道文化站。1994 年，内厝街道文化站被省文化厅评为福建省“百强文化站”。

2005 年，文安、思明 2 个街道文化站整合为中华街道文化站。2007 年，思明区 10 个街道均有文化站和文体活动中心，活动面积共 9338 平方米，图书 54000 册。全区 95 个社区皆建文化活动室，活动面积共 28250 平方米，图书 392358 册。

四、文化示范点

1992 年，开元区文化馆在厦禾路建成企业文化、校园文化、老年文化、民俗文化、个体文化等 17 个具有代表性的示范点，形成具有社区文化雏形的“厦禾文化带”，以此模式带动全区基层文化建设。

1998 年，在外来工集中的地方建立“龙山桥外来工读书活动中心”和“洪文读书活动中心”。区文体局每年拨专款，聘请管理人员和购置书刊。两个中心藏书 1 万多册、报刊杂志 20 多种。

2003 年 10 月三区整合后，加大对文化示范点的培植。2006 年，莲前、鹭江、开元、梧村、嘉莲、中华、滨海、鼓浪屿等街道文体中心正式投入使用。全区建立 39 个文体活动示范点，其中筼筜街道育秀社区、嘉莲街道莲花五村社区文化示范点获“全国文化先进社区”称号。同时，区文化部门投入资金，购置电脑等设备，建立文化信息共享点。至 2007 年，全区有文化示范点 59 个，文化信息共享工程服务网点 19 个、爱心网校 11 所。4 个街道文体活动中心，55 个社区文体活动室。

2007 年思明区社区文体活动示范点一览表

表 25-3-1

示范点	地址	示范点	地址
深田社区	深田路 43 号	中华街道老人活动中心	天一楼 32 号
坑内社区	坑内路 58 号	仁安社区	外清巷 3 号
美湖社区	美仁新村 23-103 号	文安社区	定安路 60 号
希望社区	后江埭路 110 号	鼓浪屿老人活动中心	内厝澳 208 号
美仁社区	美仁前社 81 号	内厝社区	鸡山路 26-103 号
阳台山社区	阳台山 3 号	龙头社区	龙头路 161 号
虎溪社区	公园南路 L 层	曾厝垵社区	曾厝垵仓里社 17 号
长青社区	嘉滨里 1-2 号	演武社区	演武路 9 号
莲兴社区	莲兴里 52 号	白城社区	厦大海滨 13 号楼 101 室
盈翠社区	莲花南路 20 号	黄厝社区	塔头社 318 号
莲花北社区	和光里 20-108 号	上李社区	龙虎山路 38-42 号
莲花五村社区	龙华里 52 号	育秀社区	育秀里 105-101 号
华福社区	龙山南路 251 号	湖滨四里社区	湖滨四里 37 号
莲兴社区	莲景一里 23 号	振兴社区	振兴社区居委会旁
瑞景社区	洪文一里 131 号	仙阁社区	仙阁里 192-197 号
莲云社区	西林东里 160 号	岳阳社区	岳阳西里西组团 152 号
金鸡亭社区	西林西里 79 号	莲岳社区	莲岳里 45 号
莲丰社区	洪莲里 54-61 号	仙岳社区	松岳里 61-301 号
前埔北社区	前埔北区中心公建楼	湖滨一里社区	湖滨一里 26-34 号
前埔南社区	文兴东里 40 号	西郭社区	仙源里 26 号
莲成社区	岭兜二里 54 号	厦禾社区	联邦广场 6 号之一
何厝社区	何厝村	营平社区	道平路 4 号
莲薇社区	前埔二里 196 号	鹭江街道活动中心	道平路 10 号
金榜山社区	铁路宿舍 6 栋西	小学社区	小学路 31 号之七
文屏社区	文屏路 171 号	双莲池社区	丹霞宫 55 号
梧村街道活动中心	假日商城三楼	南华社区	不见天 12-104 号
浦南社区	东浦一里	鸿山社区	民族路 45 号
溪东社区	东浦路 119 号 102 室	下沃社区	下沃仔 14-102 号
万寿北社区	万寿北路 118 号 101 室	蜂巢山社区	民族路 86 号
文灶社区	文屏巷 41 号 103 室		

2007年思明区文化信息共享工程服务网点一览表

表25-3-2

信息网点	地　址	面积（平方米）	配备电脑（台）
福建省文化信息资源共享工程思明区分中心	前埔东路28号	100	48
莲花五村社区文体中心	龙华里52号	50	12
华福社区文体中心	龙山南路251号205-206号	47	14
长青社区文体中心	长青路9-11、31号104	50	12
育秀社区文体中心	育秀里99号	15	12
振兴社区文体中心	振兴新村30号	30	21
槟榔社区文体中心	槟榔西里197号	20	13
湖滨四里社区文体中心	湖滨四里37号	20	12
前埔南社区文体中心	文兴东里40号	70	16
前埔北社区文体中心	前埔北区公建楼	20	20
莲成社区文体中心	岭兜二里54号	41	20
浦南社区文体中心	东浦一里109号	50	12
文屏社区文体中心	文屏路171号	80	12
深田社区文体中心	图强路1号	35	16
希望社区文体中心	禾祥西路485号	150	12
蜂巢山社区文体中心	大学路42号	40	12
曾厝垵社区文体中心	曾厝垵仓里17号	30	16
上李社区文体中心	龙虎山路38-42号	25	16
内厝社区文体中心	内厝澳208号	25	15

2007年思明区“爱心网校”一览表

表25-3-3

所属街道	学校	所属街道	学校
嘉莲街道	松柏中学	莲前街道	何厝小学
鼓浪屿街道	人民小学	莲前街道	前埔南小学
中华街道	民立小学	筼筜街道	湖滨中学
厦港街道	演武小学	梧村街道	九中
滨海街道	演武二小	开元街道	后江小学
鹭江街道	十一中		

1996—2007年思明区境文化艺术工作获省级以上表彰先进集体名表

表25-3-4

获奖单位	获奖时间	荣誉称号	颁奖单位
区文化馆	1996—2002年	省级文明单位	福建省委、省政府
公园文化站	1997年	标准文化站	文化部

续表25-3-4

获奖单位	获奖时间	荣誉称号	颁奖单位
公园文化站	1998 年	百强文化站	省文化厅
梧村文化站	1998 年	百强文化站	省文化厅
区少年宫	1998 年 7 月	十佳少儿艺术团	省文化厅
区少年宫	2000 年	“龙年相聚在北京”全国城区舞蹈展演组织奖	全国城区少年宫工作研究会
区少年宫	2002 年 2 月	福建省少先队工作理论研讨先进集体	福建省少工委、省少先队工作学会
区少年宫	2002 年 8 月	全国青少年科技创新大赛优秀组织奖	全国少年科技活动领导小组
区少年宫	2002 年 10 月	福建省少先队工作红旗区称号	省委宣传部、省教育厅、省少工委
区文化馆	2003 年	福建省首届社区文化艺术节银奖	省委宣传部、省文化厅、省文明办
区文化馆	2003 年	福建省首届社区文化艺术节铜奖	省委宣传部、省文化厅、省文明办
区文化馆	2003 年	戏剧《关爱夕阳》福建省首届社区文化艺术节铜奖	省委宣传部、省文化厅、省文明办
区文化馆	2005 年	福建省“十佳文化馆”	省文化厅、省总工会、团省委
区文化馆	2006 年 12 月	艺术扶贫先进单位	省文化厅
区青少年宫	2006 年 8 月	华东六省一市少儿舞蹈节暨华东六省一市少年儿童舞蹈展演组织奖	华东六省一市舞蹈家协会
区飞鹭艺术团	2006 年	2006 年中华民族儿童歌舞周优秀组织工作奖	中国儿童歌舞学会、思明区政府
区青少年宫	2006 年	第十一届全国中小学生绘画、书法作品比赛组织工作先进集体奖	教育部、艺术教育委员会
思明区政府	2007 年 7 月	福建省第三批“文化先进区”	省文化厅

1995—2007 年思明区境文化艺术工作者及作品获省级以上奖励一览表

表 25-3-5

作　品	获奖单位（或个人）	奖　项	获奖年份	颁奖单位
舞蹈《渔娘曲》	编导：黄秀珍	全国第六届“群星奖”优秀编导奖	1995	文化部
小品《进香》	表演：程艺芬	福建省“开元杯”小戏小品大赛金奖	1997	福建省文化厅
小品《进香》	表演：程艺芬	华东六省一市第五届小品大赛一等奖	1997	华东六省一市文化厅（局）
小品《进香》	表演：程艺芬	文化部“群星奖”大赛优秀表演奖	1997	文化部
小品《母亲之歌》	导、表演：程艺芬	福建省少数民族文艺调演表演三等奖	1997	福建省文化厅
舞蹈《望夫石》	区文化馆	福建省民间故事舞蹈电视大赛演出优秀奖	1997	福建省文化厅
论文《浅谈外来青工文化活动中心产生和现实意义》	林锻炼	福建省群众文化科研成果评奖优秀奖	1997	福建省文化厅
书法	萧峻	首届青年美术书法大展优秀奖	1997	中国书协篆刻委员会
舞蹈《嘉禾女》	编导：黄秀珍	福建省第八届音乐舞蹈节的“闽星奖”创作奖	1998	福建省文化厅、省教委、省文联、省总工会

续表25-3-5

作　品	获奖单位（或个人）	奖　项	获奖年份	颁奖单位
童话剧《公鸡生蛋》	导演：程艺芬	福建省儿童文学、少儿戏剧、曲艺调演一等奖	1998	福建省文化厅
普通话大赛语音测试	参赛：程艺芬（代表厦门市参赛）	中国经济特区、港、澳门、台湾普通话比赛一等奖	1998	国家语言文字委员会
篆刻	萧峻	“全国篆刻征稿评比展”获优秀奖	1998	中国书协篆刻委员会
小品《进香》	表演：程艺芬	中国曹禺戏剧文学奖、小戏小品比赛优秀表演奖	1999	中国戏剧家协会
广播剧《花与剑》	演播：程艺芬	福建省广播剧比赛一等奖	1999	福建省广播电视学会
广播剧《花与剑》	演播：程艺芬	全国省会市台广播剧比赛一等奖	1999	中国广播电视学会
广播剧《爱相随》	导演：程艺芬	福建省广播剧比赛二等奖	1999	福建省广播电视学会
书法	林锻炼	全国首届群众书画大赛优秀奖	1999	文化部社图司
舞蹈《洄》	编导：黄秀珍	福建省第九届舞蹈比赛金奖	2000	福建省文化厅
书法	林锻炼	首届世界华人艺术展铜奖	2000	中国文联、人民画报社
舞蹈《当我戴上红领巾时》	区少年宫	全国城区少年宫舞蹈展演大赛金奖	2000	
舞蹈《天黑黑》	区少年宫	全国城区少年宫舞蹈展演大赛金奖	2000	
管弦乐	王辰	福建省“音乐舞蹈节”比赛获优秀演奏奖	2000	
管弦乐	魏蒂克	福建省“音乐舞蹈节”比赛获优秀演奏奖	2000	
民乐	王雯琦	福建省“音乐舞蹈节”比赛获优秀演奏奖	2000	
民乐	王纯晨	福建省“音乐舞蹈节”比赛获演奏奖	2000	
童话剧《公鸡生蛋》	导演：程艺芬	文化部首届“蒲公英”比赛金奖	2000	文化部
舞蹈《筼筜渔火》	编导：黄秀珍	福建电视台、省地税局、文化厅创作演出银奖	2000	
小品《见面礼》	导、表演：程艺芬	福建省小品大赛一等奖	2001	福建省文化厅
小品《囚徒与女儿》	艺术指导：程艺芬	福建省小品大赛二等奖	2001	福建省文化厅
小品《见面礼》	导、表演：程艺芬	华东地区六省一市第六届小品大赛一等奖	2001	华东六省一市组委会、江西省文化厅
小品《囚徒与女儿》	艺术指导：程艺芬	华东地区六省一市第六届小品大赛一等奖	2001	华东六省一市组委会、江西省文化厅
小品《见面礼》	导、表演：程艺芬	文化部第十一届“群星奖”银奖	2001	文化部
小品《囚徒与女儿》	艺术指导：程艺芬	文化部第十一届“群星奖”优秀奖	2001	文化部
小品《送药》	导、表演：程艺芬	福建省第六届“水仙花杯”小品、小戏、小剧场大赛导演二等奖、表演二等奖	2001	福建省文联、福建省戏剧家协会
书法	朱镑	耀吉星杯全国书画赛优秀奖	2002	宁夏文化厅、文联

续表25-3-5

作品	获奖单位（或个人）	奖项	获奖年份	颁奖单位
建党80周年合唱比赛	区文化馆	优秀演唱奖、组织奖	2002	文化部群文协会
书法	林锻炼、朱镑	中国国际科技文化成果博览会书法大赛金奖	2002	文化部社文司
书法	林锻炼	全国首届残疾人书画影展优秀奖	2002	中国文联、残联
书法	林锻炼	全国首届职工书画影展优秀奖	2002	全国总工会、中国文联
书法	林锻炼	全国计划生育书法展三等奖	2002	全国计生委
小品《今天我休息》	导演：程艺芬	福建省曲艺小品大赛金奖	2002	福建省文化厅
小品《今天我休息》	导演：程艺芬	全国“四进社区文艺调演”银奖	2002	文化部、中央文明办
小品《见面礼》	导、表演：程艺芬	全国“四进社区文艺调演”铜奖	2002	文化部、中央文明办
小品《过年我家不收礼》	导、表演：程艺芬	福建省检查系统文艺会演演出二等奖	2002	福建省文化厅
歌表演《爱的天地》	导演：程艺芬	福建省首届社区文化艺术节获得银奖	2003	福建省文化厅
小品《关爱夕阳》	编导演：程艺芬	福建省首届社区文化艺术节获得铜奖	2003	福建省文化厅
论文《社区文化建设的几点思考》	林锻炼	全国群众文化论文集优秀论文奖	2003	文化部社文司
舞蹈《七彩人生》	编导：黄秀珍	福建省第二届计划生育文艺会演作品三等奖	2003	福建省第二届计划生育文艺会演组委会
论文《浅谈闽南话的传承和弘扬》	林锻炼	《文化大视野——全国群众文化论文集》优秀论文奖	2004	文化大视野编委会 中国群文学会
书法	林锻炼、朱镑	全国第十三届“群星奖”福建选拔铜奖	2004	福建省文化厅
导演、朗诵、小品	导演：程艺芬	中国文联第十届全国推（艺术）新人大赛辅导老师奖	2004	中国文联
小品《亲情电话》	导演：程艺芬	全国“少年小品十优”“辅导老师奖”	2004	中国文联
书法	萧峻	全国第十三届“群星奖”福建选拔银奖	2004	省文化厅
刻字	蔡劲松	全国第五届刻字展全国奖	2004	中国书法家协会
舞蹈《洄》	编导：黄秀珍	全国第十三届“群星奖”福建选拔赛成人组金奖	2004	福建省文化厅
歌舞《国富民安康》	编导：黄秀珍	福建省国税系统文艺调演第二名	2004	福建省国家税务局
音乐剧《社区英语班》	区文化馆 导演：黄璐琼	第四届全国“四进社区”文艺展演铜奖	2005	中央文明办、文化部
小品《退亲》	编导演：程艺芬	福建省第二届社区文化艺术节铜奖	2005	福建省委宣传部 福建省文联
歌曲《你从春风中走来》	林锻炼	第六届文化之春中国民歌歌曲演创精品铜奖	2005	中国音乐家协会、北京赵金中中国民族声乐演创研究中心
歌曲《军营飞来一只百灵》	黄璐琼	第六届“文化之春·中国民族歌曲演创大奖赛”中获“中国民歌演唱家”金奖	2005	中国音乐家协会、北京赵金中中国民族声乐演创研究中心

续表25-3-5

作　品	获奖单位（或个人）	奖　项	获奖年份	颁奖单位
歌表演《社区有爱更精彩》	区文化馆 编导：黄璐琼	福建省第二届社区文化艺术节铜奖	2005	福建省委宣传部 福建省文联
音乐剧《社区英语班》	导演：黄璐琼	福建省第二届社区文化艺术节金奖	2005	福建省委宣传部福建省文联
舞蹈《灯》	区文化馆 编导：黄秀珍	福建省第二届社区文化艺术节铜奖	2005	福建省委宣传部 福建省文联
小品《退亲》	编导演：程艺芬	首届新世纪全省职工相声、小品大赛“表演奖”	2005	福建省文联、福建省总工会
书法	林锻炼	福建省第二届社区文化艺术节铜奖	2005	福建省省委宣传部 福建省文联
书法	萧峻	省第二届社区艺术节银奖	2005	省委宣传部、省文联
四重奏《蝴蝶泉边》	区青少年宫艺术团	国际青少年艺术节儿童B组民乐古筝合奏金奖	2005	国际文化艺术交流协会等单位
电子琴合奏《百鸟朝凤》	区青少年宫艺术团	第十一届福建省少年儿童电子琴合奏一组一等奖	2005	省妇联、省音协、区教育局
电子琴合奏《玛依拉》	区青少年宫艺术团	第十一届福建省少年儿童电子琴合奏二组一等奖	2005	省妇联、省音协、区教育局
指导教师	区青少年宫艺术团	第十一届“福建省少年儿童电子琴比赛”优秀指导教师奖	2005	省妇联、省音协、区教育局
合奏《海顿交响曲》	区青少年宫艺术团	第十一届“全国少年儿童电子琴大赛”合奏一等奖	2005	中国宋庆龄基金会中央音乐学院
合奏《玛依拉》	区青少年宫艺术团	第十一届“全国少年儿童电子琴大赛”合奏二等奖	2005	中国宋庆龄基金会中央音乐学院
指导教师	区青少年宫艺术团	第十一届“全国少年儿童电子琴大赛”园丁奖	2005	中国宋庆龄基金会中央音乐学院
民族乐器《新婚别》	区青少年宫艺术团	艺术人才选拔二胡专业少年A组银奖	2005	全国关工委、教育部、文化部
民族乐器《战马奔腾》	区青少年宫艺术团	艺术人才选拔二胡专业儿童B组铜奖	2005	全国关工委、教育部、文化部
舞蹈《水喳嫫》	区青少年宫艺术团	华东少儿舞蹈节暨舞蹈展演一等奖	2005	华东六省一市舞蹈家协会
舞蹈《雨天·晴》	区青少年宫艺术团	华东少儿舞蹈节暨舞蹈展演二等奖	2005	华东六省一市舞蹈家协会
舞蹈《彩铃飘》	区青少年宫艺术团	第二届“爱贝通”杯舞蹈比赛一等奖	2005	省文化厅
美术《家乡美》等	区青少年宫美术部	第十一届全国中小学生绘画、书法作品比赛一等奖	2005	教育部艺术教育委员会
美术《勤劳的人们》等	区青少年宫美术部	第十一届全国中小学生绘画、书法作品比赛二等奖	2005	教育部艺术教育委员会
美术《机器人的家园》等	区青少年宫美术部	第十一届全国中小学生绘画、书法作品比赛三等奖	2005	教育部艺术教育委员会
美术指导老师	区青少年宫美术部	第十一届全国中小学生绘画、书法作品比赛绘画指导工作一等奖	2005	教育部艺术教育委员会
书法《行书联句》	林锻炼	首届翰墨养生全国书画名家邀请展金奖	2005	中国名家书画院、名人世界杂志社、中国文艺协会、首届翰墨养生全国书画邀请赛组委会

续表25-3-5

作　品	获奖单位（或个人）	奖　项	获奖年份	颁奖单位
小品《谁对谁错》	区文化馆 导、表演：程艺芬	福建省第八届“水仙花杯”小品、小戏、小剧场大赛导演银奖、表演银奖	2007	福建省文联、福建省戏剧家协会
小品《爸爸》	编、导、演:程艺芬	福建省第三届人口和计划生育文艺会演金奖	2007	福建省人口和计划生育委员会
小品《牵手》	区文化馆 编、导：程艺芬	福建省第三届人口和计划生育文艺会演铜奖	2007	福建省人口和计划生育委员会
辅导选手参赛	程艺芬、徐宁	福建省第四届少儿故事大王比赛优秀辅导教师奖	2007	福建省群艺馆

第二节　演出场所与活动

一、演出场所

莲花影剧院　1991年初建，12月竣工并投入使用。建筑面积5400平方米。观众大厅880个软席座位。主体建筑正面有广场。原属厦门市文化局，全民所有制事业单位，定编25人。2004年10月，事权下放思明区文体局。2005年，市、区政府共同投资900万元，对主体建筑进行全面改造。改造后，建筑面积6000平方米。舞台面积由原188平方米增至400平方米。观众厅安装高档舒适的航空式座椅747个。接待全国“中华卡拉OK大家唱”歌手比赛，以及俄罗斯国家民族音乐舞蹈团等大型演出。为第四届世界合唱节、第十一届中国戏剧节比赛场馆之一。2006年，区群众文化艺术中心在莲花影剧院挂牌，与文化馆、各街道、社区多次合作举办各种群众文化活动。常为学校、企业、社团提供会议、庆典演出等社区文化活动服务。

鹭江剧场　民国31年（1942年）建，称“金城戏院”。1952年，由厦门市文化部门和归国华侨陈适洲公私合营，投资扩建，1954年正式营业，改名鹭江剧场。1965年停业，拆除重建。“文化大革命”中停建。1976年续建，1980年5月竣工。内设观众厅（1052座位）、演员宿舍、化妆室、食堂。是年6月1日开业。1992年7月，把观众厅分隔为3个部分：舞台、观众厅426座位，供文艺演出；设置100座席的豪华电影厅，40座位的小电影厅；楼上扩建200平方米隔成两间各有50座位的录像放映厅。利用楼下左侧通道和食堂，改建5间中档KTV室。1999年2月，剧场在观众厅安装SRD电影放映设备一套。2002年7月1日，福建省电影公司成立中兴院线，该剧场加入其中。2004年2月，事权下放思明区文体局，编制20人。2006年8月8日起，剧场兼为思明区闽南戏曲演艺中心的演出场所。

人民剧场　位于中山路。1952年，由陈渔、李兆鳌、曾文明等人合作简易搭盖，取名“民众剧场”。1959年，由厦门市政府拨款翻建，更名厦门市人民剧场。1988年1月翻建，1990年10月7日竣工。翻建后建筑面积3982平方米，有916座位的观众厅、200平方米的观众休息室，舞台面积286平方米，配置专业演出灯光、电影放映机和SRD电影数码立体声音响。2004年1月，事权下放思明区文体局，并成立闽台演艺创作基地，精心排编一台集歌仔戏、高甲戏、南音戏、民族服饰、博饼等闽台特色文化为一体的表演节目，定时定点演出。2005年9月，在前埔北区“思明区文体活动中心”建人民剧场前埔影剧院，观众厅面积250平方米，配置灯光音响及投影仪等设备。2006年6月，“思明区闽台文化交流中心”在人民剧场挂牌成立，由人民剧场配合思明区各部、委、办、局，推动对台文化交流。其间，与台湾中华书画印艺学会等50多个民间文艺团体，开展闽台文化交流活动。

厦门艺术剧院　位于中山公园内。1979 年 9 月建，原名厦门影剧院，占地面积 13000 平方米，建筑面积 6000 平方米。后陆续扩建。2000 年，进行全面维修改造，2001 年竣工，并更名为厦门艺术剧院。改造后，一层为观众厅与舞台，二层为楼座和演员化妆间，三、四层为办公场所和声乐、舞蹈排练厅。

厦门铁路俱乐部　位于金榜路。1956 年，由福州铁路局投资兴建，1958 年建成。占地面积 3000 平方米，建筑面积 1200 平方米，为砖木结构。观众厅座位 728 位，有舞台、灯光、音响、电影银幕等设备。系厦门铁路职工内部观看电影、戏剧和开展业余文化活动的场所。1980 年，对外开放。

新华影剧院　位于原厦门市工人文化宫北侧国民党海军学校礼堂内。1963 年，厦门电影公司迁此，改扩建为新闻儿童电影院。“文化大革命”期间改称新华影剧院。为厦门市高甲戏剧团、歌仔戏剧团、越剧团、同安芗剧团等演出场所。1985 年年底改建、装修。设有录像放映室、桌台球室、电子游戏机室、演出厅。日间供儿童观看电影、表演小型文艺节目等活动；晚间举办音乐茶座、舞会、文艺演出等多种文娱活动。1998 年 5 月 30 日停业。

湖滨影剧院　位于湖滨南路。由国家投资 300 多万元，1987 年 12 月建成，占地面积 6000 平方米。主楼建筑面积 4160 平方米，观众厅 1026 座位，舞台配有电动吊杆和音控设备。有观众休息室、演员化妆室、演员宿舍（兼招待所）、餐厅、录像放映室。1989 年 1 月 1 日开业。每天放映电影、录像。先后接待美国、俄罗斯、日本、菲律宾等国艺术团体演出。

鼓浪屿音乐厅　位于晃岩路 1 号。1984 年兴建，总投资 400 万元。1987 年 2 月竣工投入营业。音乐厅主楼造型富有庭园特色。

二、传统节日文化活动

明、清、民国时期，每逢传统节日，富户或宫庙则组织开展群众文娱活动。

农历正月初九“天公生日”，有演戏活动。

农历正月十五上元节，也称元宵节。自十三日起，即陆续张灯结彩，有跳火、迎灯、献灯等活动。

农历二月初二，街市按户集资，请戏班演戏，称“为土地神祝寿”。

农历三月初三寒食节，城里有“斗鸭卵”游戏，即在鸭卵壳上绘镂图案，以形象生动者为胜。

农历五月初五端午节，举行龙舟比赛。各渡头按户集资请戏班演戏。

农历七月初一起，各街道分别择日做普度，有攀高杆夺贡品活动。

农历八月十五中秋节，各街市演戏祭祀土地神。

农历九月初九重阳节，登高放风筝。

外国传教士进入区境后，新历 12 月 24 日、25 日，信教人士举办平安夜、圣诞节庆祝活动。

民国期间，增加元旦及中华民国成立（10 月 10 日）纪念日，各文化团体、学校举行歌咏、演剧等活动。

中华人民共和国成立后，上述农历和元旦节日文化活动多数依例举行，而庆祝中华人民共和国成立（10 月 1 日）的群众文化活动最活跃。“文化大革命”期间受到“左”倾错误干扰，文化活动淡化。1978 年后，群众文化活动恢复并广泛开展。在元旦、“三八”国际劳动妇女节、“五一”国际劳动节、“五四”青年节、“六一”国际儿童节、“七一”中国共产党建党纪念日、“八一”中国人民解放军建军节、“十一”国庆节，以及传统的春节、元宵节、端午节、中秋节、重阳节等节日期间，区文化部门组织开展书画展览、摄影展览、歌咏、文艺演出等活动，丰富群众的节日文化生活。1998 年 2 月 10 日元宵节，中央电视台在鼓浪屿港仔后海滩举办“千家万户把门开”元宵晚会，观众万余人。

三、文化艺术节与赛会

（一）中华民族儿童歌舞周暨思明区少儿艺术节

2002 年 8 月 16—23 日，区境举办由文化部中外文化交流中心、中国儿童歌舞学会主办，思明区政府承办，香港舞蹈团体联会协办的中华民族儿童歌舞周暨思明区少儿艺术节。主题为“快乐、友谊、未来”。包括台湾、香港、澳门在内的全国23个地区共27个少儿艺术团体参加比赛。思明区少年宫的《嬉舞学堂》等3个节目获大赛金奖。其间，举行中山路歌舞踩街、少儿文艺专场演出和“歌舞进社区”系列活动，展现各族儿童舞蹈艺术的精华，增进友谊团结。

2006年7月31日，举办由中国儿童歌舞学会、思明区政府主办，香港舞蹈团体联会、福建移动通信有限责任公司厦门分公司等单位协办的2006年中华民族儿童歌舞周暨海峡两岸青少年艺术节，美国、意大利和香港、台湾、澳门、新疆、云南、青海、福建等17个省区共33个艺术团体（其中厦门3个）参加比赛。开幕式后举行的儿童歌舞踩街，引来万名市民争相围观。同时，还举办第一届中华民族儿童歌舞论坛及军港之夜、爱心之夜等10场进社区演出和《明天的太阳》征文绘画摄影大赛、海峡两岸青少年大联欢等配套活动。其间，思明区委、区政府正式向中国儿童歌舞学会申办中华民族儿童歌舞周的主办权（连续三届的歌舞周主办权）。中国舞蹈家协会副主席左青，中国儿童歌舞学会顾问田静，中国儿童歌舞学会会长韩维鸣，厦门市委常委、宣传部部长洪碧玲，市人大常委会副主任杜明聪，副市长、思明区委书记裴金佳等出席闭幕式。

（二）全国少儿小提琴邀请赛

2004年8月21—24日，由思明区政府和中国音乐家协会少儿小提琴教育学会联合举办的第六届全国少儿小提琴演奏赛在厦门市工人文化宫举行。全国28个省市组成的37个代表队739名选手参赛。其间，举办少儿小提琴教育研讨会和“厦门弦乐齐奏夏令营”等活动。

（三）“思明杯”全国少儿舞蹈邀请赛

2004年8月2—3日，“思明杯”全国少儿舞蹈邀请赛在厦门艺术剧院举行。中国大陆和港、澳、台共20个代表队参赛。19个节目获金奖；17个节目获银奖；14个节目获铜奖。其间，举办军港之夜、鼓浪之夜等歌舞进社区活动。

（四）鼓浪屿国际钢琴艺术节

2002年5月10—20日，由中国音协和鼓浪屿区政府联合举办第二届中国音乐“金钟奖”暨鼓浪屿（国际）钢琴艺术节。著名指挥家陈佐湟担纲执棒的开幕式音乐晚会在鼓浪屿音乐厅举行，鼓浪屿籍旅英钢琴家卓一龙独奏《我爱鼓浪屿》，法国钢琴家米歇尔·布敦克和中国青年演奏家陈萨联手演奏普让克·弗朗西斯《D小调两架钢琴协奏曲》，墨西哥钢琴家乔治·费德里科·奥索里奥、俄罗斯荣誉艺术家柳芭·蒂莫菲叶娃、世界著名钢琴演奏家杰佛里·托萨和米歇尔·布敦克等同台演奏巴赫的《A小调四架钢琴协奏曲》，杰佛里·托萨还献奏钢琴协奏曲《黄河》。艺术节期间，举办海峡两岸少年儿童音乐舞蹈大联欢。台湾少儿艺术团、金门少儿艺术团、香港澳门观摩团和内蒙古、新疆、甘肃、广西等地的少儿艺术团体，共40个民族的22个代表队1200多名少年儿童，演出80多个歌舞节目。决定今后每2年举办1次鼓浪屿国际钢琴艺术节。

举办鼓浪屿钢琴节

2004年7月28日至8月12日，举办第二届鼓浪屿国际钢琴艺术节。由中国之旅巡演音乐会和全国青少年钢琴比赛两部分组成。配套举办全国青少年舞蹈大联欢，钢琴大师班、音乐家与音乐爱好者联欢会，鼓浪屿旅游、音乐文化推介会等活动。中国之旅巡演音乐会由青年钢琴演奏家许兴艾（美籍鼓浪屿人）、孙梅庭（美籍华人）、陈萨（中国）、米歇尔·布敦克（法国）参加巡演。第10届肖邦国际钢琴比赛金奖得主、世界著名钢琴家邓泰松（加拿大籍越南人）在闭幕式音乐会上献演。亚洲著名指挥家朱晖诚邀国内著名交响乐团加入巡演音乐会。钢琴家许兴艾献奏由国内著名作曲家杜鸣心的钢琴协奏曲《献给鼓浪屿》。

2006年7月31日至8月7日，举办第三届鼓浪屿国际钢琴节暨全国青少年钢琴比赛。其间，第七届李斯特国际钢琴比赛金奖得主孙颖迪、梅西安国际现代钢琴比赛“巴黎市大奖”得主秦川、美国音乐博士司伯塞·迈尔和俄罗斯著名钢琴家波诺特尼科娃，表演4场钢琴独奏音乐会。同时，配套举办第三届全国青少年钢琴比赛。分专业组和业余组，设独奏、四手联弹等赛项，参赛选手168名。著名作曲家黄安伦为此届比赛创作钢琴协奏曲《鼓浪屿》。数千名台湾、香港、澳门和大陆热爱钢琴艺术的青少年参加快乐钢琴夏令营，举办钢琴大师班、青少年音乐爱好者大联欢、观摩各类赛事和欣赏音乐会等活动。

（五）国际性赛会

2006年7月15日，在厦门国际会展中心举行第四届世界合唱比赛，有80多个国家和地区的400个合唱团参赛。

四、广场文化活动

1997年7月1日晚，为庆祝香港回归祖国，在白鹭洲举行大型文艺表演和万人歌舞踩街活动。

2003年5—8月，思明区举办30多场广场文化活动。如，在白鹭洲举办的“温馨厦门·魅力思明”大型广场文化活动，由各街道、各社区举办的夏季纳凉广场文化活动等。参与人员广，形式多样化，营造欢乐、和谐的文化氛围。此后，年年举行这类活动。2004年，举办89场；2005—2007年，共举办500多场。

第三节 文化交流

一、国内文化交流

1985年以来，区境的新星越剧团、何厝芗剧团等多次到浙江、漳泉各地演出。漳州、龙海、同安等地业余剧团也经常接受邀请，到区境为民间宗教民俗活动演出。

1995年，开元区医院举办“鎏源杯”金榜题名中国书法大赛。1996年，举办全国32个城区群众文化理论研讨会。1997年，与浙江省温州市鹿城区联合举办书画影联展。同年，举办厦门市“开元杯”第六届小品征文比赛和福建省“开元杯”小戏小品展演。2004年，举办“思明—翔安牵手情”文艺活动。同年，组团参加南昌市百花洲金秋社区艺术节等。2005年，协办全国第四届正书大展。2006年，协办中华民族儿童歌舞周暨海峡两岸青少年艺术节；区文化局、教育局联办“思明杯”全国少年儿童音乐舞蹈大赛和全国第六届少儿小提琴比赛。

二、国际文化交流

民国以来，集安堂、锦华阁、同华阁等南音乐社同东南亚诸国的弦友保持密切往来，新加坡、菲律宾等地的弦友多次到区境表演并切磋技艺。

1986年5月，鼓浪屿区少年宫为43个外国驻华使馆（领馆）和国际组织的文化代表演出。1992年4月，思明区少年宫飞鹭艺术团应邀赴日本佐世保市等地进行友好访问。1993年，鼓浪屿区少年宫以“厦门市少年宫童谣团”的名义赴日本佐世保市，参加该市与厦门市结成友好城市十周年庆典及童谣节活动。1994年5月，马尼拉儿童合唱团与鼓浪屿区少年宫、思明区少年宫联合演出并交流经验。

第四章 文化娱乐市场

第一节 电影放映

一、发行与放映

民国7年（1918年），厦门基督教青年会主持王宗仁从国外带电影放映机和影片到区境，每逢星期六、日晚在小走马路“基督教青年会”游艺部免费为会员放映。主要影片有《耶稣钉死在十字架》《耶和华诞生》和一些外国风景短片，后又陆续放映英美等国出品的无声故事片。

民国11年，“中华茶园”（后改名“中华戏院”）经理邵贞帮向香港百代公司租卓别林喜剧短片和美国侦探片《黑衣盗》、惊险片《宝莲历险记》等，售票放映。民国13年，由上海商务印书馆活动影戏部摄制的《爱国伞》国产影片在中华戏园上映。是年，影商借鼓浪屿普育中学教室，放映商务印书馆活动影视部出品的《大义灭亲》《莲花落》等影片。之后，上海影片和美国等国外影片大量进入区境市场。许多商人看到电影放映有利可图，纷纷投资兴建戏院。民国18年，思明戏院开业，放映的第一部影片是美国米高梅公司出品的无声歌舞片《华丽的巴特利》。民国15—18年，鹭江戏院、开明戏院、新世界娱乐园、龙山戏院、中央戏院、延平戏院、屿光戏院等13家戏院皆放映电影。影片来源除影商向制片公司购买或租用外，上海明星影片公司也在区境设办事处发行影片。区境商人也组织影片发行公司，有“如是影片公司”“星光影片公司”。思明戏院经理曾华檀还和美国米高梅、华纳、环球、派拉蒙等影片公司签订长期供片合同。卖座最好的是明星影片公司出品的神怪片《火烧红莲寺》和月明影片公司出品的武侠片《关东大侠》。为帮助观众看懂无声电影，各戏院相继聘请解说员，进行现场讲解和简单的对白配音。

民国18年，开明戏院首映美国百老汇出品的蜡盘发音（手摇唱机）的有声影片。民国19年，思明戏院向美国购进一部“西电”有声放映机，放映美国有声影片《月宫宝盒》《侠盗查禄》《三剑客》等。民国20年，中国最早的蜡盘发音有声故事片《歌女红牡丹》，在思明戏院、开明戏院、中华戏院上映。

抗日战争爆发后，上海联华影片公司摄制的故事片《渔光曲》《大路》《新女性》《十字街头》和戏曲片《斩经堂》等，在各戏院上映，盛况空前。其间，美国故事片《泰山冒险记》《西线无战事》、卡通片《白雪公主》及美国童星邓波儿主演的儿童片也很卖座。

厦门岛沦陷期间，思明戏院被日本共荣会强占并改为“鹭江戏院”。各家戏院的影片全被日本人没收。后上映东宝等日本制片公司摄制的影片《支那之夜》等。

抗战胜利后，华侨叶银汗协同林怡乐、林金沧、林绍宗创办“和乐影业公司”，借私人收藏的影片放映。后，国产制片厂派代表驻区境发行影片；美国好莱坞各影片公司也在区境设代理人，发行影片。各戏院逐渐恢复正常放映活动。上映的国产影片有《一江春水向东流》《八千里路云和月》《万家灯火》《天字第一号》等。美国彩色影片《出水芙蓉》在思明、中华、开明三家戏院之间跑片，连续放映半个月，创外国影片上座率的新纪录。

1949年10月底，厦门市军管会接管思明戏院。是年11月，香港南方影业公司派人携带苏联影片来区境放映。1950年5月，中国影片公司华南分公司福建办事处在区境成立，原南方影片公司福建分公司的业务移交福建办事处。1951 年起，区境成立福建办事处厦门发行站。1956 年下半年，厦门发行站迁往漳州，负责厦门、漳州、龙岩等地影片供应。1960 年，福建省电影发行放映公司厦门分公司成立。其时，区境有思明电影院、中华电影院和开明电影院。主要放映国产和苏联影片。多次举办“苏联影片展”“儿童电影周”“青年电影周”“八一电影周”“戏曲影片汇映”“对敌斗争影片展览”，以及配合劳动教育、社会主义教育和革命传统教育而举办的专题影片映出活动。

“文化大革命”期间，放映《地道战》《地雷战》《南征北战》和“革命样板戏”影片，以及作为大批判靶子的《早春二月》等影片；还有江青反革命集团为篡党夺权制造舆论的影片《春苗》。

粉碎江青反革命集团后，电影发行部门发行许多被封存的中外影片。举办“全国科学教育电影展览”和“中华人民共和国成立 30 周年新片展览”，展出新片 13 部。发行放映彩色纪录片《刘少奇同志永垂不朽》和《元帅之死》等影片。1978 年后，区境兴建许多影剧院，有放映条件的俱乐部、礼堂也开放，形成布局较为完善的电影放映网络。其间，电影发行放映部门与教育部门配合，组织中小学生观看《董存瑞》《苦菜花》《烈火中永生》《新儿女英雄传》等影片。1984 年 10 月，举办“日本电影周”。1986 年，举办“中外文学名著影片汇映”，放映《早春二月》《茶馆》《牛虻》《悲惨世界》等 23 部影片。

1990 年起，各专业电影院和放映单位改善内外环境，增添普通、遮幅、宽银幕立体放映镜头“三转塔”设备。思明电影院票房收入位列全省三甲。这一时期较为轰动的电影有《泰坦尼克号》《英雄》等。

2000 年后，厦门市电影发行放映公司失去垄断权，被外地电影院线取而代之。一批星级、多厅化的电影院，如世贸金鹰电影院、开明电影城等开始营业。国有电影院票房不断萎缩，甚至无法维持。2003 年，打击盗版影像之后，区境电影市场有所恢复，2005 年票房收入 1200 万元。

二、放映场所

思明电影院　前身思明戏院。民国 16 年华侨曾国办、曾国聪兄弟投资 15 万银元在薤菜河中岸（今思明南北路与思明东路路口处）兴建。民国 18 年 1 月 9 日竣工开业。占地面积 840 平方米，建筑面积 1750 平方米，门庭六层，观众厅二层，内有小舞台，座位 700 个。曾氏购进美国西电有声放映机一套，放映美国有声故事影片。民国 20 年 5 月，首映国产故事片。民国 27 年 5 月，思明戏院被日本共荣会强占，改名“鹭江戏院”。民国 31 年 5 月，因片库温度过高，影片自燃，戏院被烧毁。后日本人出资修建，并胁迫业主曾国聪将戏院业权卖给雷潜夫。抗战胜利时，雷把业权转让给国民党厦门党部骆萍踪，骆即恢复思明戏院名称。后，曾、骆合创“龙飞公司”。戏院正常经营。1950 年，思明戏院进行维修，座位增加到 890 个。1952 年，改名思明电影院。1988 年 11 月，再次进行翻修改建。1990 年 1 月竣工营业。改建后，使用面积达 2150 平方米，有卡拉 OK 演唱厅、电影观众厅（座位 701 个沙发座）、录像厅、小放映厅和 12 间店

1957 年，思明电影院

面。引进英国“杜比”四声道立体声设备。1992 年 12 月至 1993 年秋，投资 170 万元，在莲坂侨星大厦二楼 700 平方米大厅，建思明电影院莲坂分院。1994 年，将观众厅后段改为包厢，设雅座 184 位，普通座 468 位。1999 年，投资 400 多万元，兴建面积近 2000 平方米的莲坂分院（原分院已撤销），并创办“白天鹅娱乐中心有限公司”。2002 年 7 月 1 日，福建省电影公司成立中兴院线，思明电影院为院线副董事单位。

中华电影院 位于思明南田巷。清光绪三十年（1907 年），邵利杏建。时称“中华茶园”，内设圆桌藤椅，可坐 500 人，以卖水果点心伴演戏曲招揽观众。民国 11 年（1922 年），茶园开始放映电影，改名中华戏院。民国 17 年，邵氏将戏院卖给柯孝昌的地产公司；柯将戏院改建，门面由南田巷移向中山路。民国 21 年，戏院被华侨林绍裘所承购。民国 27 年，戏院被日伪占据，改名鹭江分院。抗战胜利后，恢复原名。1953 年，中华戏院与开明戏院合并，成立影剧院办事处，继续放映电影。1954 年元旦，中华戏院改名“中华电影院”，有 728 个座位。1956 年，实行公私合营。1981 年，对观众厅地面、座椅、舞台、银幕进行翻修更新。1992 年 10 月，投资 210 万元，将南田巷 43 号原厦门市影剧院管理处木工场建成多功能娱乐场所，共 5 层，改名“中华影视城”。内设豪华小电影厅、录像厅、卡拉 OK 演唱厅，1993 年 10 月营业。1995 年，经厦门市文化局和厦门龙立房地产公司联合改建为中华电影院大楼。后，自筹资金 300 万元进行装修，安装先进的 35 毫米电影放映座机和专业数码 SRD 电影放映还音系统，三楼另设豪华台球和乒乓球等娱乐设施。2002 年加入中兴电影院线。2007 年，获院线优秀国产影片“组织观众”奖。

清光绪三十年（1907 年），创建中华戏院

金逸国际电影城 位于莲坂明发商业广场内。由广州金逸影视集团投资 1700 万元建成。建筑面积 6000 平方米，有 7 个豪华电影厅（其中 1 个 VIP 贵宾厅），1800 个座位。按五星级国际影院标准建设。各影厅净空超过 10 米，排距 1.2 米，45 度角梯级设计，银幕宽 18 米。影厅采用 HARKNESS 墙对墙整壁式高增益银幕、德国 SCHNEIDER 可变光圈镜头，以及配备美国 DTS—XD10 和 DOLBYSR/D—EX 双路环音系统、CP650XO 数字解码器、CROWN（皇冠）顶级功放、JBL 顶级影院专用音箱。2007 年 2 月 10 日正式营业。

开明电影院 原址在厦禾路。民国 18 年（1929 年）筹建，时称开明戏院。民国 35 年，由“和乐影业公司”承租经营。1956 年，实行公私合营。1969 年，改名开明电影院。1980 年后，增设小电影厅、录像厅、电子游戏机室、餐厅等。1993 年 12 月，因厦禾路旧城改造需要，将影院所在地有偿出让给香港源通集团有限公司，于 1994 年 11 月旧院拆除。

民国 19 年，创办开明戏院，后称开明电影院

鼓浪屿电影院 位于海坛路 15 号。民国 17 年（1928 年），缅甸华侨王真华创建。楼下为菜市场，楼上为延平戏

院。戏院场内分上座和下座，共600余座位。以放映外国影片为主。抗战胜利后，戏院被“和乐影业公司”租用放映电影，改名鼓浪屿戏院。1954年4月，思明电影院派人在该院建电影放映站。1956年元旦，改称鼓浪屿影剧院。1974年和1978年，陆续翻修舞台、观众厅地面、外走廊，加高观众厅屋盖，有728座位。1979年，改名鼓浪屿电影院。1987年2月，迁至鼓浪屿音乐厅。

渔民俱乐部 位于厦港蜂巢山下。1958年底，厦港各高级渔业合作社集资16万元，兴建渔民礼堂。1960年10月1日落成。占地面积1859平方米，建筑面积2500平方。门庭前楼3层，内有木椅座位1110位，有小舞台，为渔民开会、看电影之用。1961年3月，添置35毫米提包放映设备一套，10月转为对外营业。1981年，第二海洋渔业公司投资190多万元维修扩建，更新观众厅椅座。1983年12月，门庭重建为六层钢筋水泥结构。1986年春节竣工。占地面积3000平方米，建筑面积4100平方米。1995年，改建为“火狐狸歌舞厅”。1998年停业。

第二节 歌舞娱乐

民国19年（1930年）初，区境开设黑猫舞场，由台湾人曾金猬独资经营。舞池周围是茶座，跳舞间歇可以休息。雇一批舞女，顾客购买舞票入场，自选舞女伴舞。每次给舞女舞票一张，大腕顾客给票多张乃至百张。舞女凭舞票向舞场支取报酬。同年，思明南路原南星乐园（今大众旅社四楼）蝴蝶舞场、鼓浪屿大都会舞场也相继开业。抗战爆发时，曾金猬避往南洋，黑猫舞场停办。区境沦陷后，曾金猬返鼓浪屿，在鹭江戏院旧址建花园式舞场。雇舞女二三十人，聘请南洋乐师主持乐队。民国27年11月，日本人石川兵马经营的羽衣舞场（大千旅社四楼）开业，舞女、顾客全是日本人。大千旅社楼上还有一个集赌场、舞场、妓院为一体的大千娱乐场。抗日战争胜利后，许多舞场先后关闭。蝴蝶、白鸽舞厅维持到1956年才结束。之后，营业性舞厅匿迹。

1983年6月，区境白鹭苑音乐茶座开业。华侨大厦、厦门市工人文化宫、鸿山乐园、海上乐园、琴岛游乐场、厦门市南乐团等相继开办舞厅，对外营业。后，音乐茶座、歌舞茶座、歌厅舞厅、卡拉OK演唱厅、迪斯科舞厅、游乐场等普遍发展。

1990年后，区境歌厅、舞厅、卡拉OK厅等形成几个娱乐中心，鹭江道、工人文化宫、文灶、湖滨中路、火车站东南亚大酒店等地娱乐场所相对集中。有装修豪华的万石娱乐中心歌舞厅、厦门之夜歌舞厅、XO—2迪斯科舞厅、雅都KTV娱乐有限公司、东方之星KTV娱乐有限公司；有集娱乐健身于一体的皇家康乐娱乐有限公司（后改名为万家康乐娱乐有限公司）；有为工薪阶层、残疾人服务的鸿山乐园歌舞厅、厦门影剧院中老年舞厅、康林娱乐中心，还有观海游艇“白鹭”卡拉OK厅等。

2000年后，区境建起一批有品牌、成规模、上档次的娱乐场所，如一代娱乐有限公司、金樽休闲娱乐有限公司。也有大众平价、自助式KTV，如欢唱、康康柳丁、魅力元素等。2007年，思明区领取文化娱乐经营许可证的歌厅、舞厅、卡拉OK厅及台球馆共83家。

2007年思明区主要歌舞游乐厅一览表

表25-4-1

单位名称	地 址
厦门都市领秀酒吧有限公司	莲前西路230号
厦门激情舞士酒吧	莲前西路云亭花园322号
音乐之声娱乐中心莲前分店	莲前东路联丰大厦411号
厦门百邑欢唱娱乐有限公司	莲前东路288号

续表25-4-1

单位名称	地　址
厦门庐山大酒店经营管理有限公司	嘉禾路 102 号
新双福酒楼	湖明路 114 号
金凯悦娱乐（厦门）有限公司	吕岭路 22 号
厦门长升园酒店有限公司	长青路 430-437 号
厦门新世纪娱乐有限公司	莲花南路 18 号
厦门大唐娱乐事业发展有限公司	嘉禾路 293 号宝达大厦
厦门市音乐文化休闲有限公司	吕岭路 122 号
厦门五彩城娱乐有限公司	松柏路 108 号 5-11 号
厦门市莲花影剧院	莲花北路 4 号
厦门新油酒店	莲花南路 16 号
厦门卡拉之星娱乐有限公司	莲花二村吕厝综合楼
厦门太阳岛酒店有限公司	莲花北路菡菁里
厦门新紫京城 KTV 有限公司	嘉禾路 341-343 号
厦门东方之星娱乐有限公司（桃花坞）	嘉禾路台亚大厦
厦门欢唱新馆娱乐有限公司	嘉禾路 295 号
厦门玛莎娱乐有限公司	湖明路 24 号之一
新一代佳人	明发商业广场 B45 区
厦门市思明区劳拉音乐酒吧	嘉莲里一号海山大厦
厦门群华贸易有限公司娱乐分公司	嘉莲里一号海山大厦
红妆真爱酒吧有限公司	槟榔路碧子湖豪庭 2 号、4 号
采星欢唱娱乐有限公司	湖滨南路 819 号宝福大厦
传奇演绎酒吧	湖明路 22 号至 28 号
厦门市哈乐娱乐有限公司	嘉禾路西侧 209 号东方明珠广场
欢乐笛娱乐城	香秀里 28 号
嘉升酒楼	嘉滨里 38 号
飞灵酒吧	庐山大酒店裙楼
厦门天乐星娱乐有限公司	海湾公园二期香榭丽舍 1-9 号
厦门天�娱乐有限公司	明发商业广场 B 区
厦门福联大饭店	湖滨南路 469 号
华业（厦门）酒店有限公司	湖滨北路 19 号
厦门红焦点管理有限公司	湖滨中路 532 号
厦门思明区鲜玫瑰园酒楼	莲岳路 189 号
厦门国安娱乐有限公司	槟榔西里 225 号
厦门航空金雁酒店	湖滨南路 99 号
厦门东方酒店有限公司（马可孛罗）	湖滨北建业路 8 号
厦门福联大饭店	湖滨南路凤屿段

续表25-4-1

单位名称	地 址
厦门美海酒店	湖滨四里 59 号
城市光廊酒吧	槟榔西里 225 号
海上夜酒吧	槟榔西里 229 号
舒活馆咖啡厅	槟榔西里 225 号
西部牛仔音乐酒吧	湖滨东路 380 号
荷李活文化传播公司	湖滨东路 362 号
厦门之恋酒吧	槟榔西里 229 号
宝来纳酒吧	槟榔西里 229 号
厦门市诺亚新方洲文化传播有限公司	白鹭洲天鹅广场 A 座
厦门京闽中心酒店（澎湖湾演艺厅）	松柏小区屿后南里
厦门市金长城娱乐有限公司	湖光路 32 号 3 号楼
厦门宝龙大酒店有限公司	湖滨中路 133 号
厦门闽南大酒店（天上人间）	湖滨南路一里 26-34 号
厦门市有福城堡娱乐有限公司	白鹭洲维多利俱乐部
厦门新金榜欢唱娱乐有限公司	厦禾路 820 号
厦门大唐娱乐事业发展有限公司汇成分店	湖滨中路 10 号
厦门市星光大道文化娱乐有限公司	禾祥东路 28 号
厦门雅都 KTV 娱乐有限公司	厦禾路 837 号
厦门炜坊餐饮娱乐有限公司	湖滨东路 9 号
厦门京华大酒店	厦禾路 1130 号
厦门新迎泽酒店	厦禾路 859 号
厦门老树林餐饮有限公司	禾祥东路 28 号
厦门喜相逢娱乐有限公司	东浦路 98 号
厦门鑫安宾馆	厦禾路 867 号
厦门市北斗星休闲娱乐有限公司	后埭溪路 28 号
厦门铃翔娱乐有限公司	湖滨南路 328 号
厦门魅力元素娱乐有限公司	斗西路 158 号
厦门一代娱乐有限公司	后江埭路 29 号
厦门成功娱乐有限公司	湖滨南路 59 号
厦门波士莱酒吧有限公司	文园路 66 号
厦门小火车餐饮娱乐中心	百家村路 58 号
厦门宏雅酒店	溪岸路 106 号
厦门万紫千红娱乐有限公司	万石植物园内
厦门关西娱乐有限公司	鹭江道 254 号之四国贸海景公寓
厦门金锦源娱乐有限公司	斗西路光明大厦
厦门鹭江剧场	大元路 12-24 号

续表25-4-1

单位名称	地　址
厦门佰亿娱乐有限公司	海湾公园二期香榭丽舍15-21号
厦门金樽休闲娱乐有限公司	海湾公园海洋娱乐中心
厦门星光灿烂娱乐有限公司	斗西路205号
厦门甜心会休闲娱乐有限公司	海湾公园海洋娱乐中心
厦门海景假日酒店	镇海路12号

第三节　网吧　音像

一、网吧

1996年起，湖滨南路电信部门开办“因特咖啡屋”网吧，有电脑20台，提供上网服务，每小时收费15～20元。消费群体多为白领阶层、外国人及大学生。

2003年后，民众对网络的需求日益增长，具有休闲、娱乐、学习功能的网吧不断出现。网吧规模从十几台发展为近百台；网络接入速率不断提高，从33.6Kbs、56Kbs发展到ISDN、LAN、ADSL；由中国电信一家ISP发展到长城宽带、网通等多家ISP。上网资费降至每小时2～3元。

2005年以来，网吧向大型、舒适、服务多元化发展，天干、星域天空、网易等网吧服务终端200～300台。网吧服务内容有游戏点卡代理、打印、扫描等。2007年，思明区证照齐全的网吧有96家。

二、音像

1984年，厦门感光有限公司分公司——厦门磁带有限公司成立，址在故宫路71号，为中外合资企业。公司引进先进设备与技术，选用优良进口原料，生产各种规格的VHS和Betamax录像带。1988年7月，厦门音像出版社成立，有广播电视节目制作、音像制品出版、出版物经营、复制生产加工等资质。涉足闽南语译制、动漫制作、视频包装、大型活动策划、平面视觉传达、数字出版等多个领域。出版闽剧、芗剧、高甲戏、梨园戏、南曲、锦歌、答嘴鼓等10个剧种的节目。至2007年，出版传统音像制品700余种；制作《闽南之声电台宣传片》《“9·8”投洽会十周年烟火文艺晚会背景片》及《厦门经济特区建设25周年晚会背景片》等大量宣传片；完成专题片《历史纵横》《探索发现》等592集、卡通片《白玉堂》《大英雄狄青》等642集的闽南语译制。成为集拍摄、编辑、制作、出版、生产、发行为一体的专业音像影视制作出版机构。年生产能力为音带16万盒、像带66万盒。音像制品经营商店不断增加，1998年，开元区有88家；2002年思明区有46家。

2005年以来，音像市场朝着正版、健康的方向发展。如触碟（TD唱片）致力打造一流产品、一流服务、一流环境的唱片零售平台，大音、豪佳兴音像地处世贸、中山路等繁华地段，以品种齐全的正版制品吸引众多消费者。至2007年，思明区有音像制品经营店90家。

1987年，区境出现个体经营电子游艺室。1988年，各影院陆续开设录像放映室；文化馆、文化站设有录像室。至1998年，开元区有录像厅29家、电子游艺室55家。至2002年初，思明区有录像厅9家、电子游艺室46家。是年，录像放映经营场所实行“减少总量，逐步萎缩”的政策；电子游戏经营场所实行“从严治理、取缔非法、明确条件、规范经营，停止发展、逐步取消”的政策。至2002年底，区境的录像放映厅和电子游戏经营场所全部关闭。

第五章　图书　档案

第一节　图书

一、思明区图书馆

位于台光街9号。在鸿运饭店建筑基础上改建而成，建筑面积800平方米。1998年9月28日竣工开放。2005年，因中华片区改造，馆址迁禾祥东路168号，并在湖滨南路138号设分馆，建筑面积1600平方米。为区级综合性公共图书馆。内设图书外借室、报刊阅览室、文艺创作室、采编室、展览厅、流通部等，人员9名。建馆初期，以“厦门的书”作为收藏重点，逐步增加到闽南文化、闽台文化、台版图书等书籍。至2007年，藏书16万册，分自然科学类、社会科学类、文学类。报刊300多种。阅览室有报刊阅览区、少儿阅览区、文献工具书阅览区、台版图书阅览专区。开展图书进社区活动，以图书阅览、图片展览、知识有奖问答等形式，丰富广大民众精神文化生活。设筼筜社区、振兴社区、黄厝社区、中山社区及部队5个馆外图书流通点。2005年，被评为全国三级公共图书馆。2007年，建新图书馆大楼，址在厦禾路848号，为“十一五”期间重点文化工程项目。

二、街道图书室

20世纪90年代，中华、鹭江等街道建图书室。至2007年，全区10个街道文化站皆有图书阅览室，共藏书5.4万册。各街道图书室每日开放，提供读者阅览和借阅服务。工作开展较好的有中华街道文化站图书室，藏书7000册（为最多），管理员1名，日常接纳读者30多人。嘉莲街道文化站图书室，藏书5300册，管理员1名，日常接纳读者25人左右。

三、社区图书室

2003年，社区建图书室。至2007年，全区95个社区有83个社区建立图书室，共藏书167157册。其中，莲前街道前埔北社区图书室藏书最多，有7500册，管理员1名，日常接纳读者25人左右。筼筜街道育秀社区图书室藏书7000册，管理员1名，日常接纳读者约20人。滨海街道黄厝社区图书室藏书7000册，管理员1名，日常接纳读者约20人。厦港街道下澳社区图书室藏书7000册，管理员1名，日常接纳读者约20人。开元街道希望社区图书室藏书6000册，管理员1名，日常接纳读者约20人。嘉莲街道莲花五村社区图书室藏书5800册，管理员1名，日常接纳读者约20人。社区图书室常年开放，不定期举办宣传、读书活动。

附：区境市属图书机构

（一）市属图书发行单位

厦门市新华书店　址在中山路57号。1949年10月30日成立，国有文化企业。中山路门市部与福建人民出版社、中华书局建立特约经销关系。1984年3月，成立新华书店外文书店，有进口报刊经营权。同年4月，成立图书音像器材公司，经营音像制品、外语教具和文化用品。配合省新华书店及图书进出口公司，多次承办各类图书展览会、展销会。1991年12月，外文书店与中国图书进出口总公司合作，在厦门设关，为全省首家开展异地报送、提货、分发并中转福州业务。2004年，成立福建新华发行（集团）有限责任公司厦门分公司，业务经营涵盖社会科学、文教、文学、科技、少儿、艺术、电子、音像、外文、教材十大类出版物，品种18万种。2007年，全店人员210人，销售额8600万元。营业面积近万平方米，下设中山、富山、前埔、杏林、鼓浪屿5个门店、6个销售网点和网上书城。

厦门对外图书交流中心 址在湖滨南路809号。1989年，由中国外文出版事业局和厦门市政府共同投资设立，有图书、音像制品进出口权。属下有厦门外图中心书店、厦门外图学府书城、厦门外图台湾书店和外图网上书店。旗下还有1家全资子公司和4家合资公司。2007年，中心图书销售超亿元，进出口总额3500多万美元。出口大陆图书到台湾3000多万元；进口台湾图书到大陆1000万元人民币。举办50多次台湾书展，30多次台湾工艺、字画展，10多次台湾图书订货会。开办全国首家台湾书店；开辟台湾报纸从金门直进厦门的航线；在第十三、十四届全国书市上设台湾展区。2005年7月，在厦门国际会展中心承办第一届海峡两岸图书交易会。

（二）市属图书馆

厦门市图书馆 原址玉屏别墅（文渊井21号）。民国8年（1919年）设，民国9年9月20日开放。民国19年，更名思明县立厦门图书馆。民国24年，改为厦门市立图书馆。至民国26年，藏书4.1万册，报纸40多种，期刊100余种。民国27年5月11日，区境沦陷。9月17日夜，馆舍突然起火，馆舍和藏书皆成灰烬。民国28年，在水仙路47号复办市立图书馆。民国36年8月21日，址迁厦禾路186号南洋公会楼下。1949年10月后，改名厦门市图书馆。有中文平装书2.73万册，线装书7854册，外文书897册，报纸77种，期刊130种。1954年12月，工商业者郑忠益将思明北路126-134号1座四层大楼无偿借为馆址，并出资维修，馆舍面积1763平方米。此后规模逐渐扩大，业务很快发展。1972年8月，迁址于原厦门日报社大楼（中山路67-71号）。1988年6月，又迁到原市政府大院（公园南路2号，面积为1800平方米）。1989年，港胞杨贻瑶捐452万元，在大院西侧建五层综合楼1座，面积4410平方米，藏书60余万册。2006年底，馆迁入厦门市文化艺术中心。新馆建筑面积25732平方米。2007年3月1日正式开放。馆藏文献155万册，电子图书22万册，电子资源数据库12TB，以闽南地方文献为收藏特色。设普通文献、参考文献、视障人士、儿童等阅览区和IT体验区、音乐图书馆等。常年提供书刊外借、阅览、文献检索、导读、参考咨询等服务。举办公益性培训、展览、讲座，开展读书活动等。同时，以构建公共图书馆联合服务体系为目标，建立11个不同类型的分馆，拓展服务区域。

中山图书馆 原址鼓浪屿港仔后74号（河墘路）。民国13年，李汉青、叶清泉、许卓然等建立。民国17年5月5日开放。1953年1月，由厦门市政府接办。后，隶属厦门市图书馆，对外仍称中山图书馆。1963年3月，迁至中华路4号（原海关俱乐部），面积324.9平方米。1993年，市政府拨专款在旧馆址重建一座三层新楼房，建筑面积1500平方米。1994年11月4日，新馆建成开放。至2007年，藏书2万册，报刊千种，以艺术类图书为主。人员4人。

厦门市少年儿童图书馆 1986年元旦创办，位于思明北路130号（系已故爱国人士郑忠益先生捐赠）。2000年，在后埭溪路140号建成新馆。面积5031平方米，2001年6月1日新馆开放。有办证大厅、多媒体阅览室、电子教室、幼儿阅览室、中小学生综合阅览室及文学阅览室、教育参考阅览室、音像资料室、英文图书阅览室、少儿心理咨询室、集体外借书库、自修室、活动教室和多功能厅等。设办公室、研究辅导部、信息资源建设部、信息资源流通部和技术部。2003年，编制38人，在编37人（其中高级职称2人，中级职称11人）。馆藏文献14万种、46万册（件）。其中，港台图书6721种7173册；原版英文图书3233种13724册；另有4万多册电子图书在馆网站供读者在线阅览。自建容量为300GB的动画、歌曲、电影等视频点播系统，拥有视频资料1万余部。2002年6月，成为中国数字图书馆厦门少年儿童分馆。提供文献借阅、书目检索、电子阅读、参考咨询、心理咨询、网上信息传送等服务及素质教育培训服务。举办红领巾读书读报、中小学生“图书馆日”、故事会、英语导读、读者采选图书等儿童文学欣赏讲座，小书虫俱乐部、广场游园、外来员工子弟电脑培训、计算机基本知识培训等活动。在社区、学校建立28个分馆和图书流通点、15个集体外借用户，形成以总馆为中心，以分馆、流通站和集体外借用户为网点，以汽车图书馆为纽带的服务网络。2004年，被命名为首批“中国小公民道德建设实践基地”。2005年，被文化部授予省级一级图书馆。获全国“文明图书馆”、文化部“精神文明建设服务表彰单位”、全国“文化工作先进单位”称号。建馆至2007年，共接待读者620多万人次；流通图书720多万册次；组织读者活动4000多场；参加活动读者近40万人次。其中，2007年接待读者95.3万人次，流通图书99.9万册次，组织读者活动556场，参加活动读者4.7万人次，多数为居住在区境的少年儿童。

第二节　档　案

一、档案馆与馆藏

（一）档案馆

1998年1月，鼓浪屿区、开元区、思明区档案局和档案馆成立；局、馆人员合一。

2003年10月三区整合，撤销鼓浪屿区和开元区档案局、馆，划归思明区档案局、馆。址在禾祥东路168号，建筑面积650平方米。

（二）馆藏档案

至2007年底，思明区档案馆馆藏档案资料122个全宗，7万余卷（册），形成包括文书、科技、会计档案及工业、人口普查、婚姻、地名等专门档案在内的馆藏体系。内容涉及政治、经济、文化、卫生及民生、风土习俗等。

文书档案　馆藏1949—2003年机构档案122个全宗，27915卷。有中共思明区委、区政府、区人大常委会等区级机关及鼓浪屿、鹭江、中华、厦港、开元、筼筜、梧村、嘉莲、莲前和滨海10个街道办事处的档案。

科技、专业档案　馆藏至2007年科技和专业档案，门类多，有人口普查、会计、婚姻、勘界、公证等专业档案4万余件。

声像、照片档案　馆藏有声像档案30多种，图片400多张，其他资料上千册。

二、机关企事业档案

（一）机关事业档案

1950年，机关事业单位开始建档，但制度未完善，多由各科室自行保管，丢失现象严重。1952年11月，贯彻市政府秘书处《公文归档暂行办法》，区级机关事业单位的建档工作不断加强。

“文化大革命”期间，机关事业单位建档工作比较混乱。

1978年起，区级机关事业单位组织力量，整理“文化大革命”期间文书档案。1982年，成立区档案科，加强档案工作。是年12月，三区基本完成1981年以前的文件清理进档。1983年起，恢复实行文书部门平时立卷、年终归档制度，并开展“达标”验收活动。

1993年5月，三区检察院档案管理等级通过省级验收。1995年8月，三区法院档案管理等级通过省级验收。此后，许多机关事业单位档案工作相继通过省级验收。

1998年，档案种类由文书档案扩大到会计、照片、声像等门类。区档案局加强对各机关事业单位档案工作的指导。根据《厦门市会计档案管理办法》和《厦门市声像档案管理暂行办法》，规范会计档案、照片档案的整理归档。

2001年，区档案局（馆）对1949—1965年区委、区人委的档案重新进行整理、编辑、修复和保护。同时，整理“三讲”教育文件资料归档。其间，开元区科技局被评为“省级先进档案室”。

2003年10月三区整合后，加快档案目录数据库建设，提高档案检索利用服务质量，加强档案信息化建设，开展电子文件归档。

2006年3月，根据福建省档案局的要求，各机关事业单位建设文件档案数据库。至2007年12月，区委办、区政府办、区人大办等19个单位完成文件档案数据库建设。

（二）社区档案

1996年起，按照“有分管领导、有管理制度、有存放地点、有专人保管、有完整档案”的“五有”标准，开展街（居）建档工作。1998年6月，思明区政府印发《关于认真做好居委会建档工作的通知》，对建档任务要求、方法步骤、质量标准作详细指导。是年底，全区57个居委会均完成建档工作，共整理、归档4122卷。1999年，开元区6个街道160个居（村）委会全部建档，共立卷1000多卷。

2000年，贯彻《厦门市街道、居委会档案管理暂行办法》，社区档案管理工作进一步强化。是年，思明区有20个居委会建档合格。开元区村级建档合格率100%。2002年，开元区3个街道档案室通过省级达标验收。

2003年10月三区整合后，街（居）档案管理更加规范化。其间，梧村、莲前街道办事处被评为2000—2003年度厦门市档案工作先进集体。

2005年，全区28个社区建档达标，合格率29%。2006年，77个社区建档达标，达标率82%。2007年，社区居委会建档达标率100%。

（三）企业档案

1980年全国科技档案工作会议后，企业档案工作逐步开展。

1998年，思明区档案局印发《乡镇（街办）企业文件材料归档范围》，指导12家街办企业和4家外商投资企业开展建档，共建立档案1296卷。其中，文书档案203卷，会计档案1003卷，基建档案6卷，设备档案18卷，产品档案61卷，其他档案5卷。

2003年以来，区档案局加强调查研究，了解国有企业改革和发展对档案的新要求，为国有企业改革提供档案信息服务。企业围绕结构调整、资产重组、技术改造、产业升级的开展，建立档案；尤其做好关、停、并、转和破产企业档案。

三、接收　保管　利用

（一）档案接收

1950—1998年，档案资料均由区直各机关单位自行保管。1999年，思明区档案局（馆）暂时保管区政府办公室档案室1949—1997年的资料档案，接收区委办公室1984—1989年的档案，以及保管若干临时机构的档案。

2002年起，三区档案馆随着库房面积和保管条件的改善，开展档案接收工作。区档案局将区直机关和街道1990年前（含1990年）形成的永久、长期保存的档案及“三讲”教育档案、撤并机构档案、土地延包档案等全部接收进馆，并进行文件级目录的计算机录入。

2003年后，接收机关文书档案外，还接收科技、会计、婚姻、声像、地方特色、企业破产改制等多种内容、多种载体的档案。同时，收藏年鉴、专著、文件汇编等。

2006年，根据市档案局关于加强重点建设项目声像档案资料收集归档的意见，接收重点建设项目论证立项、征地拆迁、勘探设计、招标投标、开工、施工、竣工等各个环节形成的声像档案资料。

（二）档案保管

1999年以前，机关事业单位的档案各自保管，因缺乏经验、保管条件差，档案受潮、破损、白蚁蛀蚀等现象时有发生。1999年后，随着档案工作整顿和接收，档案保管逐步走上正轨。

2003年以来，区档案馆开始使用安全密闭、防光防尘的密集架存放档案，库房装备中央空调、恒湿恒温系统、自动消防灭火系统、温湿度自动测试系统，全面改善档案保管的条件。至2007年底，区档案局馆总库房面积430平方米，分为5间独立库房，档案密集架278立方米。主要设备：复印机1台、数码相（摄）机2台、除湿机4台、防磁防火柜2座、档案消毒柜1座，工业缝纫机1架、计算机10台，打印机7台、自动温湿度记录仪5台，配备中央空调、报警系统、灭火器等设备，为维护档案安全创造条件。

区档案馆通过集中学习、组织培训、以会代训、通报事故、出卷答题作业等多种形式，引导档案工作人员树立安全责任意识，确保档案安全。每年开展一次档案安全检查，对文件归档、档案移交、整理及借阅利用等环节进行督查，发现问题，及时整改。实施《思明区计算机机房管理制度》《思明区档案馆关于档案资料安全管理制度》，落实档案保管的岗位安全责任制，制订应急预案。2004年8月，区档案馆被认定为省二级馆。

（三）档案利用

区档案局先后制定《思明区档案馆档案借阅利用制度》《思明区关于利用档案资料的暂行规定》《思明区档案馆开放档案实施细则》，保证档案信息资源的开发和利用。同时，设立“思明区现行文件利用中心”，设立专门的阅览室，建立借阅、复制、统计、利用效果登记等制度，并提供电脑查寻、电话咨询、档案复制等服务。区档案局定期收集和分析查档者对档案工作的意见和利用档案效益等信息，以改善基础工作和提高服务质量。区档案馆加强档案整理和检索工具编制等基础工作，对馆藏三区档案中原案卷标题不符卷内文件内容的进行改正，并分别编制簿式案卷目录、案卷卡片和全宗介绍，以供检索，提高档案查全率和查准率。协助各单位查找、复印资料。

2003—2007年，区档案馆共接待查档者4000多人次，提供档案5000多卷。服务区直机关、事业单位，调阅案卷1000多卷，出具证明材料数千份。服务市民群众，查档取证1000多件（土地、婚姻、独生子女、遗产继承、插队落户等有关情况证明）。服务编史修志，2007年7月始，为首轮《厦门市思明区志》编纂工作提供历史档案。

第六章 文 物

第一节 古文化遗址

一、商周文化遗址

民国时期，厦门大学组织人员对区境古文化遗址进行调查。至2007年，调查发现商周时期文化遗址6处。

思明区境商周时期文化遗址一览表

表25-6-1

名 称	地 点	采集标本	调查发现时间
蜂巢山	南普陀寺西南山坡	石锛等	民国20年
东边社	厦门大学内东侧山脚	石锛等	民国21年
厦大建南礼堂	厦门大学建南礼堂斜坡	印纹陶片、石锛等	1952年、1953年

续表25-6-1

名　称	地　点	采集标本	调查发现时间
曾厝垵	曾厝垵村	石锛、石凿等	1955 年、1957 年
西牯岭	西山村东一里许	石锛等	1972 年
圈山	厦门大学九湾	石锛等	1981 年

二、古兵防设施遗址

厦门所城遗址　位于新华路。明初，朝廷令江夏侯周德兴在东南沿海筑建所城。明洪武二十七年（1394 年），厦门所城建成，移泉州永宁卫之中、左二所驻防于此，领兵 1240 名。厦门所城原周长 425 丈（1416.7 米），高 1.9 丈（6.3 米）。设窝铺 22 个，城门四座。东门名“启明”；西门名“怀音”；南门名“洽德”；北门名“潢枢”。明永乐十五年（1417 年），城墙增高为 2.2 丈（7.3 米），四城门增设月城。明正统八年（1443 年），又筑敌楼四座。清康熙二年（1663 年），厦门所城被清兵攻陷并拆毁；二十四年复建，城周长扩大至 600 丈（2000 米）。清乾隆十七年（1752 年）重修。鸦片战争时，英军攻占厦门所城。后，城垣渐废，或因市政建设需要而被拆除。仅存北面城墙一段，长仅 70 米，墙残高 2～7 米，顶宽3.5～6 米。墙体两侧以花岗岩条石干砌而成，中部以三合土填筑。条石长 1.4 米，宽 0.28 米，高 0.3 米，以横、纵相间的形式排列。1994 年，值厦门建城 600 周年，市文物管理委员会办公室重修残墙并修复城垛。

厦门城墙遗址　　　　（卓壬癸/摄）

镇北关遗址　位于厦门大学东南端，民间称为镇北关。仅存残损城墙一段，呈西南至东北走向，正面朝东南大海。墙体以沙、灰、土及细砾石混合筑于岩坡上。残存部分长 25 米，厚 0.5～0.6 米，高 1.5～1.8 米。尚存小门 1 座。遗址整体建筑呈明、清风格。

龙头山寨遗址　位于日光岩。明末清初，民族英雄郑成功在此驻兵置寨。寨门在日光岩东麓山腰巨岩夹峙之间的隘口。寨门与两侧翼墙均以花岗岩条石叠成，门洞长 4.5 米，高 1.74 米，宽 0.8 米。寨墙高 2.9 米。整体保存完好，寨门前方石阶通山下。寨门内多处岩石上遗留直径 0.15 米、深 0.08 米的凹陷孔洞。这些孔洞或作“人”字形排列，或依山岩地势直线排列，是郑军当年凿岩搭椽架梁建营房的遗迹。

龙头山寨遗址

水操台遗址　位于日光岩上。遗址内尚存石砌寨门，面向厦门海域。日光岩最高处海拔93米，周围巨石兀立，古树成荫。清顺治四年［南明永历元年(1647年)］八月起，郑成功在日光岩设寨屯兵，站在岩上指挥、操练水师，后人称之水操台。寨门右上侧有黄仲训署名的阴刻楷书“郑延平水操台故址”。

嘉兴寨遗址 位于思明南路鸿山寺后山上。残存石寨墙垣8处，最长一段11米，高2.5米；另一段长5米，高5米。鸿山顶有一巨岩，上镌楷书“嘉兴寨”，每字高0.55米，宽0.43米。嘉兴寨是郑成功屯兵要地之一。

演武池遗址 位于厦门大学西村宿舍区西侧。明末清初，郑成功在此操练水师战船。后，大部分水域被填成陆地。存池水面积8715平方米，四周为现代所砌花岗岩堤岸。东、西堤长各105米，南、北堤长各83米，堤岸高度3.5米。池水经地下涵道与厦门海域相通。

演武亭遗址 位于厦门大学体育场。清顺治十五年［南明永历十二年（1658年）］三月，工官冯澄世奉命筑亭于演武场上，作为郑成功操练“铁人军”和召集会议处所。清康熙十九年（1680年），清军攻陷厦门。郑经撤军台湾前将亭焚毁。1954年在群贤楼前出土楷书“练胆”石刻一方，高0.48米，宽1.2米。每字纵0.39米，横0.29米。

演武亭遗址（龚万钟/摄）

胡里山炮台遗址 位于曾厝垵路2号。清光绪十七年（1891年），福建水师提督彭楚汉、杨岐珍相继督造。光绪二十二年竣工。炮台整体呈长方形，占地1.2万平方米，东、西、北三面砌高7米、顶宽2米的条石墙。墙上垛口155个。炮台南端为炮火配置区。台基以糯米浆、乌樟汁拌灰沙夯筑而成。周边绕以深2米、宽3米的石构壕堑。台面上存东、西两座炮位。内置德国克虏伯兵工厂所产巨炮于圆形钢轨上。现仅存东炮位之巨炮1门，炮筒长13.9米，口径0.28米，全炮重5.99万公斤。炮位后方台基之下有石砌地下通道。操场东、西侧各有对称的砖石结构拱顶窑式营共11间，每间面积20平方米。石砌弹药库在东城门内左后侧，保存较好。

三、其他文化遗址

陈黯隐居石室遗址 位于金榜山北面山腰“玉笏”石下方。1995年，厦门市政府拨款修葺，置陈黯石雕坐像，并在洞口巨石镌“钓隐”。陈黯，唐末知名文士。石室洞口朝北，天然岩石倚叠而成。上覆巨石，长20米，高10米。室内最高处4.5米。

郑成功读书处遗址 位于万石植物园太平岩“石笑”石刻处。“石笑”石刻坐落在中岩与太平岩通道上，由两块如双唇状巨石构成，形如笑口。明末清初，郑成功屯兵区境时，常到此读书。

樵溪桥及高读琴洞遗址 位于万石植物园内紫云岩的樵溪上。清顺治十年［南明永历七年（1653年）］建。桥体由花岗岩条石构成，长6米，宽1.5米，东端架于巨石上，西端以高3米、宽2.2米的石墩为支柱。石桥旁巨石上镌楷书“樵溪桥”，落款“永历七年阳月岱洲余宏志”。距樵溪桥100米处有一岩洞，洞上以行楷书镌“琴洞”，落款“乾隆辛卯年（1771年）蒲月南湖郑君扬书”。洞高5米，深13米，宽3米。洞内一石状如古琴，溪水流经石下，声如琴鸣，故名琴洞。樵溪桥及琴洞曾是郑成功读书的地方。

阮旻锡夕阳寮隐居遗址 位于望高石之西北麓。夕阳寮系明末清初历史学者阮旻锡隐居处。阮旻锡，厦门岛人，生于明天启七年（1627年）。被郑成功聘入储贤馆参与军政大事，晚年隐居于此。

第二节 墓葬

一、古代墓葬

陈黯墓 位于西林观音山北山麓。墓坐西南朝东北。占地80平方米。墓呈寿龟形，花岗岩条石围砌，三合土封顶。高1.25米，宽0.77米，厚0.17米。上镌行书“唐场老陈先生茔”。

叶十三郎墓 位于莲坂嘉莲花园与嘉禾路之间（叶十三郎于宋绍兴年间，从河南举家迁居今思明区境）。仅存墓碑。顶部浮雕卷云纹，正中镌楷书“十三郎叶公墓”。1992年，由建设单位划出503平方米用地作为墓葬保护范围，并建造仿古式砖砌围墙。叶氏后裔筹资对墓场进行修缮。

太师太傅墓 原址在思明南路厦门殡葬管理处东北侧的石墙内。太师彦千即郑广英，太傅涛千即郑海英（郑芝鹏之长子及第三子）。墓区仅存封穴墓碑及供桌。墓碑坐东朝西，高1.51米，宽1.17米，厚0.3米，上镌楷书“皇明武荣太师彦千太傅涛千郑公墓”。1994年4月，经厦门市政府批准，将墓葬迁至石墙外东北侧100米处与墓主事迹有关的鸿山公园“双忠魂”摩崖石刻下，并增置亭台、栏杆、牌坊等。发掘出土由王忠孝撰、沈佺期书灰石墨岩质墓志铭。

陈士京墓 位于笔架山。民国初年，迁葬鸡母山北麓，即今鸡山路12号东墙外侧。陈士京，浙江宁波人，明崇祯年间进士。清顺治十六年［南明永历十三年（1659年）］三月，逝于鼓浪屿。其墓仅存墓碑及附碑。墓碑坐南朝北，高0.91米，宽0.57米，厚0.17米。正中阴刻行书“逋庵”二字。

胡贵墓 位于洪山柄村公路南侧。胡贵，厦门人。清雍正至乾隆年间因功累官至广东提督。清乾隆二十五年（1760年），逝于广东提督任上，朝廷赐葬，谥勤悫。墓坐南朝北，墓长40米，宽24米。圹面以沙土封堆，墓基围以三合土构筑。墓碑镌楷书“皇清光禄大夫任提督军门谥勤悫胡公配一品夫人慈悫陈氏暨待赠夫人柔顺王氏墓”。墓埕东、西两边列立石马、石羊、石狮、文武翁仲、莲花柱等石雕。墓场前西北侧有石砌神道碑亭1座，碑镌墓主生前事迹。

二、近现代陵墓

陈化成墓 位于金榜山北麓。陈化成于清道光十年（1830年），任福建水师提督，驻厦10年。调任江南提督，驻防上海吴淞口，道光二十二年六月，在吴淞口炮台英勇抗击英军，殉职。遗体于翌年运回葬于金榜山之麓。墓存面积700平方米。墓体坐北朝南，墓围前端有莲花、狮子雕饰各一对。墓碑镌“皇清诰授振威将军赐谥忠愍陈公诰封一品夫人德配曾夫人茔”。石供桌正立面浮雕麒麟、双鹿纹饰。1986年，重修增建墙栏及花岗岩地面。1992年，安置陈化成半身铜像。

卢戆章墓 位于鸡母山西麓的基督教徒墓地内。卢戆章长居鼓浪屿，从事语言文字研究和改革，为中国拼音文字运动先驱。墓坐东北朝西南，长方形辉绿岩墓碑，顶部圆弧形，高0.72米，宽0.42米，厚0.08米，上镌“发明中华新字始祖”和“卢公戆章佳域”。

孙道仁墓 位于仙岳山南麓山腰。孙道仁于辛亥革命在福建推翻清王朝后，被推为福建都督。侨居鼓浪屿。于民国21年（1932年）逝世。墓坐北朝南，墓体为花岗岩等边梯形纪念碑式，高2米，底部宽0.89米，顶部宽0.77米。碑身正面镌隶书“永威将军上将衔陆军中将福建都督孙公静山之墓”。该墓于1992年被发现。1995年修缮。

南普陀寺舍利塔群 分布于五老峰南麓，南普陀寺后东、西两侧。建转逢、会泉、景峰、喜参和妙湛等高僧的花岗岩舍利塔和纪念塔。转逢和尚舍利塔在藏经阁后山，1954年建，通高5米，台基平面呈正六边形，每边长1.4米。塔身正面题刻“转逢和尚之塔”。《转逢和尚塔铭》高2米，宽0.9米，嵌砌于塔园内东侧的墙上。会泉法师纪念塔在南普陀寺大禅堂后，1962年始建，坐北朝南，通高6.5米，方形台基每边长3.1米。正面题刻楷书“会泉法师之塔”。

第三节　历史建筑物

一、庙宇　教堂

南普陀寺　位于五老峰山麓。五代僧清浩始建，称泗洲院。清康熙二十二年（1683年），施琅在普照寺旧址扩建，改称南普陀寺。建有天王殿、大雄宝殿、大悲殿、藏经阁、禅堂、普照楼、工客堂、功德堂、班首寮等。

清真寺　位于公园南路南侧玉屏城旁。清道光年间，浙江提督杨帅倡建。该寺历经风雨，破陋不堪。1955年，厦门市政府拨款维修。有阿訇居室、工作室、会议室、会客室、休息室。2003年9月，该寺重建竣工，10月1日投入使用。新址在公园南路27-29号，为区境与周边地区伊斯兰教信徒的宗教活动场所。

三一堂　位于安海路69号。民国23年（1934年），英国长老会派下的厦港礼拜堂、美国归正教会派下的新街礼拜堂和竹树脚礼拜堂联合在鼓浪屿兴建。三一堂为典型的欧式教堂建筑。平面布局呈十字形。

安献堂　位于鸡山路18号。民国23年，美国基督教牧师安礼逊在鸡山顶兴建。民国27年，教会办的美华小学迁入。该楼坐北朝南，为花岗岩条石建成，3层，建筑面积1005.6平方米，平面为封闭式内廊布局，建筑沿中轴左右对称，中心部位入口处以四根圆柱、三角形山花和台阶为装饰。屋顶为平顶式，四周设高1米的石砌女儿墙。该建筑为美国建筑师设计。解放后，此楼仍办小学（名康泰小学，后名工农小学）。1985年，改办音乐学校。

新街礼拜堂　清道光二十七年（1847年），信徒福贵伯在闹市部狗墓（今台光街29号）建。被称为“中华第一圣堂”，属典型的欧式教堂风格。民国17年，礼堂坍塌。民国22年10月，重建。民国24年12月29日，举行落成庆祝礼拜。民国37年3月11—17日，举行纪念建堂100周年大会。“文化大革命”期间，教堂停止聚会。1979年8月26日复堂，恢复宗教活动。

天主堂　位于鹿礁路34号。民国5年，由原西班牙领事馆改为鼓浪屿天主堂。翌年在主教楼前建主教座堂，是一座哥特式单钟楼教堂。教堂正中祭台供奉耶稣像。“文化大革命”期间，被占用。1981年，该堂归还教会，1982年1月10日复堂。2001年3月，大修整，2001年9月27日竣工。

二、祠堂　宅居

江夏堂　位于钱炉灰埕2号（今文安小学内）。清宣统三年（1911年），由武状元黄培松募捐兴建，为黄氏宗祠。民国7年建成。包括祖堂、宗贤堂、拜庭、宗亲会馆、宗塾、馆舍及花园等，占地面积约1万平方米。

陈化成故居　位于草埔巷9号。陈化成任福建水师提督时购置。建筑物有天井和厅堂，两侧为卧室和灶间。

陈化成祠　位于公园西路15号东侧。清道光二十二年（1842年）陈化成殉国后，由参将陈胜元和地方绅商建此祠堂祀之。1983年市政府拨款重修。祠堂坐北朝南，砖木结构，面宽11.5米，进深16.3米，占地面积188平方米。中轴线上从南至北为前厅、天井和正堂。正门石匾额镌楷书“陈公祠”，正堂内供禄位牌，上题“诰授建威将军钦命江南福建全省水师提督军门赐谥忠愍讳化成陈公禄位”。

三、坊表塔

钦赐祭葬石坊表 位于万石植物园紫云岩西麓。系清将许廷桂墓葬的附属文物建筑。清嘉庆十四年（1809年）六月，许廷桂在粤海追剿张宝仔部时阵亡。嘉庆皇帝按总兵例赐祭葬。牌坊为花岗岩条石构筑，坐东朝西，冲天式，通高5.5米，宽6米，四柱三间，坊额镌楷书“钦赐祭葬”。额榜雕饰双龙祥云纹，左、右花板饰灵芝瑞草纹。牌坊后为许廷桂夫妇合葬墓，墓碑镌“皇清晋赠武显将军鼎斋许公诰赠夫人勤慎聂氏茔”。

孝阙增光坊 位于普佑街45号之正门处。民国8年（1919年）立。牌坊为花岗岩条石构筑，坐东朝西，三间四柱三楼门楼式，面阔7.15米。坊额为民国5年9月“大总统”黎元洪为旌表福建名孝子黄传昌而题写的楷书牌匾“孝阙增光”，正中上方钤印国玺“荣典之玺”。在左右两间的墙面上，分别雕有关公和书剑宝马，还有莲花、石榴等彩色剪瓷浮雕。所旌表人黄传昌是早年名扬八闽大孝子。

凤尾塔 位于湖明路中段东侧绿化带。形制似塔，塔基以条石垒砌，6层，下3层为四方形，第四层呈扁球形，第五层是八角形，其中一面镌“永盛”；第六层又是四方形，四面有佛坐像浮雕，顶部八角出檐。塔身自下而上每层依次缩小。石塔原在筼筜港凤头屿附近，对应凤头屿而称“凤尾塔”。2003年，塔身倾斜，市文化局文物处进行维护。

四、其他建筑

国姓井 位于日光岩南麓延平公园内。井壁由花岗岩条石砌成，圆形井栏。井口内径0.39米，外径0.58米，深5米。清顺治四年（南明永历元年、1647年），郑成功屯兵鼓浪屿时，郑军开凿之井。闽南人民尊称郑成功为“国姓爷”，故名国姓井。

八卦楼 位于鼓新路43号。清光绪三十三年（1907年），林鹤寿（台湾富绅）建。民国13年日本领事馆接管该楼，并在此开办旭瀛书院鼓浪屿分院。民国34年8月，国民政府将其接收，交厦门大学使用。1988年，辟为厦门市博物馆，是年5月5日对外开放。八卦楼为荷兰人郁约翰设计。楼坐南朝北，建筑面积4623平方米。平面布局为四面外廊加十字内廊。地上三层，半地下一层，地下室部分为花岗岩条石砌筑，四角耳房为清水红砖墙，其余为砖墙抹灰粉白。建筑四面外廊均设有数根巨大圆形廊柱。二楼顶部分为平顶，四周砌高1米的女儿墙。三楼为多坡顶，屋面铺红色机平瓦。中心部位为高达10米的穹隆顶观景台。东、西、南、北四面均设入口。系鼓浪屿标志性建筑之一。

黄家别墅 位于晃岩路27号。民国20—25年，华侨黄奕住建。坐西南朝东北，砖石结构建筑物3幢，建筑面积4500平方米。居中主体建筑物平面呈正方形，正面入口处为“∪”形外廊，背面另附设一个带半圆形阳台的外廊。正面装饰标志性的山花图案，檐口厚重，并以红瓦衬托，体现雍容华贵的外观，两侧配楼采用较多的欧洲风格装饰。辟为鼓浪屿宾馆。

西林·瞰青别墅 位于永春路71号、73号。主楼为西林别墅，陪楼为瞰青别墅，系民国7—17年越南华侨黄仲训建。主楼坐西南朝东北，包括地下室共4层，为典型中西合璧风格的砖石结构建筑，总建筑面积1360平方米。该建筑物前有半圆形外廊，一至二层采用通式科林斯圆柱。陪楼坐东南朝西北，为二层砖木结构建筑，总建筑面积500平方米。建筑物正立面为附有方形门厅的柱廊，屋顶部分和建筑物平面布局具有中式传统风格，且糅合西洋建筑的特征。

菽庄花园 位于港仔后7号。民国2年，闽台富绅林尔嘉仿照其父辈在台北建造的板桥别墅，建成此家园。1956年，林菽庄家人将该园捐献给厦门市政府，1965年后，辟为公园。

理船厅公所旧址 位于鼓新路60号。清同治元年（1862年），朝廷制定《厦门口理船厅章程》，建立理船厅公所。该址坐南朝东，系3层英式砖混结构建筑，占地面积667平方米。主体建筑部分的东南、东北两面均附建宽敞的走廊、门斗（即衣帽间），采用典型的英国式建筑艺术风格。

汇丰银行办公楼旧址 位于鼓新路57号。原系清光绪二年（1875年）英商埃尔斯洋行。占地面积384.6平方米，高8.55米。屋顶铺砌砖瓦，并附有壁炉式红砖水泥烟囱。各外墙立面附有大面积玻璃窗。该建筑物柱子的柱头以水泥塑作花瓣状，柱身以特制弧形红砖砌成，柱基用花岗石块拼砌，柱间栏杆则采用陶瓶装饰。整体建筑形式体现西洋建筑艺术融合于闽南建筑风格中的特点。

美国领事馆旧址　位于三明路26号。民国19年建，由美国工程师设计。花园式楼院。坐西南朝东北，为两层砖混结构，建筑面积1020平方米，通高10.8米。平面布局呈“工”字形，外墙大部分以深红砖砌成，与白色的外廊墙面、山花及柱廊的古典大圆柱形成明显对比。多坡面屋顶，中部为平台，四周围以黑色铁栏杆，四角置有壁炉烟囱。1992年，改名为华风山庄。

第四节　摩崖石刻与碑刻

一、摩崖石刻

云顶岩石刻群　分布于云顶岩万广寺周围。有明、清至民国时期摩崖石刻近30处。其中，“龙门”石刻为南宋丞相陆秀夫所题。明洪武十四年（1381年）的“天际”石刻是厦门岛上现存最早的纪年石刻，明代以来诸多名士如丁一中、刘存德、洪朝选、周凯等都在岩上留下观日赏景、抒情咏事的摩崖题刻。

无量寿佛石刻　位于万寿岩万寿寺东侧60米处朝北摩崖上。楷书“无量寿佛”，幅高4.5米，宽1.2米，书法浑厚古朴，落款“福建都司郡口贾定立”。作于明正统七年（1442年）。清康熙年间太学生马世杰重镌。

俞戚诗壁　位于万寿岩万寿寺遗址右侧摩崖上。镌楷书七言律诗3首，共14行，诗幅宽2.3米，高3米，诗作者为戚继光和俞大猷等。俞、戚为明代嘉靖、万历年间著名将领，率兵入闽平息东南沿海倭患。

日光岩石刻群　位于日光岩寺后摩崖上。有明代至民国时期历史人物、书法家及社会名士的题名石刻84处。丁一中“鼓浪洞天”题刻为行楷书体，每字高1.2米，宽1米，作于明万历元年（1573年）春。石国球行楷体《旭亭记》石刻位于龙头山寨寨门之东北侧，作于清乾隆二十五年（1760年），幅高1.5米，宽2.7米，咏景述事之作。清末施士洁“古避暑洞”隶书题刻和民国李增霨“闽海雄风”楷书题刻均位于龙头山寨寨门后侧，每字幅高1.8米、宽1.54米。民国16年（1927年），著名教育家蔡元培行书题刻七绝一首和民国22年抗日将领蔡廷锴楷书题刻七绝一首，位于龙头山寨寨门前方摩崖上。

陈第、沈有容题名石刻　位于五老峰麓南普陀寺藏经阁西侧摩崖上。石刻幅高1.1米，宽1米。上镌“万历辛丑四月朔三山陈第宛陵沈有容同登兹山骋望极天徘徊竟日”。陈第（福建连江人）、沈有容（安徽宛陵人）为明嘉靖、万历时期在闽省抗倭、抗荷的将领。

醉仙岩征倭诗刻　位于天界寺后山长啸洞岩壁上。诗壁镌刻明万历三十六年（1608年）福建总兵施德政、部将李扬及福建南路参将徐为斌等人七律各一首。诗刻为直行，行楷书体。施德政诗刻幅高1.37米，宽0.72米；李扬诗刻幅高1.35米，宽0.7米；徐为斌诗刻幅高1.34米，宽0.9米。

虎溪岩棱层洞石刻群　位于虎溪岩寺棱层洞及周边摩崖上。石刻年代为明至民国。林懋时楷书横题刻“棱层”，位于洞口上方，每字1米见方，落款“万历丙辰年”（1616年）。何乔远（福建泉州人，明万历十四年进士）所录池直夫五律2首镌刻于邓会石刻右侧，幅高2.2米，宽1.6米，行书。邓会（郑成功部属，思明州知州）所题行书七绝诗一首，幅高1.3米，宽1.1米，位于“棱层”石刻之右侧。其他石刻作者有蔡谦光、林祖澎和释太虚等。

徐一鸣等攻剿红夷石刻　位于思明南路鸿山公园内的鸿山寺右侧摩崖上。幅高2.2米，宽1米，行楷书，全文为：“天启二年十月二十六等日，钦差镇守福建地方等处都督徐一鸣督游击将军赵颇、坐营陈天策，率三营浙兵把总朱梁、王宗兆、李知纲等到此攻剿红夷。”

朱一冯、赵纾攻剿红夷石刻 朱一冯石刻位于白鹿洞后山摩崖上。幅高、宽均1米，全文楷书："天启癸亥年十一月二十日，广陵朱一冯以督师剿夷至。"赵纾题名石刻位于白鹿洞佛殿右后侧摩崖上。幅高1.7米，宽0.6米，全文楷书："天启癸亥冬晋阳赵纾督征到此。"

锁云石刻 位于万石植物园水库东北岸。一石高耸，刻楷书"锁云"，字幅高0.3米，宽0.6米，系清康熙三十七年（1698年）厦门海防同知姚应凤所题。万石植物园中岩佛殿前一高3.5米的笏状巨石，右侧镌隶书"玉笏"，字幅高0.5米，宽0.5米；左侧草书落款"丁亥秋中定远书"（即定远侯郑联书）。

重建鼓浪屿三和宫记石刻 位于鼓新路49号。石刻幅高11.5米，宽6.4米，镌刻楷书17行，共346字。由清福建水师提督王得禄撰文，候补知县王圭璋书，于清嘉庆十八年（1813年）勒石。石刻记载三和宫重修始末并述及王得禄在三和宫前修葺战舰，以及镇压嘉庆年间蔡牵、朱濆武装起义等史实。

榕林别墅石刻群 位于小走马路古凤凰山。清乾隆年间，黄日纪建造别墅，占地6666.67平方米。原有18处景点及由清学者蔡新等42人署名题诗的碑刻和摩崖石刻48处。仅存"百人石"景点及黄日纪、薛起凤、王仁堪等诗文题刻10处。

"佛"字石刻 位于南普陀寺藏经阁东后侧五老峰登山口摩崖上。"佛"字行书，幅高4.2米，宽4米，笔画最宽处0.36米。石刻之左右侧分别行草书落款："光绪乙巳年四月佛浴"及"持名弟子振慧敬书"。该石刻是闽南最大的单字石刻。

美国舰队访厦记事石刻 位于南普陀寺藏经阁东侧岩石上。石刻行楷书，幅高1.4米，宽2.5米。清光绪三十四年（1908年）十月初六，美国海军提督额墨利率"路易森那号"等8艘军舰访问厦门，受到清廷盛情款待。厦门地方官绅勒石记之。

美舰队赴厦赠银杯记事石刻 位于南普陀寺藏经阁东侧岩石上。石刻行楷书，幅高0.8米，宽1.6米。落款"阖厦官绅再志"。清宣统二年（1910年）季春，美国海军东方舰队提督哈卜率"差利司顿号"等5艘军舰赴厦门，举行献赠银杯纪念品仪式。清廷派海军提督程璧光率海圻、海琛2舰赴厦门迎接。厦门官绅勒石记之。

美商会代表团访厦记事石刻 位于南普陀寺藏经阁后侧岩石上。石刻行楷书，幅高1.35米，宽1.65米。记述清宣统二年（1910年）九月十七日，厦门花翎道衔叶崇禄偕地方官员、人士在南普陀寺宴请美国商会代表团之事。

二、碑刻

田租入寺志碑 位于南普陀寺大雄宝殿东侧廊壁上。碑高1.8米，宽1.78米，楷书。落款为"明崇祯十三年庚辰三月"，"赐进士嘉议大夫太常寺卿林宗载书"。碑文记述林宗载家因求嗣许愿，将所得田租交归普照寺收取的经过。普照寺，建于唐末，几经兴废，至清康熙时由靖海侯施琅重建后改名南普陀寺。林宗载，塔头人，明万历四十四年（1616年）进士，官至太常寺卿。

澎湖阵亡将士祠碑 位于中岩山门内。清康熙五十三年（1714年），福建提督蓝理倡建。碑高2.12米，宽0.84米，厚0.19米。镌刻楷书"澎湖阵亡将士之灵"。中岩原有蓝理倡建的将士祠，废圮年月不详。康熙二十二年六月十四日，福建水师提督施琅率舟师进击台湾，澎湖一役，清军将士阵亡329名。其时，蓝理是施琅征台重要将领。

乾隆御制碑 位于南普陀寺内。有《御制剿灭台湾逆贼生擒林爽文纪事语》《御制平定台湾告成热河文庙碑文》《御制平定台湾二十功臣像赞序》和《御制福康安奏报生擒庄大田纪事语》等满、汉文字对照的碑记8座。各碑高3米，宽1.28米，厚0.12米。碑文皆为乾隆皇帝弘历所撰，碑立于清乾隆五十三年（1788年）。乾隆五十一年，台湾彰化、凤山等地爆发林爽文、庄大田等领导的大规模起义，多次击败清军围剿。乾隆五十二年八月，清廷改派陕甘总督福康安率兵再次入台镇压。御制碑记述镇压起义军经过及对将帅褒奖情况。

建盖大小担山寨城碑　位于厦门大学建南大礼堂南侧，朝西南海域。石亭内碑额作楷书，碑高2.1米，宽0.86米，厚0.15米。碑文记述清嘉庆七年（1802年）蔡牵率海上武装攻袭大、小担岛清军驻防地，以及厦门行商为加强防务捐款建盖大、小担山寨城过程。落款“嘉庆八年岁次癸亥总督闽浙使者长白玉德记”。石碑背面载列捐款行商字号及捐款数。

重建兴泉永道署碑　位于公园南路2号东侧。碑高2.15米，宽1.12米，厚0.15米，楷书。道署建于清乾隆四年（1739年），于清道光二十一年（1841年）被英国侵略者强占。道光二十五年又改建为洋楼。清同治二年（1863年）英方归还道署。翌年，当地士商捐款削平洋楼重建道署，并由道尹曾宪德撰文立碑载述此事。

日本领事馆警察署落成碑　位于鹿礁路24号。黑色辉绿岩石质，碑高0.31米，宽0.6米，厚0.1米，隶书。日本国昭和四年（1929年）四月落成。碑文载述修缮、建造日本领事馆警察署及其他设施的工程费用安排和各项目主持人姓名。

第五节　革命旧址与纪念建筑物

一、革命旧址

厦门地区第一个共产党支部诞生地　位于厦门大学囊萤楼。民国11年（1922年）建。坐北朝南，石木结构三层楼。占地面积200平方米，是陈嘉庚创办厦门大学首批兴建的校舍之一。民国15年2月，厦门大学学生罗秋天、罗扬才、李觉民在此成立厦门地区第一个中共支部。

厦门总工会旧址　位于大同路土堆巷68号。坐北朝南，砖木结构三层楼，占地面积170平方米。民国16年1月24日，厦门市总工会（筹备会）在此成立。通过工会章程，选举中共党员罗杨才、杨世宁为总工会正、副委员长，并组建工人纠察队。1990年，一楼开设厦门工人革命运动史陈列室。

中共福建省第二次代表会会址　位于内厝澳449号曾家园。民国9年建，原为印尼华侨曾昆东私宅。坐北朝南，砖混结构二层楼，占地面积180平方米。民国19年2月15—20日，中共福建省第二次代表会在此召开。中共中央派恽代英到会指导，出席大会代表22人。

厦门破狱斗争旧址　位于思明南路473号。清乾隆三十年（1765）建，为历代监狱。保存牢房3座、刑讯室1座，均砖木结构布瓦顶平屋，外围墙高4米，占地面积300平方米。中共福建省委为营救被监禁在思明监狱的革命者，由省委书记罗明等组成“破监委员会”，领导破狱斗争。民国19年5月25日，成功营救40多位共产党员与革命群众。1984年和1985年，对旧址进行维修。1988年，于南面一座牢房设厦门破狱斗争史迹陈列室。

中共福建省委机关旧址　位于虎巷8号。遗址坐西南朝东北，砖木结构两层西式洋房，占地面积150平方米。建于民国9年，为南洋华侨私宅。民国19年8月，中共党员曾志遵照中共福建省委指示，以私人名义租用该楼二楼作为省委机关秘书处、宣传部和省军委的办公地。民国20年3月25日，省委机关遭国民党破坏，组织部长兼秘书长杨适、宣传部长李国珍等8位被捕就义。

厦门各界抗敌后援会会址　位于定安路71号。民国18年建，台籍妇产科医生黄仔厐私宅，名保生堂。坐南朝北，砖混结构4层西式楼，占地面积246平方米。民国26年7月28日，福建省各界抗敌后援会厦门分会在保生堂成立。

厦门国立第一侨民师范学校旧址　位于曾厝垵，俗称红楼。坐西北朝东南，民国8年，印尼华侨黄洁传、黄大厝合建。由前后两座双层红砖洋楼、护厝及天井组成，占地面积2600平方米，近代西式建筑。民国34年，厦门国立第一侨民师范学校租用红楼为校舍。中共闽中、闽西南、城工部的党组织先后在侨师建立党支部并进行革命活动。

中共厦门工委（闽中）旧址　位于励志路1号。坐西南朝东北，二进式砖木结构平房，占地面积

750平方米。民国23年建，原为佛教斋堂，名“妙法林”。民国35年4月，在此成立中共厦门工作委员会，书记许集美。1984年，旧址复修。

二、纪念建筑物

革命烈士纪念碑及烈士陵园 位于虎园路1号。1953年10月建，翌年10月落成。有烈士纪念碑和烈士陵墓，占地面积2.3万平方米。坐东朝西，台基以花岗岩条石铺砌，分两层，外层边长40米，36级台阶通达碑体。碑座高1.5米。碑身底边长2.4米，宽2.3米，通高24米。碑身正背两面均镌刻五角星及陈毅题写的“先烈雄风永镇海疆”。烈士陵墓呈圆形，位于纪念碑正后方，由花岗岩块石砌成。墓高3米，周长31米。墓内安放为革命捐躯的中共地下工作者、解放厦门牺牲的解放军指战员、支前船工及社会主义建设时期因公牺牲的烈士共1034人的遗骸和骨灰。陵园东侧有安业民烈士墓（1958年“8·23”炮战中牺牲）。其墓碑上镌朱德元帅题的“共产主义战士安业民永垂不朽”。1989年，陵园内设厦门革命烈士事迹陈列馆。

王兴芳、张钦芝烈士纪念碑 位于皓月园内覆鼎岩上。1950年建，坐西北朝东南。碑体方锥形，砖块砌体外抹水泥沙浆。通高4米，碑体正背面分别以行楷书镌刻烈士王兴芳、张钦芝的名字、职务及其殉难的日期。王兴芳，山东省潍县人，中国人民解放军步兵91师271团团长；张钦芝，山东省海阳县人，中国人民解放军91师272团副参谋长。1949年10月，在厦鼓战役中牺牲。2000年，烈士墓迁入日光岩景区内英雄园。

“8·23”炮战纪念址 位于何厝东南海边。坐南朝北，砖混3层楼，民国22年印尼华侨何水建，俗称万顺楼。占地面积1120平方米。1958年8月23日，驻厦中国人民解放军与金门守军展开炮战，该楼遭受金门守军炮火严重破坏，二、三层楼被炸塌的阳台混凝土板块悬挂于楼正面的外墙上，楼墙上弹痕和地板弹洞等伤痕皆保留，为“8·23”历史事件见证物。

附：厦门市属文博馆

（一）厦门市博物馆

原址鼓浪屿八卦楼。1988年建立。2004年，迁至体育路原厦门工程机械厂旧厂址。建筑面积25300平方米。馆内四大陈列主题：厦门历史陈列、闽台民俗陈列、福建古石雕大观陈列、中国民族民间乐器陈列。馆藏文物近2万件，其中国家三级以上文物近2000件。

（二）华侨博物馆

址在思明南路493号。1958年建立。占地面积12000平方米，建筑面积9723平方米。馆藏文物近1万件，其中国家一级文物9件、三级文物230件。是省级爱国主义教育基地。

（三）厦门郑成功纪念馆

址在日光岩北侧。1962年建立。占地面积13110平方米，建筑面积2200平方米。馆藏文物2445件。是省级爱国主义教育基地。

（四）鼓浪屿钢琴博物馆

址在菽庄花园听涛轩内。总面积2000平方米，展厅面积996平方米。是国内唯一展示世界名古钢琴专业博物馆。2000年1月，第一展厅建立。2001年12月，第二展厅建立。2005年8月，长廊建成。陈列95台19世纪以来欧美各国名师制作的钢琴。钢琴由鼓浪屿籍旅居澳大利亚华侨胡友义捐赠。

（五）鼓浪屿风琴博物馆

址在八卦楼。占地面积11000平方米，建筑面积4623平方米。2004年11月筹建，至2007年完成部分。有欧美国家生产的管风琴、簧片风琴、手风琴、口风琴、电风琴等。由胡友义捐赠。

（六）厦门观复古典艺术博物馆

址在菽庄花园壬秋阁与眉寿堂之内。面积600平方米。2005年10月2日开馆。展出中国古代家具和陶瓷器。

（七）厦门台湾公会旧址陈列馆

址在新华路40号。占地面积830平方米。清光绪三十二年（1906年）建成，民国时期作台胞乡亲会馆。2005年，市政府拨款400万元进行修缮，并正式开放。陈列百年来旅厦台胞组织演变及其在发展两岸关系中纽带作用的图片。

（八）厦门总工会旧址陈列馆

址在大同路土堆巷68号。20世纪20年代初建。占地面积500平方米，建筑面积170平方米。1996年开始修缮，分期展览。至2001年4月28日，全面开放。一楼展出大革命时期工人运动图片实物；二楼复原厦门总工会会场；三楼复原工会委员长办公室与卧室。

（九）厦门市国防教育展览馆

址在厦门国防园北园。1998年6月17日建成。建筑面积900平方米。设“城防馆”和“国防知识馆”，室外有兵器广场。馆藏文物116件。

（十）英雄小八路纪念馆

址在何厝小学。2001年5月29日建成开放。占地面积1000多平方米，建筑面积400多平方米。馆内陈列“8·23”炮战模拟展示区及相关史料；英雄小八路成长历程图片、实物等380件。是福建省青少年德育教育基地。

（十一）厦门货币文化馆

址在晃岩路30号。2002年5月，由中国人民银行厦门中心支行创建。展馆面积120平方米。展品分古钱币、铜元、银币、纸币（含外国币）、贵重金属纪念币，共3190张（枚）。

第七章 文化管理

第一节 文化市场管理

1950年起，区文教部门负责营业性舞厅和说书场等文化场所的管理。“文化大革命”期间，文化经营场所除影剧院、剧场外，全部关闭。

1980年后，音乐茶座、歌厅、舞厅、录像放映室、桌（台）球室、电子游戏机室、书刊出租等文化活动场所纷纷开办，区文化行政部门逐步加强管理。

1990年后，文化经营场所迅速增加，种类繁多。区文化部门坚持净化与繁荣并重的原则，培育健康文明的文化市场。1991—1995年，根据《厦门市营业性歌舞厅管理规定》《厦门市歌舞厅演出人员管理规定》《厦门市营业性游戏机娱乐业管理规定》，对违规经营的有奖电子游戏机经营场所进行整顿；对所有娱乐场所的演艺人员进行考核，领取演出证后方能演出。区文化管理部门经常举办文化经营者学习班、专题讲座和服务员培训班。建立文化市场稽查队，常年查处违规经营。

2000年后，针对音像经营场所过多等问题，暂停审批新增场所，加大管理力度。2002年11月，文化行政部门承接互联网上网服务营业场所的管理（原由通信管理局负责）。同年，区文化稽查队获全国文化市场管理先进单位称号。

2004年，区成立文化市场管理领导小组、互联网上网服务营业场所专项整治工作协调小组、保护知识产权领导小组。协调文化、公安、工商等职能部门整治文化市场。同时，针对网吧接纳未成年人、经营盗版音像制品、出售非法书报刊等问题，在区关工委的支持下，成立一支由10位退休老干部组成的文化市场督导队。文化行政部门每月召开文化经营业者例会，宣传文化部及省政府的有关政策、法律、法规，及时通报文化市场的查处情况。

2005年，实施网吧经营管理系统的监控平台建设，采用现代技术管理手段，在各网吧经营单位的每一台电脑终端上安装监控管理软件。文化主管部门对其经营情况实行不间断的监管。同时，区文化市场管理领导小组办公室、区文体局在各社区中聘请2～3名退休党员、教师或居民组长作为网吧社会监督员。

2001—2007年，全区共出动10338人次，检查各类文化摊点7175家次，取缔无证照摊点310家，依法查缴违法音像制品302011盒、非法书报刊36716册、违禁电子游戏机629台，处理案件141起。

第二节　文物管理

一、文物保护单位报批

1950年起，三区文物管理部门组织人员深入调查，发现文物则向市文物管理部门申报。1961年1月，市政府批准并公布厦门市首批文物保护单位28处，其中鼓浪屿区、开元区、思明区共24处。后，又逐级申报审批省级和国家级文物保护单位。“文化大革命”期间，文物保护单位的调查、申报、审批工作停顿。1978年后恢复。2000年起，开展涉台文物古迹调查、报批工作。至2007年，区境有国家级、省级和市级文物保护单位共59处，涉台文物古迹9处。

2007年思明区国家级重点文物保护单位名表

表25-7-1

名　　称	公布时间	名　　称	公布时间
胡里山炮台	1996年	鼓浪屿近代建筑群	2006年
陈化成墓	2006年	集美学村和厦门大学早期建筑	2006年
厦门破狱斗争旧址	2006年		

2007年思明区省级文物保护单位名表

表25-7-2

名　　称	公布时间	名　　称	公布时间
厦门总工会旧址	1961年	日本帝国主义厦门领事馆警察署地下监狱	1985年
龙头山寨遗址	1985年	醉仙岩征倭摩崖石刻	2001年
水操台遗址	1985年	厦门所城墙	2005年
徐一鸣攻剿红夷刻石	1985年	南普陀寺大雄宝殿	2005年
朱一冯攻剿红夷刻石	1985年	鼓浪屿三和宫记摩崖石刻	2005年
赵纾攻剿红夷刻石	1985年	新街礼拜堂	2005年

2007 年思明区市级文物保护单位名表

表 25-7-3

名　称	公布时间	名　称	公布时间
陈黯隐居石室	1961 年、1982 年	陈黯墓	1961 年、1982 年
郑成功杀郑联处	1961 年、1982 年	俞戚诗壁	1961 年、1982 年
郑成功读书处	1961 年、1982 年	建盖大小担山寨城碑记	1961 年、1982 年
演武池遗址	1961 年、1982 年	重建兴泉永道署碑记	1961 年、1982 年
演武亭遗址	1961 年、1982 年	厦门各界抗敌后援会会址	1961 年、1982 年
国姓井	1961 年、1982 年	厦门市革命烈士纪念碑及烈士陵园	1961 年、1982 年
太师太傅墓	1961 年、1982 年	澎湖阵亡将士祠碑	1982 年
陈士京墓	1961 年、1982 年	厦门地区第一个共产党支部诞生地	1988 年
陈化成故居	1961 年、1982 年	中共福建省第二次党代会会址	1988 年
陈化成祠	1961 年、1982 年	中共福建省委机关旧址	1988 年
樵溪桥及高读琴洞	1982 年	叶十三郎墓	1998 年
嘉兴寨遗址	1961 年、1982 年	卢赣章墓	1998 年
阮旻锡夕阳寮隐居处遗址	1982 年	孙道仁墓	1998 年
胡贵墓	1982 年	云顶岩摩崖石刻	1998 年
无量寿佛石刻	1982 年	“8·23”炮战纪念址	1998 年
陈第、沈有容题名石刻	1982 年	盘石炮台遗址	2000 年
虎溪岩棱层洞摩崖石刻群	1982 年	魁星山摩崖石刻群	2004 年
赐祭葬石坊表	1982 年	大清厦门一等邮局	2004 年
中共厦门工委（闽中）旧址	1982 年	江夏堂	2004 年
厦门小刀会杀清将郑振缨处	1982 年	林祖密故居	2004 年
乾隆御制碑	1982 年	青屿灯塔	2005 年

2007 年思明区涉台文物古迹名表

表 25-7-4

名　称	公布时间	名　称	公布时间
陈化成故居	2001 年	建盖大小担山寨城碑记	2001 年
陈黯墓	2001 年	澎湖阵亡将士祠碑	2001 年
叶十三郎墓	2001 年	龙头山寨遗址	2001 年
陈化成墓	2001 年	“8·23”炮战纪念址	2001 年
乾隆御制碑	2001 年		

二、日常管理

三区文体局自成立后逐步完善文物管理制度，建立区、街道、社区文物保护社会网络，配合市文物部门，对区境各级文物保护单位进行管理、维护。2002 年 11 月 19 日，区基层文物工作者陈重艺、郭明礼、黄赞兴获“厦门市文物保护先进个人”称号。

2003 年后，坚持“保护为主、抢救第一、合理利用、加强管理”的文物保护方针，强化区、街、社区文物保护网络。区政府组建由副区长任主任、文体局局长和宣传部副部长为副主任的区文化遗产保护委员会，下设办公室，负责文物保护日常工作。聘请 50 多名文物保护员，签订文物保护协议书。区文体局把文物保护工作列入日常工作议程，在年度工作计划与工作总结中均予以体现。同时，着力改善文物保护基础设施，组织有关人员，对文物保护单位逐一调查，发现问题及时报告并配合解决。2003 年 4 月，区文体局邀请区政协委员参观一批文物保护单位后，引起区政协对文物保护工作的重视。区政协组织人员深入面临旧城改造的中华片区，搜集整理大量资料，编印《岁月屐痕》，促进中华片区文物及风貌建筑的保护。

2005 年，国家文物局编印全国文物地图集。区文物管理部门整理填报 220 多处的《文物“五定”表》上报，入选文物点占全市二分之一强。2006 年，组织人员深入中华片区，协助收集、整理李禧、王仁冀、陈桂琛、黄世金、周殿熏 5 位原中华片区的名人故居资料，配合市文物处编写《厦门名人故居》，开展中华片区拆迁范围内的文物保护工作。向市文物部门提供片区文物（包括有保护价值的建筑构件）的资料，交市博物馆收藏。是年 6 月 10 日第一个“文化遗产日”，区文体局在金榜公园举办大型广场宣传活动，有文化遗产保护知识有奖竞猜、思明区各级文物保护单位图片展、文物法律法规咨询、文物古玩咨询及鉴赏、厦门市首批国家级与省级非物质文化遗产展演、民族英雄郑成功殉国 164 周年图片展、厦门文物电视专题片《回眸辉煌》播映等。

2005 年，调查发现位于中华街道水仙社区白厝墓巷 16 号之三居民蔡鸿信家墙壁上，嵌砌一块“琼州公所”大石碑。经专家鉴定，此碑原在琼州公所内。公所为海南赴厦经商人士的聚会场所。民国 19 年，中共福建省委指挥思明监狱破狱斗争时，常在此密会。是年 5 月 25 日，省委书记、破狱委员会委员罗明等到达“琼州会馆”坐镇指挥。抗战时，琼州公所被日本飞机炸毁，仅存此碑。2006 年，发现厦门港片区的省电力疗养院内，有一幢西式白楼及几段铁轨，系厦门著名工商企业家黄世金创办的厦门首家发电厂遗存。经专家认定为厦门民族工业的标志性建筑，具有文物的历史价值。

三、重要事件处理

2003 年 7 月，市级文物保护单位——演武池遗址因周边工程建设而受损：某施工单位不慎，使建筑土头、垃圾从围墙破洞大量掉落池中。文保员发现后立即上报，区文物管理部门即与相关部门沟通，要求施工单位将池边墙洞填密，并组织人员打捞落入池中的土头、垃圾。

2004 年 6—8 月，演武池（被承包养鱼）中因鱼大量死亡，未及时清理而散发臭味，影响周边环境。区文体局经过调查后，向市文物处反馈，由环保等相关部门介入解决。是年，列入中共厦门市委、市政府为民办实事项目之一，演武池公园清淤工程于 11 月动工。

市级文物保护单位——中共厦门工委（闽中）旧址（“妙法林”）之菜园，占地面积 280 平方米。1964 年，部分业主将后院菜地连同搭建物转租给另外 5 户住家，租住户经申请，获批准许改建、扩建房屋。1970 年，这些房屋被列为公产。2005 年 8 月 28 日，市委书记办公会议研究决定，对“妙法林”后院及斋堂隔壁的搭建进行征用拆迁、业主补偿和后续保护工作，并“由市文化局作为拆迁主体和产权归属主体。征用拆迁费用按谁审批谁负责的原则，由市建设管理局、思明区政府各承担一半。”“‘妙法林’斋堂后院征用后，其旧址用作爱国主义教育基地”，“可在后院建立纪念碑，介绍中共厦门工委（闽中）当年活动情况，以教育后人”。2006 年，区、市文物管理部门与有关部门联合，经与当事人协商，拆迁改建、扩建房屋，对被拆迁人进行安置。

第三节　非物质文化遗产保护

2006 年 12 月，厦门市启动非物质文化遗产普查工作。2007 年初，思明区成立普查工作组，制定工作方案。普查工作以社区居委会为单位，组织近百个普查小组共 300 多人，深入各社区普查，并聘请高校教授、文化专家协助。普查内容包括传统表演艺术、口头艺术、民间美术、民间手工技艺、民间信仰习俗、民间传统知识与实践六大类。

至 2007 年底，思明区入选国家级非物质文化遗产保护项目的有答嘴鼓、蔡氏漆线雕、歌仔戏、南音和高甲戏 5 项。入选省级非物质文化遗产保护项目的有歌仔戏、高甲戏、南乐、答嘴鼓、蔡氏漆线雕、送王船习俗、厦门中秋博饼、闽南童谣、闽南皮影戏、方言讲古、珠绣手工技艺 11 项。入选市级非物质文化遗产保护项目除省级 11 项外，还有歌仔说唱、厦门疍民习俗、松筠堂药酒配制工艺、厦门青草药，共 15 项。

闽南民俗——送王船（2006 年 11 月摄）

第二十六卷　体　育

唐宋年代，区境民间逐渐兴起武术、划龙舟、游泳、弈棋等传统体育活动。

清末，寻源书院、英华书院、同文书院相继引进田径、篮球、足球、乒乓球、网球等西方体育项目。民国初期，厦门大学大力发展体育运动；民间成立体育会和运动队。体育运动比赛，由单项发展到举办综合性运动会。

中华人民共和国成立后，社会各系统体育协会相继成立，学校、工厂、机关的体育队纷纷组建，掀起“万人打球、万人游泳、万人登山”热潮。在学生和职工中推广《准备劳动与卫国体育制度》。

“文化大革命”期间，正常体育活动无法组织开展。

1977 年后，职工体育、社区体育、老年人体育、残疾人体育和学校体育活动相继恢复并迅速发展。1997 年，莲前街道被评为全国先进体育示范单位。

2003 年 3 月 30 日，在环岛路思明路段举行首届厦门国际马拉松赛暨 2003 年全国马拉松锦标赛。是年 10 月三区整合后，中共思明区委、区政府贯彻《中华人民共和国体育法》，逐年加大对体育事业的投入，体育基础设施不断增强，竞技运动水平明显提高。2004 年，全区按街道组团参加厦门市首届社区运动会，3 个街道分别获总分第一、二、三名。2005 年，厦门市第 17 届运动会上，区代表团获成年组和青少年组金牌榜第一。2004—2007 年，每年举办全区综合和单项体育赛事 50 多场；区政府 3 次圆满完成厦门国际马拉松赛承办任务；区组队参加全国、省、市各项群众性体育赛事均取得优异成绩，获福建省第十二、十三届运动会县（区市）总分排名第一。区文体局获“第五届全国城市运动会贡献奖”、全国、全省全民健身周（节、季）优秀组织奖和先进单位。莲前、梧村、筼筜、嘉莲 4 个街道被评为全国城市社区体育先进单位。

2007 年，区境有体育场所 564 处，体育场地面积 575559 平方米，8 个街道建立体育活动中心，三分之一以上社区居委会设体育活动室。区境建立体育总会、老体协、公务员体协、街道社区体协等组织。参加体育活动人数占总人口 52%，群众性体育活动蓬勃发展。

第一章　群众体育

第一节　职工与社区群众体育

清光绪二十五年（1899 年），外国人在鼓浪屿组建足球队，开展足球运动。

民国 4 年（1915 年），厦门基督教青年会体育部举办篮球、体操等训练班，培养体育骨干；区境企事业单位开展职工健身活动。民国13年，厦门精武体育会、厦门体育会、竞强体育会成立，在职工中开展篮球、排球、足球、乒乓球、网球、自行车、游泳、国术、棋类等体育活动。之后，各种项目运动队渐次出现。同文顶和公园等处的球场上，常有多支以职工为主体的篮球队开展训练或比赛。民国25年，广东棋王谢侠逊来厦表演棋艺与比赛，促进职工棋类活动发展。民国36年，上海白马卷烟厂厦门代理处在区境组建白马足球队，邀请上海足球劲旅“厦声”队访厦比赛，推动足球运动发展。民国37年，白马足球队和厦门女子篮球队被选为福建省代表队，参加第七届全国运动会。

2004年，莲花街道第九届社区运动会

中华人民共和国成立后，各级工会主管职工体育，各系统、各企业单位成立工会体育协会。1952年，在职工中推广工间操（广播体操），逐渐形成制度。各行业组织职工参加全市“万人打球、万人游泳、万人登山”活动，组建篮球队、排球队、足球队等，利用工余时间和节假日进行训练和比赛。1954年，组织职工参加“劳卫制”锻炼。

1954年后，三区工会组织职工参加每一届的全市职工体育运动会或单项比赛。1959年10月，三区组织3万名职工参加市总工会职工体育协会举办的“庆祝国庆十周年体育活动日”活动，参加广播操、篮球、排球、足球、乒乓球、田径、武术、象棋、拔河等比赛。“文化大革命”期间，职工体育活动不能正常开展。1977年起，各工厂体育活动恢复。翌年，鼓浪屿区胶木厂和区境的厦门灯泡厂、厦门锻压机床厂、厦门整流器厂、厦门东风阀门厂、厦门东风区无线电厂、厦门五金厂等被省体委评为省体育先进单位。

2007年，中华街道首届社区运动会

1980年后，企业资助开展职工体育竞赛、体育训练者越来越多，添置体育设备，增建运动场所，职工体育活动日益活跃。1984年4月，有33个代表队近3000

名运动员参加市第七届职工运动会。鼓浪屿区、开元区、思明区派代表队、运动员参加。随后，许多企业举办多种体育比赛，如厦门鱼肝油厂“星鲨杯”足球赛、厦门感光材料厂“感光杯”足球赛等。1987 年 8 月 1 日，在鹭江道与鼓浪屿海域举行横渡厦鼓海峡游泳活动，有 4000 多名职工和军人参加。11 月，厦门工程机械厂举办“厦工杯”全国男女足球精英赛，中苏足球友谊赛，历时 24 天。1980—1989 年，银鹰体协、商业系统体协、工人文化宫、鱼肝油厂、人民银行厦门支行、供电局、新华玻璃厂被省体委评为职工体育先进单位。其中，鱼肝油厂和银鹰体协获全国职工体育工作先进集体称号。

1990 年后，年年举办职工篮球、乒乓球、足球的升降级赛和象棋、桥牌比赛。每逢周末和节假日，在市工人文化宫举行球类、棋类习练活动；建设、金融、园林等系统举办运动会或单项赛。选派人员参加市举办的各类培训职工体育骨干培训班。1992 年 6 月 5 日，在筼筜湖举行厦门市首次龙舟赛，有 9 个龙舟队参加。1993 年，三区以“支持北京申办奥运”为主题，开展群众体育活动。思明区组织 1500 多人长跑竞赛；开元区举行“奥运”知识抢答竞赛。是年 6 月 23 日国际奥运日，举行大规模群众自行车环城活动。

1995 年，贯彻国务院《全民健身计划纲要》，三区均成立全民健身指导小组，制定实施方案，开展宣传发动，参与健身活动的人数骤增。是年，开元区梧村街道举行国民体质监测；莲前街道举行首届社区农民文体节，筼筜、嘉莲等街道举行首届社区运动会。

2001 年，开元区组队参加福建省首届社区运动会乒乓球比赛，获男、女团体冠军。思明区组队参加福建省第三届城市社区体育运动会，获三金一铜。是年，厦港街道被国家体育总局授予“全国群众体育先进单位”称号，主任汪荣南受到中共中央总书记江泽民接见。2003 年 3 月 30 日，在环岛路思明路段举行首届厦门国际马拉松赛暨 2003 年全国马拉松锦标赛。11998 名选手参加比赛，数十万市民走上街道为选手助威呐喊。

2003 年 10 月三区整合后，职工与社区群众体育活动进一步普及。2004 年，全区举办各类体育活动 65 场。开展庆“元宵”军警民拔河比赛、机关干部趣味体育团体赛、机关干部“3 人篮球赛”、机关干部棋牌比赛及登山活动、“白鹭高帝杯”驻华使节高尔夫球赛、协税杯网球赛、侨眷侨属趣味运动会、工商联拔河比赛、民主党派成员越野登山长跑比赛等。此外，参与举办全国健身秧歌大赛，区文体局被国家体育总局社区体育中心授予健身秧歌推广奖；参与举办全国拔河教练员裁判员培训班暨教学（女子拔河）比赛等。是年，区与市联合举办“全民健身与省运同行”火炬传递活动，举办初级教练员和三级裁判员棋类（中国象棋、国际象棋）培训班。

2004 年，思明区直机关举办首届运动会拔河比赛

2005 年，成立由区主要领导负责、各部门和体协领导为成员的区公务员体协，各街道、系统成立相应的机构，将全民健身工作列入政府和各部门议事日程。区体育总会具体组织开展体育活动，与团区委配合举办保龄球比赛，与区教育局联办“六一”幼儿运动会，推动建设系统举办家庭运动会，“三

八”妇女节举办妇女越野跑接力赛，敬老节举办登山活动和乒乓球赛。教育、卫生等系统召开职工运动会。2006年，区体育总会被评为福建省先进体育组织。嘉莲街道、梧村街道获全国社区群众体育先进单位称号。是年，区台球代表队参加第三届全国体育大会的斯诺克、美式8球、美式9球等项目比赛。其中，叶思思获女子美式9球决赛亚军；李佳获女子美式8球季军。

2005年，嘉莲街道获“全国城市社区体育先进单位”称号

2007年，区文体局率先在全市举办首届社区工作者运动会，设扑克双升、保龄球、趣味体育3项，有500多位社区工作者参赛。是年，全区有国家级社会体育指导员8名、省一级25名、省二级621名、省三级91名，分布各社区指导全民健身运动。

第二节 老年人体育

清末至民国时期，区境有老年人自发进行气功、太极拳、南拳、舞剑、登山等传统体育活动。

1950年后，老年人体育活动得到政府的支持，成为群众体育的重要组成部分，逐步有组织地开展。

1984年6月，厦门市老年人体育协会成立；各街道老体协也逐步成立。随后，三区老年人体育协会相继成立。老体协组织老年人开展散步、慢跑、登山、拳术、中国象棋、健身操、游泳、乒乓球、羽毛球、气排球、门球、网球、地掷球、桥牌、台球等项目活动。老体协经常举办各种单项体育比赛、观摩表演，每年举办一次综合性老年人运动会。

思明区开展老年人柔力球锻炼活动

1986年，思明区举行“三代同乐运动会”，500多人参加。是年，该区老体协被评为省级体育活动先进单位。1990年，举行老人健美操表演，220人参加。1997年，举办老年门球赛、羽毛球赛，分别有150人、100人参加。

2003年10月三区整合后，区文体局加强老年人体育活动指导。各街道将老年体育纳入社区建设的范畴，开辟晨练点，定期或不定期举办晨练展示和小型多样体育活动。区老体协组织老年运动队参加市老年体育竞赛；举办全区健身秧歌培训，韵律操培训；举办门球丙组赛、门球双月赛、气排球比赛。同时，举办长征胜利70周年大型纪念活动门球赛，庆祝敬老节千名老人登山活动。

2004年，区组队参加厦门市第六届老年人运动会。中国象棋、气排球、羽毛球、太极剑项目比赛均获第一名，并获大会组织奖。2006年，组织参加市第七届老人运动会，获钓鱼团体冠军、气排球女子组冠军、柔力球混合团体冠军及网球、羽毛球、太极剑个人冠军。当年，组队参加闽中南四省市老年气排球比赛，获冠军；组队参加全国老年人气排球比赛，获男子组第二名。

2007年，举办思明区老年人运动会。设乒乓球、门球、趣味体育等7个项目及千人徒步、体育摄影评比等活动，历时3个月，有15个单位2500人次参赛。是年，区组队参加全国老年汽排球比赛，获亚军。年底，全区有区、街道、社区、部门、单位老体协112个，会员5万多人，老年健身活动点244个（其中室内196个，室外48个），基层体育活动辅导站240个（当年举办各类培训班、讲座共110期）。

第三节　残疾人体育

中华人民共和国成立后，残疾人体育开始被重视。1956年，三区组织残疾人开展体育训练，组队参加市体委与市民政局联合举办的残疾人体育比赛，从中选拔、组建体育队进行训练。1958年，创办聋哑学校，设体育课进行体育教学并组织课外锻炼。残疾人福利工厂陆续添置体育活动设备，组织职工在业余时间开展体操、球类、棋类活动。

“文化大革命”期间，残疾人体育活动销迹。

1978年起，三区恢复开展残疾人体育活动，重建残疾人体育代表队进行训练；选送好苗子到市少体校培训。1981年和1982年，组队参加省第二届聋哑人篮球赛和福、厦、漳、泉四城市聋哑人篮球友谊赛。

1992年，思明区举办首届残疾人运动会，设田径、游泳、举重、射击、乒乓球、羽毛球、盲人柔道、盲人门球、轮椅篮球、坐式排球、轮椅网球、射箭、自行车、硬地滚球、篮球、足球等项目。后又举办5届全区残疾人运动会。

2001年，建立思明区残疾人运动员培训基地，组建残疾人足球队、篮球队、舞蹈队。2002年春，开智小学运动队在全省特殊（残疾人）运动会上获28枚金牌；是年秋，代表福建省参加全国特殊奥运会，获7金8银。2001年、2005年，思明区运动员在厦门市第一、二届残运会上夺得7枚金牌、4枚银牌、1枚铜牌，两次皆获团体总分第二名。2004年，举行全区残疾人运动会，比赛项目有田径、乒乓球、象棋、跳棋等，参赛200人。残疾人运动员侯斌连续三届（1996年、2000年、2004年）在残奥会上获得跳高金牌。

2007年，在世界特殊奥林匹克运动会上，刘恩祥获网球单打银牌，陈艺卿获柔道铜牌。

第四节　活动场所

一、场所概况

清光绪二十四年（1898年），同文书院在同文顶建露天篮球场；英华书院开辟足球运动场。光绪二十五年，外国人在鼓浪屿建足球场，成立福建省第一支足球队。

民国元年（1912年）至10年，厦门基督教青年会体育部、厦门大学分别建网球场、篮球场、游泳池、乒乓球馆（室）、足球场等。民国18年后，在中山公园内建足球场、篮球场、排球场、网球场和400米跑道的田径场，形成综合性体育场，成为全市群众体育中心和大型体育比赛场地。民国20年后，竞强体育会集资在胡里山建成25米长、10米宽的竞强游泳池，用花瓷砖砌筑，深水区设跳台，周围有台阶式观众席，有可供游泳者休息小饮的酒吧间。此外，在胡里山、演武场开辟高尔夫球场和跑马场，在紫云岩利用泉水修建大众游泳池。

1949年9月，区境有综合性公共体育场1个、游泳池1个、篮排球场19个、足球场2个、田径场4个（其中属学校的篮排球场12个，田径场4个）。总面积2万平方米。

中华人民共和国成立后，财政部门逐年拨款新建和完善体育场所。“文化大革命”初期，多处体育场被拆毁或被占用。

1983年以来，政府拨款、划地兴建体育中心。教育系统、企业单位和村社兴建一批体育场所，并出现中外合资、外商独资兴办的高尔夫球场、保龄球馆、健美运动室等场所，以及民办武术馆。

2003年10月三区整合后至2007年，思明区投入500万元兴建体育场所与添置体育设备。主要场所与设施：在金榜山建成金榜公园健身中心（获“中国体育彩票全民健身样板工程”称号）；在莲前大道前埔南北区建成市民健身广场，设足球场、篮球场、门球场、地掷球场、滑板道等，占地面积1万多平方米；在白鹭洲公园、万石植物园、中山公园、南湖公园、金榜公园、莲花公园、嘉禾公园等开辟场所安装完整的健身路径共72套。区政府拨款为5个街道的15个社区及基层单位配置各类健身器材共250多件。

2007年，思明区有体育场所564处，场地面积575559平方米，其中思明区文体活动中心和厦门人民体育场为最大型。

二、大型体育场所

思明区文体活动中心 位于前埔东路28号。2005年5月18日建成，面积9800平方米，隶属思明区文体局。二至五楼设婴童潜能开发、运动康体、运动理疗等项目。中心开展乒乓球、台球、动感单车、韵律操、肚皮舞、跆拳道、太极拳、武术、瑜伽、普拉缇等健身活动，举办国标舞、拉丁舞、摩登舞、踢踏舞等培训。

2005年5月18日，思明区文体活动中心建成

厦门人民体育场 位于幸福路1号。1958年，由政府拨款兴建；1966年竣工。占地面积23000平方米，属预制板结构。是市区唯一大型的体育运动场所，每年承办国内、省内重大赛事，承办国际体育赛事。2001—2003年，体育场看台混凝土脱落，暂停承办运动会。2004年1月1日起，体育场划归思明区文体局管辖。是年至2005年，区财政拨款10余万元对体育场进行加固和改造，恢复部分功能并对外开放。体育场有田径场、8条标准跑道、2个跳高区、2个投掷区、2个沙坑；建足球场，长105米、宽70米，符合国际大赛要求；建体操馆，占地600平方米，预制板结构；有蹦床训练馆，占地面积800平方米。

打破男子跳高世界纪录的倪志钦，乒乓球世界冠军郭跃华，羽毛球世界冠军栾劲、林江利，亚洲女子跳高第一名郑达真，伦敦奥运会举重冠军林清峰都在此接受过训练。

附：厦门市属大型运动场馆

（一）厦门市游泳中心

位于中山公园东面。占地面积1公顷。1954年，政府拨款兴建1个50米长标准比赛池和1个儿童池，配有容纳1000名观众的看台。1979年和1990年，建成25米长室内温水游泳池、10米高跳水台和水球池，增添陆上训练室和容纳3000名观众的看台。举行全国、全省比赛和国际友谊赛，是思明群众游泳活动的重要场所。

（二）厦门市体育中心

位于湖滨北路东段。1983年建。占地面积21公顷，中心体育场占地面积5公顷。内设标准田径场、标准灯光足球场，配有电动计时计分大型电子显示屏幕和容纳3万名观众看台等设施。篮排球训练馆占地面积3100平方米，有2块篮排球训练场地，配设1500名观众席的看台；二楼设健身、乒乓球、台球等活动场所。网球场占地面积4500平方米，由一号、二号网球场和网球馆组成，有9个符合国际比赛要求的场地；二楼设400名观众席的看台。羽毛球训练馆建筑面积3700平方米，有24个训练场地，被国家体委指定为国家羽毛球训练馆。乒乓球训练馆占地面积578平方米，有20张乒乓球桌。高尔夫球练习场占地3万平方米，有80个发球道。

（三）厦门市水上运动中心

原位于鼓浪屿三丘田。1958年建成。前身为厦门市航海俱乐部。2007年，迁至曾厝垵公主园。陆域占地面积3800平方米。是参加奥运会、全运会、省运会运动员专业训练场地。是摩托艇、帆船、帆板等海上运动项目的竞赛、训练基地。

第二章　学校体育

第一节　体育教学

清末，区境各类学校设体操课，分普通体操和兵式体操。寻源、英华和同文书院等，教授田径、篮球、足球等项目，为福建最早开展近现代体育项目的学校。

民国19年，英华中学足球队获厦门足球公开锦标赛冠军

民国4年（1915年）后，中小学体育课以兵操为主，还有徒手操、游戏、田径、球类等。学校组织篮球、足球、田径等运动队进行训练，举行比赛。民国12年起，废除兵操，体育课以体操、田径、球类为主。民国21年，按照国民政府教育部颁发的《中小学体育授课纲目》进行教学，体育课定为必修课（包括国术），每周两课时。小学体育教师多属兼职，中学体育教

师多为专职。初中设童子军教练，高中设军事教官，负责军训和体育。其间，同文、大同、英华、毓德等中学和大同、群惠、养元、福民等小学，举办多届校运会。

1950年后，中小学按照教育部颁发的《体育教学大纲》进行教学，每周两节体育课，每天坚持课间操和课外活动。

1952—1959年，各中小学推行第一、二、三套广播体操。1954年起，中学推行"劳卫制"体育。部分中小学建立专项体育班，组织学生课余参加专项运动训练。1963—1965年，各中小学推行第四套广播体操和《青少年体育锻炼标准》。同时，小学和初中学生兴起跳绳、跳橡皮筋、踢毽子及航空模型活动。学校体育活动和体育竞赛日趋活跃。

"文化大革命"初期，学校停课，体育教学停止。1970年学校复课，中小学体育教学采用省编《军事教材》，以军事训练取代体育锻炼。1975年起，各学校推行《国家体育锻炼标准》和教育部新颁布的《体育教学大纲》，把学生课外活动列入课程，体育教学和体育活动逐步走上正轨。

1980年起，各中小学校实施"两课、两操、两活动"（每周两节体育课，每天有早操和课间操，每周两次课外活动），保证学生每天有1小时的体育活动时间。1981年执行新的《国家体育锻炼标准》，各中小学开展达标锻炼，进行体育课评优和观摩，加强体育师资队伍建设，提高体育教学质量。

1992年3月起，贯彻国务院颁发的有关学校体育工作条例，把体育达标列入学校评估内容之一，并作为评选"三好学生"、优秀班主任的条件之一。各中小学校进一步改进体育教学，改善体育设施，把促进学生身体健康与培养优秀体育人才结合起来，开展各有特色的体育项目活动和课余训练。

2003年10月三区整合后，学校体育在面向全体学生的同时，组织重点项目训练。利用暑假开办篮球、乒乓球、中国象棋、围棋、保龄球、足球等夏令营。每年，全区有90%的学校召开一次田径运动会，并普遍开展体育周、体育月活动。至2007年，全区中学体育合格率100%，小学生体育锻炼达标率96.2%。有13所学校达省级体育先进校标准。

第二节　学校运动会与校际竞赛

清末，寻源、同文、英华书院组织班级或学校篮球队、足球队，经常开展校际比赛，举行以田径为主的运动会或单项竞赛。

民国4年（1915年），厦门基督教青年会主办厦门市首届学校联合运动会；翌年举办第二届学校运动会。此后，中小学校组织体育代表队参加市、省和全国学校运动会或单项比赛，并取得好成绩。其中，同文书院男子篮球队蝉联省一、二届学校联合运动会男篮冠军；英华书院蝉联省一、二、三届学校联合运动会足球冠军。

中华人民共和国成立后，三区各中小学校经常组团参加全市中小学生运动会。1953年5月1日，在中山公园体育场举行第一届全市中等学校田径运动会，892名中学生参加46项比赛，4000多名学生进行团体操表演。5月30日，又举行第一届全市小学生田径运动会，1286名小学生参赛。

"文化大革命"期间，学校体育竞赛活动停止。

1980年以来，三区每年各举行1次小学生田径运动会；并经常组团参加市级以上学校体育运动会。2000—2007年，中小学生参加市级以上学校体育竞赛皆取得好成绩。其中，获全国赛冠军5项，省赛冠军32项，市赛冠军120项。2000年，梧村小学射箭队取得全国团体冠军。2001年，园南小学足球队获全国小甲第二名。2004年，松柏小学田径队获市小学生田径比赛团体冠军。2005年，湖滨中学足球队获省传统学校足球比赛冠军。

2007年，公园小学游泳队参加省传统学校游泳比赛获团体冠军，大同小学游泳队获团体第二；湖明小学蹦床队参加省少年儿童蹦床锦标赛获小组团体第一名；群惠小学体操队参加省少年儿童体操锦标赛获小组团体总分第一名；滨东小学乒乓球队获市乒乓球团体总分第一；外国语附属小学棋类队在市中小学生棋类比赛中包揽少年组和儿童组团体总分第一名；大同小学女子篮球队获市小学生篮球比赛女子组冠军，槟榔小学网球队参加市中小学网球比赛获团体总分第一名；梧村小学田径队获市小学生田径比赛团体冠军。

第三节　培训基地与活动

一、区业余少体校

1974年，思明区少年儿童业余体育学校成立，址在青少年宫。1975年，开元区少体校成立，址在厦禾路。1979年，鼓浪屿区少体校成立，址在永春路89号。2003年10月，鼓浪屿区、开元区少体校划归思明区少体校。少体校贯彻“选好苗子、着眼未来、打好基础、系统训练、积极提高”方针，开展业余训练。设田径、足球、篮球、游泳、体操、蹦床、乒乓球、羽毛球、跆拳道、射箭、网球、武术、棋类13项，96个训练点。2007年，区少体校有职工15人，外聘教练25名，基层学校教师教练62名。校培训少年运动员2000多名。

2000—2007年，区少体校向国奥队、八一队、厦门足球队等输送足球运动员50余名，输送其他项目运动员121名（输送国家队中青队、市体校羽毛球运动员7人，国家队、省体工队、市体校游泳运动员30人，省体操队、市体校体操运动员30人及篮球运动员6人，省体工队、市体校蹦床运动员23人及乒乓球运动员13人，市体校田径运动员8人，市射箭中心射箭运动员3人，市网球队网球运动员1人）。

二、体育传统项目学校

1950年后，学校根据自身特点设专项体育班，如民立小学、实验小学的乒乓球班，园南小学、厦门二中的足球班，双十中学的田径班等。体育班组织学生在课余时间进行专项训练，为建立体育传统项目学校奠定基础。“文化大革命”初期，这类活动停止，后期逐渐恢复。

1984年，市、区教育和体育部门根据学校的特点和条件，重新布局中小学校的传统体育项目。确定田径、足球、篮球、乒乓球、羽毛球、游泳等传统项目的学校39所。其中，小学27所，中学12所，参加训练的学生2882人，兼职教练员60人。实行传统项目布局后，训练有所侧重，体育人才脱颖而出。1986年，厦门市组团参加第九届省运会，由传统项目学校选拔的运动员260人，占厦门代表团运动员总数60%。1987年，开元区园南小学被评为全国先进体育传统项目学校。1991年，思明区民立小学被列为省重点体育传统项目学校（乒乓球）。区境被列入省重点传统项目学校的还有厦门一中（田径）、双十中学（田径）、厦门二中（足球）、溪岸小学（游泳）、厦师一附小（羽毛球）。

附：厦门市体育运动学校

址在公园西路。1957年5月11日，创办厦门市青少年中心业余体育学校，设田径和篮球训练班，学员70名，教练员2名。1963年，设田径、游泳、体操、篮球、排球、足球、乒乓球7个普通班，设田径、游泳、乒乓球3个重点班，学生400多名，专职教练员9名。1966年春，有学生620名，专职教练员14名。“文化大革命”开始后，体校停办。

1972年，体校复办，改名厦门市少年儿童业余体校，学员300人，训练项目有田径、篮球、乒乓球、足球等。对重点班的学生实行学习、训练、食宿三集中。

1979年9月，为解决运动员的训练与文化学习的矛盾，市教委和市体委共同创办厦门鹭江中学（市重点业余体校），配文化教员5人、体育教练员18人，教学班3个，学生125人。设田径、游泳、乒乓球、羽毛球、足球、跳水、体操、举重等项。1983年，该校被国家体委评为全国先进业余体校，并授予国家体育运动荣誉奖章。1989年，学校配37名专职教练员，学生366人（校外班除外），分小学班（三年级以上）、初中班、高中职业班，形成从小学到高中"一条龙"训练体系。

1995年始，招收新生须经科研室测试，实行科学选才。是年，开办13个重点班，训练项目增至11个，学生300多人，专职教练员54人。有标准田径场、跳水池、游泳馆、乒乓球馆、羽毛球馆、篮排球馆、体操馆、举重馆，以及射箭等训练设施。有电教室、计算机室、实验室和图书馆。

1996年，该校获全国业余体育训练先进集体称号。2002年，建立北京体育大学厦门市体育运动学校函授站。2004年，经省教育厅和国家体育总局批准，与集美大学联合开设运动训练专业本科班。

第三章　竞技体育

第一节　区运动会

一、三区运动会

中华人民共和国成立后，鼓浪屿、开元和思明三区各自举办过全区体育运动会。至2003年，鼓浪屿区、开元区分别举办过7届运动会；思明区举办过8届运动会，其中第六届于1991年举行，参赛23队2000多人，69人破区纪录，11人达二级运动员，101人达三级运动员；第七届于1994年举行，参赛3000人；第八届于2000年举行，参赛4000人。

二、三区整合后思明区运动会

2006年3月6日至5月27日，举办三区整合后的首届区级运动会——思明区第九届运动会。设田径、游泳、乒乓球、羽毛球、健美操、保龄球、扑克、门球、气排球、柔力球、韵律操、健身秧歌共12个赛项。10个街道和12个行业系统共组成22个代表团，以及市直机关、广电集团、《海峡导报》社特邀代表队，近5000名运动员参赛。举行运动队入场式和1100人参加的《永远的思明》团体操表演。

2006年，思明区第九届运动会开幕式大型团体操表演

获区第九届运动会团体总分前六名的单位：机关企事业组第一名教育系统，第二名区直机关，第三名思明公安分

局，第四名区地税局，第五名区工商局，第六名区法院；社区组第一名筼筜街道，第二名鹭江街道，第三名梧村街道，第四名滨海街道，第五名嘉莲街道，第六名厦港街道。

获区第九届运动会金牌总数前三名的单位：机关企事业组第一名教育系统，第二名区直机关，第三名思明公安分局；社区组第一名梧村街道，第二名鹭江街道，第三名嘉莲街道。

获区第九届运动会体育道德风尚奖的单位：公安分局代表团、教育系统代表团、区直机关代表团、筼筜街道代表团。

第二节　参加全市运动会

1950—2003 年，三区各自组团参加厦门市各届体育运动会，共 16 届。1986 年，思明区组团（127 人）参加市第十三届运动会，女子篮球队获第二名，武术队、女田径队、男游泳队获第三名；个人单项冠军 11 项、亚军 5 项、季军 8 项；田径队、武术队获精神文明奖。1997 年，思明区组团（148 人）参加市第十五届运动会，获象棋团体第二名，围棋团体第三名、个人第二名，网球团体第三名、个人第一和第三名。2001 年，思明区组团参加厦门市第十六届运动会，在 13 个项目比赛中，获游泳、体育舞蹈、台球、保龄球冠军，健美操和网球亚军，总成绩第一，并获最佳组织奖、精神文明奖。

2006 年，区组团参加市第十七届运动会。全团 446 人，参加 28 项比赛，获 113 枚金牌，成年组和青少年组金牌总数及团体总分均名列全市第一。

第三节　参加全省全国及国际运动会

一、参加全省运动会

1950 年以来，思明籍运动员就参加全省历届体育运动会。2005—2007 年，有 44 人次参加游泳、田径体操等项目比赛。

2005—2007 年思明区运动员参加省级比赛获奖名表

表 26-3-1

姓名	项目	时间	成　　绩
张思恒	游泳	2005 年	福建省少年儿童游泳锦标赛男子 92 年组 50 米自由泳第一名、100 米蝶泳第一名、4×50 米自由泳接力第一名、4×50 米混合泳接力第一名
赖欣如	游泳	2005 年	福建省少年儿童游泳锦标赛女子 93 年组 100 米蛙泳第 2 名、4×50 米混合泳接力第 2 名、50 米蛙泳第 4 名
朱泽斌	游泳	2006 年	福建省第十三届运动会男子少年甲组 100 米自由泳第 2 名、100 米仰泳第 7 名
李子宸	游泳	2006 年	福建省第十三届运动会女子少年丙组自由泳全能第 5 名
陈怡晴	游泳	2006 年	福建省儿童游泳锦标赛暨省游泳传统项目学校比赛女子传统组 4×50 米自由泳打腿接力第一名、4×50 米混合泳接力第二名、50 米自由泳打腿第二名、50 米仰泳打腿第二名、五项全能第五名
陈诗宇	游泳	2006 年	福建省少年儿童游泳冠军赛女子 10 岁组蛙泳全能第一名
曾艺彬	游泳	2006 年	福建省少年儿童游泳冠军赛女子 10 岁组 50 米仰泳第一名
吴　稷	游泳	2007 年	福建省少年儿童游泳锦标赛女子传统组 4×50 米自由泳接力第一名、4×50 米混合泳接力第三名

续表26-3-1

姓名	项目	时间	成 绩
陈 苛	游泳	2007 年	福建省少年儿童游泳锦标赛 4×50 米自打腿接力第一名、50 米自打腿第一名、4×50 米混合接力第一名、4×50 米自由泳接力第一名、50 米蝶泳第一名、50 米仰打腿第二名、50 米仰泳第二名、100 米自由泳第二名、200 米自由泳第二名、全能第二名
李雅琦	游泳	2007 年	福建省少年儿童游泳冠军赛 50 米蝶泳第二名、100 米蝶泳第二名、400 米自由泳第四名、200 米个人混合泳第四名 福建省少年儿童游泳锦标赛女子 96 年组 100 米蝶泳第二名、4×50 米混合泳接力第二名、4×50 米自由泳接力第二名、蝶泳全能第二名、200 米个人混合泳第五名、400 米自由泳第八名
陈俊贤	游泳	2007 年	福建省少年游泳锦标赛男子 96 年组 50 米仰泳第一名、400 米自由泳第一名、200 米个人混合泳第一名、4×50 米自由泳接力第一名、仰泳全能第一名
黄东海	田径	2007 年	福建省少年儿童田径锦标赛男子 13 岁组 100 米第三名
叶晓彬	田径	2007 年	福建省少年儿童田径锦标赛女子 15 岁组 200 米第二名、100 米第三名
林东炅	田径	2007 年	福建省少年儿童田径锦标赛男子 15 岁组 100 米第一名
吴 鹏	田径	2007 年	福建省少年儿童田径锦标赛男子 14 岁组 1500 米第二名
纪圣锋	田径	2007 年	福建省少年儿童田径锦标赛男子 15 岁组 3000 米第三名
王 森	田径	2007 年	福建省少年儿童田径锦标赛男子 15 岁组 1500 米第三名
黄东海	田径	2007 年	福建省少年儿童田径锦标赛男子 13 岁组 100 米第三名
叶晓彬	田径	2007 年	福建省少年儿童田径锦标赛女子 15 岁组 200 米第二名、100 米第三名
林东炅	田径	2007 年	福建省少年儿童田径锦标赛男子 15 岁组 100 米第一名
吴 鹏	田径	2007 年	福建省少年儿童田径锦标赛男子 14 岁组 1500 米第二名
纪圣锋	田径	2007 年	福建省少年儿童田径锦标赛男子 15 岁组 3000 米第三名
王 森	田径	2007 年	福建省少年儿童田径锦标赛男子 15 岁组 1500 米第三名
郭明明 郭亮亮 王文鹏	体操	2007 年	福建省少儿体操锦标赛男子乙组团体第一名
郭亮亮	体操	2007 年	福建省少儿体操锦标赛男子乙组鞍马第一名、单杠第二名、跳马第三名、双杠第三名
王文鹏	体操	2007 年	福建省少儿体操锦标赛男子乙组吊环第一名、鞍马第三名
陈 嵘	体操	2007 年	福建省少儿体操锦标赛男子丙组全能第一名、单杠第一名、吊环第一名、身体素质第一名、跳马第二名、自由体操第二名、山羊第三名、双杠第三名
陈 嵘 苏甲峰	体操	2007 年	福建省少儿体操锦标赛男子丙组团体第二名
阮烨垚 薛恩泽 徐晨曦	体操	2007 年	福建省少儿体操锦标赛男子丁组团体第一名
徐晨曦	体操	2007 年	福建省少儿体操锦标赛男子丙组单杠第一名、男丁山羊第一名、男丁全能第一名、男丁自由体操第二名
林诗婷 阮梅清 杨淑慧	体操	2007 年	福建省少儿体操锦标赛女子乙组团体第三名
杨淑慧	体操	2007 年	福建省少儿体操锦标赛女子乙组自由体操第一名、高低杠第三名、平衡木第三名
江宇真 蔡依言 郑 琳	体操	2007 年	福建省少儿体操锦标赛女子丙组团体第一名

续表26-3-1

姓名	项目	时间	成　　绩
蔡依言	体操	2007 年	福建省少儿体操锦标赛女子丙组全能第一名、自由体操第一名、高低杠第一名、身体素质第一名、平衡木第二名、跳马第二名
郑　琳	体操	2007 年	福建省少儿体操锦标赛女子丙组平衡木第一名、全能第二名、高低杠第二名、自由体操第二名、身体素质第二名、跳马第三名

附：

1988 年 1 月 12 日，羽毛球女运动员林瑛、中国象棋女运动员陈瑛，被福建省体委、教委、总工会、团委联合授予“省十佳运动员”称号。

二、参加全国及国际运动会

思明籍运动员吉新鹏获 2000 年悉尼奥运会羽毛球单打金牌。2005—2007 年，思明籍运动员参加全国及国际运动会，获项目奖者累计 9 人 26 个奖项。

2005—2007 年思明区运动员参加全国及国际比赛获奖名表

表 26-3-2

姓　名	项目	时间	成　　绩
纪建豪	射箭	2005 年	“双中实验学校杯”全国射箭重点学校锦标赛小学组男子团体双轮全能第 1 名、个人第一单轮 25M 第 3 名、个人第二单轮 30M 第 5 名、个人第一单轮 30M 第 6 名、个人双轮全能第 6 名
颜友嘉	射箭	2005 年	“双中实验学校杯”全国射箭重点学校锦标赛小学组男子个人第二单轮 25M 第 3 名、个人双轮全能第 5 名
金淑云	射箭	2005 年	“双中实验学校杯”全国射箭重点学校锦标赛小学组女子个人第二单轮 25M 第 3 名、个人双轮全能第 4 名、个人第一单轮 25M 第 5 名、个人第一单轮 30M 第 6 名、个人第二单轮 30M 第 6 名
林谣当	射箭	2005 年	“双中实验学校杯”全国射箭重点学校锦标赛小学组男子个人第一单轮 30M 第 3 名、个人第二单轮 30M 第 3 名、个人双轮全能第 4 名、个人第二单轮 25M 第 7 名
陈小琪	射箭	2005 年	“双中实验学校杯”全国射箭重点学校锦标赛小学组女子个人第一单轮 30M 第 8 名
		2007 年	全国射箭重点学校锦标赛小学组女子 18 米双轮第三名、30 米双轮第四名、25 米双轮第五名、个人双轮全能第五名
陈鑫晓	举重	2007 年 7 月	全国少年举重比赛 14 岁组 62KG 级总成绩冠军
潘炳鑫	举重	2007 年 8 月	全国少年举重比赛 13 岁组以下 56KG 级总成绩冠军
叶　帅	蹦床	2007 年	世锦赛上为中国蹦床夺得历史上第一个个人网上和团体 2 个世界冠军
陈佳颖	中国象棋	2007 年 7 月	第二十届全国“希望杯”青少年中国象棋比赛 D 组亚军

附：

1990 年 10 月 11 日，中国象棋女棋手陈瑛在全国中国象棋锦标赛中被国家体委授予“中国象棋大师”称号。

第四节　技术队伍

一、体育指导员

2003 年起，设社会体育运动指导员。2007 年，全区有社会体育指导员 727 人。其中，国家级 6 人（周婉霞，纪美仁、林韵敏、陈俊麟、赖勇、苏钟文），省一级 18 人，省二级 208 人，省三级 495 人。

二、体育教练员

体育教练员皆是各学校专业体育教师。2007 年，全区有体育教练员 109 人。其中，高级教练员 48 人，中级教练员 61 人。

三、体育运动裁判员

2007 年，全区有体育运动裁判员 308 人。其中，高级裁判员 6 人，中级裁判员 67，初级裁判员 235 人。

2007 年思明区体育裁判员统计表

表 26-3-3　　单位：人

级别	小计	田径	游泳	篮球	排球	足球	羽毛球	武术	举重	体操
高级	6	3	—	—	—	2	1	—	—	—
中级	67	20	5	11	2	13	12	2	—	2
初级	235	105	20	40	10	20	18	10	2	10
合计	308	128	25	51	12	35	31	12	2	12

四、体育运动员

2000 年开始，区境开展体育运动员职称评定工作。至 2007 年，全区有等级运动员 3152 人。其中，高级运动员 6 人，中级运动员 100 人，初级运动员 3046 人。

2007 年思明区体育运动员统计表

表 26-3-4　　单位：人

级别	小计	田径	游泳	篮球	排球	足球	羽毛球	武术	举重	体操
高级	6	—	4	—	—	2	—	—	—	—
中级	100	40	20	10	—	20	10	—	—	—
初级	3046	2320	160	180	30	160	80	36	20	60
合计	3152	2360	184	190	30	182	90	36	20	60

1985—2007 年思明区境群众（含学生）主要体育赛会一览表

表 26-3-5

年份	主要项目	参加人数及获奖
1985	思明区第 18 届小学生田径运动会	363 人参加
	群众性游泳活动	8000 人参加
	游泳团体赛	19 队 380 人运动员参加
	拔河比赛	107 队 1428 人次参加
	区少体校代表市队参加省儿童组比赛	35 人参加（朝红小学获足球第三名）
1986	小学生单项体育竞赛（多次）	1600 人参加
	第一届老人体协“三代同乐”运动会	500 人参加
	纪念解放厦门 37 周年老年人登山活动	280 人参加
1987	群众性环游鼓浪屿游泳活动	59 人参加，51 人游完全程。
	乒乓球比赛	60 人参加
	老年人门球比赛	男 8 队，女 4 队，计 120 人参加
1988	老年人体育协会第三届年会	150 人参加
	闽南老年门球邀请赛	200 人参加
	区乒乓球团体赛	45 人参加，思明公安局获冠军。
	“观海杯”环鼓游泳比赛	69 人参加
1989	“三八”节妇女拔河比赛	280 人参加
	小学生第七套广播体操比赛	700 人参加
	幼儿韵律操表演	450 人参加
	“青年杯”篮球赛	110 人参加，区人武部获冠军
	“青年杯”乒乓球团体赛	35 人参加，区机关获冠军
	钓鱼比赛	110 人参加
	厦门至集美游泳活动	140 人参加
	门球联赛	154 人参加，盘石干休所获冠军
	农村军、警、民体育比赛。	397 人参加
1990	迎新春桥牌邀请赛	150 人参加，区红、蓝队分别获冠、亚军
	迎“亚运”长跑比赛	510 人参加
	第二届“青年杯”篮球赛	140 人参加，区机关男队获第一名，卫生队获第二名
	区“青年杯”男子乒乓球团体赛	80 人参加，区检察院获冠军
	职工游泳比赛	300 人参加，文安街道获团体总分第一
	全区教师田径运动会	600 人参加
	老年人健美操表演交流会	220 人参加
	卫生系统游泳比赛	156 人参加
	参加省老年体协门球赛	区代表队（10 人）获冠军

续表26-3-5

年份	主要项目	参加人数及获奖
1992	农村民警军第三届运动会	429 人参加
1992	家庭运动会	538 人参加
1992	小学生踢毽、跳绳、呼啦圈运动	800 人参加
1992	群众性春季长跑比赛	467 人参加
1992	春季登山活动	4000 人参加
1992	首届残疾人运动会	76 人参加
1992	钓鱼比赛	120 人参加
1993	支持北京申办 2000 年奥运会春季长跑	1500 人参加
1993	健美操表演	240 人参加
1993	千人登山活动	2138 人参加
1993	纪念毛主席诞辰 100 周年（1）乒乓球邀请赛；（2）中国象棋比赛	180 人参加（1）；100 人参加（2）
1993	钓鱼比赛	58 人参加
1994	冬泳活动	150 人参加
1994	“功、拳、操”会演	250 人参加
1994	自行车“环思明、逛思明”活动	360 人参加
1994	春季长跑	500 人参加
1994	钓鱼活动	100 人参加
1997	春季越野长跑	500 人参加
1997	区老年人门球等级赛	150 人参加
1997	区老年人羽毛球比赛	100 人参加
1997	群众性信鸽竞翔	1500 人参加
1998	区台球友谊赛	200 人参加
1998	迎新春趣味运动会	200 人参加
1998	区幼儿园健身操比赛	各幼儿园均组队参加
1998	参加全市万人游泳活动	思明泳场 1200 人参与
1998	保龄球比赛	100 人参加
1998	区小学生第 31 届田径运动会	各小学组织参赛
1999	“以健康体魄奔向 21 世纪”健身长跑	1000 人参与
1999	庆“三八”妇女沙滩健身活动	9 个代表队 300 多人参加
1999	参加市家庭趣味运动会	获二个第一名、五个第二名、四个第三名
1999	钓鱼比赛	共 3 场，200 人参加
1999	区象棋、围棋比赛	100 人参加
1999	迎澳门回归老年人太极拳、健身球比赛	200 人参加
2000	承办闽南金三角门球比赛和厦门市全民健身节游泳活动	2 次，2500 人参加

续表26-3-5

年份	主要项目	参加人数及获奖
2002	区门球邀请赛	全市40支代表队参加比赛
	区第二届社区运动会	5个街道44个社区400多名运动员参加
	组队参加全国第二届体育大会台球比赛	在全国51支台球队中夺得团体金牌、单项两枚铜牌
	老体协登山、万步行、健身操、太极拳、剑等活动	区各老体协组队参加
2003	参加福建省第十二届县（市、区）运动会	获总分第一名
	参加全国体育大会	获优秀组织奖
	参加市第六届老年人运动	获中国象棋、气排球、羽毛球、太极剑第1名
2004	承接厦门国际马拉松赛2000名运动员报名工作和8000名志愿者啦啦队组织工作	区政府获市委、市政府表彰，并被授予组织奖。
	参加福建省社区运动会（篮球、气排球）	获篮球赛第一名，气排球赛第二名
	参加福建省农民运动会（游泳、田径）	游泳赛获1金6银；田径赛获1金2银
2005	参加福建省和全国气排球比赛	区代表队获全省冠军、获全国季军
	参加省传统校游泳比赛	区代表队获团体总分第一名
	参加全省少年足球赛	区代表队获冠军
	参加厦门市首届社区运动会	莲前街道获团体总分冠军，开元、鹭江分获二、三名
2006	参加全国气排球比赛	区代表队获亚军
	参加全国传统学校射箭比赛	区代表队获女团第一名、男团第二名
	参加省传统校游泳比赛	区代表队获团体总分第一名
	参加全省少儿体操锦标赛	区代表队获冠军
	承办全国健身秧歌大赛	区代表队获二等奖、优秀创编奖
2007	参加全国老年汽排球比赛	区代表队获亚军
	“思明杯”福建青少年国际象棋锦标赛	全省211人参赛，为期5天
	中小学田径、羽毛球、乒乓球、足球赛	参加代表队117支共1702人

第四章　体育机构与经费

第一节　体育机构

一、行政管理机构

民国19年（1930年），厦门体育会组织管理区境体育活动。民国35年5月，改由厦门国民体育委员会管理。

中华人民共和国成立时，青年团区委组织管理区境体育活动。1954 年 12 月 4 日，市政府设厦门市体育运动委员会，其组织管理区境体育活动。

1978 年 3 月和 12 月，开元区、思明区相继成立体育运动委员会（鼓浪屿区体育活动由区文化局组织兼管理）。2002 年 10 月，开元区、思明区文化局和体育运动委员会合并，由区文化体育局组织管理体育活动。2003 年 10 月三区整合，撤销鼓浪屿区文化局、开元区文化体育局，其职能归思明区文化体育局。

二、体育协会

民国时期，民间有建筑工人体育会、教员体育会、店员体育会等。1951 年后，教育、工业、商业、金融等各系统陆续建立体育协会（学校、工厂、机关等单位相继建立体育队）。“文化大革命”各体育协会停止活动。1977 年后，职工、老年人、残疾人的体育活动组织陆续恢复。

2003 年 10 月三区整合后，逐步完善区体育总会、区老年体协、区公务员体协组织机构；10 个街道皆建立街道体协；95 个社区均建立社区体协；还有各级各单位老体协 112 个。此外，各类体育运动爱好者组成单项体育协会 18 个。

2007 年思明区境单项运动协会名表

表 26-4-1

名称	地址	名称	地址
厦门市足球协会	体育中心体育宾馆	厦门市航海航空汽车模型协会	航海俱乐部内
厦门市网球协会	体育中心网球馆	厦门市体育记者协会	市体育中心
厦门市乒乓球协会	溪岸路 176 号	厦门市航船、帆板协会	厦禾路 21 号嘉英大厦
厦门市游泳协会	人民游泳池	厦门市高尔夫球协会	市体育中心高尔夫球练习场
厦门市体育舞蹈协会	体育中心东三台	厦门市门球协会	后埭路 268 号
厦门市信鸽协会	湖滨北路石亭路 151 号	厦门市篮球协会	厦禾路 1226 号
厦门市钓鱼协会	厦禾路 385 号	厦门市台球协会	禾祥西二路 37 号
厦门市棋类协会	创冠大厦 A 座	厦门市健美协会	文园路弘龙商业城
厦门市桥牌协会	创冠大厦 A 座	思明区信鸽协会	湖光路 11 号

三、文体活动中心

1980 年起，街道、社区陆续建立文体活动室，至 2000 年各街道、社区文体活动室基本建立。2003 年 10 月三区整合后，文体活动室设施加快充实，街道文体活动室改建为文体活动中心。

2007 年，全区 10 个街道均设文体活动中心，95 个社区和各机关企事业工会均有文体活动室。全区体育活动组织机构网络化。

第二节　民营体育单位

1980 年以来，区境陆续出现民办非企业体育经营单位，由区体育、商业等有关部门审批开办。至 2007 年批准民办非企业体育经营单位共 14 家。其主要业务：武术、围棋、象棋、健身操、游泳、长跑等体育项目的培训与习练活动（多有收费）。

2007 年思明区境民办非企业体育经营单位名表

表 26-4-2

名称	地址	名称	地址
中和武术馆	文屏山庄 195 号	厦门市浪淘沙海上冬泳俱乐部	厦门一中
白鹭太极健身馆	图强路 5 号楼 101 室	厦门市健将武术馆	思明南路 331 号
厦门长跑俱乐部	体育中心体工队综合楼	厦门市晨鹰象棋俱乐部	湖滨中路 6 号汇成公寓楼
方园围棋会馆	公园南路玉滨城 11-12 号	厦门市天元围棋俱乐部	湖滨南路 815 号
“希望之星”中国象棋俱乐部	厦禾路 480 号金榜大厦	厦门市弈智堂围棋俱乐部	溪岸路 145 号
厦门市弈之峰围棋俱乐部	仙岳路 458 号邮政大楼	厦门市海峡冬泳俱乐部	市中级人民法院内
厦门市西源围棋俱乐部	育青路 37 号	厦门市启明星国际象棋俱乐部	西林西里金鸡亭社区活动中心

第三节　体育经费

一、社会捐助

清末，体育活动和场地建设的费用由基督教会筹措提供。民国时期，体育经费绝大部分来自私人捐助或民间体育会集资。爱国华侨陈嘉庚捐巨资在厦门大学等地兴建一批运动场所；民国 6 年（1917 年），出资 2000 两白银，赞助在厦门举办闽南首届运动会；民国 9 年，赞助白银 5000 两在厦门举办首届福建省学校联合运动会。民国 19—22 年，华侨巨商胡文虎、胡文豹在厦门举办“虎豹杯”篮球赛，出资邀请香港游泳队来厦门表演，赠资兴建厦门双十中学“虎豹体育馆”。

二、政府财政提供

中华人民共和国成立后，体育事业经费列入年度国家财政预算，由政府拨款。1980 年以来，随着特区国民经济不断增长，区财政安排的体育事业费逐年增加。2003 年 10 月至 2007 年，思明区正常体育事业经费每年 160 万元；修建体育场馆、添置重要设备另拨专款，共 500 万元。

第二十七卷 医疗 卫生

唐至清代，区境中医行业沿袭相传，清初有中医生20多名。

清道光二十二年（1842年），厦门港辟为对外通商口岸。随后，英国、美国传教士兼医生在鼓浪屿、寮仔后开设西医诊所。清光绪九年（1883年），美国归正教公会在竹树脚开办保赤医院。光绪十三年，日本在外财团法人在同文顶望高石开设济世医院。光绪二十四年，美国归正教公会在平和县小溪镇创办的救世男女医院总院迁至鼓浪屿河仔下。民国7年（1918年），日本在外财团法人在鼓浪屿西仔路头设立博爱医院，翌年创办附属医学专门学校，开设西医临床医学和医学教育课。至民国36年，区境有开业西医师120多名，医院及诊所共100多家，西药店30家。

中华人民共和国成立后，区建立卫生行政管理机构、医疗与预防保健机构，加强卫生队伍建设，致力于建立农村、企业、城镇的初级卫生保健组织，开展以除“四害”、预防和控制传染病为中心的群众性爱国卫生运动。消灭天花、鼠疫等烈性传染病；推行计划免疫，迅速控制麻疹、脊髓灰质炎、白喉、乙型脑炎等发病率。

“文化大革命”期间，许多卫生人员被下放农村或基层，开展“一根针、一把草”活动。

1978年后，医疗卫生工作迅速恢复。推行计划免疫，加强地方病与慢性病防治，逐步消灭血吸虫病、丝虫病、麻风病，传染病总发病率逐年递减。1990年7月15日，鼓浪屿区获全国卫生先进单位称号。

2000年以来，计划免疫五苗覆盖率均在95%以上，相关传染病发病率控制在较低水平。2003年，防治“非典”卓有成效，三区卫生局与防疫站被中共厦门市委、市政府授予防治“非典”工作先进集体。创建“国家卫生城市”工作成果得到巩固，食品卫生、公共场所卫生通过复查验收，妇幼卫生各项指标均达《中国妇女发展纲要》和《中国儿童发展纲要》要求，医疗技术迅速提高。加强卫生执法力度，以食品安全专项整治和医疗市场整顿为重点，为历届“中国投资贸易洽谈会”等重大活动提供卫生安全保障。

2003年10月后，思明区整合区属医疗卫生机构，形成以思明区医院、区妇幼保健院、区疾病预防控制中心、区卫生监督所为主干，以各街道社区卫生服务中心为基层卫生医疗组织的覆盖全区的医疗卫生网络。2005年8月，思明区获卫生部、民政部、国家中医药管理局授予首批“全国社区卫生服务示范区”称号。

2007年，区境有医疗卫生机构（含部队和市属）427家，其中三级医院4家、二级医院3家、一级及相当一级医院9家、门诊部40家、诊所283家、企事业单位医务室（卫生所）65家、社区卫生服务中心（站）20家、区级妇幼保健院1家、区疾控中心1家、区级卫生监督所1家。执业医师3650人，执业护士2974人。医院病床3626张，平均每千人口拥有医生4.24人、护士3.46人、医院病床4.22张。

第一章　机　构

第一节　卫生管理机构

一、行政机构

（一）三区行政管理机构

鼓浪屿区卫生局　1953年，鼓浪屿区人委设立卫生股。1978年，鼓浪屿区人民政府设立卫生科，1986年改为鼓浪屿区卫生局。2002年，编制3名。

开元区卫生局　1949年10月，开元区设文教、卫生办事员。1950年8月，文教、卫生业务分开，设立卫生事务所，由市卫生局管理。1958年10月，区卫生事务所撤销，成立区政府卫生股。1973年，区卫生股改为卫生科。1976年10月至1977年3月，改称区卫生组，直属区革委会领导。1977年，恢复区卫生科。1979年11月，复建区消毒站。1982年6月，成立区防疫站。至此，区卫生科下设计生办、消毒站、防疫站、爱卫会等机构。1984年，区卫生科改为区卫生局。2002年，区卫生局编制6名。

思明区卫生局　1950年，思明区公所设置区一级思明卫生所。1952年11月，撤销区公所，建立区人民政府，下设卫生股。1954年3月，增设区卫生所，并与区卫生股合署办公。1968年9月，撤销区卫生股。1970年1月，向阳区革委会生产指挥组下设卫生组。1971年，思明区卫生组改属思明区革委会办事秘书组领导。1972年，归隶思明区革委会生产指挥部管辖。1977年，区卫生组撤销，成立区卫生科。1984年4月，区卫生科改为区卫生局。2002年，编制5名。

鼓浪屿区爱国卫生运动委员会　1952年3月，成立爱国卫生运动委员会，下设办公室。1984年，鼓浪屿区爱卫办与区卫生局合署办公。

开元区爱国卫生运动委员会　1952年3月，成立爱国卫生运动委员会，下设办公室。1984年，开元区爱卫办与区卫生局合署办公。

思明区爱国卫生运动委员会　1952年3月，成立爱国卫生运动委员会，下设办公室。1984年，思明区爱卫会脱离卫生局，独立开展业务。

（二）三区整合后行政管理机构

思明区卫生局　2003年10月三区整合，经中共思明区委、区政府批准，思明区卫生局行政编制10人，设综合科、公共卫生科。

思明区爱国卫生运动委员会　2003年10月三区整合，撤销鼓浪屿区和开元区爱卫会，成立思明区爱卫会，是具有独立法人和行政编制的正处级机构，与区卫生局合署办公，编制1人。

二、事业机构

（一）三区事业机构

1950—1952年，鼓浪屿区、开元区、思明区先后成立卫生防疫站。1987年，三区防疫站编制共53人。

（二）三区整合后事业机构

思明区卫生监督所　2003年10月，三区卫生防疫站（部分人员）与卫生综合执法大队整合为思明区卫生监督所。为全额拨款事业单位，编制30人。2004年12月，编制38人。2007年，编制45人。

第二节 医疗保健机构

一、公立医疗保健机构

区疾病预防控制中心 2003年10月，三区卫生防疫站部分人员整合成立思明区疾病控制中心。为全额拨款事业单位。2007年，编制36人。

区妇幼保健院 1980年，开元区成立妇幼保健站，1984年，改为妇幼保健所。1980年，思明区卫生防疫站妇幼股承担区境妇幼卫生指导职能。2000年，思明区妇幼保健所成立。2003年底，开元区、思明区妇幼保健所及鼓浪屿区卫生防疫站妇幼科整合，成立思明区妇幼保健院。2007年，编制18人。

区医院 1950年，成立思明区防保院。1960年6月1日，在区防保院基础上组建思明区人民医院。1962年，医院迁至古城西路6号。为集体所有制区级综合性医院。1995年，占地面积5108平方米，建筑面积1.37万平方米。1961年3月2日，在区防保院基础上组建开元区人民医院。“文化大革命”期间，改称东风区人民医院。1980年1月，复名开元区人民医院，址在厦禾路336号。是一所以眼科医治为重点的集体所有制综合医院。1995年，占地面积2118.77平方米，建筑面积5043.8平方米。2001年6月1日，开元区人民医院分为开元区医院、厦门眼科中心2个具有独立法人资格的单位。区医院以基本医疗服务为主，走社区卫生服务路子。2003年8月，厦门眼科中心由开元区政府与民营企业欧华公司签订眼科中心股权转让合同，2004年改制为民营三级甲等专科医院。2004年5月，思明区人民医院（含中医骨科医院）和开元区医院整合为思明区医院，为财政拨补事业单位，隶属思明区卫生局。2007年，编制350名。

鹭江社区卫生服务中心 1970年，鹭江街道办事处下属14个居委会先后办起“六二六”卫生所，每所卫生员1～2人。1978年，卫生所全部合并，成立鹭江卫生院。1999年6月，更名鹭江社区卫生服务中心。

开元社区卫生服务中心 1977年9月，在卫东居委会“六二六”卫生所基础上，成立公园公社卫生所。1978年9月，成立公园卫生院。1999年6月，更名公园社区卫生服务中心。2004年，更名开元街道社区卫生服务中心。

梧村社区卫生服务中心 1978年9月，成立梧村公社卫生院，实行公社及区卫生科双重领导。1983年4月，归区卫生科领导。1999年6月，更名梧村社区卫生服务中心，并归街道管理。

筼筜社区卫生服务中心 1983年，开元区卫生局在湖滨北路设医疗点。1984年7月，该医疗点成立筼筜卫生所。1999年6月，更名筼筜社区卫生服务中心。

莲前社区卫生服务中心 1990年8月，设莲前卫生院。1999年6月，更名莲前社区卫生服务中心。

思明社区卫生服务中心 1995—1996年，先后成立文安、中华和思明卫生院。2000年10月，文安、中华、思明卫生院合并，组建思明社区卫生服务中心。设中医科、西医内外科、妇科、五官科、X光室、牙科、心电图、超声波。

厦港社区卫生服务中心 1978年9月，厦港街道办事处合并区境各“六二六”卫生所，成立厦港卫生院。为集体所有制，独立核算，自负盈亏，国家补助。1985年12月，在厦港圆山宫建新院，1988年6月竣工，面积400平方米。设中西医内科、外科、口腔科、妇科、防疫科、X光科、化验室、理疗室、针灸室等。1999年，更名厦港社区卫生服务中心。

嘉莲社区卫生服务中心 1978年，成立厦禾卫生院。1999年6月，更名厦禾社区卫生服务中心。2001年6月，厦禾社区卫生服务中心迁至嘉莲街道，更名嘉莲街道社区卫生服务中心。2004年，嘉莲街道与社会资源合作，该中心成为公办民营的社区卫生服务机构。

滨海社区卫生服务中心 2002年1月成立。2003年10月三区整合，保留设置。

鼓浪屿社区卫生服务中心 1979年12月，创建鼓浪屿卫生院，设中医内科、西医内科、妇科、治疗室、中西药房，附设内厝门诊部和龙头儿童保健门诊部。1999年，更名鼓浪屿社区卫生服务中心。

二、私立医疗保健机构

卫生团体下属诊所 1986年起，思明区卫生工作者协会、医学会、红十字会先后开设4家诊所。2000年，4家诊所与各卫生团体脱钩，改为个体诊所。1992年起，开元区医学会、卫协会、红十字会分别开设家庭门诊部、岳阳诊所、槟榔药局等，其法人由社团负责人兼任。2000年，这些诊所（药局）与各卫生团体脱钩，改为私人诊所。

民营医院 1996年，区境始有民营医院出现，至2007年，区管民营医院6家。

2007年思明区民营医院基本情况表

表27-1-1

名称	创建年份	负责人	建筑面积（平方米）	地　址	科室数（个）		全院人数（人）	其中（人）		等级
					西医	中医		医生	护士	
天济医院	1986	朱文煌	2885	大同路409号	11	2	70	31	15	一甲
松柏医院（福利中心）	1996	陈加顺	3832	屿后南里238号	7	3	54	14	17	一甲
仁安医院	2002	林宝玉	1240	凤屿路6号	3	0	45	22	10	一甲
梧村骨科医院	2002	李澄清	1889	槟榔西里	0	1	50	16	10	
前埔医院	2003	林　峰	2242	文兴东路50号	8	1	213	48	68	一甲
长青医院	2006	鞠　丽	1300	长青路155号	1	0	21	10	2	—

民营门诊部及诊所 1988年，区境始有民营门诊部，至2007年，民营门诊部31家、个体诊所195家。

三、其他医院

教会医院 位于竹树脚。清光绪七年（1881年），英国长老教玛丽丝开办。

保赤医院 位于竹树脚。清光绪九年（1883年），美国为正教公会（基督教会）创办，为漳州救世医院的分院。民国22年（1933年）停办。

救世医院 位于鼓浪屿河仔下（燕尾山，今鼓新路55号）。清光绪二十四年（1898年），美国归正基督教会设立。1951年，市政府接办，与鼓浪屿医院合并为市立第二医院。

若瑟医院 址在磁安路15号。民国36年，由天主教厦门教区多明我会创办。1955年，与开元第一联合诊所合营。1958年，并入开元区防保院。

清光绪二十四年（1898年），创办救世医院

附：驻区军、市属医院

民国时期，区境就有市属医院。至2007年，区境驻有南京军区174医院、厦门警备区医院、厦门市第一

医院、厦门市中山医院、厦门市妇幼保健院、厦门市仙岳医院。

2007 年思明区境部队、市属医院基本情况表

表 27-1-2

医院名称	创建年月	建筑面积（平方米）	地 址	医院等级	科室数（个）		全院人数（人）	其中（人）	
					西医	中医		医生	护士
厦门市第一医院	1937	13889	镇海路	三甲	13	1	2321	651	908
南京军区 174 医院	1947	—	文园路 83 号	三甲	31	—	—	—	—
厦门警备区医院	1950	—	金榜南路 17 号	—	—	—	—	—	—
厦门市妇幼保健院	1959	45239	镇海路	三级	8	—	651	152	208
厦门市仙岳医院	1960	12357	仙岳路 287 号	三乙	7	—	194	50	79
厦门市中山医院	1986	1523	湖滨南路 201 号	三甲	12	1	1213	496	417

第二章 疾病预防控制

第一节 健康教育

1950 年后，三区防疫站宣教组采用广播、报刊、标语、宣传画、墙报、板报等形式宣传卫生防病知识。1980 年后，还采用科普台历、电视、讲座、宣传车、文艺演出、知识竞赛、给学生上课、参观卫生教育馆等形式，开展广泛的群众性健康宣传。

1984 年起，三区防疫站建立健康教育所，配专（兼）职卫生宣教人员，深入街道、企事业单位、学校开展健康宣传教育。各区设置卫生宣传牌、卫生宣传专栏，发动单位和个人订阅卫生报刊，印发卫生宣传资料，举办食品卫生、除害防病培训班和卫生讲座，组织居民参观卫生教育馆。鼓浪屿区在原有计划生育展览室的基础上，扩充健康教育、卫生防病等内容，成为该区卫生、计生工作的学习、培训和技术指导中心。该区卫生宣教工作名列全市榜首。

1992 年起，年年结合爱国卫生月、“5·8”红十字会纪念日、创建卫生城市等活动，组织医疗、防疫单位上街开展卫生健康咨询服务，除四害防病知识宣传教育。开元区 200 多家机关企事业单位皆建立健全教育领导小组，确定 12 家企事业单位为健康教育工作示范单位。组织单位和个人订阅《福建卫生报》，中小学健康教育开课率 100%。思明区健康教育专兼职人员 590 名，区健康教育所加强对基层人员的指导，中小学各校普遍开设健康教育课。鼓浪屿区制定健康教育网络一览表及示意图。举办食品、公共场所从业人员培训班，在电视节目上，宣传健康知识，提高健康教育覆盖面。

1999—2002 年，鼓浪屿区举办慢性病、常见病防治宣传活动；开展健康教育处方发放、电话咨询服务等。组织 2300 名中小学生参加“做不吸烟的新一代”签名活动，发动近百名妇女参加区卫生系统举办的妇女保健知识竞赛。思明区健康教育所和区社区卫生服务中心联合组建“思明区健康教育基地”，配备 120 座位的教室，举办健康教育学习班。结合计划免疫宣传日、红十字日、世界卫生日、爱眼日、世界无烟日等，组织上街开展健康教育宣传活动，向市民发放《厦门卫生》、健康教育处方、疾病预防手册。2000年，开展健康教育知识问卷调查知晓率86.39%。

2003年10月三区整合后，区卫生局修订完善健康教育示范社区、社区卫生服务中心考核方案及考核标准。开展业务培训及多种教育宣传活动。2007年，编发宣传资料14种，共23.5万份；制作大型宣传板20版，加大防病知识宣传；编发以健康教育为主的《城市快讯》宣传资料，共刊9期。

第二节　爱国卫生运动

1952年2月29日，美国向中国大陆施行细菌战争。由此，全国各地开展爱国卫生运动。三区政府都建立爱国卫生运动委员会，发动民众扑灭鼠、蚊、蝇、蚤、蟑螂，以粉碎细菌战争。此举也提高了民众讲究卫生防病的意识。在此基础上，控制和消灭天花、霍乱及其他急性传染病。此起，爱国卫生群众运动年年开展。1954年春节前夕，开展爱国卫生运动，对居民的清洁责任地段进行调整。圈护14个典型清洁地段作为样板，组织参观、推广，并举办群众性的卫生讲座，开展预防接种。

1957年元宵节、端午节期间，开展大规模除“四害”（鼠、蚊、蝇、蚤）运动。对蚊蝇滋生地、厕所粪缸、牲畜栏、洼地、防空洞全面进行卫生处理。

1958年，开展春、夏、秋、冬四大卫生战役，反复“扫荡”“八害”（鼠、蚊、蝇、蟑螂、蚤、臭虫、麻雀、白蚁）。鼓浪屿区被评为厦门市先进单位。其间，驻军和老百姓订立“军民齐动手，人人讲卫生”的爱国卫生公约，军民开展竞赛，卫生面貌大改观。是年，全区召开除“六害”（老鼠、白蚁、蟑螂、麻雀、臭虫、蚤）讲卫生观摩大会，宣布基本消灭“六害”。同时，区卫生防疫部门开展预防接种、预防性环境消毒。

1961年1月起，贯彻中共中央《全国农业发展纲要（草案）》提出的“积极开展群众性的爱国卫生运动”的精神，把爱国卫生运动同农业生产建设密切结合起来，按农业季节开展爱国卫生运动，结合积肥支援农业生产。

1964年，以“全国学习解放军”为动力，促进爱国卫生运动深入开展。当年，三区改建厕所、粪坑、牲畜栏，清理水沟，填平洼地，处理废墟等1000多处，积集大量肥料支援农业生产。部分废墟空地经整理后，绿化美化建成小花园。

“文化大革命”期间，爱国卫生运动停顿。“文化大革命”结束后，经过几年努力，区境卫生面貌仍未能恢复到1965年的水平。

1980年，开展爱国卫生月及卫生周活动，进行检查、落实。同时，对消毒站进行严格考核，以保证其工作质量。做好鼠害密度监测，为除“四害”提供数据。建立健全专职的“四害”消杀队伍及考核队伍，定期开展“四害”灭杀及考核工作。爱国卫生运动年年开展，1985年10月，经中央爱国卫生运动委员会、卫生部和交通部对厦门港进行联合考核，现场考核鼠密度为0.009%（国家标准为≤1%）。厦门港获“无鼠害港”称号。

1987年，鼓浪屿区政府制定《鼓浪屿区创建无鼠害岛实施方案》和《鼓浪屿区灭鼠达标承包责任制》。区防疫部门开展宣传，举办灭鼠培训班，向群众传授灭鼠防病的科学知识，灭鼠取得初步成效。1988年8月，经省爱卫会、卫生厅、交通厅联合考核，该区成为福建省第一个无鼠害区。

1989年，开元区采取专业队伍与群众相结合，平时保洁与突击相结合，治标与治本相结合，进一步落实“门前三包”，健全周末卫生日等卫生管理制度。经过三年努力，1991年经全国爱卫会考核鉴定，该区灭鼠工作符合全国灭鼠先进城区标准。

1995年，三区政府调整和充实爱卫会组织及办事机构，组织民众开展卫生攻坚战。开元区以创建灭蝇蚊先进区为目标，制定灭蝇蚊的实施方案和技术方案，动员人人动手，打扫内外环境，整治卫生死角，铲除“四害”孳生地。以区“四害”防治中心为骨干力量，重点对下水道、窗口单位、农贸市场、主干道环境进行清洁。在市、省、国家爱卫会除“四害”考核中，该区除“四害”工作均符合国家规定的要求。

1999 年，思明区爱卫办会同城管办召开在建工地灭蚊专项治理动员会议，层层落实责任制。又召开有街道分管主任、卫生干部、居委会卫生主任参加的除“四害”动员大会，组织专兼职投药人员业务培训，广泛开展以灭鼠、灭蟑螂为重点的除“四害”活动。2001 年4—5 月，发动干部、群众、离退休人员共3000 多人次，开展整治环境。全区排除大小积水 1.02 万处，清理卫生死角（“四害”孳生地）400 余处。6 月，该区在全市爱国卫生检查中达一类区标准。

2003 年4 月，结合防治“非典”，开展以“加强健康教育，预防春季呼吸道传染病”为中心的第十五个爱国卫生月活动，分发宣传资料7 万余份，清运垃圾8 万余吨。5 月，开展以“净洁家园，卫生防病”为主题的爱国卫生月活动。11 月 20 日至 12 月 4 日，开展冬季灭鼠统一行动。鼠密度由灭鼠前的4.1%降至2.3%。

2005 年，坚持“政府组织、地方负责、部门协调、群众动手、社会监督、分类指导”的工作方针，以“整治环境卫生，预防疾病发生”为主题，以城区除“四害”和农村改水改厕为重点，开展第十七个爱国卫生月及“创建卫生城镇（村）”活动，进行市容环境卫生、“五小行业”卫生管理、园林绿化、农贸市场卫生、环境保护、建筑工地施工管理等专项整治，卫生状况进一步改善。

2007 年，区爱卫办向相关职能部门、街道下达公共卫生工作责任书，制定工作考核办法，形成爱国卫生工作长效机制。消杀专业组负责对全区重点部位进行除“四害”投药和外环境消杀，并对各单位的除“四害”工作进行技术指导及督查；区有害生物防治中心对各街道外环境重点部位用大功率消杀车进行消杀；区疾控中心配合做好“四害”灭杀前后的密度检测，为科学投药提供依据；各社区居委会负责保证社区居民的灭蟑、灭鼠投药覆盖率和到位率95%以上；各街道负责对物业公司、企事业单位的除“四害”工作进行督促。

第三节　计划免疫

1950—1978 年，三区开展牛痘苗、白喉类毒素、百日咳菌苗、乙脑疫苗、卡介苗、破伤风苗、“小麻”糖丸、钩体疫苗等预防接种。

1979 年，卫生部决定三年内在全国普及儿童计划免疫，把“四苗”（卡介苗、脊髓灰质炎疫苗、百白破三联菌苗和麻疹疫苗）、“六病”（结核病、脊髓灰质炎、百日咳、白喉、破伤风和麻疹）纳入计划免疫管理。是年，鼓浪屿区试行儿童计划免疫，实行适龄（18～24 月龄）儿童每人一卡，把上门接种改为由卫生院门诊接种。1982 年，其经验推广到思明和开元区。其间，凡新入托儿所、幼儿园和小学的新生都需持有厦门市儿童免疫卡，方予注册入学。同时，实行一人一针一筒，既控制计划免疫相对应疾病的发生，又避免疾病交叉感染。

1987 年，鼓浪屿卫生防疫站与区卫生院签订计划免疫工作承包合同。区卫生院专设预防接种门诊和儿童保健门诊。当年卡介苗、小麻糖丸、百白破、麻疹、乙脑、流脑疫苗接种率均99%。其经验在开元、思明区推广。开元区防疫站定期对卫生院进行计划免疫考核，除小麻糖丸外，其余5 项均达标。思明区各项疫苗的接种率都达到或超过省规定的接种率指标，基本控制脊髓灰质炎、白喉、破伤风、乙脑、流脑、百日咳、钩体病等传染病的发生。

1988 年，开元区在25 个居委会中抽查 175 名 1987 年出生的儿童，建卡率 100%，卡介苗接种率96.61%，百白破三联接种率99.06%，小麻糖丸服丸率99.06%，麻疹疫苗接种率99.53%，四苗全程免疫率98.58.%。1989 年，开元区每周开展 1 次计划免疫门诊日服务。其间，在莲坂、何厝的卫生所配备电冰箱各 1 台，保证冷链正常运转。思明区计划免疫基本实现制度化、规范化。全年应接种 20874 人/次，实际接种 20606 人/次，接种率98.7%。计划免疫建卡率 100%；卡介苗接种率 100%，百白破三联接种率99.6%，小麻糖丸服丸率99.6%，麻疹疫苗接种率99.6%，四苗覆盖率97.2%，均提前2年达到部颁标准。

1994年，开元区接受厦门市卫生防疫站检查，儿童四苗接种率、覆盖率均居全市第一；卫生院的新生儿建卡、适龄儿童按接种程序接种、补种等主要工作形成制度化。儿童计划免疫接种率为四苗98%、卡介苗95.9%、流脑93%、乙肝98%、乙脑96.5%。

1995年，思明区基本消灭麻风病；乙肝疫苗接种率达全国先进水平，受卫生部专家组的高度评价。

1998年5月22日，鼓浪屿区接受世界卫生组织及联合国儿童基金会考查，该区消灭脊髓灰质炎、“计免”接种等率100%，得到肯定。

2000年起，三区在继续巩固“四苗”接种率基础上，抓新生儿乙肝疫苗接种。

2002年，鼓浪屿区、开元区“五苗”接种率均达98%。新生儿的乙肝疫苗接种取得明显效果，12岁以下的儿童乙肝表面抗原阳性率从未接种前1997年的6%，至2002年降为1%。

2003年三区整合后，开展脊髓灰质炎疫苗强化免疫、麻疹疫苗补充免疫、乙脑疫苗集中接种等。继续加强乙肝疫苗的管理，对预防接种单位和产科医疗单位实行乙肝疫苗接种报告制度。同时，加强流动人口免疫管理，利用街道社区计生网络，定期搜索适龄流动儿童，发放接种通知单和宣传材料，开展查漏补种。

2006年，承担省妇儿工委下达的“流动儿童预防保健管理项目”试点工作，举办以计划免疫为主题的大型宣传活动，发放接种通知单，搜索适龄流动儿童，提高适龄流动儿童的建卡率和免疫接种率。是年，推动社区卫生服务中心规范预防接种门诊建设，有8家通过市卫生局评审（全市10家）。各社区卫生服务中心开始使用“厦门市儿童预防接种智能化网络管理系统”，提高工作效率。

2007年，全区报告疑似麻疹病例38例，确诊14例；监测报告14岁以下儿童乙肝2例；接报3例流脑（成人）经鉴定为C群流脑，未发生二代病例，患者均痊愈出院；接报3例疟疾病例（均为流动人口），按要求及时开展个案调查；按期做好麻疹、新生儿破伤风、乙脑等的主动监测及统计。

第四节 疾病防治

一、传染病防治

民国及以前，区境鼠疫、天花、霍乱等传染病多次流行，死人无数，民间流传“朝死有棺，暮死草葬”。烈性传染病流行。

中华人民共和国成立后，三区政府坚持“预防为主”方针，建立卫生防疫机构及专业防治院（所），加强对传染病、寄生虫病防治；开展群众性爱国卫生运动，改善城区环境卫生。至1955年，基本消灭鼠疫、天花、霍乱等烈性传染病。

1979年起，三区推行计划免疫，有效地降低或控制麻疹、脊髓灰质炎、白喉、流行性脑脊髓膜炎、乙型脑炎等传染病的发病率。

1984年起，市医院、区医院、卫生院组成三级监测和观察治疗网，建立疫情报告制度。重点做好霍乱、肺病、丝虫病、麻风病、病毒性肝炎等疾病的防治，使发病率年年控制在省定指标之内。

1988年，思明区8种法定传染病有799例，总发病率665.85/10万。区医院开设常年肠道门诊，杜绝二号病发生，并建立2个结核病门诊点。区卫生防疫站突击完成黄厝、曾厝垵2个村丝虫病普查工作，应检3933人，采血3627人，采血率92.2%，镜检发现尾丝虫幼阳性11人，阳性率0.3%，达到卫生部颁布基本消灭丝虫病的指标。同时，区防疫部门对42例治愈的麻风病人和家属进行定期访问、体检、观察。

1991年，鼓浪屿区对四松居委会第7～12居民组887人进行体检，发现结核病患病率0.12%，比

1986 年结核病流行病学调查的患病率下降 50%。1992 年，鼓浪屿区传染病例 153 例，发病率 686.68/10 万，法定传染病比 1991 年下降 10%。是年，基本消灭麻风病和血丝虫病。发现一例艾滋病例，区卫生局即做好病例调查和防治工作。

1994 年 8—9 月，霍乱流行，三区卫生局与相关部门协作，防治结合。开元区肠道门诊采样 965 例，发现可疑病例 61 例，确诊 44 例。区医院加强肠道门诊工作，做到有泻必检，疑似病例留院观察、治疗，控制霍乱蔓延。1996—1997 年，三区未发现霍乱病例。

1998—1999 年，三区开展丝虫病监测工作。开元区采集血片 2457 片，未发现阳性。鼓浪屿区通过省卫生厅消灭丝虫病考核验收。

2000—2002 年，三区采取综合措施，预防艾滋病发生。鼓浪屿区送检重点人群艾滋病检测血清 250 份，经市防疫站检测未发现阳性患者。开元区加强对艾滋病重点人群监测。思明区协助厦门市防疫站对区境 1 例 HIV 阳性病例进行采样、上报、随访等。

2003 年三区整合后，建立完善的监测体系。做好呼吸道、霍乱、艾滋病、乙肝、肺结核、手足口病等重点传染病防治。

开展肠道门诊登记腹泻病人及外环境监测，每年组织对医疗单位肠道门诊工作进行检查。开展艾滋病高危干预。开展对手足口病疫情监测，实行手足口病疫情日报告制度及重症病例、死亡病例每日专报制度。

2007 年，全区传染病总发病率降至 374.59/10 万，传染病的死亡数占死亡总数 0.61%。连续 4 年无发生传染性"非典"、脊髓灰质炎、人禽流感、狂犬病、乙脑、炭疽、白喉、新生儿破伤风、钩体病、血吸虫病等病例。

2004—2007 年思明区传染病发生情况表

表 27-2-1

病种	2004 年		2005 年		2006 年		2007 年	
	发病数（例）	发病率（10 万比率）	发病数（例）	发病率（10 万比率）	发病数（例）	发病率（10 万比率）	发病数（例）	发病率（10 万比率）
合计	3289	528.6116	3209	418.8699	4011	517.4536	2963	374.5891
艾滋病	1	0.1607	1	0.1305	—	—	1	0.1264
HIV	6	0.9643	6	0.7832	6	0.7741	4	0.5057
肝炎	1209	194.3118	1235	161.2042	1418	182.9342	1266	160.0506
麻疹	48	7.7146	81	10.5729	117	15.094	14	1.7699
出血热	—	—	—	—	2	0.258	—	—
登革热	—	—	1	0.1305	—	—	—	—
痢疾	188	30.2156	223	29.1081	269	34.7033	213	26.9279
肺结核	759	121.9873	834	108.8618	1106	142.6835	703	88.8748
伤寒、副伤寒	19	3.0537	23	3.0022	112	14.449	31	3.9191
流脑	—	—	—	—	1	0.129	3	0.3793
百日咳	—	—	—	—	1	0.129	1	0.1264
猩红热	37	5.9467	26	3.3938	21	2.7092	26	3.287
淋病	550	88.3966	451	58.8689	491	63.3432	349	44.1214
梅毒	471	75.6996	334	43.5969	472	60.8921	356	45.0063
疟疾	1	0.1607	—	—	1	0.129	—	—

二、地方病碘缺乏病防治

1995 年初，按照卫生部新制定的《全国碘缺乏病监测方案》，用 PPS 抽样方法和新的诊断标准，对 8～10 岁儿童进行调查：三区儿童甲状腺肿大率为 16.44%，尿碘中位数为 137.5 微克/升。是时，全市碘盐普及率仅 0.95%，碘盐合格率低于 50%。为此，三区推行全民供应合格碘盐。年底，市区碘盐普及率 80%，农村碘盐普及率 5%，碘盐合格率 80% 以上。三区皆加强碘气管病防治与监测。

2000 年，鼓浪屿区通过省卫生厅组织的评估考核，达到消除碘缺乏病目标。5 月，开元区和思明区通过省级“实现消除碘缺乏病阶段目标”的评估。

2001 年，思明区开展碘盐宣传日活动，进行碘盐检测，全区合格碘盐覆盖率 99.4%。

三、慢性病防治

1998 年，鼓浪屿区成立区慢性病防治领导小组。9 月，经区科技局批准立项，区防疫站以心血管疾病为科研课题开展调研。其间，完成人群高血压病、心血管病、糖尿病患病率等课题的调查。

2002 年 3 月，卫生部批准鼓浪屿区为全国慢性、非传染性疾病社区综合防治示范点。该区根据《全国社区慢性非传染性疾病综合防治方案》制定慢性病防治工作十年计划，不断提高慢性病的综合防治水平。同时，启动“国民体质测定”工作。

2003 年，思明区思明、厦港两社区卫生服务中心承担全国糖尿病防治项目试点，开元社区卫生服务中心为全国社区慢性病防治试点。至 2006 年，各社区卫生服务中心为社区居民建立个人健康档案 5.3 万份，慢性病管理 1 万余例。

2007 年，开展居民死因报告工作，做好死因统计资料收集、汇总，完成区境 2006 年度死因分析报告；开展高血压、糖尿病等慢性病防治与管理，修订思明区社区卫生服务中心慢性病防治和管理工作考核标准。

第三章　妇幼保健

第一节　妇女保健

民国 19 年（1930 年）至 29 年（1940 年），区境部分医院设产科病房，开展新法接生。其时，广大农村沿用老法接生，难产死亡和新生儿破伤风屡有发生。民国 38 年，区境产妇死亡率高达 34‰，新生儿死亡率高达 150‰。

中华人民共和国成立后，三区陆续建立妇幼保健站（股）和农村妇产室，培训接生员和妇幼卫生工作人员。1960 年，开展计划生育技术指导。

1980 年起，三区组织计划生育手术队下农村，普及计生知识与手术。

1988 年 7 月 21 日，国务院颁发《女职工劳动保护规定》，三区卫生局等有关部门对企业女职工劳动保护情况进行检查。发现有妇科疾病的，给予医疗和保健指导。随着企业不断增加，女职工随之增多，三区政府加强妇幼保健工作，开展婚前保健、优生优育的宣传教育，定期举办婚龄妇女学习班和孕妇学习班。健全三级保健网，逐步实现青春期卫生保健、婚前健康体检、优生、孕管、儿管及以防癌为重点的妇女病查治等一条龙的妇幼保健系统管理，努力降低孕产妇、婴儿死亡率和患病率，提高妇女儿童的健康水平。保健覆盖率100%，孕产妇建卡率100%。

1993年起，贯彻卫生部、劳动部等联合颁发的《女职工保健工作规定》。以鼓浪屿区为试点全面开展女职工“五期保健”（经期、孕期、产期、哺乳期、更年期保健）试点工作。

1995年，三区贯彻《中华人民共和国母婴保健法》，都成立母婴保健工作领导小组，召开会议部署，开展创建爱婴医院。年底，开元区医院被卫生部、世界儿童基金会授予“爱婴医院”称号。1997年，开元区被定为全国妇幼保健社区服务试点区。1999年，思明区由福建省政府授牌为爱婴区；区人民医院获卫生部授予的“爱婴医院”称号。

2000—2002年，开元区实施《开元区降低孕产妇死亡率的干预措施》，并发放《致外来人口的一封信》，加强对外来人口孕产妇的管理，开展孕妇、育龄妇女、儿童的调查。思明区各级妇幼机构围绕两纲目标开展工作，两纲所涉及的28项妇幼保健指标全部达标，特别是母乳喂养率从1999年的67%提高到2000年的80.3%，连续6年无孕产妇死亡。

1998年5月，区境爱婴宣传活动

2003年10月后，区卫生局开展妇幼保健技术培训、健康教育和社区妇幼工作指导。举办托幼园所保健老师培训、社区妇幼人员培训、企事业单位女工委员培训，至2004年共办23期，754人次参训。开展健康教育普及妇幼保健科学知识，举办义诊、讲座、孕妇班、育儿班、新婚夫妇班，共810多场，受益群众6万多。同时，把流动人口的孕产妇纳入管理范围。在开元社区卫生服务中心设立孕妇建卡点，前埔医院、莲花医院对外来孕产妇补建系统管理卡。区妇幼保健院开展妇女病普查，每周二、四派出医务人员到企事业单位调查，建立联系网络，扩大保健覆盖率。

2005—2007年，开展孕妇免费优生检测，预防孕产事故与缺陷儿发生；全区连续3年未发生孕产妇死亡。2007年，为1950名妇女进行免费艾滋病病毒检测，有效预防艾滋病母婴传播。同年，对1万名妇女进行乳腺疾病免费普查与保健指导。

第二节　儿童保健

1950年起，区卫生部门组织人员为儿童接种牛痘，预防天花。1952年起，区各系统企事业单位陆续开办托儿所，举办幼儿保育员训练班，开展幼儿保育工作。1958年，农村大办幼儿园（所），并加强安全、卫生等工作。

1970年后，开展儿童卫生保健的“疾病预防控制好、工作人员个人卫生好、培养幼儿卫生习惯好、环境卫生好、饮食卫生好和团结协作好”六好评比活动。

1974年，市妇幼保健所开展托幼卫生保健和儿童早期教育试点工作，开元区公园托儿所作为试点单位，聘请退休的幼教老师协助，组织集体备课，每两周1次，按3岁前幼儿教学大纲的要求，统一教学内容和方法，其卫生保健和早期教育经验在三区推广。

1979 年开始，三区 15 岁以下儿童实行计划免疫。同时，推动儿童营养保健和早期教育工作，加强幼托园所的管理，建立早期教养、卫生营养食谱、娱乐活动、健康检查等制度；并开展“六好”活动，定期检查评比。1983 年，思明托儿所被评为福建省卫生保健先进单位。1984 年起，三区开展小儿神经精神发育检查及儿童智力测定。对病儿进行专案管理。1986 年，鼓浪屿区卫生院和思明区卫生院开展儿童系统管理试点。1989 年起，对托幼机构的儿童进行龋齿防治。实行儿童入托、入园前的体检制度，凡未经体检及未全程免疫注射的不得入托、入园。是年，公园和鼓浪屿托儿所被列入“示范性托儿所”。

1990 年后，每年儿童节，区妇幼保健所、区妇联、计生等部门联合开展健美儿童表彰活动。日常则定期进行体弱儿童检查和矫正治疗，血色素检查和蛲虫病防治，增设儿童系统管理点，定期开展儿童体检。对托、幼园（所）进行卫生保健指导及卫生保健工作检查验收。联合工商部门检查市场上母乳代用品，推广母乳喂养。坚持保教和托幼工作人员每年体检 1 次，发现不适宜担任保教托幼工作者都及时调离。

2000 年起，在系统管理定期体检的基础上，开展儿童营养、科学喂养、早期教育等，举办妈妈班讲座、保健教师培训班、儿童早教讲座。同时，加强流动人口儿童保健服务管理，建立流动儿童系统管理档案，进行追踪服务和保健宣教工作。

2003 年三区整合后，区妇幼保健院配合省、市妇幼保健院，开展儿童维生素 A 缺乏症调查，共调查 279 人，发现维生素 A 缺乏 11 人，占 3.94%；可疑缺乏 118 人，占 42.2%。于是，加强补充维生素 A 的宣传与具体措施。此起，每年对集体单位儿童餐食进行维生素 A 补充的检查、龋齿防治和屈光不正筛查、矫正。同时，推广新生儿疾病筛查与听力筛查。

2006 年，区成立围产保健协作组、儿童保护协作组。组织专家开展 5 岁以下儿童（全围产儿）死亡原因评审。开展儿童营养、早期教育、体弱儿筛查的指导和培训。是年，区妇幼保健院医生定期到区境 80 家幼儿园指导保健工作。同年，思明区承担福建省流动儿童预防保健管理试点工作，年底通过省妇女儿童工作委员会专家组的验收。

2007 年，重新制定儿童系统管理考核标准，加强对社区卫生服务中心儿保工作的指导和儿保医师的培训。举办儿保医师培训班 3 期，培训 36 人次。为 1427 名保教人员进行体检。儿童体检情况：血色素检查 11938 人，视力屈光筛查 12276 人，微量元素检测 1284 人。对儿童营养性疾病和视力、听力、口腔疾病开展矫治（其中，儿童龋齿防治 12327 人）。同时，开展“健康宝宝，幸福家庭”系列活动。

第四章　卫生监督

第一节　食品卫生监督

1953 年起，三区防疫站协助屠宰场培训检验兽医，开展肉品检验。此项食品卫生监督长期实行。

1955 年起，防疫站对各工场生产的冷食品进行检验。1956 年，组织机关企事业单位食堂炊事员、管理员进行卫生培训，此后，年年抽查，加强食堂卫生监督。

“文化大革命”初期，食品卫生监督工作处于瘫痪状态。

1980 年起，恢复正常食品、饮食、服务行业和饮用水的卫生监督工作，严格发放食品、饮食经营单位卫生许可证和从业人员体检健康证，发现患传染病者责成调离岗位。

1987 年，三区贯彻《中华人民共和国食品卫生法》，卫生部门开展调查建档，完成从业人员体检，每月抽检 30 家食品经营单位。此后，年年进行食品经营从业人员体检与单位年审及政策的抽查。1988 年，思明区建立区、街道卫生院两级食品卫生监督网，加强食品卫生检查和餐具消毒化验。开元区实施专业队伍划片管理和集中检查相结合，并为从业人员统一制作工作衣帽，推广使用一次性卫生筷。基本控制甲肝流行，杜绝食物中毒发生。区卫生防疫站被福建省卫生厅评为食品卫生监督先进单位。1990 年，鼓浪屿区全面检查宾馆、酒店、饮食店及街头摊点的食品卫生，整治“餐桌污染”，规范食品卫生管理。区防疫部门建立微生物检验室，举办食品卫生知识培训班，开展食品卫生质量评比活动。三区强化食品卫生监督管理措施，进一步推动《中华人民共和国食品卫生法》的贯彻执行。完成年度从业人员体检和食品经营单位年审工作，加强对生产经营单位的卫生和食品餐具消毒的监督。

1996 年起，开元区成立区卫生监督执法大队。同时，创建食品卫生示范街，成立以街道办事处为主、有关部门配合的领导小组。鼓浪屿区还成立食品卫生自我管理协调理事会，加强行业自律。该区开展食品卫生示范街活动，于 1997 年代表福建省参加国家卫生部、经贸部召开的全国餐饮业卫生现场经验交流会。1998 年，鼓浪屿区食品卫生达标街获厦门市创建食品卫生示范街第一名。

1999 年，开元区对区境 4 个行政村 668 家餐厅进行整治，城乡接合部食品卫生逐步与城区接轨，进入规范化管理。2001 年，开展打击制售假劣食品（及化妆品）的活动。加强对豆制品行业管理，开展迎“台交会”和“9・8”投洽会食品卫生整治，“旅游黄金周”卫生整治，清查“粮食制品违法使用非食品添加剂”，并开展农贸市场及周边单位上市蔬菜农药残留专项整治。

2002 年，全面做好“台交会”、厦大 80 周年校庆、“9・8”投洽会和国庆中秋旅游黄金周等期间的食品卫生整治。组织专项检查，对饮用水卫生进行严格检查，做好卫生许可证年审、新证办理等工作。贯彻《2002 年福建省城市治理“餐桌污染”，建设“食品放心工程”的工作方案》，重点抓畜牧业产品、种植业产品、水产品、饮用水、加工食品及餐饮业的食品污染治理，进行量化分级管理。

2003 年 10 月三区整合后，落实食品卫生监管责任制，实行日常监管和专项整治相结合，开展以食品卫生监督为重点的各项卫生监督执法工作。对学校食堂、工地食堂、餐饮经营单位开展专项检查，重点检查餐饮经营单位持证情况、量化分级管理实施情况、原料进货索证索票、进货台账制度等，规范食品原辅材料索证管理，防止不合格食品原料和有毒有害物质进入餐饮业和学校食堂、工地食堂。同时，开展餐饮业猪肉来源监督检查，严厉查处使用病死畜禽肉及其制品的违法行为；对食品生产加工小作坊进行专项整治，取缔无证豆腐小作坊，规范豆制品生产经营秩序。

2005 年，开展各类食品卫生专项整治 40 次，对一些屡教不改的经营单位，依法处罚。取缔无证经营单位 275 家，扣押违法物品 1216 件，罚款 306062 元。2006 年，取缔无证经营单位 297 家，行政处罚 494 家次，罚款及没收违法所得 426841 元。2007 年又处罚 138 家次，罚款及没收违法所得 323715 元。

2007 年底，全区食品生产经营单位 14391 家，卫生许可证办证率 98.95%，量化分级管理“C 级”达标率 95.89%，从业人员健康证持有率 91.2%。

第二节　公共场所卫生监督

1986 年 2 月，市政府颁布《厦门市公共场所卫生管理暂行规定》，区卫生部门随即开展对公共场所、娱乐厅场、旅游业、理发美容业、洗浴业等的卫生监督。翌年 4 月，贯彻《中华人民共和国公共场所卫生管理条例》，全面开展对公共场所卫生情况调查，完成从业人员体检，制定与实施管理制度。

1991 年 3 月，区政府根据卫生部《公共场所卫生管理条例实施细则》，把新开业的公共场所单位的布局、卫生设施、卫生制度、卫生知识水平、“四害”密度控制指标，列入签发卫生许可证的必审内容。区卫生防疫站实行分级管理，开展监测。此后，经常进行专项监测、整治。1997 年，开元区开展理发美容专项整治，合格率95%。1999年，开元区再次跟踪理发用具采样监测，合格率98%。

2001年，在“台交会”和“9·8”投洽会、国庆中秋旅游黄金周等期间，加强公共场所卫生专项整治。如思明区对130家二次供水经营单位进行2次检查监测，卫生许可证年审、新证办理按时完成。

2003年10月三区整合后，把公共场所卫生日常监管与专项整治结合起来，引导经营者树立自律意识，实行量化分级管理，检查年审规范化。

至2007年，思明区公共场所经营单位2419家，卫生许可证办证率98.13%，从业人员健康证持有率86.57%；二次供水经营单位卫生许可证办证率95.28%，从业人员健康证持有率95%。

第三节　医疗卫生监督

1990年起，区卫生局与工商、公安、文明办配合，加强医药市场整顿，强化对医疗机构、药店的行业管理，严格审定申办条件，取缔无证行医、游医、药贩。同时，对医疗单位开展药品大检查，查处过期药品，保障用药安全。

1997年起，区卫生综合执法队加大卫生执法力度对区境社会医疗机构开展整顿验收，组织个体医生参加医务人员法规知识、医学伦理学培训班。

2001年，整治夸大药效、疗效等违法广告，抽样检查区级医疗单位、社区卫生服务中心的药品进货情况，提出整改意见。是年，开元区卫生部门与综治办、派出所联合打击非法行医，取缔无证诊所13家。鼓浪屿区卫生、城建、工商等部门配合，有效地制止游医药贩的非法活动。2002年，开元区卫生综合执法队配合市卫生执法队，组织6次打击非法行医活动，取缔无证诊所86家。同时，检查产科、性病的诊疗活动，吊销1家有非法接生行为的妇科诊所的执业许可证。是年，思明区组织公安、卫生执法队参与的3次专项整治，重点整治城乡接合部（黄厝）无证诊所及轮渡广场、街头游医，共取缔无证诊所12家。

2003年10月至2004年底，进一步开展医疗机构专项整顿。受理举报、投诉共306件，经审查实施行政处罚37起，罚款11.99万元，取缔非法行医159家（次），销毁伪劣药品6袋，没收非法器械21件（价值1.14万元）。

2005—2007年，严把医疗机构申请设立审批关。各年度批准新设的医疗机构分别为48家、37家、43家，至2007年全区核发医疗机构执业许可证417家。此3年，还针对无证行医、跨科行医、非卫生技术人员行医、B超非法鉴别胎儿性别等行为（尤其洪文、何厝等地游医问题），卫生、公安、计生部门联合开展清查取缔行动。取缔非法行医148家次，其中2007年37家次。销毁伪劣药品器械15箱，没收非法器械7件、药品23箱，罚款44.32万元，没收非法所得0.84万元。督促医疗机构履行“放射职业病”危害项目申报，对25家有X射线拍片机的机构进行督查，发现未实行职业病危害项目申报的，送达《卫生监督意见书》，按规定整改。2007年，查处刊登违规广告医疗机构8家；查处非卫生技术人员进行B型超声诊断案件5起。

第四节　学校卫生监督

1950年后，三区防疫站配合市教育局等部门进行学生健康教育、学生视力监测及身体发育体检；培训各校保健教师；开展防病、除“四害”和各种卫生宣传教育。

1987年，区防疫站协助教委、体委在中小学开展卫生课效果调查和卫生工作质量评价。此后，每学年评比表彰1次。1988年5月，在中小学学生中进行卫生知识测试，考核卫生习惯、眼保健操，促进学校卫生工作。

1991—1995 年，贯彻《学校卫生工作条例》，各校开设卫生健康教育课；开展条例及有关卫生法律、法规的宣传教育与培训；调查学生体检和肠道线虫感染情况；并监测部分学校教室和食堂卫生。各中小学实行“学校卫生情况年报表”填报制度。其间，卫生防疫站在各校开设教室采光照明、课桌椅卫生、饮用水卫生、食堂卫生、预防急性肠道传染病、预防食物中毒、预防龋齿、肝炎防治、结核病防治、眼镜卫生质量等专题讲座及健康教育课，印发卫生宣传材料，增强学生的卫生意识，提高自我保护能力。至 1995 年，学校卫生监督覆盖率 80% 以上。

1996—2000 年，加强学校卫生建档。1997 年，思明区组织学生体检 1912 人次，在科技中学及聋哑学校开展乙肝表面抗原监测，开展儿童血色素检测 1904 人，在小学生中推广智力碘 3909 份，都实行建档管理。1999 年，开元区定期对学校课间餐卫生、食堂卫生进行监督检查，组织小学保健老师进行学校卫生、档案管理的培训，学校卫生工作进一步落实。2000 年，在厦门市卫生组织对学校食堂量化分级管理的评定中，开元区 14 所学校食堂被确定为“食品卫生等级 B 级单位”。

2001—2002 年，鼓浪屿区开展两次学校食品卫生专项整治，第一次是学生小食品卫生大检查，第二次是学校食堂卫生全面检查，清除食品卫生隐患。开元区举办小学保健老师卫生知识培训班，28 所小学保健老师参加。思明区组织校医、学生参加 2 期卫生知识培训，举办健康教育夏令营，组织对 4 所小学、22 所幼托机构进行卫生检查。

2003 年 10 月三区整合后，每年均多次开展中、小学校、幼儿园食堂及校园周边食品卫生专项整治。2004 年，区卫生局依据《福建省卫生厅食品卫生监督量化分级管理制度操作程序》，协助市卫生监督所评审区境食品卫生信誉度达 B 级的学校食堂，其中 38 所学校食堂通过食品卫生监督量化分级管理等级评审，并予授牌。

2007 年，全区 172 所学校（含幼儿园）均设专职或兼职卫生管理员，有 105 所学校设校医室及医生，有 152 所学校办食堂并取得食品卫生许可证，开展量化评级，C 级 103 家、B 级 49 家。

第五节　职业卫生监督

1956 起，区卫生机构对企业环境有害因素进行卫生监测，纠正设计中不符合国家劳动卫生规范的各种问题，使企业的劳动卫生状况逐步改善。区卫生防疫站每年夏季来临时，配合市劳动局、市总工会等部署防暑降温工作，对重点高温作业进行检查。还有针对性地开展各种劳动卫生的专项检查。

1982 年后，以电子、服装、针织、制鞋、塑料和食品加工业为主的外资企业不断增加，区卫生防疫站每年抽查数个企业劳动卫生状况，分类分批开展劳动卫生监测，发现问题则指导其纠正。1993 年，鼓浪屿区对 5 家企业进行有害物质浓度测定，粉尘测 5 个点，监测均为合格；化学因素测 11 个点，均为合格；物理因素测 28 个点，合格 27 个点。接触有害因素作业工人 128 人，体检 56 人，未发现新病例。开元区对 38 家有尘毒的厂家进行劳动卫生监测后，建立卫生档案，定期检查。

2001 年起，贯彻《中华人民共和国职业病防治法》。开元区开展宣传咨询活动，召开相关企业负责人会议，对存在职业病危害项目的 146 家企业进行摸底调查。思明区举办大型宣传活动；检查 682 家企业，确定有职业危害的单位 55 家开展职业卫生监测。

2005 年，区卫生监督部门开展一系列职业病防治宣传活动，举办由区境 16 家企业 100 余人参加的职业卫生知识培训班。2006 年，对存在职业病危害的 41 家企业建立职业卫生档案。开展企业负责人职业病防治业务培训；督促企业定期对接触有毒有害物质的工人进行职业健康体检，当年企业职工健康体检率 60%。

2007 年，对电焊烟尘危害严重的企业开展专项整治，设立警示标志，督促企业做好人员体检及危害因素的日常检测。全区存在有毒有害职业危害因素的工业企业 43 家，全年监测职业危害因素点 124 个，监测率 100%。

第五章　医疗　护理

第一节　中　医

一、中医发展概况

宋代，区境有中草药行医者，至清初有中医生20多名。

清道光二十六年（1846年），彭春江于厦门磁街创办“万源堂”。民国17年（1928年），区境首办厦门医学传习所。民国19年，台南人陈西春举家迁到厦门南回巷，开设中医诊所。民国23年，台北人翁炳南到厦门泰北路开设中医诊所。同年，厦门医学传习所改办厦门国医专门学校。先后培养学生100多人，主办出版《厦门医药月刊》。厦门岛被日军侵占期间，中医受排斥。至民国30年，中医医生40多名。

中华人民共和国成立初期，区境中医诊所38家。

1956年，区境成立厦门市中医医院，址在厦禾路100号。设内科、外科、妇科、儿科、针灸科等门诊科室，病床20张。全院工作人员18人。1958年2月，开办附属厦门中医学校。8月，改称厦门中医学院。1959年9月，并入福建中医学院。1960年10月，扩建厦门市中医医院，原院址改设中医医院第二门诊部。“文化大革命”初，改名厦门革命医院，1970年停办；1975年2月复办、复名厦门中医医院，址在镇海路12号。1980年以来，发展为科室设备较齐全、技术力量较雄厚的综合性中医院，1994年6月，该院通过福建省卫生厅组织的三级乙等中医院验收。

1960年，思明区人民医院成立。1961年，开元区人民医院组建。两家医院都设有中医科室，共有中医医生8人。2003年10月，两家医院整合为思明区人民医院，进一步加强中医科室建设。2007年9月18日，全省首家台资中医诊所——文彬中医诊所在思明区开业。该诊所为痛风专科诊所，创办者是台湾中医专家张君逸。

2007年12月，思明区境厦门中医院和区人民医院中医科室，共设病床300张，职工430人，其中卫生技术人员330人（高级技术人员27人，中级技术人员70人）。

二、知名医药医术

20世纪初，翁朝言（住厦港料船头16号，早年从晋江迁入）研制“松筠堂”药酒，名扬闽南、南洋各地（该药酒以陈年白酒、高粱酒为酒茶，用当归、白芍、熟地、人骨丹等70多味中药泡制）。他擅治疗筋伤骨折之医术。民国时期，泰山路口有个人被日本飞机炸伤，到医院锯掉一条腿，另一条腿也伤得很重，治疗多时不见好转。后，找到翁朝言，才保住了这条腿。龙海市石码镇有个10来岁的男孩，被石门板压得骨盆骨折，送到翁家治疗。因伤情严重，留住翁家。经医治护理后痊愈。

1956年，厦门10多家私营酒厂合并为厦门酿酒厂，“松筠堂”药酒为该厂的主要品牌，至今仍是。

1960年后，开元区医院中医专家周慕卿研制的中医药剂“肚液散”，主治小儿消化不良、腹泻，对成人脾胃疾病也有很好的疗效，誉满闽南。周慕卿医师将“肚液散”制法交其子周席丰。1980年后，周席丰将“肚液散”制法献给医院。

2007年，“松筠堂”药酒配制工艺、“厦门青草药”配制工艺列入厦门市非物质文化遗产保护项目。

第二节 西 医

一、西医发展概况

清光绪九年（1883 年），美国归正教公会在思明竹树脚设立保赤医院。光绪十三年，日本在外财团法人等在望高石设济世医院。光绪二十四年，美国归正教公会将救世男女医院总院由平和小溪移至鼓浪屿河仔下，并附设医学专门学校。民国 6 年（1917 年），厦门名医台胞蔡世兴在今大中路创办世兴博爱药房。民国 7 年，日本在外财团法人又在鼓浪屿开办共济医院、帝国生命保险会社（诊所）、博爱医院。清末至民国初，华侨也在厦门开办幸福医院、仁术医院等。

民国 6 年，厦门名医、台胞蔡世兴在今大中路创办世兴博爱药房

民国时期，区境有国民政府办的省立厦门医院、华侨办的中山医院、私人办的鼓浪屿医院、天主教会办的若瑟医院等。此外还有几十家个体医院。

中华人民共和国成立后，人民政府先后接管若瑟医院、厦门中山医院、厦门鼓浪屿医院等。建立各区中西医联合诊所、街道卫生院或防保院，将私立医院合并为公立医院，建立市、区综合医院、专科医院、卫生院等。

“文化大革命”期间，部分医院一度停办或撤并。

1980 年后，区境增设厦门口腔医院，重建厦门市中山医院。同时，配合临床设立市中心血站、医疗器械修配所、消毒站、药品检验所、鲎试剂实验厂等服务机构和科研机构，为西医各科临床诊疗技术水平的不断提高打下基础。

2007 年，区境各级医疗机构 427 家，职工总数 11614 人（卫生技术人员 9096 人）。其中，区属各级各类医疗机构 15 家，职工 1729 人（卫生技术人员 1405 人）。

二、区属机构主要医术

思明区人民医院成立后设西外科、西内科、妇产科等，年门诊人数 42 万人。床位数 150 张，病床使用率 85%，居全市第一。合同医疗单位 157 个，居全市第一。1985 年，思明区人民医院先后派 2 批由内科、外科医生、麻醉医生、护士长组成的学习组，到全国整形美容最先进的上海第九人民医院学习。同时、和上海第九人民医院联合，由上海第九人民医院派专家在厦门市率先开设整形美容专科，影响力迅速扩大，吸引大量周边人群和东南亚客人。

开元区医院成立初期，设内科、外科、中医科、妇产科、骨伤科、牙科等科室。调集名医有眼科陈德堂、中医康明竹、西医潘水泉、周席丰，外科黄文屋、骨科白玉云、牙科李瑞山等。1970 年后，医院成立小儿麻痹康复中心，云集全国各地专家开展小儿麻痹后遗症纠正手术，开元区医院成为全国小儿麻痹纠正医疗的中心。同时，医院和中国蛇协协作，成立全国“血栓病防治中心”，又一次引起社会轰动，提高开元区医院社会影响力和知名度。1990 年后，医院在全市率先开展代表眼科先进水平的白内障人工晶体植入手术，首批 7 例手术全部获得成功，医院眼科声名远播。随后，医院聘请华西医科大学合办全国眼科学习班，介绍眼科先进技术，全国各大医院眼科医生纷纷到开元参加学习。1993 年底，医院建设眼科中心大楼，“厦门眼科中心”挂牌成立，与开元区医院两块牌子一套班子进行管理。2004 年，眼科中心改制民营，转让给欧华公司，新眼科中心成为厦门首家三甲专科医院。

第三节　护　理

鼓浪屿救世医院建立时，始设护理人员，护士多为外国籍，有少数中国实习护士。民国 15 年（1926 年），救世医院附设护士学校，培养护理人员，是闽南第一所护士学校。民国时期，护理工作除进行皮下肌肉、静脉注射外，还从事生活护理。

中华人民共和国成立后，重视护理队伍建设，素质要求不断提高。1980 年 3 月，三区各医院统一举办护士长提高班，9 月举办业余医学理论辅导班，为护士晋升护师打下理论基础。1981 年 3 月，举办初级护理人员理论培训学习班；10 月，举办护理骨干学习班。1982—1985 年，共举办 5 期护士长管理和责任制护理学习班。同时，举办中医护理学习班、初级人员理论辅导班。

1993 年，国家卫生部颁布《中华人民共和国护士管理办法》，实行执业管理注册制度，执业护士必须有护士执业证书方可上岗。已取得护士以上职称的护理人员必须持有效证明到市卫生局办理登记注册，取得护士执业证书，每 2 年注册 1 次。未取得护士以上职称而符合报考条件者应参加国家医学考试中心组织的护士执业考试。1995 年，三区首次实施该办法。

至 2007 年，区属各级各类医疗机构共有注册护理人员 3894 人。护理知识和技术明显提高，能有效实施矫形、烧伤、输血、胸穿等项目的护理。不少人还掌握呼吸机、CT 机、内窥镜（协助医师操作）的使用及大手术后的护理。

第六章　医政药政管理

第一节　医政管理

一、公立医院管理

民国时期，区境公立医院由政府卫生机构管理。

中华人民共和国成立初期，公立医院院长由市政府任命，实行院长负责制，有的医院设政治辅导员。1954 年，普遍建立院务管理委员会，通过民主选举或协商确定院务管理委员会成员（兼职）。院长定期召开院务会议，重大问题提交讨论通过。1957 年后，各医院实行党支部领导下的院长分工负责制，一切工作均经党支部决定，由行政领导执行。

“文化大革命”开始，医院党政领导被剥夺管理权，管理无序。1970 年，成立革命委员会，实行一元化领导。医院的临床科室一度改为军队建制，组成班、排、连、营，打乱专业分工。

1977 年后，医院恢复设立党组织，恢复各临床科室建制。陆续撤销革命委员会，重新由政府任命院长、副院长，恢复党委领导下的院长分工负责制。

1984 年起，改革医院管理体制。

鼓浪屿区卫生院转变办院模式，设立健康服务中心，聘请名医开设特约门诊，与工厂、企业签订医疗承包合同，与个体医生签订承包门诊合同，设立家庭病床等，取得良好社会效益和经济效益。1990 年，实行院、站长负责制，加强民主监督，实施《医疗卫生单位目标管理责任制考评标准》。实行局管院（站），院（站）管科室，科室管个人的三级目标管理责任制。建立首诊负责制，提高医务人员的责任心和急诊抢救能力。完善护士长例会制度，对全院护理人员进行考核。1998 年，改革卫生院的分配制度，实行部分浮动工资制，把分配制度同职工的德、能、勤、绩结合起来。

1988 年，开元区制定《医疗卫生单位管理体制改革方案（试行）》，实行院、站、所长负责制和任期目标责任制；实行干部聘任制及两级（院、科）管理、三级（局对院、院对科、科对个人）考核制度；在医疗管理上实行责、权、利相结合的多种形式责任制。1995 年，在继续推行院站长目标管理责任制的同时，修订目标管理责任书，制定在责任期内要完成的 10 项任务指标和年终考核评分标准、奖惩办法。1997 年，市卫生局等级医院评审委员会对开元区 6 所卫生院进行考评，除厦禾卫生院外，5 所卫生院被评为“达标卫生院”。

思明区对区属医院进行人事制度、科室结构、分配制度改革。区人民医院根据各科室的业务特点和业务承受能力，分别制定“科室目标管理责任制”的考核指标。各卫生院实行“岗位、任务指标与奖金”三挂钩的办法，根据个人完成任务情况分级发奖金。卫生院完善科室综合目标管理责任制，加强劳动纪律。同时，开展百家窗口优质服务竞赛活动，制定方便群众就诊措施，受到社会好评。中华卫生院星期日坚持门诊服务，扩大社会影响；厦港卫生院签订院、科室三定一奖责任制。1994 年，区医院制定并实施《关于加强内部管理的有关规定》，区卫生局与区医院签订综合目标管理责任书。各科室与院长签订综合目标管理责任书，推行与经济效益联系的目标管理责任制。1999 年起，区医院开展院长、科室领导职位竞争上岗，全面推行“全员聘用制”。区卫生局党委定期组织人员对基层领导进行“德、勤、绩”的考察。是年起，加快医疗机构改革，所有卫生院皆更名为“社区卫生服务中心”。思明、中华、文安卫生院合并组建“思明区社区卫生服务中心”，合理调配卫生资源。医疗机构实行收支两条线管理，推行“院务公开”，实行门诊住院一日清单，规范收费标准，统一执行明码标价。对食堂、医疗护工等后勤服务项目实行社会化管理。逐步建立医院自主用人、人员自主择业、政府依法监督的新用人机制。

2003 年 10 月三区整合后，思明区医院实行以成本核算为主要内容的分配制度，通过定岗、定编，窗口部门实行双向选择、竞争分流。思明、厦港社区卫生服务中心进行人事制度改革，采取全员聘用合同制，竞争上岗，实行多劳多得的分配制度。

2006—2007 年，每年组织开展“医院管理年”活动，完善区医院医疗质量规章制度，加强检查和监督。坚持对大金额处方每月评审，对护理服务质量每月抽查、每季度大检查一次，促进医护水平提升。区医院实现住院、门诊平均费用零增长，医院门诊量不断攀升。

二、个体私营医疗机构管理

民国时期及以前，私立医疗机构由创办者自行管理，向政府报备。

中华人民共和国成立初期，区境私人诊所（尤其中医诊所）增加，一些不适宜从事医疗职业者（如巫婆、卜命者等）和未领取执照的医务学徒挂牌开业；流动药商设摊推销假药者充斥街头；社会上的西药房大多进口麻醉药品；虚假医药广告充斥报纸和街巷。据此，三区制定有关药房、诊所、流动药摊和医药宣传广告等暂行管理办法，向市政府报备并在报刊公布。随后，按暂行管理办法对全区个体医进行登记、甄审、分类、归档；对不合格人员驳回登记；对资历不够、医疗技术不良者劝其改业或暂缓登记，然后分期分批培训、考试；对各西药房的麻醉药品库存量进行登记，控制进货量；配合海关、新药公会、中药公会查验假冒伪劣药品，在法院人员监证下当众焚毁；对屡教不改和严重违法者，移送法办。经过整顿，社会医药秩序逐步改善。1956 年后，个私诊所多数组建为合作诊所。1960 年后，基本无个私诊所。

1978年后，随着卫生制度深入改革和多层次、多渠道办医政策的实行，各类个私医疗机构逐年增多。三区卫生局根据厦门市1989年10月颁发的《关于整顿医疗机构有关问题的通知》，成立整顿医疗机构领导小组，设立办公室，负责对各类医疗机构的整顿。严格按《厦门市个体开业医生管理暂行办法》进行考核、考试、发证。加强开业医生理论培训（开业医生多数是祖传、师授，牙科占60%）。每年委托厦门卫校、厦门口腔医院进行定期培训，接受培训开业医生70%以上。对取得开业行医许可证的开业医师，区卫生局、卫生工作者协会保障其合法权益。市卫生局经常组织有关部门进行巡查，及时查处无证游医和药摊，打击违法行医活动。

1990年后，区卫生局贯彻《医疗机构管理条例》，组织个体开业医生学习，并全面检查个体开业医生现状。与区公安分局治安科配合，查处租房进行诈骗活动的游医，收缴其虚假广告及假劣药品，予以取缔。严格按照规章制度审批社会办医机构，定期组织个体医生开展业务学习。区卫生部门经常监督检查医疗机构的医疗质量、服务质量、收费标准。医疗秩序明显好转。

1996年，三区调查并重新登记医疗机构和个体开业医生情况。组织个体医生学习《医疗机构管理条例》，对申请开诊所者按照医疗机构的基本标准，进行实地审核，符合者即办理执业登记。1997年，开元区卫生局与莲花派出所配合，取缔在莲坂乱贴治性病广告、无证行医的窝点。

2001年起，挂靠在卫生院、卫协会、红十字会等的诊所与原挂靠单位脱钩，全部转办为个体诊所，重新发给执业许可证，规范其行医行为。

2002年，开元区组织6次打击非法行医活动，取缔无证诊所86家，吊销1家进行非法接生的妇科诊所的执业许可证。思明区整治区城乡接合部及轮渡广场的街头游医，取缔黄厝无证诊所。

2003年10月三区整合后，区卫生局加强B超管理和督查设妇科的社会医疗机构，查处4起非法人流案件，协助区计生局查处1起违法从事计生专项技术案件。

2004年，区卫生局组织大规模的整治个私医疗机构活动共6次，取缔无证行医34家，对违规的15家提出警告（责令限期整改），拆除虚假广告10余处。是年9月，厦门市卫生局将医疗机构行政许可证审批权下放给各行政区。思明区卫生局在医疗机构行政审批中，严格执行《中华人民共和国行政许可法》、卫生部《卫生行政许可管理办法》的规定。至2006年4月11日，共审批发放医疗机构许可证126家。

2007年，区境医疗机构289家，其中个体诊所195家、门诊部31家、厂矿医务室57家、民营医院6家。区卫生局对社会医疗机构进行拉网式督查，对个别医疗机构聘用非卫生技术人员、超范围开展诊疗活动、医疗废物无集中处置、违规使用B超及非法开展药流、人流等非法行为予以行政处罚。同时，配合市工商局广告处对医疗机构的违规广告进行查处，并加大对新闻媒体发布的医疗广告的监督，对7家医疗机构刊登违规广告提出警告，责令整改。全年处理事案26件，罚款13万元，没收违法所得4632元，没收B超机5台。

三、医疗事故纠纷处理

1950年后，区境医疗单位发生的差错事故，由所在区卫生科（局）负责调查，分技术事故与责任事故两类处理。

1987年，国务院颁布《医疗事故处理办法》。1988年，区卫生部门成立医疗事故技术鉴定委员会，负责医疗事故技术鉴定工作。

2000年，思明区完成3起区级医疗事故鉴定，调解医疗纠纷28起。2001年，完成1起医疗事故的鉴定，圆满调解1起医疗纠纷。

2002年，三区卫生局根据国务院《医疗事故处理条例》规定，开展医疗纠纷和医疗信访处理工作。至2007年，共受理并办结医疗纠纷和医疗信访350件。

四、医保定点

1997 年，厦门开展基本医疗保险，属全省最早开展医疗保险的城市。自是年 7 月，医保参保人员可持社会保障卡到定点医疗机构诊病刷卡购药。至 2007 年底，纳入医保定点的医疗机构经申报、审批，有 49 家，其中区管医疗机构 35 家，市管驻区医疗机构 14 家。

2007 年思明区境医保定点医疗机构一览表

表 27-6-1

级别	单位名称	地址
三级甲	厦门市第一医院	镇海路上古街 10 号
	厦门市妇幼保健院	镇海路 10 号
	厦门大学附属中山医院	湖滨南路 201 号
	厦门眼科中心医院	厦禾路 336 号
三级乙	厦门市仙岳医院	仙岳路 399 号
	解放军 174 医院	文园路 96 号
二级乙	中山医院金榜分部	厦禾路金榜山路口
	思明区医院开元分院	厦禾路 338 号
	思明区医院思明分院	古城西路 6 号
	厦门口腔医院	斗西路 2 号
	厦门大学医院	大学路 172 号
一级	厦门市第一门诊部	厦禾路 821 号
	思明区中医骨伤科医院	镇邦路 62 号
	厦门市家庭保健所	虎园路 17-19 号
	厦门市医药研究所	同安路 2 号
	厦门市福利中心松柏医院	屿后南里 239 号
	中华街道社区卫生服务中心	定安路 60 号
	中华街道定安社区卫生服务站	思明区海景新村 2-8 号
	莲前街道社区卫生服务中心	莲前东路 928 号
	莲前龙山桥社区卫生服务站	莲前西路 86 号
	梧村街道社区卫生服务中心	厦禾路 874 号
	梧村街道文屏社区卫生服务站	文屏路 171 号
	梧村街道溪东社区卫生服务站	东浦路 98 号
	筼筜街道社区卫生服务中心	莲岳里 14 号
	筼筜街道金桥社区卫生服务站	湖滨东路 319 号
	筼筜街道槟榔社区卫生服务站	凤屿路 384 号
	鹭江街道社区卫生服务中心	大同路 145 号
	开元街道社区卫生服务中心	溪岸路 59 号

续表27-6-1

级别	单位名称	地址
一级	开元街道阳台山社区卫生服务站	万寿路35号
	滨海街道社区卫生服务中心	曾厝垵龙虎南里二里15号
	嘉莲街道社区卫生服务中心	莲花北路23号
	嘉莲街道长青社区卫生服务站	长青路155号
	厦门莲花医院	莲花北路9号
	厦门金尚医院	龙山东二路15号
	厦门前埔医院	前埔南区文兴东路50号
	厦门市思明区梧村骨科医院	槟榔西里150号天湖大厦
	厦门天济医院	大同路409号
	思明区妇幼保健院	前埔东路区文体活动中心
	口腔医院前埔分院	前埔
	厦港街道社区卫生服务中心	厦港永福宫14-16号
	鼓浪屿街道社区卫生服务中心	鼓浪屿龙头路159号
	嘉莲街道莲西社区卫生服务站	莲前西路287号
	嘉莲街道盈翠社区卫生服务站	莲花南路30号
	厦门邮电纵横集团有限公司卫生所	新华路54号
	公交总公司卫生所	湖滨中路64号
	特区运输总公司卫生所	湖滨南路59号
	轮船总公司卫生所	海后路40-42号
	工程机械厂卫生所	厦禾路668号
	警备区医院门诊部	莲前西路677号

五、突发公共卫生事件应急处理

2003年，“非典”流行，三区卫生局即成立防治“非典”领导小组，制定卫生系统防治“非典”工作预案和发现“非典”病人处置流程，建立区防治“非典”工作网络和机制；区财政累计核拨269万元专项经费。区属医院建立规范的发热门诊、观察病房，设立发热病人绿色通道。区卫生局及下属医疗单位开展讲座、咨询、义诊，发放宣传材料、刊出健康教育专栏，广泛宣传“非典”防治知识，引导群众建立健康生活方式。区卫生局协同有关部门，做好发热病人、疫区来厦人员的排查监测、疫情报告及流行病学调查，实行每日报告制度。2003年5月，国务院颁布《突发公共卫生事件应急条例》。思明区加快区属公共医疗卫生机构的整合，将公共卫生体系建设纳入“十一五”规划，并作为相关部门、街道的年度绩效考评内容，进而把防控“非典”、人禽流感作为防病工作的重中之重，建立防治长效机制；9月，三区卫生局和防疫站被中共厦门市委、市政府授予防治“非典”工作先进集体。

2004年2月，思明区建立处置突发公共卫生事件的应急指挥部，下设办公室，负责事件应急处理与协调；制定《思明区突发公共卫生事件应急预案》，加强应急队伍建设，开展应急训练和应急处置。同时，推进卫生监督和疾病控制体制改革，强化“大卫生”意识，形成全社会参与的公共卫生体系。至2005年，全区共投入6684万元，用于公共卫生体系建设。主要项目：新建区卫生综合服务大楼，设置区医院感染性疾病科，建立区疾控中心信息化平台，添置医疗卫生设备和硬件设施，建立规范的社区卫生服务中心。其间，及时有效地处置区境学校突发群体性发热事件15例、流感疫情11例、水痘疫情4例、疑似霍乱1例。

2006年3月，区疾病预防控制中心经福建省质量技术监督局计量认证评审组验收，通过计量认证；4月，该中心艾滋病预防初筛实验室通过省疾病预防控制中心验收。

2007年，区疾控中心应急队伍有专业技术人员28人，其中高级职称3人、中级职称11人。区卫生监督所建立食品卫生与公共卫生组、传染病防治与医疗组、学校卫生与职业卫生组3个应急分组，发生突发事件时，派出应急分组进行现场处理。区医院成立突发公共卫生事件医疗抢救小组，具体承担突发事件的医疗急救；设置“120”值班室，与市“120”急救中心保持联动。是年，区疾控中心承担食品、公共场所卫生等11类187项卫生检测及各种传染病、寄生虫病、地方病的病原学和血清学实验室诊断，为有效应对突发公共卫生事件提供有力的技术支撑。处置中小学校流感疫情、感染性腹泻等群体性卫生事件9例。

第二节　药政管理

一、一般药品管理

1950年，厦门市卫生局统管药政。1955年，市卫生局设中医股，负责中医兼药政管理。1981年11月，市卫生局设药政科专管药政。

1985年《中华人民共和国药品管理法》颁布实施，三区卫生局均设置药政管理岗位，专人负责药品管理工作，宣传《中华人民共和国药品管理法》，开展对药店、医疗机构药品的日常监督检查，保证临床用药的质量和安全。

1987年后，药品市场日渐繁荣，也出现无证经营等问题。区卫生局多次举办有关法律和药品质量知识学习班、真假伪劣药品展；开展对药品经营单位、生产单位及医务机构的药品检查，对伪劣药、淘汰药、过期失效变质药进行清查处理。药品质量合格率从1987年98.4%，提高到1994年99.7%；不合格药品种，从1987年354种，减到1994年33种。同时，注重药品从业人员资格审查；杜绝腐变药品销售；严防非法进口的治疗性病药品及通过地下渠道进入市场的外用药品。对检查中发现的问题，采用拉网复查办法，督促相关单位整改。做好药品生产企业许可证、医院制剂室许可证、药品经营企业许可证核发工作。每年组织2次拉网式药品质量大检查，配合公安、工商部门加强农贸市场药贩药摊的管理，查处打击制售假药品的犯罪活动，整顿医药市场秩序。

1995年，区卫生局组织人员到基层医院、卫生院、门诊部、个体诊所、药店和药柜给予技术指导，协助建立健全各项规章制度，开展法制宣传教育，提高依法经营的意识。同时，对厂矿医疗室直接接触药品的工作人员进行健康体检。是年，开元区卫生局郭子英被评为全国卫生系统执行《中华人民共和国药品管理法》先进工作者。1996—1999年，以加强药品质量监督管理为重点，深入开展打击制售假劣药品违法活动，加强医院制剂质量管理，配合工商部门开展整顿药品回扣和精神药品管理等项工作。

2000年以来，加强药品监督队伍建设，培训专、兼职药品监督员，按统一部署开展打假，管好进口药品。重点开展查处非法进口假劣药品、非法治疗性病、“药流”药品和夸大疗效的保健品，整治非法药品广告。

2002年2月，厦门市成立食品药品监督管理局。此起，药品监督管理职能划归市食品药品监督管理局。

二、特殊药品管理

1949—1956年，麻醉药品的供应均由福州医药公司负责。1956年9月，厦门医药公司定为麻醉药品供应点。

1964 年，贯彻执行卫生部、商业部、化工部制定的《管理毒药、限制性剧药暂行规定》和《管理毒性中药的暂行办法》，列入管理范围的毒西药与限制性剧药：第一类 3 个品种 6 个规格，第二类 13 个品种 25 个规格；毒性中药 23 种，毒性中成药 3 个品种。1979 年，贯彻执行卫生部、国家医药管理局下达的《医疗用毒药、限制性剧药的管理规定》，列入管理范围的毒西药、限制性剧药：第一类 14 个品种 17 个规格，第二类 18 个品种 38 个规格；毒性中药及中成药：第一类 2 个品种 3 个规格，第二类 30 个品种。

1987 年起，三区卫生局贯彻落实麻醉药品管理、精神药品管理、医疗用毒性药品管理有关规定，加强对医院、卫生院、卫生所的特殊药品管理，并监督其执行使用环节中的登记和管理办法。同时，开展定期检查和考核。1988 年，对麻醉药品（包括鸦片类、可卡因类、大麻类、合成麻醉药类及卫生部指定的其他易成瘾癖的药品，药用原植物及其制剂）禁止非法使用，做到"五专"（专人负责、专柜加锁、专用账册、专用处方、专册登记），处方保存三年以备查。此起，区卫生局每年都组织开展对麻醉药品、精神药品使用管理专项检查，覆盖面 100%。

2006 年 6 月，区设长康美沙酮维持治疗站，区卫生局对该站试点门诊进行指导和监督，做好麻醉药品、精神药品规范化管理。同年，区卫生局组织相关人员对使用麻醉药品和精神类药品的医疗机构进行专项检查。大多数医疗单位做到专人负责、专柜加锁；对进出库（柜）麻醉和精神药品按要求填写专用账册，逐笔记录。

2007 年，区卫生局对医疗机构使用第二类精神药品进行督查，发现部分单位存在处方格式不符合管理规定。对此，采取三项措施加强监管：组织培训，学习法规；督促各医疗单位完善药事管理委员会工作制度、药品分级使用管理制度；督促各医疗单位加强硬件配备以防盗。

第二十八卷 劳动 人事 民政

第一章 劳动与社会保障

清道光二十年（1840年）鸦片战争后，世界资本主义列强入侵厦门岛开设工厂，产业工人随之诞生。清光绪六年（1880年），区境有航海、船坞、码头、电讯、工厂、建筑、商店和手工业等行业工人近2万人。

民国16年（1927年），国民政府始设劳工局，管理劳工行政事务。其时，工人劳动强度大、工作时间长、工资低，无劳动保险。民国35年后，物价飞涨，失业工人增多，劳资矛盾激烈。

中华人民共和国成立后，政府劳动行政管理机构对失业人员实行登记、救济和就业安置。1953年，劳动力管理纳入国民经济计划。城镇劳动力配置由国家包揽，对职工招收、调配和工资都实行统一的管理体制。同时，实行劳动保险、退休养老保险、劳动安全卫生管理。

“大跃进”时期，基本建设盲目上马，过多地从农村招用新工人，职工人数猛增。

1961年起，压缩基本建设战线，大量精简职工回农村。各企业恢复计件工资制；推行安全生产责任制。

“文化大革命”初期，“突出政治”否定按劳分配，劳动管理混乱、机构瘫痪，工伤事故上升。1970年后，劳动管理工作趋向正常。在用工制度上，开始控制招收临时工；对全民所有制企业临时工，符合条件的转为固定工。

1979年起，劳动就业制度进行改革，除由劳动部门介绍就业外，鼓励城镇待业青年创办企业和自谋职业。

1982年起，用工制度进行改革，实行劳动合同制；企业内部分配进行改革，逐步实行浮动工资、计件工资、岗位结构工资等制度；企业职工病假、探亲假、医疗、抚恤等待遇进行改革，建立工人社会劳动保险制度、国营企业职工待业保险制度，对失业职工按规定发给待业救济费、医疗补助费。创办劳务市场，为企业和劳动者双向选择提供服务。1987年，恢复劳动争议仲裁制度。强化下岗、失业人员社会保险工作，参保面和基金征缴率95%以上。1979年，失业率9.7%；2002年下降到1%，基本解决历年积累的失业问题。

2003年10月三区整合后，区劳动与社会保障局和社区劳动保障工作站，致力于农村富余劳动力转移，促进其改行于第二、三产业就业。

2007年，思明区在全省率先开通远程网络视频招聘系统，多次举办招聘会。全年新增就业7887人。同时，企业退休人员社会化管理进一步完善，全区累计接收58103名退休人员进社区，社会化管理率97%，居全省第一。

第一节 就业与用工制度

一、劳动就业

中华人民共和国成立之初，区境有民国时期遗留的失业人员3000多人。1950年，政府设失业登记管理机构，开展失业人员的登记、生活救济和就业安置。政府劳动管理部门统一介绍就业，个体私营用工单位自行招工。至1954年，共安置就业人员1500多人。

1955年，劳动就业工作重点是动员居民迁到永安山区参加经济建设，共迁移300多人；并安排500多人参加鹰厦铁路、高集海堤建设。

1956年，基本完成对手工业和资本主义工商业的社会主义改造，生产发展较快，就业门路拓宽，安置就业人数增多，基本无失业人员。

1958年，各行业掀起“大跃进”高潮，各企事业单位大量招工，就业人数猛增。1961年后，在调整国民经济中，精简机关、工厂职工，动员回农村务农。同时，安排一些人员参加城市基础设施建设。

“文化大革命”期间，基本停止招收固定工。三区贯彻“面向农村、面向山区、面向外地”安置方针，组织知识青年和待业人员上山下乡劳动生产。

1978年起，贯彻“政府部门介绍就业、创办集体经济就业和自谋职业”的三结合劳动就业方针，劳动力就业率提高。1980年，厦门成为经济特区后，大量外商进境投资办厂，区劳动服务公司介绍待业人员到三资企业或民营企业就业，较快地解决“文化大革命”遗留的严重失业问题和新成长劳动力就业问题。建立城镇劳动力待业登记管理制度，常住户口中的待业人员（含回城知青）均办理待业登记，并参加劳动技能培训，领取待业证，逐步安置就业。

1986年12月，思明区成立厦门市第一家劳务市场——厦港劳务市场，以安置城镇待业人员为主，为企业和家庭用工提供服务。此后，三区劳务市场逐步发展。

1988年，三区各街道成立劳动服务公司，组织待业人员兴办集体企业，拓宽就业门路。区劳动部门大力支持发展外向型经济，创办“三来一补”等劳动密集型行业，安置待业人员就业。1991年，开元区全年安置城镇待业人员3791人。同时，对外来劳力办理务工许可证，共838个单位、5476人，其中省外劳力1464人，省内劳力4012人。

1995年，《中华人民共和国劳动法》颁布实施，三区劳务公司加强对区职业介绍中心的建设和对民办职业介绍所的管理，发挥职业中介提供劳动力供求信息、职业介绍、就业指导的作用。开元区受理求职登记452人，介绍就业291人，录用236人。此年起，劳动就业服务工作趋于规范化。至2001年，三区城镇单位在岗职工64376人（比2000年增加5019人），其他经济单位（含股份合作、联营、有限责任公司、股份有限责任公司、港澳台商及外商投资单位）在岗职工51043人（比2000年增加4927人）。三区登记失业人数8352人。是年，开元区被福建省劳动保障厅确定为社区就业工作试点区，形成区、街道、社区三级就业服务和劳动保障服务网络。同时，设立专项基金，用于下岗失业人员转业转岗培训、再就业补贴、帮困资助和创业扶持。该区安置209名文化程度较高的下岗失业人员进居委会工作。开元家政服务中心开展老人陪护、幼儿接送、家教等类家政服务项目，安置132名下岗人员实现再就业。

2002年4月，三区各街道成立劳动保障事务所。同年7月，成立社区劳动保障工作站。思明区在全市首创政府与企业联手安置下岗失业人员，在厦港、文安设立“白鸽劳务派遣站”，社区居委会相继成立“促进就业互助组”。自此，下岗职工再就业率有所提高，区劳务公司增大用工信息量，利用企业劳动年审、工商企业年检、劳动用工报备等，向企业发放劳动用工服务卡，并主动跨区域与企业联系用工事宜，汇总输入求职信息库。为每位下岗人员发放求职意向登记表，是年，有3300多位下岗人员登

2007 年 7 月，思明区在全省率先开通远程网络视频招聘系统

记在册，成功推荐再就业 1200 人。

2003 年，区政府建立“促进就业基金”，用于技能培训、职业介绍、下岗失业人员社保费补贴、公益性岗位工资等项目。全年举办 12 次招聘活动，提供岗位 4459 个，参加应聘 12191 人，实现就业 4222 人（完成全年计划 84%），其中“4050”人员就业 2240 人（完成全年计划 73%）。

2004 年，区境实现市、区、街、社区四级劳动就业信息联网，职业介绍、用工报备、退工办理、优惠证办理、用工信息发布等业务全通过网上操作，互联互通。就业工作重心转移至街道、社区，各街道建立社区就业示范点，共 18 个。同年 9 月，区出台《关于贯彻〈中共厦门市委、厦门市人民政府关于促进社会就业的若干意见〉的实施意见》。通过创业培训带动就业、实施就业与再就业援助。是年，区政府被授予“福建省就业再就业工作先进集体”称号，厦门金鹭首饰有限公司获“福建省就业再就业先进企业”称号。

2005 年 8 月，思明区劳务派遣有限公司成立，开始办理劳务派遣业务。2006 年，区政府出台《贯彻国务院关于进一步加强就业再就业工作的若干意见》。

2007 年 7 月，思明区在全省率先开通远程网络视频招聘系统。至年底，该系统举办 17 场招聘会，有 710 家企业招工，3343 人报名应聘，录用 798 人。全区城镇待业尚有 19882 人。

2004—2007 年思明区劳动就业统计表

表 28-1-1　　单位：人

年份	就业总数	其中		劳务派遣
		“4050”人员	农村劳动转移	
2004	7964	5905	648	—
2005	5188	3186	744	1089
2006	8509	5083	601	1871
2007	7887	5370	549	3334

二、用工制度

1950 年起，各类企业实行固定工制度。1955 年起，在实行固定工制度的同时，提倡聘用临时工、合同工、轮换工。1965—1983 年，提倡多用临时工，少用固定工。

1984 年 2 月起，在各类企业中试行劳动合同制。1986 年 10 月，根据《国务院关于发布改革劳动制度四个规定的通知》及福建省政府“实施细则”，用工普遍实行劳动合同制，技工学校毕业生、外地调入固定工也都实行劳动合同制。1991 年，区境企业全面推行劳动合同制。1992 年，贯彻国务院《全民所有制工业企业转换经营机制条例》，实现用工计划由指令性到指导性的转变。1994 年，贯彻《厦门市实行全员劳动合同制规定》和《厦门市劳动合同管理办法》。

2000 年 7 月 1 日起，对 90 个技术工种实行持证上岗、就业准入制度。区劳动部门组织各有关行业、各职业技能鉴定站开展职业技能培训鉴定工作。当年，鉴定 8278 人次，发证 6705 本。

2004 年上半年，厦门市启用劳动力市场管理系统，思明区企业和思明户籍失业人员通过该系统办理企业用工报备和失业登记手续。是年 12 月 28 日起，停止办理外来人员就业证。外来人员凭暂住证办理有关用工手续，企业招工只凭其暂住证即可。2006 年 1 月始，企业招用外来人员通过劳动力市场管理系统办理用工报备和失业登记手续。

第二节 工人培训

一、岗前培训

1950 年秋起，三区每年开展对失业求职人员的文化及技能培训。“文化大革命”始，劳动管理机构被撤销，就业培训暂停。

1973 年 11 月，三区劳动局复设，就业培训恢复。以居委会为单位，举办待业人员学习班，建立定期培训制度。

1979 年，举办职业高中班和职业学校。之后，年年组织待业青年进行就业劳动技术训练。

1987 年 6 月，三区劳务公司组建就业训练中心，培训待业人员。就业训练中心实行“先培训，后就业”办法，建立招生办学制度和“结业与考级”的双证考核制度。三区分别成立就业培训鉴定指导中心，开展技能鉴定工作。

2004 年，思明区劳动部门为 1830 名下岗人员、246 名农村富余劳动力进行就业培训。

2005 年，为 1819 名下岗人员、203 名农村富余劳动力进行就业培训。其间，区就业培训中心与厦门市伊愿服务管理有限公司建立用人联动机制，把一些年龄大、文化程度低的下岗人员输送到该公司进行定向培训。双十中学校友会教育公司为莲前街道失地农民提供 40 个定向培训、定向就业岗位，这些失地农民经培训成为企业收银员、出纳员。

2006 年，为 1852 名下岗人员和 270 名农村富余劳动力进行培训，技能鉴定 201 人。同时，为外来农民工进行技能培训并鉴定 2000 人。

2007 年，为 773 名下岗人员举行再就业培训，经鉴定持职业资格证书 102 人；“1+1 群”创业培训 277 人；培训新农民工 210 人。开办外来农民工技能培训班 120 期，培训 4876 人，其中 4370 人取得职业资格证书，取证率 89.6%。是年，设立“天成网络培训中心”。

二、在岗培训

（一）企业工人培训

1950—1965 年，在工人中从扫盲逐步进行初等和中等文化教育，并根据各行业需要开展技术业务培训。“文化大革命”期间，工人业余学习与技能培训基本停顿。1978 年，始恢复。

1981 年 2 月 20 日，中共中央、国务院作出《关于加强职工教育工作的决定》，各用人单位组织职工参加业余学习。1982 年，执行全国职教委、国家劳动总局等单位联合通知，进行职工文化、技术补课。1983 年，执行劳动人事部《工人技术考核暂行条例（试行）》，对工人进行技术（业务）等级考核。

1987 年，在全面开展中级技术培训和班组长培训的基础上，把培训高级技术工人的任务提上日程。此后，中级和高级技术工人的培训与考核工作正常进行。

2006 年，思明区始有初级工鉴定职能。当年，经区培训鉴定机构鉴定，201 人获得初级工等级证书。2007 年，7848 人获得初级工等级证书。

（二）事业工勤人员培训

2006—2007 年，区人才交流中心举办事业单位工勤人员岗位继续教育，培训内容以省人事厅《职工岗位继续教育新知识读本》为蓝本，辅以各工种（专业）的新技术知识，严格教学管理和考试验收，全区培训 745 人次。

2006 年，思明区为失业人员提供就业技能培训

第三节　劳动保护与监察

一、劳动保护

1950 年，三区国有企业由点到面逐步推行劳动保护制度。开展劳动生产安全知识的学习，制定劳动生产安全规章制度，配发劳动防护物品。对从事强热辐射或灼烫作业，接触有毒或放射性物质的作业，对皮肤有感染腐蚀的作业、高空作业、野外低温作业等，配发劳服保护衣服、防护面具、防尘口罩、手套、雨衣、安全帽、防寒衣服等。

1960 年，劳动保护制度逐渐在集体企业中推行。“文化大革命”初期，各类企业劳动保护制度无法正常实施。1969 年，各类企业相继成立革命委员会或革命领导小组，逐步恢复实施劳动保护制度。

1988 年 9 月，贯彻国务院《关于女职工劳动保护规定》，三区对女职工劳动保护情况进行调查，做好劳动保护工作。

1995 年，执行国家劳动部《未成年工特殊保护规定》，三区医院对在企业做工的年满 16 周岁、未满 18 周岁的劳动者进行体检，并到劳动部门办理登记手续。2003—2007 年，思明区坚持为未成年工办理登记证工作。

二、劳动监察

1995 年 1 月 1 日，三区劳动局实施《中华人民共和国劳动法》，开展劳动监察执法工作；是年，劳动监察覆盖面 90%。1996 年 6 月，开元区劳动监察中队成立；8 月，鼓浪屿区劳动监察中队成立。1997 年 11 月，思明区劳动监察中队成立，专司劳动监察。

三区劳动监察机构贯彻执行《中华人民共和国劳动法》《失业保险条例》《社会保险费征缴暂行条例》《厦门市劳动管理规定》《厦门市劳动力市场管理办法》等法律法规，做好日常监察和“劳动年审”，办理来信来访及投诉事项。开展执法大检查，重点督促劳动者办理就业证和用人单位缴交社会保险费（及残疾人就业基金）；查处违规私招乱雇和招用童工、非法劳务中介活动、不缴社会保险费、拖欠工资等。以行政处理决定的方式处理用人单位违法行为，对拒不履行行政处理决定者，依法申请区人民法院强制执行。

2001—2003年，三区劳动监察中队共检查用人单位3987户次，查处劳动违法案件120件，处罚用人单位120户。督促用人单位补签劳动合同32538份，补办就业证卡32538份，补发工资445万元，办理社会保险登记申报789户，补缴社会保险费468万元。进行“劳动年审”2514户，审查单位规章2514户；督促用人单位清退童工9人；妥善处理因拖欠工资引发的突发事件108起，为职工追回工资145万元；受理来信来访1659件（次），办结率100%。信访的热点难点问题集中在企业拖欠、克扣员工工资，企业无故或随意解除劳动合同或劳动关系，企业超时加班加点不支付加班工资，国有企业改制、破产、关闭引发劳动纠纷等。

2004—2007年，区劳动监察中队把监察工作延伸到街道、社区，开展“农民工工资支付情况”“整顿劳动力市场秩序”“劳动用工情况”等专项执法检查。共检查用人单位2500多户次，涉及劳动者5.2万人，追发拖欠工资6800多万元，取缔非法职业中介机构127户，督促补签劳动合同17800份，清退风险抵押金353.7万元。2006年4月，思明区在全市率先建立劳动监察员片区负责制，实现劳动监察网络化管理。

2006年、2007年，思明区连续两年被国家劳动和社会保障部、公安部、人事部、工商行政管理总局联合评为全国清理整顿劳动力市场秩序专项行动先进单位。

2007年，区人劳局在加大劳务引进力度的同时，做好输入劳动力的劳动权益保障工作。建立劳务协作引导约束机制，建立招工工资指导线制度和信息跟踪监控制度。

第四节　劳动争议仲裁

1950—1954年，劳动管理部门设调审股专司劳动争议仲裁。贯彻《中华人民共和国工会法》和劳资协商会议制度，每年多次组织检查执行情况，及时解决劳动争议问题，劳资关系较稳定。

1955年，在对资本主义工商业和个体手工业进行社会主义改造中，安排大批人员就业，资方人员也得到妥善安排，劳动争议大为减少。1956年7月9日，撤销调审股，劳动争议仲裁工作告停。

1980年后，随着各种经济组织的不断增加，劳动争议越来越多。1986年，三区各成立劳动争议仲裁委员会，负责处理劳动争议。

1986—1992年，劳动争议主要发生在国营企业、集体企业。争议的类型主要集中在开除、除名、辞退及解除劳动合同。大多数争议通过调解解决。1992年，执行《厦门市劳动争议处理暂行规定》，扩大受理范围，由原来的只处理国营企业中的劳动争议，扩大到处理外资、集体、内联、私营等企业发生的劳动争议。

1993年，劳动争议案件数量上升。案件类型日趋复杂，调解难度增大，罢工、怠工、集体上访事件不断发生。工资、履行合同、工伤、经济补偿金、加班费、裁减人员等争议，成为突出问题。企业申诉案件也不断增多。1994年，三区成立处理职工集体上访罢工事件工作小组，加强对集体劳动争议案件的处理。同时，加强劳动合同签订与签证工作。是年，思明区处理劳动争议案件4起，结案3起；案外调解13起（其中，较重大的案件是化解瑞泰橡胶工业公司劳资纠纷）；全年办理劳动合同鉴证567份。1995年，开元区受理劳动争议案件2起，均以调解结案；案外处理结案27起；全年鉴证合同3106份。

2002年，三区劳动仲裁机构立案开庭案件数上升。开元区全年共受理劳动争议案件360起，其中庭外调处281起，立案开庭审理79起（时限审结率100%）；合同鉴证1794单位次、14955份，鉴证份数同比增加29.58%。案件多为用人单位否认双方存在劳动关系、单位拖欠劳动工资和因工伤待遇引发的争议。

2003年，仲裁部门实行简捷办案原则，对大量案件采取现场调解。在合同鉴证工作中做好主体资格和条款的审核。是年，全区共受理劳动争议案件450件。其中，庭外调解371件；工伤10起，涉金额10万元均妥善解决；立案结案69件，涉金额148万元。劳动合同鉴证21805人次。其间，对景州乐园133名职工被拖欠工资争议案，通过多方努力，促成兑现工资。

2006年，建立以社区为单位的区域调解网络、以监察员主办负责制为基础的区域监察网络和以公众参与为特色的阳光仲裁网络。实现劳动争议调解、劳动监察和劳动争议仲裁三种维权机制的有效整合。在区政府办事大厅或人力资源网，劳资纠纷双方可快捷地查询到各个社区劳动争议调解员的联系电话，打个电话，调解员就上门服务。社区调解成功的案件，送交区劳动争议仲裁委员会进行法律确认，具备法律效力。

2007年，全区10个街道办事处、95个社区均建立社区劳动争议调解制度，有调解员106名。全年受理争议案111件，全结案。经社区调解成功的协议，履行率100%。补签劳动合同55600人，比2006年33210人增长67%。全年为工人追回被欠工资2200余万元。

第五节　工资福利

一、劳动工资

民国时期及以前，区境企业工人工资由雇主和雇员面议，雇主决定。

1949年10月后，国有企业、集体企业实行国家制定的工资制度。

1952年，贯彻第一次工资改革精神，实行供给制和工资标准，并把计算单位统一改为“工资分”。

1956年，进行第二次工资改革。各单位建立等级工资制度或实行岗位工资制，“工资分”制度改为货币工资制。1957年，公私合营企业内工资高低悬殊、企业间差别较大的做了实事求是调整。

1985年，据国务院关于企业工资制度改革的规定，进行第三次工资改革。企业内仍实行等级工资制，而将企业工资总额同经济效益挂钩，按比例浮动（简称“工效挂钩”）。通过这次改革，企业工资制度和机关事业单位工资制度从此脱钩。

1992年起，“工效挂钩”改按“经济效益指标目标管理、工资总额宏观调控”的办法，即企业可按目标管理的主要经济效益指标的完成情况，根据上年核定的工资总额基数，提出本年度工资总额计划，当年先执行，后审核。原未实行工效挂钩的企业，仍实行工资总额包干使用的办法。实行工资总额宏观调控或包干使用，由企业自主决定。

若干年份三区企业工人工资统计表

表28-1-2

年份	鼓浪屿区		开元区		思明区	
	工资总额（万元）	平均工资（元/人·年）	工资总额（万元）	平均工资（元/人·年）	工资总额（万元）	平均工资（元/人·年）
1985	306.64	1080.48	1690.44	1185.77	1175.52	1093.91
1986	436.4	1408.65	1926.54	1399.49	1341.29	1389.51
1990	452.11	2493.71	4510.02	3141.78	5010.5	2766.09
1991	574.32	3212.08	5406.1	3611.05	5989.09	3076.38
1994	1051.03	4839	14551.9	6105.78	14040	6272.34
1997	1935.5	8837.9	33331.7	10172.96	22961.59	9022

续表28-1-2

年份	鼓浪屿区		开元区		思明区	
	工资总额（万元）	平均工资（元/人·年）	工资总额（万元）	平均工资（元/人·年）	工资总额（万元）	平均工资（元/人·年）
1998	2395.9	9598.96	33554.8	10561.12	23980.96	10361
2003	1536.4	13942	42530	14215	40629	13058

2003 年 10 月三区整合，2004 年，全区工资总额 42932 万元，平均工资 13470 元/人·年。2005 年，工资总额 183305 万元，平均工资 18283 元/人·年。2006 年，工资总额 239195 万元，平均工资 19712 元/人·年。2007 年，工资总额 322756.3 万元，平均工资 22487 元/人·年。

二、职工福利

民国时期及以前，工人基本无福利待遇。

中华人民共和国成立后，区属企业视经济效益及能力，参照国企职工福利待遇而设立建食堂、浴室、托儿所、文化室、图书室及发放职工困难补助费、探亲路费、上下班交通费等福利项目。

1980 年后，区属企业视企业经济效益情况而实行福利补贴，主要有物价补贴、生活费用补贴、燃料补贴、特区生活补贴、房租补贴、防暑降温补贴、水电补贴、报刊补贴等。

企业改制后，企业福利待遇由企业自主决定。

第六节　职工社会保险

一、区级统筹

（一）鼓浪屿区统筹

1987 年 8 月 12 日，鼓浪屿区社会劳动保险管理所成立，隶属区劳动人事局，负责退休基金统筹和管理。9 月，《鼓浪屿区县以上集体所有制单位退休基金统筹实施细则》实施。规定区属独立核算、自负盈亏的县以上集体所有制企事业单位都应纳入统筹退休基金范围（含内联企业和三资企业的固定职工）；单位按核定工资基金中固定职工的标准工资和物粮补贴的 17% 计提（事业单位按核定工资总额 17% 计提），退休（职）人员按每人每月 20 元计提；参加统筹单位预交 1 个月退休统筹基金供周转。区社会劳动保险管理所配备 2 名专职人员负责退休基金统筹、管理、调剂、指导等业务，并从退休基金总额中提取 2% 作为管理费用。

1988 年 1 月，集体企业劳动合同制工人退休养老金从市社会劳动保险公司移交区社保所收缴、管理。

1992 年 3 月起，退休统筹金调为工资总额 20% 计提；退休（职）人员每人每月 35 元计提。

1994 年 1 月起，企业退休人员增加生活补助费：1952 年底前参加工作连续工龄满 30 年以上者月增补 15 元，满 20 年不满 30 年者月增补 12 元，不满 20 年者月增补 9 元；1953 年后参加工作连续工龄满 30 年以上者月增补 18 元，满 20 年不满 30 年者月增补 15 元；不满 20 年者月增补 12 元；退职人员月增补 10 元。7 月起，区属集体企业退休（职）人员每月增发 18% 的基本养老金。1995 年 1 月起，执行厦门市职工养老保险、失业保险、工伤保险的有关规定。

至 1995 年 12 月，参加统筹单位 31 家，职工 1029 人、退休人员 425 人。

1996 年 1 月起，企业免交退休人员人均 35 元的养老金。退休人员各类生活补贴除已由社保所支付的每人每月44元外，原由企业支付的生活补贴改由社保所承担，退休人员每月51元、退职人员每月36元。5月，对25家参保单位发放1995年度工伤保险金4103元。至1998年底，全区参保单位39家，职工1267人、退休554人。退休人员养老金于当年实行社会化发放。

（二）开元区统筹

1987年4月，开元区社会劳动保险管理所成立，实施《县以上集体企业职工退休基金统筹管理试行办法》，规定区属企业单位在册固定职工及今后新增职工均属统筹对象，单位按核定工资基金中的固定职工标准工资总额和粮物补贴总额15%计提，退休（职）人员按每人每月20元计提。区社会劳动保险管理所负责统筹基金筹集、管理和支付，从统筹基金总额中提取2%作统筹业务费用。7月，《开元区街道集体企业职工养老金保险试行办法》开始执行。11月，补充规定街道集体企业都应到区社保所办理在册职工的养老保险，原已向市社保公司投保的应统一办理转移后合并计算；交纳标准为每月10元、15元、17.5元、20元4种，企业和个人投保比例为9∶1。

1989年1月起，调整劳动合同制职工养老金的收缴标准：单位缴纳数由每人每月17元改按劳动合同制工人工资总额17%计提；个人缴纳标准为本人标准工资的3%（仍按原规定的绝对数收缴）。对符合规定办理退休而其每月退休费（含特殊贡献待遇与补助费）低于40元的职工，按40元发给。中外合资、合作企业中方人员从1989年1月起每月提缴45元劳动保险基金。

1991年4月起，企业干部的养老保险由区人才中心办理。7月，修订《开元区县以上集体企业职工退休基金统筹管理试行办法》，将实施范围扩大到经费自收自支、实行企业化管理的事业单位，退休（职）人员退休统筹金提高到按每人每月35元计提。离退休、退职人员每人每月分别增加17元离休金、14元退休金、8元退职金；每人每月另增发5元生活补贴费。

1993年4月起，企业缴纳的职工养老保险金以上年度职工人均月工资总额为计算基数，固定职工按15%换算成绝对数计提；合同制工人按18%换算成绝对数计提；实行职工个人缴费制度，标准按上年度职工个人月工资总额的2%计提；有退休（职）职工的单位，仍按退休（职）工人数每人每月35元计提。同月，开始使用职工养老金保险证。

1994年7月起，对1994年6月30日以前经人劳局批准的企业退休（职）人员以上月养老金为基数每月增发18%的基本养老金。

1995年1月起，执行厦门市职工3种保险规定，养老保险、工伤保险由区社会劳动保险管理所办理，失业保险由区劳动服务公司办理；统一使用《职工养老保险手册》。对1995年6月30日前的企业退休人员，自7月起以上月养老金为基数每月增发20%养老金。

1997年7月，职工失业保险费由区社保所代收。对当年6月30日前退休人员，以上月基本养老金为基数（不含40元生活补贴和60元归侨补贴），每月增发17%的基本养老金。10月，退休人员养老金开始委托厦门市城市合作银行湖滨支行代发。

2000年7月起，企业干部养老、失业、工伤保险等工作由区社会劳动保险管理所承担。

（三）思明区统筹

1987年4月，区社会劳动保险管理所成立，负责区属集体所有制职工的退休基金统筹管理（办法基本同于开元区）。

二、市统筹

1998年1月，根据市政府通知，三区社保纳入市级统筹；由企业支付的基本养老金按市社保公司标准全部由市统筹基金支付，适当提高区属企业退休人员基本养老金。纳入市统筹后，月平均水平不低于530元，离退休人员养老金开始实行全市统一调整。对参加统筹的企业离退休人员死亡后，其供养直系亲属的生活救济费由原企业负担改为社会保险机构从养老基金中支付。

1999年，根据《社会保险登记管理暂行办法》，各参保单位开始到所属社保经办机构办理社保登记。7月，《厦门市外来员工社会保险暂行办法》开始实施；事业单位纳入失业保险范围。为1989年1

月至 1997 年 6 月中断缴费的原固定工和企业漏缴的合同工，办理养老保险补缴、记账。

2000 年，根据《厦门市企业离退休人员社会化管理服务试行办法》，企业离退休人员开始从社保机构移交区退管中心进行社会化管理。

2002 年 9 月，全市企业退休人员，经批准办理手续后，统一到市劳动保障行政部门核定退休待遇，由市社保公司统一委托银行发放养老金。当月发放情况：鼓浪屿区 677 人 477121 元，开元区 1635 人 1161898 元，思明区 1492 人 1005044 元。合计 3804 人 2644063 元。

三、“五险”合一

2003 年 7 月 1 日，厦门市社会保险管理中心启用“五险系统”，实现养老保险、失业保险、工伤保险、医疗保险、生育保险统一管理。全市各项社会保险业务联网办理，社会保险费由市社保中心集中征收，待遇仍由各社保经办机构按规定发放。三区社保所除原经办养老保险、失业保险、工伤保险业务外，增加医疗保险、生育保险业务。同时，开始受理本区户籍失业人员的续保申请及居民的养老保险申请。同月，《厦门市企业职工生育保险暂行办法》施行，用人单位以上年度职工月平均工资 0.8% 按月缴纳生育保险费，职工按规定享受生育津贴、生育生活补助和计划生育手术补贴等生育保险待遇。是年 11 月，厦门市劳动和社会保障局、市财政局制定灵活就业人员参加基本医疗保险实施办法，允许就业人员以个人身份到户籍所在区参加基本医疗保险。

2003 年 6 月三区职工参保情况统计表

表 28-1-3

区别	参保单位（个）	参保人员（人）		
		区籍职工	外来员工	小　计
鼓浪屿区	110	787	368	1155
开元区	973	6099	10422	16521
思明区	772	3901	2990	6891
合　计	1855	10787	13780	24567

2003 年 11 月，三区社保所整合为思明区社会保险管理中心。

2004 年 3 月起，住岛内且在思明区注册的企业、住思明区且注册资本 500 万元以下的“三资企业”、区属机关事业单位、思明区户籍个人的社会保险业务，由区社保中心承办。5 月，社会保险登记、申报、征缴工作移交地税部门办理，形成“地税征收、社保支付、财政监管”新模式。同月，参保人员失业保险金审批工作从区就业中心移交区社保中心；失业人员签领失业金工作由区就业中心移交户籍所在街道劳动保障事务所。

2004 年 9 月，思明区实施《厦门市被征地人员基本养老保险暂行办法》。2005 年 3 月，嘉莲街道莲坂社区 304 名被征地人员首批参加养老保险，缴纳基本养老保险金 11448518 元；其中已到退养年龄 194 人从次月起领退养金。6 月，莲前街道西林、洪文、塔埔、岭兜、前埔、何厝社区，嘉莲街道莲花北社区，梧村街道双涵社区，滨海街道黄厝、曾厝垵社区，符合条件的参保人员均参保。至 2007 年底，全区共有被征地人员 6354 人参保，到龄退养人员 2598 人。

2005 年 5 月，执行厦门市《关于从工伤保险基金中补助用人单位支付一次性工伤医疗补助金和伤残就业补助金的通知》。至 2007 年，对符合条件的 28 家单位进行补助，金额 190641 元。

2005 年 7 月，生育保险待遇支付业务下放由区社保中心办理。至 2007 年，共支付生育保险待遇 1569 人，发放 8025709 元。同月起，执行《厦门市基本医疗保险参保人员自付医疗费困难补助暂行办法》，对享受“低保”的参保人员及养老金低于“社平工资”60% 的退休人员，个人自付的医疗费超过限额的部分按比例补助，补助金额最高8000元。2006年1月起，首批事业单位退休人员由市社保中心统发养老金。至2007年底，全区补助511人次，共1765190元。12月，首批16家事业单位的570名退休人员办理养老金委托社保统发手续。

2004—2007年，共受理失业人员签领失业金335660人次，发放17904万元。

2007年4月，区政府制定《思明区居民医疗保险费登记申报和缴纳工作实施办法》，在全市率先通过社区劳动保障工作站对居民实行“集中申报、自行缴费”。7月1日起，非区籍从业人员纳入企业职工生育保险范畴。年底，思明区社保中心共承担8000多个单位的10万余名职工、5万余名独立参保个人、58103名退休人员及65530名区籍居民的社会保险管理服务工作。

附：劳动保险制度

1951年2月，市劳动局开始在厦门灯泡公司试行劳动保险制度。按规定，企业按月提取相当于职工工资总额3%作为劳动保险基金。其中，30%上缴全国总工会，作为劳动保险总基金；70%留存基层工会，作为劳动保险基金以支付职工应享受的抚恤费、补助费和救济费，以及集体劳动保险事业补助费。试点后，逐步在各企业中推行。

1966年“文化大革命”开始至1968年，劳保基金制度无法实施。1969年，按照财政部通知，企业工人劳保费用改在“营业外支付”。

第七节 职工退休与内养管理

一、职工退休管理

1950—1988年，企业职工退休由劳动管理部门核准，而退休后待遇及福利均由用人单位发放。1989年起，企业职工退休金逐步由社保机构发放，福利仍由用人单位发放。

2001年5月，设立区企业离退休人员社会化管理服务中心，开始执行市政府《厦门市企业离退休人员社会化管理服务试行办法》，接收管理企业退休人员，至2002年12月，接管36976人，其中鼓浪屿区1650人，开元区27000人，思明区8326人。

2003年下半年，贯彻劳动与社会保障部等部门联合颁发的《关于积极推进企业退休人员社会化管理服务工作的意见》，开展“送温暖”活动。三区共给离退休职工发慰问品46450份；慰问重病员1889人、慰问金339700元；慰问90岁以上老人136人、慰问金54400元。是年12月，撤销鼓浪屿区、开元区退管中心，划归思明区退管中心。翌年，受理退休人员信访7980件次；组织慰问住院离退休职工1366人、慰问金82900元；慰问去世退休人员家属889户，慰问金88900元；为退休人员及其亲属办理异地医保年审、申领丧葬费、抚恤金等服务1870人次；组织退休人员开展各种活动480场次。是年“敬老节”，组织开展登山、游园、文体等活动，参加活动53800人次；支出活动与慰问经费754872元。至12月，全区管理企业退休人员51125人；新接收3825人。

2005年，完成1142名未移交社会化管理的企业退休人员领取养老金资格认证；完成1953年12月前参加工作的2456名企业退休人员的核实认证；完成退休人员中受省直系统与省人事厅联合表彰的先进工作者享受部分市级劳模待遇的认证。

2006年，开展全区企业退休干部调查，共登记8517名。对53188名企业退休人员基本情况进行调查，完成98.65%。是年，共管理退休人员55507人；新接收3436人。全年受理退休人员信访35098件次；慰问重病、孤寡退休人员4599人，慰问家属1849户，慰问金共214780元；帮助办理异地医疗费报销、申领丧葬费、抚恤金等服务3805人次；帮助退休人员办理迁移、变动4707人次。是年，区退管中心被省劳动保障厅和省企业退休人员社会化管理服务工作委员会办公室授予“企业退休人员社会化管理服务工作先进单位”。

2007年，开展春节慰问活动，慰问56158人、慰问金334万元。敬老节期间，各街道、社区开展登山、游园、参观活动和健康知识讲座、咨询，走访慰问孤寡独居和重病人员。年底，全区新接收退休人员3743人（其中区属企业及个人977人），管理总人数58103人，办理退休人员迁移2344人，办理退休人员申请丧葬费补助、抚恤金认定共3082件。全区95个社区的社会化管理服务工作都基本达标。

二、内养管理

（一）鼓浪屿区内养管理

1997年11月，成立再就业服务中心，与区劳动服务公司合署办公。1998—2003年，厦门第二分析仪器厂、鼓浪屿区工艺绣品厂、无线电厂、鼓浪屿贸易公司等17家企业分流安置198名下岗职工进入区再就业服务中心管理。区财政拨款、筹集资金共361.69万元，为下岗职工发放基本生活费、缴纳社会保险金。

1999年初，区开展“再就业、送温暖”活动，举办再就业电脑培训班、烹饪班、园林花卉班共30期，培训320人次，并逐渐帮助实现再就业。2001年，按照省政府确定的缩短再就业服务中心过渡期的要求，稳妥开展下岗职工出中心的工作。至2003年10月，该区再就业服务中心尚有内养职工96人。

（二）开元区内养管理

1997年8月，再就业服务中心成立，与开元区劳动服务公司合署办公。1998—2003年，共吸纳35家企业351名下岗职工，发放生活费122.79万元，代缴养老、医保、失业保险金共202.47万元。2001年，有7家企业68人协议期满出中心，其余人员属内养人员，该中心继续为他们发放基本生活费及缴交“三金”直至办理退休手续。

（三）思明区内养管理

1997年12月，再就业服务中心成立。区属企业因破产、兼并、减员等原因尚未分流职工进入再就业服务中心管理。

（四）三区整合后思明区内养管理

2003年10月三区整合，更名思明区职工托管服务中心，负责区境65家企业608个内养人员的基本生活费发放，养老、医保、失业保险金缴纳，退休手续办理等。2004—2006年，发放基本生活费445.80万元，缴纳养老、医保、失业保险金158.85万元，办理退休手续并移交社会化管理411人，慰问困难职工85人次，慰问金3万元。2007年，继续为138名内养职工提供基本生活费发放、社保金缴纳、退休办理等服务。

第八节　知青下乡与安置

一、上山下乡

1963年8月至1966年春，三区先后组织初、高中毕业生赴三明、龙岩等地区上山下乡，插队落户，参加劳动生产，共1000余人。1968年12月，三区各成立“四个面向”（面向农村、面向边疆、面向工矿、面向基层）办公室，大规模动员1966届、1967届、1968届（俗称“老三届”）初、高中毕业生上山下乡。至1969年，三区“老三届”初、高中毕业生到永定农村插队1182人，到上杭8895人，到武平4982人，到厦门市郊及附近县农村256人，回原籍落户2040人，共17355人。

至1969年10月，三区共动员知识青年、社会青年、城镇居民等21447人到农村插队落户，其中东风（开元）区 10591 人到上杭县农村插队落户；向阳（思明）区 7034 人到武平县农村插队落户；鼓浪屿区 3822 人到永定县农村插队落户。

二、回城安置

1963 年，城镇知识青年上山下乡后，许多知青在当地扎根安家。不久，有的参军、上大专院校；部分知青通过各种渠道招工、病退等陆续返城。1978 年，厦门市组织一批企事业单位到上杭、武平、永定招工，大部分上山下乡知青返城（三区原籍）就业。是年 12 月起，根据《国务院关于知识青年上山下乡若干问题的试行规定》，结合招工工作稳妥安置上山下乡知青。

第二章　人事管理

1949 年 10 月 17 日始建人民政权机构，党政机关及公办事业单位皆纳入编制管理。随着社会主义改造与建设的发展，机构单位及人员编额不断增加。1962 年，实行精简。“文化大革命”期间，机关设置变动多，干部下放、调整频繁，编制管理混乱。1980 年起，进行机构改革和管理体制改革。至 2002 年，三区行政机构（党政司法群团）共 133 个、编额 1040 名；事业单位 209 个、编额 4151 名。2003 年 10 月三区整合，至 2007 年 7 月，确定行政单位 60 个、编额 998 人（实有 902 人）；事业单位 204 个、编额 6594 人（实有 5774 人）。

干部来源，初始主要是随军南下干部、军队转业军官及旧员留用等。1952 年后，有大中专毕业生统配，从工人、农民中考核选拔。1981 年后，按“统一计划，统一考试，统一录用，均衡社会，公开招收”原则招用干部。同时，各区建立技术干部职称评聘机构，开展技术职称评聘工作。1985 年，各区建立人才交流管理机构，开展人才引进、输送、档案管理等工作。1993 年起，宣传《国家公务员制度暂行条例》，逐步实施公务员制度。1998 年，取消大中专毕业生统配（师范类除外），欲进国家机关单位者必经统一考试。

干部按国务院有关规定实施退职、退休、离休的管理，待遇从优。干部工资从初始实行供给制与薪金制并行，经几次工资改革。1992 年，实施“单列城市”增资，1993 年 10 月，实施特区津贴；再经 2006 年工资改革。2007 年，全区 6878 人（含事业人员），人均年工资与津贴 67810 元，人月均 5651 元。

第一节　编　制

1949 年 10 月 17 日，始建人民政权，党政机关逐步建立。至 1950 年 12 月，三区核定党政机关编制。随着加强政权建设、开展社会主义改造与建设的需要，党政机关逐步增设扩编。“大跃进”、公社化期间出现机构编制突破，1962 年实行精兵简政、压缩编制，下放干部。1966 年“文化大革命”开始后，“造反派”夺权，机关不能正常工作，编制管理无法实施。建立革命委员会后，机构改、撤、并频繁。1980 年后，编制管理逐步恢复正常，多次进行党政机构改革，既强调精简，又紧跟形势需要而新设，不断完善编制管理。2002 年 12 月，三区行政单位编制共 133 家，编额 1040 人。其中，鼓浪屿区机构 35 家、编额 173 人；开元区机构 46 家、编额 470 人；思明区机构 52 家、编额 397 人。事业单位 209 家，编额 4151 人。2003 年 10 月三区整合中，按“精简、效能”原则，整合机构并定机构、定编额、定职能。至 2007 年 7 月，行政单位 60 家、编额 998 人，实有 902 人。

2007年7月思明区行政单位编制一览表

表 28-2-1

单位：人

系统名	单位名	编制人数	实有人数	系统名	单位名	编制人数	实有人数
党委	区委领导及办公室	17	14	政府	机关事务管理局	2	1
党委	纪检	21	15	政府	人防办	2	3
党委	组织部	13	13	政府	同安工业集中区思明园管委会	8	1
党委	宣传部	9	6	政协	政协	16	16
党委	统战部	7	7	司法	执法局	153	136
党委	政法委	12	12	司法	法院	152	126
党委	台办	3	3	司法	检察院	125	108
党委	编办	3	3	司法	司法局	51	41
党委	党工委	4	4	群团	总工会	4	4
党委	信访局	5	6	群团	团委	3	3
党委	老干局	8	4	群团	妇联	3	4
党委	文明办	4	4	群团	商会	3	3
人大	人大	22	24	群团	科协	2	2
政府	区政府领导及办公室	21	26	群团	老龄委	2	2
政府	发改局	12	12	群团	侨联	2	2
政府	经发局	10	10	群团	计生协会	2	1
政府	教育局	16	13	群团	残联	2	1
政府	科技局	4	6	群团	红十字会	2	2
政府	民政局	12	13	群团	关工委	1	1
政府	财政局	16	15	群团	爱卫办	1	1
政府	审计局	12	11	街道	开元街道	15	15
政府	人劳局	14	9	街道	中华街道	15	15
政府	计生局	10	10	街道	厦港街道	15	14
政府	卫生局	10	10	街道	滨海街道	16	15
政府	建设局	16	14	街道	鹭江街道	15	16
政府	文体局	8	9	街道	梧村街道	16	17
政府	投资事务局	7	7	街道	筼筜街道	16	17
政府	外侨办	3	3	街道	嘉莲街道	16	15
政府	旅游园林局	6	6	街道	莲前街道	19	18
政府	民宗局	2	1	街道	鼓浪屿街道	12	12

说明：公安局系统归市直属

2007年，全区公办事业单位204个，核编6594名，实有5774人。其中，区直属事业单位70个，核编1239名，实有1425人；街道事业单位52个，核编434名，实有321人；中小学及幼儿园82个，核编4921名，实有4028人。

2007年思明区事业单位编制一览表

表28-2-2　　单位：人

单位名	编制人数	实有人数	单位名	编制人数	实有人数
中共思明区委员会党校	9	4	思明区卫生监督所	45	37
中共思明区委报道站	6	3	思明区妇幼保健院	18	17
中共思明区委党员电化教育中心	2	1	思明区文体活动中心	3	1
思明区老年（老干部）活动中心	10	9	厦门市人民体育场	6	5
思明区事业单位登记中心	3	2	思明区文化馆	9	9
思明区档案局	2	1	思明区图书馆	4	5
思明区机关效能投诉中心	2	2	莲花影剧院	23	20
思明区社会经济发展研究中心	4	3	人民剧场	25	24
思明区科技创业人才服务中心	3	0	思明区文化市场稽查队	12	7
思明区教育招生考试中心	6	6	思明区招商服务中心	8	7
思明区教育事务管理中心	33	33	思明区政务信息中心	5	5
思明区社区教育中心	25	10	思明区旅游质量监督管理所	4	3
厦门市小白鹭文化艺术中心	15	0	思明区园林绿化管理中心	15	13
思明区青少年宫	23	21	思明区社区服务中心	5	3
思明区教师进修学校	50	44	思明区计划生育服务站	30	24
思明区人民政府教育督导室	12	10	思明区流动人口计划生育管理站	13	9
思明区教育局会计核算中心	8	8	思明区人防建设服务中心	9	9
中华会计函授学校思明分校	11	6	思明区企业离退休人员社会化管理中心	5	5
思明区财政资金审核管理所	21	19	思明区人才交流咨询服务中心	5	4
思明区信用担保管理中心	4	2	思明区社会保险管理中心	20	14
思明区城市管理服务中心	0	80	思明区劳动监察大队	14	11
思明区统计普查中心	15	13	思明区职工托管服务中心	2	2
思明区重点工程建设前期办公室	3	4	思明区就业管理服务中心	12	10
思明区机关后勤保障中心	8	6	思明区审计工作信息中心	5	2
思明区突发公共事件应急指挥中心	5	2	思明区公证处	10	8
思明区建设工程安全质量监督站	13	10	思明区法律援助中心	4	5
思明区重点建设服务中心	7	7	思明区干部保健委员会办公室	2	1
思明区质量技术监督所	11	8	思明区残疾人劳动服务管理站	6	5
思明区中小企业促进中心	4	3	厦门市鹭江剧场	20	17
思明区安全生产执法大队	7	4	思明区企业服务中心	9	9
思明区生产力促进中心	8	5	思明区市容环境卫生管理处	40	360
思明区山地公园管理中心	28	32	思明区农村城市化促进中心	6	4
思明区园林公园管理中心	42	79	思明区物价检查所	14	13
思明区疾病预防控制中心	36	33	思明区国库支付中心	42	31
思明区医院	350	253	思明区物业管理工作中心	3	3

第二节 干部来源

一、随军南下干部

1949 年 10 月 17 日，区境解放，建立新政权机构。干部来源主要是随军南下长江大队人员，共 14 人。

二、考试录用聘用

1950—1957 年，吸收录用社会积极分子和知识青年，经培训成为国家机关干部。其间，共录用 31 人。

1960 年上半年，厦门市人事局从工人、农民、营业员中录用 19 人，充实党群、政法、文教卫生等单位为干部。

“文化大革命”时期，录用干部工作基本停止。

1977—1980 年，从农民和社会青年中录用干部，充实公社领导班子和专职干部，共 24 人。

1981 年，按照“统一计划、统一考试、统一录用、面向社会、公开招收”的原则选拔录用干部。1982 年，“以工代干”人员转为正式干部。1985 年 8 月，停止“以工代干”人员转正审批。

1997—2003 年，三区政府机关公开考试录用公务员，鼓浪屿区考录 12 名、开元区考录 12 名、思明区考录 9 名。2001 年，停止办理聘用制干部审批工作。

2004 年，思明区城监大队有 80 人过渡为国家公务员（其中 47 名聘用制干部过渡后保留原身份不变），未能过渡的人员安置到区城市管理服务中心。是年，区人事劳动与社会保障局和区委组织部、区编办联合发出《关于区机关、事业单位补充工作人员暂行办法》，坚持“凡进必考”原则，进一步规范机关、事业单位编制内补充人员的程序和办法。2004—2007 年，公开招聘事业单位工作人员 160 人（不包含教育系统）。

三、大中专毕业生分配

1952—1960 年，大中专毕业生统一分配到区境为国家干部的 16 人。

1961—1965 年，机构精简，人员压缩；但对大中专毕业生仍统一分配，面向农村、基层共 45 人。

“文化大革命”期间，大中专毕业生“从那里来，到那里去”。

1977—1987 年，依据保证新建单位需要和面向工矿企业、农村的分配原则，绝大部分大中专毕业生分配到基层第一线。三区接收的大中专生共 120 人。

1988 年 8 月起，对大中专毕业生分配试行“双向选择”的改革，让毕业生和用人单位直接见面，毕业生主动选择工作；用人单位根据需要择优选用毕业生。

1990 年起，对属短线专业、省市籍的高校毕业生，愿来厦门工作的，经厦门市人事局批准接收。

1993 年起，实行无本地区和外地区生源界限的“双向选择”就业制度，采取统一审批时间、统一审批条件、统一就业流向的原则。1988—1997 年，三区共接收大中专毕业生 1289 人。其中，1988—1996 年，开元区接收 765 人；1988—1997 年，思明区接收 448 人；1990—1997 年，鼓浪屿区接收 76 人。1998 年起，大中专毕业生（除师范类外），不再实行统一分配。

四、军队转业干部安置

1949—1954 年，为适应新政权建设和恢复国民经济的需要，一批军队干部转业地方工作，共 5 人。1955—1965 年，为适应军队正规化建设和地方经济发展的需要，大量军队干部转业地方工作，共 20 人。

“文化大革命”期间，军队干部转业地方工作停顿，退出现役的军队干部作复员办理。

1976年后，军队干部转业地方工作恢复，并为“文化大革命”期间按复员办理的改为转业。至1988年，接收安置军转干部30人。

1989—2003年，政府部门共安置军转干部126人。其中，鼓浪屿区17人、开元区57人、思明区52人。2001年起，军转干部实行计划分配和自主择业相结合安置。计划分配的军转干部由党委、政府负责安排；自主择业的军转干部由政府协助就业，发给退役金。

2004—2007年，共接收安置军转干部77人。其中，2004年25人，2005年13人，2006年19人，2007年20人。

第三节 人员调配与交流

一、干部调配

1949年10月起，党政机关、事业、企业的干部调配由中共厦门市委组织、人事部门负责。

“文化大革命”期间，机关、企事业单位大批干部下放到农村和基层单位。

“文化大革命”结束后，政府机构逐渐恢复，下放干部陆续调回原单位。其间，三区人劳部门为在“文化大革命”中受到错误处分的干部落实政策，安排工作。1983年，为充实老企业技术骨干，引进各类专业技术人员共328人。其中，开元区154人，思明区107人，鼓浪屿区67人。1984年，贯彻“开放、搞活、特殊、灵活”方针，引进各类专业技术人员409人。其中，鼓浪屿区52人，开元区168人，思明区189人。

1986年，按照“计划调配，统筹安排；突出重点，保证急需；合理使用，用其所长；大胆培养，造就新人”原则，为各行业调进各类专业技术人员共281人。其中，鼓浪屿区101人，开元区91人，思明区89人。1987年10月，执行厦门市人事局制定的《关于厦门市科技人员合理流动和智力交流的暂行规定》，鼓励科技人员从人才富余部门流向人才紧缺单位，从全民所有制单位流向集体所有制单位。1989年5月，执行厦门市人事局发布的《关于企事业单位干部调配工作暂行规定》。此后，注重为重点项目和开发区调配干部，保证重点工程、新建扩建项目、国有大中型企业的用人需要。

1980—2001年，三区人事部门配合市人事部门调配各类干部计3634人（次）。其中，1984—2001年，鼓浪屿区761人次；1986—2001年，开元区1809人次；1984—1999年，思明区1064人次。

2002年，厦门市人事局下放事业单位干部调动审批权。此起，区属事业单位之间的干部调动，由区人劳局审批。

2004—2007年，思明区人劳局办理干部调配132人。

二、人才交流

1985年2月16日，开元区成立“人才开发管理站”，为引进、输送、培训科技和经营人才提供服务。

1991年7月，三区人事部门相继成立人才交流咨询服务中心。通过公开招聘、接收大中专毕业生等形式，为企事业招募技术人员，1991—2003年，引进各类技术人才2600人。其中，鼓浪屿区299人，开元区1409人，思明区892人。

2004—2007年，区人才交流中心协助589家企业接收大中专生427人，帮助企业从外地引进中级和高级专业技术人才178人，办理干部录（聘）用与续聘手续148人。办理初级专业技术人员职称确认148人，上报125人参评中级职称。接收档案1284份，调出档案592份。办理辞职人员重新录用218人次，为出国出境人员政审33人次，接待阅档人员1142人次，人才派遣签约1家公司，派出人员48名。

2007年，区人才交流中心从外地引进各类人才67名，办理初级专业技术人员职称确认审核78人。上报43人参评中、高级职称，接收档案341份，调出档案236份，接待单位阅档人员96人次，办理人事证明69人次。

第四节　职称评聘

中华人民共和国成立初期，各种专业技术职务及其晋升由用人单位按人员管理权限上报评聘。

“文化大革命”期间，专业技术职务评聘工作停顿。

1978年，职称评聘工作恢复，至1982年，三区建立健全各种专业初级职称评定委员会，负责各系列的初级职称评定和中级职称推荐。

2002年，根据市职改领导小组、市人事局联合行文《关于区属事业单位专业技术职务结构比例及专项指标核准工作有关问题的通知》，三区职改办在核准所属事业单位的专业技术职务结构比例时，原则上按该单位满编后专业技术人员应占的编制比例数作为人员基数，对高、中级专业技术职务结构比例进行一次性核准。

2003年10月，区人劳局对区属事业单位（含市属下放）的专业技术职务结构比例重新核定，有52家单位提交指标申报表，聘任高级职务32人、中级185人（教育系统除外）。

2005年，开展非公有制企业专业技术职务任职资格评定。申报人员中，经省评定取得高级职称35人，市级评定取得中级职称56人。2006年，区职改办、区工商联联合开展非公有制企业初级职称评定，有15人报审，13人取得初级职称。

2007年7月，区人劳局、区职改办联合转发《厦门市专业技术人员继续教育实施办法的通知》，专业技术人员的年度验证、晋升、聘任，由区人劳局负责办理。至年底，全区聘任各种专业技术职务4766人。

2003—2007年思明区属事业企业单位专业人员统计表

表28-2-3

单位：人

专业人员	2003年	2004年	2005年	2006年	2007年
工程技术人员	137	180	138	130	135
其中：高级工程师	8	8	8	7	9
工程师	51	70	59	55	59
农业技术人员	1	11	12	12	13
其中：高级农艺师	—	1	1	2	2
农艺师	1	5	6	6	7
科学研究人员	—	2	—	1	—
其中：正副研究员	—	—	—	—	—
助理研究员	—	2	—	1	—
卫生技术人员	540	440	445	444	438
其中：正副主任医师	26	34	51	67	77
主治医师	100	143	162	162	178
教学人员	2229	3370	3769	3800	3900
其中：正副教授	9	248	277	315	345

续表28-2-3

专业人员	2003 年	2004 年	2005 年	2006 年	2007 年
讲师	1398	1347	1550	1643	1715
经济人员	7	50	58	61	75
其中：高级经济师	—	1	2	2	4
经济师	2	22	29	37	46
会计人员	50	113	108	105	115
其中：高级会计师	—	1	1	1	2
会计师	13	42	41	50	57
统计人员	4	13	11	6	7
其中：高级统计师	—	—	—	—	—
统计师	1	3	3	3	4
翻译人员	—	—	1	2	1
其中：正副译审	—	—	—	—	—
翻译	—	—	1	1	1
图书档案、文博人员	1	31	28	23	21
其中：正副研究馆员	—	—	—	1	1
馆　员		5	7	4	4
新闻、出版人员	—	3	1	2	1
其中：正副编审、高级记者、主任记者	—	—	—	—	—
编辑记者、一级校对	—	1	1	1	1
律师、公证人员	7	10	12	12	8
其中：一、二级律师、公证员	—	—	—	—	—
三级律师、公证员	2	3	4	4	5
播音人员	—	—	—	—	—
其中：播音指导、主任播音员	—	1	4	—	—
一级播音员	—	—	—	—	—
工艺美术人员	1	5	4	4	4
其中：高级工艺美术师	—	—	—	—	—
工艺美术师	1	1	2	2	2
体育人员	—	5	1	—	—
其中：国家级、高级教练员	—	—	—	—	—
一级教练员	—	3	1	—	—
艺术人员	—	4	5	6	6
其中：一、二级艺术人员	—	—	—	—	—
三级艺术人员	—	1	2	2	2
政工人员	—	16	29	4	6
其中：高级政工师	—	—	—	—	—

续表28-2-3

专业人员	2003年	2004年	2005年	2006年	2007年
政工师	—	—	—	—	2
其他专业技术人员	63	38	50	50	32
其中：高级	3	—	2	2	4
中级	22	16	20	21	16

说明：1. 2003年度，“其他专业技术人员”仅指企业、集体所有制单位中除工程、农业、科学研究、卫生技术、教学人员外的专业技术人员

2. 2004—2007年度，“其他专业技术人员”仅指集体所有制单位中除工程、农业、科学研究、卫生技术、教学人员外的专业技术人员

第五节　工资福利

一、工资制度

1949年10月至1951年8月，对国家机关和事业单位人员实行供给制和薪金制两种报酬制度。

1952年，进行第一次工资改革，建立职务等级工资制，并以“工资分”为计算单位。

1956年7月，实行第二次工资改革，取消“工资分”制度，实行货币工资制；取消物价津贴，实行11类工资区标准；废除供给制，全面实行职务等级工资制；调整部门之间各类人员的工资关系，制定各个系统的工资标准及奖励措施。

1985年7月，实行第三次工资制度改革，建立以职务工资为主要内容的结构工资制，并实行每人每月25元特区补贴。

1988年4月，国务院批准厦门市在国家计划中单列，赋予相当省一级的经济管理权限。1992年1月，机关单位执行单列城市人均增资8元的工资标准。

1993年10月起，实行人均389.6元特区津贴制度。

1999年，调增工资。机关调整基础工资标准和级别工资标准，事业单位调整工资构成中的固定部分，离退休人员按职务增加离退休费。机关、事业单位工作人员实行综合补贴，在职人员月补贴45～105元不等，离休人员按在职人员标准，退休人员比照在职人员标准按退休费计发比例发给。

2002年7月1日，取消各单位自行制定的各项福利、津贴，按公务员工作岗位确定统一岗位津贴标准；离退休人员发放综合补贴。

2005年，根据国家、省、市关于全面清理机关事业单位各项津贴、补贴工作，核查342家，审查津补贴发放标准及资金来源情况，为工资制度改革作准备。

2006年6月，国家机关事业单位实行工资制度改革，人均增资310.8元。此次改革，实行国家统一的职务与级别相结合的公务员工资制度和岗位工资、薪级工资为基本工资的事业单位绩效工资制度，健全工资水平正常增长机制，实行年终一次性奖金。

2007年，全区国家机关、事业单位工作人员6878人，年工资与津贴补贴总额46640万元，平均人年67810元。

二、福利待遇

中华人民共和国成立后，贯彻“全面照顾、一视同仁”原则，对干部家庭经济困难者均以困难大

小为依据，酌情补助。

1958年起，实行固定的补助标准。工作人员房租、水电费补贴，月工资100元以上者以25%～30%比例补贴，90元以下者以30%～40%比例补贴。家属生活补贴费，每人每月7～9元。夫妇双方参加工作，由于子女较多而雇保姆者，月补贴15～20元。工作人员家属医药费、家属死亡埋葬费、遭遇自然灾害、青黄不接生活困难，则临时补助。

1962年起，对全家每人每月平均收入不足10元的给予补助。

“文化大革命”期间，强调福利费补助“不仅是经济问题，更主要的是政治问题”，实行所谓“无产阶级政治挂帅”。

1980年，贯彻省人事局、财政厅《关于国家机关、事业单位工作人员福利费提取标准，掌管使用问题的通知》。对工作人员生活困难补助，强调专款专用。福利费用于困难补助外，可提取30%～40%用于职工集体福利。

1993年，调整机关、事业单位工作人员遗属困难补助标准。离休干部遗属月补助200元；其他工作人员遗属月补助145元，遗属是农业人口的补助98元。

2004年起，执行《厦门市国家公务员医疗补助暂行办法》。国家公务员基本医疗保险支付范围内个人自付的医疗费用及补充医疗保险由个人承担的10%部分的医疗费用，累计超过上年度全市职工平均工资12%以上的部分，补助80%。退休人员上述自付费用累计超过上年度全市职工平均工资8%的部分，补助80%。

2006年7月1日起，规定1945年9月2日前参加革命的离休干部的高龄补贴费统一调整到每人每月240元。思明区有7人符合条件享受该福利待遇。

第六节 公务员管理

1993年8月，三区党政领导及组织、人事部门学习国务院颁布的《国家公务员暂行条例》。随后，又学习与之相配套的13项暂行规定和13项暂行办法，逐步开展实行公务员制度的宣传。2005年4月27日第十届全国人大常委会第十五次会议通过《中华人民共和国公务员法》后，区境在广大干部中宣传贯彻。

2006年1月1日，施行《中华人民共和国公务员法》。组织全区915名公务员参加省人事厅公务员法网络考试，合格率100%。2006年10月下旬，完成思明区公务员登记工作，建立公务员日常登记制度，形成动态管理机制。全区登记对象943人，其中党群机关381人，政府机关和街道562人。暂缓登记对象18人，其中党群机关12人，政府机关和街道6人。参照登记对象17人。

2007年6月1日，施行《行政机关公务员处分条例》，对受到党纪政纪处分的公务员，严格落实处分措施。

所有公务员考录都在编制空缺内进行招考计划申报，经市审核、省审批后，按招考计划数进行全省统一招考。2003年招考10人，2004年无招考，2005年招考48人，2006年招考31人，2007年招考19人。

思明区公务员人数变动情况：2004年836人；2005年883人；2006年836人，其中处级241人、科级391人；2007年897人，其中处级237人、科级406人。

2006年，全区公务员836人，考核836人，受到与人事部门联合表彰2人（省级2人），受党纪处分1人，判刑1人。

2007年，全区公务员897人，考核897人，受到与人事部门联合表彰4人（省级4人），受党纪处分1人，判刑1人，缓刑1人。

第七节　干部离休退休退职管理

一、干部离休管理

1978年，执行国务院《关于老干部离职休养的暂行规定》，凡1949年9月30日前参加中国共产党领导的革命工作的干部，男满60岁、女满55岁可离职休养，基本政治待遇不变，生活待遇略从优。

1990年11月，三区建立老干部工作领导小组，并成立区老干部局，会同市老干部局和老干部原工作单位做好区级老干部的管理服务。

至2007年底，思明区机关事业单位有离休老干部59人（含民政移交18人）。

（一）政治待遇

建立定期阅读文件制度，保证老干部按规定看文件。离休干部党员成立党支部或小组，或参加原党小组活动。离休干部按规定参加重要会议和政治活动。单位调整领导班子和培养接班人时，征求离休老干部的意见。单位进行重大工作活动时，听取离休干部意见和建议。组织他们进行调研、撰写革命回忆录，对青少年进行革命传统教育。

（二）生活待遇

离休干部按同职级在职干部工资和补贴标准发放离休费和补贴，还发给粮油补贴、交通费、高龄补贴、特需费、健康休养补贴等。厦门市升格为副省级市后，离休干部离休费和津贴、补贴全部高套。住房标准不低于同级在职干部标准（于1995年达标）；医疗费按实用全报销，免收挂号费，每年进行一次体检，并分级保健、赴外疗养。单位保证老干部用车、租车，车费由单位报销。享受国家规定的探亲待遇，按规定报销差旅费。逢年过节，单位对离休干部进行慰问。

2006年7月1日后离休人员，按本人离休前职务工资和级别工资之和或岗位工资和薪级工资之和全额计发离休费。

2006年6月30日前已办理离休手续人员，从2006年7月1日起按下列标准增加离休费：行政管理人员，厅局级正职1220元，厅局级副职940元，县处级正职670元，县处级副职490元，乡科级及以下人员350元；专业技术人员，教授及相当职务990元，副教授及相当职务540元，讲师（含相当职务）及以下350元。

2000—2007年思明离休干部待遇情况表

表28-2-4

年份	公务费	电话补贴	交通费	统一综合补贴	高龄补贴	增发生活补贴	特需费
2000	760、840	20～120	40、50	—	120	1200～2600	500
2001	850、950	20～120	40、50	—	120	1200～2600	500
2002	95、1050	20～120	40、50	900～1240	120	1200～2600	500
2003	95、1050	20～120	50、60	900～1240	120	1200～2600	500
2004	95、1050	20～120	50、60	900～1240	120	1300～2800	500
2005	95、1050	20～120	50、60	900～1240	120	1300～2800	500
2006	95、1050	20～120	50、60	900～1240	200～240	1790～4680	500
2007	95、1050	20～120	50、60	900～1240	200～240	1790～4680	500

（三）工资待遇

1982 年 4 月 10 日起，干部离休后原工资照发。1937 年 7 月 6 日以前参加革命工作的老干部，每年增发 2 个月工资，作生活补贴。1937 年 7 月 7 日至 1942 年 12 月 31 日参加革命工作的老干部，每年增发 1.5 个月工资，作生活补贴。1943 年 1 月 1 日至 1945 年 9 月 2 日参加革命工作的老干部，每年增发 1 个月工资，作生活补贴。

1986 年 7 月，执行省委组织部等单位《关于调整部分离休干部工资问题的通知》，对 1945 年 9 月 2 日前参加革命工作的离休干部，工资额达不到行政 19 级的，按行政 19 级工资额发给。1949 年 9 月 30 日前参加革命工作的离休干部，工资额达不到行政 21 级的，按行政 21 级工资额发给。

老干部办理离休时，按照原工资提高一个级差。1993 年 10 月起，原企业离休干部按行政机关标准套改工资，同时对由企业支付的部分非统筹生活待遇建立“企业—统筹机构—财政”三级保障机制。

二、干部退休管理

1958 年 2 月，按国务院《关于工人、职员退休处理暂行规定》，凡 1949 年 10 月 1 日以后参加革命工作的党政机关、群众团体、企事业单位的干部，男 60 周岁、女 55 周岁，参加革命工作满 10 年的，办理退休。退休干部在政治上和同级在职干部享有同等待遇，在生活上按规定享受同级在职干部的医疗、保健、住房、供应、用车和福利等方面的待遇。工作年满 20 年的，按本人标准工资 75% 发给退休费；工作年满 15 年不满 20 年的，按本人标准工资 70% 发给；工作年满 10 年不满 15 年的，按本人标准工资 60% 发给。退休费低于 30 元的，按 30 元发给。

1978 年 5 月，依照国务院《关于安置老弱病残干部的暂行办法》，凡男 50 周岁、女 45 周岁，参加革命工作满 10 年，经医院证明完全丧失工作能力的，办理退休。对因公致残，饮食起居需要人扶助的，按本人标准工资 90% 发给退休费，还发给一个普通工人工资做护理费；饮食起居不需要人扶助的，按本人标准工资 80% 发给。同时具备两项以上条件的按最高标准发给。退休费低于 40 元的，按 40 元发给。

2002 年，行政机关开展第二轮机构改革，根据人员分流政策，至 2003 年 9 月，三区有 87 人办理离岗待退，74 人办理提前退休。

2004 年，事业单位整合及撤并中，对人员分流作出规定，符合《厦门市市属国有事业单位改制的若干规定（试行）》者，由本人申请并经单位同意，给予提前退休。至 2004 年 6 月 30 日，为符合规定办理提前退休干部 127 人。

2006 年 7 月 1 日后退休人员，按本人退休前职务工资和级别工资之和或岗位工资和薪级工资之和的一定比例计发。其中，工作年限满 35 年的，按 90% 计发；工作年限满 30 年不满 35 年的，按 85% 计发；工作年限满 20 年不满 30 年的，按 80% 计发；工作年限满 10 年不满 20 年的，按 70% 计发。

2006 年 6 月 30 日前已办理退休手续人员，从 2006 年 7 月 1 日起按下列标准增加退休费：行政管理人员，厅局级 750 元，县处级 450 元，乡科级 275 元，科员及办事员 180 元；专业技术人员，教授及相当职务 700 元，副教授及相当职务 400 元，讲师及相当职务 275 元，助教（含相当职务）及以下职务 180 元；工人，高级技师和技师 275 元，高级工以下（含高级工）及普通工 180 元。

至 2007 年 9 月，思明区机关事业单位退休干部 3805 人。

三、干部退职管理

1955 年 12 月起，按国务院《国家机关工作人员退职处理的暂行办法》，凡工作人员年老或病弱不能继续工作又不符合退休条件的，自愿退职的，不适宜现职工作又不愿接受其他工作的，办理退职。退职人员退职金标准：工作满 5 年或 5 年以下的，除发给 1 个月工资外，每满 1 年加发 1 个月工资；工作满 10 年或不满 10 年而在 5 年以上的，除按上述规定发给外，第六年起，每满 1 年加发一个半月工资；工作超过 10 年的，除分别按上述规定发给外，从第十一年起，每满 1 年加发两个半月工资。

1978年5月，按国务院《关于安置老弱病残干部的暂行办法》，实行凡经医院证明完全丧失工作能力，又不具备退休条件的干部，办理退职。

1985年，改退职金为退职补助金，连续工龄不满1年的，发给1个月本人工资；工作1～10年的，每满1年，加发1个月本人工资；工作10年以上的，从第十一年起，每满1年，加发一个半月本人工资。退职补助金总额不超过30个月本人工资。

2007年，区属事业单位退职人员6人。

第三章 民政

1949年10月17日后，民政工作以组织生产自救、安置复员转业军人和巩固基层政权为重点。1953年起，宣传贯彻《中华人民共和国婚姻法》。1957—1966年，以优抚、复员安置和救灾济困等工作为主。同时，实行“五保户”供养制度。“文化大革命”期间，民政工作以社会救济和社会福利保障为重点；动员知识青年上山下乡及返城安置。

1978年12月后，民政工作涵盖拥军优抚、社会保障、福利生产、残疾人事业，以及群众自治组织建设、社团管理，婚姻登记、收养登记、殡葬改革等。

民政部门对各类灾害及时发放救灾粮款，帮助受灾群众尽快安定生活、恢复生产。同时，做好困难户救济、定期定量补助、五保户供养等。

优抚安置工作自1980年贯彻厦门市政府《关于农村优抚对象的优待意见》后，对烈军属实行普遍优待，实行定人、定点、定内容、定对象开展拥军优属工作，为立功的战士、烈属实行奖励，调高抚恤标准，安置好军队离退休干部并兑现其应享有的待遇。

1990年后，民政部门把社会福利事业从政府举办引向社会举办，各种社会福利机构逐渐增多。社区服务形成面向老年人、残疾人、优抚对象的社会福利性服务，面向居民的便民利民服务，面向企事业单位和机关团体的双向服务。

1993年11月起，建立城市居民最低生活保障制度；做好“低保户”普查、评定、补助，并多次出台相关优惠政策。2004年，成立“爱心超市”，此做法在厦门市各街道中迅速推广。

基层政权与群众自治组织的建设不断加强。1998年底，三区共设242个居委会。2003年10月三区整合后，基层加强组织建设，社区服务事业迅速发展。2005年，“968180”社区网络服务中心被评为全国优秀社区服务中心（全区有便民利民服务网点1.5万个，服务项目130项），莲前、开元、嘉莲、厦港街道获全国首届和谐社会示范街道，内厝被授予全国百家学习型社区，龙头、瑞景和莲花五村被评为全国首批绿色社区。2007年，思明区“安康计划”项目获中国社会工作协会社区服务工作委员会授予“全国优秀社区服务项目奖”。

第一节 支前 拥军 优抚

一、支前

1950年2月，区境紧急动员组织民众支前，有600多名船工报名，组织轮船35只、木船342只，组建支前运输队、担架队、服务队，投入解放沿海“白区”的战斗。

1958年“8·23”金门炮战时，组织民兵和部队并肩作战，何厝、洪文两村的“英雄小八路”“前沿十姐妹”“支前七大娘”“英雄女炮班”和“十八好汉”等英雄群体，在硝烟弥漫的战场上运炮弹、挖战壕、送水做饭，事迹传扬全国。

1962 年，台湾当局准备反攻大陆。区境进入一级战备状态，组织民工支前。如船工骆编全和洪顺利驾驶 6 吨位小船，往返前沿岛屿运载军需物品，共运 1 万余吨。

二、拥军活动

1950 年起，每年春节期间，三区都组织慰问队，到烈军属家拜年、挂光荣灯、打扫卫生等。

1959—1965 年，开展每人“为烈军属和解放军做一件好事”活动。公园公社建筑工人利用业余时间为烈军属修补房子；溪岸公社组织妇女为驻军疗养院疗养者洗衣服。

1982—1985 年，每年春节组织慰问烈军属外，还慰问对越自卫反击战军属。每年“八一”期间，开展群众性的拥军活动。如厦门罐头厂工会多次组织到部队慰问伤病员、疗养员；鼓浪屿区人民小学师生多次与驻军八连联欢；各中小学多次组织学生到 174 医院开展叠纱布、洗药瓶，修整草坪等义务劳动。

1991 年，三区拥军服务组、送温暖小组和社区单位实施定人、定点、定期上门帮助烈军属清理环境、送煤送粮、请医送药、修理房屋、办理营业执照等。民政局和教育局联办“拥军优属冬令营”，有 170 名小学生参加活动。同时，开展“双拥宣传教育月活动”，广泛宣传人民解放军在巩固国防、维护社会安定、参与特区两个文明建设中的功绩，出板报、墙报、张贴标语。进行优抚政策落实情况检查；建立拥军优属服务网络，设 63 个点，为优抚对象提供优惠服务。1992 年 6 月 30 日，文安街道被解放军总政治部、民政部评为“全国双拥先进单位”。

三区政府多次捐款支持军营建设。1993—1995 年，开元区政府为驻军捐款 120 万元。1997 年，思明区政府拨专款 16.6 万元，为曾厝垵、黄厝驻军安装有线电视网路和购买电视机。2001 年，思明区政府拨款为环岛路驻军购置电脑、建图书室和生产基地；还拨 50 万元支援厦门水警区建成计算机局域网。

三区政府对现役义务兵除了优待金按时足额发放外，还给予办理保险，费用由区、街道两级财政共同承担。万寿北居委会开展“三代”义务服务活动，即代随军家属找工作、代办子女户口迁移手续，代随军子女解决入学入托等困难。三区政府定期召开拥军优属拥政爱民表彰大会，表彰拥军优属先进单位和先进个人。1999 年，思明区在全市率先设立拥军优属保障金 50 万元。

2000—2001 年，鼓浪屿区、开元区、思明区被民政部授予“爱心献功臣”行动先进单位。滨海街道被省委、省政府评为“双拥模范工作先进单位”。

2003 年，思明区拨 440 万元用于完善区武装部办公大楼、“英雄小八路”纪念馆、陈化成纪念馆等建设和设备。同时，举办科技拥军活动，如：投资 10 万元为部队举办电脑、英语、法律、文化、文艺等培训班；举办科学知识讲座，帮助部队培养科技人才。区委、区政府领导到驻军部队了解预防“非典”存在的困难，送上中成药和中草药。2004 年，思明区获福建省“科技拥军先进单位”。

2005—2007 年，思明区接收安置转业士官和退役士兵 238 名，发放自谋职业补助金 438 万元，做好退役士兵就业推荐和就业培训工作。连续 3 年被省委、省政府评为“双拥模范区”和“拥军优属先进单位”。

三、烈士褒扬

1954 年，位于思明区万石植物园西北麓的厦门市革命烈士陵园建成，占地 2 万多平方米，安埋近千位革命烈士。每年清明节期间，三区党政军领导及各界人士数万人前往烈士陵园悼念。大、中、小学校利用清明悼念活动，在烈士纪念碑前对青少年进行革命传统教育。1964 年 9 月 9 日，三区干部群众、驻境部队在烈士陵园参加安业民烈士安葬仪式。1980 年，国务院颁布《革命烈士褒扬条例》。此起，鼓浪屿、开元、思明区依条例密切配合市政府开展评定烈士及褒扬烈士工作。1989 年 10 月 17 日，厦门革命烈士事迹陈列馆在区境正式开馆。1990 年 5 月，厦门市革命烈士陵园被列为省级重点保护纪念建筑物单位。

1993年清明节前夕，思明区政府拨专款为烈士墓、碑、陵园进行维修、绿化。

2000年11月16日19时，在莲花新区一对母女遭歹徒抢劫。莲花广场物资回收店店员郑志强奋力追捕抢包歹徒，被歹徒刺中胸部牺牲。后，郑志强被厦门市政府追认为“厦门市见义勇为勇士”“特区青年卫士”“特区建设青年突击手标兵”。

2004年，思明区政府拨12万元对李发将军烈士墓和孙燮文烈士墓进行修缮。

四、优待抚恤

（一）烈军属优待

中华人民共和国成立后，开元区、思明区农村成立代耕组，帮助烈军属劳动生产。农业合作化和公社化时期，给烈军属以优待工分，参加集体分配。街道、村（居）委会每年春节向烈军属拜年，送光荣灯、光荣匾、慰问品、慰问金。

1962年，三区对446户烈军属进行调查，核实部分烈军属生活有困难。此起，对生活有困难的优抚对象，给予公费补助，使其生活水平不低于一般民众。同时，区成立优抚组，共90个、成员570人，分片包干定期走访慰问优抚对象。

1980年12月起，执行厦门市民政局的规定，义务兵家属优待标准为一个中等劳力的年净收入。根据不同形式的生产责任制，因地制宜制定优待措施。以工分优待，或以现金优待。优待水平逐年提高。

1981—1994年，思明区农村义务兵优待金逐年提高。义务兵入伍时，即给优待金。1986年，市财政拨5万多元发放给三区计146名应征入伍的待业青年家属，每户360元；又发放给从单位入伍的38人，优待金31464元，人均828元。1990年，城镇义务兵人均优待500元。1994年、1995年，城镇待业青年入伍义务兵家属的优待金分别提高到人均800元、1000元。

2001年起，依《厦门市义务兵家属优待金社会统筹暂行办法》，优待金全部改由财政负担。城镇待业青年及企事业青工应征入伍的，家属优待金按不低于上年度城镇居民可支配收入的30%标准发放，2001年为3250元/人。农村义务兵家属每户年优待金标准为4000元。是年，鼓浪屿区发放48户、17.16万元，开元区发放258户、92.24万元，思明区发放103户、36.82万元。2002年，开元区城镇义务兵家属优待金每户3400元，农村的每户5505元。

2004—2007年，思明区逐年发放义务兵家属优待金：387户、149.96万元，户均3875元；355户、153.13万元，户均4314元；333户、163.87万元，户均4921元；315户、160.3万元，户均5095元。发放率皆100%。

（二）“三属”“五老”优待

1950年起，区民政部门对生活有困难的烈属、牺牲和病故军人家属实行按月定量发给补助费。烈军属疾病治疗自费有困难的，由卫生部门酌情减免。

1979年10月起，居住城市的烈属、牺牲和病故军人家属定期定量补助对象调整：孤老烈属和孤老病故及失踪军人家属；没有亲属抚养或虽有亲属而无力抚养的烈士、病故、失踪军人的未成年子女；丧失劳动能力而其子女无力供养的烈士、病故、失踪军人的父母和配偶；带病回乡不能经常参加生产劳动、生活困难的复员、退伍军人；完全丧失劳动能力、生活困难的复员军人。补助的重点是烈士父母、配偶和老复员军人。对孤老烈属和对越自卫还击战中牺牲的烈士的家属享受最高标准。1983年，为退伍红军老战士、孤老烈属、孤老复员军人提高定期定量补助标准。1985年，中共厦门市委处理地下党历史遗留问题领导小组及厦门市民政局出台《关于“五老”的认定办法》，对为革命事业作出贡献的老中共地下党员、老游击队员，老接头户、老交通员、老苏区区乡干部及革命群众进行审定，发给光荣证，并在生活、福利方面给予照顾。是年，烈属、牺牲和病故军人的家属（简称“三属”）定期定量补助改为定期抚恤。

1994年，城市“三属”抚恤金每人每月由84元提高至104元；城镇“三属”每人每月由74元提为89元；农村“三属”每人每月由54元提为64元；退伍老红军和复员军人定补标准也相应提高。

1999年，“五老”定补47人，发放3.41万元；“三属”38人，发放5.24万元。2000年7月起，提高农村“五老”定补标准。2001年1月起，为“五老”遗孀实行定补。其间，有“五老”35人，发放11.7万元，由市、区两级财政共同承担。2002年，发放优抚对象定期补助816人次，金额38.4万元。区民政部门对“三属”“五老”及烈军属和复退军人采取定期定量补助外，还发放临时优抚救济款，解决因天灾人祸等原因造成的临时困难。如2002年“八一”节期间，思明区委、区政府领导走访困难退伍军人18户，发放慰问金6400元和困难补助金7000元。

2003年后，对“三属”“五老”补助标准又提高。2005年，“三属”每人月补助标准，“三属”包括因公牺牲军人遗属，烈属、病故军人遗属三类。其中，因公牺牲军人遗属与烈士遗属每人月补助标准，住城镇的为579元，住农村的为399元，病故军人遗属每人月补助标准，住城镇的为558元，住农村的为387元。是年4月起，思明区率先在福建省对重点优抚对象中无IC卡的人员给予每人每月60元的医疗门诊小额补助。

2007年，“三属”定补325人，发放208618元。“八一”建军节期间，对参加“对越自卫还击战”和中印、珍宝岛、抗美援越、抗美援寮、保卫西沙群岛六类军队退役士兵进行慰问，发放慰问金6.66万元（222人）；同时，慰问重点优抚对象723人，发放慰问金21.7万元。

（三）牺牲与病故抚恤

1950年起，区民政部门依《革命军人牺牲、病故褒恤暂行条例》，做好牺牲、病故人员家属的抚恤。当年发抚恤粮；1953年起改发抚恤金。抚恤标准逐步提高。

1980年6月，享受抚恤人员增加为革命牺牲的人民群众。抚恤金分3种发放：革命烈士按民政部定的烈士抚恤标准发给外，各级均增加抚恤金300元。1979年，参加对越自卫反击战牺牲的现役军人、支前民兵民工家属增发抚恤金200元。

1984年10月，第六次调整抚恤金标准，比1980年增加一倍半。1985年第七次调整，对1984年4月1日以后牺牲的烈士，若烈士生前有工资的，抚恤金按40个月工资计发；生前无工资或低于军队23级的，按23级正排职干部40个月工资计发。同时，为受军委、大军区授予英雄、模范称号的烈士，增发一次性抚恤金的1/3。一、二等功以上军人、参战民兵民工批准为烈士的，增发一次性抚恤金的1/4。

1986年7月，调整机关工作人员、参战民兵民工因公牺牲、病故的抚恤金标准。军队干部、志愿兵、机关工作人员因公牺牲按20个月工资计发，病故按10个月工资计发，最高3000元。义务兵、参战民兵民工牺牲、病故抚恤金按军队二十级正排职干部的标准发放。

1988年起，执行国务院《军人抚恤优待条例》，对立功和获得荣誉称号的现役军人死亡，增发一次性抚恤金。

2002年，思明、开元区办理牺牲、病故军人家属一次性抚恤补助8人次，金额7万元。

2004年，全区办理病故军人家属一次性抚恤金7人、24.65万元，发放率100%。2006年，办理病故军人家属一次性抚恤金13人、60万元。2007年，办理病故军人家属一次性抚恤金22人、126万元。

（四）伤残抚恤

1950年12月起，对革命伤残军人、伤残工作人员（包括国家机关、民主党派、人民团体的在编行政人员、部队无军籍的在编人员）、伤残人民警察及参战致残的民兵民工，均由民政部门负责办理。致残原因分因战和因公两类（1988年分出因病致残），抚恤金标准根据残废人员安置情况分为在职与在乡（指无工资收入）两种。伤口复发，残废程度加重者，提高等级；明显减轻者，降低等级；残情消失者，停止抚恤。

1999年，三区有伤残人员85人，发放抚恤金1.09万元。

2003年，财政部专项拨款增加1985—2003年提高烈军属、革命伤残人员、老复员军人、红军失散人员抚恤补助标准的经费，思明区共受拨19.9万元，其中用于定补复退军人26人，经费2万元；在职伤残人员349人，经费10.5万元；在乡伤残人员3人，经费0.6万元；红军失散人员2人，经费0.09

万元；三属53人，经费6.71万元。

2004年，为400名伤残军人发放伤残保健金24万元，发放率100%。2005年，发放伤残抚恤金109.24万元，对象385人。2006年，发放伤残抚恤金144万元，对象404人。

2007年，为416名残疾军人发放伤残抚恤金184.7万元。协调有关街道，为无工作单位的1～6级残疾军人5人办理城镇基本医疗保险，费用13万元。

第二节　军人安置

一、复员退伍军人安置

（一）志愿兵复员安置

1949年10月至1950年，接收一批伤残和年老体弱或慢性病不适宜部队工作的荣誉军人和退伍军人。民政部门根据其伤残程度、年龄和身体条件、文化水平及工作能力，分别安置到福建省荣军学校学习文化或在疗养院疗养，有的安排在机关、企事业单位工作，或回农村从事农业生产。

1953年7月，抗美援朝战争结束后，大批志愿兵复员。区政府对生活困难的复员、转业军人予以补助。补助标准为市区每人每月4～8元，郊区每人每月3～6元；缺房或房屋破损的，给予调剂或适当补助；对贫困复退军人给予实物补助。

1955年5月，贯彻国务院《关于安置复员建设军人工作的决议》，实施行业归口、分口包干和录用第一位的安置办法，暂时未能安排工作的则参加鹰厦铁路建设。

（二）义务兵退伍安置

1958年后，义务兵退役回乡逐渐增多，区民政部门遵照国务院《关于处理义务兵退伍的暂行规定》，本着“从那里来，回那里去”和“城镇入伍的，回到城镇安排，由工作岗位入伍的可复工复职”等政策规定，做好退伍军人安置工作。参军前无固定职业的在安排城市闲散劳力中优先给予安置。

1973年，三区接收退伍军人167人。1975年，三区安置退伍军人174人，主要分配在新建、扩建急需增人的单位。

1976年，三区安置复退军人458人，其中安置城镇复退军人127名。

1980年后，部队精简，每年退役人数较多。三区根据“按系统分配任务，包干安置”要求，安置回城镇的义务兵和转业志愿兵，尽量做到技术对口。对回农村的退伍军人，凡实行联产承包责任制的社队，分给一份责任田；对伤病残和家无亲人的退伍军人，在生产、生活和工作等方面给予照顾。至1981年，三区安置退伍军人448人。

1983年，三区民政部门根据“区别对待，鼓励先进，鞭策后进”精神，对立功人员和超期服役人员优先照顾、安排；对表现一般或无特殊原因提前退伍者由系统安置；对个别受过严重处分者则不予安排工作。对参加1979年对越自卫反击战或是之后退役的特等、一等革命残废军人及其配偶给予进城安置，其配偶及子女户口农转非，配偶工作安排和住房等问题给予优先办理。至1985年，三区共安置复退军人213人。同时，奖励服役期间有功人员每人50元，并在安置方面给予适当照顾。从复退军人中推荐表现好、文化程度较高者59人到公安、邮电、港务、机场等部门工作。厦门市政府对在部队荣立二等功以上者、在部队连续荣立三等功两次以上者和参加对越自卫反击战荣立战功的农村退伍军人给予安排工作。

1990年后，对城镇退伍军人实行指令性计划与劳务市场调节相结合的安置途径，对农村退伍军人实行“掌握劳务需求，推荐‘两用’人才”“就地消化，帮助发展种养业”“提倡自谋职业”等安置措施。1994年起，增加“保底安置”，即通过指令性计划把未找到单位的、应予安置的退伍兵安置好，保证安置任务顺利完成。

1999年起，退役士兵安置按照分级负责的原则，以户籍所在地征兵为前提，实行“谁征兵，谁安置”，当年三区共安置退役士兵25人。区民政局为城镇退役士兵待分配期间发放当地最低生活保障。城镇退伍义务兵、转业士官申请自谋职业并经区民政局核实后，发给一次性补助金。2000年起，退役士兵试行货币化安置，由其自谋职业。

2003年，接收退伍士兵190人、士官40人；安排退伍士兵复工12人、办理自谋职业109人，安排退役士官工作18人、自谋职业12人。

2004年，接收退伍士兵210人、转业士官31人，发放自谋职业一次性补助金556.24万元，100%完成复工复职和货币化安置任务。

2005年，接收并安置转业士官和退役士兵238名，发放自谋职业补助金438万元。2006年，接收安置188人，发放自谋职业补助金297万元。2007年，接收安置171人，发放自谋职业补助金307万元。

二、离退休军人安置

1964年12月，开始接收安置军队退休干部。具体工作由市民政局兼管。军休人员分散居住各区，由户籍所在地区民政部门负责安排住房及日常的服务管理工作。至1983年，三区累计安置120多人。

三区安置的军队退休人员的生活补贴费标准，1985年为每人每月17元，经费由区财政承担。1991年起，离休干部凭优待证享受“三免五补”（免费乘坐公交车、进公园景点、挂号就医；补贴生活费、防暑降温费、建房经费、管理经费、医疗费）优待。是年，国家提高粮油统销价格后，民政部和军委总后勤部为军休人员提高粮油补贴两次，分别为每人每月6元和10元。1993年起，区民政局为军队退休干部每人每月发给生活补助费20元，伙食补贴50元，福利补贴10元。

2003年后，社区家政服务、医疗网络、文体活动室等设施和服务项目为军休干部的生活提供方便；军休干部既享受社区建设的成果，也与社区干部、群众共同从事社区建设工作。

第三节　救济扶贫

一、灾害救济

（一）区内灾害救济

1959年“8·23”特大台风袭击，三区干部全力参加救灾和安抚灾民；政府给重灾户发救济金。

1962年秋季至1963年，遭遇数十年罕见的严重旱情，区民政部门积极参加救灾，及时发放救济款，安定灾民生活。1962年底，厦门棉毛织造厂发生重大火灾，国家群众财产损失共80多万元，开元区民政部门组织人力参与抢救，及时发放救济款和安置灾民，较快恢复生产。

1979年4月2日，遭受罕见的冰雹、暴雨和大风袭击，工农业生产及许多居民住房受到严重破坏。三区接受市财政局和民政局下拨救灾款22000元，其中东风区、向阳区各10000元，鼓浪屿区2000元；并及时发给灾民修屋安居。

1983年1—4月，阴雨低温105天，民房多处倒塌。三区民政部门及时下拨救灾款3.8万元，帮助受灾群众修缮房屋。

1986年，鼓浪屿区盛泉食杂店失火，6户居民家产烧毁。区民政局及时组织群众捐献钱粮，向灾民发放救济衣物，灾民生活得以安定。

1989年夏秋两季，思明区农村涝灾严重，直接经济损失16.83万元。区财政部门下拨救灾款6.5万元，用于灾民救济、恢复生产。

1995年，思明区农村春荒受灾人口763人（250户），区民政局下拨救灾款1.9万元，救济灾民口粮、修缮灾民房屋。1996 年，遭受旱灾及 8 号台风灾害，思明区受灾人口 1900 人，区民政局下拨灾民口粮救济款、渔船修复救济款共 22 万元。

1999 年 10 月 9 日，区境遭遇 14 号台风正面袭击，许多民房破损，大面积农作物毁坏。厦门市民政局下拨给三区救济款共 34 万元，及时帮助灾民修好房屋。翌年春，曾厝垵、黄厝两村缺粮人口 1300 人，缺粮 21.6 吨。市民政局下拨购粮救济款 6.5 万元。

2001 年 9 月，思明区曾厝垵村 49 户村民受第 18 号台风影响，经济损失严重。区民政局下拨 3.26 万元救灾款，补助受灾群众。

2006 年，思明区民政局下拨救灾款 47.81 万元，用于受台风影响的灾民转移安置、房屋维修费用等。

（二）区外灾害捐赠

1991 年，安徽发生特大洪灾，思明、开元区民政局发动干部群众捐助灾区人民，共捐款 9.2 万元，捐衣物 167240 件。

1992 年 8 月，闽东、闽北部分地区遭受水灾，思明、开元区群众捐款 30135 元、捐衣 14557 件、捐物 1 万多件资助灾区。

1994 年，思明、开元区干部群众共募集衣被 6.02 万件支援江西贫困地区民众。

1996 年，思明区民政局向南平灾区和安徽铜陵灾区捐款 13 万元，开元区干群为灾区捐衣 15 万件，捐款 50 万元。

思明区开展爱心捐款活动

1997 年 4—11 月，思明区干部群众捐赠衣被支援宁夏地区和龙岩上杭县，共捐衣 55860 件、款 10800 元。

2004 年，全区向受灾地区捐衣 7.7 万件、款 4 万多元。

2005 年，全区干部群众向印度洋海啸受灾地区捐款 44.3 万元，向闽北灾区捐款 9.1 万元。

二、困难救济

（一）困难户临时救济

1949 年 10 月起，城市救济工作基本方针：发动群众生产自救，开展社会互助互济，辅之以政府救济。市区实行以工代赈、季节性救济、临时急赈、贫苦产妇补助、贫婴弃婴补助、贫民住院伙食等救济；郊区则进行春夏荒救济、临时急赈。临时救济标准一般 5～20 元。1954 年，市救济款下拨 214600 元，其中思明区和开元区各 94000 元，鼓浪屿区 26600 元。三区实际发放给贫困群众救济款 202750 元。

1955 年，区民政部门配合市民政局进行贫民和救济对象的生产生活情况调查，建立并完善救济卡片登记和张榜公布的制度。是年，思明区救济对象 3583 户，补助贫病医疗患者 1454 人，发放救济金 9484 元；补助回乡生产者 129 人，发放补助金 893 元；贫婴救济款 2074 元。

1960 年，三区共发放救济款 5 万元。1961 年，共发放救济款 65674 元，救济人数占市区总人口 7%。

1962 年，三区街道办事处成立劳动服务站，组织街道闲散人员和社会困难户的劳动力，承揽机关、团体、企业的临时用工，下乡参加农业生产，既改善困难户的生活，又减轻政府的救济压力。是年，三区共发放救济款146762元，救济51916人（14942户）。1963年，共发放救济款100409元，救济31963人（9860户）。1964年，组织生产生活服务小组90个共3839人，获工资收入484404元。同时，采取发展家庭副业、低利贷款等方法，帮助贫下中农困难户增加经济收入。

1965年，共发放社会救济款92074元，受救济者27882人次（10065户次），救济面占三区总人口1.1%。此后，社会救济工作照常。

1980年后，对有劳动能力者优先照顾安置就业。同时，提高救济标准。1985年，思明区民政局向523人次发放临时社会困难救济金9071元；鼓浪屿区民政局向444人次发放救济款9390元。

1986年，三区民政局配合区统计局，对人均年收入400元以下的贫困居民进行调查，对212个贫困居民户采取定期补助、临时补助、介绍就业、帮助自谋职业等办法解决生活困难。是年，开元区民政局发放838人次临时救济款42528元；思明区发放6110人次10047元；鼓浪屿区民政局确认困难户76户分别给予妥善安置或救济。

1994年，厦门瓷厂停产关闭，开元区民政局及时为43户困难职工发放临时补助共10362元。此起，对停产关闭企业的困难职工都给予临时救济。同时，对贫困学生发放助学金，对贫困产妇发放临时救助金，对贫困病人实行基本医疗救助，对贫困租房户实行房租减免。1998年，鼓浪屿区批准50辆小摊点流动车，解决50户下岗人员的生活困难。1999年，思明区民政局配合市房管部门，为158户困难户减免住房租金。2001年元旦、春节期间，市财政局下拨慰问社会救济对象专项经费，其中鼓浪屿区1.2万元，开元区12万元，思明区6万元，发给困难户。

2002年，开元区民政局为67位贫困生发放助学金66410元。

2004年，区配合市政府在岛内全面禁燃煤，免费为130户低保户安装煤气灶具（每户463元）。

2005—2007年，区民政局与区妇联、东方天使妇产医院联合推行“爱心桥——限价分娩连接弱势群体”活动，有28位贫困产妇得到优惠，减免金额11447元。前埔医院开展“关爱低保妇女健康优惠体检”活动，让外来人口、低保、残疾家庭的妇女、儿童等弱势群体得到基本医疗救助，确保生育安全和健康。2007年，区财政支出临时救助金近10万元，有49位急难群众得到及时救助。区民政局在中秋、国庆期间开展“情暖中秋”送月饼活动，确保困难群众过好节。

（二）定期定量救济

1949年10月后，政府对生活无依靠、丧失劳动能力、无生活来源的孤老残幼，给予定期定量救济。三区定期定量救济对象354户445人，救济标准人月5～12元。

1960年起，定期定量救济标准：全家无收入的，1人户月救济7元（孤老户8元），两人户13元，3人户18元，4人户22元，后每增加1人加发3元，最多每月30元；救济户死亡者补助埋葬费18元，生育者补助3～10元，患病者适当再补助。1961年，三区为194户288人发放定期救济款16953元。

1978年，定期定量补助标准调整：城市1人户12元，2人户23元，3人户33元，4人以上户每增1人增10元。1981年后，救济标准又有所提高。

1986年，定期定量补助标准提高到每人每月40元。市民政局向区民政局下拨孤老残幼定补资金，其中鼓浪屿区9000元，开元区42000元，思明区15000元。是年起，各居委会干部、居民组长及孤老的邻里亲友组成“包户小组”，负责照料孤老的日常生活。

1993年6月，定期定量补助标准调整为每人每月60.5元。1998年1月，思明区财政拨出款项提高定补标准，家住城镇的救济对象每人每月250元，家住农村者每人每月100元。

2005年，区民政局为1535人次发放定期救济金565434元。

2006年1月1日起，对“40%精简退职人员”的定补标准进行调整：住城市者从每人每月350元调整为400元；住农村者从每人每月200元调整为250元；矽肺病人定补标准从每人每月250元调整为300元。

2007年7月起，对无劳动能力、无生活来源、无法定赡养人的“三无”老人实施每月50元医疗补助，为得小病及患有高血压、糖尿病等老人排忧解难。

（三）居民最低生活保障

1994 年 7 月，实行《城市最低生活保障暂行办法》。最低生活保障标准每人每月 180 元。保障对象思明区 759 户（1459 人）、开元区 241 户。1995 年 7 月，城市居民最低生活保障标准每人每月 220 元。

1996 年 7 月起，思明、开元实行农村村民最低生活保障制度，最低保障标准为人月 160 元。1997 年 10 月起，农村低保资金由区、镇、村三级按 4∶3∶3 的比例分担。

1997—1998 年 6 月，城市居民最低生活保障标准为 1 人户每月 250 元，2 人户每人月 225 元，3 人户及以上人月均 200 元。1998 年 7 月 1 日起，城市居民最低生活保障标准提高为 1 人户每月 260 元，2 人户每人月 235 元，3 人户及以上人月均 210 元。曾厝垵、黄厝两村村民的最低生活保障补助标准由每人每月 160 元调整为 1 人户 200 元，2 人户人月 180 元，3 人及以上户人月 170 元。是年，思明区发放最低生活保障金 86 万余元，开元区发放 59.8 万元。

1999 年，思明区城市居民各类户型最低生活保障金标准每人每月提高 55 元，农村居民标准也提高。是年，发放最低生活保障金 171 万元。2000 年，最低生活保障金人数：鼓浪屿区 176 人（城镇），开元区 2476 人（城镇 2389 人、农村 87 人），思明区 1170 人（城镇 1104 人、农村 66 人）。

2002 年 7 月起，低保资金由市、区两级负担改为市、区、街三级负担，并把低保的审批权下放到街道。建立低保备案、以工代赈、监督管理等一系列制度，使低保工作进一步规范化、制度化，做到“应保尽保”。

2004 年，全区有 49183 户次（126362 人次）享受最低生活保障，保障金 1523.5 万元。低保覆盖率 2.1%。低保对象每月 10 日均能按时足额从银行领到低保金。区民政局规范低保工作：统一莲前、滨海 8 个行政村“村改居”过渡期间的低保标准；与财政、审计、监察等部门联合制订低保监督管理办法，建立低保工作制度，每季度深入社区和低保家庭进行检查；对全区 200 多名社区低保工作者进行培训；为有劳动能力的低保对象牵线搭桥、推荐就业。区民政局与区教育局、区财政局联合出台《思明区关于资助特困家庭子女就学的暂行办法》。是年，共资助低保家庭就学子女 1158 人、金额 103.3 万元。

2007 年，思明区组织低保户代表共庆中秋佳节

2005 年，全区有 47542 户次（116218 人次）享受低保，保障金 1514 万元。区民政局与人劳、财政、卫生等相关部门联合制定《思明区医疗救助暂行规定》，资助低保对象就医。

2006 年，全区有 4.67 万户次（11 万多人次）享受最低生活保障金 1500 万元。有 302 位高中以上家庭子女新生得到区政府的一次性资助，发放助学金 57.8 万元。

2007 年，全区有 48139 户次（108174 人次）享受最低生活保障金 1638.3 万元。区民政局及时对因物价上涨原因造成生活困难的低保户和低保边缘户发放生活补贴。

（四）退职老职工困难救济

1964 年起，执行市劳动局、人事局、民政局联合发出的关于 1961 年以来退职的老弱残职工救济问题的通知，对“40%精简”退职职工实行救济。

1975年5月，三区民政部门对1961年至1965年6月办理退职的职工中符合享受“40%救济”条件而未享受者给予补办；办理退职时虽不符合享受“40%救济”条件、但退职后经济发生困难者，依困难程度给予适当救济。

1983年，按照福建省民政厅《关于进一步做好精简退职老职工生活困难救济工作的通知》，开展调查，重新评定救济对象。1985年，思明区民政局发放精简职工定期补助20287元（99人）。

1991年，思明、开元区有“40%精简”职工220名（按规定标准每月给予补助），思明区支出救济款115650元。

1995年，调整救济标准，城镇户口由每人每月123元提高至173元，农村户口由每人每月64元提高至94元。

2001年，思明区民政局对“精简退职”老职工进行调查统计，有92人（均非农业人口，其中有3户家庭享受低保补助），补助标准每人每月300元。

2005年，全区“精简职工”，发放救济金578400元（1914人次）。

2007年9月，将“精简老职工”纳入医疗救助对象范围，持享受40%救济的60年代精简老职工定期定量补助证，医院对其住院床位费、护理费给予减收50%，大型设备检查费、手术项目费用给予减收20%。

（五）冬令救济

1954年起，年年实行“冬令救济”。当年，三区共发放贫民冬令救济款44061元(由市民政局拨付)。

1966年，三区发放冬令救济棉衣200件，棉胎200床，被单200件，单衣裤150套；对有一定购置能力的缺衣缺被户给予补助布票。

1985年，思明区民政局对58户67人发放冬令物资衣裤34件、棉衣5件、卫生衣4件、棉胎17件、被单20件。开元区民政局为冬令救助对象发放单衣裤70件、棉衣16件、卫生衣26件、棉胎46件、被单25件；并为社会孤老增发床巾58件。1987年起，鼓浪屿区民政局改变以往冬令物资由市局统一缝制、区局只管发放的做法，请裁缝为37位困难户量体裁衣缝制冬令补助衣裤。

区民政局每年向救济对象发放冬令衣、被，保证每位孤老和“五保”老人年年分得新衣裤一套，棉被每三年更新一次。其质量逐步提高，2000年后，有毛毯、毛衣。

2005年，发放过冬衣被6686件，确保困难家庭安全过冬。2006年，区民政局配合台湾慈济会为近4000户低保家庭发放价值300万元的冬令物资。

（六）战祸难民救济

1949年10—12月，台湾当局军机对区境进行轰炸、炮击，群众死伤惨重，仅思明区就有21人被炸死，11人受伤。政府对遭此灾难民众给予救助，受伤者送至公立医院就医，补助生活费；社会募捐3600元、衣物2600多件赠予。1958年“8·23”炮战，前沿13个自然村基本被台湾金门军机军炮炸毁，市政府采取应急救济措施，拨救济款11万元，发放救济棉胎1661件、被单1507条、棉衣2448件、大衣664件、夹衣夹裤576件。

（七）“五保户”供养

1956年春起，农村合作社对缺劳力、生活无依靠的老、弱、寡、残、幼人员实行“五保”（保住、保穿、保吃、保医、保教）。

1982年，贯彻执行省委《关于切实做好农村五保户供养工作的意见》。供养形式采取村委会分田代耕、供给口粮与亲友供养相结合的办法，逢年过节由民政部门发放救济款物。1983年4月，区民政局将五保户救济标准从每人每月15元提高到20元；1984年10月，提高为25元。1987年，农村五保户供养实行乡（镇）统筹。

1990年起，陆续创办敬老院，“五保”老人集中供养。开元区民政局为农村敬老院提供口粮、燃煤、衣服、蚊帐、被单等物资，并为敬老院安装自来水、修建活动室，为孤老改善生活环境。1995年，开展第二次农村五保普查和换补新五保供养证工作。

第四节 社会福利

一、慈善机构

注生祠 清雍正八年（1730年），地方官绅创办，雇奶妇收养孤婴。

育婴堂 清乾隆至同治年间，地方官绅创办，收养遗弃女婴。

保良所 民国元年（1912年）9月，在鼓浪屿龙坑井成立，收容孤贫儿童。后迁至中华路，改称济良所，兼收无家可归的乞丐。民国20年，迁至城隍庙，专收逃难的娼妓、婢女。

博济院 原址在东滨社。民国3年，商会建普济院，收容贫民及散兵游勇、劣徒、释犯，教以轻便工艺，使之自立。不久，迁入皇帝殿，易名博济院。民国19年，又迁碧山岩。民国30年3月25日，附设于风屿监狱，收容369人。

益同人公会 原址在洪本部德泰香沪郊。民国9年10月9日，下海理货工人组织"公帮"。民国14年，改名厦门益同人公会，迁址旗杆巷，林启成任会长。经费由社会人士、华侨会员捐献，举办慈善活动如防疫施诊等。民国38年10月，该公会解散。

养老院 址在梧村。民国17年，同善堂管理委员会购地25亩建养老院。凡乏人奉养的年届60岁老人，不论男女均可申请入院。

婢女救拔团 址在鼓浪屿旗尾山德国领事馆内（今英雄山气象台）。民国19年10月4日，建筑公会负责人许春草倡设"中国婢女救拔团"（团长许春草）。收容受害婢女。经费以建筑公会提供及婢女演戏的票房收入为主。历时10年，累计收容100多位婢女。民国30年解散。

贫病救济所 民国29年1月25日，厦门市政府拨款1000余元将大乘佛教会附设的避寒所改为贫病救济所。凡贫病无依者、满60岁以上而身体衰弱者、因灾害而受重伤者，由保长确认其贫病状况，均予收容救护。

救济院 址在梧村。民国34年11月，厦门市政府在梧村养老院设救济院，属市府直辖，由市商会捐献劳军款50万元法币补充创办。每月救济费由三堂公产租金拨出。收容125名。

厦门南普陀寺慈善会 址在南普陀。1994年12月，厦门佛教协会会长（南普陀寺住持）妙湛和尚倡立，为中国大陆第一家以佛教界人士发起并具有法人资格的慈善机构。1995年，加入中华慈善总会，成为创始会员和特邀理事。慈善会"立足本省，面向全国"，至2007年，发放各类善款2743.76万元。其中，慈善救济款1008.89万元；施诊施药107.55万元，义诊人数150556人次；建希望小学22所，修缮学校58所，捐资助学906.87万元等。

思明区慈善会 址在禾祥东路168号。2005年成立。以"安老、扶孤、帮残、助学、济困、救灾"为宗旨，内容包括"爱心超市""安康计划""慈善一日捐"、贫病受灾人员救济，以及社会公益捐助活动等。至2007年，募集慈善款及物折款共1196.53万元；使用慈善款及物折款计478.6万元，救助9.47万人次。

爱心超市 2004年5月，嘉莲街道首创"爱心超市"，收集社会捐赠的物品，以超市形式分类摆放，让需要救助的困难群众在超市选择急需的物品。"爱心超市"的创办，使社会更多的人加入奉献爱心的行列，让困难群众感受人间真情和社会温暖。随后，掀起万人献爱心的活动。全区创办11家爱心超市（10个街道各创办1家，区教育局创办红领巾爱心超市），有200多个单位和11987个家庭捐赠122024件物品，价值276万元。"爱心超市"发放爱心卡4174本，当年发放价值234万元物品93009件，救助困难群众3987户（143532人次）。区民政局出台《思明区爱心超市管理暂行规定》，规定捐赠款物接收、发放程序，明确救助对象，做到统一注册、统一标识、统一管理、统一配送。至2007年6

月，全区“爱心超市”累计受赠294256件物品，价值663.32万元；共向99845户次发放246369件物品，价值589.16万元。此外，还将善举辐射到其他地区，向对口扶贫的华安县捐赠价值8.5万元的物资，向漳浦县台风灾区捐赠价值8.8万元的物品，送往武平、宁德、翔安等地的爱心物资价值40多万元。“爱心超市”于2006年获“中国地方政府创新奖”和首届“八闽慈善奖”。

2004年5月，嘉莲街道创办“爱心超市”

阳光爱心基金 址设梧村。2004年9月，思明区人大代表梧村街道代表组和区政协委员梧村联络组倡立“阳光爱心基金”，专为特殊群体在生产、生活、就学、就医等方面发生困难时提供援助。12月，以阳光爱心基金为依托而创办的梧村街道阳光爱心超市成立。收到捐赠物品价值67528元；向困难群众发放价值25万元的物品；慰问困难户10人，慰问金19500元；元宵节向困难户送汤圆值13150元。2007年，梧村街道爱心超市被思明区民政局评为“三好”爱心超市。

安康基金 2004年3月，嘉莲街道“银发安康”工作经验，得到中共中央组织部等五部委的肯定，并向全国推广。2007年5月，思明区政府正式建立“安康基金”。“安康基金”采取政府投入和社会筹措相结合的形式，从医疗救助、助学、养老、助残等方面扶助社会困难群体、保障困难群众的基本生活。2007年，支出养老助养金、医疗救助金、助学金共216.43万元。

二、福利机构

厦门莲花爱心护理院 位于龙山东二路11号。原名厦门金尚老人公寓，是福建省唯一全国爱心工程示范基地。成立于2002年8月，由厦门莲花医院承办。占地面积5530平方米，建筑面积7100平方米。有星级宾馆式配置的养老康复床位110张。2005年，住院老人300余人，平均年龄82岁，最高107岁，80岁以上占70%；临终关怀老人占52%，半护理与全护理老人占48%。2007年，在院老人平均年龄84岁，80岁以上占70%；临终关怀老人占55%，半护理与全护理占45%。

鼓浪屿逸康复康托老院 位于鹿礁路34号天主教院内。2002年10月，由香港钟宇宁、苏致与市天主教会联合创办。床55张，房23间。主要为能自理的“候鸟”型老人提供疗养、过冬、休闲、度假、长住、短住等服务。至2007年，接待往返老人5028人次，包括大陆各省市、台湾、香港及美国、新加坡、马来西亚等地老人。

厦港医疗保健托老院 位于鱼行口街52号。2000年1月成立，民办机构。建筑面积2000多平方米，工作人员44人。设有低、中、高档不同层次房间，空调、电风扇、有线电视、卫生间、浴间、电热水器等设施俱全。设诊所，聘专职主治医师及护士，提供24小时医疗保健服务，并有专家定期巡诊。

附：市属福利机构

（一）厦门市社会福利中心

1949年10月17日，市政府接管救济院，收容98人。1951年9月，成立生产教养院，收容乞丐、游民共489人，安置在梧村、凤屿、屿后教养院，院部设在屿后。1952年，梧村第一教养院设立妇女教养所，收容学员167人。1953年，教养院分为生产教养院、残老教养院和儿童教养院，收容374人。1973年，更名社会福利院，分梧村、屿后两院区。1976年10月，社会福利院和厦门市收容遣送站合署办公。1981—1985年，市政府拨款98万元在屿后建成6幢2层的老人宿舍楼和综合办公楼、医疗保健楼，可容150人，配备娱乐及医疗保健设施。1985年1月，在社会福利院设厦门市儿童福利院。1989—1992年，市政府拨款122.59万元兴建儿童福利院康复综合楼和儿童护理楼，有150张床位。1992年12月，市社会福利院更名市社会福利中心。开展自费收养业务，对外门诊；兴办第三产业，有松鹤度假村、幼儿园。1994年3月，被评为省一级福利院；12月，被评为国家二级福利事业单位。1996年5月，福利中心门诊部更名福利中心松柏医院。2001年6月，福利中心（院）被列为“全省创文明行业活动示范单位”。2004年12月，被民政部评为“全国民政基层单位行风建设先进集体”。福利中心老人康复有效率92%；儿童院儿童康复有效率达国家二级福利院标准。2005年10月，中心被福建省民政厅、省老龄委确定为全省首批养老服务社会化示范活动试点单位。2007年，占地面积2.5万平方米，建筑面积2万平方米。政府核定编制床位250张，其中老人床位150张、儿童床位100张。收养老人240名，孤儿弃婴290名。工作人员200多人。

（二）厦门市百合园托老院

位于鼓浪屿。2001年8月，由基督教会信徒捐资兴办。建筑面积1200平方米。床位60张，工作人员15人。为全托、日托、送餐、短住及生活不能自理的老人提供服务，开展为老人理发、剃须、修剪指甲、护送到医院就诊、临终关怀等免费服务。至2007年，托管老人200多人。在院老人平均年龄85岁，最高100岁。

三、福利企业

民国28年，上古街10号设平民工艺所，创办资金由政府逐月补助，旨在救济失业平民，传授技能。

1958年，创办盲人打草鞋小组、盲人曲艺队、聋人油印社等。福利工厂有简易手工业、五金修配、化工等。组织残疾人劳动生产，免费治病、看电影、听戏。

1978—1980年，鼓浪屿区有盲人11人，聋哑人13人；开元区有盲人33人，聋哑人67人；思明区有盲人21人，聋哑人69人；多得到妥善安置。红旗印刷厂和金属用品厂，共安置盲聋哑人94人。街道也创办一批福利厂，安排一批盲聋哑人员和救济户就业。社会福利院收容96人（男34人，女62人），组织从事力所能及的劳动。开元区公园、厦禾、鹭江三个街道办事处办福利工厂，安置一部分残疾人。福利企业生产项目有印刷、小五金、医疗器械、水泥袋、木箱、刺绣、铁门安装、定显影粉、加工纸盒、尼龙带、割车胎等。1981年，三区共有9家福利工厂，其中全民所有制的红旗印刷厂1家，大集体制的金属用品厂1家，街道办小集体制工厂思明区4家、开元区3家，共7家。

1987年，开元区新办2家社会福利企业。1988年5月，思明区新办4家福利企业。1994年，福利企业总数29家，全年工业总产值900万元（含街道福利企业），商业营业额2450万元，利润20万元。

1998—2003年，三区福利企业累计完成工业总产值6164.3万元（含街道福利企业），商业销售总额14356.8万元，利润103.6万元；安置残疾职工153人，争取政策退税67.8万元。2004年，福利企业实行改革改制。

毕升印刷厂　位于斗西路。1958年，成立盲人打草鞋小组。1959年4月，打草鞋小组和鼓浪屿盲人学校合并，成立盲人福利工厂，属集体所有制企业。职工67人，厂房面积288平方米。1966年4月，转为地方国营福利工厂，隶属厦门市民政局，更名厦门红旗印刷厂。1976—1980年，建成占地10487平方米、建筑面积6800平方米新厂房。1985年，更名厦门毕升印刷厂。1990年，新建仓库、综合楼6000平方米。从此，加快技术改造，引进技术设备，开展全面质量管理。一业为主，多种经营。1995年，成为全国福利企业五百强之一。该厂是国有福利企业，1999年实行部分改制，与厦门卷烟厂所属的鑫叶集团有限公司合资成立厦门鑫叶印务有限公司，独立核算。2003年，毕升印刷厂取得中国质量认证中心颁发的ISO 9001：2000国际质量管理体系认证证书。2007年，毕升印刷厂拥有固定资产1608万元，全年收入594万元，创利税100万元。职工152人，其中“四残”人员81人。产品在全国和省市各种评比中多次获优秀产品奖，多次被评为厦门市“重合同守信用”和“安全生产”先进单位、福建省“精神文明单位”。

思明区全星速印厂　位于故宫路，1992年11月由思明区民政局创办。职工10人，其中残疾人3人。主要业务为印刷信笺、报表、进出仓单等。1998年搬后江埭路。2007年初，搬至东埔路36-40号。

附：市属福利企业

（一）厦门市福利厂

位于开元路273号及夹舨寮2号、5号。民国时期，成立专门为出殡雇用的铜管乐队。1958年，改名鹭江乐器社，职工27人，主要加工乐器。1971年10月，更名厦门立新金属制品厂，生产煤油炉等。1975年，增设厦门医疗设备厂，生产恒温箱等医疗器械。1976年，职工180人，其中“四残”人员95人。1981年，投产编织袋生产线。1985年，在莲岳路口建成占地3500平方米新厂房，增加胶管、发泡包装、印刷等生产项目。1986年7月，更名厦门市福利厂。1991年，对印刷设备进行技术改造，投资780万元引进德国海德堡五色胶印机，成立厦门市福利彩印公司，隶属厦门市福利厂。1995年，企业固定资产988万元，产值1909万元，创利税123万元。职工276人，其中“四残”人员111人。1997年，划归市社会福利中心管理。2002年4月，福利厂停产，11月关闭，职工分流安置。

（二）厦门市社会福利企业公司

位于中山路300-304号。1981年5月，成立厦门市民政工业公司，全民所有制。职工12人。主要经销民政系统福利企业产品。1986年，更名厦门市社会福利企业公司，主要经营日用百货、电子产品、服装鞋帽、工艺品、食品、中成药品等。1990年，公司营业额107万元，利润3万多元。1995年3月，因旧城改造，公司办公地点搬至公园南路。2002年1月关闭。

（三）厦门市兴龙人造花厂

位于龙山东路15号。1987年成立。安置残疾职工25人。从事塑料制品、纸制品加工。

（四）厦门明爱盲人按摩中心

位于厦禾路840号金榜大厦。安置盲人13人，从事按摩有偿服务。

（五）厦门金海岸盲人按摩有限公司

位于湖滨南路138号。安置盲人8人，从事按摩有偿服务。

四、社区服务

1980年起，街道、居委会开展少量的社区服务。1987年，在湖北省武汉市召开全国社区服务工作座谈会，明确社区服务的内涵与发展方向。之后，三区社区服务较快发展。至1994年，思明区社区服务覆盖率100%，于1997年被民政部命名为“全国社区服务先进城区示范单位”。社区服务面向老年人、残疾人、优抚对象；面向社区居民，便民利民；面向社区企事业单位和机关团体（开展双向服务）。2002年8月，开元区实施“星光计划”，完成社区服务网站建设，网站设社区网络、社会求助、社区服务咨询、法律服务等栏目。是年，开元区被民政部命名“全国城市社区建设示范城区”，思明区被省民政厅命名为“全省社区建设示范区”，厦港、公园街道被命名“全省社区建设示范街道”。

2005年，按照“管办分离”“政社分开”要求，整合社区资源，推进“数字社区”建设。全区建立便民利民服务网点1.5万个，服务项目130个。2006年，区组建安康服务中心，各街道建安康服务站，各社区建安康服务网点，开展居家养老服务试点工作。“968180”社区服务网络中心为社区居民提供全面便捷的服务，被评为全国优秀社区服务中心。

（一）社区残疾人康复服务

1990年12月三区分别成立残疾人联合会后，由残联主导，围绕“三项康复”展开服务。三区共投入经费625万元，依托区医院建立残疾人康复站，与区就业服务中心共同建立残疾人职业技术教育培训点，与区教育局联合依托特教学校开办弱智幼儿班。

区残联逐步完善以残疾人家庭为基础、社区康复站为骨干、康复综合服务机构为指导的康复训练服务网络。进行两次残疾人康复普查。

区政府成立社区康复工作领导小组及办公室。各社区成立残疾人协会、康复站，社区卫生服务机构都建档立卡。进行健康教育，普及康复知识；开展残疾预防，建立并实行儿童残疾发生报告制度。

2003年，思明区被中国残联评为“全国残疾人社区工作示范区”。2005年，区委、区政府将建设鹭江、中华、梧村、鼓浪屿社区残疾人康复指导站列为为民办实事项目，投入30万元进行重点建设。2006年，10个街道建立残疾人康复指导站，做到“康复进社区、服务进家庭”。是年，思明区获福建省“十五”残疾人工作先进区称号，被确定为全国残疾人社区康复示范区培育活动试点单位。

（二）“968180”社区服务

2004年10月，“968180”社区服务网络中心成立，由思明区社区服务中心管理。服务中心与10个街道的社区服务中心、95个社区居委会的社区服务站构成“区、街、居”三级服务网络。中心建立社区服务网站（www.968180.com），设教育、政务、人才、房产、商务、服务、生活、广告等栏目及便民服务箱，为市民提供电费、水费、电话费、天气、公交线路等信息查询服务。中心发行“968180”配套刊物——《城市快讯》，为社区商务提供商业资讯平台。形成“968180”网站、“968180”热线和中心服务窗口三位一体的服务方式。

2004年10月，思明区开通“968180”社区服务热线

至2005年9月，加盟服务商2350家。通过“968180”热线接听群众来电4353通，为社区居民服务4250单。2006年，热线受理服务事项2578件，办结率91%。

（三）“安康计划”服务

2007年2月1日，思明区启动“安康计划”，成立区安康服务中心和10个街道的安康服务站，设服务网点127个，开展养老、助学、医疗救助等服务。当年为553位符合政府购买服务对象标准的老人提供服务，另为12位老人自费购买服务。共开展家政服务24085.8小时，医疗服务10862小时。支出养老助养金289861元；救助患病医疗者154人，医疗救助金68.45万元；资助贫困生457名，助学金119万元。开展法律服务214次、文体服务1059次。区政府设立“安康基金”，每年投入200万元以上。同时，区民政局发动社会各界为“安康基金”捐款。10月，思明区“安康计划”项目获中国社会工作协会社区服务工作委员会授予“全国优秀社区服务项目奖”。

2007年，情满空巢老人安康志愿者服务队

第五节　基层政权与群众自治

一、街政委员会

1950年3月起，开展改造旧政权、建立新政权工作。4月1日，思明区宣布废除保甲制度，建立街公所。4月14日，鼓浪屿区宣布废除保甲制度，成立街公所；开元区废除保甲制度，建立15个街公所。每街划分为10个左右的居民小组，每个居民小组50户左右，1000人中产生居民代表2～3人，从居民代表中提出街政委员候选人，再由全体代表选举产生街政委员会。

1950年，思明区中华街街政委员会成立

1951年7月，由于以户为单位、以地区划分居民组的组织形式不能正确代表不同阶层群众意见，不能满足群众民主要求，厦门市政府在开元区思北街成立民主建政典型街工作委员会，为民主建政试点。按照行业、分别阶层、照顾地区的原则，划分选民选举代表，召开街政人民代表会议选举街政委员会，将街长、组长代表制改为街人民代表会议

1951 年，民主建政工作队街政干部全体同志纪念照

制。区成立民主建政工作委员会，街成立民主建政筹备委员会。三区选举街长和副街长，建立街人民代表会议制度与街政委员会。1952 年底，鼓浪屿区有龙头、笔山、鹿礁、延平、内厝澳 5 个街政委员会；开元区、思明区各有 9 个街政委员会。

二、居民村民委员会

（一）居民委员会

1953 年，街政委员会改为居民委员会，下设居民小组。居委会配有正、副主任和其他专职人员，设治保、调解、卫生、民政福利、劳动调配、文教 6 个专门工作委员会。1954 年，整顿居委会，民主选举产生居民小组长和居民委员会委员。

1958 年，三区 90 个居委会调整为 36 个居委会，又称人民公社分社。1963 年，居委会改选，委员由居民小组长组成，推选主任 1 人，副主任 1～2 人。其中，副主任 1 人兼妇女工作。居委会设民政福利、治安保卫、文教卫生、民事调解 4 个专门委员会，归侨侨眷较多的居委会还设侨务委员 1 人。居委会规模 600 户以内，居民小组 30～40 户。

1981 年，居委会工作统一归口民政部门管理。随着户数人口增多，居委会数逐渐增加。1982 年，共设居委会 120 个。其中，鼓浪屿区 11 个，开元区 61 个，思明区 48 个。

1984 年 4 月，居委会设治安保卫、人民调解、文教卫生、民政福利、妇女 5 个专门委员会，设侨务、计划生育 2 个工作小组，民主选举居委会委员。

1984—1988 年，梧村街道办事处下属文灶、梧村、双涵、浦南、西山 5 个生产队；禾山镇人民政府管辖的西部生产队（时划归筼筜街道办事处管辖）、莲坂村民委员会相继实行“农转居”“林转居”。

居民选举

1989 年，新居住区组建居民委员会，市郊改城镇建制，居委会数目不断增加。

1998 年，共设 241 个居民委员会。其中，鼓浪屿区 12 个，开元区 172 个，思明区 57 个。实现一级达标居委会 65 个。厦港街道办事处下沃居委会主任郑如娟和莲前街道办事处盈翠里居委会主任林惠菊被国家民政部授予“全国优秀居民委员会主任”称号。

2001 年，整合为 130 个居委会。2003 年，整合为 89 个居委会。是年，实行“村改居”，8 个村民委员会改制为 8 个社区居委会。全区共设97个社区居委会。

2005年9月，莲前街道办事处增设莲成社区居委会。2006年3月，中华街道办事处将原有10个社区居委会整合成6个，分别为霞溪、仁安、中山、镇海、思南、文安社区居委会。嘉莲街道办事处增设龙山社区居委会。2007年，全区设95个社区居委会。

（二）村民委员会

1984年10月，农村建立乡（镇）政府后，进行建立村委会工作。村委会设治安保卫、人民调解、民政、文教卫生、计划生育等工作委员会。思明区、开元区共设7个村民委员会、5个生产队和1个农村工作站。梧村街道办事处下辖文灶、梧村、双涵、浦南、西山5个生产队整体“农转非”，撤销生产队建制，改为居民委员会。

1987年，农村村委会进行换届选举。1988年，莲前街道办事处下属莲坂村民委员会整体“农转非”，改组为莲坂居民委员会。1988年后，村委会普遍建立村民代表会议制度，建立民主理财和村民民主评议干部制度。

1991年和1994年，村委会分别进行换届选举，全体村民直接投票。村委会主任、副主任、委员分别一次性选举产生。各村委会建立工作制度、学习制度、财务管理制度、干部守则、档案管理制度。在福建省开展创建先进“百乡千村”活动中，曾厝垵被评为省级“明星村”。

1995年，各村建立村务公开栏，村中计划生育指标分配、宅基地分配、劳力安置费用发放、救济款分配、征兵名额分配、土地和工程承包情况、干部工资和奖金、财务账目等及时公布，接受群众监督。还建立民主理财和村民民主评议干部制度。

1997年5月27日，曾厝垵村民进行民主投票，选举村民委员会主任。美国国际学会学者团、美国驻广州总领事馆官员6人，在中国各级民政部门和外事部门领导人陪同下，现场参观选举全过程。

2003年，塔埔、岭兜等8个村民委员会整体“村改居”，改为8个社区居委会。至此，思明区全面实现农村城市化改造。

三、社区建设

2001年3月起，开元区开展社区建设，为福建省最早一批。建立社区党建联席会议制度，成立社区成员代表大会和议事协商委员会，组建社区党员志愿者队伍、社区残疾人协会和社区文体协会，建立一批社区老人、残疾人和妇女法律援助站。同时，建成区社会福利中心大楼、区金榜公园健身活动中心、区社区服务中心和公园、梧村、莲前3个街道社区服务中心。开展社会福利、便民利民、再就业等各类服务，启动“社区老年福利服务星光计划”；改革社区卫生服务中心管理体制，开展以预防、保健、医疗、康复、健康教育和计划生育为内容的社区卫生服务。鼓浪屿区开展居委会自治管理规范化活动，成立福建省首家社区行政事务管理中心，办理各项行政事务。思明区建立社区党建联席会议制度；加强硬件设施建设，举办社区建设恳谈会、研讨会，促进社区资源共享；新建一批社区建设和文明安全社区示范点。其间，鼓浪屿区和开元区被教育部、民政部分别确定为首批社区教育、社区建设实验区；思明区被省、市教育部门确定为“社区教育实验区”；开元区被厦门市确定为“社区就业试验区”。

2002年，完善社区成员（代表）会议、社区居委会、社区成员议事监督委员会的组织和制度建设。同时，鼓励社会力量开办社区服务设施，鼓励企事业单位开放内部设施。健全以街道社区卫生服务中心为主体的社区医疗卫生服务网络。设立社区警务室，建立巡逻联防机制，维护社区稳定。

鼓浪屿区开展创建特色社区工作模式，旗山社区创建为“学习型社区”，延平社区创建为“绿色环保社区”，福祥社区创建为“阳光社区”。开元区健全区、街、社区三级公共服务网络，安置下岗职工736人，将企业退休职工纳入社区管理和服务，建成瑞景、莲秀、育秀等16个文明安全社区示范点。思明区投资1145万元完成“社区老年福利服务星光计划”，文安街道老人福利服务中心建成，开展科教、文体、法律、卫生“四进社区”活动。开元区于是年9月被民政部命名为首批“全国社区建设示范区”；思明区获“福建省社区建设示范区”称号；厦港、公园街道被确定为福建省首批“社区建设示范街道”；74 个社区达到省示范社区标准。2003 年，思明区被评为全国社区志愿者工作先进单位、全国社区残疾人工作示范区。后又通过全国社区卫生服务示范区、全国社区红十字会工作示范区考核验收。

2005 年，莲前、开元、嘉莲、厦港街道被评为全国首届和谐社区示范街道，内厝澳社区被评为全国百家学习型社区，育秀社区被授予首批全国文化先进社区，屿后西社区被授予全国残疾人工作先进社区，龙头、瑞景及莲花五村社区分别被评为全国首批绿色社区和省级绿色社区。

2006 年，思明区完成社区基层组织的换届选举。按照“政社分开、议行分设、选聘分离”原则，龙山社区进行“议行分设”试点，创新社区管理体制；开元街道阳台山社区获全国和谐社区自主创新奖。

厦港街道下沃、南华社区，梧村街道双涵社区，中华街道霞溪、镇海社区，开元街道虎溪社区被确定为“全国和谐邻里示范社区”；嘉莲街道莲花五村社区被评为“全国绿色社区创建活动先进社区”；莲前街道前埔南社区被确定为“万家社区图书室援建，万家社区读书活动”学习型社区。

第六节　民政事务

一、婚姻登记管理

（一）国内婚姻登记管理

中华人民共和国成立后，婚姻登记遵照《中华人民共和国婚姻法》规定，实行申请、审查、登记 3 个环节，把婚姻关系的成立与解除纳入国家法律轨道。

1950 年 4 月至 1955 年，婚姻登记均在区公所民政局办理。

1955 年至 1980 年 5 月，婚姻登记在街道办事处办理，由文书人员兼办。

1980 年，新《中华人民共和国婚姻法》颁布后，各街道设专职婚姻登记员。1980 年 5 月至 1984 年 9 月，实行婚前体格检查制度。是年，登记结婚 3242 对。其中，鼓浪屿区 359 对，开元区 1845 对，思明区 1038 对。

1986 年，为健全婚姻档案，鼓浪屿区、开元区分别开展整理 1962—1986 年、1979—1986 年婚姻档案的工作。是年，鼓浪屿区办理离婚 3 对，对 11 起多年遗留的社会事实婚姻，予以批评教育，责成书面检讨后，补办登记手续；开元区办理国内外结婚登记 1791 对、离婚 100 对；思明区办理结婚 1275 对、办理离婚 22 对。1989 年，思明区和开元区民政局分别对违反《中华人民共和国婚姻法》的 147 对婚姻和 27 对事实婚姻，加以批评教育，辅以罚款，并补办手续，做到对对有档案。

1993 年 1 月起，国内婚姻登记以区为单位集中办理。办理婚姻登记中，坚持宣传计划生育、男女在场、证件完备、个别谈话、双方在结婚申请书上盖手印。对申请离婚的，向申请人所在单位或居委会调查，并和当事人谈话，依法行事。

1996 年，思明区民政局共办理登记结婚 989 对，合格率 100%；结婚登记率 100%（含农村）；办理离婚 32 对。区民政局被评为厦门市婚姻登记工作先进单位，福建省婚姻登记工作先进单位。

1999 年，婚姻登记实行办公自动化。启用新版《婚姻状况证明书》，增加户口、身份证复印件的存档。

2003 年 8 月，执行国务院新修订的《婚姻登记条例》，简化婚姻登记手续。

2004 年 1 月起，区民政局按照民政部颁布的《婚姻登记工作暂行规范》，设专门场所办理结婚登记，将工作流程对外公布，开通电话语音咨询系统，提供 24 小时咨询服务。咨询系统开通 5 个月，自动接收咨询电话 7000 多通，节省大量人力。区民政局请专职档案管理人员对 1949 年 10 月以来的鼓浪屿、思明区的 42614 对婚姻登记档案进行整理，制成电子档案，为群众查找婚姻登记档案提供服务。是年，全区共办理结婚登记 5022 对、离婚登记 694 对，补证 203 对，解除夫妻关系 3 对，合格率 100%。区婚姻登记室被评为“全国婚姻登记先进机关”。

2005年，区民政局在全市率先实行“居民婚检，政府付费”。全区婚姻登记员按规定持证上岗，婚姻登记、办证和资料存储实现微机处理。

2007年，办理结婚登记7675对，离婚登记1232对，补办婚姻登记证500对，出具未婚证明2444份。

（二）涉外婚姻登记管理

1979年，区民政局开始办理涉外婚姻登记。

1985年，思明区、开元区民政局共办理涉外婚姻登记76对。1986年，思明区民政局办理涉外婚姻47对。1988年，开元区民政局办理涉外婚姻60对。1989年，思明区、开元区民政局共办理涉外婚姻87对；1991年办理86对；1992年，办理71对。

1993年1月1日起，涉外婚姻登记统一由厦门市民政局办理。

二、地名工作

（一）地名普查

1979年10月，三区民政局配合厦门市地名普查领导小组办公室开展地名普查。共查地名4831条，选取列表4059条。其中，政区地名2674条，自然地理名541条，企事业单位名535条，人工建筑名201条，纪念地和名胜古迹名108条；建卡804张，编文131篇，并提供撰写《厦门市地名录》（市区部分）资料。

1983年，依《福建省沿海岛礁地名复查工作会议纪要》精神，三区民政局配合市地名办公室，开展岛礁地名普查。收集海军航保部绘制的海图及上海航道局绘制的鼓浪屿海域测量图，进行逐一校对、分析数据、制表，并编号。

1989年10月，三区民政局配合市地名办公室开展地名补查和资料更新工作，至1991年底完成。

（二）地名管理

1979年，三区民政局贯彻市革命委员会《关于恢复市区的区、街和道路名称的通知》，改正“文化大革命”期间地名混乱现象。向阳区、东风区恢复为思明区、开元区。同时，33条道路和所有街道办事处恢复原名。

1980年11月，依《国务院关于地名命名、更名的暂行规定》和《关于加强地名管理的通知》，三区民政局配合市民政局开展地名标准化和地名用字规范化工作。按地名命名，执行命名审批规定。同时，做好地名命名（更名）、楼门牌审核，以及旧门牌更换的验收和路街巷设标等工作。

1997年，区民政局建立地名档案和分类立卷，并完成《厦门市地名志》区卷编写。

（三）地名设标立牌

民国时期，地名标志以搪瓷制作，地名牌蓝底白字，安装在路、巷口墙头；门牌蓝底白字，标明所在地名和门牌号。

中华人民共和国成立初期，沿用旧形式。“文化大革命”期间，部分路名牌改为白底红字，不久停用。后，部分道路在路旁竖立标志，但质地不一，几次更换。

1995年，三区民政局配合市地名办建立村委会标志牌。标志牌正面镌刻村名，背面刻村概况。

2003年，区民政局配合市民政局开展街道路巷设标。2004年，全面完成设标任务，接受民政部、国家标准化管理委员会检查验收。

2005年，区民政局制作和安装路牌、巷牌、楼门牌及导向牌共161228块。

2007年，区民政局规范新建楼盘地名的申请工作，完成小区导向牌设置。批准楼牌146块、大门牌78块、中门牌36块、梯位牌3217块、室牌11637块。

（四）地名研究

2005年，区民政局配合市民政局完成民政部下达的《完善地名标志导向链》课题报告，设计出适合城市、乡村使用的地名标志导向链系统。主课题《关于建立全国地名导向系统的构想》获民政部民政政策理论研究成果三等奖；课题组获中国区划与地名学会、民政部地名研究所授予的“全国地名导向系统工程研究贡献突出单位奖”。

三、区界勘定

1997年，思明、开元区完成行政区勘界工作，两区区界以习惯线为界，山界界线设立3个界桩点：第一个界桩点在白鹿洞市区与山地交界处，第二个界桩点在文灶至上李水库道路中段与西姑岭东侧小山脊交界处，第三个界桩点在黄厝与前埔陆海交界处。1998年，思明至开元线18.07公里全线贯通。1999年4月，开元至湖里线20公里贯通。界桩埋设、界线测绘工作均完成。2003年10月，撤销鼓浪屿区和开元区，将其行政区域划归思明区管辖。

1999年1月15日，开元区、思明区联合勘界第二次联席会议暨总协议书签定仪式

四、社团登记管理

民国时期及以前，区境有许多宗教团体、社会慈善团体、会道门、同乡会。历史较久的社团有集安堂南乐社、金华阁、锦华阁、厦门市基督教青年会、厦门市红十字会和厦门市基督教女青年会等。其间，区级政府机构对社团未进行登记管理。

1951年3月起，执行中央人民政府内务部颁布的《社会团体登记暂行办法实施细则》，对社会团体进行审查登记，取缔危害国家、社会和人民的社团。在区境相继成立厦门市文学艺术界联合会、音乐家协会、星海乐团等文艺工作团体，佛教协会、天主教爱国会等宗教团体，数学学会、化学学会、物理学会、气象学会、药学会等学术团体。

1966—1976年，社会团体处于涣散状态。1978年后，区境成立许多行业性社团，有厦门市纺织服装同业商会、市房地产业协会、市外商投资企业协会等。社团法规及登记管理机构未健全，审批机构多，导致社团设置过滥。

1989年10月，国务院颁布《社会团体登记管理条例》，民政部门依法对社团登记管理，社团管理步入正轨。当年，共有社团320家。

1990年，民间组织登记的试点工作在三区展开，区民政局登记管理机关和业务主管单位指定专人负责，建立联系制度，做到有计划、有步骤、有检查、有落实。试点工作结束后，登记管理机关和业务主管单位进行检查验收，形成书面报告上报福建省民政厅和厦门市社团办公室。

1991年，贯彻执行市民政局《关于加强对社团成立和重大活动宣传报道的管理的通知》。开展社团清理整顿、复查登记工作。对区街二级社会团体进行清查，确认合法的社团，取缔非法成立或问题严重的社团。其间，思明区确认注册登记团体15家，暂缓登记2家，合并1家，自行解散1家。开元区确认注册登记25家，暂缓登记2家，自行解散2家，撤销1家。此后，区民政局参与社团的重大活动，组织社团进行经验交流。

1993 年，首次开展社团年度检查，各社团填报年检表，自我测评，组织抽查，顺利完成年检。思明区民政局制定《关于加强社团管理的意见》，发出争创先进社团的通知。

1997 年起，三区民政局着手清理社团财务，由区审计事务所审计。

1999—2002 年，贯彻国务院关于加强民间组织管理的工作会议精神和党政机关领导干部不兼任社会团体领导职务的决定；贯彻民政部《关于取缔法轮大法研究会的决定》，开展社团清理整顿。思明区民政局对 29 个社团进行检查，重新登记 20 家，注销 8 家，呈报市民政局处理 1 家。同时，对 22 家民办非企业单位用人情况进行复查登记。开元区民政局对 17 家社团进行复查登记年检，接受办理教育类民办非企业单位 79 家。

2003 年起，对违反民政部《民办非企业单位名称管理暂行规定》者不予核准登记，规范和完善民办非企业单位的名称和该名称的核准程序。

2004 年起，积极培育行业协会、社会公益性组织和农村专业经济协会，促进民间组织健康、规范发展。改革民间组织登记审批制度，把事后审批改为事前把关，提供一次性告知材料，缩短行政审批时效。

至 2007 年，全区登记民间组织 228 家，其中社团 29 家，民办非企业单位 199 家；设立社团分支机构 12 家。区民政局与教育局联合开展民间组织年检 203 家，其中社团 24 家，民办非企业单位 179 家；注销 18 家。是年，区民政局被列为福建省开展社区社会团体登记管理试点单位。

五、收养登记

1992 年，区民政局办理收养登记，实事求是，依法行事。至 1998 年，开元区民政局办理收养登记 78 人，其中思明区和开元区民政局联手办理收养登记 30 人。在登记中严查弃婴孤儿来源和收养人条件。

1999 年，开元区、思明区民政局共办理收养登记 31 人。2001—2002 年，开元区民政局办理收养登记 26 人，思明区民政局办理收养登记 4 人。

2004 年，区民政局将办理收养登记工作流程对外公布。全年办理收养登记 17 人。

2005 年，区民政局依《厦门市民政局关于处理事实收养问题的意见》，全年办理收养登记 19 人，合格率 100%。

六、救助

1958 年，厦门市临时收容所成立（1961 年 6 月改称厦门收容所），开始收容遣送社会上乞丐等盲流人员。

1986 年，鼓浪屿区民政局收容遣送盲流人员 24 人，精神病人 2 人。1992 年，开元区民政局收容遣送盲流人员 160 人次。

1994 年 9 月起，执行《厦门市暂住人口登记管理规定》，区民政局对无身份证或其他有效证件、无正当职业、无固定住所的盲流人口，加以收容遣送。至 2000 年，年均收容遣送 200 人次以上。

2001 年，思明区民政局出动人员 30 多批次，协同市收容站遣送“三无”乞讨人员 25 人，净化中山路“三优街”环境。

2003 年 6 月起，执行国务院《城市生活无着的流浪乞讨人员救助管理办法》，对城市流浪人口实行自愿受助、无偿救助的转变。厦门市仙岳医院作为流浪乞讨精神病人救治定点医院；厦门市第一医院、市中山医院、市第二医院、市中医院、市妇幼保健院、市急救中心、市第三医院和思明区医院作为流浪乞讨危重病人救治定点医院。

2005 年，区民政局将车站、码头、机场、会展中心、繁华街区、风景旅游区、星级酒店、政府机关和外事活动场所设为“流浪乞讨限制区域”，配合执法人员开展对流浪乞讨人员以劝导、关爱救助为主的执法行动。向流浪乞讨人员发放“厦门市流浪乞讨人员救助告知卡”，同时记录其姓名、年龄、性别、籍贯、文化程度等作为存档，防其恶意多次求救。严厉打击教唆、胁迫未成年人、老年人、残疾人乞讨的幕后操纵行为。

七、殡葬管理

（一）殡葬改革

民国时期及以前，区境殡葬以土葬为主，仪式多有迷信活动且繁琐。

1956年起，进行殡仪改革并推行尸体火化，提倡丧事简办，破除迷信。1966年，按照民政部的指示，停止土葬，推行火葬（回族和外侨除外）。区民政局加大宣传教育和依法治丧力度。是年，三区境内人口死亡后全部实行火化。

1983年起，贯彻《厦门市殡葬管理暂行办法》。区民政局开展广泛宣传教育活动，殡葬改革成果得到巩固和提高。全区火化率100%，绝大多数丧家能按新的礼仪料理丧事。亲人去世后，即向所在地公安派出所申报死亡事由并注销户口，再到殡仪服务中心办理丧葬事宜，由殡仪馆派车收尸至馆内灵堂治丧。在家停尸治丧的，一般出丧不超过12小时。出殡时丧属佩白花、圈黑纱接棺送棺守毕即回。殡仪馆内允许举行正常的宗教活动。由于火葬场服务项目和设施较为先进、齐全，治丧十分方便，民众乐于接受，陋习随之摒弃。

1999年11月起，禁止雇请乐队参与治丧活动，禁止在医院太平间或在住宅生活区内治丧。

三区民政局建立健全殡改网络。各街道配有1名专职殡改工作人员，每天在大街小巷巡视，同居委会保持密切联系，发现违规现象即制止。殡葬管理处每月召开殡改员例会。区民政局加强对“红白事理事会”的领导，对丧葬用品市场规范管理。全区火化率100%。

2002年，开元区出现2起违反《关于禁止雇请乐队参与治丧活动和在医院太平间办丧事的通知》的事件，区民政局接到举报后，立即派人制止，当事人做书面检讨。此后，无类似事件发生。

（二）火化场与殡仪馆

1956年秋，厦门市民政局拨款征地，在文灶山坡建2座砖石结构烧柴火化炉，分坐、卧两型，作为市区推行火化的焚尸场。1967年，拆毁。

1964年，福建省民政厅拨款10万元，在思明区枇杷山南坡建火化场，1967年元月起用。火化场使用1台沈阳更新机械厂造“六四型”火化机，每焚1具尸体需47公斤煤块，耗时100分钟。1968年初，从汕头市引进“三火型”火化炉，每焚1具尸体需15公斤煤，耗时30分钟。1985年，购进1台省时省燃料的沈阳82B和1台江西85B型喷雾式柴油焚尸机，并改造停尸场和候焚间，使之更加宽敞、明亮、通风。

1966年，在大生里建厦门市火化场，地处大生里铁路交叉点和市区主干道附近，人、车拥挤，丧家送尸火化耗时过长。1992年，改在集美区天马山建火化场，大生里火化场改为殡仪馆。

（三）墓葬与骨灰存放点

区境墓葬有私墓、公墓、塔葬墓。古代私墓由丧家自选址。塔葬墓有南普陀寺后山转逢和尚墓塔、南普陀寺藏经阁东侧的景峰、喜参老和尚墓塔。狮山、镇南关、打石字和草仔垵等地有公墓。清末，有胡里山、九弯曲、麻风山（专供麻风死者埋葬）和厦门港教会墓地等公墓。鼓浪屿晃岩路有洋人墓（俗称“番仔墓”），还有5个日本人公墓。鼓浪屿工部局指定燕尾山为华人公墓。

中华人民共和国成立后，市区自1966年起全面实现火葬，骨灰实行分流。殡管所建设许多骨灰存放点，农村多渠道筹资建骨灰室。1984年4月，农村全面推行火葬后，各村自筹资金建村民骨灰室，每自然村1个。有洪济山麓骨灰室、前埔磨心山骨灰室等。殡仪馆受理在厦死亡的外国人、侨民遗体或骨灰；或遗体装棺外运；受理在外的厦门籍人非正常死亡的遗体或骨灰返运业务。

第二十九卷 侨务 外事

第一章 侨 务

明代中期，区境居民乘帆船远渡东南亚各地经商，有些人在当地繁衍生息而成为华侨。清康熙二十三年（1684 年），区境置海关，开放为“通商正口”。随着海路畅通，思明人旅居海外谋生渐多（俗称“过番”）。清嘉庆年间（1796—1820 年），曾厝垵渔民曾旺来驾船到印尼海域捕海参，后在印尼建家立业致富。随后，曾厝垵多人前往南洋，成为印尼、缅甸、新加坡华侨。鸦片战争后，西方殖民者从闽南沿海招大批“契约华工”到西方贩卖（做苦工），其中有许多思明人。清咸丰三年（1853 年），清廷在区境成立侨务机构——出洋问讯处。

清光绪元年（1875 年）后，华侨在区境投资建业者不断增加，至民国 38 年（1949 年）9 月，投资总金额占全省华侨投资总额 62.88%。区境最早的房地产业、电影放映业、公共图书馆、报刊出版业、银行业、高等教育等都是华侨投资或捐资创办的。在爱国华侨陈嘉庚创办厦门大学壮举的影响下，华侨捐资兴学蔚然成风。区境还是华侨参与祖国民主革命的活动中心，在历次斗争中涌现出大批爱祖国爱家乡的杰出人物。

1950—1960 年，区境海外华侨仰慕祖国政治清明或受侨居地反华排华影响，许多人回到祖籍地。侨务部门组织归侨、侨眷，创办一批合作企业，生产自助。1957 年，福建华侨投资公司在区境设办事处，募集 1200 万元股金建设厦门罐头厂等 6 家工厂，逐渐成为市级骨干企业。侨胞还踊跃捐资在家乡兴办学校及其他公益事业。

“文化大革命”期间，侨务工作受到干扰，归侨、侨眷的合法权益受到损害。1978 年后，重申侨务政策，落实归侨、侨眷合法权益。海外侨胞、归侨、侨眷在经济特区建设中，发扬爱国爱乡优良传统，从资金、技术、人才到文化交流等方面，作出新贡献。

2003 年 10 月三区整合后，思明区侨务工作进一步贯彻以人为本、为侨服务的宗旨，依法维护华侨权益，发挥华侨作用，取得显著成绩。至 2007 年，思明区海外华侨华人 117152 人。侨胞投资累计 89.17 亿元，捐赠公益事业累计 50.72 亿元。是年，区外事侨务办公室获“全国社区侨务工作先进单位”和“福建省重点侨情调查工作先进单位”称号。

第一节　侨胞　侨眷

一、出国出境

明永乐三年（1405 年）郑和下西洋后，区境商船商民相随往东西洋吕宋、苏禄、实叻、噶喇巴等 30 多个国家、地区经商，许多人在当地定居。

明末清初，郑芝龙家族经营海外贸易，也带动移民东西洋。区境居民乘帆船过洋经商贸易，有些人因经商需要，久居不返（俗称“住番”），在当地繁衍生息，成为早期的华侨。

清康熙二十三年（1684 年），区境置海关，由此，成为通商的重要口岸和移民出国的主要门户。

清嘉庆年间，曾厝垵渔民曾旺来驾渔船到印尼海域捕海参，在当地晒干运回区境销售，不断往返经营此业而致富。曾旺来及其儿子、孙子（曾国裕、曾国聪、曾国明）都在印尼建家立业。随后，曾文扬、曾举荐、曾江水、曾国办等人也前往南洋，成为印尼泗水、缅甸仰光、新加坡、马六甲等地的华侨。

鸦片战争后，清廷腐败，西方列强入侵，加上自然灾害迭起，大批破产农民和失业者离乡背井到海外谋生。此时，西方殖民者正需要大批劳动力开发其殖民地资源，厦门由此成为西方贩卖“契约华工”最早和最重要的基地。区境华侨多为亲戚、朋友牵线，以经商为目的，不同于“卖猪崽”。思明人以各种形式与人口贩子作斗争，迫使从事劳力买卖的外国人离开厦门。据此史实，1980 年由北京电影制片厂创编拍成电影《海囚》，被评为 1981 年度优秀电影，思明区武术馆馆长曾谋尧担任武术指导。

清道光二十年（1840 年），思明人柯涛移居澳洲。道光二十五年六月，由设在区境的英商德记洋行康纳利经手，掠卖华工 180 人，搭乘法国帆船，运往留尼汪岛。道光二十七年，西班牙“奥格南多号”帆船装载 220 名华工，航行 131 天，抵达古巴哈瓦那。道光二十八年，澳洲新南威尔士的殖民者，通过英商德记洋行老板德滴，贩运华工 120 人前往悉尼。以上数批“华工”中，皆有思明人。

清末至民国初年，政局动荡，兵燹匪患，宗族械斗，连绵不绝。特别是日本侵略军发动全面侵华战争后，厦门岛沦陷，大批百姓逃往海外，从而出现闽南人（含思明人）的出国高潮。

莲坂《叶氏族谱》载，清初至民国 38 年（1949 年 9 月 30 日止）9 月，其十九世至二十八世族人中，有 79 人前往东南亚各国谋生，长住异国，卒葬他乡。其分布范围包括今菲律宾、泰国、缅甸、马来西亚、新加坡、印尼、越南等国，其中有不少是商人。如第二十三世叶增任“往暹罗（今泰国），后购船旋归，卒于海中”。

至民国 38 年 9 月，由于战乱、灾荒等原因，乃有思明人出国谋生者。

1949 年 10 月到 1966 年，出国定居的新移民很少。

1978 年起，执行国务院《关于放宽和改进华侨、侨眷出境审批的意见》，出国人数明显增加。1996 年后，随着经济特区建设成效日见显著，人民生活水平迅速提高，出国出境人数逐渐减少。1996 年，区境出国人数为 6388 人；2007 年，仅 1670 人。

二、华侨分布

早期思明籍华侨大多分布在东南亚一带，其中以菲律宾、新加坡、马来西亚、印度尼西亚为多，次为越南、缅甸、泰国等。其他国家和地区的早期移民较少。石塘《谢氏家乘》载，明末清初石塘到菲律宾 337 人。马六甲碑文记载，上李社李为经、曾厝垵村曾其禄在葡萄牙殖民统治马六甲时期任“甲必丹”。清康熙至咸丰年间，石塘谢氏族人卒葬于马六甲 15 人、槟榔屿 110 人、柔佛 4 人、丁加奴 13 人；有族人 73 人先后殁于咬留巴、三宝垄、旧港、巴东、望加锡等地。

1950 年后，思明籍华侨分布从传统的东南亚向世界各地扩展。据 1988 年 10 月统计，50 多个国家和地区有思明籍华侨居住。2005 年，思明籍华侨华人 126345 人（含“出国人员”1669 人），分布在世界五大洲96个国家和地区。

2007年，思明籍华侨华人117152人，分布在世界五大洲97个国家和地区。

2005年思明籍旅外华侨华人主要分布统计表

表29-1-1 单位：人

国家（地区）	华侨	华人	国家（地区）	华侨	华人
印尼	3983	17777	文莱	32	750
马来西亚	2810	12337	日本	502	375
菲律宾	2901	7871	南非	18	111
新加坡	3183	10932	比利时		102
泰国	522	3497	意大利	47	142
越南	632	1656	荷兰	23	652
美国	2219	10632	葡萄牙	8	98
加拿大	730	1814	西班牙	17	225
澳大利亚	861	3810	瑞典	92	240
缅甸	473	1184	俄罗斯	14	81
新西兰	97	362	巴西	30	209
法国	96	511	阿根廷	10	67
英国	106	814	瑞士	2	70
德国	50	323	奥地利	3	58
匈牙利	17	58	朝鲜	13	30
挪威	1	60	柬埔寨	30	54
阿根廷	10	67	小计33个国家	19532	76969

除表中所列外，还有少量分布于巴林、印度、伊朗、伊拉克、以色列、老挝、黎巴嫩、马尔代夫、蒙古、阿曼、巴基斯坦、巴勒斯坦、卡塔尔、沙特阿拉伯、韩国、贝宁、阿拉伯联合酋长国、博茨瓦那、冈比亚、利比亚、肯尼亚、马达加斯加、尔日利亚、突尼斯、斯威士兰、丹麦、爱尔兰、芬兰、南斯拉夫、捷克、哥伦比亚、哥斯达黎尔、巴拉圭、乌克兰、墨西哥、巴拿马、秘鲁、斐济、苏里南、乌拉圭、委内瑞拉、马克萨斯、诺福克岛、巴布亚新几内亚、马绍尔群岛等64个国家或地区。

三、归侨、侨眷

据1996年侨情调查，鼓浪屿区有（华侨华人1.5万人）归侨侨眷和出国人员眷属3000多人；开元区有（华侨华人77477人）归侨2945人、侨眷29267人；思明区有（华侨华人3.2万人）归侨侨眷、出国人员眷属10520人。三区共有（华侨华人12.45万人）归侨、侨属和出国人员眷属4.57万人。

2005年侨情调查，思明区有归侨4454人、侨眷12955人。

四、华侨社团

清代中叶，区境侨胞海外社团逐步出现，至2007年，思明区侨胞海外同乡社团（含参与创办者）有328家。选介如下。

泰国福建会馆 址于曼谷顺兴宫。清同治十一年（1872年），泰国福建公所创立。民国元年（1912年），改为福建会馆，以“联络感情，交换知识，襄助社会，振兴教育，发扬体育运动，提高会员福利，管理一切慈善机关公产”为宗旨。1982年，会馆有思明籍会员150名，厦门籍蔡志传当选为第四十八届理事会副理事长。

印度尼西亚棉兰福建会馆 清光绪七年（1881年）创立，初名福建公司。光绪三十二年，苏保全、丘清德、温金发等思明籍华侨倡议改名福建会所。民国13年，再改名福建会馆，并注册登记。民国16年，兴建新会所。民国25年，温金发当选会长，并蝉联多届。

新加坡中华总商会 清光绪三十二年（1906年）成立，原名华人商务总会，数年后改为现名，逐渐从华侨组织发展成为新加坡华商最高领导机构。在历届会长中，思明籍华侨（华人）：林推迁，第十四届会长（民国12年就职前去世）；陈六使，第二十六届会长（1950—1951年）；孙炳炎，第三十三届至三十四届会长（1965—1968年）；陈共存，第三十七届至三十八届会长（1973—1976年）。

缅甸华侨兴商总会 清宣统三年（1911年）成立，初名兴商公司，旋改华侨兴商总会。以维护华商正当权益为宗旨。历届会长、副会长、理事长、副理事长的思明籍华侨华人：陈吉昌、林庆星、邱新样、林金瓯、陈宝珠、杨温恭、曾文银、陈伯诚、陈水成、曾续枝、杨金镑、陈步墀、曾顺续、陈占梅等。

菲律宾宿务中华商会 民国元年成立，初称中华会所。民国12年，改为中华商会。创始人多为思明籍人，会务长期由厦门人负责。思明籍华侨黄登士长期担任主席。职员中思明籍人士占一半以上。

新加坡厦门公会 址于赵芳路。民国27年5月，厦门岛沦陷。禾山旅菲乡贤陈菊农由菲律宾到新加坡，遂与思明籍人沈雅南、张再来、黄克谱、叶西闽、李天虚、沈士民、刘德仁、王谷云、陈美川、陈寿全、周琛瑶、黄石头、杨天培、胡志斌等共同发起成立厦门公会。以谋救家乡及援助乡侨、服务社会为宗旨。吴清诰为首任常务主席。民国31年初，新加坡被日军占领，会务停止。日本投降后，又恢复活动。组织京剧研究组、中医施诊室等。民国36年7月，迁吉宁街新会所。1983年，设助学奖金，规定凡新加坡公民不分种族均可申请。1985年，成立助学奖金管理委员会；1987年，政府批准为公众慈善机构。1988年，修订章程，以“敦睦乡谊，阐扬互助精神，举办社会公益，增进会员福利”为宗旨。历任主席吴清诰、蔡水湖、陈瑞清、叶龙团、黄笃修、石炳丰、吴庆云。

旅缅厦门联合会 民国29年创立，创会人方海田、黄进米、陈天恩等。原名鹭江公会，会员以思明、禾山、鼓浪屿旅缅乡亲为主。后扩大组织，吸收同安旅缅乡亲，改名旅缅厦门联合会。宗旨为“爱国爱乡，联络乡侨，团结互助，共谋福利”。建立后，兴办慈善事业，推广华人教育，促进中缅友好关系。1994年，李仲梅任理事长。

雪兰莪厦门公会 址于马来西亚巴生。1954年创建。创立人何添寿、叶德建。至2007年，共二十届。当年会员300人。宗旨为“联络乡谊，为同乡谋福利”。注重乡亲福利及文教活动，举办乒乓球队、口琴队、歌咏队、中秋月饼会等活动。参加马来西亚福建联合会和雪兰莪中华大会堂活动。多次接待思明区经贸代表团，促进马中两国文化经贸交流。

菲律宾厦禾公会 址于宿务。1979年2月11日成立，原称菲律宾南岛厦禾公会，发起人何安顿、吕希福、肖清鹤、廖德全、陈泉隆、洪德宝、陈世续、薛汉强、陈庆章。会员包括祖籍厦门市区和郊区禾山乡人士。会员居地以宿务最多，次为南岛、吕宋。首任会长何安顿，副会长肖清鹤、廖德全、黄水镜。继任会长黄钟麟、肖清鹤、李恒国。公会除联络乡谊及参与华人社会活动外，还救灾济贫、助教兴学。1990年，改称菲律宾厦禾公会。1993年后，成员三分之二以上为在菲出生的华人。1995年，新一届理事长黄亮生与副理事长孙亚成、林庆祺均为中青年企业家，是积极参加当地政治活动之人士。多次组团访问区境，推动厦门与宿务友好城市之缔结。

北加州福建会馆 址于美国加利福尼亚州旧金山市。1983年，成立北美闽侨会馆。1985年，改称北加州福建会馆。会员多为移民入美的闽南人（其中有思明籍人）。宗旨为“同心同德，群策群力，互助互济，爱乡爱亲”。祖籍厦门的洪少松任第二届、第五届、第六届会长。

香港厦门联谊总会　址于北角渣华道18号商业大厦。1993年成立，发起人张恭泰等。由思明籍乡亲及在区境生活过的人士组成。宗旨为“联络友情，相互支持，沟通厦港两地友好合作关系”。会员1000人，商号会员51甲，团体会员8个。第六届负责人张恭泰。理事会下设11个工作部及投资、产业、国内事务和社会事务4个委员会。聘请50名各界知名人士任荣誉顾问。开展以经济建设为中心的会务活动，推进厦门与香港之间经贸、教育、科技、文化、旅游等交流。

第二节　参加祖国政治活动

一、发动闽南小刀会起义

清道光三十年（1850年）六月，新加坡归侨陈庆真、暹罗（今泰国）归侨王泉等人在旗杆脚五祖庙（今大中路旗杆巷）发起组织小刀会。清咸丰元年（1851年）一月，陈庆真被兴泉永兵备道张熙宁逮捕，翌日遭酷刑杀害。王泉等56名骨干亦先后被捕，小刀会损失惨重。咸丰三年三月，太平天国军队攻克南京。四月，归侨江源、江发兄弟策动小刀会起义，因泄密被海澄知县汪世清捕杀。五月，侨眷黄德美、黄位又发动小刀会起义，攻海澄、克龙溪，占漳州、下长泰，继而乘船进攻厦门、同安，又连克安溪、漳浦、平和及诏安、云霄等地。小刀会发展至3万多人，并在区境建立政权半年。终被清廷所灭。

二、参加辛亥革命

清光绪三十二年（1906年），厦门籍华侨陈楚楠在新加坡晚晴园，由孙中山见证，与张永福、李竹痴一同加入中国同盟会。陈楚楠被推举为中国同盟会新加坡分会会长，并被派到南洋各地建立同盟分会。由他发起的同盟分会有槟榔屿、吉隆坡、怡保、马六甲、太平、英荒、瓜劳、卑那、麻坡等。至光绪三十四年，南洋各地的同盟分会和外围组织有100多个。陈楚楠与张永福自筹资金，将邹容的《革命军》改名《图存篇》，翻印2万册，在海外华侨中散发，还分寄到国内各省、州、县，甚至北京翰林院、总理衙门，引起巨大震动。陈楚楠和张永福合资5万元，创办《图南日报》，宣传革命思想，行销东南亚各国，发行2000多份。陈楚楠等人创办的《中兴日报》，为新加坡同盟分会宣传工具，发行量一度升到4000多份。光绪三十三年至三十四年，孙中山在广东、广西、云南等省连续发动7次武装起义，每次举事，陈楚楠等人均筹款接济。云南河口起义失败后，部队经越南辗转到新加坡，陈楚楠等人向华民政务司交涉，让义军将士合法进境，还交纳8万元担保费，在蔡厝港开办一家公司，安置义军。

马来亚槟城的厦门籍华侨陈新政，是支援辛亥革命筹款活动中“呼号奔走最有力者之一”，为黄花岗战役在华侨中筹得经费18万元。霹雳州的华侨郑螺生，是怡保同盟分会会长，受孙中山派遣到新加坡、爪哇一带组织革命党，并在华侨中募得巨款资助革命，变卖私人股票助饷。孙中山、黄兴每有筹款起义的计划，必到郑螺生住处筹划，共谋大计。

光绪三十四年，旅居缅甸华侨庄银安、徐赞周，加入同盟会，庄任缅甸支部会长。他们发动华侨集资，创办《光华日报》，大造革命舆论。至清宣统三年（1911年），缅甸同盟会有会员2343人，其中厦门籍华侨472人。《光华日报》因宣传反清言论，被清廷勾结缅英当局逼迫解散。同盟会员基于义愤，一夜间筹款1.3万盾，创办《光华报》，不久，又被破坏，主编和经理被逐出境。后，《光华报》改名《进化报》出版，维持8个月又被封闭。

武昌起义胜利后，各省相继独立。新加坡闽侨陈楚楠、陈嘉庚、陈帧祥等获悉福建省军政府成立急需用款（请求支援急电），即发起在源顺街召开闽侨大会，有近千人参加。会上决定组织福建保安会，筹款帮助闽省军政府维持地方治安。会议选举陈嘉庚、张顺善为正副总理，陈先进、林秉祥为正副财政，张永福、陈楚楠为正副庶务。福建保安会劝募的主要对象是闽帮商号，同时采用多种形式募捐活动，向设在新加坡的福建平粜局拨款2万元，向福建省都督府电汇两次共30万元。

辛亥十月十一日，缅甸华侨聚会组织“筹饷局”，推举徐赞周为局长，并以缅甸中国同盟会的名义发出《告全缅侨胞书》，号召华侨踊跃捐款支援革命政府。同时，推举庄银安为南洋华侨总代表回乡援助祖国的建立民国事业。清宣统三年九月二十五日（1911年11月15日），革命军攻占厦门，南洋华侨无不欢欣鼓舞。庄银安受命携带华侨捐款回到厦门。庄被福建都督孙道仁聘为顾问，被厦门参事会推举为议长兼财政长，主持临时筹饷局，由丘廑兢协助工作。

旅居印尼泗水的华侨推选庄以卿、庄少容、王少文携带华侨捐款2万银元赶回厦门；马来亚槟榔屿的陈新政、邱明昶等人也为支援厦门光复紧急发动华侨捐款。

印尼华侨王振邦是辛亥光复厦门之役的领导人之一。参与光复厦门的还有56位归侨，其中有陈天赐、黄金安，以及华侨炸弹队的杨有本、蒋赢洲、蒋德卿、蒋报安、蒋以钦、王克昌、叶世春、陈子山等。此外，还有47位华侨热血青年，自筹川资，分别从缅甸的仰光，印尼的日惹，马来亚的吉隆坡、槟城、太平，新加坡等地返回厦门，为新成立的政府效力。其中，有26人前往湖北参加敢死队。

革命军攻占上海以后，庄希泉受都督府财政总长沈缦云的委托，率领募饷队到南洋一带筹饷，在新加坡华侨中募得10万元。民国元年临时政府成立后，孙中山决定筹办“中华实业银行”，计划在南洋华侨中招募股金500万元。为募股金，庄希泉再度远涉重洋，不久，中华实业银行南洋分行在新加坡奴米之路开业，庄希泉任副总经理。

三、参加反袁护国运动

民国4年，袁世凯妄图复辟帝制的消息传到海外，广大华侨群情激愤，纷纷募款支持孙中山进行反袁斗争。缅甸华侨曾广庇、杨子贞在仰光发起“国民捐”“爱国捐”，共筹集28.7万缅币作为讨袁经费。委派陈允洛、邱怡领携款返厦门，供开展倒袁运动开支。是年，中华革命党福建支部正式成立，叶青眼任支部长。中华革命党福建（厦门）支部设在鼓浪屿鹿耳礁杨姓归侨家中，丘廑兢、陈金芳、丘仁心等归侨都在支部中担任职务。中华革命党在鼓浪屿的浔源、英华、迴澜3所书院秘密发展党员，并在漳、泉、榕等地建立分支机构，建立“闽南讨逆军”。菲律宾归侨杨光练、杨积芽在大史巷开设新聚源客栈，作为革命武装的秘密联络站。另一个联络点，是缅甸归侨丘仁心等开设在岛美路的鸿茂行。丘仁心在闽南讨逆军中任军需，该军的经费几乎都由华侨募捐。闽南讨逆军驻扎在灌口的寨仔湖山口庙一带，先后袭击海澄县（今龙海市）角尾和长泰县的林墩、严溪等地的北洋军阀保安团，缴获一批武器；讨逆军派人携带炸弹轰击思明县政府和汉奸黄世金住宅。

民国5年1月29日，中华革命党福建支部在鼓浪屿复兴路50号郑子发家中召开秘密军事会议，决定2月2日半夜举行武装起义，夺取思明县政府和厦门道尹公署，印尼归侨苏眇公为此起草《讨袁檄文》；但因事不机密，起义未能成功。5月27日凌晨，讨逆军再次举事，从鼓浪屿出发，进攻同安县城，遭伏击而告败，中华革命党福建支部亦被破坏。

四、声援“五卅”爱国运动

民国14年，上海发生“五卅”惨案。6月4日，厦门国民外交后援会成立，新加坡归侨庄希泉、余佩皋等25人被推选为委员。翌日，在区境组织人员参加于厦门大学举行的“厦门各界人民声援五卅惨案大会”，余佩皋在会上慷慨陈词。厦大、厦南、集美、双十、大同等侨办学校的师生组织宣传队、募捐队，纷纷走上街头宣传反帝爱国、开展募捐活动。组织纠察队到码头巡逻检查，防止奸商私运英、日等国货物入境。

声援“五卅”爱国运动受到当局的破坏。庄希泉等人联络反帝爱国人士，组织厦门外交协会，以“废除不平等条约”为斗争宗旨，继续从事爱国活动。

五、发起闽侨救乡运动

民国9年10月17日，旅菲华侨吴克诚、李文秀、郑焕彩等人倡议，在鼓浪屿叶寿堂别墅召开“华侨谈话会”，商讨救乡事宜。会后，吴克诚等人回到马尼拉，联络各大侨商酝酿组织“福建自治会”。11 月在东方俱乐部聚会并成立筹备处，推选李清泉、吴克诚为正副主席，起草自治会章程草案。

民国 11 年 11 月 19 日，菲律宾华侨召开华侨治安大会，成立旅菲华侨自治急进会，选举李清泉、吴克诚、陈迎来、薛敏佬、邱允衡、杨忠信、郑汉琪、戴金华、叶天送、薛芬士、杨孔莺、黄念忆等 71 人为干事员。推选李清泉为主任，吴克诚、陈迎来为副主任。大会致电新加坡中华总商会、福建省议会、厦门商会、厦门教育会及上海、北京等地的福建同乡会，阐明提倡自治之精神。

民国 12 年 6 月 22 日，南洋闽侨救乡会发起人大会在马尼拉亚洲大戏院举行。当日下午，在菲律宾中华总商会召开干事会，成立干事、监察两部，推选陈三多为总干事，陈佑荪为副总干事。会后即委派杨孔莺、王泉笙、陈克如分赴新加坡等地联络，东南亚各地建立分会 18 处。

民国 14 年 5 月 17—29 日，南洋闽侨救乡会成立大会在菲律宾马尼拉召开，大会制定救乡运动宗旨：采用正当方法，恢复地方秩序；实行根本建设，维持永久安宁；发展生产事业，改善人民生活；联络真正团体，协谋地方幸福；养成高尚人格，鼓励牺牲精神。南洋闽侨救乡大会推举李清泉为总理，薛敏佬为副总理，吴纪藿、叶天送等 5 人为监察员。大会结束后，李清泉回闽，广泛联络国内各有关单位及社会各界。将总会会所移到鼓浪屿福建路 31 号。

南洋闽侨救乡大会设“南洋闽侨通讯社”，创办《救乡周刊》《新闽日报》《南洋闽侨救乡会会刊》等报刊。总会派李文炳等人组织露天演讲团分赴内地各区乡，向归侨、侨眷宣传救乡自治自卫。翌年 3 月 15—30 日，在鼓浪屿策进俱乐部召开南洋闽侨救乡代表大会。与会代表讨论通过筹办漳厦铁路龙岩段、设立华侨模范村、联络各县绅耋自动清乡和办理各区乡保卫团、贯彻自卫自治宗旨等 11 项提案。由于当时政局动荡等诸多原由，闽侨救乡计划无法实现。

六、支持“闽变”

民国 22 年 11 月，十九路军将领联合国民党爱国人士和第三党人，宣布与共产党人合作，开展抗日反蒋运动，并在福州成立中华共和国人民革命政府，史称“闽变”。菲律宾华侨李清泉闻讯即募款 20 万元，以支援革命政府。马来亚华侨派出以何葆仁、李铁民等为代表的考察团，回福建拜会革命政府成员，支持新政府的抗日主张。马尼拉中华商会主席许友超出任新政府厦门市市长，又升任龙汀漳省省长。11 月 23 日，许友超与华侨董冰如等联名致电海外各地侨胞，要求“竭诚拥护新政府”。翌年 1 月，“闽变”失败。

七、支援抗日救亡

民国 27 年 5 月，厦门岛沦陷。居住鼓浪屿的中外人士组织国际救济会，电请南洋华侨支援。菲律宾侨领李清泉即函请陈嘉庚，建议设立统一机构以领导南洋华侨抗日募捐及救援工作。陈嘉庚在报上发表通告，阐明成立统一领导机构的必要性，并就召开南洋各属筹赈代表大会提出具体措施。10 月 10 日，来自马来亚、缅甸及香港等 45 个筹赈会的 168 名代表齐聚新加坡，在武吉知马华侨中学大礼堂开会，成立南洋华侨筹赈祖国难民总会（简称“南侨总会”），总办事处设在怡和轩俱乐部，下设 68 个直属分支机构。南侨总会向广大侨胞发表《大会宣言》，号召坚定抗战胜利绝对可期的信心，要求侨胞“各尽所能，各竭所有，自策自鞭，自勉自励，踊跃解囊，贡献于国家。”约定每月向祖国捐献，直至抗战结束。各地华侨爱国团体和组织开展特别捐、常月捐等多种形式的捐款活动。

民国 27 年，日军占领广州，形成对中国沿海的封锁。滇缅公路成了最重要的交通运输线，当时司机及修理工（简称“机工”）十分缺乏。南侨总会为此广泛招聘机工回国服务。应征的 3200 多名华侨机工放弃安定的生活，投入艰苦危险的战争环境中。滇缅公路全长 1100 多公里，路面崎岖不平，地势险峻复杂，野兽出没，瘴疫流行。华侨机工流血流汗，许多人牺牲宝贵生命。华侨机工中思明籍者有洪华民、林福来、林记茂、王志诚、陈美学、许成瑞、陈聪明、李荣竹、李亚三、李文唇等人。

民国 28 年，张楚琨等人回国，赴贵阳、昆明、桂林、长沙一带前线采访。回到新加坡后，在《南洋商报》刊物连载《抗战中的祖国》等系列报道。

庄希泉在“七七”事变后即从菲律宾马尼拉移居香港，主持闽台抗日救亡同志会的工作，从事抗日宣传。

民国28年冬，南侨总会组织慰劳团，代表南洋广大侨胞回国慰劳前线抗战军民。慰劳团共48人，由陈嘉庚率领，分3个团，分3路到湖南、江西、浙江、福建、广东、广西、云南、贵州、四川、陕西、河南、河北、安徽、甘肃、青海、绥远16个省。慰劳团于民国29年3月26日出发，7月29日结束。

八、参加解放战争

民国35年6月，国民党军队向共产党解放区发动全面进攻。10月，新加坡华侨各界成立促进祖国和平民主联合会，陈嘉庚任主席。

“民联会”召开“各界华侨支援祖国学生反内战大会”，大会提出“建立联合政府”的口号。陈嘉庚与张楚琨、李铁民创办《南侨日报》。陈嘉庚在该报发表系列时事评论文章，抨击美蒋发动内战的阴谋与罪行。民国38年5月，陈嘉庚应毛泽东邀请，回国参加中国人民政治协商会议筹备会。

思明华侨、归侨积极参加解放战争。从菲律宾回国的厦门华侨黄登保，任解放军东北牡丹江炮兵团团长、炮兵师参谋长，参加辽沈战役、平津战役，又率部南下解放雷州半岛。缅甸归侨马寒冰（原名马国良）随解放军部队进入新疆，任新疆军区文化部部长兼中共新疆分局副秘书长。菲律宾归侨蔡经华，将自家小洋楼作为中共党支部开会地点，还作为收藏秘密文件、印发宣传品的据点。他带着皮下出血症，为刻印革命宣传品夜以继日工作。后被捕，下落不明。随“缅甸华侨战工队”回厦的缅甸归侨吴学诚，抗战胜利后在厦门《中央日报》任副刊编辑，他将亲戚托管的“妙法林”和旗杆巷1号住宅借给中共厦门党组织作为活动场所。后因身份暴露被捕牺牲。

菲律宾有几百名华侨陆续经香港回国参加解放战争或革命活动。其中，在厦门的有施耀（又名施义杰）、许绍明（又名许亮）、陈振邦、陈振佳、庄清华、陈而卓等人。

九、参政任要职

民国初年，在民主革命中有功的华侨回国，多被各级军政府或地方政府聘为顾问或委为政府官员。庄银安于民国元年任厦门参事会会长兼财政长，被福建都督孙道仁聘为顾问；民国2年任国民政府稽勋局名誉审议；民国17年5月至民国18年9月，代理福建侨务委员会主任。林文庆于民国元年出任孙中山临时大总统机要秘书兼医官，民国2年任卫生部总监督，民国10年任厦门大学校长。陈楚楠于民国6年受聘为军政府参议，民国17—22年任福建省政府委员，兼任实业厅厅长。郑螺生于民国6年任广州大元帅府庶务司长，后历任南京国民政府检察院监察委员、侨务委员会委员。陈新政于民国11年应福建省主席林森邀请，回国襄理政务。民国22年建厦门市至民国38年10月的历任市长中，有4任是归侨担任，即菲律宾归侨许友超、黄天爵、陈荣芳及新加坡归侨李怡星。何葆仁任国民参政会第二、三届参政员。抗战胜利后，厦门籍华侨何葆仁、陈荣芳任第四届国民参政会华侨参政员。

中华人民共和国成立后，华侨参政议政作用更得到人民政府的高度重视。从中央到省、市、区、县，各级人民代表大会代表、政治协商会议委员中，都有思明籍的华侨、归侨、侨眷。1950年，庄希泉任中央人民政府华侨事务委员会副主任委员；马来亚归侨林一心任中共厦门市委书记；柬埔寨归侨林修德任中共厦门市委副书记。

1952年，蔡衍吉任厦门市人民政府副市长；1955—1956年，张道时任厦门市人民政府副市长、市长；1956年，肖枫任中共厦门市委副书记；1962—1964年，颜西岳任厦门市人民政府副市长、厦门市人大常委会副主任、厦门市政协副主席；1965年，越南归侨陈应龙任厦门市政协副主席。

1962—1979年，施耀任厦门市人民政府副市长、厦门市革命委员会副主任、厦门市政协副主席、主席；1980—1983年，庄云潮任厦门市人民政府副市长、厦门市经济特区管委会副主任。

1979年12月，郭瑞人任福建省人民政府副省长；1983年3月，柯雪琦任厦门市人民政府副市长、厦门市政协副主席。

1979—1984 年，菲律宾归侨黄登保任中国人民解放军炮兵副司令员、全国侨联副主席。

1984 年起，林章珍任同安县人民政府副县长、思明区政协副主席、思明区侨联主席等。

1984—1994 年，缅甸归侨萧岗任中央华侨事务委员会办公室主任、全国侨联第三、第四届副主席、全国政协华侨委员会副主任。

1995—2007 年，区内归侨任要职的，有马来西亚归侨曾雄，任台盟市委会副主委；缅甸归侨杨民政，任致公党市委会宣传调研处副处长；菲律宾归侨杨永泰，任厦门市侨星实业总公司办公室主任；印尼归侨黄员坤，任厦门市地震台台长。

第三节　参与祖国经济建设

一、侨办商贸业

清光绪元年（1875 年），华侨在区境的商业贸易行业有经营进出口商行和棉布、茶叶、粮油、食糖、五金化工、医药等 20 多种，这些小企业均为独资或家族合作。至民国 38 年（1949 年 9 月 30 日止），华侨在区境开设商号约 300 家。

经营进出口商行 36 家。主要有缅甸华侨张永福（于民国 2 年开办）的张永福号，做进口大米生意，并经营侨批，租船航行于厦门和南洋；印尼华侨黄仲涵的建源行，做土特产进出口生意；槟城华侨李清黎的集成号，经营纸箔，兼营侨批；马来亚华侨肖满湖（为主要股东）的源茂行，做输出纸箔和土特产生意。还有新加坡华侨丘、杨、陈 3 人合资经营的万记行，林缁裘独资开设的和通行；菲律宾华侨林珠光开办的胜美行、黄秀开设的炳记行、庄无来的聚隆行、庄天来的哲成行、洪万桑的芳国行、柯世令的太古源记、蔡槌的合丰行、周冰心参股的中菲商业公司；印尼华侨黄奕住独资开设的黄日兴行、蒋以艺独资的合荣行、郭春秧的大通行、马钦庆的成记行、曾国沧的万成源行、杨德从的长裕行、曾万钢的南侨公司；缅甸华侨杨定安的集记行、陈德润的永德行、陈伯诚的华侨垦业公司等。

经营棉布的商店 18 家。主要有菲律宾华侨叶清池的捷记棉布行、缅甸华侨杨纯美的和平棉布店、菲律宾华侨施学忠的侨兴布店、菲律宾华侨王永泰参股的三元棉布行。

经营茶叶的商号 16 家。主要有菲律宾华侨廖芬记于清光绪十六年（1890 年）创办的芳茂茶庄，新加坡华侨林庆年于民国 14 年（1925 年）春开设林金泰茶庄（20 万元资金，在武夷山置茶园），新加坡“魏新记”茶庄的“魏新记分号”，缅甸华侨张锦团的“张源美”茶庄，菲律宾华侨方诗竹、方茂林合资的“方诗仑茶行”。

经营医药的 20 多家。主要有新加坡华侨胡文虎厦门永安堂、菲律宾华侨陈天恩西药房寿世堂、缅甸华侨胡五宏宜生栈、菲律宾华侨李四洽新南隆行、张五菲志昌参行、黄福缓德大参行、施玉铰信昌参行、杨德源新厦药房。

经营五金的 10 多家。主要有缅甸华侨黄开仕泰兴行、印尼华侨施国惠锦生五金行。

经营粮食的 10 多家。主要有缅甸华侨陈碧峰有利粮食行、李荣敷源茂行、李清波长益兴行。

此外，菲律宾华侨欧阳璜美的照相馆、马来亚华侨郭高恩清白车行、越南华侨大众文具店等也较为主要。

中华人民共和国成立初期，侨资商店多数延续。1949 年 11 月 12 日下午 5 时，香港太古公司兴永轮由香港驶抵厦门港，是解放后第一艘驶入区境通商的华侨轮船。侨资商店至 1956 年工商业社会主义改造后，基本都并入合作商店或国营商行。1980 年起，侨资商店又逐步兴办。2007 年，区境侨办商店共 76 家。主要有丽的（厦门）珠宝饰品、厦门米雪儿服饰、厦门嘉年名华家居用品、东美（厦门）艺品、厦门新颖升电器、厦门阳明塑钢、厦门安捷石油、厦门力菲克药业、新加坡食品（厦门）等公司。

二、侨办交通运输业

清光绪元年（1875 年），新加坡华侨邱忠波在新加坡创办万兴船务公司，购置“漳福建”“漳海澄”号客轮航行于厦门与新加坡之间，分公司设于厦门、汕头、香港。民国时期，华侨林秉祥在区境开设新加坡和丰航运公司分公司，购置“丰美”“丰远”“丰盛”“丰平”号客轮经营厦门到香港地区及新加坡、槟城、仰光等地的客运。缅甸华侨林振宗开办协德轮船公司，客货兼营，来往于厦门与南洋列岛各口岸。还有菲律宾华侨吴云择的福记轮船公司，吴汇祝、吴安禄合资的安记轮船公司，蔡本油等人合资的锦丰船务行。民国 36 年，菲律宾华侨吕仲文经营协顺公司，陈柏松开办厦门轮船公司；菲侨林光华、黄长铭、姚家园等亦投资于厦门的航运业。

1949 年 10 月，侨资交通运输业皆停办。

1981 年后，逐渐出现桥梁交通运输类型侨资企业。2007 年，区境侨办交通运输企业共 8 家。

三、侨办房地产业

清末，越南华侨黄文华创办黄荣远堂，为区境最早的房地产企业，于民国 9 年建造房屋 54 座，建筑面积 1.7 万平方米。

民国 7 年，华侨巨商黄奕住买下英商德记洋行在鼓浪屿的产业，建起 3 座洋楼，其中一座造价高达 10 万元，为当时鼓浪屿最豪华的别墅；又于民国 9 年建“观海别墅”，还购海滩填地建屋而成日兴街。民国 19 年，黄奕住创办黄聚德堂，先后投资 200 多万银元，在思明和鼓浪屿开发房地产，各式房屋共 160 多座，建筑面积 4.1 万平方米。

民国 8 年，印尼华侨郭春秧在鼓浪屿中心区锦祥街道的两旁，独资兴建成片的楼房，另在港仔后建洋楼、别墅多处。

民国 15 年，新加坡、缅甸华侨黄文德、许文麻等合资创办振祥、宏益房地产公司，围海填滩，兴建楼房在浮屿一带（厦禾路、小学路）。

民国 16 年，菲律宾华侨李昭北在思明创办李民兴置业公司，先后投资 300 多万银元，用于鹭江道一带的填海筑堤工程。同时，在大同路、镇邦路、寿山路及碧山路之间建造一列式的沿街楼房。其子李清泉夫妇也投资房地产业，在中山路和鼓浪屿升旗山兴建楼房。

民国 17 年，印尼华侨黄超龙、黄超群开办龙群公司。在蕹菜河（今思明南路）一带填河造地建新型楼房，又在公园西路等地建住宅，计 79 座，建筑面积 18 万平方米。同年，缅甸华侨柯清源的荣昌公司建楼房 24 幢，建筑面积 1.3 万平方米。菲律宾华侨陈廷戕创办陈廷戕公司，新加坡华侨汪庆昌创办新世界公司，缅甸华侨王紫如创办如华公司，印尼华侨杨德从开办长裕公司，缅甸华侨曾上苑创办曾上苑公司。

民国 18 年，马来亚华侨林海龙创办三合兴公司，菲律宾华侨陈琼林投建营平菜市场及益南公司。

民国 20 年，菲律宾华侨杨孔莺等合股开办华侨兴业公司，在南普陀寺东南面建“大南新村”10 座 3 层楼房；后又在思明南路兴建两列临街的 3 层楼房，即今大生里的东里和西里。

民国 28 年，印尼华侨李传别开办胜隆公司，建楼房 52 座，建筑面积 1.3 万平方米。

中山路、思明东西南北路、大同路、开元路、镇邦路、升平路、横竹路、大中路、水仙路、同文路、海后路、晨光路、鹭江道、厦禾路、蓼花路、虎园路、中山公园东西南北路的两旁建筑群、厦门港大南新村、鼓浪屿许多华丽楼房住宅、厦门市区及鼓浪屿的 9 个菜市场，多为华侨投资兴建。同时，华侨也热心投资城市电灯、电话、自来水和公共交通等与房地产业配套的公共设施。如，厦门电灯电力公司、厦门电话股份有限公司、厦门自来水股份有限公司及厦门公共汽车公司等。

中华人民共和国成立后，区境侨资投放于房地产开发的，自 1985 年至 2007 年共 59 家。主要有巴黎春天房地产开发（厦门）、厦门兴龙房地产开发、厦门金秋豪园房地产、厦门永宏基房地产、厦门新怡和房产、大华（厦门）房产、厦门海天房地产等公司。1991 年，新加坡大华银行与大华置业（房产）公司联合兴建 29 层的大华银行大厦（投资 5000 万美元），为金融商业中心标志建筑。

四、侨办金融业

银行业 民国10年春，侨胞黄奕住集资750万元在上海成立中南银行，翌年7月在思明设分行，为区境最早的银行业。民国14年3月，新加坡华侨银行厦门分行创立；同年8月，菲律宾中兴银行厦门分行开业。以上银行于民国27年5月关闭。民国34年冬，厦门集友银行设立。民国36年，中国工矿银行厦门分行成立。以上2所银行于1949年冬关闭。

1985年，新加坡大华银行在厦门设分行，址在湖滨北路19号大华银行大厦。1994年，菲律宾华侨陈永裁创办厦门商业银行，址在银行中心；并参与厦禾路改造建设。

钱庄和典当业 民国7年，黄奕住独资创办日兴钱庄，在侨胞中享有信誉。后有大川、泰兴、捷胜、恒元、华记、鼎昌、永记、胜利、茂华、建昌、华侨兴业等20多家钱庄（银号）相继建立。华侨典当业有谦亨、建盛、得春和华原。

保险业 民国2年，华侨创办厦门中华人寿保险普益团。民国20年，华侨创办太平保险公司。民国33年，华侨创办南侨保险公司。

五、侨办工业

清光绪三十年（1904年）春，归侨陈日翔、林辂存集资12万元创办华宝制瓷公司，为区境首家侨办工厂。光绪三十四年，归侨杨格非以4万元资金创办淘化罐头食品厂，生产酱菜、水果罐头和酱油，产品畅销东南亚各国。

民国2年，陈嘉庚与杨格非集资16万元开办大同酱油厂。民国16年，“淘化”“大同”合并为“淘化大同股份有限公司”，资本增到100万元，年底在香港设立分公司。年产食品罐头500多吨，销售市场由东南亚国家扩大到欧美国家。其宝塔牌酱油产品获巴拿马万国博览会金奖。抗战期间，淘化大同总公司迁往香港，厦门的厂房及设备均被日军占用，损失巨大。

民国7年，菲律宾华侨王达金等3人集资2000银元开办广义和国记公司，制造发动机、碾米机、榨蔗机、磅秤及其他小型生产用具。

民国10年，印尼华侨陈森炎集资14万元，在鼓浪屿创办南洲有限公司花砖厂。是年，印尼华侨黄奕住和绅商黄世金创办自来水公司（资金110万银元）。后以92万银元在上李建上李蓄水池（上李水库）。此为全省首个由华侨投资建设的自来水工程。

民国11年，新加坡华侨吴其昌创办贻厥斋酒厂。民国14年，菲律宾华侨陈金水创办厦门精华电池厂。民国16年，新加坡华侨黄笃修开办厦门淘大制造机器厂、厦门淘大铸鼎厂；黄钦书、陈荣芳等人集资30万元在鼓浪屿创办兆和酱油厂，产品行销印尼。民国17年，马来亚华侨陈光地创办厦门万全堂酒厂，菲律宾华侨胡佩伍集资开办厦门育源印刷厂，缅甸华侨杨昆星集股创办厦门昆记粮食加工厂。民国18年，陈英南集侨资16万元，开设民生布厂；菲律宾归侨杨兆昆独资开办民光布厂。民国19年，缅甸华侨许文麻、王其华合资10万元兴建福建硝皮厂有限公司，产品畅销国内外。

抗战期间，华侨中断在区境投资办厂。

抗战胜利后两年间，华侨开办的企业主要有马来亚华侨黄大伟的厦门大道肥皂厂，菲律宾华侨林中玉的厦门华中火柴厂，菲律宾华侨施维熊的厦门华夏烟厂，马来亚华侨黄重吉的电池厂、锯木厂、罐头厂、铁工厂、橡胶厂、酒厂、油厂、肥皂厂、烟厂、糖果饼干厂等，菲律宾华侨林为白的中原烟厂，印尼华侨林采之的福建铅锰粉厂、电池厂等。

1952年7月，成立福建省华侨投资股份有限公司，华侨以购买该公司的企业股票进行间接投资，其中厦门华侨的股金占全省的17%。

1953年4月，印尼归侨杨绵全创办侨联工业社纺织厂投产，其棉布产量占全市同期手工纺织业总产量的40%。1956年，在对私改造中，该厂并入厦门第一纺织厂。

1958年3月，马来亚归侨王明园、王庆辉、吴信义集资创办五三化工厂，制造酱油和味精。后与新加坡华侨、印尼归侨共同增资，扩大规模并改称侨星化工厂。

1952—1964 年，福建省华侨投资股份有限公司在厦门鹭光橡胶厂、厦门感光厂、厦门瓷厂、厦门纸厂、厦门罐头厂、厦门电池厂、厦门蚊香厂、厦门第二塑料厂等 11 家工厂共投资 492 万元。

1984 年，厦门市侨联与香港鹭江公司合资兴办厦门侨利食品厂，址在龙山南路 191 号。1986 年，侨星化工厂与香港南海兴业有限公司合资成立厦门华夏食品工业有限公司。1987 年，新加坡侨领孙炳炎创办厦门东方食品有限公司。马来西亚东方海外私人有限公司创办厦门北马钢业有限公司，首期投资 700 万美元。

1990 年后，侨资工业较快增加，如厦门明钜硅业、爽得（厦门）纸业、得肯（厦门）塑胶、厦门根本精细化工、厦门维肯医药化学、厦门高骏木制品、永嘉（厦门）工业、厦门欧航轻工制品、厦门恒风航空工艺制品等公司。2007 年，区境侨办工业企业共 56 家。

六、其他侨办实业

客店酒店业 清光绪年间，菲律宾华侨开设安岷栈。继而由华侨、侨眷开办的客栈有盛丰、三春、安庆、庆华、同安公司、太平洋、石狮有财、新泉成、侨联、侨兴、洪南美、华南、锦盛、莆仙、新源安、新永兴、泉昌、建东、华侨、盛昔等数十家。规模稍大的旅社有菲律宾华侨庄春木等集资的白宫旅社，菲律宾华侨蔡杰士等兴办的华侨服务社，缅甸华侨曾仰望的大千旅社，印尼华侨洪雪堂的厦大旅社，新加坡归侨吕天宝的天仙旅社等。

1981 年起，侨办客店、酒店、餐饮店多且规模大。如，1981 年，新加坡侨领孙炳炎兴办新加坡酒店；1992 年 6 月，新加坡丰隆集团与厦门旅游总公司联办四星级厦门海景皇冠假日大酒店开业，总投资 3800 万美元；还有厦门宝龙国际度假大酒店、厦门香格里拉大酒店、厦门牡丹大酒楼、厦门鹭江宾馆、厦门枫悦大酒店等。2007 年，区境侨办客店、酒店、餐饮店共 16 家。

娱乐业 民国 11 年，邵利杏投建中华戏院（今中华电影院原址），开业后不久即由新加坡归侨林绍裘承包放映权。民国 16 年，归侨曾国新、曾国聪投资 15 万银元兴建思明戏院（今思明电影院原址）。民国 19 年，归侨陈渊源开办新世界游乐场。

1981 年后，侨办娱乐业较快增多且规模大。如，厦门永顺海上娱乐有限公司、厦门鹭京娱乐城、厦门明迅康乐有限公司、厦门东方国际文化影视等。2007 年，区境侨办娱乐业共 24 家。

电子信息业 1981 年后，逐渐出现侨办电子信息业。如，中合（厦门）移动科技、厦门直通信息服务、厦门视远资讯等有限公司。2007 年，区境侨办电子信息业共 19 家。

此外，区境还出现侨办物业管理、保健美容、环境保护、会展、维修等行业的公司。

第四节 捐办祖国公益事业

一、捐资办学

清光绪六年（1880 年），外国教会创办鼓浪屿“寻源斋”，经费由菲律宾华侨资助。光绪二十四年，菲律宾华侨叶清池、陈博学、邱振祥、江宗尧、陈阿顺等人发起创办同文书院（址为今同文中学），开办经费由叶清池等人捐助；后由美国领事馆从厦门至菲律宾的华侨签证附加费中提取（每证附加 2 元，其中 1 元作为同文书院基金）。当时厦门和菲律宾之间华侨往返流量每年约 20 万人次，同文书院的经费甚足。旅菲、旅印（尼）华侨捐款数十万元，黄秀烺、黄奕住、叶清池各捐建教学楼一座，命名“秀烺楼”“奕住楼”“清池楼”。

民国 8 年（1919 年），厦门劝学所所长孙印川到南洋各国向华侨募得巨款，兴建鼓浪屿普育小学。菲律宾华侨林珠光带头捐资 8000 元、马来亚华侨刘育才捐助 1000 元，与乡绅马侨儒联合创办私立双十商业小学。

民国10年4月，陈嘉庚创办厦门大学。诸多著名华侨黄奕住、曾江水、李光前、陈六使、叶玉堆、陈延谦、李俊承等及新加坡群进橡胶公司等企业，先后向厦门大学捐助经费和图书馆设备。

民国11年，林珠光捐资在前埔村创办云梯学校（“云梯”为林珠光之父名），并开办中等职业学校。是年，庄希泉、余佩皋夫妇自新加坡回思明，创办厦南女中；民国26年，重修校舍，增聘教师，兼办小学。民国12年，陈嘉庚将新加坡大成胶园捐作厦门大学教育基金。

民国13年，华侨曹允泽和乡绅杨景文等发起创办大同中学，初创时借宝善小学校舍上课。民国18年，由华侨胡文虎、曹允泽、许文升等资助兴建校舍，建成文虎楼、允泽楼、文鼎楼和越棠楼，并添置大量的图书和仪器。

民国25年，陈嘉庚、李光前、陈六使、陈延谦、李俊承等人集资16万元在马来亚柔佛州购置胶园400英亩，每月获息2000元，全部充作厦门大学基金。其后，集美校友陈六使等发起创办集友银行总行，将每年盈利10%捐作集美学校和厦门大学基金。菲律宾华侨郑汉荣、归侨黄其华捐资设立双十中学教育基金。

1956年，印尼华侨李流芳在公园西路创办华侨幼儿园。是年，归侨颜西岳、李流芳、郭美兰、汪万新、吴丽梅等发起创办华侨托儿所。鼓浪屿归侨侨眷发起组织鼓浪屿区居民福利事业委员会，筹款接办鼓浪屿第一、第二幼儿园和街道托儿所。1957年，归侨颜西岳、林采之、汪万新等创办华侨学生补习班。1958年成立的华侨中学，长期得到海外华侨社团的大量捐助。

1984年，双十中学成立65周年校庆时开始接受海外捐资，到2000年，学校有6个华侨捐资设立的奖教奖学基金会，接受捐赠983万元。其中，校友陈成秀捐资100万元成立香港大庆教育基金会，校友林华国捐资460万元建设图书馆。2006年5月至2007年底，接受捐赠1726万元。

1986年12月，厦门大学海外校友庄汉卿设立厦门大学“卢嘉锡蔡启瑞奖学金”，专门奖励厦门大学化学系品学兼优的学生。1987年，厦门大学旅菲校友捐资设立“本栋奖学金”，每年奖励10名厦大优秀学生。

1988年，新加坡华侨在厦门设立“洪恭仕洪文发助学金”，每年资助10名在厦高校就读而家境贫寒的优秀学生（每年每人800元，直到毕业）。是年，菲律宾华侨许自钦捐资在厦门大学设立“自钦奖学金”，每年奖励厦大涉外专业10名优秀本科生。厦门大学海外校友设立奖学金者还有素端奖学金、朱伯舜博士奖学金、傅鹰奖学金、李法西海洋学奖学金、黄秀烺奖学金。当年，厦门大学10多个奖教奖学基金会共设基金732万元。至2007年，厦门大学由华侨、校友及友人捐建的建筑物有群贤楼群、建南楼群、芙蓉楼群、华侨之家、明培体育馆、逸夫楼、蔡清洁楼等。校友和海内外各界在厦大设立的校际奖助学金共22项，年度奖励名额690名，奖励金额达170万元。

1994年，福建省黄仲咸教育基金会独资创会理事长黄仲咸（印尼籍华人）独资1.5亿元在区境捐建“厦门必利达大厦”，作为福建省黄仲咸教育基金会的永久性业产。2002—2006年，每年捐资数十万元慰问贫难归侨与侨属，帮助有困难的归侨子女上学。

2006年，厦门一中百年校庆时，菲律宾、新加坡、日本等地校友组团回校参加校庆，并向母校捐款近1000万元。

二、捐助医疗事业

民国17年，新加坡华侨捐款7万多元建厦门大学医院，厦大校长林文庆从中拨出部分款额创建中山医院。同时，向地方各界人士募捐6万多元，于民国21年兴建镇海路。不久，新加坡华侨胡文虎、胡文豹捐助8万元用于扩建院舍，黄奕住捐赠开办费1万元。中山医院开诊后，对贫困病人给予免费医治，受到社会赞扬。

民国20年，华侨和地方人士捐资，在三丘田原美国教会所办宏宁医院旧址，创办鼓浪屿医院。缅甸华侨曾咸垠父子捐款数千元用于扩建医院。民国24年5月，林遵行和陈凌波为充实医院设备，到仰光募捐缅币 1 万多元。是年秋，该院改名鼓浪屿平民医院。凡贫困者看病均免费，住院者免药费和副食品费。

1988 年 6 月，厦门中山医院基金会成立，海外华侨、华人捐赠巨款和先进的医疗器械及药品、图书。其中，新加坡华侨李陆大捐 600 万元，建立“振羽制剂中心”，每年捐数十万元用以鼓励医院员工尽心尽力为病人服务。同时，邀请美国、新加坡、澳大利亚等地的医学界名士讲学。

三、捐助慈善事业

清光绪二十年（1894 年）甲午战争中，菲律宾华侨陈谦善捐助 1000 银元作为中国军队军饷（获赐花翎四品衔）。光绪二十四年，又捐助山东、直隶的灾区各 1000 银元。光绪二十六年，带头倡捐巨款，集资数万银元救助福建水灾区（获赐一品封典，晋光禄大夫。为之建“乐善好施”牌坊）。

光绪二十四年，缅甸华侨曾广庇捐银万两赈济河南水灾灾民（清廷授予“救饥济溺”金匾一方；福建兴泉永道周莲赠“锡类推仁”匾额）。中华民国政府成立时，他在缅甸华侨中募集捐资 15 万元，自捐 1 万元，资助中央政府（获民国政府授予二等纯金徽章）。

四、捐助文化事业

民国 13 年秋，归侨叶清泉、李汉青在鼓浪屿开设阅书报社。民国 14 年，在许卓然资助下，迁入港仔后 74 号（河墘路）新址，并改名私立鼓浪屿图书馆（今中山图书馆前身）。在黄奕住等海内外知名人士支持下，规模不断扩大，藏书量近 5 万册。

1985—2005 年，荷兰归侨郑自治先后向红十字会、社会福利基金会、患病青少年、贫困学生、扶贫办、侨心小学、福利院、居委会等共捐助 80 多万元。

1988 年，菲律宾华侨杨贻瑶为厦门图书馆捐建 1 幢 5 层大楼，建筑面积 4470 平方米；1991 年 7 月竣工交付使用。

1999 年，澳大利亚籍华人胡友义捐建鼓浪屿钢琴博物馆，展出 70 台产自意大利、英国、法国、德国、美国、奥地利、澳大利亚等国家的古钢琴。

1980—2007 年，海外华侨在区境捐助各类公益事业累计 507166 万元。

第二章　外　事

明天启三年（1623 年），荷兰贡使取道区境晋京。明末清初，郑成功占领厦门岛时，重视对外贸易，促进对外交往。清廷统一台湾后，开放海禁，区境成为“贩洋正口”，出现“番船辏集”“市井繁华”的盛况。

鸦片战争后，清廷被迫与英国侵略者签订不平等的《南京条约》，区境成为对外通商口岸。清道光二十三年（1843 年），英国在鼓浪屿设领事馆。随之，美国、法国、西班牙、挪威、奥地利、德国、荷兰、日本、比利时、丹麦、葡萄牙、瑞典、意大利、墨西哥、菲律宾等国先后在鼓浪屿设领事馆。至清光绪二十八年（1902 年），鼓浪屿沦为外国“公共租界”，出现由外国控制的工部局、会审公堂等行政和司法机构。同时，设立保商局、交涉署等办理对外交往事务的机构。西方列强在厦门岛强行划界、走私贩私、寻衅滋事，随意拘禁中国公民，严重损害中国主权。区境人民英勇抗争，发生海后滩反英事件、虎头山反日事件、“天仙戏园”事件和反对日本领事馆警察署的维护国权斗争。

中华人民共和国成立后，人民政府掌握外交主权。1952 年，外交部批准成立厦门外事组。1970 年，外事与侨务部门联合办公。

1978 年中共十一届三中全会后，尤其是 1980 年厦门岛创办经济特区后，许多国家的政要和经济、科技文教界人士相继到区境，或参观访问，或投资兴业，或讲学传经，或旅游观光。菲律宾、新加坡和泰国总领事馆均设在思明区。1980 年 9 月至 2007 年 12 月，前来访问的外国人士 4 万多人次，其中有新西兰总理罗伯特·马尔登、新加坡总理李光耀、民主柬埔寨主席诺罗敦·西哈努克亲王、澳大利亚总理霍克、美国总统尼克松等。区境的城市环境、人文景观、风土人情给外国客人留下美好的印象。

区境的党政机关、科教文机构、艺术团体、工商企业、宗教团体，也相继组团到国外进行考察、交流与经贸活动。

2003 年 10 月三区整合后，区政府把外事资源进一步转化为建设全国强区的巨大优势。各部门以服务经济建设为核心，开展更多实质性对外交流与合作，与外国缔结友好城市，思明区的国际知名度明显提高，外事工作健康发展。2005 年 11 月，思明区外事侨务办公室被中共厦门市委、市政府授予“厦门市外事工作先进集体”称号。

第一节　外国租地

一、海后滩英租地

清道光二十四年（1844 年），英国领事以《南京条约》和《虎门条约》准许在厦门租地居住为由，租赁厦门港水操台、南校场为英商及其眷属的住地。

清咸丰元年（1851 年）十一月，英国殖民者嫌水操台、南校场地方狭窄，照会兴泉永道，要求改租海后滩为英商营业及其眷属的住地。英国提出的租地范围从岛美码头（今海后路华联商厦附近）到新路头（今外贸大厦前）。清廷派石浔巡检郑某与英国领事会勘租地界址，除前后公路 4 丈外，计直长 55 丈、横 16 丈。双方议定：英商应按年向清廷交纳租价，每周围一丈，纳租金库平银一两。

英国殖民者改换租地后，又不断向租地以外扩张，一方面擅自填筑海滩为陆地，另一方面非法侵吞租地邻近的公路。到光绪元年（1875 年），英国的租地扩占为直长 90 多丈、横 30 多丈，延伸到接近磁街路头（今内河客运码头附近），范围包括现在的海后路、升平路、新路街、惠通巷、太史巷的大部分和鹭江道一部分。

英国殖民者还进一步侵犯中国主权。以海关税务司英国人柏卓安为董事长，英商和记洋行、德记洋行和水陆洋行的大班（经理）为董事，协隆洋行大班为秘书，组成工部局董事会。同时，雇佣巡捕 20 名，以英国人为巡捕长，在海后滩行使其殖民统治。

英国殖民者扩占租地，侵犯中国主权的行径遭到思明县人民的坚决反对，开展收回海后滩租地的斗争。民国 19 年（1930 年），英国政府指示其驻厦领事卓乃斯于 9 月通知思明县政府（时厦门未设市），愿意无条件归还海后滩租地。经外交部接收专员陶履谦与英国领事洽谈后，是月 18 日，民国政府正式收回海后滩英国租地。

二、鼓浪屿公共租界

鼓浪屿公共租界亦称鼓浪屿公共地界。鼓浪屿沦为公共租界前，英国、德国、日本、美国等列强都妄图独占鼓浪屿，彼此间有过激烈的争夺。

清光绪二十五年（1899 年），美国领事巴詹声按照美国“门户开放，利益均沾”的对华政策，联合驻厦各国领事共同策划所谓“鼓浪屿万国公地”，并亲自到福州造访闽督许应骙，献策说：“如果把鼓浪屿划作公共租界，既可杜绝日本独占的野心，又可以兼护厦门，一举两得。”许欣然同意，随即派省洋务局委员按照通商条约面议章程，并电示兴泉永道与美国领事“妥商办理”。经多次协商，于光绪二十七年十二月初一在日本领事馆举行《土地章程》签字仪式。会上提出中文、英文的章程草案六册。

清光绪二十九年（1903 年）四月初五，外国驻厦领事在鼓浪屿成立工部局实行租界统治

然而中、英文本不论标题、内容，都有明显差异。中文本的标题是《厦门鼓浪屿公共地界章程》，英文本的标题译成中文是《厦门鼓浪屿租界土地章程》；中文本第十五款内容是“鼓浪屿改作公地，各国官商均在界内居住，厦门为华洋行栈所在，商务尤重，应由中外各国一体互相保护”，而英文本仅写“候驻京公使核定”。在签押前经洋务委员杨荣忠核对，竟认为中、英文本无讹，双方代表就此签押。清廷参加签字的是以兴泉永道台延年为首的4位委员，外国参加签字的有日本、英国、美国、荷兰、德国、法国的领事与代理领事及西班牙和丹麦的代表领事等。

清廷外务部接到中、英文本后，发现两本歧异，又经过多次协商，最后在该《土地章程》17 款中删弃第十五款，为 16 款。至清光绪二十八年（1902 年）十月二十二日，清廷外务部奉旨通知驻京公使团转电驻厦领事团。

经各国驻厦领事商定，于光绪二十九年初组成工部局。是年四月初五，对鼓浪屿开始实行租界统治。

民国 30 年 12 月太平洋战争爆发后，日军占领鼓浪屿，公共租界为日本所独占。民国 32 年 2 月，中美、中英分别签订新约，废除在华治外法权及一切特权，并明确指出英、美两国“在上海、厦门公共租界内之行政与管理辖权归还中国”。于是，汪伪政权在日本帝国主义授意下，于 5 月举行“鼓浪屿租界行政权移交式”和成立日伪“厦门市政府鼓浪屿办事处及鼓浪屿警察署”仪式，演了“收回”租界的丑剧。民国 34 年 8 月，日本投降。9 月 28 日，驻厦日本海军投降仪式在鼓浪屿海滨旅社举行。10 月 3 日，国民政府接收鼓浪屿，结束鼓浪屿作为公共租界的耻辱历史。

第二节 维权事件

一、反对抽取渡船租

清光绪二十六年（1901）八月，鹭江道、鼓浪屿两岸渡船船员联合举行罢渡游行，反对英国驻厦领事馆按月向渡船抽租捐，最后取得“废抽”胜利。

二、虎头山划界维权事件

清光绪二十一年（1895 年），日本要在厦门设立“专管租界”。清廷尚未回复，日本就强行收购鼓浪屿五个牌海滨一带山坡作为日本人公共墓地。光绪二十四年十二月十三日，日本驻厦领事上野专一照会新任兴泉永道恽祖祁，要求将鼓浪屿和虎头山两处计 17 万坪划为日本专管租界。日本的野心引起英、美、德等国的不满。日本不得不放弃在鼓浪屿设立专管租界的计划，但仍坚持要将虎头山一带 4 万坪划为专管租界。恽祖祁以虎头山为厦门要冲，且民居民墓众多，拒绝日本的无理要求。日本大使恼羞成怒，向清廷总理衙门“兴师问罪”，要清廷撤换恽祖祁。清廷同意另行派福建按察使、原兴泉永道周莲前往厦门负责划界事宜。光绪二十五年七月初七，周莲抵厦后，会同厦防同知方祖荫实地察勘，并与日方多次谈判，初步达成协议：以虎头山山脚及海滩共2.8万多坪作为日本租界，不足4万坪部分日后补足。七月十八日，日本领事上野专一派警察官日吉、书记官松年等人到龙泉宫（址在今汽车运输管理处）插旗划界，遭到附近群众的责问。日本官员强行驱赶群众，激起众怒，许多群众拾起石头、砖块、木棍还击。日本官员慌忙撤回。群众的斗争，得到各界的响应，商人纷纷罢市表示声援。洋人商务公所也致函各国领事，要求劝阻日本不可强行划界，以免“激生民变，而起乱心”。周莲藉此为由，要求日方“拟暂缓办，以期周妥”。但日本驻厦门领事上野专一仍不甘心，通过日本驻北京公使向清廷施加压力。总理衙门被迫同意签订划界条约。双方经过多次交涉，九月二十一日，由周莲、延年（新任兴泉永道尹）与上野专一在厦门签订《厦门日本租界条款》。其第一款规定日本租界范围：“由虎头山下起，西至瑞记行面前海滩，东至洗布河两边大路，南至瑞记行栈前面海滩，北至更楼尾市仔街殿后街直抵讲古脚为界。”十二月二十一日，又签订《厦门日本专管租界续约章程》，规定租界内行政权由日本政府管理。光绪二十六年八月，日本领事再次提出丈量租界之事，但在民众反对下，不能得逞。日本“专管租界”实际未能设立。

三、海后滩维权事件

清光绪三十三年（1907年），厦门电话公司在海后滩竖电线杆。英国领事横加阻止，拔掉已竖电杆，并照会兴泉永道刘庆汾，指责电话公司在海后滩竖电杆是“欺侮英国主权”，要挟刘庆汾“即饬电话局停止竖立”。兴泉永道查明电杆未占及英国租地，照会拒绝。

清宣统元年（1909年）八月二十七日孔子诞辰纪念日，全厦学生开会纪念，列队游行。游行队伍途经海后滩时，英领事馆出面干涉，谓“学生游行，恐扰及治安。”又谓“此等游行，须先期照会”。厦门道予以驳斥，学界联合抗争。

民国7年（1918年）7月，福建督军李厚基的唐国谟部被陈炯明部赶至漳州，急召中南两路军固守厦门。英领事馆借口防卫，令陆战队登岸，并于海后滩及其后方围筑“租地围墙”。学界出面抗议，教育会、商会纷纷响应，历时两个多月。后由厦门商务总会、教育会联名呈文厦门交涉员胡维贤向英领事馆交涉。是年10月5日，英兵撤出海后滩。

民国8年夏，英商太古洋行为建码头，在海后滩前任意填筑。厦门商、学各界召集各团体讨论交涉，各界推举教育会会长卢心启、总商会会长黄庆元为代表，往厦门道尹署要求向英驻厦领事交涉。在沪、津、北京到处宣传，并向北京外交部请愿。同时，57个群众团体联合组成“保全海后滩公民会”，通电呼吁国内外各团体支援，并动员工人不为太古洋行筑桥。英方被迫另雇宁波、上海工人筑桥。公民会又发动工人不为英轮起卸。英方停止筑桥，而派英兵上岸，在太古洋行架炮示威。公民会又致电国内外各团体；国内外人士纷起声援。厦门道尹陈培锟与英领事馆交涉。英领事馆提出以太古洋行筑桥纳租为取消抵制的交换条件，海后滩案另议。公民会以两案同为侵略行为，不允。英大使馆又派头等参赞到厦门，仍主张先停抵制，后议海后滩案。中方拒绝，谈判中止。民国11年1月，外交部派佥事刘光谦和厦门各界派驻北京代表卢心启回厦，会同道尹与英领事馆谈判。海后滩案始获解决：（1）英商太古洋行的码头飞桥，因跨越中国领海，要向中国政府纳租，中国政府要保护英商贸易不受拦阻（即停止抵制）；（2）海后滩英国国旗移到英商租地，围墙隘门拆除。当年3月15日，租地围墙隘门开始拆除；10月21日，英国国旗降下，旗杆移到太古洋行栈房巷内。中方交涉取得胜利。

四、天仙戏园维权事件

清宣统元年（1909年）正月，厦门瑞记洋行老板黄瑞曲（西班牙籍，外文名玛甘保）于光绪皇帝与慈禧太后先后病亡的“百日内”国丧守制期间，在他开设于寮仔后（今晨光路）的天仙戏园（即天仙茶园）设台演戏。厦门巡警西局警官以其演戏有违国制，进行劝阻。黄瑞曲不听。兴泉永道照会代理西班牙驻厦领事的法国代办，要求遵制停演。黄瑞曲竟然无偿分送戏票诱人观看，还聚众酗酒闹事。

正月十二日晚8时，四五十名流氓无赖在戏园内酗酒殴斗。巡警西局警官带领10多名巡警前往维持秩序治安。黄瑞曲及其父竟率人向巡警开枪，泼硝镪水，扔石块，打伤警士多人，抓走警士1名。十六日傍晚，黄瑞曲的次子雷士携枪带一帮地痞无赖，准备前往巡警西局寻衅。民众奋起将雷士捆送兴泉永道衙门，要求严办。法国领事却以"保护教民"为名，到道署强行索人，让雷士逍遥法外。十七日下午3时，绅、商、学界代表100多人在外关帝庙（今大同路横竹路口）开会，拟联名向外交部禀控，又发传单劝全体商界不与瑞记洋行做生意，要求惩处黄瑞曲等人。法国驻厦领事却混淆是非，电告法国公使及西班牙驻沪总领事，诬称兴泉永道刘子贞背约欺凌教民，要求清廷罢其官职。闽督制军接法国公使电，即委汀漳道派员至厦办理。所派人员何某到厦后，对法国领事委曲求全。法领事气焰更为嚣张，列出5条，要清廷照办。对此，厦门各界群众义愤填膺，纷纷集会，散发传单，一致谴责外国侵略者的野蛮行径。闽督制军又派洋务局提调太守赖某到厦，与何某共商办理。但法国领事仍然态度蛮横，又提出5条苛刻条件。清廷外务部及闽督觉得法领事过于苛刻，有伤国体，不予批准，改由法领事与闽督直接往复电商。最后，由闽督核准电饬签押结案。

五、反抗日警抓人侵权

民国17年3月2日夜，日本驻厦门领事馆警察署派警员前往相公宫，拘捕朝鲜侨民李箕焕、李刚、李润炳、李明齐。日方侵犯中国国权的严重事件，引起区境民众的无比愤慨。各民众团体即召开联席会议，发表宣言，向日本领事馆提出抗议。但是，日本领事馆借口这些朝鲜人与中国共产党密切联系进行抗日活动，并扬言日本在中国领土抓人是有条约根据的。日本领事馆的蛮横更激起民愤。于是，区境各界再次召开代表大会，组建"厦门各界反对日本侵略国权委员会"，作出抵制日货、举行反日示威的决议。日本领事馆见势不妙，于3月20日偷偷把李箕焕、李刚2人押上日本凤山号货轮，解到台湾。区境民众于是掀起更大规模的反日运动。从23日开始罢工、罢市、罢课，事态进一步扩大，迫使国民政府派外长黄郛，与日本驻上海的总领事、驻南京的领事共商解决办法。当偷运李箕焕等的日本凤山号货轮返厦时，码头工人拒绝为它卸货。日领事馆只好从大井号日舰调来武装人员卸货。厦门反日会海上纠察队前去制止，竟被扣留8名队员。民众强烈呼吁国民政府出面维护国权。在群情激愤的冲击下，国民党地方政府只好出面斡旋。日方终于释放李箕焕等4名朝鲜侨民和中方8名纠察队员。日本警察署也由于民众强烈反对而取消。

民国期间，日本在厦门领事馆设警察所分所

第三节　外事交往

一、来访

（一）外国政要人士来访

1980 年国务院批准厦门设立经济特区后，许多外国元首、政府要员、政党领袖、经济与文化界官员相继到区境，开展参观考察、洽谈贸易、文化交流与科技合作等活动。至 2007 年，累计 2000 多批、4 万多人次。其中，外国高层贵宾 28 批、400 多人次。

1980 年 9 月 15 日，新西兰总理罗伯特·马尔登与夫人一行 20 人莅临厦门。参观、访问厦门大学、鼓浪屿等。此为外国政府首脑访问厦门、参观区境之首例。同年 11 月 22 日，新加坡共和国总理李光耀和夫人一行莅临厦门，专程到新加坡归侨白碧云家访问，登日光岩浏览鹭江，乘游艇欣赏鼓浪屿全景。

1983 年 12 月 20—23 日，民主柬埔寨主席诺罗敦·西哈努克亲王率“民柬”代表团一行 25 人莅厦，参观厦门大学和南普陀寺。西哈努克题词：“民主柬埔寨代表团有机会参观光荣的南普陀寺感到莫大荣幸，对于僧侣向我们所表示的热情友好接待，我们代表柬埔寨人民致以最深切的谢意。令人尊敬的中国共产党支持佛教事业，并使其在伟大的中国得到永久的发扬光大。对此，我们表示感谢和热烈的赞扬。民主柬埔寨和中华人民共和国之间的伟大友谊万岁！”

1985 年 9 月 7 日，美国前总统尼克松由西安乘专机抵厦。在参观区境后，尼克松热情洋溢地说：“我在这里只度过几个小时，但这里的一切给我留下深刻的印象。厦门有极好的气候，美丽的风光，我过去的 38 年中访遍世界上百个大城市，算厦门的风光独占鳌头。”尼克松还说：“此次访问了厦门有代表性的工厂（中美合资）、生活设施与工人家庭。厦门有很好的深水港，是投资的好环境。我回美国后，如果有人问我要到哪里投资，我一定告诉他们到厦门来。”同年 9 月 23 日，新加坡总理李光耀第二次访问厦门，参观华侨电子企业有限公司，游览胡里山炮台。

1986 年 5 月 24 日，澳大利亚总理罗伯特·霍克夫妇参观厦门大学，环游鼓浪屿。霍克总理风趣地说：“太平洋把澳中两国联系在一起，太平洋这个名字本身就是好象征，两国人民应努力把这个地区变成和平繁荣的地区。”

1987 年 3 月 4 日，泰国王储玛哈集拉隆功一行 29 人莅临厦门，访问厦门大学、南普陀寺。

1988 年 6 月 8 日，波兰统一工人党中央政治局委员、部长会议主席兹比格涅夫·梅斯内尔一行 36 人莅临厦门，参观厦门华侨博物馆等。

1992 年 5 月 29—30 日，贝宁共和国总统尼塞福尔·索格洛和夫人一行 32 人莅临厦门访问，游览鼓浪屿。同年 11 月 9 日，摩尔多瓦共和国总统米尔恰·斯涅左尔一行 29 人莅临厦门，参观区境多家企业，并游览鼓浪屿。

1993 年 9 月 21—24 日，毛里塔尼亚总统马维亚·乌尔德·西德·艾哈迈德·塔亚一行 42 人莅临厦门，参观区境多家企业。

1994 年 4 月 25—27 日，澳大利亚总督比尔·海澄一行 14 人莅临厦门，参观区境多家企业。同年 10 月 20—21 日，巴基斯坦议长尤素夫·拉扎·吉拉尼率议会代表团一行 8 人莅临厦门，参观企业。

1995 年 5 月 30 日至 6 月 1 日，佛得角共和国总统安东尼奥·马斯卡雷尼亚斯·蒙特罗偕夫人一行 18 人莅临厦门，参观企业。

1995 年 12 月 21—23 日，南斯拉夫联盟共和国总统佐兰·利利奇偕夫人一行 34 人莅临厦门，参观企业，游览鼓浪屿。

1999 年 4 月 17—19 日，荷兰王国女王贝娅特丽克丝·威廉敏娜·阿姆哈尔德陛下和克劳斯亲王一行 14 人莅临厦门访问，游览鼓浪屿，观看南音表演。

2000年12月28日，越南社会主义共和国主席陈德良一行85人莅临厦门，参观企业，游览鼓浪屿。

2001年9月17—18日，新加坡总统纳丹一行47人莅临厦门访问，游览鼓浪屿，参观厦门眼科中心。同年11月21—22日，赤道几内亚总统奥比昂一行30多人莅临厦门，游览鼓浪屿、环岛路。

2002年5月18—19日，塔吉克斯坦总统埃莫马利·沙里波维奇·拉赫莫诺夫一行36人莅临厦门，考察厦门市容市貌及环岛路等景点，对厦门市改革开放以来取得的成就表示赞赏，并给予高度评价。6月9—11日，以越南共产党中央书记处书记、内政部长张永仲为团长的越南共产党代表团一行10人莅临厦门访问，游览鼓浪屿。10月18—20日，泰国公主玛哈扎克里·诗琳通莅临厦门，参观厦门大学，游览鼓浪屿、南普陀寺、环岛路等景点，并为郑成功纪念馆题字留念。

2003年2月22—24日，南非祖鲁王国国王古德维尔·孜维勒悌尼一行莅临厦门，游览鼓浪屿、环岛路等景点，参观厦门大学。8月9—10日，斯里兰卡民主社会主义共和国总理拉尼尔·维克拉马辛哈一行17人莅临厦门，参观企业，游览鼓浪屿，并在钢琴博物馆里体验自动钢琴的演奏。同年，韩国釜山金井区区长率团访问，与思明区签订建立经贸、科教友好合作交流关系协议书。

2004年9月26—28日，以塞内加尔复兴公民党总书记锡亚姆为团长的塞内加尔公民党代表团莅临厦门访问，参观厦门大学，游览鼓浪屿、胡里山炮台等景点。

2006年6月28—30日，塔吉克斯坦人民民主党第一副主席达夫拉托夫率团莅临厦门，游览鼓浪屿、环岛路等景点。10月31日至11月2日，斯里兰卡统一国民党总书记韦拉戈达一行10人莅临厦门，游览鼓浪屿、南普陀寺、胡里山炮台、环岛路等景点，考察台资企业。

2007年6月5—11日，美国佛罗里达州萨拉索塔市市长宝陆安率美中友协萨拉索塔分会代表团一行9人访问思明区，双方签订缔结国际友城意向书，并就经贸、教育、文化等方面进行交流。10月16—19日，莱索托王国首相莫西西里夫妇等一行8人莅临厦门，游览鼓浪屿等景点。

（二）外国友好人士来访

1980年4月5日，驻京的日本、美国、英国、法国、联邦德国、加拿大、挪威、南斯拉夫等记者一行24人抵达厦门，了解对外贸易经济政策和侨务、对台政策及印支难民安置情况。6月间，驻京的美国、联邦德国、挪威、匈牙利等记者一行9人抵达厦门，到鼓浪屿参观美国领事馆旧址，并游览景点。

1988年9月6—10日，与厦门市建立友好城市关系的日本佐世保市、菲律宾宿务市、美国巴尔的摩市、新西兰惠灵顿市均派代表团抵厦参加首届国际友好城市艺术节。其间，参观区境各景点。

1990年5月15—17日，由美籍华人、美国共和党少数民族委员会主席、美国国际合作委员会主席陈香梅女士率领的经贸考察团一行39人抵达厦门访问，参观区境景点。

2005年5月，美国萨拉索塔市组团访问思明区，代表团成员有多位美中友协人员及萨市分会负责人。

2006年9月，厦门国际投资贸易洽谈会期间，美国萨拉索塔市福瑞满博士访问思明区，与区招商局、区外侨办等部门进行交流。11月，美国佛罗里达州萨拉索塔市林正纶博士抵达厦门，与思明区政府领导就缔结友好城市等有关事宜进行商谈。

二、出访

1981年以来，三区外事侨务办公室开展出访活动，为招商引资牵线搭桥，促成一些大项目落户。同时，组团出访，开展文化交流、涉外活动和重要经济社会发展项目的国际推介服务。

1981年11月，思明区派人参加访泰国代表团，考察泰国教育、科研和经济发展情况。12月中旬，中国教育家王亚南、安波应吴努总理邀请，同往缅甸进行为期3个月的访问，在仰光大学讲演。

1987年7月，思明区有关人员随厦门市舞蹈小组一行10人应邀出访马尼拉，参加庆祝菲华青年学社成立50周年歌舞晚会，并访问菲华青年学社、洪门进步党总部、国风郎君社、钱江联合会、吴氏宗亲会等。10月下旬，思明区有关人员随厦门市书画家代表团一行5人出访日本佐世保市，并举办画展。

1991 年 6 月 20—25 日，思明区有关人员随厦门市经贸友好代表团访问英国加的夫市，就两市经贸等领域进行交流磋商。

1992 年 10 月 9—12 日，以开元区副区长杨玲为团长的厦门市少年宫访日童谣团一行 8 人，应日本佐世保市市长邀请，参加日本佐世保市第二届童谣节。

1993 年起，思明区青少年宫与澳大利亚、日本等国外著名校外教育机构保持良好的互动关系，在交流中增进友谊、促进发展，充当思明区文化艺术交流的使者。1993—1994 年，相继出访日本、马来西亚。

2002 年，思明区区长黄强率团访问韩国，与韩国釜山市金井区签订建立姊妹城区关系意向书。

2005 年，思明区领导率团参加在韩国举办的“联合国公共管理创新论坛”，并拜访釜山市金井区区长。

2006 年，思明区青少年宫飞鹭艺术团与日本佐世保青少年代表团举行交流音乐会，并与泰国大学生“闽南印象之旅夏令营”举行联欢活动。

2007 年 10 月 9 日，中共思明区委领导率代表团访问美国萨拉索塔市，参加美中友协在萨市举办的第二十一届年会。

第四节　缔结友好城市

一、与韩国釜山市金井区建立友好城区

釜山市位于韩国东南方，因境内有座山状如锅，“釜山”地名由此而得。南靠大韩海峡，有天然良港——釜山港，为韩国第一港口城市、世界第五大港口城市。金井区位于釜山市东北口，总面积 65. 15 平方公里，人口 28 万人。金井山建有韩国最具代表性的护国寺庙——梵鱼寺，以及东莱温泉、金刚公园、国清寺和山城村等旅游胜地。全区有 31 个公园和游园地，12 个博物馆和文化会所。

2001 年 8 月，釜山市代表团抵厦访问，金井区副区长金亨洋在与思明区政府领导交流中，提出两区建立姊妹城区的愿望，得到思明区领导的欢迎，并希望加强两区间经贸、文化、旅游等的交流。

2002 年上半年，金井区多次致函，洽谈建立姊妹城区的事宜。11 月 20 日，思明区区长黄强率团赴韩国招商考察，并与金井区洽谈缔结友好城区的有关事宜，邀请金井区区长访问思明区。两区缔结友好城区申请材料经省、市外事部门审核后，于 2003 年 3 月获批。

2003 年 7 月 16 日，金井区区长金文坤率团访问思明区，就两区间的合作交流进行深入洽谈并正式签订友好协议。思明区成为福建省首个区级政府与外国区级政府签订经贸、科教友好合作交流关系的行政区。

2005 年 6 月，金井区区长金文坤再次率团访问思明区，双方就城市建设、经贸、旅游等方面进行进一步交流。

二、与美国萨拉索塔市缔结友好城市

萨拉索塔市位于美国南部佛罗里达州，濒临墨西哥湾，人口 40 万。有丰富的动植物资源，属热带气候，是风景优美的港口城市。为“佛罗里达文化海岸”的中心，有颇负盛名的云凌艺术博物馆、云凌美术学校、海洋生物研究所、水族馆、芭蕾舞团、交响乐团、植物园及高等教育学府。在旅游业、城市建设等方面与思明区相似。

2003 年，经厦门市外事办推荐，思明区开始与萨拉索塔市开展友好交往活动。

2005 年，萨市再次组团抵厦，思明区政府领导向其介绍区情，赠送宣传画册。后，在萨市举办介绍思明区的展览会，萨拉索塔市姐妹城市协会专门成立思明分会负责缔结友好城市事宜。此后，双方

美国萨拉索塔市长一行观摩大同小学学生上课

（官方和民间）交往逐渐增多。

2006年5月11日，思明区政府同意《思明区与萨市结为友好区市的方案（草案）》；5月23日，经区委常委会研究，同意该方案。

2006年“9·8”投洽会期间，萨方派福瑞满博士访问思明区，与区招商局、区外侨办等部门进行交流。11月下旬，萨方派林正纶博士抵厦，就缔结友好城市事项再次商谈。

2007年6月5—11日，萨市市长宝陆安率美中友协萨拉索塔分会代表团一行9人访问思明区；6日，双方签订缔结国际友城意向书，并就经贸、教育、文化等方面进行交流。其间，代表团拜会市直有关部门，参观厦门大学、外国语学校、音乐学校、福建工艺美术学院、华侨亚热带植物种植园、厦门爱乐乐团、文化艺术中心、大同小学等。游览鼓浪屿、万石植物园。

是年10月9日，中共思明区委领导率代表团访问萨市，参加美中友协在萨市举办的第二十一届年会。萨市市长宝陆安在开幕式致辞中高度评价两区交往“有助于两国人民加深相互了解和友谊”。会议期间，举行两区正式缔结友好城市的签字仪式，思明区成为福建省首个区级国际友城。

第三章　管理机构与事务

第一节　管理机构

一、鼓浪屿外交办事处

民国元年（1912年）成立，属思明县政府管辖。民国22年6月1日，并入厦门市筹备处。

二、三区外事侨务办公室

鼓浪屿区人民政府外事侨务办公室　1981年5月，设区政府侨务办公室。1997年，设区政府外事办公室，挂靠区政府办公室。2002年10月，侨务办公室和外事办公室合并，更名区外事侨务办公室。2003年10月三区整合后，划归思明区外事侨务办公室。

开元区人民政府外事侨务办公室 1981年5月，设区政府侨务办公室。1997年，设区政府外事办公室，挂靠区政府办公室。2002年10月，侨务办公室和外事办公室合并，更名区外事侨务办公室。2003年10月三区整合后，划归思明区外事侨务办公室。

思明区人民政府外事侨务办公室 1983年，设区政府侨务办公室。1997年，设区政府外事办公室，挂靠区政府办公室。2002年11月，侨务办公室和外事办公室合并，更名区外事侨务办公室。

三、三区整合后思明区外事侨务办公室

2003年10月三区整合，成立思明区人民政府外事侨务办公室。址在禾祥东路168号。2007年，工作人员3人。

第二节 华侨事务

一、维护侨房产权与使用权

1979年5月起，三区政府配合市政府侨务办公室开展清退侨房工作。至1982年底，基本完成被公用或私占的华侨房屋清退工作。

1986年，市政府拨出筹建落实政策专用房源款1500万元，分别在槟榔小区和莲花小区购买统建房12幢，建筑面积28.74万平方米，供落实侨房政策使用。同时，妥善解决归侨、侨眷住房困难和夫妻分居两地问题。

1990年9月7日起，三区侨务部门宣传贯彻《中华人民共和国归侨侨眷权益保护法》，并继续进行侨房使用权清理工作。2001年，开展“侨房使用权清退普查”“侨房住户无经济能力购房分类”及“侨房住户多头占房情况普查”等工作。2003年10月，区侨办、监察局、法院、公安等部门联合成立清理侨房住户“有房不退”问题领导小组，加大清退力度，解决历史遗留的侨房使用权清退问题。至2006年，完成全区579户侨房住户“有房不退”的清退任务。

二、为华侨服务

（一）为侨资企业服务

1981年5月，三区侨务办公室成立后，热心为侨资企业服务。

1999年，开展“为侨资企业服务年”活动，宣传贯彻《福建省华侨投资权益若干规定》，对侨资企业基本情况进行调查，建立侨企联系点，开展调查研究，对侨企存在的困难和问题提出建议和解决办法，为有关部门决策提供依据。

2006年，开展区境华侨华人在厦门投资企业情况调查，填写调查表345份，以便在新形势下政府更好地为侨资企业服务。

2007年春节期间，走访重点侨资企业，了解企业生产发展情况，听取企业负责人对区侨务工作的意见和建议。

（二）办证服务

1985年后，三区侨办通过多次调查，摸清归侨、侨眷和华侨华人（特别是新移民）的数量、分布、文化层次、专业特长等情况，为做好侨务工作提供依据。在办理“农转非”、子女升学、退休、回国定居等手续审核上给予照顾。

2003—2007年，受理涉侨来信来访来电2664件，做到事事有答复。共出具“三侨子女”升学、“农转非”、退休人员补贴、侨房拆迁、落实侨房政策等各项证明784张，审核回国定居12人，办理归侨卡2315张。区外事侨办人员常放弃节假日休息时间，为被拆迁侨房业主到拆迁现场调查并开具证明；

对材料不齐全者，指导补全材料；对需要其他部门配合解决的，代其联系，协调解决。

三、救助贫困侨眷

1983年起，三区外事侨务办公室先后开展对贫困侨眷的调查与社会救济。每年由市侨办下拨救济款2万多元，安排补助贫侨。

1999年，思明区享受侨务补助的困难侨户18户37人。春节期间，区政府拨款慰问36户困难侨户。受14号台风影响，厦港街道有2家归侨灾情较重，区侨办分别补助其300元。2000年，思明区政府向贫困归侨、侨眷21户34人发放补助金13000元。2001年，向贫困归侨、侨眷24户51人发放补助金15100元。2003年初，发动重点侨资企业、侨界人士参与“侨帮侨”捐资助学活动，共捐款13万多元，帮助贫困归侨子女完成学业；侨资企业为归侨下岗职工提供再就业岗位100多个。

2003—2007年，区政府每年安排经费补助生活困难或因病致贫的归侨，逢年过节慰问贫困归侨。对符合“低保”条件的贫困归侨做到应保尽保。街道、社区利用爱心超市，定期向贫困归侨发放生活物品。利用民政安康基金、社区关爱基金，帮助归侨解决医病等临时困难，帮助贫困归侨子女完成学业。5年间，拨款30多万元补助贫困归侨；发放“侨帮侨”助学金14.73万元，资助108名归侨子女上学；为有困难的归侨侨眷2544人，发放补助款23.44万元。

四、联谊活动

1981年以来，三区侨办不断拓展与各国和港澳地区侨界的联络，“走出去，请进来”，广泛接触华侨华人，增进友谊。

1990年起，区侨办每年发动归侨、侨眷与海外亲友联系，邀请侨胞参与“9·8”投洽会、台交会。侨务部门热情邀请、接待海外来客，宣传介绍家乡的经济文化发展情况、投资环境、优惠政策，提供项目、信息、咨询服务。每年春节期间，区侨办组织人员走访、慰问重点侨资企业法人代表、留学生亲属和重点归侨代表（近百人）；向海外重点华侨华人、留学生、海外社团负责人、侨资企业外商经理（董事长）寄贺年卡片（3000多张）；邀请新华人华侨和留学回国创业人员，举办座谈会。每年中秋节，组织留学生亲属、侨资企业代表参加民俗博饼活动。通过联谊活动，宣传介绍家乡经济建设的形势和重点工程项目，吸引更多的侨胞和留学人员回祖籍地参加经济建设。

1997年开始，每年暑假期间都举办“侨蕊”夏令营，组织海内外侨胞子女进行学习、观摩、考察和实践活动。丰富多彩的夏令营生活，使营员们感受中华文化，体验经济特区的飞速发展，增强新生代热爱祖籍家乡的情感。

2003年起，思明区侨办年年组织新华侨华人眷属和侨资企业人员开展联谊交流。2004年，举办“新华侨华人和华裔新生代”课题研究座谈会。听取6位新华侨华人眷属关于新华侨华人在国外的生存状况和回国创业情况的发言。是年，组织61家侨资企业的70多位企业高层管理人员参加厦门市“海外科技人才与中国企业合作交流大会”的洽谈和学术交流活动。

2006年，区“侨蕊”夏令营在厦门市“迎奥运、讲文明、树新风、促和谐”百场夏令营评选活动中，被中共厦门市委文明办、市教育局评为“优秀夏令营”。

五、接待侨胞

1981年以来，三区侨务部门对来访的海外侨团及重点人士，妥善接待，陪同参观、访问。每年春节期间邀请闽籍侨商参加“思明区返闽客商座谈会”，做好接待与推介市、区投资环境等工作。每年市、区举办重大庆典或招商活动，区侨办主动引荐海外侨商参加。

2005年，区侨办接待美国加州刘幸诚一行；向客人提供观音山国际商务营运中心、同安工业集中区思明园、软件园二期等项目的招商资料，并陪同参观。

2007年，区与市侨办合作，联系马来西亚槟州经贸考察代表团和英国兰开夏郡经贸文化友好访问团到思明区考察。思明区举办专场招商推介会，向海外华商推介区情和投资环境，以及同安工业集中区思明园、环东海域思明工业园、观音山国际商务营运中心等重点项目，陪同考察团实地参观观音山国际商务营运中心。

第三节　外事服务与管理

一、外事服务

1997 年三区外事机构建立以来，指导机关、企业人员办理出国出境手续报批，并受理报批事件。对符合政策规定的及时协助办好；对不符合政策规定的则不上报。2004—2007 年，共办理机关、企业因公出国出境 424 件，件件合格无退件。同时，做好外国团体、人士来访的接待与安全保护工作。如，美国萨拉索塔市代表团来访期间，按照中共思明区委、区政府批准的接待计划，详细安排，做好双方会见、交谈、缔结友好城市仪式的有关事务。按照缔结友好城市计划及时报批，使回访萨市、签署缔结友好城市协议书等事宜顺利进行。

二、护照签证管理

中华人民共和国成立后，区境因公出国（境）人员护照由福建省政府外事办公室办理、签证、颁发。因公出国（境）必须办理三项手续：一是申办出国（境）任务批件和审查批件；二是申办护照或往来香港通行证；三是申请前往国家或地区的签证。

1986 年 4 月 1 日起，改由厦门市外事办护照签证小组颁发护照，签证工作仍委托省政府外事办办理。赴日本团组人员的签证，经由省外事办公室寄送上海福联公司向日本驻沪总领事馆申办；赴香港团组人员的签证则由省外事办专人送外交部驻香港签证办事处申办；赴其他国家的团组经与中国旅行总社签证代办处商定，由市外事办将护照及申办签证资料汇总寄送北京，由中旅签证处代向各国驻华使馆（处）申请签证。

1995 年 3 月 1 日，外交部批复同意厦门在北京设置自办签证机构。5 月，厦门市驻京签证办事处正式成立。此起，区境因公出国（境）申办外国签证工作由其办理。

2004 年起，为支持与鼓励民营企业董事长、总经理出国考察、招商，在为出口工贸型民营企业董事长、总经理试行颁发因公护照的基础上，扩大到重点民营企业、年出口创汇 400 万美元以上、年产值超 500 万元、年纳税额超 100 万元的民营企业，为其更顺畅地走出国门，参与国际市场竞争创造良好的条件。同时，为方便因公出访人员，外事管理部门加快推进因公出国（境）网上审批系统的建设，对现有软件系统进行改善、升级和优化，充分利用现代信息网络实行因公出国境审批、申办护照、通行证、申办外国签证一条龙服务，避免办事人员往返奔波。

附：驻区境外国领事馆

（一）清至民国时期外国领事馆

英国总领事馆　位于鼓浪屿。清道光二十三年（1843 年）十一月二日，英国在鼓浪屿设厦门英国领事事务所，首任领事纪里布、副领事苏里文、翻译威妥玛、医生温傲斯特。翌年十一月，阿礼国继任领事，即在鼓浪屿鹿耳礁修建两幢二层的洋楼，作为领事事务所办公室，附设监狱（洋楼未竣工之前在厦门道台衙署内办公）。清同治二年（1863 年），迁到鼓浪屿鹿礁路 14 号（原龙头路 9 号）和鹿礁路 16 号（原龙头路 11 号）。同时，在顶鹿耳礁建领事公馆（即漳州路 5 号），在田尾路 6 号建副领事公馆。清光绪四年（1878 年），英国领事事务所更名厦门英国领事馆。领区兼管闽南、闽西地区。领事

清道光二十三年（1843年）十一月二日，英国在鼓浪屿设驻厦门领事馆

馆有翻译、打字、汉文抄写3名雇员。民国25年（1936年），该馆升格为总领事馆，马尔定为代理总领事。太平洋战争爆发后，该馆被迫关闭；民国34年8月复馆，民国38年10月停止办事（于1951年3月正式关闭）。

附记：民国37年1月19日，英国领事馆大门上出现“收回香港”“收回九龙”标语，抗议驻港英军警强迫拆迁九龙同胞木屋。

西班牙领事馆 位于鼓浪屿。清道光三十年（1850年）春，西班牙在鹿耳礁主教公解设领事馆。清咸丰二年（1852年），由德记洋行老板德滴（英国人）兼任领事。清宣统元年（1909年）十月十日关闭，馆务归西班牙上海总领事馆兼理。

法国领事馆 位于鼓浪屿。清咸丰十年（1860年），法国在田尾路46号设领事馆。后，迁到田尾路黄仲训的3幢楼屋，其中2幢作办公之用，另一幢3层楼为领事住所。至民国35年6月结束馆务。

美国领事馆 位于鼓浪屿。清道光二十四年（1844年）七月，美国驻北平大使馆派哥伦布设交通邮政办事处，代行领事职权。清同治四年（1865年）在三和路（今三明路26号）设馆，租楼房作馆舍。清光绪三十二年，交通邮政办事处改组为厦门美国领事馆。民国19—20年，在原址上翻建一座两层楼房作为馆舍。领区兼管闽南、闽西地区。领事馆有翻译员、通译、会计、出纳、打字员5名雇员。民国30年，厦门美国领事馆因境域被侵华日军占领而撤离。民国35年4月，美国派副领事柯芬到厦门办理结束领事馆事宜，其事务交上海美国总领馆代办。

清同治四年（1865年），美国在鼓浪屿设驻厦门领事馆

荷兰领事馆 位于鼓浪屿。清同治二年（1863年）筹设，由德记洋行老板德滴（英国人）兼任领事，后由德商宝记洋行经理代理。清光绪十六年（1890年）正式建馆，首任领事赫墨耳。民国14年，由安达银行经理兼任领事。民国19年，由伊士礼任领事。民国26年，该馆随同安达银行迁鼓浪屿中华路5号（原正道院）办公。民国30年12月，该馆被日本侵略军接管。

德国领事馆 位于鼓浪屿。清同治九年（1870年），德国在英国领事馆毗邻设馆，并在旗尾山建领事住宅。第一次世界大战，德国战败，领事馆撤销。

清同治九年（1870年），德国在鼓浪屿设驻厦门领事馆

日本总领事馆 位于鼓浪屿。清光绪元年（1875年），日本在鼓浪屿协和礼拜堂（今市第二医院礼堂）附近设领事馆。首任领事福岛九成。光绪六年关闭，由上海总领事馆兼辖。光绪十三年至二十二年，由福州领事馆兼辖。光绪二十二年，在鹿礁路24号兴建新馆，翌年落成。由上野专一任领事。民国4年，馆内附设警所、监狱和拘留所。翌年11月，在厦门梧桐埕分设警部。民国17年，在新馆右侧增建警察署，并建领事馆和警察署人员宿舍。民国25年11月，升格为总领事馆，由山田芳太郎代理。民国26年8月，该馆撤离。翌年5月，在厦门鹭江道重新设馆并设警察总署，鼓浪屿警察署改为分署。太平洋战争发生后，迁厦门深田路。日本总领事馆下分本馆与警察署，各区设“出张所”。本馆设总领事1名、副领事2名。警察署设署长1名，警察几十人。

清光绪元年（1875年），日本在鼓浪屿设驻厦门领事馆

菲律宾总领事馆 位于鼓浪屿。民国35年，在港仔后设馆。民国38年8月20日闭馆。

其他国家领事馆 清咸丰至光绪年间，还有挪威、奥地利（同治八年）、比利时（光绪十六年）、丹麦、葡萄牙（光绪二十八年冬）、瑞典、意大利、墨西哥等国家在鼓浪屿设立领事馆。

（二）中华人民共和国时期外国领事馆

菲律宾总领事馆 设于莲花新村凌香里2号别墅。1994年12月，菲、中两国政府达成互设领事馆协议。1995年2月28日开馆。1997年5月起，菲律宾驻厦门总领馆领区范围调整，包括福建和江西。

新加坡总领事馆 设于海景酒店。1995年10月25日，新、中两国政府达成互设领事馆协议。1996年1月10日设，首任总领事林明河。是年12月，迁馆于大华银行大厦，后迁厦禾路银行中心。总领馆领区范围包括福建和江西。

泰国总领事馆 设于厦门宾馆。2004年10月10日，泰国驻华大使馆在厦门设领事办公室。领区范围为福建省。2006年5月17日，升格为总领馆，领区范围扩大为福建和江西。

第三十卷　思明与台湾关系

区境是台湾同胞的主要祖籍地之一，两地之地缘、史缘、血缘、语缘、文缘、神缘、俗缘、商缘关系密切。

明代，与台湾海上交通、人员往来、商贸交流逐渐兴起。明末，荷兰殖民者侵略台湾海峡两岸，区境军民与台湾军民合力抵抗。民族英雄郑成功改中左所为思明州，训练军队，跨海出征，将荷兰侵略者赶出台湾。清康熙二十二年（1683 年），清廷统一台湾。区境港口作为大陆与台湾交通联系的唯一口岸，承担“台运”全部任务，大陆的戍台官兵、贸易商人及平民百姓都经由思明转入台湾。台谷运厦日益增多，在洪本部渡头一带出现对台贸易的“台郊”和“鹿郊”。水仙宫码头一带岸边的“寮仔后”，是台湾民众主要聚居地。嘉庆年间，思明人曾绍芳等赴台，传播文化，弘扬书画艺术并造就人才。

中日甲午战争（1894 年）后，台湾被日本侵占，许多官员、士绅及义军将士内渡大陆，定居或暂避思明，组织各种爱国团体，开展抗日活动。同时，在思明投资兴办工商企业，助建公共设施。日本控制的台湾金融机构，在思明设点营业。区境的厦门大学、中华中学、英华书院、同文书院、旭瀛书院、厦门美术专门学校、闽南佛学院招收台湾籍学生，聘请台籍教师任教。台胞林尔嘉赞助成立菽庄吟社，举行诗会和诗词征集出版活动。会泉和普松和尚往来两岸，推动佛教交流。歌仔戏由台湾传入厦门；厦门通俗教育社推动台湾文明戏发展。抗日战争胜利后，厦台两地恢复正常往来。厦门大学毕业生纷纷赴台，为台湾重建贡献力量。区境台胞成立同乡会，创立学校，资助台胞子弟，救济百姓。

中华人民共和国成立，至 1978 年 12 月，思明与台湾的往来中断。1979 年起，两岸关系逐渐恢复，台胞从台湾或海外到思明探亲访友、旅游观光、寻根谒祖、投资办厂，人数不断增加，有的还定居思明。1993 年 2 月起，厦门港沙坡尾台轮停泊点开始开展对台渔工劳务输出业务。至 1997 年输出 4230 人次，为沿海渔民开辟新的就业渠道，促进两岸渔业生产的合作交流。1998 年，停办劳务输出业务。思明区建立海上救护中心，向台湾同胞送温暖；成立台商、台胞、台属联谊会和个体劳动者协会台商分会，举办涉台联谊活动，组织台商子女夏令营等，不断推进思明区在经济、教育、医疗、文化艺术等方面对台交流合作。至 2007 年，全区常住台胞 2056 人、金胞 1743 人，台资企业 159 家，个体台资工商户 93 家。思明区正越来越明显地发挥对台窗口的作用，为促进两岸交流合作与和平统一作贡献。

第一章　人员往来

第一节　思明人往台湾

明天启二年（1622 年），荷兰殖民者侵占澎湖，率 8 艘兵船 422 名士兵进攻福建，经漳浦、厦门港虎头山，抵达鼓浪屿烧杀抢掠，焚毁房屋船只。从厦、漳、泉一带掳去1000余人到澎湖充当苦力，其中有部分是思明人。

明末，郑成功军队驻厦门岛时期，位于鹭江道一带的洪本部渡头、打铁路头、典宝路头等古码头，许多思明民众通过这些码头东渡澎台经商或安居营业。清顺治十八年（1661年），郑成功率军驱荷复台时，许多思明青壮年随军参战支前，有的就此安居澎台。

清康熙二十二年（1683年），清军统一台湾。随即，清廷限制大陆沿海人民渡台；但仍然有许多区境民众冒险偷渡到澎台。曾厝垵一带则是重要的渡口之一，民众由此至澎湖，再进入台湾。

抗日战争胜利后，厦台两地恢复正常往来。民国34年（1945年）冬，思明民众（含大学毕业生）六七百人赴台湾参加重建工作。民国34—38年夏末，厦门大学有500名毕业生前往台湾从事电力、电信、交通、石化、财税、教育等行业的工作，为台湾重建做出奉献。民国37年6月2日，厦门大学校友会台湾分会在台北市中山堂和平室召开全体大会，82人参加，选举干事7人。随后，台湾南部的校友又成立台南厦大校友分会。

第二节　台湾人来思明

清廷统一台湾后，台湾淡水、旧港、许厝港、后垄、大安港、涂葛堀、鹿港、北港、安平、打狗等港口，除台风等恶劣天气外，几乎每天都有船只抵达厦门港。当时驶木帆船，从台南到厦门港11个更次。鹭江道竹寮巷口、水仙宫码头一带岸边的寮仔后，是当时台湾民众主要聚居地。

中日甲午战后，清廷被迫割台湾给日本。在反割台斗争失败后，许多台湾官员、士绅及义军将士内渡大陆。有义军首领刘永福、胡铁花，著名士绅板桥林家林维源和雾峰林家林朝栋，连横、李友邦、王人骥、黄鸿翔、翁俊明、赖和、张我军、江文也等，在思明定居。鼓浪屿菽庄花园和怡园，是当时内渡大陆的台胞建造的。

清光绪三十二年（1906年）9月，台湾籍民施范其、殷雪圃、庄有才、庄文星、王子坚、黄而学、朱树勋等人在思明发起筹办台湾公会。光绪三十三年5月，在寮仔后（今晨光路）天仙茶园召开台湾公会成立大会，以施范其为首任会长，殷雪圃为副会长，选举“议员”12名，开始进行招募会员。公会的会务主要包括教育、卫生、救济、调解、墓地管理等事务。民国12年（1923年），该会租五崎楼屋为事务所；民国17年，募资4万元在民国路38号（今新华路40号）建会址（民国19年5月迁入办公）。民国25年1月13日，公会改名台湾居留民会，陈长福任会长。后期，该民会因台湾总督府控制，沦为日本领事馆利用的工具。

光绪三十一年后，日本帝国主义驱遣日台浪人到区境，日本领事馆授命其头目林滚等18人组成“寿星会”，号称“十八大哥”。这些浪人占据寮仔后（今晨光路）、思明北路、水仙路、局口街、蕹菜河（今思明南路）、周厝巷、中山路、梧桐埕、妙香路、赖厝程（今大元路）、开元路、大井脚等地带为大本营。在日本领事馆庇护下，占据角头、走私贩毒、贩运军火、开设赌场妓寮、经营典当、放高利贷、抢劫绑票、杀人越货。民国13年6月，台湾浪人陈跷全等人到九条巷寻衅，刺死中国海军侦探李有铭。驻厦海军为此与台湾浪人发生枪战，日海军在厦登陆示威。后双方谈判，台湾浪人陈粪扫等人被遣返台湾。

民国27年，厦门岛沦陷后，日本侵略者在其控制下的伪政府机关及社团中大量使用台湾人。伪公卖局（禁烟局）局长由台湾人林济川担任；伪法院院长、伪检察署检察长、《全闽新日报》社长等都由台籍人充任。日本总领事馆设在鹭江道44号。民国32年，总领事馆有220人，其中日籍190人，台籍30人。

民国34年9月，陈金方等人在区境发起成立旅厦台湾同乡会。12月5日，在厦门民众教育馆召开第一次会员大会，选举刘丽生为理事长，陈金方为名誉理事长。会址大中路22号。同乡会组织台胞捐资300万元，创办私立复华小学，收容台胞失学子弟入学；创办《新台报》，每周出版一期；发动台胞认捐国币，救济平民百姓。

区境解放后，思明与台湾两地人员交往基本中止（但仍有大量台湾同胞在思明居住营生）。

1975年2月28日，停靠于惠安县的台湾渔船中的渔民曾贻煌向县台办要求会见居住在思明区的母亲吴结。厦门市台办闻讯即派员将曾贻煌接来，与其家人团聚。翌日，中共思明区委书记张安常登门探访，派员陪同游览家乡风景名胜，当晚亲自宴请曾及其家人。第三天，市台办派员送曾到惠安乘渔船返台湾。此为1949年后首位思明籍台胞回思明探亲。

1978年后，台胞陆续从台湾或海外归来探亲访友、旅游观光、寻根谒祖、投资办厂，于区境定居的台胞人数不断增加。1989年，开元区所辖何厝、前埔等4个行政村有台胞、台属近60户。1991年8月31日，思明区台胞、台属联谊会成立时，有台胞322户685人，其中金门102户213人。区境台胞大多为科技人员、医务人员、教师、干部、工人、农民、解放军官兵等。1991—1994年，前来探亲、旅游、寻根谒祖、洽谈生意、投资办厂的台胞累计1900多人次（区境内台资企业38家）。

1990年后，随着台商到思明投资兴业者增多，经商、办厂、从事服务行业人员不断增加。

2000年后，和平码头成为两岸往来的重要通道。自2001年1月2日金厦直航航线开通以来，由和平码头入境的台胞日益增多，至2002年1月28日，有52个航次各种团队10008人次的金门同胞在厦门口岸办理台湾居民往来大陆通行证。2001年2月6日，79名在闽的65岁以上金门同胞，经和平码头，往金门探亲。2002年2月9日，持台胞证和“金马专用单次出入境证”的181名在厦台商及其眷属，在和平码头搭金门“太武”轮，经由金门乘机直航台湾。2002年清明节期间，504名在闽台商经和平码头，直航金门返台扫墓祭祖。2002年端午节期间，178名在闽台商经和平码头，直航金门返台与家人团聚。2005年9月8日，通过厦金航线的旅客达100万人次。

2007年，思明区常住台湾同胞3799人，其中金门同胞1743人。

附：居区境台胞知名人士

林维源、林尔嘉 祖籍龙溪县白石保，其祖于清乾隆四十九年（1784年）去台湾，经营米业致富。林维源家族成为台湾首富后，他成为台湾第一绅士。中日甲午战争发生，林维源率家族内渡，在鼓浪屿鹿礁路定居。他把家事、田产等托给在台湾的管事照管，资助台湾各地抗日义军。同时，他在厦门开设钱庄。清光绪二十七年（1901年），日本在台湾的民政长官后滕新平数次专程到鼓浪屿，登门造访林维源，力图促他返台入日本籍，但都被林厉言拒绝。光绪二十八年，林维源出资重建遭受火灾的厦门武庙；翌年，捐资修缮厦门小八景之“白鹿含烟”，捐巨款给厦门东亚书院。光绪三十一年，清廷以商部奏请，委任林维源为福建商务大臣，授二品侍郎衔。林维源之子林尔嘉寓居鼓浪屿期间，任租界工部局董事会董事，凡事关国体荣辱、华民利害，总是不避威胁，据理力争，深受国人敬佩。他创办华侨女子学校，捐资同文书院、大同学校、普育学校。他在鼓浪屿营建造型别致的菽庄花园，常邀游宦、文士吟对，并结成菽庄吟社。日本投降后，他回到阔别50年的台湾。

林鹤年、林朝栋、林祖密 祖籍平和县五寨乡埔坪村，其祖于清乾隆十一年（1746年）到台湾定居。林家初以武发迹，后以艺文、社会运动知名。中日甲午战争后，雾峰林家林鹤年、林朝栋、林祖密等内迁，定居鼓浪屿。林鹤年力主在鼓浪屿领事团的工部局设立华人董事，管理公共租界，以保障华人权益。林鹤年在鹿耳礁选择“鹿泉”所在地，修建“怡园”。林朝栋在台湾曾参与中法战争的台湾战事，协助刘铭传在台湾办理新政；甲午战争后支持筹组旨在反日的“台湾民主国”。林祖密借为父亲林朝栋奔丧之机，举家迁回鼓浪屿。随后，他向日本驻厦领事馆提出退出日籍，恢复中国籍。日本政府因此没收、低价收购其在台产业的百分之九十以上财产。在孙中山影响下，林祖密参加中华革命党，在鼓浪屿寓所召集漳、泉革命党人，组织秘密机构，进行反袁斗争。民国5年（1916年），他建立革命军，参加讨袁护法战争。后任陆军闽南军司令，转战闽中等地。民国14年，被军阀张毅暗杀于华安。

连横　中日甲午战争后内迁厦门，和黄乃裳等人创办《福建日日新闻》（后改名《福建日报》）。他极力提倡维新，复兴中华。报社言论激烈，被驻厦日本领事馆封禁。连横游览鼓浪屿怡园鹿泉和郑成功屯兵处后，写下诗篇，抒发爱国思乡情怀。清光绪三十一年（1905年），连横在厦参加“反美拒约”运动，并被选为反美拒约会副主理。

李友邦　日军追捕时潜回大陆，创建“台湾义勇队”和“台湾少年团”，继续抗日。民国32年，李友邦率领台湾义勇总队潜入日本占领下的厦门，展开三次军事行动，突袭日本经营的兴亚院、日本海军油库和伪市政府成立三周年大会。民国34年，台湾光复，李友邦在南普陀后山石上题刻“复疆”。

王人骥　清光绪二十一年，随父王舜中放弃台湾庞大家业，举家内渡，定居厦门中华街道石壁街。曾赴日本学习法政。民国时期，任思明中学校长，改革教学制度和教材，增设英语、音乐、体育课程。致力于市政建设和文献收集整理。厦门岛沦陷后，避居鼓浪屿。

蔡谷仁　台湾鹿港人。清光绪二十一年，清廷割台湾给日本，他携带家眷内渡定居鼓浪屿。擅长书法、诗词，创办精一国学社，招生授课，讲四书、五经和唐宋诗词。与许允白、丘沧海等反对帝制。于闽台两岸名胜古迹留下许多书法碑刻。

黄拱垣、黄鸿翔　台湾嘉义人。黄拱垣为台湾航运界巨子，支持台湾民众反抗日本侵略者割据台湾。失败后，于清光绪二十一年举家内渡定居厦门。子黄鸿翔曾赴日本东京法政大学学习，归国后，在厦门大学任教，并创办育才学社。热心社会事业，辑有《厦门海后滩交涉档案摘要》，参与收回海后滩斗争。

翁俊明　台湾台南人，早年加入同盟会。民国4年，毕业于台北医学校，次年到厦门开设俊明医院。执业西医，亦重视中医现代化。民国19年，创设厦门中华医学校，任校长，培育诸多人才。购置客轮、货轮各1艘，定期行驶厦门—台湾。民国22年，组织激发台湾同胞民族意识的思宗会。民国23年，在虎溪岩下创办同善医院，出任院长。

赖和　台湾医学校（台大医学院前身）毕业后，于民国6年到鼓浪屿博爱医院工作。“五四”运动爆发后返台，在彰化创立赖和医院，并和黄朝琴、张我军一起在台湾掀起白话文学运动。

张我军　台湾台北板桥镇人，祖籍福建漳州南靖。民国10年，到鼓浪屿新高银行谋职，并在同文书院接受新式教育，接触白话文文学。民国13年10月，返台湾任《台湾民报》汉文编辑，反对旧文学、旧道德，为新文学诞生和发展扫除障碍，获文坛“清道夫”美称。

江文也　台北大稻埕人。其父江蕴鋆，经商往来两岸，民国3年，在厦门水仙宫后三十六崎顶建房（人称“港仔边厝”），江文也与家人一道迁居“港仔边厝”。民国6年，就读于旭瀛书院。经常到鼓浪屿教堂学唱圣诗，接触西洋乐器。注意收集厦门民歌和童谣。民国12年，赴日留学，主修电机科，业余学音乐。民国23年8月，以男中音歌唱家身份，参加东京“台湾同乡会”组织的“乡土访问音乐团”，在台北、新竹、台中、彰化、嘉义、台南、高雄等县市演出。民国27年，自日本回国，担任北平艺术专科学校音乐系作曲与声乐教授，从此定居北京。1950年后，江文也潜心整理和研究台湾、闽南民间音乐素材，创作《思想起》《阿里山的歌声》等作品。

黄克立　泉州人，青年时期在厦门大学学习。毕业后，被陈嘉庚委任为厦门大学会计主任。抗战爆发后，活跃在闽南抗日前线。抗战胜利后，在国民政府供职并为中国政府代表团成员，参加日本向中国归还台湾的仪式。随后，留在台湾担任台湾省长官公署财政处副处长和台中市市长。黄克立任台中市长期间，对日本统治时期行政机构进行改革，普及教育，整顿学校，从厦门、福州等地聘请教师赴台任教，提高台湾中小学师资质量。民国37年后，弃政从商，成为香港商业巨擘。1980年以来，黄克立多次回厦投资创业，接受厦门大学邀请担任客座教授，并捐助厦大建克立楼。

第二章　海上通航

第一节　厦台通航

一、明代通航

元代，区境有船只直航澎湖、台湾。明代，岛上设中左守御千户所，对经此往来之船只进行盘验（由浯屿水寨官兵实施）。盘验后，船开到曾家澳（曾厝垵之海湾）候风汛顺时开往大担，而后分两线：向南经澎湖到台湾虎头山（高雄）至双口（马尼拉）；向北则到台湾鸡笼（基隆），再至日本长崎。

郑成功渡台大军从思明集结于金门料罗湾出发，经澎湖，取台湾鹿耳门，攻下赤嵌城。随后，于思明组织军眷、文官入台，仍按此航线到达。清顺治十八年（1661 年）和清康熙二年（1663 年），清军两次攻占思明，实行迁界移民。清军撤走后，郑经仍派军据守思明，招纳流亡人员及越界欲去台者由思明至台湾的航线仍保持。

二、清代通航

清廷统一台湾的次年（1684 年），设立厦门口（在思明区境）与台湾鹿耳门对渡，其时两岸仅此航线单口对渡（增设航线后，此线仍不断运行）。康熙三十四年，清廷又开辟厦门港—台湾鹿港—台北淡水港航线，为贸易之用。清廷对两岸通航的船号、船数、航次都有限制。限制虽严，偷渡者仍不断。厦门小船从曾厝垵、黄厝海湾出发偷出海口，航往台湾各港；台湾小船（膨仔、三板头）从鹿耳门、北港、鹿港等偷渡至厦门港。两地海上往来依旧密切。

三、开埠后航线

清道光二十三年（1843 年）厦门开埠，厦门港有外国船进入。清同治十年（1871 年），英商开辟厦门港—台湾安平港—淡水港航线（每两星期 1 航次），并在境域设“得忌利士公司”，经营航运业务。清光绪七年（1881 年），清廷派“琛航”号和“永保”号两轮，往来于厦门港和台湾许多港口之间；不久又派“伏波”号和“万年青”号轮船参加营运。后，刘新铭在台湾实施新政时，购置“南通”号和“飞捷”号两汽轮，参与台湾至厦门港及其他港口的运营。

四、日据时期航线

清光绪二十一年（1895 年），日本占据台湾后，两岸通航时断时续。清宣统三年（1911 年），日本台湾总督府指定“台仁丸”号、“大义丸”号轮船川行于厦门港、汕头港和台湾各港（主要是基隆、高雄、淡水、台南港）之间。厦门港—基隆港航线、厦门港—高雄港航线是主要航线，月航 2～4 次，大多途靠福州、汕头、香港、广州等港口，以增客货量。除大型轮船定期航行外，还有小电船、帆船穿梭往来。厦门港成为轮船、小电船、帆船往来于台闽之间的重要港口。

五、台湾光复后航线

民国 36 年（1947 年），厦门国营招商局与台湾省公署合办台湾航业公司，在厦门、福州设分公司。

翌年，派“海德”号轮行驶基隆港—厦门港—福州线（月往返4航次）；派“延枢”号轮行驶高雄或基隆港—厦门港—福州线。不久，放宽限制，可来往于基隆、高雄、台中、花莲、马公5港。1949年10月17日起，以上航线停航。

六、设台轮停泊点

1979年1月1日，中华人民共和国全国人大常委会《告台湾同胞书》发表后，两岸海上通航复苏。偶尔有台湾渔船到厦门港避风、加油、修船。1982年5月，福建省政府批准厦门港沙坡尾码头（及东渡港码头）作为台轮停泊点。当时，除台湾渔船外，还有台湾小商船来厦门港开展小额贸易。1986—1992年，进出厦门港的台轮2521艘次，船员24571人次。一般都直接从台湾各港口驶来。

七、间接通航

台湾当局阻挠直接通航，两岸货物只能从香港换船中转到达目的地。1986年，台湾工商界采用“转单不换船”变通方式，有3艘挂方便旗的台湾大轮船进入厦门港。他们在第三地“挂关”取得海关证明文书，而原船直达厦门港，称“文书间接，运行直接”。

八、试点直航

1996年8月，交通部颁发《海峡两岸间船舶航运管理办法》及《海峡两岸间货物运输代理业管理办法》，确定福州港、厦门港为两岸直航试点口岸，并定位为“国内管理的特殊航线”。经两岸航运界共同努力，1997年4月19日实现试点直航。承担首航的厦门轮船总公司“盛达”轮从厦门海天码头（在思明区北邻）起运，经16个小时航行，抵达高雄港。同月25日，台湾立荣海运公司“立顺”轮首航抵达厦门东渡港（在思明区北邻）。经营此航线的大陆船公司12家（其中台资6家）。2002年3月30日，在福建省的台商126名乘坐同安号客轮，从和平码头取道金门直航台湾。但是，由于台湾当局只把高雄港口作为“境外航运中心”与厦门港直航，实行“货物不通关、不入境”的政策，使直航轮船不能承运进出台湾的货物，只能承运经高雄中转的货物。直航轮船承载率很低，空箱多，航运公司皆亏本。厦门港试点直航货物吞吐量：1997年9.96万标箱，2004年36.21万标箱（为最多），2007年30.42万标箱。

附：厦台空航

民国36年（1947年），中国航空公司开办台南到厦门空中航线，每星期一和星期六各往返1次。翌年，增开台北至厦门空中航线，每星期日航行1次，由台北至厦门，当日续飞至汕头、至香港。民国38年4月，台湾松山机场与厦门往来空中航线3条；8月增至5条。1949年10月17日，厦台空航停止。

1996年，厦门航空有限公司与台湾长荣航空、中华航空、复兴航空公司及香港国泰航空公司联合，为在香港和澳门转机的旅客提供“一票到底”服务。1997年，开通台北—澳门—厦门空中航班。2004年4月1日，厦航与台湾复兴航空公司共同推出“海峡两岸行”联运服务。2006年，厦门成为两岸春节包机和中秋包机的航点。春节期间，厦航至台北和高雄共4个往返航班，运送旅客1354人。中秋期间，厦航至台北和高雄共8个包机对飞航班，运客902人。2007年，厦门航点在春节、清明、端午、中秋节4个节日期间都执行包机飞行任务。共28班次往返，运客5500多人。厦台空航恢复促进思明与台湾关系更加密切。

第二节　厦金直航

区境与金门（清代属福建省同安县；民国3年设福建省金门县），自古有船只交通。客船于厦门岛沙坡尾通往金门的渡头有5个（后浦渡、后丰港渡、水头渡、金山港渡、青山支渡）。使用的船只，古代为人力木船，清光绪年间始有机动轮船。至民国38年，行驶于厦门岛与金门岛之间的机动客轮有如下数艘。

利济安小轮船　清光绪二十五年（1899年），厦门思明绅商黄姓与金门绅商林资杰、杨都试、刘宗泽、程瑞春、林钧德等，倡集股金合资，包租利济安小轮船行驶厦金。寻常客人每人收船资银洋3角；凡洋客初次回国，收特别船资银洋1元。不久，由黄姓独办，越数年停止。

金溪小轮船　清光绪末年，厦门思明商人某某自购行驶，船资每人4角。数年后，因搁礁沉没，停止。

江陵小轮船　清宣统年间，厦门思明商人某某购置行驶，船资每人5角。迨金门官商自购顺兴小轮，遂转行他处。

新马小轮船　民国元年（1912年），厦门思明商人某某购置行驶。嗣因三兴小轮亦来争港，新马小轮乃转行刘五店、澳头两处。

三兴小轮船　民国3年，厦门思明商人某某购置行驶。每早自厦启行，弯刘五店、澳头停轮，后抵金；仍从原航路返厦。不几年，只行驶厦金而已。

金星小轮船　民国11年，金门旅新加坡侨商组织金门轮船股份有限公司，设办事处于厦门思明，由香港购进50吨小轮1艘，号金星。民国12年春正式启航，农历每月初二、初五、初八、十二、十五、十八、二十二、二十五、二十八日川行厦金（停泊刘澳港载客卸货），每客售票8角。民国26年抗日战争起，一度航行白免港、厦门港间。翌年，厦门岛被日本军占领，作紧急措施，斧沉同安洪厝港。抗日战争胜利后，由闽通公司修复，并航行安海、厦门港间。民国37年，交涉收回，仍航行厦、金。民国38年，改航金门烈屿、大担之间。

海燕机帆船　机动渔船改装，由厦门思明商人某某购置，行驶厦金，自民国34年11月启航，民国35年3月停航。

附：金门通航厦门港客轮

金门通航厦门港的金门（及同安）客轮：顺兴小轮船—民国3年，金门县政府出资并招商合股，于香港购买顺兴小轮，行驶金厦间，民国6年农历七月初六日夜于厦港被台风击毁。协和丸—民国27—29年，金门伪行政公署营办，船30吨位，川行金、厦间。大通丸—民国29年，金门县伪开发公司营办，船40吨位，航行金、厦，民国34年农历正月初一日，被盟机击毁。同顺轮—民国35年，同安彭厝商人举办，船30吨位，川行金、厦及澳头等港，民国38年停办。金兴轮与金青轮—民国36年，金商许乃汉等合购，船30吨位，行驶金厦，未几售去，改买金青轮。金青轮依然行驶金、厦，于民国38年夏，协运国民党军队由厦门港转进金门，抛锚官澳港，损废。

1949年10月17日起至2000年，厦门岛与金门岛不通航。

2001年1月2日，金门县长陈水在率官方小三通金厦通航参访团（194人）乘金门“太武”客轮、“浯江”客轮从料罗港直航和平码头，在厦门、泉州参访4天后，又从和平码头乘船直返金门水头码头。同年2月6日，福建省金胞联谊会会长许文辛率“金胞返乡谒祖团”（91人）乘“鼓浪屿”客轮从和平码头直航金门。同年6月8日，台湾“肖太傅大陆进香团”366人乘坐金门“快轮号”客轮到和平码头上岸。这是金厦直航开通后，第一艘经金门直航和平码头的台湾客轮。此后，厦金直航从“个案审批”“团进团出”，到“个案直航”“相对稳定航班”，到天天有航班“通案化”。年进出港人次：2001 年 20835 人次（222 航班），2002 年 53371 人次（472 航班），2003 年 160303 人次（1493 航班），2004 年 406883 人次（3088 航班），2005 年 518453 人次，2006 年 607542 人次（5596 航班），2007 年 677425 人次。经营此航线的企业原 5 家，2006 年 7 月 1 日起为 6 家。每天由原 12 个航班，增到 20 个航班。

厦金航线成为连接祖国大陆与台湾的又一条通道。

第三章　协同抵御外侵

第一节　协同驱荷

明天启年间，荷兰殖民者侵占澎湖、台湾，进攻福建。

厦门军民对荷兰殖民者的侵略进行坚决抵抗，与台湾人民相呼应。思明现有多处摩崖石刻记载此事，鸿山寺摩崖载“钦差镇守福建地方等处都督”徐一鸣和游击将军赵颇等人“到此攻剿红夷”，白鹿洞寺石刻载“天启癸亥年十一月廿日广陵朱一冯以督师剿夷至”和“天启癸亥冬晋阳赵纾督征到此”。这是反抗荷兰殖民者侵略台湾海峡两岸的历史证据。

明末清初，郑成功在厦门澳仔操场（今厦门大学内）筑演武亭，操练“铁人军”，还在鼓浪屿训练军队，准备收复台湾。南明永历十五年（1661 年），郑成功率师跨海出征，思明人鼎力相助。郑军在鹿耳门港登陆时，当地人民前来迎接，用货车协助郑军登陆。郑军围攻赤嵌城时，赤嵌城的荷军水源被台湾人民切断。在台湾人民的密切配合下，郑军终将荷兰殖民者赶出台湾。

第二节　合作抗日

清廷甲午战败，被迫割台湾给日本，区境成为台湾同胞“避难所”、抗日大后方。许多抗日志士暂避于此，组织多个以台胞为主体的爱国团体，开展抗日活动。

“五四”运动后，台湾青年到大陆思明等地学习者迅速增加，多是反对日本殖民统治的热血青年。民国 12 年（1923 年）6 月 20 日，厦门大学学生、台湾嘉义人李思祯以“唤醒民族思想，实行民族自决主义，脱离日本统治”为宗旨，创立台湾尚志社。8 月 15 日，创办《尚志厦门号》，揭露日本帝国主义在台湾的暴政。次年 1 月 30 日，召开台湾学生大会，反对台湾总督府镇压台湾议会请愿运动，一致通过《反对台湾总督府历代之压迫政策》和《反对台湾总督府对议会请愿者之不法拘束》决议，并发表《宣言书》，分寄台湾、大陆和日本东京，控诉日本帝国主义罪行。不久，台湾尚志社被日本驻厦门总领事馆取缔。

民国 13 年 4 月 25 日，台湾人李思祯、郭丙章、王庆勋、翁泽生、洪朝守、许植亭、江万里等人创立闽南台湾学生联合会（又称闽南台湾学生同志会），会员近 400 人。5 月，成立闽南台湾学生联合共鸣社，发行《共鸣》杂志，将刊物寄往台湾，鼓舞台湾同胞。11 月 16 日，在思明教育会馆召开秋季大会，抨击日本在台湾的暴政和经济掠夺。次年，在大陆学生配合下，演出《八卦山》《无冤受屈》等话剧，控诉日本侵略者的罪行。民国 14 年，闽南台湾学生联合会的会员还与大陆青年学生共同组织秘密团体——厦门中国台湾同志会，4 月发表两次宣言，在市区张贴海报，强调台湾同胞与大陆人民的血缘关系，呼吁大陆和台湾同胞一致奋斗，收回国土。6 月，创办中国台湾新青年社，发行《台湾新青年》杂志。

民国 19 年 6 月 9 日，台湾学生曹炯朴、王溪森等人发起，闽南中等以上学校的台湾学生参加，在厦门中学礼堂秘密举行闽南学生联合会成立大会。会后，印制 2000 份《纪念六一七特刊》，分发思明、台湾、上海、漳州等地，反对“六一七”台湾“始政”纪念日。还发行《援助台湾蕃族革命号召宣言》及《台湾革命特刊》，秘密运送台湾岛内，声援岛内革命。其间，台湾革命党副主席张锡均在思明北路 73 号开办眼科医院，秘密从事抗日活动，医院取名“光华”（“光我中华”之意）。

民国 20 年 6 月，闽南学生联合会中的激进分子在白鹿洞集会，成立厦门反帝同盟台湾分盟，推举王灯财为负责人。该分盟成立后，与上海反帝同盟及中国共产主义青年团厦门支部联络，相互合作，指导在厦台湾学生的反帝运动。民国 21 年 3 月，经中国共产主义青年团厦门支部召开联席会议决定，厦门反帝同盟台湾分盟撤销，其成员加入厦门青年救国会，统一抗日救国行动。

民国 26 年 8 月 29 日，厦门市各界抗敌后援会在中山公园集会，台胞推举王任本为代表发表演讲。王任本强烈谴责日籍台湾浪人充当汉奸的罪行，呼唤台胞全面抗战，为祖国贡献力量（次日，《江声报》以《台湾代表请愿抗日》为题，全文刊载其发言）。同日，台湾同胞宋重光等人召集台籍青年在大中路回生医院集会，次日成立台湾同胞抗日复土总联（同）盟，以联络团结台胞、打倒日本帝国主义，恢复台湾故土为宗旨。会上选举 11 名筹备委员，提出帮助当地军政府肃清汉奸、发动台湾革命、慰问旅台归来的大陆同胞、募捐国防献金等建议。会所设在大中路回生医院二楼。抗日复土总联盟后来加入台湾独立党，其成员成为厦门台湾义勇队成员。同年，鼓浪屿青年抗敌服务团成立。

民国 28 年 2—3 月，台湾青年大同盟和厦鼓中华复土血魂团，在鼓浪屿等地频繁活动，多次散发传单，劝导台胞和思明人团结抗日。同年，抗日领袖李友邦在闽西组建台湾义勇队。

民国 31 年 6 月 17 日，日军侵占台湾 47 周年之际，在厦门的台湾义勇队袭击日军所设的兴亚院。7 月 1 日，厦门敌伪政权成立 3 周年举行庆典之际，台湾义勇队在会场投弹多枚，炸死日伪军数十名，鼓舞同胞抗日斗志。今升平路 4-10 号红砖楼，是李友邦将军及其所率“台湾义勇队”驻地之一。

第四章　经济交流合作

第一节　通商贸易

明末清初，郑成功部将洪旭留守金厦，开展贸易活动，带动思明商家与台湾通商。在鹭江边建营房，被称为“洪本部”。洪本部渡头、打铁路头、典宝路头等古码头，为对台湾贸易的重要渡口。

清康熙二十三年（1684 年），清廷有限制地开放海禁，确定厦门港与台湾鹿耳门为两岸通航的对渡口岸，思明成为对台贸易前沿。此后 100 年内，厦门是大陆与台湾交通联系的唯一口岸，承担着“台运”的全部任务。大陆的戍台官兵、贸易商人及货物都经由厦门港转入台湾。台湾商人从台湾收购稻米，集中到鹿耳门，先由台防同知稽查运配，再通过商船运送至厦门港，由厦防同知稽查收仓并转运福建各地。厦防同知除稽查稻米运配外，还负责挂验牌照，稽查水手旅客，给照放行。厦门城南玉沙坡（即今思明南路从演武路至大生里铁路之间、靠海岸的“厦门港”）的“文汛口”是盘验出入渡台商船的正口。台谷及货物运厦日益增多，清中期在曾厝垵、美仁宫、后江埭、文灶等处有作坊10多间，俗称土砻间，各作坊雇工10多人，月加工白米数千石。

随着两岸贸易的日益增加，由商人组建的商业组织“郊行”出现，支配着两岸的贸易往来。清嘉庆八年（1803年），台商经营的“台郊”（台湾郊）和经营鹿港贸易的“鹿郊”（鹿港郊），主要分布在洪本部渡头一带，开展对台贸易交流。

清光绪二十一年（1895年），日本侵占台湾，隔断两地的行政隶属关系，却无法隔断两地贸易联系，思明与台湾之间经贸往来仍然不断。

光绪三十四年，陈天恩、黄廷元等创办的淘化罐头公司，厂址分别在寿山路和鼓浪屿内厝澳，所制酱菜销台湾。

民国18年（1929年），厦禾路福记铁工厂曾从台湾采购机床，制造小型机器零件。

民国36年，厦门市商会赴台参加展览会，鹭江道166号张源美、张彩云提供武夷茶大红袍、正水仙和安溪茶铁观音、白毛猴等，中山路219号源和堂庄沪新提供蜜杏脯、蜜李片、七珍梅、李盐饼、菁果匙等，展示福建诸多特产。

1949年10月后，与台湾通商货易处于隔绝状态。1979年起，两岸关系逐渐缓和。1982年，沙坡尾设台轮停泊点，开展对台小额贸易，出口商品有水产品、中成药、酒类、工艺品、土特产等，从台湾进口的商品主要有鱼苗等。1985—1987年，思明区向阳印刷厂先后投资140万元，引进台湾制造的PE凹凸封口塑料袋制袋设备一套。

2002年2月27日，厦门国贸集团租用厦门轮船总公司“中洲号”货轮首次运载1900吨沙石从同益码头直航金门料罗湾码头，开启厦金两地50余年来货运直航的先河。

第二节　创办台资工商企业

清光绪二十一年，日本侵占台湾后，大批台胞内渡，思明成为台胞投资兴办工商企业的主要区域。光绪三十三年，台商林尔嘉协助厦门商会成立电器通用公司；次年，又设立厦门电话公司，资本金30万元。日籍台湾浪人吴蕴甫在老叶街（今开元路）开设“鼎美洋行”；台人黄奎山在中华路开设紫云商号。许多台湾人在厦门港经营鱼行，民国27年（1938年）有10家，分别为中林、和丰、宏益、隆发、隆兴、中南、共荣、泰茂、东洋、光荣，老板分别为黄石定、何真、施沧、邱坤土、陈祈、李步青、纪火、陈五贤、陈祥、郑敏。民国23年9月，“鸦片大王”叶清和成立“鹭通股份有限公司”包销鸦片（公司址设升平路惠通巷7号），日籍台湾浪人林滚、台湾银行买办施范其先后投资入股。

民国28年7月，日本人将台湾总督管属的南兴公司烟厂部分设施转到思明先锋营，称南兴烟厂，其产品主要供应厦门、金门和附近海岛日军及敌伪机关人员，少量在市场销售。民国29年，台湾人高兴在开元路开办自行车店，并组建鹭鹰自行车队，常参加省市举办的自行车演赛。

民国30年4月1日，位于鹭江道226号的中央大卖场正式开幕，销售蔬菜、坚果、家禽等，是年10月，卖主有日人3名，台人33名，大陆人24名。

1984年5月起，厦门经济特区从2.5平方公里扩大到全岛，三区的台资工商企业再现并逐渐增多，规模越来越大。

1995年1月1日，位于思明南路的大丰商厦暨台湾商品总汇开业，总投资3400万元，商厦6层，面积6600平方米，是全国首家汇集台湾和台资企业名优特商品的专业商场，有50多家台湾厂商和台资企业参与经营。

同年7月11日，由台胞黄景山投资筹建的厦门景州乐园正式对游客开放。该乐园位于思明区塔头村黄厝金山寨山东麓，面向大海，与大小金门、大担、二担岛隔海相望，占地面积36万平方米。乐园内有台湾蝴蝶馆、世界昆虫馆、闽台艺术馆、台湾历史馆、台湾料理餐厅和16个自然景观、20多个游乐项目。

2001年，景州乐园（台湾民俗村）二期扩建工程奠基，总投资2000万美元。扩建工程于2003年完成，包括兴建国际青年旅馆、度假木屋和金山休闲度假中心的景州度假村。

2004年起，思明区的台湾居民个体工商户在莲花、禾祥东西路、厦大附近、中山路等繁华地段不断涌现，兴办餐饮、工艺品、水果零售、建材、电脑、二手房中介等行业。2006年，台湾小吃旗舰店“阿琼姐”在中山商圈内的定安广场开业，该店面积350平方米，首期投资100万元，推出50多个台湾小吃品种。

2007年4月25日，“思明区个体劳动者协会台商分会”成立，是大陆首家台商个体协会。其时，思明区有台湾居民个体工商户93户，占全市台湾居民个体工商户总数57.4%。

台商投资兴办企业持续增长。至2007年底，全区台资工商企业159家，注册资本18865万美元，合同投资总额17585.3万美元，实际投资总额17099万美元。

第三节　创办台资金融企业

民国7年（1918年），日商新高银行（总行设台湾）在思明镇邦路设立分行。民国9年，该行改组为商工银行，经营存、放款业务。因市场不景气，又受到思明人民反日爱国运动的冲击，该行于民国16年告停。次年，日籍台湾人林木土创办丰南信托有限公司，经营信托、汇兑、房地产、垦牧、造林等业务。主要办理台北汇兑，并为台湾水客走私黄金转销香港提供方便。民国27年，公司址迁中山路361号，主要经营台湾、上海等地汇兑，民国34年12月停业。

民国9年6月，由日本驻厦门领事琢本发起组织“厦门金融组合”，事务所设在厦门台湾公会内。抗日战争爆发初期，该组合撤退；民国29年3月复业。先后迁址镇邦路、中山路，经营贷款、存款、汇兑、保险等业务，与台湾、中央储备、劝业等银行往来密切。抗战胜利后，该组合被民国政府接管。

附：劳动输出

1993年2月起，厦门港沙坡尾台轮停泊点开始开展对台渔工劳务输出业务。到1997年底，累计输出4230人次，为沿海渔民开辟新的就业渠道，促进两岸渔业生产的合作交流。1998年，停办劳务输出业务。

第五章　文化交流合作

第一节　教学交流

清嘉庆二十四年（1819年），曾厝垵人曾绍芳（己卯科举人）赴台湾，先后担任嘉义训导、台湾府学教谕，在台湾传播文化，造就人才。

清道光年间，台湾板桥林家林国华邀请吕世宜、叶化成和谢琯樵入台，弘扬书画艺术，教读林家子弟。吕世宜、叶化成家皆在今中华街道片区。吕世宜故居在盐溪街98号，入台后担任林家家庭教师、图书馆长；帮林家购置善本图书数万卷、金石拓本数十种，策划营建驰名两岸的林本源别墅，园内枋桥亭园的楹联楣额，多出其手。吕世宜不仅在台传播中华文化，还把他精心收藏40年的文物和古籍留在台湾，至今被台湾民众称为“台湾图书馆之父”“台湾博物馆之父”。

清光绪二十一年（1895年），日本侵占台湾后，在台湾推行奴化政策。爱国台胞纷纷到厦门思明求学、办学。民国10年（1921年），厦门大学成立伊始，即招收台湾籍学生。中华中学、英华书院、同文书院、闽南佛学院等也招收台湾籍学生。台湾公会创办的旭瀛书院，教师多是台湾人，学生以台湾人为主，也有思明人。至民国24年，该校累计有500余名学生毕业。

民国18年（1929年），王逸云与黄燧弼在黄厝宫创办“厦门美术专门学校”（黄任校长；民国23年搬进现中山公园花展馆处）。台南市张寿龄出任校董会主席，台南人翁俊明任校董兼校医，后继任校董会主席。校董会副主席、英文教师陈金芳，是台湾留菲学者（曾任鼓浪屿美华中学校长、厦门中华中学董事长）。民国24年接任美专校长的林克恭，是台湾板桥林尔嘉第六子。厦门“美专”培养许多台湾学生，其中庄索是新四军臂章设计者，吕基正成为台湾著名画家。民国23年9月，吕基正在厦门台湾公会会馆举办个人画展，展出作品35幅。厦门“美专”与台湾的艺术交流频繁。台湾艺术家陈澄波曾访问厦门“美专”。民国24年11月，厦门“美专”组团访问台湾。台南人黄连登于民国35年毕业于厦门“美专”，后到日本深造，回国后在厦门“美专”任教。

民国35年12月，厦门大学特为台湾籍学生举办国语、国文补习班，请教授黄典诚讲授国语发音、中国文字组织、国语会话、白话文选读、浅近文言文选读、文法要略等，有台湾籍学生30余人参加学习。民国36年7月，台湾省训练团聘请厦门大学教育系教授郭一岑、李培囿、陈景磐及中国文学系教授虞愚等于暑期到台湾讲学。同年11月，厦门学生自治会学术部聘请台湾同学讲授日语，组织日语讲习班，参加者百余人。民国37年1月，厦门大学历史研究室、经济研究室、中国海洋研究室和水产研究室4个单位12人组成台湾考察团，对台湾历史、经济、工业、海洋、水产等进行为期3周的考察。同年，厦门大学组织化学系20余人赴台湾参观化工厂，组织土木工程系学生33人赴基隆实习；厦大法学院院长王亚南教授赴台讲学。同时，也有台湾学生到厦门大学学习（民国34至38年共47名）。1949年9月至1983年12月，两地停止教学交流。

1984年，厦门大学招收2名台湾函授生；1985年开始招收台湾本科生。1993年8月，厦门大学设立台港澳学生先修部，举办大学预科班和联考补习班，为台港澳学生来大陆学习提供机会。同年，招收两名台湾博士研究生。1984—1995年，厦门大学招收台湾学生1212人，其中硕士研究生4人，博士研究生4人，本科生23人，大学本科预科生15人，补习生21人，函授生1145人。对台招生日益规范。1992—1995年，到厦门大学交流访问的台湾学者500多人次；赴台交流的厦大专家、学者41批83人次。

1994年起，开元区教育局与台湾大地幼教联盟合作办学，先后创办厦门市大地幼儿园嘉华园、松柏园、瑞景园、湖明园、文屏园等。1995年以来，前埔中学和金门烈屿国民中学，前埔南区小学和金门烈屿国民小学，多次开展教学交流活动，并开展民乐、唐诗、夏令营等活动。

2000—2007年，厦门大学共招台籍本科生213人，硕士研究生48人，博士研究生87人，计348人。

第二节 报刊图书交流

一、报刊合作

《福建日日新闻》 社址在大同路上段头太史巷。清光绪三十年（1904年），由台湾史学家连横与华侨黄乃裳创办。宣传革命，得到同盟会的赏识。

《全闽新日报》 社址在大汉路（今中山路）242号。由台籍人江蕴和创办，日本占据台湾后，对该报实行控制，使之成为日本政府的机关报。

此外，抗日战争爆发之前，区境有台湾的新闻机构设立的支局或通讯部。如：台湾日日新闻社厦门支局，位于升平路4号；读卖新闻社厦门通讯社，位于大中路2号；台湾新闻社厦门支局，位于大中路92号；台湾日报社厦门通讯部，位于大汉路（今中山路）246号。

二、图书交流

2002年10月20日，位于大同路55号之一的台湾书店开业，书店面积580平方米，为省内首家专营台湾图书的书店，年发行量数万册。

第三节　宗教交往

民国时期，厦台两地民间的佛教交流十分密切。会泉和尚在思明虎溪岩创办“虎溪莲社”，先后赴台湾基隆月眉山灵泉寺、大同山龙湖庵、超峰寺等处开讲《金刚经》《心经》《大乘起信论》《唯识论》《地藏经》等。有20多位台湾僧人随其来思明，进入“万石岩佛学研究社”修学。普松和尚原是台湾僧人，来思明鸿山寺担任住持，主动参与佛教青年居士组织的念佛会和讲演会。蔡吉堂（光绪三十一年生于台湾新竹），随母到厦门定居，在大同路设新合美钢铁行兼售西藏贡香，信佛，号其室为涌莲精舍，于民国11年（1922年）设厦门佛经流通处于精舍。民国13年皈依印光法师，民国21年又皈依太虚法师。民国23年，代表南普陀寺赴日本东京，出席泛太平洋第2次国际佛教青年会议，交流佛事。民国27年5月，日本人设东本愿寺教堂于厦禾路南洋公会，派台湾宜兰兰阳寺住持加苏广海法师为主持。日本殖民者还组织佛教妇人会，会员有日台妇女200多人。同年8月，台湾人共和药房老板和伪治安维持会女秘书吴锁云到白鹿洞，邀请释觉斌共同搜罗厦鼓佛教徒，组织大乘佛教会。9月1日，大乘佛教会成立。址设中山公园妙释寺，办事处在局口街17号。

民国16年，台湾人吴道源、吴赞生到思明创设厦门真耶稣教会，聚会场所初在鼓浪屿，先后迁至开元路、厦禾路、角尾路及思明北路等地。

民国28年，日本殖民当局为控制厦门的基督教教会，从台湾调庄丁昌到思明，在内武庙街成立日本东亚宣道会厦门教会，受日本兴亚院文教部指挥。

中华人民共和国成立后，台胞蔡吉堂历任厦门市佛教协会副会长、福建省佛教协会副会长、闽南佛学院副院长等职，鼓励台湾亲友来大陆投资、观光探亲。1979年后，每年10月15日，南普陀寺法会都邀请台湾信徒参加。台湾弘法寺开证法师、慈恩寺传孝法师、圆光佛学院院长如悟法师、慧日讲堂日常法师、十方禅林法师，以及慈济功德会王瑞正执行长、游祥洲博士、禅学大师南怀瑾居士、国光佛学院教务长释惠空、台湾佛教界印顺法师等先后访问南普陀寺。

2001年1月2日，金门县长陈水在率“金门访问团”抵达区境时，第一站就到顺济宫（是湄洲妈祖一分支）参拜。此后，顺济宫每年接待台湾香客1万多人。

2004年6月14日，厦门南普陀寺僧众及护法共66人由圣辉大和尚率领赴金门，参加“祈祷世界和平、消灾祈福”水陆大法会。

第四节　艺术及其他交流

一、戏剧交流

歌仔戏　诞生于台湾宜兰。民国15年（1926年）春，厦门双珠凤戏班改唱歌仔戏，班主曾琛聘请台湾歌仔戏师傅戴水宝传授技艺。首演剧目《山伯英台》，在鼓浪屿戏园演出，风靡一时。同年，台湾歌仔艺人温红涂在局口街一带组织“平和社歌仔馆”，演歌仔戏。每年3月，台湾歌仔戏班到闽南进香时，都在思明戏院演出，“霓生社”“金声团”“霓进社”“霓光班”等台湾戏班演出场场爆满。民国27年后，区境的戏班又将改良的歌仔戏传到台湾。台湾玉兰社主要女演员赛月金定居思明，为闽南歌仔戏发展作出贡献；1949年11月后，任厦门市政协委员、厦门文联顾问。

“文明”戏 民国元年，厦门文明剧社在鼓浪屿成立，同盟会会员李维修被推举为剧务部长。剧社演出剧目涉及爱国、拒毒、反封建、破迷信和妇女解放等题材，对社会产生巨大影响。民国10年5月，进步青年康伯仲、陈文总、李维修等13人发起组建厦门通俗教育社。初，常在中华茶园、天仙茶园、鹭江戏院等或露天演出，后通过在本埠和东南亚演剧募捐，于民国22年在荷庵河畔（今中山公园）兴建社所。该社剧本多自编，取自历史素材，有《徐锡麟刺杀巡抚恩铭》《秋瑾就义》；或取自本地事件，有《陈总杀媳》《红花惨案》。民国12年12月，台湾彰化县人陈嵌、潘炉、谢树元等，在思明看到厦门通俗教育社“文明戏”后，深受影响。回台后，他们与杨茂松、周天启、吴沧州、郭炳荣、蔡耀东、黄朝东、陈金懋、林朝辉、林清池、吴本立等人组成“彰化鼎新社”，排练新剧。民国14年1月，在彰化、云林公演李维修创作的《社会阶级》《良心的恋爱》等充满革新意识的剧本，引起轰动。民国13年，台北市星光演剧研究社成立，主要组织者陈凸（陈明栋）于民国14年春到思明，与通俗教育社同仁研讨新剧并将其移植台湾。星光演剧研究社排练新剧，在台北、宜兰等地演出，深受民众赞扬。

二、音乐舞蹈交流

1980年后，台湾的通俗歌曲、校园歌曲、乡土歌曲传入思明，并对思明的歌唱创作与演唱产生影响。

1993年8月5—28日，思明区少年宫飞鹭艺术团舞蹈队（18人）和泉州市青少年宫侨乡少儿艺术团民乐队组成福建省少儿艺术访问团赴台湾交流演出，是大陆第一个全团团员均可用闽南话与台湾同胞交流的业余文化交流团体。应台北市艺术文化协会邀请，在台北、台中、台南、高雄、新竹等9个县市举行13场演出。广大台胞称：这是40多年来最具闽南特色的少儿艺术团访台，同根、同音、同俗，意义重大。1994年，鼓浪屿、开元、思明三区少年宫先后应邀赴台湾访问演出。

2002年5月，中国儿童音乐学会和鼓浪屿区政府联合主办“海峡两岸少儿音乐舞蹈大联欢”，围绕“两岸少儿盼统一、五月相聚鼓浪屿”主题，举办音乐歌舞踩街、文艺表演等活动。台北飞舞塾舞蹈团表演的《客家茶山风情》、台中绵绵儿童舞蹈团表演的《阿美族小姑娘》、金门县金沙镇述美小学的《跳鼓阵》，都以浓郁的台湾民俗风情歌舞让观众耳目一新。8月，由文化部中外文化交流中心和中国儿童歌舞学会主办，思明区承办的中华民族儿童歌舞周暨厦门思明少儿艺术节在厦门举行。儿童歌舞周以“快乐、友谊、未来”为主题，举办“文艺晚会”“儿童歌舞踩街”“歌舞联欢”“海峡情”等丰富多彩的活动。参加活动的单位中有台湾代表队。

2004年8月，“思明杯”全国少年儿童音乐舞蹈邀请赛开幕式暨“舞动童年”联欢晚会在鼓浪屿举行，台湾绵绵歌舞团表演的舞蹈《阿美族风情》获金奖。是年秋，区文化局与区政协联办“传承闽南文化，促进两岸交流——闽南音乐文化沙龙”。

2005年7月，“相约小白鹭，两岸欢舞一家亲”联欢晚会在厦门艺术学校举办，台南、屏东、金门和厦门、江西萍乡的小朋友欢聚一堂，交流艺术，叙友情。

2006年2月，举办“厦门·思明海峡两岸民俗文化节”，由中共思明区委、区政府主办，区文化馆、舞动厦门艺术团、台湾少数民族文化艺术团体承办。来自台湾的20余名少数民族舞者与闽南民俗表演团体同台献艺。配合中山路步行街启动仪式，举办为期13天53场的文艺演出（芗曲、南音、布袋戏、闽南风情舞等）。台湾阿美族、达悟族、排湾族等舞蹈，深受市民好评。两岸文化人士就民俗文化的发展情况及前景发表看法，一致认为今后应该加强海峡两岸文化交流，弘扬闽南文化。同年7月30日至8月5日，由中国儿童歌舞学会、思明区政府联合主办中华民族儿童歌舞周暨海峡两岸青少年艺术节，分别在白鹭洲音乐喷泉广场、会展中心前广场、莲花广场、环岛路音乐广场、艺术剧院、莲花影剧院、观音山国际商务营运中心、软件园等处举办多场活动。台湾新竹欣蕾舞团舞蹈《欢聚一堂》受到热烈欢迎。新竹欣蕾艺术团与思明区青少年宫飞鹭艺术团缔结友好，双方协议从2006年8月至2010年9月，每年互派艺术骨干教师开展培训，组织艺术夏令营进行艺术交流，定期召开艺术团教育教学研讨，每两年邀请对方交流演出。

2006年5月18日，思明区医院主办“用爱造就未来”海峡两岸大型医学文化艺术交流活动，为期3天，两岸医学界人士和艺术家共同参与大型合唱音乐晚会、学术交流、社区义诊及走访养老院等。

三、诗文、书画创作交流

清康熙六十年（1721年），曾厝垵人曾源昌（贡生，官训导），游台、澎，有诗文《澎游草》一卷、《台湾杂咏》三十首，流传于台湾与思明。

台湾被日本侵占后，大批志士仁人相继内渡，诗人云集鼓浪屿。民国3年（1914年）7月，林尔嘉在菽庄花园成立菽庄吟社，由300余人发展到近1000人。每逢节庆，菽庄吟社举行诗会，交流爱国思想，切磋诗文技艺。菽庄吟社在全国范围内进行8次诗词征集活动，征得诗、文、词、赋、序1.2万首（篇），评选佳作出版《菽庄丛刻》8种，出版《菽庄丛书》6种，传播于台湾和大陆各地。

2005年，思明区台办组织10位全国美协会员首次赴金门举办“闽南风·两岸情”为主题的国画展，展出250幅作品。金门县长李炷烽主持开幕式并剪彩。展览期间，两岸17位画家共同交流艺术，同绘一幅水墨花卉国画《海峡两岸正春风》，画面上厦门市花三角梅和金门县花木棉花交相辉映、姹紫嫣红，配以兰草、翠竹、和平鸽。李炷烽县长为这幅画题词：“金厦同源，际会因缘，情怀两岸，心系中华，墨迹著史，共扬盛事。”

2006年1月，20多位台湾的书画家从金门抵思明，参加“思明区首次赴金门国画展返厦汇报展”。同年2月，区文化局与区政协联办“海峡情——金门·思明书画作品展暨笔会”，40多位书画家（其中金门书画家20位）同场献艺。

2007年9月，区文化局举办“中秋月·骨肉情”两岸书画展。

四、其他文化交流

清康熙元年（1662年）郑成功收复台湾后，传入武术。此后，台湾和厦门（含思明）常有武术交流活动。1988年11月10日，台湾武术界人士10多人到思明武术馆开展武术交流，其中有台湾武术会忠义堂武术馆馆长陈武义、存义堂武术馆馆长张武雄及台湾武术界名人贾明木、郑庆章、陈松利等。

2006年9月，举办“海峡两岸亲情联谊会——第十届投洽会（厦门思明）闽台民俗文化节”，由厦门市政府主办，活动包括海峡两岸（厦门思明）休闲美食展、思明区中山路第二届旅游购物文化节，以及观音山海滨旅游休闲区“酒吧畅饮”狂欢节等。

2007年3月4日，由思明区台办主办，台湾汉宫姜母鸭海鲜酒楼承办的“海峡两岸灯谜文化大展

2007年3月4日，举办海峡两岸灯谜文化大展猜活动

猜”在白鹭洲音乐喷泉附近举行，共挂出3000条灯谜，闽台民众踊跃参加猜谜，交流灯谜文化。

第六章　公益与救助

第一节　台胞捐助公益

民国10年（1921年），台湾公会投资在民国路（今新华路）创办旭瀛书院，在释子街和鼓浪屿和记崎（今三丘田）设分院，办初等教育和实业实习教育。

民国18年，台胞参加厦门美术专门学校的创建。台南市张寿龄出任校董会主席，将在厦门的一批不动产委托校长收租，每年拨出部分租金作美专学校经费。

民国34年12月5日，在厦门民众教育馆召开台湾同乡会成立大会，选举刘丽生为理事长，陈金方为名誉理事长。会址在大中路22号。同乡会组织台胞捐资300万元，创办私立复华小学，招收台胞子女入学；创办《新台报》，每周出版一期；发动台胞捐款，救济贫民。

1989年，台胞谢新烈在厦门大学设立“百龄奖学金”，每年评选一次，每次60人，每人奖学金500元。

1993年，厦门聚泰房地产投资开发有限公司（台资企业）捐资50万元在鹭江大学设立奖励基金。

1997年9月，厦门一位青年溺水漂至大担，被驻岛台军和金门警方捞获冰存。台湾破例批准厦门市红十字会人员从沙坡尾乘船，通过台方禁行航道，第一次登上金门岛接回该青年遗体，开启两地人道直航。

2005年，厦门市台商协会开展第二届“红羽毛献爱心”义卖义捐，筹集公益基金，向和平码头赠送轮椅。当年12月，厦门翔鹭集团与厦门大学签署“翔鹭奖学金”协议书，为外资企业在大陆高校设立的首个台湾学生专项奖学金。协议每年总奖励金额30万元，奖励84名学生（一等奖24名，每人5000元；二等奖60名，每人3000元）。其中，近一半名额用来奖励台湾学生。

2006年11月，台湾癌友新生命协会执行长王恺等6人自费来厦，在瑞景新村文体活动中心举办公益讲座，为厦门癌友传授运动免疫、精神免疫的具体方法，从身、心、灵三方面入手，帮助癌患身体与心理的康复。

2007年1月11日，9位台胞在鹭江道的“水涨上帝宫”与信众一起祭拜玄天上帝，捐助物品，希望重建古庙。

2007年3月，金门爱心慈善事业基金会与厦门红十字会负责人慰问何厝社区5名金门籍老人，正式启动2007年“厦门金门阿嬷寻亲”活动。为促成金门籍老人的回乡之旅，厦门市台商协会从红羽毛基金拨出5万元作为启动资金。

2007年8月17日，厦门市台商协会联合厦门市红十字会，向厦门市第一医院、厦大附属中山医院捐赠两辆共值50万元的“120救护车”。

第二节　救助台胞

1977年9月，鼓浪屿捕捞大队四号小机帆船将在台海作业时出故障而漂流的台轮“升生祥号”拖回厦门港，并给予维修与物资补给，使其安全返台。

1982 年 6 月，思明区沙坡尾设台湾渔轮停泊点。台湾船舶在海峡航行或渔船作业遇台风，沙坡尾停泊点则提供避风锚地，做好引航，帮助台轮安全停泊。1987—2001 年，靠泊台轮 0.5 万艘次，接待台胞 2.5 万人次。

1995 年 8 月，开元区红十字会在金厦海域厦门上屿建立海上救护中心（距小金门约 2000 米）。此起，该救护中心多次将金门病患同胞护理转送到厦门名医院救治。

2006 年，台湾女童高婷婷随父到思明区居住，因经济困难，经厦门市慈善总会、思明区民政局和教育局协调安排，小婷婷免费进康桥小学读书，并在校寄宿。

第七章　对台事务

第一节　工作机构

一、三区对台事务机构

1985 年 4 月，思明区委设对台工作组。1989 年 10 月，思明区委统战部加挂区委对台工作办公室牌子；1992 年 4 月又加挂区人民政府台湾事务办公室牌子，区委对台工作办公室改称区委台湾工作办公室。2002 年 9 月，思明区委台湾工作办公室独设，同时挂思明区人民政府台湾事务办公室牌子。

1988 年 8 月，鼓浪屿区委统战部加挂区人民政府台湾事务办公室牌子；1989 年 10 月又加挂区委对台工作办公室牌子。1991 年 3 月，区委对台工作办公室改称区委台湾工作办公室。

1990 年 5 月，开元区成立开元区委对台工作办公室和开元区人民政府台湾事务办公室。1992 年 3 月，区委对台工作办公室改称区委台湾工作办公室，由区委统战部兼。2002 年 9 月，开元区委台湾工作办公室独设，同时挂开元区人民政府台湾事务办公室牌子。

二、三区整合后思明区对台机构

2003 年 10 月三区整合，鼓浪屿、开元区委台湾工作办公室和区政府台湾事务办公室，分别并入思明区委台湾工作办公室和思明区政府台湾事务办公室。

2004 年 7 月，思明区委成立对台工作领导小组。各街道对台工作由党工委副书记分管，配备兼职对台工作干部 1 名。各社区配备兼职对台工作干部 1 名。全区形成区、街道、社区三级对台工作网络。

2007 年，思明区成立对台工作联席会议领导小组。

第二节　联谊活动

1987 年 1 月，台湾当局开放民众赴大陆探亲之后，到思明探亲、寻根、观光和经商的台湾政界、工商界、文教界人士及民众络绎不绝，受到区境各界的热烈欢迎。当年 1 月 29 日，厦门市在与小金门一水之隔的何厝村举行春节焰火晚会，与对岸的金门、大担同时燃放焰火。这是海峡两岸同胞首次以燃放焰火的方式呼应欢度春节。此后，每年春节都在思明区举办与金门民众共同欢度春节的活动。

1987 年 1 月 29 日晚，何厝村香山与金门岛共放焰火同庆新春佳节

1989 年 1 月 27 日，开元区莲前街道在何厝村召开台胞迎新春座谈会，30 多位台胞代表与街道干部欢聚一堂迎新春。此后，这种活动年年举行。

1990 年 8 月，思明区台湾同胞联谊会成立，由台胞推荐产生会长。此起，联谊会经常组织台胞台属开展联谊活动。

1991 年 4 月 26 日，厦门大学成立台属联谊会。此起，该联谊会团结全校台属，密切与台湾亲属的联系，不断增进情谊。

1996 年 1 月，何厝乡亲联谊会举行成立大会，有 30 多名在金台的何厝乡亲代表前来参加。该联谊会运用民间信仰及宗亲社团年年开展对台联谊活动。

2001 年 1 月，思明区举行“跨世纪，闽台情”闽台青年新年联欢会。区各界青年与在思明就学的 50 多名台湾青年欢聚一堂，同台唱《中国人》，喜迎新世纪。

2002 年，开元区制定台商联谊餐叙会活动规则，由在区境投资的台商自发组织，每月举行一次台商联谊餐叙会活动。此起，每年每月举行一次。

2003 年 10 月三区整合后，思明区举办第一次台商联谊会活动，此起每年每月举行一次。

2004 年，区台办组织小学 3～6 年级学生中的台商子女，举办“台商子女爱厦门”夏令营活动。

2005 年，区台办举办主题为“民俗民风、乡土乡情”的台商子女夏令营活动，组织就读中学的台商子女、台胞子女和部分大陆优秀学生赴永定、连城参观学习。组织台商及其家属、台资企业员工到潮州、南澳、永春、德化等地参观考察，以加深台商及其家属对中华文化的了解。

2006 年，区台办在中山公园举办元宵节灯展活动，众多台商积极参与。组织台商及其家属、台资企业员工前往永泰青云山、泉州少林寺参观考察。举办“两岸情缘”夏令营活动，组织就读中学的台商子女、台胞子女和部分大陆优秀学生赴泉州“中国闽台缘博物馆”、开元寺和永春牛姆林参观学习。

2007 年，区台办举办“两岸情缘”夏令营活动，组织就读中学的台商子女、台胞子女和部分大陆优秀学生赴武夷山参观学习。鹭江街道、民进思明总支举办“手拉手，心连心，两岸情”厦、金两地中小学生航海模型夏令营活动。是年，思明区共举办台商联谊会活动 28 次。如 9 月 6 日至 11 日，举行海峡两岸（厦门思明）亲情联谊会。由中国国际投资贸易洽谈会组委会、厦门市政府主办，思明区政府、厦门市贸易发展局、中国（厦门）国际投资促进中心承办，执行单位包括思明区经贸局、嘉莲街道办事处、中华街道办事处、厦门商报社、台湾旺莱农展团队。联谊会是第十一届投洽会的配套活动，在主会场明发商业广场举办海峡两岸休闲美食节、首届海峡两岸创意集市、台湾特色商品展、厦门酒吧歌手激情音乐会、梦幻调酒会、趣味运动会、动漫 COSPLAY 嘉年华、两岸大学生街舞表演、闽南博饼活动体验等。中山路分会场配套举行“闽台民俗文化节”，汇集台湾高山族歌舞表演、特色民俗文化图片展、惠安女服饰巡演、闽南茶艺表演、南音艺术表演、歌仔戏表演等。

第三节 涉台宣传

1950—1978 年，三区利用渔民在海上与台湾渔民接触较多的机会，通过送宣传品、对话等方式开展对台湾渔民的宣传。1979 年后，涉台宣传方式多样，规模大。

1982 年，结合郑成功收复台湾 320 周年纪念活动，在鼓浪屿塑造郑成功大型雕像，宣传厦台关系与郑成功驱荷复台功绩，扩大思明对台影响。同年，在鼓浪屿轮渡码头建树“两岸一家亲”大型宣传画，此画在台胞中引起较大的反响。

1983 年，在珍珠湾岸边面对金门岛设立“一国两制，统一祖国”宣传牌。

1984 年，拍摄风光片《海上花园——鼓浪屿》和《闽南古刹——南普陀》，并制作光盘输入台湾，扩大对台宣传。

1990 年后，思明区台湾同胞联谊会、厦门大学台属联谊会、何厝乡亲联谊会先后成立，辖区内台胞、台属与台湾亲属经常性联络，联谊会经常向台湾乡亲寄送各种宣传品，加强对台宣传。

2003 年，思明区台办制订与实施《思明区涉台宣传教育进社区活动工作方案》，各街道成立涉台宣传教育进社区领导小组，各社区成立涉台宣传教育领导小组，广泛深入开展涉台宣传教育活动。

2004 年，针对台湾地区选举及台海局势，思明区台办及各街道召开台海局势报告会 8 场，与会者 1200 多人次。通过他们在社区民众中广泛深入开展宣传。

2005 年，思明区台办组织机关、企事业单位的干部职工、社区居委会工作人员、中小学师生，共 3200 余人，参观“纪念江泽民同志《为促进祖国统一大业的完成而继续奋斗》重要讲话发表十周年成果展览”。组织台胞、台属学习《中华人民共和国反分裂国家法》。同年，思明区、梧村社区与区总工会联办涉台教育宣传活动，组织金门、厦门同胞及在厦门台商、台属同包粽子，同诵一首诗《台湾海峡的风》，共叙“两岸一家亲”之情。

2006 年 6 月 9 日下午，思明区邀请厦门大学教授、厦门台属联谊会副会长王光国作“台海局势”报告，台胞、台属 100 多人参加。

第四节 服务台胞

一、购物服务

1988 年 5 月 10 日，在中山路 1 号东海大厦 3 楼创办的厦门台胞购物中心开业。该“中心”开展贸易经营代销，承办港澳台开单于厦门提货等业务。厦门台胞购物中心下设金银首饰、工艺美术品、真丝服装、家用电器、皮件箱包、中成药及保健品等柜台。中心开业后，根据台胞返乡购物特点，组织供应名、优、新、特商品，经营品种从 1988 年的 1760 种增至 1995 年的 6350 种；销售实绩从 1988 年的 977 万元增至 1995 年的 5901 万元。厦门台胞购物中心后迁入华联商厦 4 楼。

二、医疗服务

1979 年起，区境各医疗卫生单位逐步建立“台胞优先”制度与台胞就医专门人员、设施。1989 年 1 月 31 日，思明区文安街道组织三胞与厦门海军后勤部联合举行迎春座谈会。此起，海军后勤部（有军医）和文安小学、文安街道所辖 10 个居委会组织 10 个送温暖小组，对 37 户台湾同胞进行节日慰问或帮助家务，每月两次派军医巡回登门为三胞体检治病，至今依然。

三、红十字会服务

1988—2003 年，三区红十字会服务中心共接待台胞台属 1705 人次，处理寻人信件 112 宗，为两岸同胞找到亲人 46 人，参与处理有关事项 129 宗，协助处理死亡事件 10 宗，其他事件 6 宗。

1995 年，开元区红十字会投入 11 万元，在厦门、金门海域交界处的上屿岛建红十字救护站。1996 年，引资 40 多万元将该站扩建为海上救护中心，组织医务人员轮流上岛，为两岸往来的渔船民治伤病。并为两岸红十字组织履行《金门协议》，实施遣返交接作业提供平台。1998 年 7 月，金门红十字人士 3 人上岛参访，建议将此岛作为金厦两地携手进行医疗合作的“中继站”。此救护站的设立，受到全国人大“红十字会法”检查团、中国红十字会总会、红十字国际委员会代表的肯定，将有关录像资料送达红十字国际委员会瑞士日内瓦总部。

2003 年 10 月三区整合后，区红十字会协同有关部门，在金门红十字组织参与下，妥善解决何厝、塔埔和黄厝村民的海上“越界”养殖问题。2006 年初，区红十字会首次组织街道、学校红十字会骨干会同闽南三角区红十字联谊会代表赴金门交流考察，促进友好往来。

四、码头安全服务

2004 年元月 9 日至 2 月 2 日，和平码头担负运送台湾同胞回台过年的特殊任务。思明交警大队派足警力，加强对码头周边道路的管理，并与交警支队设施处联系，对码头标志标线、指路牌进行规范，保障每天 6 个航班、12 个船次、1000 多名台湾同胞顺利往返。此起，每年春节前夕，思明交警大队皆出警维持和平码头秩序、保护台胞来往安全。

五、“12315”投诉服务

2006 年 7 月，台胞林先生购买液晶电视，因商家服务不周而投诉思明区工商行政管理局“12315”投诉台。“12315”投诉台工作人员当即对此事展开调查，并予以圆满解决，林先生表示感谢。2007 年 7 月 10 日，厦门市“12315”指挥中心会同思明区“12315”投诉台、莲前工商所，共同授予台资企业——厦门美格农艺有限公司“12315”投诉服务网点牌匾，是台资企业设立“12315”消费投诉网点的第一站。自此，“12315”主动进入涉台服务，落实保护台商投资的法律法规。

六、接收台胞子女就学

1995 年起，区教育局和各学校执行厦门市教委《关于台湾同胞在厦门市办学和子女就学的实施办法》，接收台湾同胞子女到中学、小学、幼儿园就读。简化入学的手续，与本地生员同等收学费，并做好住宿等服务。2007 年 12 月，全区在学的台湾同胞子女 551 名（幼儿园 158 名、小学 360 名、初中 19 名、高中 14 名）。

第三十一卷　宗教　民间信仰

佛教于唐大中年间传入区境；道教于明初传入；天主教和基督教分别于明崇祯年间和清道光二十二年（1842年）传入。清代中期，伊斯兰教传入。

中华人民共和国成立后，政府实行宗教信仰自由的政策，同时宣传破除迷信、崇尚科学。区境的天主教和基督教分别建立“爱国会”，自主、自传、自养。政府拨专款维修一些佛教寺院和伊斯兰教清真寺；划拨耕地，作为寺僧自食其力的生产基地。各种宗教在“爱国爱教”的旗帜下，实现大团结并共同发展。

“文化大革命”中，各宗教受到冲击，部分寺院、教堂被占用。大部分僧尼、教会人员被遣散；宗教活动被迫停止；民间信仰活动基本销迹。

中共十一届三中全会后，宗教政策全面恢复贯彻。宗教事务主管部门指导、协助各教会恢复组织；收回“文化大革命”中被占用的寺院和教堂，开展正常宗教活动。政府还拨款资助各教会重修寺院、教堂；协助解决经济困难，支持开办自养实业，如天主教“爱华旅社”“伊斯兰教旅馆”“南普陀寺实业社”等。闽南佛学院复办，规模比原来扩大一倍，成为全国汉族地区师生最多的佛教院校。宗教界发扬“慈善济世”的优良传统，兴办各种社会公益慈善事业，为社会奉献爱心。

2000年3月，厦门市第十一届一次人民代表大会通过《厦门市宗教场所管理规定》。该规定的实施，促进区境宗教和民间信仰活动健康发展。

至2007年，全区有45处宗教场所，其中佛教32处、基督教7处、天主教2处、伊斯兰教1处、道教3处；执业宗教人员469人。此外，有民间信仰宫庙102处，分布于10个街道诸多社区。

第一章　宗　教

第一节　佛　教

一、传承发展

唐大中年间，佛教传入区境。五代，泉州开元寺僧清浩到五老峰山麓岩洞居修。明代，佛教较快发展。至清初，区境住僧200多人。

清乾隆十九年（1754年），政府取消官给度牒制度，准许自由收徒度众，于是寺僧滥收徒众，还入闹市主持神道宫庙。

清光绪十九年（1893年），漳州喜参和尚应聘到思明主持鸿山寺和南普陀寺，着手整顿寺规，引导寺僧严行参修。光绪二十七年，特邀浙江天童寺净心和尚到思明弘法，传授戒律规仪。喜参之后，思明佛教著名僧人有佛化、转初、转道、转逢、会泉、性愿、瑞今等。

民国2年（1913年）秋，转初在南普陀寺创办旃檀学林，为佛化教育的兴起奠定基础。民国9年，转逢住持南普陀寺，聘请圆瑛、性愿等讲经传法，创立景峰佛学社，将南普陀寺由子孙传承制改为选贤制的十方丛林。随之，转逢、会泉创立闽南佛学院，逐渐出现以佛教居士为主的弘教活动群体。民国13年春，一批佛教青年居士发起组织闽南佛化新青年会（在鸿山寺成立），促进闽南佛化运动的发展。民国20年3月，思明县佛教会成立。从此，区境佛教走上有统一组织领导的轨道。

民国27年，日本侵略军侵占厦门岛时，许多僧侣和居士避入内地，有的漂洋出国。留在区境的寺僧仅78人，其中大部分是外省籍的闽南佛学院教师和学僧。日本侵略者指使大批来自日本和中国台湾的佛教信徒，笼络区境佛教界人士和佛教信徒，拼凑组织“厦门大乘佛教会”。

民国34年抗日战争胜利后，日本佛教传教师和日籍佛教信徒陆续被遣返。中国佛教会厦门市分会成立，复办闽南佛教养正院，各寺庙陆续恢复重修。

1951年，厦门市佛教会进行改组，登记会员300多人，其中寺僧77人，菜姑159人，其余为佛教居士。佛教活动大部分在区境恢复与开展。

“文化大革命”中，寺废、僧散，正常的宗教活动被迫停止。

1979年4月，厦门市政府设置宗教事务处。1985年8月，厦门市政府宗教处准许南普陀寺、万石岩、虎溪岩、天界寺、日光岩、启明寺、梵天寺等为开放寺院。是年11月，恢复厦门市佛教协会。1992年，厦门市佛教协会制订《厦门市寺庙庵堂守则》《厦门市佛教徒爱国公约》，要求佛教徒遵纪守法，爱国爱教，提倡正信，反对迷信，坚持正常的佛教活动，杜绝在社会上滥做经忏佛事。

2007年，区境寺院僧尼有294人。其中，45岁以下100多人，大专以上文化程度100多人。有菜姑45人。有居士数千人。全区29座寺院，重建者有普光寺、顶释寺等。

二、佛教寺院

区境最早称寺的佛教寺院为五代时建的泗洲院。明代，在五老、玉屏、洪济诸山，兴建院、岩、庵、庙共17座。清代，建4座；民国时期建6座；中华人民共和国成立后，新建1座。

1980年后，对以前所建寺院庵庙进行重建、扩建、修缮。

2007年，全区有佛寺22座，佛院、岩、庵、堂、林、庙、宫各1座。

南普陀寺　位于五老峰山下。前身为五代时僧清浩所建岩洞，称泗洲院。北宋治平年间（1064—1067年），僧文翠改建，称无尽岩。明永乐年间（1647—1661年），断臂和尚改建称普照院。明崇祯年间（1629—1644年），泉州开元寺僧明光募资扩建普照寺。清康熙二十二年（1683年），施琅扩建殿宇，辟为观音菩萨道场，与浙江普陀山观音道场相类比，改称南普陀寺。历来是临济宗

清康熙二十二年（1683年），普照寺改称南普陀寺

下喝云派传衍的寺院。民国13年，喝云法裔住持转逢，经商请本派系诸山长老和两序僧众的同意，按“选贤任能”丛林规制，推举黄蘖宗系会泉为首任方丈，遂成为十方丛林。寺中创办闽南佛学院。民国16年，延聘太虚继任方丈兼佛学院院长。太虚之后，常惺、性愿、觉斌、会觉、广心等先后任方丈。民国23年，创办佛教养正院。1982年，成立管理委员会，妙湛任主任，于1988年被厦门佛教协会公推为南普陀寺第八任方丈。妙湛主持扩建寺宇，复办闽南佛学院。1995年12月，妙湛逝世。次年8月，圣辉继任方丈，三届任满后，2005年10月由则悟继任方丈。2007年，常住僧40多人。占地面积237633平方米，建筑面积3万平方米。建有天王殿、大雄宝殿、大悲殿、藏经阁、禅堂、普照楼、工客堂、功德堂、班首寮等。

鸿山寺 位于思明南路305号。明万历初年（1573—1582年间）建。毁于清初；清乾隆年间复建。清光绪十五年（1889年），喜参任住持，重修。民国初年，蒋以德居士独捐巨资重修殿堂楼苑。民国13年，收为南普陀寺的下院。其时有佛教青年居士蔡吉堂、叶青眼等人发起组织闽南佛化新青年会，以鸿山寺为会址，建立“佛教宏誓会”，举办定期念佛会和讲演会。此时住持相继有普松、妙抉等。民国26年后，由菜姑住持。1986年，新加坡华僧妙华捐巨资委托释世澄、释法云等扩建大殿、法堂、僧舍。在山门内登山石磴两侧，遍植竹木，构建琼台亭阁；于亭下引泉蓄水成池，放养鱼藻。占地面积3171平方米，建筑面积2649平方米。2007年，住持释法云；常住僧众10多人。

天界寺 位于万石植物园南侧天界山上。明万历十一年（1583年），名士池显方会同诸乡绅集资开凿“醴泉洞”；在岩洞前后各建小庙一间，塑何氏九仙神像奉祀，称“祀九仙”，又称醉仙岩。岩后巨石刻“天界”。清乾隆六年（1741年），名士黄日纪与住僧月松共谋在醉仙岩侧建天界寺。民国以来，释广恩、传声相继为方丈，募资扩建。1985年，政府拨款和海内外诸善信集资50多万元，由传声筹划，全面重建。大殿改建重檐歇山顶大屋盖的双层崇殿，殿左新建地藏殿，右侧新修醉仙岩，东西两侧扩建凌峰楼（原名关帝楼）和望海楼（原名朝斗楼）。此外，山门、围墙、庭院、石径、石围铁栏等，均翻新重建。占地面积6401平方米，建筑面积1868平方米。

华严寺 位于厦港南溪仔墘。明万历四十四年（1616年），林氏清修女在此结庐奉佛，日诵《华严经》不辍，即以“华严”为室名。明天启四年（1624年），同安梵天寺僧了凡、普照就室拓建殿堂，称华严寺。清初，寺毁于兵燹。清康熙年间（1663—1722年）重修。民国年间，菜姑开道、普祥、秀治、陈福圣等先后任住持。1994年，香港明伦佛堂住持释悟光倾钵资240万元修建大悲殿，增建大雄、弥陀殿，祖师、功德二堂，流动、寺务二处，斋堂、客堂二厅，以及僧寮、禅房等，至2000年秋落成。占地520平方米，建筑面积1600平方米，“同”字形布局，三层半，临街为山门，正面一楼为大悲殿，二楼为大雄宝殿。2007年，住持释悟光；常住僧7人、居士7人。

普光寺 位于莲前大道洪山柄山坡。明代，里人建路亭。随后，僧人在亭内供奉观音菩萨。明万历年间，莲溪蔡锦文捐资修葺。清乾隆二十一年（1756年），刘国柱因海难死里逃生，留宿于寺，聚金重修。清道光四年（1824年），里人捐资再修。同治年间，僧心奉扩建殿堂。清光绪三十三年（1907年），释转道一度在此住持。民国3年，住持瑞枝向蒋以德募集巨资，翻建殿宇，增建两厢僧舍楼房。民国26年，瑞枝弟子广树住此，以专治内外跌打伤痛而闻名。广树弟子传远接任住持。一度由菜姑白招治管理。1986年，马来西亚槟城妙香林寺住持广余捐献钵资500万元，委托南普陀寺方丈妙湛和释安景，重建梵宇殿堂。1987年起，重建天王殿、大雄宝殿、藏经楼、两厢僧舍、瑞枝纪念塔、山门围墙等。1993年，释传欣增建集善楼和外山门，修缮围墙，改建斋堂，以及建广余法师纪念塔等。1997年10月，重建完成，投资1000余万元，建筑面积4800平方米，占地面积1万平方米，为厦门岛内二大佛教寺院之一。2007年，住持传建法师；住僧20余人。

启明寺 位于曾厝垵龙瑞山麓。明代为土地庙，称东宫。清中叶，释慈隆恬重修。清同治三年（1864年）秋，里人黄鹏重修。清光绪十六年（1890年），新建崇文祠。清末民初，专为女众修道之所。寺后山上有一座糖水灰墓塔，正面塔碑镌“重修启明寺慈隆恬和尚塔墓”。1985年，依旧制重修。后寺宇被台风摧毁。住持释开敏募巨资，建观音殿、弥陀殿、综合楼等。1996年1月动工，2001年落成。大殿供奉阿弥陀佛，高20.80米。占地面积16000平方米，为旧寺10倍。2007年，常住比丘尼7人、居士4人。

佛光寺　位于文屏路旁。创建于明末。1998年1月倒塌，2月由海外华侨与国内善信捐资重建，面积300平方米，投资80余万元。奉祀西方三圣。2007年，住僧10多人。

妙清寺　位于新华路墙顶巷，原址古城西路。民国14年（1925年），由菜姑陈妙卿创设，奉观音菩萨。陈妙卿历任住持；常住菜姑5人。民国31年，迁建于墙顶巷。1986年，旅居美国洛杉矶雪峰精舍的静华法师返乡倾钵资重建，得到海内外诸善信支持。1989年落成。新寺占地面积253平方米，楼高三层，局部四层，建筑面积680平方米。一楼供奉观音菩萨，二楼大雄宝殿，三楼供奉西方三圣。菜姑陈瑞意为住持。2006年2月，陈瑞意逝世，寺院由监院胜定姑负责。2007年，住比丘尼4人、菜姑10人。

甘露寺　位于虎园路。为临济虎溪派女众修持的道场。民国18年，比丘尼释宏定募建。以寺后有泉一泓，故名甘露寺。释宏定拜万石岩会泉为师，为近代闽南地区落发为尼第一人，是甘露寺第一代住持。宏定后，由菜姑心见、陈美竹接任住持。陈美竹多方筹资，改建寺宇为四层钢筋混凝土楼房，一层地藏殿，二层大雄宝殿、祖堂、功德堂，三层斋堂寮房，四层客堂，建筑面积900余平方米。2001年，新建山门。占地面积2829平方米，建筑面积664平方米。2007年，住菜姑3人。

弥陀寺　位于中华路石顶巷（旧称马箭巷）。1950年，住太平岩宏绸姑（俗名李绸花）得到菲律宾释善契援助，捐资购买旧宅作精舍，名弥陀寺。20世纪末，法嗣陈菊及其徒陈愿诚倡议重建弥陀寺，集资100余万元，于1993年竣工。新楼三层，建筑面积600平方米。一层祀观音；二层供奉释迦牟尼；三层大雄宝殿，供西方三圣。2007年，住持陈菊；住菜姑5人、居士4人。

紫竹林寺　位于金榜南路。原名宝山岩、董内岩。缘由明末里人吴善士掘土得宝，就地建寺供佛。清康熙年间，释光隐以46年衣钵集资购置田园，供本岩百姓斋粮。民国28年，释妙正为住持。后为黄檗宗僧人住持。1994年，台湾香光尼众佛学院院长悟因筹资200万元，建造紫竹林寺大雄宝殿。1996年，市政府划拨2000多平方米山地，作为闽南佛学院尼众部配套设施用地。新加坡和香港地区钟氏家族钟江海、钟明辉、钟辉煌、钟琼林、钟顺德及其夫人钟陈淑琴，捐赠650万元，建教学楼、学僧宿舍楼、法师楼、常住楼、五观堂等。1998年，钟氏家族又捐200万元，建造建筑面积1600平方米学院图书馆。新建紫竹林寺是一座园林式的寺院和学院。大雄宝殿高踞山阿，坐东朝西。大殿之右为钟林美楼，即学院后勤部、法师楼；大殿之左为钟叶荣华楼，即学院尼众学员宿舍楼；宿舍楼南侧为钟林俭楼，即学院教学楼；山门左上方为钟王丕楼，即教师宿舍楼；山门至大雄宝殿是台阶，台阶左侧钟林快楼依山而建；台阶右侧为学院五观堂。2007年，尼师释法源为教务长，住持女众部；住比丘尼300人。

明末，始建紫竹林寺，后经多次修葺成今貌

涌福寺　位于文屏山庄后半岭宫。原祀后土尊神（土地公）。清嘉庆四年（1799年）建。旧存念佛堂、土地公宫、僧舍数椽。

1997年，住持释振雄发动旅居美国、新加坡和香港地区诸法师及海内外善信募集60余万元，重建念佛堂、斋堂、寮房，新建大雄宝殿，共800平方米。2007年，住僧4人，常住居士2人。

莲花庵 位于鼓浪屿日光岩山门后。一巨石掩覆成山洞，名莲花庵，又名日光寺。明代初年建，明万历十四年（1586年）重修。清乾隆二十五年（1760年），台湾石济灼与友人曾永钧、李瑞怀、林钟岩、林国桢等建旭亭于寺后。清道光年间，林鍼重修寺宇，翻建东西两厢房，并在石室前建拜亭。民国15年，住持释清智全面翻修扩建。1984—1999年，居士李明利负责寺宇复建，建有圆通宝殿（即莲花庵）、大雄宝殿、弥陀殿、藏经阁（芷绛楼）、钟楼、鼓楼、山门、法堂、客堂、斋堂、僧舍等。占地面积2858平方米，建筑面积2325平方米。2007年，住比丘尼6人、菜姑2人、居士多人。

虎溪禅寺 位于玉屏山麓。古有石洞，洞中有虎，称虎洞；洞下流水汇成小溪，称虎溪。明万历年间，林懋时出资在虎口形巨石底部挖洞，名棱层石室。后人在虎口形石边装上石栏杆，状如虎牙，称虎牙洞。后，名绅池显方出资在洞旁建东林寺，名玉屏寺，为虎溪禅寺前身。清康熙四十年（1701年），福建水师提督吴英，捐俸建虎溪岩，聘释元飞住持营建。清雍正十二年（1734年），厦门海防同知李璋再修殿宇，扩建准提阁、弥勒楼，维修供佛泉、飞鲸石。清宣统元年（1909年），由会泉住持。会泉与转逢、太虚等倡导佛化教育活动，于民国21年在虎溪岩创办虎溪莲社、楞严学会，扩建印月楼和僧舍楼房。会泉之后，由徒孙开慧、开教、宏辉住持。1985年，会泉门徒、新加坡华僧宏船筹资建成大雄宝殿、弥勒殿、啸风亭、棱层洞、宏船纪念楼，以及山门、道路、围墙、车库等。1995年竣工。占地面积27584平方米，建筑面积3379平方米。2007年，虎溪岩派徒孙开正住持；住僧21人。

太平岩寺 位于狮山主峰。明万历年间建。清乾隆初年，释如渊募资复建，辟莲花道场。清嘉庆年间，举人林云青倡修。清末，寺岩废弛。民国初，南普陀寺住持转逢募金翻修。民国37年，僧性愿捐资创办觉华女子佛学苑，由弟子陈珍珍主持教务。2000年8月，释世澄自筹资金复修太平岩。倚山建为圆通殿，坐北向南。两边为走廊，东侧廓边为寮房精舍。寺中保存“棋盘回向”的二层阁楼。正殿前楼阁称蟾宫，今辟为供游人休憩、品茗的“茶人之家”。左边为世尊殿。占地面积4201平方米，建筑面积2178平方米。2007年，住持释世澄；住僧6人。

白鹿洞寺 位于虎溪岩山后，玉屏山南侧。洞为明代林懋时开拓。初建阁奉祀南宋理学家朱熹。以朱熹在江西庐山建白鹿洞讲学，洞中有泥塑白鹿一只，遂名白鹿洞。曾建义学，清初废。清康熙三十七年（1698年），威略将军吴英（水师提督）建文昌殿，构筑文亭，增置学舍。康熙四十四年，苇老和尚建白鹿洞寺。清乾隆十六年（1751年），代理水师提督倪鸿范倡学，逐僧徒，迁佛像，拆殿宇，建玉屏书院。清末民初，书院衰落，佛教再兴。由觉斌和尚住持扩建寺宇。后觉斌任南普陀寺都监，由妙廉继任。1958年，部队借住寺宇，进行重修。1988年，旅居香港元果法师集资扩建殿堂楼阁，新塑菩萨金像，铺砌石级、石栏，装修楼台亭阁。占地面积8665平方米，建筑面积2243平方米。2007年，住持常学法师；住僧10多人。

万石莲寺 位于狮山山麓。明末，山上建道观（太乙家）。清康熙二十二年（1683年），施琅重建万石岩。民国22年，会泉住持万石岩，进行全面翻修扩

万石岩寺

建，并创办万石佛学研究社。民国27年，由会泉门徒新竹住持。民国37年，旅菲华僧性愿倡设大觉佛学社，由印顺主持，讲授佛学。1979年，会泉门徒、旅新加坡华僧宏船募巨资，委妙湛、宏辉、开因姑，对寺岩翻修扩建。新建山门、大雄宝殿、伽蓝殿、会泉法师纪念堂，以及讲堂、院舍等，建筑面积6500多平方米。1984年落成，改称万石莲寺。1985年，闽南佛学院复办，学院女院部附设于寺内。1996年，学院迁入新建的紫竹林寺。先后由宏船女弟子开因姑、释向佛住持。2007年，常住比丘尼5人、菜姑5人、居士数人。

中岩寺　位于万石植物园。明代建。因鹧鸪翔集，里人称鹧鸪岩。后，僧人建招称云中岩。清康熙五十三年（1714年），僧释果老重修中岩。清道光五年（1825年），成立董事会再修，因蚁患而中辍。道光十九年，堪舆家安溪驷岭林嘉缠根治蚁患。续修寺成，辟二道山门。清光绪四年（1878年），山僧绍觉重修第一道山门。民国元年，中岩董事邀集老年诸友成立老年会。民国11年，会所倾颓，老年会捐资修筑，添置产业，为岩寺斋粮与老年会日常经费。民国13年，会泉法师倡修中岩佛堂寮舍，其皈依弟子蒋以德捐资。民国29年后，会泉徒弟宏寿住持万石岩与中岩寺务。后，佛宇禅房尽塌。1994年，宏船徒弟广载捐巨资，委释向觉主持重修。1995年，释开悟法师发起扩建大雄宝殿、地藏殿、龙华三会殿、祖堂、功德堂、综合楼、僧舍、三宝塔。占地面积5051平方米，建筑面积1246平方米。民国后，中岩寺住持有释会泉、释宏寿、释宏船、释宏念、释开进、心专姑、释妙湛、释宏辉等。2007年，住持释开悟；住僧3人、居士3人。

云顶岩　位于莲前洪脊山上。初名方广寺。明初，由吴村社吴氏建。清康熙三十八年（1699年）前后，释天泽为寺主。峰山何廷凤捐资建造僧舍，以右三间为禅房，左两间为何氏诚心礼佛与清明祭扫先祖居所。清同治年间，寺宇倾圮，有曹洞宗性桑上人驻此，化缘修葺。民国21年秋，厦城同发营万铺君捐资修筑岩前石路。民国27年5月，日本侵略军占领厦门岛，住寺爱国僧人觉仪悲愤填膺，悬梁自缢，里人哀其忠烈为之刻碑纪念。民国29年后，释妙轮住持寺务；住僧2人，居士1人。1950年后，划为军事重地。释妙轮住西林村，独身奉佛，农耕自食。1999年，经厦门市宗教局、市佛教协会批准，由释慧境（白进益）筹资重建。占地面积769.28平方米，建筑面积203.79平方米。2006年，由闽南佛学院第八届毕业生释宽恒接管该寺；住僧3人。

碧山岩寺　位于厦门港巡司顶巷。明代建。清乾隆年间，有小宇数椽，奉祀观音。僧慈惠渐次扩建。清末，岩宇兼祀吴真人、财神。清光绪元年（1875年），岩下炮局火药库爆炸，殿宇倾塌。药行郑贻谟、胡浩然、洪向荣等主持重修。民国19年，复于岩西建新楼一栋，葺山门。有大殿、前埕、护厝等数千平方米。民国28年，菜姑黄智海管理寺务。“文化大革命”期间，前埕等被居民占用。2002年，市佛教协会收回全部产权，由诚信法师任住持并筹资重建。占地面积2493平方米，建筑面积1500平方米。2007年，住持诚信法师；住僧6人。

顶释寺　位于镇海路释仔街。清光绪年间建。初仅一小堂，为女众道场，属龙华派。民国7年，居士吴清海集资重修，并为寺主。民国30年，占地325平方米，住居士1人。1999年重建，改为四层楼房，建筑面积247平方米。一层为功德堂，供奉地藏王菩萨；二层为大雄宝殿；三、四层为僧舍。2007年，住持释果利法师；住僧2人、菜姑1人、居士1人。

进明寺　位于黄厝溪头下。清光绪年间建。原为先天教传教之所，后归佛教。第一任住持为杨张玉姑。民国9年，富商蒋以德捐资重修。民国12年，菜姑杨张玉圆寂，由其弟子萧木笔、苏东来继承。抗战时期，经历炮火毁甚。第三任住持菜姑陈爱痛尽力护寺。1992年，陈爱痛邀请闽南佛学院第三届毕业生普端法师出任监院。2001年3月20日，寺院重建，由山门、放生池、钟楼、鼓楼、主殿组成。主殿一层地藏殿及念佛堂，二层观音阁，三层藏经阁，四、五层大雄宝殿。另建4层内院，配备客堂、僧寮、库房、斋堂等。占地面积3000平方米，建筑面积4980平方米。2007年，住持尼僧普端；住比丘尼5人、菜姑7人。

庆福寺　位于思明南路（旧为熟肉巷）。民国14年，由朱昌麟居士与高珊瑚、陈昌修、林昌馨等集资兴建，推陈昌修任住持。后，由高珊瑚主持。民国26年，高珊瑚迁江头任广福寺住持，由女弟子陈少华主持。后传陈智闻主持。有平屋七八间，古旧残破。1991 年，陈智闻女弟子菜姑汪心量向海内外佛教信徒募捐后重建。坐东北向西南，为现代 3 层楼房，占地 436 平方米，总建筑面积 700 多平方米。房顶加饰琉璃屋顶与外檐。一层大雄宝殿；二层佛堂，奉祀西方三圣；三层精舍禅房。后在楼房东侧加盖一层，名海藏楼，为藏经之所。1993 年，心量姑发起组织佛光书画社，聘妙湛和尚为社长。举办书画活动并义卖书画，得款用于社会慈善事业。2007 年，住菜姑 5 人，常住居士 3 人。

妙法林 位于励志路。民国 23 年，越南华侨侯妙音女居士与女弟子苏志忍募建。由志忍姑住持；住僧 7 人。民国 29 年后，觉斌和尚皈依弟子苏碧芬（法名妙严）接任住持。之后，住众菜姑胡镜冰、镜清等参加中国共产党地下革命活动，将妙法林作为中共厦门工委（闽中）以佛教活动为掩护进行革命活动的联络据点。1959 年，殿宇被房管部门接管改作民居。1985 年，新加坡观音寺斋姑苏碧芬和吕依莲等合捐 20 多万元，翻修殿堂，从泰国请来玉佛供奉。占地面积 479 平方米，建筑面积 274 平方米。2007 年，住持尼师释法净；住比丘尼 4 人、菜姑 2 人。

内武庙 位于厦禾路内武庙街。明洪武年间，在所城西门内，建关圣帝君庙。明万历年间重建。清康熙年间，靖海将军施琅捐银 70 两，迁建现址。清嘉庆二十四年（1819 年）翻建；清道光元年（1821 年）五月告成。清光绪二十五年（1899 年）再修。民国 23 年，居士蒋以德再修，并在庙内创办义学。释觉净等 2 人住庙。庙宇大部分为平屋，占地 300 多平方米。“文化大革命”开始，被工厂占用，殿堂神像及各种设施被毁坏。1995 年，厦门市宗教局与佛教协会拨内武庙为居士林林院基地。居士林出资赎回产权，动工翻修前殿。殿后新建 4 层楼苑，建筑面积 1000 平方米，1999 年竣工。新塑诸佛菩萨及关帝圣像等 30 多尊，添置各种设施，耗资 300 多万元。前殿前为弥勒；背向为韦驮，正中供奉关圣帝君。殿后为功德堂；后面二楼为居士林林院与客舍；三楼为大雄宝殿，顶层设经院讲堂兼作藏经阁。2007 年，住林长为、郑子兴居士。

养真宫 位于厦禾路养真宫街。明万历十七年（1589 年）建，原祀保生大帝吴真人和妈祖。清康熙二十四年（1685 年）重修。清光绪二十二年（1896 年），厦门了闲社董事聘请漳州南山寺僧佛乘和尚来宫住持。佛乘和尚将大殿原祀吴真人及妈祖神像移进后院，改神殿为佛殿，供华严三圣和观音菩萨。后，殿前塑奉吕先祖（纯阳）神像。民国初年，转道继任住持。相继住持有瑞苗、广周、传晓、传声等。1958 年，该宫住僧集中到南普陀寺。“文化大革命”开始，宫内诸佛菩萨圣像及法器被毁坏。1987 年，市佛教协会回收产权，拨给佛教居士林为址，仍为幼儿园借用。1990 年，幼儿园迁出，居士林进住，募资修建殿堂、楼苑。1995 年，市佛教协会派能元法师进住，改拨内武庙作为居士林新址。1997 年扩建，增建后殿楼堂，2000 年竣工。2002 年，举行落成开光大典。占地面积 307 平方米，建筑面积 470 平方米。2007 年，住持能元法师；住僧众 7 人。

延寿寺 原位于虎园路（俗称李仔山）。占地面积 400 多平方米，建筑面积 52.5 平方米。民国 24 年，由居士庄本福、郑普会合资创建，专供出家菜姑修持。斋姑 3 名。历任住持有俭治姑、向志姑等。1957 年，厦门人民广播电台扩建，延寿堂一带被征用，先迁后路头“相公宫”，不久被台风损毁。市政府复拨本部巷 10 号民居交易补偿。堂宇为 2 层水泥楼房，曲尺形，楼前为窄长庭院。一层正堂圆通宝殿，奉观音；二层大雄宝殿，奉西方三圣。1998 年，堂务由慧忍姑主持。慧忍姑毕业于厦门卫生学校，日常除举行各种佛教活动外，还设口腔义诊部。占地面积 229 平方米，建筑面积 353 平方米。2007 年，有女菜姑 8 人。

大观院 位于将军祠。明正德年间创建。后废。清初，水师提督吴英重建，后复废。清光绪年间，一度以将军祠内前殿为道场。民国 16 年，新建堂院，原僧住，后改为菜姑道场。民国 28 年，吕毛治任住持。院舍 500 多平方米。1950 年后，住菜姑 4 人，由瑞竹姑住持。1958 年并寺，菜姑离散。“文化大革命”中，该院被开元橡胶制品厂占用，寺宇被拆毁改建厂房。1986 年，政府以院前临街 3 套相连商品房交易补偿，计 200 余平方米，因地制宜，辟为祇园梵宇。前殿奉西方三圣；后殿为大雄宝殿；院左功德堂。2007 年，由果华法师住持；住比丘尼 3 人。

净莲堂 位于将军祠，即大观院后左侧。民国 18 年，菜姑吴开性、胡性清合建，民国 23 年落成，为出家菜姑静修、研究佛学之所。吴、胡同往中国香港、越南等地募资修建净莲堂，建成后将堂所献为十方所有。民国29年后，觉斌和尚皈依弟子许莲瑞主持堂务，有菜姑2人。后由菜姑汪秀珍住持。“文化大革命”期间，堂所为工厂占用。1983年，退还产权，旅居海外的原住堂菜姑黄注姑筹措资金，与汪秀珍合资复建。新堂所占地217平方米，建筑面积390平方米。平面“同”字形，正中二层重檐歇山式，主脊中间装饰葫芦图形，楼下三拱门。正中明间客厅奉祀观音，瓷质。二层设大雄宝殿，三开间。左右两侧为寮房斋堂。2007年，住持法源法师；住比丘尼7人。

三、教徒

（一）僧尼

民国20年，僧众92人。其中，原籍泉州一带48人，本籍4人，其余为外省人。1955年，僧众66人。其中，泉州籍34人，省内其他地区19人，外省籍11人，本籍的仅2人。具有中等文化程度11人，其中大部分为出家后再进佛学院学习。1950—1979年，一些中青年僧人还俗。1980年后，国家落实宗教政策，一些还俗的僧人重返寺院。

1985年，厦门闽南佛学院复办后，不少来自省内外的尼僧在学院求学。毕业后，部分成绩优良的学员，或进入厦门佛教协会工作，或留住区境各寺院住修。有一位年轻菜姑入闽南佛学院就学后落发为尼。1996年，闽南佛学院女众部迁入紫竹林新校舍后，拒绝接受带发出家的菜姑入学，矢志求学的菜姑就落发为尼。区境由尼师住持的女众寺院有启明寺、进明寺。

2007年，区境僧尼294人。其中，比丘尼131人（多是来自外地的佛学院女众班学员）。

（二）居士

区境自唐代有许多居士，组织“义邑”或“法社”，以念经拜佛和开设斋会为主要活动。后逐渐归入以寺院僧团为中心的佛教团体。许多寺岩的兴建都得到居士的大力支持。清乾隆年间，居士黄日纪发起协助释月松新建天界寺。近代居士蒋以德捐巨资新修南普陀寺大雄宝殿，捐建妙释寺念佛堂，重兴金鸡亭普光寺。当代女居士李素美及其弟李省吾，捐40多万美元，新建南普陀寺大禅堂等。

民国13年，居士蔡吉堂、叶青眼等人发起组织闽南佛化青年会，以鸿山寺为会址。创办《佛音月刊》；组织佛化新青年世界宣传队，开展佛化宣传活动，吸引知识界、商业界、军政界的人士皈信佛教。抗战胜利后，居士许宣平、蔡吉堂、罗丹、虞愚等人发起组织厦门佛学会，每逢星期六集会研习佛学理论。会址设于寿山岩。

中华人民共和国成立初，居士除奉佛诵经外；还参加社会活动，在抗美援朝运动中，众多居士踊跃捐款，支援前线。

“文化大革命”期间，在家居士都受到不同程度冲击。

1980年后，区境居士活动再度活跃。在厦门佛教协会指导下，依附寺院，参加各种持念法会和各项社会活动。1989年，确定养真宫为厦门佛教居士林会址（后迁入内武庙）。当年8月，制定《厦门市佛教居士林章程》，规定“居士林是佛教在家信徒的群众组织，在市佛教协会指导下，定期集会学习修持，弘扬佛法，推行‘六和’，团结在家佛教徒，树立正信，反对封建迷信，过好宗教生活”。区境居士按照规定，开展社会活动。

2007年，区境经常参加居士林活动的居士有2000多人，其中女居士占2/3。

（三）菜姑

民国19年前后，区境出家菜姑人数较多。有些菜姑持着佛教徒名号住持神庙，宣扬鬼神迷信。民国35年，菲律宾信愿寺性愿和尚倡议设立专门学校吸收菜姑入学，进行佛学知识教育。民国37年，在太平岩创办闽南第一所为菜姑设立的“觉华佛学苑”。

1955年，区境及周边地区菜姑住寺35座，人数147人，其中文盲半文盲（初小程度）125人，最高初中文化仅9人。

1958年，经并寺，菜姑人数锐减。“文化大革命”期间，大部分菜姑回籍。

1980年后，部分回籍的菜姑陆续回归佛门，有新菜姑出家。新菜姑大都送往佛学院就学，文化素质和佛学水平均显著提高。1992年，区境24位中青年菜姑中，大专文化程度3人，中学程度16人，小学程度5人。

1990年后，区境由菜姑住持的寺院有日光岩、万石岩、甘露寺等16所。有些菜姑落发为尼，把原来菜姑住持的寺院改为尼众住持或尼众共住，如启明寺、进明寺等。

2007年，有菜姑住寺（岩、堂）9所，菜姑45人。其中，中青年菜姑占1/3。

四、宗系法门

区境僧众主要来自闽南各地，带来不同的宗系法门，各派自立寺庙。有临济宗派下的南普陀寺、天界寺、鸿山寺、金鸡亭等；云门宗派下的妙释寺、日光岩、万寿岩等；曹洞宗派下的白鹿洞、云顶岩、宝山岩等。各宗系自收弟子，以辈分字序取法名。临济宗派下有佛、喜、转、瑞、广、传、道、法等字序，现传至法字辈，以广、传、道辈居多；曹洞宗派下有妙、福、元、常、理字序，现传以福、元、常辈居多；云门宗派下自释愿意以下有六、清、善、正等字序，现传以善、正辈居多。区境内各宗派佛事规仪不同，如打晨钟，临济派为快十八、慢十八的节奏反复撞打；曹洞派则以一下一下的流水节奏撞打。各派以所居寺院作为延续祖业，形成世袭制子孙寺院。

佛教宗系分立，造成佛教僧团间不团结。民国13年，临济宗派下释转逢，改南普陀寺为十方丛林制。倡议把临济子孙寺院鸿山寺献出为南普陀寺下院，归属十方所有。此后，他通过佛教会，加强对僧众和寺院教育管理，按当时政府颁布的《督监寺庙条例》提出：凡寺院（僧或菜姑个人自建、自置的除外）所有财产、法物皆为寺院所有，住持只有保管和使用的权利，不能据为私有任意处理。对于寺院的住持，必要时也可由佛教会统一任命。受此影响，有些小寺院相互转换住持，容留不同派系的僧尼共住。妙释寺一度归属为南普陀寺十方丛林下院。净莲堂原是菜姑胡性清、吴开胜于民国22年合力募建，立契约，明确提出建佛堂“非为传承子孙之计”，“后代住持人选，以有道贤明居之，不分派别（系），不论自他，均得被选之”。民国19年后，虎溪岩派的天界寺转由喝云派的释广恩住持；虎溪岩派释会泉为其女弟子宏定建的甘露寺住持；后转让给云门派菜姑住持。

五、主要活动

（一）讲经说法

民国初年，区境兴起革新佛教的佛化运动，加强对寺僧的佛学文化教育，提高僧伽素质。民国13年7月，创办闽南佛学院（于南普陀寺），建立福建第一所新型的佛教教育高等学府。其后10多年间，又先后创办闽南佛教养正院、万石佛学院研究社。抗战胜利后，开创觉华女子佛学苑。

1990年后，举办“人间佛教系列讲座”。每星期由佛学院、南普陀寺法师释则悟、定恒、法源、理文、本如、诚信、了法、济群等轮流开讲，结合生活实际，阐述佛教济世利生的要义。南普陀寺、普光寺、鸿山寺，以及市佛教居士林、佛教协会等，经常举行定期或不定期的念佛讲经法会和讲座。

（二）法会

佛菩萨圣诞吉日，大小寺院都举办庆典法会。如四月初八释迦圣诞日，各寺院举行浴佛仪式；举办念佛、拜千佛（万佛）、诵经法会；观音圣诞举行大悲忏；地藏圣诞举行地藏忏等。

1995年8月，南普陀寺举行祈祷世界和平法会，纪念世界反法西斯战争和中国人民抗日战争胜利50周年。省人大常委会常委王金水等参加法会。

1997年6月，南普陀寺举行庆祝香港回归祈福大法会。1999年，中华人民共和国成立50周年大庆，南普陀寺举行隆重的法会，祈祝风调雨顺，国泰民安，社会吉祥和谐。

2000年以来，不少寺院住僧（尼姑、菜姑），应俗家弟子聘请到其家中举办利生法会，有诵经、拜忏、拜秆佛、超度亡灵等。各寺院经常举办各种有善信参加的利生法会。较大寺院每年或半年举行大型法会，有“拜万佛”“拜七忏”“水陆大法会”，以及诵经修禅法会、念佛法会、传戒法会、喜庆吉祥法会等。普光寺每年农历四月初八至十六日为在家二众举行传授五戒和菩萨戒法会。

2003 年 7 月 10 日，南普陀寺举行规模盛大的“海峡两岸暨港澳佛教界为降伏非典国泰民安世界和平祈福大法会”。是年农历十月十五日至二十一日，南普陀寺举行为期 7 天的“水陆普度大斋胜会”，分设内坛、大坛、华严坛、楞严坛、法华坛、诸经坛（延寿坛）、净土坛等。莅临法师 208 位。

2004 年 6 月 13 日，南普陀寺圣辉、慧然等法师率团 66 人，与本地佛教界举行水陆大法会，共同祈祷世界和平，祖国早日统一。

2005 年 8 月 15 日，厦门金门佛教界在南普陀寺，联合举办纪念中国人民抗日战争暨世界反法西斯战争胜利 60 周年祈祷和平法会。

2007 年 5 月 1 日，首届海峡两岸温馨之夜传灯祈福大法会在南普陀寺天王殿前广场举行，来自厦门、金门、澎湖三地的僧侣、信众 6000 余人参加；9 月 14 日，台湾第一尊肉身菩萨——慈航菩萨圣像在 268 位台湾佛教界人士护送下，经厦金航线抵厦。数千名两岸信众在南普陀寺举行慈航菩萨回归祖庭暨海峡两岸和平发展祈福大法会。同年，南普陀寺、鸿山寺举办启建普利法会和万佛法会；虎溪岩、白鹿洞寺、普光寺等先后举办大型水陆法会。

（三）慈善事业

1. 赈灾救难

民国 20 年春夏之交，国境 16 个省发生水灾，厦门佛教会发动佛教弟子捐献 2000 多元，由厦门江声报社转汇灾区。民国 26 年，抗日初兴，厦门青年僧伽在弘一法师的指导下，以瑞今、常凯法师为首，组成 30 多人的救护队，到战地救护伤员，从海上救捞死伤军民数百人。民国 27 年 5 月，日军侵占厦门岛。区境出家人把寺院全部开放，作为难民收容所；出家人、居士募金赈济难民，收埋死难同胞遗体。民国 36—38 年，中原地区连年旱灾，逃难到区境的灾民较多，佛教徒募捐衣服、食品，救济灾民。

1998 年夏，长江、松花江、闽江流域相继发生特大洪涝灾害。厦门佛教协会诸理事到灾区慰问灾民（捐款 240 多万元，衣服 6 万余件，大米 5000 多公斤）。1999 年 7 月，长江中下游再度发生洪灾；9 月 21 日，台湾发生大地震；10 月 9 日，闽南地区遭遇 12 级台风袭击。南普陀慈善事业基金会与厦门市红十字会一起，对灾区开展赈灾活动。2003 年 2 月 24 日，新疆伽狮地区发生 6.8 级强烈地震，该基金会募集善款数十万元赈之。

2. 扶贫解困

区佛教界经常为区境贫困户献爱心、送温暖，发送粮食、棉被、衣服和过节费。1992—2002 年，佛教居士林为贫困者捐赠物资价值 20 多万元。2002 年春节，养真宫能元法师采购过节物资 2 万多元，送给附近 50 多户贫困户。

1995—2003 年，南普陀寺慈善基金会济助贫困者 300 多人，每人每年发给 1200 元救助金。1997 年，厦门市民邱惠琴被确诊为白血病，医院建议进行骨髓移植手术。因其家境贫困，基金会捐助 3 万元（含社会捐款共 20 万元）。得知在大陆找不到骨髓配对者时，基金会又与台湾慈济功德会联系，在台湾骨髓捐赠中心找到型号相同的捐赠者。2000 年 7 月，基金会再次捐助 1 万元，使邱惠琴最终康复。1999 年，辽宁抚顺 19 岁模特朱香玉不慎被大火烧伤面积达 95%，生命垂危。基金会募捐 3 万元抢救。1995—2007 年，该基金会救援危难者 30 多例，累计施资 2000 多万元。

3. 办教助学

1994—2007 年，南普陀寺慈善基金会捐助教育事业、希望工程累计三四千万元，资助四川、重庆、西藏、内蒙古、湖南等 14 个省、市、自治区高等院校及厦门大学、鹭江大学的特困生共 1 万余名；修建各类学校 76 所，其中建“南普陀希望小学”30 余所，修缮校舍 57 所。1996 年，建云南省丽江县剑川甸南乡和福建龙岩丰乐小学。1998 年，建福建松溪梅口、黑龙江大庆市肇源县古恰乡、湖南省炎陵县平乐等处的希望小学。1999 年，建湖南湘西土家族苗族自治州花恒县道二乡杠扛村、湖南益阳市资阳区民主垸、安徽省青阳县木镇的希望小学。2000 年，建湖南省汨罗市特殊教育学校、福建省上杭县溪口乡锦坊小学、福建省仙游县凤山乡东湖小学、江西省石城县丰山乡大琴小学、浙江省永嘉县枫林镇乌弄小学。2001 年，建安徽太湖县寺前镇中心小学、湖南省芷江侗族自治县罗岩乡深坑溪村小学、福建大田县文江乡龙门小学、厦门市同安区五峰小学。

4. 义诊施药

佛教义诊施药由来已久。1993—1996 年，妙清寺、养真宫先后成立义诊所，聘请退休医生为患者义诊。普光寺于农历每月十二日举行义诊。1995 年始，南普陀寺慈善基金会设立专门义诊院，设中西医内科、骨伤科、妇科、小儿科、针灸科、按摩科，以及治疗室、中西药房、心电图室等，聘请名医坐堂义诊，为贫困市民免费治疗。1996 年春节前夕，义诊院联合市民政局社会福利中心等单位，在火车站广场开展“为特区人民献爱心”义诊活动，3 天义诊 5225 人，施药价值 3.3 万元。2001 年 6 月，义诊院法师与医师到漳州龙海隆教畲族乡径内村，为 164 名村民免费诊治。

1994—2007 年，南普陀慈善基金会先后举办“国际残疾人日”活动、佛教文化科研活动、’99 迎澳门回归活动，捐资修建惠安小山腰清源庵孤儿院、安徽太湖赵朴初陵园，为翔安区新店镇陈塘回族村和同安区梅山寺安装自来水设备。

（四）对外交流

1. 与外国佛教界交流

清乾隆年间，虎溪岩僧如珠到越南弘法。

民国初，菜姑陈妙卿往越南等国募资，创建厦门妙清寺。侨居越南的闽南籍僧人与区境佛教界关系密切，有重大佛事活动，经常邀请僧人互助。其间，虎溪岩僧释如宜出居三宝垄，在印尼弘传佛教。菜姑吴开胜、胡胜清出国募化，创建净莲堂。旅泰闽籍佛教徒与闽南佛教界保持密切联系，凡举行重大佛事活动，都邀请思明僧人前往主持或开讲佛经。南普陀寺住持释性愿赴菲岛住持信愿寺。民国 22 年，厦门籍佛教徒曾双堂等在仰光组建“仰光中国佛教学会”。后来，组建佛教学校。

1987 年，南普陀寺方丈妙湛，应弟子旭朗邀请往旧金山万佛城参加万佛法会和开光典礼。1991 年 1 月 5 日，南普陀寺住持妙湛与名僧释明旸代表中国佛教协会前往新加坡参加宏船法师圆寂传供赞颂大法会。1994 年 11 月，南普陀寺方丈妙湛受中国佛教协委托率团护送佛牙赴泰国供奉，受到泰国僧王智护尊者和善信热情接待。1995 年 3 月 31 日，南普陀寺为新加坡释广洽在五老峰山腰举行灵骨进塔仪式。12 月，普光寺住持释安景应邀前往泰国龙象洞参加水陆法会。中国佛教协会在南普陀寺举办“日本佛教茶道迎春座谈会”，日本茶道里千家夫妇等应邀出席。1997 年 3 月，南普陀寺方丈圣辉、市佛教协会副会长诚信赴新加坡参加护国金塔寺住持释法照荣任泰王御封“华僧尊者”庆典活动。12 月，释圣辉、理文、定恒等应邀前往新加坡、日本等国参访和主持法务活动。是月，3 人又应邀赴日本访问，在日本进行参观、交流。1998 年 5 月，新加坡普光寺监院释广声一行 50 余人入区境参加南普陀寺水陆大法会。1999 年 4 月，南普陀寺接待荷兰女王贝娅特丽克丝来访。5 月，法国一位禅师到闽南佛学院举行佛学讲座。11 月，泰国上议院议长米猜、立初潘等参观南普陀寺。12 月，圣辉应邀赴新加坡光明山普觉禅寺参加出家众传戒法会，任传戒和尚；释诚信、理文等 8 人赴新加坡参加千禧庆典。

2000 年 5 月，丹麦王国首相拉斯穆森访问南普陀寺。6 月，厄瓜多尔国民议会议长胡安·宏斯·阿里萨加率团访问南普陀寺。是月，以春光为团长一行 14 人的韩国佛教界青年参修团在南普陀寺体验生活 10 天。7 月，罗马尼亚议长昆图斯等访问南普陀寺。9 月，韩国曹溪宗派出以性正法师为团长的比丘尼 14 人，到南普陀寺、紫竹林寺闽南佛学院女众部体验生活 9 天。其间，到市佛协、闽院、基金会及部分寺院参观和交流。是月，泰国副总理苏帕猜访问南普陀寺。10 月，闽南佛学院释果彻等出席在韩国首尔举行的中韩日佛教新世纪世界和平祈愿法会。圣辉等 54 人访问欧洲。是年秋，日本黄檗宗祖庭万福寺总务长盛开了道，由福建福清黄檗山住持悲升陪同到虎溪岩寻根问祖，回国后，寄来隐元和尚法像和日本黄檗宗文献。

2001 年 1 月，厦门佛教界人士 8 人应邀参加新加坡各宗教联合举办的“跨世纪温馨晚宴”。4 月，圣辉等应邀出席在美国联合国总部举行的联合国人权委员会第 57 届会议，在会上作《破邪扬善，热爱和平，维护人权》发言。是年秋，闽南佛学院接受越南派遣留学生释勇莲等 4 位比丘尼，编入该院女众部本科班修学。

2002 年 10 月，泰国王室公主诗琳通参访南普陀寺。

2003 年 1 月，闽南佛学院奉国家宗教局、中国佛教协会之命，组成以释了法为团长，由在校学僧界淞等 19 人参加的“中国佛牙舍利赴泰供奉护法三团”，与其他 2 个护法团队一道前往泰国执行为期 31 天的护法任务，获国家宗教局、中国佛教协会授予“优秀护法团”荣誉。是年，斯里兰卡阿斯羯国际佛学院接受厦门闽南佛学院选派道峰、通德、达因、悟性、界淞 5 名学僧前往留学。是年夏，越南留学生释勇莲等完成学业回国，对闽南佛学院表示终身难忘。8 月，闽南佛学院法师释普静、浩宇、仁慈、向学、果利等赴新加坡弘法。10 月 23 日，斯里兰卡暹罗派阿斯羯利寺大长老一行 10 人到南普陀寺参访，在讲堂为闽南佛学院师生作开示。7 月 10 日，美国法雨寺住持梦参、监院宏觉 2 位法师，应邀参加南普陀寺方丈圣辉发起的两岸佛教界降伏“非典”国泰民安世界和平祈福大会。

2005 年 3 月，新加坡政府国会人力委员会主席杨木光、新加坡龙山寺住持释传建等到南普陀寺参访。4 月，以新加坡佛教总会主席惟俨大和尚、副主席李木源居士为正、副团长的“新加坡佛教总会访华交流团”到南普陀寺参访。5 月，韩国天台宗釜山三光寺主持道圆法师等参访南普陀寺。8 月，泰国朱拉隆功佛教大学代表团参访南普陀寺，并送该大学国际秘书素达拉·班套昆女士到闽南佛学院留学。是年 9 月 16—21 日，韩国佛教修行体验团 20 位比丘、19 位比丘尼到南普陀寺修学体验。10 月，第三届中韩佛教音乐学术研讨会开幕式在南普陀寺举行。由中国佛教协会、中央音乐学院佛教音乐文化研究中心与韩国国乐学会主办，南普陀寺承办。

2. 与台、港、澳地区佛教界交流

1992 年 7 月，台湾佛教徒组织“能仁全国斋僧团”一行 64 人，在南普陀寺举办“千僧斋”。是年 8 月，台湾香光女众佛学院院长悟因尼师一行 4 人到闽南佛学院交流教学经验。此后，悟因尼师为修建闽南佛学院女众部紫竹林校舍筹资 200 万元。2002 年 10 月，台湾圣严名僧率领 500 人组成“大陆佛教圣迹巡礼团”参访南普陀寺。是年，台湾中坜圆光佛学院释如悟带领该院第 15 期毕业生参修团参访佛教寺院，与闽南佛学院以“现代僧教育”为主题举行专题座谈会。2002 年，大陆佛教界护送佛教圣物“佛指舍利”赴台供奉，并由闽南佛学院学僧 20 名组成护法二团前往。2003 年 6 月 11 日，南普陀寺方丈圣辉倡议海峡两岸暨港澳佛子会集南普陀寺，举行“降伏非典国泰民安世界和平祈福大法会”，台湾佛教界热烈响应。7 月 10 日，台湾佛光山开山大师星云长老、台湾“中佛会”净良长老、台湾世界佛教僧伽总会护持会主任委员中佛会特别顾问郭俊次博士、台湾佛光山教育院院长慈惠法师（女）、台湾“中华佛光总会署”理会长慈容法师（女）、台湾南华大学教授依空法师（女）等 60 余人，出席大法会。2004 年 2 月 15 日，南普陀寺方丈圣辉带领“中华佛教音乐巡演团”72 人赴台湾巡回演出。3 月 15 日，前往澳门、香港，转往加拿大、美国巡演。6 月，南普陀寺以释慧然为团长的法务团一行 66 人乘坐“同安”号客船前往金门，举行水陆大法会。“两门”佛教界人士数万人共祈世界和平、祖国统一。8 月 15 日，厦门、金门佛教界纪念中国人民抗日战争暨世界反法西斯战争胜利 60 周年祈祷和平法会在南普陀寺举行。9 月 10 日，台湾释海涛率团到南普陀寺参访。9 月 18 日，台湾亲民党主席宋楚瑜参访南普陀寺。

闽南佛学院数批毕业生应聘往香港住持寺院或入佛学院任教，其中有净松、德辉、达常、戒胜、悟光等。港台著名居士南怀瑾与其弟子李淑美、李省吾捐献 40 万美元，为南普陀寺兴建大禅堂。李秀丙、施联辉和王震居士夫妇等，为南普陀寺等寺院和闽南佛学院捐赠经书、汽车和教学设备。2003 年 3 月 28 日至 4 月 8 日，南普陀寺组织以则悟法师为团长的 30 人法务团，参加香港大屿山莲池寺启建的水陆法会；选派闽南佛学院研究生正满、本科生演梁等 10 人进住莲池寺，担任监院等职务 1 年。5 月 8 日至 14 日，香港旭日集团董事长杨钊居士捐资，在南普陀寺启建“祈祷世界和平国泰民安降伏‘非典’（SARS）病魔水陆法会”法场。6 月，闽南佛学院与厦门大学筹备创办“厦门大学佛学研究中心”，香港福慧寺、弘法寺住持净雄法师表示长期资助，旭日集团董事长杨钊居士专门派代表参加“佛学研究中心”揭碑典礼，并捐资 100 万元。2004 年 1 月 18 日，香港大屿山宝林寺方丈圣一在众弟子的陪同下前来南普陀寺参访。

六、佛校教育

民国14年，创办闽南佛学院，先后由释会泉、常惺、太虚、性愿、大醒等任院长。学院经费全由南普陀寺负责。学僧免交学杂费，膳宿、学用品等费用均由学院提供，并发津贴及零用费。法师、教师的待遇，参照世俗院校供给。学制3年，学僧为18～25岁的出家比丘或沙弥，文化程度初中毕业以上，身体健全、品行端方，无不良嗜好。同时，需该院相知或佛教团体介绍或出具证明，经考试合格者，方予录取。1951年后，每年招收50多名。课程有政治思想课（包括爱国主义、社会主义、党的基本路线、民主与法制等）、社会文化课（包括中文、中国史、哲学原理、中外哲学史、外语等）、佛学理论课（包括八宗：禅宗、净土宗、天台宗、华严宗、法相宗、律宗、三论宗、密宗；五明：因明、语明、医明、工巧明、内明）等。

学院初建时设在南普陀寺西侧。1985年，学院复办后，分设男、女两个院部，设预科班、本科班、研究部3个层次，学制2～4年不等。1995年，在区境内宝山岩新建紫竹林女院部校舍。

1997年，学院由春季招生改为秋季招生；将养正院与预科班合二为一，学制2年；本科班学制4年；研究部改为研究生班，学制3年。

2001年，闽南佛学院开始招收外国留学生。

2002年4月25日，学院协助全国反邪教协会在南普陀寺召开“全国反邪教协会第五次报告会暨学术讨论会”，参加会议的有全国宗教代表140多人。会议期间，用正信佛教道理批驳邪教“法轮功”歪理邪说，倡导扬善惩恶，净化人生，净化社会。

2005年10月，学院举行80周年院庆。国家、省、市宗教局、各级佛教协会、大陆、港、澳、台、海外的大德长老、各兄弟院校的法师、闽南佛学院研究生导师等嘉宾数千人参加庆典活动。

2007年，闽南佛学院毕业生175人，其中本科93人，预科82人。是年秋季招生，来自全国各地考生400多人，经笔试、面试，录取201人。

附：区境全市性佛教团体

（一）中国佛学会厦门市分会

址在大同路蔡吉堂府中。民国25年正式成立，主要会员有蔡吉堂、辛清波、许宣平、虞愚、黄秋生、黄子犟、罗丹等，推举许宣平、蔡吉堂为正副会长。每周集会1次，以研讨佛学理论为主。出版会刊《人间觉》半月刊。登记发行人为辛清波，编辑为释暮笳、蔡契诚（吉堂）、黄秋生。民国25年8月5日，创刊号问世。日本侵略军进占厦门岛时，佛学会大半会员离区境，学会停闭。民国36年初恢复组织，许宣平为会长。学会成员以旧会员为主，每星期六集会念佛讲经，邀请妙香精舍诸居士参加。址设寿山岩。民国37年，先后延请丰子恺居士和法航法师演讲。法航讲经后，佛学会和妙香精舍50多名居士举行集体皈依法航法师仪式。是年，佛学会发起集资在寿山岩侧建造太虚大师纪念塔，安奉大师舍利。1950年，佛学会与妙香精舍配合活动，仍以寿山岩为会所。1956年，佛学会并入厦门佛教协会。

（二）厦门市佛教协会

址在南普陀。1952年9月成立，释二埋为理事会主任委员。1992年5月，协会在南普陀寺召开第四届会员代表大会，修改协会章程，制定佛教徒《爱国公约》，选举产生新理事会。2001年6月19日，协会在南普陀寺召开第六届代表大会，选举新一届理事会，推举释圣辉为会长；成立咨议委员会，释厚学为主任。

（三）闽南佛化新青年会

址在鸿山寺。民国12年，厦门佛教界反对思明县政府征收“迷信捐”，交涉无效。释会泉、转逢会同厦门佛教青年居士蔡吉堂、叶青眼等联名电请中华佛化新青年会派人支援。年底，张宗载和宁达蕴来厦，协同厦门佛教界人士向县政府交涉，终于获得豁免"迷信捐"。事后在张、宁两居士鼓励下，闽南佛化新青年会于民国 13 年 2 月 2 日成立，有蔡吉堂、叶青眼、庄汉民、王振邦、陈得禄、黄谦六、杨振仁等居士参加。该会宗旨："以大乘佛教救世的精神，宣传佛法，普济人类，使真自由、真平等、真极乐世界实现于人间社会。"设立演讲会，出版《佛音》月刊，创办经书流通处，组织"佛化新青年世界宣传队"等。宣传队除在区境开展宣传活动外，还到泉州、漳州等地宣传。至民国 20 年，思明县佛教会成立，佛化新青年会归并佛教会。

（四）厦门佛教居士林

址在鼓浪屿。民国28 年，日光岩清智法师的皈依弟子蔡善解、陈善琛、胡善宜等 8 人发起组织，在鼓浪屿开展念佛救国、救济难民等活动。组织不断扩大，人员增多，于民国 30 年改为"晃潮精舍"。1952 年，以李鸿光、柳正松为主，以妙香精舍为基础，联合其他居士群团创办厦门佛教居士林。居士林成立之初，会员总数近 2000 人。第一届会员代表会，讨论通过组织章程，选举理事，建立理事会，推选李鸿光、柳正松为正副林长，聘老居士周幼梅为名誉林长。居士林的活动场所，初借用丹霞宫，后租周宝巷民房，再迁至外清虞朝巷 9 号。居士林分成 10 个助念组，其余会员分散组织活动。1953 年有王兆丰、廖碧溪居士在新华路组建西庵莲社，每星期四集会念佛；王水树于福茂宫组建福茂净业社，后与莲修团、莲谊团合组同戒会，会员 200 多人，定期集会念佛。分散的小集体，在居士林统一领导下进行修持活动。居士林宗旨：团结全体居士，遵循佛陀"庄严国土、利乐有情"的教导，发扬爱国爱教的精神，坚持正信佛教，修学佛法，以建设"人间佛教""弘法利生"为己任。1952 年，居士林发动会员及群众参加抗美援朝运动；是年"三八"妇女节，发动 1400 多名佛教徒参加庆祝。"慈济社会，利乐众生"，居士林多次发动林众捐资献物赈济灾区灾民。每年春节，为近邻六七十户贫困家庭发送粮食、年货、棉被和过节费等。居士林宣弘正信佛教，革除迷信陋习，不搞迷信活动（不做普度，不拜鬼神，不相信算命卜卦、阴阳风水，不参与邪道扶乩、跳神）。提倡奉佛行善，生活朴素勤俭，爱国守法。除每星期三集会诵经念佛和讲演佛学外，经常举办息灾法会、普利法会、佛诞日礼忏、拜千佛、打佛七和盂兰盆会等。1954 年 3 月，进行第二届改选换届，正副林长连任，增聘李博用老居士为名誉林长。1957 年，居士林进行第三届改选；1958 年组织活动停止。1989 年，由老居士蔡吉堂、柳正松倡导，召集郑子兴、杨少如、陈善琛等 10 位居士为发起人，筹备恢复居士林。制定《章程》和《工作细则》，报请市宗教部门批准。佛教协会决定将养真宫作为居士林林址。1990 年 9 月，厦门市佛教居士林正式恢复组织活动。1993 年，居士林召开第四届会员代表大会，成立新一届理事会，蔡吉堂为名誉林长，柳正松为林长。通过修订章程。1995 年，市佛教协会指派僧人进驻养真宫，确定内武庙为居士林的新林址。1997 年，居士林进行换届选举，代表大会聘请柳正松为名誉林长，推选郑子兴为林长。居士林特聘中国佛教协会副会长、南普陀寺方丈圣辉大和尚，以及厦门佛教协会会长理文法师、瑞苗法师等为传法导师。2002 年 11 月，居士林召开代表大会，进行第六届理事会换届选举，推选理事 17 名，推举郑子兴为林长。

（五）厦门市佛教文化学会

址在厦门大学。1993 年 9 月 5 日成立，为法人社团。聘请副市长张宗绪和南怀瑾先生为名誉会长，推选高令印教授为会长，常务理事 19 人。学会制订佛教文化研究规划，以近现代闽台高僧为主要研究对象，组织海内外专业和业余佛教学者进行系统研究。聘请教内外法师、专家、教授定期举办佛学与文化讲座；举办佛学与文化学术研讨会（座谈会），开展慈善、佛教旅游等活动；编撰、出版《佛学与文化》《20 世纪闽台佛教名人录》《中国禅学史》《闽南佛教寺院大观》《大众佛学读本》等书籍。2007 年，仍正常开展活动。

第二节 道 教

一、传播与组织

元代，道教传入区境，盛于明、清。渔民对风神、水神及海上保护神极为崇拜。居民患病后多求助于道医或道人符水。道教在明中期后逐渐世俗化。

清中期以后，道人扶乩占卜、符水治病普及民间。迎神庙会，民众都会前来烧香祈福。区境尊奉道教神明的宫观有100多座。道士可以有家室，平时在宫观供奉香火及行斋醮，有悼亡、追荐、延寿、解厄、解过、祈福、祈嗣、净宅、醮墓等。

民国8年（1919年）后，区境开始进行城市建设，一些宫（观）被拆除。

中华人民共和国成立后，道教活动受禁。社会主义改造阶段，道教徒多被安置进工商企业当职工，农村道士在土地改革后成为农民。

1978年后，道教界逐渐恢复活动。

2004年7月，厦门市道教协会筹备组成立，开展对教职人员、宫观和信众情况的调查摸底。区境有团体会员4个，民间道士15人，宫观中的管理组织成员65人。2005年10月25日，厦门市道教协会第一次代表大会召开，到会代表64名。会议选举产生理事14名，郭汉文任会长。大会制定《会长办公会会议制度》《外事交流接待制度》《财务管理制度》等。2006年，厦门市道教协会申请设立道教活动场所“上德宫”，获准。划拨思明区大厝山3600平方米作为建设上德宫用地。同时，提供思明区后埭溪路126号3楼作为道教协会办公场所。

2007年，太清宫、种德宫、龙王宫正式登记为道教活动处所。是年5月，厦门市道教协会召开一届二次理事会，增补理事、副秘书长、副会长等。11月24日，市道协在太清宫举办第一届祈福法会。

二、道派

区境道派主要以正一道士为主，全真道士为辅。明清以后，道派合流，很多宫观是正一、全真相处。有些道士既是正一道也是全真道。

正一道，亦称正一教。主要有龙虎宗、茅山宗、阁皂宗等。元代，区境内有茅山宗的宫观。茅山派道士杜道坚的高徒李拱瑞主持紫虚观，周元真入其门下，成为著名道士。

1990年后，区境首位正一派道士郭汉文，道号天和子，法号大春。1997年，郭汉文皈依正一道天师派门下，师承上海城隍庙住持陈莲笙；2006年，江西龙虎山天师授其万法宗坛“三五都经功箓”，成为厦门首位授箓得道法师。

三、活动场所

区境供奉道教神祇的宫观神庙大都建于明、清两代，累计50多处，今存11处。

太清宫 位于曾厝垵村曾山。原名东澳妈祖宫，祀天后。清初建。1990年，林明霞道长协同各方善信在天后宫旧址重建大殿、斋堂、客房。距大殿30米处为灵啸乐洞，主祀吕纯阳祖师立像。后，兴建元辰洞，供奉斗姆元君及六十甲子神像。大殿中部供奉太清道德天尊，左侧宗天皇上帝，右侧玉皇上帝。供奉关圣帝君、注生娘娘、福德正神、玄天上帝、东海龙王、天上圣母。太清宫常住者为全真龙门派和正一派道士。2007年5月，区民族与宗教事务局将太清宫登记为道教活动处所。

三官道院 位于龙虎北路41号。原名三官宫，祀三官大帝，还供奉道教神明86尊。明初建。1988年，郭汉文道长召集闽台信众，于旧址重建主殿，修复天然洞府，占地1.4公顷。是年冬，从台湾彰化迎来丈高铜铸三官大帝神像3尊安于主殿。2007年，正月十五日、二月十五日、五月初六日、七月十五日、十月十五日，皆设坛举行大型祈福斋醮科仪。区民族与宗教事务局将“三官道院”登记为道教活动处所。

妈祖龙王宫　原址位于沙坡尾（今沙坡头10号）。前身为朝宗宫。清康熙元年（1662）建。民国20年，由宗守禅师筹款修葺；其后由齐姑、庄楼、陈叶主持。1949年，厦港电厂爆炸，宫之后殿被毁，前殿受损。1959年，遭特大台风袭击，严重损毁。“文化大革命”期间，活动停止。1999年，由阮搓花、刘家辉等人发动募捐。港商林玉昆捐资45万元，购厦港民族路128–130号民房，2000年农历六月初七动工。由阮搓花主持复建，十一月初八竣工。2001年农历十一月初十，举行落成典礼，更名厦港妈祖龙王宫。殿堂内供道德天尊（太上老君）、四海龙王、风、雨、雷、电、妈祖、水仙王、福德正神等。2007年5月，区民族与宗教事务局将“妈祖龙王宫”登记为道教活动处所。

种德宫　位于鼓浪屿内厝澳373号。明代建，祀奉保生大帝。1996年8月，重修，建筑面积78平方米，为三门两进殿，殿中主祀保生大帝，配祀土地公、注生娘娘、虎爷及36官将神像。护厝中供奉观音（慈航真人）和关帝。每年农历三月初十，种德宫组织信众到白礁及青礁慈济宫谒祖。2007年5月，区民族与宗教事务局将“种德宫”登记为道教活动处所。

朝天宫　原址在西门外。又名上宫，祀天后。施琅到厦时已建，重修。除奉祀天上圣母外，还供奉三清道祖、玉皇大帝、斗姆元君等。1959年，台风袭击破损。1979年，道长郭汉文带领海内外信众捐资，在故宫路62号新建朝天宫，同年12月竣工。占地面积109平方米，建筑面积238平方米。

东岳庙　位于北门外（今公园北路）。祀东岳帝君，并祀十殿阎罗。明太常寺卿池浴德捐资建造。“文化大革命”期间毁，后在北门边重建。

内关帝庙　又称内武庙，在海岸路（今内武庙巷）。祀汉寿亭侯关羽，以及关平、周仓二将军。后改奉如来三宝。

相公宫　有二宫，均祀唐乐师雷海青。一宫在庙子溪尾（即蓼花溪尾），民国期间毁；另一宫在原文安街道附近的相公宫巷。

福寿宫　位于福山社，旧打铁路头左边（今打铁街93号）。祀吴真人、天后。“文化大革命”期间毁。2003年，信众集资重建，建筑面积288平方米。

福海宫　一在厦门港，祀保生大帝、天后。建于明末。清乾隆四年（1739年）及民国22年重修。“文化大革命”期间毁。一在曾厝垵，明代建。清康熙、乾隆年间多次重修。原祀武烈尊侯；后合祀天后、吴真人。

平台宫　位于先锋营。祀天后。

土地庙　位于开元路万寿宫巷。祀福德正神。宋始建。民国9年，建开元路时拆除大部分建筑。

三官观　位于东门外。祀天官、地官、水官（后改为佛教庙宇）。

上帝庙　位于草仔垵（今同文路），又称五西殿。祀玄武大帝。“文化大革命”期间毁。后，原址改建为佛教活动场所。

武昭殿　位于后路头（今定安路与思明南路交界处）。祀玄武大帝。民国期间拆。

武当分镇　位于望高石后（今厦门旅游中学内）。祀玄武大帝。民国期间毁。

文昌庙　位于玉屏书院内。祀梓潼帝君、魁星、朱衣之神（主掌科考）。旧时地方官员每月初一、十五、均前往烧香，春秋两季举行祭拜。清光绪三十二年（1906年），玉屏书院改建为厦门中学堂时，文昌庙被拆。

文宫昌　位于道署前左侧。祀梓潼帝君、魁星、朱衣之神。民国16年，建中山公园时拆。

龙神庙　位于厦门港玉沙坡。旧时遇旱，地方官常到此祈雨。民国期间建船坞时拆。

龙王庙　位于南普陀寺右侧。为祈雨场所。建于清乾隆年间。民国期间毁。

朝宗庙　位于厦门港玉沙坡。祀风、雨、雷、电神及四海龙王。民国元年，建电厂时拆。

风神庙　位于厦门港玉沙坡。清雍正敕建，祀风伯。民国期间，建造船厂时拆。

雷音殿　位于后崎尾海中小屿上。祀五行神。“文化大革命”期间毁。

中正庙 位于今霞溪路。祀福德正神。民国期间毁。

城隍庙 位于厦门城西南隅。祀城隍爷。民国 19 年，修路时拆。

武庙 位于厦门城西南隅（今古城西路）。祀汉寿亭侯关羽。清康熙二十四年（1685 年）建。民国 19 年，修路时拆。

外关帝庙 位于神前楼（今大同路口附近）。祀汉寿亭侯关羽。民国 17 年，修路时拆。

大使宫 位于塔仔街旁（今定安路口后路头）。祀唐忠臣张巡、许远二将。民国 19 年，修建第六市场时拆。

水仙宫 位于望高石下。祀大禹、伍子胥、屈原、西楚霸王、鲁班及闽俗水神。民国时毁。

和安宫 俗称祖婆庙，位于旧中营守备驻防浯屿公馆旁（今升平路民立小学一带）。祀王审知夫妇。1950 年后，改建为学校。

前园宫 位于外清（今本部巷）。祀天后。明成化年间建，经多次重修、重建。毁于“文化大革命”。

和凤宫 位于凤凰山下岛美路头后街（即和凤社）。祀吴真人、天后。明代建。清康熙二十八年（1689 年）重修。乾隆四十一年（1776 年）先后改为议事所、行商会馆。

怀德宫 位于石埕街头，即怀德社。祀天后、吴真人。民国 17 年，修路时拆。

天长宫 位于霞溪路。祀天后、吴真人。民国时改建为崇德小学。

二妈宫 位于霞溪路。祀天后、吴真人。民国时毁。

圆山宫 位于厦门港圆山宫巷。原祀本保境主，后并祀天后、吴真人。清代，多次重修。民国期间，改办养正义学。

养元宫 位于户部衙边。祀天后、吴真人。明末建。1950 年后废。

迎祥宫 位于黄厝保。明天顺年间，黄家舍地建造，又名黄厝宫。祀天后、吴真人。民国期间毁。

灵惠宫 位于斗涵。祀天后、吴真人。民国 20 年毁。

龙泉宫 位于草仔垵海滨（升平路 12 号）。祀天后。民国期间毁。

南寿宫 位于旧厦门城内（今古城东路西段）。祀天后、吴真人。宫内两侧列四大将军。民国 17 年拆除，改建为第一市场。

西庵宫 位于旧厦门城西城内。祀天后、吴真人。1950 年后废。

洞源宫 位于旧兴泉永道道署前。祀天后、吴真人。民国 18 年，修路时拆。

洞贤宫 位于溪岸路。又称真宫，祀天后、吴真人。民国 20 年，修路时拆。

玄妙宫 位于桥仔头（今斗西路与公园西路交接的玄妙巷）。祀吴真人。1950 年后改建为仓库。

潮源宫 位于寮仔后海滨。祀天后。

丹霞宫 位于旧右营游击衙署左边（今双莲池丹霞宫巷）。祀天后、吴真人。清嘉庆十四年（1809 年）建。民国期间毁。

慈济宫 位于旧右营游击衙署右边（今故宫路）。祀天后、吴真人。毁于“文化大革命”。

三和宫 位于鼓浪屿三丘田。祀天后。已毁。

寿山宫 一在吴厝巷，称吴厝宫，祀吴真人。民国 30 年，重修后改为斋堂，仍祀吴真人。“文化大革命”期间改为工厂。一在火仔垵，祀天后，建于清道光早期。1950 年后废。

此外，清代时各乡社均有社神祠。其中，祀天后、吴真人的有澳溪社的会灵宫，东边社的高明宫，尾头社的美仁宫，西边社的豪土宫，鼓浪屿岩仔脚的兴贤宫等。皆废。

四、主要活动

（一）读经典

区境道教尊奉的经典主要有《道德真经》《阴符经》《黄庭经》，道教类书《云笈七籤》《太上感应篇》，以及有关地方俗神的道经，有《保生大帝真经》《太上说慈济真君救世妙经》《太上说慈济仙姑救产妙经》等。其中，道教劝善书《太上感应篇》《太微仙君功过格》《文昌帝君阴骘文》《关圣帝君觉世真经》等。

《保生大帝真经》经文奉劝众生诸恶莫做，众善奉行的宗旨与道教其他经典同。

《太上说慈济真君救世妙经》为劝人为善的道教通俗经书。

《太上说慈济仙姑救产妙经》经文称慈济仙姑即太乙仙姑，系吴真人的女徒弟，俗身为女医鄞小娘，吴真人之徒，协助吴真人救助世人。

（二）科仪方术

斋醮　祈安醮、庆典醮、祈禳醮、度亡法事，还有祈嗣祭花、谢神做敬、保胎安产、祭煞、镇宅、安船等小道场。

符咒　符称“神符”“道符”“天符”，符字笔形幽折盘纡，有多种字体，较常见的有云篆、复文等。咒称“神咒”“密咒”，多祈请、赞颂、诅咒等，多为三言、四言、五言、七言韵语，一般以“急急如律令”作结。

诵经　道教斋醮中诵念经文。道徒平时修行也需诵经。

禹步　步法依北斗七星排列的位置而行步转折，又称“步罡踏斗”。

（三）祈神活动

坛祭　对象主要是山川、河海、动物等自然界诸神，其中主要包括社稷神、风雨雷神、龙王等，具体的表现形式有祈风、祷雨、祭海等。明清时期，区境官员在久旱无雨时，须到玉沙坡的龙神庙或南普陀寺旁的龙王庙祈雨。为祝祷地方多出人才，地方官每月初一、十五都到文昌宫烧香、礼拜；每年春、秋两季还有两次大型的祭拜活动。

庙祭　多为祭祀道教俗神和地方神祇，祈求家人平安、出航顺利、消灾解难，典型者有关圣帝君之祭、天后之祭、保生大帝之祭等。

（四）神诞活动

拜天公　农历正月初九，道书载为玉皇大帝圣诞，俗称“天公生日”。

上元节　正月十五日是道教上元赐福天官诞辰。

土地公生日　即土地诞辰，农历正月初二日。

妈祖诞辰　妈祖又称天妃、天后、天上圣母，被视为航海保护神。三月二十三日为妈祖诞辰。

中元节　中元地官诞辰，七月十五日，称地官赦罪之辰。

下元节　十月十五日为下元水官诞辰，称水官解厄日。

第三节　天主教

一、传承发展

明崇祯三年（1630 年），澳门天主教耶稣会传教士孟达拉（VENTAUOL）乘郑芝龙（天主教徒）商船到思明传教。崇祯四年，菲律宾马尼拉天主教多明我会传教士高支到厦门岛传教，开办多明我会教区。高支被郑成功礼聘为师，传授天文和航海知识，并可自由传教。教务发展很快，教徒增加，旧教堂容纳不下，在曾厝垵建教堂和住房。清顺治十二年（1655 年），澳门天主教耶稣会派传教士李先接替高支的职务。顺治十八年后，马尼拉天主教多明我会相继派范教士和安教士入区境传教。清康熙五十九年（1720 年），朝廷发布禁教令，严禁外国传教士到中国传教。

鸦片战争后，外国传教士再次入区境传教。其时曾厝垵教堂已毁，在港仔口（今镇邦路）租房为临时教堂和住所。清咸丰八年（1858 年），福建代牧区主教高君龙派梁教士在今开禾路和典宝路一带填海造地，兴建教堂和住房。咸丰十年，占地 0.6 公顷，建筑面积 413 平方米的厦门天主堂建成。清光绪三年（1877 年）又建成神父楼和仁慈堂。福建代牧区派李玛素副主教驻厦门管理福建南部教务，仁慈堂由香港仁爱会修女管理。光绪九年，福建代牧区分为南、北两个代牧区。南代牧区首任主教为马尼拉天主教多明我会传教士杨德肋，主教座堂设在厦门天主堂。光绪十六年，罗马教廷划福建天主教会为马尼拉西班牙多明我会传教区。由马尼拉西班牙多明我会修女接管厦门仁慈堂。

民国初期，取消南、北之分，改以主教驻地为教区名，称厦门教区。民国 35 年（1946 年），梵蒂冈宣布中国教会实行圣统制。厦门教区从代牧区改为正权主教区。首任正权主教仍为多明我会西班牙传教士马守仁。民国 36 年 1 月，马守仁在鼓浪屿天主堂病逝，教廷委派多明我会西班牙传教士茅中砥为主教。中国教士黄子玉为副主教。

区境解放初期，外国传教士仍控制厦门教会，继续公开散布罗马教廷敌视新中国的反动通谕和指示，禁止教徒拥护中国共产党和人民政府，煽动教徒反对社会主义制度，引起爱国神父和教徒的极大愤怒。

1952 年 10 月，成立厦门市天主教徒反帝爱国学习会，领导教徒开展反帝爱国学习活动；1953 年 9 月同厦门市基督教三自革新筹委会联合举办厦门市反帝爱国展览会。参观展览的各地神父、修女、教徒代表举行聚会，发表声明，拥护政府的英明措施，推选黄子玉神甫为教区代理主教。1954 年 6 月 29 日，最后一个外国传教士、厦门天主堂本堂、多明我会会长雅怀德申请回国。黄子玉代主教任命杨向荣神甫为鼓浪屿天主堂本堂，郑世光神甫为厦门天主堂本堂，结束了外国传教士管理厦门教会的历史。1955 年，开展宗教界肃反运动，清除外国传教士散布的毒素，纯洁教会，实现教徒大团结。1956 年 7 月，正式成立厦门市天主教爱国会。1958 年 5 月，市天主教爱国会召开第二届代表会议，通过决议，坚持走独立自主自办教会的道路。

“文化大革命”期间，区境天主堂受冲击，活动停止。

1978 年起，市天主教爱国会逐渐恢复活动。1981 年圣诞节前，鼓浪屿天主堂修复竣工。圣诞夜在教堂举行大礼弥撒，300 多位教徒参加。1982 年 1 月 10 日，鼓浪屿天主堂正式复堂。1983 年 5 月，黄子玉代主教回驻鼓浪屿天主堂主持教区事务。1986 年 11 月 30 日，在北京祝圣；12 月 7 日回鼓浪屿就职。

2004 年 10 月，厦门市天主教爱国会召开第七届代表会议。会议要求“天主教徒高举爱国爱教旗帜，坚定不移走独立自主自办教会道路，推进民主办教，主动与社会主义社会相适应”。区境教徒根据会议要求开展活动。

二、活动场所

厦门天主堂 位于磁安路 15 号。又称玫瑰圣母堂。清咸丰九年（1859 年），在竹树脚填海滩建教堂和附属房屋。教堂占地面积 413 平方米，咸丰十年建成，可容纳 500 多人。为罗马式双钟楼教堂，正中及两边各有一个祭台，正中祭台供奉玫瑰圣母像。清光绪三年（1877 年）神父楼和仁慈堂房屋建成。光绪九年，成为闽南代牧区的主教座堂，管理漳州、泉州、台湾 3 个府和龙岩、永春两州等 20 多个县的教务。首任主教为多明我会传教士西班牙人杨德肋。民国 5 年，多明我会传教士西班牙人马守仁接任厦门教区主教，把厦门天主堂房屋与鼓浪屿田尾路多明我会会所的房屋对换，厦门天主堂成为会所，为西班牙多明我会传教士的活动中心。“文化大革命”期间，厦门天主堂被占用，1971 年改建为工厂。1986 年起，在磁安路 15 号神父楼大厅举行弥撒·祈祷活动。面积 43 平方米，可容纳 60 多人。1999 年，停止在神父楼活动；是年厦门制药厂将原“若瑟医院”归还教会，改为简易教堂。2000 年 6 月起，在此处举行弥撒。2004 年 4 月，批准为天主教活动场所。

鼓浪屿天主堂 位于鹿礁路 34 号楼（旧博爱路 36 号）。民国 5 年，原西班牙领事馆改为鼓浪屿天主堂。翌年，在主教楼前面建主教座堂，建筑面积 287 平方米，是一座哥特式单钟楼教堂。教堂正中祭台供奉耶稣像，两边各有一个小祭台，可容纳 200 人。“文化大革命”期间，鼓浪屿天主堂被工厂占用。1981 年，该堂归还教会，经维修，1982 年 1 月 10 日复堂。1993 年，市宗教事务局拨出 15 万元再维修，当年 12 月完工，恢复原建筑风格。2001 年 3 月，进行大修整，拆掉教堂围墙及影响观瞻的平房

2004 年 8 月，鼓浪屿天主堂 （洪樵甫/摄）

和小店；修建透绿栏杆并进行环境绿化；整修教堂广场，翻新教堂公厕，教堂正对面筑起一座路德圣母山；广场绿地上竖起耶稣圣像；教堂钟楼挂起大钟。2001 年 9 月 27 日竣工。

三、神职人员与教徒

（一）神职人员

主教　清光绪九年（1883 年）至民国 35 年，厦门教区历任主教是杨德胁、冯乃士、周益鉴、赵范希、黎诚辉；均为西班牙多明我会传教士。民国 35 年，梵蒂冈宣布中国实行圣统制，将厦门代牧区改为正权主教区。正权主教先后是马守仁和茅中砥（西班牙多明我会传教士）。1953 年 9 月，黄子玉代理主教。1986 年 11 月，在北京祝圣，为厦门教区正权主教。12 月 7 日，在鼓浪屿天主教堂就职，为厦门教会首位中国主教。

神父　鼓浪屿天主堂自民国 6 年建堂至 1953 年 9 月有 7 位神父，其中 2 位中国籍神父，5 位多明我会西班牙传教士。1953 年 10 月，黄子玉代主教调中国籍神甫杨向荣为鼓浪屿天主堂本堂。民国 4 年至 1954 年，10 位外国传教士任厦门天主堂本堂。厦门天主堂自清咸丰十年（1860 年）建堂后，本堂神父都是西班牙多明我会传教士。1954 年 6 月，最后一任多明我会会长、厦门天主堂本堂神甫雅怀德回国。是年 10 月，黄子玉代主教调中国籍神父郑世光为厦门天主堂本堂。1989—1995 年，江连谟任鼓浪屿天主堂神父。1996 年至今，江恒三任鼓浪屿天主堂神父。1997 年 3 月至 2007 年，蔡炳瑞教区长驻鼓浪屿天主堂，主持厦门教区工作。

修女　鼓浪屿原有 7 位修女，均已病逝。3 位西班牙修女于 1955 年 11 月回国。原有守贞女 13 位，至 2007 年只有 2 位常驻教堂。

传道　1949 年，区境有传道 2 人。1955 年，由修女蔡玉美任厦门天主堂传道。1982 年，有传道 1 人；1989 年 2 人；2007 年 1 人。

（二）教徒

民国 18 年，区境有教徒 314 人。1949 年有 684 人；1966 年有 618 人；1982 年有 566 人（1950 至 1982 年有出国教徒 63 人）。1995 年有 597 人；2004 年有 691 人；2007 年有近 1000 人，还有外国籍教友 350 人。

四、主要活动

（一）宗教活动

弥撒　亦称“圣祭”。每日至少做一台弥撒，主日（星期日）弥撒最隆重。1981 年圣诞之夜，在鼓浪屿天主堂举行“文化大革命”后首次大礼唱经弥撒，由陈明元神父主持，300 多位教徒参加。1986 年 8 月 15 日，在鼓浪屿天主堂举行为世界和平祈祷大礼弥撒，黄子玉主教亲自主礼。1990 年 1 月 21 日，开始试行“中文弥撒”，后全面推行。1996 年 4 月起，江恒三神父每主日上午 9 时主持英语弥撒。

七圣事　圣洗、坚振、告解、圣体、终傅、神品、婚配。“圣洗”亦称洗礼，是入教的标志；“坚振”是初入教者坚定信仰的一种形式；“告解”是教徒将自己的犯罪言行向神父坦白，请求宽赦；“圣体”是教徒在告解之后领受神父授予的“面饼”，称领圣体；“终傅”是生命垂危或年事已高者向神父忏悔一生罪过，请求宽免的一种形式；“神品”是教会授予修道者施行圣事的神权；“婚配”是教会为新婚夫妇举行的宗教仪式。

节日有复活节（3、4月间）、圣神降临节（亦称五旬节，5、6月间）、圣母升天节（8月15日）、圣诞节（12月25日）、受难节、耶稣升天节。其中，圣诞节最隆重。

（二）社会活动

解放初期，厦门天主教会仍由外国传教士控制，执行梵蒂冈“反共”“反华”路线；禁止教徒参加中国共产党领导下的一切组织和爱国活动。外国传教士公开在教堂讲道中说“教徒不能斗争地主，不能分地主的田地”。禁止教徒参加抗美援朝签名和捐献活动。

1950年，厦门教区主教茅中砥执行梵蒂冈驻华公使黎培里关于组织国际性反共组织“圣母军”的指示，在鼓浪屿天主堂成立“圣母军”。为了欺骗教徒，而名“圣母慈爱祈祷会”，以宗教为幌子，煽动教徒反对“土改”“镇反”“抗美援朝”等运动。“圣母军”设有军旗和手册，每星期开会1次，外人不得参加。开会时由会员汇报本周活动情况，再由指导司铎吴明德布置任务，以巩固信德为名，布置会员监视爱国信徒行动，阻止信徒参军、参干、参加少先队等活动。

1952年10月，以黄昭瑛为主的厦门市天主教徒反帝爱国学习会成立，区境内的爱国教徒参加学习会。

1953年9月1—9日，市天主教反帝爱国学习会同市基督教三自革新筹委会联合举办“厦门反帝爱国展览会”。展出帝国主义利用天主教在上海、福州、厦门、漳州、莆田等地进行阴谋破坏活动的罪证图片341幅，以及外国传教士私藏的枪支、子弹、文物等实物。9月3日，市军管会宣布取缔反动组织“圣母军”，并驱逐帝国主义分子茅中砥、吴明德。该展览会又增加他俩罪行展，并展出“圣母军”的军旗、反动小册子及其会议记录。9天中参观展览者29049人，其中教徒（天主教、基督教）1970人。9月4日，市天主教反帝爱国学习会召开教徒会议，与会教徒一致表示拥护政府取缔“圣母军”；驱逐帝国主义分子茅、吴。很多教徒以亲身经历揭露茅、吴的罪行。市天主教反帝爱国学习会发表声明，表示反帝斗争的决心和信心。是月5日，到厦门参观反帝爱国展览会的8位神甫和17位修女、教徒代表举行聚会，发表声明，拥护政府取缔“圣母军”和驱逐茅、吴。随后，区境教徒参加厦门市爱国会组织的每周1次学习，提高爱国主义觉悟。教会神职人员和教徒参加植树造林、支援农村“双夏”、公益捐献等各项爱国活动。

1958年7月，市爱国会组织神甫、教徒30多人参加厦门市宗教界上街游行，声援伊拉克、黎巴嫩、埃及人民反对英、美帝国主义的斗争。是年，厦门教会腾出房屋，支持创办炼铝厂（503厂）。爱国会人员8人参加建厂义务劳动，至1959年底。

1966年秋，厦门天主堂和鼓浪屿天主堂先后受冲击、被关闭，宗教活动停止。爱国会组织也被解散。

1981年12月25日，鼓浪屿天主堂恢复活动，厦门市天主教爱国会也恢复活动，并逐步落实天主教会房地产归还等事宜。

1986—1995年，爱国会和教会开展“扶贫济困”活动，先后5次发动教徒支援灾区，捐款6398元、衣被等物品1317件、粮票1132公斤。

1999年，在与“法轮功”邪教的斗争中，区境天主教多次召开会议，揭批邪教“法轮功”反社会、反人性的邪教本质。

2001年10月，梵蒂冈无视中国教会的主权，进行所谓的“封圣”活动。区境天主教会对此表示反对，坚决拥护全国天主教会发表的《关于梵蒂冈无视中国教会主权拟册封所谓圣人的声明》。

2003年“非典”期间，教会减少宗教活动次数，仅举行中文弥撒，暂停举行英文弥撒和平日弥撒；每日对教堂进行卫生消毒，增设《预防“非典”措施》宣传栏，并向信友发放“预防‘非典’几项具体措施”宣传单，参加全市“洁净家园，卫生防病”为主题的爱国卫生运动。是年，发动教友为漳浦白石天主堂重建捐款2万多元。

2007年4月8日和12月25日，十多位青年教友自发到位于前埔的厦门特教学校，慰问全体残疾学生，并与学生谈心，做游戏，唱歌，画画。当年，教会向社会贫困病人献爱心，捐给杏林郑女士1300元、岳阳小区一女孩（患红斑狼疮）3280元、四川绵阳市游仙区柏林镇洛水村一男孩（患脑瘤）5551.9元。同时，为思明区安康基金捐资2000元。

（三）交流活动

1. 国内天主教界交流

清咸丰七年（1857年），厦门神父开始到台湾高雄传教，台湾天主教务属厦门教区管辖。越两年，天主教在台湾植基。

民国5年，台湾神父马守仁到厦门教区当主教。随之，台湾另立监牧区，所用经本、教会年历等多采用厦门或福州教会的出版品，人事互相来往。黎诚辉、马守仁主教从台湾调到厦门；陈骅骝、江朱京、郑再发、吴友梅等神父从厦门派去台湾传教；厦门天主堂的苏纳德、林缎修女是从台湾来的；而杨文贵等修女从厦门去台湾。民国27年，第四届天主教国际圣体大会在马尼拉举行，厦门、台湾等教友代表都从厦门乘船出发，一起参与弥撒，领圣体、念经，台湾和厦门代表同队游行。

1983年5月，市爱国会组织12位神父、教徒到上海、南京、杭州、苏州、无锡等地天主教会参观学习，各地介绍独立自主自办教会的经验。

2003年春节期间，台北郑再发总主教到鼓浪屿天主堂参与宗教活动。

2004年9月，组织厦门市天主教爱国会常委到西安、兰州、敦煌等地参观考察。

2007年5月，组织教区多位神父和修女到北京、内蒙古自治区、山西省考察。6月，组织神父、教友前往上川岛朝圣，还朝拜广州石室天主堂、汕头天主堂、深圳天主堂等。区境内天主教会自恢复活动至2007年，接待台湾、香港、澳门、北京、上海、江苏、安徽、湖北、吉林、贵州、江西、广西、陕西等地宗教界参观团40多批，内有22位主教、多位神父。

2. 与境外交流

1982—1995年，区境天主教界接待美国、菲律宾、加拿大、英国、波兰、法国、日本、德国、意大利、澳大利亚、新西兰、马来西亚、新加坡、印尼、丹麦、英格兰、西班牙、泰国、比利时、苏联、奥地利、芬兰、毛里求斯、瑞士、捷克共25个国家的来宾4261人。其中，有意大利梁作禄神父，德国卫理基神父，法国沙白里神父，美国温承天神父，菲律宾苏乐康神父等50多位；团体有菲律宾菲华天主教妇女总会、德中友好协会宗教团、瑞士天主教参观团、美国宗教旅游团、英国加的夫市友好代表团、菲律宾音乐表演团、西德友好参观团、菲律宾菲华天主教圣心旅游团等30多批。其间，还先后接待法国驻中国大使、澳大利亚驻华公使、波兰驻北京大使馆参赞、英国驻北京大使馆外籍人员、美国驻广州总领事馆赵碧珍、英国加的夫市市长、菲律宾著名音乐指挥家费里亚西诺、日本新闻社驻北京新闻局支局长田竹彦、英国电视台、美国卫理公会环球宣教部高佑思牧师等外宾。

2002年4月和2004年6月，鼓浪屿天主堂江恒三神甫应邀分别为美国驻广州领事馆副领事、菲律宾驻厦门领事馆总领事举行英语弥撒。庆祝纪念菲律宾第106周年“独立日”。

2006年7月，组织厦门市天主教爱国会常委赴新加坡、马来西亚等地教会参观考察。

（四）兴办事业

1. 兴办学校

厦门正谊小学　设在厦门天主堂内。民国4年，厦门天主堂传道员林志亮等创办，数年后，向政府办理立案；民国26年，抗日战争爆发时停办。

善导学校　民国5年，厦门天主堂以主教楼下2层楼为校舍，创办善导学校，向各堂口招收男青年20多人入学。不久迁至漳州崇正学校。

维正小学　民国8年，于原善导学校校舍创立女校。招收女生，半日学文化，半日学宗教经书。派漳州翰苑修女李良为主理。民国10年，聘修女王式玉为主理，立名维正小学。民国24年，办理立案，校长蔡建芳，主理王式玉。教材与一般小学同，每周上2节宗教课，每星期日学生进教堂做弥撒。民国28年，以鼓浪屿堂本铎庞迪仁（西班牙多明我会传教士）为校长，增办师范班，教导为教徒刘畴。民国31年夏，学校成立校董会，校长黄培元。翌年，校长由黄昭瑛接任。1952年，学校由政府接办，改名龙头小学。

2. 兴办医院

民国36年，由厦门教区多明我会创办厦门若瑟医院，由原正谊小学校舍改办。10月开业，由菲律宾籍英国人鲁利加任院长。民国38年6月，由教徒陈玉麟医师任院长。1951年10月，由中国教徒成立医院董事会，李天佑为董事长。1952年，董事会聘周席丰为院长（挂名），李天佑为副院长，工作人员11人（包括西班牙多明我会修女明娜加和明娜慧琳，台湾籍修女苏纳德、林缎）。1955年，同开元第一联合诊所合营。1958年，并入开元区医院。

3. 建立仁慈堂

清光绪三年（1877年），建立仕慈堂。意大利仁爱会修女主持堂务。接收孤儿养育。光绪十六年，由马尼拉西班牙多明我会修女接管。民国16年起，停止公开收养婴儿。1952年，政府接管时，有孤儿7人。

4. 创办报刊

民国17年，鼓浪屿天主堂创办《公教周刊》。每周1期，每期800份，分发全国各教区和本教区教徒。教区主教马守仁主办，传道李蔚如（漳州人）任编辑。民国26年，日本军入侵，该刊停办。

5. 兴办企业

晓星缝纫社　1954年，厦门市天主教爱国会筹备会开办缝纫社学习班，专制童装。1957年，与侨友童装社合并为侨友童装合作社。1958年，并入厦门服装厂。

爱华旅馆　1985年，市天主教爱国会把鼓浪屿天主堂主教楼翻建为3层楼房，开办旅馆。1986年6月开业，命名“爱华旅馆”。1987年，新建会议厅、餐厅及小卖部等附属设施，共投资45万元。旅馆利润用于归还创办旅馆时的借款及爱国会、教会的正常开支，以及厦门教区培养修生、修女等费用。1999年停办。2002年至今，旅馆出租给人办托老院，名为“鼓浪屿逸康复康托老院”。

附：区境全市性天主教团体

（一）厦门市天主教爱国会

1952年10月，教徒黄昭瑛、郑世光等17人，成立厦门市天主教反帝爱国学习会，黄昭瑛为主任。1954年5月6—9日，厦门市天主教反帝爱国学习会在鼓浪屿堂召开教徒代表会议。出席会议56人。会议传达1954年4月福建省天主教反帝爱国座谈会精神，并成立厦门市天主教教徒爱国会筹备会，黄昭瑛为主任。会议通过《厦门市天主教教徒爱国会章程（草案）》。1956年7月，厦门市天主教教徒爱国会筹备会在鼓浪屿堂召开第一届教徒代表会议，出席会议51人。会议通过《厦门市天主教爱国会章程》，正式成立市天主教爱国会。选举第一届委员会委员13人，黄昭瑛为主任。1957年12月，召开第一届第二次代表会议，参加会议55人。会议学习毛泽东主席《关于正确处理人民内部矛盾》和周恩来总理《政府工作报告》，传达全国和福建省天主教代表会议的精神。会议通过会议决议。1958年5月，召开第二届代表会议，出席会议40多人。会议选举第二届委员会委员13人，黄昭瑛为主任。1964年9月，在鼓浪屿堂召开第三届代表会议，传达省天主教爱国会会议精神，审查和通过爱国会第二届委员会《工作报告》，通过《继续高举反帝爱国旗帜，坚持独立自主、自办教会方针》决议，并选举第三届委员会委员12人，黄昭瑛为主任。1984年4月，在鼓浪屿堂召开第四届代表会议，出席会议38人。会议总结市天主教爱国会第三届代表会议以来的工作，制定今后工作任务，修订爱国会章程，选举第四届委员会委员13人，江耀南为主任。1991年11月，召开第五届代表会议，出席会议37人。会议审查通过市爱国会第四届委员会工作报告，制定今后工作任务，并以无记名投票选举第五届委员会委员17人，陈德馨为主任。1999年9月29日，召开第六届代表会议，42名代表出席。会议选出新一届委员15人，蔡炳瑞为主任。2004 年 10 月 15 日，召开第七届代表大会，41 名代表出席。会议听取并审议通过市天主教爱国会第六届常委会工作报告，修改并通过爱国会章程，选举产生新一届委员 19 人（常委 9 人），蔡炳瑞为主任兼秘书长。

（二）厦门市天主教教务委员会

1984 年 4 月 18 日，召开厦门市天主教教务委员会成立大会。出席会议有神甫、修女、信徒代表共 38 人。会议选举黄子玉主教为名誉主任，江耀南为主任。1991 年 11 月，市天主教教务委员会根据天主教全国会议教务委员会只设到省级的规定，申报停止活动。

第四节　基督教

一、传承发展

清道光二十二年元月十六日（1842 年 2 月 24 日），美国归正教会传教士雅裨理、文惠廉，从香港乘英舰到厦门鼓浪屿传教。是年六月，美国教士布恩来在鼓浪屿设立长老会。清道光二十四年，英国伦敦公教会施约翰、宾为霖两牧师相继而至。当时，租用民房做聚会场所。道光二十八年，创建基督教礼拜堂——新街礼拜堂。

道光三十年，英国长老会教士用雅各、宾为霖牧师相继来到厦门，在鼓浪屿成立“三公会”，在厦门创建竹树脚礼拜堂。至此，有两处教堂，牧师 4 人。当时，信教的人很少。

清咸丰九年（1859 年）一月，美国牧师达马克在竹树脚耗费 1300 元银元兴建礼拜堂。

民国 13 年（1924 年），厦门基督徒聚会处成立。

民国 17 年，外籍传教士组成的“三公会”实力逐渐消失；由中国籍传教人员为主的闽南大会掌握实权，设立教会、按立牧师、招聘传道、洗礼入教皆由华人确定。随着基督复临安息日会、真耶稣教会、基督徒聚会处等教派的相继产生，基督教在厦门基本定型。

1950 年冬，基督教参与全国性的“三自革新”运动，从政治上、经济上彻底与英美国家的宗教机构割断关系，实行“自治、自养、自传”。1951 年 6 月 14 日，成立新的统一领导机构——厦门市基督教抗美援朝三自革新运动筹备委员会，1956 年 12 月 17 日改名“厦门市基督教三自革新爱国运动委员会”；后又改为“基督教三自革新会”。

1981 年，成立厦门市基督教协会。

“三自革新”运动以来，区境基督教界顺利实行改革。信徒除在“文化大革命”时期停止活动外，都过着正常的宗教生活。教堂顺利注册登记，宗教活动场所有新街礼拜堂、竹树脚礼拜堂、三一堂、霞溪堂、复兴堂、厦港堂 6 处。

二、教派

区境基督教有中华基督教会、基督复临安息日会、真耶稣教会、基督徒聚会处 4 个教派。

中华基督教会　由美国归正教会和英国长老会、英国伦敦公教会传入并联合组成。清同治元年（1862 年）成立漳、泉大会后，厦、漳、泉 3 个公会趋于联合。民国 12 年后，相继成立闽南长老大会和全国基督教联合总会，中华基督教会就此形成。以星期日为主日，圣礼采用洗礼，每月第一个星期日上午举行“守圣餐”。主要节日有圣诞节、受难节和复活节。最大的节日是圣诞节，于每年 12 月 25 日举行。

基督复临安息日会　位于鼓浪屿泉州路 81 号。清光绪三十一年（1905 年），由美国基督复临安息日会传入。光绪三十三年成立教会。清宣统二年（1910 年），在鼓浪屿成立基督复临安息日会闽南区会，隶属基督复临安息日会华南联合会。民国7年，在鼓浪屿鸡山路、鼓声路一带建造“基督复临安息日会圣堂”。民国11年在霞溪路24号，创建霞溪福音堂。1950年，安息日会闽南区会调苏景熙到该会主持会务。“文化大革命”期间，该会停止活动。1979年恢复活动。以星期六为宁安息日，聚会点在鼓浪屿三一堂底层楼。1990年后霞溪堂恢复活动。

基督徒聚会处 民国9年前后，先在小走马路张启珍家聚会，接着迁龙山戏院对面，再迁鼎炉街租房聚会。后，会所又相继迁至古城西路黄楼、厦禾路（原防疫站）。抗战胜利后，在思明东路钦仁诊所杜松云家聚会，不久迁往思明北路“消闲别墅”2楼，信徒100多人。聚会处在厦门港蜂巢山2号（1954年停止）、山仔顶5号设布道所（1958年停止），信徒及慕道友100多人。民国19年，成立鼓浪屿基督徒聚会处。原会所在内厝澳322号，信徒100多人。后人员增加，在四枞松352号盖新会所。人员继续增加，在福州路122号盖2幢房屋，称为“黄家渡聚会处”。在龙头路77号及内厝澳134号设聚会点。1949年10月区境解放后，在鼓浪屿黄家渡、思明东路某民房聚会。1958年，活动场所分别迁至三一堂和新街堂。

真耶稣教会 民国16年，台湾人吴道源、吴赞生兄弟创设厦门真耶稣教会，地址迁移六次（鼓浪屿、开元路、厦禾路中段、角尾路、浮屿汽车站对面、黄家渡）。1949年后，以思明北路183号2楼为聚会点。1964年，该会负责人病逝，聚会暂停。1979年，信徒自发进行家庭聚会。后，教会向政府申请聚会点。1989年11月8日起，安排竹树堂大会议室作为该会信徒聚会点。

鼓浪屿真耶稣教会 民国11年，由福州人郭多马、郭美德创建。在鼓浪屿内厝澳岭脚黄鼎臣家聚会。黄系富商，信耶稣基督，自愿把3层大楼作为聚会所。民国34年后，信徒捐款在鼓浪屿黄家渡建一座木板平屋为聚会所。1959年，该场所被台风倒塌，聚会停止。

三、场所

新街堂 位于部狗墓地（今台光街29号）。清道光二十七年（1847年），信徒福贵伯用550美元购地，翌年建成全国第一所教堂。礼堂使用面积800平方米，可容纳1200人。属典型的欧式教堂风格。有“中华第一圣堂”之称。民国17年，礼堂坍塌。民国22年10月，重建。民国24年12月29日，举行落成庆祝礼拜。民国37年3月11—17日，举行纪念建堂100周年大会。“文化大革命”期间，教堂停止聚会。1979年8月26日复堂，恢复宗教活动。

新街礼拜堂 （卓壬癸/摄）

竹树堂 清咸丰九年（1859年），美国牧师达马克筹集1300元银圆建礼拜堂。咸丰二十九年，邻舍失火，教堂被焚毁。清光绪三十年（1904年），筹集7000元银圆重建，瓦木结构。另建牧师楼和传道楼各1座。民国24年，改建为钢筋水泥2层圣殿，民国26年落成。“文化大革命”期间，竹树堂被开元区东风鞋厂占用。1981年12月20日，恢复为宗教活动场所。2007年沿用。

竹树礼拜堂　（龚万钟/摄）

鼓浪屿三一堂　（洪樵甫/摄）

三一堂　民国16年，新街、竹树、厦港3个教会联合倡议兴建礼拜堂。民国23年，在鼓浪屿安海路71号动工，翌年落成。因系3个教会共同兴建，故名为三一堂。1966年，停止聚会。1979年9月复堂，恢复正常的宗教活动。2007年沿用。

霞溪堂　位于霞溪路24号。民国35年，安息日会创建霞溪堂。1958年合并在新街堂聚会。1990年后，恢复活动。2007年沿用。

四、神职人员与教徒

（一）牧师

清道光二十二年至清咸丰十一年（1842—1861年），区境只有外国牧师雅裨理、波罗满、罗啻、打马字、胡理敏、来坦履、汲澧澜、施约翰、养为霖、仁信、杜嘉德、宾为霖12人。

清光绪八年（1882年），按立罗嘉渔、叶汉章为牧师，是全国最早的华人牧师。后，按立18位华人牧师。

光绪十九年至民国6年，教会由区境发展至郊区，教牧人员随之增加，按立16位牧师。

民国7—27年，按立王宗仁、陈秋卿、蔡志澄等14位牧师。民国28—37年，按立牧师12人。1949—1966年，按立牧师2人。1979—1995年，按立牧师9人。2007年，按立牧师24人。

（二）传道

清同治元年（1862年）至清光绪十八年（1892年），传道6人。

民国2年，成立传道公会，传道人员24人。民国7—27年，新增16人。民国28—37年，又增40人。1949—1966年，增加4人。至2007年，区境有传道11人，其中男3人、女8人。

（三）教徒

美国归正教会入厦传教8年方得教徒3人，英国长老会入厦传教5年方得教徒1人。后3个公会联合传教15年，得教徒120人。其中，清道光二十六年（1846年）6人、二十九年3人、三十年5人，清咸丰元年（1851年）8人、咸丰二年2人、咸丰三年6人、咸丰四年42人、咸丰五年37人、咸丰六年15人。

清同治元年至民国16年，区境教徒发展至2933人。其中，男1276人，女1657人。民国38年，教徒4500人。

中华人民共和国成立后，区境基督教徒人数变化不大。“文化大革命”期间，教徒人数锐减。1979年，恢复活动后，教徒人数逐年增加，至2007年，思明区有教徒9800人。

2007 年思明区基督教堂会统计表

表 31-1-1

堂　会	建成年份	成立年份	地　址	占地面积（平方米）	建筑面积（平方米）	负责人	教牧（人）	长执（人）	教徒（人）
新街堂	1848	1842	台光街 29 号	1223.1	1715.35	杨瑞麟	5	31	2500
竹树堂	1850	1847	开禾路 133 号	1800	1608.66	陈美满	4	23	4000
霞溪堂	2006	1904	思明东路 139 号	833.21	1345	方文良	5	15	600
三一堂	1934	1934	安海路 69 号	2138.62	1368	陈以平	3	21	700
厦港堂	1995	1995	厦港永福宫 10 号	230	230	寇可华	2	4	1300
复兴堂	1996	1997	复兴路 2 号	720.9	625.3	叶行欣	3	12	700

五、主要活动

（一）教会教务活动

1. 常规活动

中华基督教会活动以星期日为主日，全体信徒集中在教堂举行崇拜会；星期二晚上为查经会；星期四下午为祈祷会；星期一、五早上为以诺团契聚会；星期五晚上为歌颂团唱诗。每月第一个星期日上午举行“守圣餐”。基督教聚会处于星期日上午第一堂擘饼聚会，第二堂讲道聚会，晚上在新街礼拜堂讲道聚会；星期三晚上查经聚会；星期四下午在新街礼拜堂祈祝祷聚会；星期五下午祈祷聚会；星期六下午查经聚会。每年春节初一上午做感恩礼拜；初三下午交通见证聚会。基督教临安息日会于星期三晚上诗班学习、练唱活动；星期五晚上分卷查经；星期六上午圣日崇拜，下午慕道查经、圣经学课、青年团契活动。老年团契每个月活动 1 次；每季度举行 1 次守圣餐活动；根据不同节期开展活动，如儿童节、老人节等的庆祝活动。真耶稣教会于星期五晚上守“安息圣日”；星期六上午与下午各举行一场讲道聚会；每季度举行 1 次“守圣餐”；每年春、秋季各举行 1 次“灵恩会”。

2. 非常规活动

探访活动由长老执事或信徒组成探访组进行。内容以交流圣经真理为主，结合了解信徒生活。非常规活动还包括世界和平祈祷日，扶贫赈灾，为教徒讲道等。

3. 节日活动

主要节日有受难节、复活节和圣诞节。每年春分月圆后周五为受难节，主日为复活节，每年 12 月 25 日为圣诞节。每逢节日，教堂布新，教徒赞颂崇拜，以示纪念。

（二）交流活动

1985—1995 年，先后接待美国、英国、新加坡等国家和中国台湾、香港地区 10 多批教会代表团 200 多人次来访。1996—2005 年，接待美国归正宗教会、美国国际学园传道会、挪威宗教代表、加拿大多伦多华人教会、新加坡基督教会联合访问团等 19 批宗教团体 287 人。接待香港基督教崇真会、澳门基督教会宣道堂等 8 批 149 人。

1985—2007 年，市基督教两会先后组织 4 批 12 人出访美国、新西兰、南非等；组织教牧人员 10 人前往新加坡、马来西亚参观访问。接待来自广州协和神学院、湖北、甘肃、上海景灵堂会合唱团等 7 批宗教团体 201 人次。市基督教也组织 1 批负责人前往南京、苏州、上海等地 7 个教会学习取经。

六、兴办事业

（一）学校

区境基督教会创办学校 12 所。

福民小学　址在鼓浪屿。清道光二十四年（1844 年），英国伦敦公会传道士施约翰夫妇创办。初为福音小学，学生 30 人，是鼓浪屿最早的小学。后又创办民立小学。清宣统元年（1909 年），两校合并，改名福民小学。太平洋战争爆发后为日伪接管。民国 34 年 9 月复办。1950 年后改名笔山小学。

毓德女子小学和中学　址在鼓浪屿。清道光二十七年（1847 年），美国归正教会在思明设毓德女子小学；清光绪六年（1880 年）迁鼓浪屿田尾路，增设中学。民国 23 年，女子中学教职员工 21 人，学生 254 人，设 3 班；女子小学教职员工 18 人，学生 299 人，设 4 班。1950 后，女子小学停办。1951 年，毓德女子中学与怀仁女子小学合并为鼓浪屿女子中学。

怀仁女子小学　址在鼓浪屿永春路（今人民小学）。清咸丰十年（1860 年），英国长老会创办乌埭怀仁女中。民国 19 年，改为怀仁女子小学。民国 23 年，教职员工 11 人，女生 39 人。

澄碧中学和寻源中学　原址在鼓浪屿。清光绪七年（1881 年），英国长老会和美国归正教会创办澄碧中学。光绪二十六年，美国归正教会于鼓浪屿东山仔顶创办寻源书院。光绪三十三年，澄碧中学归于寻源书院并改称寻源中学。初由三公会管理。主理毕腓力，校长黄植庭。清宣统二年（1910 年），由卢铸英继任校长。民国 14 年，该院迁往漳州。

田尾妇女福音院　址在鼓浪屿田尾路。清光绪十二年（1886 年）创办，创办人清洁姑娘（打马字牧师之女）。该院专为已婚女信徒开办。学员最年轻的 20 岁，最老的 70 岁。开始时学生仅有 18 人，光绪十四年增至 40 人，光绪三十年达 200 人。民国 28 年停办。

养元小学　校址原在鹭江道竹树脚，后迁鼓浪屿球埔边。清光绪十五年（1889 年），美国归正教会创办。民国 18 年，在鹿耳礁新置校舍（今鹿礁小学）。民国 19 年兼办中学，学生 90 人，教职员工 16 人。该中学于抗日战争前停办；小学于太平洋战争爆发后被日伪接管，抗战胜利后复校。1950 年后，改名鹿礁小学。

英华书院　址在鼓浪屿安海路。清光绪二十四年（1898 年），英国伦敦公会山雅谷牧师发起创办。光绪二十六年，由英国长老会接办。英人金禧甫为首任院长，继任者为洪显理。民国 13 年，分高、初中两部，郑柏年为第一任华人校长。民国 16 年，成立董事会。民国 18 年，改名英华中学，附设小学高年段。民国 19 年，沈省愚继任校长。后由英国人李乐白出任校长。民国 30 年 12 月停办。民国 34 年 9 月复办，许杨三任校长。1951 年，由人民政府接办（后与厦大校友中学、厦门女子中学合并，改为厦门第二中学）。

怀德幼稚师范学校和幼稚园　址在鼓浪屿永春路。清光绪二十四年（1898 年），英国长老会韦振玉牧师夫妇创办怀德幼稚园。光绪二十六年，继办怀德幼稚师范学校。学生大部分来自怀仁女中毕业生。1950 年后，怀德幼师停办，怀德幼稚园改名日光幼儿园。

美华学校　清光绪三十一年（1905 年），美国安息日会创办育粹小学，校长林仲馥。清宣统二年，迁往五个牌（今鼓声路 12 号），扩办为中学。民国 23 年，鸡山路 5 号增办美华女校，校长罗碧秀。民国 27 年，男女两校合并，迁入安献堂内，改名美华三育研究社。1952 年停办。

教孺园　址先是租用民房，后迁泉州路和中华路交叉口（今泉州路 56 号）。民国 9 年创办，为寻源中学学生实习基地。董事长任希元，园长吴菁华。民国 27 年停办。

闽南神学院　址先在厦门邦坪尾，后迁鼓浪屿内厝澳，又迁岩仔山脚。英美三公会发起创办。三公会原各有自己的神学校，民国 15 年，三公会合作共事，把厦门圣道学院和福音学院合并为圣道专门学校，分为甲乙两级。校长柯希仁。民国 16 年，圣道专门学校改为闽南神学院，院长高萃芳。民国 25 年，漳州马公庙校舍落成，该院迁至漳州。

闽南职业中学　址在和记崎（今福州路）。民国 19 年创办。创办人福音堂长老叶谷虚。属中等职业学校，设簿记、会计、统计、藤工、印刷专业。民国 30 年 12 月停办。

（二）医院

保赤医院　址在竹树脚。清光绪九年（1883 年）创办。为漳州救世医院的分院。民国 22 年停办。

救世医院　址在鼓浪屿河仔下（今鼓新路 55 号）。清光绪二十四年（1898 年），美国归正教会将设在漳州平和县小溪的一所医院迁来，改名厦门救世医院。首任院长郁约翰。初分男女两馆，设6间门诊室，30间病房。民国15年，附设护士学校，为闽南首创。由胡天赐代院长。民国19年，诊治病人1275人次。民国30年12月停办。民国36年3月19日复办，夏礼文任院长。1950年，黄桢德任院长。1951年，由人民政府接办，与鼓浪屿医院合并为市立第二医院。

（三）书局

厦门圣教书局 址在鼓浪屿龙头路446号。清光绪三十四年（1908年），中外教徒组成圣教书局董事会。代售上海“中华圣经公会”的《圣经》，印刷和出售白话字版的《闽南圣诗》等。民国21年，教会人士捐地和经费在福建路建一幢3层楼为书局新址（今福建路43号），扩大经营范围，印制《圣经教义》《圣诗》《基督教故事书》《基督教三字经》及中小学校的宗教课本和出版《闽南伦敦会基督教史》等书籍。白话字宗教书籍100多种，销闽南和新加坡、菲律宾等地。中华人民共和国成立后，由新华书店接管。

（四）刊物

《闽南圣会报》 清光绪十四年（1888年），美国归正教会打马字牧师夫妇创办。初名《漳泉圣会报》，纯用白话字。民国27年，改用白话、汉文对照。发行闽南、南洋和台湾各地教会。民国27年停刊。

《道南报》 民国10年出版，民国22年前后停刊。

《鼓浪周刊》 民国16年2月创刊，中华基督教闽南大会发行，不久停刊。

《石生杂志》 民国18年创刊，民国19年停刊。

《鹭江报》 社址在卖鸡巷、太史巷。清光绪二十八年（1902年）四月初九日，英国牧师山雅各和中国牧师周之桢、黄亮臣创办。每册分《论说》《上谕恭》《中国纪实》《专件》《文苑》《路透社电》《紧要奏褶》《时录》等专栏。旬刊，出版80多期后停刊。

（五）创造“白话字”

清道光三十年（1850年），教士罗啻、打马字、养为霖等共同创造“白话字”。所谓白话字，即用罗马字母略加变更，以23个字母，联缀切音。凡厦门语言，均可以字母拼成白话字。学习一两个月，便可读写纯熟。白话字印刷时将字母制成模型，刻诸骨角，逐字并合而成，印成章句，然后再模诸木片，雕成印版。

白话字发明后10多年间，出版白话字书籍有宾为霖《天路历程》《马可福音》《路得记》《圣经诗歌》《智益杂录》等。清同治十二年（1873年），罗啻牧师译成白话字的《旧约全书》《新约全书》在英国刊印。之后，一批白话字的天文、地理、生理、笔算、代数、动植物学等书籍陆续出版，《字汇入门》《四书解释》《三字经译诠》等白话字书籍问世。清光绪二十年（1894年），打马字牧师编辑出版《厦门白话字典》。

（六）基督教圣乐乐团

2005年9月5日，市圣乐乐团合唱队建立，团员60人。12月4日，器乐队建立，人员30人。合唱队排练地点设在竹树堂；器乐队在市基督教两会办公楼六楼（思明南路189号）排练。圣乐乐团于2006年1月15日上午、晚上，分别在三一堂、竹树堂举行首演专场赞美会。12月2日，应泉州市泉南堂邀请，陈美满牧师领队前往举行专场赞美会。2007年1月，排练地点改在市基督教两会新办公楼（思明西路64号民主大厦）。

（七）慈善事业团体

怜儿堂 位于鼓浪屿鹿耳礁。清道光二十一年（1841年），美归正教会胡敏牧师与英三公会合办怜儿堂，专门收养被遗弃的女婴。民国27年停办，共收容300多个弃婴。

婢女救拔团 位于鼓浪屿旗尾山原德国领事馆（今英雄山琴园）。民国19年10月4日，福音堂、三一堂长执许春草、派茂堂长执张圣才、溪岸堂长执庄雪轩等在鼓浪屿倡办，专为不堪主人虐待的婢女设立收容所，名为中国婢女救拔团，为来投靠的婢女提供生活费用。该团规定，凡适龄的诚实男子，可

向该团申请选择婢女为妻。经该婢女同意后，可按一定手续迎娶。团内创办羊毛线衣、棉纱地毯工艺厂，婢女做工，工厂利润补充婢女的生活费用。民国25年，收容婢女105人。之后，厦门工部局每月补助国币100元。民国30年12月，日军侵占鼓浪屿，停办。

难童学校　民国27年，厦门岛沦陷，市区民众纷纷携眷往鼓浪屿避难。难民子女失学，国际救济会在黄家渡难民所开办难童学校，委派美国传教士卜显理和毓德小学主理懿慕姑娘、英国传教士李乐白等人负责校务。教师由逃难至鼓浪屿的小学教师和中学生担任，学生近500名。民国30年12月，日军侵占鼓浪屿，停办。

美华老人疗养院　位于鸡山路18号。2001年8月29日，厦门市基督教两会与教徒合作创办。有46张床位。

教牧之家　位于鼓声路2号。2003年3月，市基督教两会利用旧房产翻建。设管理小组，人员5人。为教会内部培训基地、团体活动场所；接待各地教会来访人员等。

附：区境全市性基督教团体

（一）基督教两会

位于思明西路64号。1951年6月14日，厦门市基督教抗美援朝三自革新筹备委员会成立。1956年12月17日，改名厦门市基督教三自革新爱国运动委员会，后改称厦门市基督教三自爱国运动委员会。1981年，成立厦门市基督教协会，是厦门市基督教的全市性教务组织。厦门市基督教三自爱国运动委员会与厦门市基督教协会简称“两会”。实行“两块牌子一套人员”，合署办公。由正副主席、正副会长、正副秘书长、总干事和副总干事组成会务会议，决定重大事务。

（二）基督教青年会

位于鼓浪屿福建路60号。民国元年4月，厦门市基督教青年会正式成立。民国15年3月28日，榕林别墅新会所落成；5月，会员1004人。民国27年，停止活动。民国35年10月，恢复活动。1950年，成立青工组。1956年，青年会与女青年会合署办公。“文化大革命”期间，停止活动。1984年5月，恢复厦门市基督教青年会，归还该会会所，恢复活动。

（三）基督教女青年会

位于思明东路64号。民国22年12月19日，基督教女青年会成立，下设人格建造、识字运动、家庭教育、正当娱乐4个部。民国24年，会员250多人。民国27年，停止活动。民国35年，恢复活动，会所改设思明东路59号、61号。1956年底，会员增至700多人。会所设在后岸路7号。“文化大革命”期间，活动停止。1984年，厦门市基督教青年会、女青年会同时恢复活动，合署办公。1985年，会所设于小走马路33号。2007年，基督教青年会与女青年会有会员210人。

第五节　伊斯兰教

一、传入与发展

清代中叶，内地回民移居区境经商或随军入境者渐多，伊斯兰教由此传入。清道光年间建立清真寺后，穆斯林逐渐向清真寺周围迁移聚居。清咸丰年间，区境伊斯兰教徒（穆斯林）有五六百人。清末增至1000多人。民国初期，社会动荡，青年教徒纷纷出洋谋生，穆斯林人数减少。鼓浪屿公共租界的工部局雇一批印度的伊斯兰教徒当巡捕。他们每逢“主麻”日，便到清真寺做礼拜。

民国27年（1938年）5月，日军入侵，穆斯林宗教活动停顿。

抗战胜利后，逃往内地的穆斯林及其家属相续返厦，而逃往南洋群岛的穆斯林则多在侨居地定居。区境的穆斯林宗教活动虽恢复，但冷清。

中华人民共和国成立后，人民政府落实民族、宗教政策，先后拨款维修、重建清真寺，并对生活困难的教职人员和教徒给予照顾，安排就业。教徒们得以开展正常的宗教活动。

“文化大革命”期间，清真寺受到冲击，宗教活动停止，寺中阿訇离职转业。

改革开放后，宗教政策全面贯彻，清真寺宗教活动恢复生机。1980 年以来，青海省一些穆斯林相率到思明开设清真拉面馆，区境伊斯兰教徒人数激增，“主麻”日到清真寺做礼拜的人显著增加。2000 年后，到厦门工作、经商、求学的国内外穆斯林逐年增多，伊斯兰教得到较快发展。

二、活动场所

清道光年间，区境建清真寺，址在公园南路玉屏巷。清同治年间，厦防马司马倡捐拓建前栋，加筑围墙，形成具有前殿、中殿和后殿的格局。全寺占地面积 522 平方米。后殿前是拜亭。中殿与前殿之间的右侧，设有大净、小净的浴室。民国 13 年，厦门海关监督唐柯三，推举马立贤等 3 人赴上海、南京和南洋群岛劝募，得银 2000 多元。修葺厦门、泉州两地清真寺。

清真寺历经一百多年风雨，破陋不堪。至 1955 年，厦门市政府拨款维修。区政府派员配合维修事务。

厦门清真寺　　（洪樵甫/摄）

1982—1987 年，国务院、福建省政府和厦门市政府先后拨款共 42.7 万元，分两期对清真寺进行全面翻建。首期工程主要包括后殿和中殿 2 座平屋建筑，全部改为钢筋水泥结构。后殿与中殿之间两间长方形厢房，为阿訇居室和工作室。中殿则作会议、会客和休息室。1988 年 6 月，二期工程的主体建筑前殿建成，全部翻建工程竣工。全寺占地面积仍为 522 平方米。前殿（门楼）由中国汉族民居平屋改为仿阿拉伯寺院建筑的 3 层楼屋，

1993 年 7 月起，对清真寺进行就地翻建。由原主体 1 层、局部 3 层改建为 6 层，建筑面积由 900 多平方米增至 2360 平方米，主殿设在六层，翻建资金由开发商承担。

2003 年 9 月，清真寺重建竣工，市政府拨款 30 万元用于内部装修；10 月 1 日投入使用（新址在公园南路 27-29 号），集宗教活动、办公、寺院自养功能为一体。

三、教职人员与教徒

（一）教职人员

清末民国初，寺内聘“伊玛目”（阿訇）3 人。后，教务逐渐衰微，阿訇人数减为 1 人。民国 9 年至 1995 年，受聘任阿訇职务的有买文清、马鸿猷、杨希舜、马兆贵、张华堂等人。1996—2007 年，受聘任阿訇职务的有丁国洋、薛路军、马二立 3 人。

1993 年，市伊斯兰教协会选送丁建益、丁胜忠 2 名本地回族青年到河北省河间市二十里铺清真寺

学习。1994—1996 年，2 人又相继到中国伊斯兰教经学院和北京市伊斯兰教经学院学习，并分别于 1997 年和 2000 年毕业回寺工作。

（二）教徒

清咸丰年间，区境穆斯林五六百人；清末 1000 多人。民国初，穆斯林中青年男子纷纷出洋谋生。民国 10 年，区境穆斯林仅 60 家、200 多人。抗日战争爆发后，教徒 100 多人；抗战胜利后逐渐增多。

1980 年，区境穆斯林教徒 200 多人。1988 年后，青海省穆斯林相继到思明开办清真拉面馆，有的还携带家属。伊斯兰教徒逐年增多，1995 年达到 800 人。

1996 年后，国内外伊斯兰教徒到区境工作、经商、求学者颇多，有青海、新疆、宁夏、甘肃、河南及东北三省的；也有沙特、埃及、印尼、巴基斯坦、孟加拉、摩洛哥、苏丹等国的。

2007 年，区境穆斯林教徒近 3000 人，其中常住户口 700 多人，流动人口 2000 多人，外籍人口 80 多人。

四、主要活动

（一）宗教活动

聚礼　星期五举行“主麻”拜，又称“聚礼”。教徒到清真寺参加“主麻”拜时，须先洗“大净”和“小净”，然后到礼拜殿由阿訇带领做礼拜。伊斯兰教徒在清真寺做礼拜一般男女分开。由于区境只有一座清真寺，通常只有男教徒到寺参加“主麻”拜。

会礼　一年有两个“会礼”，即“开斋节”和“宰牲节”。“开斋节”拜——每年斋月完毕后的次日（教历十月一日）上午，为庆祝斋戒月的胜利完成而举行的拜功，称为“会礼”。这一天，教徒男女老少穿整洁服装，到清真寺参加“会礼”或聚餐，互相祝贺节日快乐。清真寺里张灯结彩，宰牛、宰羊，炸制“油香”“油花”等，招待教徒和前来祝贺的人士。会礼结束后，阿訇率领教徒们到伊斯兰公墓进行诵经、“游坟”。“宰牲节”拜——每年教历十二月十日举行的拜功。除了举行“会礼”外；有经济条件的人还要宰羊、牛等。

把斋　每年教历九月，每个成年男女教徒都斋戒一个月，称“把斋”。斋戒期间，每天从黎明拂晓至日落时，禁饮食，禁房事，戒除一切邪念，纯洁思想，一心向主。

（二）交流活动

厦门辟为经济特区后，国内外伊斯兰教团体和穆斯林到厦门清真寺参观、访问者络绎不绝。国内有新疆、甘肃、宁夏、青海、云南、广西、北京、江苏、江西、广东、上海、广州、杭州等省、市、自治区伊斯兰教协会、民族委员会的参观团、全国政协常委会的民族委员会五大教负责人；福州、泉州、邵武等市、县伊斯兰教协会负责人和回民代表；台湾回大陆定居的原国民党青年部长、广西壮族自治区政协常委、回民陈锦辉，以及部分台湾回大陆探亲的穆斯林。国外有阿曼驻华大使穆什塔·阿卜杜拉·萨利赫于 1988 年、1990 年、1992 年 3 次到寺访问；沙特阿拉伯王国驻华商务代表处首席代表（大使级）阿菲克·哈兰德·阿里迈达尔、二等秘书法哈德·穆·阿森巴克于 1988 年到寺访问；科威特驻华大使加齐·雷耶斯于 1983 年、1988 年、1993 年 10 月到寺访问。

1994—2007 年，清真寺接待孟加拉国人民联盟领导人、印度尼西亚伊斯兰兄弟会旅游团、巴基斯坦驻香港大使夫人、美国学者社芯、挪威宗教联合会代表团、马来西亚观光团、香港博爱社、港澳伊斯兰教界人士福建观光团等，以及北京、上海、重庆、青海、新疆、甘肃、宁夏、杭州等省市伊斯兰教团体和宗教界人士参访团 20 多批。

（三）经济活动

清光绪二十一年（1895 年）和民国 13 年，厦门清真寺 2 次募捐建置 6 座店屋、住房，作为永久公业，将出租租金充为宗教活动经费。后因开辟公路，一些寺产房屋被拆除，加之管理不善，公业逐渐丧失，租金收入减少，只能以借贷补充经费。至民国 29 年后只剩寺侧的店屋和平屋各 1 座，也是破陋不堪。低微的租金收入，已无法维持清真寺日常开支。

1950 年后，清真寺和伊斯兰教协会的一切经费开支，都由政府有关部门按月拨款补助。1988 年，在清真寺新建 3 层新门楼完工后，利用新门楼楼屋创办伊斯兰旅馆。在市宗教局协助下，向市佛教协会和市基督教三自爱国会借 8 万元作开办费。

1989 年 3 月，伊斯兰旅馆对外营业，有客房床位 30 张，职工 8 人。采取职工承包经营的形式。以"服务第一，赢利第二"为经营宗旨，严守政策和法规，开展优质服务，取得明显的社会效益和经济效益。

2004—2007 年，清真寺大楼 1～3 层房产的租金收入用于自养。

五、伊斯兰教组织

民国 9 年后，召开全体教徒大会，选举执行委员 15 人、名誉董事 15 人，组成执行委员会，公推阿訇 1 人。

民国 27 年 5 月，厦门岛被日军侵占后，执委会人员离散。1946 年后，清真寺的大小事务均由阿訇马鸿猷负责处理。

1950 年，清真寺以马鸿猷阿訇为首，组织回民学习小组。1955 年，成立回民事务委员会。由杨希舜阿訇和 11 名委员组成。"文化大革命"期间，该委员会停止活动。

1979 年，穆斯林成立回民核心小组，配合政府部门处理民族、宗教事务。杨希舜、马亚七、陈庆海、哈承祜、任菊生 5 人为小组成员。

1980 年 5 月，召开厦门市回民代表大会，成立厦门市伊斯兰教协会。会上选举产生协会第一届委员会，委员 13 人，杨希舜阿訇任主任。1980 年 7 月 31 日杨希舜退休，由金明增代主任。1981 年 7 月 15 日金明增逝世，由任菊生代行主任职务。

1984 年 5 月，召开厦门市第二届回民代表大会，选出第二届委员会，委员 13 人，任菊生为主任；并制订协会简章。

1992 年 7 月，召开厦门市第三届伊斯兰教代表大会。修改协会章程，选举新一届协会委员会成员 13 人。领导人职务改称会长、副会长，设秘书长 1 人，增设副秘书长若干人。委员会中设由正、副会长和正、副秘书长组成的常务委员会，任菊生为会长。同时，推举产生厦门清真寺管理委员会，任菊生为主任。

1997 年 11 月，召开厦门市第四届伊斯兰教代表大会。修改协会章程，选举新一届委员 13 人，任菊生为会长。

2003 年 10 月，召开厦门市第五届伊斯兰教代表大会。选举新一届委员 13 人，蒲震雄为会长。

第二章　民间信仰

第一节　神祇信仰

民间对自然神的崇拜有天公、土地、山石、水仙、城隍、魁星、日头公、月亮妈、仙鹿、神虎、门神、灶君、厝神、床母、树公、花神等。

一、天公

也称"玉皇大帝"。农历正月初九日天公生，在厅堂上挂"天公灯"。祭坛用"八仙桌"，下垫长凳或圆椅，称“顶桌”，俗称“天公坛”“三界桌”。桌上摆着三盏灯、“五果”（柑、橘、苹果、香蕉、甘蔗）、“六斋”（金针菜、香菇、木耳、冬笋、菜心、豌豆）及果盒（冬瓜糖、蜜饯、蓼花、麻蓼、米蓼、糖花生、寸金枣）、清茶3杯。顶桌后设下桌（专为“天公”的随从准备的），排列“五牲”，红龟发粿等，茶、酒、花烛等与顶桌同。时辰一到，全家大小整肃衣冠，依辈分大小顺序手执点燃的香条，面向户外对天行三跪九叩大礼，祈求天公赐福、添丁发财。小孩从祭坛下爬过，俗称钻桌脚，保平安添福气。最后烧大寿金，也称“天公金”。富裕人家搭台演戏。

二、东岳大帝

东岳庙在中山公园北门外，是佛道相融的宫庙。前殿供奉道教东岳大帝。后殿供奉佛教的地藏王菩萨，民间既称“东岳庙”，又称“地藏王宫”。每年农历三月二十八日（东岳大帝诞生日），举行庙会，抬驾出游，进香供奉。

三、土地公

正名“福德正神”，又称“承天效法厚德光大后土皇地”，简称“后土”。有的土地庙里供有土地公和土地婆。农村称为“田公田婆”；城镇称为“门口公”。在坟地上者则多被称为“后土”。土地庙的规模很小，田头地角，路边杂地，甚至在大树洞里都可为庙。区境土地庙数不胜数。最大的土地庙在开元路中段的“土地公祖”庙，占地面积也只有10多平方米。区境人一般在家里供奉土地公，请一尊土地公供在神龛，每月初二、十六日做“牙”，办些酒菜敬祀。商店要祭祀“门口公”。

四、灶君公

也称“灶王爷”，又称“司命灶君”，俗称“灶君公”。每月初一、十五，或婚丧、生孩子、庆寿辰、逢年过节，都要烧香供饭。十二月二十三日传说是灶君公回天庭向玉皇大帝禀报人间所行善恶的情况。这一天，各家各户都焚香设祭，为其送行，俗称“送神”。供品有柑橘、甘蔗等果品及金针、木耳、豆干、面筋等干菜及糯米团子。正月初四，要隆重迎接灶君公回到人间，俗称“接神”。

五、城隍爷

区境城隍庙建于洪武年间。后曾数次重修。庙前建有戏台，每年除夕在此演“避债戏”。平时香火不断，逢年过节，人山人海。城隍庙里供有两尊城隍爷，一尊是泥塑的，端踞庙堂；一尊是木雕的居于侧房，遇有节庆，抬出巡视。

六、门神与床母

青龙白虎、神仙佛祖、历史名将、清官文士、凶猛野兽都成为贴在门上的护卫神。既是门神，也是装饰。对门神有信仰，但很少专为门神而祭。床母是眠床之神，民间传说由床母看护并教导婴儿。当婴儿三朝、七朝、十四朝、满月、四月日、周岁都要祭祀床母。祀品一般是一碗饭、一碗豆腐、一碗浇了酒的肉。婴儿满月、度际（做周岁）还要用“油饭”（即猪肉、香菇、虾米等煮的糯米饭）供奉床母。

七、石头神

区境自古有灵石崇拜，俗称“石头神”。通常在家宅大门外墙边或街头巷口，立块刻有“石敢当”3字的小石碑，旨在禁鬼压邪，驱魔镇妖。有的“石敢当”冠以“泰山”（指泰山神）两字，屹立于要冲。谓可抵御灾殃。南普陀寺后山的石刻“佛”字，宽一丈，高一丈四尺，刻于清光绪年间，传说此“佛”字有灵，引来不少善男信女，烧香礼拜，当作石头神敬祭。

八、水神

有“水仙”和“龙王”，水仙宫、龙王庙都是祭祀水神的宫庙。区境水仙宫两座：一座在望高石下，明代所建；另一座称“内水仙宫”，在菜妈街后，面朝筼筜港。渔民船员及其家属，商船货主，常到水仙宫拜祭。龙王也称龙神，言传龙王能兴风作浪，行云布雨。因此，龙王成了渔民敬奉的海神和农民敬祀的农神。清末有龙王庙两处，一在玉沙坡，一在南普陀寺右边。

九、鹿仙与神虎

玉屏山南面白鹿洞，传古时洞里有鹿仙，每天定量吐米，可供寺僧一天所需粮食，引来善男信女祀拜。玉屏山北面虎溪岩，岩洞里雕石虎，蹲踞于伏虎罗汉座下，被奉为神虎，香火不断。

十、榕树公

区境榕树主干横断直径五六尺、寿命数百年者，民间把它奉为树神，尊之为“树王”，称“榕树公”。常用它的枝叶来避邪驱魔。

十一、日月星辰

民间把日月星辰作为神灵祀拜。俗称太阳为“日头公”，月亮为“月亮妈”。日蚀时认为是“天狗吃太阳”，要敲锣打鼓驱赶天狗。不许小孩手指月亮，否则会受到惩罚，被月娘割裂耳朵。人们把北斗第一星奉为“魁星爷”，是文教界的守护神。民间供奉金星顶部的七颗小星，俗称“七娘妈”。

第二节　祖先崇拜

长者去世后有“百日祭”“周年祭”。此后，对父母亲亡灵有“生祭”和“冥祭”，民俗以“冥祭”为主，俗称“做忌”。再则是对祖父母亡灵的供祭。对祖父母以上的先人较少单独祭祀，而在祭父母或祖父母时，也把所有的祖先一并供祭。

祭祖的地点，有在坟墓、祠堂或家中，以家中为主。家祭在正厅设神龛，俗称“祖龛”，龛内有祖先牌位，俗称“神主”。后逐渐用遗像代替神主。寺庙可让人寄存“神主”，代为祭祀。

祭祖的供品，平时初一、十五较简；逢年过节较丰富，有“三牲”。做忌仪式一定要在中午 12 点前结束。烧冥钱纸时，面要朝上，不能人为捅破，烧完要用祭桌上的杯酒绕烧钱炉浇洒一圈。

第三节　人物祀奉

关帝爷　即关羽，字云长，被道教神化，尊为“三界伏魔大帝神威远震天尊关圣帝君”，建庙奉祀。农历五月十三日，为关公诞辰日，举行关帝庙会，祈其显灵，驱邪避灾，普降甘霖，以解农忧。是日又称“雨节”，如下雨，俗称“天降磨刀水”。区境关帝庙有外关帝庙，在神前街；内关帝庙，在海岸，背海面街。

姜太公　民间常书“姜太公在此，百无禁忌”，用以驱邪辟恶。姜太公，原名吕尚，又称姜子牙，辅佐周武王伐纣。后世人将他神化，到唐宋时正式列入祀典，封为武成王。民间以姜太公能封神驱鬼，奉为护卫神。

妈祖　姓林名默娘，莆田湄洲人，生于宋建隆元年（960 年）三月二十三日，卒于雍熙四年（987 年）九月初九日。生前好行善事，治病救人；死后传说身穿红衣，搭救遇难渔民。沿海一带将她神化，建庙尊奉。区境妈祖宫庙有朝天宫、万寿宫、妈祖宫、福寿宫、怀德宫、凤仪宫、圆山宫、养元宫、养真宫、迎祥宫、福海宫、灵惠宫、凤山宫、龙泉宫、前园宫、南寿宫、西庵宫、洞源宫、洞贤宫、潮源宫、丹霞宫、慈济宫、三和宫、寿山宫等。中华人民共和国成立后，仍有不少人信仰妈祖，尤其是渔民。

保生大帝　姓吴名夲，字华基，号云冲，道号悟真。生于宋太平兴国四年（979 年），卒于景祐三年（1036 年）。他自幼立志学医，普救众生，针药并用，起死回生，救人无数。区境单独奉祀吴真人的宫庙有寿山宫、玄妙宫、青龙宫、鳌山宫 4 座，合同奉祀天后和吴真人的宫庙 23 座。

吕祖　姓吕名岩，字洞宾，号纯阳子。京川人（一说河中府永乐县人）。唐贞元十四年（798 年）四月十四日生。被道教全真派奉为北五祖之一，通称“吕祖”。民间称其为“剑仙”“醉仙”“诗仙”。

王爷　王爷并无专指对象，凡在当地有影响的人物逝世后常被列为“本境王爷”。区境的王爷庙有大同小学边的“大王庙”；开元路附近的“二王庙”；打铁街的“大厅爷宫”等。祀拜王爷最独特的习俗为送王船，也称漂王船。船长丈余，造价颇巨。每逢送王船时，百姓用布缝成小米袋装一两左右的米，用红线捆扎两寸长的小木柴，也有用小瓷罐装米油盐，作为供品，集中放在王船上。船在海上随风浪漂。

2007 年思明区民间信仰活动场所一览表

表 31-2-1　　单位：平方米

庙宇名称	庙宇所在地	供奉神灵	占地面积	建筑面积	始建时间	修葺时间	所处街道
东澳宫	何厝环岛路边	王府五爷	80	80	宋代	1987 年 2000 年	莲前
朝天宫	故宫路 62 号	天上圣母 三清道祖	203	230	南宋	1979 年	鹭江
祖师公宫	何厝顶何	祖师公	58	58	南宋	1985 年	莲前
王公宫	何厝中街	王公王娘	132	132	南宋	1973 年 1996 年	莲前
顺济宫	何厝环岛路边	妈祖	628	628	南宋	1986 年 2000 年	莲前
大成庙	何厝顶何	赵子荣、周王爷	242	242	南宋	1997 年	莲前
圣妈宫	曾厝垵社	正祖神位	400	250	元代	1997 年	滨海
泽枯祠	曾厝垵社	泽枯神位	80	60	元代	1997 年	滨海
海神庙	岭兜村海边	海神	100	100	元末	—	莲前
福海宫	曾厝垵社	保生大帝 天上圣母	341	341	明洪武一年	2003 年	滨海
长兴宫	塔厝社 54 号	保生大帝、妈祖	150	300	明洪武初年	1993 年	开元
城隍庙	南华路 11 号	城隍爷	180	200	明洪武二十七年	1978 年	厦港
美山庙	岳阳西里 104 号	元帅爷	75	75	明初	—	筼筜
篁津宫	中信广场	保生大帝	200	290	明永乐	—	筼筜
保海堂	黄厝社区溪头下社	保生大帝	500	200	明万历三十年	1997 年	滨海
美仁宫	美仁前社 100 号	保生大帝 妈祖	120	100	明代	2003 年 5 月	开元
孚惠宫	西边社 56 号	保生大帝、妈祖等	150	150	明代	2000 年 6 月	开元
福寿宫	打铁街 93 号	保生大帝、妈祖等	99	99	明代	2003 年初	鹭江
帆礁宫	龙船礁，第三码头	保生大帝	100	100	明代	—	鹭江
福山宫	西林东山社	池府王爷公	150	150	明代	—	莲前
潭公宫	岭兜村田边	潭元祖	150	150	明代	—	莲前
上帝爷宫	何厝顶何	玄天上帝	41	41	明代	1996 年	莲前

续表31-2-1

庙宇名称	庙宇所在地	供奉神灵	占地面积	建筑面积	始建时间	修葺时间	所处街道
观音堂	何厝下何	南海观音	75	75	明代	1995 年	莲前
卢济殿	何厝下何	吴帝爷	283	283	明代	1984 年	莲前
水仙宫	何厝下何	水仙王	40	40	明代	1985 年	莲前
方广寺	西林东山社云顶岩山	十加唐女	380	380	明代	1998 年	莲前
水尾宫	塔埔社	王公、王娘	30	30	明代	1988 年	莲前
圆海宫	美仁后社	陈元光、妈祖	358	40	明末	1992 年	开元
昭惠宫	洪本部 160 号	陈化成　陈元光	240	160	明末	1983 年	鹭江
炉英殿	塔埔社区黄头社	协天大帝	200	140	明末	1985 年	莲前
北山宫	塔埔社区下保社	忠惠尊王	300	160	明末	1986 年	莲前
水尾宫	塔埔社区下保社	福德正神	30	20	明末	1986 年	莲前
福济殿	塔埔社区塔埔社	护国尊王	300	180	明末	1985 年	莲前
上帝宫	塔埔社区塔埔社	玄天上帝	40	30	明末	1988 年	莲前
水尾宫	洪文文兴	土地公	20	10	清康熙三十七年	2001 年	莲前
文兴宫	洪文文兴	王祖公 德主圣君	56	44	清康熙三十八年	1982 年	莲前
协德宫	黄厝村塔头社	泉泽尊王 水仙王	500	500	清康熙三十九年	1986 年	滨海
九龙殿	曾厝垵社区上李社	池府王爷	80	80	清康熙四十一年	1981 年	滨海
回龙宫	塔埔社区黄头社	王公、王娘	50	30	清初	1987 年	莲前
水尾宫	塔埔社区黄头社	水宗王	40	30	清初	1995 年	莲前
庆福庙	靖山路 28 号	三朝王	10	10	清乾隆九年	1995 年 3 月	开元
三官宫	三官巷 15 号	三界公	50	45	清乾隆九年	1994 年 8 月	开元
水涨上帝宫	鱼仔路头 3 号	玄天上帝公，妈祖，观音	100	100	清乾隆二十八年	1992 年	中华
仙乐宫	仙岳村上社	保生大帝 妈祖等	300	300	清乾隆	—	筼筜
鹭峰堂	曾厝垵社区西边社	保生大帝	500	600	清道光三年	1994 年	滨海
东堂宫	洪文洪山柄	开闽王	430	400	清道光十二年	1992 年	莲前
拥湖宫	曾厝垵社	保生大帝 天上圣母	340	260	清道光三十年	1998 年	滨海
净圣堂	曾厝垵社区 后厝社	保生大帝	330	450	清道光	1997 年	滨海
福山殿	洪文潘宅	天上圣母	130	120	清同治六年	1980 年	莲前
慈济宫	莲坂埭头	吴夲、妈祖、元帅爷	150	150	清光绪四年	2000 年	嘉莲
五岳宫	莲坂一组	王祖爷　妈祖	250	250	清光绪四年	1999 年	嘉莲
济善保生堂	竹寮巷 26 号	保生大帝	120	120	清光绪七年	—	中华
西山福寿庙	西山	保生大帝	80	100	清光绪十六年	1994 年 9 月	开元
东岳庙	公园北门	帝公主	12	12	清光绪二十一年	1997 年	开元
崇仙宫	莲化二村玉亭里 2 号	王公、关帝	80	80	清光绪二十四年	1992 年	嘉莲
凛武宫	莲坂二组	凛武将军	20	20	清光绪二十六年	1987 年	嘉莲
慈安殿	曾厝垵社区胡里山	上帝公	20	20	清光绪二十六年	1988 年	滨海
集福堂	仙岳里	上帝公 三元帅	280	280	清代	—	筼筜

续表31-2-1

庙宇名称	庙宇所在地	供奉神灵	占地面积	建筑面积	始建时间	修葺时间	所处街道
迎祥宫	仙源里13号	王祖公	140	140	清代	1997年	筼筜
王公宫	屿后北里	王公、王娘 三太子	80	80	清代	—	筼筜
紫微宫	屿后北里103号	保生大帝	78	78	清代	1993年10月	筼筜
福瑞宫	屿后社区居委会旁	清水祖师 土地公	80	80	清代	—	筼筜
观音庙 （莲花宫）	国家会计学院 北侧观音山	观音佛祖	1000	530	清代	1994年8月	滨海
贤灵宫	西林西林社	温子公、妈祖	120	120	清代	—	莲前
碧玉寺	前埔村柯厝社	三宝佛祖	1500	600	清代	1994年	莲前
福德正神宫	前埔村田厝社	土地公	100	40	清代	2000年	莲前
福元宫	前埔村田厝社	普奄佛祖	200	100	清代	1999年	莲前
龙山宫	前埔村古楼社	仁圣大帝	1500	300	清代	1999年	莲前
兴隆宫	前埔村店上社	玄天上帝	600	300	清代	2000年	莲前
水尾宫	前埔村前埔社	土地公	30	10	清代	1998年	莲前
灵显宫	前埔村前埔社	妈祖	400	200	清代	1990年	莲前
相公宫	前埔村前村社	广德尊王	200	80	清代	1993年	莲前
水尾宫	前埔村前村社	土地公	100	20	清代	1995年 2003年	莲前
北山宫	前埔村前村社	北山王	200	50	清代	1990年	莲前
西龙殿	前埔村前村社	甘济清帝	400	150	清代	1992年	莲前
龙水宫	洪文石村	功德尊王	40	30	清代	1995年	莲前
慈帆宫	洪文土堀	三公尊王	100	80	清代	1978年	莲前
宏济殿	岭兜村公路旁	释迦牟尼佛 池府王爷	2100	564	民国4年	1987年	莲前
福济宫	岭兜社	释迦摩尼佛	250	250	民国4年	—	莲前
昭惠宫	曾厝垵仓里社	关圣帝　黄圣帝	500	820	民国5年	1994年	滨海
坂尾庙	坂尾路	池府王爷	60	60	民国9年	—	梧村
会福宫	大埔头76号	金府王爷、池府王爷	50	50	民国9年	1983年	厦港
童子爷宫	塔埔社区黄头社	童子爷	30	20	民国13年	1987年	莲前
将军佛祖庙	前埔村前埔社	将军佛元	100	50	民国24年	1998年	莲前
福灵宫	东坪山社内	王公、王娘	300	150	民国30年	2000年	莲前
田头妈庙	大埔头78号	田头妈	35	70	—	1978年5月	厦港
西坑菜堂	西坑	土地公	400	180	—	1997年8月	滨海
水流土地庙	东坪山93号附近	佛及土地公	50	50	—	1994年	梧村
雷仙宫	禾祥东路28号	保生大帝	300	300	—	1998年	梧村
东坪半岭宫	东坪山半山腰	土地公、佛	1000	1000	—	1997年底	梧村
寿山宫	吴厝巷19号	观音、妈祖、保生大帝	98	80	—	1978年	中华
南寿宫	南寿巷5号	妈祖、四大将公	70	62	—	—	中华
美山殿	美仁后社70号	武府王爷	20	20	—	—	开元
潮济宫	仙岳村上社	保生大帝	400	400	—	—	筼筜

续表31-2-1

庙宇名称	庙宇所在地	供奉神灵	占地面积	建筑面积	始建时间	修葺时间	所处街道
文灵宫	曾厝垵社 338 号左侧	清水祖师	40	40	同治三年	—	滨海
拱南宫	黄厝村茂后社	上帝公	1000	700	—	1995 年 3 月	滨海
衍福宫	黄厝村新村社	天王公、观音	1200	500	—	1994 年	滨海
涌泉宫	黄厝村黄厝社	天王公 老爷祖三宝如来	1000	600	—	1998 年	滨海
水尾宫	西林东山社	土地公	15	15	—	—	莲前
妈祖庙	西林东山社	妈祖	15	15	—	—	莲前
直心源庙	西林东山水库南	观音	150	150	—	1998 年 7 月	莲前
水尾宫	东坪山北侧	土地公	40	20	—	2000 年	莲前

第三章　管　理

第一节　管理机构

一、三区管理机构

1949 年 10 月至 2003 年 1 月，三区民政局确定专人，在市宗教局领导下，开展宗教和民间信仰事务。2003 年 2 月起，三区成立民族与宗教事务局。

鼓浪屿区民族与宗教事务局　2003 年 2 月，中共鼓浪屿区委统战部加挂民族与宗教事务局牌子，由副部长兼任局长。10 月三区整合，鼓浪屿区民宗局划归思明区民宗局。

开元区民族与宗教事务局　2003 年 2 月，中共开元区委统战部加挂民族与宗教事务局牌子，由副部长兼任局长。10 月三区整合，开元区民宗局划归思明区民宗局。

思明区民族与宗教事务局　2003 年 1 月，中共思明区委统战部加挂民族与宗教事务局牌子，由副部长兼任局长。

二、三区整合后管理机构

2003 年 10 月三区整合，中共思明区委、区政府调整充实区宗教（民间信仰）工作领导小组和思明区民族与宗教事务局。区民宗局局长专任（副处级），行政编制 2 人，为二级局机构。

第二节　管理事务

一、宗教管理

中华人民共和国成立初期，三区民政局协助市政府宗教事务部门贯彻宗教信仰自由的政策，保护宗教界合法权益；协助办理教会组织及其房产登记；支持其开展反帝爱国运动，走独立自主自办教会的道路。1957 年后，社会主义公有化运动中，区民政局协助市宗教局组织宗教界人士参加爱国主义、社会主义学习培训班；支持佛教界、伊斯兰教界开展反封建剥削制度的学习，开展生产劳动以自食其力；推动宗教界建立爱国宗教团体。1962 年后，协助组织宗教界建立定期政治学习制度。至 1966 年，宗教事务正常开展。

“文化大革命”期间，宗教工作机构撤销，宗教事务停顿。

1979 年起，恢复宗教事务工作。全面贯彻宗教政策；开放一批寺庙教堂，恢复宗教团体；为“文化大革命”中受迫害的宗教人士平反；落实归还宗教房产 166 处；支持修复宗教场所。1985 年后，协助宗教界加强自身建设，开展爱国主义、社会主义教育；选送人员到神学院、修院、经学院学习，培养宗教事业接班人；做好人大、政协中宗教界代表人士的推荐工作。1990 年以来，指导宗教界创办自养企业 7 家；配合有关部门取缔“呼喊派”“观音法门”等邪教组织，教育转化受骗群众；配合有关部门做好抵制境外敌对势力利用宗教进行的渗透活动；依法对宗教活动场所进行管理，开展宗教活动场所登记和年度检查。1992 年，三区开展宗教活动场所登记，依法登记的宗教活动场所有 43 处，并妥善处理旧城改造涉及宗教房产 16 处。

2003 年 10 月三区整合，区宗教工作领导小组指导各街道、社区成立相应的工作领导小组，有分管领导和专（兼）职干部，形成区、街、居（社区）三级宗教工作网络。区民宗局深入各街道、社区宣传宗教政策法规知识，贯彻《宗教事务条例》，依法行政、管理宗教事务。开展宗教场所的调查，并建立健全档案资料，实现微机管理。依据相关法规，对区境宗教场所开展年检、审核、审批等工作。每年开展对场所管理、财务、安全、消防、文物保护等例行检查。组织宗教场所负责人培训，加强宗教场所的队伍建设。为宗教场所排忧解难，保护其合法权益。区民宗局制定《思明区宗教（民间信仰）工作信息报告制度》，加强活动场所的管理。

同时，引导宗教界举办慈善事业、交友招商。至 2007 年，区境宗教界集资用于社会慈善公益事业 500 万元；引荐海外投资项目 10 多项，总金额 4 亿多元。

至 2007 年，区境经审批的宗教活动的寺庙；佛教 29 处、道教 4 处、天主教 2 处、基督教 6 处、伊斯兰教 1 处。

二、民间信仰管理

中华人民共和国成立初期，三区政府对民间信仰场所予以保护。同时，开展破除迷信、崇尚科学的宣传教育。1958 年，民间迷信活动有所减少。“文化大革命”开始，红卫兵在破“四旧”（旧思想、旧文化、旧风俗、旧习惯）中，破坏大部分民间信仰的宫、庙、堂、殿、祠、寺等。

1978 年起，民众自发修复被破坏的民间信仰场所，逐渐恢复信仰活动。

1992 年 3 月，三区派员参加市政府召开的民间信仰管理工作经验交流会。逐渐理顺对民间信仰场所的管理。

2003 年 10 月三区整合后，区宗教与民间信仰工作领导小组指导各街道、社区成立相应的工作领导小组，形成区、街道、社区三级管理网络。区民宗局制定《思明区民间信仰活动场所管理办法》，规范管理制度。

2004—2005 年，发现违章滥建寺、宫 2 处，依法责令拆除。

2006 年，区民宗局确定民间信仰工作示范街道和社区，开展民间信仰场所管理试点工作。

2007 年，区境民间信仰活动场所 102 处，皆纳入管理范围。

第三十二卷　民俗　方言

第一章　民　俗

区境为厦、泉、漳与中国台湾地区和东南亚交往的交汇处，又是与西方诸国交往的口岸，成了连接闽南传统民俗与台湾民俗、东南亚闽南华侨民俗的中心，也有西方民俗传布影响，在长期的交流融会、兼容并蓄中形成独特的思明民俗。

思明人热情好客，喜结会社，注意礼仪，讲究文明，好义者多，公事易举。

思明民俗中，清明吃薄饼，上元乞寿龟，端午赛龙船，中秋博会饼，很有特点。既有传承，又有独创。思明民间有积极的传统俗信，也有消极的迷信陋习。随着时间的推移，民俗中的糟粕大多数已被时代所抛弃。

改革开放以来，随着人民物质文化生活水平的提高和厦门经济特区的发展，民间在继承发扬优良的传统民俗基础上，又形成不少富有时代气息的社会礼仪、生活习惯、道德风貌和节日新风。

第一节　生活习俗

一、服饰与其禁忌

（一）服饰

成人服饰　唐至清代中叶，区境成人服饰沿袭传统款式，达官显宦锦袍玉带，贵族公子纨绔绣履。女性服饰尤为工巧新奇，出门蒙花帕盖首（俗曰网巾兜），外服宽袖蓝袄。平民百姓，则布衣练裳。清末，官绅阶层男穿长衫马褂，头戴“碗帽”、毡仔帽；并有穿西装者。单衣有“对襟仔衫”和“大襟衫”。平民百姓以粗布汉装衣服及镶边大襟衣、纳底布鞋、草鞋、木屐为主。上层女性多着旗袍。一般妇女穿大襟衫、长裤或裙，上下同色，以青、黑布为主。劳动妇女穿长裤不穿裙。大襟衫是圆低领，衣长达膝，衣裙均较人体宽大，都有宽布条贴边，增加美感。遇喜庆节日，则穿鲜艳衣服，红色为主，并戴首饰。

民国时期，男装以中山装、汉服、土布衫为主，也着西装、长衫马褂、皮鞋、布鞋、胶底鞋。男裤有汉装裤、西装裤、吊带裤、牛仔裤等。汉装裤宽大，尤其裤围更阔，一般用彩色丝绸裤带，有将带头垂露衣下者。劳动民众白天多赤脚，晚上穿木屐。

中华人民共和国成立初期，“列宁装”成为男女时装；鞋流行万里鞋（球鞋），也称“解放鞋”。

“文化大革命”期间，绿色仿军装、军帽、军鞋甚为流行。改革开放以来，西装、牛仔服、茄克衣、风衣、连衣裙、短裙、短外裤等多种款式普遍在城乡流行。鞋类变化也大，有皮鞋、球鞋、旅游鞋、轻便鞋、半高跟鞋、高跟鞋等。劳动民众为防风吹日晒，以布裹头或戴竹笠。1990 年后，夏天戴帽者多，有草帽、凉帽、旅行帽、时装帽。2000 年以来，衣着风格明显多样化、时尚化、个性化。工作与学习时间，多见各色各样工作服、学生服、商务装；休闲时间，多见五颜十色、千姿百态的休闲装。随着全民健身运动的兴起，日常穿运动服的男女也多了。还有韩国服装也在许多青年男女中流行。

儿童服饰　婴儿出生时穿无扣但有系带的“和尚衫”，后改穿有扣的，接着穿缝有两条布带而便于背后打结的“押胸衫”（或称“虾仔衫”）。4 个月婴儿开始穿开裆裤，还常外裹黑白格相间的方巾或用许多不同的花布拼成的“花被”。稍大，还裹上红色肚兜（绣有蝙蝠、鹿、龟代表福、禄、寿的图案）。婴儿满月时戴“满月帽”，帽状如碗，上绣“卐”形和花纹图案，两耳帽檐略向下垂。满 4 个月戴“虎头帽”，形如虎头，帽前中饰金佛像或财子寿神像。幼儿手脚常戴银铃环，俗称手环、脚环；胸前佩戴金锁、银锁或玉锁，上雕天上圣母、观音佛祖或十二生肖等吉祥图案，或作空心锁，内纳护身符等；脚穿“虎仔鞋”“兔仔鞋”。四五岁孩儿穿密裆裤。1990 年后，婴儿一出生就有现成配套的穿着，满月有满月套装，周岁有周岁套装，儿童有儿童时装；还有夜间行走的“闪光鞋”和行走时发出乐曲声的“音响鞋”。

结婚服饰　古时，新郎头戴剪章帽，帽上有一绺红缨；身穿蓝色长衫，上披黑马褂；脚着黑绒布鞋和布袜；肩上斜披红绸带，带至胸前结一红绸花簇。后改为头戴毡帽，帽顶圈 2 条红绸带。平民新郎，则身穿对襟布衫，脚着黑布鞋。民国时期，新郎穿中山装或西装结领带，着皮鞋，胸前戴鲜花。古时新娘均穿红裙红袄，衣角里缝几片古铜钱形的小铅钱（“铅”思明音“缘”，意为入夫家有人缘）；内衣白色，冬天出嫁加一件黑背心棉褂，贴身系一条白布兜于腰间（俗称肚仔）。缠小足者，用白布（脚白）从脚趾裹至小腿，再用一条约半尺长的饰裤（黑色、锈有花边）套在脚白上。着红绣鞋，鞋面上绣有象征福禄寿的花纹图案。头梳龙凤髻，中间横插一支簪，再从前至后直插一支银制凤钗，钗上凤头口衔一串珠子，垂至额前；头后插一枚金发夹（也有铜制品），耳坠一般为钓钩形垂链式。手戴金镯或银镯，左右各一，有的一玉一银，有的银、玉各一对。新娘出阁之日，要红帕蒙首（亦称盖头），有的还要戴上新娘帽，又称“珠冠”，制工精细，以银或铜为材料制成帽框，周围有镂青花草和吉祥图案，并镶上闪烁的珠子，帽架上用银丝或铜丝卷成螺旋弹簧顶着珠球，左右晃动。民国时期，中上层女士新娘模仿西方披婚纱，有婚礼服、迎宾服、宴会服，回家里换上时装，还有睡袍，一天更五服。

丧礼服饰　古礼丧服分：斩蓑、齐蓑、大功、小功、缌麻 5 种，分别用粗细生熟不同麻布制成。民国时期，改用白坯布制丧服，再套麻服于外。孝男孝妇及未嫁女着“大麻”；本家晚辈着“二麻”。丧服有父丧不裰缝前襟下摆，母丧不裰缝后襟下摆之别。孝男着草鞋，内编织麻带；女着白或黑布鞋，加缝一小块“大麻”或“二麻”，依亲疏而定。外孙的鞋上加缝青色布块。亲属头上戴“头白”孝巾，制孝巾时不能用剪刀，只用手撕成方块，再对角一折成三角巾，分别亲疏在孝巾上加缝一小块“大麻”或“二麻”。外孙的“头白”，用细白布，加缝一块青色布。其他外亲用“白西洋”布加缝一块红布。不曾戴过孝的小孩，在其孝巾上的“大麻”“二麻”或青色布上加缝一块红布，以减丧气。已婚孝男戴白纸做的两边高耸的纸帽，两侧垂下麻丝，加缠有麻布条的“孝箍”，俗称“孝男帽”。女则戴白坯布制成呈长方形的“甘头”。

渔女服饰　渔女未婚称渔姑，婚后称渔妇。渔姑以盘在头上的红绒线为标志，俗称“烟筒箍”。渔姑为海上作业方便，把发辫接上红绒线盘箍在头上。渔姑出嫁时，把头发挽在脑后梳成大髻发。渔家女穿汉装，衣服边角镶花边。逢年过节，头插缎花，脚穿珠拖鞋。1950 年后，渔家女服饰逐渐趋向陆上妇女的服饰。

（二）服饰禁忌

日常尤其喜庆节日，忌全身穿黑色或白色的衣裳。参加丧葬或服丧期，禁忌穿着红装、彩服、花衣裳。披麻戴孝穿草鞋者不得进入他人住宅。忌讳反穿衣服。忌讳晒干的衣裳未经收叠就直接穿在身上。

忌讳夜间在露天晾晒衣服。忌朝北晾晒衣服。忌将妇女的裙裤晾晒在行道之上。忌把衣服穿在身上缝补。

二、饮食

（一）茶俗

籍人称茶叶为“茶米”，称饮茶为“吃茶”。民国时期，区境内茶庄茶行三四十家，烟摊、食杂店兼卖茶叶。人们饮茶成风，有的在家喝早茶、午茶、晚茶，有的到“茶桌仔”吃茶。“茶桌仔”多在小巷小店面摆几张桌子几条板凳泡茶待客，此俗兴起于清末。“茶桌仔”往往是“讲古”场。一壶茶慢斟缓酌，听“讲古仙”讲古今小说、奇闻逸事、民间传说、新闻消息。也有比茶桌仔规模大的茶馆，有“中华茶园”等。中华人民共和国成立后，有集体经营的“茶室”“茶人之家”等。1979 年后，茶馆、茶室纷纷开张；许多宾馆酒楼兼营早茶，还有午茶、晚茶。在家里或上“茶桌仔”吃早茶常有“茶配”，多为地方小吃的油条、炸枣、发粿、花生糕、贡糖、蜜饯等。宾馆酒楼的早茶或午茶晚茶已演变为地方风味小吃，或闽粤港式小吃。

茶具有小茶壶与小茶杯，有的人家称茶壶为“小种罐”（因民国时期冲泡的多是“杨文圃茶行”的茶叶“小种泡”）。除茶壶、茶杯外，还有搁茶杯的茶盘和“茶洗”。茶杯、茶壶上的茶渍不能洗刷掉，愈厚愈宝贵。每次泡茶前和喝完茶，都将茶杯置于茶洗中，用煮沸的开水冲烫。每泡茶，首冲不喝，继而冲喝四五次，就将茶叶渣倒出，重新烫壶、烫杯。有的人家用的茶杯是“盖瓯”，有杯盖和底碟。有的人家用“茶秀”（保温用具），上放泡好茶叶的大壶，方便随时饮用。有的人家很讲究茶具，茶壶用“孟公壶”（清代江苏宜兴著名艺人惠孟臣创制紫砂茶壶，后人尊孟臣为茶具祖师公，仿制之茶壶称孟公壶）。至今多数人家仍喜用宜兴紫砂茶壶。茶杯爱用“若深杯”即“若琛瓯”（思明人把“琛”讹为“深”，把“瓯”改为“杯”）。

日常，客来敬茶，已成常礼。春节期间，客人上门拜年，主人敬以甜茶。婚庆期间，亲友到新郎家，新娘也敬以甜茶。昔日，媳妇每逢翁姑寿辰，要拜寿敬奉 3 遍“拜寿茶”：清茶、龙眼干茶、鸡蛋汤茶。祭神灵、祀祖先，必献茶叶或敬清茶 3 杯。

（二）酒俗

每逢节日喜庆，有饮酒习俗。春节期间，请喝迎春酒。端午节饮雄黄酒，中秋节博饼、饮酒、赏月。除夕喝团圆酒，全家大小都喝一些。老人常喝“屠苏酒”或“五加皮酒”。

订婚时，有“订婚酒”；结婚时，办“喜酒”；入洞房时，有“交杯酒”。生儿育女有“满月”（弥月）酒、“四个月”酒、“度际”（周岁）酒。寿庆办“寿酒”。灵前墓前祭拜时，有洒地“祭奠酒”。

还有送行“顺风酒”，迎归“洗尘酒”。杯酒交友，杯酒言和，都成酒俗。

称宴席为酒席，第一杯酒要先喝红酒（葡萄酒），取“红事”之意，此俗沿袭至今。丧事也要请喝酒，祭鬼敬神，祀死人，也离不开酒。

药酒作为补品，称补酒。许多家庭根据配方，自泡药酒。每逢寒冷节气进补时，喝些补酒，尤其是年纪大的人，平时也喝点。产妇一般都要喝“糯米酒”，营养高，味道香，口感甜。青春发育期（俗称“转大”）进补，在鸡鸭、排骨等炖品中掺些“糯米酒”或“药酒”。

斟酒以八成为礼。“七分茶八分酒”即此意。常说“满上满上”，也是斟上八分而已。

“无三不成礼”。在宴会上，第一杯是敬酒，第二杯常言好事成双，第三杯是所谓无三不成礼。酒席上常说“酒过三巡”，即此意。在祭天地、敬鬼神时，也有用拇指和中指在酒杯中沾一沾，然后向天连弹三次或向上、向前、向后各弹一次，以三成礼。

（三）餐俗

一日三餐　一般中午吃干饭，早、晚吃糜。糜有多种：番薯糜，用鲜番薯切成块或刨成签条；也有用圆形或签条状的番薯干与粳米一起煮。咸粥，有“芋粥”“蚝仔（牡蛎）粥”“鱼粥”“鸭肉粥”。甜粥，用绿豆和糯米掺糖煮的绿豆粥，一般在夏令暑热时吃；用龙眼干（桂圆）肉和糯米加糖煮成的龙眼干粥，常在冬令寒冷时吃。咸饭，有“芋饭”“菜豆饭”“高丽菜（甘蓝）饭”“菜头（萝卜）饭”“芥菜饭”和“油饭”。以菜为主，称菜饭，用不同蔬菜，掺些蚝干或虾皮或肉粒，与粳米或糯米经油炒后煮熟。“油饭”也称“秫米（糯米）咸饭”，配料较考究，除肉粒、蚝干外，常加些虾米、香菇、栗子或莲子，油较多，用文火炒至熟，故称“油饭”。甜饭一般是甜糯米饭。配粥的小菜有“荷仁豆”、“大碰仁”、“炸仁”、“菜补蛋”（萝卜干炒蛋）、“笋菜”、“荞头”、“酱姜”、“菜补”（腌萝卜条）、“酱瓜仔”、豆腐乳、“荫豉”（黑豆豉）；还有“麦螺”（黄泥螺）、“咸鸭蛋”、“香菇肉酱”，以及肉松、肉脯和“油炸粿”（油条）、豆腐等。配干饭家常菜：豆干炒芹菜、豆芽炒韭菜、大蒜炒肉片、苦瓜煮蚝干、槟榔芋封肉、带鱼煮青蒜、小鱿鱼炒青椒、加力鱼炖肉、清蒸白鲳鱼、糖醋马鲛鱼、清炒墨鱼、红烧鲫鱼、红烧丝定鱼、油爆虾等。汤有鸭蛋黑木耳汤、菜头肉骨汤、小肠花生汤、猪血汤、鸡鸭腹内汤、蚝仔汤、肉丸汤、猪肚莲子汤、蚬仔汤、紫菜汤、沙拉汤、蛏仔汤、文蛤汤等。三餐之外的点心有黄花鱼煮面线、蚂仔煮米粉、蚝仔煮面线、竹蛏米粉汤、虾仁米粉汤、豆签汤等。

节日食俗　“春节”吃年糕。咸年糕以粳米水磨粉蒸熟而成。有金瓜（南瓜）粿、菜头（萝卜）粿、芋粿。甜糕用糯米蒸制。“春节”“清明”“三月节”吃薄饼。薄饼的馅用高丽菜、冬笋、胡萝卜、青豆荚、豆干、大蒜切成丝，掺虾仁、蚝仔，油炒后熬烂成薄饼菜，用薄饼皮卷着吃。佐料有虎苔（海苔）、香菜、蒜白、芥末、甜酱、辣酱等。“天公生”吃糯米龟、圆。正月初九“天公生”，民间用糯米粉泥做成皮，绿豆蓉、黑芝麻、花生酥为馅。包好后，用雕有寿龟、寿桃、牵（钱串形）、鲤鱼图案的木模压印后蒸熟。圆是染红色的糯米团包。“上元”“半年”“冬至”吃汤圆。有馅（猪油芝麻、花生酥、豆沙）的汤圆常煮汤吃，而无馅的常用糖蜜之（俗称拔糖膏）吃。“二月二”吃蚝仔饭（以蚝仔饭向土地神祝寿）。“立夏”吃苋菜面。“端午节”吃粽子，为“碱粽”。“中秋”吃月饼。还吃番薯、芋。“重阳”吃栗子糕。“栗子糕”以糜栗屑黏于糕上。“重阳”“霜降”“立冬”进补，有“一年补常常，不如补重阳”，“一年补趟趟，不如补霜降”和“补冬”的俗谚。以牛羊鸡鸭肉加“四物”（当归、黄芪、芍、熟地）炖吃，佐以药酒。“年夜饭”围炉必有鲤鱼，象征年年有余。要吃用开水冲烫的“血蚶”（银蚶），有“蚶壳留过年，来年赚大钱”俗语。

饮食禁忌　吃饭不能乱丢饭粒。吃后，碗里不能留下饭粒。忌把筷子插在碗中。忌用筷子敲碗。忌用长短筷。忌用杂色筷。忌用筷指人。不能舔筷。忌用筷夹断寿面。喜庆忌用白筷，除象牙、银筷外，要用红筷。办丧事用白筷；但对年逾八旬老者举办丧仪时，可用红筷，且常有人索取红筷。忌六九碗。餐桌上菜肴避免 6 碗或 9 碗（6 碗被视为“活祭”；“九”方言与“狗”同音）。客未离席前，主人不能收拾碗筷盘碟。忌托碗底、忌汤水向碗外倾倒（谓类乎乞丐吃法）。

快餐洋餐　20 世纪 90 年代，区境出现许多省内外快餐名食店，如沙县小吃、龙岩客家风味小吃、晋江牛肉面、杭州小笼包、西湖醋鱼、重庆火锅、北京烤鸭、台湾料理、东北水饺、西北拉面等。2000 年以来，又出现许多洋餐名食，如法国菜、英国菜、美国菜、德国菜，俄国菜等大菜，也出现日本料理、越南菜、泰国菜、菲律宾菜等东南亚菜肴。区境上班族、打工者、学生的早点、午餐多在早餐摊、小食店、快餐店或洋餐馆就餐；有的则传叫送餐。假日、节日则常在各种洋餐馆品尝东洋餐或西洋餐。

三、居住

古时，民居有大厝、平屋。

大厝建筑：大门叫“四目炳（栅）”，即 4 爿厚木制的连锁门，可开一爿、二爿、三爿，也可全开，开多开少视日常、节日、喜庆的需要而定。进大门经小厅即前庭，俗称“天井”，两旁有几间平屋，俗称“护厝”；再进是大厅，无门，俗称“献嘴厅”。大厅两侧是住房，无窗或有小窗，谓防“财气”外泄。故有“光厅暗房”之说。大厅后一小廊，廊后有小旷地，叫“后庭”。大厝有一落、两落、三落、四落之分，即建筑规模有小有大，四落大厝最大。此外，有“骑楼”“竹篙厝”。

平屋为平民之居，较矮小。一些穷人住的是“板皮仔”小屋，用板料钉成，上盖稻草或废铁皮。

清道光二十四年（1844 年）起，外国列强入境建造领事馆和别墅，建筑均为异国格调。许多华侨归来筑居，也按照异国习俗营造各式各样的花园别墅、楼房，有西欧式的，有东洋式的，还有中西合璧的。

20 世纪 90 年代以来，房地产开发快速发展。初以多层小区经济适用房为主，楼层三四层或五六层，一般每户二房一厅一厨一厕一阳台。小区为行列式布局，后发展为组团式布局。小区景观注重传统园林手法，如小桥流水，亭台轩榭，并有人工水景起贯穿主线的作用，组团绿化与中心花园相配合。大大改善人们居住条件。

1999—2001 年，房地产开发建筑以高层单体楼为主。楼高二、三十层，有电梯，成本高、质量好、景观佳。建筑外景有较大变化，山花、线角、列柱、浮雕等装饰性元素均加以运用，色彩突破瓷砖单一色调，大量使用涂料和天然石材，三段式外观形式很流行。园林设计尽量堆砌元素，假山、喷泉、小花、儿童游乐设施等俱全。为人们提供良好的居住环境。

2002 年后，成片大盘开发。博取小区住宅的社区氛围优点和高层住宅安全性好、出入方便的优点，并在园林景观、户型、社区文化、居住形态、规模化资源优势上更大发展。注重国外先进设计与本土文化相结合，注重建筑、自然环境的融合。园林设计上讲究步移景换，立体景观，以及植物物种多样性、季节性、协调性组织。强调自然景观与人工景观相辅相成。提倡亲水住宅，大量运用水景（泳池、溪涧、叠水、喷泉、池塘）；强调宅间路与小品在景观中的脉络性和标志作用，形成总体联系又各具风格的亲水风格。并建有为住户服务的会所。大盘住宅在满足住户更高层次的生活需求方面有较大的提高。

四、行旅

送顺风　古时思明人去南洋称“过番”，要拜祖先，向亲人告别。家人煮两粒染红的鸡蛋、一碗面线与其吃，设宴饯行，宴设于路头，称“祭路神”“祖饯”。祭毕，送者与行者同饮，祝其一帆风顺平安到达目的地。去者还带家乡的水和土，象征饮水思源，防异地“水土不合”症。

脱草鞋　古时思明人从南洋回来，或客人从远地而来，进家门要先脱草鞋（随着时代发展，后来多是他类鞋，但也称“脱草鞋”），鸣鞭炮，祝贺平安归来。亲人来探望，送鸡、面线，也称“脱草鞋”。而后，设宴款待，曰“洗尘”。昔日，出外远行主要是谋生和求学。随着人们生活水平提高，现代人在节假日出外休闲旅游。

第二节　礼仪习俗

一、婚事礼俗

传统婚姻按“纳采、问名、纳吉、纳征、请期、亲迎”六礼之规顺序进行。

纳采也称合婚。由媒人到女家诉述男家求婚之意，取女方年岁生辰“八字”后，和男方年岁生辰“八字”，请“算命先生”合“八字”，认可合者，方继而问名。若女家认可，则开具女方姓名及年庚八字，交媒人持返男家，男方也把年庚八字交给女家，叫互换庚帖。男方将吉兆通知女方，并送礼给女家，称“小聘”，也称订婚礼物；女方受礼“纳吉”。男家依照论婚时所议定的财帛、礼饼、衣服、首饰等聘娶礼物，在迎娶前数日送到女家；女家收受后，必将礼饼分赠亲友及邻居，以示婚姻已定，是谓“纳征”。“请期”，就是男家择定迎娶吉日，给女家送去“娶帖”。“亲迎”，也称“迎亲”，新郎必亲自躬率鼓乐仪仗彩辇（俗称花轿）到女家迎娶新娘。

民国初，区境大户人家还按旧礼制，俗称“大嫁娶”；一般百姓的婚嫁简约，则称“小嫁娶”。

“送嫁妆”，也称“搬妆奁”“搬行嫁”，是婚俗中不可少的环节。即女家在嫁女前夕或前数日，将陪嫁物品送至男家。一般人家陪嫁被絮（即合欢被、对枕等）、衣服、柜箱、梳妆台、桌椅、脚盆、马桶、蚊帐等物。嫁妆中必有马桶一只，内装红枣、花生、橘子等（称“子孙桶”）。大户人家陪嫁除生活用品、金银首饰、银两钱币外，还有田园厝契，以及随嫁婢女。

婚期前夜或当日清晨，男女双方要举行“上头”，称成人礼。新娘在“上头”之前，要请“好命婆”（夫妻保老）来“挽面”（用纱线绞去脸上汗毛）。女子头一次“挽面”是在出嫁之前，称“开面”。

“睡喜床”，即洞房新床铺好后，要请一位“好命的”（家境好，多兄弟，最好生肖属龙）不满7岁的男孩在新被席上打滚或睡觉，叫作“翻床铺，生乾埔（男）”，寓意早生贵子。床上放有男孩的新衣服、糖果与钱，以酬谢睡喜床的男孩。

“迎娶”，俗称“娶新娘”。结婚之日，男家张灯结彩。俗话说：“新娘出嫁，恰（较）大（胜过）皇帝。”新郎拜祖先，告别父母，由媒人陪同，带着迎亲队伍出发。迎娶队伍前导为“字姓灯”（书有男家郡望、姓氏），并有2名“挑灯舅子”领先，轿前悬挂两盏红灯。后有媒人等陪同，还有吹鼓手吹打，沿途鸣放鞭炮。女家在迎娶队伍到来之前，关闭大门，让媒人敲门。媒人敲门时，女家问道：“何事？”媒人答：“娶新娘。”这时，女家将门稍开一缝，媒人依礼送个红包给开门者，可门又关上了。媒人再叫门，如此三次，才开大门，俗称“拍门娶新娘”。

清末，娶亲花轿

清末，嫁妆在街头巡行

新娘离开女家不远，要从花轿中扔下一把扇，俗称“放心扇”，意在让父母不要牵挂。花轿到男家，有踢轿门，请出轿礼节。新娘出轿时，轿夫要念吉利语：“今日轿门两旁开，金银财宝一起来，新郎新娘入房内，生子生孙状元才。”新娘初进男家门槛，要跨过一堆用稻草烧过还在冒烟的火炭。此时送嫁姆要念道：“跨炭薰（烟）、年年春（剩余），明年抱乾埔孙（男孙）。”然后行拜堂仪式。堂前设供案，置香烛，陈祖先牌位或遗像。拜堂时，燃烛、焚香、鸣爆竹、奏乐，礼生唱：“一拜天地，二拜高堂，夫妻对拜，送入洞房”，新郎新娘一一就礼。“拜堂”是亲迎中的大礼。近代婚礼，多不跪拜，新郎新娘改行鞠躬礼。“掀面罩”也称挑盖头。盖头多为红色的绮罗轻纱。新娘在上花轿前，把婿家送给的盖头蒙上，原意为遮羞和避邪。至婿家拜堂时或入洞房后，由新郎用箸、秤挑下，以露芳容。用秤挑盖头是因秤杆上标明斤两的星星，由天干地支相配而成，南斗六星，北斗七星，再加“福、禄、寿”3星，共16星（旧制16两为1斤），意为大吉大利。

“闹洞房”，也称“闹新房”，即宾客在洞房内嬉闹新婚夫妇的活动，习惯以新娘为主要逗趣对象，俗称“弄新娘”，认为“越闹越发”。新娘新郎进入洞房，要行合卺礼。“合卺”亦称“交杯”“合瓢”“饮同心酒”。半瓠称“卺”，一个瓠分割为两个瓢，以酒漱口后少饮，也有以茶代酒。后称“交杯酒”，寓意婚后同心同德，百年和合。婚后第三天，新娘第一次走出新房，上厅拜神、拜祖、拜公婆和长辈，俗称“出厅”，要用龙眼干、红枣、甜茶敬长辈和家人。长辈以红包或饰物放在茶盘上谢贺，俗称“压茶盘”，新娘要以红春仔花遍赠家中女眷。同一天，女家派小舅子前来探望，送来香蕉、冬瓜糖、甜包、香粉等礼物，并拜见亲家，长辈发给红包。中午男家办“新娘桌”（又称“舅仔桌”）宴请小舅子。

婚后第四天，小舅子偕“母仔”（褓母）来请新娘回娘家“做客”，古称“归宁”。新妇“做客”后须当晚天黑时回夫家（俗称“暗暝摸、生乾埔”）。娘家要送给米糕、红枣、带壳花生、全株甘蔗。还带回一对或两对“鸡挑仔”（未成年的鸡），也称“娶（带）路鸡”，放进新房床下，想办法驱使公鸡先跑出来（意味新娘头胎怀男孩）。有的还带回“阿妈烧”，即一只涂满红糖的光鸡给新郎的奶奶“暖身”；或“乾家烧”，即一只涂满红糖的猪腿，给婆婆“暖身”。

“纳妾”，俗称“娶小姨”。纳妾通常只举行简单的仪式或以财物赠换，有的收随嫁婢女为妾。

“续弦”，也称“填房”，即男子丧妻再娶。

封建社会，女子只能凭从“媒妁之言，父母之命”，有“嫁鸡随鸡，嫁狗随狗，嫁乞丐跟加自（乞食袋）跑”之说。

“赘婿”，俗称“招子婿”，是男到女家落户的婚姻。古时，男入赘女家受到社会歧视，俗称“卖大灯”。随着时代的发展，赘婿被认为仅是夫从妻居的一种婚俗，体现婚姻中的男女平等。

“指腹为婚”，亦称“指腹联姻”，简称“腹内婚”，即两女同时怀孕，指腹约定，产后若为一男一女，则结为婚姻。

“姑舅亲”，也称“表亲联姻”，即姑舅表兄弟姊妹之间结成婚配。古老的血缘婚、亚血缘婚，屡屡造成子女残疾。

古时注重传宗接代，盛行早婚，并有“娶心哺仔”（童养媳）之俗，要等家中男孩长大后才与之“圆房”。还有因病提前办婚事，用来冲喜。早婚者多为男小女大，有“大娘子，小女婿”之说。

民国时期，西方婚俗传入区境。其婚礼简朴，借用公共礼堂，新郎新娘请一证婚人，两介绍人，两男女傧相，两花童，男女家主婚人及来宾等集堂中，证婚人宣读结婚证书，新郎新娘相对行礼，交换饰物。新郎新娘、证婚人、介绍人、主婚人等签印。证婚人、介绍人、来宾、主婚人致辞，新郎、新娘谢证婚人、来宾。礼毕摄影纪念。有举行集体婚礼，或旅行结婚。

1950 年《中华人民共和国婚姻法》颁布后，废除旧的封建婚姻制度，从法律上保障男女平等，婚姻自由。“六礼”的旧婚俗已被摒弃。“父母之命，媒妁之言”的婚姻基本结束。封建式的家长包办婚姻已经很少出现，青年男女自由恋爱已成新潮。只要符合规定，双方同意，按手续办理结婚登记，领取结婚证，就是成婚，仪式简单，或举行庆祝结婚酒会，或旅行结婚度蜜月。2000 年以来，有“集体婚礼”新俗，即数对新婚夫妇同场举行结婚仪式。

二、生育习俗

怀孕称“有喜”“有身”或“有了”。家人重视孕妇的作息和饮食，用中药“十三味”煎汤炖鸡供孕妇食用，可安胎补胎。分娩多在家中，接生条件差，碰到难产凶多吉少；临产过程烧香求神拜佛望保佑母子平安。产妇要服中药配方“生化汤”。刚出生的婴儿穿衣不穿裤，按风俗衣裳应是用母亲出嫁时穿来的“肚裙”改制的，外用布包裹。婴儿的手腕和脚腕要系上红丝线，俗称“缚脚缚手”。婴儿初喂哺以甘草黄连汤、珍珠粉；在“三朝”时为婴儿哺乳，称“开奶”。先以风葱在粥汤中泡过，拭擦乳头，让丈夫或邻居孩子先吮一口后，才给婴儿哺乳。胎衣要盛在特制的陶缸里，用大红纸封口扎紧，放在海滩水边，由海潮漂走。

“坐月子”，又称“做月内”，要给产妇补元气。通常以公鸡、猪内脏、黄花鱼为主；黑麻油、龙眼干肉、老姜母、红糖、马蹄酥、橘饼也不可少；鸡蛋、瘦肉、牛奶、面线是平常食品。产妇每日正餐之外，还定时点心。不能吃白菜、萝卜等蔬菜。要吃温补类食品。宜静养生息，一般不出房门，不迎冷风，不洗冷水，恐患上“月内风”。月内房除服侍的专人外，外人都不能进，尤其是男人。

得子的人家都要庆“三朝”“满月”“四个月”及“度际”；一般人家做“满月”和“度际”。

庆“三朝”时，富有人家要以油饭、全鸡、酒菜祭神、拜佛、敬祖先；以豆腐、肉、鸭蛋、韭菜、油饭祭“床母”，以油饭、全鸡、瓮酒、油炸饼等礼品送往娘家。也要送油饭给媒人，有的还送给亲友邻里。收到油饭的人家，要留下一小部分“油饭头”。同时，放一些生米或面干、线面，上面放一小张红纸，有的还要压上红包给婴儿，俗称“压盘”（方言“结衫仔带”）。

庆“满月”时，祭神祖、床母与庆“三朝”同。娘家回赠“满月圆”和香蕉（“蕉”方言“招”，意在祝外孙再招小弟弟）、染红熟鸡蛋（愿外孙长得圆圆红红，身体健康），还须送“头尾”（婴儿从头到脚的穿戴饰物），并送“剃头圆”（红色面桃）。要给婴儿剃掉头上胎毛，男婴选在出生后的双数日，女婴则选单数日，有的选在婴儿出生后的第二十四日（意应古代“二十四孝”故事，长大会孝顺）。剃满月头时，先将鸡蛋、鸭蛋、荆介和水煮成“剃头水”；蛋黄和青葱汁拌和待用。剃头后，捞起鸡蛋、鸭蛋在婴儿脸上、身上滚动比画，口中吟“鸡蛋头、鸭蛋面”，祝颂婴儿健美。再将蛋黄葱汁涂抹头顶，俗称可帮助去掉头上的污垢。剃下的头发与小石子放在一起用红纸包好，放置厝顶，意在婴儿头顶快长毛发、头壳“硬”。满月当日，宴请亲友，古称“汤饼会”。汤饼即汤煮的面食，席上必有寓意长寿的面条。亲友送的礼品多为衣服饰物。宴席中途，父亲抱出婴儿，来客起身依次抱婴儿，并说吉利话。满月后，产妇便可出房走动。“庆四个月”，俗称做“四月日”，多在两亲家间进行。娘家送的礼品比满月多，往往有成对的脚环手环，还有一件披风，因“四月日”的婴儿要第一次抱出门逛游，披风可挡风寒。做“四月日”时，要把 12 个或 24 个碰饼用红丝绳串起来，挂在婴儿脖子上，垂于胸前，然后拿一个在婴儿嘴唇上抹抹口水并说：“收涎收离离，明年抱小弟”。“碰饼”应着俗语“碰碰大”，意在赶快长大。庆“度晬”，即做周岁，要祭神、拜祖、请客、送礼。还要制成龟状的糯米龟或面龟，俗称“度晬龟”或“四脚龟”馈送亲友。娘家送的常有外套衣衫（男婴送小长衫、马褂、碗帽，女婴送“香波衫裙”），还有虎耳帽、虎仔鞋，富有的娘家送银脚链、手链等。还送双头“燕仔龟”及煮熟的公鸡一只。周岁的婴儿穿戴上娘家送来的衣裳鞋帽和饰物，由大人扶抱着，一脚在门内，一脚在门外，各踏着一只“燕仔龟”或鸡脚，大人朗声道：“出——有得吃，入——有得吃”，此俗称“接脚”。有的家庭还对婴儿进行“试周”，又称“爬龟”，让婴儿居中坐着，周围放着算盘、笔、墨、钱币、书、印章、秤称、芹菜、肉、葱、尺、剪刀、针线、鸡腿、土块等，让婴儿任意爬行抓取，以预测以后的职业前途。如若抓算盘、秤称，意味长大经商。

婴儿断乳在周岁左右，民间选择“伏断日”，指十二地支与二十八宿中的利宿配合日为断乳吉日。

三、寿诞礼俗

寿诞，俗称祝生日。一般风俗，12 岁、16 岁、20 岁、30 岁、36 岁要做生日。富裕人家，大规模宴请；贫穷人家，寿面一碗，红鸡蛋两个。

封建社会，重男轻女，男孩年满 12 岁，称“本命年”。是日，要让男孩穿红背心、红裤，扎红腰带，并设宴招待邻里亲朋，共同庆贺。宾客赠礼物或银钱为男孩祈福求财，驱邪避灾。民间认为，岁数每遇“本命年”都是个难关，尤其是第一关 12 岁生日，一定要做。

16 岁生日，外婆送衣服鞋帽，还常有金银首饰，亲友送贺礼。家境好的设筵宴请宾客，有的还演戏，敬祭天地。

20 岁生日往往提前在 19 岁生日做，认为 19 岁是人生第一大难关，意在庆贺孩子长大成人，消灾避祸。是日宴请宾客。

三十而立，民间有“三十不做，四十不发”之说，多做 30 岁生日。岳父母要给年满 30 岁的女婿做“女婿寿”，携带黄鱼、猪肉、米酒、面条、衣服及桂圆、枣子、橘子等礼品前往婿家祝寿。鱼象征“有余”，米酒象征“粮足”，面条象征“长寿”，衣服象征“有依靠”，枣子象征未育的会“早生贵子”，橘子象征“吉利”。女婿要以长寿面及果品、糕饼回敬岳父母，设宴款待岳父母和来贺宾客。

36 岁，是“本命年”，称为人生一大关，做生日意在以喜庆来逢凶化吉。

60 岁以下庆贺诞辰叫“做生日”，60 岁生日开始叫“做寿”，80 岁为大寿，88 岁为“米寿”。

民间祝寿，一般家里张灯结彩，正厅设寿堂，点寿烛，宴请宾客，燃放鞭炮。来贺者送寿礼，以寿幛、寿联、寿酒、寿烛、寿桃、寿面为多；达官显贵送金银珠宝。做大寿，寿堂正面高悬红缎绣的“百寿图”或“八仙庆寿”“松鹤延年”图，两旁是寿联。正中供“寿星”，或供“福、禄、寿”三星。

案前，放置蜡烛、花筒、香炉等物。若是女性寿星，堂上正面悬挂彩色“五蝠捧寿图”，供“麻姑”一尊。供案上的供品有寿桃、寿面、寿酒、寿点等，各为5碗。寿星正坐高堂，夫妻白首齐眉者则同坐。供案两旁，男左女右，若受贺者尚有长辈健在，须让长辈坐在受贺席上。凡直系亲属，在上午寿宴前进行拜寿，远亲或朋友则随到随拜。拜寿照例是两揖三拜。凡客拜，儿孙皆须还礼；女客则由媳妇、孙女还礼。礼毕，再谢。如遇同辈拜寿，受贺者须起身请对方免礼；若晚辈中有未成年的小孩叩拜，寿星要发给红包。礼毕，设寿筵宴请宾客。寿酒必先敬寿星，然后宾客共饮。吃寿面时，线面切忌剪断，要小心绕筷抽食。小户人家的寿堂，只供一尊寿星，案前陈寿桃、寿面。上点红蜡烛，下压敬神钱粮。有的只请亲友吃鸡蛋线面。

迷信者认为73岁和84岁是老年人的两个“大坎坷”，要做大寿。富者大办3天：第一天为庆寿；第二天正日为诞辰，作道场礼佛，诵经添寿，祭神拜祖，放生积德，施舍行善做积善寿；第三天为祝寿。张灯结彩，燃放鞭炮，鼓乐齐鸣，搭台演戏，宴请排场大，送寿龟寿桃给宾客，有的加赠饭碗一对，名为“寿碗”。

中华人民共和国成立后，祝寿旧俗已很少见。有的在酒楼、宾馆、饭店、餐厅宴请宾客，贺礼多以红包，专门定做“奶油蛋糕”，上写具体的称谓和祝寿佳语。寿酒、寿面仍然。

四、丧事礼俗

丧葬俗有移厅、初丧、入殓、停柩、出山、入土、守孝、祭祀。

移厅 称“搬铺”。家中亲人病危，准备丧事，俗称“后事”。50岁以上老人或父母，要移榻祖公厅（正厅）边。搭“水床”，也称“过身床”。搬铺时，病危者有长辈在世，一般不搬进正厅，只搬到偏房（袖房）。在病危者断气之前，为其穿寿衣。死者在外遇难属于非善终者，于檐下或柴草间另搭丧棚，丧事从简。

初丧 病危者死亡，称“过身”，设灵堂。灵堂设在正厅，又称“孝堂”。死者用白布蒙面，盖天地被，供“脚尾饭”，头边点“长明灯”。摆供桌，中供纸牌位（魂帛）或遗像。孝男孝女及媳妇、孙子都穿麻衣孝服，绕于死者身边嚎哭哀唱，俗称“发丧”。大门用白色长条纸斜贴。亲友送“奠仪”，丧家答以毛巾或手帕、红丝线及糖果。

入殓 也称收殓，分小殓和大殓。小殓是给死者穿衣。先要“乞水”净身；再替死者穿上寿衣。大殓就是把尸体放入棺内，也称“入殓”“入棺”，俗称“入大厝”。入殓前，举行“辞生”祭祀，用12碗菜肴供祭死者。死者为女性，一定要有娘家亲人在场。棺盖打开时，丧眷不能哭。遗体入棺前要举行“放手尾钱”仪式。入殓时，盖“天被”，置陪葬品。盖棺后，备礼祭奠，俗称“祭棺”。祭毕盖棺封钉。

停柩 民间有当天入殓当天出殡习俗，但旧时多停柩守灵3～7天，也有停柩到“三七”后下葬。大多数停柩于家里厅中，孝男孝女日夜守灵，还有亲戚作伴守灵（坐冥）。古时曾有搁棺几个月、几年不葬。有的移棺于宗族祠堂或公用厅堂，且要定期请匠人对棺木加以油漆。

出殡 亦称“出葬”，俗称“出山”。出山之日，丧家亲属穿着丧服。孝妇孝女、孝男孝孙送行痛哭，叫“哭棺材头”。棺夫把灵柩扛出宅外称“转柩”。举行“起柴头”祭仪，丧家子孙绕棺3周，称“旋棺”。出葬行列常以“开路神”（纸制神像）为先导，灵柩棺尾系结执绋，由孝眷边走边拉，俗称“拔麻尾”，有挽留死者之意。出殡队伍停止送行时，孝男要跪在路旁向送葬亲友叩谢，俗称“谢步”。亲友在路上设奠致祭者，曰“排路祭”。

入土 也称下葬。灵柩要在太阳下山前入土。棺木落圹时孝主要取墓土一撮，回家放入灵前炉内供插香之用（也是引灵风俗）。入葬后，以五牲或三牲祭拜墓旁的“后土”（土地公），并举行“点主”仪式。神主牌或遗像由孝男捧回家，称为“返主”。“返主”一般不走原路，在过桥拐弯时要招呼死者。丧家妇女在户外路口哭迎神主。神主安放在正厅灵桌上，供祭品，跪拜，称安灵仪式。

守孝 古称“居丧”，俗称“戴孝”。有穿丧服的，也有身上佩戴“孝布”的。时间有做完七七四十九天脱孝的，也有到“百日”或“对年”后脱孝；还有服孝3年，才脱孝。

祭祀 从敬“脚尾饭”始，在丧葬过程中的礼仪，都是对死者的祭祀。死后每7天祭祀称为“做旬”“做七”，多数做到“七旬”。头旬及七旬由子主祭，俗称“孝男旬”；三旬由出嫁的女儿主祭，俗称“查某仔旬”；五旬由已嫁孙女主祭，俗称“查某孙旬”；其他旬只作一般祭祀。“尾旬”祭品丰盛，往往要烧“灵厝”。多数在三旬、五旬、七旬时“做功德”，也有到百日、对年（周年）时才做。

中华人民共和国成立后，丧葬习俗中的封建迷信成分大部分去除。随着提倡科学，破旧立新，人们思想觉悟日益提高。20世纪80年代起，普遍实行火化，已无木棺材，因而入殓、停柩、入土等仪式不复存在。遗像代替神主，丧事从简，丧礼一般是花圈或现金。丧家在报上刊登讣告。殡仪馆设灵堂，供丧家举行告别仪式，开追悼会。

五、日常礼仪

热情迎客，客人来，泡茶接待；贵客到，还要端上甜鸡蛋汤或猪脚线面等点心。路上逢亲遇友，点头问候。

重邻里情谊，邻里（厝边）之间，和睦相处。俗话说“千金买厝，万金买厝边”。邻里见面必互打招呼，有事相互关照，互送一些食物或土特产。有亲戚朋友来，互相介绍。如主人不在，邻居也会热情接待。哪家有婚丧喜庆，邻居都会主动帮忙。

重教敬师，“一日为师，终身为父”，学生求学拜师尊师已成习俗，路见师长，立正鞠躬行礼。

友人之交，喜结琴棋书画之友，定期相会，相互敬重，交流学识。

1980年以来，政府大力倡导树文明新风。于是，尊老爱幼、孝敬父母成风。晚辈向长辈拜年祝寿均是民间常礼；照顾孤寡老人，关心孤儿寡母已成社会公德；公共场所扶老携幼，公共汽车上主动为老弱病残孕者让座已是普遍现象。敬老院、老年大学、老年活动中心（室）普遍建立，老年人得到社会各方的关心和尊重。银行、车站、医院等行业实行为老人、军人、教师优先服务的制度，成为良好社会风尚。

第三节 岁时节日

一、春节

俗话有“初一正，初二走，初三没人走，初四神落厅，初五过规”之说。

农历正月初一子时零点，开大门，放鞭炮，称“开正”或“开春”。家家大门口张灯结彩，厅堂上摆饰花卉，长案桌上摆几盘象征吉祥如意的红橘。天未亮，家中大人小孩洗手脸、换新衣、穿新鞋，妇女头上戴绸制的“红春仔”花。先以3杯清茶、3碗线面供奉祖先，桌上摆年糕、红柑、茶料，神龛前有春饭、发粿、芋头、长命菜。三更后，点香燃烛、拜神祭祖。清晨，家里人依男女大小辈分顺序，拜长辈、颂贺词，谓之“家拜”。早餐，有吃年糕和甜线面的习俗，意味着日子甜蜜、长命。饭后，家长携带子女出访亲友邻里。相见时，宾主互相拱手作揖，言道：“恭喜！恭喜！”晚辈向长辈鞠躬，致颂词。宾主互送红包给对方孩童（红包钱额必须双数）。主人捧出九龙盘或红漆果盒，内装红枣、寸金枣、花生酥、冬瓜糖、花生糖等，并敬上甜茶。客人拜别，主人送给小孩红橘，以示吉利。年老体弱者或绅士权贵则派子弟、差仆持贺年帖前往亲友家拜年，答拜者也如是，谓“飞帖”。清代，贺年帖用红色硬纸片制成。有在门上粘红纸袋，让人投帖；有在门口设台放簿，让贺者书写姓名。人们以接帖、留名多者为荣。随时代演变，拜年形式除分散互拜、集体团拜外，用贺年卡、明信片、电报、电话、传真拜年的较为普遍。

初二，已嫁女儿要回娘家，俗称“做客”，尤其是新婚的女儿，一定要由女婿陪着回娘家拜年。带的礼物有鸡、猪肚、鳖等，并分红包、红橘或糖果给娘家的孩童。岳父母对女婿，尤其是新女婿登门，盛宴接待。俗话说“正月初二请女婿”，又称“迎婿日”。“做客”不过夜，回时，父母送红龟粿和两株连头带尾并系上红绸带或红纸条的甘蔗，祝愿女儿女婿生活像甘蔗那样甜蜜，有头有尾，百年和好。

初三，俗话说“初三没人走”。因为这天是新丧之家祭拜之日，俗称“拜鬼正”。

初四，俗传是灶王爷等神上天向玉皇大帝禀报人间善恶后返回的日子，俗话说“初四神落厅”，民间要备牲馔、办酒菜、烧纸马、放爆竹迎接诸神。

初五，按世俗常规春节已过，一切恢复正常。俗话说“初五过规”“初五假开”，即此意。关门过节的店铺，初五择吉时开店门、放鞭炮、祭神开市。这天，给顾客的商品要用红纸包，对第一位顾客，少收钱或多给东西，确保买卖成功，开市吉利。

二、元宵节

农历正月十五元宵节，俗称“上元”。活动多在晚上，又称“元夜”“元夕”“灯节”“灯夕”；也叫团圆节。家家户户都要制作“汤圆”，俗称“圆仔”。圆仔敬神祀祖后全家聚食。

赏灯 灯市自正月初九“天公生”开始热闹，买灯、看灯、送灯的男女老少，络绎不绝。到上元夜，户户张灯结彩，其中“走马灯”最受欢迎。有元宵节“送灯添丁”和“钻灯脚求子”的信俗。已婚未育的妇女，为祈求添丁，到街上、祠庙、鳌山灯棚底下，钻进钻出，称“钻灯脚”。

猜谜 俗称“灯猜”。出谜人家挂长方形花灯，谜面一条条贴在其上，爱好者聚集而来，每猜中一条，主人鸣锣敲鼓或燃放鞭炮，以示祝贺，并发给奖品。猜谜活动也常设在公用休闲的园地。

舞艺娱乐 盛行“舞龙灯”和“舞狮”，还有“大鼓凉伞舞”“歌仔阵”“大车鼓”“锣车鼓”“高跷”“艺棚”“扮阁”“蜈蚣阁”“宋江游”“海底反”等娱乐活动。

乞龟 正月十四日起，各寺庙宫殿烧大烛，燃巨香，供台礼案上摆列着善男信女奉还的红米龟、米糕龟、龙头大龟。小寿龟碗口大，中寿龟箩筐大，大寿龟饭桌大。有的龟背上还装饰有纸扎的八仙过海等传说人物。“乞龟求寿，添丁发财，任人祈求，过年还愿”成民俗。“乞龟”，烧香跪拜；“卜杯”，如得一反一正，表示神佛如愿应求。如两面都一样，那要增加还愿数量，然后再拜再卜直至求得。乞小寿龟，当场取回。乞大寿龟，要等十六日过后，才能取回；并要登记，写明来年还愿的数目。同时，在寿龟插上标签，书写谁所乞，还多少。如后来人看中此龟，可加还愿数目乞得此龟。最后由还愿数目多者所得。

演戏 许多寺庙搭台演戏和“踏火盆”，多由善男信女出资演出，或商号店铺、行业团体赞助演出。宫庙前路中央，堆木柴一米高，引火燃烧，观者添柴，越烧越旺，随后鞭炮齐鸣，顶驾着纸竹麒麟、狮子的队伍，跨火而过，观者中勇者也紧跟跳越，甚热闹。

三、清明节

清明节，亦称“踏青节”，4 月 5 日是民间祭奠已故先贤的古节。

清明节前后各 10 天是扫墓祭祖期。扫墓，俗称“上墓”或叫“压墓纸”。有的上墓地供祭品，点香烛，压墓纸。“墓纸”用五色纸裁成，四五寸长、二三寸宽。有的先修整墓区、坟茔，铲除墓边杂草，而后祭拜，压墓纸在墓的上面及四周。祭拜完，烧银纸，放鞭炮。

中华人民共和国成立后，每年清明节前后，党政机关、社团和学校组织祭扫革命烈士陵园，并结合春游，开展各种活动。

四、端午节

农历五月初五端午节，别称“端五”“端阳”“蒲节”“天中节”“沐兰节”“女娲节”“诗人节”“包粽节”“龙船节”，俗称“五月节”。

明清时代，区境民间有祭神、孝祖、请客、赛龙舟、演戏、吃粽子、饮雄黄酒、插“五端”、带

“长命缕”等习俗。民国时，赛龙舟则为首要，吃粽次之，其他习俗稍减。中华人民共和国成立以来，上述习俗越淡，而今偶有赛龙舟、买粽吃、悬松枝。

赛龙舟　俗称“爬龙船”。龙船式样两种，一种头尾雕塑龙头龙尾；另一种用五颜六色的绘画装饰。赛龙舟多在厦鼓海峡进行，纪念屈原投江之遗意，明、清代多为民间组织举行；而今多为政府部门组织举行。

汉服古礼端午民俗文化活动

吃粽子　粽子又称“角黍”“筒粽”。角黍是因粽有棱角，而得名；筒粽是因最初用竹筒贮米烧煮而成。民间多自家裹粽子，称“绑粽”“裹粽”，在亲朋邻里间互赠。1990年后，大都到市场购买。

饮雄黄酒　雄黄酒用雄黄浸酒而成。端午节用雄黄酒擦小儿额、鼻，或喷洒墙壁、床下，以去五毒。也有取乳香、苍术、细辛、甘松、川芎等物在房屋里薰烧消毒的。

沐枸杞汤　用枸杞或百草烧水洗澡，亦称沐枸杞汤或兰汤，能健身祛病。也有在午时打井水给孩子洗澡，有不生痱子之说。

插“五端”　在门楣上悬插5种植物：松、艾、菖蒲、柳枝、大蒜头，称“五端”，借以去秽；有在户上悬艾插蒲及有绿叶的榕枝，取艾形似虎，蒲形似剑，榕寓庇荫，借以压魑避邪。

带香包　香包又称“荷包”，用彩色丝绸或多色花布缝制小巧玲珑的香包，有瓜果、花卉、鸟兽、鱼虫、器皿等形状。香包里装檀香、桂皮、雄黄、苍术、细辛、白芷、艾叶、丁香、茴香、松香等粉末，缚五色花线，挂在小孩胸前，或套在腕上，或挂在脖顶上，俗称“长命缕”。

五、半年节

农历六月十五半年节，家家在前两天浸糯米以磨粉。节日前夕，家人围在一起搓糯米丸（部分用红粬拌成红色），有大有小，小的为多。放在大圆盘，盘中央放一只橘，把丸子先大后小、先里后外一圈圈摆满。也有把糯米粉捏成“马牛羊鸡犬豕”的形状，象征“六畜兴旺”。节日早上煮好装碗，每碗都有红色丸子（有的还放上红枣），俗称“半年圆”。先祀神祭祖，后全家聚食，以祈求事事如意，人人平安。

六、七夕

农历七月初七为七夕，亦称“乞巧节”“女节”“天孙节”“小儿节”“双七节”。民间认为是“七娘妈生日”，称“七娘妈生”，俗信16岁以下儿童均受该神保护。是日，要敬七娘妈。供品以7为数，有彩纸糊的“七娘妈轿”7乘；彩纸糊的“七娘妈亭”及7把交椅；鲜花7种、胭脂香粉各7匣、鸭蛋7粒、饭7碗、瓜果7盘。挂一盏“七娘神灯”在房门口，灯上画有抱着孩子的仙女站在云端上。晚上，设桌于庭，望空拜祭，祈求子女健康成长，并向七娘拜寿。祭毕，将亭、轿和纸钱焚化，胭脂、香粉等则掷于屋顶，也有留下一半自用。

“乞巧”活动有两种：“卜巧”，卜问将来是笨是巧。以碗水曝日，令女自投小针泛之水面，视水底针日影，或散如花，动如云，细如线，粗如槌，因以卜女之巧。“乞巧”，进行穿针引线比赛。夜里，姑娘们三五成群，在月光下以五色丝线朝月穿针，穿得越多越快者为胜。而孩子们则听大人讲“牛郎织女”故事，看天上银河两岸的牛郎织女星。

七、中秋节

农历八月十五中秋节，亦称“团圆节”“八月节”。以合家团聚赏月为主要内容。

清光绪年间，举人王步蟾《鹭门杂咏》诗曰：“月饼团圆新买得，拈骰夺取状元筹”。可见清代思明中秋博饼习俗颇盛。2003 年，鼓浪屿许巨星家尚存一套 70 年前其父传下的古状元筹。

博饼　也叫“博状元饼”“博会饼”。每会有状元 1 个，对堂 2 个，三红 4 个，四进 8 个，二举 16 个，一秀 32 个，全会共 63 块饼。分别代表状元、榜眼、探花、进士、举人、秀才。用 6 枚骰子投掷。1990 年以来，家里有“博饼”活动，同学、朋友、同事之间也有“博饼”，单位、团体也组织大家“博饼”，成为中秋节的娱乐活动。

中秋博饼活动

吃芋头、番薯　番薯的心是黄的，芋头的肉是白的，寓有包金包银、招财进宝之意。此外，芋大者为芋母，小者为芋子。游子总在中秋节回家团聚，芋母芋子象征母子亲情，家家户户把芋祭祖先而后吃。还因为番薯、芋头本身有一定的药物疗效，认为在中秋节这天吃煮熟去皮的芋头，可去疥癞。

剖柚子　俗称“剖贼头”。有的还在柚子的外表，墨画鬼脸，象征“贼头”，在祭月后剥皮食果，表示去恶除邪保平安。

祭月　亦称“拜月”，寄托“花好、月圆、人长寿”美满愿望。供品多为瓜果、茶料、月饼、芋头等。富有者设酒菜宴请宾客，文人墨士赏月吟诗，一般百姓赏月喝茶吃月饼，孩子们听大人讲嫦娥奔月的故事。妇人拈香墙壁间，窃谛人语以占休咎，俗谓之听香。

八、重阳节

农历九月初九重阳节，亦称“登高节”“重九节”“九月九”“茱萸节”“菊花节”“老人节”“敬老日”。

区境有重阳登高、放风筝的习俗，常举办登山和放风筝比赛；也是观赏菊花的最好时节，常举办菊展，品种繁多。

吃重阳糕，亦称“花糕”，俗叫“栗子糕”。以粉面蒸糕，辅有枣、栗、银杏、松子或肉。有的做成九层，似小塔，上做两只小羊（意为重阳）；有的在重阳糕上插一小红旗代替茱萸，并点蜡烛，寓意登高。

1980 年后，九月初九约定成俗为“敬老节”，机关、单位组织老人开展登高等娱乐活动。

九、尾牙

农历每月初二和十六，家家要祭祀厝神及土地神，称“做牙”。十二月十六日，是一年中最后一次，故称“做尾牙”。

“尾牙”要祀“门口公”。街市商号更为热闹，至少备鸡、鱼、肉三牲，有的还演戏。晚上摆酒席，老板亲自掌酒，请店铺中所有伙计饮宴，答谢一年的辛劳。清末民国初，老板通过斟酒先后或鸡头、筷子所向，暗示来年伙计去留。

十、冬至

冬至日一般在农历十二月二十二日前后。家家搓圆子。是日早晨，先用圆子祀神，中午再备牲礼酒菜祭祖，还要三牲和菜肴，敬奉灶君公。敬祖祀神后，全家聚食圆子，谓之“添岁”。俗话说：“吃过冬至圆，岁数长一年”。

十一、除夕

农历十二月二十四始筹办迎除夕事，十二月二十九或三十日为除夕。

送神 农历十二月二十四日举行。

清尘 也称“拂尘”或“掸尘”，一般在农历十二月十五日进行（今也有提前者）。清除梁上、墙面的灰尘。洗涤蚊帐被褥，清洗炊具碗盘，男人要剃头（理发），妇女（已结婚的）要挽脸。

蒸年糕 寓意“年丰寿高，事业蒸蒸日上”，邻里之间互相馈赠，俗称“送年”，祈年年高升，共同富裕。

挂年画 过年前家家都要把新年画挂贴在厅堂房舍里。

贴春联 大门小门、前门后门、盛谷大缸、炉灶蒸笼、猪舍牛棚、鸡房鸭场都贴上春联和吉祥的字，商号店铺、宫庙寺院的大门和廊柱也贴对联，一般在农历十二月二十九贴好。

祭祖 除夕（农历二十九或三十日）下午或傍晚以丰盛的酒菜祭祀祖先。其中，必有一碗或几碗白米干饭，插上绸制的“红春仔”花，叫“春饭”（在供桌上一直要放过年，俗称“过年饭”）。

围炉 祭祖完毕，吃年夜饭，俗称“围炉”。全家人围着一张圆桌进餐，桌下放一只烘炉或在桌上中央放一只暖锅（火锅）。“围炉”意味着团圆，在外无法回来的，“围炉”时要留席位，并摆一副碗筷（碗中盛点佳肴），表示家人对在外亲人的思念。年夜饭的菜肴多数含有吉利、富足、长寿、有余的寓意。

压岁钱 亦称“压祟钱”。古时，长辈在过年时用红线穿编铜钱成串，挂于小孩胸前，谓能压邪驱鬼。民国时期改用红纸包钱，置小孩衣兜里。一般在“围炉”结束时，长辈取出事先用红纸包好的、压在炉下的“压岁钱”（钱额一定要双数）分给未成年孩童。孩子们要把它压在枕头下或放在衣袋里，将其带过年。

守岁 围炉后，守岁达旦不眠，送旧迎新。守岁活动有讲故事、猜谜语、掷骰子、下象棋、做游戏。鸡啼（俗称“鸡头啼”）时辰一到，鞭炮齐鸣，守岁结束，春节来临。1983 年起，家家都在家里观看中央电视台迎新春文艺联欢晚会，等待着零点的钟声。

第四节　行业习俗

一、渔事习俗

（一）喜尚红色

渔民喜庆时布置均用红布红纸，渔船和船屋的甲板都涂红漆，新渔船下水时，船头两侧“龙目”挂红布条。渔民孩子从出世到成年，都佩带用红布裹着的“香头”。

（二）祭拜海神

俗话说“行船跑马三分命”，渔民把命运寄托在神灵身上。厦门港附近遍布寺庙，有福海宫、圆山宫、田头妈宫、龙王宫、钓艚王宫、钩钓王宫、妈祖宫、金王爷宫、大人宫、会福宫、太平殿、福佑殿、龙山殿、安庆堂、安定堂、福庵庙等。渔民逢年过节、出海返航，都要到宫庙朝拜海神，求平安，谢保佑。其中，金王爷宫神权最大，称为“海口宫”。每逢汛初，渔民出海必须先向“金王爷”抽签获准。渔船在海上捡到尸骸残骨，返港时就得祀奉“田头妈”。5 年一次的盛大迎神赛会，“钓艚王宫”“钩钓王宫”都要造王船跳神游街。中华人民共和国成立后，废除迷信陋俗。1980 年起，恢复“送王船”习俗。

（三）良善风尚

渔家有许多良善风尚，如在船上吃饭时不得随便跑动，以免不慎使饭及碗掉下海里。发现海上漂流的尸体或网里的尸体残骸，必须带回渔港妥善处理。海上行船互相礼让。进港泊船自觉依序，不抢先占位。海上发现邻船遇险，即停止作业赶赴救助。

（四）海上漂泊

清代统治者不准渔民定居陆上，禁止海陆通婚。渔民全家大小终年都在海上生活，并随渔汛渔期转场漂泊，无定处。渔家女只能生活在渔船上，出海捕鱼成为传统世俗。中华人民共和国成立后，人民政府关心渔民生活，在陆上建设渔民新村，安置渔民；并鼓励渔家女继续下海捕鱼。

附：疍民习俗

明末清初，大批疍民从九龙江流域到厦门港捕鱼。自此，厦门港有疍民长期集居（住船上）生活生产与繁衍，成为厦门渔民。疍民习俗与厦门岛原住渔民习俗互相渗透，多有相通；也保存其独特习俗。

婚俗　疍民家有女求婚者船头必放茉莉花一盆，嫁时剪花随嫁。男女结婚日，男家把船靠着女家船，媒人扶着新娘过到男家船，于是海上增添一艘夫妻船。

丧俗　疍民家有丧事，姑娘头上红碰纱要换成蓝色或青色的。孝男孝女上岸料理丧事，必在料理完结后换掉丧事衣服，理发，洗浴，而后才带着“金银纸”上船烧香祈保平安。

头饰　未婚疍家女子用“红碰纱”在头上盘缠环绕，俗称“烟筒箍。”未婚疍家男子头上辫子较之短小，俗称“燕仔尾。”女的成婚后，把长发挽在后脑梳成螺形的大髻发（式样与陆上妇女不同，称“讨海体”）。男的成婚后，头上换扎黑弦线，有的还用自织的一片薄纱网帽罩住头发。

服饰　男女都穿汉装，裤脚特宽大。女的裤脚镶着多种花边。逢年节或喜庆，疍女头插花、脚穿珠鞋，衣服上花边更精心刺绣。出海捕鱼，疍民都穿自制的“油衫裤”。是采用本色龙头细布，量体裁剪后，在特制的红茶汁染浸，经擦两遍桐油，再涂上一遍面光油。这样的油衣裤能经受风雨和海浪的侵袭，经久耐用。

信仰中华白海豚　厦港疍民祖辈相传尊崇中华白海豚为“妈祖鱼”。疍民能视其群体活动方位推测某种鱼群的洄游规律。中华白海豚被厦门疍民视为女神妈祖的化身。其船遇到“妈祖鱼”，则烧香敬拜。厦门港口经常出现归船与中华白海豚一同进入鹭江口的场面！

讳忌　厦港疍民忌说以下10个字：翻、沉、破、死、灭、熄、离、散、倒、空。若不意说出其中的字，说者和听者就要以相反的意思来补说。或以中性语言“打圆场”。在船上吃饭，不能把碗倒放。吃鱼，不能翻鱼。不许把饭碗丢下海（含有要热爱捕鱼职业之意）。

二、商业习俗

（一）朝市与夕市

古代有朝市和夕市之分。朝市，开行坐店外，赶圩集市约定俗成，每逢初一、初六、十一、十六、廿一、廿六为圩日。每天早晨从上田、外清、溪岸、深田而来的禾山菜农挑菜入市，集结在“三官宫”前交易，形成菜圩，过午则散。一些肉贩或摆摊或走卖，也赶朝市。夕市，在夜间出现于街头巷尾卖烧肉粽、扁食汤、鱼丸面等，方便人们宵夜。

（二）商号喜金

区境商号喜以“金”为首。有金丰泰、金万成、金源丰、金恒远、金瑞安、金源泉、金长安、金丰胜、金元吉、金源益、金源瑞、金晋祥、金源发、金全益等。

（三）店规

不能踩或坐店门槛；不能玩弄或反搁算盘；不能坐卧在柜铺上或躺睡在待客的条椅上；要面向店门站或坐着，有顾客到必须起立。扫地要向里扫。要说好话，拢住顾客，把生意做活。日常伙计与头家（老板）同吃，不能吃头家面前的“私菜”。头家除发工资给伙计外，另加理发费，年终发“红包”，其中有大小包，数额多少伙计之间不许相告。每月初二、十六日要做“牙”，祭土地，给伙计加菜。腊月十六日做“尾牙”时宴请伙计并决定伙计来年的去留。一般第一个被敬酒的伙计将被解雇；也有用鸡头对准谁，暗示谁将被解雇。

（四）重视“彩头”

店铺开张之日或春节开市，要张灯结彩，贴红对联，祭神明，放鞭炮。对第一位顾客特别优待，商品要用红纸包好，甚至奉送。要把第一笔生意做成，就是“开门红”“好彩头”。平时每天开市对第一位顾客也要给予优惠，意在开市吉利，一天好运气。

（五）肩挑小贩

谓“走街仔”，采用口头叫卖声和器具敲击声招揽生意。高声低音，长腔短调；铜、铁、木、竹、瓷器通过敲、吹、摇，发出各种响声。约定俗成，人们一听就知道卖什么。

“摇鼓担”的货郎肩挑各色针线、手帕、粉脂、发夹、头梳、饰物、儿童帽鞋、玩具等小商品，手拿小摇鼓，串街走巷，边走边摇，发出“叮咚叮咚”响声，常在郊区大埕或晒谷场停下，周围妇女就到摇鼓担边，挑选所需的用品。

卖“麦芽膏”（饴糖）的小贩，肩挑担子，手腕挂小锣，手指夹锣槌敲打，发出“哐哐哐”响声，引来孩童。卖时用一支竹板挖出麦芽膏。

卖“好吃糖”的，用白砂糖或红糖熬成整块糖饼，面撒油葱或陈皮。用小刀具和小铁槌敲打，发出“铿铿铿”响声。后来，“好吃糖”改为“油葱糖”“糖葱”。

卖“糖人仔”的，用煮好的糖膏在未冷却时，用吹管沾糖膏放入模具，吹制成飞禽走兽、人物神仙模样。用空罐头制成能够转动的叫卖器，摇摇罐子，发出“咕咕咕”响声，吸引孩童。

卖“糖葫芦”（俗称“油柑扦”）的，用油柑或山楂在其外皮滚上一层薄糖膏，用细竹签串上3～7粒，插在草制的长竿上。用铁皮圆筒，装数十支竹签，上下抖动，发出“笃笃笃”响声，孩子们一听就围上来，交几分钱抽签，签刻数痕，从3到7，就可取相应的油柑扦。

卖“珠李仔”的，肩挂活动木架，停下时支开木架，放上玻璃柜，内藏桃李等蜜饯；小唢呐吹起

"嘀嘟嘀嘟"响声，招徕顾客。

卖"棉花糖"的，用手摇脚踏的所谓纺棉机，放入砂糖，纺出一团团白棉花似的糖丝，大团小团可任意购买。纺糖时，机器自然发出"嗡嗡"响声吸引顾客。

卖冰棒的，身背保温瓶或保温箱，手摇小铜铃，用铃声作为叫卖声。

卖肉的，肩挑肉担，手拿海螺壳，吹出"嘟嘟嘟"响声。

卖"担担面"的，担子一端是锅灶碗具，生起炭火煮滚汤。有人要买时，从担子另一端取出鱼丸、扁食面料，放入滚汤余熟，装碗，加料。卖者手拿一把汤匙一只碗，轻敲出"铿铿铿"的声音叫卖。

卖"土笋冻"的，用笛（俗称"品仔"）吹奏叫卖。

"磨刀担"的，喊叫"磨交刀削刀"（拉长音），有的用连串的小铁片，敲打出"些咧些咧"响声，肩挑安装小工具的板凳，凡有人招手就停下，坐在板凳后端，手在板凳前端持工具操作。

（六）行白

昔日，各行各业往往自编一套作为内部通用的"行话"，又称"行白""贩语"。编有一套行白代替1～10数字。鱼行白是"幼、例、贾、起、压、罗、柴、埋、跷、台"；菜贩白是"幼、色、铜、钟、盘、台、才、别、见、开"。而有意造句的猪贩行白"幼色东真人，谈柴不欠贷"；牛贩行白"天下凭口水，龙门不见开"；棉布商行白"大开日中市，广收天下财"。

三、建筑习俗

（一）木匠留尾巴

木匠干完活后要"留尾巴"，即留些刨花让主人收拾，意在"还有活干"。但在做棺材活时，则不"留尾巴"，定要收拾干净，否则是诅咒主人家再死人，要挨打。

（二）石匠禁说话

石匠打钻眼时不能空锤，否则不吉；在凿石料时不能说话，否则石料凿不成。采"茅厕梁"（也称"粪坑石"），禁忌说"茅厕梁"脏臭的话，否则会冲犯山神，对采石不利。

（三）漆匠忌说干

漆匠在油漆已干时，忌讳说"油漆干了"，要说"离手了"，否则认为不吉利。

（四）建房祈安

建房前请风水先生择吉地、定方向，在黄道吉日动工奠基。在挖基时，有的用红纸写上"姜太公在此，兴工动土，百无禁忌"等条子，贴在工地上，认为这样在施工中，不出事故。有的用猪头三牲，焚香燃烛，拜神灵，祭土地，燃放爆竹，用丰盛酒菜款待建屋师傅。该仪式俗称"动工祭"或"奠基祭"。"上梁祭"较隆重，由木匠先拜天地四方，感谢诸神保佑建屋平安。上梁时间定在"月圆"潮涨的吉利时辰，取其合家团圆，钱财如潮水涌进之意。工匠手拿酒壶，一边洒酒浇梁，一边唱吉利词。燃香烛、放鞭炮、祭神灵、拜土地。新厝建成，举行"落成祭"，先祭门神，再敬土地，贴红联，放鞭炮，宴请工匠亲友。

四、农事习俗

（一）祭田公田婆

古时，农民有祭"田公田婆"之俗，一年4次。第一次在立春后，下种前，择吉日，手拿一帖黄纸和三炷香，站在秧田下水缺口的田塍上，面向田畈作揖，祝祷田公田婆保佑谷种萌芽，苗秧壮大。祭毕将黄纸和香插在田塍边，谓之"许愿"。第二次在临插秧前，碟中放肉片，供于田塍，人立"田缺"，燃香祝祷田公田婆，保佑禾苗快成长。第三次在夏至日，摆酒肉饭菜祭品于田头，有的穿蓑戴笠（意求雨），并烧一把麦秆（意除虫），祷告田公田婆保佑风调雨顺，无病无灾，丰收再拜。第四次开镰收割前，祭品丰盛，并摘两穗谷物，插在两碗米饭上，谓之"还愿"。一般是春秋两祭。

（二）祈雨

古时农民遇到天旱地枯，有祭天公祖、海龙王，求苍天降恩下雨之俗，称为“祈雨”。在龙王庙里，往往供奉着两尊龙王，一尊是泥塑的不可移动，另一尊是木雕的可以移动。久旱不雨时，农民先到庙里给龙王烧香叩头，祈求降雨。若祈求不灵，则把木龙王抬出庙外“曝”之，意在使其“出汗”降雨。得雨之后，再行大祭。

（三）草人护谷

每当谷物将熟，农民在地里田间，插着用稻草扎成、穿衣戴帽、手执破扇、面目狰狞、有手有脚的草人。风吹草人动，用来吓鸟驱鼠，保护谷物。

第二章　方　言

思明区闽南话是闽南方言的一个地点方言。其形成和发展可追溯到中原汉人多次大规模入闽的历史。

思明方言经历长期演化。郑成功把厦门作为收复台湾的据点之后，开展海上贸易，厦门成为东南地区对外贸易的中心。鸦片战争之后，厦门辟为通商口岸，闽南地区的政治经济文化中心逐渐移到厦门。思明区闽南话在150年前就成为闽南话的代表点方言。

思明区闽南话在语音和词汇方面，跟现代汉语普通话及汉语其他方言的差异比较大，它保留古代汉语的许多重要特点，被誉为“古汉语的活化石”。

中华人民共和国成立以来，区境大力推广汉语普通话。加之20世纪80年代以来，外来人口大量增加，促使人们日常交流多以普通话为主。因而，思明区闽南话日渐式微，尤其在青少年中，不少方言语音的特点和方言词语已消失不少。

第一节　语　音

一、声韵调系统

（一）声母

思明区闽南话有17个声母，保留闽语十五音的格局。

p	ph	m	b	t	th	n	l	k	kh	ŋ	g	h	z	c	s	o
玻	坡	毛	帽	刀	特	怒	罗	哥	科	吴	鹅	和	造	操	梭	号

厦门话声母与普通话相比较，最主要的差别是没有普通话的唇齿音 f 声母和卷舌音 tʂ（zh）、tʂh（ch）、ʂ（sh）、ʐ（r）声母以及 tɕ（j）、tɕh（q）、ɕ（x）声母。普通话 f 声母的字，厦门话的说话音可读为 p（b）或 ph（p）声母，如“房”读 paŋ^{2}，“纺”读 phaŋ^{3}。普通话读 zh 和 ch 的部分字，厦门话说话音可读为 t、th 声母，如“猪”读 ti^{1}，“中”读 tiɔŋ^{1}，“竹”读 tik^{7}，“畅”读 thiɔŋ^{5}。另外，普通话 tɕ（j）、tɕh（q）、ɕ（x）声母的部分字厦门话读为 k（g）、kh（k）、h（h）声母，如“家”读 ka^{1}、ke^{1}，“欠”读 khiam^{5}，“现”读 hian^{6}等等。这些都是古汉语读音的保留。

思明区闽南话声母与厦门市各区基本一样，都是17个声母。但海沧区因靠近漳州地区，多了个与漳州话一样的舌尖浊塞擦音声母 dz，如把“绒”，读成 dziɔŋ^{2}；把“热”读成 dzuah^{8}。而思明区闽南话则分别读成 liɔŋ^{2}和 luah^{8}。

（二）韵母

思明区闽南话有 83 个韵母，但常用的只有 78 个韵母。而普通话才 39 个韵母。思明区闽南话韵母与普通话相比较，最主要的差别是没有普通话的撮口呼韵母 y（去［tɕhy^{4}］）、ye（决［tɕye^{2}］）、yn（军［tɕyn^{1}］）、yan（选［ɕyan^{3}］），所以这里的闽南人发不好普通话的撮口呼韵母，如以上普通话 4 个撮口呼韵母一般都会念成齐齿呼韵母如 i（去［tɕhi^{4}］）、ie（决［tɕie^{2}］）、in 军［tɕin^{1}］）、ian（选［ɕian^{3}］）等。

思明区闽南话韵母可分为元音韵母、鼻音韵母、鼻化韵母和入声韵母四类。其中，元音韵母有 16 个；鼻音韵母有-m、-n、-ŋ 三套鼻音韵尾，共 15 个；鼻化韵母有 11 个；入声韵母有-p、-t、-k、-h 四套入声韵尾，共 41 个。

1．元音韵母

a 阿	o 蚝	ɔ 乌	e 锅	ai 爱	au 瓯
i 依	iu 忧	ia 夜	io 腰	iau 妖	
u 有	ua 蛙	ue 矮	ui 威	uai 歪	

2．鼻音韵母

am 暗	im 音	iam 盐	m 姆		
in 音	un 恩	an 安	ian 演	uan 弯	
aŋ 翁	iaŋ 央	ɔŋ 王	iɔŋ 勇	iŋ 英	ŋ 黄

3．鼻化韵母

ã 馅	ĩ圆	ɔ̃ 唔	ẽ 婴	iã 赢	iũ 羊
iãu 猫	uĩ惯	uẽ□ *	uã 碗	uãi 横	

4．入声韵母

ip 邑	iap 叶	ap 压			
it 乙	iat 阅	at 遏	ut 郁	uat 越	
ik 益	iak 摔	ak 沃	ɔk 恶	iɔk 约	
ah 鸭	oh 学	ɔh□ *	eh 呃	aih□ *	auh 裹
ih 缺	iah 页	ioh 药	iuh□ *	iauh□ *	
uh 托	uih 血	uah 活	ueh 狭	uaih□ *	
mh 默	ŋh 哼				
ẽh 挟	ãh 凹	ɔ̃h 膜	ãih□ *	ãuh 咬	
nih 闪	iãh□ *	iãuh□ *			
uẽh 挟	uãih□ *				

说明：□＊为僻字或拟声词

思明区闽南话有收 m 韵尾的鼻音韵母和一批鼻化韵母，以及数量多、韵尾类型比较复杂的入声韵母，这些都是普通话所没有的。

思明区闽南话韵母与厦门市各区基本一样。集美区把“鱼、去、汝你”等字的韵母读成“u”，“间”等字的韵母读成“ãi”。另外，思明区读“o”韵母的许多字，集美区许多地方都读成“ɔ”韵母，如“河好老”等等。海沧区靠近漳州地区的一些地方有读如漳州音的“ɛ”（马茶）、“iɔ̃”（张想）、“uĩ”（饭卵）等韵母，“e”和“ue”韵母所管的许多字也跟思明区不一样，如将“买鸡”读做“be^{3} ke^{1}”，“飞皮”读成“pue^{1}phue^{2}”等。

（三）声调

1．声调对应

思明区闽南话有 7 个声调，与中古汉语平、上、去、入四声均有对应。

思明区闽南话与中古汉语声调对应表

表 32-2-1

古四声		平声		上声		去声		入声	
闽南方言	调类	1 阴平	2 阳平	3 上声	6 阳去		5 阴去	7 阴入	8 阳入
	调值	44	24	53	22		21^{1}	$\underline{32}$	$\underline{4}$
例字		东	同	董	动	洞	冻	督	独

古全浊上声在闽南方言归阳去。调类的数字代表声调的类别。另外，思明区闽南话出现的轻声不属调类，它是某些多音词的末个语素或句子结构里有些词语因某种需要而产生的声调变异。轻声的调值常常随前字的声调而变化。一般不标声调符号。

思明区闽南话与厦门市各区闽南方言的声调在调类上相同，但个别调类的调值有点差异，因此，凭着调值的差异，人们也可分辨出说话者是哪个区的人。

2. 连读变调

思明区闽南话 7 个声调的字在多音词或语句里都可能发生连读变调，多音词的变调规律大体上是末字不变调，其余各字一般都变调。语句的变调比较复杂。

思明区闽南话二字组连读变调规律表

表 32-2-2

本调	阴平 44	阳平 24	上声 53	阴去 21	阳去 22	阴入 $\underline{32}$		阳入 $\underline{4}$
						收-h 尾	收 p、t、k 尾	
变调	阳去 22	阳去 22	阴平 44	上声 53	阴去 21	上声 53	阳入 $\underline{4}$	阴去 21

各声调的字变调规律虽复杂，但规律比较整齐划一。大体是阴平、阳平变阳去；上声变阴平；阴去变上声；阳去变阴去；阴入根据韵尾的不同而分别变上声和阳入；阳入则变如阴去的调值，但收 p、t、k 韵尾的，仍保留 p、t、k 韵尾。

3. 文白异读

思明区闽南话跟厦门市各区以及泉州、漳州地区的闽南话一样，在语音方面的一个重要特点是字音有大量的文读音和白读音之分。文读音本地人也叫读书音或孔子白，就是昔时私塾先生教古诗文常用的读音；白读音本地人叫说话音，也有人叫土音或解说音。闽南话的文白读音不仅数量多，而且文白对应的类型也非常复杂，可各自成系统，在汉语各方言中是最突出的。据统计，在 3500 个常用汉字里，思明区闽南话有三分之一强的字有文白读音。下面是字音文白对应的例子：

文		白	文		白
方	hɔŋ^{1}（方向）	hŋ^{1}（药方）	问	bun^{6}（问题）	mŋ^{6}（问话）
结	kiat^{7}（团结）	kat^{7}（拍结）	学	hak^{8}（学习）	oh^{8}（学堂）
落	lɔk^{8}（落实）	loh^{8}（落雨）	开	khai^{1}（开始）	khui^{1}（开门）
树	su^{6}（树立）	tshiu^{6}（大树）	前	tsian^{2}（前途）	tsiŋ^{2}（头前）
面	bian^{6}（体面）	bin^{6}（面前）	歌	ko^{1}（歌颂）	kua^{1}（唱歌）
雨	u^{3}（雨水节气）	hɔ^{6}（雨伞）	白	pik^{8}（清白）	peh^{8}（白色）
光	kɔŋ^{1}（光彩）	kŋ^{1}（天光）	马	ma^{3}（马上）	be^{3}（马车）
西	se^{1}（西装）	sai^{1}（西照）	长	tiɔŋ^{2}（特长）	tŋ^{2}（长短）
上	siɔŋ^{6}（上课）	tsiũ^{6}（上车），tshiũ^{6}（上水/吊桶打水）			

文白读音在具体语词里大多是固定的，或者是社会约定俗成的，不能随便乱套，否则会听不懂或产生歧义。如“西装”，只有 se^{1}tsɔŋ^{1}的读法可交际使用，如果说成 se^{1}tsŋ^1、sai^{1}tsŋ^{1}或 sai^{1}tsɔŋ^1，人们都听不懂。“鼓吹” 读 kɔ^{3}tshui^1，是卖力宣传、宣扬的意思；如果读 kɔ^{3}tshe^1，则是喇叭的意思。

二、思明区闽南话与普通话语音比较

（一）声母比较

思明区闽南话与普通话声母比较表

表 32-2-3

思明方言	普　通　话
p	p（巴） ph（婆）f（肥）m（秘）
ph	ph（坡）f（蜂）
m	m（棉）
b	m（面）○（无）
t	t（大）tʂ（猪）th（同）tʂh（茶）ts（择）
th	th（停）tʂh（虫）t（读）tʂ（柱）
l	l（路）n（南）ʐ（日）ɚ（儿）○（裕）
ts	tʂ（助）tɕ（尖）ts（坐）ʂ（石） tɕh（情）tsh（才）tʂh（船）○（痒）
tsh	tsh（策）tɕh（七）ɕ（笑）ʂ（试）s（饲）ts（贼）
s	ʂ（沙）ɕ（写）s（四）tʂh（产）tɕh（泅）tsh（赐）○（屿）
k	tɕ（家）k（公）tɕh（球）h（猴）ɕ（峡）kh（柯）tʂ（枝）
kh	kh（苦）tɕh（去）tɕ（俭）k（概）h（环）ɕ（许）
ŋ	○（午）
g	○（元）n（牛）
h	h（河）ɕ（下）f（风） ○（鱼） kh（况）
○	○（椅）h（胡）ɕ（鞋）ʐ（荣）

说明：有“—”线的字为说话音

（二）韵母比较

思明区闽南话 83 个韵母里，有些韵母所管的字极少，有些韵母只有拟声词。下表只选常用的 64 个韵母进行比较。

思明区闽南话与普通话韵母比较表

表 32-2-4

思明方言	普　通　话
a	a（拉）ia（夏） au（早）iau（胶）
ia	ie（写）ɤ（社）i（寄）
ua	ua（华）ai（大）o（我）ɤ（歌）a（沙）i（倚）
i	i（弟知紫）ei（美）ui（未）ɚ（儿）y（徐）ian（帘）ai（苔）
ui	u（e）i（吹）ei（类）i（季）ua（画）ai（开）uo（蓑）
u	u（如）y（余）ɿ（子）iu（久）uo（唇）

续表32-2-4

思明方言	普　通　话
iu	i（o）u（流）ou（周）u（蛀）y（须）iau（彪）
e	a（纱）ia（家）i（弟）u（e）i（税）ei（赔）ai（债）e（扯）ʅ（制）uo（坐）ie（姐）ye（瘸）
ue	ei（杯）u（e）i（退）i（洗）ie（街）ai（买）u（初）ua（瓜）uai（衰）uo（做）
o	o（破）　uo（左）ɤ（可）au（宝）u（楚）
io	iau（票）au（赵）ie（茄）
oo	u（补）ou（谋）uo（所）y（雨）au（贸）
ai	ai（海）ie（届）ʅ（狮）ei（眉）
uai	uai（怪）
au	au（老）iao（交）ou（偷）i（o）u（刘）u（哭）
iau	iau（消）au（朝）u（柱）
ã	a（怕）an（衫）ing（挺）in（林）
iã	iŋ（饼）əŋ（声）ian（件）iaŋ（向）ioŋ（兄）an（燃）
uã	an（寒）uan（官）ian（线）yan（泉）ai（赖）
ĩ	ian（天）iŋ（硬）əŋ（郑）an（扇）yan（圆）i（鼻）
uĩ	ei（梅）
iũ	aŋ（张）iaŋ（箱）
ẽ	a（骂）ei（妹）
ɔ̃	u（误）o（魔）au（茂）ou（偶）
ãi	ai（乃）
uãi	uan（惯）yan（悬高也）an（杆）əŋ（横）
ãu	au（脑）ou（藕）
iãu	au（猫）
im	in（心）ən（沉）
am	an（南）ian（陷）
iam	ian（点）an（闪）ən（针）
in	in（民）ən（真）yn（迅）iŋ（轻）əŋ（藤）ian（面）
un	un（唇）ən（文）yn（军）in（斤）
an	an（慢）ian（艰）uan（万）in（闽）ən（陈）eŋ（等）
ian	ian（建）yan（缘）an（展）
uan	uan（团）yan（全）ian（羡）an（范）
ŋ	aŋ（缸）iaŋ（秧）uaŋ（光）uan（断）yan（劝）an（饭）un（损）
iŋ	iŋ（兵）əŋ（灯）yŋ（永）uŋ（弓）uaŋ（筐）
aŋ	aŋ（港）iaŋ（江）uŋ（冬）əŋ（蜂）uaŋ（网）
iaŋ	iaŋ（亮）aŋ（漳）
ɔŋ	uŋ（空）əŋ（风）uəŋ（翁）aŋ（房）uaŋ（王）iaŋ（讲）
iɔŋ	yŋ（雄）uŋ（中）iaŋ（强）aŋ（昌）
ah	a（塔）ia（甲）ai（百）ɤ（盒）ie（猎）i（抑）

续表32-2-4

思明方言	普　通　话
iah	i（壁）ie（借）e（额）ye（削）ai（摘）au（勺）
uah	a（伐）ɤ（热）o（拨）
ih	ie（碟）ɤ（舌）i（滴）ye（缺）
uih	ua（划）a（拔）ye（血）
uh	uo（托）a（发）
eh	ai（麦）ɤ（客）ie（裂）ye（月）uo（郭）ua（袜）
ueh	ie（节）ia（夹）a（八）i（笠）
oh	uo（桌）ɤ（鹤）ye（学）
ioh	ye（约）ie（歇）uo（着）iao(药）ʅ（尺）
ip	i（立）u（入）
ap	a（答）ɤ（鸽）ia（压）ʅ（十）
iap	ie（业）ʅ（涉）ia（侠）i（粒）
it	i（笔）ɤ（得）
ut	u（骨）o佛　y（律）i（讫）uai（率）ye（掘）
at	a（达）ɤ（葛）ie（结）ia（辖）i（力）ei（贼）
iat	ie（杰）ɤ（彻）i（吉）ye（穴）
uat	uo（夺）a（法）ye（绝）ua（刷）ie（撇）
ik	i（积）e（刻）uo（或）ʅ（式）y（绿）ai（柏）u（叔）ou（轴）ua（划）
ak	u（缚）o（墨）ye（确）y（狱）au（凿）i（o）u（六）ɤ（壳）
ɔk	uo（国）u（腹）ɤ（恶）au（烙）
iɔk	u（褥）y（育）ye（雀）uo（弱）iau（药）au（着）ou（肉）i（o）u（六）

说明：有“—”线的字为说话音

（三）声调比较

思明区闽南话有7个声调，普通话只有4个声调。两者有基本的对应关系，均可进行比较。

思明区闽南话与普通话声调比较表

表32-2-5

思明方言	阴平	阳平	上声	阴去／阳去	阴入	阳入
普通话	阴平	阳平	上声	去 声	阴平/阳平/上声/去声	阳平/去声
例字	悲	脾	比	闭/备	逼/革/笔/壁	极/力

思明区闽南话的同音字表跟《厦门市志·方言》所记录同音字表相同。

三、思明区闽南话与周边区方言差异

思明区闽南话有些词语跟厦门市其他区的说法有少许不同。如“蜻蜓”，思明区说“田婴”，海沧区多说“田口［tshan^{2}me^{1}］”，温厝、东孚说“草口［tshau^{3}me^{1}］”，东孚靠凤山的地方却说“山口［suã^{1}me^{1}］”；“雀斑”，思明区说“胡蝇屎［hɔ^{2}sin^{2}sai^{3}］”，海沧区多说“乌斑［ɔ^{1}pan^{1}］”，也有说

“口斑［kuã^{3}pan^{1}］”；“这”“那”，思明区说“遮［tsia^{2}］”“遐［hia^{2}］”，翔安区却分别说“zio^{2}、ziai^{2}”“hio^{2}、hiai^{2}”。思明区常爱用跟“打”有关的动词表示“吃”，如“捋［luah^{7}］”，“揔［hut^{7}］”，“摔［sut^{7}］”，如“紧来去捋”，“揔一顿”，“摔了了”等表示迅猛而大量地吃，还有不少人用“牵［khan^{1}］”表示吃，这在其他区是很少见的。

区境闽南方言整体较一致，但也存在小差异。主要在语音方面：如梧村、筼筜、莲前、嘉莲和滨海街道本地居民，把“鱼”读成［hu^{2}］，“去”读成［khu^{5}］，“汝$_{你}$”读成［lu^{3}］，“间”读成［kãi^{1}］，等等。而中华、鹭江等街道居民则把“鱼”读成［hi^{2}］，“去”读成［khi^{5}］，“汝”读成［li^{3}］，“间”读成［kiŋ^{1}］。厦港街道一些渔民有的口音也和中华、鹭江街道不同。鼓浪屿街道居民说话在语调上也有其特点。

第二节 词 汇

一、词语特征

（一）保留古语词

思明区闽南话仍保留不少古词语。如：鼎 tia^{3}（锅）、箸 ti^{6}（筷子）、册 tsheh^{7}（书）。而普通话只在成语或某些语词里才体现古义。如：走 tsau^{3}（跑，普通话“千里走单骑”）、喙 tshui^{5}（嘴，普通话“不容置喙”，不许别人插嘴）、曝 phak^{8}（晒，普通话“一曝十寒”）。

（二）使用单音词

思明区闽南话仍然使用许多单音词，而普通话或其他方言却已经不用或只作为构词词素，或必须加上其他词素形成复音词。如：石 tsioh^{8}（普通话说“石头”）、裤 khɔ^{5}（普通话说“裤子”）、暗 am^{5}（普通话说“黑暗”）、扎 tsat^{7}（普通话说“捆扎”）等，但思明区闽南话可说“石”“裤”“暗”“扎”等。

（三）吸收外来词

思明区闽南话吸收不少外来词，主要是马来语。如：雪文 sat^{7}bun^{2}（肥皂）、巴刹 pa^{1}sat^{7}（市场）、阿合 a^{1}gah^{7}（估计，猜测）。也有英语。如：什扳仔 sip^{8}pan^{3}na^{3}（扳手，英语 spanner）、术 sut^{8}（投篮，英语 shoot）。

（四）融入普通话

汉语各方言都是共同语的一种变体，有着共同的源流。尤其是中华人民共和国成立以来，普通话对方言表现出前所未有的强势影响。所以普通话的许多词语都可以被吸收到闽南话来，但要换成闽南话的读音。还要注意文白读音的搭配。如：钟表［tsiŋ^{1}pio^{3}］、现在［hian^{6}tsai^{6}］、小心［sio^{3}sim^{1}］、勤劳［khun^{2}lo^{2}］、安全［an^{1}tsuan^{2}］、跑步［phau^{3}pɔ^{6}］、争取［tsiŋ^{1}tshu^{3}］等。

（五）词序不同

普通话	思明区闽南话	普通话	思明区闽南话
客人	人客 lang^{2}kheh^{7}	台风	风台 hɔŋ^{1}thai^{1}
线面	面线 mi^{6}suã^{5}	母猪	猪母 ti^{1}bu^{3}

二、词语举例

这里只选若干常用词，按 a、p、tsh、t、e、k、h、kh、l、m、n、o、ph、s、th、u、i、ts 的音序排列。先列思明区闽南话词语，后列相对应的普通话词语或解释。

a

鸭角 ah^{7} kak^{7}	公鸭
押煞 ah^{7} suah^{7}	劝止
沃 ak^{7}	浇灌
饮 am^{5}	米汤
暗暝 am^{5}mi^{2}	夜晚
颔管 am^{2}kun^{3}	脖子
翁 aŋ^{1}	丈夫
瓯 au^{1}	小碗
号 au^{2}	叫喊
拗 au^{3}	折断

p

巴锐 pa^{1}lue^{6}	摆弄
排只 pai^{2}tsi^{3}	神气
摆 pai^{3}	次，回
缚 pak^{8}	捆绑
枋堵 paŋ^{1}tɔ^{3}	板壁
放暇 paŋ^{5}he^{6}	放学
挽 ban^{3}	拔、掰
蠓仔 baŋ^{3}ŋa^{3}	蚊子
糜 be^{2}	粥
麦角 beh^{8}kak^{7}	麦片
覕 bih^{7}	躲藏
眠床 bin^{2}tshŋ^{2}	床
暝时 mi^{2}si	晚上
乜代 mih^{7}tai^{6}	干嘛
物配 mih^{8}phe^{5}	下饭的菜
漠漠 mɔh^{8}mɔh^{8}	平庸
无采 bo^{2}tshai^{3}	可惜
无张持 bo^{2}tiũ^{1}ti^{2}	冷不防
无影 bo^{2}iã^{3}	没事实
某 bɔ^{3}	妻子
憋腹 peh^{7}pak^{7}	操心，烦恼
白贼 peh^{8}tshat^{8}	撒谎
煏油 piak^{7}iu^{2}	熬油
襒 pih^{7}	挽（袖子）
贫惰 pin^{2}tuã^{6}	懒惰
反腹 piŋ^{3}pak^{7}	反胃
抨 piã^{1}	扔、摔
搬碑 puã^{1}tshia^{1}	倒腾
脯 pɔ^{3}	干瘪
哺 pɔ^{6}	咀嚼
步辇 pɔ^{6}lian^{3}	步行
跋倒 puah^{8}to^{3}	摔倒
分抨 pun^{1}phĩ^{1}	分摊

tsh

菜脯 tshai^{5}pɔ^{3}	萝卜干
菜头 tshai^{5}thau^{2}	萝卜
参详 tsham^{1}siɔŋ^{2}	商量
田蛤仔 tshan^{2}kap^{7}ba^{3}	青蛙
臭臊 tshau^{5}tsho^{1}	腥臭
臭焦 tshau^{5}ta^{1}	烧焦
臭柿子 tshau^{5}khi^{6}a^{3}	西红柿
臭殕 tshau^{5}phu^{3}	发霉
凑拄欺 tshau^{5}tu^{3}kham^{3}	凑巧
箠仔 tshe^{2}ia^{3}	小竹棍儿
册 tsheh^{7}	书
碑盘 tshia^{1}puã^{2}	折腾
刺易 tshiah^{7}iah^{8}	刺痒
僭摆 tshiam^{5}pai^{3}	加塞儿
浅拖 tshian^{3}thua^{1}	拖鞋
撨（桌椅） tshiau^{2}	移动
蠘 tshih^{8}	梭子蟹
清气 tshiŋ^{1}khi^{5}	干净
筅尘 tshiŋ^{3}thun^{2}	扫房
擤鼻 tshiŋ^{5}phĩ^{6}	擤鼻涕
螫 tshioh^{7}	小虫咬
迌迌 tshit^{7}tho^{2}	玩耍
瞪光 tshĩ^{2}kŋ^{1}	刺眼
倩 tshiã^{5}	雇佣
上殕 tshiũ^{6}phu^{3}	发霉
灿 tshuã^{5}	出众
臊 tsho^{1}	腥
创甚乜 tshɔŋ^{5}sim^{3}mih^{7}	做什么
趋坡 tshu^{1}pho^{1}	斜坡
觑懵 tshu^{3}bang^{3}	近视
跙 tshu^{6}	滑
澍水 tshu^{6}tsui^{3}	喷水
拽尿 tshua^{6}lio^{6}	尿床
擦 tshueh^{7}	擦，蹭

缞 tshui^{1}	勒，绞
喙颊 tshui^{5}phue^{3}	脸颊
伸 tshun^{1}	剩余
捘 tsun^{6}	掐，拧

t

焦肘 ta^{1}tiu^{3}	伶俐
大曳 tai^{6}iat^{8}	神气
滓 tai^{3}	渣滓
答喙鼓 tap^{7}tshui^{5}kɔ^{3}	闽南曲艺形式
啖 tam^{1}	尝（滋味）
澹 tam^{2}	湿
瘅 tan^{1}	枯而瘦小
投 tau^{2}	告状
鬥阵 tau^{5}tin^{6}	一块儿
鬥相共 ta^{5}sã^{1}kaŋ^{6}	帮忙
渎渎仔 tauh^{8}tauh^{8}a^{3}	慢慢地
茶钴 te^{2}kɔ^{3}	烧水壶
硩 teh^{7}	压
底时 ti^{6}si^{2}	什么时候
点丒 tiam^{3}tuh^{7}	提示
踮 tiam^{5}	在
居 tiam^{6}	文静
刁空五 tiau^{5}khɔŋ^{5}ŋɔ^{3}	刁难
条直 tiau^{2}tit^{8}	干脆
揕 tim^{5}	抛掷
擢味 tioh^{7}bi^{6}	调味
直透 tit^{8}thau^{5}	一直
诞误 tã^{6}ŋɔ^{6}	错误
盪 tŋ^{6}	洗涤
靪 tĩ^{1}	后跟
缠 tĩ^{2}	盘绕
滇 tĩ^{6}	满
拄则 tu^{3}tsiah^{7}	刚才
大箍头 tua^{6}khɔ^{1}thau^{2}	大块头
贮饭 tue^{3}pŋ^{6}	盛饭
丒眠 tuh^{7}bin^{2}	瞌睡
揬臭 tuh^{8}tshau^{5}	揭短

e

秽世 e^{5}se^{5}	丢丑
下晡 e^{6}pɔ^{1}	下午
下昼 e^{6}tau^{5}	中午
下昏 e^{6}hŋ^{1}	晚上

k

家己 ka^{1}ki^{6}	自己
铰刀 ka^{1}to^{1}	剪刀
家蚤 ka^{1}tsau^{3}	跳蚤
佳哉 kai^{1}tsai^{5}	幸亏
矸 kan^{1}	瓶子
奸宄 kan^{1}kui^{3}	阴险
到当 kau^{5}tã^{1}	至今
裹薄饼 kauh^{7}poh^{8}piã^{3}	包春卷
椵 ke^{2}	卡住
碍虐 gai^{6}gioh^{8}	别扭
月娘 geh^{8}niu^{2}	月亮
⿰女严 gian^{5}	喜爱
孽 giat^{8}	顽皮
囝仔 gin^{3}na^{3}	小孩
遨 go^{2}	滚动
⿱夯心 gɔŋ^{6}	傻
⿱夯心愕 gɔŋ^{6}ŋiah^{8}	诧异
记持 ki^{5}ti^{2}	记性
崎 kia^{6}	陡
紧猛 kin^{3}mi^{3}	赶快
裥 kiŋ^{3}	褶子
供 kiŋ^{5}	供奉
脚数 kioh^{5}siau^{5}	角色
拱 kiɔŋ^{3}	推让
勼 kiu^{1}	收缩
搁带 kiuh^{7}tua^{5}	松紧带
惯势 kuãi^{5}si^{5}	习惯
各憋 kɔk^{7}pih^{7}	古怪
栱仔 kɔŋ^{3}ŋa^{3}	罐子
姑成 kɔ^{1}tsiã^{2}	央求
古意 kɔ^{3}i^{5}	憨厚
鸡健 kue^{1}nua^{6}	童子鸡
膎 kue^{2}	一种腌制的食品
规气 kui^{1}khi^{5}	干脆
骨力 kut^{7}lat^{8}	勤快

h

爻 ha^{2}	捆扎
含飕 ham^{2}sau^{1}	器皿裂痕
奒 hai^{1}	大
哈喝 hai^{1}huah^{7}	呵斥
撼 hmh^{7}	砸
泛泛 ham^{5}ham^{5}	马马虎虎
含慢 ham^{2}ban^{6}	迟钝
嚣六 hau^{1}lak^{8}	撒谎
鲎桸 hau^{1}hia^{1}	鲎壳勺子
瘕痀 he^{2}ku^{1}	哮喘
鱼臊 hi^{2}tsho^{1}	鱼鲜
桸 hia^{1}	水舀子
侥 hiau^{1}	背弃，翻
娆 hiau^{2}	（女子）轻佻
挟 hiap^{8}	摇动
哯 hiŋ^{6}	馈赠
歇瘖 hioh^{7}sian^{6}	休息
翕像 hip^{7}siɔŋ^{6}	照相
迄号 hit^{7}lo^{6}	那种
甩 hiu^{5}	摔
甩水 hiu^{5}tsui^{3}	洒水
捍车 huã^{6}tshia^{1}	驾车
捍鼎 huã^{6}tiã^{3}	掌勺
捍家 huã^{6}ke^{1}	持家
好佳哉 ho^{3}kai^{1}tsai	幸亏
胡蝇 hɔ^{2}sin^{2}	苍蝇
唬 hɔ^{3}	诈取
户填 hoo^{6}ding^{6}	门槛
番爿 huan^{1}ping^{2}	南洋
熏軕 hun^{1}tng^{2}	烟头
揔 hut^{7}	击

kh

骹 kha^{1}	脚
骹头趺 kha^{1}thau^{2}hu^{1}	膝盖
骹迹底 kha^{1}liah^{7}tue^{3}	脚底板
较停 khah^{7}thiŋ^{2}	待会儿
戡 kham^{3}	傻
勘 kham^{5}	遮盖，盖子
空榫 khaŋ^{1}sŋ^{3}	由头
工课 khaŋ^{1}khe^{5}	活计
抠 khau^{1}	刮削
哭作舍 khau^{5}tsɔk^{7}sia^{5}	糟糕
觳觳掉 khauh^{8}khauh^{8}tio^{6}	颤抖
攲 khi^{1}	倾斜
齿抿 khi^{3}bin^{3}	牙刷
徛 khia^{6}	站立
虬 khiu^{2}	卷曲
揪 khiu^{3}	拉
扩头 khɔk^{7}thau^{2}	凸额
倥戡 khɔŋ^{1}kham^{3}	愚昧而自信
跍 khu^{2}	蹲
髡喙须 khun^{1}tshui^{5}tshiu^{1}	刮胡子
睏 khun^{5}	睡觉

l

蟟 la^{2}	蛤蜊
挠 la^{6}	搅动
澹 lam^{3}	虚弱
揽 lam^{3}	拥抱
笼床 laŋ^{2}sŋ^{2}	蒸笼
拢 laŋ^{3}	掌管
落 lau^{5}	拉（肚子）
捩 li^{5}	撕
掠 liah^{8}	抓
捻 liam^{5}	掐
蔫脯 lian^{1}pɔ^{3}	枯萎
蹽 liau^{2}	溜走
撨 liau^{2}	裁锯
饶痕 liau^{2}hun^{2}	皱纹
了 liau^{3}	亏损
凛 lim^{2}	接近
恁 lin^{3}	你们
冗 liŋ^{6}	腾出
日头 lit^{8}thau^{2}	太阳
溜额 liu^{5}hiah^{8}	前额高
馏 liu^{6}	再蒸热
蓝仔佛 na^{2}a^{3}put^{8}	番石榴
蹑骹 nih^{7}kha^{1}	踮脚
澜 nua^{6}	口水
醪 lo^{2}	浑浊

躼 lo^{5}	个子高
簏仔 lɔk^{7}a^{3}	盒子
拢 lɔŋ^{3}	都
芦黍 loo^{2}sueh^{3}	高粱
掵 loo^{6}	动摇
茹呛呛 lu^{2}tshiaŋ^{3}tshiaŋ^{3}	乱糟糟
偌多 lua^{6}tsue^{6}	多少
捋头 luah^{8}thau^{2}	梳头
抡 lun^{5}	蠕动，挣脱

m

姆 m^{3}	伯母

n

含 ã^{2}	袒护
揞 ã^{5}	低下，弯下
揾 ŋ^{1}	遮盖，遮掩

o

阿咾 o^{1}lo^{3}	赞扬
蚝仔煎 o^{2}a^{3}tsian^{1}	海蛎煎
芋颅 ɔ^{6}lu^{2}	光头

ph

抛 pha^{1}	翻越
拍哈呛 phah^{1}(kha)^{1}tshiũ^{5}	打喷嚏
否 phãi^{3}	不好，坏
覆 phak^{7}	趴
曝日 phak^{8}lit^{8}	晒太阳
蜂岫 phaŋ^{1}siu^{6}	蜂窝
垡 pheh^{8}	泡沫
庀 phi^{3}	细小；痂
癖 phiah^{8}	麻疹
飘撇 phiau^{1}phiat^{7}	潇洒
蹩 phih^{7}	趴
品 phin^{3}	炫耀
偏 phĩ^{1}	占便宜
胖泡 phɔŋ^{5}pha^{6}	起泡
浡 phu^{6}	沸
破喈声 phua^{5}tsheh^{8}siã^{1}	嘶哑声
拔 phuah^{8}	披挂
批 phue^{1}	书信
呸澜 phui^{5}nua^{6}	吐口水
潘 phun^{1}	泔水

s

捎 sa^{1}	抓
屎礐 sai^{3}hak^{8}	厕所
鬖毛 sam^{5}mŋ^{2}	披头散发
散胆 san^{5}tã^{3}	放胆
飕声 sau^{1}siã^{1}	沙哑
死对揭 si^{3}tui^{5}khiat^{8}	死对头
四界 si^{5}kue^{5}	到处
四秀 si^{5}siu^{5}	零食
序大人 si^{6}tua^{6}laŋ^{2}	长辈
銑 sian^{1}	铁锈
瘖 sian^{6}	疲倦
相空 siaŋ^{5}khaŋ^{1}	吹嘘
小髫 siau^{3}thiau^{2}	小孩
痟 siau^{3}	疯癫
数念 siau^{5}liam^{6}	惦记
设仙 siat^{7}sian^{1}	诱骗
宿鬼 sik^{7}kui^{3}	机灵鬼
新子仔 sin^{1}tsĩ^{3}ã^{3}	新手
相借问 sio^{1}tsioh^{7}mŋ^{6}	打招呼
相诤 sio^{1}tsĩ^{5}	争论
俗 siɔk^{8}	低廉
嵩本 siɔŋ^{1}pun^{3}	耗费大
泅水 siu^{2}tsui^{3}	游泳
受气 siu^{6}khi^{5}	生气
相输 sã^{1}su^{1}	打赌
损荡 sŋ^{3}tŋ^{6}	糟蹋
闪爁 sĩ h^{7}na^{5}	闪电
趖 so^{2}	磨蹭；（地上）爬
槊仔 sɔk^{8}a^{3}	铲子
煞 suah^{7}	结束，了结
细腻 sue^{5}li^{6}	小心
水气 sui^{3}khui^{5}	漂亮
顺续 sun^{6}sua^{5}	顺便
捽 sut^{7}	抽打

th

铊 tha^{5}	拨弄
沓 thah^{8}	叠
读册 thak^{8}tsheh^{7}	读书
趁钱 than^{5}tsĩ^{2}	赚钱
敨 thau^{5}	解开
澈 theh^{7}	精光
忝头 thiam^{3}thau^{2}	严重
超持 thiau^{1}ti^{2}	故意
超工 thiau^{1}kaŋ^{1}	特意
褪 thŋ^{5}	脱
妥直 tho^{5}tit^{8}	爽直
涂骹 thɔ^{2}kha^{1}	地上
脱链 tuah^{7}lian^{6}	拉链
豘 thun^{3}	践踏

u

斡弯 uat^{7}uan^{1}	拐弯
有闲 u^{6}iŋ^{2}	有空儿
有影 u^{6}iã^{2}	真的，确实
温驯 un^{1}sun^{2}	温和
匀匀仔 un^{2}un^{2}na^{3}	慢慢地
鬱卒 ut^{7}tsut^{7}	郁闷

i

掖 ia^{6}	撒，撒播
缘投 ian^{2}tau^{2}	标致
犹未 iau^{3}be^{6}	还没
挹后 iap^{7}au^{6}	放在背后
因端 in^{1}tuã^{1}	原因
絪线 in^{1}suã^{5}	绕线
壅肥 iŋ^{5}pui^{2}	施肥
幼秀 iu^{5}siu^{5}	秀气文静
溢 ioh^{7}	晃荡
勇 iɔŋ^{3}	健壮

ts

查某 tsa^{1}bɔ^{3}	女人
昨昏 tsah^{8}hŋ^{1}	昨天
知影 tsai^{1}iã^{3}	知道
才调 tsai^{2}tiau^{6}	本事
鏨 tsam^{6}	砍断
走 tsau^{3}	跑
灶骹 tsau^{5}kha^{1}	厨房
杂插 tsap^{8}tshap^{7}	好管闲事
坐数 tse^{6}siau^{5}	承担，认账
遮 tsia^{2}	这里
尖钻 tsiam^{1}tsŋ^{5}	钻营
剪纽仔 tsian^{3}liu^{3}a^{3}	扒手
鸟牙 tsiau^{3}ge^{2}	贫嘴
照纪纲 tsiau^{5}khi^{3}kaŋ^{1}	按规矩
踟伤 tsik^{7}siɔŋ^{1}	内伤
精 tsiŋ^{1}	准确
就安尔 tsiu^{6}an^{1}ni^{1}	就这样
诤 tsĩ^{5}	争辩
搢 tsĩ^{5}	挤进
作穑 tsoh^{7}sit^{7}	种地
踖 tsoh^{8}	奔走
撰匙 tsuan^{6}si^{2}	钥匙
做湧 tsue^{5}iŋ^{3}	起哄
截 zueh^{8}	切
水撰头 tsui^{3}tsuan^{6}thau^{2}	水龙头
准数 tsun^{3}siau^{5}	充数

第三节　语法特征举例

思明区闽南话的语法与普通话有一些不同。这里只介绍词尾“仔”和最具方言特色的几种句型。

一、词尾“仔”

“仔”读音为a^{3}，是“囝kiã^{3}的俗字，多受前一字末个音素的影响而发生增音的音变。它多做名词词尾，有的名词加“仔”，有表小的意思。如：车仔tshia^{1}a^{3}（缝纫机）、师仔sai^{1}ia^{3}（徒弟）、半楼仔puã^{5}lau^{2}ua^{3}（阁楼）、贼仔tshat^{8}ia^{3}（盗贼）、翁某仔aŋ^{1}bɔ^{3}a^{3}（夫妇）、田蛤仔tshan^{2}kap^{7}ba^{3}（青蛙）、茶桌仔te^{2}toh^{7}a^{3}（茶馆）、合箧仔kap^{7}tseh^{7}ia^{3}（藤条编织的小箱子），尪仔aŋ^{1}ŋa^{3}（小泥人、洋娃娃）、船仔tsun^{2}na^{3}（小船）、店仔tiam^{5}ma^{3}（小店铺）、银角仔gun^{2}kak^{7}ga^{3}（硬币）、虾米仔he^{2}bi^{3}ia^{3}（虾米皮）、雨毛仔hɔ^{6}mŋ^{2}ŋa^{3}（细雨）、两步仔nŋ^{6}pɔ^{6}a^{3}（两三步路）等。

有些名词加“仔”，则具形容词或副词的性质，如：一点仔tsit^{8}tiam^{3}ma^{3}（少）、一庀仔tsit^{8}phi^{3}ia^{3}（小）、分分仔hun^{1}hun^{1}na^{3}（一点儿）、尾仔be^{3}ia^{3}（最后的、最小的）、皮皮仔phe^{2}phe^{2}ia^{3}（皮毛地）等。

此外，“仔”可作形容词词尾，如：慢慢仔ban^{6}ban^{6}na^{3}（慢点儿）、近近仔kun^{6}kun^{6}na^{3}（有些近）、匀匀仔un^{2}un^{2}na^{3}（慢慢来）、淡薄仔tam^{6}poh^{8}ua^{3}（少）、微微仔bi^{2}bi^{2}ia^{3}（稍微）等。

某些动宾结构可加“仔”，相当于名词，如：剪纽仔tsian^{3}niu^{3}ua^{3}（小偷）、拍铳仔phah^{7}tshiŋ^{5}ŋa^{3}（挨枪子儿的）。

“仔“还可加在数词后表示概数，如：三点仔sam^{1}tiam^{3}ma^{3}（三点钟左右）、半斤仔puã^{5}kun^{1}na^{3}（半斤来重）。

二、有无句

有食过。u^{6}tsiah^{8}ke。（他们吃过）

逐个无去着。dak^{8}e^{2}bo^{2}khi^{5}tioh。（大家没去到）

你看有水无？li^{3}khuã^{5}u^{6}sui^{3}bo？（你看漂亮不漂亮）

饭煮无熟。pŋ^{6}tsu^{3}bo^{2}sik^{8}。（饭没煮熟）

等有。tan^{3}u^{6}。（我们等到了）

我看拢无。gua^{3}khuã^{5}lɔŋ^{3}bo^{2}。（我都没看到/没看出来）

买无半项。bue^{3}bo^{2}puã^{5}haŋ^{6}。（啥也没买到）

三、来去句

“来去”是偏义词，只表示“去”的概念。

下晡要来去中山路买淡薄物件。e^{6}pɔ^{1}beh^{7}lai^{2}khi^{5}tiɔŋ^{1}san^{1}lɔ^{6}bue^{3}tam^{6}poh^{8}mih^{8}kiã^{6}。（下午要去中山路买点儿东西）

明仔载有拍算跟我来去无？^{7}bin^{2}na^{3}tsai^{5}u^{6}phah^{7}sŋ^{5}te^{5}gua^{3}lai^{2}khi^{5}bo？（明天打算跟我去吗？）

四、某些动补结构可省略之间的助词

伊讲（甲）真紧。i^{1}kɔŋ^{3}（kah^{7}）tsin^{1}kin^{3}——伊讲真紧。（他说得很快）

我食（甲）太饱。gua^{3}tsiah^{8}（kah^{7}）thai^{5}pa^{3}——我食太饱。（我吃得太饱）

五、比较句

（一）平比句

平比句多用“平平”“䏊款”等词，如：

两个平平大汉。nŋ^{6}e^{2}pĩ^{2}pĩ^{2}tua^{6}han^{5}。（两个人个子一样高）

伊衫甲阮大姊䏊款。i^{1}sã^{1}kah^{7}gun^{3}tua^{6}tsi^{3}siaŋ^{2}khuan^{3}。（她的衣服和我姐姐一样）

（二）差比句

1. 可不用连词

你大我。li3tua6gua3。（你比我大）

你少我半岁。i1tsio3gua3puã5he5。（你比我小半岁）

2. 一般常用连词“较”“比……较”

你较大我。li3khah7tua6gua3。（你比我大）

你比我较大。li3pi3gua3khah7tua6。（你比我大）

你比我较大半年。Li3pi3gua3khah7tua6puã5ni2。（你比我大半岁）

你无较大我。gua3bo2khah7tua6i1。（你没比我大）

我较无伊多。gua3khah7bo2i1tsue6。（我比他少得多）

我无较少伊。gua3bo2khah7tsio3i。（我没比他少）

第四节　例句标音

一、童谣

（一）正月歌 tsiã1geh8kua1

初一早，tshue1it7tsa3，

初二早，tshue1li6tsa3，（指起早好拜年或接待亲友）

初三睏甲饱饱饱，tshue1sã1khun5kah7pa3pa3pa3，（该日忌拜年，没来客，可迟起）

初四神落地，tshue1si5sin2loh8tue6，（灶君上天汇报后返回人间）

初五过规，tshue1gɔ6ke5kui1，（拜年基本结束，商店开张）

初六壅肥，tshue1lak8iŋ5pui2，（备耕浇肥）

初七七元，tshue1tshit7tshit7guan2，（吃七样蔬菜）

初八完全，tshue1bueh7uan2tsuan2，（处理未尽事宜）

初九天公生，tshue1kau3thi1kɔŋ1sĩ1，（玉皇大帝生日）

初十有食食，tshue1tsap8u6tsiah8sit8，（因初九留下丰盛祭品）

十一请囝婿，tsap8it7tshiã3kiã3sai5，（宴请女婿）

十二转来拜，tsap8li6tŋ3lai2pai5，（出嫁的女儿回娘家拜年）

十三食饮糜配芥菜，tsap8sã 1tsiah8am3be2phe5kua5tshai5，（恢复日常饮食）

十四结灯棚，tsap8si5kat7tiŋ1pĩ2，（准备明日庆元宵的灯会）

十五上元暝，tsap8gɔ6siɔŋ6guan2iĩ2，（元宵节）

十六拆灯棚。tsap8lak8thiah7tiŋ1pĩ2，（节日结束）

（二）中秋博饼歌 tiɔŋ1tshiu1 puah8 piã3kua1

中秋月圆像明镜，tiɔŋ1tshiu1geh8i2tshiũ6biŋ2kiã5，

耀甲四界光映映。tshio6kah7si5kue5kŋ1iã5iã5。（四处洒满月光）

家家户户博月饼，ke1ke1hɔ6hɔ6puah8geh8piã3，

骰仔掴甲大细声。tau6a3kɔk8kah7tua6sue5siã1。（形容传出骰子的清脆声）

小弟博着一秀仔，sio3ti6buah8tioh8it7siu3a3，（一秀仔：中秋博饼中最小份的饼）

大姊博无让阿兄。tua6tsi3buah8bo2niu6a1hiã3。（博无：掷下的骰子没现出能拿到饼的点数）

阿公博着状元饼，a1kɔŋ1puah8tioh8tsiɔŋ6guan2piã3，

博了分互逐个食。puah8liau3pun1hɔ6tak8e2tsiah8。（民俗，拿到状元饼的人要把饼切分给大家品尝，这样才会有好运气来）

逐个那食那多谢，tak^{8}e^{2}na^{3}tsiah^{8}na^{3}to^{1}sia^6，（享用饼的人要边吃边表示感谢）

祝伊出运大好额。tsiɔk^{7}i^{1}tshut^{7}un^{6}tua^{6}ho^{3}giah^8。（祝愿阿公好运来）

二、俗语

食虎吞象 tsiah^{8}hɔ^{3}thun^{1}tshiũ^6（比喻贪得无厌）

刣鸡教猴 thai^{2}kue^{1}ka^{5}kau^2（寓意杀鸡教训猴）

掠龟走鳖 liah^{8}ku^{1}tsau^{3}pih^7（顾此而失彼）

转途卖烘炉 tŋ^{3}tɔ^{2}bue^{6}haŋ^{1}lɔ^2（比喻改行，跳槽）

伤热弄破鼎 siũ^{1}liat^{8}lɔŋ^{5}phua^{5}tiã^3（寓意过分亲热易翻脸）

食鱼食肉，也着菜夹 tsiah^{8}hi^{2}tsiah^{8}bah^7，ia^{6}tioh^{8}tshai^{5}kah^7（吃鱼吃肉也要搭配吃蔬菜）

头兴兴，尾冷冷 thau^{2}hiŋ^{5}hiŋ^5，be^{3}liŋ^{3}liŋ^3（指做事虎头蛇尾）

白纸写乌字 peh^{8}tsua^{3}sia^{3}ɔ^{1}li^6（即既成事实，证据具在，无法改变，也翻案不了）

来无张持，去无相辞 lai^{2}bo^{2}tiũ^{1}ti^2，khi^{5}bo^{2}sio^{1}si^2（来时没先告知，去时没有告辞。指来去匆匆）

人食米粉你喝烧 laŋ^{2}tsiah^{8}bi^{3}hun^{3}li^{3}huah^{7}sio^1（寓意多管闲事）

趁钱有数，生命着顾 than^{5}tsĩ^{2}iu^{3}sɔ^5，sĩ^{5}mia^{6}tioh^{8}kɔ^5（勿因拼命赚钱而损害了身体）

好酒沉瓮底 ho^{3}tsiu^{3}tim^{2}aŋ^{5}tue^3（寓意好戏在后头，后出较精彩）

吕洞宾，顾喙无顾身 lu^{6}tɔŋ^{6}pin^1，kɔ^{5}tshui^{5}bo^{2}kɔ^{5}sin^1（寓意只顾吃而不注意穿着）

棚顶搬甲流汗，棚骹嫌甲流澜 pĩ^{2}tiŋ^{3}puã^{1}kah^{7}lau^{2}kuã^6，pĩ^{2}kha^{1}hiam^{2}kah^{7}lau^{2}nua^6（台上演戏满头大汗，台下嫌不好看。寓意吃力不讨好）

三、歇后语

将军祠曝米粉——排只。tsiɔŋ^{1}kun^{1}su^{2}phak^{8}bi^{3}hun^3——pai^{2}tsi^3。（“将军祠”指地名。昔时在此制作米粉。湿米粉条要捆成一叠一叠地排在篾席上，在露天曝晒太阳使干。“排只”，指光彩而神气或讲排场）

演武亭的粟鸟仔——伓惊铳。ian^{3}bu^{3}tiŋ^{2}e^{2}tshik^{7}tsiau^{3}a^3——m^{6}kiã^{1}tshiŋ^5。（“演武亭”指地名，在厦门大学今人类博物馆附近。昔时郑成功在此练兵，常有枪炮声，麻雀听惯后也就不害怕而不飞跑了。寓意习以为常）

六月芥菜——假有心。lak^{8}geh^{8}kua^{5}tshai^5——ke^{3}u^{6}sim^1。

无底棺柴——害死人。bo^{2}tue^{3}kuã^{1}tsha^2——hai^{6}si^{3}laŋ^2。

剃头店关门——无理发。thi^{5}thau^{2}tiam^{5}kuãi^{1}mŋ^2——bo^{2}li^{3}huat^7。（“无理发”，谐音“无你法”，即毫无办法或没你的办法）

甘蔗规丛啰——无斩截。kam^{1}tsia^{5}kui^{1}tsaŋ^{2}khue^5——bo^{2}tsam^{3}tsueh^8。（“无斩截”，就是没有裁决，因而不了了之）

笼床盖勘无密——落气。laŋ^{2}sŋ^{2}kua^{5}kham^{5}bo^{2}bat^8——lau^{5}khui^5。（“落气”，即出丑，丢人现眼）

罗汉请观音——主人较多人客。lo^{2}han^{5}tshiã^{3}kuan^{1}im^1——tsu^{3}laŋ^{2}khah^{7}tsue^{6}laŋ^{2}kheh^7。（指请客吃饭，主人比客人多）

宫庙着贼偷——失神。kiŋ^{1}bio^{6}tioh^{8}tshat^{8}thau^1——sit^{7}sin^2。（“失神”，指精神不专或容易忘事）

第三十三卷　人　物

思明区历史上有众多英才俊秀、志士仁人，其事迹留存史册。

本卷收录人物传73篇，其中古代人物传13篇、近现代人物传60篇；录入人物事略32篇，其中古代人物事略20篇、近现代人物事略12篇。收录进士18人，其中文进士17人、武进士1人。近现代人物表收录烈士112人，全国劳动模范4人，省部级劳动模范34人；收录高级专业技术人员19人。

中华人民共和国成立后的职官表中，至2003年10月三区整合时，收录鼓浪屿区、开元区、思明区历任区委书记、副书记87人；人大常委会主任、副主任54人；政府区长、副区长（含区革委会主任、副主任）143人；政协主席、副主席37人；区纪委书记12人；区检察院检察长16人；区法院院长18人；区人民武装部部长、政委74人。三区整合至2007年12月，收录思明区历任区委书记、副书记6人；人大常委会主任、副主任10人；政府区长、副区长15人；政协主席、副主席9人；区纪委书记2人；区检察院检察长1人；区法院院长1人；区人民武装部部长、政委5人。

第一章　人物传

第一节　古代人物传

陈　僖

陈僖（生卒年未详），颍川（今河南许昌）人。唐开元年间随其父（长乐县县令）居长乐。其父任期满后，迁居福唐（今福清市）。他为人爱仁好义，襟怀坦荡，四方豪杰，聚集门下，时称“门有敢死之士”，为闽中豪族。当时，闽侯有自立为王的意图，欲招其共为谋划。他不愿参与其事，便私下建造船只，在夜间率领整个家族渡海，避居泉州之南被称为新城的海岛南部，即今之厦门岛南部。当时，厦门岛四面环海，鲜有人至，他率领家族，进行大规模拓荒，根据地形引流灌溉，高处辟为园地，低处垦为水田。垦荒数年后获得清源郡颁发的地契，成为家丰业厚的富豪家族。他淡漠仕途，终身不仕；子仲禹授广州番禺县丞；孙元通、元达分别任歙州婺源县令和虔州虔化县丞。其家族为有佐证的最早参与开发厦门岛的家族之一。因住在薛岭之南，故与薛令之并称“南陈北薛”。

陈　黯

陈黯（约805—877），字希孺，号昌晦，祖居莆田，后迁至清源郡南安县大同场嘉禾屿。父早逝，事母甚孝。10岁能诗。13岁拜见清源郡守时，因脸长痘瘢遭其嘲笑，即赋诗自嘲："玳瑁应难比，斑犀定不加。天嫌未端整，满面与妆花。"由此名闻乡里。40岁后屡次赴京应试均名落孙山，故自嘲"场老"。老年隐居终南山，又迁嘉禾屿，在金榜山麓筑室栖身，以读书、垂钓安度晚年。诗文著述有《裨正集》《绮庄集》《颖川先生集》等，但多散失。所作诗篇辞赋皆精而切，且乐府格调尤高。今见于《全唐文》《华心》等10篇文章。

与同时名士王肱、林颢、赫连韬、陈发、詹雄、肖枢、陈蔇齐名，时人誉为福建八贤。

杨逢春

杨逢春（1498—1553），字仁甫，号西渠，嘉禾里西厝人。明嘉靖四年（1525年）中举人，嘉靖八年登进士。初授仁和（治所在今杭州市）县令，因父丧未赴任，服丧期满补授昆山（今江苏昆山市）知县。事必躬亲，赋籍狱牒均不假手于胥吏，以革除积弊、廉洁自律为民所称颂。擢任南京浙江道御史，直言敢谏，对阿贿赂官者加以弹劾，曾上疏陈奏江北屯田利弊。巡视江南时汰黜贪庸之辈。后任广东按察司佥事，备兵岭南。当地疆界辽阔，多民族杂居，长期文恬武嬉，以至白日屡发劫案。到任以后，令辖区内各郡县加强治安，并亲自易将选卒，教以战术。从此歹徒抢掠多被擒获，百姓夜不闭户。

因遇母丧，卸职返乡，除服后补为四川按察司佥事，专管盐政与屯田。力抑豪族猾吏，为朝廷增加了财政收入。此时叙州（今四川宜宾）某些部落背叛朝廷，烽烟顿起，周边居民纷纷逃离。遂主动献策平叛。因功擢升湖广布政司参议（一作河南参议）。在任期间，做到平赋分役；同时节省冗费开支；兴办教育。调升云南按察司副使，未及任卒于湖南，当地百姓"罢市"哭祭。归葬梓里后，乡人祀于乡贤祠。

叶翼云

叶翼云（1596—1648），字载九，又字敬甫，莲坂人。明崇祯十三年（1640年）中进士，授江苏吴江县令。任前狱钥多被县丞掌控，监狱成官宦显贵囚禁无辜百姓的场所。上任后亲自掌管监狱，清查案件，释放无辜百姓。某年，吴江县遇蝗灾，亲率百姓治蝗。过后，又遇旱灾，他心系民瘼，步行到龙祠求雨；又捐出俸禄，在县内各宽敞地设点施粥给灾民。此外，买米平粜、开河造船以工代赈，减轻吴江灾情。

崇祯十六年，东阳（今浙江金华一带）诸生多于丧乱中起事（头裹白帛，号"白头兵"）。余杭、嘉兴两郡为之震动。他招兵固城保护百姓。

在吴江任内，奖拔才俊，培植士人，政声良好。离任时，吴江百姓恳留。巡抚祈彪佳将他的政绩表奏朝廷；巡按周元素也上书说："叶县令治县之政绩可为最上等！"任期满拟进京听候调用，却因所谓催缴钱粮"不及格"，遭到文选司吴昌时党羽的阻挠，不得进京，又得不到改官的诏令，无奈留住承天寺。吴江县民听说他仕途受挫的原因后，异口同声："怎忍心因我们而连累恩公?"争相交款，不到10天便集得2.75万两银子，超过缴纳朝廷赋税所需数目；余款用来修建承天寺。调任后，百姓为他建生祠，以感谢他的功德。朝中大臣闻知，均叹服不已。

此后，被起用到礼部精膳司任职，又升为吏部清吏司郎中。不久，以侍奉双亲为由，辞官返乡。清顺治二年（1645年），唐王在福州建立隆武政权，擢升他为稽勋司员外郎，令其督察同安各要务。隆武亡故，改依郑成功，任同安县令。顺治五年，清军攻打同安时，与其弟叶翼俊坚守城池而捐躯，家人皆殉难。清廷谥曰"烈愍"。

郑成功

郑成功（1624—1662），原名森，字明俨，号大木，南安人。明清之际收复台湾的名将。生于日本，乳名福松，其父郑芝龙早年荡迹东瀛，娶长崎平户女田川松为妻，后从事海上走私贸易，逐渐发展为东南沿海最大的海商。于明崇祯元年（1628年）被明朝政府招抚，授海防游击。崇祯十三年，升为都督同知。

7 岁时从日本回国，拜师读书，15 岁进县学，21 岁到南京，进国子监读书，拜名儒虞山钱谦益为师。南明隆武帝即位福州，他前往晋谒，御赐国姓朱；改名成功（后被尊称为“国姓爷”）。向隆武帝提出“据险要、选将进取、通洋裕国”的建议，深受赏识，被封为忠孝伯，拜御营中军都督，挂招讨大将军印。清顺治三年（1646 年）清军入闽，郑芝龙撤仙霞关守兵，纵清军进入，福建陷落，隆武帝出走败亡。清军攻泉州，郑芝龙不顾劝阻投降清廷，田川氏被辱自杀。他悲愤万分，举“背父报国”大旗，起兵抗清，移师南澳（今属广东）；后以厦门、金门为反清复明的根据地，连年出击粤江浙等地。

顺治七年，他计杀盘踞厦门横征暴敛的军阀郑联（其堂弟），收编其军。顺治十年，大败清兵于海澄（今龙海市）。不久被南明永历帝封为延平王。是年七月，清廷遣使持“海澄公”印敕招降，他拒不接受。顺治十一年八月，清廷遣内院学士叶成格等人携带诏书，再行招抚，并由郑芝龙派郑渡、郑荫（郑成功之弟）同来劝降，亦坚拒之。顺治十二年，拥有兵力十多万人，以厦门为基地建立抗清政权。东南海上群雄，都归从他约束。和西南的永历政权也取得了联系，永历帝先后封他为威远侯和漳国公。在厦门设立六官：兵官、吏官、礼官、刑官、户官、工官，处理军政大事，设立察言司、储贤馆、育胄馆等机构。东南沿海的抗清志士都纷纷投奔。于是，改中左所（厦门）为“思明州”。顺治十三年十二月，清廷再次利用其父郑芝龙劝降，一方面以封官赐地为诱饵；另一方面以重兵临境相威胁；并用郑芝龙及其家眷的生死存亡相要挟，软硬兼施。但，他给父亲的答复仍是：“坚决抗清，绝不投降！”

顺治十五年，郑军已拥有数百只战船和数十万兵力，屡次在闽粤江浙一带击败清军，逐渐控制北至浙江舟山、南至广东南澳的沿海地区。在厦门修筑演武亭，精选良将锐卒，整编部属，筹集粮饷。为争取民援、提高战斗力，一再严申军纪。下令全体官兵除沿途取粮外，不许奸淫、掳掠、抓夫、屠畜、抢劫等。违令者，枭首示众，株连将领。经过一年准备，统率雄兵 10 余万，大小战船千余艘，联合鲁王部将张煌言的抗清队伍，自厦门誓师北伐。北伐军迅速攻破浙江温州；沿途清军守将纷纷投降。翌年元月，北伐军势如破竹，打进长江口；攻克镇江、瓜州；包围南京城。清廷大为震动。沿江人民见郑军纪律严明，行伍壮观，赞为“天兵”。对这次大举图取江南的军事行动，他亦颇为自满，不听部将劝告，“瓜州既破，甘辉进坐镇之言；将出兵，又建陆行之议；逼南京，又献急攻之策，均不纳”。终因孤军深入，兵败退回厦门。甘辉、陈魁、张荣等将领阵亡，张煌言也战败。稍歇息后，他建祠祀甘辉，慨叹说：“吾早从将军之言不至此”！顺治十七年，清廷乘其南京新败，喘息未定，派遣达素为大将军，调集三省兵力，集中进攻厦门，企图一举消灭抗清力量。郑军奋起反击，大败清军，守住厦门。总结北伐失败教训，一面整编军队，操练将士；一面征集粮饷，修造船只、制造武器弹药，只待时机成熟向台湾进发。

顺治十八年，他率将士 2.5 万人，分乘战船百余艘，从金门料罗湾出发，经澎湖湾，在鹿耳门禾寮港（今台湾西南部）登陆。围攻荷兰总督所在地赤嵌城。经过 8 个月战斗，连败荷军及荷兰东印度公司派遣之援军。荷兰侵台总督揆一终于在清康熙元年（1662 年）投降，台湾回归祖国怀抱。他在台湾建立行政机构，推行屯田，促进社会经济发展。是年六月二十三日，病逝。初葬台南州仔尾；后迁葬故乡南安覆船山。

阮旻锡

阮旻锡（1627—1705），字畴生，号鹭岛道人。明末清初嘉禾里厦城人。清顺治十二年（1655 年），郑成功设六官于思明州（厦门岛），他受聘入储贤馆。清康熙二年（1663 年）清兵破厦门，他弃家行遁，奔走四方，留滞燕云一带达 20 载。晚年削发为僧，遁入空门，取号超全。隐居于武夷山，以教授生徒自给。康熙二十九年返厦门，居夕阳寮，号轮山梦庵，80 余岁卒。著有《海上见闻录》《轮山诗稿》《夕阳寮诗文稿》《梦庵长短句》等 20 多部作品。晚年返厦后，将《海上见闻录》加以重订，定名《海上见闻录定本》。记述清顺治四年至清康熙二十二年（1647—1683 年）的台湾历史，着重叙述郑成功的活动。

吴 英

吴英（1637—1712），字为高，号愧能，祖居南安。其父吴佩辉曾随郑成功驻守厦门，自幼随父母迁居厦门岛。清康熙二年（1663 年），从厦门潜回泉州降清，改以王姓从军，授守备衔。是年，从提督王进攻攻打郑经部队，占领铜山城（今东山县铜陵），加都司佥事衔。不久，实授浙江提标都司。康熙十三年，以剿灭海寇、盗匪，升迁左营游击、副总兵。是年，又攻耿精忠部将曾养性、祖弘勋部，将其击败。康熙十五年，率兵五百，“伏叛军 3 万人后，殊死战，身中数枪，终获大捷”。招降耿精忠部将冯公辅、林惟仁。康熙十七年，从师援泉州，败郑经部将刘国轩部于洛阳桥，收复海澄。康熙十八年擢升同安总兵。翌年二月，率部随征，攻下金门、厦门。

康熙二十二年，随施琅收复台湾。后调镇舟山，再擢升四川提督。调任福建陆路提督。旋又改水师提督，驻镇厦门。康熙三十六年，康熙帝南巡，被封为威略将军，仍领福建水师提督事。康熙三十七年，康熙帝御书“作万人敌”匾额。

康熙四十年，邀请晋江元飞和尚来厦主持虎溪岩寺，大兴土木，修建大雄宝殿、大悲殿、伏虎洞及僧舍等。后逝世于厦门任上。赠太子少保，赐祭葬。清廷为之建祠，称“将军祠”。

陈汶环

陈汶环（？—1730），厦门岛人。清顺治年间因军功授厦门提督水师军门。清康熙十七年（1678 年），俄国入侵东北黑龙江一带。康熙二十三年，奉命统率福建水师北上抗俄。设黑龙江水师总营，驻守瑷珲城。

康熙二十四年，俄国军队侵占雅克萨城。他率水师舰队沿黑龙江而上，配合陆军完成包围圈后，在夜间发起总攻，击毙俄军头目托尔布津；俄军惨败乞降，撤离雅克萨。翌年，俄军又进犯，再次被清军打败。迫使沙皇政府同意举行边界谈判。他受命为中国政府的军事代表之一，参与划界工作。康熙二十九年，奉命将原驻瑷珲城的水师总营移驻墨尔根城。康熙三十九年，移防齐齐哈尔城。清雍正八年（1730 年），卒于任所。在北疆驻守达 48 年。著有《营务杂集》。

许廷桂

许廷桂（1752—1809），字伟臣，号鼎斋，寄籍思明境。清乾隆五十二年（1787 年），随提督黄仕简征剿台湾林爽文武装组织，以功授金门守备；后升海坛镇游击。清嘉庆五年（1800 年），授香山都司，曾擒海盗 180 余名。后随左翼镇黄彪缉获土盗 200 余名；焚盗船，屡次擒获海盗。嘉庆八年，调任广东惠州，随提督全谋剿捕山匪屡立战功。其时，永安遭山匪滋扰，他率师直抵匪巢，剿杀顽匪，迫使匪首投诚。嘉庆十四年，率舟师巡逻桅夹门，炮毙海盗总头目梁宝，击沉盗船 3 艘。紧随之，遇广东海上巨盗张保仔率舟三百余艘来犯。他又督师迎战。因其船舵断，海盗登上船，于激战中受重伤被捕，被肢解身亡。祭葬如总兵例。入祀昭忠祠。墓在紫云岩。

陈化成

陈化成（1776—1842），字业章，号莲峰，同安县人，后迁居厦门城内。16 岁时随母往台湾。22 岁加入清军水师。后因战功于清道光元年（1821 年）任澎湖水师副将。当年八月，升任广东碣石镇总兵；十二月，调任福建金门镇总兵。道光六年五月，台湾嘉义、彰化一带发生民众械斗，率兵前往平定，受命为台湾镇总兵。道光十年，升任福建水师提督，驻守厦门。在厦门十年期间，海盗慑服，不敢前来骚扰。多次率兵驱逐侵入闽海的武装鸦片走私船；先后捣毁潘涂、官浔、柏头等贩卖鸦片的黑窝。道光十五年，捐俸兴修厦门玉屏书院。道光十九年，资助周凯纂修《厦门志》，并作序。

鸦片战争前夕，调任江南提督，负责扼守吴淞口。积极修筑炮台，沿海塘筑 26 堡；选闽中亲兵教练江南水师，与官兵同起居、共甘苦，深得军民拥护，人称“陈老佛”。道光二十二年四月，英军攻下乍浦，战舰30艘进逼吴淞口。五月初八，他登西炮台顶督战，发炮击伤英舰数艘。由于东炮台守将牛鉴临阵逃脱，西炮台腹背受敌，孤军无援。他与西炮台守备龚龄增以下80多位将士浴血奋战，击毁英舰8艘，击毙英军500余人。终因寡不敌众，最后壮烈殉国。英军统帅侵占上海后尚心有余悸，说：“清国若有二化成，吾等死无葬身之地矣！”

殉难后，部将将他的遗体掩藏于芦苇丛中；后由嘉定县令派人收殓于嘉定县武庙。当地百姓罢市哭奠，远近县邑作诗志哀，积诗成帙曰《表忠崇义集》。宝山王树滋作《殉节始末记》；并绘制化成图像两幅，一幅留吴淞，一幅由其子孙保存。道光皇帝下诏厚殓并抚恤其后人，准予在殉难处和原籍立祠，赐谥“忠愍”；世袭轻车都尉。其灵柩运回厦门后，于道光二十二年九月十二日安葬于金榜山北麓。后人曾出版《表忠录》一书以示纪念。

吕世宜

吕世宜（1784—1858），字西村，又字可合，号种花道人，晚年号不翁。其父由金门西村移居厦门岛。自幼嗜学，好金石，善诗文，如遇古图书、彝器、金石、奇书、妙画、名砚、名印等，虽拮据必置之。壮年潜心钻研经学、小学。先后在漳州芝山书院、金门浯江书院、厦门紫阳书院讲学。清道光二年（1822年）中举。后应兴泉永道尹周凯之聘，掌教厦门玉屏书院；更沉醉于金石书法之中，与著名书法家伊秉绶齐名。周凯任兴泉永道尹时，主修《厦门志》《金门志》，俱以吕世宜任总校，并撰写题序、章节、题签、序跋。

他对文字学也有深入的钻研，撰有《古今文字通释》14卷。其著作还有《爱吾庐笔记》3卷、《千字文通释》4卷、《爱吾庐文抄》6卷、《吕西村类稿》等。

道光十八年，应台湾富豪林国华、林维源父子礼聘，到台湾板桥林家，为其子弟讲解金石学和篆隶书法，并为林家购置善本图书数万卷、金石拓本数十种。凡罗致之三代鼎彝、汉唐碑刻，手摹神会，怡然不倦。在板桥20年中，又全力策划、设计、营建林家花园。花园亭榭的题咏，以至楹联楣额，大多出自他的手笔。

曾举荐

曾举荐（1794—?），清代曾厝垵人。赴南洋谋生，成为当地华社领袖。19世纪40年代，创立邱、曾两姓人氏义山（公用墓地）龙山堂。清道光三十年（1850年），与陈金声等侨领联名致函海峡殖民地总督威廉巴特卫，要求当局以宽容的态度对待华人的婚丧、祭祀、节庆等礼俗。在新加坡专门制造火药，其亚历山大火药局在当地地位显赫，盈利颇丰。清咸丰二年（1852年）创办曾举荐公司诏远号，从事批发生意。兼任取佣代理，业务进展顺利。在加冷拥有大规模种植园和1幢私宅，通往该园的道路，被称作“举荐路”。热心公益事业，捐款修建天福宫、梧槽大伯公庙、崇文阁。任萃英书院12董事之一。

陈胜元

陈胜元（1797—1853），字建珍，号晓亭，生于厦门文灶。少年时素怀报国之志，每日习武不辍。18岁投效清军水师，胆识过人，很快由武生拔额外，再拔外委、把总、千总。清道光十三年（1833年），经福建水师提督陈化成保荐，补海坛右营守备、护金门左营游击。道光十九年九月，随陈化成巡逻内海外洋，屡建奇功。是年冬升护参将，负责厦门岛防务。

道光二十年，英国为保护鸦片走私，悍然发动鸦片战争。六月初五，布朗迪号等5艘英舰闯入厦门海域，开炮寻衅。他率守军奋起反击，双方激战3个多小时，英舰受伤而退去；是年七月再度来犯，又被击退。后，擢升水师中军参将。

道光二十一年七月初十，英国公使璞鼎查率威里士里号等36艘战舰大举侵犯厦门。闽浙总督颜伯焘分兵3路阻击；他率军居中，在演武亭前迎战。英军绕过石壁炮台，从白石头登陆袭击，左右两军皆溃；孤军奋战，士兵仅余28人，不得已退守同安。被革职戍边。后被重新起用，历任福宁左营游击、铜山营参将、福建水师中军参将、山东文登协副将等职。清咸丰二年（1852年）升任江南福山镇总兵。翌年正月，太平军攻金陵，他奉清廷之命在芜湖江面堵截，中炮坠江身亡。卒谥“刚勇”，追赠振威将军。祀京师昭忠祠；后归葬厦门文灶双莲石。

第二节　近现代人物传

吕　阙

吕阙（1846—1908），字渊甫，号默庵，厦门岛人。清光绪十二年（1886年）参加拔萃科考试，获朝考一等。原授官州通判；因母年老请求改授教谕。随即考取举人，所作文章选送皇帝阅览，一时广为传诵。从小孝顺，其父曾患痰症，医生说竹沥可治，怕夏天竹沥易干，大清早便入密林砍竹取沥，手足长茧开裂，仍坚持数月。平生廉洁自持。吕氏家族有一富商想为他捐买官衔，遭婉言谢绝。将教书所得数百两银子寄存在某东家处。东家去世后，家道中落，其子欲将房产抵寄款。他怀念旧情，慨然将存款券书焚毁。时当清末，八股文积弊甚久。他擅长古文，在玉屏、紫阳、沧江等书院任主讲。当时朝廷以策论取士，他阅试卷时，用古文义法加以引导，门生大多在古文方面有名气。著有《青筠堂集》；书法亦精。

叶崇禄

叶崇禄（1846—1927），原名叶清池，字寿堂，晚年号颐园老人，厦门西山社人。小时家境贫寒，16岁出洋。初在菲律宾怡朗当小店伙计；后开设捷丰号，经营糖类和杂货。数年间发展为实力雄厚的富商，被菲律宾殖民政府任命为华人甲必丹。先后在菲律宾各埠和厦门、上海、香港、宁波开设分行。清光绪二十三年（1897年），将生意交其弟经营，携眷回乡。返厦后热心教育事业，捐款兴建厦门同文书院校舍一座，命名“清池楼”，出任该校董事达20年；同时向厦门女子职业学校、华侨女子中学、群惠小学等捐助经费。主持厦门慈善机关同善堂，“办恤穷、育婴、义仓诸善举”，还曾捐款创设罪犯司艺所。清宣统三年（1911年），辛亥革命爆发，厦门光复，成立参事会，被举为参事，协助筹款，维持地方治安。翌年，被选为厦门商会会长。民国16年病逝于厦门。

王步蟾

王步蟾（1853—1904），字金坡，号桂庭，厦门岛人。少时聪颖超人，凡参与猜谜均无不中，人称神童。每应府县试，名列前茅。清同治十二年（1873年），学使孙毓汶擢其为秀才拔萃第二名。清光绪二年（1876年），省考获优等。光绪五年，中举人。精研经史，诗文高雅，富有民族气节。清末，清廷厉行新政，兼究时务，从游者众，厦门学界名士叶大年、陈纲、周殿薰等均拜他为师。一度被派为闽清县教谕；旋归厦门，掌教禾山和紫阳书院；诱掖后进，不遗余力。光绪二十五年，在反对日本强占厦门虎头山的斗争中，不畏权势，“持之尤力”终至“遂忤当道”。对民间陈规恶俗十分嫌恶，经常写诗给予批判。著有《小兰雪堂诗钞》。

林祥玉

林祥玉（1854—1923），字荆壁，厦门岛人。少时随厦门南曲著名乐师林征祥（绰号吐目祥）学艺，在严师精心培育下，未及成年已在南曲艺坛显露头角。清同治年间，弃商从乐（当曲师），先后在东阳阁、集安堂等南曲馆任乐师，招生授艺。自编教材，对生徒要求严格，一丝不苟。清末民初，蜚声海内外；南曲界的许启章、林霁秋、黄韫山、陈江渠、陈万舍等名师都出其门下。

民国6年（1917年）秋，台湾台北茶行公会会长陈朝俊礼聘集安堂艺人赴台演奏，由他率王增源、白坎臣等组团前往，在台湾总督府大礼堂登台献艺，载誉荣旋。

他长于唱工；尤擅洞箫。为人谦虚谨慎，乐于以曲会友，交流曲艺。年轻时遍访泉州府所属各县镇，搜集南曲各派精华和失传曲谱；结合平生教学实践，精心校勘，订正传统的南曲旧印抄本。花甲之年，将长期积累的研究成果汇编《南管指谱全集》共四大册，其中“指”48套，“谱”16套，历时6载；于民国3年付梓出版，为南曲广泛流传作出可喜的贡献。

卢戆章

卢戆章（1854—1928），原名担，字雪樵，同安古庄人。中国汉语拼音提倡者。年轻时赴新加坡学习英文。清光绪四年（1878年）回厦门，住鼓浪屿日光岩。应英国传教士马约翰聘请，助译《英华字典》。在研究“活音字”的基础上，以拼音文字代替汉字，并定名为“中国第一块切音新字”。光绪十八年出版《一目了然初阶》，为清末汉语切音字运动发端。是近代中国第一个主张文字拼音化的人。民国元年（1912年），参加读音统一会，决定采用注音字母。回厦后，修改原订切音字母，改名为“国语字母”。民国4年，出版《中国新字》，提出第三套汉语拼音方案——“由整个汉字拣出的简单笔画”，属于汉字笔画式方案。翌年出版《中华新字国语通俗教科书》和《中华新字漳泉语通俗教科书》。民国9年，逐渐接受注音字母方案，制成一套闽南闰音——《闽南语注音字母、卢戆章中华新字字母、罗马字字母对照表》。民国17年病逝，葬于鼓浪屿鸡山。

施士洁

施士洁（1855—1922），字应嘉，号云舫，晚年号耐公，清末民初台湾台南人。与丘逢甲、许南英合称“台湾诗坛三巨擘”。清光绪三年（1877年）进士，官工部郎中。因无意仕途，旋即辞职返乡从事讲学。主讲于台湾彰化白沙书院、台湾崇文书院、海东书院。光绪二十年，清廷割让台湾，不愿辗转于日军暴政之下，遂愤然内渡，居鼓浪屿林尔嘉家。清宣统三年（1911年），马巷被国民革命军占领后，任马巷县丞。民国元年（1912年）起，每日与名流唱和，结菽庄吟社息影其中，吟啸林泉，偶然怆怀家国则托诸咏歌。民国6年，入福建修志局。民国11年4月，卒于鼓浪屿。著有《后苏龛合集》《耐公哭》等。诗作题材广泛，意蕴深沉，抒发忧国忧民的悲愤心情，风格沉郁幽婉。

黄廷元

黄廷元（1860—1936），号复初，同安马巷西炉人。为厦门同盟会元老。早年家贫，到厦门当雇员。后赴台学医。学成回厦开牙医诊所，开始发家。致富后不忘社会福利和教育事业。先后参与创办鼓浪屿平民医院、民立学校、大同中学、普育学校和鼓浪屿女子师范学校。清光绪十四年（1888年）起，先后参与创办《厦门日报》《鹭江日报》《福建日日新闻》，宣传革新，反对美国歧视华人。光绪二十七年，加入中国同盟会。光绪三十一年，响应上海总商会会长曾涛倡议抑制美货，决定执行“上海漳泉会馆”拟订的抑制美货五项办法，发动厦门商界人士积极响应。

辛亥革命时，汇款黄乃裳接济福州同盟会，捐资秘密刊行邹容《革命军》（改名《图存篇》），广为散发。辛亥厦门光复后，先后任厦门军政府民团部长、福建省交通司路政科长、省府高等顾问和省议会议员；被授予光复一等勋章。民国7年（1918年），厦门群众团体联合组成“保卫海后滩公会”，反对英当局在海后滩强筑围墙，扩大租界。他作为首席代表与民众一起游行罢工，经过多年斗争，终于取得胜利。参与创办厦门淘化大同公司，任董事长20余年；兼任厦漳一带自来水公司、电灯公司、福建药房等10多家企业董事。民国25年5月，病逝于鼓浪屿。

叶大年

叶大年（1863—1909），字廉卿，号梅珊，莲坂人。初受学于胞兄叶有年。清光绪十四年（1888

年）考取优贡第一名。聪颖过人，为诗文有清超拔俗之致，深得福建学政陈学棻赏识。光绪十七年中举，翌年登进士，授翰林院庶吉士，旋改为编修。候选京师时，不幸双亲相继辞世，回厦丁忧。光绪二十三年，受上海泉漳会馆聘为主事。

清末朝政腐败，典官卖爵成风。他清正为人，多次赴京等候安排官职，均怅然而返。光绪二十五年，入都考差，适值八国联军攻陷北京，即毅然回乡于禾山书院讲席。从此，诱掖后进，不遗余力。

后人辑有《太史叶大年梅珊公诗稿》（未刊）。

谢宝三

谢宝三（1863—1943），字树斋，自号苦脑子，闽侯人。少年学举子业，迨清末废科举时，即弃儒学医。以其祖父谢登亮（闽侯县名医）授传的中医著作，学习祖传中医技术；勤读中医四大经典；涉猎历代名医医案医话。苦学至25岁成医，在故乡治病救人。清光绪二十年（1894年），离开故乡到厦门岛。先后在关仔内养真宫及土堆（南桥巷对斜）巷附近开设药店卖药兼行医；后又迁至关帝庙前（今大同路同英布店附近）开设回春堂药店，坐堂诊病。擅长治疗伤寒和温热病及疑难杂症。自制祖传膏丸散以授患者；配合中药处方治疗。用自制的急救回春丹治溺水休克者，患者服药后即刻复苏。其他如牛黄散、至宝丹、紫雪丹以清退高热；猴枣散治猴损（疳积晚期）；惊风散、梅花点舌散以治小儿受惊引起风热。均有特效。采取具有去淤活血、解郁散结功效的中药配方治疗一青年侨眷的怪病，患者服药后，下瘀血如鳖形盈盆，其病消失。抗日战争前夕，又治愈一例“尸厥”症。于是，治愈怪病、“起死回生”之名不胫而走，慕名求治者门庭若市。被誉为鼓浪屿四大名医之一。

洪鸿儒

洪鸿儒（1865—1953），字晓春，号悔庵，同安马巷窗东人。清末，在洪本部开设源裕行商行经营粮食生意。热心教育和公益事业，任厦门大同小学、民立小学和慈善机构“益同人”董事长。20世纪20年代，参与修建街道、市场和公园。后被选为厦门商会会长。“七七”事变后，任职厦门各界抗敌后援会，动员工商界人士为抗日救亡出钱出力。民国27年（1938年）5月，厦门岛沦陷，避居香港、越南等地。太平洋战争爆发后，因人告密在马六甲被捕入狱。时届八旬，日军胁迫他回厦做“官”，以绝食拒之。日军又提出只要写“悔过书”就可出狱，他愤书“无过可悔”。抗战胜利后回厦门，仍居区境内，任厦门市商会名誉会长。南京国民政府颁予“忠贞爱国”匾额表彰。中华人民共和国成立后，历任厦门市人代会代表、福建省人民政府委员和福建省工商业联合会筹委会主任。

周殿薰

周殿薰（1867—1929），字墨史，号曙岚，同安杏林人。清光绪十一年（1885年）被聘为厦门玉屏书院大董，主管书院行政。光绪二十三年中举人。光绪三十年起，兼任地方慈善机构同善堂总董。光绪三十四年，任厦门中学堂学监兼教员。清宣统二年（1910年）入京会考获殿试一等，任吏部主事。国事日非，辞官回厦，任同文书院校董。辛亥革命厦门光复，被推选为厦门参事会会长（参事会设于原兴泉永道署）。民国9年（1920年），倡办厦门图书馆，任馆长10年。以收集善本、保存国粹为首务，从不领薪俸。赴沪募捐建馆经费及搜集旧书、添置新书，充实图书馆藏书。其间，兼任思明县（时厦门未设市）修志局局长、厦门同文中学校长；组织鹭江诗社。工诗文；擅书法。著有《棣华吟馆诗文集》和《诗经汇事纂编》（未刊）。

黄奕住

黄奕住（1868—1945），小名阿柱，南安人。少时务农，后当剃头匠。清光绪十年（1884年），同乡邻结伴赴印尼三宝垄谋生。初以负贩自给；久之积财渐裕。第一次世界大战期间，专营蔗糖业。与黄仲涵、郭锦茂、张盛隆并称为印尼四大糖商。设日兴号总行于三宝垄；广设分行于爪哇、新加坡及香港地区。民国8年（1919年）4月，挟资携眷返国，定居鼓浪屿。次年4月，在鼓浪屿田尾海滨筹建观海别墅；购买鼓浪屿荒地；开辟日兴街。民国10年8月，创设日兴银号（在今镇邦路42号），为当时厦门资金最雄厚的钱庄之一。是年，投资500万银元，在上海创设中南银行（占创办股份的75%）。翌年7月，在厦门设分行并发行印有“厦门”字样的钞票。

民国10—24年，厦门市政建设期间，他从事厦门水电交通等基础设施建设，任厦门市政会正、副会长；还先后任厦门总商会正、副会长。民国10年4月，以10万元收购林尔嘉创办的厦门德律风公司，并增资30万元加以改装和扩建。民国12年，在厦鼓各界人士支持下，以2.325万元将鼓浪屿日商的川北电话公司收回自办；革新厦鼓电话设备，最大通话容量达2500门。次年，创办漳州通敏电话公司。在上海投资普益纱厂、益中磁电厂等企业。民国13年，筹资200万元兴办商办厦门自来水公司，任董事长。

他以巨资捐助新加坡爱同学校和华侨中学，也在家乡捐资兴学育才。民国16年，在鼓浪屿接办厦门女子师范学校，改办慈勤女子中学。陈嘉庚创办厦门大学时，他捐助10万元，是年又捐3万元，协助购置图书设备。还先后资助过厦门大同中学、英华中学、同文书院及鼓浪屿中山图书馆。

民国18年，商办厦门电话股份有限公司获准正式立案领照营业，资本额增至100万元。民国19年，独资创办黄聚德堂房地产股份公司，投资245万元，占当年厦门市全部房地产投资的三分之一左右。先后在厦门、鼓浪屿购置和建造房屋总计160座，面积4.1万余平方米，为当时厦门华侨房地产投资之首。

在厦门创办海通船务公司，陆续购置“顺昌”“顺利”“顺兴”“顺安”和“顺庆”等汽船；航行于厦门至安海、东石、集美和高崎等地。

民国25年，迁居香港；次年底移居上海租界养病。民国34年病逝于上海。

黄庆元

黄庆元（1870—1937），又名黄榜，字世金，祖籍泉州，生于厦门岛。早年受私塾教育。年轻时在厦门富商黄书传的仁记洋行当伙计，受到黄书传的赏识和资助，相继创办“建源钱庄”、建记行、建源行等，业务鼎盛。出任厦门参事会会长、厦门商务总会协理、会长、厦门市政会副会长、厦门“三堂”（慈善机构）董事及厦门鸿麓学校、厦门同文中学董事长。“五四”运动时期，率厦门商会以罢市声援、支持学生爱国行动；和厦门教育会一起领导反对英国侵占厦门海后滩的斗争。五卅运动后，参加厦门国民外交后援会，发动各界联合举行反帝游行示威。

清宣统三年（1911年），合股筹资15万银元，创办厦门电灯电力股份有限公司，任副董事长。次年，电厂建成并投入生产，扩股后成为最大股东并转任董事长。民国13年（1924年），与黄奕住等筹资200万银元创办厦门自来水公司，为第二大股东，任副董事长。民国15年7月，自来水公司向厦门居民供水。民国21年，向鼓浪屿居民供水。他还大量投资厦门房地产、厦门淘化大同股份公司、东方制冰公司、福建药房、漳州江东冰厂及上海电气厂等。长期担任淘化大同公司董事。民国26年10月，国民党驻军向停泊在厦门港的日本军舰供水为由将其逮捕，次日解赴福州；是年12月28日被以汉奸罪名枪决；财产被查没。抗战胜利后，国民政府行政院多次电令福建省政府、厦门市政府归还其财产，未见执行。

释会泉

释会泉（1874—1943），俗姓张，名侃，法名明性，号印月，同安县人。19岁时在厦门虎溪岩剃度为僧。翌年受戒于漳州南山寺佛化老和尚座下受具足戒后至江南诸名刹。参谒印光、谛闲、寄禅、通智诸高僧，闻法听经。清光绪二十年（1894年），赴宁波天童寺受学。光绪三十二年，学成回闽，在南安小雪峰寺得喜宗上人传授法卷，成为临济正宗法脉传人。四度赴台湾，在台南、高雄等地传教。民国2年（1913年），任承天寺住持。兼任安海龙山寺住持时，协助转道、圆瑛、转物3位法师重兴泉州开元寺。民国13年，为南普陀寺方丈。翌年创办闽南佛学院，任院长。三年后退居虎溪岩。民国23年，在万石岩开办佛学研究社。学员有闽、粤、台等省籍僧尼60人。民国26年，再任南普陀寺方丈，兼厦门佛教会会长，组织僧众抗日救护队训练班。民国27年，日军攻占厦门岛前夕，领徒众避居鼓浪屿。日军特务百般胁迫，要他出任伪职。他不为所动，遂辗转到新加坡龙山寺，往来南洋各埠广宏佛法。民国32年，圆寂于槟榔屿妙香林寺。民国37年，灵骨被奉回厦门南普陀寺。1963年，南普陀寺为其建纪念塔于五老山麓。其著作有《金刚经讲义》《大乘起信论科注》《佛学常识易知录》《弥陀经集解》《萨普门品讲义》等。

许春草

许春草（1874—1960），祖籍安溪，生于鼓浪屿。基督教徒。9岁时到鞋铺当童工。12岁时改学土木建筑。20多岁则成为建筑“师父”。至30多岁，设计建成的西式建筑有数十幢。工程较大的厦门浮屿角填海造地建屋工程，颇引人瞩目。清末，受到民主革命思潮的影响而参加爱国运动。清光绪三十三年（1907年），由黄乃裳介绍参加中国同盟会。以礼拜堂和教会学校为据点，进行革命宣传与组织活动，举行秘密会议，参加辛亥革命光复厦门的活动。厦门光复后，孙中山曾授予其一等勋章。

民国3年（1914年）4月，他加入孙中山组建的中华革命党，并被推选为闽南党务主任，协助组织武装，进行反对袁世凯的斗争。民国11年6月，陈炯明叛变，他受孙中山委托，在厦门设立中国国民党联络站，任福建讨贼军总指挥。10月，粤军许崇智部入闽讨伐陈炯明，两人意见不合，遂函告孙中山辞去总指挥职务。民国12年起，发起组织厦门建筑公会（后改名厦门建筑总工会）。历经5年，拥有正式登记的会员3000多人，连同外围关系近5000人，成为厦门最大的民众团体和厦门群众爱国运动的主要力量。在五四运动、五卅运动中，建筑总工会工人抵制英、日货，参加各种游行示威。民国13年，发起创办中国婢女救拔团；设立婢女收容院。

民国16年4月9日，厦门国民党组织发动“反共清党”反革命政变时，他参加“四九”清党大会，拥护蒋介石的国民党政府。“九一八”事变后，因对蒋介石的“不抵抗主义”不满，为首发起组织厦门抗日救国会，相继通过反对日本侵略，反对卖国贼，反对奸商，抵制日货等决议。通过厦门抗日救国会串联闽南各县反日团体和人士，组织闽南22县抗日团体联合会（址设厦门建筑总工会内）。期间，出版《救国月刊》，宣传抗日救国。

抗日战争爆发后，受厦门各界人民团体委派，他偕同黄其华等前往菲律宾、香港等地宣传抗日，进行募捐。与张圣才等在厦门创办《抗日新闻》。厦门岛沦陷后，他到新加坡、马来亚向华侨报告日本侵略军的血腥暴行，发动爱国捐献。率一批华侨青年回国，奔走于祖国大后方宣传抗日。

抗战胜利后，参加陈公培在上海组织的进步团体“中国自然科学研究会”。民国36年，被选为厦门市参议员。翌年，以厦门建筑总工会的名义制发传单，抗议国民政府强抓壮丁，还参加反对美国扶持日本的群众性签名活动。

中华人民共和国成立后，两次担任厦门市人民代表大会特邀代表。

林尔嘉

林尔嘉（1875—1951），字菽庄，又字叔臧，祖籍龙溪（今属龙海市）。清光绪元年（1875年）五月生于台北。其父林维源为台湾著名绅商。光绪二十一年，《马关条约》割台湾给日本，因不愿作日本的“顺民”而毅然放弃台湾的庞大产业，随父内渡，定居于鼓浪屿。民国2年（1913年），兴建菽庄花园。日本台湾总督派政客来鼓浪屿劝其父回台，答应授以伯爵。父子俩均不为所动，坚决不入日籍。

光绪三十年，清廷授予道员衔；委派为厦门保商局主办；兼任厦门商务总会总理。其后6年中，连续被推为厦门商务总会总理。先后制定《土地买卖章程》《华洋交易规约》各64款，使经营者务遵约束；同时组织商民义勇队、巡逻、救灾、维护秩序，民赖以安。光绪三十三年，厦门商务总会出面设立电器通用公司；投资白银30万两，倡办电话公司、电灯公司；创办厦门自来水公司；投资漳厦铁路。

授命为农工商部顾问、福建全省矿务议员、福建第二师范学堂监督等。清末，为清廷重建海军，慨捐巨款。民国成立时，被选任参议院候补议员。民国4年，袁世凯复辟帝制，派人游说他领衔代表福建人民上拥袁当皇帝的“劝进表”，遭他严词拒绝。任厦门市政会会长4年、鼓浪屿工部局唯一华董14年。

创立和捐助的学校有厦门师范学堂、漳州师范学校、鼓浪屿华侨女校、厦门同文书院、福州泉山高等女子学校、厦门大同学校、香港大学等。

他自幼好学，通晓经史诗赋，兼习英文、日文，学识广博。组织菽臧吟社，常邀请诗坛文苑名士吟咏于其别墅。汇集佳作，刊印《菽臧丛刻八种》；后又出版《菽臧丛书》6部，收录《古今文字通释》《鹭江名胜诗抄》《闽中金石略》等地方文献。

民国26年10月26日，日军占领金门，厦门告急。离开鼓浪屿隐居上海，闭门谢客，以免招惹失节之耻。民国34年台湾光复后，返台定居。

杨景文

杨景文（1878—1961），字子晖，厦门岛人。10岁进县学（秀才），早年毕业于全闽师范学堂。清光绪三十二年（1906年），与黄廷元、洪晓春等人发起成立大同小学，被聘为校长。光绪三十四年，发起倡办淘化罐头食品厂。后淘化与大同酱油厂合并为淘化大同股份有限公司，出任董事。同时投资厦门自来水公司和厦门电灯电力公司。清宣统三年（1911年），在林炳章（林则徐之孙）的督促下成立厦门去毒社，任社长。民国13年（1924年），与黄廷元等创办大同中学，任校长。民国26年，抗战爆发，避难香港。期间，被推选为香港淘化大同公司董事长。抗战胜利后回厦，以淘化大同公司终身名誉董事长兼大同中学董事长，继续为学校筹集经费。中华人民共和国成立后，任厦门市第一届政协常委、文史委员。他擅长书法、诗词。著作《宜园小集》《宜园诗稿》于“文化大革命”中散失。

黄遂弼

黄遂弼（1879—1937），别名瑞佰，厦门岛人。自小喜爱绘画。幼年读书于同文书院，受课时，摹画院长韦特（英国人）小影，绝俏。韦氏见之，喜其才华卓异，遂由院方奖助赴菲律宾国家艺术大学深造。民国7年（1918年），学成回厦，在迎祥宫（今中山路黄厝巷）开设真庐画室，招生授课，成为厦门最早的美术教育创办人。民国12年，因生数日增，画室无法容纳，与挚友杨赓堂、林学大等在释仔街租民房办厦门美术专门学校，当年9月1日正式开学，被推选为校长。学校开设雕塑科，传授西洋现代雕塑艺术。民国19年，承担厦门中山公园南门建造巨型地球仪雕塑的设计并制作。雕塑由4只展翅雄鹰托起地球，地球顶上有一傲视远方的雄狮，寓意中国人屹立于世界各民族之林，气派非凡，雕工精细，形象逼真。制作过程中，凡往参观者，必邀其登附近酒楼品评，频频修改，历经1年6个月竣工。甚负时誉，人们称之为“醒狮球”，为厦门第一座标志性雕塑。（至1952年，雄鹰被改为和平鸽。“文化大革命”时期，雕塑被毁，残留雄狮部分移置于动物园入口处。1998年，在原址重建新“狮球”。）

民国24年，他辞去厦门美术专门学校校长职务。翌年3月，前往新加坡开设白鹭广告画室。民国26年7月，在返厦途中病逝，归葬故土。

陈新政

陈新政（1881—1924），本名滥，厦门岭兜人。少勤奋，有大志。清光绪二十五年（1899年），南渡马来亚槟榔屿，辅佐其父经营帆船业，改名“文图”（后加入中国同盟会，又改名新政）。于海墘街自创宝成商号，在槟城经营土产进出口，不数年成为富商。继在槟州二条路口开设竞进树胶厂；兼营船务，购置广顺号、竞隆号2艘轮船，航行于槟城、太平、实勿董之间。

清末，他与黄庆金、吴世荣等10余人率先加入中国同盟会槟榔屿分会，成为槟城革命组织的中坚骨干，是孙中山避难马来亚槟城时的挚友。多次踊跃捐款资助孙中山发动广西镇南关、云南河口、广州黄花岗等起义。每逢起义失败，又多方设法安置逃亡东南亚的大批志士。清宣统二年（1910 年）冬，孙中山、黄克强等人聚于槟城，共商闽粤大计，他在会上呼吁马来亚华侨各界人士为武装起义出钱出力。会后数天，与庄银安等在槟城出版宣扬中华民族民主革命的《光华日报》。

为支持辛亥武昌起义，他四处奔走，短短几日即筹款数十万元，汇寄闽、粤、沪军政府。福建光复后，被推任为代表回国，抵闽后即致电南洋各埠，旋又汇来数十万元。未几日又被福建省都督孙道仁委任为“募军债代表”，再返东南亚劝募。同时，发起创办槟城钟灵中学、槟城华侨女子中学等，出钱出力甚多。民国 2 年（1913 年）被举为华侨学务总会评议员。为宣传革命，于马来西亚创办《光华日报》；民国 3 年，于新加坡创办《国民日报》；民国 5 年，于厦门创办《民钟报》。民国 11 年，英国海峡殖民地政府颁布华文学校注册条例，限制华文教育发展，他在报上发表评论文章，反对限制条例。英殖民当局恼羞成怒，将他驱逐出境。

回乡后，他在厦门禾山兴办学校、订乡约、倡自治。由于军阀割据、经济萧条，认定时局无可救药，不胜悲愤，遂离乡南渡泰国。在泰国南部佛头廊开设“日进”米厂；在曼谷等地设立“宝成”分店，兼营橡胶、椰子等业务。

民国 12 年，林森任福建省政府主席，电邀他回闽参政。然政治腐败如旧，令其大失所望，仅月余又重返泰国。民国 13 年，因患热症，在泰国佛头廊病逝。国民政府建都南京后，明令褒恤。

马约翰

马约翰（1882—1966），鼓浪屿人。著名体育家、教授。清宣统三年（1911 年）上海圣约翰大学毕业，获理学学士学位。民国 15 年（1926 年），获美国春田大学体育硕士学位后，返清华学校（1928 年改为清华大学）任职。民国 10 年和民国 16 年，参加在上海举办的第五次、第八次远东奥林匹克运动会。民国 19 年 4 月，担任中国参加远东运动会总教练。民国 24 年，担任中国参加在柏林举行的第二届世界奥林匹克运动会代表团总教练。随后到欧洲、苏联等国考察和讲学。

中华人民共和国成立后，任全国体育总会副主任。1953 年 9 月，任国家体委委员。1954—1956 年，任全国体育总会主席；担任第一届、第二届全国运动会总裁判；当选第一至第三届全国人大代表。毕生致力于发展中国的体育事业，在体育理论、体育教学、运动训练等方面造诣较深。为了纪念他的崇高品德和对体育事业的贡献，清华大学设立“马约翰体育奖励基金”。著有《体育的迁移价值》《我们对体育应有的认识》等。

李 禧

李禧（1883—1964），字绣伊，号小谷，厦门岛人。清末毕业于全闽师范学堂。民国元年至 27 年（1912—1938 年）4 月，先后任厦门竞存小学校长、厦门（思明县）教育会副会长、市政会董事（参与市政建设）。厦门岛沦陷后，避居香港，后返鼓浪屿，执教于同文书院。抗日战争胜利后，任厦门市临时参议员、厦门市立图书馆馆长、厦门文献委员会副主任、厦门市修志局编纂。

中华人民共和国成立后，留任厦门市图书馆长。兼任福建省政协委员、福建省文史馆馆员、厦门市政协常务委员。不遗余力调查、搜集、整理省市文献、文物，捐出家藏的“经理闽浙监军御史关防”“郑成功狮山给地契据”等珍贵文物。为厦门市文献典藏和编纂志书作出较大贡献。博涉群籍，尤精地方掌故，书法深得颜真卿行楷书的精髓。主要著作有《厦门市志稿》《紫燕金鱼室笔记》《梦梅花馆诗钞》等。

许卓然

许卓然（1885—1930），别名寄生，化名李华、树华，泉州人。清光绪三十二年（1906 年）移居厦门岛，在厦港紫阳书院任教，加入中国同盟会，奉命回泉州进行反清革命活动。清宣统三年（1911 年），率众克安海，光复泉州。民国元年（1912 年），赴厦门创办《江声报》。民国 3 年，筹建中华革命党福建支部，参加福、厦、泉等地的倒袁斗争。民国 4 年，在厦门参与创办《民钟报》。民国 5 年 1 月，孙中山为了更好地组织发动福建境内的反袁斗争，成立福建护国军统筹部，任他为部长。4 月 23 日，福建宣布起义，同袁世凯在福建的代理人李厚基展开激烈斗争。民国 6 年，组织闽南靖国军，参加护法运动。民国 12 年，任东路讨贼军泉州警备司令、第五军军长。民国 13 年，参加国民党第一次全国代表大会。大会期间，孙中山委任他为福建党务特派员，筹备成立国民党福建临时省党部。民国 14 年 6 月 8 日，中国国民党福建临时党部在厦门正式成立，被选为执行委员。是年，在他的努力下，《江声报》复刊。同时筹款创办厦门中山中学。民国 15 年 1 月，再次作为福建代表出席在广州举行的国民党"二大"，并向大会作福建党务报告。是年冬，北伐军入闽，卸去省党部职务。回厦接办《江声报》。民国 17 年，任福建省军事厅参议；旋任泉漳禁烟专员。民国 19 年 5 月 27 日，在厦门太史巷丰益钱庄门口，遭烟贩雇凶枪杀逝世。

周醒南

周醒南（1885—1963），字惺南，号煜卿，广东惠阳人。幼年读书，聪颖勤敏。科举废除后，入两广游学预备科（两广方言学校前身），学成后在北江任教。民国元年（1912 年），出任广东公路处处长，为广东初有公路处首任官员；参与广东惠州、广州、汕头市政工程建设。后随粤军陈炯明入闽，在漳州主持公路和公园建设；在漳州创办道路专门学校。民国 13 年起，长居厦门岛。历任厦门市政会、厦门市政督办公署、厦门市堤工办事处、厦门市路政办事处、厦门市工务局总工程师、委员、会办、局长和顾问。负责厦门新市区的建设、规划和施工，开辟马路，兴筑第一至第九市场，建设中山公园，围海筑鹭江道堤岸等。至民国 22 年，主持开发新区 30 处 116 万平方米；新辟市区道路 63 条 49.03 公里。民国 33 年，离任回粤，任广州市税务局长。建成惠州医院、西湖酒店。抗战爆发广州沦陷前夕，避难到香港，在九龙创办环山学校，自任校监、校长。后病逝于澳门。

周献瑞

周献瑞（1887—1964），祖籍南安，生于曾厝垵。幼年在家乡读私塾，13 岁因家贫辍学从商。清光绪三十一年（1905 年），携眷南渡新加坡。光绪三十三年，任星洲阅书报社议员；加入中国同盟会。鼓动革命，协助筹措革命军需，获孙中山赐旌义状。民国 2 年（1913 年）后，任中国国民党新加坡交通部参议、中华革命党议员。民国 10 年，加入中国国民党，先后任星洲阅书报社副总理、同德书报社监督。民国 16 年，任国民革命军总司令部咨议、国民政府侨委会委员。平日热心公益，为各方推崇。曾任新加坡山东筹赈会、黄河水灾委员会、闽南水灾委员会等慈善团体委员，新加坡华侨中学、同济医院、中华总商会等单位董事，以及新加坡拒毒会和福建会馆常务委员。抗日战争爆发后，被选为新加坡华侨筹赈祖国难民委员会委员，"南侨总会"常委兼查账员和宣传主任。其全部财产仅数万元，却率先捐献 2 万元法币和认购救国公债 2 万元法币，积极参与筹款救国。民国 29 年，为保存新加坡孙中山革命历史遗址晚晴园，筹资收购，中国国民政府颁给"见义勇为"匾额。民国 30 年，出任南洋闽侨总会委员、新加坡南安会馆主席、同济医院副主席。民国 33 年，被捕，囚禁于孟加丽。抗战胜利后，与梁后宙、林建达领导新加坡南安会馆恢复日常工作，被选为复会后首任主席。民国 35 年，发起组织马来亚南安总会，被选为第一届主席。总会成立后，发起集资派人回乡创设英海汽车公司。修筑英都至溪美公路。1964 年在新加坡病逝。

庄希泉

庄希泉（1888—1988），又名一中，祖籍安溪，生于厦城。9 岁读私塾，后肄业于厦门同文书院。清光绪三十二年（1906 年），随父到上海经商。结识沈缦云等民主革命志士，接受革命思想，同情和向往革命。辛亥革命上海光复，受上海军政府委托，组织并率领南洋募饷队赴新加坡等地募捐，筹到 10 万两银元；在槟榔屿加入中国同盟会。民国元年（1912 年），孙中山在上海筹建中华实业银行，他刚从南洋返回厦门，又欣然受命前往新加坡、槟榔屿、缅甸等地募股，超额完成海外招股任务。是年5月，出任该行南洋总分行协理。民国5年，与陈楚楠等人在新加坡合股创办中华国货公司，任公司经理。翌年，与余佩皋等在新加坡创办南洋女子师范学校，任董事长。提倡汉语讲课，精选教材，从祖国聘请进步教师，得到陈嘉庚的赞助。民国9年5月，英殖民当局颁布反汉语教学的《海峡教育条例草案》。他联合陈寿民、张国基等华侨教育界人士，成立华侨学务维持处，发起一场震动马来亚半岛的“争人格，反苛例”签名斗争。被英殖民当局两次逮捕入狱；次年被“永久驱逐出境”。

民国11年，从上海回到厦门后，与夫人余佩皋创办厦南女子中学，继续从事教育救国活动。夫妇合撰《南洋英属教育之危机》，向国内外同胞报告华侨教育的危机和华侨抗争苛例的经过，呼吁重视东南亚的华文教育。民国14年，在厦门加入中国国民党，任国民党福建省临时党部执行委员，推进国共合作。“五卅运动”发生后，联合厦门各界人士发起组织外交后援会，发动罢工、罢市，抵制日货。同年7月4日，日本驻厦领事以其父曾领过台湾籍民护照（属日本“籍民”）为由，将其逮捕。厦门80多个团体联名出面交涉，无效。日方要他出具悔过书并声明退出外交后援会，遭他严词拒绝。遂被押往台湾监禁9个月。民国16年，从台湾经日本辗转返回厦门，继续从事革命活动，改名“庄一中”（表明坚定的爱国心）。“四一二”反革命政变后，遂宣布脱离国民党，辗转流亡菲律宾。民国23年，与王雨亭在菲律宾马尼拉创办《前驱日报》，任经理兼编辑。在华侨中宣传抗日，抨击国民党对日不抵抗政策；合作经营中华影片公司，组织放映苏联影片《夏伯阳》等。当年夏，返厦省亲，被国民党宪兵逮捕，关押一个多月，经各方营救获释后，第二次流亡菲律宾。民国27年，移居香港，主持福建救亡同志会，救济难民；创办建光学校和立华女子中学；协助台湾革命同盟会出版《战时日本》杂志，揭露日本侵华罪行。

太平洋战争爆发后，他从香港到广西桂林，以华侨身份与中共人士合作，共同抗日。民国31年，中共南方局工委、广西工委遭到破坏，他以华侨身份掩护地下党员。他变卖在香港的全部家产，悉数捐献给共产党地下组织。

抗战胜利后，他往返香港和新加坡，经营苏联、中国影片和进出口贸易；继任南洋女中董事长。民国36年，在香港加入中国民主同盟，兼任民盟香港工商委员会委员。协助中共从事海外统战工作。中华人民共和国成立前夕，受中共中央南方局委托，专程从香港飞往新加坡，邀陈嘉庚回国参加第一届中国人民政治协商会议。

1950年春回国后，历任中央人民政府华侨事务委员会委员、副主任，中侨委生产救济司司长、难侨处理委员会主任、全国侨联副主席、代主席、主席、名誉主席、第一至第五届全国人大代表、第三至第五届全国人大常委、第五与第六届全国政协副主席、华侨大学董事长和中国华侨历史学会会长、名誉会长等职。是新中国侨务工作重要奠基人之一。1982年，列席中共第十二次全国代表大会；出席全国第五届人大六次会议。是年12月29日，中国共产党中央委员会直接吸收他为中共党员。1988年5月14日病逝。

释太虚

释太虚（1889—1947），俗姓吕，法名唯心，浙江崇德人。早年出家，师事宁波天童寺寄禅和尚和道阶法师，参究佛学。民国3年（1914年）起，专心研究法相、唯识、律藏、密宗诸经，造诣极深。涉览诸子百家古籍及西洋哲学宗教新书。民国16年，应聘来厦，连任南普陀寺第二、三届方丈兼闽南佛学院院长。在主持闽南佛学院时，创办佛学杂志《现代僧伽》（后改为《现代佛教》），推行佛教改革。常应邀到厦门大学演讲佛学。民国17年，远游英、法、德、美等国，宣传中国佛教，是华僧赴欧美讲学第一人。民国21年，返回厦门南普陀寺演讲。任中国佛教总会会长，提倡革新佛教制度。抗日战争初期，带领中国佛教代表团前往缅甸、印度、新加坡等国访问，争取国际佛教徒对中国抗战的支持。民国27年，向佛教徒阐发自救救国之道，参加抗战事业，筹组僧众救护队，派往各战场服务。抗战胜利后，在重庆组织中国佛教整理委员会，被推为主席。民国36年，圆寂于上海玉佛寺。遗著有

《太虚大师全集》。

卓全成

卓全成（1894—1980），生于南安。清光绪二十九年（1903 年），其父卓长福在厦门开同英布店。光绪三十二年，入同英布店当学徒。民国 2 年（1913 年），接任经理。同英布店资金多、布料全，兼营西欧棉布、哔叽呢绒等；有加工场为顾客剪裁缝制服装。以信立业，生意兴隆，获利甚多。民国 27 年 5 月，日军占领厦门岛后，惨淡经营维持到抗战胜利。零售业务恢复鼎盛，批发业务遍及闽南及福州、汕头等地。

中华人民共和国成立后，他积极参加爱国运动和各种学习，带头捐款购买飞机、大炮支援抗美援朝，还主动献出在郊区的土地房产支持土改运动；带头在同英布店建立劳资协商会议，与国营公司签订合同，为厦门市落实纱布批发商改造政策起到积极作用。历任厦门市工商业联合会第一届监事会副监事长、厦门市纱布行业董事会董事长、厦门市民主建国会首届市委员会委员。

周淑安

周淑安（1894—1974），女，鼓浪屿人。中国现代音乐事业的先驱、中国现代第一位专业声乐教育家、第一位合唱女指挥家、第一位女作曲家。清宣统三年（1911 年），毕业于鼓浪屿女子师范学校；后赴美国留学就读于哈佛大学。民国 8 年（1919 年），赴波士顿英格兰音乐学院进修声乐、钢琴；后到纽约音乐学院、哥伦比亚大学深造、任教。民国 16 年回国，任厦门大学音乐研究员兼合唱指挥。当年，著名音乐教育家肖友梅在上海创办中国第一所音乐学校——国立音乐院，聘请周淑安任声乐组主任。民国 20 年“九一八事变”后，创作抗日歌曲《抗日歌》《同胞歌》《不买日货》，合唱曲《呜、呜、呜!》等；还创作歌曲《乐观》《心安身自安》《关不住了》《老鸦》《雨》《小诗》等；用厦门话创作《安眠歌》，成为厦门人家喻户晓的摇篮曲。带领合唱队上街宣传演出，开展抗日募捐活动。民国 21 年，中华慈幼协会以五线谱发行她的《儿童歌曲》集；收入钢琴伴奏歌曲 54 首。在抗战前，选编《英文复音合唱歌选》（1931 年）、《舒伯特歌曲集》（4 册，1936 年）均由商务印书馆出版。其他作品毁于战火中。上海沦陷后，到重庆乡下进行音乐研究、创作和翻译。

1959 年，应沈阳音乐学院院长李劫夫之邀，到学院任教，并进行声乐民族化研究。是年，当选辽宁省政协委员。1960 年赴北京参加全国第三届文代会。

“文化大革命”初期，被定为“反动学术权威”，遭批斗，下放农村。1970 年回上海；1973 年退休；1974 年逝世。

何葆仁

何葆仁（1895—1978），何厝人。祖上为厦台通商大商家。清光绪三十一年（1905 年），年仅 10 岁就成了孤儿。南渡新加坡依兄辈生活，就读于道南学堂。13 岁回国，先在南京暨南学堂、上海复旦公学读书；后考入上海复旦大学中文系。上海学生联合会成立时，当选首届会长；后又被选为全国学生联合会总会副会长。民国 9 年（1920 年），赴美国华盛顿大学、伊利诺大学深造，获博士学位。民国 13 年，回沪任复旦大学教授。翌年，由上海返新加坡，与马六甲实业家曾江水之女曾玉照完婚。后，出任新加坡华侨中学校长。民国 17 年，被聘为马六甲州和丰银行分行经理。民国 21 年，出任马六甲州华侨银行分行经理。旋以敬教劝学精神，组织晨钟励志社，出任社长。抗日战争爆发后，担任“南洋华侨筹赈总会”常务委员。周旋于陈嘉庚、胡文虎之间，促使他们合作抗日。民国 35 年，返厦出任福建经济建设公司常务董事兼副总经理，主持公司业务。民国 37 年秋，重返新加坡经商，创立葆成有限公司。经营东南亚与日本的出入口商业贸易。后兼任远东银行副总理。1959—1963 年，受聘为远东银行有限公司出纳主任、经理。晚年犹热心社会服务，担任远东银行顾问、孔教会、暨南校友会、欧美同学会等社会团体的名誉主席。1978 年 1 月病逝于新加坡。

余青松

余青松（1897—1978），厦门城内人，世界著名天文学家。少年时入归正教会的养元小学读书。民国7年（1918年），赴美国匹兹堡大学留学。民国12年，在匹兹堡大学阿利根尼天文台完成《天鹅座CG星的光度曲线和轨道》论文，获硕士学位。后，赴加利福尼亚州大学就读研究生。完成《关于A型光谱中氢的连续吸收》课题，提出测定A型星绝对光度的新光谱方法，获博士学位。在天文学界崭露头角。民国16年，回国任厦门大学天文学系教授兼系主任。民国18年，经蔡元培提议，出任国民政府“中央研究院”天文研究所所长。民国23年，主持创建中国第一座拥有现代设备的南京紫金山天文台。抗日战争爆发后，天文研究所内迁昆明市，主持兴建昆明凤凰山天文台，出任中国天文学会会长。民国36年起，先后在加拿大多伦多大学任教、在美国哈佛天文台工作。1955年，被美国胡德学院聘为教授；兼任威廉斯天文台台长。1978年病逝于美国。为纪念和表彰他在天文学方面的成就，1987年12月22日，美国奥克里奇天文台以“余青松”命名新发现的一颗小行星。

潘翀鹤

潘翀鹤（1900—1974），又名春福、延禧，祖籍惠安县，生于厦门。少时，在厦门九龙奇顶私塾读书。23岁开始随刘佐臣、吴瑞甫学习中医，历时8年。后开始为亲友诊病。又入吴瑞甫在厦禾路154号开办的厦门国医专门学校深造，学名“翀鹤”。毕业后在赖厝埕（现大元路）开设太和药号兼行医。厦门岛沦陷时，避难鼓浪屿，开设恒德药局兼行医，优待难民。在今龙头路402号楼下，采用细辛一两的方剂疏导，救活因尿毒症休克三天的濒死患妇。研制“苎根合剂”，养血、安胎，为妇科名方剂。民国30年12月，迁回霞溪路180号行医。

1951年，在大中路开设聚庆春中药店兼行医。1953年，在思明东路第七菜市口存德堂药局坐堂行医。对贫苦病人免收门诊费。1956年，被厦门市中医院聘为中医师。1959年，兼任厦门市卫生局创办的中医班及厦门市科委创办的中医大专班教师，讲授中医妇科学，培养医疗骨干。1959年被评为福建省卫生先进工作者；1964年和1975年被福建省卫生厅确定为“省知名老中医”。著作有《潘翀鹤妇科医案》《中药治疗过敏性紫斑》《中医治疗风湿热介绍》《潘翀医案二则》。

林珠光

林珠光（1901—1975），又名聚根，祖籍厦门前埔，生于菲律宾。是著名侨领林云梯之四子。早年就读马尼拉中西学校；后继承父业，成为当地富商。民国9年（1920年），捐银13万元在前埔创办云梯学校，设幼儿园、小学、初中和中等职业班。民国12年，捐4万银元扩建厦门双十中学校舍；后每年资助经费5000银元；长期担任学校董事长。是当地华侨社会体育活动的积极提倡者和热心组织者。民国9年，捐资组织华侨篮球队。任中华青年体育会会长、菲律宾中华青年会体育部田径队主任。民国13年，率中华青年会篮球队回国参加全国第三届运动会，为华侨参与祖国全运会之创举。民国25年，出资组建菲律宾首支女子篮球队。抗日战争初期，率第一支华侨女子篮球队到香港等地义赛，门票收入全部捐献给抗战伤员和难民。民国35年，率菲律宾华侨群声篮球队回国参加厦门、上海等地比赛，连战皆捷，在全国体育界产生较大影响。1975年，逝于菲律宾。

林巧稚

林巧稚（1901—1983），女，生于鼓浪屿。清光绪三十二年（1906年），入鼓浪屿蒙学堂。清宣统三年（1911年），入鼓浪屿厦门女子师范学校。民国10年（1921年），考入北京协和医科大学。民国18年毕业，获医科学士学位及美国纽约州立大学医学博士学位。是年7月，受聘为协和医院妇产科住院医师。民国21—22年，被选派赴英国伦敦医学院和曼彻斯特医学院进修。民国28年，赴美国芝加哥医学院进修。科研成果为美国医学界所瞩目，被授予“美国自然科学荣誉委员会委员”证书。进修期满，谢绝美方挽留。次年回国，成为协和医院第一位中国籍妇产科主任。民国31年1月，协和医院因被日军侵占而停办。在北京东堂子10号开设“林巧稚诊疗所”。民国37年5月，协和医院复办，被聘为妇产科主任、教授。

中华人民共和国成立后，被任命为协和医院妇产科主任、教授。1955年6月，当选为中国科学院学部委员。1956年7月，当选为中国医学会副会长。1959年，被任命为中国医科大学副校长、中国医学科学院副院长。当选第一至第五届全国人大代表、第三至第五届全国人大常委、第三届全国政协常委、北京市政协副主席、第四届全国妇联副主席。

她医德高尚，医术精湛，是中国妇产科学的开拓者之一。没有儿女，却亲手接生过5万多个小生命，被荣称为“万婴之母”。早年对“胎儿宫内呼吸”和“女性生殖道结核”颇有研究。50岁开始对滋养细胞肿瘤的发生、发展规律进行研究；后又指导绒毛膜上皮癌的研究，在滋养细胞肿瘤的化疗方面取得重要成果，受到国家奖励。还对妇科盆器结核进行过深入研究；负责组织北京地区子宫颈癌的普查和防治。

主要论文有：《从病理检查和尿内绒毛促性腺激素定量试验讨论子宫绒毛膜上层癌的预后》《北京市88998居民的地区子宫颈癌普查结果初步报告》《24例良性葡萄胎及恶性葡萄胎转移的研究》《葡萄胎和绒癌尿内绒毛促性腺激素的测定》以及《老性葡萄胎85例诊断及预后的探讨》等。主编《妇科学进展》《妇科肿瘤病学》等学术专著及《家庭卫生顾问》《农村妇幼卫生常识问答》《育儿百科全书》等科普读物。

1983年4月22日，逝世于北京协和医院。鼓浪屿“毓园”有她的塑像和生平事迹陈列馆。

张圣才

张圣才（1903—2002），厦门城内人。民国13年（1924年），毕业于福州协和大学，任《思明日报》总编。民国14年，与黄其华创办双十中学，先后任副校长、校长、董事长。“九一八”事变后，为抗日救国和民主自由奔走呼号，多次被捕入狱。抗日战争中期，被派往菲律宾做情报工作，向盟军提供大量的日军活动情报，受到美军总司令麦克阿瑟赞许。解放战争期间，参加“民联”，从事地下革命活动。后在中共华南局书记潘汉年直接领导下开展工作。解放后，被派往香港从事对台工作。1953年，任福建省博物馆筹建处副主任、省政协委员、民革省委委员。1955年，因受“潘汉年冤案”牵连被捕入狱，直至1975年才被“无罪释放”，恢复各种职务及待遇。2002年5月逝世。

何碧辉

何碧辉（1904—1994），女，生于鼓浪屿。在鼓浪屿念完小学、中学后，考取北京协和医学院。民国21年（1932年），毕业于北京协和医学院并获医学博士学位；是年，任南京中央医院妇产科主任医师、住院总医师。民国33年，赴美国约翰·霍布金斯大学医学院及密执安大学医学院深造。翌年底回国，任南京中央医院妇产科主任。中华人民共和国成立后，南京中央医院改为华东军区医院，任妇产科主任。1956年，改任中国人民解放军妇产医院——82医院（后改称儿童医院）院长。1965年，调任南京军区南京总医院副院长、一级教授。

罗　丹

罗丹（1904—1983），原名桂秋，字稚华，号慧印居士，生于连城。从小爱好书法，9岁能帮人写对联，16岁开始书写大字招牌。民国19年（1930年）到厦门，开办风行印刷社。后南渡新加坡。民国24年定居厦门，重操印刷业。在长期的书法艺术生涯中，巧妙临摹和吸取历代书法家所长，形成自己秀健挺拔、苍劲有力的“罗丹体”。行、楷、草、隶、篆各体都颇有造诣；《罗丹字帖》以独特的风格流传于南洋一带。书法之外，兼耽旧体诗词。抗战期间，在永安与南社宿将朱剑芒组建南社闽集，任副社长。创办长风报社，任社长。1951年，与杨夏林等创办鹭潮美术学校。任中国书法家协会第一届理事、厦门市文联顾问、厦门市书法家协会名誉主席、厦门市业余书法学校名誉校长、厦门市政协第一至第五届委员、厦门工商联秘书长。被选入《中国当代书法家辞典》。作品先后入选《全国第一届书法篆刻展览》《中日书法艺术交流展览》。有《稚华诗稿》《罗丹书法艺术》等行世。

蔡吉堂

蔡吉堂（1904—1996），法名慧诚，俗名契诚，字吉堂。祖籍晋江塘边，生于新竹（其父早年东渡台湾新竹）。民国初年，其父携眷返回大陆，在厦门大同路开设新合美钢铁行。自小聪明颖悟。随家人到南普陀听法师讲经，深有心得。先后皈依印光、太虚等高僧。民国12年，会同叶青眼、王振邦、庄汉民及厦大师生虞愚、陈定谟、陈永梁等，组织“闽南佛化新青年会”，址设鸿山寺。创办《佛音》月刊；组织“佛化新青年世界宣传队”；深入闽南各地开展佛化宣传。民国19年，思明县佛教会成立，被推举为执行委员。是厦门居士佛教的发起者和奠基人。

对弘一法师倡导的“念佛不忘救国”“殉教应流血”的爱国爱教箴言感受良深。民国24年，与许宣平、虞愚、罗丹等成立中国佛学会厦门分会，址设寿山岩。民国27年，倡议建立“平民避难所”，收容无家可归的难民。

中华人民共和国成立后，中国佛学会厦门分会并入厦门市佛教会。先后担任厦门市佛教协会副会长、闽南佛学院副院长、福建佛教协会副会长、中国佛教协会理事等。中国佛教协会会长赵朴初称他为“当代杰出的佛教居士”。晚年受聘为厦门市政协委员。1988年，为筹建太虚大师纪念塔、闽南佛学院太虚图书馆，远渡重洋，到新加坡筹募资金。

任厦门市商会监事主任期间，常鼓励同业商户拥护中共的工商政策，做奉公守法的商人。任厦门市台湾同胞联谊会副会长。关注祖国统一，鼓励台湾同胞回大陆探亲访问、投资建设。早年撰有《佛法是消极的吗》《建设佛化家庭》《正信与迷信》等论著。

吴深根

吴深根（1906—1977），厦城人。自幼聪明颖悟，7岁时拜著名南音艺人许启章为师，学习南音唱腔及各种演奏乐器，包括琵琶、洞箫、三弦、品箫、二弦等，尤其洞箫演奏。20岁时驰名闽、台、港地区。深得弦友及广大听众赞誉，与著名南音艺人纪经亩等高手齐名，为厦门南乐界的“四大金刚”之一。民国20—23年（1931—1934年），与纪经亩、林添丁、洪金水等组织鹭江南乐研究社；与他人合作为百代、胜利、兴登堡等唱片公司灌制南音唱片30多盘，为国内最早的南音有声资料。1951—1955年，多次参加华东区音乐舞蹈会演及演奏会，均获好评。谱写的南音新曲在群众中广泛传唱。

谢云声

谢云声（1907—1967），原名谢龙文，原籍南安。童年时随父迁居厦门，就读于省立十三中学。后考入广州中山大学研究院，师从顾颉刚、黄朝琴教授研究民俗学。民国11年（1922年），任厦门同文书院华文部文史地教员；先后兼任《江声报》《思明日报》《厦声日报》《华侨日报》等报社副刊编辑部主任；任中山大学民俗学会厦门分会主任。从事闽台民俗研究10余年。编著有《福建故事》（1～4集）及《闽南民间歌谣》《台湾情歌》《灵萧阁谜语》《厦门指南》等。民国26年“七七事变”后，避难新加坡，先后在南洋女子中学、华侨中学、小坡振东学校任教师、校长。日军占领新加坡后，他弃教从商。抗战胜利后，重执教鞭，相继在裕廓律裕华学校、巴椰黎培基学校任校长；后在女子职业中学任教。旅居南洋期间，以笔名“春泥”发表大量诗文。病逝后，子女将其遗作结集为《南洋谜语》《海外集》《怀归集》《来燕楼诗话》出版。

释宏辉

释宏辉（1908—2002），俗名李沧洲，法名本光，字海悌，泉州安溪人。民国8年（1919年），奉父命往印度尼西亚爪哇学商。民国22年，悟世无常，回国到同安妙高山佛国寺，依释会机剃度出家。

民国24年，奉师命驻锡同安梵天寺，随侍会机左右。翌年，会机命其飞锡金门金刚寺。民国26年，日军侵占金门，僧尼内迁，栖息厦门万石岩。民国27年，厦门岛沦陷，复徙泉州承天寺。又先后挂栖福州涌泉寺、宁波天童寺、漳州南山寺、同安梵天寺、厦门万石岩、石码普边宫、刘店仙殿，萍踪不定。1953年2月，北上苏州灵岩山寺，专修净土法门。是年底，回厦门任虎溪岩住持；后任万石岩住持。1955年，迁徙南普陀寺。1957年，复任虎溪岩住持。1991年，主持兴建杏林西竺寺；任住持。

1989年，应新加坡居士林邀请，到星洲弘法。与释宏船会晤，上光明山参禅。1997年，以90高龄再度漂洋过海，募集巨资，重建祖庭佛国寺；请回释迦玉佛圣像，庄严道场。是年，以道行高深被南普陀寺礼聘为首座。2002年初，赴惠安洛阳创建观音禅寺。是年11月9日，于南普陀寺圆寂。

孙安定

孙安定（1909—1934），生于鼓浪屿。是“华记钱庄”老板的长子。民国19年（1930年），就读于禾山中学，积极参加革命活动并加入中国共产党。以向母亲要钱、向妹妹“借”首饰，甚至向钱庄支款等方式，帮助设在厦门的中共福建省委解决经济困难。民国21年4月，毛泽东率领的中国工农红军东路军，攻克闽南重镇漳州。他毅然抛弃优裕的生活，前往漳州参加红军。由原中共福建省委书记罗明介绍，安排在红一军团罗瑞卿所在部队政治部做宣传工作。参加第四次和第五次反“围剿”战争。民国23年10月，随工农红军开始二万五千里长征，沿途开展宣传鼓动工作。在长征途中献出年轻的生命。

蔡衍吉

蔡衍吉（1909—1980），字警若，晋江深沪人。初级中学未毕业即南渡新加坡。未几，转往菲律宾谋生。民国30年（1941年）8月，携眷定居厦门城内。太平洋战争爆发后，重返深沪。抗战胜利后，携眷来厦与友人合营中和栈。翌年，抽股参与合营紫罗兰饼店。因经营不利，于民国37年初改营紫罗兰绸布店，出任厦门市绸布同业公会常务理事，在商界崭露头角，并开始倾向革命。民国37年7月，他遭人指责，被迫离开厦门，直到厦门解放后返回。中华人民共和国成立初期，他积极参加各种社会活动。1951年，应邀赴京参加国庆观礼，受到毛泽东主席、周恩来总理接见。在工商业界带头推动全市工商业者接受社会主义改造。当选为厦门市第一至第三届人民代表、厦门市工商业联合会主任委员。1952年10月，任厦门市人民政府副市长。“文化大革命”期间备受迫害。1979年，获平反，恢复名誉。

虞　愚

虞愚（1909—1989），原名德元，字竹园，号北山，原籍浙江山阴，定居鼓浪屿。著名逻辑学家、诗人、书法家。早年在同文中学读书。后毕业于厦门大学，留校任教。在南京国民政府监察院编译组任《公报》编审、院长办公室主任。民国30年（1941年），任国立贵州大学逻辑学副教授。民国32年后，任国立厦门大学副教授、教授。中华人民共和国成立后，任厦门大学中文系教授，兼逻辑教研组组长。1956年8月，调北京撰述斯里兰卡佛教百科全书有关中国古代专著及慈恩宗等条目；兼中国佛学院因明学、印度佛教思想课程。1979年起，历任中国社会科学院研究员、国务院古籍出版小组成员、中国佛学院院务委员会委员，厦门大学哲学系、历史系、海外函授学院兼职教授。一生从事中国名学、印度因明学研究。用逻辑概念译释因明术语；从事因明与逻辑的比较研究。擅长诗词，尤精书法。主要著作有《因明学》《中国因明学》《中国名学》《印度逻辑》《书法心理》。

林梦飞

林梦飞（1909—1994），别名子晖，祖籍厦城，生于台北市。7岁时随父回厦定居。后考入中华中学。民国14年（1925年）五卅惨案发生后，离开学校参加厦门学生军训练。报名参加广州黄埔军校面向全国招生考试，被录取后编入学生队。民国16年3月，黄埔军校四期政治科毕业，被派到第十一军二十四师叶挺部七十二团任连指导员。“四一二”反革命政变时，在反击湖北军阀夏斗寅进攻武昌的战役中负伤。7月，二十四师开往江西，在虎岗宣布起义。他因负伤在医院治疗，与部队失去联系。出院后，辗转回到厦门，与同安中共党组织取得联系，被派到马巷洪厝村开展农民运动。不久，同安中共秘密机关被包围，赶赴汕头暂避。

民国18年5月至民国21年9月，在四十九师张贞部任上尉营副、少校营长。十九路军入闽后，转赴上海市任保安处上尉中队长。到江西庐山军事教官训练班受训，半年后回闽。民国25年至民国31年，先后任永泰县县长、武平县县长、南安县抗战自卫团上校团长、德化县清剿张雄南股匪司令部上校参谋、莆田县县长、福建省保安二团上校团长等职。

抗战胜利后一度卸戎从商。民国35—38年，先后任南京国民政府“国大”代表、福建省第四行政区专员兼少将保安司令、厦门警备司令部少将参谋长等职。在泉州创办《群力报》并兼任厦门《时代晚报》董事长。民国37年，在厦门参加三民主义同志联合会，接受中共华南局领导，策动三二五师副师长陈言廉起义。多次营救中共党员和进步人士数十人。厦门解放前2个月，辗转进入闽中游击队泉州团队所在地南安岭兜，后奉派随中国人民解放军第十兵团入厦，为厦门有名的起义将领。

中华人民共和国成立后，港口受敌封锁，与国民党起义人士张圣才等共同组织裕康船务行，出任经理。开展港厦间的货物运输，缓解军用物资和民生用品急需。1951年，创办厦门飞达照相纸工业社，生产照相纸供应国内市场。1956年，改名厦门感光化学厂。1959年，改制为国营工厂。任厂长、顾问。“文化大革命”期间，受到严重冲击。中共十一届三中全会后，给予平反、恢复名誉和安排职务。1981年，应聘为厦门经济特区顾问、厦门经济特区发展公司副董事长兼副总经理。积极开展对外宣传、联谊活动和引进侨、台、外资工作。1985年，中国国民党革命委员会中央授予他“为四化服务先进个人”称号。

曾任福建省政协第七届委员会副主席、中国国民党革命委员会福建省委员会名誉主委、中央委员、中央监察委员会常务委员、福建省黄埔军校同学会会长。

高云览

高云览（1910—1956），鼓浪屿人。原名高怡昌，笔名高健尼、耶鲁、法鲁、高友庆，著名记者、作家。小学毕业后因家贫辍学，在家自学，开始习作并向报刊投稿。民国15年（1926年），在中共党员陈三民资助下赴沪，就读上海泉漳中学；在其启迪下参加革命活动。翌年，由校长李鼎新介绍加入中国共产主义青年团。民国17年，加入中国左翼作家联盟。同年因父病逝，再次辍学，先后在厦门、漳州、石码、马巷等地任报刊编辑、教员。其间经常介绍学生阅读进步书刊，组织文学研究会、戏剧社，开展革命文艺活动。民国21年，处女作中篇小说《前夜》由上海湖风书局出版。当年10月再到上海，加入中国诗歌会，同时结识张楚琨。民国23年返厦，任教于中华中学。民国25年，组织文艺团体现实社，并附在《江声报》出版《现实周刊》。当年11月底，厦门进步文化团体举行追悼鲁迅先生大会，被推举为大会主席。

抗日战争爆发后，赴马来亚。先后在麻坡中华中学和新加坡南洋女子中学执教；业余写抗日题材的散文，发表在张楚琨主编的《南洋商报》副刊《狮声》上。民国27年，参加当地的抗日团体抗敌后援会。翌年夏，偕同张楚琨以《南洋商报》特派记者身份回国，访问重庆、昆明、贵阳、桂林、长沙和广西前线，写下大量真实的通讯报道，陆续在《南洋商报》和东南亚其他报纸上发表。民国29年春，作为陈嘉庚率领的南洋华侨慰问团第三分团成员，访问成都、宁夏、绥远、兰州、青海、西安、洛阳、郑州和中条山等地；访问八路军驻西安办事处七贤庄。将观感陆续写成系统的报道，在《南洋商报》上发表，推动南洋华侨的抗日民主运动。太平洋战争爆发后，参加新加坡文化界组织的战时文化工作团。民国31年，与郁达夫、王任叔、胡愈之、张楚琨等流亡于苏门答腊岛，借经营酒厂和肥皂厂作掩护，维持生活。其间，写成长篇小说《春秋劫》，于民国34年后在槟城《现代周刊》上连载。民国36年，参与发起创办新加坡《南侨日报》。民国38年，因掩护1名共产党员，被英国殖民政府以“触犯紧急法令”罪名逮捕入狱。后被驱逐出境。

1950年举家回国，定居天津。1952年开始创作长篇小说《小城春秋》，再现民国19年震动全国的厦门“五二五”劫狱斗争场面。

1958年6月，其遗著《小城春秋》由作家出版社出版。

黄祯祥

黄祯祥（1910—1987），鼓浪屿人。著名病毒学家。民国23年（1934年），毕业于北京协和医学院，获医学博士学位，留校任助教，从事有关传染病方面的教学与研究。民国30年，赴美国普林斯顿洛克菲勒医学研究院进修。民国31—32年，为美国纽约哥伦比亚医科大学内科及微生物科讲师。民国33年回国，任中央卫生实验院实验医理组主任。民国36—38年，任中央卫生实验院北平分院院长。中华人民共和国成立后，先后担任中央卫生实验研究院副院长兼病毒室主任、中国医学科学院微生物系主任、病毒学研究所副所长等职。1956年晋升为一级研究员。1957年后，先后被多种国外病毒学刊物聘任为国际编委。1981年当选为中国科学院学部委员。

首创病毒体外培养法新技术，为现代病毒学的研究工作奠定基础。在流行性乙型脑炎流行病学及病原学和乙型脑炎与脑炎疫苗等方面所取得的研究成果，获得1978年全国科学大会奖，填补国内乙型脑炎研究的空白，并大部分应用于实践，其中乙脑疫苗接种成功地用于学龄儿童。《福尔马林处理的麻疹活疫苗》一文，在1978年第四届国际病毒学会议上宣读，引起国内外医学界普遍重视。主要论著有《关于WEE病毒组织培养的滴定与中和的再研究》《北京市1948—1950年流行性脑炎流行病学调查研究》《白喉抗菌体性质的研究》《流行性乙型脑炎病毒在小白鼠传代毒力变异的研究》《福尔马林处理的麻疹活疫苗》《常见病毒病实验技术》等。主编《医学病毒学总论》和《中国医学百科全书》病毒学分卷。

1983年，事迹载入美国出版的《世界名人录》。

田雪萍

田雪萍（1911—1986），鼓浪屿人。民国26年（1937年），上海圣约翰大学医学院毕业，获理科学士学位；同时获美国宾夕法尼亚大学医学博士学位。是年，任北京协和医院妇产科住院医师、住院总医师及助教。民国31年，任北京中央医院妇产科主任。民国34年，任北京大学医学院妇产科临床教授。民国38年，任上海圣约翰大学医学院妇产科教授、上海宏仁医院妇产科主任。1953年起，任上海第二医学院儿科系、妇产科教研组主任教授。1984年，任上海围产期保健协作组顾问。曾任中华妇产科学会上海分会副主席、《中华妇产科杂志》中文版编辑。擅长妇产科、围产期医学及内分泌研究。对不孕症、低温外科及女性内分泌的科研颇有建树。主要论文有《心胎儿化石及讨论病例报告》《妊娠中的残遗子宫角》《孕烷二醇在孕妇小便中的临床意义》《上海雄蟾尿的妊娠试验》《五年间的472例宫外孕的临床分析》等。1982年，应邀参加“女性非手术绝育法国际会议”。

蔡丕杰

蔡丕杰（1913—1989），厦门人。民国12年（1923年），就读于厦门英华中学。民国19年9月，以优异成绩考进福建协和大学，毕业后回厦门英华中学任教。民国27年，赴香港圣保罗学院执教。民国32年返厦，先后在英华中学、英华校友小学任教务主任、校长等职。1956年起，受聘为厦门大学外文系副教授、教授、研究生导师。他长期从事英语教学和科研工作。在外语界享有盛名，特别对英国文学研究有较深的造诣。与刘贤彬教授合作编译《英语句型和惯用法》一书，在学术界颇具影响。与他人合编的《英语基础语法新编》是“文化大革命”后国内首批出版的英语专著之一。担任厦门大学外文系编纂《英语成语词典》和《综合英语成语词典》的顾问。为发展爱国统一战线、开展外事活动和海外联谊做了大量工作。历任厦门市英华、毓德校友理事长、鼓浪屿区侨联名誉主席。

黄笃修

黄笃修（1914—1978），生于鼓浪屿。年轻时肄业于燕京大学；后于岭南大学习农科，获农科学士学位。之后，留学菲律宾大学。学成归国，主持厦门淘化大同食品厂（简称“淘大”）。抗日战争期间，主持厦门淘化大同食品工业公司和香港淘大分厂。民国 27 年（1938 年）厦门岛沦陷，拒绝敌伪利用，被指为抗日分子而入狱。后，花钱疏通开释，南下香港。

第二次世界大战结束后，致力于香港“淘大”重建工作。先后在新加坡、马来亚、菲律宾、英国等地建淘大分厂。开拓淘化大同民生食品、罐头食品。在意大利及东南亚等 30 多个国家设代理机构；引进美、日等外国资金，兴办纽西兰奶品—新加坡有限公司、新加坡佐藤淘大工程公司（与日本佐藤公司合作）等。业务由战后初期单纯的酱油罐头，发展到修车、印刷、奶品、纸品、机器、建筑、旅游、饮料等行业。淘化大同发展成为综合性的跨国公司。

20 世纪 50 年代后，任九龙华商会会长、新加坡厦门公会会长及香港中华厂商联合会会长、新加坡食品厂商联合会名誉会长等职务。1968 年，获美国国际大学授予的名誉博士学位。1970 年，在英国设立欧洲供应中心——伦敦淘大公司。著有《东鳞西爪》《游踪寄语》《日本到何处去》等书。病逝于新加坡。

林俊卿

林俊卿（1914—2000），生于鼓浪屿。在鼓浪屿读完中学后，考上南京金陵大学理工学系。民国 24 年（1935 年）又考取北京协和医学院。民国 29 年，获医学博士学位。留学意大利，回国后在上海行医。在意大利咽音练声法的基础上，创立“林氏咽音练声体系”，得到国内外学术界的重视，是中国“咽音”练唱法创始人。

1958 年，任全国第一个声乐研究所——上海声乐研究所所长。先后为王昆、张映哲、郭颂、马玉涛等歌唱家、演员进行治疗与训练。经他指导过的人，有不少成为全国闻名的歌唱家。有 80 多名戏曲学校的儿童学员顺利度过“变音”关；有几十位严重失音的老演员、老艺人重现艺术青春。1985 年，任北京声乐研究所所长。

著有《歌唱发音的机能状态》《歌唱发音不正确的原因和纠正方法》《咽音练唱的八个步骤》《歌唱发音的科学基础》等学术专著。

许 霏

许霏（1915—1995），号晦庐，又号劲庐、劲公，别署千石主人，晋江人。自幼学习字画。10 岁后嗜好金石篆刻。民国 28 年（1939 年），被选任中国木刻研究会监事，负责福建分会工作，为总会主办中华木刻函授班。民国 31 年，创作反映抗日游击队生活的《山高林又密》版画，被收入纽约出版的《中国木刻集》。抗战胜利后，先后任中共灵山区区委书记及中共闽中游击队泉州团队编印组负责人。中华人民共和国成立后，先后在厦门日报社、中共厦门市委员会、厦门市文学艺术联合会工作。1952 年，任私立厦门鹭潮美术学校（1958 年学校改为公立，更名为厦门工艺美术学校，址在鼓浪屿）校长。“文化大革命”期间遭受冲击。1981 年平反，恢复名誉。晚年，任中国老年书画研究会顾问等。书法篆刻入选全国第一、第二届展品。先后在日本、韩国、加拿大、菲律宾、美国多次展出，获“国际文化交流荣誉金奖”。1994 年 12 月，《许霏书法篆刻》正式出版。1995 年病逝于鼓浪屿。

周才喜

周才喜（？—1995），原籍福清县。后为印度尼西亚华侨。中华人民共和国成立后，回国就学于厦门大学生物系。“反右”运动时受冲击离校。1959 年，向厦门市侨联提出创办华侨植物引种试验场。与夫人林菊花以及苏淑仁等人，在鼓浪屿鹿礁路口的两亩菜地上，进行热带、亚热带植物引种试验。开创以民间渠道进行国际植物引种的先例。

1961 年，引种试验场重新划归厦门市植物研究所筹备处。“文化大革命”期间，被扣上“特务”“里通外国分子”等莫须有罪名，受尽折磨。1974 年，携眷离开厦门，定居香港，创办香港缤纷园艺公司。1984 年，应邀回厦参加市侨代会。后，与引种园合资兴办厦门侨缤园艺公司。引进荷兰、日本等国的名贵花卉和经济植物，获得较高经济效益。同时，在广州、上海、北京、海口等市创建多家园艺分公司。1995 年，在北京到天津的高速公路上因车祸遇难。

方　毅

方毅（1916—1997），又名方清吉、方静吉，生于思明梧桐埕巷贫民家庭。民国 19 年 1 月，加入中国共产主义青年团，翌年转为中共党员。任共青团厦门中心市委宣传部长、市委书记。在闽南地区从事中共地下革命斗争和游击战争。民国 23 年，在上海被捕入狱；民国 26 年出狱，即被派赴湖北地区工作。历任中共湖北省委常委、民运部部长、鄂东特委书记、新四军五支队政治部主任、淮南苏皖边区行政公署主任。民国 34 年 10 月起，任苏皖边区政府副主席、中共中央华中分局委员、华东财政经济办事处副主任、山东省人民政府副主席。解放战争时期，主要负责华东地区财政经济工作。

1949 年 8 月至 1952 年 2 月，历任福建省人民政府副主席，省委常委、省委第二副书记，主要负责财政经济工作。1952 年 3 月，调上海工作，先后任上海市委常委、上海市人民政府副市长、党组副书记、书记、市财政经济工作委员会书记、市财政经济委员会主任，主管全市财政经济和综合计划等工作。1953 年 9 月，调任中央财政部副部长。1954 年 8 月，应越南民主共和国政府邀请，被中共中央派遣到越南工作。1956 年，任中国驻越南经济代表处代表。获越南国家主席胡志明授予的《越南国家独立勋章》。1961 年，奉调回国，任国家计划委员会副主任兼对外经济联络总局局长、党组书记。1964—1976 年，先后任对外经济联络委员会主任、党组书记、对外经济联络部部长、党组书记。“文化大革命”期间，遭受诬陷和迫害。1977 年后，先后任中国科学院副院长、院长、党组书记，国家科委主任、党组书记及国务院副总理、国务委员第一任国务院学位委员会主任、中共第十一届中央政治局委员、中央书记处书记、第十二届中央政治局委员。

1979 年，陪同邓小平访问美国，代表中华人民共和国政府与美国政府在高能物理、航天、基础研究等科技项目签订合作协定。1988 年以后，任第七届全国政协副主席。1992 年，任全国政协党组副书记，主持政协工作。

1997 年 10 月 17 日在北京逝世。

胡镜冰

胡镜冰（1916—2003），女，鼓浪屿人。就学于鼓浪屿慈勤女子中学。随母住妙法林后，即专心修习佛学经典。后得释觉斌帮助，带领几位青年菜姑到闽南佛学院寄读。

民国 25 年（1936 年），在其表姐夫林林（中共地下党员）引导下，参加爱国青年读书会，从而萌生参加革命的意向。抗日战争爆发后，积极参加“厦青团”抗日救国活动，并加入中国共产党。随“厦青团”领导人洪学礼到香港中国新闻学院读书，结业后在新闻通讯社任记者。民国 30 年，北上投奔苏北新四军，先后在兵工厂、交通局工作。民国 32 年回厦门，仍居住于妙法林。得中共地下党员吴学诚介绍，任星光日报社资料室主任。民国 35 年，中共闽中地下党组织领导人许集美、施能鹤等人来厦门建立地下组织，以妙法林作为地下活动据点。为掩护据点的安全，党组织决定由她与吴学诚以夫妇名义，租旗杆巷民居为宿舍，实为地下组织的联络处。翌年春，因叛徒出卖，吴学诚被捕牺牲。她由组织安排前往新加坡，后转赴香港。中华人民共和国成立后，在中央侨委工作。1958 年，调至厦门统战部工作。1988 年，退休。2003 年 11 月 5 日，逝世于妙法林。

刘惜芬

刘惜芬（1924—1949），女，厦门思明人。幼时在群惠小学念书。民国29年（1940年），考进博爱医院当护士。民国34年抗战胜利后，在家中设医疗室，精心为病人治病。对贫苦病人免费治疗。1949年5月，加入中国共产党。积极响应中共闽中地下党组织为支援内地游击战争而开展的募捐活动，捐出自己所有的金银首饰，还向进步人士募捐一大笔美钞、银元交给党组织；动员谦德药房老板捐献大批止血包、消毒盒和针筒等医疗器械。同时，和革命青年一起在街头张贴革命标语和厦门共产党组织的《告厦门同胞书》。遵照中共厦门工委代理书记杨梦周的安排，负责收集敌人情报，获取以毛森为首的警备司令部拟抓捕地下党员“黑名单”的情报，使许多革命者化险为夷。1949年9月19日，因叛徒出卖而被捕。10月16日（厦门临解放的前一天），她和中共地下党员及革命群众共17人，被敌人绞死在鸿山脚下。

黄长溪

黄长溪（1929—2007），出生于鼓浪屿。1948年秋，就读于上海新中国学院经济系；后转上海大夏大学外文系。1949年8月回厦，在祖父黄奕住创建的厦门电话公司鼓浪屿交换所任主任。1952年任厦门电话公司业务课主任兼厦禾汽车公司经理、厦门电话公司代经理。1953年加入中国民主建国会。1954年9月任厦门电话公司第一副经理。1958年起，任厦门市工商联副秘书长、副主委、主委。“文化大革命”期间受冲击。1980年起，任厦门市副市长、市工商联主委、省工商联副主委、厦门建设发展公司副总经理、厦门经济特区管委会副主任。1982年10月起，任福建省人民政府副省长兼省华侨投资公司董事长。1988年1月起，任省人大常委会副主任兼华侨委员会主任、全国工商联副主席。1989年12月起，任省人大常委会副主任、全国侨联副主席、全国工商联副主席、八届全国人大常委会委员、华侨委员会副主任委员、七届全国政协常委等职。1998年3月起，任九届全国人大常委会委员、全国侨联副主席、全国工商联副主席等职。2005年3月退休。

他承接祖父在厦门创办的产业。因懂经营、善管理，不断拓展厦门电话公司和厦禾汽车公司业务，对推动厦门公交、电信等事业的发展产生积极影响。社会主义改造时期，他响应党和政府的号召，主动将其家族在厦门的企业实行公私合营，并带领厦门工商界人士自觉接受社会主义改造。“文化大革命”期间，他被抄家、批斗，身处逆境。

1980年复职后，教育、引导广大非公有经济代表人士爱国、敬业、守法，为社会主义建设服务。任厦门市副市长及厦门经济特区管委会副主任等职期间，主要分管对外经济联络工作。发挥在侨界影响力的作用，引导侨商、外商到厦门投资兴业。

任福建省副省长期间，主要分管侨务、旅游等工作。努力畅通和拓展与侨商、外商的联络渠道。努力牵线搭桥引进外资，为经济社会发展做贡献。

任福建省人大常委会副主任期间，分管华侨委员会工作。常到基层调查、视察和进行执法检查，开展涉侨涉台法规监督工作。联系人大代表和侨台胞，维护他们的合法权益。

他长期与中国共产党真诚合作，德高望重。一生为群众办实事、做好事、解难事；平易近人，清正奉公。于2007年7月25日病逝。

陈国强

陈国强（1931—2004），厦门岛人。著名人类学家、民族学家。民国36年（1947年）毕业于鼓浪屿英华中学。1951年，毕业于厦门大学历史系。1955年，加入中国共产党。历任厦门大学历史系讲师、副教授兼系副主任、历史研究所副主任、副研究员，人类学系教授兼系主任、人类学研究所所长、人类博物馆馆长兼厦门大学研究生院副院长。长期从事考古、民族学、中国民族史、高山族历史与文化等方面的研究。多次赴香港、台湾讲学。是中华人民共和国成立后大陆首批访问台湾的社会科学家代表团成员之一，也是调查台湾高山族社会历史与文化的第一位大陆学者。有《中国人类学》《人类学论丛》《高山族史研究》《台湾少数民族》《高山族民俗》《闽台惠东人》等专著10部、合著5部；主编、合编专著40部；发表论文260多篇。曾获教育部首届人文社会科学优秀成果专著类二等奖。

安业民

安业民（1938—1958），辽宁开原人，满族，厦门驻军战士。1956年加入共青团，1957年3月参加中国人民解放军。1958年在何厝前线“八二三”与金门国民党军炮战中，阵地起火，仍坚守炮位，顽强战斗直至炮战结束。全身皮肤70%被严重烧伤。由于伤势过重，抢救无效而牺牲。被追认为中国共产党员，记一等功。其陵园在厦门万石岩山麓。

张　力

张力（1951—2002），厦门岛人。1969年中学毕业，赴上杭县溪口乡插队务农。1975年回厦门，当码头工、汽车修理工。1979年开始发表文艺作品。1983年毕业于厦门职工大学中文系。后，历任厦门市剧目创作室编剧、《厦门文学》主编、厦门市作家协会副主席兼秘书长、厦门市电视台电视艺术研究室副主任、编剧。著有长篇小说《蛇侠》《毒路》，中短篇小说集《乌肥古——张力中短篇小说选》，儿童文学集《火车头牌足球》，长篇童话《好森林的故事》《咕咯岛》，电影文学剧本《幸福不是毛毛雨》（上影拍摄），话剧剧本《最后一次》，电视连续剧剧本《剽悍家庭》《毒路》《特区派出所》等。儿童文学《火车头牌足球》获中国1979—1988年新时期优秀少儿读物奖；长篇童话《好森林的故事》获全国优秀少儿读物奖；电视连续剧剧本《蛇侠》《毒路》《青春没有单颜色》（均已录制播出）分别获福建省第一、二届影视剧本奖一等奖。1991年加入中国作家协会。

2002年，因病逝世。

许斐平

许斐平（1952—2001），生于鼓浪屿。4岁习练钢琴。6岁在鼓浪屿三一堂举行公演。8岁到上海音乐学院向钢琴系主任范继森学习钢琴演奏技艺。次年开始在上海进行演出。1977年，成为中央乐团的首席钢琴演奏家。1979年，获奖学金进入美国伊斯曼音乐学院学习；次年转入著名的茱莉亚音乐学院。1983年，获鲁宾斯坦国际钢琴赛金牌奖，是继刘诗昆之后（20年）获此荣誉的华人钢琴演奏家。1989年，进入华盛顿肯尼迪中心演出。《纽约时报》和《华盛顿邮报》称他为“钢琴界的国际之星”。2001年11月27日晚，在哈尔滨前往齐齐哈尔的高速公路上遭遇车祸，不幸身亡。

第二章　人物事略

第一节　古代人物事略

释文翠

释文翠（生卒年未详），宋代人，居嘉禾里（今区境）。募建普照寺（今南普陀寺）。县尉滕翔赠其诗曰：“海翻波浪绕危峰，无尽岩前世界空。不是灰心求佛者，片时难住寂寥中”。

叶普亮

叶普亮（生卒年未详），字广熙，号静庵，明代莲坂人。幼颖异，据传读书可一目十行。明正统十三年（1448 年）进士。先授南京清军御史，能清除各种额外徭役，百姓感其恩德。后补北京巡城御史；复任河南道监察御史。期间，清理诸路戎政，深得军民赞许。后归家，游洪济山，在留云洞留有“两阶有苔三春湿，半岭松风六月寒”之句。天顺中再起用，未赴而卒，年五十。葬于乌石浦陈盏山。

王忠孝

王忠孝（？—1668），字长孺，号愧两，明末清初惠安人。明崇祯元年（1628 年）登进士，授户部主事。明亡后，在兴化组织义军支援南明政权。弘光时，授绍兴知府，隆武元年（1645 年）为兵部左侍郎，总领军务。福州沦陷后，到中左所依郑成功，为幕僚。在曾厝垵居 13 年；后辗转于台湾、金门。沉醉诗酒。清康熙七年（1668 年）在台去世。

邓　会

邓会（生卒年未详），字啸庵，明末清初福州人。贡士出身。明亡后投奔郑成功抗清。清顺治七年（南明永历四年，1650 年）任参军；顺治十二年，中左所改为思明州，任正审理，负责劝学取士。翌年接任思明州知州；为厦门岛有姓名可考的第一位地方长官。顺治十五年，郑军准备北伐长江口，受命监督粮饷。后归顺清朝。清康熙九年（1670 年）授太原知府。

廖飞鹏

廖飞鹏（生卒年未详），字翼搏，号石川，龙溪人，居住厦门霞溪。清乾隆十五年（1750 年）中举人。次年中进士。授河南汲县、宜阳县令。以地远不能养亲，改汀州教授。主讲于玉屏、丹霞书院。生平重义谊。与友人蔡芳同赴省试，蔡芳中途得痢病，昼夜扶掖，帮他洗涤襦裤。考毕，即雇轿急送回家，不意刚出会城蔡芳即死。遂用重金奖赏轿夫，连夜运回，倾囊处理丧事。

释元飞

释元飞（1672—1742），俗姓童，法号石龙，晋江人。14 岁随从福清资福寺不动和尚出家；后就福清万福寺浑古和尚受具足戒；并师事泉州崇福寺哲老和尚，得师授为传法弟子。清康熙四十年（1701 年），威略将军吴英将其迎往厦门虎溪岩，遂为虎溪岩开山祖师。时岩中仅敝屋 3 间。经其 30 年擘画经营，次第建成大雄宝殿、垂云楼、大悲殿、一啸亭、伏虎洞及僧舍寮房，成为一方大寺。

晚年益加闭关精进，偶有吟咏，皆露禅机。清乾隆七年（1742 年）圆寂。

刘承业

刘承业（生卒年未详），字垂恢，号鹤田，清代厦门岐西保人。清乾隆十三年（1748 年）中进士，授铅山县令。未几，铅山发生饥荒，奉令发粟 3000 石赈灾；但所赈之粟不敷，于是自捐薪俸垫补，发粟至 6000 石，灾民沾其实惠。重视地方教育，常捐私蓄以资助文教。铅山鹅湖书院为朱熹、陆九渊讲学之所，多年失修，承业为之翻新。断案审慎公平。凡有讼事，经常昼夜劳思竭虑。

平生擅长诗词、书法。

林翼池

林翼池（生卒年未详），字凤宾，号警斋，清代厦门塔头人。清雍正十年（1732 年）中举。清乾隆十年（1745 年）中进士。授湖北来凤县令。上任伊始，因苗疆初辟，未有城郭，即请修建城池，让士民安居；兴办学校，躬亲考课，教以诗书，使百姓知书达礼；调整盐价；勘定地界，杜绝民间争地械斗；捐俸修纂县志。著有《尚书捷解》《读史约编》《鹭洲拾草》《远游闲居草》及《知以集》行世。

黄日纪

黄日纪（约1713—?），号荔崖，龙溪（今属龙海市）人。清乾隆六年（1741年），迁居厦门张厝保。乾隆十二年，以生员出任中书。乾隆二十二年，升任兵部武选司主事。从沈归愚学诗。后无意仕进，遂归隐张厝保，辟别墅于凤凰山麓。园多古榕，蔡文恭题曰“榕林”。性好客，喜诗文，常邀集诗人文士至其家，以赋诗填词自娱，觞咏无虚日。终生勤于诗文著述，成为其时厦门诗坛首屈一指的诗人。薛起凤等云洲诗社诗人多出其门。著有《全闽诗镌》《榕林偶吹》《榕林唱和集》《挫鲛精时艺》《嘉禾名胜记》《荔崖诗集》等。

黄名芳

黄名芳（生卒年未详），清代厦门张厝保人。贡生。为人宽宏质朴，被乡里人称为长者。清乾隆十六年（1751年），修补厦门城，负责监督；建造玉屏书院、修葺紫阳祠，亦躬亲参与。巡道德泰赠以匾额。80岁卒。

薛起凤

薛起凤（生卒年未详），字飞三，号震湖，海澄县（今属龙海市）人，后迁居嘉禾里（今区境）。清乾隆三十年（1765年）中举人。通晓经术，待人重义气，曾与黄莲士等人结“云洲诗社”。常登山临水，唱和不绝，时厦门岛上人称他们为风雅之士。乾隆年间，同安县令吴镛请他参与撰修《同安县志》；多方采辑山川古迹等方面资料，大凡旧志讹误处均力加更正。此外，还与杨国春、黄名香一道修撰《鹭江志》（为厦门地区最早的地方志书）。著有《梧山草》。

陈邦宝

陈邦宝（生卒年未详），字璞卿，清代厦门溪岸人。捐职布政司理问。乐善好施。客居浙江甬东，值岁荒，民艰衣食；制绵衣分给，煮粥赈饥。知县令他兼董赈灾事，带头捐献重金；并分头勤谕捐赈，将捐输人名书写在公所墙壁，人们争相捐输。救活多人。甬东歉收，他已回归故里，宁波道台绍范观察按照他的方法捐赈，民困得以苏解，遂邮赠匾额表扬他。在乡里捐资兴建玉屏书院、育婴堂。

胡　贵

胡贵（？—1760），字尔恒，号诘峰，清代厦门怀德保人。擅骑射。乾隆间历任水师把总、千总；历任玉环参将、闽安副将及广东提督等职。为官30多年。任内革除陈规陋习，勤练将士，救灾弭盗。参加征剿广东王亮臣武装组织。在广东任上去世。朝廷赐祭葬。谥曰“勤悫”。

李鼎臣

李鼎臣（1830—1911），字梅生，清代同安县人。后居厦门草埔尾。弱冠入县学。精研数理、音韵学。对古代韵学及中文、西文诸切音法，皆洞彻不遗。曾认为汉字复杂难通，不如西洋人寓音于字易普及，苦心构思，创造一种注音字母，笔画简而音韵易通。在厦设私塾，招收学生授课，以为生计。家境贫寒，而又嗜酒，年八十，常出游，杖端挑着一葫芦酒，有童子戏呼为“李太白”。著有《香奁诗》《同安竹枝词百首》及韵学诸书。卒后均散佚。

冯大楫

冯大楫（1831—1912），字作舟，居厦门美仁社。其先辈以医成名，承父传授喉科秘方，毕生行医。为人诚朴，凡有求诊者不论贵贱，均悉心诊治。曾有邻女偶患喉疾，咽喉暴肿，其他医生断为难治；求诊于他，闻其咳声，亦认为是危症，便纵步旷野，掇草数茎，嚼而与之，服3次旋愈。光绪某年秋，福建水师提督彭纪南奉命渡台校阅，归途喉肿，急召他诊视，一剂而愈。此事曾名噪一时。精心配制喉科通用药散，疗效显著。

亚利麦易越

亚利麦易越（？—1902），英国海员、温州轮伙长。清光绪二十八年（1902年）九月初二，温州轮停泊于厦门港码头。时，适逢码头上厦门城商铺起大火，他手持灭火器迅捷登岸，与市民一起参加灭火。脚立城垣，奋不顾身以断火路。不意脚下城墙忽然倒塌，跌落火中被烈焰吞噬。殉难时年仅37岁。葬于鼓浪屿外国人公墓。里人翁兆全提议于殉难处立碑。惜未实行。

杨 浚

杨浚（生卒年未详），字雪沧，清代，晋江县人。先辈从商闽县，遂安家于福州。清咸丰二年（1852年）中举人，学问渊博，为左宗棠幕僚。随征甘肃，为李文忠、彭刚直所器重。左宗棠逝世后，到厦门紫阳书院任主讲11年。循循善诱，扶掖后进，莘莘学子多所造就，士林均钦慕他。加上漳州、金门两地的学子，从学者达千人。卒于厦门。

苏谷南

苏谷南（1881—1959），晋江县人。年轻时赴菲律宾经商。回国后与朋友投资在鼓浪屿东海岸填海造地。历任厦门华侨公会会长，厦门民立小学副董事、鼓浪屿福民小学与闽南职业中学董事长、香港福建同乡会与香港福建商会合办的救济部副部长、鼓浪屿医院（后改为厦门第二医院）董事等职务。将住宅前空地约1000平方米捐给福民小学作体育场。1959年病逝于鼓浪屿寓所。

黄省堂

黄省堂（1889—1957），祖籍同安县，世居鼓浪屿。年轻时就读于鼓浪屿英华书院，毕业后留校任教。后赴南洋考察。返厦后，历任厦门大中轮船公司经理、鼓浪屿中华电灯公司经理、鼓浪屿公共租界公款人董事等职务。民国34—37年（1945—1948年），任聚德堂（爱国华侨黄奕住设立的经营房地产的企业）经理。民国37年冬，任厦门市自来水公司经理。1951年，转任厦门市自来水厂厂长。1955年，任厦门市政协常委。1957年病逝于鼓浪屿寓所。

方织云

方织云（1898—1977），云霄县人。后移居鼓浪屿，为鼓浪屿名医。擅长治内科、妇科病及疑难杂症，尤精咯血症。民国年间（1938年前）任厦门市国医研究会执委、厦门市国医研究所教授。1960年，贡献秘、验方，受市卫生局表扬奖励。著有《催眠术》等。

第二节 近现代人物事略

林焜熿

林焜熿（生卒年未详），字逊辉，清代马巷厅金门人。岁贡生。后定居厦门。平生见义勇为，不辞劳瘁，热心公益事业，倡建育婴堂，修大沟义冢。问业于厦门道周凯，得其传授，学识大进；后又与玉屏书院山长高澍然交流，文名藉甚。参与编纂《厦门志》，主纂《金门志》。著有《竹畦诗文钞》《浯州见闻录》《宫闺诗话》《竹畦笔尘》诸书。

叶文澜

叶文澜（生卒年未详），号清渠，清代厦门人。少弃学，游海外，通南洋各岛语言。同治初年，台湾戴潮春起义，他护粮饷兼护堞有功，赏戴蓝翎。太平军余部李世贤陷漳州，他运粮械、济兵食，以助官府。漳州收复后，城内外庐舍荡然，尸积如山，他筑大冢埋之。沈葆琛于福州建船政，派他为总监工。左宗棠又以陕甘路粮台委之，积功升道员加布政使衔。

林云梯

林云梯（1866—1918），厦门前埔人。幼时家境贫寒，10 岁时父母双亡，举目无亲，流落当小贩。13 岁随乡亲南渡菲律宾马尼拉，在商铺当伙计。10 余年后，以全部积蓄投入布匹经营，初仅置一布橱陈列布匹营业。后逐步发展，在马尼拉市唐人街开设胜泰布庄，直至赢得“棉布大王”之称。发家致富后，热心于教育和社会福利事业。曾捐建菲律宾普智学校，捐助菲律宾华侨教育会、马尼拉华侨公学、泉州西隅学校；捐款赈济中国华北灾民等。历任菲律宾善举公所董事、菲律宾教育会董事、菲律宾普智书报社董事以及马尼拉布商会董事。

林　鸿

林鸿（1869—1943），字霁秋，厦门人。自幼入黉门，擅长文学；亦精书画、金石；尤酷爱南音。清光绪十七年（1891 年）考中秀才。光绪二十一年，受聘为厦门海关“汉文文案”，俗称“师爷”。工余常到“集安堂”等南乐社与弦友唱和同乐。鉴于南音教学多靠口传心授，曲本零散，不成系统，遂立志编纂南曲大全。他辗转于民间，遍访闽南各南音社团和与南音有关的梨园戏、高甲戏班社，广泛搜集曲本、戏文和有关资料。历时 10 余载，编纂成《泉南指谱重编》，于民国元年（1912 年）由上海文瑞楼书庄出版，为第一部最完整的南音词曲与文献合集。之后，继续广泛搜集曲谱，拟整理出版《南曲精选》20 集。至病逝时完成《南曲精选》13 集。

马侨儒

马侨儒（1889—1925），惠安县人，出生于华侨家庭。在同美、养元、敦化 3 所学校任教师。参与发起组建厦门通俗教育社，开展平民教育运动。民国 8 年（1919 年），目睹厦门商业日盛而权操于外人，慨然萌生创立商业学校、培养商业人才之志，遂择址霞溪路口创建双十商科学校。设商业、新闻两科。自任校长。民国 12 年，从菲律宾爱国华侨林珠光处募得 10 万元巨款，在鸿山脚下建新校。民国 14 年改为双十中学，办学规模日趋扩大。其间，协助林珠光兴办云梯学校。一生为创办学校、振兴教育不遗余力，积劳成疾，逝世时年仅 36 岁。

陈桂琛

陈桂琛（1889—1944），字丹初，号潄石山人，厦门人。教育家。幼读书五屏中学堂；旋毕业于全闽优级师范。历任思明中学、厦门同文中学教员、上海泉漳中学校长，创办厦门励志女校，任校长。民国 25 年（1936 年），应聘赴菲律宾宿务华侨中学任国文教员，后应聘到古达描岛中学任教。太平洋战争爆发后，菲律宾沦陷，与同事 20 多人避居兰老毕雅渊山中，日耕夜读，备尝艰辛。同时组织侨民，抗拒暴敌。忧时爱国辄发于吟咏。民国 33 年 6 月，被日军包围，宁死不屈遭杀害。同遇难华侨 29 人。民国 36 年 12 月，国民政府“内政部”颁令予以褒扬。工诗词，擅书法，致力文史，著有《潄石山房笔记》《鸿爪集》《菲岛竹枝词》等。

康明爵

康明爵（1894—1980），生于永春。祖上八世业医。幼承家学，从祖、父研习。在祖传中医基础上博采众家之长，善治难急重症。民国 8 年（1919 年），来厦开设“万春堂”诊所。民国 14 年起，先后行医于厦门回春庐医院、蒋以德慈善医院、鼓浪屿益世药店。民国 33 年，在大元路开设鹤寿斋诊所。1958 年，被聘为开元区人民医院中医师。擅长小儿科、妇科，以临床经验研制治疗小儿疳积的“猴狲草”，治肺热的肺炎汁，治顽麻和隐疹患儿的“萍尖托疹解毒汤”及治带下的白带方。疗效显著。著有《麻疹辨证论治》《产前产后》等。

柯石头

柯石头（1902—1974），厦城人。厦门著名彩扎艺人。12 岁随父学艺，掌握彩扎人物技巧。中华人民共和国成立后，致力于彩扎人物造型的研究，开辟京剧武打人物短扎造型的新路，人称之“北派”。1956 年，被聘请到鹭潮美术学校传授技艺。1958 年，被聘为福建省工艺美术联社工艺美术研究所特约研究员。1961 年，获福建省二轻厅和福建省文化厅授予的“彩扎艺人”称号。主要作品《李逵》。

陈应龙

陈应龙（1902—1993），原名今声，字远生，海澄县（今属龙海市）人。针灸专家。民国 25 年（1936 年），毕业于上海中国精神研究会气功催眠学专业和无锡中国针灸研究社针灸专科。独创带气行针及“针刺子午补泻手法”，疗效显著。在越南西贡行医。1949 年 10 月下旬回国，先后任厦门市第一医院针灸科主任、厦门中医院院长、全国侨联顾问等。1984—1987 年，先后应邀到中国香港地区及菲律宾、新加坡等地讲学。任中国汉方针灸气功交流代表团团长，率团访问日本那霸市。1992 年起，享受国务院特殊津贴。兼任全国侨联顾问、民革中央团结委员会委员、厦门市政协副主席等。著作《陈应龙针灸医案》《陈应龙医疗气功选》，分别获首届福建中医药科技图书二等奖、三等奖，撰写论文数十篇。

周廷旭

周廷旭（1903—1972），生于鼓浪屿，是第一位被聘为英国皇家艺术家协会会员的中国人。民国 9 年（1920 年），前往美国哈佛大学学习历史与考古。民国 10 年，进入波士顿美术博物馆美术学院、巴黎美术学院、伦敦皇家美术学院学习。有敏锐超前的审美眼光，是将中国的美学观念成功结合到西洋绘画中的先导者。欧洲、东南亚及北京、上海、天津等地都留下他的足迹。民国 27 年，移居美国。1972 年逝世。2003 年 2 月，美国西雅图市佛莱艺术博物馆为他举办题为《旭日之路》绘画展。

童晴岚

童晴岚（1909—1979），厦门周厝巷人。民国 27 年（1938 年）5 月，厦门岛沦陷后，参加厦门青年战时服务团，被选为干事会干事兼总务。是厦门青年战时服务团团歌《我们是钢铁的一群》作者之一。民国 30 年，到广西、贵州任中学教师；发表大量诗作。抗战胜利后辗转回厦门，改名童雨林，在省立中学执教。中华人民共和国成立后，任厦门市文联副主任、厦门市文协主任。1953 年，参加中国民主同盟，任民盟福建省委委员。1954 年，调福建师范学院中文系任教。1960 年，加入中国共产党。出版诗集《南中国的歌》《中华轰炸机》《海堤诗草》等。

林鹏翔

林鹏翔（1927—1996），泉州人。民国时期，就读于晋江县立中学，一年后辍学。在闽南语通行区域尤其是思明境内流浪。厦门解放后，多处做杂工；同时搜集和积累大量民间语汇，常于民众中表演曲艺。1970 年起，经过多年艺术实践，创造富有喜剧性的民间说唱艺术新曲种“答嘴鼓”。编写 600 多篇文艺作品，其中 15 个曲目获省、市级奖。任福建省文联委员、厦门市曲艺家协会主席等职务。主要作品有《庆新春》《唐山过台湾》《台北来的新娘》《吴真人》等。著有《漫谈答嘴鼓艺术》。

第三章 人物表

第一节 古代人物表

一、文科进士名表

宋至清代思明区境文科进士名表

表 33-3-1

姓 名	籍 贯	中榜时间	任职
陈敦仁	嘉禾里	宋绍兴二年	
林孟肃	嘉禾里	宋庆元二年	
叶普亮	莲坂	明正统十三年戊辰科	河南道监察御史
杨逢春	西厝	嘉靖八年已丑科	湖广参议，迁云南按察副使
林宗载	塔头	万历四十四年丙辰科	太常寺卿
叶翼云	莲坂	崇祯十三年庚辰科	吴江知县，迁刑部主事
林志远	塔头	崇祯十六年癸未科	工部主事
林翼池	塔头	清乾隆十年乙丑科	湖北来凤知县
刘承业	刘澳	清乾隆十三年戊辰科	江西铅山知县
廖飞鹏	霞溪	清乾隆十六年辛未科	河南汲县知县
郑 蒲	西边	清乾隆十九年甲戌科	
李曜庚	厦门岛	清乾隆	
林鹗腾	厦门岛	清道光庚子翰林	
陈寿嵩	厦门岛	清咸丰已未钦赐翰林	
沈国器	厦门岛	清光绪丁丑科	
叶大年	莲坂	清光绪壬辰贡生，甲午翰林	
陈 纲	仙岳村人	清光绪戊戌科	

二、武科进士名表

清代思明区境武科进士名表

表 33-3-2

姓 名	籍 贯	中榜时间	任职
叶宏正	莲坂	清康熙四十五年丙戌科	

第二节 近现代人物表

一、烈士名表

1927—2006 年思明区境革命烈士名表

表 33-3-3

姓 名	生前单位、职务	籍贯、地址	牺牲时间、地点、原因
钟世镛	南昌地下党工作人员	思明区十六棚 66 号	1927 年 8 月在南昌起义战斗中牺牲
苏发全	鼓浪屿省委秘密印刷所工作人员	惠安县涂岭公社路口大队、鼓浪屿区泉州路 5 号	1930 年 4 月在厦门因叛徒出卖被敌杀害
谢仲怀	共青团杭州市委副委记	鼓浪屿区	1930 年 8 月在杭州市被敌杀害
魏根德	红军第十二军工人纠察队宣传员	龙岩县小池乡、思明区中山路 158 号	1930 年在龙岩小池乡被敌杀害
罗金祥	连城县文坡乡苏维埃政府主席	连城县文亨区文坡乡、思明区马坟巷 28 号	1934 年 6 月在连城文坡乡被敌包围后捕杀
叶炎煌	厦门地下党工作人员	永春县大田公社、思明区镇海路 27 号	1934 年 9 月在福州被捕杀害
孙安定	红四军宣传科科长	鼓浪屿区安海路 32 号	1935 年在长征路上病故，1958 年 2 月 13 日在厦门追认为烈士
郭祁彩	南安地下党抗租委员会主任	南安县诗山公社山城大队、开元区开禾路 4 号	1935 年在南安县牺牲
郑功选	红四军五旅一六二团侦察连战士	山东省掖县平里店、思明区大生里后列 305 号	1939 年在山东侦察敌情时牺牲
江河流	新四军二支队三团政治队民运股股长	海沧公社、开元区华新路 31 号	1941 年在皖南事变突围中牺牲，1980 年 12 月追认为烈士
杨其华	厦门地下党工作人员	同安县、开元区幸福路 122 号	1941 年在平和县大坪乡突围中牺牲
陈禹长	菲律宾抗日地下组织	南安县官桥公社东头大队、思明区南大沟墘 23 号	1944 年 9 月在菲律宾被日寇杀害
陈禹朝	菲律宾抗日地下组织	南安县官桥公社东头大队、思明区南大沟墘 23 号	1944 年 9 月在菲律宾被日寇杀害
陈禹水	菲律宾抗日地下组织	南安县官桥公社东头大队、思明区南大沟墘 23 号	1944 年 9 月在菲律宾被日寇杀害
陈禹宙	菲律宾抗日地下组织	南安县官桥公社东头大队、思明区南大沟墘 23 号	1944 年 9 月在菲律宾被日寇杀害
陈庭标	菲律宾抗日地下组织	晋江县安海公社西宫大队、鼓浪屿区泉州路 101 号	1944 年 12 月在菲律宾被捕牺牲
吴翰清	菲律宾抗日地上组织	南安县诗山公社诗南大队、鼓浪屿区龙头 80 巷 40 号	1945 年月 2 在菲律宾牺牲
庄赞来	菲律宾华支游击队	晋江县青阳镇、开元区红旗北路 27 号	1945 年 3 月在菲律宾押运俘虏时牺牲
林松龄	厦门地下党工作人员	开元区	1946 年 2 月因叛徒出卖被捕后遭敌杀害于莆田
吴学诚	厦门地下党工作人员	晋江县、开元区公园南路 9 号	1947 年 2 月在厦门被敌杀害

续表33-3-3

姓　名	生前单位、职务	籍贯、地址	牺牲时间、地点、原因
黄子英	独16旅46团1营教导员	思明区	1947年8月在辽宁省兴城县杨家杖子战斗中牺牲
张云荣	解放军3945连战士	思明区	1948年1月在锦州战役中牺牲
林　华	解放军68团8连班长	思明区	1948年在南京紫金山战斗中牺牲
郑国忠	解放军2营6连战士	思明区	1948年10月28日在沈阳市三家子战斗中牺牲
卓　南	解放军43团六连战士	思明区	1949年1月在天津战役中牺牲
陈炎千	厦门地下党工作人员	广东省澄海县下蓬公社渔下大队、厦门大学宿舍	1949年9月在厦门被捕后杀害
张逢明	厦门地下党工作人员	长汀县、厦门大学宿舍	1949年9月在厦门被敌逮捕杀害
林清火	解放军29军256炮兵连战士	开元区东门路8号	1949年9月在解放同安县战斗中牺牲
荘建福	厦门地下党挺进队情报员	开元区土堆巷20号二楼	1949年10月16日在厦门被敌杀害
伍文琪	厦门地下党工作人员	开元区	1949年10月在厦门被敌杀害
周景茂	厦门地下党工作人员	安溪县林文公社开周尾、开元区厦禾路183号	1949年10月在厦门被敌逮捕后杀害
王兴芳	解放军91师271团团长	山东省淮县	1949年10月在解放鼓浪屿战斗中牺牲
黄福祝	厦门支前船工，民工队长	龙海县石码镇、鼓浪屿区龙头路18号	1949年10月在解放厦门战斗中牺牲
刘惜芬	中共厦门工委地下党工作人员	顶井巷10号	1949年10月16日因叛徒出卖被敌逮捕后绞死在厦门监狱边鸿山脚下
杨水山	解放军398团8连战士	思明区	1949年12月在解放广西战斗中牺牲
叶文生	厦门市开元区公所通讯班副班长	开元区磁安路28号	1950年1月在高崎附近遭敌机扫射而牺牲
白鸿生	湖南省常德军分区南县一大队战士	思明区思明东路德仁里211号	1950年1月20日在湖南省县湖城五保战斗牺牲
陈　义	广西玉林军分区战士	集美镇、开元区人和路6号	1950年4月在广西白博县战斗中牺牲
许细达	厦门支前船工	开元区道平路8号	1950年4月在厦门执行支前任务中牺牲
许朝全	厦门支前船工	思明区碧山路129号	1950年攻打金门中牺牲
王再福	厦门支前民工	南安县、开元区福茂宫64号	1950年6月在厦门前埔村执行支前任务中牺牲
施水表	厦门支前船工	思明区曾姑娘巷37号	1950年7月在攻打大担岛战斗中牺牲
曾　扁	厦门支前船工	思明区福海宫40号	1950年7月在攻打大担岛战斗中牺牲
钟招财	厦门支前船工	思明区水牛埕17号	1950年7月在攻打大担岛战斗中牺牲
钟来坤	厦门支前船工	思明区水牛埕17号	1950年7月在攻打大担岛战斗中牺牲
曾德水	厦门支前船工	厦门市思明区思明南路294号	1950年7月在攻打大担岛战斗中牺牲
张再团	厦门支前船工	思明区民族路69号	1950年7月在攻打大担岛战斗中牺牲
阮来金	厦门支前船工	禾山公社前哨大队	1950年7月在攻打大担岛战斗中牺牲
纪文书	志愿军27军81师241团战士	棋杆巷1号	1950年12月在朝鲜新兴里战斗中牺牲
章德元	志愿军27军81师警卫连战士	同安县、开元区船舨寮59号	1950年12月在朝鲜兴里战斗中牺牲

续表33-3-3

姓　名	生前单位、职务	籍贯、地址	牺牲时间、地点、原因
朱克辉	厦门公安局消防队	思明区释仔街14号	1950年12月在厦门执行任务时因车祸牺牲
黄温主	志愿军38军113师338团战士	广东省汕头市澄海县城关、开元区新民路	1951年2月在朝鲜战场上牺牲
黄　勤	志愿军4327部队一中队战士	开元区信义里4号	1951年2月在朝鲜战场上失踪，1979年5月追认为烈士
陈结令	志愿军20军59师175团战士	鼓浪屿区海坛路60号	1951年4月在朝鲜第五次战役中牺牲
叶克渊	志愿军105师180团一营机枪连战士	思明区	1951年6月抗美援朝中在朝鲜咸南战斗中牺牲
刘忠业	志愿军395团战士	思明区李厝墓6号	1951年11月追认为烈士
沈福生	志愿军34师106团一营三连班长	思明区	1951年11月在抗美援朝中于朝鲜战场上牺牲
吴水林	志愿军81师警卫连班长	鼓浪屿区	1951年在抗美援朝中于朝鲜夜月山战斗牺牲
王瑞珍	志愿军63军188师563团3连副班长	思明区霞溪路116号	1951年11月在朝鲜开城战斗中牺牲
张瑞发	志愿军39军26师346团2营6连战士	开元区开禾路99号	1952年1月在朝鲜黄海道金川郡战斗中牺牲
陈少卿	厦门市公安局战士	安溪县大坪乡、开元区芦山路2号	1952年5月在厦门浯屿海面押犯人翻船牺牲
许水玉	志愿军39军115部队3449连战士	开元区美仁后社24号	1952年6月在朝鲜07高地战斗中牺牲
何炳煌	志愿军124师371团战士	广东省普宁县、开元区大同路355号	1952年在朝鲜战场上牺牲
蔡　湖	解放军31军91师272团11连战士	惠安县洛阳公社陈山坎大队、开元区担水巷28号	1953年7月在保卫东山战斗中牺牲
卓友庆	志愿军24军70师战士	南安县雪松乡、开元区厦禾路340号	1953年在抗美援朝中牺牲
赖　架	志愿军201团一连汽车司机	南安县、开元区厦禾路296号	1953年3月在抗美援朝中牺牲
侯永志	志愿军418团四连战士	泉州市、开元区福茂宫80号	1953年3月在抗美援朝中于朝鲜战场上牺牲
郭乃仁	新四军独立团一营三连司务长	南安县金淘公社会林大队	牺牲时间地点不祥
林亚腾	海军1005部队	河南省杞县葛岗、开元区大同路329号	1954年9月在厦门金门炮战中牺牲
陈家凯	厦门市公安局消防队	同安县策槽公社美林大队/开元区美仁前社63号	1955年在厦门执行任务中因车祸牺牲
曾俩唤	厦门支前船工	开元区	1955年4月在海澄遇敌中弹牺牲
吴才良	海军1073部队艇上信号兵	惠安县、思明区九竹巷34号	1955年12月在东山海域战斗中牺牲
黄盈科	何厝民兵队长	思明区文渊井8号	1956年1月在何厝抢救他人被敌炮击牺牲
秦英贵	成都军区参谋长	禾山公社、开元区开平路8号	1958年7月在四川大凉山平息叛乱中牺牲
倪训昌	解放军3534部队521团一营副营长	山东省太安县大中路33号	1958年7月在福州执行行军任务中牺牲
陈尚谓	海军1750部队教导员	山东省仓山县十一区瓦子埠村、鼓浪屿区福建路32号	1958年9月在大连战备演习中牺牲
陈重华	中华人民共和国对外文化联络委员会翻译	连江县、开元区红旗北路121号	1958年10日赴阿富汗飞机失事牺牲

续表33-3-3

姓　名	生前单位、职务	籍贯、地址	牺牲时间、地点、原因
白燕木	福建省四建公司支前民工	鼓浪屿区泉州路101号	1958年9月在厦门金门炮战中负伤后牺牲
颜招治	莆田九五医院护士	思明区李厝墓15号	1959年12月在莆田因公洗衣落水牺牲
郑庆伍	解放军5103部队政治助理员	南安县丰州公社环山大队、思明区水仙路37号	1960年1月在宁县新滨县三家沟牺牲
李　海	解放军31军92师炮兵第372团副团长	永春县、思明区马柱巷31号	1960年12月追认为烈士
郭庭炎	海军600部队13分队8班战士	山东省乳山县马石店公社青山大队、思明区中山路25号	1963年11月在晋江参加国防施工中牺牲
阎公楠	解放军6457部队2营副营长	惠安县/开元区先锋营20号	1963年8月在安徽顺新坑村剿匪中牺牲
张家文	海军4008部队后勤部干事	山东省荣城县名津、开元区自强路14号	1963年10月在厦门执行任务中牺牲
吴辉平	铁道兵672部队战士	安徽省寿县扬公公社柯湖大队、思明区镇海路1号	1963年10月在泰宁县参加国防施工中牺牲
黄美妙	永定县西溪农场场员	思明区铳局巷10号	1966年2月在永定扑灭森林火灾中牺牲，1974年追认为烈士
林鸿珠	缅共地下工作人员	开元区玉屏巷16号	1967年7月在缅甸勃生战斗中牺牲
陈　灵	某部班长	禾山公社开元区厦禾路780号	1970年缅甸牺牲
邹本伦	厦门守备区青年股股长	杏林公社高埔大队	1970年6月追认为烈士
苏远来	东海艇队4204部队	山东省牟平县刘家寨、开元区红旗东路108号	1970年5月1日在浙江因事故牺牲
傅关亮	福建生产建设兵团一师后勤部参谋	禾山公社西郭大队	1971年3月追认为烈士
王意友	解放军31军91师272团11连战士	泉州关刀埕96号、开元区守备后勤部宿舍	1971年12月15日追认为烈士
齐　磊	厦门边防检查站政委	山东省荣城县名津、开元区将军祠37号	1973年9月牺牲
郑世文	厦门军分区司令部管理科科长	河北省肃宁县、思明区崎宫路34号	1974年1月牺牲
张彬敏	解放军174医院护士长	山东省文登县文登营公社漩夼村、开元区新华路66号	1974年10月牺牲
傅孙强	解放军6703部队股副股长	禾山公社	1974年12月在宁波执行任务中牺牲
张忠泽	福建省生产建设团二营十四连战士	思明区棋杆巷13号三楼	1975年2月15日牺牲
李景云	厦门守备区司令部工兵科副科长	开元区复兴路38号二楼	1977年7月牺牲
毕宗可	31军93后勤部政委	山东省庆云县尚堂公社后李大队、开元区虎园路营房2号	1978年7月牺牲
林　辉	31军后勤部副部长	山东省乳山县、开元区同安路2号	1978年10月牺牲
申世宽	32866部队后勤部政委	宁德县八都公社新楼大队、开元区虎园路营房2号	1978年10月牺牲
刘华堂	福州军区守备五师副师长	山东省日照县、开元区守备区营房	1978年7月牺牲
李筱山	海军福建基地司令部动员处处长	山东省海阳县、开元区174医院宿舍	1978年10月牺牲
黄锦其	53246部队战士	江苏省泰兴县曲霞公社张枢大队、思明区虎头山42号	1979年2月在对越自卫还击战中牺牲

续表33-3-3

姓　名	生前单位、职务	籍贯、地址	牺牲时间、地点、原因
陈庆才	福州军区司令部6531工地战士	禾山公社前哨大队	1979年12月4日在开挖战备洞时洞顶塌方因公牺牲
黄玉本	解放军28军84师249团通讯连	禾山黄厝大队	1982年追认为烈士
洪进生	解放军10兵团85师255团2营5连战士		1982年追认为烈士
吴世清	福建军区14步校第3大队学员		1982年追认为烈士
翁勇兵	厦门鹭燕制衣厂		1988年12月18日下午后江埭23号附近失火，参加灭火牺牲
曾燕安	南普陀寺职工		1989年3月12日在抓捕破坏治安歹徒时牺牲
叶晓辉	马鞍消防支队第一中队战士		2005年8月2日马鞍山救人灭火牺牲
苏志杰	泉州消防支队安溪大队湖头中队		2006年7月27日在泉州湖头金谷镇抗洪救灾中牺牲

二、劳动模范（先进）名表

1960—2004年思明区境全国劳动模范（先进工作者）名表

表33-3-4

姓　名	性别	工作单位与职务	荣誉称号	授予单位	授予时间
黄友奎	男	鼓浪屿区老干局	全国劳模	国务院	1960年
洪振佑	男	鼓浪屿区司法局	全国司法系统先进工作者	国务院	1985年、1990年
葛晓英	女	厦门市幼儿园	全国教育系统劳模	国务院	1995年
邓承果	男	思明区科技局主任科员	全国科技管理系统先进工作者	国务院	2004年

1978—2006年思明区境省部级劳动模范（先进工作者）名表

表33-3-5

姓　名	性别	工作单位与职务	荣誉称号	授予单位	授予时间
杨　玲	女	开元区人大	省劳模	省政府	1978
胡锦珠	女	鼓浪屿区人民小学	省劳模	省政府	1978.5
宋允良	男	鼓浪屿高频设备厂	省劳模	省政府	1978.9
陈德春	男	厦门市整流器厂	省劳模	省政府	1978.9
余丽卿	女	鼓浪屿日光幼儿园	省劳模	省政府	1979
沈俊仪	男	厦门市松柏中学	省劳模	省政府	1981.5
陈来发	男	厦门市凯元盛纸业有限公司	省劳模	省政府	1982.3
林伯祥	男	开元医药化学工业公司	省劳模	省政府	1982.10
林梅玉	女	开元区职教办业余中学	省劳模	省政府	1983
林金铭	男	鼓浪屿区委文明办	省计生先进	省政府	1983、1984、1985

续表33-3-5

姓 名	性别	工作单位与职务	荣誉称号	授予单位	授予时间
肖爱珍	女	厦门市民立小学	省劳模	省政府	1983.5
林碧卿	女	厦门市滨北小学	省劳模	省政府	1983.8
林春土	男	开元区教育局	省劳模	省政府	1987.5
林琍浩	男	开元区食品饮料厂	省劳模	省政府	1987.5
陈 风	男	鼓浪屿街道办事处	省劳模	省政府	1988.5
蔡琼珍	女	厦门市演武小学	省劳模	省政府	1989.9
张肇伟	男	开元区教育局	省劳模	省政府	1989.9
蔡成奎	男	厦门市向阳印刷厂	省劳模	省政府	1991.4
杨淑珍	女	开元区环卫处	省劳模	省政府	1993
陈妙珠	女	海盟（厦门）服饰有限公司	省劳模	省政府	1994
陈玲玲	女	厦门市公园小学	省劳模	省政府	1994.4
苏平汀	男	厦门奥斯卡灯具有限公司	省劳模	省政府	1994.4
梁婉卿	女	厦门市槟榔中学	省劳模	省政府	1997.4
何碰狮	男	厦门七星石油化工有限公司	省劳模	省政府	1997.4
邓惠娟	女	思明区侨联常务副主席	省计生先进	省政府	1999、2000、2001
张 嵘	男	厦门市思明区人民法院民一庭庭长	省劳模	省政府	2000
吴天子	男	厦门中山医院	省劳模	省政府	1993
陈锦福	男	厦门锦久彩印有限公司	省劳模	省政府	2003
吕珈臻	女	厦门松柏小学	省五一劳动奖章	省政府	2006
林星亮	男	同安工业集中区思明园项目负责人	省五一劳动奖章	省政府	2007
蔡辉松	男	厦门大同中学	省先进教育工作者	福建省政府	1985
蔡辉松	男	厦门大同中学	全国优秀教师、国家教委劳模	国家教委	1986
陈霞珍	女	厦门思北小学	福建省优秀教师	福建省政府	1988
黄慧玲	女	厦门市科技情报所	福建省三八红旗手	福建省政府	1997
黄慧玲	女	厦门市科技情报所	福建省先进工作者	福建省政府	2004
傅冰贞	女	思明区教师进修学校	福建省先进工作者	福建省政府	2006

三、高级专业技术职称名表

1992—2006年思明区境高级专业技术职称名表

表33-3-6

姓 名	性别	工作单位	学科或专业	职称	确认时间
曾焕彩	男	福建省水产研究所	水文气象渔场海洋学	研究员	1992
洪卜仁	男	厦门市地方志办公室	历史研究	编审	1992

续表33-3-6

姓名	性别	工作单位	学科或专业	职称	确认时间
承木兰	女	厦门中医院	心血管内科	主任医师	1994
白墨	男	厦门博物馆	绘画创作	国家一级美术师	2000
张亦工	男	思明区医院	中医骨科	主任医师	2002. 11. 14
游志红	女	思明区医院	中医内科	主任医师	2002. 11. 14
郑景贤	男	福州大学厦门工艺美术学院	中国画创作与研究	教授	2003
庄宝玲	女	思明区妇幼保健院	检验	主任技师	2004. 6. 14
王清和	女	思明区疾病预防控制中心	流行病学	主任医师	2004. 6. 14
柯永刚	男	思明区筼筜街道社区公共卫生服务中心	中医内科	主任医师	2004. 6. 14
叶藜藜	女	思明区医院	中医内科	主任医师	2004. 6. 14
黄秀惠	女	思明区医院	心血管内科	主任医师	2005. 7. 1
林海南	男	思明区嘉莲街道社区公共卫生服务中心	神经内科	主任医师	2005. 7. 11
李志辉	男	思明区医院	西医骨科	主任医师	2005. 9. 26
刘元春	男	思明区医院	中医肛肠科	主任医师	2007. 10. 29
叶志忠	男	厦门第一医院	呼吸内科	主任医师	2005
欧阳永金	男	厦门市市政建设开发总公司	桥梁与隧道工程	教授级高工	2005
毛乾国	男	厦门中医院	传染病学	主任医师	2006
张凯松	男	中国科学院城市环境研究所	膜材料与膜技术	研究员	2006

四、中共区委领导人名表

1953—2003 年三区中共区委历任书记、副书记名表

表 33-3-7

区名	职务	姓名	性别	任职时间
鼓浪屿区	书记	叶亚伟	女	1955. 1—1957. 8
		邱永清	男	1957. 8—1958. 2
		刘德鸿	男	1958. 2—1963. 6
		张文忠	男	1963. 6—1968. 9
		王金龙	男	1971. 6—1975. 3
		周金才	男	1975. 3—1983. 11
		李东明	男	1983. 11—1987. 12
		郭晓菱	男	1990. 10—1993. 9
		郑振生	男	1993. 9—1995. 4
		郭恒明	男	1995. 4—2003. 5

续表33-3-7

区名	职务	姓　名	性别	任职时间
鼓浪屿区	副书记	姜锡璋	男	1953. 4—1953. 8
		林文松	男	1956. 7—1956. 10
		方秀梨	女	1956. 7—1961. 9
		骆根阵	男	1960. 3—1962. 12
		吴　珊	女	1964. 7—1968. 9
		周金才	男	1971. 6—1975. 3
		陈绍桂	男	1978. 10—1980. 11
		陈良志	男	1975. 3—1978. 11
		李东明	男	1980. 10—1983. 11
		惠晓理	男	1981. 4—1983. 8
		吴瑞炳	男	1983. 12—1987. 11
		钟世泽	男	1986. 6—1991. 10
		郭晓菱	女	1989. 10—1990. 10
		郑振生	男	1990. 10—1993. 9
		徐学富	男	1990. 11—1993. 11
		翁金珠	女	1994. 4—1998. 11
		程建明	男	1998. 9—2003. 9
		江韵兰	女	1998. 10—2002. 4
		陈金标	男	1998. 10—2003. 4
		李宏愿	男	2001. 10—2003. 9
开元区	书　记	张立生	男	1953. 4—1954. 7
		朱盈国	男	1957. 2—1963. 5
		廖　开	男	1963. 5—1965. 5
		赵莲塘	男	1971. 7—1975. 3
		王金水	男	1975. 3—1980. 6
		孙泉成	男	1980. 6—1983. 12
		张嘉种	男	1983. 12—1985. 2
		张清钳	男	1985. 2—1993. 2
		洪荻生	男	1993. 2—1995. 3
		王昆仑	男	1995. 3—2003. 5
	副书记	王　绥	男	1954. 9—1956. 4
		郭赞锷	男	1956. 3—1961. 10
		陈仲党	男	1957. 2—1961. 8
		雷尧玲	男	1960. 3—1964. 4

续表33-3-7

区名	职务	姓 名	性别	任职时间
开元区	副书记	李金龙	男	1964. 4—1968. 9
		姜德胜	男	1971. 7—1978. 11
		孙泉成	男	1975. 5—1980. 6
		赵莲塘	男	1977. 3—1980. 6
		王 文	男	1978. 11—1983. 12
		廖 开	男	1980. 5—1983. 12
		张嘉种	男	1980. 8—1984. 9
		张清钳	男	1983. 12—1985. 2
		洪荻生	男	1983. 12—1993. 2
		杨养生	男	1991. 3—1994. 2
		陆修勤	男	1991. 9—1992. 12
		林建农	男	1993. 9—1996. 12
		杨 玲	女	1993. 11—1999. 1
		方国实	男	1996. 2—2002. 2
		杨益坚	男	1998. 5—2002. 12
		裴金佳	男	1999. 1—2003. 9
		梁美丽	女	2001. 6—2003. 9
		倪 超	女	2000. 10—2003. 9
思明区	书 记	孔旭明	男	1953. 4—1954. 6
		杨元海	男	1955. 9—1955. 12
		林 源	男	1955. 12—1964. 4
		柳 云	男	1964. 4—1968. 9
		郭庆德	男	1971. 1—1975. 3
		张安常	男	1975. 3—1983. 12
		陈亚海	男	1983. 12—1987. 11
		郭安民	男	1987. 8—1992. 12
		詹少敏	男	1992. 12—1998. 1
		欧阳建	男	1998. 1—2000. 12
		王勇军	男	2000. 12—2003. 8
	副书记	杨元海	男	1954. 8—1955. 9
		陈篱香	女	1956. 7—1963. 6
		林 根	男	1957. 2—1958. 8

续表33-3-7

区名	职务	姓　名	性别	任职时间
思明区	副书记	刘　才	男	1960. 3—1964. 4
		周清南	男	1964. 4—1968. 9
		张安常	男	1971. 1—1975. 3
		庄志诚	男	1975. 3—1978. 10
		叶　禧	女	1975. 5—1983. 12
		李锡龄	男	1978. 11—1983. 12
		余基瑞	男	1983. 12—1986. 2
		薛　竹	男	1983. 12—1990. 10
		蔡寿国	男	1983. 12—1990. 5
		吴瑞炳	男	1990. 10—1993. 11
		叶清士	男	1991. 9—1993. 10
		陈宏镜	男	1993. 9—1999. 1
		王勇军	男	1995. 11—2000. 12
		曾晓民	男	1996. 8—1998. 10
		郑云峰	男	1998. 11—2003. 7 2003. 9—2007. 1
		吴诸海	男	2001. 6—2003. 8

2003—2007 年中共思明区委历任书记、副书记名表

表 33-3-8

届别	姓　名	性别	职务	任职时间
第八届	裴金佳	男	书　记	2003. 9—2006. 6
	郑云峰	男	副书记	2003. 9—2006. 6
	倪　超	女	副书记	2003. 9—2006. 6
	陈福炎	男	副书记	2003. 9—2006. 6
	李宏愿	男	副书记	2003. 9—2006. 6
	曾毓琪	女	副书记	2003. 9—2006. 6
第九届	裴金佳	男	书记	2006. 7—
	郑云峰	男	副书记	2006. 7—
	倪　超	女	副书记	2006. 7—
	陈福炎	男	副书记	2006. 7—
	李宏愿	男	副书记	2006. 7—

五、区人大常委会领导人名录

1980—2003 年鼓浪屿区人大常委会主任、副主任名表

表 33-3-9

届别	姓 名	性别	党派	籍贯	职务	任职时间
第八届	朱昌科	男	中共	福建龙岩	主任	1980. 11—1984. 11
	林仁祥	男	中共	福建龙岩	副主任	1980. 11—1984. 11
	李芳洲	男	无党派	福建厦门	副主任	1980. 11—1984. 11
	方秀梨	女	中共	福建诏安	副主任	1980. 11—1984. 11
第九届	朱昌科	男	中共	福建龙岩	主任	1984. 11—1987. 11
	林仁祥	男	中共	福建龙岩	副主任	1984. 11—1987. 11
	李芳洲	男	无党派	福建厦门	副主任	1984. 11—1987. 11
	郭剑萍	女	中共	福建福州	副主任	1984. 11—1987. 11
第十届	周金才	男	中共	江苏如东	主任	1987. 11—1991. 1
	郭剑萍	女	中共	福建福州	副主任	1987. 11—1991. 1
	张金锁	男	中共	福建晋江	副主任	1987. 11—1991. 1
	黄锡琛	男	中共	福建泉州	副主任	1989. 2—1991. 1
第十一届	郭晓菱	女	中共	福建厦门	主任	1991. 1—1994. 1
	郭松萍	男	中共	福建厦门	副主任	1991. 1—1994. 1
	洪振华	男	中共	福建泉州	副主任	1991. 1—1994. 1
	黄锡琛	男	无党派	福建泉州	副主任	1991. 1—1994. 1
第十二届	徐学富	男	中共	江苏如东	主任	1994. 1—1999. 1
	洪振华	男	中共	福建泉州	副主任	1994. 1—1999. 1
	黄锡琛	男	无党派	福建泉州	副主任	1994. 1—1999. 1
	陈文章	男	中共	福建厦门	副主任	1997. 1—1999. 1
第十三届	郭恒明	男	中共	福建南安	主任	1999. 1—2003. 10
	钟哲聪	男	中共	台湾台北	副主任	1999. 1—2003. 10
	陈文章	男	中共	福建厦门	副主任	1999. 1—2003. 10
	王清祥	男	中共	福建惠安	副主任	1999. 1—2003. 10
	陈昭强	男	台盟	台湾台南	副主任	1999. 1—2003. 10

1980—2003年开元区人大常委会主任、副主任名表

表33-3-10

届别	姓　名	性别	党派	籍贯	职务	任职时间
第八届	廖　开	男	中共	广东	主任	1980. 5—1984. 1
	张嘉种	男	中共	福建厦门	主任	1984. 1—1984. 10
	张继增	男	中共	山东	副主任	1980. 5—1984. 10
	郑光昕	男	无党派	福建厦门	副主任	1980. 5—1984. 10
	康其炳	男	中共	福建泉州	副主任	1980. 5—1984. 10
	黄淑端	女	中共	福建厦门	副主任	1981. 6—1984. 10
	张森炎	男	中共	福建厦门	副主任	1984. 1—1984. 10
第九届	张嘉种	男	中共	福建厦门	主任	1984. 10—1986. 3
	张清钳	男	中共	福建厦门	主任	1986. 3—1987. 9
	康其炳	男	中共	福建泉州	副主任	1984. 10—1987. 9
	张继增	男	中共	山东	副主任	1984. 10—1987. 9
	黄淑端	女	中共	福建厦门	副主任	1984. 10—1986. 3
	林团体	男	无党派	福建	副主任	1984. 10—1987. 9
	吴沧海	男	中共	福建泉州	副主任	1986. 3—1987. 9
第十届	康其炳	男	中共	福建泉州	主任	1987. 9—1991. 1
	吴沧海	男	中共	福建泉州	副主任	1987. 9—1991. 1
	梁涵生	男	无党派	福建永春	副主任	1987. 9—1991. 1
	叶怡足	女	中共	福建厦门	副主任	1987. 9—1991. 1
第十一届	吴沧海	男	中共	福建泉州	主任	1991. 1—1994. 1
	王振玉	男	中共	山东	副主任	1991. 1—1992. 2
	王家渊	男	中共	福建惠安	副主任	1991. 1—1994. 1
	黄兴佐	男	无党派	福建永春	副主任	1991. 1—1994. 1
	李芳玲	女	中共	福建厦门	副主任	1992. 2—1994. 1
第十二届	吴沧海	男	中共	福建泉州	主任	1994. 1—1999. 1
	李芳玲	女	中共	福建厦门	副主任	1994. 1—1999. 1
	傅文通	男	中共	福建泉州	副主任	1994. 1—1999. 1
	黄兴佐	男	无党派	福建厦门	副主任	1994. 1—1999. 1
	潘耀辉	男	中共	广东	副主任	1997. 1—1999. 1
第十三届	杨　玲	女	中共	福建漳浦	主任	1999. 1—2003. 10
	李芳玲	女	中共	福建厦门	副主任	1999. 1—2003. 10
	潘耀辉	男	中共	广东	副主任	1999. 1—2003. 10
	杨春粟	男	中共	福建晋江	副主任	1999. 1—2003. 10
	苏宜尹	男	中共	福建厦门	副主任	1999. 1—2003. 10

1980—2003 年思明区人大常委会主任、副主任名表

表 33-3-11

届别	姓名	性别	党派	籍贯	职务	任职时间
第八届	叶　禧	女	中共	福建厦门	主任	1980. 10—1984. 2
	林文彬	男	中共	福建安溪	主任	1980. 2—1984. 10
	陈中植	男	中共	福建福清	副主任	1980. 10—1984. 10
	翁迺恭	男	无党派	福建安溪	副主任	1980. 10—1984. 10
	杨云霞	男	中共	山东	副主任	1984. 2—1984. 10
第九届	林文彬	男	中共	福建安溪	主任	1984. 10—1987. 11
	杨云霞	男	中共	山东	副主任	1984. 10—1987. 11
	翁迺恭	男	无党派	福建安溪	副主任	1984. 10—1987. 11
第十届	林文彬	男	中共	福建安溪	主任	1987. 10—1991. 1
	杨云霞	男	中共	山东	副主任	1987. 10—1991. 1
	苏美英	女	中共	福建厦门	副主任	1987. 10—1991. 1
	梁孙尧	男	中共	福建永春	副主任	1987. 10—1991. 1
第十一届	许雨川	男	中共	福建厦门	主任	1991. 1—1994. 1
	郭福年	男	中共	山东淮坊	副主任	1991. 1—1994. 1
	苏美英	女	中共	福建厦门	副主任	1991. 1—1994. 1
	陈荣忠	男	中共	福建厦门	副主任	1991. 1—1994. 1
	辜瑞学	男	九三学社	福建厦门	副主任	1991. 1—1994. 1
第十二届	许雨川	男	中共	福建厦门	主任	1994. 1—1999. 1
	陈荣忠	男	中共	福建厦门	副主任	1994. 1—1999. 1
	庄振典	男	中共	福建厦门	副主任	1994. 1—1999. 1
	辜瑞学	男	九三学社	福建厦门	副主任	1994. 1—1999. 1
第十三届	许雨川	男	中共	福建厦门	主任	1999. 1—2003. 10
	陈荣忠	男	中共	福建厦门	副主任	1999. 1—2003. 10
	程和水	男	中共	福建连江	副主任	1999. 1—2003. 10
	庄振典	男	中共	福建厦门	副主任	1999. 1—2003. 10
	吴碧英	女	无党派	福建福州	副主任	1999. 1—2003. 10

2003—2007 年思明区人大常委会主任、副主任名表

表 33-3-12

届别	姓名	性别	党派	籍贯	职务	任职时间
第十四届	王昆仑	男	中共	福建南安	主任	2003. 10—2007. 2
	张振诚	男	中共	福建厦门	副主任	2003. 10—2007. 2
	程和水	男	中共	福建连江	副主任	2003. 10—2007. 2
	李芳玲	女	中共	福建厦门	副主任	2003. 10—2007. 2

续表33-3-12

届别	姓名	性别	党派	籍贯	职务	任职时间
第十四届	何冠中	男	无党派	福建厦门	副主任	2003.10—2007.2
	韩静江	男	中共	山东淄博	副主任	2003.10—2007.2
	蔡垂强	男	中共	福建晋江	副主任	2003.10—2007.2
第十五届	陈福炎	男	中共	福建厦门	主任	2007.2—
	童在福	男	中共	福建厦门	副主任	2007.2—
	何冠中	男	无党派	福建厦门	副主任	2007.2—
	韩静江	男	中共	山东淄博	副主任	2007.2—
	蔡垂强	男	中共	福建晋江	副主任	2007.2—
	林文良	男	中共	福建莆田	副主任	2007.2—

六、区政府（区革委会）领导人名表

1949—2003年鼓浪屿区正副区长、区革委会正副主任名表

表33-3-13

姓 名	性别	职务	任职时间
许仁贵	男	区长	1949.10—1951.2
傅秋元	男	区长	1951.2—1951.7
纪华盛	男	区长	1951.7—1952.6
黄荣琨	男	区长	1952.6—1953.12
刘德鸿	男	区长	1953.12—1954.8 1957.6—1963.7
叶亚伟	女	区长	1954.8—1857.6
曾 政	男	区长	1963.7—1968.9
周相明	男	主任	1968.9—1971.6
王法程	男	主任	1971.6—1975.3
周金才	男	主任	1975.3—1980.11
李东明	男	区长	1980.11—1983.12
吴瑞炳	男	代理区长	1983.10-1984.11
吴瑞炳	男	区长	1984.11—1990.10
郑振生	男	代理区长	1990.10—1991.1
郑振生	男	区长	1991.1—1995.4
郭恒明	男	代理区长	1995.4—1998.9
郭恒明	男	区长	1998.9—缺
程建明	女	代理区长	1998.10—1998.12
程建明	女	区长	1999.1—缺
曾昭锋	男	副区长	1953.8—缺

续表33-3-13

姓　名	性别	职务	任职时间
叶亚伟	女	副区长	1953. 12—1954. 8
林文松	男	副区长	1955. 4—1956. 7
戴明贤	男	副区长	1956. 9—1957. 6
朱昌科	男	副区长	1958. 4—1961. 3
张玉新	男	代理副区长	1960. 3—1961. 11
张玉新	男	副区长	1961. 11—缺
林仁祥	男	副区长	1961. 11—缺
王法程	男	副区长	？—1971. 6
王法程	男	副主任	1968. 9 —1971. 6
陈良志	男	副主任	1978. 11—缺
刘　芳	女	副区长	1980. 11—1983. 11
汪江河	男	副区长	1981. 6—1983. 11
孙志裕	男	副区长	1983. 12—1987. 11
林大庆	男	副区长	1983. 12—1990. 10
周　菡	女	副区长	1983. 12—1987. 5
颜惠庆	男	副区长	1987. 11—缺
郑振生	男	副区长	1990. 1—缺
林善淦	男	副区长	1991. 1—缺
周　岱	男	副区长（挂职）	1991. 10—1993. 10
傅建明	男	副区长	1993. 10—缺
傅建明	男	副区长	2002. 7—缺
郑惠生	男	副区长	1993. 10—缺
钟哲聪	男	副区长	1994. 1—缺
陈金标	男	副区长	1999. 1—2003. 4
徐平东	男	副区长	1999. 1—缺
游文昌	男	副区长	1999. 1—2002. 7
李成武	男	副区长（挂职）	2000. 6—2000. 12
郭垣明	男	副区长	1995. 4—缺
程建明	女	副区长	1998. 9—缺
傅建明	男	副区长	2002. 7—缺

1949—2003 年开元区正副区长、区革委会正副主任名表

表 33-3-14

姓　名	性别	职务	任职时间
陈启强	男	区长	1949. 10—1950. 6
王恩高	男	区长	1950. 1—1952. 6
吴朝明	男	区长	1952. 7—1953. 8

续表33-3-14

姓　名	性别	职务	任职时间
王　绥	男	区长（兼）	1953. 9—1956. 4
阮金元	男	区长	1956. 10—1958. 3
陈仲党	男	区长	1958. 4—1961. 8
朱盈国	男	区长	1961. 12—1963. 5
雷晓玲	男	区长	1963. 5—1964. 3
杨丕诚	男	区长	1964. 2—1968. 9
周玉振	男	主任	1968. 9—1971. 6
赵莲塘	男	主任	1971. 6—1975. 3
王金水	男	主任	1975. 3—1978. 10
刘泉成	男	主任	1978. 10—1980. 4
张嘉种	男	区长	1980. 5—1983. 11
张清钳	男	区长	1983. 11—1986. 3
洪荻生	男	区长	1986. 3—1993. 2
杨　玲	女	区长	1993. 2—1999. 1
裴金佳	男	区长	1999. 1—2003. 9
陈仲党	男	副区长	1953. 9—1958. 4
雷尧玲	男	副区长	1956. 3—1956. 9
高秀英	女	副区长	1956. 6—1956. 10
杨玉燕	女	副区长	1956. 6—1961. 11
吴清标	男	副区长	1956. 10—1959. 11
刘元凯	男	副区长	1960. 4—1963. 5
杨思良	男	副区长	1960. 4—1965. 5
王石恒	男	副区长	1961. 12—1963. 5
李东明	男	副区长	1961. 2—1968. 9
杨丕诚	男	副区长	1964. 2—1966. 3
徐　秀	男	副主任	1968. 9—1976. 10
杨丕诚	男	副主任	1968. 9—1970
卢水德	男	副主任	1968. 9—1978. 12
叶在根	男	副主任	1968. 9—1978. 12
姜德胜	男	第一副主任	1971. 6—1976. 10
王　文	男	第一副主任	1973. 7—1976. 10
张嘉种	男	第一副主任	1975. 5—1976. 10
康其炳	男	副主任	1978. 12—1980. 5
何淑英	女	副区长	1980. 5—1983. 12
张森炎	男	副区长	1980. 5—1983. 12

续表33-3-14

姓　名	性别	职务	任职时间
吕良星	男	副区长	1980. 5—1987. 9
康其炳	男	副区长	1983. 12—1984. 10
王振玉	男	副区长	1983. 12—1987. 9
杨　玲	女	副区长	1983. 12—1987. 9
洪荻生	男	副区长	1985. 1—1986. 3
梁涵生	男	副区长	1986. 3—1987. 9
陈社明	男	副区长	1987. 9—1997. 3
傅文通	男	副区长	1989. 4—缺
陈才文	男	副区长	1991. 2—1998. 10
林国铨	男	副区长（挂职）	1993. 1—1994. 12
张瑛瑛	女	副区长	1994. 1—缺
裴金佳	男	副区长	1994. 1—1999. 1
沈松宝	男	副区长	1995. 12—缺
童在福	男	副区长	1997. 4—缺
马全恩	男	副区长	1998. 7—缺
皮卫平	男	副区长	1998. 10—缺
何冠中	男	副区长	1998. 10—缺
杨益坚	男	副区长	1999. 1—缺
蔡良涯	男	副区长	1999. 1—缺
蔡顺驰	男	副区长	1999. 7—缺
王凤刚	男	副区长	1997. 6—缺
马文清	男	副区长	1999. 12—2000. 12
张　睿	男	副区长	2000. 6—缺
胡永芬	男	副区长	2002. 5—2002. 12
齐　军	男	副区长	2003. 4—2003. 10

1949—2003 年思明区正副区长、区革委会正副主任名表

表 33-3-15

姓　名	性别	职务	任职时间
盛　杰	男	区长	1949. 10—1950. 4
吴振卿	男	区长	1950. 4—1952. 7
吴新民	男	区长	1952. 7—1952. 11
杜金荣	男	区长	1952. 12—1953. 12
孔旭明	男	区长	1953. 12—1954. 8
杨元海	男	区长	1954. 8—1955. 10

续表33-3-15

姓　名	性别	职务	任职时间
林　源	男	区长	1955. 10—1963. 6
邱永清	男	区长	1963. 6—1968. 9
郭庆德	男	主任	1968. 9—1975. 3
张安常	男	主任	1975. 3—1978. 10
李锡龄	男	主任	1978. 12—1980. 5
李锡龄	男	区长	1980. 5—1983. 12
薛　竹	男	代理区长	1983. 12—1984. 10
薛　竹	男	区长	1984. 10—1990. 10
吴瑞炳	男	代理区长	1990. 10—1991. 1
吴瑞炳	男	区长	1991. 1—1995. 12
王勇军	男	代理区长	1995. 12—1996. 12
王勇军	男	区长	1996. 12—2001. 1
黄　强	男	区长	2001. 1—2003. 10
吴振卿	男	副区长	1949. 10—1950. 4
杜金荣	男	副区长	1952. 1—1952. 12
杨元海	男	副区长	1953. 12—1955. 9
刘　才	男	副区长	1955. 10—1956. 9
黄山火	男	副区长	1956. 9—1961. 11
何永盛	男	副区长	1956. 9—1961. 11
张嘉种	男	副区长	1956. 9—1968. 9
郑景华	男	副区长	1961. 11—1963. 6
林德明	男	副区长	1961. 11—1968. 9
贾盛财	男	副主任	1968. 9—1971. 6
齐　磊	男	副主任	1968. 9—1970. 10
柳　云	男	副主任	1968. 9—1973. 8
陈烟瑞	男	副主任	1968. 9—1978. 12
张秀美	女	副主任	1968. 9—1978. 12
张安常	男	第一副主任	1971. 6—1975. 3
张文忠	男	副主任	1973. 8—1973. 11
李锡龄	男	副主任	1975. 5—1978. 10
陈仲植	男	副主任	1978. 10—1980. 5
杨云霞	男	副主任	1978. 10—1980. 5
叶　禧	女	副区长	1978. 12—1980. 10
杨云霞	男	副区长	1980. 5—1983. 12
陈仲植	男	副区长	1980. 5—1980. 10
林文彬	男	副区长	1980. 10—1983. 12

续表33-3-15

姓　名	性别	职务	任职时间
苏美英	女	副区长	1980. 10—1983. 12
陈淑元	男	副区长	1980. 10—1983. 12
洪锡庚	男	副区长	1983. 12—1992. 3
林国安	男	副区长	1983. 12—1987. 11
苏美英	女	副区长	1983. 12—1987. 11
陈黄伟	男	副区长	1983. 12—1987. 11
穆蓉贞	女	副区长	1988. 5—缺
金章祥	男	副区长	1988. 8—缺
曾耀民	男	副区长	1991. 1—1996. 3
施秀丽	女	副区长	1991. 1—1999. 1
薛源官	男	副区长（挂职）	1993. 1—缺
王勇军	男	副区长	1993. 10—1995. 12
杨立才	男	副区长	1996. 11—缺
郑云峰	男	副区长	1997. 5—缺
阮耀国	男	副区长	1999. 1—缺
朱奖思	男	副区长	1999. 1—缺
何瑞福	男	副区长	1999. 1—缺
李　慧	女	副区长（挂职）	2002. 5—2002. 10
杨培杰	男	副区长	2003. 3—2003. 9

2003—2007 年思明区人民政府区长、副区长名表

表 33-3-16

姓　名	性别	职务	任职时间	姓　名	性别	职务	任职时间
郑云峰	男	区长	2003. 10—2007. 1	王幼丽	女	副区长（挂职）	2004. 3—2005. 3
张灿民	男	代理区长	2007. 1—2007. 2	陈李升	男	副区长	2004. 9—2007. 8
张灿民	男	区长	2007. 2—	黄嘉斌	男	副区长	2006. 1—
倪　超	女	副区长	2003. 10—2007. 1	赵惜兵	男	副区长（挂职）	2006. 3—2007. 3
童在福	男	副区长	2003. 10—	张灿民	男	副区长	2007. 1—2007. 2
朱奖思	男	副区长	2003. 10—2004. 9	白玉渊	男	副区长	2007. 1—
何瑞福	男	副区长	2003. 10—	潘少銮	女	副区长	2007. 1—
傅建明	男	副区长	2003. 10—	陈添友	男	副区长	2007. 8—
林国泰	男	副区长	2003. 10—				

七、区政协领导人名表

1989—2003年三区政协委员会主席、副主席名表

表33-3-17

区别	届别	姓名	性别	职务	任职时间
鼓浪屿区	第一届	李东明	男	主席	1989.2—1991.1
		陈孝镇	男	副主席	1989.2—1991.1
		殷承典	男	副主席	1989.2—1991.1
		李纯侨	男	副主席	1989.2—1991.1
		林懋义	男	副主席	1989.2—1991.1
	第二届	李东明	男	主席	1991.1—1994.1
		陈孝镇	男	副主席	1991.1—1994.1
		李纯侨	男	副主席	1991.1—1994.1
		殷承典	男	副主席	1991.1—1994.1
		林懋义	男	副主席	1991.1—1994.1
	第三届	林善淦	男	主席	1994.1—1999.1
		颜惠庆	男	副主席	1994.1—1999.1
		郭松萍	男	副主席	1994.1—1999.1
		殷承典	男	副主席	1994.1—1999.1
		吴松柏	男	副主席	1994.1—1999.1
		周　菡	女	副主席	1994.1—1999.1
	第四届	林善淦	男	主席	1999.1—2003.8
		刘解东	男	副主席	1999.1—2003.8
		郭崧萍	男	副主席	1999.1—2003.8
		林孝玉	男	副主席	1999.1—2003.8
		周　菡	女	副主席	1999.1—2003.8
开元区	第一届	张清钳	男	主席	1989.2—1991.1
		郑德岁	男	副主席	1989.2—1991.1
		林春土	男	副主席	1989.2—1991.1
		谢集美	男	副主席	1989.2—1991.1
	第二届	郑德岁	男	主席	1991.1—1994.1
		叶怡足	女	副主席	1991.1—1994.1
		庄　威	男	副主席	1991.1—1994.1
		林春土	男	副主席	1991.1—1994.1
		谢集美	男	副主席	1991.1—1994.1

续表33-3-17

区别	届别	姓名	性别	职务	任职时间
开元区	第三届	杨养生	男	主席	1994. 1—1999. 1
		叶怡足	女	副主席	1994. 1—1999. 1
		林春土	男	副主席	1994. 1—1999. 1
		梁涵生	男	副主席	1994. 1—1999. 1
		谢集美	男	副主席	1994. 1—1999. 1
	第四届	杨养生	男	主席	1999. 1—2003. 8
		沈松宝	男	副主席	1999. 1—2003. 8
		张振成	男	副主席	1999. 1—2003. 8
		叶怡足	女	副主席	1999. 1—2003. 8
		叶建成	男	副主席	1999. 1—2003. 8
		林春土	男	副主席	1999. 1—2003. 8
思明区	第一届	郭安民	男	主席	1989. 3—1991. 1
		林章珍	女	副主席	1989. 3—1991. 1
		郭福年	男	副主席	1989. 3—1991. 1
		吕应焕	男	副主席	1989. 3—1991. 1
		陈景辉	男	副主席	1989. 3—1991. 1
		翁树林	男	副主席	1989. 3—1991. 1
	第二届	梁孙尧	男	主席	1991. 1—1993. 9
		林章珍	女	副主席	1991. 1—1994. 1
		吕应焕	男	副主席	1991. 1—1994. 1
		陈景辉	男	副主席	1991. 1—1994. 1
		翁树林	男	副主席	1991. 1—1994. 1
	第三届	林久来	男	主席	1994. 1—1999. 1
		林章珍	女	副主席	1994. 1—1999. 1
		陈秀枝	女	副主席	1994. 1—1999. 1
		翁树林	男	副主席	1994. 1—1999. 1
		吴碧英	女	副主席	1994. 1—1999. 1
	第四届	陈宏镜	男	主席	1999. 1—2002. 1
		江韵兰	女	主席	2002. 2—2003. 8
		施秀丽	女	副主席	1999. 1—2003. 8
		陈秀枝	女	副主席	1999. 1—2003. 8
		袁国良	男	副主席	1999. 1—2003. 8
		翁树林	男	副主席	1999. 1—2003. 8
		杨丽玉	女	副主席	1999. 1—2003. 8

2003—2007 年思明区政协委员会主席、副主席名表

表 33-3-18

届别	姓名	性别	职务	任职时间
第五届	江韵兰	女	主席	2003.10—2007.2
	皮卫平	女	副主席	2003.10—2007.2
	郭松萍	男	副主席	2003.10—2007.2
	叶建成	男	副主席	2003.10—2007.2
	苏宜尹	男	副主席	2003.10—2007.2
	杨丽玉	女	副主席	2003.10—2007.2
	朱健强	男	副主席	2003.10—2007.2
第六届	江韵兰	女	主席	2007.2—
	杨丽玉	女	副主席	2007.2—
	苏宜尹	男	副主席	2007.2—
	朱健强	男	副主席	2007.2—
	曾清石	男	副主席	2007.2—
	赖晓明	女	副主席	2007.2—

八、区纪委领导人名表

1953—2003 年三区纪律检查委员会书记名表

表 33-3-19

区别	届别	姓名	性别	任职时间
鼓浪屿区	第一届	张玉新	男	1953—
	第二届	陈绍桂	男	1978.11—1980.11
	第三届	林久来	男	1984.10—1987.11
	第四届	林久来	男	1987.11—1990.11
	第五届	刘解车	男	1990.11—1993.11
	第六届	刘解车	男	1993.11—1998.12
	第七届	李宏愿	男	1998.12—2003.9
开元区	第一届	雷尧玲	男	1962.2—1963.5
	第二届	王文（兼）	男	1978.11—1983.12
	第三届	林细婴	男	1983.12—1987.12
	第四届	林细婴	男	1987.12—1990.11
	第五届	林细婴	男	1990.11—1993.11
	第六届	张振诚	男	1993.11—1998.12
	第七届	张振诚 梁美丽	男 女	1998.12—2002 2002—2003.9

续表33-3-19

区别	届别	姓名	性别	任职时间
思明区	第一届	李锡龄（区委助理监察员）	男	1963. 5—1963. 12
	第二届	叶禧（兼）	女	1978. 11—1983. 12
	第三届	余基瑞（兼）	男	1984. 10—1986. 2
	第四届	许雨川	男	1987. 11—1990. 11
	第五届	林久来	男	1990. 11—1993. 11
	第六届	林久来	男	1993. 11—1998. 11
	第七届	陈财文	男	1998. 11—2003. 9

2003—2007年思明区纪律检查委员会书记名表

表33-3-20

届别	姓名	性别	任职时间
第八届	李宏愿	男	2003. 9—2006. 7
第九届	陈李升	男	2006. 7—

九、区检察院检察长名表

1978—2003年三区人民检察院检察长名表

表33-3-21

区名	姓名	性别	任职时间
鼓浪屿区	曲以贞	男	1978. 12—1987. 11
	孟鲁宁	男	1987. 11—1994. 2
	王清祥	男	1994. 2—1999. 3
	夏梅芳	女	1999. 3—2003. 10
开元区	练达昆	男	1978. 12—1984. 10
	林文海	男	1984. 10—1990. 12
	方炎忠	男	1990. 12—1994. 2
	颜才毅	男	1994. 2—2000. 4
	张尚清	男	2000. 4—2003. 10
思明区	郭秀治	女	1958. 3—1959. 10
	肖鸿龙	男	1978. 11—1982. 3
	陈明贤	男	1982. 3—1984. 12
	林金琨	男	1984. 12—1994. 2
	孟鲁宁	男	1994. 2—1996. 8
	尤长兹	男	1996. 8—2003. 4

2003—2007年三区人民检察院检察长名表

表33-3-22

姓名	性别	任职时间
戴修俊	男	2003.4—

十、区法院院长名表

1960—2003年三区人民法院院长名表

表33-3-23

区名	姓名	性别	任职时间
鼓浪屿区	林仁祥	男	1960.8—1963.7
	江永龄	男	1972.11—1973.12
	陈连和	男	1974.1—1994.1
	林孝玉	男	1994.1—1999.1
	黄小民	男	1999.1—2003.10
开元区	贾文贵	男	1957.11—1965.2
	伯金安	男	1965.2—1968.9
	林钧章	男	1973.12—1980.10
	张美璋	男	1981.1—1994.1
	杨春粟	男	1994.1—1999.1
	韩静江	男	1999.1—2003.10
思明区	尤麟趾	男	1957.11—1960.1
	伯金安	男	1960.1—1965.10
	吴兹寿	男	1965.10—1973.12
	江永龄	男	1978.12—1984.10
	林必璋	男	1984.10—1985.12
	肖木生	男	1985.12—1994.1
	袁国良	男	1994.1—1999.1
	陈国猛	男	1999.1—2003.10

2003—2007年思明区人民法院院长名表

表33-3-24

姓名	性别	任职时间
丁丽贞	女	2003.10—

十一、区人民武装部部长、政委名表

1954—2003年三区人民武装部部长、政委名表

表33-3-25

区名	姓　名	性别	职务	任职时间
鼓浪屿区	周相明	男	部长	1961.11—1996.5
	刘德鸿	男	第一政委（兼）	1962.2—1963.8
	张文忠	男	第一政委（兼）	1963.8—1966.5
	王法程	男	政委	1964.10—1966.4
	周相明	男	部长	1966.5—1976.10
	王金龙	男	部长	1971.2—1976.10
	张文忠	男	第一政委	1966.5—1968.9
	王法程	男	政委	1966.5—1976.10
	崔福章	男	政委	1971.2—1976.10
	殷熙峨	男	政委	1969.9—1970.3
	赵莲塘	男	政委	1970.10—1971.2
	周相明	男	部长	1976.10—1979.4
	王金龙	男	部长	1976.10—1980.11
	王法程	男	政委	1976.10—1977.1
	崔福章	男	政委	1976.10—1978.12
	秦世德	男	政委	1977.10—1981.10
	周金才	男	第一政委（兼）	1979.4—1983.12
	薛欣寿	男	政委	1981.10—1982.5
	沈松波	男	政委	1982.5—1996.6
	李东明	男	第一政委（兼）	1984.2—1987.12
	陈文章	男	部长	1984.8—1996.6
	李建设	男	部长	1996.4—2000.3
	曹有余	男	部长	2000.4—2003.3
	范宝德	男	部长	2003.4—2003.9
	韩奎玉	男	政委	1996.4—1998.3
	唐万发	男	政委	1998.3—2000.3
	王清寒	男	政委	2003.4—2004.3
	徐　秀	男	部长	1960.9—1966.5
	朱盈国	男	第一政委（兼）	1960.9—1966.5

续表33-3-25

区名	姓　名	性别	职务	任职时间
开元区	彭洪烈	男	政委	1954.10—1956.6
	刘元凯	男	政委	1956.5—1957.12
	周玉振	男	政委	1963.5—1966.5
	廖　开	男	第一政委（兼）	1963.6—1966.5
	徐　秀	男	部长	1966.5—1976.10
	周玉振	男	政委	1966.5—1971.2
	赵莲塘	男	政委	1971.2—1976.10
	徐　秀	男	部长	1976.10—1977.1
	杨友功	男	部长	1977.1—1980.11
	韩德林	男	部长	1980.11—1985.10
	邹国荣	男	部长	1986.2—1996.3
	王金水	男	第一政委（兼）	1979.4—1980.6
	孙泉成	男	第一政委（兼）	1981.3—1983.12
	张嘉种	男	第一政委（兼）	1984.2—1985.2
	赵莲塘	男	政委	1976.10—1980.11
	张树灿	男	政委	1981.2—1985.1
	梁　栋	男	政委	1985.1—1986.5
	潘耀辉	男	政委	1986.5—1996.3
	易　兵	男	部长	1996.4—2001.6
	钱洪键	男	部长	2001.6—2004.3
	徐龙祥	男	政委	1996.4—2000.2
	谢水宗	男	政委	2000.3—2002.3
	谭志明	男	政委	2002.3—2004.3
	卞兆华	男	部长	1954.10—1956.1
	张苓芝	男	部长	1956.1—1957.5
	贾盛财	男	部长	1961.9—1966.5
思明区	林　源	男	第一政委（兼）	1960.9—1964.4
	柳　云	男	第一政委（兼）	1964.7—1966.5
	郭庆德	男	政委	1964.11—1966.5
	王明让	男	部长	1976.10—1981.10
	王士豪	男	部长	1981.9—1984.9
	程和水	男	部长	1985.6—1987.12
	张安常	男	第一政委（兼）	1979.4—1983.11
	陈亚海	男	第一政委（兼）	1984.2—1987.12
	郭庆德	男	政委	1976.10—1977.5

续表33-3-25

区名	姓　名	性别	职务	任职时间
思明区（续）	周云石	男	政委	1977. 8—1983. 2
	洪再生	男	政委	1983. 2—1996. 3
	程和水	男	部长	1984. 6—1996. 4
	林生水	男	部长	1996. 4—1997. 7
	陈金应	男	部长	1997. 8—1999. 3
	赖亦招	男	部长	1999. 3—1999. 11
	曾继荣	男	部长	2000. 3—2003. 10
	郭福山	男	政委	1996. 4—2000. 3
	郑成贵	男	政委	2000. 4—2001. 3
	龚家涛	男	政委	2001. 4—2003. 10

2003—2007 年思明区人民武装部部长、政委名表

表 33-3-26

姓　名	性别	职务	任职时间
曾继荣	男	部长	2003. 10—2004. 4
龚家涛	男	政委	2003. 10—2004. 4
胡　甲	男	政委	2004. 4—2006. 3
张诃生	男	部长	2004. 4—
李志辉	男	政委	2006. 4—

附　　录

一、政府文件

（一）中华民国各级政府文件

厦门市鼓浪屿区区公所关于查报人民抗战殉难事迹的复函

鼓社字第44号

案准

贵会函开："兹送上人民抗战忠烈事迹调查表，即希查收，转发详填，汇集送会办理为荷"等由，准此经饬各保查填在案。兹据报称，以人民抗战殉难多系单身，间有家属亦皆移居内地，故无从查询其事迹等。据此，除再饬其继续调查随时具报外，相应将所查填前项表三份函请查照为荷。

此致

厦门市复员委员会

厦门市鼓浪屿区区公所

中华民国三十五年元月十五日

附件

厦门市复员委员会致鼓浪屿区公所函

兹送上人民抗战忠烈事迹调查表六百张，即希查收，转发详填，汇集送会办理为荷。

此致

厦鼓区公所

厦门市复员委员会调查组启

中华民国三十四年十一月二十九日

就沦陷区接收工作有关事宜厦门市政府代电鼓浪屿区公所

腾申马府秘字103号

鼓浪屿区公所：

奉主席刘申寒司保甲电开："密奉长官顾电开，查沦陷区现正次第收复，民困方苏。近据报竟有一股不肖下级军政人员以时机可乘借此欺诈鱼肉人民，种种不法苛扰情形不一而足……殊属可恨已极。除分电外希饬属切实注意，如类此情事应即严办为要等因，希饬属切实注意为要"等因，奉此，自应切实遵办。除分电外合行电，仰饬属知照。

中华民国三十四年九月二十一日

厦门市政府关于接收与移交敌伪财产工作的训令

腾戌灰府会字513号

令鼓浪屿区公所

查本府暨所属各机关接收敌伪财产移交各该单位办公用者，依法应即按照财物会计处理分别估价，逐一登账，然后编造报送府核备。唯查前项财物估价时事先应函请财政局及敌伪清查会暨本府会计室会同派员前往监估，俾昭慎重。除分令外合行令，仰遵照办理并将估价情形报府核备为要。

此令

兼市长　黄天爵

中华民国三十四年十一月

厦门市政府关于保证侨胞回国便利给鼓浪屿区公所的训令

雨五元府秘字1119号

奉

福建省政府府民甲报字第02281号训令："案准内政部三十五年十月十一日第一四六八号公函内开：案准行政院秘书处本年八月十四日发礼京字二〇二三一号通知，为广东省政府代电附送詹朝阳宣慰越暹侨胞工作报告书一案，嘱核办等由，查该项报告书内关于丙项第三款之请求希望澄清吏治一节，揆诸用意不无可采之处。惟澄清吏治迭经本部通行各省、市政府，切实依法办理有案。兹为重申前议，特请贵府转饬所属，嗣后对于侨胞回国务须切实保障。倘有不肖之徒肆行敲诈情事，应即依法严办。除分令外相应函请查照办理等由，准此，除分行外合行令，仰切实遵办"等因，奉此，除分令外合行令，仰切实遵办为要。

兼市长　黄天爵

中华民国三十六年二月十四日

福建省政府关于厦门市开元区长选举事给厦门市政府的批复

令厦门市政府

露申支府〔7194号〕代电件送开元区区长候选人名册并选举程序由。

代电暨附件均悉。仍仰将选举结果造具名册送核，件存。

此令。

主席　刘建绪

中华民国三十七年九月二十三日

附件

厦门市政府有关筹备选举开元区区长事呈报省府函

代电

福建省政府主席刘钧鉴：本市开元区筹备工作即将完成，亟应正式成立区公所、选举区长副，除登记日期于□□公告外，兹拟具选举程序一份，电候察查。厦门市政府叩。

附呈送选举程序一份。

签呈三十七年六月五日于第一科

窃查开元区筹备处各项筹备业将就绪，自应按照原定计划开始办理该区区长副候选人登记，以期早日选举完毕成立区公所。兹拟该项选举程序于左，理合签请鉴核示遵。

谨呈

市长黄

选举程序：

（1）公告候选人登记日期：三十七年六月九日，登记起讫日期：三十七年六月十日起至二十四日止；‖

（2）审查资格及编造名册日期：三十七年六月二十日；

（3）公告候选人名单日期：三十七年六月二十六日；

（4）选举日期：三十七年七月十一日；

（5）监选员报告选举结果日期：三十七年七月十二日；

（6）公告当选姓名并通知当选人：三十七年七月十五日。

周应声　谨签

厦门市市长黄天爵批示：

报省并公告

中华民国三十七年六月五日

厦门市政府关于国内外难侨遣送办法给鼓浪屿区公所的训令

露申梗府秘字7806号

令鼓浪屿区公所

案准

侨务委员会侨管移字第四三六四九号代电开：“查遣送国内归侨复员及海外难侨返国事宜，原由联总、行总分别办理，自联总、行总结束后所有遣侨工作分别由国际难民组织远东局及社会部接管。为适合实情相互配合加强遣送工作起见，经由本会邀集各有关机关代表会议，拟订《国内外难侨遣送办法》呈奉行政院，提交第四九次院会通过。有案除分电有关省、市政府查照及所属侨务处局知照外，相应抄同《国内外难侨遣送办法》一份，电请查照为荷”等由，附件准此。除分令外，合行令仰知照。

此令

附国内外难侨遣送办法一份

兼市长　黄天爵

中华民国三十七年九月

附件

《国内外难侨遣送办法》

（三十七年三月三十日行政院第四九次会议通过）

第一条　国内外难侨之遣送依本办法之规定。

第二条　凡持有海外居留地证件之归国难侨，业经侨务委员会审查登记认为合格者，仍遣送重回原居留地。

第三条　归国难侨自内地遣送至国境由社会部负责办理，自国境遣送至原侨居地由社会部洽由国际难民组织远东局负责办理。

第四条　归国难侨在待遣送期间之救济事宜，由社会部洽商国际难民组织远东局办理。

第五条　国际难民组织远东局办理遣送及救济事宜由社会部与之切取联系。

第六条　归国难侨复员之有关对外交涉事项由外交部负责办理。

第七条　社会部与国际难民组织远东局办理归国难侨遣送及救济事宜，地方政府及侨务机关应随时协助之。

第八条　凡归国难侨无法遣返原居留地者，由侨务委员会商请社会部遣送回籍。

第九条　凡因此次战争影响确属贫苦不能生活而流落之海外难侨，由外交部饬驻外使领馆负责调查登记编造名册，就近商洽，由当地国际难民组织办事处遣送回国。必要时由外交部径向日内瓦国际难民组织总部交涉遣送。

第十条　国际难民组织不能负责遣送之海外难侨，应由使领馆造具名册及每人所需最低川旅费预算，呈报外交部送由侨务委员会主稿会，呈行政院拨发专款遣送。

第十一条　前条费用经行政院核拨后，由外交部饬驻在国使领馆办理一切遣送事宜。

第十二条　驻外各使领馆办理难侨遣送事宜，应随时将办理情形呈报外交部转达侨务委员会。

第十三条　难侨抵达国境后救济及回籍等事宜由侨务委员会商洽社会部负责办理。

第十四条　遣送出国复员及海外回国难侨，在国境内所需交通工具由社会部商洽交通部办理之。

第十五条　本办法自核准日施行。

（二）中华人民共和国各级政府文件

厦门市人民政府关于“中山路文明街”的命名决定

1982 年 9 月 30 日

厦政〔1982〕综 429 号

在今年三月开展“全民文明礼貌月”活动中，我市的“窗口”——中山路，开始了创建“文明街”的活动。半年多来，在全市广大人民群众积极行动、支持和配合下，各条战线、各行各业通力协作，综合治理，创建工作已取得显著效果，整个中山路的面貌发生了很大变化。为贯彻党的十二大精神，大力推动我市社会主义精神文明建设，经研究决定：中山路从一九八二年十月一日起，正式命名为“文明街”。希望中山路沿街各单位和全体职工、居民，再接再厉，进一步遵照党的十二大对建设社会主义精神文明的重要论述和决定，不断提高中山路的文明水平，为在我市广泛开展创建各种文明街、文明商店、文明工厂、文明学校、文明大院等活动树立榜样，作出新的贡献。

厦门市思明区人民政府　厦门市开元区人民政府关于审核《厦门市思明区人民政府和开元区人民政府联合勘定的行政区域界线协议书》的请示

1999 年 1 月 7 日

厦思政〔1999〕001 号

厦门市人民政府：

根据国务院关于全面勘界工作的指示精神，思明区人民政府和开元区人民政府依照《国务院关于开展勘定省、县两级行政区域界线工作有关问题的通知》和《福建省、县行政区域界线勘界测绘技术规定》，本着从实际出发、实事求是、互谅互让，有利于行政区划管理，有利于边界稳定的原则，经过两年来的实地勘测，完成了两区交界地区行政区域界线全线勘定工作。现将两区人民政府正式签订的《厦门市思明区人民政府和开元区人民政府联合勘定的行政区域界线协议书》上报，请审核。如无不妥，请转报省人民政府审核。

附件

厦门市思明区人民政府和开元区人民政府联合勘定的行政区域界线协议书

第一部分　勘界工作概况

第一条　全面勘界是国家行政管理的一项重要的基础工作，是功在当代利在千秋的伟大事业。它对于国家依法实施有效行政管理，保持国家长治久安，维护社会稳定，促进经济发展等，具有重要的现实意义和深远的历史意义。根据国务院关于开展全面勘界工作的决定和省政府对全省勘界工作的部署，1996年9月思明、开元两区开始全面勘界。1996年12月10日厦门第一次勘界工作领导小组会议在市政府东楼会议室召开，会议讨论通过了由两区勘界工作领导小组共同起草的《关于勘定厦门市思明区与开元区行政区域界线工作实施方案》。至1997年4月，两区勘界办在市勘界办的指导下，经过双方共同努力，完成除思明区黄厝村与开元区前埔村交界的近1公里左右争议线外的16.8公里界线图上定界工作。市勘界办在对思明区黄厝村与开元区前埔村争议线段提出核定意见之前作了深入细致的调查摸底和资料收集工作，走访了市档案局等十几个有关部门和单位，拜访了对两区界线相对了解的离退休干部，并多次到实地踏勘，召开协调会。1997年9月17日，厦门市勘界工作领导小组第二次会议在市民政局召开。会议讨论通过了市勘界办提出的《关于开元区与思明区边界的前埔与黄厝争议线段的协商核定意见》，并形成会议纪要。1997年12月29日，思（明）—开（元）界线勘定第一联席会议在思明区召开，全线贯通。1998年4月13日，两区完成界桩埋设工作，共埋桩2块。1998年6月界线测绘工作完成。1998年8月，界线通过省、市勘界办验收。至此，两区勘界工作基本结束。根据有关规定，现就勘定的边界线签订本协议。

第二条　思明、开元两区边界线共涉及双方9个街、29个村（居）委会。边界线由西向东从轮渡码头旁海滨公园西北角岸边起，到高刘山东南方向海边止，全长18.07公里；共设计2个号，2颗界桩，实地埋设界桩2颗。

边界线走向和界桩位置标绘在福建省测绘局1995年出版的1∶5000地形图上，界线起点至1号桩之间的旧城区部分，加标1990、1991年福建省地质测绘院编制的1∶1000晒蓝图，作为本协议书的附图。

界桩登记表和界桩成果表记载了各界桩的情况，连续界线点成果表反映了整条界线的情况，界桩登记表存省勘界办，界桩成果表和连续界线点成果表作为本协议书附表。

第二部分　重要问题处理结果

第三条　思明区黄厝村与开元区前埔村地段的界线，按厦门市勘界工作领导小组的裁定意见（厦勘〔1997〕1号）标绘在本协议书附图上。

第四条　因工作底图原图所采用的1∶10000地形图与1∶5000地形图，在图面精度、信息密度、测图时间、成图方法各个方面的比较，1∶5000均优于1∶10000地形图。且外业实测证实，1∶5000地形图的地形描述与实地吻合，1∶10000地形图描述与实地存在粗差。经双方协商同意，为达到图文一致、图表一致，采用1∶5000地形图作为边界线协议书附图。

第三部分　边界线走向和界桩位置说明

第五条　起点，位于轮渡码头旁海滨公园西北角岸边（W001/1号界线特征点）。界线向东北方向沿公园围墙约38米至鹭江道（W001/2号界线特征点），转向东偏东南约16米至W001/3号界线特征点，沿公园围墙大体由东偏东北方向逐渐转至东南方向至海后路公园围墙中段（W001/12号界线特征点）。穿过海后路经海关大楼北面墙脚至新路街，沿新路街南面路沿至W001/23号界线特征点后转向东南面至W001/24号界线特征点，折向东偏东南至镇邦路（W001/26号界线特征点）。顺镇邦路北西路沿经W001/30号界线特征点后转向北偏西北方向（镇邦路西面路沿）至W001/34号界线特征点，向东偏东北穿过镇邦路至W001/35号界线特征点，沿镇邦路东面路沿向西北至大同路（W001/38号界线特征点），向东偏东北沿大同路南面路沿至W001/41号界线特征点后，向南偏东南，折入棉袜巷西面路沿12.7米后折向东面路沿，向北偏西北退回大同路W001/44号界线特征点，向东偏东北沿大同路南面路沿至梧桐埕横巷W001/49号界线特征点。向南经梧桐埕横巷东面路沿至W001/54号界线特征点，向东经梧桐埕巷北面路沿至W001/62号界线特征点，向北偏东北顺大埕头巷西面路沿16.5

米后，向东至W001/64号界线特征点，折向北至W001/65号界线特征点。沿大埕头巷北面路沿向东偏东北至南轿巷（W001/68号界线特征点），向西北沿南轿巷西面路沿至大同路。沿大同路南面路沿向东偏东北穿过思明北路至第七市场街口W001/84号界线特征点，向南沿第七市场南面路沿至W001/85号界线特征点，向东偏东南穿过第七市场，沿傅厝巷北面路沿至W001/88号界线特征点，转向南约22米后向东至思东旅社墙角（W001/96号界线特征点）。向北偏东北沿傅厝巷西面路沿至W001/98号界线特征点，转向东偏东北约24米至思北小学西南面围墙（W001/100号界线特征点），向东南方向沿思北小学围墙至思明东路（W001/107号界线特征点）。沿思明东路北侧路沿向东偏东南穿过十字路口经故宫路南侧路沿至瓮王巷（W001/113号界线特征点），向南偏东南沿瓮王巷东侧路沿约14米后，折向东约34米，沿围墙外围向北至W001/121号界线特征点，折向东偏东北至W001/129号界线特征点。沿公安局围墙外围向北偏东北11.5米后折向东偏东北至W001/131号界线特征点，向南偏东南沿坎边至W001/138号界线特征点，向东偏东北8.5米至围墙外墙。沿公安局围墙外围向东南逐渐转向南至W001/148号界线特征点，向东偏东南至W001/151号界线特征点，向南偏西南顺公安局围墙外围、坎边至公园南路W001/155号界线特征点。顺公园南路北侧墙脚向西南穿过新华路至新华路西南面路沿（W001/157号界线特征点）。向东南沿着新华路西南面路沿至W001/158号界线特征点，向西南顺墙脚至靖山路（W001/162号界线特征点），向西北约15米后折向东南。沿清山路西南面墙角至W001/170号界线特征点，向西南沿墙角至W001/173号界线特征点，大体向东南经第一纸箱厂施工工地至W001/187号界线特征点，向西南至W001/190号界线特征点，转向东南至W001/191号界线特征点，向东北约9米后折向东南至镇海路W001/193号界线特征点。顺镇海路坎脚向东北至W001/194号界线特征点，向东南过镇海路，沿坎边至W001/195号界线特征点。沿干休所坎边大体向西南及东南方向至白鹿路W001/205号界线特征点，向西南方向沿卫校围墙至中段后折向第二干休所路口（W001/208号界线特征点）。沿白鹿路东面第二干休所坎脚大体向西南逐渐转向南至W001/214号界线特征点。沿围墙向东偏东南约21米后向北偏东北约12米转向东至W001/217号界线特征点，向南偏西南约16米后沿坎边向东南14米再转向东南至W001/221号界线特征点，向北偏东北顺山脊至1号界桩，这段界线的长度为3.48公里。

1号界桩为单立双面型大理石界桩，位于厦门市卫生学校东南约165米处，磁方位角202度21分，距离64.71米为二层石头房屋的西北角；在磁方位角240度32分、距离15.99米处为第二干休所东南面围墙角；在磁方位角335度51分、距离29.45米处为第二干休所房屋东南角。从1号界桩起，界线经001002/1号界线特征点顺虎溪岩山脊线经白鹿测量控制点后，向东顺山脊线经001002/2号界线特征点至钟山。沿万石植物园南面界址红线向东南经001002/3号界线特征点、五老山等级控制点至001002/4号界线特征点。沿100米等高线向东北方向行至约200米后折向东南至001002/5号界线特征点，向东约490米至001002/6号界线特征点，转向东北经后厝山（150.1高地）、过001002/7号界线特征点至001002/8号界线特征点，向西北约357米至001002/9号界线特征点（万石植物园南面界址红线与边界线重叠终点），向东北顺山脊线经001002/10号界线特征点至西山社往后厝村小路（001002/11号界线特征点）。沿山脊向东北至001002/12号界线特征点转向北至西姑岭测量控制点，向东约450米经001002/13号界线特征点后沿山脊线至2号界桩。这段界线长度为5.44公里。

2号界桩为单立双面型大理石界桩，位于厦门市海光润滑油厂东南430米处，磁方位角35度12分、距离11.63米为大车路旁独立房北偏东北房角；在磁方位角78度26分、距离66.63米处为大车路北面拐弯点；在磁方位角113度03分、距离83.56米处为电杆。从2号界桩起，穿过大车路向东北至002E/1号界线特征点转向东南，经185.9和193.1高地，顺山脊线下至山沟小路涵洞中心（002E/2号界线特征点）。向东南至192.7与200.2高地之间的鞍部（002E/2—1界线特征点），向东偏东南经192.4、216.5、202.0、205.1（002E/2—2界线特征点）、177.1、174.59（002E/3号界线特征点）六处高地后，至002E/4号界线特征点（金山寨）西北方向约150米的大车路交叉处）。经199.2高地（002E/5号特征点）至金山寨山顶（201.9）向北偏东北经173.5、192.7、197.0、230.9（002E/5—2

界线特征点)、212.7 高地至南山后（239.6 高地)。顺山脊线下至 002E/6 界线特征点，沿山沟下至 184.0 高程处（002E/6—1 界线特征点），顺东坪山自然村东南侧山脊线经 209.6、229.0、223.9、230.8 高地至 002E/7 号界线特征点。向东经 228.7、221.4、206.1 高地至胜利水库西北方向山沟 90 米高程处，折向北偏西北至 002E/8 号界线特征点，沿山脊线向东偏东北至大车路 002E/8—1 号界线特征点（茂后水库西北面)。向北沿大车路中心至大车路涵洞中心（云顶岩南偏西南约 590 米处），向东约 80 米后沿洪脊山南侧 70 米等高线至高刘山西南面山沟（002E/9—1 号界线特征点)。沿沟而上至山脊鞍部 123.5 米（002E/9—2 号界线特征点），顺山脊线经高刘山（125.0)、108.87（002E/11 号界线特征点）至高刘山与对高山（108.5）之间的鞍部（002E/12 号界线特征点)。向东南顺山沟直下，穿过黄厝至前埔公路涵洞西侧（002E/13 号界线特征点)，顺深沟至 002E/14 号界线特征点，向西南约 85 米至 002E/15 号界线特征点，向东南约 85 米至 002E/16 号界线特征点。正对烟屿（虎仔屿）向南偏东南方向穿过环岛路直达海边至 002E/18 号界线特征点，这段界线长度为 9.21 公里。

第四部分　边界线的维护和管理

第六条　界桩是行政区域界线的永久性标志。双方应采取必要的措施加以保护，防止自然或人为的对界桩及界桩方位物的移动和破坏。任何一方不得单方面另立新界桩或其它边界线标志。

第七条　一、为了有效地维护界桩和其它边界线标志，双方分担责任如下：

界线起点至 2 号界桩其间的边界线上的标志及 1 号界桩由思明区负责；2 号界桩及其后的边界线上的标志由开元区负责。二、任何一方如果发现界桩被移动或损坏，应立即通知另一方。负责维护界桩的一方，应在另一方在场的情况下，在原处恢复和重树。如果由于自然或其其它特殊原因，不能在原处恢复或重树，应在不改变边界线走向的原则下，由双方协商，另行选择适当地点竖立。三、对于界桩的恢复或重树，双方应共同做好记录，如果另选地点竖立界桩或增树新的界桩，双方应就此签订文件，按照《技术规定》填写界桩登记表。上述记录、文件经双方签署后，即成为本协议书的补充附件，并上报省、市勘界办备案。

第八条　对于作为边界线的道路线状地物，双方应采取措施加以保护，使其不受破坏和改变位置。如因自然或其他原因而改变，除双方另有协议，该地段的边界线仍维持不变。

第九条　双方对于任意移动、损坏界桩及边界线标志的单位或个人，应按有关规定予以追究处理。

第十条　本协议生效后，双方每隔五年对边界线进行一次联合检查，经双方同意，可以推迟或只对边界线的部分地段进行联合检查。由于某种原因，经一方要求并报首、市勘界办审核后，双方可对边界线的特定地段进行临时性的联合检查。每次联合检查后，要写出检查报告，并报省、市勘界办。

第五部分　最后条款

第十一条　本协议书所附的边界线地形图为福建省测绘局 1995 年出版的 1：5000 地形图，共 8 幅。福建省地质测绘院 1990、1991 年编制的 1：1000 晒蓝图，共 6 幅。双方在勘界中，根据《技术规定》，对边界线两侧的重要地形、地物进行了核实修正，并对地名注记进行了调查更正。

第十二条　本协议书所附的边界线地形图，使用正版原图标绘成一份，双方人民政府代表签字，依据此图复印五份。标绘的边界线地形图和复印图，具有同等法律效力。

第十三条　当协议书边界走向的叙述与附图不尽一致时，以附图为准；当 1：1000 附图与 1：5000 附图不尽一致时，以 1：1000 附图为准；当附图与连续界线点成果表不一致时，以连续界线点成果表为准。

第十四条　勘界中形成的测绘资料及双方政府签字的 1：10000 和 1：1000 工作底图原图存省勘界办。

第十五条　本协议书于 1998 年 10 月分别在思明区、开元区经双方人民政府代表签字后，按照法律程序呈报省政府审批，从批准之日起生效。

本协议书一式六份，生效后由两区、市、省勘界办、省政府、国务院各存一份，其中原件存省勘界办，如果复印图件不清，以标绘界线的原图为准。

思明区人民政府代表　杨立才
开元区人民政府代表　皮卫平
一九九九年元月五日

福建省人民政府关于同意厦门市思明区人民政府和开元区人民政府联合勘定行政区域界线协议书的批复

1999 年 4 月 1 日

闽政〔1999〕文 55 号

厦门市人民政府：

你市《关于恳请批准思明区人民政府和开元区人民政府联合勘定的行政区域界线的请示》（厦府〔1999〕007 号）及附件收悉。同意《厦门市思明区人民政府和开元区人民政府联合勘定的行政区域界线协议书》。请恪守协议书各项规定，共同维护边界稳定，促进经济与社会发展。

厦门市开元区人民政府和厦门市湖里区人民政府关于要求审核暨转报开元——湖里边界协议书的请示

2000 年 6 月 14 日

厦开政〔2000〕074 号

厦门市人民政府：

按照国家勘界政策和有关法规、规章，开元、湖里两区行政区域界线的勘定工作于 1997 年 8 月开始，并于 2000 年 6 月 13 日签订了《厦门市开元区人民政府和厦门市湖里区人民政府联合勘定行政区域界线协议书》，现上报审核。如无不妥，请转报省政府审批。

附件

厦门市开元区人民政府和厦门市湖里区人民政府联合勘定的行政区域界线协议书

第一部分　勘界工作概况

第一条　全面勘界是国家行政管理的一项重要的基础工作，是功在当代、利在千秋的伟大事业。它对于国家依法实施有效行政管理，保持国家长治久安，维护社会稳定，促进经济发展等，都具有重要的现实意义和深远的历史意义。根据国发〔1996〕32号文件《国务院关于开展勘定省、县两级行政区域界线工作有关问题的通知》精神和省政府的勘界工作部署以及厦门市内县级行政区域界线勘定总体方案，1997年8月，开元、湖里两区开始全面勘界。1997年9月4日，两区召开勘界工作第一次联席会议，讨论通过了两区勘界工作领导小组共同起草的《联合勘定开元区与湖里区行政区域界线实施方案》。1997年9月下旬两区开始进行联合实地踏勘，在市勘界办的指导下，本着实事求是、顾全大局、互谅互让的原则，以文件、协议为基础进行协商定界。1998年1月18日、3月22日和1999年12月27日又分别在两区召开了第二、三、四次勘界工作联席会议，就联合实地踏勘以及协商情况签订了《厦门市开元区人民政府厦门市湖里区人民政府行政区域界线图上定界协议书》（之一）、（之二）、（之三），至此，界线全线贯通。2000年2月17日，界桩埋设完成，共埋桩2颗。2000年3月界线测绘工作完成。5月11日，界线通过省、市勘界办验收。至此，两区勘界工作基本结束。根据有关规定，现就勘定的边界线签订本协议。

第二条　开元、湖区两区边界线共涉及双方4个街（镇）、33个村（居）委会，边界线由西向东从同益码头围墙东南角水闸旁起，至鸡山东北方向陆海交界处止，全长20.31公里，共设计2个界桩，实地埋设界桩2颗。

边界线走向和界桩位置标绘在福建省测绘局1995年出版的1∶5000地形图上，作为本协议附图；农田部分加标中南治金地质勘探公司六零六队1986年、1987年编绘的1∶2000晒蓝图以及福建省测绘院1996年编绘的1∶2000晒蓝图，作为1∶5000地形图的补充附图。

界桩登记表和界桩成果表记载各界桩的情况，连续界线点成果表反映了整条界线的情况，界桩登记表存省勘办，界桩成果表和连续界线点成果表作为本协议书附表。

第二部分　重要问题的处理

第三条　松柏山段界线南侧原属湖里区乌石浦村的林木、林地保持原权属不变。

第四条　龙山综合区内原属湖里区集体企业，其归属不变；龙山综合区内及龙山北坡未征用的原湖里区后埔村集体所有的耕地、林木、林地，其权属不变。

第五条　根据1982年林业定界双方所签订的协议和双方在本次界线勘定过程中协商一致的意见，赤坡山段界线中“自大坊山尖石向东北约325米至斜船山洞顶，再折向北约160米到洪塘至何厝公路岭顶”段只作为行政区域界线划定，以后需明确资源权属时，则以有关权属部门裁定为准。

第六条　虎仔山东北侧由高林村修建的坑仔内水库和其上游一小水库，仍由湖里区高林村管理。

第三部分　界桩位置和边界线走向

第七条　界线西起于同益码头围墙东南角水闸旁开元区与湖里区界线的西起点W001/1号界线特征点（海堤刻画点），磁方位角61度20分，距离28.30米处为路灯电杆；在磁方位角215度50分，距离41.30米处为海堤上刻画红十字；在磁方位角316度10分，距离2.90米处为水闸房东南房角。界线向东北方向穿过湖滨西路、湖滨北路、东渡路交叉的丁字路口，沿山脊线经69.9高程点，至气象台路W001/3号界线特征点后，沿气象台路中心线向东偏东北方向逐渐转向北至W001/4号界线特征点，然后向北偏东北方向至电视发射台围墙东南角，顺东南围墙到围墙东北角，转向东北方向至89.4高程点，然后沿山脊向东至64.2高程点后，向东北方向穿过海沧大桥引桥、仙岳路至79.7高程点，再沿防火道大体向东北方向经高程点108.3、213.05（仙岳山）、185.9、174.3、159.7、121.2后，转向东沿防火道中心绕过天竺岩寺南侧经108.9高程点后至1号界桩处。这段界线的长度为5.08公里。

1号界桩为单立双面型花岗岩界桩，位于仙洞山西偏西南侧，在天竺岩寺东侧约163米处。磁方位角78度30分，距离22.55米处为独立石上刻画红十字；在磁方位角229度30分，距离11.35米处为一埋设的固定桩天竺岩寺；在磁方位角306度34分，距离110.40米处为高压电塔的东南角。界线自1号界桩起沿山脊防火道向东偏东北经仙洞山转向东至西郭山（91.6 高程点）转向东北方向经松柏山(96.3 高程点)、高程点 78.5、60.9 至福厦公路中心。沿福厦公路中心线向南偏东南行约 1800 米后，转向东北方向沿吕岭路中心线，逐渐转向东偏东南至吕岭路与金尚路的交叉路口后，沿金尚路中心线向南约 1035 米至 001002/7 号界线特征点后，折向东偏东南经 001002/9 号界线特征点至东芳山庄围墙的西北角，沿围墙的北侧向东偏东北至围墙的东北角，然后沿山脊线向东南方向经 74.1 高程点，再转向东北至东芳山（82.3）后，向东穿过洪文至忠仑公路至石鼓山（68.8），沿山脊线向东偏东南至外口公寓围墙的西南角（001002/10 号界线特征点），环绕外口公寓围墙及冶建材料厂厂区内围墙大体向东至 001002/25 号界线特征点后，再转向东北至 001002/38 号界线特征点。然后沿坎大体向东北方向在田间蜿蜒曲折至土坑村和古地石村的丁字路口中心 001002/68 号界线特征点，转向南偏东南沿大车路中心线行约 157 米后，向东偏东北约 110 米至 001002/72 号界线特征点，转向东南沿水沟中心行至 001002/74 号界线特征点，再折向东北行至 001002/81 号界线特征点后，沿大车路中心线向东偏东北方向到开元区医药化学工业公司围墙边的水管上 001002/91 号界线特征点，再转向南沿水管中心直行至 001002/93 号界线特征点，沿公路中心向东北方向行约 203 米后，转向东偏东北沿山脊线逐渐转为东南方向至赤坡山(61.3)，然后转向东约 172.5 米至大坊山尖石，转向东北约 325 米至斜船山洞顶，再折向北约 160 米到洪塘至何厝公路岭顶，穿过公路继续向北约 690 米至 70.5 高程点，再转向南偏东南沿山脊经高程点 98.9、98.2、106.5 至虎仔山（138.4），再沿山脊向东南方向行约 110 米后折向北沿汇水线中心向下行至两条水沟合水处（001002/94 号界线特征点），转向东北沿水沟中心穿过鱼塘至 001002/99 号界线特征点，继续沿水沟中心向西北方向至水沟转弯处 001002/100 号界线特征点，再转向东穿过鱼塘、沿水沟中心直至水沟转弯处（001002/109 号界线特征点），再转向东北继续沿水沟中心行至 001002/111 号界线特征点，折向东南在田间至 001002/114 号界线特征点后，再向南偏东南沿水沟中心行约 42 米再折向东沿田埂至 001002/120 号界线特征点，继续向东沿水沟中心直至何厝—田头的公路东侧 001002/124 号界线特征点，折向北沿公路东侧到 001002/125 号界线特征点，转向东穿过公路后沿水沟到 2 号界桩处，这段界线的长度为 14.08 公里。

2 号界桩为单立双面型花岗岩界桩，位于鸡山西南侧，五通村骨灰室西侧约 40 米的水沟旁。磁方位角 30 度 30 分，距离 28.52 米为一电杆；在磁方位角 99 度 00 分，距离 40.40 米为五通村骨灰室的西南墙角；在磁方位角 274 度 30 分，距离 10.76 米为二棵独立树的第二棵独立树。自 2 号界桩起界线向东沿水沟中心直至墓边的 002S/3 号界线特征点，转向北偏东北至 002S/5 号界线特征点，折向西偏西北沿战壕中心线行约 52 米折向东北约 60 米后折向东南约 124 米，转向东北方向穿过部队营区至营区东北面的小路中心 002S/7 号界线特征点，再转向北沿战壕中心、打靶墙至塘边 002S/11 号界线特征点，沿水沟中心向东北方向直至入海口开元区与湖里区界线的东止点（002S/13 号界线特征点）处，这段界线的长度为 1.15 公里。

002S/13 号界线特征点为开元区与湖里区界线的东止点（埋设小水泥桩），位于东宅村东偏东北方向约 600 米处。磁方位角 39 度 30 分，距离 12.75 米为海堤上刻画红十字；在磁方位角 70 度 50 分，距离 19.00 米为另一海堤上刻画红十字；在磁方位角 275 度 50 分，距离 12.20 米为一独立树。

第四部分　边界线的维护和管理

第八条　界桩是行政区域界线的永久性标志，双方应采取必要的措施加以保护，防止自然或人为的对界桩方位物的移动和破坏。任何一方不得单方面另立新界桩或其他边界线标志。

第九条　一、为了有效地维护界桩和其他边界线标志，双方分担责任如下：

界线西起点至 2 号界桩其间边界线上的标志及 1 号界桩由开元区负责；2 号界桩至东止点边界线上的标志由湖里区负责。二、任何一方如果发现界桩被移动或损坏，应立即通知另一方。负责维护界桩的一方，应在另一方在场的情况下，在原处恢复和重树。如果由于自然或其他特殊原因，不能在原处恢复或重树，应在不改变边界线走向的原则下，由双方协商，另行选择适当地点竖立。三、对于界桩的恢复或重树，双方应共同做好记录，如果另选地竖立界桩或增树新的，双方应就此签订文件，按照《按照福建省县级行政区域边界线勘界测绘技术规定》填写界桩登记表。上述记录、文件经双方签署后，即成为本协议书的补充附件，并上报省、市勘界办备案。

第十条　对于作为边界线的道路线状地物，双方应采取措施加以保护，使其不受破坏和改变位置。如因自然或其他原因而改变，除双方另有协议外，该地段的边界线仍维持不变。

第十一条　双方对于任意移动、损坏界桩及边界线标志的单位或个人，应按有关规定予以追究处理。

第十二条　本协议生效后，双方每隔五年对边界线进行一次联合检查。经双方同意，可以推迟或只对边界线的部分地段进行联合检查。由于某种原因，经一方要求并报省、市勘界办审核后，双方可对边界线的特定地段进行临时性的联合检查。每次联合检查后，要写出检查报告，并报省、市勘界办。

第五部分　其他条款

第十三条　本协议书所附的边界线地形图为福建省测绘局 1995 年出版的 1∶5000 地形图，共 10 幅，农田部分加标中南冶金地质勘探公司六 0 六队 1986 年、1987 年编绘的 1∶2000 晒蓝图以及福建省测绘院 1996 年编绘的 1∶2000 晒蓝图，共 7 幅；双方在勘界中根据《福建省县级行政区域边界线勘界测绘技术规定》，对边线两侧的重要地形、地物进行核实修正，并对地名注记进行调查更正。

第十四条　本协议书所附的边界线地形图，使用正版原图标绘成一份，双方人民政府代表签字，依据此图复五份。标绘的边界线地形图和复印图，具有同等的法律效力。

第十五条　当协议书边界走向的叙述与附图不一致时，以附图为准；当 1∶5000 附图与 1∶2000 附图不尽一致时，以 1∶2000 附图为准。当附图与连续界线点成果表不一致时，以连续界线点成果表为准。

第十六条　勘界中形成的测绘资料及双方政府签字的 1∶5000 和 1∶2000 工作底图原图存省勘界办。

第十七条　本协议书于 2000 年 6 月 13 日分别由开元区、湖里区双方人民政府签字后，按照程序报省政府审批，从批准之日起生效。

本协议书一式六份，生效后由两区、市、省勘界办、省政府、国务院各存一份，其中原件存省勘界办，如果复印件不清，以标绘界线的原图为准。

厦门市开元区人民政府　代表：蔡顺驰
厦门市湖里区人民政府　代表：陈荣镇
二〇〇〇年六月十三日

福建省人民政府关于同意
厦门市开元——湖里线等 2 条县级行政区域界线协议书的批复

2000 年 11 月 24 日

闽政〔2000〕文 392 号

厦门市人民政府：

你市《关于请求批准开元区人民政府和湖里区人民政府联合勘定的行政区域界线的请示》（厦府〔1999〕076 号）及附件、《关于请求批准集美区人民政府和同安区人民政府联合勘定的行政区域界线的请示》（厦府〔1999〕077号）及附件收悉。经研究同意《厦门市开元区人民政府和湖里区人民政府联合勘定的行政区域界线协议书》《厦门市集美区人民政府和同安区人民政府联合勘定的行政区域界线协议书》即日生效。请你们恪守协议书各项条款，共同维护边界稳定，促进经济与社会发展。

国务院关于同意福建省调整厦门市部分行政区划的批复

2003年4月26日

国函〔2003〕52号

福建省人民政府：

你省《关于厦门市调整部分行政区划的请示》（闽政文〔2003〕94号）收悉。现批复如下：

一、同意撤销厦门市鼓浪屿区和开元区，将其行政区域划归厦门市思明区管辖。思明区人民政府驻民族路。

二、将厦门市杏林区的杏林街道办事处和杏林镇划归厦门市集美区管辖。集美区人民政府驻银江路。

三、杏林区更名为海沧区，区人民政府驻地由杏林南路29号迁至海沧镇。

四、厦门市设立翔安区，将厦门市同安区所辖新店、新圩、马巷、内厝、大嶝5个镇划归翔安区管辖，区人民政府驻新店镇。

行政区划调整后，厦门市辖思明、湖里、集美、海沧、同安和翔安6个区，市人民政府驻思明区湖滨北路。

上述行政区划调整涉及的各类机构要按照“精简、效能”的原则设置，所需人员编制和经费由你省自行解决。行政区划调整涉及的行政区域界线，要按照有关规定及时勘定。

福建省人民政府关于厦门市调整部分行政区划的批复

2003年5月22日

闽政文〔2003〕142号

厦门市人民政府：

你市《关于调整部分行政区划的请示》（厦府〔2003〕76号）收悉。经报国务院批准，现批复如下：

一、同意撤销你市鼓浪屿区和开元区，将其行政区域划归思明区管辖。思明区人民政府驻民族路。

二、将你市杏林区的杏林街道办事处和杏林镇划归集美区管辖。集美区人民政府驻银江路。

三、杏林区更名为海沧区，区人民政府驻地由杏林南路29号迁至海沧镇。

四、你市设立翔安区，将同安区所辖新店、新圩、马巷、内厝、大嶝5个镇划归翔安区管辖，区人民政府驻新店镇。

行政区划调整后，你市辖思明、湖里、集美、海沧、同安和翔安6个区，市人民政府驻思明区湖滨北路。

请你市认真组织实施上述行政区划调整，周密部署，积极稳妥地开展行政区划调整各项工作，确保经济持续较快发展和社会安定稳定。行政区划调整涉及的各类机构要按照“精简、效能”的原则设置，所需人员编制和经费由你市自行解决。行政区划调整涉及的行政区域界线，要按照有关规定及时勘定。

福建省人民政府关于同意厦门市思明区与湖里区等3条行政区域界线协议书的批复

2004年9月30日

闽政文〔2004〕296号

厦门市人民政府：

你市《关于报批思明—湖里、集美—海沧和同安—翔安行政区域界线的请示》（厦府〔2004〕188号）收悉。经研究，同意《厦门市思明区人民政府和厦门市湖里区人民政府联合核定行政区域界线协议书》《厦门市海沧区人民政府和厦门市集美区人民政府联合核定行政区域界线协议书》《厦门市同安区人民政府和厦门市翔安区人民政府联合勘定行政区域界线协议书》即日生效。

请你市有关辖区恪守边界线协议书的各项规定，加强边界线的管理，共同维护边界地区的社会稳定，促进经济与社会的协调发展。

二、人大文件

思明区国民经济和社会发展第十一个五年总体规划纲要

（2006年1月20日思明区第十四届人民代表大会第四次会议通过）

“十五”中期，即2003年8月，经国务院和省政府批准，厦门市调整了行政区划，将原思明区、开元区、鼓浪屿区合并组建了新的思明区。这一决策，既有利于加强和改善城区功能，提高城区综合竞争力，又为思明区在“十一五”期间的发展，开拓了新空间，创造了新机遇，思明区经济社会发展进入了一个新的历史阶段。《思明区国民经济和社会发展第十一个五年总体规划纲要》是新的思明区编制的第一个中长期发展规划，对在高基数上实现跨越式发展具有重要意义。

一、“十五”回顾

“十五”期间，在原思明区、开元区、鼓浪屿区发展的基础上，新的思明区继续坚持以经济建设为中心，面对区划调整、三权下放的新形势，深化改革、扩大开放、勇于争先、锐意进取、加快发展，实现了“1+1+1>3”的聚合效应，国民经济高速增长，综合实力大为增强，各项事业蒸蒸日上，行政效率不断提高，人民生活明显改善。

（一）主要成就

1. 发展空间明显拓展，经济实力迅速增强。三区合并后，区域发展空间扩大，辖区面积达76平方公里，同时积极开辟域外“飞地”，经济持续稳定增长、实力迅速增强。到“十五”末年，全区生产总值达261.9亿元（区监测数），财政总收入达45.05亿元，其中2001—2003年，按照区属统计口径，生产总值和财政收入的年均增长率分别为20.1%和22.9%，2004—2005年，按照在地统计口径，年均增长率分别为25.1%和20.1%；“十五”期间全社会固定资产投资累计达406亿元，实际利用外资累计达3.58亿美元。第三产业在经济中的主导地位更为显著。“十五”末年，三次产业结构调整为0.05：29.1：70.85。规模企业支撑力更加强劲，2005年全区规模以上工业企业和限额以上商贸企业分别达到345家和647家，年纳税100万元以上的企业有630多家。

2. 高新产业迅速发展，带动作用日益显著。以建设厦门高新技术研发与产业基地和厦门软件园二期为载体，通过外引内联，已经初步形成了以光电产业和软件产业为主导的特色高新技术产业。高新技术增加值占工业增加值的比重达48%。光电产业链的龙头已基本形成，超高亮度发光二极管项目投入生产，在全国同行业中处于领先地位。“厦门国家半导体照明工程产业化基地”在思明区揭牌，成为全国光电产业五大基地之一。软件产业也成为经济新亮点，在互联网服务、金融、社保、电子政务等领域的软件开发和系统集成方面已初显优势。

3. 城区建设全面推进，区域环境更加优美。市容市貌综合整治工作加强，城市管理力度加大，依法严厉查处违章建设，认真落实环保目标责任制，加强综合治理工作，全面整治违法违规排污企业，切实改善环境质量，城区的绿化覆盖率达40%。完成全区农村城市化总体方案编制，加快农村城市化进程，旧城旧村改造步入良性循环。生活环境质量进一步改善，温馨便捷的人居环境优势日益显现。

4. 文明建设深入开展，社会事业生机蓬勃。按照争创全国首批文明城市目标要求，卓有成效地开展各类精神文明创建活动；创建“平安思明”工作扎实进行，社会治安综合治理成效显著；修订颁布妇女、儿童发展纲要，进一步明确妇女、儿童工作目标，被确认为全国“两纲”示范区；调整学校布局，提高教师队伍素质，教育教学质量稳步提升，率先通过省“双高普九”评估验收，获得“全国首批‘两基’先进区”“全国区域教育发展特色示范区”等殊荣；卫生工作力度加大，初步建成公共卫生体系，获得“全国社区卫生服务示范区”“全国社区红十字会工作示范区”称号；加大人口和计划生育工作综合改革力度，继续保持全国计划生育优质服务先进区水平；加大文体设施投入，新扩建一批文体场所，文体活动蓬勃开展，文化产业健康发展；认真开展普法教育，设立公民学法台账和社区中心调解室，人民民主法制意识日益增强；科技事业长足进步，被科技部确定为首批“全国科技进步示范区”，被中国科协评为国家科普示范城区。

5. 民生保障不断加强，社区建设步伐加快。扎实推进就业再就业和社会保障工作，健全区、街、社区三级就业服务体系，成为全省就业再就业工作先进单位；老年人的生活质量和社会保障水平进一步提升，被评为“全国老龄工作先进区”；失地农民低保标准提高，尽力解决“村改居”居民就业出路和医疗保障，率先实现社会保障城乡一体化；关爱低收入群体，各街道办事处相继设立了“爱心超市”，扶贫济困工作取得良好社会效果；完成社区的规模整合，将147个原居委会整合为98个社区居委会；积极开展扶老帮困活动，荣获“全国社区志愿者工作先进单位”称号；重视做好扶残助残工作，被评为“全国社区残疾人工作示范区”；认真做好拥军优抚安置和武装工作，被授予“福建省征兵和国防动员工作先进单位”称号。

6. 体制创新积极推进，配套改革继续深化。积极应对三权下放，各项承接工作落实有序。将中华、思明、文安三个街道办事处合并为中华街道办事处，新设立鼓浪屿街道办事处，公园街道办事处更名为开元街道办事处，资源配置得到优化，合并优势初步显现。基本完成区属企业改制和“村改居”过程中集体资产的清产核资和处置；完善深化事业单位全员聘用制；深入开展绩效型政府建设，公共部门绩效考评系统荣获“中国地方政府创新奖”；率先在全省行政机关中导入ISO 14001环境管理体系，并获得认证证书；进一步扩大政务公开范围，引导媒体了解、监督政府的决策；组建电子政务信息平台，加快电子政务建设。

（二）基本经验

1. 坚持“发展是硬道理”，不断探索经济发展新途径。紧抓发展第一要务，用创新的思路化解经济社会发展中的诸多矛盾和难点，努力推动经济建设和经济增长方式的转变，大力发展非公有制经济，经济发展由简单数量扩张向注重结构布局调整、强化功能开发转变；经济增长动力由区属经济拉动为主向区域经济的多因素拉动转变；旧城旧村改造由单体建设向成片开发转变；土地开发利用由“要地卖钱”向“要地生钱”转变，确保经济持续快速健康发展。

2. 坚持项目带动战略，不断培植新的经济增长点。以贯彻落实项目带动战略为主线，健全领导、责任、协调、督查四项制度，破解征地拆迁难题，实施重点项目绩效考评，有效推动重点项目建设；重视发展商务营运中心和楼宇经济，继续实施名牌名店战略，做大做强城区经济。

3. 坚持对外对内开放，不断提升招商引资工作水平。依托区位优势，大力改善投资的软硬环境。把招商引资作为城区经济发展的主旋律，树立“以产业为导向、以培植税源为目标”的招商理念，加大力度，创新模式，拓展领域，优化结构，提升质量，有力促进经济良好发展。

4. 坚持经济、社会、环境协调发展，不断提高人民生活质量。完善城区功能，调整城区形态，强化环境建设，推进旧城旧村改造，提高城区建设和管理水平；高度重视安全生产，致力于社会稳定，努力净化社会治安环境和社会风气，改善人民群众的工作和生活环境。

5. 坚持三个文明一起抓，不断提高社会文明程度。坚持物质文明、政治文明和精神文明建设一起抓，按照上级统一部署，有效开展“三个代表”重要思想教育和“保持共产党员先进性”教育活动，党员素质、基层组织、宗旨意识、党风廉政得到进一步加强。用发展的理念来统一三区整合后干部群众的思想，聚人心，攒合力；用建设全国强区的目标来激励办事创业热情，当先锋、争上游、求大发展。深入开展爱国主义、社会主义和共产主义理想道德教育，创建文明家庭、文明单位、文明社区和文明城区，扩大群众性创建活动的覆盖面，有效推进经济社会协调发展。

二、环境分析

思明区在未来五年的发展中，良好的国际国内环境为经济社会发展提供了较好的机遇，同时也面临着严峻的挑战。

（一）外部环境

1. 国际国内环境

经济全球化和区域经济一体化趋势日益增强，技术、人才、资本等要素在全球加速流动，新一轮产业结构调整和产业转移正在国际间兴起，其特征主要体现为以制造业转移为主逐步转变为以服务业转移为主，这为思明区优化产业结构、实现产业升级，增强城区辐射功能提供了历史性机遇。2007 年“入世”过渡期结束后，全面对外开放将提升新的发展空间。同时，全面建设小康社会与和谐社会已进入新的阶段，实现和平崛起已稳步实施。党的十六届三中全会又明确提出了科学的发展观，发展的战略重点转向经济、社会与环境的协调发展，经济进入平稳增长期。这些都为思明区进一步实现经济持续快速健康增长提供良好的国内外环境。

2. 周边环境

从区域环境看，中央关于“十一五”规划的建议中对海峡西岸的发展提出了明确要求，海峡西岸经济区建设进入新的发展阶段。随着闽南金三角和闽西南五地市合作的加强，厦漳泉城市联盟的启动，区域经济合作正向纵深推进。这有利于思明区与兄弟城区开展多领域、深层次合作，拓展思明区的发展腹地。两岸关系出现了新的积极因素，中央对台工作做出了一系列重大部署，经贸合作与文化交流已成为两岸的主流共识。厦金海域的经济合作、文化交流也为思明区经济社会发展提供了良好机遇。

3. 全市发展

厦门作为海峡西岸重要中心城市，在区域开发建设中发挥经济特区龙头带动作用，为海峡西岸经济区建设和促进祖国统一大业做出历史性贡献，形成新一轮创业热潮，为思明区大开发、大投入、大发展、大带动提供了机遇和动力。市委市政府提出迅速推动新一轮跨越式发展，优先发展工业，带动第三产业快速发展的思路，为思明区立足区情大力发展第三产业、保障支撑厦门发展、提升综合服务功能、增强城区核心竞争力提供了契机和平台；兄弟城区你追我赶的竞争态势，冲出新天地，实现新跨越是思明区“十一五”期间面临的重大压力和挑战。

（二）内部条件

1. 优势条件

（1）地理区位优势。思明区是厦门市的政治、经济、商贸、金融、文化、教育的中心，辖区内邮电通讯、交通运输等设施齐备，资金、技术、人才和信息资源相对密集，是厦门中心城市功能的主要载体。

（2）经济实力优势。经济总量持续扩大，光电、软件等高新技术产业以及第三产业中的商贸、旅游等都得到了较好的发展。产业优势不断增强，商务营运中心、楼宇经济初具规模。

（3）体制机制优势。思明区经济主要以民营经济、外资经济为主体，并形成良好的运行机制。政府管理体制日趋完善，努力从“管理型政府”向“绩效型政府”转变。

（4）旅游资源优势。闻名海内外的厦门“二十”名景中有十五景在思明区，集中了全市绝大多数的自然景观和人文景观，是厦门旅游资源的聚集地。辖区内还拥有众多的星级宾馆酒店和功能齐全的游乐设施，旅游服务能力和旅游环境渐趋完善。

（5）台港澳侨优势。厦门是著名侨乡，华侨在厦门经济发展中发挥了重要作用。由于地缘相近、语言相通、习俗相同等关系，厦门吸引了大量台商前来投资创业。思明区作为厦门的中心城区，具备了较为完善的对外合作交流软硬环境，成为港、澳、台商和海外华侨投资的重要区域。

（6）文教科技优势。辖区内文化积淀深厚，人文荟萃，拥有一批幼儿园、小学、中学等各类名园名校；高校及科研机构聚集，技术、人才资源相对密集，拥有厦门大学等知名高等学府。

2. 劣势条件

（1）空间和环境承载能力有限。思明区作为老城区，建筑密度高，可供开发土地少，旧城旧村改造难度大，用地成本居高不下。此外，随着环境承载压力的加大，发展经济与提高生活环境质量的矛盾日益突出。

（2）投融资渠道不够顺畅。融资渠道较窄，政府的融资支撑体系作用较小，已有的担保公司担保金额有限，政府对企业融资支持功能远远滞后于企业经济发展的要求。部分中小企业的自有资产不足，影响了其抵押贷款的能力，同时，信用担保体系尚须健全，资金问题成为制约企业和产业发展的一大瓶颈。

（3）人才吸纳能力不足。由于产业基础设施和配套能力不足，思明区经济发展特别是高新技术产业发展，对人才的吸纳能力适应不了产业发展的需要，人才施展才华的空间和载体有限。此外，由于职业教育总体跟不上经济发展的需求，缺乏高技能人才，严重制约了人才结构的合理配置和人才优势的充分发挥。

（4）产业整体竞争力不强。经济增长方式尚未得到根本性转变，工业中影响力大的龙头企业少，企业自主创新能力弱，产业链短，企业之间的关联度低，尚未形成产业集聚效应；第三产业中现代服务业发展较弱，信息、咨询、会计、律师等中介服务的比重较低，辐射功能不强。

（5）政府公共管理压力增大。公共服务体系未能适应发展要求，在社会公共资源整合、调整布局方面还需做大量工作。随着城区扩大和部分事权下放，城区管理的压力增强，城区建设的负担加重，执法难和市政日常维护难问题日益突出。教育、卫生、文体、社区、公园等社会事业建设项目投入增加，征地拆迁工作任务繁重。体制因素和政策因素在一定程度上压缩了区级财政收入的增长空间，财政收支面临更大压力。

三、总体构想

根据资源特征、发展基础，充分把握发展机遇，积极应对挑战，提出思明区“十一五”发展的指导思想、基本原则、发展目标和主要任务。

（一）指导思想

坚持以邓小平理论和“三个代表”重要思想为指导，全面贯彻落实科学发展观，紧紧抓住发展这个党执政兴国的第一要务，转变发展观念，创新发展模式，破解发展难题，提高发展质量，落实“五个统筹”，以推动经济发展为中心，以提高人民生活水平为根本目的，以调整优化经济结构、加快转变经济增长方式为关键，以改革开放和自主创新为动力，当先锋，争上游，求大发展。加快全面建设小康社会和社会主义和谐社会步伐，在推进海峡西岸经济区建设和促进祖国统一大业中发挥应有的作用。在突出发展以光电产业为主导的第二产业的同时，继续大力推进以旅游、商贸、房地产和现代服务业为主的第三产业充分发展，全面提升城区核心竞争力，努力实现高平台上的跨越式发展。

（二）基本原则

1. 以人为本原则

在发展过程中，不仅要重视人才的培养、引进、锻炼和使用，还在重视人才激励政策的完善和人员积极性的调动；不仅要重视经济发展，还要重视社会发展；不仅重视满足居民的物质生活需求，还要重视满足其文化和精神生活需求。通过经济的快速发展和社会的全面进步，促进人口素质和生活质量的提高，促进人的全面发展，让全区居民最大限度地分享三个文明建设的成果。

2. 素质效益原则

注重依靠自主创新能力的提高和科技进步调整经济结构和提高劳动者素质，加快经济增长方式转变，努力降低生产中的物耗和能耗，提高企业的效益和竞争能力，塑造思明区的知名品牌，推进新一轮跨越式发展。

3. 统筹协调原则

既要重视支柱产业、高新技术产业、现代服务业的发展，培育新的经济增长点，又要重视推动社会基础设施建设和社会公共事业等领域的全面进步，兼顾经济社会环境资源等因素，注重资源的合理开发和利用，加强环境保护和生态建设，坚持科学发展观，在经济持续、快速、健康发展的同时，实现经济、社会、环境的协调发展。

4. 项目支撑原则

以实施重要产业、社会发展项目为核心，精心组织实施，并重点培育一批具有高度技术关联性和产业带动性的产品或项目，以重点项目促进经济、社会的发展。

（三）发展目标

到2010年，凸显海峡西岸重要中心城市的中心城区功能，力争形成“五大领先优势”，即：经济规模的领先优势，在全国同类型的15个副省级城市中心城区中的经济排位靠前；社会和谐的领先优势，实现区域协调发展，经济、社会与环境协调发展；高新技术产业发展的领先优势，建成全国知名的光电产业基地，工业中高新技术产业增加值所占比重要达58%；城区服务集聚功能的领先优势，建成商贸服务、旅游会展和文化教育三大中心，增强城区的辐射力和集聚力；公共管理体制建设的领先优势，建设绩效型政府。努力把思明区建设成为经济繁荣、社会和谐、环境优美、人民生活水平和质量明显提高的全国强区。

主要发展规划目标为：

1. 地区生产总值力争突破650亿元，年均增长20%以上；

2. 财政总收入力争突破100亿元，年均增长17%以上；

3. 五年实际利用外资6亿美元以上，五年累计引进内资300亿元以上；

4. 全社会固定资产投资累计突破1000亿元；

5. 人口自然增长率控制在8‰以下；

6. 登记失业率控制在4%以内。

在实际工作中要加倍努力，力争完成得更好。

（四）战略任务

1. 优化经济结构，壮大经济总量，打造“效益思明”。

以推动经济增长方式转变为主线，不断优化工业技术结构和服务业内部结构，促进产业在空间上合理布局，培育产业集群的形成和发展，提高产业发展的关联度和集聚效应，突出量的增加和质的提升。继续实施质量立区战略和名牌名店战略，引进和培育一批区域乃至全国知名品牌，发挥品牌的聚合效应。

2. 强化科教兴区，推进自主创新，打造“活力思明”。

创新科技投入机制，建立和完善政府引导、市场导向、企业为主的科技创新体系，推进产学研联合，促进高新技术成果转化，着力优化创业环境，系统集成国内外科技资源。推进教育改革，营造人才培养使用和办事创业的良好环境，聚积高素质人才，进一步增强思明区的人才支撑能力。

3. 突出对台优势，加大外引内联，打造“开放思明”。

按照“五缘六求”的总体要求，积极探索两岸合作交流途径和机制。积极参与国际、国内两个层面的经济技术合作与竞争，建立与区域外双向互动的开放新平台，进一步完善投资环境，扩大对外开放，加强与国内其他地区的经济合作。创造条件鼓励区内骨干企业走出去，用好“两种资源”和“两个市场”，努力扩大市场影响力和品牌效应，不断开辟新的市场。

4. 推进法制建设，注重协调发展，打造“和谐思明”。

大力发扬社会主义民主，贯彻实施法律法规，加强依法行政，维护社会公平正义。深入开展“平安思明”建设，致力维护社会稳定。切实抓好安全生产，坚决遏制重特大事故的发生。全力推进文明建设，着力抓好民生工程，创新社区建设机制，提高公共服务的有效供给能力。以企业信用和个人信用为重点，推进诚信社会建设。加强城区建设与管理，加快旧城旧村改造步伐，营造优美温馨的社会环境，努力实现经济社会的协调发展。

5. 加强环境保护，集约利用资源，打造“生态思明”。

以提升人民生活环境质量为主线，合理利用、整合和保护资源，结合产业发展空间布局，强化协调的城区功能，提升城区品位。继续深化污染防治，做好循环型经济、循环型社区的试点，推进生态城区和节约型社会的建设，推动辖区环境质量持续改善，努力实现可持续发展。

6. 发展先进文化，提高文明程度，打造“文化思明”。

沿着先进文化的前进方向，充分发挥历史文化资源优势，着眼人的全面发展和提高地区文明程度，进一步强化和完善文化功能，创新文化品牌，繁荣文化市场，加强精神文明建设，不断推进各项社会事业全面协调发展。

7. 创新公共管理，提升服务水平，打造“绩效思明”。

适应市场经济体制要求，加快政府职能转变。强化政府的经济调节、市场监管、社会管理和公共服务职能，提高政府服务质量和效率；着力探索和推动经济管理、区街管理、公共财政等领域的改革和创新，构建具有城区特色的公共管理体制和运作模式，建设绩效型政府。

四、发展重点

根据指导思想、发展目标和战略任务，“十一五”期间经济社会发展的六个重点领域为：产业发展、空间布局、开放协作、社会事业、城建城管和资源环境等。

（一）重点产业与发展方向

遵循“强三、优二”的发展原则，优化产业结构，调整空间布局，促进企业集聚，提升经济素质，增强质量效益，塑造思明品牌。以旅游、商贸、房地产和现代服务业为发展重点，努力打造商贸服务中心区和旅游会展中心区；以光电产业和软件产业为发展重点，进一步延伸产业链，培育产业集群，积极建设高新技术研发与产业基地和区域外工业“飞地”；发挥区位和资源优势，营造良好软硬环境，大力发展商务营运中心和楼宇经济，建设服务功能好、辐射能力强的商务区；逐步形成优势行业集群，业态结构合理，市场服务完善，增值效能强劲的经济发展新格局。力争培植一批年纳税额超5000万元的企业，年产值超5亿元的工业企业，年营业额超10亿元的商贸企业，引进和培植一批具有较强辐射力的营运中心，拥有一大批经市级以上认定的高新技术企业。

1. 发挥区位优势，做强做大第三产业

——旅游业

坚持“立足大市场，精选优项目，培育新热点，塑造新形象，构筑大产业”的旅游业发展方向，抓住“台、海、景”三个重点，发挥“鼓浪屿”品牌效应，开发对台旅游优势，积极推动观光旅游、都市旅游、休闲度假旅游和商贸会展旅游的共同发展。整合辖区内旅游资源，努力打造旅游产业集群，逐步形成区域性的旅游目的地和集散地，着力构建观光、休闲、商务、会展、购物、娱乐旅游核心区。

加快旅游基础设施建设和深度开发。根据我区旅游资源的特点及其地理分布，集中力量、有步骤地开发建设游览区和公园景点。利用环岛路海岸景观的优势，推动海上旅游项目和道路内侧的旅游度假区的开发建设，逐步建设一批特色旅游景区、星级酒店、文艺场馆、特色街区，创建黄金海岸旅游品牌。以“金厦一日游”为契机，挖掘厦金旅游资源，吸引外地游客。利用筼筜湖和白鹭洲现有基础设施和条件，发展水上游乐和其他休闲娱乐项目。进一步完善中山公园、鸿山公园、金榜公园等历史文化名园的基础建设，提高品位，建设一批集文化、游览、娱乐为一体的综合性旅游场所。

完善旅游服务环境。加大环境改造和服务设施建设力度，提升旅游景点的服务环境、安全环境和生态环境，综合提高住宿、餐饮、交通、娱乐、购物和信息的服务质量。发展“家庭式”旅游、“一站式”旅游和“一个景点玩一天”的休闲旅游，满足我市及周边地区居民节假日休闲旅游的需求。规范旅游市场秩序，营造公平竞争环境，创建旅游品牌，培育一批有较强实力的旅游企业。

加强旅游业与商贸、会展、体育、文化等产业的结合。深度开发都市文化型旅游产品，丰富旅游过程中文化娱乐内容，把闽南文化融入景点设计，拓展闽南文化旅游项目和品牌。打造与旅游相配套的有厦门特色的旅游纪念产品。精心策划和组织各类大型节庆旅游、商贸活动，如元宵灯会、中秋博饼文化节、闽南文化艺术节、凤凰花旅游节、三角梅旅游节等，促进旅游产品多样化，丰富旅游内涵。

——商贸业

根据“改造提升、发展完善”的总体要求，按照“合理布局、提升业态、错位发展、功能集聚”的发展架构，从业态形式、业态布局、业态功能三大方面推进商贸业战略性调整，从而成为服务于闽东南、闽西南的休闲购物中心和商贸服务中心。

调整商业业态。坚持内涵集约式发展，通过政策扶持，宣传引导等方式，鼓励企业在商品结构、经营特色以及内部管理等方面进行调整，发展多种业态，提高商业档次，形成个性鲜明的品牌服务特色，扩大服务层面和服务对象，进一步完善大型超市、购物中心、专卖店、专业店的建设，实现以市场为导向，传统百货与现代百货、综合百货与主题百货、单体经营与专业连锁经营相结合的多元互补的商业经营模式。

提升特色街区。通过各方面的政策引导，合理优化配置商业布局，丰富城区商业层次，鼓励特色街区的形成，扩大商贸服务业的辐射半径。重点推动中山、富山、会展三大商圈的形成，根据各商圈的市场定位和不同的消费群，发展各具特色的商业业态。不断完善中山路旅游休闲购物步行街、禾祥西路特色商业街、文灶—SM商业城的大型百货和大卖场聚集的街路、明发商业广场步行街、厦大旅游文教一条街、（滨南）厦门电子数码街、（滨北）文化体育用品一条街、龙头路旅游商业街等专业特色街（路）的建设。

集聚名特品牌。在保持民族化、大众化特色的同时，集聚一些著名品牌满足不同消费群体的需求，充分挖掘老字号品牌资源，不断深化体制改革和机制转换，切实加强技术创新和技术改造，提高企业连锁经营能力和品牌营销能力，做强做精做活餐饮食品、黄金珠宝、工艺礼品、服装服饰、五金家电等优势行业，提升老字号及名特品牌的整体等级。

完善社区商业网络。本着便民利民的原则，调整结构，合理布局，鼓励设置社区小型折扣店、便利店、餐饮网点、生活服务设施，加快标准化菜市场、生鲜超市等建设，形成配套齐全的商业网络系统，满足居民多样化、个性化的综合消费需求。

——房地产业

以改变城区面貌、改善人居环境、开拓存量空间为目标，合理配置土地资源，塑造房地产开发的品牌意识和服务理念，推动房地产业向高档化、精品化方向发展，保持房地产业健康有序的发展态势。

提高房地产业档次。结合旧城旧村改造和新区开发，加快“三高”建设，即重点建设高标准商务写字楼，吸引高层次现代服务机构和营运中心进驻；建设高档次宾馆酒店，引导商务旅游娱乐活动集聚；建设高品位住宅社区，营造层次较高的生态人居环境。鼓励支持房地产企业实施长远发展战略，走出去开拓区域市场、国内市场，不断壮大自身实力。

挖掘老旧楼房的潜在资源。对个性鲜明、风格独特、历史价值高的老旧楼房、旧工业厂房等进行适度置换和开发，按照“历史风貌、修旧如旧、现代享受”的要求进行外观修缮和内部设施改造，将其作为特色商业、休闲娱乐业、文化创意产业等消费性行业新的发展空间，充分利用这些老旧楼房的历史文化价值。

——现代服务业

遵循“错位发展、结构完善、链接紧密、布局合理”的发展理念，不断扩大总量，优化结构，提高比重，增强区域经济发展后劲。形成由软件业、金融服务、中介服务、教育培训、文体娱乐等共同组成的较完善的现代服务业体系。

加快发展软件业。重点发展嵌入式软件、动漫产业和金融服务、地理信息、互联网服务、电子商务等应用软件，积极推动信息系统集成、信息内容提供、软件外包、咨询、维护等信息化服务。充分发挥软件人才、开发机构、高等院校集中的优势，建立以企业为主体，以各类科研院所为技术支撑，以市场为导向，以人才为根本，以资金为保障，产学研相结合的软件技术创新体系。加快软件产业政府服务支持平台、共性技术支持服务平台、科技成果和投资者合作平台的建设。积极配合厦门软件园二期建设，加快引进和扶持市场前景好、技术力量强的软件企业，引导企业集聚，努力形成以大企业为主导、具有一定特色的协作分工网络，培育软件产业集群。同时，制定更有吸引力的鼓励扶持措施，加大软件人才的培养引进力度。加强企业与科研院所的合作交流和信息互通，不断提升软件企业的研发能力、核心竞争力和对接企业的渗透力，促进软件产业对制造业的衔接运用，提高软件产业的社会和经济效益。

重点发展中介服务业。努力把握全面入世后中介等服务领域对外开放步伐加快的机遇，积极引进咨询、律师、会计师事务所等中介组织，培育公证、代理、经纪、拍卖等中介服务市场。大力发展行业协会、同业公会等服务性组织，引导中介服务企业走品牌化、连锁化发展道路，不断扩大中介服务业经营规模。

努力培育现代服务业潜力行业。积极培育创意产业，加快娱乐文化、中介文化、创意文化、艺术培训文化、演出、广告服务等现代文化产业的发展；注重文化经营主体的培育，促进文化与旅游业的互动发展；不断培育和扩大文化消费市场，丰富广大居民的精神文化生活；把开发体育产业与休闲旅游、重大赛事等结合起来，促进体育市场的开拓和体育产业的发展；积极引导保健消费和保健服务，建设面向社区居民的医疗、保健服务网络，满足多样化多层次的医疗卫生和健康服务需求。

2. 培育产业集群，做优做高第二产业

——光电产业

充分发挥现有光电骨干企业辐射和集聚作用，促进国家半导体照明工程产业化基地发展，加快厦门高新技术研发与产业基地建设，以芯片等上游产品的研发、生产为重点，积极拓展下游产品的开发生产，努力延伸外延芯片设计、生产、封装和应用的完整产业链，形成以大企业为龙头、中小企业分工有序的、有自主创新能力的光电产业集群。在空间布局上，岛内着重发展高端优势产品，在光电产业链中的一环或几环中培育、孵化一批具有自主知识产权的产品，延伸产业链，带动 LED 芯片的封装、应用等下游产品的发展。加快同安工业集中区思明园等岛外“飞地”开发，重点发展以光电为主的第二产业的下游配套企业。

——其他制造业

利用高新技术和先进适用技术提升传统产业，重点发展机械制造、服装服饰、印刷包装、食品加工等鼓励类传统制造业，以及生物与新医药等其他高新技术产业。鼓励和引导企业加大技术改造力度，增加产品技术含量，推进产品升级换代，提高技术水平和经济效益，争创一批竞争力强的名牌产品。围绕规模企业提高产业关联度，壮大产业规模，提高产业层次，培育一批有核心竞争力的龙头企业。鼓励辖区内传统工业企业有序异地搬迁改造，积极引导效益好的规模企业迁入岛外的工业“飞地”。

3. 完善配套服务，做足做好商务营运中心和楼宇经济

依托已建设或在建中的高、中档写字楼，拓展空间资源，积极开展“楼宇招商”“二次招商”，积极吸引各类现代服务企业入驻，通过区域商务营运中心和楼宇经济的发展，突破发展空间不足的瓶颈。积极创造良好经营环境，努力增强服务水平，提高入驻企业的贡献度，夯实税源基础，形成若干幢税收超亿元的商务楼宇。高质量、快速度建设观音山国际商务营运中心区，推进鹭江道商务中心区的建设，完善配套设施；利用思明区在地域、人才、技术、资金、政策、环境等方面的优势，积极吸引国内外和本市大集团、大企业在思明设立营运中心，发挥其集聚和辐射作用。

（二）空间载体与产业布局

“十一五”期间，思明区产业总体上依照“一带、两地、三圈、四区”的开发格局，进一步优化空间布局，拓展空间载体，聚集经济要素，打造新的产业高地。

1. “一带”

环岛路经济带——即从西堤滨北路口起至塔埔鸡山止。环岛路临海侧，充分发挥海和沙滩资源优势，做好开发和保护工作，发展滨海特色旅游项目，做好海的文章。通过大力发展海上游乐、海滨休闲等项目，丰富延伸旅游项目内容，增强现有项目的参与性、娱乐性和人性化内容。环岛路内侧，利用环岛路优美的自然景观、便捷的交通条件，主要发展旅游购物、餐饮休闲、疗养度假、商务服务等，建设若干高档次的星级酒店，适度开发游乐项目。要充分利用环岛路经济带现有的发展基础，在点和块上做足做好做深经济文章。前埔会展中心段，依托现有的会展设施，在建的国际会议中心、观音山国际商务营运中心、香山国际游艇俱乐部、国际网球中心和五星级酒店等，建设高品位的商务楼宇，营造良好的商务环境，发展商务营运中心。鹭江道段，要继续做好道路景观改造，完善基础设施，为中心商务区的培育和发展创造优良环境。其它路段要在现有设施的基础上，开辟各具特色、主题鲜明的园区，充分发挥环岛路的经济社会效益。

2. “两地”

厦门高新技术研发与产业基地——位于何厝岭兜，面积约195万平方米，突出发展光电产业和软件产业。南片区为思明光电产业基地，主要侧重光电产品研发，培育、孵化一批具有自主知识产权的核心产品，在光电产业链的高端确立产业优势。北片区为厦门软件园二期，将按照专业化、规模化、国际化的标准，配合加快基地建设，吸引知名软件开发企业入驻，引进包括集成电路设计、封装在内的大中型软件企业，鼓励出口，带动软件业发展，争取建成国内知名的软件园区和软件出口基地。

区域外工业“飞地”——主要指开发建设中的同安工业集中区思明园，以及天安工业基地和兴安工业基地等“飞地”。“十一五”期间将重点建设同安工业集中区思明园，同时争取开发其他区域外工业基地，开拓工业发展空间，重点引进规模企业和高新技术产业项目，使之成为思明区“十一五”发展的产业延伸区域、功能辐射区域和战略储备区域。

3. “三圈”

中山商圈——以中山路和思明南北路为中轴，向四周辐射，其范围从禾祥西路、公园东路一带一直延伸至厦港片区，包括了思明东西路、思明南北路、大同路、开元路、镇海路、大学路、民族路等。主要以来厦旅游的外地游客为主要消费群体，结合旅游区位优势和旧城传统文化优势，通过调整提升现有商业业态，吸引国内外各类精品、名品入驻，减少中低档专业店、便利店、超市的比例，鼓励发展高档专业店、专卖店，适度配备特色餐饮网点和休闲娱乐设施。促进其相连紧邻街路升平路、水仙路、镇邦

路、大中路等建设为各具特色的专业街。以此把中山路改造成一个集旅游、休闲、购物于一体的综合性商业步行街。结合中华街区、厦港片区、营平片区的改造，利用中山路周边街路现有的发展基础，以市场为导向，政府引导扶持，积极培植发展商贸服务业，构建富有活力、繁荣繁华的中山商圈。

富山商圈——核心区是富山—莲坂—火车站之间，其辐射范围向北延伸至SM商业城，向西伸展至文灶，主要涵盖了厦禾路东段、嘉禾路、湖滨东路、禾祥东路、湖滨南路等五条繁华街路。以闽南地区购物群体为主要消费对象，借助好又多、沃尔玛、家乐福等大型超市和明发商业广场综合商业区，提高商业聚集度。增加大型百货、专业店、专卖店，调整完善商业业态结构。完善购物休憩空间和交通设施，提升购物环境品质，增加休闲功能，挖掘商圈的整体优势，打造集购物、观赏、娱乐、文化、休闲等诸多功能为一体、富有特色的商业圈。

会展商圈——以会展中心为圆点向四周延伸，东面临海，西接前埔住宅区，南至广播山，北邻鸡山。主要服务于商务办公、会展业和旅游业，同时也为前埔居民的购物、休闲提供便利。结合东部滨海城市设计，以会展中心为依托，形成以商务会展、海上游艇、休闲度假、餐饮购物为主的特色商务商业区域。

4. “四区”

观音山国际商务营运中心区——西至规划五石路，东至环岛东路（与金门隔海相望），北临鸡山，南至软件园路，用地面积96万平方米。将建成配套齐全的现代化高级商务中心区，具体项目以商务楼宇、区域商务营运中心和商业中心为主，以及建设必要的公共设施配套。

鹭江道中心商务区——统筹开发建设区内商务、商业设施、住宅、公共设施（停车场、绿化等），完善交通功能和生态功能，调整商业业态，建设星级酒店、娱乐场所，发展观光、休闲、度假、购物等产业，加快营平等片区改造步伐，集中建设一批高档写字楼，大力发展营运中心和楼宇经济，以及金融机构、律师、会计师、公证处、物流代理等中介机构。

环筼筜湖商务休闲区——即筼筜湖及其周边地区，由体育路、莲岳路、湖滨南路、湖滨西路等围合而成。利用筼筜湖、白鹭洲、南湖公园、嘉禾公园等公共休闲设施和环筼筜湖旅游资源，建设星级酒店，开发休闲旅游和群众性文体活动项目。同时，充分发挥湖滨南路、湖滨北路商务楼宇集中，商务氛围浓厚的优势，大力发展楼宇经济和休闲娱乐业。

东坪山休闲度假区——西到文曾路（与植物园相接），东南则以上李水库北边道路和东坪山村南侧的道路为界，北到梧村山、坂尾山、无尾塔山一线。突出景区的生态休闲主题，加强东坪山旅游资源开发，加快旅游储备项目招商，不断完善景区服务功能，建设集体育、娱乐、休闲、餐饮、民俗文化、旅游度假为一体的综合性旅游区。

（三）对外开放与区域协作

积极应对入世后过渡期带来的机遇和挑战。在宽领域、高层次上参与国际竞争，进一步完善投资环境，积极有效地利用内外资。继续加强与国内其他地区的经济合作，吸引国内大型企业及民营资本投资。支持规模骨干企业向外扩展，拓展腹地市场。全方位提升对外开放水平。

1. 加大招商引资力度

在招商方向上，突出产业招商。二产重点围绕光电产业招商；三产主要开展商贸业、旅游业、现代服务业、软件业的招商，做大做长产业链。在招商对象上，明确招商重点。瞄准大财团大企业，引进上规模上档次项目；抓住国内一些大型国有企业改革、跨国公司进入中国市场等机遇，吸引和鼓励他们莅区设立企业营运中心；吸引更多国内外较具领先优势的大型公司以及采购中心、研发中心、决算中心、商务中心等综合性服务组织进入，提升整个行业的服务水平。发挥区位优势及其辐射力，加大对周边地区乃至国内其他地区具有一定规模实力的企业的招商力度，努力建设商务营运中心的集聚区。在招商方式上，创新招商机制。大力推行招商市场化，推广社会中介契约式有偿招商和海外机构委托代理招商，健全完善信息招商平台、网络招商平台和社会招商平台，强化网上招商工作。在招商环境上，做到高效便捷。进一步完善优质高效的服务体系，推动办公自动化、网上服务和网上办事，全面推行公共部门绩效评估，建立起便捷、透明、高效的政务系统。

2. 推进对台交流

按照“五缘六求”的总体要求，积极探索新形势下对台工作的新方法，完善两岸合作交流途径和机制，加强交流合作载体平台的建设。通过商贸交流和各种文化活动，引导和承接台湾软件、动漫、光电等产业的转移，着力引进一批台湾企业运营中心和研发机构，加强旅游、物流、科技、文化、教育等方面的交流合作与双向对接，促进台湾现代服务业加快进入我区。通过人员往来、产业合作和文化互动，切实将全区对台工作提高到一个新的水平，为推动海峡西岸经济区发展、促进祖国统一大业做出应有的贡献。

3. 加强与港澳侨合作

重视利用内地与港澳建立更紧密经济关系的契机，推动与港澳经济合作向高层次、多领域拓展，积极吸引港澳地区的金融、物流、商贸、旅游、中介服务等机构到我区设点经营。进一步发掘侨力资源潜力，发挥厦门及闽南籍侨胞与社团作用，理解侨心、维护侨益、运用侨力，不断加强与东南亚以及其他地区的交流合作，引进先进管理经验和服务理念，提升我区服务业发展水平。

4. 扩大区域经济合作

着眼于海峡西岸区域经济一体化的大环境，在更大范围、更宽视野、更广领域谋求新的发展空间，增强中心城区的带动和辐射能力。切实加强与周边地区的沟通与联系，在功能定位、发展布局、产业协作、项目实施等方面进行协调衔接，实现山海协作、优势互补、相互促进、共同发展。鼓励企业在更大的范围内考虑产业布局，引导企业把营运中心留在思明，把生产基地设在具有比较优势的周边地区，按照互利互惠的原则，促进各种资源的合理流动和优化配置，引导相关产业向外梯度转移，延伸产业链条，促进区域间产业协作。发挥经济枢纽和服务中心作用，积极参与闽西南区域、闽粤赣十三市的经济合作以及厦漳泉城市联盟合作，增强辐射带动和区域联动。

（四）文明建设与社会事业

以促进人的全面发展为目标，加快发展和完善适应经济社会发展总体要求、符合中心城区功能特点的各类社会事业，满足人民群众多层次的精神文化生活需要。营造廉洁高效的政府环境，公正公平的法治环境，规范有序的市场环境，健康向上的人文环境，安居乐业的生活环境，努力建设社会主义和谐社会。

1. 精神文明

深化思想道德建设。继续抓好理论学习的经常化、制度化和规范化，积极构建各级各类教育纵向衔接、横向沟通的开放性的教育体系。以理想信念为核心，扎实抓好理论教育和思想政治工作。努力实践“三个代表”重要思想，组织各种道德实践活动。大力弘扬爱国主义、集体主义和社会主义精神。切实加强和改进公民尤其是未成年人的道德建设。使从政道德、社会公德、职业道德和家庭美德建设与法规制度建设、普法宣传教育结合起来。坚持正确的舆论导向与增强思想政治工作实效的有机统一。不断提高市民素质，培育和树立体现时代精神的先进典型，营造浓厚的积极向上的社会氛围，为全面建设小康社会和建设全国强区提供强大的思想保证和精神动力。

深化群众性创建活动。巩固发展文明城区建设成果，继续深化“做文明市民、当文明家庭、树文明‘窗口’、创文明单位、建文明城区”的群众性创建活动。通过提高社区民主自治水平，深化“七进社区”活动，加大文明社区创建力度。完善评比表彰管理制度，深化文明单位创建活动。结合城区扩建改造工程，提升文明街路创建水平。拓展精神文明创建领域，加强非公组织文明建设。丰富军民共建联建内涵，加强“军地”交流发展。着眼实效、立足基层，切实办好精神文明建设实事。

加强诚信建设，打造诚信社会。坚持依法治区，深入开展“五五”普法教育，健全和完善以政府诚信、企业诚信和个人诚信三位一体为基础的社会诚信体系。广泛开展群众性“树新风、讲诚信”活动，加强企业信用监督、失信惩戒制度建设。

2. 科技事业

坚持“有所为，有所不为，集中力量办大事，重点突破”的原则，围绕“加强技术创新，发展高科技，实现产业化”这一中心，突出“高新技术产业化和传统产业高新技术化”两大关键，注重“引进创新、技术跨越和产业结构提升”三大环节，在“高新技术及其产业的发展、传统产业的技术升级、区域创新体系建设和科技体制创新”四个方面争取大的突破。

积极推进自主创新。建立和健全以企业为主体、市场为导向、产学研相结合的技术创新体系，以科研机构、高等院校为主的知识创新体系，以及社会化的科技中介服务体系，基本形成“结构优化、布局合理、精干高效、纵深配置”的区域创新体系；提高企业自主创新能力，鼓励支持企业加大研发投入，建立省级甚至国家级的技术中心、检测中心，以及设立博士后流动站等，大力开发具有自主知识产权的关键技术和核心技术，努力提高原始创新、集成创新和引进消化吸收再创新的能力，形成知名品牌，营造技术创新的市场环境，推进高新技术研究成果转化；继续发挥政府对科技投入和技术创新的引导作用，加大财政投入，同时开辟多种渠道，吸引民间资金投入科技研究开发与自主创新。把自主创新作为调整优化产业结构、转变增长方式的中心环节，不断提高经济增长的质量和效益。

完善科技服务体系。建立以思明区生产力促进中心为龙头，以企业为服务对象，以技术交易、技术经纪、技术咨询、技术评估、专利服务、法律咨询、风险投资咨询、成果推广和技术培训为主要内容的科技中介服务体系，逐步实现中介服务网络化、功能社会化、手段现代化、运行机制市场化，为科技人员创业提供良好的环境和条件。

加大科学技术普及和推广的力度。加强科协组织和科普网络建设，不断巩固和完善科普教育基地，发挥辖区高校院所人才众多、科研力量雄厚的优势，积极开展科普交流与合作，巩固发展“全国科普示范城区”和“全国科技进步示范区”创建成果。开展“科普先进街道”和“科普示范社区”创建活动，提高居民的科学文化素质，营造科学文明的社会环境。

3. 教育事业

以创建教育强区为载体，强化政府对义务教育的保障责任，推进教育均衡优质发展，做到优先统筹规划、优先确保投入。按照“理念先进、管理科学、布局合理、设施完备、德育为优、注重质量、多元发展”的要求，深化教育体制改革，全面推进素质教育，加快教育现代化进程。

深化教育体制改革。通过推进教育管理体制、教育投资体制、办学体制、学校内部分配体制等方面的改革，增强学校办学活力。深化课程改革，坚持教育创新，初步建立起较为完善的基础教育评价体系。实施科研兴教工程，推进教育科研方式的转变，提高教育科研层次。

优化教育资源配置。配合旧城改造和新区建设，采取先易后难、分步实施的办法，合理调整优化学校布局，整合现有的教育资源，促进各类教育均衡发展，提高基础教育办学整体水平。加大重要基础设施建设力度，充分利用各种场地、师资等资源，发挥其为全社会教育服务的功能，努力发展学前教育、职业教育、岗位技能培训、继续教育等，把构建终身教育体系与当前的素质教育、办学体制紧密结合，不断完善终身教育体系。

鼓励和支持社会力量办学。贯彻“积极鼓励、大力支持、正确引导、依法管理”的方针，重点扶持具有示范和带动作用的民办学校，建立公办学校与民办学校帮扶关系，促使民办教育走上依法、规范、快速发展的轨道，不断满足外来员工子女入学、升学需求。

4. 文体事业

以创建全国、省级文化先进区和争创全国体育先进区为目标，推进文化体育事业的发展，努力提高居民文化素养和身体素质，在全区范围内开展创建文体先进区、文体先进街道以及文体先进社区的活动，以此推动和加快社区文化体育建设步伐，构建布局平衡、结构合理、网络健全、服务优良的公共文体服务体系。

加强文体阵地设施建设和管理。积极协调资金，加大对社区文体设施的投入，增加文体活动场所，使居民能就近参加文化活动或体育锻炼。提高辖内文体资源的共享度，积极鼓励社会力量参与社区文体设施建设，促进机关、学校、企业内部的文化体育设施积极对社会开放，为辖区居民提供无偿或低偿服务。坚持“保护为主、抢救第一、合理利用、加强管理”的方针，做好文物和文化遗产的保护。努力发展档案事业，办好区档案馆。

加快文体网络和文体队伍的发展。以社区文体服务为基础，建立以文化馆、图书馆、文化站、社区文体中心为骨干的区、街、居三级文体网络，以及建立社会化的群众体育组织网络和满足多层次体育健身需求的服务体系。组织文体工作者、社区文体骨干的业务培训，发挥有文体专长居民的积极性，建立社区文化体育指导员队伍，培养社区群众文体骨干队伍。

引导健康文化的发展和加强文化市场的监管。进一步理顺管理机制，合理调整发展布局，培育一批示范性的文化市场经营网点，创建文化市场管理示范街路，努力促进文化产业的进一步发展。加强执法队伍建设，打击各种违法违规行为，规范文化市场。

广泛开展群众性文体活动。定期举办社区群众文艺调演和社区运动会，结合春节、元宵、中秋等传统佳节，组织专场民俗文体活动，弘扬闽南文化；利用国家法定节假日、省市大型会节活动，广泛开展经常性的群众喜闻乐见的广场文体活动，丰富群众生活，提高城区文化内涵。

5. 卫生事业

坚持“预防为主、健康为中心”的工作方针，做好疾病预防控制、医疗救治、卫生监督执法、社区卫生服务等工作，推进行业精神文明建设，力争在提高卫生服务能力、卫生防病治病水平、人民群众健康素质等方面有新的突破。

推进公共卫生体系建设。建立健全与社会主义市场经济相适应，以疾病预防控制、医疗救治、卫生监督、妇幼卫生、精神卫生为主的切合区情的公共卫生体系，有效预防和消除疾病危害，不断提高对突发公共卫生事件的应急和处理能力，开展爱国卫生运动，保障人民群众的身体健康和生命安全。弘扬“人道、博爱、奉献”的红十字精神，不断推进红十字的各项工作。完善现行卫生执法监督体制，调整并充实执法监督力量，努力改善执法监督条件和技术手段，加大打击非法行医的力度，净化医药市场，强化以食品卫生为主的公共卫生监督执法。

发展社区卫生服务。加大财政投入，不断完善以区医院、区妇幼保健院、区疾病预防控制中心为技术支撑，社区卫生服务中心、社区卫生服务站为主体，其它医疗卫生机构为补充，各项基本卫生服务逐步得到有机融合的社区卫生服务网络，以比较低廉的价格为群众提供比较优质的社区卫生服务，努力实现“小病在社区，大病进医院”的目标。

深化卫生体制改革。扎实推进医疗卫生单位人事和分配制度改革，加强疾控机构业务能力建设，力争区疾病预防控制中心实验室通过国家实验室认证。加快区医院特色专科的发展，增强医院的综合实力，鼓励社会力量兴办各类医疗卫生机构，更好地满足人民群众多层次的医疗卫生服务需求。

6. 人口与计划生育

坚持计划生育的基本国策，稳定人口低生育水平，改善出生人口素质和结构。完善党政牵头、部门配合、群众参与的计划生育利益导向机制，落实人口和计划生育工作目标责任制。提高人口与计划生育科学决策、社会管理和公共服务的水平，促进人口与经济、社会、资源、环境协调发展。

继续深化“婚育新风进万家”活动，树立科学文明的婚育新风，积极推行优生优育，提高计划生育、优生优育、生殖健康技术和服务水平。全面落实法定的对计划生育家庭的奖励优惠政策，积极倡导婚前检查，加大出生缺陷干预的力度，提高出生人口素质。进一步加强对流动人口的综合治理，努力实现流动人口计划生育属地化管理、市民化服务。进一步巩固和完善计生协会的组织建设，充分发挥其在计生工作中的作用。努力实现计划生育工作的“两个转变”，即：“由以往的仅就计划生育抓计划生育向与经济社会发展紧密结合，采取综合措施解决人口问题转变；由以社会制约为主向逐步建立利益导向与社会制约相结合，宣传教育、综合服务、科学管理相统一的机制转变”。初步建立与市场经济体制要求相适应的依法管理、依法服务体系。

7. 就业与劳动

把就业和再就业工作作为政府的优先工作来抓。加强政府公共就业服务机构建设，继续健全区、街道、社区的三级就业信息网络，大力开发公益性岗位，完善灵活就业服务机制，进一步发挥扶持政策体系在促进就业中的作用，保障促进就业资金的投入力度。

扩大社会就业。适应社会发展趋势，落实“技能立业计划”，加强有针对性的就业培训，调整人力资源结构，提高劳动者素质；开发就业资源数据库，实现劳动力资源网上供求对接；按照市场化的要求，大力发展社区劳动就业组织，千方百计开发岗位增加就业；加强领导和组织协调，将就业工作列入政绩考核；加强政策宣传，发动全社会力量参与促进社会就业。

加强劳动执法。做好劳动法律、法规的宣传教育工作，加大劳动监察工作力度，保护劳动者合法权益，维护社会稳定；规范劳动力市场建设，完善市场就业机制；积极推进三方协调劳动关系，确保劳动仲裁执行成效。

8. 社会保障

进一步健全和完善社会保障体系。实施农村合作医疗制度及其它农村社会保障机制，完善村改居后失地农民的社会保险制。做好事业单位社会保险工作，结合地税、区街的有关网络，进一步提高社会保险参保率。

扩大社会保险覆盖面。加强社会保险管理，认真落实失业人员、灵活就业人员以个人身份参加全市基本养老保险、医疗保险及享受相应待遇的政策。依托街道、社区劳动保障平台，规范失业登记、申领办法，发挥失业金应有的保障功能，及时为下岗失业人员提供社保接续服务。依法保障权利公平、机会公平、规则公平、分配公平，更好地使改革和发展的成果惠及广大群众。每年做好若干项与人民群众生活密切相关的政府办实事项目，切实提高居民的生活质量。

注重维护弱势群体权益。关爱孤、寡、残、幼等弱势群体，扎实开展救灾救济和最低生活保障工作，建立“爱心超市”长效机制，切实解决低收入家庭生活、教育、就医等困难；加大残疾人社会保障、残疾人扶贫和社会帮扶等工作的力度，促进残疾人就业。

高度重视老龄工作。围绕“老有所养、老有所医、老有所学、老有所教、老有所乐、老有所为”的目标，进一步健全规范老年工作机构；开辟老年活动场所；做好老龄人口社会保障，努力满足其精神生活需求，不断延伸丰富老年人的活动内涵；积极引导鼓励社会力量兴办养老机构，依托街道、社区实现居家养老服务。充分发挥老年人在三个文明建设中的作用。

切实保障妇女、儿童权益。落实“妇女、儿童发展纲要”提出的各项任务，积极推进妇女、儿童活动场所和服务设施的建设，不断改善妇女、儿童事业的发展环境。

（五）城区建设与城区管理

加速推进旧城旧村改造。依照权限努力推动市政基础设施建设，进一步提升城区功能，改善居民生活质量。力争到2010年，初步形成市政设施完善、道路交通便捷、环境绿化优美、城管机制先进、建筑与生态有机融合的充满活力、温馨和谐的城区新面貌。

1. 城区建设

要树立经营城区的理念，注重社会和经济效益的相互融合，对城区形象进行整体设计，通过加快中华街区、百家村、厦港、营平等旧城旧村的改造，改善中心城区功能，提升中心城区品位。实现从“住宅开发”为主向结合“三产项目开发”转变，提高单位面积的土地利用率。加大市政基础设施建设、改造与维护的投入，重点推进城市次（支）干道建设，完善市政道路交通网络。通过城区建设，体现思明区位、人才、资源等综合优势，创造富有吸引力的工作、学习和生活环境。

2. 市容环境和城区行政执法

以建立现代化城区管理体系为目标，进一步理顺管理体制，提高综合管理能力。突出“美、洁、亮、绿、畅、居”城市管理六大工程，实施“蓝天、碧水、绿色、洁净、宁静”五大环境治理工程，加大城区行政执法力度，依法整治影响和妨碍公共安全、公共卫生、公共环境、城市交通、市容景观的各类违章行为。加大环境卫生建设力度，通过综合整治，加强城区管理监察，完善执法体制。推进市政、绿化、环卫等方面的市场化运作，加快城市信息化与数字化建设步伐，使市容环境卫生的建设和城区行政执法的水平与中心城区的要求相适应。

3. 社会治安综合治理

以创建“平安思明”为载体，抓稳定、创平安、促发展，健全社会治安综合治理责任制。完善考评奖惩办法，落实维护稳定的各项措施。健全矛盾纠纷和不稳定因素的排查调处工作责任制，规范预警、研判、处置的工作机制，完善法律服务机制，提高保障公共安全和处置各类重大突发事件的能力，防范化解社会矛盾，防止群体性、突发性事件的发生。加强对外来人口的管理，净化社会环境，不断巩固提高群众的安全感和满意率。加大禁毒工作力度，强化管控措施，严厉打击制贩毒罪行，不断降低吸毒人员的比例。加强打防管控一体化建设，保持打击刑事犯罪的高压态势。落实科技强警措施，加大技防投入，完善基层防控体系，提升防范水平。做好民族宗教工作，妥善处理旧城旧村改造中宗教（民间信仰）场所的保护或迁建问题，维护民族团结和社会稳定。

4. 公共安全

按照“安全第一、预防为主”的方针，着眼于人民群众的身体健康和生命财产安全，建立与经济、社会发展相协调、相促进的城区综合防灾减灾体系，如安全生产、防洪抗旱、防火防震、地质灾害、疾病预警等防灾减灾体系，努力提高处理自然灾害和突发事件的能力。加强对重大危险源的监控和重大事故隐患的治理，构建“政府统一领导、部门依法监管、企业全面负责、群众监督参与、社会广泛支持”的安全工作格局。重视国防动员设施和人民防空设施的建设，增强城区的整体抗灾和防御能力。

5. 社区建设

适应城市现代化的要求，加强社区党组织和社区居民自治组织建设，努力提高社区工作者队伍的整体素质，建立起以地域性为特征、以认同感为纽带的新型社区，构建新的社区组织体系。通过社区服务业网点的合理布局，社区公共服务设施的优化配置，促进社区服务网络化，拓宽服务领域，整合服务资源，强化服务功能，创新服务方式，不断提高社区服务业的发展水平和服务质量。完善社区就业、救助、福利、慈善等社会基本保障功能，发展社区卫生、体育、文化、教育等社会事业，满足人民群众多样化、多层次的需求，实现“残有所助、难有所帮、弱有所扶、病有所医、老有所养、少有所教、婴有所托”的社区服务新格局，为社区群众营造管理有序、服务完善、环境优美、治安良好、生活便利、人际关系和谐的生活环境，夯实和谐社会建设的基础。

6. 农村城市化

根据统一规划、合理布局、因地制宜、综合开发、配套建设的原则，落实“居住社区化、从业非农化、资产股份化、保障社会化、素质市民化”的要求，进一步做好“村改居”过渡时期的后续工作，加快推进旧村改造，促进协调发展。努力拓展新思路，积极稳妥处置集体资产，鼓励和引导农民利用征地补偿款大力发展股份合作经济。采取有效措施，促进村改居居民转岗就业。完善最低生活保障及养老保险城乡一体化，健全医疗救助体系，解决“村改居”居民的生活后顾之忧。加强宣传教育，努力提高居民素质。

（六）资源节约与环境保护

贯彻落实节约资源基本国策，继续推进生态城区建设，坚持开发节约并重、节约优先，大力发展循环经济，按照减量化、再利用、资源化的原则，加强节能节水节地节材和资源综合利用，注重环境保护和生态建设，营造美好的人居环境，建设人与自然和谐发展的生态型城区。

1. 发展循环经济，形成资源节约型经济发展模式

树立循环经济和节约型社会理念。通过循环经济、节约型社会试验点的项目建设，逐步丰富生态城区的内涵，推动生态城区的建设步伐，打造产业生态链。大力开展清洁生产，促进废物的减量化、资源化和无害化，建立“低消耗、低污染、高利用率和高循环率”的经济体系。重点推进鼓浪屿循环经济试验点项目的实施，因地制宜建设企业、社区、社会三个层面的循环经济，形成经济与社会的良性循环。

2. 加强污染防治，加快生态保护与建设步伐

全面推行ISO 14001环境管理体。提升污染防治水平，推进辖区环境质量持续改善。完善污染防治设施和环境基础设施建设，加强污染源监管和提高城区污水集中处理率，确保环境质量全面达标；合理规划布局，消除结构性污染；认真落实建设项目的环境影响评价制度，加强污染事前控制；全面推行排污许可证制度，实施污染物总量控制；基本解决餐饮娱乐业污染扰民问题。依法制定生态建设和保护规划，加强对重要生态功能区、生态良好区以及重点资源开发的监督管理；继续推进辖区内公共绿地建设及裸露山体整治复绿工作，不断增加绿化面积和人均绿地面积。

3. 整合土地资源，提高土地使用效率

调整传统工业企业的发展布局。制订相应的扶持措施，逐步使其留下“总部”而将生产环节迁出岛外，对腾出的土地进行统筹规划，节约与合理用地，置换高效益、无污染、少占地的项目，进一步提高有限土地的利用效率。集中开发和利用原农村用地，防止零星建设，对留给原当地农民用于发展的那一部分土地，应根据规划的要求，集中开发适合“村改居”后居民收益的长效项目，解决失地农民的生活出路问题。

五、保障体系

为实现思明区“十一五”规划的目标，保证各项规划任务的实施和完成，必须采取强有力的措施，建立健全有效的保障体系。

（一）改革创新体系

加快公共管理体制创新步伐。深化行政审批制度改革，建立规范便捷的审批制度，更好地方便服务群众。加强依法行政，进一步落实政务公开制度，增强行政管理行为的透明度，强化权力监控、效能监察和经济审计。引入现代公共管理技术，改进政府管理方式，降低行政成本，推广现代信息技术进行电子政务建设。加快政府职能转变，强化政府的社会管理职能和公共服务功能，努力提高公众享用基本公共服务的水平，建设行为规范、运转协调、公正透明、廉洁高效的绩效型政府。

健全完善区街财政管理体制。建立公共财政体制框架，深化部门预算，加快建立财政资金绩效评价体系，强化财政资金的使用管理和监督。实行全口径预算管理和对政府债务的有效监控。形成组织收入有方、公共保障有力、资源配置有度、监督管理有序的现代财政管理体系。完善区街财税激励机制，充分调动街道的积极性，进一步明确和扩大街道管理职权，保证财税分成比例公平合理。支持和鼓励街道发挥优势，挖掘潜能，合理利用财政滚存结余资金，参与各集中区的建设与招商，充分利用辖区资源，转变存量空间的使用功能，大力发展现代服务业，积极提升产业发展水平，优化产业结构，培育和形成各具特色的优势产业，不断提高街道经济发展水平。

深入推进事业单位体制改革。按照“脱钩、分类、放权、搞活”原则，加快教育、卫生、文体、环卫、园林等系统内部管理体制改革。努力促进经营性事业单位市场化、社会化，引入竞争机制和社会资金，增强事业单位活力。逐步搞活用人机制，形成竞争性的劳动人事制度及有效的激励和约束制度，扩大事业单位的用人自主权，优化事业单位人员结构，建立事业单位新型的人事管理制度。

逐步完善社会主义市场体系。进一步规范市场经济秩序，完善市场监管机制，大力发展专业市场和要素市场，促进商品和各种要素自由流动与充分竞争；认真贯彻落实和完善促进民营经济发展的政策措施，创造公平竞争、一视同仁的政策环境和市场环境，鼓励扩大投资领域，提升民营企业社会地位，加快民营经济的发展，进一步优化经济所有制结构；大力培育行业协会、中介机构等社会服务组织，使其承担部分社会管理和服务职能，积极提倡和发展政府购买服务，逐步建立“小政府、大社会”的管理模式。

（二）资金保障体系

建立投融资决策约束机制。必须建立和完善政府投资监管、投资决策咨询、投资风险约束、投资项目后评价制度和奖惩等制度体系。资金筹措必须坚持“就地平衡、紧张平衡、积极平衡、综合平衡”的原则，资金使用要体现社会主义初级阶段的发展要求，树立艰苦奋斗、勤俭节约的发展观念，严格控制建设标准，节约使用资金，发挥资金的最大效益，争取用最少的钱办最多的事。为“十一五”期间经济、社会等各类项目建设，提供切实的资金保障。

探索融资方法拓宽投资领域。注意加强土地资源的合理规划和配置、引导资金的使用配置，建立投资—盘活—再投资的流动投融资机制，让存量资源和国有资产获得最大使用效益。引入市场机制，鼓励引导民间资本投资；引进支持境外风险投资机构莅区落户，担保包装有潜力、有实力的企业，鼓励上市。发挥银行的信贷作用和政府信用担保的作用，积极争取国家政策性贷款，争取减免政策，降低资金使用成本。加强信用担保机构的管理，出台相应管理办法，制订风险补偿机制。鼓励支持民营担保机构的发展，建立政府与银行信用融资平台，努力解决企业融资难问题。

（三）人才保证体系

建立选人用人机制。坚持党管人才的原则，把人才的发展纳入发展的内涵，进一步实施人才强区战略。深化干部人事制度改革，坚持和完善党政领导干部选拔任用各项制度，完善符合科学发展和正确政绩观要求的党政领导干部考核评价体系；探索既体现热情支持创业又符合市场经济发展要求的创业机制，结合我区实际，为创业者的起步发展制定各种创业扶持政策；深化人事制度改革，逐步建立起以业绩、能力为导向的分配激励机制，以政府奖励为导向、用人单位和社会力量为主体的人才奖励体系，充分发挥经济利益和社会荣誉双重激励作用。在发展中锻炼培养和使用人才，营造人尽其才、才尽其用、适宜创业、充满活力的良好环境，增强人才竞争力和发展活力。

构建人才培养体系。设立人才培养培训资金，充分利用各类教育培训资源，形成多层次、外向型、覆盖广的教育培训网络，着力引进知名高校和培训组织建立培训机构，大力实施各类人才培养计划，重视职业技能人才的培养，努力提高劳动者素质。突破体制和机制障碍，鼓励社会加大对人力资源的投资力度，引导企业和各类社会组织建立人才发展、资助、培养机制。建设一支党政人才、企业经营管理人才和专业技术人才为主体的人才队伍。

创建引进服务平台。坚持人才开发市场化导向，建立区人才库，进一步完善人才引进的优惠政策，充分利用各种渠道，有计划地通过产业聚才、项目开发引才、核心人才带动引才等方式，引进一批与经济社会发展相适应，数量充足、结构合理、素质优良、门类齐全的人才队伍。加强海外留学人才的引进，建立面向国内外的人才信息网。积极提升我区人才中介服务机构的开发能力和服务水平。

（四）政策扶持体系

出台各类配套政策措施，引导扶持经济、社会发展，确保政府政策措施的可信度和可操作性，切实推动思明区产业健康发展，提高综合竞争力。一方面，通过政策措施的扶持引导，将政府的产业发展理念落实到具体的经济运行过程中，如重点建设项目的征地拆迁，楼宇经济的发展、招商引资的奖励，科技发展、绩效考评、扶持企业等政策措施，形成促进发展的良好政策环境。另一方面，加大激励措施力度，鼓励扶持创建名牌名店。重点扶持一批上规模有实力的企业创建品牌，申报驰名商标、著名商标和质量管理体系认证，鼓励企业自主创新，形成一批品牌优势企业、规模骨干企业；吸引国内外知名品牌入驻，培育一批精品企业，提升思明区核心竞争力。

（五）组织协调体系

总揽全局，协调各方。建立高效运作的党领导经济工作的体制、机制和方式。党委要加强全局性、战略性和前瞻性的重大问题研究，主要是把握方向、谋划全局、提出战略、制定政策、推动落实，营造良好环境，不断提高领导经济、社会管理的能力，牢牢把握经济社会发展的主动权。建立健全党委领导、政府负责、社会协同、公众参与的经济社会管理格局。

围绕发展，形成合力。坚持把党的领导、人民当家做主和依法治区有机结合起来，积极支持人大、政协、民主党派、群团组织依照法律、章程开展工作，发挥其职能和优势，推动经济与社会发展。

强化责任，狠抓落实。本“规划纲要”是按照区委“规划建议”编制的，经区人民代表大会审议通过后将成为具有法律效力的文件，也是指导全区“十一五”期间经济社会发展的纲领性文件，各专项规划必须以“规划纲要”为指导，提出的目标、任务等内容应与之相衔接。政府各职能部门必须强化贯彻落实规划要求的意识，有效运用经济、法律和必要行政手段，把规划提出的目标任务落实到政策措施上，落实到责任领导身上，建立相应的制度，监督规划的贯彻落实，评估规划的执行情况，长短结合，滚动实施，确保规划细化落实到年度工作计划中，努力实现规划的预期目标和各项任务的完成。

三、爱国文献

抗争日人在厦设警

日人在厦设警，交涉经年，迄未得效。兹将厦各界电部院文录下，藉见一斑。

国务院外交部钧鉴：日人蓄意图闽，在厦扩张势力，无所不用其极，尤以设警一事为蛮横。当民国5年，日人在厦箭道口赁屋设警署，同时即有日警在我官治辖内行使警权，经闽厦学商界抗争，并吁请贵院部严重交涉，仅将门外警署木牌卸去敷衍，旋即移设梧桐埕，延今未撤。且常有逮捕人民之事，如近日日警四名于黄昏时携械伏匿靖山头空屋内，居民惶骇异常，禀报我警厅派员诘问。据云，系欲围捕该籍奸民，侵我警权，诸如此类，不一而足。近日在箭道地方建筑警署，绘图召匠，克日兴工，得步进步，着着进行。伏念日人在厦设警，于兹六年，唯前次交涉，未达取消目的，故今日又发现筑署之事，若不从根本解决，着日警即时撤去，他日必有甚于筑署之事发生。似此厦地主权断丧，国体、地方两受影响，此而可忍，孰不可忍？敢恳贵院部迅向日使严重交涉，以维国本而保主权，甚幸。厦门教育会、商务总会、厦门国民大会策进会、学生会叩。

（转引自1999年5月版《民国厦门市志》）

国立厦门大学学生抗议美军暴行委员会为抗议美军暴行告全市同胞书

1947年1月7日

同胞们！

一年了，美国军队在中国干了多少伤天害理的事，他们随便枪击学生，随便屠杀手车夫、工人，而现在又在冰天雪地的一个晚上，强奸一位未成年的北平女大学生。我们同胞的血在地上流，我们自己的眼泪向肚里流。一年中不知有过多少次，我们都忍耐了，但忍耐是有限度的。眼看着一次次惨案的发生，我们能担保得住不临到我们身上来吗？一笔笔的血债，现在要来一个总清算。别人不把我们当人看待，我们该争取做人的权利。

八年抗战，我们流了大量的血、也流了大量的泪。为什么今天做了胜利国家的人民，反而要在美军的暴行下流血、流泪？我们不能再忍耐，我们决不能再作可耻的忍耐。

我们认为这不单是一个法律上的问题，里面包含的是一个严重的政治问题。美军的强奸杀戮是暴行，美军的驻华是一切暴行的根源，是丧权辱国、危害人民自由的根源，是独立民主的绊脚石，是和平统一的大障碍。所以我们严重抗议美军的暴行，我们更要严重抗议美军的驻华。

我们根据绝对纯洁严正的立场，我们决不受任何党派的煽动，我们决不依赖任何政治力量做背景，我们是站在中国人民的立场上，争取做一个自由独立国家的国民的权利。

为了国格，为了人权，我们要抗议这种暴行，我们要拿行动来抗议这种暴行，我们要求美国政府严惩凶手，向被害者道歉赔偿，而顶重要的，是美国军队立即撤退。我们是独立国，而且还是一个胜利国，没有理由允许美军驻扎。

同胞们，在争取独立保障自由的目标下，让我们紧紧地携起手来！

我们的口号是：

（一）中国同胞不容侮辱！

（二）抗议美军暴行！

（三）为被辱的女同学报仇！

（四）惩办北平美军凶犯！

（五）美军不走，暴行不止！

（六）反对美军驻在中国！

（七）清算美军历次罪行！

（八）反对美国错误政策！

（九）美国军队退出中国！

（十）厦门同胞起来赶走美军！

（十一）全国学生团结起来！

（十二）全国人民响应我们！

（十三）拿出主人身份赶走美军！

（十四）全国人民起来反对美军驻华！

（十五）中华民国万岁！

（十六）中华民国独立万岁！

（十七）中华民国自由万岁！

（十八）中华民国人民万岁！

（转引自厦门大学校史编委会《厦大校史资料》第二辑，1988 年 7 月）

四、专题资料

商　船

商船自厦门贩货，往来内洋及南北通商者，有横洋船、贩艚船。横洋船者，由厦门对渡台湾鹿耳门，涉黑水洋。黑水南北流甚险，船则东西横渡，故谓之“横洋”。船身梁头二丈以上，往来贸易，配运台谷，以充内地兵糈。台防同知稽查运配厦门，厦防同知稽查收仓转运。横洋船亦有自台湾载糖至天津贸易者，其船较大，谓之“糖船”，统谓之“透北船”。以其违例，加倍配谷。贩艚船又分南艚、北艚。南艚者，贩货至漳州、南澳、广东各处贸易之船。北艚者，至温州、宁波、上海、天津、登莱、锦州贸易之船。船身略小，梁头一丈八九尺至二丈余不等，不配台谷，统谓之“贩艚船”。道光十年，令贩艚船公雇船只，配运台谷。后裁。

康熙四十二年，商贾船许用双桅，其梁头不得过一丈八尺，舵水人等不得过二十八名；其一丈六七尺梁头者，不得过二十四名；一丈四五尺梁头者，不得过十六名；一丈二三尺梁头者，不得过十四名。出洋渔船，只许单桅，梁头不得过一丈，舵水人等不得过二十名，并揽载客货。小船均于未造船时，具呈该州县，取供严查。确系殷实良民亲身出洋船户，取具澳甲、里族各长并邻佑当堂画押结保，然后准其成造。造完，该州、县亲验，烙号刊名，仍将船甲字号、名姓，于船大小桅及船旁大书深刻，并将船户年貌、姓名、籍贯及作何生业，开填照内，然后给照，以备汛口查验。其有梁头过限，并多带人数、诡名顶替、汛口文武官员盘查不实，商船降三级调用，渔船、小船降二级调用。(摘自《会典则例》)

康熙五十三年，准各省海洋商、渔船只分别书写字样。雍正九年，以出洋船只往往乘机劫夺，令福建出洋等船，大桅上截自船头至梁头，用绿色油漆，易于认识。凡领龙溪、海澄、漳浦、同安、马巷牌照，系厦门行保保结，出入均归厦口盘验稽查。舵工、水手或有事故不及赴县换照者，即由厦防厅添结帮梢。(摘自《会典》)

乾隆四十九年，覆准福建泉州府晋江县属之蚶江口与台湾府彰化县属之鹿仔港设口开渡。其厦门商船仍照旧编记栅档，出入挂验，不准越赴蚶江渡载。

乾隆五十五年，又覆准台湾府属淡水八里坌对渡五虎门，设口开渡。往台湾商民，令行保具结，报福防同知就近给照，移知沿海小港如福宁府属之南镇等汛、兴化府属之涵头等汛、厦门之大担、小担等汛、漳州府属之岛屿等汛，均可直达台湾。而淡水之八尺门、彰化县之海丰港、嘉义之虎尾溪、凤山之竹仔港，皆可容小船出入。责成沿海各属及守口员弁实力查禁，无照船只私渡，船户照越渡缘边关塞律治罪，船只入官，文武官员分别参处。其有照商船因风漂泊收岸者，验明牌照放行。

按：道光四年，又奉开彰化之五条港，即海丰港、噶吗兰之乌石港。自此五口通行。五百石之有照渔船报称因风漂泊，皆得横洋往来，而厦门商船日渐稀少矣。

按：厦门商船对渡台湾鹿耳门，向来千余号，配运兵谷、台厂木料、台营马匹、班兵、台饷、往来官员、人犯。海外用兵所需尤甚。然皆踊跃从事。近因台地物产渐昂，又因五口并行，并以鹿耳门沙线改易，往往商船失利，日渐稀少。至迩年渡台商船，仅四、五十余号矣。

商船半伤于道光十一年七月在浙江之普陀山飓风，沉船七十余号。计丧资本百万余。鹿耳门沙线改易，南风不能泊，多失事。又人心不古，出海昧心，故意沉失，遂致不复重整。又窥避配运兵谷，皆改商为渔矣。

（转引自1996年3月版《道光厦门志》）

鼓浪屿划作公地始末

郑霁林　记

清道光二十一年，英人攻陷厦门，英领事即占据厦门道署。同治二年，英人归还公廨，移驻鼓浪屿，是为外人居屿之始。是后华洋杂居，无所区别，屿中仅设通商局委员，联络各国领事，审理细微案件。光绪二十六年，拳匪滋事（称义和团为“拳匪”，诬也——编者）。七月，日本领事上野专一暗使本愿寺教徒纵火自焚山仔顶教堂，调舰兵登岸，进扎街衢。二十七年春，美领事巴詹声偕翻译李文彬，晋省谒许筠庵制军，以日本垂涎厦岛，终久有事，宜将鼓浪屿改作各国公地，预杜觊觎之说进。当道为其耸动，遂与面议章程，并饬兴泉永道延年回任，与巴领事妥商办理。未几，巴领事回国，此事遂归领袖领事上野专一办理。上野复以事东归，交由英领事满思礼接办。初唯延道与厦防同知张文治、洋务委员杨荣忠与各领事磋商。八月，省洋务总局复添委漳州府知府孙传兖，与厦门税厘局提调郑煦，随同延道酌议。九月初三日，同在英领事署会议。初以公地大纲早经巴领事与省宪议有端倪，兹就原定章程再加酌议，谅可就绪。孰意竟有出人意料者，因英领事以上海租界有英、美之分，鼓浪屿地段迫仄，不能分地划界，故作公共租界，专指外人而言，中国虽地主，既将地划出，不复能再干预等语。唯省宪初意以公共名义，中、外均包在内，中国本属地主，尤不能使向隅，故章程内所有领事官之处，即加入厦门道字样，并将洋人西国等字面，尽改作中外人民，以平其权而分其势。讵英领事阅改本，大不谓然，辩论再三，坚执须作租界，照上海成案办理，必将题目议定，然后再议款目。自辰至午，未能决定，听其电达驻京公使，延道亦请省宪示，再行开议。旋奉省宪暨洋务总局复，以鼓浪屿或作公地，或作租界，均无不可，惟必须加入第十五款兼护厦门，以鼓浪屿既作公地，各国官商均在界内居住。厦门为华洋行栈所在，商务尤重，应由各国一体保护，以杜东邻觊觎，如无此节，即作罢论等语。十月，延道复与各员及英、德、美诸领事会议，始将公共地界规条核定，至兼护厦门一款，仍须俟驻京公使酌夺。二十八年秋，上野专一复为领袖领事。八月，延道暨各员复集日本领事署会议，交出华洋文章程六册，请签押。厦防厅张文治与煦核对华文章程，悉照原议，并无增减一字，唯洋文章程第十五款仅存大纲“兼护厦门”四字，而将原注子目两行删去，改为“候驻京公使核定”字样。洋务委员核对疏忽，未即声明指驳，咸以为华、洋文均无错漏，即行签押。督宪遂以公地议成入告，而外务部则以“第十五款未定，咨奏两歧”驳，仍饬厦门道复向各领事争辩。时英、德、美、法领事均已易人，上野意见不合，在厦碍难再议，禀请咨请外务部，与各国公使商定。讵意各使不允，且谓此款厦门道已允撤销，督宪复行牌饬厦门道仍向各领事力争。旋据美领事费思洛照复，以“第十五款贵道并无撤销”之说，谓日本领事意见不同，亦不尽然，实因此款事关重大，故须候驻京公使核定，现已据实具详，并力请将此款填入，以昭划一，各领事亦已具详等语。延道即将此照会电禀督宪，并咨洋务总局存档。十月，奉督宪电，公地复奏擢，奉朱批“外务部知道”云云。鼓浪屿之开作公地，遂成定案。至漳州府孙传兖，仅于二十七年九月来厦会议一次，以后均不在场，故未签约。此厦门鼓浪屿辟公共地界之始末情形也。

（转引自 1999 年 5 月版《民国厦门市志》）

收回厦门英租界

1930 年

厦门英租界因无条约根据，只可设为租地，不得称租界。兹将该租地之起源、面积、行政组织及现况，分述于次：

1. 起源：道光二十二年七月间，中英条约第 2 款规定，准英人在厦门携眷居住，通商贸易。次年八月所订中英通商善后条约第 7 款又规定，准英人在厦租赁房屋基地，由英国管事官通报地方官转报告等语。故道光二十四年八月，由厦门地方官与英国管事官会同议定，以曾被英军占领之南校场及水操台两处地方作为英商租地。

2. 租地之更换及其面积：厦门南校场及水操台两处距离厦市码头颇远，英人并未经营。至咸丰元年，英领事照会厦防同知，谓该国商人租赁本地行屋过于狭窄，要求由厦门岛美路头起至新路头止，除去筑前后公路 4 丈外约直长 55 丈横宽 16 丈准予租给英商作为建造栈房之用。地方官与英领会勘后照复英领，准租英商建栈，年纳租价仍照校场前议，每方丈完库平银 1 两。

3. 租地之扩充：同治年间，英美商人续租自新路头起至碌街路心（即前福建铁路公司地点止）之地段，建筑行栈。查美商义和洋行及美时洋行共租地 2 段，义和洋行所有地段于光绪年间已由中国邮政局买回，美时所有地段亦于光绪年间由前福建铁路公司买回，故现在英租界范围名义上分为 11 段，实际只有 9 段，全部面积长约 90 丈。而前南校场及水操台两处，英人初欲易他地，未成后，已建学校，与英租界无关。

4. 从前英租界行政之组织：厦门英租界工部局创始于光绪三年初，于海后街德记和记数洋行间，雇用西人 1 名、华人 2 名充当巡捕长及巡捕，办理租界内一切行政事宜。该局设立时，曾经厦门官厅照会英领阻止，检查条约，并无此文，英领置之不理。

5. 英租界管理员之侵越：光绪三年英商和记行擅填租界前面海滩作为码头，经厦门官厅抗议，始允由中国官厅自行填筑作为公路码头之用。光绪四年二月初九，由兴泉永道与英领签订合同6条，案遂解决。该新填地段，虽声明由地方官委托外国代为经理，而其性质则为公路码头，与租界地段之租给英商建筑机械者不同，乃不语固有委托洋商代为经理语。外人遂喧宾夺主，禁止厦门德律风公司在租界公路海后滩一带竖立电杆，不允中国学生及警察军队等武装经过该地。民国以来，地方每故，英人藉口保护租界，擅在岛美路头太古洋行前面至中国邮政局前面止，建筑围墙隘门，将中国官厅自填之海后滩圈入界内，擅派巡捕巡逻，且竖旗杆，悬英国旗。民国10年英商太古洋行又在海后滩建筑飞桥运卸货物，经厦人反对无效，始乃发生抵制太古洋行风潮。经地方官迭向英国领事交涉，直至民国10年10月，始与英领签订厦门海后滩善后办法合同3条，太古行建筑飞桥，每年向中国地方官缴纳租税，并将滩地所立旗杆及东西两方围墙隘门一并撤除，土地主权乃得恢复。

6. 英租界警权之收回：上海五卅惨案起，厦人响应，排英风潮甚烈，英领向中国官厅要求切实保护，经厦门交涉员及海军警备司令与英领面商，将工部局撤销，由中国军警在界内保护各洋商，英领自知巡捕力弱，故表同意，即裁撤巡捕，由中国警察接管。

7. 收回交涉：1930年秋，英方为表示对华亲善起见，决定将厦租界照镇江租界办法，交还中国。由英领与思明县及漳厦警备司令交换意见，继由外部派员观察，至9月间，英使蓝浦森南下与外长为最后之接洽，至9月17日双方遂以照会方式，将厦门英租界交还我方收回。

（转引自厦门市档案局、厦门市档案馆编《近代厦门涉外档案史料》，厦门大学出版社，1997年5月）

编纂始末

2007年7月，遵照国务院《地方志工作条例》，根据福建省和厦门市人民政府要求，中共思明区委办公室、思明区人民政府办公室联合发文，成立由区长任主任、区各部门领导68人为成员的区地方志编纂委员会，下设办公室（临时机构，人员兼职）。2009年6月10日，区编办批准成立思明区地方志编纂委员会办公室，编制3人，配专职人员。

2007年8月，《厦门市思明区志》编纂工作启动。全区有74个单位、330名专兼职人员先后参与此项工作。区委、区政府多次召开常委（常务）会，听取专题汇报，推进编纂工作开展。为保证志书撰写质量，区方志办多次举办业务培训班，邀请厦门市方志办编审人员对区志承编单位撰稿人进行专业授课和业务指导。其间，得到福建省方志委的关心与支持，提供相关资料供编纂人员学习、参考。各部门、街道聘请退休干部、历史专业人员参加编写，并提供地情资料。经过两年多的编纂，于2009年12月完成《厦门市思明区志》初稿（300多万字），报送厦门市方志办、《厦门市思明区志》审稿组、区志编纂顾问组进行初审。初审意见一致认为此稿未能达到《地方志书质量规定》的要求，必须进行大幅度修改与补充。

2010年5月，区方志办重新聘请总纂和数位修志专业人员，充实业务力量。在听取和梳理各方意见的基础上，统一思想认识：一要明确撰写角度——思明区是厦门市的老城区、中心城区；二要突出区位特点——思明区是厦门市的政治、经济、文化中心；三要体现时代特征——改革开放后，特别是区境融入厦门经济特区以来，在经济建设、社会事业等方面快速发展的成就。同时，要着力处理好区志与《厦门市志》的关系，在编写的角度和有关资料的运用方面，努力避免与市志的交叉、重复；确需交叉的记述则要“详市志之略，略市志之详”。在具体修改过程中，注意把握好几个原则：一、对三区（鼓浪屿区、开元区、思明区）的资料尽力整合记述，避免内容繁杂、篇幅臃肿；二、全面审核初稿资料，删除非本区志应写的资料（妥善处理与市志交叉重复的资料）；三、对卷、章进行必要的调整、拆并、增补。全书新增《中国国民党地方组织　民国地方政府》《思明与台湾关系》《农业》《民俗　方言》《经济总情》《交通　邮电》6卷。增补专业志中缺漏的章节：《教育》卷中“书院　社学　塾学”，《科学技术》卷中“科技活动”，《医疗　卫生》卷中“医疗护理”，《城区建设》卷中“典型建筑”，《劳动　人事　民政》卷中“编制”，《中国共产党地方组织》卷中“重大决策”，《社会团体》卷中“妇女团体之妇女代表大会”，《人口》卷中“来源”等，共17个章节。经过大幅度删减、合并和增补后，全书结构较完善，体例较合理。历经2年4个月的努力，于2012年9月完成200万字的评议稿。

2012年11月6日，区政府在厦门宾馆召开《厦门市思明区志》评稿会。福建省方志委、厦门市方志办及福州、漳州、泉州、龙岩、莆田、三明、宁德等地区（市）方志办的领导和修志同仁共43人参加会议，区直各承编单位的分管领导和撰稿人员参加会议并参与分组讨论、交流。与会人员对区志评议稿提出许多宝贵意见和建议。省方志委林浩处长就《厦门市思明区志》的“资料、篇目设置、内容记叙”等方面提出具体修改意见。区政府副区长胡延洵对《厦门市思明区志》编纂提出要求：一要正视志稿存在的问题，克服“创优难”的畏难情绪，树立勇创一流的信心；二要有敬畏之心，志稿资料要经得起历史和时间的考验；三要严格执行《地方志工作条例》和《地方志书质量规定》，力争编出一部与思明区区位相适应的佳志。

评稿会后，经过一年多的潜心修改，于2014年8月向厦门市方志办报送《厦门市思明区志》修改稿。2015年1月，厦门市方志办对《厦门市思明区志》修改稿审核完毕，并予反馈：“现稿较评议稿有很大进步，主要是加强总纂统筹，不少卷写得很好，全稿基本达到送审要求”。同时，提出“再修改提高”的若干意见。区方志办即组织编纂人员对全书进行重新审查，发现问题立即修正，有的部分甚至重写。

2017年3月，《厦门市思明区志》经厦门市人民政府地方志办公室审批，同意交付出版。

编者水平所限，志书中缺点甚至错误难免，诚望读者予以批评指正。

编　者

2017年6月30日

索　引

本索引采用音序排序法，在同一音序中若首字相同则以第二个字排序，以此类推。卷名用蓝色黑体字标示，标题后的数字为页码。总述、大事记、附录内容不做索引。

A

B

C

D

E

F

G

H

K

L

M

N

P

Q

R

S

W

X

Y

Z

图书在版编目（CIP）数据

厦门市思明区志/厦门市思明区地方志编纂委员会办公室编.
—北京：方志出版社，2017.7
ISBN 978-7-5144-2455-3

Ⅰ.①厦… Ⅱ.①厦… Ⅲ.①区（城市）—地方志—
厦门 Ⅳ.①K295.73

中国版本图书馆 CIP 数据核字（2017）第 171378 号

厦门市思明区志

编　　者：厦门市思明区地方志编纂委员会办公室
责任编辑：刘方圆

出 版 人：冀祥德
出 版 者：方志出版社
地址　北京市朝阳区潘家园东里 9 号（国家方志馆 4 层）
邮编　100021
网址　http：//www. fzph. org
发　　行：方志出版社图书经销中心
电话（010）67110500
经　　销：各地新华书店
印　　刷：福州力人彩印有限公司

开　　本：889×1194　1/16
印　　张：83.25　插页：52
字　　数：2507 千字
版　　次：2017 年 7 月第 1 版　2017 年 7 月第 1 次印刷
印　　数：0001～2500 册

ISBN 978-7-5144-2455-3　**定价**：800.00 元